Repertorium Germanicum X,1,2

REPERTORIUM GERMANICUM

Verzeichnis

der in den päpstlichen Registern und Kameralakten

vorkommenden Personen, Kirchen und Orte des Deutschen Reiches,

seiner Diözesen und Territorien

vom Beginn des Schismas bis zur Reformation

———————

Herausgegeben

vom

Deutschen Historischen Institut in Rom

Zehnter Band

SIXTUS IV. · 1471 – 1484

REPERTORIUM GERMANICUM

X,1,2

Verzeichnis

der in den Registern und Kameralakten

SIXTUS' IV.

vorkommenden Personen, Kirchen und Orte des Deutschen Reiches,

seiner Diözesen und Territorien

1471–1484

1. Teil: Text

Bearbeitet

von

**Ulrich Schwarz, Juliane Trede,
Stefan Brüdermann, Thomas Bardelle,
Kerstin Rahn, Hubert Höing,
Michael Reimann und Sven Mahmens**

Band 2

De Gruyter

ISBN 978-3-11-061964-5

Library of Congress Control Number: 2018953872

Bibliografische Information der Deutschen Nationalbibliothek
Die Deutsche Nationalbibliothek verzeichnet diese Publikation in der Deutschen
Nationalbibliografie; detaillierte bibliografische Daten sind im Internet über
http://dnb.dnb.de abrufbar.

© 2018 Walter de Gruyter GmbH, Berlin/Boston
Druck und Bindung: CPI books GmbH, Leck
Satz: pagina GmbH, Tübingen
www.degruyter.com

INHALT

REPERTORIUM GERMANICUM
SIXTUS IV.
TEXT – BAND 2

2926 **Gerwinus Mitiken (Mutiken, Myn-ken)** rect. par. eccl. in Busche Colon. dioc.: prom. ad subdiacon. ord. in capel. ss. Andree et Gregorii in basilica Principis appl. in Urbe 22. febr. 72 F 6 26^{rss} – prom. ad diacon. ord. in sacristia basilice Principis appl. in Urbe 14. mart. 72 F 6 33^{rss} – prov. de par. eccl. [in Brilon] Colon. [dioc.] vac. p. assec. ›rationi congruit‹ 71/72 I 332 48^v – diac. rect. par. eccl. in Briiske Colon. dioc. in cur. causarum procur.: de n. prom. ad 5 an. 31. mart. 72 S 678 197^v – oblig. sup. annat. par. eccl. in Brilon Colon. dioc. (8 m. arg.) de qua vacat. p. assec. decan. eccl. Paderburn. p. Fridericum Friseken s. d. 25. aug. 71 sibi prov. fuit (in margine: prorog. ad 4 menses s. d. 20. mai. 72, solv. annat. 20 fl. s. d. 2. mai. 78) 9. mai. 72 A 21 141^v – can. eccl. s. Patrocli Susacien. Colon. dioc. ac rect. par. eccl. de Busche Colon. dioc. et **Wilhelmus Mobben** can. eccl. s. Pauli Leod. necnon **Henricus ex Palude** cler. Leod. dioc. cap. ad alt. ss. Blasii et Marie Magdalene in colleg. eccl. s. Dyonisii Leod. et cap. ad alt. 10.000 Mart. in colleg. eccl. s. Amoris mon. Blisien. Leod. dioc. et **Antonius Happarts** cler. Leod. dioc. pape fam. desiderantes dd. benef. perm.: de prov. d. Wilhelmo de d. par. eccl. (4 fl. renen.) et d. Henrico de can. et preb. d. eccl. s. Pauli (8 fl. renen.) necnon d. Antonio de dd. capn. (insimul 4 fl. renen.) et de extinctione cass. pens. ann. 21 fl. renen. sup. fruct. can. et preb. d. eccl. s. Patrocli ac d. par. eccl. p. d. Gerwinum persolv. n. o. def. nat. (s. s.) d. Antonii 26. iun. 72 S 681 68^{vs} – cler. Colon. dioc. causarum procur. et antiquus curialis cui gr. expect. de 2 preb. ad coll. dec. etc. eccl. s. Victoris Xanten. Colon. dioc. ac eccl. s. Severini Colon. conc. fuit: motu pr. de prerog. ad instar pape fam. descript. 15. mai. 76 S 741 202^{vs} – can. prebend. et emancipatus eccl. s. Patrocli op. Susacien. Colon. dioc.

in cur. causarum procur.: de par. eccl. s. Thome in d. op. Susacien. (4 m. arg. p.) vac. p. o. Johannis Milinchus quond. Johannis [de Michaelis] diac. card. fam. et de disp. ut eandem unac. par. eccl. in Brylon Colon. dioc. (4 m. arg.) (que etiam p. can. d. eccl. regi solet) retin. val. ad vitam attento quod d. Gerwinus est antiquus curialis et p. multos an. cur. assecutus n. possidens dd. benef. nisi dd. can. et preb. ac dd. par. eccl. 13. mart. 77 S 748 177^{rs} – rect. par. eccl. in Busche Colon. dioc.: solv. 20 fl. adc. pro annat. par. eccl. in Brilon <Busche> Colon. dioc. 2. mai. 78 FC I 1133 154^r, IE 495 149^r, IE 496 153^r, IE 497 152^r – in cur. causarum procurator, senio compatiendo, p. 25 an. cur. secutus, nullum benef. obtin. qui litig. coram Johanne [de Ceretanis] ep. Nucerin. aud. locumtenenti contra quond. Johannem Prummen cler. ep. Eugubin. prelati in pal. ap. fam. (qui obiit in cur.) sup. can. et preb. c. ferculo eccl. s. Victoris Xanten. Colon. dioc. (10 m. arg. p.) vac. p. o. Symonis de Witte: de surrog. ad ius d. Johannis Prummen 25. mai. 79 S 782 225^{rs} – qui litig. coram Gaspare de Theramo contra Pancratium Heszeler et Guillelmum Merwick ac Wesselum Hotman sup. can. et preb. c. ferculo eccl. s. Victoris Xanten. Colon. dioc. vac. p. o. Simonis de Witte: de prov. si nulli de eisdem (10 m. arg.) 5. iun. 79 S 783 91^{rs} – in cur. causarum procur. referens quod sibi de par. eccl. s. Thome ut supra prov. fuit et in casu assec. d. par. eccl. par. eccl. in Brilon Colon. dioc. dimittere tenetur et quod vetustus curialis est et n. alia benef. nisi certos can. et preb. (4 m. arg.) possidet: de disp. ut unac. d. par. eccl. s. Thome (10 m. arg.) 2 al. incompat. benef. recip. val. etsi 2 par. eccl. ad vitam c. lic. perm. 15. iul. 79 S 784 17^{vs} – olim interpres coram nunt. ap. dietarum Confederatorum: de prepos. eccl. Camin. (16 m. arg.) vac. p. o. Hen-

ningi Cossebader 28. sept. 79 S 786
276^v – cui vig. gr. expect. de can. et
preb. c. ferculo eccl. s. Victoris
Xancten. Colon. dioc. vac. p. o. Simonis de Vitte prov. fuit et qui desup. litig. coram Johanne [de Cere-
tanis] ep. Nucerin. aud. locumtenenti
contra Wessellum Hotman cler. Colon. dioc. intrusum: de prorog. term.
intimandi ad an., Conc. ad 6 menses,
sola sign. 12. nov. 79 S 792 240^{rs} –
cui de par. eccl. s. Thome ut supra
prov. fuit et qui desup. litig. coram
Johanne Prioris aud. contra Rudolphum Abel cler. Colon. dioc. intrusum p. 3 an.: de prorog. ad an.,
Conc. ad 6 menses, sola sign. 31.
ian. 80 S 792 239^v – prov. de par.
eccl. Colon. [dioc.?] vac. p. o. 80/81
I 334 53^r.

2927 **Gezeke Cremers** paupercula vidua
et orphana Bremen. dioc. inter al. referens quod Henricus van Wenstorp
et Henningus van Buren asserti consules op. Hamburgen. Bremen. dioc.
ac eorum complices d. Gezeken suis
bonis et clenodiis val. 1.000 duc.
adc. spoliaverunt et carceribus man-
ciparunt contra ius naturale: de committ. in partibus, Conc. in partibus in
dioc. viciniori 29. decb. 76 S 745
188^{vs}.

2928 **Gheseka** rel. quond. **Hermanni
Sprengers** laic. vidua Hildesem. inter al. referens quod d. Hermannus
quond. Fridericum de Certzen, Bo-
donem de Obergen, Conradum de
Swechelde, Hinricum de Veltheim et
Henningum de Reden armigeros Hildesem. et Minden. dioc. sup. quibusdam pecuniarum summis coram
quond. Johanne de Quernhim dec.
eccl. Minden. in causam traxit et
sent. definitivam pro se reportavit
quodque dd. Fridericus etc. ad sedem ap. appellarunt n. infra temp.
debitum quodque post obitum d. Johannis Conradus Hoberch dec. d.
eccl. successor ut d. vidue satisface-
rent dd. Fridericum etc. monuit et
quia monitioni n. paruerant censuras

eccles. incidisse declaravit quodque
nihilominus postea d. Conradus d.
Fridericum post eius obitum nulla
satisfactione prestita a dd. censuris
absol.: commiss. in partibus ut absol.
nullam esse decernatur et loca in
quib. heredes d. Friderici et dd. armig. morari contingat interdicto sup-
ponantur 31. decb. 80 V 673 12^v-
14^r.

2929 **Ghiertgina** filia et **Wilhelmus** gener quond. **Wilhelmi Leynhoff** civ.
Colon. (moram trahentis in Warmes-
kirchen Colon. dioc.) referentes
quod d. Wilhelmus Leynhoff ad instantiam quond. Wilhelmi vamme
Kyscz et Kunnegundis ux. Theoderici de Schuederich mil. et Henrici
de Millem ac Goscalci de Glesch
laic. et executorum testamenti
quond. Elsgine rel. quond. Hermanni
de Zutphania litig. ob n. paritionem
certarum litt. executorialium p. Antonium de Grassis aud. post eiusdem
obitum excom. decl. fuit et extra ci-
miterium sepultus extitit et quod ipsi
nomine defuncti absolvi petierunt et
vig. commiss. p. Henricum Maengolt can. eccl. Colon. in Urbe resid.
fact. minime obtinuerunt: de committ. d. Henrico ut ipsos iuxta priorem commiss. absolvat, Et p. breve
24. iul. 80 S 795 107^{vs}.

2930 **Ghyervlyet**
*Vicedecanus et capit. eccl. b. Marie
in Ghyervlyet Traiect. dioc.* referentes quod ipsi litig. coram Nicolao
abb. mon. s. Bartholomei de Eechout
in Bruggis Tornacen. dioc. contra
Georgium Blandelm presb. Tornacen. dioc. dec. d. eccl. sup. perceptione fruct. d. decan. (ad instantiam
rect. ac matris et sororum dom. supra
Rodenborch e. m. Leyden. Traiect.
dioc. p. officiales cur. episc. et archid. Traiect. sequestratorum) et
quod d. Georgius Carolum de Campis prep. eccl. in Thoralto Tornacen.
dioc. subexecutorem fore dicebat: m.
(abb. mon. s. Pauli Traiect. et prep.
eccl. s. Johannis Traiect. ac cant.

eccl. b. Marie Antwerpien. Cameracen. dioc.) committ. in partibus 4.
decb. 73 L 732 207ʳˢ.

2931 **Gilbertus Cluppel** ex utr. par. de
mil. gen.: prov. de can. et preb. ac
decan. eccl. s. Albani e. m. Magunt.
(16 m. arg.) vac. p. resign. Servatii
Goswini (Geswin) qui desup. litig.
coram aud. contra Diterum Forst-
meister cler. Magunt. dioc. possessione n. habita (exec. prep. eccl. Camin. et dec. eccl. s. Johannis Magunt. ac offic. Magunt.) 4. febr. 80 V
596 16ʳ-18ᵛ – oblig. sup. annat. ut
supra (in margine: d. die debent poni
ad introitum d. Gilberto 40 fl. et ad
exitum d. Servatio qui solv. annat. d.
benef. et numquam eas assequi potuit et possessione n. habita resign.)
14. apr. 80 A 28 177ᵛ – not. recip.
pro bulla distributa 11 grossos apr.
80 DB 1 19ᵛ – solv. 40 fl. adc. pro
annat. d. decan. et can. 9. mai. 80 FC
I 847 106ᵛ – de prom. ad omnes ord.
extra temp., sola sign. 2. mai. 81 S
802 46ʳ.

2932 **Gilbertus Crebell** cler. Magunt. dioc.: de perp. vicar. ad alt. s. Anne in
eccl. s. Martini Pingwen. Magunt.
dioc. (3 m. arg.) vac. p. o. Petri de
Eburl (/.) 3. mart. 83 S 826 273ʳˢ.

2933 **Gilbertus (Gilibertus, Gilgibertus)
Jodoci (Judoci)** <scolast. eccl. b.
Marie Traiect.> possessor litig. coram aud. contra Loefridum Ruyssz
cler. Traiect. <Pauli II. fam.> (qui
nunc resign. in manibus pape) sup.
can. et preb. d. eccl. b. Marie Traiect.
vac. p. o. Johannis de Behaygne: de
dd. can. et preb. (10 m. arg.) 1. iun.
72 S 680 213ᵛˢ, m. (dec. eccl. Traiect.) (exped. 18. iul. 72) L 737
135ʳ-136ᵛ – oblig. p. Nicolaum Militis cler. Cameracen. dioc. sup. annat. 24. mai. 73 A 22 28ʳ – solv. 23
fl. pro compositione annat. 24. mai.
73 FC I 1129 165ᵛ, FC I 1767 78ʳ,
FC I 1768 80ʳ – can. eccl. b. Marie
Traiect. qui litig. in cur. sup. scolastr.
d. eccl. contra Johannem Heesboem
can. eccl. s. Lebuini Daventrien. Tra-

iect. dioc. <cler. Cameracen. dioc.>
Juliani [de Ruvere] tit. s. Petri ad
vincula presb. card. fam. (cui de d.
scolastr. ordin. auct. prov. fuit et qui
nunc resign.): de nova prov. de d.
scolastr. (24 l. T. p.) vac. p. o. Godefridi Hoya (Waya, Csoya) <cui de
eadem vac. p. o. Goswini de Grolles
prov. fuerat> 12. nov. 74 S 710
253ʳˢ, 19. nov. 74 S 711 147ʳˢ.

2934 **Ginottus de Monstriallo (Monte-
spillo, Monteriallo)** cler. Basil. dioc., ex utr. par. de nob. gen. domini
temporalis de loco Monstriallo Basil.
dioc. nepos in 23. sue et. an. constit.
in art. bac. qui ad par. eccl. de Monstriallo iun. Basil. dioc. vac. p. o.
Nicolai Pilreti p. dominum temporalem d. loci present. fuit: de nova
prov. de d. par. eccl. (90 l. T. p.) 17.
aug. 82 S 813 218ᵛ, I 334 28ᵛ – oblig. p. Hugonem Jacobi can. eccl.
Cameracen. abbrev. sup. annat. par.
eccl. loci de Monstriallo iuniori ut
supra 27. ian. 83 Paris L 26 A 10
165ᵛ – solv. 42³/₄ fl. adc. pro annat.
p. manus Petri Palmerii 28. ian. 83
Paris L 52 D 5 46ᵛ.

2935 **Ghinus de Fontana** pleb. pleban.
s. Stefani in Botena cui quond. Her-
mandus presb. Theotonicus (qui certam plebem sub pleban. d. Ghini obtin.) 196 duc. pro reparatione plebis
et 140 duc. in subsidium anime re-
liquerat: facult. convertendi dd. 140
duc. in reparationem plebis 26. aug.
72 Arm. XXXIX, 14 365ᵛ.

2936 **Ghisbertus Andree** cler. Leod. dioc. Jacobi [Amanati] tit. s. Chrysogoni presb. card. fam. et parafrenarius: disp. ad 2 incompat. benef.,
gratis 1. iun. 76 V 666 299ʳˢ – cui
gr. expect. s. d. 1. ian. 72 de 2 benef.
ad coll. dec. etc. eccl. s. Johannis Ev.
Leod. et dec. etc. eccl. b. Marie Traiecten. Leod. dioc. et prerog. ad instar pape fam. descript. conc. fuerunt
et qui vig. d. gr. capn. ad alt. s. Johannis Bapt. in d. eccl. s. Johannis
Ev. obtin.: motu pr. reval. gr. expect.
et exten. ad coll. dec. etc. eccl. b.

Marie Tongeren. Leod. dioc. et disp. ad 2 incompat. benef., gratis 11. iun. 76 V 667 347^r-348^v – et **Alardus Sangilbin (Sangwin)** perp. cap. ad alt. s. Johannis Bapt. in eccl. s. Johannis Ev. Leod. litig. inter se coram aud. sup. capn. d. alt. quam d. Ghisbertus vig. gr. expect. acc.: de adm. resign. d. Ghisberti et de prov. d. Alardo de d. capn. (4 m. arg.) et de assign. d. Ghisberto pens. ann. 8 fl. auri renen. sup. fruct. d. capn. p. d. Alardum persolv. 24. aug. 77 S 756 82^{vs}, (exec. ep. Cortonen. et dec. eccl. s. Martini Leod. ac Wilhelmus de Gothem can. eccl. Leod.), gratis V 607 99^r-101^r – supplic. G[uillermo de Estoutevilla] card. ep. Ostien. de par. eccl. de Steildorp (Sterldorp) Colon. dioc. (4 m. arg.) vac. p. o. in cur. Richardi Jacharts (Jackarts) <d. Guilelmi fam.> 1. apr. 79 S 779 120^r, (m. ep. Cortonen. et dec. eccl. b. Marie Aquen. Leod. dioc. ac offic. Colon.) 1. apr. 79 (exped. 7. apr. 79) L 797 244^v-246^r – rect. par. eccl. in Stildorpe et **Hermannus Gisberti** cler. Colon. dioc. cap. eccl. b. Caterine in Hempis Cameracen. dioc. ac **Johannes Upplerger** cler. Colon. dioc. rect. capn. b. Katerine in Ouderlech Cameracen. dioc. quilibet in minoribus ord. constit. et pape fam.: de prom. ad omnes ord. extra temp., sola sign. 24. febr. 80 S 789 293^r – presb. Colon. dioc. pape fam.: de lic. dicendi horas can. secundum morem R. E. etiam c. socio, sola sign. 16. mart. 80 S 791 147^r – motu pr. de perp. capn. seu vicar. ad alt. s. Catharine in colleg. eccl. s. Johannis Ev. Leod. (3 m. arg.) vac. p. o. Antonii Corten de Blisia collect. 12. aug. 80 S 795 158^v – <motu pr.> de perp. <s. c.> capn. ad alt. s. Elizabeth in eccl. b. Marie Tongren. Leod. dioc. (4 m. arg.) vac. p. resign. in manibus pape Hugonis (Ugonis) de Wouteringen presb. Leod. dioc. 22. aug. 80 S 796 9^{vs}, (exec. Michael Moner et Guillermus de Gothem canonici eccl. Leod. ac offic. Leod.),

gratis V 604 292^v-294^v – cui vig. gr. expect. de par. eccl. de Zammall Leod. dioc. vac. p. o. Arnoldi Swerlden sive p. o. in cur. Johannis Boen cler. prov. fuit et qui desup. litig. coram Petro de Ferrera aud. contra Wilhelmum de Cauwenberch: de prov. si neutri de eadem (6 m. arg.) 10. nov. 80 S 798 2^{vs} – not. recip. pro bulla distributa 3 grossos et 2 grossos nov. 80 DB 1 53^r – presb. Leod. dioc. pape fam.: oblig. sup. facult. resign. vel perm. s. d. 6. sept. 80 conc. 16. ian. 81 A 29 132^v – not. recip. pro bulla distributa 2 grossos et 3 grossos ian. 81 DB 1 63^r.

2937 Heredes quond. **Ghyselberti Bach** Leod. olim can. eccl. s. Petri Beecken. Leod. dioc. et eccl. s. Johannis Ev. Buscoducen. Leod. dioc. qui unam cantor. in d. eccl. s. Petri et 2 perp. s. c. capn. ad alt. s. Salvatoris in d. eccl. s. Johannis Ev. fundavit c. reserv. iur. patron. pro se et suis heredibus: conf. 13. apr. 81 L 818 94^{vss}.

2938 **Gisbertus de Batenborch** presb. can. colleg. eccl. in Batenborch Colon. dioc. c. quo sup. def. nat. (de c. nob. ac bar. et s.) ad 2 benef. disp. fuit: de lic. perm. 30. decc. 73 S 709 77^{vs}.

2939 **Gisbertus Bindop (Bundap, Burdop)** cler. Traiect.: de can. et preb. eccl. s. Petri Traiect. (8 m. arg.) vac. p. resign. Johannis de Heesboem cler. Cameracen. dioc. Juliani [de Ruvere] tit. s. Petri ad vincula presb. card. fam. cui de eisdem vac. p. resign. Henrici Schutte de Clivis s. d. 9. nov.[74] prov. fuit 1. aug. 75 S 724 283^v – de perp. s. c. vicariis in colleg. eccl. s. Lebuini Daventrien. Traiect. dioc. (insimul 7 m. arg. p.) vac. p. o. Johannis de Palatio, Et quod vocabula dd. vicar. in confectione litt. exprimi possint 14. mai. 81 S 801 134^v – perp. vic. in eccl. s. Salvatoris Traiect.: de perp. s. c. vicar. ad alt. b. Marie Magdalene in eccl. Traiect. (4 m.) vac. p.o. Johannis de Scoonhoven et deinde p. assec. can. et preb. in eccl. Traiect. p. Cornelium Wouwersainem qui litig. desup. in cur. 30. nov. 81 S 811 199^v – cui de par. eccl. Alkmarien. Traiect. dioc. vac. p. resign. Jacobi de Edam auct. ordin. prov. fuit et qui litig. desup. coram offic. archidiac. Traiect. contra Johannem de Boemel: de prov. si neutri de eadem (24 m. arg.) vac. p.o. Bartholomei de Goerselaer 13. iun. 84 S 837 110^r.

2940 **Gisbertus Braem** cler. Traiect. reus et intrusus cui de can. et preb. eccl. b. Marie Traiect. p. dec. et capit. d. eccl. prov. fuit et qui litig. desup. coram Auxia [de Podio] aep. Montisregalis in cur. resid. ex commiss. Pauli II. contra Nicolaum de Edam decr. doct. aud. actorem cui de eisdem vac. p.o. Gerardi Suggerode Eugenii IV. fam. nuntii et oratoris p. Paulum II. prov. fuit: de prov. d. Gerberto de eisdem (18 m. arg.) vacat. p. resign. in manibus pape d. Nicolai et de assign. d. Nicolao pens. ann. 55 fl. renen. sup. fruct. eorundem donec d. Nicolao de al. can. et preb. d. eccl. prov. fuerit 11. mai. 72 S 679 251^v-253^r.

2941 **Ghisbertus (de) Brederode (Bredenrod)** archid. eccl. Traiect.: assign. pens. ann. 300 fl. renen. sup. fruct. prepos. eccl. s. Servatii Traiecten. Leod. dioc. de iur. patron. Caroli Burgundie et Brabantie ducis (1.000 fl. renen.) p. Everardum Zoudenbalch can. eccl. Traiect. (in civit. et dioc. Traiect. collectorem) in civit. Traiect. persolv. qui ad d. prepos. vac. p. resign. in manibus pape d. Ghisberti p. d. ducem present. fuit (m. decanis eccl. s. Salvatoris et eccl. s. Petri Traiect. ac offic. Traiect.) 18. ian. 72 L 718 307^v-310^r – referens quod David [de Burgundia] ep. Traiect. eum p. 2 an. vel circa incarceravit et quod contra d. ep. causam movere intendit: m. (aep. Colon. et aep. Magunt. ac prep. eccl. de Aquisgrano Leod. dioc.) commiss. in partibus 1. mai. 72 L 721 302^r – oblig. p. Johannem Nys dec. eccl. s. Petri Traiect. (in margine: solv. 25 fl. p. manus d. Johannis s.d. 14. apr. 81, Ghisberto remanet oblig. pro residuo) 30. mai. 72 A 21 157^v – pape not. qui prepos. eccl. Traiect. (cui archidiac. d. eccl. est annexa) (5.000 fl. renen.) in favorem Simonis de Leseluse cler. Tornacen. dioc. med. mag. in art. mag. resign. in manibus pape: m. (prep. eccl. s. Johannis Traiect.) assign. pens. ann. 1.800 fl. renen. (= 300 libr. grossorum monete Flandrie) sup. fruct. d. prepos. 5. iul. 74 (exped. 9. iul. 74) L 734 165^{vss} – sed. ap. prothonot.: de disp. ad 3 incompat. benef. et de facult. resign. 24. apr. 75 S 719 5^v – Traiect. [dioc.?]: facult. resign. 74/75 I 333 311^v – prothonot. ap.: oblig. p. Henricum Bormans dec. eccl. s. Martini Leod. causarum pal. ap. not. facta et p. Everardum Zoudenbalch prep. eccl. s. Servatii Traiecten. [Leod. dioc.] et collect. p. civit. et dioc. Traiect. recepta sup. facult. resign. 22. mai. 75 FC I 1232/181 12^{rs} – solv. 25 fl. adc. pro annat. pens. ann. sup. fruct. prepos. ut supra p. manus Johannis Niis 12. apr. 81 FC I 1134 113^r, IE 502 76^v, IE 503 76^v.

2942 **Ghisbertus de Bueren, Alardus de Bueren, Johannes de Witte, Hermannus de Rene, Paulus Dronghelen, Egidius Hierman, Abraham de Leuwenberch, Bertoldus Glismarr, Guillelmus de Cliuo** inter 14 personas enumerati: de gr. expect. de 2 can. et preb. et de 2 benef. ad coll. quorumcumque, Et s.d. 1. ian. 72 S 670 204^{vs}.

2943 **Ghisbertus Danielis** cler. Leod. dioc. Juliani [de Ruvere] card. ep. Sabinen. fam. qui gr. expect. s.d. 1. ian. 72 de benef. ad coll. prep. etc. eccl. s. Petri Lovanien. ac abb. etc. mon. s. Gertrudis Lovanien. o. s. Aug. Leod. dioc. acc. et ab excom. interd. aliisque eccles. sententiis motu pr. absolutus fuit: prerog. ad instar pape fam. descript. 26. febr. 78 V 668 149ʳ-151ᵛ – de s.c. capel. bb. Petri et Pauli appl. op. Busciducen. Leod. dioc. (4 m. arg.) vac. p. resign. in manibus pape Johannis Sternwinckel (Strenwinchel) <p. Theodericum Uwanlen cler. Leod. dioc. procur. fact.> 14. mai. 82 S 811 66ᵛ, (m. abb. mon. b. Marie Parcen. e.m. op. Lovanien. Leod. dioc., dec. eccl. s.Johannis Ev. Busciducen. Leod. dioc. et Michaeli Moner can. eccl. Elnen.), gratis V 628 10ʳ-11ᵛ – de prom. ad omnes ord. extra temp., sola sign. 14. iun. 83 S 825 44ᵛˢ – restit. bulle sup. pens. ann. 12 fl. renen. sup. fruct. par. eccl. b. Marie de Winckezolen (Winkezele) Leod. dioc. occasione cess. p. d. Ghisbertum fact. de qua est m. prov. Johanni Steenwinckell cler. Cameracen. dioc. qui eandem possidet p. bullam s.d. 14. mai. 80 (quia est facienda litt. in partibus) 7. nov. 83 A 31 228ʳ – restit. bulle sup. pens. ann. ut supra (in margine: pro paup.) 29. decb. 83 A 32 195ʳ.

2944 **Gisbertus de Erp** cler. Leod. dioc. ex utr. par. de nob. vel mil. gen.: motu pr. gr. expect. s.d. 1. ian. 72 de benef. ad coll. ep. etc. Leod. ac dec. etc. eccl. s.Petri Beecken. Leod. dioc. necnon archid. et cust. eccl. Leod. et prerog. ad instar pape fam. descript. (m. dec. eccl. b. Marie Wessalien. Trever. dioc. et dec. eccl. b. Marie Traiect. ac eccl. s.Petri Lovanien. Leod. dioc.), gratis 2. mai. 80 V 675 108ʳ-111ᵛ – de disp. ad 2 incompat. benef. etsi par. eccl. ad vitam c. lic. perm. 5. mai. 81 S 801 123ʳˢ, gratis L 816 77ᵛˢˢ – de percip. fruct. in absentia et de alt. port. c. clausula ante diem 19. nov. 81 S 805 16ᵛˢ, m. (ep. Alerien. et dec. eccl. b. Marie Wezalien. Trever. dioc. ac offic. Leod.), gratis 24. nov. 81 V 675 274ʳ-276ʳ.

2945 **Gisbertus (Giselbertus) (de Foramine) de Venrode (Venrade)** can.

eccl. Lubic. nuntius et collect. in provincia Colon.: litt. testim. sup. solut. 118 fl. adc. et 36 bon. (pro val. 158 fl. auri renen.) ex d. collectoria s.d. 16. iul. 71 p. manus Victoris Bacharen. (Bakaren.) et soc. merc. de Brugis Cameracen. [!] dioc. cur. sequentium 11. sept. 71 FC I 1130 2ʳ – in provincia Colon. collect. ap. auct. deputatus, **Adrianus van der Reke** cler. Monast. dioc. ex utr. par. de mil. gen., **Johannes de Galen** cler. Colon. dioc. mag. in art., **Theodericus Balueren de Bomel** cler. Traiect. dioc. mag. in art. bac. in theol., **Henricus Illequaer** cler. Colon. dioc., **Petrus de Foramine de Venrode** cler. Leod. dioc., **Johannes Fritz** presb. Trever. dioc., **Hubertus Cromstaf** presb. Leod. dioc. sibi dilecti: motu pr. de gr. expect. de 2 can. et preb. et de 2 benef. ad coll. quorumcumque et de disp. ad 2 incompat. benef., Et s.d. 1. ian. 72 S 670 54ʳ – solv. 108 fl. adc. ex d. collectoria p. manus Johannis Arzifel merc. 14. oct. 72 FC I 1767 18ʳ, FC I 1768 10ʳ – litt. testim. sup. solut. 138 fl. adc. et 58 bon. (pro val. 185 fl. renen.) s.d. 26. apr. 71 et sup. solut. 118 fl. adc. et 36 bon. ut supra et sup. solut. 108 fl. adc. (pro val. 144 fl. renen.) ex d. collectoria p. manus Victoris ut supra 14. oct. 72 FC I 1130 12ᵛ – cler. Traiect. <Leod.> dioc. <cui de can. et preb. ac thesaur. eccl. s.Andree Colon. vac. p.o. Johannis de Emelrode prov. fuit et> qui litig. coram Nicolao de Edam aud. <Petro Guillielmo [de Rocha] (tunc not. nunc aep. Salernitan.), Gabriele Rovira can. eccl. Maioricen., Johanne Pintor aud., Bernardo Rovira aud., Gaspare de Theramo aud., Matheo de Porta aud.> contra quond. Nicolaum Walse adversarium Pii II. fam. <ac Tilimannum de Suchtelen cler.> sup. can. et preb. ac thesaur. eccl. s.Andree Colon. vac. p.o. Johannis de Grelreede: de surrog. ad ius d. Nicolai ad eosdem (15 m. arg.) 17. decb. 74 S 712 275ᵛˢ, m. (dec.

eccl. b. Marie Aquen. Leod. dioc.) V 572 312^r-315^r – can. eccl. Lubic. et in provincia Colon. (excepta civit. et dioc. Traiect.) collect. cui de decan. colleg. eccl. s. Spiritus Ruremunden. Leod. dioc. vac. p. o. Godefridi (Gotfridi) Milter (Miker) vig. nominationis Friderici R. I. prov. fuit: de nova prov. de d. decan. (24 fl. adc.) 23. apr. 75 S 718 241^{rs} – cler. Leod. dioc. collect.: oblig. p. Johannem de Ercklens can. eccl. s. Gereonis Colon. causarum pal. ap. not. sup. annat. can. et preb. ac thesaur. eccl. s. Andree Colon. (15 m. arg.) de quib. vac. p. o. Johannis de Emelro[de] s. d. 17. decb. 74 sibi prov. fuit 2. mart. 76 A 24 96^v – can. eccl. Lubic. nunt. et in civit. et dioc. Colon., Leod., Monast., Osnaburg. et Minden. collect.: recip. 3^1/$_2$ m. arg. solut. annat. decan. ruralis concilii Traiecten. Leod. dioc. a Lamberto de Quercu s. d. 2. mart. 78 fact. 2. mart. 78 DC 39 255^r – can. eccl. s. Salvatoris Traiect. in civit. et dioc. Colon. collect. inter al. referens quod tunc camer. d. eccl. exist. iuxta antiquam consuetudinem id quod sibi a Nicolao de Modde can. d. eccl. debebatur de eo quod ipse tamquam camer. d. can. solv. tenebatur defalcabat et compensabat et quod ad instantiam Johannis Modde procur. d. Nicolai Renerus de Eten vicedecanus ac al. can. d. eccl. d. Gysbertum tunc in exercitio off. collect. absentem a perceptione fruct. preb. sue suspensum esse denuntiarunt: m. (dec. eccl. s. Georgii Colon. et dec. eccl. s. Victoris Xancten. Colon. dioc. ac dec. eccl. s. Walburgis Zutphanien. Traiect. dioc.) committ. in partibus 10. decb. 78 L 789 362^{rss} – qui can. et preb. eccl. Lubic. et **Rabadus Bremer** qui perp. benef. ad par. eccl. s. Bartholomei Gustrowen. Camin. dioc. et perp. benef. ad par. eccl. b. Marie in Ribbentze Zwerin. dioc. desiderant perm.: de prov. d. Rabado de dd. can. et preb. (4 m. arg. p.) et de prov. d. Gisberto de dd. benef.

(insimul 14 fl. renen. auri) et de assign. d. Gisberto pens. ann. 20 fl. renen. sup. fruct. decan. ac can. et preb. eccl. ss. Petri et Alexandri Ascaffenburgen. Magunt. dioc. (20 m. arg.) p. Johannem de Petra d. Rabadi amicum qui eosdem obtin. persolv. 30. apr. 82 S 809 237^r, 2. mai. 82 S 810 109^v – de perp. simplici benef. ad alt. Trium regum in eccl. Verden. (3 m. arg.) vac. p. resign. in manibus pape Henrici Hohesow cler. Minden. dioc. c. reserv. pens. ann. 12 fl. renen. auri sup. fruct. can. et preb. eccl. Lubic. (36 fl. renen.) (de quib. tunc Rabado Bremer ap. auct. prov. fuit) p. d. Rabadum d. Henrico persolv. 4. mai. 82 S 810 205^r – qui litig. contra capit. eccl. s. Salvatoris Traiect. et Nicolaum Modde sup. certis fruct. d. eccl.: narratio quod papa iussit in causa ad tempus 6 mensium supersederi et capitulo suadere curavit p. al. breve ut desup. c. d. Gisberto amicabiliter concordare procurent sperantes quod d. Gisbertus ad concordandum promptus exist., hortatio ut omnibus debite ponderet, suis et illorum consulat honori et quieti et ea qua decet obedientie filium erga capit. suum reverentia huiusmodi concordie viam amplectatur 30. ian. 83 Arm. XXXIX, 15 172^r – can. et thes. eccl. s. Andree Colon. [Francisci Todeschini-Piccolomini] tit. s. Eustachii diac. card. Senen. fam.: motu pr. de s. c. prepos. eccl. b. Marie Reyssen. Colon. dioc. (13 m. arg.) vac. p. o. Luffridi (Luyffridi) Ruys pape fam. aut p. o. Gerardi Roesboem aut adhuc vac. p. o. Gerardi Nyenhuiss collect. 16. iul. 83 S 826 43^v.

2946 **Gisbertus Voss** can. eccl. Osnaburg. et cap. sive archid. in loco de Melle Osnaburg. dioc. cui vig. litt. quond. Eugenii IV. par. eccl. d. loci (4 m. arg.) vac. p. o. Johannis Plaggenbode d. archidiaconatui incorp. fuit: de conf. et de nova incorp. 10. nov. 80 S 797 234^{vs}.

2947 **Gisbertus de Gouda** profes. o. fr. min. de observ. Colon. provincie referens quod ipse c. disp. ap. a familia ultramontana d. ord. ad familiam cismontanam d. ord. se transtulit ubi propter austeritatem reg. observ. vivere n. val.: de lic. transferendi se ad familiam ultramontanam et de absol. a familia cismontana et illius superioribus d. o. fr. min. reg. observ. 11. mart. 83 S 820 107^v.

2948 **Gisbertus Hack** presb. Traiect. dioc.: de par. eccl. s. Martini loci de Zantbomel Traiect. dioc. et de can. et preb. d. eccl. (insimul 6 m. arg.) vacat. p. priv. Jacobi de Rey qui n. o. monitione p. capit. d. eccl. s. Martini fact. concubinam quam in domo publice tenet et ex qua prolem procreavit dim. n. curavit 27. ian. 80 S 789 166^v, m. (prep. eccl. s. Salvatoris Traiect. et dec. eccl. s. Johannis Traiect. ac thes. eccl. Traiect.) (exped. 29. apr. 80) L 799 203^r-204^v – oblig. sup. annat. 24. mai. 80 A 29 15^v.

2949 **Gisbertus Jacobi de Leydis** cler. Traiect. dioc.: ›rationi congruit‹ s. d. 9. iun. 71 m. (prep. eccl. s. Andree Colon. et dec. eccl. s. Pancratii Traiect. dioc. ac offic. Traiect.) confer. par. eccl. s. Willibrordi in Oestgeest (Oeestgrest) Traiect. dioc. (4 m. arg.) vac. p. o. Nicolai de Haerlem 25. aug. 71 (exped. 27. mai. 72) L 719 304^{rs} – art. mag. litt. stud. p. Italiam et cur. p. plures an. secutus cui de par. eccl. in villa Oestgeest Traiect. dioc. vac. p. o. Nicolai de Haerlen in forma ›rationi congruit‹ prov. fuit et qui c. Tilmanno Slecht prep. eccl. ss. Appl. Colon. ac cubic. in partibus Ungarie et Polonie existens ibidem graviter vulneratus fuit: de prom. ad omnes ord. extra temp., sola sign. 26. iun. 72 S 681 55^{rs} – litt. testim. sup. prom. (vig. conc. s. d. 26. iun. 72) ad acolit. et al. min. ord. s. d. 4. iul. 72 in dom. Jacobi [de Neapoli] ep. Sancti Angeli de Lombardis in Urbe ad subdiacon. ord. s. d. 5. iul. 72, ad diacon. ord. s. d. 12. iul. 72,

ad presbit. ord. s. d. 19. iul. 72 in eccl. s. Bartholomei de Insula in Urbe 19. iul. 72 F 6 66^{vs}.

2950 **Gisbertus de Lochorst** pape fam. in 21. sue et. an. constit.: motu pr. gr. expect. s. d. 1. ian. 72 de can. et preb. eccl. s. Johannis Traiect. necnon de benef. ad coll. abb. etc. mon. s. Pauli Traiect. o. s. Ben. et disp. sup. def. et. (m. ep. Viterbien., [Johanni] Bapt. de Canonicis can. eccl. Bononien. et Herbrando de Minden can. eccl. Traiect.), gratis 3. iun. 76 V 667 355^v-358^v – cler. Traiect.: de perp. vicar. in eccl. b. Marie virg. Lubic. (6 m. arg.) vac. p. o. Johannis Russchart 12. aug. 76 S 740 189^v – de can. et preb. eccl. b. Marie Hamburgen. Bremen. dioc. (4 m. arg.) de iur. patron. laic. vac. p. o. Johannis Witten <in cur.> 7. sept. 76 S 753 71^r, m. (prep. eccl. Bremen. et offic. Bremen. et offic. Lubic.) PA 27 352^r-353^v – et **Johannes Seutter** cler. Lubic. art. mag.: de adm. resign. d. Giseberti et de prov. d. Johanni de can. et preb. eccl. Hamburgen. Bremen. dioc. (4 m. arg.) de iur. patron. laic. vac. p. o. Johannis Witte 21. nov. 76 S 744 108^v – Jeronimi [de Riario] com. Imolen. fam.: de can. et preb. eccl. Traiect. et de prepos. eccl. Leiden. Traiect. dioc. (20 m. arg.) vacat. p. priv. Theoderici Uterwer cler. decr. doct. qui excom. decl. fuit, Et c. disp. sup. def. et. (24 an.) 29. mart. 77 S 749 108^{rs} – in 24. sue et. an. constit. pape fam. et Jeronimi de Riario in civit. Imola pro R. E. in temporalibus vic.: m. (prep. eccl. s. Johannis et dec. eccl. s. Petri Traiect. ac Eberhardo de Nirriden can. eccl. Traiect.) confer. can. et preb. Traiect. ac prepos. eccl. Leiden. Traiect. dioc. (insimul 20 m. arg.) vac. p. priv. Theodorici Uterwer excom. c. disp. sup. def. et., gratis 10. apr. 77 (exped. 20. decb. 77) L 776 120^r-121^v – oblig. sup. annat. prepos. eccl. Leiden. Traiect. dioc. necnon can. et preb. eccl. Traiect.

(insimul 20 m. arg.) de quib. ut supra s.d. 29. mart. 77 sibi prov. fuit 22. decb. 77 A 26 118^r – motu pr. prov. de par. eccl. in Wy Traiect. dioc. (4 m. arg.) vac. p.o. in cur. Riquini de Doremborch (exec. ep. Forolivien. et ep. Alerien. ac dec. eccl. Traiect.), gratis 14. mai. 81 V 609 184^v-186^r – parafrenarius et pape fam.: motu pr. de par. eccl. in Wy Traiect. dioc. (4 m. arg.) vac. p.o. in cur. Requini de Doremborch pape fam. 15. mai. 81 S 801 149^{vs}.

2951 Ghysbertus Ludovici du Hollander cler. Leod. dioc.: de perp. capn. ad alt. s.Antonii in eccl. s.Johannis op. de Buscoducis Leod. dioc. (4 m. arg. p.) vac. p. assec. can. et preb. d. eccl. p. Gherardum de Beest 24. aug. 81 S 802 90^r – in art. mag. qui vig. gr. expect. perp. capn. ad alt. s.Judoci in eccl. s.Johannis Busciducen. Leod. dioc. vac. p.o. Ghysberti de Porta in forma paup. acc. et litig. desup. contra Johannem Borchmans et Henricum Johannis Vos clericos: de prov. si neutri de d. perp. capn. (4 m. arg.) 26. febr. 84 S 839 172^r.

2952 Ghisbertus Megnard rect. par. eccl. s.Viti in Husen Traiect. dioc. quam obtin. et **Nicolaus Johannis de Nerden** presb. Traiect. dioc.: de adm. resign. d. Ghisberti et de prov. d. Nicolao de d. par. eccl. (4 m. arg. p.) et de assign. d. Ghisberto pens. ann. 12 fl. auri renen. sup. fruct. d. par. eccl. 10. iul. 83 S 827 145^r.

2953 Gisbertus de Opploe cler. Leod. dioc.: de perp. capn. s.Mathie (6) in par. eccl. s.Antonii Leod. dioc. vac. p.o. Yvonis Theoderici de Buscoducis pape fam. et perp. capn. s.Catherine virg. in par. eccl. s.Antonii Leod. dioc. (6 l. T. p.) vac. p.o. Johannis Helmont pape fam. 20. mai. 80 S 793 67^r.

2954 Gisbertus de la Porta: prov. de par. eccl. Traiect. [dioc.?] vac. p. resign. 82/83 I 335 167^r – presb. Colon. di-oc.: oblig. p. Jacobum de Ninps [= Nini?] cler. Amelien. litt. ap. sollicitatorem sup. annat. par. eccl. in Zedem Traiect. dioc. (8 m. arg.) de qua vac. p. resign. in manibus pape Johannis Olt s.d. 10. ian. 83 sibi prov. fuit 1. febr. 83 Paris L 26 A 10 170^v – solv. 19 fl. adc. pro annat. p. manus soc. de Spanochis 1. febr. 83 IE 506 120^v, IE 507 120^v, Paris L 52 D 5 50^v.

2955 Ghysbertus de Weyllen rect. par. eccl. s.Aldegundis Embricen. et can. eccl. s.Martini ibidem Traiect. dioc. in art. mag.: de disp. ut unac. d. par. eccl. al. 2 incompat. benef. recip. valeat etsi 2 par. eccl. 23. nov. 76 S 744 17^r.

2956 Gisbertus Guillelmi Clemens scol. Colon. dioc.: de disp. sup. def. nat. (c. s.) ut ad omnes sacros ord. prom. et quodcumque benef. recip. val. 1. apr. 78 S 767 159^r.

2957 Giselerus (Gisherus) de Munden (Minden) cler. Magunt. dioc.: de decan. et maiori preb. eccl. in Gotha Magunt. dioc. (6 <4> m. arg.) vac. p.o. Erici (Henrici) Wuzleuben (Witzleuken) 20. nov. 75 S 729 275^v, m. (prep. eccl. s.Severi Erdforden. Magunt. dioc. et Eberhardo de Rabenstein can. eccl. Bamberg. ac offic. Magunt.) V 584 82^v-84^r – de can. et preb. eccl. s.Crucis op. Northusen Magunt. dioc. (4 m. arg.) vac. p.o. Theoderici Molitoris 18. mai. 77 S 751 242^{rs} – de can. et preb. eccl. s.Crucis in Northusen Magunt. dioc. (4 m. arg.) vacat. p. resign. Everhardi Sartoris pape fam. 20. mai. 77 S 751 100^{rs} – legum doct.: de nova prov. de par. eccl. s.Albani in op. Gottingen Magunt. dioc. in Antiqua Villa in d. op. (8 m. arg.) vac. p.o. Giseleri de Northen 23. mai. 78 S 769 15^v – de can. et preb. eccl. s.Petri Fritzlarien. (Fertzlieren.) Magunt. dioc. (4 m. arg.) vac. p. resign. in manibus pape Everhardi Sartoris cler. Minden. dioc. pape fam. cui vig. gr. expect. de dd.

can. et preb. vac. p. o. Johannis Im-
mehoff (Jummerhoeff) prov. fuit
(possessione n. habita) 2. decb. 78 S
776 187^r, m. (prep. eccl. s. Severi
Erforden. Magunt. dioc. et dec. eccl.
Northusen. Magunt. dioc. ac offic.
Hildesem.) (exped. 16. oct. 79) L
795 60^{rss} – dec. eccl. b. Marie in
Gota Magunt. dioc. litig. coram Johanne Antonio [de Sancto Georgio]
ep. Alexandrin. aud. locumtenenti
contra Gerardum Selguetesele sup.
decan. d. eccl. vac. p. o. Enrici de
Wiezleben: de prov. si neutri de
eodem (4 m. arg.) 8. ian. 79 S 776
94^v – possessor qui litig. coram Paulo de Tuscanella aud. contra quond.
Johannem Krichporn sup. can. et
preb. eccl. s. Petri Fritzlarien. Magunt. dioc.: de surrog. ad ius d. Johannis vel de nova prov. de eisdem
(8 m. arg.) 21. oct. 80 S 797 88^{rs}.

2958 Giselerus de Norten decr. doct.: de
nova prov. de capel. s. Petri apl. prope et e. m. Gandersheymen. Hildesem. dioc. (3 m. arg.) vac. p. resign.
Conradi Swanenflogel presb. Magunt. dioc. (cui de d. capel. vac. p. o.
Henrici Coci prov. fuerat) sive vac.
p. o. in cur. Gotfridi Meyer 5. decb.
74 S 712 141^r.

2959 Ghisharte
Prior et conv. mon. b. Marie in
Ghisharte [= Kirschgarten] o. s.
Aug. reg. e. m. Wormat. et **Frederi-**
cus Zuderhuben armiger Wormat.
dioc. referentes quod dd. prior et
conv. ius patron. beneficiorum ad
alt. eccl. b. Marie virg. et ad alt.
s. Cecilie in par. eccl. in Mentzen-
hein Magunt. dioc. et d. Fredericus
ius patron. 2 benef. in capel. Omnium ss. in Rebestrik in civit. Wormat.
permutarunt de consensu Adolphi
[de Nassau] tunc aep. Magunt.: de
conf. d. perm. 19. mart. 77 S 748
289^{vss}.

2960 Gyso (Ghiso) van Borch (Nohen-
borch) monach. mon. b. Marie in
Rossevelde (Rousseewalde) al. Hers-
sevelden. o. s. Ben. Bremen. dioc.

cui de abbat. d. mon. prov. fuit: absol. 18. apr. 83 L 828 217^v – prov.
de abbat. mon. ut supra vac. p. resign. in manibus pape Mathie [Grim-
meke] abb. <c. reserv. pens. 3. partis
fruct. d. mon. p. d. Gisonem persolv.> (c. litt. solitis) 18. apr. 83 L
827 264^r-265^v, Cod. Vat. Lat. 3478
110^{vs} – notitia sup. prov. de abbat.
ut supra vac. p. resign. Mathie c. reserv. pens. ann. 3. partis fruct. d.
mon. in consistorio ad relationem
[Francisci Todeschini-Piccolomini]
card. Senen. 18. apr. 83 OS 82
141^r, OS 83 111^v – abb. mon. b.
Marie ut supra: facult. recip. munus
benedictionis a quocumque antistite
qui etiam iuram. recipiat 19. apr. 83
L 827 266^r – obtulit cam. ap. et collegio card. 100 fl. adc. et 5 serv.
min. p. Theodericum Arndes can.
eccl. Lubic. pro serv. commun. ratione prov. s. d. 19. apr. 83 (in margine:
d. die bulle date fuerunt Paulo de
Rucellariis institori soc. Antonii de
Palatio qui docuit solv.) 2. mai. 83
OS 84A 151^r, Paris L 25 A 9 165^v –
solv. 47 <47^1/$_2$> fl. adc. pro <integra
solut.> commun. [serv.] mon. b. Marie ut supra ac pro serv. min. 3 fl.
adc. et 29 sol. ac pro 3 serv. min. 10
fl. adc. et 7 sol. p. manus Antonii de
Palatio 2. mai. 83 FC I 1131 146^v, IE
508 20^r, IE 509 19^r.

2961 Gladblacum
Abb. et conv. mon. Gladblacen. o. s.
Ben. Colon. dioc. cui quond. Henricus [de Virneburg] aep. Colon. par.
eccl. in Kerpen Colon. dioc. (ad
present. d. mon.) incorp. propter col-
lapsum edificiorum que incorp. n.
est sortita effectum: de incorp. de
novo d. mon. (80 m. arg.) d. par.
eccl. (30 m. arg.) 27. febr. 73 S 688
3^r, ref. 20. oct. 73 S 697 300^r.

2962 Glusingk
Capel. b. Marie in dem Glusingk Ra-
zeburg. dioc.: supplic. Johanne duce
Saxonie indulg. 15 an., gratis 20.
apr. 74 V 663 57^{rs}.

2963 Gmund

Magistricivium et consulatus op. Gmunden. August. dioc. inter al. referentes quod dudum quond. Fridericus in Steinhus can. et cust. eccl. s. Gumberti op. Onolspach Herbip. dioc. tantam summam pec. ad proprium usum deputavit quod ex illa 100 fl. renen. provenire possent annuatim ex quib. 2 scolares studere volentes (unus in art. et alter in iur. can.) nutriri deberent quodque dd. magistrocivium et consulatui plenam facult. concessit deputandi tot scolares etiam eorum scolarium sup. hoc conscientiam onerando quod post susceptos gradus si ad pinguiorem fortunam devenirent pecunias in subsidium studii perceptas eidem consulatui p. eos in aliorum bonorum immobilium convertendas restituant prout in diversis litt. ep. August. continetur: de conf. 12. apr. 83 S 821 195ʳ.

2964 Gnezna

Aep. Gneznen. vel vic. in spir. gener. seu offic. eius: narratio quod alias Kazimirus [de Masovia] ep. Plocen. ad suggestionem Bartholomei de Wydavva et Mathie de Byselzke laicorum Gneznen. et Plocen. dioc. asserentium quod Dobrogastius Crznsawszen. cantor eccl. Plocen. et subcollect. ap. in partibus illis deputatus eis nonnullas iniurias intulerat commisit Paulo de Orlono can. eccl. Plocen. d. causam audiendam et licet d. subcollect. allegaret se ratione sui subcollect. officii exemptum esse a iurisdictione d. ep. tamen ipse contra eum procedere non destitit et eum excommunicavit, m. ut d. aep. decidat summarie simpliciter 28. sept. 80 Arm. XXXIX, 13 89ᵛˢˢ.

Dec. et capit. eccl. Gneznen. cui Johannes [Gruszczynski] aep. preest: motu pr. inhibitio ne post vacationem d. eccl. ad electionem futuri aep. procedant 1. oct. 73 V 546 29ʳˢˢ – *capit. eccl. Gneznen.* inter al. referens quod in d. eccl. Gneznen.

fuerunt ab antiquis temp. 2 preb. ut ille viris doctis et peritis quorum alter in theol. alter vero in iur. can. legeret diebus deputatis conferri deberent quodque postea contigit ut dd. preb. p. aliquem sedis ap. officialem vel collectorem aut subcollectorem seu fam. pape aut card. obtinerentur: de indulto ut quandocumque et in quocumque loco vacare contigerit p. aep. Gneznen. personis taliter qualificatis et ad legendum in dd. facultatibus idoneis provideretur 10. mai. 77 S 750 276ᵛˢ.

Offic. Gneznen.: commiss. ut in causa quond. Margarite Osszolinszka rel. Nicolai Woynyczky nob. Cracov. dioc. procedat 8. iun. 82 S 811 171ᵛˢ.

Vicarii in eccl. Gneznen.: unio perp. capn. mense communi dd. vic. 71/72 I 332 115ʳ.

Prep. et conv. mon. can. reg. o. s. Aug. [in Krzepycze] Gneznen. dioc. referentes quod Johannes [Gruszczynski] aep. Gneznen. par. eccl. s. Jacobi in Regepycze [= Krzepycze] Gneznen. dioc. de iur. patron. Hyncze de Rogow castellani Sandomirien. certo modo vac. c. consensu Cazimiri regis Polonie et d. Hyncze in d. mon. erexit et fruct. d. par. eccl. d. mon. (sub observantia mon. Corporis Christi in Cazimiria Gneznen. dioc. et mon. b. Marie virg. in Mstow ac mon. b. Nicolai in Calisch o. s. Aug.) donavit et certa bona p. d. Hyncza d. mon. legata assign.: de conf. 1. ian. 79 S 776 92ᵛ.

2965 Gobelinus de Bulleshen qui perp. vicar. ad alt. b. Marie virg. in par. eccl. in Mellenhen et par. eccl. in Overbachem c. Petro de Bulleshen pro par. eccl. in Mirchem (Minchem) Colon. dioc. perm.: de nova prov. de d. par. eccl. in Mirchem (4 m. arg.) 6. sept. 82 S 808 292ᵛ.

2966 Gobelinus Hardevust cler. Colon. dioc. Jacobi [Amanati] tit. s. Chrysogoni presb. card. Papien. fam. cui gr. expect. s. d. 1. ian. 72 de benef.

ad coll. abba. et capit. sec. et colleg. eccl. ss.Cosme et Damiani Assinden. Colon. dioc. conc. fuit: de prerog. ad instar pape fam. descript. 14. (/.)ian. 74 S 701 71^{vs} – de par. eccl. s.Dionisii Swernen. (Zwerwen.) Colon. dioc. (4 m. arg.) vac. p.o. cuiusdam Johannis <Henrici Horn> 17. apr. 75 S 720 291^{vs}, m. (archipresb. Lucan. et dec. eccl. s.Patrocli Susacien. Colon. dioc. ac offic. Colon.) (exped. 16. ian. 76) L 752 251^{rss} – supplic. presb. card. ut supra de par. eccl. s.Dionisii in Smiermus (/.) Colon. dioc. (4 m. arg.) vac. p.o. Henrici Horn 22. nov. 75 S 730 38^{vs}.

2967 **Gobelinus Wuyscheit** presb. Colon. dioc. qui quoddam benef. c. Stephano ex ducibus Bavarie pro can. et preb. eccl. b. Marie ad Gradus Colon. (de quib. d. Stephano vac. p.o. cuiusdam Adolphi prov. fuerat) perm.: de nova prov. de eisdem (4 m. arg.) 7. nov. 75 S 729 226^{rs} – qui par. eccl. bb. Johannis Bapt. et Petri in Swelme Colon. dioc. vac. p.o. Johannis ten Hone assec. est et ultra 3 an. possidet: de nova prov. de eadem (4 m. arg.) 24. iul. 80 S 795 28^r – can. colleg. eccl. ss.Crisanti et Darie Monasterii Eyfflie Colon. dioc. qui perp. off. campanariatus in d. eccl. (quod p. can. vel vic. d. eccl. teneri solet) vac. p. resign. Conradi Frolich assec. est et ultra 3 an. possidet: de nova prov. de eodem (3 m. arg.) et de disp. ut unac. dd. can. et preb. d. off. ad vitam retin. val. 24. iul. 80 S 795 27^{vs}.

2968 **Gobertus Barbarson** referens quod sibi pens. 24 duc. sup. fruct. benef. s.c. in Meten. seu Trever. dioc. assign. fuit: de ref. 30. oct. 83 S 829 256^v.

2969 **Godevinus Munic:** prov. de can. et preb. Traiect. [dioc.?] vac. p.o. 80/81 I 334 231^r.

2970 **Gordianus Settelin** presb. August. dioc. in decr. licent. qui ad par. eccl. in Erenbach Constant. dioc. de iur.

patron. laic. vac. p. resign. in manibus pape Wilhelmi de Vilenbach p. Udalricum de Westerstetten mil. Constant. dioc. et Lucconem (Luzarium) de Westernach armig. August. dioc. vicario sed. episc. Constant. present. fuit et qui litig. desup. coram vic. gener. in spir. ep. Constant. contra Johannem de Wernouv (Wernois) monach. mon. in Campidona o. s. Ben. Constant. dioc. qui p. al. patron. present. fuit: supplic. d. vic. de prov. si neutri de eadem (18 m. arg.) 1. oct. 78 S 775 49^r, m. (vic. gener. in spir. ep. Constant.) (exped. 13. decb. 78) L 797 18^{rss} – oblig. p. Wolfgangum de Zulnhart prep. colleg. eccl. s.Marie in Oberhofen Constant. dioc. sup. annat. par. eccl. ut supra et promisit solv. infra 6 menses a die habite possessionis computandos 23. decb. 78 A 27 127^r.

2971 **Gorlitz**
Proconsul consules et civ. op. Gorlitzen. Misnen. dioc. ac incole et terrigene qui sepe extra d. op. ultra 2 dietas legales evocantur a iudicibus eccles. in suorum periculum (quia vicini sunt hereticis Bohemis): <supplic. Mathia Ungarie et Bohemie rege> de indulto quod ultra 1 dietam legalem evocari n. possint et quod in eccles. causis p. ep. Misnen., in al. causis autem p. iudices sec. d. op. iudicentur 12. oct. 73 S 697 233^{vss}, 14. mai. 74 S 704 279^{vss} – consulatus et universitas hominum op. Garligen. Misnen. dioc. qui se contra hereticos regni Bohemie viriliter exhibuerunt et par. eccl. ss.Petri et Pauli d. op. in suis structuris ampliare desiderant: de indulg. 7 an. 15. oct. 76 S 750 101^{vs}.

2972 **Gorzien.**
Conv. mon. Gorzien. Meten. dioc.: hortatio ut Hermannum Tuleman can. eccl. b. Marie Aquisgrani [Leod. dioc.] pape fam. et cap. nomine Juliani [de Ruvere] tit. s.Petri ad vincula presb. card. secundum carnem pape nepotem ad pacificam

possessionem d. mon. Gorzien. quod in commendam obtin. admittant 21. febr. 77 Acquisti 27/1 41ʳ.

2973 Goslaria
Perp. vicarii eccl. ss. Simonis et Jude Goslarien. Hildesem. dioc. qui statutum sup. distributione reddituum fecerunt: de conf. 16. decb. 74 S 712 240ᵛ – de indulto pro elargiendo elemosinas et de facult. utendi sigillo 10. iul. 77 S 754 250ʳˢ – *prep. et capit. eccl. ss. Simonis et Jude op. Goslarien. Hildesem. dioc.* referentes quod Fridericus R. I. necnon Leo [IX.], Adrianus [V.] et Victor [IV.?] pontifices varia privil. ad d. eccl. conc. et d. eccl. et eius can. in protectionem sed. ap. susceperunt sed Bertoldus [de Landsberg] ep. Hildesem. d. privil. infringere voluit: conf. d. privil. (exec. abb. mon. Scotorum Herforden. [= Erforden.] Magunt. dioc. et dec. eccl. s. Blasii Brunswicen. Hildesem. dioc. ac dec. eccl. Bremen.) 13. apr. 83 V 630 19ᵛ-22ᵛ – restit. bulle sup. conf. exempt. ab iurisd. ordin. ut supra 28. apr. 83 A 31 191ᵛ.

2974 Goswinus Kempgen (Kempgyn) can. prebend. eccl. ss. Appl. Colon. mag. in art. decr. doct. in leg. bac.: de scolastr. d. eccl. (3 m. arg.) vac. p. assec. prepos. d. eccl. (tunc vac. p. o. in cur. Henrici Dalman) p. Tylmannum Slecht 28. aug. 71 S 671 93ʳˢ, (m. prep. eccl. ss. Petri et Pauli Bardewicen. Verden. dioc., dec. eccl. s. Cuniberti Colon. ac offic. Colon.) (exped. 17. sept. 71) L 717 10ʳ-11ᵛ – presb. Colon. dioc.: de vicar. s. Cecilie in eccl. ss. Gereonis et soc. Colon. (4 m. arg.) vac. p. o. Gerhardi Horn 17. decb. 71 S 674 168ᵛˢ – scolast. eccl. ss. Appl. Colon. pres. in cur.: de n. resid. p. 1 an. et de fruct. percip. ex d. scolastr. (4 m. arg.) 9. mai. 72 S 679 10ᵛˢ – can. eccl. ss. Appl. Colon. pape acol. inter al. referens quod ipse privilegiato stud. tamquam can. d. eccl. 2¹/₂ m. arg. percepit et quod postmodum in cur.

resid. unica marca contentus fuit et quod capit. d. eccl. eum totaliter a perceptione fruct. suspendit: hortatio (pro dec. et capit. d. eccl.) ut d. suspensionem tollant 28. iul. 72 Arm. XXXIX, 14 332ᵛˢ – Colon. [dioc.?]: pens. 80/81 I 334 44ᵛ.

2975 Goswinus Korthe presb. Osnaburg. dioc.: de can. et preb. in colleg. eccl. s. Egidii op. Widenburgen. Osnaburg. dioc. vac. p. o. Johannis Carchzer (3 m. arg.) vel p. inhab. Johannis Spir intrusi vel p. devol. 20. iun. 78 S 770 233ʳ.

2976 Goswinus ten Haue presb. Colon. dioc. Adolphi ducis Gelrie et Julie et com. Zutphanie dilectus <acceptus>: supplic. d. duce de par. eccl. in Kuyck Leod. dioc. de iur. patron. d. ducis (10 <16> m. arg.) vac. p. ingr. <dom. in Monchusen> o. Cartus. <Traiect. dioc.> p. Wilhelmum Collart (Colart) 5. febr. 73 S 687 224ʳˢ, m. (dec. eccl. s. Walburgis Arnemen. Traiect. dioc.) (exped. 9. decb. 77) L 770 194ʳˢˢ – oblig. p. Gerardum Dreses de Grollis can. eccl. Novimagen. Colon. dioc. pape fam. sup. annat. par. eccl. in Kuynck ut supra 17. decb. 77 A 26 115ᵛ.

2977 Goswinus Johannis cler. Traiect. dioc. can. eccl. s. Martini in Rossem Traiect. dioc.: de prom. ad omnes ord. extra temp., sola sign. 24. mai. 84 S 836 132ᵛˢ.

2978 Goswinus Mumme cler. Traiect. dioc. Oliverii [Carafa] card. ep. Albanen. Neapolitan. nunc. fam.: de can. et preb. colleg. eccl. s. Clementis in Steinwich (Steynwicke) Traiect. dioc. (5 <4>m. arg.) vac. p. o. Stephani Helmici d. card. fam. et p. devol. 23. mart. 82 S 809 14ʳˢ, 16. apr. 82 S 809 161ʳ – can. colleg. eccl. s. Clementis ut supra: de prom. ad omnes ord. extra temp., sola sign. 2. apr. 83 S 821 225ᵛ.

2979 Goswinus de Oldeneuyer cler. Traiect. inter 2 Petri Mathei hosp. s. Spiritus in Saxia de Urbe preceptoris fam. enumeratus: supplic. d. precept. de 2 can. usque ad 30 l. T. p. et de 2 benef. ad coll. quorumcumque, Et s. d. 1. ian. 72 S 670 171^v.

2980 Goswinus de Orsoy relig. o. s. Ant. de precept. dom. s. Antonii in Lichtemberg Misnen. dioc. (60 m. arg. p.) vac. p. o. Johannis Doleatoris 31. ian. 81 S 799 139^v – precept. dom. s. Antonii in Lictemberg o. s. Ant. Misnen. dioc.: oblig. p. Theodericum Arndes can. eccl. Lubic. sup. annat. precept. d. dom. (80 m. arg. p.) ut supra (in margine: s. d. 19. mart. 81 Gerius de Geronimis de Florentia institor soc. de Salutatis de cur. se oblig. nomine d. soc. pro dd. Theoderico et Goswino) 19. mart. 81 A 29 160^v – can. eccl. Morinen. de Sancto Antonio [Viennen. dioc.] o. s. Ant.: consensit p. Johannem Jacobi Leist procur. (ut constat ex m. acto et subscripto p. Hugonem cler. Hildesem. dioc. imper. auct. not.) assign. pens. ann. 100 fl. renen. electorum imperii Theodorico Arendis leg. doct. can. eccl. Lubic. p. d. Goswinum sup. fruct. precept. dom. s. Antonii in Lichtemberg o. s. Ant. Misnen. dioc. persolv. Rome s. d. 26. febr. 82 conc. 2. mart. 82 OP 6 130^v.

2981 Goswinus Werken (Veerken) cler. Colon. dioc.: de alt. s. Nicolai in capel. de Nethenis Traiect. dioc. (4 m. arg.) vac. p. resign. in manibus pape Petri Buse cler. Leod. dioc. (cui de eodem vac. p. o. Henrici Vriese prov. fuit) 29. iul. 80 S 796 14^r – de perp. vicar. in eccl. s. Petri Traiect. (3 m.) vac. p. o. Alberti Braseman 23. oct. 83 S 839 230^r.

2982 Gotfridus Aghenholt cler. Colon. dioc.: de perp. capn. sive vicar. ad alt. s. Katherine in colleg. eccl. s. Cassii [Bonnen.] Colon. dioc. (4 m. arg.) vac. p. o. cuiusdam Willelmi Pii II. fam. 10. iul. 75 S 723 121^v.

2983 Godefridus (Gaufredus) de Arberch monach. mon. b. Marie Aureevallis o. Cist. Trever. dioc. expresse profes. in sacerdotio et in et. legitima constit. qui post obitum Johannis de Philomena ultimi abb. in abb. electus atque ordin. auct. conf. fuit: de nova prov. de abbat. d. mon. (100 l. T. p.) 18. ian. 77 S 746 181^{vs}, m. (dec. eccl. b. Marie de Yvodio Trever. dioc.) L 771 62^{rss} – abb. etc. mon. ut supra: indultum utendi mitra anulo et al. insigniis pontific. 25. ian. 77 L 773 140^r – solv. 16 fl. adc. pro compositione annat. mon. ut supra p. manus soc. de Paccis 14. febr. 77 IE 493 83^r, IE 494 87^r – obtulit cam. ap. et collegio card. 33^1/$_3$ fl. adc. p. quendam Henricum pro serv. commun. ratione prov. ut supra (in margine: die 14. mart. 77 bulle date fuerunt soc. de Pacciis) 22. febr. 77 Paris L 25 A 9 4^v – solv. pro totali solut. commun. et min. serv. 17 fl. adc. 44 sol. p. manus Guilielmi et Johannis de Pazzis et soc. cur. sequentium 23. iun. 77 FC I 1127 164^v – abb. mon. Aureevallis o. Cist. Trever. dioc. qui s. d. 25. iun. 77 mon. Vallis Sancti Lamberti o. Cist. Leod. dioc. in commendam obtin.: absol. gener. (ad effectum commendandi d. mon.) 25. iun. 77 L 777 279^r – commendatarius mon. b. Marie Vallis Sancti Lamberti o. Cist. Leod. dioc.: solv. pro totali solut. commun. et min. serv. 80 fl. adc. 18 sol. 10 den. p. manus Guillelmi et Johannis de Pazis et soc. cur. sequentium 10. iul. 77 FC I 1127 165^r.

2984 Gotfridus Bartholomei et **Clementia** fil. **Henrici de Harlem** partium Hollandie Traiect. dioc. pauperes qui matrim. contraxerunt nescientes quod d. Gotfridus olim quendam puellam in 3. gradu consang. d. Clementie carnaliter cognovit: de absol. d. Gotfridum et de disp. sup. impedimento matrim. et de committ. executionem abbati mon. s. Adalberti Egmonden. o. s. Ben. Traiect. dioc. (et n. ordin. loci) 14. oct. 75 S 738

227^{rs}, m. (abb. mon. s. Adalberti Egmonden. ut supra) L 762 65^{rs}, [cass.,
dat. deest] L 767 86^r.

**2985 Gotfridus (Gofridus, Gaufredus)
de Berninckhusen (Bernynchusen,
Borninchusen)** [1. pars 3 partium]
cler. Colon. dioc. pape fam. <perp.
vic. ad alt. ss. Crucis et Odalrici in
eccl. s. Patrocli Susacien. Colon. dioc.>: de disp. ad quodcumque benef.
n. o. def. nat. (cler. ex utr. par. de
nob. mil. gen. et s.) <et lic. tacendi
sup. d. def. nat.> 3. oct. 77 S 758
136^{vs}, gratis V 668 165^{rs} – c. quo
sup. def. nat. (nob. et s.) disp. fuit et
qui perp. vicar. ad alt. ut supra (4 m.
arg.) obtin.: m. (dec. eccl. b. Marie
ad Gradus Colon. et scolast. eccl.
Wratislav. ac offic. Colon.) confer.
par. eccl. in Herne Colon. dioc. (4 m.
arg.) vac. p. o. Alberti Beyer, gratis
16. oct. 77 V 586 215^{vss} – de par.
eccl. in Horne Colon. dioc. (4 m.
arg.) vac. p. o. Alberti Beyr 23. oct.
77 S 768 252^v – motu pr. de par.
eccl. in Herne Colon. dioc. vac. p. o.
Alberti Reyer (4 m. arg.) n. o. def.
nat. (nob. mil. s. et s.) sup. quo secum ad quodcumque benef. recip. et
ad n. mentionem faciendum disp. fuit 29. oct. 77 S 759 139^{vs} – de nova
prov. de can. et preb. colleg. eccl.
mon. in Rundorf (4 m. arg.) [Colon.
dioc.] vac. p. o. Conradi de Duysseldorff 8. iun. 78 S 770 91^{rs} – fit mentio ut testis iuramenti Petri de Via-
nensibus not. dohane patrimonii 11.
aug. 78 FC I 1715 8^v – de disp. ad 2
incompat. benef. etsi par. eccl. ad vitam c. lic. perm. et de n. resid. 3.
oct. 78 S 773 211^{vs}, (exec. dec. eccl.
Colon. et eccl. Paderburn. ac offic.
Colon.), gratis V 591 64^v-67^v – de
par. eccl. in Lors Leod. dioc. (8 m.
arg. p.) vac. p. o. Waltheri Krach 2.
febr. 79 S 778 23^{vs} – motu pr. gr.
expect. s. d. 1. ian. 72 de benef. ad
coll. prep. etc. eccl. s. Gereonis Colon. necnon abb. etc. mon. s. Adalberti Egmonden. o. s. Ben. Traiect.
dioc. c. derog. prerog. pape fam. et-

iam primorum (m. ep. Civitatis Castelli et ep. Forolivien. ac ep. Urbevetan.), gratis 3. mart. 79 V 670
471^r-472^v – motu pr. de par. eccl.
s. Martini Bamberg. (10 <16> m.
arg.) vac. p. o. Henrici Monick
(Monch) al. de Werthem 21. mart.
79 S 783 13^{vs}, (exec. ep. Civitatis
Castelli et prep. eccl. Paderburn. ac
dec. eccl. Bamberg.), gratis V 606
253^v-255^v – motu pr. de decan. colleg. eccl. s. Lebuini Davantrien. Traiect. dioc. et de can. et preb. d. eccl.
c. supplemento (40 m. arg.) vac. p. o.
Johannis Thome attento quod de
fruct. d. decan. pens. ann. 80 fl. renen. [Theodoro] card. Monteferrato
reserv. fuit 1. nov. 79 S 787 193^{vs} –
qui par. eccl. s. Martini Bamberg. in
favorem Eberhardi Rabensteyn can.
eccl. Bamberg. resign. in manibus
pape possessione n. habita referens
quod d. par. eccl. d. canonicatui et
prebende unita fuit quamdiu d. Eberardus illos obtin.: assign. pens. ann.
12 fl. auri renen. sup. fruct. par. eccl.
in Weischenfelt Bamberg. dioc. (70
fl. auri renen.) p. d. Eberardum rect.
d. par. eccl. in cur. vel in civit. Colon. persolv. (donec sibi sollicitudine
d. Eberardi de can. et preb. eccl.
s. Georgii Colon. prov. fuerit) (exec.
aep. Salernitan. et dec. eccl. Bamberg. ac offic. Bamberg.), gratis 29.
decb. 79 V 611 113^v-116^r – de perp.
s. c. benef. ad alt. s. Viti in eccl. Paderburn. (4 m. arg. p.) vac. p. resign.
in manibus pape Hermanni Dolff 21.
mart. 80 S 791 81^r, (exec. ep. Civitatis Castelli et dec. eccl. Paderburn.
ac offic. Paderburn.), gratis V 603
124^v-126^v – de s. c. vicar. ad alt. b.
Marie virg. in eccl. b. Marie op.
Reissen. (Ressen.) Colon. dioc. (4 m.
arg.) vac. p. resign. in manibus pape
Arnoldi Clover cler. Colon. dioc.
(cui vig. gr. expect. de d. vicar. vac.
p. resign. in manibus pape Johannis
Leonis <s. d. 29. apr. 80> prov. fuit
litt. n. exped.) 1. iul. 80 S 794
100^{rs}, (exec. prep. eccl. s. Georgii
Colon. et dec. eccl. s. Victoris Xanc-

ten. Colon. dioc. ac dec. eccl. ss. Petri et Andree Paderburn.), gratis V 607 35^v-37^r.

2986 **Gotfridus de Berninckhusen** [2. pars 3 partium] qui perp. s.c. capn. sive vicar. ad alt. b. Marie in colleg. eccl. Ressen. Colon. dioc. vac. p.o. Ottonis ten Bleeck cler. Colon. dioc. vel p. resign. in manibus pape Johannis Leonis aut Arnoldi Clover et **Henricus de Ophuysen** cler. Colon. dioc. olim pape fam.: de adm. resign. d. Godfridi et de prov. d. Henrico de d. perp. capn. (4 m. arg.) ac de assign. d. Godfrido pens. ann. 10 fl. renen. sup. fruct. can. et preb. c. ferculo eccl. s. Victoris Xancten. Colon. dioc. (10 m. arg. p.) p. d. Henricum can. d. eccl. persolv. 14. nov. 80 S 798 64^{rs} – rect. par. eccl. in Horne (Horn) Colon. dioc. <pape fam.>: de lic. dicendi horas can. iuxta morem R. E. c. uno socio et de alt. port. etiam tempore interd. et c. clausula ante diem ac de recip. eum in pape acol. 18. decb. 80 S 799 20^{vs}, gratis V 675 205^{vs}, recip. in pape acol., gratis V 659 70^{rs} – not. recip. pro bulla distributa quandam summam febr. 81 DB 1 69^v – referens quod Arnoldus Clover cler. Colon. dioc. perp. vicar. episc. nunc. in eccl. Wormat. resign. in manibus pape de qua Ade Rothart prep. eccl. s. Petri Fritzlarien. Magunt. dioc. prov. fuit c. reserv. d. Arnoldo pens. ann. 15 fl. renen. sup. fruct. d. prepos. p. d. Adam persolv. quam pens. d. Arnoldus resign. in manibus pape: assign. pens. ann. 12 fl. renen. sup. fruct. d. prepos. p. d. Adam in civit. Colon. persolv. c. assensu suo (p. Theodericum Arndes dec. eccl. s. Blasii Brunswicen. Hildesem. dioc. procur. express.) (m. prep. eccl. Paderburn. et dec. eccl. Monast. ac offic. Colon.), gratis 19. iun. 81 V 650 95^v-97^v – referens quod Petro Steyamer presb. Colon. dioc. de par. eccl. Veteris Ecclesie s. Petri op. Susacien. Colon. dioc. (75 fl. auri renen.) vac.

p.o. Hinrici Pape prov. fuit c. reserv. d. Gottfrido pens. ann. 25 fl. auri renen. sup. fruct. d. eccl.: motu pr. reserv. d. pens. de novo (exec. ep. Civitatis Castelli et prep. eccl. Paderburn. ac dec. eccl. Paderburn.), gratis 5. aug. 81 V 614 286^v-288^r – disp. ad 2 compat. benef. sub eodem tecto ad vitam c. lic. perm., gratis 30. aug. 81 V 675 205^{rs} – restit. bulle sup. pens. eidem ut supra s.d. 29. decb. 79 assign. (quia est facta oblig. d. par. eccl. pro fam. gubernatoris) 20. decb. 81 A 30 205^v – de perp. s.c. vicar. ad alt. s. Crucis in eccl. Colon. (4 m. arg.) vac. p.o. Antonii (de) Curwick (al. de Susato) Georgii [Hesler] tit. s. Lucie in Silice presb. card. fam., n.o. perp. s.c. vicar. in eccl. Paderburn. (4) ac perp. s.c. vicar. in eccl. s. Patrocli Susacien. Colon. dioc. (4) quas obtin. necnon par. eccl. in Horne Colon. dioc. (4 m. arg.) sup. qua litig. ac pens. ann. 12 fl. auri renen. sup. fruct. par. eccl. in Weyschenvelt (Weyscevelt) Bamberg. dioc. ac pens. ann. 25 fl. auri renen. sup. fruct. eccl. Veteris Ecclesie s. Petri Susacien. Colon. dioc. ac pens. ann. 10 fl. auri renen. sup. fruct. can. et preb. in eccl. s. Victoris Xanten. Colon. dioc. <et motu pr. gr. expect. de can. et preb. in eccl. s. Gereonis Colon. ac de benef. ad coll. aep. etc. Trever.> 24. decb. 81 S 806 89^r, m. (prep. eccl. Paderburn. et dec. eccl. ss. Petri et Andree Paderburn. ac dec. eccl. s. Ludgeri Monast.), gratis V 615 267^r-269^r – restit. bulle sup. pens. ann. 25 fl. auri renen. eidem sup. fruct. par. eccl. Veteris Ecclesie s. Petri op. Susacien. Colon. dioc. motu pr. assignata de qua par. eccl. Petro Steynhamer presb. Colon. dioc. s.d. 5. aug. 81 prov. fuit (fruct. d. par. eccl. sunt expressi ad 75 fl. renen.; debet dari bulla d. pensionis d. Gaufrido; et debet fieri litt. collect. ut sequestret fruct. d. eccl. donec receperit ab eisdem 38^1/$_2$ fl. renen. pro annat. d. eccl. nomine d. Petri cui est conc.

provideri de d. eccl.; in margine: s. d. 1. febr. 82 dominus Vincentius de Eill collect. dixit et rettulit se habuisse litt. camerarii) 28. ian. 82 A 30 212^v.

2987 Gotfridus de Berninckhusen [3. pars 3 partium]: not. recip. pro bulla distributa 2 grossos ian. 82 DB 1 114^r – consensus p. Theodoricum Arndes (vig. instr. acti Wormatie in domo Ade Rodarth prep. colleg. eccl. s. Petri Fritzlarien. Magunt. dioc. s. d. 22. apr. 82 et subscripti manu Gotscalchi Johannis de Nyuenhem cler. Colon. dioc. not. publ.) ad transl. pens. ann. 12 fl. renen. sup. fruct. prepos. ut supra que pens. prius assign. fuerat Arnoldo Clover cler. Colon. videlicet 15 fl. renen. 16. iun. 82 Resign. 2 10^v – de can. et preb. colleg. eccl. s. Walburgis Messcheden. Colon. dioc. (4 m. arg.) vac. p. o. Bartholomei (Bertoldi) Tegethoiff (de Theeriff) Prosperi [de Columna] tit. s. Georgi ad velum aureum diac. card. fam., n. o. perp. s. c. vicar. in eccl. s. Patrocli Susacien. Colon. dioc. et perp. s. c. vicar. in eccl. Paderburn. quas obtin. et perp. s. c. vicar. in eccl. Colon. (4) sup. qua litig. in cur. et par. eccl. in Horne Colon. dioc. (4) quam obtin. ac can. et preb. in Busschofseyn Trever. dioc. (4 m. arg.) et pens. ann. 12 fl. renen. sup. fruct. par. eccl. in Weysschenvelt (Wenchenfelt) Bamberg. dioc. et pens. ann. 12 fl. renen. sup. fruct. prepos. eccl. s. Petri Fritzlarien. Magunt. dioc. et pens. ann. 10 fl. renen. sup. fruct. can. et preb. ac ferculi eccl. s. Victoris Xancten. Colon. dioc. et pens. ann. 15 <25> fl. renen. sup. fruct. par. eccl. Veteris Ecclesie s. Petri op. Susacien. Colon. dioc. auct. ap. conc. <n. o. quod vig. gr. expect. de can. et preb. eccl. s. Gereonis Colon. necnon de can. et preb. in eccl. Bussostaynen. Trever. dioc. (4 m. arg.) sibi prov. fuit> 17. iun. 82 S 811 290^v, m. (aep. Salernitan. et dec. eccl. ss. Petri et Andree Pader-

burn. ac dec. eccl. s. Walburgis Mesceden. Colon. dioc.), gratis V 630 134^r-136^v – not. recip. pro bulla distributa 3 grossos et 4 grossos oct. 82 DB 1 148^r – de n. prom. ad an., sola sign. 19. mart. 83 S 827 117^v – de par. eccl. in Loen et Sassendorp Colon. dioc. (4 m. arg.) vac. p. resign. in manibus pape Petri Steynhamer et de incorp. par. ecclesie in Horn Colon. dioc. (4 m. arg.) quam obtin. d. par. eccl. ad vitam d. Gotfridi 4. iun. 83 S 824 159^{vs}, gratis V 637 58^r-59^v – oblig. sup. facult. resign. vel perm. p. bullam s. d. 3. oct. 78 9. iun. 83 A 31 71^v – consensus resign. ut supra fact. p. Henricum Bockenow (Bockemrow) dec. eccl. ss. Petri et Andree in Bustorp Paderburn. procur. ut constat instr. publ. acto in op. Susaci Colon. dioc. die 30. oct. 82 subscripto p. Rodulphum Abel de Susato cler. Colon. dioc. imper. auct. not. 16. iul. 83 Resign. 2 95^r – c. quo sup. def. nat. ut ad omnes ord. prom. val. 1 c. c. benef. et deinde ad quodcumque compat. benef. c. lic. perm. disp. fuit: de exten. dd. gr. ad dign. in metropolitanis et colleg. ecclesiis n. o. def. nat. 23. sept. 83 S 839 153^r – referens quod secum sup. def. nat. (de cler. soluto ex utr. par. de nob. et mil. gen. et soluta) ut ad omnes ord. promoveri et c. c. benef. obtin. val. disp. fuit cuius vig. ad omnes min. ord. prom. fuit et vig. gr. expect. vicar. ad alt. ss. Crucis et Odalrici in eccl. s. Patrocli Susacien. Colon. dioc. in forma paup. acc. et quod deinde ad quecumque compat. benef. c. lic. perm. disp. fuit et quod sibi quod in litt. nullam de d. def. nat. mentionem facere teneretur conc. fuit et quod ipse post obtentas dd. dispensationes plures impetrationes fecit et gr. expectativas habuit quarum vig. certa benef. assec. fuit et sup. aliquibus litig. in Rota quodque in prima disp. p. penit. expeditam express. fuit de soluto et soluta in aliis vero a papa emanatis narratum est de cler. soluto ex utr. nob.

mil. gen. procreato genitus et soluta: de decl. dd. litt. perinde val. acsi in primis litt. de d. def. nat. mentio facta fuisset 26. iun. 84 S 839 162^r.

2988 Gotfridus Bischoff presb. Magunt. dioc. in art. mag. in theol. bac. qui ad perp. s. c. vicar. ad alt. ss. Johannis, Mathei, Erasmi ac 11.000 Virg. in par. eccl. s. Martini i. m. op. Erfforden. vac. p. o. Johannis Molhusen p. Heynonem de Sachsa sen. proconsulem d. op. et heredem quond. Isentrudis Swanemger habitatricis d. op. et fundatricis d. vicar. preposito eccl. b. Marie d. op. present. fuit et qui litig. desup. coram d. prep. contra Antonium Triesz, Fridericum Hucteners et Johannem Stephani clericos (p. nonnullos al. laic. patron. n. canonice present.): m. (prep. eccl. b. Marie Erforden. Magunt. dioc.) confer. si nulli d. vicar. (10 m. arg.) 16. febr. 73 (exped. 17. febr. 73) L 724 46^v-48^r – oblig. sup. annat. p. Johannem Eringen dec. eccl. Nortusen. Magunt. dioc. et Ludolphum Tobin prep. eccl. Brunswicen. Hildesem. dioc. [Latini] card. de Ursinis pape camerarii cap. sup. annat. 26. febr. 74 A 23 31^v – solv. 25 fl. adc. pro annat. p. manus Martini de Ker 2. apr. 82 FC I 1134 200^r, IE 505 96^v.

2989 Godefridus de Campo qui capel. leprosorum e. m. op. Busciducen. Leod. dioc. et portionem par. eccl. maioris hosp. d. op. et **Johannes Oeckel** pape fam. qui par. eccl. de Ema al. Embruggen. Traiect. dioc. perm.: de assign. d. Johanni pens. ann. 14 fl. renen. (40 grossi monete Flandrie pro quolibet fl.) sup. fruct. d. par. eccl. (50 fl. renen.) p. Godefridum in d. op. Busciducen. persolv. 20. decb. 78 S 777 48^v.

2990 Godefridus (Gotfridus, Goffredus) (de) Chenemont cler. Leod. dioc. pape fam. qui vig. gr. expect. par. eccl. s. Martini Enyste Leod. vac. p. o. Johannis Pictandi acc.: de nova prov. de d. par. eccl. (80 fl. adc.) 19. sept. 77 S 757 280^{rs} – qui perp.

capn. ad alt. b. Marie de Organis in eccl. de Nivellis Leod. dioc. de qua vac. p. o. in cur. Laurentii Renerii cler. Colon. (cui de eadem vac. p. o. in cur. Ranerii de Crimbol prov. fuit) prov. fuit et **Humbertus Arnoldi** qui perp. capn. ad alt. s. Nicolai in par. eccl. de Umehlin Cameracen. dioc. quam obtinet resign. in manibus pape desiderant: de adm. d. resign. et de prov. d. Humberto de d. capn. ad alt. b. Marie de Organis (15) et d. Gottfrido de d. capn. ad alt. s. Marie [recte: Nicolai] (10 fl. renen.) 7. febr. 78 S 764 152^{rs} – rect. par. eccl. s. Martini Leod. (30 fl. adc.) nob. viri Johannis de Rinore fam.: de n. prom. ad 7 an., Conc. ad 3 an. 14. mart. 78 S 766 198^r – cui gr. expect. s. d. 1. ian. 72 de can. et preb. eccl. s. Dionisii Leod. et de benef. ad coll. prep. etc. eccl. s. Pauli Leod. motu pr. conc. fuit: motu pr. de antelatione omnibus al. expect. (etiam ad secundas gr. reval. etc.) 10. iul. 79 S 784 83^v – can. eccl. s. Dionisii Leod. pape fam. cui gr. expect. s. d. 1. ian. 72 de can. et preb. d. eccl. et de benef. ad coll. prep. etc. eccl. s. Pauli Leod. motu pr. conc. fuit: motu pr. de antelatione omnibus al. expect. (etiam ad secundas gr. reval. etc.) et decl. litt. desup. perinde val. acsi priores litt. motu pr. conc. et sup. illis sic conc. dd. processus decreti fuissent ac tempore dd. litt. pape fam. fuisset 21. iul. 79 V 675 477^r-478^v – cui vig. gr. expect. de can. et preb. ac cantor. eccl. s. Dionisii Leod. vac. p. o. Antonii de Blisia prov. fuit: de nova prov. de eisdem (35 l. T. p.) 30. iul. 80 S 796 82^v – cui vig. gr. expect. et prerog. de can. et preb. ac cantor. eccl. s. Dionisii Leod. certo modo vac. prov. fuerat et qui deinde desup. litig. coram [Johanne de Ceretanis] ep. Nucerin. aud. locumtenenti contra certos adversarios: de prorog. term. intimandi ad an., Conc. ad 6 menses 5. iul. 81 S 802 160^{rs} – resign. cantor. eccl. s. Dionisii Leod.

de qua Johanni Copis can. d. eccl. Rome s.d. 12. iun. 81 prov. fuit 11. nov. 81 OP 6 113ᵛ – oblig. sup. annat. can. et preb. ac cantor. eccl. s. Dionisii Leod. (50 l. T. p.) de quib. vac. p. o. Antonii de Blisia s.d. 11. aug. 80 sibi prov. fuit (in margine: d. die solv. pro annat. 23 fl. p. manus soc. de Franciottis de cur.) 8. ian. 83 Paris L 26 A 10 155ᵛ.

2991 Gottfridus Colling can. eccl. Magunt.: de indulto ut unac. familia sua quadragesimalibus diebus excepta septimana sancta butiro vesci val. 27. mart. 78 S 767 268ᵛ.

2992 Godefridus Dieson cler. seu scol. Constant. dioc. in 17. sue et. an. constit. c. quo sup. def. nat. (s. de nob. gen. et s.) disp. fuit: de prom. ad omnes ord. et de disp. ad 2 incompat. benef. etsi par. eccl. ad vitam c. lic. perm., Conc. de uno in 18. et de alio in 22. et. an. 6. apr. 80 S 791 131ʳˢ.

2993 Godefridus de Donck scol. Leod. dioc.: de par. eccl. de Goudriaen Traiect. dioc. (50 duc. adc.) vacat. p. priv. Ottonis de Ynghen qui excom. missas celebravit 3. decb. 78 S 775 272ᵛˢ.

2994 Gotfridus Erhard cler. Colon. dioc. cui vig. gr. expect. de capel. s. Antonii [e. m. op. Kempen.] Colon. dioc. vac. p. o. Henrici Birman de Kempis prov. fuit: de nova prov. de d. capel. (4 m. arg.) 22. febr. 77 S 748 24ʳˢ.

2995 Gotfridus Fabri cler. Leod. dioc. <pres. in cur.>: de can. et preb. colleg. eccl. s. Pauli Leod. (9 m. arg.) vacat. p. resign. in manibus pape Tilmanni Slecht decr. doct. pape fam. et cubic. <p. Johannem Craches can. eccl. s. Servatii Traiecten. Leod. dioc. procur. fact.> 25. sept. 71 S 672 88ᵛ, (m. aep. Antibaren. et prep. eccl. s. Spiritus Ruremunden. Leod. dioc.) (exped. 12. oct. 71) L 713 116ᵛˢˢ – oblig. sup. annat. 12. mart. 72 A 21 105ᵛ – solv. 20 fl. adc. pro

compositione totalis solut. annat. p. manus pr. 12. mart. 72 FC I 1129 65ᵛ, IE 487 53ᵛ – m. (dec. eccl. s. Dionisii Leod.) confer. can. et preb. eccl. b. Marie op. Tongeren. Leod. dioc. (12 m. arg.) vac. p. resign. in manibus pape Philippi de Brynen (p. Johannem Bolengarii presb. Ambianen. dioc. procur. suum fact.) 9. sept. 75 (exped. 20. sept. 75) L 753 206ʳˢ – solv. 26 fl. auri pro compositione annat. can. et preb. eccl. b. Marie ut supra p. manus Henrici Bormans not. Rote 22. sept. 75 FC I 1132 104ʳ, IE 492 36ᵛ – cant. eccl. s. Bartholomei Leod. qui litig. c. Luca de Venne perp. cap. ad alt. b. Marie in par. eccl. de Duysel Leod. dioc. contra Gerardum de Eyck sup. d. capn. (quam obtin.) et qui quoddam al. perp. benef. ad effectum concordie resign. in manibus ordin. qui d. benef. d. Gerhardo contulit: assign. pens. ann. 9 fl. renen. sup. fruct. d. capn. (30 fl. renen.) p. d. Lucam (c. assensu suo p. Marcum Dionisii cler. Leod. dioc. procur. express.) persolv. (m. dec. eccl. s. Petri et dec. eccl. s. Crucis ac Henrico ex Palude can. eccl. Leod.) 4. iul. 78 L 786 169ᵛˢˢ – cant. eccl. s. Bartholomei Leod.: restit. bulle sup. annat. pens. ann. ut supra 13. oct. 78 A 27 217ᵛ – assign. pens. ann. Leod. [dioc.?] 81/82 I 334 136ʳ.

2996 Gotfridus Fluwack (Fluwerck) presb. Verden. dioc. qui ad perp. vicar. ad alt. s. Mathei in eccl. s. Johannis Luneburgen. Verden. dioc. vac. p. o. Ludolphi Wigboldi p. Leonardum prep. d. eccl. present. fuit et qui litig. desup. coram d. prep. contra Didericum Kalkhaghen: de prov. si neutri d. vicar. (4 m. arg.) c. derog. iur. patron. 23. apr. 75 S 718 171ᵛˢ.

2997 Godfridus Vockinck de Vredis cler. Monast. dioc. in 21. sue et. an. constit.: motu pr. de gr. expect. de 2 benef. ad coll. quorumcumque, Et s.d. 17. nov. 81 S 803 222ʳˢ.

2998 **Gotfridus Vorclein (Voytlin)** subdiac. rect. par. eccl. in Solczfelt Herbip. dioc.: de prom. ad omnes ord. extra temp., sola sign. 26. ian. 76 S 733 254ʳ – rect. par. eccl. Sultzvelt Herbip. dioc.: de disp. ut unac. d. par. eccl. aliud incompat. benef. recip. valeat etsi 2 par. eccl. ad vitam c. lic. perm. 13. febr. 81 S 802 100ʳ – cler. Herbip.: motu pr. de gr. expect. de benef. ad coll. quorumcumque, Et s.d. 17. nov. 81 S 803 125ʳ – rect. par. eccl. in Sulczvelt Herbip. dioc. Georgii [Hesler] tit. s. Lucie in Silice presb. card. cap. et continuus commensalis: de facult. resign. vel perm. 26. febr. 82 S 807 115ᵛ – disp. ad incompat. 81/82 I 334 110ʳ.

2999 **Gotfridus Gelrood (Oelroed)** cler. Colon. dioc.: de perp. capn. s. Huberti e. m. Kempen. Colon. dioc. (4 m. arg.) vacat. p. resign. in manibus pape Petri Daelman 20. iul. 73 S 695 232ᵛ – cui gr. expect. s.d. 1. ian. 72 de c.c. benef. conc. fuit: de decl. litt. desup. perinde val. acsi gr. expect. motu pr. conc. fuisset et acsi d. Gotfridus pape fam. descript. fuisset 26. ian. 76 S 736 128ʳ.

3000 **Godefredus (Godifredi) de Bastonia** cler. Leod. dioc. c. quo sup. def. nat. (p. s.) et ad quodcumque benef. compat. c. lic. perm. disp. fuit et cui gr. expect. s.d. 1. ian. 72 de can. et preb. eccl. b. Marie Huyen. Leod. dioc. necnon de benef. ad coll. abb. etc. mon. s. Huberti de Ardena o. s. Ben. Leod. dioc. s.d. 14. oct. 75 conc. fuit: decl. litt. desup. perinde val. acsi gr. expect. motu pr. conc. fuisset, gratis 26. mart. 76 V 676 255ᵛ-257ʳ – pape fam. <cui de gr. expect. conc. fuit>: motu pr. de par. eccl. seu quarta capel. in Guetshoven (Gutsenchouen) Leod. dioc. (4 m. arg. p.) vac. p.o. Henrici de Alferiis cler. Leod. dioc. c. derog. iur. patron. (si exist.) 29. oct. 78 S 774 158ᵛ, L 789 102ᵛ, 30. oct. 78 S 774 102ᵛ – rect. par. eccl. in Guesoho-

ven Leod. dioc.: de prom. ad omnes ord. extra temp., sola sign. [ca. 15. mai. 79] S 782 6ʳˢ – rect. par. eccl. in Gutschoven Leod. dioc. Hieronimi [Bassus de Ruvere] tit. s. Balbine presb. card. Racanaten. fam. in subdiacon. ord. constit.: de n. prom. ad 7 an. 9. iun. 79 S 783 67ᵛ – solv. [in bullaria] pro formata 6 grossos iun. 79 T 13 144ᵛ – Hieronimi [Bassus de Ruvere] nunc tit. s. Chrysogoni presb. card. Racanaten. vulg. nunc. fam.: de par. eccl. de Aqualia Leod. dioc. (6 m. arg. p.) vac. p.o. Johannis filii Coelestini de Ripe, Et c. cass. et annullatione contrariaque conc. sup. d. par. eccl. p. quemcumque legatum in partibus fact. 22. decb. 79 S 788 156ᵛ.

3001 **Gotfredus (Guttifredus) Goyen (de Mayseick (Maiforet))** cler. Leod. dioc. qui p. plures an. in hosp. s. Spiritus in Saxia de Urbe servivit: motu pr. de can. et preb. eccl. b. Marie Traiecten. Leod. dioc. (8 m. arg.) vac. p.o. in cur. Johannis Hons (Hotis) et de prerog. ad instar pape fam. descript. 19. iun. 77 S 753 93ʳ, (m. ep. Urbevetan. et dec. eccl. s. Martini Leod. ac dec. eccl. b. Marie Aquen. Leod. dioc.) (exped. 14. iul. 77) L 776 95ʳˢˢ – oblig. sup. annat. can. et preb. ut supra 26. iul. 77 A 26 37ᵛ – solv. 15 fl. adc. pro annat. can. et preb. ut supra 26. iul. 77 FC I 1133 80ᵛ – can. eccl. b. Marie Traiecten. Leod. dioc. qui in cur. iam p. 15 an. vitam degit et in acolit. ord. constit. exist.: de prom. ad omnes ord. extra temp., sola sign. 23. mart. 80 S 790 260ʳˢ.

3002 **Gotfridus de Hatzstein** cler. Magunt. dioc. ex utr. par. de mil. gen.: motu pr. de gr. expect. de 2 can. et preb. necnon de benef. ad coll. quorumcumque, Et s.d. 17. nov. 81 S 803 229ᵛ.

3003 **Gottfridus Henrici Jewert (Jemwert)** cler. Traiect. dioc.: motu pr. de perp. s.c. vicar. ad alt. <ss. Petri et Pauli ac Margarete et Jeronimi> in nova eccl. b. Marie Amsterdamen. Traiect. dioc. (4 m. arg.) vac. p.o. Jacobi Amelii 14. mai. 80 S 796 112^v, m. (prep. eccl. s. Johannis Traiect. et dec. eccl. s. Lebuini Davantrien. ac dec. eccl. s. Plechelmi Oldenzalen. Traiect. dioc.) (exped. 29. apr. 84) L 832 202^{vss}.

3004 Gotfridus Hessel (Kessel) presb. Traiect. dioc.: de perp. vicar. ad alt. ss. Clementis et Ursule in colleg. eccl. s. Lebuini Daventrien. Traiect. dioc. (3 m. arg.) vac. p.o. Jacobi Biscopinck 13. oct. 71 S 672 180^{vs}, m. (dec. eccl. s. Mauritii e.m. Monast. ac offic. Colon. et offic. Traiect.) (exped. 23. oct. 71) L 717 24^{vss}.

3005 Godefridus de Holbusch rect. par. eccl. in Frisheyn Colon. dioc. reus litig. coram offic. prepos. et archid. eccl. Colon. contra quond. Johannem Goch sup. d. par. eccl. (4 m. arg. p.): de surrog. ad ius d. Johannis 5. febr. 81 S 800 109^r.

3006 Godfrydus Honsteyn cler. utr. iur. bac. cur. p. plures an. secutus nullum benef. obtin.: de par. eccl. in villa Ter Heyen Leod. dioc. de iur. patron. laic. (8 m. arg.) vac. p.n. prom. Guillelmi van Donen qui d. par. eccl. p. an. detin. seu p. inhabilitatem d. Guilielmi carente medietate indicis manus sue dextre 13. sept. 71 S 671 249^{rs}.

3007 Godefridus [Yerwerd] ep. Tricalen. referens quod Paulus II. eum eccl. Tricalen. prefecit et ipsi conc. ut unac. d. eccl. mon. s. Clementis in Iborch o. s. Ben. Osnaburg. dioc. in commendam retin. val. et quod c. lic. ep. Osnaburg. off. spir. in Osnaburg. civit. et dioc. exercere val. sed quod d. eccl. Tricalen. assequi n. sperans aliquamdiu ipse c. lic. ep. Traiect. off. spir. in Traiect. civit. et dioc. exercere val.: de disp. ut unac. d. eccl. Tricalen. quodcumque benef. recip. val. 1. mart. 77 S 749 14^{vs} – de lic. testandi 1. mart. 77 S 749 14^{vs}.

3008 Godfredus Iffardi cler. Colon. dioc. [Francisci Gonzaga] card. Mantuan. fam. cui de par. eccl. s. Cuniberti in Gymnenich Colon. dioc. de iur. patron. laic. vac. p.o. Johannis Sutoris auct. ap. prov. fuit sup. qua litig. coram offic. <archidiac.> Colon. contra Wernerum de Cassel: de prov. si neutri de eadem (4 m. arg.), n.o. perp. benef. ad alt. 11.000 Virg. in colleg. eccl. s. Cassii Bonnen. Colon. dioc. (2 m. arg.) 13. oct. 81 S 804 61^r, m. (archid. eccl. Colon.), gratis V 618 19^v-21^r – vic. ad alt. 11.000 Virg. in eccl. s. Cassii Bonnen. Colon. dioc.: de par. eccl. in Mondringurm Trever. dioc. (5 m. arg.) vac. p.o. Johannis Wilde et p. devol. c. disp. ut unac. d. vicar. (1 m.) quam obtin. d. par. eccl. obtin. val. 15. apr. 82 S 809 123^r – not. recip. pro bulla distributa 3 grossos et 2 grossos mai. 82 DB 1 132^r – de can. et preb. eccl. b. Marie Traiecten. Leod. dioc. (50 duc. adc.) vac. p.o. Cornelii Cangekege quond. Petri [Ferrici] tit. s. Sixti presb. card. Tirasonen. fam. 1. oct. 83 S 829 55^r.

3009 Gotfridus (de Lechtinch) abb. mon. s. Pantaleonis Colon. o. s. Ben. inter al. referens quod ipse p. visitatores congregationis seu unionis Bursfelden. ac nonnullos al. visitatores auctoritate ordin. et Jacobum de Steym monachum preter iuris ordinem defensione (que iuris naturalis est) denegata de d. abbatia spoliatus fuit quodque litig. desup. in cur. 3 sent. pro se reportavit quodque d. mon. a temp. quo spoliatus fuit in 2.000 fl. renen. p. dd. visitatores seu d. Jacobum (quem ipsi in eodem monasterio intruserunt) depauperatum est: de exempt. a submissione d. congregationis Bursfelden. ad vitam d. Gotfridi et de absol. a promissionibus et iuramentis, Fiat durante lite 8. iul. 77 S 753 300^{rs} – inter al. referens quod abbates mon. s. Martini [!] in Bruwyler Colon. dioc. et Medio Lacu Trever. dioc. vocati propter rebellionem Jacobi de Steyn et al. monach. suorum c. al. prelatis sec. et nonnullis laic. in d. mon. se intruserunt et ipsum de insigniis abbat. spoliaverunt ac in loco suo Willelmum prep. eccl. in Wercholt Colon. dioc. introduxerunt et quod ipse vi et metu ductus d. abbat. c. reserv. pens. ann. renuntiavit et litig. coram diversis aud. contra d. monach. sup. admin. d. mon. et 3 conformes sent. pro se reportavit: de committ. aep. Colon. et al. abbatibus et prelatis 12. decb. 80 S 798 152^{vs}.

3010 **Gotfridus Lesch de Glipperg** in art. mag. acol. Trever. dioc.: de prom. ad omnes ord. extra temp. et de disp. sup. def. nat. (c. s.), sola sign. 17. mart. 78 S 766 240^{rs}.

3011 **Godfridus Meyger** cler. Minden. dioc., **Henricus Hindenborch** cler. Hildesem. dioc., **Ludolphus Rouen** cler. Hildesem., **Bertoldus Jans** cler. Magunt. dioc., **Theodoricus Smides** cler. Bremen. dioc., **Engelbertus Golsteyn** cler. Leod. dioc. mag. in art. bac. in decr., **Johannes Striick de Xanctis** cler. Colon. dioc. et **Gerardus [de] Arssen** cler. Colon. dioc.: de gr. expect. de 2 can. et preb. et de 2 benef. ad coll. quorumcumque, Et s. d. 1. ian. 72 S 670 51^{r} – rect. par. eccl. s. Oswaldi Veteris Ville prope et e. m. op. Alvelden. Hildesem. dioc.: de n. prom. ad 7 an. 13. decb. 71 S 674 197^{v} – litt. testim. sup. prom. ad subdiacon. ord. (vig. conc. s. d. 7. aug. 72) in eccl. s. Bartholomei de Insula in Urbe 6. decb. 72 F 6 102^{r} – de perp. vicar. sive capel. s. Anne Gandersemen. Hildesem. dioc. (2 m. arg.) vac. p. o. Alberti Steinbul cler. Magunt. dioc. cui de d. vicar. vac. p. o. Henrici Coci prov. fuerat 24. nov. 73 S 700 148^{r} – causarum pal. ap. not.: de can. et preb. eccl. s. Mauricii e. m. Hildesem. (4 m. arg.) vacat. p. resign. in manibus pape Johannis Bremer (Breymer) cler. Verden. pape fam. cui de eisdem vac. p. prom.

Henrici [de Holstein et Schaumburg] el. Minden. prov. fuerat litt. n. confectis 23. mai. 74 S 705 222^{vs}, (m. decanis eccl. Osnaburg. et eccl. s. Blasii Brunswicen. Hildesem. dioc. ac offic. Hildesem.) (exped. 21. iun. 74) L 737 146^{v}-148^{r}.

3012 **Gotfridus Mynss (Munss)** monach. profes. mon. ss. Marcellini et Petri in Seylgenstat o. s. Ben. Magunt. dioc.: de disp. ut postquam gradum doctoratus in decr. in aliqua approbata univ. stud. gener. adeptus fuerit in mon. suo residens quodcumque benef. recip. valeat usque ad val. 100 fl. auri 1. apr. 72 S 678 283^{rs} – qui licet tunc monach. mon. Clari Campi o. Cist. Traiect. dioc. n. impetrare aliquid quam abbatiam d. mon. (sup. qua litig. in cur. contra Petrum de Zelandia) iurasset nunc tamen ap. auct. ad mon. ss. Marcellini et Petri ut supra transl. existit: de disp. sup. transgressione iuramenti 25. mai. 72 S 680 94^{rs} – pres. in cur.: de prepos. mon. in Prumia o. s. Ben. Trever. dioc. (10 m. arg.) vacat. p. assec. abbat. mon. Lacen. o. s. Ben. Trever. dioc. p. Rupertum de Vernenberg monach. 30. mai. 72 S 680 189^{rs} – referens quod Johannes Caell cler. Colon. litigaverat coram Johanne Francisco [de Pavinis] aud. contra quond. Henricum Wern al. Schoemer de Goch in cur. defunctum sup. par. eccl. b. Marie Magdalene in Goch Colon. dioc. (12 m. arg.) vac. p. o. Nicolai Lyffgier: de surrog. ad ius d. Henrici 24. oct. 72 S 683 285^{rs} – monach. o. s. Ben. et cap. presb. nunc. capel. s. Nicolai in Encinghen o. Clun. Basil. dioc.: oblig. p. Stephanum de Caciis abbrev. procur. (ut constat e publ. instr. acto Basilee ante eccl. cathedr. 26. aug. 81 subscripto p. Johannem Saltzman de Masminister cler. Basil. dioc. ap. et imper. auct. not.) sup. annat. prioratus s. Morandi [e. m. Altkilch] o. Clun. Basil. dioc. (70 fl. adc.) qui d. capelle in casu vacat. Martini Granter prioris s.d. 2. iun. 81 ad vitam d. Gotfridi unitur 7. nov. 81 A 30 83^r – monach. mon. ss. Marcellini et Petri in Selgenstat o. s. Ben. Magunt. dioc.: de indulto ut prioratum s. Morandi [e.m. Altkilch] o. Clun. Basil. dioc. quem quond. Martinus Grinter (/.) obtinebat et etiam capel. prioratum nunc. s. Nicolai in Ensingen o. Clun. Basil. dioc. (insimul 20 m. arg.) de qua sibi p. Alexandrum [Numai] ep. Forolivien. tunc in partibus ap. sed. c. pot. legati de latere nunt. prov. fuerat insimul absque quod ad d. o. Clun. transferatur retin. val. 13. febr. 82 S 807 251^r – prior prioratus s. Nicolai in Ensingen ut supra: de disp. ut unac. d. prioratu c.c. qui a mon. s. Albani Basil. dioc. d. ord. dependet (20 m. arg.) aliud benef. recip. val. c. lic. perm. 26. febr. 82 S 808 65^{vs}.

3013 Gotfridus de Mussendorp cler. Colon. dioc.: de vicar. ad alt. s. Jacobi in colleg. eccl. s. Cassii op. Bunnen. Colon. dioc. (4 m. arg.) vac. p.o. Johannis Voysgin 9. ian. 72 S 696 5^{rs}.

3014 Gotfridus de Neuhusen cust. eccl. s. Petri vallis Wimpinen. Wormat. dioc.: de incorp. d. custodie perp. s.c. vicar. ad alt. ss. Petri et Pauli in d. eccl. (2 m. arg.) vac. p. 20 an. et ultra 8. decb. 71 S 674 77^{vs}, I 332 295^v.

3015 Gotfridus Oeboren cler. Colon. dioc.: de s.c. capel. s. Huberti e.m. op. Kerpen. Colon. dioc. (3 m. arg.) de iur. patron. laic. vacat. p. resign. Petri Dalman cler. Colon. dioc. 10. mai. 77 S 751 169^v.

3016 Godefridus de Palude cler. Leod. dioc. Francisci [Todeschini-Piccolomini] tit. s. Eustachii diac. card. Senen. fam.: de alt. sive vicar. b. Marie virg. in par. eccl. s. Stephani ville in Millen Leod. dioc. de iur. patron. laic. (4 m. arg.) vac. p. resign. in manibus pape Petri Stralen cler. Colon. dioc. cui vig. reserv. ap. de eadem vac. p.o. in cur. Egidii Tab-

baert prov. fuit litt. n. confectis 18. mai. 81 S 801 188^v – inter 2 personas enumeratus: motu pr. de gr. expect. de can. et preb. necnon de benef. <ad coll. ep. etc. Trident.>, Et s.d. 17. nov. 81 S 803 137^r, (m. ep. Alerien. et archid. eccl. Senen. ac Jeronimo Coniugio can. eccl. Vulterran.) (exped. 4. decb. 81) L 820 207^v-209^v.

3017 Godfridus Pympera rect. par. eccl. in Apoldaren Colon. dioc. Nicolai [de Crucibus] ep. Pharen. fam.: de disp. ut unac. d. par. eccl. aliud incompat. benef. recip. valeat etsi 2 par. eccl. ad 5 an. 24. mart. 72 S 677 77^v.

3018 Gotfridus Renegii de Louwico rect. par. eccl. de villa Ricapra Trever. dioc. qui in 24. sue et. an. constit. d. par. eccl. vig. disp. ap. p. an. possedit: de prom. ad omnes ord. extra temp., sola sign. 26. mai. 81 S 801 273^v.

3019 Gotfridus Reumer rect. par. eccl. in Swalemberch Leod. dioc.: de disp. ut unac. d. par. eccl. quam obtin. aliud incompat. benef. recip. valeat etsi 2 par. eccl. 10. mai. 77 S 751 296^r.

3020 Gotfridus de Rottenhayn laic. et **Amelia rel. Henrici de Schawnberg** domicelli Herbip. dioc.: de disp. sup. impedimento matrim. propter 2. vel 3. grad. affinitatis 30. apr. 75 S 719 44^{vs}, I 333 143^v.

3021 Gottfridus Schmyt presb. Colon. dioc. rect. par. eccl. in Berendorpp Colon. dioc. referens quod propter infirmitatem seu def. tibie sue ad salvandum totum corpus iuxta medicorum consilium partem cruris abscindi fecit: de committ. in partibus ut post examinationem lic. darent quod in suum off. licite ministrare val. 9. nov. 82 S 815 309^{vs}.

3022 Godefridus de Senesmoni cler. Leod. dioc. pape fam. qui vig. gr. expect. can. et preb. ac cantor. eccl. s. Dionisii Leod. ad coll. dec. etc.

eccl. s. Pauli Leod. vac. p. o. Antonii de Blisia acc.: m. (ep. Alerien. et offic. Colon. ac offic. Leod.) confer. dd. can. et preb. ac cantor. de novo (50 l. T. p.), gratis 11. aug. 80 V 620 302^v-304^v.

3023 Gotfridus Slachecke presb. Monast. dioc.: solv. 11 fl. pro compositione annat. par. eccl. s. Vilberdi (Viberdi) in Alst Traiect. dioc. p. manus Arnoldi Grondick 21. febr. 75 FC I 1132 43^r, IE 490 47^r, IE 491 33^v.

3024 Gotfridus Sparemaker oppid. op. Groningen. Traiect. dioc. heres quond. Jacobi Sparemakre germani etiam oppid. d. op. referens quod d. Jacobus litig. coram ep. Monast. contra Elizabetham Streyns mul. Traiect. dioc. que c. d. Jacobo matrim. contractum esse pretendit et quod p. d. ep. excom. fuit: m. (dec. eccl. s. Lebuini Davantrien. Traiect. dioc.) committ. in partibus 31. aug. 72 L 724 96^{rs}.

3025 Gotfridus Stephan presb. Bamberg.: de perp. vicar. ad alt. s. Andree in eccl. s. Stephani Bamberg. (4 m. arg. p.) vac. p. o. Petri Sibenhar 8. aug. 77 S 755 261^v.

3026 Gotfridus Sundach (Studach) presb. Colon. dioc. et **Thomas de Sechtem** rect. par. eccl. ss. Appl. Colon.: de prov. d. Gotfrido de d. par. eccl. (9 m. arg.) vac. p. resign. d. Thome et de assign. d. Thome pens. ann. 20 fl. renen. sup. fruct. d. par. eccl. 9. decb. 75 S 731 77^v, 76/77 I 333 89^r – presb. Colon.: oblig. p. Johannem Marsilii cler. Traiect. dioc. sup. annat. par. eccl. ss. Appl. Colon. ut supra 29. ian. 76 A 24 74^r – solv. 20 fl. auri pro compositione annat. p. manus Johannis Marsilii 27. ian. 76 FC I 1132 136^r, IE 492 76^v.

3027 Gotfridus Truchses archid. in Halle in eccl. Herbip. ex utr. par. de nob. gen.: de disp. ut unac. d. archidiac. aliud incompat. benef. recip. val. etsi 2 par. eccl. ad vitam 10. febr. 77 S 747 71^v, V 672 350^{rs}.

3028 Gotfridus Wietgens (de Brecht) can. prebend. eccl. s. Gangulphi Heynsbergen. Leod. dioc. qui p. capit. d. eccl. ad decan. ruralem d. eccl. vac. p. o. Simonis Mulert el. fuit: de nova prov. de d. decan. (8 m. arg.) 22. nov. 74 S 712 8^{vs}, m. (dec. eccl. b. Marie Aquen. Leod. dioc.) (exped. 10. apr. 75) L 751 77^r-78^v – oblig. p. Johannem de Ercklens can. eccl. s. Gereonis Colon. sup. annat. 20. apr. 76 A 24 126^v – solv. 18 fl. auri pro compositione annat. p. manus Johannis de Herclens 20. apr. 76 FC I 1132 166^v, IE 492 123^v.

3029 Gotfridus van der Zunger, Johannes Baldren, Johannes Huyssamet et al. litis consortes laic. Monast. dioc. referentes quod litig. coram Henrico Romer dec. eccl. Veteris Ecclesie s. Pauli Monast. p. offic. Monast. commisso et coram Detmaro Berswart dec. eccl. s. Cuniberti Colon. contra Johannem Wulffradi civ. Monast. sup. iur. pascendi: m. (abb. mon. s. Pantaleonis Colon., prep. eccl. s. Cuniberti Colon. ac dec. eccl. s. Severini Colon.) committ. in partibus 4. mart. 72 L 721 73^{rs}.

3030 Gothardus Pawssinger cler. Salzeburg. dioc. reus et possessor et **Rupertus Storch** cler. Patav. dioc. Francisci [Todeschini-Piccolomini] tit. s. Eustachii diac. card. fam. (cui de par. eccl. s. Andree in Gruntal Salzeburg. dioc. vac. <p. resign. aut> p. o. Leonardi Egrer d. card. fam. prov. fuit) qui litigant coram aud. sup. d. par. eccl. contra Johannem Prukmaister (Prukmayster) <presb.>: de prov. d. Gothardo de d. par. eccl. (8 m. arg.) vacat. p. resign. in manibus pape d. Ruperti c. reserv. pens. ann. 15 fl. renen. sup. fruct. d. par. eccl. p. d. Gothardum persolv. 17. apr. 76 S 737 172^{vs}, m. (dec. eccl. Salzeburg.) (exped. 4. mai. 76) L 763 251^{rss} – oblig. p. Leonardum Stockhaymer pleb. par. eccl. in Ghari (Ghan) Salzeburg. dioc. sup. annat. par. eccl. s. Andree ut supra 12.

iun. 76 A 25 8^r – solv. 18 fl. pro compositione annat. p. manus Leonardi Stokhaymer 12. iun. 76 FC I 1132 189^v, IE 493 5^v, IE 494 9^v.

3031 Godehardus Roden can. eccl. Osil. et **Paulus Moler (Molre), Johannes Sasse (Jussen), Johannes Potgeter, Ludolphus Mestersmeth** perp. vicarii in d. eccl. ac **Albertus Clover** laic. Monast. <dioc.> referentes quod Ludolphus Nagel can. eccl. Osil. et eccl. Reval. in testamento ipsis executoribus deputatis de bonis suis disposuit: de conf. 16. ian. 81 S 799 170^v, m. (ep. Osil.) L 816 246^{vs}.

3032 Gottinga

Universi rect. par. eccl. pleban. nunc. op. Gottingen. Magunt. dioc. necnon *universi confratres fraternitatis presb. kalendarum nunc. in eccl. s. Spiritus et s. Georgii ac s. Nicolai* d. op.: m. (decanis eccl. Hildesem. ac eccl. Paderburn. ac eccl. s. Martini Heiligenstaden. Magunt. dioc.) conserv. 2. mart. 72 L 716 238^v.

Consules et univ. op. Gottingen. Magunt. dioc. inter al. referentes quod in hosp. s. Bartholomei e. m. d. op. leprosorum et in hosp. s. Crucis in suburbio d. op. (que predecessores fundarunt et edificarunt) peregrinorum infirmorum languentium ac al. miserarum personarum hospitalitas semper servata fuit: de conf. de novo pot. administrandi et gubernandi dd. hosp. p. se vel p. rectores seu provisores ad eorum nutum amovibiles 10. apr. 82 S 809 191^{rs}, 24. nov. 82 S 816 119^{vs}, de ref. 8. decb. 82 S 817 165^v, 3. ian. 83 S 815 47^v, (m. prep. eccl. s. Petri Northen. Magunt. dioc. et dec. eccl. s. Andree i. m. Hildesem. ac dec. eccl. s. Mauritii e. m. Hildesem.) (exped. 3. ian. 83) L 828 245^{rs}.

3033 Godnolvus de [G]elderis, Henricus Puttem, Johannes de Sue, Henricus de Palude, Johannes de Ricouit iun., **Vincentius de Eyll** canonici eccl. Leod. litis consortes Leod. dioc. inter al. referentes quod quond. Guillermus [de Mondagoto] card. ep. Prenestin. in partibus illis legatus c. ep. etc. Leod. statuit et ordinavit quod in d. eccl. 6 preb. sacerdotales existunt et quod can. qui d. preb. sacerdotales obtin. missas in maiori altari d. eccl. celebrare debent quodque postea n. solum can. sacerdotales qui d. preb. obtinentes sed etiam al. can. in presbit. ord. constit. in d. alt. missas celebrare consueverunt sed nunc dec. et reliqui can. capit. d. eccl. asserunt quod dd. litis consortes qui d. preb. sacerdotales obtinent soli in d. alt. missas celebrant propter quod dd. litis consortes causam contra d. dec. et capit. sup. observatione d. consuetudinis movere intendunt: m. (dec. eccl. b. Marie ad Gradus Colon. et dec. eccl. ss. Appl. Colon. ac dec. eccl. b. Marie Aquen. Leod. dioc.) committ. in partibus c. absol. ad cautelam 14. mai. 82 L 823 31^{rss}.

3034 Gotschalcus Eszhenbrock cler. Magunt. dioc. qui licet aliquantulum in stud. et univ. Magunt. in iur. civili studuerit tamen studium hactenus complere n. potuit: de lic. ut in d. univ. Magunt. aut quocumque al. loco ubi stud. gen. vigeat ubi sibi placuerit legem audire et doctoratus insignia in eisdem recipere et omnibus privil. quib. ceteri doct. tam Magunt. quam aliarum univ. (etiam Urbis) gaudent uti val. p. breve 16. decb. 83 S 832 196^v.

3035 Gotschalcus Johannis de Nivenhem (Nyvenhem, Mynnchen) cler. Colon. dioc.: off. tabellionatus, gratis 1. decb. 75 L 790 306^r – abbrev.: de scolastr. eccl. s. Andree Colon. (4 m. arg.) et de can. et preb. eccl. s. Pauli Leod. (4 m. arg.) necnon de par. eccl. in Pyen Colon. dioc. (8 m. arg.) vacat. p. priv. Cristiani Engelberti 6. iun. 77 S 754 211^{rs} – de can. et preb. eccl. b. Marie Trever. (4 m. arg.) vacat. p. resign. Johannis Muel cler. Trever. dioc. qui eosdem vac. p. o. Nicolai de Trevern s. d. 28. nov. 76 acc. 18. iul. 77 S 754 285^r, m. (aep. Patracen. et ep. Sambien. ac offic. Trever.), gratis (exped. 23. aug. 77) L 775 285^{rss} – abbrev. inter al. referens quod litig. coram Gaspare de Theramo aud. contra Johannem Clostermann presb. Colon. dioc. sup. perp. vicar. ad alt. s. Mathie in eccl. s. Andree Colon. vac. p. o. Thome Pruym de Baccaracho et quod d. Johannes resign. in manibus pape <p. Nicolaum Bregeon mag. et abbrev. procur. fact.>: de adm. resign. d. Johannis et de prov. d. Gotscalco de d. perp. vicar. (4 m. arg.) et de assign. d. Johanni pens. ann. 9 fl. renen. p. d. Gotscalcum in civit. vel dioc. Colon. persolv. 24. oct. 78 S 774 81^{rs}, m. (ep. Sambien. et dec. eccl. b. Marie ad Gradus Colon. ac offic. Colon.), gratis V 668 507^r-509^r – cler. Toletan. [recte: Colon.] abbrev. inter al. referens quod vig. gr. expect. perp. vicar. ad alt. s. Mathie in eccl. s. Andree Colon. certo modo vac. in forma pauperum conc. acceptavit et deinde in cam. ap. renuntiavit et quod litig. coram Gaspare de Theramo aud. contra Johannem Clostermann presb. Toletan. [recte: Colon.] dioc. sup. d. perp. vicar. et quod deinde d. Johannes resign. in manibus pape et d. Gotscalco de d. perp. vicar. (4 m. arg.) prov. fuit et d. Johanni pens. ann. 9 fl. renen. reserv. fuit: de decl. litt. desup. perinde val. acsi de d. renuntiatione mentio facta fuisset attento quod iam consensus et cessio iur. hincinde facti sunt 7. nov. 78 S 774 164^{vs} – in 22. sue et. an. constit. cui vig. gr. expect. de cantor. eccl. Monasterii Meynfelt Trever. dioc. et par. eccl. in Nachtcem Trever. dioc. vac. p. o. Petri Mor prov. fuit: de nova prov. de d. cantor. (3 m. arg. p.) et de d. par. eccl. (6 m. arg. p.) et de disp. ad 2 incompat. benef. ad vitam c. lic. perm. 17. decb. 78 S 785 164^{rs} – actor et **Petrus Czoller** reus et possessor referentes quod litig. coram aud. sup. par. eccl. in Nachizen Trever. dioc. vac. p. devol. et quod deinde d. Gotscalcus resign.: de adm. resign. d. Gotscalci et de prov. d. Petro de d. par. eccl. (60 fl. renen. auri) et de assign. pens. ann. 20 fl. renen. auri monete 4 electorum imper. sup. fruct. d. par. eccl. p. d. Petrum persolv. 11. mai. 79 S 781 136^v – in 24. sue et. an. constit.: de par. eccl. in Minteren Colon. dioc. (40 fl. renen.) vac. p. resign. cuiusdam Adolphi 8. sept. 79 S 789 18^{rs} – in 24. sue et. an. constit. cui gr. expect. s. d. 1. ian. 72 de benef. ad coll. aep. etc. Trever. ac prep. etc. eccl. ss. Severi et Martini Monasterii Meynfelt Trever. dioc. necnon archid. eccl. Trever. c. prerog. ad instar pape fam. descript. s. d. 21. decb. 76 conc. fuit et de cantor. d. eccl. ss. Severi et Martini et de par. eccl. in Nachtzem Trever. dioc. certo modo vac. prov. fuit et qui deinde d. par. eccl. in loco pens. ann. resign.: motu pr. de reval. et de exten. d. gr. expect. ad can. et preb. eccl. Monasterii Meynfelt 13. oct. 79 S 787 14^{rs}, gratis L 802 160^v-162^r, gratis V 672 393^v-395^r – prov. de capel. Colon. [dioc.?] vac. p. o. 80/81 I 334 46^r – et **Petrus Tzoller** rect. par. eccl. s. Stephani in Nachtzem Trever. dioc. referentes quod d. Gotscalco pens. ann. 20 fl. auri renen. monete electorum imper. sup. fruct. d. par. eccl. s. Stephani p. d. Petrum persolv. conc. fuit: de cass. d. pens. quoad d. Gotscalcum et de transl. d. pens. p. d. Petrum Henrico Bode perp. vic. in eccl. Fritzlarien. Magunt. dioc. persolv. c. consensu d. Gotscalci attento quod d. Henricus qui d. pens. percipiet in 10 an. d. Gotscalco senior est 8. iun. 82 S 811 193^{vs} – et **Wilhelmus Lovenich** rect. par. eccl. Lovnichen. Colon. dioc. parafrenarius et pape fam.: de adm. resign. d. Wilhelmi et de prov. d. Gotscalco de d. par. eccl. in Lovnich (4 m. arg. p.) et de assign. d. Wilhelmo pens. ann. 10 fl. sup.

fruct. d. par. eccl. et 10 fl. sup. fruct. cantor. eccl. ss. Martini et Severi Monasterii Meynfelt Trever. dioc. (4 m.) quam d. Gotscalcus obtin. 11. iul. 82 S 812 150^v.

3036 Gouda

Mater et sorores dom. sive conv. s. Katharine op. Gouden. comitatus Holandie Traiect. dioc. referentes quod ord. utr. sexus 3. reg. s. Francisci de prima nunc. ex indulto sed. ap. privilegiatus exist. ut fratres et sorores eiusdem ord. bona mobilia et immobilia iur. hereditario libere apprehendere et alienare possint et quod desup. plures lites in comitatu Hollandie Traiect. dioc. inter personas laicales ac fratres et sorores d. ord. exist.: de conc. ut de dd. bonis c. quibuscumque personis ius hereditarium pretendentibus se ob pacem concordare val., Conc. de consensu superiorum 19. iul. 84 S 838 137^r.

3037 Grades

Oppidani loci Grades Gurc. dioc. et parochiani par. eccl. s. Leonardi in Mettnis [= Metnitz] Gurc. dioc. que p. ¹/₂ miliare Almanicum (= 3 miliaria Italica) a d. op. distat: supplic. Laurentio [de Freiberg] ep. Gurc. de lic. erig. ecclesiam s. Andree d. loci Grades (fil. eccl. d. par. eccl. s. Leonardi) et 2 capellas s. Bernardi et s. Wolfgangi intra lim. d. loci existentes in par. ecclesiam 8. mart. 76 S 735 188^{vs}, 4. apr. 76 S 737 69^r, V 573 10^{vs} — restit. bulle s. d. 4. apr. 76 sup. erect. eccl. s. Andree op. Grades (fil. eccl. s. Leonardi loci Mettinez Gurc. dioc.) in par. eccl. 31. mai. 76 A 24 220^r.

3038 Graetium (Gretz, Chraz)

Xenodochium seu hosp. Omnium ss. in op. Gretzen. Salzeburg. dioc.: supplic. Friderico R. I. (qui d. xenodochium fund.) de conc. ut presb. senes et nob. civ. et al. persone utr. sexus d. hosp. confess. elig. val. et de indulg. 15 an. 3. iun. 75 S 721 56^{rs}.

Pleb. plebis et Antiani op. de Chraz: hortatio ut Petrum Johannem et Bartholomeum de Camerino et ceteros al. religiosos o. fr. min. commissarios in exigendis et exportandis pec. vig. indulgentiarum cruciate collectis adiuvent ut d. pec. ad eccl. [s. Marie] in Araceli de Urbe converti possint 17. mai. 82 Florenz II. III. 256 251^{rs}.

3039 Grandis Vallis

Prep. et capit. eccl. s. Marie mon. Grandis Vallis Basil. dioc.: motu pr. de lic. testandi 10. febr. 79 S 777 238^r — referentes quod inter quond. J[ohannem de Venningen] ep. Basil. et quond. Johannem Fleckensten prep. d. eccl. lis orta fuit sup. eorum iurisd. et deinde desup. concordia facta fuit: de conf. d. concordiam, n. o. secunda et posteriori concordia d. ep. c. sculteto ac consulibus op. Solodren. [Lausan. dioc.] 10. febr. 79 S 777 238^{vs}.

Prep., capit. et canonici eccl. s. Germani mon. Grandis Vallis Basil. dioc.: de conserv. 13. iun. 82 S 811 265^r.

3040 Grass

Prep. et capit. mon. in Grass o. s. Aug. Salzeburg. dioc.: de uniendo d. monasterio par. eccl. s. Stephani in Stephanskirchen Salzeburg. dioc. de iur. patron. dd. prep. etc. c. lic. elig. vic. 1. aug. 76 S 740 173^{vs}, 10. aug. 76 S 740 266^{rs}.

3041 Grevenalveshaghen

Incole et habitatores utr. sexus op. Grevenalveshaghen. Minden. dioc.: de lic. fundandi et dotandi 3 vel 4 vel 5 benef. in par. eccl. s. Martini d. op. que monasterio monial. in Overenkerken annexa et incorp. exist. c. reserv. iur. patron. laic. pro eisdem et heredibus 5. febr. 79 S 777 139^v.

3042 Grevenbroiche (Greuembroiche)

Prior et fratres dom. s. Catherine in Grevenbroiche ord. s. Guillielmi Colon. dioc.: de incorp. d. domui (25 m. arg.) perp. benef. ad alt. b. Marie

virg. in par. eccl. s. Brigide Colon.
de iur. patron. d. prioris (7 m. arg.)
4. febr. 72 S 676 76^r, m. (abb. mon.
Knechsteden Colon. dioc.) L 725
310^{rs}, quitt. quindenniorum Arm.
XXXIII, 2 379^r – oblig. p. Gerardum
Schat presb. rect. par. eccl. in Monheym Colon. dioc. sup. annat. 26.
mai. 73 A 22 29^v.

3043 **Grefensteyn (Grevensteyn)**
Proconsules et consules op. Grefen-
steynen. Magunt. dioc. referentes
quod olim quond. Johannes Gramren
presb. ac Albrecht Sondt oppid. op.
de Grevensteyn Magunt. dioc. elemosinas et commendas ad benef. in
par. eccl. sive capel. in libertate d.
op. Grevensteyn ad Dei honorem ac
b. Marie laudem et pro suorum et parentum suorum animarum remedio
fundarunt: de conf. d. fund. et dota-
tiones 18. febr. 83 S 819 179^r.

3044 **Gregorius Brichler** cler. Constant.
dioc.: de perp. c. c. vicar. par. eccl.
in Hausteten prope Licum August.
dioc. (4 m. arg.) vac. p. priv. Johannis Crispeck qui quendam puerum
crudeliter verberavit ut infra paucos
dies expiravit 30. mart. 75 S 717
14^{vs}.

3045 **Gregorius Foet** scol. Merseburg. dioc.: recip. primam tonsuram in eccl.
s. Bartholomei de Insula in Urbe 17.
decb. 74 F 6 186^v.

3046 **Gregorius Greve** cler. Wladislav.
dioc. ad capel. sive alt. s. Margarethe
in par. eccl. b. Marie virg. Maioris
Oppidi Danis [recte: Gdanis] Wladislav. dioc. present. et **Georgius**
Bock et **Elizabeth Knepes** patron.
d. capel. qui litig. coram Jacobo
[Szienienski] ep. Wladislav. tamquam loci ordin. seu in spir. vic. gener. contra Gerardum Karde, Hele-
nam Feckymer et Valentinum fil.
necnon Johannem Sydinghuser et
Gotschalkum fratrem laicos Wladislav. dioc. et Culm. dioc. sup. iur. patron. d. capel.: de nova prov. d. Gregorio de d. capel. etiamsi simplex

commenda seu elemosina fuerit (3
m. arg.) vac. p. o. cuiusdam Wolk-
mari et de n. prom. ad 7 an. n. o. def.
et. et n. o. fund. d. capel. 5. decb. 73
S 699 95^{vss}.

3047 **Gregorius (Georgius) Griespeck**
<cler. Patav. dioc.> qui par. eccl.
s. Lamperti in Altenstade (Alten-
stadt) Ratisbon. dioc. resign. in manibus ordin. ad quam deinde Conradus Wild p. patron. laic. present. fuit: de assign. pens. ann. 24 fl. renen.
sup. fruct. d. par. eccl. (60 <70> fl.
renen.) 16. iun. 73 S 691 218^v, 12.
iul. 73 S 693 177^{vs}, 26. iul. 73 S 694
9^r, m. (abb. mon. s. Emerami o. s.
Ben. Ratisbon.) V 560 218^{rss} – restit. bulle s. d. 26. iul. 73 sup. pens.
ut supra 11. febr. 74 A 23 194^v – qui
par. eccl. in Postburg c. Jodoco
Pierckheymer pro par. eccl. s. Lamperti in Altenstat et pro perp. capn.
ad alt. s. Johannis Bapt. in op. Kelheim Ratisbon. dioc. perm.: de nova
prov. de d. capn. (24 fl. adc.) 13.
decb. 75 S 731 97^r – presb. Patav.
dioc. Henrici de Absberg ep. Ratisbon. cap.: de disp. ut unac. par. eccl.
in Boug (/.) Ratisbon. dioc. al. incompat. benef. retin. val. etsi 2 par.
eccl. 28. decb. 75 S 731 299^v –
presb. Patav. dioc. cui de par. eccl.
sive perp. vicar. s. Andree in Ge-
cking Ratisbon. dioc. vac. p. resign.
Gasparis Schanhofer prov. fuit: de
nova prov. de d. par. eccl. (10 m.
arg.) 2. ian. 76 S 741 179^r – rect.
par. eccl. in Gecburg Ratisbon. dioc.
Henrici [de Absberg] ep. Ratisbon.
cap.: de disp. ut unac. d. par. eccl. (9
m. arg.) par. eccl. in Pasching Ratisbon. dioc. (10 m. arg.) de qua vac. p.
resign. in manibus ordin. Jodoci
Precheinner aut vac. p. o. vel p. resign. Johannis Renhan in Gekyng eidem Georgio ordin. auct. prov. fuit
possessione subsecuta vel absque ea
quecumque al. incompat. benef. etiamsi par. eccl. insimul ad vitam retin. val. et de rehab. quia dd. par.
eccl. nulla disp. obtenta p. 2 menses

et certos dies possidet et de nova prov. de d. par. eccl. 30. nov. 77 S 761 107^{rs}.

3048 Gregorius Hamorstett rect. par. eccl. seu illius perp. vicar. s. Nicolai in Aulen August. dioc. referens quod ipse d. par. eccl. contra statuta synodalia August. obtin.: de abol. inhab. et de nova prov. de d. par. eccl. (24 duc. adc.) 15. iun. 84 S 837 148^{rs}.

3049 Gregorius Helhemer cler. Spiren. <dioc.> qui gr. expect. de benef. ad coll. ep. etc. Bamberg. et ep. etc. Herbip. motu pr. acc. et qui litig. coram Petro de Ferrera aud. contra Corradum Lebenter et Burcardum Mengasse sup. perp. s. c. vicar. ad alt. s. Margarete in eccl. Herbip. vac. p. o. Pauli Kaisendeger (Kistendeger): m. (Johanni Antonio [de Sancto Georgio] ep. Alexandrin. resid. in cur.) prov. si neutri de d. vicar. (6 m. arg.) 10. ian. 84 V 644 114^v-116^v – oblig. sup. annat. 17. mai. 84 A 32 106^r.

3050 Gregorius Hildebranth art. mag. Johannis [Roth] ep. Wratislav. fam.: de nova prov. de can. et preb. eccl. Wratislav. (8 m. arg.) vac. p. o. Gasparis Weigil 13. mai. 83 S 823 120^r – cler. Wratislav. dioc.: de disp. ad 2 incompat. benef. 30. mart. 84 S 834 9^{rs} – de ref. 6. apr. 84 S 834 167^v.

3051 Gregorius de Ludbrancz (Ludbransky) cler. Wladislav. dioc. c. quo p. Paulum II. disp. fuit: de ref. 19. febr. 73 S 695 39^r – ex utr. par. de nob. gen. Kazimiri Polonie regis secr. (sub cuius dominio bona paterna habet) inter al. referens quod ipse ad quond. Georgium regem Bohemie postea depositum missus fuit et quod scripsit citationes pro consulibus et senioribus artificiorum civit. Cracov. qui postmodum aliquos decollari fecerunt et quod in bello inter pugnantes stetit: disp. sup. irreg. et disp. ad quecumque benef. 19. febr. 73 V 661 197^{vss} – Urielis de Gorka regni Polonie cancellarii Kazimiri Polonie

regis oratoris ad papam destinati dilectus: motu pr. gr. expect. s. d. 1. ian. 72 de can. et preb. eccl. Cracov. necnon de benef. ad coll. aep. etc. Gneznen. et prerog. ad instar pape fam. descript. 31. aug. 75 (exec. archid. Sernen. in eccl. Burdegalen. et offic. Gneznen. ac offic. Cracov.), gratis V 664 153^v-156^v – regis Polonie not. sive secr. cui gr. expect. conc. fuit: motu pr. de prerog. ad instar pape fam. descript. 22. mai. 76 S 739 268^{rs} – de disp. ad 2 incompat. benef. 15. nov. 76 S 748 121^r, I 334 53^v – presb. Wladislav. dioc. qui vig. gr. expect. archidiac. eccl. Cracov. vac. p. o. Johannis Piniovsky acc.: de nova prov. de d. archidiac. (40 m.) 7. ian. 77 S 745 229^{rs} – regis Polonie secr. referens quod vig. gr. expect. archidiac. eccl. Cracov. (60 m. arg.) acc. et quod litig. desup. coram Johanne [de Ceretanis] ep. Nucerin. aud. locumtenenti et post appellationem coram Johanne Francisco de Pavinis aud. contra Sandivogium de Tanzin et Johannem Dambrova et quod d. Sandivogio de prepos. eccl. Poznan. certo modo vac. prov. fuit: de surrog. ad ius d. Sandivogii 4. mai. 79 S 781 187^{rs} – regis Polonie secr. et dilectus cui vig. gr. expect. de archidiac. eccl. Cracov. (60 m. arg.) vac. p. o. Johannis de Pniewy prov. fuit et qui deinde litig. desup. coram Johanne [de Ceretanis] ep. Nucerin. aud. locumtenenti et Johanne Francisco de Pavinis aud. ac Johanne Prioris aud. contra Sandivogium de Tanczin (qui de cur. ad civit. Tervisiam eundo obiit) et Johannem Dambrova: de surrog. ad ius d. Sandivogii 7. sept. 79 S 787 186^{rs} – <Kazimiri> regis Polonie secr. et fam.: de prepos. eccl. b. Johannis Scarbimirien. Cracov. dioc. (20 <60> m. arg.) vac. p. o. in civit. Tervisin. Sandivogii de Thanczin 7. sept. 79 S 786 71^v, (exec. dec. et cust. ac Johannes de Baruchow can. eccl. Cracov.) V 597 230^r-232^v – not. recip. pro bulla distributa 3 grossos et 2 grossos ian. 80 DB 1 9^r – oblig. p. Thomam Bartholi de Florentia institorem soc. de Spinellis de cur. sup. annat. prepos. (6 m. arg.) ut supra 5. febr. 80 A 28 150^v – solv. 135 fl. adc. pro annat. d. prepos. p. manus soc. de Spanochis 8. mart. 80 FC I 1134 34^v, IE 498 104^r, IE 499 109^r – regis Polonie fam. cui vig. gr. expect. de archidiac. eccl. Cracov. vac. p.o. Johannis de Pnyow prov. fuit et qui desup. litig. coram diversis aud. contra certum adversarium: de d. archidiac. (60 m. arg.) vac. p. resign. in manibus pape Martini de Nyechanov (cui etiam vig. gr. expect. de d. archidiac. prov. fuit) 15. iun. 80 S 794 9^{vs} – oblig. p. Thomam Bartholia de Florentia socium et institorem soc. de Spinellis de cur. nomine d. soc. sup. annat. archidiac. eccl. Cracov. (60 m. arg.) vac. p.o. Johannis de Pnyow 2. apr. 81 OP 6 16^v – oblig. p. Nicolaum Cristini de Lublin can. eccl. Sandomirien. Cracov. dioc. cur. sequentem sup. annat. archidiac. ut supra 2. apr. 81 A 29 168^v – solv. 150 fl. auri pro annat. archidiac. eccl. Cracov. p. manus soc. de Spinellis 12. febr. 83 IE 506 122^v, IE 507 122^v, 13. febr. 83 Paris L 52 D 5 52^v – qui vig. gr. expect. can. et preb. in eccl. Gneznen. vac. p.o. Pauli Czestkowsky acc. et qui litig. desup. coram Francisco Brevio aud. contra Johannem de Lukowo: de prov. si neutri de dd. can. et preb. (12 m. arg.) 1. iul. 83 S 827 19^{vs}.

3052 **Gregorius de Magna Xans** presb. Cracov. dioc.: de can. et preb. eccl. s. Johannis Bapt. Scarbimirien. Cracov. dioc. (4 m. arg.) vac. p. resign. Jacobi de Lippavicz cler. Plocen. dioc. (resign. p. Johannem Teycher cler. Prag. dioc. procur. fact.) cui de eisdem vac. p.o. Pauli de Palczewo vig. quarundam litt. prov. fuit 10. apr. 75 S 717 219^{vs}, m. (offic. Cracov.) (exped. 22. mai. 75) L 748 44^{rss}.

3053 **Gregorius Nitthart (Michart)** cler. Constant. dioc.: de nova prov. de can. et preb. eccl. ss. Felicis et Regule prepos. Thuricen. Constant. dioc. (8 m. arg.) vac. p. resign. Heinrici Nitthart Pauli II. fam. 12. iul. 73 S 693 74^r – in univ. Papien. art. et iur. can. stud.: de can. et preb. in eccl. Constant. (16 m. arg.) vac. p. resign. Melchioris Truchses cler. Herbip. dioc. pape fam. (cui de al. can. et preb. in d. eccl. vac. p. prom. Ottonis de Sonnenberg ad eccl. Constant. auct. ap. prov. fuit) et vac. p. resign. in manibus offic. Johannis Zwick cler. Constant., n.o. can. et preb. in eccl. ss. Felicis ac Regule prepos. Thuricen. Constant. dioc. (8 m.) ac can. et preb. eccl. in Wisensteig Constant. dioc. (6 m.) quos obtin. 2. mart. 82 S 808 55^v – cui de can. et preb. eccl. August. vac. p. resign. Henrici Michart pape fam. p. quendam prov. fuit: de nova prov. de dd. can. et preb. (12 m. arg.) 15. mai. 84 S 835 256^v.

3054 **Gregorius Nother** scol. Herbip. dioc.: litt. testim. sup. recept. prime tonsure s.d. 20. nov. 81 in sacristia basilice Principis appl. de Urbe 20. nov. 81 F 7 37^r – cler. Herbip. dioc. nullum benef. obtin. Johannis Horn sed. ap. prothonot., abbrev. et pape fam. nepos: motu pr. de can. et preb. eccl. s. Mauritii August. (6 m. arg.) <10 m. arg.> vac. p.o. in cur. d. Johannis c. reserv. Georgio Rumbel cler. Herbip. etiam d. Johannis nepoti pens. ann. 2 m. arg. sup. fruct. dd. can. et preb. p. d. Gregorium persolv. 31. mai. 83 S 824 141^v, (exec. prep. eccl. s. Severi Erforden. Magunt. dioc. et dec. eccl. August. ac offic. August.) 12. iun. 83 V 632 97^r-98^v – solv. 23$^{3/4}$ fl. adc. pro annat. can. et preb. ut supra p. manus Antonii de Palatio 26. iun. 83 IE 508 48^v, IE 509 47^v, Paris L 52 D 5 105^v – oblig. sup. annat. can. et preb. eccl. s. Mauritii (10 m. arg.) ut supra (in margine: s.d. 27. iun. 83

solv. pro annat. 23 fl. 67¹/₂ bol. p. manus Antonii de Palatio) 27. iun. 83 A 31 91ᵛ – in 20. sue et. an. constit.: motu pr. gr. expect. s. d. 17. nov. 81 de benef. ad coll. ep. etc. Spiren. et ep. etc. August. c. disp. sup. def. et. ut dignitatem aut c. c. benef. recip. val. (m. prep. etc. eccl. s. Severi Erfforden. Magunt. dioc. et officialibus Spiren. ac August.) 5. iul. 83 Sec. Cam. 1 437ʳ-439ᵛ.

3055 Gregorius Rebenstock cler. Wormat.: de perp. s. c. vicar. ad alt. s. Johannis Bapt. in colleg. eccl. s. Ciriaci e. m. Wormat. (4 m. arg.) vacat. p. resign. Jacobi <Fabri Berardi [Eruli] card. ep. Sabinen. fam.> (resign. p. Johannem Hanaw cler. Wormat. procur. fact.) 28. febr. 78 S 766 28ʳ, (m. prep. eccl. Bremen. et dec. eccl. s. Petri e. m. Magunt. ac scolast. eccl. s. Stephani Magunt.) (exped. 14. mart. 78) L 787 26ʳˢˢ – perp. vic. ad alt. s. [Johannis] Bapt. in colleg. eccl. s. Ciriaci in Nuhusen e. m. Wormat.: de prom. ad omnes ord. extra temp., sola sign. 1. apr. 78 S 767 100ʳ.

3056 Gregorius de Schroczberg ex utr. par. de mil. gen. in 18. sue et. an. constit.: motu pr. gr. expect. s. d. 1. ian. 72 de can. et preb. eccl. b. Marie Feuchtwangen. August. dioc. et eccl. s. Viti in Elwangen August. dioc. (usque 19. sue et. an. attigerit) et prerog. ad instar pape fam. descript. (m. dec. eccl. s. Viti Herriden. Eistet. dioc. et Eberhardo de Rabenstein can. eccl. Bamberg. ac offic. August.), gratis 4. febr. 79 V 670 215ʳ-216ᵛ.

3057 Gregorius Schulte (Schulteti) cler. Lubic. dioc.: de par. eccl. in Runge villa desolata Brandenburg. dioc. de iur. patron. laic. (2 m. arg.) vac. p. o. Mathei Syuerstorpp 7. oct. 72 S 683 112ᵛˢ, I 332 38ʳ – cler. Brandenburg. dioc. cui de par. eccl. op. Weitzen (/.) Brandenburg. dioc. (que de iur. patron. monialium in Fredelande eiusdem dioc. esse asseritur) ordinaria auct. (pacifice observata con-

suetudine) prov. fuit: de nova prov. de d. par. eccl. (4 m. arg.) 12. febr. 77 S 747 73ʳˢ.

3058 Gregorius Severini (Smyd) cler. Othonien. dioc.: de can. et maiori preb. colleg. eccl. b. Marie in Hadersleven. Sleswic. dioc. (4 m. arg.) vac. p. o. Petri Inari in mense ap. defuncti, n. o. quod Nicolaus Sterk eosdem p. 2 an. detin. 22. aug. 77 S 756 56ᵛ, m. (prep. eccl. Sleswic. et eccl. Sdersteden. Sleswic. dioc. ac cant. eccl. Sleswic.) V 577 145ᵛ-147ᵛ – de par. eccl. in Ulstorf Sleswic. dioc. (4 m. arg.) vac. p. o. Nicolai Storcken, n. o. can. et preb. colleg. eccl. Hadersleven. Sleswic. dioc. (4 m. arg.) quos obtin. 10. decb. 82 S 817 164ʳˢ, I 334 218ᵛ.

3059 Gregorius Silini (Silno) (al. Czefflen (Czeffley)) cler. Wratislav. dioc.: de nova prov. de s. c. capn. bb. Petri et Pauli appl. sive preb. cuidam mansionario colleg. eccl. s. Crucis Wratislav. annexo (3 m. arg.) vac. p. o. in cur. Petri de Czessel cui de d. capn. vac. p. resign. in manibus Pauli II. Nicolai de Czenum p. Paulum II. prov. fuerat 1. apr. 74 S 703 300ᵛˢ – pape fam. cui gr. expect. conc. fuit: motu pr. de prerog. ad instar pape fam. descript. 23. ian. 76 S 733 93ᵛ – motu pr. de can. et preb. eccl. Wratislav. (6 m. arg.) vac. p. assec. al. can. et preb. p. Nicolaum Merborch subcollect. 30. iul. 76 S 741 67ᵛˢ – can. eccl. Wratislav. inter al. referens quod sibi gr. expect. s. d. 1. ian. 72 de can. et preb. necnon de benef. ad coll. ep. etc. Wratislav. conc. fuit quodque pluribus an. pape fam. exist. quodque p. Johannem [Arcimboldus] tit. s. Praxedis presb. card. ad Alamaniam et Germaniam sedis ap. legatum in familiarem et notarium est receptus: motu pr. decl. dd. litt. perinde val. acsi motu pr. et c. prerog. ad instar pape fam. descript. conc. fuissent 18. iun. 77 S 753 241ʳˢˢ – abbrev.: de alt. s. Marie virg. in eccl. Wratislav. vac. p. assec.

can. et preb. eccl. Wratislav. p. Michaelem Blorok 20. ian. 78 S 770 105^r – in art. mag. abbrev.: de perp. s.c. vicar. in capel. s. Laurentii in par. eccl. s. Elizabeth Wratislav. de iur. patron. laic. (3 m. arg.) vac. p.o. in cur. Nicolai Glaiwitz cui de illa vac. p. cess. Jeronimi Swofheym (cui de eadem vac. p.o. in cur. Rodulphi Gswentner p. Paulum II. prov. fuerat) p. Paulum II. prov. fuit possessione n. habita 24. febr. 78 S 765 133^r – de nob. gen. qui p. Slezie duces ad ap. sed. destinatus existit referens quod Petro Hepner de Costen cler. Poznan. oct. 76 de prepos. eccl. Opolien. Wratislav. dioc. vac. p.o. Nicolai Kytczka prov. fuit (litt. n. expeditis) et quod Johannes Ade de Costen cler. Poznan. dioc. suus nepos in d. prepos. se intrusit et quod d. Petrus quia delicta contra rem publicam commisit de omnibus benef. eccles. in dominio Mathie Ungarie et Bohemie regis p. Balthazarem de Piscia illarum partium ap. nunt. priv. fuit: motu pr. de d. prepos. (8 m. arg.) 2. apr. 78 S 767 223^{vs} – referens quod litig. coram Hieronymo de Porcariis aud. contra quond. Nicolaum Czyemyensky et Michaelem Bankav sup. capel. ss. Petri et Pauli eccl. Wratislav. (4 m. arg.): de surrog. ad ius d. Nicolai 13. ian. 79 S 776 220^{rs} – qui ad decan. eccl. s. Bartholomei Glogovie Superioris de iur. patron. laic. vac. p. resign. Valentini de Lesznycz p. Johannem et Nicolaum Slesie Oppolien. et Glogovie Superioris duces et ad can. et preb. eccl. Nissen. Wratislav. dioc. de iur. patron. laic. vac. p. resign. Nicolai Sculteti p. burggravium castri Othmuchavien. present. fuit possessione subsecuta: de nova prov. de eisdem (insimul 12 m. arg.) 6. febr. 79 S 778 42^{rs} – inter al. referens quod Rudolpho de Bunaw cler. Nuemburg. dioc. ex utr. par. de nob. gen. vig. litt. imper. de archidiac. colleg. eccl. s. Sepulcri dominici Legniczen. Wratislav. dioc. vac.

p. resign. Pauli Havnolt prov. fuit et quod deinde lis orta fuit inter ipsum Gregorium, d. Rudolphum et Nicolaum Maicolioti reum et possessorem coram Gaspare de Theramo aud. et quod postremo d. Rudolphus resign. in manibus pape: de surrog. ad ius d. Rudolphi et de prov. si neutri de eodem (18 m. arg.) 16. febr. 79 S 778 77^{rss} – abbrev. et Johannis de Aragona tit. s. Adriani diac. card. fam.: de can. et preb. colleg. eccl. s. Marie Glogovie Maioris Wratislav. dioc. (6 m. arg.) vac. p. resign. Michaelis Swikeri pape fam. (cui de eisdem vac. p.o. Johannis Duster quond. Nicolai V. cubic. prov. fuerat et qui desup. litig. coram Petro de Ferrera aud. contra Nicolaum Sculteti possessione n. habita et qui insimul c. d. Nicolao resign.) 14. iun. 79 S 783 130^{rs}, 16. iun. 79 S 782 299^v, 21. iun. 79 S 783 129^v – dec. colleg. eccl. s. Bartholomei Glogovie Superioris Wratislav. dioc. qui pape fam. et p. Johannem de Aragona card. ut supra ad Ungarie, Bohemie et Polonie regna destinatum legatum in abbrev. et not. assumptus exist.: de capn. seu perp. benef. ad alt. s. Marie in d. eccl. de iur. patron. laic. (4 m. arg.) vac. p. resign. Valentini de Lesniz ex causa perm. c. d. Gregorio vel p. devol. et de disp. ut unac. d. decan. (8 m. arg.) d. capn. ad vitam recip. val. 28. iun. 79 S 783 112^r – pape fam. ac Oppolien. et Slezie ducis consiliarius: de cantor. in eccl. Wratislav. (4 m. arg.) vacat. p. assec. prepos. eccl. Wratislav. p. Nicolaum Sculteti 20. mart. 83 S 821 72^r – dec. eccl. Glogovie Superioris Wratislav. dioc., pape fam., abbrev., Slezie Opolien. et Glogovie Superioris ducum consiliarius cui de prepos. colleg. eccl. Oppolien. Wratislav. dioc. vac. p.o. Nicolai Kytczka in partibus illis unici subcollect. p. Baltazarem de Piscia in partibus illis nunt. ap. prov. fuit: de d. prepos. (12 m. arg.) vac. p.o. in cur. Petri Hopner, n.o. d. decan. eccl. Glogovie Superioris (4) <et can. et preb. d. eccl. Nissen. (4) et can. et preb. eccl. Glogovie Maioris (6) necnon alt. s. Spiritus in eccl. Strzeliczen. (3) et alt. b. Marie in eccl. Dobrodzin. (3) Wratislav. dioc. ac perp. s. c. vicar. in eccl. s. Crucis Wratislav. (3) que obtin. et cantor. eccl. Wratislav. (6 m. arg.) de qua sibi prov. fuit ea condicione ut post assecutionem d. prepos. d. decan. dim. debeat> 20. mart. 83 S 821 72ʳ, (m. ep. Alerien. et abb. mon. s. Marie in Arena e. m. Wratislav. ac offic. Wratislav.) (exped. 5. apr. 83) L 829 222ʳ-223ᵛ – de cantor. eccl. Wratislav. (5 m. arg.) vacat. p. assec. prepos. d. eccl. p. Nicolaum Sculten cui de d. prepos. auct. ap. prov. fuit et de disp. ut unac. decan. eccl. Glogovie Superioris ut supra d. cantor. insimul obtin. val. c. lic. perm. 22. mart. 83 S 821 53ᵛˢ – oblig. sup. annat. prepos. eccl. Opilien. (12 m. arg.) ut supra 8. apr. 83 A 31 26ᵛ.

3060 **Gregorius Sne** habitator uxoratus in civit. Janue de origine Alamannus qui testamentum condidit et certam summam pro infirmis s. Lazari et pro pauperibus deputavit et qui deinde ad partes Alamanie revertit ubi in civit. Confluentia Trever. dioc. in infirmitate al. testamentum concludit (presentibus testibus doctore med., Nicolao plebano, Alardo fr. o. fr. min. de observ., Erlinguario Dael iurato ac Gotschalco laic. de Vereder): supplic. heredibus d. Gregorii et R. vic. aep. Januen. de committ. alicui presb. in partibus ut testamenta firmet 6. sept. 77 S 757 283ʳˢ.

3061 **Gregorius de Staiin** cler. Aquileg. dioc. referens quod ipse ad par. eccl. plebem nunc. s. Petri prope Goricium Aquileg. dioc. (24 fl. adc.) vac. p. o. Martini Abel p. com. Goricie et Tyrolis vicario gener. Marci [Barbus] card. ep. Prenestin. (qui eccl. Aquileg. in commendam habuit) present. fuit quod autem d. vic. gener. d. present. denegavit: m. (dec. eccl. Brixin.) confer. d. eccl. 6.

decb. 82 (exped. 12. apr. 83) L 829 27ʳˢˢ.

3062 **Gregorius Stende** rect. par. eccl. s. Nicolai in Welpin Camin. dioc.: litt. testim. (vig. supplic. s. d. 27. iul. 81) sup. prom. ad ord. diacon. s. d. 2. sept. 81, ad ord. presbit. s. d. 8. sept. 81 in sacristia basilice Principis appl. de Urbe 8. sept. 81 F 7 31ᵛ.

3063 **Gregorius Stuckman** et **Jacobus Becherer** presb. Argent. quib. gr. expect. s. d. 1. ian. 72 de can. et preb. in eccl. ss. Petri et Michaelis Argent. ac de benef. ad coll. ep. etc. Argent. conc. fuerunt: de prerog. ad instar pape fam. descript. 2. decb. 74 S 712 31ᵛˢ – cler. Argent. dioc. qui possessor litig. coram iudice Argent. loci ordin. et deinde Johanne Francisco [de Pavinis] aud. contra Johannem Dilmanni cler. sup. capn. ad alt. s. Katherine in par. eccl. s. Martini Argent. vac. p. o. Laurentii Valck (Hinrici N.): de prov. si neutri de eadem (4 m. arg. p.), n. o. perp. vicar. ad alt. s. Sophie in eccl. s. Thome (3) et capn. ad alt. s. Nicolai in eccl. s. Petri iun. (4) necnon capn. ad alt. s. Florentii in colleg. eccl. s. Michaelis in suburbio op. Argent. (3 m. arg.) 5. ian. 82 S 806 122ᵛˢ, 31. mart. 83 S 821 133ʳˢ.

3064 **Gregorius Ternsperck** presb. Patav. dioc.: de perp. vicar. ad alt. s. [patrocinium deest] in eccl. s. Stephani Wien. Patav. dioc. (4 m. arg.) vac. p. o. Johannis Haldner Pii II. cubic. 16. iun. 78 S 771 6ʳ.

3065 **Gregorius de Trzemeszna** rect. par. eccl. in Lenartovycze Gneznen. dioc.: de disp. ut unac. d. par. eccl. (4 m. arg.) al. incompat. benef. retin. val. 9. febr. 76 S 734 99ʳ, L 760 42ᵛˢ.

3066 **Gregorius de Ungeren** presb. Tarbat. dioc. qui pens. ann. 60 fl. renen. sup. fruct. prepos. eccl. Tarbat. p. Jacobum de Wischell al. Monyck tunc prep. d. eccl. persolv. recip. prout in litt. Pauli II.: de d. prepos. (20 m. arg.) vac. p. resign. extra cur. d. Jacobi 15. decb. 72 S 685 18^{rs}.

3067 Gregorius Valletarii (de Valletariis) cler. Januen. script. et pape fam.: motu pr. de can. et preb. eccl. b. Marie Aquen. Leod. dioc. (10 m. arg.) vac. p. o. in cur. Johannis Hons 18. iun. 77 S 753 151^{vs} – oblig. sup. annat. can. et preb. ut supra (in margine: die 29. ian. 78 d. oblig. fuit cassata ex eo quia d. Gregorius cessit iur. suo sup. dd. can. et preb.) 1. iul. 77 A 26 20^v – qui vig. gr. expect. can. et preb. eccl. s. Salvatoris Traiect. vac. p. o. Andree Knyff acc.: de nova prov. de eisdem (6 m. arg.) 7. mart. 78 S 767 83^{rs} – ac **Johannes Vladen de Blisia** cler. Leod. dioc. pape fam. referentes quod ambobus p. papam de can. et preb. eccl. b. Marie Aquen. Leod. dioc. vac. p. o. in cur. Johannis Hoerns prov. fuit: de adm. resign. d. Gregorii et de prov. d. Johanni de dd. can. et preb. (12 m. arg.) 18. iul. 78 S 754 235^{rs} – litig. coram aud. contra Franciscum de Utino Juliani [de Ruvere] tit. s. Petri ad vincula presb. card. fam. sup. can. et preb. eccl. Traiect. (16 m. arg.) vac. p. o. in cur. d. Francisci: motu pr. de surrog. ad ius d. Francisci 30. aug. 78 S 773 153^{rs} – litig. coram aud. contra Hermannum de Brugen cler. et al. sup. can. et preb. eccl. s. Salvatoris Traiect. vac. p. o. in cur. Francisci de Utino Juliani card. ut supra fam. qui eosdem vig. gr. expect. acc.: motu pr. de prov. si neutri de eisdem (16 m. arg.) 30. aug. 78 S 773 152^{vs} – consensit resign. can. et preb. in eccl. Cameracen. ac in eccl. s. Salvatoris Traiect. de quib. Johanni Jans cler. Leod. dioc. pape fam. s. d. 10. mart. 81 prov. fuit 10. mart. 81 OP 6 74^v.

3068 Gregorius Welmenitz presb. Misnen. dioc.: de s. c. benef. in eccl. Lubuc. mansionaria nunc. (3 m. arg.) vac. p. o. Frederici Kokenmeister (Hohemeyster) cler. 27. nov. 74 S

710 144^v, m. (prep. eccl. b. Marie in Feuchtwangen August. dioc. et officialibus Brandenburg. ac Lubuc.) (exped. 19. nov. 74), gratis L 741 2^{vss}.

3069 Gregorius Zipper presb. Cur. dioc. qui ad par. eccl. ville Setzis pleban. nunc. Cur. dioc. vac. p. o. Egidii Krooles p. Bernardum abb. mon. s. Johannis in Munstertal o. s. Ben. Cur. dioc. present. et p. Ortliebum [de Brandis] ep. Cur. institutus fuit et assec. fuit: de nova prov. de eadem (8 m. arg.) 5. nov. 83 S 831 12^v.

3070 Griesz

Prep. et capit. mon. b. Marie virg. ad Clausam portam in Griesz o. s. Aug. Trident. dioc. referentes quod d. monasterio par. eccl. b. Marie virg. in Merlingen Trident. dioc. incorp. fuit et quod ipsi litig. contra vic. d. par. eccl.: de indulto ut d. vicar. p. unum ex can. d. mon. gubernari possit 13. mai. 73 S 690 12^v.

3071 Griffental (Gaffental)

Prep. et conv. mon. b. Marie virg. in Griffental (Gaffental) o. Prem. Salzeburg. dioc. reg. observ. in terris imper. siti <in dominiis Friderici R. I. exist.> ubi episcopi raro declinant: de indulto utendi pontific. insigniis <mitra, anulo, sandaliis et al.> 4. apr. 75 S 717 106^{vs}, L 751 216^{rs}.

3072 Grisonia

Confederati lige Grise: narratio quod pape n. ignotum est quod com. Johannes Petrus Sacchus confederatus castrum Misochi quod tunc tenebat Johanni Jacobo Triultio ducis Mediolani consiliario et armorum ductori sub certis condicionibus vendidit et Johannes Jacobus d. castri possessionem assec. est et quod postea d. Johannes Petrus n. solum ab initis pactis discessit sed etiam armata manu contra d. castrum et subditos d. Johannis Jacobi descendit p. totam vallem Misochinam, hortatio ut in hoc negotio se interponere velint ac curare quod d. Johannes Petrus acquiescat et stet contentus terminis suis et pactis initis concorditerque et pacifice vivat c. d. Johanne Jacobo nec aliquod innovet contra eundem 8. apr. 83 Arm. XXXIX, 15 238^{vs}.

3073 Grystem

Abb. et conv. mon. in Grystem [= Garsten] e.m. op. Stira o. s. Ben. Patav. dioc.: conc. quod in d. op. n. debeat erigi dom. o. pred. absque consensu d. abb. 71/72 I 332 212^v.

3074 Groningen

Rectores hosp. s. Gertrudis virg. in de peperstrate op. Groningen. Traiect. dioc. <et consules d. op. patroni laic.> referentes quod patroni laic. par. eccl. in Beyem Monast. dioc. d. hospitali ius patron. donaverunt et quod Johannes [ex ducibus Bavarie] olim ep. Monast. et Henricus [de Schwarzburg] modernus ep. d. donationem confirmaverunt: de conf. et de supprimendo par. eccl. in Beyem (quod deinceps simplex capella censeatur) et de applicando parochianos et edificia d. eccl. par. ecclesie in Suedwolde (Suidvolde) Monast. dioc. et de uniendo d. hospitali d. capel., Fiat de consensu ordinarii 15. nov. 74 S 711 182^{vs}, 28, apr. 75 S 719 42^{vs}, L 745 76^r-77^v, quitt. quindenniorum Arm. XXXIII, 2 392^v – *hosp. pauperum s. Gertrudis virg. in de peperstrate op. Groningen. Traiect. dioc.*: de indulg. 7 an., Conc. 3 an. 28. iun. 75 S 723 32^{vs} – indulg. 7 an. 18. nov. 77 L 802 249^{vs}.

3075 Gronouwe

Incole et habitatores loci de Gronouwe Monast. dioc. temporali dominio nobilis viri Everwini com. de Benthem et domini dominii Stenforden. Monast. dioc. subiecti inter al. referentes quod progenitores d. com. capel. s. Antonii in d. loco de Gronouwe fundaverunt: supplic. d. Everwino de indulto ut Johannes Warneri rect. d. capel. et successores ac in ea

capellani et beneficiati divina off. celebrari facere val. sine preiudicio rect. par. eccl. 1. decb. 76 S 744 232^{rs}.

3076 Grunberg (Grunenberg)

Religiosi dom. s. Antonii in Grunberg Magunt. dioc. qui coram Henrico lantgravio Hassie contra superiorem suum litigant: hortatio ut ad superiores ord. neque ad pot. laic. in d. lite recurrant 29. aug. 80 Arm. XXXIX, 13 10^v – qui contra Girinum Martini not. ap. ac collect. apud iudicem sec. litig.: hortatio ut a molestationibus desistant et eidem debitam obedientiam prestent ac (si contra d. superiorem pretendant) n. ad superiores suos neque ad iudicem sec. recurrant 27. oct. 80 Arm. XXXIX, 13 145^{rs} – *dom. sive preceptoria s. Antonii in Grunberg o. s. Aug. Magunt. dioc.* inter al. referens quod Girinus Martini precept. d. dom. bona d. dom. dissipare et ipsam male gubernare n. veretur et sup. his notatus et diffamatus existit: motu pr. de m. d. preceptoriam p. abb. mon. in Heynaw o. Cist. Magunt. dioc. visitari et constito de malo regimine d. Girino administrationem d. dom. interdici ac administrationem alicui viro religioso committi eumque d. Girino in coadiutorem in regimine d. dom. ad vitam d. Girini deputari, Conc. p. superiorem sui ord. 4. decb. 80 S 798 162^{rs} – *abb. et conv. dom. s. Antonii in Grunberg o. s. Aug. Magunt. dioc.* referentes quod Jacobo Elbeson can. d. mon. de precept. d. dom. auct. ap. prov. fuit et occasione prov. d. precept. pens. ann. 700 fl. renen. aggravatus fuit <in favorem Girini Martini olim mag. et precept. d. mon. not. ap. qui d. precept. in favorem d. Jacobi resignavit>, n.o. quod fruct. d. precept. solum 1.400 fl. renen. sunt: de committ. in partibus ut d. pens. ad 3. partem fruct. d. precept. limitetur 24. mart. 83 S 821 36^{vs}, m. (dec. eccl. s. Victoris e.m. Magunt.) V 676 301^r-303^r.

Sorores incluse apud par. eccl. s. Pauli op. in Grunberg Magunt. dioc. tunc sub 3. reg. ord. s. Francisci de penitentia nunc. nunc vero sub reg. s. Aug. degentes referentes quod ipsi olim Adulpho [de Nassau] aep. Magunt. exponi fecerunt quod ad reg. s. Aug. se transferre desiderabant quodque idem aep. tam Henrici principis et lantgravi Hassie quam dd. sororum supplic. inclinatus in hoc etiam guardiano dom. fr. min. d. op. earum visitatore consentiente conc. ut in statutis reg. s. Francisci de penitentia p. eas dimissis regulam s. Aug. deinceps profiteri et in eadem remanere possint: de conf. 4. mai. 82 S 810 195ᵛ, L 821 111ʳˢ.

3077 Grundlach
Abba. et monial. mon. in Grundlach o. Cist. Bamberg. dioc. referentes quod 50 an. et ultra elapsis quond. Eberhardus Zugler rect. par. eccl. s. Laurentii in Grundlach Bamberg. dioc. decimas d. mon. in villa Grossenwert ad d. par. eccl. spectantes percepit et quod post controversiam exortam d. mon. et d. rect. par. eccl. concordaverunt ita ut d. mon. 2 partes et rect. d. par. eccl. 1 partem dd. decimarum percip.: de conf. 23. mai. 72 S 680 146ᵛˢ.

3078 Gumpertus Fabri prep. eccl. b. Marie et s. Gangolfi Bamberg. licent. in decr.: motu pr. de recip. in sed. ap. not. 11. iun. 76 S 739 133ᵛ, V 657 5ᵛ – de conserv. 11. iun. 76 S 739 133ᵛ – de fruct. percip. 11. iun. 76 S 739 133ᵛ, I 333 51ʳ – presb. Bamberg. dioc. in decr. licent. sed. ap. prothonot. prep. eccl. s. Gangolfi e. m. Bamberg. ac rect. par. eccl. in Amtringstat (*l.*) c. quo ad 2 incompat. benef. disp. fuit: de disp. ad 3. incompat. benef. 24. iul. 76 S 740 143ᵛˢ – restit. bulle s. d. 11. iun. 76 sup. receptione in prothonot. (quia solv. compositionem) 31. iul. 76 A 25 189ʳ – litt. sup. recept. in sed. ap. prothonot. 6. aug. 76 DC 39 83ᵛ – solv. [in bullaria] pro processu exempt. 4 grossos oct. 76 T 13 29ᵛ.

3079 Gundelfingen
Magistra et sorores mon. Superioris Clusen in Gundelfingen o. s. Aug. August. dioc. referentes quod Conradus de Riethaim in Ramszhart mil. August. dioc. certas decimas versus medietatem decime maioris in Oglingen, Osterhesen, Bangriesz et Eschnaw ac curiam dotalem in Oglingen et decimas min. in Oglingen ac certa al. immobilia bona sine consensu ordin. loci emerat: de conf. litt. venditionis et lic. ut a quibuscumque laic. decimas emere et redimere val. 12. iul. 83 S 825 238ᵛ.

3080 Gundissalvus de Canamaros cler. Conchen. dioc. in decr. bac. ac ap. et imper. auct. not.: motu pr. de off. notariatus coram Johanne Francisco de Pavinis theol. et utr. iur. doct. pape cap. et aud. vac. p. o. in cur. Johannis Sliter cler. Colon. dioc., Et m. Roderico [de Borja] card. ep. Portuen. vicecancellario recip. eum ad d. not. off., sola sign. 28. oct. 77 S 759 100ᵛ.

3081 Wintherius Bremsger cler. Magunt. dioc.: de par. eccl. in Romden Magunt. dioc. (4 m. arg.) vac. p. o. Jacobi Hoffman vel p. devol. 13. apr. 79 S 780 129ʳ.

3082 Guntherus de Bunaw (Bunau) (de Droiszke) (de Rotelsbergis, de Rottelspergk) [1. pars 4 partium] ex utr. par. de mil. gen. decr. doct. Friderici R. I. dilectus: motu pr. gr. expect. de can. et preb. eccl. b. Marie Erforden. Magunt. dioc. necnon de benef. ad coll. ep. etc. Misnen. et prerog. ad instar pape fam. descript. (m. ep. Brixien., Liborio de Schlaben can. eccl. Magdeburg. ac Gaspari Schmidhauser can. eccl. Frising.), gratis 2. mart. 74 V 681 89ʳ-90ᵛ – pape cubic.: de can. et preb. eccl. Constant. (4 m. arg.) vac. p. o. Johannis Henrici de Bodeman pape cubic. 14. mai. 75 S 719 137ʳˢ – cui de can. et preb. eccl. Constant. (4 m. arg.) vac. p. o. in cur. Johannis Henrici de Bodeman prov. fuit: de confic. litt. desup. c. express. quod val. 14 m. arg. n. excedat 21. mai. 75 S 720 38^{rs} – cui vig. gr. expect. de can. et preb. eccl. Misnen. vac. p.o. Nicolai de Rotenfels prov. fuit et qui litig. desup. contra Wilhelmum de Scrauenberg: de nova prov. de eisdem (6 m. arg.) 19. oct. 75 S 729 122^{r} – cler. Merseburg. dioc. pape fam. et cubic.: de can. et preb. colleg. eccl. in Bera Magunt. dioc. (4 m. arg.) vac. p.o. Nicolai Rotefels 20. nov. 75 S 730 54^{r} – qui vig. gr. expect. decan. et preb. colleg. eccl. b. Marie virg. in op. Erffordia Magunt. dioc. vac. p.o. Hunoldi de Platenbergh acc.: de nova prov. de d. decan. et preb. (10 m. arg.) 19. decb. 75 S 731 257^{vs} – motu pr. de can. et preb. eccl. Hildesem. (4 m. arg.) vacat. ex eo quod Vincentius de Eyl prepos. eccl. s. Plechelmi Aldensalen. Traiect. dioc. (vac. p.o. in cur. Johannis Sartoris de Bockenrode pape fam.) obtin. 29. decb. 75 S 732 116^{v}-119^{v} – de can. et preb. eccl. b. Marie virg. Nuemburg. (4 m. arg.) vac. p.o. Henrici Konricz 31. ian. 76 S 734 171^{v} – de disp. ad 2 incompat. benef. 7. febr. 76 S 734 94^{rs} – cui vig. gr. expect. de can. et preb. eccl. b. Marie virg. Errfforden. Magunt. dioc. prov. fuit: de nova prov. de eisdem (4 m. arg.) vac. p.o. Alberti Wihe 29. febr. 76 S 735 144^{v} – in acolit. ord. constit.: de prom. ad omnes ord. extra temp., sola sign. 13. mart. 76 S 736 209^{v} – motu pr. de prepos. ac can. et preb. colleg. eccl. bb. Petri et Pauli Czizen. Nuemburg. dioc. (20 m. arg.) vacat. p. prom. Johannis Vissenble [= Weissenbach] presb. ad eccl. Misnen. (vac. p.o. Theoderici de Schoenberg) 22. mai. 76 S 739 280^{rs} – dec. eccl. b. Marie virg. Erfforden. Magunt. dioc.: litt. passus pro se et sociis usque ad numerum 6 ad 2 an. 10. iul. 76 V 666 108^{v} – de perp. vicar. eccl. b. Marie virg. Erforden. Magunt. dioc. (4 m. arg.) vac. p.o. Georgii Han 23. iul. 76 S 740 89^{vs} – qui litig. coram aud. contra quond. Henricum Roys cler. Nuemburg. (in cur. defunctum) sup. can. et preb. eccl. Czicen. Nuemburg. dioc. et sup. can. et preb. eccl. b. Marie virg. Nuemburg.: de surrog. ad ius d. Henrici ad dd. can. et preb. (divisim 4 m. arg.) 23. iul. 76 S 740 122^{v} – qui litig. coram Gabriele Contareno aud. sup. can. et preb. eccl. Nuemburg. contra quond. Georgium Azin (/.): de surrog. ad ius d. Georgii ad dd. can. et preb. (4 m. arg.) 31. iul. 76 S 741 43^{rs} – de can. et preb. in eccl. op. Hecleben. Morinen. dioc. (10 m. arg.) vac. p.o. Rugerii Cammehu (Caminchu) 31. iul. 76 S 740 293^{r} – dec. eccl. b. Marie virg. Erforden. Magunt. dioc.: facult. recip. pecunias (secundum litt. Pauli II. pro conserv. fidem christianam) p. totam nationem Germanicam collectas et apud certis personis depositas 20. aug. 76 V 575 89^{vs} – qui can. et preb. eccl. b. Marie virg. Nuemburg. et eccl. Czicen. (de quib. tunc certo modo vac. eidem ap. auct. prov. fuit possessione n. habita) resign. in manibus pape et **Johannes Fabri** cler. Nuemburg. dioc. pape fam.: de adm. d. resign. et de prov. d. Johanni de eisdem (quorumcumque 4 m. arg.) 11. sept. 76 S 742 148^{r}.

3083 **Guntherus de Bunaw** [2. pars 4 partium] et **Alarius de Capris** cler. Novarien. dioc. cui de can. et preb. eccl. Constant. (de quib. d. Gunthero vac. p.o. in cur. Johannis de Bedeman prov. fuerat) vac. p. resign. in manibus pape d. Guntheri prov. fuit (quib. resign. desiderat) et **Eberhardus de Rabenstein** cler. Bamberg. dioc. etiam ex utr. par. de mil. gen. pape fam. cui nuper de can. et preb. eccl. Nuemburg. vac. p.o. Georgii Hayn <(qui illos obtin.) s.d. 19. iul. 76 p. papam> prov. fuit (quib. resign. desiderat): de adm. dd. resign. <in manibus pape> et de prov. d. Eberhardo de dd. can. et preb. eccl.

Constant. et de prov. d. Gunthero de can. et <una ex maioribus> preb. d. eccl. Nuemburg. <6 m. arg.> (quorumcumque 4 m. arg.) c. assign. d. Alario pens. ann. 20 duc. adc. sup. can. et preb. eccl. Magdeburg. (36) et sup. can. et preb. eccl. Merseburg. (24 duc. adc.) ac sup. capel. Trium regum in castro Schelen Nuemburg. dioc. de iur. patron. laic. (4 m. arg.) p. d. Guntherum (qui dd. can. et preb. eccl. Magdeburg. et eccl. Merseburg. ac etiam d. capel. obtin.) persolv. donec sollicitudine eiusdem Guntheri de aliquo benef. valoris 20 duc. prov. fuerit 24. sept. 76 S 742 191^{vs}, (exec. ep. Vasionen. et prep. eccl. b. Marie in Feuchtwangen August. dioc. ac offic. Nuemburg.), gratis V 587 309^v-312^r – prov. de can. et preb. eccl. s. Severi Erfforden. Magunt. dioc. (4 m. arg.) vac. p. resign. in manibus pape Johannis Langer cler. August. dioc. cui de eisdem vac. p. o. Georgii Hayn s. d. 19. iul. 76 prov. fuit litt. n. confectis (exec. prep. eccl. b. Marie Feuchtwangen. August. dioc. et Eberhardus de Rabenstein can. eccl. Bamberg. ac offic. Magunt.) 10. ian. 77 V 600 37^v-39^v – qui can. et preb. eccl. Nuemburg. et al. can. et preb. eccl. b. Marie virg. in d. civit. Nuemburg. obtin.: de derog. statuta et consuetudines eccl. Nuemburg. 13. nov. 77 S 760 57^{vs} – dec. eccl. b. Marie Erforden. Magunt. dioc.: de disp. ut unac. d. decan. (8 m. arg.) 2 al. incompat. benef. retin. val. etsi par. eccl. c. lic. perm. 26. mai. 78 S 769 191^{vs}, gratis V 587 207^v-211^r – <cler. Nuemburg. referens quod quond. Sebaldus Tucher litig. coram Johanne Francisco de Pavinis aud. contra Wilhelmum Linthacher et Christopherum Schachner sup. prepos. eccl. in Solio Salzeburg. dioc. (25 m. arg.) vac. p. o. Pauli Meck et quod d. Sebaldus obiit in cur.> <et quod d. Sebaldus litig. coram Petro de Ferrera aud. contra Bertoldum com. de Hennenberghe sup. par. eccl. in Halstat

Bamberg. dioc. (25 m. arg.) vac. p. o. Petri Knor>: motu pr. de prepos. colleg. eccl. in Solis Salzeburg. dioc. necnon de par. eccl. in Halstadt (Anhalstat) Bamberg. dioc. (insimul 15 m. arg.) vac. p. o. Sebaldi Tucher (Taucher) 29. mai. 78 S 769 134^r, m. (Johanni Francisco de Pavinis aud.) surrog. ad ius d. Sebaldi, gratis V 588 156^r-158^r, m. (Petro de Ferrera aud.) surrog. ad ius d. Sebaldi, gratis V 588 162^r-164^r – de ref. [dat. deest] S 770 14^r – cler. Nuemburg. dioc. sed. ap. not. <c. quo ad 3 incompat. benef. ad vitam disp. fuit> et **D[ominicus de Ruvere]** tit. s. Vitalis presb. card. cui de can. et preb. ac scolastr. eccl. Magunt. necnon de pleban. in villa Lorich Magunt. dioc. vac. p. o. Volperti Dhers s. d. 15. mai. 77 prov. fuit: de prov. d. Guntero de dd. can. et preb. ac scolastr. necnon pleban. (300 fl. adc.) vac. p. cess. d. Dominici et de assign. d. Dominico pens. ann. 3. partis fruct. p. d. Gunterum persolv. 31. mai. 78 S 769 200^v, m. (aep. Salernitan. et Johanni Lescazval can. eccl. Maclovien. ac offic. Magunt.), gratis V 588 158^r-160^r – motu pr. de can. et preb. colleg. eccl. s. Stephani Bamberg. (12 <4> m. arg.) vac. p. o. in cur. Henrici Tucher seu p. o. Petri Knor 6. iun. 78 S 769 283^v, S 770 18^v, I 333 233^r – dec. eccl. b. Marie Erforden. Magunt. dioc. ad nonnullas partes Germanie pro certis pec. summis temp. Pauli II. pro expeditione contra hereticos collectis nuntius specialis destinatus: motu pr. liberatio a reddendo rationes et computa de pecuniis que ad manus suas pervenerint ac mandatum Guillermo [de Estoutevilla] card. ep. Ostien. camer. ap. quatinus ipsum ad reddendum al. rationem vel computum cogere numquam audeat, gratis 6. iun. 78 V 587 308^r-309^v – oblig. sup. annat. can. et preb. ac scolastr. eccl. Magunt. necnon par. eccl. plebania nunc. in villa Lorch Magunt. dioc. (insimul fruct. 300 fl. adc. sup. quib. pens. ann. 100

fl. adc. Dominico ut supra card. assign. fuit) de quib. ut supra prov. fuit (in margine: d. die d. Guntherus oblig. se et promisit solv. residuum d. annat. infra 4 menses a die qua d. pens. cess.) 22. iun. 78 A 27 59^v.

3084 **Guntherus de Bunaw** [3. pars 4 partium]: oblig. sup. annat. prepos. eccl. in Solio de qua ut supra s. d. 29. mai. 78 prov. fuit 23. iun. 78 A 27 60^r – oblig. sup. annat. par. eccl. in Halstat de qua ut supra s. d. 29. mai. 78 sibi prov. fuit 23. iun. 78 A 27 60^r – oblig. sup. annat. can. et 1 ex maioribus preb. eccl. Nuemburg. (6 m. arg.) de quib. vac. p. resign. Eberardi de Rabenstein s. d. 24. sept. 76 prov. fuit 23. iun. 78 A 27 60^r – dec. eccl. b. Marie Erforden. Magunt. dioc.: oblig. sup. facult. resign. in partibus 23. iun. 78 A 27 60^v – de person. de Varmut Leod. dioc. (6 m. arg.) vac. p. o. cuiusdam Johannis 7. ian. 79 S 776 179^v – motu pr. de par. eccl. in Harmentingen August. dioc. (16 m. arg.) vac. p. o. Pauli Marbel 14. ian. 79 S 777 84^{rs} – referens quod litig. coram Petro de Ferrera aud. contra Vigileum (Wigileum) Frosschel cler. Salzeburg. dioc. sup. can. et preb. eccl. Patav. quos vac. p. o. Ulrici Hintzenhausszer vig. gr. expect. acc. possessione n. obtenta: de nova prov. de dd. can. et preb. (8 m. arg.) vacat. p. assec. al. can. et preb. eccl. Patav. (vac. Leonhardi Mautner) p. d. Vigileum 29. ian. 79 S 778 22^{rs} – in ord. subdiacon. constit.: de prom. ad ord. presbit. extra temp., sola sign. 14. apr. 79 S 780 37^r – et **Sigismundus Sausel** cler. Frising. dioc. in decr. licent. fam. suus qui pro negotiis suis et ap. p. biennium a cur. se absentare desiderant: motu pr. de gaudendo prerog. pape fam. in absentia, Conc. ad an. et sola sign. 21. apr. 79 S 780 266^{rs} – prothonot. ap. et **Rudolphus de Bunaw de Rechelspergk** cler. Nuemburg. dioc. ex utr. par. de mil. gen.: de prov. d.

Gunthero de can. et maiori preb. eccl. Magdeburg. (4 m. arg.) et de prov. d. Rudolpho de can. et minori preb. d. eccl. (2 m. arg.) vac. p. resign. in manibus pape Bertoldi ex com. de Henneberg dec. eccl. Magunt. (cui de eisdem vac. p. resign. in manibus pape Ernesti com. de Mansveld prov. fuit litt. n. confectis et expeditis) et de assign. d. Bertoldo pens. ann. 20 fl. renen. sup. fruct. decan. ac can. et preb. eccl. b. Marie Erfforden. Magunt. dioc. (16 m. arg.) p. d. Guntherum persolv. 22. apr. 79 S 781 23^{rs} – motu pr. de can. et preb. ac scolastr. colleg. eccl. b. Marie Colbergen. Camin. dioc. (6) ac de perp. vicar. in eccl. Zwerin. (2) necnon de perp. vicar. in eccl. Camin. (2) vac. p. o. Casseti Loszen ac etiam de perp. vicar. in d. eccl. b. Marie Colbergen. Camin. dioc. (3 m. arg.) vac. p. o. Henninghi Viden 26. apr. 79 S 780 295^{vs} – cler. Nuemburg. pape fam. not. ap. et cubic.: de can. et maiori preb. ac thesaur. eccl. Zwerin. (4 m. arg.) necnon par. eccl. s. Georgii Wismarien. Razeburg. dioc. de iur. patron. principum seu ducum Magnipolen. (10 <4> m. arg.) vacat. p. prom. Nicolai de Prentzen el. Zwerin. c. derog. iur. patron., <Conc. motu pr.> 26. mai. 79 S 782 148^{rs}, 4. iun. 79 S 782 233^{vs} – cui de can. et preb. ac thesaur. eccl. Zwerin. vac. p. prom. Nicolai Pentzen el. Zwerin. motu pr. prov. fuit referens quod etiam Johanni Pletinck (Pleringk) de d. benef. prov. fuit: motu pr. de decl. quod d. Gunthero de d. benef. prov. fuit et de cass. mandatum de prov. pro d. Johanne 22. iun. 79 S 783 158^{vss} – prothonot. qui par. eccl. in Hallstadt Bamberg. dioc. vac. p. o. Sebaldi Thucher vel Petri Knor et **Bertholdus de Henenberg** dec. eccl. Magunt. de mil. gen. qui canonicatus et preb. eccl. Magdeburg. et eccl. Hildesem. perm. desiderant: de prov. d. Gunthero de dd. canonicatibus et preb. (cuiuslibet 4 m. arg.) et de prov. d. Bertholdo de

d. par. eccl. (20 m. arg.) 29. mart. 80 S 791 74^{vs} – cler. Nuemburg. dioc. pape fam., mag., decr. doct., sed. ap. prothonot., ex utr. par. de nob. et mil. gen.: m. (prep. eccl. s. Severi Erfforden. Magunt. dioc. et dec. eccl. s. Ludgeri Monast. ac offic. Magdeburg.) confer. decan. eccl. Magdeburg. (30 m. arg.) vac. p. resign. in manibus pape Georgii Hesler tit. s. Lucie in Silice presb. card. qui d. decan. vac. p. o. Johannis de Redekin vig. litt. ap. obtin. 7. apr. 80 V 630 259^r-260^v – cui de can. et preb. ac decan. eccl. Magdeburg. certo modo vac. prov. fuit: de nova prov. de eisdem (10 m. arg.) 23. sept. 80 S 802 167^r – motu pr. m. (prep. eccl. s. Severi Erfforden. Magunt. dioc. et officialibus Magdeburg. ac Merseburg.) confer. can. et preb. eccl. Magdeburg. (4 m. arg.) vac. p. o. Henrici Hilterman 14. iun. 81 (exped. 12. decb. 82) L 807 149^{vss} – cubic.: motu pr. prov. de thesaur. eccl. b. Marie virg. in aula aepisc. Magdeburg. capel. nunc. (10 m. arg.) vac. p. o. Henrici Hilterman (exec. prep. eccl. s. Severi Erfforden. Magunt. dioc. ac offic. Magdeburg. et offic. Merseburg.), gratis 14. iun. 81 V 631 44^v-46^r.

3085 **Guntherus de Bunaw** [4. pars 4 partium] dec. eccl. Magdeburg. ut supra litig. coram Johanne Francisco de Pavinis aud. contra Albertum Clitzingk cler. sup. d. decan.: de prov. si neutri de d. decan. (30 m. arg.) vac. p. o. Johannis Redekin 26. decb. 82 S 827 212^v – actor litig. coram Johanne Antonio [de Sancto Georgio] ep. Alexandrin. aud. locumtenenti et Nicolao de Ubaldis aud. surrogato primo contra Wilhelmum de Schawenbergk cler. et tunc contra quond. Hinricum Bolberitz cler. reum et possessorem in cur. defunctum sup. can. et preb. eccl. Misnen. (8 m. arg.) vac. p. o. Nicolai Rotenfels: de surrog. ad ius d. Hinrici 5. ian. 83 S 818 69^{vs} – actor li-

tig. coram Petro de Ferrera aud. contra quond. Henricum Bolbriez cler. in cur. defunctum sup. can. et preb. eccl. Misnen. (8 m. arg.) ut supra vac. p. o. Nicolai Rottenfels et Christophori Rosenheim: de surrog. ad ius d. Henrici 5. ian. 83 S 818 68^v – de prepos. eccl. s. Petri in Sulza Magunt. dioc. (8 m. arg.) vac. p. resign. Hermanni Scholen 27. ian. 83 S 819 28^{vs} – de can. et preb. eccl. Hildesem. (4 m. arg.) vac. p. contractum matrim. Ernesti com. de Mansfelt et p. resign. Bertoldi com. de Henneberg cler. 29. ian. 83 S 819 31^v – oblig. sup. annat. decan. eccl. Magdeburg. (30 m. arg.) ut supra 11. iun. 83 A 31 74^v – decr. doct. cler. Nuemburg. dioc. sed. ap. prothonot. ex utr. par. de mil. gen. procreatus pape cubic. et fam. qui in servitiis et familiaritate sed. ap. Bartholomeum [de Marascha] ep. Civitatis Castelli in partibus Alamanie nunt. c. pot. legati de latere p. 4 menses continue secutus est et qui reus et possessor litig. coram Johanne [de Ceretanis] ep. Nucerin. et deinde coram Guillermo de Pereriis auditoribus sup. decan. eccl. Magdeburg. contra Albertum Clitzangk cler.: de prov. si neutri de d. decan. (30 m. arg.) vac. p. o. Johannis Redekini seu p. resign. quond. Johannis de Redeking aut Johannis de Schoenberg aut ex eo quod d. Guntherus unac. d. decan. et 2 al. incompat. benef. prepos. colleg. eccl. Ardacen. Patav. dioc. vac. p. o. Georgii Hoenfelde assec. fuit et de abol. inhab. 16. nov. 83 S 832 44^r – qui in servitiis ap. sed. episcopum Civitatis Castelli nunt. ap. p. 4 menses continue secutus est referens quod sibi de thesaur. colleg. eccl. seu capel. ss. Marie et Gangolfi aule aepisc. Magdeburg. vac. p. o. Hinrici Hikerman ac de prepos. colleg. eccl. s. Petri in Sulza Magunt. dioc. vac. p. resign. Hermanni Scholen auct. ap. prov. fuit (quas possidet) et quod ipse litig. in cur. contra Albertum Clitzingel sup. decan. eccl. Magdeburg. (quam ex disp. ap. obtin.) et quod sibi prepos. eccl. Ardacen. Patav. dioc. vac. p. o. Georgii Hoenfelder p. Bartholomeum [de Marascha] ep. Civitatis Castelli ut supra collata fuit quam detin. nulla disp. desup. obtenta: de nova prov. de d. thesaur. (10 m. arg.) et de d. prepos. (8 m. arg.) et de abol. inhab. 19. nov. 83 S 831 180^{rs} – can. eccl. Magdeburg.: unio thesaurarie eccl. ss. Marie et Gangolffi aule aepisc. Magdeburg. (10 m. arg.) can. et preb. eccl. Magdeburg. (4 m. arg.) ad vitam gratis 20. nov. 83 V 647 57^{rs} – dec. eccl. Magdeburg.: lic. de n. resid. et fruct. percip. (exec. prep. eccl. Nuemburg. ac prep. eccl. s. Severi Erforden. Magunt. dioc. ac dec. eccl. Misnen.), gratis 29. ian. 84 V 647 58^{rss} – de uniendo prepositure colleg. eccl. desolate s. Petri in Sulza Magunt. dioc. (8 m. arg.) can. et preb. eccl. Merseburg. (6 m. arg.) quos obtin. ad vitam 5. febr. 84 S 837 49^v – et **Gotfridus de Bernynchusen, Gerhardus Kynt, Matheus Reda, Johannes Tolner, Johannes Musken, Johannes de Bernynchusen, Bernardus Schulteti, Ludolphus de Helmstede** et alii fam. pape in obsequiis B[artholomei de Marascha] ep. Civitatis Castelli (qui p. papam ad Alamanniam et nonnulla al. loca Germanie necnon Ungarie, Polonie, Boemie et Dacie regna pro nonnullis ap. et R. E. negotiis nunt. missus fuit): motu pr. de prerog. ad instar pape fam. descript. 5. febr. 84 S 833 118^r – cler. Nuemburg. dioc. referens quod sibi de can. et preb. capel. b. Marie et s. Gangolfi sub aula aepisc. Magdeburg. vac. p. o. Henrici Hiltermann ordin. auct. prov. fuit possessione subsecuta et Francisco Lertzgen cler. Magunt. quidem p. papam prov. fuit quodque deinde de eisdem vac. p. cess. d. Francisci (litt. desup. n. confectis) de illis vac. p. resign. in manibus pape Francisci Lertzgen cler. Magunt. dioc. pape fam. Amelingo Amelingi cler. Hal-

berstad. dioc. motu pr. prov. fuit: de nova prov. de dd. can. et preb. (4 m. arg.) vac. p. resign. in manibus pape d. Amelingi 7. apr. 84 S 837 92^{rs}.

3086 **Guntherus de Bunaw (de Rottelspergen)** iun. can. eccl. Czicen. ex utr. par. de militari gen. et Friderici R. I. dilectus in 16. sue et. an. constit.: motu pr. gr. expect. s. d. 1. ian. 72 de can. et preb. eccl. Czicen. et de can. et preb. eccl. Merseburg. et prerog. ad instar pape fam. descript. (m. ep. Brixien. et dec. eccl. Misnen. ac cant. eccl. ss. Petri et Pauli Rannburgen. Czicen. dioc.), gratis 7. mart. 74 V 681 186^r-187^v – cler. Nuemburg. dioc.: de can. et preb. eccl. Nuemburg. (4 m. arg.) vac. p. o. Nicolai de Rotenfels 7. nov. 75 S 729 177^{rs} – cui vig. gr. expect. de can. et preb. eccl. Czicen. Nuemburg. dioc. vac. p. o. Melchioris Holdorff prov. fuit possessione subsecuta: de nova prov. de eisdem (4 m. arg.) 29. ian. 76 S 733 262^v – cler. Nuemburg. dioc. pape fam.: de can. et preb. colleg. eccl. Czicen. (4 m. arg.) vac. p. o. Henrici Konrin 31. ian. 76 S 734 86^{rs} – iunior cler. Nuemburg. dioc.: de can. et min. preb. eccl. Nuemburg. (4 m. arg.) vac. p. assec. maiorem can. et preb. p. Guntherum de Bunaw sen. 2. oct. 76 S 756 183^{vs} – can. eccl. Magdeburg. ex utr. par. de mil. et nob. gen. Guntheri de Bunaw decr. doct. pape cubic. et fam. prothonot. nepos referens quod d. Guntherus thesaur. et prepos. ut infra ac decan. eccl. Magdeburg. c. disp. obtin. (et sup. d. decan. litig.) et deinde prepos. colleg. eccl. Ardacen. Patav. dioc. vac. p. o. Georgii Hoenfelder auct. ap. acc. et absque disp. contra constit. ›Execrabilis‹ detin.: de thesaur. in colleg. eccl. seu capel. aule aepisc. Magdeburg. c. annexis (10) necnon de prepos. colleg. eccl. s. Petri in Sulza Magunt. dioc. (8 m. arg.) vacat. p. priv. d. Guntheri, n. o. can. et preb. eccl. Magdeburg. (4 m. arg.) et de disp. ut unac. d. prepos. eccl. in Sulza [Magunt. dioc.] d. thesaur. recip. val. c. lic. perm. 16. nov. 83 S 831 243ᵛ.

3087 Gunterus Gerstenberg (Gerstemberger) presb. Magunt. dioc. qui can. et preb. eccl. b. Marie in Heiligenstad Magunt. dioc. (4 m. arg.) pro al. benef. (vix 2 m. arg.) perm.: de assign. pens. ann. 22 fl. renen. sup. fruct. mense capit. d. eccl. p. d. capit. persolv. 5. decb. 75 S 731 54ʳ – presb. scolast. eccl. s. Severi Erdforden. Magunt. dioc. qui can. et preb. eccl. s. Nicolai in Heiligenstadt Magunt. dioc. et **Johannes Hewbt** qui perp. vicar. in eccl. s. Antonii op. Mulhusen. Magunt. dioc. perm. desiderant: m. (scolast. eccl. s. Severi Erforden. Magunt. dioc.) prov. d. Gunthero de d. vicar. et d. Johanni de dd. can. et preb. et de assign. d. Gunthero pens. ann. 22 fl. renen. sup. fruct. mense capit. d. eccl. s. Nicolai (60 m. arg.) 5. decb. 75 V 579 143ᵛˢˢ – restit. bulle sup. pens. ut supra sup. fruct. mense capitularis eccl. s. Nicolai Haligenstade Magunt. dioc. (quia perm. inequalis est fact. in manibus ordin.) 18. iun. 77 A 26 186ᵛ – de perp. s. c. vicar. ad alt. s. Martini in colleg. eccl. b. Marie virg. Goten. Magunt. dioc. (2 m. arg.) vac. p. o. Johannis Seauckini (Franckip) al. Yeyer 5. mart. 78 S 766 39ʳ, m. (prep. eccl. Nuemburg. et dec. eccl. ss. Petri et Alexandri Ascaffenburgen. ac scolast. eccl. s. Severi Erforden. Magunt. dioc.) (exped. 3. decb. 78) L 784 139ʳˢ – de disp. ad 2 incompat. benef. etsi 2 par. eccl. ad vitam c. lic. perm. 7. apr. 80 S 791 191ʳˢ.

3088 Guntherus com. de Mulingen dominus temporalis loci Barbi laic. Magdeburg. dioc.: supplic. Cristierno Dacie Svecie et Norwegie rege alt. port. pro se et Johanne, Burchardo, Alberto et Wilhelmo natis d. Guntheri, gratis 13. apr. 74 V 663 82ʳˢ – lic. elig. confess., gratis 13. apr. 74 V 663 82ᵛ – referens quod

archid. in Calve in eccl. Magdeburg. d. com. in iurisd. impedire presumit: supplic. Cristierno Dacie Swecie et Norwegie rege m. ut d. com. sup. iurisd. n. molestetur, gratis 13. apr. 74 V 663 113ᵛˢ – referens quod alias compromisso arbitrali inter ipsum ex una et Ernestum [e ducibus Saxonie] administratorem eccl. Magdeburg. reum sup. eo quod quond. Guntherus [de Schwarzburg] aep. Magdeburg. predecessor d. Ernesti tutelam sive curam castri Wanszleben. (Vanszlebin) Magdeburg. dioc. tunc d. oratori impignorati assumpsit et tamquam tutor p. aliquot an. administravit et quod quibusdam spoliis rebusque aliis in compromisso ipso latius deductis partibus ex altera in nobiles Albertum com. in Manszfelde et Brunonem dominum in Qwernforde tamquam arbitros facto dd. Albertus et Bruno arbitri receptis impetitionibus d. oratoris sive exceptionibus d. Ernesti quasdam sententias in favorem d. oratoris emologarunt quodque officialis cur. Magdeburg. et alii iudices Magdeburg. dioc. suspecti existunt: de committ. in partibus 25. apr. 84 S 835 125ʳ, 19. mai. 84 S 836 87ʳˢ.

3089 Guntherus [de Nordhausen] abb. et conv. mon. s. Petri op. Erfurden. o. s. Ben. Magunt. dioc.: facult. conferendi et recipiendi reliquias, Conc. excepta Urbe 27. ian. 79 S 777 168ʳˢ, L 800 289ʳ – abb. mon. ut supra: solv. 89 fl. adc. pro communi serv. d. mon. p. manus soc. de Gaddis 11. apr. 82 IE 505 99ᵛ.

3090 Gunterus de Ruaw (Knaw) cler. Nuemburg. dioc. Francisci [Gonzaga] tit. s. Marie Nove diac. card. dilectus: supplic. d. card. de can. et preb. eccl. ss. Petri et Michaelis Argent. (6 m. arg.) vac. p. o. in cur. Michaelis Mulner 18. oct. 71 S 672 215ʳˢ – cui de can. et preb. eccl. ss. Petri et Michaelis Argent. vac. p. o. in cur. Michaelis Moller prov. fuit litt. n. confectis et **Bernardus**

Merchlinger cler. Spiren. dioc.: de prov. d. Bernardo de dd. can. et preb. (6 m. arg.) vacat. p. resign. in manibus pape d. Guntheri c. reserv. pens. ann. 15 duc. sup. fruct. par. eccl. s. Martini in Barre Argent. dioc. (10 m. arg.) 7. decb. 72 S 684 281^{vs} – ex utr. par. de mil. gen. procreatus et mag. Melchioris de Meckaw script. et pape fam. nepos: m. (prep. eccl. ss. Petri et Pauli Czizen. Nuemburg. dioc.) gr. expect. s. d. 1. ian. 72 de can. et preb. eccl. Misnen. et al. can. et preb. eccl. Wortzen. Misnen. dioc. (in quib. maiores, medie et min. preb. exist.) c. prerog. ad instar pape fam. descript., gratis 13. mart. 75 V 678 664^r-666^r.

3091 **Guntherus com. de S[ch]wartzpurg** et ux.: de alt. port. c. clausula ante diem 12. apr. 83 S 822 169^r, L 833 312^r.

3092 **Guntherus de Unna** decr. doct. pape cubic.: de can. et preb. eccl. s. Stephani Bamberg. (12 m. arg.) vac. p. o. Petri Borom et p. o. in cur. Henrici Tucher 6. iun. 78 S 769 283^v.

3093 **Gurca**
Dec. et capit. eccl. Gurc. o. s. Aug. referentes quod Laurentio [de Freiberg] el. Gurc. de prepos. d. eccl. ad 6 an. in commendam prov. fuit: supplic. Friderico R. I. de conc. ut cessante commenda d. capit. de d. prepos. solito more disponere val. 17. mai. 74 S 705 129^{vs}, V 563 78^{rss}.

3094 **Gustrovium**
Prep. eccl. Gustrovien. Camin. dioc.: commiss. ad executionem certe supplic. iuxta eius continentiam et signaturam 21. iul. 77 Acquisti 27/1 297^{vs}.

3095 **Hadersleven**
Cant. et capit. colleg. eccl. b. Marie virg. in Hadersleven Sleswic. dioc.: de conserv. 19. apr. 80 S 791 270^r – referentes quod quond. Gerardus dux Sleswic. cant., can. et capit. ac eo-

rum familiam et bona in suo dominio existentes in eius protectionem suscepit ipsosque ab omnibus solutionibus et servitiis exemptos esse voluit quodque post obitum d. Gerardi Cristiernus rex Svecie Dacie et Norvegie ac dux Sleswic. dd. omnia in quibusdam litt. conf.: de conf. 28. apr. 80 S 792 188^{vs}.

3096 **Haga (Comitis)**
Dec. et capit. colleg. eccl. in capel. [palatii] comitis Hollandie in Haga Comitis Traiect. dioc. qui in numero 13 exist.: de lic. absentandi pro 70 diebus recreationibus dummodo ultra 3 ex residentibus insimul absentes n. exist. c. consensu com. Hollandie et c. derog. fund. d. eccl. 22. mart. 81 S 800 249^{rs}, V 673 509^{vs} – *mensa capit. eccl. sive capel. b. Marie virg. palatii comitum Olandie in Haga comitis Traiect. dioc.:* quitt. quindenniorum sup. incorp. par. eccl. de Delft nova nunc. comitatus Hollandie (15 l. T. p.) et de Hoerem partium Weestphrisie (33 l. T. p.) Traiect. dioc. s. d. 10. apr. 81 Arm. XXXIII, 2 438^v – oblig. p. Paulum Manisin cler. Cameracen. dioc. sup. integra annat. par. eccl. de Delft et de Hoerem ut supra (in margine: s. d. 15. mai. 81 solv. pro compositione d. annat. 30 fl. p. manus soc. Thadei de Ghadis de cur.) 15. mai. 81 A 30 10^r.

Matres et sorores mon. s. Agnetis in op. Haga comitis et mon. s. Agnetis in op. Gouda ac mon. s. Marie Magdalene in op. Delft partium Hollandie o. s. Aug. Traiect. dioc. referentes quod quond. Nicolaus [de Cusa] tit. s. Petri ad vincula presb. card. in Germania legatus certis conventibus d. ord. in provincia Colon. consistentibus certum modum vivendi auct. sue legationis ordinavit et inter al. voluit quod sorores dd. conventuum operibus manualibus industriose sibi acquirerent vel census etc. haberent necnon horas can. b. Marie virg. in vulgari sermone dicerent: de conc. ut

757

bona mobilia et immobilia sicut al. sorores d. ord. in communi habere et horas can. in latino dicere valeant 6. nov. 81 S 804 74^v, V 675 212^{rs}.

3097 Haydenhain
Abb. et conv. mon. s. Wunebaldi in Haydenhain o. s. Ben. Eistet. dioc. referentes quod d. mon. ius decimas quorundam pratorum ad quandam curiam d. mon. in villa Peroltzheim Eistet. dioc. spectantium a colonis d. curie percipiendi possidet et quod a tanto tempore Johannes Hewberg rect. par. eccl. s. Michaelis d. ville dd. decimas ad se spectare falso asserit et quendam Johannem Dypelt laic. Eistet. dioc. et colonum d. curie coram iudicibus curie episc. Eistet. ad solvendum sibi decimas in iudicium traxit ac quod dd. iudices pro d. rect. sent. diffinitivam promulgarunt: m. (dec. eccl. Bamberg. et dec. eccl. b. Marie in Feuchtwangen August. dioc. ac dec. eccl. s. Gumperti in Onolczspach Herbip. dioc.) committ. in partibus vig. appellationis 29. mart. 79 L 788 122^{vs}.

3098 Haymi
Oppid. op. Haymi Misnen. dioc.: m. (prep. et dec. eccl. Misnen. ac offic. Misnen.) lic. demoliendi capel. s. Elisabeth in platea iudeorum nunc. d. op. de iur. patron. d. op. illamque transferendi c. omnibus iur. ad par. eccl. b. Marie virg. d. op. et erigendi inibi novum alt. ad honorem s. Elisabeth 20. apr. 84 V 648 57^{rs}.

3099 Hall in Intal
Consulatus ac universi incole et habitatores op. Hallis in Intal Brixin. dioc. inter al. referentes quod rectores par. eccl. d. op. 7 presb. sociis divinorum nunc. emolumenta et salaria dant iuxta consuetudinem d. loci ut divina off. p. dd. presb. peragantur prout in diversis litt. publ. continetur: de conf. 15. febr. 77 S 747 112^{vs}.

3100 Halberstadium
Ep. et capit. eccl. Halberstad. refe-

rentes quod ab antiquo in d. eccl. 7 vicar. maiores nunc. instit. fuerunt quarum 6 presbiterales et 1 diaconalis exist. quarum 1 pro ep. alia pro prep., tertia pro dec. et relique 4 pro al. can. in choro fundate sunt et quod ipsi ad personalem resid. in d. eccl. teneantur: de conf. 4. iun. 79 S 782 230^{vs}, L 800 312^{rs} – *capit. eccl. Halberstad.*: commissio 80/81 I 334 109^r.
Prep. et capit. ecclesiarum maioris et b. Marie ac s. Bonifacii et s. Pauli in Halberstad. et prior etc. eccl. s. Johannis e. m. Halberstad. o. s. Aug.: de conserv., Fiat pro primo in forma 4. nov. 75 S 729 88^{vs} – de conserv. 2. mart. 76 S 735 202^v, de ref. 24. mai. 76 S 739 191^v, I 334 109^r.
Capit. eccl. b. Marie Halberstad.: solv. 15 fl. adc. pro annat. unionum par. eccl. s. Nicolai castri Lentzen Havelberg. dioc. et par. eccl. s. Georgii castri Aneburg Halberstad. dioc. ac 3 vicar. altarium s. Johannis Ev., s. Christofori et Omnium ss. in d. castro Aneburg et vicar. ad alt. s. Martini in colleg. eccl. s. Nicolai Stendalien. et capn. b. Marie prope Tangermandum Halberstad. dioc. et capel. Lentzen. Havelberg. dioc. unitarum tempore Pii II. dicto capit. p. manus Stefani de Caciis 4. febr. 82 FC I 1134 181^v, IE 505 66^v.
Prep. priorissa et conv. mon. Montis s. Marie o. s. Aug. e. m. op. Halberstad.: de litt. conservatoria 15. apr. 77 S 749 158^r, I 334 109^r.
Rect. et fr. dom. congregationis fratrum Cellitarum nunc. in Halberstad. sub reg. s. Aug. degentes: de lic. erig. capel. c. campanili et cimiterio 5. decb. 75 S 730 211^r, L 757 247^v.

3101 Hammarinus [Heinemannus?] Loubgasz scol. Basil. dioc.: de disp. ad quodcumque benef. n. o. def. nat. (abb. o. s. Ben. et c.) 13. mart. 73 S 688 38^v.

3102 Hamburgum

Eccl. b. Marie virg. in Hamburgo Bremen. dioc.: supplic. Cristierno Dacie rege conf. statutorum d. eccl. (sup. residentia) 29. ian. 76 V 665 23^{rss} – *dec. et capit. eccl. b. Marie Hamburgen. Bremen. dioc.* inter alia referentes quod propter aquarum inundationes fructus mense capit. plurimum diminuti exist.: supplic. Cristierno Dacie rege incorp. par. eccl. in Vorden (Urden, Hurden) [= Wöhrden] (5) et in Hilgensteden (4 m. arg.) Bremen. dioc. mense d. eccl. b. Marie (que sub d. regis temporali dominio consistit) 18. ian. 77 V 581 283^r-284^v, quitt. quindenniorum Arm. XXXIII, 2 411^v – oblig. p. Stephanum de Caciis can. eccl. Vercellen. [Francisci Gonzaga] card. Bononien. fam. et Ottonem Specke can. eccl. Lubic. et causarum pal. ap. not. sup. annat. incorp. par. eccl. in Verden et in Hilgensteden ut supra 29. iul. 77 A 26 39^r – *dec., canonici, capit. et perp. vicarii eccl. Hamburgen.* referentes quod in d. eccl. (que sita est prope forum civitatis Hamburgen. populose et circa quam etiam diverse taberne sunt que die noctuque ab vagabundis et quibusdam utriusque sexus inhonestis personis frequentantur) ultra 60 benefic. existunt quodque eadem eccl. ab eo tempore quo ad hoc off. matitudinale pulsatur usque ad diem semper aperta manet quodque infra illud tempus et diem gravia peccata et multa scandala in eadem Hamburgen. eccl. perpetrata esse formidantur: de indulto ut matutinale off. in aurora decantare val. 4. iun. 78 S 770 83^{rs} – *perp. vicarii et beneficiati in eccl. b. Marie Hamburgen. Bremen. dioc.* inter al. referentes quod nonnulla emolumenta ex nonnullis anniversariis inter canonicos et vicarios ac al. beneficiatos d. eccl. equis portionibus distribui consueverunt et quod a 100 an. et ultra 2 ex d. vic. inter scholares pauperes mendicantes etc. elemosinas erogare consueverunt quodque

tam prefati quam alii beneficiati in certis al. par. ecclesiis et capel. intra muros d. op. consistentes qui pro maiori parte ex fruct. suorum beneficiorum se commode sustentare n. valent ex piis largitionibus panes inter se dividendos candelas ad divinum cultum ordinandum recipiunt et ex ipsis puellis maritandis leprosis et al. orphanis nonnullas elemosinas tribuunt et quod dec. et capit. d. eccl. eosdem in premissis inquietant: de conf. et de statuto pro casu absentie et ut dec. d. eccl. in res dd. vicariorum nullatenus se intromittere debeat 9. iun. 80 S 793 215^{rss}, m. (dec. eccl. s. Mauritii e. m. Hildesem. et prep. eccl. s. Ciriaci e. m. Brunswicen. Hildesem. dioc. ac prep. eccl. s. Crucis Hildesem.) V 675 159^v-161^v – *prep., dec. et capit. eccl. Hamburgen.* referentes quod in litt. ap. sup. preinserta supplic. conficiendis facta n. fuit mentio quod in concordia intervenerunt etiam prior et conv. dom. in Meldorp o. pred. extra op. Hamburgen. Bremen. dioc. nec aliarum rerum: de ref. 13. apr. 84 S 834 282^{rs}, conf. concordie ratione quarte funeralium c. fr. o. pred. et o. fr. min. 83/84 I 335 26^r.

Prior et fr. dom. o. pred. Hamburgen. Bremen. dioc. inter al. referentes quod universi mendicantium professores ex concessione pontificum in eorum ecclesiis et cimiteriis liberam habent sepulturam quod autem dec., capit. et can. eccl. b. Marie virg. Hamburgen. eos ministrare huiusmodi sacramenta impedire nitebantur quodque dec. eccl. Minden. auct. ap. contra eosdem dec. et capit. ad nonnullos actus processit sed deinde causam ad sed. ap. remisit: de committ. alicui in aliqua ex vicinis dioc. ut d. dec. eccl. Minden. ad ulteriorem executionem dd. litt. faciat 1. decb. 81 S 805 186^{rs}.

Capellani, vicarii benefic. et officiantes ceterique in sacerdotio et in min. ord. constituti clerici op. Hamburgen. Bremen. dioc. qui absque

approb. aep. et sine ullius quote solut. testamenta facere consueverunt
et in causis p. viam simplicis querele
ultra flumen quod vulgo Albea dicitur et extra op. portas ad iudicium p.
aep. in prima instantia evocari n.
consueverunt et fortasse hoc ideo interdictum creditur quia in Hamburgo
olim sedes aepisc. fuit que postmodum ad Bremen. civit. transl. fuit et
que nunc Bremen. appellatur: de
conf. 12. nov. 71 S 673 104^{vs}.
Burgenses Hamburgen. Bremen. di-
oc. et communitas Lubic. inter al. referentes quod officiales aep. Bremen. et habitatores ex utraque parte
fluminis Albee ex consuetudine burgenses et naves (fervente tempestate)
ad portus seu litora confugientes violenter diripuerunt et mercatores cap-
tivaverunt et quod olim quond. Albertus [de Braunschweig et Lune-
burg] aep. Bremen. d. detestabilem
consuetudinem (sub penis in can. et
imper. legibus promulgatis) damnavit et ordinavit ut dd. homines mercatoribus auxilium darent et (occasione naufragii) naves et bona colli-
gerent que heredibus mercatorum
Hamburgen. restituerent et quod
Henricus [de Schwarzburg] modernus ep. Monast. admin. eccl. Bremen. burgensibus et communitati
Lubic. similem libertatem conc. et
quod d. ep. promisit ut in dd. terris et
aquis nova telonea seu vectigalia n.
imponeret: de conf. et de conserv.
15. mai. 75 S 720 144^{vss}.

3103 **Hamela**
Dec. et capit. eccl. s. Bonifatii Ha-
melen. Minden. dioc. ac perp. vicarii
commissarii et officiati: de conserv.
8. ian. 83 S 815 51^r, m. (dec. eccl.
Bremen. et dec. eccl. Paderburn. ac
dec. eccl. s. Crucis Hildesem.) L 807
273^{rs}.

3104 **Hammonia**
Burgimagistri, consules et commun.
op. Hammonen. Colon. dioc. referentes quod redditus et proventus
dom. hosp. paup. d. op. diminuti

sunt: de indulg. 30 an. ad sustentationem reparationem seu ornamenta
d. paup. hosp., Conc. ad 7 an. in 3
festivitatibus 28. apr. 84 S 835
215^r.

3105 **Harderus Vrunt** cler. Bremen. dioc.
qui vig. gr. expect. perp. s. c. vicar.
ad alt. b. Marie in par. eccl. in Herma terre Ditmarie [= Marne] Bremen. dioc. vac. p. o. Johannis Spret
acc.: de nova prov. de d. vicar. (4 m.
arg.) n. o. def. nat. (p. s.) 8. nov. 73 S
699 90^{rs}.

3106 **Harrlem (Hairlem, Haerlem)**
Par. eccl. op. Harrlemen. Traiect.
dioc. cui Bonifacius IX. (tunc supplic. quond. Alberto duce Bavarie et
com. Hollandie et quond. Gerbrando
de Coustat tunc rect. d. par. eccl.)
indulg. conc. ad instar eccl. s. Marie
in Portiuncula dicte de Angelis e. m.
Assisinaten.: de conf. 21. apr. 72 S
678 89^{vs} – *gubernatores sive magis-*
tri fabrice par. eccl. in Harrlem Tra-
iect. dioc. inter al. referentes quod
Franciscus [Todeschini-Piccolomini]
tit. s. Eustachii diac. card. in partibus
illis de latere legatus m. abb. Egmonden. o. s. Ben. Traiect. dioc. et
Theoderico dec. eccl. s. Salvatoris
Traiect. ac Theoderico Uterweer can.
eccl. Traiect. ut privil. d. par. eccl. et
fabrice contra molestationes defen-
derent: de conf. sententiam p. d. dec.
promulgatam 26. mai. 72 S 680
170^{rs} – *curatus modernus par. eccl.*
Harrlemen. Traiect. dioc. referens
quod d. par. eccl. indulg. ad instar
eccl. b. Marie in Portiuncula e. m.
Assisinaten. conc. fuit: de facult. ut
visitantes et penitentes minora vota
in al. pietatis opera commutare val.
3. nov. 78 S 774 255^{rs}.

3107 **Harnandus Barburier** cler. Bamberg. dioc. et **Michael Slamersdof-**
fer cler. Ratisbon. dioc. et **Henricus**
Gessaer cler. Bamberg. dioc. et alii
[Stephani Nardini] tit. s. Marie
Transtiberim presb. card. familiares:
motu pr. de gr. expect. de 2 can. et
preb. necnon de benef. ad coll. quo-

rumcumque et de disp. sup. def. et. (de 4 an.) et def. nat., Et s. d. 17. nov. 81 S 803 95^r.

3108 Hartmannus Bochenrodt (Buochenrodde) rect. par. eccl. s. Agathe Aschaffenburgen. Magunt. dioc. in cur. resid.: de prom. ad omnes etiam maiores ord. extra temp. in cur., sola sign. 18. decb. 82 S 817 228^r – prov. de par. eccl. s. Agathe Asschaffenburgen. ut supra (4 m. arg.) vac. p. resign. in manibus pape cuiusdam Andree (m. dec. eccl. b. Marie virg. ad Gradus Magunt. et dec. eccl. s. Victoris e. m. Magunt. ac dec. eccl. s. Blasii Brunswicen. Hildesem. dioc.) 19. ian. 83 (exped. 15. apr. 83) L 829 147^{vss}.

3109 Hartmannus Bolt cler. Colon. dioc.: restit. bulle sup. pens. ann. 24 fl. auri renen. sup. fruct. par. eccl. op. Unnen. Colon. dioc. p. bullam s. d. 9. decb. 76 sibi occasione certe concordie assign. (quia d. Hermannus [!] al. solv. annat.) 24. decb. 76 A 25 208^r.

3110 Hertmannus Clumper scol. Monast. dioc.: de prom. ad omnes ord. extra temp., sola sign. 1. decb. 81 S 805 166^v.

3111 Hartmannus de Halwil can. eccl. Basil. de <nob. et> mil. gen.: motu pr. de can. et preb. ac prepos. colleg. eccl. s. Ursini de Sancto Ursino Basil. dioc. (cuiuslibet 4 m. arg.) vac. p. prom. Gasparis de Reno el. Basil., Fiat motu pr. 12. mart. 79 S 779 48^v – prov. de prepos. ut supra (4 m. arg.) (m. prep. eccl. Basil. et prep. eccl. s. Petri Basil. ac Stephano de Caciis can. eccl. Vercellen.) 12. mart. 79 (exped. 18. mart. 79) L 793 129^{rss} – cui hodie de prepos. eccl. s. Ursini ut supra prov. est: motu pr. prov. de can. et preb. d. eccl. (4 m. arg.) ut supra (exec. ut supra) 12. mart. 79 (exped. 18. mart. 79) L 793 258^v-260^r – rect. par. eccl. in Buntzen Constant. dioc. ex utr. par. de mil. gen. cui de prepos. eccl. s. Ur-

sini ut supra motu pr. prov. fuit possessione n. secuta quia cura animarum imminet: de disp. ut unac. d. par. eccl. aliud incompat. benef. recip. valeat etsi par. eccl. ad vitam c. lic. perm. 18. mart. 79 S 779 98^v – rect. par. eccl. in Vintzen Constant. dioc.: prov. de prepos. eccl. s. Ursini ut supra vac. p. prom. Gasparis [de Reno] el. Basil. ut supra et disp. ut unac. d. prepos. d. par. eccl. retin. val. ad vitam 1. apr. 79 L 798 124^{rss} – motu pr. prov. de prepos. eccl. Basil. (40 m. arg.) vac. p. o. Johannis Werneri de Flaslandt Pii II. cubic., n. o. prepos. eccl. s. Ursini Bisuntin. (10 m. arg.) ac par. eccl. Pinczen. Constant. dioc. (8 m. arg.) quas ex disp. ap. obtin. c. disp. ad 3 incompat. benef. (exec. ep. Civitatis Castelli et prep. eccl. s. Petri Basil. ac offic. Basil.) 19. sept. 81 V 614 84^r-86^v – prep. eccl. Basil.: oblig. p. Hugonem de Landenberg prep. eccl. b. Marie Artforden. Magunt. dioc. pape fam. sup. annat. prepos. eccl. Basil. ut supra (in margine: s. d. 2. ian. 82 solv. pro parte d. annat. 67 fl. p. manus soc. de Gaddis, residuum debet solvi p. Johannem Krys pro annat. sive complemento annat. cuiusdam pens. sup. fruct. d. prepos. sibi assign.) 2. ian. 82 A 30 106^r – solv. 67 fl. adc. ut supra 2. ian. 82 FC I 1134 172^v, IE 505 49^v.

3112 Hartmannus Harthamer presb. monach. mon. in Comburg o. s. Ben. Herbip. dioc. ex utr. par. de mil. gen.: de disp. ad quodcumque benef. 19. mai. 77 S 751 206^{rs}.

3113 Hartmannus Puchenrott cler. Magunt. dioc.: ›rationi congruit‹ s. d. 9. apr. 71 m. (ep. Brixien., dec. eccl. s. Victoris e. m. Magunt. ac offic. Magunt.) confer. par. eccl. in Langendiepach Magunt. dioc. (5 m. arg.) vac. p. o. Petri Drindel 25. aug. 71 (exped. 24. iul. 72) L 715 207^{rss}.

3114 Hartradus Beyl (Beyd) cler. Trever. dioc. ac **Henricus Beer** cler. Trever. dioc.: de prov. d. Hartrado de can. et

preb. colleg. eccl. b. Marie virg. in
Wetezflaria Trever. dioc. (24 fl. adc.)
vacat. p. priv. Stephani Hamer scolast. d. colleg. eccl. et de prov. d.
Henrico de alt. s. Petri et eius capn.
in d. par. eccl. seu colleg. eccl. (15.
fl. adc.) vacat. p. priv. Antonii Croo
presb. Trever. dioc. qui c. d. Stephano pactum simoniacum contraxit
sup. resign. 13. ian. 72 S 675 105^{vs} –
cui gr. expect. ad 2 coll. conc. fuit:
de prerog. ad instar pape fam. descript. 1. oct. 77 S 772 278^r – pape
fam. referens quod ipse Sifrigido
Usvart cler. Magunt. dioc. procur.
gr. expect. de quocumque benef. ad
coll. prep. et capit. eccl. s. Castoris
de Confluentia Trever. dioc. resignavit c. iuram. sed quod ipse eundem Sifrigidum revocare desiderat:
de relax. a iuram. ut d. procur. revocare val., sola sign. 20. febr. 83 S
819 283^{vs} – perp. pastor im Emptz
Trever. dioc.: de n. prom. ad 3 an.,
sola sign. 14. iun. 83 S 825 80^r –
rect. par. eccl. in Gultz Trever. dioc.:
de n. prom. ad 2 an., sola sign. 31.
mai. 84 S 839 185^v.

3115 **Hartrardus Trutnem** cler. Magunt.
dioc.: de par. eccl. in Ergesheym
prope Altzeram Magunt. dioc. (4 m.
arg.) vac. p. o. Petri Hermsheym 11.
ian. 83 S 818 132^v.

3116 **Hartungus Andree** dec. et capit.
eccl. Nuemburg. referentes quod
quond. Ludovicus dec. eccl. Nuemburg. de consensu Johannis [de
Schleinitz] ep. Nuemburg. quandam
ordinationem sup. solutione certarum prebendarum d. eccl. renovavit
et quod dec. iuram. (de verbo ad verbum in supplic. contentum) prestare
debet: de conf. 14. mai. 76 S 739
8^{rss} – de ref. 16. aug. 76 S 740
219^{rs} – et **Andreas Konribus (Kon-
ran)** ac **Hermannus Ruschinberge
(Ruschinberch)** canonici et **Hermannus Currificis** vic. eccl. Nuemburg. inter al. referentes quod ipsi et
mag. Daniel Porezich (Porgig) ac al.
litig. contra Hugonem Forstem prep.

d. eccl. sup. nullitate cuiusdam monitorii in eventum citationis penalis
in favorem d. prep. (p. quond. Fan-
tinum de Valle aud. occasione spo-
liationis d. prepos.) conc. et quod d.
prep. 2 sent. sup. nullitate appellationis obtin. ac quod in 3. instantia coram Antonio de Grassis aud. inter d.
Hugonem et procur. dd. oratorum
laudum fecerunt sed d. prep. paucos
dies post approbationem d. laudi in
d. causa processit et etiam post concordiam in partibus fact. ipsos excom. declarare voluit: de committ. in
partibus, Et si placet Michaeli de
Merner [Melchiori de Meckau?]
prep. eccl. Magdeburg., Et de disp.
sup. irreg. ac de rehab. 6. mart. 80 S
794 65^{rs} – et **Andreas Konribus** c.
al.: de ref. 21. iun. 80 S 794 66^r.

3117 **Herwigius Bruggarts** Philippi [Ca-
landrini] card. ep. Portuen. maioris
penit. fam.: supplic. d. card. prov. de
s. c. alt. b. Marie in eccl. s. Werin-
fridi in Elst Trever. dioc. (3 m. arg.)
vac. p. o. Godefridi Goesswini (m.
ep. Nolan. ac officialibus Traiect. et
Leod.) 11. oct. 71 (exped. 24. ian.
72) L 719 253^v-255^r.

3118 **Hartwicus Burt (Kurt)** presb. Colon. dioc.: de par. eccl. in Hunff Colon. dioc. (10 m. arg.) vac. ex eo
quod Henricus [de Ruebenach] ep.
Venecompen. d. par. eccl. unac. par.
eccl. de Brostoff et par. eccl. in Wer-
merkirchen Colon. dioc. detin., Et c.
disp. ut c. d. eccl. aliud benef. curatum ad 7 an. obtin. val. 27. nov. 79 S
788 31^v – de par. eccl. in Byrten
Colon. dioc. (15 m.) de iur. patron.
laic. vac. p. o. Rutgeri de Holt, n. o.
vicar. in par. eccl. Dursten. Colon.
dioc. (3 m.) quam obtin. 25. oct. 81
S 813 384^v – c. quo auct. ap. sup.
def. nat. (s. s.) ad benef. disp. fuit: de
alt. s. Anne in par. eccl. Dursten. Colon. dioc. (3 m. arg.) vac. p. o. cuiusdam Weseli (Wiseli) et de disp. ut
unac. d. alt. d. benef. recip. val. 8.
aug. 84 S 839 231^v.

3119 **Hardewicus Groppendorff** can. eccl. Minden.: restit. bulle sup. pens. ann. 8 m. arg. sup. fruct. prepos. eccl. Minden. sibi s.d. 16. decb. 76 assign. (quia est fact. solut. annat. d. prepos.) 15. ian. 77 A 25 212^v.

3120 **Harthwicus (Artvicus) Guteber** cler. Paderburn. dioc.: prov. de perp. s.c. vicar. ad alt. s. Crucis in par. eccl. s. Nicolai Hamburgen. Bremen. dioc. (1 m. arg.) vac. p. resign. in manibus pape Henrici Nigeman cler. Osnaburg. dioc. (exec. prep. eccl. s. Johannis Traiect. et prep. eccl. b. Marie Hamburgen. Bremen. dioc. ac offic. Bremen.), gratis 4. febr. 84 V 641 142^{vs} — consensus resign. coram Johanne Laurentii cler. Bremen. et al. testibus 18. febr. 84 Resign. 2 128^v.

3121 **Hartwicus de (van dem) Harte (Haerte)** cler. Razeburg. dioc.: de perp. simplici benef. lectorali sive evangelistarum nunc. in eccl. b. Marie Hamburgen. Bremen. dioc. (3 m. arg.) vac. p.o. Rayneri Garste 4. iul. 78 S 771 251^r — de perp. vicar. ad alt. s. Martini in eccl. b. Marie virg. Hamburgen. Bremen. dioc. (4 m. arg.) vac. p.o. Johannis van der Wiolt vel p.o. in cur. Theodorici Sluter 10. oct. 78 S 773 235^{vs} — de perp. simplici benef. in eccl. s. Lamberti Luneborgen. Verden. dioc. de iur. patron. laic. (4 m. arg.) vac. p.o. in cur. Theodorici Clinckrade 14. nov. 78 S 775 105^r — de perp. simplici benef. in par. eccl. Rendesborgen. Bremen. dioc. de iur. patron. laic. (4 m. arg.) vac. p.o. in cur. Theodorici Clinckrade vel Tuberni Tibben 14. nov. 78 S 775 125^v.

3122 **Hartwicus [Juel]** el. Ripen.: obtulit cam. ap. et collegio card. 120 fl. adc. et 5 serv. min. p. Theodericum Arndes can. eccl. Lubic. pro serv. commun. ratione prov. s.d. 6. iun. 83 (in margine: d. die Antonius de Palatio merc. Florentin. habuit bullas) 14. iun. 83 OS 84A 157^v.

3124 **Hertwigus (Hertonghus) Rowedel** presb. Verden. dioc.: de nova prov. de perp. vicar. ad alt. ss. Bartholomei et Trium regum in par. eccl. b. Marie virg. op. Soltwedel Verden. dioc. (4 m. arg.) de iur. patron. laic. vac. p.o. Theodorici Brewitzen 10. mai. 77 S 751 52^{vs} — cler. Verden. dioc. referens quod litig. coram aud. contra Theodoricum Briwitzen sup. perp. vicar. ut supra et deinde d. Theodoricus resign. et quond. Nicolao Cuter cler. Bremen. dioc. de d. perp. vicar. prov. fuit: de surrog. ad ius dd. Theodorici et Nicolai 19. sept. 78 S 774 297^{vs}.

3125 **Hasela**

Dec. et capit. eccl. s. Florentii Haselacen. Argent. dioc. referentes quod olim Rupertus [de Simmern] ep. Argent. fruct. scolastr. d. eccl. (4 m. arg.) mense capitulari d. eccl. (in qua preter 7 dignitates et officia 12 can. et preb. exist.) appropriavit: de conf. 12. ian. 78 S 763 248^{rs}, L 784 221^{vs} — restit. bulle sup. conf. ut supra 24. mai. 79 A 28 202^v — *prep. etc. eccl. s. Florentii* ut supra: lic. utendi almucio prout can. aliarum colleg. eccl. civit. Argent. et lic. recitandi horas canonicas missas et alia divina officia iuxta morcm et ritum eccl. Argent. ac lic. eligendi confess. 25. mai. 79 V 550 4^{vss} — indulg. 7 an. 25. mai. 79 V 550 4^{rs} — *capit. eccl. s. Florentii* ut supra: quitt. quindenniorum sup. facult. prepos. d. eccl. (60 fl. renen.) conferendi s.d. 14. aug. 79 Arm. XXXIII, 2 426^r — m. ut capse et scrinia que in d. eccl. p. habitatores d. territorii posite sunt ab ipsa eccl. amoveantur 30. aug. 79 Arm. XXXIX, 16D 5^{vs} — oblig. p. Johannem Burckardus can. d. eccl. sup. annat. prepos. d. eccl. (60 fl. renen.) vig. facult. eligendi prepos. d. eccl. in casu vacat. s.d. 15. aug. 79 conc. 31. aug. 79 A 28 81^r — referentes quod Johannes prep. d. eccl. (cui certi can. et preb. sunt annexi) a 20

annis vel circa apud d. eccl. personaliter n. fecit resid.: motu pr. dissolutio d. unionis et prov. d. vicepre-
posito de d. prepos. (60 fl. auri renen.) ac lic. eligendi viceprepositum
et can. d. eccl. ex can. d. eccl. (exec.
ep. Asculan. et prep. eccl. ss. Martini
et Arbogasti Surburgen. Argent. dioc. et dec. eccl. s. Thome Argent.),
gratis 1. sept. 79 V 547 87^r-89^v.

**3126 Hawpto Marschalk de Pappen-
heym** can. eccl. Eistet. et can. eccl.
Ratisbon. ex utr. par. de nob. et mil.
gen. in subdiacon. ord. constit. c.
quo sup. def. corp. (media pars indicis manus sinistre abscisa) p. Pium
II. disp. fuit et qui ad par. eccl. s. Michaelis in Cruceshayn (Groczheym)
Eistet. dioc. <vac. p. resign. Conradi
Schenck >p. illos< Henricum geni-
torem suum> de Pappenheyn patron.
laic. present. et p. ep. Eistet. instit.
fuit: de conf. et de n. prom. ad 7 an.
16. mai. 75 S 719 33^{rs}, V 576 258^{rs}.

3127 Hector Mannies rect. par. eccl. in
Assenede Traiect. dioc. mag. in art.
c. quo sup. def. nat. (s. de nob. gen.
et s.) disp. fuit ut ad omnes ord.
prom. et 2 benef. retin. val.: uberior
disp. ad 2 incompat. benef. 19. oct.
74 L 751 301^{rss}.

3128 Hector Martorff cler. Bamberg. dioc. qui in 18. sue et. an. constit.
exist. et litt. studio univ. actu operam
dat et qui p. <Fridericum> R. I. patron. ad perp. s. c. capn. ad alt. s. Nicolai in eccl. s. Nicolai op. Franchfordie Magunt. dioc. vac. p. o. Henrici Sueden (Sweden) <ad coll. prep.
eccl. s. Bartholomei Franckforden.>
present. fuit <sed sup. def. et. n.
disp. fuit>: de nova prov. de d. capn.
(24 fl. adc.) et de n. prom. ad 7 an.
31. decb. 77 S 762 60^v, m. (dec. eccl.
Basil.) V 668 498^r-500^v, 2. ian. 78 S
762 295^{rs}.

3129 Hedwigis ducissa de Sagan ac principissa relicta quond. principis Bernardi de Annhalt vidua Magdeburg.
dioc. inter al. referens quod ipsa an-

tiquum et novum oppidum Bernburg
c. castro et omnibus iur. vassallis et
feudis a marito suo (c. consensu aep.
etc. Magdeburg.) in dotalicium recepit et quod Georgius, Adolphus et
Albertus principes de Annhalt (qui d.
ducisse fidelitatem iuraverant) post
obitum d. Bernardi d. op. violenter
occupaverunt et spoliaverunt et quod
Johannes [ex ducibus Bavarie] aep.
Magdeburg. sent. arbitralem dedit et
quod Woldemarus fil. d. quond. Georgii (c. suis fratribus) d. op. adhuc
detinet et quod oppidani redditus
ann. solvere recusant: de m. (sub
pena excom. et 10.000 fl.) Wolde-
maro, Sigismundo ac Georgio de
Annhalt fratribus ut op. Bernburg restituant et de committ. aep. etc.
Magdeburg., Ernesto principi electori et Alberto eius fratri ducibus Saxonie et Alberto principi electori et
Johanni eius filio marchionibus
Brandenburg. et Wilhelmo et Frederico ducibus de Brunswick et Lun-
eberg ac comitibus de Swartzpurg,
de Bichlingen, de Stalberg et de
Mansfelt et consulibus ac communi-
tatibus civit. Magdeburg. et op. Halle Magdeburg. dioc. ut d. vidue as-
sisterent et de constit. episcopos Lubuc., Brandenburg., Verden., Hildesem. et Havelberg. executores, Conc.
de omnibus (in margine: proposita
fuit in publico consistorio retroscrip-
ta commiss. ad quam sanctitas sua
respondit ›Placet de omnibus‹) 14.
mart. 75 S 717 128^v-131^r – ducissa
de Sagan et principissa in Anhalt: de
indulg. 10 an. pro capel. s. Wolfgangi e. m. op. Bernburgen. Magdeburg.
dioc., Conc. 5 an. 6. apr. 80 S 791
184^r, V 671 508^{rs}.

3130 Heydelberga
*Prior et fr. dom. sive mon. o. fr. he-
rem. s. Aug. in Heydelberga Wormat.
dioc.* inter al. referentes quod in ven-
ditione eis facta p. dec. et capit. eccl.
in Ewangen August. dioc. de bonis
prepos. monasteriunculi nunc. in
Byssembach Wormat. dioc. eidem

eccl. unite c. omnibus iur. eorundem prepos. et bonorum p. d. dec. et capit. d. priori et fr. promissum fuit eos securos facere quod dd. bona p. eos vendita n. erant pignorata seu arrestata sed libera et absoluta quodque eidem venditioni consensit Albertus de Hoenreth prep. d. eccl. et quod nihilominus ad dd. prioris et fr. notitiam postmodum pervenit quod dd. prep., dec. et capit. dudum ante d. venditiones impignoraverant quond. Friderico com. palatino Reni et duci Bavarie ac electori R. I. bona d. prepos. quodque eapropter dd. prior et fratres bonis predictis spoliari formidant: m. (ep. Eistet., ep. Spiren. ac abb. mon. s. Ulrici August.) decl. d. venditiones nullas esse et restit. in statum pristinum 1. apr. 82 L 811 132^{vss} – referentes quod prior etc. d. mon. eccl. ss. Viti et Georii mart. in villa Vayssenbach Wormat. dioc. c. omnibus iur. suis canonice tenuerunt et fruct. de nonnullis bonis in villa Spechinch de quadam curia dicta Kyrhaff et de bonis dictis Voyedum in villis Loysembach et Mechszheym ad d. eccl. spectant quodque nihilominus offic. ep. Wormat. ad instantiam abb., fr. et conv. Schoriavornen. [recte: Schonawen.] o. Cist. Wormat. dioc. (qui nullum ius ad d. eccl. habent) arrestum sup. dd. bonis relaxari mandavit: de committ. in partibus 25. apr. 82 S 809 286^{rs}, I 334 254^r.

Mon. o. s. Clare in Heydelberga Wormat. dioc. quod nuper a Friderico com. palatino Reni duce Bavarie R. I. principe electore erectum est: supplic. d. Friderico de indulg. 7 an., gratis 12. febr. 72 S 676 60^{rs}.

Dec. et capit. eccl. s. Spiritus Heydelbergen. regalis nunc. Wormat. dioc. sed. ap. immediate subiecte: de indulto ut d. dec. et successores subditos d. eccl. in casibus ordin. absol. possint, Fiat ut petitur ad vitam 23. decb. 79 S 788 193^r.

Capel. b. Marie et s. Petri in castro Heydelbergen. Wormat. dioc.: sup-

plic. Friderico com. palatino Reni ac Bavarie duce R. I. principe electore de lic. erig. d. capellam in colleg. ecclesiam c. decan., 6 can. et preb. ac 6 perp. vicar. et c. reserv. iur. patron. pro d. Friderico et de incorp. d. colleg. ecclesie par. eccl. in Bretheim et Bischoffheym oppidis et in Bresheim (Brieheim) Inferiori necnon in Bermersheim Spiren., Argent., Herbip. et Magunt. dioc. et al. 2 par. eccl. ad present. d. Friderici 30. apr. 72 S 679 104^{vs}.

Rect., doct. et magistri univ. Heydelbergen. Wormat. dioc.: incorp. d. universitati 2 par. eccl. capel. b. Marie 73/74 I 332 308^v.

3131 Heidericus (Henricus) Drie (Drye) cler. Meten. dioc. pape fam.: motu pr. de par. eccl. Exwillen. Trever. dioc. (4 m. arg.) vac. p. o. Hederici Olun 14. decb. 78 S 779 226^v – motu pr. gr. expect. s. d. 1. ian. 72 de benef. ad coll. ep. etc. Wormat. et eccl. s. Andree Wormat. et prerog. ad instar pape fam. descript. (m. Salomoni de Stagno can. eccl. Leonen. et offic. Wormat. ac offic. Meten.), gratis 16. mart. 79 V 672 64^r-65^v – cui vig. gr. expect. de perp. capn. ad alt. s. Georgii eccl. Wormat. vac. p. o. Pauli Halpquart prov. fuit: de nova prov. de eadem (4 m. arg.) 6. apr. 81 S 802 118^r – motu pr. de can. et preb. eccl. s. Arnualis [de Sancto Arnuali] Meten. dioc. (4 m. arg.) ac perp. s. c. benef. primissaria nunc. <ad alt. s. Nicolai in par. eccl.> in Wibeszkirchen (Webelszkirchen) Meten. dioc. (2 m. arg.) <de iur. patron. laic. seu ad present. quorundam presb. Meten. dioc.> vac. p. o. in cur. Johannis Luixwiller (Luixwiler), n. o. can. et preb. eccl. b. Marie Wormat. (4 m. arg.) sup. quib. litig. <et par. eccl. in Heppenheym Wormat. dioc. (4 m. arg.) quam obtin.> [dat. deest] <20. mai. 82> S 810 277^v, m. (ep. Massan. et dec. eccl. s. Ludgeri [Monast.] ac offic. Meten.), gratis V 619 129^v-131^r – motu pr. de perp.

capn. ad alt. s. Nicolai in mon. s. Terentii Meten. dioc. (2 m. arg.) p. cler. sec. gubernari solita vac. p. o. Johannis Luxwiller 15. oct. 82 S 816 218^v – rect. par. eccl. in Heppenheym Wormat. dioc.: de percip. fruct. in absentia et de n. resid. et de disp. ut unac. d. par. eccl. (4 m. arg. p.) quam obtin. aliud benef. etsi par. eccl. ad vitam recip. val. c. lic. perm. et de facult. resign. vel perm. 5. ian. 83 S 818 105^{rs}, (exec. dec. eccl. s. Ludgeri Monast. et dec. eccl. s. Bartholomei Franckforden. Magunt. dioc. ac offic. Wormat.), gratis V 646 204^v-207^v – de prom. ad omnes ord. extra temp., sola sign. 21. apr. 83 S 822 192^r – oblig. p. Johannem Jocrim cler. Spiren. pro facult. resign. vel perm. ut supra 19. iun. 84 A 32 135^r.

3132 **Heylgin**

Oppidiani op. Heylginen. Herbip. [dioc.]: commiss. 76/77 I 333 146^v.

3133 **Hailigcrutztall**

Abba. et conv. mon. in Hailigcrutztall o. Cist. Constant. dioc. referentes quod d. mon. olim nonnullas decimas seu fruct. decimales prope villam Pflunern Constant. dioc. consistentes a nonnullis laicis qui illas ex indulto <ante> concilium Lateranense obtinebant emerat ac ex tunc p. 100 an. et ultra possidet: de abol. inhab. et de conf. 13. mai. 83 S 824 92^{vs}, L 830 315^r.

3134 **Heylprunna**

Prior et conv. mon. sive dom. b. Marie virg. de Montecarmelo e. m. op. imper. Heylprunnen. Herbip. dioc. inter al. referentes quod Johannes de Lindorff (Allindorff, Linffort) rect. par. eccl. d. op. pretextu quarundam litt. ap. in forma sequestri ipsos coram Johanne de Thurio dec. eccl. s. Johannis Novi Monasterii Herbip. iudice delegato propter possessionem et exemptionem d. mon. in causam traxit et interd. incurrisse declaravit: de committ. in partibus <Conc. et committatur ep. August.,

Et p. breve> 6. iun. 80 S 793 268^{rs}, 18. iun. 80 S 793 239^r.

3135 **Heymannus Kopp de Kydderich**:

prov. de par. eccl. pleban. nunc. in Wynheyn (Wyncheyn) Wormat. dioc. (90 fl. auri renen.) vac. p. resign. in manibus pape Friderici Fabri p. Johannem Jacobi Leyst dec. eccl. s. Bartholomei Franckforden. Magunt. dioc. procur. fact., n. o. perp. s. c. vicar. ad alt. s. Leonardi in eccl. s. Martini Pingwen. Magunt. dioc. (3 m. arg.) quam obtin. (m. prep. eccl. s. Severi Erforden. et dec. eccl. s. Bartholomei Franckforden. Magunt. dioc. ac offic. Magunt.) 19. oct. 82 (exped. 26. oct. 82) L 825 127^{vss}.

3136 **Haynemannus Friscz de Cuba**

scol. Trever. dioc.: recip. primam tonsuram in capel. ss. Andree et Gregorii in basilica Principis appl. in Urbe 22. febr. 72 F 6 26^{rs}.

3137 **Heymannus (Hermannus) Jacobi**

rect. par. eccl. s. Nicolai in Terwanibeys Traiect. dioc. quam obtin. et Gherardus Petri presb. Traiect. dioc.: de prov. d. Gherardo de d. par. eccl. (66 fl. renen.) vac. p. resign. d. Heymanni et de assign. d. Heymanno pens. ann. 22 fl. sup. fruct. d. par. eccl. 23. nov. 76 S 744 14^{rs}.

3138 **Heymannus de Nuwendorff** laic. oppid. Confluentie Trever. dioc. inter al. referens quod ipse litig. contra Johannem Bechel laic. Trever. dioc. maritum filie sue Elisabeth sup. bonis dotaliciis et successione paterna, quod Alexander [Numai] ep. Forolivien. nunt. ap. in partibus Germanie causam Nicolao Quedenbam (/.) prep. eccl. b. Marie Magunt. commiserat et quod postea Johannes Jux prep. eccl. s. Simeonis [Trever.] d. causam abbati mon. s. Maximini e. m. Trever. commiserat: de committ. (abb. mon. s. Maximini) 13. nov. 77 S 760 185^{rs}.

3139 **Heyne**

Prior et conv. mon. in Heyne o. s.

Aug. can. reg. de observ. Wormat. dioc. et quidam laic. referentes quod d. laic. 2 partes decime in villa Ratfels Spiren. dioc. ab abb. etc. mon. s. Petri o. s. Ben. in op. Wissenburg Spiren. dioc. sed. ap. immediate subiecti emit et quod d. laic. deinde priori et conv. d. mon. in Heyne eas transtulerat cui semetipsum absque voto coniunxit: de committ. in partibus et de conf. 22. mai. 73 S 690 232[vs] – inter al. referentes quod abb. etc. mon. s. Petri op. Wissenburgk o. s. Ben. Spiren. dioc. sedi ap. immediate subiecti maximis tunc gravati debitis aliqua bona immobilia diversi status hominibus secundum consuetudinem in partibus Alamanie ab antiquo observatam c. libertate redimendi vendiderunt quodque ipsius consuetudinis vigore Antonius et Johannes de Lamszhem fratres laici Spiren. dioc. 2 partes decime in villa Retfelcz Spiren. dioc. ad d. mon. in Wissemburgk spectantes a dd. abb. etc. emerunt easque p. aliquot an. possederunt quodque postmodum vero defuncto d. Antonio d. Johannes superstes emptionem 2 partium decimarum sub condicione redimendi c. consensu dd. abb. etc. in Wissemburgk in dd. priorem et conv. mon. in Heyne transtulit qui ipsas 2 partes p. plures an. quiete possederunt: m. (prep. et scolast. eccl. Wormat. ac offic. Spiren.) conf. si in evidentem 22. mai. 73 V 678 119[rss].

3140 Heyneken de Mendeslo cler. Minden. dioc. ex utr. par. de nob. gen.: de maiori preb. in eccl. Minden. (4 m. arg.) vac. p. o. Rodolphi de Horst 2. mart. 82 S 808 120[rs].

3141 Heyno Kock cler. Zwerin. dioc. qui vig. gr. expect. perp. vicar. in eccl. s. Petri Lubic. vac. p. o. Johannis Gottink acc.: de nova prov. de eadem (4 m. arg.) 14. oct. 83 S 831 166[v].

3142 Heyno de Elden profes. conv. seu dom. o. fr. min. Bremen. Traiect. dioc. [!]: supplic. Theda comitissa terre Frisee orientalis Monast. dioc. de prepos. mon. de Langherna o. Prem. (40 fl. renen.) vac. p. resign. in manibus d. conv. cuiusdam Sebastiani et de indulto ut habitum o. Prem. gestare val. 7. ian. 79 S 776 245[vs].

3143 Heyso (Eysso, Ayzo) Krawell (Krauwel, Crowel): prov. de par. eccl. vac. p. o. ›rationi congruit‹ 71/72 I 332 167[v] – decr. doct. qui prepos. eccl. s. Martini in Heyllgenstadt (Heylgenstat) Magunt. dioc. resign. in manibus pape et **Henricus Reusse de Plawe** prep. eccl. s. Petri e. m. Magunt. de bar. gen. in 22. sue et. an. constit.: de adm. resign. d. Heysonis et de prov. d. Henrico de d. prepos. eccl. s. Martini (120 fl. renen.) ac de assign. d. Heysoni pens. ann. 30 fl. renen. sup. fruct. d. prepos. eccl. s. Martini et 50 fl. renen. sup. perp. <s. c.> vicar. in castro Croysz (Groisz, Broisz) Nuemburg. dioc. (150 fl. renen.) de iur. patron. bar. p. d. Henricum persolv. ac de disp. pro d. Henrico ut d. prepos. eccl. s. Martini unac. d. prepos. eccl. s. Petri retin. val. n. o. def. et. 23. ian. 81 S 799 155[vs], (m. prep. eccl. s. Crucis Hildesem. et officialibus Colon. ac Magunt.) L 808B 328[r] 329[v] – oblig. p. Zenobium de Gadis merc. Florentin. sup. annat. pens. ann. 50 fl. auri renen. ut supra 13. febr. 81 A 29 146[r] – solv. 18 1/2 fl. adc. pro valore 25 fl. renen. pro annat. pens. ann. p. manus Tadei de Gadis 15. febr. 81 FC I 1134 104[r], IE 502 52[v], IE 503 52[v] – rect. par. eccl. s. Martini in Dronsvelt Magunt. dioc.: oblig. p. Gunterum de Gerstenberg can. eccl. b. Marie Harfertten. [recte: Erforden.] Magunt. dioc. sup. annat. d. par. eccl. (6 m. arg.) de qua vac. p. resign. in manibus pape Hermanni Pettmer collitigantis s. d. 25. aug. 71 sibi prov. fuit 16. mai. 81 A 30 11[v] – solv. 15 fl. adc. pro annat. d. par. eccl. p. manus Gunteri ut supra 15. mai. 81 FC I 1134 124[v], IE 502 97[r], IE 503 97[r].

3144 **Heyso Forlinck** can. eccl. b. Marie Halberstad. referens quod de crimine adulterii c. quadam muliere coniugata accusatus et coram dec. et capit. eccl. Tarvisin. (/.) suis iudicibus confessus ac sub ea condicione absol. fuit ut septa claustralia d. eccl. intraret et inibi ad eorum arbitrium remaneret et quod p. offic. curie Halberstad. sup. d. irreg. secum disp. fuit sed d. dec. et capit. eum desup. molestare n. desistunt: de committ. in partibus 31. oct. 80 S 797 155^r.

3145 **Heyso Grove (Grave)** presb. Hildesem.: de par. eccl. in Gronowe (Gronouwe) Hildesem. dioc. (4 m. arg.) vacat. p. priv. Johannis Mannder (Munden) excom. qui d. par. eccl. p. quasi 4 an. nondum possedit 22. iun. 73 S 692 68^{rs}, m. (archid. in Tzersterk [recte: Tzerstede] in eccl. Hildesem.) 15. apr. 74 (exped. 20. iul. 74) L 733 11^{rss}.

3146 **Helaus Cristierni** presb. Osil. dioc. qui se defendendo Beronem tor Brunonis laicum extra op. Ruthen. Osil. dioc. gladio invadentem lesit ita ut d. Bero infra paucos dies expiravit: de absol. a reatu homicidii et de disp. ab inhab. ut divina officia ministrare et quodcumque benef. retin. valeat 11. iun. 78 S 770 202^{rs}.

3147 **Helffricus Heil** cler. Magunt. dioc. cui de capn. ad alt. ss. Innocentium mart. in eccl. Montis s. Roberti Magunt. dioc. vac. p. o. Johannis Merrelii prov. fuit: de nova prov. de d. capn. (6 fl. adc.) 19. oct. 75 S 733 46^{rs}.

3148 **Helmicus [de Mallingrodt]** olim ep. Tarbat. referens quod Paulus II. Andream [Piperii] in ep. d. eccl. vac. p. resign. in manibus d. Pauli II. d. Helmici prefecit c. reserv. pens. ann. 600 duc. auri sup. fruct. mense episc. Tarbat. et quod deinde d. Helmicus c. d. Andrea in hunc modum concordavit quod castrum Olde Torne (Oldentorno) Tarbat. dioc. ad d. mensam pertin. loco d. pens. in usufructu haberet: de conf. 15. ian. 73 S 686 216^{vss} – restit. bulle sup. concordia ut supra 4. iun. 73 A 22 147^r – referens quod Paulus II. quond. Andream [Piperii] in ep. ut supra prefecerat et quod post obitum d. Andree papa Johannem [Bertkow de Barbei] in ep. Tarbat. prefecit et quod d. Helmicus c. d. Johanne sup. solutione d. pens. concordavit quod d. Helmicus castrum Oldentorne ut supra in usufructu haberet ad vitam suam: de conf. 12. iul. 75 S 723 157^{rss}.

3149 **Helricus (Elricus, Helman) Ducis** cler. Leod. dioc. Cosme [de Ursinis] tit. ss. Nerei et Achillei presb. card. fam. cui de perp. s. c. benef. primiceria nunc. in par. eccl. op. Leutherszhausen Herbip. dioc. vac. p. o. Johannis Institoris vel p. o. in cur. Johannis Brotreich al. Hupp (cui de eodem s. d. 29. iul. 79 prov. fuerat et ad ius d. Johannis Institoris surrog.) p. Auxiam [de Podio] card. Montisregalis vulg. nunc. in illis partibus legatum motu pr. prov. fuit et qui deinde possessione n. habita resign. in manibus pape et **Johannes Clupfel** cler. Herbip. dioc.: de adm. resign. d. Elrici et de prov. d. Johanni de d. perp. benef. (4 m. arg.) ac de assign. d. Elrico pens. ann. 5 duc. adc. sup. fruct. d. perp. benef. p. d. Johannem Clupfel persolv. 26. mai. 81 S 801 209^r – pape fam.: lic. n. resid. et disp. ad 2 compat. benef. etiam sub eodem tecto (exec. dec. eccl. b. Marie Wesalien. Trever. dioc. et offic. Leod. ac offic. Cameracen.), gratis 18. mai. 82 V 674 433^r-435^r – qui litig. in cur. contra Simonem Attargnant can. eccl. s. Amandi Duacen. Atrebaten. dioc. sup. can. et preb. d. eccl. et deinde concordiam fecit: de adm. resign. d. Helmani et de prov. d. Simoni de dd. can. et preb. (24 fl. auri p.) et de assign. d. Helmano pens. ann. 8 fl. adc. 21. decb. 82 S 817 247^r – prov. de decan. rurali concilii Stabulen. Leod. dioc. (4 m.

arg. c. annexis) vac. p.o. in cur. Guillermi de Avrole (exec. dec. eccl. b. Marie Vesalen. Trever. dioc. et offic. Colon. ac offic. Leod.), gratis 10. aug. 83 V 634 150ᵛ-152ᵛ – qui vig. gr. expect. can. et preb. eccl. s.Johannis Traiect. vac. p.o. Johannis de Traiecto acc.: de nova prov. de dd. can. et preb. (8 m. arg.) 19. sept. 83 S 828 158ʳˢ.

3150 Helricus (Henricus) [van der Wisch] el. Sleswic.: prov. de d. eccl. vac. p. resign. 73/74 I 332 264ʳ – prep. eccl. Sleswic.: notitia sup. prov. de d. eccl. vac. p. resign. Nicolai [Wolf] c. reserv. pens. 200 fl. renen. sup. fruct. d. eccl. ad relationem [Francisci Gonzaga] card. Mantuani 18. apr. 74 OS 82 83ᵛ, OS 83 59ᵛ – ep. Sleswic.: solv. 535 fl. adc., 35 sol., 10 den. pro serv. commun. et serv. min. p. manus Juliani et Laurentii de Medicis soc. cur. sequentium 20. apr. 74 FC I 1127 96ᵛ – obtulit cam. ap. et collegio card. (p. Johannem Einbeck prep. eccl. Sleswic.) 1.000 fl. adc. ratione prov. de d. eccl. s.d. 18. apr. 74 et pro 5 serv. min. (in margine: s.d. 27. apr. 74 bulle d. eccl. sunt date Jacobo de Spinis merc. Florentino de cur.) 27. apr. 74 OS 84 222ʳ – solv. 500 fl. <p. manus soc. de Spinellis> 27. apr. 74 Paris L 25 A 8 140ʳ, 28. apr. 74 IE 488 70ʳ, IE 489 70ʳ.

3151 Henningus Bornemhusen <presb.> Hildesem. dioc. qui decan. eccl. ss.Simonis et Jude op. Goslarien. Hildesem. dioc. obtin. et ad par. eccl. ss.Cosme et Damiani d. op. vac. p.o. Johannis Kerckhoff p. < consules d. op.> patron. laic. present. <et p. Henricum Beseken perp. vic. d. eccl. ss.Simonis et Jude Theoderici de Monte archid. banni Goslarien. commissarium in eccl. Hildesem. instit.> fuit et qui d. decan. et d. par. eccl. p. mensem absque disp. detin.: de abol. inhab. et de nova prov. de d. decan. (4 m. arg.) et de d. par. eccl. (4 m. arg.) et de disp.

ad 2 incompat. benef. 28. ian. 74 S 701 195ᵛˢ, m. (prep. eccl. Trident. et prep. eccl. s.Ciriaci e.m. Bruswickien. Hildesem. dioc. ac offic. Hildesem.) V 572 101ʳ-103ᵛ – presb. Hildesem. dioc.: oblig. p. Ottonem Specke can. eccl. Lubic. causarum pal. ap. not. sup. annat. par. eccl. ss.Cosme et Damiani op. Goslarien. Hildesem. dioc. (4 m. arg.) et sup. annat. decan. d. eccl. ss.Simonis et Jude ibidem (4 m. arg.) de quib. s.d. 29. ian. 74 sibi prov. fuit (in margine: d. die solv. pro compositione annat. d. par. eccl. 9 fl. p. manus d. Ottonis; s.d. 12. nov. 76 solv. 10 fl. pro compositione annat. d. decan. p. manus d. Ottonis) 16. ian. 76 A 24 65ʳ – solv. 9 fl. auri pro parte annat. par. eccl. ac decan. ut supra p. manus Ottonis Speck 13. ian. 76 IE 492 67ᵛ – solv. 19 fl. pro compositione annat. par. eccl. ut supra p. manus Ottonis Specke can. eccl. Lubic. 11. nov. 76 FC I 1133 12ᵛ – solv. 10 fl. adc. pro compositione annat. decan. eccl. Goslarien. Hildesem. dioc. p. manus Ottonis de Specke 11. nov. 76 IE 493 27ᵛ, 12. nov. 76 IE 494 31ʳ.

3152 Henninghus Brinkman cler. Hildesem.: de par. eccl. s.Mathei in Gronaw Hildesem. dioc. (4 m. arg.) vacat. p. priv. cuiusdam Johannis qui n. ignorans in d. par. eccl. positum esse interd. missas celebravit 11. mai. 73 S 690 208ʳˢ – referens quod sibi de archidiac. in Nettelinge in eccl. Hildesem. vac. p.o. Lippoldi de Bothmer prov. fuit cui de d. archidiac. tunc vac. p. assec. portinatus eccl. Halberstad. p. Ottonem de Bothmer p. Paulum II. prov. fuerat et quod d. Otto d. archidiac. et portinatum forsan p. 8 menses detin.: de d. archidiac. (4 m. arg.) et de can. et preb. eccl. Hildesem. (4 m. arg.) 12. mai. 73 S 690 127ʳˢ – de nova prov. de can. et preb. eccl. s.Johannis e.m. Hildesem. (4 m. arg.) vac. p.o. Bernardi Patzensmannum seu p. resign.

Bernardi Bruggeman 24. nov. 73 S 700 295^{rs} – de par. eccl. in Boissem Halberstad. dioc. (4 m. arg.) vac. p. resign. Henrici Oldendorp cler. Colon. dioc. Berardi [Eruli] card. ep. Sabinen. Spoletan. nunc. fam. qui d. par. eccl. vac. p.o. Theoderici Godensteyn acc. 2. decb. 74 S 712 72^r – qui litig. coram Petro de Ferrera aud. contra quond. Thomam Bissenhusen intrusum sup. par. eccl. ville Barum Hildesem. dioc.: de surrog. ad ius d. Thome ad d. par. eccl. (4 m. arg.) vac. p.o. Hermanni de Vechelde 25. oct. 76 S 743 227^{rs} – qui vig. gr. expect. par. eccl. in Barum Hildesem. dioc. vac. p.o. Hermanni de Vechelde acc.: de nova prov. de d. par. eccl. (6 m. arg.) 30. oct. 76 S 741 213^r – de perp. s.c. vicar. in eccl. Halberstad. (4 m. arg.) vac. p.o. Luderi Burnig 5. febr. 77 S 747 100^{rs}.

3153 **Henninghus Cossebade** prep. eccl. Camin. decr. doct.: disp. ut unac. d. prepos. aliud incompat. benef. recip. valeat 2. nov. 71 L 722 232^r – can. eccl. b. Marie Colbergen. Camin. dioc. registri supplic. cler. cui s.d. 28. decb. 71 de archidiac. Rostocken. in eccl. Zwerin. prov. fuit: de confic. litt. desup. c. express. quod ipse registri supplic. clericatus off. ante datum nove prov. resign. 13. ian. 72 S 675 143^r – c. quo ad 2 incompat. benef. disp. fuit referens quod Nicolaus Bruckman presb. abbrev. (c. quo p. Nicolaum V. ad 2 incompat. benef. ad 2 an. disp. fuit) prepos. eccl. b. Marie Colbergen. Camin. dioc. unac. vicedominatu eccl. Camin. iam ultra 21 an. detin.: m. (abbatibus mon. in Belbuc et mon. in Hilda ac prep. eccl. Gripeswolden. Camin. dioc.) confer. d. Henningho d. prepos. (16 m. arg.) vacat. p. priv. d. Nicolai 29. mart. 75 (exped. 15. apr. 75) L 741 170^{vss} – cler. Camin. dioc. et **Albertus Lutow** presb. Razeburg. dioc. quib. gr. expect. s.d. 1. ian. 72 de benef. ad 2 coll. conc. fuit: de prerog. ad instar pape fam. descript.

10. apr. 75 S 717 272^r – presb. Camin. dioc.: de capel. sive perp. s.c. vicar. s.Martini op. Stargarde Camin. dioc. de iur. patron. laic. (4 m. arg.) vac. p.o. cuiusdam 10. apr. 75 S 717 222^{vs} – prep. eccl. Camin. c. quo disp. fuit ut unac. d. prepos. al. incompat. benef. recip. valeat et qui litig. coram Gaspare de Theramo aud. sup. archidiac. Rostocken. Zwerin. dioc.: de disp. ad 3. incompat. benef. 12. iul. 75 S 723 119^r – pres. in cur.: de can. et preb. eccl. Lubic. (4 m. arg.) vac. p.o. Hinrici Benczini 15. iul. 75 S 724 2^v – de prepos. et can. et preb. et dign. eccl. Collebergen. Camin. dioc. (16 m. arg.) vacat. p. priv. Nicolai Brukman (qui p. aud. Johannem de Masenchollis leg. doct. ob n. solutionem 150 fl. renen. Francisco de Barenzellis et sociis mercatoribus creditoribus Florentin. cur. sequentibus excom. missas celebravit) 10. oct. 75 S 727 258^{rs} – de perp. s.c. vicariis una in capel. s.Martini intra muros Nove Stargardie Camin. dioc. vac. p. contractum matrim. Nicolai Dureczen et al. in par. eccl. op. Honinghesberghe Camin. dioc. de iur. patron. laic. vac. p.o. Henninghi Sconevelt (insimul 4 m. arg.) 30. oct. 75 S 730 162^v – de prepos. et can. et preb. et maiori dign. eccl. Colbergen. Camin. dioc. (16 m. arg.) vacat. p. priv. Nicolai Brukman qui ob n. solut. annat. excom. missas celebravit 22. nov. 75 S 730 162^{vs} – can. eccl. Lubic. qui vig. gr. expect. s.d. 1. ian. 72 de can. et preb. ac dign. colleg. eccl. Butzowen. (Burczowen.) Zwerin. dioc. necnon de benef. ad coll. ep. etc. Lubic. can. et preb. eccl. Butzowen. assec. est (quos postea dimisit): motu pr. de reval. gr. expect. et de mutatione gr. expect. de can. eccl. Butzowen. in can. eccl. Gustrowen. Camin. dioc. et de decl. litt. sup. gr. expect. perinde val. acsi motu pr. conc. fuissent 11. ian. 76 S 732 214^{rs}, (exped. 8. febr. 76) L 761 226^r-228^r – cui gr. expect. s.d. 1.

ian. 72 de can. et preb. ac dign. eccl. Butzowen. Zwerin. dioc. necnon de benef. ad coll. ep. etc. Lubic. conc. fuit [supplic. deleta, dat. deest] S 736 299^v – qui vig. gr. expect. can. et preb. eccl. Lubic. vac. p. o. Lamberti Witinckhoff acc.: de nova prov. de eisdem (4 m. arg.) 13. mai. 76 S 739 48^r, I 332 141^r – qui litig. coram Gabriele de Contarenis aud. sup. can. et preb. eccl. Lubic. vac. p. o. Alberti de Rethen contra quond. Henricum Sanckenstede: de surrog. ad ius d. Henrici in dd. can. et preb. (4 m. arg.) sive de nova prov. de eisdem 4. nov. 76 S 753 94^{vss} – de nova prov. de perp. s. c. vicar. de iur. patron. laic. in par. eccl. b. Marie op. Rostocken. Zwerin. dioc. (4 m. arg.) vac. p. o. Hermanni Brukman 13. nov. 76 S 746 239^{vs} – cler. Camin. dioc. qui litig. coram Petro de Ferrera aud. sup. prepos. eccl. b. Marie Colbergen. Camin. dioc. tunc vac. p. resign. Theoderici Went sive Georgii Tymonis contra Nicolaum Brukman cler.: de prov. si neutri de eadem (16 m. arg.) 12. mart. 77 S 748 167^{vs} – cui de prepos. eccl. Camin. vac. p. o. Wedegonis de Ramyn prov. fuit: de nova prov. de d. prepos. c. can. et maiori preb. (20 m. arg.) 18. nov. 77 S 767 109^{rs} – presb. Camin. dioc.: de nova prov. de perp. s. c. vicar. in eccl. s. Georgii op. Pergimen. Zwerin. dioc. (4 m. arg.) vac. p. resign. Johannis Burderman c. derog. fund. 12. oct. 78 S 774 169^v.

3154 Heninghus Dabernan archid. Uszmanen. Camin. dioc.: de disp. ut unac. d. c. c. archidiac. quam obtin. aliud benef. incompat. recip. val., Conc. ad 5 an. 15. mart. 77 S 748 78^{rs}, L 777 41^{rss}.

3155 Henningus (Henricus) (de Domo) el. Hildesem.: prov. de d. eccl. 71/72 I 332 124^v – munus consecr. 72/73 I 332 124^v – dec. eccl. Hildesem.: notitia sup. prov. de eccl. Hildesem. vac. p. o. Hernesti [de Schaumburg] ep. in consistorio ad relationem

[Philippi Calandrini] card. Bononien. 15. ian. 72 OS 82 69^r, OS 83 50^v – ep. Hildesem.: solv. 535 fl. adc., 35 sol., 8 den. pro serv. commun. et serv. min. p. manus Laurentii et Juliani de Medicis et soc. cur. sequentium 22. ian. 72 FC I 1127 51^r – obtulit cam. ap. et collegio card. (p. Jacobum Inghen abbrev. procur.) pro serv. commun. 1.000 fl. adc. ratione prov. s. d. 25. ian. 72 et pro 5 serv. min. 29. ian. 72 OS 84 163^v – solv. 500 fl. pro serv. commun. 30. ian. 72 IE 487 40^r – litt. testim. sup. totali solut. 500 fl. adc. pro serv. commun. necnon 35 fl. adc., 35 sol., 2 den. ex moneta Romana pro 1 serv. min. necnon 107 fl. adc., 7 sol., 3 den. Romane monete p. manus Laurentii de Medicis et soc. de cur. 30. ian. 72 FC I 1131 6^v – bulla quoad castra et bona occupata p. Hermannum lantgravium [de Hassia] et complices suos (p. nomina enumeratos) 2. dec. 72 V 556 84^v-86^v – qui inter al. diversa immobilia etiam castra et villas ac pretiosa mobilia bona ad mensam episc. pertin. et ad summam 50.000 fl. renen. alienavit et contra nonnullas personas sue dioc. sine causa bella gessit ex quib. tota Hildesem. dioc. et adiacentia loca damnificata fuerunt et in obsidione castrorum Marienborch et Sturewolde multi homines vulnerati fuerunt: m. (ep. Monast.) committ. in partibus ut d. alienationem interdicat et administrationem d. eccl. in temporalibus presumat 14. mai. 80 V 671 287^v-289^r – olim ep. Hildesem. nunc vero ep. in universali eccl. qui d. eccl. in favorem Bertoldi [de Landsberg] tunc ep. Verden. (qui ad d. eccl. Hildesem. translatus fuit) resign. in manibus pape: motu pr. assign. pens. ann. 300 fl. renen. sup. fruct. officialatus Hildesem. p. offic. in civit. Hildesem. persolv. necnon castrum Marienborch (ad mensam capit. d. eccl. pertin.) ac piscariam prope et infra Montem s. Mauritii e. m. Hildesem.

(ad mensam episc. pertin.) ad vitam (m. ep. Halberstad. et ep. Havelberg. ac dec. eccl. b. Marie virg. Erforden. Magunt. dioc.) 25. sept. 80 L 808 84^v-86^r – olim ep. Hildesem. inter al. referens quod quidam ex can. capit. d. eccl. et omnes vasalli d. eccl. sibi obedire recusaverant et Baltazarem <Henrici sen. ducis Magnopolen. natum> in 17. <18.> sue et. an. constit. in possessionem regiminis d. eccl. et castri Sturwaldis (quod resid. episc. exist.) et al. bonorum episc. se intrudere tenuerunt et quod ipse c. armis d. castrum et bona recuperavit et quod aliqui homines occisi fuerunt: de disp. sup. irreg. 9. oct. 80 S 797 68^{rs}, m. (dec. eccl. Verden.) 21. oct. 80 L 818 42^{vs} – olim Hildesem. nunc autem in universali eccl. ep.: restit. bulle sup. pens. ann. 300 fl. renen. eidem sup. fruct. et emolumentis offic. eccl. Hildesem. occasione cess. admin. d. eccl. in manibus pape s.d. 26. sept. 80 assign. quia est satisfactus de commun. et min. serv. et al. iur. cam. 14. oct. 80 A 29 215^v.

3156 **Henninghus Eytzen** cler. Verden. dioc. Marci [Barbus] tit. s. Marci presb. card. fam. in partibus illis legati dilectus c. quo sup. def. nat. (s. s.) disp. fuit: m. (Werneo [!] Janszman can. eccl. Halberstad.) confer. perp. s.c. vicar. ad alt. s. Thome in eccl. s. Marie Halberstad. (3 m. arg.) vacat. p. resign. in manibus pape Martini Post (p. Henricum de Estel can. eccl. Bremen. procur. fact.) cui de d. vicar. tunc vac. p. assec. can. et preb. d. eccl. p. Arnoldum Heseuuiek prov. fuerat 16. mart. 74 (exped. 2. sept. 74) L 739 202^v-204^r.

3157 **Henningus Emerman** cler. Hildesem. dioc. referens quod lis exorta fuit coram Johanne Antonio [de Sancto Georgio] ep. Alexandrin. aud. locumtenenti inter d. Henningum reum et possessorem et Henricum Tristeuer cler. sup. perp. benef. ad alt. s. Brictii in capel. s. Erasmi in

eccl. s. Petri cenobii monial. montis Franckenberch imper. op. Goslarien. Hildesem. dioc.: de prov. si neutri de d. perp. benef. (2 m. arg.) vac. p.o. Nicolai Grube aut p. resign. Henningi Ackenheusen 9. apr. 83 S 821 194^r.

3158 **Henninghus de Vintzelberghe** cler. Halberstad. dioc. qui ad perp. elemosinam commendam in par. eccl. ville Lutken Swechten Halberstad. dioc. vac. p. priv. Philippi de Vintzelberghe p. patron. laic. present. fuit: de nova prov. de d. perp. elemosina commenda (2 m. arg.) 28. mai. 82 S 811 178^{rs}.

3159 **Henningus Gerardi** cler. Camin. dioc.: de s.c. benef. in eccl. Camin. (3 m. arg.) et de s.c. benef. in eccl. s. Nicolai op. Wellin Camin. dioc. (3 m. arg.) vac. p.o. Henrici Gistermilden 17. mai. 76 S 739 59^v.

3160 **Henningus de Glinden (Gladen)** decr. doct. prep. eccl. Ruppinen. Havelberg. dioc.: de disp. ut unac. d. c.c. prepos. (4 m. arg.) aliud incompat. benef. recip. valeat 23. mai. 77 S 752 52^v – prep. prepos. ruralis op. Ruppinen. Havelberg. dioc.: de disp. ut unac. d. prepos. aliud incompat. benef. etsi par. eccl. ad vitam recip. val. c. lic. perm. 14. apr. 82 S 809 247^v.

3161 **Henningus Goden** cler. Havelberg. in art. mag. et utr. iur. bac. qui Johannem Oppeman subdiac. Magunt. dioc. c. quodam baculo citra tamen sanguinis effusionem aut membri mutilationem verberavit et deinde c. d. Johanne reconciliatus fuit: de committ. alicui prelato ut ab excom. absolvatur, Et p. breve 7. mai. 81 S 801 35^v – cler. Halberstad. dioc. qui Andream de Bambarga acol. et scol. univ. studii Erforden. [Magunt. dioc.] propter excessus morum c. nonnullis clavibus ad caput percussit et eius nasum lesit sed c. d. Andrea amicabiliter composuit: de committ. ut ab excom. absolvatur, Et p. breve

22. mai. 81 S 801 268^r – qui in Johannem Opperman subdiac. Magunt.
dioc. usque ad sanguinis effusionem
manus iniecit et absol. ab excom. in
forma brevis ad abb. mon. Scotorum
Erfforden. Magunt. dioc. impetravit
et qui nihilominus p. procur. causarum criminalium curie aepisc. Magunt. coram offic. Magunt. in causam tractus fuit: de abol. inhab.,
Conc. p. breve 30. apr. 82 S 810
74^{rs} – de ref. 11. mai. 82 S 810
241^v.

**3162 Henninghus Holleman (Helleman,
Olleman)** cler. Hildesem.: de par.
eccl. s. Oswaldi Veteris Ville prope
Alvelde Hildesem. dioc. et de perp.
vicar. in eccl. s. Pauli Osnaburg. de
iur. patron. laic. (insimul 4 m. arg.)
vac. p. resign. Pauli Koler cler. August. pape fam. aut p. o. Godefridi
Meyger 1. decb. 74 S 712 32^{vs} – in
decr. licent.: de par. eccl. s. Oswaldi
Veteris Ville prope op. Alvelde Hildesem. dioc. et de perp. s. c. vicar. ad
alt. s. Michaelis in colleg. eccl.
<ss. Sixti et Sinicii> ville Rameslo
(Ramesloy) Bremen. dioc. (insimul 4
m. arg.) vacat. p. resign. in manibus
pape Pauli Koler cler. August. cui de
eisdem vac. p. o. in cur. Johannis
<Godfridi> Meyger <s. d. 23. oct.
74> prov. fuit 19. decb. 74 S 712
272^{vs}, (m. prep. eccl. ss. Petri et Pauli
Bardewicen. Verden. dioc. et offic.
Bremen. ac offic. Hildesem.) (exped.
3. ian. 75) L 743 142^v-144^r – disp.
ad incompat. 74/75 I 333 143^r – cui
gr. expect. s. d. 1. ian. 72 de 2 can. et
preb. scilicet eccl. b. Marie Halberstad. (postea mutata in can. et preb.
eccl. Hildesem.) necnon eccl. s. Bonifacii Hamelen. Minden. dioc. conc.
fuit: motu pr. de decl. litt. desup.
perinde val. acsi d. Henninghus pape
fam. descript. fuisset 20. mart. 76 S
737 74^{vs} – qui vig. gr. expect. ut supra par. eccl. s. Oswaldi Veteris Ville
e. m. op. Alvelden. Hildesem. dioc.
assec. est: motu pr. de decl. ut d. par.
eccl. pro incompat. benef. n. reputari

debeat 22. apr. 76 S 741 138^{vs} – cui
vig. gr. expect. de decan. c. can. et
preb. colleg. eccl. s. Andree Hildesem. vac. p. o. Henrici Sanckenstede
prov. fuit: de <disp. sup. irreg. et>
nova prov. de d. decan. c. can. et
preb. (6 m. arg.) 23. oct. 76 S 743
126^v, m. (archid. in Stockem in eccl.
Hildesem. et officialibus Halberstad.
ac Hildesem.) V 578 227^r-228^v –
causarum pal. ap. not.: oblig. sup.
annat. decan. necnon can. et preb.
eccl. s. Andree Hildesem. ut supra
28. mart. 77 A 25 140^v – qui decan.
colleg. eccl. s. Andree ut supra acc.:
de nova prov. de d. decan. (6 m.
arg.) 30. mai. 77 S 756 176^{vss} – qui
vig. gr. expect. can. et preb. eccl.
Hildesem. vac. p. o. Levini de Velt-
heym acc.: de nova prov. de dd. can.
et preb. (4 m. arg.) 27. ian. 78 S 764
131^v – qui decan. c. suis annexis
colleg. eccl. s. Andree ut supra acc.:
de nova prov. de d. decan. (6 m.
arg.) 30. mai. 78 S 770 8^{vs} – qui can.
et preb. eccl. Hildesem. obtin.: de
uniendo d. canonicatui (4 m.) perp.
s. c. vicar. ad alt. s. Jacobi in d. eccl.
Hildesem. (4 m. arg. p.) vacat. p. resign. Jordani Rover 30. mai. 78 S
770 9^{rs} – referens quod lite coram
Guillelmo de Pereriis aud. inter ipsum et Ernestum Kock cler. sup. par.
eccl. s. Oswaldi Veteris Ville e. m.
op. Helvenden. [= Alvelden.] Hildesem. dioc. indecisa pendente d. Ernestus obiit in cur.: de surrog. ad ius
d. Ernesti in d. par. eccl. (4 m. arg.)
5. iul. 78 S 772 252^r – solv. 15 fl.
adc. pro annat. decan. eccl. s. Andree
Hildesem. 28. nov. 80 FC I 1134
90^v, IE 502 25^r, IE 503 25^r – can.
eccl. Hildesem.: assign. pens. ann.
15 fl. auri renen. sup. perp. s. c. vicar. ad alt. ss. Thome et Jacobi appl.
in eccl. Hildesem. (50 fl. auri renen.)
p. Jordanum Rover perp. vic. d. alt.
persolv. (m. prep. eccl. s. Crucis Hildesem. et dec. eccl. s. Blasii op.
Brunswicen. Hildesem. dioc. ac offic. Hildesem.) 9. decb. 80 V 606
269^r-271^r – presb. Hildesem. qui ad

perp. s. c. capn. s. Viti op. Goslarien. Hildesem. dioc. (que de iur. patron. abb. mon. Corbeyen. o. s. Ben. Paderburn. dioc. et proconsulum et capit. d. op. alternatis vicibus exist.) vac. p.o. Conradi Jeldis p. d. abb. present. fuit: de nova prov. de eadem (3 m. arg.) 9. decb. 80 S 798 150^r – cui de decan. c. annexis colleg. eccl. s. Andree ut supra prov. fuit: de nova prov. de eodem (6 m. arg.) 13. ian. 81 S 799 125^{rs} – not. et scriba qui usque ad 1. decb. 82 propter negotia sua ad civit. Hildesem. et Alamaniam se transferre desiderat: de lic. absentandi usque ad d. temp., sola sign. 30. ian. 81 S 800 25^r – restit. bulle sup. pens. ann. 15 fl. auri renen. ut supra quia n. est facta aliqua prov. 15. febr. 81 A 29 227^v – cui de decan. eccl. s. Andree ut supra prov. fuit et qui desup. litig. coram aud. contra Gherhardum Oldewaghen cler.: de prov. si neutri de eodem (6 m. arg. p.) 27. febr. 81 S 801 81^v – not. recip. pro bulla distributa 4 grossos et 1 grossum febr. 81 DB 1 68^v – not. et scriba coram Matheo de Porta aud. referens quod de mense iun. 78 d. Matheus aud. ad Gallie partes transeundo se a cur. absentavit prout absens est de presenti et quod post eius absentiam alii auditores novas causas ipsis ad audiendum loco d. Mathei aud. commissas audire recusarunt quam ob rem off. d. Henninghi quod ad dispositionem d. Mathei aud. pertin. fuit et est evacuatum ac adeo debile quod ipse Henninghus ex d. off. se amplius in cur. sustentare n. val. desideratque propterea se ad partes suas transferre: de lic. absentandi a cur. et residendi in beneficiis suis pro temp. ulterioris absentie d. Mathei aud. etiam p. 20 menses post d. Mathei aud. ad cur. reversionem seu forsan novi aud. surrog. et de lic. recip. in d. off. de novo, attento quod multum temp. labetur antequam d. Mathei ad cur. reversio seu in eius locum novi aud. deputatio d. Henningho (cuius resi-

dentia in provincia Saxonie longo itinere ab Urbe distat) commode intimari ac se ad revertendum preparare val., Conc. ad an. post adventum aud., sola sign. 14. apr. 82 S 809 212^{vs}.

3163 **Henninghus (Henricus) Jarmarkt (Jarmarck)** <decr. doct.> can. prebend. eccl. b. Marie Halberstad.: de disp. ut unac. can. et preb. in d. eccl. al. can. et preb. d. civit. retin. valeat 27. nov. 75 S 731 152^r, L 760 162^{vs} – presb. Halberstad.: de nova prov. de par. eccl. in Barum Hildesem. dioc. (5 m. arg.) vac. p.o. Henrici Ackonrede 13. apr. 77 S 749 173^{vs} – et **Heyso Frolingh** canonici eccl. b. Marie Halberstad. subexecutores testamenti quond. Rodulphi Bock perp. vic. in d. eccl. inter al. referentes quod d. Rodulphus in testamento suo quandam pecunie summam distribui precepit et quod desup. dissensiones exorte sunt: de conc. ut 2 subexecutores iuxta consilium decani et senioris capit. d. eccl. d. testamentum exequi possint 3. apr. 78 S 768 306^v – de capel. s. Petri in Magna Scheppenstede Halberstad. dioc. (3 m. arg.) vac. p.o. in cur. Johannis Horneborch et p. devol. 6. apr. 78 S 767 290^r – m. (Everhardo Pal can. et archid. in Barum in eccl. Hildesem.) confer. can. et preb. eccl. b. Marie Halberstad. (4 m. arg.) vacat. p. resign. Johannis Lenthe 1. decb. 78 PA 27 270^{rss} – can. eccl. Halberstad.: de archidiac. banni Eylenstede (Nylanstade) in eccl. Halberstad. (4 m. arg.) vac. p. resign. <Bernardi de Veltem cler. Halberstad. dioc.> 28. mart. 80 S 791 111^{rs}, m. (prep. eccl. s. Crucis Hildesem. et officialibus Hildesem. ac Halberstad.) (exped. 6. apr. 80) L 803 115^{vss} – et **Emela** mater sua: de esu lacticinium et ovorum 8. mai. 81 S 801 100^v – qui litig. coram Petro de Ferrera aud. contra Bernardum de Velten cler. intrusum sup. archidiac. banni Eylenstede in eccl. Halberstad. referens quod ambo c.

quond. Wilkino Thome can. eccl. ss. Petri et Pauli Soldinen. Camin. dioc. sup. resign. d. archidiac. concordiam fecerunt et quod d. Bernardus deinde concordie satisfacere neglexit: conf. concordie vel (si d. Bernardus n. satisfaceret) de prov. si neutri de eodem (4 m. arg. p.) 23. mai. 81 S 801 287^{vs} – cler. Halberstad. qui can. et maiori preb. eccl. b. Marie virg. Halberstad. in favorem Henrici Jarmarcket (possessione subsecuta) resignavit: de assign. pens. ann. 12 m. monete Halberstad. (= 16 duc. adc.) sup. fruct. dd. can. et maioris preb. (36 m. Halberstad. monete) p. Henricum Jarmarcket cler. Halberstad. persolv. 2. iun. 84 S 838 150^{rs}.

3164 **Henningus Nuchterdanteg** cler. Zwerin. cui gr. expect. de 2 benef. ad coll. ep. etc. Lubic. vel prep. etc. eccl. Gustrovien. conc. fuit: motu pr. de decl. litt. desup. perinde val. acsi dd. litt. motu pr. et c. prerog. ad instar pape fam. descript. conc. fuissent 10. sept. 79 S 795 275^{rs}.

3165 **Henninghus Opperman** cler. Magunt. dioc. cui s. d. 31. ian. 77 de can. et preb. eccl. s. Severi Erfforden. Magunt. dioc. (4 m. arg.) prov. fuit: de cantor. eccl. s. Severi op. Erforden. Magunt. dioc. (4 m. arg.) <que unac. can. et preb. d. eccl. obtin. consuevit> vac. p. resign. in manibus pape Ludolphi Tobingk (Cobingk) Latini de Ursinis card. et pape camerarii fam. necnon Conradi Reven pape fam. <p. Tilemannum Brandes can. eccl. Hildesem. procur. fact.> 31. ian. 77 S 747 41^{vs}, m. (scolast. eccl. s. Severi Erfforden. Magunt. dioc.) L 771 37^{vss} – restit. bulle sup. prov. de cantor. ut supra (quia n. ascendit summam) 26. febr. 77 A 25 220^r.

3166 **Henningus Peyne** monach. mon. s. Spiritus e. m. op. Soltwedel o. s. Aug. can. reg. Verden. dioc. litig. coram ep. Vulterran., ep. Nucerin. aud., Johanne Prioris aud. et Antonio de Grassis aud. contra Henricum Schulteti cler. Verden. dioc. actorem sup. par. eccl. s. Catherine Novi Oppidi Soltwedelen. Verden. dioc.: de prov. si neutri de d. par. eccl. (4 m. arg.) vac. p. o. Henrici Kroger et p. assec. par. eccl. s. Ulrici in villa Nigensteden Bremen. dioc. p. Johannem Moller cler. Bremen. dioc. pape et Jeronimi [de Riario] com. Imolen. fam. in cur. resid. 13. iun. 84 S 837 106^{rs}.

3167 **Henningus Petri Swytzaw (Gwitzaw)** profes. o. pred. in 60. sue et. an. constit.: supplic. Cristierno Dacie Svecie et Norvegie rege de facult. predicandi in dominiis d. regni et provinciis Polonie et Saxonie ac presertim in confinibus Rutenorum, in forma brevis 12. aug. 78 S 785 47^{vs}, L 791 289^{rs}.

3168 **Henningus Pigge** cler. Hildesem. dioc. cui de alt. s. Martini in par. eccl. s. Jacobi op. Goslar (Goszler) Hildesem. dioc. (7 fl. adc.) vac. p. resign. in manibus Francisci [Todeschini-Piccolomini] tit. s. Eustachii diac. card. tunc in partibus illis legati extra cur. fact. Henrici Steynbergh et de capel. [s. Crucis?] (/.) de Kligenramer nunc. d. par. eccl. contigua (7 fl. adc.) vac. p. o. Conradi Hanaw (Haraw) p. d. Franciscum prov. fuit: de nova prov. de d. par. eccl. et de d. capel. 22. ian. 73 S 686 286^{rss} – de par. eccl. s. Laurentii in Redeber Halberstad. dioc. (2 m. arg.) necnon de alt. sive vicar. s. Johannis Bapt. in eccl. b. Marie virg. Novioperis op. Goslarien. Hildesem. dioc. (1 m. arg.) vac. p. o. Hermanni Swarrenberch (/.) et Johannis Letberch 25. ian. 73 S 686 292^{vs} – litig. coram aud. contra Ludolphum Thilingk sup. alt. s. Martini ut supra necnon sup. capel. s. Crucis ut supra: de prov. si neutri de d. alt. et de d. capel. (insimul 2 m. arg.) 12. iul. 73 S 693 243^{rs}.

3169 **Henningus de Schulemberg (Schalemberg)** can. eccl. Magdeburg. ex utr. par. de nob. gen. qui ad prepos. eccl. in Soltvedel Verden. dioc. de iur. patron. marchionum Brandenburg. vac. p. o. Johannis Verdeman p. Johannem marchionem Brandenburg. present. fuit: de nova prov. de eadem (10 m. arg.) et de disp. ut unac. archidiac. banni Arlevesen d. prepos. vel aliud incompat. benef. recip. valeat etsi par. eccl. ad vitam c. lic. perm. 28. iun. 80 S 795 271^{vs}.

3170 **Henninghus Steelgow** presb. Brandenburg. dioc.: de par. eccl. op. Kyritze Havelberg. dioc. (4 m. arg.) p. ordin. loci de consensu eiusdem eccl. patroni cura animarum minime ablata translata vac. p. n. prom. Nicolai Braseke 5. apr. 84 S 834 135^{v}.

3171 **Heningus Struyne** presb. Cameracen. dioc. pape fam. et **Gerardus de Aa** cler. Cameracen. dioc. et **Antonius Mast** cler. Cameracen. dioc. pape fam.: de par. eccl. s. Willibrordi in Annverstie (/.) Traiect. dioc. (8 m. arg.) vac. p. o. Wilhelmi Johannis Breck c. derog. iur. patron. (si exist.) et de prov. d. Gerardo de Aa de capn. s. Margarete in eccl. s. Gaugerici Bruxellen. Cameracen. dioc. (24 l. T. p.) quam d. Heningus obtinet et in eventum assec. d. par. eccl. resign. in manibus pape c. reserv. d. Antonio Mast pens. ann. 18 fl. renen. sup. fruct. d. par. eccl. p. d. Heningum persolv. 4. apr. 80 S 791 127^{rs}.

3172 **Henninghus Tacke** cler. Hildesem. dioc. c. quo sup. def. nat. (s. s.) disp. fuit et qui can. et preb. colleg. eccl. s. Andree Hildesem. obtinebat et cui de vicar. eccl. Hildesem. in Sedibus nunc. (quam quond. Conradus Knoop obtinebat) vac. p. perm. prov. fuit: de nova prov. de d. vicar. (4 m. arg.) 5. mart. 77 S 748 50^{vs} – presb. perp. benefic. in Sedibus nunc. in eccl. Hildesem. ac cap. b. Marie in villa Grabestorpe Hildesem. dioc. c. quo sup. def. nat. (s. s.) et ad 4 compat. benef. disp. fuit: de perp. s. c. vicar. in eccl. Halberstad. (2 m. arg.) vac. p. resign. Lamberti de Drent-

veede (Drentvoede) cler. Osnaburg. qui d. vicar. vac. p. resign. Henrici Uphusen s. d. 13. mai. 76 acc. 7. oct. 77 S 758 178^{v}, (m. prep. eccl. s. Sebastiani Magdeburg. et prep. eccl. s. Severi Erforden. Magunt. dioc. ac offic. Hildesem.) (exped. 13. iun. 78) L 782 283^{r}-284^{v} – presb. Hildesem. dioc. c. quo sup. def. nat. (s. s.) disp. fuit: de perp. vicar. ad alt. s. Stephani in eccl. s. Blasii Brunswicen. Hildesem. dioc. (4 m. arg.) vac. p. devol. vel p. o. Henrici Dannanberger 10. oct. 78 S 785 88^{v} – qui litig. coram aud. contra Henningum [de Domo] ep. Hildesem. sup. incarceratione cuiusdam laic. inter al. referens quod Johannes Gronen (Grenen), Hermannus Milletorp (Millentorp, Miletorpe), Johannes Brigniacium (Brigiati, Benigniaci), Johannes Staden, Henningus Rotman, Theodoricus Roden, Erdonus (Erdenus, Edonus) Fabri et Henricus Teteleben vicarii in d. eccl. Hildesem. falso asserunt 100 fl. renen. pro d. ep. solvisse et ipsum iter versus cur. iustitiam prosequendo de bonis suis etiam post eius absolutionem spoliaverunt et census ab ipso p. 4 an. perceptos in usus suos converterunt: de committ. in partibus 19. apr. 80 S 792 49^{vs}.

3173 **Henno de Hoenwiszel** armig. Magunt. dioc. litig. coram Ludowico Surborn dec. eccl. s. Florini op. Confluentie Trever. dioc. et coram Johanne Jux prep. eccl. s. Simeonis Trever. (p. Nicolaum Malsey dec. eccl. s. Martini Wesalien. Trever. dioc. commiss.) contra Heymannum Stadman oppid. d. op. sup. quadam summa pecunie: m. (dec. et scolast. eccl. Wormat. ac offic. Wormat.) committ. in partibus 11. oct. 73 L 732 194^{rs}.

3174 **Henricus (Rigus)** Theotonicus: recip. 13 fl. adc. (10 carlenos pro quolibet fl.) quos papa sibi donari mandavit quia presentavit 2 equos pro parte ducis Saxonie 12. apr. 80 FC I

847 90^v – recip. de mandato s. d. 12. apr. 80 13 fl. 25 bol. quia presentavit pape 2 equos ut supra 20. apr. 80 IE 498 218^v.

3175 Henricus [de Absberg] [1. pars 2 partium] ep. Ratisbon. inter al. referens quod olim dec. et capit. d. eccl. sed. episc. vacante diminutionem iurisd. episc. statuerunt: motu pr. de absol. a iuram. 15. mai. 73 S 691 28^{rs}, V 662 376^{vss} – inter al. referens quod sepe res furto subtracte pro pecuniis impignorate apud iudeos in civit. et dioc. Ratisbon. reperiuntur: de conc. ut ipse sup. dd. rebus et sup. nominibus et cognominibus eorum qui illas pignori posuerunt inquirat 31. mai. 73 S 691 164^r – referens quod Ursula abba. mon. s. Pauli Ratisbon. o. s. Ben. litig. coram aud. contra Annam (cuius electio in abba. fuit cassata) sup. d. abbatissatu: de committ. in partibus 19. iun. 73 S 692 30^{rs} – et prep. etc. d. eccl. et omnes persone ecclesiastici in d. civit. et dioc. Ratisbon. inter al. referentes quod ipsi litig. contra camerarium et proconsules d. civit. sup. exactione tallie ungelt nunc.: de committ. aep. Salzeburg. 3. iul. 73 S 693 47^{vss} – de indulto ut de bonis cler. ab intestato decedentium in civit. et dioc. Ratisbon. in utilitatem d. eccl. convertere val. 12. decb. 75 S 732 78^r – referens quod populus Ratisbon. civit. et dioc. propter contionem principum in d. civit. a communione Bohemorum n. sine magno scandalo se abstinere val.: de indulto ut cler. et populus d. civit. absque incursu penarum eccles. c. Bohemis ad civit. Ratisbon. accedentibus participare possint 12. decb. 75 S 732 78^v – narratio quod Johannes de Ducchis prep. colleg. eccl. ss. Nazarii et Celsi Brixien. utr. iur. doct. not. ap. circa correctionem et reformationem d. mon. commissus fuit, hortatio ut d. Johanni opportune assistat 14. mai. 77 Acquisti 27/1 177^v – solvit pro visit. lim. pro 2 bienniis

futuris 25. decb. 78 incipiendis p. Johannem [Ludovici] ep. Hierapolitan. procur. 2. decb. 78 DC 39 245^r – solvit pro visit. lim. 4 grossos decb. 78 T 13 117^v – solvit pro transumpto 4 grossos ian. 79 T 13 121^r – et prep. etc. eccl. Ratisbon.: de lic. erigendi perp. off. predicature nunc. in d. eccl. pro 1 mag. vel licent. seu bac. in theol. formato et de incorp. d. officio alt. s. Stephani in ambitu d. eccl. <(100 fl. renen.) in casu vacat.> 23. febr. 81 S 800 115^{rs}, L 805 226^{rss} – notitia sup. visit. lim. pro biennio s. d. 29. sept. 80 incepto et pro al. biennio ex tunc incipiendo p. Georgium Drechsel can. eccl. Ratisbon. procur. 29. mart. 81 DC 40 150^r – recip. not. pro bulla distributa sup. visit. lim. 4 grossos mart. 81 DB 2 31^r – m. ut de 900 fl. renen. ex indulg. Rhodianis in civit. et dioc. Ratisbon. collectis 300 fl. renen. pro fabrica eccl. Ratisbon. retineat et restantes 600 fl. renen. ad cam. ap. mittat 28. iun. 82 Florenz II. III. 256 298^{rs} – m. ut Wigileum Froschel et Paulum Sawr o. pred. (qui publ. contra sed. ap. predicant) moneat ut in 1. oct. 84 in cur. personaliter comparere debeant necnon ut faciat Friderico [Mauerkircher] el. Patav. annexum breve reddi 13. mai. 84 Arm. XXXIX, 16A 94^r; Arm. XXXIX, 16C 227^{vs} – pro resign. recip. not. pro bulla distributa 3 grossos mai. 84 DB 2 106^v – ad imperatorem iturus: instructio in qua eidem inter al. mandatum fuit quod orator narret R. I. quod papa superioribus temporibus summo studio persuasit regi Hungarie ut aliquid contra Turcos moliretur, quod nuper rex ipse scripsit se c. totis viribus regni sui et c. auxiliantibus Bossinensibus, Valacchis et Transilvanis in Turcos proficisci sed intellexisse imper. maiestatem statuisse ut similiter c. Bohemis in Hungariam et loca regi subiecta irrumpant qua de re se excusat si statim relicto Turcus omnem suum exercitum convertet contra inimicos suos, quod papa n. potest sibi persuadere R. I. talia ordinasse (67^{rs}) quodque roget imper. maiestatem ut c. principibus Germanie presidium christiane fidei prestare velint (67^{vs}) quodque affirmet papam et sedem ap. c. cardinalibus nihil ommissuros quod huic expeditioni posset conducere intereaque Italie potentatuum oratores advocasse quorum consilio in hac fidei defensione papa uti vult, quodque hec exponat R. I. amplioribus verbis si invenerit suam maiestatem in Lantsut sive in Burchhausen sive in Salzburga (68^{r}) [deest dat.,1472?] Arm. II, 30 67^{rss}, Arm. II, 56 64^{r}-66^{r}, Arm. II, 123 49^{r}-52^{r}, Arm. II, 129 45^{rss}, [finis deest] Cod. Urbin. Lat. 864 63^{rs}, Cod. Urbin. Lat. 864 70^{r}-72^{r}, [finis deest] Cod. Barb. Lat. 1498 97^{r}, Cod. Barb. Lat. 1498 104^{v}-107^{r}, [finis deest] Cod. Ottob. Lat. 2726 53^{rs}, Cod. Ottob. Lat. 2726 59^{r}-61^{r}.

3176 **Henricus [de Absberg]** [2. pars 2 partium]: instructiones in causa Salzeburg. in quib. eidem oratori mittendo inter al. m. fuit quod sciat orator precipuum finem ad quem tendere debet esse ut R. I. discedat a via facti et revocet ea que mandata sunt fieri p. suos (68^{r}), quod potest reminisci R. I. quod cum Fridericus olim comes palatinus a sent. quam sua maiestas tulerat in causa August. appellasset ad sed. ap. et in causa Salzeburg. c. d. aep. iam supra octavum mensem postularet a papa auxilium, papa nihil aliud desideravit quam ut res ista c. gratia et benevolentia sue maiestatis et sine iniuria eccl. Salzeburg. componi posset (68^{rs}), nunc etiam cum ipse [Bernardus de Rohr] aep. Salzeburg. instaret quod appellationes admittere dignaretur quod unicum oppressorum remedium divino iure constitutum esse R. I. n. ignorat, nihilominus papa ob eius honorem distulit in hunc diem acceptare nec ulla alia remedia appellanti concedere voluit (68^{v}), in pre-

sentiarum vero cum pape significatum fuerit quod imper. maiestatis mandato oppressio ipsius aep. augeretur quodque p. edictum imper. prohibitum fuerit ne merces de dominiis suis ad terras Salzeburg. eccl. perducantur inhibitumque p. litt. imper. valvis eccl. Salzeburg. affixas ministerialibus et provincialibus d. eccl. ne aliqua obedientia fieret dicto aep. idem aep. ad sedis ap. refugium supplex se contulit (68^{vs}), ideo nullus aptior modus occurrit quam mittere ad R. I. hortando ut velit ita disponere quatenus ab omni molestia inferenda vel ipsi aep. vel subditis desistatur (69^{r}), quantum alias p. [Andream Jamometic] aep. Craynen. R. I. oratorem scripserat ut [Alexandro Numai] ep. Forolivien. committeretur quatenus iuxta primissa aep. compelleret ad resignandum R. I. scire potest nullibi tractare oportere nisi apud tribunal ap. quod etiam tunc ipsi aep. Craynen. responsum est (69^{rs}), verum cogitare debet R. I. nihil minus licere pontifici quam prelatum ad se confugientem deserere (69^{v}), preterea R. I. cogitare debet quod cum hec Salzeburg. eccl. peculiari iure ad eum pertineat n. posse fieri absque nota et sigillatione honoris R. I. si eius occasione illius eccl. status perturbetur ex quo sequeretur talis ruina ut fieri n. possit absque diminutione laudis et glorie sue maiestatis (69^{v}), omnium vero maxime angit pape mentem cura ne inter R. I. et regem Hungarie tanto labore quesita pax interponatur qua re his temporibus nihil perniciosius rei publice christiane (70^{r}), exponat deinde orator quod d. rex Hungarie p. litt. significavit (cum d. eccl. Salzeburg. oppida et arces regno suo finitima sint) maxime quieti et paci regni sui conducere affirmat si habeant prelatum pacis et quietis amatorem nec id ullo pacto laturus videtur si [Johannes Peckenschlager] aep. Strigonien. (quem hostem et inimicum capitalem appellat) ponatur ad latus regni sui id quod etiam imperatori se scripsisse testatur ac ipsi Salzeburg. aep. cui presidium suum in hac re obtulit (70ʳ), postremo moneat orator imperatorem ut velit desistere ab omni via facti et vexatione aep. et eccl. Salzeburg. neque velit prebere occasionem alicuius nove turbationis c. rege Hungarie (70ᵛ), quantum vero attinet ad personam ipsius aep. et fidem p. eum sue celsitudini prestitam (de quib. p. litt. R. I. conquestus est supra mensem septimum) offert papa si quid R. I. adversus eum habeat se plenam iustitiam in cur. administraturum (70ᵛ), hec c. cesare agat orator nomine pape et deinde [Bernardum de Rohr] aep. Salzeburg. p. litt. et (si opus esse videbitur) postremo personaliter ad eum accedens suadere studeat ut in pristina observantia et reverentia perseveret c. R. I. (70ᵛ) [dat. deest] Arm. II, 30 68ʳ-70ᵛ, Arm. II, 56 66ʳ-70ᵛ, Arm. II, 129 46ʳ-49ʳ, Cod. Urbin. Lat. 864 72ʳ-76ʳ, Cod. Barb. Lat. 1498 107ʳ-112ᵛ, Cod. Ottob. Lat. 2726 61ʳ-65ᵛ.

3177 **Henricus de Alfonis** presb. Leod. dioc.: de can. et preb. colleg. eccl. b. Marie [locus deest] Traiect. dioc. (8 m. arg.) vac. p.o. Henrici Chabet 17 apr. 78 S 768 211ᵛ.

3178 **Henricus Alsch** cler. Colon. cui de can. et preb. eccl. s. Andree Colon. vac. p.o. Wilhelmi de Vrede prov. fuit: de ref. 9. iun. 78 S 769 256ᵛ.

3179 **Henricus de Ampringen (Anbringen), Ludovicus de Amlebran, Johannes Knapp, Johannes Roschach, Theodericus Diel de Ehingen, Johannes Klainhans** omnes cler. Constant. dioc., **Tristanus Dirtogen** cler. Cur.: de gr. expect. de 2 can. et preb. ad coll. quorumcumque, Et s.d. 1. ian. 72 S 670 155ʳˢ – cler. Constant. dioc. in 23. sue et. an. constit.: de perp. vicar. sive pleban. nunc. in par. eccl. s. Martini Basil. (40 fl. adc.) ac de capn. secunda preb. nunc. ad alt. Trium regum in

capel. s. Nicolai in ambitu eccl. Basil. (4 m. arg.) necnon de perp. s.c. benef. primissaria nunc. (2 m. arg.) in par. eccl. in Skreferszheim Argent. dioc. ac de can. et preb. in eccl. s. Michaelis Veroumsz [= Beronen.?] Constant. dioc. de iur. patron. laic. (6 m. arg.) vacat. p. priv. Johannis Fogenler 27. aug. 72 S 682 197ᵛˢˢ – in cur. procur.: de can. et preb. subdiacon. nunc. colleg. eccl. in Rinfelden Basil. dioc. de iur. patron. ducum Burgundie (4 m. arg.) vac. p. resign. extra cur. Georgii de Landeck et de disp. sup. prom. ad ord. subdiacon. infra 7 an. 12. decb. 72 S 685 88ʳˢ – cler. Constant.: surrog. ad officium procur. penit. loco Johannis Bech cler. Constant. (inter 24 procur. penit. quib. 6 al. aggregati sunt) 13. febr. 74 V 656 53ʳ – de perp. vicar. ss. Andree apl. et Egidii confess. in eccl. s. Crucis op. Northuszen Magunt. dioc. de iur. patron. laic. (4 m. arg.) vacat. p. priv. Henrici Tylonis (cui de d. vicar. vac. p.o. Hermanni Coci prov. fuerat) in cuius favorem Johannes Korimbach d. vicar. pro al. benef. (4 m. arg.) pacto simoniaco resign. 15. iun. 74 S 707 69ᵛˢ – mag. in art.: m. (prep. eccl. ss. Petri et Pauli Bardewicen. Verden dioc. et dec. eccl. Basil. ac offic. Constant.) confer. par. eccl. b. Marie in Friburg Constant. dioc. (12 m. arg.) vac. p.o. Kyliani Wolff 5. oct. 74 (exped. 26. ian. 75) L 752 282ᵛˢ – de nob. par.: prov. de prepos. eccl. s. Germani mon. Grandis Vallis Basil. dioc. (6 m. arg.) vac. p. resign. in manibus pape Burcardi Stor not. pape vel p.o. Johannis Dorflinger (m. dec. eccl. Constant. ac cant. eccl. Basil.) 17. febr. 75 (exped. 16. mart. 75) L 748 250ᵛˢˢ – cler. Constant. dioc. qui par. eccl. in op. Freiburg Constant. dioc. vac. p.o. Kiliani Wolff acc. et qui intendit desup. litigare coram Petro de Ferrera aud. contra Johannem Herret de Werthem intrusum: de prov. si neutri de d. par. eccl. (12 m. arg.), n.o. quod ius present. ad univ.

op. Friburgen. spectat 16. mart. 75 S
716 162^r – prep. colleg. eccl. s. Germani mon. Grandis Vallis Basil. dioc.: de can. et preb. d. eccl. (4 m.
arg.) vac. p. o. Johannis Bart 2. mai.
75 S 719 52^r – et **Johannes Kerer**
cler. Herbip. dioc. qui litig. coram
aud. sup. par. eccl. b. Marie virg. op.
Friburgen. Constant. dioc. (de qua
vac. p. o. Kiliani Wolff d. Johanni
prov. fuerat) et qui concordaverunt
ut d. Henricus in favorem d. Johannis resign. c. reserv. pens. ann. 25 fl.
renen. sup. fruct. d. par. eccl. (12 m.
arg.) pro d. Henrico et ut d. Johannes
d. Henrico 60 fl. renen. pro expensis
cause persolveret: de conf. concordie
25. nov. 75 S 730 121^{vss} – cui de
can. et preb. colleg. eccl. s. Germani
Grandis Vallis Basil. dioc. vac. p. o.
Johannis Bart prov. fuit: de nova
prov. de eisdem (4 m. arg.) 13.
mart. 76 S 736 4^r – restit. bulle sup.
pens. ann. 25 fl. renen. ut supra assign. (quia est solv. annat. d. eccl.)
22. ian. 77 A 25 213^r – de perp.
capn. ad alt. s. Antonii in ambitu
eccl. s. Ursicini de Sancto Ursicino
Basil. dioc. (3 m. arg.) vac. p. o. Hugonis Petit 28. nov. 78 S 777 96^v –
prep. eccl. in Minister ad s. Germa-
ninum Basil. dioc. ex utr. par. de
nob. gen.: motu pr. recept. in not. ap.
29. ian. 79 V 593 171^{rss} – prep. eccl.
b. Marie virg. mon. Grandis Vallis
Basil. dioc. prothonot. c. quo ad 2
incompat. benef. ad vitam c. lic.
perm. disp. fuit: de disp. ad 3. incompat. benef. ad vitam c. lic. perm.
dummodo plures quam 2 par. eccl. n.
sint 5. febr. 79 S 777 137^r, gratis L
800 203^{vss} – motu pr. gr. expect.
s. d. 1. ian. 72 de can. et preb. eccl.
s. Ursi in Sollotoron Lausan. dioc.
necnon de benef. ad coll. ep. etc.
Cur. 11. febr. 79 (m. prep. eccl.
s. Severi Erforden. Magunt. dioc. et
dec. eccl. Basil. ac offic. Basil.) PA
27 131^v-135^r.

3180 Henricus de Anar presb. Leod. dioc. perp. vic. sive cap. in capel. con-
secrata in castro op. de Breda En-
geberti com. de Nassow et domini de
Breda Leod. dioc. cap.: de disp. ut
unac. d. vicar. (5 m. arg.) perp. vicar.
ac can. et preb. in colleg. eccl. de
Breda Leod. dioc. de iur. patron.
com. recip. val. 4. iun. 82 S 811
224^r.

3181 Henricus Antonii rect. par. eccl.
ville Sydenheym Wormat. dioc. et
Petrus Martini presb. Wormat. dioc.: de adm. resign. d. Henrici et de
prov. d. Petro de d. par. eccl. (7 m.
arg.) et de assign. d. Henrico pens.
ann. 16 fl. renen. sup. fruct. d. par.
eccl. 25. apr. 77 S 750 163^{vs} – restit.
bulle (quia est solut. annat.) 28. iul.
77 A 26 194^r.

3182 Enricus Appalitrer, Aquileg. [di-
oc.?]: disp. pro illegitimo 74/75 I
333 2^r.

3183 Henricus Arge (Auge) perp. benefic. elemosinarius chori in eccl. Argent.: de prom. ad omnes ord. et de
disp. ut unac. d. perp. benef. (7 m.
arg.) quodcumque benef. recip. valeat 24. sept. 73 S 697 19^{rs} – cler. Argent. in 22. sue et. an. constit. qui ad
par. eccl. s. Ludovici sive San Ludan
de Sant Ludan aut par. eccl. in
Scherkirch Argent. dioc. de iur. patron. laic. vac. p. o. Johannis Mess-
trer present. fuit: de nova prov. de d.
par. eccl. (8 m. arg.) 11. apr. 78 S
768 150^r – perp. s. c. vic. elemosinarius chori nunc. in eccl. Argent. in
23. sue et. an. constit.: de disp. ut
unac. d. perp. benef. aliud incompat.
benef. recip. valeat etsi par. eccl. ad
vitam n. o. def. et. et n. o. statutis
eccl. quod benef. retin. n. val. nisi ad
presbit. ord. prom. 26. ian. 79 S 777
182^r, L 788 177^{rs} – turibularius eccl.
Argent.: oblig. p. Johannem Burchardus can. eccl. s. Thome Argent.
sup. annat. turibularie d. eccl. (6 m.
arg. p.) de qua vac. p. resign. d. Johannis [Burchardus] d. Henrico est
prov. s. d. 29. aug. 83 p. Henricum
de Herwen can. et thes. eccl. Argent.
collatorem p. d. Johannem electum

propterea solv. annat. 9. decb. 83 A 32 4^v – solv. 18 fl. adc. pro annat. turibularie eccl. Argent. p. manus Nicolai Gerbot de Argentina fr. o. pred. 9. decb. 83 Paris L 52 D 5 143^v, IE 508 93^r, IE 509 92^r.

3184 **Henricus de Arssen** cler. Colon. dioc. pape fam.: de perp. capn. sive vicar. ad alt. s. Nicolai in loco ad Scotos nunc. in op. Erfforden. Magunt. dioc. (20 fl. renen.) vac. p. resign. Johannis Brant cler. Paderburn. cui de eadem vac. p. o. in cur. Henrici Wynner prov. fuerat 17. oct. 75 S 728 129^v.

3185 **Henricus Asschuini, Ludolphus de Salder, Wernerus de Salder, Hinricus de Steymberge, Conradus de Steymberge, Johannes de Steymberge, Theodericus de Wiirthen, Hinricus de Hardenberge, Hermannus van Husz iun., Bertoldus Bock, Hermannus Rustcheplaten, Guntherus Vresen, Tedel de Walmede** et al. laici Hildesem. dioc. litis consortes litig. coram Marco Decker dec. eccl. b. Marie Erforden. Magunt. dioc. conservatore capit. et can. eccl. Hildesem. p. sed. ap. deputato contra Eggardum de Walden can. eccl. Hildesem. sup. quasdam pec. summas: m, (dec. eccl. Bremen. et dec. eccl. Verden. ac offic. Hildesem.) committ. in partibus c. absol. ab excom. 6. mai. 84 L 835 180^{vss}.

3186 **Henricus Baden** can. eccl. s. Cassii Bunnen. Colon. dioc.: de prom. (p. Philippum [Bartholomei] ep. Arien. in cur. resid.) ad omnes ord. extra temp., sola sign. 26. febr. 78 S 765 197^{vs}, 28. febr. 78 S 765 230^r.

3187 **Henricus de Bappfelt** subdiac. can. eccl. Eistet. ex utr. par. de mil. gen. litt. stud. in univ. Ingolstaden. insistens qui in auxilium sui fam. adcurrens p. malivolos vulneratus et 3 digitis mediis manus dextre amputatus fuit: de disp. sup. def. corp. ad quodcumque benef. 26. ian. 74 S 702 38^{rs}.

3188 **Henricus Bardini** presb. Paderburn. rect. par. eccl. s. Materni [in Lubomierz (Liebenthal)] Wladislav. [recte: Wratislav.?] dioc.: de disp. ut unac. d. par. eccl. aliud incompat. benef. recip. valeat etsi 2 par. eccl. ad 5 an. 13. apr. 72 S 678 140^r.

3189 **Henricus Bardini** rect. par. eccl. in Wedderstorp Colon. dioc. et **Johannes Admekhoven al. Essingruegen** referentes quod lite pendente coram Antonio de Grassis aud. inter d. Henricum et Petrum Ednichhouen al. Essingruengen sup. can. et preb. eccl. b. Marie ad Gradus Colon. inter se concordiam fecerunt: de assign. d. Johanni pens. ann. 8 fl. auri sup. fruct. d. par. eccl. (24 fl.) p. d. Henricum persolv. 21. oct. 82 S 815 221^{vs}.

3190 **Henricus (Heynricus) Bartholomei** cler. Herbip. dioc. Juliani [de Ruvere] tit. s. Petri ad vincula presb. card. fam.: m. (ep. Nucerin. et offic. Bamberg. ac offic. Herbip.) prov. de alt. Corporis Christi in par. eccl. op. Meyningen Herbip. dioc. (4 m. arg.) de iur. patron. laic. vacat. p. prom. Philippi [de Henneberg] el. Bamberg., gratis 5. mai. 75 V 582 235^{vss} – de alt. s. Petri in Nierstein Magunt. dioc. (4 m. arg.) vac. p. resign. in manibus pape Guillielmi de Steinforder cler. Leod. Juliani ut supra card. fam. 17. iun. 75 S 722 187^{rs} – supplic. Juliano card. ut supra de can. et preb. colleg. eccl. s. Stephani Bamberg. (6 <7> m. arg.) vac. p. o. in cur. Henrici Beurlyn (Beurlein, Bevelyn) tunc Bessarionis [Trapezunt.] ep. Sabinen. card. Niceni et deinde d. Juliani card. fam. 26. aug. 75 S 726 1^{vs}, (m. ep. Nucerin. et offic. Bamberg. ac offic. Herbip.), gratis V 570 275^r-276^v – can. eccl. s. Stephani Bamberg. Juliani card. ut supra fam.: oblig. sup. annat. dd. can. et preb., restit. bulle 13. ian. 76 A 24 64^r – Juliani card. ut supra fam. cui gr. expect. s. d. 1. ian. 72 de can. et preb. eccl. s. Johannis Novi

Monasterii Herbip. necnon de benef. ad coll. ep. etc. Herbip. conc. fuit et qui vig. d. gr. can. et preb. d. eccl. ac perp. simplex benef. ad alt. ss. Petri et Pauli appl. in eccl. hosp. op. Ebern Herbip. dioc. acc. sup. quib. litig. coram aud. contra Andream Werneri: motu pr. de reval. d. gr. expect. et de prerog. pape fam. descript. 18. ian. 77 S 746 16ᵛ, gratis (exped. 31. iul. 77) L 777 73ᵛˢˢ – qui litig. in cur. coram certo aud. contra Nicolaum Guntheri cler. sup. perp. s. c. benef. ad alt. Corporis Christi in par. eccl. in Meyningen Herbip. dioc. et **Johannes Pavonis** cler. Cameracen. dioc. pape fam. cui alias de perp. s. c. vicar. in eccl. Herbip. tunc vac. p. o. in cur. Heinrici Visz prov. fuerat (quam obtin.) et **Judocus Trebesmuller** cler. Bamberg. dioc.: de adm. resign. d. Heinrici ac d. Johannis et de surrog. d. Judoci ad ius d. Heinrici in d. benef. (3) atque de prov. d. Heinrico de d. vicar. (3 m. arg.) 24. iul. 77 S 755 50ᵛˢ – can. eccl. s. Stephani Bamberg. card. ut supra fam. et **Philippus Ditmari** perp. vic. ad alt. s. Barbare in eccl. Bamberg. qui desiderant dd. benef. perm.: de prov. d. Philippo de dd. can. et preb. eccl. s. Stephani (7 m. arg.) et de prov. d. Henrico de d. vicar. (7 m. arg.) 30. mart. 78 S 767 52ᵛˢ – et **Nicolaus Guntheri** presb. Herbip. litig. inter se coram aud. sup. vicar. sive s. c. benef. ad alt. Corporis Christi in par. eccl. Meyninghen Herbip. dioc. de iur. patron. laic. de quo vac. p. prom. Philippi [de Henneberg] ep. Bamberg. c. derog. iur. patron. d. Henrico p. d. ep. prov. fuit (quod benef. d. Nicolaus qui p. d. patron. present. fuit obtin.): de adm. resign. d. Henrici et de prov. d. Nicolao de d. vicar. sive benef. (4 m. arg.) et de assign. d. Henrico pens. ann. 8 fl. renen. auri sup. fruct. d. benef. 10. iun. 78 S 772 225ʳˢ – actor et **Nicolaus Guntheri** perp. vic. ad alt. Corporis Christi in par. eccl. in Meiningen Herbip. dioc. reus re-

ferentes quod litig. coram aud. sup. d. perp. vicar. quam d. Henricus deinde resign. in manibus pape: de adm. resign. d. Henrici et de prov. d. Nicolao de d. vicar. (6 m. arg.) et de assign. d. Henrico pens. ann. 8 fl. renen. sup. fruct. d. vicar. p. d. Nicolaum persolv. 5. mai. 79 S 781 158ᵛˢ.

3191 **Henricus de Baruth (Baruch)** can. eccl. Frising.: de par. eccl. in Lauffen Salzeburg. dioc. (26 m. arg.) vacat. p. prom. Sixti [de Tannberg] el. Frising. (tunc el. Gurc. p. Paulum II. d. eccl. prefecti et nunc ad d. eccl. Frising. translati tunc vac. p. prom. d. el. Gurc.) et motu pr. de cass. litt. Pauli II. quoad benef. vacat. p. prom. el. Gurc., Conc. c. reserv. pens. 30 duc. pro Dominico de Lovatis cubic. 12. ian. 74 S 700 197ᵛˢˢ – utr. iur. doct. ex utr. par. de nob. gen. c. quo ad 3 benef. disp. fuit et cui de decan. eccl. Frising. prov. fuit: de disp. ut d. decan. unac. 2 incompat. benef. retin. val., n. o. decr. Gregorii [XII.?] qui par. eccl. in Auffkirchen Frising. dioc. d. decanatui univit 31. oct. 75 S 728 237ʳ – inter al. referens quod sibi ordin. auct. de prepos. eccl. s. Andree Frising. vac. p. o. Pauli Nunner quond. Angeli [de Capranica] card. ep. Prenestin. fam. et in cur. abbrev. prov. fuit possessione subsecuta quodque litig. <p. Sigismundum Grym et Johannem de Vescika cler. Colon. dioc. procur.> desup. <coram Nicolao de Edam aud., Petro de Ferrera aud. ac Antonio de Grassis aud.> contra Petrum Vernudeken cler. Leod. <Colon.> dioc. et postea Ulricum Enzenberger (Enzemperch) cler. in cur. abbrev. ad causam admissum: de nova prov. de d. prepos. (16 m. arg.) vac. p. cess. d. Petri et d. Ulrici [dat. deest] S 772 198ʳˢˢ, m. (Petro de Ferrera aud.) 17. iul. 78 (exped. 6. mart. 79) L 784 118ʳ-120ʳ – oblig. p. Conradum Petz cler. Frising. dioc. sup. annat. prepos. ut supra 5. oct. 79 A 28 93ʳ –

solv. 36 fl. adc. pro annat. prepos. ut supra p. manus Conradi Petz 5. oct. 79 FC I 1134 5ʳ, IE 498 39ʳ, IE 499 44ʳ.

3192 Henricus Baruther (Baruch) <iun.> can. eccl. s. Andree Montis Frising. in 14. sue et. an. constit.: de can. et preb. eccl. Lubic. <Lubuc.> (4 m. arg. p.) vac. p. o. Henrici Barucher (Baruther) <sen.> 31. ian. 81 S 800 215ʳ, m. (prep. eccl. s. Sixti in Sliersee Frising. dioc.) (exped. 5. iun. 81) L 808A 122ᵛ-124ᵛ.

3193 Henricus Beckenols can. eccl. ss. Petri et Andree Paderburn.: de vicar. ad alt. s. Bartholomei in eccl. Magunt. (4 m. arg. p.) vac. p. resign. in manibus pape Johannis Jacobi Leyst cler. Magunt. pape fam. qui eam possidet 22. decb. 80 S 798 256ᵛ.

3194 Henricus Beker: prov. de can. et preb. eccl. Traiect. [dioc.?] vac. p. o. 80/81 I 334 225ᵛ.

3195 Henricus Becheti (Bicheti) loci de Denges cler. Lausan. dioc. Gabrielis [Rangone] tit. ss. Sergii et Bacchi presb. card. fam.: de can. et preb. eccl. ss. Germani <et Randualdi> Grandis Vallis Basil. dioc. (15 l. T. p.) vac. p. o. Johannis Gayeti etiam d. card. fam. 21. nov. 82 S 816 135ʳˢ, (m. Nicolao Garilliati can. eccl. Lausan. et offic. Basil. ac offic. Lausan.), gratis (exped. 11. mart. 83) L 831 226ᵛˢˢ.

3196 Henricus Beyer cler. Meten., **Johannes Gerdow de Donsterdelle, Mathias Pistoris de Beymolder, Simon Wadel, Andreas Lentz, Theodericus Bremer** inter 12 personas enumerati: de gr. expect. de 2 can. et preb. et de 2 benef. ad coll. quorumcumque, Et s. d. 1. ian. 72 S 670 175ᵛ-177ʳ – scol. Trever. dioc.: litt. dimissoriales sup. prom. ad omnes ord. 14. mai. 74 F 6 159ᵛ – litt. testim. sup. receptione prime tonsure s. d. 21. decb. 71 in capel. s. Andree in basilica Principis appl. in Urbe 16. mai. 74 F 6 159ᵛ.

3197 Henricus Beyer archid. eccl. Meten. et **Jacobus Bartholini** prep. eccl. s. Crucis Pontismontionis Tullen. dioc. ac **Desiderius Johannis** presb. Meten. necnon nobiles viri **Reginaldus de Gronay, Philippus de Regecourt, Gaspar Bonck, Pontigionius dela Haye, Jacobus Ryiff, Dominicus le Tabourini, Coletus Gerardi de Grandifalleyo** et **Johannes de Huyo** clerici et laici Meten., Tullen. et Leod. ac Trever. dioc. qui locum in quo Jesus Christus mortem et passionem subire dignatus est sepulcrum dominicum et forsan al. loca ultramarina visitare affectant desideriis sed propter prohibitiones adimplere n. possunt: de indulto ut absque cuiusvis pene incursu dd. loca peregre visitare valeant, sola sign. 1. apr. 78 S 767 80ᵛ.

3198 Henricus Vilhelmus Beleart, Traiect. [dioc.?]: commiss. 81/82 I 334 232ᵛ.

3199 Henricus (de) Belitze cler. Halberstad. dioc.: prov. de perp. s. c. vicar. ad alt. ss. Nicolai et Catherine in eccl. Lubic. (4 m. arg.) vacat. p. assec. can. et preb. d. eccl. p. Ottonem de Specke (qui eosdem ac can. et preb. eccl. b. Marie Halberstad. vig. gr. expect. acc.) (m. prep. eccl. Trident. ac offic. Magdeburg. et offic. Halberstad.) 19. febr. 72 (exped. 12. febr. 74) L 716 286ʳ-287ᵛ – <cui vig. gr. expect. de benef. ad coll. aep. Magdeburg.> perp. vicar. in eccl. Lubic. (4 m. arg.) obtin.: de can. et maiori preb. eccl. s. Nicolai Stendalien. Halberstad. dioc. (4 m. arg.) <vacat. p. resign. in manibus pape Jacobi Stephani al. Specke cler. Halberstad. dioc. cui de eisdem> vac. p. o. Andree Hasselman <prov. fuerat> litt. n. confectis, n. o. d. perp. vicar. 31. aug. 73 S 696 35ᵛ, m. (abb. eccl. s. Johannis Bapt. e. m. Magdeburg. ac prepositis eccl. Trident. et eccl. Montis s. Ciriaci e. m. op. Brunswicen. Hildesem. dioc.) (exped. 20. sept. 73) L 737 77ʳ-78ᵛ, 12.

sept. 73 S 696 35^{rs} – litig. coram Nicolao de Edam aud. contra Conradum Melger cler. (qui litem prosequi n. intendit) sup. can. et preb. eccl. s. Nicolai Stendalien. Halberstad. dioc. vac. p. o. Andree Hasselman: de eisdem (4 m. arg.) 15. decb. 73 S 700 148^v – qui ad decan. eccl. s. Nicolai Stendalen. Halberstad. dioc. vac. p. o. Ottonis de Specke p. capit. d. eccl. electus fuit et litig. desup. contra Henricum Helling (Elling) qui d. decan. p. nominationem imper. iuxta facult. imper. acc.: de nova prov. de d. decan. (4 m. arg.) vac. p. resign. d. Henrici Helling 13. decb. 83 S 832 106^v – qui perp. vicar. ad alt. s. Thome apl. in eccl. Magdeburg. (resign. p. Nicolaum Sculteti cler. Halberstad. dioc. procur. fact.) et **Jacobus Stegman** qui can. et mediam preb. eccl. s. Nicolai Novifori Magdeburg. (resign. p. Hermannum Pywerlingk cellerarium eccl. Halberstad. procur. fact.) ex causa perm. resignaverunt in manibus pape: (m. prep. eccl. s. Nicolai Stendalen. Halberstad. dioc. et offic. Magdeburg. ac offic. Halberstad.) confer. d. Henrico dd. can. et media preb. (4 m. arg.) vac. p. resign. d. Nicolai 20. iul. 84 (exped. 6. aug. 84) L 833 130^r-132^r.

3200 Henricus Beme (Benum) (/.) cler. Constant. dioc. pape fam.: motu pr. de gr. expect. de 2 can. et preb. ac de benef. ad coll. quorumcumque et de prerog. ad instar pape fam. descript., Et s. d. 17. nov. 81 8. mart. 84 S 830 103^v.

3201 Henricus Bentzin presb. Zwerin. dioc. qui ad perp. vicar. in capel. cimit. par. eccl. op. Wisby Lincopen. dioc. p. illius patronos laic. present. fuit: de nova prov. de eadem (2 m. arg.) vac. p. o. Nicolai Wittenborg, n. o. archidiac. Rostocen. in eccl. Zwerin. ac can. et preb. eccl. Lubic. (8 m.) 11. mart. 82 S 813 373^v.

3202 Henricus de Berken (Berchem) can. eccl. b. Marie in Capitolio Colon. in art. mag. in theol. licent.: motu pr. de gr. expect. de 2 can. et preb. necnon de benef. ad coll. quorumcumque, Et s. d. 17. nov. 81 S 803 150^v – cler. Colon. dioc. theol. doct. et **Bertramus Bauw** cler. Colon. dioc. med. doct. c. quo sup. def. nat. (subdiac. et s.) ut ad omnes ord. prom. et c. c. benef. obtin. val. auct. ap. disp. fuit cuius vig. clericali caractere insignitus can. et preb. eccl. ss. Appl. Colon. obtin.: motu pr. de gr. expect. ut supra et de disp. sup. def. nat. pro d. Bertramo, Et s. d. 17. nov. 81, Et ad secundam preb. pro utroque 24. mai. 84 S 830 146^{rs}.

3203 Henricus Berdine (/.) cler. Razeburg. dioc.: de perp. vicar. in par. eccl. ville Lutzende Razeburg. dioc. (2 m. arg.) de iur. patron. laic. vacat. p. assec. al. benef. in d. eccl. p. Vipertum Lutzende cler. Razeburg. dioc. (cui de eadem auct. ordin. prov. fuit et qui eandem absque disp. detin.) 20. nov. 83 S 831 284^r.

3204 Henricus de Berichin presb. Colon.: de vicar. in colleg. eccl. s. Cuniberti Colon. (4 m. arg.) vac. p. o. Henrici Gobellini 2. iul. 73 S 692 264^r.

3205 Henricus Berlenbryngen cler. Colon.: de off. procur. penit. vac. p. resign. Johannis Weythusen, sola sign. 13. iun. 78 S 770 208^v.

3206 Henricus Bernbach cler. Magunt. dioc.: de pleban. sive par. eccl. in Blidensted Magunt. dioc. (10 m. arg. p.) vac. p. o. Henrici Staber 22. decb. 82 S 820 145^{rs}.

3207 Henricus Berstrade (Berstreto) cler. Monast. dioc. in cur. ad clericatus ord. prom.: litt. dimissoriales (ad ep. Monast.) sup. prom. ad al. ord. 2. aug. 81 DC 40 168^r – c. quo sup. def. nat. (s. s.) ut ad omnes ord. prom. et benef. obtin. val. auct. ap. disp. fuit cuius vig. ipse can. et preb. in eccl. s. Ludgeri Monast. assec. fuit: de disp. ut unac. dd. can. et preb. quos obtin. aliud benef. etsi par.

eccl. recip. val. c. lic. perm. 26. decb. 83 S 839 158ʳ.

3208 **Henricus Bertoldi (Bartoldi)** cler. Halberstad. dioc.: de can. et minori preb. colleg. eccl. b. Marie virg. Halberstad. (4 m. arg.) vac. p. contractum matrim. Nicolai Wighener 7. nov. 72 S 683 239ᵛ – qui vig. gr. expect. par. eccl. in Reyder (Peider) Halberstad. dioc. vac. p. o. Johannis de Peider acc.: de nova prov. de d. par. eccl. (3 m. arg.) 15. febr. 73 S 688 94ᵛ – pres. in cur.: de prom. ad omnes ord. extra temp., sola sign. 2. mart. 74 S 703 226ᵛˢ – qui vig. gr. expect. s. d. 1. ian. 72 de 2 benef. ad coll. prep. etc. eccl. Halberstad. sive ad coll. abba. etc. colleg. eccl. s. Servatii in Quedelingberch Halberstad. dioc. conc. par. eccl. in Reyda Halberstad. dioc. (2 m. arg.) acc.: de prerog. ad instar pape fam. descript. 20. nov. 74 S 710 32ᵛ – qui vig. gr. expect. ut supra quandam par. eccl. ad coll. d. abba. (2 m. arg.) obtin.: de reval. gr. expect. 22. mai. 76 S 739 274ᵛ – de can. et preb. colleg. eccl. in Sulsa Magunt. dioc. (4 m. arg.) et de par. eccl. in Drebra Magunt. dioc. (4 m. arg.) vac. p. o. Henrici Wissen 10. ian. 79 S 777 85ᵛ.

3209 **Henricus Berwinckel (Beerenwinckel)** rect. par. eccl. in Zeht Leod. dioc. litig. coram aud. contra Henricum Berlar presb. Leod. dioc. sup. d. par. eccl.: de nova prov. de d. par. eccl. (60 fl. renen.) vacat. p. resign. d. Henrici Berlar c. reserv. pens. ann. 7 fl. renen. pro Johanne Petri cler. Leod. dioc. consanguineo d. Henrici Berler 2. iun. 73 S 691 153ʳˢ – presb. Leod. dioc. qui litig. coram Johanne de Cesarinis aud. contra Gerardum Roussen reum rect. par. eccl. in Xhinguesse Leod. dioc. sup. can. et preb. eccl. s. Dionisii Leod. qui nunc pro bono pacis (p. Johannem de Orten cler. Traiect. dioc. procur. suum) resign.: reserv. pens. ann. 14 fl. renen. sup. fruct. plebanie s. Gorgonii Hugarden. Le-

od. dioc. (50 fl. renen.) p. Nicolaum de Ardera rect. plebanum nunc. persolv. et 17 fl. renen. sup. fruct. d. par. eccl. in Xhinguesse (7 m. arg.) p. d. Gerardum persolv. 15. decb. 73 (m. prep. eccl. s. Spiritus Ruremunden. Leod. dioc. et dec. eccl. s. Victoris Dulmanien. Monast. dioc. ac offic. Leod.) L 734 130ʳ-131ᵛ – restit. bulle s. d. 15. decb. 73 ut supra conc. 9. nov. 74 A 23 242ᵛ.

3210 **Henricus Beurlin (Bewelem)** rect. par. eccl. in Wolfershusen Herbip. dioc.: prom. ad subdiacon. ord. in sacristia basilice Principis appl. in Urbe 21. sept. 71 F 6 14ʳ – litt. testim. sup. prom. ut supra 21. sept. 71 F 6 18ᵛ – cler. Herbip. dioc. rect. par. eccl. in Wolvershausen Herbip. dioc.: prom. ad ord. diacon. in eccl. s. Spiritus in Saxia Urbis 24. sept. 74 F 6 177ᵛ, F 6 178ᵛ.

3211 **Henricus Bier** scol. Trever. dioc.: recip. primam tonsuram in capel. s. Andree in basilica Principis appl. in Urbe 21. decb. 71 F 6 20ʳˢˢ.

3212 **Henricus de Birre** perp. benefic. cant. nunc. in eccl. s. Johannis Ev. op. Buscoducen. Leod. dioc. referens quod Arnoldus Buck can. eccl. Leod. ac prep. eccl. s. Dionisii Leod. quond. Alberti Buck incole op. Buscoducen. Leod. dioc. nepos et eius testamenti executor perp. s. c. benef. cantor. nunc. in d. par. et colleg. eccl. s. Johannis de consensu ep. Leod. et capit. d. eccl. de bonis immobilibus d. Alberti fundavit et quod unus cler. in d. eccl. d. perp. benef. detin.: de conf. d. fund. 13. mart. 84 S 833 18ʳ.

3213 **Henricus de Birrich (Birck)** cler. Lubic. in art. mag. c. quo sup. def. nat. (s. s.) ad quodcumque c. c. benef. disp. fuit: de par. eccl. pleban. nunc. in Suderherstede Bremen. dioc. (3 m. arg.) vac. p. o. Johannis Schaltholt 30. ian. 82 S 807 121ʳ – c. quo ut supra disp. fuit et cui postmodum de perp. vicar. in par. eccl.

s. Petri Lubic. auct. ap. prov. fuit et qui desup. litig. in cur. et qui gr. expect. de benef. acc.: motu pr. de perp. vicar. in eccl. s. Georgii e. m. Lubic. (3) et perp. vicar. in capel. Gennynen. Lubic. dioc. (3 m. arg.) de iur. patron. laic. vac. p. o. in cur. Johannis Laurentii et de disp. ut dd. vicar. insimul recip. val. c. lic. perm. 11. iun. 84 S 837 161^v.

3214 Henricus Bisscorp qui perp. capn. ad alt. s. Adriani in par. eccl. de Veris Traiect. dioc. et **Arnoldus Wolkart** qui can. et preb. eccl. s. Petri Middelburgen. Traiect. dioc. ex causa perm. resignaverunt referentes quod d. Henrico de dd. can. et preb. et d. Adriano de d. perp. capn. prov. fuit: de assign. d. Arnoldo pens. ann. 2 libr. et 10 solidorum grossorum monete Flandrie sup. fruct. cantor. d. eccl. s. Petri (8 libr.) quam d. Henricus obtin. et fundavit 27. nov. 81 S 805 71^v.

3215 Henricus Blens de Wellis (Vellis) prep. eccl. in Arnhaym Traiect. dioc.: oblig. p. Johannem Butiller can. eccl. Cameracen. procur. (ut constat publ. instr. acto s. d. 3. mai. 80 subscripto p. Nicolaum Grondal de Lerelbach imper. auct. not.) sup. annat. d. prepos. (44 m. arg.) de qua vac. p. resign. in manibus pape Georgii [Hesler] tit. s. Lucie in Silice presb. card. s. d. 23. apr. 80 sibi prov. fuit (in margine: s. d. 22. decb. 88 fuit data litt. cam. ad collect. c. copia d. oblig. intercluse domino Johanni Nilis qui se oblig. de presentando dd. litt. infra 6 menses proxime futuros; s. d. 12. iul. 1507 fuit cass.) 5. mai. 80 A 29 3^v – rect. par. eccl. in Mistelbach Patav. dioc. med. doct. Friderici R. I. phisicus et fam.: de indulto ut horas canonicas iuxta morem et stilum R. E. recitare val., p. breve 16. iul. 84 S 838 175^v – rect. par. eccl. in Mittelbach Patav. dioc. in med. mag. et Friderici R. I. phisicus: de disp. ut unac. d. par. eccl. al. 2 incompat. benef. etsi 2 par.

eccl. ad vitam retin. val. c. lic. perm. et de n. prom. ad 7 an. 24. iul. 84 S 838 202^v.

3216 Henricus Blomasten rect. par. eccl. in Dinckler Hildesem. dioc. qui d. eccl. in partibus resign. proponit et **Hermannus Lakeman** presb. Hildesem. dioc.: m. (dec. eccl. s. Mauritii e. m. Hildesem.) adm. resign. d. Henrici et reserv. d. Henrico pens. ann. 18 fl. renen. sup. fruct. d. par. eccl. (6 m. arg.) p. d. Hermannum persolv. et prov. d. Hermanno de d. par. eccl. 7. ian. 84 (exped. 29. ian. 84) L 832 189^{rss}.

3217 Henricus Bobben subdiac. Colon. rect. par. eccl. in Paffendorp mag. et in decr. bac. c. quo de n. prom. ad 7 an. p. ordin. loci disp. fuit et se ad stud. in facult. legali in univ. Colon. transtulit: de n. prom. ad 7 an. 3. ian. 72 S 674 291^r – cler. Colon. dioc. rect. par. eccl. in Paffendorf Colon. dioc. (quam obtin.) et **Severinus de Esch** presb. Colon. dioc.: de adm. resign. d. Henrici et de prov. d. Severino de d. par. eccl. (50 fl. renen. (4 marcarum Colon. pro quolibet fl. computando)) et de assign. d. Henrico pens. ann. 18 fl. renen. 4. nov. 77 S 760 5^{rs}.

3218 Henricus Bockenow (Berkenow, Buckenow) cler. Paderburn.: de camerariatu eccl. Paderburn. (4 m. arg.) vac. p. assec. decan. d. eccl. p. Conradum de Elmerinchusen 7. oct. 71 S 672 267^{vs} – de disp. ut unac. camerariatu ut supra aliud incompat. benef. recip. valeat etsi 2 par. eccl. ad 5 an. 11. mart. 72 S 677 131^{rs} – de perp. s. c. vicar. in par. eccl. s. Johannis in Dellebruge Paderburn. dioc. (4 m. arg.) vac. p. o. Bernardi Vorsters 9. iul. 73 S 693 125^v, m. (abb. mon. ss. Petri et Pauli Paderburn., prep. eccl. ss. [Petri et Pauli] Bardevicen. Verden. dioc. ac dec. eccl. ss. Petri et Andree Paderburn.) (exped. 5. ian. 74) L 729 239^{rs} – qui litig. coram Fantino de Valle aud. contra Johannem de Ercklens et

Henricum de Breda clericos sup. par. eccl. b. Marie Indulgentiarum Colon. vac. p.o. Werneri Wibrernick de Borken: de prov. si nulli de d. par. eccl. (8 m. arg.) 15. decb. 73 S 709 166^{rs} – cui de can. et maiori preb. colleg. eccl. ss.Petri et Andree Paderburn. vac. p.o. Henrici Kannegeter prov. fuit: de nova prov. de eisdem (4 m. arg.) 8. aug. 75 S 725 102^v – cler. Paderburn.: de can. et preb. eccl. s.Martini in Hilgenstad Magunt. dioc. (4 m. arg.) vacat. p. ingressum mon. in Bursfeldia o. s. Ben. Magunt. dioc. p. Henricum Holtscher 1. oct. 75 S 727 268^r – de prepos. eccl. ss.Johannis et Dionisii Hervorden. Paderburn. dioc. (8 m. arg.) vac. p.o. Henrici Kesserlinck 3. ian. 77 S 745 80^r – de can. et preb. eccl. ss.Johannis et Dionisii Hervorden. Paderburn. dioc. (4 m. arg.) vacat. p. assec. prepos. d. eccl. p. Henricum de Ledebur cler. Osnaburg. 9. ian. 77 S 745 260^{rs} – de assign. pens. ann. 14 fl. auri renen. sup. fruct. par. eccl. in Eersel Leod. dioc. (16 m. arg.) p. Johannem Mevs de Ercklens qui d. par. eccl. obtin. c. eius consensu (p. Johannem Weythuse procur. fact.) persolv. 30. mart. 78 S 767 212^r, m. (prep. eccl. s.Georgii et dec. eccl. ss.Appl. Colon. ac scolast. eccl. Wratislav.) L 778 202^r-203^v – can. eccl. ss.Johannis et Dionisii Hervorden. Paderburn. dioc. cui gr. expect. de can. et preb. eiusdem eccl. necnon de benef. ad coll. abba. et canonissarum ac canonicorum et capit. sec. et colleg. eccl. ss.11.000 Virg. Colon. conc. fuit: motu pr. de prerog. ad instar fam. pape descript. 3. apr. 78 S 767 171^{rs} – inter al. referens quod sibi de can. et preb. eccl. ss.Petri et Andree Paderburn. vac. p.o. Henrici Kannegheter prov. fuit possessione ultra 2 an. subsecuta quodque nihilominus Henricus Soffim de Latnico cler. Paderburn. dioc. dd. can. et preb. impetrasse asserit quodque concordiam fecerunt ita quod d. Henricus Bo-

ckenow d. Henrico Soffim qui pauper cler. exist. et nullum benef. obtin. gr. expect. ordinare debeat ad coll. p. d. Henricum Soffim eligendam: de conf. d. concordie et de lic. pro d. Henrico Soffin ut d. gr. expect. acc. val. et de lic. pro d. Henrico Bockenow ut d. gr. expect. ordinare val. 14. apr. 78 S 768 149^r – restit. bulle sup. pens. ann. 14 fl. auri renen. ut supra (quia n. est fact. prov. de d. eccl.) 13. iun. 78 A 27 205^r – de can. et preb. eccl. s.Petri e. m. Magunt. (8 m. arg.) vac. p. resign. in manibus pape Theodori [de Monteferrato tit.] s.Theodori diac. card. (qui eosdem vac. p.o. Henrici de Soeterem (Sotterem) quond. Nicolai [de Cusa] tit. s.Petri ad vincula presb. card. fam. in commendam obtin.) 4. ian. 79 S 776 204^r – can. eccl. ss.Petri et Andree Paderburn.: de can. et preb. colleg. eccl. b. Petri e. m. Magunt. (8 m. arg.) vac. p. resign. Henrici Maengolt de Paderborn decr. doct. pape fam. (cui de eisdem vac. p.o. Henrici de Soeteren prov. fuit litt. n. exped.) 4. ian. 79 S 776 245^v – de nova prov. de can. et preb. al. hebdomadaria nunc. eccl. s.Pusinne op. Hervorden. Paderburn. dioc. (4 m. arg. p.) vac. p.o. Arnoldi Duckman 25. mart. 79 S 779 227^{rs} – de perp. s.c. vicar. secundaria nunc. ad alt. s.Crucis in eccl. s.Pusinne op. Hervorden. Paderburn. dioc. de iur. patron. laic. (4 m. arg. p.) vac. p.o. Henrici Sosendorp (Gosendorp) 5. iun. 79 S 782 142^v, 9. iun. 79 S 782 272^r – de can. et preb. eccl. Paderburn. (6 m. arg.) vac. p.o. Henrici de Haxthusen 12. aug. 79 S 785 141^r – referens quod Philippo Dithmari cler. Bamberg. de par. eccl. in Gnotstad Herbip. dioc. (10 m. arg.) vac. p. resign. in manibus pape Johannis Stumpff cler. Herbip. dioc. (cui de eadem vig. gr. expect. vac. p.o. Nicolai Rymensnider prov. fuerat) prov. fuit et deinde obiit in cur.: de surrog. ad ius d. Johannis et d. Philippi 14. sept. 79 S 786 144^{rs} –

can. colleg. eccl. ss. Petri et Andree Paderburn. qui ad decan. d. eccl. vac. p. o. Conradi Busse p. capit. d. eccl. postulatus fuit: de nova prov. de eodem (4 m. arg.) 12. oct. 79 S 787 44ʳ – de perp. vicar. in eccl. Hildesem. (4 m. arg.) vac. p. o. Theodorici Rolff presb. cuiusdam card. fam. 5. decb. 79 S 788 119ʳ – dec. eccl. ss. Petri et Andree in Bustorp Paderburn.: de n. prom. ad 2 an. 27. oct. 80 S 797 131ᵛ – qui can. et preb. eccl. s. Petri e. m. Magunt. in favorem Johannis Jacobi Leyst resign. in manibus pape possessione n. habita: assign. pens. ann. 20 fl. auri renen. sup. fruct. dd. can. et preb. et can. et preb. eccl. b. Marie ad Gradus Magunt. (14 m. arg.) vel de benef. s. c. omnibus oneribus deductis ad val. ann. 20 fl. auri renen. in civit. vel dioc. Magunt. aut Colon. exist. p. d. Jacobum can. d. eccl. persolv. (exec. prep. eccl. s. Severi Erfforden. Magunt. dioc. et offic. Colon. ac offic. Paderburn.) 22. decb. 80 V 611 237ᵛ-239ʳ – prov. de perp. s. c. vicar. ad alt. s. Bartholomei in eccl. Magunt. (4 m. arg.) vac. p. resign. in manibus pape Johannis Jacobi Leyst pape fam. (m. prep. eccl. s. Crucis Hildesem. et dec. eccl. s. Victoris e. m. Magunt. ac offic. Magunt.) 22. ian. 81 (exped. 23. febr. 81) L 806 268ʳ-270ʳ – restit. bulle sup. pens. ann. 20 fl. auri renen. ut supra conc. (quia est facta oblig. dd. can. et preb.) 21. iul. 81 A 30 186ᵛ – prov. de capel. Magunt. [dioc.?] vac. p. o. 80/81 I 334 143ᵛ.

3219 **Henricus Bockholt** cler. Bremen. dioc. in art. mag.: de can. et preb. eccl. Utinen. Lubic. dioc. (4 m. arg.) vac. p. resign. in manibus pape Ludolfi Smed cler. Minden. dioc. cui de eisdem vac. p. resign. in manibus pape Nicolai Sestede auct. ap. prov. fuit 16. mai. 83 S 823 226ʳˢ.

3220 **Henricus Bocholdie de Dinslaken** cler. Colon. dioc. rect. par. eccl. in Rodressem Colon. dioc.: de prom. ad

omnes ord. extra temp., sola sign. 11. ian. 79 S 777 271ʳˢ – litt. testim. sup. prom. (vig. supplic. s. d. 11. ian. 79) ad acolit. et al. min. ac subdiacon. ord. s. d. 12. mart. 81, ad diacon. ord. s. d. 14. mart. 81 et ad presbit. ord. s. d. 21. mart. 79 in eccl. s. Marie in Porticu Urbis 22. mart. 79 F 7 21ʳ – presb. et rect. par. eccl. ut supra antiquus curialis inter al. referens quod ipse apud Cresserum de Orell burgimagistrum et Gerardum de Hoce, Henricum Tulen, Johannem Georgii, Henricum de Riman, Theodoricum Indessien, Johannem Lucen, Wesselum Loesen scabinos laicos de op. Dinslaken certas pro sua securitate litt. scabinales sup. bonis hereditariis et patrimonialibus consignaverat quas dd. scabini etc. ad instantiam Henrici Smedem ac uxoris sue detentorum dd. bonorum restit. recusant: de committ. in partibus ut in pristinum statum reponatur 22. apr. 79 S 781 152ᵛˢˢ – recip. not. pro bulla distributa pro formata 8 grossos iun. 81 DB 2 36ᵛ.

3221 **Henricus Bode (Boede, Voede)** cler. Magunt. Angeli [de Capranica] card. ep. Prenestin. tunc tit. s. Crucis in Jerusalem vulg. nunc. fam.: de par. eccl. in Besse (Bresse, Beesse) Magunt. dioc. (4 m. arg.) vac. p. o. in cur. Hermanni Morung (Morinck) vel vac. p. o. Heinrici Liepman etiam d. card. fam. 10. decb. 73 S 699 207ᵛˢ, (exec. prep. eccl. Geysmarien. et dec. eccl. Cassellen. ac cant. eccl. Northusen. Magunt. dioc.) V 569 87ʳˢˢ – vic. [eccl.] s. Petri Fritzlarien. Magunt. dioc. et **Johannes Sculteti** can. eccl. Pingwen. Magunt. dioc. et vic. eccl. b. Marie ad Gradus Magunt. inter 3 Angeli [de Capranica] card. ep. Prenestin. fam. enumerati: de prom. ad omnes ord. extra temp., sola sign. 2. mai. 74 S 704 58ʳ – cler. Magunt. dioc. actor qui litig. coram Antonio de Grassis contra Hermannum Vos reum sup. d. par. eccl. quam resign. paratus est: de reserv. pens. ann. 7 fl. renen. sup. fruct. d. par. eccl. (24 fl. renen.) p. d. Hermannum persolv. <consensu Johannis Curlin cler. Magunt. dioc. procur. d. Hermanni habito> 10. ian. 76 S 732 275^v, m. (prep. eccl. s. Severi Erforden. Magunt. dioc. et dec. ac scolast. eccl. s. Petri Fritzlarien. Magunt. dioc.) L 757 61^r-62^v – de can. et preb. eccl. s. Cassii Bonnen. Colon. dioc. (8 m. arg.) vac. p. o. <in cur.> Johannis Bilock 19. mai. 76 S 739 251^{rs}, m. (ep. Firman. et prep. ac dec. eccl. Frizlarien. Magunt. dioc.) 19. mai. 76 (exped. 14. ian. 77) L 759 74^{vss} – can. eccl. s. Cassii Bonnen. Colon. dioc. [Angeli de Capranica] card. ut supra fam.: oblig. sup. annat. dd. can. et preb. de quib. sibi ut supra prov. fuit (in margine: s. d. 21. mai. 77 prorog. term. solut. ad 3 menses; s. d. 6. apr. 78 d. Henricus solv. 27 fl. p. manus suas) 27. ian. 77 A 25 106^r – Angeli card. ut supra fam. principalis: solv. 17 fl. adc. pro annat. can. et preb. ut supra 6. apr. 78 FC I 1133 148^v, IE 495 137^v, IE 496 141^v, IE 497 140^v – perp. vic. in eccl. [s. Petri] Fritzlarien. Magunt. dioc. inter al. referens quod dudum Gotscalcus Johannis de Nyvenhem (Nynenhem) cler. Colon. dioc. litig. in cur. contra Petrum Czoller rect. par. eccl. s. Stephani in Nachtzem Trever. dioc. sup. d. eccl. quodque d. Gotscalcus lite pendente cessit in manibus pape quodque d. Petro de d. par. eccl. prov. fuit c. reserv. pens. ann. 20 fl. auri renen. (d. Gotscalco s. d. 11. mai. 79 conc.) sup. fruct. d. eccl. p. d. Petrum persolv.: m. (prep. eccl. Fritzlarien. Magunt. dioc. et offic. Colon. ac offic. Magunt.) (d. Gotscalco volente) assign. d. Henrico (qui d. Gotscalco in 10 an. vel circa senior exist.) pens. ann. 20 fl. auri renen. sup. d. par. eccl. s. Stephani (60 fl. auri renen. monete elect. imper.) p. d. Petrum (c. eius assensu p. Henricum Bockenawe dec. eccl. ss. Petri et Andree Paderburn. procur. express.) in

op. Bonnen. Colon. dioc. persolv. 22. iun. 82 L 811 291^v-293^v – referens quod in litt. ap. val. fruct. vicar. p. d. Henricum obtente et fruct. eccl. s. Stephani ut supra 60 fl. renen. n. excedere express. fuit: de ref. 22. iun. 82 S 812 85^r.

3222 **Henricus Bodeker** cler. Osnaburg.: de perp. s. c. vicar. ad alt. b. Marie et ss. Johannis et Petri in capel. 11.000 Virg. prope et e. m. Osnaburg. (4 m. arg.) vac. p. resign. in manibus pape Vilequini [Willekini] Priggenhaghen (qui eandem vicar. obtinuit) <p. Bernardum Mumme can. eccl. Lubic. procur. fact.> 20. mai. 78 S 769 73^v, m. (dec. eccl. s. Johannis Osnaburg.) (exped. 9. ian. 79) L 784 62^{vss}.

3223 **Henricus Boemel** fr. ord. 3. reg. s. Francisci de penitentia nunc. expresse profes. referens quod quandam dom. d. ord. in op. Novimagio Colon. dioc. intravit et p. multos an. sororibus d. reg. sacramenta ministravit quodque tamen nonnulli ex fr. et sororibus certos rancores contra eum ceperunt eumque e d. domo expulerunt quodque ideo nulla petita licentia ac habitu reg. deposito p. an. et ultra ad sed. ap. veniendo et alibi commorando recessit: de absol. a macula infamie et de disp. ad quodcumque benef. sec. vel reg. etsi par. eccl. ad vitam c. pot. perm. 11. iun. 78 S 770 249^{rs}.

3224 **Henricus Bogarts** cler. Leod. dioc. Pauli II. fam. qui vig. disp. sup. def. nat. (s. s.) et vig. gr. expect. motu pr. conc. de 2 benef. ad coll. ep. etc. Leod. et abba. etc. mon. de Turen o. s. Ben. Leod. dioc. can. et preb. et scolastr. eccl. s. Martini Leod. vac. p. o. Theoderici Bechts acc.: ›rationi congruit‹ s. d. 15. mart. 68 m. (ep. Beryten. et Theoderico Zomer can. eccl. Leod. ac Michaeli Moener can. eccl. Elnen.) confer. de novo eosdem (14 m. arg.), gratis 25. aug. 71 V 555 113^r-117^v – presb. desiderans pro negotiis se absentare et ad partes transferre: motu pr. de prerog. pape fam. descript. in absentia 13. mai. 74 S 704 214^{rs}.

3225 **Henricus (Boitz, Hoitz) de Bedeburch (Bedeborgh)** formula iuram. 80/81 I 334 225^r – cler. Trever. dioc. in art. mag. pape fam.: de disp. ad 2 incompat. benef. et de facult. resign. vel perm. et de percip. fruct. in absentia 8. ian. 82 S 806 156^{vs}, (exec. ep. Imolen. et prep. eccl. Paderburn. ac offic. Trever.), gratis V 647 34^v-37^r – motu pr. de perp. vicar. ad alt. s. Nicolai in eccl. b. Marie ad Gradus Colon. (4 <3> m. arg.) vac. p.o. in cur. Guillermi Sceffeller 12. ian. 82 S 807 5^{rs}, (exec. archid. eccl. Dolen. et prep. eccl. s. Andree Colon. ac offic. Colon.), gratis V 617 126^r-127^v – referens quod ipse vig. gr. expect. can. et preb. colleg. eccl. s. Severini Colon. acc. sed in litt. d. gr. mentio n. fuit quod d. Henricus tempore dat. d. gr. in art. mag. fuit et deinde Johannes Bernincusen etiam gr. expect. de dd. can. et preb. presentavit et dec. et capit. d. eccl. assign. dd. can. et preb. d. Henrico denegarunt: de committ. d. dec. et capit. p. breve ut (constito quod d. Henricus tempore dat. d. gr. in art. mag. fuit) ei dd. can. et preb. assign. 22. oct. 82 S 815 207^r – perp. vic. in eccl. b. Marie ad Gradus Colon.: de n. prom. (ad subdiacon. ord.) ad an., sola sign. 24. apr. 83 S 823 5^v – referens quod Johannes de Wyndinghen par. eccl. sive perp. vicar. in eccl. s. Johannis in Schonenberch Trever. dioc. absque can. titulo p. 1 vel 2 an. detin.: de d. par. eccl. sive perp. vicar. (4 m. arg.) vac. p.o. Johannis de Marpurch aut Tilmanni Seiller aut vac. p. devol. 30. mai. 83 S 824 225^r – referens quod ipse litig. coram Johanne Antonio [de Sancto Georgio] ep. Alexandrin. aud. locumtenenti contra Johannem de Bernenhusen et Emericum Hersel clericos sup. can. et preb. eccl. s. Severini Colon. (6 m. arg.) vac. p.o. Adolphi

de Gerishen quodque post sententiam in favorem d. Emerici et promulgatam et appellationem fact. quond. Johannes Rendekaede pape fam. p. papam ad causam admissus fuit qui deinde obiit in cur.: de surrog. ad ius d. Johannis Rendekaede 11. iul. 83 S 825 237^v – vic. ad alt. s. Nicolai in eccl. b. Marie virg. ad Gradus Colon. pres. in cur.: de prom. ad omnes ord. extra temp., sola sign. 12. iul. 83 S 825 79^v – de can. et preb. in eccl. s. Severini Colon. (6 <8> m. arg.) vac. p. resign. in manibus pape Emerici Hersel cler. Colon. dioc. <p. Yvonem Locrenan cler. Leonen. dioc. procur. fact.> 21. oct. 83 S 829 181^v, (exec. dec. eccl. b. Marie ad Gradus Colon. et dec. eccl. s. Andree Colon. ac Antonius de Poldo can. eccl. Gebennen.), gratis V 638 279^{rss} – oblig. sup. annat. can. et preb. eccl. s. Severini ut supra 12. ian. 84 A 32 24^r – oblig. sup. facult. resign. vel perm. ut supra 23. iun. 84 A 32 137^r – revocatio procuratorum p. se constitutorum ad resign. quandam vicar. ad alt. s. Nicolai in eccl. s. Marie ad Gradus Colon. 26. iun. 84 Resign. 2 166^v.

3226 **Henricus Bolbericz (Balberitz)** nob., **Egidius de Riparia** nob., **Guillermus de Ripparia** nob., **Guillermus de Mota, Nicolaus Mulhawser** in utr. iur. licent., **Arnoldus de Berchen** in utr. iur. licent., **Renatus de Vivien, Antonius Laurencii, Jacobus Honns, Gundissalvus Cacho, Fredericus Friderici, Baltasar Redenon** Baltasaris de Sagen ducis Slesie fam. et dilecti: supplic. d. duce de gr. expect. de 2 can. et preb. et de 2 benef. ad coll. quorumcumque, Et s.d. 1. ian. 72 S 670 73^{rs} – et **Jeronimus Swoffheym, Michael Lange de Lindenfels, Johannes Raslaw, Gaspar Marien, Baltasar Redern, Nicolaus Mulhawser, Georgius Schucz, Urbanus Schucz** inter 14 personas enumerati: de gr. expect. de 2 can. et

preb. et de 2 benef. ad coll. quorumcumque, Et s. d. 1. ian. 72 S 670 98^r-
99^v – referens quod olim Henrico
Baweringk cler. Lubic. dioc. de can.
et preb. ac decan. eccl. ss. Petri et
Pauli appl. Czicen. Nuemburg. dioc.
(8 m. arg.) vac. p. o. Henrici Steube
ap. auct. prov. fuit et quod deinde
possessione n. habita resign. in manibus Johannis Weyssenbach prep. et
capit. d. eccl. post litem desup. coram aud. contra Nicolaum Molitoris
cler. exortam et quod deinde quond.
Thymoni Poszeum cler. Misnen. dioc. de eisdem p. dd. Johannem
Weyssenbach prep. et capit. d. eccl.
prov. fuit possessione subsecuta et
quod d. Thymo litig. desup. coram
Johanne de Ceretanis aud. contra d.
Nicolaum: ›rationi congruit‹ s. d. 22.
aug. 69 m. (d. Johanni de Cerenatis
aud.) surrog. ad ius d. Thymonis,
gratis 25. aug. 71 (exped. 17. mart.
72) L 721 210^v-212^v – ›rationi congruit‹ s. d. 15. iul. 69 m. (prep. eccl.
Nuemburg.) confer. can. et preb. et
decan. eccl. Citzen. Nuemburg. dioc.
(10 m. arg.) vac. p. o. Thimonis Pos-
zerim 25. aug. 71 V 556 266^r-267^v –
cler. Misnen. dioc. ex utr. par. de
mil. gen.: de decan. ac can. et preb.
eccl. Citzen. Nuemburg. dioc. (10 m.
arg.) vac. p. o. Thimonis Posszern
[fragm., cass., apr. 72] S 678 61^v –
restit. bulle sup. can. et preb. ac decan. ut supra 21. mart. 72 A 21
112^v, 5. apr. 73 A 22 2^v – de can. et
preb. eccl. Bamberg. (10 m. arg.)
vac. p. o. Johannis Marischarlck 22.
mart. 73 S 688 277^{rs} – pres. in cur.:
de can. et preb. eccl. Spiren. (12 m.
arg.) vac. p. o. Frederici de <Bavaria
al. de> Hedelberga (Heydelberga)
pal. ap. et pape not. 24. nov. 74 S
711 256^r, (m. Fatio de Galleranis
can. eccl. Beneventan. et offic. Spiren. et offic. Wormat.) V 567 94^v-
96^r – antiquus curialis: de can. et
preb. eccl. Basil. (8 m. arg.) vac.
p. o. Johannis de Schelemberck 4.
mart. 75 S 715 59^{rs} – can. eccl. Wormat.: prom. ad ord. subdiacon. in

eccl. s. Bartholomei de Insula in
Urbe 20. mai. 75 F 6 207^{vs} – litt. testim. sup. prom. ad ord. subdiacon.
20. mai. 75 F 6 212^v – de lic. dicendi horas secundum usum R. E. 31.
mai. 75 S 721 103^v – de can. et maiori preb. eccl. Czicen. Nuemburg.
dioc. (4 m. arg.) vac. p. o. Dyonisii
Ffleck et deinde Benedicti Bulke aut
p. o. Johannis Fulda vel p. assec. certorum aliorum can. et preb. d. eccl.
p. Ulricum de Wolfirstorff 28. nov.
78 S 775 138^{vs} – referens quod litig.
coram aud. contra Johannem Fulda
et Ulricum de Wolfirstorff sup. can.
et maiori preb. eccl. Czicen. Nuemburg. dioc. (4 m. arg.) vac. p. o.
Dionisii Pfleck et deinde Benedicti
Bulke (ex causa perm.) et quod deinde d. Johannes obiit et d. Ulricus
certos alios can. et preb. in d. eccl.
Czicen. auct. ap. adeptus est: de surrog. ad ius d. Johannis et d. Ulrici
28. nov. 78 S 775 139^{vs} – actor referens quod litig. coram Johanne
Prioris aud. contra Wilhelmum
Schawenbergk reum sup. can. et maiori preb. eccl. Misnen. vac. p. o. Nicolai Rotenfels seu Christofori Ro-
senhein vel p. resign. Guntheri de
Bunaw pape fam. ac collect.: de
prov. si neutri de eisdem (10 m. arg.
p.) 10. decb. 78 S 775 159^{vs} – can.
colleg. eccl. s. Petri Budissinen. Misnen. dioc. qui cantor. d. eccl. vac. p.
resign. in manibus pape Pauli Laschel cler. Olomuc. dioc. pape fam.
(cui de eadem vac. p. o. in cur. Went-
zeslai Streszewitz pape fam. s. d. 12.
nov. 75 prov. fuit) p. 3 an. possidet:
de nova prov. de eadem (3 m. arg.)
c. reserv. pens. ann. 8 fl. renen. sup.
fruct. d. eccl. et alt. s. Barbare in par.
eccl. ville Eszmanzedorff Misnen.
dioc. (insimul 5 m. arg.) p. d. Henricum persolv. 15. febr. 79 S 778
53^r – de can. et preb. colleg. eccl.
s. Pauli Wormat. (4 m. arg.) vac. p. o.
Nicolai Buman 16. febr. 79 S 778
181^r – can. eccl. s. Petri Budissinen.
Misnen. dioc. qui cantor. d. eccl. iam
ultra 4 an. auct. ordin. possidet: de

cantor. d. eccl. (4 m. arg.) vac. p. resign. in manibus pape Pauli Laschel cler. Olomuc. dioc. (cui de eadem vac. p. o. Wenzeslay Strezewicz prov. fuit) 18. ian. 80 S 789 43ᵛ.

3227 Henricus Bonigeneris cler. Trever. dioc. art. mag.: de disp. ad 2 incompat. benef. 20. nov. 75 S 730 29ʳˢ, I 333 330ʳ – de disp. ad 2 incompat. benef. etsi 2 par. eccl. 14. ian. 77 S 745 293ʳˢ – referens quod quond. Waltrinus Milonis cler. Meten. litig. coram <Everhardo> archid. s. Agathe de Longuiono in eccl. Trever. contra Jacobum Reginaldi al. de la Bonuerie (Boinierie) presb. sup. par. eccl. de Liniaco (Liniato) <prope Yvodium> Trever. dioc. (20 l. T. p.) <vac. p. o. Jacobi Monsay vel p. devol.> et deinde obiit in cur.: de surrog. ad ius d. Waltrini 17. oct. 78 S 773 294ᵛˢ, gratis 27. oct. 78 V 592 191ᵛ-193ᵛ, 8. nov. 78 S 774 237ʳˢ – c. quo ad 2 incompat. benef. disp. fuit et cui gr. expect. de benef. ad coll. ep. etc. Meten. et ad coll. abb. etc. mon. s. Vincentii Meten. o. s. Ben. motu pr. c. prerog. ad instar pape fam. descript. conc. fuit et qui par. eccl. de Dugneyo Virdunen. dioc. acc. (sup. qua litig. coram certis iudicibus): motu pr. de reval. d. gr. expect. (acsi d. par. eccl. n. acceptasset) et de mutatione de benef. ad coll. abb. in can. et preb. eccl. s. Marie Magdalene Virdunen. 13. mart. 79 S 779 180ʳˢ – de par. eccl. s. Georgii Meten. (15 l. T. p.) vac. p. o. cuiusdam Simonis 16. aug. 83 S 826 248ʳ.

3228 Henricus van der Borch Colon. [dioc.?]: assign. pens. ann. 82/83 I 335 39ᵛ.

3229 Henricus Borcgreve cler. Colon. dioc.: motu pr. m. (prep. et archid. sedis Huxarie eccl. Paderburn. ac Francisco de Sinibaldis can. eccl. basilice Principis appl. de Urbe) gr. expect. s. d. 1. ian. 72 de benef. ad coll. abb. etc. mon. s. Viti in Corbeia o. s.

Ben. Paderburn. dioc. et dec. etc. eccl. s. Petri in Huxaria Paderburn. dioc. et prerog. ad instar pape fam. descript., gratis 4. iul. 80 V 671 1ʳ-2ᵛ.

3230 Henricus Borgreuinck scol. Traiect. dioc.: recip. primam tonsuram in eccl. s. Spiritus in Saxia in Urbe 18. sept. 73 F 6 129ᵛ – litt. testim. sup. receptione prime tonsure s. d. 18. sept. 73 in eccl. s. Spiritus in Saxia in Urbe 14. ian. 74 F 6 136ʳ – in cur. ad primam tonsuram prom.: litt. dimissoriales sup. prom. ad al. ord. 14. ian. 74 DC 36 232ʳ.

3231 Henricus Boricen cler. Paderburn. dioc. litig. coram Nicolao de Edam aud. et coram Antonio de Grassis aud. contra Lambertum Dimelen cler. Magunt. dioc. et contra Albertum Cock cler. et Arnoldum Lest sup. decan. eccl. s. Bonifacii Hamelen. Minden. dioc. et deinde concordavit c. d. Lamberto sup. d. decan. (8 fl. renen.): de conf. 21. mai. 73 S 690 287ʳˢ.

3232 Henricus Bormans dec. eccl. s. Martini Leod.: mentio fit ut procur. 15. decb. 72 (exped. 7. ian. 73) L 730 187ᵛˢˢ – cler. Leod. dioc.: de can. et minori preb. eccl. s. Stephani (Sebastiani) Magdeburg. (in qua 9 minores et 10 maiores preb. fore noscuntur) (3 m. arg.) vacat. p. resign. in manibus pape Joachimi Lamprecht (Lambrech) <p. Henricum Redekin perp. cap. in eccl. Magdeburg. procur. fact.> 30. ian. 73 S 687 76ʳˢ, (m. dec. eccl. Magdeburg. et Johanni Francisco de Pavinis can. eccl. Paduan. ac offic. Magdeburg.) (exped. 27. febr. 73) L 730 194ᵛ-196ʳ – causarum pal. ap. not.: mentio fit ut procur. 14. aug. 73 A 22 71ᵛ – can. eccl. s. Sebastiani Magdeburg. actor litig. coram Petro de Ferrera aud. contra Bartholomeum Mentz cler. intrusum et Johannem Oltman de Bremen sup. can. et maiori preb. et scolastr. d. eccl. vac. p. o. Dionisii Storbeke: de prov. si nulli in eisdem

(insimul 6 m. arg.) 18. apr. 74 S 704
90^{rs} – qui vig. disp. Calixti III. par.
eccl. b. Gertrudis in Landen Leod.
dioc. (quam postea dim.) unac. decan. eccl. s.Martini Leod. obtin. et
postmodum d. decan. (6 m. arg.)
unac. par. eccl. s.Medardi in Wessen
Leod. dioc. (12 m. arg.) obtin.: de
exten. disp. ad 2 par. eccl. ad vitam
9. ian. 75 S 713 258^{rs} – mag. in art.
qui par. eccl. s.Medardi in Wessen
Leod. dioc. (par. eccl. s.Gertrudis in
Landen Leod. dioc. dimissa) obtin.:
disp. ut unac. d. par. eccl. decan.
eccl. s.Martini (sup. quo litig.) retin.
val. 9. ian. 75 L 751 234^{vs} – solv. 27
fl. pro compositione annat. par. eccl.
s.Medardi in Vessem Leod. dioc. p.
manus proprias 17. apr. 75 FC I
1132 62^v, 21. apr. 75 IE 490 65^r, IE
491 52^r – cui de can. et preb. colleg.
eccl. s.Pauli Leod. vac. p.o. prov.
fuit et qui litig. desup. coram aud.
contra quond. Jacobum de Moreali-
neys cler. Leod. dioc. et contra Johannem de Glymes cler. Cameracen.
dioc.: de surrog. ad ius d. Jacobi in
dd. can. et preb. (10 m. arg.) 10.
nov. 75 S 730 203^{rs} – can. eccl.
s.Petri: oblig. sup. annat. can. et
preb. eccl. s.Petri Leod. (6 m. arg.)
de quib. vac. p.o. in cur. Godefridi
Chenemont abbrev. s.d. 20. febr. 76
sibi prov. fuit 11. iun. 76 A 25 7^r –
solv. 13 fl. adc. pro compositione
annat. can. et preb. eccl. s.Petri Leod. 11. iun. 76 FC I 1132 189^r, IE
493 5^v, IE 494 9^v – fit mentio ut dec.
eccl. s.Martini Leod. in cur. resid.
10. iul. 76 V 577 226^v-228^r – dec.
eccl. s.Martini Leod.: de percip.
fruct. in absentia (exec. abb. mon. b.
Marie Parcen. e.m. Lovanien. Leod.
dioc. et Michael Moner can. eccl.
Elnen. ac offic. Leod.), gratis 12.
decb. 77 V 668 297^r-298^v – nova
prov. specialis 76/77 I 333 186^v –
inter al. referens quod sibi de can. et
preb. eccl. s.Germani Thenen. (The-
men.) Leod. dioc. (4 m. arg.) <vac.
p. o. Wiberti de Gerinde (qui eosdem
obtin.) prov. fuit possessione minime

subsecuta> quodque ipse litig. desup. coram Gaspare de Theramo
aud. contra quond. Johannem van
den Haghen presb. Leod. dioc.: de
surrog. ad ius d. Johannis 10. mart.
78 S 766 115^{rs}, m. (ep. Nucerin. et
abb. mon. s.Laurentii e.m. Leod. et
offic. Leod.) V 587 312^r-313^v – de
perp. <s. c.> capn. sive vicar. ad alt.
s.Crucis in eccl. s.Quintini ville de
Somiwen (Sounwen) Leod. dioc. (4
m. arg.) vac. p.o. Petri Stonten
(Stoutten) 29. ian. 80 S 795 310^v, m.
(dec. eccl. s.Martini Leod.) (exped.
28. sept. 80) L 804 307^{rss} – dec. eccl.
s.Martini Leod. dioc. referens quod
postquam alias Gerardus Staesdriess
laic. Leod. dioc. a quodam grava-
mine per Theodoricum abb. mon.
s.Gertrudis op. Lovanien. Leod. dioc. conservatorem universitatis d.
op. in quadam causa (que coram d.
abb. inter d. Gerardum et quondam
Theodericum de Damerheren scola-
rem d. studii sup. certis bonis in
eadem dioc. consistentibus indecisa
pendebat) dicto Gerardo illato ad sedem ap. appellatum et desup. d. Gerardus litteras pape ad Henricum de-
canum prefatum impetraverat ipse-
que decanus se iudicem competen-
tem pronuntiaverat quidam Johannes
de Thimo dec. eccl. s.Petri op. Lovanien. eundem Henricum ut causam
infra muros op. Lovanien. audiret ad
instantiam Walteri de Replemonda
fiscalis d. universitatis monuit et insuper d. Henricum quia monitioni-
bus n. paruit eisdem excom. sententia innodavit licet nulliter: commiss.
decano eccl. s.Pauli Leod. et dec.
eccl. s.Crucis Leod. (in margine:
commissio cause sine signatura) 11.
sept. 80 Arm. XXXIX, 13 50^{rss} –
rect. par. eccl. in Wessen Leod. dioc.
qui ad decan. ruralis concilii Eycken.
Leod. dioc. vac. p.o. Johannis Monachi p. rectores et investitos par.
ecclesiarum d. loci institutus fuit et
qui litig. desup. coram Johanne Pereriis aud. contra Judocum Royer
cler.: de prov. si neutri de d. decan.
(4 m. arg. p.) 20. iun. 82 S 812 31^{rs}.

3233 **Henricus Bornhagen** rect. par. eccl. in Meynem Halberstad. dioc.: de nova prov. de perp. s. c. vicar. ad alt. s. Erasmi in eccl. Halberstad. de iur. patron. laic. (3 m. arg.) vac. p. o. in cur. Johannis Rusthart 6. nov. 76 S 746 225^{rs}.

3234 **Henricus (Hynricus) de Borsalia com. de Granpte (Grampie)** et dominus op. de Veris Traiect. dioc. ad cuius supplic. Paulus II. par. ecclesiam b. Marie d. op. in colleg. ecclesiam erexit c. creatione 12 can. et preb. et c. lic. erig. al. 12 can. et preb.: de incorp. d. colleg. ecclesie par. eccl. in Nissa p. 1 rect. gubernari solitam (8 m. arg.) et par. eccl. in Biggenkerke (12 m. arg.) p. 2 rect. gubernari solitam et 3 portiones de par. eccl. in Cloetingen p. 4 rect. gubernari solita (18 /. m. arg.) (que par. eccl. omnes ad present. d. Henrici spectant) 26. oct. 71 S 672 113^{rss}, I 332 270^r.

3235 **Henricus Botemschone** cler. Merseburg. dioc. pape fam.: motu pr. de conc. ut prerog. familiaritatis gaudere val. in absentia acsi se n. absentasset, sola sign., Et duret ad an. 9. iun. 78 S 770 182^v.

3236 **Henricus Botterman de Orssoy** cler. Colon. dioc.: ›rationi congruit‹ s. d. 28. decb. 70 assign. pens. ann. 13 fl. renen. sup. par. eccl. in Weuelkouen Colon. dioc. (12 m. arg.) p. Henricum Stenweg cler. Colon. dioc. persolv. (contra quem d. Henricus Botterman litig. desup. coram Antonio de Grassis aud.) 25. aug. 71 L 722 13^v-15^r – restit. bulle sup. pens. ut supra 15. iul. 73 A 22 154^r.

3237 **Henricus Brampach** qui scolastr. eccl. b. Marie Erforden. Magunt. dioc. pro cantor. d. eccl. c. Johanne de Bettenhusen perm.: de nova prov. de d. scolastr. (4 m. arg.) 6. aug. 73 S 694 109^v.

3238 **Henricus Brandis** cler. Lubic., **Bernardus Sculteti de Luneborg** et **Timo Holoi Debitcehav [= Holm**

de Itcehau] romipete et peregrini qui ad Urbem causa devotionis accedebant: fit mentio in bulla qua formatur processus contra Laurentium de Medicis et suos complices qui eosdem ad sedem ap. accedentes ceperunt seu depredati sunt [nomina eorundem 166^v] 1. iun. 78 Arm. XXXI, 62 164^r-170^v.

3239 **Henricus de Breda** rect. par. eccl. b. Marie Indulgentiarum Colon. et **Johannes Mevs Erkelens** cler. Leod. dioc. qui litig. coram commissario cur. sup. d. par. eccl.: de assign. d. Johanni pens. ann. 30 fl. renen. monete 4 electorum imper. p. d. Henricum sup. fruct. d. par. eccl. (12 m. arg.) persolv. 9. iun. 78 S 770 128^v.

3240 **Henricus Breyttenbach** cler. Constant. dioc. can. et benefic. eccl. s. Leonardi e. m. op. Sancti Galli Constant. dioc. qui primam tonsuram in Urbe recepit: de prom. ad omnes ord. extra temp., sola sign. 10. febr. 77 S 747 86^v – solv. [in bullaria] 12 grossos apr. 77 T 13 52^r – presb. Constant. dioc.: de par. eccl. s. Verene prepos. nunc. in Wergugel [recte: Werdebuchlen] Constant. dioc. (4 m. arg.) vac. p. o. Johannis Guerns 22. ian. 80 S 789 144^v.

3241 **Henricus Bremer**: prov. de par. eccl. Hildesem. [dioc.?] vac. p. o. 80/81 I 334 107^r.

3242 **Henricus Bremer** cler. Razeburg. dioc.: de s. c. benef. in eccl. b. Marie virg. op. Wismarien. Razeburg. dioc. (2 m. arg.) de iur. patron. laic. vac. p. assec. al. benef. p. Johannem Clotzemaker presb. 16. oct. 83 S 829 196^v.

3243 **Henricus Brocke (Broke, Broche)** cler. Minden. dioc.: de perp. vicar. ad alt. s. Katerine in eccl. mon. Visbeke <o. s. Ben.> Minden. dioc. (2 m. arg.) vac. p. o. Conradi van dem Broke 26. febr. 78 S 765 206^{rs}, m. (dec. eccl. Aurien. et dec. eccl. Minden. ac offic. Minden.), gratis (exped. 17. mart. 78) L 781 223^{rs} – cui

de benef. seu can. et preb. ad coll.
ep. etc. Hildesem. prov. fuit et cui
conc. fuit dd. litt. perinde val. acsi
motu pr. conc. fuissent: motu pr. de
prerog. ad instar fam. pape descript.
9. mart. 78 S 766 184^{rs} – de prepos.
colleg. eccl. Montis s. Petri prope et
e. m. Goslarien. Hildesem. dioc. (3
m. arg.) vac. p. o. Justacii de Stocken
18. mai. 80 S 793 217^{r} – de disp. ad
2 incompat. benef. etsi 2 par. eccl.
ad vitam c. lic. perm. 26. sept. 80 S
802 51^{v} – de par. eccl. s. Stephani in
villa Wesenhusen Magdeburg. dioc.
(4 m. arg.) vac. p. o. Johannis Molitoris 18. aug. 81 S 802 25^{v} – causarum pal. ap. not.: de can. et preb.
capel. b. Marie Magdalene sub aula
episc. Hildesem. (3 m.) vac. p. o. in
cur. Arnoldi Lampen quond. N. pape
fam. commensalis 25. iun. 82 S 812
14^{r}.

3244 Henricus Brods reus et possessor
litig. coram aud. contra Nicolaum
Teffelen sup. par. eccl. in Hontenisse
Traiect. dioc. de iur. patron. laic.
vac. p. o. Johannis Faytop: de prov.
si neutri de d. par. eccl. (80 l. T. p.)
9. febr. 73 S 687 225^{vs}.

3245 Henricus Broeders cler. Monast.
dioc. can. prebend. ad capel. hosp.
s. Spiritus in eccl. s. Remigii in Borken Monast. dioc.: de prom. ad omnes ord. extra temp., sola sign. 18.
mart. 76 S 736 151^{r}.

3246 Henricus Brogel cler. Osnaburg.: de
par. eccl. in Snathorst (Snathoust)
Minden. dioc. (2 m. arg.) vac. p. o.
Werneri Ruter n. o. def. nat. (can. et
s.) 3. decb. 73 S 699 50^{r}, 10. decb.
73 S 701 211^{rs} – cler. Osnaburg.
Francisci [Gonzaga] tit. s. Marie
Nove diac. card. Mantuan. fam. c.
quo sup. def. nat. (s. s.) disp. fuit: de
can. et preb. eccl. s. Martini Wormat.
(4 m. arg.) vac. p. o. Nicolai Vulff 3.
nov. 75 S 729 89^{vs} – de disp. ad
qualiacumque incompat. benef. 4.
ian. 76 S 741 170^{vs} – de perp. vicar.
ad alt. s. Crucis in par. eccl. in Meppen Osnaburg. dioc. (3 m. arg.) vac.

p. o. Winaldi Duschebrake n. o. def.
nat. (s. s.) 15. mai. 78 S 769 41^{rs} – c.
quo s. d. 7. aug. 74 sup. def. nat.
(cler. s.) disp. fuit et cui gr. expect.
de benef. ad coll. prep. etc. eccl.
s. Johannis Osnaburg. et eccl. s. Martini Minden. conc. fuit: motu pr. prerog. ad instar pape fam. descript. 30.
ian. 79 (exped. 5. iul. 81) L 791
291^{rs} – presb. Osnaburg. c. quo sup.
def. nat. (cler. et s.) disp. fuit: de
perp. vicar. s. Johannis Bapt. in par.
eccl. in Frisoyta Osnaburg. dioc. (3
m. arg.) vac. p. o. Gerardi Blome et
de disp. ut unac. d. perp. vicar. aliud
benef. ad vitam retin. val. c. lic.
perm. 13. mai. 81 S 801 201^{vs},
[cass.] L 816 164^{v}.

**3247 Henricus Broickman (Buckman)
(de) Duysborgh** cler. Colon. dioc.:
de can. et preb. eccl. s. Cuniberti Colon. (4 m. arg.) vac. p. o. Johannis
Haneman Eugenii IV. fam. 14. apr.
72 S 678 29^{r} – m. (ep. Calaguritan.
et decanis eccl. b. Marie ad Gradus
Colon. ac eccl. s. Patrocli Susacien.
Colon. dioc.) confer. s. c. capel.
s. Vincentii par. eccl. s. Petri Susaci-
en. Colon. dioc. contiguam (2 m.
arg.) vac. p. o. Johannis Buerberch,
gratis 28. iun. 72 (exped. 13. febr.
73) L 715 272^{vss} – de perp. s. c. vicar. in eccl. Colon. (4 m. arg. p.)
vac. p. o. Guillermi Riclengtein [=
Richenstein?] Nicolai V. fam. 16.
ian. 73 S 686 180^{v} – de perp. s. c.
vicar. ad alt. s. Nicolai in eccl. s. Petri Susken. [recte: Susacien.?] Colon.
dioc. de iur. patron. laic. necnon de
s. c. capel. in Druchgelten Colon. dioc. (insimul 4 m. arg.) vacat. p. resign. in manibus pape Frederici Smet
cler. Colon. pape fam. (cui de d. vicar. et de d. capel. vac. p. o. in cur.
Johannis Mathei prov. fuerat) c. reserv. d. Frederico pens. ann. 6 fl. renen. litt. n. confectis 25. ian. 73 S
687 101^{vss} – prov. de simplici benef.
et de vicar. Colon. [dioc.?] 72/73 I
332 67^{v} – de par. eccl. in Rempstorp
Colon. dioc. (90 fl. renen.) vacat. p.

resign. in manibus pape Vilhelmi de Coesfeldia c. reserv. d. Vilhelmo pens. ann. 30 fl. renen. 24. mai. 73 S 691 63^{vs}.

3248 **Henricus Broyl** cler. Osnaburg. cui de par. eccl. in Eysseberge Minden. dioc. prov. fuit et c. quo sup. def. nat. (s. s.) disp. fuit: de prom. ad omnes ord. extra temp., sola sign. 17. apr. 80 S 792 45^r.

3249 **Henricus Brortsen (Brotzan)** presb. Magunt. dioc. in 70. sue et. an. constit. qui par. eccl. plebaniam nunc. in villa Butzenheim e. m. Magunt. et Reynardus de Horbach presb. Magunt. (consang. d. Henrici) qui alt. b. Marie in hosp. op. Cassel Magunt. dioc. permutaverunt et conventionem fecerunt ita ut d. Johannes eidem Henrico an. singulis 10 fl. renen. persolveret: de absol. a labe simonie et a sent. excom. et de abol. inhab. et de prov. d. Henrico de d. par. eccl. (2 m. arg.) 12. mai. 75 S 720 83^{vs} – tunc in 70. sue et. an. constit. et Johannes Eckardi presb. Magunt. dioc. (consang. d. Henrici) inter al. referentes quod inter se convenerunt quod d. Henricus par. eccl. plebaniam nunc. in Bieczenheym e. m. Magunt. et d. Johannes quoddam benef. perm. et quod d. Johannes d. Henrico pens. ann. 10 fl. renen. sup. fruct. d. par. eccl. necnon sup. fruct. alt. b. Marie ut supra persolv. et quod d. Henricus post perm. fruct. p. 2 vel 3 an. percepit: de disp. sup. irreg. et de nova prov. d. Johanni de d. par. eccl. (2 m. arg.) 24. mai. 76 S 739 176^{rs}.

3250 **Henricus et Christianus Brouwerinck (Broverinck)** clerici Monast. qui post disp. sup. def. nat. (s. s.) ad minores ord. prom. fuerunt referentes quod d. Henrico de can. et minori preb. eccl. s. Mauritii e. m. Monast. (4 m. arg.) prov. fuit: de disp. ut 3 al. compat. benef. c. lic. perm. retin. val. 24. apr. 80 S 792 52^r, L 807 108^{rs}.

3251 **Henricus Brudes** pleb. par. eccl. s. Nicolai in Eschwege Magunt. dioc. 2 an. et ultra continue pres. in cur.: de prom. ad omnes ord. extra temp., sola sign. 21. oct. 75 S 728 134^{vs} – litt. testim. sup. prom. (vig. supplic. ut supra) ad ord. subdiacon. s. d. 9. nov. 75 in eccl. s. Marie in Macello de Urbe, ad ord. diacon. s. d. 11. nov. 75 in eccl. s. Martini in Montibus de Urbe, ad ord. presbit. s. d. 12. nov. 75 in eccl. s. Bartholomei de Insula in Urbe 12. nov. 75 F 6 234^r.

3252 **Henricus Bruggeman** cler. Minden. dioc.: de par. eccl. s. Pauli op. Swan Zwerin. dioc. (4 m. arg.) vac. p. o. Johannis Burre 13. sept. 71 S 673 15^v – de perp. vicar. in eccl. Lubic. (4 m. arg.) vac. p. o. Petri de Dorne (Derne) 29. febr. 76 S 735 35^{rs}.

3253 **Henricus Brun** cler. Colon. dioc.: de perp. vicariis una ad alt. ss. Crucis et Andree in par. eccl. in Megrinckhusen Colon. dioc. altera in par. eccl. in Sassenhusen Colon. dioc. quarum una de iur. patron. laic. exist. (6 m. arg.) vacat. ex eo quod Wolmarus Lozeben cler. (n. prom.) dd. vicar. iam p. 3 an. detin. 20. mart. 75 S 715 153^{vs}.

3254 **Henricus Brun** cler. Constant. dioc. pape fam.: motu pr. de gr. expect. de 2 can. et preb. ac de 2 benef. ad coll. quorumcumque et de prerog. ad instar pape fam. descript., Et s. d. 17. nov. 81 5. mart. 84 S 830 102^v.

3255 **Henricus Brun** cler. Spiren.: de indulto dicendi horas can. secundum usum R. E. ad vitam, sola sign. 4. mart. 79 S 778 288^r.

3256 **Henricus Brunonis**: pens. sup. par. eccl. eccl. Colon. [dioc.] 71/72 I 332 55^v – presb. Colon. dioc.: restit. bulle s. d. 25. aug. 71 sup. pens. 25 fl. renen. sup. fruct. par. eccl. in Stommel Colon. dioc. 30. decb. 71 A 21 179^v.

3257 **Henricus dux Brunswiczen.** Hildesem. dioc. et **Margaretha** fil. quond.

Frederici (Friderici) marchionis Brandenburg.: de disp. sup. impedimento matrim. (3. consang. gradu) 21. iun. 73 S 692 107ᵛ, I 332 35ᵛ, I 332 125ᵛ – restit. bulle sup. disp. ut supra 6. iul. 73 A 22 152ᵛ.

3258 **Henricus** iun. quond. **Henrici** sen. **ducum Brunswicen.** natus cler. Magunt. dioc. in 14. sue et. an. constit.: de disp. ut aliquam dignitatem de iur. patron. ducum Brunswicen. existentem in commendam recip. valeat donec 20. sue et. an. attigerit et ut eam postmodum in tit. retin. valeat, Conc. in 19. sue et. an. 3. decb. 72 S 684 281ʳˢ – ex utr. par. de ducum gen. in 20. sue et. an. constit.: de disp. ut unac. prepos. eccl. s. Alexandri Embecen. Magunt. dioc. de iur. patron. ducum Brunswicen. aliud c. c. benef. etsi par. eccl. ad vitam c. lic. perm. retin. val. n. o. def. et. 26. apr. 79 S 780 216ᵛˢ, L 798 244ʳˢ.

3259 **Henricus Bruter** presb. Leod. dioc. qui can. et preb. mon. s. Salvatoris o. s. Ben. ac par. eccl. pleban. nunc. b. Marie et s. Petri invicem unitos op. Susteren. Leod. dioc. p. procur. resign. in manibus pape de quib. Wilhelmo thon Hane cler. Leod. dioc. prov. fuit: assign. pens. ann. 10 fl. renen. sup. fruct. dd. can. et preb. ac par. eccl. p. d. Wilhelmum in op. Susteren. persolv., n. o. can. et preb. in eccl. Mortensfoeren. Leod. dioc. (4 m. arg.) quos obtin. (m. prep. eccl. s. Plechelmi Aldesalen. Traiect. dioc. et prep. eccl. ss. Appl. Colon. ac prep. eccl. s. Spiritus Ruremunden. Leod. dioc.) 3. ian. 82 L 823 245ʳ-246ᵛ.

3260 **Henricus Buchell** cler. Colon.: de perp. vicar. in eccl. in Halen Leod. dioc. (4 m. arg.) vac. p. o. Johannis de Kemmenaten abbrev. 21. decb. 72 S 686 26ʳˢ – cler. Colon. dioc.: de can. et preb. colleg. eccl. sive mon. in Rindorp Colon. dioc. (4 m. arg.) vac. p. o. Wilhelmi de Duysseldorp 8. iun. 78 S 770 168ʳ.

3261 **Henricus** et **Petrus Bugghe** ac **Nicolaus Thome** laic. Traiect. dioc. heredes Johannis Bugghe laic. interfecti: de lic. erig. perp. vicar. in par. eccl. in Pinacker Traiect. dioc. de compositione d. Johannis et de aliis bonis c. reserv. iur. patron. 6. nov. 71 S 673 65ʳˢ.

3262 **Henricus de Burck** cler. Merseburg. dioc. ex utr. par. de nob. gen.: de par. eccl. s. Jacobi in op. Kempnitz Misnen. dioc. (6 m. arg.) vac. p. o. Balthasaris Scheer 2. ian. 75 S 713 284ʳˢ.

3263 **Henricus (de) Bure** in art. mag. pape fam. c. quo sup. def. nat. (s. s.) disp. fuit: motu pr. de gr. expect. s. d. 1. ian. 72 de 2 can. et preb. <can. et preb. eccl. Zwerin.> necnon de benef. ad coll. quorumcumque <coll. ep. etc. Lubic.> <et prerog. ad instar pape fam. descript.>, Et s. d. 17. nov. 81 S 803 183ʳˢ, (exec. prep. eccl. s. Andree Colon. et offic. Zwerin. ac offic. Lubic.), gratis 19. sept. 80 V 673 261ᵛ-264ʳ.

3264 **Henricus de Busco** et **Hermannus Swallarts** cler. Leod. dioc. cui de par. eccl. de Thurinis Theutonicis Leod. dioc. (20 corone auri de Francia) vac. p. resign. d. Henrici p. papam prov. fuit: de assign. pens. ann. 6 coronarum auri de Francia p. d. Hermannum persolv. 13. ian. 73 S 686 248ᵛ.

3265 **Henricus Cabelon (Cabillonis, Gabelon)** presb. Cur. dioc.: de capn. ad alt. s. Jacobi apl. in eccl. Cur. (2 m. arg.) vac. p. o. Johannis Rieter 25. mai. 81 S 801 235ᵛ – m. (offic. Cur.) confer. par. eccl. s. Johannis Bapt. in Empz (Emperez) Cur. dioc. (11 m. arg.) vac. p. resign. in manibus pape Francisci de la Porta (p. Petrum Dux cler. Cur. procur. fact.) 29. mai. 81 (exped. 7. iun. 81) L 815 215ᵛˢˢ – oblig. p. Michaelem Lutran presb. Constant. dioc. sup. annat. par. eccl. s. Johannis Bapt. ut supra 8. iun. 81 A 30 24ᵛ – solv. 27¹/₂ fl.

adc. pro annat. ut supra p. manus Michaelis Lutran 8. iun. 81 FC I 1134 129^v, IE 502 107^r, IE 503 107^r.

3266 **Henricus des Camps** presb. Tornacen. dioc., **Jacobus delle Donne** laic. Tornacen. dioc., **Antonius Gherardi**, **Willermus de Boschuze** et **Jacobus de Boschuze** laici Traiect. dioc.: de lic. visitandi sepulcrum dominicum, sola sign. 30. apr. 84 S 835 89^r.

3267 **Henricus Kannegeter** rect. par. eccl. in Everswynkel Monast. dioc. in 40. sue et. an. constit.: de prom. ad omnes ord. extra temp., sola sign. 16. ian. 72 S 675 68^v – prom. ad subdiacon. ord. in capel. ss. Andree et Gregorii in basilica Principis appl. in Urbe 22. febr. 72 F 6 26^{rss}.

3268 **Henricus Carrer (Kaerer)** provincialis provincie Argent. o. fr. min. s. Francisci referens quod 40 an. et ultra elapsis quond. Rudolfus com. de Monteforti Cur. dioc. et Elizabeth comitissa de Werdenberg rel. quond. Johannis de Rechperg nob. armig. Constant. dioc. in Montefortoris Cur. dioc. d. ordini loca donaverunt et quod 2 dom. in dd. locis fuerunt institute: de subiciendo dd. dom. et loca eidem provincie 5. iun. 72 S 680 288^{rs} – minister o. fr. min. provincie Argent. et sorores de 3. reg. s. Francisci o. fr. min. op. Scaffusen Constant. dioc. referentes quod Bonifatius [VIII. aut IX.?] fr. et sororibus ord. s. Francisci de penitentia in Alamania Superiori lic. construendi capellas dedit et a iurisd. ordin. exemit et quod (sede episc. Constant. vacante) vicarius ep. Constant. interdixit ut dd. sorores capellam (quam c. auxilio magistricivium, consulum et artificiorum d. op. construere inceperant) sine consensu abb. mon. Omnium ss. o. s. Ben. et plebani par. eccl. d. op. perficerent: m. cass. d. inhibitionem 1. iun. 75 S 720 295^{vs}.

3269 **Henricus Caroli** cler. Herbip. dioc. reus litig. coram Gaspare de Theramo aud. contra Mathiam Carnificis cler. actorem sup. par. eccl. in Freytenbach Herbip. dioc. de qua sibi p. papam prov. fuit: de prov. si neutri de d. par. eccl. (6 m. arg.) vac. p. o. Theodorici Arnoldi 24. decb. 76 S 756 209^r – cler. Herbip.: de perp. s. c. vicar. in eccl. Spiren. vac. p. o. Jodoci Chein (24 fl. adc.) 27. ian. 77 S 756 227^{vs} – de can. et preb. eccl. s. Thome Argent. (24 fl. adc.) vacat. p. resign. Richardi Jakarts Guillermi [de Estoutevilla] card. ep. Ostien. fam. sive p. o. Arnoldi Drunen 11. mart. 78 S 766 231^v.

3270 **Henricus Carpainter (Tarnpainter)** presb. Eistet. qui litig. coram Johanne de Ceretanis aud. locumtenenti contra quond. Wolfgangum Stautt et Johannem Wintermayer sup. perp. vicar. in par. eccl. de Zirndorff Herbip. dioc. (8 m. arg.) vac. p. o. Benedicti Herbst referens quod d. Wolfgangus in cur. obiit: de surrog. ad ius 6. iul. 80 S 794 262^{rs} – prov. de can. et preb. Eistet. [dioc.?] vac. p. o. 80/81 I 334 82^r – de can. et preb. in colleg. eccl. s. Emerami Veteris Collegii in Spalt Eistet. dioc. (6 m. arg.) vac. p. resign. in manibus pape Wilibaldi Karoli presb. Eistet. (cui de eadem vac. p. o. Johannis Popp auct. ap. prov. fuit) c. reserv. d. Wilibaldo pens. ann. 10 fl. renen. sup. fruct. par. eccl. in Zirndorff Herbip. dioc. (12 m. arg.) quam d. Henricus obtin. 23. apr. 82 S 809 234^v – oblig. p. Henricum Schonleben in cur. causarum procur. sup. annat. can. et preb. eccl. s. Emerami ut supra et promisit solv. in cur. infra 6 menses (quia docuit de intruso p. instr. citationis) 10. decb. 82 Paris L 26 A 10 138^v – solv. 15 fl. adc. pro annat. p. manus soc. de Spanochiis 21. iun. 84 Paris L 52 D 5 200^r, IE 510 37^v.

3271 **Henricus Caseler de Bryske (Brychsych)** in decr. licent. cui gr.

expect. ad 2 benef. conc. fuit: de confic. litt. desup. c. express. quod d. Henricus perp. simplex benef. in eccl. s. Johannis in Nideck Colon. dioc. (4 m. arg.) obtin. 27. mai. 74 S 696 44^r – in art. mag. et decr. licent.: de can. et preb. eccl. s. Castoris Confluen. Trever. dioc. (6 m. arg.) vacat. p. resign. in manibus pape Henrici de Estel 9. iun. 74 S 706 264^r.

3272 Henricus Castorp (Castoris) proconsul, **Johannes Hertze** consul, **Henricus Blomen (Vlonit), Johannes Castorp (Castrop), Henricus Plumen (Plunie), Henricus Greveraden** cives imper. civit. Lubic. inter al. referentes quod perp. missam et horas b. Marie decantandas de consensu prep. etc. eccl. Lubic. fundaverunt et eas in par. eccl. b. Marie virg. d. civit. in capel. consulatus Lubic. retro alt. in orientali parte mallent peragi: de conf. d. fund. et indulg. et de lic. elig. presb. et cant., Fiat de indulg. 3 an. 12. sept. 71 S 671 117^{vs}, I 332 145^v.

3273 Henricus Kauffman scol. Ratisbon. dioc.: recip. primam tonsuram in eccl. s. Cecilie in Transtiberim in Urbe 12. iun. 73 F 6 121^r – cler. Ratisbon. dioc.: prom. ad acolit. et al. min. ord. in eccl. s. Cecilie in Transtiberim in Urbe 12. iun. 73 F 6 121^{rs} – acol. Ratisbon. qui in cur. ad acolit. et al. min. ord. prom. fuit: litt. dimissoriales 20. sept. 75 F 6 226^v.

3274 Henricus Keys cler. Trever. dioc. cui gr. expect. p. papam conc. fuit: de prerog. ad instar pape fam. descript. 13. iul. 74 S 709 67^{vs} – Johannis [de Baden] aep. Trever. R. I. electoris dilectus cui gr. expect. de can. et preb. eccl. s. Castoris in Confluentia Trever. dioc. necnon de benef. ad coll. prep. etc. eccl. s. Florini in Confluentia Trever. dioc. conc. fuit: motu pr. decl. litt. desup. perinde val. acsi motu pr. conc. forent 6. decb. 76 (exped. 9. febr. 76) L 761 294^{rs}.

3275 Henricus de Kemme, Henricus Galle, Ulricus Luszke, Theodericus vam Der proconsules, **Henninghus Kannengietter, Johannes de Huddessem** consules civit. Hildesem. referentes quod Theodericus Vogel et Hermannus Sluter presb. et Gerhardus Grener cler. Hildesem. et Monast. dioc. falso asserebant quod dd. proconsules et consules eos capi et detineri fecerunt qua de causa ep. Hildesem. dd. proconsules et consules excommunicavit: m. (dec. eccl. s. Andree Hildesem. et dec. eccl. s. Mauritii e. m. Hildesem. ac Eggehardo Durkop can. eccl. Hildesem.) committ. in partibus ut annulletur sent. excom. 15. oct. 82 L 828 72^{rs}.

3276 Heinricus Kerbergh cler. Hildesem. dioc.: m. (dec. eccl. b. Marie Erfforden. Magunt. dioc.) confer. perp. s. c. vicar. ad alt. ss. Rusticii et Venancii in eccl. ss. Simonis et Jude in Goslaria Hildesem. dioc. (2 m. arg.) vac. p. o. Johannis Eckenrad 24. sept. 74 (exped. 13. oct. 74) L 748 30^{rs}.

3277 Henricus Kerckhoff cler. Monast. pape fam.: motu pr. de can. et preb. in eccl. Wien. (8 m. arg. p.) vac. p. o. in cur. Jacobi Pisster 6. iun. 82 S 811 187^{vs}.

3278 Henricus Kerner altarista ad alt. b. Marie virg. in eccl. s. Sebastiani Oppenhem Wormat. dioc. cui de alt. b. Marie virg. in par. eccl. ville Dienhem Wormat. dioc. prov. fuit: de nova prov. de eodem (2 m. arg.) 2. decb. 80 S 798 143^v.

3279 Henricus Kersten rect. par. eccl. in Lesse Hildesem. dioc. et **Ludolphus Torsman (Torffman)** presb. Hildesem. dioc.: de assign. d. Ludolpho pens. ann. 10 fl. renen. sup. fruct. d. par. eccl. (24 fl. adc.) p. d. Henricum persolv. 27. ian. 77 S 746 230^v.

3280 Henricus Kerstens prep. mon. s. Crucis e. m. Brunswicen. Hildesem. dioc. cui de perp. vicar. ad alt. s. Bartholomei in eccl. s. Ciriaci e. m.

Brunswicen. Hildesem. dioc. vac. p.o. Andree Hagelsteyn auct. ordin. prov. fuit: de nova prov. de eadem (3 m. arg.) 13. nov. 81 S 805 73ʳ.

3281 Henricus Kesz (Resz, Rosz) cler. Trever. dioc.: de gr. expect. de 2 can. et preb. et de 2 benef. ad coll. quorumcumque, Et s.d. 1. ian. 72 S 670 269ᵛˢ – et **Henricus ex com. de Henneberg** inter 9 personas enumerati: de gr. expect. de 2 can. et preb. et de 2 benef. ad coll. quorumcumque, Et s.d. 1. ian. 72 S 670 291ʳ – referens quod quond. Johannes Closter (Cloister) litig. coram Johanne [Diaz de Coca] ep. Calaguritan. aud. locumtenenti contra Franciscum Scetziis cler. sup. par. eccl. in Tailfanch Trever. dioc.: de surrog. ad ius d. Johannis in d. par. eccl. (6 m. arg.) vac. p.o. Werneri de Limburg 23. ian. 76 S 734 133ʳˢ.

3282 Henricus Keetz scol. Colon. dioc.: recip. primam tonsuram in basilica Principis appl. de Urbe 21. decb. 82 F 7 69ᵛˢˢ.

3283 Henricus Ketzel et **Johannes Aderhaymer** et **Henricus Hule** et **Johannes Birew** quib. gr. expect. s.d. 1. ian. 72 conc. fuit: de prerog. ad instar pape fam. descript. 15. mai. 73 S 691 287ᵛˢ.

3284 Henricus Kyff iun. cler. Herbip. dioc.: de nova prov. de par. eccl. in Bunach Herbip. dioc. (18 m. arg.) vac. p.o. Martini Copp Georgii [Hesler] tit. s. Lucie in Silice presb. card. fam. 1. ian. 84 S 832 291ᵛ.

3285 Henricus Kipphenberger (Kypphenberger, Kypphenbenger) presb. Bamberg. dioc. qui litig. coram aud. contra Johannem Egrer presb. Brixin. dioc. sup. par. eccl. s. Stephani in Anross (Auross) Brixin. dioc. (resign.): assign. pens. ann. 10 duc. adc. sup. fruct. d. par. eccl. p. d. Johannem persolv. c. assensu d. Johannis (p. Melchiorem de Meckaw can. eccl. Brixin. pape script. et fam. procur. express.) (m. ep. Laibac. et ep.

Brixin. ac Nicolao Gulle can. eccl. Brixin.) 22. iun. 74 V 572 41ᵛˢˢ – restit. bulle ut supra 17. ian. 76 A 24 190ᵛ.

3286 Henricus Kirkendal cler. Halberstad. dioc.: de par. eccl. ville Ozemunde Magdeburg. dioc. (3 m. arg.) vac. p. assec. par. eccl. s. Martini in Gunttersberge Halberstad. dioc. p. Andream de Lichtensten 10. iun. 74 S 706 38ᵛ.

3287 Henricus Kistener can. colleg. eccl. ss. Simonis et Jude Goslarien. Hildesem. dioc. qui ad perp. vicar. ad alt. s. Trinitatis, b. [Marie] virg. ac ss. Johannis et Andree appl. in par. eccl. s. Nicolai op. Alvelden. Hildesem. dioc. de iur. patron. laic. vac. p.o. Tilemanni Steyn a Conrado Pannoris present. fuit: de nova prov. de d. perp. vicar. (2 m. arg.) 14. iul. 77 S 754 295ʳ – de can. et preb. in eccl. s. Bonifatii op. Hamelen. Minden. dioc. vac. p.o. Lamberti Duvelen necnon de perp. vicar. ad alt. s. Erasmi in eccl. ss. Petri et Pauli mon. Franckenberge op. Goslarien. vac. p.o. Nicolai Gruben et de capel. s. Georgii in villa Velkersen Hildesem. dioc. vac. p.o. Theodorici Niporis (insimul 4 m. arg. p.) 24. iul. 77 S 754 298ʳ – de perp. vicar. ad alt. s. Mathie in par. eccl. s. Nicolai op. Alvelden. Hildesem. dioc. (3 m. arg.) de iur. patron. laic. vac. p.o. Johannis Langhen et p. devol. 24. iul. 77 S 754 297ᵛ – de par. eccl. in Sesen Hildesem. dioc. (4 m. arg.) vacat. p. priv. Henrici Boysken (Baysken, Baisken) excom. 24. iul. 77 S 755 204ᵛ – de decan. eccl. s. Johannis Nuemburg. (4 m. arg.) vacat. p. priv. Johannis Gunsch excom. 26. iul. 77 S 755 206ʳˢ.

3288 Henricus Klee mag. et **Laurentius Maii** script. pape fam.: prov. de perp. s.c. vicar. ad alt. b. Marie in eccl. Verden. (4 m. arg.) vac. p. resign. in manibus pape Johannis Mydehoff pape fam. (m. ep. Tricaricen. et dec. eccl. Hildesem. ac Theodorico de Alten can. eccl. Hildesem.), gratis 5. febr. 84 V 643 80^r-82^r.

3289 Henricus Cleyg presb. Minden. dioc. qui ad perp. vicar. ad alt. Corporis Christi in par. eccl. op. Mander Minden. dioc. p. patronos laic. present. et eandem assecutus fuit cui vicarie certa commenda ad alt. ss. Bartholomei et Andree Appl. ac s. Dionisii et sociorum in par. eccl. Vieckeder Minden. dioc. auct. ordin. unita fuit: de conf. d. unionis et de nova prov. de d. perp. vicar. Corporis Christi et commenda eidem annexa (4 m. arg.) 25. mart. 83 S 821 265^{vs}.

3290 Henricus Kleymann presb. Monast. dioc. qui ad perp. s. c. vicar. in eccl. s. Mauritii prope et e. m. Monast. p. dec. d. eccl. present. fuit: de nova prov. de d. vicar. (4 m. arg.) vac. p. o. Theodorici Sorrbeke 28. sept. 74 S 711 186^{rs}, I 333 214^r – reus et possessor qui litig. coram Johanne de Ceretanis aud. contra Gerardum Tappeneker (Cappenelter) al. Wisseman cler. et Theodericum Ehegeden (Chegederis) de Dulmen actorem sup. perp. vicar. ad alt. b. Marie virg. et s. Servatii in eccl. Veteris Ecclesie s. Pauli Monast.: de surrog. ad ius d. Theoderici (in cur. defuncti) ad d. perp. vicar. (4 m. arg.) 24. sept. 75 S 736 110^v.

3291 Henricus Cleynsmet cler. Magunt. dioc. pape fam. in art. mag. qui p. 3 an. in univ. stud. Erfforden. in art. facult. legit: motu pr. de gr. expect. de 2 can. et preb. necnon de benef. ad coll. quorumcumque, Et s. d. 17. nov. 81 S 803 285^r – qui vig. gr. expect. in forma paup. conc. par. eccl. s. Thome <e. m.> Erforden. Magunt. dioc. <que ad coll. prep. eccl. b. Marie virg. Erfurden. exist., d. expect. autem fuit ad coll. dec. et capit. d. eccl.> vac. p. o. Hermanni Kula (Hula, Reula) acc. possessione subsecuta: de nova prov. de eadem (6 <3> m. arg.) 24. decb. 82 S 819 243^r, 20. mart. 83 S 820 236^v, m.

(ep. Alerien. et ep. Faventin. ac offic. Magunt.), gratis V 650 240^v-242^v – rect. par. eccl. s. Thome Erfforden. Magunt. dioc.: de disp. ut unac. d. par. eccl. al. 2 incompat. benef. ad vitam recip. val. c. lic. perm. 12. aug. 83 S 826 243^v – motu pr. de gr. expect. de 2 can. et preb. necnon de benef. ad coll. quorumcumque, Et acsi s. d. 17. nov. 81 foret 15. sept. 83 S 803 289^v – can. eccl. ss. Petri et Andree in Busdorp (Bustorp) Paderburn.: motu pr. gr. expect. s. d. 17. nov. 81 de can. et preb. d. eccl. ss. Petri et Andree in Busdorp (in qua maiores, medie et min. preb. exist.) et de al. can. et preb. eccl. ss. Petri et Alexandri in Aschaffenburck Magunt. dioc. (unius ex maioribus preb. d. eccl. ss. Petri et Andree et al.), gratis (m. ep. Cervien. et officialibus Paderburn. ac Magunt.) 16. sept. 83 Sec. Cam. 1 174^v-176^r – rect. par. eccl. s. Thome Erfforden. Magunt. dioc. quam obtin.: de n. prom. ad omnes ord. et de lic. ut ad aliud officium dicendi compelli n. val., sola sign. 7. oct. 83 S 829 57^v – qui unam gr. expect. in forma paup. ut supra et deinde al. in forma speciali gr. expedivit et qui vig. prime aliquod benef. acc.: de conf. d. gr. expect. in forma speciali et de prerog. ad instar pape fam. descript. 6. mart. 84 S 833 5^{rs} – de perp. s. c. vicar. in par. eccl. b. Marie virg. Lubic. (4 m. arg.) de iur. patron. laic. vac. p. resign. in manibus pape Johannis Aldendorff cler. Trever. dioc. pape fam. (cui de eadem vac. p. o. in cur. Gerhardi Varimbeck (Wazmbecke) <s. d. 23. apr. 84> motu pr. prov. fuit) <resign. p. Johannem Jogrin cler. Spiren. procur. fact.> 3. mai. 84 S 834 157^r, m. (ep. Alerien. et ep. Cervien. ac offic. Lubic.), gratis V 645 259^r-260^v – consensus resign. p. Johannem Jogrin procur. Johannis Aldendorff cler. Trever. dioc. fact. ut patet publ. instr. p. Franciscum Germani not. cur. subscripto 8. mai. 84 Resign. 2 149^v – qui vig. gr.

expect. par. eccl. s. Thome Erfforden. ut supra in forma paup. motu pr. acc. et cui deinde nova prov. de eadem conc. fuit: motu pr. de ref. 10. mai. 84 S 835 220^r – can. eccl. ss. Petri et Andree Paderburn. pape fam. referens quod sibi dudum de benef. ad coll. dec. et capit. eccl. b. Marie op. Erforden. Magunt. dioc. in forma paup. prov. fuit quarum litt. pretextu par. eccl. s. Thome d. op. ad coll. prep. ipsius eccl. b. Marie acceptaverat et detinuerat quodque deinde dd. priores litt. casse fuerunt ac postmodum sibi de can. et preb. eccl. ss. Petri et Andree Paderburn. et al. can. et preb. eccl. ss. Petri et Alexandri Aschaffenburgen. Magunt. dioc. p. alias litt. motu pr. prov. fuit: motu pr. conc. prerog. ad instar pape fam. descript. quoad eorum secundas gr. 10. mai. 84 Sec. Cam. 1 337^r-338^v – de recept. in pape et sed. ap. acol. et de alt. port. c. clausula ante diem et de lic. testandi et de elig. confess. 19. mai. 84 S 836 241^v – de disp. ut 3 incompat. benef. etsi 2 par. eccl. ad vitam sub eodem tecto recip. val. c. lic. perm. et de percip. fruct. in absentia et de n. prom. ad 5 an. et c. lic. arrendandi fruct. benef. ad 3 an., Conc. dummodo infra an. sit subdiac. 30. mai. 84 S 836 229^{rs} – de perp. vicar. in eccl. s. Pusinne Hervorden. Paderburn. dioc. (2 m. arg.) vac. p. assec. alterius benef. in d. eccl. (vac. p. o. in cur. Johannis Laurentii cler. Zwerin. dioc.) p. quendam 4. iul. 84 S 838 19^v – qui vig. gr. expect. can. et preb. eccl. ss. Petri et Andree Paderburn. vac. p. o. Gotfridi Arndes acc.: de nova prov. de dd. can. et preb. (4 m. arg. p.) 16. iul. 84 S 838 206^{rs}.

3292 **Henricus Clerick de Emberica** cler. Traiect. dioc. pres. in cur.: de primissaria in eccl. s. Martini Wesalien. Superiori Trever. dioc. (2 m. arg.) vac. p. o. Eberhardi Otzell 7. mart. 83 S 821 32^{rs}.

3293 **Henricus Cleve** cler. Sambien. civit.: de simplici perp. benef. seu perp. vicar. in eccl. Warm. (2 m. arg.) vac. p. o. Pauli Molner de Briicha 10. decb. 82 S 817 246^r.

3294 **Henricus de Clingenberg** cler. Constant. dioc. ex utr. par. de mil. gen.: de par. eccl. in Wanttertingen Constant. dioc. de iur. patron. laic. (8 m. arg.) vacat. p. n. prom. Burchardi de Schellemberg cler. de mil. gen. qui d. par. eccl. p. an. et ultra et deinde p. al. 10 an. et ultra detin. 22. decb. 72 S 686 102^{vs}, I 332 180^v.

3295 **Henricus Klot (Klat)** cler. Hildesem. dioc. nullum benef. obtin.: de vicar. sive capn. in mon. monial. op. Lamsprinck Hildesem. dioc. (3 m. arg.) vac. p. o. Johannis Elspe 24. nov. 81 S 813 301^v – antiquus curtisanus nullum benef. obtin.: de decan. eccl. b. Marie Stendalien. Halberstad. dioc. (4 m. arg.) vac. p. o. Ottonis Speck 8. mart. 83 S 824 247^{rs} – paup. cler.: de perp. s. c. vicar. sive capn. ad alt. s. Catherine in par. eccl. b. Marie op. Ultzen. Verden. dioc. (4 m. arg.) et de perp. s. c. vicar. ad alt. s. Johannis in eccl. Verden. (4 m. arg.) vac. p. o. Johannis Terwan (Therwini) 11. oct. 83 S 829 118^r, 12. oct. 83 S 829 203^v, I 335 187^v – de archidiac. Borsem in eccl. Hildesem. (4 m. arg.) vacat. p. assec. decan. eccl. Hildesem. p. Egerardum Durkop (qui litig. in cur. sup. d. archidiac.) 15. oct. 83 S 831 81^v – de vicar. seu capn. ad alt. s. Crucis in eccl. Verden. (4 m. arg.) vac. p. resign. in manibus pape Johannis Mydthoff cler. Minden. dioc. pape fam. (qui d. vicar. vac. p. o. Johannis Therwin desup. litigantis in cur. vig. gr. expect. s. d. 14. oct. 83 acc.) 28. nov. 83 S 831 236^{vs} – de par. eccl. in Gheveldihusen Magunt. dioc. (4 m. arg. p.) vac. p. resign. in manibus pape Henrici Moller (Molner) cler. Lubic. <dioc.> pape fam. (qui eandem vac. p. o. Ernesti de Grone (Gerone) vig. gr. expect. acc.) 10. mart.

84 S 833 93^{rs}, m. (aep. Trever. et Erhardo de Wenden can. eccl. Hildesem. ac Theoderico de Alten can. eccl. Hildesem.) (exped. 1. apr. 84) L 837 88^{rss} – referens quod lite pendente coram ep. Glandaten. iudice et commissario inter Gherardum Oldewaghen actorem et Eggheardum Durkop reum et detentorem sup. archidiac. Borsem eccl. Hildesem. d. Gherardus prepos. eccl. s. Pauli Halberstad. assec. fuit et insimul c. 2 incompat. benef. sine disp. ap. obtin.: de surrog. ad ius d. Gherardi ad d. archidiac. (4 m. arg.) vac. p. d. assec. 15. mart. 84 S 839 150^{vs} – pape fam.: motu pr. de gr. expect. de 2 can. et preb. necnon de benef. ad coll. quorumcumque et de prerog. ad instar pape fam. descript., Et s. d. 17. nov. 81 16. apr. 84 S 830 140^{rs} – de perp. s. c. vicar. in eccl. Hildesem. (4 m. arg. p.) vac. p. o. Henrici Oldendorp <Berardi [Eruli] card. ep. Sabinen.> Spoletan. nunc. fam. 21. mai. 84 S 836 113^v, (m. prep. eccl. s. Pauli Halberstad. et Theoderico de Alten can. eccl. Hildesem. ac Theoderico Bock can. eccl. Hildesem.) (exped. 1. iun. 84) L 834 227^r-228^v.

3296 Henricus de Knoringen cler. Eistet. dioc. ex utr. par. de mil. gen. in 16. sue et. an. constit. et in studio litt. insistens: supplic. Alberto marchione Brandenburg. principe electore de disp. ad quodcumque benef. c. lic. perm. et de n. prom. donec ad legitimam et. pervenerit, Conc. in 17. sue et. an. 26. apr. 81 S 801 24^{vs}, L 816 12^{rs}.

3297 Henricus Koberer cler. Herbip. dioc. pape fam. in 20. sue et. an. constit.: motu pr. prov. de benef. ad coll. prep. etc. eccl. s. Johannis Novi Monasterii Herbip. et prep. etc. eccl. s. Stephani Bamberg. ac disp. ut quamprimum 22. et. sue an. attigerit dignitatem seu c. c. benef. recip. et retin. val., gratis (m. prep. eccl. Bremen. et prep. eccl. Herbip. ac offic. Bamberg.) 17. nov. 81 Sec. Cam. 1 184^r-186^r.

3298 Henricus Koch cler. Constant. dioc.: de pleban. sive par. eccl. in Kunario Constant. dioc. (6 m. arg.) vac. p. o. Laurentii Nusperg 21. aug. 81 S 802 28^r.

3299 Henricus Kocher (Kolhor): prov. de par. eccl. Constant. [dioc.?] vac. p. resign. 81/82 I 334 72^r – cler. Herbip. dioc. in art. mag.: oblig. p. Hugonem de Lanhornberg prep. eccl. [b. Marie] Erforden. [Magunt. dioc.] pape parafrenarium sup. annat. par. eccl. in Unkilch Constant. dioc. (18 m. arg.) de qua vac. p. resign. Nicolai [Fryes de Brisaco] ep. Tripolitan. s. d. 14. nov. 82 sibi prov. fuit (in margine: d. die solv. pro annat. 42 fl. p. manus soc. de Gaddis) 11. decb. 82 Paris L 26 A 10 140^r – cler. Herbip. dioc.: solv. 42^3/4 fl. adc. pro annat. par. eccl. in Unbilch (Umbilch) Constant. dioc. p. manus soc. de Gaddis 14. decb. 82 Paris L 52 D 5 31^r, IE 506 95^r, IE 507 95^r.

3300 Henricus van der Coeyen in diacon. ord. constit. et unus ex antiquioribus can. eccl. s. Petri Beken. Leod. dioc. referens quod secundum statuta d. eccl. 3 antiquiores (n. et. sed ingr. prioritate) can. se ad ord. presbit. facere prom. tcnentur alioquin fruct. preb. suarum n. debent percip.: disp. ut propter nonnullas infirmitates suas ratione dd. can. et preb. ad presbit. ord. prom. n. teneatur 9. oct. 81 L 811 71^{vss}.

3301 Henricus Coel (Col) cler. Leod. dioc. pape fam. actor litig. coram quond. Gabriele de Contarenis aud. et Johanne Steinwinckel dec. eccl. s. Jacobi Lovanien. Leod. dioc. commiss. auct. ap. contra Everhardum de Berck reum et possessorem sup. par. eccl. de Haren Leod. dioc.: de assign. d. Henrico pens. ann. 8 fl. renen. (fl. ad 20 stuferos) sup. fruct. d. par. eccl. (24 fl. renen.) 1. mai. 77 S 751 34^v, (m. Michaeli Moner can. eccl. Elnen. et offic. Leod. ac offic. Cameracen.), gratis V 586 56^r-57^v – de nova prov. de prepos. de Mersen

o. s. Ben. Leod. dioc. (1.200 fl. renen., 20 stuferos pro quolibet fl.) vac. p. resign. in manibus abb. et perp. commendatarii [mon.] s. Remigii Remen. o. s. Ben. Henrici de Dademberg 13. iun. 79 S 782 280^{vs}.

3302 Henricus Coelinck (Kolink, Bolinck) in decr. bac.: prov. de par. eccl. in Wesenberch (Wesenbech) Lubic. dioc. (2 m. arg.) vac. p.o. in cur. Henrici Wickede (m. prep. eccl. Halberstad., dec. eccl. Zwerin. ac offic. Lubic.) 21. oct. 73 (exped. 14. decb. 73) L 731 195^{rss} – cler. Lubic.: de can. et maiori preb. eccl. Lubic. (4 m. arg. = 30 fl. renen.) vacat. p. resign. in manibus pape Tillemani Moer cler. Trever. dioc. pape fam. (cui de eisdem vac. p.o. in cur. Henrici Wickeden prov. fuerat possessione n. habita) c. reserv. pens. ann. 10 fl. renen. sup. fruct. par. eccl. in Wesenberch Lubic. dioc. (30 fl. renen.) 24. febr. 74 S 702 237^{vs} – qui litig. coram aud. contra Johannem Brede can. eccl. Lubic. sup. can. et preb. eccl. Lubic. vac. p.o. in cur. Henrici Wickeden (nunc resign.): de assign. pens. ann. 6 fl. adc. sup. fruct. dd. can. et preb. et 14 fl. adc. sup. fruct. perp. vicar. ad alt. ss. Marcelli et Marcellini in eccl. Utinen. Lubic. dioc. (4 m. arg.) in civit. Lubic. p. d. Johannem persolv. 21. aug. 74 S 725 122^{v}, I 333 166^{r} – de can. et preb. eccl. Lubic. (4 m. arg.) vac. p.o. Johannis Meyger pape et Jeronimi [de Riario] com. Imolen. fam. 31. aug. 75 S 726 67^{v} – litig. coram Antonio de Grassis et Petro de Ferrera aud. contra quond. Johannem Rusthart intrusum sup. can. et preb. eccl. Lubic. (4 m. arg.) vac. p.o. Luderi Ehestorp: de surrog. ad ius d. Johannis 31. aug. 76 S 743 107^{vs}.

3303 Henricus scol. Colon.: recip. primam tonsuram in capel. s. Thome in basilica Principis appl. de Urbe 23. mart. 82 F 7 47^{rs}.

3304 Henricus presb. Colon.: solv. 25 fl. adc. p. manus soc. de Bonis et Bar-

dis pro compositione annat. can. et preb. eccl. s. Gereonis Colon. 20. febr. 72 FC I 1129 58^{r}, IE 487 47^{r}.

3305 Henricus Comitis rect. par. eccl. s. Jacobi in Odera (Odrar) Magunt. dioc.: prom. ad ord. diacon. in eccl. s. Bartholomei de Insula in Urbe 18. febr. 75 F 6 195^{r} et F 6 196^{r} – prom. ad ord. presbit. in eccl. s. Bartholomei ut supra 11. mart. 75 F 6 194^{rs}.

3306 Henricus Konen (Honen) (Sprinck, de Sprimck) sen. cler. Minden. dioc. qui p. multos an. cur. secutus est: de off. notariatus quod quond. Henricus Sprinck iun. nepos d. Henrici sen. coram Petro de Ferrera aud. exercebat, sola sign. 5. aug. 76 S 740 237^{r} – causarum pal. ap. not. seu scriba: de decan. eccl. Minden. (14 m. arg.) necnon can. et preb. d. eccl. (4 m. arg.) insimul vac. p.o. Johannis de Ammernheym 4. nov. 77 S 759 231^{v} – cler. Hildesem. dioc. cui gr. expect. s.d. 1. ian. 72 de can. et preb. eccl. s. Crucis Hildesem. necnon de can. et preb. eccl. s. Bonifacii Hamelen. Minden. dioc. conc. fuerat et qui can. et preb. d. eccl. s. Crucis certo modo vac. obtin. et desup. litig. coram Petro de Ferrera aud.: de prerog. ad instar pape fam. descript. et de decl. litt. desup. perinde val. acsi d. gr. expect. motu pr. conc. fuisset 4. sept. 78 S 773 121^{vss} – cler. Minden. dioc. causarum pal. ap. not.: de capel. s. Pauli Hildesem. (4 m. arg.) et de perp. vicar. seu eccl. s. Petri op. Buxtehuden. Verden. dioc. (3 m. arg.) vac. p.o. Henrici Pomert quond. Nicolai [de Cusa] tit. s. Petri ad vincula presb. card. fam. aut abbrev. et in provincia Bremen. collect. 18. decb. 78 S 775 290^{r}, m. (dec. eccl. Aurien. et dec. eccl. b. Marie virg. Halberstad. ac eccl. s. Mauritii e.m. Hildesem.) (exped. 7. ian. 79) L 797 148^{rs} – causarum pal. ap. not.: prov. de prepos. eccl. s. Bonifacii Hamelen. Minden. dioc. (8 m. arg.) vac. p. resign. in manibus pape Johannis Leonis cui de eadem vac. p. o. Ludolphi de Spigelberg prov. fuerat possessione n. habita (m. dec. eccl. Aurien. et dec. eccl. b. Marie Halberstad. ac offic. Hildesem.) 20. nov. 80 (exped. 2. decb. 80) L 815 69^{rss} – prep. eccl. s. Bonifacii Hamelen. Minden. dioc.: oblig. sup. annat. d. prepos. (in margine: s. d. 20. decb. 80 d. Henricus habuit bullam prov. d. Johannis Leonis pro tuitione iur. que est s. d. 17. nov. 80) 19. decb. 80 A 29 118^r – qui can. et preb. eccl. Montis s. Mauritii e. m. Hildesem. et Theodoricus Verden qui perp. s. c. vicar. in par. eccl. op. Alvelde Hildesem. dioc. et capel. b. Marie et s. Mauritii in Olden Eyme prope op. Gronaw Hildesem. dioc. ac capel. s. Nicolai in Machtelsen Hildesem. dioc. ex causa perm. resign. in manibus Gerardi de Tresen vic. gener. in spir. capit. eccl. Hildesem.: de prov. d. Theoderico de dd. can. et preb. (4 m. arg. p.) et d. Henrico de d. perp. vicar. et capellis (4 m. arg. p.) 8. mart. 81 S 800 287^{rs} – solv. 18 fl. adc. pro annat. prepos. eccl. s. Bonifatii Amelen. [= Hameln] Minden. dioc. p. manus pr. 12. oct. 81 FC I 1134 151^v, IE 505 21^v – causarum pal. ap. not.: motu pr. gr. expect. de can. et preb. eccl. Minden. et de can. et preb. eccl. s. Bonifatii Hamelen. Minden. dioc. ad coll. ep. etc. Minden. ac capit. d. eccl. s. Bonifatii 17. nov. 81 (exped. 20. nov. 81) (m. dec. eccl. Aurien. et dec. eccl. s. Ludgeri Monast. ac Conrado Krantz can. eccl. Frising.) L 819 168^r-169^v – prep. eccl. s. Bonifatii Hamelen. Minden. dioc. abbrev. ac causarum pal. ap. scriba: de disp. ut unac. d. prepos. al. 2 incompat. benef. etsi par. eccl. ad vitam retin. val. c. lic. perm. 2. mai. 82 S 810 124^{vs}, L 810 175^{vs} – nova prov. de can. Minden. [dioc.?] 82/83 I 335 107^v – can. eccl. Minden., decr. doct., causarum pal. ap. not., abbrev., pape fam. cui motu pr. gr. expect. s. d. 17. nov. 81 de can. et preb. eccl. Minden. et de can. et

preb. eccl. s. Bonifatii Hamelen. Minden. dioc. conc. fuit: motu pr. de mutatione gr. expect. de dd. can. et preb. eccl. Minden. in can. et preb. eccl. Hildesem. 29. ian. 83 S 818 295^{rs}, gratis (exped. 1. febr. 83) L 830 180^{vss} – prep. eccl. s. Bonifatii Hamelen. Minden. dioc. cui vig. gr. expect. s. d. 17. nov. 81 de can. et maiori preb. d. eccl. s. Bonifatii vac. p. o. Johannis Stauwer prov. fuit referens quod secundum statuta d. eccl. prep. d. eccl. can. et preb. in d. eccl. habere n. val.: de disp. ut unac. d. prepos. dd. can. et preb. tenere val. et de nova prov. de dd. can. et preb. (24 fl. adc.) 10. mart. 83 S 827 14^{rs} – cler. Minden. dioc.: de percip. fruct. in absentia ad vitam 11. sept. 83 S 828 152^r – qui vig. gr. expect. decan. ac can. et preb. in eccl. Hildesem. vac. p. o. Johannis Terven acc.: de nova prov. de d. decan. ac can. et preb. (12 m. arg.) 1. nov. 83 S 831 104^r.

3307 Henricus Conradi cler. August. dioc. c. quo sup. def. nat. (p. c.) disp. fuit et qui paratus est par. eccl. in Monchinngen (Monchingen) August. dioc. dim.: de lic. perm. 18. apr. 78 S 770 185^v.

3308 Henricus Conradi Opperman (de Duderstat) fr. o. fr. herem. s. Aug. Magunt. dioc. paup. cler. senio gravatus referens quod quond. Franciscus de Monte abb. mon. s. Johannis Bapt. de Marzano o. s. Ben. Civitatis Castelli dioc. habebat a sed. ap. facult. recipiendi certos fr. ex ordinibus mendicantium in monach. d. mon. et d. Henricus sub eodem p. 16 an. perseveravit prout perseverat missas et al. divina off. celebrando: de absol. a reatu apostasie et excom. sent. necnon inhab., p. breve 18. iun. 83 S 825 95^{vs} – apud sed. ap. constit. ad senium vergens qui de o. fr. herem. s. Aug. se ad o. s. Ben. transtulit et c. quo p. papam disp. fuit ut ubique extra d. o. s. Ben. stare val.: de indulto ut ipse ubicumque horas canonicas dicere sive off. divinum iuxta morem R. E. ministrare val. et ipsas horas secundum R. E. legere sed dd. horas secundum o. s. Ben. dicere minime astrictus sit, sola sign. 7. iul. 83 S 825 180^v.

3309 Henricus (de) Konritz (Conricz, Bonraz) cler. Merseburg. dioc. et **Melchior de Meckaw** cler. Nuemburg. dioc. script. et **Balthasar de Nuenstete** can. eccl. Halberstad. ex utr. par. de nob. gen.: de prov. d. Balthasari de prepos. eccl. Halberstad. (18 m. arg.) vacat. p. resign. d. Melchioris (qui d. prepos. vac. p. o. Henrici Gerwen obtin.) et de prov. d. Henrico de prepos. eccl. Zwerin. (12 m. arg.) vacat. p. resign. d. Balthasaris (qui eam vac. p. o. Henrici Gerwen obtin.) et de assign. d. Melchiori pens. ann. 32 fl. adc. sup. fruct. prepos. Halberstad. p. d. Balthasarem persolv. 2. ian. 75 S 713 90^{rs} – ex utr. par. de mil. gen.: de disp. ad 2 incompat. benef. etsi par. eccl. 21. ian. 75 S 714 261^{vs} – qui prepos. eccl. Zwerin. vac. p. resign. Baltazaris de Anestadt can. eccl. Halberstad. (cui de eadem vac. p. o. Henrici Gerwen prov. fuerat) acc. et Nicolaus Wittenberch qui decan. eccl. Zwerin. obtin. desiderantes dd. benef. perm.: de prov. d. Nicolao de d. prepos. (6 m. arg.) et de prov. d. Henrico de d. decan. (3 m. arg.) c. reserv. d. Henrico pens. ann. 8 fl. renen. sup. fruct. perp. vicar. in eccl. b. Marie Rostoccen. Zwerin. dioc. (4 m. arg.) ac 12 fl. renen. sup. fruct. d. prepos. 9. mart. 75 S 715 185^{rs} – de par. eccl. in villa Martwerben Halberstad. dioc. (4 m. arg.) vac. p. resign. Alberti Brasschewicz 8. oct. 75 S 728 87^{rs}.

3310 Enricus N., Constant. [dioc.?]: absol. ab irreg. 74/75 I 333 59^r.

3311 Henricus Koppens cler. Cameracen. dioc.: de par. eccl. s. Simonis prope op. Wesenberga Reval. dioc. (4 m. arg.) vac. p. o. Johannis Sweders 25. ian. 80 S 789 114^{vs}.

3312 Henricus Corvey (Korfey, Korvey) cler. Paderburn. dioc. litig. coram Nicolao de Edam aud. contra Albertum Corvey (/.) ac Lambertum Dimel cler. sup. decan. eccl. s. Bonifacii Hamelen. Minden. dioc. vac. p. o. Henrici Lindeman seu p. o. Conradi Wranege: de prov. si nulli de d. decan. (4 m. arg.) 8. decb. 71 S 673 256^v – cler. Paderburn. dioc. qui vig. litt. Pauli II. decan. ut supra acc. et qui litig. desup. coram Nicolao de Edam aud., Antonio de Grassis aud. et Fantino de Valle aud. contra quond. Lambertum de Dymelen cler.: m. (d. Fantino) surrog. ad ius d. Lamberti 18. sept. 73 (exped. 17. nov. 73) L 732 276^v-278^r – dec. eccl. s. Bonifacii Hamelen. Minden. dioc. pres. in cur.: de prom. ad omnes ord. extra temp., sola sign. 16. mai. 75 S 720 74^{vs} – prom. ad ord. subdiacon. in eccl. s. Bartholomei de Insula in Urbe 20. mai. 75 F 6 207^{vs} – litt. testim. sup. prom. ad ord. subdiacon. s. d. 20. mai. 75 in eccl. s. Bartholomei ut supra, (vig. supplic. s. d. 16. mai. 75) ad ord. diacon. s. d. 11. iun. 75 in eccl. mon. s. Honofrii, ad ord. presbit. s. d. 13. iun. 75 in eccl. s. Bartholomei 13. iun. 75 F 6 223^r – dec. colleg. eccl. s. Bonifacii Hamelen. Minden. dioc. pres. in cur. qui temp. Pauli II. (can. d. eccl. existens tamen preb. n. habens) d. off. obtin.: de preb. d. eccl. primo vacat. (4 m. arg.) et de disp. ut d. preb. unac. d. decan. (4 m. arg.) retin. valeat 19. aug. 75 S 725 160^v – solv. 160 fl. adc. pro Henrico Pomer collect. Bremen. ex pecuniis p. eum in d. collectoria exactis p. manus soc. de Spinellis 16. decb. 77 IE 495 76^r, IE 496 80^r, IE 497 79^r.

3313 Henricus Kotzschaw (Rotzschow) cler. Merseburg. dioc. <perp. vic. ad alt. s. Jacobi in eccl. Merseburg.> pape fam.: de lic. perm. 5. mart. 79 S 779 123^{rs}, gratis 11. mart. 79 V 593 293^{vss} – perp. vic. ad alt. s. Jacobi in eccl. Merseburg. pape fam.: oblig.

sup. facult. resign. vel perm. que s. d. 11. mart. 79 conc. fuit 26. apr. 79 A 28 11ᵛ.

3314 **Henricus Cratz** presb. fr. hosp. s. Johannis Jerusalemitan.: prov. de eccl. Callen. c. disp. motu pr. ut pontific. in civit. et dioc. Nuemburg. et al. (de consensu Theoderici [de Schoenberg] ep. Nuemburg. vel al. ordin.) exercere val. necnon assign. pens. ann. 200 fl. renen. sup. fruct. mense episc. Nuemburg. p. d. Theodericum persolv. 28. ian. 84 Cod. Vat. Lat. 3478 146ʳ, L 833 267ᵛˢˢ – oblig. p. Henricum Schonleben can. eccl. Eistet. sup. annat. pens. 100 fl. renen. sup. fruct. mense episc. Nuemburg. ut supra 18. febr. 84 A 32 46ʳ – solv. 71 fl. adc. pro annat. pens. ann. eidem ut supra assign. p. manus Salvi Burgarini 18. febr. 84 Paris L 52 D 5 163ʳ, IE 508 121ᵛ, IE 509 120ᵛ – solv. 10 fl. adc. pro ballista tit. eccl. Callen. p. manus Salvi Borgarini 18. febr. 84 IE 508 121ᵛ, IE 509 120ᵛ.

3315 **Henricus Cratz al. Pistoris de Scotten** rect. par. eccl. Rabenhuszen. Magunt. dioc.: de disp. ut unac. d. par. eccl. (3 m. arg.) quam obtin. par. eccl. in Omen Superiori Magunt. dioc. (3 m. arg.) vac. p. resign. in manibus pape Ludovici Lokely (cui de eadem vac. p. resign. Laurentii Cratz auct. ap. prov. fuit) ad vitam recip. val. c. lic. perm. 28. febr. 82 S 808 69ʳˢ, 2. mart. 82 S 808 57ᵛ.

3316 **Henricus Krebsser** scol. Magunt. dioc.: recip. primam tonsuram et prom. ad 4 min. ord. in basilica Principis appl. de Urbe 21. decb. 82 F 7 69ᵛˢˢ.

3317 **Henricus de Kreffeld** can. eccl. Osnaburg. ex utr. par. de mil. gen.: de can. et preb. colleg. eccl. s. Ludgeri Monast. (3 m. arg.) vac. p. resign. in manibus pape Bernardi de Venerwerde, n. o. can. et preb. in eccl. Osnaburg. (4 m. arg.) 9. mart. 82 S 808 137ᵛ.

3318 **Henricus Kremer (Kemer, Benel)** presb. Monast. dioc.: de nova prov. de perp. s. c. vicar. ad alt. s. Catherine in colleg. eccl. Bechemen. Monast. dioc. (2 m. arg.) vac. p. o. Nicolai Clawes 20. iun. 74 S 707 247ʳ – cler. Monast. dioc.: de par. eccl. in Alvelde Hildesem. dioc. (4 m. arg.) vac. p. o. Conradi Beten 12. apr. 80 S 796 62ʳ, m. (offic. Hildesem.) (exped. 7. febr. 82) L 807 35ʳˢ – cler. Monast. dioc.: de par. eccl. s. Johannis Bapt. Bilerbecken. (Bilrebecke) Monast. dioc. (4 m. arg. p.) vac. p. resign. in manibus pape Gerardi Groneborg (Groneboem) senio confracti <p. Johannem Bledderghen cler. Monast. dioc. factam> et de assign. d. Gerardo pens. ann. 12 fl. renen. auri monete elect. imper., n. o. vicar. <capel.> s. Margarete virg. infra emunitatem eccl. Monast. (4 m. arg.) quam obtin. 7. mart. 82 S 808 140ʳ, m. (dec. eccl. Veteris Ecclesie s. Pauli Monast.) (exped. 20. mart. 82) L 814 164ʳˢ.

3319 **Henricus Creppe (Crope)**: de gr. expect. de 2 benef. [cass., decb. 72] S 685 268ᵛ – presb. Trever. dioc. cui p. Franciscum [Todeschini-Piccolomini] tit. s. Eustachii diac. card. in partibus Germanie sed. ap. legatum de par. eccl. s. Michaelis in Lucemburgo Trever. dioc. prov. fuit et qui litig. desup. (nunc resign.) contra Johannem Haltfast: assign. (consensu Johannis de Erclens can. eccl. s. Florini de Confluentia Trever. dioc. procur. d. Johannis Haltfast habito) pens. ann. 7 fl. renen. sup. fruct. d. par. eccl. (5 m. arg.) p. d. Johannem Haltfast persolv. (m. dec. et cant. eccl. Meten. ac offic. Trever.) 19. oct. 74 L 745 144ʳˢˢ – disp. ad 2 incompat. benef. 21. oct. 74 L 749 252ʳˢ.

3320 **Henricus Creuen (Crenen) de Echt**: prov. de par. eccl. in Loyn Colon. dioc. (180 fl. auri renen. monete electorum R. I.) vac. p. resign. in manibus pape Theoderici de Wenerden (p. Johannem de Ercklens cler. Leod. dioc. procur. fact.) (m. prepositis eccl. s. Andree Colon. et eccl. s. Spiritus Ruremunden. Leod. dioc. ac dec. eccl. b. Marie Aquen. Leod. dioc.) 28. apr. 73 (exped. 12. mai. 73) L 728 111^{vss} – oblig. sup. annat. (in margine: solv. 62 fl. 28 bol. pro val. 81 fl. renen.) 14. mai. 73 A 22 22^r – solv. 62 fl. pro compositione annat. 14. mai. 73 FC I 1129 161^v, FC I 1767 74^v, FC I 1768 76^v.

3321 **Henricus Kroghe** cler. Sleswic. dioc. cui de can. et maiori preb. ac alt. par. in colleg. eccl. b. Marie Hadersleven. Sleswic. dioc. vac. p. o. Ottonis Drake p. quond. Nicolaum [Wolf] ep. Sleswic. prov. fuit: de nova prov. de dd. can. et preb. c. d. alt. par. (insimul 4 m. arg. p.) 29. apr. 84 S 835 114^r.

3322 **Henricus Krollentz** cler. Misnen. dioc. qui vig. gr. expect. can. et maiorem preb. eccl. Misnen. vac. p. o. Nicolai Rottenfels acc.: de nova prov. de dd. can. et preb. (24 l. T. p.) 16. apr. 78 S 766 253^v.

3323 **Henricus [Krueger]** prep. can. reg. et conv. mon. s. Spiritus o. s. Aug. prope et e. m. op. Saltwedel Verden. dioc. inter al. referentes quod ipsi quandam dom. sive hosp. fundaverunt et deputaverunt ut 6 mulieres inibi servirent et correctioni dd. prep. etc. subiacerent et quod omnia pacta p. ep. Verden. approbata et ultra 80 annos observata fuerunt et quod nunc Bartoldus [de Landsberg] ep. Verden. et Alheydis Hebedes et al. mulieres d. dom. sive hosp. in monasterium monial. o. s. Aug. erigere et correctioni religiosorum de Windensem o. s. Aug. submittere presumpserunt: de committ. in cur., Conc. in partibus 10. iun. 75 S 721 229^{rs}.

3324 **Henricus Krull** cler. Hildesem. dioc. qui perp. vicar. ad alt. s. Johannis Apl. in eccl. s. Benedicti Erfforden. Magunt. dioc. <de iur. patron. laic.>

in favorem Melchioris Truchses cler. Herbip. dioc. resign.: de assign. pens. ann. 8 <6> fl. renen. sup. fruct. d. vicar. (4 m. arg.) p. d. Melchiorem persolv. 26. apr. 75 S 719 28^{rs}, 20. febr. 76 S 734 198^v – cler. Hildesem.: de primissaria ad alt. s. Crucis in par. eccl. s. Martini Bamberg. (7 m. arg.) vac. p. o. Henrici Lebner 27. nov. 75 S 733 155^r – can. prebend. colleg. eccl. s. Victoris Xancten. Colon. dioc.: de nova prov. de ferculo sive supplemento colleg. eccl. s. Victoris Xancten. Colon. dioc. (4 m. arg.) vac. p. o. Heinrici de Beitzeler 8. decb. 77 S 762 5^r.

3325 **Henricus Kruse** cler. Bamberg.: motu pr. de gr. expect. de 2 can. et preb. necnon de benef. ad coll. quorumcumque, Et s. d. 17. nov. 81 S 803 193^{vs}.

3326 **Henricus Cruse** cler. Bremen. dioc.: de perp. vicar. ad alt. s. Margarete in colleg. eccl. b. Marie Hamburgen. Bremen. dioc. (4 m. arg.) vac. p. o. Henrici de Buchen 28. nov. 82 S 817 24^v.

3327 **Enricus Kuhendel**: prov. de par. eccl. Magdeburg. [dioc.?] vac. p. devol. 74/75 I 333 192^v.

3328 **Henricus Kunigsfelder** precept. dom. in Friesach ord. b. Marie Theotonicorum Salzeburg. dioc. Friderici R. I. fam.: supplic. d. R. I. ›rationi congruit‹ s. d. 14. apr. 67 abol. inhab. quia secum sup. def. nat. (s. s.) n. disp. fuit 25. aug. 71 V 660 225^{rss}.

3329 **Henricus (Arrigo) Cunradi** < Todescho> clavarius: recip. 10 fl. adc. pro clavibus et seraturis pal. ap. 6. sept. 71 IE 487 100^r – recip. 64 fl. adc. et 12 bon. (= 60 papales) pro clavibus et seraturis pro pal. ap. 17. febr. 72 FC I 845 92^r, 7. mart. 72 IE 487 158^r – recip. 33 fl. adc. pro clavibus <et seraturis> pro pal. ap. 15.<5.>iun. 72 FC I 845 92^r, 2. decb. 73 FC I 1767 118^r, FC I 1768 120^r.

3330 Henricus Kusnisz 3. reg. o. s. Francisci de penitentia nunc. profes. Constant. dioc.: de prom. ad omnes ord. extra temp., sola sign. 17. febr. 80 S 789 200^v.

3331 Henricus Daet presb. Paderburn. dioc.: de nova prov. de commenda Trium regum sub titulo benef. fund. in par. eccl. s. Nicolai op. Lemego Paderburn. dioc. (4 m. arg.) vac. p. contractum matrim. Theoderici Peckelherinck 1. iun. 74 S 708 300^v.

3332 Henricus Decker cler. Traiect. dioc.: de can. et preb. eccl. s. Georgii Amersforden. Traiect. dioc. (4 m. arg.) vac. p. o. Winandi Arnoldi 12. aug. 81 S 802 21^{rs} – [Francisci Todeschini-Piccolomini] card. Senen. fam.: de can. et preb. eccl. s. Georgii Amersforden. Traiect. dioc. (2 m. arg.) vac. p. resign. Tymanni Alberti de Hasfelt cler. Traiect. dioc. (cui de eadem vac. p. o. Wynandi Arnold p. Julianum [de Ruvere] card. ep. Sabinen. legatum prov. fuit), n. o. gr. expect. de benef. ad coll. prep. etc. eccl. s. Walburgis Arnhemen. Traiect. dioc. 23. mart. 82 S 808 286^r – qui vig. gr. expect. par. eccl. in Warde Traiect. dioc. vac. p. o. cuiusdam Alberti acc.: de nova prov. de eadem (4 m. arg. p.) 30. nov. 82 S 817 279^{vs}.

3333 Henricus Dessenstainer presb. rect. par. eccl. s. Maximiniani in Traversz Salzeburg. dioc. actor qui litig. coram Matheo de Porta aud. contra quond. Andream Luthentenberger Francisci [Todeschini-Piccolomini] tit. s. Eustachi diac. card. Senen. nunc. fam. sup. d. par. eccl.: de surrog. ad ius d. Andree et de prov. de d. par. eccl. (8 m. arg.) 6. mart. 75 S 716 194^{vs}.

3334 Henricus Dimer (Duner) cler. Herbip.: de can. et preb. colleg. eccl. s. Johannis in Haugis e. m. Herbip. (5 m. arg.) vac. p. resign. in manibus ordin. Johannis Ephereffel (Ephenfelmant) 27. sept. 73 S 699 102^r, I

333 143^r – oblig. sup. annat. 22. decb. 73 A 22 199^v.

3335 Henricus de Dodenberg (Dademberg) qui prepos. eccl. de Mersen o. s. Ben. Leod. dioc. quam obtin. in favorem Henrici de Svel relig. d. ord. profes. resign. in manibus abb. et commendatarii prepos. eccl. s. Iragin. [recte: Remigii] Remen. o. s. Ben.: de assign. pens. ann. 250 fl. renen. (20 scuta pro quolibet fl. computata) sup. fruct. d. prepos. (1.200 fl. renen.) p. Henricum de Svel persolv. 14. iun. 79 S 785 185^v, S 788 154^{vs}.

3336 Henricus de Doern cler. Colon. dioc.: de can. et preb. colleg. eccl. s. Walburgis Arnhemen. Traiect. dioc. (4 m. arg. p.) vacat. p. prom. Michaelis Hilbrand el. Rigen. 5. iun. 84 S 839 93^r.

3337 Henricus Domighe acol. Monast. dioc. perp. cap. ad alt. s. Antonii in Ecclesia Antiqua districtus Langewot in partibus Frisie Monast. dioc. et acol. c. quo sup. def. nat. (s. c.) disp. fuit: de prom. ad omnes ord. extra temp. attento quod orator in cur. aliquamdiu resid. habet et ad partes Frisie remotissimas redire [debet] et examen eidem antistiti committatur, sola sign., Conc. et examinetur in cam. 3. nov. 79 S 787 173^{vs}.

3338 Henricus Donhoff cler. Reval. dioc.: de nova prov. de can. et maiori preb. Coramnet vulg. nunc. in eccl. Tarbat. (20 m. arg.) vac. p. resign. in manibus ordin. Tennonis de Werden 22. decb. 73 S 701 67^{rs}.

3339 Henricus de Dornum (al. Hickonis) cler. Bremen. dioc. mag. in art.: de prepos. rurali par. eccl. in Grotehusen Monast. dioc. p. laic. regi solita (8 m. arg.) vacat. p. priv. Sibrandi (Sybrandi) Ulfers laici bigami et voluntarii homicide qui se in d. prepos. vac. p. o. Bebbe presb. intrusit et eam p. 8 an. et ultra detin. 4. febr. 73 S 687 172^{vs}, 8. febr. 73 S

687 215^r, 8. febr. 73 S 687 222^{vs}, 23. febr. 73 S 690 37^{rs} – prep. eccl. Emeden. Bremen. dioc. in art. mag. in leg. licent. qui controversiam habuit c. nob. Hero, Swone et Ulrico de Dornum fratribus domicellis et al. clericis et laicis d. Bremen. dioc. sup. bonis et rebus aliis in Bremen. dioc.: de committ. in partibus 23. oct. 83 S 829 289^v, I 335 111^v.

3340 **Henricus Drinckhuys** cler. Magunt. dioc.: motu pr. gr. expect. de benef. ad coll. prep. etc. colleg. eccl. ss. Petri et Pauli Czicen. Nuemburg. dioc. et abba. et conv. mon. s. Michaelis op. Ihene o. Cist. Magunt. dioc. (m. ep. Asculan. et prep. eccl. Czicen. ac prep. eccl. s. Severi Herforden. Magunt. dioc.) 17. nov. 81 (exped. 23. mai. 82) L 820 259^v-261^r.

3341 **Henricus Dringenberch** laic. et **Zophia** ux. Colon. in 30. sue et. an. constit. referentes quod quond. Engelbertus Muesken civ. Colon. tunc tutor d. Zophie c. Johanne Muesken laic. genitore et fratribus et sororibus d. Zophie quandam compositionem in lesionem d. Zophie iniit: m. restit. d. compositionem 13. apr. 74 L 732 307^{vs}.

3342 **Henricus Drolshagen** cler. Monast. c. quo sup. def. nat. (s. s.) disp. fuit: de can. et preb. eccl. ss. Cosme et Damiani op. Assunden. Colon. dioc. (4 m. arg.) vac. p. resign. in manibus pape Wilhelmi Waterchus (Naterheus) cler. Monast. dioc. pape fam. cui de eisdem vac. p. o. (in loco a cur. 3 dietas distante) Theodorici in deme Houe prov. fuerat 29. mai. 81 S 801 218^r.

3343 **Henricus Ducis de Ersel (Eresel, Roesel) [Tresel]** cler. Leod. dioc.: prov. de perp. s. c. capn. ad alt. s. Johannis Ev. in par. et colleg. eccl. de Oerschot Leod. dioc. (15 fl. adc.) vac. p. o. Philippi de Gheldrop 17. mart. 78 S 766 291^{rs}, m. (decanis eccl. s. Martini et s. Crucis Leod. et eccl. s. Petri Lovanien. Leod. dioc.),

gratis (exped. 11. apr. 78) L 785 265^{rss} – de perp. c. c. vicar. par. eccl. de Middelberge et Westelberge Leod. dioc. (4 m. arg.) vac. p. o. Philippi Gheldrop 26. mart. 78 S 767 34^r, m. (archipresb. Bononien. et dec. eccl. s. Crucis ac dec. eccl. s. Martini Leod.) (exped. 18. apr. 78) L 785 97^{rs} – perp. vic. par. eccl. de Middelbeeres et Westelbers Leod. dioc.: de prom. ad omnes ord. extra temp., sola sign. 2. ian. 80 S 788 135^v.

3345 **Henricus Durscheler** cler. Basil. cui de simplici s. c. benef. ad alt. s. Mathei apl. et Ev. in mon. monial. s. Marci o. s. Aug. pred. e. m. Argent. vac. p. resign. in manibus abba. d. mon. Walteri Schatt prov. fuit: de nova prov. de d. benef. (2 m. arg.) 8. ian. 73 S 686 143^r.

3346 **Henricus, Reynaldus, Tidemannus et Hermannus Eglinghoff** fratres clerici Wladislav. dioc. quond. Reynaldi Eglinghoff laic. filii et heredes litig. coram Johanne de Ceretanis aud. contra Hermannum Hacke, Ottonem Angermunde, Johannem Winckeldorff, Philippum Bischoff, Johannem Lamberg ac Johannem Busze laic. et Katharinam Buddingsche mul. Wladislav. dioc. sup. hereditate d. quond. Reynaldi p. dd. adversarios occupata: m. (ep. Poznan. et ep. Wladislav. ac Jacobo de Muciarellis can. basilice Principis appl. de Urbe) restit. d. hereditatem dd. fratribus et faciendi solv. dd. adversarios 55 fl. adc. expensas d. cause 6. apr. 74 L 734 30^r-32^r.

3347 **Henricus de Egmont** laic. Traiect. dioc. de nob. gen.: de alt. port. 10. nov. 81 S 805 5^v.

3348 **Henricus de Eyck** rect. par. eccl. in Mierda Inferiori Leod. dioc.: oblig. p. Johannem Witten cler. Leod. dioc. sup. annat. par. eccl. in Mierda Superiori Leod. dioc. noviter erecte (10 m. arg.) de qua s. d. 3. iun. 75 sibi prov. fuit 11. ian. 76 A 24 62^r – solv. 12 fl. de cam. pro compositione annat. par. eccl. in Mierda Superiori Leod. dioc. a par. eccl. in Mierda Inferiori Leod. dioc. dismembrate p. manus Johannis Viten 23. ian. 76 FC I 1132 134^r.

3349 Henricus de Eill cler. Colon. dioc. ex utr. par. de nob. gen.: de perp. vicar. ad alt. ss. Johannis Bapt. et Johannis Ev. in par. eccl. in Diepenbicht Leod. dioc. (4 m. arg.) vac. p. resign. Henrici Daelman presb. Colon. dioc. 26. aug. 76 S 742 54^{rs}.

3350 Henricus (Heinricus, Hinricus) Eilsich (Elsich, Eysich) cler. Colon.: de par. eccl. seu personatu in Ziisen Trever. dioc. (8 m. arg.) vac. p. o. cuiusdam Henrici et p. devol. licet quidam Walterus cler. d. par. eccl. p. an. detin., n. o. par. eccl. s. Remigii Bonnen. 26. iul. 72 S 681 201^v – de perp. vicar. b. Marie virg. in par. eccl. s. Laurentii Colon. (2 m. arg.) vacat. p. priv. Henrici Kumme cler. Colon. dioc. cui de d. vicar. vac. p. o. Hermanni Luttekehus abbrev. p. Paulum II. prov. fuerat litt. n. confectis 4. nov. 72 S 685 71^r – rect. par. eccl. s. Cassii Bonnen. Colon. dioc. in cur. causarum procur.: de disp. ut unac. d. par. eccl. (6 m. arg.) quodcumque aliud incompat. benef. recip. valeat 1. decb. 72 S 685 64^r – de perp. s. c. vicar. s. Jacobi in par. eccl. Duren. Colon. dioc. (4 m. arg.) vac. p. o. Petri Lezeir de Famelen 17. nov. 73 S 709 107^r – de can. et preb. colleg. eccl. Kerpen. Colon. dioc. (6 m. arg.) vac. p. o. Theoderici Gensken 10. decb. 73 S 699 58^r – de personatu seu par. eccl. in Rekenrad Trever. dioc. de iur. patron. cuiusdam laic. excom. (8 m. arg.) vac. p. o. Wilhelmi de Sighen 23. mai. 74 S 709 108^{vs} – de can. et preb. et archidiac. eccl. Halberstad. (6 m. arg.) vac. p. o. Johannis de Hoem 24. febr. 75 S 716 69^{rs} – bac. in leg. cui gr. expect. s. d. 1. ian. 72 de can. et preb. ac dign. eccl. s. Martini Kerpen. Colon. dioc. et de benef. ad coll. abba. et can. sec. ac

colleg. eccl. b. Marie in Capitolio Colon. conc. fuit et qui vig. d. gr. par. eccl. in Myll (Miil) Colon. dioc. <vac. p. o. Gilberti Zelen obtin. (quam postea resign.)> acc. quam postmodum (propter perturbationes et guerras) resign.: de reval. et de exten. et de prerog. ad instar pape fam. descript. 28. sept. 75 S 727 165^{rs}, gratis L 760 181^v-183^r – cui prerog. ad instar pape fam. descript. conc. fuerunt: de decl. litt. sup. gr. expect. perinde val. acsi gr. expect. motu pr. conc. fuisset 16. ian. 76 S 733 66^{vs} – de can. et preb. colleg. eccl. s. Cuniberti Colon. (4 m. arg.) vac. p. o. Johannis de Via de Kempis 1. febr. 76 S 741 99^r, m. (prep. eccl. ss. Petri et Pauli Bardewicen. Verden. dioc. et dec. eccl. s. Andree Colon. ac offic. Colon.), gratis 28. ian. 76 (exped. 6. febr. 77) L 759 142^{rs}.

3351 Henricus de Elen cler. Monast. dioc. cui de perp. benef. sive perp. vicar. in par. eccl. Nyenberchen. Monast. dioc. auct. ordin. prov. fuit: de nova prov. de d. perp. benef. sive perp. vicar. (4 m. arg.) et de disp. sup. def. nat. (c. s.) et de n. prom. infra 7 an. 23. apr. 84 S 835 124^v.

3352 Henricus Ellinge presb. Halberstad. dioc. decr. doct. in art. mag.: motu pr. de gr. expect. de 2 can. et preb. necnon de benef. ad coll. quorumcumque, Et s. d. 17. nov. 81 S 803 190^{vs} – cui motu pr. gr. expect. s. d. 17. nov. 81 de can. et preb. in eccl. s. Nicolai Novifori Magdeburg. et de benef. ad coll. aep. etc. Magdeburg. conc. fuit: de prerog. ad instar pape fam. descript. et de reval. gr. expect. 16. mai. 84 S 838 280^v.

3353 Henricus de Elstede cler. Halberstad. dioc. ex utr. par. de mil. gen.: de can. et preb. eccl. Magdeburg. (2 m. arg.) vac. p. o. Levini (/.) de Velthem 17. apr. 75 S 719 166^{rs}.

3354 Henricus (Enricus) Enzinberg (Henzinbergher) can. eccl. Patav.: habuit mutuo 66 duc. auri Venetos

quos solv. promisit Venetiis Francisco de Savignano et soc. ibidem
merc. infra 3 menses 24. aug. 72 FC
I app. 21 8ᵛ – can. eccl. Patav.: proprio nomine et loco procur. pro Johanne Platner habuit mutuo 5¹/₂ duc.
Venetos quos promisit solv. Venetiis
Francisco de Savignano et soc. ibidem merc. 10. iul. 73 FC I app. 21
28ᵛ – proprio nomine ac procuratione dominorum Gerardi abb. mon.
in Munchsminchster Ratisbon. dioc.
et Johannis Neunhauser dec. eccl.
Ratisbon. habuit mutuo 20 duc. auri
Venetos quos promisit solv. Venetiis
Philippo de Inghiramiis et soc. ibidem merc. infra 4 menses 19. iul. 74
FC I app. 21 55ʳ – habuit mutuo 55
duc. auri Venetos quos promisit solv.
Venetiis Philippo de Inchiramiis et
soc. ibidem merc. infra 4 menses 18.
aug. 74 FC I app. 21 57ᵛ.

3355 Henricus Entzsperger prep. eccl.
s. Andree Frising. in decr. licent.: restit. bulle s. d. 27. aug. 71 sup. d.
prepos. (16 m. arg.) vac. p. o. Pauli
Munner (in margine: possidet al. qui
prius impetravit) 21. mai. 73 A 22
26ᵛ.

3356 Henricus Eppenbach pastor in Ho-
henstat Spiren. dioc. cui de perp.
capn. in capel. s. Dionisii infra septa
mon. s. Petri o. s. Ben. in op. Wissenburg Spiren. dioc. vac. p. resign.
in manibus Antonii de Lyningen su-
perstitis d. mon. Jacobi Lemberger
(Lamberger) presb. Spiren. dioc. <p.
d. Antonium> prov. fuit: de nova
prov. de d. capn. (4 m. arg.) 2. mai.
75 S 719 133ᵛ, 10. mai. 75 S 720
9ᵛˢ.

3357 Henricus Ernst (Hernest) cler.
Bamberg.: de disp. ad 2 incompat.
benef. c. lic. perm. 8. ian. 82 S 806
228ᵛˢ – de nova prov. de perp. vicar.
in par. eccl. in Perckhaim August.
dioc. (6 m. arg.) 7. nov. 82 S 815
313ᵛˢ – perp. vic. in par. eccl. in
Perchaym Eistet. dioc. tonsorista in
decr. licent. in cur. resid.: de prom.
ad omnes etiam presbit. ord. extra

temp., sola sign. 17. febr. 83 S 819
228ᵛ.

3358 Henricus de Eserem presb. Hildesem. dioc. cui temp. Pauli II. vig. gr.
expect. de perp. vicar. ad alt. s. Ciriaci in colleg. eccl. b. Marie Halberstad. vac. p. o. Conradi Francken
prov. fuit: de nova prov. de eadem (3
m. arg.) 17. aug. 80 S 795 284ʳ.

3359 Henricus de Estel cler. Bremen.
abbrev. qui vig. gr. expect. can. et
preb. eccl. Bremen. vac. p. o. Herbordi de Mandeslo acc.: de nova
prov. de eisdem (4 m. arg.) 22. apr.
72 S 679 167ᵛˢ – can. eccl. Bremen.:
de scolastr. eccl. Bremen. (4 m. arg.)
vac. p. assec. decan. ac can. et preb.
eccl. Tarbat. p. Henricum Gherwen
cui de eisdem vac. p. prom. Andree
[Piperii] el. Tarbat. p. Paulum II.
prov. fuerat 30. mai. 72 S 680
232ʳˢ, I 332 31ᵛ – de perp. vicar. in
eccl. Verden. (4 m. arg.) vacat. p.
assec. archidiac. eccl. Verden. p.
Balthazarem de Mandeslo ex utr.
par. de mil. gen. 8. oct. 72 S 682
297ʳˢ – scolast. eccl. Bremen.: de
disp. ut unac. d. scolastr. aliud incompat. benef. recip. valeat 5. nov.
72 S 683 260ᵛ – de nova prov. de
par. eccl. in Merna [= Marne] terre
Detrmarcie Bremen. dioc. (4 m. arg.)
vac. p. o. Johannis Spret 8. oct. 73 S
709 81ʳˢ – antiquus curialis: de decan. et can. et preb. eccl. s. Sebastiani Magdeburg. (6 m. arg.) vac. p.
ingr. mon. in Bergis e. m. Magdeburg. o. s. Ben. p. Andream Becker
17. mai. 74 S 705 74ᵛˢ – de can. et
preb. eccl. Lubic. (4 m. arg.) et de
perp. vicariis una in quadam par.
eccl. op. Luneburgen. Verden. dioc.
(4) et al. in eccl. Spiren. (4 m. arg.)
vac. p. o. Henrici Gherwen 13. aug.
74 S 708 178ʳˢ – de can. et preb. et
vicedominatu eccl. Halberstad. (10
m. arg.) vac. p. o. Levini de Velthem
15. oct. 74 S 718 216ʳˢ – can. eccl.
Zwerin. abbrev. et Cristerni Dacie
Suecie et Norwegie regis illustris dilectus: motu pr. gr. expect. s. d. 1.

ian. 72 de can. et preb. d. eccl. Zwerin. (in qua maiores min. et nonnulle
al. preb. exist.) etiam maiori necnon
de benef. ad coll. prep. etc. eccl. b.
Marie Hamburgen. Bremen. dioc. c.
prerog. ad instar pape fam. descript.
(m. dec. eccl. s. Patrocli Susacien.
Colon. dioc. et officialibus Bremen.
ac Lubic.), gratis 13. apr. 75 V 678
614ʳ-617ʳ – can. eccl. Bremen. qui
vig. gr. expect. p. Paulum II. conc.
perp. vicar. in eccl. b. Marie Hamburgen. Bremen. dioc. vac. p. o.
Henrici Cock acc. et qui litig. desup.
coram Gaspare de Theramo aud.
contra Wernerum Lausman cler. et
contra quond. Johannem Smedes: de
surrog. ad ius d. Johannis ad d. vicar.
(4 m. arg.) 26. sept. 75 S 739 259ᵛˢ.

3360 Henricus Fabri cler. Minden. dioc.
c. quo sup. def. nat. (s. s.) disp. fuit:
de par. eccl. s. Martini in Meinsen
Minden. dioc. (2 m. arg.) vac. p. o.
Johannis Kynenhaghen 7. iun. 77 S
752 171ᵛ, m. (dec. eccl. Lubic. et
dec. eccl. s. Martini Minden. ac dec.
eccl. s. Mauritii e. m. Hildesem.) (exped. 14. iun. 77) L 775 139ᵛˢ.

3361 Henricus Fabri de Yschen presb.
rect. par. eccl. s. Johannis de Elche-
rait Trever. dioc.: de disp. ut unac. d.
par. eccl. aliud incompat. benef. recip. valeat etsi 2 par. eccl. 30. mart.
78 S 767 91ᵛ – presb. Trever. dioc.
cui de capel. b. Marie de Heynsteden
Trever. dioc. vac. p. o. Johannis
Musseti vel p. o. Nicolai Pampineti
pape fam. p. nunt. ap. prov. fuit: de
nova prov. de eadem (24 duc. adc.)
27. oct. 78 S 774 40ᵛ.

3362 Henricus Vachart qui litig. coram
Johanne de Ceretanis aud. et nunc
coram Gabriele de Contarenis aud.
contra Conradum de Lauberbach
cler. adversarium sup. par. eccl. in
Helblingstat Herbip. dioc.: de prov.
si neutri de d. par. eccl. (8 m. arg.)
vac. p. o. Johannis Sculteti 7. nov.
75 S 729 161ᵛˢ.

3363 Henricus (de) Valgaet sen. cler.
Leod. dioc. cui vig. gr. expect. in
forma paup. de benef. ad coll. dec.
etc. eccl. b. Ode Roden. Leod. dioc.
perp. s. c. capn. ad alt. s. Georgii in
d. eccl. vac. p. o. Johannis Bren p.
Paulum II. prov. et c. quo sup. def.
nat. (s. s.) p. d. Paulum II. disp. fuerat: ›rationi congruit‹ s. d. 27. ian.
68 m. (ep. Alerien. ac abbatibus
mon. s. Michaelis Antwerpien. Cameracen. dioc. et mon. b. Marie Parcen. e. m. Lovanien. Leod. dioc.)
confer. de novo d. capn. (4 m. arg.),
gratis 25. aug. 71 (exped. 23. mart.
72) L 721 163ᵛ-166ʳ – sen. pape
fam. c. quo sup. def. nat. (s. s.) disp.
fuit: disp. ad quecumque benef. 1.
ian. 72 V 661 233ʳˢ – ab antiquo
pape fam. c. quo sup. def. nat. (s. s.)
disp. fuit et qui vig. gr. expect. par.
eccl. in Wellis Traiect. dioc. (16 m.
arg.) acc.: de disp. uberiori 7. iul. 72
S 681 180ʳˢ – de capn. sive perp.
vicar. seu capel. in Donck Leod. dioc. (3 m. arg.) et de capn. seu perp.
vicar. in Gingelen Leod. dioc. (3 m.
arg.) vac. p. o. in cur. Henrici de
Zoemeren pape continui cap. 19.
sept. 72 S 682 208ʳ – et **Johannes
Kers** cler. Leod. dioc. cui s. d. 9.
iun. 73 de capn. ad alt. b. Marie virg.
in par. eccl. b. Ode ville Roden.
‹par. eccl. ville Sancte Ode› Leod.
dioc. c. ‹perp. s. c. benef.› matricularia ‹nunc.› annexa vac. p. o. Servatii Regis script. et abbrev. prov.
fuit litt. n. confectis: de prov. d.
Henrico de d. capn. (4 m. arg.) vacat.
p. resign. in manibus pape d. Johannis et de assign. d. Johanni pens.
ann. 5 fl. auri renen. n. o. def. nat. (s.
s.) 26. nov. 73 S 698 214ʳˢ, m. (ep.
Alerien. ac abbatibus mon. b. Marie
Parcen. Leod. dioc. et s. Johannis
Auerboden. Leod. dioc.), gratis (exped. 9. decb. 73) L 731 214ᵛ-216ᵛ –
rect. par. eccl. in Wellis Traiect. dioc.
necnon perp. cap. seu vic. ad alt.
s. Georgii in colleg. eccl. ville Sancte
Ode Roden. [= Sint Oedenrode] Leod. dioc. et vic. ad alt. s. Crucis in

par. eccl. in Rethii Leod. dioc. pape
fam.: de fruct. percip. 4. decb. 73 S
699 50^{rss}.

3364 **Henricus (Enricus) de Valgaet** iun.
cler. Leod. dioc. pape fam.: de par.
eccl. in Buninghen et in Boder Leod.
dioc. unitis (12 m. arg.) vac. p. o.
Nicolai Clopper abbrev. 4. iul. 72 S
681 194^{rs} – qui vig. gr. expect. s. d.
1. ian. 72 de 2 benef. ad coll. abb.
etc. mon. s. Trudonis de Sancto Trudone Leod. dioc. et ad coll. abb. etc.
mon. s. Adalberti Egmunden. o. s.
Ben. Traiect. dioc. par. eccl. de Boe-
ningen (Boringhen) et de Boorle invicem unitas Leod. dioc. vac. p. o.
Nicolai Clupper abbrev. acc.: de
nova prov. de d. par. eccl. (10 <15>
m. arg.) 3. nov. 72 S 695 155^{rs}, m.
(ep. Alerien. ac officialibus Leod. et
Cameracen.), gratis V 561 251^{rss} –
rect. par. eccl. de Boeninghen et
Boerlee: de disp. ut unac. d. par.
eccl. aliud incompat. benef. recip.
valeat 11. ian. 73 S 695 172^{rs} – restit. bulle sup. prov. par. eccl.
invicem unitarum ut supra 4. iun. 74
A 23 99^{v} – et **Bernardus Petri** cler.
Constant. dioc., **Adam Opgastendonck** cler. Colon. dioc., **Johannes
in der Soy de Linep** cler. Colon.
dioc., **Corradus de Eptinghen** cler.
Basil. dioc. inter 17 quond. Ardicini
de Porta ep. Alerien. pape secr. et
refer. fam. enumerati quib. gr. expect. conc. fuit: de prerog. ad instar
pape fam. descript. 25. mart. 75 S
715 38^{vs} – m. transumendi certam
bullam 12. apr. 75 DC 39 14^{v} – n.
resid. Traiect. [dioc.?] 74/75 I 333
306^{v}.

3365 **Henricus Valgar** causarum procur.
theotonicus: fit mentio in lite inter
Johannem Antonium de Busseto
nuntium ap. deput. ad partes Lombardie et ipsum sup. certa facult.
disp. matrim. et solut. 25 fl. adc. ut
patet ex cedula s. d. 22. iun. 77 integraliter relata 20. febr. 78 DC 39
183^{rs}.

3366 **Henricus Varnast** cler. Colon. dioc.
qui ad perp. vicar. ad alt. s. Georgii
mart. in sec. et colleg. eccl. ss. Cosme et Damiani Assinden. Colon. dioc. de iur. patron. scolast. et cellerarie d. eccl. ac sculteti vac. p. o.
Amelii Eckinckroit p. patronos present. et p. abba. d. colleg. eccl. instit.
fuit, n. o. quod ad sacerd. ord. n.
prom. et in 22. sue et. an. constit.
exist.: de nova prov. de perp. vicar.
(4 m. arg.) 6. mai. 79 S 781 204^{rs}.

3367 **Henricus Fer** cler. Constant. dioc.
in 13. sue et. an. constit. ac de nob.
gen.: de disp. ad quodcumque benef.
in 16. sue et. an. 4. iul. 78 S 771
243^{vs}.

3368 **Henricus Vetter**: prov. de par. eccl.
Wormat. [dioc.?] vac. p. resign.
82/83 I 335 187^{v} – rect. seu perp.
vic. in par. eccl. in Ulversheym Wormat. dioc.: de disp. ut unac. d. par.
eccl. aliud incompat. benef. etsi par.
eccl. recip. val. c. lic. perm. 25. aug.
83 S 828 90^{rs}.

3369 **Henricus Ficigen** presb. Traiect. dioc. et **Henricus Sartoris** presb. Traiect. dioc. et **Fridericus de Bronck-
horst** cler. Traiect. dioc.: motu pr. de
gr. expect. de 2 can. et preb. necnon
de benef. ad coll. quorumcumque, Et
s. d. 17. nov. 81 S 803 138^{v}.

3370 **Henricus Vischer** can. prebend.
eccl. s. Johannis Constant. in cur. vel
in partibus resid.: de par. eccl. in
Guttingen prope Cella Ratolfi Constant. dioc. (4 m. arg.) vac. p. n.
prom. Andree Koch cler. Constant.
dioc. cui desup. in min. et. absque
disp. ap. prov. fuit possessione subsecuta, n. o. dd. can. et preb. (6 m.
arg.) 8. ian. 82 S 806 245^{vs}.

3371 **Henricus Vladen** scol. Bremen. dioc. et **Cristianus Schult** scol. Bremen. Alberti Cock prep. eccl. Bremen. decr. doct. et ap. abbrev. nepotes: motu pr. de gr. expect. de benef. ad coll. quorumcumque, Et similem gr. Johanni Bremer cler. Verden. d. Alberti Cock nepoti et fam.,
Et s. d. 17. nov. 81 S 803 72^{v}.

3372 Henricus Fleghel (Coci) cler. Magunt. dioc.: de vicar. sive capn. in colleg. eccl. s. Martini Helgenstaden. Magunt. dioc. (3 m. arg.) vac. p. o. Johannis Seghen infra 2 dietas a cur. in civit. Amelien. defuncti 18. sept. 76 S 742 243ʳ – de perp. vicar. colleg. eccl. s. Martini in Helginstat Magunt. dioc. (4 m. arg.) vac. p. o. in cur. Johannis Syegen 12. apr. 77 S 749 256ʳˢ – cui de perp. vicar. in colleg. eccl. s. Martini Heylgenstaden. Magunt. dioc. vac. p. o. Johannis Seghen in civit. Amelien. extra cur. infra 1 vel 2 dietas defuncti supplic. sign. conc. fuit et **Henricus Comitis** presb. Magunt. dioc. c. quo sup. def. nat. (p. s.) disp. fuit: de adm. resign. d. Henrici Flegel et de prov. d. Henrico Comitis de d. perp. vicar. (4 m. arg.) et de assign. d. Henrico Flegel pens. ann. 6 fl. renen. sup. fruct. d. perp. vicar. 22. apr. 77 S 751 149ʳˢˢ.

3373 Henricus Fleisman cler. Herbip. dioc.: de perp. vicar. b. Marie virg. in par. eccl. in Meynungen Herbip. dioc. (3 m. arg.) vac. p. o. Nicolai Dreyheyt 8. aug. 77 S 756 140ᵛ.

3374 Henricus Flor cler. Halberstad. dioc.: de perp. vicar. ad alt. Trium regum in par. eccl. s. Johannis Bapt. op. Stasfurt Halberstad. dioc. (½ m. arg.) vac. p. o. Alberti Muller ac de capel. s. Margarete prope et extra villam Reder Halberstad. dioc. (dimidii m. arg.) vac. p. o. Johannis Witten 15. decb. 73 S 699 179ᵛ.

3375 Henricus Floris prep. et conv. mon. Interlacen. o. s. Aug. Lausan. dioc. inter al. referentes quod scultetus, consules et univ. hominum op. Bernen. et al. complices Lausan. dioc. d. prep. et can. e d. mon. eiecerunt et al. relig. alterius ord. intruderunt: m. (aep. Bisuntin. et Antonio Gappeti can. eccl. Lausan.) committ. in partibus 13. ian. 74 L 735 83ʳˢ.

3376 Henricus Vogt cler. Constant. dioc.: de can. et preb. eccl. Episcopalis Celle Constant. dioc. (9 m. arg.) vacat. p. priv. Johannis Steller quia enormia furta commisit et propterea in carceribus mancipatus fuit 10. nov. 80 S 797 285ʳ – m. (ep. Civitaten. et Georgio Wintersteter can. eccl. Constant. ac offic. Constant.) assign. pens. ann. 25 fl. auri renen. sup. fruct. par. eccl. in Niderburen Constant. dioc. (8 m. arg.) p. Georgium Scheucklin (c. assensu suo p. Johannem Langer cler. August. dioc. procur. express.) in civit. Constant. persolv. 3. ian. 82 L 811 8ʳˢˢ – restit. bulle sup. pens. ann. 25 fl. renen. ut supra quia n. est facta aliqua prov. 15. febr. 82 A 30 216ʳ.

3377 Henricus Foye presb. Trever. dioc. inter al. referens quod olim quidam hebreus mag. alchimistarum de Norembergia nunc. c. eo in dom. sua in villa Bornich Trever. dioc. p. temp. habitaverat et quod d. iudeus falsas monetas in d. dom. fabricaverat de quib. ipse d. Henrico solv. pro expensis et pens. n. tamen ultra 2 vel 3 fl. renen.: m. (prep. eccl. b. Marie in Flanheym Magunt. dioc.) abol. inhab. 9. iun. 72 L 716 277ᵛˢ, L 724 8ᵛˢ [cass.].

3378 Henricus Volcardi de Bergis can. eccl. s. Gertrudis Bergen. Leod. dioc. referens quod litig. coram 3 aud. <successive coram Gisberto de Brederode archid. eccl. Traiect. et quond. Johanne de Cesarinis aud. et Antonio de Grassis aud. ac Johanne [de Ceretanis] ep. Nucerin. aud.> contra Nicolaum Laurentii rect. par. eccl. in Grondre (Scondre) Traiect. dioc. sup. perp. capn. ad alt. s. Johannis Bapt. in par. eccl. de Rymerzvale (Rymmerwale) Traiect. dioc. (4 m. arg.) de iur. patron. laic. et ad coll. archid. eccl. Traiect. pertin. vac. p. o. Johannis Wilhelmi: de conf. concordie inter eos fact. et de surrog. ad ius d. Nicolai qui resign. 27. apr. 79 S 780 277ʳˢˢ, m. (thes. eccl. s. Hermetis Rothnacen. et dec. eccl. b. Marie Antwerpien. Cameracen.

815

dioc. ac offic. Leod.) V 592 27ᵛ-
29ᵛ.

3379 Henricus Vollen rect. par. eccl.
s. Michaelis in Werbe Magunt. dioc.:
de prom. ad omnes ord. extra temp.,
sola sign. 6. mai. 79 S 781 132ᵛˢ.

3380 Henricus Franck presb. August. dioc. qui par. eccl. in Loppenhusen
August. dioc. p. Melchiorem de Me-
gau cler. Nuemburg. dioc. script. et
pape fam. procur. resign. de qua deinde Johanni Haintzel al. Hofmaister
cler. August. dioc. prov. fuit: assign.
pens. ann. 50 fl. renen. sup. fruct. d.
par. eccl. p. d. Johannem persolv. 20.
nov. 75 (m. prep. et dec. eccl. August. ac Stephano de Caciis can.
eccl. Vercellen.) L 757 111ʳ-112ᵛ –
restit. bulle sup. pens. ann. ut supra
11. decb. 75 A 24 184ʳ.

**3381 Henricus Freys (Vriese) de Gro-
ningen (Gronenghen, Gronnyn-
ghen)** cler. Traiect. dioc. Roperti
[com. palatini Reni] aep. Colon. vic.
et offic. gener.: de can. et preb. ac
scolastr. eccl. s. Gereonis Colon. (28
m. arg.) vac. p. o. Johannis Spul 30.
decb. 72 S 686 47ᵛ – utr. iur. doct.
cui de perp. s. c. capn. ad alt. s. Johannis Bapt. in eccl. s. Martini in
Groningen Traiect. dioc. vac. p. o.
Laurentii de Groningen p. Paulum II.
prov. fuerat et qui litig. desup. coram
Gaspare de Theramo aud. contra
quond. Conradum Hardenbrinck et
Thezonem Huginge: de prov. si neutri de d. capn. (6 m. arg.) 22. decb.
73 S 699 300ᵛˢ – presb. Traiect. dioc.: de prepos. in Bedum partium
Frisie Monast. dioc. (que iure diaconalis et ruralis sive dign. in loco
Bedum reputatur) (4 m. arg.) vac.
p. o. cuiusdam Juliani 27. sept. 75 S
727 139ʳˢ.

3382 Henricus Frerix scol. Leod. dioc.
Auxie [de Podio] tit. s. Sabine presb.
card. fam.: de capn. seu perp. et simplici benef. ad alt. b. Marie virg. in
par. eccl. ville sive loci de Bergne
Leod. dioc. (24 l. T. p.) vac. p. o. in

cur. Ade de Adam d. Auxie card.
fam. 1. mai. 77 S 750 197ʳ – cler.
Leod. dioc. [Auxie de Podio] ut supra fam.: de perp. s. c. capel. ad alt.
b. Marie virg. in par. eccl. de Bryn-
ghen (Buynghen) Leod. dioc. (3 m.
arg.) vac. p. o. in cur. Ade Daems etiam d. card. fam. 15. iun. 77 S 753
130ʳˢ, (m. ep. Soran. et dec. eccl.
s. Martini Leod. ac offic. Leod.), gratis (exped. 2. aug. 77) L 776 318ᵛˢˢ.

**3383 Henricus (Enricus) Vreseyken
(Viefeijken)** Leod. [dioc.]: facult.
resign. 74/75 I 333 169ʳ – rect. par.
eccl. in Brais Leod. dioc. G[uillermi
de Estoutevilla] card. ep. Ostien. Rothomagen. nunc. fam.: de disp. ut
unac. d. par. eccl. al. incompat. benef. retin. valeat 12. ian. 76 S 733
97ᵛ – presb. Leod. dioc.: de can. et
preb. eccl. s. Georgii Colon. (4 m.
arg.) vac. p. o. Mathie Kaltoff
<presb. Colon.> etiam card. ut supra
fam. cui de eisdem vac. p. o. <in
cur.> Johannis Ywen al. de Lubeck
s. d. 24. iul. 76 prov. fuit possessione
n. habita 1. aug. 76 S 741 50ᵛ, (m.
Stephano de Gouppillon can. eccl.
Carnoten. et officialibus Colon. ac
Trever.) (exped. 26. sept. 76) L 763
75ʳˢ.

3384 Henricus Friderici presb. Meten.
dioc. nullum benef. obtin.: de <nova
prov. de> par. eccl. Altrippen. (/.)
Meten. dioc. (4 <3> m. arg.) vac.
p. o. cuiusdam Petri 20. apr. 82 S
809 224ᵛ, 27. apr. 82 S 810 82ʳ, I
334 149ᵛ.

3385 Henricus [Fries] abb. et conv. mon.
s. Udalrici et s. Afre o. s. Ben. August. in extenso referens quod dudum Conradus [de Hirscheck] ep.
August. (ut infra) ipsis fratribus decimas concessit proprie frugum vel
porcorum ex oppidis in Straza et in
Luburgen et in Kircahem et in Husen
et suburbia in loco qui dicitur Harena antecessorum suorum libertate eidem eccl. collata et auct. ordin. confirmavit annectens quod dimidiam
partem decimarum salis in Cideron

pro remedio anime sue tradidit quodque lis orta fuit inter Hartwicum [de Huernheim] ep. August. et abb. mon. s. Udalrici sup. electione et vocatione parochie eccl. s. Udalrici et s. Afre et quod Hermannus plebanus eccl. s. Marie ab episcopo iubetur et abdicavit sicque Uto decanus est confirmatus fuitque testificatum in presentia d. Hartwici ep. quod in eccl. in Leckfeldt patronatum debeat habere sacerdotis quodque postmodum Alexander III. quond. Henrici [de Maisach] abb. mon. s. Udalrici August. eiusque fratrum postulationibus annuens ipsum mon. sub b. Petri et suam protectionem suscepit et statuit ut ord. fr. s. Benedicti regularium in d. mon. institutus observaretur et quecumque bona d. mon. illibata permanerent (in quib. locus ipse d. mon. c. omnibus iuribus, curtis villicationis in eorum civit. sita, decime novalium que in harena Lici fluminis adiacent et quecumque circa pontem eiusdem fluminis haberent, Hustetten villa, sacristia ipsius mon. et thesaurum eccl., Gundelshaim ecclesia, decime Madighinghum, decime Babungum, decime Huungem, decime Karkingii, Huderu ecclesia et decime c. tota villa Firmingen, ecclesia et decime c. tota villa Dantemberst, decime et castrum Holembach, curtis villicationis Medechingen, decime minores de omnibus agris episcopi et partes 15 annuatim ex parte episcopi Wachenhoffen, decime Wallehoffen, curtis et molendinum Rotembach, Scehanbach c. pertinentiis suis in burgo Archach, curtis Stetten, curtis villicationis Celle, curtis villicationis et ecclesia et decime Rochhugen, curtis Pfaffenhofen, ecclesia et quicquid Albertus devotus ibidem obtulit Lechuselderdorff, ecclesia Medechingen, curtis Stamhali c. pertinentiis suis Bache, curtis villicationis Armesrihed, villa et ecclesia Bridrichingen, curtis et molendinum Standorff, predium quod quidam

Harwich contulit, predium quod quidam Bachta de Bures eis contulit, Offhusen ecclesia), quodque sanxit ut liceret eis clericos eligere et diocesano presentare et durante gener. interd. clausis ianuis suppressa voce divina celebrare; quodque deinde Hadrianus IV. ecclesiam sive mon. sub b. Petri protectionem suscepit statuens ut quecumque bona firma et illibata permanerent et sanxit insuper ut nulli episcopo liceret bona eorum alienare et confirmavit oblationes vero altarium a d. ep. Conrado in presentia ipsius Hadriani concessas quodque insuper Gregorius IX. et Honorius III. d. mon. in similem protectionem susceperunt et d. Gregorius parochiam s. Udalrici de Augusta et Honorius parochiam ad luminaria ipsius mon. deputatam necnon successive congregati Basilee sub nomine gener. concilii omnia privil. ap. concessa confirmarunt quodque deinde Petrus [de Schaumberg] ep. August. (constito quod quond. Johannes abb. d. mon. castrum in Herusmungen c. iur. patron. par. eccl. in Herusmungen emptionis titulo comparavit a Erardo Orslingen armigero eius uxore et eorum liberis decimas quoque plurimas in d. loco Herusmungen) d. emptionem approbavit quodque demum Marco [Barbus] tit. s. Marci presb. card. ap. sed. in partibus illis legato pro parte Henrici abb. d. mon. expositum fuit quod in ipso mon. parochialis eccl. fuit que p. presb. sec. regi consuevit qui singulis an. ipsi mon. de d. par. eccl. fructibus den. 26 libr. monete Monacen. solveret essetque ipsa eccl. de iur. patron. abb. d. mon. quodque tamen (quia d. monasterio combusto instrumenta desup. concremata credebantur) d. legatus ep. August. vel eius vic. mandavit ut d. ius patron. et pens. conf. et Johannes Giszholt vic. d. ep. d. ius confirmavit: de conf. 8. nov. 81 S 804 75^{rs} – referentes quod Conradus [de Hirscheck] ep. August. s. d. 1. iun. 1156 et deinde Hadrianus

IV. s.d. 1. iun. 1156, Alexander III. s.d. 8. aug. 1177, Honorius III. s.d. 17. mai. 1221 et Gregorius IX. s.d. 4. mai. 1241 necnon concilium Basil. s.d. 13. ian. 35 ac Petrus [de Schaumberg] olim ep. August. s.d. 17. ian. 48 et postremo Marcus [Barbus] card. ep. Prenestin. tunc tit. s.Marci presb. card. in partibus illis sed. ap. legatus s.d. 31. mart. 75 eisdem abb. etc. privil. et indulta conf. (c. insertione dd. litt. de verbo ad verbum): m. (ep. Frising. et ep. August. ac dec. eccl. August.) conf. dd. privil. c. indulto ut a quibuscumque laicis decimas emere et redimere valeant 19. iun. 84 V 677 3^r-15^v.

3386 Henricus Frig de Friburgo cler. Constant. dioc.: de par. eccl. in Ringenwill Constant. dioc. (4 m. arg.) vac. p.o. cuiusdam Johannis 22. nov. 78 S 775 105^v.

3387 Henricus Vrige can. eccl. s.Crucis Hildesem.: de thesaur. d. eccl. (4 m. arg.) vac. ex eo quod Johannes Timmerman presb. d. thesaur. unac. par. eccl. s.Georgii op. Honoveren. Minden. dioc. p. 3 an. detin. 9. febr. 74 S 702 133^r – cler. Hildesem. dioc.: de perp. vicar. ad alt. s.Kunegundis in par. eccl. b. Marie virg. Bamberg. (5 m. arg.) vac. p.o. Frederici Hoffmeister 26. sept. 75 S 727 16^v.

3388 Executores testamenti quond. **Henrici Frigidihospicii** merc. Colon. inter al. referentes quod d. Henricus in testamento fratribus in Araceli in Urbe 200 duc. reliquit et ultra alia pia loca pauperes Christi heredes instituit et quod executores d. testamenti in lite contra Araceli in Urbe 200 duc. reliquit et ultra alia pia loca pauperes Christi heredes instituit et quod executores d. testamenti in lite contra Johannem, Henricum et Stynam Stenhus incolas Colon. 3 sent. c. interd. obtin. et quod nec pastor par. eccl. s.Martini Colon. nec capellani sui nec Henricus de Louen cap. d. eccl. (qui c. d. Henrico Stenhuys continue conversatur) d. interd.

observarunt: de committ. Matheo de Porta aud. ut d. pastorem et d. Henricum de Louen et al. cap. d. eccl. ad observantiam d. interd. coerceat 12. nov. 72 S 684 218^v.

3389 Henricus Friszlar (Firselar de Levensteyn (Lebensteyn, Lemesteyn)) dec. eccl. s.Victoris e.m. Magunt.: de disp. ut unac. d. c.c. decan. 2 al. benef. recip. valeat etsi 2 par. eccl. ad vitam c. lic. perm., Conc. et de 3. ad 7 an. 13. ian. 80 S 789 98^v – presb. Magunt. dioc. cui de perp. s.c. benef. ad alt. s.Catherine in par. eccl. ville Hespeneim Magunt. dioc. de iur. patron. abba. mon. in Weidasz o. Cist. Magunt. dioc. vac. p.o. Johannis de Budigen prov. fuit et qui litig. desup. coram prep. eccl. Magunt. contra Johannem Herbordi de Duden (qui ad d. perp. benef. p. Emericum Grossis pleb. d. eccl. et p. Antonium de Hespeneym laic. et iuratum d. ville patronos present. fuit) et contra Nicolaum Steingasz (cui vig. prim. prec. imper. de d. perp. benef. prov. fuit): de prov. si nulli de eodem (4 m. arg.) c. derog. iur. patron. 30. mai. 80 S 793 135^{rs} – de par. eccl. seu perp. vicar. in Biberach Constant. dioc. (6 <12> m. arg. p.) vac. p.o. Johannis Risch c. disp. ad 2 incompat. benef. 3. apr. 81 S 802 92^v, m. (prep. eccl. s.Crucis Hildesem. et dec. eccl. s.Andree Paderburn. ac offic. Constant.) V 619 243^r-245^v – c. quo ad c.c. benef. auct. ap. disp. fuit: de par. eccl. s.Valentini in Kydderich Magunt. dioc. (6 m. arg.) vac. p.o. Johannis de Nassaw et de disp. ut 3. incompat. benef. etsi par. eccl. ad vitam recip. val. c. lic. perm., n.o. decan. ac can. et preb. eccl. s.Victoris e.m. Magunt. (16) ac can. et preb. eccl. ss.Appl. Colon. (4) et alt. s.Katharine in par. eccl. s.Ignatii Magunt. (4) ac par. eccl. seu eius perp. vicar. in Biberach Constant. dioc. (10 m. arg.) quam n. obtin. 30. mart. 82 S 808 177^r – referens quod Cristmannus Lusszer cler. ad par. eccl. seu perp. vicar. in Byberach vac. p. o. Johannis Ryesz (Reyssz) auct. ordin. presentatus fuit qui se in d. eccl. intrusit et fruct. et offertoria eiusdem usurpando idioma loci intellegibiliter n. loquebatur quodque deinde d. Henricus auct. ordin. ad d. par. eccl. present. et institutus fuit et deinde Conrado Waterburg de d. par. eccl. auct. ordin. prov. fuit qua de re lis est orta in cur. inter dd. Cristmannum et Conradum: de committ. aud. ut d. Cristmannum privatum declaret et de prov. d. Henrico de d. par. eccl. seu perp. vicar. (12 m. arg. p.), n. o. decan. ac can. et preb. eccl. s. Victoris e. m. Magunt. (16 m. arg.), can. et preb. in eccl. ss. Appl. Colon. (4 m. arg.) ac alt. s. Catherine in par. eccl. s. Ignatii Magunt. (4 m. arg.) que obtin. ac par. eccl. in Kydderich Magunt. dioc. (6 m. arg.) ad quam sibi ius competere sperat 30. apr. 82 S 810 54^v, p. breve 2. mai. 82 S 810 194^{vs} – decr. doct.: de disp. ut 3. incompat. benef. etsi par. eccl. ad vitam recip. val. c. lic. perm. 25. mai. 82 S 811 157^{vs} – oblig. p. Theodoricum Arndes can. eccl. Lubic. sup. annat. par. eccl. ut supra (12 m. arg. p.) de quib. vac. p. o. Johannis Rysch s. d. 3. apr. 81 sibi prov. fuit et promisit solv. in cur. infra 6 menses (quia docuit de intruso p. testes qui deponunt Conradum Waterburck possidere) 15. iun. 82 Paris L 26 A 10 47^r – not. recip. pro bulla distributa 3 grossos et 2 grossos iun. 82 DB 1 134^v – qui ad par. eccl. s. Martini in Nersteyn (Nyersteyn) Magunt. dioc. vac. p. o. Petri Fritag p. abb. etc. mon. o. Cist. in Otterburg Magunt. dioc. present. fuit: de nova prov. de eadem (4 <6> m. arg.) 18. decb. 82 S 818 7^{rs}, S 817 244^{vs}.

3390 Henricus Fronmiller can. mon. s. Otilie in Hohemberg Argent. dioc. o. s. Ben. qui cur. multos an. secutus est: de prom. ad omnes ord. extra temp. 12. mart. 77 S 748 171^{vs}.

3391 Henricus com. de Furstenberg Constant. dioc. et **Henricus Baerer** minister provincialis o. fr. min. Argent. provincie: de lic. erig. dom. o. fr. min. (in dominio d. com.) c. eccl. campanili cimit. claustro ortis et pratis apud capel. s. Sixti e. m. op. in Husten Constant. dioc. de iur. patron. com. de Fustenberg ($^1/_2$ m. arg.) vac. p. resign. rect. moderni et de indulg. 7 an. 1. iun. 75 S 721 68^{vss}.

3392 Henricus Fust presb. Magunt. dioc. qui <p. abb. mon. Henffeden. [recte: Hersfelden.] o. s. Ben. Magunt. dioc.> prepos. eccl. b. Marie in Gota Magunt. dioc. vac. p. o. Johannis Korber retin.: de nova prov. de d. prepos. (2 m. arg.) 5. decb. 75 S 731 147^{vs}, m. (dec. eccl. s. Severi Erfforden. Magunt. dioc.) (exped. 27. ian. 76) L 759 114^{rs} – prep. eccl. b. Marie in Gotha Magunt. dioc. qui can. et preb. d. eccl. obtin.: de incorp. d. prepositure (2 m. arg.) dd. can. et preb. (3 m. arg.) 30. decb. 77 S 762 223^r, L 780 39^r – restit. bulle sup. incorp. ut supra (quia n. ascendit summam) 13. ian. 78 A 26 227^r.

3393 Henricus Gapoler (/.) profes. mon. b. Marie Czuattlen. (/.) [= Zwettl] o. Cist. Patav. dioc. senio confractus in 60. sue et. an. constit.: de indulto ut in quocumque loco extra septa d. mon. c. honestis presb. sec. et reg. d. ord. stare ac divina off. celebrare confessiones audire et sacramenta ministrare ad instar presb. sec. lic. sui superioris etiam n. obtenta val., Conc. de consensu superioris 25. febr. 83 S 819 254^{vs}.

3394 Henricus Gartezen presb. Constant. dioc.: m. (abb. mon. in Tomenbach Constant. dioc.) prov. de can. et preb. eccl. s. Margarete prope Waldkirch Constant. dioc. (4 m. arg. p.) vac. p. resign. Johannis Dinkel (p. Conradum Arndt presb. Constant. dioc. procur. factam) 19. nov. 76 (exped. 4. ian. 78) L 776 138^{vss}.

3395 **Henricus Gassenhagen** can. et cap. chori s. Willibaldi in eccl. Eistet.: de nova prov. de dd. can. et preb. sive capn. chori (6 m. arg.) vac. p. resign. ex causa perm. pro can. et preb. in colleg. eccl. in Herriden Eistet. dioc. p. Willibaldum Kardi 13. apr. 78 S 772 298^r.

3396 **Henricus Geylinck** presb. Monast. dioc. inter al. referens quod Henricus Haige rect. par. eccl. s. Lupi Colon. ipsum Henricum Geylinck in perp. vicar. ad alt. ss. Philippi et Jacobi de iur. patron. magistrorum fabrice vac. p. o. Geraldi Spannageli in d. par. eccl. instit. postquam dd. mag. fabrice quendam cler. inhabilem present.: de nova prov. de d. vicar. (4 m. arg.) 22. nov. 76 S 745 30^{vs}.

3397 **Henricus Genscher** rect. par. eccl. in Hoestatt ac can. eccl. ss. Marie et Georgii al. s. Leonardi Franckforden. Magunt. dioc.: de nova prov. de dd. can. et preb. (4 m. arg.) et de d. par. eccl. (8 m. arg.) de iur. patron. laic. quos p. multos an. possedit 9. mai. 82 S 810 160^r.

3398 **Henricus Gheraldzna** perp. benefic. prebendatus nunc. ad alt. s. Antonii confess. in par. eccl. loci in Oldenhave Monast. dioc.: de prom. ad omnes ord. extra temp., sola sign. 4. apr. 83 S 821 153^v.

3399 **Henricus Gerden (Gherden)** cler. Minden. dioc. reus et possessor et **Henricus Hunoldi** cler. Colon. dioc. Stephani [Nardini] tit. s. Marie in Transtiberim presb. card. Mediolan. fam. actor qui litig. inter se coram Johanne Prioris aud. sup. perp. s. c. vicar. ad alt. Omnium ss. in eccl. Hildesem. in prima instantia quique (postquam quidam Johannes Gottigen cler. venit) interventu aliquorum nobilium virorum et amicorum ad concordiam devenerunt videlicet quod d. Henricus Hunoldi iuri ad d. vicar. renuntiat in manibus pape in favorem d. Henrici Gherden qui se oblig. ad disponendum eidem Hen-

rico Hunoldi infra 6 menses benef. valoris 20 fl. auri renen. boni et iusti ponderis et (casu quo n. disposuerit) ad solvendum pensionem ann. 20 fl. similium: de conf. d. concordie et de adm. resign. d. Henrici Hunoldi et de nova prov. (seu de prov. si nulli quoad d. Johannem Gottigen) d. Henrico Gherden de d. vicar. (45 fl. renen.) et de assign. d. Henrico Hunoldi pens. 20 fl. renen. quoad vixerit p. d. Henricum Gherden persolv. donec eidem d. benef. disposuerit 4. febr. 78 S 764 90^{vss} – reus et possessor qui litig. coram Johanne Prioris aud. contra Johannem Gottingk actorem sup. vicar. ut supra: de d. vicar. (45 fl. renen.) vac. p. resign. in manibus pape d. Johannis 29. oct. 79 S 787 250^r.

3400 **Hinricus Gherdingk** cler. Lubic.: de par. eccl. s. Severini in Kerkwerder Verden. dioc. (4 m. arg.) vac. p. assec. (vig. gr. expect.) par. eccl. ss. Petri et Pauli appl. in Sutwordinghe Verden. dioc. p. Johannem Oldewagen 14. ian. 77 S 745 278^{vs}.

3401 **Henricus Germ** cler. Magunt. dioc.: de disp. ad 2 incompat. benef. c. lic. perm. 27. mai. 83 S 824 55^r.

3402 **Henricus Germer (Gertner)** cler. Herbip. dioc. R[oderici de Borja] card. ep. Portuen. fam.: motu pr. de gr. expect. de 2 can. et preb. necnon de benef. ad coll. quorumcumque, Et s. d. 17. nov. 81 S 803 179^v – Ro[derici de Borja] card. ep. vicecancellarii ut supra fam. qui pro custodia arcis et civit. Nepesin. anno elapso unac. certis al. deputatus fuit: motu pr. quamdiu servitiis d. Roderici ep. in d. arce (que ab Urbe 22 miliaria distat) insistit de prerog. quib. curiales in cur. et Urbe presentes utuntur et de conf. benef. que vig. gr. expect. auct. ap. motu pr. conc. acc., sola sign. 17. iun. 83 S 824 282^{vs} – cui gr. expect. s. d. 17. nov. 81 de benef. ad coll. dec. etc. eccl. s. Burchardi e. m. Herbip. necnon abb. etc. mon. in Vildhausen Herbip.

dioc. o. Cist. conc. fuit: motu pr. de mutatione d. gr. expect. de benef. ad coll. abb. etc. mon. in Wildhausen in benef. ad coll. ep. etc. Herbip. et de disp. ad 2 incompat. benef. c. lic. perm. 4. nov. 83 S 829 279^{rs}.

3403 **Henricus Gherwen** prep. eccl. Halberstad. decr. doct. inter al. referens quod ipsi (supplic. Francisco [Todeschini-Piccolomini] tit. s. Eustachii diac. card. tunc in partibus Alamanie legato) de d. prepos. p. Pium II. prov. fuerat et quod deinde d. card. m. ut bona feudalia que ad d. prepos. spectant et usurpata fuerant restituerentur et ut incole villarum ad d. prepos. spectantium in causis pecuniariis n. coram archid. in eccl. Halberstad. sed coram d. Henrico vel advocato suo in iudicium trahi deberent: de conf. 1. febr. 74 S 701 218^r-220^v, V 663 79^r-82^r.

3404 **Henricus Gesler** acol. August. dioc. rect. par. et colleg. eccl. s. Guidonis Spiren.: de prom. ad omnes ord. extra temp., sola sign. 9. sept. 71 S 671 155^r, 7. oct. 71 S 672 250^v, 11. oct. 71 S 672 212^v, 14. oct. 71 S 672 181^r, 17. oct. 71 S 672 221^{rs}.

3405 **Enricus Gestilyn**, Colon. [dioc.?]: disp. ad incompat. benef. I 332 51^r.

3406 **Henricus Ghewaien** scol. Magunt. dioc.: recept. ad primam tonsuram in sacristia basilice Principis appl. de Urbe 16. iun. 81 F 7 20^r.

3407 **Henricus Giesze** cler. Magunt. dioc. in 17. sue et. an. constit.: motu pr. de gr. expect. de benef. ad coll. quorumcumque et de prerog. ad instar pape fam. descript., Et s. d. 17. nov. 81 8. mai. 84 S 830 205^{vs}.

3408 **Henricus Glanzs** cler. Herbip. dioc. in art. mag. qui vig. litt. nominationis imper. decan. ac can. et preb. in eccl. s. Gangolfi e. m. Bamberg. vac. p. o. Michaelis Kaweschs acc.: de nova prov. de d. decan. ac can. et preb. (insimul 12 m. arg.) et de disp. ut unac. d. decan. decan. eccl. s. Ju-

liane in Mospach Herbip. dioc. quam obtin. ac perp. s. c. vicar. ad alt. b. Marie Magdalene in eccl. Bamberg. sup. qua litig. in cur. ad an. insimul obtin. val. 11. ian. 83 S 818 186^v – cler. Bamberg. dioc. perp. vic. ad alt. b. Marie Magdalene in eccl. s. Gangolfi e. m. Bamberg. qui ad decan. in d. eccl. auct. ordin. electus fuit: de nova prov. de d. s. c. vicar. (4 m. arg.) sup. qua litig. in cur. et de disp. ut unac. d. decan. d. vicar. retin. val. 13. ian. 83 S 818 208^{rs} – ep. Bamberg. cancellarius qui ad decan. eccl. b. Marie in Tewerstat al. s. Gangolfi ut supra electus fuit ac can. et preb. d. eccl. vig. litt. nominationis imper. acc. possessione subsecuta: de nova prov. de d. decan. ac can. et preb. (8 m. arg.) vac. p. o. Michaelis Kawesch (Kawst) et de disp. ut unac. d. decan. decan. eccl. s. Juliane ut supra recip. val. c. lic. perm. et ut unac. d. decan. can. et preb. [recte: alt.] b. Marie Magdalene in loco sepulture in eccl. Bamberg. sup. quib. litig. in cur. ad an. retin. val. 21. ian. 83 S 819 4^{vs}, 24. ian. 83 S 819 42^v – de primissaria in par. eccl. b. Marie in Sneytarg Bamberg. dioc. (4 m. arg.) vac. p. resign. in manibus pape Pauli Prande olim Georgii [Hesler] tit. s. Lucie in Silice presb. card. fam. 24. apr. 83 S 822 263^{vs} – dec. eccl. s. Gangolfi al. b. Marie in Tewerstat e. m. Bamberg. c. quo ut unac. d. decan. can. et preb. in eccl. s. Gangolfi ut supra ac perp. s. c. vicar. ad alt. b. Marie Magdalene ut supra (4 m. arg.) quam obtin. retin. val. auct. ap. disp. fuit: de prorog. d. disp. ad vitam c. lic. perm. 25. nov. 83 S 831 288^v – de perp. vicar. ad alt. b. Marie Magdalene ut supra (4 m. arg. p.) vac. p. resign. in manibus pape Ulrici Schlusselfelder cler. Bamberg. dioc. cui de eadem auct. ap. prov. fuit 4. iun. 84 S 836 272^v – qui vig. nominationis imper. cellerariam eccl. s. Gangolfi ut supra vac. p. o. Georgii Rephim acc.: de nova prov. de d. celleraria (4 m. arg. p.) et de disp. ut unac. d. celleraria decan. d. eccl. (4 m. arg. p.) quem obtin. aut quecumque 2 al. benef. in d. eccl. sub eodem tecto recip. val. c. lic. perm. 27. iun. 84 S 837 285^v.

3409 Henricus Glemmen (Slemmern) cler. Magunt. dioc.: motu pr. de gr. expect. de 2 can. et preb. necnon de benef. ad coll. quorumcumque, Et s. d. 17. nov. 81 S 803 177^v. – de perp. vicar. in colleg. eccl. s. Petri Northenen. Magunt. dioc. (2 m. arg.) vac. p. o. Hermanni Ysengart et p. devol. 13. sept. 82 S 814 76^{vs}.

3410 Henricus (de Glimes (Glymiz)) de Bergis nob. de baronum gen. prothonot. inter 4 personas enumeratus: de gr. expect. de 2 can. et preb. et de 2 benef. ad coll. quorumcumque, Et s. d. 1. ian. 72 S 670 49^v, S 670 54^{vs} – utr. iur. doct.: de altera portione par. eccl. in Hulst Traiect. dioc. (10 m. arg.) vac. p. o. Adriani de Blinde 15. oct. 73 S 702 58^{vs} – de can. et preb. [locus deest] Leod. dioc. (40 l. T. p.) vac. p. o. Godefridi [.] quond. Nicolai [.] fam. 21. febr. 74 S 703 242^r – fit mentio ut testis 25. iun. 74 FC I app. 21 51^v – presb. Leod. dioc. qui litig. coram Johanne de Cesarinis aud. contra Nicolaum Laurencii cler. sup. perp. s. c. capn. ad alt. s. Johannis Bapt. in par. eccl. in Remerswel Traiect. dioc. de iur. patron. laic. vac. p. o. Johannis Wilhelmi: m. (d. Johanni de Cesarinis aud.) confer. si neutri d. capn. (5 m. arg.) 27. aug. 74 (exped. 24. ian. 76) L 752 275^{vss} – habuit mutuo 108 scutos auri antiqui ad rationem 62 grossorum pro quolibet que promisit solv. Bruggiis heredibus Antonii de Rabatta et Bernardo de Cambis ibidem mercatoribus infra 3 menses (testibus Hadriano de Hencourt prep. eccl. Ambianen. et Antonio de Berneti presb. eccl. s. Petri Rupis Ernandorum Vapincen. dioc.) 14. oct. 74 FC I app. 21 59^v – cler. Leod. dioc. pape not. ex utr. par. de bar. gen.: m. (ep. Leod. et dec. eccl. Antwerpien.

Cameracen. dioc. ac prep. eccl. b. Marie Brugen. Tornacen. dioc.) confer. in commendam abbat. mon. s. Medardi Vlierbaren. o. s. Ben. Leod. dioc. (100 l. T. p.) vacat. p. priv. Leonardi abb. (qui excom. missas celebravit) et disp. ut d. abbat. unac. al. benef. retin. val. 6. mart. 75 V 573 231^v-233^r – de par. eccl. in Beverlo Leod. dioc. (200 fl. adc.) vacat. p. resign. in manibus pape Juliani [de Ruvere] tit. s. Petri ad vincula presb. card. cui de eadem vac. p. o. Walteri de Gouda abbrev. prov. fuit <in commendam> 14. iun. 75 S 721 237^v, (m. ep. Sibenicen. et offic. Leod. ac offic. Cameracen.) (exped. 13. sept. 75) L 747 119^{rss} – prothonot. et pape refer.: de prepos. eccl. s. Martini Ypren. Morinen. dioc. o. s. Aug. (300 fl. adc.) vac. p. o. Walteri de Tornen, Conc. c. pensione 3. partis pro Petro de Valetancio 1. oct. 75 S 727 104^v – de person. in Brecht Leod. dioc. (160 l. T. p.) vacat. p. resign. Thome Simonis cler. Tullen. dioc. cui de d. person. vac. p. o. Gisberti de Brederode prothonot. prov. fuerat et de assign. d. Thome pens. ann. 46 l. T. p. p. d. Henricum persolv. 25. nov. 75 S 730 188^r, I 333 186^r – de nova prov. de person. de Brecht Leod. dioc. (110 l. T. p.) vac. p. resign. in manibus pape Thome Simonis cler. Tullen. dioc. <pape fam.> cui de d. person. vac. p. o. Gisberti de Brederode ut supra <s. d. 28. sept. 75> prov. fuerat et de reserv. d. Thome pens. ann. 40 duc. adc. sup. fruct. d. person. 11. ian. 76 S 732 249^{vs}, (m. prep. eccl. Ambianen. et officialibus Leod. ac Cameracen.) (exped. 8. ian. 76!) L 751 110^r-111^v – oblig. sup. annat. perp. capn. ad alt. s. Johannis Bapt. in par. eccl. in Remerswael de qua ut supra sibi prov. fuit 19. febr. 76 A 24 91^r – solv. pro annat. perp. capn. ut supra 20 fl. renen. 12 stuferos (20 stuferi pro fl.) 19. febr. 76 FC I 1232/181 13^v – de lic. perm. 13. mart. 76 S 735 275^r – de lic. testandi 13. mart.

76 S 735 286ᵛˢ – de n. prom. ad 7 an. 13. mart. 76 S 735 216ᵛˢ – oblig. sup. annat. person. in Brecht de qua ut supra s. d. 11. ian. 76 sibi prov. fuit 18. mart. 76 A 24 109ʳ – oblig. sup. commun. serv. mon. s. Medardi ut supra (in margine: priv. in forma iur.) 20. apr. 76 OS 81 13ʳ – obtulit cam. ap. et collegio card. 100 fl. adc. p. Johannem Mechlaer cler. Leod. dioc. causarum pal. ap. not. (ut constat publ. instr. acto s. d. 23.mart.[76] subscripto p. Johannem Clerici cler. Leod. ap. et imper. auct. not.) pro serv. commun. mon. s. Medardi ut supra (in margine: d. die bulle date fuerunt d. Johanni quia est priv. in forma iur.) 20. apr. 76 Paris L 25 A 8 235ʳ – Caroli Burgundie ducis procur.: de can. et preb. eccl. Furnen. (Surnen.) Morinen. dioc. (50 l. T. p.) vac. p. o. in civit. Perusin. Rogerii Camelini 28. iul. 76 S 741 37ʳ – prov. in commendam (de consilio card.) mon. s. Dionisii in Brocqueria o. s. Ben. Cameracen. dioc. vac. p. resign. in manibus pape Philiberti [Hugonet] tit. s. Lucie in Silice diac. card. 10. mart. 77 L 766 78ʳˢˢ – dec. eccl. Bisuntin. prothonot.: oblig. p. Altfast [= Johannem Haltfast] can. eccl. s. Simeonis Trever. cur. sequentem sup. facult. resign. in partibus eidem p. bullam s. d. 7. iul. 78 conc. 21. iul. 78 A 27 73ᵛ.

3411 **Henricus Godecke** presb. Magunt. dioc. cui de par. eccl. b. Marie in Apterade Magunt. dioc. vac. p. o. Johannis Gerwici p. Johannem Schickeberg prep. eccl. s. Bonifacii [deest locus] Magunt. dioc. prov. fuit: de nova prov. de d. par. eccl. (4 m. arg.) vac. p. o. Johannis Gerwici 3. mai. 79 S 781 93ᵛˢ, m. (dec. eccl. b. Marie in Rotemberg Magunt. dioc.) (exped. 18. mai. 79) L 792 83ʳˢˢ.

3412 **Henricus Goffini** de Latinto Leod. dioc. et **Johannes Gros** cler. Herbip. dioc. Jacobi [Vanucci] ep. Perusin. familiares: supplic. d. ep. de prov. d. Henrico de can. et preb. eccl. Pader-

burn. (24 fl. adc.) et de prov. d. Johanni de perp. capn. s. Marie Colon. (24 fl. adc.) vacantibus p. o. Henrici Cannegiter d. ep. fam. 4. aug. 75 S 725 4ʳ.

3413 **Henricus Grebe** civ. Colon. cui off. navigature seu transferationis in flumine Reni inter Coloniam et mon. Tuicien. quod ab eccl. vel aep. Colon. in feudum recipi consuevit p. litt. Friderici R. I. conc. fuit: de conf. dd. litt. pro se et suis heredibus 16. iun. 77 S 753 122ᵛ.

3414 **Henricus Grymme (Grime)** presb. Razeburg. dioc. litig. coram ep. Razeburg. et postea coram Johanne de Ceretanis aud. contra Hermannum Bygade cler. sup. perp. vicar. in par. eccl. s. Georgii Wismaren. Razeburg. dioc. de iur. patron. laic. vac. p. o. Henrici Weytendorp: de prov. si neutri de d. vicar. (4 m. arg.) 24. nov. 71 S 673 12ʳ – cur. sequens: de s. c. benef. in par. eccl. b. Marie virg. Wismaren. Razeburg. dioc. (5 duc. adc.) vac. p. o. Nicolai Wistval et de disp. ut unac. d. benef. aliud benef. (4 duc. adc.) sub eodem tecto ad vitam c. lic. perm. retin. val. 13. mart. 80 S 795 202ʳˢ – qui perp. simplex benef. in par. eccl. b. Marie virg. Wismarien. Razeburg. dioc. (4 duc. adc.) obtin.: m. (ep. Zwerin. et thes. eccl. Verden. ac Johanni Boller can. eccl. Bremen.) confer. al. simplex perp. benef. in d. eccl. (5 duc. adc.) vac. p. o. Nicolai Westval et disp. ut unac. d. perp. benef. al. perp. benef. insimul ad vitam retin. val. 13. mart. 80 (exped. 11. ian. 81) L 807 28ʳˢ – perp. vic. eccl. s. Nicolai op. Wismarien. Razeburg. dioc.: de al. perp. vicar. d. eccl. (2 m. arg.) vac. p. resign. in manibus pape Johannis Scutte et de disp. ut dd. 2 perp. vicar. insimul retin. val. c. lic. perm. et attento quod al. vicar. (4 m. arg.) obtin. 3. apr. 80 S 791 89ᵛˢ – de par. eccl. ville Triboem (2 m. arg.) et de perp. vicar. in par. eccl. op. Tributzen Zwerin. dioc. (2 m. arg.) vac.

p.o. Henrici Scherer 19. oct. 80 S
797 150^r – litig. coram Gundissalvo
de Villadiego aud. contra quond.
Ewaldum Cymerman cler. tunc in
cur. defunctum sup. perp. s.c. vicar.
in par. eccl. s.Nicolai op. Wismari-
en. Razeburg. dioc. (2 m. arg.) vac.
p.o. Johannis Goldenbage: de surrog. ad ius d. Ewaldi 17. oct. 83 S
829 265^r – referens quod Nicolaus
Berser parochiales ecclesias in terra
Poel Lubic. dioc. p. plures an. simoniace detin.: de dd. par. eccl. (2
m. arg.) de iur. patron. laic. vacat. p.
priv. d. Nicolai 22. oct. 83 S 831
46^{vs}.

3415 Henricus Grimont prep. eccl. s.Se-
verini Colon.: solv. 75 fl. adc. p.
manus de Spinellis pro compositione
annat. cessate pens. ann. 200 fl. renen. sup. fruct. d. prepos. reservato-
rum Johanni Bapt. de Sabellis prothonot. 7. iul. 72 FC I 1129 96^r, IE
487 89^v – presb. Leod. dioc. olim
abbrev. quond. Prosperi [de Colum-
na] tit. s.Georgii ad velum aureum
diac. card. fam.: de facult. benef. in
quibusvis ecclesiis simul vel successive resign. et confer. extra cur. 15.
decb. 81 S 805 240^v – lic. resign. in
manibus ordin. 28. febr. 82 L 817
126^{rs}, ref. S 808 34^r – oblig. p. Thomam de Deix causarum pal. ap. not.
pro facult. resign. vel perm. s.d. 28.
febr. 82 conc. 11. mart. 82 A 30
143^v.

3416 Henricus de Grimppenberg laic.
August. de nob. gen. et abba. mon.
in Monhein can. sec. Eistet. dioc.
quib. ius nominandi vel presentandi
personam idoneam ad perp. capn. ad
alt. s.Petri in par. eccl. in Petmesz
August. dioc. conc. fuit: de indulto
ut nullus litt. ap. vel legatorum sed.
ap. de d. iur. derog. val. 16. mart. 79
S 779 130^{rs}.

3417 Enricus Grys: pens. sup. par. eccl.
Colon. [dioc.?] I 332 67^r.

3418 Henricus Grotmer cler. Herbip.
Roderici [de Borja] card. ep. Portu-

en. vicecancellarii fam. qui pro nonnullis suis negotiis et in d. ep. servitiis a cur. absentare et ad partes
transferre se habet: de prerog. ad instar pape fam. in absentia, sola sign.
4. nov. 83 S 831 39^v.

**3419 Henricus Grumpel (Grampel,
Gremnpel)** can. eccl. b. Marie virg.
Wetzflarien. Trever. dioc.: de nova
prov. de can. et preb. d. eccl. (8 m.
arg.) 11. decb. 73 S 699 248^{rs} – cler.
Trever. dioc. p. capit. eccl. b. Marie
virg. Wezflarien. Trever. dioc. in
dec. d. eccl. electus: de nova prov.
de d. decan. (6 m. arg.) 25. ian. 74 S
702 8^r – de disp. ut unac. decan. ut
supra (3 m. arg.) al. incompat. benef.
retin. valeat 19. ian. 76 S 733 111^{rs} –
de disp. ut unac. decan. ut supra aliud incompat. benef. etsi par. eccl. retin. val. 13. nov. 77 S 760 40^v.

**3420 Henricus Grunberg (Hernnber-
ger)** Theodori [de Monteferrato] tit.
s.Theodori diac. card. dilectus: supplic. d. card. prov. de can. et preb.
eccl. s.Cassii Bonnen. Colon. dioc.
(4 m. arg.) vac. p.o. Johannis Hart-
mann d. card. fam. qui postquam a d.
familiaritate discesserat obiit (m.
prep. eccl. b. Marie Feuchtwangen.
August. dioc. ac scolasticis eccl. Magunt. et eccl. s.Stephani Magunt.),
gratis 7. iun. 77 V 581 53^r-54^v –
cler. Magunt.: de can. et preb. eccl.
s.Cassii op. Bonnen. Colon. dioc. (4
m. arg. p.) vac. p.o. Henrici Lyns vel
p. devol. 5. iul. 81 S 799 280^r.

3421 Henrichus Grunninger cler. Argent. dioc.: de par. eccl. s.Marie in
Hauperrding Frising. dioc. (12 m.
arg.) vac. p.o. Leonardi Palbern 12.
decb. 75 S 731 103^{vs}.

3422 Henricus Gunther al. Gokken cler.
Magunt. dioc.: de perp. s.c. vicar. in
eccl. Misnen. (4 m. arg.) vac. p.o.
Jacobi Graber 5. mai. 81 S 801
14^{vs}.

3423 Henricus [Gutzmann] prep. dom.
Sepulcri dominici o. s. Aug. in
Denckendorff Constant. dioc. qui ex

quadam mul. coniug. 3 pueros procreavit: de abol. inhab. 10. decb. 73
S 699 185^r.

3424 Henricus Habesow presb. perp. vic.
in eccl. b. Marie virg. Lubic. qui in
d. eccl. ex disp. capit. eccl. Lubic.
quandam al. s. c. vicar. in mon. monialium s. Johannis in civit. Lubic.
assecutus est: de disp. ut dd. vicar.
insimul (8 m. arg.) retin. valeat 23.
apr. 75 S 718 40^v.

3425 Henricus de Haghe rect. par. eccl.
s. Remigii Bonnen. Colon. dioc.: de
assign. pens. ann. 6 fl. renen. sup.
fruct. par. eccl. s. Lupi Colon. (4 m.
arg. p.) p. Fridericum de Nussia rect.
d. par. eccl. persolv. 12. apr. 83 S
822 123^v – referens quod ipse par.
eccl. s. Lupi Colon. (4 m. arg.) et
Fredericus de Nussia par. eccl.
s. Remigii (quas obtinebant) ex causa
perm. resignaverunt in manibus Hermanni [de Hassia] aep. Colon. et deinde d. Henrico de d. par. eccl. s. Remigii et d. Frederico de d. par. eccl.
s. Lupi (cuius fructus uberiores
exist.) p. d. aep. prov. fuit: assign. d.
Henrico pens. ann. 6 fl. renen. superiorum sup. fruct. d. par. eccl. s. Lupi
(4 m. arg.) (resign. p. Johannem Les-
tighe cler. Monast. procur. in civit.
Colon. fact.) (m. prep. eccl. s. Severi
Erforden. Magunt. dioc. et dec. eccl.
s. Walburgis Arnemen. Traiect. dioc.
ac offic. Colon.) 23. mai. 83 L 826
209^v-211^r.

3426 Henricus van Haghen cler. Monast.
dioc. Cristierni Dacie Svecie et Norvegie regis dilectus cui gr. expect.
s. d. 1. ian. 72 de benef. ad coll. prep.
etc. eccl. s. Cuniberti Colon. et eccl.
b. Marie ad Gradus Colon. conc. fuit: prerog. ad instar pape fam. descript. 3. apr. 73 (exped. 16. mart.
76) L 735 321^{rs}.

3427 Henricus Halfpape cler. Magunt.
dioc. qui ad capel. s. Johannis Bapt.
et s. Liborii in Olzen Magunt. dioc.
vac. p. o. Arnoldi de Roningen et p.
devol. p. Bernardum de Ruschepla-

ten patron. laic. present. fuit: de
nova prov. de d. capel. (4 m. arg.)
30. mai. 83 S 824 83^r.

3428 Henricus Haligenvildis cler. Verden. dioc.: de maiori preb. eccl. Tarbat. (3 m. arg.) vac. p. o. Ywani Eppenschede et de disp. ut d. maiorem
preb. unac. perp. vicar. ad alt. s. Crucis d. eccl. etiam sub eodem tecto
obtin. val. 12. oct. 78 S 774 53^{rs}.

3429 Henricus Halswick cler. Colon. dioc. c. quo sup. def. nat. (p. s.) disp.
fuit et qui ad par. eccl. s. Johannis
Bapt. in Brechten (c. capel. s. Georgii mart. in Lunen annexa) Colon.
dioc. vac. p. resign. (in manibus Sophie de Gelichen abba. sec. et colleg.
eccl. Assinden. Colon. dioc.) Georgii
de Renalia presb. p. d. Sophiam archidiacono Tremonien. [in eccl. Colon.] present. fuit: de nova prov. de
d. par. eccl. unac. d. capel. (insimul
8 m. arg. p.) 28. mart. 73 S 689 16^{vs}
– cui de perp. vicar. ad alt. s. Stephani in sec. et colleg. eccl. ss. Cosme et Damiani Assinden. Colon. dioc. vac. p. resign. (in manibus Sophie de Gelichen abba. d. colleg.
eccl.) Goswini de Moylhem p. d. Sophiam prov. fuit: de nova prov. de
perp. vicar. (4 m. arg. p.) 29. mart.
73 S 689 205^{vs}.

3430 Henricus Hammenstede presb. Magunt. dioc. pres. in cur.: motu pr. gr.
expect. de benef. ad coll. ep. etc.
Verden. ac prep. etc. eccl. ss. Simonis et Jude Goslarien. Hildesem. dioc. (exec. dec. eccl. Hildesem. et
dec. eccl. s. Petri Nortenen. Magunt.
dioc. ac offic. Verden.), gratis 17.
nov. 81 V 644 225^r-226^v.

3431 Heinricus Han presb. Argent. dioc.
qui litig. coram Matheo de Porta
aud. contra Jacobum Reyfsteck cler.
sup. can. et preb. eccl. s. Thome Argent. vac. p. o. Arbogasti Rineve: de
prov. si neutri de eisdem (10 m. arg.)
15. mai. 75 S 719 275^{vs} – rect. par.
eccl. in Sulschriessen Argent. dioc.:
de disp. ut unac. d. par. eccl. (8 m.

arg.) al. incompat. benef. retin. valeat etsi 2 par. eccl. 12. iul. 75 S 723
138ᵛ – presb. qui in eccl. s. Petri iun.
Argent. perp. benef. obtinet inter al.
referens quod d. beneficio summis-
saria nunc. quedam s. c. capel. a civitate Argent. dimidio miliari Ala-
manico distans unita fuit ea condicione ut d. benefic. singulis septi-
manis missam in d. capel. celebrare
teneatur quodque d. capel. calice et
ministro caret quodque d. benef. obtinens in d. eccl. residere tenetur: de
indulto ut missam in d. eccl. s. Petri
iun. aut al. eccl. civitatis Argent. celebrando missam in d. capel. p. se
vel al. celebrare n. teneatur, n. o.
consuetudine prioris et fr. dom. o.
Cartus. e. m. Argent. 11. iun. 78 S
770 169ᵛˢ – presb. Argent. cui de
can. et preb. eccl. s. Petri iun. Argent. vac. p. o. Stephani Wiczgart p.
Eberardum (Eurardi) de Kagennich
prov. fuit ea condicione ut ipse par.
eccl. in Sulkingh Argent. dioc. de
iur. patron. laic. in favorem d. Eurardi resign.: de disp. sup. irreg. et
de nova prov. de eisdem (8 m. arg.)
25. ian. 80 S 791 205ʳ – presb. Argent. dioc. litig. coram Jacobo Hagen cant. eccl. s. Petri iun. Argent.
iudice delegato contra Johannem
Burchardi cler. sup. can. et preb. d.
eccl. s. Petri vac. p. o. Stefani Wurcz-
gare: de prov. si neutri de dd. can. et
preb. (10 m. arg.) 9. decb. 82 S 817
125ᵛˢ.

3432 Henricus Hanige cler. Bremen. in
11. sue et. an. constit.: de disp. ad
s. c. benef. et de n. resid. et de fruct.
percip. in supplementum stud. 9.
mart. 82 S 808 142ᵛ.

3433 Henricus Haoppeke scol. Osnaburg.: recip. primam tonsuram in sacristia basilice Principis appl. in
Urbe 19. decb. 72 F 6 87ʳˢ – cler.
Osnaburg.: prom. ad acolit. et al.
min. ord. in sacristia basilice Principis appl. in Urbe 19. decb. 72 F 6
87ʳˢ.

3434 Henricus Harem minister provincialis o. fr. min. Argent. provincie
referens quod ipse dom. beginarum
et sororum s. Clare in op. Villungen.
Constant. dioc. in mon. sanctimonialium ibidem erexit et eas sub clausura et custodia prout instituta ord.
sonant haberi disposuit: de conf. d.
transl. et de susceptione in protectionem bb. Petri et Pauli, gratis 24.
nov. 82 S 817 7ʳ.

**3435 Henricus lantgravius (Hassie)
(com. de Nida Catchenquam)** cuius
reddituarii Girinum Martini not. ap.
et precept. dom. s. Antonii in Gru-
nebergen ad reddendum rationem et
computum de bonis d. dom. coege-
runt: hortatio ut revocet quod contra
d. Girinum fecerunt et provideat ne
d. Girinum sup. dd. bonis molestent
29. aug. 80 Arm. XXXIX, 13 10ʳˢ –
referens quod reg. sup. vac. p. prom.
et sup. vac. p. resign. in supplic. n.
fuit expressa: de ref. c. derog. d. reg.
7. nov. 80 S 797 158ᵛ – hortatio ut
Johanni de Angelis utr. iur. doct.
Ariminen. nunt. et commissario pape
in recuperatione bonorum Girini
Martini not. ap. et precept. dom.
s. Antonii in Grunebergh Magunt.
dioc. et collect. (eiecti ab Iacobo Elbeson et eius complicibus) ad cam.
ap. spectantium necnon in suis al.
off. adsistat (simile ad aep. Magunt.,
aep. Colon., mag. et consulatum op.
Franckforden. necnon abb. etc. in
Arnesporg) 20. nov. 81 Florenz II.
III. 256 97ʳ.

3436 Henricus Heber presb. Wormat. dioc. referens quod sigilla litt. ap. legati falsificavit et al. crimina commisit et quod ab ep. Ratisbon. ex off.
inquisitus fuit et c. mitra infamie ex-
positus et ad perp. carceres condemnatus fuit et 8 an. in carceribus remansit: supplic. Ludovico duce Bavarie de indulto relaxandi a dd. carceribus, Conc. ut petitur eo retento p.
1 an. in carcere 17. mart. 78 S 767
3ʳˢ – paup. presb. qui ut supra deli-
quit et penitentiam egit an. 8 at-

tenuatusque viribus ex inhabitatione carceris vix aspirare potest ita ut verisimiliter an. sibi p. papam concessum p. quem d. carcerem inhabitare debet supervivere n. possit: de committ. d. ep. ut more pii patris mox d. presb. e carceribus emancipet ac d. an. sibi in al. temporalem penitentiam commutet, Conc. quod ordinarius de an. faciat prout sibi videbitur 7. apr. 78 S 768 43^r.

3437 **Henricus Hechinen** scol. Spiren. dioc.: litt. testim. sup. receptione prime tonsure vig. conc. Pauli II. ex commissione Marci [Barbus] tit. s. Marci presb. card. s. d. 25. febr. 69 in sacristia basilice Principis appl. in Urbe 11. mart. 74 F 6 143^r.

3438 **Henricus Hecht** cler. Colon. dioc. mag. in art. c. quo sup. def. nat. (p. s.) disp. fuit: de perp. s. c. vicar. ad alt. ss. Quirini et Agnetis in eccl. Colon. (4 m. arg.) vacat. p. resign. in manibus pape Hugonis de Portfleyt (Portflyt) cler. Traiect. dioc. decr. doct. pape fam. cui de d. vicar. vac. p. o. Johannis de Aken Eugenii IV. fam. <s. d. 15. apr. 72> prov. fuerat litt. n. confectis 26. iun. 72 S 681 91^{rs}, m. (prep. eccl. Lubic., Wilhelmo Westfael can. eccl. Lubic. ac offic. Colon.) (exped. 21. aug. 72) L 715 167^{rss} – rect. par. eccl. in Dattenuelt Colon. dioc. in cur. causarum procur.: de prom. ad omnes ord. extra temp., sola sign. 18. decb. 72 S 685 74^v – litt. testim. sup. prom. (vig. conc. ut supra) ad acolit. et al. 4 min. ord. s. d. 24. decb. 72 in dom. Jacobi [de Neapoli] ep. Sancti Angeli de Lombardis in Urbe, ad subdiacon. ord. s. d. 26. decb. 72, ad diacon. ord. s. d. 27. decb. 72 (in eccl. s. Bartholomei de Insula in Urbe) 27. decb. 72 F 6 118^{vs} – in cur. ad acolit. et al. min. ord. necnon ad subdiacon. et diacon. ord. promotus: litt. dimissoriales sup. prom. ad presbit. ord. 1. iun. 73 F 6 118^v – rect. par. eccl. b. Marie in Bertelstorff Colon. dioc. mag. in art. c. quo sup. def. nat.

(p. s.) disp. fuit: de disp. ut unac. d. par. eccl. aliud incompat. benef. recip. valeat 3. nov. 74 S 706 120^{rs} – can. eccl. s. Cuniberti [et] ss. 11.000 Virg. [Colon.]: de nova prov. de par. eccl. in Vinckel Colon. dioc. (10 m. arg.) vac. p. o. Rutgeri Climt n. o. def. nat. (p. s.) sup. quo secum disp. fuit 30. mai. 77 S 756 186^r.

3439 **Henricus Heyden (Harden)** cler. Wien. dioc. natus Laurentii Heyden (Harden) mil. et magistercivium civit. Wien. Friderici R. I. consiliarii in 18. sue et. an. constit. in litt. stud. insistens: de disp. ut quodcumque benef. etsi par. eccl. recip. val. c. lic. perm. 16. iul. 84 S 838 211^r – supplic. d. Friderico R. I. de disp. ut 2 (in margine: 3) incompat. benef. etsi 2 par. eccl. ad vitam recip. val. c. lic. perm. et de disp. sup. def. et. ut supra ac de n. resid. et de n. prom. ad 7 an. in litt. stud. insistendo dummodo infra 3 an. sit subdiac., Conc. de uno ex nunc et de 2 in 20. sue et. an. dummodo infra 2 an. sit subdiac. 30. iul. 84 S 839 7^r.

3440 **Henricus Heymbach (Heymbarch, Heynberch)** rect. par. eccl. in Heninghusen (Hennighusen) Hildesem. dioc. qui perp. vicar. ad alt. s. Godehardi in novo paradiso eccl. Hildesem. in favorem Bernardi Krime (Kemen) resign.: de assign. pens. ann. 10 fl. renen. sup. fruct. d. perp. vicar. (4 m. arg.) p. d. Bernardum <vel p. Henricum Bockenaw cler. Paderburn. procur.> persolv. et quandam dom. in civit. Hildesem. consistentem et ad d. perp. vicar. pertinentem ad eius vitam usufructuandam et inhabitandam 20. apr. 80 S 792 266^v, (exec. prep. eccl. s. Crucis et dec. eccl. s. Mauritii in Monte e. m. Hildesem. ac offic. Hildesem.) V 600 59^r-60^v – not. recip. pro bulla distributa 3 grossos et 2 grossos iun. 80 DB 1 28^r.

3441 **Henricus Heyring** presb. Bamberg. dioc.: de par. eccl. in vel prope Weden Ratisbon. dioc. (18 m. arg.) vac.

p. o. Johannis Kreusner 2. decb. 79 S 788 4^r.

3442 Henricus Helbecher cler. Magunt. dioc. mag. in art. cui gr. expect. s. d. 1. ian. 72 de 2 benef. ad coll. ep. etc. Basil. et ad coll. prep. etc. eccl. s. Bartholomei Franckforden. Magunt. dioc. conc. fuit: de prerog. ad instar pape fam. descript. 28. mai. 73 S 691 104^{rs}.

3443 Henricus Helbock de Silva Pregantina (Silva Pregantie) cler. Constant. dioc. referens quod Georgius Mag monach. o. s. Ben. Constant. dioc. par. eccl. in Gruenenbach (Grunenbach) Constant. dioc. p. 4 <3> an. pretextu coll. p. abb. mon. Silve Pregantie o. s. Ben. sibi fact. detin.: de d. par. eccl. (4 m. arg.) vac. p. o. Henrici M. 19. iun. 78 S 770 270^r, m. (dec. eccl. Constant. et cust. eccl. s. Johannis Constant. ac offic. Constant.) (exped. 6. iul. 78) L 783 14^{rs} − Constant. [dioc.?]: prov. de par. eccl. vac. p. o. 81/82 I 334 63^r.

3444 Henricus Heller cler. Constant. dioc. in 21. sue et. an. constit.: de disp. ad quodcumque benef. etsi par. eccl. c. lic. perm. 18. decb. 81 S 806 47^r, L 822 42^{vs}.

3445 Henricus Heller (Haller) presb. Magunt. dioc.: motu pr. de gr. expect. de benef. ad coll. quorumcumque <prep. etc. eccl. b. Marie Erffurden. et eccl. b. Marie Isenacen. Magunt. dioc.>, Et s. d. 17. nov. 81 S 803 36^r, (m. prep. eccl. s. Willehadi Bremen. et dec. eccl. Nuemburg. ac dec. eccl. s. Victoris e. m. Magunt.) (exped. 25. mai. 82) L 820 261^v-263^r.

3446 Henricus de Helmstat can. eccl. Spiren. ex utr. par. de mil. gen. Philippi com. palatini Reni et Bavarie ducis dilectus: motu pr. de can. et preb. eccl. Wormat. (10 m. arg.) vacat. p. prom. Johannis Camerer de Talberg el. ad eccl. Wormat. [cass.] 11. aug. 82 S 813 55^v − in decr. li-

cent. qui ad decan. eccl. Spiren. (22 m. arg.) vac. p. o. Johannis de Stetenberg p. capit. d. eccl. electus fuit: conf. d. elect. (exec. prep. eccl. Spiren. et offic. Spiren. ac offic. Wormat.) 26. iun. 84 V 648 64^v-66^r − dec. eccl. Spiren.: oblig. p. Johannem Jochgrim vic. eccl. s. Stephani Wissenburgen. Spiren. dioc. sup. annat. decan. eccl. Spiren. (22 m. arg.) ut supra 5. iul. 84 A 32 147^r − solv. 52^1/$_4$ fl. adc. pro annat. decan. eccl. Spiren. p. manus Salvi de Burgarinis 6. iul. 84 Paris L 52 D 5 204^v, IE 510 45^v, IE 510 160^v − de disp. ut unac. d. decan. aliud incompat. benef. etsi par. eccl. ad vitam recip. val. c. lic. perm. 8. iul. 84 S 838 209^r.

3447 Henricus Hemkerck cler. Monast. dioc. referens quod quond. Bernardus Urdeman (Vademan) laic. Monast. dioc. in suo testamento de bonis suis perp. s. c. vicar. in par. eccl. s. Georgii op. Bocholden. Monast. dioc. ad honorem Omnipotentis Dei et b. Marie ac Omnium ss. pro uno vic. erigi et dotari voluit et quod Henricus Swerdes cler. Monast. dioc. d. bona detin. ac quod papa s. d. 1. iun. 80 certis iudicibus in partibus dedit in m. ut d. perp. vicar. (4 m. arg.) erigerent et in favorem quond. Bernardi Herbrinck (Herkenk, Herchich) cler. Monast. dioc. assign. qui antequam dd. iudices dd. litt. presentaverunt obiit: de committ. in partibus ut d. erectionem et assign. in favorem suum faciant 24. oct. 80 S 797 132^r.

3448 Henricus Hemmerman (Hemmeran, Hermeninna) de Susato cler. Colon. dioc.: de can. et preb. eccl. s. Patrocli Susacien. Colon. dioc. (30 l. T. p.) vac. p. o. Johannis Molitoris 28. decb. 75 S 732 119^v − S[tephani Nardini] tit. s. Adriani presb. card. fam.: de s. c. benef. in capel. s. Jacobi seu Porte s. Jacobi op. Susacien. Colon. dioc. de iur. patron. laic. (2 m. arg.) vac. p. o. in cur. Johannis Dockel 8. mai. 76 S 738 97^r − de par. eccl. s. Georgii op. Susacien. Colon. dioc. (4 m. arg.) vac. p. assec. par. eccl. s. Thome d. op. p. Rudophum Abell 20. mai. 77 S 751 274^{vs} – de par. eccl. in Westone Colon. dioc. (4 m. arg.) vac. p. o. Hermanni Becken, n. o. min. preb. eccl. s. Patrocli Susacien. Colon. dioc. (1) ac capel. s. N. apud mon. s. Walburgis op. Susacien. (3 m. arg.) 9. febr. 82 S 813 399^r.

3449 Henricus Henckel cler. Hildesem. dioc.: de nova prov. de par. eccl. s. Catherine Brunswicen. Halberstad. dioc. (12 m. arg.) de iur. patron. ducum Brunswicen. vac. p. o. Ottonis Ottonis, n. o. gr. expect. in forma paup. ad coll. abb. etc. eccl. s. Michaelis Hildesem., Conc. in forma paup. 15. ian. 82 S 806 183^r – de par. eccl. in Bornum Halberstad. dioc. (4 m. arg.) vac. p. n. prom. Henrici Spangen, n. o. gr. expect. in forma paup., Conc. in forma paup. 21. mai. 82 S 811 54^v.

3450 Henricus Henkelen cler. Colon. dioc. pape fam.: motu pr. gr. expect. s. d. 1. ian. 72 de benef. ad coll. aep. etc. Colon. et ep. etc. Paderburn. et prerog. ad instar pape fam. descript. (m. scolast. eccl. Wratislav. et offic. Colon. ac offic. Paderburn.), gratis 28. mai. 79 V 672 69^r-71^r.

3451 Henricus com. in Henneberg (ex com. de Hennebergh (Enenberg) archid. eccl. Herbip. c. quo disp. fuit ut d. archidiac. unac. par. eccl. in Kunigsfeldt Bamberg. dioc. ad 7 an. retin. valeat: de prorog. ad vitam et de disp. ad 3. incompat. benef. 15. nov. 74 S 711 18^{vs} – prov. de can. eccl. Bamberg. vac. p. prom. 75/76 I 333 40^r – solv. 22 fl. 36 bol. pro compositione annat. can. et preb. eccl. Bamberg. p. manus Everardi (Heverardi) de Rabestein (Rabestin) 11. mai. 75 FC I 1132 68^v, IE 490 71^r, IE 491 58^r – can. eccl. Bamberg. ex utr. par. de com. illustri gen. <per Albertum marchionem Brandenburg. presentatus>: supplic. d.

Alberto marchione Brandenburg. R. I. electore: de prepos. eccl. s. Gumperti in Onoltzpach Herbip. dioc. de iur. patron. d. Alberti marchionis que annexa est archidiac. Rangaw (Rawgaw) in eccl. Herbip. (insimul 35 m. arg.) vac. p. o. Petri Knorr (Knox) 7. apr. 78 S 767 214^{vs}, m. (dec. eccl. b. Marie Teuerstat e. m. Bamberg.) (exped. 14. apr. 78) L 782 57^{vss} – oblig. p. Jacobum de Bugamotis de Luca institorem societatis de Franciottis sup. annat. prepos. ut supra (in margine: d. die solv. 29 fl. p. manus d. soc.) 18. apr. 78 A 27 13^r – solv. 79 fl. adc. pro annat. prepos. eccl. s. Gumberti ut supra p. manus soc. de Franciottis 18. apr. 78 FC I 1133 150^v, IE 495 143^r, IE 496 147^r, IE 497 146^r, IE 495 254^r, IE 496 270^r, IE 497 271^r – prep. eccl. s. Gumperti in Onolczpach Herbip. dioc.: de disp. ut unac. d. prepos. (de iure patron. marchionis Brandenburg.) c. annexa scolastria eccl. Argent. aliud incompat. benef. etsi 2 par. eccl. retin. val. 21. apr. 78 S 768 293^r – scolast. eccl. Argent. ex utr. par. de magno nob. ac com. gen. qui d. scolastr. obtin. ac ad prepos. eccl. s. Gumperti in Onolezpach Herbip. dioc. de iur. patron. marchionis Brandenburg. ex privil. ap. p. Albertum marchionem Brandenburg. present. fuit: disp. ad 3 incompat. benef. 21. apr. 78 V 653 306^{vss} – cler. Herbip. dioc.: motu pr. de gr. expect. de 2 can. et preb. necnon de benef. ad coll. quorumcumque, Et s. d. 17. nov. 81 [1484] S 830 99^r.

3452 Henricus Henrici (Heynrici) rect. par. eccl. s. Pancratii [in Seldia] Traiect. dioc.: prom. ad 4 min. ord. in eccl. s. Spiritus in Saxia in Urbe 4. iun. 74 F 6 164^r – cler. Traiect. dioc. rect. par. eccl. s. Pancratii in Seldia [Traiect. dioc.]: de prom. ad omnes ord. extra temp., sola sign. 10. iun. 74 S 707 5^{vs} – rect. par. eccl. s. Pancratii in Scalac Traiect. dioc.: litt. testim. sup. prom. ad 4 min. ord. et

acolit. ac subdiacon. ord. s. d. 2. iun.
74 in eccl. s. Spiritus in Saxia in Urbe, vig. supplic. s. d. 10. iun. 74
conc., ad diacon. ord. s. d. 19. iun.
74, ad presbit. ord. [deest dies] iun.
74 in eccl. s. Bartholomei de Insula
in Urbe 7. iun. 74 (!) F 6 168^v –
prov. de decan. Traiect. [dioc.?] vac.
p. resign. 80/81 I 334 231^v.

**3453 Henricus (Henrici) de Bierstat
(Bierstadt)** [1. pars 2 partium] can.
eccl. Magunt.: ›rationi congruit‹ s. d.
28. mart. 71 m. (prep. eccl. Bamberg. et prep. eccl. s. Marie ad Gradus et eccl. s. Johannis Magunt.)
confer. decan. eccl. s. Mauricii Magunt. (3 m. arg.) vac. p. resign. in
cur. Ade Wannernecher 10. oct. 72 V
566 260^r-262^r – cler. Magunt. dioc.
Petri [Riario] tit. s. Sixti presb. card.
fam. c. quo ad 2 incompat. benef.
disp. fuit: facult. resign. omnia sua
benef., gratis 15. sept. 73 V 566
257^v-259^v – pape fam.: prov. de alt.
b. Marie virg. in par. eccl. in Schers-
ten Magunt. dioc. (2 m. arg.) vac.
p. o. in cur. Nicolai Sutoris de Fra-
wenstein (m. ep. Civitatis Castelli et
dec. eccl. s. Victoris Magunt. ac scolast. eccl. s. Albani e. m. Magunt.),
gratis 1. sept. 74 V 564 307^{rss} – qui
ex gr. sibi conc. nullum sperat consequi fructum quia dec. eccl. s. Mauritii ut supra unam solam par. eccl.
habet conferre (6 m. arg.): de ref. (c.
exten. litt. de alio benef. ad coll.
prep. etc. pertin.) 28. aug. 75 S 726
4^{rs} – dec. eccl. s. Mauritii Magunt.
pape fam.: incorp. d. decanatui (2 m.
arg.) aliquod benef. ad present. d.
eccl. spectans, gratis 28. aug. 75 V
571 152^v-154^r – dec. eccl. s. Mauricii Magunt. pape fam.: oblig. sup.
annat. benef. ad coll. prep. etc. d.
decanatui uniti de quo s. d. 28. aug.
75 sibi prov. fuit 29. decb. 75 A 24
53^v – cui gr. expect. de 2 benef. ad
coll. aep. etc. Magunt. et ad coll.
abb. etc. mon. Fulden. o. s. Ben.
Herbip. dioc. conc. fuit et qui vig. d.
gr. par. eccl. in Tuechandera (/.) Ma-

gunt. dioc. acc. sup. qua litig. in cur.:
de reval. gr. expect. ad coll. aep. etc.
Magunt. 1. ian. 76 S 732 45^{vss} – assign. pens. ann. 10 sup. par. eccl. in
Almsheym Wormat. dioc. (8 m. arg.)
quam Fridericus Rorich rect. pastor
nunc. obtin. de iur. patron. laic. ac
pens. ann. 4 fl. auri renen. sup. fruct.
perp. vicar. ad alt. s. Trinitatis in
eccl. hosp. s. Spiritus op. Crucen-
nach Magunt. dioc. (4 m. arg.) persolv. p. d. Fridericum Rorich cui de
d. perp. vicar. vac. p. resign. in manibus pape d. Henrici prov. fuit (m.
prep. eccl. Bamberg. et dec. eccl. b.
Marie ad Gradus Magunt. ac decl.
eccl. s. Stephani Magunt.), gratis 12.
ian. 76 V 583 73^r-74^v – de ref. reval.
ut supra 16. ian. 76 S 733 62^r – qui
vig. gr. expect. s. d. 1. ian. 72 de 2
benef. ad coll. aep. etc. Magunt. necnon ad coll. prep. etc. mon. Fulden.
o. s. Ben. Herbip. dioc. par. eccl. in
Kirchander Magunt. dioc. acc. sup.
qua litig. in cur.: motu pr. reval. gr.
expect. quoad coll. dd. aep. etc. eccl.
Magunt., gratis 16. ian. 76 V 665
174^{rss} – disp. ad 3 incompat. benef.
etsi 2 par. eccl., gratis 25. mai. 76 V
669 430^{rss} – oblig. sup. facult. resign. omnia benef. sibi s. d. 15. sept.
73 conc. 31. mai. 76 A 24 160^v –
pape fam. ac coquus secretus: de
capn. b. Marie virg. Wormat. dioc. (4
m. arg.) vac. p. o. Gerhardi Fogel
cler. Osnaburg. dioc. 24. iul. 76 S
740 105^r – de can. et preb. eccl.
s. Victoris e. m. Magunt. (6 m. arg.)
vac. p. o. in cur. Conradi Sweinheim
(Weinheym), Fiat motu pr. 24. iul.
76 S 740 150^v, (exec. ep. Tirasonen.
et prep. eccl. b. Marie Feuchtwangen. August. dioc. ac offic. Ma-
gunt.), gratis V 576 77^{rss} – can. eccl.
s. Victoris e. m. Magunt.: oblig. sup.
annat. can. et preb. d. eccl. 28. sept.
76 A 25 51^v.

3454 Henricus (Henrici) de Bierstat [2.
pars 2 partium] quond. Petri [Riario]
tit. s. Sixti presb. card. fam.: decl. familiaritatis et prerog. quib. Johannes

de Montemirabili ep. Vasionen. tunc pape not. et al. pape fam. antiqui descript. gaudent, gratis 1. nov. 76 V 668 109^v-111^r – qui inter al. decan. ac can. et preb. eccl. s. Mauritii Magunt. obtin.: de percip. fruct. 12. iul. 77 S 754 131^v, (m. prep. eccl. b. Marie Feuchtwangen. August. dioc. et offic. Magunt. ac offic. Wormat.), gratis V 669 281^v-283^v – dec. et can. eccl. s. Mauritii Magunt.: de recip. eum in pape acol. 17. oct. 78 S 775 58^{vs}, gratis V 658 133^{vs} – dec. et can. colleg. eccl. b. Mauritii Magunt. pape fam.: de alt. port. 22. oct. 78 S 775 160^v – motu pr. reval. gr. expect. s. d. 1. ian. 72 de benef. ad coll. aep. etc. Magunt. necnon abb. etc. mon. Fulden. o. s. Ben. Herbip. dioc. ut supra (exec. patriarcha Antiochen. et Johannes Cabourdelli can. eccl. Belvacen. ac offic. Magunt.), gratis 14. ian. 79 V 670 89^r-91^r – cui de can. et preb. in eccl. b. Mauritii Magunt. vac. p. o. Waltheri Krach quond. Nicolai V. fam. prov. fuit (qui decanatui d. eccl. uniti fuerunt): de nova unione dd. can. et preb. (4 m. arg.), n. o. quod sub eodem tecto sunt et c. derog. reg. de committ. unionibus ad partes 4. febr. 79 S 779 226^r – cui gr. expect. de benef. ad 2 coll. conc. fuit: motu pr. de prerog. pape fam. descript. et c. derog. prerog. al. expect. forsan conc. 19. oct. 79 S 787 114^r – cui vig. gr. expect. et reval. d. gr. expect. de 2 vicar. in eccl. Magunt. videlicet una vac. p. o. Johannis Legy vel alia vac. p. o. Gerlaci Ulturen prov. fuerat et qui litig. desup. coram diversis aud. contra certos adversarios: de disp. ut ius suum sup. ambabus vicar. prosequi valeat et ut secundam vicar. postquam sibi adiudicaretur infra 3 menses pro alio benef. perm. val. 27. iun. 80 S 794 193^r – cui vig. gr. expect. de s. c. primissaria in Rudelszheim Magunt. dioc. vac. p. o. Johannis Mule quond. [Bessarionis Trapezunt.] card. ep. Nicen. fam. prov. fuit: de nova prov. de eadem (4 m.

arg.) 30. iun. 80 S 795 25^r – de primissaria sive alt. in par. eccl. de Rudeszheym Magunt. dioc. (4 m. arg.) vac. p. o. Johannis Mule quond. Bessarionis [Trapezunt.] card. ut supra fam. 20. iul. 80 S 795 106^v – prov. de capel. s. Michaelis prope cimit. par. eccl. in Rudesheim Magunt. dioc. (4 m. arg.) vac. p. o. Johannis Muele quond. Bessarionis [Trapezunt.] card. ep. Sabinen. fam. (exec. prep. eccl. b. Marie Feuchtwangen. August. dioc. et dec. eccl. s. Johannis Magunt. ac dec. eccl. s. Victoris e. m. Magunt.), gratis 20. iul. 80 V 610 210^v-212^v – dec. eccl. s. Mauritii Magunt.: restit. bulle sup. unione par. eccl. de Kirchandra Magunt. dioc. (4 m. arg.) decanatui d. eccl. ad vitam s. d. 29. nov. 79 fact. (quia n. ascendit summam) 28. apr. 81 A 29 235^r – dec. eccl. s. Mauritii Magunt. referens quod secundum statuta d. eccl. dec. d. eccl. debet facere personalem resid. in d. decan. et quod ipse in d. eccl. n. resid. timet: de absol. et de disp. sup. irreg. 25. febr. 83 S 819 291^r.

3455 Henricus Henrici Wirici (Voyrici) cler. Leod. dioc. pape fam. c. quo sup. def. nat. (p. s.) disp. fuit et qui quandam capn. assec. est: de disp. ut unac. d. capn. aliud incompat. benef. recip. valeat 5. ian. 77 S 763 8^{rs} – qui vig. disp. ut supra perp. capn. ad alt. s. Materni in eccl. Leod. (3 m. arg.) certo modo vac. assec. fuit: disp. ut unac. d. perp. capn. (3 m. arg.) aliud compat. benef. ad vitam c. lic. perm. retin. val. et lic. tacendi sup. def. nat. ut supra, gratis 4. ian. 78 V 673 416^{rs} – motu pr. gr. expect. s. d. 1. ian. 72 de can. et preb. eccl. s. Servatii Traiecten. Leod. dioc. necnon de benef. ad coll. abb. et mon. conv. Sancti Trudonis o. s. Ben. Leod. dioc. et prerog. ad instar pape fam. descript. (exec. ep. Leonen. et cant. eccl. Leod. et dec. eccl. s. Pauli Leod.), gratis 27. ian. 78 V 670 322^r-324^v.

3456 Henricus Herbrogen cler. Osnaburg. c. quo sup. def. nat. (p. s.) et ad quodcumque benef. disp. fuit et cui gr. expect. de benef. ad coll. prep. etc. eccl. s.Johannis Osnaburg. et eccl. s.Martini Minden. conc. fuit: motu pr. de decl. litt. desup. perinde val. acsi motu pr. conc. fuissent et de prerog. ad instar pape fam. descript. 30. ian. 79 S 785 100^{rs}.

3457 Henricus Herkman (Heckman) cler. Spiren. dioc. qui litig. coram aud. contra Johannem Mommensen cler. Spiren. qui vig. gr. expect. par. eccl. in Haumbach Spiren. dioc. (6 m. arg.) vac. p. assec. par. eccl. in Fryszpach p. d. Johannem acc. quam p. mensem et ultra possidet: de surrog. ad ius d. Johannis 21. nov. 72 S 685 122^{rss} – rect. et possessor par. eccl. s.Jacobi in Haumbach Spiren. dioc. litig. coram aud. contra Johannem Monnensen cler. Spiren. dioc. actorem (qui nunc resign. in manibus pape) sup. d. par. eccl. vac. p.o. Johannis Fabri de Aurbach: de surrog. ad ius d. Johannis Fabri in d. par. eccl. (8 m. arg.) 19. mai. 73 S 690 221^{vs} – rect. par. eccl. in Houmbach Spiren. dioc. pres. in cur.: de prom. ad omnes ord. extra temp., sola sign. 5. mart. 74 S 703 91^{vs}.

3458 Henricus ther Herenhoeve cler. Colon. dioc. qui can. et preb. eccl. s.Severini Colon. (24 fl. adc.) ex causa perm. c. Wilhelmo Nigenlaet (qui vicar. in par. eccl. op. in Sonsbeck Colon. dioc. (16 fl. adc.) resign.) resign. <in manibus pape>: de assign. d. Henrico pens. ann. 10 fl. renen. sup. fruct. dd. can. et preb. (30 fl. renen.) p. d. Wilhelmum persolv. <c. assensu suo p. Petrum Pasman cler. Colon. dioc. procur. in op. Xancten. Colon. dioc. express.> 14. nov. 80 S 798 28^{vs}, (exec. prep. eccl. s.Plechelmi Aldensalen. Traiect. dioc. et dec. eccl. s.Victoris Xancten. Colon. dioc. ac offic. Colon.) V 610 20^{rss} – perp. vic. par. eccl. op. in Sonsbeck Colon. dioc.: restit. bulle

sup. pens. ut supra 9. iun. 81 A 30 179^{r}.

3459 Henricus (Hermanni) de Ligno (Lagno) rect. par. eccl. Altinen. (Altenen.) Traiect. dioc. c. quo sup. def. nat. (p. s.) disp. fuit: de disp. ut unac. d. par. eccl. (7 m. arg.) aliud incompat. benef. recip. valeat 20. apr. 74 S 705 283^{vs}, L 735 159^{rss} – presb. Traiect. dioc.: de perp. s.c. vicar. ad alt. s.Marie virg. in par. eccl. in Dotinchem Traiect. dioc. (4 m. arg.) vac. p.o. Johannis Lynter Nicolai V. fam. 23. mart. 76 S 736 134^{v} – rect. par. eccl. in Elten Traiect. dioc. c. quo tunc in 20. sue et. an. constit. p. Eugenium IV. sup. def. nat. (p. s.) disp. fuit: m. (prep. eccl. s.Donati Januen. et dec. eccl. s.Martini Embricen. Traiect. dioc. ac offic. Traiect.) confer. perp. vicar. ad alt. s.Marie in par. eccl. in Doetinchen Traiect. dioc. (4 m. arg.) vac. p.o. Johannis Bie olim Nicolai V. fam. 23. mart. 76 (exped. 2. apr. 76) L 765 239^{rss} – presb. Traiect. dioc. c. quo <p. Eugenium IV.> sup. def. nat. (p. s.) disp. fuit: de scolastr. eccl. s.Viti Altinen. Traiect. dioc. (4 m. arg.) vacat. p. resign. in manibus pape Henrici de Ophusen 8. apr. 76 S 737 106^{v}, m. (dec. eccl. s.Martini Leod. et dec. eccl. ss.Darie et Crisanti Monasterii Eyfflie Colon. dioc. ac eccl. s.Walburgis Zutphanien. Traiect. dioc.) (exped. 11. mai. 76) L 763 63^{r}-64^{v} – can. eccl. s.Viti Altinen. Traiect. dioc. actor litig. coram quond. Nicolao de Ubaldis aud. contra quond. Albertum Vysken presb. Traiect. dioc. possessorem et reum sup. par. eccl. in Harcem Traiect. dioc. (4 m. arg.): de surrog. ad ius d. Alberti n.o. def. nat. (p. s.) 29. decb. 77 S 762 268^{v}.

3460 Henricus Hernohin presb. Magunt. dioc.: de nova prov. de can. et preb. eccl. s.Petri Nortenen. Magunt. dioc. (4 m. arg.) 20. febr. 78 S 765 91^{rs}.

3461 Henricus Hesse (Hesze) cler. Paderburn. dioc.: de perp. benef. ad alt. 11.000 Virg. in par. eccl. s.Nicolai op. Lemego Paderburn. dioc. (4 m. arg.) vac. p. resign. Tilemanni Hildebrand vel p. resign. Johannis Coppersleger 3. decb. 74 S 712 26^v – nullum benef. obtin. pres. in cur.: de perp. vicar. sive alt. in colleg. eccl. s. Johannis Osnaburg. (3 m. arg.) vac. p.o. Conradi Rust 2. ian. 75 S 713 244^{rs} – motu pr. gr. expect. s. d. 1. ian. 72 de 2 benef. ad coll. prep. etc. eccl. s. Bartholomei Franckforden. Magunt. dioc. et ad coll. priorisse etc. mon. in Lemego o. s. Aug. Paderburn. dioc. 16. febr. 76 (exec. prep. eccl. b. Marie Geysmarien. Magunt. dioc. et dec. eccl. Paderburn. et dec. eccl. s. Victoris e. m. Magunt.), gratis V 665 157^{vss} – de par. eccl. ville Vesel Magunt. dioc. (4 m. arg.) vac. p.o. cuiusdam 1. ian. 77 S 745 98^r.

3462 Henricus Hesten (Hesen) rect. par. eccl. s. Johannis Bapt. in Soden prope Allendorff Magunt. dioc. qui litig. desup. coram Johanne Francisco [de Pavinis] aud. et coram Nicolao de Edam aud. contra Johannem Lanificis de Heyger cler. Trever. dioc. actorem qui resign.: de surrog. ad ius d. Johannis et de prov. de d. par. eccl. (8 m. arg.) 20. mart. 76 S 736 202^{rs} – referens quod litig. coram Nicolao de Edam olim aud. contra Johannem Lanificis cler. Trever. dioc. sup. par. eccl. s. Johannis Bapt. in Salem [recte: Soden] prope Aldendorff Magunt. dioc. (8 m. arg.) et deinde d. Johannes d. eccl. in favorem Johannis Fabri cler. Magunt. dioc. renuntiavit qui post renuntiationem obiit: de surrog. ad ius d. Johannis Lanificis et Johannis Fabri 18. ian. 77 S 746 190^{vs}.

3463 Henricus Hetter monach. Constant. [dioc.?]: absol. ab apostasia 73/74 I 332 81^r.

3464 Henricus de Hewen cler. Constant. dioc. Cristierni Dacie, Swecie et Norwegie regis dilectus: gr. expect. s. d. 1. ian. 72 de benef. ad coll. aep. etc. Magunt. et ep. etc. Bamberg. et prerog. ad instar pape fam. descript., gratis 16. apr. 74 V 663 51^r-52^v – ex utr. par. de nob. gen. litig. coram Jeronimo de Porcariis aud. contra Henricum de Monfort actorem sup. can. et preb. eccl. Constant.: de prov. si neutri de dd. can. et preb. (16 m. arg.) 2. aug. 77 S 755 168^{vs} – can. eccl. Argent. ex utr. par. de bar. gen.: de disp. ut unac. custod. eccl. Argent. quam obtin. aliud incompat. benef. etsi par. eccl. ad vitam recip. val. [cass., ca. iun. 84] S 837 85^v, 13. iun. 84 S 837 87^v.

3465 Henricus (de) Hilgenvelde (Hilghenvelt) cler. Verden. dioc.: de can. et preb. eccl. s. Nicolai op. Standalien. Halberstad. dioc. (4 m. arg.) vac. p.o. mag. Henrici Ellinck, n.o. can. et preb. eccl. Tarbat. (2 m. arg.) ac perp. vicariis eccl. Rigen. et eccl. s. Petri Rigen. (insimul 4 m. arg.) ac eccl. s. Antonii e. m. Tarbat. (3 m. arg.) sup. qua coram aud. litig. intendit 5. aug. 73 S 696 34^{rs} – de benef. sive s. c. vicar. in eccl. s. Petri Rostocken. Zwerin. dioc. de iur. patron. laic. (4 m. arg. p.) vac. p.o. Johannis Brodermann c. derog. iur. patron. 25. sept. 78 S 773 229^v – de perp. vicar. ad alt. s. Crucis in choro eccl. Tarbat. (2 m. arg.) et de eccl. sive eccl. s. Antonii e. m. Tarbat. (3 m. arg.) de iur. patron. laic. vacaturis p. resign. <in manibus Johannis Molitoris cler. Tarbat. dioc.> Petri Marquardi 3. oct. 78 S 773 209^r, m. (prep. eccl. Osil. et prep. eccl. Tarbat. ac prep. eccl. s. Nicolai Stendalien. Halberstad. dioc.) [quoad capel. s. Antonii] V 669 507^r-510^r – cui de perp. vicar. ad alt. s. Crucis in eccl. Tarbat. (2 m. arg.) certo modo vac. prov. fuit: m. (prep. eccl. Osil. et dec. eccl. Reval. ac dec. eccl. s. Nicolai Stendalien. Halberstad. dioc.) prov. de can. et preb. d. eccl. (4 m. arg.) vac. p.o. Ywani Epenschede (qui eosdem can. et preb. obtinebat) 12. oct. 78 V 589 307^v-309^r – cui de perp. vicar. ad alt. s. Crucis in eccl. Tarbat. et de

eccl. s. Antonii e. m. Tarbat. ut supra
prov. fuit: de prorog. term. publicandi resign. ad 6 menses 8. ian. 79 S
778 29^{vs} – in utr. iur. bac.: m. (ep.
Osil. et prep. eccl. Tarbat. ac prep.
eccl. Camin.) recip. eum in can. capit. eccl. Rigen. ord. b. Marie Theutonicorum 24. aug. 81 L 808B 65^r –
qui hodie in can. capit. eccl. Rigen.
ord. b. Marie Theutonicorum receptus fuit: m. (ep. Osil. et prep. eccl.
Tarbat. ac prep. eccl. Camin.) confer.
prepos. eccl. Rigen. (50 m. arg.) vac.
p. o. Georgii Hollant 24. aug. 81 (exped. 16. ian. 82) L 808B 65^{rss} – oblig. sup. annat. prepos. eccl. Rigen.
ord. b. Marie Theotonicorum quam
ut supra in commendam obtin. 18.
ian. 82 A 30 116^r – de perp. benef.
Omnium ss. ad alt. s. Crucis in par.
eccl. Sehusen. Verden. dioc. (4) de
iur. patron. cler. et etiam laic. vac. p.
devol., n. o. can. et preb. eccl. Tarbat.
et perp. vicar. in eccl. Rigen. et perp.
vicar. in par. eccl. s. Petri Rigen. (insimul 6) quos obtin. ac prepos. eccl.
Rigen. (50) ac can. et preb. eccl.
Osil. (6 m. arg.) de quib. sibi prov.
fuit et quos nondum obtin. ac vicar.
eccl. Tarbat. et eccl. s. Antonii e. m.
Tarbat. sup. quib. litig. (insimul 4 m.
arg.) 7. febr. 82 S 807 155^{rs} – cui
prepos. eccl. Rigen. ord. b. Marie
Teutonicorum ad 6 menses conc. fuit: de prorog. ad 5 an., Conc. ad 2 an.
12. febr. 82 S 807 109^r – cui prepos.
eccl. Rigen. ut supra (50 m. arg.) primo ad 6 menses commendari et deinde ad 2 an. prorogare et sibi in titulum de illa provideri conc. fuit
quodque etiam quond. Degenardo
Hillebolt de d. prepos. auct. ap. prov.
fuit: de surrog. ad ius d. Degenhardi
5. mart. 82 S 808 223^r.

3466 Henricus Hilterman thes., **Bodo
Passchedach** sen., **Paulus Zerchow**,
Bernardus Beker ac can. et cap.
capel. b. Marie in aula aepisc. Magdeburg. qui litig. coram Johanne
Stragge abb. mon. s. Egidii Brunswicen. Halberstad. dioc. iudice et

commissario contra Sophiam abba.
et capit. sec. et colleg. eccl. ss. Anastasii et Innocentii Gandersemen. Hildesem. dioc. (in qua nonnulli canonici can. et preb. obtin.) sup. fruct.
ad mensam capit. d. eccl. spectantibus: de committ. aud. 12. febr. 73 S
687 278^{rss}.

**3467 Henricus Hinderborch (Hinden-
borch, Hindemborch, Hunde-
borch)** cler. Hildesem. dioc. cui gr.
s. d. 1. ian. 72 de can. et preb. eccl.
s. Johannis e. m. Hildesem. necnon
de benef. ad coll. prep. etc. eccl.
s. Cecilie in Ossborch (Olsborch,
Olsberch) Hildesem. dioc. conc. fuit:
motu pr. de mutatione gr. expect. de
dd. can. et preb. in can. et preb. eccl.
s. Crucis Hildesem. et de d. benef. in
benef. ad coll. ep. etc. Hildesem. et
de prerog. ad instar pape fam. descript. 3. apr. 76 S 737 174^{vss}, 15.
mai. 76 S 739 50^{rs}, gratis 3. iun. 76
(exped. 25. iun. 76) L 759 314^v-
316^r – de perp. s. c. capn. seu vicar.
in eccl. Hildesem. (4 m. arg.) vac.
p. o. <in cur.> Henrici Bruggeman
pape fam. 20. iul. 76 S 740 16^v, gratis (m. ep. Urbinaten. et dec. eccl.
s. Mauricii e. m. Hildesem. ac offic.
Hildesem.) (exped. 29. iul. 76) L 768
184^r-185^v – de perp. s. c. vicar. in
eccl. s. Mauricii e. m. Hildesem. (2
m. arg.) vac. p. o. Bernardi Termolen
pape fam. 21. febr. 77 S 756 254^{rs} –
et **Theodericus Widenbrugge** perp.
vic. in eccl. b. Marie Hamburgen.
Bremen. dioc. referentes quod d.
Theoderico de can. et preb. in d.
eccl. p. Paulum II. prov. fuit ea condicione ut eosdem dimittere teneatur
quodque d. Theodericus litig. in cur.
sup. dd. can. et preb. successive contra 3 adversarios p. 5 an. et lite pendente adhuc contra 3. adversarium
procuratur de concordia inter eos de
fienda assecutione dd. can. et preb.
p. d. Theodericum: de adm. resign.
d. Theoderici et de prov. d. Henrico
de d. vicar. (4 m. arg.) 24. mai. 77 S
751 282^v – de perp. s. c. vicar. in

eccl. s. Mauricii e. m. Hildesem. (2 m. arg.) vac. p. o. in cur. Bernardi Termolen pape fam. [dat. deest, cass.] S 777 95^{rs} – de perp. vicar. ad alt. ss. Georgii et Egidii in eccl. b. Marie Magdalene e. m. Hildesem. (4 m. arg. p.) vacat. p. resign. Hermanni Maer cler. Colon. dioc. qui d. vicar. vac. p. o. Arnoldi de Heyseda vig. gr. expect. acc. 29. mai. 77 S 752 74^r – de par. eccl. in Hilgenstede (3 m. arg. p.) et de desolata s. c. eccl. in Neinstede Halberstad. dioc. (2 m. arg. p.) vac. p. o. in cur. Johannis Horneborch 14. mart. 78 S 772 279^v – de archidiac. in Borsem in eccl. Hildesem. (8 m. arg.) vac. p. resign. Gerardi Vogel qui d. archidiac. vac. p. o. Giseleri de Northen vig. gr. expect. acc. 10. iun. 78 S 770 189^v – de archidiac. in Borsem in eccl. Hildesem. (8 m. arg.) vac. p. resign. Girardi Vogel cler. Osnaburg. dioc. pape fam. qui d. archidiac. vac. p. o. Giseleri de Northen vig. gr. expect. acc. possessione n. subsecuta 13. iun. 78 S 770 178^{rs} – de nova prov. de perp. vicar. in colleg. eccl. b. Marie Halberstad. (2 m. arg.) vac. p. o. Johannis Pepel 23. sept. 78 S 776 37^r – de disp. ut unac. archidiac. in Borsem in eccl. Hildesem. sup. quo litig. aliud incompat. benef. recip. valeat etsi 2 par. eccl. ad vitam c. lic. perm. 23. mart. 79 S 785 271^{rs} – de capn. ss. Felicis et Audacii in emunitate eccl. Hildesem. (2 m. arg.) vac. p. o. Statii de Stoken 29. mai. 80 S 796 74^v – de perp. s. c. benef. in eccl. Hildesem. (4 m. arg.) vac. p. resign. in manibus pape Everhardi Sartoris cler. Minden. dioc. pape fam. (cui de eodem vac. p. o. Theoderici Relentes prov. fuerat et qui desup. litig. contra Riccardum Kerstens presb. Hildesem. dioc. possessione n. habita) vel p. cessionem iur. d. Riccardi 18. ian. 81 S 799 75^v – motu pr. de decan. eccl. s. Blasii op. Brunswicen. Hildesem. dioc. (4 m. arg.) et de perp. s. c. vicar. in eccl. s. Walburgis e. m. op. Helmste-

de Halberstad. dioc. (4 m. arg.) vac. p. o. Johannis Waldenberch c. derog. statutorum d. eccl. quod nullus d. decan. obtin. val. nisi ante can. prebend. in d. eccl. exist. 12. febr. 81 S 800 194^{vs} – prov. de vicar. Hildesem. [dioc.?] vac. p. resign. 80/81 I 334 108^r – de perp. vicar. in eccl. s. Jacobi Hamburgen. Bremen. dioc. (4 m. arg.) vac. p. o. Theoderici de Dornen 23. oct. 81 S 806 213^{vs} – perp. vic. eccl. Hildesem. referens quod in statutis cathedr. eccl. et colleg. eccl. s. Crucis intra op. Hildesem. et colleg. eccl. s. Mauritii e. m. aliarumque colleg. eccl. civitatis Hildesem. caveri dicitur quod si quis benef. in aliqua eccl. possidet ac personaliter resideat in eadem in al. eccl. simile benef. obtin. n. possit: de derog. statutorum dd. eccl. Hildesem. 4. decb. 81 S 805 171^r – can. colleg. eccl. s. Andree Hildesem.: de assign. pens. ann. 6 fl. auri renen. sup. fruct. dd. can. et preb. (4 m. arg.) vac. p. resign. d. Henrici in manibus ordin. ad effectum concordie c. Johanne Blecker cler. Hildesem. cui de dd. can. et preb. prov. fuit possessione subsecuta 3. apr. 83 S 821 187^v, 9. apr. 83 S 822 106^v – cui de can. et preb. eccl. s. Crucis Hildesem. vac. p. resign. Nicolai Scumocher (Scomacher) cler. Verden. dioc. (qui vig. gr. expect. eosdem vac. p. o. Johannis de Alten acc.) ex causa perm. prov. fuit possessione subsecuta: de nova prov. de dd. can. et preb. (4 m. arg.) vac. ut supra seu adhuc vac. p. o. Johannis Bloecher 28. mart. 84 S 839 164^{rs} – qui can. et preb. eccl. s. Mauritii e. m. Hildesem. c. Johanne Lutsebolt pro par. eccl. op. Sezen. Hildesem. dioc. perm.: de nova prov. d. Henrico de d. par. eccl. (4) et d. Johanni de dd. can. et preb. (4 m. arg. p.) etsi adhuc vac. p. o. Henrici Goseken 5. iun. 84 S 839 163^{vs}.

3468 Henricus Hokesowe cler. Minden.: motu pr. de gr. expect. de 2 can. et

preb. necnon de benef. ad coll. quorumcumque, Et s.d. 17. nov. 81 S
803 153^{rs}, S 803 176^r.

3469 **Henricus Hoechtmeister** pastor in
Oesenomchel Monast. dioc. qui p.
Vicentium de Eyll collect. in dioc. et
provincia Colon. subcollect. deputatus fuit licet tamen n. talis sit de presenti: de lic. testandi, n. o. d. off.
subcollect. 27. apr. 84 S 837 286^r.

3470 **Henricus Hoeg de Louffenberg**
cler. Constant. dioc. perp. pleb. par.
eccl. in Garsingen Basil. dioc.: de
prom. ad omnes ord. extra temp.,
sola sign. 16. apr. 79 S 780 134^v.

3471 **Henricus Hoeninger** cler. Argent.
dioc. mag. in art. qui vig. gr. expect.
par. eccl. in Moser Frising. dioc. (6
m. arg.) vac. p. o. Andree Hotz acc.
et qui litig. desup. coram Johanne de
Ceretanis aud. contra quond. Sebastianum Stetner: de surrog. ad ius d.
Sebastiani 11. aug. 78 S 772 172^{rs}.

3472 **Henricus ex comitibus de Holsteyn
(et Schomborch)** can. eccl. Minden.
in min. ord. constit. ex utr. par. de
com. gen.: prov. de eccl. Minden.
vac. p. o. Alberti [de Hoya] c. litt.
solitis 30. iul. 73 L 730 278^r-279^v –
qui prepos. eccl. s. Mauritii e. m. Hildesem. (40 m. arg.) obtin.: prov. de
eccl. Minden. n. o. d. prepos. 30. iul.
73 L 726 224^{vss} – notitia sup. prov.
de eccl. Minden. vac. p. o. Alberti
[de Hoya] ad relationem [Guillelmi
de Estoutevilla] card. Rothomagen.
30. iul. 73 OS 82 78^v, OS 83 55^v –
motu pr. indultum ut unac. d. eccl.
Minden. prepos. eccl. s. Mauritii ut
supra (46 m. arg.) in commendam
retin. valeat (m. Johanni de Ceretanis archid. Sernen. Burdegalen. dioc. et Adriano de Hee can. eccl.
Leod. in cur. residentibus) 30. iul.
73 L 726 225^{vss} – facult. recip. omnes ord. a quocumque antistite 31.
iul. 73 L 730 279^{vs} – el. Minden.:
obtulit cam. ap. et collegio card. (p.
Radulphum Borderlo can. eccl.
s. Martini Minden. procur.) pro serv.

communi 500 fl. adc. ratione prov.
s.d. 31. iul. 73 et pro 5 serv. min. 17.
aug. 73 OS 84 203^v – oblig. p. Rudolphum de Bordeslo can. eccl.
s. Martini Minden. sup. annat.
prepos. ut supra (in margine: solv.
100 fl. p. manus soc. de Bonis et de
Bardis s. d. 17. aug. 73) 17. aug. 73
A 22 73^r – ep. Minden.: solv. 267 fl.
adc. 42 sol. 11 den. <250 fl.> pro
serv. commun. et serv. min. p. manus Andree de Bonis et Alexandri de
Bardis et soc. cur. sequentium 17.
aug. 73 FC I 1127 81^v, 7. sept. 73 IE
488 7^r, IE 489 7^r – solv. 100 fl. adc.
pro compositione annat. prepos.
eccl. s. Mauritii e. m. Hildesem. <ei-
dem reserv. temp. prom.> p. manus
<soc.> de Bonis et Bardis 7. sept.
73 FC I 1129 191^r, IE 488 7^r, IE 489
7^r – de ref. 25. mai. 83 S 836 118^v –
ep. Minden. necnon Ericus et Antonius fr. germani comites de Holstein
et Scomberg qui pro animarum pro-
priarum salute ad laudem Omnipotentis Dei et virginis Marie et b.
Francisci confess. in terris et dominio propriis conv. ord. s. Francisci
de observ. videlicet in op. Grevenal-
venshagen Minden. dioc. de novo
fundare et construere cupiunt: de
erig. d. conv. de novo et de indulto
pro fratribus eiusdem ord. in Lemego Paderburn. dioc. (qui c. d. novo
conv. eiusdem creditur fore provincie) quatinus d. novum conv. sub
eorum regimen recip. valeant 27.
mart. 84 S 833 239^v.

3473 **Henricus Holtscher (Holcer)** can.
eccl. s. Martini in Helienstaten Magunt. dioc.: de prom. ad ord. subdiacon. in eccl. s. Bartholomei de Insula in Urbe 17. decb. 74 F 6 186^{vss}
– can. eccl. s. Martini Elnstaten. [=
Heiligenstaden.] Magunt. dioc.:
prom. ad ord. diacon. in eccl. s. Bartholomei ut supra 18. febr. 75 F 6
195^r, F 6 196^r – can. eccl. s. Martini
ut supra: prom. ad ord. presbit. in
eccl. s. Bartholomei ut supra 11.
mart. 75 F 6 194^{rs} – presb. monach.

profes. mon. ss. Thome et Nicolai in Bursfeldia o. s. Ben. Magunt. dioc. inter al. referens quod in 9. vel 10. sue et. an. constit. quendam n. puerum Johannem pugno naso percussit qui post 3 aut 5 dies obiit quodque 8 vel 9 annis effluxis quedam mulier rettulit qualiter d. Johannes ex d. percussione decessisset quodque 11 vel 12 annis elapsis in cur. ad omnes etiam presbit. ord. se promoveri fecit quodque religionem ingressus a celebratione missarum abstinuit: de absol. et de disp. ut in susceptis ord. ministrare et ad dignitates prom. valeat 10. mai. 77 S 750 281^{vs}.

3474 Henricus de Honterle (Hanterle) litt. contradictarum procurator et causarum ap. pal. not.: oblig. sup. annat. can. et preb. eccl. s. Servatii Traiecten. Leod. dioc. (13 m. arg.) de quib. vac. p. resign. Nicolai de Ubaldis aud. possessione n. habita apud sed. ap. fact. s. d. 4. mai. 77 sibi prov. fuit 4. mai. 77 A 26 23^r – solv. 28 fl. adc. pro annat. can. eccl. s. Servatii Traiecten. Leod. dioc. 4. iul. 77 FC I 1133 75^r – can. eccl. s. Servatii Traiecten. Leod. dioc. in art. mag.: de n. resid. ad vitam 23. mart. 79 S 779 114^r, (m. abb. mon. Parcen. Leod. dioc. et subdecano eccl. Pictaven. ac offic. Cameracen.) L 800 139^r-140^v – can. eccl. s. Germani Traiecten. Leod. dioc. contradictarum litt. aud.: de alt. port. c. clausula ante diem, Conc. in forma 27. iul. 79 S 784 284^{rs} – scolast. eccl. s. Petri Lovanien. Leod. dioc. qui causarum pal. ap. not. et contradictarum litt. aud. procur. exist. et pro sue et parentum suorum ac benefactorum animarum salute 5 missas p. presb. idoneum (p. eum ad vitam et eo defuncto p. 2 ex heredibus suis assumendum) ad alt. in aliqua capel. vel eccl. p. eum eligenda vel fundanda et ad val. 30 fl. renen. dotanda celebrare desiderat: de lic. erigendi et dotandi d. capel. c. pot. assumendi et amovendi d. presb. pro se

et suis heredibus 27. iul. 79 S 784 284^r – subdiac. Cameracen. dioc. qui causarum pal. ap. not. et contradictarum aud. procur. exist.: de can. et preb. ac scolastr. eccl. s. Johannis Ev. Leod. (insimul 15 m. arg.) vac. p. o. Henrici de Longavilla abbrev. 28. iul. 79 S 785 200^v – qui in benef. suis resid. et nonnulla al. negotia exped. habet ac id infra 3 an. n. perficere nec ad cur. redire posse sperat: de lic. absentandi ad al. an., sola sign., Conc. ad 3 menses 10. nov. 80 S 798 3^r – de can. et preb. eccl. b. Marie Aquen. Leod. dioc. (14 m. arg.) vac. p. o. Johannis Vladen pape fam. 6. nov. 82 S 816 42^{vs}.

3475 Henricus de Horst cler. Leod. dioc. presb. et in art. mag. ac in sacra pagina lic. inter al. referens quod litig. primo coram offic. prepos. archidiac. Colon. et Johanne de Gothem dec. eccl. b. Marie in Dusseldorp Colon. dioc. in civit. Colon. residente iudice et commissario p. Alexandrum [Numai] ep. Forolivien. et in partibus illis nuntium ap. c. pot. legati de latere deputato contra quond. Nicolaum de Edam causarum pal. ap. aud. et Johannem de Drolshagen cler. Colon. sup. par. eccl. s. Columbe Colon. que tunc vac. p. o. Johannis de Mechelimia d. Nicolao p. ordin. auct. collata fuit ad quam vero d. Henrico p. patron. laicos present. fuit quodque denique d. Johannes p. Fredericum R. I. (vig. facult. d. Frederico R. I. sup. presentandis 300 personis ad beneficia eccles. in Germania exist. p. papam concesse) eandem acceptavit et deinde causa ad cur. devoluta Simoni [Vosich] aep. Patracen. commissa fuit et (postquam causa indecisa d. Nicolaus obiit) Johannes de Bedbergh cler. Colon. dioc. d. Nicolai fam. p. papam surrog. fuit ad ius d. Nicolai: de surrog. ad ius d. Johannis de Bedbergh ad d. par. eccl. (20 m. arg. p.) vac. p. resign. d. Johannis 18. mart. 77 S 748 246^{rs} –

presb. Leod. dioc. in art. et theol. mag. qui iur. ignarus cuidam Godfrido Kobynck tunc rect. par. eccl. loci de Horst Leod. dioc. in loco resign. d. par. eccl. off. campanariatus d. eccl. quod p. laic. exerceri potest (48 fl. renen.) promisit et deinde auct. ordin. d. par. eccl. assec. fuit: de absol. et de rehab. 3. mart. 81 S 800 280^{rs}.

3476 Henricus (de) Howen (Houven, Heweneli) can. eccl. Argent. de bar. et com. gen.: de can. et preb. eccl. Herbip. (4 <6> m. arg.) vacat. p. prom. Alberti [de Bavaria] el. Argent. 18. ian. 79 S 780 147^v, m. (Johanni Simler can. eccl. s. Thome Argent.) V 598 182^v-184^v – oblig. sup. annat. p. Johannem Plets de Rubiolapide cler. Constant. dioc. (in margine: d. die solv. pro compositione annat. 14 fl. p. manus d. Johannis) 31. ian. 80 A 28 148^r – solv. 14 fl. adc. pro annat. can. et preb. eccl. Herbip. p. manus Johannis Pleis (Pelts) 31. ian. 80 FC I 1134 30^r, IE 498 86^r, IE 499 91^r – not. recip. pro bulla distributa 3 grossos et 3 grossos febr. 80 DB 1 13^r.

3477 Henricus Hudeman scol. Monast. dioc.: recip. primam tonsuram in capel. ss. Andree et Gregorii in basilica Principis appl. in Urbe 22. febr. 72 F 6 26^{rs} – cler. Monast. dioc. in cur. ad clericatus ord. prom.: litt. dimissoriales (ad ep. Monast.) sup. prom. ad al. ord. 28. apr. 80 DC 40 90^v.

3478 Henricus Huicil (Huingil) cler. Magunt. dioc. reus et possessor qui litig. coram aud. contra quond. Johannem Thearium actorem sup. perp. vicar. ad alt. ss. Andree apl., Bonifacii, Leonardi et 10.000 Mil. et Mart. in capel. s. Johannis Bapt. e. m. op. imper. Moduen. [!] Magunt. dioc. de iur. patron. laic. (2 m. arg.): de surrog. ad ius d. Johannis 28. decb. 79 S 788 129^r.

3479 Henricus Huler: solv. [in bullaria] pro formata 3 ord. 7 grossos mart. 77 T 13 48^v – presb. Magunt. dioc.: de perp. s. c. vicar. ad alt. ss. Petri et Pauli in par. eccl. op. Cruczennacho Magunt. dioc. (4 m. arg.) vac. p. o. Wilhelmi Genczinger 7. mart. 79 S 782 164^{vs}.

3480 Henricus Hunoldi (Honoldi): ›rationi congruit‹ s. d. 5. decb. 70 prov. de perp. s. c. vicar. ad alt. s. Andree in eccl. Osnaburg. (3 m. arg.) vac. p. o. in cur. Wesseli Duster Pauli II. fam. cui de d. vicar. vac. p. o. Conradi Ouerhagen prov. fuerat (m. prep. eccl. Lubic. et dec. eccl. s. Patrocli Susacien. Colon. dioc. ac offic. Osnaburg.) 25. aug. 71 (exped. 23. mai. 72) L 715 184^v-186^r – cler. Colon. dioc. Stephani [Nardini] tit. s. Marie in Transtiberim presb. card. fam. qui litig. coram Johanne Prioris aud. contra Henricum Gherden sup. perp. vicar. ad alt. Omnium ss. in eccl. Hildesem. et deinde cessit in manibus pape: assign. pens. ann. 20 fl. auri renen. sup. fruct. d. perp. vicar. (45 fl. auri renen.) vel de s. c. benef. ad val. d. pens. p. d. Henricum persolv. (exec. prep. eccl. s. Georgii Colon. et dec. eccl. b. Marie ad Gradus Colon. ac offic. Hildesem.), gratis 4. febr. 78 V 608 123^r-124^v – restit. bulle sup. pens. ut supra (quia est tantum de d. vicar. auct. ordin. prov.) 7. apr. 81 A 29 233^v – cui vig. gr. expect. de can. et preb. ac thesaur. eccl. s. Patrocli Susacien. Colon. dioc. vac. p. o. Henrici Pape prov. fuit: de nova prov. de eisdem (6 m. arg.), Conc. de preb. pro d. Henrico et de thesaur. pro Gerardo Kint 5. aug. 81 S 802 25^v.

3481 Henricus Huoffnagel cler. August. in 20. sue et. an. constit. qui in litt. stud. insistit: de disp. ad quodcumque incompat. benef. c. lic. perm. 26. apr. 84 S 835 147^r.

3482 Henricus Jacobi cler. Colon. dioc.: de can. et preb. eccl. Magunt. (10 m. arg.) vac. p. resign. Henrici de

Swatspurgk [= Schwarzburg] 3. apr. 78 S 767 255^v – cler. Cameracen. dioc. et Gerardus Biscop cler. Colon. dioc. c. quo sup. def. nat. (s. s.) disp. fuit: de can. et preb. Torenen. (Tortenen.) nunc. eccl. Tarbat. (10 m. arg.) vacat. p. priv. Jacobi Monenck al. Wischel qui se pro can. eccl. Tarbat. et cam. ap. in partibus illis subcollect. gerit (possessione n. habita) et de can. et preb. Ruipoydel et Monpoydel vulg. nunc. (7 m. arg.) vacat. p. priv. Nicolai Mudener can. eccl. Tarbat. quia d. Jacobus d. Nicolao ex causa perm. 250 m. illarum partium et 4 lastas bladi realiter simoniace dabat 30. ian. 79 S 778 92^{rs}.

3483 **Henricus Jansin** rect. par. eccl. de Novelaken c. suis annexis Trever. dioc.: de prom. ad omnes ord. in cur., sola sign. 19. nov. 82 S 816 20^r.

3484 **Henricus Jarqueti** de Marvilla Trever. dioc. senio confectus qui par. eccl. s. Mauritii de Sancto Mauritio Virdunen. dioc. resign. in manibus pape de qua Colino de Weyo (Woio) Virdunen. dioc. prov. fuit: assign. pens. ann. 4 fl. adc. sup. fruct. 18. mart. 76 (m. ep. Marsican. et dec. eccl. s. Marie Magdalene Virdunen. ac Johanni Louet can. eccl. Andegaven.) L 767 239^r-240^v.

3485 **Henricus Jetz** cler. Colon. dioc.: motu pr. de gr. expect. de benef. ad coll. quorumcumque, Et s. d. 17. nov. 81 motu pr. [14. mart. 84] S 830 108^v.

3486 **Henricus Ingenwinkel** cler. Colon. dioc. c. quo sup. def. nat. (subdiac. s.) ad subdiacon. ord. ac ad benef. s. c. auct. ordin. disp. fuit cuius vig. de capn. seu s. c. benef. de iur. patron. noviter erect. Embricen. Traiect. dioc. auct. ap. prov. fuit: de disp. ad quodcumque benef. c. lic. perm. 14. nov. 83 S 831 19^v – de prom. ad omnes ord. et de disp. ad quecumque compat. c. c. benef. c. lic. perm. 19. nov. 83 S 831 92^r.

3487 **Henricus Institoris** cler. Magunt. dioc. pape fam.: de perp. vicar. in eccl. s. Egidii op. Heiligenstad Magunt. dioc. (4 m. arg.) vac. p. o. Wickenandi de Skuczenberg quond. Johannis [de Mella] card. Zamoren. nunc. fam. 21. febr. 72 S 677 101^{rs} – inserviens armorum instit. qui futurus est absens a cur. in servitiis [Philippi Calandrini] card. ep. Portuen. Bononien. nunc.: m. perinde val. acsi d. off. in cur. exerceret 24. iul. 72 DC 38 261^r – fit mentio ut procur. 29. nov. 74 A 23 251^r – de al. portione perp. s. c. capn. ad alt. s. Johannis Bapt. in eccl. s. Laurentii in Lucina de Urbe (40 fl. adc.) vac. p. priv. licet Bartholomeus <de Luca> fr. o. fr. herem. s. Aug. illam <ultra 18 an.> detin. 29. iul. 76 S 740 100^r, m. (abb. mon. s. Gregorii et Antonio de Marganis can. basilice Principis appl. de Urbe ac Antonio de Judicibus in Urbe commoranti) V 575 267^{vss} – oblig. sup. annat. perp. capn. ut supra 18. sept. 76 A 25 46^v – solv. [in bullaria] pro formata 3 grossos nov. 76 T 13 33^v – Johannis Bapt. [Cybo] tit. s. Cecilie presb. card. fam.: de <s. c.> alt. s. Nicolai in par. eccl. ville Wendelshem (Wendelszhem) Magunt. dioc. (3 m. arg.) vac. p. o. Georgii More etiam d. card. fam. 10. oct. 77 S 758 285^v, (m. ep. Lunen. et dec. eccl. s. Marie ad Gradus Magunt. ac offic. Magunt.) (exped. 10. nov. 77) L 781 104^{vss}.

3488 **Henricus Institoris** fr. o. pred. theol. prof. p. totam provinciam Alamanie Superioris heretice pravitatis inquisitor: conc. facult. ut collectores et exactores pec. ex indulgentiis Rhodianis in Alamania ab Urso de Ursinis ep. Theanen. excommunicatos ab omnibus eccles. censuris absolvere possit iniuncta eis penitentia salutari dummodo pec. ipsas omnes in capsis seu in cistis inclusas adhibito vicario seu guardiano alicuius conv. o. fr. min. de observ. numerent et consignent istas pec. Bartholomeo de Camerino seu Petro Johanni de Camerino commissariis ap. qui illas pec. ad papam pro expeditione contra Turcos convertendas transmittent 27. nov. 81 Florenz II. III. 256 102^{vs} – m. ut litt. sup. inquisitione heretice pravitatis in Alamania publicare procuret, gratis 28. oct. 83 V 677 326^{vss} – c. quo disp. fuit ut quecumque 2 benef. etiamsi par. eccl. c. pot. perm. recipere et insimul quoad viveret retin. val.: motu pr. gr. expect. s. d. 17. nov. 81 de benef. sec. vel reg. (quorum fruct. usque ad summam 100 duc. adc. ascendunt) ad coll. quorumcumque necnon conc. prerog. ad instar fam. pape descript., n. o. statutis pape presertim quod gr. expect. ultra taxam p. cancellariam ap. dari solitam expedite nullius essent roboris, gratis (m. ep. Hortan. et Johanni Bapt. de Ferrariis can. eccl. Mutinen. ac offic. Constant.) 31. oct. 83 Sec. Cam. 1 131^r-135^r – mag. in theol. fr. conv. o. pred. in op. Sletstat Argent. dioc. inquisitor gener. totius Alamanie Superioris: oblig. pro se et priore ac conv. sup. indulg. plen. 3 an. pro eccl. d. conv. s. d. 31. oct. 83 conc. 7. nov. 83 OP 6 35^r.

3489 Henricus Johannis Vos cler. Leod. dioc. cui motu pr. gr. expect. s. d. 17. nov. 81 de benef. ad coll. dec. etc. eccl. s. Ode Roden. Leod. dioc. ac priorisse et conv. mon. de Heedoneck (Hoydenck) o. s. Aug. Leod. dioc. conc. fuit et qui litig. desup.: motu pr. de mutatione gr. expect. de benef. ad coll. priorisse et conv. de Heedonck in benef. ad coll. dec. et capit. eccl. s. Johannis Ev. Buscoducen. Leod. dioc. 18. mai. 82 S 811 83^{vs}, L 810 230^{rss}.

3490 Henricus Irlen (Irlem, Ilren, Yrlen) presb. et rect. par. eccl. de Wasserpillich Trever. dioc.: de quadam preb. seu s. c. capn. in capel. castri de Bischoffsteyn Trever. dioc. (4 m. arg.) vac. p. o. in cur. Petri Gulsgin

9. decb. 78 S 776 44^{rs} – presb. Trever. dioc. decr. doct.: de disp. ut unac. par. eccl. de Vasserpillic Trever. dioc. (4 m. arg. p.) 2 al. incompat. benef. recip. valeat etsi 2 par. eccl. ad vitam c. lic. perm. 15. ian. 80 S 796 114^r – cler. Magunt. dioc.: motu pr. de gr. expect. de 2 can. et preb. necnon de benef. ad coll. quorumcumque, Et s. d. 17. nov. 81 S 803 181^r – motu pr. de gr. expect. de 2 can. et preb. <eccl. s. Lubentii in Dietkirchen Trever. dioc. ad coll. aep. etc. Trever.> necnon de benef. ad coll. quorumcumque, Et s. d. 17. nov. 81 S 803 221^v, m. (abb. eccl. s. Mathie e. m. Trever. et prep. eccl. s. Pharaildis Ganden. Tornacen. dioc. ac offic. Trever.) (exped. 26. oct. 82) L 820 58^v-60^v – de ref. c. clausula etsi dign. vel off. eccl. in qua d. Henricus elect. fuerit, Et s. d. 17. nov. 81 S 803 222^r – qui vig. gr. expect. decan. necnon can. et preb. eccl. s. Lubentii in Ditkirchen Trever. dioc. vac. p. o. Cunonis de Elsass acc.: de nova prov. de d. decan. (6 m. arg.) ac can. et preb. (8 m. arg.) 26. aug. 83 S 828 15^{vs}.

3491 Henricus Judoci cler. Leod. dioc.: de par. eccl. plebania nunc. ville Busselsheim Wormat. dioc. (24 fl. adc.) vac. p. o. cuiusdam Pauli 24. oct. 74 S 722 226^v.

3492 Henricus de Juliaco presb. Colon. dioc. referens quod Henricus de Muntze tunc altarista in par. eccl. in Muntze Colon. dioc. par. eccl. s. Lamberti in Hoeckelouhven Leod. dioc. de iur. patron. Johannis de Hembach laic. Colon. dioc. modo simoniaco assec. est (licet cum d. Johannes matrim. c. Margarita de Knislbiler mul. Colon. dioc. contraxisset d. laic. p. suas litt. d. Henrico de Muntze capellano d. Margarite promisit ut eum ad d. par. eccl. presentaret): m. (offic. Leod.) vocandi d. Henricum de Muntze qui p. Bernardum de Solis archid. Campinie (Campigne) in eccl. Leod. instit. fuit et confer. d. Henrico de Juliaco d. par. eccl. (4 m. arg.) vac. p. o. Johannis de Korvemeckeris, n. o. quod d. Henricus perp. s. c. vicar. in par. eccl. op. Juliacen. Colon. dioc. (2 m. arg.) obtin. 10. febr. 75 (exped. 18. febr. 75) L 743 179ʳ-181ʳ.

3493 **Henricus Iwen** cler. Lubic. mag. in art. qui vicar. par. eccl. b. Marie virg. Lubic. vac. p. o. Georgii Harp obtin. et qui litig. desup. coram Gabriele de Contarenis aud. contra Johannem de Wedesptorp cler.: de d. vicar. (4 m. arg.) vacat. p. priv. d. Johannis qui certas citationes in contradictarias litt. falsificavit 9. mart. 75 S 715 205ʳˢ.

3494 **Henricus Layenpaff (Leyenpaf)** cler. Colon. dioc. Berardi [Eruli] card. ep. Sabinen. fam.: de par. eccl. in Wischel Colon. dioc. (4 <3> m. arg.) vac. p. o. cuiusdam Petri 22. oct. 77 S 759 293ᵛ, m. (prep. eccl. s. Spiritus Ruremunden. Leod. dioc. et dec. eccl. s. Andree Colon. ac dec. eccl. s. Georgii Colon.), gratis V 582 237ʳ-238ᵛ – rect. par. eccl. in Vischel Colon. dioc. B[erardi Eruli] ut supra fam.: de prom. ad omnes ord. extra temp., sola sign. 9. febr. 79 S 778 97ʳ.

3495 **Henricus Laseman (Leseman)** cler. Magunt. dioc.: de par. eccl. s. Jacobi in Finsenitz (Frijsenitz) Nuemburg. dioc. (4 m. arg.) vac. p. assec. par. eccl. in Vlag (Valg) p. Johannem Rodel et p. devol. 25. nov. 77 S 772 296ᵛ, m. (cant. eccl. Nuemburg.) 1. decb. 77 (exped. 3. iun. 78) L 782 308ᵛˢ.

3496 **Henricus Laugen** presb. Halberstad. dioc. dilectus nob. viri Friderici ex marchionibus Baden. Friderici R. I. nepotis: motu pr. gr. expect. de 2 benef. ad coll. aep. etc. Magdeburg. necnon ep. etc. Halberstad. 17. nov. 81 (exped. 26. nov. 81) (m. dec. eccl. s. Ludgeri Monast. et Johanni de Galegos can. eccl. Mindonien. ac offic. Halberstad.) L 819 251ᵛˢˢ.

3497 **Henricus (Heinricus) Lebenther** rect. par. eccl. in Seszlach Herbip. dioc.: litt. testim. sup. prom. ad subdiacon. ord. s. d. 22. decb. 70, ad diacon. ord. s. d. 9. mart. 71, ad presbit. ord. s. d. 24. mart. 71 (vig. conc. s. d. 28. nov. 70) in capel. in sacristia basilice Principis appl. in Urbe 22. oct. 71 F 6 6ʳ – prov. de par. eccl. Ratisbon. [dioc.?] vac. p. o. 72/73 I 332 244ʳ – solv. 44 fl. adc. pro compositione annat. par. eccl. in Chelayn (Chebaym) Ratisbon. dioc. 26. febr. 73 FC I 1129 139ʳ, FC I 1767 52ᵛ, FC I 1768 54ᵛ – can. <cant.> eccl. Wratislav.: de disp. ad 2 incompat. benef. etsi 2 par. eccl. 2. decb. 74 S 712 222ᵛ, L 790 128ʳˢ.

3498 **Henricus Ledebur, Boldewinus de Knehem, Ebaldus Fulhaber de Wechterszbach, Gerardus de Ledem, Gerardus Groue, Bernardus Mumme, Johannes Kerchoff, Henricus Cleyman, Johannes Vossert, Johannes Browerinck, Johannes Priggenhagen, Arnoldus Grindick, Andreas Undenheym, Eberhardus Rulle, Johannes Horningk, Petrus Killeman, Arnoldus Blimrock, Johannes de Bullenguevilla, Albertus Bachhus, Wilhelmus de Ascheberge** ex utroque par. de mil. gen., **Henricus Azelage, Gerardus Wissman al. Trippenmeker, Bernardus Rode** Conradi [de Diepholz] ep. Osnaburg. dilecti: de gr. expect. de 2 can. et preb. et de 2 benef. ad coll. quorumcumque, Et s. d. 1. ian. 72 S 670 52ᵛ – cler. Osnaburg. dioc. ex utr. par. de mil. gen. qui vig. gr. expect. Pauli II. can. et preb. eccl. Monast. vac. p. o. Henrici Frantzsoys acc.: de nova prov. de eisdem (10 m. arg.) 27. ian. 72 S 675 215ᵛˢ – can. eccl. Osnaburg. et pre p. eccl. b. Marie in Drebber Osnaburg. dioc.: de disp. ut unac. d. prepos. (in eccl. Osnaburg. archidiac.) aliud incompat. benef. recip. valeat 11. mai. 74 S 704 295ᵛˢ – c. quo sup. def. nat. (c. s.) ad omnes ord. et ad 2 incompat.

benef. disp. fuit: disp. ad 3. incompat. benef. 3. iun. 74 L 790 25^{rs} – c. quo sup. def. nat. (c. s.) disp. fuit: de disp. ad 4 al. benef. 11. iun. 74 S 706 254^{vs} – can. eccl. Osnaburg. et prep. eccl. b. Marie in Drebler Osnaburg. dioc. (quam obtin.): de disp. ut unac. d. prepos. et d. can. eccl. Osnaburg. quodcumque al. benef. retin. valeat 1. aug. 75 S 724 295^{r}, L 749 288^{vss} – prep. eccl. b. Marie in Drebber Osnaburg. dioc. c. quo ad 2 incompat. benef. disp. fuerat: de disp. ad 3. incompat. benef. 6. oct. 75 S 728 14^{rs} – de n. prom. ad 7 an. 19. oct. 75 S 728 146^{v} – de prepos. eccl. ss.Johannis et Dionisii Hervorden. Paderburn. dioc. unac. sibi annexis can. et preb. eiusdem eccl. (7 m. arg.) vac. p.o. [Henrici] Keserlink presb. 1. ian. 77 S 745 259^{v} – archid. Frisie et Emeslande in eccl. Osnaburg.: de disp. ut unac. d. archidiac. (6 m. arg.) aliud incompat. benef. recip. valeat et de n. prom. ad 7 an. 20. mai. 77 S 752 43^{v} – c. quo sup. def. nat. (s. s.) et ad 4 compat. benef. disp. fuit et cui de perp. s.c. vicar. in eccl. Osnaburg. vac. p. resign. Johannis Walmaner prov. fuit: de nova prov. de eadem (4 m. arg. p.) 24. mart. 81 S 800 234^{v}.

3499 Henricus Leymbach (Lembach) presb. Herbip. dioc. de op. Hasfurt ortus inter al. referens quod Fridericus Swenckerhausen magistercivium d. op. ipsum p. Andream Smid famulum capere et in castro d. op. Leonardo Ubelem presentari fecit et quod deinde ipsum ad Herbipolim duci et ibi capitaneo castri b. Marie virg. sine m. Rudolphi [de Scherenberg] ep. Herbip. presentari fecit et quod deinde d. Leonardus, Johannes Mulner, Petrus Mutlin et al. ipsum Kiliano de Bibra assessori vicariatus eccl. Herbip. et Nicolao Remenschneder d. ep. fiscali presentarunt et ab eo iuramentum extorserunt: de committ. aud. et de absol. a d. iuram. 25. iun. 72 S 681 77^{rss} – qui vig. gr.

expect. par. eccl. b. Marie virg. in Stetvelt Herbip. dioc. acc. sup. qua litig. in cur.: de disp. ut unac. d. par. eccl. al. incompat. benef. retin. valeat 18. ian. 76 S 733 37^{r}.

3500 Heinricus Leitmair presb. Eistet. dioc.: de par. eccl. in Holant Burgen. dioc. (8 m. arg.) vac. p.o. in cur. Caroli de Lacu (8 m. arg.) 16. ian. 76 S 733 50^{r}.

3501 Henricus Lemdeure: prov. de simplici benef. Magunt. [dioc.?] vac. p.o. 80/81 I 334 150^{r}.

3502 Henricus Leonardi de Heuman cler. Leod. dioc. cui de par. eccl. s.Laurentii e.m. Aquen. Leod. dioc. vac. p.o. Johannis de Sigrade al. Mercatoris p. Angelum [Gherardini] ep. Suessan. et Camin. ad Alemaniam et univ. civitates, terras et loca Germanie c. pot. legati de latere commissarium auct. ap. prov. fuit: de nova prov. de d. par. eccl. (4 m. arg. p.) 15. apr. 83 S 827 145^{r}.

3503 Henricus Lepkucher scol. Herbip. dioc.: recip. primam tonsuram apud eccl. s.Bartholomei de Insula in Urbe in domo Jacobi [de Neapoli] ep. Sancti Angeli de Lombardis resid. in cur. 21. oct. 73 F 6 131^{v}.

3504 Henricus Leubing can. eccl. b. Marie Erforden. Magunt. dioc. legum doct. pape not. referens quod ipse temp. Pii II. par. eccl. plebem nunc. s.Sebaldi Nurembergen. Bamberg. dioc. in favorem Johannis Lochner cler. Bamberg. dioc. utr. iur. doct. Pii II. cubic. s.d. 23. mart. 64 resign. c. reserv. pens. ann. 140 fl. renen. et quod deinde Berardus [Eruli] tit. s.Sabine presb. card. et Johannes [Diaz de Coca] ep. Calaguritan. p. Paulum II. commissi fuerunt pro eo quod d. Johannes Lochner d. pens. n. solvit: motu pr. cass. 2 bullas a d. Johanne decano eccl. Misnen. extortas et restit. in statum pristinum 28. iun. 72 V 554 20^{v}-22^{r}.

3505 **Henricus vom (de) Lichtenstein** rect. rectorie eccl. Herbip. ex utr. par. de mil. gen.: disp. ut unac. d. rectoria aliud incompat. benef. recip. valeat 19. febr. 73 L 726 90^{vs} – can. eccl. Herbip.: de perp. vicar. ad alt. s. Katherine in eccl. s. Johannis Novi Monasterii Herbip. (4 m. arg. p.) vac. p. o. Johannis Molitoris et p. devol., n. o. can. et preb. in eccl. Herbip. (10) et par. eccl. in eadem eccl. Herbip. (15 m. arg.) 16. apr. 82 S 811 30^{r}.

3506 **Henricus de Liechtnaw** utr. iur. doct. can. eccl. August. et rect. par. eccl. in Holtgeringen Constant. dioc. (quam obtin.) de iur. patron. Mechtildis com. palatini Reni et archiducisse Austrie et **Johannes Keppeler** cler. Constant. dioc. in 18. sue et. an. constit.: de adm. resign. in manibus pape d. Henrici et de prov. d. Johanni de d. par. eccl. (90 fl. renen. auri) et de assign. d. Henrico pens. ann. 30 fl. renen. auri n. o. def. et. d. Johannis 4. mai. 77 S 750 235^{vs} – et **Johannes van Hoff** cler. August. dioc.: de adm. resign. d. Henrici et de prov. d. Johanni de par. eccl. in Berenbeurn August. dioc. (12 m. arg.) et de assign. d. Henrico pens. ann. 24 fl. renen. 27. mart. 84 S 833 116^{r} – rect. par. eccl. in Beernburen August. dioc.: de disp. ut unac. d. par. eccl. quam obtin. aliud benef. etsi par. eccl. ad vitam recip. val. c. lic. perm. 11. mai. 84 S 837 33^{r}, L 833 5^{vs} – rect. par. eccl. Berenbouren. August. dioc. et **Johannes van Hoff** cler. August. dioc.: de adm. resign. d. Henrici et de prov. d. Johanni de d. par. eccl. (60 fl. renen.) et de assign. d. Henrico pens. ann. 24 fl. renen. 15. iun. 84 S 837 164^{v} – can. eccl. August.: restit. bulle sup. pens. ann. 24 fl. renen. sup. fruct. par. eccl. in Berenbeuren August. dioc. s. d. 15. iun. 84 sibi assign. (quia solv. annat. pro d. par. eccl. sub d. die) 8. iul. 84 A 32 234^{v}.

3507 **Henricus Liepman** cler. Magunt. dioc. Angeli [de Capranica] tit. s. Crucis in Jerusalem presb. card. fam.: de perp. capn. ad alt. s. Laurentii in par. eccl. de Wstichelheym Magunt. dioc. (2 m. arg.) vac. p. o. Guntheri Carmsich [cass., ca. aug.-sept. 72] S 682 90^{vs}.

3508 **Henricus com. de Lymborch** et dom. castri de Broyk ac incole d. castri Colon. dioc.: de lic. erig. capellam (noviter in campo seu loco Amckbeke nunc. in dominio d. com. erectam) in perp. beneficium c. reserv. iur. patron. d. comiti et de lic. instituendi fraternitatem utr. sexus in honorem b. Antonii abb. et confess. et de conc. quod imaginem b. Antonii processionaliter deportare possint 15. mai. 84 S 836 14^{r}.

3509 **Henricus van der Linden** rect. capel. in Onerossen Colon. dioc.: de nova prov. de perp. benef. ad alt. s. Catherine in par. eccl. s. Albani Colon. de iur. patron. Bartoldi Cuesenberg civ. Colon. qui d. benef. dotavit (4 m. arg.) vac. p. o. Petri de Mertzenich, n. o. d. capel. (3 m. arg.) quam obtin. <et n. o. quod d. Henricus litig. coram offic. eccl. Colon. contra Petrum de Metzenach sup. d. perp. benef.> 5. oct. 77 S 759 104^{v}, S 758 261^{r}.

3510 **Henricus Lindener** cler. Magunt. dioc. pape fam.: motu pr. gr. expect. s. d. 1. ian. 72 de benef. ad coll. ep. etc. Nuemburg. necnon abb. etc. mon. in Hersvelt o. s. Ben. Magunt. dioc. et prerog. ad instar pape fam. descript. (exec. ep. Nucerin. et prep. eccl. Nuemburg. ac offic. Nuemburg.), gratis 18. febr. 79 V 670 351^{r}-353^{v} – diac. Magunt. dioc. qui c. ritu examinis legitime temporibus ad hoc congruis in Urbe prom. fuit: de prom. ad ord. presbit. extra temp., sola sign. 30. mart. 79 S 780 48^{r} – presb. Magunt. dioc.: de perp. simplici benef. ad alt. s. Johannis Bapt. in mon. monial. Ichterszhusen o. Cist. Magunt. dioc. (2 m. arg.) vac.

p. o. Johannis Ffranck 2. sept. 80 S 797 98ᵛ.

3511 **Henricus de Lyns (Lins) (de Pinguia)** can. eccl. b. Marie Prumien. Trever. dioc. quem capit. d. eccl. in dec. elegit: de nova prov. de d. decan. (4 m. arg.) vac. p. o. Johannis de Corbech 21. nov. 72 S 684 111ᵛˢˢ – dec. colleg. eccl. b. Marie op. Prumen. Trever. dioc.: de disp. ut unac. d. decan. aliud incompat. benef. etsi par. eccl. retin. val. 15. mart. 78 S 772 255ʳˢ – dec. colleg. eccl. b. Marie in Prumea Trever. dioc. qui (obtinendo 2 incompat. benef.) ad par. eccl. Flenchen (Flerick) Trever. dioc. vac. p. o. Nicolai Korff (Kuoeff) p. patron. laic. auct. Arnoldi de Rolingen archid. eccl. Trever. present. fuit: de nova prov. de d. par. eccl. (4 m. arg.) et de disp. ut unac. d. decan. d. par. eccl. retin. val. 17. iun. 78 S 772 204ʳ, m. (offic. Trever.) (exped. 16. mart. 79) L 784 147ʳ-148ᵛ – cler. Magunt. dioc.: de disp. ad 2 incompat. benef. etsi 2 par. eccl. ad vitam 20. oct. 78 S 774 151ᵛ, 22. oct. 78 S 774 121ʳ, gratis L 788 15ʳˢ – can. eccl. ss. Cassii et Florentii Bonnen. Colon. dioc. pape fam. cui gr. expect. de can. et preb. d. eccl. et de benef. ad coll. aep. etc. Colon. s. d. 2. decb. 77 motu pr. conc. fuit: motu pr. de prerog. ad instar pape fam. descript. et antiquorum 23. nov. 80 S 798 239ʳˢ – cler. Magunt. dioc. pape fam. qui reus et possessor litig. coram Paulo de Tuscanella aud. contra Johannem Kriss pape fam. actorem sup. perp. vicar. ad alt. s. Catherine in eccl. Colon. vac. p. o. Johannis Konenkamp: de prov. si neutri de eadem (4 m. arg. p.) 30. ian. 81 S 800 58ʳ – de perp. s. c. vicar. in colleg. eccl. s. Martini Pingwen. Magunt. dioc. (3 m. arg.) vac. p. resign. in manibus pape Sigismundi Sanstel (Senffrel) cler. Frising. dioc. <pape et Dominici [de Ruvere] tit. s. Clementis presb. card. fam.> (cui de eadem vac. p. o. in cur. Johannis

Freysz prov. fuit), n. o. perp. vicar. ad alt. ss. Catherine et Nicolai in eccl. Colon. (4 m. arg.) sup. qua litig. in cur. 9. nov. 81 S 804 223ᵛ, m. (prep. eccl. Camin. et offic. Magunt. ac offic. Colon.) V 615 282ʳ-284ʳ – qui vig. gr. expect. perp. s. c. vicar. ad alt. s. Katherine ut supra vac. p. o. Johannis Cudencap [= Konenkamp?] acc. et qui reus et possessor litig. desup. in cur. contra Johannem de Arssen et Johannem Kriis clericos qui prov. desup. obtinuerunt et deinde d. perp. vicar. resignarunt in manibus pape: de d. perp. vicar. (4 m. arg.) 20. nov. 81 S 805 65ᵛ, 1. decb. 81 S 805 205ʳ – not. recip. pro bulla distributa 3 grossos ian. 82 DB 1 114ʳ – de par. eccl. in Menden Colon. dioc. (4 m. arg.) vac. p. o. Henrici Gumter 16. oct. 82 S 819 189ᵛˢ – de par. eccl. in Waldorff Wormat. dioc. (6 m. arg.) vac. p. cess. in manibus pape Martini Textoris cler. Magunt. dioc. pape et [Dominici de Ruvere] tit. s. Clementis presb. card. fam. (cui de eadem vac. p. o. in cur. Georgii Textoris auct. ap. prov. fuit litt. ap. desup. n. confectis) 12. iun. 83 S 825 223ʳ – consensus cess. Martini ut supra 14. iun. 83 Resign. 2 85ʳ.

3512 **Enricus de Lippia** cler. Paderburn. dioc. qui in univ. studii Magunt. studet et in 19. sue et. an. constit. est et c. quo sup. def. nat. (diac. vel subdiac. et s.) disp. fuit: de disp. ad quodcumque benef. c. lic. perm. n. o. def. et. 17. ian. 80 S 788 251ʳ.

3513 **Henricus Locher** presb. rect. par. eccl. s. Stephani in Lindow Constant. dioc. decr. doct.: de disp. ut unac. d. par. eccl. (20 m. arg.) aliud incompat. benef. recip. valeat 4. mai. 72 S 679 172ʳˢ – rect. par. eccl. s. Stephani op. Lindow Constant. dioc. inter al. referens quod litig. desup. coram aud. contra Johannem Menger o. fr. min. profes. (false asserens quod d. Henricus excom. sent. innodatus missas et al. divina off. celebrasset) et quod commiss. ad effectum priv. p. prep. eccl. Thurricen. Constant. dioc. facta contra quasdam exceptiones legitimas declinatorias seu contra iurisd. suam protestavit: m. (abb. mon. in Salem et abb. mon. in Pregantz Constant. dioc. ac offic. Constant.) committ. in partibus 7. oct. 78 L 789 147^{vs}.

3514 Henricus Loerbe presb. Magunt. dioc. qui ad perp. vicar. ad alt. bb. Petri et Pauli appl. in armario par. eccl. s. Nicolai op. Gottingen. Magunt. dioc. vac. p. o. in cur. Hermanni Morigen p. rect. d. par. eccl. officiali preposito eccl. s. Petri Nortenen. in d. op. resid. present. fuit: de nova prov. de d. vicar. (2 m. arg.) 17. nov. 72 S 684 192^r.

3515 Henricus de Longavilla al. Delsart cler. Leod., **Henricus Storm** cler. Trever. dioc., **Jacobus Houel** cler. Leod. dioc., **Nicolaus Houal** cler. Leod. dioc. inter 58 personas enumerati Cosme [de Ursinis] tit. ss. Nerei et Achillei presb. card. familiares: motu pr. de gr. expect. de 2 can. et preb. ac benef. et de disp. sup. def. nat. et def. et., Et s. d. 17. nov. 81 S 803 80^{rs}.

3516 Henricus (Enricus) de Louenborch (Lovenberch) cler. Colon. dioc. decr. doct. aep. Colon. orator et consiliarius, **Henricus Steinwech** cler. Colon. dioc. decr. doct., **Henricus de Stipite** cler. Colon. dioc. decr. doct. d. aep. consiliarius, **Johannes Kirckhoff** cler. Colon. dioc. in decr. licent. d. aep. Colon. consiliarius, **Johannes Martini** cler. Traiect. dioc., **Laurentius Goiswin de Ast** cler. Leod. dioc., **Petrus Swan** cler. Wormat. dioc. decr. doct. d. aep. cancellarius, **Johannes Ort** cler. Spiren. dioc. d. aep. cap., **Conradus Ort** cler. Spiren. dioc. d. aep. sigillifer, **Henricus Stramberch** cler. Colon. dioc., **Johannes de Erppel** cler. Colon. dioc. utr. iur. doct., **Gotzon de Alentzhem** cler. Colon. dioc. ex utr. par. de mil. gen., **Hermannus Hornborch** cler. Colon. dioc. d. aep.

secretarius, **Johannes Beringer de Winphina** cler. Wormat. dioc., **Johannes Ruyssz** cler. Spiren. d. aep. secretarius, **Gobelinus Huffvale** cler. Colon. aep. Colon. cap., **Philippus Stockstak** cler. Magunt. aep. Colon. secr., **Wolterus Goetdenrede** cler. Traiect. dioc., **Wilhelmus Wanderhor** cler. Colon. dioc., **Philippus Koest** cler. Colon. dioc., **Johannes Ocke** cler. Paderburn. dioc., **Henricus Helsich** cler. Colon. in decr. bac.: motu pr. de gr. expect. de 2 can. et preb. et de 2 benef. ad coll. quorumcumque et de prerog. ad instar pape fam. descript., Et s. d. 1. ian. 72 S 670 71^{vs} – presb. Colon. dioc. qui litig. contra quond. Johannem de Oelmeshem (p. Stephanum Gloessgen de Nysswike procur.) sup. personatu par. eccl. in Berghe prope Nydecken Colon. dioc.: de assign. d. Henrico pens. ann. 20 fl. renen. sup. fruct. d. par. eccl. p. Johannem de Guysshem personam personatus d. par. eccl. (60 fl. renen.) persolv. 12. mai. 72 S 679 98^{rs}, I 332 60^v – restit. bulle sup. pens. ut supra 25. mai. 72 A 21 214^r – cler. Colon. dioc.: de perp. benef. preb. subdiaconali nunc. in eccl. mon. in Dietkirchen e. m. op. Bonnen. Colon. dioc. (4 m. arg.) vac. p. o. Gherardi de Wollis 2. oct. 72 S 696 22^{rs} – assign. pens. 3. partis fruct. par. eccl. in Luffelberch Colon. dioc. p. Nicolaum Johannem de Rennbach cui de d. par. eccl. vac. p. resign. in manibus pape d. Henrici p. papam prov. fuit [71/72] L 722 451^{rs}.

3517 Henricus de Lovenberch: prov. de prepos. Leod. vac. p. resign. 80/81 I 334 129^r – prep. eccl. s. Pauli Leod.: oblig. p. Henricum de Honterle causarum pal. ap. not. sup. annat. d. prepos. (5 m. arg.) de qua vac. p. resign. in manibus pape Johannis Horn s. d. 22. nov. 81 sibi prov. fuit 16. apr. 82 Paris L 26 A 10 9^r – solv. 12½ fl. adc. pro annat. prepos. ut supra p. manus Henrici de Antelle

16. apr. 82 FC I 1134 203^r, IE 505 103^r.

3518 Henricus Ludder cler. Spiren. dioc.: motu pr. prov. de benef. ad coll. ep. etc. Spiren. et ep. etc. Argent., gratis (m. prep. etc. eccl. s. Severi Erfforden. Magunt. dioc. et offic. Spiren. et offic. Argent.) 17. nov. 81 Sec. Cam. 1 227^{rs}.

3519 Henricus Luderdingk cler. Hildesem.: de vicar. in eccl. ss. Anastasii et Innocentii Gandersemen. Hildesem. dioc. (4 m. arg.) vac. p.o. Johannis Woldenberch 4. mart. 81 S 800 242^r.

3520 Henricus Ludovici presb. Magunt. dioc.: de par. eccl. in Ploczkel Halberstad. dioc. (4 m. arg.) vac. p. resign. in manibus pape Mathie Jordani vel p. delictum homicidii p. d. Mathiam perpetratum 16. decb. 79 S 788 146^{vs}.

3521 Henricus Ludovici cler. Herbip. dioc.: m. (prep. eccl. Camin. et prep. eccl. s. Burkhardi e. m. Herbip. ac offic. Herbip.) confer. perp. s. c. vicar. ad alt. s. Catherine in eccl. s. Crucis in Hunfelt Herbip. dioc. (2 m. arg.) vac. p. assec. can. et preb. d. eccl. p. Johannem Breme 24. oct. 80 (exped. 7. nov. 80) L 806 141^{vss}.

3522 Henricus Luneborgh (Luneborg) cler. Lubic. dioc. [Gabrielis Rangone] card. Agrien. fam.: de thesaur. in eccl. Osil. (4 m. arg.) et de simplici benef. in par. eccl. Malchin. [deest dioc.] (2 m. arg.) vac. p.o. in cur. Johannis Laurentii 9. iun. 84 S 837 73^v – de perp. simplici benef. in eccl. Zwerin. (4 m. arg.) de iur. patron. laic. vac. p.o. in cur. Johannis Bulow cler. Zwerin. dioc. 25. iun. 84 S 837 232^{vs}.

3523 Henricus Lutz cler. Magunt. dioc. pape fam.: motu pr. de perp. vicar. ad alt. s. Lucie in colleg. eccl. s. Cuniberti Colon. (4 m. arg. p.) vac. p.o. Ludovici Ludovici 24. oct. 80 S 797 166^r.

3524 Henricus Maengolt (Monitorisauri al. (/.) vulg. Mangolt) (de Paderburn) [1. pars 5 partium] perp. vic. par. eccl. in Hemerden Colon. dioc. decr. doct.: disp. ut unac. d. vicar. (3 m. arg.) aliud incompat. benef. recip. valeat, gratis 8. nov. 76 V 669 202^{rs}, 13. nov. 76 S 756 159^{rs} – cler. Paderburn. in decr. licent. <utr. iur. doct. pape et> Petri [Ferrici] tit. s. Sixti presb. card. Tirasonen. nunc. fam. cui gr. expect. s. d. 1. ian. 72 de can. et preb. eccl. ss. Petri et Andree Paderburn. et eccl. b. Martini in Kerpena Colon. dioc. conc. fuerat cuius vig. can. et preb. d. eccl. ss. Petri et Andree acceptavit: de reval. d. gr. expect. et de decl. litt. desup. perinde val. acsi motu pr. de can. et preb. ad coll. dec. etc. colleg. eccl. ss. Cassii et Florentii op. Bonnen. Colon. dioc. conc. fuissent atque tunc pape fam. fuisset [propter mendum penne scriptoris hec supplic. haud intellegibilis est] 29. mart. 77 S 756 295^{rs}, gratis V 672 40^{rs} – de incorp. canonicatui colleg. eccl. ss. Petri et Andree Paderburn. (6 m. arg.) (quam d. Henricus obtin.) par. eccl. in Papenheym e. m. op. Wartberch Paderburn. dioc. (4 m. arg.) quam Johannes Witte benefic. eccl. Paderburn. obtin., Conc. ad vitam 2. mai. 77 S 756 300^{rs}, de ref. 2. iun. 77 S 756 300^v – pastor par. eccl. s. Jacobi Colon.: de lic. testandi et de alt. port. 21. aug. 77 S 772 184^{rs} – rect. par. eccl. s. Jacobi Colon.: lic. testandi, gratis 20. sept. 77 V 590 13^{vs} – presb. Paderburn. pape fam. et Petri [Ferrici] tit. s. Sixti presb. card. cap.: de can. et preb. eccl. ss. Crisanti et Darie op. Monasterii Eiflie Colon. dioc. (4 m. arg.) vac. p.o. in cur. Pauli Wiekin (Vitten) etiam d. card. fam. 26. sept. 77 S 758 131^{rs}, (exec. prep. eccl. s. Petri in Northen Magunt. dioc. et offic. Colon. ac offic. Leod.), gratis V 590 184^v-186^r – cler. Paderburn.: de can. et preb. colleg. eccl. s. Petri e. m. Magunt. (8 m. arg.) vac. p.o. Henrici de Dotteren (Doeteren) quond. Nicolai [de Cusa] tit. s. Petri ad vincula presb. card. fam. 14. oct. 77 S 772 273ᵛ – motu pr. de par. eccl. in Thionsvilla al. Dedemhoen (Denhoven) nunc. Meten. dioc. (10 m. arg. p.) vac. p. o. Henrici de Soeteren quond. Nicolai tit. s. Petri ad vincula presb. card. de Cusa vulg. nunc. fam. 14. oct. 77 S 759 47ʳˢ, (exec. dec. eccl. s. Florini in Confluentia Trever. dioc. et scolast. eccl. Wratislav. ac offic. Trever.), gratis V 596 256ᵛ-258ᵛ – presb. Paderburn. et can. eccl. s. Georgii Colon. <c. quo disp. fuit ut unac. perp. vicar. in par. eccl. in Hemmerden Colon. dioc. aliud incompat. benef. recip. valeat>: de disp. ad 3. incompat. benef. etsi 2 par. eccl. ad vitam c. lic. perm. (donec compermutantes officiales sed. ap., scriptores, abbreviatores seu pape vel card. fam. fuerint) et de fruct. percip. in absentia, Et de 2 par. eccl. ad vitam 12. decb. 77 S 761 267ᵛˢ, (exec. scolast. eccl. Wratislav. et dec. eccl. Paderburn. ac offic. Colon.), gratis V 589 150ʳ-152ᵛ – motu pr. de can. et preb. eccl. Bremen. (4 m. arg.) et de can. et preb. eccl. b. Marie op. Hamburgen. Bremen. dioc. (4 m. arg.) vac. p. o. Johannis Roeder (/.) 24. ian. 78 S 765 42ᵛˢ – qui [Petri Ferrici] tit. s. Sixti presb. card. cap. et in civit. Colon. doct. promotus exist. cui p. capit. eccl. Colon. de can. et preb. presbit. d. eccl. (6 m. arg. p.) prov. fuit: motu pr. de conf. 28. febr. 78 S 766 25ᵛˢ, (exec. dec. eccl. ss. Appl. Colon. et eccl. s. Georgii Colon. ac scolast. eccl. Hildesem.), gratis V 588 177ʳ-178ᵛ – de can. et preb. eccl. s. Patrocli op. Susacien. Colon. dioc. (4 m. arg.) vac. p. resign. Alberti Nacke 23. mart. 78 S 769 108ᵛˢ.

3525 Henricus Maengolt [2. pars 5 partium] can. eccl. s. Georgii Colon. inter al. referens quod ipse ad par. eccl. s. Jacobi Colon. vac. p. o. Johannis Widenroit p. parochianos eiusdem eccl. preposito eccl. s. Georgii pres-

entatus fuit possessione subsecuta quodque ipse pape fam. apud Petrum [Ferrici] tit. s. Sixti presb. card. exist.: de decl. ipsam eccl. s. Jacobi propter d. familiaritatem n. fuisse reserv. sed d. presentationem perinde val. acsi ipse Henricus numquam aut pape aut d. card. fam. extitisset 30. mart. 78 S 767 17ᵛ – de cantor. necnon can. et preb. colleg. eccl. s. Petri op. Huxarien. Paderburn. dioc. (4 m. arg.) vac. p. o. in cur. Georgii Sterberch (ab aliquibus dicitur quod fuit [Petri Ferrici] tit. s. Sixti card. Tirasonen. nunc. fam.) 28. mai. 78 S 771 138ᵛˢ – de perp. vicar. aut simplici benef. ad alt. in eccl. s. Castoris in op. Cardonen. Trever. dioc. (4 m. arg.) necnon can. et preb. in Bischoffstein Trever. dioc. (4 m. arg.) vac. p. o. in cur. Petri Gulsgin [Marci Barbus] card. s. Marci fam. 4. iul. 78 S 771 35ʳ, [quoad de dd. can. et preb.] (m. scolast. eccl. Wratislav. et scolast. eccl. Trever. ac offic. Colon.), gratis V 669 522ʳ-523ᵛ – referens quod ut supra de can. et preb. in eccl. Buschoffsten. Trever. dioc. prov. fuit: prov. de perp. vicar. in eccl. s. Castoris ut supra vac. p. o. in cur. d. Petri et p. devol. (m. scolast. eccl. Wratislav. et scolast. eccl. Trever. ac offic. Colon.), gratis 4. iul. 78 V 669 524ʳ-525ᵛ – de prepos. eccl. s. Stephani Bremen. (3 m. arg. p.) vac. p. o. in cur. Theoderici <Clinckrode> 9. iul. 78 S 772 32ʳ, (m. ep. Vasionen. et scolast. eccl. Wratislav. ac offic. Bremen.), gratis V 595 113ʳ-114ᵛ – oblig. sup. annat. 1 ex sacerdotalibus preb. eccl. Colon. de qua ut supra vig. gr. expect. p. bullam s. d. 29. febr. 78 prov. fuit (in margine: s. d. 17. iul. 79 d. oblig. fuit cass. quia papa cass. d. reserv.) 24. iul. 78 A 27 74ᵛ – qui vig. nominationis R. I. par. eccl. in Theonisvilla vulg. Dedenhoeven Meten. dioc. vac. p. o. Henrici de Sueteren acc. licet quidam Johannes in d. par. eccl. se intrusit: de prorog. annum ad intimandum ad 8 menses, sola sign.

28. iul. 78 S 772 55ʳ – motu pr. de par. eccl. in Borba et Beverloe invicem unitis Leod. dioc. (12 m. arg.) que pens. ann. 50 coronarum Francie gravate exist. vac. p.o. in cur. Henrici Bergat 28. iul. 78 S 772 55ʳ – decr. doct. qui in exped. cuiusdam approbationis can. p. capit. eccl. Paderburn. sibi fact. de prima sua gr. que ad unam preb. in eccl. s. Martini op. Kerpen. Colon. dioc. consumpta n. fuit mentionem n. fecit nec ipsi renuntiavit: de conc. quod dd. litt. perinde val. acsi d. prime renuntiasset, sola sign. 30. iul. 78 S 772 95ʳˢ – pape fam. referens quod sibi et Radulpho de Lunen cler. Colon. dioc. pape fam. p. papam de prepos. eccl. s. Stephani Bremen. vac. p.o. in cur. Theodorici Klinckrott prov. fuit: motu pr. m. cancellarie ap. vicegerenti, Leonardo Griffus pape secretario, rescribendario, abbreviatoribus, bullarum scriptoribus, in registro bullarum magistris et officiorum registratoribus aliisque personis ne sup. d. prepos. bullas scribant aut ad expediendum procurent aut alicui ex dd. Henrico et Radulpho tradant et ne bullas c. derog. aut reserv. mittant, sola sign. 7. aug. 78 S 772 107ʳˢ – pape fam. inter al. referens quod in prov. de can. et preb. eccl. Colon. eidem p. capit. facte de prima gr. expect. (videlicet secundum quam creatus fuit in can. eccl. ss. Petri et Andree Paderburn. et in qua preb. diu assecutus est ac can. eccl. s. Petri Brexen. Colon. dioc. nondum assumpto) mentionem n. fecit: de decl. dd. litt. secunde gr. expect. perinde val. acsi in eisdem de prima gr. expect. secundum reg. can. fecisset mentionem 7. aug. 78 S 772 110ᵛˢ – qui can. et preb. colleg. eccl. s. Georgii Colon. et par. eccl. s. Jacobi Colon. fere sub uno tecto consistentes ad vitam obtin.: de uniendo d. par. ecclesie (4 m. arg.) dd. can. et preb. (4 m. arg.) ad vitam 2. sept. 78 S 773 83ʳˢ, gratis V 590 12ᵛˢ – motu pr. de perp. vicar. vel capn. colleg.

eccl. s. Lebuini op. Davantrien. Traiect. dioc. (4 m. arg.) vac. p.o. in cur. Johannis Orten causarum procur. 2. sept. 78 S 773 83ᵛ.

3526 **Henricus Maengolt** [3. pars 5 partium] presb. Paderburn. cui gr. expect. s.d. 1. ian. 72 de can. et preb. eccl. ss. Petri et Andree Paderburn. et de can. et preb. eccl. s. Martini Kerpen. Colon. dioc. conc. fuit: motu pr. de decl. litt. desup. perinde val. acsi in dd. litt. reserv. preb. d. eccl. Colon. de prima gr. expect. mentio facta fuisset 8. oct. 78 S 774 7ᵛˢ – can. eccl. s. Georgii Colon.: oblig. sup. facult. resign. vel perm. que s.d. 12. decb. 77 conc. fuit 22. decb. 78 A 27 126ᵛ – litig. coram Guillermo de Pereriis aud. contra Henricum Kraemer reum sup. can. et preb. eccl. s. Gereonis Colon. vac. p. resign. Thome Bast: de prov. si neutri de eisdem (6 m. arg. p.) 23. decb. 78 S 776 161ᵛˢ – presb. Paderburn.: de disp. ad 2 incompat. benef. sub eodem tecto c. lic. perm. 7. ian. 79 S 776 246ʳˢ – cler. Paderburn. pape fam.: motu pr. de can. et preb. eccl. s. Florini in Confluentia Trever. dioc. (6 m. arg. p.) et de can. et preb. eccl. s. Martini Magunt. (4 m. arg. p.) vac. p.o. Walttheri Krach Nicolai V. fam. et abbrev. 2. febr. 79 S 778 23ᵛ – motu pr. de can. et preb. c. ferculo eccl. s. Lebuini op. Davantrien. Traiect. dioc. (6 m. arg. p.) vac. p.o. Brunonis ton Torne Pii II. fam. 5. apr. 79 S 779 238ᵛ – <can. eccl. ss. Petri et Andree Paderburn.>: <motu pr.> de prepos. eccl. Paderburn. c. annexis (20 m. arg.) vac. p.o. Henrici de Haxthusen c. derog. statutorum d. eccl. quod nullus d. prepos. obtin. debeat nisi ex utr. par. de mil. gen. et can. capit. d. eccl. emancipatus exist. et de assign. Johanni Francisco de Marascha cler. Mantuan. pape fam. et acol. ac abbrev. pens. ann. 24 fl. renen. sup. fruct. d. prepos. 3. mai. 79 S 780 258ʳˢ, 31. mai. 79 S 782 133ʳ, (m. ep.

Civitatis Castelli et dec. eccl. s. Georgii et dec. eccl. ss. Appl. Colon.), gratis (exped. 1. iul. 79) L 792 44ʳ-45ᵛ – motu pr. de prepos. eccl. Paderburn. (14 m. arg. p.) vac. p. o. Henrici de Haxthusen c. derog. statutorum d. eccl. quod nullus d. prepos. obtin. debeat nisi can. capit. emancipatus ac ex utr. par. de mil. gen. existat et nihilominus resign. prepos. eccl. s. Stefani Bremen. (4 m. arg. p.) in favorem Johannis Francisci de Marascha pape acol. et abbrev. 20. iun. 79 S 783 99ʳˢ – oblig. sup. annat. prepos. eccl. Paderburn. (24 m. arg.) de qua ut supra s. d. 31. mai. 79 sibi prov. fuit (in margine: s. d. 24. oct. 78 ep. Civitatis Castelli vicecamerarius prorog. term. solut. ad al. 6 menses; s. d. 7. aug. 79 cassata quod constat de solut. fact. subcollect. in partibus; die 7. apr. 80 d. Henricus habuit bullam perinde val. ratione cessionis iur. [Georgii Hesler] tit. s. Lucie in Silice presb. card. s. d. 27. mart. 80 fact. et ratificavit d. oblig.) 7. iul. 79 A 28 55ʳ – rect. par. eccl. s. Jacobi Colon.: de indulto ut ipse vel cap. suus parochianis suis durante inhab. aep. Colon. etiam in casibus episc. reserv. absol. val., Conc. ad an., sola sign. 13. iul. 79 S 784 69ᵛˢ – can. eccl. Colon. qui litig. coram Johanne Francisco de Pavinis aud. contra quond. Jo[hannem] Cabebe intrusum et Jo[hannem] Neve cler. Leod. dioc. ac quond. Lubertum Berghemeiier (qui obiit in cur.) sup. can. et preb. (6) ac scolastr. eccl. s. Gereonis Colon. (4 m. arg.) de quib. tunc vac. p. o. Wilhelmi de Leydis d. Luberto prov. fuerat: de surrog. ad ius d. Luberti 17. sept. 79 S 789 98ʳ – qui litig. coram Guillermo de Pereriis aud. et Johanne Francisco [de Pavinis] aud. contra quond. Henricum Cramer sup. can. et preb. eccl. s. Gereonis Colon. (6 m. arg.) vac. p. o. Thome Bacsz: de surrog. ad ius 11. oct. 79 S 791 49ʳ – cui de prepos. eccl. Paderburn. vac. p. o. Henrici de

Haxthusen (Hartihusen) prov. fuerat inter al. referens quod de d. prepos. s. d. 22. iun. 79 etiam Georgio card. ut supra prov. fuit qui litt. desup. n. exped. resign. in manibus pape: nova prov. de d. prepos. (24 <6> m. arg. p.) vac. p. d. resign., gratis 27. mart. 80 L 803 7ʳˢˢ, m. (prep. eccl. s. Crucis i. m. Hildesem. et dec. eccl. s. Mauritii e. m. Hildesem. ac offic. Paderburn.), gratis V 600 101ʳ-103ʳ.

3527 Henricus Maengolt [4. pars 5 partium] cui de can. et preb. ac prepos. eccl. Paderburn. prov. fuit referens quod fruct. dd. benef. n. insimul 24 m. arg. p. sed fruct. d. prepos. solius 24 m. arg. p. et fruct. dd. can. et preb. 6 m. arg. p. valent: de ref. 27. mart. 80 S 790 259ʳ – rect. par. eccl. in Theonisvilla al. Dedenhoven Meten. dioc. pape fam.: oblig. sup. annat. d. par. eccl. 21. apr. 80 A 28 181ᵛ – not. recip. pro bulla distributa 3 grossos iun. 80 DB 1 29ᵛ – qui prepos. eccl. s. Willehadi seu s. Stephani Bremen. vac. p. o. in cur. Theoderici Clinketare (Cinkarode) ac can. et preb. eccl. Bremen. vac. p. o. Johannis Rode litt. ap. correctoris et abbrev. et **Gerardus Oldewargen (Oldewken)** decr. doct. qui perp. vicar. ad alt. Trium regum in eccl. s. Crucis Hildesem. perm. desiderant: de adm. resign. d. Henrici et Gerardi et de prov. d. Henrico de d. perp. vicar. (4 m. arg. p.) et d. Gerardo de d. prepos. (4 m. arg.) et Johanni de Oldewagen can. eccl. Verden. de dd. can. et preb. (4 m. arg.) ac de assign. d. Henrico pens. ann. 5 fl. renen. sup. fruct. par. eccl. de Weslingburen Bremen. dioc. (10 m. arg.) p. d. Gerardum persolv. 6. iul. 80 S 794 264ᵛˢ – qui prepos. eccl. s. Stephani al. Wilhardi Bremen. in favorem Gerardi Oldewaghen resign. in manibus pape: assign. pens. ann. 5 fl. auri renen. sup. fruct. par. eccl. in Weslingburen Bremen. dioc. (10 m. arg.) p. d. Gerardum rect. d. par. eccl. persolv. (exec. dec.

eccl. Bremen. et offic. Monast. ac offic. Paderburn.), gratis 6. iul. 80 V 609 113^v-115^r – prov. de perp. s. c. vicar. ad alt. ss. Trium regum in eccl. s. Crucis Hildesem. (4 m. arg.) vac. p. resign. in manibus pape Gherardi Oldevagen (exec. prep. et dec. eccl. ss. Petri et Andree Paderburn. ac offic. Hildesem.), gratis 6. iul. 80 V 602 19^{vss} – can. eccl. Colon.: motu pr. gr. expect. s. d. 1. ian. 72 de benef. ad coll. prep. etc. eccl. b. Marie Aquen. Leod. dioc. et eccl. s. Bonifatii Hamelen. Minden. dioc. et prerog. ad instar antiquorum pape fam. (exec. prep. eccl. s. Crucis Hildesem. et offic. Leod. ac offic. Minden.), gratis 24. iul. 80 V 672 302^r-304^v – prep. eccl. Paderburn.: oblig. sup. annat. can. et preb. d. eccl. (6 m. arg. p.) de quib. vac. p. o. Henrici de Haxthusen s. d. 27. mart. 80 sibi prov. fuit 31. iul. 80 A 29 56^v – not. recip. pro bulla distributa 2 grossos iul. 80 DB 1 31^v – cler. Paderburn. cui de can. et preb. eccl. ss. Petri et Andree in Bustorp Paderburn. vac. p. resign. in manibus pape Burkardi Stoer prep. eccl. in Anseltingen Lausan. dioc. prov. fuit: resign. in manibus pape dd. can. et preb. de quib. Friderico Duster cler. Colon. dioc. s. d. 5. sept. 80 prov. fuit 20. sept. 80 OP 6 54^v – prep. eccl. Paderburn. referens quod in d. eccl. 9 diebus ante et ipso die ac 9 diebus post festum Annuntiationis b. Marie necnon in die s. Liborii et in 3 al. festis in cancellaria exprimendis antiphona ad honorem b. Marie virg. decantari consuevit: de indulg. 14 an., Conc. de 7 an. in 2 festis 17. oct. 80 S 797 28^{rs} – restit. bulle sup. lic. testandi s. d. 21. aug. 77 conc. 25. nov. 80 A 29 217^v – not. recip. pro bulla distributa 2 grossos mai. 81 DB 1 80^r – prep. eccl. Paderburn. qui plebeiis civibus et quond. patre consule d. civit. oriundus exist. cui de can. et preb. eccl. Paderburn. vac. p. resign. in manibus pape Georgii card. ut supra prov. fuerat referens quod Otto

Tackenborch cler. ad dd. can. et preb. p. dec. etc. d. eccl. nominatus fuit: motu pr. monitorium penale contra d. Ottonem et al. intrusos ac dec. etc. d. eccl. ut ab occupatione desistant et hortatio aep. Magunt. et episcopis Paderburn. et Monast. ac ep. Minden. necnon Osnaburg. ut d. Henrico auxilium prestent, gratis 12. iul. 81 V 611 135^r-137^v – restit. bulle sup. pens. ann. 5 fl. renen. eidem sup. fruct. par. eccl. in Weslingburen Bremen. occasione resign. in manibus pape prepos. eccl. s. Stefani al. Willhardi Bremen. s. d. 6. iul. 80 assign. quia fruct. d. prepos. n. ascendunt summam 13. iul. 81 A 30 185^v.

3528 **Henricus Maengolt** [5. pars 5 partium]: not. recip. pro bulla distributa 4 grossos et 2 grossos iul. 81 DB 1 93^v – rect. par. eccl. s. Jacobi Colon. et **Johannes Bardini** rect. eccl. s. Johannis Colon.: de lic. ut in suis eccl. presbiteros honestos ad celebrandum missas admittere val., Et p. breve 7. nov. 82 S 815 312^v – prep. eccl. Paderburn. pape fam.: de recept. in pape acol. <n. o. par. eccl. s. Jacobi Colon. quam obtin.> 9. nov. 82 S 816 14^{rs}, V 659 30^{rs} – qui vig. gr. expect. can. et preb. eccl. b. Marie virg. op. Aquisgrani Leod. dioc. vac. p. o. Petri Overwater al. Henrici acc.: de nova prov. de dd. can. et preb. (8 m. arg.) 18. decb. 82 S 815 55^r – qui vig. gr. expect. can. et preb. ut supra unac. scolastr. eccl. b. Marie op. Aquen. ut supra vac. p. o. Mychaelis de Nessekron acc.: de nova prov. de dd. can. et preb. unac. scolastr. (8 m. arg.) 19. decb. 82 S 827 208^v – can. capitularis eccl. Colon. referens quod dec. et capit. d. eccl. propter obligationes quas dudum fecerunt ad relevandum quond. Theodericum [de Morsa] tunc aep. Colon. seu eius successores qui diversa debita occasione guerrarum seu alias contraxerant sententia suspensionis innodari ac ecclesiam ipsam eccles. supponi interdicto contingit et ipse orator temp. obligationis d. eccl. can. n. fuit nec in id consensum prestitit: de indulto ut ad quorumcumque capituli creditorum instantiam interdici quoquomodo vel suspendi n. possit, Et p. breve 27. ian. 83 S 818 277^{rs} – de ref. 5. febr. 83 S 819 130^{vs} – de disp. ut in eccl. et paroch. Paderburn. 9 diebus ante et ipso die ac 9 diebus post festum b. Marie annuntiationis antiphonam ›Salve regina‹ extra off. divina libere decantare val., Et p. breve 8. febr. 83 S 819 165^{vs} – reus et possessor litig. coram Guillermo de Pereriis aud. contra quond. Henricum Wicken cler. actorem in cur. defunct. sup. can. et preb. colleg. eccl. b. Marie Aquen. ut supra (8 m. arg.): de surrog. ad ius d. Henrici 10. decb. 83 S 832 181^v – referens quod Conrado [de Rietberg] ep. Osnaburg. dudum in min. ord. constit. p. Hermannum [de Hassia] aep. [Colon.] de par. eccl. in Byrtheim Colon. dioc. de iur. patron. domini loci in Alpen Colon. dioc. vac. p. o. Rotgeri de Holt prov. fuit et deinde p. nob. virum Gumpertum com. de Nwennayr asserentem patron. d. par. eccl. Petro Vinck preposito eccl. s. Victoris Xancten. Colon. dioc. present. fuit et quod d. Conradus litig. desup. coram d. Petro Vinck, Arnoldo Heymerin dec. eccl. s. Victoris Xancten., Johanne Francisco de Pavinis aud. et Johanne [de Ceretanis] ep. Nucerin. aud. contra Johannem Honsten cler. Colon. dioc. et quod d. Conradus postquam ad eccl. Osnaburg. prom. fuit d. par. eccl. resign. in manibus pape: de d. par. eccl. in Byrtheim (14 m. arg. p.) in commendam et de disp. ut unac. d. par. eccl. quevis al. benef. obtin. val. 26. iun. 84 S 837 57^{vs}, m. (prep. eccl. Colon. et dec. eccl. b. Marie Aquen. Leod. dioc. ac dec. eccl. b. Marie Reyssen. Colon. dioc.) V 649 26^v-29^r – ex parte Hermanni [de Hassia] aep. Colon. ad papam destinatus: motu pr. de simplici s. c. benef. de iur. patron. laic. mil. in par. eccl. seu capel. op. Lechtenow (/.) Paderburn. dioc. (3 m. arg.) vac. p. o. in cur. Johannis Witte c. narratione quod d. benef. ordin. auct. in can. et preb. eccl. in Lippespringe Paderburn. dioc. translatum fuit, gratis 8. iul. 84 S 838 86^{vs} – consensus resign. Conradi ep. in favorem Henrici ut supra p. Johannem Berningusen can. eccl. s. Patrocli op. Sosatien. Colon. dioc. procur. (prout patet ex instr. publ. p. Conradum Wicht cler. Paderburn. dioc. not. publ. confecto) 24. iul. 84 Resign. 2 174^r – oblig. sup. annat. par. eccl. in Birtheym Colon. dioc. ut supra 27. iul. 84 A 32 161^v.

3529 **Henricus Martin (Mertun)** cler. Argent. dioc. mag. in art. in 20. sue et. an. constit. qui p. patron. laic. ad par. eccl. loci Wulseschem Argent. dioc. vac. p. o. Johannis Stebel present. fuit et qui litig. desup. contra Johannem Ratzenhusen (Rutzenhasen) et Johannem Breidebach (Brienchenbuch) cler.: de prov. si nulli de d. par. eccl. (20 m. arg.), n. o. def. et. 15. mai. 76 S 739 144^{rs}.

3530 **[Hinricus] (Hurricus) Martini de Lovenich** presb. rect. par. eccl. seu personatus in Hassel Leod. dioc. cui p. partem parochianorum nominato de par. eccl. s. Martini Colon. vac. p. o. Hinrici Juder prov. fuerat et qui litig. desup. coram Antonio de Grassis aud. contra Johannem Weythase (qui d. par. eccl. vig. gr. expect. acc.) et contra Cornelium de Breda theol. mag. p. alteram partem parochianorum nominatum et p. abba. eccl. b. Marie in Capitolio Colon. present.: de prov. si nulli de d. par. eccl. (16 m. arg.) et de disp. ad 2 incompat. benef. etsi 2 par. eccl. ad 2 an. 30. mart. 73 S 689 73^{vss}.

3531 **Enricus Medder**: prov. de capn. Wormat. [dioc.?] vac. p. o. 74/75 I 333 336^v.

3532 **Henricus Meychsner** presb. Bamberg. dioc. qui perp. vicar. ad alt.

ss. Anne et Thome in eccl. s. Stephani Bamberg. vac. p. o. Johannis Hesener assec. est: de nova prov. de d. vicar. (2 m. arg.) 16. oct. 75 S 728 201^{vs}.

3533 Henricus Meyer cler. Constant. dioc.: de nova prov. de can. et preb. eccl. ss. Felicis et Regule abbat. Thuricen. Constant. dioc. (5 m. arg.) vac. p. resign. Bernardi Trist 2. iun. 77 S 752 165^{rs}.

3534 Henricus (Enricus) Meiger can. eccl. Magdeburg. Pauli II. fam.: de adm. resign. preb. d. eccl. et de lic. erig. ex d. preb. 2 al. preb. 9. mart. 72 S 677 67^{rs} – cui de can. et preb. sacerdotali eccl. Magdeburg. prov. fuerat: de lic. perm. 1. febr. 73 S 687 57^{rs} – facult. resign. 73/74 I 332 182^r.

3535 Henricus Meyger cler. Bremen. dioc.: de 2 perp. vicar. (una in eccl. b. Marie virg. Sunden. Zwerin. dioc. et alia in terra Rugie Zwerin. dioc. de iur. patron. laic. (4 m. arg.) vac. p. o. Brandani Ronneghanen c. derog. iur. patron. 26. sept. 78 S 785 218^v – de perp. <s. c.> vicar. ad alt. b. Marie virg. in par. eccl. Nicnkerken [recte: Nigenkerken] terre Ditmartie Bremen. dioc. (3 m. arg.) vac. p. o. Johannis Ottonis 31. iul. 79 S 785 177^v, m. (ep. Nucerin. et Theoderico Arndes can. eccl. Lubic. ac offic. Bremen.), gratis (exped. 27. iul. 81) L 791 187^{rss} – Johannis Bapt. [Cybo] tit. s. Cecilie presb. card. Melfiten. vulg. nunc. fam. et cap. et not. ac fam.: de perp. vicar. sive alt. ss. Anne et Catherine in par. eccl. s. Catherine in Esweghen Magunt. dioc. (2 m. arg.) vac. p. resign. in manibus pape Mathie Boers cler. Leod. dioc. 27. apr. 82 S 810 186^{rs}, I 335 22^v – de can. et preb. eccl. b. Marie Hamburgen. Bremen. dioc. <4 m. arg.> et de perp. commenda nunc. in villa s. Jacobi prope Lovemborch Razeburg. dioc. (insimul 15 m. arg.) vac. p. resign. in manibus pape Andree Wagendiener <coram

Jacobo Witte cler. Bremen. dioc. not. publ.> et Alberti Gusman ex causa perm. 28. sept. 82 S 816 150^r, m. (archipresb. eccl. Bononien. et dec. eccl. s. Ludgeri Monast. ac offic. Bremen.) V 629 66^{rss} – supplic. card. ut supra de decan. colleg. eccl. s. Philippi de Cellen Magunt. dioc. (4 m. arg. p.) vac. p. o. cuiusdam 15. mai. 84 S 835 270^{rs}.

3536 Henricus Meyneleus presb. Bremen. dioc. nullum benef. obtin.: de perp. simplici benef. seu vicar. ad alt. s. Katherine in par. eccl. b. Marie in Hiligensteden. Bremen. dioc. (2 m. arg.) vac. p. o. in cur. cuiusdam Theoderici ultimi possessoris de iur. patron. laic. 17. iul. 78 S 772 46^r.

3537 Henricus de Mela al. Boseken (de Nola al. Loseken) in min. ord. constit.: de nova prov. de perp. vicar. ad alt. b. Marie virg. in eccl. s. Petri Huxarien. Paderburn. dioc. (2 m. arg.) vac. p. o. Johannis Deringer et de prom. ad ord. subdiac. infra an. 6. apr. 72 S 678 69^{rs} – cler. Paderburn.: de perp. vicar. sive commenda ad alt. s. Anne in eccl. s. Alexandri Embecen. Magunt. dioc. (1 m. arg.) vac. p. o. Bertoldi Obberhusen 27. apr. 72 S 678 233^{rs}, I 332 219^r – cler. <presb.> Paderburn. dioc. qui ad par. eccl. s. Andree in Brunswich <op. Brunswicen.> Hildesem. dioc. de iur. patron. ducum Brunswicen. vac. p. o. Johannis Horneborch p. Wilhelmum ducem Brunswicen. present. et instit. fuit: de nova prov. de eadem (8 <14> m. arg.) <et de disp. ut unac. d. par. eccl. aliud incompat. benef. recip. valeat etsi par. eccl. ad vitam c. lic. perm.> 23. oct. 79 S 789 184^{vs}, S 789 205^{vs} – rect. par. eccl. s. Andree Brunswicen. Hildesem. dioc. qui litig. coram Johanne Francisco [de Pavinis] aud. contra Bertoldum Hildebrandi cler. Paderburn. dioc. sup. d. par. eccl.: de prov. si neutri de eadem (10 m. arg.) 23. febr. 80 S 790 86^r – de eccl. desolata s. Jacobi in Haddenberge Paderburn. dioc. cuius cura mortua est (2 m. arg.) vac. p. devol. 7. mai. 80 S 793 62ʳ.

3538 Henricus Mellerstadt (Malerstat) can. eccl. Misnen. decr. doct.: m. (prep. eccl. Merseburg. et prep. eccl. Halberstad. ac offic. Misnen.) confer. s. c. capel. b. Marie Magdalene in castro Misnen. (10 m. arg.) vac. p. prom. Dietheri de Schoenberg can. eccl. Misnen. ad eccl. Nuemburg. 3. iun. 81 V 614 21ᵛ-23ʳ – oblig. p. Ludovicum de Cursolinis de Florentia institorem soc. de Salutatis de cur. sup. annat. 7. ian. 82 A 30 108ᵛ – solv. 25 fl. adc. pro annat. capn. b. Marie Magdalene ut supra p. manus soc. de Salutatis 5. ian. 82 FC I 1134 174ᵛ, IE 505 52ʳ.

3539 Henricus Melsinghen cant. eccl. s. Mauritii in Monte prope et e. m. Hildesem.: de nova prov. de d. cantor. (4 m. arg.) vac. p. resign. Frederici Bynnemagen 2. iun. 79 S 785 163ᵛˢ.

3540 Henricus Mercilii pape fam.: motu pr. prov. de can. et preb. eccl. s. Martini Bomelen. Traiect. dioc. (4 m. arg.) vac. p. o. in cur. Riquini de Dorenborch pape fam. (exec. dec. eccl. b. Marie Wezallen. Trever. dioc. et offic. Traiect. ac offic. Leod.), gratis 26. aug. 80 V 604 306ᵛˢˢ – cler. Leod. dioc. pape fam.: disp. ad 2 incompat. benef. etsi par. eccl. ad vitam c. lic. perm. et facult. resign. vel perm. ac fruct. percip. (m. ep. Urbevetan. et dec. eccl. b. Marie Wesalien. Trever. dioc. ac offic. Leod.), gratis 28. iul. 81 V 613 249ʳ-252ʳ – oblig. sup. facult. resign. vel perm. ut supra 7. nov. 81 A 30 83ᵛ.

3541 Henricus de Merica presb. Leod. dioc. litig. coram offic. archidiac. Campinie in eccl. Leod. contra Theodericum de Oestersalt et Cornelium de Ypolace clericos Leod. dioc. sup. perp. vicar. ad alt. b. Petri in capella sive appenditio de Kanel infra lim. paroch. de Ghilsen Leod. di-

oc. vac. p. o. Johannis Clerici: de prov. si neutri de eadem (3 m. arg.) 23. oct. 81 S 804 95ᵛˢ.

3542 Henricus de Merwick rect. par. eccl. in Arssen Colon. dioc. c. quo sup. def. nat. (s. s.) disp. fuit referens quod Henricus ex Palude actor et Henricus Bogaers reus Leod. dioc. litig. coram Michaele Moner can. eccl. Elnen. commissario p. papam deputato sup. can. et preb. eccl. s. Johannis Leod. vac. p. o. Nicolai Simonis: de dd. can. et preb. (6 m. arg.) vacat. p. resign. in manibus pape dd. adversariorum et de reserv. d. Henrico ex Palude pens. ann. 25 fl. renen. sup. fruct. par. eccl. in Arssen de iur. patron. laic. (80 fl. renen.) p. d. Henricum de Merwick persolv. 22. apr. 76 S 738 33ʳˢ – qui vig. disp. sup. def. nat. (s. s.) et ad 3 compat. benef. par. eccl. in Arssen Colon. dioc. (12 m. arg.) et s. c. alt. s. Crucis in eccl. b. Marie Leod. (4 m. arg.) necnon can. et preb. eccl. s. Spiritus Ruremunden. Leod. dioc. (4 m. arg.) obtin.: m. (dec. eccl. s. Crucis Leod.) confer. can. et preb. eccl. s. Johannis Leod. (6 m. arg.) sup. quib. (vac. p. o. Nicolai Simonis) Henricus Bogaers cler. Leod. dioc. et Henricus ex Palude can. eccl. s. Pauli Leod. litig. coram Michaele Moner can. eccl. Elnen. in cur. resid. 5. iun. 76 (exped. 8. iun. 76) L 763 157ʳ-159ʳ – can. eccl. s. Johannis Leod.: oblig. p. Henricum ex Palude can. eccl. s. Pauli Leod. sup. annat. can. et preb. eccl. s. Johannis Leod. de quib. ut supra s. d. 5. iun. 76 sibi prov. fuit 10. iun. 76 A 25 5ᵛ – solv. 14 fl. adc. pro compositione annat. preb. eccl. s. Johannis Leod. p. manus Henrici ex Pallude 10. iun. 76 FC I 1132 188ᵛ, IE 493 5ʳ – inter al. referens quod indulta p. eum Helmico Terwisteden ministro ac fratribus et conv. dom. s. Barbare Barbarenwerder vulg. nunc. de 3. reg. s. Francisci in et sub paroch. d. par. eccl. de an. 1452 facta innovando concessit quod dd. fratres d. dom. possint erig. capel. consecratam et ad eorum libitum utendam: de conf., sola sign. 17. nov. 77 S 760 171^{rs}.

3543 Heinricus Meser presb. Halberstad. dioc.: de par. eccl. in Reider Halberstad. dioc. (2 m. arg.) vac. p. n. prom. Heinrici Bertoldi qui d. par. eccl. p. an. tenuit 18. mart. 74 S 709 11^{vs}.

3544 Henricus Metting cler. Paderburn. dioc. referens quod ipsi de par. eccl. in Detmoldia Paderburn. dioc. (4 m. arg.) vac. p.o. Johannis de Lippia p. Paulum II. prov. fuerat et quod Conradus Fruwendorff cler. litig. desup. in cur. contra quond. Henricum Schetler cler. spoliatorem et quod deinde d. Henricus Metting litig. desup. coram Nicolao de Edam aud. contra d. Henricum Schetler et Johannem Stuke cler.: m. (d. Nicolao de Edam aud.) surrog. ad ius d. Henrici Schetler ad d. par. eccl., gratis 19. febr. 73 (exped. 24. apr. 73) L 725 39^v-41^r – cui gr. expect. s.d. 1. ian. 72 de benef. ad coll. aep. etc. Bremen. conc. fuit: supplic. Dorothea regina Dacie de exten. gr. expect. ad coll. ep. etc. Hildesem. 16. mai. 75 S 720 164^{rss} – cui gr. expect. de benef. ad coll. aep. etc. Bremen. vel ad coll. ep. etc. Hildesem. conc. fuit cuius vig. perp. vicar. in eccl. Bremen. acc.: de reval. gr. expect. acsi d. vicar. n. acceptasset et de decl. litt. sup. gr. expect. perinde val. acsi gr. expect. motu pr. conc. fuisset et de prerog. ad instar pape fam. descript. 13. aug. 76 S 741 18^{rs} – qui litig. in cur. contra Sifridum de Castro, Conradum Frawenloff, Johannem Stuke et quond. Henricum Schotler cler. sup. par. eccl. s. Viti in Detmoldia Paderburn. dioc. et deinde fecit concordiam c. d. Sifrido qui d. par. eccl. possidet: de assign. pens. ann. 10 fl. renen. sup. fruct. d. par. eccl. (30 fl. renen.) p. d. Sifridum c. assensu suo (p. Lamber-

tum Dreuthhert perp. vic. in eccl. Bremen. procur. express.) persolv. 7. decb. 76 S 744 213^{vs}, (m. abb. mon. ss. Petri et Pauli Paderburn. et dec. eccl. Lubic. ac offic. Colon.), gratis L 769 125^{rss} – perp. vic. in eccl. Bremen.: de prom. ad omnes ord. extra temp., sola sign. 16. febr. 78 S 765 15^r.

3545 Henricus fil. **Theoderici de Mobelwick** cler. Traiect. cui de can. et preb. colleg. eccl. s. Johannis Traiect. vac. p. resign. Johannis Puylloys cler. Cameracen. Pauli II. fam. et capel. cant. prov. fuit ex causa perm. pro par. eccl. in Westerkerke partium Zelandie Traiect. dioc. c. Johanne Coppen qui perp. vicar. ad alt. s. Katherine in eccl. Traiect. vac. p. resign. d. Henrici obtin.: de nova prov. de eisdem (8 m. arg.) 11. decb. 71 S 674 52^{rs}.

3546 Henricus de Mokuss cler. Magunt. dioc.: motu pr. de gr. expect. de 2 can. et preb. necnon de benef. ad coll. quorumcumque, Et s.d. 17. nov. 81 S 803 72^v.

3547 Henricus Moerlaghe (Meerlaghe) scol. Monast.: recip. primam tonsuram in capel. ss. Andree et Gregorii in basilica Principis appl. in Urbe 22. febr. 72 F 6 26^{rs} – cler. Monast. dioc.: prom. ad 4 min. ord. in capel. ut supra 22. febr. 72 F 6 26^{rs} – pape fam. c. quo sup. def. nat. (p. s.) disp. fuit: de disp. ut in litt. ap. sup. prov. amplius de d. def. mentionem facere n. teneatur 12. sept. 76 S 742 204^r, 27. sept. 76 S 742 198^v – qui vig. gr. expect. vicar. ad alt. s. Barbare eccl. Veteris Ecclesie s. Pauli Monast. vac. p.o. Johannis Eggerdes acc.: de nova prov. de d. vicar. (4 m. arg.) 24. mai. 77 S 752 16^{rs} – qui vig. gr. expect. de benef. ad coll. prep. etc. eccl. Veteris Ecclesie s. Pauli Monast. et prep. eccl. s. Mauritii e.m. Monast. quandam vicar. ad alt. s. Barbare in eccl. Veteris Ecclesie s. Pauli Monast. tunc vac. p.o. Johannis Eggerdes s.d. 23. ian. 76 acc.

possessione subsecuta: de reval. dd. litt. et de exten. ad can. et preb. eccl. s. Martini Monast. et de decl. dd. litt. perinde val. acsi d. vicar. n. acceptasset 15. iun. 77 S 753 111^{vss} – can. eccl. s. Martini Monast. pape fam. c. quo sup. def. nat. (p. s.) et ad quodcumque benef. disp. fuit et cui gr. expect. s. d. 1. ian. 72 de benef. ad coll. prep. etc. eccl. Veteris Ecclesie s. Pauli intra et eccl. s. Mauritii e. m. Monast. necnon ad coll. scolast. d. eccl. s. Mauritii conc. fuerat et qui vig. d. gr. expect. perp. s. c. vicar. ad alt. s. Barbare ut supra acc.: motu pr. reval. et disp. ut unac. d. par. eccl. aliud incompat. benef. etsi par. eccl. ad vitam recip. valeat, gratis 27. apr. 78 V 670 129^r-131^v – de indulto ut fructus beneficiorum que in quibusvis eccl. sine lite obtinet c. cottidianis distributionibus percipere valeat et ad residendum in eisdem n. teneatur 17. iul. 78 S 772 123^{vs} – c. quo sup. def. nat. (p. s.) disp. fuit et qui litig. coram ep. Alexandrin. aud. locumtenenti contra quond. Rodulphum up den Orde cler. Osnaburg. dioc. Dominici [de Ruvere] tit. s. Vitalis presb. card. fam. sup. can. et preb. eccl. s. Martini Monast. (4 m. arg.) quos d. Henricus vac. p. o. Bernardi Wernynck de Bolchorst possessoris vig. gr. expect. acc.: de surrog. ad ius d. Rodulphi 18. aug. 79 S 785 57^v.

3548 Henricus Mollisus missus Confederatorum ad papam contra ducatum Mediolan.: responsio ad instructiones datas eidem Henrico p. dom. Broccardum in qua papa inter alia scribit quod ipse laudat que ipse Broccardus et Confederati fecerunt post adventum domini Gentilis, quodque papa voluit ipsos dominos Confederatos tamquam principes benevolos ap. sedis p. proprium nuntium certiores facere atque requirere ut vellent ap. sedem iuvare et virtute sua que p. totum orbem notissima est tutari, quodque papa principale fundamentum fecit in ipso Broccardo et commisit d. Gentili ut c. eo omnia tractaret (74^r), quodque papa bene scit quantum profuit opera sua in illo consilio Confederatorum tam obviando ne Venetus orator militem educare posset quam exhortando ipsos Confederatos ut arma sumerent pro sed. ap. contra statum Mediolanensium, quodque papa de incommodis que acceperunt nonnulli de exercitu ipsorum Confederatorum plurimum indoluit nec dubitat quin in futurum victoriam semper habituri sint (74^v), quodque papa quam gratissime videt tantam promptitudinem et quod ideo n. scripsit sepius quia confidebat semper in diligentia sua et domini Gentilis nec habuit litteras a d. Gentili post eius discessum nisi unum al. nuntium ipsius Broccardi (75^r), quodque papa dd. Confederatos semper plurimum estimavit nec teneant aliter propter n. missum ad eos prelatum maioris dignitatis quam sit d. Gentilis et cardinales n. mittuntur ad principes legati nisi ex gravi causa et in hoc casu ad R. I. papa misit prothonot. Franciscum Desenis, ad ipsos vero Confederatos misit ipsum Gentilem [de Spoleto] ep. Anagnin. oriundus ex terris eccl. qui est maior in dignitate quam prothonot. (75^{rs}), quodque papa vult habere ligam c. Confederatis tanto magis quia in ipsa liga erunt rex Neapolis et rex Hungarie quodque ad effectum huius federis mittit papa aliqua capitula d. Gentili, quodque in absentia d. Gentilis Prosper Camulius et ipse Broccardus agant que nomine pape agenda erunt c. ipsis Confederatis et papa mittit eis facult. eandem p. papam d. Gentili concessam (75^v), quodque papa sperat ipsos Confederatos velle debere libenterrime d. ligam facere propter estimationem quem semper habebunt iuvando ap. sedem contra statum Mediolanensem et contra Laurentium de Medicis et eius complices quodque papa vult quod predicatores et maxime frater Henricus o. pred. de quo papa optimam habet relationem insuper declaret illis populis iustitiam ap. sedis et quod papa eum instituit contionatorem ad hoc p. bullam que ei mittitur (75^{vs}), quodque finito hoc bello papa faciet quod ipsi Confederati habebunt honorabiles partes c. magno stipendio in expeditione quam intendit contra Turcos et misit papa illuc indulgentias facultates et iubileum ex quib. poterunt pro d. expeditione contra dd. rebelles aliquas pecunias habere et continue percipere et hortatur papa eos ut n. cessent prosequi arma contra Mediolan. et alios facientes contra sed. ap. (75^{rs}), quodque de meritis et pro se postulatis d. Broccardi papa hortatur ut pro suo etiam interesse conetur ita in his rebus operari quoad votivum effectum perducantur quodque papa contentus est de reval. sue gr. expect. et de reserv. prepositurarum quas petit et quod de pecuniis eccl. Constant. possit exigere illas pecunias pro expensis factis Prospero [Camulio de Janua] ep. Cathanen. misso illuc pro causa d. eccl., de pecuniis vero restantibus ex indulgentiarum in eccl. Basil. data est cura d. Gentili (76^v) [dat. deest] Arm. II, 30 74^r-77^r, Arm. II, 123 31^r-33^v, Cod. Urbin. Lat. 864 81^r-86^r, Cod. Barb. Lat. 1498 119^v-127^r, Cod. Ottob. Lat. 2726 70^v-76^r.

3549 Henricus Molitor cursor: recip. 2 cannas panni de secunda sorte de Florentia pro coronatione sicut habuerunt ceteri cursores 12. ian. 72 FC I 368 16^v – qui Hermanno Mangilezhoff merc. theotonico cur. sequenti in summa 42 fl. renen. tamquam fideiussor Johannis Gester presb. Constant. dioc. obligatus existit: de moratorio ad 1 an., Conc. ad 6 menses 22. oct. 72 S 683 97^{rs}.

3550 Henricus Molitoris (Molitor) qui prepos. eccl. s. Martini Columbarien. Basil. dioc. et **Bernardus Molitoris** cler. Basil. dioc. qui prepos. eccl.

s. Johannis in Werd Constant. dioc. resign. in manibus pape: de adm. d. resign. et de prov. d. Henrico de d. prepos. eccl. in Wert (4 m. arg.) et d. Bernardo de d. prepos. eccl. s. Martini Columbarien. (4 m. arg.) 24. mart. 77 S 748 259^{vs} – cler. Basil. et **Paulus Laschel** cler. Olomuc. dioc. pape fam. referentes quod Johanni Petro cler. Remen. dioc. pape fam. de can. et preb. eccl. s. Fridolini op. Seckingen. Constant. dioc. vac. p. o. in cur. Nicolai Gropper p. papam prov. fuit et quod papa (postquam d. Johannes litt. n. confectis omni iur. in eadem cessit in manibus pape) primo Tilmanno Heddendorp cler. Halberstad dioc. de eisdem prov. et (postquam etiam d. Tilmannus cessit in manibus pape) deinde d. Paulo prov. litt. etiam n. confectis: de adm. cess. iur. d. Pauli et de prov. d. Henrico de dd. can. et preb. (4 m. arg.) c. assign. d. Paulo pens. ann. 6 fl. renen. 7. mai. 77 S 751 43^{vs} – prep. eccl. s. Leodegarii in Werd Constant. dioc.: de uniendo ad vitam d. prepositure (4 m. arg.) 1 ex can. et preb. d. eccl. primo vacat. (4 m. arg.) absque lic. diocesani loci et cuiusvis alterius 4. febr. 79 S 777 266^{rs}, gratis 4. febr. 79 V 592 20^{rss} – prep. eccl. s. Leodegarii in Werd Constant. dioc.: incorp. d. prepositure (4 m. arg.) 1 ex can. et preb. d. eccl. (4 m. arg.) [cass., dat. deest, registrata in cam. ap.] V 670 193^{rs} – prep. eccl. s. Leodegarii in Wer Constant. dioc.: indultum fruct. percip. 8. mart. 79 (m. dec. eccl. s. Valerie Sedun. et prep. eccl. s. Petri Basil. ac offic. Basil.) PA 27 190^{rss} – cui gr. expect. s. d. 1. ian. 72 conc. fuit et c. quo ad 2 incompat. benef. disp. fuit: gr. expect. de can. et preb. eccl. s. Martini Colinbrien. Basil. dioc. necnon de benef. ad coll. ep. etc. Constant. 12. iul. 79 (m. dec. eccl. s. Valerie Sedun. et prep. eccl. s. Petri Basil. ac offic. Basil.) PA 27 109^v-115^v – qui prepos. eccl. s. Leodegarii Werden. Constant. dioc. resign. in manibus pape et **Bernardus Molitoris** cler. Basil. dioc.: de adm. d. resign. et de prov. d. Bernardo de d. prepos. (4 m. arg.) ac de assign. d. Henrico pens. ann. 3. partis fruct. d. prepos. p. d. Bernardum persolv. 24. febr. 81 S 800 186^{vs} – solv. 11 fl. adc. pro annat. par. eccl. de Weguesteten (Wegensten) Basil. dioc. 28. mart. 81 FC I 1134 109^v, IE 502 69^v, IE 503 69^v.

3551 **Henricus Molitoris** presb. Magdeburg.: motu pr. de gr. expect. de 2 can. et preb. necnon de benef. ad coll. quorumcumque, Et s.d. 17. nov. 81 S 803 139^r.

3552 **Henricus Molner** cler. Lubic. pape fam.: motu pr. de gr. expect. de 2 can. et preb. ac benef., Et s.d. 17. nov. 81 S 803 57^v – de disp. ad 2 incompat. benef. c. lic. perm. 29. mart. 82 S 809 57^{rs}, 20. apr. 82 S 810 40^{rs}.

3553 **Henricus Monachi (Munche) al. Plebis (Plebis al. Monachi)** cler. Leod. dioc. c. quo sup. def. nat. (p. s. <s. s.>) disp. fuit: de perp. vicar. ad alt. b. Catherine in par. eccl. in Ubach Colon. dioc. (2 m. arg. p.) vacat. p. contractum matrim. p. Henricum Arnoldi de Bucht (Vucht) 18. aug. 73 S 694 198^{rs}, m. (prep. eccl. s. Spiritus Ruremunden. Leod. dioc., dec. eccl. s. Martini Leod. ac offic. Leod.), gratis (exped. 16. decb. 74) L 725 49^{rss} – c. quo sup. def. nat. (p. s.) disp. fuit ut ad omnes ord. prom. et c.c. benef. obtin. val. quique vig. d. disp. perp. s. c. capn. ad alt. s. Catherine in par. eccl. de Ubach Colon. dioc. assec. fuit et cui p. papam gr. expect. de can. et preb. eccl. s. Pauli necnon de benef. ad coll. prep. etc. eccl. s. Dionisii Leod. conc. fuit: de disp. ut unac. d. capn. necnon can. et preb. quecumque benef. compat. recip. val. c. pot. perm. et de disp. ut in litt. ap. desup. impetrandis de d. def. mentionem facere n. teneatur 7. febr. 78 S 764 151^v – pape fam. <c. quo sup. def. nat. (p. s.) disp. fuit et

cui de perp. vicar. ad alt. s. Catherine in par. eccl. de Ubach Colon. dioc. certo modo vac. prov. fuit>: <motu pr.> de can. et preb. eccl. s. Servatii Traiecten. Leod. dioc. (12 m. arg.) vac. p. o. Nicolai de Hordain <Pauli II. fam.> 11. mart. 78 S 768 128^v, (exec. prep. eccl. s. Spiritus Ruremunden. Leod. dioc. et prep. eccl. s. Plechelmi Oldensalen. Traiect. dioc. ac dec. eccl. s. Martini Leod.) V 594 271^v-273^r – can. eccl. s. Servatii Traiecten. Leod. dioc.: oblig. p. Wilhelmum de Gothem can. eccl. Leod. procur. (ut constat ex publ. instr. acto Rome s.d. 12. mai. 79 subscripto p. Michaelem Pauerfint cler. Warm. dioc. imper. auct. not.) sup. annat. dd. can. et preb. 30. iun. 79 A 28 51^v – qui litig. coram Jeronimo de Porcariis aud. contra quond. Quintinum Louveau reum et possessorem sup. can. et preb. eccl. b. Marie Traiecten. Leod. dioc. vac. p. o. ultimi possessoris quond. card. vel pontificis fam.: de prov. si neutri de eisdem (12 m. arg.) 31. ian. 80 S 792 86^{vs} – qui litig. coram aud. contra quond. Quintinum Louveau sup. can. et preb. eccl. b. Marie Traiecten. Leod. dioc. (12 m. arg.): de surrog. ad ius d. Quintini n. o. def. nat. (sup. quo secum disp. fuit) 23. febr. 80 S 791 247^{vs} – pape fam. c. quo sup. def. nat. (p. s.) disp. fuit et cui vig. d. disp. de perp. vicar. ad alt. s. Catherine in par. eccl. in Ubach Colon. dioc. (2 m. arg.) et de can. et preb. eccl. Traiecten. Leod. dioc. vac. p. o. Nicolai Hordayn prov. fuit et qui litig. desup. coram Jeronimo de Porcariis aud. contra quond. Quintinum Loweau: prov. de novo de eisdem (12 m. arg.) 25. apr. 80 V 602 162^v-164^v – oblig. sup. annat. can. et preb. eccl. s. Servatii ut supra de quib. vac. p. o. Quintini Lewau s.d. 23. febr. 80 in forma perinde val. sibi prov. fuit 12. iun. 80 A 29 28^v.

3554 **Henricus Monch (Monich)** cler. Argent. dioc. nullum benef. obtin.:

de perp. s.c. capn. ad alt. s. Stephani in eccl. Argent. (4 m. arg.) vac. p. devol. licet Henricus Menger cler. intrusus illam detin. 23. febr. 74 S 702 137^{vs} – de s.c. capn. <vicar.> sive primissaria ad alt. b. Marie virg. in par. eccl. ville Ulm Argent. dioc. (4 m. arg.) vacat. p. resign. in manibus pape Henrici Hayn (Han) <p. Dittmarium Calde can. eccl. s. Victoris e.m. Argent. [recte: Magunt.] procur. suum fact.> et de reserv. d. Henrico Hayn pens. ann. 3. partis fruct. d. capn. p. d. Henricum Monich persolv. 15. mai. 76 S 739 104^{rs}, (m. prep. eccl. ss. Martini et Arbogasti Surburgen. Argent. dioc. et scolast. eccl. Wratislav. ac offic. Argent.) (exped. 28. mai. 76) L 765 86^{vss}.

3555 Henricus [cognomen deest]: de prepos. colleg. eccl. in Monkenigenborch Magdeburg. dioc. (2 m. arg.) vacat. p. assec. prepos. eccl. s. Sebastiani Magdeburg. (tunc vac. p.o. Andree Haselman) p. Wernerum de Neybeke 19. iun. 73 S 695 30^{rs}.

3556 Henricus de Monte [1. pars 2 partium] rect. par. eccl. s. Egidii in villa Sancti Huberti in Ardenna Leod. dioc.: de disp. ut unac. d. par. eccl. aliud incompat. benef. recip. valeat 31. mai. 73 S 691 108^{vs} – can. eccl. Meten. pape fam.: prov. de can. et preb. eccl. Meten. et al. can. eccl. s. Simeonis Trever. (m. dec. eccl. s. Petri de Maceriis Remen. dioc. et officialibus Meten. ac Trever.), gratis 11. oct. 74 V 678 79^r-81^r – rect. par. eccl. s. Egidii de s. Huberto in Ardena Leod. dioc.: de disp. ut unac. d. par. eccl. (24 l. T. p.) alia 2 incompat. benef. retin. valeat etsi 2 par. eccl. 19. decb. 74 S 713 123^{rs}, gratis V 678 880^{rss} – presb. Tervisin. dioc. pape fam.: de can. et preb. colleg. eccl. b. Marie Namurcen. Leod. dioc. (4 m. arg.) vac. p.o. in cur. Egidii Brunelli pape fam. 29. decb. 74 S 712 296^{vs}, (m. thes. eccl. s. Hermetis Rothnacen. Cameracen. dioc. et of-

fic. Leod. ac Cameracen.), gratis V 572 259^{rss} – de facult. resign. 2. ian. 75 S 713 242^{rs} – de can. et preb. eccl. s. Servatii op. Traiecten. Leod. dioc. (14 m. arg.) vac. p.o. Antonii Primerii 10. apr. 75 S 717 134^r – <presb. Trever. dioc.> de fruct. percip. <quoad viveret> 19. iun. 75 S 722 291^{vs}, (m. ep. Urbinaten. et officialibus Leod. ac Cameracen.), gratis V 678 881^v-883^r – rect. par. eccl. s. Egidii de villa Sancti Huberti in Ardenna Leod. dioc. cui p. Paulum II. s.d. 8. iul. 71 conc. fuit ut fontes baptismales in d. par. eccl. erigeret et oleum sacrum in d. par. eccl. conservaret et qui litig. desup. coram Ludovico [de Burbonio] ep. Leod. et deinde coram Johanne de Cesarinis aud. contra abb. etc. mon. s. Huberti in Ardenna o. s. Ben. Leod. dioc.: m. (Johanni Francisco de Pavinis aud.) decl. litt. desup. perinde val. acsi sent. Ludovici ep. derog. fuisset, gratis 28. aug. 75 V 571 234^v-236^v – qui litig. coram Johanne Francisco [de Pavinis] aud.: de ref. 28. aug. 75 S 726 62^{rs} – presb. Trever. pape fam.: de par. eccl. in Guonsens (Guonsans) Bisuntin. dioc. (24 l. T. p.) vac. p.o. Hugonis (Ugonis) Bassand (Bassandi) 7. oct. 75 S 727 244^{vs}, m. (dec. eccl. Bisuntin. ac thes. eccl. s. Hermetis Rothnacen. Cameracen. dioc. et offic. Bisuntin.), gratis V 571 183^v-185^r – presb. Trever. dioc. nunc pape olim Pii II. fam. qui vig. gr. expect. p. Pium II. conc. par. eccl. in Bertrye (Berterie) Trever. dioc. acc. et qui d. par. eccl. resign. <postea in manibus archid. de Longinorio in eccl. Trever.> c. reserv. pens. ann. 16 fl. adc. sup. fruct. d. par. eccl. p. Johannem Godardi iuniorem rect. d. par. eccl. persolv.: de decl. litt. sup. reserv. pens. perinde val. acsi express. fuisset quod d. Johannes Godardi pens. ann. 12 fl. adc. sup. fruct. d. par. eccl. persolv. et quod quidam Johannes cler. (qui par. eccl. in Dufayrenatoro Leod. dioc. vac. p. resign. d. Johannis Godardi obtin.) pens. ann. 3 fl. adc. sup. fruct. par. eccl. in Dufayrenatoro persolv. debet 9. nov. 75 S 729 223^{vs}, gratis V 572 202^{rss} – oblig. sup. facult. resign. ut supra 17. nov. 75 A 24 29^r – can. eccl. b. Marie Yvodien. Trever. dioc. et dec. christianitatis concilii Bastonien. Leod. dioc. pape fam.: de alt. port. c. clausula ante diem 15. mart. 76 S 736 25^v – can. eccl. Meten. cui gr. expect. de can. et preb. eccl. Meten. et de can. eccl. s. Simeonis Trever. conc. fuit et qui can. et preb. eccl. s. Simeonis acc. sup. quib. litig. in cur.: motu pr. de mutatione gr. expect. de can. et preb. eccl. s. Simeonis Trever. in can. et preb. eccl. s. Pauli Leod. et de decl. litt. sup. gr. expect. perinde val. acsi motu pr. conc. fuissent 30. mart. 76 S 736 288^{rss} – can. eccl. s. Pauli Leod. qui vig. gr. expect. de can. et preb. eccl. Meten. et eccl. s. Simeonis Trever. can. et preb. d. eccl. s. Simeonis s. d. 11. oct. 74 obtin. sup. quib. litig. in cur. contra certum adversarium: motu pr. reval. d. gr. expect. et cass. quoad can. eccl. s. Simeonis et exten. ad can. et preb. eccl. s. Pauli Leod., gratis 30. mart. 76 (exped. 10. iun. 76) L 762 61^{rs} – presb. Trever. dioc.: fit mentio ut procur. in oblig. Guillielmi de Marsuil presb. Morinen. dioc. 6. iun. 76 A 25 2^r – dec. christianitatis concilii Bastonien. Leod. dioc.: de par. eccl. de Chempillon que 4. capel. dec. Bastonien. existit (10 m. arg.) vac. p. o. Guillelmi Waldrop (/.) sive p. priv. Balduini Johannis de Uxanz qui p. abb. mon. s. Huberti in Ardenna o. s. Ben. Leod. dioc. ad d. par. eccl. present. illam ultra 12 an. occupavit 15. iun. 76 S 691 298^r – prov. de can. et preb. eccl. Blisien. Leod. dioc. (4 m. arg.) vac. p. o. in cur. Augustini Winandi (Vinandi), gratis (m. thes. eccl. s. Hermetis Rothnacen. Cameracen. dioc. et offic. Trever. ac Leod.) 2. iul. 76 (exped. 14. aug. 76) L 765 158^r-161^r.

3557 Henricus de Monte [2. pars 2 partium] dec. eccl. Bastonien. Leod. dioc. pape fam.: de alt. port. 5. sept. 76 S 742 225^r – presb. Trever. dioc. pape fam. referens quod Richardus Princordi et Jacobus Mercorii litig. in cur. sup. can. et preb. eccl. Meten. (24 l. T. p.) sed d. Richardus (cui de dd. can. et preb. vig. gr. expect. insimul c. [Johanne] Bapt. de Ursinis et Johanne Perante qui iur. ad dd. can. et preb. cesserunt prov. fuit) pendente d. lite obiit: de surrog. ad ius d. Richardi 10. sept. 76 S 742 239^{vs} – rect. par. eccl. s. Egidii de villa Sancti Huberti in Ardenna Leod. dioc. qui litig. primo coram Ludovico [de Burbonio] ep. Leod. et deinde coram Johanne de Cesarinis aud. et postea coram Johanne Francisco de Pavinis aud. contra abb. etc. mon. Sancti Huberti in Ardenna o. s. Ben. Leod. dioc. sup. iur. baptizandi p. Paulum II. s. d. 8. iul. 71 conc.: m. (Johanni Francisco de Pavinis) declarandi litt. desup. perinde val. acsi de premissis (in supplic. enarratis) mentio facta extitisset, gratis 30. decb. 76 V 667 123^v-126^v – rect. par. eccl. s. Egidii de Sancto Huberto in Ardenna Leod. dioc.: de uniendo d. par. ecclesie s. Egidii (24 duc. adc.) par. eccl. de Doroit Leod. dioc. (24 duc. adc.) vac. p. o. in cur. Johannis Lambeck al. Militis, gratis 24. ian. 77 V 579 59^r-61^r – presb. Trever. dioc. pape fam.: de can. et preb. colleg. eccl. b. Marie Huyen. Leod. dioc. (40 l. T. p.) vac. p. o. Gerardi Helmont quond. Philippi [Calandrini] card. ep. Portuen. fam. 5. mai. 77 S 750 252^{rs} – cui motu pr. gr. expect. de can. et preb. eccl. Meten. et de can. et preb. eccl. s. Simeonis Trever. s. d. 8. oct. 74 conc. fuit et qui vig. dd. litt. can. et preb. eccl. s. Simeonis acc. et postea can. et preb. eccl. s. Pauli Leod. obtin.: motu pr. de prerog. ad instar pape fam. descript. 12. iun. 77 S 752 217^{rss} – can. eccl. b. Marie Namurcen. Leod. dioc. cui vig. gr. expect.

de can. et preb. eccl. Meten. et eccl.
s. Pauli Leod. conc. de can. et preb.
ac thesaur. eccl. Meten. vac. p. o.
Nicolai Dex prov. fuit: m. (ep. Vasionen. et ep. Alerien. ac thes. eccl.
s. Hermetis Rothnacen. Cameracen.
dioc.) confer. de novo dd. can. et
preb. (24 l. T. p.) ac thesaur. eccl.
Meten. (150 l. T. p.), gratis 16. iul.
77 V 590 237^v-239^v – presb. Trever.
dioc. pape fam. litig. coram aud.
contra Jacobum Marcerii cler. ac
Thomam Richardi ap. script. et forsan al. sup. can. et preb. eccl. Meten.
(24 l. T. p.) vac. p. o. Nicolai Deix
referens quod dd. can. et preb. vig.
gr. expect. acc. et quod d. Jacobus
alios can. et preb. in d. eccl. obtin.:
de surrog. ad ius d. Jacobi 5. febr.
78 S 764 142^v – dec. loci Bastonen.
Leod. dioc. actor litig. coram Guillermo de Pereriis aud. contra quond.
Conradum Winttengen cler. Meten.
dioc. possessorem sup. can. et preb.
eccl. Meten. (24 l. T. p.): de surrog.
ad ius d. Conradi 2. iul. 78 S 771
206^{rs} – can. eccl. b. Marie Namurcen. Leod. dioc. et **Egidius de Galles** dec. d. eccl. qui litig. coram aud.
sup. decan. ut supra: de adm. resign.
in manibus pape d. Henrici et de
prov. d. Egidio de d. decan. (24 l. T.
p.) et de assign. d. Henrico pens.
ann. 10 fl. renen. auri p. Henricum
persolv. 19. febr. 79 S 778 145^{vs} –
can. eccl. b. Marie Namurcen. Leod.
dioc.: oblig. p. Franciscum le Ployer
presb. Trever. dioc. et Stephanum
Waltrini cler. Virdunen. dioc. sup.
annat. can. et preb. eccl. Meten. (24
l. T. p.) et thesaur. d. eccl. (100 l. T.
p.) de quib. ut supra sibi prov. fuit 4.
apr. 79 A 28 1^v – can. eccl. s. Simeonis Trever. <olim> pape fam. qui
can. et preb. eccl. b. Marie Namurcen. Leod. dioc. et **Johannes Anselm** rect. par. eccl. de Thenis Leod.
dioc. qui alt. ss. Petri et Nicolai de
Connio (Conino) Leod. dioc. atque
matricularia de Welin Leod. dioc. ex
causa perm. resign. in manibus <Johannis de Eycken> dec. eccl. s. Pauli

Leod. iudicis ad hoc deput. referentes quod fruct. dd. can. et preb. plus
valent: de assign. d. Henrico pens.
ann. 20 fl. renen. (= 12 duc. adc.)
sup. fruct. d. par. eccl. (40 duc. adc.)
p. d. Johannem persolv. 14. nov. 80
S 797 211^v, de ref. 11. ian. 81 S 799
141^r, m. (decanis eccl. s. Martini et
s. Bartholomei Leod. et offic. Leod.)
(exped. 16. ian. 81) L 818 201^{rss} –
can. eccl. s. Simeonis Trever.: restit.
bulle sup. pens. ut supra s. d. 11.
ian. 81 assign. (quia resign. est fact.
in partibus) 19. ian. 81 A 29 223^v.

3558 **Henricus Morelli** cler. Leod. dioc.
pape fam. cui motu pr. gr. expect.
s. d. 1. ian. 72 de benef. ad coll. ep.
etc. Traiect. necnon dec. etc. eccl.
s. Johannis Busciducen. Leod. dioc.
s. d. 11. apr. 76 conc. fuit, n. o. def.
et. (in 22. sue et. an. constit.): de
prerog. ad instar pape fam. descript.,
Conc. motu pr. quoad secundas gr.
22. iun. 80 S 796 47^r.

3559 **Hinricus Moryn** decr. doct. qui in
univ. stud. Poznan. libros decretalium ad presens legit: de indulto ut
perp. s. c. benef. in eccl. b. Marie
virg. Reeszinen. Zwerin. dioc. (20 fl.
adc.) decr. doctori in d. univ. studii
legenti quamdiu legerit assignari solitum insimul c. benef. (7 fl. adc.) et
al. elemosina nunc. (4 fl. adc.) in d.
eccl. retin. val. 23. mart. 84 S 833
154^{rs}.

3560 **Henricus Moring** cler. Herbip. dioc.: de par. eccl. in Leutterkerhchen
[recte: Lutzenkirchen] Ratisbon. dioc. (6 m. arg.) vac. p. o. Conradi
Leynberger 2. apr. 73 S 689 288^{rs} –
de par. eccl. in Vintbach Herbip. dioc. (4 m. arg.) vac. p. o. Conradi
Molitoris 10. decb. 73 S 699 100^r.

3561 **Henricus Morman (Moerman)**
rect. par. eccl. Antique civit. Gustrowen. Zwerin. [!] dioc.: de can. et
min. preb. hostiaria nunc. in colleg.
eccl. Gustrowen. Camin. dioc. (2 m.
arg.) vac. p. resign. in manibus pape
Johannis Bachenest 29. oct. 74 S 710

39^{rs} – perp. vic. eccl. Gustrowen. qui par. eccl. Antique civit. Gustrowen. Zwerin. dioc. (4 m. arg.) et dom. et curiam infra septa seu emunitatem eccl. Gustrowen. obtin.: prov. de can. et min. preb. hostiaria nunc. eccl. Gustrowien. Camin. dioc. (2 m. arg.) vac. p. resign. in manibus pape Johannis Bathenest p. Albertum de Gudetewe archid. Paritzen. in eccl. Camin. procur. suum factam (m. prep. eccl. s. Nicolai in Grippeswolden Camin. dioc. et dec. eccl. s. Martini Bramessen. Osnaburg. dioc. ac dec. eccl. s. Elizabeth Butzowen. Zwerin. dioc.) 8. nov. 74 (exped. 19. nov. 74) L 748 206^r-208^r – cler. Camin. dioc.: de perp. vicar. in par. eccl. b. Marie op. Rostock Zwerin. dioc. (2 m. arg.) vac. p. o. Henninghi Cossebaden 13. decb. 79 S 788 142^v – cler. Camin. dioc. qui ad perp. vicar. in par. eccl. op. Melchin Camin. dioc. et in Waren. Zwerin. dioc. vac. p. o. cuiusdam Henninghi p. patron. present. et p. superiores instit. fuit: de nova prov. de eisdem (insimul 3 m. arg.) 13. decb. 79 S 788 166^v – presb. Zwerin. dioc.: de perp. s. c. benef. in par. eccl. ville Runchow Zwerin. dioc. de iur. patron. laic. quod quidam Hismoldus Urbo ultra 9 an. detin. (2 m. arg.) vac. p. devol. 20. decb. 79 S 788 168^{rs} – cler. Zwerin. dioc.: de perp. vicar. in capel. curie Temptzin Zwerin. dioc. (2 m. arg.) vac. p. o. Theoderici Knollen 22. apr. 80 S 796 49^r – presb. Zwerin. dioc. qui ad perp. s. c. vicar. ad alt. s. Crucis in capel. s. Spiritus op. Rostock Zwerin. dioc. vac. p. o. Conradi (Corradi) Boyendorp (Boyendorpe) p. heredes quond. Johannis Hegher laic. present. fuit et qui litig. desup. coram archid. Rostocken. in eccl. Zwerin. contra Thomam Redin cler. qui p. provisores d. capel. present. fuit: de prov. si neutri de eadem (2 m. arg.) 28. nov. 80 S 798 70^{vs}, m. (Henrico Bentzin archid. eccl. Rostogren. Zwerin. dioc.) (exped. 9. decb. 80) L

815 43^{vss}, 18. decb. 80 S 798 57^{vs} – de perp. s. c. vicar. ad alt. ss. Petri et Pauli appl. et b. Marie Magdalene in par. eccl. ss. Johannis Ev. et Johannis Bapt. op. Caland Camin. dioc. vac. p. o. Jacobi Starken et de perp. simplici benef. lectoria nunc. in colleg. eccl. b. Elisabeth Butzowen. Zwerin. dioc. (insimul 2 m. arg.) vac. p. assec. al. perp. benef. in d. eccl. p. Johannem Arendes (Arcides) c. derog. statutorum d. eccl. Butzowen. quod lectoria in casu vacat. antiquiori officianti in d. eccl. conferri debeat 2. decb. 80 S 798 180^v, m. (prep. eccl. Bremen. et dec. eccl. s. Cecilie Gustrowen. Camin. dioc. ac offic. Zwerin.) (exped. 2. ian. 81) L 806 306^{vs} – de perp. s. c. vicar. in par. eccl. op. Caland ut supra (1 m. arg.) vac. p. o. Jacobi Starken quam Guillelmus Stolte contra concordata c. natione Alamanica fact. ultra 3 an. detin. 9. decb. 80 S 798 133^r.

3562 Henricus Mugge (Mugghe) c. quo sup. def. nat. (subdiac. s.) et ad quodcumque c. c. benef. disp. fuit: de disp. ut unac. par. eccl. in Ostbeveren Monast. dioc. aliud incompat. benef. etsi par. eccl. ad vitam recip. val. c. lic. perm. 21. aug. 83 S 827 49^{vs} – rect. par. eccl. in Beveren Monast. dioc.: de n. prom. ad 5 an. 31. oct. 83 S 831 57^{rs}.

3563 Henricus Muslin can. mon. b. Marie in Olemberch (Olembergh) o. s. Aug. Basil. dioc.: de prepos. d. mon. (300 fl. adc.) vac. p. resign. extra cur. Henrici Zielemp <coram Johanne Bouling cler. Basil. dioc. not. publ. fact.> 22. sept. 71 S 672 85^{vs}, m. (prepositis eccl. s. Petri Basil. et eccl. ss. Petri et Pauli Bardevicen. Verden. dioc. ac offic. Basil.) (exped. 5. oct. 71) L 714 10^{rss} – oblig. sup. annat. 10. oct. 71 A 21 24^v – solv. 150 fl. adc. pro compositione annat. p. manus Francisci de Tornaquinciis merc. Florentini 7. mart. 72 FC I 1129 64^v, IE 487 53^r.

3564 **Henricus Nase (Nasz)** scol. Magunt. dioc.: recip. primam tonsuram in basilica Principis appl. de Urbe 21. decb. 82 F 7 69^{vss}, F 7 83^r – cler. Magunt. dioc. Oliverii [Carafa] tit. s. Eusebii presb. card. Neapolitan. vulg. nunc. fam. <in 21. sue et. an. constit.>: de par. eccl. in Hademor (Ademor) Magunt. dioc. (24 <54> l. T. p.) vac. p. o. Gerlachi Schilder 25. oct. 83 S 831 86^v, m. (ep. Rapollan. et thes. eccl. s. Sebastiani Magdeburg. ac Bernardo Franco can. eccl. Beneventan.) 20. iun. 84 V 649 70^{rss}.

3565 **Henricus Nederhove** scol. Colon. dioc.: de lic. clericali caractere sibi impendendi extra temp., sola sign. 3. nov. 81 S 804 211^r.

3566 **Henricus Negelin** cler. Constant. dioc. in univ. studii in iur. studens et in 21. sue et. constit.: de perp. vicar. par. eccl. in Falhaim (Falhain) August. dioc. (12 m. arg.) vac. p. resign. in manibus pape Ulrici Meyer (Mayer) in decr. licent. senio confecti et de disp. sup. def. et. c. reserv. d. Ulrico pens. ann. 40 fl. renen. sup. fruct. d. vicar. p. d. Henricum persolv. 7. nov. 79 S 787 180^{rs} – oblig. p. Ulricum Fris cler. Constant. dioc. sup. annat. 11. decb. 79 A 28 124^r – solv. 25 fl. adc. pro annat. p. manus Burkardi Stoer 3. ian. 80 FC I 847 67^v, FC I 1134 21^v, IE 498 70^v, IE 499 75^v – prom. ad 4 min. ord. in sacristia basilice Principis appl. de Urbe 16. iun. 81 F 7 20^r – rect. par. eccl. in Tuslingen Constant. dioc.: litt. testim. sup. prom. (vig. supplic. s. d. 26. iun. 81) ad 4 min. et ad subdiacon. ord. s. d. 1. iul. 81, ad diacon. ord. s. d. 2. iul. 81 et ad presbit. ord. s. d. 8. iul. 81 in sacristia ut supra 8. iul. 81 F 7 25^r.

3567 **Henricus Neichart al. Elgast** rect. par. eccl. in Helminstadt Herbip. dioc. qui litig. desup. in cur. coram Johanne de Ceretanis aud. et deinde coram Gabriele de Ceretanis contra Conradum de Lauberbach presb. in

Holczkirchen: de prov. si neutri de d. par. eccl. (10 m. arg.) vac. p. o. Johannis Sculteti 6. apr. 75 S 717 179^{vs}.

3568 **Henricus Neldighe (Weldighe)** cler. Osnaburg. dioc. pape fam. c. quo sup. def. nat. (cler. et s.) <primo auct. ordin. et deinde> auct. ap. disp. fuit: de s. c. capel. s. Spiritus in op. Rene Monast. dioc. (2 m. arg. p.) vac. p. o. Johannis Schepeler 20. mart. 83 S 820 296^r, m. (dec. eccl. s. Johannis Osnaburg. et dec. eccl. s. Ludgeri Monast. ac offic. Monast.) V 629 80^{rss}.

3569 **Henricus Neumair (Neinmair)** cler. August. dioc. pape fam. qui vig. gr. expect. Pauli II. can. et preb. eccl. s. Mauritii August. vac. p. o. Guillielmi Rostausser acc.: de nova prov. de eisdem (8 m. arg.) 4. nov. 71 S 673 56^r – perp. cap. ad alt. ss. Sixti et Margarete in par. eccl. op. Lanndsperg August. dioc.: de n. resid. ad 10 an. 13. mart. 73 S 688 94^{rs}.

3570 **Henricus Nicolai** scol. Spiren. dioc.: recip. primam tonsuram in eccl. s. Bartholomei de Insula in Urbe 17. decb. 74 F 6 186^v – cler. Spiren. dioc.: prom. ad acolit. et al. min. ord. in eccl. s. Bartholomei ut supra 17. decb. 74 F 6 186^{vs}.

3571 **Henricus Nicolai (Roo)** cler. Traiect. dioc. referens quod ipse ad par. eccl. Nove Scaldie in partibus Zellandie Traiect. dioc. de iur. patron. laic. vac. p. o. Willelmi Bolde p. Antonium de Bruellis et Jacobum Laurentii patron. laic. d. eccl. Willelmo de Montforde archid. eccl. s. Salvatoris Traiect. present. fuit et quod quond. Antonius Bonifatii p. al. patron. d. eccl. etiam present. fuit et quod deinde litig. desup. coram offic. archidiac., cur. et offic. Traiect., sed. ap. ac Conrado [de Marcellinis] ep. Terracinen. in cur. resid. et Antonio de Grassis aud. et Johanne [de Ceretanis] ep. Nucerin. aud. locumtenenti: m. (Antonio de Poldo can.

eccl. Lausan.) surrog. ad ius d. Antonii et confer. d. eccl. (4 m. arg. p.) c. disp. ad 2 incompat. benef. 7. mart. 72 V 650 275^v-278^r – presb. qui ad par. eccl. Nove Schaldie partium Zelandie vac. p. o. Cristofori Wilhelmi Bolle p. Antonium de Bruellis et Jacobum filium Laurentii Jacobi patron. d. eccl. et Mariam comitissam partium Zelandie present. fuit referens quod etiam Antonius filius Bonifatii ad d. eccl. p. d. Mariam present. fuit et quod litig. desup. coram offic. Traiect. et ep. Terracinen.: de prov. si neutri de eadem (4 m. arg. p.) 5. nov. 79 S 796 81^r – rect. par. eccl. Nove Terre in dom. de Voerne Traiect. dioc.: de disp. ut unac. d. par. eccl. (4 m. arg.) quam obtin. aliud incompat. benef. etsi par. eccl. ad vitam recip. val. c. lic. perm., n. o. can. et preb. colleg. eccl. s. Pancratii in castello de Voerne Traiect. dioc. (8) et par. eccl. Nove Terre Traiect. dioc. (4) quos et quam obtin. et par. eccl. Nove Schaldie Traiect. dioc. (8 m. arg.) sup. qua litig. in cur. 15. decb. 81 S 806 22^v.

3572 **Henricus Nydeperger** cler. Magunt. dioc. Alberti [ex ducibus Saxonie] administratoris eccl. Magunt. secr. qui ad par. eccl. in Umstadt Minori Magunt. dioc. de iur. patron. com., bar. aut laic. vac. p. resign. Johannis Kedberger aut Conradi Brun p. verum patron. ordinario loci present. fuit: de nova prov. de d. par. eccl. (8 m. arg.) 29. nov. 82 S 816 250^r.

3573 **Henricus Nigeman (Nyeman, Nymen)** cler. Osnaburg. dioc. Ardicini [de Porta] ep. Alerien. refer. fam.: de can. et preb. colleg. eccl. s. Mauritii e. m. Monast. (24 fl. adc.) vac. p. o. Hermanni Schenkynck pape et d. ep. fam. 6. oct. 79 S 788 45^r – cler. Osnaburg. pape et ep. Alerien. refer. fam. qui can. et preb. eccl. s. Mauritii e. m. Monast. (24 fl. renen.) vac. p. o. Hermanni Schenkinche cler. Monast. dioc. pape fam. in favorem Johannis Listiche cler. Monast. resign. in ma-

nibus pape litt. nondum exped.: de assign. pens. ann. 4 fl. adc. sup. fruct. dd. can. et preb. p. d. Johannem persolv. 10. nov. 80 S 797 268^r – <pape fam.> qui can. et preb. colleg. eccl. s. Mauritii e. m. Monast. vac. p. o. Hermanni Schenkinch (Schenrinch) cler. Monast. pape fam. in favorem Johannis Listighe cler. Monast. resign. in manibus pape: de assign. pens. ann. 4 fl. auri renen. sup. fruct. dd. can. et preb. (24 fl. auri renen.) p. d. Johannem qui dd. can. et preb. obtin. persolv., gratis 30. ian. 81 S 800 41^r, (exec. ep. Alerien. et offic. Monast. ac offic. Osnaburg.), gratis V 611 245^{rss} – pape fam.: motu pr. de can. et preb. [eccl. ss. Crisanti et Darie] op. Monasterii Eyfflie Colon. dioc. (4 m. arg. p.) vac. p. o. in cur. Johannis Upladen pape fam. 12. oct. 82 S 815 274^v – de perp. s. c. vicar. in par. eccl. in Holte Osnaburg. dioc. (4 m. arg.) de iur. patron. laic. vac. p. o. in cur. Hermanni de Leiden (Leyden) pape fam. 29. oct. 82 S 815 275^r, m. (dec. eccl. s. Ludgeri Monast. et dec. eccl. s. Johannis Osnaburg. ac offic. Osnaburg.), gratis V 626 232^v-234^r – motu pr. de perp. s. c. vicar. in par. eccl. s. Nicolai Hamburgen. Bremen. dioc. (2 m. arg.) <4 m. arg.> de iur. patron. laic. vac. p. o. in cur. Henrici Crusen (Cruse) 4. ian. 83 S 818 161^r, (exec. ep. Alerien. et thes. eccl. s. Sebastiani Magdeburg. ac offic. Bremen.), gratis V 625 228^{rss} – de percip. fruct. in absentia et de disp. ut 2 incompat. benef. etsi 2 par. eccl. ad vitam recip. val. sub eodem tecto c. lic. perm. et de facult. resign. vel perm. 26. febr. 83 S 820 90^{rs} – de par. eccl. de Loen Osnaburg. dioc. (4 m. arg.) vac. p. o. Henrici Danwarden c. derog. iur. patron. cler. et laic. 6. oct. 83 S 829 170^v – de assign. pens. ann. 12 fl. renen. in auro sup. fruct. can. et preb. eccl. s. Cassii Bonnen. Colon. dioc. (8 m. arg.) p. Nicolaum Nuenkyns (qui dd. can. et preb. eccl. s. Cassii obtinens d. pens.

consensit) persolv. 21. oct. 83 S 829 242^{rs} – de perp. vicar. ad alt. s. Elisabethe in eccl. b. Marie Tongeren. Leod. dioc. (4 m. arg.) vac. p. resign. in manibus pape Nicolai Witenkins cler. Traiect. dioc. pape fam. (cui de eadem vac. p. o. Gisberti Andree pape fam. auct. ap. prov. fuit) 11. mart. 84 S 839 109^r – de perp. vicar. ss. Egidii abb. et Elisabethe in eccl. ss. Cosme et Damiani Assinden. Colon. dioc. (3 m. arg.) vac. p. o. Rothgeri Holtstege 1. mai. 84 S 839 233^v, [fragm. cass. quia de anno 13. Sixti IV., dat. deest] S 845 144^v.

3574 Henricus Nithart can. eccl. Constant. Pauli II. fam. utr. iur. doct.: de facult. resign. 13. oct. 73 S 697 213^{vs}, I 332 80^r – oblig. p. Georgium Wintestett can. eccl. Constant. sup. facult. resign. 2. nov. 73 A 22 105^r – can. eccl. Constant.: de prepos. eccl. s. Ciriaci in Wissenstaig Constant. dioc. (24 fl. adc.) vac. p. resign. in manibus pape Georgii Peek decr. doct. et in art. mag. et de assign. d. Georgio pens. ann. 40 fl. renen. sup. fruct. par. eccl. in Hopfhain August. dioc. p. Johannem Seichler rect. persolv. 20. iun. 75 S 722 136^{rs} – prepos. Constant. vac. p. o. 75/76 I 333 74^v – dec. eccl. Constant. c. quo ad 2 incompat. benef. disp. fuit: de disp. ad 3. benef. 20. iun. 75 S 722 136^r – c. quo p. Paulum II. disp. fuit ut unac. prepos. eccl. ss. Felicis et Regule op. Turicen. Constant. dioc. (11 m. arg.) quam n. possidet et sup. qua litig. coram aud. contra quendam adversarium al. 2 incompat. benef. (etsi par. eccl. ad 5 an.) retin. val.: uberior disp. ut 3 incompat. benef. ad vitam retin. val. 19. nov. 75 L 757 243^{vss} – de par. eccl. pleban. nunc. in Ulma Constant. dioc. (4 m. arg.) vacat. p. priv. Ludovici Schlicher pleb. qui de cura animarum inhabilis est et ludum taxillorum et cartarum committit 15. apr. 77 S 749 276^{vs}, 7. iun. 77 S 752 173^{vs} – de exped. litt. c. express.

quod omnia dd. crimina commissa fuerunt p. d. Ludovicum tunc rect. seu plebanum par. eccl. in Gislingen [Constant.] dioc. quam tunc obtin. quam propterea dimisit et c. express. quod eccl. de iur. patron. burgimagistri et consulum Ulmen. laic. exist. 8. ian. 78 S 763 88^r – can. et dec. eccl. Constant.: m. (custodi eccl. s. Johannis Constant. et cant. eccl. ss. Felicis et Regule Turricen. Constant. dioc. ac offic. Constant.) confer. par. eccl. plebem nunc. imper. op. Ulmen. Constant. dioc. (4 m. arg.) de iur. patron. burgimagistri et consulum d. op. vacat. p. priv. Ludovici Slicher qui in domo par. eccl. in Gysslingen Constant. dioc. quam tunc etiam obtin. ludum ut supra commisit 8. ian. 78 V 586 309^v-311^r – cust. eccl. Constant.: oblig. p. Ulricum Fris cler. Constant. dioc. sup. annat. d. custod. (12 m. arg.) de qua vac. p. resign. in manibus pape Johannis Vernheri s. d. 27. nov. 79 sibi prov. fuit 11. decb. 79 A 28 124^r – solv. 27 fl. adc. pro annat. custod. eccl. Constant. p. manus Burkardi Stoer 3. ian. 80 FC I 847 68^r, FC I 1134 22^r, IE 498 70^v, IE 499 75^v – can. eccl. Constant. qui in prepos. eccl. s. Pelagii op. Episcopalis Celle Constant. dioc. p. canonicos d. eccl. electus fuit: de nova prov. de d. prepos. (7 m. arg.) p. canonicos eccl. Constant. gubernari consuetum vac. p. o. Johannis Truchses 19. ian. 82 S 807 23^{vs} – litig. in partibus et coram Gaspare de Theramo aud. contra Johannem de Zwick (Zweck) et Petrum Brunestein (Brunenstein) cler. sup. prepos. eccl. s. Pelagii ut supra: de prov. si nulli de d. prepos. (6 m. arg. p.) vac. p. o. Johannis Truchses 22. ian. 82 S 806 283^{rs}, 29. ian. 82 S 813 395^r.

3575 Henricus Nolen presb. Magdeburg. cui gr. expect. s. d. 1. ian. 72 de 2 benef. ad coll. prep. etc. eccl. b. Marie Halberstad. et eccl. s. Bonifatii Halberstad. conc. fuit: prerog. ad instar pape fam. descript. 16. oct. 73 (exped. 3. decb. 73) L 790 33^{vs} – qui vig. gr. expect. decan. ac can. preb. in eccl. s. Bonifatii Halberstad. vac. p. o. Bonifatii Nunn acc. et **Nicolaus Amelingh** presb. Halberstad. dioc. cui de eisdem auct. ap. prov. fuit: de conf. concordie sup. d. decan. ac can. et preb. (6 fl. renen.) vac. p. resign. d. Henrici et de prov. d. Nicolao de d. decan. ac can. et preb. ac de absol. a labe simonie 28. nov. 81 S 804 298^v – referens quod ipse vig. gr. expect. decan. ac can. et preb. in eccl. s. Bonifatii Halberstad. (3 m. arg.) vac. p. o. Bonifatii Mume ut supra acc. et litig. desup. coram Gaspare de Theramo aud. contra Andream de Monte cler. Halberstad. dioc. et quod Nicolaus Amelinghus cler. Halberstad. dioc. (cui de dd. decan. ac can. et preb. vac. ut supra p. papam prov. fuit) dd. decan. et can. et preb. resign. in manibus pape: de surrog. ad ius d. Nicolai vac. ut prefertur seu p. cess. Amelingi Amelungi cler. Halberstad. dioc. c. derog. statutorum d. eccl. quib. cavetur quod nullus d. decan. obtin. val. nisi in eadem can. et preb. obtin. 5. oct. 82 S 815 79^r.

3576 **Henricus de Novocastro** can. eccl. Bisuntin. qui prioratum s. Orrici o. s. Aug. Basil. dioc. resign. in manibus pape et **Philibertus de Balneta** cant. mon. s. Pauli Bisuntin. o. s. Aug. ex utr. par. de nob. gen. pape cap.: de adm. resign. d. Henrici et de prov. d. Philiberto de d. prioratu qui conventualis et dign. n. est et a prioratu de Lanternanco o. s. Aug. Bisuntin. dioc. dependet (120 scutorum novorum auri de Francia) ac de assign. d. Henrico pens. ann. 50 fl. adc. sup. fruct. d. prioratus p. d. Philibertum persolv. necnon de disp. c. d. Philiberto ut unac. d. prioratu d. cantor. in tit. et par. eccl. de Mongessoye Bisuntin. dioc. (possessione n. habita) in commendam vel 2 incompat. benef. reg. et 1 benef. sec. ad vitam

c. lic. perm. in tit. vel in commendam retin. val. c. derog. statutorum d. ord. quod nulli nisi card. aut d. ord. profes. commendari val. et c. derog. def. nat. (s. s.) quem d. Henricus patitur 10. nov. 80 S 797 265^{rs} – restit. bulle sup. pens. eidem ut supra s. d. 6. decb. 80 assign. (quia oblig. d. prioratus fact. est) 9. mart. 81 A 29 229^v.

3577 **Enricus Nule**: prov. de par. eccl. Constant. [dioc.?] vac. p. o. I 332 67^v.

3578 **Henricus de Oberkirech** can. eccl. Basil. ex utr. par. de mil. gen.: de celleraria eccl. Basil. que simplex off. exist. (4 m. arg.) vac. p. o. Johannis de Durcheim vel p. devol. 30. sept. 78 S 773 267^v.

3579 **Henricus Obesleger de Wesalia Inferiori** cler. Colon. dioc. (c. virg. coniugatus et habitum et tonsuram clericales publ. deferens) inter al. referens quod litig. contra Johannem Smitz van Hirtzenawe oppid. op. Bacheracen. Treuer. dioc. in op. op. Wesalie Superioris Treuer. dioc. sup. quibusdam quantitatibus vini navigio ad civit. Colon. ducendi et eapropter soluto salario coram sculteto et scabinis d. op. Wesalie Superioris et deinde coram cur. Friderici R. I. et postremo coram Henrico Steinwech prep. eccl. s. Georgii Colon.: m. (Johanni Arssen prep. eccl. s. Spiritus Ruremonden. Leod. dioc. in civit. Colon. commoranti et prep. eccl. Karpen. Colon. dioc. ac scolast. eccl. s. Victoris Xancten. Colon. dioc.) committ. in partibus 8. iul. 81 L 818 279^{vs}.

3580 **Henricus de Oelpe (Celpe)** senio confractus qui par. eccl. s. Pancratii villagii in Corbeke Colon. dioc. et **Johannes Trimpen** c. quo sup. def. nat. (s. s.) disp. fuit qui perp. s. c. vicar. ad alt. s. Liborii in eccl. s. Patrocli Susacien. Colon. dioc. perm. desiderant: de prov. d. Johanni de d. par. eccl. (7 m. arg.) et de prov. d.

Henrico de d. vicar. (4 m. arg.) c. reserv. pens. ann. 18 fl. renen. (= 2¹/₂ m. arg.) p. d. Johannem persolv. 15. mart. 73 S 688 125ᵛˢ, I 332 71ᵛ.

3581 Henricus (de) Ophuysen (Ephusen, Aphuse) (de Clivis) [1. pars 3 partium] presb. Colon. dioc.: ›rationi congruit‹ s. d. 17. mai. 71 m. (ep. Tirasonen. et dec. eccl. s. Martini Leod. ac dec. eccl. s. Swiberti in Werdena principis Colon. dioc.) confer. scolastr. sec. et colleg. eccl. s. Viti Altinen. Traiect. dioc. (6 m. arg.) vac. p. o. Arnoldi de Lot sive p. resign. Henrici Crull et Henrici Tenklenick 25. aug. 71 V 565 145ʳ-146ᵛ – lic. perm., gratis 23. ian. 74 V 568 97ʳˢ – cler. Colon. dioc. <rect. par. eccl. in Rynneren Colon. dioc. decr. doct.> pres. in cur.: de par. eccl. Novimagen. Colon. dioc. (25 <32> m. arg.) vacat. p. priv. Johannis Vige (Vize) <quond. Dominici [de Capranica]> tit. s. Crucis presb. card. fam. qui in d. op. interdicto divina celebravit <et disp. ut unac. d. par. eccl. in Rynneren d. par. eccl. in Novimagio ad 10 an. retin. val.> 27. iun. 74 S 707 158ᵛ, m. (decanis eccl. s. Severini et s. Cuniberti Colon. ac eccl. b. Marie Cliven. Colon. dioc.), gratis (exped. 20. oct. 74) L 739 220ᵛ-222ʳ – rect. par. eccl. in Rynneren Colon. dioc. pape fam.: disp. ut unac. d. par. eccl. (7 m. arg.) quam inter al. obtin. quodcumque aliud incompat. benef. etiamsi par. eccl. retin. val. ad vitam c. pot. perm., gratis 12. sept. 74 V 678 73ᵛˢˢ – pape fam.: prov. de perp. vicar. in eccl. Halberstad. vac. p. o. in cur. Johannis Rottorp [fragm. cass., dat. deest] L 733 208ᵛˢ – prov. de perp. s. c. vicar. eccl. Halberstad. (4 m. arg.) vac. p. o. in cur. Johannis Rottorp (m. prep. eccl. ss. Petri et Pauli Bardewicen. Verden. dioc. et dec. eccl. b. Marie Halberstad. et dec. eccl. s. Bonifatii Halberstad.) 7. oct. 74, gratis (exped. 15. nov. 74) L 748 183ᵛ-185ʳ – oblig. sup. annat.

scolastr. de qua vac. ut supra sibi prov. fuit 21. nov. 74 A 23 187ʳ – de perp. s. c. vicar. sive capn. ad alt. b. Marie virg. in eccl. s. Petri Middelburgen. Traiect. dioc. (4 m. arg.) vac. p. resign. in manibus pape Hermanni Cruselman Angeli [de Capranica ep.] card. fam. cui s. d. 4. mart. 73 de d. vicar. vac. p. o. Cornelii Michaelis prov. fuerat 21. nov. 74 S 712 180ᵛ – de can. et preb. ac supplementatu eccl. s. Lebuini Davantrien. Traiect. dioc. et de par. eccl. in Meppel Traiect. dioc. (insimul 12 m. arg.) vacat. p. priv. Johannis Hage qui dd. benef. vac. p. resign. Everardi Kapet in favorem d. Johannis modo simoniaco obtin. 29. nov. 74 S 712 65ʳˢ – perp. s. c. vic. ad alt. s. Agnetis in eccl. s. Martini Embricen. Traiect. dioc.: de fruct. percip. 23. ian. 75 S 714 171ᵛˢ, 30. mai. 75 S 721 53ʳˢ, (m. ep. Alerien. et officialibus Colon. ac Traiect.), gratis L 754 61ᵛˢˢ – de perp. vicar. in eccl. s. Servatii op. Traiecten. Leod. dioc. (4 m. arg.) vac. p. o. Wilhelmi de Richensteyn 8. mart. 75 S 715 149ʳˢ, m. (ep. Tirasonen. et dec. eccl. s. Andree Colon. ac dec. eccl. s. Martini Leod.), gratis L 742 7ʳˢ – rect. par. eccl. in Rynneren Colon. dioc. <(7 m. arg.) quam obtin.> pape fam. c. quo ad 2 incompat. benef. disp. fuit: de disp. ad 3. incompat. benef. <ad vitam> 22. apr. 75 S 718 110ᵛ, gratis 18. apr. 75 V 678 712ʳˢˢ, 23. apr. 75 S 718 159ʳ – disp. ad 2 benef. sub eodem tecto dummodo dissimilia ad vitam c. pot. perm., gratis 23. apr. 75 V 678 742ᵛˢ – qui c. 3 vel 4 curialibus in convivio quendam Johannem de Wagerug (/.) usque ad effusionem sanguinis percussit: de committ. Jacobo Corten theol. professori ut d. Henricum absol. et de disp. sup. irreg., sola sign. 3. iul. 75 S 723 50ʳˢ – cui gr. expect. s. d. 1. ian. 72 <de 2 can. et preb. eccl. s. Victoris Xancten. Colon. dioc. et eccl. s. Walburgis Arnhemen. Traiect. dioc. s. d. 6. oct. 74> conc. fuit: motu pr. de

mutatione coll. et de prerog. ad instar pape fam. descript. <et decl. litt.
desup. perinde val. acsi certum indultum familiaribus et dilectis Frederici R. I. conc. insertum foret> 18.
iul. 75 S 724 82^{rs}, gratis V 665
298^{rss}.

3582 **Henricus Ophuysen** [2. pars 3 par-
tium] et **Johannes Lufft** cler. Wormat. dioc. pape fam. cui de perp.
capn. commenda nunc. in capel.
s. Georgii e. m. Hamburgen. Bremen.
dioc. vac. p. o. Henrici de Buren-
borch prov. fuit: de prov. d. Henrico
de d. commenda (4 m. arg.) vac. p.
resign. d. Johannis et de assign. d.
Johanni pens. ann. 4 fl. renen. sup.
fruct. par. eccl. in Rynneren Colon.
dioc. (7 m. arg.) p. d. Henricum de
Ophuysen persolv. 9. aug. 75 S 725
69^{rs} – de <perp.> vicar. <prebenda
animarum nunc.> in eccl. s. Johannis
Traiect. (4 m. arg.) vacat. p. resign.
in manibus pape Wilhelmi Spycker
[Cosme] card. de Ursinis vulg. nunc.
fam. 8. apr. 76 S 737 106^{vs}, (m. prep.
eccl. ss. Petri et Pauli Bardewicen.
Verden. dioc. et dec. eccl. s. Martini
Embricen. Traiect. dioc. ac dec. eccl.
b. Marie Cliven. Colon. dioc.), gratis
(exped. 9. mai. 76) L 763 271^{vss} –
de can. et preb. eccl. s. Andree Colon. (7 m. arg.) necnon prepos. eccl.
s. Cuniberti Colon. (20 m. arg.) vac.
p. o. Wilhelmi de Bude 15. mart. 77
S 748 169^{vs} – rect. par. eccl. in Rynneren Colon. dioc.: oblig. sup. annat.
prepos. eccl. s. Cuniberti Colon. (15
m. arg.) necnon can. et preb. eccl.
s. Andree ut supra 17. apr. 77 A 25
150^{v} – litig. coram Antonio de Grassis aud. contra quond. Theodericum
N. sup. decan. ac can. et preb. eccl.
s. Martini Embricen. Traiect. dioc.
(14 m. arg.): de surrog. ad ius d.
Theodorici 20. sept. 77 S 748 93^{v} –
de can. et preb. sec. et colleg. eccl.
s. Viti Altinen. c. par. eccl. annexa
Traiect. dioc. (7 m. arg.) vac. p. assec. scolastr. in eadem eccl. p. Henricum de Ligno cler. 16. mai. 78 S

769 13^{rs} – cler. Colon. dioc. pres. in
cur. referens quod Henricus de Ligno presb. Traiect. dioc. (cui vig. litt.
Friderici R. I. de par. eccl. in Hattem
Traiect. dioc. (4 m. arg.) vac. p. o.
Ludolphi Boddenbek prov. fuerat)
desup. litig. coram quond. Nicolao
de Ubaldis aud. contra Albertum
Vysken (cui etiam de d. par. eccl.
prov. fuerat) et quod postea d. Albertus d. par. eccl. et d. Henricus
perp. vicar. in par. eccl. de Dineren
Traiect. dioc. ex causa perm. (de lite
nulla mentione habita) resign. in manibus Johannis Feut can. eccl. Traiect. vel ordin. et quod deinde d.
Henricus post obitum d. Alberti s. d.
29. decb. 77 ad eius ius surrog. et
quod Johannes Brunonis desup. litig.
coram Antonio de Grassis aud. contra d. Henricum et quod postremo d.
Henricus resign. in manibus pape (p.
Johannem Terschot cler. Monast. dioc. procur. suum fact.): de adm. resign. d. Henrici de Ligno et de prov.
d. Henrico de Ophusen de d. par.
eccl. (4 m. arg.) 27. ian. 79 S 777
153^{rs}, m. (Johanni Prioris aud.) L
792 257^{v}-259^{r} – qui Johannis [de
Michaelis] tit. s. Marcelli presb.
card. fam. et olim pape fam. exist.:
de ref. sup. prov. de can. et preb.
eccl. s. Cuniburg. [s. Cuniberti Colon.] (4 m. arg.) vac. p. o. cuiusdam
Bernardi qui eosdem obtinuit 30.
iun. 79 S 783 196^{r} – oblig. sup. annat. can. et preb. ac decan. eccl.
s. Martini Embricen. Traiect. dioc.
(insimul 14 m. arg.) de quib. vac.
p. o. Theoderici Zomer colligantis
s. d. 20. sept. 76 sibi prov. fuit 24.
febr. 81 A 29 151^{r} – prov. de vicar.
Colon. [dioc.?] vac. p. resign. 80/81
I 334 45^{v} – surrog. sup. can. et preb.
Traiect. [dioc.?] 80/81 I 334 228^{v} –
qui par. eccl. in Hattem Traiect. dioc.
pacifice obtinet quam dimittere offert: de par. eccl. in veteri eccl. s. Aldegundis Embricen. Traiect. dioc.
(10 m. arg.) vac. p. o. Gisberti Willen
3. iul. 82 S 812 248^{rs} – rect. par.
eccl. in Hatten Traiect. dioc. pape

fam. et **Wilhelmus Spycher** cler. Traiect. dioc.: de adm. resign. d. Henrici de Ophuysen et de prov. d. Wilhelmo Spycher de d. par. eccl. in Hatten (6 m. arg.) et de assign. d. Henrico pens. ann. 15 fl. auri renen. sup. fruct. d. par. eccl. 5. sept. 82 S 814 127ᵛ.

3583 **Henricus Ophuysen** [3. pars 3 partium] olim pape fam. nunc Johannis [de Michaelis] ut supra presb. card. fam. qui perp. vicar. in eccl. s. Marie Reessen. Colon. dioc. necnon **Gerardus Manses** [Francisci Todeschini-Piccolomini tit.] s. Eustachii diac. card. fam. qui par. eccl. s. Aldegundis Embricen. Traiect. dioc. <vac. p. resign. in manibus pape Gerardi Moyses d. Francisci diac. card. fam.> ex causa perm. resignaverunt in manibus pape: de adm. d. resign. et de prov. d. Gerardo de d. perp. vicar. (24) et de prov. d. Henrico de d. par. eccl. (10 m. arg.) ad coll. dec. et capit. eccl. s. Martini Embricen. sup. qua pens. ann. 25 fl. auri renen. Theodorico Lange (Longe) cler. Traiect. dioc. auct. ap. reserv. fuit et de incorp. decanatui d. eccl. s. Martini (4 m. arg.) quam d. Henricus obtin. d. par. eccl. ad vitam d. Henrici et quod illius fruct. in suis et d. par. eccl. et d. decan. usus et utilitatem convertere val. et de reserv. d. Gerardo pens. ann. 12 fl. renen. (1¹/₂ m.) sup. fruct. decan. et par. eccl. p. d. Henricum persolv. <n. o. par. eccl. in Rinnerem et par. eccl. in Hatten ac can. et preb. c. ferculo eccl. s. Victoris Xancten. Colon. dioc. necnon perp. capn. in d. eccl. s. Martini ac perp. capn. in eccl. s. Viti Altinen. ac simplici perp. benef. matriculariatus nunc. in par. eccl. Wert que vig. cuiusdam disp. obtin. et can. et preb. in eccl. s. Martini Embricen. Traiect. dioc. et in eccl. b. Marie Reessen. Colon. dioc. necnon perp. capn. in eccl. s. Mathei in Luicborgh Leod. dioc. quas n. obtin. (insimul fruct. 50 m. arg.)> 12.

sept. 82 S 814 78ʳ, L 825 245ᵛˢˢ – dec. eccl. s. Martini op. Embricen. Traiect. dioc.: oblig. sup. annat. par. eccl. s. Aldegundis d. op. (10 m. arg.) sup. qua pens. ann. 25 fl. renen. Theodorico Lange assign. fuit et de qua vac. p. resign. in manibus pape Gerardi Moysen ratione unionis ad vitam s. d. 12. sept. 82 sibi prov. fuit (in margine: d. die solv. pro annat. 13 fl. 26 bol. deducta parte sollicitatoris; d. die d. Henricus se oblig. pro residuo (videlicet 10 fl. adc.) et promisit solv. infra 4 menses) 12. oct. 82 Paris L 26 A 10 107ᵛ – solv. 14 fl. adc. et 26 bol. pro annat. par. eccl. s. Aldegundis op. Embricen. Traiect. dioc. <ratione unionis c. decan. eccl. s. Martini d. op.> p. manus pr. 12. oct. 82 Paris L 52 D 5 11ᵛ, IE 506 74ʳ, IE 507 74ʳ – assign. pens. ann. 15 fl. auri renen. (= 2 m. arg. p.) sup. fruct. can. et preb. eccl. b. Marie Reessen. Colon. dioc. (7 m. arg.) quos Rodulphus de Limen obtin. p. d. Rodulphum ad hoc ut Arnoldus Ysibolt cler. Colon. dioc. in certis al. can. et preb. d. eccl. quos obtin. pacificus remaneat (c. assensu suo ad id, p. Henricum de Oss cler. Traiect. dioc. procur. express.) persolv. 12. apr. 83 V 637 240ʳ-241ᵛ – Johannis [de Michaelis] card. ut supra fam. et **Jacobus Nyckel** cler. Colon. dioc. Oliverii [Carafa] card. ep. Sabinen. fam. referentes quod olim d. Henricus litig. coram Antonio de Grassis aud. contra quond. Theodericum Somer etiam d. card. ep. Sabinen. Neapolitan. nunc. fam. sup. decan. ac can. et preb. eccl. s. Martini Embricen. Traiect. [dioc.] et quod deinde d. Henricus surrog. ad ius d. Theoderici et quod tunc d. Oliverius [Carafa] card. ep. Sabinen. Neapolitan. nunc. cui de eisdem vac. p. o. d. Theoderici prov. fuit litig. coram Johanne Francisco [de Pavinis] aud. contra Theodericum de Molendino et Theodericum de Damme adversarios in dd. can. intrusos et tunc d. Oliverius omni iuri in d. decan. ac can.

et preb. necnon Henricus in s.c. matricularium in par. eccl. in Wert Leod. dioc. quam obtin. resignaverunt in manibus pape: de prov. d. Henrico de d. decan. ac can. et preb. (9) et de prov. d. Jacobo de d. matricularia (3 m. arg.) vac. p. resign. d. card. et d. Henrici de Ophuysen et Theoderici de Molendino et de assign. d. Jacobo pens. ann. 8 fl. auri renen. sup. fruct. d. par. eccl. in Rinderen Colon. dioc. (7 m. arg.) p. d. Henricum persolv. 6. mai. 83 S 821 304^{rs} – restit. bulle sup. pens. ann. 2 m. arg. p. sup. fruct. eccl. b. Marie Reessen. ut supra 2. decb. 83 A 32 192^r.

3584 **Henricus (Hinricus, Heinricus, Enricus) (de) Oldendorp** Berardi [Eruli] tit. s. Sabine presb. card. <Spoletan. vulg. nunc.> fam.: ›rationi congruit‹ s.d. 26. oct. 69 prov. de perp. s.c. vicar. in eccl. Verden. (4 m. arg.) vac. p.o. Luderi Roberinck collect. qui eam obtin. (m. prep. eccl. s. Spiritus Ruramunden. Leod. dioc., dec. eccl. Bremen. et offic. Verden.), gratis 25. aug. 71 V 553 261^r-262^v – cler. Colon. dioc. qui litig. coram Antonio de Grassis aud. contra quond. Bernardum Weydeman cler. sup. can. et preb. eccl. s. Johannis prope et e.m. civit. Hildesem. (4 m. arg.): de surrog. ad ius d. Bernardi 13. ian. 73 S 686 148^{vs} – nova prov. de can. Hildesem. [dioc.?] 72/73 I 332 125^v – qui vig. gr. expect. c.c. capel. s. Willehadi Bremen. vac. p.o. Johannis Calveswanghe acc.: de nova prov. de d. capel. (3 m. arg.) 24. mai. 73 S 695 100^{rs} – qui vig. gr. expect. perp. vicar. eccl. s. Anscharii Bremen. vac. p.o. Bertoldi Smithusn acc. et qui litig. desup. coram Fantino de Valle aud. contra Lambertum Drentwedel cler.: de prov. si neutri de d. vicar. (3 m. arg.) 20. decb. 73 S 709 5^{rss} – can. eccl. s. Johannis Hildesem. dioc. [!] Berardi [Eruli] card. ep. Sabinen. fam.: de prom. ad omnes ord. extra temp., sola sign. 21. febr. 75 S

715 145^r – can. eccl. s. Johannis Hildesem. dioc.: litt. testim. sup. prom. (vig. supplic. s.d. 21. febr. 75) ad acolit. et al. min. ord. ac ad ord. subdiacon. s.d. 4. iun. 75 in eccl. s. Bartholomei de Insula in Urbe, ad ord. diacon. s.d. 11. iun. 75 in eccl. s. Honofrii in Urbe, ad ord. presbit. s.d. 13. iun. 75 in eccl. s. Bartholomei ut supra 13. iun. 75 F 6 215^r – cui vig. gr. expect. de s.c. vicar. in eccl. Hildesem. vac. p.o. Gevehardi Capellen prov. fuit: de nova prov. de d. vicar. (4 m. arg.) 5. decb. 75 S 720 48^{rs}.

3585 **Henricus Omer** presb. Magunt. dioc. cui vig. prim. prec. imper. de can. et preb. eccl. s. Petri Chichebergen. Magunt. dioc. vac. p.o. Ottonis de Rengelrende prov. fuit: de nova prov. de eisdem (4 m. arg.) 25. mai. 80 S 793 136^r.

3586 **Henricus Onich** laic. Trident. dioc. ex nob. gen.: de alt. port. c. clausula ante diem, Et pro se et uxore sua 15. iul. 79 S 784 105^v.

3587 **Henricus (de) Oss** cler. Traiect. dioc. tunc in 20. et nunc in 24. sue et. an. constit. cui gr. expect. s.d. 1. ian. 72 de benef. ad coll. prep. etc. eccl. s. Werenfridi in Elst Traiect. dioc. in forma paup. conc. fuit: de disp. sup. def. et. 4. sept. 75 S 726 77^{rs} – de <perp. s.c.> vicar. b. Marie virg. ad alt. s. Crucis deaurate vulg. nunc. in par. eccl. s. Martini Arnhemen. Traiect. dioc. de iur. patron. ducum Gelrie (6 m. arg. p.) vac. p.o. Wilhelmi de Casteron (Castrien) possessoris vel p. n. prom. Nicolai Slanckart, attento quod ad sed. ap. devol. est 15. apr. 80 S 795 282^v, m. (dec. eccl. b. Marie Wesalien. Trever. dioc. et dec. eccl. s. Lebuini Davantrien. Traiect. dioc. ac Johanni Schint can. eccl. Zwerin.) (exped. 20. decb. 80) L 807 18^{rss} – de vicar. ad alt. b. Marie in eccl. s. Werenfridi de Elst Traiect. dioc. (4 m. arg. p.) vac. p.o. Tilmanni de Fuechand 7. nov. 80 S 797 282^v –

cui vig. gr. expect. de can. et preb. colleg. eccl. s. Walburgis Arnhemen. Traiect. dioc. vac. p. o. Waltheri de Castro et de decan. d. eccl. vac. p. o. in cur. Bernardi Wenderweydem prov. fuit: de nova prov. de eisdem (4 m. arg.) 6. febr. 81 S 802 48^v – dec. eccl. s. Walburgis Arnhemen. Traiect. dioc. pres. in cur.: de n. prom. ad 2 an., sola sign. 13. aug. 81 S 813 387^v – de nova prov. de vicar. b. Marie virg. ad alt. s. Crucis deaurate nunc. in par. eccl. s. Martini [Arnhemen.] Traiect. dioc. [!] (6 m. arg.) vac. p. o. Willelmi de Casteron seu p. n. prom. Nicolai Blanckart intrusi, n. o. decan. (3 m. arg.) ac can. et preb. eccl. s. Walburgis Arnhemen. (4 m. arg.) ac vicar. s. Marie in eccl. s. Walfridi Elsten. (3 m. arg.) quos possidet ac par. eccl. de Aerst Traiect. dioc. (4 m. arg.) 12. decb. 81 S 805 76^r – subdiac. in cur. resid. referens quod decan. ac can. et preb. in eccl. s. Walpurgis Arnhemen. Traiect. dioc. possedit et secum de n. prom. ad omnes ord. ad an. disp. fuit: de indulto ut ratione dd. can. et preb. atque can. et preb. in eccl. s. Werenfridi Elsten. Traiect. dioc. quos obtin. seu cuiuscumque alterius benef. ad omnes ord. prom. n. teneatur ad 2 an., Conc. ad an., sola sign. 12. aug. 82 S 827 2^v – dec. et can. eccl. s. Walburgis Arnhemen. Traiect. dioc.: de disp. ut unac. d. decan. dd. can. et preb. et s. c. vicar. b. Marie virg. ad alt. s. Crucis deaurate ut supra retin. val. 11. mart. 83 S 827 161^v – in cur. resid.: de prom. ad omnes ord. extra temp., sola sign. 10. iul. 83 S 825 256^v.

3588 Henricus Ossener presb. Magunt. dioc.: de perp. s. c. vicar. ad alt. ss. Nicolai et Catherine in <par.> eccl. b. Marie virg. in Monte prope et e. m. op. Northusen Magunt. dioc. (2 m. arg.) vac. p. o. Johannis Schowbentikes (Schowbenrekes) 31. mai. 75 S 721 20^v, m. (prep. eccl. ss. Petri et Pauli Bardewicen. Ver-

den. dioc. et decanis eccl. s. Severi Erfforden. ac eccl. s. Crucis Northusen. Magunt. dioc.) (exped. 10. iun. 75) L 752 9^{vss}.

3589 Henricus Osten de Vach ord. servorum b. Marie profes. Magunt. dioc. in diacon. ord. constit. qui ad al. superiores ord. prom. desiderat: de disp. sup. def. corp. (in oculo canonis), Et p. breve 15. apr. 80 S 792 2^r.

3590 Henricus Ottonis presb. et o. fr. min. provincie Colon. profes. inter al. referens quod ipse familiam et o. fr. min. de observ. provincie Colon. intravit et profes. emisit et deinde de vicariatu fr. observ. et familia recedens ad subiectionem o. fr. min. ministri Colon. accessit et lic. a suo vicario fr. observ. obtenta 3 an. vixit quodque tamen a nonnullis fr. de d. familia observ. molestatus et minatus fuit: de committ. ep. Beryten. in Leod. dioc. resid., Et p. breve 24. decb. 79 S 788 200^{rs}.

3591 Henricus Palmer cler. Herbip. dioc.: motu pr. de gr. expect. de 2 can. et preb. necnon de benef. ad coll. quorumcumque, Et s. d. 17. nov. 81 S 803 291^v.

3592 Henricus ex (de) Palude cler. Leod. dioc. mag. in art. causarum pal. ap. not.: de simplici benef. in eccl. s. Victoris Xancten. Colon. dioc. (4 m. arg.) vacat. p. resign. Henrici Bogarts cler. Leod. dioc. pape fam. cui de d. benef. vac. p. o. in cur. Johannis Gochman Pauli II. fam. et cursoris et deinde vac. p. resign. in manibus Pauli II. Arnoldi Melxter cler. Colon. Pauli II. fam. prov. fuerat litt. n. confectis 9. sept. 72 S 683 67^{vs} – de alt. sive capn. eccl. s. Stephani Wormat. (4 m. arg.) vac. p. o. Johannis Nosboem Pii II. fam. 28. sept. 72 S 682 274^v – diac. Leod. dioc. rect. par. eccl. et colleg. eccl. b. Marie [op.] Sancti Trudonis Leod. dioc.: de prom. ad omnes ord. extra temp., sola sign. 26. mart. 73 S 689

3^v – can. eccl. s. Pauli Leod. qui can. et preb. eccl. s. Johannis Leod. (sup. quib. litig. contra Henricum Bogaers cler. Leod. dioc.) resign. in manibus pape de quib. can. et preb. deinde Henrico de Merwijck rect. par. eccl. in Arssen Colon. dioc. prov. fuit: assign. pens. ann. 25 fl. renen. sup. fruct. d. par. eccl. (80 fl. renen.) p. d. Henricum de Merwijck c. consensu eius (p. Marcum Dionisii cler. Leod. dioc. procur. express.) persolv. 5. iun. 76 (m. dec. eccl. s. Martini Leod. et officialibus Cameracen. ac Leod.) L 763 155^{vss} – restit. bulle sup. pens. ut supra (quia est soluta annat. dd. can. et preb.) 10. iun. 76 A 25 185^v – decr. doct. litig. coram Petro de Ferrera aud. contra quond. Johannem Mechler (qui obiit in cur.) reum et possessorem sup. can. et preb. eccl. b. Marie Huyen. Leod. dioc. (8 m. arg.) vac. p. o. Rasonis de Rikele: de surrog. ad ius d. Johannis 8. iul. 78 S 771 246^v – reus litig. coram Johanne Francisco [de Pavinis] aud. contra quond. Loeffredum Ruysch pape fam. actorem sup. can. et preb. eccl. Leod. (16 m. arg.) vac. p. o. Roberti Broguet abbrev. ac quond. Nicolai V. fam.: de surrog. ad ius d. Loefredi 16. aug. 78 S 774 270^{rs} – fit mentio ut executor prov. Wilhelmo de Caldenberch conc. 11. sept. 79 L 799 60^{vs} – de par. eccl. de Anex Leod. dioc. (6 m. arg.) vac. p. o. Johannis de Limburgh 23. aug. 80 S 796 13^v – motu pr. de gr. expect. de 2 can. et preb. necnon de benef. ad coll. quorumcumque et de prerog. ad instar pape fam. descript., Et s. d. 17. nov. 81 22. nov. 83 S 830 10^r.

3593 Henricus de [Pappenheim] Bappenheim mil. Eistet. dioc. patron. par. eccl. in Rochling Eistet. dioc. qui litig. coram Johanne de Seckendorff dec. et Johanne Heltpurg scolast. eccl. Eistet. et Johanne Mendel offic. Eistet. contra abba. etc. mon. s. Walburgis Eistet. o. s. Ben. (que

quendam Petrum Fabri cler. ad d. par. eccl. presentaverunt) sup. iur. patron. d. par. eccl.: m. (ep. August.) procedendi in causa appellationis 6. febr. 76 L 757 73^{vs} – qui litig. coram Johanne de Seckendorff dec. eccl. Eistet., Johanne Heltpurg scolast. eccl. Eistet., Johanne Mendel tunc offic. eccl. Eistet., Georgio Beck offic. August. et Johanne [de Werdenberg] ep. August. contra abba. et conv. mon. s. Walburgis o. s. Ben. Eistet. sup. iur. nominandi Petrum Fabri cler. ad par. eccl. in Rechlingen (Rechurgen) Eistet. dioc.: de committ. in partibus 18. mart. 77 S 748 79^{vs}, m. (Georgio Beck offic. August.) (exped. 1. apr. 77) L 773 214^{rs}.

3594 Henricus de Parsperg (Parsperger) can. et scolast. eccl. Ratisbon. ex utr. par. de mil. gen. cui p. Willielmum [de Reichenau] ep. Eistet. (facult. n. habita) pens. ann. 30 fl. renen. sup. fruct. par. eccl. in Nidermossig (Vodermessing) Eistet. dioc. c. consensu patron. laic. reserv. fuit: de disp. sup. irreg. et de assign. d. pens. sup. fruct. d. par. eccl. (90 fl. renen.) p. Andream Tollenstraven (Tollenstamcr) (cui de d. par. cccl. vac. p. resign. d. Henrici prov. fuerat) persolv. 6. sept. 75 S 729 264^{vs}, de ref. 12. decb. 75 S 730 294^v, m. (ep. Ratisbon.) L 756 233^{rss}.

3595 Henricus Pascheborch can. eccl. s. Anscharii Bremen. qui (vig. gr. expect. de can. eccl. Verden. necnon de benef. ad coll. dec. etc. eccl. ss. Petri et Pauli appl. Bardovicen. Verden. dioc.) de can. et preb. ac thesaur. eccl. Verden. prov. fuit sup. quib. litig. (nunc resign.) coram Petro Guillermo [de Rocha] aep. Salernitan. iudice et commissario in cur. residente contra Gerardum Oldevagen can. eccl. Bremen. et contra Nicolaum Schomaker cler.: assign. pens. ann. 18 m. monete Bremen. (= 13 duc. adc.) sup. fruct. dd. can. et preb. ac thesaur. et sup. archidiac. in Hitvelde d. thesaur. annexo p. d. Gerardum persolv. (m. prep. et dec. eccl. s. Anscharii Bremen. ac Johanni Boller can. eccl. Bremen.) 8. mart. 75 L 745 57^v-59^v.

3596 **Henricus Pastoris** cler. Magunt. dioc.: motu pr. de gr. expect. de 2 can. et preb. necnon de benef. ad coll. quorumcumque et de prerog. ad instar pape fam. descript. et de disp. ad 2 incompat. benef. c. lic. perm. 26. ian. 84 S 830 96^{rs}.

3597 **Henricus Pekenhorst** presb. Curon. dioc. rect. par. eccl. s. Laurentii in op. Bonnoconventi Pientin. dioc. qui bonis suis p. adversarios circumvicinos et inimicos d. eccl. videlicet Florentinos spoliatus exist. et qui in cur. ad 20 an. moram traxit: de archidiac. eccl. Bergen. (20 fl. adc.) et de can. et preb. eccl. Nidrosien. (20 fl. adc.) ac de prepos. mon. monial. Lippi o. s. Ben. [Aug.?] Verden. [recte: Colon.?] dioc. c. suis annexis (20 m. arg.) vac. p. resign. in manibus pape Johannis de Brandeborch cler. Nabergen. [recte: Bamberg.?] dioc. cui de d. archidiac. et de dd. can. et preb. vac. p. prom. Johannis [Teistius] el. Bergen. s. d. 2. decb. 74 et de d. prepos. vac. p. prom. Simonis [van der Borch] el. Reval. s. d. 27. aug. 77 prov. fuerat litt. desup. n. confectis ac de disp. ut d. 3 benef. insimul ad vitam in tit. retin. val. 7. nov. 80 S 798 22^v.

3598 **Henricus Pencynger (Pennynck)** cler. Colon.: de can. et preb. in eccl. ss. Appl. Colon. (4 m. arg.) vacat. p. resign. Laurentii Wipemew (Wipermirde) <p. Johannem de Papis presb. Colon. procur. fact.> 22. apr. 77 S 752 166^r, (m. abb. mon. s. Pantaleonis Colon. et prep. eccl. ss. Petri et Pauli Magdeburg. ac Jacobo de Stralen can. eccl. Colon.) (exped. 17. iun. 77) L 775 318^{rs}.

3599 **Henricus Pergaer (Porgum) de Swabach** cler. Eistet. dioc. referens quod sibi de perp. vicar. ad alt. s. Ni-

colai in eccl. s. Florini in Confluentia Trever. dioc. vac. p. o. Martini Clerici de Heyst p. 8 ex can. d. eccl. qui medietatem can. d. eccl. tunc capit. d. eccl. representantium constituebant prov. fuit: de nova prov. de eadem (2 m. arg.) 11. decb. 78 S 775 283^v, m. (thes. eccl. s. Hermetis Rothnacen. Cameracen. dioc. ac offic. Trever. et offic. Eistet.) (exped. 30. apr. 79), gratis L 793 241^{vss}.

3600 **Henricus de Petra** rect. par. eccl. in Much Colon. dioc. et **Nicolaus Heszler** cler. Herbip. dioc. decr. doct. Georgii [Hesler] tit. s. Lucie in Silice presb. card. fr. germani et fam. referentes quod Henrico de Mangolt cler. Paderburn. vig. prim. prec. imper. de can. et preb. eccl. s. Gereonis Colon. vac. p. o. Thome Brest prov. fuerat et quod d. Henricus Mangolt qui desup. litig. coram diversis aud. contra quond. Henricum Cremer (Cramer) post obitum d. Henrici ad eius ius surrogavit necnon postremo in favorem d. Nicolai resign. in manibus pape et quod d. Nicolaus resign. in manibus pape possessione n. habita: de adm. resign. d. Nicolai et de prov. d. Henrico de dd. can. et preb. (6 m. arg.) ac de assign. d. Nicolao pens. ann. 40 fl. auri renen. videlicet pro una portione sup. fruct. d. par. eccl. (6 m. arg.) p. d. Henricum et pro reliquis duabus portionibus sup. fruct. decan. colleg. eccl. Aschaffenburgen. Magunt. dioc. (12 m. arg.) p. Johannem de Petra fr. germanum d. Henrici persolv. 17. mart. 81 S 800 290^v – oblig. p. Johannem de Petra prep. eccl. Camin. sup. annat. can. et preb. eccl. s. Gereonis Colon. ut supra de quib. vac. s. d. 3. apr. 81 sibi prov. fuit (in margine: s. d. 27. apr. 81 d. Johannes habuit bullam pro d. Henrico pro tuitione iur. sui que est s. d. 14. mart. 80; habuit bullas pens. sup. dd. can. et preb. d. Nicolao s. d. 24. febr. 83 assign.) 26. apr. 81 A 29 181^r – solv. 15 fl. adc. pro annat. can. et preb. eccl. s. Gereonis Colon. p. manus Johannis de Petra 26. apr. 81 FC I 1134 117^r, IE 502 80^v, IE 503 80^v – nova prov. de par. eccl. Colon. [dioc.?] 80/81 I 334 46^r – notitia sup. expensas pro exped. bulle sup. can. et preb. eccl. s. Simonis Colon. p. manus Johannis de Petra fact. [dat. deest] T 34 82^v.

3601 **Henricus Petri** cler. Traiect. dioc. perp. cap. ad alt. b. Eligii confess. in par. eccl. de Doetingen Traiect. dioc.: de prom. ad omnes ord. extra temp., sola sign. 25. apr. 84 S 834 152^r.

3602 **Henricus Pfarrer** laic. Argent. referens quod lis orta fuit inter se et Nicolaum Storch laic. Argent. coram offic. Argent. et deinde sed. Magunt. et demum sed. ap. sup. nonnullis pec. summis quodque illa causa p. litt. ap. prepositis eccl. s. Trinitatis et eccl. ss. Germani et Mauritii Spiren. ac Jacobo Cristoforo can. eccl. Spiren. (qui etiam prep. eccl. s. Trinitatis fuit) in forma ref. commiss. fuit quodque in dd. litt. p. errorem dictum fuit d. Nicolaum adversarium in Herbip. dioc. commorantem in Basil. dioc. moram facere: de m. dd. iudicibus ac officiali Spiren. (quia d. Jacobus vita functus est) ut procedant iuxta tenorem dd. litt. ap. acsi d. error commissus n. fuisset, Et p. breve 25. apr. 84 S 835 150^{rs}.

3603 **Henricus Pfeilstand** presb. Frising. dioc. theol. licent. cui de perp. c. c. vicar. sive par. eccl. in Nanshaim al. Swaben Frising. dioc. vac. p. resign. in manibus Sixti [de Tannberg] ep. Frising. Johannis Frawndienst presb. Frising. dioc. p. d. ep. auct. ordin. prov. fuit: de nova prov. de d. vicar. sive par. eccl. (6 m. arg.) 16. decb. 83 S 832 111^r.

3604 **Henricus Pfort** presb. Spiren. dioc. vic. in eccl. Spiren.: de disp. ut unac. d. vicar. s. c. capel. ad alt. b. Marie in eccl. ss. Germani et Mauritii Spiren. (4 m. arg.) retin. valeat 18. mart. 75 S 717 275^v.

3605 **Heinricus Pinckel** vic. eccl. Argent. diac. in 24. sue et. an. constit.: de prom. ad omnes ord. extra temp., sola sign. 7. decb. 77 S 761 78^{vs}.

3606 **Henricus Piscatoris (Piscator)** cler. Magunt. dioc.: de capn. ad alt. s. Catherine in eccl. ville Eybe Magunt. dioc. de iur. patron. laic. (3 m. auri) vac. p. o. Valterii Krach quond. Nicolai V. fam. 1. febr. 79 S 778 4^v – Simonis [Vosich] aep. Patracen. pape refer. fam.: motu pr. de gr. expect. de 2 can. et preb. necnon de benef. ad coll. quorumcumque, Et s. d. 17. nov. 81 S 803 217^{rs} – rect. par. eccl. Ankrustel Magunt. dioc.: oblig. sup. annat. d. par. eccl. Ankrustel (9 m. arg.) de qua vac. p. resign. Bernardi Karben s. d. 7. mart. 83 sibi prov. fuit 17. mart. 83 A 31 14^r, I 335 107^v – solv. 21 fl. adc. et 28 bol. pro annat. par. eccl. in Ankrustel (Anderustel) Magunt. dioc. p. manus pr. 14. mart. 83 Paris L 52 D 5 63^v, 17. mart. 83 IE 506 138^r, IE 507 138^r.

3607 **Henricus Pistoris** scol. Magunt.: recip. primam tonsuram ad alt. s. Lamberti in capel. b. Marie de Febribus in basilica Principis appl. in Urbe 19. sept. 72 F 6 74^r.

3608 **Henricus Plantz** cler. Trever. dioc. c. quo sup. def. nat. (p. s.) disp. fuit in 23. sue et. an. constit. Berardi [Eruli] tit. s. Sabine presb. card. fam.: m. (ep. Narnien., dec. eccl. s. Florini in Confluentia Trever. dioc. ac offic. Trever.) confer. par. eccl. s. Martini in Ley Trever. dioc. (5 m. arg.) vac. p. o. Nicolai de Geyssen 27. ian. 72 (exped. 14. decb. 73) L 715 183^{vss}.

3609 **Henricus Poll** cler. Bamberg. dioc. qui vig. gr. expect. can. et preb. ac custod. colleg. eccl. s. Martini in Vorcheim Bamberg. dioc. vac. p. o. Conradi Gerhart acc.: de nova prov. de eisdem (60 fl. renen.) 21. iun. 75 S 725 203^{rs}.

3610 **Henricus Pomert**: litt. testim. sup. certa litt. Pii II. 28. febr. 74 DC 36 240^r – litt. testim. sup. certa quitt. temp. Pii II. et Pauli II. 1. mart. 74 DC 36 240^r – dec. eccl. Hamburgen. collect. <in provincia Bremen.>: m. solv. 500 fl. adc. ex collect. d. provincie Simoni Johannis de Florentia aurifabro cur. sequenti creditori cam. ratione operis facti pro Paulo II. 15. apr. 74 FC I 368 95^r, DC 38 107^r – solv. 52½ fl. adc. <et 36 bol.> ex d. collect. <Simoni ut supra> p. manus Theoderici Clinkrode (Clincroth, Clinkrot) causarum in cur. procur. 23. mai. 74 FC I 846 81^v, DC 38 107^v, 28. mai. 74 FC I 1130 16^r, IE 488 82^v, IE 489 82^v – dec. eccl. b. Marie Hamburgen. Bremen. dioc.: de incorp. d. ecclesie perp. s. c. vicar. ad alt. s. Viti mart. in d. eccl. p. quond. Johannem Vrytze tunc can. eccl. Hamburgen. fund. et de iur. patron. laic. (7 m. arg.) 10. iun. 74 S 707 42^{vs} – cler. Lubic.: de perp. vicar. in eccl. b. Marie virg. Hamburgen. Bremen. dioc. (4 m. arg.) vac. p. o. Johannis Sundes 6. oct. 75 S 729 271^v – dec. eccl. Hamburgen. Bremen. dioc. p. provinciam Bremen. et nonnullas dioc. ac civit. gener. collect. locumtenens et commissarius c. quo ad 2 incompat. benef. disp. fuit: de disp. ad 3. incompat. benef. ad 7 an. 5. febr. 76 S 734 130^r – can. eccl. Lubic. fruct. in provincia Bremen. ac nonnullis al. civit. et dioc. collect.: de n. resid. et de indulto nominandi vic. 6. mart. 76 S 735 100^v – can. eccl. Lubic.: conc. n. resid. 6. mart. 76 L 761 42^{vs} – dec. eccl. Hamburgen. referens quod ad ipsum iurisdictio in clerum et eccles. personas districtus sui decan. spectat quodque ipse ex eo quod p. provinciam Bremen. nonnullasque al. civitates et loca debitorum collector exist. se a d. eccl. et decan. sui residentia habet absentare: de indulto ut eo absente ipse p. unum de capit. d. eccl. quem ipse ad hoc elegerit seu alium suum offic. quem ad hoc

deputaverit iurisdictionem et institutionem exerceri val. 13. ian. 77 S 746 39^{vs} – collect. Bremen. et pro eo **Henricus Conen**: solv. 160 fl. adc. ex pecuniis p. eum in provincia Bremen. collectis p. manus soc. de Spinellis 16. decb. 77 IE 495 75^r, IE 496 79^r, IE 497 78^r, 17. decb. 77 FC I 1130 42^v – dec. inter al. referens quod in statutis eccl. Hamburgen. caveatur quod in absentia decani senior de capit. vices illius decani tenere debeat que ad institutionem beneficiorum et chorum pertinent de quib. in preinserta supplic. mentio facta fuit: de ref. 14. ian. 78 S 763 149^v – dec. eccl. Hamburgen. Bremen. dioc. qui d. decan. necnon can. et maiorem preb. d. eccl. necnon can. et maiorem preb. eccl. Lubic. ac par. eccl. in Peynis Hildesem. dioc. ac capellam s. Pauli in civit. Hildesem. necnon benef. primissaria nunc. in Gandersemen. Hildesem. dioc. ac aliud benef. perp. commenda nunc. in par. eccl. op. Bart Zwerin. dioc. necnon perp. vicar. in par. eccl. op. Buxtehudis Verden. dioc. p. aliquot ann. pacifice obtin. et qui in loco interdicto missas celebravit: de absol. sup. irreg. et de nova prov. de d. decan. et can. et maiorem preb. eccl. Hamburgen. (8) ac decan. et can. et preb. eccl. Lubic. (4) necnon par. eccl. in Peynis (6) ac capel. (4) ac 2 benef. (4) necnon vicar. (3 m. arg.) et de disp. ad 2 incompat. benef. etiamsi 2 par. eccl. ad vitam 17. iun. 78 S 770 260^{rs} – dec. eccl. Amburgen. in provincia Bremen. collect.: solv. 55 fl. adc. recept. partim a capit. eccl. Amburgen. pro annat. par. eccl. in Werden. terre Detmarcie eidem capit. incorp. partim a diversis aliis personis p. manus mag. Henrici Chonty not. Rote eius nuntii 8. iul. 78 FC I 1130 58^{vs}.

3611 **Henricus Poppen** cler. Magunt. dioc.: motu pr. de gr. expect. s. d. 17. nov. 81 de c. c. benef. consueto cler. sec. assignari ad coll. prep. etc. eccl.

s. Martini Hilgestaden. et eccl.
s. Crucis Northusen. Magunt. dioc. et
de prerog. ad instar pape fam. descript., Et s. d. 17. nov. 81 10. febr.
84 S 830 90ʳ, m. (prep. eccl. b. Marie Walbecen. Halberstad. dioc. ac
scolast. eccl. s. Nicolai Novifori
Magdeburg. ac offic. Magunt.) V
641 274ᵛ-276ʳ.

3612 Henricus Potgeyter de Assindia
scol. Colon. dioc. in cur. resid.: de
recip. primam tonsuram et de prom.
ad omnes al. min. ord. extra temp.,
sola sign. 13. mai. 83 S 824 161ᵛ.

3613 Henricus de Pranheym cler. Magunt. dioc. ex utr. par. de mil. gen.:
de nova prov. de can. et preb. eccl.
Magunt. (10 m. arg.) vac. p. o. Salentini de Rembert in uno ex mensibus iuxta concordata sed. ap. c. principibus nationis Germanice 14. nov.
82 S 816 15ʳ.

3614 Henricus Prass cler. Bamberg. di-
oc.: de par. eccl. in Poppendorff
Bamberg. dioc. (4 m. arg.) vac. p. o.
Henrici Unger vel p. resign. in ma-
nibus pape Michaelis Stuhel cler.
Herbip. dioc. 9. mai. 80 S 792 236ʳ.

3615 Henricus Prauen presb. Colon. dioc. cui de can. et preb. mon. monial.
in Rindorpe Colon. dioc. vac. p. resign. in manibus abba. tamquam ordinarii prov. fuit: de nova prov. de
eisdem (4 m. arg.) 31. ian. 75 S 717
215ʳ.

3616 Henricus Pregber in art. mag. rect.
par. eccl. s. Valentini in Arzach Ratisbon. dioc.: de disp. ut unac. d. par.
eccl. aliud incompat. benef. recip.
valeat etsi par. eccl. 23. febr. 78 S
765 202ᵛˢ.

3617 Henricus (Enricus) Provest cler.
Verden. dioc.: de perp. vicar. in eccl.
ss. Petri et Pauli colleg. eccl. Werde-
wicen. [recte: Bardewicen.] Verden. dioc. (4 m. arg.) vacat. p. priv.
Bertoldi Weydeman presb. Verden.
dioc. excom. (prout in quibusdam
litt. Nicolai de Ubaldis aud. ad in-

stantiam Jacobi Witten) qui in par.
eccl. in Hitbergen Verden. dioc. missas celebravit 4. mart. 73 S 688 21ᵛ
– can. eccl. ss. Sixti et Sinicii Ra-
mensloen. Bremen. dioc. in 24. sue
et. an. constit.: de decan. d. eccl. (4
m. arg.) vacat. p. resign. in manibus
pape Brunoldi Rynhusen 11. mai.
73 S 690 122ʳ, I 332 36ᵛ – Juliani
[de Ruvere] tit. s. Petri ad vincula
presb. card. fam. cui gr. expect. s. d.
1. ian. 72 de benef. ad coll. ep. etc.
Lubic. et ep. etc. Zwerin. conc. fuit:
de decl. litt. desup. perinde val. acsi
tunc pape fam. fuisset 14. decb. 73 S
699 102ʳ – de par. eccl. op. Wismarien. Zwerin. [!] dioc. de iur. patron. ducum Magnopolen. (4 m. arg.
p.) vacat. p. prom. Nicolai [Pentz] el.
Zwerin. 12. apr. 79 S 780 125ʳˢ.

3618 Henricus Purkardi cler. Minden.:
de perp. c. c. [vicar.?] colleg. eccl.
s. Martini Minden. (6 m. arg.) vac.
p. o. Florini de Sentzen 28. mai. 78 S
769 173ʳˢ.

3619 Henricus de Puteo (van den Puyt)
cler. Leod. dioc.: restit. bulle sup.
pens. ann. 11 fl. renen. sup. fruct.
par. eccl. s. Martini in Insula Leod.
eidem p. bullas s. d. 14. oct. 77 assign. (quia est accepta d. par. eccl.
vig. gr. expect.) 23. decb. 77 A 26
223ʳ – cler. Colon. dioc. <nullum
benef. obtin.>: de can. et preb. colleg. eccl. s. Bartholomei Leod. (4 m.
arg. p.) vac. p. resign. in manibus
pape Johannis Roberti cler. Traiect.
dioc. quond. Berardi [Eruli] tit. s. Sabine presb. card. fam. (cui de eisdem
vac. p. o. in cur. Leonardi de Culen
etiam d. card. fam. prov. fuerat) c.
reserv. pens. ann. 11 fl. renen. sup.
fruct. prepos. eccl. s. Plechelmi Aldezalen. Traiect. dioc. (30 <35> m.
arg.) p. Vicentium de Eyl qui eam
obtin. persolv. 25. febr. 79 S 778
243ᵛ, 3. mart. 79 S 778 269ᵛˢ – de
can. et preb. colleg. eccl. s. Bartholomei Leod. (4 m. arg. p.) vac. p.
resign. in manibus pape Johannis
Roberti cler. Traiect. dioc. B[erardi

Eruli] ut supra card. fam. cui de eisdem vac. p. o. Wilhelmi Lathoni etiam d. Berardi ep. fam. prov. fuit possessione n. habita (cui de eisdem vac. p. o. in cur. Leonardi van den Cuelen prov. fuit) c. reserv. pens. ann. 11 fl. renen. auri sup. fruct. prepos. eccl. s. Plechelmi Aldezalen. Traiect. dioc. (35 m. arg.) p. Vincentium de Eyll qui eam obtin. persolv. 16. mart. 79 S 779 160^{vs} – rect. par. eccl. s. Martini in Insula Leod.: de prom. ad omnes ord. extra temp., sola sign. 28. iul. 79 S 784 230^r – de can. et preb. eccl. ss. Appl. et vicar. in eccl. s. Georgii Colon. (4 m. arg.) vacat. p. priv. cuiusdam Bisschopff al. Midder qui excom. missas celebravit 9. mai. 80 S 792 240^r – curialis antiquus nullum benef. obtin.: de can. et preb. eccl. s. Stephani Novimagen. [Colon. dioc.] (3 m. arg.) vac. p. o. Tilmanni Everhardi 6. nov. 80 S 797 158^r – de can. et preb. eccl. s. Stephani prothomart. op. Nomagen. Colon. dioc. (3 m. arg.) vac. p. resign. in manibus pape Theoderici onder den Eyeck cler. Colon. dioc. Juliani [de Ruvere] card. ep. Sabinen. tunc tit. s. Petri ad vincula presb. card. fam. 10. febr. 81 S 800 107^v, I 334 45^v.

3620 **Henricus Quets** presb. Leod. dioc. cui de perp. capn. ad alt. b. Marie virg. in par. eccl. de Linteris Inferiori Leod. dioc. vac. p. o. Wilhelmi Lax prov. fuit et deinde in favorem Johannis Steenwinkel resign. in manibus pape: assign. pens. ann. 6 fl. renen. auri videlicet 3 sup. fruct. d. capn. (4 m. arg.) et 3 sup. fruct. capel. bb. appl. Petri et Pauli in op. Buschiducen. Leod. dioc. (quam d. Johannes obtin.) p. d. Johannem (c. assensu eius, p. Johannem Oeckel procur. express.) in op. Lovanien. persolv. (m. dec. eccl. s. Pauli Leod. et eccl. s. Germani Thenen. Leod. dioc. ac archid. eccl. Tirasonen.) 13. iul. 76 V 589 27^r-28^v.

3621 **Henricus Qutiaer** subdiac. Magunt. dioc. et cap. capn. in villa Gerau Magunt. dioc.: de prom. ad omnes ord. extra temp., sola sign. 2. iun. 79 S 782 193^v.

3622 **Henricus Radenrode** presb. Trever. dioc. rect. par. eccl. in Myderhadamat Trever. dioc. referens quod ipse quandam dom. d. loci hospitium nunc. c. Henrico Commans et Johanne Eckart ac nonnullis aliis hominibus laic. intrabat quodque deinde post controversiam d. Johannes p. cultellum vulneratus fuit et obiit quod autem d. Henricus in eius morte culpabilis n. fuit: de absol. a reatu homicidii et de abol. inhab. et de disp. ut unac. d. par. eccl. (4 m. arg.) quecumque incompat. benef. etsi par. eccl. ad vitam recip. val. c. lic. perm. 18. febr. 83 S 819 285^{vs}.

3623 **Henricus de Raepelt**: prov. de can. Monast. [dioc.?] vac. p. resign. 81/82 I 334 152^r.

3624 **Henricus Raff (Reff)** cler. Basil. Juliani [de Ruvere] tit. s. Petri ad vincula presb. card. fam.: de disp. ad 2 incompat. benef. etsi 2 par. eccl. 17. apr. 75 S 718 81^r – de facult. resign. 7. iun. 75 S 722 213^{vs} – referens quod Johannes Schaffner cler. Argent. dioc. contra reg. cancellarie can. et preb. colleg. eccl. s. Germani mon. Grandis Vallis Basil. dioc. vac. p. o. Nicolai Fabri acc. possessione subsecuta: de committ. in partibus et de decl. quod litt. pro d. Johanne sup. prov. invalide fuissent et de prov. d. Henrico de dd. can. et preb. (4 m. arg.) 15. iul. 75 S 723 259^{vs} – de par. eccl. ville Sulnungen Constant. dioc. (4 m. arg.) vac. p. o. cuiusdam Johannis 4. sept. 76 S 742 76^{rs} – <[Judoci de Sillenen] ep. Gratianopolitan. in cur. procur. et negotiorum gestor>: de can. et preb. eccl. s. Ursi op. Solodren. Lausan. dioc. (6 m. arg.) vac. p. o. Panthaleonis de Wengi (Beuci) 31. mart. 78 S 767 26^v, m. (ep. Melfiten. ac prep. eccl. Anseltingen. Lausan. dioc. ac prep.

eccl. in Zofingen. Constant. dioc.) (exped. 2. apr. 78) L 785 7^{rss} – oblig. sup. annat. can. et preb. eccl. s. Ursi ut supra (in margine: d. die solv. 14 fl. p. manus soc. de Medicis) 1. apr. 78 A 27 1^r – cui de can. et preb. colleg. eccl. s. Ursi op. Solodren. Lausan. dioc. vac. p. o. Panthaleonis de Wengi p. papam prov. fuit et **Johannes Scriptoris** presb. pleb. in Balm Constant. dioc. c. quo sup. def. nat. (c. s.) disp. fuit: de adm. resign. d. Henrici et de prov. d. Johanni de dd. can. et preb. (6 m. arg.) et de assign. d. Henrico pens. ann. 10 fl. renen. sup. fruct. dd. can. et preb. et de disp. c. d. Johanne ut unac. dd. can. et preb. d. pleban. in Balm (4 m. arg.) retin. val. 6. apr. 78 S 767 237^{rs} – can. eccl. Lausan.: solv. 14 fl. adc. pro annat. can. et preb. d. eccl. p. manus soc. de Medicis 26. iun. 78 FC I 1133 169^r – qui perp. vicar. ad alt. s. Johannis prope fontem chori in eccl. Argent. et **Jacobus Lecherer (Becheier)** qui perp. capn. ad alt. s. Michaelis super ossorio in par. eccl. op. Mollesheim (Nellebosrtin) Argent. dioc. perm. desiderant: de prov. d. Henrico de d. perp. capn. (4 m. arg.) et de prov. d. Jacobo de d. perp. vicar. (4 m. arg.) ac de assign. d. Henrico pens. ann. 6 fl. renen. sup. fruct. d. perp. vicar. vel al. benef. p. Jacobum persolv. 4. iul. 79 S 784 147^{rs}, m. (prep. eccl. s. Petri iun. Argent. dioc.) (exped. 9. aug. 79) L 795 138^{rss} – et **Jacobus Becherer**: restit. bulle prov. de 2 benef. (cuiuslibet 4 m. arg.) ex causa perm. eisdem s. d. 4. iul. 79 conc. 19. aug. 79 A 28 217^r – de capn. ad alt. s. Michaelis in par. eccl. b. Marie ville de Thannis Basil. dioc. (2 m. arg.) vac. p. o. Guillelmi Dulibrins 22. sept. 80 S 797 25^v – vic. eccl. Argent.: fit mentio ut procur. Astorgii [Almarici] el. Viennen. 30. decb. 80 OS 84A 89^v – [Judoci de Sillenen] ep. Gratianopolitan. procur.: motu pr. de capn. ad alt. s. Catherine in eccl. Basil. (3 m. arg.) vac. p. o.

Johannis Kuebel 15. mai. 81 S 802 84^r – consensus pens. ann. sup. fruct. custodie eccl. ss. Petri et Alexandri Asschaffenburgen. Magunt. dioc. fact. p. Theodericum de Arnum procur. vig. instr. acti Rome in domo Tilemanni Brand s. d. 23. ian. 81 et subscripti manu Bartholdi Jans cler. Magunt. dioc. not. in favorem Nicolai de Hezeler fr. germani Georgii [Hesler] tit. s. Lucie in Silice presb. card. 27. iun. 82 Resign. 2 12^r – ep. Gratianopolitan. procur. in cur. residens: de archidiac. de Grassoni in eccl. Bituricen. (24 l. T. p.) qui p. illius can. obtin. consuevit vac. p. o. Petri [cass.: Johannis] Bruneti 27. iul. 82 S 813 59^v – perp. benefic. in eccl. ss. Michaelis et Petri Argent. et **Valentinus Becholt** rect. par. eccl. in Rentbur Argent. dioc.: de adm. resign. d. Henrici et de prov. d. Valentino de d. perp. s. c. benef. annimissarius nunc. (4 m. arg. p.) et de assign. d. Henrico pens. ann. 16 fl. auri renen. videlicet 12 fl. renen. sup. fruct. d. par. eccl. in Rentbur (4 m. arg. p.) et 4 fl. renen. sup. fruct. d. benef. 16. decb. 83 S 832 135^v – can. eccl. ss. Petri et Michaelis Argent.: fit mentio ut procur. Martini abb. mon. b. Marie de Angelis o. s. Aug. Lucionen. dioc. 3. febr. 84 A 32 33^v.

3625 **Henricus Raynardes** cler. Hildesem. dioc. qui ad perp. vicar. ad alt. s. Thome Cantuarien. in capel. s. Gertrudis in op. Brunswigk Hildesem. dioc. de iur. patron. fr. kalendarum d. capel. vac. p. o. Henrici Haghen p. dd. fr. decano eccl. s. Blasii Brunswicen. Hildesem. dioc. present. fuit: de nova prov. de d. vicar. (4 m. arg.) 4. mart. 77 S 749 82^v.

3626 **Henricus de Rechperg** laic. Constant. dioc. Friderici R. I. consiliarius qui in castro suo Wissenstein Constant. dioc. in honorem b. Marie virg. dom. pro o. fr. herem. s. Aug. edificare incepit: de indulg. 100 dierum 9. sept. 77 S 759 5^r.

877

3627 **Henricus (de) Redekyn (Rudekin, Redeker), Nicolaus Glyn, Ernestus Roge, Henricus Nelen, Hartmodus op dem Berge, Tilemannus Repwunder, Johannes Fabri al. Geonea, Conradus Schnitker al. Huffnagel, Henricus Lebensteyn, Henricus Rudolphi, Johannes Rudolphi, Conradus Rodern, Theodericus Widenbrugger, Conradus Stenhopp, Johannes Gottingk, Albertus Kock, Dilemannus Brandis** leg. doct., **Bertoldus Jans**: motu pr. de gr. expect. de 2 can. et preb. et de 2 benef. ad coll. quorumcumque, Et s. d. 1. ian. 72 S 670 35^{rs} – cler. Havelberg. dioc. qui vig. gr. expect. can. et preb. eccl. Lubuc. [recte: Lubic.] vac. p. o. Andree Hasselman acc.: de nova prov. de eisdem (3 m. arg.) 21. iun. 73 S 694 280^v – can. prebend. eccl. Lubic. qui vig. gr. expect. cantor. d. eccl. (cui can. et preb. sunt annexe) vac. p. o. Johannis Hauelberge acc.: de nova prov. de eisdem (insimul 6 m. arg.) 2. mai. 74 S 704 171^v – can. et cant. eccl. Lubuc. (/.) [recte: Lubic.] in decr. licent.: de prom. ad omnes ord. extra temp., sola sign. 15. mai. 76 S 739 15^v – can. et cant. eccl. [Lubic.]: de can. eccl. Halberstad. (4 m. arg.) et de can. eccl. s. Nicolai Stendalien. Halberstad. dioc. (4 m. arg.) ac de archidiac. in Aschersleve c. archidiac. in Sehusem annexo (4 m. arg.) vac. p. resign. in manibus pape Johannis Redekyn et de disp. ad 2 incompat. benef. 1. iul. 76 S 740 17^v – can. eccl. Lubic. cui hodie de can. et min. preb. eccl. Halberstad. (4 m. arg.) ac de can. et media preb. eccl. s. Nicolai Stradalien. [= Stendalien.] Halberstad. dioc. (4 m. arg.) prov. fuit: m. (offic. Halberstad.) confer. archidiac. in Aschersleve in eccl. Halberstad. cui archidiac. in Sehusen (Seushen) annexus est (4 m. arg.) vac. p. resign. in manibus pape Johannis de Redekyn (p. Conradum Milies cler. Halberstad. dioc. procur. factam) et disp. ad 2 incompat. be-

nef. 1. iul. 76 (exped. 8. aug. 76) L 768 163^r-164^v – m. (offic. Halberstad.) confer. can. et min. preb. eccl. Halberstad. (4 m. arg.) vac. p. resign. in manibus pape Johannis de Redekyn (p. Conradum Milies cler. Halberstad. dioc. procur. factam) 1. iul. 76 (exped. 8. aug. 76) L 768 164^v-166^r – can. eccl. Lubic.: restit. bulle sup. prov. de can. et min. preb. eccl. Halberstad. (4 m. arg.) de quib. vac. p. o. Conradi Militis p. bullam s. d. 1. iul. 76 sibi prov. fuit 9. nov. 76 A 25 199^v – restit. bulle sup. prov. de archidiac. in Haskesleve [= Aschersleve] in eccl. Halberstad. (4 m. arg.) de quo p. bullam s. d. 1. iul. 76 sibi prov. fuit 9. nov. 76 A 25 199^v – de ref. supplic. quoad mediam preb. confer. 14. decb. 76 S 744 196^r.

3628 **Henricus de Redwitz (Ruderizc)** prov. de can. Eistet. [dioc.?] vac. p. resign. 72/73 I 332 94^r – can. eccl. Eistet. ex utr. par. de mil. gen.: de can. et preb. eccl. Eistet. (70 fl. renen.) vac. p. resign. in manibus pape Melchioris Truchses (can. eccl. Spiren. sed. ap. acol. ex utr. par. de mil. gen.) et de reserv. d. Melchiori pens. ann. 21 fl. renen. sup. fruct. dd. can. et preb. p. d. Henricum persolv. 6. decb. 75 S 731 168^v – rect. par. eccl. in Hosteten (Hoeesteten) Herbip. dioc.: de disp. ut unac. d. par. eccl. aliud incompat. benef. recip. valeat etsi 2 par. eccl. ad vitam c. lic. perm. 25. mai. 79 S 782 89^{vs}, L 789 79^{rs}.

3629 **Henricus de Regeshem** monach. profes. et custos in mon. Morbach o. s. Ben. Basil. dioc.: de nova prov. de perp. s. c. capn. ad alt. s. Cornelii in d. mon. (3 m. arg.) vac. p. o. N. 26. apr. 77 S 756 260^r – cust. et monach. mon. s. Leodegarii in Murbach o. s. Ben. Basil. dioc.: de prioratu mon. s. Morandi [e. m. Altkilch] o. s. Ben. Basil. dioc. (8 m. arg.) vac. p. resign. Martini Granter 8. nov. 77 S 760 12^r.

3630 **Henricus Regis** presb. Magunt. dioc. qui par. eccl. s. Georgii in Gau-

abicz (Ganebuz) Aquileg. dioc. resign. in manibus pape (p. Simonem
Jagerman cler. Aquileg. dioc. procur.
fact.) de qua Valentino Fabri prov.
fuit: m. (prep. eccl. Laibac. et Ulrico
Entzenperger can. eccl. Patav. ac offic. Aquileg.) assign. pens. ann. 30
fl. adc. sup. fruct. d. eccl. p. d. Valentinum persolv. 2. ian. 82 L 817
176ᵛ-178ʳ – restit. bulle sup. pens.
ann. ut supra (quia est soluta annat.
d. eccl.) 10. ian. 82 A 30 209ʳ – not.
recip. pro bulla distributa 3 grossos
et 2 grossos mart. 82 DB 1 124ʳ.

3631 **Henricus [de Rey]** abb. et conv.
mon. b. Marie Campen. [= Kamp] o.
Cist. Colon. dioc. in quo reg. observ.
d. ord. viget et communis mensa inter al. referentes quod d. mon. par.
eccl. in Bercka Colon. dioc. tam
auct. ordin. quam auct. ap. incorporata fuit ita quod p. religiosum d.
mon. et n. p. presb. sec. regeretur
quodque autem a 50 vel 60 an. d.
par. eccl. p. cler. sec. recta fuit quodque fruct. d. mon. certis an. temporibus pauperibus Christi illuc con-
fluentibus magna est elemosine dis-
tributio: de nova incorp. d. monasterio d. par. eccl. (7 m. arg.) vac. p.
resign. in manibus pape Rudgeri
Toenne c. reserv. d. Rudgero pens.
ann. 80 fl. renen. monete in civit.
Colon. currentis = 64 fl. auri renen.,
n. o. can. et preb. c. ferculo eccl.
s. Severini Colon. et capn. eccl.
s. Agnetis Colon. quos d. Rudgerus
obtin. (insimul 10 m. (/.)) 10. mart.
82 S 808 165ᵛˢ – incorp. mense d.
mon. (400 m. arg.) par. eccl. in Bercka Colon. dioc. (7 m. arg.) vac. p.
resign. Rudgeri Toenen in cur. p.
Vincentium de Eyll can. eccl. Leod.
procur. fact. 23. mart. 82 L 817
108ʳ-109ᵛ, quitt. quindenniorum
Arm. XXXIII, 2 445ʳ – oblig. p. Johannem de Arsen prep. eccl. Roremunden. Leod. dioc. sup. annat. par.
eccl. ut supra 13. apr. 82 Paris L 26
A 10 7ᵛ – solv. 35 fl. adc. pro annat.
par. eccl. ut supra p. manus Johannis

Arsen 13. apr. 82 FC I 1134 202ᵛ, IE
505 101ᵛ.

3632 **Henricus Reus (Rewss) de Plau-
wen** cler. Nuemburg. dioc. utr. iur.
doct. ex utr. par. de bar. gen. in 22.
sue et. an. constit.: m. (abb. mon. de
Porta Nuemburg. dioc. et offic.
Nuemburg.) confer. prepos. eccl.
Nuemburg. (300 fl. renen.) vacat. p.
priv. Hugonis Furster in utr. iur. licent. qui d. prepos. ultra 2 an. detin.
21. oct. 74 V 565 230ᵛ-233ᵛ – oblig.
p. Thomam Wolff can. eccl. s. Petri
et s. Thome Argent. procur. sup. annat. prepos. ut supra 24. oct. 74 A 23
174ʳ – Johannis de Michaelis tit.
s. Angeli diac. card. fam. cui de
prepos. eccl. Nuemburg. prov. fuerat
et qui litig. desup. coram Fantino de
Valle aud. et (post eius mortem) coram Petro de Ferrera et deinde coram
Bartholomeo de Bellencinis aud.
contra Hugonem Forster acol. mag.
in art. utr. iur. licent.: de prov. si
neutri de d. prepos. (300 fl. renen.)
19. decb. 75 S 731 157ᵛˢ – de can. et
preb. eccl. ss. Petri et Pauli Cziten.
Nuemburg. dioc. <(4 m. arg.)> vac.
p. o. in cur. Henrici Konricz cler.
Nuemburg. dioc. (qui eosdem vac.
p. o. Melchioris Heldorff obtin. et
qui desup. litig. in cur. contra Guntherum de Bunaw iun.) et de can. et
preb. eccl. b. Marie Nuemburg. <(4
m. arg.)> vac. p. o. d. Henrici Konritz 31. ian. 76 S 733 216ʳ, (m. prep.
eccl. s. Mauritii e. m. Nuemburg. et
prep. eccl. ss. Petri et Pauli Bardewicen. Verden. dioc. ac offic. Nuemburg.) (exped. 24. febr. 76) L 763
1ʳˢˢ – de prepos. eccl. s. Petri e. m.
Magunt. (200 fl. renen.) vac. p. resign. Henrici ex comitibus in
Swartzburg (de Swirtzburch) et de
disp. sup. def. et. 6. iun. 80 S 793
225ʳ, m. (prep. eccl. s. Martini in
Heiligenstadt Magunt. dioc.) (exped.
13. iun. 80) L 799 93ʳ-95ʳ – oblig. p.
Ulricum de Wolffirszdorff can. eccl.
Magdeburg. in registro supplic. cler.
et Johannem Jode can. eccl. s. Marti-

ni Heiligenstadt Magunt. dioc. sup. annat. prepos. eccl. s. Petri ut supra (in margine: s. d. 15. febr. 82 solv. pro d. annat. 75 fl. p. manus Tadei de Gadis merc. Florentini) 21. iun. 80 A 29 34^r – cui de prepos. eccl. s. Petri e. m. Magunt. vac. p. resign. (in manibus Heysonis Kravel prep. eccl. s. Martini in Heylgenstat Magunt. dioc.) Henrici ex com. de Swatzburch c. disp. sup. def. et. prov. fuit referens quod val. d. prepos. plus valet: de nova prov. de eadem (400 l. T. p.) 4. ian. 81 S 799 66^v – qui inter al. prepos. eccl. s. Petri e. m. Magunt. vig. disp. ap. obtin.: m. (dec. eccl. s. Petri e. m. Magunt.) confer. prepos. eccl. s. Martini in Heylgenstat Magunt. dioc. (120 fl. auri renen.) vac. p. resign. in manibus pape Heysonis Krauwel (p. Bertoldum Jans cler. Magunt. dioc. procur. fact.) et disp. ut unac. d. prepos. eccl. s. Martini d. prepos. eccl. s. Petri ad vitam retin. val. n. o. def. et. 23. ian. 81 (exped. 10. febr. 81) L 806 316^{rss} – oblig. p. Zenobium de Gadis merc. Florentin. sup. annat. prepos. eccl. s. Martini in Heylgenstat Magunt. dioc. ut supra 13. febr. 81 A 29 145^v – solv. 45 fl. adc. pro annat. prepos. eccl. s. Martini in Heilgenstat (Helgestat) Magunt. dioc. p. manus Taddei (Tadey) de Gaddis 13. febr. 81 FC I 1134 102^v, IE 502 51^r, IE 503 51^r – solv. 75 fl. adc. pro val. 100 fl. renen. pro annat. prepos. eccl. s. Petri e. m. Magunt. p. manus Tadei (Tadey) Gaddis et soc. 15. febr. 81 FC I 1134 104^r, IE 502 52^v, IE 503 52^v – prep. eccl. s. Petri e. m. Magunt. c. quo disp. fuit ut unac. prepos. eccl. s. Martini in Heylgenstat Magunt. dioc. (120 fl. renen.) vac. p. resign. Heysonis Krawvel d. prepos. eccl. s. Petri insimul ad vitam c. lic. perm. retin. val., n. o. def. et.: de disp. ad 3. incompat. benef. etsi 2 par. eccl. ad vitam c. lic. perm. 1. mart. 81 S 800 155^{vs}.

3633 **Henricus Rickman** rect. par. eccl. ville Walden. Halberstad. dioc. qui litig. desup. coram Gaspare de Theramo aud. contra quond. Johannem Rothorp actorem pape fam.: de surrog. ad ius d. Johannis ad d. par. eccl. (4 m. arg.) 1. oct. 74 S 712 149^{rs}.

3634 **Henricus Riechhoff** cler. Monast. pape fam.: motu pr. de gr. expect. de 2 can. et preb. necnon de benef. ad coll. quorumcumque, Et s. d. 17. nov. 81 S 803 99^v.

3635 **Henricus Ryechs de Bunna** acol. Colon. dioc. [Francisci Todeschini-Piccolomini] card. Senen. fam. can. in Ryndorp [Colon. dioc.] pres. in cur.: de prom. ad omnes ord. extra temp., sola sign. 31. decb. 77 S 762 264^{vs}.

3636 **Henricus Riff (Ruff, Reyff, Rijff) (al. Reckwile)** cler. Herbip. dioc. in art. mag.: de disp. ut unac. par. eccl. ville Walsleubin (Walslebin, Wassleubin) Magunt. dioc. (6 m. arg.) aliud incompat. benef. recip. valeat etsi par. eccl. 26. mart. 74 S 709 170^{vs}, [cass.] S 755 40^v, V 665 477^{rss} – de nova prov. de vicar. sive capel. s. Georgii in castro Saleck Herbip. dioc. (4 m. arg.) vac. p. o. Johannis Dornputz, n. o. par. eccl. in Walfleyben Magunt. dioc. (6 m. arg.) ac vicar. s. Crucis in mon. Fulden. (3 m. arg.) et primissaria in Manspach (/.) (2 m. arg.) quas d. Henricus habet 30. decb. 74 S 696 51^{vs} – nepos Johannis Rupf dec. et can. eccl. ss. Petri et Alexandri Aschaffenburgen. Magunt. dioc. referens quod d. Johannes litig. (nunc resign.) in cur. sup. dd. decan. et can. contra Johannem de Petra: de surrog. ad ius d. Johannis in dd. decan. et can. (25 m. arg.) 2. ian. 75 S 713 91^{rs} – qui vicar. s. Georgii seu capel. in castro Saleck Herbip. dioc. vac. p. o. Johannis Dornpusch assec. est: de nova prov. de d. vicar. (4 m. arg.) 2. ian. 75 S 713 112^{rs} – referens quod Johannes de Petra cler. Colon. litig. in cur. contra quond. Johannem Ruff sup. can. et preb. eccl. ss. Petri et Alexandri Asschaffenburgen. Magunt. dioc. et quod d. Johannes de Petra ad ius d. Johannis Ruff surrog. fuit et nunc resign.: de surrog. ad ius d. Johannis de Petra in eisdem (10 m. arg.) 13. mart. 75 S 716 33^{vs} – referens quod quond. Johannes Riff can. et preb. eccl. ss. Petri et Alexandri Aschaffenburgen. Magunt. dioc. resign. (coram Johanne Tzengreff not. Herbip. dioc. fact.) et quod d. Johannes Riff litig. desup. coram Gaspare de Theramo aud. contra Johannem de Petra cler. Colon. et quod d. Johannes de Petra ad ius d. Johannis R. s. d. 16. ian. 75 surrog. fuit: m. (prep. eccl. s. Burckardi e. m. Herbip. et prep. eccl. ss. Petri et Pauli Bardewicen. Verden. dioc. ac offic. Magunt.) confer. dd. can. et preb. (10 m. arg.) vac. p. resign. Johannis de Petra 31. mart. 75 (exped. 13. apr. 75) L 768 131^{vss} – oblig. sup. annat. can. et preb. eccl. ss. Petri et Alexandri Aschaffenburgen. ut supra s. d. 31. mart. 75 sibi conc. (in margine: s. d. 26. iun. 81 solv. Melchiori Truchses collect. 20 duc.; s. d. 30. sept. 84 solv. 3 fl. renen. 6 albos pro complemento d. annat.) 16. mart. 76 A 24 108^v – de can. et preb. eccl. s. Severi Erfforden. Magunt. dioc. (4 m. arg.) vac. p. o. Gregorii Hayn 19. iul. 76 S 740 59^{rs} – perp. s. c. vic. ad alt. s. Crucis in eccl. mon. Fulden. o. s. Ben. Herbip. dioc. (2 m. arg.): prov. de perp. s. c. benef. ad alt. s. Martini in d. eccl. (24 fl. adc.) vac. p. resign. Sigfridi Rijff cler. (p. Theodericum Arndes cler. Bremen. dioc. procur. fact.) qui d. benef. vac. p. o. Johannis Riffen aut Johannis Leschen vel p. resign. Henrici Lischen obtin. (m. prep. eccl. s. Severi Erfforden. Magunt. dioc. et prep. eccl. s. Crucis in Hunfelt Herbip. dioc. ac dec. eccl. s. Cecilie in Rastdorff Herbip. dioc.) 5. febr. 77 (exped. 24. apr. 77) L 771 242^v-244^r – de perp. capn. in eccl. Herbip. (3 m.

arg.) vacat. p. resign. Johannis Pavonis cler. Cameracen. dioc. pape fam. cui de d. perp. capn. vac. p. o. in cur. Henrici Utz prov. fuit 14. iul. 77 S 754 203^v – rect. par. eccl. in Walsleyben Magunt. dioc.: de disp. ut unac. d. par. eccl. aliud incompat. benef. recip. valeat 24. iul. 77 S 755 30^{rs} – de <c. c.> prepos. colleg. eccl. s. Crucis in Hunfelt Herbip. dioc. (24 fl. adc.) vac. p. resign. in manibus pape Melchioris Truchsess (Trucksessz) p. provinciam Magunt. collect. <subcollect.> <p. Egidium Truchscesz cler. Herbip. dioc. procur. fact.> 24. iul. 77 S 755 6^{rs}, (m. prep. eccl. s. Severi Erffoden. Magunt. dioc. et prep. eccl. s. Johannis Novi Monasterii Herbip. ac dec. eccl. s. Cecilie in Rastorff Herbip. dioc.) (exped. 2. aug. 77) L 775 207^{vss} – de disp. ad 2 incompat. benef. 31. iul. 77 S 755 207^{vs} – prep. eccl. s. Crucis in Hunfelt Herbip. dioc. c. quo ad 2 incompat. benef. disp. fuit et qui unac. d. prepos. par. eccl. in Walsleuben Magunt. dioc. obtin.: de disp. ad 3. incompat. benef. etsi 2 par. eccl. ad vitam c. lic. perm. 20. apr. 79 S 780 280^{rs} – motu pr. de gr. expect. de 2 can. et preb. necnon de benef. ad coll. quorumcumque, Et s. d. 17. nov. 81 S 803 286^r – can. eccl. ss. Petri et Alexandri Aschaffenburgen. et **Nicolaus Hesler** can. eccl. Colon. referentes quod dudum lite pendente coram Antonio de Grassis aud. inter Georgium [Hesler] tit. s. Lucie in Silice presb. card. tunc in min. ord. constit. (qui vig. gr. expect. custod. eccl. ss. Petri et Alexandri Aschaffenburgen. Magunt. dioc. vac. p. o. Wilderoldi de Lauerbach acc.) et quond. Ortwinum Lepoldi (Lipoldi) cler. sup. d. custod. et post obitum d. Ortwini d. custod. vac. p. resign. in manibus pape <prom. ad cardinalatum> d. Georgii s. d. 30. decb. 80 <p. Henricum Schonleben cler. Herbip. dioc. procur. fact.>: de prov. d. Henrico de d. custod. (4 m. arg. p.) et de assign. d. Nicolao d. card. fr. germano pens. ann. 10 fl. auri renen. <n. o. quod prepos. eccl. in Hunfelt ac par. eccl. in Wanslieben ex disp. ap. necnon perp. vicar. s. Crucis et s. Martini in eccl. mon. Fulden. absque disp. ap. ac primissariam in eccl. Maspach, decan. in eccl. Montadt Herbip. dioc. et can. et preb. in eccl. Asschaffenburgen. Magunt. dioc. (insimul 32 m. arg. p.) obtin.> 8. iun. 82 S 811 253^{vss}, m. (dec. eccl. s. Blasii Brunswicen. Hildesem. dioc. et dec. eccl. s. Johannis Magunt. ac dec. eccl. s. Victoris e. m. Magunt.) V 652 61^v-63^v – consensus pensioni sup. fruct. custodie pro Nicolao ut supra p. Theodericum de Arind d. Henrici procur. (ut patet publ. instr. acto Rome in domo Tilemanni Brandi s. d. 23. ian. 81 et subscripto manu Bartholdi Janis cler. Magunt. dioc. publ. notarii) 27. iun. 82 Resign. 2 12^r – de perp. s. c. vicar. in par. eccl. Fulden. (/.) Herbip. dioc. (4 m. arg.) vac. p. o. Jeronimi Christiani 27. iun. 84 S 837 222^r.

3637 Henricus de Rifferscheit com. in Salm cler. Colon. dioc., **Johannes de Westerburch** illustris cler. Colon. dioc., **Johannes Debbe** cler. Colon. dioc. ex utr. par. de mil. gen. mag. in art., **Henricus Manegolt** cler. Paderburn. dioc. licent. in decr., **Hermannus Strotman** cler. Paderburn. dioc. mag. in art., **Henricus Walkenburch** cler. Leod. dioc. mag. in art., **Radelphus Goltsmett** cler. Paderburn. dioc., **Borchardus Goltsmett** cler. Paderburn. dioc., **Johannes Ruden al. Deckel, Johannes de Berninchusen, Gottfridus de Berninchhusen** in 20. sue et. an. constit., **Thomas de Sechten** omnes cler. Colon. dioc., **Ennardus Lyndeman** in 17. sue et. an. constit. cler. Colon., **Johannes Georgii** cler. Paderburn. dioc., **Gerwinus Birckervelt** cler. Colon. dioc., **Henricus Broickman** cler. Colon. dioc.: de gr. expect. de 2 can. et preb. et de 2 be-

nef. ad coll. quorumcumque, Et s. d. 1. ian. 72 S 670 192^{vs}.

3638 Henricus Ringibel cler. et primissarius in Herborn Herbip. dioc.: de n. prom. ad 5 an. 9. mart. 78 S 766 119^{rs}.

3639 Henricus (Heinricus) Rynlin (Ryrilin, Reynlin) cler. Eistet. dioc. et **Johannes Grum** can. eccl. in Columbaria Basil. dioc.: de prov. d. Johanni de can. et preb. eccl. Eistet. (60 fl. renen. auri) vacat. p. resign. d. Heinrici et de assign. d. Heinrico pens. ann. 20 fl. sup. fruct. dd. can. et preb. 16. mart. 74 S 716 53^v – de par. eccl. rectoria nunc. s. Michaelis in Vendenheim Argent. dioc. (7 m. arg.) vac. p. o. Christofori Bock 1. ian. 76 S 736 192^{vs}.

3640 Henricus Roberoris pape fam. in 22. sue et. an. constit. qui motu pr. gr. expect. s. d. 17. nov. 81 de benef. ad coll. prep. etc. eccl. s. Johannis Novi Monasterii Herbip. et prep. etc. eccl. s. Stephani Bamberg. obtin. et vig. dd. litt. can. et preb. d. eccl. s. Stephani et can. et preb. d. eccl. s. Johannis acc. et nunc can. et preb. eccl. s. Stephani resign. in manibus pape: motu pr. gr. expect. de can. et preb. eccl. b. Marie in Thewerstat e. m. Bamberg. necnon de benef. ad coll. ep. etc. Herbip. c. reval. prime gr. expect. c. disp. ad 2 incompat. benef. 14. febr. 84 V 653 281^v-284^v.

3641 Henricus Roberti (de Brevaincuria) cler. Tullen. dioc.: solv. 12 <10> fl. adc. pro compositione annat. pens. 12 scutorum auri de cugno regis Francie sup. can. et preb. eccl. Tullen. et 18 scutorum auri de cugno regis Francie sup. fruct. par. eccl. in Xivereio (Sunereyo) Francho Trever. dioc. p. manus Johannis Roberti 22. ian. 72 FC I 1129 49^v, 23. ian. 72 IE 487 39^r – in art. mag.: de par. eccl. de Xinreyo Franco Trever. dioc. (24 l. T. p.) vac. p. resign. in manibus pape Bartholomei Johannis de Liberduno <p. Hugonem Jacobi can. eccl. Meten. procur. fact.> 31. aug. 79 S 786 48ᵛ, m. (offic. Tullen.) (exped. 7. sept. 79) L 799 57ʳˢˢ.

3642 **Henricus Roden in dem Haue** laic. Magunt. dioc. in art. mag. et **Elisabeth** ux.: restit. bulle sup. erectione dom. in pede montis ad rivum Leonis [= Lewenbach] castri Marporch Magunt. dioc. in colleg. eccl. ad instar eccl. Fontissalientis Monast. et in Widenbach Colon. et s. Martini Vessalien. Inferioris Colon. dioc. p. bullam s. d. 1. mai. 77 eisdem conc. (solv. pro iocali 12 fl.) 3. iun. 77 A 26 183ʳ.

3643 **Henricus Roeder** cler. Trever. dioc. Pauli II. fam. qui vig. gr. expect. Pauli II. de can. et preb. eccl. b. Marie Aquen. Leod. dioc. et de benef. ad coll. abb. etc. mon. Sancti Trudonis o. s. Ben. Leod. dioc. can. et preb. d. eccl. vac. p. resign. Jacobi Dibbont (p. Theodericum Snywint can. d. eccl. procur. fact.) acc.: ›rationi congruit‹ s. d. 29. oct. 70 m. (prepositis eccl. s. Andree Colon. et eccl. s. Cuniberti Colon. ac eccl. s. Spiritus Ruremunden. Leod. dioc.) confer. de novo eisdem (12 m. arg.), gratis 25. aug. 71 V 563 83ᵛ-86ᵛ – pape fam.: gr. expect. de 2 benef. ad coll. aep. etc. Trever. ac ad coll. abb. etc. mon. Epternacen. o. s. Ben. Trever. dioc. (m. prepositis eccl. ss. Appl. Colon. et eccl. s. Florini Confluen. Trever. dioc. ac eccl. s. Spiritus Ruremunden. Leod. dioc.), gratis 1. ian. 72 V 661 215ʳ-216ᵛ – litig. coram Petro de Ferrera aud. contra Johannem Jacobi de Corsuch cler. (qui mon. ingressus est) sup. can. et preb. eccl. b. Marie Aquen. Leod. dioc. (12 m. arg.) vac. p. resign. extra cur. Jacobi Dibbont: de surrog. ad ius d. Johannis 7. nov. 72 S 684 14ʳˢ – [Juliani de Ruvere] tit. s. Petri ad vincula presb. card. fam. tunc Pauli II. fam. qui vig. gr. expect. Pauli II. can. et preb. eccl. b. Marie Aquen. Leod. dioc. vac. p. re-

sign. in manibus dec. et capit. d. eccl. Jacobi Dibbont in mense ap. acc. et qui litig. desup. coram Petro de Ferrera aud. contra Jacobum de Coesvelt cler. et Petrum Hermanni cler.: de prov. si nulli de eisdem (12 m. arg.) 29. apr. 74 S 705 91ʳˢ – restit. bulle sup. prov. can. eccl. b. Marie ut supra s. d. 25. aug. 71 conc. 21. iun. 74 A 23 110ᵛ – Juliani card. ut supra fam. qui perp. simplex benef. prepos. nunc. in eccl. b. Marie Maioris Trever. sup. qua litig. in cur. resign. in manibus pape de qua Francisco de Steziis prov. fuit: m. (ep. Bretenorien. et offic. Trever. ac offic. Magunt.) assign. pens. ann. 8. fl. renen. sup. fruct. par. eccl. de Kellenbach Magunt. dioc. (4 m. arg.) p. d. Franciscum qui eandem obtin. in op. Confluentia Trever. dioc. persolv. 19. apr. 75 V 619 67ʳ-69ʳ – Juliani ut supra card. fam.: de can. et preb. eccl. s. Germani <Servatii> Traiecten. Leod. dioc. (12 m. arg.) vac. p. resign. d. card. cui de eisdem vac. p. o. Walteri de Gouda abbrev. prov. fuit 26. iul. 75 S 724 180ᵛˢ, (m. ep. Nucerin. et prep. eccl. s. Cuniberti Colon. ac dec. eccl. s. Johannis Osnaburg.), gratis V 570 240ᵛ-242ʳ – Juliani [de Ruvere] card. ep. Sabinen. fam.: motu pr. de perp. s. c. vicar. <capel.> ad alt. ss. Petri et Pauli in hosp. op. Ebern (Ebren, Ebrn) Herbip. dioc. (4 m. arg. p.) vac. p. o. in cur. Henrici Bartholomei etiam d. card. fam. possessoris 8. iul. 79 S 784 49ʳˢˢ, (m. ep. Nucerin. et ep. Bretenorien. ac prep. eccl. s. Andree Colon.), gratis (exped. 16. aug. 79) L 795 243ʳˢ – et **Libertus Hacken** cler. Trever. dioc. Juliani ut supra fam.: de perp. capn. ad alt. b. Marie in colleg. eccl. s. Petri de Cortersem Leod. dioc. (4 m. arg. p.) de iur. patron. laic. vac. p. resign. in manibus pape d. Henrici (cui de eadem vac. p. o. in cur. Johannis Hecken prov. fuit) 9. febr. 82 S 807 178ᵛ – not. recip. pro bulla distributa 4 grossos et 2 grossos iun. 82 DB 1 134ᵛ –

restit. bulle sup. pens. ann. 20 fl. renen. eidem sup. fruct. par. eccl. s. Stephani in Nachtzen Trever. dioc. (que transfertur de quodam Gotscalco [Johannis de Nynenhem] ad d. Henricum) s. d. 22. iun. 82 assign. quia n. sit d. prov. 6. iul. 82 Paris L 26 A 10 201^r – pape et card. ut supra fam.: de perp. capn. ad alt. b. Marie virg. in par. eccl. de Cortersem Leod. dioc. (2 m. arg.) vac. p. o. in cur. Johannis Rademalter de Cortersem al. Harkim, n. o. can. et preb. eccl. s. Servatii Traiecten. Leod. dioc. (12) ac capn. s. Barbare in Cardona Trever. dioc. (4) quos obtin. ac alt. ss. Petri et Pauli appl. Heberen. Herbip. dioc. (4 m. arg.) sup. quo litig. ac pens. ann. 8 fl. renen. sup. fruct. par. eccl. in Kellenbach Magunt. dioc. 10. decb. 82 S 808 104^{rs}.

3644 **Henricus Roffe**, Magunt. [dioc.?]: commiss. 81/82 I 334 154^r.

3645 **Henricus ten Roir (Hoer) de Vredis** cler. Monast. dioc. in art. mag.: motu pr. de gr. expect. de 2 can. et preb. necnon de benef. ad coll. quorumcumque, Et s. d. 17. nov. 81 S 803 222^{rs}, m. (dec. eccl. s. Ludgeri Monast. et offic. Colon. ac offic. Monast.) exequendi gr. expect. de can. et preb. eccl. Veteris Ecclesie s. Pauli Monast. et de can. et preb. eccl. s. Martini Embricen. Traiect. dioc. ad coll. ep. etc. Traiect. et ep. etc. Monast. (exped. 7. nov. 82) L 820 161^r-162^v.

3646 **Henricus de Rosenaw** iun., **Guntherus de Rosenaw, Clara de Rosenow** fr. et fil. quond. Henrici de Rosenaw et **Antonius de Rosenaw** eorundem agnatus ex comitibus de Rosenaw domini op. Coburgk Herbip. dioc.: motu pr. de conf. litt. Friderici R. I. pro d. familia et de conc. de novo in perp. et quod admissi ad possessiones quorumcumque can. et preb. cathedr. et metropolitanorum deinceps molestari n. possint c. deputatione exec. qui faciant premissa

observari, Conc. de novo 29. apr. 84 S 835 159^{vss}.

3647 **Henricus Rosendall** cler. Magunt. Leonis de Montis capitanei guardie palatii fam.: motu pr. de prerog. pape fam. in absentia, sola sign. 24. mai. 79 S 782 129^v – pape fam.: de par. eccl. in Zuniczam Trident. dioc. (4 m. arg.) vac. p. o. Johannis Seger et p. devol. 9. apr. 82 S 808 182^v – Juliani [de Ruvere] card. ep. Ostien. fam.: motu pr. de gr. expect. de benef. ad coll. quorumcumque, Et s. d. 17. nov. 81 21. decb. 83 S 830 3^{rs}.

3648 **Henricus Rottemschow (Rotizschove)** cler. Merseburg. dioc. pape fam. cui gr. expect. s. d. 1. ian. 72 de benef. ad coll. ep. etc. Merseburg. ac ep. etc. Nuemburg. conc. fuerat et qui vig. d. gr. expect. perp. s. c. vicar. ad alt. s. Jacobi in eccl. Nuemburg. acc.: motu pr. de reval. d. gr. expect. ad coll. ep. etc. Nuemburg. et ep. etc. Bamberg. et de decl. dd. litt. perinde val. acsi motu pr. ac c. prerog. ad instar pape fam. descript. conc. fuissent 17. ian. 78 S 763 228^{rss}, gratis V 669 203^r-205^r.

3649 **Henricus Rubler** presb. Basil. dioc. cui motu pr. gr. expect. s. d. 1. ian. 72 de 2 benef. ad coll. prep. etc. eccl. s. Michaelis in Lutenbach et s. Theobaldi in Taynz Basil. dioc. conc. fuit: reval. d. gr. expect. (m. episcopis Nucerin. et Tripolitan. ac offic. Basil.) 26. nov. 78 (exped. 4. febr. 79) L 786 229^r-230^v – disp. ad incompat. 81/82 I 334 33^v.

3650 **Henricus Ruger de Pegnitz** presb. Salzeburg. dioc. in decr. licent.: supplic. [Bernardo Rohr] aep. Salzeburg. de can. et preb. eccl. Ratisbon. (10 m. arg.) vac. p. prom. Georgii [Altdorfer] el. Chiem. 6. nov. 77 S 760 223^{rss}, m. (aep. Patracen. et offic. Salzeburg. ac offic. Ratisbon.) (exped. 20. mai. 78) L 782 96^v-98^r – oblig. p. Wigileum Froschel cler. Salzeburg. dioc. sup. annat. 25. mai. 78 A 27 39^r – solv. 22 fl. adc. pro annat. can. et preb. eccl. Ratisbon. p. manus Wigilei Froschel 26. mai. 78 FC I 1133 159^v, IE 495 155^r, IE 496 159^r, IE 497 158^r – cler. Salzeburg. dioc. c. quo ad 2 incompat. benef. ad vitam etsi 2 par. eccl. ad 5 an. c. lic. perm. disp. fuit: de prorog. de 2 par. eccl. ad vitam 3. nov. 79 S 787 60^{rs} – qui litig. coram aud. contra quond. Udalricum Paumgartner intrusum sup. prepos. colleg. eccl. s. Johannis Ratisbon. (6 m. arg. p.) vac. p. o. Stephani Scherotel: de surrog. ad ius d. Udalrici 9. mart. 80 S 790 159^{vs} – presb. Bamberg. dioc. cui vig. gr. expect. de can. et preb. eccl. Frising. vac. p. o. Johannis Rehwein (cui vig. gr. expect. vel nominationis de eisdem vac. p. o. Henrici Baruncher prov. fuerat) prov. fuit: de nova prov. de eisdem (8 m. arg.) 1. mai. 81 S 801 17^{vs}.

3651 **Henricus Ruperti de Alsa** rect. alt. b. Marie virg. in par. eccl. ville Elsa Trever. dioc.: de prom. ad presbit. ord. 9. mai. 78 S 768 73^v.

3652 **Henricus (Enricus) Ruter** perp. vic. in eccl. s. Bonifacii Halberstad.: de alt. s. Laurentii in par. eccl. s. Stephani op. Ascharien. Halberstad. dioc. vac. p. o. Henrici Lenghede necnon de can. et preb. in eccl. s. Ciriaci in Ghernrode Halberstad. dioc. ac de capel. b. Marie virg. in ambitu eiusdem eccl. Halberstad. dioc. (insimul 4 m. arg.) vac. p. o. Werneri Murch, n. o. d. perp. vicar. quam possidet necnon perp. vicar. in par. eccl. in Herstede Halberstad. dioc. (insimul 2 m. arg.) 4. apr. 72 S 696 11^{rs}, I 332 9^v – presb. Halberstad.: de perp. s. c. benef. ad alt. Trium regum in eccl. b. Marie Stendalen. (Stendalien.) Halberstad. dioc. (2 m. arg.) vacat. p. priv. Johannis Laffert qui c. Heningo Velkoper tunc perp. benefic. d. eccl. quoad d. benef. simoniace convenit 22. decb. 72 S 685 235^{vs}, 21. iun. 73 S 692 57^{vss} – prov. de simplici benef. Halberstad. [dioc.?] 72/73 I 332 126^r – presb. Halberstad. dioc.: de

can. et preb. eccl. s. Bonifacii Halberstad. (4 m. arg.) vacat. p. priv. Conradi Glim qui litt. falsificavit 15. iul. 79 S 784 208^{vs}.

3653 **Henricus de Saele** cler. Leod. dioc. [Johannis de Michaelis] tit. s. Angeli diac. card. fam. c. quo sup. def. nat. (s. s.) disp. fuit: de perp. capn. ad alt. b. Marie in par. eccl. in Gurgelhem Leod. dioc. (16 l. T. p.) vac. p. o. in cur. Henrici de Zomeren cubic. 5. iul. 74 S 708 175^r.

3654 **Henricus Sanckenstede** leg. doct. qui vig. gr. expect. Pauli II. can. et preb. eccl. Lubic. tunc vac. p. o. Alberti de Rethem (Retheim) abbrev. acc. et qui litig. desup. coram Gabriele de Contarenis aud. contra Henningum Cossebaden (Cosseobadi) <cler. Camin.> (nunc resign. in manibus pape): de prov. d. Henrico de eisdem (4 m. arg.) et de assign. d. Henningo pens. ann. 20 fl. renen. sup. fruct. benef. quos d. Henricus in Hildesem. dioc. aut Verden. dioc. habere val. 4. febr. 72 S 676 127^{rs}, m. (episcopis Hildesem. et Verden. ac dec. eccl. s. Johannis Osnaburg.) (exped. 17. nov. 75) L 770 34^r-36^r – dec. colleg. eccl. s. Andree Hildesem. et can. prebend. in eccl. Lubic.: de fruct. percip. 7. mart. 74 S 703 100^v – dec. eccl. s. Andree ut supra Cristierni Dacie, Swecie et Norwegie regis secr. c. quo p. Pium II. disp. fuit ut unac. d. decan. aliud incompat. benef. recip. valeat: motu pr. disp. ad 3. incompat. benef., gratis 13. apr. 74 V 681 131^{vss} – Cristierni ut supra secr.: motu pr. gr. expect. s. d. 1. ian. 72 de can. eccl. Verden. et de can. eccl. b. Marie Erffurden. Magunt. dioc. et preb. et prerog. ad instar pape fam. descript., gratis 13. apr. 74 V 663 102^r-104^r.

3655 **Henricus up den Sande** et **Tyna** ux. legitima inter al. referentes quod moram trahunt et habitationem habent prope par. eccl. s. Johannis Bapt. Colon. licet d. par. eccl. fore pretendatur par. eccl. s. Severini que longe

abest a loco d. habitationis: de conc.
(p. breve) ut ipsi et 2 e familia eorum singulis diebus etiam dominicis
et festivis in missis et al. divinis off.
d. par. eccl. s. Johannis visitare et sacramentum eucharistie recip. val. 21.
iul. 78 S 772 122^{vs}.

3656 Henricus de Sanhum can. eccl. Frising. utr. iur. doct. qui ad decan.
eccl. Frising. vac. p. o. Johannis Symonis p. capit. d. eccl. el. et p. ep.
conf. fuit: de nova prov. de eodem
(26 m. arg.) 19. iun. 79 S 782 260^{r}.

3657 Henricus de Saxa laic. op. Erfforden. et **Barbara Huttener** mul. Magunt. dioc. nescientes quod quond.
Godschalcus de Saxa vir d. Barbare
d. Henrico 3. consanguinitatis gradu
attinebat: de disp. sup. impedimento
matrim. in 3. affinitatis gradu, Et
propter distantiam op. Erfforden. a
civit. Magunt. committatur ep. Panaden. in eadem dioc. resid. 9. iul. 76
S 740 2^{v}.

3658 Henricus Schardeken cler. Herbip.
dioc. in art. mag.: de can. et preb. in
eccl. Wratislav. (8 m. arg.) vac. p. o.
in cur. Michaelis Saltzman cui de
eisdem vac. p. o. Henrici de Rabenstein prothonot. prov. fuerat 15.
nov. 74 S 710 257^{vs}, I 333 358^{r}.

3659 Henricus de Scarpensteyn cler.
Magunt. dioc. in 24. sue et. an. constit. ex utr. par. de mil. gen.: motu pr.
de gr. expect. de 2 can. et preb. necnon de benef. ad coll. quorumcumque c. disp. sup. def. et., Et s. d. 17.
nov. 81 22. febr. 84 S 830 94^{v}.

3660 Henricus de Schellenberg, Constant. [dioc.?]: pens. 80/81 I 334
57^{v} – can. eccl. August.: de par.
eccl. in Sumentingen Constant. dioc.
(140 fl. renen.) de iur. patron. laic.
nob. vac. p. resign. Andree Trechsel
in manibus pape, n. o. can. et preb.
eccl. August. (10 m. arg.) 23. ian.
82 S 806 295^{vs} – de mil. gen. cui de
par. eccl. ut supra prov. fuit et qui d.
par. eccl. p. procur. resign. in manibus pape de qua Johanni Ziegler

presb. August. prov. fuit: m. (prep.
eccl. ss. Petri et Michaelis Argent.,
offic. August. ac offic. Constant.) assign. d. Henrico pens. ann. 50 fl. renen. p. d. Johannem in civit. August.
persolv., n. o. quod can. et preb. eccl.
August. (10 m. arg. p.) et par. eccl.
in Arnach Constant. dioc. (12 m. arg.
p.) et capel. Omnium ss. in cimit.
par. eccl. in Strawling Ratisbon. dioc. (4 m. arg. p.) obtin. 27. mai. 82 L
810 228^{v}-230^{r} – can. eccl. August.:
restit. bulle sup. pens. ann. 50 fl. renen. eidem sup. fruct. par. eccl. in
Sumentingen Constant. dioc. s. d. 27.
mai. 82 assign. (quia est soluta d. annat.) 17. iun. 82 Paris L 26 A 10
197^{v} – ex utr. par. de nob. gen. rect.
par. eccl. loci in Arnach Constant.
dioc.: de disp. ut unac. d. par. eccl.
aliud incompat. benef. etsi par. eccl.
ad vitam recip. val. c. lic. perm. 5.
iun. 83 S 824 176^{r} – de disp. ut
unac. d. par. eccl. quam obtin. aliud
incompat. benef. etsi 2 par. eccl. ad
vitam recip. val. c. lic. perm. 15.
iun. 84 S 837 164^{rs}.

3661 Henricus Schelteri: prov. de can.
eccl. Magunt. [dioc.?] vac. p. o.
72/73 I 332 174^{v}.

3662 Henricus Schempp cler. Herbip. dioc. qui ad perp. capn. seu vicar. ad
alt. ss. Marie Magdalene et Katharine virg. in par. eccl. s. Wiperti in
Colleda Magunt. dioc. p. abb. etc.
eccl. in op. Colleda present. fuit: de
nova prov. de d. perp. capn. seu vicar. (3 m. arg.) 15. mai. 84 S 835
270^{r}.

3663 Henricus Schertlin cler. Spiren. di-
oc. qui ad par. eccl. in Dinckenspuhel (Dinckenspahel) August. dioc.
vac. p. o. Johannis Echtertinger p.
Bernardum abb. mon. in Hersau o. s.
Ben. Spiren. dioc. present. fuit referens quod quidam Henricus Vei <Jo-
hannes Tenuck cler. Bamberg. dioc.>
vig. gr. expect. d. par. eccl. acc. et
deinde obiit: de nova prov. de d. par.
eccl. (4^{1}/$_{2}$ m. arg.) 4. mai. 77 S 751
7^{rs}, 17. mai. 77 S 751 208^{rs} – utr.

iur. doct. cui de par. eccl. ut supra prov. fuit et c. quo ad n. prom. disp. fuit: de nova prov. de d. par. eccl. (30 fl. renen.) 23. mai. 77 S 751 217^{rs}.

3664 Henricus Schimer rect. par. eccl. s. Lamberti in Melstede [= Mildstedt] Sleswic. dioc. referens quod quond. Nicolaus [Wolf] ep. Sleswic. pro parochianis in op. Husom habitantibus quandam capel. sub vocabulo b. Marie virg. c. consensu rect. d. par. eccl. erexit et quod d. capel. p. rect. d. par. eccl. gubernari consuevit: de conf. 28. iun. 75 S 722 247^{vs}.

3665 Henricus (Enricus) Scholverman cler. Colon. dioc., **Jacobus Wael** cler. Traiect. dioc., **Johannes Pauli** cler. Magunt. dioc., **Christianus van dem Reych** cler. Magunt. dioc., **Jacobus Ronden, Stephanus Nimkilch, Bartholomeus Mentz** inter 13 cubiculariorum fam. enumerati: de gr. expect. de 2 can. et preb. et de 2 benef. ad coll. quorumcumque, Et s. d. 1. ian. 72 S 670 31^{vss} – disp. ad incompat. benef. I 332 64^{v} – rect. capel. s. Marie Magdalene hosp. nunc. in op. Dursten Colon. dioc.: de disp. ad 2 benef. et sub eodem tecto 28. iun. 78 S 772 288^{v} – a multis annis pres. in cur. qui capel. hosp. in Dursten. Colon. dioc. et par. eccl. in Merckenich Colon. dioc. obtin.: de prom. ad ord. presbit. extra temp., sola sign. 12. febr. 79 S 777 274^{r}.

3666 Henricus Schomberg cler. Constant. dioc.: de prepos. eccl. Cur. (12 m. arg.) vac. p. o. Johannis Hopper, n. o. can. et preb. in ambobus colleg. eccl. Turricen. [Constant. dioc.] (14 m. auri) 8. sept. 83 S 829 271^{v}.

3667 Henricus Schone in theol. mag. cui gr. expect. s. d. 1. ian. 72 de can. et preb. eccl. Lubic. necnon de benef. ad coll. ep. etc. Hildesem. conc. fuit: prerog. ad instar pape fam. descript. 27. iul. 74 (exped. 19. ian. 75) L 739 132^{rs}.

3668 Henricus (Hinricus, Enricus) Schoneberg (Sconenberch) cler. Zwerin. dioc. qui ad perp. vicar. capel. op. Grentze Zwerin. dioc. vac. p. o. Joachimi Tiden (Tide) p. Albertum Wulff, Martinum Belte et Johannem Gerden laic. provisores et iuratos patron. d. vicar. Johanni Werneri decano colleg. eccl. Butzowen. Zwerin. dioc. present. fuit et qui litig. desup. <coram Gaspare de Theramo aud.> contra Baltazarem Jenderick <occupatorem> cler.: de nova prov. <prov. si neutri> de d. vicar. (4 <2> m. arg.) 19. mart. 73 S 688 283^{v}, 3. mai. 73 S 690 63^{rs} – de perp. s. c. benef. in par. eccl. s. Petri op. Rostogen. Zwerin. dioc. (2 m. arg.) vacat. p. resign. in manibus pape Petri Lucken cler. Camin. dioc. Pauli II. fam. cui de d. benef. vac. p. o. in cur. Johannis Luderi p. Paulum II. prov. fuerat litt. n. confectis 14. mai. 73 S 690 173^{rs} – prov. de par. eccl. Zwerin. [dioc.?] vac. p. o. 72/73 I 332 328^{r} – presb. Zwerin. dioc. litig. coram Paulo de Tuscanella aud. contra Stephanum Kerchoff cler. sup. perp. s. c. vicar. in eccl. b. Marie virg. Rostocken. et perp. s. c. vicar. in eccl. s. Gertrudis e. m. op. Rostocken. Zwerin. dioc.: de prov. si neutri de dd. perp. vicar. (insimul 4 m. arg. p.) de iur. patron. laic. vac. p. resign. Theoderici Beseler (/.) c. derog. iur. patron. 17. oct. 83 S 831 295^{r}.

3669 Henricus Schonhuber cler. Ratisbon. dioc. qui ad perp. s. c. capn. ad alt. s. Anne in par. eccl. in Markllofen (Marchlkoffen) Ratisbon. dioc. de iur. patron. laic. vac. p. o. Andree Gerurs (Geringi) p. mag. Johannem Maick (Maceck) pleb. par. eccl. plebis nunc. in Franzenhusen Ratisbon. dioc. verum patron. <Conrado Sintzenhofer can. eccl. Ratisbon. vic. Henrici [de Absberg]> ep. Ratisbon. present. fuit qui eum instituere recusavit: de nova prov. de eadem (4 m. arg.) 4. mai. 79 S 781 115^{rs}, m.

(abb. mon. s. Emmerami Ratisbon.) (exped. 13. mai. 79) L 792 234^{rss}.

3670 Henricus Schonleben (Sconleben) [1. pars 3 partium] cler. Herbip. dioc. in art. mag.: restit. bulle s. d. 27. oct. 71 sup. perp. vicar. par. eccl. op. Peylungries Eistet. dioc. (8 m. arg.) vac. p. o. Ulrici Grisell (in margine: obtin. prorog. oblig. sup. annat. ad 4 menses s. d. 17. decb. 73, oblig. p. Henricum Lebenther can. eccl. Wratislav. causarum pal. ap. not. infra dd. menses prorogatos s. d. 24. decb. 73, prorog. ad 1 mensem s. d. 19. apr. 74, solv. 18 fl. s. d. 19. mai. 74) 17. apr. 72 A 21 127^r – referens quod ipse vig. gr. expect. Pauli II. par. eccl. in Sweinfurt ad coll. prep. etc. <eccl. s. Johannis> in Haugis Herbip. dioc. tunc vac. p. o. Johannis Eckardi (Eckhardi) acc. et quod litig. desup. contra Mathiam Gerlaci (Gerliaci) cler. Herbip. dioc. qui d. par. eccl. etiam vig. gr. expect. Pauli II. acc. et quod deinde d. Henricus d. par. eccl. pro par. eccl. in Uffingen Herbip. dioc. c. d. Matthia perm.: de conf. 30. apr. 72 S 679 81^{rs}, m. (Matheo de Porta aud.) V 660 318^{rss} – qui litigaverat coram Fantino de Valle aud. et deinde coram Matheo de Porta aud. (p. Nicolaum de Edam commiss.) contra Sitticum Waler cler. Herbip. dioc. sup. par. eccl. in Sweinfurt ut supra: de prov. si neutri de d. par. eccl. (10 m. arg.) 14. mai. 72 S 679 198^{vss} – Antonii [Venier] tit. s. Viti diac. card. Conchen. nunc. fam. inter al. referens quod ipse et Sittichus Waler cler. Herbip. dioc. vig. diversarum gr. expect. par. eccl. in Sweinfurt Herbip. dioc. acceperant et quod ipse c. Mathia Gerlaci cler. sup. resign. in favorem d. Mathie concordavit et quod deinde d. Mathias litig. desup. coram Matheo de Porta aud. contra d. Sittichum et quod papa d. Matheo aud. mandavit ut d. concordiam conf.: de decl. litt. desup. perinde val. 10. iul. 73 S 695 106^{rss} – Antonii card. ut supra fam.:

de par. eccl. in Riedt Eistet. dioc. (16 m. arg.) vac. p. o. Henrici de Rabestein 5. mai. 74 S 704 286^{rs} – solv. 18 fl. pro compositione annat. perp. vicar. par. eccl. op. Peylnngries ut supra 18. mai. 74 FC I 1129 249^v, IE 488 78^v, IE 489 78^v – de par. eccl. in op. Storbach Eistet. dioc. vac. p. resign. Petri Lauck aut p. resign. cuiusdam Stephani rect. d. par. eccl. (8 m. arg.) 19. nov. 74 S 711 164^r – de perp. vicar. ad alt. s. Dorothee in eccl. Herbip. (24 fl. adc.) vac. p. o. Johannis Haffman 3. decb. 74 S 712 86^{rs} – cui de perp. vicar. par. eccl. op. Peylngris Eistet. dioc. vac. p. o. Ulrici Grissel prov. fuit et qui litig. desup. coram Gasparo de Theramo aud. et deinde coram Johanne de Cesarinis aud. contra Georgium Fabri intrusum et qui d. vicar. ultra an. absque disp. tenuit: de nova prov. de d. vicar. (24 fl. adc.) 23. decb. 74 S 713 8^{vs} – perp. vic. par. eccl. op. Peylngries al. Puhelkirchen Eistet. dioc.: de n. prom. infra an. 21. ian. 75 S 714 112^r – qui in causa restit. usque ad 13. iul. 72 (3. sent. contra eum lata) stetit: de ref. 11. aug. 75 S 725 13^r – de ref. in supplic. correcta et registrata de an. quarto 15. sept. 75 S 729 238^v – inter al. referens quod ipse litig. (p. Mathiam Gerlaci cler. procur. suum irrevocabilem) successive coram Fantino de Valle, Nicolao de Edam, Matheo de Porta, Gabrieli de Contarenis auditoribus contra Sittichum Waler cler. Herbip. sup. par. eccl. in Sweinfurt Herbip. dioc. vac. p. o. Johannis Edrhardi [= Eckardi]: m. (Antonio de Grassis aud.) vocandi d. Sittichum 15. sept. 75 L 764 175^r-177^v – et **Jodocus Greve** cler. Magunt. Latini card. de Ursinis fam.: de prov. d. Henrico de can. et preb. eccl. b. Marie Maioris Glogovie Wratislav. dioc. (8 m. arg.) vac. p. resign. d. Jodoci (cui de eisdem vac. p. o. Johannis Czezinck d. card. fam. prov. fuerat) et de assign. d. Jodoco pens. ann. 10 fl. sup. fruct. dd. can. et preb. p. d. Henricum persolv. 3. oct. 75 S 729 240^{rs} – motu pr. gr. expect. s. d. 1. ian. 72 de 2 benef. ad coll. ep. etc. Herbip. et ep. etc. Bamberg., gratis pro antiquo curiali 20. febr. 76 (exped. 2. mart. 79) L 790 289^{rs} – de can. et preb. eccl. Eistet. (8 m. arg.) necnon de par. eccl. in Riedt Eistet. dioc. (16 <22> m. arg.) vac. p. o. Johannis Goppolt 9. iun. 76 S 741 188^{rs}, m. (ep. Alexandrin. et subdecano eccl. Pictaven. ac offic. Eistet.) V 631 275^{rss}.

3671 **Henricus Schonleben** [2. pars 3 partium]: de perp. s. c. benef. primissaria nunc. par. eccl. in Schlucht Ratisbon. dioc. (4 m. arg. p.) vac. p. o. in cur. Leonardi Calmartzer (Colmuntz, Clamntezer) 28. nov. 76 S 744 197^{v}, (m. prep. eccl. Camin. et offic. Ratisbon. ac offic. Eistet.) (exped. 18. mart. 78) L 785 253^{rss} – oblig. sup. annat. can. et preb. d. eccl. b. Marie Glogovie Maioris Wratislav. dioc. (10 m. arg.) de quib. vac. p. o. Johannis Czernich s. d. 3. oct. 75 sibi prov. fuit (in margine: docuit de intruso et litis pendentia) 4. ian. 77 A 25 94^{r} – perp. vic. par. eccl. op. Peilngris Eistet. dioc. litig. contra Rupertum Storch can. eccl. Eistet. possessorem sup. dd. can. et preb. eccl. Eistet.: de adm. resign. d. Henrici et d. Ruperti et de prov. d. Henrico de dd. can. et preb. (8 m. arg.) et d. Ruperto de d. perp. vicar. (8 m. arg.) vac. p. o. Ulrici Bressel aut Wilibaldi Portner 16. oct. 77 S 759 54^{r} – can. eccl. Eistet. qui perp. vicar. par. eccl. op. Peylngriesz Eistet. dioc. et **Rupertus Storch** can. eccl. Eistet. qui can. et preb. eccl. Eistet. (sup. quib. litig. contra quendam adversarium coram aud.) ex causa perm. resign. in manibus pape: prov. d. Henrico de dd. can. et preb. (8 m. arg.) (m. prep. eccl. Camin. et prep. eccl. Eistet. ac offic. Ratisbon.) 16. oct. 77 L 780 264^{rss} – restit. bulle sup. prov. de can. et preb. eccl. Eistet. ex causa perm. ut supra (quia perm. equalis) 24. oct. 77 A 26

211^{v} – litig. contra Sittichum Waler rect. par. eccl. in Sweinfurt Herbip. dioc. sup. d. par. eccl. Sweinfurt: supplic. Benedicto Reid rect. par. eccl. in Weysman Bamberg. dioc. de assign. d. Henrico pens. ann. 13 fl. renen. sup. fruct. d. par. eccl. in Weysman (70 fl. renen.) p. d. Sittichum de fruct. d. par. eccl. persolv. ad vitam 22. nov. 77 S 760 235^{v} – referens quod prepos. colleg. eccl. s. Juliane Mospacen. Herbip. dioc. vac. p. resign. Wilhelmi Schenck in manibus Petri de Lapide cant. eccl. Spiren. Melchiori Truchsess ex utr. par. de nob. gen. pape acol. p. d. Petrum nulla pot. suffultum coll. fuit possessione n. subsecuta: de d. prepos. (16 m. arg.) 13. decb. 77 S 762 91^{vs} – restit. bulle sup. pens. ann. sup. fruct. par. eccl. in Weysman Bamberg. dioc. ut supra 30. decb. 77 A 26 224^{v} – qui nuper can. et preb. presbit. in eccl. Eistet. (8 m. arg.) assec. est: de n. prom. ad 2 an. 6. mart. 78 S 768 53^{vs} – can. eccl. Eistet. pres. in cur.: de prom. ad omnes ord. extra temp., sola sign. 9. iul. 78 S 771 215^{r} – de nova prov. de can. et preb. presbit. in eccl. Eistet. (8 m. arg.) vac. p. o. Wilibaldi Partner (Parttner) 7. mart. 79 S 778 273^{r} – de disp. ad 2 incompat. benef. etsi par. eccl. ad vitam c. lic. perm. 4. mai. 79 S 781 60^{rs}, PA 27 106^{rss} – cui gr. expect. de benef. ad coll. ep. etc. Herbip., ep. etc. Bamberg. et ep. etc. Basil. motu pr. conc. fuit: motu pr. de prerog. ad instar pape fam. descript., Conc. motu pr. quoad secundas gr. 16. mart. 80 S 796 72^{rs} – cui vig. gr. expect. de perp. vicar. ad alt. s. Ottonis in eccl. Bamberg. vac. p. o. Ottonis Sumer prov. fuit: de nova prov. de eadem (6 m. arg.) 13. aug. 80 S 796 80^{v} – cui vig. gr. expect. de capel. b. Catherine in quadam curia canonicali Herbip. prov. fuit: de nova prov. de eadem (4 m. arg. p.) 24. nov. 80 S 798 83^{vs} – de prepos. colleg. eccl. ss. Mauritii et Germani Spiren. (14

<15> m. arg.) vac. p. o. Petri de La-pide, Conc. c. pens. 3. partis pro Ugone Landenberch 7. decb. 80 S 798 202ʳ, (m. ep. Alexandrin. et offic. Spiren. ac Argent.) L 808B 55ᵛ-57ʳ – cui de prepos. ut supra c. reserv. 3. partis fruct. pro Hugone Landenberg prov. fuit: de nova prov. de eadem (8 m. arg.) 8. mart. 81 S 800 281ᵛ – m. (ep. Alexandrin. et offic. Basil. ac offic. Argent.) confer. can. et preb. eccl. s. Thome Argent. (8 m. arg.) vac. p. o. Pauli Munthart 27. mart. 81 (exped. 19. iun. 81) L 815 221ʳˢˢ – notitia sup. expensas pro exped. bulle sup. can. et preb. eccl. Argent. fact. 22. iun. 81 T 34 84ᵛ – can. eccl. Eistet. in cur. causarum procur.: oblig. sup. annat. can. et preb. eccl. s. Thome ut supra 22. iun. 81 A 30 31ʳ – de can. et preb. eccl. s. Petri iun. Argent. (10 m. arg.) vac. p. o. Johannis Hell 24. iun. 81 S 802 95ᵛˢ – notitia sup. expensas pro exped. bulle sup. erect. colleg. eccl. in Wertheim fact. 26. iul. 81 T 34 98ʳ – solv. 20 fl. adc. pro annat. can. et preb. s. Thome Argent. p. manus pr. 15. oct. 81 FC I 1134 152ʳ, IE 505 22ʳ.

3672 Henricus Schonleben [3. pars 3 partium] Wilhelmi [de Reichenau] ep. Eistet. dilectus: motu pr. gr. expect. de can. et preb. eccl. s. Johannis Novi Monasterii Herbip. necnon de benef. ad coll. ep. etc. Argent. et ep. etc. Herbip. 17. nov. 81 (exped. 22. nov. 81) (m. Bernardo de Guttemberg can. eccl. Herbip. et offic. Argent. ac offic. Herbip.) L 819 74ʳ-76ᵛ – prep. eccl. ss. Mauricii et Germani Spiren. in cur. causarum procur.: oblig. sup. annat. prepos. d. eccl. (15 m. arg.) de qua ut supra s. d. 7. decb. 80 sibi prov. fuit 12. decb. 81 A 30 96ᵛ – qui vig. gr. expect. perp. simplex benef. s. Katherine in curia canonicali civit. Herbip. Osterney nunc. vac. p. o. Petri Brares acc. et litig. desup. coram Guillermo de Pereriis aud.: de prorog. temp. in-

timandi ad al. 6 menses, sola sign. 13. decb. 81 S 806 22ᵛ – de decan. ac can. et preb. eccl. s. Petri iun. Argent. (insimul 15 m. arg.) vac. p. o. Ernesti Breittenbach abbrev. 21. apr. 82 S 809 221ʳ – de capn. ad alt. Trium regum in capel. s. Johannis Bapt. in curia dom. de Henneberg in civit. Argent. (4 m. arg.) vac. p. o. Ernesti Breittenbach abbrev. 26. iun. 82 S 812 51ᵛˢ – de can. et preb. eccl. s. Mauritii in civit. August. (8 <10> m. arg.) vac. p. resign. in manibus pape Johannis Kriis cler. Leod. dioc. pape fam. (cui de eisdem vac. p. o. in cur. Johannis Molitoris <s. d. 26. iun. 82 motu pr.> prov. fuit) <n. o. quod can. et preb. eccl. Eistet. (8 m. arg.) et can. et preb. in eccl. s. Thome Argent. (8 m. arg.) necnon perp. s. c. capn. ad alt. s. Ottonis in eccl. Bamberg. (5 m. arg.) et perp. s. c. capn. ad alt. s. Galli in eccl. Basil. (3 m. arg.) necnon perp. benef. primissaria nunc. in par. eccl. in Slucht Ratisbon. dioc. (4 m. arg.) obtin. ac de capel. s. Catherine in curia Osternach Herbip. (4 m. arg.) ac perp. capn. ad alt. Trium regum in capel. s. Johannis Bapt. in curia domini de Hennenberg Argent. (4 m. arg.) ac par. eccl. in Ret Eistet. dioc. (24 m. arg.) auct. ap. prov. fuit et sup. capel. s. Catherine in d. curia litig. ac pens. ann. 13 fl. renen. sup. fruct. par. eccl. in Weysman Bamberg. dioc. et gr. expect. sup. can. et preb. eccl. s. Johannis Novi Monasterii Herbip. necnon de benef. in dispositione ep. etc. Argent. p. al. litt. ap. prov. fuit> 30. iul. 82 S 812 280ʳˢ, m. (ep. Nucerin. et cust. eccl. Brixin. ac offic. August.) (exped. 17. aug. 82) L 812 92ᵛ-94ᵛ – can. eccl. s. Mauritii August. in cur. causarum procur.: oblig. sup. annat. dd. can. et preb. (10 m. arg.) de quib. vac. p. o. in cur. Johannis Molitoris vel p. resign. in manibus pape Johannis Kryss (litt. desup. n. confecti) s. d. 30. iul. 82 sibi prov. fuit et promisit solv. in cur. infra 6 menses (quia docuit de intruso p. testes qui deponunt Georgium Knoringen possidere) 26. aug. 82 Paris L 26 A 10 85^v – litig. coram Guillelmo de Pereriis aud. contra Gabrielem de Eyb cler. sup. par. eccl. in Riedt ut supra: de prov. si neutri de d. par. eccl. (24 m. arg.) vac. p. o. Johannis Goppolt seu p. resign. cuiusdam Casparis de Eyb seu etiam Eberhardi de Rabenstein seu ex eo quod d. Gabriel qui d. par. eccl. p. an. obtin. se ad omnes ord. prom. n. fecit 12. mai. 83 S 827 79^r – de archidiac. colleg. eccl. s. Crucis in Oppolen Wratislav. dioc. (30 m. arg.) vac. p. o. Martini Lindener 13. mai. 83 S 824 154^v – de archidiac. ut supra (18 m. arg.) vac. p. o. Martini Lindener seu vac. p. o. Gasparis Weygel qui d. archidiac. vig. gr. expect. acc. 3. iun. 83 S 824 154^r – qui vig. gr. expect. par. eccl. in Acheren Argent. dioc. vac. p. o. Friderici N. acc.: de nova prov. de d. par. eccl. et de prorog. term. publicandi ad al. 6 menses, sola sign. 25. aug. 83 S 828 82^r – m. (ep. Alexandrin. et offic. Eistet. ac offic. Frising.) confer. can. et preb. eccl. Ratisbon. (10 m. arg.) vac. p. resign. in manibus pape Antonii Paumgartner cler. Bamberg. dioc. cui de dd. can. et preb. vac. p. prom. Friderici [Mauerkirchner] ep. ad eccl. Patav. s. d. 30. oct. 82 prov. fuit (resign. p. Paulum Koler cler. August. procur. fact.) 23. ian. 84 (exped. 13. mart. 84) L 834 313^{rss} – oblig. sup. annat. can. et preb. eccl. Ratisbon. ut supra 14. mai. 84 A 32 104^r – solv. 23¾ fl. adc. pro annat. can. et preb. eccl. Ratisbon. <p. manus pr.> 14. mai. 84 Paris L 52 D 5 189^r, 15. mai. 84 IE 510 21^r.

3673 **Henricus Schram** presb. August. dioc. cui de vicar. s. Nicolai eccl. August. vac. p. resign. Ulrici Ruch (qui d. vicar. vac. p. o. Johannis Rorlich acc.) prov. fuit: de nova prov. de d. vicar. (4 m. arg.) 26. iun. 75 S 722 287^v.

3674 **Henricus Schreyner** acol. Herbip. dioc. inter al. referens quod [Fredericus] R. I. p. com., bar., nob., patricios et incolas op. Wien. in arce sua (in d. op. sita) in obsidione positus fuit, quod ipse tunc in univ. Wien. studens et fam. cuiusdam art. et med. doct. existens d. doctori et al. obsidentibus auxilium dedit et arma porrexit et 5 bombardas sagittariis accendit, quod ipse anno iubilei lim. appl. visitavit et p. unum ex minoribus penitentiariis ab omnibus excessibus absol. fuit: de prom. ad omnes ord. et de disp. ad quodcumque benef. 8. mart. 76 S 735 243^{vs}.

3675 **Henricus Schrleperg (Schrleperger)** cler. Frising.: prom. ad 4 ord. min. in eccl. hosp. s. Spiritus in Saxia in Urbe 18. decb. 73 F 6 137^{rs}.

3676 **Henricus Schroter** presb. Magunt. dioc.: de par. eccl. s. Nicolai ville Windeshayn Misnen. dioc. (4 m. arg.) vac. p. o. cuiusdam Petri 8. mai. 78 S 772 296^v.

3677 **Henricus de Schulenberch** cler. Traiect. dioc. ex utr. par. de nob. gen. mag. in art. cui gr. expect. s. d. 1. ian. 72 de can. et preb. eccl. Monast. et de can. et preb. eccl. s. Victoris Xancten. Colon. dioc. conc. fuit: de decl. litt. desup. perinde val. acsi de ferculis in supplementum preb. in d. eccl. s. Victoris mentio facta fuisset 26. nov. 72 S 684 146^{vs} – Monast. [dioc.?]: disp. ad incompat. I 332 182^r.

3678 **Henricus Sculteti** cler. Halberstad. cui de par. eccl. ville Neddelitze Brandenburg. dioc. vac. p. o. Theodori Mortz p. Auxiam [de Podio] tit. s. Sabine presb. card. Montisregalis vulg. nunc. et pro nunc in Alamania legatum de latere prov. fuit: de nova prov. de eadem (3 m. arg.) 13. iul. 79 S 784 84^r – cui motu pr. gr. expect. de can. et preb. eccl. s. Nicolai Stendalien. Halberstad. dioc. (in qua maiores medie et minores preb. fore noscuntur) s. d. 24. aug. 80 conc. fuit referens quod secundum statuta d. eccl. nullus inibi maiorem preb. assequi val. nisi de minori ad mediam preb. et de media ad maiorem preb. grad. p. optionem ascendat: de decl. litt. desup. perinde val. acsi d. statutum derog. fuisset 31. mai. 81 S 801 229^v – prov. de vicar. Havelberg. [dioc.?] vac. p. o. 80/81 I 334 108^r – pape fam.: de perp. s. c. benef. in par. eccl. op. Sittavien. Wratislav. dioc. (3 m. arg. p.) de iur. patron. laic. vac. p. o. in cur. Michaelis Saltzman, n. o. perp. benef. in par. eccl. op. Pruzwolf Havelberg. dioc. (2 m. arg. p.) de iur. patron. laic. ex gr. expect. conc. 6. mart. 82 S 808 176^v – de decan. ac can. et preb. eccl. Wratislav. (8 m. arg. p.) vacat. p. prom. Johannis [Roth] el. Wratislav. (cui de eisdem vac. p. o. cuiusdam Rudolphi prov. fuit), n. o. perp. eccl. in op. Priczwalk ut supra (2 m. arg. p.) 14. mart. 82 S 809 139^v – archid. eccl. Lubuc. causarum pal. ap. not.: de n. prom. ad an., sola sign. 19. aug. 82 S 827 9^r – <perp. vic. ad alt. s. Catherine in par. eccl. op. Pritzwalk ut supra>: de par. eccl. s. Katherine Novi Oppidi Soltwedel Verden. dioc. (4 m. arg. p.) vac. p. o. Henrici Krugher (Brogher), n. o. perp. s. c. benef. in par. eccl. op. Pritzwal ut supra <ac can. et preb. quos in eccl. Lubic. [recte: Lubuc.] ac in eccl. b. Marie Maioris Glogovie Wratislav. dioc. assec. fuit> 9. oct. 82 S 815 101^r, m. (dec. eccl. s. Blasii Brunsvicen. Hildesem. dioc. et dec. eccl. s. Bartholomei Francforden. Magunt. dioc. ac offic. Verden.) (exped. 7. nov. 82) L 829 156^{rss} – archid. eccl. Lubuc. causarum pal. ap. not.: de disp. ut unac. d. archidiac. (9) et par. eccl. s. Catherine Novi Oppidi Soltwedel (4 m. arg. p.) ut supra (quam n. possidet et sup. qua litig. in cur.) quodcumque 3. incompat. benef. etsi par. eccl. ad vitam recip. val. c. lic. perm. 27. ian. 83 S 819 147^r – causarum pal. ap.

not.: de scolastr. eccl. s. Nicolai Stendalen. Halberstad. dioc. (3 m. arg.) vac. p. assec. decan. d. eccl. p. Henricum Belitze 22. apr. 83 S 822 172^{vs} – motu pr. de gr. expect. de can. et preb. necnon de benef. ad coll. quorumcumque, Et s. d. 17. nov. 81 28. mart. 84 S 830 215^r.

3679 **Henricus Sculteti** cler. Magunt. actor qui ad par. eccl. in Obernhaffen Magunt. dioc. vac. p. resign. cuiusdam Winteri p. patron. laic. present. fuit et qui litig. desup. coram prep. eccl. [b. Marie] ad Gradus Magunt. contra quendam cler.: de prov. si neutri de d. par. eccl. (8 m. arg.) 19. aug. 73 S 695 67^{vs}.

3680 **Henricus Schulteti de Houeden (Houdis)** cler. Colon. dioc.: de vicar. ad alt. s. Quirini in colleg. eccl. s. Cuniberti Colon. (4 m. arg.) vacat. p. resign. in partibus cuiusdam Herbordi 12. mai. 73 S 690 168^r – pres. in cur.: de vicar. in eccl. Osnaburg. (4 m. arg.) vac. p. o. Johannis Duas 20. decb. 75 S 741 39^{vs}.

3681 **Henricus ter Schure (ter Sure)** presb. Traiect. dioc. referens quod olim Johanni Brunonis cler. Traiect. dioc. pape fam. de perp. vicar. ad alt. ss. Johannis Ev. et Andree apl. in par. eccl. in Helendorn (Helendoern) Traiect. dioc. vac. p. o. <in cur.> Johannis Cryt p. papam prov. fuerat litt. n. confectis et quod deinde resign. in manibus pape et quod Gerardo Dreses cler. Monast. dioc. abbrev. de d. par. eccl. prov. fuit (qui desup. litig.): de d. vicar. (2 m. arg.) vac. p. resign. in manibus pape d. Gerardi 20. decb. 73 S 709 111^{vs}, m. (dec. eccl. s. Lebuini Davantrien. Traiect. dioc.) (exped. 23. mai. 74) L 739 227^r-228^v.

3682 **Henricus Schutzberch** cler. Magunt. dioc. [Johannis Cybo] card. [Melfiten.] vulg. nunc. fam. qui litig. coram Gabriele de Contarenis aud. contra quond. Hermannum Gardelever in cur. defunctum sup. perp. vicar. s. Stephani Magunt.: de surrog. ad ius d. Hermanni in d. vicar. (4 m. arg.) 30. mart. 76 S 737 61^r – de benef. sive alt. 11.000 Virg. in mon. Hoest o. Prem. Magunt. dioc. (4 m. arg.) vacat. p. resign. in manibus pape Johannis Fabri cler. Misnen. pape fam. rect. et possessoris d. benef. 18. ian. 77 S 746 224^{rs}.

3683 Henricus com. in Swartzpurgk [= Schwarzburg] [genitor] dom. in Arnstedt ac Sandershusen qui in castro Arnstedt ubi locus sue residentie c. capel. exist. 2 perp. <s. c.> benef. in honorem b. Marie virg. et s. Sebastiani mart. in d. capel. fundare et dotare desiderat: de conf. et de indulg. 7 an. 25. febr. 79 S 778 262^{rs}, V 671 57^{rss} – et priorissa ac conv. mon. in Arnstedt Magunt. dioc. inter al. referentes quod quond. Bonifatius IX. (in sua obedientia nunc.) eccl. b. Marie virg. d. op. indulg. ad instar eccl. b. Marie in Portiuncola dicte de Angelis e. m. Assisinaten. c. facult. deputandi 10 confess. p. d. priorissam concessit et quod d. indulg. propter cruciatam contra hereticos Boemos p. nunt. ap. p. 5 an. suspensa fuit et quod d. 5 an. elapsi sunt: de decl. litt. desup. perinde val. acsi d. indulg. p. d. nunt. n. suspensa fuisset et a sed. ap. revocata n. extitisset, Conc. dum tamen n. sit indulg. plen. 8. apr. 80 S 791 169^{vs} – referens quod in territorio dominii sui est quedam colleg. eccl. s. Petri in Cheburg [= Jechaburg] Magunt. dioc. c. prepos., decan. et 11 can. et preb. contigua op. in quo continuam fecit residentiam et ubi pro tuendis et manutenendis iur. et bonis d. eccl. multos labores et expensas pertulit: conc. successoribus d. com. iur. patron. et present. ad d. prepos. c. conc. iur. coll. abb. mon. in Cella Paulina Magunt. dioc. o. s. Ben. et ad can. et preb. c. conc. iur. coll. dec. et capit. d. eccl. 17. aug. 82 V 621 291^{rss} – oblig. p. Hermannum Lochorst can. eccl. Traiect. sup.

conc. iur. patron. in colleg. eccl. s. Petri in Jecheburgk Magunt. dioc. (in qua prepos. et decan. ac 11 can. et preb. exist.) s. d. 17. aug. 82 fact. et present. ad d. prepos. c. conc. iur. coll. ut supra in mensibus ap. 18. aug. 82 Paris L 26 A 10 80^v – not. recip. pro bulla distributa 3 grossos et 2 grossos aug. 82 DB 1 142^v.

3684 Henricus [com. de Schwarzburg] [hoc nomine primo genitus] ep. Monast. perp. admin. eccl. Bremen. in spir. et temporalibus p. sed. ap. deput.: m. conf. litt. Eugenii IV. s. d. 21. decb. 34 pro Nicolao [de Oldenburg et Delmenhorst] in universali eccl. ep. olim aep. Bremen. conc. qui resign. in manibus pape d. eccl. Bremen. in favorem Baldewini [de Wenden] el. Bremen. c. reserv. usufructus castrorum et dominii de Delmenhorst ac in Hagene et molendini op. in Buxtehude necnon iudicii in terra Stedingorum in der Lechtersiede Verden. et Bremen. dioc. ad mensam aepisc. pertin. [c. insertione dd. litt. de verbo ad verbum] 13. mart. 72 L 720 123^{vss} – tunc el. nunc ep. Monast. precibus Folperti prep. et curati eccl. in Werne (Wernere, Worme) Monast. dioc. inclinatus referens quod ipse mediam preposituram in Hatzum (de iur. patron. laic.) vac. p. resign. in manus d. ep. Erhardi Brier vic. in Werne ecclesie s. Georgii in Werne incorporavit reliquam vero mediam prepos. in Hatzum vicarie ad alt. virg. Marie ac s. Sebastiani mart. (p. quond. Alericum prep. in Hatzum fundate) incorporavit: de conf. 27. ian. 79 S 777 130^{rs} – hortatio ut restituat id quod Maximiliano Austrie et Burgundie duci in comitatu Zutphanie et al. locis d. ducis abstulit 9. ian. 82 Florenz II. III. 256 134^v – ep. Monast. et **Hildeburga Norrendin** monial. mon. s. Egidii o. s. Ben. Monast. referentes quod d. ep. mon. b. Marie virg. Transaquas Monast. o. s. Ben. abbat. vacante visitari et reformari mandavit et d. Hil-

893

deburge de abbat. d. mon. prov. fuit
ad quam conv. d. mon. se opposuit et
in causam traxit coram curia metropolitana Colon.: de committ. in civit.
Osnaburg. vel Minden. el. Osnaburg.
et dec. eccl. s. Johannis Osnaburg. ac
thes. eccl. Osnaburg. 2. nov. 82 S
815 185^{rss}.

3685 Henricus com. in S[ch]wartzpurg
[hoc nomine secundo genitus] ex utr.
par. de com. gen. can. eccl. Magunt.
qui in subdiacon. ord. constit. et curie aepisc. Magunt. in op. Erfforden.
Magunt. dioc. ac generalis clericorum et laicorum p. terras Thuringie,
Hassie, Saxonie et Eyffeldie [=
Eichsfeld] (sub cuius dominio op.
Heiligenstat (Heylyginstad) consistit) necnon Westfalie d. eccl. su-
biectas pro d. aep. Magunt. provisor
exist. referens quod Wernherus de
Hansteyn mil. Magunt. dioc. (qui
castrum Hansteyn ab eccl. Magunt.
in feudum tenet) subditos aep. in territorio op. Heiligenstat (Heylyginstad) Magunt. dioc. spoliavit, carce-
ravit, mutilavit et occidit: de decl.
quod d. Henricus contra d. Wernherum (qui se iurisdictioni Wilhelmi
ducis Saxonie, marchionis Misnen.,
lantgravii Thuringie submisit) n.o.
d. subdiacon. coram d. Wilhelmo
duce absque sed. ap. lic. libere agere
et iustitiam petere possit 1. aug. 76 S
740 151^{vs}, L 767 65^{vs}, 2. aug. 76 S
740 167^{vss}.

3686 Henricus com. in S[ch]wartzpurgk
[hoc nomine tertio genitus] cler. Magunt. dioc. ex utr. par. de com. gen.:
motu pr. de gr. expect. de can. et
preb. <eccl. b. Marie ad Gradus Magunt.> necnon de benef. ad coll.
quorumcumque <ep. eccl. Leod.>,
Et s.d. 17. nov. 81 S 803 264^v, (m.
prep. eccl. s. Bonifatii Hamelen.
Minden. dioc. et Johanni Schutte
can. eccl. Lubic. ac offic. Magunt.)
(exped. 15. mart. 83) L 820 121^r-
123^r – motu pr. de can. et maiori
preb. necnon thesaur. eccl. Magdeburg. (insimul 40 m. arg.) vac. p.o.

Henrici de Swuarczpurg d. Henrici
fr. carnalis 30. decb. 81 S 806 88^r –
motu pr. de prepos. eccl. s. Petri Jecheburg. Magunt. dioc. (30 m. arg.)
vac. p.o. Henrici de Swarczpurg
(Szwartzpurgk) d. Henrici fr. germani, n.o. can. et preb. in eccl. Argent. (6 m. arg.) ac perp. s.c. vicar.
in eccl. mon. monial. b. Marie op.
Arnstede Magunt. dioc. (8 m. arg.)
quos et quam obtin. 30. decb. 81 S
806 53^{vs}, m. (abb. mon. in Walkerede
[= Walkenried] Magunt. dioc.) (exped. 5. ian. 82) L 814 116^{vss} – suo
nomine tertio gen. cler. Magunt. dioc. qui de Brunswicen. et Cliven.
ducum sanguine originem traxit: de
disp. ut 2 incompat. benef. etsi 2 par.
eccl. ad vitam recip. val. c. lic.
perm., n.o. prepos. eccl. s. Petri Jecheburgen. Magunt. dioc. (30 m.
arg.) de qua sibi p. papam prov. fuit
ac can. et preb. in eccl. Argent. (6 m.
arg.) ac perp. s.c. vicar. in eccl.
mon. monial. op. Arnstedt Magunt.
dioc. (8 m. arg.) quos et quas obtin.
4. ian. 82 S 806 118^{vs}, L 823 81^r –
hoc nomine tertio genitus: oblig. p.
Hermannum de Bicklen cler. Magunt. dioc. sup. annat. prepos. eccl.
s. Petri in Jecheburg Magunt. dioc.
(30 m. arg.) de qua vac. p.o. Henrici
de Szwartzpurgk s.d. 29. nov. 81
sibi prov. fuit 10. ian. 82 A 30 111^r
– hoc nomine tertio genitus de nob.
com. gen.: solv. 73 fl. adc. pro annat.
prepos. eccl. s. Petri in Jecheburg
Magunt. dioc. p. manus Hermanni de
Bicklon 10. ian. 82 FC I 1134 176^v,
IE 505 56^r – Magunt. [dioc.?]: disp.
ad futura 83/84 I 335 117^v.

**3687 Henricus Schwarzmurer (Swartz-
mulner)** cler. Constant. c. quo sup.
def. nat. (p. s.) disp. fuit: de perp.
s.c. benef. ad alt. ss. Petri et Pauli
appl. in colleg. eccl. Zurczaten. Constant. dioc. (4 m. arg.) vac. p. resign.
in manibus pape Sixti de Buoch
presb. Constant. dioc. (qui d. benef.
vac. p.o. Johannis de Beckenrode
pape fam. obtin.) c. lic. perm. 2.

febr. 79 S 777 216^{vs} – cler. Constant. dioc. cui de can. et preb. eccl. Ziectzachen. Constant. dioc. vac. p. o. Johannis Dinckenbach prov. fuit: de nova prov. de eisdem (5 m. arg. p.) 9. mart. 81 S 802 128^r – de decan. eccl. s. Verene Zurziacen. Constant. dioc. (4 m. arg. p.) vac. p. o. Hermanni Rast 14. sept. 82 S 814 53^{vs} – qui litig. coram Francisco de Pavinis aud. contra Johannem Meyer cler. cui gr. expect. de can. et preb. in eccl. s. Verene Zurziacen. ut supra vac. p. o. Johannis Dinkenbach conc. fuit sup. dd. can. et preb.: de prov. si neutri de dd. can. et preb. (5 m. arg. p.) 3. febr. 83 S 819 161^{rs} – referens quod lis pendet in cur. inter Johannem Meyer qui vig. gr. expect. decan. eccl. s. Verene ut supra vac. p. o. Hermanni Rost acc. et Petrum Attenhaver sup. d. decan.: de d. decan. (4 m. arg. p.) 3. febr. 83 S 819 161^v.

3688 **Heinricus Schwermeyer** cler. Camin. dioc. qui perp. vicar. in eccl. b.[Marie] virg. Colbergen. vac. p. o. Petri Knaken assec. est: de nova prov. de eadem (2 m. arg.) 2. iun. 75 S 721 209^v.

3689 **Henricus Seelbach (Seylbach) (de Hachenberch)** presb. fr. profes. dom. s. Albani o. Cartus. e. m. Trever.: de lic. transferendi se ad mon. o. Cist. sive o. s. Ben. 24. oct. 75 S 728 225^{vs} – iam ultra 20 an. fr. dom. s. Albani o. Cartus. e. m. Trever. olim Philippi [Calandrini] card. ep. Portuen. maioris penit. et parafrenarii fam. referens quod ipse a quibusdam fr. et conversis d. dom. offenditur: lic. ut in mon. o. s. Ben. vel o. Cist. se transferre val. (litt. exped. p. off. penit.) 7. nov. 75 S 729 127^{vs} – profes. mon. s. Albani o. Cartus. e. m. Trever. inter al. referens quod ipse propter quandam persecutionem a fratribus d. mon. sibi factam in certam debilitatem stomachi incurrerat et propterea dubitabat in d. mon. remanere n. posse quodque quond.

Philippus [Calandrini] card. ep. Portuen. maior penit. Angelo [de Capranica] card. ep. Prenestin. protectori d. o. Cartus. mandavit ut eidem lic. concederet ut ad aliquod mon. o. s. Ben. vel o. Cist. se transferri valeat quodque tamen dd. fratres o. Cartus. d. Henricum molestare n. desinunt: de committ. in partibus 12. sept. 76 S 742 145^{vs}, m. (abb. mon. s. Maximini et abb. mon. b. Marie ac dec. eccl. s. Paulini e. m. Trever.), gratis L 769 155^{vss} – monach. mon. s. Corone prope Cromenam o. Cist. Prag. dioc. inter al. referens quod d. mon. c. suis eccl. et capel. subiectis p. hussitas et hereticos regni Bohemie destructum est: de committ. abb. mon. Altovaden. o. Cist. Prag. dioc. c. facult. reconciliandi d. mon., Et p. breve 31. iul. 80 S 795 117^r.

3690 **Henricus Serdo (Serow)** cler. Verden. dioc. pape fam.: motu pr. de can. et preb. eccl. Sleswic. (7 m. arg.) vac. p. o. Theoderici Cinikerode 8. iul. 78 S 771 255^r – m. (ep. Civitatis Castelli et dec. eccl. ss. Petri et Andree Paderburn. ac dec. eccl. s. Blasii Brunswicen. Hildesem. dioc.) confer. perp. s. c. vicar. in par. eccl. op. Ribbentze Zwerin. dioc. (2 m. arg.) vac. p. resign. in manibus pape Joachimi Bentzin cler. Zwerin. dioc. cui de eadem vac. p. o. Petri Ternow s. d. 1. mart. 82 prov. fuit 14. apr. 82 V 620 154^v-156^r – et **Theodoricus de Bulow** cler. Verden. dioc. qui litig. in cur. sup. can. et preb. eccl. Lubic.: de prov. d. Theoderico de dd. can. et preb. (4 m. arg. p.) vac. p. resign. d. Henrici (qui eosdem vac. p. o. Nicolai Wittenborch vig. gr. expect. acc.) et de assign. d. Henrico pens. ann. 12 fl. auri renen. 27. apr. 82 S 810 12^{vs}.

3691 **Henricus Siber** cler. Herbip. dioc.: de perp. vicar. ad alt. s. Catherine in eccl. s. Petri op. Franckenhusen Magunt. dioc. (4 m. arg.) vac. p. resign. Friderici Hessa 27. ian. 77 S 746 188^{rs} – de par. eccl. in Ulleybiren

Magunt. dioc. (3 m. arg.) vac. p.o.
Friderici Hildebrant 24. apr. 77 S
750 190^v – de perp. vicar. in par.
eccl. Hochidorf Magunt. dioc. (3 m.
arg.) vac. p.o. Johannis Franthen 23.
mart. 78 S 767 6^r – de par. eccl.
s. Laurentii in Urtner Maiori et de
par. eccl. de Berstedt (que eidem
par. eccl. annexa est) Magunt. dioc.
(4 m. arg.) vac. p.o. Johannis
Franckesteyn 23. mart. 78 S 767
236^v – de perp. s. c. vicar. in par.
eccl. op. Aldembergk an der Werrn
Magunt. dioc. (16 l. T. p.) vac. p.o.
Henrici Stychelinges 21. iul. 78 S
772 276^v – disp. ad 2 incompat. benef. ad vitam, gratis 20. iul. 79 L 796
122^{vs} – de par. eccl. s. Marci in
Hembach Magunt. dioc. (3 m. arg.
p.) vac. p.o. Johannis Rucotel 20.
aug. 79 S 785 163^r, S 786 89^r – de
perp. <s. c.> vicar. <ad alt.> ss. Antonii, Urbani <ac Severi> necnon
Elizabethe <et 14 Adiutorum> in
colleg. eccl. b. Marie in Gotha Magunt. dioc. (3 m. arg.) vac. p.o. Johannis Oylgarth 2. sept. 79 S 796
60^v, m. (archipresb. Bononien. et
dec. eccl. b. Marie Artferten. ac dec.
eccl. b. Marie Isennachen. Magunt.
dioc.), gratis V 610 250^v-252^r – de
par. eccl. s. Remigii in Bedchen Meten. dioc. (3 m. arg. p.) vac. p.o. Mathei Joannis 4. nov. 79 S 787 299^v –
cui gr. expect. de benef. ad coll.
prep. etc. eccl. b. Marie in Issennach
et eccl. in Gotha Magunt. dioc. conc.
fuerat cuius vig. de perp. s. c. vicar.
in d. eccl. in Issennach (4 m. arg.)
prov. fuit et cui reval. et exten. d. gr.
expect. ad can. et preb. d. eccl. in
Issenach conc. fuit: motu pr. de reval. et de prerog. ad instar pape fam.
descript. ac de disp. ut unac. d. perp.
vicar. aliud incompat. benef. etiam
sub eodem tecto ad vitam c. lic.
perm. retin. val. necnon de n. resid.
11. iul. 80 S 794 172^v – can. eccl. in
Issenach conc. fuit: motu pr. de reval. et de prerog. ad instar pape fam.
descript. ac de disp. ut unac. d. perp.
vicar. aliud incompat. benef. etiam

sub eodem tecto ad vitam c. lic.
perm. retin. val. necnon de n. resid.
11. iul. 80 S 794 172^v – can. eccl.
Isszennach Magunt. dioc. cui gr. expect. de benef. ad coll. prep. etc.
eccl. b. Marie in Gotha Magunt. dioc. s. d. 20. iul. 78 conc. fuerat et qui
vig. d. gr. expect. perp. vicar. ad alt.
s. Michaelis et Omnium Angelorum
in d. eccl. (4 m. arg.) certo modo
vac. acc. et desup. litig. coram aud.
contra certum adversarium: motu pr.
reval. et prerog. ad instar pape fam.
descript., gratis 11. iul. 80 V 671
144^v-146^v – cui de perp. s. c. vicar.
ad alt. s. Michaelis et Omnium Angelorum in eccl. b. Marie virg. in Isszennach Magunt. dioc. certo modo
vac. prov. fuit et qui desup. litig.
contra certum adversarium: motu pr.
disp. ut unac. d. perp. vicar. (4 m.
arg. p.) aliud incompat. benef. etiam
sub eodem tecto ad vitam retin. val.
c. lic. perm. 11. iul. 80 L 803 275^{vs} –
pape fam. qui perp. capn. ad alt.
s. Michaelis et Omnium Angelorum
in eccl. b. Marie virg. in Ysennach
Magunt. dioc. obtin. et c. quo ad 2
incompat. benef. etiam sub eodem
tecto ad vitam disp. fuit: de par. eccl.
Trutteleuwen. Magunt. dioc. (4 m.
arg.) et de par. eccl. in Maiori Lup-
penitz Magunt. dioc. (4 m. arg.) ac
de can. et preb. in d. eccl. Ysennach
Magunt. dioc. (7 m. arg.) vacat. p.
priv. Conradi Sinheusen qui dd. benef. absque disp. ultra 3 an. detin. 1.
decb. 80 S 798 46^r – de prerog. pape
fam. descript. in absentia, sola sign.,
Conc. ad an. 12. decb. 80 S 798
137^r – de perp. vicar. ad alt. s. Nicolai in par. eccl. in Machel Halberstad. dioc. (4 m. arg.) vac. p.o. in
cur. Nicolai Gaschgk 16. decb. 80 S
798 59^r – de par. eccl. in Teutele-
awren Magunt. dioc. (4 m. arg.) vac.
p.o. Johannis Schigkenberge al.
Lamperti 4. mai. 81 S 801 51^r, m.
(Johanni Bapt. de Ferrariis can. eccl.
Mutinen. et scolast. eccl. s. Severi
Herforden. Magunt. dioc. ac offic.
Magunt.) V 627 242^{vss} – qui litig.

coram aud. contra Theodericum
Speck cler. sup. perp. vicar. ad alt.
14 Adiutorum in eccl. Gothen. Magunt. dioc. vac. p.o. Johannis Ole-
gart: de prov. si neutri de eadem (4
m. arg.) et de erig. eandem in perp.
beneficium si hactenus erecta n. sit
15. mai. 81 S 801 186ʳ – not. recip.
pro bulla distributa 2 grossos et 1
grossum iun. 81 DB 1 87ᵛ – motu
pr. de gr. expect. de 2 can. et preb.
ac c.c. benef., Et s.d. 17. nov. 81 S
803 52ᵛ – de perp. vicar. in colleg.
eccl. b. Marie in Gotha Magunt. dioc. et de perp. vicar. in colleg. eccl.
b. Marie Wormat. (insimul 4 m. arg.)
vac. p.o. Conradi Moer (Moen)
quond. <Berardi Eruli> card. ep. Sabinen. Spoletan. nunc. fam., n.o.
perp. s.c. vicar. ad alt. s.Michaelis
in eccl. Issennachen. Magunt. dioc.
(4 m. arg.) quam obtin. <ac perp.
s.c. vicar. ad alt. ss. Antonii, Urbani,
Severi et Helisabete ac 14 Adiutorum in eccl. b. Marie in Gotha (3 m.
arg.) sup. quib. litig. in cur. et par.
eccl. in Tentenluwen (4 m. arg.) ut
supra> 23. mart. 82 S 810 8ʳ, m. (Johanni Bapt. de Ferrariis can. eccl.
Mutinen. et offic. Magunt. ac offic.
Wormat.) 18. iul. 82 V 620 226ᵛ-
228ʳ – cui de perp. vicar. ad alt.
ss. Antonii, Urbani, Severi et Elisabeth ac 14 Adiutorum in colleg. eccl.
b. Marie ut supra (3 m. arg.) de iur.
patron. laic. vac. p.o. Johannis Ole-
gart auct. ap. prov. fuit et qui litig.
desup. in cur. contra quond. Theodericum Speck (Spegk) cler. Magunt. dioc. reum et possessorem: de
surrog. ad ius d. Theoderici 26. aug.
83 S 828 63ᵛˢ, m. (Johanni Antonio
[de Sancto Georgio] ep. Alexandrin.
in cur. resid.) V 643 97ʳ-98ᵛ – perp.
vic. ad alt. b. Michaelis ac Omnium
Angelorum in colleg. eccl. b. Marie
virg. Ysenacen. Magunt. dioc. in
min. ord. constit.: de prom. ad omnes ord. extra temp., sola sign. 10.
apr. 84 S 834 207ʳ – can. eccl. b.
Marie in Gotha ut supra cui motu pr.
gr. expect. s.d. 17. nov. 81 de benef.

ad coll. prep. etc. eccl. in Gotha et
eccl. in Isenach Magunt. dioc. conc.
fuit: motu pr. de prerog. ad instar
pape fam. descript. 29. mai. 84 S
837 1ᵛ.

3692 **Henricus (de) Silberberg (Silver-
berg, Silberger)** cler. Magunt. dioc.
Francisci [Todeschini- Piccolomini]
tit. s.Eustachii diac. card. Senen.
nunc. fam.: de decan. colleg. eccl.
ss. Philippi et Jacobi in Czellis Wormat. dioc. (4 m. arg.) vac. p.o. Philippi de Wachenheym 27. apr. 72 S
679 83ʳ – de decan. colleg. eccl. in
Czellio Magunt. dioc. (4 m. arg.)
vac. p.o. 5. mai. 72 S 679 56ᵛˢ –
supplic. card. ut supra de alt. s. Stephani in par. eccl. in Lorch Magunt.
dioc. (3 m. arg.) vac. p.o. Johannis
Diel 15. iun. 74 S 709 54ᵛ – cap. ad
alt. Trium regum in par. eccl. Bensheim Magunt. dioc. (6 m. arg.): de n.
resid. et de n. prom. stando in cur. 8.
mart. 77 S 749 27ʳˢ – card. ut supra
camerarius: motu pr. de alt. b. Marie
in par. eccl. Offen. Magunt. dioc. (4
m. arg.) vac. p. prom. Georgii Alt-
dorffer el. Chiem. 7. ian. 78 S 772
252ᵛ – de nob. gen.: de can. et preb.
eccl. Colon. (4 m. arg.) vacat. p.
prom. Alberti [de Bavaria] el. Argent. 18. ian. 79 S 780 147ᵛ – motu
pr. de can. et preb. eccl. Eistet. (6 m.
arg.) vac. p. prom. Alberti el. Argent. 18. ian. 79 S 777 247ᵛ – qui
can. et preb. obtin. quorum val. 12 et
n. 6 m. arg. n. excedunt: de ref., Et c.
express. valoris 12 m. 6. febr. 79 S
778 1ᵛ – qui ad pastoriam sive par.
eccl. in Armsheyn Magunt. dioc. de
iur. patron. laic. vac. p.o. Henrici
Herderich present. fuit et deinde desup. litig. contra Nicolaum Berstat:
de prov. si neutri de eadem (8 m.
arg.) 3. oct. 79 S 786 98ʳ – oblig.
sup. annat. par. eccl. in Arnsheyn
Magunt. dioc. ut supra (in margine:
s.d. 29. apr. 82 solv. pro annat. 20
fl.) 28. apr. 80 A 28 190ʳ – referens
quod Ulricus de Wolferszdorff in registro supplic. cler. actor litig. coram

Antonio de Grassis aud. et Johanne [de Ceretanis] ep. Nucerin. d. Antonii aud. locumtenenti contra Jacobum de Mentzero reum et possessorem sup. can. et preb. eccl. Wormat. vac. p. o. Eberhardi Schenck: de dd. can. et preb. (10 m. arg. p.) vac. p. resign. in manibus pape d. Ulrici 1. iul. 80 S 794 115^r – cui de alt. b. Marie virg. in par. eccl. in Hoffen Magunt. dioc. s. d. 7. ian. 78 prov. fuit: resign. d. alt. de quo Johanni Burckardo cler. Argent. pape fam. et acol. s. d. 18. ian. 81 prov. fuit 10. febr. 81 OP 6 72^r – solv. 20 fl. adc. pro annat. par. eccl. in Armscheyn Magunt. dioc. p. manus pr. 29. apr. 82 FC I 1134 205^v, IE 506 9^v, IE 507 9^v – rect. par. eccl. in Arnnsheym Magunt. dioc. Francisci ut supra card. fam. in decr. licent.: de prepos. eccl. ss. Martini et Severi Monasterii Meynfelt Trever. dioc. (40 m. arg.) vac. p. resign. in manibus pape Juliani [de Ruvere] card. ep. Ostien. maioris penit. tunc tit. s. Petri ad vincula presb. card. maioris penit. aut p. o. Ade Rothart et de disp. ut unac. d. par. eccl. d. prepos. et al. incompat. benef. c. lic. perm. retin. val. c. reserv. d. card. ep. Ostien. pens. ann. 130 fl. renen. sup. fruct. d. prepos. 12. mart. 84 S 833 120^{vs}, m. (archid. eccl. Senen. et dec. eccl. s. Lubentii in Dietkirchen Trever. dioc. ac offic. Trever.), gratis V 642 283^v-285^v – cler. Spiren. dioc. in decr. licent. qui vig. gr. expect. can. et preb. eccl. Spiren. acc. et qui litig. desup. in cur. contra Ewaldum Faulhaber cler. intrusum: de prorog. temp. intimandi ad al. an., Conc. ad 6 menses, sola sign. 29. mart. 84 S 834 280^v – rect. par. eccl. in Arntzheym Magunt. dioc. in decr. licent. <causarum pal. ap. not.> Francisci ut supra card. camer. fam. c. quo ut unac. d. par. eccl. quecumque al. benef. retin. val. disp. fuit et cui tunc de prepos. eccl. ss. Martini et Severi op. Monasterii Meynfeldt Trever. dioc. auct. ap. prov. fuit: de facult. resign. vel

perm. et de percip. fruct. c. lic. arrendandi ad 3 an. 2. apr. 84 S 834 20^r, 13. apr. 84 V 644 84^r-85^v – inter al. referens quod Juliano card. ep. Ostien. ut supra prepos. eccl. ss. Martini et Severi Monasterii Meynfelt Trever. dioc. vac. p. o. in cur. Henrici Dalmen p. papam commendata fuit quodque deinde quond. Ade Rothart de d. prepos. vac. p. resign. in manibus pape d. Juliani card. prov. fuit dictoque card. ep. ut eodem Adam cedente liceret illam retinere sicut prius perinde acsi d. commende minime cessisset conc. fuit quodque postremo d. Henrico de Silberberg cler. Magunt. dioc. in decr. licent. causarum pal. ap. not. ac Francisci ut supra card. fam. de d. prepos. vac. p. cess. d. Juliani (qui illam post obitum d. Ade in commendam obtinebat) p. papam prov. fuit quod autem Johannes de Eliz cler. se in d. prepos. intrusit et illam occupat: motu pr. monitio penale et m. aep. Trever. ac episcopo Wormat. ac prep. eccl. Herbip. ac al. ut procurarent quod d. Johannes d. prepos. dimittat, gratis 27. apr. 84 V 644 169^r-171^v – rect. par. eccl. in Aremsheym Magunt. dioc.: oblig. sup. annat. prepos. eccl. ss. Martini et Severi ut supra (40 m. arg.) (data sub d. obligatione quia constitit p. bullam monitorii penalis quendam Johannem de Elcz fore intrusum in d. prepos.) 30. apr. 84 A 32 93^v – consensus cess. c. pens. card. ut supra p. cedulam de dato 19. mart. 84 manu d. card. subscriptam fact. 4. mai. 84 Resign. 2 147^r – oblig. sup. facult. resign. vel perm. s. d. 13. apr. 84 sibi conc. 4. mai. 84 A 32 95^r.

3693 **Henricus Sintiz (Suitz)** presb. Magunt. dioc.: de par. eccl. in Sundheim [= Sinolheim?] Nuemburg. dioc. (4 m. arg.) vac. p. o. Nicolai de Wolffirszdorff (Walfirszdarff) 6. iun. 79 S 782 62^v, m. (cant. eccl. Nuemburg.) V 602 50^{vss}.

3694 **Henricus Sirow (Cirow) (de Solt-wedel)** [1. pars 2 partium] cler. Verden. dioc. qui Johannem Wittecop cler. Verden. dioc. suum procur. irrevocabilem p. iuram. constit.: de disp. sup. irreg. et de committ. Hermanno Ducker scolast. eccl. b. Marie Hamburgen. Bremen. dioc. pres. in cur. ut eum ab iuram. absolvat 13. mai. 76 S 738 297^{vs} – pape fam.: de prepos. eccl. s. Andree Verden. (8 <4> m. arg.) vac. p. o. in cur. Ludolphi Grawerok, Conc. c. pens. 3. partis pro Guillermo Waterhus 1. febr. 78 S 777 261^v, (m. ep. Civitatis Castelli et Michaeli Moner can. eccl. Elnen. ac offic. Verden.), gratis V 593 9^r-10^v – m. (ep. Vasionen. et Michaeli Moner can. eccl. Elnen. ac offic. Verden.) confer. par. eccl. ville Malstope Verden. dioc. (3 m. arg.) vac. p. o. Johannis Listeman, gratis 8. mart. 79 V 670 384^{rs} – m. (ep. Civitatis Castelli et Johanni Oeckel dec. eccl. b. Marie Wesalien. Trever. dioc. ac offic. Verden.) confer. perp. s. c. vicar. ad alt. 10.000 Mart. in eccl. Verden. (3 m. arg.) vac. p. o. in cur. Lamberti Drentwede 19. aug. 79 V 620 129^r-130^v – cui vig. gr. expect. de perp. s. c. vicar. ad alt. b. Marie virg. in capel. b. Marie virg. Bardewicen. Verden. dioc. vac. p. o. Nicolai Scheiner prov. fuit et **Leonardus Lange** dec. eccl. ss. Petri et Pauli Bardewicen. Verden. dioc. decr. doct. qui d. perp. vicar. vig. unionis auct. ordin. fact. acc. litigantes desup. coram aud. referentes quod d. Henricus d. perp. vicar. et Hermannus Ducher presb. Bremen. dioc. decr. doct. vicar. in par. eccl. b. Marie virg. op. Ultzen. Verden. dioc. resign.: de adm. resign. d. Henrici et Hermanni et de prov. d. Leonardo de d. vicar. Bardewicen. (4 m. arg.) et de prov. d. Henrico de d. vicar. in Ultzen (4 m. arg.) 15. apr. 80 S 791 252^{rs} – de perp. <s. c.> vicar. in par. eccl. ville Mostelin Zwerin. dioc. (3 m. arg.) vac. p. o. Bernardi Colbowen (Cobow) 18. apr. 80 S 792 45^r,

m. (ep. Civitatis Castelli et Michaeli Moner can. eccl. Elnen. ac offic. Zwerin.), gratis V 610 289^{rss} – de alt. s. Valentini in par. eccl. Valckenberg Ratisbon. dioc. (4 m. arg.) vac. p. o. Petri Wasmandorf quond. Pii II. et Burchardi [Weissbriach] tit. ss. Nerei et Achillei presb. card. fam., n. o. prepos. eccl. s. Andree Verden. (4 m. arg.), Conc. c. pens. 3. partis pro Guillelmo Waterhus, n. o. prepos. eccl. s. Andree Verden. que 4 m. de val. exist. annua pensione pro alio reserv. quoad eius 3. partem et una capn. adhuc litig. 23. nov. 80 S 798 36^v – de uniendo prepositure eccl. s. Andree Verden. (4 m. arg.) par. eccl. in Malstorp Verden. dioc. (3 m. arg.) ad vitam 10. mai. 81 S 801 183^v – cui de prepos. eccl. s. Andree Verden. vac. p. o. in cur. Ludolphi Graweroch et de can. et preb. eccl. Sleswic. vac. p. o. in cur. Theodorici Klinckrod prov. fuit inter al. referens quod Wulfhardus Witick in d. prepos. et Johannes Meygenerantz in dd. can. et preb. se intruserunt: m. (aep. Patracen. et Antonio de Grassis aud. ac Guillermo de Pereriis aud.) assign. monitorium penale contra eos infra spatium 15 dierum, gratis 25. mai. 81 V 675 116^r-118^r – not. recip. pro bulla distributa 2 grossos et 2 grossos iun. 81 DB 1 86^r – prov. de perp. vicar. in par. eccl. op. s. Cruoris al. Vilsnack Havelberg. dioc. (4 m. arg. p.) vac. p. o. in cur. Nicolai Seger (exec. ep. Civitatis Castelli et Michael Moner can. eccl. Elnen. ac offic. Havelberg.), gratis 24. iul. 81 V 612 30^r-31^v – not. recip. pro bulla distributa 2 grossos et 2 grossos aug. 81 DB 1 98^v – de perp. s. c. vicar. in par. eccl. op. Ribbenitz Zwerin. dioc. (2 m. arg.) vac. p. cess. in manibus pape Joachimi Bentzin (Wentzen) cler. Zwerin. dioc. (cui de eadem vac. p. o. Petri Tarnow s. d. 1. mart. 82 prov. fuit litt. desup. n. confectis) 14. apr. 82 S 809 202^v – de perp. benef. ad alt. s. Andree apl. in par.

eccl. op. Freynstadt Wratislav. dioc. (4 m. arg.) vac. p. o. Gasparis Unruwe 2. mai. 82 S 809 240^r – consensus cess. d. Joachimi 11. mai. 82 Resign. 2 2^r.

3695 **Henricus Sirow** [2. pars 2 partium]: de perp. s. c. vicar. ad alt. s. Elisabethe in par. eccl. b. Marie virg. <Veteris> Oppidi Soltwedel Verden. dioc. (2 <3> m. arg.) vac. p. o. Wilhelmi Waterhus apud Viterbum defunct., n. o. quod prepos. colleg. eccl. s. Andree Verden. <gravata ann. pens. 10 duc. adc.> ac can. et preb. in eccl. Sleswic. ac par. eccl. in Malstorp et perp. s. c. vicar. op. Ultzen. Verden. dioc. obtin. necnon sibi de perp. s. c. vicariis eccl. Verden., s. Cruoris in par. eccl. in Wilsnack Havelberg. dioc., par. eccl. in Volkenberch Ratisbon. dioc. et par. eccl. in Ribbenetze Zwerin. dioc. prov. fuit sup. quib. litig. (insimul 12 <14> m. arg.) 13. iul. 82 S 812 195^r, m. (ep. Civitatis Castelli et dec. eccl. b. Marie Wesalien. Trever. dioc. ac offic. Verden.) V 621 32^r-33^v – can. eccl. b. Marie Maioris Glogowie Wratislav. dioc. parafrenarius et pape fam. cui gr. expect. s. d. 17. nov. 81 de can. et preb. in eccl. Lubic. et de can. et preb. in eccl. b. Marie Hamburgen. Bremen. dioc. conc. fuit: motu pr. de mutatione gr. expect. de dd. can. et preb. in eccl. b. Marie Hamburgen. in can. et preb. in d. eccl. b. Marie Maioris Glogowie 17. aug. 82 S 827 8^r – not. recip. pro bulla distributa 3 grossos et 2 grossos aug. 82 DB 1 142^r – qui can. et preb. in eccl. Sleswic. vac. p. o. in cur. Theodorici Clinckrade c. omnibus iuribus ac corpore optato in Gruntoffe Sleswic. dioc. necnon **Johannes Petri de Hostdorpp (Hustorpp)** cler. Sleswic. dioc. qui perp. s. c. vicar. ad alt. b. Marie in mon. monial. prope et e. m. civit. Sleswic. in insula Hollem quas obtin. desiderant perm.: de adm. d. resign. et de prov. d. Henrico de d. perp. vicar. (4

m. arg. p.) et de prov. d. Johanni de dd. can. et preb. in eccl. Sleswic. ac d. corpore in d. Gruntoffe (4 m. arg. p.) 14. ian. 83 S 818 205^v, 22. ian. 83 S 818 249^v – qui vig. gr. expect. perp. s. c. vicar. <ad alt. b. Marie in capel. b. Marie> infra emunitatem colleg. eccl. ss. Petri et Pauli Bardewicen. Verden. dioc. (4 m. arg.) vac. p. o. in cur. Nicolai Schermer acc. et qui litig. desup. in cur. contra quond. Leonardum Langhem presb. Verden. dioc. intrusum: de surrog. ad ius d. Leonardi 26. apr. 83 S 823 203^r, m. (Petro de Ferrera aud.) V 634 300^r-301^v – motu pr. m. (ep. Alerien. et dec. eccl. b. Marie Wessalien. Trever. dioc. ac offic. Lubic.) confer. perp. vicar. in par. eccl. b. Marie Lubic. (4 m. arg.) vac. p. o. in cur. Nicolai Sirow 27. decb. 83 V 640 95^{rss} – referens quod quond. Matheus Ruasqueti presb. Halberstad. dioc. ad perp. benef. in par. eccl. b. Marie Stendalen. Halberstad. dioc. vac. p. o. Johannis Warberch al. Nicolai p. patron. laic. decano Stendalen. present. fuit et quod d. Matheus postmodum litig. desup. contra Fridericum Ebelingk cler.: de surrog. ad ius d. Mathei et de nova prov. de d. perp. benef. (4 m. arg.) c. consensu d. patron. laic. 6. mart. 84 S 833 30^{rs} – referens quod sibi de perp. s. c. vicar. in par. eccl. op. Wilsnack Havelberg. dioc. vac. p. o. in cur. Nicolai Seghers prov. fuit et quod Henricus Grantzow de Mirow et al. cler. in d. vicar. se intruserunt: monitio contra se in d. vicar. intrudentes 15. apr. 84 V 677 153^r-154^v – prep. eccl. s. Andree Verden. in art. mag.: de disp. ut unac. d. prepos. al. 2 incompat. benef. etsi 2 par. eccl. ad vitam sub eodem tecto c. lic. perm. recip. val. et de percip. fruct. in absentia et de indulto testandi usque ad 400 [fl. adc.] 25. mai. 84 S 837 123^{rs} – de cantor. ac can. et maiori preb. colleg. eccl. in Hadersleve Sleswic. dioc. (insimul 4 m. arg.) vac. p. resign. in manibus pape Nicolai de Zeghere cler. Halberstad. dioc. (cui de eisdem vac. p. o. Nicolai Sterken prov. fuit) et de perp. s. c. vicar. in capel. s. Nicolai op. Soltwedelen. Verden. dioc. (2 m. arg.) vac. p. resign. in manibus pape d. Nicolai (cui de eadem vac. p. o. Andree Interburbr prov. fuit et qui desup. litig. in cur. et in partibus) c. facult. perm. 7. iun. 84 S 837 45^{vs} – m. (ep. Alerien. et dec. eccl. Lubic. ac dec. eccl. b. Marie Wesalien. Trever. dioc.) disp. ad 3 incompat. benef. c. facult. resign. in partibus et disp. de n. resid. 24. iun. 84 V 646 238^r-240^v – oblig. sup. facult. resign. vel perm. ut supra 28. iun. 84 A 32 142^r – motu pr. de perp. vicar. ad alt. s. Margarete in colleg. eccl. s. Anscharii Bremen. (2 m. arg.) vac. p. o. in cur. Gherardi Ellinghusen 5. iul. 84 S 838 104^{rs}.

3696 Henricus Slaggen cler. Bremen. dioc. qui litig. coram Henrico Pomert dec. eccl. b. Marie Hamburgen. Bremen. dioc. contra Bartholdum Brandis cler. sup. perp. vicar. ad alt. s. Michaelis archangeli in capel. s. Georgii e. m. op. Hamburgen.: de prov. si neutri de d. vicar. (4 m. arg.) 3. mart. 75 S 717 107^v.

3697 Henricus Slegel cler. Magunt. dioc. Ph[ilippi Calandrini] card. ep. Portuen. fam. qui perp. capn. ad alt. s. Laurentii in eccl. s. Ursmari in Bruchio Cameracen. dioc. (de qua Jacobo Blarian moderno cap. d. card. prov. fuit) resign. in manibus pape: de assign. d. Henrico pens. ann. 8 fl. renen. sup. fruct. d. alt. et alterius alt. etiam s. Laurentii in eccl. s. Aldegundis in Mollodio Cameracen. dioc. quam d. Jacobus obtin. (insimul 24 fl.) 23. ian. 72 S 676 34^{rs} – cui gr. expect. s. d. 1. ian. 72 conc. fuit: de decl. litt. desup. perinde val. acsi motu pr. conc. fuissent 15. sept. 77 S 757 250^{rs}.

3698 Henricus de Sleynicz monach. mon. in Kempnissen o. s. Ben. Misnen. dioc. profes. ex utr. par. de mil. gen.

in 19. sue et. an. constit. qui in abbat. d. mon. vac. p. o. cuiusdam N. de Mocken p. conv. d. mon. el. et present. fuit: de conf. d. elect. sive nova prov. de d. abbat. (20 m. arg.) 28. ian. 84 S 837 175^{vs}.

3699 Henricus [Smice] tunc abb. mon. ss. Petri et Pauli e. m. Merseburg. o. s. Ben. cui de mon. ss. Petri et Pauli Wiszinburgen. o. s. Ben. Spiren. dioc. vac. p. o. Jacobi abb. prov. fuit: motu pr. disp. ut etiam post assec. abbat. in Wiszinburg d. mon. e. m. Merseburg. in commendam retin. val. 12. apr. 75 L 744 56^{vss} – abb. mon. ss. Petri et Pauli Wisemburgen. ut supra: obtulit pro commun. serv. d. mon. 750 fl. adc. (in margine: bulle fuerunt date parti sub oblig. propter desolationem mon.) 15. iun. 75 OS 81 11^r, OS 84 246^r – obtulit cam. ap. et collegio card. 750 fl. adc. pro serv. commun. ratione prov. s. d. 12. apr. 75 (in margine: d. die bulle date fuerunt parti que solv. de presenti serv. min. et omnia al. iura; abb. promisit solv. infra 4 an. a die habite possessionis videlicet infra 2 an. tertiam partem et infra 2 al. an. residuas 2 partes d. commun. etc.; die 29. mart. 79 papa et sacrum collegium remiserunt d. Henrico serv. commun. et residuum serv. min.) 15. iun. 75 Paris L 25 A 8 192^v – abb. mon. ss. Petri et Pauli Wisimburgen. ut supra R. E. immediate subiecti (olim p. Dagobertum Francorum regem fund. et dotati): m. (abb. mon. ss. Petri et Pauli in Hirsawe et in Gotzauwe Spiren. dioc.) conc. lic. vendendi (de consensu conv. ac 2 visitatorum capit. provincialis d. ord.) al. bona d. mon. et emendi de d. pretio al. bona immobilia d. monasterio magis utilia 4. aug. 75 L 751 237^{rss} – quitt. sup. solut. commun. serv. mon. ss. Petri et Pauli ut supra 29. mart. 79 FC I 1130 62^r – et conv. mon. ss. Petri et Pauli Wissenburgen. o. s. Ben. Spiren. dioc. inter al. referentes quod 2 prepos.

una videlicet ad Quattuor Turres et al. ad s. Andream ac 2 castra unum videlicet ad s. Remigium et aliud ad s. Paulum e. m. op. Wissenburgen. exist. et ad d. mon. pertin.: de facult. conc. alt. port. pro incolis et habitatoribus d. op. in d. et al. castris et locis ad d. mon. pertin. 13. mai. 80 S 792 217^{rs} – et conv. mon. ss. Petri et Pauli appl. Wissemburgen. ut supra: motu pr. supplic. Friderico R. I. conf. privil. Innocentii IV. sup. exempt. d. mon. et conf. omnium benef. ad d. mon. pertin. 15. mai. 80 V 603 161^{vss} – abb. mon. ss. Petri et Pauli appl. in Wiissenburg] o. s. Ben. ad Romanam cur. nullo medio pertin. inter al. referens quod ipse tunc abb. mon. ss. Petri et Pauli e. m. Merseburg. o. s. Ben. ex conc. ap. et ex conc. Rudolphi [de Ruedesheim] ep. Wratislav. tunc in Polonie et Bohemie ac in certis partibus Alamanie nunt. c. pot. legati de latere quamplura mon. in diversis dioc. et locis visitavit et reformavit ac in illis reg. observ. introduxit necnon quamplures christifideles absol. et aliquas abba. d. ord. benedixit: de conf. 30. iul. 80 S 795 118^{rs} – et conv. mon. ss. Petri et Pauli Wyssenburgen. ut supra inter al. referentes quod olim abbates et monachi d. mon. (de com. vel bar. vel illustrium gen.) dissolutam vitam fecerunt et bona d. mon. alienaverunt ac divina off. neglexerunt quodque demum cum successive dd. monachi decessissent uno solo superstite ipsumque mon. gravissimis debitorum oneribus pregravatum reliquissent ad instantiam Friderici com. palatini Reni R. I. principis elect. ac Bavarie ducis necnon presidentium o. s. Ben. provincie Magunt. d. Henricus abb. etc. auctoritate pape ad d. mon. reformandum translati sunt in quo nunc viget reg. observ.: de incorp. d. monasterio altaria s. Crucis s. Michaelis s. Andree s. Jacobi s. Laurentii Omnium ss., s. Nicolai et s. Catherine sita in eccl., alt. b. Marie, s. Anne et

s. Willebrordi in ambitu et alt. s. Dionisii et b. Marie et s. Margarete in domo infirmorum in cur. in septa d. mon. capelle necnon alt. ss. Catherine et Marie Magdalene in d. capel. b. Marie in d. curia (quorum singulorum 4 et omnium fruct. 30 m. arg.) ad coll. d. abb. 3. aug. 80 S 795 227^{rs} – abb. mon. ss. Petri et Pauli appl. in Wissenburg ut supra necnon presidens et capit. congregationis Bursfeldensis referentes quod d. Henrico de d. mon. vac. p. o. Jacobi abb. prov. fuit et quod d. Henricus d. mon. vig. disp. unac. mon. ss. Petri et Pauli e. m. Merseburg. o. s. Ben. in commendam obtin. val. quodque d. mon. e. m. Merseburg. pluribus an. et antequam ipse illius possessionem assec. erat d. congregationi unitum fuit quodque d. Henricus litig. in cur. contra ep. Merseburg. sup. possessione d. mon.: de indulto ut d. mon. e. m. Merseburg. unac. d. mon. Wissenburgen. (40 m. arg. seu 200 duc.) ad vitam in commendam obtin. et quando sibi placuerit resign. in manibus d. presidentis val. 22. aug. 80 S 795 138^{r} – et conv. mon. ss. Petri et Pauli appl. Wissemburgen. ut supra: motu pr. supplic. Friderico R. I. conf. exempt. d. mon. p. Dagobertum regem Francie fundatum et dotatum (exec. abb. mon. s. Jacobi e. m. Magunt. et dec. eccl. s. Spiritus Heydelbergen. Wormat. dioc.) 26. aug. 80 V 603 244^{r}-246^{v} – et conv. mon. ss. Petri et Pauli appl. Visenburgen. ut supra: restit. bulle sup. conf. et innovatione exempt. d. mon. ab omni iurisd. ordin. s. d. 26. aug. 80 conc. et solvit pro iocalibus 24 fl. 9. mai. 81 A 30 174^{v} – et conv. mon. ss. Petri et Pauli appl. Visenburgen. ut supra: restit. bulle sup. indulto quod gr. expect. reservationes nominationes speciales n. habeant locum in benef. ad coll. dd. abb. etc. existentibus c. certa conf. s. d. 15. mai. 80 conc. 9. mai. 81 A 30 174^{v} – notitia quod quitt. sup. solut. commun. serv. est registrata p.

errorem in libro quittantiarum diversarum folio 62 [deest dat.] FC I 1131 96ʳ, FC I 1131 106ᵛ.

3700 Henricus (de) Smiher (Sunher) rect. par. eccl. in Zellerstal <in Zell> Salzeburg. dioc. de mil. gen. utr. iur. doct. cui de par. eccl. seu perp. vicar. s. Petri in Voburg Ratisbon. dioc. (24 m. arg.) p. Paulum II. prov. fuit c. disp. ut d. vicar. unac. d. par. eccl. (26 m. arg.) ad 2 an. retin. valeat: de prorog. ad vitam 17. decb. 71 S 674 113ʳ, L 717 135ᵛˢ – rect. par. eccl. in Zelle in Zillerstal Salzeburg. dioc. cui de par. eccl. seu perp. vicar. s. Petri ut supra prov. fuit et c. quo p. papam disp. fuit ut dd. par. eccl. ad vitam retin. val.: de disp. ad 3. incompat. benef. 18. mai. 76 S 741 170ʳˢ – rect. par. eccl. in Zell im Zillerstal Salzeburg. dioc. utr. iur. doct. de nob. gen. cui d. par. eccl. obtinenti p. Paulum II. de par. eccl. seu eius perp. vicar. s. Petri in Voburg ut supra prov. fuit c. disp. ut d. vicar. unac. d. eccl. in Zell seu absque illis 2 alia benef. incompat. p. 2 an. retin. val.: prorog. d. disp. ad vitam 18. nov. 77 L 784 297ᵛˢˢ, de ref. S 760 171ʳ – prep. eccl. s. Viti e. m. Frising.: restit. bulle sup. prepos. d. eccl. et perp. vicar. in par. eccl. s. Crucis in Engelpretzmunster Ratisbon. dioc. (28 m. arg.) de quib. vac. p. resign. in manibus pape Burkardi de Freyberg ex causa perm. c. par. eccl. in Zell Vallis Zilleris Salzeburg. dioc. (28 m. arg.) s.d. 24. febr. 80 sibi prov. fuit 15. mart. 80 A 28 244ʳ.

3701 Henricus Snellewech cler. Zwerin. dioc. inter al. referens quod ipse in min. ord. et in iuvenili et. studens et sodales sui quendam iudeum deridere inceperunt et lapides proiecerunt adversus dom. iudei et quod iudeus (qui lapides adversus dom. scolarium proiecit) quendam christianum in capite vulneravit ut expiraret: de disp. sup. irreg. et de absol. et de prom. ad omnes ord. 3. sept. 74 S

717 264ʳˢ – nullum benef. obtin.: de par. eccl. ville Rokeritcz (Rokentez) Camin. dioc. (2 m. arg.) vac. p.o. Hermanni Vryenholten (Vrienholth) 3. apr. 75 S 719 80ᵛˢ, m. (dec. eccl. s. Martini Bramessen. Osnaburg. dioc. et Paulo de Crottis can. eccl. Cremonen. ac offic. Camin.), gratis (exped. 17. nov. 75) L 747 127ᵛˢˢ.

3702 Henricus (Heinricus) Sobbe (Sabbe, Gobbe, Gebbe) (de Dursten) cler. Colon. dioc. qui litig. coram Nicolao de Edam aud. contra Johannem Ywen sup. vicar. s. Crucis Colon.: de prov. si neutri de d. vicar. (1 m. arg.) vac. p.o. Siberti Hedel 16. nov. 74 S 715 251ʳˢ – cui de can. et preb. eccl. s. Cuniberti Colon. vac. p.o. Johannis Engelberti al. Buck prov. fuerat et qui litig. desup. coram Gabriele de Contareno aud. contra Gotfridum Pimperodo cler. intrusum: de prorog. term. ad 5 menses, Conc. ad 3 menses, sola sign. 19. decb. 74 S 713 18ᵛ – qui litig. coram aud. sup. perp. s.c. vicar. ad alt. b. Barbare in colleg. eccl. b. Marie ad Gradus Colon. contra Hugonem Danckardi (qui resign.): de surrog. ad ius d. Hugonis in d. vicar. (3 m. arg.) 27. ian. 75 S 721 156ʳˢ – subdiac. Colon. dioc. in decr. bac. rect. par. eccl. in Pfaffendorp Colon. dioc.: de nova prov. de d. par. eccl. (4 m. arg.) vac. p. resign. Heinrici Schilder 1. decb. 75 S 731 95ᵛˢ – rect. par. eccl. in Husen prope Meyen Trever. dioc.: de n. prom. ad 7 an. 20. mart. 76 S 736 263ʳ – rect. par. eccl. in Husen Trever. dioc.: de disp. ut unac. d. par. eccl. (4 m. arg.) aliud incompat. benef. recip. valeat etsi 2 par. eccl. ad 10 an. c. lic. perm. 22. decb. 78 S 776 201ᵛ – rect. par. eccl. in Husen Trever. dioc. causarum pal. ap. not.: de disp. ut unac. d. par. eccl. (4 m. arg.) aliud incompat. benef. recip. valeat etsi 2 par. eccl. ad vitam c. lic. perm. 22. apr. 79 S 781 44ᵛ – recip. not. pro bulla distributa pro formata 7 grossos iun. 80 DB 2

16ʳ – disp. ad futura 83/84 I 335
53ᵛ – causarum pal. ap. not. et scriba coram Matheo de Porta aud.: motu pr. de indulto ut substitutus off. suum ad 2 an. exercere val., sola sign. 26. mai. 81 S 801 276ᵛ – motu pr. gr. expect. de can. et preb. eccl. s.Cassii Bonnen. Colon. dioc. necnon de benef. ad coll. prep. etc. eccl. s.Gereonis Colon. necnon aep. Colon. et capit. d. eccl. s.Cassii 17. nov. 81 (exped. 20. nov. 81) (m. prep. eccl. Bremen. et dec. eccl. s.Ludgeri Monast. ac offic. Colon.) L 819 106ʳ-108ᵛ – qui vig. gr. expect. motu pr. perp. s.c. vicar. ad alt. s.Dionisii in colleg. eccl. s.Gereonis Colon. vac. p.o. Antonii de Corbecke al. de Susaw (Carwick de Susaco) acc. et qui litig. desup. coram Johanne Francisco [de Pavinis] aud. et Petro de Ferrera aud. contra Rodolphum Abel cler.: de prov. si neutri de d. perp. s.c. vicar. (4 m. arg.) 30. apr. 82 S 812 8ᵛˢ – litig. ut supra contra Rodolphum Abel et contra Johannem Caelhase cler. sive Andream Herbordi: de prov. si nulli et si neutri et de nova prov. de d. vicar. (7 m. arg.), n.o. can. et preb. eccl. s.Cuniberti Colon. (4) ac par. eccl. in Husen Trever. dioc. (4) ac vicar. in eccl. Colon. (3) et vicar. in eccl. Colon. (4 m.) 8. iun. 82 S 811 156ʳˢ – causarum pal. ap. coram Matheo de Porta aud. a cur. absente not. et scriba: de conc. in negotiis suis a cur. absentandi ad 2 an. post regressum d. Mathei ad cur. vel alterius in eius locum surrogandi facultatem, Conc. ad an., sola sign. 16. iul. 83 S 826 42ᵛ.

3703 **Henricus Sonnabent** cler. Magunt. dioc.: de perp. vicar. ad alt. ss.Johannis Ev. et Marie Magdalene in eccl. mon. b. Marie Veteris Ville e.m. Northusen. Magunt. dioc. (3 m. arg.) vac. p.o. Johannis Eberhardi, n.o. perp. vicar. in eccl. ss.Petri et Pauli in Czicz Nuemburg. dioc. (3 m. arg.) (sup. qua litig. in cur.) ac

perp. vicar. in par. eccl. s.Nicolai Northusen. Magunt. dioc. (1 m. arg.) quas obtin. 13. apr. 73 S 696 28ʳˢˢ – referens quod ipse p. prep. et abba. etc. mon. b. Marie virg. e.m. Northusen. Magunt. dioc. ad perp. vicar. ad alt. s.Johannis Bapt. et b. Marie Magdalene in eccl. d. mon. vac. p.o. Johannis Eberhardi preposito eccl. s.Petri in Lechelburgen Magunt. dioc. presentatus fuit et quod Michael de Stamern can. eccl. Halberstad. p. Theodericum de Rede patron. laic. Magunt. dioc. ad d. vicar. vac. p. resign. Henningi de Dorstat cler. presentatus fuerat: de d. vicar. (4 m. arg.) vac. p. resign. d. Michaelis 23. decb. 74 S 713 280ʳˢ.

3704 **Henricus Sorp** (/.) cler. Colon. dioc. in art. mag.: de nova prov. de par. eccl. s.Petri ville Dorenborch Paderburn. dioc. (4 m. arg.) vac. p.o. Hermanni Ysernhusen 10. ian. 83 S 818 95ʳ.

3705 **Henricus Soudenbalch** cler. Traiect. in art. mag. in 22. sue et. an. constit. c. quo sup. def. nat. (p. s.) et deinde p. Lucam [de Tollentis] ep. Sibenicen. in illis partibus sed. ap. nunt. c. pot. legati de latere disp. fuerat ut unac. decan. eccl. s.Martini loci Aggeris [s.Martini] Traiect. dioc. 2 al. compat. benef. etsi par. eccl. ad vitam c. lic. perm. retin. val. et qui in 20. sue et. an. constit. ad d. decan. vac. p.o. Ghisberti Andree p. <Elinoram de Borsalia> dominam d. loci et patron. present. <et qui vig. disp. ad 2 al. compat. benef. perp. s.c. capn. ad alt. s.Theobaldi in par. eccl. de Graytroede Traiect. dioc. (10 fl. renen.) certo modo vac. et deinde perp. s.c. capn. ad alt. s.Jacobi in par. eccl. de Haemstede Traiect. dioc. (9 fl. renen.) certo modo vac. assec. fuit> et qui postremo etiam par. eccl. de Assemansbrueck Traiect. dioc. certo modo vac. absque disp. assec. fuit et insimul ultra 4 menses detin.: de nova prov. de d. par. eccl. in Assemansbrueck (5 m. arg.) et de

d. decan. c. suis annexis can. et preb. (8 m. arg.) ac de disp. ut unac. d. par. eccl. et d. decan. aliud incompat. benef. recip. valeat etsi par. eccl. ad vitam c. lic. perm. 28. ian. 81 S 800 83^{rs}, m. (prep. eccl. s. Johannis Traiect.) (exped. 12. apr. 81) L 806 163^r-168^r.

3706 Henricus Spaler (Spuker) de Clivis cler. Colon. dioc. Johannis [de Michaelis] tit. s. Marcelli presb. card. s. Angeli nunc. fam. nullum benef. obtin.: de can. et preb. eccl. s. Cassii Bonnen. Colon. dioc. et de can. et preb. eccl. s. Martini Embricen. Traiect. dioc. (insimul 16 m. arg.) vacat. p. priv. Wilhelmi van den Over cler. Colon. dioc. quond. Pauli II. fam. quia excom. divina off. celebravit 16. ian. 81 S 799 109^{vs} – de par. eccl. in Huysberden Colon. dioc. c. par. eccl. Werbeyde Colon. dioc. annexa (12 m. arg.) vac. p. devol. et de disp. ut dd. par. ecclesias insimul ad vitam c. lic. perm. retin. val. 8. mart. 81 S 800 136^v – de perp. vicar. in colleg. seu par. eccl. b. Marie Cliven. [Colon. dioc.] de iur. patron. laic. (3 m. arg.) vac. p. o. Henrici Inghenhauer vel p. n. prom. Frederici Thierbruggen c. derog. iur. patron. 29. apr. 81 S 801 10^r.

3707 Henricus Spangenberg cler. Magunt. dioc.: motu pr. gr. expect. de 2 benef. ad coll. prep. etc. eccl. b. Marie virg. Isenacen. ac abb. etc. mon. Hersfelden. o. s. Ben. Magunt. dioc. 17. nov. 81 (exped. 16. mart. 82) (m. ep. Tricaricen. et dec. eccl. s. Victoris e. m. Magunt. ac offic. Magunt.) L 819 161^v-163^v – presb. Magunt. dioc.: de nova prov. de par. eccl. Heringen. Magunt. dioc. (2 m. arg.) vac. p. resign. Johannis Seller et de disp. ut unac. d. eccl. aliud incompat. benef. etsi par. eccl. ad vitam recip. val. c. lic. perm., n. o. vicar. in par. eccl. op. Hersoltem (2 m. arg.) ac benef. in villa prope Salcza (2 m. arg.) 7. mart. 82 S 808 95^{rs}.

3708 Henricus abb., Spiren. [dioc.?]: alt. port. 80/81 I 334 212^r.

3709 Henricus Springhenarcher (Springnarke) cler. Camin. dioc. in art. mag. qui ad perp. s. c. vicar. in capel. Corporis Christi op. Paszwalk Camin. dioc. vac. p. o. Martini Lentzen de iur. patron. laic. p. Alheydim rel. quond. Heynonis Slepekewim viduam et Joachimum Lucowo laic. Camin. dioc. loci ordinario present. fuit: de nova prov. de d. perp. vicar. (4 m. arg.), n. o. perp. s. c. vicar. in eccl. b. Marie Stettinen. (4 m. arg.) et perp. s. c. vicar. in capel. par. eccl. s. Nicolai Stettinen. Camin. dioc. (4 m. arg.) 26. mart. 82 S 809 89^v – de archidiac. Paszvalchsen. Camin. dioc. (10 m. arg.) vacat. p. priv. Johannis Voepersznavo qui reatum homicidii commisit et al. excessus, n. o. perp. vicar. in eccl. b. Marie virg. (4 m. arg.) et perp. vicar. in eccl. s. Nicolai Stettinen. Camin. dioc. (4 m. arg.) quas obtin. ac perp. capn. s. Crucis in Paszwalck Camin. dioc. (4 m. arg.) ad quam sibi ius competere sperat 29. mart. 82 S 809 110^{rs}.

3710 Henricus Stalbyter cler. Traiect. dioc.: de par. eccl. in Vichinode Traiect. dioc. (4 m. arg.) vac. p. o. [nomen deest] 4. mai. 76 S 739 162^v.

3711 Henricus Stalke cler. Minden. dioc. reus cui de par. eccl. in Kerckdorp Minden. dioc. (vac. p. assec. prepos. mon. monial. in Walsrade o. s. Ben. Verden. dioc. p. Rodolphum Zulde cler. Minden. dioc.) p. Albertum [de Hoya] ep. Minden. prov. fuit et qui litig. desup. coram Nicolao de Edam aud. contra d. Rodulphum actorem qui ante assec. d. prepos. al. prepos. mon. monial. in Nendorp o. s. Ben. Minden. dioc. detin.: de prov. si neutri de d. par. eccl. (4 m. arg.) 4. iun. 73 S 695 153^{vs}.

3712 Henricus Staler (Scaler) referens quod secum tunc scol. Constant. dioc. sup. def. nat. (de commendatore presb. ord. s. Johannis Jerusalemitan.

et s.) ut ad omnes ord. prom. et c.c. benef. obtin. val. p. litt. penitentiarie disp. fuerat et iur. ignarus p. certum antistitem ep. Basil. suffraganeum sive vic. se fecit clericali caractere insigniri et quod sibi deinde gr. expect. ad 2 coll. et totidem benef. motu pr. conc. fuit cuius vig. ipse perp. capn. ad alt. Visitationis Marie virg. in eccl. Basil. tunc vac. p.o. Wernherii Strohn acc. quam p. an. possedit: de prom. ad omnes ord. et de disp. ad quecumque benef. c. lic. perm. et de decl. dd. litt. perinde val. acsi temp. dat. dd. litt. clericali caractere rite insignitus fuisset et de nova prov. de d. capn. (6 m. arg.) vac. p. resign. d. Wernheri, Conc. ad an. 7. aug. 83 S 826 152^{rs} – cler. Constant. dioc. qui vig. disp. ut supra gr. expect. acc. et qui autem nondum fuit rite insignitus p. antistitem sive vic. ep. Basil.: de decl. litt. desup. perinde val. acsi tempore recip. dd. litt. clericali caractere rite insignitus fuisset 13. oct. 83 S 831 58^{vs} – Celsi de Mellinis refer. pape fam. c. quo sup. def. nat. ut supra disp. fuit ut ad omnes ord. prom. et c.c. benef. recip. val. et qui vig. gr. expect. s.d. 17. nov. 81 de 2 benef. ad coll. ep. etc. Basil. et ep. etc. Constant. capn. ad alt. Visitationis b. Marie virg. in eccl. Basil. acc. possessione subsecuta: de reval. dd. litt. c. mutatione coll. de ep. etc. Constant. ad coll. abba. mon. s. Fublinii [?] in Stobergen [ord. et dioc. desunt] et de prerog. fam. pape descript. et de disp. ad quodcumque benef. 16. nov. 83 S 831 227^{vss}.

3713 **Henricus Stamern** cler. Halberstad. dioc. referens quod Johannes Fulda can. eccl. ss. Petri et Pauli appl. Czicen. Nuemburg. dioc. reus et possessor litig. coram aud. contra Ulricum Wolffirszdorff et Henricum Bolbericz actores sup. can. et maiori preb. d. eccl. vac. p.o. Benedicti Pulko et quod d. Ulrico de al. can. et maiori preb. in d. eccl. prov. fuit et d. Jo-

hannes obiit et quod deinde ipsi de d. can. et maiori preb. prov. fuit et quod litig. desup. coram aud. contra d. Henricum et Nicolaum Wolfirszdorff et quod postremo d. Nicolaus obiit et d. Henricus resign. in manibus pape: de nova prov. de eisdem (4 m. arg.) 13. ian. 80 S 788 243^{rs}.

3714 **Henricus [de Stammern]** ep. Nuemburg.: notitia sup. visit. lim. pro biennio incipiendo p. Melchiorem de Meckau script. procur. 1. iun. 72 DC 36 142^r – notitia sup. visit. lim. pro 2 bienniis die 1. iun. 78 finiendis p. Melchiorem Meckau can. eccl. Brixin. script. procur. 25. mai. 76 DC 39 81^{rs} – solv. in bullaria pro visit. lim. 3 grossos iun. 76 T 13 19^r.

3715 **Henricus Stangen (Stengen)** scol. Trever. dioc.: de prom. ad omnes ord. extra temp. 25. oct. 81 S 804 169^{rs} – cler. Trever. dioc.: de par. eccl. in Wenden Colon. dioc. (3 m. arg.) [cass. 4 m. arg.] vac. p.o. cuiusdam 6. mai. 83 S 827 42^r.

3716 **Henricus (de) Stauffenbergh:** pens. Colon. 80/81 I 334 45^r – can. mon. s. Antonii Viennen. o. s. Aug.: restit. bulle sup. pens. ann. 100 fl. renen. auri Colonie currentium eidem sup. fruct. precept. s. Antonii Colon. o. s. Aug. s.d. 8. ian. 81 assign. (quia est soluta annat. d. precept.) 12. ian. 81 A 29 222^v.

3717 **Henricus de Steynby** rect. par. eccl. de Novilia Leod. dioc. reus et possessor qui litig. coram aud. contra Philippum de Savigneyo cant. eccl. Trever. actorem (qui resign. in manibus pape) sup. d. par. eccl. (24 l. T. p.): de surrog. ad ius d. Philippi 17. febr. 79 S 778 54^{rs}.

3718 **Henricus van Steynem:** supplic. dec. et capit. eccl. s. Castoris [locus deest] de ref. de assign. pens. sup. fruct. certe par. eccl. d. ecclesie incorp. 12. mai. 72 S 679 173^{rs}.

3719 Henricus Steinwech (Steynvech, Stenwech) [1. pars 4 partium] decr. doct. aep. Colon. et aep. Trever. procur. in Romana cur. Nicolai [Fortiguerra] tit. s. Cecilie presb. card. dilectus: supplic. d. card. de can. et preb. eccl. s. Quintini [!] Nussien. [Colon.] dioc. (6 m. arg.) vac. p. o. Henrici Dailman Pauli II. fam. et cubic. 6. sept. 71 S 671 109^vs – cler. Colon. dioc. referens quod ipse vig. gr. expect. Pauli II. can. et preb. presbit. eccl. Colon. vac. p. o. Warneri Stehic de Borchein acc. et quod litig. desup. contra Waltramum Wannehoue cler. abbrev. et Pauli II. fam. et Henricum Gerwen cler. ac Brunonem Cluyt cler. temp. Pauli II. coram Nicolao de Edam aud. et Johanne de Ceretanis aud. et quod deinde d. Henricus Gerwen resign. in manibus d. Nicolai aud. et d. Waltramus resign. in manibus pape: m. (prep. eccl. s. Cuniberti Colon. et dec. eccl. s. Patrocli Susacien. Colon. dioc. ac offic. Colon.) confer. eosdem de novo (8 m. arg.) 6. iun. 72 (exped. 20. iul. 72) L 716 191^v-193^r – in cur. causarum procur. qui vig. gr. expect. Pauli II. can. et preb. eccl. s. Cassii Bonnen. Colon. dioc. vac. p. o. Petri Guylcher acc. et qui litig. desup. coram Matheo de Porta aud. contra quond. Johannem de Ortenberg cler.: de surrog. ad ius d. Johannis in eosdem (8 m. arg.) 27. iun. 72 S 681 92^vs – solv. 18 fl. adc. pro compositione annat. can. et preb. presbit. ut supra 24. iul. 72 FC I 1129 101^r, 27. iul. 72 IE 487 94^v – prep. eccl. b. Marie Geysmarien. Magunt. dioc. qui vig. disp. <Pii II.> ad 2 incompat. benef. <etsi 2 par. eccl. ad 7 an. par. eccl. in Briisych Colon. dioc. retinet c. prorog. Pauli II. de 2 par. eccl. ad vitam> et vig. disp. <d. Pauli II.> ad 3. incompat. benef. ad 2 an. par. eccl. in Weuelkouen Colon. dioc. et par. eccl. s. Laurentii Colon. obtin. sup. qua litig.: de prorog. de 2 par. eccl. ad vitam 11. sept. 72 S 682 38^rs, L 725

102^r-103^v – et **Ropertus [com. palatinus Reni]** aep. Colon. et prep. etc. eccl. Colon. referentes quod Martinus V., Johannes XXIII. et Pius II. ad instantiam proconsulum, consulum et communis civit. Colon. ius patron. par. eccl. s. Laurentii Colon. parochianis d. par. eccl. reserv. (temp. Pii II. quond. Jacobo de Nouamagio dec. eccl. ss. Appl. licent. in decr. ut executore procedente) et quod d. Henrico de d. par. eccl. vac. p. o. Pauli de Gerishem (Goreshem) certorum 2 card. fam. (tunc p. parochianos present.) p. prep. et archid. eccl. Colon. prov. fuit et quod ipse desup. litig. coram offic. d. prep. eccl. Colon. et deinde coram Antonio de Grassis aud. contra Johannem Peregrini cler. ad d. par. eccl. p. parochianos present.: m. (Antonio de Grassis aud.) decl. litt. desup. perinde val. acsi dd. litt. Martini V., Johannis XXIII. et Pii II. apud acta d. cause producte n. apparerent 21. oct. 73 V 561 207^v-209^v – de scolastr. eccl. s. Florini Confluentie Trever. dioc. (4 m. arg.) vacat. p. resign. in manibus pape Petri Schaffmansperger Roderici [de Borja] card. ep. Albanen. vicecancellarii fam. (cui de illa vac. p. o. Nicolai Tuheti prov. fuerat litt. n. exped.) 25. febr. 74 S 702 258^vs – restit. bulle s. d. 21. oct. 73 sup. par. eccl. s. Laurentii Colon. ut supra 23. apr. 74 A 23 208^v.

3720 Henricus Steinwech (Steynvech, Stenwech) [2. pars 4 partium] <Adolphi [de Nassau] aep. Magunt.> in cur. causarum procur. qui vig. disp. ad 3 incompat. benef. par. eccl. s. Martini in Weuelkouen Colon. dioc. et can. et preb. eccl. Colon. inter al. obtin.: de incorp. dd. canonicatui et preb. (8 m. arg.) d. par. eccl. (12 m. arg.) ad vitam 6. aug. 74 S 708 121^vs, L 735 197^vs – de prepos. eccl. s. Georgii Colon. (12 m. arg.) vacat. p. resign. Johannis Andree Grimaldis cler. Antinopolitan. nullius dioc. ex utr. par. de nob. gen. utr. iur. doct. et pape cubic. secreti cui motu pr. de d. prepos. vac. p.o. Johannis Beecke prov. fuerat 3. ian. 75 S 713 129^{vs} – de prepos. eccl. s. Georgii Colon. (10 m. arg.) vac. p. resign. <in manibus pape> Johannis Andree de Grimaldis cler. Antinopolitan. nullius dioc. ex utr. par. de nob. gen. utr. iur. doct. pape cubic. secreti cui de eadem vac. p.o. Johannis Beeck (Beek) <motu pr. s.d. 23. sept. 74> prov. fuerat 13. ian. 75 S 714 7^{rs}, (exec. prep. eccl. s. Andree et dec. eccl. s. Cuniberti Colon. et dec. eccl. s. Patrocli Suzatien. Colon. dioc.) V 566 46^r-47^v – solv. 22 fl. pro compositione annat. prepos. eccl. s. Georgii Colon. p. manus pr. 27. ian. 75 IE 490 42^r, IE 491 29^r, 29. ian. 75 FC I 1132 38^v – can. eccl. Colon.: de prepos. colleg. eccl. s. Patrocli Suzacen. Colon. dioc. (30 m. arg.) vac. p. resign. Georgii Hesler utr. iur. doct. prothonot. pape refer. seu p.o. Werneri de Wytgensteyn, n.o. quod (ipse) p. capit. eccl. Colon. el. n. sit 15. mart. 75 S 716 133^{vs} – de committ. Jacobo [de Neapoli] ep. Sancti Angeli [de Lombardis] in cur. resid. ut eum absolvat ab omnibus sent. excom. ac interdicti et a peccatis suis, sola sign. 1. aug. 75 S 724 205^v – de committ. ep. Sancti Angeli ut supra vel alicui antistiti ut eum a sent. excom. et interdicti absol., sola sign. 4. apr. 76 S 736 295^{vs} – R. I. in cur. negotiorum gestor et procur. antiquus curialis: de scolastr. eccl. Hildesem. (8 m. arg.) vac. p. prom. Symonis van der Borch el. Reval. cui de d. scolastr. vac. p. resign. Nicolai Molner prov. fuit 20. aug. 76 S 756 121^{vs} – qui vig. gr. expect. decan. et can. et preb. eccl. s. Salvatoris Traiect. vac. p.o. Theodori Grawert acc.: de nova prov. de d. decan. et can. et preb. (40 m. arg.) 24. sept. 76 S 742 295^v – in cur. procur. ac imper. sollicitator qui litig. in cur. sup. decan. eccl. s. Salvatoris Traiect.: motu pr. de can. et

preb. eccl. Leod. ac de abbat. sec. et colleg. eccl. s. Ode Amanien. Leod. dioc. (insimul 300 fl. renen.) vac. p.o. in cur. Nicolai de Edam aud. c. disp. ad 3 incompat. benef. 7. nov. 76 S 743 71^{rs}, I 333 187^r – prep. eccl. s. Marie Geysmarien. Magunt. dioc. et prep. eccl. s. Georgii Colon. et imper. in cur. sollicitator: de unione ad vitam d. Henrici d. prepos. eccl. s. Marie (10 m. arg.) et eccl. s. Georgii (12 m. arg.) 17. decb. 76 S 745 54^{rs} – oblig. sup. annat. abbat. necnon can. et preb. ut supra de quib. s.d. 3. decb. 76 sibi prov. fuit (in margine: s.d. 7. iul. 77 solv. pro parte d. annat. 70 fl. pro val. 94 fl. renen. p. manus suas) 29. decb. 76 A 25 88^r – abb. colleg. et sec. eccl. s. Ode Amanien. Leod. dioc. ac Friderici R. I. cur. negotiorum gestor et sollicitator qui can. et preb. eccl. Leod. obtin.: de incorp. d. abbatie (15 m. arg.) dd. can. et preb. eccl. Leod. (14 m. arg.) 7. iun. 77 S 752 274^r.

3721 **Henricus Steinwech (Steynvech, Stenwech)** [3. pars 4 partium] inter al. referens quod dec. et capit. eccl. Colon. quond. Theodoricum [de Morsa] aep. Colon. et eius aepisc. mensam in parte gravium debitorum p. d. aep. occasione guerrarum quas pro iuribus eccl. sue subiit relevare volentes diversis personis redditus annuos vendiderunt et se ad solutionem coercitioni ordinariorum iudicum subiecerunt quodque deinde debita solv. n. poterant quapropter sepe et sepius censuris innodati exist. quodque ipse 17 an. et ultra cur. secutus est et in illa stetit et nunc can. eccl. Colon. et in certis aliis ecclesiis beneficiatus d. civit. exist. n. tamen tempore contractus dd. debitorum: de indulto ut a censuris eccles. in dd. dec. et capit. ob n. solutionem quorumcumque debitorum eximatur 14. iun. 77 S 753 205^{vs} – solv. 70 fl. adc. 42 bol. (= 94 fl. renen.) pro compositione annat. can. et preb.

eccl. Leod. et abbat. sec. eccl. s. Ode ut supra 7. iul. 77 FC I 1133 76^r, IE 495 17^r, IE 496 21^r, IE 497 20^r – prep. eccl. s. Georgii Colon. cui s. d. 20. aug. 76 de scolastr. eccl. Hildesem. vac. p. prom. Simonis [van der Borch] el. Reval. prov. fuit et **Johannes Dobbe** can. eccl. s. Georgii Colon. ex utr. par. de mil. gen.: de adm. resign. d. Henrici et de prov. d. Johanni de d. scolastr. (8 m. arg.) et de assign. d. Henrico pens. ann. 50 fl. auri renen. p. d. Johannem sup. fruct. d. scolastr. et can. et preb. eccl. Paderburn. (20 m. arg.) persolv. 11. sept. 77 S 757 146^v, (m. dec. eccl. Lubic. et dec. eccl. s. Andree Colon. ac offic. Colon.) L 779 102^r-103^v – prep. eccl. s. Georgii Colon. ac Friderici R. I. in cur. causarum negotiorum sollicitator et promotor: indultum dicendi horas canonicas secundum usum eccl. Colon. 11. sept. 77 S 757 268^{rs} – solv. 12 fl. adc. 45 bol. pro annat. pens. ann. eidem assign. sup. fruct. can. et preb. eccl. Hildesem. et Paderburn. p. manus soc. de Salutatis 1. oct. 77 IE 495 47^v, IE 496 51^v, IE 497 50^v – prep. eccl. s. Georgii Colon.: oblig. p. Nicolaum Cesaris institorem soc. de Salutatis de cur. sup. annat. pens. ann. 36 fl. renen. sup. fruct. can. et preb. eccl. Hildesem. et Paderburn. eidem p. bullam s. d. 11. sept. 77 assign. 3. oct. 77 A 26 74^v – can. eccl. Colon. negotiorum imperatoris in cur. procur. inter al. referens quod secum p. Pium II. ut unac. par. eccl. in Brusich Colon. dioc. al. incompat. benef. obtin. val. ad 7 an. disp. fuit quodque p. Paulum II. et papam exten. ad vitam et ad 3 incompat. benef. conc. fuit quodque par. eccl. s. Martini Wevelikoven. Colon. dioc. quam obtinebat c. can. et preb. eccl. Colon. quos obtinebat unita fuit quodque p. alias litt. pape secum disp. fuit ut ius suum in decanatum eccl. s. Salvatoris Traiect. (sup. quo litig.) prosequi valeret quodque d. Heinricus prepos. eccl. b. Marie

Geysmarien. Magunt. dioc. ac prepos. eccl. s. Georgii Colon. obtinebat quodque abbatia sec. et colleg. eccl. s. Ode Amamien. Leod. dioc. p. can. eccl. Leod. teneri solita c. can. et preb. quos d. Heinricus in eadem eccl. Leod. obtinebat p. posteriores litt. unita fuit: de decl. dd. posteriores litt. perinde val. acsi in illis de d. iur. in d. decanatu et de unionibus et de disp. prioribus mentio facta fuisset 10. oct. 77 S 761 70^{rs}, V 653 221^v-225^v – prov. de prepos. eccl. s. Patrocli Susacien. Colon. dioc. (20 m. arg. p.) vac. p. resign. Georgii [Hesler] tit. s. Lucie in Silice presb. card. (p. Gerardum Dreses de Grollis prep. eccl. Nortenen. Magunt. dioc. procur. fact.) (m. ep. Forolivien. et dec. eccl. s. Cuniberti Colon. ac offic. Colon.) 10. febr. 78 (exped. 26. febr. 78) L 785 175^{rss}.

3722 **Henricus Steinwech (Steynvech, Stenwech)** [4. pars 4 partium]: oblig. p. Johannem Useman [= Huseman] dec. d. eccl. sup. annat. prepos. eccl. s. Patrocli ut supra de qua vac. p. resign. ut supra c. reserv. eidem pens. ann. 100 fl. renen. sup. fruct. d. prepos. s. d. 10. febr. 78 sibi prov. fuit (in margine: d. die solv. pro parte d. annat. 20 fl. p. manus d. Johannis, residuum debet solv. quando cess. d. pens.; d. die d. Johannes Useman oblig. se nomine Henrici sup. residuum d. annat. et debet solv. infra 4 menses a die qua d. pens. cess.) 4. mart. 78 A 26 159^r – solv. 20 fl. adc. pro annat. prepos. colleg. eccl. s. Patrocli ut supra p. manus Johannis Husman 4. mart. 78 FC I 1133 137^r, IE 495 121^r, IE 496 125^r, IE 497 124^r – presb. Colon. dioc. actor et **Theodoricus Werner** decr. doct. reus qui litig. coram Antonio de Grassis aud. inter al. sup. decan. eccl. s. Salvatoris Traiect.: de adm. resign. d. Henrici et de prov. d. Theodorico de d. decan. (100 fl. adc.) et de assign. d. Henrico pens. ann. 30 fl. auri renen. sup. fruct. d.

decan. et 20 fl. auri renen. sup. fruct. prepos. eccl. s. Pancratii Leyden. Traiect. dioc. et insuper 100 fl. auri renen. pro damnis et expensis in d. causa p. d. Theodoricum persolv. 10. nov. 78 S 774 224^vs – actor et **Theodericus Werner (Uterweer)** decr. doct. reus et possessor qui litig. coram Antonio de Grassis aud. sup. decan. eccl. s. Salvatoris Traiect. vac. p. o. N. et deinde concordiam fecerunt: de conf. d. concordie et de adm. resign. d. Henrici et de prov. d. Theoderico de d. decan. (100 fl. adc.) et de assign. d. Henrico pens. ann. 30 fl. renen. sup. fruct. d. decan. et 20 fl. renen. sup. fruct. prepos. eccl. s. Pancratii Leyden. Traiect. dioc. (100 fl. renen.) p. d. Theodericum <vel Arnoldum Clouer cler. Colon. dioc. procur. suum> persolv. et 100 fl. occasione expensarum in d. causa fact. 12. apr. 80 S 791 140^r, (exec. dec. eccl. s. Andree et dec. eccl. s. Cuniberti ac b. Marie ad Gradus Colon.) V 604 284^v-287^r – can. eccl. Leod. et **Ludovicus Toureti** referentes quod quond. Johanni [de Montemirabili] ep. Vasionen. pens. ann. 50 duc. adc. sup. fruct. can. et preb. eccl. Leod. ac abbat. sec. eccl. s. Ode Amanien. Leod. dioc. p. d. Henricum possessorem persolvenda reserv. fuit quodque d. Ludovicus pretendit d. Henricum pensionem d. Johanni ep. n. solvisse quodque desup. litig. coram Simone [Vosich] aep. Patracen. in cur. resid. quodque denique concordiam fecerunt ut d. Ludovicus resign. in manibus pape et pro expensis etc. 40 duc. adc. recip.: de conf. concordie et de adm. resign. d. Ludovici ac de nova prov. d. Henrico de dd. can. et preb. ac abbat. (insimul 36 m. arg.) 15. iun. 80 S 793 236^r – et **Gerardus Frenck** presb. Trever. dioc. reus et possessor qui litig. coram Antonio de Grassis aud. sup. can. et preb. eccl. s. Salvatoris Traiect. et deinde concordiam fecerunt ut d. Gerardus pro expensis litis d. Henrico 45 fl.

renen. daret: de conf. 7. iul. 80 S 794 228^rs – not. recip. pro bulla distributa 2 grossos et 3 grossos nov. 80 DB 1 53^r – oblig. p. Johannem Harsen [= Arsen] prep. eccl. Roremunden. Leod. dioc. sup. annat. pens. ann. 50 fl. auri renen. videlicet 30 sup. fruct. decan. eccl. s. Salvatoris Traiect. et 20 sup. fruct. prepos. eccl. s. Pancratii Leyden. Traiect. dioc. eidem occasione cessionis (in manibus pape) iur. ad d. decan. in favorem Theoderici Winterweert s. d. 12. apr. 82 assign. 13. apr. 82 Paris L 26 A 10 7^r – solv. 18^3/4 fl. adc. pro val. 20 fl. renen. pro annat. pens. sibi assign. sup. fruct. decan. et prepos. ut supra p. manus Johannis Arsen 13. apr. 82 FC I 1134 202^r, IE 505 101^v.

3723 **Enricus Stelbuker:** pens. sup. par. eccl. Magunt. [dioc.?] I 332 177^v.

3724 **Henricus Stemp** scol. Herbip. dioc.: recip. primam tonsuram in eccl. s. Spiritus in Saxia in Urbe 9. apr. 74 F 6 150^rs.

3725 **Henricus Stenbeke** can. eccl. s. Anscharii Bremen. qui in dec. d. eccl. vac. p. o. Theoderici Vlechstede p. capit. d. eccl. el. et p. aep. Bremen. conf. fuit: de nova prov. de d. decan. (4 m. arg.) vac. p. o. d. Theoderici vel Bernardi Oysterman (/.) 23. febr. 84 S 837 257^r.

3726 **Henricus Sterker (Stecker) (de Mellerstadt)** cler. Herbip. dioc.: de can. et preb. eccl. Nuemburg. (8 m. arg.) vacat. p. resign. in manibus pape Melchioris de Meckaw 3. mai. 76 S 738 215^v, I 333 233^r – decr. doct. Alberti ducis Saxonie dilectus: motu pr. gr. expect. s. d. 1. ian. 72 de can. et preb. eccl. b. Marie Erforden. Magunt. dioc. necnon de benef. ad coll. ep. etc. Bamberg. et prerog. ad instar pape fam. descript. (exec. prep. eccl. Czicen. Nuemburg. dioc. et Melchior de Meckaw can. eccl. Brixin. ac offic. Bamberg.), gratis 4. mai. 76 V 666 33^r-36^r – can. eccl.

Nuemburg.: oblig. p. Johannem Grezer cler. Bamberg. dioc. pro annat. 9. mai. 77 A 25 166^v – solv. 18 fl. adc. pro compositione annat. can. et preb. eccl. Nuemburg. p. manus Johannis Gresel 9. mai. 77 FC I 1133 56^v, IE 493 111^v, IE 494 115^v.

3727 Henricus Sterneberch vic. ad alt. b. Marie virg. in par. eccl. ville Cewalke Camin. dioc.: de prom. ad omnes ord. extra temp., sola sign. 11. decb. 71 S 674 82^v.

3728 Henricus (de) Stetten (vel Stetter) acol. monach. profes. mon. Campidonen. o. s. Ben. Constant. dioc. referens quod e d. mon. exivit et homicidiis laicalibus et al. malis favores prestitit et an. et dimidio elapso ad d. mon. rediit: de disp. sup. irreg. et de prom. ad omnes ord. 14. mai. 74 S 705 89^r – monach. profes. in certo mon. pres. in cur. ad omnes ord. prom. desiderans: de ref. 18. iun. 74 S 707 79^{rs} – pres. in cur.: de prom. ad omnes ord. extra temp., sola sign. 4. iul. 74 S 707 278^v.

3729 Henricus Stetner (Stagner) cler. Frising. dioc.: de par. eccl. plebania nunc. b. Marie in Lutznkerchen (Lewtznkirchen) Ratisbon. dioc. vac. p. o. Conradi Leynberger (Loynberge) ad coll. priorisse prioratus in Wechpach o. s. Aug. Ratisbon. dioc. cui rect. d. par. eccl. 25 fl. renen. persolvere debet 22. mart. 73 S 688 250^{vs}, I 332 244^r – restit. bulle sup. par. eccl. ut supra 16. iun. 73 A 22 42^r – pleb. pleban. in Lotzenkirchen Ratisbon. dioc. in min. ord. constit.: de prom. ad omnes presbit. ord. extra temp., sola sign. 16. decb. 76 S 744 220^v – rect. par. eccl. in Letzenchirchen Ratisbon. dioc.: de prom. ad omnes ord. extra temp., sola sign. 24. ian. 77 S 746 137^{rs} – solv. [in bullaria] pro formata 4 ord. 12 gr. mart. 77 T 13 47^r.

3730 Henricus de Stipite can. eccl. ss. Appl. Colon. et **Petrus Metz** prior prioratus eccl. s. Petri e. m. Me-

ten.: habuerunt mutuo 60 fl. auri renen. quos solv. promisit Bruggis Johanni de Freschobaldis ibidem merc. infra 3 menses testibus Warnerio de Senna can. eccl. [nomen deest], Giorgio de Stipite can. eccl. Colon., Johanne Blendestart cler. Magunt. 27. iul. 72 FC I app. 21 7^v.

3731 Henricus Stytz rect. par. eccl. Allenkyrchen. Magunt. dioc. qui in stud. et univ. Magunt. in iur. civili studuit: de indulto ut leg. audire et in d. stud. Magunt. aut in al. loco stud. gener. doct. recip. val. c. omnibus privil. quib. doct. tam Magunt. quam aliarum univ. gener. etsi Urbis utuntur 10. aug. 84 S 839 161^r.

3732 Henricus Stobel: pens. Salzeburg. [dioc.?] 80/81 I 334 208^v – cler. Salzeburg. dioc.: restit. bulle sup. pens. ann. 15 fl. Ung. eidem sup. fruct. par. eccl. in Pleibdatskirchn Salzeburg. dioc. occasione resign. s. d. 6. apr. 81 assign. (quia est soluta annat. d. eccl.) 17. apr. 81 A 29 234^v.

3733 Henricus com. in (de) Stolberg (Staelberg) Magunt. dioc. dom. in Werningerode Halberstad. dioc. et **Elizabet** eius ux. et fil. utr. sexus: lic. elig. confess. et alt. port. 7. iun. 76 L 767 45^v – dominus loci in Wernigerode Halberstad. dioc. (in quo dom. fr. mendicantium n. existit) et univ. incolarum d. op.: m. (thes. eccl. b. Marie Halberstad.) conc. lic. transferendi dom. Porte Celi o. fr. herem. s. Aug. e. m. op. Wernigerode i. m. d. op. et assign. dd. fratribus par. eccl. s. Nicolai d. op. 11. iun. 76 L 767 50^{rs} – lic. ut homines in fodinis mineralium suis continuo (etiam in festis sollemnibus) laborare (scilicet aquam haurire et in officinis mineris conflare) possint 11. iun. 76 L 767 46^r – ac clerus incole et habitatores op. Stalberg Magunt. dioc. ac Wernigerode (Warnyngerode) Halberstad. dioc. referentes quod sepe persone excom. dd. op. accedunt et quod propterea p. 2 vel 3 aut 4 menses divina officia celebrare n.

possunt: de indulto ut post expulsionem seu recessum dd. personarum divina officia celebrare possint 24. iul. 76 S 740 75^{rs}, L 767 64^{vs} – de indulg. 25 an. pro omnibus visitantibus par. eccl. s. Martini in Stolberg Magunt. dioc., Fiat de indulg. 10 an. 2. aug. 76 S 740 167^r.

3734 **Heinricus Stortekop** cler. Minden. qui perp. vicar. ad alt. s. Catherine in eccl. Minden. de iur. patron. Erici com. de Schomborch vac. p. resign. (in manibus d. com. ad quem institutio spectat) Hermanni Millincktorpp assec. fuit: de nova prov. de d. vicar. (4 m. arg.) 30. mart. 78 S 767 115^r.

3735 **Henricus Stoter** presb. Traiect. dioc. decr. doct. cui de perp. s. c. vicar. ad alt. s. Johannis Bapt. in eccl. s. Martini op. Groningen Traiect. dioc. de iur. patron. burgimagistri et consulum vac. p. o. Henrici Vrese p. Alexandrum [Numai] ep. Forolivien. prov. fuit: de nova prov. de d. perp. vicar. (4 m. arg.) 13. nov. 76 S 756 294^{vs} – nova prov. de vicar. Traiect. [dioc.] 80/81 I 334 228^v.

3736 **Henricus Stritzs (Sturzs)** qui par. eccl. s. Lucie in Hechling Eistet. dioc. resign. in manibus pape et **Wilhelmus de Liechtenstein** cler. Eistet. dioc. ex utr. par. de mil. gen. et in 16. sue et. an. constit.: de adm. resign. d. Henrici et de prov. d. Wilhelmo de d. par. eccl. (120 fl. renen.) ac de assign. d. Henrico pens. ann. 40 fl. renen. sup. fruct. d. par. eccl. p. d. Wilhelmum persolv. 28. ian. 81 S 799 215^r – presb. Eistet. dioc. qui par. eccl. ut supra resign.: assign. pens. ann. ut supra p. Wilhelmum de Lichtenstein in op. Wassertunchending Eistet. dioc. persolv. n. o. def. et. d. Wilhelmi (m. ep. Eistet., dec. eccl. Eistet. ac Stephano de Caciis can. eccl. Vercellen.) 28. ian. 81 L 818 106^r-107^v – presb. Eistet. dioc.: restit. bulle sup. pens. ann. ut supra (quia est soluta annat.) 15. febr. 81 A 29 227^r.

3737 **Henricus Stromberch de Hachenberch** pastor par. eccl. in Wadenheym Colon. dioc. qui d. par. eccl. via perm. a Henrico de Lormenberch cler. Colon. dioc. obtin.: de nova prov. de d. par. eccl. (8 m. arg.) 27. oct. 75 S 731 130^v.

3738 **Henricus Struch** presb. Magunt. dioc. in art. mag. et bac. in theol.: de perp. s. c. vicar. ad alt. s. Martini in colleg. eccl. b. Marie Gothen. Magunt. dioc. (3 m. arg.) vac. p. o. Johannis Franck 20. mart. 78 S 766 267^r, m. (vicedomino eccl. Camin. ac scolast. eccl. s. Severi Erforden. ac cant. eccl. s. Petri Fridslarien. Magunt. dioc.) (exped. 2. apr. 78) L 785 241^{rss} – rect. par. eccl. sive perp. vicar. op. Hersforden. Magunt. dioc.: de percip. fruct. 2. apr. 78 S 767 199^{vs}.

3739 **Henricus Struyne (Strine)** cler. Cameracen. dioc. not. publicus: off. causarum pal. ap. not. et scribe apud Nicolaum de Ubaldis de Perusia aud. vac. p. resign. Conradi Schad [cler.] Bamberg. decr. doct. 18. mai. 73 DC 38 32^v – Justi [Baldinus] ep. Cepten. referendarii cap.: prov. de perp. s. c. capn. ad alt. b. Marie virg. in par. eccl. s. Martini op. Curtracen. Tornacen. dioc. et ad alt. b. Marie virg. in par. eccl. in Noten Traiect. dioc. (24 l. T. p.) vac. p. resign. in manibus pape d. Justi (qui easdem vac. p. o. in cur. Stephani de Watere s. d. 18. febr. 80 in commendam obtin. litt. desup. n. confectis) (m. ep. Alexandrin. et abb. mon. Parcen. Leod. dioc. ac offic. Cameracen.), gratis 31. oct. 80 V 604 202^v-204^r – not. recip. pro bulla distributa 3 grossos et 2 grossos nov. 80 DB 1 52^r.

3740 **Henricus Strunck** acol. Wormat. dioc. perp. cap. capn. s. Sebastiani in Waltorff Wormat. dioc. pres. in cur.: de prom. ad omnes ord. extra temp., sola sign. 16. oct. 75 S 728 96^{vs}.

3741 **Henricus Stuchzeberch, Mathias Freudenberch, Gerardus Bocholt, Andreas Undiger, Riquinus de Doreberch (Dorenborch), Bartholomeus Mentz, Georgius Gerunwoch** inter 65 Nicolai [Fortiguerra] tit. s. Cecilie presb. card. fam. enumerati et **Eberhardus de Rabenstein** inter 6 d. card. dilectos enumeratus: supplic. d. card. de gr. expect. de 2 can. et preb. usque ad val. fruct. /. l. T. p. et de 2 benef. ad coll. quorumcumque, Et s. d. 1. ian. 72 S 670 85^v-87^r.

3742 **Henricus Studer** presb. Hildesem.: de adm. resign. Theodorici Salder perp. vic. ad alt. s. Thome in mon. sanctimonialium ord. b. Marie Magdalene de penitentia Hildesem. et de prov. d. Henrico de d. perp. s. c. vicar. (4 m. arg.) vac. p. resign. d. Theoderici (p. Johannem Becker cler. Paderburn. dioc. procur. fact.) c. reserv. d. Theoderico pens. ann. 9 fl. renen. 25. oct. 76 S 743 141^v, m. (cant. eccl. Hildesem.) (exped. 8. nov. 76) L 771 117^{vs} – qui vicar. ad alt. s. Thome in mon. monial. b. Marie Magdalene o. s. Aug. de penitentia nunc. prope et e. m. Hildesem. c. Tilemanno Brandis pro par. eccl. in Peyne Hildesem. dioc. perm.: de nova prov. de d. par. eccl. (6 m. arg.) 27. oct. 80 S 797 130^{vs}.

3743 **Henricus Sturnkorp** presb. Herbip. dioc. et **Thomas Grunevalt (Grunwalt)** rect. par. eccl. s. Mathie in Ruderszhausen Herbip. dioc.: de prov. d. Henrico de d. par. eccl. (24 fl. adc.) vacat. p. resign. in manibus pape d. Thome <p. Martinum in der Clingen cler. Herbip. dioc. procur. fact.> et de assign. d. Thome pens. ann. 10. fl. renen. 16. iun. 73 S 692 101^{rs}, m. (offic. Herbip.) (exped. 9. oct. 73) L 729 272^{vss}.

3744 **Henricus Sutor** presb. Spiren. dioc.: de disp. ad 2 incompat. benef. etsi par. eccl. ad vitam c. lic. perm. 17. mai. 79 S 782 75^v.

3745 **Henricus Suttoris** perp. vic. in par. eccl. s. Martini Suercken. Traiect. dioc.: de prom. ad omnes ord. extra temp., sola sign. 8. nov. 83 S 831 78^r.

3746 **Henricus Swalb** can. prebend. colleg. eccl. s. Udalrici in Hewbach August. dioc.: de prom. ad omnes ord. extra temp., sola sign. 8. decb. 75 S 731 37^{vs}.

3747 **Henricus (Heinricus) Swederi (Swideri)** cler. Paderburn. dioc. can. eccl. s. Nicolai Novifori Magdeburg. prebend. c. media preb. d. eccl. litig. coram Johanne de Cesarinis aud. contra Johannem Heysen intrusum sup. can. et maiori preb. d. eccl. vac. p. o. Johannis Hedereppen (Hedreppen): de prov. si neutri de d. can. et maiori preb. (4 m. arg.) 18. apr. 72 S 678 200^{rs} – diac. can. eccl. s. Nicolai Novifori Magdeburg. qui preb. mediam diaconalem d. eccl. de fund. quond. Vesekonis et Johannis de Borch civ. Magdeburg. p. 11 an. et ultra obtin. <litig. desup.> et qui paratus est eam dim.: de conc. ut maiorem preb. assequi val. 29. mart. 73 S 688 239^{vs}, 3. apr. 73 S 689 119^{vss}, (m. prep. eccl. ss. Petri et Pauli Bardevicen. Verden. dioc. ac decanis eccl. s. Sebastiani Magdeburg. ac eccl. s. Bonifatii Halberstad.) (exped. 7. mai. 73) L 727 1^{rss} – de can. et preb. eccl. s. Bonifatii Hamelen. Minden. dioc. (24 fl. adc.) vac. p. o. Lamberti Dymelen 16. sept. 73 S 698 297^{rs} – qui vig. gr. expect. Pauli II. perp. benef. ad alt. b. Marie virg. in par. eccl. op. Wilsnack Havelberg. dioc. vac. p. o. Martini Hauen acc.: de nova prov. de d. benef. (4 m. arg.) 20. febr. 74 S 703 163^{vs} – cui de can. et preb. eccl. b. Marie virg. aule aepisc. Magdeburg. vac. p. o. Henrici Gerwen prov. fuit: de nova prov. de eisdem (4 m. arg.) 28. sept. 74 S 721 192^{rs} – de capel. sive perp. vicar. ad alt. b. Marie virg. in Lortum Halberstad. dioc. vac. p. o. Frederici de Hakeborn et de perp. vicariis una ad alt.

s. Erasmi in par. eccl. op. Sandow Havelberg. dioc. vac. p. o. Johannis Mewes (Meires) altera ad alt. s. Sebastiani in par. eccl. s. Nicolai op. Czerwest Brandenburg. dioc. vac. p. o. Antonii Timmerman (insimul 4 m. arg.) 13. nov. 74 S 711 109^{rs} – de par. eccl. ville Hochenfurch (4 m. arg.) vac. p. o. Henrici de Hochenfurch et de perp. s. c. vicar. ad alt. b. Marie virg. in par. eccl. op. Schanga August. dioc. (3 m. arg.) vac. p. o. Johannis <Prew> primissarii presb. 19. apr. 75 S 718 169^{rs}, m. (Guillermo Pele can. eccl. Cenomanen. et offic. Paderburn. ac August.) (exped. 13. mai. 75) L 741 238^{vss} – qui vig. gr. expect. par. eccl. op. Stafforde Halberstad. dioc. vac. p. o. Johannis Prurzen acc.: de nova prov. de d. par. eccl. (5 m. arg.) 26. iul. 76 S 740 58^{rs} – de perp. vicar. ad alt. s. Nicolai in capel. castri Wantzleve Magdeburg. dioc. vac. p. o. Johannis Quasebart necnon de capel. desolata s. Crucis in Parva Irxleve (Iexsleve) Magdeburg. dioc. (4 m. arg.) <insimul 5 m. arg., insimul 4 m. arg.> vac. p. o. Martini Hakeborne (Harkeborne, Halfeborne) 26. iul. 76 S 740 99^{rs}, 29. iul. 76 S 740 150^{v}, 9. aug. 76 S 740 223^{vs} – de perp. vicar. ad alt. s. Nicolai ut supra (4 m.) vac. p. o. Johannis Quastbor et de qua Georgio Kalow cler. Halberstad. dioc. prov. fuit qui eundo de curia ad partes defunctus est 1. sept. 76 S 742 28^{rs} – de perp. vicar. in eccl. Hildesem. (4 m. arg.) vac. p. o. Henrici Hinderberch 4. sept. 76 S 742 32^{r} – can. eccl. s. Nicolai Novifori Magdeburg. in diacon. ord. constit. rect. par. eccl. op. Stafforde Halberstad. dioc. (4 m. arg.): de n. prom. ad 7 an. 12. apr. 77 S 755 107^{vs} – de perp. vicar. b. Marie virg. in capel. coniuncta colleg. ecclesie b. Bartholomei apl. in Czarwist Brandenburg. dioc. (2 m. arg.) de iur. patron. fr. Kalandarum in Czarwist et in Lonborch alternatim vacat. p. priv. Nicolai Prulitz qui d. perp. vicar. p. 3

an. sine resid. obtin. 19. iul. 77 S 754 287^{rs} – de perp. vicar. colleg. eccl. s. Sebastiani Magdeburg. (3 m. arg.) vac. p. o. Johannis Rope et de alt. b. Marie virg. in capel. coniuncta ecclesie b. Bartholomei apl. in Cerwyst Brandenburg. dioc. vac. p. o. N. (2 m. arg.) 19. iul. 77 S 754 286^{rs} – de can. et preb. diaconalibus eccl. Magdeburg. (4 m. arg.) vac. p. o. Simonis Engelscop et de alt. in mon. monial. s. Agnetis in nova civit. Magdeburg. (4 m. arg.) vac. p. o. Lubencii Babelror 16. ian. 79 S 777 25^{r} – rect. par. eccl. s. Johannis Bapt. op. Stafforde Halberstad. dioc.: de disp. ut unac. d. par. eccl. aliud incompat. benef. recip. valeat etsi 2 par. eccl. ad vitam c. lic. perm. 2. mart. 80 S 794 76^{v} – can. eccl. Magdeburg. et rect. par. eccl. s. Johannis op. Stafforde Halberstad. dioc. in diacon. ord. constit.: de n. prom. ad presbit. ord. ad 7 an. 23. mart. 80 S 796 25^{r} – rect. par. eccl. op. Stafforde Halberstad. dioc.: de disp. ut unac. d. par. eccl. aliud incompat. benef. recip. valeat etsi 2 par. eccl. ad vitam c. lic. perm. et de n. prom. ad 7 an. 14. nov. 80 S 797 289^{r}.

3748 **Henricus Swertfeger (Swertvegher)** presb. Camin. dioc.: de perp. s. c. benef. ad alt. b. Marie et ss. Simeonis et Jude et Brigitte in eccl. s. Marie Colbergen. Camin. dioc. de iur. patron. laic. (2 m. arg.) vac. p. o. Henningi Vanetze (Vaneke) 12. decb. 75 S 731 150^{v} – de perp. benef. ad alt. ss. Marie, Simonis, Jude, Cosme, Damiani et Antonii in par. eccl. in op. Corby (Corlin) Camin. dioc. (2 m. arg.) de iur. patron. cler. et laic. vac. p. o. Johannis Bloche (Block) cler. et p. devol. 1. mart. 77 S 747 219^{r}, m. (dec. eccl. Lubic. et vicedominus eccl. Camin. ac offic. Zwerin.) (exped. 24. mart. 77) L 772 117^{vs} – de can. et preb. eccl. s. Nicolai Gripeswolden. et de perp. s. c. capn. in eccl. ss. Petri et Pauli Soldunen. Camin. dioc. (insimul 4 m.

arg.) vac. p. o. Henninghi Gerepecii 2. sept. 78 S 773 84^r – presb. Camin. dioc. referens quod dudum Johanni Sweddelant cler. Magunt. dioc. de perp. benef. elemosinaria ad alt. s. Anne in eccl. s. Marie op. Colbergen. Camin. dioc. de iur. patron. laic. et de can. et minori preb. hostiaria nunc. d. eccl. vac. p. o. in cur. Johannis Sleff prov. fuit litt. desup. n. confectis: de dd. elemosinaria et can. et preb. (insimul 4 m. arg.) vac. p. resign. in manibus pape d. Johannis Sweddelant 25. nov. 78 S 775 144^v, 26. nov. 78 S 785 210^{vs}, m. (prep. eccl. Bremen. et eccl. Camin. ac eccl. ss. Petri et Pauli Soldinen. Camin. dioc.) (exped. 8. mart. 81) L 791 192^{rss} – de tribus perp. benef. elemosinariis nunc. in op. Colbergen. Camin. dioc. de iur. patron. laic. ac de can. et minori preb. hostiaratus nunc. eccl. b. Marie Colbergen. Camin. dioc. (insimul 6 m. arg.) vac. p. 5 menses et ultra p. o. in cur. Johannis Sleff 18. mai. 79 S 781 180^r, m. (vicedomino eccl. Camin. et scolast. eccl. Wladislav. ac prep. eccl. ss. Petri et Pauli eccl. Solienen. Camin. dioc.) (exped. 12. iun. 79) L 792 158^v-160^r – de nova prov. de can. et preb. eccl. b. Marie Colbergen. Camin. dioc. (4 m. arg.) vac. p. o. Heningi Cossebaden 27. decb. 79 S 788 132^{rs} – de perp. s. c. vicar. ad alt. Corporis Christi in capel. s. Johannis i. m. op. Stargarden. Camin. dioc. (2 m. arg.) vac. p. inhab. Petri Schonefelt quia excom. exist. cui de eadem vac. p. o. Mathei Luben p. Marinum [de Fregeno] ep. Camin. auct. ap. prov. fuit 10. nov. 80 S 798 266^v – de can. et preb. minori ostiaria [nunc.] eccl. b. Marie op. Colbergen. Camin. dioc. (1 m. arg.) vac. p. resign. in manibus pape Hilarii Mathie cler. Wladislav. dioc. cui de eisdem vac. p. o. in cur. Johannis Sleff prov. fuerat litt. desup. n. confectis 15. mai. 81 S 801 261^r – de can. et preb. minori ostiaria [nunc.] et de tribus perp. benef. elemosinarie

nunc. in eccl. b. Marie op. Colbergen. Camin. dioc. (insimul 6 m. arg.) de iur. patron. laic. vac. p. resign. in manibus pape ut supra 15. mai. 81 S 801 261^{rs} – presb. Camin. actor litig. coram Petro Ferrera aud. contra Wicboldum Sleff et Bernardum Egbrecht clericos sup. perp. benef. elemosinaria nunc. in eccl. b. Marie op. Colbergen. Camin. dioc.: de prov. si neutri de d. perp. benef. (3 m. arg.) de iur. patron. laic. vac. p. o. in cur. Johannis Sleff 19. mart. 82 S 809 7^r, I 335 41^v – can. eccl. b. Marie op. Colbergen. Camin. dioc.: de decan. d. eccl. (4 m. arg.) vacat. p. priv. Joachimi Block qui d. decan. p. 3 an. obtin. et quendam presb. ad effusionem sanguinis graviter vulneravit necnon de committ. in partibus 12. apr. 82 S 809 195^v – cler. Camin. dioc.: de perp. s. c. vicar. <ad alt. b. Marie> in par. eccl. b. Marie et de perp. s. c. vicar. <ad alt. Corporis Cristi> in par. eccl. s. Johannis Bapt. op. Nove Stargardie et de perp. s. c. vicar. <ad alt. s. Nicolai> in par. eccl. ville Warben (Warbien) Camin. dioc. (insimul 4 m. arg.) de iur. patron. laic. vac. p. o. Petri Schonefelt (Sconefelt) 25. apr. 82 S 810 67^{rs}, m. (prep. eccl. ss. Petri et Pauli Soldinen. Camin. dioc. et thes. eccl. s. Sebastiani Magdeburg. ac offic. Camin.) 11. mai. 82 (exped. 25. oct. 83) L 826 73^{vss} – de ref. c. decl. quod dd. benef. sunt vac. ad pres. et vac. p. devol. et c. express. benef. que d. Henricus obtin. 11. mai. 82 S 810 218^v – S[tephani Nardini] tit. b. Marie in Transtiberim presb. card. Mediolan. nunc. fam.: supplic. d. card. de perp. vicar. ad alt. s. Anne in eccl. b. Marie op. Colberch Camin. dioc. (4 m. arg. p.) vac. p. o. Petri Schonenfelt etiam d. card. fam. (quam p. Smidt cler. p. 1 vel 2 an. detin.) c. consensu d. card. 6. mart. 83 S 820 130^{rs}, 20. mart. 83 S 821 48^v, I 335 52^r – referens quod in supplic. mentio n. facta fuit quod d. Henricus fam. eiusdem card. extitit et quod ipsius vicar. ad coll. prep. et capit. eccl. b. Marie op. Colberch Camin. dioc. de antiqua consuetudine pertinet: de ref. 9. mai. 83 S 823 78^{rs} – de perp. s.c. vicar. ad alt. s. Martini ep. et confess. in eccl. b. Marie op. Colberch et de perp. s.c. vicar. in par. eccl. op. Schivelbein Camin. dioc. de iur. patron. laic. ac de capel. s. Gertrudis e.m. op. Belgart Camin. dioc. de iur. patron. laic. (3 m. arg.) vac. p.o. Nicolai Wolkow et p. devol. 7. decb. 83 S 832 143^r – cui de perp. vicar. ad alt. b. Marie in par. eccl. b. Marie et de perp. vicar. ad alt. Corporis Christi in par. eccl. s. Johannis Bapt. op. Nove Stargardie et perp. vicar. ad alt. s. Nicolai in par. eccl. ville Warben Camin. dioc. de iur. patron. laic. vac. p.o. Petri Schonenfelt (Sconenfelt) ut supra prov. fuit et qui litig. desup. coram Johanne Francisco [de Pavinis] aud. contra Johannem Lockstede (Locksede) et Martinum Conradi cler. in dd. vicarias ad alt. Corporis Christi et ad alt. s. Nicolai intrusos: de prov. si nulli de d. perp. vicariis ad alt. Corporis Christi et ad alt. s. Nicolai (quorum fruct. 3 m. arg.) 18. decb. 83 S 832 138^v, m. (Johanni Francisco de Pavinis aud.) (exped. 13. febr. 84) L 832 1^r-2^v – prov. si neutri de par. eccl. Camin. [dioc.?] 82/83 I 335 46^r.

3749 Henricus Swicker (de Hoerghen) cler. Trever. dioc. qui vig. gr. expect. perp. s.c. vicar. ad alt. s. Antonii in colleg. eccl. s. Castoris in Confluentia Trever. dioc. vac. p.o. Henrici Franckforde acc. et litig. desup. in cur. contra Franciscum Kippart de Vienne cler. et actorem: de d. perp. vicar. (2 m. arg.) vac. p. resign. in manibus pape d. Francisci 20. nov. 83 S 831 216^v – vic. in eccl. s. Castoris in Confluentia Trever. dioc. in min. ord. constit.: de prom. ad omnes ord. extra temp., sola sign. 3. decb. 83 S 831 294^{rs}.

3750 Henricus Tabeken cler. Minden. dioc. nullum benef. obtin.: motu pr. de gr. expect. de benef. ad coll. quorumcumque <ep. etc. eccl. Minden. ac prep. etc. eccl. s. Bonifatii op. Hamelen. Minden. dioc.> et de prerog. ad instar pape fam. descript., Et s.d. 17. nov. 81 5. apr. 84 S 830 132^r, m. (ep. Nucerin. et prep. eccl. s. Johannis Traiect. et offic. Minden.) V 645 1^r-3^r.

3751 Henricus Tegheder cler. Monast. in 20. sue et. an. constit. <nepos Johannis de Couordia>: de par. eccl. <s. Viti> in Surmathusen Monast. dioc. (4 m. arg.) vac. p.o. in cur. Johannis de Couordia et c. disp. sup. def. et. 26. sept. 77 S 758 74^{rs}, (m. aep. Patracen. et dec. eccl. Monast. ac prep. eccl. s. Petri in Northen Magunt. dioc.), gratis (exped. 11. oct. 78) L 782 194^r-195^v.

3752 Henricus de Teyteleben cler. Magunt. dioc. ex utr. par. de mil. gen.: de nova prov. de perp. vicar. ad alt. 4 Doctorum in eccl. Hildesem. (5 m. arg.) vac. p.o. Johannis Hunoldi 19. mai. 73 S 690 207^{vs} – cui de par. eccl. in Soltzschen Hildesem. dioc. (ad coll. dec. eccl. Hildesem.) vac. p.o. Heinrici Bern sive p.o. in cur. Henrici Terwen p. procur. quond. Theoderici Caluis dec. d. eccl. prov. fuerat et qui litig. desup. coram Matheo de Porta aud. contra Lentfridum Deneken cler.: de prov. si neutri de d. par. eccl. (4 m. arg.) 6. iul. 74 S 708 131^{vss}.

3753 Henricus Tenckynck cler. Monast. dioc. cui de c.c. decan. rurali eccl. monial. Nottelen. Monast. dioc. vac. p.o. Herbordi Hane auct. ap. prov. fuit et qui litig. desup. coram Johanne de Ceretanis ep. Nucerin. aud. locumtenenti contra Ludolphum Netteles cler.: de prov. si neutri de d. decan. (4 m. arg. p.) 23. iun. 84 S 837 198^v.

3754 Henricus Theoderici cler. Cameracen. dioc. qui concordat c. Johanne

Ingenwinckel rect. par. eccl. ville Antique Ecclesie [= Aldekerke] Colon. dioc. quoad d. par. eccl. (70 fl. renen.): de assign. d. Henrico pens. ann. 18 fl. renen. sup. fruct. d. par. eccl. 19. mart. 73 S 688 228ᵛ.

3755 Henricus Theoderici rect. par. eccl. de Noerwynde et par. eccl. Wanghe unitarum Leod. dioc. quas obtin. et **Walterus de Raetshoven** presb. Leod. dioc.: de adm. resign. d. Henrici et de prov. d. Waltero de d. par. eccl. de Noerwynde et Wanghe (70 fl. renen. = 38 duc. adc.) et de assign. d. Henrico pens. ann. 25 fl. renen. sup. fruct. d. par. eccl., n.o. decan. eccl. op. Gravien. Leod. dioc. (50) ac can. et preb. eccl. Beken. Leod. dioc. (80) et capn. b. Marie in par. eccl. de Duffle Cameracen. dioc. (30) quos et que d. Henricus obtin. ac alt. s. Michaelis in colleg. eccl. s. Germani Thenen. Leod. dioc. (25 fl. renen.) quod d. Walterus obtin. 30. apr. 82 S 810 189ʳˢ.

3756 Henricus Theodorici rect. par. eccl. in Oectexhem Traiect. dioc. in dec. eccl. Leod. dioc. elect. Caroli ducis Burgundie consiliarius: disp. ut unac. d. par. eccl. et d. decanatu aliud incompat. benef. recip. valeat 7. iul. 74 L 735 173ᵛˢˢ.

3757 Henricus Termutsi [recte: **Terwick?**] [cler.] Colon. dioc., **Ernestus Coch** cler. Osnaburg. inter 22 Leonardi de Aragona et Ruvere Urbis prefecti secundum carnem pape nepotis fam. enumerati: motu pr. prerog. ad instar pape fam. descript., gratis 1. iun. 73 V 662 210ʳ-211ᵛ.

3758 Henricus Terwen cui de certo decan. vac. p. resign. Theoderici Breyer p. Paulum II. prov. fuit: de confic. litt. desup. <in forma ›rationi congruit‹> c. express. quod d. decan. n. p. resign. sed p.o. d. Theoderici vac. 16. sept. 71 S 671 233ᵛ, 8. decb. 71 S 674 77ᵛˢ − cler. Hildesem.: de can. et preb. colleg. eccl. s. Johannis e.m. Hildesem. (4 m. arg.) vac. p.o. Jo-

hannis Bredenbek (Bredenbeke) 23. ian. 72 S 675 221ʳˢ, 1. febr. 72 S 676 90ᵛˢ.

3759 Henricus Terwyck scol. Colon.: recip. primam tonsuram in eccl. s. Spiritus in Saxia in Urbe 18. sept. 73 F 6 129ᵛ.

3760 Henricus Therwisch presb. Colon. dioc.: de perp. s.c. vicar. 10.000 Militum eccl. Monast. (4 m. arg.) vac. p. resign. in manibus pape Johannis Glandorum <vac. p. devol. licet Johannes Graudrop d. vicar. resign. in manibus pape (p. Petrum Grande can. eccl. Tarbat. procur. substitutum a Henrico Therwisch presb. Colon. dioc. procur. d. Johannis)> 16. nov. 75 S 730 41ᵛ, m. (dec. eccl. s. Ludgeri Monast.) (exped. 28. nov. 75) L 758 75ʳˢˢ.

3761 Henricus Tiglier laic. Basil. qui ad nonnullas mundi partes pro suis et pape negotiis interdum habet se transferre: litt. salviconductus pro se et 9 fam. 13. febr. 84 V 677 50ʳ.

3762 Henricus Titenheym al. Munich rect. par. eccl. in Lutzenbron Herbip. dioc. senio confractus et **Johannes Berwinck de Rodenborch (Berwynck dc Redenbouch)** cler. Herbip. dioc.: de adm. resign. in manibus pape d. Henrici et de prov. d. Johanni de d. par. eccl. (20 m. arg.) et de assign. d. Henrico pens. ann. 3. partis fruct. d. par. eccl. ad vitam 8. oct. 78 S 774 9ʳˢ, (m. dec. eccl. s. Andree Colon. et dec. eccl. ss. Appl. Colon. ac dec. eccl. s. Cassii Bonnen. Colon. dioc.) L 788 5ᵛˢˢ − restit. bulle sup. annat. pens. ann. 3. partis ut supra 10. nov. 78 A 27 219ᵛ.

3763 Henricus Tix acol. Meten. dioc. pleb. par. eccl. in op. Piclingen Meten. dioc.: de prom. ad omnes ord. extra temp., sola sign. 4. nov. 74 S 710 133ᵛ − litt. testim. sup. prom. (vig. supplic. ut supra) ad ord. subdiacon. s.d. 18. nov. 74 in eccl. s. Bartholomei de Insula in Urbe, ad ord. diacon. s. d. 20. nov. 74 ibidem, ad ord. presbit. s. d. 23. nov. 74 ibidem 23. nov. 74 F 6 183^r – cler. Meten. dioc. c. quo sup. def. nat. (s. s.) disp. fuit et qui vig. gr. expect. par. eccl. in Piclingien Meten. dioc. vac. p. o. Nicolai Sculteti acc. sup. qua litig.: de nova prov. de d. eccl. (40 fl. renen.) 9. decb. 74 S 724 179^v.

3764 Henricus Tollen cler. Osnaburg. dioc. mag. in art.: de perp. vicar. ad alt. s. Mathei apl. et Ev. in eccl. s. Andree Hildesem. (4 m. arg.) vacat. p. resign. in manibus pape Johannis Jeseman <p. Arnoldum Detenberch cler. Minden. dioc. procur. fact.> 28. apr. 81 S 696 70^{vs}, m. (dec. eccl. s. Crucis Hildesem.) (exped. 27. apr. 82) L 805 198^{rss} – cler. Osnaburg.: de indulto ut horas canonicas ad Romane cur. usus legere val. 23. oct. 83 S 829 242^v – cler. Osnaburg. dioc. cui de perp. vicar. ad alt. s. Theobaldi in eccl. s. Alexandri Embecen. Magunt. dioc. vac. p. o. Hermanni Hardenberg p. dec. et capit. d. eccl. prov. fuit: de nova prov. de d. perp. vicar. (3 m. arg.) 3. nov. 83 S 836 150^r.

3765 Henricus (Enricus) Tollener: prov. de benef. Leod. [dioc.?] vac. p. resign. 75/76 I 333 178^r – can. eccl. s. Swiberti in Keyserswerd Colon. dioc. pape fam. cui s. d. 2. aug. 76 p. papam de dd. can. et preb. eccl. s. Swiberti necnon de can. et preb. eccl. s. Spiritus Ruremunden. Leod. dioc. prov. fuit: motu pr. de decl. dd. litt. perinde val. acsi n. de dd. can. et preb. eccl. s. Spiritus sed de can. et preb. eccl. b. Marie Traiecten. Leod. dioc. sibi prov. fuisset 20. ian. 78 S 763 283^{vs} – can. eccl. s. Swiberti in Keyserswerd Colon. dioc. pape fam. cui p. papam s. d. 2. aug. 76 de can. et preb. d. eccl. s. Swiberti necnon al. s. Spiritus in Ruremunden. Leod. dioc. motu pr. prov. fuit: motu pr. de decl. dd. litt. perinde val. acsi n. de dd. can. et preb. sed de can. et preb.

ac benef. p. eum eligendis prov. fuisset 10. febr. 78 S 765 1^{vs} – cler. Leod. dioc. pape fam. cui mutatio coll. conc. fuit: de decl. litt. desup. perinde val. acsi motu pr. conc. fuisset 23. febr. 78 S 765 173^r – cui gr. expect. de can. et preb. eccl. s. Swiberti in Keyserswerd Colon. dioc. et s. Spiritus Ruremunden. Leod. dioc. s. d. 2. aug. 76 conc. fuit: motu pr. mutatio d. gr. expect. in can. et preb. eccl. b. Marie Traiecten. Leod. dioc. et benef. ad coll. abba. et can. sec. colleg. eccl. b. Marie Thoren. Leod. dioc. 23. febr. 78 V 671 404^r-405^v – [Johannis de Melinis] card. Urbinaten. fam.: de can. et preb. eccl. s. Petri in Sittart Leod. dioc. (5 m. arg.) vac. p. o. Petri Brogghen et p. devol., n. o. quod Henricus Meelken (Moelken) se in dd. can. et preb. intrusit 21. apr. 78 S 768 290^r – quond. Johannis [de Melinis] tit. ss. Nerei et Achillei presb. card. Urbinaten. antiquus fam. referens quod Francisco Bertelini et al. fam. d. card. post eius obitum prerog. ad instar pape fam. conc. fuerunt et quod ipse propter absentiam paulo ante obitum d. card. in d. supplic. n. descriptus est: motu pr. de prerog. ad instar pape fam. descript., sola sign. 20. apr. 79 S 781 232^v – cler. Leod. dioc. pape fam. cui gr. expect. conc. fuit: motu pr. de uberiori gr. ut omnibus al. expectantibus in assecutione benef. preponi debeat 28. iul. 79 S 785 246^r – motu pr. prov. de benef. ad coll. ep. etc. Leod. ac abba. etc. mon. de Herkenrode o. Cist. Leod. dioc., gratis (m. archid. eccl. Dolen. et dec. eccl. b. Marie Aquen. ac dec. eccl. s. Martini Leod.) 17. nov. 81 Sec. Cam. 1 405^r-408^r – can. eccl. b. Marie Thoren Leod. dioc.: de indulto dicendi horas canonicas ad usum R. E., sola sign. 16. mart. 82 S 808 179^r – de prom. ad omnes ord. extra temp., sola sign. 16. mart. 82 S 808 256^r, 26. mart. 82 S 808 288^v.

3766 **Henricus Tribbe** cler. Minden. dioc. pape et Raphaelis [Riario] tit. s. Georgii ad velum aureum diac. card. fam.: de perp. s. c. benef. b. Marie virg. in Ulencoet infra metas par. eccl. de Berle Leod. dioc. (3 m. arg.) de iur. patron. laic. vac. p. resign. in manibus pape Johannis Honeringhe cler. Cameracen. dioc. d. card. fam. (cui de eadem vac. p. o. in cur. Petri Anselmi prov. fuit) 27. apr. 82 S 810 133ᵛ.

3767 **Henricus Troppe (Trappe)** cler. Magunt. dioc. qui ad commendam ad alt. s. Andree in par. eccl. s. Egidii op. Osterrode Magunt. dioc. noviter in titulum perp. benef. erectam necnon perp. capn. b. Marie in novo castro Lichen. Magunt. dioc. de iur. patron. laic. vac. p. o. Conradi de Volckmaria present. fuit: de nova prov. de dd. benef. (insimul 3 m. arg.) 26. febr. 82 S 808 12ᵛˢ, 7. mart. 82 S 808 164ʳ.

3768 **Henricus Trude** presb. Traiect.: de nova prov. de decan. ac preb. colleg. eccl. in Sintemartynsdyck Traiect. dioc. (8 m. arg.) de iur. patron. laic. nob. domicelle Elionore de Borsalia et de Nyenrode domine de Zulen et de op. Martynsdyk vac. p. assec. eccl. s. Lebuini Davantrien. p. Jacobum Ruysch cler. Traiect. dioc. 14. iun. 77 S 753 126ʳˢ.

3769 **Henricus Tsorchs de Desschel** cler. Leod. dioc. pape fam.: motu pr. gr. expect. s. d. 1. ian. 72 de benef. ad coll. dec. etc. eccl. s. Johannis Busciducen. Leod. dioc. necnon abb. etc. mon. Tongerlen o. Prem. Cameracen. dioc. et prerog. ad instar pape fam. (m. Michaeli Moner can. eccl. Elnen. et offic. Leod. ac Cameracen.), gratis 19. oct. 79 V 672 364ʳ-365ᵛ.

3770 **Henricus Tucher** cler. Bamberg. dioc.: de can. et preb. eccl. s. Stephani Bamberg. (8 m. arg.) vac. p. o. Petri Prior [dat. deest, cass.] S 765 220ᵛ, 5. mart. 78 S 766 101ʳ.

3771 **Henricus de Unckel** in theol. bac. o. fr. min. provincie Colon. dioc. qui propter eius paupertatem ad gradus magistratus in theol. in stud. generali se promoveri facere n. val.: de indulto committ. mag. palatii <gener.> ut 2 vel 3 mag. theol. secum adhibitis si d. Henricum p. examinationem idoneum ad magistratus esse reppererit gradus ac insigna sibi impendere val., sola sign., Conc. de consensu gener. 15. apr. 79 S 780 181ᵛˢ, 24. apr. 79 S 780 287ʳ – o. fr. min. et in theol. prof. ac in sacerd. ord. constit.: prov. de eccl. Cyrenen. vac. p. o. Mathie [Emich] ep. Cyrenen. 11. decb. 80 V 604 308ʳˢ – el. Cyrenen.: motu pr. lic. de n. resid. et lic. exercendi off. pontific. in civit. et dioc. Colon. 11. decb. 80 V 604 308ᵛˢ – solv. 10 fl. auri pro ballista d. eccl. p. manus Johannis Lescazual 12. decb. 80 IE 502 28ʳ, IE 503 28ʳ – el. Cyrenen.: obtulit cam. ap. et collegio card. 10 fl. adc. pro val. unius balliste p. Johannem Lescazval can. eccl. Maclovien. pro serv. commun. ratione prov. s. d. 11. decb. 80 (in margine: d. die solv. p. manus d. Johannis) 14. decb. 80 OS 84A 88ᵛ.

3772 **Henricus Urdeman** dec. eccl. s. Andree Colon. referens quod secundum statuta d. eccl. (p. congregatos Basil. gener. concilii conf.) nullus ad can. et preb. recipi potest nisi de legitimo matrim. existat procreatus et quod postmodum unus utr. iur. doct. qui def. nat. patitur in can. d. eccl. receptus fuit: de conf. de novo 4. mai. 74 S 704 175ᵛˢ – dec. eccl. s. Andree Colon. decr. doct. Friderici com. palatini Reni R. I. electoris orator ad papam missus: de lic. recip. reliquias sanctorum, Conc. excepta Urbe, sola sign. 14. mai. 74 S 706 79ʳˢ – et **Johannes Jans de Tussenbrock (Tussembrock)** can. et capit. eccl. s. Andree ut supra referentes quod Carolus IV. R. I. d. eccl. ab exactione telonei de quibuscumque bonis presertim apud Bacheracum, Dyepach,

919

Manebach et Stege villas Trever. dioc. exemit et quod postea Fridericus
R. I. d. conc. conf. et quod Nicolaus
V. Jacobo [de Sierk] aep. Trever.
conc. ut telonea exigeret a personis
sec. et regularibus donec eccl. Trever. a debitorum oneribus liberata
foret et quod Pius II. et postmodum
papa Johanni [de Baden] moderno
aep. Trever. d. conc. conf.: de decl.
ut vina et res alie d. eccl. s. Andree
que n. negotiandi causa deferuntur in
dd. litt. ap. minime comprehendi deberent 13. aug. 74 S 708 161ʳˢˢ, L
740 69ʳ-70ᵛ – referens quod ipse
can. et preb. eccl. s. Severini Colon.
et Johannes de Dubio can. et preb.
eccl. s. Andree Colon. resignaverunt
in manibus commissarii ap. ex causa
perm., quod deinde Johanni de Arssen cler. Colon. de dd. can. et preb.
eccl. s. Andree prov. fuit: de assign.
d. Henrico pens. ann. 50 fl. renen.
sup. fruct. prepos. eccl. s. Spiritus
Ruremunden Leod. dioc. et par. eccl.
in Kempen Colon. dioc. (d. prepositure annexe) (insimul 150 fl. renen.)
p. d. Johannem de Arssen in civit.
Colon. persolv. 1. iun. 75 S 721
194ᵛˢ – can. eccl. Colon. pape fam.
cui de uno can. et preb. eccl. Colon.
et alio can. et preb. eccl. s. Gereonis
Colon. prov. fuit: motu pr. de decl.
litt. desup. val. acsi motu pr. conc.
fuissent et c. prerog. ad instar pape
fam. descript. 25. ian. 77 S 756
253ᵛˢ – dec. eccl. s. Andree Colon.
pape fam. qui par. eccl. s. Walburgis
in Ghelstorp et **Tylmannus de Wynteren** pape fam. qui can. et preb.
eccl. ss. Appl. Colon. et **Johannes
Arssen** pape fam. qui perp. vicar. ad
alt. s. Nicolai in par. eccl. de Doncka
Leod. dioc. resign. in manibus Johannis de Grassis ex causa perm.: de
nova prov. d. Tylmanno de d. par.
eccl. (8 m. arg.) 24. iul. 77 S 755
69ᵛ – oblig. p. Lambertum Drentwede cler. Osnaburg. dioc. abbrev.
sup. annat. pens. ann. 50 fl. auri renen. sup. fruct. par. eccl. in Kempen
Colon. dioc. prepositure eccl. s. Spi-

ritus Ruremunden Leod. dioc. ad vitam Johannis Arsen unite eidem
Henrico s. d. 28. iun. 77 reserv. (in
margine: d. die solv. 16 fl. p. manus
d. Lamberti) 5. aug. 77 A 26 44ᵛ –
solv. 16¹/₂ fl. adc. pro annat. pens.
ann. sup. fruct. par. eccl. in Kempen
ut supra p. manus Lamberti ut supra
abbrev. 5. aug. 77 FC I 1133 85ʳ, IE
495 29ᵛ, IE 496 33ᵛ, IE 497 32ᵛ –
inter al. referens quod ipse par. eccl.
s. Dionisii in Heppendorp Colon. dioc. quam obtin. in manibus Alexandri [Numai] ep. Forolivien. tunc in
partibus illis c. pot. legati de latere
nuntii resignavit quodque d. Alexander d. par. eccl. (10 m. arg.) Gerardo
Schennicken cler. Monast. dioc. contulit c. reserv. d. Heinrico pens. ann.
20 fl. auri renen. sup. fruct. d. par.
eccl. p. d. Gerardum persolv.: de
nova reserv. d. pens. 29. decb. 77 S
763 258ʳˢ – recip. not. pro bulla distributa pro formata 3 grossos apr. 80
DB 2 12ʳ – recip. not. pro bulla distributa pro dimissoriali 3 grossos
apr. 80 DB 2 12ʳ – perp. vic. ad alt.
s. Adriani mart. in par. eccl. b. Marie
Borden. Traiect. dioc. inter al. referens quod ipse vig. litt. ap. p. Lucam
[de Tollentis] ep. Sibenicen. in illis
partibus nunt. c. pot. legati de latere
conc. et ex commissione p. dec. eccl.
s. Severini Colon. et eccl. s. Victoris
Xancten. Colon. dioc. fact. unam
perp. vicar. c. onere hosp. sibi annexo in op. Bocoldie (olim ducatus
Gelrie nunc vero d. ducatui conti-
guo) Monast. dioc. c. reserv. iur. patron. fundavit et bona ad hoc dispo-
sita mortificavit: supplic. d. ep. de
conf. 9. decb. 80 S 798 133ᵛ – unus
ex oratoribus Hermanni [de Hassia]
el. Colon. ad papam missus et de op.
Bocholden. Monast. dioc. oriundus
referens quod par. eccl. d. op. de
novo edificatur et reparatur et quod
multitudo christifidelium in singulis
festis s. Crucis propter miracula p.
effusionem sanguinis miraculosi de
imagine s. Crucis confluit quodque
opus sumptuosum sine eorum suf-

fragio compleri n. potest: de indulg. 12 an., Conc. 7 an. 9. decb. 80 S 798 239^r – restit. bulle sup. pens. ann. 20 fl. renen. auri eidem sup. fruct. par. eccl. s. Dionisii in Eppendorp Colon. dioc. s. d. 29. decb. 77 assign. (quia est soluta d. annat. legato ep. Forolivien.) 5. apr. 81 A 29 233^r – notitia sup. expensas pro exped. bulle sup. pens. ut supra fact. p. Albertum Cock abbrev. 17. iul. 81 T 34 95^r.

3773 **Henricus de Ursele** precept. sive commendator et fratres dom. de Pitzenborch hosp. b. Marie Theotonicorum Jerusalemitan. Machlinien. Cameracen. dioc. referentes quod d. dom. a domo d. hosp. in Confluentia Trever. dioc. dependebat et certum censum ann. precept. d. dom. in Confluentia solv. tenebatur et quod quond. Pius II. d. dom. de Pitzenborch et personas ac bona d. dom. supposita exemerat et deinde sub protectione sua suscepit et illius curam quond. Reynero de Beppenhoven fr. d. hosp. commiserat: de conf. 15. febr. 81 S 800 125^{rs}.

3774 **Henricus Utz** cler. Herbip. dioc.: de alt. in hosp. s. Andree Bamberg. (4 m. arg.) vacat. p. resign. in manibus pape Conradi Geychener cler. Herbip. dioc. et Johannis Mayer cler. Lubic. pape fam. de quo tunc certo modo vac. ipsis prov. fuit litt. n. exped. 1. oct. 73 S 697 28^v – referens quod ipse et quond. Ulricus Schmid (/.) cler. August. dioc. pape fam. in cur. defunctus ambo vig. gr. expect. par. eccl. in Thanheym August. dioc. vac. p. o. Jacobi Wolf acc.: de nova prov. de d. par. eccl. (15 m. arg.) 28. ian. 74 S 701 286^{rs} – rect. par. eccl. in Thungental Herbip. dioc.: de prom. ad omnes ord. extra temp., sola sign. 5. apr. 76 S 737 19^{vs} – qui perp. benef. primissaria nunc. in Zusmershausen ac alt. b. Marie in Beyrum Herbip. dioc. et **Erasmus Nicolai** cler. Culm. dioc. pape fam. qui alt. in par. eccl. s. Catherine in Ochsenfurt August. dioc. ac perp.

vicar. ad alt. s. Jeronimi in eccl. Herbip. ex causa perm. resign.: prov. de d. vicar. eccl. Herbip. (4 m. arg.) et d. alt. s. Catherine (4 m. arg.) (m. dec. eccl. Misnen. et Melchiori de Meckaw can. eccl. Brixin. ac offic. Herbip.), gratis 17. apr. 76 (exped. 18. mai. 76) L 763 65^{vss} – de par. eccl. in Tungental Herbip. dioc. (6 m. arg.) vac. p. resign. in manibus pape Michaelis Gruber cler. Herbip. cui de eadem vac. p. o. in cur. Henrici Peurelein Juliani [de Ruvere] tit. s. Petri ad vincula presb. card. fam. prov. fuit 29. apr. 76 S 738 212^v.

3775 **Henricus Wachtell** laic. Colon. dioc. habitator Urbis referens quod ipse Wilhelmo de Sunt merc. cur. sequenti in summa 44 duc. p. Lucam de Ungaria d. Wilhelmo fideiussit et quod ipse de d. summa 31 duc. ex pec. propriis d. Wilhelmo realiter persolvit: de conc. moratorii pro d. 13 duc. residuos ad 2 an., Conc. ad 6 menses, sola sign. 14. nov. 83 S 831 204^{rs}.

3776 **Henricus Waltplich** cler. Trever. dioc.: de par. eccl. in Spigeren Trever. dioc. (6 m. arg.) vacat. p. priv. Petri Dupgen [in] Dudelinsdorsp qui Nicolaum Bedeburch presb. Trever. dioc. vulneravit 12. decb. 72 S 685 93^{vs}.

3777 **Henricus Warendorpp** cler. Monast.: motu pr. de gr. expect. de 2 can. et preb. necnon de benef. ad coll. quorumcumque et de prerog. ad instar pape fam. descript. [iul. 84] S 830 193^v.

3778 **Henricus Wedekyns** o. fr. min. professor (in margine: sine dioc.) qui in phisica doctus plures a gravissimis egritudinibus liberavit: de disp. ad benef. p. clericos sec. teneri solitum c. clausula quod artem phisice exercere possit 14. iun. 77 S 752 220^v.

3779 **Henricus Wedekint** cler. N. (/.) dioc. cui de perp. vicar. in par. eccl. op. Grifenhagen Camin. dioc. vac. p. o. Henningi Slavow p. capit. eccl.

b. Marie Stettinen. Camin. dioc.
prov. fuit: de nova prov. de d. perp.
vicar. (2 m. arg.) et de perp. vicar. in
eccl. Colbergen. Camin. dioc. (6 m.
arg.) vac. p.o. Petri Stonevelt 21.
febr. 82 S 807 256^{rs}.

3780 **Henricus Wedemari** presb. Traiect.
dioc. et **Nicolaus Petri de Amsterdammis** rect. par. eccl. in Camper-
veen Traiect. dioc. Nicolai V. fam.:
de prov. d. Henrico de d. par. eccl.
(10 m. arg.) vacat. p. resign. <in manibus pape fact.> d. Nicolai Petri
<Nicolai V. fam.> c. reserv. pens.
ann. 17 fl. adc. 27. decb. 73 S 700
14^{r}, m. (prep. eccl. s. Servatii Traiecten. Leod. dioc.) L 731 22^{vss} –
oblig. sup. annat. p. Johannem Orten
cler. Traiect. dioc. in cur. causarum
procur. et d. Henrici procur. (vig.
instr. publici acti s.d. 12. oct. 73 et
p. Johannem Kniiff cler. Traiect.
publ. imper. auct. not. subscripti) 5.
ian. 74 A 23 3^{v}.

3781 **Henricus Velker** laic. Herbip. dioc.
heres quond. Berl relicte quond.
Conradi Perlein oppid. op. Dinckelspuhel August. dioc. referens quod
ius patron. et present. ad perp. s.c.
benef. in capel. Trium regum in suburbio d. op. (p. d. relictam fundatam
et p. Burckardum [de Ellerbach] tunc
ep. August. conf.) iam ultra 80 an.
ad d. relictam vel heredes spectat sed
post 100 an. ad prep. mon. in Rot
o.s.Ben. August. dioc. devolvatur: de
conc. iur. patron. ad perp. 14.oct.75
S 728 79^{r}.

3782 **Heinricus (Henricus) Welczer
(Welser, Welczel)** cler. Salzeburg.
dioc. cui de par. eccl. s. Leonardi in
Motnicz Gurc. dioc. vac. p.o. Johannis Offner prov. fuit: de nova prov.
de d. par. eccl. (10 m. arg.) 6. decb.
75 S 730 229^{v} – ex utr. par. de nob.
gen.: de disp. ad 2 incompat. benef.
15. decb. 75 S 734 112^{r} – cui de par.
eccl. b. Marie virg. in Lysereglich
Salzeburg. dioc. vac. p.o. Andree
Wielandt prov. fuit: de nova prov. de
d. par. eccl. (12 m. arg.) 1. febr. 76 S

733 296^{v} – in art. doct. cui gr. expect. s.d. 1.ian.[72] de 2 benef. conc.
fuit et qui par. eccl. b. Marie virg. in
Lysereghoh acc.: de reval. gr. expect. 10. febr. 76 S 734 141^{vs} – de
par. eccl. s. Leonardi in Mottnicz
Gurc. dioc. (60 fl. adc.) vacat. p. resign. Erhardi Pawmgartner cler. Salzeburg. cui de eadem vac. p.o. Johannis Haffner prov. fuit 17. apr. 76
S 737 281^{r} – in studio Perusino studens cui gr. expect. s.d. 1. ian. 72 de
benef. conc. fuit: motu pr. de decl.
litt. desup. perinde val. acsi gr. expect. motu pr. conc. fuisset et de prerog. ad instar pape fam. descript. 27.
apr. 76 S 738 58^{r} – rect. par. eccl.
s. Leonardi in Motnih Gurc. dioc.
mag. in art. in univ. studii Perusin. in
iur. can. studens qui vig. disp. ad 2
incompat. benef. par. eccl. s. Marie
in Lisseregberch Salzeburg. dioc.
obtin.: de disp. ad 3. benef. curatum
4. mai. 76 S 738 169^{vs} – reus et possessor qui litig. coram Matheo de
Porta aud. contra Gasparem Puechler
cler. August. pape fam. (qui resign.)
sup. par. eccl. b. Marie in Lizereg-
kirch Salzeburg. dioc.: de prov. d.
Henrico de d. par. eccl. (40 fl. adc.)
et de reserv. d. Gaspari pens. ann. 16
fl. renen. sup. fruct. d. par. eccl. p. d.
Henricum persolv. 10. mai. 76 S 738
268^{rs} – et **Michael Salczman de
Pegnitz** cler. Bamberg. dioc. pape
fam. referentes quod litig. in cur. coram Johanne de Ceretanis aud. sup.
can. et preb. colleg. eccl. in Velken-
marck Salzeburg. dioc. et deinde
concordiam fecerunt: de prov. d.
Henrico de dd. can. et preb. et de
assign. d. Michaeli pens. ann. 6 fl.
adc. sup. fruct. dd. can. et preb. (4
m. arg.) p. d. Henricum persolv. 31.
ian. 77 S 746 232^{rss} – acol. ex utr.
par. de nob. gen. rect. par. eccl.
s. Leonardi in Motnicz Gurc. dioc.:
de prom. ad omnes sacros ord. extra
temp., sola sign. 12. mart. 77 S 749
182^{vs} – de n. prom. ad 7 an. dummodo infra an. sit subdiac. 3. apr. 77
S 749 263^{vs} – mag. in art. de mil.

gen.: prov. de prepos. eccl. s. Marie Magdalene in Volkenmart Salzeburg. dioc. (12 m. arg.) vac. p. resign. Bernhardi Artzt (m. ep. Gurc. et ep. Lavant. ac Tilimanno Brandes can. eccl. Hildesem.) 11. febr. 78 L 785 198^r-199^v – in cur. procur.: oblig. sup. annat. prepos. eccl. s. Marie Magdalene in Volkenmart (12 m. arg.) ut supra (in margine: s. d. 4. oct. 78 prorog. term. solut. ad 4 menses; s. d. 13. febr. 79 solv. 29 fl. p. manus suas) 18. mart. 78 A 26 169^v – prep. eccl. s. Marie Magdalene in Volkemart Salzeburg. dioc.: solv. 29 fl. adc. pro annat. d. prepos. 13. febr. 79 FC I 1133 212^r – prep. eccl. b. Marie Magdalene in Valkenmarckt et rect. par. eccl. b. Marie virg. in Liseregberch Salzeburg. dioc. qui p. plures an. cur. secutus fuit: de n. prom. ad 7 an. 3. apr. 79 S 780 145^{vs} – qui vig. gr. expect. et reval. decan. eccl. s. Bartholomei in Frisaco Salzeburg. dioc. vac. p. o. Gasparis Reyssintzer obtin.: de nova prov. de eodem (10 m. arg.) 13. apr. 79 S 780 146^v.

3783 **Henricus de Wemdoing** rect. par. eccl. in Berndorff Patav. dioc.: de disp. ut unac. d. par. eccl. (10 m. arg.) aliud incompat. benef. recip. valeat etsi par. eccl. ad vitam c. lic. perm. 17. mart. 81 S 800 268^v.

3784 **Henricus Wenke (Wenneker)** cler. Osnaburg. dioc. c. quo sup. def. nat. (p. s.) ad omnes ord. disp. fuit: m. (dec. eccl. s. Anscharii Bremen.) confer. perp. s. c. vicar. ad alt. ss. Georgii et Agnetis in eccl. Bremen. (4 m. arg.) vac. p. resign. in manibus pape Johannis Stoel qui eam vac. p. resign. in manibus pape Hermanni Wenke obtin. 10. mai. 76 (exped. 22. mai. 76) L 763 282^{rss} – referens quod litig. coram Petro de Ferrera aud. contra quond. Rodulphum up den Orde in cur. defunctum sup. perp. s. c. vicar. ad alt. s. Crucis in par. eccl. in Bersten Osnaburg. dioc. de iur. patron. laic. (3 m. arg.)

vac. p. o. Johannis Schutten: de surrog. ad ius d. Rodulphi 19. aug. 79 S 785 240^{rs}.

3785 **Henricus Werber** scol. Argent.: de disp. sup. def. nat. (presb. et monial. o. s. Aug.) ut ad omnes ord. prom. et quodcumque benef. retin. val. et c. lic. tacendi 20. mart. 76 S 736 108^{vs}, m. (prep. eccl. ss. Martini et Arbogasti de Surburg Argent. dioc.) L 766 197^{rs}.

3786 **Henricus Werssnberg (Wissemberg)** cler. Magunt. dioc. cui de can. et preb. eccl. s. Crucis Northusen. Magunt. dioc. vac. p. resign. (in manibus locumtenentis dec. d. eccl.) Johannis de Bergha prov. fuit: de nova prov. de eisdem (4 m. arg.) 11. ian. 81 S 799 142^r – qui litig. coram aud. contra Maynhardum Richares cler. sup. can. et preb. eccl. s. Crucis Northusen. Magunt. dioc. vac. p. o. Johannis de Berga: de prov. si neutri de eisdem (4 m. arg.) 11. ian. 81 S 799 142^{rs}.

3787 **Henricus de Wert** (in margine: sine dioc.) o. pred. provincie Saxonie in theol. bac. referens quod ipse in univ. stud. Pisan. et Florentin. ac al. univ. ad legendum sententias pro forma grad. magisterii p. quond. mag. Salvum Casseta generalem d. ord. deputatus fuerat univ. Pisan. et d. ord. sua principia et lecturam pro d. gradu in d. univ. complevit quodque deinde ad Urbem se transtulit ut in Urbe d. gradum commodius recip. val. quam in d. univ.: de relax. a iuram. de n. recipiendo d. gradum nisi in univ. Pisan. et de recip. gradum mag. c. omnibus privil. quib. alii prof. Urbis et quarumcumque al. univ. gaudent, sola sign. 3. oct. 83 S 828 280^v.

3788 **Henricus de Wesalia (Vesalia)** decr. doct. can. colleg. eccl. ss. Appl. Colon.: de par. eccl. s. Laurentii in Beeck Colon. [dioc.] (4 m. arg.) vac. p. resign. Gerardi de Bruchusen presb. et de disp. ut unac. d. par. eccl. et dd.

can. et preb. (4 m. arg.) aliud incompat. benef. retin. val. 20. ian. 78 S 763 289^{rs} – can. eccl. ss. Appl. Colon.: de assign. d. Henrico pens. ann. 15 fl. renen. (4 m. monete Colon. pro quolibet fl. renen.) sup. fruct. par. eccl. in Lyns Trever. dioc. (8 m. arg.) p. Gerardum Walach rect. d. par. eccl. persolv. 4. sept. 78 S 773 207^{v} – presb. Colon.: de nova prov. de par. eccl. in Lyns Trever. dioc. (13 m. arg.) vac. p. resign. Gerardi Walach in manibus certi commissarii ap. ad hoc deputati 25. ian. 80 S 794 212^{v} – can. colleg. eccl. ss. Appl. Colon. et rect. par. eccl. in Lyns Trever. dioc. referens quod secundum statuta d. eccl. inibi resid. debeat et al. benef. curatum obtin. n. val.: de disp. ut unac. dd. can. et preb. sacerdotali d. par. eccl. ad vitam insimul retin. val. 27. febr. 80 S 794 197^{v} – rect. par. eccl. in Lyns Trever. dioc.: oblig. p. Bernardum Mumme dec. eccl. s. Ludgeri Monast. causarum pal. ap. not. sup. annat. maioris val. d. par. eccl. (90 fl. renen.) de qua vac. p. resign. ut supra ex causa perm. c. par. eccl. in Beck Colon. [dioc.] (60 fl. renen.) s. d. 25. ian. 80 sibi prov. fuit (in margine: d. die solv. pro compositione annat. 13 fl. p. manus d. Bernardi) 11. mart. 80 A 28 163^{v} – solv. 9^{3}/$_{4}$ fl. adc. pro annat. maioris val. par. eccl. ut supra p. manus Bernardi Momen 11. mart. 80 FC I 1134 37^{r}, IE 498 107^{r}, IE 499 112^{r}.

3789 **Henricus Westkercke** cler. Monast. dioc.: de perp. s. c. vicar. ad alt. N. in capel. s. Pauli infra emunitatem eccl. Osnaburg. (4 m. arg.) vac. p. o. Johannis Mugge 9. decb. 82 S 817 143^{rs}, I 334 177^{r}.

3790 **Henricus Westfal** cler. Lubic. fr. germanus Michaelis Westfal nullum benef. obtinens: de perp. vicar. in eccl. Lubic. vacat. p. assec. can. et preb. eccl. Lubic. p. d. Michaelem cui de eisdem vac. p. resign. Hermanni de Lochorst prov. fuit 15. nov. 76 S 743 278^{vs}.

3791 **Henricus Wetheman (Waheman)** cler. <presb.> Paderburn. dioc. c. quo sup. def. nat. (p. s.) disp. fuit: de disp. ad quodcumque benef. c. lic. perm. 8. iun. 79 S 783 83^{rs}, 26. iun. 79 L 798 228^{rs}.

3792 **Henricus Wicke (Wiechnant) (de Babenhusn)** cler. Magunt. dioc. resid. in cur. cui de primiceria in par. eccl. op. Liechenvald (Liechenvalen.) Aquileg. dioc. auct. ap. prov. fuit: de prom. ad omnes ord. extra temp., sola sign. 10. ian. 83 S 818 186^{r}, 17. mart. 83 S 820 254^{v}, 28. mart. 83 S 821 147^{vs}.

3793 **Henricus de Wickeden** cler. olim perp. s. c. vic. in par. eccl. s. Petri Lubic. de iur. patron. laic.: prov. de perp. benef. commenda nunc. in eccl. s. Bonifatii Hamelen. Minden. dioc. (4 m. arg.) vac. p. resign. in manibus pape Johannis Rauenstorp ex causa perm. (m. prep. eccl. Lubic. et Johanni Subake can. eccl. Lubic. ac offic. Minden.) 10. iun. 72 (exped. 12. apr. 73) L 715 210^{r}-211^{v}.

3794 **Henricus Widerbort (Weddebert, Wyderberch)** claustralis dom. s. Antonii in Hoest et altarista s. Katherine in capel. dom. s. Antonii in Rostorff (Bosterff) Magunt. dioc. cui de precept. dom. s. Antonii in Colonia que iam dudum pens. ann. 300 fl. gravata exist. vac. p. resign. Henrici de Stouffenberg p. Johannem de Collick precept. gener. dd. dom. s. Antonii in Rostorf et Hoest prov. fuit: de nova prov. de eadem (1.000 fl. renen.) 1. mai. 81 S 801 46^{rs} – precept. dom. s. Antonii Colon. o. s. Aug. de s. Antonio Viennen. possessor litig. coram Johanne Francisco de Pavinis aud. contra Petrum de Arca cler. sup. d. precept. dom. Colon.: de prov. si neutri de d. precept. (1.000 fl. renen.) vac. p. resign. Henrici Stouffeberg 3. aug. 82 S 813 128^{v} – possessor referens quod ipse litig. coram Johanne [de Ceretanis] ep. Nucerin. aud. locumtenenti contra Petrum de Area can. eccl. Viennen., precept. dom. s. Ruphi et dom. Marsilii d. ord. sup. precept. dom. s. Antonii Colon. (1.000 fl. renen.) vac. p. resign. Henrici de Stouffenberge et quod deinde d. precept. Colon. vacat. fuit in eventum assec. c. c. precept. in Lunden [= London] terre Anglie p. d. Petrum: de surrog. ad ius d. Petri 11. decb. 82 S 817 90^{vs} – referens quod in supplic. express. fuit quod Henricus de Staufemberch cui erat assign. pens. 100 fl. auri sup. fruct. precept. Colon. cassationi d. pens. consentire paratus existebat: de confic. litt. desup. absque express. d. consensus et c. express. conf. d. quittationis 22. aug. 83 S 826 252^r – solv. 57 fl. adc. pro annat. pens. ann. sibi assign. sup. fruct. precept. dom. s. Antonii Colon. dioc. p. manus soc. de Medicis 1. sept. 83 Paris L 52 D 5 121^r, IE 508 67^v, IE 509 66^v – can. mon. s. Antonii de s. Antonio o. s. Aug. Viennen. dioc.: oblig. p. Johannem de Frettis can. eccl. Lingonen. sup. annat. pens. ann. 160 fl. renen. s. d. 22. aug. 82 sibi assign. sup. fruct. precept. dom. Colon. de consensu Petri de Area eiusdem dom. precept. (in margine: s. d. 2. sept. 83 solv. pro annat. d. pens. 57 fl. p. manus soc. de Medicis) 2. sept. 83 [!]A 31 131^v.

3795 Henricus Widerer al. Ruter (Knoer) fr. hosp. b. Marie Theotonicorum Jerusalemitan. in art. mag. in sacris ord. constitutus: de disp. ut quodcumque benef. p. cler. sec. regi solitum etiamsi par. eccl. ad vitam c. pot. perm. retin. et habitum d. hosp. in veste sec. gerere possit 19. iun. 78 S 770 265^v, V 668 375^{rss}.

3796 Henricus Wyg laic. Constant. dioc. qui mutilationem in brachio cuiusdam laici fecit: de disp. sup. irreg. et de prom. ad omnes ord. c. lic. recip. primam tonsuram 7. nov. 75 S 729 130^v.

3797 Henricus Wigandi presb. Magunt. dioc. qui ad par. eccl. s. Petri Eislayben. Magunt. dioc. vac. p. o. Theo-

derici Hutschenrad p. abba. et conv. mon. in Ichtershausen o. s. Ben. Magunt. dioc. Henrico Winter cler. Magunt. dioc. et officiali prepos. eccl. b. Marie virg. Erfforden. Magunt. dioc. present. fuit et p. d. Henricum Winter auct. Hugonis Landenbergk prep. d. eccl. et archid. eccl. Magunt. institutus fuit: de nova prov. de d. par. eccl. (3 m. arg.) 1. ian. 83 S 817 294^r, m. (dec. eccl. s. Crucis in Northusen Magunt. dioc.) (exped. 5. iul. 83) L 827 160^{vss}.

3798 Henricus Wynner (Wymer) can. ecclesiarum Nuemburg., Merseburg. et b. Marie Erforden. (Erfforden.) Magunt. dioc. decr. doct. referens quod pluribus retroactis an. in cur. stando et eam sequendo diversas infirmitates passus est et quod a capit. eccl. Nuemburg. et eccl. b. Marie de infirmitate lepre fuit suspectus et quod propterea illorum introitus fuit ei perhibitus: de fruct. percip. 16. sept. 72 S 682 192^{rs} – qui infirmitate lepre suspectus de consilio medicorum in partibus manere oportuit: de fruct. percip. 10. mart. 73 S 688 20^r, 15. mai. 73 S 691 66^v.

3799 Henricus Wyngefeld referens quod ratione par. eccl. artatur ex nunc ad omnes sacros et presbit. ord. promoveri debeat: de ref. c. disp. quod ex nunc in 22. sue et. an. ad omnes ord. promoveri et c. indulto ut in altero benef. residendo fruct. d. par. eccl. in absentia percip. val. 23. apr. 82 S 809 295^v.

3800 Henricus Wynti cler. Leod. dioc. c. quo sup. def. nat. (p. s.) ad min. ord. disp. fuit: de alt. b. Marie Magdalene in par. eccl. s. Johannis Traiecten. Leod. dioc. (3 m. arg.) vac. p. o. Adulphi de Tremonia 19. apr. 76 S 738 58^v.

3801 Henricus (Enricus) Ulrici com. de Wirtenberg (Wirtemberg, Wertenberg, Verthembergh) natus prep. eccl. Eistet., **Bernardus Mercklinger** d. com. in cur. procur., **Ludo-**

vicus de Fryberg utr. iur. doct., Ludovicus Vergenhans utr. iur. doct., Johannes Vergenhans decr. doct., Martinus Kellem utr. iur. doct., Caspar de Vernaw utr. iur. doct., Antonius de Pfor de mil. gen., Johannes Frawenschuch med. et art. doct., Bernardus Aulman, Laurencius Ruperti decr. licent., Andreas von dem Berge, Fridericus Schenck de Lucendorpe, Vincencius Sneen, Johannes Hebman, Conradus Eckhart, Urbanus Funffer, Symon Keller de Wayblingen, Mangoldus Widman, Michael Wydman, Ludovicus Mangoldi Widman, Johannes Hormer, Johannes Senff, Conradus de Murrtingen, Johannes Alsaman, Ulricus Friesz, Johannes Cabebe, Johannes Lus[...], Nicolaus Wirtenbergh, Ulricus Schmidlein, Cristofferus Wetzel, Philippus Dietmari, Petrus Glockel de Seltz, Petrus Schmidenwint, Michael Bulhamer, Conradus Melges, Berchtoldus Brunner, Caspar Nagel, Johannes Hoffman, Johannes Schurger, Johannes Walt, Jacobus Wild, Henricus Dawer, Hennyngus Bringman omnes Ulrici com. de Wirtenberg dilecti: supplic. d. com. de gr. expect. de 2 can. et preb. et de 2 benef. ad coll. quorumcumque et de disp. ad 2 incompat. benef., Et s.d. 1. ian. 72 S 670 112^{rs} – prov. de prepos. vac. ex causa perm. 72/73 I 332 109^v – cler. Constant. dioc. ex com. de Vitemberg Alberti marchionis Brandenburg. R. I. electoris dilectus: supplic. d. marchione m. (prep. eccl. s. Crucis in Stuglen. Constant. dioc.) confer. can. et preb. eccl. Argent. (12 m. arg.) vacat. p. ingr. mon. s. Bonifacii Fulden. o. s. Ben. Herbip. dioc. p. Johannem de Hennemberg (Henneberg) 19. febr. 72 (exped. 5. mart. 72) L 713 167^v-169^r – oblig. sup. annat. p. Bernardum Merklinher can. eccl. Wien. (in margine: solv. 27 fl. qui dati fuerunt Jacobo Philippi <presb. Constant. dioc.> et restit.

quia ipse alias solv. annat. par. eccl. <plebis nunc. s. Martini> Basil. et n. habuit effectum) 6. mart. 72 A 21 103^r – solv. 27 fl. adc. pro compositione annat. 7. mart. 72 FC I 845 94^v, FC I 1129 64^v, IE 487 52^v – prep. eccl. Eistet. de ducum et com. gen.: lic. elig. confess., alt. port. 19. mart. 72 V 660 296^{rs}.

3802 **Henricus** abb. et conv. mon. ss. Petri et Pauli appl. Wissemburgen. o. s. Ben. Spiren. dioc. et **Fridericus R. I.** ac **Philippus com. palatinus Reni ac Bavarie dux** et **Cristoforus [ex marchionibus] Baden.** aliique nobiles necnon vasalli d. mon. referentes quod olim d. mon. antequam d. Henricus in abb. prefectus fuit diversis creditoribus oblig. existit ut creditoribus satisfacere n. sperant: m. (abb. eccl. s. Jacobi e. m. Magunt. et dec. eccl. ss. Petri et Alexandri Ascaffenburgen. Magunt. dioc. ac offic. Argent.) ut usque ad 10 an. fruct. omnium benef. ad eorum collationem pertinentium p. an. post eorum vacacionem percip. possint 13. mai. 83 V 644 171^{vss}.

3803 **Henricus Witteleghen** presb. Minden. dioc. litig. coram aud. contra Reinbertum Sindorp cler. Minden. dioc. sup. par. eccl. in Runneberghe Minden. dioc. et Johannem Purtrick cler. Minden. dioc. cui de d. par. eccl. p. papam prov. fuerat: de prov. d. Henrico de d. par. eccl. (4 m. arg.) vacat. p. resign. in manibus pape d. Johannis et de assign. d. Johanni pens. ann. 7 fl. renen. monete electorum imperii n. o. def. nat. (s. s.) d. Johannis 24. mai. 73 S 690 233^{vs}.

3804 **Henricus Witstock** cler. Bremen. dioc.: de perp. s. c. vicar. in colleg. eccl. b. Marie Hamburgen. Bremen. dioc. (4 m. arg.) vac. p. resign. Johannis Gerwen vel p. o. in cur. Johannis Rese 27. oct. 74 S 710 295^{rs}.

3805 **Henricus Wiverling** presb. Basil. dioc. referens quod Petrus Hugonis rect. par. eccl. in Ruxingen Meten.

dioc. morbo elephantie percussus existit: de deput. d. Henricum in coadiutorem d. Petri et (quia d. morbus incurabilis est) de prov. sibi de d. par. eccl. (20 l. T. p.) cum ea d. Petro cedente vel decedente vacare contigerit 28. mai. 78 S 769 224ᵛ.

3806 Henricus Wolff profes. mon. s. Nicolai antiqui hosp. in Hagenow o. Prem. Argent. dioc. in min. ord. constit. qui Simonem Vetter presb. d. ord. profes. in caput percussit ex quo vulnere vel mala cura medicantis d. profes. post 2 menses decessit: de abol. inhab. et de disp. ut in alt. ministerio ministrare et perp. s. c. capn. ad alt. b. Marie virg. in eccl. s. Maximini in Balbum Argent. dioc. (2 m. arg. p.) quam obtin. retin. val. 10. aug. 84 S 839 163ʳ.

3807 Henricus Wolf (Volf) cler. Frising. dioc.: supplic. Margarita Ludovici com. palatini Reni et Bavarie ducis nata m. (ep. Brixin. et prep. eccl. Veteris Ecclesie Ottingen. Salzeburg. dioc. ac Ulrico Entzperger can. eccl. Patav.) confer. par. eccl. b. Marie in Otzing Ratisbon. dioc. (10 m. arg.) vac. p. o. Sigismundi Stetner Pii II. fam. 16. oct. 73 (exped. 20. decb. 73) L 731 313ᵛˢˢ – restit. bulle sup. prov. ut supra 29. decb. 73 A 22 204ʳ – solv. [in bullaria] pro formata 3 ord. 9 grossos decb. 78 T 13 116ᵛ.

3808 Henricus Wolff presb. Trever. dioc.: de perp. vicar. in par. eccl. in Ischs Trever. dioc. (4 m. arg.) vac. p. resign. in manibus pape Frederici Dusarawe (Dusnawe) <p. Ricardum Graman cler. Trever. dioc. procur. fact.> c. reserv. pens. ann. 8 fl. renen. p. d. Henricum persolv. 22. apr. 79 S 780 284ᵛ, m. (dec. eccl. s. Paulini e. m. Trever.) (exped. 4. mai. 79) L 793 270ʳˢ.

3809 Henricus Wonder (Wueler) presb. Traiect. dioc.: de perp. s. c. vicar. seu capn. ad alt. ss. Johannis Bapt. et Ev. in par. eccl. op. Tilen. Traiect. dioc.

(4 m. arg.) vac. p. o. Theoderici Roveri (Roneri) 13. oct. 77 S 759 29ʳ, m. (prep. eccl. s. Johannis Traiect.) (exped. 4. apr. 78) L 791 62ʳˢ.

3810 Henricus de Wurtzpurg can. eccl. Herbip. in diacon. aut subdiacon. ord. constit. referens quod 2 ex suis fam. in suburbio civit. Herbip. in sua presentia 2 laic. vulneraverunt ut obibant: de absol. a homicidio et de abol. inhab. et de nova prov. de can. et preb. in eccl. Herbip. (8 m. arg.) quos obtin. 29. febr. 84 S 835 24ᵛ.

3811 Henricus Zan nonnullos an. cur. secutus reus et possessor litig. coram Johanne de Ceretanis aud. contra quond. Johannem Franck cler. Magunt. dioc. in cur. defunctum sup. perp. vicar. ad alt. s. Michaelis in colleg. eccl. Aschaffenburgen. Magunt. dioc. (4 m. arg.): de surrog. ad ius d. Johannis 23. sept. 71 S 672 105ʳ.

3812 Henricus de Zelde cler. Magunt. dioc.: de nova prov. de can. et preb. eccl. ss. Anastasii et Innocentii confess. Gandersinen. Hildesem. dioc. (4 m. arg.) vac. p. o. Jordani Bindemans 6. mai. 79 S 781 56ᵛ.

3813 Henricus de Zeclem Lottenis rect. par. eccl. de Boxtel Leod. dioc. mag. in art. referens quod Nicolaus Lamberti Valkenisse tunc can. eccl. Leod. can. et preb. d. eccl. resign. in manibus Pii II. qui de eisdem Johanni Gauw tunc rect. d. par. eccl. de iur. patron. laic. (200 l. T. p.) prov. necnon d. Nicolao pens. ann. 150 fl. = 100 l. T. p. monete in duc. Brabantie currentis sup. fruct. d. par. eccl. reserv. quodque d. Henricus si d. pens. solv. haberet ex residuo se sustentare n. possit: de committ. in partibus ad reductionem d. pens. ad 3. partem fruct. 9. sept. 77 S 761 282ᵛ.

3814 Henricus Czeringer (Zeringer) rect. par. eccl. b. Marie Bamberg. decr. doct.: de disp. ut unac. d. par. eccl. al. 2 incompat. benef. recip. va-

leat etsi 3 par. eccl. ad vitam c. lic.
perm. 17. iul. 79 S 784 139^{vs} – rect.
par. eccl. b. Marie virg. Bamberg. et
can. colleg. eccl. s. Stephani Bamberg. ac can. et scolast. eccl. Olomuc. c. suo annexo decr. doct.: de n.
resid. vel de fruct. percip. 2. ian. 81
S 799 28^{vs}.

3815 Henricus de Zewen Constant. dioc.
de bar. gen., **Henricus Winter** cler.
Magunt. dioc., Jacobus Binswanger
cler. Herbip. dioc., **Johannes Metziger** cler. civit. Argent., **Wendelinus Metziger** cler. Argent. dioc. et
Paulus Sudler cler. Argent. dioc.:
motu pr. de gr. expect. de 2 can. et
preb. ac benef. ad coll. quorumcumque, Et s. d. 17. nov. 81 S 803 52^{v}.

3816 Henricus Zigel perp. vic. ad alt.
s. Crucis in colleg. eccl. <s. Viti> op.
Elwann (Ewalcen.) August. dioc. qui
d. perp. vicar. resign.: de assign.
pens. ann. 13 fl. renen. sup. fruct. d.
vicar. (5 m. arg.) de qua Johanni
Zwensegel presb. August. dioc.
prov. fuit 20. mai. 78 S 769 50^{v} –
cler. August. dioc.: restit. bulle (quia
prov. d. eccl. est fact. coram ordin.)
3. iun. 78 A 27 203^{r}.

3817 Henricus Zomeren rect. par. eccl.
In den Retel Traiect. dioc. Bessarionis [Trapezunt.] card. ep. Sabinen.
fam. in theol. mag. c. quo auct. Pii
II. ad 2 incompat. benef. disp. fuit et
cui auct. Pauli II. de d. par. eccl. (14
m. arg.) prov. fuit et qui litig. in cur.
sup. par. eccl. de Eersel Leod. dioc.
(20 m. arg.) et c. quo s. d. 22. iun.
71 ut d. eccl. in Eersel (si evinceret)
unac. d. 2 par. eccl. vel 3. incompat.
benef. p. 4 an. retin. val. auct. ap.
disp. fuit: decl. perinde val. d. disp.
25. aug. 71 V 653 15^{rss} – in theol.
mag. pape fam. et cubic.: restit. bulle
s. d. 6. sept. 71 sup. can. et preb. ac
decan. eccl. b. Marie Antwerpien.
Cameracen. dioc. (30 m. arg.) vac.
p. o. in cur. Michaelis Amici script.
et abbrev. (in margine: s. d. 5. apr.
72 cass. oblig. c. remissione annat.,
n. o. brevi) 10. apr. 72 A 21 121^{v} –

remissio annat. ut supra 10. apr. 72
FC I 1130 5^{r}.

3818 Heribertus (Humbertus) de Blisia
decr. doct.: de can. et preb. c. ferculo
eccl. s. Severini Colon. (8 m. arg.)
vac. p. resign. Ditimari Calde 11.
decb. 79 S 788 126^{v}.

**3819 Heribertus (Hubertus) Brunonis
(de Tuicio):** motu pr. gr. expect. s. d.
1. ian. 72 de can. et preb. eccl.
s. Cassii Bonnen. Colon. dioc. necnon de benef. ad coll. prep. etc. eccl.
s. Gereonis Colon. et prerog. ad instar pape fam. descript. (m. prep.
eccl. s. Petri Traiect. et eccl. s. Georgii Colon. ac dec. eccl. b. Marie ad
Gradus Colon.), gratis 24. iun. 80 V
672 308^{r}-311^{v} – cler. Colon. dioc. in
23. sue et. an. constit.: de par. eccl.
in Eundorich Colon. dioc. (4 m. arg.)
vac. p. o. cuiusdam Martini <de
Vichterich> 24. oct. 80 S 797 131^{r},
m. (prep. eccl. Bremen. et dec. eccl.
b. Marie ad Gradus Colon. ac offic.
Colon.), gratis (exped. 17. mai. 81)
L 815 216^{vss} – de perp. vicar. ad alt.
ss. Johannis Bapt. et Johannis Ev. in
colleg. eccl. ss. Appl. Colon. (4 m.
arg.) vac. p. o. Johannis van der Viden (Vulen) 24. apr. 81 S 802 57^{rs},
m. (prep. eccl. Bremen. et dec. eccl.
ss. Appl. Colon. ac eccl. s. Ludgeri
Monast.), gratis (exped. 15. decb.
81) L 808B 127^{rs} – de disp. ut 2
incompat. benef. etsi 2 par. eccl. ad
vitam recip. val. c. lic. perm. 11.
mai. 82 S 811 114^{rs}, L 823 128^{vs} –
perp. vic. ad alt. ss. Johannis Bapt. et
Ev. in eccl. ss. Appl. Colon.: de perp.
s. c. vicar. ad alt. s. Blasii in eccl.
s. Cassii Bonnen. Colon. dioc. (4 m.
arg.) vac. p. o. Ludovici Gerwini
pape fam. 5. sept. 82 S 827 167^{v} –
de nova prov. de perp. s. c. vicar. ad
alt. s. Cecilie in eccl. s. Gereonis Colon. (3 m. arg. p.) vac. p. o. Johannis
Molner 29. aug. 83 S 834 2^{r}.

3820 Herbordus (Herborius) Nicolai
can. eccl. s. Leonardi Francforden.
Magunt. dioc.: de prom. ad omnes
ord. extra temp., sola sign. 19. sept.

77 S 758 281^{vs} – cler. Magunt. dioc.: de s.c. vicar. in colleg. eccl. s.Gangolfi Magunt. (3 m. arg.) vac. p.o. Henrici Heydock 6. mart. 83 S 820 106^v.

3821 **Herbertus Nighewassen** can. eccl. b. Marie Aquen. Leod. dioc., in 19. sue et. an. constit. in univ. Colon. iur. can. stud.: de disp. ad quodcumque benef., Conc. in 20. sue et. an. 27. iun. 72 S 681 39^v.

3822 **Herbordus Ruffi de Montzgen (Montzignen)** acol. Magunt. dioc. perp. cap. s.Nicolai in par. eccl. s.Bonifacii ville Alszheym Wormat. dioc.: de prom. ad omnes ord. extra temp., sola sign. 17. mart. 72 S 677 143^{vs} – cler. Magunt. dioc.: de capel. b. Marie virg. in op. Winterberg Magunt. dioc. (3 m. arg.) vac. p.o. Johannis Brugel 26. nov. 72 S 691 230^v – cui gr. expect. s.d. 1. ian. 72 conc. fuit: de prerog. ad instar pape fam. descript. 21. mai. 73 S 695 70^{rs}.

3823 **Herbordus Tenckinck** cler. Monast. dioc. cui de perp. s.c. vicar. in eccl. s.Andree Colon. et de can. et preb. d. eccl. certo modo vac. prov. fuit et qui litig. coram aud. contra certos suos adversarios sup. dd. can. et preb.: de disp. ut in casu assec. d. 2 benef. insimul p. 3 an. retin. val. 22. apr. 80 S 794 163^r.

3824 **Herbordus [Zierenberg]** abb. et conv. eccl. s.Pauli e.m. Bremen. o. s. Ben.: de incorp. d. monasterio perp. vicar. commendam nunc. ad alt. s. Silvestri in eccl. d. mon. (4 m. arg.), Fiat ad vitam 12. iul. 77 S 754 163^v.

3825 **Herbipolis**
Ep. Herbip. inter al. referens quod tempore quond. Johannis de Born ep. Herbip. tam mensa episc. quam mensa capit. eccl. Herbip. que tunc floride et opulentissime erant occurrentibus certis guerris tantam incurrerunt iacturam quodque idcirco tunc dec. et canonici necessario nonnulla egregia eorum oppida castra villas ad ipsam mensam capit. pertinentes c. al. iuribus pignoris emptionisque titulo variis personis ad estimationem 100.000 fl. alienaverunt quodque quond. Godefridus [Schenk de Limpurg] ep. Herbip. decrevit quod par. ecclesie in Haszfurt, in Heylpron, in Leuterhaussen, in Nesselbach, in Traustat, in Hertzbolth, in Mellrichstat, in Hokenstet Herbip. dioc. etiam in Buttenheim, Schertzbitz, Goinsfelt et in Wensergangen Bamberg. dioc. necnon archidiaconatus quorum omnium coll. et provisio ad d. ep. Herbip. spectat solis canonicis capit. et n. aliis conferri deberent quodque Nicolaus V. ordinavit quod nulli in maiori ad post pontificalem maiorem etiam in s.Johannis in Hawgis e.m. Herbip. et Novi Monasterii Herbip. necnon in Onolspach, Oringen et Mospach ecclesiis Herbip. dioc. preposituras decanatus archidiaconatus scolastrias et al. dignitates recipi possent nisi in dd. ecclesiis actu prebendati quodque nihilominus alii vigore gratiarum expect. aut al. litterarum ap. acceptati fuerunt: de conf. dd. statuta Nicolai V. unac. litt. d. Godefridi [Schenk de Limpurg] ep. Herbip. et de statutis quod dd. dignitates et par. ecclesie necnon prepositura eccl. s.Burckardi e.m. Herbip. sub quibusvis reservationibus seu mandatis nullatenus comprehendantur, Et motu pr. 15. ian. 78 S 763 76^{rss}.
Eccl. bb. Kiliani et eius sociorum mart. Herbip. referens quod d. eccl. vig. litt. ap. s.d. 2. mai. 78 indulg. 5 an. quam visitantibus eccl. s.Marci Venetiarum ex litt. quond. Alexandri [III.] et eccl. s.Marie ad Heremitas o. s. Ben. Constant. dioc. ex litt. quond. Leonis [VIII.] conc. fuit: supplic. ep. et capit. eccl. Herbip. de indulg. plen. 28. apr. 79 S 781 41^{vs} – *eccl. Herbip.* cui indulg. conc. fuit: de ref. 29. apr. 79 S 780 220^r – *prep. et capit. eccl. Herbip.* et **Wilhelmus Schenck de Lympurg** dec.

eccl. Herbip. de bar. gen. referentes quod Melchior Truchses archid. in Tettelbach in eccl. Herbip. pape acol. coram certis iudicibus ap. delegatis contra ipsos sup. d. decan. litig. et ad effectum certe concordie in favorem d. Wilhelmi resign. in manibus pape et d. Melchiori pens. ann. 40 fl. auri renen. sup. fruct. d. decan. vel donec sibi de can. et preb. ecclesiarum Bamberg. vel Herbip. (procurante d. Wilhelmo) prov. fuerit c. clausula regressus assign. fuit et quod d. Melchior ultra pens. prepos. eccl. in Mospach Herbip. dioc. necnon can. et preb. eccl. Magunt. assec. fuit: cass. clausule regressus 22. iun. 80 V 673 34^{vss}.

Dec. et capit. colleg. eccl. s. Burckhardi e. m. Herbip. o. s. Ben. referentes quod <p. Pium II.> mon. s. Burckardi o. s. Ben. e. m. Herbip. in colleg. eccl. sec. c. 18 preb. erectum fuerat et quod lis inter dd. dec. etc. et Franciscum Lemleyn sup. quibusdam can. et preb. d. eccl. in favorem d. Francisci iudicata fuerat ut eidem Francisco 19. preb. dari coguntur: de incorp. mense d. eccl. can. et preb. (60 fl. renen.) vacat. p. resign. Melchioris Truchszses can. d. eccl. de nob. et mil. gen. sed. ap. acol. et de assign. d. Melchiori pens. ann. 40 fl. renen. p. dec. etc. persolv. 5. mart. 75 S 715 91^{vss}, V 616 66^v-68^v, quitt. quindenniorum Arm. XXXIII, 2 443^v, Arm. XXXIII, 2 438^v – *prep., dec. et capit. mon. s. Burckardi o. s. Ben. e. m. Herbip.* referentes quod d. mon. supprimebatur ac in colleg. eccl. unac. prepos. ac certis can. et preb. erigebatur et quod 1 can. et 1 preb. d. prepositure uniti fuerunt: de dissolvendo d. unionem et de incorp. mense d. capit. dd. can. et preb. 11. ian. 78 S 762 186^{vs} – *capit. colleg. eccl. s. Burchardi de Sancto Burchardo e. m. Herbip.*: solv. 45 fl. adc. pro annat. unionis et suppressionis can. et preb. d. eccl. p. manus Jacobi (Nini) de Amerina 13. mart. 82 FC I 1134 193^r, IE 505 87^r

– *dec. et capit. eccl. s. Burchardi e. m. Herbip.*: oblig. p. Jacobum Nini cler. Amelien. [Auxie de Podio] card. Montisregalis fam. sup. integra annat. can. et preb. d. eccl. (60 fl. renen.) de quib. vac. p. resign. in manibus pape Melchioris Truchses (qui supprimuntur et exstinguuntur in d. eccl. et fruct. eorundem mense capitulari d. eccl. s. d. 5. mart. 75 applicantur) 19. mart. 82 A 30 150^r.

Priores et fr. o. fr. herem. s. Aug. ac priorisse et sorores o. Carm. que sub cura dd. fr. in Herbip. et Bamberg. dioc. vitam degent et a quib. nonnulli duces, marchiones et episcopi sardagia et alias exactiones indebite exegerunt: de indulto ut ad solut. dd. exactionum minime teneantur 22. mai. 73 S 691 16^r, V 662 49^{rss}.

3826 **Herebrandus de Mynen** can. eccl. Traiect. qui vig. gr. expect. decan. ac can. et preb. colleg. eccl. s. Lebuini Davantrien. Traiect. dioc. vac. p. o. Dethardi Sleter acc.: de nova prov. de d. decan. ac can. et preb. (18 m. arg.) 29. mart. 77 S 749 97^{rs} – ex utr. par. de bar. gen. cui gr. expect. s. d. 1. ian. 72 de can. et preb. eccl. s. Salvatoris Traiect. et de can. et preb. eccl. s. Lebuini Davantrien. Traiect. dioc. conc. fuit: motu pr. de prerog. d. gr. ad instar pape fam. descript. et in forma motu pr. 29. mart. 77 S 749 113^{vs}.

3827 **Herenberch (Heremberg)**
Canonici et capellani eccl. b. Marie op. in Herenberch Constant. dioc. referentes quod d. eccl. ad colleg. eccl. reformetur et eidem eccl. in Urach incorp. propter quod dd. canonici et capellani preb. eorum resign. proponunt: m. (abb. mon. in Blauburen. Constant. dioc.) adm. resign. et assign. eisdem pens. ann. sup. fruct. d. eccl. p. prep. etc. d. eccl. persolv. c. eorum consensu (p. nob. virum Eberhardum sen. com. Virtembergen. et Montispeligardi procur. express.) 23. mart. 82 L 817 81^{rs} – quitt. quindenniorum sup. in-

corp. prepos. d. eccl. in Urach (18 m. arg.) s. d. 23. mart. 82 Arm. XXXIII, 2 444^v.

3828 Hervordia

Prep., dec. et capit. eccl. ss. Johannis et Dionisii ac univ. perp. benefic. in op. Hervorden. Paderburn. dioc.: de conserv. c. pot. citandi 30. decb. 82 S 818 14^v – *prep. et capit. op. Hervorden. Paderburn. dioc.* referentes quod in supplic. express. fuit ut conserv. concederetur pro singulis personis eccles. d. op.: de ref. c. express. quod d. conserv. pro omnibus perp. duret 14. ian. 83 S 818 154^r.

Clerus et rect. ac scholares colleg. eccl. necnon consules, scabini et univ. op. Hervorden. Paderburn. [dioc.]: commiss. 82/83 I 335 133^r.

Proconsules consules et univ. hominum op. Hervorden. Paderburn. dioc. inter al. referentes quod Wynandus Becker perp. vic. in eccl. s. Pusinne d. op. decan. eccl. ss. Petri et Andree Paderburn. impetravit et bona d. perp. vicar. alienavit et quod ipsi desup. litig. coram Conrado Bussen dec. d. eccl. ss. Petri et Andree et coram Johanne de Quernheym dec. eccl. Minden. ac coram offic. Magunt. qui ipsos fecit excommunicatos: m. (prep. eccl. s. Johannis Osnaburg. et archid. Frisie et Emeslandie eccl. Osnaburg. ac dec. eccl. s. Martini Bramessen. Osnaburg. dioc.) committ. in partibus 13. nov. 78 L 789 294^{vss}.

3829 Herrieden

Dec. et capit. eccl. s. Viti in Herrieden Eistet. dioc. inter al. referentes quod Wilhelmus [de Reichenau] ep. Eistet. ipsis conc. ut nullum illegitimum natum in can. d. eccl. adm.: de conf. 2. oct. 73 S 697 60^{rs}, I 332 99^v.

3830 Hermachoras (Michaelis) dec. eccl. Laibac.: de nova prov. de perp. capn. ad alt. s. Trinitatis in d. eccl. (8 m. arg. <32 fl. adc.>) vac. p. o. cuiusdam Nicolai et de disp. ut d. capn. unac. d. decan. (8 m. arg. <32 fl.

adc.>) retin. val. 9. febr. 73 S 687 208^r, 17. febr. 73 S 687 236^{vs}.

3831 Hermannus Theutonicus qui vitreas fenestras in bibliotheca ap. facit: recip. 3 carlenos papales 16. sept. 75 FC I 1497 32^v – recip. 1 duc. auri 7. oct. 75 FC I 1497 33^r – recip. 15 carlenos 13. oct. 75 FC I 1497 33^r – recip. 90 libras ferri 23. oct. 75 FC I 1497 33^r – recip. 4 duc. pro itinere Venetias ad emenda vitra pro usu bibliothece 1. nov. 75 FC I 1497 33^v – recip. 2 duc. pro salario 14. decb. 75 FC I 1497 34^v – recip. 2 duc. 18. decb. 75 FC I 1497 34^v – recip. 1 duc. 23. decb. 75 FC I 1497 34^v – recip. 1 duc. 6. ian. 76 FC I 1497 35^r – recip. 6 carlenos 15. ian. 76 FC I 1497 35^v – recip. 15 carlenos 17. ian. 76 FC I 1497 35^v – recip. 2 duc. 1. febr. 76 FC I 1497 36^r – recip. 1 et 2 duc. 8. febr. 76 FC I 1497 36^r – recip. 3 duc. 24. febr. 76 FC I 1497 36^r – recip. 13 duc. 13. mart. 76 FC I 1497 36^r – recip. 1 duc. 22. mart. 76 FC I 1497 36^v – recip. 7 duc. et 24 bol. 27. mart. 76 FC I 1497 37^r – recip. 8 carlenos pro emendis claviculis 30. mart. 76 FC I 1497 37^r – recip. 10 duc. et 24 bol. 4. apr. 76 FC I 1497 37^v – recip. 1 duc. 4. mai. 76 FC I 1497 38^r – recip. 5 duc. 6. mai. 76 FC I 1497 38^r.

3832 Hermannus Alverdisse presb. Lubic. dioc. qui p. Henricum Georgii vicedecanum eccl. Lubic. ad perp. vicar. in eccl. Lubic. (pauperibus cler. reserv.) vac. p. o. Andree Warendar al. Guldevot present. fuit: m. (abb. mon. in Reynevelde Lubic. dioc.) confer. de novo d. vicar. (3 m. arg.) et disp. ut illam unac. al. incompat. benef. retin. val. 12. mart. 75 (exped. 23. decb. 76) L 751 53^{rss}.

3833 Hermannus Antz can. eccl. s. Victoris e. m. Magunt. qui p. Conradum Hynderbach prep. d. eccl. ad d. custod. present. fuit: de nova prov. de d. custod. (3 m. arg. p.) vac. p. o. Wigandi Konigk et tunc p. resign. in manibus d. prep. Wolfgangi Kelbel can. d. eccl. qui etiam p. d. prep. ad d. custod. present. fuit et d. custod. nondum ad an. obtin. 5. oct. 82 S 814 220ᵛ.

3834 **Hermannus** fil. **Arnoldi** cler. Colon. dioc. et rect. par. eccl. in Hergelszhusen Herbip. dioc.: de prom. ad omnes ord. extra temp., sola sign. 30. mai. 80 S 793 113ʳ.

3835 **Hermannus up der Bach** cler. Colon. dioc. Berardi [Eruli] tit. s. Sabine presb. card. Spoletan. fam.: de nova prov. de par. eccl. s. Laurentii in Garda Valliscanonice Brixien. dioc. (70 fl. adc.) vac. p. o. Benevenuti de Vancio etiam d. card. fam. 5. nov. 71 S 673 152ᵛ – rect. par. eccl. ut supra (quam tenet) Dominici [Dominici] ep. Brixien. in Urbe vicarii fam.: de n. prom. ad 7 an. <sola sign.> 10. oct. 72 S 683 135ʳ, 24. oct. 72 S 683 222ᵛ.

3836 **Hermannus Bamberger** can. eccl. b. Marie in Teuerstadt e. m. Bamberg. Philippi [Calandrini] card. ep. Portuen. maioris penit. fam.: gr. expect. de can. et preb. d. eccl. b. Marie in Teuerstadt necnon de benef. ad coll. prep. etc. eccl. s. Johannis in Hawgis e. m. Herbip. c. prerog. ad instar pape fam. descript. (m. Eberhardo de Rabenstein can. eccl. Bamberg. et officialibus Herbip. ac Bamberg.), gratis 21. iul. 75 V 678 834ᵛ-837ʳ – cler. Bamberg. card. ut supra fam. cui gr. expect. de can. et preb. in eccl. b. Marie virg. in Tewestat e. m. Bamberg. necnon de benef. ad coll. capit. eccl. s. Johannis in Hawgis e. m. Herbip. s. d. 21. iul. 75 conc. fuerat et prerog. ad instar pape fam. descript.: motu pr. de decl. litt. sup. gr. expect. perinde val. acsi motu pr. conc. fuissent 24. mai. 76 S 739 238ᵛˢ – de can. eccl. b. Marie virg. Hamburgen. Bremen. dioc. (6 m. arg.) vac. p. o. Henrici Pomert 24. mart. 77 S 748 301ʳ.

3837 **Hermannus Becker** cler. Bremen. referens quod lis pendet in cur. inter Gerardum Oldewagen prep. eccl. s. Willehardi Bremen. actorem et Gerardum Ellinghusen cler. reum et possessorem sup. perp. s. c. vicar. in par. eccl. s. Martini Bremen.: de d. perp. vicar. (4 m. arg.) vac. p. resign. d. Gerardi vel Luderi Rinpes et de disp. ut unac. d. vicar. quecumque al. benef. c. lic. perm. recip. val. et de n. resid. et de n. prom. 6. iul. 84 S 837 258ʳˢ.

3838 **Hermannus Beker** presb. Paderburn. dioc.: de perp. vicar. in eccl. s. Nicolai in op. Rintelen. Minden. dioc. de iur. patron. laic. vac. p. contractum matrim. Theodorici Riks al. Rodenberch et de par. eccl. in Sulbeke Minden. dioc. (insimul 3 m. arg.) vac. p. o. Johannis Damer c. derog. iur. patron. laic. 20. nov. 81 S 805 67ᵛ.

3839 **Hermannus Behem de Nurnberga** cler. Bamberg. dioc. in art. mag. Roderici [de Borja] card. ep. Portuen. vicecancellarii fam.: motu pr. de gr. expect. de 2 can. et preb. necnon de benef. ad coll. quorumcumque et de prerog. ad instar pape fam. descript., Et s. d. 17. nov. 81 15. mai. 84 S 830 168ʳˢ.

3840 **Hermannus Berckevelt (Borkeuelt)** cler. Hildesem. dioc. cui de perp. <s. c.> vicar. ad alt. ss. Petri et Pauli eccl. Hildesem. vac. p. o. Gerwini Fabri p. Johannem Terwen dec. d. eccl. prov. fuit: de nova prov. de eadem vicar. (4 m. arg.) 16. sept. 78 S 773 241ʳ, 16. apr. 82 S 809 228ᵛ.

3841 **Hermanus Berldes** cler. Magunt. dioc.: de par. eccl. s. Nicolai in Frigenwold Camin. dioc. (24 l. T. p.) vac. p. o. Jacobi Westval 16. ian. 81 S 799 75ʳ.

3842 **Hermannus Bernekinck (Wernekinck, Vernekinck)** presb. Paderburn. dioc. qui (vig. gr. expect. de can. et preb. ad coll. aep. etc. Magunt. ac prep. etc. eccl. s. Albani

e. m. Magunt.) par. eccl. in Mum-
menheyn Magunt. dioc. vac. p. o. Johannis Trabeth obtin. sup. qua litig.
contra Andream de Undeheym: m.
(offic. Magunt.) confer. si neutri d.
par. eccl. (4 m. arg.) 21. oct. 74 (exped. 8. iun. 75) L 790 55^{vs} – qui litig. coram iudicibus sed. Magunt.
contra Andream Undenheym cler.
sup. par. eccl. Mumenheymen. ut supra et qui litt. in forma si neutri sup.
d. par. eccl. acc.: de decl. litt. desup.
perinde val. 11. mai. 82 S 810 266^{vs}
– de perp. vicar. ad alt. s. Blasii in
capel. s. Pauli infra emunitatem eccl.
Osnaburg. (4 m. arg.) vac. p. resign.
in manibus pape Hermanni Iserinckhusen 14. nov. 82 S 816 67^{v}, I 334
177^{v} – qui vig. gr. expect. par. eccl.
in Mummenheym ut supra vac. p. o.
Johannis Thabech ut supra acc. et litig. desup. coram offic. Magunt. et
offic. prep. eccl. s. Victoris e. m. Magunt. contra Andream de Undenheym cler.: de prov. si neutri de d.
par. eccl. (4 m. arg.), Et p. breve 12.
iun. 83 S 824 298^{rs}.

**3843 Hermannus de Bichlingen (Berch-
lingen, Beychlingen)** [1. pars 2 par-
tium] cler. Magunt. de com. et nob.
gen. et **Conradus Schenck** cler. Magunt. dioc. de bar. gen. cler. Magunt.
dioc. qui prepos. eccl. s. Severi Erfforden. Magunt. dioc. resign.: de
prov. d. Hermanno de d. prepos. (13
m. arg.) et de assign. d. Conrado
pens. ann. 30 fl. renen. sup. fruct. d.
prepos. et pens. ann. 20 fl. sup. fruct.
perp. vicar. ad alt. Trium regum sita
in eccl. mon. monial. op. Collede
Magunt. dioc. o. s. Ben. de iur. patron. com. de Bychlingen (10 m.)
n. o. def. nat. (com. s. et s.) d. Conradi 13. nov. 74 S 710 246^{vs} – prep.
eccl. s. Severi Erfforden. Magunt. dioc. c. quo sup. def. nat. (com. s. s.)
disp. fuit ut unac. perp. s. c. vicar. ad
alt. Trium regum in eccl. mon. monial. op. Colle o. s. Ben. Magunt.
dioc. (10 m. arg.) (quam in 23. sue
et. an. vig. disp. p. Paulum II. conc.

assec. est) al. incompat. benef. retin.
val.: prov. de d. prepos. (13 m. arg.)
vac. p. resign. in manibus pape Conradi Schenk 13. nov. 74 (m. ep. Merseburg. et prep. eccl. ss. Petri et Pauli
Bardewicen. Verden. dioc. ac dec.
eccl. b. Marie Erfforden. Magunt.
dioc.) V 566 112^{v}-115^{v} – solv. 29 fl.
pro compositione annat. prepos.
eccl. s. Severini [!] Erforden. Magunt. dioc. p. manus Heverardi Rabensten <p. manus pr.> 15. febr. 75
FC I 1132 42^{r}, IE 490 45^{v}, IE 491
32^{v} – cler. Magunt. dioc. de com.
gen.: de can. et maiori preb. eccl.
Halberstad. (4 m. arg.) vac. p. resign.
Ernesti com. de Mansfelt 29. apr. 76
S 738 127^{v} – de can. et preb. colleg.
eccl. ss. Petri et Pauli in Frislarien.
(Fyrslar) Magunt. [dioc.] (4 m. arg.)
vac. p. o. Eberardi Schenck 18. oct.
77 S 762 243^{rs}, 29. oct. 77 S 762
243^{r} – prep. eccl. s. Severi Erforden.
Magunt. dioc. decr. doct. inter al. referens quod in d. prepos. quedam
consuetudo existit quod prep. occasione 2 synodorum annuatim singulos presbiteros in districtu iurisdic-
tionis d. prepositure ad prandia in-
vitat c. sumptuoso apparatu ita ut
sumptum usque ad summam 50 fl.
renen. facere oportet quodque prep.
magis insignis colleg. eccl. b. Marie
in d. op. multo uberiores fruct. habens similibus oneribus n. gravatur:
conc. ut in futuro ad dd. prandia etiam pretextu consuetudinis minime
teneatur 5. mai. 78 S 769 47^{v} – de
can. et preb. eccl. s. Severi Erforden.
Magunt. dioc. (4 m. arg. p.) vac. p.
resign. in manibus pape Guntheri de
Bunaw dec. eccl. b. Marie op. Erforden. pape fam. 26. aug. 78 S 773
24^{r} – de perp. vicar. ad alt. b. Marie
Magdalene in colleg. eccl. s. Crucis
in op. Northusen. <Magunt. dioc.>
(4 m. arg.) vac. p. o. Werneri de
Arnswalt 25. sept. 79 S 787 102^{v} –
de perp. <s. c.> capn. ad alt. ss.
10.000 Martirum in par. eccl. s. Laurentii op. Erfforden. Magunt. dioc.
(4 m. arg.) vacat. p. resign. in ma-

nibus pape <in manibus not. publ.> Nicolai de Hart <p. Jacobum Pfister can. eccl. Wien. in decr. licent. procur. fact.> 12. decb. 80 S 798 226^{vs}, (m. prep. eccl. s. Petri Northenen. Magunt. dioc. et decanis eccl. b. Marie Erfforden. Magunt. dioc. et s. Severi Erfforden. Magunt. dioc.) (exped. 14. ian. 81) L 806 310^{rs}, 9. ian. 81 S 800 110^{rs} – prov. de can. et preb. eccl. b. Marie Erforden. Magunt. dioc. (4 m. arg.) vac. p. resign. in manibus pape Gasparis Puechler (cui de eisdem vac. p.o. in cur. Hermanni Steinberg prov. fuerat possessione n. habita) p. Judocum Trebesmulner cler. Bamberg. dioc. procur. fact. (m. prep. eccl. ss. Michaelis et Petri Argent. et officialibus Magunt. ac Bamberg.) 20. iul. 81 (exped. 24. iul. 81) L 815 113^{r}-115^{r}.

3844 Hermannus de Bichlingen [2. pars 2 partium] cler. Magunt. dioc.: de can. et preb. eccl. b. Marie virg. Nuemburg. (4 m. arg.) vac. p. resign. in manibus pape Johannis Leonis cler. Colon. dioc. pape fam. (cui de eadem vac. p.o. in cur. Johannis Fabri pape fam. s.d. 29. nov. 81 prov. fuit), n.o. prepos. eccl. s. Severi Erfforden. (15) ac can. et preb. eccl. in Sulcza (3) et perp. s.c. vicar. ad alt. s. Marie Magdalene in Domesburcken (3 m. arg.) ac perp. s.c. vicar. ad alt. s. Thome in Hanstein Magunt. dioc. (3 m. arg.) et perp. s.c. vicar. in par. eccl. s. Crucis in Samgerhusen Halberstad. dioc. (3 m. arg.) et perp. s.c. vicar. in par. eccl. s. Andree in Nebra Magunt. dioc. (6 m. arg.) necnon assign. pens. ann. 15 fl. auri renen. sup. fruct. par. eccl. in Elstierberg Nuemburg. dioc. 29. mart. 82 S 809 88^{vs} – prep. eccl. s. Severi Erforden. Magunt. dioc.: de disp. ut unac. d. prepos. al. 2 incompat. benef. etsi 2 par. eccl. ad vitam recip. val. c. lic. perm. 20. aug. 82 S 813 257^{rs} – referens quod s.d. 4. mai. 77 Ulrico Pfister presb. August. dioc. pens. ann. 30 fl. auri renen.

sup. fruct. par. eccl. ss. Johannis Ev. ac Cornelii et Cipriani in Probstreden. August. dioc. (85 fl. auri renen.) p. Jacobum Pfister persolv. reserv. fuit quam pens. d. Ulricus p. Kilianum Feer cler. Herbip. dioc. procur. resign. in manibus pape: m. (ep. Alerien. et dec. eccl. s. Ludgeri Monast. ac offic. August.) assign. d. Hermanno al. pens. ann. 30 fl. auri renen. sup. fruct. d. par. eccl. p. Johannem Pfister (cui de d. par. eccl. vac. p.o. in cur. d. Jacobi prov. fuit) in civit. Erfforden. Magunt. dioc. persolv. 12. mart. 83 L 826 275^{v}-277^{r} – prep. eccl. s. Severi Erforden. Magunt. dioc. referens quod secum sup. def. nat. (de nob. com. s. et s.) disp. fuit quodque lis pendet in cur. inter Guntherum de Bunaw cler. Nuemburg. dioc. pape cubic. ac fam. et Wilhelmum Wortmem cler. intrusum sup. can. et preb. eccl. s. Severi Erforden. Magunt. dioc.: de dd. can. et preb. (4 m. arg.) vac. p. resign. in manibus pape d. Guntheri 19. mart. 83 S 821 62^{r} – de can. et preb. in colleg. eccl. s. Petri Budessen. Misnen. dioc. (8 m. arg.) vac. p. resign. in manibus pape Conradi Essel (Esser) cler. Magunt. dioc. pape fam. (cui de eisdem vac. p.o. in cur. Henrici de Bolberitz (Bolberich) <s.d. 5. ian. 83> prov. fuit) 17. apr. 83 S 821 200^{r}, m. (prep. eccl. b. Marie virg. Feuchtwangen. August. dioc. et offic. Merseburg. ac offic. Misnen.) L 824 173^{rss} – et **Johannes Kriis** prep. eccl. s. Nicolai in Spalt Eistet. dioc. pape fam.: de prom. ad omnes ord. extra temp., sola sign. 21. apr. 83 S 822 246^{r} – oblig. sup. annat. can. et preb. in colleg. eccl. s. Petri ut supra 24. mai. 83 A 31 61^{v} – qui ad can. et preb. in eccl. s. Petri in Jechenbergk Magunt. dioc. vac. p.o. Burchardi Czenge p. Henricum com. de Swartzpergk Magunt. dioc. decano et capit. d. eccl. present. fuit: de nova prov. de eisdem (4 m. arg.) de iur. patron. laic. 26. aug. 83 S 832 119^{r} – rect. par. eccl. in Voxstidt

Magunt. dioc. in min. ord. constit. pres. in cur. qui d. par. eccl. p. an. possedit: de n. prom. ad omnes ord. ad 3 an. 2. sept. 83 S 828 32^r – de n. prom. ad 5 an. 11. sept. 83 S 828 190^{vs}.

3845 **Hermannus Bigade** presb. Razeburg. dioc.: de benef. in eccl. b. Marie virg. Vismarien. Razeburg. dioc. (2 m. arg.) vac. p. o. Nicolai Schonelombi possessoris 17. mart. 78 S 767 23^v.

3846 **Hermannus Byntreym (Brynteyn, Byntriem)** can. et scolast. eccl. b. Marie ad Gradus Colon.: de n. resid., Conc. ad 7 an. 5. febr. 72 S 676 90^v – et alii scolastici nonnullarum colleg. eccl. in civit. et Colon. dioc. qui distinctos personatus habent in extenso referentes quod quond. Henricus [de Virneburg] aep. Colon. statuta sup. scolastr. ordinavit et quod deinde Rupertus [com. palatinus Reni] modernus aep. Colon. eadem in synodo in civit. Colon. approbavit: de conf. 5. iun. 72 S 680 277^{rs}, 25. iun. 72 S 681 31^{rs}.

3847 **Hermannus Bodeker (Bodek)** cler. Minden. dioc.: de par. eccl. b. Marie virg. ac ss. Petri et Pauli Appl. in Novocastro Monast. dioc. (4 m. arg.) vacat. p. resign. in manibus pape Johannis Hoynckusen (Heynckhusen, Haynchusen) cler. Minden. dioc. <p. Johannem Schurenbusch cler. Minden. dioc. procur. fact.> cui de d. par. eccl. vac. p. o. in cur. Everhardi (Everardi) Beuer p. Paulum II. prov. fuerat et qui litig. desup. coram Johanne de Cesarinis aud. contra Johannem de Asbecke cler. <Monast. dioc.> intrusum 26. iun. 73 S 693 26^{vs}, (m. prep. eccl. Lubic. et dec. eccl. s. Martini Embricen. Traiect. dioc. ac offic. Monast.) (exped. 5. mart. 74) L 729 141^{vss}, [fragm. cass., dat. deest] L 731 37^v.

3848 **Hermannus [de Boemelberg]** abb. etc. mon. s. Viti in Corbea o. s. Ben. Paderburn. dioc. referentes quod

eccl. s. Jacobi in Hadenberche Paderburn. dioc. citra 100 an. desolata exist. et quod d. eccl. in suis structuris collapsam reformare desiderant: de incorp. d. monasterio d. eccl. (nullius fruct.) et de indulto convertendi oblationes christifidelium ad d. eccl. confluentium in reparationem d. eccl. 19. mai. 80 S 793 38^{vs} – abb. mon. in Hassingen (Hassungen) o. s. Ben. Magunt. dioc. qui p. conv. mon. s. Viti Corbien. (Corbeyen.) o. s. Ben. Paderburn. dioc. (R. E. immed. subiecti) concorditer postulatus fuit: prov. de abbat. d. mon. s. Viti Corbien. vac. p. o. Hermanni [de Stockhausen] ultimi abb. (simili modo conv. d. mon., Friderico R. I.) 15. iun. 81 L 805 100^v-102^r, Cod. Vat. Lat. 3478 41^{vs} – abb. mon. s. Viti Corbeyen. o. s. Ben. Paderburn. dioc. R. E. immed. subiecti: m. (aep. Colon. et ep. Paderburn.) iuram. fidelitatis 15. iun. 81 L 805 102^r – obtulit cam. ap. et collegio card. 300 fl. adc. et 5 serv. min. p. Steffanum de Catziis abbrev. pro serv. commun. ratione prov. s. d. 15. iun. 81 (in margine: solv. s. d. 28. iun. 81) 18. iun. 81 OS 84A 98^v, Paris L 25 A 9 99^v.

3849 **Hermannus Bogel**: oblig. p. Johannem Ockel dec. eccl. b. Marie Vessalien. Trever. dioc. sup. annat. maioris val. can. et preb. eccl. s. Martini Cranemburgen. Colon. dioc. (6 m. arg.) de quib. vac. p. resign. in manibus pape Bernardi Pize ex causa perm. c. d. Hermanno qui perp. vicar. ad alt. ss. Petri et Pauli appl. in d. eccl. s. Martini (3 m. arg.) resign. s. d. 1. mai. 77 sibi prov. fuit 16. decb. 77 A 26 114^r – solv. 7 fl. adc. pro annat. <maioris val.> can. et preb. eccl. ut supra p. manus Johannis de Ockel 16. decb. 77 FC I 1133 117^v, IE 495 76^r, IE 496 80^r, IE 497 79^r.

3850 **Hermannus Bonen (Bolnen, Boene, Boone)** presb. Monast. dioc.: de perp. <s. c.> vicar. ad alt. ss. Johannis Bapt. et Johannis Ev. ac ss. Catherine et Agathe in capel. s. Georgii in Borckloe Monast. dioc. de iur. patron. domini locorum de Brunckhorst et Borkloe <Monast. dioc.> (3 m. arg.) vac. p. devol. vel p. n. prom. Rutgeri Boene (Boone) iun. cler. Colon. dioc. (qui ad d. vicar. p. Gisbertum dom. dd. locorum present. et p. archid. instit. fuit ac p. an. circa detin.) aut p. resign. Rutgeri Boenen <sen.> pastoris <rect. par. eccl.> in Alpen Colon. dioc. genitoris d. Rutgeri seu p. resign. Johannis Boenen can. eccl. Zutphanien. <Traiect. dioc.> 24. oct. 79 S 791 242^{vs}, m. (dec. eccl. Veteris Ecclesie s. Pauli Monast.) (exped. 26. iul. 80) L 804 135^{vss}, 25. oct. 79 S 791 243^{rs}.

3851 Hermannus Borchgreve cler. Colon. dioc.: motu pr. de gr. expect. de benef. ad coll. quorumcumque, Et s. d. 17. nov. 81 S 803 11^{r} – cui de par. eccl. in Visbecke Osnaburg. dioc. auct. ap. prov. fuit et qui litig. desup. coram Gundisalvo [de Villadiego] aud. contra Johannem de Meppis et Arnoldum Clanryck: de prorog. temp. intimandi ad 6 menses, sola sign. 20. decb. 81 S 806 56^{r}.

3852 Hermannus Bottermann cler. Colon. dioc. in art. mag. cui de perp. vicar. in eccl. s. Martini Duren. Colon. dioc. vac. p. o. cuiusdam Petri p. Jeronimum [de Santucciis] ep. Forosempronien. ad civit. et dioc. Colon. legatum missum prov. fuit: de nova prov. de d. vicar. (4 m. arg.) 3. nov. 73 S 698 2^{r}.

3853 Hermannus [Brant] prior et canonici mon. in Molenbecke o. s. Aug. Minden. dioc. inter al. referentes quod d. Hermannus litig. contra Bartoldum Gleden rect. par. eccl. op. Blomenborch Paderburn. dioc. sup. erect. capel. et alt. in loco in den Selgen Winckel vulg. nunc. in d. op. et quod tandem p. medium nob. viri Bernardi domini de Lippia et d. loci se invicem concordarunt quod d. Hermannus p. se (vel al. can. seu fr.

d. ord.) d. capel. et locum inhabitare et divina off. celebrare val. et quod d. prior d. Bartoldo 400 fl. auri renen. in meliorationem fruct. d. par. eccl. persolv. et quod Simon [de Lippia] ep. Paderburn. d. capellam in ecclesiam erigi et d. monasterio incorp. conc. de consensu capit. de Windeshaym d. ord. Traiect. dioc.: de conf. d. concordie 28. apr. 77 S 750 253^{vss}.

3854 Hermannus Brants (Branes) cler. Leod. dioc. nullum benef. obtin.: de can. et preb. eccl. b. Marie Aquen. Leod. dioc. (12 m. arg.) vac. p. ingr. relig. Jacobi Crisibelt (/.) cler. Colon. 12. decb. 72 S 685 90^{v} – de can. et preb. colleg. eccl. s. Dionisii Leod. (10 m. arg.) vacat. p. resign. in manibus pape Theoderici Zoemer (Soemer, Hoemer) qui eosdem obtin. 9. iul. 73 S 693 86^{vs}, (m. prep. eccl. s. Andree Colon. et decanis eccl. s. Martini Leod. ac eccl. s. Johannis Busciducen. Leod. dioc.) (exped. 5. oct. 73) L 725 161^{vs} – oblig. p. Johannem Ingenwinkel cler. Colon. dioc. sup. annat. can. et preb. eccl. s. Dionisii ut supra (in margine: s. d. 20. oct. 73 solv. p. manus d. Johannis) 20. oct. 73 A 22 98^{r}.

3855 Hermannus [de Breitenlandenberg] ep. Constant. inter al. referens quod contra Georgium Winterstetter can. eccl. Constant. super surreptionem pecunie quantitatis 30 fl. auri renen. ad capit. d. eccl. spectantis inquirebat et quod d. Georgius se ad cur. contulit et in pape acol. recipi procurabat et a iurisd. ordin. exemptus esse pretendens quasdam litt. Latini [de Ursinis] card. [ep. Tusculan.] et camer. ap. retinebat propter quas d. ep. a processu contra d. Georgium abstinuit: de committ. ut contra d. Georgium procedat 18. decb. 72 S 685 244^{vs} – referens quod ipse propter redemptionem rerum impignoratarum castrum nunc. Kamgarten ac villagium Eriskilch ac certa grangia burgimagistro consulibus ac communitati op. in Buochorn pro summa 6.000 fl. renen. vendidit absque consensu capit. d. eccl.: de conf. 22. decb. 72 S 685 214^{rss} – referens quod ipse <temp. Pauli II.> homines commun. op. Buchom (Buorhom) Constant. dioc. propter occupationem silvarum districtus loci in Eriskilch Constant. dioc. ad eccl. Constant. pertin. (150 fl. renen.) p. 2 an. excom. et quod deinde d. ep. c. d. commun. (auxilio magistrorumcivium et consulum op. Thuricen.) ad concordiam venit et dd. silvas pro summa 6.000 fl. renen. d. commun. vendidit: de conf. (m. abb. mon. s. Galli de Sancto Gallo et abb. mon. in Salem Constant. dioc.) 26. iun. 73 S 692 38^{rs}, L 726 118^r-119^v – notitia sup. visit. lim. pro 3 bienniis videlicet uno finito die 18. iun. 72 et al. currenti et tertio futuro p. Gerwynum Mittiken in cur. causarum procur. 15. decb. 73 DC 36 228^v.

3856 Hermannus Bresen cler. Hildesem. dioc. ex utr. par. de mil. gen., in 22. sue et. an. constit.: motu pr. de gr. expect. de 2 can. et preb. necnon de benef. ad coll. quorumcumque, Et s. d. 17. nov. 81 S 803 201^r.

3857 Hermannus tom Broke cler. Monast. dioc.: motu pr. de gr. expect. de 2 can. et preb. necnon de benef. ad coll. quorumcumque, Et s. d. 17. nov. 81 S 803 75^v.

3858 Hermannus Kalkrose de Gernach cler. Bamberg. dioc. cui gr. expect. s. d. 1. ian. 72 de benef. ad coll. abb. etc. mon. Stellamarie Misnen. dioc. conc. fuit: motu pr. de exten. d. gr. expect. ad 2 coll. p. eum elig. et de prerog. ad instar pape fam. descript. 2. mai. 80 S 792 238^{vss}.

3859 Hermannus de Keppel (Kappel, Kessel) cler. Monast. dioc. in decr. licent. ex utr. par. de mil. et nob. gen. ac de legitimo matrim. procreatus H[enrici de Schwarzburg] ep. Monast. consiliarius qui ad can. et preb. eccl. Monast. tunc vac. p. o.

Theodorici Haver p. Johannem Valck can. eccl. Monast. in suo presentandi turno capitulo d. eccl. present. fuit: de nova prov. de eisdem (4 m. arg. p.) 28. decb. 77 S 766 165^{rs} – litig. coram Bartholomeo de Bellencinis aud. contra Hermannum de Horde cler. sup. can. et preb. eccl. Monast. vac. p. o. Theoderici Haver vig. prim. prec. imper.: de prov. si neutri de dd. can. et preb. (4 m. arg.) 12. febr. 78 S 765 60^{rs} – litig. coram Bartholomeo de Bellencinis aud. sup. can. et preb. eccl. Monast. vac. p. o. Theoderici Haver quond. Hugonis [de Lusignano] card. ep. Tusculan. de Cipro vulg. nunc. fam. contra Hermannum de Horde cler. (qui vig. prim. prec. imper. instit. fuit): de prov. si neutri de dd. can. et preb. (4 m. arg. p.) 15. mart. 78 S 766 295^{vs} – litig. coram Bartholomeo de Bellencinis aud. contra Hermannum de Horde cler. sup. can. et preb. eccl. Monast. vac. p. o. Theodorici Haver quond. Hugonis [de Lusignano] olim tit. s. Adriani diac. card. postea card. ep. Tusculan. de Cipro vulg. nunc. fam.: de prov. si neutri de dd. can. et preb. (4 m. arg. p.) 3. apr. 78 S 767 255^{vs} – can. eccl. Monast. cui dudum de uno in eccl. Monast. et alio in eccl. Paderburn. can. et preb. prov. fuit: motu pr. [fragm. cass., dat. deest] S 768 28^r – can. eccl. Monast. inter al. referens quod sibi de uno Monast. et al. Paderburn. ecclesiarum can. et preb. p. papam prov. fuit quodque dd. litt. vig. can. et preb. eccl. Paderburn. assec. fuit quodque sibi decl. dd. litt. perinde val. acsi motu pr. conc. fuissent c. prerog. ad instar pape fam. descript. conc. fuit: motu pr. de statuto quod in gr. expectativis verba motus pr. nulli suffragentur nisi solum ad tollendum surreptionem litt. 3. apr. 78 S 768 29^{rs} – de prepos. colleg. eccl. s. Martini in civit. Minden. (6 m. arg.) vac. p. o. Florini seu Florentii de Cserzen 30. mai. 78 S 770 80^{rs} – referens quod litig. coram aud. contra Hermannum de Hoerde cler. expectantem vig. pretensarum precum imperialium et quond. Conradum Bone in cur. defunctum sup. can. et preb. eccl. Monast. vac. p.o. Theoderici Haver quond. Hugonis card. ut supra fam. possessoris: de prov. si neutri de eisdem (4 m. arg.) 10. oct. 78 S 773 218^r – referens quod litig. coram Guillermo de Pereriis in locum quond. Bartholomei de Bellencinis aud. surrogato contra Hermannum de Horde cler. expectantem vig. pretensarum precum imperialium sup. can. et preb. eccl. Monast. vac. p.o. Theoderici Haver Hugonis card. ut supra fam.: de prov. si neutri de dd. can. et preb. (6 m. arg.) 9. febr. 79 S 777 140^{rs} – de nova prov. de perp. s.c. vicar. ad alt. s. Georgii in par. eccl. in Epe Monast. dioc. (4 m. arg.) vac. p.o. Henrici dicti Antiquis et de fruct. percip. etiam in absentia 3. mai. 79 S 781 68^v – de disp. ad 2 incompat. benef. etsi 2 par. eccl. ad vitam c. lic. perm. 4. mai. 79 S 781 97^{rs} – de archidiac. eccl. Monast. in Borken vulg. nunc. (8 m. arg. p.) vac. p. assec. par. eccl. in Emne (/.) Traiect. dioc. p. Goswinum Clenke can. d. eccl. 14. decb. 80 S 798 215^r – legum doct. et Dietheri [de Isenburg] aep. Magunt. dilectus: motu pr. gr. expect. de can. et preb. eccl. Monast. et de can. et preb. eccl. Wormat. ad coll. ep. Monast. et ep. Wormat. 17. nov. 81 (exped. 26. nov. 81) (m. dec. eccl. s. Ludgeri Monast., offic. Monast. ac offic. Wormat.) L 819 252^v-254^r.

3860 **Hermannus Kewsi** scol. Colon. dioc.: litt. testim. sup. recept. prime tonsure s.d. 22. decb. 81 in sacristia basilice Principis appl. de Urbe 22. decb. 81 F 7 41^r.

3861 **Hermannus Cleyn de Juliano** presb. Colon. dioc. cui de par. eccl. in Louerich [recte: Lovenich?] Colon. dioc. p. Honofrium [de Sancta Cruce] ep. Tricaricen. ad Germanie et Galliarum partes c. potestate legati de latere Pauli II. nuntium prov. fuerat: ›rationi congruit‹ s.d. 4. mai. 70 m. (dec. eccl. s. Cuniberti Colon.) confer. de novo d. par. eccl. (4 m. arg.) 25. aug. 71 (exped. 30. decb. 71) L 721 44^{rss}.

3862 **Hermannus Clinge** cler. Monast. dioc. pape fam.: de capel. s. Georgii in civit. Osnaburg. (3 m. arg.) vac. p. resign. Johannis Stuke 5. ian. 80 S 792 221^{vs} – de perp. vicar. ad alt. b. Marie virg. in capel. iuniorum institutorum in par. eccl. s. Johannis Lunenburgen. Verden. dioc. (3 <4> m. arg.) de iur. patron. laic. vac. p.o. Henrici Brunols (Brimow) et p. devol., n.o. capel. s. Georgii Osnaburg. (4 m. arg.) sup. qua litig. ac vicar. ad alt. s. Crucis in par. eccl. Bersen. Osnaburg. dioc. (4 m. arg.) sup. qua citationem ad partes misit et quam n. obtin. 13. oct. 81 S 804 78^v, 21. oct. 81 S 804 64^r – motu pr. prov. de benef. ad coll. ep. etc. Monast. et ep. etc. Osnaburg., gratis (m. ep. Urbevetan. et officialibus Monast. et Osnaburg.) 17. nov. 81 Sec. Cam. 1 426^r-427^v – de capel. s. Martini in civit. Osnaburg. (4 m. arg.) vac. p. resign. Hermanni Matre olim pape fam., n.o. capel. s. Georgii Osnaburg. ut supra sup. qua litig. ac vicar. ad alt. s. Crucis in par. eccl. Bersen. ut supra et vicar. b. Marie virg. in par. eccl. s. Johannis Luneburgen. Verden. dioc. (3 m. arg.) sup. quib. citationes ad partes misit et quos n. obtin. 22. apr. 82 S 809 295^{vs}.

3863 **Hermannus Colnebeke** cler. Minden. dioc. mag. in art.: de par. eccl. in Nygenkerken Bremen. dioc. (4 m. arg.) vac. p.o. Bertoldi Smythusen 3. iun. 73 S 691 185^{vs}.

3864 **Hermannus** [cognomen deest] Colon.: solv. [in bullaria] pro formata 3 grossos mai. 77 T 13 58^v.

3865 **Hermannus Konen** perp. vic. in eccl. Halberstad. qui litig. coram Jordano Heynen dec. eccl. b. Marie

Halberstad. (p. Wedigonem [de Putt-
litz] ep. Havelberg. conservatorem
commiss.) et postmodum coram Johanne abb. mon. s.Egidii Brunswicen. Halberstad. dioc. contra Conradum Konoet, Henricum Vriatenste-
de, Johannem Keyser (Heyser) alias
Voerner et Conradum Elers laic.
Halberstad. dioc. sup. bonis in Halberstad. dioc. p. eosdem indebite oc-
cupatis: commissio (dec. eccl. s.Bo-
nifatii Halberstad. et archid. Calven.
eccl. Magdeburg.) 23. aug. 74 L 746
69^{rs}.

3866 **Hermannus Kothman** cler. Paderburn. dioc. in 17. sue et. an. constit.:
de nova prov. de s.c. benef. ad alt.
s.Katherine in par. eccl. b. Marie
virg. Novi Oppidi Lemego Paderburn. dioc. (3 m. arg.) vac. p.o. Henrici Aurifabri et de disp. ad quodcumque benef. 25. oct. 77 S 763
149^{rs}.

3867 **Hermannus Krayn** fil. Mathie
Krayn cler. Colon. in art. bac. studens Colon. in 20. sue et. an. constit.
ad perp. s.c. simplex benef. sive off.
ad alt. s.Michaelis in eccl. s.Lauren-
tii Colon. vac. p.o. Wilhelmi de Gre-
senich p. consules civit. et provisores hosp. s.Spiritus Colon. tamquam
patron. laic. present.: de nova prov.
de d. benef. (4 m. arg.) et de n.
prom. ad maiores ord. ad 5 an. 23.
mai. 74 S 705 218^{rs}.

3868 **Hermannus Crevet** cler. Paderburn.
dioc. ex utr. par. de mil. gen. in oculo dextro parvam maculam obtin.: de
prom. ad omnes ord. et de disp. ad
quecumque benef. n.o. def. corp. 14.
iul. 73 S 694 10^{rs}.

3869 **Hermannus Kremes** cler. Osnaburg.: de perp. s.c. vicar. ad alt.
s.Anne in eccl. s.Johannis Osnaburg. (2 m. arg.) vac. p.o. Henrici de
Lippia 31. decb. 74 S 696 52^{r}, m.
(dec. eccl. s.Martini Bramessen. Osnaburg. dioc. et offic. Osnaburg. ac
offic. Monast.) (exped. 31. ian. 75),
gratis L 743 174^{rs}.

3870 **Hermannus Cruselman** cler. Osnaburg. dioc. Johannis [de Michaelis]
tit. s.Angeli diac. card. fam.: de
perp. capn. ad alt. b. Marie virg. in
eccl. s.Petri Middelburgen. Traiect.
dioc. (4 m. arg.) vac. p.o. Cornelii
Michaelis 4. mart. 73 S 695 185^{r}.

3871 **Hermannus Currificis** cui de perp.
vicar. ad alt. b. Marie in ambitu eccl.
ss.Petri et Pauli Citzen. Nuemburg.
dioc. vac. p. resign. in manibus Georgii Slynitz et Helmberti Zcegenhut
(p. d. Georgium dec. d. eccl. fact.)
prov. fuit: de nova prov. de d. vicar.
(4 m. arg.) 16. nov. 73 S 698 141^{vs} –
presb. Magunt. dioc.: de perp. vicar.
ad alt. s.Andree in eccl. Merseburg.
(2 m. arg.) vac. p.o. Nicolai Kune
29. decb. 75 S 732 16^{v}.

3872 **Hermannus Deher:** prov. de can.
Lubic. [dioc.?] 74/75 I 333 166^{r}.

3873 **Hermannus Doleatoris (Doliatoris)**
cler. Basil. dioc. c. quo sup. def. nat.
(p. s.) et ad 2 benef. disp. fuit et qui
vig. gr. expect. capn. b. Marie in
eccl. mon. s.Leodegarii o. s. Ben. (4
m. arg.) et par. eccl. b. Marie in Sewen Basil. dioc. (2 m. arg.) assec.
est: de uberiori disp. ad 4 benef. etsi
2 par. eccl. ad 5 an. 18. mai. 75 S
720 196^{vs} – cui gr. expect. s.d. 1.
ian. 72 de 2 benef. ad coll. ep. etc.
Basil. et abba. etc. mon. s.Leodega-
rii in Masmunster o. s. Ben. Basil.
dioc. conc. fuit: de prerog. ad instar
pape fam. descript. 18. mai. 76 S
741 95^{rs} – rect. par. eccl. in Sewen
Basil. dioc.: de percip. fruct. 8. nov.
76 S 743 250^{r} – cui gr. expect. s.d.
1. ian. 72 ut supra prov. fuit: motu
pr. de prerog. ad instar pape fam.
descript. 25. nov. 76 S 744 113^{vs} –
motu pr. de confic. litt. c. express.
quod c. ipso sup. def. nat. (p. s.)
disp. fuit 1. decb. 76 S 744 38^{r}.

3874 **Hermannus Dolff** presb. Paderburn.
dioc. reus et possessor qui litig. coram offic. Paderburn. et coram curia
Magunt. contra quond. Corradum
Vedbenloff quond. Pauli II. fam. ac-

torem sup. perp. benef. ad alt. s. Viti in eccl. Paderburn. (5 m. arg. p.): de surrog. ad ius d. Conradi 29. ian. 80 S 788 257ʳ – de prepos. eccl. s. Stéphani al. Willehadi Bremen. (4 m. arg.) vac. p. resign. Henrici Maengolt pape fam. (cui de eadem vac. p. o. in cur. Theodorici Klinckott prov. fuerat possessione n. habita) et de disp. ut unac. eccl. in Dinklborch Paderburn. dioc. (que actu curata n. est sed mortua) d. prepos. ad 1 an. retin. val. c. derog. statutorum eccl. Bremen. quod nullus d. prepos. obtin. val. nisi can. capit. eccl. Bremen. 9. mart. 80 S 791 253ᵛˢ.

3875 **Hermannus Drabe** rect. par. eccl. in Bonomese Magunt. dioc. qui vig. disp. Nicolai V. sup. def. nat. (p. s.) can. et preb. eccl. b. Marie in Lyech et perp. benef. primissaria nunc. in par. eccl. ville Mossinheim Magunt. dioc. et postmodum decan. d. eccl. b. Marie obtin. (quos can. et preb. et decan. paratus est dim.): de disp. ut unac. d. par. eccl. al. 2 benef. retin. valeat 19. nov. 71 L 720 298ᵛˢ.

3876 **Hermannus Duker (Ducker)** scolast. eccl. Lubic. decr. doct.: de can. et maiori preb. d. eccl. (4 m. arg.) vac. p. o. Johannis Spret, n. o. quod Nicolaus Wittenborch presb. eosdem pretextu gr. expect. p. 5 menses detin. et quod Nicolaus Grawerock eosdem vig. gr. expect. acc. et postea al. can. et maiorem preb. assec. fuit 29. decb. 73 S 700 16ᵛˢ – can. eccl. b. Marie Hamburgen. Bremen. dioc. pres. in cur.: de fruct. percip., Conc. ad 7 an. 9. febr. 74 S 702 128ʳˢ – qui can. et maiorem preb. eccl. b. Marie Hamburgen. Bremen. dioc. obtin.: conc. percip. fruct. d. preb. in absentia 2. sept. 74 (m. ep. Verden. et prep. eccl. s. Andree Colon. ac offic. Hildesem.) L 749 116ʳˢˢ – qui litig. coram Nicolao de Edam aud. contra Nicolaum Wittenborch in art. mag. sup. can. et preb. eccl. Lubic. (vac. p. o. Johannis Spret) et qui nunc resign.: de assign. pens. ann. 6 [fl. re-

nen.] sup. fruct. dd. can. et preb. (4 m. arg.) et 6 fl. renen. sup. fruct. vicar. in Ghemyn Lubic. dioc. (4 m. arg.) p. d. Nicolaum persolv. 23. apr. 75 S 718 202ʳ – de confic. litt. desup. c. express. quod d. pens. persolvatur donec d. Hermanno de benef. in val. pens. (d. Nicolao procurante) prov. fuerit 26. mai. 75 S 721 224ᵛˢ – can. eccl. Lubic. qui litig. coram Nicolao de Edam aud. contra Nicolaum Wittenburch et Nicolaum Grawrock cler. adversarios sup. can. et maiori preb. eccl. Lubic.: de prov. si nulli de eisdem (4 m. arg.) <vac. p. assec. al. can. et preb. d. eccl. p. Nicolaum Graurock seu> <vac. p. o. Johannis Spret> 7. nov. 75 S 729 126ᵛ, 16. ian. 76 S 733 111ʳ, de ref. 24. ian. 76 S 733 265ʳ, (exped. 29. febr. 76) L 763 198ʳ-199ᵛ, 26. ian. 76 S 733 170ᵛ – <cler. Bremen. dioc.> qui litig. coram <Johanne Prioris et Nicolao de Edam> aud. contra Nicolaum Vittenburgh (Wetterbach) reum et possessorem perp. vic. in eccl. in Genen (Genyn, Ebersyn) Lubic. dioc. sup. can. et maiori preb. eccl. Lubic. et postea resign. in manibus pape in favorem d. Nicolai: de prov. d. Nicolao de dd. can. et preb. (4 m.) et de assign. d. Hermanno pens. ann. 20 fl. renen. videlicet 10 sup. fruct. dd. can. et preb. et 10 sup. fruct. perp. vicar. in d. eccl. Genyn (4 m. arg.) p. d. Nicolaum in civit. Lubic. persolv. 18. apr. 78 S 768 215ʳˢ, (exec. scolast. eccl. Wratislav. et Tilmannus Brandis can. eccl. Hildesem. ac offic. Verden.) V 592 123ᵛˢˢ – restit. bulle sup. annat. pens. ann. 20 fl. renen. eidem ut supra s. d. 18. apr. 78 assign. 22. mart. 79 A 27 235ᵛ.

3877 **Hermannus (de) Ederen (Edam, Edren)** cler. Osnaburg. dioc. Juliani [de Ruvere] tit. s. Petri ad vincula presb. card. fam.: gr. expect. de 2 benef. ad coll. ep. etc. Brixin. et ep. etc. Osnaburg. (m. prep. eccl. s. Andree Verden. et offic. Bremen. et Osnaburg.), gratis 1. ian. 72 (exped. 27. oct. 73) L 715 121^r-122^v – cui vig. gr. expect. de par. eccl. s. Victoris ville tom Damme Osnaburg. dioc. vac. p. o. Henrici Scriptoris prov. fuit: de nova prov. de d. par. eccl. (4 m. arg.) 26. ian. 75 S 714 119^{vs} – de perp. s. c. vicar. ad alt. ss. Petri et Pauli in eccl. s. Gertrudis op. Luneburgen. Verden. dioc. de iur. patron. laic. (3 m. arg.) vac. p. assec. can. et preb. ac thesaur. eccl. Traiect. p. Hermannum Tuleman cui de eisdem vac. p. resign. in manibus pape Juliani ut supra card. (qui eosdem vac. p. o. Walteri de Gouda abbrev. in commendam obtinuit possessione n. habita) prov. fuit 26. iun. 79 S 783 193^v, m. (dec. eccl. Verden. et offic. Verden. et Osnaburg.) (exped. 23. iul. 79) L 798 46^r-47^v – de alt. b. Marie Magdalene in eccl. s. Patrocli in Susato Colon. dioc. (4 m. arg.) vac. p. resign. in manibus pape Jodoci Jacobi 29. iul. 79 S 784 100^{rs}, (m. dec. eccl. s. Ludgeri Monast. et offic. Colon. ac offic. Osnaburg.) (exped. 16. aug. 79) L 795 14^{rss} – referens quod litig. coram Johanne Antonio [de Sancto Georgio] ep. Alexandrin. aud. locumtenenti contra quond. Lambertum Drentwede reum et detentorem in cur. defunctum sup. vicar. s. Thome eccl. Wildehusen Osnaburg. dioc. (3 m. arg.) vac. p. resign. Henrici Aselagen: de surrog. ad ius d. Lamberti 19. aug. 79 S 785 120^{vs}.

3878 **Hermannus Egkeman** laic. oppid. op. de Grevensteyn Magunt. dioc. qui c. quond. Heyde ux. in matrim. p. plures an. vixit et ab oppidanis et incolis d. op. in consulem ac proconsulem sepe el. extitit nunc autem ux. sua defuncta se ad omnes ord. promoveri desiderat: de prom. ad omnes ord. et de abol. inhab. et de disp. sup. irreg. si quam incurrerit et de disp. ad unum s. c. benef. etsi can. et preb. in colleg. eccl. c. lic. perm. 21. aug. 83 S 826 297^{rs}.

3879 **Hermannus Elberding** cler. Monast. dioc. in art. mag.: motu pr. de gr. expect. de 2 can. et preb. necnon de benef. ad coll. quorumcumque et de prerog. ad instar pape fam. descript., Et s. d. 17. nov. 81 11. decb. 83 S 830 38^{vs}.

3880 **Hermannus Engelhardi** cui de perp. vicar. ad alt. ss. Mathie et Silvestri in eccl. ss. Marie et Georgii Bilvelden. Paderburn. dioc. certo modo vac. prov. fuerat et qui deinde desup. litig. coram Bernardo Borchorst offic. Monast. et Henrico Steenwech prep. eccl. s. Georgii Colon. contra Ludolphum de Veteri Domo intrusum: m. (dec. eccl. Veteris Ecclesie s. Pauli intra muros et dec. eccl. s. Mauritii e. m. Monast. ac Bernardo Cobinck can. eccl. Osil.) committ. in partibus 13. nov. 80 L 808 110^{vs}.

3881 **Hermannus (Hartmannus) de Eptingen** Theodori [de Monteferrato] tit. s. Theodori diac. card. fam. <ex utr. par. de mil. gen.> qui can. et preb. eccl. Cur. et Albertus Meyer qui perp. capn. ad alt. 11.000 Virg. in par. eccl. op. Nuburg [= Neuenburg am Rhein] Constant. dioc. <de iur. patron. laic.> desiderant perm.: de prov. d. Hermanno de d. perp. capn. (6 m. arg.) et de prov. d. Alberto de dd. can. et preb. (10 m. arg.) 18. decb. 78 S 776 56^r, 9. mai. 79 S 781 132^{rs} – de nob. gen. qui actor litig. coram aud. contra quond. Petrum Wynhamer al. de Lapide reum et possessorem sup. cantor. eccl. Spiren. (30 m. arg.) vac. p. o. Seyfredi de Veningen: de surrog. ad ius d. Petri 14. decb. 80 S 798 225^{vs} – can. eccl. Basil.: consensit Egidius Truchses cler. Herbip. dioc. procur. (ut constat publ. instr. acto Cur. 30. sept. 77 et instr. substitutionis acto Spire 4. nov. 77 subscriptis p. Conradum Rot de Lutkirch cler. Constant. not. publ.) resign. in manibus pape cantor. eccl. Spiren. et quod ius mandati confertur Melchiori Truchses can. eccl. Spiren. (Rome s. d. 3. mai. 81) 9. iun. 81 OP 6 92^r.

3882 Hermannus van den Eertwech rect. par. eccl. in Elen Leod. dioc.: quitt. sup. solut. 17½ duc. adc. pro annat. d. par. eccl. (Colonie in conv. fr. o. pred. p. Jeronimum [de Santucciis] ep. Forosempronien. sed. ap. legatum de latere in partibus Germanie et Galliarum partibus videlicet Magunt., Trever., Leod., Traiect. et Colon. civitatibus et dioc. facta) (in margine: Johannes Haltfast secr. de m. subscripsit) 25. apr. 74 DC 39 80^{vs} – cler. Leod. dioc. qui alt. par. eccl. in Elnen Leod. dioc. c. Henrico Roberti pro d. par. eccl. perm. (resign. in manibus Jeronimi [de Santucciis] ep. Forosempronien. in Germanie et Galliarum partibus c. pot. legati de latere nunt. facta) et cui de d. par. eccl. p. d. Jeronimum prov. fuit: de nova prov. de d. par. eccl. (7 m. arg.) 6. mart. 75 S 725 260^{rs}, m. (dec. eccl. s. Crucis Leod.) L 751 7^{rss} – oblig. sup. annat. par. eccl. ut supra (in margine: cass. fuit quia de d. eccl. p. ep. Forosempronien. ut supra legatum in illis partibus sibi prov. fuit; et solv. eidem ep. d. annat.) 14. iun. 76 A 25 9^r.

3883 Hermannus Vellen (Hollen) cler. Monast. dioc.: de perp. s. c. vicar. ad quoddam alt. in capel. s. Pauli infra emunitatem eccl. Osnaburg. (4 m. arg.) vac. p. o. Hermanni Iseringhusen (Iserinckauysen) 9. decb. 82 S 817 143^v, m. (offic. Monast.) (exped. 24. iul. 83) L 827 96^{rs}.

3884 Hermannus Phengewische: de nova prov. de decan. eccl. b. Marie virg. op. Rodenberche Magunt. dioc. (4 m. arg.) vac. p. o. Johannis Ratzenbergh et de disp. ut unac. d. decan. par. eccl. in Siferszhusen ac can. et preb. in d. colleg. eccl. (3 m. arg.) quos obtin. retin. val. c. lic. perm. et de abol. inhab. 18. mart. 84 S 833 244^r.

3885 Hermannus Venstermeker cler. Hildesem. (dioc.): motu pr. de gr. expect. de 2 can. et preb. necnon de benef. ad coll. quorumcumque, Et s. d. 17. nov. 81 S 803 227^r – de can. et preb. eccl. ss. Petri et Pauli appl. in Jechenborch Magunt. dioc. (3 m. arg.) vac. p. o. Alberti Schelen et p. devol. 22. nov. 82 S 816 93^v.

3886 Hermannus de Vinden presb. Paderburn. dioc. qui vig. gr. expect. par. eccl. b. Liborii in Reylenkucken Paderburn. dioc. vac. p. o. Arnoldi Hocker acc.: de nova prov. de d. par. eccl. (3 m. arg.), n. o. benef. ad alt. ss. Thome, Katherina et Magdalene (3 m.) in d. par. eccl. 30. apr. 82 S 810 78^r.

3887 Hermannus Fraert cler. Paderburn. dioc.: de can. et preb. eccl. s. Gangulffi Magunt. (4 m. arg.) vac. p. o. Luderici Surberii card. N. fam. [cass.] 2. nov. 82 S 815 176^r.

3888 Hermannus Fridel presb. Magunt. dioc. referens quod litig. coram Johanne Francisco [de Pavinis] aud. contra Henricum Stasmel et quond. Hilbrandum Heibstauben sup. par. eccl. in Rastad Magunt. dioc. (4 m. arg.): de surrog. ad ius d. Hildebrandi 19. mai. 79 S 782 72^v.

3889 Hermannus de Gardell reus et possessor qui litig. coram Antonio de Grassis aud. contra Henricum Schutzenberch actorem sup. perp. s. c. vicar. ad alt. in eccl. s. Stephani Magunt. vac. p. o. Henrici Kremer (Kemer): de prov. si neutri de d. vicar. (4 m. arg.) 9. mai. 74 S 709 150^v.

3890 Hermannus (Ermannus) Ghysberti (Ghiisberti) de Kempis cler. Colon. dioc. Jacobi [Amanati] tit. s. Chrysogoni presb. card. fam.: de perp. capn. ad alt. b. Marie Magdalene in par. eccl. in Reynsburch Traiect. dioc. (3 m. arg.) vac. p. resign. in manibus pape Nicolai Walteri de Leydis 15. nov. 75 S 729 269^v, gratis (m. ep. Alerien. et Carolo de Salandis can. eccl. s. Marie Maioris de

Urbe ac Mauritio de Spegelborch can. eccl. Colon.) 16. nov. 75 (exped. 30. ian. 76) L 765 212^{vs} – de capel. b. Marie virg. in eccl. Paderburn. (4 m. arg.) vac. p. o. Henrici Cannegietter card. ut supra fam. 15. decb. 75 S 731 230^r, I 333 260^r – de par. eccl. in Buschocken Traiect. dioc. (4 m. arg.) vac. p. o. Nicolai Walteri 28. apr. 78 S 768 264^{rs} – qui perp. vicar. ad alt. b. Marie in Paderburn. et **Johannes Wichardi al. Hilden** qui perp. vicar. ad alt. s. Katherine in par. eccl. Lempen Colon. dioc. desiderant perm.: de prov. d. Hermanno de d. perp. vicar. ad alt. s. Katherine (4 m. arg.) et de prov. d. Johanni de perp. vicar. ad alt. b. Marie (4 m. arg.) 18. ian. 79 S 777 125^r – presb. Colon. dioc. pres. in cur. qui d. curie ultra 15 an. inservivit: de lic. dicendi horas can. secundum morem R. E. solus vel c. uno socio, sola sign. 1. apr. 80 S 791 37^v.

3891 **Hermannus Grosemunt** presb. Colon. dioc. in theol. licent.: de perp. vicar. in colleg. eccl. s. Georgii Colon. (4 m. arg.) vac. p. o. Antonii Grivell, n. o. prepos. mon. s. Walburgis Susacien. Colon. dioc. (8) necnon can. et preb. colleg. eccl. s. Walburgis Mescheden. Colon. dioc. (2) et par. eccl. s. Jacobi Mercatorum vulg. nunc. Erforden. Magunt. dioc. (6) ac perp. vicar. in eccl. b. Marie Erforden. Magunt. dioc. (4 m. arg.) 28. decb. 81 S 813 371^{rs}.

3892 **Hermannus Gumpel (Gumpil)** cler. Paderburn. dioc. referens quod ipse pro sui et suorum progenitorum salute animarum donationem augmentare cupiens (de consensu proconsulum et consulum novi et antiqui consulatus op. Buren. Paderburn. dioc. et Henrici Rasschen rect. benef. ad alt. s. Katherine in par. eccl. d. op. et Wesseli Roggendregher pleb. d. eccl.) pro dote d. alt. assignavit certos redditus ann. 3 fl. renen. auri monete elect. imper. ex bo-

nis Hans Brossz op. in Dringenberch Paderburn. dioc. pro 50 fl. renen. auri comparatos de iur. patron. dd. consulum pro una missa ad d. alt. pro d. dotatore et declaravit quod deinde beneficium ad d. alt. vac. p. resign. d. Henrici Raschen ex tunc d. beneficio p. offic. vicar. gener. ep. Paderburn. sit unitum: de conf. 6. mai. 82 S 810 232^{rs}.

3893 **Hermannus Guner** cler. Paderburn. dioc. pape fam.: motu pr. de gr. expect. de 2 can. et preb. necnon de benef. ad coll. quorumcumque et de prerog. ad instar pape fam. descript. et de disp. ut unac. perp. vicar. in par. eccl. s. Laurentii in Luderstorff Trever. dioc. quam obtin. aliud incompat. benef. etsi par. eccl. ad vitam recip. val. c. lic. perm. sub uno tecto, Et s. d. 17. nov. 81 28. iun. 84 S 830 163^{rss}.

3894 **Hermannus Haeck** qui ad perp. vicar. sive capn. ad alt. s. Catherine virg. in par. eccl. s. Nicolai de Aemstadamme Traiect. dioc. de iur. patron. laic. vac. p. o. Adriani de Brakel p. patron. present. et p. archid. eccl. Traiect. instit. fuit et qui desup. litig. coram offic. Traiect. contra Wilhelmum de Brakel (qui d. perp. vicar. detin.) referens quod d. offic. d. instit. annullavit et d. Wilhelmum in possession d. perp. vicar. decl. ac quod ipse n. infra temp. debitum ad sed. ap. appellavit: m. (dec. eccl. s. Petri Traiect. et Antonio Pot ac Paulo de Drongelen canonicis eccl. Traiect.) committ. in partibus 13. nov. 79 L 802 159^{vss}.

3895 **Hermannus Hagen** perp. benefic. ad alt. b. Marie virg. in eccl. de Hagen Traiect. dioc.: de prom. ad omnes ord. extra temp., sola sign. 29. sept. 79 S 786 195^r.

3896 **Hermanus [de Hassia] lantgravius Hassie (de principibus Hassie)** [1. pars 2 partium] ex utr. par. de illustri gen. in min. ord. constit. c. quo de n. prom. ad 5 an. ratione decan. eccl.

s. Gereonis Colon. seu cuiuscumque al. benef. disp. fuit: de prorog. ad al. 5 an. 18. mart. 73 S 688 251ʳˢ – cler. Magunt. dioc. ad prepos. eccl. b. Marie Aquen. Leod. dioc. vac. p. o. Reyneri de Palant p. Gerardum ducem Juliacen. et Monten. patron. present.: de nova prov. de d. prepos. (100 m. arg. p.) 9. mai. 74 S 707 64ʳ – can. eccl. Colon. qui ad eccl. Colon. vac. p. o. Roperti [com. palatini Reni] p. capit. d. eccl. el. fuit: conf. 15. nov. 80 L 805 79ʳˢˢ, L 808 94ᵛˢ – el. Colon.: motu pr. disp. ut unac. eccl. Colon. prepos. eccl. b. Marie Aquen. Leod. dioc. de iur. patron. ducis Juliacen. obtin. val. 15. nov. 80 L 805 81ʳ – el. Colon.: de eccl. Colon. vac. p. o. Roperti [com. palatini Reni] c. disp. ut unac. d. eccl. Colon. prepos. colleg. eccl. b. Marie Aquen. Leod. dioc. (de iur. patron. ducum Monten. et Juliacen.) retin. val. 15. nov. 80 Cod. Vat. Lat. 3478 26ᵛˢ, I 334 48ᵛ – can. eccl. Colon.: prov. notitia sup. prov. de d. eccl. in Alamania vac. p. o. cuiusdam Johannis in consistorio ad relationem [Guilelmi de Estoutevilla] card. Rothomagen. et [Raphaelis Riario] card. s. Georgii 15. nov. 80 OS 82 127ʳ, OS 83 97ʳ – prom. ad omnes ord. extra temp. et facult. recip. munus consecr. a quocumque antistite 15. nov. 80 L 805 80ʳˢ – el. Colon.: obtulit cam. ap. et collegio card. 10.000 fl. adc. et 5 serv. min. p. Bertoldum com. in Heneberg dec. eccl. Magunt. et Ulricum Crydevis can. eccl. Colon. theol. doct. ac Johannem Mennecken scolast. eccl. Fritzlarien. Magunt. dioc. decr. doct. necnon Johannem Husman dec. eccl. s. Marie ad Gradus Colon. decr. doct. pro serv. commun. ratione conf. elect. et prov. s. d. 15. nov. 80 (in margine: die 1. decb. 80 bulle date fuerunt dd. procur.) 23. nov. 80 OS 84A 87ᵛ – qui pallium p. Bertoldum de Hennenberg can. eccl. Colon. nunt. postulavit: notitia quod ep. Azoten. et ep. Beryten. ipsi d. palli-

um postquam munus consecrationis impensum fuerit assignent (m. ep. Azoten. et ep. Beryten.) 27. nov. 80 L 808 92ʳ – solv. 2.500 fl. auri pro communi serv. d. eccl. p. manus Dominici Centurionis et Johannis de Auria 28. nov. 80 IE 502 25ʳ, IE 503 25ʳ – oblig. p. Bertoldum com. de Heneberg dec. eccl. Magunt., Johannem Menecken scolast. eccl. Fritzlarien. Magunt. dioc. ac Johannem Huseman dec. eccl. b. Marie ad Gradus Colon. sup. annat. prepos. eccl. b. Marie Aquen. Leod. dioc. quam unac. eccl. Colon. retin. s. d. 15. nov. 80 sibi conc. (in margine: s. d. 9. mai. 82 oblig. fuit cass. ex eo quod d. Hermannus el. solv. pro d. annat. 110 fl. renen. Vincentio de Eyll collect.) 29. nov. 80 A 29 110ʳ – solv. 2.500 fl. auri pro residuo communis serv. eccl. Colon. p. manus soc. Centurionis et de Auria 29. nov. 80 IE 502 25ᵛ, IE 503 25ᵛ – el. Colon.: solv. pro integra et totali solut. serv. commun. d. eccl. 5.000 fl. adc. et serv. min. 357 fl. adc. 7 sol. et 2 den. ac pro 3 serv. min. 1.071 fl. adc. 21 sol. 5 den. p. manus Dominici de Centurionibus et soc. merc. Januen. cur. sequentium 29. nov. 80 FC I 1131 116ᵛ – restit. bulle sup. pallio de corpore b. Petri s. d. 27. nov. 80 conc. 30. nov. 80 A 29 218ʳ – recip. not. pro bulla distributa pro oblig. 108 grossos nov. 80 DB 2 24ʳ.

3897 **Hermanus lantgravius Hassie** [2. pars 2 partium] narratio quod in civit. et dioc. Colon. ignorantes presbiteri illos christianos qui contra clerum et eccl. Colon. ac etiam contra prohibitiones ap. in bulla in die Cene Domini publicatas agunt absolvunt licet dd. casus ad sed. ap. reservati sint, hortatio ut invigilet ut sententie p. d. bullam late saltem bis in omni anno sollemniter publicentur atque clerus et presbiteri a talibus casibus cessent 6. decb. 80 Arm. XXXIX, 13 228ʳˢ – el. et conf. Colon.: de indulto recipiendi medios fruct. annat. cam. ap. debitarum primi anni omnium benef. in civit. et dioc. Colon. infra 3 an. vacat. 9. decb. 80 S 798 219^r, L 808 275^r – de creatione in legatum natum in civit. et dioc. ac provincia Colon. 9. decb. 80 S 798 218^v, V 605 33^{vs} – et capit. eccl. Colon.: conc. dilationis ad solvendum eorum debita ad 2 an. (exec. dec. eccl. Veteris Ecclesie s. Pauli Monast. et dec. eccl. s. Florini in Confluentia Trever. dioc. ac eccl. b. Marie Aquen. Leod. dioc.) 9. decb. 80 V 605 90^{rss} – et capit. eccl. Colon. ac cler. d. civit. et dioc.: m. (dec. eccl. s. Johannis Leod. et dec. eccl. s. Petri Traiect. ac dec. eccl. s. Florini in Confluentia Trever. dioc.) committ. ut ipsos contra transgressores et violatores constit. et sanctionum can. et legalium ac contra omnes tallias gabellas et al. exactiones defendant et etiam ut dd. violatores eorum bonis arrestatis libere relaxentur 13. decb. 80 V 605 135^v-139^r – el. et confirmatus Colon.: narratio quod papa intellexit clerum et particulares personas civitatis et dioc. ac nonnumquam eccl. Colon. p. diversos principes et oppida pregravari, hortatio ut assistat dd. clero et personis 14. decb. 80 Arm. XXXIX, 13 243^{rs} – restit. bulle c. qua legatus natus in civit. et dioc. ac provincia Colon. s. d. 9. decb. 80 constit. fuit quia solvit compositionem et pro iocali 100 fl. 16. decb. 80 A 29 220^r – not. recip. pro bulla distributa 3 grossos et 2 grossos decb. 80 DB 1 58^v – el. Colon.: absol. 80/81 I 334 41^r – aep. Colon. et capit. eccl. Colon. referentes quod d. Hermanno tunc el. Colon. et d. capit. moratorium ad 2 an. auct. ap. conc. fuit sed nunc creditoribus n. sufficere possunt: de prorog. moratorium ad aliud 5 an., Fiat ad 2 an. 24. oct. 82 S 815 210^{vs} – aep. Colon.: commiss. 82/83 I 335 38^r – referens quod olim nonnullorum benef. Colon. dioc. (ad prov., present. et dis-

positionem aep. Colon. pertin.) ius patron. et present. in ipsum aep. et mensam aepisc. Colon. p. nonnullos laic. translatum extitit et quod d. aep. respectu quorundam ep. (qui sibi metropolitico iure subsunt) paucorum benef. collationem (p. quam personis benemeritis prov. val. habere dinoscitur) et quod Martinus V. Theodorico [de Morsa] aep. Colon. et Pius II. Roberto [com. palatino Reni] aep. Colon. similia conc.: conc. ut cui voluerit de quibuscumque benef. quorum ius patron. in aep. et mensam aepisc. translatum extitit prov. val. n. o. reserv. ap. 25. ian. 84 V 677 46^{rss} – cui conserv. conc. fuit: de conf. d. conserv. 29. mai. 84 S 836 196^v – referens quod Theodericus [de Morsa] olim aep. Colon. et tunc dec. ac capit. eccl. Colon. debitorum oneribus gravatos redditus d. eccl. vendiderunt n. pro d. eccl. evidente utilitate: motu pr. m. (dec. eccl. Herbip. et dec. eccl. Paderburn. ac dec. eccl. s. Pauli Leod.) decl. quod d. venditio et alienatio p. dd. Theodericum et Ropertum [com. palatinum Reni] aep. Colon. fact. nullius fuissent et quod d. Hermannus et capit. eccl. Colon. ad prestationem dd. censuum n. teneantur 23. iul. 84 V 677 493^r-496^r.

3898 **Hermannus Haubrot** cler. Magunt. dioc. et **Johannes Teystingk** presb. Magunt. dioc.: de nova prov. d. Hermanno de par. eccl. s. Katherine [in Eschwege] (4 m. arg.) necnon de nova prov. d. Johanni de alt. s. Nicolai in par. eccl. s. Godehardi in Eyschwege Magunt. dioc. (4 m. arg.) vac. p. o. Bertoldi Cziich 3. apr. 83 S 824 16^r.

3899 **Hermannus Haurecrodt** rect. par. eccl. s. Georgii in Husen Magunt. dioc.: de disp. ut unac. d. par. eccl. (4 m. arg.) al. incompat. benef. retin. val. 16. ian. 76 S 741 225^v.

3900 **Hermannus Heckel** primissarius mon. Felicis Porte <o. Cist.> Eistet. dioc. cui de par. eccl. s. Walburgis in

Hewberg (Hereberg) Eistet. <Frising.> dioc. que d. monasterio Felicis Porte incorp. exist. certo modo vac. <p. abba. d. mon.> prov. fuit: motu pr. de nova prov. de eadem (5 m. arg.) 9. oct. 80 S 797 63^r, m. (offic. Eistet.), gratis V 606 78^{vss} – not. recip. pro bulla distributa 3 grossos et 2 grossos ian. 81 DB 1 62^r – oblig. p. Eberardum Kadmer cler. Bamberg. dioc. sup. annat. 31. aug. 81 A 30 60^r – solv. 12 fl. adc. pro annat. p. manus Eberardi Kadmer 31. aug. 81 FC I 1134 145^r.

3901 **Hermannus Helbe (Hellie)** cler. Magunt. dioc. n. benefic. pres. in cur.: de benef. alt. b. Marie virg. de iur. patron. laic. in par. eccl. s. Nicolai in Gripfenhayn (Griffinghayn) Camin. dioc. (1 m. arg.) vac. p. resign. Henrici Wardenberch presb. Camin. dioc. et rect. d. par. eccl. qui d. benef. absque disp. possidebat 22. apr. 72 S 678 118^{rs}.

3902 **Hermannus Helbingh de Siegen** presb. Magunt. dioc.: de nova prov. de plebania sive perp. vicar. in Nidderlarnste Trever. dioc. (4 m. arg.) vac. p. o. Balthasaris Molitoris 20. mart. 80 S 791 84^r.

3903 **Hermannus Heller, Johannes de Kirchberg, Antonius Prunheim** inter 13 personas enumerati: de gr. expect. de 2 can. et preb. et de 2 benef. ad coll. quorumcumque, Et s. d. 1. ian. 72 S 670 225^{rs}.

3904 **Hermannus Henrici** Traiect. dioc. perp. vic. ad alt. b. Catherine virg. in Antiqua Curia Monast. dioc.: de prom. ad omnes ord. extra temp., sola sign. 15. oct. 77 S 759 15^v.

3905 **Hermannus de Heppenhem** scol. Magunt. dioc. de nob. gen.: m. (dec. eccl. s. Johannis i. m. Magunt. et s. Victoris e. m. Magunt. ac offic. Wormat.) motu pr. gr. expect. de can. et preb. eccl. s. Albani e. m. Magunt. et de can. et preb. eccl. s. Andree Wormat. ad coll. aep. etc. Magunt. et ep. etc. Wormat. 17. nov. 81

(exped. 2. mart. 82) L 819 46^v-48^r – scol. Magunt. dioc.: de prom. ad omnes ord. extra temp., sola sign. 7. mart. 82 S 808 146^v – cap. capel. s. Margarete in Lonsheim Magunt. dioc. resid. in cur., in 23. sue et. an. constit.: de prom. ad presbit. ord. extra temp. 18. apr. 82 S 809 163^r.

3906 **Hermannus de Herde (Horde)** cler. Colon. dioc. qui can. et preb. eccl. Monast. vac. p. o. Theodorici Haver vig. prim. precum imper. acc. referens quod etiam Hermanno de Keppel et Johanni Vilken de eisdem prov. fuit: de nova prov. de dd. can. et preb. (4 m. arg.) 12. decb. 77 S 764 76^v, m. (dec. eccl. s. Mauritii e. m. Monast.) (exped. 11. febr. 79) L 784 65^v-67^r – litig. coram Bartholomeo de Bellencinis aud. contra Hermannum de Keppel cler. sup. can. et preb. eccl. Monast. vac. p. o. Theodorici Haver: de prov. si neutri de dd. can. et preb. (4 m. arg.) 16. febr. 78 S 772 237^v – referens quod sibi ut supra de can. et preb. eccl. Monast. prov. fuit quodque etiam Hermannus Keppel ad dd. can. et preb. p. dec. etc. d. eccl. el. fuit et quod dd. dec. etc. d. causam ad sed. ap. in Rota remiserunt: de nova prov. de eisdem (4 m. arg.) 5. febr. 81 S 800 57^r – qui litig. ut supra coram Guillermo de Pereriis aud. et Henrico de Manegolt prep. eccl. Paderburn. in cur. resid. contra Hermannum de Keppel cler. Monast. dioc.: de nova prov. de dd. can. et preb. (4 m. arg.) vac. p. resign. in manibus pape d. Hermanni de Keppel 15. febr. 81 S 800 65^{rs}, m. (dec. eccl. s. Mauritii e. m. Monast.) (exped. 5. mart. 81) L 815 4^v-6^r – prov. de can. et preb. Colon. [dioc.?] vac. p. perm. 80/81 I 334 49^v.

3907 **Hermannus ter Heerenhove** cler. Colon. dioc.: de alt. Trium regum in colleg. eccl. b. Marie Reesen. Colon. dioc. (3 m. arg.) vac. p. o. Petri Nerss 10. iul. 73 S 696 33^{vs}, I 333 59^v.

3908 **Hermannus Hogelman**: prov. de can. Monast. [dioc.?] 76/77 I 333 210^r.

3909 **Hermannus Hoyelman** pape fam.: motu pr. prov. de scolastr. eccl. s. Petri iun. Argent. (4 m. arg.) vac. p. o. in cur. Riquini de Dorenborch (exec. [...] eccl. Paderburn. et eccl. s. Crucis Hildesem. ac offic. Argent.), gratis 26. aug. 80 V 607 140^r-142^r.

3910 **Hermannus Hoyerman (Hoygelman)** cler. Osnaburg. pape fam.: de facult. resign. vel perm. 30. apr. 82 S 810 88^r – de can. et preb. eccl. s. Johannis Ev. Buscumducis nunc. Leod. dioc. (4 m. arg.) vac. p. o. Henrici Marcelli pape fam. in loco ultra 2 dietas a cur. n. distante defuncti 20. aug. 82 S 813 257^v.

3911 **Hermannus Horense** rect. par. eccl. in Ludinckhusen Monast. dioc. et **Gerardus Toppinck** cler. Monast. dioc. cui de d. par. eccl. (30 fl. renen.) prov. fuerat et contra quem d. Hermannus litig. desup. coram aud.: de assign. d. Hermanno pens. ann. 8 fl. renen. 22. decb. 72 S 685 117^r.

3912 **Hermannus Huck (Hueck) al. Maengolt (Mangolt)** cler. Paderburn. nullum benef. obtin.: de perp. s. c. vicar. <prepos. nunc.> in eccl. Paderburn. (3 m. arg.) vacat. p. assec. prepos. d. eccl. p. Henricum Maengolt de Padeborn 8. iun. 79 S 785 193^r, (exec. abb. mon. ss. Petri et Pauli Paderburn. et dec. eccl. s. Georgii Colon. ac scolast. eccl. Wratislav.), gratis V 602 113^{vss} – in 22. sue et. an. constit. et **Johannes Sodeler** cler. Paderburn. Conradi ex com. de Retberch el. Osnaburg. familiares: motu pr. de gr. expect. de 2 can. et preb. necnon de benef. ad coll. quorumcumque, Et s. d. 17. nov. 81 S 803 224^{vs} – qui vig. gr. expect. par. eccl. s. Johannis Bapt. civit. Colon. vac. p. o. Johannis Bardoni acc.: de nova prov. de d. par. eccl. (6 m. arg. p.) 22. apr. 84 S 834 149^v.

3913 **Hermannus Lakeman (Lackeman)**: prov. de par. eccl. Hildesem. [dioc.] vac. p. resign. 82/83 I 335 83^r – presb. Hildesem. dioc.: oblig. p. Franciscum de Lubeck cler. Lubic. sup. annat. par. eccl. in Dinckler (6 m. arg.) de qua vac. p. resign. Henrici Blomensten s. d. 7. ian. 84 sibi prov. fuit 31. ian. 84 A 32 32^v – solv. 14^{1}/4 fl. adc. (et 3^{1}/2 carlenos) pro annat. par. eccl. ut supra p. manus Francisci ut supra 31. ian. 84 Paris L 52 D 5 155^v, IE 508 112^v, IE 509 111^v.

3914 **Hermannus de Langhen**: oblig. p. Bernardum Cobing (Tobing) causarum pal. ap. not. sup. annat. eccl. s. Mauritii e. m. Monast. (6 m. arg.) vac. p. o. Henrici Fransoys 1. iun. 72 A 22 32^r – solv. p. manus d. Bernardi 14 fl. pro compositione annat. 29. mai. 73 FC I 1129 167^r, FC I 1767 80^r, FC I 1768 82^r – prov. de prepos. Monast. [dioc.?] vac. p. o. 72/73 I 332 175^v – dec. eccl. Monast. ex utr. par. de mil. gen.: de facult. perm. licentia capit. seu ep. minime requisita 30. ian. 78 S 764 100^{rs}.

3915 **Hermannus Lauwe** cler. Monast. dioc. c. quo sup. def. nat. (s. s.) disp. fuit et qui s. c. scolastr. in eccl. s. Felicis Vreden. Monast. dioc. (4 m. arg.) assec. est: de par. eccl. s. Blasii in Delden Traiect. dioc. (4 m. arg.) vac. p. o. Bitteri Auerlaken c. disp. ut d. par. eccl. unac. d. scolastr. retin. val. 25. sept. 71 S 672 17^v.

3916 **Hermannus Leden** cler. Osnaburg. dioc. pape fam. c. quo sup. def. nat. (s. s.) auct. ordin. et ad s. c. benef. disp. fuit: motu pr. de perp. vicar. in eccl. s. Severi Herforden. [= Erforden.] Magunt. dioc. (24 fl.) vac. p. o. in cur. Johannis Steynmetz pape fam. 22. sept. 82 S 814 154^r.

3917 **Hermannus Lentfordinck** cler. Traiect. dioc. Francisci [Gonzaga] tit. s. Marie Nove diac. card. fam.: de par. eccl. in Borstel Minden. <Ver-

den.> dioc. (4 <3> m. arg.) vac. p. o. in cur. Gotfridi Meyer 23. oct. 74 S 715 130ʳ, (m. dec. eccl. s. Johannis Osnaburg. et eccl. s. Willehadi Bremen. ac Johanni de la Fiera can. eccl. Mantuan.), gratis (exped. 19. ian. 75) L 752 230ʳ-231ᵛ – Francisci ut supra card. fam.: motu pr. m. (prep. eccl. s. Plechelmi Oldensalen. Traiect. dioc. et dec. eccl. s. Ludgeri Monast. ac offic. Traiect.) exequendi gr. expect. de benef. ad coll. prep. etc. eccl. s. Lebuini Daventrien. Traiect. dioc. 17. nov. 81 (exped. 29. nov. 81) L 820 200ʳ-201ᵛ – pape fam. qui motu pr. gr. expect. s. d. 17. nov. 81 de 2 benef. acc. in quib. p. errorem express. fuit ›benef. ad coll. abba. et conv. o. s. Aug. in Werselo ‹: de decl. litt. desup. perinde val. acsi in eisdem verba ›ad coll. priorisse et conv. o. s. Ben. in Werselo Traiect. dioc. ‹ express. fuissent 1. mart. 83 S 821 1ᵛ – de par. eccl. in Iselhain (Yselhain) Traiect. dioc. (4 m. arg.) vac. p. o. Walteri Covordie Francisci ut supra diac. card. fam. et p. devol. c. consensu d. card. 3. iul. 83 S 825 221ʳ, m. (ep. Dolen. et ep. Osnaburg. ac cant. eccl. Dolen.) V 633 53ᵛ-55ʳ – qui vig. gr. expect. s. d. 17. nov. 81 motu pr. conc. par. eccl. Yselminden. Traiect. dioc. acc.: motu pr. de decl. litt. desup. perinde val. acsi d. par. eccl. n. acceptasset et de reval. et de prerog. ad instar pape fam. descript. 30. mai. 84 S 835 280ʳ – de disp. ad 3 incompat. benef. etsi 2 par. eccl. ad vitam et de n. resid. et de percip. fruct. in absentia et de facult. resign. vel perm. in manibus ordin., Conc. ad 2 31. mai. 84 S 835 281ᵛ, m. (ep. Osnaburg. et Jacobo de Aretio dec. eccl. s. Petri Mantuan. ac offic. Traiect.) V 653 197ʳ-198ᵛ.

3918 Hermannus Lyderman presb. Monast. qui vig. gr. expect. Pii II. par. eccl. in villa Heyszen Monast. dioc. vac. p. o. Johannis Beckerer acc. et qui litig. desup. coram Johanne

[Diaz de Coca] ep. Calaguritan. aud. locumtenenti contra Petrum Steynhamer presb. detentorem: de prov. si neutri de d. par. eccl. (24 fl. adc.) c. disp. ut d. par. eccl. unac. portione alt. eccl. in Vreden Monast. dioc. et can. et preb. d. eccl. (24 fl. adc.) recip. valeat, Et de par. eccl. c. d. portione ad 5 an. 9. oct. 71 S 672 283ʳ.

3919 Hermannus (Harmannus, Harmandus) de Lochorst (Lockhorst, Locorst) [1. pars 4 partium] cler. Traiect. in 23. sue et. an. constit.: de par. eccl. in Nerden Traiect. dioc. (6 m. sterling) vac. p. o. Nicolai Hassili c. disp. sup. def. et. 4. mart. 75 S 720 221ᵛ – cler. Traiect. dioc. pape fam. in 22. sue et. an. constit.: de par. eccl. in Dombe sive Palisva Leod. dioc. (4 m. arg.) vac. p. o. in cur. Johannis Militis de Lazochie et de disp. sup. def. et. et sup. idiomate 8. aug. 76 S 741 106ᵛˢ – cler. Traiect. pape fam.: de can. et preb. eccl. Lubic. (4 m. arg.) vac. p. o. Johannis Ywen 12. sept. 76 S 742 133ᵛˢ – qui can. et preb. eccl. Lubic. (de quib. tunc vac. p. o. in cur. Johannis Ywen sibi p. papam prov. fuerat litt. desup. n. confectis) resign. et **Michael Westfal** cler. Lubic.: de adm. d. resign. et de prov. d. Michaeli de dd. can. et preb. (4 m. arg.) (in margine: offert d. Michael in eventum pacifice assecutionis d. can. et preb. quandam perp. vicar. in eadem eccl. Lubic. quam obtin. dim.) 15. nov. 76 S 743 278ᵛˢ – cler. Trever. [recte: Traiect. dioc.] pape fam.: de perp. s. c. vicar. in eccl. Razeburg. (4) et par. eccl. in Wesenberch Lubic. dioc. (4) et commenda in eccl. Hamelen. [Minden. dioc.] (4 m. arg.) vac. p. o. in cur. Henrici Koling 17. nov. 76 S 744 23ᵛˢ – cler. Traiect. pape fam. cui de perp. s. c. vicar. in eccl. Razeburg. vac. p. o. in cur. Henrici Koling prov. fuit litt. n. confectis et **Wilhermus Westfal** [Juliani de Ruvere] tit. s. Petri ad vincula presb. card. fam.: de adm. resign. d. Hermanni et de prov. d. Wilhermo de d. vicar. (4 m. arg.) 2. decb. 76 S 744 265^r – qui vig. litt. ap. can. et preb. eccl. Lubic. vac. p.o. in cur. Johannis Ywen acc. litt. desup. n. confectis et **Alardus Spaen** in decr. licent.: de adm. resign. d. Hermanni et de prov. d. Alardo de can. et preb. d. eccl. (4 m. arg.) 10. decb. 76 S 744 223^{vs} – cler. Traiect. pape fam. (cui de par. eccl. in Mesenberch Lubic. dioc. necnon de perp. vicar. in eccl. Razeburg. vac. p.o. in cur. Henrici Colverk prov. fuit) et **Johannes Schure**: de adm. resign. d. Hermanni et de prov. d. Johanni de d. par. (4 m. arg.) et de disp. sup. def. et. de 2 an. 8. mart. 77 S 748 88^r – cler. Traiect. dioc. pape fam. referens quod de can. et preb. eccl. Lubic. (4 m. arg.) vac. p.o. in cur. Johannis Iwen prov. fuit et deinde dd. can. et preb. de suggestione cuiusdam Wilhelmi Westfael in favorem Michaelis Westfael resign. c. condicione ut d. Wilhelmus d. Hermanno pens. ann. 8 duc. persolv. quam promissionem n. curavit: de cass. d. resign. dolo et fraude ab eo extorte 19. mart. 77 S 749 48^v – motu pr. gr. expect. s.d. 1. ian. 72 de can. et preb. eccl. Traiect. et eccl. b. Marie Traiect. et prerog. ad instar pape fam. descript. (m. episcopis Urbevetan. et Faventin. ac prep. eccl. s.Johannis Traiect.), gratis 12. iun. 77 V 670 602^r-604^v.

3920 **Hermannus de Lochorst** [2. pars 4 partium] cui de can. et preb. eccl. Lubic. vac. p.o. in cur. Johannis Yven prov. fuit et **Michael Westfal** cler. Lubic.: de adm. resign. d. Hermanni et de prov. d. Michaeli de dd. can. et preb. (4 m. arg.) c. assign. d. Hermanno pens. ann. 10 fl. sup. fruct. can. et preb. in districtu cathedr. eccl. Zwerin. (1 m. arg.) quos Willelmus Westfal obtin. 6. decb. 77 S 761 117^r – cler. Traiect. pape fam.: motu pr. de par. eccl. s.Laurentii Magunt. (6 m. arg.) vac. p.o. in cur. Johannis Huef cler. Magunt.

16. sept. 79 S 793 81^r – motu pr. de par. eccl. de Crabbendyck Traiect. dioc. (4 m. arg.) vac. p.o. in cur. Antonii Gerardi (cui de eadem vig. gr. expect. prov. fuit) 27. sept. 79 S 793 133^r – motu pr. prov. de par. eccl. in Why Traiect. dioc. (8 m. arg.) vac. p.o. in cur. Riquini de Dorenboerch (exec. ep. Urbevetan. et ep. Faventin. ac offic. Traiect.), gratis 26. aug. 80 V 604 246^v-248^r – cui vig. gr. expect. de can. et preb. ac thesaur. eccl. b. Marie Traiect. vac. p.o. Henrici Mynnepriis (de Moymepris) prov. fuerat et qui desup. litig. coram Johanne Francisco [de Pavinis] aud. contra Luffredum (Leofridum) Ruyss (Ruyschs) cler.: de prov. si neutri de eisdem (30 m. arg.) 8. oct. 80 S 800 81^{rs}, m. (Johanni Francisco de Pavinis aud.), gratis V 607 226^r-229^r – oblig. p. Gisbertum de Lochorst cler. Traiect. parafrenarium sup. annat. can. et preb. ac thesaur. ut supra 24. febr. 81 A 29 151^r – not. recip. pro bulla distributa 3 grossos et 2 grossos febr. 81 DB 1 68^v – motu pr. de perp. s.c. vicar. in eccl. s.Ciriaci Brunswicen. Hildesem. dioc. (4 m. arg.) vac. p.o. Johannis Woldenbarch 2. mart. 81 S 800 258^v – rect. par. eccl. in Wy Traiect. dioc.: oblig. p. Wilhelmum de Levenich cler. Colon. dioc. sup. annat. d. par. eccl. ut supra 31. iul. 81 A 30 52^r – referens quod lis pendebat in cur. inter quond. Gisbertum Lochorst tunc in cur. defunct. et Johannem Niis clericos sup. can. et preb. eccl. s.Johannis Traiect. (10 m. arg.): de surrog. ad ius d. Gisberti, n.o. can. et preb. ac thesaur. eccl. b. Marie Traiect. (14 m. arg.) et par. eccl. in Wij Traiect. dioc. (8 m. arg.) 6. nov. 81 S 804 73^v – can. eccl. Traiect. pape fam. et parafrenarius: motu pr. prov. de can. et preb. eccl. Traiect. et al. can. eccl. s.Salvatoris Traiect., gratis (m. ep. Urbevetan. et Michaeli Moner can. eccl. Elnen. ac offic. Traiect.) 17. nov. 81 Sec. Cam. 1 209^r-214^r – parafrenarius <c. quo

ad 2 incompat. benef. disp. fuit>: motu pr. de par. eccl. Abbenbrochen. Traiect. dioc. (4 m. arg.) <de iur. patron. laic.> necnon de capn. sive perp. vicar. in eccl. s. Petri in Middelborch Traiect. dioc. (4 m. arg.) vac. p.o. mag. Petri Jordani, n.o. can. et preb. ac thesaur. eccl. b. Marie ut supra (insimul 12 m. arg.) ac par. eccl. in Wij ut supra (4 m. arg.) 15. decb. 81 S 805 263^v, (exec. ep. Urbevetan. et ep. Faventin. ac offic. Traiect.) V 615 88^r-90^v – <can. eccl. Traiect.>: motu pr. de can. et preb. in eccl. Traiect. (8 m. arg. p.) vac. p.o. Loeffridi Ruysch pape fam., n.o. ut supra can. et preb. ac thesaur. eccl. b. Marie (30 m. arg.) et par. eccl. in Wij (8 m. arg.) et can. et preb. in eccl. s. Johannis Traiect. (10 m. arg.) sup. quib. litig. in cur. et par. eccl. in Amberbroek ac perp. vicar. in eccl. s. Petri in Midelborch (insimul 11 m. arg.) 19. febr. 82 S 807 139^{rs}, (exec. aep. Salernitan. et ep. Urbevetan. ac dec. eccl. s. Petri Traiect.), gratis V 615 168^r-170^v.

3921 **Hermannus de Lochorst** [3. pars 4 partium]: oblig. sup. annat. can. et preb. eccl. Traiect. ut supra 2. mart. 82 A 30 139^r – motu pr. de can. et preb. necnon thesaur. in eccl. Osil. ac can. et preb. eccl. Reval. (insimul 8 m. arg.) vac. p.o. Godehardi Rode 19. iul. 82 S 812 232^r – et **Johannes Laurentii** cler. Bremen. dioc.: de adm. resign. d. Hermanni et de prov. d. Johanni de can. et preb. ac thesaur. eccl. Osil. (insimul 6 m. arg. p.) (quos d. Hermannus vig. gr. expect. vac. p.o. in cur. Goddehardi Roden auct. ap. acc.) et de assign. d. Hermanno pens. ann. 26 fl. adc. videlicet 16 sup. d. thesaur. ac al. 10 sup. can. et preb. in eccl. Lubic. (4 m. arg. p.) quos d. Johannes obtin. 3. aug. 82 S 813 68^v – et **Johannes de Calven** cler. Lubic.: de adm. resign. d. Hermanni et de prov. d. Johanni de thesaur. (4) necnon de can. et preb. in eccl. Osil. (6) ac can. et

preb. in eccl. Reval. (4 m. arg.) vac. p. resign. d. Hermanni (cui de illis vac. p.o. in cur. Godehardi Roden auct. ap. prov. fuerat) et de assign. d. Hermanno pens. ann. 3. partis sup. fruct. dd. can. et preb. ac d. thesaur. eccl. Osil., n.o. perp. s.c. vicar. in eccl. Tarbat. (3 m. arg.) et gr. expect. 13. aug. 82 S 813 135^{rs} – motu pr. de can. et maiori preb. eccl. Lubic. (4 m. arg. p.) ac de archidiac. Tribucen. in eccl. Zwerin. (4) necnon de can. et preb. d. eccl. Zwerin. (4 m. arg.) vacat. p. prom. Conradi Losste el. ad eccl. Zwerin. c. reserv. pens. ann. 25 fl. adc. sup. fruct. dd. can. et preb. ac archidiac. p. d. Hermannum Georgio N. cler. pape fam. persolv. <n. o. ut supra par. eccl. de Wij (8 m. arg.) ac can. et preb. ac thesaur. eccl. b. Marie Traiect. (30 m. arg.) ac can. et preb. eccl. Traiect. (18 m. arg.) ac can. et preb. eccl. s. Johannis Traiect. (10 m. arg.) et can. et preb. eccl. Bomelen. Traiect. dioc. (4 m. arg.) quos obtin. ac can. et preb. eccl. Reval. (4 m. arg.) ac can. et preb. eccl. Zwerin. (4 m. arg.) ac archidiac. Tribucen. (4 m. arg.) de quib. prov. fuit necnon pens. ann. 10 fl. renen. sup. fruct. can. et preb. eccl. Lubic. et 16 fl. renen. sup. fruct. can. et preb. ac thesaur. eccl. Osil. et gr. expect. de can. et preb. eccl. Traiect. et de can. et preb. eccl. s. Salvatoris Traiect.> c. disp. ut can. et preb. in eccl. Lubic., Zwerin. et Traiect. insimul obtin. val. c. oblig. ut can. et preb. eccl. Reval. dimittere debeat 16. aug. 82 S 813 256^{rs}, (exec. dec. eccl. s. Blasii Brunswicen. Hildesem. dioc. et offic. Lubic. ac offic. Zwerin.), gratis V 624 182^r-185^r, quoad can. et preb. eccl. Zwerin. (exec. dec. eccl. s. Blasii Brunsvicen. Hildesem. dioc. ac offic. Lubic. et offic. Razeburg.), gratis V 624 223^r-226^v, quoad archidiac. Tribucen. (exec. dec. eccl. s. Blasii Brunsvicen. Hildesem. dioc. ac offic. Lubic. ac offic. Zwerin.), gratis V 624 270^v-273^v.

3922 **Hermannus de Lochorst** [4. pars 4 partium]: motu pr. de can. et preb. colleg. eccl. Vesiten. Leod. dioc. et de can. et preb. colleg. eccl. Nivellen. Leod. dioc. (insimul 8 m. arg.) vac. p.o. in cur. Giisberti de Lochorst parafrenarii et pape fam., n.o. can. et preb. ac thesaur. eccl. b. Marie Traiect. ut supra (30) (sup. cuius fruct. est assign. pens. 9 m. arg.) ac par. eccl. in Wij ut supra (6 m. arg.) 16. aug. 82 S 811 215^r – de can. et preb. in eccl. Bomel (Bonimel) Traiect. dioc. (4 m. arg.) vac. p.o. Henrici Marcelli pape fam. in loco ultra 2 dietas a cur. n. distante defuncti 20. aug. 82 S 813 257^v, (exec. ep. Cervien. et ep. Faventin. ac offic. Traiect.), gratis V 625 61^v-63^v – de par. eccl. ville de Vindenstat Magunt. dioc. (4 m. arg.) vac. p.o. in cur. Philipi Thesz cler. Magunt. dioc. 5. oct. 82 S 815 2^{vs} – can. eccl. Traiect. et cler. Leod.: de can. et preb. eccl. s.Martini Leod. (4 m. arg.) vac. p.o. Johannis Valden pape fam. 6. nov. 82 S 816 40^v – motu pr. de perp. capn. sive vicar. fundata in honorem Omnipotentis Dei et b. Marie virg. et s.Quirini mart. in capel. Tetroden. Traiect. dioc. (4 m. arg.) de iur. patron. laic. vac. p.o. Johannis Cabebe [de] Keysserwert et p. devol. 9. mart. 83 S 821 62^{rs} – cui de can. et preb. eccl. Lubic. et archid. eccl. Zwerin. et al. benef. vacat. p. prom. Conradi de Loste can. et archid. eccl. Zwerin. ad d. eccl. Zwerin. auct. ap. motu pr. prov. fuit: motu pr. de cass. litt. ap. desup. exped. [mart. 83] S 820 225^{rs} – thes. eccl. b. Marie Traiect. ut supra de nob. gen.: de percip. fruct. in absentia in cur. et de facult. resign. vel perm. c. disp. ut 2 incompat. benef. etsi par. eccl. recip. val. c. lic. perm. et de alt. port. c. clausula ante diem ac de indulto dicendi horas can. secundum morem cur. et de receptione in acol. et cap. ap. sed. 4. apr. 83 S 821 233^v – lic. testandi, gratis 4. apr. 83 V 629 55^{rs} – motu pr. de prepos. in eccl. Embecen. Tra-

iect. dioc. (35 m. arg.) que p. nullos alios quam can. eccl. Traiect. teneri et possideri consuevit vac. p.o. Mauritii de Spegellenborch c. reserv. pens. ann. 3. partis fruct. d. prepos. Victori Weynszone cler. Morinen. pape fam. et cant. capel. pape p. d. Hermannum persolv. 15. apr. 83 S 827 20^v – can. eccl. Traiect. ut supra: de disp. ut 3 incompat. benef. etsi 2 par. eccl. ad vitam recip. val. c. lic. perm. et de facult. resign. <et n. resid. et alt. port. etiam ante diem et in locis interd. et indultum ut p. an. thesaur. eccl. b. Marie Traiect. ut supra ab al. presb. deserviri facere et sibi pens. ann. retin. val.> 22. apr. 83 S 822 234^v, (exec. ep. Alerien. et ep. Faventin. ac offic. Traiect.), gratis V 650 301^r-305^r – referens quod Fredericus de Egmunda bar. et Johannes Arkel (Aikel) armig. laici Traiect. dioc. fruct. thesaur. d. eccl. occuparunt: monitorium penale contra d. Fredericum et d. Johannem et vasallos ut fruct. d. thesaur. restituant 11. mai. 83 S 823 55^{rs}, m. (ep. Traiect. et dec. eccl. s.Petri Traiect. ac dec. eccl. s.Lebuini Davantrien. Traiect. dioc.), gratis V 629 137^{vss} – oblig. sup. facult. resign. vel perm. benef. que obtin. p. bullam s.d. 22. apr. 83 ut supra conc. 12. mai. 83 A 31 52^r.

3923 **Hermannus de Los** cler. Osnaburg. dioc. de par. eccl. in Scheppenstorpp Monast. dioc. (4 m.) vac. p.o. Johannis Primis 30. oct. 81 S 805 68^r.

3924 **Hermannus Lubbeken al. Becker** Ernesti ex ducibus Saxonie dilectus perp. admin. eccl. Halberstad.: motu pr. gr. expect. de can. et preb. in eccl. Verden. et de can. et preb. in eccl. s.Anscharii Bremen. ad coll. aep. Bremen., ep. Verden. ac capit. dd. eccl. 17. nov. 81 (exped. 22. nov. 81) (m. prep. eccl. s.Willehadi Bremen., Bartholomeo Carcsinis can. eccl. Trident. et Conrado Crancz can. eccl. Frising.) L 819 186^v-188^r – cler. Bremen.: de perp. s.c. vicar.

in eccl. s. Martini Bremen. (4 m. arg. p.) vac. p. resign. in manibus pape Gerardi Oldewagen (cui de eadem vac. p. o. Luderi Rimper (/.) prov. fuit) c. disp. ut unac. d. vicar. quecumque benef. ad vitam recip. val. c. lic. perm. et de n. resid. et de n. prom. ad omnes ord. c. lic. perm., Conc. ad an. 16. mai. 84 S 836 100^v – <can. eccl. s. Anscharii Bremen.>: de perp. s. c. vicar. in eccl. s. Martini Bremen. vac. p. resign. Gerardi Oldewagen (cui de eadem vac. p. o. Luderi Rumper (Rumpes) ut supra prov. fuit) vel vacat. p. assec. aliud benef. p. Gerardum Ellinghusen cler. Bremen. dioc. et de disp. et de n. prom. et de n. resid. ut supra 31. mai. 84 S 836 214^{rs}, m. (prep. eccl. s. Willehardi Bremen. et prep. eccl. Frising. ac Johanni Oldeborgen can. eccl. Verden.), gratis 6. iul. 84 V 649 157^r-159^r.

3925 **Hermannus Lubekinck** laic. Osnaburg. referens quod olim in 25. sue et. an. constit. litig. coram quond. Johanne Pollart tunc offic. Colon. (cui quond. Theodericus [de Morsa] aep. Colon. in provincia Colon. legatus vig. litt. Martini V. d. causam commiserat) contra Alheidim novercam mul. et quond. Gisbertum maritum incolas Osnaburg. sup. bonis in civit. et dioc. Osnaburg. ad d. Hermannum ex paterna successione spectantibus et quod nullus iudex in locum d. offic. p. Rupertum [com. palatinum Reni] aep. Colon. surrogatus extitit: m. (offic. Colon.) committ. de novo 11. nov. 71 L 721 13^{vs}.

3926 **Hermannus Luen (Lyen) (de Hermordia)** cler. Paderburn. dioc. in decr. bac.: de vicar. ad alt. b. Katherine virg. in eccl. s. Jacobi apl. in eccl. in op. Rintelen. Minden. dioc. (2 m. arg.) vac. p. o. Henrici Baddessen 14. mai. 72 S 679 152^v – presb. Paderburn. dioc.: de nova prov. de perp. benef. ad alt. s. Trinitatis in par. eccl. in Brakel Paderburn. dioc. (4 m. arg.) vac. p. o. Conradi de Handdanbarch ep. Paderburn. benefic. 5. oct. 82 S 815 243^v – rect. par. eccl. in Lage perp. s. c. benefic. ad alt. s. Trinitatis in par. eccl. op. Brakel Paderburn. dioc. in decr. bac. Simonis [de Lippia] ep. Paderburn. secr. et fam.: de n. prom. ad 7 an. in negotiis d. ep. insistendo 19. apr. 83 S 822 189^{rs} – c. quo sup. def. nat. (s. s.) et ad benef. disp. fuit: de disp. ad 2 incompat. benef. c. lic. perm. 26. apr. 83 S 822 279^v – ep. Paderburn. secr. cui pens. ann. 5 fl. renen. sup. fruct. par. eccl. op. Driborch Paderburn. dioc. (3 m. arg.) quam Arnoldus Staelmans obtin. p. ep. Paderburn. reserv. fuit: de conf. d. pens. ann. p. d. Arnoldum persolv. 23. mart. 84 S 837 13^v.

3927 **Hermannus Magelsam** cler. Colon. dioc.: de par. eccl. in Hensberk Colon. dioc. person. nunc. de iur. patron. laic. (100 fl. renen.) vac. p. devol. 7. oct. 75 S 727 180^v.

3928 **Hermannus Mangolt** laic. op. Andernacen. Trever. dioc. inter al. referens quod Johannes de Finstingen archid. s. Castoris [de Cardono] in eccl. Trever. contra d. Hermannum propter nonnulla crimina processit coram Alexandro [Numai] ep. Forolivien. tunc in partibus illis sed. ap. nunt. et coram Ludovcio Suberti dec. eccl. s. Florini in Confluentia Trever. dioc. (cui d. nunt. causam commiserat) et coram abb. mon. s. Maximini et s. Mathei Trever.: m. (decanis eccl. s. Cuniberti et ss. Appl. ac b. Marie ad Gradus Colon.) committ. in partibus 13. nov. 78 L 789 60^{vss}.

3929 **Hermannus Meyer** cler. Osnaburg. dioc.: de perp. s. c. vicar. in eccl. s. Anscharii Bremen. (4 m. arg.) vacat. p. resign. in manibus pape Johannis Haghen cler. Magunt. dioc. <Calixti III. fam. (p. Gerardum Dreses cler. Monast. dioc. abbrev. procur. fact.)> 23. mai. 74 S 705 99^{rs}, m. (offic. Osnaburg.) (exped. 23. iun. 74) L 738 56^{vss}.

3930 Hermannus Meister perp. vic. ad alt. s. Nicolai in par. eccl. op. Novimagen. Colon. dioc. quond. N. card. fam.: de lic. perm. 4. febr. 72 S 676 153^r.

3931 Hermannus Mimus (Minus de Vesalia) can. eccl. s. Martini Monasterii Menwelt [recte: Meynfelt] Trever. dioc.: prom. ad ord. subdiacon. in eccl. s. Bartholomei de Insula in Urbe 25. mart. 75 F 6 201^{vs} – can. eccl. ss. Martini et Severi in Monasterio Meynfelt Trever. dioc. acol.: litt. testim. sup. prom. (vig. supplic. s. d. 18. febr. 75) ad ord. subdiacon. s. d. 25. mart. 75 in eccl. s. Bartholomei ut supra, ad ord. diacon. s. d. 28. mart. 75 ibidem, ad ord. presbit. s. d. 2. apr. 75 ibidem, gratis 2. apr. 75 F 6 201^r.

3932 Hermannus [initium deest] cler. Minden. dioc. [...] qui vig. gr. expect. p. Paulum II. motu pr. conc. perp. benef. [ad alt. s. Crucis in eccl. Minden.] acc. et qui litig. desup. coram Gabriele de Contarenis aud. et Nicolao de Ubaldis aud. contra Statium de Blumenaw cler. intrusum et quond. Bertoldum Glisman qui d. benef. etiam vig. gr. expect. acc.: de surrog. ad ius d. Bertholdi vel quond. Henrici [Brandes] in d. benef. (4 m. arg.) 25. febr. 74 S 703 44^{rs}.

3933 Hermannus Mitlentorp presb. Paderburn. dioc. in 80. sue et. an. constit. qui perp. vicar. ad alt. Trium regum in quadam eccl. quam obtin. propter senium in favorem Conradi Vischer cler. Hildesem. resignavit: de assign. pens. ann. 12 fl. auri renen. sup. fruct. d. perp. vicar. (34 fl. renen.) 16. mai. 83 S 824 52^v.

3934 Hermannus Molitor (Molitoris) o. pred. mag. in theol.: notitia sup. prov. de eccl. tit. Salmasten. et conc. ut pontific. in civit. et dioc. Halberstad. exercere val. c. reserv. pens. 200 fl. adc. sup. fruct. d. eccl. in consistorio ad relationem [Philippi

Calandrini] card. Bononien. 20. nov. 71 OS 82 67^r, OS 83 49^r – el. Salmasten.: obtulit cam. ap. et collegio card. (p. Bernardum de Merkilingner can. eccl. Cur.) pro valore unius balliste [...] fl. adc. ratione prov. ut supra et pro 5 serv. min. 31. ian. 72 OS 84 164^v – el. Salmasten.: pens. sup. eccl. Havelberg. 71/72 I 332 124^r – oblig. p. Bernardum Merkilinger can. eccl. Cur. sup. annat. pens. ann. 200 fl. adc. sup. fruct. mense episc. Havelberg. de consensu Wedegonis [de Puttlitz] ep. Havelberg. 31. ian. 72 A 21 82^r – el. Salmasten.: litt. testim. sup. consecr. in ep. in eccl. hosp. Alamannorum in Urbe 2. febr. 72 F 6 22^v – solv. 90 fl. adc. pro compositione annat. ut supra p. manus Laurentii et Juliani [de Medicis] 3. febr. 72 FC I 1129 52^r, IE 487 42^r – prov. de eccl. Salmasten. vac. p. o. 72/73 I 332 254^r – n. resid. 72/73 I 332 254^r.

3935 Hermannus Mor scol. Colon. dioc.: recip. primam tonsuram in sacristia basilice Principis appl. in Urbe 13. mart. 73 F 6 98^{rs}.

3936 Hermannus Nederhoven cler. Colon. dioc. pape fam. in 20. sue et. an. constit.: motu pr. gr. expect. s. d. 1. ian. 72 de 2 benef. ad coll. ep. etc. Monast. et abba. etc. colleg. eccl. [s. Pusinne] Hervorden. Paderburn. dioc. (m. dec. eccl. Susacien. Colon. dioc. et scolast. eccl. Wratislav. ac offic. Paderburn.) 3. mai. 79 PA 27 428^{rss}.

3937 Hermannus Nederhoeve cler. Traiect. dioc. perp. vic. ad alt. ss. Barbare et Apolonie in eccl. s. Walburgis Zutphanen. Traiect. dioc.: de prom. ad omnes ord. extra temp., sola sign. 11. decb. 81 S 806 63^r.

3938 Hermannus Nyck (Nyel) al. Grol cler. Colon. dioc. <cui de par. eccl. in Brienen Traiect. dioc. (8 m. arg.) vac. p. o. Johannis Stock p. Paulum II. prov. fuerat> et qui litig. desup. coram Matheo de Porta aud. contra quond. Hermannum de Brunswyck (Brunsvyck): de surrog. ad ius d. Hermanni de Brunswyck 7. nov. 72 S 684 5^r, 29. mai. 74 L 724 79^{rss} – oblig. p. Johannem Stryck de Xanctis cler. Colon. dioc. causarum pal. ap. not. sup. annat. 21. iun. 74 A 23 111^v.

3939 **Hermannus Nigeman** cler. Osnaburg.: de perp. vicar. ad alt. s. Jacobi in eccl. s. Martini op. Hilgenstaden. Magunt. dioc. (4 m. arg.) vac. p. o. in cur. Michaelis Hetnen cler. Herbip. (cui de eadem vac. p. o. Georgii Hesler ep. Patav. tit. s. Lucie in Silice presb. card. prov. fuit) c. derog. iur. patron. laic. 27. ian. 83 S 820 74^v.

3940 **Hermannus [Nortorp]** ep. Belovilonen. o. pred. in 60. sue et. an. constit. cui Nicolaus V. conc. ut pontificalia in civit. et dioc. Bremen. exercere val.: de indulto ut in dom. s. Katherine Bremen. d. ord. in qua profes. in min. emisit sub obedientia provincialis provincie Saxonie morari val. 30. mai. 72 S 680 231^{vs}.

3941 **Hermannus Ovelfustz (Ovelsultz)** cler. Paderburn. c. quo sup. def. nat. (s. s.) ad quodcumque benef. disp. fuit: de par. eccl. s. Petri in Dorenberge Paderburn. dioc. (4 m. arg.) vac. p. resign. in manibus pape Hermanni Iserinckhusen 14. nov. 82 S 816 67^{rs}, I 334 196^r – in art. mag. c. quo auct. ap. sup. def. nat. ut supra disp. fuit ut ad omnes ord. promoveri et benef. recip. val. cuius vig. clericali caractere insignitus et de par. eccl. in Doremberge Paderburn. dioc. (4 m. arg.) prov. fuit: de perp. <s. c.> vicar. in eccl. mon. sive dom. monial. in Visbeke o. s. Aug. Minden. dioc. (4 m. arg.) vac. p. resign. in manibus pape Conradi Wycht (Vrecht) cler. Paderburn. dioc. cui de eadem vac. p. resign. Francisci Lerczgen cler. Magunt. dioc. pape fam. prov. fuit (cui de eadem vac. p. o. in cur. Henrici Brocke auct. ap. prov. fuit litt. ap. desup. n. confectis) c. disp. ut unac. d. par. eccl. in Do-

remberge (quam n. obtin.) d. vicar. obtin. val. 23. nov. 82 S 816 118^{rs}, (exec. ep. Nucerin. et dec. eccl. Minden. ac offic. Minden.), gratis V 641 185^v-187^v – c. quo sup. def. nat. ut supra disp. fuit et deinde ut unac. perp. vicar. in eccl. mon. monial. in Visbeck o. s. Aug. ut supra par. eccl. in Dorenberge Paderburn. dioc. (quam n. obtin.) retin. val. disp. fuit: lic. tacendi sup. def. nat. 10. febr. 84 L 837 329^{rs} – motu pr. de gr. expect. s. d. 17. nov. 81 de benef. ad coll. quorumcumque <ad coll. ep. etc. Paderburn. necnon abba. etc. sec. et colleg. eccl. s. Pussynne op. Hervorden. Paderburn. dioc.> et de prerog. ad instar fam. pape descript. 31. mart. 84 S 830 130^v, (exec. ep. Nucerin. et ep. Paderburn. ac offic. Minden.), gratis V 642 258^r-259^v – de perp. benef. ad alt. s. Andree Apl. in eccl. s. Jacobi op. Rostoccen. Zwerin. dioc. (1 m. arg. p.) vac. p. o. Johannis Pelz et p. devol. 15. mai. 84 S 839 103^{vs} – litig. in cur. sup. par. eccl. in Derenberghe Paderburn. dioc.: de disp. ut c. d. par. eccl. aliud incompat. benef. etsi 2 par. eccl. ad vitam recip. val. c. lic. perm. 29. mai. 84 S 837 165^v.

3942 **Hermannus de Osta** quond. Johannis [de Turrecremata] tit. s. Sixti presb. card. fam. qui perp. s. c. vicar. in eccl. ss. Petri et Pauli Bardewicen. Verden. dioc. (4 m. arg.) et perp. s. c. vicar. in mon. b. Marie e. m. op. Stadis Bremen. dioc. (4 m. arg.) obtin.: de lic. perm. 24. oct. 71 S 675 265^{rs}.

3943 **Hermannus Othesen de Wechberg** cler. Leod. dioc.: de nova prov. de eccl. seu capel. s. Georgii in Geykoer infra paroch. de Blaetzhem Colon. dioc. (4 m. arg.) vac. p. o. Johannis de Porta 17. nov. 72 S 692 248^r.

3944 **Hermannus [cognomen deest]** cler. Paderburn.: litt. testim. sup. resign. s. d. 20. oct. 80 fact. 24. decb. 82 DC 41 65^r.

3945 Hermannus Patyne et **Johannes Nanone** perp. benefic. ad alt. Omnium ss. in eccl. ss. Petri et Andree Paderburn. referentes quod Conradus Busse dec. et capit. d. eccl. perp. benef. Omnium ss. et perp. benef. ss. Gertrudis et Margarete virg. ad alt. Omnium ss. d. eccl. invicem univerunt: m. (offic. Paderburn.) conf. unionis dd. benef. (insimul 4 m. arg. p.) 12. decb. 74 L 751 327^{rs} – restit. bulle (quia fruct. d. benef. n. ascendunt summam) 10. decb. 76 A 25 205^r.

3946 Hermannus Pistoris (Pistor) de Tremonia olim fr. o. pred. iam ultra 10 an. monach. o. s. Ben. fere sexagenarius et diversas infirmitates patiens populo et clero civit. Traiect. pluribus an. acceptus et inibi iam ultra 10 an. predicans cui p. Conradum tunc abb. mon. s. Ludgeri Werdenen. o. s. Ben. Colon. dioc. facult. agendi coram quocumque iudice sup. suis bonis hereditariis et standi extra d. mon. ac gerendi curam animarum parochianorum et dicendi horas can. secundum usum o. pred. conc. fuit (quam conc. abb. modernus revocavit): de conf. 30. sept. 75 S 727 33^{vs}, V 664 141^r-142^v.

3947 Hermannus Pywerlingh (Piiwerling) can. et cellerarius seu archid. eccl. Halberstad. ex utroque par. de mil. gen. in decr. licent.: de perp. s. c. vicar. ad alt. ss. Petri et Pauli appl. in eccl. mon. monial. b. Marie virg. in Arnsze o. s. Ben. Verden. dioc. (10 m. arg.) vac. p. o. Andree Sartoris 3. ian. 72 S 675 61^{rs} – can. eccl. Magdeburg. cui <vig. gr. expect. p. Pium II.> de vicedominatu eccl. Magdeburg. vac. p. o. Theoderici Becker prov. fuit et qui litig. desup. <coram quond. Sancio Romero aud. et coram Gaspare de Theramo aud. contra Johannem Quire cler. Hildesem. dioc. (qui postea dom. s. Salvatoris e. m. op. Erforden. o. Cartus. Magunt. dioc. ingressus est) et> quond. Nicolaum de Ammendor-

pe reum et detentorem: de surrog. ad ius d. Nicolai in d. vicedominatu (10 m. arg.) 18. ian. 75 S 714 222^{rs}, m. (aep. Patracen. et dec. eccl. Merseburg. ac dec. eccl. b. Marie Halberstad.) (exped. 28. mai. 76) L 751 98^{rss} – oblig. sup. annat. ut supra 16. iun. 76 A 25 10^r – can. eccl. Halberstad. vicedominus eccl. Magdeburg. ex utr. par. de nob. et mil. gen. in senio constit. in decr. licent. antiquus curialis Johannis marchionis Brandenburg. consiliarius: de alt. port. etsi ante diem et in locis interd. 10. mart. 84 S 833 37^{rs}.

3948 Hermannus Plenynch (Plenynck, Pleyninck) (de Telget) subdiac. rect. par. eccl. in Telget (Thelget) Monast. dioc.: de prom. ad omnes ord. extra temp., sola sign. 14. oct. 71 S 672 181^r – rect. par. eccl. ut supra: litt. testim. sup. prom. (vig. conc. s. d. 1. iun. 70) ad subdiacon. ord. s. d. 2. iun. 71 in eccl. s. Johannis Lateranensis, (vig. conc. s. d. 14. oct. 71) ad diacon. ord. s. d. 7. mai. 72, ad presbit. ord. s. d. 10. mai. 72 in eccl. s. Bartholomei de Insula in Urbe 10. mai. 72 F 6 51^v – de disp. ut unac. par. eccl. in Telghet Monast. dioc. aliud incompat. benef. recip. valeat, Conc. ad 7 an. 12. mai. 72 S 679 147^{vs}, ref. 5. iun. 72 S 680 273^r, L 722 144^v-146^r – Traiect. [dioc.?]: assign. pens. ann. 82/83 I 335 170^r – cler. Monast. dioc. referens quod litig. in cur. contra Gerardum Dreses rect. par. eccl. b. Marie Daventrien. Traiect. dioc. et quod desup. concordiam fecerunt: de assign. pens. ann. 10 fl. auri renen. sup. fruct. d. par. eccl. (90 fl. auri renen.) (sup. qua al. pens. ann. 20 fl. renen. auri Theodoro [de Monteferrato tit.] s. Theodori diac. card. reserv. existit) d. Hermanno p. d. Gerardum persolv. 5. apr. 83 S 821 157^{vs}.

3949 Hermannus Porren cler. Colon. dioc.: de par. eccl. s. Severini in Wenden Colon. dioc. (2 m. arg. p.) vac. p. o. Johannis Gunchen (Gruchert) 6. nov. 82 S 837 97^v.

3950 **Hermannus Ratzenfurt**, Trever. [dioc.?]: commissio 80/81 I 334 225^r.

3951 **Hermannus de Rede** cler. Monast. dioc. actor et **Johannes Herdegel** cler. Monast. reus et possessor qui litig. coram Bernardo Mumen dec. eccl. s. Ludgeri Monast. sup. perp. vicar. ad alt. ss. Johannis et Pauli in eccl. Monast. et deinde concordiam fecerunt: de adm. resign. d. Johannis et de prov. d. Hermanno de d. perp. vicar. et de assign. d. Johanni pens. ann. 10 fl. auri renen. sup. fruct. capel. s. Thome in civit. Colon. (30 fl. auri renen.) 15. decb. 81 S 806 3^r.

3952 **Hermannus Rederot** scol. Magunt. dioc.: recip. primam tonsuram in eccl. s. Bartholomei de Insula in Urbe 25. mart. 75 F 6 201^v.

3953 **Hermannus Reynodi** cler. Magunt.: de perp. vicar. b. Marie virg. in Somerde Magunt. dioc. (dimidia m. arg.) vac. p. o. Johannis Schergenberg 30. decb. 72 S 686 138^r.

3954 **Hermannus Reynsperger (Reinsberger)** cler. Bamberg. dioc. leg. doct. qui litig. contra Fridericum prep. etc. mon. op. Langenczenn o. s. Aug. Herbip. dioc. sup. curia in villagio Hawsen prope Lagenczenn Herbip. dioc. p. d. mon. occupata: m. (decanis eccl. b. Marie in Thewerstat Bamberg. et eccl. s. Jacobi e. m. Bamberg. ac eccl. s. Johannis in Hawgis e. m. Herbip.) committ. in partibus 11. apr. 74 L 732 177^{rs} – Cristierni Dacie, Swecie et Norwegie regis consiliarius: disp. ad 2 incompat. benef., gratis 13. apr. 74 V 663 101^{rs} – motu pr. disp. ad 2 incompat. benef., gratis 15. apr. 74 V 663 43^r – rect. par. eccl. s. Bartholomei in Kirchensittenbach Bamberg. dioc. leg. doct. in art. mag.: de fruct. percip. ad 7 an. 12. iun. 75 S 722 134^{rs}, de ref. 24. nov. 75 S 730 20^v – lic. n. prom. ad 7 an. 20. iun. 75 V 664 414^{vss}, [infinita] L 760

186^{rs} – subdiac. rect. par. eccl. s. Bartholomei in villagio Krechensittenbach Bamberg. dioc.: de prom. ad omnes ord. extra temp., sola sign. 19. nov. 75 S 730 2^{rs} – reus qui litig. coram Johanne [Diaz] de Coca ep. Calaguritan. aud. locumtenenti contra Johannem Sayler cler. Bamberg. dioc. actorem sup. par. eccl. s. Bartholomei in Kirchensittenbach Bamberg. dioc.: de prov. si neutri de d. par. eccl. (40 fl. adc.) 14. decb. 75 S 732 68^v.

3955 **Hermannus Repeze** can. eccl. s. Nicolai Stendalen. Halberstad. dioc. qui ad scolastr. d. eccl. vac. p. assec. decan. d. eccl. p. Henricum Belitze p. capit. d. eccl. electus fuit: de nova prov. de d. scolastr. (4 m. arg.) 9. decb. 83 S 832 106^v.

3956 **Hermannus Rethem** profes. o. pred.: prov. de eccl. Sebasten. c. lic. ut pontific. in civit. et dioc. Bremen. (de consensu Henrici [de Schwarzburg] ep. Monast. ac admin. eccl. Bremen.) exercere val. c. reserv. pens. ann. 200 fl. renen. sup. fruct. castri de Vordis [= Bremervörde] ad mensam aepisc. Bremen. pertin. p. d. Henricum ep. persolv. et c. conc. motu pr. ut Hermannus [Nortorp] ep. Belovilonen. nuper suffrag. Bremen. et octogenarius pens. ann. ei assign. sup. fruct. eccl. Bremen. percip. val. 13. ian. 82 Cod. Vat. Lat. 3478 66^{rs} – el. Sebasten.: prov. de d. eccl. 30. ian. 82 L 810 97^{vs} – facult. recip. munus consecr. a quocumque antistite (iuram. p. aep. Cesarien.) 30. ian. 82 L 810 98^{rs} – indultum de n. resid. in eccl. Sebasten. et exercendi pontific. in civit. et dioc. Bremen. 30. ian. 82 L 823 248^{vs} – profes. o. pred.: litt. absol. 30. ian. 82 L 810 98^{vs} – el. Sebasten.: motu pr. assign. pens. ann. 200 fl. renen. sup. fruct. castri de Vordis ad mensam aep. Bremen. pertin. p. Henricum [de Schwarzburg] ep. Monast. admin. eccl. Bremen. persolv. (m. ep. Hildesem. et dec. eccl. Verden. ac dec.

eccl. s. Blasii Brunswicen. Hildesem. dioc.) 30. ian. 82 L 810 211^{rss} – solv. 75 fl. adc. pro annat. reserv. pens. sup. fruct. mense capit. eccl. Bremen. sibi assign. p. manus Theoderici Andes (Vrede) 7. iun. 82 FC I 1134 217^r, IE 506 31^r, IE 507 31^r – solv. 10 fl. adc. pro val. balliste pro eccl. Sebasten. p. manus Theoderici Vrede 7. iun. 82 IE 506 31^r, IE 507 31^r – oblig. p. Theodoricum Arndes can. eccl. Lubic. sup. annat. pens. ann. 200 fl. auri renen. eidem sup. fruct. castri de Vordis ad mensam aepisc. Bremen. pertin. de consensu Henrici [de Schwarzburg] ep. Monast. et perp. admin. d. eccl. Bremen. s. d. 30. ian. 82 assign. (in margine: d. die solv. pro annat. 75 fl. adc. pro val. 100 fl. renen.) 8. iun. 82 Paris L 26 A 10 42^v.

3957 **Hermannus Rymensnider** presb. Magunt. dioc. cui de s. c. prepos. rurali in Apterade nunc. Magunt. dioc. vac. p. o. Herbordi de Papenhem p. Franciscum [Todeschini-Piccolomini] card. Senen. tunc in partibus Almanie et Germanie ac terris R. I. subiectis legatum prov. fuerat et qui litig. desup. coram Petro de Ferrera aud. contra Johannem Ohchenberch cler. intrusum ad d. prepos. p. abb. mon. Fulden. Herbip. dioc. present. absque can. institutione: de prov. si neutri de d. prepos. (6 m. arg.) 3. nov. 73 S 700 288^{rs} – de perp. vicar. sive capel. b. Marie in limitibus ville Wolffrerade Magunt. dioc. (2 m. arg.) vac. p. o. Johannis Herbordi 3. ian. 74 S 700 143^v.

3958 **Hermannus Ringelsen (Pingelsen)** cler. Paderburn.: de perp. <s. c.> vicar. ad alt. s. Ypoliti in eccl. Paderburn. (4 <3> m. arg. p.) vac. p. resign. Wolmari Decker <p. Henricum Buckenow cler. Paderburn. procur. fact.> 20. ian. 78 S 763 273^v, 7. febr. 78 S 764 206^v, (m. dec. eccl. Lubic. et scolast. eccl. Wratislav. ac offic. Paderburn.), gratis (exped. 21. febr. 78) L 781 62^r-63^v – rect. perp.

vicar. capel. s. Ypoliti in eccl. Paderburn.: de prom. ad omnes ord. extra temp., sola sign. 26. febr. 78 S 765 138^r – referens quod Volmarius Decker presb. Paderburn. litig. coram ap. commissario contra Hermannum Wolff cler. sup. perp. vicar. ad alt. s. Ipoliti in eccl. Paderburn. et quod ipsi de d. perp. vicar. vac. p. resign. d. Hermanni et Volmarii prov. fuit: de nova prov. de d. vicar. (3 m. arg.) 30. mart. 78 S 767 55^{rs}.

3959 **Hermannus de Rioblingen**: prov. de can. et preb. Nuemburg. [dioc.?] vac. p. o. 80/81 I 334 165^r.

3960 **Hermanus Rost** cler. Herbip. dioc.: de nova prov. de perp. s. c. vicar. ad alt. b. Marie virg. in eccl. s. Johannis in Haugis e. m. Herbip. (4 m. arg.) vac. p. o. Conradi Zegens 23. decb. 78 S 776 164^r.

3961 **Hermannus Rotbert (Robbert)** cler. Osnaburg. dioc.: de par. eccl. b. Marie virg. Osnaburg. dioc. c. perp. vicar. in eccl. Osnaburg. annexa (insimul 6 m. arg.) vac. p. o. Henrici Kech 22. iun. 74 S 709 79^v, I 332 206^r.

3962 **Hermannus Roxze** cler. Halberstad. dioc.: de par. eccl. in Osterborch Halberstad. dioc. (12 m. arg.) vac. p. o. Johannis Leyffart 24. iun. 80 S 794 56^r.

3963 **Hermannus Ruschemberg** can. eccl. Nuemburg.: de par. eccl. in Lisia Magdeburg. dioc. (4 m. arg.) vac. p. o. Melchioris Reymer 6. nov. 75 S 729 78^{rs}.

3964 **Hermannus de Salopia** prior dom. o. s. Aug. in Traiecten. Leod. dioc. et **Winandus de Colonia** fr. dom. o. s. Aug. Colon. (lic. gener. d. ord. habentes) inter al. referentes quod in provincia Colon. (precipue in soc. Jacobi de Osten) sunt quamplures fr. d. ord. qui contra statuta officia sibi procurant ut gravia scandala oriuntur: de committ. p. breve Laurentio de Colonia de Parisins fr. d. ord.

mag. in theol. vel al. probo viro ut unac. Johanne de Stallis fr. d. ord. bac. in theol. dom. in provincia Colon. visitet et delinquentes corrigat 20. iun. 75 S 722 156^{rs}.

3965 Hermannus Sassenhusen cler. Hildesem.: de nova prov. de d. par. eccl. in Nyenbecke Hildesem. dioc. (4 m. arg.) vac. p. resign. Theoderici Salder 15. mai. 73 S 690 186^v.

3966 Hermannus de Skalen presb. Merseburg. dioc.: de par. eccl. ville Eckelstete Magunt. dioc. (4 m. arg.) vac. p. o. Nicolai Kune 29. decb. 75 S 732 16^{rs}.

3967 Hermannus Schenckinck can. eccl. s. Mauricii prope et e. m. Monast. inter al. referens quod in domo Johannis Klaut unius ex consulibus civit. Monast. quidam Heydericus van der Wyk laic. Monast. p. iniuriam provocatus in ipsum Hermannum cultello irruit et manus iniecit: de committ. in partibus, Et p. breve 19. iun. 79 S 783 150^{vs} – can. eccl. Monast. inter al. referens quod ipse Henricum Beverman laic. Minden. propter quedam servitia coram Hermanno Guderto dec. eccl. s. Martini Monast. conserv. d. eccl. ad iudicium evocari fecit et quod d. Henricus sent. excom. innodatus ad sed. ap. appellavit et litt. ad dec. eccl. s. Andree Verden. impetravit et ipsum Hermannum coram Johanne Homelman dec. d. eccl. ad iudicium evocari fecit et quod d. dec. d. Henricum absolvit: m. (decanis eccl. s. Johannis Osnaburg. et eccl. s. Martini in Bramesche Osnaburg. dioc. ac offic. Osnaburg.) committ. in partibus 1. iul. 79 L 800 303^{rss}.

3968 Hermannus Scheppeler rect. par. eccl. s. Bartholomei in Hachenburg Colon. dioc. lepre macula infectus qui d. par. eccl. resignavit in manibus prep. eccl. s. Cassii Bonnen. Colon. dioc. et nullum al. benef. obtin.: de assign. pens. ann. 25 fl. superiorum Colon. (= 24 albi Colon. pro

uno fl. computandum) sup. fruct. d. par. eccl. (70 fl.) p. Gerardum de Berstorff presb. Colon. dioc. rect. d. par. eccl. persolv. 15. apr. 83 S 821 199^r, I 335 38^r – referens quod in supplic. pens. ann. 25 fl. superiorum Colon. mentio fact. fuit: de ref. c. express. pens. ann. 20 fl. auri renen. 19. apr. 83 S 821 202^v – presb. Colon. dioc.: restit. bulle sup. pens. ann. 20 fl. auri renen. sup. fruct. par. eccl. s. Bartholomei in Hachenburg Colon. dioc. p. bullam ap. auct. sibi assign. 9. iun. 83 A 31 202^v.

3969 Hermannus Scholverman (Scolverman, Solverman) cler. Colon. dioc. c. quo sup. def. nat. (s. s.) ad quodcumque benef. disp. fuit: de perp. vicar. ad alt. ss. Trium regum in colleg. eccl. s. Walburgis Arnemen. Traiect. dioc. (3 m. arg.) vac. p. resign. Thome Pruyl 12. aug. 79 S 785 32^r – cuius genus n. de s. s. sed de s. c. est: de ref. 16. sept. 79 S 786 250^r – c. quo sup. def. nat. (s. c.) disp. fuit: prov. de perp. s. c. vicar. ut supra vac. p. resign. Thome Pruyl (cui de eadem vac. p. resign. in manibus pape Arnoldi Buckinck prov. fuerat possessione n. habita) p. Johannem Lebigot cler. Cenomanen. dioc. procur. fact. (m. dec. eccl. ss. Crisanti et Darie Monasterii Eyfflie Colon. dioc. et dec. eccl. s. Walburgis Arnemen. Traiect. dioc. ac offic. Traiect.) 16. sept. 79 (exped. 12. oct. 79), gratis L 801 186^r-187^v – pape fam. c. quo sup. def. nat. (s. c.) disp. fuit et vig. d. disp. vicar. ad alt. Trium regum in eccl. s. Walburgis Arnhemen. (Arnilgen.) Traiect. dioc. <(4 m. arg.)> assec. fuit: de par. eccl. s. Viti in Meppen Osnaburg. dioc. (6 <8> m. arg. p.) vac. p. o. Theoderici van dem Brincke et de disp. ut unac. d. par. eccl. al. benef. ad vitam c. lic. perm. retin. val. <n. o. quod Herbordus de Langhen presb. in d. eccl. se intrusit ac de uberiori disp. ut d. par. eccl. et d. perp. vicar. insimul ad vitam retin.

val. c. lic. perm. n. o. def. nat.> 13.
mai. 81 S 801 59^v, m. (ep. Leonen. et
dec. eccl. s. Ludgeri Monast. ac offic. Osnaburg.), gratis V 610 295^v-
297^v – oblig. p. Gerardum Kint cler.
Colon. dioc. pape fam. sup. annat.
par. eccl. s. Viti ut supra (8 m. arg.)
27. iun. 81 A 30 34^v – not. recip.
pro bulla distributa 3 grossos iun. 81
DB 1 87^v – de par. eccl. s. Martini in
Dorenborch (Dozemborch) Traiect.
dioc. (4 m. arg.) vac. p. resign. in
manibus pape Gerardi Kint pape
fam. (qui eandem obtin.) c. reserv. d.
Gerardo pens. ann. 6 fl. auri renen.
sup. fruct. d. par. eccl. p. d. Hermannum persolv. 25. iun. 82 S 812
112^{rs} – consensus resign. Gerardi
Kint c. pens. in favorem d. Gerardi
ut supra 24. iul. 82 Resign. 2 15^v.

3970 **Hermannus Schutte** cler. Osnaburg. dioc.: de nova prov. de vicar.
s. Crucis in par. eccl. in Meppen Osnaburg. dioc. (3 m. arg.) de iur. patron. laic. vac. p. o. Winoldi Dus-
schebrake 18. mai. 78 S 772 261^r.

3971 **Hermannus Senger** cler. Bamberg.
dioc. in minoribus ord. constit. inter
al. referens quod ipse in obsequiis
abbatis mon. in Krembsminster o. s.
Ben. Patav. dioc. existens iudici abbatis persuasit ut d. monasterio im-
minentes diffidatos ac detentos tor-
tura examinaret quodque d. iudex ex
huiusmodi confessione eosdem detentos morti iudicavit: de absol. ab
irreg. et de disp. ut ad omnes sacros
ord. prom. et off. alt. ministrare val.
24. febr. 78 S 765 263^{rss}.

3972 **Hermannus Sibbe** cler. Monast. dioc.: motu pr. de gr. expect. de 2 can.
et preb. necnon de benef. ad coll.
quorumcumque, Et s. d. 17. nov. 81
S 803 9^r – qui vig. gr. expect. perp.
s. c. capn. sive vicar. ad alt. s. Elisabethe in eccl. Monast. ut supra vac.
p. o. Werneri Struve acc.: de nova
prov. de eadem (5 m. arg.) 8. oct. 83
S 839 154^v – qui vig. litt. ap. par.
eccl. in Oestbeveren Monast. dioc.
vac. p. o. Arnoldi Benergherem acc.:

de prorog. temp. intimandi ad al. an.,
Conc. ad 6 menses, sola sign. 10.
febr. 84 S 833 48^r – vic. seu perp.
cap. ad alt. s. Elisabethe in eccl. Monast. pres. in cur.: de n. prom. ad 2
an., Conc. ad an., sola sign. 14. iul.
84 S 839 244^{vs}.

3973 **Hermannus Sibeldinch** paup. cler.
Hildesem. apud sed. ap. constit.: de
par. eccl. in Enghellemstede Hildesem. dioc. (3 m. arg.) vacat. p. priv.
Borchardi Rymbach (Rombach) qui
d. par. eccl. p. contractum simoniacum c. Johanne Pottmer acc. 27.
nov. 81 S 813 321^{rs}.

3974 **Hermannus Slechten** cler. Colon.
dioc. qui ad capn. seu vicar. ad alt. b.
Marie in par. eccl. s. Brigide Colon.
vac. p. o. Gerardi Holffwich (Brait-
visch) p. provisores d. par. eccl.
present. fuit: de nova prov. de d.
capn. (4 m. arg.) 13. oct. 73 S 697
262^v, 15. oct. 73 S 699 101^r.

3975 **Hermannus Slichthaer (Slecht-
haer, Swerthaur)** cler. Paderburn.
dioc. pape fam.: motu pr. de gr. expect. de 2 can. et preb. necnon de
benef. ad coll. quorumcumque et de
reval. gr. expect. et de prerog. ad instar pape fam. et de disp. sup. def.
nat. (diac. et s.), Et s. d. 17. nov. 81
20. decb. 83 S 830 20^{rs} – c. quo sup.
def. nat. (ut supra) ut ad omnes ord.
prom. et c. c. benef. obtin. val. disp.
fuit: motu pr. de par. eccl. s. Catherine in Roedemunden Leod. dioc. (4
m. arg.) vac. p. o. Leonardi Borreto
8. apr. 84 S 836 24^{rs} – c. quo ut supra disp. fuit: de disp. ut quecumque
2 incompat. benef. etsi 2 par. eccl.
ad vitam et al. compat. benef. recip.
val. c. lic. perm. 29. apr. 84 S 835
56^r – motu pr. de quadam vicar. in
eccl. Paderburn. (4 m. arg.) vac. p. o.
in cur. Johannis Sedelorss, n. o. def.
nat. ut supra 10. iul. 84 S 838 132^r.

3976 **Hermannus Smedt (Smydt, Smyt)
(de Wartburch)** cler. Paderburn. dioc. rect. par. eccl. s. Laurentii in Lut-
terstorff Trever. dioc. (3 m. arg.) qui

in cur. in aliquo servitio insistit et de n. prom. ad omnes ord. ad an. disp. fuit: de prorog. d. term. ad al. an., sola sign. 17. sept. 82 S 814 202^r – cui de capel. in Medeberg Trever. dioc. vac. p. o. Nicolai Muechorn p. dec. eccl. s. Castoris in Cardona Trever. dioc. prov. fuit: de nova prov. de d. capel. (3 m. arg.) 19. apr. 83 S 822 41^r – pape fam. qui par. eccl. in Luderszsterff Trever. dioc. ut supra obtin.: motu pr. gr. expect. s. d. 17. nov. 81 de benef. ad coll. prep. etc. eccl. s. Petri Friszlarien. et prep. etc. eccl. b. Marie Erfforden. Magunt. dioc. c. disp. ad 2 incompat. benef. necnon ad 2 benef. sub eodem tecto (exec. prep. eccl. Paderburn. et prep. eccl. s. Mauritii Magunt. ac dec. eccl. b. Marie Goten. Magunt. dioc.), gratis 28. iun. 84 V 677 339^r-342^r.

3977 **Hermannus Steynberch (Steinborg)** cler. Magunt. dioc. utr. iur. doct. qui ad decan. colleg. eccl. s. Severi Erfforden. Magunt. dioc. vac. p. o. Johannis Guderman el. fuit: de nova prov. de eodem (4 m. arg.) 4. febr. 80 S 790 174^r – dec. eccl. s. Severi Erfforden. Magunt. dioc.: de disp. ut unac. d. decan. (4 m. arg.) al. 2 incompat. benef. recip. valeat etsi 2 par. eccl. ad vitam c. lic. perm. 20. apr. 80 S 792 52^{vs}.

3978 **Hermannus Sternberger** cler. Magunt. dioc. reus et possessor referens quod litig. coram Johanne de Ceretanis aud., Antonio de Grassis aud. et quond. Bernardo Rovira aud. contra quond. Johannem de Altomonte actorem et deinde contra Heylmannum Lindenfelsz sup. can. et preb. eccl. s. Johannis Magunt. (24 fl. adc.) vac. p. o. Hermanni Eisfensteyn et quod ipse eosdem p. 9 an. retin.: de surrog. ad ius d. Johannis de A. 16. mart. 74 S 706 296^{rs} – cler. Magunt. decr. doct.: motu pr. de gr. expect. de 2 can. et preb. necnon de benef. ad coll. quorumcumque <de can. et preb. eccl. Wormat. ad coll. aep. etc. Magunt.>, Et s. d.

17. nov. 81 S 803 183^r, (m. dec. eccl. s. Ludgeri Monast. et dec. eccl. s. Bartholomei Franckforden. Magunt. dioc. ac offic. Magunt.) (exped. 29. nov. 82) L 820 73^v-75^v.

3979 **Hermannus Strotman** cler. Paderburn. dioc. in art. mag. cui gr. expect. s. d. 1. ian. 72 de 2 benef. ad coll. prep. etc. eccl. s. Cassii Bonnen. Colon. dioc. et ad coll. abba. et conv. sec. et colleg. eccl. 11.000 Virg. Colon. conc. fuit: prerog. ad instar pape fam. descript. 29. iul. 74 L 740 80^{rss} – qui vig. gr. expect. par. eccl. in Luynrich Colon. dioc. vac. p. o. Alberti Peuch de Lomibus acc.: de nova prov. de d. par. eccl. (4 m. arg.) 21. iul. 78 S 772 87^v.

3980 **Hermannus Sudarto** (*l.*) dec. et can. eccl. s. Martini Monast.: de disp. ut unac. d. decan. aliud incompat. benef. recip. valeat etsi 2 par. eccl. ad vitam c. lic. perm. 16. decb. 80 S 798 214^v – dec. eccl. s. Martini Monast.: de disp. ut unac. d. decan. quam obtin. aliud incompat. benef. etsi par. eccl. ad vitam recip. val. c. lic. perm. 11. mai. 83 S 823 92^v.

3981 **Hermannus Swideri** cler. Hildesem. dioc. qui vig. gr. expect. in forma paup. par. eccl. in Wetteborne Hildesem. dioc. vac. p. o. Hinrici Widerszhusen acc.: de nova prov. de eadem (4 m. arg.) 20. nov. 83 S 839 234^{rs}.

3982 **Hermannus (Ermannus) Tulleman (Culeman, Tuelman)** [1. pars 3 partium] cler. Paderburn.: de can. et preb. eccl. Paderburn. (4 m. arg.) vac. p. n. prom. Johannis de Haxthusen in 13. sue et. an. constit. seu p. resign. Johannis Pentlinck 8. nov. 71 S 676 127^{vs} – et **Gulliermus Henrici, Gregorius Rapolt, Conradus Holzman, Cornelius Ornich, Henricus de Hestel, Henricus Olzabel, Bernardus Alamanus** inter 84 fam. et dilectos Bartholomei [Roverella] tit. s. Clementis presb. card. enumerati: supplic. d. card. de gr.

expect. de 2 can. et preb. et de 2 benef. ad coll. quorumcumque et de
disp. ad 2 incompat. benef., Et s.d.
1. ian. 72 S 670 159^r-160^v – Juliani
[de Ruvere] tit. s.Petri ad vincula
presb. card. fam.: de par. eccl. s.Mi-
chaelis in Hag Patav. dioc. (16 m.
arg.) vac. p.o. Johannis Stubiner
(Stumbmer) olim quond. Burchardi
[Weissbriach] tit. ss.Nerei et Achillei presb. card. Salzeburg. nunc. fam.
31. mai. 72 S 680 230^{vs}, m. (ep. Sa-
onen. et dec. eccl. Patav. ac offic.
Wien.), gratis V 554 109^{rss} – pape
fam.: prov. de perp. s.c. vicar. in
eccl. ss.Petri et Andree in Bustorpe
Paderburn. (4 m. arg. p.) vac. p.o. in
cur. Alberti Berchineger (m. ep. Tirasonen. ac prep. et dec. eccl. ss.Pe-
tri et Andree Paderburn.) gratis 8.
aug. 72 (exped. 16. sept. 72) L 719
44^r-45^v – can. eccl. Xancten. Colon.
dioc.: fit mentio ut procur. card. ut
supra 21. oct. 72 OS 84 184^v – can.
eccl. s.Victoris Xancten. Colon. dioc. nunc pape fam., olim Bartholomei [Roverella] tit. s.Clementis
presb. card. fam.: de lic. perm. 22.
oct. 72 S 683 282^{vs} – prov. de can.
et preb. eccl. s.Pharahildis Ganden.
Tornacen. dioc. (60 l. T. p.) vac. p.o.
in cur. Arnoldi de Hamme, gratis 19.
nov. 72 V 555 63^r-64^v – can. prebend. eccl. s.Victoris Xancten. Colon. dioc.: prov. de supplemento fercula nunc. d. eccl. (4 m. arg.) vac.
p.o. in cur. temp. Pauli II. Johannis
Gochman qui litig. desup. in cur. (m.
ep. Urbinaten. ac prepositis eccl. b.
Marie Ressen. Colon. dioc. et eccl.
s.Martini Embricen. Traiect. dioc.),
gratis 22. apr. 73 V 558 255^v-258^v –
et **Johannes Martini** cler. Leod. dioc. et **Henricus Salbe** cler. Colon.
dioc.: de prov. d. Hermanno de perp.
s.c. vicar. s.Nicolai in par. eccl.
s.Digne [locus deest] Cameracen.
dioc. (24 l. T. p.) et de prov. d. Johanni de can. et preb. eccl. s.Johan-
nis Ev. Boscoducen. Leod. dioc. (6
m. arg.) et de prov. d. Henrico de
can. et preb. eccl. s.Martini Leod. (6

m. arg.) vacantibus p.o. Johannis
Giselberti ap. litt. script. 17. mai. 73
S 690 89^{vs} – disp. ad incompat. benef. 72/73 I 332 61^v – Juliani ut supra card. fam.: m. (episcopis Aleri-
en. et Verden. ac offic. Lubic.) confer. perp. s.c. vicar. in eccl. s.Ger-
trudis e.m. op. Luneburgen. de iur.
patron. laic. (4 m. arg.) vac. p.o. in
cur. Theoderici Calvis, gratis 15.
aug. 73 V 563 140^{rss} – de perp. vicar. sive simplici benef. in eccl.
s.Johannis op. Luneburgen. Verden.
dioc. de iur. patron. laic. (4 m. arg.)
vac. p.o. in cur. Theoderici Calvis
refer. 25. aug. 73 S 695 23^{rs} – nob.:
de par. eccl. s.Johannis in Delbrughe
(Delburghe) Paderburn. dioc. (6 <8>
m. arg.) vac. p.o. Henrici Komen
(Romen) Pauli II. fam. 23. febr. 74 S
702 266^r, m. (Jacobo Rasthabber
presb. perp. benefic. can. alias cap.
s.Willibaldi nunc. in eccl. Eistet.),
gratis (exped. 17. mai. 74) L 733
114^{vss} – oblig. sup. annat. eccl. s.Jo-
hannis ut supra 4. iun. 74 A 23 98^r –
rect. par. eccl. s.Michaelis in Hag
Patav. dioc. qui comes palatinus et
nobilis ac Juliani presb. card. ut supra fam. exist. ac d. par. eccl. assec.
fuit et qui litig. in cur. contra certum
adversarium intrusum sup. par. eccl.
s.Johannis in Delbrugghe Paderburn.
dioc. et c. quo dudum ap. auct. ad 2
incompat. benef. etsi par. eccl. c.
pot. perm. ad vitam disp. fuit: disp.
ut unac. d. par. eccl. s.Michaelis et
d. par. eccl. s.Johannis quodcumque
3. seu sine illis quecumque 3 incompat. benef. etsi par. eccl., gratis 26.
iul. 74 V 678 117^r-118^v – nobilis cui
gr. expect. s.d. 1. ian. 72 de can. et
preb. eccl. s.Andree Colon. necnon
benef. ad coll. aep. etc. Colon. conc.
fuit: motu pr. conc. quod in assec.
dd. can. et preb. necnon benef. omnibus illa expectantibus personis etiam card. et pape fam. descriptis debeat anteferri, gratis 7. oct. 74 V 678
57^{vs}.

3983 **Hermannus Tulleman** [2. pars 3 partium]: supplic. Frederico duce Urbinaten. recept. in pape acol., gratis 13. oct. 74 V 656 142^v – qui vig. gr. expect. can. et preb. ac thesaur. eccl. s. Andree Colon. (10 m. arg.) vac. p. o. Nicolai Walsee <Pii II. fam.> acc.: de nova prov. de eisdem 22. decb. 74 S 712 239^{vs}, m. (ep. Urbinaten. et ep. Nucerin. et dec. eccl. Colon.), gratis 22. decb. 74 V 572 30^r-32^r – qui par. eccl. s. Michaelis in Haugis Patav. dioc., can. sive primiceriam in eccl. mon. <s. Saturnine> Herisien. o. s. Ben. Paderburn. dioc., perp. s. c. vicar. in colleg. eccl. ss. Petri et Andree Paderburn., vicar. b. Marie Magdalene in eccl. s. Patrocli Suzacien. Colon. dioc., vicar. ss. Petri et Pauli in eccl. s. Gertrudis e. m. op. Luneburgen. Verden. dioc., ius in can. et preb. colleg. eccl. s. Ursi Solodren. Lausan. dioc. et ius in can. et preb. s. Pharahildis in Ganden. Tornacen. dioc. in favorem nonnullorum d. card. fam. dim. paratus est: supplic. d. card. de can. et preb. ac thesaur. eccl. Traiect. (30 m. arg.) vac. p. resign. in manibus pape d. card. (qui eosdem vac. p. o. Walteri de Gouda abbrev. in commendam obtin.) 15. iun. 75 S 723 176^{vs}, (m. ep. Tirasonen. et ep. Nucerin. ac prep. eccl. s. Johannis Traiect.), gratis 22. iul. 75 V 570 149^r-152^r – rect. par. eccl. in Haag Patav. dioc.: de prom. ad omnes ord. extra temp., sola sign. 15. iun. 75 S 722 127^r – cler. rect. par. eccl. s. Michaelis in Haug (Haag) Patav. dioc. qui d. par. eccl. an. nondum elapso assec. fuit et qui Juliani card. ut supra cap. et fam.: de n. prom. ad diacon. et presbit. ord. ad 7 an., Conc. si infra an. sit subdiac. 7. aug. 75 S 724 271^v, gratis V 678 906^{rs} – pres. in cur.: oblig. (p. Everardum Zoudenbalch prep. eccl. s. Servatii Traiecten. [Leod. dioc.] et collect. p. civit. et dioc. Traiect. recepta) sup. annat. can. et preb. ac thesaur. eccl. Traiect. ut supra (dixit se solvisse in cam.) 18.

aug. 75 FC I 1232/181 12^v – de perp. s. c. vicar. ad alt. b. Marie virg. in eccl. Paderburn. (4 m. arg.) vac. p. o. Henrici Kannegeteris olim Jacobi [Amanati] tit. s. Chrysogoni presb. card. Papien. vulg. nunc. fam. 4. nov. 75 S 728 300^r – pal. ap. not.: oblig. sup. annat. can. et preb. ac thesaur. eccl. s. Andree Colon. (10 m. arg.) de quib. vac. p. o. Nicolai Walse s. d. 22. decb. 74 sibi ut supra prov. fuit 9. ian. 76 A 24 60^r – Juliani ut supra card. fam. ac imperiali auct. comes palatinus et nob.: motu pr. recept. in com. palatinum palatii Lateranen., gratis 18. ian. 76 V 656 216^{rss} – <motu pr.> de can. et preb. eccl. b. Marie Aquen. Leod. dioc. (8 <14> m. arg.) vac. p. o. in cur. Laurentii Goyswini (Goswini) 21. mai. 76 S 739 164^r, (m. ep. Tirasonen. et ep. Urbinaten. ac offic. Leod.), gratis V 583 49^{rss} – pape et [Juliani] card. ut supra fam.: oblig. sup. annat. can. et preb. eccl. b. Marie Aquen. Leod. dioc. (14 m. arg.) de quib. vac. p. o. in cur. Laurentii Goswini s. d. 21. mai. 76 sibi prov. fuit (in margine: s. d. 23. apr. 87 solv. 28^1/2 fl.) 30. mai. 76 A 24 159^v – pape fam. inter al. referens quod sibi de can. et preb. ac thesaur. eccl. Traiect. vac. p. cess. Juliani card. ut supra (qui illos tunc vac. p. o. Walteri de Gauda abbrev. qui illos obtin. in commendam acceptaverat possessione n. subsecuta) p. papam prov. fuit quodque autem Johannes Militis se in illos intrusit: motu pr. monitorium penale contra d. Johannem intrusum et contra d. Johanni auxilium prestantes ut d. Hermannum in dd. can. et preb. ac thesaur. possessionem inducant (exec. ep. Nucerin. et officiales Colon. ac Monast.) et m. quod pres. litt. valvis d. eccl. Traiect. seu eccl. s. Victoris Xancten. Colon. dioc. et eccl. s. Martini Enbricen. Traiect. dioc. affigantur, gratis 26. aug. 76 V 678 817^v-820^r.

3984 Hermannus Tulleman [3. pars 3 partium]: m. conventui mon. s. Huberti in Ardenna o. s. Ben. Leod. dioc. ut Hermannum Tuleman can. eccl. b. Marie Aquisgrani [Leod. dioc.] pape fam. et cap. ad pacificam possessionem archidiac. eccl. Leod. vac. p. o. Johannis de Cesarinis aud. admittant 21. febr. 77 Acquisti 27/1 41ᵛ – can. eccl. Traiect. acol. pape qui ad diversas partes mundi et presertim regnum Francie et ducatum Burgundie se conferre debet: litt. passus usque ad numerum 6 equorum ad 2 an., gratis 21. febr. 77 V 667 578ᵛ – lic. testandi, gratis 28. febr. 77 V 579 33ᵛˢ – et **Martinus Tuleman** presb. Paderburn. inter al. referentes quod d. Hermannus tunc rect. par. eccl. s. Johannis in Delbrugge Paderburn. dioc. pape acol. necnon Juliani card. ut supra fam. d. par. eccl. vig. specialis lic. p. d. card. et legatum tunc in regno Francie et universis Galliarum partibus ac in civit. Avinionen. pape et sedis ap. legatum de latere sibi desup. concesse resignavit in manibus Wilhelmi Westphael dec. eccl. Paderburn. qui quidem d. par. eccl. sic vac. d. Martino contulit et d. Hermanno pensionem ann. 24 fl. renen. sup. fruct. eiusdem eccl. quoad vixerit p. d. Martinum sup. fruct. d. par. eccl. persolv. assignavit: de nova prov. d. Martino de d. par. eccl. (72 fl. renen.) necnon de nova assign. d. Hermanno d. pens. 17. decb. 77 S 762 17ᵛˢˢ – solv. 45 fl. adc. pro annat. can. et preb. ac thesaurarie eccl. Traiect. exactos p. Stefanum et Nicolaum exactores 20. decb. 77 FC I 1133 118ʳ, IE 495 77ʳ, IE 496 81ʳ, IE 497 80ʳ – cui de can. et preb. eccl. s. Salvatoris Traiect. vac. p. o. in cur. Johannis Druesz prov. fuit: resign. in manibus pape par. eccl. s. Michaelis in Haag Patav. dioc. de qua Johanni Fabri cler. Nuemburg. dioc. s. d. 12. oct. 80 prov. fuit 20. oct. 80 OP 6 57ʳ – de perp. vicar. ad alt. ss. Petri apl. et Romani mart. in par. eccl.

s. Johannis in Delbrughe Paderburn. dioc. (4 m. arg.) vac. p. n. prom. Johannis de Galen can. eccl. Monast. et cant. ac can. eccl. Paderburn. ex utr. par. de nob. et mil. gen. qui in subdiacon. ord. constit. d. perp. vicar. ultra 6 an. detin. 2. decb. 80 S 798 114ʳ, m. (prep. eccl. s. Andree Colon. et dec. eccl. Paderburn. ac offic. Osnaburg.), gratis V 605 167ʳ-168ᵛ – cui de can. et preb. eccl. s. Salvatoris Traiect. vac. p. o. in cur. Johannis Druys s. d. 12. oct. 80 prov. fuit: resign. in manibus pape dd. can. et preb. de quib. Johanni Tuleman s. d. 23. nov. 80 prov. fuit 10. ian. 81 OP 6 68ʳ – m. (ep. Forolivien. et dec. eccl. s. Andree Colon. ac offic. Colon.) confer. perp. s. c. vicarias ad alt. s. Nicolai in eccl. ss. Appl. Colon. et ad alt. s. Nicolai in eccl. b. Marie ad Gradus Colon. ac in eccl. s. Cassii Bonnen. Colon. dioc. (insimul 4 m. arg. p.) vac. p. o. Arnoldi Stacke, gratis 24. apr. 81 V 611 246ʳ-247ᵛ – prov. de can. et preb. in colleg. eccl. s. Walburgis Arnhemen. Traiect. dioc. (4 m. arg. p.) vac. p. o. Hugonis de Bellomonte (exec. ep. Alerien. et dec. eccl. s. Petri Traiect. ac offic. Traiect.), gratis 25. iul. 81 V 616 253ʳ-254ᵛ – can. et thes. eccl. Traiect.: litt. sup. recept. in pape acol. 18. aug. 81 DC 40 171ᵛ – thes. eccl. Traiect.: de horis dicendis secundum morem R. E., sola sign. 25. oct. 81 S 805 266ᵛ – not. recip. pro bulla distributa 3 grossos et 2 grossos ian. 82 DB 1 114ʳ.

3985 Hermannus Ulrici cler. Magunt. dioc. Berardi [Eruli] tit. s. Sabine presb. card. fam.: supplic. d. card. de par. eccl. s. Bartholomei in Aldendorp Colon. dioc. (4 m. arg.) vacat. p. assec. par. eccl. s. Viti de Sancto Vito Leod. dioc. p. Johannem Leonis etiam d. card. fam. 14. febr. 74 S 702 257ᵛ – de par. eccl. in Gelenburen Trever. dioc. (24 fl. adc.) vac. p. o. in cur. Valerii Brel etiam card. ut supra fam. 22. mai. 76 S 741 114ᵛ.

3986 Hermannus Vachman de Wildungen laic. Magunt. dioc. referens quod contra abb. etc. mon. in Heyne o. Cist., Johannem Gompel presb. et quosdam cler. Magunt. dioc. sup. quibusdam ann. redditibus et rebus al. litig.: m. (prep. mon. in Wedinghusen Colon. dioc. et scolast. eccl. s. Stephani Magunt. ac offic. Colon.) commiss. in partibus 3. iun. 78 L 778 182^{rs}.

3987 Hermannus Wammate perp. vic. in eccl. s. Patrocli Susacien. Colon. dioc.: m. (dec. eccl. s. Cuniberti Colon.) confer. par. eccl. s. Victoris op. Swerten. Colon. dioc. (90 fl. auri renen.) vac. p. resign. in manibus pape Arnoldi de Heymerici de Clivis script. abbrev. Pii II. cubic. (resign. p. Theodericum Swinde presb. Colon. dioc. procur. fact.) 22. mart. 84 (exped. 3. apr. 84) L 834 306^r-307^v – oblig. p. Johannem Mileti procur. litt. ap. contradictarum sup. annat. par. eccl. s. Victoris ut supra (in margine: s. d. 5. apr. 84 solv. pro annat. d. par. eccl. 32 fl. p. manus mag. Cristoferi de Pergamo) 5. apr. 84 A 32 77^v – solv. 32 fl. adc. pro annat. par. eccl. s. Victoris ut supra p. manus mag. Christofori de Pergamo 7. apr. 84 IE 510 4^v, IE 510 119^v, Paris L 52 D 5 178^v.

3988 Hermannus Wecken (Werken) presb. Halberstad. dioc.: de can. et preb. eccl. s. Nicolai Novifori Magdeburg. (4 m. arg.) vac. p. o. Nicolai Sculteti Nicolai V. fam. 14. apr. 76 S 737 223^{rs}, m. (prep. eccl. ss. Petri et Pauli Bardewicen. Verden. dioc. et decanis eccl. s. Sebastiani et eccl. Nove Civitatis Magdeburg.) (exped. 30. apr. 76) L 765 192^{vss}.

3989 Hermannus Weidelia rect. par. eccl. in Brune Magunt. dioc. qui diu cur. secutus est: de disp. ut unac. d. par. eccl. aliud incompat. benef. recip. valeat etsi 2 par. eccl. 12. iun. 77 S 753 100^v.

3990 Hermannus Weydelins (Wadesind) presb. Magunt. dioc. cui de perp. benef. ad alt. ss. Trium regum, Iheronimi, Antonii et Katherine in eccl. s. Pusinne virg. op. Hervorden. Paderburn. dioc. vac. p. o. Hermanni Lyem p. Annam de Hummelsten abba. d. eccl. prov. fuit: de nova prov. de d. perp. benef. (3 m. arg.) 26. febr. 77 S 747 191^{vs} – cui de perp. benef. in colleg. eccl. s. Pusinne virg. op. Herforden. Paderburn. dioc. vac. p. o. Arnaldi Dichinan p. Annam abba. d. eccl. prov. fuit: de nova prov. de d. perp. benef. (12 m. arg.) 24. mart. 79 S 779 112^{rs}.

3991 Hermannus Werdelut cler. Magunt. dioc. qui litig. coram aud. sup. par. eccl. in Brune Magunt. dioc.: disp. ut unac. d. par. eccl. al. incompat. benef. retin. val. 12. iun. 77 PA 27 274^{vs}.

3992 Hermannus de Wessalia cler. Colon. reus et possessor litig. coram Petro de Ferrera aud. contra Fridericum Smeyd de Nussia ac Johannem Geisz cler. sup. can. et preb. eccl. s. Severini Colon. (4 m. arg.) vac. p. o. Danielis Jude: de surrog. ad ius d. Friderici qui al. can. et preb. in d. eccl. assec. est possessione subsecuta et de prov. si nulli 25. oct. 77 S 763 168^{vs}.

3993 Hermannus Wicker presb. Constant. dioc. cui de perp. capn. ad alt. b. Marie virg. in par. eccl. Wolfenwiler Constant. dioc. c. Bartholomeo Hertenbach presb. Constant. dioc. (qui perp. capn. ad alt. s. Nicolai in d. eccl. Wolfenwiler obtin.) ex causa perm. prov. fuit: de nova prov. de d. perp. capn. ad alt. s. Nicolai (5 m. arg.) et de n. resid. ad 5 an. 3. decb. 78 S 775 249^{rs}.

3994 Hermannus Wydin, Constant. [dioc.?]: disp. ad incompat. benef. 81/82 I 334 69^r.

3995 Hermannus Wyelm can. eccl. Spiren. rect. par. eccl. in Oberraitnauw Constant. dioc. in subdiacon. ord.

constit.: de n. prom. ad 7 an. 22. oct. 82 S 815 118ʳ.

3996 Hermannus (Harmannus) Wildeshusen (Waldeshusen) cler. Bremen. dioc.: de perp. s.c. benef. ad alt. s.Katherine in eccl. b. Marie virg. e. m. op. Staden. Bremen. dioc. (2 m. arg.) vac. p.o. Gerardi Spaden 16. oct. 80 S 797 85ʳ, m. (aep. Salernitan. et prep. eccl. s.Crucis Hildesem. ac offic. Bremen.) (exped. 4. nov. 80), gratis L 806 142ᵛˢ – de perp. s.c. vicar. in capel. s.Spiritus Hamburgen. Bremen. dioc. (4 m. arg.) vac. p.o. Nicolai Hutzing 14. mai. 81 S 802 48ᵛ.

3997 Hermannus (Ermannus) Wilhelmi (Guillelmi) de Hambrock (Hambraeck) can. mon. Bernen. o. Prem. Traiect. dioc.: de capel. de Honswick infra lim. par. eccl. in Rijsswick Traiect. dioc. p. can. d. mon. regi solite (10 m. arg.) vac. p. devol. 17. decb. 71 S 674 271ᵛˢ – de capel. in Honswick infra lim. paroch. par. eccl. in Risvick Traiect. dioc. p. can. mon. ut supra regi solite (3 m. arg.) vac. p. devol. 3. iun. 74 S 706 231ʳ – de capel. in Honsvigck sita infra paroch. par. eccl. in Ryswyck Traiect. dioc. (4 m. arg.) et de indulto ut d. capel. in al. loco d. parochie edificari val. 31. aug. 75 S 726 130ʳˢ – prov. de benef. Traiect. [dioc.?] vac. certo modo 75/76 I 333 322ʳ.

3998 Hermannus Guillelmi (Guillermi) de Priueyo cler. Meten. dioc. pape fam. rect. par. eccl. de s.Petro Villari Trever. dioc. qui vig. disp. Pauli II. sup. def. nat. (monach. o. s. Ben. et soluta) d. par. eccl. acc.: de disp. <ut unac. d. par. eccl. quodcumque aliud benef. recip. valeat> et de lic. tacendi 27. aug. 71 S 671 72ᵛˢˢ, gratis L 722 351ʳˢ – rect. par. eccl. in s.Petro Villari Trever. dioc.: de prom. ad omnes ord. extra temp., sola sign. 17. decb. 73 S 700 79ᵛˢ – rect. par. eccl. ut supra: litt. testim. sup. prom. ad acolit. et min. ord. s.d. 25. mart. 74 in domo habitationis Jacobi [de

Neapoli] ep. Sancti Angeli Lombardorum] in Urbe, (vig. supplic. s.d. 17. decb. 73) ad ord. subdiac. s.d. 26. mart. 74 in eccl. s.Francisci de Urbe, ad ord. diacon. s.d. 3. apr. 74 in eccl. hosp. s.Spiritus, ad ord. presbit. s.d. 4. apr. 74 in d. eccl. s.Francisci 11. apr. 74 F 6 182ʳ – c. quo sup. def. nat. ut supra et ad 2 incompat. benef. disp. fuit: de par. eccl. in Ugneyo Trever. dioc. vac. ex eo quod Vaulterus Henrici de Foy cler. Leod. dioc. tunc in minori et. constit. ad d. par. eccl. vac. p.o. Bartholdi Vrestin p. abb. mon. s.Humberti de Ardenna Leod. dioc. present. fuit 2. mai. 74 S 705 262ᵛˢ.

3999 Hermannus Winckell de Weclis cler. Colon. dioc. nullum benef. habens: motu pr. de gr. expect. de 2 can. et preb. necnon de benef. ad coll. quorumcumque et de prerog. ad instar pape fam. descript., Et s.d. 17. nov. 81 24. mai. 84 S 830 171ʳ.

4000 Hermannus Winterpel cler. Razeburg. cui gr. expect. de 2 benef. s.d. 9. ian. 78 conc. fuit: de decl. litt. desup. perinde valere acsi motu pr. fuissent 30. ian. 78 S 764 121ᵛˢ.

4001 Hermannus Wirken can. eccl. s.Nicolai Magdeburg.: de can. et preb. in eccl. b. Marie Nuemburg. (4 m. arg.) vac. p. resign. Andree Ergebiet 24. nov. 77 S 763 129ᵛ.

4002 Hermannus Wolgemut cler. Osnaburg. dioc. qui vig. gr. expect. s.c. vicar. ad alt. s.Marie Magdalene in eccl. s.Wilhadi Bremen. vac. p.o. Arnoldi Hineger in forma paup. acc.: de nova prov. de d. vicar. (3 m. arg.) 29. nov. 82 S 821 127ᵛ.

4003 Hermannus Worbisz (Werbisz) cler. Magunt. dioc. qui ad perp. vicar. ad alt. b. Marie in <par.> eccl. s.Egidii op. Heylgenstaden. Magunt. dioc. vac. p.o. Theoderici Bodenrod de iur. patron. laic. <p. Henricum de Ebra presb. Magunt. dioc. patron. Ottoni Stelleman dec. eccl. s.Martini d. op. et p. Hermannum Sancbregh

cler. publ. imper. auct. not. instit. fuit quia d. Otto d. instit. recusavit>
present. fuit: de nova prov. de d. vicar. (4 m. arg.) <6. mart. 74> 16.
mart. 74 S 703 299^{vs}, m. (prep. eccl.
Halberstad., cant. eccl. b. Marie Erfurden. Magunt. dioc. ac scolast.
eccl. b. Marie Gothen. Magunt. dioc.) (exped. 31. mart. 74) L 732
302^{r}-303^{v}.

4004 **Hermannus Wrede** ord. can. reg. o.
Prem. profes. rect. par. eccl. in Balve
Colon. dioc. qui ad d. par. eccl. vac.
p. resign. Bernardi de Foro p. patronos laic. present. fuit et qui possessor litig. desup. coram Jeronimo
de Porcariis aud. contra Thomam
Rothuse cler.: de prov. si neutri de d.
par. eccl. (6 m. arg.) et de disp. ut d.
par. eccl. ad vitam retin. val., n. o.
quod can. reg. o. Prem. profes. exist.
6. apr. 84 S 835 288^{r}.

4005 **Hermannus Vulpis al. Kalthonen**
cler. Bamberg. dioc.: de perp. vicar.
ad alt. b. Marie in Gotha (2 m. arg.)
vac. p. o. Johannis Francken necnon
can. et preb. in Fancoforte (2 m.
arg.) vac. p. o. Johannis Somende ac
par. eccl. in Bischoffkerken Magunt.
dioc. (4 m. arg.) vac. p. o. Bartholomei Gayntz 7. iul. 78 S 771 168^{vs}.

4006 **Hermannus Zecklein** cler. Herbip.
dioc. cui de capel. in castro Saleck
Herbip. dioc. vac. p. o. Johannis
Dornpusch prov. fuit: de nova prov.
de d. capel. (4 m. arg.), n. o. benef. d.
Hermanni (n. ultra 2 m. arg.) 29.
decb. 74 S 713 91^{v}.

4007 **Hermannus Zockle** cler. Herbip. dioc. cui de par. eccl. in Bulverchen
Herbip. dioc. vac. p. o. Henrici Apo-
tecarii prov. fuit: de nova prov. de
eadem (5 m. arg.) 13. febr. 81 S 802
98^{r}.

4008 **Hermannus Zwel** presb. August. dioc.: de par. eccl. ss. Andree et Margarete ville Landrinsdorff August.
dioc. (4 m. arg.) vac. p. devol. 27.
ian. 77 S 746 175^{vs}.

4009 **Herneus de Foresta** rect. par. eccl.
s. Mathei de Monte Felapo Trever.
dioc. de nob. gen.: de disp. ut unac.
d. par. eccl. (30 l. T. p.) quecumque
al. 2 incompat. benef. etsi o. Clun.
reg. etsi 2 par. eccl. ad vitam recip.
val. c. lic. perm. 24. nov. 81 S 805
15^{vs}.

4010 **Herneus Siene** cler. Colon. dioc. in
art. mag. c. quo sup. def. nat. (s. s.)
ut ad omnes ord. promoveri et benef.
recip. val. auct. ap. disp. fuit: de
disp. ad quodcumque compat. benef.
c. lic. perm. 10. ian. 81 S 806 94^{r}.

4011 **Hertnidus de Lapide (vom Stein)**
dec. eccl. Bamberg. leg. doct. ex utr.
par. de mil. gen. Alberti marchionis
Brandenburg. R. I. archicamerarii et
prinicipis electoris orator ad papam
destinatus: prov. de can. et preb.
eccl. Herbip. (10 m. arg.) vacat. p.
ingr. mon. s. Bonifatii Fulden. o. s.
Ben. Herbip. dioc. p. Johannem de
Henneberg (m. aep. Arelaten. et ep.
Eistet. ac prep. eccl. s. Gumperti
Onulspacen. Herbip. dioc.) 19. febr.
72 (exped. 5. mart. 72) L 713 166^{rss}
– et **Sifridus vom Stein** fr. germanus laic. Herbip. dioc.: alt. port. 3.
mart. 72 V 660 187^{rs} – oblig. sup.
annat. 6. mart. 72 A 21 102^{v} – solv.
23 fl. adc. pro compositione annat. 6.
mart. 72 FC I 1129 63^{r}, IE 487 51^{v} –
c. quo ad 3 incompat. benef. disp.
fuerat et qui deinde unac. d. decan.
c. suis annexis par. eccl. in Hoff
Bamberg. dioc. et cellerariam eccl.
Bamberg. obtin.: disp. ut unac. dd.
decan. et par. eccl. ac celleraria aliud
incompat. benef. etsi 2 par. eccl. ad
vitam retin. valeat 15. mart. 72 V
670 301^{rs} – cui de can. et preb. eccl.
Herbip. vacat. p. prom. Johannis de
Henneberg ad abb. mon. Fulden. o.
s. Ben. Herbip. dioc. prov. fuit et qui
litig. desup. coram Fantino de Valle
aud. contra Bartholomeum de Rere
cler. ex utr. par. de mil. gen. de eisdem p. papam prov. fuisse pretendentem: de committ. de novo d. aud.
1. iun. 73 S 691 223^{rs} – habuit mu-

tuo 78 duc. auri Ung. in auro quos solv. promisit Norimberge Ulrico Fugher infra 3 menses teste Andrea in der Clingen can. eccl. August. 13. mai. 76 FC I app. 21 86^v – recept. in sed. ap. not. 23. febr. 79 V 657 215^{vs} – sed. ap. not.: motu pr. de exempt. ab iurisd. ordin. ad vitam 23. febr. 79 S 778 211^{rss} – litt. sup. recept. in sed. ap. not. (et processus exempt.) 6. apr. 79 DC 39 265^v – solv. [in bullaria] pro processu 4 grossos apr. 79 T 13 136^v – de conserv. pro bonis et iur. d. decan. ad vitam 9. mai. 80 S 792 193^v – qui capel. ss. Johannis et Pauli in cur. sua canonicali Bamberg. dioc. [!] (32 fl. renen.) de novo edificari et dotari fecit: de reserv. iur. patron. pro se et seniori familie 9. mai. 80 S 792 193^v – cui reserv. iur. patron. etiam pro fr. germanis et heredibus et masculis ab eo descendentibus conc. fuit: de ref. 22. mai. 80 S 793 18^r – dec. eccl. Bamberg. et prothonot.: oblig. nomine suo et capit. eccl. Bamberg. pro indulto d. capit. s. d. 28. mai. 80 conc. quod in casu vacat. in quocumque mense aliquis in dec. d. eccl. elig. val. prout hactenus elegerunt n. o. reserv. ratione prothonot. 2. iun. 80 A 29 22^r – de primissaria in villa Nassaw Herbip. dioc. (3 m. arg.) vac. p. resign. in manibus pape Martini in der Clingen cler. Herbip. dioc. 4. iun. 80 S 793 294^r – dec. eccl. Bamberg. pape not. qui ratione decan. in d. eccl. quam obtin. et prepos. eccl. s. Jacobi e. m. d. op. d. decanatui unite iurisd. ordin. in civit. et dioc. habet: de conserv. 10. ian. 83 S 818 184^r.

4012 Hervestehude

Abba. et conv. mon. sanctimonialium Vallis virginum Hervestehuden. nunc. o. Cist. prope op. Hamburgen. Bremen. dioc. referentes quod d. mon. pacifice p. abba. gubernatum est et quod presb. sec. prep. nunc. negotia et causas d. mon. administrat et quod nunc presb. alterius dioc. d.

mon. ref. vult: de indulto quod d. mon. p. al. quam p. visitatorem d. ord. n. visit. debet 3. febr. 84 V 653 295^v-297^r, 23. mart. 84 S 833 233^{rs}, 6. apr. 84 S 834 239^{vs}.

4013 Hertzebrock (Hartzebroick, Hersebrock, Hatgebrothen.)

Abba. et conv. inclusarum mon. in Hertzebrock o. s. Ben. de observ. Osnaburg. dioc. referentes quod d. monasterio par. eccl. ac archidiac. in Hertzebrock Osnaburg. dioc. (4 m. arg.) vac. p. resign. Everhardi Muygen in manibus Conradi [de Diepholz] ep. Osnaburg. incorp. fuerunt: de conf. 20. decb. 77 S 762 72^{rs}, L 791 74^{vs} – quitt. quindenniorum sup. incorp. ut supra s. d. 30. decb. 77 Arm. XXXIII, 2 447^v – *abba. et conv. mon. monial. in Hertzebrock o. s. Ben. Osnaburg. dioc.* et **Everhardus Mugge** referentes quod d. monasterio par. eccl. b. Marie virg. et ss. Cristine et Petronelle in Harsebroeke Osnaburg. dioc. ad coll. abba. etc. d. mon. spectans (2 m. arg.) vac. p. resign. Everhardi Mugge p. ep. Osnaburg. annexa fuit: de committ. dec. eccl. s. Mauritii e. m. Monast. et conf. d. unionis c. reserv. d. Eberhardo pens. ann. sup. fruct. d. mon. 22. decb. 81 S 806 146^{rs} – restit. bulle sup. incorp. ut supra s. d. 30. decb. 77 fact. 22. iun. 82 Paris L 26 A 10 198^v – *abba. et moniales mon. in Herzebrock o. s. Ben. Osnaburg. dioc.* referentes quod nuper regularem observ. sub stricta clausura acceptarunt submittentes se capitulo annali d. mon. Bursfelden. quodque d. abb. mon. Bursfelden. presidens et patres unionis Bursfelden. in eorum capit. annali congregati admiserunt quod dd. abba. et moniales privilegiis d. monasterio Bursfelden. concessis uti possent: de conf. d. unionis et de supplementis, attento quod dd. moniales in loco paludoso constitute sunt 22. oct. 83 S 831 3^{rs} – *abba. et monial. mon. Hatgebrothen.*: conf. unionis d. monasterio par. eccl. Osnaburg. [dioc.?] c. ei annexo simplici benef. 82/83 I 335 128^r.

4014 Hertzeburg

Can. mon. in Hertzeburg o. s. Aug. Patav. dioc. inter al. referentes quod ipsi d. mon. contra exercitum in Bohemie et Ungarie regnis congregatum defenderunt et quod d. mon. post paucos dies expugnatum fuit: de disp. sup. irreg. 22. decb. 72 S 685 248^{vss}.

4015 Herczmannus (Hentzmannus) Schadequi (Zschadem) presb. Basil. dioc.: de can. et preb. colleg. eccl. s. Ursini [de Sancto Ursicino] Basil. dioc. (6 m. arg.) vac. p. o. Petri zem Lufft 2. mai. 75 S 719 179^v – can. prebend. eccl. s. Ursini in op. Sancti Ursini ut supra actor qui litig. desup. coram Petro de Ferrera aud. contra quond. Johannem Perret cler. intrusum reum: de surrog. ad ius d. Johannis in dd. can. et preb. (4 m. arg.) 11. oct. 75 S 728 215^{vs}.

4016 Hesso [de Tiersperg] abb. et conv. mon. Ethenemunster [= Ettenheimmünster] o. s. Ben. Argent. dioc.: indultum utendi mitra, baculo, anulo et al. insigniis pontific. 21. ian. 78 L 786 281^r.

4017 Heusden

Confraternitas b. Marie virg. op. Heusden in partibus Hollandie Traiect. dioc. referens quod olim Wilhelmus dux Bavarie et com. palatinus Reni ac Hannonie necnon Hollandie et Zelandie comes dominus Frisie patron. laic. ius presentandi ad alt. b. Marie et s. Katherine ac b. Nicolai ep. in colleg. (tunc par.) eccl. b. Katherine virg. d. op. d. confraternitati donavit et quod Fredericus [de Blankenheim] quond. ep. Traiect. d. donationem conf.: de conf. d. donationem et de indulg. 7 an. et de elig. confess. 26. oct. 75 S 739 137^{rs} – *prior et conv. mon. b. Marie virg. o. Cist. op. Huesden. Traiect. dioc.* inter al. referentes quod d. monasterio (25 m. arg.) par. eccl. s. Katherine

op. de Hoesden Traiect. dioc. (7 m. arg.) c. consensu quond. Alberti et Wilhelmi com. Hollandie incorp. fuit: de conf. 19. nov. 78 S 775 71^{vs} – *prior et conv. mon. ad coronam b. Marie virg. o. Cist. op. Huesden. Traiect. dioc.* referentes quod d. monasterio (25 m. arg.) par. eccl. s. Catherine d. op. de iur. patron. com. Hollandie (12 m. arg.) de consensu quond. Alberti et Wilhelmi com. Hollandie auct. ordin. incorp. fuit: de conf. 13. mart. 81 S 802 119^v, L 807 210^{vss}, quitt. quindenniorum Arm. XXXIII, 2 446^v – oblig. p. Theodoricum Huwaghen cler. Leod. dioc. causarum pal. ap. not. coram Guillermo de Pereriis sup. annat. par. eccl. s. Catherine in d. op. (12 m. arg.) ratione incorp. mense d. mon. s. d. 14. mart. 82 fact. et promiserunt solv. in cur. infra 6 menses a die qua d. unio sortietur effectum 5. oct. 82 Paris L 26 A 10 103^r – solv. 57 fl. adc. pro integra annat. par. eccl. s. Catherine d. op. et dioc. p. manus Arnoldi Scraper merc. 14. apr. 84 Paris L 52 D 5 181^r, IE 510 7^v, IE 510 122^v.

4018 Hilarius Mathie cler. Wladislav. dioc. <pape fam.>: motu pr. de can. et preb. eccl. b. Marie virg. Colbergen. Camin. dioc. (4 m. arg.) vac. p. o. in cur. Johannis Sleff 25. sept. 78 <9. oct. 88> S 774 8^r, (m. prep. eccl. Camin. et Tilemanno Brandes can. eccl. Hildesem. ac offic. Camin.) (exped. 24. iul. 82) L 797 297^{rss}.

4019 Hilburgis Norendin monial. mon. s. Egidii o. s. Ben. Monast. express. profes. ex utr. par. de nob. gen. referens quod moniales mon. sive abbat. b. Marie ad Transaquas o. s. Ben. Monast. ad abbat. d. mon. aliquam idoneam reg. express. profes. p. 3 menses post obitum abba. eligere n. curabant et quod deinde ep. Monast. iur. devol. d. Hilburgim in abbat. d. mon. confirmavit: de nova prov. de d. abbat. (40 m. arg.) vac. p. o. Ide de Houele 8. oct. 82 S 815

100^{rs} – monial. mon. s.Egidii o. s. Ben. Monast. referens quod Henricus [de Schwarzburg] ep. Monast. mon. b. Marie ad Transaquas ut supra vac. p.o. Ide de Houele visitavit et d. Hilburgim in abbat. d. mon. confirmavit desup. lite exist.: de ref. 3. nov. 82 S 820 235^v – monial. Monast.: m. sup. approbatione elect. mon. 81/82 I 334 157^r.

4020 **Hilkin de Wezelia** referens quod sup. certa supplic. breve et n. bulla exped. val.: de committ. Dietero Bosewort dec. certe eccl. s.Gumberti decr. doct. seu subdelegato, p. breve propter paupertatem 3. ian. 82 S 806 20^v.

4021 **Hilkma Schechters** rel. quond. Petri Schechters mil. Colon. dioc. que litig. contra Petrum Schechters laic. fratrem naturalem d. Petri mariti et Meltildim ux. sup. bonis in op. Aquisgrani Leod. dioc. ad d. rel. spectantibus que detin.: m. (prep. et dec. eccl. s.Cuniberti Colon. ac scolast. eccl. s.Gereonis Colon.) committ. in partibus 24. nov. 73 L 732 120^{vs}.

4022 **Hildebrandus** [cognomen deest]: solv. [in bullaria] pro iuram. 4 grossos mart. 79 T 13 132^r.

4023 **Hilbrandus Dorgelo** cler. Zwerin. dioc. in univ. op. Rostock Zwerin. dioc. in art. mag. prom. inter al. referens quod c. quadam vidua in d. op. matrim. contraxit maculam bigamie contrahendo ac propter suam inopiam uxorem et proles n. nutrire potest et sibi p. consules d. op. de regimine schole b. Marie virg. n. prov. fuit: de indulto ut d. scholam b. Marie in art. gubernare et serpellitium in choro deferre val. 10. oct. 80 S 797 66^r.

4024 **Hildebrandus de Eltze (Heltze)** iun. presb. Hildesem. dioc.: m. (prep. eccl. s.Ciriaci e.m. Brunswicen. Hildesem. dioc.) confer. par. eccl. loci de Winsenupderake (Winsenimpderake) Minden. dioc. (6 m.

arg.) vacat. p. resign. in manibus pape Hildebrandi de Eltze (Heltze) sen. c. reserv. pens. ann. 2 m. arg. 31. mart. 74 (exped. 28. mart. 74) L 732 13^{vss} – oblig. p. Theodericum de Lubich can. eccl. Lubic. sup. annat. 25. mai. 74 A 23 90^r – solv. 16 fl. pro compositione annat. p. manus Hildebrandi sen. ut supra 24. mai. 74 FC I 1129 251^v, IE 488 80^v, IE 489 80^v.

4025 **Hildebrandus (Hilprandus) Gunter (Guntheri)** can. eccl. Misnen. med. doct. qui p. 30 an. secundum art. med. infirmos visitavit et eis medelas et consilia adhibuit et qui timet quod plurimi ex infirmis mortui sunt: de disp. sup. irreg. et de prom. ad omnes ord., Fiat citra ministerium alt. 14. iun. 76 S 739 139^{vs}, 2. aug. 76 S 740 167^v – cler. Magunt. dioc. cui vig. indulti ap. de can. et preb. ac decan. eccl. b. Marie Erfforden. Magunt. dioc. vac. p.o. Guntheri de Bunaw pape fam. ac prothonot. p. scolast. d. eccl. prov. fuit: de nova prov. de eisdem (12 m. arg.) 1. mai. 81 S 801 15^{rs} – dec. eccl. b. Marie Erfforden. Magunt. dioc. in art. et med. doct.: de disp. ut unac. d. decan. 2 al. incompat. benef. recip. valeat etsi 2 par. eccl. ad vitam c. lic. perm. 5. mai. 81 S 801 15^r.

4026 **Hildebrandus Stonen (Stouen, Stove)** prep. eccl. Lubic. <pape fam. cui gr. expect. s.d. 1. ian. 72 de can. eccl. b. Marie Halberstad. et de can. et preb. et preb. eccl. s.Nicolai Novifori Magdeburg. conc. fuit>: de confic. litt. desup. c. express. ampliationis ad maiorem preb. dd. ecclesiarum 19. ian. 73 S 686 39^r, (exped. 16. febr. 73) L 725 140^{rss} – cler. Halberstad. dioc. pape ac Juliani [de Ruvere] tit. s.Petri ad vincula presb. card. fam. cui gr. expect. s.d. 1. ian. 72 de can. d. eccl. b. Marie Halberstad. et de can. eccl. s.Nicolai Novifori Magdeburg. (in quib. maiores et min. preb. exist.) conc. fuit quique can. et preb. eiusdem eccl.

s. Nicolai vac. p. o. Henrici Wulffengers (vig. gr. expect. p. Paulum II.
conc.) post d. dat. litt. pape assec.
fuit: de decl. dd. priores litt. perinde
val. acsi n. ad can. et preb. d. eccl.
s. Nicolai sed ad benef. ad coll. ep.
etc. Hildesem. conc. forent 7. ian.
75 S 713 190^{rs}, gratis V 678 279^v-
281^r – can. colleg. eccl. s. Nicolai
Novifori Magdeburg. et vic. colleg.
eccl. s. Pauli Halberstad. Juliani
card. ut supra fam.: de prom. ad omnes ord. extra temp., sola sign. 23.
apr. 75 S 718 221^v – facult. resign.
74/75 I 333 143^v – cui p. papam gr.
expect. conc. fuit: motu pr. de decl.
litt. desup. perinde val. acsi dd. litt.
motu pr. et c. prerog. ad instar fam.
pape descript. conc. fuissent 5. mart.
77 S 756 291^{rs}.

4027 **Hildebrandus de Zedwitz** cler.
Bamberg. ex utr. par. de mil. gen. in
18. sue et. an. constit.: disp. ad quodcumque benef. 10. mai. 76 V 667
76^{vs}.

4028 **Hildesemium**
Prep. et capit. eccl. Hildesem.: de
conserv. c. pot. citandi 12. nov. 78 S
774 245^v – *capit. eccl. Hildesem.*:
commissio 80/81 I 334 109^r.
*Prep. dec. capit. et singuli can. eccl.
s. Andree Hildesem. et perp. vicarii
et officiati in eadem et in s. Georgii
et s. Jacobi capellis d. eccl.*: de conserv. 22. apr. 78 S 768 256^r – *capit.
eccl. s. Andree Hildesem.*: commissio 80/81 I 334 109^r – pro copia
eccl. s. Andree Hildesem. not. recip.
pro bulla distributa 5 grossos et 2
grossos nov. 81 DB 1 107^v.
*Dec. et capit. eccl. s. Crucis Hilde-
sem.*: de conserv. 16. ian. 76 S 733
31^r – *prep. dec. capit. can. et benefic. in eccl. s. Crucis Hildesem.* referentes quod nonnulli contra tenorem litt. Benedicti XII. (s. d. 18.
decb. 1395) eisdem prep. etc. grava-
mina inferre n. formidant: m. (dec.
eccl. b. Marie Erfforden. Magunt.
dioc. et dec. eccl. b. Marie Hamburgen. Bremen. dioc. ac dec. eccl.

s. Nicolai Stendalen. Halberstad. dioc.) quatinus n. permittant eos p.
quoscumque contra tenorem dd. litt.
molestari 31. aug. 76 L 777 220^v-
224^r, de ref. S 742 103^r – *prep. dec.
scolast. thes. et capit. eccl. s. Crucis
Hildesem.*: de conserv. 26. nov. 77 S
761 33^{rs} – *prep. dec. scolast. thes.
capit. et singuli can. eccl. s. Crucis
Hildesem. et universi perp. vic. et
officiati in eadem*: de conserv. 22.
apr. 78 S 768 256^r – *prep. etc. eccl.
s. Crucis Hildesem.*: m. (dec. eccl.
Bremen., dec. eccl. b. Marie Erforden. ac dec. eccl. s. Alexandri Embecen. Magunt. dioc.) conc. conserv.
10. decb. 78 L 794 236^{rs} – *dec. etc.
eccl. s. Crucis Hildesem.* referentes
quod ipsi de dominio bonorum mobilium ac immobilium p. testes et
documenta iura sua tueri possunt
quodque tamen successu temporis
contingere potest quod testes pro-
venti morte n. haberent: de committ.
in partibus ut iusta possessio confir-
metur 20. apr. 82 S 809 186^r.
*Procur. et conv. Cellitatorum sub
reg. s. Aug. in civit. Hildesem.* qui
miserabilium et aliarum personarum
debilium curam gerunt ac decaden-
tium corpora etiam tempore pestilen-
tiali ad sepulturam eccles. deferunt:
de indulto ut temp. interd. missas celebrare, sacramenta recip. et corp.
eccles. sepulture tradi possint 5.
mart. 83 S 820 132^v.
*Prep. et capit. eccl. s. Mauricii et
prep. eccl. s. Johannis e. m. Hildesem.* quib. conserv. conc. fuit: m.
(dec. eccl. Bremen. et dec. eccl.
s. Crucis Hildesem. ac dec. eccl.
s. Blasii Brunswicken. Hildesem. dioc.) ut dd. prep. etc. assistant 13.
febr. 79 PA 27 607^r-609^v – de conserv. c. clausula citandi 13. febr. 79
S 782 90^r.
*Proconsules consules ac commun.
civ. Hildesem.* inter al. referentes
quod Bonifacius IX. et deinde Martinus V. statuerunt (supplic. ep. Hildesem. prep. et capit. d. eccl.) quod
nullus ad can. et preb. d. eccl. reci-

peretur nisi ex utr. par. de mil. gen. aut in aliqua licita facult. preterquam bac. graduatus foret: de decl. litt. desup. perinde val. ut eorum filii ad can. et preb. d. eccl. recipi possint acsi de mil. gen. seu alias qualificati forent 13. ian. 72 S 675 150ᵛˢˢ.

4029 Hinko de Swanberg nob. vir dom. in Swanberg et in Hayd Prag. dioc.: de alt. port. etiam ante diem 14. iun. 82 L 826 308ᵛ.

4030 Hirlacus Scailder perp. vic. alt. eccl. s. Catherine Suyen. Magunt. dioc.: prom. ad ord. subdiacon. in eccl. s. Bartholomei de Insula in Urbe 25. mart. 75 F 6 201ᵛˢ.

4031 Hirsaugia
Abb. et conv. mon. Hirsagien. o. s. Ben. Spiren. dioc. cui par. eccl. in Boblingen Constant. dioc. p. Hermannum [de Breitenlandenberg] ep. Constant. incorp. fuit c. derog. regule pape: de conf. 9. ian. 73 S 686 144ʳˢ – *mon.* (de Eberhardi com. in Wirtemberg interessis pendens) cui Mathildis archiducissa Austrie ius patron. par. eccl. in Beblingen Constant. dioc. contulit et cui Henricus [de Hoewen] ep. Constant. d. par. eccl. (160 fl. renen.) incorp.: de conf. 16. iul. 73 S 693 213ʳˢ – et **Burchardus Rottacker** can. d. mon. et **Petrus Scheller** tunc prep. eccl. in Rot (Rott) o. s. Ben. August. dioc. referentes quod abb. d. mon. (ad quod d. prepos. pertin.) d. Burchardum ad d. prepos. vac. p. resign. extra cur. d. Petri present. et quod ep. August. d. present. recusavit: de disp. sup. irreg. et de prov. d. Burchardo de d. prepos. (50 m. arg.) c. reserv. d. Petro pens. 40 fl. renen. 14. mai. 74 S 705 104ᵛˢ – *abb. de Hirsaugia*: narratio quod Albertus Misigner doct. filius quond. Elisabethe Reschin de Waldek dec. et capit. eccl. s. Spiritus op. Heidelbergen. Wormat. dioc. certa clenodia sub condicione legabat ut pro anima sua quedam anniversaria celebrarentur et quod dd. dec. etc. tamen piam

intentionem d. Elisabethe defraudantes dd. anniversaria facere neglegunt, hortatio ut dd. dec. etc. ad celebranda dd. anniversaria compellat 8. iun. 77 Acquisti 27/1 214ʳˢ – *abb. etc. mon. Hirsaugien. o. s. Ben. Spiren. dioc.* inter al. referentes quod Bonifatius VIII. par. eccl. in Bebenczele Spiren. dioc. (cuius ius patron. ad dd. abb. etc. pertin.) ipsis abb. etc. univit reservata ex fruct. d. eccl. congrua portione pro vic. in ea instituendo: de nova unione d. par. eccl. (14 m. arg.) c. d. monasterio 18. iun. 78 S 770 276ᵛ.

4032 Hokem
Sorores o. s. Aug. can. reg. dom. sive inclusorii in Hokem Colon. dioc. que ex elemosinis et laboribus propriis se questuant: de conc. quod omnibus privilegiis ceteris domibus eiusdem ord. concessis gaudere possint acsi dd. privil. d. domui concessa fuissent quodque dd. sororum commissarius val. alteri quem duxerit eligendum vices suas committere 30. nov. 77 S 761 68ʳˢ.

4033 Hoebach
Dec. et capit. eccl. s. Udalrici in Hoebach August. dioc. in qua preter illius pro temp. prep. dec. et 5 can. sunt: de incorp. mense capit. d. eccl. par. eccl. s. Stephani in Ruggsee (24 fl. renen. auri) et par. eccl. s. Georgii in Sindelstorf (10 fl. renen. auri) et par. eccl. ss. Jacobi et Martini in Durenhausen (8 fl. renen. auri) ac par. eccl. s. Johannis Bapt. in Hofhaim (8 fl. renen. auri) necnon par. eccl. b. Marie virg. in Hochendorf (7 fl. renen. auri) August. dioc. 11. febr. 79 S 778 103ʳˢ.

4034 Hohenwart
Magistricivium et consules ac univ. op. Hohenwarten. August. dioc. referentes quod eorum par. eccl. extra d. op. remota est: lic. erig. fontem baptismalem in capel. a dd. magistriscivium et consulibus fundata et prope illam cimit. et lic. ut in d. capel. eucharistie sacramentum et oleum

sanctum conservare possint 14. mai. 82 S 811 24ᵛ, V 674 194ᵛ-196ʳ.

4035 Hohumaren

Priorissa et conv. mon. s. Marie in Hohumaren e. m. op. Rotwill o. s. Aug. Constant. dioc.: statutum et decretum vivendi c. reg. o. pred. 72/73 I 332 61ʳ.

4036 Hoyer ex com. de Mulingen al. Barbi (Brabey, Barcki) (dominus loci de Barbi) <cler. Magdeburg. dioc.> ex utr. par. de com. gen. pape cubic. et fam.: de disp. ut unac. thesaur. eccl. Magdeburg. sup. qua litig. in cur. al. 2 incompat. benef. etsi 2 par. eccl. ad vitam recip. val. c. lic. perm. 19. mart. 82 S 808 171ʳ, de ref. c. express. val. fruct. d. thesaur. 12 m. arg. 11. apr. 82 S 809 120ʳ, gratis L 811 79ᵛˢ – qui vig. gr. expect. can. et maiorem preb. ac thesaur. eccl. Magdeburg. acc. et litig. desup. coram Paulo de Tuscanella aud. contra Wichpertum Barbei et Mauritium Sanctonello (Stonello) intrusum: de prov. si neutri de dd. can. et preb. (4) ac thesaur. (12 m. arg.) vac. p. o. Henrici ex com. de Swarczpurgk 26. oct. 82 S 815 215ʳ – qui vig. gr. expect. can. et preb. eccl. Nuemburg. vac. p. o. Henrici Mellerstad auct. ap. acc.: de nova prov. de dd. can. et preb. (4 m. arg. p.) 11. mai. 83 S 823 283ʳˢ – referens quod lite coram ep. Glandaten. iudice et commissario ap. inter Gerhardum Oldevagen cler. et Engelhardum Durkop decr. doct. reum et possessorem sup. archidiac. in Borszem in eccl. Hildesem. (6 m. arg.) pendente idem Engelhardus prepos. eccl. s. Pauli Halberstad. assec. fuit: de surrog. ad ius d. Engelhardi 15. mart. 84 S 833 21ʳˢ.

4037 Holandia

Fr. reg. o. pred. in Holandia: de cass. cuiusdam supplic. quia vergit in scandalum d. relig. ac in preiudicium magistri gener. d. ord. [iul. 73] S 693 160ᵛ – *priores et fratres o. pred. de observ. congregationis Ho-landie* inter al. referentes quod sub regulari observ. iuxta consuetudinem fratrum pred. congregationis Lombardie et civit. pape Bononien. vitam ducere cupiunt: conc. quod omnibus privilegiis p. sedem ap. congregationi Lombardie concessis uti et vic. congregationis Holandie in vicariatus officio p. 3 an. preesse val. 16. iun. 78 V 669 58ᵛˢˢ.

4038 Holczkirchen (Holczhach)

Prep. et conv. mon. s. Sixti in Holczkirchen o. s. Ben. Herbip. dioc. incendio ad ruinam redacti et aquarum inundationibus n. resistentes: de incorp. d. monasterio (70 m. arg.) par. eccl. in Erlenbach (Erlembach) Herbip. dioc. (20 m. arg.) et par. eccl. in Helmstat (Helbenstat) Herbip. dioc. (7 m. arg.) 19. iun. 73 S 692 65ʳˢˢ, I 332 127ᵛ – quitt. quindenniorum sup. incorp. par. eccl. in Erlembach (20) et in Helmstat (10 m. arg.) ut supra s. d. 9. decb. 73 Arm. XXXIII, 2 383ʳ – oblig. p. Johannem Candelesz monach. d. mon. procur. (vig. instr. acti in d. mon. s. d. 2. sept. 73 p. Henricum Eyttheval cler. Magunt. imper. auct. not. subscripti) sup. incorp. s. d. 9. nov. 73 ut supra (in margine: s. d. 13. ian. 78 solv. 21 fl. pro compositione annat. dd. par. eccl. ut supra p. manus soc. de Spanochis) 23. decb. 73 A 22 202ʳ – *mon. in Holczkirchen o. s. Ben. Herbip. dioc.*: quitt. quindenniorum sup. incorp. par. eccl. in Erlenbach Herbip. dioc. (24 m. arg.) s. d. 7. mai. 77 Arm. XXXIII, 2 415ᵛ – de confic. litt. sup. incorp. ut supra c. express. ut d. par. eccl. p. presb. sec. vel fr. relig. regi facere possint 7. mai. 77 S 751 122ᵛ – solv. 21 fl. adc. pro annat. par. eccl. in Erlenbach et par. eccl. in Elmstat Herbip. dioc. ratione unionis p. manus soc. de Spanochis 12. ian. 78 FC I 1133 126ʳ, IE 495 93ʳ, IE 496 97ʳ, IE 497 96ʳ.

4039 Horw

Magistricivium et consules op. de Horw Constant. dioc. referentes quod ipsi unam partem et Fridericus de Entzberg et Johannes ac Ludovicus de Emershesen fr. <ac Johannes Ludovici> eorum patrinus necnon Hugo Saltzfass laic. Constant. dioc. alias partes decimarum in villa Volmeringen Constant. dioc. a tanto temp. percip. et ius present. personam idoneam ad par. eccl. d. ville habuerunt et quod ipsi d. ius ab eisdem pro hosp. d. op. emerunt et circa 20 an. possederunt: de conf. 14. decb. 80 S 798 136^r, V 605 125^{vs}.

4040 Host (Heest)
Incole et habitatores op. Hosten. Magunt. dioc.: m. (prep. eccl. b. Marie ad Gradus Magunt.) conf. certa ordinamenta de celebrando divina officia in par. eccl. s. Margarete d. op. 20. febr. 76 L 761 10^{vs} – qui in par. eccl. s. Margarete d. op. pro augmento divini cultus diversas missas celebrari faciunt: de conf. et de indulg. 7 an. 1. mart. 76 S 734 104^v.

4041 Hubertus (Hupertus) Campstaf (Compstaff, Cumstaff) presb. Leod. dioc., Johannes Greue de Kempis cler. Colon. dioc., Johannes Stryck de Xanctis cler. Colon. dioc., Gerardus de Arssen cler. Colon. dioc. inter 10 personas enumerati: de gr. expect. de 2 can. et preb. et de 2 benef. ad coll. quorumcumque, Et s. d. 1. ian. 72 S 670 189^v – rect. par. eccl. b. Marie in Gorssen Leod. dioc.: de n. resid. ad 7 an. 27. nov. 71 S 674 12^v – presb. Leod. dioc.: de can. et preb. eccl. b. Marie Aquen. Leod. dioc. (12 m. arg.) vacat. p. resign. in manibus pape Nicolai de Edam aud. cui de dd. can. et preb. tunc vac. p. o. Theoderici Snewynd quond. Dominici [de Capranica] tit. s. Crucis in Jerusalem presb. card. fam. prov. fuit litt. n. confectis 11. sept. 72 S 682 35^r – rect. par. eccl. b. Martini [!] in Gorsen Leod. dioc.: de disp. ut unac. d. par. eccl. aliud incompat. benef. recip. valeat 14. iul. 73 S 693 248^{vs}.

4042 Hubertus Dakol, Osnaburg. [dioc.?]: disp. sup. def. nat. 82/83 I 335 128^v.

4043 Hobertus Dylim: prov. de par. eccl. Minden. [dioc.?] vac. p. priv. 81/82 I 334 158^v.

4044 Humbertus de Geleria can. prebend. eccl. s. Petri Matisconen. o. s. Aug. referens quod ipse possessor litig. coram aud. contra quond. Guillemum Genodi rect. par. eccl. s. Petri de Cociasenene Lugdunen. dioc. pape fam. in cur. defunctum sup. d. par. eccl. ac quod Everardo Ponsardi cler. Trever. dioc. pape fam. de eadem prov. fuit: de d. par. eccl. (50 l. T. p.) vac. p. resign. in manibus pape d. Everardi 23. oct. 80 S 797 89^{vs}.

4045 Hupertus Grimaval: nova prov. de par. eccl. Trever. [dioc.?] 71/72 I 332 272^v.

4046 Hupertus de Heynsberg commendatarius et alii relig. dom. s. Johannis ord. s. Johannis Jerusalemitan. Colon. quib. [Johannes] Bapt. de Ursinis magnus magister Rodi d. ord. diversas conc. (in extenso relatas) fecit: de conf. 12. iul. 73 S 695 39^{vs}.

4047 Hubertus de Hemmel fr. o. s. Aug. Traiect. dioc. in diacon. ord. constit. pres. in cur. et resid.: de prom. ad ord. presbit. extra temp., sola sign. 15. iul. 84 S 838 133^{rs}.

4048 Hubertus Johannis rect. par. eccl. de Heesel Traiect. dioc.: de prom. ad omnes ord. extra temp., sola sign. 17. oct. 80 S 797 102^v.

4049 Hubertus (Hupertus, Humbertus) Leonardi el. Darien. in partibus infidelium: motu pr. assign. pens. 200 fl. adc. sup. fruct. mense episc. Leod. p. Ludovicum [de Burbonio] ep. Leod. persolv. 16. nov. 74 (m. prep. eccl. s. Andree Colon. et dec. eccl. s. Johannis Leod. ac offic. Leod.) L 749 160^{rs} – profes. o. Carm.: notitia sup. prov. de eccl. Darien. tit. vac. p. o. ad relationem [Philiberti Hugo-

net tit. s. Lucie in Silice diac. card.]
domini Matisconen. et sup. constit.
in suffraganeum eccl. Leod. c. reserv. pens. 300 fl. renen. sup. fruct.
eccl. Leod. 17. nov. 74 OS 82 86^v,
OS 83 61^v – el. Darien.: oblig. p.
Johannem Cristiani can. eccl. Leod.
in cur. procur. sup. annat. pens. ann.
200 fl. adc. sup. fruct. mense episc.
Leod. s. d. 16. nov. 74 (in margine:
d. die solv. pro compositione annat.
90 fl. p. manus d. Cristiani) 22. nov.
74 A 23 187^v – <el. Darien.>: obtulit cam. ap. et collegio card. 10 fl.
adc. p. Johannem Christiani can.
eccl. Leod. pro val. balliste <pro
serv. commun.> ratione prov. s. d.
16. nov. 74 22. nov. 74 OS 84 235^v,
Paris L 25 A 8 167^v – solv. 90 fl.
pro compositione annat. pens. 200
duc. sup. fruct. mense episc. Leod. p.
manus Tadei de Gadis <Johannis
Christiani> 22. nov. 74 FC I 1132
26^r, IE 490 28^v, IE 491 15^v – ep.
Darien.: facult. exercendi pontificalia in civit. et dioc. Leod. 75/76 I
333 172^v.

4050 **Hubertus [de Montherme]** abb.
mon. Premonstraten. o. Prem. Laudunen. dioc. referens quod ipse Johannem Wssenkerke tunc prep. mon.
monial. Dulcisvallis in Wakaria [=
Walacria?] in partibus Zeelandie o.
Prem. Traiect. dioc. (p. abb. d. mon.
in Laudunen. dioc. visitari consueti)
propter nonnullos excessus de d.
prepos. privavit et deinde litig. contra eum apud sed. ap.: de committ. in
partibus 24. mart. 77 S 749 106^v, m.
(dec. eccl. b. Marie Traiect. et eccl.
Middelburgen. ac eccl. de Veris Traiect. dioc.) L 773 216^{vs}.

4051 **Humbertus de Villa** cler. Viennen.:
motu pr. de can. et preb. eccl. b.
Marie Antwerpien. Cameracen. dioc.
(50 l. T. p.), de person. de Schelle-
beke Cameracen. dioc. (15 l. T. p.) et
de par. eccl. s. Adriani in Westkerke
Traiect. dioc. (50 l. T. p.) vac. p. o.
Johannis Pyuloys quond. Nicolai V.
et Calixti III. cantorcapellani 17.
sept. 78 S 773 144^{rs}.

4052 **Hugewolt Sleynitz** scol. Misnen. dioc. de mil. gen. ac Alberti ducis Saxonie dilectus: motu pr. gr. expect.
s. d. 1. ian. 72 de 2 can. et preb. eccl.
Misnen. et eccl. Bamberg. et prerog.
ad instar pape fam. descript.
[4. mai.]76 (exec. Melchior de Mecchaw can. eccl. Misnen. et officiales
Misnen. ac Bamberg.), gratis V 666
49^r-51^v.

4053 **Hugo Baldewini Clare** fil. cler. Traiect. dioc. in art. mag. [Gabrielis
Rangone] card. Agrien. fam.: de
perp. s. c. simplici benef. in par. eccl.
s. Pancratii de Poortfliet Traiect. dioc. (3) de iur. patron. laic. et de al.
simplici s. c. benef. in par. eccl. b.
Marie de Reymerswael Traiect. dioc.
(3 m. arg.) de iur. patron. laic. vac.
p. o. in cur. Cornelii Martini (/.)
Swannenburch cler. Traiect. dioc.,
Conc. motu pr. de benef. in par. eccl.
s. Pancratii pro Johanne Butendiik
pape fam. et de benef. in par. eccl.
s. Marie pro Petro Hilpet cler. Colon.
dioc. pape fam. 12. iul. 84 S 839
88^v.

4054 **Hugo de Bavaria** can. eccl. Argent.
Friderici ducis Bavarie com. palatini
Reni et in Sparenhem natus in 14.
sue et. an. constit. in univ. Parisien.
studens: supplic. d. duce de disp. ad
quodcumque benef., Fiat in 18. an.
12. iul. 75 S 723 251^v.

4055 **Hugo Bongart** presb. Basil. dioc.:
de disp. ad 2 incompat. benef. 10.
nov. 81 S 805 43^r.

4056 **Hugo Bremer** presb. Osnaburg. dioc. de par. eccl. s. Nicolai in Hen-
gerve Osnaburg. dioc. (4 m. arg.)
vac. p. o. cuiusdam Nicolai 25. febr.
78 S 768 226^v.

4057 **Hugo (Ugo) Cadi** rect. par. eccl.
s. Petri de Balono al. de Septennaco
Trever. dioc.: litt. testim. sup. prom.
ad 4 min. ord. et acolit. ord. s. d. 7.
apr. 70, ad subdiacon. ord. s. d. 22.
apr. 70 in sacristia basilice Principis
appl. in Urbe, ad diacon. ord. s. d.
13. apr. 71 in altari maiori b. Marie

virg. in d. basilica, ad presbit. ord.
s. d. 20. apr. 71 in eccl. s. Bartholomei de Insula in Urbe (vig. conc.
s. d. 17. apr. 71) 1. febr. 72 F 6 19^r –
rect. par. eccl. ut supra in utr. iur.
bac. c. quo p. Paulum II. disp. fuit ut
unac. d. par. eccl. s. Petri par. eccl. in
Sampigneyo (Sampigneio) Virdunen.
dioc. (de qua ipsi auct. ap. prov. fuit
possessione n. subsecuta et sup. qua
litig. in cur. et quam resign. in manibus pape) p. 5 an. recip. valeret: de
disp. ut unac. d. par. eccl. s. Petri (24
l. T. p.) aliud incompat. benef. recip.
valeat 9. febr. 72 S 676 122^v, L 770
116^r-117^v – primo Pauli II. fam. et
deinde Marci [Barbus] tit. [s. Marci]
presb. card. fam.: de lic. perm. par.
eccl. ut supra necnon perp. s. c. capn.
ad alt. s. Mauri in eccl. s. Petri Veteris Remen. p. 2 cap. teneri solitam et
s. c. capel. s. Margarete de Mont-
badel prope Sopiam Remen. dioc. de
qua eidem p. Paulum II. prov. fuerat
n. o. familiaritate 9. febr. 72 S 678
305^v, L 770 117^{vs} – oblig. sup. facult. resign. (ex causa perm.) eccl.
s. Petri de Balono et capn. ad alt.
s. Mauri in par. eccl. s. Petri Veteris
Remen. ratione bulle ut supra 20.
sept. 74 A 23 158^r – rect. par. eccl.
s. Michaelis in eccl. Remen.: oblig.
nomine regis Francie et perp. cap.
capn. ad alt. Annuntiationis et Visitationis virg. Marie apud portale
eccl. Noviomen. sup. annat. d. capn.
13. oct. 74 A 23 169^v – rect. par.
eccl. s. Petri ut supra in extenso referens quod prior prioratus o. s. Ben.
eccl. s. Dagoberti in loco Castro
nunc. (prope op. Sathennaco) p. 40
an. et ultra omnes decimas et primi-
tias grossas et oblationes in Sathennaco et 3 partes decime de Balono
cepit sed nullum servitium in eisdem
par. eccl. fecit nec sacramenta ministravit et quod ipse nihil de sua quarta
parte decime capere val.: de committ. in partibus 21. nov. 74 S 711
228^r-229^v – <presb. Virdunen. dioc.> rect. par. eccl. de Balonno ut
supra et **Franciscus Venatoris**

presb. Trever. dioc.: de adm. resign.
d. Hugonis et de prov. d. Francisco
de d. par. eccl. (24 l. T. p.) c. reserv.
pens. ann. 8 l. T. p. 26. oct. 76 S 743
58^r, quoad assign. pens. (m. dec.
eccl. s. Petri de Maceriis Remen. dioc. et prep. eccl. b. Marie Magdalene
Virdunen. ac offic. Virdunen.) L 773
267^{rss}.

4058 **Hugo Constantini** presb. Aeduen.
dioc. pape fam. Maximiliani Austrie
ducis fam. et cap. domesticus qui litig. in cur. contra quond. Johannem
Garderellis presb. sup. c. c. decan.
eccl. b. Marie de Yvodio Trever. dioc. c. annexis (10 m. arg.) de iur.
patron. d. ducis: de surrog. ad ius d.
Johannis 10. sept. 82 S 814 222^r.

4059 **Hugo Cornelii** cler. Trever. dioc.
decr. doct. pape fam.: de prepos.
eccl. s. Petri e. m. Goslarien. Hildesem. dioc. (24 fl. auri) vac. p. o. Justacii de Stocken 4. apr. 72 S 678
25^v – decr. doct. pape fam.: de can.
et preb. eccl. Aquen. Leod. dioc. (10
m. arg.) necnon de vicariis sive
<perp.> s. c. benef. una ad alt.
ss. Agnetis et Quirini in eccl. Colon.
(3 m. arg.) ac al. ad alt. s. Tiborcii
(Tibari) in eccl. b. Marie ad Gradus
Colon. (2 m. arg.) ac al. ad alt. s. Johannis in eccl. 11.000 Virg. Colon.
(2 m. arg.) vac. p. o. Johannis de
Aquis (Aquisgrano) Eugenii IV.
fam. 15. apr. 72 S 678 27^{vs}, V 553
255^r-256^v – rect. par. eccl. s. Catherine in Borsalia Traiect. dioc.: disp.
ut unac. d. par. eccl. aliud incompat.
benef. recip. valeat, gratis 5. iun. 72
V 660 110^{vs} – percip. fruct. in Leod.
[dioc.?] in absentia 71/72 I 332
147^v – cubic.: de prioratu s. Petri ad
Arenas o. s. Ben. a eccl. s. Clementis
e. m. Meten. d. ord. dependente (24
l. T. p.) vac. p. o. Petri Nicolai 3.
febr. 73 S 687 163^{vs} – qui ad perp.
s. c. capn. ad alt. b. Marie virg. in
par. eccl. in Poertwiet Traiect. dioc.
vac. p. o. Wilhelmi Danchardi p. medietatem patron. laic. present. fuit et
qui de una linea fund. descendit: de

nova prov. de d. capn. (4 m. arg.) [mart. 74] S 703 142^{rs} – can. eccl. Traiect. cui gr. expect. s. d. 1. ian. 72 de can. et preb. eccl. Traiect. et eccl. s. Salvatoris Traiect. conc. fuit: motu pr. de prerog. ad instar pape fam. descript. quoad secundas gr. 18. mai. 80 S 793 141^r.

4060 Hugo Egidii presb. Traiect. dioc.: oblig. p. Petrum de May can. eccl. Tornacen. sup. annat. alterius prime nunc. portionis par. et colleg. eccl. b. Marie Brugen. Tornacen. dioc. (p. 3 rect. regi solite) cui can. et preb. d. eccl. sunt annexi (insimul 147 libr. grossorum monete Flandrie) de qua vac. p. resign. in cur. Guillermi van der Meersch sibi s. d. 5. oct. 71 prov. fuit (in margine: solv. fl. 224 s. d. 16. oct. 71) 16. oct. 71 A 21 27^v – rect. alterius portionis par. eccl. b. Marie Burgen. Tornacen. dioc.: de par. eccl. s. Nicolai in Krommenhuke Traiect. dioc. (24 fl. adc.) vac. p. o. Cornelii de Wallarna c. disp. ad 2 al. incompat. benef. 5. mart. 73 S 689 7^{rs}, I 332 279^v – litig. coram Johanne Prioris et Nicolao de Edam contra Johannem filium Henrici et Walterum filium Petri Sibe sup. can. et preb. eccl. s. Livini op. Zierexe Traiect. dioc.: de prov. si neutri de dd. can. et preb. (4 m. arg.) vac. p. o. Johannis filii Hugonis Lutken 5. mart. 77 S 748 65^{vs}.

4061 Hugo Vornay presb. Basil. dioc. fr. o. pred. profes. a 25 an. elapsis et nunc senilitate [confractus]: de disp. ad benef. curatum 15. iun. 74 S 706 275^v.

4062 Hugo Frederici (de Alamania) scol. Osnaburg.: recip. primam tonsuram in sacristia basilice Principis appl. in Urbe 19. decb. 72 F 6 87^{rs} – cler. Osnaburg. dioc.: prom. ad acolit. et al. min. ord. in sacristia basilice ut supra 19. decb. 72 F 6 87^{rs}.

4063 Hugo Furster (Fferster) can. et prep. eccl. Nuemburg. utr. iur. licent. Pauli II. sedisque ap. acol.: de n. re-

sid. 26. mai. 72 S 680 169^{rs} – utr. iur. licent. sed. ap. acol. qui prepos. eccl. Nuemburg. vac. p. resign. (in manibus abb. mon. s. Egidii Nurenburgen. Bamberg. dioc. fact.) Henrici Lobinck sed. ap. prothonot. assec. est et qui litig. desup. in cur. contra Henricum Reusser: de prov. si neutri de d. prepos. (20 m. arg.) 7. decb. 75 S 731 50^{vs}.

4064 Hugo Harnstede presb. Traiect. dioc.: de par. eccl. in Oudekerke Traiect. dioc. (50 fl. adc.) vac. p. resign. in manibus pape Johannis Roberti cler. Traiect. dioc. c. reserv. pens. ann. 17 fl. adc. 25. nov. 78 S 776 74^{vs}.

4065 Hugo de Houe (Hone) cler. Traiect. nullum benef. obtin. stud. in univ. Lovanien.: de can. et preb. maioris eccl. s. Martini Traiect. (18 m. arg.) vac. p. o. Egidii de Corssellis (Corsellis) quond. Johannis [Juvenis] tit. s. Laurentii in Lucina presb. card. Morinen. [nunc.] fam. 20. sept. 72 S 682 186^v, m. (prep. eccl. s. Johannis Traiect.) (exped. 23. sept. 72) L 727 26^{rs} – solv. 40 fl. adc. pro compositione annat. p. manus Miliaducis Cicala (Cigala) merc. Januen. 23. sept. 72 FC I 1129 109^v, FC I 1767 14^r, FC I 1768 6^r – can. eccl. Traiect. utr. iur. doct. subdiac.: de prom. ad omnes ord. extra temp., sola sign. 20. apr. 82 S 809 221^v.

4066 Hugo (Ugo) de Landenberg (Lendeberg, Lamberg) (de Hohen Landenberg, de Alto Landenberg, de Grandeberg) [1. pars 2 partium] cler. Constant. dioc.: m. (prep. eccl. Basil.) prov. can. et preb. eccl. b. Marie in Tunges Leod. dioc. (24 l. T. p.) vac. p. resign. (in manibus Marci [Barbus] tit. s. Marci presb. card. et ap. sed. legati) Henrici de Randeck 2. aug. 77 (exped. 5. nov. 77) L 775 27^{rs} – ex utr. par. de nob. et mil. gen. pape fam. et parafrenarius in 20. sue et. an. constit.: motu pr. prov. de decan. eccl. s. Bartholomei in Frisaco Salzeburg. dioc. (10 m.

arg. p.) vac. p.o. in cur. Cristofori Lcheszler de Peszdroff cler. Patav. dioc. pape fam. cui de eodem vac. p.o. Gasparis Renssintzer s.d. 28. mart. 80 prov. fuerat litt. desup. n. confectis (exec. aep. Salernitan. et dec. eccl. Matisconen. ac offic. Constant.), gratis 28. iul. 80 V 605 171^{rss} – et **Georius de Castelmur** cler. Cur. dioc. etiam pape fam. et parafrenarius: de recip. eos in pape acol. 11. sept. 80 S 798 141^v – pape fam. et parafrenarius in 19. sue et. an. constit.: motu pr. de par. eccl. in Ehinghen (Ehime) Constant. dioc. de iur. patron. Sigismundi archiducis Austrie (18 <20> m. arg.) vac. <p. prom. vel> p.o. in cur. Ludovici de Friberg <el. Constant.> c. reserv. pens. ann. 5 fl. adc. pro Georgio de Castelmur cler. Cur. dioc. ex utr. par. de nob. gen. pape fam. et parafrenario p. d. Hugonem persolv., n.o. def. et. 4. nov. 80 S 797 176^r, m. (Johanni Caronelli et Ludovico Toureti canonicis eccl. Morinen. ac offic. Constant.), gratis V 604 126^v-128^r – motu pr. gr. expect. s.d. 1. ian. 72 de can. et preb. eccl. Cur. et Herbip. necnon de benef. ad coll. aep. etc. Salzeburg. et prerog. ad instar pape fam. descript. (exec. dec. eccl. Matisconen. et dec. eccl. Herbip. ac offic. Salzeburg. necnon offic. Cur.), gratis 5. nov. 80 V 604 149^v-152^r – cui de par. eccl. in Ehingen Constant. dioc. vac. p.o. in cur. Ludovici de Fribergh qui se pro el. Constant. gerebat prov. fuit: consensit assign. pens. ann. 50 fl. adc. in auro sup. fruct. d. eccl. Georgio de Castellmur cler. Cur. pape fam. s.d. 4. nov. 80 conc. 6. nov. 80 OP 6 59^v – cui motu pr. de par. eccl. in Ehingen Constant. dioc. de iur. patron. archiducis Austrie vac. p.o. in cur. Ludovici de Freiberg ep. Constant. prov. fuit: hortatio (archiduci Austrie) ut consensum d. prov. prestet et favores d. Hugoni vel eius procur. impendat ad liberam et pacificam possessionem d. par. eccl. 7.

nov. 80 Arm. XXXIX, 13 168^{vs} – oblig. sup. annat. par. eccl. in Eheingen Constant. dioc. (20 m. arg.) de qua ut supra sibi prov. fuit 7. nov. 80 A 29 102^r – recip. not. pro bulla distributa 4 grossos nov. 80 DB 1 53^r – cler. Constant. dioc.: motu pr. de can. et preb. eccl. mon. s. Otilie in Hohemburgk Argent. dioc. (4 m. arg.) vac. p.o. in cur. Henrici Fronmiller, Fiat motu pr. 4. decb. 80 S 798 78^v – motu pr. de can. et preb. ac decan. eccl. s. Severi Erforden. Magunt. dioc. (12 <8> m. arg.) vac. p.o. in cur. Hermani Steinberger vel de surrog. ad ius d. Hermani et si d. Hermannus litig. desup. contra certos adversarios 20. mai. 81 S 801 157^{vs}, (exec. ep. Hortan. et Johannes Bapt. de Ferrariis can. eccl. Mutinen. ac offic. Magunt.), gratis V 646 141^r-143^r – prov. de can. et preb. eccl. Cur. (7 m. arg.) vac. p.o. Leonardi Stifer [recte: Tifer] in civit. et dioc. Constant. ac Cur. collect. aut unici subcollect. (exec. dec. eccl. Matisconen. et Johannes Sauvageti can. eccl. Constant. ac offic. Cur.), gratis 9. iul. 81 V 612 10^r-12^r – can. eccl. Cur.: oblig. sup. annat. dd. can. et preb. de quib. ut supra sibi prov. fuit 17. iul. 81 A 30 45^v – not. recip. pro bulla distributa 3 grossos et 2 grossos iul. 81 DB 1 94^r.

4067 Hugo de Landenberg [2. pars 2 partium] in 21. sue et. an. constit. et **Hartmannus de Halwil (Haltwil)** cler. Basil. dioc. ex utr. par. de nob. et mil. gen.: motu pr. de can. et preb. eccl. Basil. (8 m. arg.) et de prepos. eccl. b. Marie Erforden. Magunt. dioc. (46 m. arg.) pro d. Hugone (Ugone) et de prepos. eccl. Basil. (40 m. arg. p.) vac. p.o. Johannis Wernheri (de) Flaslandt Pii II. cubic. prep. d. eccl. b. Marie Erforden. pro d. Hartmanno et de disp. ad incompat. benef. pro d. Hugone, n.o. decan. eccl. s. Bartholomei in Frisaco [Salzeburg. dioc.] (6 m. arg. p.) et decan. eccl. s. Severi Erforden. (5 m. arg. p.) ac

can. et preb. eccl. Cur. (6 m. arg. p.)
quos d. Hugo n. obtin. et prepos.
eccl. s. Ursicini [de Sancto Ursicino]
Basil. dioc. (10 m. arg.) ac par. eccl.
in Ihingen [recte: Ehingen] Constant.
dioc. (8 m. arg. p.) quas d. Hartmun-
nus ex disp. ap. obtin. et de disp.
sup. def. et. et de disp. ad 3 incompat. benef. pro dd. Ugone et Hartmanno c. reserv. pens. 13 m. sup.
fruct. prepos. eccl. Basil. pro Johanne Chrijs cler. Leod. dioc. 19. sept.
81 S 804 153^{vs}, 11. oct. 81 S 804
45^{rs} – in 21. sue et. an. constit.:
motu pr. prov. de prepos. eccl. b.
Marie virg. Erforden. Magunt. dioc.
(36 m. arg. p.) et de can. et preb.
eccl. Basil. (8 m. arg. p.) vac. p. o.
Johannis Werncheri de Flaslandt Pii
II. cubic., n. o. decan. eccl. s. Bartholomei in Frisaco Salzeburg. dioc.
(6 m. arg. p.) et decan. eccl. s. Severi
Erforden. Magunt. dioc. (5 m. arg.
p.) ac can. et preb. eccl. Cur. (6 m.
arg. p.) certo modo vac. ac de disp.
ut unac. d. prepos. et dd. decan. 3 al.
incompat. benef. recip. valeat etsi 2
par. eccl. ad vitam c. lic. perm.
(exec. ep. Civitatis Castelli et prep.
eccl. s. Severi Erforden. Magunt. dioc. ac offic. Basil.), gratis 19. sept.
81 V 613 294^{r}-297^{r} – oblig. sup. annat. prepos. eccl. b. Marie virg. Erforden. Magunt. dioc. (46 m. arg. p.)
ac can. et preb. eccl. Basil. (8 m. arg.
p.) de quib. ut supra sibi prov. fuit
(in margine: s. d. 13. nov. 81 d.
Hugo solv. pro d. annat. 162 fl. p.
manus soc. de Gadiis) 13. nov. 81 A
30 87^{r} – solv. 172 fl. pro annat.
prepos. ac can. et prep. ut supra 13.
nov. 81 FC I 1134 161^{v}, IE 505 32^{v}
– recip. not. pro bulla distributa 3
grossos et 2 grossos nov. 81 DB 1
108^{r} – in 23. <22.> sue et. an. constit.: motu pr. de par. eccl. s. Petri in
Reichenburg Aquileg. dioc. (4 m.
arg.) vac. p. o. in cur. Simonis Jagerman <qui litig. sup. d. par. eccl. in
cur.> 3. iul. 82 S 812 138^{r}, (exec.
abb. mon. in Gitich o. Cist. Aquileg.
dioc. et dec. eccl. Laibac. ac offic.

Aquileg.), gratis V 621 129^{v}-131^{r} –
referens quod quidam Rubberchtus
par. eccl. in Hunwil Constant. dioc.
in favorem Johannis Ruschy resignavit et quod d. Johannes d. Rub-
berchto certam pec. summam tradidit: de d. par. eccl. (6 m. arg.) vacat.
p. priv. d. Johannis propter simoniam 8. aug. 82 S 813 280^{r} – pape parafrenarius cui dudum gr. expect. de
can. et preb. eccl. Magunt. et de benef. ad coll. abb. etc. mon. in Campidona August. dioc. conc. fuit:
motu pr. de mutatione d. gr. expect.
de dd. can. et preb. eccl. Magunt. in
can. et preb. eccl. Constant. et de indulto ut 3, 4 aut plures can. et preb.
in cathedr. vel metropolitanis eccl.
obtin. val. 31. aug. 82 S 814 67^{vs} –
prep. eccl. b. Marie Erforden. Magunt. dioc.: de n. prom. ad 7 an. et de
n. resid. et de recip. fruct. ad 3 <2>
an. 3. sept. 82 S 814 50^{vs}, gratis V
644 250^{r}-252^{v} – in 23. sue et. an.
constit.: motu pr. de prepos. eccl.
Trident. (35 m. arg. p.) vac. p. o.
Gasparis de Theramo aud. de iur. patron. Sigismundi archiducis Austrie
c. consensu d. ducis 6. oct. 82 S 814
296^{rs} – dec. eccl. s. Bartholomei in
Frisaco Salzeburg. dioc.: oblig. sup.
annat. decan. d. eccl. (10 m. arg. p.)
de qua vac. p. o. Gasparis Renssintzer s. d. 28. iul. 80 sibi prov. fuit 10.
apr. 83 A 31 51^{r} – pape parafrenarius et fam.: lic. resign. in partibus c.
disp. ad 2 incompat. benef. 28. mai.
84 V 647 7^{v}-9^{r} – alt. port. etiam in
locis interd., gratis 9. iun. 84 V 677
423^{rs} – recip. eum in ap. sed. not.,
gratis 17. iun. 84 V 659 178^{rs} – oblig. sup. facult. resign. vel perm. s. d.
9. iun. 84 sibi prov. fuit 20. iun. 84
A 32 135^{r} – oblig. sup. annat.
prepos. eccl. ss. Petri et Alexandri in
Aschoffenburg Magunt. dioc. (40 m.
arg. p.) de qua s. d. 17. iun. 84 sibi
prov. fuit 22. iun. 84 A 32 136^{v} –
dec. et can. eccl. s. Severi Erforden.
Magunt. dioc.: oblig. sup. annat. d.
decan. ac dd. can. et preb. (insimul 8
m. arg. p.) de quib. vac. p. o. Her-

manni Steymberg ut supra sibi prov. fuit 26. iun. 84 A 32 140^v.

4068 **Hugo de Mardis** cler. Tullen. dioc.: de can. et preb. eccl. s. Petri de Romaricomonte Tullen. dioc. (14 l. T. p.) vac. p. resign. Burchardi Stoar prep. eccl. s. Mauritii in Anseltingen Lausan. dioc. ap. sed. not. qui de illis vac. p. o. Nicolai de Brue vig. gr. expect. prov. fuit, n. o. perp. vicar. ad alt. s. Laurentii in eccl. Tullen. (12 l. T. p.) 2. mai. 82 S 809 240^r.

4069 **Ugo Mathie** iun. cler. Trever. dioc.: de nova prov. de can. et preb. eccl. Meten. (24 l. T. p.) vac. p. o. Johannis [Ernesti] Guillermi [de Stagno] tit. s. Sabine presb. card. fam. 21. decb. 79 S 788 97^r.

4070 **Hugo com. de Monfort** qui in castro suo Rottefels nunc. Constant. dioc. propter distantiam a par. eccl. unam capel. fundavit et dotavit: de lic. celebrandi eucharistie sacramentum c. oleo sancto pro Hugone et successoribus 15. iul. 79 S 784 222^v.

4071 **Hugo Oderne** perp. cap. ad alt. b. Marie in par. eccl. de Alsen Leod. dioc. referens quod Jaspar Kynscher can. eccl. s. Petri Lovanien. Leod. dioc. pens. ann. 40 fl. renen. (= 12 libr. grossorum monete Flandrie, 20 stuferi monete pro quolibet fl. computati) sup. fruct. portionum et mense capit. eccl. s. Martini Middelburgen. Traiect. dioc. (100 duc. adc.) p. dec. et capit. d. eccl. in civit. Lovanien. persolv. in manibus pape resignavit <p. Henricum de Honterle cler. Cameracen. dioc. procur. fact.>: de transl. d. pens. d. Hugoni de consensu d. dec. et capit. <p. Johannem Pistoris cler. Cameracen. dioc. procur. express.> 13. iun. 82 S 812 1^r, (exec. abb. mon. s. Gertrudis Lovanien. Leod. dioc. et archid. eccl. Burgen. Tornacen. dioc. ac prep. eccl. s. Pharaildis Ganden. Tornacen. dioc.) V 620 80^r-82^v – restit. bulle sup. pens. ann. 40 fl. renen. ut supra

(que transfertur de Gaspare Kynscher ad d. Hugonem) quia n. est fact. d. prov. 10. iul. 82 Paris L 26 A 10 201^r.

4072 **Hugo Parvi** cler. in decr. bac. qui vig. disp. <Pii II.> ad 2 incompat. benef. etsi 2 par. eccl. ad 5 an. par. eccl. in Rochesii (Richesie) Basil. dioc. et par. eccl. in Betencima (Bethencima) Bisuntin. dioc. obtin.: de prorog. de 2 par. eccl. ad vitam 5. mart. 73 S 688 22^r, L 724 125^{rs}.

4073 **Hugho Petri** can. reg. mon. o. s. Aug. s. Jeronimi e. m. op. Leyden. sub reg. capit. Windesemen. constit. Traiect. dioc. qui in 23. sue et. an. profes. emisit et qui propter graves infirmitates cerimoniis interesse n. val.: de lic. se transferendi ad al. mon. d. ord. 23. febr. 76 S 735 17^{rs}.

4074 **Hugo Rechtevoert** o. pred. profes. qui de consensu mag. gener. o. pred. in domibus parentum suorum sive in scolis extra loca d. ord. litt. studio insistendo exist. val. et **Mechtelda** rel. quond. **Simonis Rechtevoert** laic. vidua Traiect. dioc. genitrix sua referentes quod in villa Reynsburgh Traiect. dioc. hosp. pauperum n. exist.: lic. erigendi ex una domo ad d. viduam pertin. hosp. c. humili campana et alt. ac officinis necessariis c. reserv. iur. patron. pro heredibus d. vidue de sanguine propinquioribus 8. ian. 81 V 605 288^{rs}.

4075 **Hugo Sbrandi** presb. Traiect. dioc. inter al. referens quod ipse par. eccl. ss. Michaelis archangeli et Johannis Bapt. de Oudenhorrey Traiect. dioc. de iur. patron. laic. resign. et quod Job Thome presb. Traiect. dioc. ad d. par. eccl. present. et instit. fuit: assign. pens. ann. 6 libr. grossorum monete Flandrie (= 4 m. arg.) sup. fruct. d. par. eccl. (15 m. arg.) p. d. Job c. consensu suo (p. Nicolaum Petri Noenkyns cler. Traiect. procur. express.) persolv. (exec. prep. eccl. s. Andree Colon. et eccl. s. Johannis Traiect. ac dec. eccl. s. Catherine in

Brilis Traiect. dioc.) 2. decb. 79 V 598 283ʳ-284ᵛ.

4076 Hugo Spalinck camerarius et gubernarius, **Guillielmus** cap. confrater hosp. Anglicorum de Urbe referentes quod Johannes Hannen laic. Magunt. dioc. et Magdalena ux. eius qui quandam dom. ruinosam d. hosp. pro ann. pens. 9 duc. (ad rationem 10 carlenorum pro duc.) inhabitarunt et infra an. 125 fl. pro reparatione d. dom. et dimidium pens. dederunt: de conf. instr. publ. desup. fact. ad vitam dd. Johannis et Magdalene 23. sept. 77 S 758 107ʳˢ.

4077 Hugo com. de Wirtemberg: hortatio ut adhibeat fidem ad Johannem de Espach not. ap. qui ei nomine sed. ap. nonnulla referet 15. mart. 83 Arm. XXXIX, 15 212ʳˢ.

4078 Hugo de Wouteringhen presb. Leod. dioc. perp. cap. ad alt. s. Elisabeth in eccl. b. Marie Tongren. Leod. dioc.: resign. in manibus pape (p. Petrum Pasman cler. Colon. dioc. procur. fact. ut constat ex publ. instr. acto Rome s. d. 5. sept. 80 p. Johannem Hiddinck cler. Monast. dioc. publ. not.) d. capn. de qua Gisberto Andree presb. Leod. dioc. pape fam. s. d. 22. aug. 80 prov. fuit 21. nov. 80 OP 6 62ᵛ.

4079 Hugo de Wunnenberg can. et confrater mon. in Olenberg al. in Remingen o. s. Aug. can. reg. Basil. dioc. et adiutor prep. d. mon.: de prepos. d. mon. (22 m. arg.) vacat. p. resign. in manibus pape Henrici Zelemp in 70. sue et. an. constit. c. reserv. pens. ann. 50 fl. renen. 3. oct. 71 S 672 169ʳˢ – profes. mon. b. Marie in Olenberg o. s. Aug. can. reg. Basil. dioc.: de prepos. d. mon. (16 m. arg.) vacat. p. resign. in manibus pape Henrici Zielemp senio confracti et de reserv. d. Henrico pens. ann. 3. partis (= 5¹/₃ m. arg.) 18. mart. 76 S 736 18ᵛˢ.

4080 Hugoldus Schlunck marescalcus ducis Saxonie referens quod mona-

sterio prope op. Waltheyn o. fr. herem. s. Aug. Misnen. dioc. par. eccl. d. op. de iur. patron. d. Hugoldi incorp. fuit: de conf. d. incorp. et de incorp. d. monasterio etiam par. eccl. in Grunneborch [Misnen. dioc.] 12. apr. 77 S 756 234ᵛˢ.

4081 Hugolinus Folani (Foliani) prothonot. et script. qui vig. gr. expect. can. et preb. colleg. eccl. s. Ursicini de Sancto Ursicino Basil. dioc. vac. p. o. Johannis Monnern acc.; de nova prov. de eisdem (15 l. T. p.) 20. mai. 74 S 705 150ʳˢ – dec. eccl. Bisuntin. script. et pape fam. cui gr. expect. de can. et preb. eccl. s. Mauricii de Salinis Bisuntin. dioc. et de can. et preb. eccl. s. Ursicini de Sancto Ursissino (/.) Basil. dioc. conc. fuit: motu pr. de mutatione gr. expect. de can. d. eccl. s. Mauritii de iur. patron. ducum Burgundie in can. eccl. s. Anatolii in Salinis 27. mai. 74 S 705 300ʳˢ.

4082 Hugoninus Breveti cler. Tullen. dioc.: de can. et preb. seu portione canonicali eccl. s. Glodesindis Meten. (12 l. T. p.) vacat. p. resign. in manibus pape Pauli Laschel cler. Olomuc. dioc. 11. mai. 74 S 705 28ʳ – can. eccl. Meten. pape fam. et **Bertrandus Hermanni** presb. Trever. dioc. cur. sequentes: oblig. nomine Johannis Vssonis sup. annat. par. eccl. in Ressono Tullen. dioc. (70 l. T. p.) 30. sept. 74 A 23 161ᵛ.

4083 Hunerus de Plothe rect. par. eccl. b. Marie in Plothe Verden. dioc. que circa confinia Sclavonie consistit: de indulg. 7 an. 17. mai. 79 S 781 235ᵛˢ.

4084 Hunfeldt

Dec. et capit. colleg. eccl. s. Crucis in Hunfelt Herbip. dioc.: de incorp. d. colleg. ecclesie (30 m. arg.) par. eccl. s. Ursule in Ostheym prope Gottam Magunt. dioc. (24 fl. adc.) in qua p. ultra 100 an. cura quasi mortua est 1. mai. 77 S 751 185ᵛ – de incorp. d. colleg. ecclesie par. eccl.

s. Ursule in Oestheym prope Gotam Magunt. dioc. (23 fl. adc.) <quam dec. d. eccl. s. Crucis ultra 100 an. tenent> 20. mai. 77 S 751 255^{vs}, de ref. 7. iun. 77 S 752 210^v, L 774 268^{rss} – restit. bulle sup. conf. unionis par. eccl. s. Ursule ut supra absque oblig. (quia n. ascendit summam) 25. iun. 77 A 26 188^r – de incorp. fabrice d. eccl. (vix 2 m. arg.) custodiam d. eccl. (3 m. arg.) 12. ian. 78 S 763 125^{rs} – restit. bulle sup. incorp. cust. d. eccl. ut supra, absque oblig. 23. ian. 78 A 26 228^v.

4085 Jacoba de Nuwenar (Nuwennare, Nuenart, Nuivennair) can. sec. colleg. eccl. ss. 11.000 Virg. Colon.: motu pr. de nova prov. de abbat. sec. et colleg. eccl. b. Pusinne virg. Hervorden. Paderburn. dioc. (600 fl. renen.) R. E. immed. subiecte vac. p. o. Margerite de Gelichen abba. 12. sept. 76 S 742 145^{rs} – de nob. et com. gen. procreata (vidua et canonissa sec. eccl. ss. 11.000 Virg. Colon.) inter al. referens quod ipsa post obitum Margarite [de Gelychen] p. Ropertum [com. palatinum Reni] aep. Colon. tam abba. sec. et colleg. eccl. s. Pusinne Hervorden. Paderburn. dioc. (in qua canonisse regulares et canonici sec. hebdomadarii nunc. consistunt) prefecta fuit quodque Anna de Hundelsteyn canonissa et thes. d. eccl. p. Henricum Bekeman et Johannem Schollen hebdomadarios necnon canonissas electa fuit quodque litig. desup. coram ep. Paderburn. (p. Ropertum [com. palatinum Reni] aep. Colon. commisso) deinde coram Alexandro [Numai] ep. [Forolivien.] in partibus illis c. pot. legati de latere nuntio ap. contra d. Annam: de prov. si neutri 16. sept. 76 S 742 189^{rss} – vidua inter al. referens quod ipsa p. can. et canonissas d. eccl. post obitum Margarite [de Gelychen] in abba. sec. et colleg. eccl. s. Pusinne Hervorden. Paderburn. dioc. (R. E. immed. subiecte) electa et p. Ropertum [com. palati-

num Reni] aep. Colon. d. ecclesie prefecta fuit et quod litig. contra Annam de Hundelsteyn can. d. eccl. que (unac. Sophia can. d. eccl.) pretendit se in abba. d. eccl. electam fuisse et quod ep. Paderburn. elect. d. Anne invalidam decl.: monitorium penale 18. sept. 76 S 742 188^{rss}, m. (ep. Monast. et decanis eccl. Monast. ac eccl. Veteris Ecclesie s. Pauli Monast.) V 666 75^r-77^v – rel. com. de Redberch ex utr. par. de com. gen. procreata in abba. sec. eccl. s. Pusinne op. Hervorden. Paderburn. dioc. postulata et conf.: de alt. port. 2. iun. 78 S 768 18^r – rel. unius viri bigami de nob. comitum gen. inter al. referens quod post obitum Margarite de Glychen abba. sec. et colleg. eccl. s. Pusinne Hervorden. Paderburn. dioc. (R. E. immed. subiecte) Anna de Hundelsteyn can. et thes. d. eccl. (unac. 1 vel 2 ex can. d. eccl.) pretendit se in abba. d. eccl. electam fuisse et quod Simon [de Lippia] ep. Paderburn. et eius vic. generalis seu offic. (commiss. ad Ropertum [com. palatinum Reni] aep. Colon. facta) elect. d. Anne invalidam declaravit et quod deinde d. Jacoba p. Henricum Bekeman et Johannem Scholle can. hebdomadarios nunc. ac al. can. et canonissas d. eccl. post obitum Margarite el. fuit et d. Anna d. Ropertum ad examen d. elect. postulavit et ad Alexandrum [Numai] ep. Forolivien. nunt. appellavit et quod d. Alexander (commiss. facta in partibus ad audiendum coram dec. eccl. s. Gereonis Colon.) <et executione emanata a Hermanno lantgravio Hassie> d. commiss. revocavit et ad priores iudices remisit ut appellationem d. Anne coram Antonio de Grassis aud. et deinde coram Georgio [de Ruvere] ep. Urbevetan. aud. locumtenenti processisset: de prov. si neutri de d. abbatissatu (4.000 <40> fl. renen.) 2. mart. 79 S 778 247^{vss}, m. (ep. Nucerin.) (exped. 13. mart. 79) L 793 254^v-256^v – inter al. referens ut supra: de ref. 4. mart. 79 S 779 25^{vs} – postulata abba. in eccl. sec. s. Pusinne op. Herforden. Paderburn. dioc.: oblig. p. Henricum Maengolt de Paderburn can. eccl. s. Georgii Colon. sup. rochetto ratione prov. de d. abbat. (400 fl. renen.) ut supra et promisit solv. pro compositione d. rochetti 20 fl. renen. auri in cur. infra 6 menses a die habite possessionis computandos (in margine: s. d. 23. iul. fuit cassata quia p. testes probavit quod d. Jacoba n. habuit possessionem et perdidit causam p. litt. conformes) 19. mart. 79 A 27 176^r.

4086 **Jacobinus Doleatoris** presb. Herbip. dioc. qui litig. coram aud. sup. capel. vicaria nunc. in Czyrieten. (Cziirieten.) Herbip. dioc. et perp. benef. primissaria nunc. in par. eccl. in Kungshoven Herbip. dioc. contra Gangolfum Duistman cler.: de prov. si neutri de eisdem (insimul 4 m. arg.) 1. ian. 76 S 732 121^{vs}.

4087 **Jacobus Adriani** presb. Traiect. dioc.: de can. et preb. eccl. s. Johannis Traiect. (6 m. arg.) vac. p. devol. licet Johannes Nys abbrev. absque disp. sup. def. nat. (p. s.) dd. can. et preb. c. Johanne Baers (Kaers) pro perp. s. c. vicar. in par. eccl. in Reymerswale Traiect. dioc. perm. 5. decb. 75 S 731 86^{vs}, m. (Ottoni de Tyela can. eccl. Traiect.) (exped. 2. mai. 76) L 758 106^{rss} – oblig. p. Johannem Niis prep. eccl. s. Johannis Traiect. sup. annat. can. et preb. ut supra 6. mart. 76 A 24 99^v.

4088 **Jacobus [Amanati]** tit. s. Chrysogoni presb. card. camer. et pape fam. qui can. et preb. eccl. s. Servatii Traiecten. Leod. dioc. (de quib. vac. p. o. Johannis de Cesarinis aud. sibi motu pr. prov. fuerat) resign. et **Hubertus Naxhe** cler. Leod. dioc. in decr. licent.: de adm. resign. d. Jacobi et de prov. d. Huberto de dd. can. et preb. (10 m. arg.) vac. p. o. Georgii de Cesarinis prothonot. 6. nov. 76 S 743 186^r.

4089 **Jacobus Amelii (Amilii)** presb. Traiect. dioc.: de perp. vicar. ad alt. ss. Jeronimi et Margarete in nova eccl. Amsterdammen. al. b. Marie Traiect. dioc. (4 m. arg.) vacat. p. ingr. mon. o. Cartus. e. m. op. Amsterdammen. p. Matheum (Mathiam) Petri 15. mai. 76 S 739 292^{rs}, 1. decb. 76 S 744 149^r.

4090 **Jacobus Andree** presb. rect. c. c. capel. in Lubstorff Trever. dioc. (3 m. arg.) et **Andreas Andree** presb. fil. naturalis d. Jacobi rect. capel. in Hamersteyn Trever. dioc. (3 m. arg.) qui desiderantes dd. capel. perm. easdem in manibus Godefridi Hoeveman rect. par. eccl. in Lynss Trever. dioc. resign.: de committ. in partibus 2. aug. 73 S 694 292^v.

4091 **Jacobus (Andree) de Lippowiecz (Lippoviecz, Lipowiccz)** cler. Plocen. dioc. litig. contra quond. Johannem Ragaletz causarum pal. ap. not. sup. prepos. colleg. eccl. Curzelovien. Gneznen. (12 m. arg.) et sup. par. eccl. in Oppathowyecz Cracov. dioc. (20 m. arg.): de surrog. ad ius d. Johannis 28. sept. 72 S 682 286^{rs} – ex utr. par. de nob. gen.: motu pr. de <s. c.> perp. capn. <prebenda nunc.> ad alt. s. Alexii in par. eccl. in Pelczyscha (Pelcziiska) Cracov. dioc. (4 m. arg.) vac. p. resign. in manibus pape Gregorii Martini de Magna Xansch <p. Petrum Quinonigne cler. Bisuntin. dioc. (substitutum Leonardi de Regio cler. Reginen. procur.) factam> 10. iul. 76 S 740 9^v, (m. ep. Urbinaten. et Mathie Gotardi de Blandowo ac Arnolpho de Mirzinyecz canonicis eccl. Cracov.) (exped. 22. iul. 76) L 768 121^{rss} – de nova prov. de decan. eccl. Sandecen. Cracov. dioc. quem c. Johanne de Goczszlaw pro preb. in Pelczisca Cracov. dioc. perm. 8. apr. 78 S 768 86^{rs} – de nova prov. de par. eccl. in Seywior Cracov. dioc. (6 m. arg.) vac. p. o. Nicolai Dynek 11. iul. 78 S 772 7^v – dec. eccl. Sandecen. et rect. par. eccl. in Seywyor Cracov. dioc.

ex utr. par. de nob. gen. in subdiacon. ord. constit.: de prom. in partibus ad ord. presbit. extra temp., Et p. breve 18. iul. 79 S 784 219^{rs} – archid. eccl. s. Margarete Sandecen. Cracov. [dioc.]: erectio perp. vicar. pro exercitio cure animarum par. eccl. in Pedegrodzye d. archidiac. annexe 80/81 I 334 56^r – prov. si neutri de par. eccl. Cracov. [dioc.?] 82/83 I 335 46^r – archid. Sandecen. Cracov. dioc. Kazimiri Polonie regis cap. qui in certis negotiis in Urbe et in terris R. E. subiectis habet stare, transire et redire: supplic. d. rege de salvoconductu c. 3 aut 4 fam. equestribus aut pedestribus ad 6 menses, Conc. ad 2 menses, p. breve 2. apr. 82 S 809 167^{rs} – referens quod in pluribus colleg. eccl. diversarum civit. et dioc. consuetudo exist. quod obtinens archidiac. in aliqua dd. colleg. eccl. defert insignia canonicalia in eccl. cathedr. Cracov. dioc. et inibi etiam stallum in choro licet voces in capit. n. habeat: de facult. ut ipse qamdiu archidiac. d. eccl. s. Margarete Sandecen. obtin. stallum in choro d. eccl. Cracov. habere et insignia canonicalia deferre val., Conc. de consensu capit. 27. apr. 82 S 809 236^r – archid. Sandecen. Cracov. dioc. referens quod par. eccl. in Podegrodzye Cracov. dioc. d. archidiaconatui est annexa et quod iurisdictioni d. archidiac. visit. rectorum parochialium eccl. 160 personarum subsunt: de lic. erig. perp. vicar. in d. par. eccl. pro vic. qui curam animarum parochianorum habeat 30. apr. 82 S 810 54^{rs}, L 823 220^{rs} – nullum aliud benef. habens cui de archidiac. ut supra primo auct. ordin. et deinde auct. ap. prov. fuit: de nova prov. de d. archidiac. (12 m. arg.) de iur. patron. laic. vac. p. assec. decan. d. eccl. Sandecen. p. Johannem de Botitzen (/.) [recte: Boturzyn] attento quod d. Jacobus d. archidiac. plures an. possedit 30. mai. 82 S 811 77^{vs}.

4092 Jacobus Antonii cler. perp. benefic. cantuarius nunc. ad alt. b. Marie Lamentabilis in eccl. de Anderlecht Cameracen. dioc. referens quod ipse olim can. et preb. eccl. b. Marie virg. de Tolnis Leod. dioc. et **Wilhelmus de Nyspen** d. benef. perm. quodque autem fruct. dd. can. et preb. uberiores sunt: m. (archipresb. Bononien. et prep. eccl. s. Pharaildis Ganden. Tornacen. dioc. ac dec. eccl. s. Gudule Bruxellen. Cameracen. dioc.) assign. pens. ann. 32 fl. renen. commun. (20 stuferis monete Brabantie pro quolibet fl. computatis qui 18 duc. auri de cam. constituunt) sup. fruct. par. eccl. de Westkerke partium Zeelandie Traiect. dioc. de iur. patron. laic. (62 duc.) (quam d. Wilhelmus obtin.) p. d. Wilhelmum c. assensu suo (p. Henricum de Honterle can. eccl. s. Servatii Traiect. dioc. procur. express.) et c. consensu Johannis Jacobi et Cornelii de Botlant laic. Leod. et Traiect. dioc. d. eccl. patron. in op. Bruxellen. Cameracen. dioc. persolv. 15. nov. 82 L 825 169^r-170^v.

4093 Jacobus de Apelter cler. Colon. dioc. ex utr. par. de mil. gen.: de nova prov. de can. et preb. eccl. Traiect. (15 m. arg.) vac. p. o. Jacobi Dillort [1472, ultima linea abscisa] S 680 145^v.

4094 Jacobus prior et conv. [mon.] s. Bernardi al. s. Guillelmi [mon. Wilhelmitorum ord. s. Bernhardi] Argent.: commiss. 82/83 I 335 9^v.

4095 Jacobus Arnoldi cler. Misnen. dioc.: de par. eccl. in Nawendorff Merseburg. dioc. (3 m. arg.) vac. p. o. Johannis Reynert 15. oct. 76 S 751 140^r – de benef. sive perp. s. c. vicar. <ad alt. ss. Nicolai, Catherine, Margarethe et Barbare> in par. eccl. ville Hochdorff Magunt. dioc. (3 m. arg.) vac. p. o. Johannis Francken 5. mart. 78 S 772 267^{rs}, m. (prep. eccl. s. Severi Erforden. Magunt. dioc. et officialibus Magunt. ac Nuemburg.), gratis V 670 551^{vss} – de perp. vicariis una ad alt. s. Ambrosii situm in curia prepositure Nuemburg. (6) et al. ad alt. s. Donati in eccl. Merseburg. (4 m. arg. p.) vacat. p. priv. Theodorici Lambech qui se gerit pro presb. 9. apr. 78 S 768 9^r – de par. eccl. in Trebra Superiori Magunt. dioc. (2 m. arg.) vac. p. o. Henrici Wisze vel p. devol. 6. febr. 79 S 779 41^v, m. (prep. eccl. s. Mauritii August. et prep. eccl. s. Severi Erforden. Magunt. dioc. ac offic. Magunt.), gratis (exped. 20. mart. 79) L 793 261^{rs}.

4096 Jacobus Arnoldi de Amstel perp. cap. ad alt. s. Crucis in eccl. b. Marie Antwerpien. Cameracen. dioc.: m. (abb. mon. s. Gertrudis Lovanien. Leod. dioc.) confer. par. eccl. in Ouderamstel Traiect. dioc. de iur. patron. laic. (15 libr. grossorum monete Flandrie = 12 m. arg.) vac. p. resign. in manibus pape Johannis Huelwyn (Haelvijn) (p. Henricum de Honterle cler. Cameracen. causarum pal. ap. not. procur. suum factam) 15. sept. 75 (exped. 7. oct. 75) L 756 106^{vss} – oblig. p. Henricum de Honterle ut supra sup. annat. par. eccl. in Ouderamstel ut supra 10. oct. 75 A 24 5^r – solv. 27 duc. adc. pro compositione annat. par. eccl. ut supra p. manus Henrici de Honterle 9. oct. 75 FC I 1132 106^v, IE 492 40^r.

4097 Jacobus Avis cler. Spiren.: de nova prov. de capn. ad alt. s. Andree in eccl. s. Jacobi Spiren. (5 l. T. p.) vac. p. o. Jacobi Jochern presb. 9. mart. 78 S 766 137^r – de prom. ad presbit. ord. extra temp., sola sign. 3. apr. 78 S 767 222^r – perp. vic. in eccl. b. Marie virg. Wormat.: de prom. ad presbit. ord. extra temp., sola sign. 9. apr. 78 S 767 158^r.

4098 Jacobus Ballesen rect. par. eccl. in Foz Lausan. dioc.: de disp. ut unac. d. par. eccl. (24 l. T. p.) aliud incompat. benef. recip. valeat etsi 2 par. eccl. 1. ian. 77 S 745 91^r.

4099 Jacobus Bameck cler. Basil. dioc.: de perp. vicar. ad alt. s. Catherine in par. eccl. s. Laurentii in villa Hoheroddern Basil. dioc. de iur. patron. laic. (4 m. arg.) vac. p. devol. 2. iun. 75 S 721 148^{rs}.

4100 Jacobus Bantacourt cler. Trever. dioc. in art. mag. nullum benef. obtin.: de par. eccl. s. Huberti de Chambleyo Trever. dioc. (24 l. T. p.) vac. p. o. Johannis de Rosa pape fam. 3. sept. 82 S 814 32^v.

4101 Jacobus Baquelini prep. eccl. s. Crucis Pontismonnonis Tullen. dioc. cui de can. et preb. eccl. s. Theobaldi Meten. vac. p. o. Johannis Gaieti Philippi [Calandrini] tit. s. Laurentii in Lucina presb. card. fam. p. Remigium de Mekoravalle can. d. eccl. prov. fuit: m. (dec. eccl. Meten.) confer. de novo de dd. can. et preb. (20 l. T. p.) vac. p. cessionem Burchardi Stoer prothonot. (p. Johannem Carmoni can. eccl. Tullen. procur. factam) vel Johannis Gaieti iun. cler. Trever. dioc. possessione p. eos n. habita 10. apr. 81 (exped. 24. ian. 82) L 808B 66^r-67^v.

4102 Jacobus Bartel (Bartoli) cler. Spiren. dioc. pape fam. <[<[Juliani de Ruvere] tit. s. Petri ad vincula presb. card. fam. nullum benef. obtin.>: de perp. s. c. vicar. ad alt. s. Germani in eccl. Spiren. (6 m. arg.) vac. p. o. Nicolai Helbron Eugenii IV. fam. 9. mai. 72 S 680 52^{vs}, 25. mai. 72 S 680 36^v, I 332 254^r – cler. Spiren.: de perp. s. c. vicar. sive capn. in eccl. Argent. (6 m. arg.) vac. p. o. in cur. Nicolai Gropper Pauli II. fam. 2. sept. 72 S 682 25^{vs}, V 556 269^v-271^r – oblig. sup. annat. vicar. in eccl. Argent. ut supra 22. apr. 73 A 22 12^v – de eccl. sive capel. s. Cecilie in villa Grechubrien. (/.) Spiren. dioc. fil. par. eccl. in Danstat (/.) Spiren. dioc. (3 m. arg.) vac. p. o. Federici Stomrieck 29. mai. 73 S 691 281^v, L 729 289^{vss} – cler. Spiren. perp. cap. ad alt. s. Laurentii in capel. s. Laurentii in villa Schererstat

Spiren. dioc.: de prom. ad omnes ord. extra temp., sola sign. 17. iun. 74 S 707 73^v.

4103 Jacobus de Belgrado presb. Aquileg. dioc. referens quod ipse ad par. eccl. s. Adalberti de Cormono plebe nunc. Aquileg. dioc. (24 fl. adc.) vac. p. o. Agabiti de la Pergula p. Leonardum com. Goricie et Tyrolis patron. vicario in spir. gener. Marci [Barbus] card. ep. Prenestin. (qui etiam eccl. Aquileg. ex conc. et disp. ap. in commendam tenuit) present. fuit quod autem d. vic. in spir. gener. d. present. denegavit: m. (dec. eccl. Brixin.) confer. d. Jacobo d. par. eccl. 6. decb. 82 (exped. 12. apr. 83) L 831 260^{rss}.

4104 Jacobus de Berchem civ. Colon. inter al. referens quod ipse litig. tempore Pauli II. coram 4 arbitris contra Christianum Engelberti cler. <tutorem> et Stynnam eius sororem viduam Colon. Wilhelmi de Loesdorp laic. et tutricem Wilhelmi pupilli eorum nati sup. pecuniis et bonis: de decl. litt. desup. perinde val. acsi 5. arbiter assumptus fuisset 10. iul. 73 S 693 128^{rs}, m. (subdecano eccl. Colon.) L 724 115^{vs}.

4105 Jacobus Berhardi scol. Argent. dioc. in cur. resid.: de prom. ad acolit. et al. min. ord. extra temp., sola sign. 3. oct. 83 S 829 67^r.

4106 Jacobus Besten cler. Magunt. rect. par. eccl. in Seglnloch Magunt. dioc.: de prom. ad omnes ord. extra temp., sola sign. 13. mai. 79 S 781 272^v.

4107 Jacobus Betczdorff presb. Argent. dioc. cui de perp. capn. ad alt. s. Stephani in par. eccl. ville Brundorff Argent. dioc. vac. p. o. Jacobi Honster p. abb. mon. Wessenburgen. o. s. Ben. Spiren. dioc. prov. fuit: de nova prov. de eadem (4 m. arg.) 9. mai. 80 S 792 240^v.

4108 Jacobus Byalke presb. Cracov. dioc. perp. vic. in eccl. Sandecen. Cracov. dioc. cui de par. eccl. in Syedlecz Cracov. dioc. vac. p. resign. Jacobi de Lippovicz in manibus Johannis [de Restau] ep. Cracov. prov. fuit et qui d. par. eccl. unac. perp. c. c. vicar. in eccl. Sandecen. Cracov. dioc. contra constit. ›Execrabilis‹ detin.: de abol. inhab. et de disp. ut unac. d. par. eccl. (4 m. arg.) d. perp. vicar. (1 m. arg.) ad vitam retin. val. c. lic. perm. 18. apr. 82 S 810 1^{rs}.

4109 Jacobus Biswanger cler. Argent. dioc.: m. (prep. eccl. s. Petri iun. Argent.) confer. perp. s. c. capn. primissariam nunc. ad alt. s. Pancratii in par. eccl. ville Danckoltzhem Argent. dioc. (3 m. arg.) vac. p. resign. in manibus pape Mathie Buman cler. Wormat. dioc. Johannis Bapt. [Cybo] tit. s. Cecilie presb. card. fam. cui de eadem vac. p. o. Johannis Goszvoin s. d. 28. mart. 80 prov. fuerat litt. desup. n. confectis 16. iun. 81 (exped. 20. iun. 81) L 815 118^{rss}.

4110 Jacobus de Blande cap. perp. capn. ad alt. b. Marie virg. in par. eccl. s. Willibrordi op. de Hulst Traiect. dioc. qui propter paupertatem diu in cur. morari n. val.: de prom. ad omnes ord. extra temp., sola sign. 28. mart. 84 S 834 5^v.

4111 Jacobus Blarian cler. Cameracen. dioc.: de perp. s. c. capel. s. Laurentii in eccl. s. Ursmari de Bruchio (Binchio) Cameracen. dioc. (15 l. T. p.) vacat. p. resign. in manibus pape Henrici Slegel cler. Magunt. dioc. Philippi [Calandrini] card. ep. Portuen. fam. 9. decb. 71 S 674 101^v, (m. abb. mon. s. Bernardi e. m. Valentin. ac officialibus Leod. et Cameracen.) (exped. 9. ian. 72) L 717 158^{vss}.

4112 Jacobus de Boekele (Bockolt) perp. cap. ad alt. s. Catherine in par. eccl. ville Loe Leod. dioc. qui postea Francisci [Gonzaga] tit. s. Marie Nove diac. card. Mantuan. vulg. nunc. fam. existebat: de facult. resign. d. capn. 26. apr. 75 S 718

215^r, I 333 169^r – cler. Leod. dioc.: motu pr. de gr. expect. de 2 can. et preb. necnon de benef. ad coll. quorumcumque et de prerog. ad instar pape fam. descript., Et s. d. 17. nov. 81 [1483] S 830 2^r.

4113 **Jacobus Bopplyn** monach. mon. in Babenhusen o. Cist. Constant. dioc.: disp. ad quodcumque benef. c. lic. perm. et disp. deserviendi in divinis, n. o. quod in d. ord. et d. mon. profes. exist. 29. mai. 81 L 816 264^{vs}.

4114 **Jacobus de Boxicze** presb. Cracov. dioc.: de par. eccl. in Manynia (Maniignya) Cracov. dioc. (12 m. arg.) vac. p. assec. al. par. eccl. p. Johannem de Lyathoschyn 22. apr. 75 S 722 27^{rs}, m. (aep. Gneznen.) V 603 156^{rs} – qui in univ. Cracov. in art. studuit et ad gradus mag. in art. et licent. in medicina ac ad presbit. ord. et postremo ad bac. in theol. prom. extitit et qui propter defectum medicorum in regno Polonie et in univ. Cracov. ad gradum mag. in medicina prom. desiderat: de disp. 12. sept. 75 S 726 226^v – oblig. p. Thomam Kinast can. eccl. Warm. procur. (p. instr. actum Gnezne s. d. 24. iul. 80 subscriptum p. Bartholomeum Martini cler. Poznan. ap. et imper. auct. not.) sup. annat. par. eccl. in Manynya ut supra 14. oct. 80 A 29 94^r – can. eccl. Gneznen.: de par. eccl. in Manina Cracov. dioc. (12 m. arg.) vacat. p. assec. al. incompat. benef. p. Johannem rect. d. par. eccl. 16. nov. 80 S 797 256^r – can. eccl. Gneznen. in theol. mag. pres. in cur.: de facult. visitandi sepulcrum dominicum, sola sign. 5. mai. 84 S 835 203^r.

4115 **Jacobus Brass de Munheim** presb. Colon. dioc. iur. ignarus cui de can. et preb. c. ferculo eccl. s. Severini Colon. (7 m. arg.) auct. ap. prov. fuit et qui illis in partibus ex causa perm. in favorem Johannis Uptemberghe de Dusseldorp resignavit c. iuram. omnia al. benef. que tunc obtinebat et in futurum obtin. etiam d. Johanni

resign.: de relax. d. iuram. et de absol. a labe simonie 12. febr. 82 S 807 214^{rs}.

4116 **Jacobus de Breuquet (du Brevequet)** can. eccl. Cameracen. mag. decr. doct. abbrev.: de can. et preb. in eccl. Nivellen. Leod. dioc. (8 m. arg.) vac. p. resign. in manibus pape Johannis Bispinck de Warendorp cler. Monast. dioc. (cui de illis vac. p. o. Johannis Luyter s. d. 24. iun. 81 p. Julianum [de Ruvere] card. ep. Sabinen. in partibus ap. sed. legatum prov. fuit) 26. mart. 82 S 809 18^r – oblig. sup. annat. can. et preb. eccl. Nivellen. Leod. dioc. (8 m. arg.) de quib. vac. p. o. Johannis Luther et p. resign. Johannis Bispinck de Varendorff litt. desup. n. exped. ut supra sibi prov. fuit (in margine: s. d. 24. mart. 83 solv. pro parte annat. dd. can. et preb. 8 fl. c. 2 tertiis p. manus Johannis Ysore) 24. mart. 83 A 31 18^v.

4117 **Jacobus Brymhoevel** [cler.] secr. ducis Burgundie et Gelrie cui de can. eccl. s. Spiritus op. Ruremunden [Leod. dioc.] prov. fuit et qui arduis negotiis que in consulatu d. op. tractantur cottidie interesse debet et ad subdiacon. ord. prom. n. potuit: de prorog. term. 23. apr. 75 S 718 208^v.

4118 **Jacobus Brude**: prom. ad diacon. ord. in capel. b. Marie de Febribus in basilica s. Petri in Urbe 28. mart. 72 F 6 38^r-39^v.

4119 **Jacobus Brugarson** cler. Tornacen. dioc. in 24. sue et. an. constit.: de par. eccl. in Andick Traiect. dioc. de iur. patron. laic. (24 l. T. p.) vacat. p. priv. Livini Coeman presb. Tornacen. dioc. et de capel. de Huesia nullius dioc. de iur. patron. comitis Sancti Pauli (12 l. T. p.) vacat. p. priv. N. van den Honnen cler. Tornacen. dioc. quia ambobus de eorum benef. vac. p. resign. Livini Donche pacto simoniaco prov. fuit (n. o. def. et.) 7. apr. 81 S 801 1^r, de ref. c. express. quod L[ivinus] Coeman d. par. eccl. p. 3 an. detin. 5. iun. 81 S 801 259ᵛ, I 334 227ʳ.

4120 Jacobus Buce rect. capn. seu vicar. nunc. ad alt. s. Willehadi in eccl. ss. Petri et Pauli Bardovicen. principalis Verden. dioc., **Albertus Gerardes** dec. eccl. b. Marie Hamburgen. Bremen. dioc., **Johannes Vitcop** rect. par. eccl. op. Valser [= Wilster] Bremen. dioc., **Jacobus Vitte iun.** rect. par. eccl. ville Maiorka Verden. dioc., **Johannes Donke** et **Conradus Haghen** perp. vicarii in eccl. b. Marie Hamburgen. Bremen. dioc., **Adrianus Vicheman** perp. vic. in par. eccl. s. Catherine Hamburgen. Bremen. dioc. ac **Henricus Premol** perp. vic. in op. Hanover Minden. dioc. eiusdem Jacobi sen. fideiussores referentes quod olim Bartholdus [de Landsberg] ep. Verden. d. Jacobum in castro de Rodenborch ad d. ep. pertin. p. 7 an. incarcerari fecit et d. Jacobus (qui senex et valetudinarius existebat) cupiens ut a d. carceribus liberaretur c. d. Bartholo ep. certas conventiones medio iuram. fecit et iuravit quod numquam vult causam contra d. ep. movere ad quam conventionem dd. fideiussores c. iuram. se obligarunt: m. (prep. etc. eccl. Monast. ac offic. Osnaburg.) relax. d. iuram. c. absol. 6. sept. 81 L 821 212ʳ-213ᵛ.

4121 Jacobus Buchowe rect. alt. s. Johannis Bapt. in eccl. s. Spiritus Ruremunden. Leod. dioc. qui 60. sue et. an. transcendit et minime senio confectus est nec al. benef. habet unde se sustentare possit in senectute: de n. prom. ad omnes ord. ad 5 an. dummodo p. al. presb. idoneum ad d. alt. (3 m. arg. p.) capitulo eiusdem eccl. presentari faciat 23. febr. 82 S 808 23ᵛ.

4122 Jacobus Buckseck (Buchsick, Buchek) presb. Magunt. dioc.: de disp. ad 2 incompat. benef. etsi 2 par. eccl. ad vitam c. lic. perm. 15. nov. 78 S 785 261ʳ – de <s. c.> alt. in capel. s. Alexii <hospitale nunc. infra limites paroch. par. eccl. s. Amerani> Magunt. (3 m. arg.) vac. p. resign. in manibus pape Frederici Molitoris quond. Bessarionis [Trapezunt.] card. ep. Sabinen. fam. <p. Philippum Schyt cler. Magunt. dioc. procur. fact.> 21. febr. 80 S 790 67ʳˢ, m. (dec. eccl. s. Leonardi Francforden. Magunt. dioc.) (exped. 24. mart. 80) L 801 63ʳˢ.

4123 Jacobus de Buscho rect. par. eccl. b. Marie Leyden. Traiect. dioc. qui sexagenarius adeo senio confectus et sui corporis viribus destitutus exist. ut d. par. eccl. resign. proponit: m. (abb. mon. s. Lamberti [recte: Adalberti] Egmonden. Traiect. dioc.) confer. d. par. eccl. (48 l. T. p.) Gerardo Heet in art. mag. cler. Traiect. dioc. et reserv. d. Jacobo pens. ann. 8 libr. grossorum p. d. Gerardum persolv. 24. mai. 83 (exped. 31. mai. 83) L 824 182ᵛˢ.

4124 Jacobus Buthel cap. ad alt. s. Johannis Bapt. prope fontem in eccl. Argent.: litt. testim. sup. prom. (vig. supplic. s. d. 17. iun. 74) ad ord. subdiac. s. d. 9. nov. 74 in eccl. s. Bartholomei de Insula in Urbe, ad ord. diacon. s. d. 11. nov. 74 ibidem, ad ord. presbit. s. d. 13. nov. 74 ibidem 13. nov. 74 F 6 181ᵛ.

4125 Jacobus Kacher cler. Brandenburg. dioc.: de par. eccl. ville Westerhusen Magdeburg. dioc. (3 m. arg.) vac. p. o. Johannis Vicken 3. mart. 83 S 820 79ʳ.

4126 Jacobus (de) Kageneck c. quo sup. def. nat. (de presb. et moniali profes.) ad 2 incompat. benef. disp. fuit et qui vig. d. disp. 4 benef. assecutus fuit et qui perp. capn. in eccl. s. Petri iun. Argent. pro par. eccl. in Illekirch Argent. dioc. c. quodam Arbogasto Rynowe de consensu patron. laic. perm. et qui litig. desup. coram Nicolao de Ubaldis aud. contra quendam Erhardum [de Kageneck] cler. qui p. Reimboldum Kageneck laic. patron. ad d. eccl. present. fuit: de disp. sup. irreg. et de prov. si neutri de d. par. eccl. (15 m. arg.) 10. apr. 75 S 717 118^{vs} – cler. Argent. cui de par. eccl. in Illekarrch Argent. dioc. post perm. c. al. benef. prov. fuit et qui litig. coram aud. contra Erhardum de Kageneck sup. vicar. eccl. s. Thome Argent. vac. p. o. Arbogasti Rynowe: de prov. si neutri de d. vicar. (16 m. arg.) et de disp. sup. def. nat. (p. et monial. profes.) ad 2 incompat. benef. 14. iul. 77 S 754 239^{rs} – de ref. 24. iul. 77 S 755 75^{rs}.

4127 Jacobus de Cham (Ham) cler. Constant. dioc. leg. doct.: de prepos. eccl. ss. Felicis et Regule Thuricen. (Turicen.) (10 m. arg.) vacat. p. resign. in manibus pape Henrici Nithart utr. iur. doct. Pauli II. fam. et de disp. ad 2 incompat. benef. 12. mai. 73 S 690 20^v, I 332 67^r – oblig. p. Johannem Carpentarii cler. Constant. sup. annat. 9. iun. 73 A 22 38^r – solv. 23 fl. adc. pro compositione annat. 9. iun. 73 FC I 1129 170^v, FC I 1767 85^r, FC I 1768 87^r – prep. eccl. ss. Felicis et Regule Thuricen. Constant. dioc. leg. doct.: motu pr. recept. in ap. sed. not. c. iuram. in manibus abb. mon. s. Galli de Sancto Gallo Constant. dioc., gratis 22. sept. 83 V 659 106^{vs} – can. eccl. Basil. pape not.: motu pr. gr. expect. s. d. 17. nov. 81 de can. et preb. eccl. Basil. et al. can. et preb. eccl. Spiren. necnon benef. ad coll. ep. etc. Argent. et prerog. ad instar pape fam. descript., gratis (m. prep. eccl. b. Marie Erfforden. Magunt. dioc. et prep. eccl. s. Petri Imbriacen. Constant. dioc. ac offic. Argent.) 13. mart. 84 Sec. Cam. 1 41^v-45^r.

4128 Jacobus (de) Camuseti (Canneseti) cler. Trever. dioc.: de capn. s. Laurentii in colleg. eccl. b. Marie de Yvodio Trever. dioc. (10 l. T. p.) vac. p. o. Theoderici Duliatoris (Duhatoy) 12. decb. 72 S 685 161^{rs}, m. (Johanni Prioris can. eccl. Maclovien. ac of-

ficialibus Trever. et Meten.), gratis (exped. 2. ian. 73) L 728 214^{vss} – perp. cap. ut supra: de prom. ad omnes ord. extra temp., sola sign. 8. ian. 73 S 686 52^r – litt. testim. sup. prom. (vig. conc. ut supra) ad subdiacon. ord. s. d. 14. febr. 73, ad diacon. ord. s. d. 21. febr. 73, ad presbit. ord. s. d. 24. febr. 73 in eccl. s. Bartholomei de Insula in Urbe 24. febr. 73 F 6 104^{rs}.

4129 Jacobus Candel (Candek, Carnol) civ. Spiren. in astrologia peritus ac servitiis Friderici com. Urbini et obsequiis in civit. Urbinaten. in temporalibus vic. insistens: de creatione d. Jacobi et suorum descendentium in nobiles 7. mart. 72 S 677 92^{rs}, gratis V 660 372^{rs} – Friderici ducis Urbinaten. fam.: motu pr. gr. expect. s. d. 1. ian. 72 de can. et preb. eccl. Spiren. necnon de can. et preb. eccl. s. Germani e. m. Spiren. et prerog. ad instar pape fam. descript. (exec. ep. Tirasonen. et ep. Urbinaten. ac offic. Spiren.), gratis 1. nov. 75 V 665 20^{rss} – cler. Spiren. de civitate Spiren. oriundus cui gr. expect. s. d. 1. ian. 72 de can. et preb. eccl. Spiren. et de alio eccl. s. Germani e. m. Spiren. conc. fuit: de cass. quoad eccl. Spiren. (quia nullus de civit. Spiren. oriundus in can. d. eccl. assumi possit) et de mutatione ad coll. quorumcumque 17. apr. 77 S 750 161^{vss} – <Friderici ducis Urbinaten. astrologus et fam. de civit. Spiren. oriundus> cui gr. expect. ut supra <s. d. 28. oct. 75> conc. fuit: motu pr. de cass. d. gr. et de conc. gr. expect. de benef. ad coll. cuiuscumque <ad coll. ep. etc. Spiren., n. o. statuto quod nullus ex civit. Spiren. oriundus can. et preb. eccl. Spiren. obtin. val., gratis> 14. mai. 77 S 751 285^{rs}, V 666 467^v-469^r – cler. Spiren. dioc.: consensit Celsus de Millinis can. basilice Principis appl. de Urbe procur. (ut constat ex instr. acto in civit. Urbini s. d. 3. apr. 80 et subscripto p. Gregorium Antonii Bonilli de Spoleto imper. auct. not.) assign. Johanni Fabri pape fam. pens. ann. 25 fl. adc. sup. fruct. preceptorie s. Antonii Urbinaten. s. d. 31. aug. 80 conc. presentibus Jeronimo Spalter cler. Herbip. dioc. et al. pro testibus 20. sept. 80 OP 6 55^r.

4130 Jacobus de Canschicze qui perp. capn. ad alt. s. Trinitatis in par. eccl. Grodzysko Poznan. dioc. et **Johannes de Gradzysko** qui perp. capn. ad alt. b. Marie virg. et ss. Petri et Pauli appl. ac Laurentii mart. in par. eccl. in Costen Poznan. dioc. desiderant perm.: de prov. d. Johanni de d. capn. ad alt. s. Trinitatis (3 m. arg.) de iur. patron. laic. ac de prov. d. Jacobo de d. capn. ad alt. b. Marie virg. et ss. Petri et Pauli appl. ac Laurentii mart. (3 m. arg.) de iur. patron. laic. 27. nov. 81 S 804 295^v – Poznan. [dioc.?]: disp. ad incompat. benef. 80/81 I 334 181^v.

4131 Jacobus Carnificis presb. Argent. dioc. cui de perp. capn. ad alt. b. Marie virg. in par. eccl. s. Michaelis in Witerswiler Argent. dioc. vac. p. o. cuiusdam Arnoldi prov. fuit: de nova prov. de d. capn. (3 m. arg.) 17. iul. 75 S 724 64^{vs}.

4132 Jacobus Carpentarii presb. Salzeburg. dioc.: lic. elig. confess. et rem. plen. 12. mai. 75 L 738 288^v, L 738 289^r.

4133 Jacobus de Castello nob. et homines loci de Porpeto Aquileg. dioc. ac **Johannes de Castello** cler. pape fam. referentes quod Marcus [Barbus] tit. s. Marci presb. card. sed. ap. legatus in illis partibus (ad instantiam Dionisii de Spilinberge can. eccl. Aquileg.) par. eccl. s. Vincentii in Porpeto Aquileg. dioc. (60 l. T. p.) vac. p. resign. Nucii de Balio fabrice eccl. b. Marie Utinen. [Aquileg. dioc.] univit et quod (unione conf. p. archid. eccl. Aquileg. et Nicolaum Lot ac Franciscum de Fontebona canonicos eccl. Aquileg.) iam 400 fl. adc. d. fabrice applicate fuerunt:

cass. unionis, gratis 16. ian. 76 V 572 295^r-297^v, 30. mai. 72 [!] L 750 259^r-260^v, gratis 8. iun. 76 (exped. 17. iun. 76) L 763 171^v-173^v.

4134 Jacobus Kewl presb. Prag. dioc.: de horis dicendis secundum usum R. E., sola sign. 10. ian. 83 S 818 109^r.

4135 Jacobus Cleynlanelin presb. Argent. dioc. qui ad par. eccl. in Vogtembach Argent. dioc. de iur. patron. laic. vac. p. o. Martini Suebeler p. procur. hosp. op. Offenburg Argent. dioc. archidiacono loci eccl. Argent. present. fuit possessione subsecuta: de nova prov. de d. par. eccl. (7 m. arg.) 14. febr. 75 S 715 3^{vs}.

4136 Jacobus Clentzeman (Clontzeman) cler. Bremen. dioc. qui ad perp. vicar. ad alt. ss. Johannis Bapt. et Andree apl. in par. eccl. s. Johannis Bapt. op. Meldorp Bremen. dioc. de iur. patron. laic. vac. p. o. Conradi Fabri p. patron. present. fuit: de nova prov. de eadem (4 m. arg.) [dat. deest] S 793 138^{rs} – possessor qui litig. coram Alberto Clitzingk prep. eccl. b. Marie Hamburgen. Bremen. dioc. contra N. sup. perp. vicar. ut supra: de prov. si neutri de eadem (4 m. arg.) c. derog. iur. patron. 12. iun. 80 S 794 26^{vs}.

4137 Jacobus Kleuber (Neuber) presb. Frising. dioc.: de par. eccl. s. Johannis Bapt. in Pfaffenhoven (Phaffenhoven) August. dioc. (14 m. arg.) vac. p. o. Michalis Chienberger 26. ian. 78 S 781 196^{rs}, L 796 30^{vs}, m. (offic. August.) (exped. 27. mai. 79) L 796 30^{vs} – oblig. p. Simonem Jagerman primicerium in eccl. s. Viti in Crembs Patav. dioc. sup. annat. par. eccl. ut supra (40 m. arg.) 8. mart. 80 A 28 163^r.

4138 Jacobus Clinkart (Cliveraert) cler. Traiect. pape fam.: de perp. s. c. vicar. ad alt. 11.000 Virg. et s. Catherine in eccl. s. Johannis Traiect. et de perp. s. c. vicar. ad alt. s. Nicolai in par. eccl. Scalcwyc Traiect. dioc. (insimul 4 m. arg. p.) de iur. patron.

laic. vac. p. resign. in manibus pape Nicolai Petri Noenkyns (Noekings) cler. Traiect. dioc. pape fam. 14. decb. 82 S 817 206^{rs}, (exec. aep. Beneventan. et ep. Alerien. ac offic. Trever.), gratis V 650 226^r-227^v – de perp. s. c. vicar. ad alt. s. Blasii in eccl. ss. Cassii et Florentii Bonnen. Colon. dioc. (4 m. arg.) vac. p. o. in cur. Johannis Bonen (Boven) cler. Cameracen. dioc. pape fam. cui de eadem vac. p. o. Ludovici Girwiin prov. fuerat 16. mai. 83 S 823 298^r, (exec. Galeottus de Malatestis can. eccl. Bretenorien. et offic. Colon. ac offic. Traiect.), gratis V 650 146^r-147^v – consensus resign. 21. mai. 83 Resign. 2 78^v.

4139 **Jacobus Cluis** rect. par. eccl. in Campis Trever. dioc.: de disp. ut unac. d. par. eccl. aliud incompat. benef. recip. valeat etsi 2 par. eccl. ad vitam c. lic. perm. 16. apr. 80 S 792 23^{rs}.

4140 **Jacobus Kobe de Biedburch** presb. mag. in art., **Johannes Wolffelt** presb., **Matheus Groisman de Rupe** presb., **Johannes Groisman de Rupe** presb. mag. in art., **Henricus Lauwer de Luccemburgo** presb., **Jacobus Caniferi de Yvodio** cler. omnes Trever. dioc.: de gr. expect. de 2 can. et preb. et de 2 benef. ad coll. quorumcumque, Et s. d. 1. ian. 72 S 670 241^r.

4141 **Jacobus Cober** scol. Trever. dioc.: recip. primam tonsuram ad alt. s. Lamberti in capel. b. Marie de Febribus in basilica Principis appl. in Urbe 19. sept. 72 F 6 74^r.

4142 **Jacobus de Coersvarem** can. eccl. Leod.: restit. bulle s. d. 14. iun. 74 sup. pens. ann. 25 fl. auri renen. sup. fruct. abbat. sec. et colleg. eccl. b. Ode Amanien. Leod. dioc. 10. iun. 76 A 25 185^v.

4143 **Jacobus de Collabri** presb. qui p. Stiborium et Johannem nobiles patron. laic. ad par. eccl. in Janowyecz Plocen. dioc. present. fuit et qui litig.

desup. coram offic. ep. Plocen. deinde coram offic. aep. Gneznen. et deinde coram Petro de Ferrera aud. contra Stanislaum de Grzybowo cler. qui p. Alexium Nyemyerza, Sdzatha, Sigismundum, Paulum, Albertum fil. Jacobi patron. laicos ad d. eccl. present. fuit: de prov. si neutri de d. par. eccl. (4 m. arg.) vac. p. o. Andree de Slascy (/.) 14. oct. 77 S 760 278^{vs}.

4144 **Jacobus de Conneczpole** presb. Gneznen. dioc. Jacobi [Szienienski] aep. Gneznen. nepos ex utr. par. de nob. gen.: de nova prov. de can. et preb. eccl. Gneznen. (14 m. arg.) vac. p. o. Petri de Pnyewy 15. mai. 80 S 793 11^v.

4145 **Jacobus Conradell de Lantsch** laic. Cur. dioc. et **Anna** ux. : alt. port. 11. mai. 84 L 833 311^v.

4146 **Jacobus Contzel (Contzelman)** dec. eccl. s. Mauritii August. decr. doct.: de disp. ut unac. d. decan. aliud incompat. benef. recip. valeat 22. iun. 74 S 709 127^{rs}, L 757 79^{rss}.

4147 **Jacobus Cornelii (Cornerii) (de Vlaek)** cler. Traiect. dioc. pres. in cur.: de prom. ad omnes ord. extra temp., sola sign. 3. nov. 81 S 804 207^r, 13. nov. 81 S 805 8^r.

4148 **Jacobus Cornelii de Nienwerne** qui ad alteram portionem par. eccl. de Wissekerke Traiect. dioc. de iur. patron. laic. et cler. present. et p. offic. Traiect. instit. fuit et qui desup. litig. coram d. offic. contra Andream Jacobi (qui etiam ad d. portionem p. al. patron. present. fuisse pretendit) referens quod d. offic. d. Andream in rect. d. portionis p. sent. definitivam promulgavit: m. (prep. eccl. s. Johannis Traiect. et dec. eccl. s. Livini in Zierixce Traiect. dioc. ac dec. eccl. s. Germani Monten. Cameracen. dioc.) committ. in partibus vig. appellationis 1. oct. 79 L 803 92^{vs}.

4149 **Jacobus de Cosmiano (Caspamino)** cler. Poznan. dioc. cap. seu mansionarius colleg. eccl. Warschovien.

Poznan. dioc. pres. in cur. in subdiacon. ord. constit. <in art. bac.>: de prom. ad omnes ord. extra temp. 8. iun. 84 S 836 273^{rs}, 10. iun. 84 S 837 40^r.

4150 **Jacobus de Costere** presb. Tornacen. dioc. qui par. eccl. in Gaternisse c. suis annexis Tornacen. dioc. p. Johannem Hoens cler. Leod. dioc. resign. in manibus pape de qua Cornelio Nicolai presb. Traiect. dioc. prov. fuit: assign. pens. ann. 18 fl. renen. (40 den. grossorum monete Flandrie pro fl.) sup. fruct. d. par. eccl. p. d. Cornelium persolv. 11. oct. 75 (m. abb. mon. s. Gertrudis Lovanien. Leod. dioc. et prep. eccl. s. Spiritus Ruremunden. Leod. dioc. ac offic. Tornacen.) L 760 3^{rss}.

4151 **Jacobus (de) Cottem** <cler. Cameracen. dioc.> decr. doct.: motu pr. de can. et preb. eccl. Leod. (15 m. arg.) vac. p. resign. Wilhelmi (Guillielmi) <de Cotthem pape fam. cui de eisdem vac. p. o. Raymundi de Marliano s. d. 17. sept. 75 prov. fuerat et> qui al. can. et preb. d. eccl. <vac. p. o. in cur. Johannis Cristiani de Os> assec. est 4. iul. 76 S 740 71^r, (m. prep. eccl. s. Pharaildis Ganden. Tornacen. dioc. et dcc. cccl. s. Petri Lovanien. Leod. dioc. ac dec. eccl. s. Gudule Bruxellen. Cameracen. dioc.) (exped. 23. mai. 78) L 790 212^{rss} – presb. Cameracen. dioc. mag. in art. decr. doct. pape cap. et unus ex min. penit. basilice Principis appl. de Urbe cui de can. et preb. eccl. Leod. (15 m. arg.) vac. p. assec. al. can. et preb. d. eccl. Guillermi de Gotthem pape fam. (qui dd. can. et preb. vac. p. o. Raymundi de Marliano pape acol. obtin.) prov. fuerat et qui litig. desup. contra Innocentium de Crecii cler. in cur. defunctum coram Antonio de Grassis aud.: reval. litt. provisionis 23. iun. 77 (exped. 30. ian. 79) L 784 301^v-303^r – de confic. litt. sup. obtentis et obtendis benef. c. clausula perm. et resign. quoad vixerit 3. iul. 78 S 771 168^r –

oblig. sup. annat. can. et preb. eccl. Leod. de quib. ut supra s. d. 4. iul. 76 sibi prov. fuit 27. iul. 78 A 27 74^v – can. eccl. s. Petri Midelburgen. Traiect. dioc.: lic. resign. vel perm. 7. aug. 78 V 588 90^{rss} – oblig. sup. lic. resign. vel perm. ut supra 23. oct. 78 A 27 105^r – oblig. sup. annat. can. et preb. eccl. Leod. de quib. vac. p. o. in cur. Innocentii de Crecii sibi ut supra prov. fuit 7. apr. 79 A 28 3^v – solv. 20 fl. adc. pro parte annat. can. et preb. eccl. Leod. c. rem. residui in recompensationem certarum pecuniarum p. cam. ap. eidem Jacobo debitarum 7. apr. 79 FC I 1133 224^r.

4152 **Jacobus de Cowaleuicze** dec. colleg. eccl. s. Marie Lowicen. Gneznen. dioc. fund. capn. ad alt. b. Jacobi apl. in d. colleg. eccl. (3 m. arg.) referens quod Johannes [Grusczynski] aep. Gneznen. quandam decimam in villa Plyczwy ad mensam aepisc. pertin. pro sustentatione cap. donavit: de conf. 12. iul. 75 S 724 57^r.

4153 **Jacobus Coze de Petrarchis**: prov. de can. et preb. eccl. Civitatis Austrie Aquileg. dioc. (24 fl. adc.) vac. p. resign. in manibus pape Marci [Barbus] tit. s. Marci presb. card. qui eosdem vac. p. o. in cur. Fantini de Valle cap. pape in commendam obtin. 12. nov. 75 (m. Johanni Francisco de Pavinis can. eccl. Paduan. et offic. Aquileg. ac Jadren.) V 572 117^v-119^r.

4154 **Jacobus Crausenbach** perp. beneficiatus ad alt. s. Nicolai in mon. Feylsdorff Herbip. dioc. de iur. patron. laic.: de prom. ad omnes ord. extra temp., sola sign. 7. febr. 78 S 764 132^v – perp. vic. ad alt. s. Nicolai in mon. Feildorff Herbip. dioc.: de prom. ad omnes ord. extra temp., sola sign. 26. febr. 78 S 765 248^r.

4155 **Jacobus de Croy** prep. eccl. b. Marie Eicken. (Ercken.) Leod. dioc. ex utr. par. de baronum gen. Philippi de

Croy mil. domini loci de Quienram (Quiemain) Leod. dioc. Caroli ducis Burgundie oratoris ad papam destinati germanus: motu pr. incorp. prepositure d. eccl. b. Marie (quam obtin.) preposituram eccl. s. Cassii Bonnen. Colon. dioc. ad vitam, gratis 25. febr. 72 V 554 93^{rss}, V 661 180^{rs} – prothonot. necnon prep. eccl. b. Marie Eyclien. Leod. dioc. actor litig. coram aud. contra quendam Stephanum ducem Bavarie nunc. can. eccl. Colon. sup. prepos. eccl. ss. Cassii et Florentii Bonnen. Colon. dioc. dudum p. papam d. prepositure eccl. Eyclien. ad vitam d. Jacobi unita: de nova unione d. prepos. Bonnen. (1.000 fl. renen.) vac. p. o. Henrici de Nassawe c. eadem prepos. Eyclien. (4 fl. renen.) ad vitam d. Jacobi 15. nov. 77 S 760 152^{vs}.

4156 Jacobus Kuefftal (Krufftal de Zabernin) cler. Argent. dioc. pape fam.: motu pr. de gr. expect. de 2 can. et preb. necnon de benef. ad coll. quorumcumque, Et s. d. 17. nov. 81 S 803 146^{rs} – rect. par. eccl. in Altripp Meten. dioc. in min. constit.: de prom. ad omnes ord. extra temp., sola sign. 27. apr. 82 S 809 236^{r}.

4157 Jacobus Dachawer presb. Salzeburg. dioc.: prov. de par. eccl. s. Nicolai in Lewtschach Salzeburg. dioc. (4 m. arg.) vac. p. resign. in manibus pape Johannis Watzeneder (p. Sigismundum Nivergalt cler. Frising. dioc. procur. ad Thomam de Cilia cler. Aquileg. dioc. procur. substitutum fact.) (m. abb. mon. in Runa Salzeburg. dioc. et prep. eccl. Laibac. ac offic. Salzeburg.) 27. apr. 81 (exped. 24. decb. 81) L 805 144^{r}-145^{v}.

4158 Jacobus Dalenoth cler. Havelberg. dioc. qui ad perp. s. c. vicar. in par. eccl. Karitze Havelberg. dioc. (3 m. arg.) vac. p. o. Johannis Stegheman p. patrem suum carnalem patronum ordinario loci present. fuit: de nova prov. de d. perp. vicar. (3 m. arg.) 14. decb. 82 S 817 244^{v}.

4159 Jacobus Dech rect. hosp. s. Spiritus in Steffelt Argent. dioc.: conf. conc. quarundam questuarum [in] favorem d. hosp. ad perp. 76/77 I 333 24^{v}.

4160 Jacobus Dedinger prep. colleg. eccl. ss. Martini et Arbogasti Surburgen. Argent. dioc. qui can. et preb. d. eccl. vac. ex causa perm. c. procuratore Johannis Fust cler. Magunt. dioc. in cur. resid. assec. fuit: de nova prov. de eisdem (6 m. arg.) 5. mai. 74 S 704 209^{rs}.

4161 Jacobus Doleatoris rect. par. eccl. in Beierszdorff Nuemburg. dioc.: de disp. ut unac. d. par. eccl. aliud incompat. benef. recip. valeat etsi par. eccl. 17. ian. 78 S 763 78^{v} – presb. Nuemburg. dioc.: de can. et preb. eccl. ss. Justi et Clementis Bebracen. Magunt. dioc. (4 m. arg.) vacat. p. priv. Gasparis Symonis 16. mai. 78 S 769 46^{vs}.

4162 Jacobus Doliatoris cler. Magunt. dioc.: de perp. vicar. ad alt. s. Andree apl. de iur. patron. laic. in par. eccl. s. Severi Erfforden. Magunt. dioc. (4 m. arg.) vac. p. o. Tilemanni Hotterman (Hortterman) et p. devol. 14. sept. 83 S 827 192^{r} – de nova prov. de perp. vicar. ut supra 19. sept. 83 S 827 192^{v}.

4163 Jacobus Doliatoris presb. Merseburg. referens quod vicarii in colleg. eccl. s. Sixti Merseburg. ad perp. vicar. ad alt. s. Thome vac. p. o. Martini Sperge decano d. eccl. Petrum Hoborn cler. presentarunt (possessione subsecuta) qui autem contra fundationem se n. fecit prom. ad presbit. ord. ultra an.: de committ. in partibus et de prov. d. Jacobo de d. vicar. (4 m. arg.) 12. ian. 78 S 763 127^{vs}.

4164 Jacobus de Domburg (Dobing) abb. mon. in Oestbroeck (Hoesbrock) o. s. Ben. Traiect. dioc.: litt. testim. sup. solut. pro parte 33 fl. adc. 16 sol. 8 den. monete Romane pro serv. commun. et sup. totali solut. 3 fl. adc. 27 sol. 8 den. pro 1 serv. min. et sup. totali solut. 10 fl.

adc. 33 sol. pro 3 serv. min. p. manus Alardi de Spaen cler. Lubic. causarum pal. ap. not., residuum d. serv. commun. papa remisit 14. iul. 72 FC I 1131 25ᵛ – solv. 33 fl. adc. 14 bon. pro parte serv. commun. mon. s. Laurentii in Oesbrog Traiect. dioc. 15. iul. 72 IE 487 92ᵛ – obtulit cam. ap. et collegio card. (p. Alardum Spaen ut supra) pro serv. commun. 100 fl. adc. ratione prov. s. d. 25. iun. 72 et pro 5 serv. min. 16. iul. 72 OS 84 178ʳ – abb. mon. s. Laurentii de Hoosbroch o. s. Ben. Traiect. dioc.: solv. pro parte 35 fl. adc. 27 sol. 10 den. pro commun. serv. et min. serv. p. manus N. cler. Traiect. dioc. et residuum 17 fl. adc. 13 sol. remisit 17. iul. 72 FC I 1127 60ᵛ – notitia sup. visit. lim. pro 4 bienniis die 16. iul. 74 incipiendis p. Nicolaum de Edam decr. doct. aud. procur. suum 28. mai. 74 DC 36 273ᵛ.

4165 Jacobus Dominici presb. Trever. dioc.: m. (dec. eccl. Meten.) confer. par. eccl. de Rosselingha Meten. dioc. (24 l. T. p.) vac. p. resign. in manibus pape Johannis Arnulphi (p. Jacobum Hominis cler. Virdunen. procur. fact.) 13. mart. 79 (exped. 19. iun. 79) L 792 115ʳˢ.

4166 Jacobus Dridorff cler. Trever. dioc.: motu pr. de gr. expect. de 2 can. et preb. necnon de benef. ad coll. quorumcumque, Et s. d. 17. nov. 81 S 803 237ʳ, motu pr. de ref., Et s. d. 17. nov. 81 S 803 238ᵛ, [cass., decb. 82-ian. 83] S 818 24ʳ – <pape et Raphaelis [Riario] tit. s. Georgii ad velum aureum diac. card. fam.:> de disp. ad 2 incompat. benef. et 2 compat. benef. sub eodem tecto et de facult. resign. vel perm. 25. febr. 83 S 820 57ʳˢ, gratis V 677 512ᵛˢˢ.

4167 Jacobus Ebelson (Eweson) can. mon. s. Antonii [de Sancto Antonio] Viennen. dioc. benefic. in preceptoria dom. s. Antonii in Grunenberg o. s. Aug. Magunt. dioc.: de disp. ut unac. d. benef. aliud incompat. benef. obtin. val. etsi cuiusvis etiam o.

Clun. sive prioratus conventualis commendatarum aut off. claustrale fuerit in commendam ad vitam c. lic. perm. 7. oct. 79 S 787 121ʳ – can. mon. s. Antonii de Sancto Antonio o. s. Aug. Viennen. dioc. referens quod Girinus Martini precept. dom. s. Antonii in Gronemberg ut supra quia bona d. dom. illicite dissipavit ac al. excessus commisit p. Johannem abb. et diffinitores capit. gener. d. mon. a regimine d. dom. suspensus et administratio d. dom. d. Jacobo commissa fuit quod autem d. Girinus d. Jacobum regimine d. dom. presumpsit propter quod d. Jacobus causam contra d. Girinum movere intendit: m. (aep. Magunt. et dec. eccl. s. Petri Fritzlarien. ac dec. eccl. s. Bartholomei Franckforden. Magunt. dioc.) committ. in partibus 10. decb. 81 L 822 37ʳˢ – referens ut supra et quod Johannes de Angelis exec. ap. d. Girinum in possessionem d. precept. que in dominio Henrici lantgravie Hassie exist. restituit: de ref. et de cass. iur. et litt. ap. sup. d. precept. d. Girino conc., Conc. in forma iur. et de consensu d. abb. 27. apr. 82 S 810 32ʳˢ – Henrici lantgravie Hassie et com. in Katzenelbogen dilectus qui perp. benef. portionem nunc. in eccl. precept. gener. s. Antonii in op. Grunnenbergh d. ord. Magunt. dioc. (4 m. arg.) obtin.: supplic. d. lantgravio de disp. ut unac. d. benef. precept. in d. eccl. Grunnenbergh ad vitam (sub eodem tecto) retin. val. 20. iun. 82 S 812 46ᵛˢ, L 821 170ᵛˢ – referens quod sibi de precept. dom. s. Antonii in Grumemberg o. s. Aug. Magunt. dioc. vac. p. resign. in manibus pape Girini Martini (p. Sigfridum Uszmer presb. Magunt. dioc. procur. fact.) prov. fuit quod autem d. Girinus p. abb. et capit. gener. d. mon. ex certis causis a d. precept. suspensus fuit ac administratio durante d. suspensione d. Jacobo commissa fuit et quod deinde Johannes de Angelis cler. Ariminen. utr. iur. doct. commissarius ap. ad restituendum d. Girinum d. Jacobum et al. p. eum monitos excom. sent. innodavit quapropter d. Jacobus et al. ad sed. ap. appellaverunt: m. (dec. eccl. b. Marie virg. Liechen. Magunt. dioc.) confer. d. precept. dom. s. Antonii in Grunenberg (1.400 fl. auri renen.), n. o. quod perp. benef. portionem nunc. (4 m. arg.) in eccl. d. precept. obtin. c. disp. ad 2 benef. et c. absol. ab excom. sent. 26. iun. 82 V 621 217^r-220^r – cui de precept. dom. s. Antonii in Grunemberg o. s. Aug. Magunt. dioc. (sup. cuius fruct. pens. ann. 400 fl. renen. Johanni abb. d. mon. reserv. fuit) vac. p. resign. in manibus pape Girini Martini not. pape prov. fuit c. reserv. d. Girino pens. ann. 700 fl. renen. sup. fruct. d. precept. p. d. Jacobum persolv.: conf. quod d. Jacobus d. pens. ann. 400 fl. renen. d. Johanni abb. persolv. n. teneatur sed quod d. Girinus d. pens. persolv. debet 26. iun. 82 S 811 277^{vs}, V 621 141^{rss} – consensus resign. preceptorie ut supra (p. Siffredum Usmer presb. Magunt. dioc. oratorem principis lantgravii Hassie procur. constit. a Gyrino Martini ut constat ex publ. instr. acto in op. Franchfordie s. d. 4. apr. 82 subscripto manibus Jacobi Baldizonii cler. Mediolan. ac Theoderici Reymolt de Fulda presb. Herbip. dioc. imper. et ap. notariis) de qua providetur d. Jacobo ut supra; eadem hora consensit d. Jacobus p. Johannem de Angelis de Arimino procur. ut supra constitutum reservationi pens. ann. ut supra (fact. Rome in hosp. Angeli coram certo Gaspare laic. Argent. et Hartrado cler. Trever. dioc. testibus) 20. aug. 82 Resign. 2 20^r – can. mon. s. Antonii de Sancto Antonio o. s. Aug. Viennen. dioc.: oblig. p. Johannem de Arimino decr. doct. cur. sequentem sup. annat. precept. dom. s. Antonii in Grunmenberg o. s. Aug. Magunt. dioc. (1.400 fl. auri renen.) de qua vac. p. resign. in manibus pape Girini Martini s. d. 26. iun. 82 sibi prov. fuit (in margine: d. die

bulle sigillate sunt date soc. de Gadis c. regressione s. d. 28. ian. 83 Thadeus de Gadis) [...] 29. aug. 82 Paris L 26 A 10 86^v – solv. 499 fl. adc. pro annat. preceptorie dom. s. Antonii in Grunnemberg o. s. Aug. Magunt. dioc. p. manus soc. de Gadis 30. aug. 82 FC I 1134 235^v, IE 506 59^v, IE 507 59^v – recip. not. pro bulla distributa 3 grossos et 2 grossos aug. 82 DB 1 141^v – pro copia recip. not. pro bulla distributa 7 grossos decb. 82 DB 1 156^r – restit. bulle sup. prov. precept. dom. s. Antonii in Grunnbergk Magunt. dioc. (1.000 fl. renen.) s. d. 26. iun. 82 fact. quia est duplicata est solut. d. annat. d. p. d. Jacobum (in margine: d. die est duplicata reserv. pens. ann. 700 fl. renen. sup. fruct. d. precept. pro Guarino Martini prothonot. occasione cess.) 28. ian. 83 Paris L 26 A 10 228^v.

4168 **Jacobus de Effinga (Esminga, Emslunga)** qui capel. s. Galli in pal. episc. Meten. et Nicolaus Gengulph qui can. et preb. eccl. s. Victoris e. m. Magunt. perm. desiderant: de prov. d. Jacobo de dd. can. et preb. (6 m. arg.) et de prov. d. Nicolao de d. capel. (24 l. T. p.) 13. ian. 75 S 714 109^{vs}, I 333 200^v – solv. 2 fl. pro maiori val. annat. can. et preb. ut supra p. manus Petri Nigri 22. mart. 75 IE 490 53^v, IE 491 40^v – can. eccl. Meten. cui de perp. capn. ad alt. s. Johannis Bapt. in eccl. Meten. vac. p. resign. Johannis Cabourdelli (Canbordelli) can. eccl. Belvacen. vel p. o. Johannis Beyer (Seyer) quond. Nicolai V. cubic. et in concilio Basil. not. ap. prov. fuit: de nova prov. de eadem (40 l. T. p.) 23. iun. 79 S 783 203^{rs} – qui ep. Meten. vic. in spiritualibus gener. exist.: de uniendo d. canonicatui (24 l. T. p.) perp. capn. ad alt. s. Johannis Bapt. in eccl. Meten. (40 l. T. p.) ad vitam 16. iul. 79 S 784 209^v – solv. 14^1/$_4$ fl. adc. pro annat. pens. ann. sibi assign. sup. fruct. mense abbatialis eccl. s. Martini e. m. Meten. o. s.

Ben. p. manus Stephani Walterini 9. decb. 83 IE 508 93^r, IE 509 92^r, Paris L 52 D 5 143^v.

4169 Jacobus de Elmeris rect. par. eccl. de Pratoeria Trever. dioc. ad 4 minores ord. iam prom.: de prom. ad omnes ord. extra temp., sola sign. 27. oct. 80 S 797 295^r.

4170 Jacobus Engelin (Sigellen) (de Constantia) cler. Constant. decr. doct.: de can. et preb. eccl. Basil. (8 m. arg.) vac. p. resign. in manibus pape Johannis de Randeg <n. o. gr. expect. motu pr. conc. de can. et preb. eccl. s. Stephani Constant. ac de benef. ad coll. abb. etc. mon. in Wingarten o. s. Ben. Constant. dioc.> 23. mart. 82 S 809 44^{rs}, (m. Stephano de Caciis can. eccl. Vercellen. et offic. Basil. ac offic. Constant.) (exped. 28. mart. 82) L 813 19^r-21^r – oblig. p. Stephanum de Caciis can. eccl. Vercellen. abbrev. sup. annat. can. et preb. ut supra 28. mart. 82 A 30 156^r – solv. 20 fl. adc. pro annat. can. et preb. eccl. Basil. p. manus Stefani de Caccis 28. mart. 82 FC I 1134 197^v, IE 505 93^v – rect. par. eccl. in Walthausen Constant. dioc.: de disp. ut 2 incompat. benef. etsi 2 par. eccl. ad vitam recip. val. c. lic. perm. 29. apr. 83 S 822 294^{rs} – rect. par. eccl. in Walthausen ut supra: de disp. ut 2 incompat. benef. etsi 2 par. eccl. ad vitam recip. val. c. lic. perm. 29. apr. 83 S 822 294^{rs} – pres. in cur.: de prom. ad omnes ord. extra temp., sola sign. 2. mai. 83 S 822 296^r.

4171 Jacobus Epelknekt (Eselkmekt, Ripelkinckt) cler. Wormat. dioc. mag. in art. in 22. sue et. an. constit. qui ad par. eccl. in Ersheam Wormat. dioc. vac. p. o. Leonardi Gotfridi p. <Melchiorem de Hierschorn armig. Wormat. dioc.> patron. laic. <Dithero Rameng> prep. eccl. in valle Wimpinen. Wormat. dioc. present. fuit <et nullum fruct. percip.>: de nova prov. de d. par. eccl. (6 m. arg.) <c. disp. sup. def. et.> 6. iun. 74 S

706 175^{rs}, m. (prep. eccl. s. Petri sen. Argent. et Eberhardo (/.) Rabenstein can. eccl. Bamberg. ac offic. Wormat.) (exped. 23. iun. 74) L 734 61^{rss} – oblig. sup. annat. 28. iul. 74 A 23 133^r – solv. 13 fl. adc. pro compositione annat. par. eccl. in Ersheam Wormat. dioc. 28. iul. 74 IE 490 4^v.

4172 Jacobus Erer cler. Spiren. dioc.: de par. eccl. in Skinfelt Spiren. dioc. (4 m. arg.) et de capn. s. Catherine in mon. s. Petri Wissenburgen. Spiren. dioc. (3 m. arg.) vac. p. o. Conradi Seyl de Bulencken 14. febr. 72 S 696 6^v – <perp. s. c.> cap. ad alt. s. Jodoci in par. eccl. s. Johannis op. Wiszemburg Spiren. dioc. (2 m. arg.): de capn. ad alt. s. Catherine virg. in mon. s. Petri op. Wiszemburg o. s. Ben. p. cler. sec. obtineri solita (2 m. arg.) vac. p. o. Petri Wolszbron (Walszebron) 21. sept. 72 S 682 195^{rs}, m. (dec. eccl. s. Trinitatis Spiren.) (exped. 30. ian. 73) L 728 373^{rss}.

4173 Jacobus Ernwert presb. Salzeburg. dioc.: de perp. vicar. ad alt. s. Barbare in par. eccl. s. Johannis op. Tornen. Culm. dioc. (21 fl. adc.) vac. p. o. Johannis Cotman et p. devol. 26. mart. 82 S 808 175^v.

4174 Jacobus de Etten perp. vic. ad alt. s. Jacobi in par. eccl. s. Petri in Leydis Traiect. dioc. in art. mag.: n. prom. ad 5 an. 2. ian. 81 L 818 99^{rs} – disp. ad incompat. benef. 80/81 I 334 223^r.

4175 Jacobus Fabri dec. colleg. eccl. s. Martini Wormat. ac can. eccl. s. Catherine in Oppenheyn Magunt. dioc.: litt. testim. sup. prom. ad subdiacon. ord. (vig. conc. s. d. 9. apr. 72) in eccl. s. Bartholomei de Insula in Urbe s. d. 28. mai. 72, ad diacon. ord. s. d. 20. iun. 72, ad presbit. ord. s. d. 24. iun. 72 in eccl. s. Francisci in Urbe 24. iun. 72 F 6 64^v – cler. Wormat. dioc. Berardi [Eruli] tit. s. Sabine presb. card. Spoletan. fam.:

supplic. d. card. de can. et preb. eccl. s. Castoris in Cardona Trever. dioc. (5 m. arg.) vac. p. o. Johannis Pistoris etiam d. card. fam. 18. sept. 72 S 682 40^v, (m. dec. eccl. Wormat. et archid. eccl. Iporien. ac Paulo de Raynoldis can. eccl. Mediolan.), gratis (exped. 17. oct. 72) L 730 110^{vss} – dec. eccl. s. Martini Wormat.: de lic. perm. d. decan. et can. et preb. eccl. s. Catherine in Oppenheim Magunt. dioc. et can. et preb. eccl. s. Castoris in Cardona Trever. dioc. pro quibuscumque benef. 19. mart. 73 S 688 212^{rs} – qui vig. gr. expect. Pauli II. decan. eccl. s. Martini Wormat. vac. p. o. Volmari Lupet acc. et deinde litig. desup. coram aud. contra Bernardum Fabri qui nunc resign. in cur.: de nova prov. de d. decan. (3 m. arg.) 31. mart. 73 S 689 155^{rs} – facult. resign. 72/73 I 332 303^r – oblig. sup. annat. facult. resign. vel perm. ut supra 29. apr. 73 A 22 15^v.

4176 **Jacobus Fabri (de Ruszhofen)** cler. Argent. dioc. in art. mag.: de perp. vicar. par. eccl. ville Ottenrode (/.) Argent. dioc. (4 m. arg.) vac. p. o. Johannis de Plabuten 2. ian. 81 S 799 90^v – de disp. ut 2 incompat. benef. etsi 2 par. eccl. ad vitam recip. val. c. lic. perm. 16. mai. 84 S 839 240^v.

4177 **Jacobus de Fabriano** cler. Camerinen. dioc. pape fam. cui gr. expect. s. d. 1. ian. 72 de benef. vel can. et preb. ad coll. ep. etc. Trident. et ep. etc. Feltren. conc. fuit: motu pr. de mutatione coll. ep. etc. Trident. et Feltren. ad coll. ep. etc. Argent. et ep. etc. Viterbien. 31. ian. 78 S 765 6^r.

4178 **Jacobus Philippi** presb. Constant.: recip. 27 fl. pro satisfactione annat. par. eccl. s. Martini Basil. que eidem restituitur 9. mart. 72 IE 487 158^v – presb. Constant. dioc. art. mag. theol. bac. in cuius favorem Johannes Vogeller (/.) perp. vicar. par. eccl. ut supra resignavit c. reserv. pens. ann. 25 fl. renen.: de disp. sup. irreg. 11. mart. 72 S 677 128^{rs}.

4179 **Jacobus Fysbecke**: assign. pens. ann. Osnaburg. [dioc.?] 81/82 I 334 177^r.

4180 **Jacobus Francisci Kerpergh** presb. Trever. dioc.: m. (dec. eccl. Trever.) confer. par. eccl. in Franthessem Trever. dioc. (2 m. arg.) vac. p. resign. in manibus pape Nicolai Straissener cler. Trever. dioc. (cui de eadem vac. p. resign. Mathie Drone in manibus abba. sec. colleg. eccl. [s. Irmine] in Horreo Trever. s. d. 6. apr. 80 prov. fuerat litt. desup. n. confectis) 8. febr. 81 (exped. 2. mart. 82) L 805 178^{rss}.

4181 **Jacobus Freyberg** presb. Wratislav.: de disp. ad 2 incompat. benef. 10. iun. 74 S 707 186^r, 13. iun. 74 L 734 305^{rs}.

4182 **Jacobus Fresch** cler. Ratisbon. dioc. cui ordin. auct. de perp. benef. ad alt. s. Francisci in capel. s. Jeronimi op. Strigo Quinqueecclesien. dioc. vac. p. o. cuiusdam Damiani et de alio perp. benef. ad alt. ss. Cosme et Damiani in eccl. Quinqueecclesien. certo modo vac. prov. fuit: de nova prov. de eisdem (insimul 8 m. arg.) 25. iun. 78 S 771 128^v.

4183 **Jacobus Friberg (Fribergk)** monach. mon. in Wilmelburg (Wiymelburgh) o. s. Ben. Halberstad. dioc.: restit. bulle s. d. 25. aug. 71 sup. d. mon. (12 m. arg.) vacat. p. priv. Nicolai abb. et sup. par. eccl. in Maiori Clobeck Halberstad. dioc. (4 m. arg.) quam obtin. in commendam 4. iun. 73 A 22 37^r – cui p. litt. Pauli II. in forma ›rationi congruit‹ se monasterio in Wilmeburg ut supra (vac. p. priv. Nicolai Meier (Maier) abb. qui certa immobilia et mobilia d. mon. alienaverat) prefici conc. fuit et qui litig. desup. coram Gaspare de Teramo ap. aud. et coram Antonio de Grassis in locum d. Gasparis surrogato aud. contra quendam fr. Johannem Frank intrusum: de committ. d. Gaspari seu in eius locum surrogato ut ad executionem contra d. intrusum ulterius procedat 13. aug. 77 S 772 158^r – referens quod tempore Pauli II. de abbat. d. mon. tunc vacat. p. priv. Nicolai abb. d. mon. (qui nonnulla crimina commiserat) sibi prov. fuit et quod deinde desup. litig. coram Gaspare de Theramo aud. et Antonio de Grassis aud. ac Johanne [de Ceretanis] tunc ep. Nucerin. contra Johannem Frank monach. d. mon. intrusum et quod d. Nicolaus post confessionem coram d. Antonio aud. et Ottone de Speck cler. Halberstad. dioc. causarum pal. ap. not. resign.: de nova prov. de d. abbat. (8 m. arg.) vac. p. resign. d. Nicolai 10. decb. 78 S 776 82^{rs}, m. (Gaspari de Theramo aud.) 13. decb. 78 L 797 234^r-236^r – oblig. sup. annat. d. mon. de quo ut supra s. d. 10. decb. 78 sibi prov. fuit et promisit solv. in cur. infra 6 menses a die habite possessionis computandos 26. mart. 79 A 27 179^r.

4184 Jacobus Frisz cler. Wormat. dioc.: de perp. benef. ad alt. b. Marie virg. in par. eccl. ville Hangenwishaem Wormat. dioc. (2 m. arg.) vac. p. resign. in manibus pape Martini Nonneman cler. Herbip. dioc. 18. aug. 82 S 813 238^{vs}.

4185 Jacobus de Frovilla abb. mon. s. Simphoriani o. s. Ben. Meten. pres. in cur.: de indulto dicendi horas can. et b. Marie virg. secundum usum R. E. et diocesani loci, sola sign. 6. nov. 81 S 804 263^r.

4186 Jacobus Fugger (Fuger, Fugier): prov. de can. Eistet. [dioc.?] vac. p. resign. 72/73 I 332 94^r – cler. August.: oblig. p. Marcum Fugger in registro supplic. script. fr. d. Jacobi sup. annat. can. et preb. eccl. s. Viti in Herieden (Heriden, Heriedem) Eistet. dioc. (8 m. arg.) de quib. vacat. p. resign. in cur. Johannis Mayer et d. Marci s. d. 8. nov. 71 sibi prov. fuit 27. nov. 71 A 21 48^v – solv. 18 fl. adc. pro compositione annat. p. manus Marci ut supra 27. nov. 71 FC I 1129 37^r, IE 487 26^v.

4187 Jacobus Vunck cler. Verden. dioc. cui de perp. s. c. vicar. ad alt. s. Katherine virg. in mon. b. Marie virg. e. m. op. Staden. Bremen. dioc. vac. p. o. Gerardi Spade prov. fuit: de nova prov. de eadem (2 m. arg.) 17. oct. 80 S 797 123^v.

4188 Jacobus Fuser al. Pflueger (Pflueger): scolastr. Argent. [dioc.?] vac. p. assec. 73/74 I 332 24^r – presb. et perp. vic. in eccl. Argent.: de perp. s. c. capn. ad alt. s. Johannis Bapt. in capel. s. Johannis Bapt. apud et extra mon. in Monte s. Otilie in Hohenburg Argent. dioc. (4 m. arg.) vac. p. o. Johannis Roge <Cunradi Hube> 25. apr. 75 S 718 250^{rs}, 20. mai. 75 S 720 182^r.

4189 Jacobus de Gaszino cler. Gneznen. dioc.: de par. eccl. Omnium ss. in suburbio Gneznen. (3 m. arg.) vac. p. o. Johannis de Slonnianka 15. febr. 83 S 819 225^{vs}.

4190 Jacobus Gerardi: prov. de par. eccl. Traiect. [dioc.] vac. p. resign. 82/83 I 335 173^v – presb. Traiect. dioc.: oblig. p. Cornelium de Edam personam person. de Vlaerdinghen Traiect. dioc. sup. annat. par. eccl. de Alckmaria Traiect. dioc. (16. m. arg.) (sup. quib. Arnoldus de Clivis Colon. 60 necnon Antonius Vekemans Leod. dioc. cler. al. 10 fl. renen. pens. ann. dudum assign. percipiunt) vac. p. resign. Johannis Yetzwert s. d. [dat. deest] (in margine: s. d. 18. sept. 83 solv. pro parte d. par. eccl. 13 fl. p. manus soc. de Spanochiis, s. d. 18. sept. 83 d. Cornelius oblig. se pro d. Jacobo Gerardi sup. residuo d. annat. d. par. eccl. et promisit solv. infra 4 menses) 18. sept. 83 A 31 138^v – solv. 13. fl. adc. pro parte annat. par. eccl. de Alchmaria Traiect. dioc. p. manus soc. de Spanochis 18. sept. 83 IE 508 70^r, IE 509 69^r, Paris L 52 D 5 122^v.

4191 Jacobus Gerold cler. Salzeburg. dioc. in 22. sue et. an. constit.: de disp. ut quodcumque benef. etiam c. c. recip. val. 13. iul. 76 S 740 41^v, L 764 267^v – rect. par. eccl. in Knutelffeld Salzeburg. dioc.: de horis dicendis secundum usum cur. c. socio, p. breve 6. apr. 84 S 834 241^r.

4192 Jacobus Gerulfi de Hulst cler. Traiect. dioc.: de perp. capn. ad alt. b. Marie in par. eccl. s. Guilbordi [de Hulst?] Traiect. dioc. (20 l. T. p.) vac. p. o. Walteri Pavonis [28. mai. 83] S 823 298^r.

4193 Jacobus Gladap presb. Magunt. dioc. pape fam.: de can. et preb. in eccl. s. Martini in Heilgenstadt Magunt. dioc. (4 m. arg.) vac. p. resign. in manibus pape Stephani Clinger (Clingener) pape fam. (cui de illis vac. p. o. in cur. Johannis Remensnider (Rimunsnider) prov. fuit) <p. Adam Wolffeskel cler. Magunt. dioc. procur. fact.>, n. o. par. eccl. s. Andree in Zoppen (Czoppen) Nuemburg. dioc. (8 fl. renen.) et perp. s. c. vicar. ad alt. ss. Judoci, Barbare et Dorothee in eccl. op. Aldendorf (Aldenford) Magunt. dioc. (6 fl. renen. auri) 18. decb. 81 S 805 79^v, m. (scolast. eccl. s. Severi Erforden. Magunt. dioc.) (exped. 3. ian. 82) L 814 54^r-55^v – referens quod ipse vig. gr. expect. can. et preb. eccl. s. Martini in Heylgenstadt Magunt. dioc. vac. p. resign. in manibus pape Stephani Clingener (cui de illis vac. p. o. Johannis Rimensnider prov. fuit) s. d. 18. decb. 81 acc. quodque in litt. desup. p. inadvertentiam illius qui litt. expedivit una beneficialis n. obstantia pretermissa est videlicet quoddam s. c. benef. ad alt. s. Andree in par. eccl. b. Marie in d. op. commissio nunc. (2 fl. renen.): de decl. litt. desup. perinde val. acsi d. n. obstantia express. fuisset 26. mart. 82 S 808 178^r.

4194 Jacobus Gloder cler. Wladislav. dioc.: de par. eccl. in Subebow (/.) [= Subkowy?] Wladislav. dioc. (50 m. arg.) vac. p. assec. par. eccl. s. Katherine in Antiqua civit. Druezeben. (/.) [= Danzeken.] Wladislav. dioc.

de iur. patron. laic. p. Georgium Grese 19. nov. 83 S 832 90^{rs}.

4195 Jacobus de Gochezheym (Gochtzheim) cler. Spiren. dioc. in decr. licent. Dietheri [de Isenburg] aep. Magunt. dilectus: motu pr. gr. expect. de benef. ad coll. ep. etc. Spiren. et prep. etc. eccl. ss. Petri et Alexandri Aschaffenburgen. Magunt. dioc. 17. nov. 81 (exped. 23. nov. 81) (m. prep. eccl. b. Marie Feuchtwangen. August. dioc., offic. Magunt. ac offic. Spiren.) L 819 273^v-275^r – de can. et preb. in eccl. Spiren. (8 m. arg. p.) vac. p. o. Johannis de Stettemberg quond. [Nicolai de Cusa] tit. s. Petri ad vincula presb. card. fam. 6. iun. 84 S 837 57^v.

4196 Jacobus [Goffridi] el. Adrimitan.: pens. sup. mensa eccl. August. 72/73 I 332 9^r.

4197 Jacobus de Gouda cler. Traiect. dioc. c. quo sup. def. nat. (p. s.) disp. fuit: de can. et preb. sub invocatione b. Gregorii in colleg. eccl. s. Pancratii mart. in op. de Leydis Traiect. dioc. de iur. patron. laic. (5 m. arg.) vac. p. o. cuiusdam Johannis et p. devol. 14. oct. 72 S 687 101^r.

4198 Jacobus de Graes qui par. eccl. in Ghyssenkerck Traiect. dioc. de consensu patron. laic. et **Theodericus Marsilii** qui rectoriam et perp. vicar. in Goudriaen Traiect. dioc. permutarunt referentes quod propter diminutionem d. vicar. Andreas de Viterbio ad regnum Francie ac Burgundie, Britannie et Sabaudie ducatus nunt. d. Jacobo assignavit pens. ann. 6 libr. Flandrie (= 36 fl. renen.) sup. fruct. d. par. eccl. (100 fl. renen.) p. d. Theodericum persolv.: de conf. 21. nov. 74 S 711 134^{vs}.

4199 Jacobus Greue de Kempis cler. Colon. dioc.: de can. et preb. eccl. ss. Crisanti et Darie Monasterii Eiflie Colon. dioc. (4 m. arg.) vac. p. o. cuiusdam Martini 3. nov. 73 S 709 87^v.

4200 Jacobus Guottenberg promotor negotiorum criminalium curie episc. Constant. referens quod Georgius Winterstetter can. eccl. Constant. qui capit. d. eccl. 30 fl. renen. subtraxit se p. papam in acol. recipi procuravit: m. committ. d. Jacobo ad inquisitionem, n. o. receptione d. Georgii in pape acol. 18. decb. 72 V 662 104[rss].

4201 Jacobus Hackart presb. Traiect. dioc. in art. mag. in theol. bac. formatus referens quod in iuvenali etate constitutus pro timore pestis tunc vigentis post 12 an. extunc sequentes religionem intrare vovit verum matri sue senio confecte necessaria vite ministrare habet: de absol. a d. voto et de prorog. usque ad an. post obitum matris 1. oct. 82 S 814 297[vs].

4202 Jacobus Hagen can. eccl. s. Petri iun. Argent.: m. (prep. eccl. s. Petri iun. Argent.) confer. perp. s. c. vicar. in par. eccl. ss. Petri et Pauli appl. ville Dossenhem Argent. dioc. (4 m. arg.) vac. p. resign. in manibus pape Mathie Buman cler. Wormat. dioc. Johannis Bapt. [Cybo] tit. s. Cecilie presb. card. fam. cui de eadem vac. p. o. Johannis Goszvoin s. d. 28. mart. 80 prov. fuerat litt. desup. n. confectis 16. iun. 81 (exped. 20. iun. 81) L 815 119[vs].

4203 Jacobus (de Halenseyo al.) de Claraaqua cler. Trever. dioc.: de par. eccl. s. Huberti de Charenceyo Trever. dioc. (20 l. T. p.) vac. p. o. Johannis Rop 22. aug. 82 S 813 319[v] – referens quod lis pendet coram Gundissalvo de Villadiego aud. inter Jacobum Mathie cler. Trever. dioc. et quond. Jacobum de Voyer in cur. defunct. reum et possessorem Oliverii [Carafa] card. ep. Sabinen. fam. sup. par. eccl. b. Marie de Aquen. Leod. dioc. (20 l. T. p.) et quod d. Jacobus Mathie surrog. ad ius d. Jacobi de Voyer: de surrog. ad ius d. Jacobi Mathie qui resignavit 20. iun. 83 S 825 114[v].

4204 Jacobus de Hamelo al. le Fouriner presb. Morinen. dioc. qui ad alteram portionem par. eccl. loci de Beostemblide Traiect. dioc. vac. p. o. Cornelii Arnssone p. patron. dominum temporalem d. loci present. fuit: de nova prov. de d. portione (28 l. T. p.) 6. iul. 82 S 812 148[rs].

4205 Jacobus Harttmanni presb. Wormat. dioc.: de par. eccl. s. Mauricii in Griesszen Superiori Herbip. dioc. (7 m. arg.) vac. p. o. cuiusdam Silvestri 26. mart. 73 S 688 296[r].

4206 Jacobus Hawstetter civ. August.: de facult. deput. certos presb. et scol. ut Salve regina <c. al. orationibus et antiphonis> in eccl. hosp. s. Jacobi August. in certis festis decantarent c. facult. substituendi al. in eorum loco 28. iun. 80 S 796 30[v], 14. apr. 81 L 818 236[vs].

4207 Jacobus Heyder (Hayter, Dieyder) cler. August. dioc. rect. par. eccl. in Winszwag Herbip. dioc. pres. in cur.: de prom. ad presbit. ord. extra temp., sola sign. 28. febr. 82 S 807 116[r] – rect. par. eccl. s. Laurentii in Winszwang (Wisswangen) Herbip. dioc.: prom. ad ord. subdiacon. in basilica Principis appl. de Urbe 2. mart. 82 F 7 45[vs] – litt. testim. sup. prom. ad subdiacon. ord. s. d. 2. mart. 82, ad diacon. ord. s. d. 3. mart. 82, ad presbit. ord. s. d. 10. mart. 82 in basilica Principis appl. de Urbe 10. mart. 82 F 7 45[r].

4208 Jacobus (de) Heymburg (Imburgh) laic. Misnen. dioc. quond. Georgii Heimburg fil. carnalis et universalis heres referens quod d. Georgius olim propter heresim p. ep. Misnen. excom. et deinde ap. auctoritate absolutus fuit quod autem d. Georgius antequam posteriores litt. p. Marcum [Barbus] tit. s. Marci presb. card. in regno Ungarie et nonnullis Germanie partibus legatum executioni demandarentur obiit: m. (ep. Sambien. et ep. Merseburg.) assign. fruct. de bonis d. Georgii apud quoscumque depositos et retardatos 18. febr. 73 V 555 247^{rs} – laic. Herbip. dioc. heres universalis Georgii Heymburg fratris carnalis qui quond. Jersico damnabiliter se adheserat: solv. 308 fl. adc. et 28 bon. (300 in fl. papalibus) pro restit. bonorum confiscatorum <pro compositione certe absol. in Herbip. dioc. sibi conc.> p. manus Melchioris Meckau script. 26. febr. 73 FC I 1130 12^r, FC I 1767 52^v, FC I 1768 54^v – litt. testim. sup. solut. ut supra 5. mart. 73 DC 36 195^v.

4209 **Jacobus Hemingk (Heumig, Henningh)** <Misnen. dioc.> referens quod fr. et sorores mon. ord. b. Marie Magdalene de penitentia sub reg. s. Aug. in partibus Alamanie et Boemie degentes eum in prep. gener. d. ord. vac. p. o. Martini Johannis eligerunt: de conf. 13. ian. 75 S 714 41^r, 19. ian. 75 S 714 105^v, I 333 199^v.

4210 **Jacobus Henrici** rect. par. eccl. in Ysselham Traiect. dioc. pres. in cur. et resid.: de prom. ad omnes sacros ord. extra temp., sola sign. 8. apr. 84 S 834 228^{rs}.

4211 **Jacobus Henrici de Fulbach** Herbip. dioc. referens quod ipse et Henricus Gawei de Mymberg famulus suus Felicitatem de Tunselt monial. mon. s. Theodori o. s. Ben. Bamberg. dioc. et eius famulam necabant et in aquas suffocabant et quod papa episcopo Herbip. p. penit. litt. sup. absol. in mandatis dedit ut ipsos ad Auxiam [de Podio] tit. s. Sabine presb. card. tunc in Germania ap. sed. legatum pro absol. remitteret et quod ipsi propter celerem recessum d. legati munus absol. consequi n. potuerunt: de committ. aliquibus probis viris in partibus (p. breve) ut ipsos iniuncta eis pro modo culpe penitentia absolvant 18. mai. 80 S 792 302^{rs}.

4212 **Jacobus Hermanni** cler. Trever. dioc. et in univ. Colon. in facult. art.

studens cui de perp. capn. ad alt. b. Marie virg. in par. eccl. de Villarii supra Scismam Trever. dioc. vac. p. o. Johannis Boero p. Bertrandum Hermanni rect. d. par. eccl. prov. fuit: de nova prov. de eadem (4 fl. renen.) 14. oct. 80 S 797 85^v.

4213 **Jacobus Herxsemer (Herxseminer)** cler. Spiren. Simonis [Vosich] aep. Patracen. cancellariam ap. regentis et Roderici [de Borja] card. ep. Portuen. vicecancellarii fam. c. quo sup. def. nat. (p. s.) disp. fuit et cui gr. expect. s. d. 1. ian. 72 de benef. ad coll. ep. etc. Spiren. ac prep. etc. eccl. ss. Germani et Mauritii Spiren. motu pr. s. d. 2. mart. 79 conc. fuit: prerog. ad instar pape fam. descript., gratis 17. nov. 79 V 550 267^r-268^v – c. quo sup. def. nat. (p. s.) disp. fuit et cui gr. expect. de benef. <ad coll. ut supra motu pr.> conc. fuit: de disp. ad quodcumque benef. c. lic. perm. 20. apr. 80 S 795 321^{vs}, gratis 26. mai. 81 L 808B 200^{vs} – consensit cess. de iur. sup. par. eccl. in Udenhem Spiren. dioc. quam certo modo vac. vig. gr. expect. s. d. 16. iun. 81 acc. et de qua Eustachio Munc cler. Spiren. dioc. prov. fuit qui etiam reservationi pens. ann. 15 fl. renen. sup. fruct. par. eccl. in Vichelen Cameracen. dioc. (quam d. Eustachius inter al. obtinet) d. Jacobo reservate consensit cum hoc quod (in eventum quod iuri d. Jacobo sup. d. par. eccl. in Udenhem competenti cessum fuisse reperiatur) d. Eustachius intellegatur consensisse ad solvendum pensionem 4 fl. renen. 16. iun. 81 OP 6 94^r – prov. de capn. Spiren. [dioc.?] vac. p. devol. 80/81 I 334 212^v – cler. Spiren. <dioc.> Si[monis Vosich] aep. Patracen. ut supra fam. c. quo sup. def. nat. (p. s.) disp. fuit: de perp. benef. in summo alt. b. Marie virg. in mon. ad Stegis can. reg. o. s. Aug. in op. Landaw Spiren. dioc. (3 m. arg.) p. cler. sec. teneri solito de iur. patron. consulum d. op., n. o. can. et preb. in eccl. s. Michaelis op. Forchen. Spiren. dioc. (6 m. arg.) ac reserv. pens. ann. 15 fl. renen. sup. fruct. par. eccl. in Vichelhem Cameracen. dioc. 27. oct. 81 S 804 173ʳ, I 334 216ᵛ – <c. quo sup. def. nat. ut supra ut ad omnes ord. prom. et quodcumque benef. obtin. val. et deinde ad quodcumque benef. disp. fuit> et **Eustachius Munch** rect. par. eccl. b. Marie in Wichelhem Cameracen. dioc. pape fam. in decr. licent. et **Marchus Wiszeborch** perp. vic. ad alt. s. Pancratii in colleg. eccl. s. Trinitatis Spiren. referentes quod d. Jacobo pens. ann. 15 fl. renen. sup. fruct. d. par. eccl. b. Marie in Wichelhem p. d. Eustachium persolv. auct. ap. <s. d. 14. iun. 81> assign. fuit et quod d. Eustachio de perp. s. c. vicar. in aliqua colleg. eccl. civit. Spiren. prov. fuit quod autem d. pens. d. Jacobo assign. cass. fuit et d. Eustachius perp. benef. ad alt. s. Johannis Bapt. in mon. Moeszminster o. s. Ben. Argent. dioc. et Marchus Wiszeboch d. perp. vicar. ad alt. s. Pancratii resign. in manibus pape <p. Johannem de Dureckhem cler. Spiren. dioc. d. Marci procur. fact.>: de adm. d. resign. dd. Eustachii et Marchi et de prov. d. Jacobo de d. benef. et de d. vicar. (insimul 24 fl. adc.) et de adm. cass. d. pens. ann. 29. nov. 81 S 804 297ᵛ, (m. ep. Glandaten., abb. mon. ss. Petri et Pauli in Vysenbrug Spiren. dioc. ac cant. eccl. Spiren.), gratis (exped. 24. decb. 81) L 814 64ᵛ-67ᵛ – perp. vic. in eccl. s. Trinitatis Spiren.: de prom. ad omnes ord. extra temp., sola sign. 9. mart. 82 S 808 205ᵛˢ.

4214 Jacobus Hillebrand (Liutbrandi) cler. Hildesem. dioc.: de perp. benef. sive commenda ad alt. s. Catherine in par. eccl. s. Stephani Goslarien. Hildesem. dioc. (2 m. arg.) de iur. patron. laic. vacat. p. resign. Hermanni Wulff 9. mart. 78 S 766 181ʳ, 30. mart. 78 S 767 28ᵛ.

4215 Jacobus Hoex cler. Colon. dioc.: de alt. b. Marie virg. in par. eccl. de Anrade Colon. dioc. (4 m. arg. p.) vac. p. o. Henrici Dyddenno 5. mart. 84 S 839 142ʳ.

4216 Jacobus de Hogeman: prov. de vicar. Magdeburg. [dioc.?] vac. p. perm. 83/84 I 335 116ʳ.

4217 Jacobus de Holstemdorph presb. Camin. dioc.: de perp. s. c. vicar. in eccl. cathedr. s. Laurentii Lunden. (16 fl. adc.) vac. p. o. Johannis Mathie in regno Dacie collect. 1. iul. 83 S 825 268ʳ.

4218 Jacobus Hominis (Honns) cler. Virdunen. dioc.: de perp. capn. ad alt. s. Quirini in eccl. s. Symeonis Trever. (2 m. arg.) vac. p. resign. in manibus pape Francisci Plicatoris 18. mart. 72 S 677 178ʳ, I 333 307ʳ – cler. Virdunen. dioc. in registro supplic. script.: de perp. capn. ad alt. s. Thome apl. (12 libr.) sita in par. eccl. op. de Londo (/.) vico Trever. dioc. vac. p. o. Jacobi Choeri 24. aug. 77 S 755 98ʳˢ – cler. Treuer. dioc.: de can. et preb. eccl. Meten. (24 l. T. p.) vac. p. o. Hugonis Benefacti 21. aug. 78 S 772 159ᵛ – rect. par. eccl. de Ananceyo Meten. dioc. et in registro supplic. signatarum script. c. quo de n. prom. ad an. disp. fuit et qui in d. registro valde occupatus exist.: de prorog. ad 2 an., Conc. ad an., sola sign. 18. mai. 80 S 793 48ᵛˢ – rect. par. eccl. de Sanneyo Meten. dioc. in subdiacon. ord. constit. in registro supplic. signatarum script.: de n. prom. ad diacon. et presbit. ord. ad 2 an., Conc. ad an., sola sign. 9. mai. 82 S 810 289ᵛ.

4219 Jacobus Huetter laic. August. dioc. et **Margaretha** mater eius et **Agneta** ux. eius et **Anna** soror eius: de indulto elig. confessorem <c. alt. port.> 23. decb. 82 S 818 306ʳ, V 674 477ᵛˢ.

4220 Jacobus Hugonis cler. Constant. dioc. in 13. sue et. an. constit.: de can. et diaconali preb. colleg. eccl. s. Johannis Constant. (6 m. arg.) (4 m. arg.) vac. p.o. Johannis Ledergerre (Ledergerer) olim Johannis [Juvenis] tit. s.Laurentii in Lucina presb. card. Morinen. vulg. nunc. fam. et p. devol. et de facult. perm. pro al. benef. 13. sept. 82 S 814 98^v, 24. sept. 82 S 814 140^{rs}.

4221 **Jacobus Humler (Homler)** cler. Herbip. pape fam.: motu pr. de gr. expect. de 2 can. et preb. necnon de benef. ad coll. quorumcumque, Et s.d. 17. nov. 81 S 803 101^v – qui ut supra gr. expect. acc.: de prerog. ad instar pape fam. descript., Et s.d. 17. nov. 81 19. ian. 84 S 830 66^{vs}.

4222 **Jacobus Jablowski** can. eccl. Poznan. referens quod ipsi p. Johannem [Grusczynski] aep. Gneznen. pro servitio pro d. aep. villa Slawne nunc. in districtu Gneznen. (8 m. arg.) ad mensam aepisc. Gneznen. pertinens c. omnibus eiusdem ville fruct. donata fuit c. consensu capit. eccl. Gneznen.: de conf. 24. nov. 81 S 805 39^r.

4223 **Jacobus Jacobi Antonii** rect. par. eccl. in Coudekerke partium Vallacrie in Zelandia Traiect. dioc. in decr. licent.: disp. ut unac. d. par. eccl. aliud incompat. benef. recip. valeat 25. febr. 74 L 734 221^v – prov. de par. eccl. Traiect. [dioc.] vac. p. resign. 74/75 I 333 307^r – presb. Traiect. dioc.: oblig. p. Henricum de Valgaet cler. Leod. dioc. sup. annat. par. eccl. in Goes in Zuutbeuelande Traiect. dioc. de qua (240 l. T. p.) vac. p. resign. in cur. Inguerrandi [Seignart] ep. Salubrien. sibi s.d. 26. mart. 74 prov. fuit 9. apr. 74 A 23 60^v – solv. 108 fl. pro compositione annat. p. manus Henrici ut supra 8. apr. 74 FC I 1129 239^r, IE 488 66^r, IE 489 66^r.

4224 **Jacobus Yban** presb. perp. benefic. in eccl. s.Stephani Wien. Patav. dioc. unus ex fratribus confratrie s.Petri nunc. qui ex quadam domo capel. de novo erigi cepit ac d. capel. de

bonis suis dotare intendit: de lic. erigendi d. capel. c. reserv. iur. patron. pro dd. confratribus, p. breve 16. febr. 76 S 734 251^{rs}.

4225 **Jacobus Yetzwart (Yetzwert)** cler. Morinen. dioc. inter al. referens quod Antonio Vekemans cler. Cameracen. dioc. pape fam. de par. eccl. de Alckmaria Traiect. dioc. vac. p.o. in cur. Nicolai de Edam cler. Traiect. dioc. aud. (qui eandem vac. p. resign. Johannis de Poelgeest in manibus executoris ap. in commendam obtin.) prov. fuerat et deinde litig. desup. coram Johanne [de Ceretanis] ep. Nucerin. aud. locumtenenti et coram Johanne Francisco de Pavinis aud. ac coram Petro de Ferrera aud. contra quond. Nicolaum de Hoochtwonda monach. mon. Egmonden. o. s. Ben. Traiect. dioc. intrusum et post eius obitum contra Gisbertum de Koetzlaer etiam monach. d. mon.: m. (ep. Alerien. et dec. eccl. de Naeltwyck Traiect. dioc. ac Hermanno Tuleman can. eccl. Traiect.) confer. d. par. eccl. (16 m. arg.) vac. p. cess. in manibus pape d. Antonii (p. Arnoldum Clover cler. Colon. dioc. procur. fact.) c. reserv. pens. ann. 60 fl. renen. pro Arnoldo de Clivis cler. Colon. dioc. 31. iul. 81 (exped. 22. aug. 81) L 808A 96^r-98^r – oblig. sup. annat. par. eccl. ut supra vac. p. resign. in manibus pape Antoni Veckemans (in margine: s.d. 3. sept. 81 solv. pro parte annat. 17^1/$_2$ fl.; residuum debet solv. quando cessabit d. pens. ut in oblig.; s.d. 3. sept. 81 d. Jacobus se oblig. pro residuo d. annat.) 3. sept. 81 A 30 61^r – solv. 17 fl. adc. pro annat. par. eccl. ut supra p. manus pr. 3. sept. 81 FC I 1134 145^v, IE 505 11^v – rect. par. eccl. de Alckmaria Traiect. dioc. qui d. par. eccl. p. an. obtin. pape fam.: de n. prom. ad an., sola sign. 4. iul. 82 S 812 162^r – de disp. ad 2 incompat. benef. sub eodem tecto et 2 al. incompat. benef. c. lic. perm. et de n. resid. et de percip.

fruct. in absentia 4. iul. 82 S 812 134^{vs}, (exec. prep. eccl. Leod. et prep. eccl. ss. Appl. Colon. ac prep. eccl. s. Johannis Traiect.), gratis V 636 225^v-228^r – rect. par. eccl. de Alckmaria Traiect. dioc. pape et Achillis [de Mariscottis] ep. Cervien. pape refer. fam.: de prorog. term. n. prom. ad 2 an., Conc. ad an., sola sign. 31. iul. 83 S 826 165^{rs} – pape fam. et **Jacobus Gerardi** presb. Traiect. dioc.: de adm. resign. d. Jacobi Yetzwert et de prov. d. Jacobo Gerardi de par. eccl. de Alckmaria Traiect. dioc. (16 m. arg.) sup. cuius fruct. Arnoldus de Clivis pens. ann. 60 fl. renen. auri et Antonius Bekemans etiam 10 fl. renen. auri sibi reserv. percipiunt et de assign. d. Jacobo Yetzwert pens. ann. 85 fl. renen. auri sup. fruct. mon. s. Adelberti Egmonden. Traiect. dioc. p. abb. etc. d. mon. persolv. 1. sept. 83 S 828 47^{vs} – oblig. (p. Cornelium de Edam personam personatus de Vlaerdinhen Traiect. dioc.) sup. annat. pens. ann. 85 fl. renen. auri ut supra (in margine: s. d. 18. sept. 83 solv. pro annat. d. pens. 30 fl. p. manus de Spanochiis) 18. sept. 83 A 31 139^r – solv. 29 fl. adc. pro annat. pens. sibi assign. sup. fruct. mon. s. Adalberti Egmunden. Traiect. dioc. p. manus soc. de Spanochis 18. sept. 83 IE 508 70^r, IE 509 69^r, Paris L 52 D 5 123^r – prov. de perp. s. c. capn. ad alt. s. Jacobi in par. eccl. Rotterdamen. Traiect. dioc. (4 m. arg. p.) vac. p. o. in cur. Walteri Johannis (exec. ep. Cervien. et abb. mon. s. Alberti Egmonden. Traiect. dioc. ac offic. Traiect.), gratis 19. sept. 83 V 635 260^{rss} – can. eccl. b. Marie Traiect. pape fam. cui p. al. litt. pape gr. expect. s. d. 17. nov. 81 de can. et preb. eccl. b. Marie Brugen. Tornacen. dioc. necnon benef. ad coll. abb. etc. mon. s. Adelberti Egmonden. o. s. Ben. Traiect. dioc. prov. fuit: cass. dd. litt. quoad can. et preb. d. eccl. b. Marie Brugen. ac decl. dd. litt. perinde val. acsi sibi de can. et preb. d.

eccl. b. Marie Traiect. prov. fuisset, gratis 31. oct. 83 Sec. Cam. 1 421^r-422^v.

4226 Jacobus Illaci cler. Traiect. dioc. cap. capn. ad alt. s. Pancratii in par. eccl. Budicen. Traiect. dioc.: de prom. ad omnes ord. extra temp., sola sign. 20. decb. 79 S 788 167^{vs}.

4227 Jacobus (Jacobinus) Jodinck (Jodding) de Lippia cler. Colon. dioc. qui litig. tempore Pii II. coram Johanne [Diaz de Coca] ep. Calaguritan. aud. locumtenenti et Johanne Francisco de Pavinis aud. et quond. Johanne [Pintor] ep. Elnen. aud. locumtenenti et tempore Pauli II. coram Antonio de Grassis aud. et Nicolao de Edam aud. contra Johannem de Oel cler. spoliatorem sup. par. eccl. in Erpel vac. p. o. Simonis Kale vel vac. p. o. Theoderici Wevelinchaen: ›rationi congruit‹ s. d. 25. febr. 71 m. (Nicolao de Edam aud.) confer. si neutri d. par. eccl. (8 m. arg.) 25. aug. 71 (exped. 18. iun. 72) L 716 148^r-150^v – rect. par. eccl. in Erpel Colon. dioc. decr. bac. ‹cui de d. par. eccl. vac. p. o. Simonis Kale de Bocholdia p. Bernardum Bude cler. Osnaburg. dioc. et p. quond. Ericum de Hoya prep. eccl. Colon. prov. fuerat et qui deinde› litig. desup. ‹temp. Pii II. coram Johanne aud. ut supra et Johanne Francisco de Pavinis aud. et temp. Pauli II. coram d. Johanne tunc Oveten. nunc ep. Calaguritan. ut supra et Antonio de Grassis aud. et› coram Nicolao de Edam aud. contra Johannem de Oel cler. occupatorem (qui nunc resign. in manibus pape) sup. d. par. eccl. (8 m. arg.) vac. p. o. d. Simonis vel p. o. Theoderici Wevelinchoven: de surrog. ad ius d. Johannis de Oel 10. oct. 71 S 672 298^{rs}, (exped. 28. mai. 74) L 716 200^v-203^r – litig. coram Nicolao de Ubaldis aud. et coram Gaspare de Theramo aud. contra quond. Johannem de Oel et Johannem Odenchoven cler. et quond. Wernerum de

Seyn al. Witgensteyn intrusum sup. par. eccl. in Erpel Colon. dioc. (8 m. arg.) vac. p. o. Symonis Kale vel vac. p. resign. Jacobi Michelinck: de sur-rog. ad ius d. Johannis de Oel et d. Werneri 10. sept. 72 S 695 142^{rs} – motu pr. de creatione in pape acol. 1. iul. 73 S 692 212^r – referens quod litig. contra Tilmanum de Palude presb. Colon. dioc. sup. vicar. seu alt. b. Marie virg. in par. eccl. op. Kempen. Colon. dioc. de qua d. Til-mano auct. ordin. et d. Jacobo auct. Alexandri [Numai] ep. Forolivien. legati prov. fuerat et quod deinde concordiam fecerunt ita ut d. Tilma-nus in possessione d. alt. remaneat et d. Jacobus pens. ann. recipiat: de as-sign. d. Jacobo pens. ann. 14 fl. auri renen. sup. fruct. d. par. eccl. (20 m. arg.) p. Johannem de Arssen prep. eccl. s. Spiritus Ruremunden. Leod. dioc. pape fam. (qui d. par. eccl. ob-tin.) persolv. 16. iul. 77 S 754 243^{rs} – et **Johannes Opilionis** cler. Tre-ver. dioc. Juliani [de Ruvere] tit. s. Petri ad vincula presb. card. fam. referentes quod Johannes de Arssen pape et Petri [Ferrici] card. Tiraso-nen. fam. litig. in cur. contra Ma-theum Sass intrusum sup. can. et preb. eccl. b. Marie ad Gradus Co-lon. vac. p. o. Henrici de Stipite pos-sessione n. habita et quod d. Jacobus perp. [vicar.] ad alt. b. Marie virg. in par. eccl. s. Albani Colon. et d. Jo-hannes Opilionis aliud benef. et d. Johannes de Arssen dd. can. et preb. in manibus Mauricii Gelborch [recte: Spegelborch] can. eccl. Colon. et prep. eccl. Embricen. Traiect. dioc. commissarii ap. et vig. indulti d. Jo-hanni de Arssen conc. ex causa perm. resign.: de nova prov. d. Ja-cobo de dd. can. et preb. (4 m. arg.) et d. Johanni Opilionis de d. perp. vicar. (4 m. arg.) 27. mart. 79 S 779 283^r – in decr. licent. qui perp. vi-car. ad alt. s. Cassii in eccl. ss. Cassii et Florentii Bonnen. Colon. dioc. ex causa perm. c. Nicolao Veman de Goch (qui in manibus Mauricii de

Spiegelberch can. capit. eccl. Colon. commissarii ap. resign.) obtin.: de nova prov. de eadem (4 m. arg.) 26. apr. 79 S 780 293^{vs} – qui litig. in cur. contra Johannem Udinchoven rect. par. eccl. in Erpel Colon. dioc. sup. d. par. eccl. (8 m. arg.) et deinde d. eccl. in favorem d. Johannis re-sign. in manibus pape: assign. pens. ann. 17 fl. renen. sup. fruct. d. eccl. p. d. Johannem c. eius consensu (p. Matheum Sassz dec. colleg. eccl. op. Monasterii Eyfflie Colon. procur. fact.) persolv. (m. prep. eccl. s. Cru-cis Hildesem. et dec. eccl. ss. Appl. Colon. ac dec. eccl. s. Cuniberti Co-lon.) 5. aug. 79 V 632 46^v-48^v – re-stit. bulle sup. pens. ann. 17 fl. re-nen. sup. fruct. par. eccl. in Erpel s. d. 5. aug. 79 ut supra sibi assign. (quia pens. n. excedebat summam debitam) 7. iul. 83 A 31 210^v – iun., perp. vic. in capel. bb. Mathie et Vic-toris in eccl. Colon. qui d. vicar. vac. p. resign. Hermanni Steynman in manibus Angeli [Gherardini] ep. Su-essan. et Camin. ad Alemanniam c. pot. legati de latere destinati p. d. ep. prov. fuit: de nova prov. de eadem (4 m. arg.) 3. mart. 84 S 836 236^v.

4228 **Jacobus Johannis** rect. capel. ss. Crispini et Crispiani in colleg. eccl. s. Lamberti op. de Bercis [recte: Bergis] supra Zomam Leod. dioc. cur. sequens: de prom. ad omnes ord. extra temp., sola sign. 14. iul. 81 S 799 286^v.

4229 **Jacobus Johannis** can. mon. s. Mi-chaelis Antwerpien. o. Prem. Ca-meracen. dioc. senex in decr. licent. referens quod olim Hubertus abb. o. Prem. gener. unac. abb. mon. Floref-fien. Leod. dioc. et Gaudii Vallis Pa-risien. dioc. mon. monial. Dulcis Vallis d. ord. Traiect. dioc. visitavit et quod d. Jacobum de prepos. d. mon. monial. Dulcis Vallis quam ob-tinebat sine processu legitimo priva-vit et interim Johannes de Weert can. d. mon. s. Michaelis in d. prepos. (200 duc.) intrusus fuit et dd. Johannes et Jacobus litig. desup. in cur. coram Guillelmo de Pereriis aud.: de committ. in partibus ut d. sent. nullam fore declarent et d. Jacobum ad d. prepos. reintegrent 30. mart. 82 S 809 93ʳˢ, m. (dec. eccl. s. Petri Noortminstre Middelburgen. et dec. eccl. s. Martini Westminstre Middelburgen. ac dec. eccl. in Westersurberch Traiect. dioc.) 9. mai. 82 V 618 207ᵛ-209ᵛ.

4230 **Jacobus Johannis ex Borsalia** presb. Traiect. dioc. in art. mag. cui de perp. vicar. ad alt. s. Anne in par. eccl. in Marlant prope op. Brielen. Traiect. dioc. prov. fuit: de nova prov. de d. perp. vicar. (3 m. arg.) vac. p. o. Antonii Albriti 25. febr. 77 S 754 108ʳ.

4231 **Jacobus (Johannis) de Krzizanowicze (Criscanow)** cler. Cracov. dioc. ex utr. par. de nob. gen. Jacobi [Sienienski] aep. Gneznen. nepos: de custod. colleg. eccl. s. Marie Lancicien. Gneznen. dioc. (18 m. arg.) vac. p. prom. Urielis de Gorka el. Poznan. (cui de eadem vac. p. o. Jacobi Kooth prov. fuit possessione minime subsecuta) 17. iun. 79 S 783 150ʳˢ – Jacobi [Sienienski] aep. Gneznen. et Johannis Clessen d. aep. fr. capitanei Lovicen. nepos: de can. et preb. colleg. eccl. b. Marie Lovicen. Gneznen. dioc. de iur. patron. d. capitanei (6 m. arg.) vacat. p. prom. Petri de Cathkow [Chotkowo] el. Plocen. de consensu d. patron. 15. decb. 80 S 798 279ʳ – cui de can. et preb. colleg. eccl. b. Marie Lovicen. Gneznen. dioc. vac. p. prom. Petri de Cathcow el. Plocen. de consensu Johannis Alaszski (Aleszki) capitanei d. op. Lovicen. et patron. d. eccl. fr. d. aep. prov. fuit referens quod post obitum d. aep. ius presentandi ad d. Johannem n. spectabat: de nova prov. de eisdem (6 m. arg.) 20. decb. 80 S 801 153ʳ – de can. et preb. colleg. eccl. s. Marie Wineowien. Gneznen. dioc. (15 m. arg.) vac. p. resign. Nicolai de Senno 1. mai. 81 S 801 47ʳ, I 334 102ᵛ – prov. de par. eccl. Gneznen. [dioc.] causa conf. 80/81 I 334 103ʳ – pres. in cur.: motu pr. de par. eccl. in Sdbikow Poznan. dioc. (8 m. arg.) vac. p. o. in cur. Nicolai Jarczewsky (Jarzewski), n. o. quod d. Jacobus litig. sup. par. eccl. in Grzegorzow Gneznen. dioc. (12 m. arg.) ac can. et preb. eccl. b. Marie Wineowien. (18 m. arg.) ac can. et preb. eccl. b. Marie Lowicen. Gneznen. dioc. (6 m. arg.) ea condicione ut quamprimum vig. presentium par. eccl. in Sdbikow assec. fuerit d. eccl. in Grzegorzow dimittere teneatur 28. febr. 82 S 808 103ᵛ, (m. aep. Gneznen. et Johanni de Dombrowa can. eccl. Poznan. ac Johanni de Crothoschin can. eccl. Poznan.) (exped. 23. mart. 82) L 814 129ʳˢˢ – rect. par. eccl. in Sdbikow Poznan. dioc.: oblig. sup. annat. d. par. eccl. (8 m. arg.) de qua vac. p. o. in cur. Nicolai Jarczewski s. d. 28. febr. 82 sibi prov. fuit (in margine: s. d. 26. mart. 90 solv. pro d. annat. 19 fl. p. manus Saulorum) 27. mart. 82 A 30 155ʳ – reus et possessor litig. coram Antonio de Grassis aud. contra Stanislaum de Wilkanow cler. Plocen. dioc. actorem sup. can. et preb. colleg. eccl. b. Marie Lowicen. Gneznen. dioc. (6 m. arg.): de surrog. ad ius d. Stanislai qui resignavit, n. o. par. eccl. in Sdbikow ut supra ac can. et preb. in eccl. b. Marie Wineowien. ut supra et par. eccl. in Grzegorzow ut supra (insimul 38 m. arg.) 12. apr. 82 S 809 214ʳˢ – litig. coram Petro de Ferrera aud. et deinde coram Johanne Pereriis contra Johannem Petri de Crestice sup. par. eccl. in Grzegozowon Gneznen. dioc. (12 m. arg.): de surrog. ad ius d. Johannis Petri qui resignavit, n. o. par. eccl. in Sdbikow ut supra quam obtin. necnon can. et preb. in eccl. b. Marie Wineowien. ut supra et can. et preb. in eccl. b. Marie Lowicen. ut supra <ac can. et preb. in colleg. eccl. b. Marie Lancicien. Gneznen.

dioc.> (insimul 32 <40> m. arg.) sup. quib. litig. 27. apr. 82 S 810 29^{vs}, 18. iun. 82 S 811 235^v – cler. Gneznen. dioc.: oblig. sup. annat. par. eccl. Grzegorzow Gneznen. dioc. (12 m. arg.) de qua vac. p. violationem sequestri appositi p. Johannem Petri in forma surrog. s.d. 27. apr. 82 sibi prov. fuit et promisit solv. in cur. infra 6 menses quia fruct. d. par. eccl. sunt sequestrati 21. mai. 82 Paris L 26 A 10 32^r – rect. par. eccl. in Sdbikow Poznan. dioc.: de disp. ut unac. d. par. eccl. (8 m. arg.) al. 2 incompat. benef. etsi par. eccl. ad vitam recip. val. c. lic. perm., n.o. can. et preb. eccl. Lowicen. necnon custod. eccl. Lancicien. ac can. et preb. eccl. b. Marie Wineowien. (insimul 40 m.) ut supra quos obtin. 20. iun. 82 S 811 275^{vs} – cui de can. et preb. colleg. eccl. b. Marie Lowicen. Gneznen. dioc. de iur. patron. laic. vac. p. prom. Petri [de Chodkow] ad eccl. Plocen. et de par. eccl. in Sdbikow ut supra vac. p.o. Nicolai Jarczewsky auct. ap. prov. fuit et qui litig. desup. contra Andream Petri de Croszicz cler. Plocen. dioc. pape fam. qui dd. can. et preb. ac par. eccl. resign. in manibus pape: de nova prov. de dd. can. et preb. ac d. par. eccl. (insimul 14 m. arg.), n.o. custod. in colleg. eccl. b. Marie Lancicien. Gneznen. dioc. (18 m. arg.) 2. iul. 82 S 812 113^{vs} – Sbignei [Olesnicki] aep. Gneznen. consanguineus: de can. et preb. eccl. Cracov. (18 m. arg.) vac. p.o. Stanislai de Curoszwaky, n.o. par. eccl. in Sdbikow ut supra ac can. et preb. in colleg. eccl. Lowicen. ut supra ac custod. colleg. eccl. b. Marie Lancicien. ut supra (insimul 30 m. arg.) 15. iul. 82 S 812 207^r.

4232 Jacobus Johannis de Walisthewo (Walischewo) (Johannes Jacobi de Walisthewo) cler. Poznan. dioc. rect. par. eccl. in Swyanczichawo (Swyanghowo) Poznan. dioc. pres. in cur. c. quo de n. prom. ad ord.

presbit. p. Paulum II. disp. fuit: de prom. ad ord. subdiacon. extra temp., sola sign. 4. mai. 72 S 679 69^{vs} – rect. par. eccl. in Swyanczechewo Poznan. dioc.: litt. testim. sup. prom. (vig. conc. s.d. 2. mai. 72) ad subdiacon. ord. in dom. Symonis [de Montana] aep. Antibaren. in Urbe 10. mai. 72 F 6 76^v – de disp. ut unac. par. eccl. ut supra aliud incompat. benef. recip. valeat etsi 2 par. eccl. ad 2 an. 16. sept. 72 S 682 200^{rs} – in cur. ad subdiacon. ord. promotus: litt. dimissoriales sup. prom. ad diacon. et presbit. ord. 8. oct. 72 F 6 77^r.

4233 Jacobus de Jonghe presb. Traiect. dioc.: de capn. ad alt. s.Crucis in par. eccl. de Hulst Traiect. dioc. (3 l. T. p.) vac. p.o. Jacobi van de Done presb. 17. mart. 83 S 821 51^{rs}.

4234 Jacobus de Isech presb. Trever. dioc. qui ad par. eccl. s.Laurentii in villa Dilleheym Trever. dioc. <vac. p.o. Wernerii de Steyndorff p. Ottonem com. in Solms Trever. dioc.> patron. laic. <Johanni Bier de Bopordia archid. eccl. s.Lubentii in Dukirchen in eccl. Trever.> present. fuit: de nova prov. de d. par. eccl. (4 m. arg.) 24. sept. 73 S 697 9^{rs}, m. (dec. eccl. b. Marie in Wetzflaria Trever. dioc.) (exped. 31. mart. 74) L 732 158^v-160^r.

4235 Jacobus Ysteyn: solv. [in bullaria] pro formata 9 grossos iun. 79 T 13 144^r.

4236 Jacobus de Yvodio el. Nicopolitan.: obtulit cam. ap. et collegio card. 10 fl. adc. pro ballista ut moris est pro serv. commun. ratione prov. s.d. 22. decb. 77 2. ian. 78 Paris L 25 A 9 27^v.

4237 Jacobus Landeck (Lindegk) scol. Herbip.: de prom. ad omnes ord. extra temp., sola sign. 25. apr. 82 S 810 12^r – cler. Herbip. dioc.: de perp. <s. c.> vicar. <ad alt. s.Michaelis in eccl. b. Marie virg.> in colleg. eccl. op. Wesalie Trever. dioc. (4 m.

arg.) vac. p. o. Georgii Cerdanis (Rosenzuueyck) qui eam obtin. aut de benef. ad coll. aep. etc. Trever. 24. iun. 82 S 812 52^{rs}, m. (ep. Forolivien. ac Celso de Millinis can. basilice Principis appl. de Urbe ac offic. Trever.), gratis (exped. 26. apr. 83) L 824 87^{vs}.

4238 **Jacobus Lang** rect. par. eccl. de Heygkn Constant. dioc.: de prom. ad omnes ord. extra temp., sola sign. 21. mart. 83 S 821 16^{r}.

4239 **Jacobus Langhenbeke (Lange), Johannes Maustauff, Johannes Flamingi, Paulus Lebets, Martinus Fuster, Petrus Bortvin** inter 13 personas enumerati: de gr. expect. de 2 can. et preb. et de 2 benef. ad coll. quorumcumque, Et s. d. 1. ian. 72 S 670 193^{rs} – et **Bernardus Houeman** et **Henricus Steuen** et **Hubertus Effenberch** inter 13 personas enumerati: de gr. expect. de 2 can. et preb. et de 2 benef. ad coll. quorumcumque, Et s. d. 1. ian. 72 S 670 233^{vss}.

4240 **Jacobus Langer al. Wydeman** cler. August. dioc.: de par. eccl. in Rothlingen August. dioc. (24 duc. adc.) vac. p. resign. in manibus pape Johannis Langer 11. mai. 83 S 823 127^{v}.

4241 **Jacobus de Lapide (Lapidis)** cler. Magunt. dioc. decr. doct.: de capel. s. Cristofori infra m. op. Pingwen. Magunt. dioc. (4 m. arg.) vac. p. o. Henrici Blume 9. ian. 73 S 685 199^{v} – cui gr. expect. s. d. 1. ian. 72 conc. fuit: de prerog. ad instar pape fam. descript. 12. nov. 73 S 698 124^{rs}.

4242 **Jacobus (de) Lare (Laer, Laene)** cler. Argent. utr. iur. doct.: de nova prov. de decan. eccl. s. Castoris in Cardona (Corbuo) Trever. dioc. (5 <6> m. arg.) vac. p. o. Petri Wilkini (Wilbrun) 5. ian. 77 S 756 275^{r}, (exec. archid. Senen. et dec. eccl. s. Simeonis ac eccl. s. Paulini e. m. Trever.) V 601 203^{r}-205^{r} – oblig. p.

Theodericum Arndes can. eccl. Lubic. aep. Magunt. in cur. procur. et Eustachium Munch cler. Spiren. pape fam. sup. annat. d. decan. (6 m. arg.) 4. iul. 80 A 29 42^{r} – Johannis [de Baden] aep. Trever. consiliarius: motu pr. gr. expect. de can. et preb. eccl. s. Petri iun. Argent. ad coll. ep. etc. Argent. et de benef. ad coll. abb. etc. mon. in Prume o. s. Ben. Trever. dioc. (m. prep. eccl. Paderburn. et offic. Trever. ac offic. Argent.) 17. nov. 81 (exped. 24. oct. 82) L 820 57^{r}-58^{v} – cler. Trever. dioc.: de nova prov. de can. et preb. in eccl. b. Marie virg. op. Palatiolen. Trever. dioc. (24 duc. adc.) vac. p. o. Henrici Staetzel presb. Trever. dioc. 8. mart. 84 S 833 22^{rs} – cler. Argent. dioc. qui ad par. eccl. in Hornroi Trever. dioc. vac. p. o. Conradi de Renenspurg p. patronos laic. d. eccl. archidiacono loci present. et p. d. archid. institutus fuit: de nova prov. de eadem (6 m. arg.) sup. qua litig. contra Johannem Soysz cler. 7. mai. 84 S 835 217^{rs} – de disp. ad 2 incompat. benef. 13. mai. 84 S 836 32^{r} – dec. colleg. eccl. b. Marie virg. in Lare presb. Argent. dioc.: motu pr. de gr. expect. de 2 can. et preb. necnon de benef. ad coll. quorumcumque et de prerog. ad instar pape fam. descript., Et s. d. 17. nov. 81 6. iun. 84 S 830 177^{r}.

4243 **Jacobus Leiber** can. eccl. s. Mauritii August. actu prebend. referens quod prep. d. eccl. 4 curias sive domos canonicales nunc. in circuitu d. eccl. consistentes 4 canonicis actu prebend. conferre tenetur: de assign. dom. sive cur. vac. ex eo quod Petrus Warrauf al. dom. d. eccl. contra statuta habet 26. mai. 83 S 823 277^{rs}.

4244 **Jacobus Licer** presb. Magunt. dioc.: de nova prov. de perp. s. c. capn. ad alt. s. Jacobi in eccl. b. Marie virg. op. Coeppel Magunt. dioc. (2 m. arg.) 1. ian. 77 S 746 188^{vs}.

4245 **Jacobus Lichtennower (Lieche-tenouwer)** monach. mon. Vallis Dei o. s. Ben. Basil. dioc. referens quod sibi de prioratu mon. s. Alexandri in Lebretall o. s. Ben. Argent. dioc. tunc vac. p. assec. cantor. eccl. s. Dionisii e. m. Parisien. o. s. Ben. p. Nicolaum de Bare ac etiam Johanni Jofredi monach. d. ord. n. tamen tunc in d. mon. s. Dionisii profes. in 22. sue et. an. constit. p. abb. mon. s. Dionisii prov. fuit: de d. prioratu (80 fl. adc.) vac. p. n. prom. d. Johannis (p. 12 an.) 28. mai. 82 S 811 138^v – qui de o. fr. herem. s. Aug. ad d. mon. o. s. Ben. auct. ap. transl. fuit: de ref. 8. iun. 82 S 811 134^v – referens quod ipse nuper de o. fr. herem. s. Aug. quem expresse professus erat ad mon. Vallis Dei o. s. Ben. ap. auct. translatus fuit quodque Johanni Jofredi monach. eccl. s. Dionisii e. m. Parisien. o. s. Ben. tunc in 22. sue et. an. constit. de prioratu mon. s. Alexandri in Lebertall o. s. Ben. Argent. dioc. (quod a d. mon. s. Dionisii dependet) vac. p. assec. cantor. d. mon. s. Dionisii p. Nicolaum de Bora p. abb. d. mon. s. Dionisii sine disp. ap. prov. fuit quodque d. Johannes ad sacros ord. n. promotus p. 12 an. d. prioratum detinuit: m. (abb. mon. Huxhoffen. Argent. dioc.) confer. d. prioratum (80 fl. adc.) 8. iun. 82 V 627 282^r-284^r – oblig. p. Conradum Hutlin priorem mon. s. Egidii Basil. dioc. et Johannem Sodor de Tan cler. Basil. dioc. sup. annat. prioratus d. mon. ut supra 26. mart. 83 A 31 19^v.

4246 **Jacobus de Lingen** cler. Argent. dioc.: de par. eccl. in Dunczeneim Argent. dioc. (12 m. arg.) vac. p. assec. par. eccl. in Zuigersheym Czumthuren Argent. dioc. (vac. p. o. Frederici de Linnigen) p. Johannem de Lungen et de disp. ut unac. d. par. eccl. et prepos. eccl. ss. Martini et Arbogasti in Surburg Argent. dioc. (12 m. arg.) al. 2 incompat. benef. etsi par. eccl. recip. valeat 2. apr. 78 S 767 37^{vs}.

4247 **Jacobus de Lochorst** fr. ord. b. Marie Theotonicorum Jerusalemitan.: de disp. ut 2 incompat. benef. etsi par. eccl. ad vitam recip. val. c. lic. perm. 10. mai. 83 S 823 109^r.

4248 **Jacobus de Luciis de Sutrio** el. Cajacen. refer. in minoribus ord. constit. et **Gerardus Dreses de Grollis** cler. rect. par. eccl. in Grollo et in Geysteren (in iur. can. unitarum eccl.) Monast. dioc. pape fam.: de prom. ad omnes ord. extra temp., sola sign. 12. iul. 80 S 794 286^r.

4249 **Jacobus Ludovici** cler. Herbip. (dioc.): de perp. vicar. ad alt. s. Kiliani in colleg. eccl. s. Petri vallis Wimpinen. Wormat. dioc. (2 m. arg.) vac. p. o. Conradi Berner 25. oct. 81 S 804 283^{rs}, m. (dec. eccl. Wormat. et prep. eccl. Trident. ac offic. Spiren.), gratis (exped. 11. decb. 81) L 812 145^{vss}.

4250 **Jacobus Lutterhen** cler. Magunt. dioc. in 21. sue et. an. constit.: motu pr. de gr. expect. de can. et preb. necnon de benef. ad coll. quorumcumque et de prerog. ad instar pape fam. descript., Et s. d. 17. nov. 81 10. apr. 84 S 830 148^v.

4251 **Jacobus de Luxinburgo** de com. gen.: de confic. litt. desup. c. express. extensionis conc. de celebrando etiam in locis interdictis 14. ian. 74 S 701 105^v.

4252 **Jacobus Malleti** presb. Trever. dioc.: de nova prov. de perp. capn. b. Marie virg. de Villamont nunc. ad alt. s. Johannis Bapt. in eccl. b. Marie Yvodien. Trever. dioc. (10 l. T. p.) vac. p. o. Johannis Carpentarii 18. mai. 80 S 793 122^{rs}.

4253 **Jacobus Mathie** cler. Trever. dioc. in art. mag.: off. tabellionatus, gratis 1. nov. 76 L 790 306^r – pape fam.: de prerog. pape fam. in absentia ad 1 an. 9. ian. 78 S 764 32^v – de par. eccl. s. Martini de Viculo Tullen. dioc. (12 l. T. p.) vac. p. resign. in manibus pape Dominici Barati 4.

mai. 81 S 801 141^r – litig. in partibus et coram Gundisalvo de Villadiego aud. contra quond. Jacobum le Voier (Levoyer) reum et detentorum in cur. defunct. Oliverii [Carafa] card. ep. Albanen. fam. sup. par. eccl. b. Marie de Aquis Leod. dioc. (20 l. T. p.): de surrog. ad ius d. Jacobi 30. aug. 81 S 813 368^r.

4254 Jacobus Matzeberger (Matzenbergeri) presb. dom. s. Spiritus op. Memmingen ord. s. Spiritus August. dioc. cui de perp. vicar. in par. eccl. b. Marie virg. in Memingen August. dioc. vac. p. resign. Johannis Walteri in senio constit. prov. fuit c. reserv. d. Johanni pens. ann. 73 fl. renen. sup. fruct. d. vicar. p. d. Jacobum c. consensu magistri et conv. d. dom. persolv. quodque ipse Jacobus tempore coll. veram notitiam sup. d. fruct. n. habebat et pens. n. solum 3. sed mediam partem fruct. excedebat: de reductione d. pens. ann. ad 3. partem fruct. 14. ian. 83 S 815 54^v – fr. hosp. s. Spiritus op. Memmingen o. s. Aug. August. dioc. vic. perp. c. c. vicar. ut supra p. fratres s. Spiritus regi solite: de disp. ut unac. d. vicar. quodcumque c. c. benef. recip. val. c. lic. perm. ad vitam 30. ian. 83 S 819 69^r.

4255 Jacobus Mercerii presb. Anicien. pape fam. in capella cantorum cap. cui de thesaur. ac can. et preb. eccl. Meten. vac. p. o. Nicolai Dex prov. fuit: de nova prov. de eisdem (60 l. T. p.) 17. iul. 77 S 756 253^r – qui litig. coram Guillermo de Pereriis aud. contra dec. et capit. eccl. Meten. et Thomam Richardi, Petrum Brabant, Henricum de Monte et Johannem Jacobi al. de Chamineto reos et detentores sup. can. et preb. ac thesaur. eccl. Meten. vac. p. o. Nicolai Dex: de prov. si nulli de dd. can. et preb. (24 l. T. p.) et de d. thesaur. (120 l. T. p.) 3. febr. 79 S 785 214^{rs} – cui vig. gr. expect. et mutationis coll. de can. et preb. ac thesaur. eccl. Meten. vac. p. o. Ni-

colai Dex in mense ap. prov. fuerat et qui litig. desup. coram Guillermo de Pereriis aud. contra dec. et capit. d. eccl. et Henricum de Monte, Henricum Wulsflach, Thomam Richardi script., Petrum Brabant et Petrum Murial: de prov. si nulli de eisdem (160 l. T. p.) [ca. aug. 80] S 796 71^{rs} – in capel. pape cant. et cap. litig. contra Henricum Wolffach (Woulffpach) reum et possessorem sup. can. et preb. eccl. Meten. de quib. vac. p. o. Nicolai Dex prov. fuit et sup. quib. tunc litig. contra quond. Henricum de Monte, Petrum Brabant (Barbane), Thomam Richardi, Petrum Murial et quond. Conradum Witeringen: de dd. can. et preb. (24 l. T. p.) vac. p. resign. in manibus pape d. Henrici Woulffpach <p. Johannem Cobeke can. eccl. s. Andree Colon. procur. fact., n. o. quod par. eccl. b. Martini loci de Martin Serra Lomberien. dioc. (24 l. T. p.) ac perp. s. c. capn. in eccl. b. Agrippini (10 l. T. p.) et perp. s. c. capn. in hosp. b. Marie Anicien. (10 l. T. p.) et custod. c. c. s. Crucis in eccl. Lugdunen. (30 l. T. p.) necnon s. c. thesaur. d. eccl. Meten. (150 l. T. p.) obtin. et quod litig. sup. quibusdam al. benef. d. eccl. Meten. (24 l. T. p.) ac can. et preb. eccl. s. Nicetii Lugdunen. (24 l. T. p.) sibi collatis et quod retin. pens. ann. 25 l. T. p. sup. prioratu de Gagorciis o. s. Ben. Ebredunen. dioc. p. priorem d. prioratus persolv. et pens. ann. 15 scutorum auri de Francia sup. par. eccl. de Gimonte Lomberien. dioc. p. rect. d. par. eccl. persolv. c. condicione quod quamprimum dd. can. et preb. obtin. al. can. et preb. eccl. Meten. sup. quib. litig. dimittere teneatur> 19. mart. 82 S 809 5^r, m. (Guillermo de Pereriis aud.) (exped. 22. apr. 82) L 812 201^v-203^v – can. eccl. Meten.: motu pr. de prepos. eccl. s. Florini Confluentie Trever. dioc. (50 m. arg.) vac. p. priv. Andree [Jamometic] tunc aep. Craynen. et olim p. o. Johannis Hesler (cui de d. prepos.

vac. p. resign. Georgii [Hesler] tit. s. Lucie in Silice presb. card. auct. ap. prov. fuit) vel p. o. Marchi Marchionis de Baldel c. reserv. Remigio de Maslemg cler. Tornacen. dioc. pape fam. et cap. pens. ann. 4. partis fruct. p. d. Jacobum persolv. 14. apr. 83 S 822 16^v – restit. bulle sup. pens. ann. 12 l. T. p. sup. decan. eccl. s. Salvatoris Meten. et par. eccl. de Husinga Meten. dioc. s. d. 26. aug. 82 sibi assign. 5. mai. 83 A 31 193^r – thes. eccl. Meten.: litt. sup. recept. in sed. ap. prothonot., gratis 15. iul. 84 DC 42 368^r – can. et thes. eccl. Meten. ap. not.: de indulto ut horas canonicas ad Romane cur. aut Meten. usus legere val., sola sign. 16. iul. 84 S 838 152^v.

4256 **Jacobus Merwert** cler. Eistet. dioc.: de can. et preb. eccl. Brixin. (10 m. arg.) vacat. p. priv. Conradi Wenger excom. 29. mart. 77 S 756 157^{rs}.

4257 **Jacobus Mettelin** laic. quond. Rodulphi Mettelin laic. natus in dioc. Constant. referens quod d. Rodulphus suam filiam naturalem Junonem pro certo p. eam commisso excessu more paterno moderate prout poterat correxit quodque ipse et d. Rodulphus ut veri christiani vitam honestam duxerunt et illicitis contractibus se abstinuerunt nec aliquem cuiusvis sexus in domo sua torserunt nec banchum aut mensam ad exercendum usuras tenuerunt quodque tamen locumtenens Friderici III. R. I. quia ipsi christifidelibus pecuniam pro pecunia mutuarentur et quia in habitatione sua creaturam feminei sexus cepissent et torsissent Johanni Truchsesch baillivio in provincia Suevie mandavit ut ipsos arrestaret et episcopo Constant. dedit in m. ut d. causam examinaret: de committ. in partibus 30. aug. 83 S 828 88^{vs}.

4258 **Jacobus Metizelt** presb. Constant. dioc.: oblig. p. Johannem Agenwiller [= Hagenwiler] causarum pal. ap. not. coram Gaspare de Theramo sup. annat. alterius portionis par. eccl. in Griessingen Constant. dioc. (6 m. arg.) de qua vacat. p. resign. in manibus pape Georgii Winkelhoffer sibi prov. fuerat et promisit solv. in cur. infra 6 menses et scribatur collect. ut compellat d. Jacobum ad solvendum d. annat. c. pot. sequestrandi 19. iul. 82 Paris L 26 A 10 67^v.

4259 **Jacobus Michaelis de Middelburgh** rect. par. eccl. s. Nicolai e. m. Middelburgen. Traiect. dioc.: litt. testim. sup. prom. (vig. conc. s. d. 5. apr. 74) ad 4 min. et acolit. ord. s. d. 16. apr. 74 in domo Jacobi [de Neapoli] ep. Sancti Angeli de Lombardis in Urbe, ad subdiacon. ord. s. d. 17. apr. 74 in eccl. s. Francisci in Transtiberim in Urbe, ad diacon. ord. s. d. 24. apr. 74, ad presbit. ord. s. d. 25. apr. 74 in eccl. s. Bartholomei de Insula in Urbe 25. apr. 74 F 6 154^v.

4260 **Jacobus Michaelis (Nyckel) (al. Ottomengher de Aldenhoven)** cler. Colon. dioc. Oliverii [Carafa] tit. s. Eusebii presb. card. Neapolitan. nunc. fam. cui de perp. vicar. ad alt. ss. Maurorum in colleg. eccl. s. Gereonis Colon. dioc. vac. p. o. Wilhelmi Rychensteyn prov. fuit: de nova prov. de d. vicar. (4 m. arg.) 10. mart. 75 S 716 22^{vs} – motu pr. de can. et preb. colleg. eccl. b. Marie virg. Grandis Vallis Basil. dioc. (4 m. arg.) vacat. p. prom. Gasparis de Reno el. Basil. 8. febr. 79 S 779 35^v – et **Johannes de Crothoschino** cler. Gneznen. dioc., **Johannes de Lukowo** cler. Gneznen. dioc., **Bartholomeus de Narderzize (Nadarz)** cler. Gneznen. dioc., **Paulus Andree** cler. Leod. dioc. inter 30 personas enumerati Oliverii ut supra familiares: motu pr. de gr. expect. de 2 can. et preb. necnon de benef. ad coll. quorumcumque et de disp. sup. def. et. et def. nat., Et s. d. 17. nov. 81 S 803 133^{vs} – Oliverii ut supra fam.: motu pr. gr. expect. de can. et preb. eccl. s. Martini Karpen. Colon. dioc. necnon de benef. ad coll. abba. et can. et capit. sec. et colleg. eccl. b.

Marie in Capitolio Colon. necnon aep. Colon. et capit. eccl. s. Martini in Karpen Colon. 17. nov. 81 (exped. 21. nov. 81) (m. ep. Satrianen. et ep. Asculan. ac offic. Colon.) L 819 97ʳ-99ʳ – perp. vic. ad alt. ss. Maurorum in colleg. eccl. s. Gereonis Colon. et **Tilmannus de Wouteren** cler. Colon. dioc. qui litig. in cur. sup. d. perp. vicar. (30 fl. renen. auri) et deinde concordaverunt: de assign. d. Tilmanno pens. ann. 8 fl. auri renen. monete electorum imper. superioris in civit. Colon. p. d. Jacobum persolv., n. o. can. et preb. eccl. ss. Cassiani et Florentii Bonnen. et par. eccl. in Gelstorf Colon. dioc. (16 m. arg.) quos obtin. 15. mart. 82 S 808 298ᵛ – Oliverii [Carafa] card. ep. Sabinen. fam.: supplic. d. ep. de can. et preb. eccl. b. Marie Aquen. Leod. dioc. (10 m. arg.) vac. p. o. Petri Hermanni Oldewater pape fam. 3. ian. 83 S 818 122ᵛ – Oliverii card. ut supra fam. reus et possessor litig. in cur. contra Johannem Tesche de Holt, Johannem Belholt et quond. Tilmannum de Winteren actores sup. perp. vicar. ad alt. ss. Maurorum in colleg. eccl. s. Gereonis Colon. (4 m. arg.): de surrog. ad ius d. Tilmanni 10. oct. 83 S 829 257ᵛˢ – de can. et preb. in eccl. s. Clementis Steynwicen. Traiect. dioc. (4 m. arg.) vac. p. o. Goswini Nummen [recte: Mumme] card. ut supra fam. 24. mart. 84 S 833 172ʳ – referens quod Johannes Niis prep. eccl. s. Johannis Traiect. ap. not. pens. ann. 24 duc. adc. d. Jacobo sup. fruct. d. prepos. (80 duc. adc.) persolv. consensit quamdiu d. Jacobo p. d. Johannem Niis de can. et preb. eccl. ss. Cassii et Florentii Bonnen. Colon. dioc. (sup. quib. d. Johannes litig. in Rota coram Paulo aud.) vel alio benef. in Colon. aut Traiect. civit. vel dioc. provideatur: de assign. pens. ann. 24 duc. libr. sup. d. fruct. p. d. Johannem persolv. 12. mai. 84 S 835 293ᵛ – consensus Wilhelmi Lovenich cler. Colon. di-

oc. cess. can. et preb. eccl. s. Petri Traiect. in favorem Johannis Niis de Borsalia cler. Traiect. (prout supplic. s. d. 8. mai. 84) et consensus d. Johannis Niis prep. eccl. s. Johannis Traiect. assign. pens. 24 duc. Jacobo Nichel de Aldenoven cler. Colon. dioc. sup. fruct. d. prepos. 2. iun. 84 Resign. 2 159ʳ.

4261 Jacobus (de) Montegnaco de Utino (Vinco) cler. Aquileg. dioc. pape fam. et **Johannes Redinger** cler. Patav. d. Jacobi fam.: de prerog. ad instar pape fam. in absentia pro d. Jacobo et de lic. absentandi et decl. litt. perinde val. pro d. Johanne ad an., Conc. ad an. pro utroque, sola sign. 22. iun. 82 S 813 414ʳ.

4262 Jacobus de Mucciarellis can. eccl. Bononien. pape cap. gener. aud. cam. ap.: motu pr. de surrog. ad ius quond. Ludovici de Ludovisis not. et pape cap. et aud. in can. et preb. ac decan. eccl. Lubic. (14 m. arg.) sup. quib. litig. in cur. contra Albertum Cok et de prov. de diversis benef. in Bononien. dioc. (60 fl. adc.) vac. p. o. d. Ludovici 30. aug. 75 S 727 111ᵛˢˢ.

4263 Jacobus Multoris scol. Magunt. dioc.: recip. primam tonsuram in sacristia basilice Principis appl. in Urbe 13. mart. 73 F 6 98ʳˢ – litt. testim. sup. receptione prime tonsure in sacristia ut supra 16. mart. 73 F 6 102ʳ.

4264 Jacobus Munden qui alt. b. Marie virg. et ss. Katherine et Cecilie ac 11.000 Virg. in par. eccl. op. Dorsten Colon. dioc. (cuius fruct. causantibus guerrarum eventibus exiles sunt) resign. desiderat et **Johannes Rine** presb. Colon. dioc. qui fruct. d. alt. p. amicos et consang. ac al. christifideles augere intendit: de adm. resign. d. Jacobi et de prov. d. Johanni de d. s. c. alt. (16 fl. auri renen.) ac de assign. d. Jacobo pens. ann. 6 fl. postulatensium seu de gatta (= 3 fl. adc.) sup. fruct. d. par. eccl.

(40 fl. renen.) p. Rotgerum (Rogerum) Koster rect. d. par. eccl. persolv. 24. apr. 80 S 792 20^r, m. (prep. eccl. s. Georgii Colon.) (exped. 13. mai. 80) L 799 272^r-273^v.

4265 Jacobus Neydenfelser laic. August. dioc. et **Juliana Rechenawein (Reichenaweim)** conventualis Superioris Monasterii Ratisbon. referentes quod d. Juliana in 7. sue et. an. constit. a parentibus in d. mon. collocata fuit et deinde in 13. sue et. an. attigerit ut mulier conventualis velata et sub habitu indistincto nulla tamen professione emissa p. plures an. inibi permansit et absque lic. abba. d. mon. exiit ac c. d. Jacobo p. verba de presenti in facie eccl. matrim. contraxit ac carnali copula subsecuta c. d. Jacobo aliquamdiu cohabitavit: de committ. in partibus ut d. matrim. nullum decl. et a sent. excom. absol. ac abba. et conv. d. mon. ad recip. d. Julianam in d. mon. compellat 31. mart. 81 S 800 234^r, m. (Kiliano [Pfluger] ep. Microcomien. in civit. Eistet. resid.) 16. iun. 81 V 675 195^{vss}.

4266 Jacobus Nelesbeke: prov. de vicar. Paderburn. [dioc.?] vac. p. o. 71/72 I 332 211^v.

4267 Jacobus Nernhusen presb. Trever. dioc. rect. par. eccl. in Wetlendorpf Trever. dioc. c. quo sup. def. nat. (p. s.) disp. fuit: de disp. ad quodcumque benef. 15. ian. 73 S 686 264^r.

4268 Jacobus Netze cler. Wormat. dioc. in 23. sue et. an. constit.: motu pr. de gr. expect. de 2 can. et preb. necnon de benef. ad coll. quorumcumque et de disp. sup. def. et. ut benef. c. c. recip. val. et de prerog. ad instar pape fam. descript., Et s. d. 17. nov. 81 22. apr. 84 S 830 152^{rs}.

4269 Jacobus de Noyellis qui alteram portionem par. eccl. s. Nicolai Traiect. (p. 2 rect. solite gubernari) resign. in manibus pape vellet et **Nicolaus de Lanneius** can. eccl. Traiect.: m. (dec. eccl. s. Johannis Bapt. in

Wyck prope Duersteden Traiect. dioc.) adm. resign. d. Jacobi et prov. d. Nicolao de d. portione (9 m. arg.) ac assign. d. Jacobo pens. ann. 3 m. arg. sup. fruct. d. portionis p. d. Nicolaum persolv. 25. iun. 81 (exped. 7. iul. 81) L 808A 83^{vss}.

4270 Jacobus de Noord (Noerdt) cler. Traiect. dioc. in art. mag. qui ad par. eccl. de Bakendorp in Borsalia Traiect. dioc. de iur. patron. laic. vac. p. o. Adriani Nicolai present. fuit litig. desup. coram offic. archidiac. Traiect. contra Bartoldum Hugonis cler.: de prov. si neutri de d. par. eccl. (50 l. T. p.) 16. mai. 78 S 769 30^{rs} – rect. par. eccl. de Wissekerke Traiect. dioc.: de disp. ut unac. d. par. eccl. 2 al. incompat. benef. etsi par. eccl. retin. val. 16. mai. 78 S 769 29^{rs} – mag. in art. et decr. bac. reus et possessor qui vicar. sive perp. capn. ad alt. s. Katerine in colleg. eccl. s. Pancratii Leyden. Traiect. dioc. (4 m. arg.) obtin. et qui litig. coram Guillermo de Pereriis aud. contra quond. Cornelium de Edam cler. actorem sup. d. vicar. de iur. patron. laic. de qua vac. p. o. Wilhelmi Dzyl sibi prov. fuit: de surrog. ad ius d. Cornelii 13. iun. 78 S 770 267^{vs}.

4271 Jacobus (de Novocastro) abb. mon. s. Willibrordi (Villibrordi) de Epternacho (Epternoch) o. s. Ben. Trever. dioc. de nob. et bar. gen.: prov. de abbat. d. mon. vac. p. o. Colini abb. c. litt. solitis 13. nov. 76 L 772 31^{rs} – notitia sup. conf. elect. in abb. mon. ut supra in consistorio ad relationem [Guillelmi de Estoutevilla] card. Rothomagen. 13. nov. 76 OS 82 102^v, OS 83 72^v – facult. recip. munus consecr. a quocumque antistite (iuram. p. aep. Trever.) 13. nov. 76 L 772 32^r – solv. 150 fl. adc. pro communi [serv.] mon. ut supra p. manus soc. de Salutatis 20. nov. 76 IE 494 33^v – obtulit cam. ap. et collegio card. 300 fl. adc. et 5 minuta p. Philibertum Jacqueti can. eccl. Atrebaten. pro communi serv. ratione prov.

de d. mon. s. d. 13. nov. 76 (in margine: d. die bulle date sunt Nicolao Cesaris institori in bancho de Salutatis) 20. nov. 76 OS 84 286ʳ – solv. pro totali solut. commun. et min. serv. 160 fl. adc. 25 sol. p. manus Benedicti de Salutatis et Leonardi de Vernaciis et soc. cur. sequentium 21. nov. 76 FC I 1127 149ᵛ – abb. mon. s. Willibrordi ut supra R. E. immed. subiecti: de prom. ad omnes ord. extra temp. 11. iun. 78 S 770 99ʳ – cler. cui nuper indultum quod a quocumque antistite munus consecr. recip. possit conc. fuit: de prom. ad omnes etiam presbit. ord. extra temp., Et p. breve 18. iun. 78 S 770 200ʳ – de n. prom. ad subdiacon. ord. ad 2 an. et ad al. ord. ad 5 an., Conc. ad an. 14. oct. 79 S 787 48ᵛˢ – abb. etc. mon. s. Wilibrordi Epternacen. o. s. Ben. Trever. dioc. referentes quod d. mon. diversis et gravibus oneribus debitorum gravatum exist. et quod ipsi quoddam tenementum terrarum curiam seu curtem nunc. in villa de Neve Trever. dioc. decano etc. eccl. s. Paulini e. m. Trever. vendiderunt: m. (abb. eccl. s. Mathie e. m. Trever. et archid. de Tholeya in eccl. Trever.) conf. si in evidentem 26. sept. 80 L 807 214ʳˢ – commendatarius mon. s. Vincentii o. s. Ben. Meten.: solv. pro integra solut. serv. commun. 190 fl. adc. ac pro serv. min. 14 fl. adc. 14 sol. et 4 den. ac pro 3 serv. min. 42 fl. adc. et 43 sol. p. manus de Spinellis 27. oct. 81 FC I 1131 151ᵛ – notitia quod papa dedit ei in commendam mon. s. Vincentii Meten. o. s. Ben. vac. p. cessionem Ludovici de Agnellis prothonot. c. reserv. pens. ann. 300 duc. sup. fruct. d. mon. in consistorio ad relationem [Raphaelis Riario] tit. s. Georgii ad velum aureum diac. card. 17. oct. 83 OS 82 143ᵛ, OS 83 114ʳ.

4272 Jacobus Nuelle cler. Argent. dioc. in art. mag. cui gr. expect. s. d. 17. nov. 81 in forma paup. ad coll. dec.

et capit. colleg. eccl. s. Florentii Haselacen. Argent. dioc. conc. fuit et in dd. litt. cler. nominatus fuit qui tunc cler. n. fuit: de decl. litt. desup. perinde val. acsi d. narratio facta n. fuisset 2. mai. 82 S 810 173ʳˢ.

4273 Jacobus Nuerlen (Nurlin) scol. Argent. dioc. in art. mag. pres. in cur. et resid.: recip. primam tonsuram, sola sign. 18. apr. 82 S 810 2ᵛ – cler. Argent. dioc.: de perp. c. c. vicar. in Runtenburg Argent. dioc. (4 m. arg.) et de perp. s. c. benef. in Alenwiler primissaria nunc. (3 m. arg.) vac. p. o. Henrici Camerarii 30. apr. 82 S 810 207ʳ.

4274 Jacobus Odingk presb. Verden. dioc. cui de can. et preb. eccl. ss. Petri et Pauli appl. Nove Civitatis Magdeburg. vac. p. o. Borchardi Koten (Roten) p. quond. Bessarionem [Trapezunt.] card. ep. Tusculan. in partibus illis legatum prov. fuerat et qui litig. <tempore Pii II.> desup. coram Johanne de Ceretanis aud. contra quond. Nicolaum Koneken (Coneken) cler. <intrusum>: de surrog. ad ius d. Nicolai in eisdem (4 m. arg.) 1. iul. 74 S 707 159ᵛˢ, m. (Johanni de Cesarinis aud.) (exped. 24. nov. 74) L 734 119ʳ-120ᵛ.

4275 Jacobus Onolffkell scol. Herbip. dioc. de nob. gen. in 10. sue et. an. constit.: de prom. ad omnes ord. et de disp. ad compat. benef. c. lic. perm. et de disp. sup. def. nat. (s. s.) 15. decb. 81 S 805 280ʳ.

4276 Jacobus Passeris (Pasteris) can. eccl. Vssen. Leod. dioc. et **Johannes Pasteris** presb. Leod. dioc. d. Jacobi fr. pape fam.: de prov. d. Johanni de dd. can. et preb. (15 l. T. p.) vac. p. resign. in manibus pape d. Jacobi 12. febr. 77 S 747 201ᵛ – cler. Leod. dioc. qui can. et preb. sacerdotales eccl. s. Medardi Vssen. [recte: Wessen.] Leod. dioc. obtin. et in 21. sue et. an. constit. est: de disp. ad dd. can. et preb. n. o. def. et. 11. mart. 77 S 748 189ᵛˢ – perp. cap. ad alt.

s. Remigii in colleg. eccl. s. Bartholomei Leod. et ad alt. ss. Petri et Pauli in eccl. b. Marie Huyen. Leod. dioc. in subdiacon. ord. constit. et
pres. in cur.: de prom. ad omnes ord.
extra temp., sola sign. 24. mai. 81 S
801 247^r.

4277 **Jacobus Perini** dec. colleg. eccl.
s. Agate in Lengepenno [recte: Lon-
guinono] Trever. dioc. senio confractus et **Berardus Begardi** ex utr. par.
de nob. gen. rect. par. eccl. de Mussonne Trever. dioc.: de adm. resign.
in manibus pape d. Jacobi et de prov.
d. Berardo de d. decan. (24 l. T. p.)
et de disp. c. d. Berardo ut unac. d.
par. eccl. de Mussonne aliud incompat. benef. recip. valeat etsi 2 par.
eccl. 11. decb. 76 S 744 236^{vs}.

4278 **Jacobus Peterman** presb. Brixin.
dioc.: de nova prov. de par. eccl.
sive perp. vicar. s. Vigilii in Maiis
Trident. dioc. (4 m. arg. p.) vac. p. o.
Ludovici de Ulma 3. sept. 79 S 789
260^r.

4279 **Jacobus Petriantonii de Rochade-
medio** cler. Aquilan. dioc. Amici
[Agnifili] tit. s. Marie in Transtiberim presb. card. nepos: de off. scrip-
torie vac. p. resign. in manibus pape
Stanislai de Mlyny can. eccl. Poznan. script. et pape fam. 28. decb.
72 S 685 80^r.

4280 **Jacobus Pfaw (Phaw, Pfau) (de
Rietperg, Retperg)** ex utr. par. de
mil. gen.: ›rationi congruit‹ s. d. 19.
iun. 71 prov. de prepos. eccl. s. Trinitatis Spiren. vac. p. o. Sifridi de
Veningen Pauli II. cubic., n. o. alt.
s. Johannis Ev. sito in curia quond.
Ludovici de Bitis can. eccl. Argent.
(5 m. arg.) quod paratus est dim. (m.
archipresb. eccl. Bononien., dec.
eccl. Spiren. et offic. Basil.) 25.
aug. 71 V 551 118^r-120^r – can. eccl.
Spiren. cui de prepos. colleg. eccl.
s. Trinitatis ut supra (p. can. eccl.
Spiren. regi consueta) prov. fuit c.
disp. ut d. prepos. unac. decan. eccl.
Basil. retin. valeat: de confic. litt. c.

express. disp. ad 2 benef. incompat.
9. sept. 71 S 672 58^{vs} – dec. eccl.
Basil. inter al. referens quod supplic.
Wernerio de Flachslant prep. et dec.
eccl. Basil. tempore Pii II. et deinde
supplic. d. Jacobo tempore Pauli II.
d. decanatui (10 m. arg.) par. eccl. in
Hohenrodren Basil. dioc. (14 m.
arg.) ad present. abba. mon. s. Crucis
o. s. Ben. op. Sancte Crucis Basil.
dioc. incorp. fuit: de incorp. de novo
19. sept. 71 S 672 87^{vs} – oblig. p.
manus Johannis Graslack cler. Spiren. dioc. sup. annat. prepos. ut supra 26. oct. 71 A 21 32^v – solv. annat. 18 fl. adc. 26. oct. 71 FC I 1129
31^r, IE 487 19^r – oblig. p. Johannem
Graslack cler. Spiren. dioc. procur.
(vig. m. acti in Basilea s. d. 12. aug.
71 p. Johannem Salczman de Mesz-
munster cler. Basil. dioc. not. publ.)
sup. annat. par. eccl. in Hohenroden
ut supra 28. oct. 71 A 21 33^v – cler.
Argent. dioc. c. quo ad 2 incompat.
benef. etsi 2 par. eccl. ad 5 an. p.
Paulum II. disp. fuit: de uberiori
disp. ad 3. incompat. benef. et de
prorog. de 2 par. eccl. ad vitam 16.
iun. 73 S 692 128^v – dec. eccl. Basil. cui gr. expect. de can. et preb.
eccl. Wormat. conc. fuit: de nova
prov. de eisdem (12 m. arg.) vac.
p. o. Henrici de Dudle 2. mai. 75 S
719 133^r – can. eccl. Wormat. cui
gr. expect. s. d. 1. ian. 72 de can. et
preb. eccl. Wormat. necnon de benef.
ad coll. ep. etc. Argent. conc. fuit:
motu pr. de decl. dd. litt. perinde val.
acsi motu pr. c. prerog. pape fam.
descript. conc. forent 7. decb. 77 S
761 114^{rs} – can. eccl. Spiren. et capit. d. eccl.: oblig. sup. indulto de
elig. dec. et scolast. d. eccl. etiam in
mensibus ap. d. capitulo p. bullam
s. d. 27. nov. 77 conc. (in margine:
s. d. 4. oct. 78 Jacobus Pfaw oblig. d.
capit.) 18. decb. 77 A 26 116^r – can.
eccl. Spiren. qui ad scolastr. d. eccl.
vac. p. o. Nicolai de Helmstat in
mensibus ap. p. capit. d. eccl. el. fuit: m. (offic. Spiren.) confer. de novo
d. scolastr. (10 m. arg.) 2. oct. 80

(exped. 24. oct. 80) L 806 16^{vss} – oblig. p. Johannem de Durken cler. Spiren. dioc. sup. annat. scolastr. ut supra 31. oct. 80 A 29 99^v – solv. 23 fl. adc. pro annat. scolastr. ut supra p. manus Johannis de Durken 31. oct. 80 FC I 1134 85^v, IE 502 19^r, IE 503 19^r – cui prov. de can. et preb. eccl. Basil. ac can. et preb. eccl. Spiren. ac can. et preb. eccl. Wormat. (12 m. arg.) et prepos. eccl. s. Trinitatis Spiren. (16 m. arg.) et scolastr. eccl. Basil. et scolastr. Spiren. dioc. (10 m. arg.) ac assign. pens. ann. 30 fl. renen. sup. fruct. par. eccl. in Ensingen Spiren. dioc. conc. fuit et qui al. benef. obtin.: de ref. 26. ian. 82 S 807 102^r.

4281 Jacobus Pfister (Pester, Pyster) [1. pars 2 partium]: de capn. s. Sebastiani e. m. civit. August. de iur. patron. laic. (8 m. arg.) vac. p. resign. Ludovici Moll 5. ian. 77 S 763 45^r – presb. August. rect. et perp. vic. par. eccl. in Probstried August. dioc. in decr. licent.: de disp. ut unac. d. par. eccl. aliud incompat. benef. recip. valeat 21. mart. 77 S 748 292^{vs} – in iur. can. licent.: de can. et preb. eccl. August. (10 m. arg.) vac. p. o. Georgii de Gotzfeld 7. oct. 77 S 758 226^{rs} – de can. et preb. chori s. Willibaldi in eccl. Eistet. (10 m. arg.) vac. p. assec. can. et preb. in choro d. eccl. (vac. p. o. Henrici Herman) p. Willibaldum Karoli 29. decb. 77 S 762 99^r – rect. par. eccl. in Probstried August. dioc. in decr. licent. <pape fam.> c. quo ad 2 incompat. benef. etsi 2 par. eccl. ad vitam c. lic. perm. disp. fuit: de disp. ad 3. incompat. benef. etsi 2 par. eccl. ad vitam c. lic. perm. 30. ian. 79 S 777 130^r, gratis V 670 537^{vss} – inter al. referens quod Ludovicus Moll ad s. c. eccl. s. Sebastiani e. m. August. p. quond. Johannem Landsperger civ. August. fundatam p. Georgium Strauus, Jacobum Gregg et Egidium Schyrieidet procur. et consules civit. August. et veros patron. iuxta ordi-

nationem d. fundationis present. et p. Johannem [de Werdenberg] ep. August. instit. fuerat et propter malum regimen resign. in manibus pape et quod Michaeli Cristan presb. August. dioc. de d. capel. c. derog. iur. patron. prov. fuit: supplic. d. patron. et Catherina rel. d. fundatoris m. (dec. et archid. eccl. August. ac offic. August.) cass. d. prov. et prov. d. Jacobo de d. capel. (8 m. arg.) 25. mart. 79 V 590 68^r-70^r – et **Henricus Kerckhoff** cler. Monast., **Georgius Tructsecter** cler. Magunt. dioc., **Johannes Raterdynck** cler. Paderburn. dioc., **Gotscalcus Johannis de Nyvenhem** cler. Colon. dioc., **Liborius Bracke** cler. Paderburn. dioc., **Udalricus Mair** cler. Eistet. dioc., **Johannes de Barcha** cler. Bremen., **Hermannus Assel** cler. Osnaburg. dioc., **Hermannus Nederohove** cler. Colon. dioc. inter 22 Laurentii [Zane] patriarche Antiochen. et refer. ap. fam. enumerati: motu pr. de prerog. ad instar pape fam. descript. in absentia, sola sign. 27. apr. 79 S 781 127^{rs} – oblig. sup. annat. capel. s. Sebastiani ut supra de qua vac. p. o. Johannis Lansperger vel p. resign. in manibus pape Ludovici Moell sibi ut supra prov. fuit 14. mai. 79 A 28 23^v – solv. 16 fl. adc. pro annat. capel. s. Sebastiani ut supra 14. mai. 79 FC I 1133 230^r – <can. eccl. Wien.> in decr. licent. pape fam. qui p. plures an. cur. secutus fuit: de indulto dicendi horas can. iuxta morem R. E. 4. iun. 79 S 782 197^v, PA 27 197^{rs} – can. ut supra: de alt. port. c. clausula ante diem 8. iun. 79 S 783 5^v – de facult. resign. et perm. et de fruct. percip. ac n. resid. ad vitam 8. iun. 79 S 783 6^r, (exec. prep. eccl. s. Petri in Northen Magunt. dioc. et offic. August. et offic. Eistet.), gratis V 591 274^v-276^v – cler. August. dioc. cui gr. expect. s. d. 1. ian. 72 de benef. ad coll. ep. etc. August. vel conv. mon. b. Marie virg. e. m. op. Campidonen. o. s. Ben. Constant. dioc. s. d. 2. mart.

79 conc. fuit et qui nullum fruct. obtin.: motu pr. de mutatione coll. de d.
ep. ad coll. ep. etc. Eistet. 9. iun. 79
S 782 274^{vss} – <cler. August. dioc.>:
de perp. capn. seu vicar. ad alt. Omnium ss. in eccl. b. Marie virg. in op.
Perching Eistet. dioc. de iur. patron.
laic. (4 m. arg.) vac. p. resign. <in
manibus pape> Jacobi Raschawer (p.
Henrichum Scholebem cler. Eistet.
dioc. procur. fact.) ex concordia inter
eos facta occasione certorum can. et
preb. chori s. Willibaldi in eccl. Eistet. c. derog. iur. patron. 18. iun. 79
S 783 124^v, m. (prep. eccl. s. Petri in
Northen Magunt. dioc. et offic. August. et offic. Eistet.), gratis V 591
181^v-183^r – cler. August. dioc. cui
gr. expect. s. d. 1. ian. 72 de benef.
ad coll. ep. etc. August. vel abb. etc.
mon. b. Marie virg. e. m. op. Campidonen. o. s. Ben. Constant. dioc.
s. d. 2.<3.>mart. 79 conc. fuit: motu
pr. de reval. exten. et de mutatione
coll. de d. abb. in benef. ad coll. ep.
etc. Eistet. 4. iul. 79 S 783 220^{rs}, gratis (exped. 29. iul. 79) L 794 126^v-
128^r.

4282 **Jacobus Pfister** [2. pars 2 partium]
can. eccl. Wien. in decr. licent. pape
fam. qui par. eccl. ss. Cornelii et
Cipriani mart. in Probstried August.
dioc. in suis structuris et edificiis re-
parare et conservare vellet: de indulg. 20 an. quamdiu d. Jacobus d.
par. eccl. obtinuerit, Conc. 10 an. 10.
iul. 79 S 784 30^{vs} – de lic. locandi
vel arrendandi benef. ad ann. pens.
ad 2 an. 14. iul. 79 S 784 39^{vs} – rect.
[par. eccl.] in Probstried (Prestred)
August. dioc.: de lic. audiendi vel legendi publice lectiones in legibus in
quibuscumque scholis sive studiis
generalibus postquam ad licent. sive
doct. gradum rite promotus fuerit 15.
iul. 79 S 783 296^r, gratis L 794
250^v – <qui de civit. Eistet. filius
nativus exist.> referens quod in statutis diversarum cathedr. etiam mi-
norum ac colleg. eccl. nationis Alamanie caveri dicitur quod nullus nisi

ex utr. par. de nob. seu mil. gen. seu
in iur. doct. aut in theol. seu medicina mag. exist. in can. recipiatur ac
ad preb. admittatur: de indulto ut
quodcumque benef. c. lic. perm. et c.
derog. dd. statutorum obtin. val. 15.
iul. 79 S 784 88^{rs}, m. ([card.] ep.
Ostien. et ep. Frising. ac aud.), gratis
30. iul. 79 V 675 174^r-175^v – <qui
inter al. can. et preb. eccl. Wormat.
obtin.>: de disp. ad 2 incompat. benef. etiam sub eodem tecto c. lic.
perm. ad vitam 21. iul. 79 S 784
143^{vs}, gratis L 794 220^{rs} – oblig.
sup. facult. resign. vel perm. s. d. 8.
iun. 79 conc. 31. iul. 79 A 28 68^r –
cui gr. expect. s. d. 1. ian. 72 de benef. ad coll. ep. etc. August. vel abb.
etc. mon. b. Marie virg. e. m. op.
Campidonen. o. s. Ben. Constant.
dioc. s. d. 2. mart. 79 conc. fuit et deinde motu pr. exten. et mutatio d. gr.
expect. de benef. ad coll. d. abb. in
benef. ad coll. ep. etc. Eistet. conc.
fuit: motu pr. de prerog. ad instar
pape fam. descript. 4. aug. 79 S 784
285^{rs}, gratis V 550 160^v-162^r – in
decr. bac. pape fam. cui vig. gr. expect. de par. eccl. in Oberdorff August. dioc. vac. p. o. Johannis N.
prov. fuit possessione nondum subsecuta: de nova prov. de eadem (8
m. arg.) 4. oct. 79 S 786 307^{vs} – in
decr. licent. pape fam.: motu pr. de
par. eccl. s. Pancratii in Bidingen
August. dioc. (12 m. arg.) vac. p. o.
Diepoldi Schilling 12. decb. 79 S
788 65^v – motu pr. de prepos. eccl.
s. Petri in Perlaco August. (10 m.
arg.) vac. p. o. Udalrici Ersinger 1.
febr. 80 S 789 243^{rs} – presb. August. in decr. licent. pape fam. cui
vig. gr. expect. de par. eccl. in Tam-
husen August. dioc. vac. p. resign.
vel p. o. (infra 20 dierum post resign.) Stephani Kuntzel prov. fuit: de
nova prov. de eadem (8 m. arg.) 17.
apr. 80 S 791 292^{rs} – de nova prov.
de par. eccl. in Peching Eistet. dioc.
(8 m. arg.) vac. p. o. N. 5. mai. 80 S
792 233^{rs} – qui c. Ulrico Mair cler.
Eistet. fam. suo pro nonnullis negoti-

is peragendis ad patriam propriam accedere desiderat: motu pr. de prerog. pape fam. in absentia ad an., sola sign. 13. iul. 80 S 795 43^v – qui eccl. s.Sebastiani e.m. August. de iur. patron. procuratorum d. capel. p. magistroscivium et consulatum d. civit. deputatorum in favorem Pauli Koler cler. August. dioc. pape fam. de consensu d. patron. resign.: de assign. pens. ann. 20 fl. auri renen. sup. fruct. par. eccl. Auf der Egg vulg. nunc. August. dioc. (60 fl. renen.) p. d. Paulum persolv. 8. ian. 81 S 801 22^v – cui gr. expect. de benef. ad coll. ep. etc. August. et ep. etc. Brixin. motu pr. conc. fuit: motu pr. de mutatione gr. expect. de dd. benef. in can. et preb. eccl. August. ac can. et preb. eccl. Brixin. 7. mart. 82 S 808 203^{rs} – qui vig. gr. expect. par. eccl. in Huttlingen August. dioc. vac. p.o. Eberhardi Marck acc.: de nova prov. de eadem (8 m. arg.), n.o. can. et preb. eccl. Wien. (8 m. arg.) ac par. eccl. in Probstried [August. dioc.] (12 m. arg.) et capn. ad alt. Omnium ss. in capel. b. Marie virg. op. Berchingen. Eistet. dioc. (4 m. arg.) quos obtin. ac par. eccl. in Perching Eistet. dioc. (6 m. arg.) quam n. obtin. et gr. expect. ad 2 coll. ac assign. pens. ann. 20 fl. renen. sup. fruct. par. eccl. Auf der Egg August. dioc. 2. mai. 82 S 810 112^v.

4283 **Jacobus Pfister** scol. Herbip. dioc. in cur. resid.: recip. primam tonsuram extra temp., sola sign. 25. apr. 82 S 809 266^r – de prom. ad omnes ord. extra temp., sola sign. 11. mai. 82 S 811 3^r – cler. Herbip. dioc. referens quod lis pendebat coram offic. prepos. eccl. s.Severi Erforden. Magunt. dioc. (2 m. arg.) inter quond. Paulum Mistener cler. Herbip. dioc. et Johannem Stipfl (Stipel) cler. procur. fraternitatis d. eccl. et Henricum Schlosser cler. d. fraternitatis ac Nicolaum Schlosser cler. ac Nicolaum abb. mon. Reynhardsbrunnen. Ma-

gunt. dioc. (cui d. par. eccl. ut infra unita et ius instituendi pertin.) sup. perp. benef. ad alt. s.Crucis in par. eccl. b. Marie virg. op. Walterszhauszen. Magunt. dioc. de iur. patron. procur. fraternitatis sive soc. d. eccl. vac. p. contractum matrim. Theoderici Wagenknecht et quod deinde d. Johannes Stipel ad aep. Magunt. appellavit qui d. causam Heysoni Kravel sigillifero suo in op. Erforden. Magunt. dioc. commisit: de surrog. ad ius d. Nicolai Schlosser qui resignavit et Pauli Mistener qui obiit 18. mart. 83 S 821 130^{rs} – de par. eccl. s.Johannis Bapt. op. Kitzingen. Herbip. dioc. (11 m. arg.) vac. p. resign. Johannis Anger Georgii [Hesler] tit. s.Lucie in Silice presb. card. fam. ex causa perm., n.o. perp. s.c. benef. ad alt. s.Crucis in eccl. b. Marie op. Walterszhausen. Magunt. dioc. (3 m.) 9. apr. 83 S 822 3^v, de ref. 9. mai. 83 S 823 149^v.

4284 **Jacobus Pontignoni (Poncegnoni) al. Patroni (de Yvodio)** cler. Trever. dioc. in 22. sue et. an. constit. <Roderici [de Borja] card. ep. Portuen. vicecancellarii fam.> <qui par. eccl. s.Petri Caprarii Virdunen. certo modo vac. obtin. et qui litig. desup. coram aud. contra certum adversarium>: de disp. ut unac. d. par. eccl. (24 l. T. p.) aliud incompat. benef. recip. valeat etsi par. eccl. ad vitam c. lic. perm. n.o. def. et. 6. mai. 79 S 781 130^{rs}, gratis L 800 219^{rss} – qui vig. gr. expect. par. eccl. s.Petri in Mathono Trever. dioc. vac. p.o. Johannis Ludovici vel p. devol. acc.: de nova prov. de eadem (20 l. T. p.) 6. mai. 79 S 781 155^{vs} – de par. eccl. s.Martini de Pura c. suis annexis Trever. dioc. (20 l. T. p.) vac. p.o. Johannis Ludovici 10. mai. 79 S 781 170^v – rect. par. eccl. de Mentono Trever. dioc.: de uniendo d. parochiali ecclesie (6 l. T. p.) par. eccl. s.Remigii de Clemenceys (Clemenceyo) Trever. dioc. (6 l. T. p.) (que p. mediam leucam distat) vac. p.o. Johannis Preguarnii vel Johannis Ludovici (que vig. litt. Pii II. ad eius vitam unita fuit) quamdiu d. Jacobus d. par. eccl. de Mentono obtin. 21. iun. 79 S 783 17ʳˢ, gratis L 794 120ʳˢˢ – rect. par. eccl. de Mentono et Clemenceyo Trever. dioc.: de n. prom. ad 5 an., sola sign. et ubique resid., Conc. ad an. 21. oct. 79 S 787 74ʳ – de lic. dicendi horas can. secundum usum R. E., Et c. uno al. sibi adiuncto vel solus, sola sign. 27. oct. 79 S 787 245ᵛ – qui litig. coram Gundisalvo [de Villadiego] aud. contra Johannem de Pourato (Porurato, Proruto) sup. unione par. eccl. s. Remigii de Clemenceyo Trever. dioc. vac. p. o. Johannis Ludovici (que post obitum d. Johannis ad vitam d. Jacobi fact. fuerat): de d. par. eccl. s. Remigii (6 l. T. p.) vac. p. resign. d. Johannis et de uniendo de novo 7. mart. 80 S 793 35ᵛ – de par. eccl. s. Petri de Wey Trever. dioc. <15 l. T. p.> et de perp. capn. sub invocatione ss. Mauri abb. et Eutropii ep. in colleg. eccl. b. Marie Yvodien. Trever. dioc. <12 l. T. p.> (insimul 24 l. T. p.) vac. p. o. Johannis Commin 11. mai. 80 S 792 262ʳ, 12. mai. 80 S 792 262ʳ – m. (ep. Agrigentin. et abb. mon. b. Marie Mosonien. o. s. Ben. Remen. dioc. ac offic. Trever.) confer. par. eccl. s. Petri de Weyo Trever. dioc. (15 l. auri p.) vac. p. o. Johannis Camini, gratis 12. mai. 81 V 613 186ᵛˢˢ – Ro[derici de Borja] card. ep. Portuen. Valentin. nunc. vicecancellarii fam. <c. quo ut unac. par. eccl. s. Petri Caprarii ut supra aliud incompat. benef. retin. val. disp. fuit>: supplic. d. card. de c. c. decan. in colleg. eccl. b. Marie de Yvodio Trever. dioc. (30 <40> l. T. p.) vac. p. o. Johannis Garderellis aut adhuc p. o. Jacobi Walardi, <n. o. quod par. eccl. de Mentonno et Clemencyo ad suam vitam unitas Trever. dioc. (insimul 24 l. T. p.) obtin. et par. eccl. de Weyo Trever. dioc. (15 l. T. p.) sup. qua litig. in cur. c. condicione ut quamprimum d. decan.

fuerit assec. d. par. eccl. de Weyo dimittere debeat> 19. aug. 81 S 813 183ʳˢ, (m. ep. Agrigentin. et abb. mon. b. Marie Mosonien. Remen. dioc. ac Jeronimo Pauli can. eccl. Vicen.), gratis pro fam. vicecancellarii (exped. 31. aug. 81) L 812 64ᵛ-66ʳ – dec. eccl. b. Marie de Yvodio Trever. dioc.: oblig. sup. annat. d. decan. (40 l. T. p.) de quo vac. p. o. Johannis Garderellis s. d. 18. aug. 82 sibi prov. fuit et promisit solv. in cur. infra 6 menses (quia docuit de intruso p. testes qui plene n. probarunt) (in margine: s. d. 23. decb. 82 prorog. term. solut. ad 2 menses, s. d. 11. mart. 83 prorog. term. solut. ad 2 menses) 4. sept. 82 Paris L 26 A 10 91ᵛ – rect. par. eccl. de Mentono ac s. Petri de Weyo prope Ivodium Trever. dioc. ut supra: de prom. ad omnes ord. extra temp., sola sign. 14. nov. 83 S 831 89ʳ.

4285 Jacobus de Portvliet (Poertvlit) cler. Traiect. dioc. in art. mag. cui gr. expect. s. d. 1. ian. 72 conc. fuit: de prerog. ad instar pape fam. descript. 9. mai. 74 S 705 25ᵛˢ – presb. Traiect. dioc. in art. mag. [Georgii Hesler] tit. s. Lucie in Silice presb. card. fam.: de can. et preb. eccl. s. Nicolai in Montibus Hannonie Cameracen. dioc. (4 m. arg.) et de decan. d. eccl. (4 m. arg.) vac. p. o. Quintini Louveu, n. o. statutis d. eccl. 11. febr. 80 S 789 135ᵛˢ – de par. eccl. s. Petri de Loem (Leon) c. appendice Leod. dioc. (9 m. arg.) vac. p. o. Johannis Beranghe (Beringe) 17. febr. 80 S 791 70ʳ – oblig. p. Theodoricum Hawaghen causarum pal. ap. not. sup. annat. par. eccl. s. Petri ut supra (in margine: s. d. 29. mart. 85 solv. pro annat. 22½ fl. p. manus Salvii de Bulgarinis) 28. mai. 81 A 30 17ᵛ.

4286 Jacobus Praun de Laugingen (Lungingen) cler. August. dioc. in 16. sue et. an. constit. referens quod ipse ad perp. s. c. benef. in par. eccl. op. Gundelfingen. (Gundessingen.)

August. dioc. vac. p. o. cuiusdam p. patron. laic. present. fuit possessione subsecuta: de nova prov. de d. benef. (4 m. arg.) c. disp. sup. n. prom. ad 7 an., Conc. ad 3 an. 5. febr. 77 S 747 49^{rss}, 10. febr. 77 S 747 72^{vs}.

4287 **Jacobus Purckly** presb. August. dioc.: lic. elig. confess. et rem. plen. 15. oct. 74 L 738 279^v.

4288 **Jacobus Rampon** presb. Trever. dioc. rect. par. eccl. de Pilonno Virdunen. dioc. quam obtin. et **Hugo Bawier** cler. Trever. dioc.: de adm. resign. d. Jacobi et de prov. d. Hugoni de d. par. eccl. de Pilonno Virdunen. dioc. (24 l. T. p.) et de assign. d. Jacobo pens. ann. 8 duc. adc. sup. fruct. d. par. eccl. 20. aug. 82 S 813 258^r, (m. dec. eccl. Meten. et Symoni de Bellavilla can. eccl. Tullen. ac offic. Virdunen.) L 821 164^v-166^r.

4289 **Jacobus Raschawer (Raschauer)** presb. rect. par. eccl. in Weyssenberg (Weyssenburg) Eistet. dioc.: de perp. s. c. vicar. ad alt. s. Crucis in eccl. Eistet. (6 m. arg.) vacat. p. priv. Petri Altzhouer qui homicidium commisit 11. iun. 73 S 691 137^{rs}, m. (Leonardo [Pilhamer] ep. Microcomien. in civit. Eistet. resid. et priori mon. in Rebdorff Eistet. dioc. ac prep. eccl. s. Crucis e. m. Eistet.) (exped. 23. iun. 73) L 726 236^{rss} – presb. Ratisbon. dioc.: de prepos. eccl. b. Marie Novi Collegii Eistet. (40 <50> fl. renen.) vacat. p. resign. in manibus pape Wilhelmi de Pfalheim <Pfefheymer> 18. iun. 73 S 691 279^{vs}, 26. iun. 73 S 692 165^{rs}, I 332 96^r – oblig. sup. annat. 25. iun. 73 A 22 45^r – solv. 14 fl. adc. <pro val. 18 fl. renen.> pro compositione annat. 25. iun. 73 FC I 1129 175^v, FC I 1767 90^v, FC I 1768 92^v – [rem. plen.] 1. iul. 73 L 770 274^v – oblig. sup. annat. 3. iul. 73 A 22 49^v – solv. 17 fl. adc. 30 s(olidos) pro compositione annat. 3. iul. 73 FC I 1129 177^v, FC I 1767 94^r, FC I 1768 96^r – prep. eccl. b. Marie Novi Collegii Eistet.,

Johannes Bowilbach rect. par. eccl. in Wymershem ac **Ulricus Utz** perp. cap. in par. eccl. op. Weysenburg Eistet. dioc. necnon **Johannes Bunger** et **Stephanus Negelin** consules d. op. executores testamenti quond. Johannis Nunner perp. cap. in eccl. novi hosp. d. op. qui litig. coram iudicibus curie episc. Eistet. et sed. eccl. Magunt. et post appellationem ad cur. coram Leonardo [Pilhamer] ep. ut supra et coram Theodorico Mair prep. d. eccl. Eistet. contra Jacobum Grym de Niderhouen laic. Eistet. dioc. sup. prato Rorwisz nunc. Eistet. dioc. p. d. Jacobum occupato: m. (abb. mon. s. Egidii Nurembergen. Bamberg. dioc., prep. eccl. in Teurstat e. m. Bamberg. ac dec. eccl. Eistet.) committ. in partibus 7. oct. 73 L 732 144^{rs} – qui prepos. eccl. b. Marie Novi Collegii Eistet. et [**Johannes**] **Mendel** qui perp. benef. can. al. capn. chori s. Willibaldi nunc. in eccl. Eistet. perm. desiderant et p. Eberhardum de Rabenstein can. eccl. Bamberg. procur. resign. in manibus pape: m. (ep. Urbinaten. et prep. mon. b. Marie in Rot Ratisbon. dioc. ac dec. eccl. Ratisbon.) prov. d. Jacobo de d. benef. (9 m. arg.) 5. iun. 74 (exped. 16. iun. 74) L 733 139^{rss} – oblig. p. Henricum Lebenter causarum pal. ap. not. sup. annat. perp. benef. ut supra 17. iun. 74 A 23 108^r – solv. 2^1/$_2$ fl. adc. pro maiori val. annat. perp. benef. ut supra p. manus Henrici Lebenter 17. iun. 74 FC I 1129 259^v, IE 488 89^r, IE 489 89^r.

4290 **Jacobus Raw** cler. Bamberg. dioc. Pauli II. fam.: restit. bulle s. d. 6. febr. 71 sup. pensionibus sup. fruct. vicar. in eccl. s. Trinitatis Spiren. (10 fl. renen.) et sup. fruct. perp. capn. s. Catherine in par. eccl. s. Georgii Spiren. (5 fl. renen.) 21. mai. 72 A 21 213^r – qui 50. sue et. an. vel circa attigit: de assign. pens. ann. 34 fl. renen. (= 5 m. arg.) sup. fruct. par. eccl. in Rordorff Salzeburg. dioc.

(16 m. arg.) p. Henricum Lebenther persolv. (cui de can. et preb. eccl. s. Stefani Bamberg. (10 m. arg.) vac. p. resign. in manibus Pauli II. d. Jacobi p. Paulum II. prov. fuerat) 9. sept. 72 S 682 145^{rs}, (m. aep. Antibaren. ac officialibus Salzeburg. et Bamberg.) L 729 76^r-77^v – qui vig. gr. expect. Pauli II. can. et preb. eccl. Brixin. vac. p. o. Conrardi Judenfresser (Judenstossz) acc. et qui litig. desup. coram Bartholomeo de Bellencinis aud. et deinde coram Johanne de Cesarinis aud. contra Gasparem Sparner (Spante) intrusum: de prov. si neutri de eisdem (10 m. arg.) 9. febr. 74 S 702 76^{vs}, m. (exped. 14. mart. 75) L 738 218^{rss} – cui vig. gr. expect. p. Paulum II. conc. de can. et preb. et decan. eccl. Brixin. prov. fuit et qui litig. desup. coram aud. contra Gasparem Spuer cler. Argent.: de prov. si neutri de dd. can. et preb. (8 m. arg.) vac. p. o. Conradi de Matrix 2. mart. 76 S 735 92^{rss} – qui litig. coram Batholomeo de Bellencinis aud. et Johanne de Cesarinis aud. contra Gasparem Spaur cler. intrusum sup. can. et preb. eccl. Brixin. vac. p. o. Conradi Judenfresz: m. (Johanni Francisco de Pavinis aud.) confer. si neutri dd. can. et preb. (10 m. arg.) 2. mart. 76 L 762 35^v-37^v.

4291 Jacobus Reck rect. et fratres hosp. s. Spiritus in Steffelt (Stechffelt) Argent. dioc. referentes quod Innocentius de Roma precept. hosp. s. Spiritus in Saxia de Urbe o. s. Aug. mag. gener. omnium hosp. d. ord. fruct. questarum et bailliviarum in diversis dioc. (presertim Basil., Argent., Spiren., Wormat., Magunt., Colon., Trever. et Meten.) ad sustentationem d. hosp. in Steffelt donavit reservato censu annuo 40 fl. renen. d. hospitali de Urbe: de conf. 13. mart. 76 S 735 287^{rs}.

4292 Jacobus Renchen scol. perp. vic. ad alt. s. Antonii in colleg. eccl. op. Lare Argent. dioc.: de prom. ad omnes ord. extra temp., sola sign. 6. iun. 84 S 836 288^{rs}.

4293 Jacobus Rieffteck (Reysteck) cler. Argent. qui can. et preb. eccl. s. Thome Argent. vac. p. o. Arbogasti Rynow assec. est et qui litig. desup. coram ep. Calaguritan. aud. locumtenenti contra Henricum Han: de prov. si neutri de eisdem (8 m. arg.) 2. iun. 75 S 721 147^v – cust. et can. eccl. s. Thome Argent.: de disp. ut unac. d. custod. que curata est aliud incompat. benef. recip. valeat etsi 2 par. eccl. ad vitam c. lic. perm. 21. nov. 80 S 798 17^{rs} – presb. Argent. c. quo ad 2 incompat. benef. ad vitam c. lic. perm. p. Burchardum Stoer prothonot. disp. fuit: de conf. c. derog. reg. cancellarie, Conc. de novo 27. mart. 81 S 800 252^r.

4294 Jacobus de Riepker cler. Basil. dioc. de mil. gen. qui vig. gr. expect. perp. s. c. vicar. turibularia nunc. in eccl. Argent. vac. p. o. Johannis Dormentz acc. et litig. desup. in cur. contra Johannem Burkardi cler. ac deinde Engelhardum Funck cler. Eistet. dioc.: de prov. si neutri de eadem (6 m. arg.) 17. ian. 82 S 806 289^r.

4295 Jacobus Franciscus de Riepergh presb. Trever. dioc.: de par. eccl. in Frantessen Trever. dioc. (2 m. arg.) vac. p. resign. in manibus pape Nicolai Straissener cler. Trever. dioc. cui de eadem vac. p. resign. Mathie Drone presb. Trever. dioc. prov. fuit litt. desup. n. confectis c. reserv. pens. ann. 4 fl. renen. p. ipsum persolv. 8. febr. 81 S 800 79^v.

4296 Jacobus Robach cler. Spiren. dioc. in decr. licent. litig. coram offic. prepos. eccl. s. Pauli Wormat. aut al. iudice contra Johannem Hisseden cler. sup. par. eccl. in Mettenheim Wormat. dioc. vac. p. o. Judoci Knerf: de prov. si neutri de eadem (8 m. arg.) 20. apr. 84 S 839 126^r.

4297 Jacobus et **Henricus** fil. **Cone Rode** proconsulis Antique civit. Magdeburg. et **Thomas et Johannes Rode** civ. Magdeburg. executores testa-

menti d. Cone qui secundum ulti-
mam voluntatem certam perp. missam in par. eccl. s. Johannis Ev.
Magdeburg. ad alt. s. Crucis dota-
runt: de conf. 16. ian. 76 S 733 92^r.

4298 Jacobus Rodensteyn scol. Traiect.
dioc.: m. (dec. eccl. s. Salvatoris Traiect.) disp. sup. def. nat. (antistite et
s.) ad compat. benef. c. lic. perm.,
gratis 5. ian. 81 V 676 118^{rs}.

4299 Jacobus Roder in leg. licent. litig.
coram Guillelmo de Pereriis aud.
contra quond. Cristianum Moseler
sup. can. et preb. eccl. s. Petri e. m.
Magunt. (6 m. arg.): de surrog. ad
ius d. Cristiani [cass.] 6. decb. 83 S
832 55^v, S 832 57^{rs}.

4300 Jacobus Royer can. eccl. Leod. in
decr. licent. et offic. Leod.: prov. de
can. et preb. eccl. Leod. (14 m. arg.)
vac. p. resign. in manibus pape Johannis Jans de Tussembruch cler.
Leod. dioc. pape fam. cui de illis
vac. p. resign. in manibus pape Gregorii Valletario cler. Januen. pape
fam. (cui de illis vac. p. o. in cur.
Bartholomei de Bellencinis olim
aud. s. d. 7. iun. 78 motu pr. prov. fuit) s. d. 11. decb. 78 prov. fuit (m.
prep. eccl. Grassen. et dec. eccl. b.
Marie Wesalien. Trever. dioc. ac offic. Colon.) 22. sept. 81 (exped. 24.
decb. 81) L 814 253^r-255^r.

4301 Jacobus Romer cler. Colon. dioc.:
de perp. s. c. vicar. ad alt. s. Georgii
in eccl. Osnaburg. (4) ac de perp.
s. c. vicar. ad alt. s. Mathei in eccl.
s. Johannis Osnaburg. (4) ac de perp.
s. c. vicar. ad alt. N. in par. eccl. in
Quakenbrugge Osnaburg. dioc. (4 m.
arg.) vac. p. o. Bernardi Hughe Dominici [de Ruvere] tit. s. Clementis
presb. card. fam. 20. decb. 83 S 832
211^r, m. (dec. eccl. s. Ludgeri Monast. et dec. eccl. s. Victoris Dulmanien. Monast. dioc. ac offic. Monast.) (exped. 5. ian. 84) L 834
116^{vs} – qui vig. gr. expect. par. eccl.
s. Jacobi in Enyerloe Monast. dioc.
vac. p. o. Gerardi Suthoff acc.: de

nova prov. de eadem (5 m. arg. p.)
20. iun. 84 S 839 132^v.

4302 Jacobus Rotarii cler. Leod.: de can.
et preb. eccl. s. Bartholomei Leod. (4
m. arg.) vacat. p. resign. in manibus
pape Johannis Roberti cler. Traiect.
dioc. Berardi [Eruli] tit. s. Sabine
presb. card. Spoletan. fam. cui de
eisdem vac. p. o. in cur. Leonardi
van der Culen prov. fuerat et de assign. d. Johanni pens. ann. 10 fl. renen. sup. fruct. par. eccl. de Boranie
(/.) et 30 fl. renen. sup. fruct. par.
eccl. de Beke et 5 fl. renen. sup.
fruct. perp. capn. ad alt. s. Salvatoris
in colleg. eccl. s. Gudule Bruxellen.
Cameracen. dioc. et al. 18 fl. renen.
27. mai. 74 S 706 83^{rs}.

4303 Jacobus Rubart cler. Traiect. dioc.
et perp. cant. ad alt. capel. s. Spiritus
op. Alosten. Cameracen. dioc.: de
prom. ad omnes ord. extra temp.,
sola sign. 27. mai. 80 S 793 73^{rs}.

**4304 Jacobus Rudolffi (Rudolf) (de Mo-
naco)** cler. Frising. dioc. in 19. sue
et. an. constit. <in univ. studii Papi-
en.> in litt. studens: de disp. ad
quodcumque benef. etsi par. eccl. c.
lic. perm. n. o. def. et. 3. oct. 75 S
727 210^{vs}, L 755 196^{rs} – can. eccl.
Frising. leg. doct.: motu pr. prov. de
benef. ad coll. ep. etc. August. et ep.
etc. Frising. (m. Stephano de Caciis
can. eccl. Vercellen. et offic. Ratisbon. ac offic. August.) 17. nov. 81
Sec. Cam. 1 247^r-249^r – rect. par.
eccl. s. Nicolai in Altenfruonhofen
(/.) Frising. dioc. leg. doct.: de disp.
ut unac. d. par. eccl. quam obtin. aliud incompat. benef. etsi par. eccl. ad
vitam recip. val. c. lic. perm. 16.
nov. 83 S 832 83^{rs} – can. eccl. Frising. cui gr. expect. s. d. 17. nov. 81
de benef. ad coll. ep. etc. August.
necnon ep. etc. Frising. conc. fuit: de
prerog. ad instar pape fam. descript.
attento quod d. Jacobus ex gr. sua
nullum fruct. reportavit 20. mart. 84
S 833 138^{rs} – reus et possessor ac
Andreas Undiger cler. Frising. dioc. actores qui litig. in cur. sup. par.

eccl. in Altenfrawnhofen Frising. dioc. et deinde concordiam fecerunt quod d. Andreas omni iuri in d. par. eccl. in favorem d. Jacobi cessit c. reserv. d. Andree pens. ann. 26 fl. renen. sup. fruct. d. par. eccl. p. d. Jacobum persolv.: de conf. concordie 3. apr. 84 S 834 113^v – qui vig. gr. expect. par. eccl. in Deymgau Frising. dioc. vac. p. o. Johannis Waldegker acc.: de nova prov. de eadem (10 m. arg.) 23. apr. 84 S 834 278^v – referens quod Andreas Undinger cler. Frising. dioc. pape fam. vig. gr. expect. par. eccl. in Altenfrawenhoffen Frising. dioc. vac. p. o. Thebaldi de Valbeke acc. sup. qua litig. d. Andreas in cur. et coram Sigismundo Senfftel can. eccl. Frising. in decr. licent. commissario contra Vincentium Scheenck utr. iur. doct. et d. Jacobum reum et possessorem: de d. par. eccl. (80 fl. renen.) vac. p. resign. in manibus pape d. Andree c. reserv. pens. ann. 26 fl. auri ut supra 5. mai. 84 S 835 227^r – rect. par. eccl. in Angelbrechtzmunster (/.) Ratisbon. dioc. litig. coram Hieronimo de Porcariis aud. contra Erhardum Perman cler. Ratisbon. dioc. pape et [Raphaelis Riario] tit. s. Georgii ad velum aureum diac. card. fam. sup. d. par. eccl. vac. p. o. Henrici de Schmuchen (/.): de d. par. eccl. (15 m. arg.) vac. p. resign. in manibus pape d. Erhardi 19. iun. 84 S 837 196^v.

4305 **Jacobus de Rudolfswarden** presb. Aquileg. dioc. inter al. referens quod ipse de resign. perp. vicar. par. eccl. in Kerspach prope Studenicz Aquileg. dioc. c. quodam Mathia Mewek dummodo certam pecunie quantitatem solveret convenit: de absol. a labe simonie et de prov. d. Jacobo de d. vicar. (24 fl. adc.) 5. ian. 77 S 756 223^{rs}.

4306 **Jacobus Ruys** presb. Traiect. dioc. decr. doct. Maximiliani ducis Austrie consiliarius: de disp. ut 2 incompat. benef. etsi 2 par. eccl. ad vitam

retin. val. c. lic. perm. 21. aug. 83 S 826 275^v.

4307 **Jacobus Sam** archid. Frisacien. qui litig. coram Johanne Francisco [de Pavinis] aud. contra Paulum Laschel cler. sup. capel. sive alt. s. Viti in castro extra op. Welfspergen. Salzeburg. dioc. sub iurisd. temporali ep. Bamberg. vac. p. o. Johannis Stubner quond. [Burghardi de Weissbriach] card. Salzeburg. fam. 3. decb. 73 S 699 165^{rs} – rect. capel. ss. Viti et Udalrici in arce e. m. op. Wolsperg Salzeburg. dioc. (sub dominio temporali ep. Bamberg. exist.) reus et possessor qui litig. desup. coram aud. contra Paulum Laschel cler. actorem: de prov. si neutri de d. capel. (6 m. arg.) vac. p. o. Johannis Stubner quond. Burckardi card. ut supra fam. 23. apr. 74 S 704 22^{vs} – cler. Salzeburg. dioc. decr. doct.: de gr. expect. de 2 can. ad coll. quorumcumque et de prerog. pape fam. descript., Et s. d. 1. ian. 72 8. iun. 75 S 722 237^{vs} – archid. Inferioris et Superioris Charintie Salzeburg. decr. doct. et Paulus Laschel cler. Olomuc. dioc. qui litig. sup. alt. ss. Viti et Ulrici in capel. in propinquo castro Wolfsperg Salzeburg. dioc. vac. p. o. Johannis Stibner: de prov. d. Jacobo de d. s. c. alt. (8 m. arg.) vacat. p. resign. d. Pauli et de assign. d. Paulo pens. ann. 20 fl. adc. sup. fruct. d. alt. 10. mai. 76 S 738 243^v – prep. eccl. Montis Sancti Virgilii Friesacen. Salzeburg. dioc. decr. doct. cui p. Georgium [de Schaumberg] olim ep. Bamberg. de alt. ss. Viti et Udalrici in capel. e. m. castri Wolfsperg Salzeburg. dioc. vac. p. o. Johannis Strubner prov. fuit et qui litig. desup. coram Johanne Francisco de Pavinis aud. et coram Eberardo de Rabenstein can. eccl. Bamberg. contra Paulum Laschel cler. Olomuc. dioc.: m. (dec. eccl. s. Bartholomei et dec. eccl. Montis Sancti Virgilii Friesacen. Salzeburg. dioc. ac Georgio Altorffer can. eccl.

Ratisbon.) confer. d. s. c. alt. (8 m. arg.) vac. p. resign. in manibus pape d. Pauli 10. mai. 76 (exped. 18. mai. 76) L 759 88^{vss} – oblig. p. Conradum Kienmair presb. Ratisbon. dioc. sup. annat. alt. ss. Viti et Udalrici ut supra (in margine: s. d. 16. febr. 77 solv. 19 fl. p. manus d. Conradi) 15. febr. 77 A 25 118^v – solv. 19 fl. adc. pro compositione annat. capel. ut supra p. manus Conradi Kienmair 14. febr. 77 IE 493 69^v, IE 494 73^v, 15. febr. 77 FC I 1133 36^v.

4308 Jacobus de Sancto Laurentio Vallis Ananie Trident. dioc.: de nova prov. de par. eccl. plebe nunc. s. Laurentii Vallis Ananie Trident. dioc. (30 fl. adc.) vac. p. o. Baldexaris Imeti 23. iul. 79 S 784 133^v.

4309 Jacobus de Sancto Vito de Terra Fluminis Polen. dioc. in 17. sue et. an. constit.: supplic. Frederico R. I. de lic. perm. donec 24. sue et. an. attigerit 21. mart. 77 S 749 25^r.

4310 Jacobus Sartoris paup. cler. Trever. dioc. in 22. sue et. an. constit. nullum benef. obtin.: de disp. ad quodcumque benef. etsi par. eccl. 9. mart. 82 S 808 249^v.

4311 Jacobus Schaler presb. profes. et cellerarius mon. b. Marie Campililiorum o. Cist. Patav. dioc. quem prior et conv. d. mon. et abbates monasteriorum s. Crucis ad Sanctam Crucem et Novimontis Patav. dioc. et s. Trinitatis in Nova civitate Salzeburg. dioc. d. ord. in abb. d. mon. Campililiorum vac. p. o. Petri elegerunt: supplic. Friderico R. I. de nova prov. de d. mon. (200 duc.) vac. p. o. cuiusdam Petri 3. apr. 73 S 689 233^{rs}.

4312 Jacobus Schaut presb. Traiect. dioc. litig. coram Nicolao de Ubaldis aud. contra Hermannum de Aldewater cler. Traiect. dioc. sup. perp. vicar. ad alt. b. Jacobi apl. et Christofori mart. in colleg. eccl. s. Petri Traiect. vac. p. o. Baudewini Hermanni de Bunschotem: de prov. si neutri de d.

vicar. (5 m. arg.) 15. febr. 74 S 702 292^{vs}.

4313 Jacobus Scheutall (Schentall, Scontall) monach. profes. mon. s. Martini in Brentzenhusen o. s. Ben. August. dioc.: de disp. ut primissariam in par. eccl. in Waldkirch (Vualdbarch) August. dioc. (que certa onera cure d. eccl. seu fil. eccl. in Munsteten (Nuinsteten) habet) de iur. patron. laic. (7 m. arg.) retin. val. 2. mart. 76 S 735 152^v, L 761 8^{rs}.

4314 Jacobus Schinchem cler. Herbip. dioc.: de perp. vicar. seu capn. s. Theobaldi in eccl. Argent. (4 m. arg. p.) vac. p. o. Johannis Gruschtz, n. o. gr. expect. in forma paup. 17. iun. 82 S 813 19^r.

4315 Jacobus Schindeler (Schundele, Schindelech) cler. Merseburg. dioc.: de par. eccl. in Dorinburgk (Dorumburg) Magunt. dioc. (4 m. arg.) vac. p. resign. in manibus pape (litt. n. confectis) Theodorici Herspach cler. Magunt. dioc. (cui de eadem vac. p. o. Andree Franckenhusen <s. d. 10. mart. 78> prov. fuerat <litt. desup. n. confectis>) 23. mai. 79 S 782 217^{vs}, m. (prep. eccl. b. Marie virg. Veteris Capelle Ratisbon. et offic. August. ac offic. Frising.), gratis V 599 195^r-196^v – recip. not. pro bulla distributa 3 grossos et 2 grossos apr. 80 DB 1 20^r.

4316 Jacobus Schrader cler. Constant. dioc.: motu pr. de gr. expect. de 2 can. et preb. necnon de benef. ad coll. quorumcumque, Et s. d. 17. nov. 81 S 803 273^r.

4317 Jacobus Schumler cler. Merseburg. dioc.: motu pr. de gr. expect. de 2 can. et preb. necnon de benef. ad coll. quorumcumque, Et s. d. 17. nov. 81 S 803 32^v.

4318 Jacobus Segher cler. Havelberg. dioc.: de par. eccl. ville Bellin Brandenburg. dioc. (4 m. arg.) vac. p. o. Martini Bellin 8. apr. 83 S 823 252^r – <cui gr. expect. s. d. 17. nov. 81

de benef. ad coll. dec. et capit. eccl. Magdeburg. conc. fuit>: de par. eccl. ville Buenz <Linem> Brandenburg. dioc. <4> vac. p. o. Arnoldi Hoppener (Haspene) ac de perp. s. c. vicariis ad alt. b. Marie virg. et s. Georgii in eccl. mon. Sancti Sepulcri o. Cist. Havelberg. dioc. <2> ac de perp. vicar. ad alt. b. Marie Magdalene in par. eccl. op. Perlebergen. Havelberg. dioc. <2> vac. p. o. Balthasaris Rutung (Menighe) (insimul 8 m. arg.) et de disp. ut unac. par. eccl. ville Bellin Brandenburg. dioc. dd. eccl. sive 2 al. incompat. benef. recip. val., Et c. disp. ad 2 par. eccl. insimul ad vitam c. lic. perm. <c. cass. gr. expect. quamprimum d. vicar. assec. fuit> 26. mai. 83 S 824 85^{rs}, m. (thes. eccl. s. Sebastiani Magdeburg. et offic. Magdeburg. ac offic. Havelberg.), gratis V 640 276^v-278^v – de ref. 2. decb. 83 S 831 237^v.

4319 **Jacobus Semmelbecker** cler. Sleswic. dioc. in utr. iur. bac. in iur. can. Rome stud. in cur. resid.: motu pr. de gr. expect. de can. et preb. ad coll. ep. etc. Sleswic. necnon benef. ad coll. abba. mon. Idtzeho Bremen. dioc., Et s. d. 17. nov. 81 S 803 130^{rs} – de perp. benef. in eccl. op. Tanglin Camin. dioc. (3 m.) de iur. patron. laic. vac. p. o. in cur. Ebelini Warnholt cler. Camin. dioc. 7. febr. 82 S 807 136^{rs} – qui in iur. can. p. plures an. in Italia nunc autem Rome studet referens quod quond. Georgius Milligers (Milliger, Melligen) (qui ad par. eccl. Veteris Stolp prope et e. m. op. Stolp Camin. dioc. (4 m. arg.) p. Sophiam Stettinen. Pomeranie etc. ducissam patron. d. par. eccl. episcopo present. et p. d. ep. institutus fuit) reus et possessor litig. sup. d. par. eccl. coram Johanne Prioris aud. contra Georgium Putkammer cler. Camin. dioc. intrusum qui p. quond. ducissam capitulo eccl. Camin. present. fuit: de surrog. ad ius d. Georgii Milliger in cur. defunct.

25. apr. 82 S 810 51^{rs} – de prepos. colleg. eccl. s. Nicolai Gripesvalden. Camin. dioc. (4 m. arg.) vacat. p. priv. Johannis Parleberch qui excom. missas et al. divina off. publ. celebravit 9. iun. 82 S 811 194^{rs}.

4320 **Jacobus de Sendor (Sendeez)** presb. Cracov. dioc. olim rect. par. eccl. in Wlhoff (Wlbeese) Olomuc. dioc. inter al. referens quod pro fide catholica ab hereticis Boemis molestias passus et in carceribus detentus fuit et quod d. par. eccl. spoliatus extitit et quod postmodum par. eccl. in Corumpa (Corunipa, Corimipa) Strigonien. dioc. assec. est et quod ipse quendam laicum hereticum excom. qui officium perturbavit vulneravit ex quo infra 8 dies expiravit: de disp. sup. irreg. <abol. inhab.>, Conc. sed n. ministret 9. mart. 75 S 715 187^{rs}, de ref. (c. ministerio alt.) 29. apr. 75 S 719 63^{vs}, m. (thes. eccl. s. Hermetis Rothnacen. Cameracen. dioc.) L 790 114^{rs}.

4321 **Jacobus Siber** presb. Frising. dioc.: de par. eccl. seu perp. vicar. in Porsen al. Nappurg Ratisbon. dioc. (30 m. arg.) vacat. p. priv. Ulrici Part qui prepos. colleg. eccl. in Spalt Eistet. dioc. ac par. eccl. seu perp. vicar. in Alteim Ratisbon. dioc. insimul ex disp. forsan ap. obtin. qui autem d. par. eccl. seu perp. vicar. in Porsen absque disp. p. 8 vel 9 an. detin., n. o. perp. vicar. ad alt. s. Elisabeth (4 m. arg.) et perp. vicar. alt. s. Georgii in eccl. Frising. (4 m. arg.) 18. apr. 82 S 809 243^v.

4322 **Jacobus Simonis (Simeonis):** prov. si neutri de par. eccl. Spiren. [dioc.?] 71/72 I 332 252^v – cler. Spiren. cur. sequens: oblig. sup. annat. par. eccl. in Rasselbron Spiren. dioc. de iur. patron. laic. (8 m. arg.) de qua vac. p. o. Friderici Bitschers sibi s. d. 25. aug. 71 prov. fuit (in margine: cass. quia solv. 20 duc. Melchiori [Truchses] collect.) 24. ian. 72 A 21 77^r – de perp. vicar. ad alt. s. Catherine in colleg. eccl. s. Wydonis Spiren. (2 m.

arg.) vac. p. o. Johannis Slichen 12. apr. 73 S 689 299^{vs} – iam dudum ad par. eccl. de Russelbron Spiren. dioc. vac. p. o. Friderici Bitschers (Buschers) p. Margaretam de Ingelnheim laic. patron. preposito eccl. s. Widonis Spiren. present. et qui litig. desup. coram Antonio de Grassis aud. contra quond. Johannem Niefferen cler. p. Fridericum de Erezberg laic. ad d. par. eccl. present.: m. (prep. eccl. s. Widonis Spiren. et archid. Sernen. eccl. Burdegalen. ac offic. Spiren.) confer. d. par. eccl. (8 m. arg.) 6. nov. 73 V 560 16^{vss} – perp. cap. ad alt. s. Katerine in eccl. s. Jeorii Spiren.: de prom. ad omnes ord. extra temp., sola sign. 29. nov. 73 S 698 286^r – oblig. sup. annat. par. eccl. de Russelbron ut supra [cass.] 16. decb. 73 A 22 195^v.

4323 Jacobus Simonis de Hagsalarem acol. Traiect. dioc.: prom. ad ord. subdiacon. in eccl. s. Bartholomei de Insula in Urbe 18. febr. 75 F 6 195^r, F 6 196^r – vic. perp. vicar. s. Nicolai in par. eccl. in Indiek Traiect. dioc.: litt. testim. sup. prom. (vig. supplic. s. d. 8. febr. 75) ad ord. subdiacon. s. d. 18. febr. 75 in eccl. s. Bartholomei, ad ord. diacon. s. d. 19. febr. 75 ibidem, ad ord. presbit. s. d. 24. febr. 75 ibidem 24. febr. 75 F 6 192^v.

4324 Jacobus Sindenst rect. par. eccl. s. Helene prope muros Argent. et **Conradus Marchart** presb. Argent. dioc.: de adm. resign. d. Jacobi et de prov. d. Conrado de d. par. eccl. (9 m. arg.) et de assign. d. Jacobo pens. ann. 3. partis fruct. d. par. eccl. 6. apr. 78 S 767 197^{vs}.

4325 Jacobus Sloessgen (Sloesszen) cler. Colon. dioc., **Johannes de Davantria** presb. Traiect. dioc., **Michael Wissonis** cler. Traiect. dioc., **Jacobus Corsum** cler. Leod., **Jacobus Nickel al. Ottemengher** cler. Colon. dioc., **Paulus Hornung** cler. Salzeburg. dioc. inter 35 Oliverii [Carafa] tit. s. Eusebii presb. card. fam. do-

mesticos enumerati: motu pr. de gr. expect. de 2 can. et preb. usque ad val. fruct. /. l. T. p. et de 2 benef. ad coll. quorumcumque et de prerog. ad instar pape fam. descript. et de disp. ad 2 incompat. benef., Et s. d. 1. ian. 72 S 670 24^r-25^v – Oliverii card. ut supra fam. cui gr. expect. de 2 benef. ad coll. aep. etc. Colon. et ad coll. [prep. etc.] eccl. s. Cassii Bonnen. Colon. dioc. conc. fuit et qui prep. eccl. ss. Petri et Pauli Bardowicen. Verden. dioc. residentem in cur. et decanos (in litt. desup. confectis p. errorem prep. script.) eccl. s. Andree Colon. ac eccl. b. Marie ad Gradus Colon. in partibus residentes pro executoribus elegit: de decl. litt. desup. perinde val. acsi d. prep. in dd. litt. executor expresse deput. fuisset 16. apr. 72 S 678 123^{rs} – et **Johannes de Davantria** presb. Traiect. dioc. decr. doct., **Michael Wissonis** cler. Traiect. dioc., **Jacobus Corsum** cler. Leod., **Jacobus Nickel al. Ottomenghr** cler. Colon., **Paulus Hornung** cler. Salzeburg. dioc., **Stefanus Helmici** cler. Traiect. dioc. inter 45 Oliverii card. ut supra fam. enumerati: supplic. d. card. de fruct. percip. et de disp. ad incompat. benef. 23. apr. 72 S 678 156^r-157^v, I 332 57^v – rect. par. eccl. s. Martini in Wylsershem Colon. dioc. Oliverii card. ut supra fam.: supplic. d. card. lic. perm., gratis 20. mai. 72 L 722 240^v.

4326 Jacobus Snedeburg cler. Trever. dioc. Johannis [de Baden] aep. Trever. fam.: supplic. d. aep. de n. prom. ad 7 an. in servitio d. aep. insistendo 21. nov. 72 S 684 51^v.

4327 Jacobus Snichkrist perp. vic. ad alt. ss. Catherine et Adelheidis in eccl. s. Petri iun. Argent.: restit. bulle sup. pens. ann. 22 fl. renen. eidem sup. fruct. par. eccl. in Bischouiszheim Argent. dioc. s. d. 7. febr. 82 assign. (quia benef. resignandum n. excedit summam) 28. febr. 82 A 30 218^r.

4328 **Jacobus Stablin** laic. et **Catherina Suserlerin** mul. August. dioc.: m. (ep. August.) absol. et disp. sup. ignoranter contractum matrim. propter cognationem spir. (quia d. Catherina 3 filios d. Jacobi ex uxore sua iam defuncta procreatos in confirmatione tenuerat) 14. nov. 76 L 773 271^v.

4329 **Jacobus Stanislai de Lublin** diac. rect. par. eccl. in Dalyeschicze Cracov. dioc.: de n. prom. ad 2 an. 22. iul. 75 S 724 18^r – cler. et **Johannes de Lublin** cler. Cracov. dioc. actor qui litig. coram Nicolao de Ubaldis aud. contra Paulum Choranzicz (Choranzicz) de Wroczimovicze (Wroczinovycz) cler. adversarium <occupatorem> sup. can. et preb. eccl. b. Marie Kyelczien. (Kiielczien.) Cracov. dioc.: de prov. d. Jacobo de dd. can. et preb. (10 m. arg.) vacat. p. resign. d. Johannis <p. Johannem Theiicher presb. Salzeburg. dioc. procur. suum in manibus pape fact.> 29. febr. 76 S 735 168^{rs}, (m. prep. eccl. s. Andree Colon. et cust. eccl. Cracov. ac Johanni de Baruchow can. eccl. Cracov.) (exped. 26. mart. 76) L 765 36^r-38^r – de par. eccl. s. Nicolai e. m. Cracov. (16 m. arg.) vacat. p. priv. Johannis de Ossvanczim qui sent. excom. innodatus est 15. mart. 76 S 736 101^{vs} – sollicitator in cur.: oblig. sup. annat. can. et preb. eccl. b. Marie Kiielczen. ut supra 27. mart. 76 A 24 114^r – solv. [in bullaria] pro formata presb. 3 grossos apr. 76 T 13 9^v – de can. et preb. eccl. s. Margarete Sandencen. Cracov. dioc. (4 m. arg.) et capn. ad alt. s. Marie Magdalene in eccl. Cracov. (4 m. arg.) vac. p. o. Mathie de Grodzecz 29. decb. 76 S 745 97^{vs} – c. quo ad 2 incompat. benef. disp. fuit: de ref. (ut etiam maiorem preb. retin. possit) 13. mai. 77 S 751 87^v.

4330 **Jacobus Staslams** cler. Poznan.: de perp. vicar. eccl. Cracov. ac de alt. sive capn. eccl. Cracov. (7 m. arg.) de iur. patron. laic. vac. p. o. Mathie de Grodetz 1. mart. 77 S 751 46^{vs}.

4331 **Jacobus Stephani (Steffani) (al. de Specke)** cler. Halberstad. dioc.: de can. et preb. eccl. s. Nicolai Stendalien. Halberstad. dioc. (4 m. arg.) vac. p. o. Andree Hasselman 14. iul. 73 S 696 33^v – de perp. vicar. in eccl. Hildesem. (6 m. arg.) vac. p. o. Heinrici Hinderbach in Veronen. seu Trident. civit. defuncti cui de eadem vac. p. o. in cur. Heinrici Druggeman prov. fuerat 1. sept. 76 S 742 124^{rs} – de can. et preb. colleg. eccl. ss. Johannis Bapt. et Ev. op. Tangermunde Halberstad. dioc. (4 m. arg.) de iur. patron. laic. vac. p. priv. Johannis Brasche cler. Halberstad. dioc. 19. nov. 77 S 768 5^v – de perp. vicar. in eccl. s. Stephani op. Tangermunde Halberstad. dioc. (2 m. arg.) de iur. patron. laic. vac. p. o. Petri Kabenhawer et p. devol. 14. apr. 78 S 768 224^r – m. (dec. et thes. eccl. b. Marie Halberstad. ac offic. Halberstad.) prov. de perp. s. c. vicar. in par. eccl. s. Stephani op. Targermundis Halberstad. dioc. (2 m. arg.) vac. p. o. Arnoldi Drinker, n. o. quod Johannes Knoken d. vicar. p. 3 an. detin., gratis 26. apr. 78 (exped. 2. mai. 78) L 787 137^{vs} – qui litig. coram thes. eccl. b. Marie Halberstad. contra Henricum Beliti sup. perp. vicar. in par. eccl. op. Tangermunde Halberstad. dioc. de iur. patron. laic. certo modo vac.: de prov. si neutri de eadem (2 m. arg.) 24. oct. 78 S 785 248^r – de perp. s. c. vicar. ad alt. s. Elyzabethe in par. eccl. s. Stephani op. Tangermunden. Halberstad. dioc. (2 m. arg.) vac. p. o. Nicolai Reppin, n. o. quod d. Jacobus litig. coram iudice delegato in partibus sup. quadam al. perp. vicar. in d. par. eccl. (2 m. arg.) et si d. vicar. obtinuerit unam ex illis infra 6 menses dimittere deberet 8. apr. 79 S 780 122^{vs} – de perp. s. c. vicar. ad alt. s. Godehardi in eccl. Magdeburg. (5 m. arg.) vac. p. o. Theoderici Pril Martini V. fam. 12. apr. 79 S 785 244^v – de par. eccl. in Lentzen Havelberg. dioc. (4 m. arg.) vac. p. resign. Eber-

ardii Sluter al. Manstheyn in manibus dec. etc. eccl. castri Winbergh
Halberstad. dioc. (ad quos ius present. pertin.) vel p. o. Henrici Sartoris
deducta pens. 10 fl. renen. capitulo
d. eccl. annuatim persolv. 4. mai. 81
S 801 50ʳ – referens quod Johannes
Knakenhower perp. vicar. in par.
eccl. s. Stephani op. Tangermunden.
Halberstad. dioc. vac. p. o. Arnoldi
Demeker (de Meker) sine tit. p. 3 an.
detin. (n. o. quod in quibusdam litt.
ap. dec. et thes. eccl. b. Marie Halberstad. ac offic. Halberstad. m. fuit
ut de d. vicar. d. Jacobo provideretur) et quod deinde d. Johannes ante
dat. dd. litt. ap. d. vicar. coram
Theoderico Vlock thes. d. eccl. b.
Marie resign. et quod de eadem p. d.
thes. Henrico Belitze prov. fuit et
quod d. Jacobus litig. desup. coram
Jeronimo de Porcariis aud. contra d.
Henricum: de prov. si neutri de d.
perp. vicar. (4 m. arg.), n. o. can. et
preb. in colleg. eccl. castri Tangermunden. Halberstad. (4) quos obtin.
ac par. eccl. ville Redekin Havelberg. dioc. (4) ac par. eccl. op. Lentzen Havelberg. dioc. (4 m. arg.) sup.
quib. litig. in cur. c. condicione ut
quamprimum alteram ex eccl. ville
Redekin vel eccl. op. Lentzen assec.
fuerit omni iuri sibi in altera ex eisdem pertinenti cedere teneatur 8.
decb. 81 S 805 156ʳˢ, m. (Jeronimo
de Porcariis aud.) (exped. 5. ian. 82)
L 814 117ᵛˢˢ.

4332 Jacobus [de Stege] abb. et conv.
mon. s. Pantaleonis Colon. o. s. Ben.
referentes quod d. mon. p. onera debitorum depressum est et quod conv.
redditus a Godfrido olim abb. emis-
sos reducere desiderat ut usuras et
debitos persolvere val.: de committ.,
Conc. quod ep. Forolivien. in partibus nuntius sed. ap. provideat 17.
apr. 75 S 718 129ʳ.

4333 Jacobus (de) Stegeman (/.) qui can.
et mediam preb. in eccl. s. Nicolai
Novifori Magdeburg. <resign. p.
Hermannum Pywerlingk cellerarium

eccl. Halberstad. procur. fact.> et
Henricus Belitze (Belize) qui perp.
s. c. vicar. ad alt. s. Thome Apl. in
eccl. Magdeburg. <resign. p. Nicolaum Sculteti cler. Halberstad. dioc.
procur. fact.> desiderant perm.: de
prov. d. Jacobo de d. perp. vicar. (4)
et de prov. d. Henrico de dd. can. et
preb. (4 m. arg.) 20. iul. 84 S 838
226ᵛˢ, (m. prep. eccl. s. Nicolai Stendalien. Halberstad. dioc. et offic.
Magdeburg.) (exped. 6. aug. 84) L
837 82ʳ-83ᵛ.

4334 Jacobus Stewert et **Johannes
Sprus**: motu pr. de gr. expect. de 2
can. et preb. necnon de benef. ad
coll. quorumcumque, Et s. d. 17.
nov. 81 S 803 132ᵛ.

4335 Jacobus Streken cler. Bremen. dioc.: m. (prep. eccl. Razeburg.) confer. par. eccl. b. Marie et s. Georgii
in Graubaw Razeburg. dioc. (2 m.
arg.) vac. p. n. prom. Volrardi Lut-
saw 12. oct. 80 (exped. 26. oct. 80)
L 806 18ʳˢˢ.

4336 Jacobus de Studlow (Schidlow)
presb. Cracov. dioc.: m. (prep. eccl.
Gneznen. et Johanni Prioris can.
eccl. b. Marie Maioris de Urbe ac
offic. Gneznen.) confer. par. eccl. in
Domannievicze (Domamicze) Gneznen. dioc. (8 m. arg.) vac. p. o. Stanislai 14. mai. 81 V 613 315ʳˢˢ, de
ref. S 801 134ʳ – rect. par. eccl. in
Wangleschin Cracov. dioc.: de disp.
ut unac. d. par. eccl. quam obtin. aliud incompat. benef. etsi par. eccl. ad
vitam recip. val. c. lic. perm. 8. mai.
84 S 835 293ʳˢ.

4337 Jacobus Sulle cler. Laibac. dioc. cui
de perp. vicar. par. eccl. in Peylens-
tam Laibac. dioc. vac. p. resign. Nicolai Sulle prov. fuit et qui deinde
perp. s. c. benef. ad alt. s. Georgii in
d. par. eccl. (noviter fund.) assec. est
et p. 5 an. tenuit: de nova prov. de d.
vicar. (4 m. arg.) et de d. benef. (4
m. arg.) c. disp. ut d. vicar. unac. d.
benef. retin. valeat 21. apr. 75 S 718
128ᵛˢ.

4338 **Jacobus Sunnenborn** presb. Paderburn. dioc. Gotfrido Wangen presb.
Paderburn. dioc. in medio fl. renen.
(= 4 grossi papales) oblig. et ob n.
solutionem excom.: de disp. sup. irreg. 24. mai. 73 S 690 298^{rs}.

4339 **Jacobus Swind (Swynde, Strinde)**
cler. Spiren. civit. pape fam. cui gr.
expect. s. d. 1. ian. 72 conc. fuit: de
decl. litt. desup. perinde val. acsi
tempore dd. litt. pape fam. fuisset
15. decb. 72 S 685 132^{vs} – perp. vic.
eccl. s. Stephani in Wissenburg Spiren. dioc. Christofori patriarche An-
thiochie fam.: de primissaria ad alt.
b. Marie in villa Lustatt Superiori
Spiren. dioc. (3 m. arg.) vac. p. o.
Nicolai Lutifiguli 3. decb. 74 S 712
126^{vs} – qui vig. gr. expect. s. d. 1.
ian. 72 de 2 benef. ad coll. abb. etc.
mon. in Wissenburg o. s. Ben. Spiren. dioc. ac prep. etc. eccl. ss. Germani et Mauricii Spiren. vicar. colleg. eccl. s. Stephani Wissenburgen.
Spiren. dioc. (3 m. arg.) vac. p. o. Johannis Rolbel acc.: motu pr. de reval. et de prerog. ad instar pape fam.
descript. 20. iun. 76 S 741 28^{rs} –
perp. vic. in colleg. eccl. ss. Germani
et Mauritii Spiren. patriarche Antiochen. fam.: de prom. ad omnes ord.
extra temp., sola sign. 1. mart. 77 S
748 7^{vs}, 8. mart. 77 S 748 192^{r} –
perp. vic. colleg. eccl. s. Stephani in
Vissenburgo Spiren. dioc. quam obtinet et **Petrus Pleymuger** cler. Salzeburg. dioc. R[oderici de Borja]
card. ep. Albanen. fam.: de adm. resign. d. Jacobi et de prov. d. Petro de
d. vicar. s. Stephani (4 m. arg.) et de
assign. d. Jacobo pens. ann. 8 fl. renen. sup. fruct. d. vicar. 22. mart. 77
S 748 237^{vs}.

4340 **Jacobus [Szienienski]** ep. Wladislav. qui Nicolaum de Coszelecz
can. eccl. Gneznen. procur. negoti-
atorem gestorem et nuntium specialiter ad visit. lim. constituit: instru-
mentum nominationis (actum Cra-
covie in platea Legatorum in dom.
Pauli de Glovinna dec. eccl. Cracov.

et can. eccl. Gneznen. s. d. 3. iun. 71
c. testibus d. Paulo, Paulo de Ges-
zovv can. eccl. Lanzicien. et can.
eccl. Crusvizien., Bartolomeo de
Gorza rect. par. eccl. in Buczina et
Johanne de Tharnovv rect. par. eccl.
in Dambno p. Laurentium Petri de
Warminge cler. Cracov. dioc. publicum imper. et auct. ap. notarium
subscriptum) fuit present. in cam. p.
d. Nicolaum et recognitum p. Andream Rosa can. eccl. Cracov. et
Michaelem Prasmow can. eccl. Plocen. 25. sept. 71 DC 36 54^{v} – notitia
sup. transl. ad eccl. Gneznen. vac.
p. o. Johannis [Gruszczynski] ad relationem [Juliani de Ruvere] tit.
s. Petri ad vincula presb. card. 17.
decb. 73 OS 82 81^{v}, OS 83 58^{r} – ex
eccl. Wladislav. ad eccl. Gneznen.
transl.: obtulit cam. ap. et collegio
card. (p. Albertum Jacobi de Novacivitate decr. doct. rect. par. eccl. in
Piitravvin presb. Cracov. dioc.) pro
commun. serv. ratione d. transl. s. d.
10. decb. 73 5.000 fl. adc. et pro 5
min. serv. (in margine: s. d. 28. ian.
74 bulle date fuerunt Francisco de
Naciis institori soc. de Medicis quia
promisit solv. omnia min. serv.) 24.
ian. 74 OS 84 214^{r} – solv. 2.500 fl.
24. ian. 74 Paris L 25 A 8 126^{r} –
solv. totaliter 2.669 fl. adc. 28 sol. 8
den. pro commun. et min. serv. p.
manus Laurentii et Juliani de Medicis et soc. cur. sequentium 28. febr.
74 FC I 1127 90^{r} – olim ep. Wladislav. in aep. Gneznen. el.: prov. de
d. eccl. Gneznen. vac. p. o. 73/74 I
332 121^{r} – commissio 73/74 I 332
121^{r} – aep. Gneznen.: solv. 2.500
pro commun. serv. eccl. Gneznen. p.
manus depositarii 31. mart. 74 IE
488 63^{v}, IE 489 63^{v} – aep. Gneznen.: de facult. absol. religiosos et
laicos utr. sexus in civit. et provincia
Gneznen. (ab urbe 50 dietas distantibus) 22. aug. 75 S 725 143^{v} – de
facult. disponendi (absque consensu
capit. eccl. Gneznen.) sup. benef.
eccl. Gneznen. vacat. in mensibus
febr., apr., iun., aug., oct., decb. c.

derog. reserv. et gr. expect. <in casibus sed. ap. n. reservatis> 22. aug.
75 S 725 143ʳˢ, L 750 33ᵛ.

4341 **Jacobus Taenner** cler. Magunt. dioc. Francisci [Todeschini-Piccolo-
mini] card. Senen. fam.: de par. eccl.
in Saltzbech Magunt. dioc. (3 m.
arg.) vac. p. o. Johannis Pauli 9.
decb. 72 S 685 50ᵛˢ.

4342 **Jacobus Tenner** rect. par. eccl.
s. Petri in Grossenhorrengen [Ma-
gunt. dioc.] ac vic. eccl. ss. Petri et
Pauli Nuemburg. et vic. eccl. b. Marie Erforden. [Magunt. dioc.]: litt. testim. sup. prom. vig. conc. s. d. 5.
apr. 74 ad subdiacon. ord. s. d. 23.
apr. 74, ad diacon. ord. s. d. 24. apr.
74, ad presbit. ord. s. d. 25. apr. 74
25. apr. 74 F 6 156ʳ.

4343 **Jacobus de Tyerberg (Diyrberg,
Cyrberg)** cler. Herbip. dioc. Friderici R. I. fam. c. quo sup. def. nat.
disp. fuit: supplic. d. Friderico de
disp. ad quodcumque benef. 2. mai.
75 S 719 99ᵛˢ – Friderici R. I. fam.
c. quo sup. def. nat. disp. fuit: supplic. d. Friderico de lic. desup. tacendi 16. mai. 75 S 720 161ʳˢ – supplic.
Friderico R. I. de disp. ad quodcumque benef. 20. mai. 75 S 720 120ʳˢ –
qui alt. s. Leonhardi in op. Sallen.
Herbip. dioc. obtin.: de n. prom. ad 7
an. c. derog. fund. 12. iun. 75 S 722
57ʳˢ.

4344 **Jacobus de Tornaco** c. quo sup. def.
nat. (de coniugato et monial. o. s.
Ben.) ad quodcumque benef. disp.
fuit: prov. de par. eccl. s. Antonii de
Sancto Antonio Meten. dioc. (24 l.
T. p.) vac. p. resign. in manibus pape
(c. reserv. pens.) Petri Doliatoris cui
de eadem vac. p. o. Petri Thilemani
cler. Trever. prov. fuit (m. dec. et
cant. eccl. Meten. ac offic. Meten.)
16. sept. 74 (exped. 13. oct. 74) L
741 268ʳ-269ᵛ.

4345 **Jacobus de Tremonia** cler. Leod.
dioc. cui de perp. s. c. capn. ad alt.
s. Johannis Bapt. in eccl. Lossen.
Leod. dioc. vac. p. resign. in mani-

bus pape Johannis Haller prov. fuit
et qui vig. disp. al. perp. s. c. vicar.
ad alt. b. Marie eccl. s. Crucis Leod.
(4 m. arg.) obtin.: de nova prov. de
d. capn. (4 m. arg.) et de disp. ut
unac. d. capn. et d. perp. vicar. 3.
benef. recip. valeat, Et c. disp. sup.
def. nat. (subdiac. et s.) 10. sept. 71
S 671 224ᵛˢ.

4346 **Jacobus Unto** iun. presb. Bremen.
dioc. et **Johannes de Ponte** Bartholomei [Roverella] tit. s. Clementis
presb. card. fam. qui litig. coram
Bartholomeo de Bellencinis aud.
sup. perp. vicar. ad alt. s. Andree in
par. eccl. s. Catherine Hamburgen.
Bremen. dioc. vac. p. o. (in Marchia
Anchonitan.) Johannis Cranne etiam
d. card. fam.: de prov. d. Jacobo de
d. vicar. (4 m. arg.) vac. p. resign. d.
Johannis et de assign. d. Johanni
pens. ann. 6 duc. adc. sup. fruct. d.
vicar. 12. apr. 75 S 717 288ʳˢˢ.

4347 **Jacobus de Utenheym** scol. Argent.
dioc.: litt. testim. sup. receptione prime tonsure in domo [Marci Barbus]
card. s. Marci 4. decb. 74 F 6 183ᵛ –
ex utr. par. de nob. ac mil. gen. card.
ut supra fam.: de can. et preb. eccl.
Basil. (8 m. arg.) vac. p. o. Johannis
Linluff 13. decb. 74 S 712 184ᵛˢ –
cler. Argent. dioc. can. eccl. Basil.
card. ut supra fam. cui gr. expect. de
can. et preb. eccl. Basil. et eccl.
ss. Michaelis et Petri Argent. et cui
prerog. ad instar pape fam. descript.
s. d. 5. decb. 74 conc. fuerunt: motu
pr. de decl. litt. desup. perinde val.
acsi motu pr. conc. forent 23. ian.
76 S 734 120ᵛˢ – solv. [in bullaria]
pro formata 1 ord. 3 grossos apr. 77
T 13 52ᵛ.

4348 **Jacobus le Wallart** qui tempore
Pauli II. par. eccl. in Vasvilles Remen. dioc. c. Theoderico de Sam-
gueyo pro decan. eccl. b. Marie de
Yvodio Trever. dioc. perm.: de nova
prov. de d. decan. (24 l. T. p.) 3. oct.
75 S 727 251ʳˢ.

4349 **Jacobus Walder** art. mag. presb. Constant. dioc.: de nova prov. de perp. capn. ad alt. b. Marie virg. in par. eccl. op. Burkirch Constant. dioc. (4 m. arg.) de iur. patron. laic. 22. mai. 78 S 769 17^r.

4350 **Jacobus Vanthk de Culbing** cler. Patav. dioc.: de gr. expect. [fragm. cass., ca. mart.-apr. 79] S 780 225^v.

4351 **Jacobus [Vannucci]** ep. Perusin. Guillermi [de Estoutevilla] card. ep. Ostien. camer. ap. locumtenens ac vicecamerarius et **Johannes Klug** laic. Friburgen. Misnen. dioc. in metallorum aliarumque rerum mineris comperiendis et metallis aliisque rebus ex illis deducendis expertus: conf. privil. ad comperiendum mineras metallorum quorumlibet et alias mineras aluminis et vitrioli in locis temporalis dominii R. E. (cum instr. et certis capitulis s.d. 10. mart. 79 conc.) 2. apr. 79 V 590 295^r-300^r.

4352 **Jacobus de Waas** cler. Tornacen. dioc. [Ferrici de Cluniaco] tit. s. Vitalis presb. card. fam.: de capn. ad alt. s. Crucis in par. eccl. op. de Hulst Traiect. dioc. (2 l. T. p.) vac. p. o. Jacobi van der Donc 18. mart. 83 S 824 137^v.

4353 **Jacobus Welder** can. eccl. b. Marie ad Gradus Magunt. in theol. mag. qui debiti onere gravatum Johannem Welder perp. vic. in d. eccl. procuratorem irrevocabilem ad resignandum can. et preb. quos in d. eccl. obtinet constituit et iuravit procurationem n. revocare quique timet eapropter labem simonie incurrisse: de relax. a d. iuram. 17. decb. 77 S 766 166^{rs}.

4354 **Jacobus de Wetteringhe (Wettringe)** cler. Verden. dioc. cui de can. et preb. eccl. Sleswic. vac. p. prom. Helrici [von der Wisch] el. Sleswic. prov. fuit: de confic. litt. c. express. quod dd. can. et preb. vac. p. priv. Bertholdi van der Awe Pauli II. fam. p. ep. Lubic. fact. 22. apr. 74 S 704

9^{rs} – Cristierni Dacie, Swecie et Norwegie regis in cancellaria scriba: m. (offic. Sleswic.) confer. can. et preb. eccl. Sleswic. (4 m. arg.) vac. p. prom. Helrici el. Sleswic. vel ex eo quod Albertus [Krummendiek] ep. Lubic. Bertoldum van der Owe Pauli II. fam. dd. can. et preb. priv. 22. apr. 74 (exped. 30. apr. 74) L 737 289^{rss} – de disp. ad 2 incompat. benef. etsi 2 par. eccl. ad vitam c. lic. perm. 15. febr. 79 S 778 50^{rs}.

4355 **Jacobus Wiardi** rect. par. eccl. de villa Cleye Trever. dioc. defensor litig. coram aud. contra Johannem Langreterelli cler. sup. d. par. eccl.: de prov. si neutri de d. par. eccl. (20 l. T. p.) vac. p. o. vel p. resign. Johannis Brulle 26. sept. 71 S 672 98^r.

4356 **Jacobus Wicher** perp. benefic. in eccl. s. Stephani Magunt. de gen. fundatoris d. benef. in art. mag. in theol. bac. formatus: de disp. ut unac. d. perp. benef. (3 m. arg.) al. compat. benef. recip. val. c. lic. perm. 25. apr. 84 S 839 147^v.

4357 **Jacobus de Wiganow** scolast. eccl. Poznan. decr. doct. inter al. referens quod Nicolao de Alagretis et soc. merc. cur. sequentibus in certa summa pecuniarum fuerat obligatus quodque Andreas Rosa (quem ad cur. misit) d. summam fraudulenter n. persolvit et quod ipse ob n. solutionem excom. fuit: de committ. Nicolao de Scudla archid. Srzemen. in eccl. Poznan. pres. in cur. ut eum absol. 19. oct. 75 S 728 78^{rs}.

4358 **Jacobus Wild** cler. Constant. dioc.: de par. eccl. s. Martini op. Mengen que monasterio ord. s. Wilhelmi d. op. incorp. est (5 m. arg.) vacat. p. assec. prioratus d. mon. p. Johannem Harch monach. d. ord., n. o. quod d. Johannes d. par. eccl. et d. prioratum p. an. et ultra detin. 13. mai. 73 S 690 166^{rs}.

4359 **Jacobus Wilnauw** cler. Trever. dioc. R[oderici de Borja] card. ep. Portuen. vicecancellarii fam.: de perp. capn. ad alt. s. Agnetis in par. eccl. in Bopardia Trever. dioc. (3 m. arg.) vac. p. resign. in manibus pape Symonis Husman cler. Trever. dioc. (cui de eadem certo modo vac. prov. fuit litt. desup. n. confectis) 27. mart. 80 S 791 143ʳ.

4360 Jacobus Wymari de Ercklens rect. par. eccl. in Wailhoren Leod. dioc. mag. in art.: de disp. ut unac. d. par. eccl. aliud incompat. benef. recip. valeat etsi 2 par. eccl. 26. febr. 77 S 747 232ʳˢ – cler. Leod. dioc.: de nova prov. de can. et preb. in eccl. b. Marie Aquen. Leod. dioc. (12 m. arg.) vac. p. o. Johannis Kaltwasser 11. oct. 83 S 832 102ᵛ.

4361 Jacobus Wirsing can. eccl. s. Mauritii August. reus et possessor qui litig. coram Gaspare de Theramo aud. contra Marcum Horlin cler. August. Johannis [de Michaelis] tit. s. Angeli diac. card. fam. actorem (qui vig. gr. expect. Pauli II. can. et preb. d. eccl. s. Mauritii August. vac. p. o. Wilhelmi Rostausser acc. et nunc resign. in manibus pape) et Gasparem Bernau sup. eisdem: de surrog. ad ius d. Marci in eisdem (10 m. arg.) c. reserv. pens. ann. 30 fl. renen. sup. fruct. par. eccl. in Burckau (Burckaw) August. dioc. (80 fl. renen.) 27. ian. 74 S 701 241ʳˢˢ, I 333 4ʳ – oblig. p. Marcum Fougger cler. August. in registro supplic. scriptorem sup. annat. 7. iun. 74 A 23 101ʳ.

4362 Jacobus Wirt (Wurt) de Liechtensterg (Lichtensteg) cler. Constant. dioc. in art. mag.: motu pr. de gr. expect. de benef. ad coll. quorumcumque et de prerog. ad instar pape fam. descript., Et s. d. 17. nov. 81 4. mai. 84 S 830 159ᵛ – motu pr. de gr. expect. ut supra [1484] S 830 160ᵛ.

4363 Jacobus de Vischel (Wischel): prov. de cantor. eccl. Tarbat. (12 m. arg.) vacat. p. resign. in manibus pape Johannis de Ropa (p. Bernardum Cobbinck can. eccl. Osil. pro-

cur. fact.) pro prepos. d. eccl. quam d. Jacobus (m. abb. mon. in Valkena Tarbat. dioc., prep. eccl. Lubic. ac dec. eccl. Reval.) resign. in manibus pape 13. nov. 72 (exped. 17. decb. 72) L 728 361ʳˢˢ.

4364 Jacobus de Wit cler. Trever. dioc. [Oliverii Carafa] card. ep. Neapolitan. vulg. nunc. fam. qui vig. gr. expect. par. eccl. de Hardelange Leod. dioc. vac. p. o. Nicolai Fabri acc.: de nova prov. de d. par. eccl. (24 l. T. p.) 18. apr. 77 S 750 150ᵛˢ.

4365 Jacobus Witte presb. Bremen. dioc. cui de par. eccl. in Maiorka Verden. dioc. vac. p. resign. prov. fuit: de nova prov. de d. par. eccl. (4 m. arg.) 4. apr. 75 S 717 115ʳ – rect. par. eccl. in Maiorka Verden. dioc. pres. in cur.: de disp. ut unac. d. par. eccl. (4 m. arg.) al. incompat. benef. retin. valeat etsi 2 par. eccl. 19. apr. 75 S 718 252ᵛˢ – perp. vic. eccl. s. Johannis Lunesbugen. Verden. dioc. actor litig. coram Gaspare de Theramo (in locum Mathei de Porta aud. surrogato) aud. contra Johannem Laurentii reum et possessorem sup. perp. vicar. ad alt. s. Elizabeth situm in armario in d. eccl. vac. p. o. Johannis Eggrardi: de prov. si neutri de eadem (4 m. arg. p.) 29. oct. 78 S 779 298ᵛ.

4366 Jacobus Witte prov. de vicar. Bremen. [dioc.?] vac. p. resign. 81/82 I 334 35ʳ – iun. cler. Bremen. dioc.: de perp. s. c. vicar. ad alt. s. Martini in par. eccl. s. Jacobi Hamburgen. Bremen. dioc. (4 m. arg.) vac. p. resign. in manibus pape Willimi de Schonenbeke archid. in Soltzenhusen in eccl. Verden. [cass.] 4. iun. 83 S 831 143ʳ, S 826 51ʳˢ.

4367 Jacobus de Witte presb. Cameracen. dioc. et pleb. eccl. s. Petri Anderlecten. Cameracen. dioc.: oblig. sup. lic. erigendi par. eccl. s. Martini apud Westmunstre op. Midelburgen. partium Zelandie Traiect. dioc. in colleg. eccl. c. decan. et 12 preb. s. d.

9. mai. 79 conc. quib. applicantur fruct. 3 portionum et matricularie d. eccl. et quorum fruct. n. exprimuntur et propterea d. Jacobus litt. camerarii collect. Traiect. directam prius antequam procedatur ad executionem d. bulle present. promisit et quod d. collect. se de vero val. dd. portionum et matricularie se informet et integram annat. recipiat (in margine: s. d. 5. iul. 81 fuit copia litt. Everardi de Zoudenbalch collect. Traiect. in cam. ap. presentata p. quam constat quod ipse plenam notitiam d. erectionis et applicationis ac val. d. benef. ad 36 libr. grossorum monete Flandrie [habeat], s. d. 5. iul. 81 bulla perinde val. sup. d. erectione videlicet quod resign. ad effectum d. erectionis ultra 3. partem fruct. d. benef. assign. val. s. d. 8. iun. 81 conc.) 18. mart. 80 A 28 167^v.

4368 **Jacobus Wolder** theol. prof. qui vig. gr. expect. can. et preb. et decan. eccl. s. Petri e. m. civit. Magunt. vac. p. o. Johannis Lorch acc.: de nova prov. de d. decan. (10 m. arg.) et de dd. can. et preb. (10 m. arg.) 14. iun. 74 S 707 58^v.

4369 **Jacobus Wolffzellen** scol. Herbip. dioc. de nob. gen. c. quo sup. def. nat. (s. s.) disp. fuit: de prom. ad omnes ord. 15. ian. 82 S 806 182^r.

4370 **Jacobus Wolstorff** cler. Trever. Roderici [de Borja] card. ep. Portuen. vicecancellarii fam.: motu pr. gr. expect. s. d. 1. ian. 72 de benef. ad coll. dec. etc. eccl. b. Marie de Yvodio Trever. dioc. necnon abb. etc. mon. b. Marie de Aureavalle o. Cist. Trever. dioc. et prerog. ad instar pape fam. descript. et disp. ad 2 incompat. benef. etsi par. eccl. ad vitam (m. ep. Hortan. et Jeronimo de Calatambeo can. eccl. Valentin. ac offic. Trever.), gratis 5. ian. 80 V 671 15^r-18^v – Roderici ut supra fam.: de par. eccl. de infirmitate s. Wilfridi et Lamonleyo ac Moireyo locorum Trever. dioc. (24 l. T. p.) vac. p. o. Petri Miger 24. nov. 82 S 826 272^{rs}.

4371 **Jacobus Zegerifabri** cler. Traiect. pape fam.: motu pr. gr. expect. s. d. 1. ian. 72 de benef. ad coll. prep. etc. eccl. b. Marie virg. et prep. eccl. s. Petri Traiect. et prerog. ad instar pape fam. descript. (m. prep. eccl. s. Petri et prep. eccl. s. Johannis Traiect. ac Paulo de Drangelen can. eccl. Traiect.), gratis 26. sept. 79 V 672 134^r-135^v – de can. et preb. eccl. Traiect. c. supplemento (18 fl. renen.) vac. p. contractum matrim. Philippi Symonis 8. nov. 80 S 795 40^v – pape fam. cui motu pr. gr. expect. s. d. 17. nov. 81 de can. et preb. eccl. s. Petri Traiect. necnon de benef. ad coll. dec. et capit. eccl. s. Lebuini Davantrien. Traiect. dioc. conc. fuit: motu pr. de mutatione gr. expect. de dd. can. et preb. eccl. s. Petri Traiect. in can. et preb. in eccl. s. Georgii Amersforden. Traiect. dioc. et de disp. ad 2 incompat. benef. 19. mart. 82 S 809 61^{rs}.

4372 **Jacobus Ziberti** cler. Leod. dioc. qui ad perp. capn. seu vicar. ad alt. s. Spiritus in par. eccl. de Budel Leod. dioc. vac. p. o. Johannis Pachman p. Bernardum de Solms archidiac. Campinie in eccl. Leod. present. fuit: de nova prov. de d. perp. capn. seu vicar. (3 m. arg.) 20. iul. 84 S 838 245^v.

4373 **Jacobus de Zychlyn (Zychly)** rect. par. eccl. s. Crucis et s. Nicolai in Crosino (Gesino) Wladislav. dioc. ex utr. par. de nob. gen.: de disp. ut unac. d. par. eccl. aliud incompat. benef. recip. valeat 25. iun. 73 S 692 295^{vs}, L 724 313^{vs}.

4374 **Jacobus Czyela** nob. domicellus Wladislav. dioc. referens quod quond. Antonius de Sinnzann fr. o. s. Aug. et precept. dom. hosp. in Draweze d. ord. Strigonien. dioc. Michaeli [Turon] ep. Milchovien. vic. gener. in spir. ep. Strigonien. falso rettulit quod d. Jacobus se in d. preceptoriam intrusit et d. vic. d. Jacobum monuit ut infra certum temp. d. precept. evacuaret alioquin coram eo in civit. Strigonien. (ad quam propter inimicos suos absque periculo accedere n. poterat) compareret et quod d. vic. cum monitorio n. paruerit ipsum excom. sent. innodavit et consequenter Gaspar Back prep. et capit. eccl. s. Martini in Serpis Strigonien. dioc., Petrus rect. par. eccl. in Kieszmack Strigonien. dioc., Gregorius rect. par. eccl. in Gylaschoffeze Strigonien. dioc. ac al. rectores par. eccl. d. dioc. d. Jacobum publice aggravatum et reaggravatum denuntiarunt quodque deinde d. Antonius obiit sed nihilominus Antonius modernus precept. d. dom. d. Jacobum pro excommunicato pronuntiavit: commiss. (abb. mon. s. Spiritus et archid. Sandecen. Cracov. dioc.) cause quam d. Jacobus contra iniurias sibi propterea illatas movere intendit c. m. absol., n. o. constit. Bonifacii VIII. de 1 dieta 7. mai. 84 L 811 61^{vss}.

4375 Jacobus Zoethellem cler. Tornacen. dioc. cust. sive matricularius par. eccl. in Serpauli Polre Traiect. dioc.: de prom. ad omnes ord. extra temp., sola sign. 29. nov. 75 S 730 93^r.

4376 Jacobus Zoten (Zolen): oblig. p. Johannem Stenwinckel (Stenuuinckel, Stenuinekel) cler. Cameracen. dioc. in registro supplic. script. sup. annat. alterius portionis par. eccl. b. Marie de Boechout Traiect. dioc. (p. 2 rect. regi solite) (50 fl. renen.) de qua vac. p. resign. Petri Lawert ex causa perm. pro perp. benef. matricularia nunc. in par. eccl. s. Walburgis in Meldert Cameracen. dioc. (10 fl. renen.) vac. p. resign. in cur. d. Jacobi s. d. 3. oct. 71 sibi prov. fuit (in margine: oblig. particularis p. Victorem de Bakaren et soc. cur. sequentes ad 4 menses) 22. apr. 72 A 21 131^v – solv. 13 fl. adc. pro compositione annat. maioris val. portionis par. eccl. b. Marie ut supra p. manus Johannis ut supra 21. iul. 72 FC I 1129 100^v, IE 487 94^r.

4377 Jacobus Czunitorer cler. Constant. dioc. ex utr. par. de nob. gen. referens quod ex lenitate iuvenili bona de diversis eccl. abstulit furtum et sacrilegium committendo quod autem parentes sui dd. eccl. satisfecerunt: de absol. et disp. ut benef. retin. val. 3. decb. 76 S 744 148^{vs}.

4378 Jason (de) Pagnani (Paganis) cler. Mediolan. Juliani [de Ruvere] tit. s. Petri ad vincula presb. card. fam.: supplic. d. card. de par. eccl. <sive perp. vicar.> in Wolfershausen Herbip. dioc. (12 m. arg.) vac. p. o. in cur. Henrici Beurlein etiam d. card. fam. n. o. reg. cancellarie de idiomate 9. sept. 75 S 726 228^r, 19. sept. 75 S 727 140^{rs}, (m. ep. Tirasonen. et dec. eccl. s. Johannis Osnaburg. ac offic. Herbip.), gratis V 571 84^r-86^v – oblig. sup. annat. par. eccl. ut supra 21. nov. 75 A 24 31^v – qui par. eccl. seu perp. vicar. ss. Viti et Catherine in Wolfrichusen Herbip. dioc. <sup. qua litig. contra certum adversarium> et **Johannes Mulner** cler. <presb.> Herbip. dioc. qui par. eccl. s. Hermolai in Calci Pisan. dioc. perm. desiderant: de prov. d. Johanni de d. par. eccl. in Wolfrichusen (12 m. arg.) et de prov. d. Jasoni de d. par. eccl. s. Hermolai (70 fl. adc.) 15. mai. 76 S 739 49^v, (m. ep. Ferrarien. et ep. Constant. ac abb. mon. s. Gregorii de Urbe) 24. mai. 76 (exped. 30. mai. 76) L 763 73^{rss} – oblig. p. Ottonem de Pagnanis laic. Mediolan. sup. annat. maioris val. par. eccl. in Calci ut supra (in margine: d. die solv. pro compositione annat. 4 fl. p. manus soc. de Salutatis) 31. mai. 76 A 24 162^r – solv. 27 fl. adc. pro compositione annat. par. eccl. ss. Viti et Catherine ut supra p. manus soc. de Salutatis 1. iun. 76 FC I 1132 185^r, IE 493 1^r, IE 494 5^r.

4379 Idstena (Itstein, Jestein, Istein)
Dec. etc. colleg. eccl. s. Martini in op. Itstein Trever. dioc. <et universi cler. perp. benefic. d. eccl.> (in qua 9 persone divina off. peragere con-

sueverunt): de incorp. mense capit. d. eccl. (30 m. arg.) par. eccl. s. Georgii in Hefftrich Trever. dioc. (ultra dimidium miliare a d. colleg. eccl. n. distantem) ad coll. prep. eccl. s. Georgii in Limpurg Trever. dioc. (10 m. arg.) vac. p. resign. in manibus pape Johannis <de Oppenhem> c. reserv. pens. ann. 20 fl. renen. 2. mart. 74 S 703 95^{vs}, (m. abb. mon. in Schonawe Trever. dioc.) L 735 256^{v}-258^{r}, quitt. quindenniorum Arm. XXXIII, 2 414^{v} – oblig. p. Siffridum Litbicher cant. eccl. s. Petri e. m. Magunt. sup. annat. par. eccl. ut supra ratione unionis 26. nov. 77 A 26 103^{r} – solv. 40 fl. adc. pro integra annat. par. eccl. ut supra ratione unionis p. manus Siffridi Litbicher (Litbiker) 26. nov. 77 FC I 1133 109^{v}, IE 495 67^{r}, IE 496 71^{r}, IE 497 70^{r}.

4380 **Jeremias Egen** rect. par. eccl. de Krugburg Herbip. dioc.: de disp. ut unac. d. par. eccl. aliud incompat. benef. recip. valeat etsi par. eccl. ad vitam c. lic. perm. 21. febr. 80 S 790 75^{v}.

4381 **Hieronymus Berndt**: prov. de par. eccl. Argent. [dioc.?] vac. p. o. 80/81 I 334 9^{v}.

4382 **Jeronimus Berner de Brecheym** cler. Spiren. dioc.: de par. eccl. pleban. nunc. ville Heydenszheym Argent. dioc. (4 m. arg.) [cass.: 7 m. arg.] (que ad coll. abb. mon. in Meyminster o. s. Ben. Dolen. dioc. spectat) vac. p. o. Laurentii Molitoris de Hagenaw 15. aug. 82 S 813 204^{vs}.

4383 **Jeronimus Karstan** [Johannis Roth] ep. Wratislav. cap. et fam. cui de perp. capn. ad alt. ss. Lazari, Marie et Marthe in eccl. Wratislav. p. d. ep. Wratislav. in mense ap. auct. ordin. prov. fuit: de nova prov. de d. perp. capn. (2 m. arg.) 13. mai. 83 S 823 96^{rs}.

4384 **Jeronimus Koburger** qui benef. sive vicar. ad alt. b. Marie in mon. monial. s. Afre e. m. Herbip. ex causa perm. c. Johanne Hoffman pro

can. et preb. eccl. s. Gumberti in Onoltzpach Herbip. dioc. resign.: de nova prov. de dd. can. et preb. (4 m. arg. p.) vac. p. resign. d. Johannis 18. iul. 82 S 813 370^{v}.

4385 **Jeronimus Kolbecker** presb. Spiren. mag. in art. et bac. in theol. c. quo sup. def. nat. (p. s.) disp. fuit et cui de par. eccl. in Wiswiler Constant. dioc. prov. fuit: de disp. ut unac. d. par. eccl. aliud incompat. benef. recip. valeat etsi 2 par. eccl. 13. decb. 77 S 762 19^{rs}.

4386 **Jeronimus Egen** cler. August. dioc. in 19. sue et. an. constit.: disp. ad quodcumque benef. quamprimum 20. sue et. an. attigerit 5. mart. 72 L 718 298^{vs}.

4387 **Jeronimus Engelhaymer** acol. Salzeburg., ex utr. par. de mil. gen. in art. mag. qui 60 duc. annuatim de perp. redditibus pro sustentatione vite sue habet: de prom. ad omnes ord. extra temp., sola sign. 12. aug. 74 S 708 67^{rs}.

4388 **Hieronymus Fischer de Herenberg** Constant. [dioc.?]: commiss. 82/83 I 335 43^{r}.

4389 **Jeronimus Geent** scol. et profes. dom. seu mon. Omnium ss. in Nigra Silva o. Prem. Argent. dioc. ac prep. et capit. d. mon. referentes quod d. Jeronimus in d. mon. habitum religionis assumpsit sed post aliquos an. e d. mon. exivit et habitum eiecit et tandem in Italiam et ad soldum Francisci ducis Mediolan. pervenit ubi ut soldatus fuit commercitus c. inimicis pugnando in quib. plures mutilati et vulnerati fuerunt et quod nunc autem ad d. mon. reversus est ac superioris discipline se subiecit et d. domui valde utilis et novicius existit: de absol. et disp. ut ad sacros ord. prom. et benef. mon. d. ord. recip. val., Fiat citra ministerium alt. 14. nov. 76 S 743 280^{r} – conversus mon. ut supra referens quod e d. mon. absque sui superioris lic. exivit et habitum dimisit et tandem quond. Francesco duci Mediolan. ut soldatus p. medium an. servivit et c. multis al. soldatis p. defensionem cuiusdam castri bombardas seu scopettas traxit et c. inimicis d. ducis sepius conflictibus interfuit in quib. plures mutilati et occisi fuerunt quod deinde ad d. mon. reversus est et penitentiam egit: m. (ep. Argent.) disp. sup. irreg. ad quodcumque benef. 16. ian. 77 L 773 178^{vs} – conversus mon. Omnium ss. ut supra: restit. bulle sup. absol. ab apostasia ut supra p. bullam s. d. 16. ian. 77 sibi conc. 6. mart. 77 A 25 222^r.

4390 **Hieronymus Girossheym** decr. doct. rect. par. eccl. pleban. nunc. op. Garlitz Misnen. dioc.: de percip. fruct. ad vitam 15. decb. 78 S 776 81^{vs}.

4391 **Jeronymus (Hieronymus) [Landus]** aep. Creten. pape orator ob discordiam aep., capit. et subditorum eccl. Colon. missus: hortatur papa Fridericum R. I., Carolum ducem Burgundie, Fridericum com. palatinum Reni, Johannem ducem Cleven., Adolphum ducem Gellrie, Gerardum ducem Monten. et Gulianinen., Henricum lantgravium Hassie, aep. Trever. ut d. Jeronymo auxilio prosequantur 4. iul. 72 Arm. XXXIX, 14 314^{vs} – ad civit. et dioc. Magunt., Leod., Trever., Traiect. et potissime Colon. c. potestate legati de latere orator transmissus: facult. conc. off. tabellionatus 5 personis idoneis 13. iul. 72 V 660 381^{rs} – c. pot. legati de latere orator ad Colon. et partes Reni profecturus: instructiones date pro pace inter principes tractanda in quib. eidem inter al. m. fuit quod orator accedat primo ad com. palatinum electorem R. I. aep. Colon. fratrem cui persuadeat ut cum eius germano aep. operetur quod amplectatur viam pacis cum capit. nobilibus et subditis suis sup. differentiis quarum causa p. papam commissa fuit [Francisco Todeschini-Piccolomini] card. Senen. et pendet in cur., deinde

accedat orator ad aep. Colon. cui persuadeat ut dd. differentias n. amplius prosequatur (71^r), orator (si dd. differentie via concordie sopiri n. possint) se informet et omnia referat pape ut possit medio iur. fieri quod pace componi nequiverit (71^v), in controversia sup. nonnullis teloneis Bononien. inter aep. Colon. capit. et cives aliquos d. civitatis conetur orator amovere mediis que sibi videbuntur magis conducere (71^v), quia conqueritur com. de Seine vasallus eccl. Colon. (qui bonus ecclesiasticus esse dicitur) se ab aep. spoliatum esse quodam op. seu castro et teloneo in Reinbach laboret orator quod causa sopitum eat (71^v), in differentia inter abba. et oppidanos op. Nusien. pro qua illi cives longo tempore interd. passi sunt laboret orator pro concordia inter eos et possit tollere interdictum usque semestre cum reincidentia si concordia n. sequatur (71^{vs}), orator studeat ne castra seu oppida et loca ecclesiastica eccl. Colon. in alienas manus transferantur (72^{rs}), demum (si differentie via concordie sopiri n. possint) orator (si res exigit) mittat sive accedat ad R. I. ducem Burgundie et ad al. principes ut rebus agendis maturius consulatur (72^v) 13. iul. 72 Arm. II, 30 70^v-72^v, Arm. II, 56 76^v-82^v, Arm. II, 123 63^r-65^v, Arm. II, 129 53^r-58^r, Cod. Urbin. Lat. 864 76^r-79^r, Cod. Barb. Lat. 1498 112^v-116^v, Cod. Ottob. Lat. 2726 65^v-68^v – veniens ad partes Friderici com. palatini Reni R. I. ut inter cetera possessionem prioratus mon. s. Georgii prope Paddersheim o. s. Ben. Wormat. dioc. capiat pro Johanne Andree [de Bossi] ep. Alerien. pape secr. domestico cui de d. prioratu vac. p. assec. d. mon. p. Antonium Voysse prov. fuit: hortatur papa d. Fridericum ut iuvet quod d. aep. possessionem d. prioratus capiat 17. iul. 72 Arm. XXXIX, 14 331^v – quem papa ad partes ep. Wormat. commisit ut possessionem prioratus ut supra capiat: requirit papa d. ep.

ut d. aep. d. possessionem absque aliquo impedimento exped. habeat 17. iul. 72 Arm. XXXIX, 14 331^{vs} – c. potestate legati de latere orator qui discordiis Colon. eccl. medeatur: hortatur papa prep. eccl. Colon., Stefanum Bavarie thes. et can. eccl. Colon. et Johannem de Richensteym subdecanum eccl. Colon. ut d. oratori in premissis faveant 28. iul. 72 Arm. XXXIX, 14 344^{rs} – [orator ad regem Hungarie]: instructiones de pace in quib. eidem inter al. m. fuit quod affirmet orator quod ad expeditionem contra Turcos plurimum utilitatis allaturum iri si R. I. unacum rege veniret ad bonam concordiam (72^{vs}), orator dicat regi papam et collegium card. dedisse in m. [Alexandro Numai] ep. Forolivien. pape oratori apud R. I. ut omnia pro concordia ageret (73^{r}), orator studeat cum Thoma de Celio imper. oratore in cur. ut R. I. amplectatur huiusmodi intellegentiam (73^{r}), orator laudet regem de indutiis initis ad biennium c. rege Polonie et Bohemis ut possit negotiis fidei intendere contra Turcos totis regnorum suorum viribus quod etiam d. rex obtulit se facturum per [Albertum Hangacs de Weethes] ep. Vesprimen. et Johannem oratores suos (73^{rs}), orator dicat regi se habere a papa facultates reprimendi Polonos si in expeditione contra Turcos Bohemi vel Poloni aliquid innovarent, caveat autem orator ne propter leves incursiones que solent fieri et presertim in Bohemia, Moravia et Slesia propter multos pauperes principes qui ibi sunt aliquid exequatur sed solum si esset notabilis devastatio et aggressus (73^{v}) 15. decb. 75 Arm. II, 30 72^{vss}, Cod. Urbin. Lat. 864 79^{r}-81^{r}, Cod. Barb. Lat. 1498 117^{r}-119^{v}, Cod. Ottob. Lat. 2726 68^{v}-70^{v}.

4392 Jeronimus Lochner cler. Constant. dioc.: de assign. pens. ann. 40 fl. renen. sup. fruct. par. eccl. in Benchthan Herbip. dioc. (16 m. arg. p.) de iur. patron. laic. p. Martinum Pfister rect. d. par. eccl. persolv. 2. mai. 82 S 810 214^{v}.

4393 Jeronimus Nicolai cler. Poznan. c. quo sup. def. nat. (p. s.) disp. fuit <qui olim tacito def. nat. (p. s.) ut ad omnes ord. prom. et benef. obtin. val. auct. ap. disp. fuit>: de can. et preb. in colleg. eccl. b. Marie Sreden. Poznan. dioc. (2 m. arg. p.) de iur. patron. laic. vac. p. resign. in manibus pape Nicolai Czeppel 26. mart. 82 S 808 288^{v}, m. (dec. eccl. Poznan. et Johanni de Dambrowa can. eccl. Poznan. ac offic. Poznan.) (exped. 2. apr. 82) L 809 201^{v}-203^{r}.

4394 Hieronimus (Jeronimus) de Nordiis can. eccl. s. Marie Civitatis Austrie Aquileg. dioc. in 20. sue et. an. constit. et in univ. studii Paduan. iur. can. studens: supplic. Juliano [de Ruvere] tit. s. Petri ad vincula presb. card. de decan. eccl. s. Marie Civitatis Austrie Aquileg. dioc. (24 fl. adc. <l. T. p.>) et de par. eccl. pleban. nunc. s. Michaelis de Pissincharia (Pissinchava) Concordien. dioc. (40 fl. adc.) vac. p. resign. in manibus pape d. Juliani (cui de eisdem motu pr. vac. p. o. Bernardini de Nordiis fam. d. card. et consanguinei d. Hieronimi s. d. 9. <7.>oct. 78 <in commendam> prov. fuit) et de disp. ut unac. d. decan. d. par. eccl. recip. valeat c. pot. perm. ac de n. prom. usque ad 22. sue et. an., Conc. et de ordinibus in 23. et. sue an. 26. nov. 78 S 775 93^{rss}, m. (ep. Concordien.) (exped. 13. febr. 79) L 793 223^{v}-225^{r}.

4395 Jheronimus (Prew al.) Katzpeck cler. Frising. dioc. in 23. sue et. an. constit. pape fam.: motu pr. de gr. expect. de 2 can. et preb. necnon de benef. ad coll. quorumcumque et de facult. perm., Et s. d. 17. nov. 81 S 803 14^{rs} – de perp. vicar. seu capn. ad alt. s. Marie Magdalene in eccl. s. Arsatii in Illminster Frising. dioc. (24 duc. adc.) vac. p. resign. in manibus pape Emerani Guld c. reserv.

pens. ann. 6 libr. denariorum Monacen. monete (= 7 fl. renen.) 8. decb. 83 S 832 163^{rs}, I 335 68^r – prom. ad primam tonsuram et 4 min. ord. in eccl. b. Marie de Regina celi iuxta plateam basilice Principis appl. de Urbe 20. decb. 83 F 7 100^r – perp. vic. ad alt. s. Marie Magdalene in capel. s. Arsatii in Ilminster Frising. dioc. in subdiacon. ord. constit.: litt. testim. (vig. supplic. s. d. 9. decb. 83) sup. prom. ad diacon. ord. s. d. 26. decb. 83, ad presbit. ord. s. d. 27. decb. 83 in eccl. s. Marie de Regina celi de burgo s. Petri in Urbe 27. decb. 83 F 7 99^v.

4396 Jeronimus (Hieronymus) [de Reitzenstein] ep. Naturen.: solv. 68 fl. pro compositione annat. pens. 150 duc. sup. fruct. mense episc. Bamberg. p. manus de Franzottis 16. decb. 74 FC I 1132 2^v, IE 490 32^v, IE 491 19^v – el. Naturen.: n. resid. 74/75 I 333 220^r – prov. de eccl. Naturen. vac. certo modo 74/75 I 333 221^v – retentio par. eccl. Bamberg. [dioc.?] 74/75 I 333 32^v.

4397 Jeronimus Rittenburger (Riettenburg) scol. Salzeburg. dioc. qui militie clericali ascribi desiderat: de prom. ad omnes ord. extra temp., sola sign. 21. iul. 79 S 785 263^v et S 785 265^r – cler. Salzeburg. qui vig. gr. expect. par. eccl. in Guctzenhaym Salzeburg. dioc. vac. p. o. Petri Nunhauser in forma paup. acc.: de nova prov. de d. par. eccl. (24 duc. adc.) 28. oct. 82 S 815 180^v.

4398 Hieronymus Rotenpeck: prov. de prepos. reg. Patav. [dioc.?] 71/72 I 332 213^r.

4399 Jeronimus de Sancto Geminiano mag. can. eccl. s. Martini Monast. script. et pape fam.: motu pr. gr. expect. s. d. 17. nov. 81 de can. c. reserv. maioris preb. d. eccl. necnon benef. ad coll. prep. dec. etc. eccl. s. Lebuini Davantrien. Traiect. dioc. ac prerog. fam. pape descript., n. o. inter al. voluntate pape quod nullus

gr. expect. extra suam nationem impetraret nisi idioma quod communiter homines ibidem loquuntur intellegeret et intellegibiliter loqui sciret (m. prep. eccl. Paderburn. et dec. eccl. s. Victoris Dulmanien. Monast. dioc. ac offic. Monast.) 10. mai. 84 Sec. Cam. 1 37^r-39^v.

4400 Hieronymus (Jeronimus) [de Santucciis] ep. Forosempronien. nunt. Coloniam iturus: recip. 100 fl. de pecuniis iocalium p. manus Guillermi et Johannis mercatorum Florentin. cur. sequentium pro expensis 2. iul. 73 DC 38 42^v – recip. 200 fl. pro expensis 2. iul. 73, FC I 846 6^v, 6. iul. 73 FC I 1767 169^v – in civit. et dioc. Colon. et illi adiacentibus locis nunt. pro sedandis litibus inter Robertum [com. palatinum Reni] aep. Colon. et capit. d. eccl. et populum Colon. et al. negotiis: conc. diversarum facult. in extenso relatarum 29. oct. 74 V 663 563^{vss} – recip. 104 fl. 12. bon. in deductionem sue prov. de temp. quo fuit nunt. in Germania 5. iul. 83 FC I 849 199^v, 23. iul. 83 IE 508 179^r, IE 509 188^r.

4401 Jeronimus de Sickingen diac. monach. profes. mon. seu dom. b. Marie e. m. Argent. o. Cartus. ex utr. par. de mil. gen. referens quod a iuvenilibus an. p. plures an. armis exercitatus erat et quod secum sup. irreg. et ad subdiacon. et diacon. ord. p. Calixtum III. disp. fuerat et quod in eisdem ord. p. 16 an. conversatus extitit: de prom. ad presbit. ord. 20. iun. 72 S 681 23^{rs}.

4402 Hieronymus Spalter cler. Herbip. dioc. qui vig. gr. expect. par. eccl. in Gnotstadt Herbip. dioc. vac. p. o. Nicolai Rimensneyder acol. acc.: de nova prov. de eadem (6 m. arg.) et de disp. ut unac. d. par. eccl. aliud incompat. benef. recip. val. etsi 2 par. eccl. ad vitam c. lic. perm. 15. ian. 79 S 777 90^{rs} – cui par. eccl. in Gnodstat ut supra prov. fuit: de prorog. term. intimandi ad 6 menses, sola sign. 21. oct. 79 S 791 261^r –

pape fam. cui vig. gr. expect. de par. eccl. in Gnordstat ut supra prov. fuerat et cui propter processum contra Eucharium Verlieser intrusum prorog. term. intimandi ad 6 menses conc. fuit: de prorog. ad al. 6 menses, sola sign. 20. apr. 80 S 796 50^{vs} – referens quod ipse litig. coram Guillemo de Pereriis contra Eucharium Verliser rect. par. eccl. in Gnodstat Herbip. dioc. sup. d. par. eccl. (de qua dudum vac. p.o. Nicolai Rimensneider d. Hieronymo prov. fuerat) quodque nunc d. par. eccl. resign. in manibus pape de qua d. Euchario prov. fuit: assign. pens. ann. 14 fl. renen. sup. fruct. d. par. eccl. (7 m. arg.) p. d. Eucharium c. assensu suo (p. Bernardum de Guttembergh can. eccl. Herbip. procur. express.) persolv. (m. ep. Forolivien. et Bricio de Monte can. basilice Principis appl. de Urbe ac offic. Herbip.), gratis 2. ian. 81 V 620 99^r-101^r – recip. not. pro bulla distributa iul. 82 DB 1 138^r – restit. bulle sup. pens. ann. 14 fl. renen. eidem sup. fruct. par. eccl. in Gnodstat Herbip. dioc. s.d. 2. ian. 81 assign. (quia est solut. d. annat.) 13. aug. 82 Paris L 26 A 10 205^r.

4403 Jeronimus (Hieronimus) Swoffheym (Swafheym) presb. Wratislav. dioc. in art. mag. referens quod Stephanus Kalow cler. Misnen. dioc. (qui resign. in manibus pape) litig. coram Antonio de Grassis contra Johannem Berticz cler. sup. perp. vicar. ad alt. ss. 11.000 Virg. in castro Kalow Misnen. dioc. de iur. patron. regis Bohemie: de surrog. ad ius d. Stephani 8. ian. 73 S 686 145^r – referens quod Stephanus Calow cler. Misnen. dioc. ad alt. 11.000 Virg. in castro Calow Misnen. dioc. de iur. patron. regis Bohemie (4 m. arg.) vac. p. resign. in manibus ordin. Rampholdi de Selim (p. advocatum regis tunc Bohemie in Lusacia et archid. Lusacie in eccl. Misnen. fact.) present. fuit et quod litig. desup. co-

ram Antonio de Grassis aud. et deinde coram Fermo de Galetanis can. eccl. Beneventane contra Johannem Bomez presb. Misnen. dioc. et contra quond. Jacobum Reussberg intrusum et quod deinde d. Stephanus et d. Johannes resign. in manibus pape: de surrog. ad ius d. Stephani et d. Johannis in d. alt. (4 m. arg. p.) sive vac. p. prom. Theoderici [de Schoenberg] el. Misnen. 15. iun. 73 S 691 299^{vs} – nova prov. de simplici benef. Misnen. [dioc.?] 72/73 I 332 177^v – art. liberalium mag. in decr. bac. rect. univ. Liptzen. Merseburg. dioc. c. quo ad 2 incompat. benef. disp. fuit: de disp. ad 3. incompat. benef. 26. mai. 74 S 706 130^{vs} – rect. par. eccl. op. Gorliez Misnen. dioc. decr. doct.: de disp. ut unac. d. par. eccl. (16 m. arg.) al. benef. incompat. retin. valeat etsi 2 par. eccl. 30. mai. 75 S 721 33^{rs} – rect. par. eccl. plebanie nunc. op. Gorliz Misnen. dioc. de iur. patron. regis Bohemie decr. doct.: fruct. percip. (m. scolast. eccl. Wratislav. et dec. eccl. Budissinen. Misnen. dioc. ac offic. Wratislav.), gratis 15. decb. 78 V 670 71^{rss} – presb. Wratislav. dioc. in art. mag. et in decr. doct. ac pleb. op. Gorlitz Misnen. dioc. c. quo ad 2 incompat. benef. disp. fuit: de disp. ut unac. 2 par. eccl. 3. incompat. benef. ad vitam c. lic. perm. retin. val. 4. ian. 79 S 776 296^r – presb. Wratislav. dioc. referens quod Mariotto Serulis Mathie regis Ungarie et Boemie ad sed. ap. oratori de can. et preb. eccl. s.Johannis Wratislav. et eccl. s.Crucis Oppulien. Wratislav. dioc. vac. p. priv. Petri Heppner pape acol. et [collect.] p. Baldassarem de Piscia in illis partibus nunt. ap. factam s.d. 2. apr. 78 prov. fuit et quod d. Mariottus litt. n. expeditis resign. et quod deinde d. Jeronimo de dd. benef. auct. ordin. prov. fuit: de nova prov. de can. et preb. eccl. s.Johannis (6 m. arg.) et eccl. s.Crucis (4 m. arg.) 8. iul. 79 S 784 44^{vs} – reus et possessor referens quod litig. coram

Guillermo de Pereriis aud. contra Petrum Hoyner actorem sup. can. et preb. eccl. Wratislav. et eccl. s. Crucis Oppulien. Wratislav. dioc. vac. p. priv. d. Petri p. Baldassarem de Piscia in illis partibus nunt. ap. factam vel p. resign. Mariotti Serulis: de prov. si neutri de dd. can. et preb. eccl. Wratislav. (6 m. arg.) et eccl. s. Crucis (4 m. arg.) 26. iul. 79 S 784 206^{vs} – exec. testamenti **Hieronymi Swofken** Wratislav. [dioc.?]: commiss. 83/84 I 335 190^{r}.

4404 Jeronimus (Hieronymus) Teytinger cler. Ratisbon.: de vicar. sive alt. s. Pantaleonis in eccl. Ratisbon. (4 m. arg.) vac. p. resign. Samuelis Kradel c. disp. sup. def. nat. (p. s.) 1. sept. 75 S 726 86^{vs}, I 333 278^{r}.

4405 Hieronymus Winsen, Constant. [dioc.?]: indultum de n. resid. 81/82 I 334 59^{r}.

4406 Jeronimus Winter (Wintter) de Campidona presb. August. dioc. in art. mag. inter al. referens quod ipse cap. et vic. par. eccl. s. Viti in Wolfhartz Constant. dioc. a Johanne Sunertzfirb al. Achtsmit rect. d. par. eccl. institutus fuit et quod omnes fruct. ex d. par. eccl. sibi contribuebat parum pro suis laboribus retinendo quodque demum d. Johannes ante obitum d. par. eccl. in favorem d. Jeronimi resignavit qui p. patronos laic. ordinario loci present. et p. ordin. loci confirmatus fuit possessione subsecuta et quod d. Johannes post resign. p. aliquos an. supervixit in infirmitate paralytica laborans et d. Jeronimus in dom. propria ipsum nutrivit pro certa pecuniarum summa: de absol. a labe simonie et de prov. de d. par. eccl. (4^1/$_2$) ac de perp. capn. ad alt. s. Sebastiani in par. eccl. s. Magni in Campidona August. dioc. (4^1/$_2$ m. arg.) 18. mai. 82 S 810 276^{vs} – de n. resid. in par. eccl. ut supra et de percip. fruct. in absentia ad vitam 21. mai. 82 S 810 304^{rs}, (m. abb. mon. s. Johannis in Scanis Brixien. dioc. et archid. Vul-

terran. ac Erphoni Truchsess can. eccl. August.) L 811 35^{r}-36^{v}.

4407 Jesse
Abba. et conv. mon. monial. in Jesse o. Cist. Traiect. dioc. (iam p. plures an. in reg. observ. existentis) referentes quod d. mon. olim p. priorem mon. in Sibbekeloe ref. fuit quodque nunc visitationi et correctioni mon. Clarevallis o. Cist. Lingonen. dioc. in Gallia subiecta est et quod abb. mon. Clarevallis d. mon. monial. in Alamania propter distantiam commode visitare n. potest: de indulto ut prior mon. in Sibbekeloe d. mon. visitare val. 10. ian. 75 S 713 236^{vs} – de exempt. d. mon. ab iurisd. et visit. abbatis Clarevallis et de submittendo d. mon. cure et visit. prioris in Sibbekelov 2. mart. 75 S 715 33^{rs}.

4408 Ignatius Menezer cler. Magunt. Roderici [de Borja] card. ep. Portuen. vicecancellarii fam. in 21. sue et. an. constit.: motu pr. de gr. expect. de can. et preb. necnon de benef. ad coll. quorumcumque c. lic. perm., Et s. d. 17. nov. 81 S 803 285^{rs}.

4409 Illmunster (Munster)
Prep. et capit. eccl. in Illmunster Frising. dioc. qui anniversarium ducum Bavarie (nominatim quond. Johannis et Wilhelmi) c. missis defunctorum in d. eccl. celebrant referentes quod duces Bavarie ius patron. par. eccl. in Kransperg Frising. dioc. d. prep. etc. donaverant (p. Albertum [de Hohenberg] el. Frising. conf.) quodque quond. Nicodemus [de Scala] ep. Frising. par. ecclesias s. Johannis Bapt. in Hausteten et s. Johannis Ev. in Hettenhausen Frising. dioc. mense capit. d. eccl. (de consensu capit. eccl. Frising.) univerat quodque quond. Conradus [de Soest] ep. Ratisbon. ius patron. par. eccl. in Gerolzhausen Ratisbon. dioc. (p. quond. Ernestum et Albertum com. palatinos Reni et duces Bavarie donatum pro anniversario) mense capit. incorp.: conf. incorp. 3. mai. 76 L 759 330^{rs} – *mensa capit. in Ill-*

munster Frising. dioc.: quitt. quindenniorum sup. incorp. par. eccl. in
Caranspercg (2), par. eccl. s.Johan-
nis in Hausteten (2), par. eccl. s.Jo-
hannis Ev. in Hettenhausen (2) Frising. dioc. et par. eccl. in Gerolshau-
sen (2 m. arg.) Ratisbon. dioc. s.d. 3.
mai. 76 Arm. XXXIII, 2 416ᵛ – *prep.
etc. colleg. eccl. in Munster Frising.
dioc.* referentes quod quond. Ernestus et Albertus com. palatini Reni
Bavarie duces ius patron. par. eccl.
in Gerolezausen Ratisbon. dioc. d.
eccl. in Munster donaverunt et quod
Nicodemus [de Scala] ep. Frising.
par. ecclesias s.Johannis Bapt. in
Haustettin et s.Johannis Ev. in Hettenhausen Frising. dioc. et Albertus
[de Hohenberg] ep. Frising. par.
eccl. in Cransperk Frising. dioc. de
iur. patron. dd. ducum d. colleg. ecclesie univerunt: de conf. 4. mai. 76
S 738 169ʳˢ – oblig. p. Johannem
Langner sup. annat. par. ecclesiarum
ut supra que p. bullam s.d. 3. mai.
76 mense capit. d. eccl. unite fuerunt
4. mart. 78 A 26 159ᵛ – solv. 36 fl.
adc. pro annat. [4] par. eccl. ut supra
ratione unionis p. manus de Pazzis
17. mart. 78 IE 495 127ʳ, FC I 1133
142ᵛ, 19. mart. 78 IE 496 131ʳ, IE
497 130ʳ.

4410 Inchenhofen (Imchenhofen)

*Capel. b. Leonardi confess. in Im-
chemhofen infra lim. paroch. par.
eccl. s.Petri in Holembach August.
dioc.* que p. monach. mon. de Campo Principum o. Cist. Frising. dioc.
gubernari consuevit et ad quam
propter diversa miracula magna multitudo populi etiam de longinquis
partibus confluit: supplic. Alberto
duce Bavarie et Leonardo abb. d.
mon. indulg. 10 an. et facult. elig.
confess. pro cap. d. capel. 13. oct.
82 V 676 362ʳˢˢ.
*Magistricivium et consules in In-
chenhofen (Juchenhofen) August. dioc.* referentes quod Andreas Resch
laic. oppid. in Inchenhofen et Margarita eius ux. pec. summas magis-

triscivium et consulibus d. op. assi-
gnarunt ut perp. s.c. benef. in capel.
s.Leonardi d. op. erigerent: de lic.
erig. alt. sub invocatione ss.Andree
Apl. et Margarete virg. in eadem
capel. de consensu loci ordin. et rect.
par. eccl. in Holenpach in cuius paroch. lim. d. capel. sita est et de assign. pro eius dote red. ad summam
35 fl. renen. et c. reserv. iur. patron.
et presentandi 1. decb. 82 S 816
274ʳˢ.

4411 Ingelstat

*Rect., doctores, magistri et scolares
univ. studii op. Ingelstaten. Eistet.
dioc.*: supplic. Ludovico com. palatino Reni et Bavarie duce: de conserv. 9. sept. 75 S 729 79ᵛˢ – et Ludovicus ut supra qui d. studium ge-
nerale et facult. (in theol., iur. can. et
civili, medicina et in art.) instituit:
indultum ut doct., mag. et scol. in d.
univ. studii legentes vel studentes ad
residendum in locis et eccl. in quib.
benef. obtin. n. teneantur (m. ep. August. et ep. Frising. ac prep. eccl. Eistet.) 9. sept. 75 L 760 81ᵛˢˢ – m.
(ep. August. et ep. Frising. ac prep.
eccl. Eistet.) ut auxilium contra omnes relig. et laic. personas qui possessiones et iur. d. univ. occupant
prestent 9. sept. 75 L 760 83ʳ – supplic. Ludovico ut supra indultum ut
etiam persone eccles. in sacerdotio
constit. in studio iur. civilis stare et
gradus doct. recip. val. 9. sept. 75 L
760 83ʳˢ – *universi doct. mag. et
scolares univ. studii Ingelstaten.* cui
nuper conserv. perp. in forma ›Mili-
tantis eccl.‹ conc. fuit: supplic. Ludovico ut supra de indulto ut ipse et
quivis eccles. ac seculares persone in
ducatu suo Bavarie consistentes de
expresso consensu d. univ. sub dd.
litt. minime deprehendi debeant 31.
iul. 77 S 755 38ᵛ – statutum quod
dux Bavarie et successores sui in ducatu n. sint comprehensi in quadam
commissione contra detentores bonorum univ. studii in Ingelstat emanata 80/81 I 334 81ᵛ.

4412 Innocentius de Crecy (Crety) perp. cap. ad alt. s. Lamberti in par. eccl. in Ekeren Leod. dioc. possessor qui litig. sup. d. capn. coram Dominico [Dominici] ep. Brixien. ap. commissario contra Johannem Steenwinckel cler. adversarium: de prov. si neutri de d. capn. (10 m. arg.) vac. p. o. Fabrici de Moriannez 2. ian. 76 S 732 80ʳ, 22. ian. 76 S 733 207ᵛ – oblig. inter al. p. Henricum de Bergis dec. eccl. Bisuntin. prothonot. et duc. Burgundie in cur. oratorem et procur. pro annat. benef. quod vig. gr. expect. p. bullam s. d. 1. ian. 77 sibi conc. fuit 5. ian. 77 A 25 95ᵛˢ – fit mentio in rotulo p. quem 17 supplicantibus de diversis benef. vac. p. o. d. Innocentii prov. fuit 22. iun. 78 S 771 104ᵛˢˢ.

4413 Innocentius Flavius hosp. s. Spiritus in Saxia de Urbe preceptor ac totius ord. eiusdem gener. mag. et **Johannes Olavi** presb. sec. ac provisor hosp. s. Spiritus in civit. Othonien. inter al. referentes quod Fredericlius Barsbeck ac Britha ux. necnon Nicolaus Kranstorp [= Krumstrup] et Andreas Jacobi de op. Fomborgh de Fronia [= Faaborg auf Fünen] laici Othonien. dioc. quosdam fundos in territorio d. op. dederunt d. Johanni Olavi ut ibidem quoddam hosp. sub regulari observ. hosp. ap. s. Spiritus in Saxia de Urbe pro pauperibus et egrotis erigeretur quodque Carolus [Roennow] ep. Othonien. supplicationibus Cristierni regis Dacie et consulatus ac communitatis d. op. Fomborgh motus dd. donationes conf. ac statuit quod sancta religio que in hosp. ap. de Urbe teneretur observaretur quodque deinde d. Innocentius d. fund. approbavit ac d. fund. dicto hosp. s. Spiritus de Urbe incorporavit et postmodum d. Johanni Olavi d. dom. atque hosp. s. Spiritus in Nakschoiwi [= Nakskov] Othonien. dioc. contulit: de conf. d. fund. et de conc. ut d. Johannes dd. hospitalia (insimul 4 m. arg.) gubernare val. 14. mart. 78 S 766 155ʳˢ.

4414 Interlacus
Prep. et conv. mon. b. Marie Interlacen. o. s. Aug. Lausan. dioc. referentes quod d. mon. a tanto tempore par. eccl. in Muri, Bollingen, Steffisburg, Thuri, Sigeriszwils, ad Sanctum Beatum, in Golderswil, Halse, Relpp, Tournen, Gertzense, Gurtzelen, Scherczlingen, Duobus Simonis, Erlebach, Frutingen, Lengsingen, Gesterg, Grindelwald Constant. et Lausan. dioc. possidet: supplic. Burckardo Stoer prep. eccl. s. Mauricii in Alsentingen Lausan. dioc. not. ap. conc. ut absque conscientie scrupulo omnes dd. par. eccl. possidere val., gratis 1. decb. 79 V 598 309ʳˢ.
Vic. in spir. et temporalibus gener. [Juliani de Ruvere] tit. s. Petri ad vincula presb. card. ac prior et nonnulli monach. mon. b. Marie virg. Interlacen. o. s. Aug. Lausan. dioc. reg. d. ord. observ. referentes quod Bartholomeus [Cueti] ep. Nicien. tunc admin. in spir. et temporalibus eccl. Lausan. p. sed. ap. deput. d. mon. reformavit: de conf. d. ref. et de conf. deputatos scultetum et consules op. Bernen. Lausan. dioc. qui p. diversos R. I. tamquam advocati d. mon. deputati fuerunt 31. ian. 74 S 701 261ʳˢ, I 332 160ʳ.

4415 Inguerandus [Seignart] ep. Salubrien.: pens. sup. par. eccl. Traiect. [dioc.] 74 I 333 306ᵛ – restit. bulle s. d. 26. mart. 74 sup. pens. ann. 90 l. T. p. sup. fruct. par. eccl. in Goes in Zuitbevelande Traiect. dioc. 9. apr. 74 A 23 206ʳ – el. Autissiodoren.: solv. 100 fl. adc. pro compositione annat. par. eccl. b. Marie de Orne Traiect. dioc. 23. oct. 76 IE 493 23ʳ, IE 494 27ʳ – ep. Maioricen.: oblig. p. Jacobum Legentol cler. Parisien. in decr. licent. sup. annat. par. eccl. de Horne Traiect. dioc. (160 fl. adc.) quam ante prom. suam obtin. et pens. ann. 100 francorum sup. fruct. par. eccl. de Houx Cameracen. dioc. quas possidebat et percipiebat ante prom. ad eccl. Maioricen. eidem re-

serv. unac. d. eccl. Maioricen. p.
bullam s. d. 4. mai. 78 conc. (in margine: s. d. 18. mai. 78 d. oblig. fuit
cass. quia fuit probatum quod d. ep.
post prom. suam ad eccl. Autissiodoren. fact. amisit possessionem d.
par. eccl. et pens.) 18. mai. 78 A 27
34^r – ep. Salubrien.: restit. bulle
sup. pens. ann. 90 l. T. p. ut supra
eidem p. bullas s. d. 26. mart. 74 assign., absque oblig. (quia est solut.
[annat.] d. eccl.) 20. iun. 78 A 27
206^v.

4416 **Joachim de Avenelde** [recte: **Ale-
velde?**] cler. Sleswic. dioc. ex utr.
par. de nob. gen.: motu pr. de gr. expect. de 2 can. et preb. necnon de
benef. ad coll. quorumcumque, Et
s. d. 17. nov. 81 S 803 99^r.

4417 **Joachim Bentzin** cler. Zwerin. dioc.: de perp. s. c. simplici benef. in
par. eccl. b. Marie op. Ribbenetze
Zwerin. dioc. (2 m. arg.) vac. p. o.
Petri Ternow 1. mart. 82 S 808 52^v –
de s. c. benef. ad alt. bb. Gregorii,
Anne et Commemorationis Animarum in par. eccl. Gustrowen. Camin.
dioc. et al. s. c. benef. in eccl. Razeburg. (insimul 4 m. arg.) vac. p. o.
Nicolai Wittemborg 2. mart. 82 S
808 52^r – de can. et preb. eccl. Lubic. (4 m. arg.) vac. p. o. Nicolai
Witemberg 2. mart. 82 S 808 52^v –
de can. et preb. eccl. Zwerin. (4 m.
arg.) vac. p. o. Nicolai Witemberg 2.
mart. 82 S 808 52^v – cui de can. et
preb. eccl. Lubic. vac. p. o. Nicolai
Wittenborch prov. fuit: resign. dd.
can. et preb. de quib. Theoderico de
Bulow cler. Verden. s. d. 29. mart.
82 prov. fuit 15. apr. 82 OP 6 138^r.

4418 **Joachim Blomeke** rect. par. eccl. in
Nigenkerken Zwerin. dioc.: de prom.
ad omnes ord. extra temp. 23. mai.
78 S 769 78^r.

4419 **Joachim Buck (Block)** cler. Lubic.:
de perp. vicar. ad alt. ss. Philippi et
Jacobi appl. in eccl. Lubic. (4 m.
arg.) vac. p. o. Johannis Lockstede
quond. Johannis [de Mella] tit.

s. Prisce presb. card. Zamoren. nunc.
fam. 22. ian. 72 S 675 77^{rs}, I 332
148^r – can. eccl. b. Marie Colbergen. Camin. dioc. cui de decan. d.
eccl. vac. p. o. Webelini Putkummer
p. Antonium [de Bonaumbra] ep.
Accien. in partibus illis legatum
prov. fuit: de nova prov. de d. decan.
(4 m. arg.) 19. oct. 73 S 709 148^{vs} –
art. liberalium bac.: de nova prov. de
perp. vicar. in eccl. Lubic. (4 m.
arg.) vac. p. assec. can. et maioris
preb. p. Ottonem Speck, n. o. perp.
s. c. vicar. in Oytun [= Eutin] Lubic.
dioc. (4 m. arg.) 29. decb. 73 S 700
123^{rs}.

4420 **Joachim Keller** presb. Herbip. dioc.: de par. eccl. pleban. nunc.
s. Margarete in Bibersvelt (3 m. arg.)
et capn. ad alt. s. Johannis Ev. in par.
eccl. s. Katherine in Hallis Herbip.
dioc. (1 m. arg.) vac. p. o. Conradi
Metelmans 18. nov. 77 S 760 168^v,
m. (prep. eccl. ss. Petri et Pauli Czicen. Nuemburg. dioc. et offic. Herbip. ac offic. Bamberg.), gratis L 781
175^{rs}.

4421 **Joachim Glouecke (Glaucke, Gleu-
cke)** cler. Camin. dioc.: de perp. vicar. ad alt. in eccl. mon. monial.
s. Crucis op. Rostock (2 m. arg.) et
de perp. vicar. ad alt. in par. eccl.
s. Georgii Parchimen. Zwerin. dioc.
(2 m. arg.) vac. p. o. Johannis Picardi
(Picchardi, Piccarch) 26. nov. 73 S
699 170^v, m. (prep. eccl. s. Cecilie
Gustrowen. Camin. dioc., Ulrico
Entzenperger can. eccl. Patav. et offic. Zwerin.), gratis L 731 316^{rss}, m.
(Henrico de Estel can. eccl. Bremen.
et al.) quoad vicar. in eccl. d. mon.
(1 m. arg.), gratis (exped. 18. iun.
74) L 733 179^{vs} – m. (prep. eccl.
s. Cecilie Gustrowen. Camin. dioc. et
Henrico de Hesel [= Estel] can. eccl.
Bremen. ac offic. Zwerin.) confer.
perp. vicar. in par. eccl. op. Ribbenitze Zwerin. dioc. (1 m. arg.) vac.
p. o. Johannis Picardi qui etiam perp.
vicar. in par. eccl. op. Parchim Zwerin. dioc. (2 m. arg.) obtin., gratis 26.

nov. 75 V 587 150^v-152^v – de perp. vicar. in par. eccl. b. Marie op. Malchiciten. Camin. dioc. (2 m. arg.) vac. p. resign. Johannis Laurentii c. reserv. pens. ann. 5 fl. renen. p. d. Joachim persolv. 15. febr. 77 S 747 114^{rs} – de perp. vicar. in eccl. b. Marie Lubic. (3 m. arg.) vac. p.o. in cur. Henrici Schymmelpennick 27. mart. 77 S 749 13^v – de disp. ut unac. par. eccl. in Eppendorpe Bremen. dioc. aliud incompat. benef. recip. valeat etsi par. eccl. 8. iul. 77 S 754 182^{rs} – de perp. vicar. in par. eccl. op. Teltow Camin. dioc. (2 m. arg.) vac. p. ingr. relig. Johannis Hoppe cler. Camin. dioc. 12. iul. 77 S 754 182^v – de par. eccl. in Eppendorpe Bremen. dioc. (4 m. arg.) vacat. p. priv. (quia violentias commisit) Johannis Schoneheyde cui de eadem vac. p. resign. Theoderici de Guerdenberg prov. fuit 16. iul. 77 S 754 225^{rs} – cui de perp. vicar. in eccl. b. Marie virg. Lubic. de iur. patron. laic. ut supra prov. fuit et **Johannes Laurentii** cler. Bremen. dioc.: de adm. resign. d. Joachim et de prov. d. Johanni de d. perp. vicar. (3 m. arg.) 20. iun. 78 S 771 24^r.

4422 Joachim Heydeberg (Heidemberge) al. Heydelberg ab an. 72 Legismaie (/.) [= Mergenew, Marienehe] o. Cartus. prope Rozstock Zwerin. dioc. novicius inter al. referens quod ipse in generali passagio contra Turcos p. Pium II. indicto clericus crucesignatus primo Anconam et deinde Romam venit et galeam in Tibri existentem c. sociis crucesignatis invasit et quod in d. passagio sepe homicidia, rapinas et alia mala [in extenso enarrata] subsecuta sunt et quod ipse postmodum ad bella dedit consilium et auxilium: de disp. sup. irreg. 6. ian. 73 S 686 153^{vss}, I 332 327^r.

4423 Joachim (Johannes) Jordan (Jorden) cler. Camin. dioc. pres. in cur.: de perp. vicar. in colleg. eccl. b. Marie Colbergen. Camin. dioc. (2 m. arg.) vacat. p. assec. can. et preb. d. eccl. (vac. p.o. Hennighi Cossebaden) p. Bernardum Eggebrecht 19. febr. 81 S 802 66^v, 20. febr. 81 S 800 116^r – de can. et preb. in eccl. b. Marie Stettinen. Camin. dioc. vac. p.o. Ewaldi de Guntersberch (4 m. arg.), n.o. perp. s.c. vicar. in eccl. s. Nicolai Gripeswalden. et 2 al. perp. s.c. vicar. in par. eccl. Stolpen. Camin. dioc. (insimul 4 m. arg.) quas obtin. 1. nov. 81 S 804 116^r – pres. in cur.: de perp. vicar. in eccl. s. Ottonis Stettinen. Camin. dioc. et elemosina in eccl. b. Marie Colbergen. Camin. dioc. (insimul 4 m. arg.) vac. p. resign. in manibus pape Martini Carith, n.o. vicar. in eccl. s. Nicolai Gripeswalden. et vicar. in par. eccl. Stolpen. Camin. dioc. (insimul 4 m. arg.) 4. decb. 81 S 806 2^r – de perp. s.c. vicar. in par. eccl. N. in Tanglin Camin. dioc. (2 m. arg.) de iur. patron. laic. vac. p.o. Ebelini Varenholt in cur. defunct., n.o. ut supra, Et c. derog. iur. patron. 10. ian. 82 S 809 243^{rs} – de perp. vicar. in eccl. Camin. (2 m. arg.) vacat. p. assec. can. et preb. d. eccl. p. Bernardum Egebrecht cler. Camin. dioc., n.o. ut supra 12. ian. 82 S 811 251^r – de par. eccl. ville Triboni (4 m. arg.) et de perp. s.c. vicar. in par. eccl. op. Tribbesis Zwerin. dioc. (4 m. arg.) vac. p.o. Henrici Scherer, n.o. ut supra et perp. s.c. vicar. in eccl. s. Ottonis Stetinen. et elemosina in op. Colbergen. Camin. dioc. quas obtin. (insimul 4 m. arg.) 1. iun. 82 S 811 166^v – de can. et preb. eccl. Camin. (4 m. arg.) vacat. p. ingr. relig. Nicolai Cruse 21. febr. 83 S 820 106^r.

4424 Joachim [de Oettingen] com. op. de Oeting August. dioc. qui ob devotionis affectum quem ad b. Sebastianum mart. gerit in capel. (quam quond. Udalricus [com. de Oettingen] d. op. com. et ipsius pater de consensu ordin. loci sub invocatione d. sancti fundaverat ex eo quod in die festivitatis d. sancti ex pane in quam plura frustra p. quandam famulam cuiusdam sutoris incole d. op. inciso ut ex eo ientaculum pro familia d. sutoris prepararet cruor miraculo emanavit ad quamque populi multitudo confluit) presb. sec. vel reg. c. reserv. iur. patron. instit. desiderat: m. (Petro Buchler can. eccl. August.) confer. lic. celebrandi missam et in d. capel. populo predicandi horis quib. in par. eccl. s. Jacobi d. op. divina off. n. celebrabuntur c. reserv. iur. patron. pro se et suis heredibus 13. febr. 80 V 597 106^{rss}.

4425 Joachim Rotfelder cler. Constant. dioc. et perp. vic. ad alt. b. Marie virg. in eccl. Omnium ss. e. m. op. Ulmen. Constant. dioc. pres. et resid. in cur.: de prom. ad omnes ord. extra temp., sola sign. 14. ian. 83 S 818 153^r – perp. vic. ad alt. b. Marie virg. in eccl. Omnium ss. e. m. op. Ulmen. Constant. dioc.: litt. testim. sup. prom. ad subdiacon. ord. s. d. 16. febr. 83, ad diacon. ord. s. d. 22. febr. 83, ad presbit. ord. s. d. 23. febr. 83 in eccl. s. Petri de Urbe 23. febr. 83 F 7 74^r.

4426 Joachim Synerdis cler. Lubic.: de nova prov. de perp. vicar. ad summum alt. in par. eccl. s. Nicolai in Molne Razeburg. dioc. (4 m. arg.) de iur. patron. laic. vac. p. resign. Eggardi Suchos 8. iun. 82 S 813 325^r.

4427 Jokerim Stertzer rect. par. eccl. in Waledorf Wormat. dioc.: litt. testim. (vig. supplic. s. d. 20. iun. 82) sup. prom. ad subdiacon. ord. s. d. 14. iul. 82, ad diacon. ord. s. d. 21. iul. 82, ad presbit. ord. s. d. 22. iul. 82 in basilica Principis appl. de Urbe 22. iul. 82 F 7 61^r.

4428 Job (Jopp) Joriem (Jorim) cler. Spiren. Laurentii et Juliani de Medicis ac Johannis de Tornabonis pape depositariorum fam.: de perp. c. c. vicar. eccl. Spiren. (6 m. arg.) vac. p. o. Nicolai Heherum 25. mai. 72 S

680 90^{vs} – qui vig. gr. expect. can. et preb. eccl. ss. Germani et Mauritii Spiren. vac. p. o. Ludovici Speer acc.: de nova prov. de dd. can. et preb. (8 m. arg.) 28. apr. 76 S 750 198^r.

4429 Jodocus Balistarii cler. Magunt. dioc.: de nova prov. de off. subcustodie in eccl. s. Bartholomei Francforden. Magunt. dioc. (4 m. arg.) vac. p. resign. Bachtoldis de Aldendorff seu Johannis Leys 2. mart. 82 S 808 38^v.

4430 Jodocus Balneatoris rect. par. eccl. in Bilerzell Herbip. dioc. et **Andreas Blaber de Geilndorf** cler. Herbip. dioc.: de adm. resign. d. Jodoci et de prov. d. Andree de d. par. eccl. que de iur. patron. laic. exist. (35 fl. adc.) ac de assign. d. Jodoco pens. ann. 20 fl. renen. p. d. Andream persolv. 23. febr. 81 S 799 256^{rs}.

4431 Jodocus de Bavenst Maximiliani Austrie et Burgundie ducis scutifer: de indulto ut c. 6 sociis p. eum eligendis s. sepulcrum et alia loca sancta ultramarina visitare val., sola sign. 27. apr. 82 S 809 298^v.

4432 Jodocus [Bentelin de Ravensburg] abb. mon. in Wingarten o. s. Ben. Constant. dioc. referens quod prepos. n. conventualis o. s. Ben. in Burchorn Constant. dioc. a d. mon. dependet et p. monach. d. mon. gubernari solita est: de conc. ut d. abb. et successores prep. d. prepos. ad nutum p. censuram amovere possint 18. ian. 74 S 701 290^{rs}.

4433 Jodocus von Berg presb. de Pregantia Constant. dioc. inter al. referens quod ipse olim Udalricum Furer et Henricum Zebeche laicos Constant. dioc. ab invicem litig. separare volens d. Henricum adeo vulneravit ut moribatur: de disp. sup. irreg. 1. febr. 72 S 676 83^v.

4434 Jodocus (Judocus) Bock (Pock, Brock, Bach) cler. Wormat. dioc. in art. mag. qui vig. gr. expect. decan.

colleg. eccl. vallis Wimpinen. Wormat. dioc. vac. p.o. Wilhelmi de Sternenfels acc.: de nova prov. de d. decan. (6 m. arg.) c. disp. sup. def. et. 10. sept. 75 S 727 133^v – de alt. ss. Katherine et Michaelis in par. eccl. op. Gemundia Wormat. dioc. (3 m. arg.) vac. p.o. Symonis Brassen (Brossen) 11. sept. 75 S 726 209^v, (m. prep. eccl. b. Marie Feuchtwangen. August. dioc. et officialibus Spiren. ac Wormat.), gratis V 580 97^r-98^v – de par. eccl. in Santhusen Wormat. dioc. (4 m. arg.) vac. p.o. cuiusdam Valentini 1. mai. 77 S 750 219^r – dec. colleg. eccl. vallis Wimpinen. Wormat. dioc.: de disp. ut unac. d. decan. (5 m. arg.) aliud incompat. benef. recip. valeat etsi par. eccl. 19. sept. 77 S 757 296^{rs} – de par. eccl. in Hentzsthussheym Wormat. dioc. (4 m. arg.) vac. p.o. Conradi Ziegler 18. nov. 77 S 760 225^{vs} – de can. et preb. ac custod. eccl. s. Burchardi Herbip. (10 m. arg.) vac. p.o. Johannis Rosch vel p. devol. 27. decb. 78 S 782 122^{rs} – dec. eccl. vallis Wimpinen. Wormat. dioc.: de disp. ut unac. d. decan. aliud incompat. benef. recip. valeat etsi 2 par. eccl. ad vitam c. lic. perm. 29. apr. 79 S 781 65^r – qui litig. coram aud. contra Burchardum (Burkardum) de Tierberg prep. eccl. b. Marie in Meckmule Herbip. dioc. sup. can. et preb. ac decan. eccl. s. Petri vallis Wimpinen. [Wormat.] dioc.: de dd. can. et preb. ac decan. (10 m. arg.) vac. p. resign. d. Burchardi 11. apr. 80 S 791 232^r, de ref. 17. apr. 80 S 791 265^v – de par. eccl. in Waltorff Wormat. dioc. (8 m. arg.) vac. p.o. Herardi Rasoris 8. oct. 82 S 813 267^r – de perp. capn. ad alt. s. Johannis Bapt. in par. eccl. in Wimphen Wormat. dioc. (24 fl. adc.) vac. p.o. Wilhelmi Vler 30. oct. 82 S 813 195^r, m. (prep. eccl. b. Marie Feuchtwangen. August. dioc. et cant. eccl. Spiren. ac offic. Wormat.) L 821 34^{rs}.

4435 Judocus Brecmann (Breckman) rect. par. eccl. s. Donatiani Brugen. Tornacen. dioc., mag. in art., theol. bac. qui ad decan. colleg. eccl. b. Marie op. de Veris Traiect. dioc. vac. p.o. Johannis Dankradi p. Henricum de Borsalia com. de Brampte et dom. d. op. present. fuit: de prov. de d. decan. (13 m. arg.) 29. apr. 72 S 679 44^r, I 332 275^r – solv. 32 fl. adc. pro compositione annat. decan. p. manus Petri de Mayo 5. mart. 73 FC I 1129 141^r, FC I 1767 54^r, FC I 1768 56^r.

4436 Jodocus Briter (Buter) cler. Spiren. dioc. cui de perp. vicar. ad alt. b. Marie in par. eccl. s. Michaelis in Lostat Superiori Spiren. dioc. vac. p. resign. Bernardi Schaut in manibus abb. mon. in Clingen o. s. Ben. Spiren. dioc. fact. p. d. abb. prov. fuit: de nova prov. de d. vicar. (4 m. arg.) 23. ian. 75 S 714 206^{rs}.

4437 Jodocus Bruylant (Brylant) can. mon. s. Petri Grimbergen. o. Prem. Cameracen. dioc. cui de abbatiatu d. mon. tunc vac. p. resign. in manibus Pauli II. Johannis de Mechlinia (p. Henricum Lynthont cler. d. dioc. procur. fact.) c. reserv. pens. ann. p. Paulum II. prov. fuerat et qui litig. coram Matheo de Porta aud. contra Johannem de Molendino can. d. mon. in cuius favorem d. Jodocus d. abbat. c. reserv. pens. ann. resign. in manibus Pauli II.: m. (d. Matheo de Porta aud.) disp. sup. irreg. et prov. si neutri d. abbatiatu (1.000 l. T. p.) 14. sept. 71 L 714 178^r-179^v – restit. bulle sup. abbatiatu ut supra (quia fecit satisfactionem s.d. 23. decb. 68 et composuit 30 n. tamen 40 fl. de fruct. male perceptis) 23. oct. 71 A 21 168^r.

4438 Jodocus Brun presb. Spiren. qui ad perp. capn. ad alt. b. Marie et s. Catherine in par. eccl. ville in Gershem Maiori Spiren. dioc. p. Conradum de Liebensteyn armig. patron. present. fuit et qui litig. desup. coram Johanne Stoll cler. locumtenenti prep. eccl. s. Guidonis Spiren. contra Johannem Marstetter de Ehingen cler. (qui ad d. capn. vac. p. o. Sifridi p. nob. virum Wipertum militem ac Albertum et Federicum Sturemfeder armig. Spiren. dioc. se patronos esse pretendentes present. fuit): m. (prep. et dec. eccl. s. Petri mai. Argent.) committ. in partibus 5. iun. 72 L 721 260^{vs}.

4439 Jodocus Butschli presb., **Petrus Notthafft, Johannes Birckman de Olpe, Bernardus Meyger, Andrea Stagno**: de gr. expect. de 2 can. et preb. et de 2 benef. ad coll. quorumcumque, Et s. d. 1. ian. 72 S 670 247^{r}.

4440 Jodocus Keller (Kelner) de Yphoven presb. Herbip. dioc.: de assign. pens. ann. 20 fl. renen. sup. fruct. par. eccl. in Herbolszheim <sub castro Cuttenheim> Herbip. dioc. (15 m. arg. <100 fl. renen.>) p. Petrum de Lapide legum doct. et rect. d. par. eccl. de assensu suo <p. Eustachium Munch perp. vic. eccl. s. Trinitatis Spiren. express.> persolv. 3. nov. 79 S 791 62^{vs}, (exec. prep. eccl. Herbip. et dec. eccl. s. Johannis in Haugis Herbip. ac offic. Herbip.) V 599 262^{r}-263^{v} – restit. bulle 10. apr. 80 A 28 248^{r}.

4441 Jodocus Cluppel scol. Herbip. dioc.: recip. primam tonsuram in eccl. s. Bartholomei de Insula in Urbe 25. mart. 75 F 6 201^{v}.

4442 Jodocus Cornelii cler. Traiect. dioc. can. eccl. in Vessem Leod. dioc. (6 m.): de prom. ad omnes ord. extra temp., sola sign. 12. ian. 82 S 806 216^{v} – litt. testim. (vig. supplic. s. d. 11. ian. 82) sup. prom. ad acolit. et 4 min. ord. s. d. 2. febr. 82, ad subdiacon. ord. s. d. 3. febr. 82, ad diacon. ord. s. d. 10. febr. 82, ad presbit. ord. s. d. 17. febr. 82 in basilica Principis appl. de Urbe 18. febr. 82 F 7 43^{r}.

4443 Jodocus Crebs qui par. eccl. b. Marie in Memmelstorff ex causa perm. resign. in manibus pape p. Eberhardum de Rabenstein can. eccl. Bam-

berg. procur. suum: prov. de par. eccl. s. Viti in Ottensas Eistet. dioc. (4 m. arg.) vac. p. resign. ex causa perm. Johannis Trifelser 22. nov. 75 (exped. 24. febr. 76) L 768 113^{vs}.

4444 Jodocus Currificis (Corificis) cui gr. expect. s. d. 1. ian. 72 de 2 benef. ad coll. [prep. etc.] colleg. eccl. s. Walburgis in Wilburg Trever. dioc. et colleg. eccl. s. Lubentii in Dietkirchen Trever. dioc. conc. fuit: prerog. ad instar pape fam. descript., gratis 28. mai. 73 (exped. 5. mart. 74) L 734 196^{rs} – cler. Trever. dioc. Bartholomei [Roverella] tit. s. Clementis presb. card. fam. et parafrenarius: de can. et preb. ac scolastr. colleg. eccl. s. Walburgis in Wilburg Trever. (8 m. arg.) vac. p. o. Conradi Franconis 3. febr. 75 S 715 29^{v} – qui vig. gr. expect. can. et preb. et scolastr. colleg. eccl. ut supra acc.: de nova prov. de eisdem (8 m. arg.) 3. febr. 75 S 715 29^{rs}.

4445 Jodocus Currificis acol. August. dioc. perp. cap. ad alt. b. Marie virg. in par. eccl. s. Ulrici Constant.: de prom. ad omnes ord. extra temp., sola sign. 22. apr. 84 S 835 28^{v}.

4446 Jodocus Dahinden cler. Basil. pres. in cur. qui ad minores et acolit. ord. constit. exist. et par. eccl. s. Verene in Signiszwil Constant. dioc. obtin.: de prom. ad omnes ord. extra temp., sola sign. 27. febr. 81 S 800 237^{r}.

4447 Jodocus Diethenhaimer monachus mon. in Wingarten o. s. Ben. gubernator eccl. s. Pantaleonis mon. monial. o. s. Ben. in Hofen Constant. dioc. inter al. referens quod olim Bertha ducissa Suevie tunc vidua in d. loco Hofen Constant. dioc. mon. monial. o. s. Ben. sub invocatione s. Pantaleonis dotari fecit et quod post obitum d. Berthe Guelfo dux Suevie et eius heres d. mon. monial. in spiritualibus abb. mon. in Wingarten o. s. Ben. Constant. dioc. subiecit et propter oppositionem dd. monialium contra correctionem d. mon.

concordiam fecit ita ut nulla monial. ad profes. admittere deberet et post decessum dd. monialium ord. in d. mon. supprimeret et d. abb. eccl. d. mon. p. monach. vel presb. sec. in spiritualibus vel temporalibus gubernaret et quod deinde abb. mon. in Wingarten nunc p. deputatum in persona d. Jodoci gubernat qui d. eccl. adeo laudabiliter rexit quod plures religiosi poterunt sustentari: de committ. in partibus ut d. Jodocus gubernator d. mon. ad vitam deputetur et prep. nuncupetur ac eccl. ipsa in monasterium eiusdem ord. erigatur 16. mart. 79 S 779 97^{rs}.

4448 Judocus Elst cler. Cameracen. dioc.: de simplici perp. benef. seu perp. capn. ad alt. s. Elisabeth in capel. s. Nicolai Bruxellen. Cameracen. dioc. (8 l. T. p.) que a par. et colleg. eccl. s. Gudule d. op. dependet vac. p. resign. in manibus pape Francisci Gramberck cler. Lubic. (cui de eadem vac. p. resign. in manibus pape Judoci Esselen s. d. 8. nov. 82 auct. ap. prov. fuit) 14. nov. 83 S 831 189^{rs}.

4449 Jodocus Esselen cler. Cameracen. dioc.: de can. et preb. eccl. Reval. (4 m. arg.) vac. p. resign. in manibus pape Gasparis Valkener Johannis Bapt. [Cybo] tit. s. Cecilie presb. card. Melfiten. vulg. nunc. fam. c. reserv. pens. ann. 3. partis fruct. p. d. Jodocum persolv. 16. mai. 80 S 793 61^v – de can. et maiori preb. eccl. Lubic. (4 m. arg. p.) vac. p. prom. Conradi Loste ad eccl. Zwerin. 11. febr. 83 S 823 8^{vs}.

4450 Judocus Fasenant rect. par. eccl. s. Bricii in Emitz (/.) Trever. dioc. et **Johannes Senchen** de Cochme cler. Trever. dioc.: de adm. resign. in manibus pape d. Judoci et de prov. d. Johanni de d. par. eccl. (55 duc. adc.) et de assign. d. Judoco pens. ann. 20 duc. auri 17. aug. 83 S 826 271^v – presb. Trever. dioc. qui par. eccl. s. Bricii in Enmel Trever. dioc. quam obtin. resign. in manibus pape de qua Johanni Senhen de Cochme cler. Trever. dioc. prov. fuit: assign. pens. ann. 20 duc. adc. sup. fruct. d. par. eccl. p. d. Johannem persolv. (m. dec. eccl. s. Simeonis Trever. et Simoni de Bellavilla can. eccl. Tullen. ac offic. Trever.) 17. aug. 83 L 826 185^r-186^v.

4451 Jodocus Fusz de Ostenbergk laic. ac **Margareta** ux. Magunt. dioc.: de lic. erig. perp. missam ad alt. s. Crucis in par. eccl. s. Marie virg. in Gelnhusen Magunt. dioc. 14. oct. 71 S 679 43^v.

4452 Judocus de Ghastella mil. Maximiliani Austrie Burgundie etc. ducis consiliarius et cancellarius ac dom. locorum de Mero et de Machstede Traiect. dioc.: de indulto ut c. 2 aut 3 consanguineis sepulcrum dominicum et al. loca sancta ultramarina visitare val., sola sign. 24. ian. 83 S 818 253^v.

4453 Jodocus Greve (Greue) can. et dec. eccl. s. Guidonis Spiren.: prov. de dd. can. et decan. (8 m. arg.) vac. p. o. Judoci Leth abbrev. et Latini [de Ursinis] card. ep. Tusculan. (tunc tit. ss. Johannis et Pauli presb. card.) camerarii ap. fam. (m. dec. eccl. s. Gangolfi Magunt. et dec. eccl. s. Andree Wormat. ac Gabrieli Rovira can. eccl. Maioricen.) 30. oct. 73 (exped. 24. decb. 73) L 790 3^r-4^v – [Latini] card. de Ursinis camerarii fam.: oblig. sup. annat. can. et preb. ac decan. eccl. ut supra 8. ian. 74 A 23 5^r – cler. Magunt. L[atini] de Ursinis card. ut supra fam.: supplic. d. card. de can. et preb. colleg. eccl. Glogovie Maioris Wratislav. dioc. (8 m. arg.) vac. p. o. Johannis seu Nicolai Czoringk d. L[atini] card. ut supra fam. 30. mai. 75 S 721 143^r – rect. par. eccl. s. Marie de Montejordano de Urbe: de prom. ad omnes ord. extra temp., sola sign. 20. febr. 76 S 734 296^v – qui pro suis negotiis ad partes ire et a cur. se absentare intendit: de lic. transferendi, sola sign. 4. mai. 79 S 781 96^{rs} – de disp.

ad 2 incompat. benef. etsi 2 par.
eccl. ad vitam c. lic. perm. 18. mai.
80 S 793 183ʳ – rect. par. eccl. ut
supra (quam obtinet) et **Bartholomeus de Caraziis** archipresb. eccl.
s. Stephani de Brachiano Sutrin. dioc. c. quo ad 2 incompat. benef.
disp. fuit: de adm. resign. d. Jodoci
et de prov. d. Bartholomeo de d. par.
eccl. in Montejordano (100 fl. adc.)
de iur. patron. laic. et de assign. d.
Jodoco pens. ann. 30 fl. adc. sup.
fruct. d. par. eccl. in Montejordano
et 20 fl. adc. sup. fruct. perp. capn.
ad alt. Mortuorum in basilica Principis appl. de Urbe (60 fl. adc.) ac 10
fl. adc. sup. fruct. par. eccl. s. Marie
de Monticellis de Urbe (30 fl. adc.)
p. d. Bartholomeum ac Matheum de
Malleano perp. cap. ad d. alt. Mortuorum et [Johannem] Bapt. de Flaviis
rect. d. par. eccl. in Monticellis persolv. [1482] S 817 266ʳ.

4454 **Judocus (Jodocus) Haller (de Nuremberga)** cler. Bamberg. dioc. in
20. sue et. an. constit.: de disp. ad
quodcumque benef. etsi par. eccl. c.
lic. perm. 17. aug. 82 S 813 148ᵛ, I
334 28ᵛ.

4455 **Jodocus Hoffman** diac. pleb. in Inferiori Ossingen Spiren. dioc. in cur.
resid.: de prom. ad presbit. ord. extra
temp., sola sign. 25. mai. 82 S 811
125ʳ.

4456 **Jodocus Huenfelt de Franfordia**
scol. Magunt. in cur. resid.: recip.
primam tonsuram, sola sign. 18. apr.
82 S 809 228ᵛ.

4457 **Judocus Jacobi** cler. Leod. dioc. Juliani [de Ruvere] tit. s. Petri ad vincula presb. card. fam.: supplic. d.
card. de perp. <s. c.> vicar. ad alt.
s. Marie Magdalene in colleg. eccl.
s. Patrocli Susacen. Colon. dioc. (4
m. arg.) vac. p. resign. in manibus
pape Hermanni Tuleman 29. nov. 75
S 732 208ᵛˢ, (m. ep. Ferrarien. et offic. Leod. ac Colon.), gratis V 574
202ʳˢˢ – perp. vic. ad alt. b. Marie
Magdalene in eccl. s. Patrocli Susa-

cen. Colon. dioc. qui iam ultra 4 an.
Juliano card. ut supra servivit: de
prom. ad omnes ord. extra temp.,
sola sign. 6. mart. 76 S 736 67ʳ –
pape fam.: motu pr. de can. et preb.
colleg. eccl. s. Gertrudis op. Nivellen. Leod. dioc. (6 m. arg.) vac. p. o.
in cur. Henrici Coel 21. aug. 78 S
772 192ʳ – cui de can. et preb. eccl.
s. Gertrudis Nivellen. Leod. dioc.
vac. p. o. in cur. Henrici Coel pape
fam. vel p. o. Humberti de Porta ut
supra prov. fuit litt. desup. n. exped.
et Michael de Fourmoney presb. Cameracen. dioc. pape fam.: de adm.
resign. d. Judoci et de prov. d. Michaeli de dd. can. et preb. (6 m. arg.)
ac de assign. d. Judoco pens. ann. 10
fl. renen. (20 stuferorum monete
Flandrie pro quolibet fl.) sup. fruct.
dd. can. et preb. p. d. Michaelem
persolv. 14. decb. 80 S 798 156ʳ.

4458 **Jodocus Leyderbach (Ledderbach)**
cler. Colon. in 23. sue et. an. constit.: de par. eccl. ville in Frischen
Colon. dioc. (4 m. arg. p.) vac. p.
resign. in manibus pape Gotfridi
Hobbusch qui litig. desup. coram offic. vel archid. et prep. eccl. Colon.
contra quond. Johannem de Goch
cler. et actorem et post obitum d. Johannis ad eius ius surrog. et de disp.
sup. d. def. et. 15. febr. 81 S 800
66ʳˢ – cuius supplic. c. advocatione
cause et extinctione litis expediri debeat: de ref. 26. apr. 81 S 800 26ʳ –
diac. Colon. in 23. sue et. an. constit.
referens quod Gotfrido Holbusch
cler. Colon. dioc. vig. nominationis
imper. de par. eccl. ville in Frischen
Colon. dioc. (4 m. arg. p.) vac. p. o.
Werneri Fink prov. fuerat et quod
deinde desup. litig. ut supra et post
obitum d. Johannis ad eius ius s. d. 5.
febr. 81 surrog.: m. (prep. eccl. Camin. et dec. eccl. s. Georgii Colon.
ac offic. Colon.) confer. d. par. eccl.
(4 m. arg. p.) vac. p. resign. in manibus pape d. Gotfridi (p. Henricum
Maengolt prep. eccl. Paderburn. procur. fact.), gratis 26. apr. 81 V 613

151^v-153^r – rect. par. eccl. in Verischen Colon. dioc.: de disp. ut unac. d. par. eccl. aliud incompat. benef. recip. valeat etsi 2 par. eccl. ad vitam c. lic. perm. 5. iun. 81 S 802 70^{rs} – recip. not. pro bulla distributa 3 grossos et 2 grossos oct. 81 DB 1 104^r – cler. Colon. dioc. pape fam. in 23. sue et. an. constit.: motu pr. de gr. expect. de 2 can. et preb. ac benef., Et s.d. 17. nov. 81 S 803 19^{rs}.

4459 **Yodocus Liepman** cler. Spiren. dioc.: de pleban. in Lachen Spiren. dioc. (4 m. arg.) vac. p.o. cuiusdam Arnaldi 24. oct. 75 S 728 265^r.

4460 **Judocus Lunger de Heydelscheim** acol. Spiren. dioc. et rect. par. eccl. de Clembach Argent. dioc.: de prom. ad omnes ord. extra temp., sola sign. 15. mai. 80 S 793 44^v.

4461 **Jodocus de Lutiera** rect. par. eccl. Montis Sancti Nicolai August. dioc.: de prom. ad omnes ord. extra temp., sola sign. 24. mai. 80 S 793 92^{vs}.

4462 **Judocus de Luto** cler. Cameracen. dioc.: de can. et preb. eccl. s.Gertrudis op. Bergen. Leod. dioc. (4 m. arg. p.) vac. p.o. Jacobi Elbans, n.o. capn. ad alt. s. Katherine in par. eccl. de Erps Cameracen. dioc. (2 m.) 14. ian. 82 S 811 222^v.

4463 **Jodocus (Judocus) Mege (Meyer, Meyr)**: prov. de vicar. Spiren. [dioc.?] vac. p.o. 71/72 I 332 249^v – cler. Spiren. dioc. primissarius par. eccl. s.Leodegarii ville Lochkeym (Lochkeyn) Spiren. dioc.: de prom. ad omnes ord. extra temp., sola sign. 29. nov. 71 S 673 170^v – litt. testim. sup. prom. (vig. conc. ut supra) ad acolit. et al. min. ord. s.d. 15. decb. 71 in dom. habitationis Jacobi [de Neapoli] ep. Sancti Angeli de Lombardis in Urbe, ad subdiacon. ord. s.d. 20. decb. 71 in basilica s.Petri in Urbe, ad diacon. ord. s.d. 27. decb. 71, ad presbit. ord. s.d. 28. decb. 71 in eccl. s.Bartholomei de Insula in Urbe 31. decb. 71 F 6 11^v.

4464 **Jodocus Michaelis** presb. August. dioc. cui gr. expect. s.d. 1. ian. 72 de 2 benef. ad coll. ep. etc. August. necnon abb. etc. mon. s.Benedicti op. Campidonen. o. s. Ben. Constant. dioc. conc. fuit: prerog. ad instar pape fam. descript. 27. apr. 73 (exped. 16. mai. 76) L 764 229^{rs}.

4465 **Judocus Oswaldi** cler. Colon. dioc.: motu pr. de gr. expect. de benef. ad coll. quorumcumque, Et s.d. 17. nov. 81 [1483] S 830 27^r – de ref., Conc. motu pr. [1483] S 830 34^v.

4466 **Jodocus Permen (Perman)** presb. Salzeburg. dioc. decr. doct. in art. mag. perp. vic. par. eccl. b. Marie in Kirchperg (Burchperg, Birchperg) prope Bayez (Bayem) Salzeburg. dioc. obtinens: de par. eccl. s.Egidii in Graiz (Gran) Salzeburg. dioc. de iur. patron. laic. <de iur. patron. R. I.> (100 fl. adc.) vac. p. resign. in manibus pape Petri Valasci (Valasti) presb. Elboren. dioc. sed. ap. not. et de disp. ut unac. d. par. eccl. d. perp. vicar. (30 fl. adc.) ad 5 an. retin. valeat 25. febr. 74 S 702 253^{vs}, m. (ep. Urbinaten. et ep. Senonen. ac abb. mon. in Runa Salzeburg. dioc.) (exped. 3. mart. 74) L 733 246^{rss} – oblig. sup. annat. par. eccl. s.Egidii ut supra 4. mart. 74 A 23 38^v – solv. 45 fl. adc. pro compositione annat. 4. mart. 74 FC I 1129 229^r, IE 488 54^v, IE 489 54^v.

4467 **Jodocus Rinderer** presb. Cur. dioc.: de par. eccl. s.Johannis Bapt. in Hoechst Constant. dioc. (4 m. arg.) vac. p.o. Georgii Loewe 27. oct. 77 S 759 193^{vs}.

4468 **Jodocus Rochlin** cler. Basil. qui p. cust. eccl. s.Stephani Basil. ad vicar. d. eccl. vac. p.o. Henrici Helbecher present. et p. ep. Basil. instit. fuerat: de nova prov. de eisdem (3 m. arg.) 8. nov. 75 S 729 150^{rs}.

4469 **Jodocus Rorich** cler. Wormat. dioc. in 19. sue et. an. constit. pape fam.: motu pr. de gr. expect. de 2 can. et preb. necnon de benef. ad coll. quorumcumque, Et s.d. 17. nov. 81 S 803 196^{vs}.

4470 **Judocus Rube** pauper presb. Spiren. dioc.: de perp. s.c. capn. in eccl. ss. Mauritii et Germani (4 m. arg.) et de 2 s.c. benef. in eccl. mon. monial. Ultra lutum leporis al. Zunkawren Spiren. (2 m. arg.) vac. p.o. Johannis Eyser 7. sept. 75 S 726 98^{rs} – presb. Spiren.: de perp. capn. ad alt. s. Andree in par. eccl. s. Jacobi Spiren. (2 m. arg.) vac. p.o. Jacobi Jochgerm 16. febr. 78 S 765 248^r – presb. Spiren. dioc. litig. in cur. contra quond. Gumpertum Gumperti cler. sup. perp. vicar. ad alt. s. Pauli sub paradiso eccl. Spiren. (4 m. arg.): de surrog. ad ius d. Gumperti 27. iul. 84 S 839 198^{rs}.

4471 **Jodocus de Schadhusen** cui de par. eccl. in Werbstat Wormat. dioc. vac. p. resign. ex causa perm. Rabani de Helmstat p. ep. Spiren. prov. fuit et qui p. 3 an. fruct. d. pastorie percepit: de nova prov. de d. par. eccl. (8 m. arg.) 23. ian. 75 S 714 120^{rs}.

4472 **Jodocus (Judocus) Semelman** cler. Herbip. dioc.: de perp. simplici benef. in par. eccl. b. Marie loci de Schwarczach (Schwaerczach, Schanarwyt) Herbip. dioc. de iur. patron. laic. (24 (14) l. T. p.) vac. p.o. Nicolai Rymenschneider (Rymeschneider, Rymeschreheder) <vel p. resign. Johannis Hoepach qui d. perp. benef. ultra 2 an. detin.> 18. ian. 81 S 799 134^v, 21. mart. 81 S 800 295^v, m. (abb. mon. s. Stephani Herbip. et dec. eccl. s. Johannis Novi Monasterii Herbip. ac offic. Herbip.), gratis V 608 91^v-93^r.

4473 **Jodocus [de Silenen] (Silinen)** prep. et can. eccl. s. Michaelis in Braona Constant. dioc. de mil. gen. qui d. eccl. igne combustam propriis expensis reedificavit et qui in d. eccl. suam sepulturam eligit: de disp. ut d. prepos. de iur. patron. laic. (24 m. arg.) unac. al. incompat. benef. (etiam post munus consecr.) retin. vale-

at 12. iul. 75 S 723 160^{rs} – el. Gratianopolitan.: oblig. p. Henricum Raff can. eccl. s. Petri Argent. sup. annat. prepos. eccl. Beronen. Constant. dioc. [fruct. n. exprimuntur] quam temp. sue prom. obtin. et quam ex indulto ap. eidem p. bullas s.d. 9. iul. 77 conc. retin. val. 16. aug. 77 A 26 50^r – ep. Gratianopolitan.: notitia sup. transl. ad eccl. Sedun. vac. p.o. et dedit eccl. Gratianopolitan. in admin. p. 2 an. in consistorio ad relationem [Juliani de Ruvere] card. ep. Sabinen. tunc tit. s. Petri ad vincula presb. card. 2. aug. 82 OS 82 137^r, OS 82 146^r, OS 83 107^r – ep. Sedun.: obtulit cam. ap. et collegio card. pro serv. communi 2.000 fl. adc. et 5 serv. min. p. Henricum Raff archid. in eccl. Bituricen. ratione transl. de eccl. Gratianopolitan. ad d. eccl. Sedun. s.d. 2. aug. 82 (in margine: die 8. aug. 82 bulle date fuerunt Thome institori soc. de Spinellis et promisit solv. usque ad festum Nativitatis Domini aut reportare dd. bullas sigillatas ad cam.) 7. oct. 82 OS 84A 123^r, Paris L 25 A 9 143^r – ep. Sedun.: informatio quod Bartholomeus [de Ziliano] archid. Placentin. not. et nunt. ap. ad illas partes ad conducendum Andream [Jamometic] olim aep. Craynen. missus fuit, hortatio ut d. Bartholomeo in illud perducendo auxilium det et de salvoconductu provideat (similia [Friderico Mauerkircher] el. Patav. absque particula ›de expensis et laboribus‹) 3. mai. 83 Arm. XXXIX, 15 260^{vs} – qui in negotio contra Andream olim aep. Craynen. egit et 2 litt. ad sed. ap. scripsit: informatio quod dd. litt. in Roma in quodam diversorio sive hospitio reperte et ad sed. ap. tradite fuerunt 23. mai. 83 Arm. XXXIX, 15 280^r – solv. 950 fl. adc. pro serv. commun. eccl. Sedun. p. manus soc. de Medicis 24. decb. 83 IE 508 98^r, IE 509 97^r.

4474 Jodocus (Judocus) Stetter monach. mon. in Ottenbuiren (Ottebeir, Ottenburn) o. s. Ben. August. dioc.: de disp. ad quodcumque benef. curatum 4. sept. 72 S 685 266ᵛˢ – de transl. ad al. mon. d. ord. et de disp. ad quodcumque benef. 20. decb. 73 S 699 242ʳˢ – monach. mon. in Ottenburn o. s. Ben. Constant. [!] dioc. referens quod mon. monial. in Willehoffen o. s. Ben. Constant. dioc. (cui par. eccl. s. Andree e. m. op. Buchon Constant. dioc. annexa fuit) iam 30 an. sine abba. et monial. existit licet Jodocus Dittenhamer monach. d. ord. d. mon. c. d. par. eccl. detin.: de erig. d. mon. in prioratum n. conventualem et de prov. d. Judoco de d. prioratu (24 m. arg.) c. d. par. eccl. (20 m. arg.) 18. iun. 74 S 707 221ʳ – monach. ss. Theodorici et Alexandri in Ottenburen o. s. Ben. August. dioc.: de abbat. d. mon. (30 m. arg.) vacat. p. priv. Wilhelmi abb. propter vitam infamem excom. 9. nov. 76 S 743 250ᵛ.

4475 Jodocus Stetner rect. par. eccl. in Richpurg (Rachpurg) Ratisbon. dioc. qui litig. coram Antonio de Grassis aud. (in locum Mathei de Porta aud. surrogato) contra Conradum Swaiger cler. adversarium sup. d. par. eccl.: de prov. si neutri de d. par. eccl. (4 m. arg.) vac. p. o. Conradi Stetner 18. mai. 76 S 739 109ᵛˢ – cler. Ratisbon. dioc.: de par. eccl. Vilspiburck Ratisbon. dioc. (7 m. arg.) vac. p. o. Johannis Rauhenstanier 16. decb. 76 S 744 197ᵛ – cler. Frising. dioc.: de par. eccl. in Lotznkirchen Ratisbon. dioc. (6 m. arg.) vacat. p. priv. Henrici Stettner qui d. par. eccl. in favorem Johannis Santel (Fantel) <presb. Frising. dioc.> sub ea condicione resign. ut ipsi pens. ann. 12 fl. renen. <et expensas ac 40 fl. renen. cuidam creditori suo> persolveret <necnon habitationem ad d. eccl. pertin. daret> 3. oct. 78 S 773 253ʳˢ, m. (dec. eccl. Ratisbon.) (exped. 15. ian. 79) L 795 167ʳˢˢ – presb. Fri-

sing. dioc.: de disp. ad 2 incompat. benef. etsi 2 par. eccl. ad 7 an. et pro al. benef. ad vitam c. lic. perm. 17. oct. 78 S 774 174ʳˢ – cler. Frising. dioc.: oblig. p. Carolum de Ubertis script. sup. annat. par. eccl. in Lotznkirchen ut supra de qua vac. p. priv. Johannis Santel presb. Frising. dioc. s. d. 4. oct. 78 sibi prov. fuit 16. ian. 80 A 28 140ᵛ – cler. Frising. dioc. actor cui vig. prim. prec. imper. de par. eccl. b. Marie in Lotzenkirchen Ratisbon. dioc. vac. p. resign. Henrici Stetner prov. fuit et qui litig. desup. coram Johanne Prioris aud. contra Johannem Santel cler. Frising. dioc. reum et qui postremo resign. in manibus pape: de assign. pens. ann. 18 fl. renen. sup. fruct. d. par. eccl. (56 fl. renen.) p. d. Johannem persolv. 24. iul. 80 S 795 55ᵛˢ.

4476 Judocus Trebesmulner (Trebesmilner) (de Staffelstein) [1. pars 2 partium] cler. Bamberg. dioc.: de s. c. benef. sive perp. vicar. in colleg. eccl. s. Jacobi e. m. Bamberg. (3 m. arg.) vac. p. o. Georgii Raupach 14. iul. 77 S 754 119ʳ, I 334 27ᵛ – de perp. s. c. vicar. ad alt. s. Nicolai in eccl. Herbip. vac. p. resign. Johannis Pavonis cler. Cameracen. dioc. pape fam. cui de eadem vac. p. o. in cur. Henrici Utz vig. gr. expect. s. d. 23. iun. 76 prov. fuerat 2. aug. 77 S 755 191ᵛ, m. (prep. eccl. b. Marie Feuchtwangen. August. dioc. et Eberhardo de Rabenstein can. eccl. Bamberg. ac offic. Herbip.), gratis V 586 149ʳˢˢ – cui gr. expect. s. d. 1. ian. 72 de 2 benef. ad coll. abb. etc. mon. in Lanckheym o. Cist. ac coll. rect. par. eccl. in Staffelstein Bamberg. dioc. conc. fuit: motu pr. de cass. dd. litt. quoad coll. dd. abb. etc. et de prov. de can. et preb. ad coll. quorumcumque c. prorog. ad instar fam. pape descript. 11. sept. 77 S 757 208ʳˢ – cui de perp. s. c. vicar. in eccl. Herbip. prov. fuit: de decl. litt. desup. perinde val. acsi val. n. 3 m. arg. sed 5 m. arg. express. fuisset 7.

oct. 77 S 758 140^v – de perp. vicar. ad alt. s. Dorothee in eccl. Bamberg. (4 m. arg.) vac. p. o. Johannis Schymel 12. ian. 78 S 763 123^v – qui vig. gr. expect. s. d. 1. ian. 72 ut supra de perp. s. c. benef. ad alt. s. Katherine in par. eccl. in Staffelstein Bamberg. dioc. certo modo vac. prov. fuit: motu pr. de mutatione gr. expect. de dd. benef. in benef. ad coll. ep. etc. Bamberg. et ep. etc. August. et de decl. litt. desup. perinde val. acsi d. gr. expect. motu pr. conc. fuisset ac de prerog. ad instar pape fam. descript. 13. ian. 79 S 777 147^{rs}, gratis V 670 469^r-470^v – in decr. licent. Eberhardi de Rabenstein fam. qui in pal. ap. n. residet: decl. quod pape fam. descript. existit 28. iun. 79 PA 27 108^{vss} – de lic. perm. et de fruct. percip. 31. aug. 79 S 789 113^{rs} – in decr. licent. pape fam. cui vig. gr. expect. ut supra de perp. s. c. benef. ad alt. s. Catherine ut supra prov. fuit et mutatio coll. ut supra et decl. litt. desup. perinde val. ut supra ac prerog. ad instar pape fam. descript. motu pr. conc. fuerunt: motu pr. de ref. 18. decb. 79 S 788 167^r, gratis V 675 323^r-324^v – cui vig. gr. expect. de perp. s. c. capn. selmessaria nunc. in eccl. Bamberg. vac. p. o. Udalrici (Ulrici) Prehtel prov. fuit possessione nondum subsecuta: de nova prov. de eadem (4 m. arg.) 20. decb. 79 S 788 167^{rs} – de horis dicendis iuxta morem et ord. cur. 6. iun. 80 S 793 278^v – cui gr. expect. et postea reval. et mutatio d. gr. expect. conc. fuit: motu pr. de prerog. pape fam. in absentia ad an. c. derog. ord. ap. quod iudices in cur. n. secundum tenorem supplic. sed iuxta litt. ap. iudicari deberent, sola sign. 6. iul. 80 S 794 78^{vs} – qui actor litig. coram Gaspare de Theramo aud. contra Marcum Hirsfogel ac Henricum Schonleben reum sup. perp. vicar. ad alt. s. Ottonis in eccl. Bamberg.: de prov. si neutri de d. vicar. (24 duc. adc.) vac. p. o. Ottonis Summer pape fam., n. o. perp. s. c. benef.

in eccl. Staffelstein Bamberg. dioc. (20 duc. adc.) ac pens. ann. 12 fl. renen. sup. fruct. par. eccl. in Tanhausen August. dioc. 10. nov. 81 S 804 282^r – de perp. s. c. vicar. ad alt. s. Barbare in eccl. Bamberg. (24 duc. adc. <6 m. arg.>) vac. p. resign. in manibus pape Willelmi de Lovenich (Lovanibus) cler. Colon. dioc. pape fam. (cui de eadem vac. p. o. in cur. Johannis Fabri al. Costa (Scosa) pape fam. prov. fuit) c. reserv. d. Willelmo pens. ann. 22 fl. renen. videlicet 9 fl. renen. sup. fruct. d. vicar. (30 fl. renen.) et 13 fl. renen. sup. fruct. perp. benef. ad alt. s. Katherine in par. eccl. op. Staffelstein Bamberg. dioc. (40 fl. renen.) p. d. Judocum persolv. <n. o. perp. s. c. benef. ad alt. s. Catherine in par. eccl. in Staffelstein (6 m. arg.) ut supra ac pens. ann. 12 fl. renen. sup. fruct. par. eccl. in Tharsen August. dioc. et 5 fl. renen. sup. fruct. par. eccl. in Balderszhein Herbip. dioc. et gr. expect. de benef. ad coll. ep. etc. Bamberg. et ep. etc. Eistet.> 8. iun. 82 S 811 203^{rs}, (m. prep. eccl. b. Marie Feuchtvangen. August. dioc. et Eberardo de Rabenstein can. eccl. Bamberg. ac offic. Bamberg.) V 624 237^r-238^v.

4477 Judocus Trebesmulner [2. pars 2 partium] referens quod ipse vig. gr. expect. perp. s. c. vicar. ad alt. s. Andree in eccl. Bamberg. vac. p. o. Johannis Viti acc. et quod sibi deinde de perp. vicar. ad alt. s. Barbare in d. eccl. ut supra prov. fuit quod autem d. vicar. in d. eccl. sine lic. ap. sed. obtin. n. val.: de nova prov. de d. perp. vicar. ad alt. s. Andree (4 m. arg.) et de disp. ut unac. dd. vicar. in una eccl. ad 2 an. retin. val. c. lic. perm. 18. iun. 82 S 811 273^{rs} – Frising. [dioc.?]: disp. ad incompat. 82/83 I 335 66^v – cui motu pr. gr. expect. s. d. 17. nov. 81 de benef. ad coll. ep. etc. Bamberg. et ad coll. ep. etc. Eistet. conc. fuit: de mutatione d. gr. expect. de d. benef. ad coll. ep.

etc. Eistet. in can. et preb. eccl. Ratisbon. 28. nov. 82 S 816 283^{rs} – litig. coram Johanne [de Ceretanis]
ep. Nucerin. aud. locumtenenti contra Johannem Sigel intrusum sup.
perp. s. c. vicar. ad alt. s. Barbare
vac. p. resign. in manibus pape Wilhelmi de Lovenich ut supra: de prov.
si neutri de d. perp. vicar. (4 m. arg.
p.) 28. nov. 82 S 816 283^v – de decan. eccl. in Mospach Herbip. dioc.
(6 m. arg.) vac. p. assec. decan. ac
can. et preb. in eccl. b. Marie et
s. Gangolfi in Teuerstatt (/.) e. m.
Bamberg. p. Henricum Glantzs cui
de illis vac. p. o. Michaelis Kantsche
vig. nominationis Friderici R. I.
prov. fuit 5. decb. 82 S 818 184^r –
cui gr. expect. s. d. 17. nov. 81 de
benef. ad coll. ep. etc. Bamberg. et
ep. etc. Eistet. ut supra motu pr.
conc. fuit: motu pr. de mutatione d.
gr. expect. de d. benef. ad coll. ep.
etc. Eistet. in can. et preb. eccl. Frising. 13. decb. 82 S 817 113^v – de
ref. 26. decb. 82 S 817 242^r – oblig.
sup. annat. perp. vicar. ad alt. s. Barbare in eccl. Bamberg. (6 m. arg.) de
qua vac. p. resign. in manibus pape
Wilhelmi de Lovenich (possessione
n. habita) s. d. 8. iun. 82 sibi prov.
fuit (in margine: die 26. apr. 91 solv.
pro annat. 14³/4 fl. p. manus Pandulfi
Allacest) 18. ian. 83 Paris L 26 A 10
162^v – pape fam. ap. not.: de perp.
s. c. benef. ad alt. Trium regum al.
sutoris vulg. nunc. in par. eccl. in
Lantzpergk August. dioc. (24 duc.
adc.) vac. p. o. Pauli Morenwerser
18. apr. 83 S 822 125^{rs} – de prepos.
eccl. ss. Michaelis et Petri Argent. (8
m. arg.) ac de perp. benef. ad alt.
s. Katherine in par. eccl. in Ochsen-
furet Herbip. dioc. (4 m. arg.) ac de
can. et preb. d. eccl. ss. Michaelis et
Petri (4 m. arg.) vac. p. resign. in
manibus pape Johannis Langer et
Gasparis Puchlere (/.) pape fam. 11.
mai. 83 S 823 127^{vs} – <mag.>: de
par. eccl. in Hallerdorff Bamberg.
dioc. (6 <7> m. arg.) vac. p. resign.
in manibus pape Gasparis Puechler

cler. Frising. dioc. pape fam. (qui d.
par. eccl. vac. p. o. Stephani Pleydecker vig. gr. expect. acc.) et de disp.
ut unac. d. par. eccl. prepos. eccl.
ss. Michaelis et Petri Argent. <60 fl.
auri renen.> et aliud incompat. benef. recip. val. c. lic. perm. 14. mai.
83 S 823 150^{vs}, m. (prep. eccl. b.
Marie Feuchtwangen. August. dioc.
et Eberardo Rabensteyn can. eccl.
Bamberg. ac offic. Bamberg.) V 630
183^r-186^r – referens quod Johannes
Langer cler. August. dioc. litig. sup.
par. eccl. in Dungental Herbip. dioc.
et par. eccl. in Taufkirchen Patav.
dioc. et quod tunc omni iuri in illis
in manibus pape resignavit c. reserv.
pens. ann. 14 fl. renen. sup. fruct. d.
par. eccl. in Dungental et 24 duc.
adc. sup. fruct. d. par. eccl. in Taufkirchen p. Georgium Wideman et
Leonardum Rantaler possessores et
adversarios persolv. et quod deinde
d. Johannes dd. pensionibus resign.
in manibus pape: de transl. dd. pensionum a d. Judoco, Conc. de consensu 22. mai. 83 S 824 66^{vs} – oblig.
sup. annat. par. eccl. in Hallerdorff
(7 m. arg.) ut supra 4. iun. 83 A 31
67^v – de perp. s. c. benef. primissaria nunc. in Schlucht Ratisbon. dioc.
(4 m. arg.) vac. p. resign. Marci
Hirsfegel cler. Bamberg. dioc. [Hie-
ronimi de Ruvere] card. Racanaten.
fam. (cui de eadem vac. p. resign. in
manibus pape Henrici Schonleben
prov. fuit) c. reserv. pens. ann. 3 vel
4 fl. renen. 20. nov. 83 S 831 216^{vs} –
cui gr. expect. de can. et preb. et beneficiorum conc. fuit: motu pr. de
prerog. ad instar pape fam. descript.
24. nov. 83 S 831 214^{vs} – qui vig.
gr. expect. can. et preb. eccl. s. Martini in Vorcheym Bamberg. dioc.
vac. p. o. Johannis Erb acc.: de nova
prov. de dd. can. et preb. (4 m. arg.)
26. nov. 83 S 831 290^r – de can. et
preb. in eccl. Nedermunster Argent.
dioc. (4 m. arg. p.) ac perp. capn. in
Monte s. Catherine prope op. Ober-
nehenheim Argent. dioc. (4 m. arg.)
vac. p. resign. in manibus pape Ni-

colai Bencken cler. Argent. dioc. (cui de eisdem vac. p. o. Petri Rumschyssel prov. fuit) 24. febr. 84 S 833 80ᵛ – de facult. resign. vel perm. et de n. resid. et de percip. fruct. in absentia 8. aug. 84 S 839 46ʳˢ.

4478 **Jodocus Wichenandi (Wickenandi)** cler. Magunt. dioc. c. quo sup. def. nat. (p. s.) disp. fuit: de disp. ad quodcumque benef. 14. nov. 80 S 798 61ᵛ – in cuius supplic. nomen et fruct. benef. pro expressis habeantur: de ref. 2. decb. 80 S 798 160ʳ.

4479 **Judocus (Jodocus) de Winter (de Schesa (Sclusa))** cler. Traiect. dioc. in 13. sue et. an. constit. et **Cristoforus de Winter** cler. Traiect. dioc. in 12. sue et. an. constit. inter 29 personas enumerati: motu pr. de gr. expect. de 2 can. et preb. et de 2 benef. ad coll. quorumcumque, Et s. d. 1. ian. 72 S 670 69ʳˢˢ – can. mon. b. Marie op. Middelburgen. comitatus Zelandie o. Prem. Traiect. dioc. inter al. referens quod dudum 4 annis elapsis cler. sec. exist. c. Margaretha Bessels relicta quond. <Wisselli Bessels> laici Traiect. dioc. clandestine matrim. contraxit illudque carnali copula consummavit prole subsecuta penitus ignorans quod inter se 3. et 4. gradibus consang. essent et deinde in mon. intravit et inibi professionem reg. p. can. d. mon. emisit ac inibi 3 annos deservivit: de disp. ut ad omnes etiam presbit. ord. prom. et etiam in alt. ministerio ministrare val. 19. ian. 79 S 777 202ʳˢ, L 788 237ʳˢ.

4480 **Jodocus Wintergerst (Wintergesde)** scol. August. dioc. in 20. sue et. an. constit.: disp. ad quodcumque benef. 16. ian. 79 S 777 24ʳ, L 789 311ʳˢ.

4481 **Johel Saxs** de Aflennez presb. Salzeburg. dioc. nullum benef. obtin.: de indulto ut off. et horas canonicas iuxta morem et stilum R. E. recitare val., Et p. breve 26. sept. 78 S 773 226ᵛ.

4482 **Johanna de Kersy** nobilis ex utr. par. rel. Henrici baronis quond. Caroli ducis Burgundie qui propter paupertatem 2 filias in claustris s. Margarete et b. Marie virg. o. s. Aug. in op. Gauden. Traiect. dioc. posuit ut monial. d. mon.: de indulto ut possint elig. confess. et indulg. visit. stationes Urbis 30. apr. 83 S 822 254ʳ.

4483 **Johannes** Theutonicus (de Alamania, Alemannia): fit mentio ut intrusus in par. eccl. b. Marie de Malpaga Brixien. dioc. (20 fl. adc.) 24. apr. 72 S 678 180ᵛ – rect. par. eccl. s. Marie de Malpaga Brixien. dioc. qui d. par. eccl. p. 5 an. possedit et qui litig. desup. coram Silvestro de Bonacursis can. eccl. Brixien. et deinde coram Matheo de Calcanacchis can. et archid. d. eccl. contra Martinum de Ardonibus presb.: de prov. si neutri de d. par. eccl. (22 fl. adc.) 17. iul. 73 S 693 191ʳˢˢ – rect. par. eccl. ss. Leontii, Carpofori et Jacobi in Magreda Vicentin. dioc.: fit mentio 17. sept. 73 (exped. 13. nov. 73) L 731 325ᵛ-327ʳ.

4484 **Johannes** Teotonicus aurifex (in margine: sine dioc.) qui nonnullis personis in certis summis obligatus est et ad presens satisfacere n. val.: de moratorio ad 2 an., Conc. ad 6 menses, sola sign. 18. apr. 76 S 738 5ʳ.

4485 **Johannes Abenberger** laic. Salzeburg. in 25. sue et. an. constit. et ex certa compositione lesus inter al. referens quod Andreas Lofner maritus quond. Barbare matris d. Johannis bona d. Barbare pluribus an. occupavit: de committ. aep. Salzeburg. ad restituenda d. Johanni omnia bona 9. ian. 73 S 686 59ʳ.

4486 **Johannes de Absperg** can. eccl. Ratisbon. ex utr. par. de mil. gen. in 18. sue et. an. constit.: disp. ad quodcumque benef. c. lic. perm. 24. mart. 81 L 808B 311ʳ.

4487 Johannes Adam rect. capel. b. Marie virg. e. m. op. Gebroibe (Gebwik) Basil. dioc. in 22. sue et. an. constit. c. quo sup. def. nat. (p. s.) disp. fuit: disp. ad quodcumque benef. 26. nov. 78 S 775 113ʳ, gratis (exped. 9. decb. 78) L 789 341ʳˢ – referens quod quamprimum 23. sue et. an. attigerit ad presbit. ord. se prom. facere desiderat: de ref. 9. decb. 78 S 775 267ᵛ.

4488 Johannes Ade de Costen cler. Poznan. dioc. nullum benef. obtin.: de can. et preb. colleg. eccl. s. Crucis Opolien. Wratislav. dioc. (4 m. arg.) vac. p. assec. alterius incompat. benef. in eadem eccl. 14. decb. 76 S 756 286ᵛˢ – in art. mag. prep. eccl. Opolien. Wratislav. dioc.: de can. et preb. eccl. Wratislav. (6 m. arg.) vac. p. assec. al. can. et preb. eccl. Wratislav. p. Nicolaum Ade de Costen (cui de dd. can. et preb. vac. p. o. Nicolai Kyczka prov. fuit) seu p. resign. Pauli Hawnolt 10. iun. 78 S 770 165ᵛˢ.

4489 Johannes de Adenauwe (Adenawe) presb. Colon. qui ad prepos. seu par. eccl. de Vrekenbergh Colon. dioc. vac. p. o. Johannis Speck p. nob. Johannem de Leron patron. present. fuit ct desup. litig. coram prep. eccl. Colon. seu offic. contra Johannem de Yshem presb. qui p. quond. Andream de Haerne laic. preposito et archid. eccl. Colon. seu eius offic. present. fuit: de prov. si nulli sive nova prov. de d. prepos. seu par. eccl. (6 m. arg.) c. derog. iur. patron. 31. mart 84 S 834 128ʳ – rect. par. eccl. in Lenderstorp Colon. dioc.: de disp. ut unac. d. par. eccl. aliud incompat. benef. etsi par. eccl. ad vitam recip. val. c. lic. perm. 4. apr. 84 S 834 134ᵛ.

4490 Johannes de Admundis (Arrmundis) cler. Traiect. dioc. rect. capel. s. Adulphi par. eccl. s. Nicolai in op. Campen. Traiect. dioc. annexe in cur. resid.: de prom. ad omnes ord. extra temp., sola sign. 7. mai. 82 S 810 131ᵛ – litt. testim. (vig. supplic. s. d. 7. mai. 82) sup. prom. ad 4 min. et subdiacon. ord. s. d. 16. mai. 82, ad diacon. ord. s. d. 19. mai. 82, ad presbit. ord. s. d. 26. mai. 82 26. mai. 82 F 7 55ʳ.

4491 Johannes Adolphus presb. Argent. dioc.: de par. eccl. in Westhusen Argent. dioc. (5 m. arg.) vac. p. o. Johannis Slezenbach (Sletzenbach) 5. ian. 75 S 713 264ᵛˢ.

4492 Johannes Adriani cler. Traiect. dioc. perp. cap. ad alt. s. Petri in par. eccl. s. Ypoliti Delfen. Traiect. dioc.: de prom. ad omnes ord. extra temp., sola sign. 18. ian. 75 S 714 203ʳ.

4493 Johannes, Reynaldus et Wilhelmus de Aesswyn fr. germani nob. Traiect. dioc. ac eorum sorores inter al. referentes quod eorum progenitor Reynaldus de Aesswyn in par. eccl. s. Aldegundis Embrigen. Traiect. dioc. perp. capel. seu vicar. ss. Petri et Pauli ad sustentationem 2 presb. fund.: de conf. 20. mai. 77 S 752 22ᵛ.

4494 Johannes Agneti de Landoaw (Landare) presb. Spiren. dioc.: de capn. s. Udalrici extra villam Steynwiler Spiren. dioc. (3 m. arg.) vac. p. o. Nicolai Rugrave et p. devol. 24. sept. 82 S 814 226ᵛ, I 334 218ᵛ.

4495 Johannes Ahuser (Ahanser) cler. August. <c. quo sup. def. nat. (p. s.) et ad quodcumque benef. disp. fuit>: de perp. <s. c.> vicar. ad alt. s. Hilarie eccl. August. (4 m. arg.) vacat. p. ingr. mon. Cristgarten. o. Cartus. August. dioc. p. Bernardum Molitoris 14. iul. 77 S 755 101ᵛ, (exec. prep. eccl. s. Mauricii August. et prep. eccl. b. Marie Feuchtwangen. August. dioc. ac offic. August.), gratis V 668 521ʳˢˢ – de disp. ad al. incompat. benef. c. lic. perm. 13. ian. 79 S 776 98ᵛ.

4496 Johannes de Alamania syndicus paup. Christi Papien.: fit mentio 31. ian. 74 S 702 215ᵛˢ.

4497 **Johannes de Alamania** fr. o. pred.: prom. ad presbit. ord. in eccl. s. Spiritus in Saxia in Urbe 4. iun. 74 F 6 164^{rs}.

4498 **Johannes de Alamannia (Alamania)** mag. campanarius: recip. 20 fl. pro factura unius campane ponderis libr. 598 quam nuper fecit pro castro s. Angeli in Urbe et pro callo metalli d. campane 8. iun. 75 FC I 846 173^{v} – recip. de m. s. d. 8. iun. 75 ut supra 20 fl. 13. iun. 75 IE 492 154^{v}.

4499 **Johannes de Alamania** monach. o. fr. min.: prom. ad subdiacon. ord. in sacristia basilice Principis appl. de Urbe 16. iun. 81 F 7 20^{v}.

4500 **Johannes de Alemania** habitator Ascule: m. thes. eccl. Asculano supplic. inclusam 1. iun. 72 DC 37 53^{r}.

4501 **Johannes Alameser** rect. par. eccl. in Fressen August. dioc. in decr. licent.: de disp. ut unac. d. par. eccl. aliud incompat. benef. etsi 2 par. eccl. ad vitam recip. val. c. lic. perm. 24. apr. 79 S 785 259^{v} – qui litig. coram aud. contra Johannem Siber sup. custod. eccl. s. Petri Basil. et contra Martinum Zeller sup. can. et preb. d. eccl.: de dd. can. et preb. ac custod. (insimul 12 m. arg.) vac. p. resign. d. Johannis Siber et d. Martini 25. febr. 81 S 802 47^{vs}.

4502 **Johannes Alberger** can. colleg. eccl. b. Marie Veteris Capelle Ratisbon.: supplic. Ludovico et Georgio eius filio ducibus Bavarie de can. et preb. eccl. Ratisbon. (10 m. arg.) vac. p. o. Johannis Goldauer Pii II. et pape fam. 9. iun. 78 S 770 93^{rs} – cler. Ratisbon. dioc. et **Leonhardus Zolner** cler. Ratisbon. dioc. qui litig. coram Johanne [de Ceretanis] ep. Nucerin. aud. locumtenenti contra Gasparem Puchlar cler. Frising. dioc. et Johannem Rubein cler. Salzeburg. dioc. sup. can. et preb. eccl. Ratisbon. (7 m. arg.) certo modo vac. et qui deinde concordiam fecerunt quod Johannes Alberger resign. et d. Leonardus ad ius d. Johannis

surrog. et d. Johanni pens. ann. 16 fl. renen. sup. fruct. par. eccl. in Otzingen Ratisbon. dioc. (7 m. arg.) assignaretur de consensu Udalrici Jogers rect. d. par. eccl. et quod Johannes Alberger pro exped. litt. desup. confectarum 25 fl. renen. contribuere teneretur et quod d. Leonardus perp. simplex benef. in capel. s. Udalrici in Gaserghing Ratisbon. dioc. auct. ordin. resign. de qua Johanni Alberger d. auct. prov. fuit: de conf. concordie 8. febr. 80 S 789 280^{rs} – et **Leonardus Zolner** qui litig. sup. can. et preb. eccl. Ratisbon. ut supra: de adm. resign. Johannis Abel et de surrog. d. Leonardum ad eosdem et de assign. d. Johanni Abel pens. ann. ut supra p. Udalricum Jagers rect. par. eccl. in Oringen Ratisbon. dioc. persolv. 29. febr. 80 S 790 103^{r} – referens quod olim Pius II. Leonardo Solner cler. Ratisbon. dioc. pens. ann. 12 fl. Ung. sup. fruct. par. eccl. b. Marie al. s. Laurentii in Otizing Ratisbon. dioc. p. quond. Sigismundum Stetner rect. d. par. eccl. persolv. assign. et quod post obitum d. Sigismundi Udalrico Jagers de d. par. eccl. prov. fuit et quod Johannes Alberger (nunc resign.) et d. Leonardus litig. contra adversarios ut supra sup. can. et preb. eccl. Ratisbon.: assign. pens. ann. 16 fl. renen. sup. fruct. d. par. eccl. c. consensu d. Leonardi (p. Uldaricum Entzperger can. eccl. Patav. procur. suum fact.) et p. d. Udalricum Jagers c. consensu suo (p. Johannem Turchern cler. Spiren. dioc. procur. suum fact.) persolv. (m. aep. Patracen. ac dec. eccl. Ratisbon. et Wolfango Ecker can. d. eccl.) 29. febr. 80 L 803 164^{vss} – restit. bulle sup. pens. 16 fl. renen. ut supra 9. iun. 81 A 30 179^{r}.

4503 **Johannes Alberti** presb. Nuemburg. dioc., **Wilhelmus dux Saxonie** et abba. et conv. mon. Wyssenfelcz Nuemburg. dioc. (patron. ex conc. ducum Saxonie) que d. Johannem ad par. eccl. op. Litzfelzen. Magdeburg.

dioc. instit.: de committ. in partibus contra Danielem Portzick cler. qui d. Johannem multipliciter vexat 22. aug. 75 S 725 215^{rs}.

4504 Johannes Alberti pleb. in par. eccl. s. Martini Plinthain August. dioc. referens quod ipse resign. in manibus pape d. par. eccl. seu eius perp. vicar. (de qua Nicolao Thome cler. August. dioc. s. d. 10. nov. 80 prov. fuit) p. Bernardum Gutenperger can. eccl. Herbip. procur. ab Erhardo Waibel presb. August. dioc. procur. substitutum fact. (ut constat in 2 publ. instr. uno videlicet acto <civit.> Auguste s. d. 14. iun. 68 et al. acto ibidem s. d. 14. sept. 80 subscriptis p. Johannem Bruntrigel cler. Spiren. imper. auct. not.) et quod Johannes Horn fecit fidem de legalitate d. m.: oblig. quod d. Nicolaus infra 6 menses presentet cam. ap. publ. instr. scriptum p. Johannem Alberti 28. nov. 80 OP 6 63^r.

4505 Johannes fil. **Johannis Alberti** perp. vic. in par. eccl. b. Marie Traiect.: de prom. ad omnes ord. extra temp., sola sign. 13. iul. 80 S 794 219^v.

4506 Johannes (Alberti) de Gylowyecz (Gilowiecky, Gyloviecz) presb. can. eccl. Poznan. tenutarius sive gubernator bonorum temporalium <Andree [Opalinski]> ep. Poznan. in clavi Poznan. inter al. referens quod arriga sive vector d. Johannis unum ex kmethonibus sive vasallis ville Byalansino (Baliessine, Balaysine) Poznan. dioc. qui ex stabulo ep. capistrum unius equi abstulerat c. ligno vulneravit et quod ipse servitoribus ep. ad d. vasallum mandavit ut eum c. virga seu flagello castigarent et quod d. vasallus infra 10 dies decessit: de absol. et de disp. ad quodcumque benef. 1. febr. 76 S 733 235^{rss}, 4. febr. 76 S 734 24^{rs} – c. quo p. Jacobum de Wyganowo (Wiganowo) scolast. eccl. Poznan. decr. doct. sup. irreg. ut supra disp. fuit et qui a ministerio alt. p. 3 an. suspensus sed p.

Andream [Opalinski] ep. Poznan. innocens declaratus fuit: de committ. al. viro in partibus 13. iul. 76 S 740 10^{rs}, m. (cancellario eccl. Poznan.) L 762 71^{rss} – ex utr. par. de nob. gen.: de nova prov. de can. et preb. eccl. Poznan. (8 m. arg.) vac. p. o. Nicolai de Ragowo et de adm. resign. Nicolai Kyelbassa de Thymyenec cui de d. can. et preb. prov. fuit 31. ian. 77 S 747 47^{vs} – rect. par. eccl. in Nyepart Poznan. dioc.: de disp. ut unac. d. par. eccl. quam obtin. aliud incompat. benef. etsi par. eccl. ad vitam recip. val. c. lic. perm. 29. sept. 81 S 805 211^r – can. eccl. Poznan. cui p. Andream [Opalinski] ep. Poznan. pro servitiis suis certe decime in villa Rzenycza Poznan. dioc. (6 m. arg.) de consensu capit. eccl. Poznan. ad vitam conc. fuerunt: de conf. dd. litt. 12. aug. 82 S 827 2^{vs}.

4507 Johannes Albilupi cler. Trever. dioc. in 22. sue et. an. constit. in art. mag.: de par. eccl. de Sorbeyo Trever. dioc. (20 l. T. p.) vac. p. resign. in manibus pape Johannis Petri de Loysonie c. reserv. pens. ann. 7 duc. adc. sup. fruct. d. par. eccl. d. Johanni Petri persolv., n. o. def. et. 21. aug. 83 S 827 193^r.

4508 Johannes Alcmarie monach. mon. Claricampi o. Cist. Traiect. dioc.: de abbatiatu d. mon. (30 m. arg.) vac. p. o. Bernardi 8. oct. 72 S 685 56^r.

4509 Johannes Aldendorff (Altendorff) cler. Trever. dioc. in art. mag.: de perp. vicar. ad alt. s. Antonii in colleg. eccl. s. Florini in Confluentia Trever. dioc. (4 m. arg.) vac. p. o. Gasparis Gulsgin, n. o. gr. expect. de benef. ad coll. dec. etc. eccl. b. Marie in Campis e. m. Magunt. in forma paup. 18. mai. 82 S 813 323^{vs} – pape fam.: motu pr. gr. expect. s. d. 17. nov. 81 de benef. ad coll. prep. etc. eccl. b. Marie ad Gradus Magunt. et prep. etc. eccl. s. Victoris e. m. Magunt., (exec. dec. eccl. b. Marie Wesalien. Trever. dioc. et offic. Magunt. ac offic. Wormat.), gratis 2. decb. 83 V 653 150^v-153^v – pape parafrenarius nullum benef. obtin.: motu pr. de par. eccl. N. Magunt. dioc. (4) necnon de perp. s.c. vicar. in eccl. s. Stephani Magunt. (4) (insimul 8 m. arg.) vac. p.o. in cur. Cristiani Moseler pape fam. (cui de eisdem vac. p.o. Johannis Kresz (Kesz) alicuius pape vel card. fam. prov. fuit) 5. decb. 83 S 831 240^v – prov. de perp. vicar. in eccl. s. Stephani Magunt. ut supra, (exec. prep. eccl. b. Marie Erfforden. Magunt. dioc. et dec. eccl. s. Victoris e.m. Magunt. ac dec. eccl. b. Marie Wesalien. Trever. dioc.), gratis 5. decb. 83 V 643 11^v-13^r – motu pr. de perp. s.c. benef. seu alt. in par. eccl. s. Quintini Magunt. (3 m. arg.) vac. p.o. in cur. Cristiani Masseler pape fam. qui aliud alt. in d. civit. obtin. 7. decb. 83 S 834 98^r – motu pr. de par. eccl. in Ringsfelt Bamberg. dioc. (12 m. arg.) vac. p.o. Theodori Montisferrati vulg. nunc. tit. s. Theodori diac. card. 27. ian. 84 S 835 107^v – de disp. ut 3 incompat. benef. etsi 2 par. eccl. ad vitam recip. val. c. lic. perm. et de percip. fruct. in absentia et de n. resid. c. lic. arrendandi et facult. resign. vel perm. 17. apr. 84 S 839 224^{vs} – m. ut recip. 10 fl. adc. pro expensis faciendis 2 fratribus qui mittuntur in Almaniam ad quendam fratrem emeritum pro certis pec. collectis pro cruciata 19. apr. 84 FC I 850 7^v – motu pr. de perp. vicar. in eccl. b. Marie virg. civit. Lubic. (4 m. arg.) de iur. patron. laic. vac. p.o. in cur. Gernhardi Warmbeck 23. apr. 84 S 835 84^r – de can. et preb. eccl. ss. Alexandri et Petri Aschaffenburgen. Magunt. dioc. (10 m. arg.) <8 m. arg.> vac. p.o. Eustachii Munch pape acol. et fam. 23. apr. 84 S 835 145^{rs}, 25. apr. 84 S 835 124^r – p. papam ad partes Alamanie destinatus: motu pr. de prerog. ad instar pape fam. in absentia acsi in pal. ap. residerent et personaliter pape deservirent, Conc. ad an., sola sign. 25. apr. 84 S 835 145^{vs}.

4510 Johannes Aledorffer al. Putner armiger Wratislav. dioc. Rudolfi [de Ruedesheim] ep. Wratislav. fam. referens quod pluribus annis contra hereticos Boemos bellavit et vulnera in corp. et in bonis suis damna suscepit: de indulto amplificandi colorem croceum seu flavium versantem in medio armorum suorum intermedio 2 cornuum c. capite nigro et formandi exinde sigillum suum et heredum suorum necnon ut litt. inde sigillate fidem habeant 15. oct. 76 S 743 128^v.

4511 Johannes [Schulte] ep. Syronen. suffrag. aep. Magunt. o. fr. herem. s. Aug. profes.: de indulto ut 2 ex d. ord. profes. ad senectutis suffragium secum habeat 6. apr. 73 S 689 256^{rs}.

4512 Johannes de Allendorf (Aldendorff, Olendorf) ex utr. par. de mil. gen. decr. doct. Rodulphi [de Scherenberg] ep. Herbip. Francie orientalis ducis cancellarius: de disp. ut unac. prepos. eccl. s. Burchardi e.m. Herbip. (400 fl. auri) aliud incompat. benef. recip. val. 2. oct. 72 S 683 57^v, L 735 284^{vs}, 26. mart. 73 S 688 280^{rs} – c. quo ut supra disp. fuit: de decl. litt. desup. perinde val. acsi n. express. fuisset quod d. Johannes decr. doct. fuisset et de disp. ad 3. benef. 22. mai. 75 S 720 241^{vs}, L 747 222^{rs} – de archidiac. in eccl. Herbip. (12 m. arg.) vac. p.o. Martini Truchses c. derog. clausule quod nullus ad d. archidiac. adm. potest nisi can. d. capit. vac. exist. 12. iun. 75 S 722 72^{rs} – de can. et archidiac. eccl. Herbip. (24 fl. adc.) vac. p. resign. Georgii Rinhofen (Rynhafen) 5. decb. 75 S 730 96^{vs}, I 333 145^r – de decl. litt. perinde val. ut supra et quod fruct. d. archidiac. 125 <130> fl. adc. n. excedunt 11. ian. 76 S 732 216^{rs}, V 548 210^{rs} – qui par. eccl. in [...] Herbip. dioc. et **Georgius de Rinthoffen** qui archidiac. in eccl. Herbip. perm. desiderant: de prov. Johanni Allendorf de d. archidiac.

(10 m. arg.) et de prov. d. Georgio de d. par. eccl. (10 m. arg.) 7. nov. 76 S 741 213^v – solv. 65 fl. adc. pro annat. archidiac. ut supra p. manus Bernardi de Gutemberg (Gwitenberg, Guimbag) 5. mai. 81 FC I 1134 120^r, IE 502 90^r, IE 503 90^r – not. recip. pro bulla distributa 3 grossos et 2 grossos mai. 81 DB 1 82^v.

4513 Johannes Allendorp perp. vic. capel. s. Cecilie in ambitu eccl. b. Marie virg. Hambergen. Bremen. dioc.: de disp. ut unac. d. vicar. etiam vicar. ad alt. ss. Jacobi et Laurentii in par. eccl. s. Petri Hambergen. (8 m. arg.) quam possidet retin. val. 7. aug. 78 S 772 135^v.

4514 Johannes Alia presb. August. dioc. c. quo sup. def. nat. (p. s.) disp. fuit et qui par. eccl. in Fresen August. dioc. (8 m. arg.) assec. est: de disp. ad quodcumque benef. 1. decb. 77 S 761 54^v.

4515 Johannes Alperser (Alperfert) cler. Magunt. dioc. in 19. sue et. an. constit. qui ad perp. s. c. vicar. in par. eccl. s. Laurentii Erfforden. Magunt. dioc. de iur. patron. laic. vac. p. o. Nicolai de Hort (Hart) p. Nesam Iffede mul. patron. et matrem d. Johannis present. fuit: de nova prov. de eadem (4 m. arg.) 13. febr. 81 S 800 138^{rs} – qui litig. coram certo iudice contra Paulum Margenfelt presb. sup. vicar. ut supra: de prov. si neutri de eadem (4 m. arg.) 17. mart. 81 S 800 242^{vs}, 80/81 I 334 148^v.

4516 Johannes Altmaier (Altmeyr, Altmair) perp. s. c. vic. in par. eccl. s. Marie op. Monacen. Frising. dioc. qui resign. et **Mathias Pappenheymer** rect. par. eccl. s. Ursule in Langkampfen Frising. dioc.: de assign. d. Johanni pens. ann. 20 fl. renen. sup. fruct. d. par. eccl. s. Ursule (60 fl. renen.) p. d. Mathiam persolv. 9. febr. 76 S 734 211^{rs} – rect. par. eccl. in Alting Frising. dioc.: de disp. ut unac. d. par. eccl. al. benef. curatum retin. val. 26. mart. 76 S 738

225^{vs} – de disp. ut unac. par. eccl. in Altingen (12 m. arg.) aliud incompat. benef. etsi 2 par. eccl. recip. val. 30. mai. 77 S 752 121^{vs}, L 777 56^{rs}.

4517 Johannes Althomie de Niderwalde laic. et **Katherina** fil. **Johannis Stoer** mul. coniuges Magunt. dioc. qui matrim. contraxerunt: de disp. sup. impedimento matrim. in 2. affinitatis gradu 1. decb. 77 S 761 167^{vs}.

4518 Johannes Ambrosii can. mon. b. Marie virg. in Arena Wratislav. dioc. [e. m. Wratislav.] o. s. Aug. in decr. licent.: de par. eccl. Corporis Christi in Olsna abbat. Sclavorum nunc. Wratislav. dioc. de iur. patron. Conradi avi ducis Slesie (4 m. arg.) vac. p. devol. 13. sept. 75 S 727 167^v, I 333 356^r – el. Cyzicen.: restit. bulle s. d. 11. mart. 76 conc. sup. benef. in eccl. abbat. ut supra (n. ascendit ad summam 24 duc.) 24. mart. 76 A 24 202^r – ep. Cyzicen. suffrag. in Wratislav. dioc. tunc can. mon. b. Marie de Arena ut supra ad d. eccl. Cyzicen. prom.: de disp. ut 2 incompat. benef. etsi par. eccl. ad vitam recip. val. c. lic. perm. 17. aug. 82 S 813 97^{vs}.

4519 Johannes Ambrosii de Rogeriis <clcr. Asten.> referens quod Johannes Pauli ad can. et preb. colleg. eccl. ss. Johannis et Victoris Vallis Mesonzine (Mezoleine) Cur. dioc. vac. p. o. Simonis de Cama p. Julianum de Maleceriis (Malacridis) Montis Domichi (Dongis) prep. d. eccl. instit. fuit et ad al. can. d. eccl. sub condicione el. fuit si quantitatem pec. persolv.: de prepos. d. eccl. et al. benef. suis (30 <24> fl. adc.) vacat. p. priv. d. Juliani quia d. pactum simoniacum fecit c. derog. consuetudinum ecclesiarum terrarum provincie <quod nullus d. prepos. obtin. possit nisi de d. valle exist.>, attento quod d. Johannes cap. in eccl. s. Julii d. vallis Cur. dioc. est 1. mart. 80 S 790 104^{rs}, 18. mart. 80 S 790 292^r – referens quod in Valle Mesonzine n. est copia peritorum quib. causa ut

supra committ. valeat et quod d. vallis a civit. Cur. quasi p. 2 dietas distat et quod d. causa n. ultra 1 dietam
a fine Cur. dioc. committ. potest: de
ref. c. derog. constit. Bonifacii VIII.
de una dieta 24. mart. 80 S 791 84^v.

4520 **Johannes Ammon (Hammon)** nob.
vir laic. Ratisbon. dioc. inter al. referens quod nuper nob. vir Jeronimus Vicecomes de Riario et civit.
Imole dominus ipsum Johannem sibi
dilectum ac Henricum et Conradum
avunculos necnon Thomam et Georgium fratres d. Johannis laicos Ratisbon. dioc. ipsorumque heredes et
descendentes ob grata ipsi comiti p.
d. Johannem impensa obsequia no-
bilitatis insigniis decorare cupiens
arma concessit videlicet clipeum coloris glauci in cuius summitatis medio inciperet tractus triangularis (in
capite acutus et deinde ab infra se
elargans usque ad fundum clipei) coloris planci in quo tractu seu campo
esset picta rosa coloris glauci [c. extensa descriptione galee et ornamen-
torum supra clipeum positorum]:
conf. d. armorum et decl. d. Johannem ac Henricum et Conradum
avunculos necnon Thomam et Georgium fratres nobiles censeri eos-
que omnibus prerog. nobilium gaudere debere, n. o. legibus imper., gratis 29. sept. 74 V 678 82^{rss}.

4521 **Johannes Ampferlein (Empffer-
lein)** presb. Eistet. dioc.: de par.
eccl. s. Udalrici in Tamesfelt Eistet.
dioc. (4 m. arg. <24 fl. adc.>) vac. p.
ingr. mon. s. Johannis in Rebdorff o.
s. Aug. Eistet. dioc. p. Johannem
Seller <vel vac. p. resign. in manibus
pape d. Johannis Seller (p. Burck-
hardum Seytz cler. Herbip. procur.
fact.)> 24. mai. 81 S 801 195^v,
(exec. prep. eccl. Wien. et Johannes
de Heltpurgh can. eccl. Eistet. ac
Wernherus Wolffakel can. eccl. Eistet.) 24. mai. 81 V 610 305^v-307^v –
expense (13 duc. 2 bol.) pro exped.
bulle sup. par. eccl. in Talmetfelt p.
manus Burckardi fact. [dat. deest] T

34 82^v – de par. eccl. in Talmesfelt
Eistet. dioc. (4 m. arg.) vac. p. resign. in manibus pape Thome Reysinger presb. Patav. dioc. (cui de
eadem vac. p. ingr. mon. in Rebdorf
Eistet. dioc. p. Johannem Herber al.
Golher prov. fuit) c. reserv. pens.
ann. 6 fl. renen. 23. nov. 82 S 816
235^{vs}.

4522 **Johannes de Andenhoven (Anden-
hove, Ardenhoven)** cler. Leod. dioc.
c. quo sup. def. nat. (p. s.) disp. fuit
et qui <vig. gr. expect. de 2 benef.
ad coll. abb. etc. mon. b. Marie Middelburgen. o. Prem. Traiect. dioc. et
dec. etc. eccl. s. Gudule Bruxellen.
Cameracen. dioc.> dimidiam portionem par. eccl. in Westernborch Traiect. dioc. vac. p. o. Bussingeti (Bus-
singerii) fil. Hectoris acc. et **Wilhelmus Theoderici** cler. Traiect. dioc.:
de prov. d. Wilhelmo de d. portione
(70 corone regis Francie) et de reserv. d. Johanni pens. ann. 20 coronarum monete regis Francie (= 4
libr. grossorum monete Flandrie)
sup. fruct. d. portionis p. d. Wilhelmum <c. consensu suo p. Conradum
Severini cler. Leod. procur. fact.>
persolv. 11. mart. 76 S 735 233^{vs}, L
761 59^{rss} – restit. bulle s. d. 3. mart.
76 conc. sup. pens. ann. ut supra 11.
apr. 76 A 24 207^v – qui in Urbe ad
omnes ord. prom. fuit: de lic. dicendi
horas can. ad usum R. E. 8. iul. 78 S
771 206^r.

4523 **Johannes Andlo** presb. Basil. dioc.
c. quo sup. def. nat. (de presb. et
monial.) disp. fuit: de nova prov. de
perp. capn. ad alt. s. Johannis Ev. in
par. eccl. b. Marie in Gebwiler Basil.
dioc. (4 m. arg.) vac. p. o. Johannis
Gesller 17. mart. 73 S 688 178^{rs}.

4524 **Johannes Andree** presb. Constant.
dioc.: de nova prov. de par. eccl. in
villa Kirchencellafurt (/.) Constant.
dioc. (60 fl. renen.) vac. p. o. Kras-
tonis de Hessuten 12. nov. 73 S 698
69^r.

4525 Johannes Andree scol. Leod. dioc. pres. in cur. et ibidem resid. qui p. 2 an. in univ. Colon. ac in facultate artium stud.: de prom. ad 4 min. ord. extra temp., sola sign. 28. aug. 83 S 828 10^r.

4526 Johannes Andree cler. Traiect. dioc. perp. cap. hosp. s. Jacobi op. Leyden. Traiect. dioc. (5 <35> duc.): de prom. ad omnes ord. extra temp., <sola sign.> 4. ian. 78 S 765 10^r, 11. apr. 78 S 768 145^v.

4527 Johannes Andree (Andreas) de Grimaldis cler. Antipolitan. nullius dioc. ex utr. par. de nob. gen. utr. iur. doct. pape fam. et cubic. inter al. referens quod sibi <motu pr.> de prepos. eccl. s. Georgii Colon. vac. p. o. Johannis Beeck (Beek) prov. fuit et quod antea etiam Johanni de Petra cler. Colon. s. d. 16. iul. 74 <73> p. papam de d. prepos. vac. p. priv. d. Johannis Beeck prov. fuit (ex eo quod d. Johannes Beeck illam unac. par. eccl. in Kempen Colon. dioc. ultra mensem sine disp. detin.): cass. prov. Johannis de Petra quia Johannes Beeck aliquos dies ante d. prov. decessus est <motu pr. decl. quod intentio pape dumtaxat fuisset de prov. d. Johanni de Petra de d. prepos. si d. Johannes Beck illam indebite detin.>, gratis 12. ian. 75 L 745 251^{rss}, gratis V 678 198^{vss} – m. magistris in registro supplic. et bullarum ut supplic. et bullam Johanni de Petra de prepos. eccl. s. Georgii Colon. conc. ex registro supplic. et bullarum cass. et plumbum a d. bulla abscindant [aug.]75S 725 172^r.

4528 Johannes (Andree al.) Swalb (Seralb) cler. Frising. dioc. cui de par. eccl. b. Marie in Vurding Frising. dioc. vac. p. resign. in cur. Henrici Swalb prov. fuit et qui litig. desup. contra d. Henricum: de nova prov. de d. par. eccl. (7 m. arg. deducta pens. 25 duc. adc. Udalrico Vogelsinger) vac. p. resign. d. Henrici seu p. o. Liebhardi Swalb seu p. assec. al. incompat. benef. p. Sixtum Tam-

burger 17. decb. 71 S 674 265^{vs} – in decr. licent., **Jacobus Widmer** cler. Ratisbon. dioc. mag. in art., **Johannes Smalhofer** cler. Frising. dioc., **Georgius Ramptzhofer** cler. Frising. dioc., **Georgius Wernolt** cler. Bamberg. dioc., **Nicolaus Jager** cler. Eistet. dioc. in decr. licent., **Johannes Raslawer** cler. Misnen. dioc., **Martinus Schuler** cler. Eistet. dioc., **Symon Radtgeb** cler. Eistet. dioc., **Conradus Draxl** cler. Bamberg. dioc.: de gr. expect. de 2 benef. ad coll. quorumcumque, Et s. d. 1. ian. 72 S 670 56^v – cui de par. eccl. b. Marie in Virding vac. p. assec. par. eccl. in Lauffen Salzeburg. dioc. p. Sixtum Tannberger can. eccl. Frising. utr. iur. doct. (cui 3. pars pens. 25 duc. assign. fuit Johanne Swalb consentiente) sive p. o. Liebhardi Swalb vel p. resign. in manibus pape Henrici Swalb (dudum litig. contra d. Sixtum sup. d. par. eccl. b. Marie) p. Paulum II. prov. fuit et qui deinde desup. litig. contra d. Henricum: de nova prov. de d. par. eccl. (7 m. arg. deducta d. pens.) c. disp. sup. irreg. 3. ian. 72 S 675 207^{rss} – rect. par. eccl. in Sewerinskirchen Patav. dioc. c. quo tunc in stud. Perusino actu stud. p. Paulum II. disp. fuit ut unac. d. par. eccl. aliud incompat. benef. recip. val. etsi par. eccl. ad 3 an. et qui postmodum par. eccl. b. Marie in Virding Frising. dioc. infra dd. 3 an. assec. fuit: de prorog. quoad de 2 par. eccl. ad vitam 21. febr. 72 S 676 196^{vs} – qui vig. gr. expect. s. d. 1. ian. 72 de can. et preb. eccl. s. Sixti in Sliersse Frising. dioc. et de can. et preb. eccl. s. Udalrici in Hewbach August. dioc. can. et preb. d. eccl. s. Udalrici vac. p. o. Johannis Pewlberger obtin.: motu pr. mutatio gr. expect. de can. et preb. d. eccl. s. Sixti in benef. ad coll. ep. etc. Frising. 30. mai. 76 (exped. 17. mart. 78) L 757 288^{vss} – qui vig. gr. expect. et mutationis coll. par. eccl. s. Martini in Germansgerio Frising. dioc. vac. p. o. Johannis Heller acc.:

de nova prov. de d. par. eccl. (8 m.
arg.) [cass.] 16. febr. 78 S 696 70^v –
can. eccl. Patav. qui par. eccl. b.
Marie Semereinskirchn Patav. dioc.
ac can. et preb. b. Marie Patav. et
Franciscus [Todeschini-Piccolomini]
tit. s.Eustachii diac. card. qui can. et
preb. eccl. Patav. (quam p. resign.
Francisci Slikh obtin.) ex causa
perm. in manibus pape resign.: prov.
Johanni Swalb de dd. can. et preb.
eccl. Patav. (10 m. arg.) 3. mart. 78
(exped. 16. mart. 78) L 781 144^{rss} –
restit. bulle sup. prov. can. et preb.
eccl. Patav. ut supra 28. mart. 78 A
26 243^v – qui vig. gr. expect. par.
eccl. s.Martini in Germansgew Frising. dioc. (9 m. arg.) vac. p.o. Johannis Heller acc. et desup. litig. coram Jeronimo Porcariis aud. et Johanne [de Ceretanis] ep. Nucerin.
aud. locumtenenti contra Johannem
Froscheymer [Roderici de Borja]
card. ep. Portuen. fam. (qui obiit in
cur.) et Georgium Pekh et Andream
Valcker: de surrog. ad ius d. Johannis Froscheymer 16. sept. 79 S 786
181^{vs}, 80/81 I 334 91^r – de prepos.
eccl. Patav. (8 m. arg.) vacat. p. assec. par. eccl. in Krembsz Patav. dioc. p. Wilhelmum Alteymer presb.
doct. qui d. prepos. et d. par. eccl.
absque disp. ap. detin. 20. aug. 81 S
813 371^r – cur. sequens: oblig. sup.
annat. par. eccl. s.Martini in Ger-
mensgew ut supra 20. oct. 81 A 30
75^r – de can. et preb. eccl. August.
(18 m. arg.) vac. [p. priv.] propter n.
express. veri valoris (12 n. tamen 18
m. arg.) Bernardi Artzt prep. cui de
eisdem vac. p. resign. in manibus
pape Wilhelmi de Tami can. eccl. Eistet. (cui de eisdem s.d. 24. ian. 82
tunc vac. p. cess. in manibus pape
Johannis [Roth] ep. Wratislav. tunc
ep. Lavant. qui eosdem ex disp. ap.
in commendam obtinuit prov. fuerat)
prov. fuit 10. sept. 82 S 822 216^{vs} –
c. quo ad 2 incompat. benef. etsi 2
par. eccl. ad vitam auct. ap. disp. fuit
et qui deinde vig. gr. expect. 2 par.
eccl. sive perp. vicar. acc.: de disp.

ad 3. incompat. benef. etsi par. eccl.
ad 6 menses 17. sept. 82 S 824
192^v – qui vig. gr. expect. can. et
maiorem preb. in eccl. Frising. vac.
p.o. Theobaldi Arldeyker acc. et litig. desup. contra Albertum de Curia
cler. intrusum: de prorog. temp. intimandi ad an., Conc. ad 6 menses,
sola sign. 9. iun. 84 S 837 46^r.

4529 **Johannes de Angelis** utr. iur. doct.
Ariminen. commissarius <nunt.> pa-
pe: narratio quod mittitur pro nonnullis ap. sed. negotiis ad partes Germanie et diversa al. loca, m. ut ubicumque collectores fruct. cam. ap.
repperit ab eis rationem omnium ex-
actorum petat et omnes pec. ex indulg. Rhodianis vel ex cruciata collectas perquirat ac adhibito guardiano aliquo o. fr. min. de observ. illas
enumeret et ad papam mitti curet 23.
nov. 81 Florenz II. III. 256 96^r –
narratio quod papa intellexit quod d.
Johannes se ingerit in negotio cruciate pec. petendo de quo papa satis
miratur, m. ut nullo pacto de d. cruciata se intromittat et (quoniam res
propter quam ad partes istas destinatus fuit iam confecta est) ad cur.
revertatur 20. mai. 82 Florenz II. III.
256 255^{rs}.

4530 **[Johannes] Ev. Angelutii** de civit.
Amerina inter al. referens quod nonnulli theotonici magistri stangarum
in civit. pape Amerina existentes
hora secunda noctis aggressi sunt
quendam Muritonem Berti de d. civit. animo ipsum interficiendi quodque ipse Murito fugit in apothecam
d. Angelutii quodque tunc pervene-
runt officiales potestatis d. civit. qui
dd. theotonicos pro debito ad carceres ducere volebant quodque propterea magna rixa exorta unus ex dd.
theotonicis vulneratus fuit et ipse
orator armatus domo exivit ut rixam
sedaret quodque nihilominus p. curiam domini potestatis tam oppugnator
curie et officialium innocentissimus
condemnatus fuit: de committ. ep.
Amelien., Conc. quod audiatur sup.

innocentia, Et p. breve 6. iun. 80 S 793 245^{rs}.

4531 Johannes Anselmi (de Eystein) scol. Trever. dioc.: recip. primam tonsuram in capel. ss. Andree et Gregorii in basilica Principis appl. in Urbe 22. febr. 72 F 6 26^{rs} – cler. Trever. dioc. perp. vic. ad alt. s. Elisabethe in colleg. eccl. b. Marie ad Gradus Magunt.: de prom. ad omnes ord. extra temp. p. Philippum [Bartholomei] ep. Arien. pres. in cur., sola sign. 24. oct. 77 S 759 196^{rs}.

4532 Johannes Anthonii presb. Trever. dioc.: de par. eccl. s. Nicolai in Obersell Trever. dioc. (2 m. arg.) vac. p. o. Johannis de Echternaco 19. oct. 80 S 797 18^{v}.

4533 Johannes Anzcep (Antzap) cler. Magunt. dioc. c. quo sup. def. nat. (p. c. sive s. s.) disp. fuit: de perp. vicar. ad alt. s. Crucis et ss. Urbani et Margarete in par. eccl. s. Katharine op. Eschwegen. Magunt. dioc. (3 m. arg.) vac. p. o. Hermanni Borbeis 9. ian. 75 S 713 257^{vs} – c. quo sup. def. nat. (s. s.) disp. fuit et qui vig. d. disp. perp. s. c. benef. ad alt. Omnium appl. in par. eccl. s. Nicolai op. Eschewege Magunt. dioc. assec. fuit: de disp. ut unac. d. perp. benef. aliud benef. retin. possit, n. o. def. nat. 17. febr. 80 S 800 67^{v}.

4534 Johannes Appel cler. Magunt. dioc.: de decan. eccl. s. Sixti Merseburg. cui preb. d. eccl. annexa est (4 m. arg.) vacat. p. n. prom. Wenczelai Schumann p. 6 an. 1. ian. 79 S 776 120^{rs}.

4535 Johannes de Aragona (Aragonia) [1. pars 2 partium] tit. s. Adriani diac. card. ad reges Hungarie, Bohemie et Polonie et provincias illis regnis adiacentes contra Turchum legatus: facult. reserv. quecumque benef. etiam pro fam. suis 1. iun. 79 V 680 170^{r}-172^{r}; facult. creandi not. subdiac. acol. et cap. apostolicos 1. iun. 79 V 680 172^{r}-173^{v}; facult. perm. in evidentem utilitatem 1. iun.

79 V 680 174^{r}; facult. inquirendi contra falsarios hereticos et scismaticos etc. 1. iun. 79 V 680 174^{rs}; facult. conc. confess. semel in vita 1. iun. 79 V 680 174^{vs}; facult. absol. eos qui n. rite ad ord. prom. fuerunt 1. iun. 79 V 680 175^{rs}; facult. absol. in heresim deviantes 1. iun. 79 V 680 175^{v}; facult. conc. indulg. in ecclesiis Strigonien. et Bosnen. ac Buden. 7 an. et in introitu civit. 3 an. 1. iun. 79 V 680 176^{r}; facult. disp. sup. def. nat. et de prom. ad omnes ord. ac disp. ad quodcumque benef. 1. iun. 79 V 680 176^{rs}; facult. erig. et fund. quecumque mon. et colleg. ac al. eccl. et dign. 1. iun. 79 V 680 176^{vs}; facult. abol. infamie maculam et habil. eos ad quecumque benef. 1. iun. 79 V 680 177^{vs}; facult. absol. ab iuram. 1. iun. 79 V 680 182^{r}; facult. conc. abb. usum mitre et al. insignia pontific. 1. iun. 79 V 680 182^{v}; facult. absol. secundum potestatem penit. maioris 1. iun. 79 V 680 183^{rs}; facult. visit. sepulcrum dominicum 1. iun. 79 V 680 184^{r}; facult. inquirendi contra falsarios litt. ap. et quoscumque al. criminosos et eos puniendi et absol. 1. iun. 79 V 680 184^{v}; facult. exeundi et reintrandi limites legationis absque eo quod finiatur legatio 1. iun. 79 V 680 185^{r}; exten. legationis ad loca circumvicina 1. iun. 79 V 680 185^{v}; facult. visit. stud. gener. et colleg. eccl. ac mon. infra limites legationis sue 1. iun. 79 V 680 186^{r}; facult. conc. celebrare off. divina temp. interd. 1. iun. 79 V 680 192^{r}; facult. consecr. et reconciliandi eccl. 1. iun. 79 V 680 192^{rs}; facult. recip. fr. militie et adm. profes. 1. iun. 79 V 680 192^{v}-194^{v}; facult. suspendendi et relax. interd. 1. iun. 79 V 680 194^{vs}; facult. celebrandi ante lucem 1. iun. 79 V 680 195^{rs}; facult. visit. quecumque eccl. et mon. ac univ. stud. etc. et inquirendi et ref. eorum statuta 1. iun. 79 V 680 195^{vss}; facult. disp. sup. def. et. 1. iun. 79 V 680 196^{vss}; facult. procedendi contra usurarios 1.

iun. 79 V 680 197ᵛ-199ʳ; facult. relax. iuram. prelatorum de visit. lim. appl. ad 7 an. 1. iun. 79 V 680 199ʳˢ; facult. componendi et absol. sup. fruct. male perceptis etc. et convertendi summas ad utilitatem cruciatorum 1. iun. 79 V 680 200ʳˢˢ; facult. utendi legatione sua p. 20 miliaria extra cur. 1. iun. 79 V 680 201ʳˢ; facult. conc. alt. port. 1. iun. 79 V 680 203ʳ; facult. prom. extra temp. et ad 2 ord. eadem die 1. iun. 79 V 680 203ʳˢ; facult. absol. eos qui horas can. dicere omiserunt 1. iun. 79 V 680 203ᵛˢ; facult. conc. lic. ingr. mon. monial. 1. iun. 79 V 680 204ʳ; facult. confer. fam. suis quecumque mon. et prioratus ac prepos. etiam conventuales necnon quecumque benef. infra limites legationis suis 1. iun. 79 V 680 204ᵛ-206ʳ; facult. absol. secundum pot. penit. maioris 1. iun. 79 V 680 206ʳˢ; facult. cognoscendi quascumque causas 1. iun. 79 V 680 206ᵛˢˢ; facult. conc. lic. testandi 1. iun. 79 V 680 207ᵛˢˢ; facult. compellendi quoscumque debitores cam. ap. ad reddendum rationem et amovendi collect. et subcollect. ac alios de novo ponendi 1. iun. 79 V 680 208ᵛˢ.

4536 **Johannes de Aragona (Aragonia)** [2. pars 2 partium]: facult. disp. c. religiosis quorumcumque ord. etiam mendicantium ad unum benef. 1. iun. 79 V 680 209ʳˢ; facult. absol. a quibuscumque sent. 1. iun. 79 V 680 209ᵛ-210ᵛ; facult. absol. sacrilegos incendiarios et depredatores eccl. et mon. necnon eorum bonorum si p. eos prius restit. fuerunt 1. iun. 79 V 680 210ᵛˢ; facult. absol. percursores cler. etiamsi moris casualiter evenerit 1. iun. 79 V 680 212ʳˢ; facult. resign. quecumque benef. 1. iun. 79 V 680 212ᵛ-214ʳ; facult. decl. suspensionem causarum fam. suorum in cur. durante legatione sua 1. iun. 79 V 680 214ᵛ-215ᵛ; facult. absol. simoniacos ab excom. et habil. eos ad quecumque benef. 1. iun. 79 V 680

216ʳ-217ᵛ; facult. absol. apostatas ab excom. 1. iun. 79 V 680 218ʳ; facult. conc. off. tab. 1. iun. 79 V 680 218ʳˢ; facult. absol. a quibuscumque censuris 1. iun. 79 V 680 218ᵛˢ; facult. disp. sup. def. nat. et sup. prom. ad omnes ord. ac disp. ad quodcumque benef. 1. iun. 79 V 680 219ᵛ-221ʳ; facult. confer. benef. curata vacat. p. prom. 1. iun. 79 V 680 221ʳ-224ʳ; facult. conc. indulg. 10 an. in omnibus eccl. legationis sue 1. iun. 79 V 680 228ʳ; facult. conc. celebrare off. divina temp. interd. 1. iun. 79 V 680 228ᵛ; facult. conc. monach. vel can. reg. accedere ad stud. gener. p. 5 an. absque lic. superioris 1. iun. 79 V 680 228ᵛˢ; facult. disp. sup. n. prom. ad 7 an. 1. iun. 79 V 680 229ʳˢ; facult. conc. prelatis et rect. par. eccl. utendi facult. confess. pro eorum subditis 1. iun. 79 V 680 229ᵛˢ; facult. relax. et mutandi vota 1. iun. 79 V 680 230ʳˢ; facult. creandi comites palatinos et not. ac tabelliones vel legitimandi bastardos 1. iun. 79 V 680 230ᵛ-232ʳ; facult. recip. resign. mon. ad val. 200 l. T. p. et al. benef. cuiuscumque taxe a personis senio confectis et recip. resign. c. reserv. pens. 1. iun. 79 V 680 232ʳ-234ᵛ; facult. recip. resign. quorumcumque benef. 1. iun. 79 V 680 234ᵛ-238ᵛ; facult. prov. eccl. cathedr. et mon. quorumcumque ord. in partibus ultramarinis et impendendi munus consecr. 1. iun. 79 V 680 239ʳˢ; facult. conc. fruct. percip. 1. iun. 79 V 680 239ᵛ-242ʳ; facult. tollendi interd. quoad uxores, liberos, fam. et subditos 1. iun. 79 V 680 242ʳ-243ʳ; facult. absol. eos qui prohibita ad partes infidelium detulerunt 1. iun. 79 V 680 243ʳ-245ʳ; facult. substituendi in legatione si opus fuerit 1. iun. 79 V 680 248ʳ; facult. disp. in 3. et 4. gradibus affinitatis et consang. 1. iun. 79 V 680 248ʳˢ; facult. disp. c. corpore vitiato dummodo vitium n. sit tale quod scandalum in populo generet 1. iun. 79 V 680 248ᵛˢ; facult. revocandi uniones commendas et disp. ad incompat. benef. et conferendi dd. benef. vacat. 1. iun. 79 V 680 249ʳ-250ᵛ; facult. relax. iuram. prelatorum de visit. lim. appl. 1. iun. 79 V 680 251ʳ-252ʳ; facult. exempt. ab omni onere pro fam. suis 1. iun. 79 V 680 253ʳˢ; facult. de prom. ad omnes ord. extra temp. et ad 2 ord. eadem die 1. iun. 79 V 680 253ᵛˢ; facult. conc. lauream doct. etiam fam. suis 1. iun. 79 V 680 254ʳˢ; facult. uniendi benef. et illa confer. 1. iun. 79 V 680 254ᵛ-257ʳ; facult. disp. ad incompat. benef. 1. iun. 79 V 680 257ʳ-258ʳ; facult. conc. ut prelati eccl. infra limites legationis sue exist. loca ad illius dominium subiecta p. alium visit. possint 1. iun. 79 V 680 258ᵛˢ – notitia quod fuit transl. ad tit. s. Sabine vac. p. o. card. Montisregalis nunc. et creatus in legatum de latere ad partes Ungarie et Alamanie c. debito participare integre durante d. legatione 10. sept. 83 Arm. XXXI, 52 100ʳ – legatus de latere ad partes Alamanie et Ungarie: notitia quod recessit ab Urbe et continuat participare ut supra et m. cedulas suarum divisionum pro soc. olim de Rabatis nunc de Martellis in transitu suo in civit. Florentina in deductionem suorum debitorum 19. sept. 83 Arm. XXXI, 52 100ʳ – narratio quod pape expositum fuit per Emericum et Stefanum de Zapotia comites Scepasienses Strigonien. dioc. quod postquam op. Cremiser Olomuc. dioc. ex concessione Mathie Hungarie et Bohemie regis in eorum potestatem pervenit magna pars illius populi qui hussitane heresis labe infectus erat opera eorum adhibitis sacerdotibus catholicis et expulsis hereticis ac reintegrata plebania ibidem in proventibus per antecessores d. op. domicellos hactenus usurpatis ad veram fidem reducta est, verum si divina officia continue ibidem celebrari potuissent quod ad veram fidem iam redactum fuisset creditur, m. ut circa ea se informet et statuat de d. indulto celebrationis 29.

oct. 83 Arm. XXXIX, 16 63ᵛˢ, Arm. XXXIX, 16B 153ʳ-154ᵛ – narratio quod papa audivit pravum scandalum nuper perpetratum esse ab impiis hereticis in civitate Pragensi contra catholicos qui partim in pretoriis congregati in consiliis essent comprehensi ac precipitati sunt de fenestris partim gladiis cesi per domos privatas nec religiosis quoque in monasteriis ac sacris edibus parcitum est, quodque papa statim cum cardinalibus statuit hortari singulos prelatos ac principes illi regno propinquos ad remedia necessaria capienda ne magis invalescat ista hereticorum audacia, quodque papa insuper scripsit episcopo Civitatis Castelli nuntio et oratori ap. ut de d. re cum Friderico R. I. ac Mathia Hungarie et Bohemie rege opportune loquatur et d. regem hortetur nomine pape ut hoc necessario tempore non desit rebus fidei, hortatio ut hoc sine mora faciat 4. decb. 83 Arm. XXXIX, 16 91ʳˢ, Arm. XXXIX, 16B 207ᵛ-209ʳ.

4537 Johannes [Arcimboldus] tit. s. Praxedis presb. card. Novarien. nunc.: notitia quod fuit creatus in legatum de latere in Ungariam, Germaniam, Boemiam et partes adiacentes in consistorio secreto 7. febr. 77 Arm. XXXI, 52 85ʳ.

4538 Johannes de Ardenna cler. Leod. dioc.: de par. eccl. s. Huberti (Humberti) in Chineti (Gaveci, Chaveci) Trever. dioc. (20 l. T. p.) vac. p. o. Henrici Sauage (Savage) 4. nov. 74 S 710 140ᵛ, m. (abb. mon. s. Huberti in Ardenna Leod. dioc. et dec. eccl. Seguntin. ac dec. eccl. s. Lamberti Leod.) L 743 262ʳˢ – litig. coram Nicolao de Ubaldis et Petro de Ferrera aud. contra quond. Wilhelmum de Blisia presb. Leod. dioc. reum et possessorem sup. par. eccl. de Boullon Leod. dioc. (24 l. T. p.): de surrog. ad ius d. Wilhelmi 22. nov. 77 S 760 261ᵛ.

4539 Johannes Armbawer cler. Eistet. dioc. in 18. sue et. an. et forsan ultra constit.: de disp. ad quodcumque benef. 23. sept. 79 S 789 174^r, L 802 60^{vs}.

4540 Johannes Arnam scol. Traiect. dioc.: recip. primam tonsuram in sacristia basilice Principis appl. in Urbe 13. mart. 73 F 6 98^{rs}.

4541 Johannes Arnoldi cler. Magunt. dioc.: de par. eccl. in Engelstat Magunt. dioc. (3 m. arg.) vac. p.o. Johannis Lesegangk 18. nov. 77 S 768 63^v – rect. par. eccl. ut supra: de prom. ad ord. presbit. extra temp., sola sign. 20. febr. 79 S 778 105^v – pro formata 8 grossos mart. 79 T 13 134^r.

4542 Johannes Arnoldus cler. Magunt. dioc.: de can. et preb. eccl. s. Theobaldi op. Tanis Basil. dioc. (4 m. arg.) vacat. p. priv. Johannis Wittich cler. Basil. dioc. qui eosdem pacto simoniaco Henrico Hubniwiler resign. 7. oct. 77 S 758 190^{vs}.

4543 Johannes [Cuno de Grünberg] abb. et conv. mon. b. Marie in Arnspurg o. Cist. Magunt. dioc.: facult. utendi mitra anulo et al. insigniis pontific. 10. aug. 76 S 740 207^r, L 761 148^r.

4544 Johannes de Arnstede cler. Halberstad. dioc. ex utr. par. de mil. gen. nullum benef. obtin.: de perp. s.c. vicar. ad alt. ss. Petri et Pauli appl. in colleg. eccl. s. Nicolai Stendalien. Halberstad. dioc. (4 m. arg.) vac. p.o. Andree Sartoris 3. ian. 72 S 675 61^{vs} – Latini de Ursinis card. ep. Tusculan. fam.: de can. et preb. diaconali eccl. Magdeburg. (4 m. arg.) vac. p.o. Iohannis de Heyden 12. nov. 74 S 710 294^{rs} – de perp. s.c. vicar. ad alt. s. Anne in par. eccl. s. Johannis Bapt. Luneburgen. Verden. dioc. de iur. patron. laic. (4 m. arg.) vac. p.o. Ludeci (/.) [= Luderi?] Sanchensteden 9. mart. 75 S 715 188^{vs}.

4545 Johannes Arnulphi rect. par. eccl. in Rosselingha Meten. dioc. adeo senio constit. et sui corporis viribus destitutus exist. et **Jacobus Dominici** presb. Trever. dioc.: de adm. resign. d. Johannis et de prov. d. Jacobo de d. par. eccl. (24 l. T. p.) et de assign. d. Johanni pens. ann. 18 francorum monete (= 8 duc. adc.) p. d. Jacobum <c. consensu suo p. Jacobum Hominis Virdunen. procur. fact.> <in civit. Meten.> persolv. 13. mart. 79 S 778 281^{rs}, (m. cant. eccl. Meten. et offic. Trever. ac offic. Virdunen.) L 800 319^r-320^v.

4546 Johannes de Arssen (Arsen, Artzen) [1. pars 7 partium] prep. eccl. s. Spiritus Ruremunden. Leod. dioc. pape fam. tunc Pauli II. fam.: ›rationi congruit‹ s.d. 20. iul. 71 disp. ut unac. d. prepos. aliud incompat. benef. recip. val. etsi par. eccl. ad 7 an. 25. aug. 71 V 662 402^v-404^r – cler. Colon. dioc. Petri [Ferrici] ep. Tirasonen. pape referendarii <domestici> fam.: de perp. vicar. in par. eccl. op. Ruremunden. Leod. dioc. (3 m. arg.) vac. p.o. Christiani de Gladbach 29. decb. 71 S 674 212^r – m. confer. perp. s.c. vicar. in eccl. s. Walpurgis Zutphanien. Traiect. dioc. (4 m. arg.) vac. p. assec. decan. d. eccl. p. Gerardum Wos 23. iul. 72 (exped. 19. decb. 72) L 733 171^{vss} – de can. et preb. eccl. ss. Appl. Colon. (4 m. arg.) necnon de par. eccl. in Lechnich Colon. dioc. eisdem annexa (6 m. arg.) vac. p.o. Henrici de Stipite 12. sept. 72 S 682 141^{rs} – cui s.d. 13. sept. 72 de can. et preb. eccl. b. Marie ad Gradus Colon. (4 m. arg.) et de can. et preb. eccl. s. Cecilie Colon. (6 m. arg.) vacantibus p.o. Henrici de Stipite prov. fuit: de confic. litt. desup. c. express. quod val. eorundem eccl. b. Marie c. omissione certi annexi 4 m. arg. n. excedit et quod can. et preb. eccl. s. Cecilie p. graduatos univ. Colon. teneri consueverunt et eorum present. ad provisores d. univ. spectat ut in litt. Nicolai V. 16. sept. 72 S 682 167^{vs}, V 556 235^r-236^v – de can. et preb. eccl. s. Andree Colon. (6 m. arg.) vac. p. o. Pauli Spyck al. de Colonia 14. oct. 72 S 683 213^r – de can. et preb. eccl. ss. Cassii et Florentii Bonnen. Colon. dioc. (8 m. arg. <7>) vacat. p. resign. in manibus pape Tilmanni de Wynteren Petri [Ferrici] ep. Tirasonen. fam. <p. Theodericum de Zomeren procur. fact.> cui de eisdem vac. p. o. <in cur.> Symonis de Winteren (Veynteren) Tilmanni fr. carnalis et quond. Johannis [Carvajal] tit. s. Angeli diac. card. fam. <Pauli II. et pape fam.> (qui vig. gr. expect. Pauli II. eosdem vac. p. o. in cur. Theoderici Anholt acceperat et qui desup. litig. contra Johannem Fabri al. Platucet (Platniet /.) cler. necnon contra Henricum Gobelin (Gobelini, Gobellini) de Lyns cler. prov. fuerat (litt. n. confectis): de nova prov. de dd. can. et preb. 1. decb. 72 S 684 223^{rs}, m. (Paulo Crotto can. eccl. Cremonen., prep. eccl. s. Andree Colon. ac offic. Colon.) (exped. 3. decb. 72) L 730 145^v-147^r – de decl. litt. s. d. 1. decb. 72 perinde val. acsi ad ius Symonis ut supra ante temp. obitus sui surrogatus fuisset 10. decb. 72 S 685 101^{rs} – cui vig. disp. Pauli II. ut unac. prepos. eccl. s. Spiritus ut supra aliud incompat. benef. etsi 2 par. eccl. ad 7 an. recip. val. de can. et preb. eccl. ss. Appl. Colon. et de par. eccl. in Lechnich Colon. dioc. (p. can. d. eccl. ss. Appl. regi solita) prov. fuit: de disp. ut unac. d. prepos. et dd. can. et preb. et d. par. eccl. (insimul 13 m. arg.) 3. incompat. benef. recip. val. c. prorog. de 2 par. eccl. ad vitam 22. decb. 72 S 685 117^{vs}, ref. 2. oct. 73 S 697 104^r, V 559 178^v-181^v – cui de can. et preb. eccl. ss. Appl. ac de par. eccl. in Lechnich ut supra vac. p. o. in civit. Florentina Henrici de Stipite vel vac. p. resign. Eckhardi olim rect. d. par. eccl. prov. fuit et qui litig. desup. coram Bartholomeo de

Bellencinis aud. contra Gobelinum de Monasterio Eyflie cassenmeister vulg. nunc. intrusum: de prov. si neutri de eisdem (insimul 10 m. arg.) 30. decb. 72 S 686 66^{rs} – qui litig. (nunc resign.) contra Johannem Leonis cler. Colon. Berardi [Eruli] card. Spoletan. fam. sup. perp. vicar. ad alt. b. Marie virg. retro tumbam ss. Trium regum in eccl. Colon.: de assign. Johanni de Arssen pens. ann. 6 fl. renen. sup. fruct. par. eccl. in Adendorpf Colon. dioc. (25 fl. renen.) 4. ian. 73 S 686 101^{rs}, ref. 26. mart. 73 S 688 278^r, m. (Paulo Crotto can. eccl. Cremonen. et prep. eccl. s. Andree Colon. et prep. eccl. s. Cuniberti Colon.) L 724 140^r-141^v.

4547 **Johannes de Arssen** [2. pars 7 partium] qui litig. coram Bartholomeo de Bellencinis aud. contra Baldewinum de Amsterdam intrusum sup. can. et preb. eccl. s. Cecilie ut supra et contra Matheum Sass intrusum sup. can. et preb. eccl. b. Marie ad Gradus ut supra: de prov. si neutri de can. et preb. d. eccl. s. Cecilie ad present. provisorum univ. Colon. (6 m. arg.) et de can. et preb. eccl. b. Marie (4 m. arg.) 22. ian. 73 S 686 291^{vss} – de ferculo eccl. s. Victoris Xancten. Colon. dioc. canonicis d. eccl. in supplementum preb. conferri solito (4 m. arg.) vac. p. o. Johannis de Kemenata quond. [Georgii] de Flisco card. fam. et abbrev. necnon de s. c. vicar. prope op. Sancti Trudonis Leod. dioc. (3 m. arg.) 28. ian. 73 S 687 34^{rs} – assign. pens. 7 fl. renen. monete electorum R. I. sup. fruct. par. eccl. s. Cristofori op. Ruremunden. Leod. dioc. (24 fl. renen.) p. Cristianum de Gladbach (in margine: de Campo) perp. vic. d. par. eccl. c. consensu suo (p. Johannem de Ereklens ap. pal. causarum not. procur. express.) persolv. 21. apr. 73 L 724 230^{rss} – qui litig. coram Gaspare de Theramo aud. contra Johannem Ylben cler. Lubic. sup. can. et preb. eccl. s. Georgii Colon. vac.

p. o. Stephani Nyeman de Osnaburg et qui postmodum concordavit c. d. Johanne Ylben coram Nicolao de Edam aud. quoad resign. in manibus pape ipsius Johannis de Arssen et pens. 10 fl. auri renen. d. Johanni de Arssen assign.: de conf. 13. iul. 73 S 693 18^{vs} – restit. bulle s. d. 16. sept. 72 conc. quoad can. et preb. eccl. s. Cecilie ut supra et can. et preb. eccl. b. Marie ad Gradus ut supra 20. aug. 73 A 22 74^r – et **Johannes de Ywen de Lubick** quib. certa concordia conf. fuit: de ref. 15. oct. 73 S 697 120^{rs} – de par. eccl. in Leyt Colon. dioc. seu Leod. dioc. (5 m. arg.) vac. p. o. Johannis Pechter 26. nov. 73 S 698 213^v – prep. eccl. s. Spiritus Ruremunden. et can. eccl. s. Ode Amanien. Leod. dioc.: de fruct. percip. 4. decb. 73 S 698 195^r – qui vig. gr. expect. par. eccl. s. Martini prope Rodesbergh Colon. dioc. vac. p. o. cuiusdam Dionisii can. eccl. ss. Cassii et Florentii Bonnen. Colon. dioc. acc.: de nova prov. de d. par. eccl. (6 m. arg.) 22. decb. 73 S 700 83^r – restit. bulle sup. facult. resign. (ut in bulla s. d. 2. oct. 73) 24. decb. 73 A 22 202^r – <cui de perp. c. c. vicar. <sive capn.> ad alt. ss. Crucis et Erasmi cure sive sacramenti nunc. in eccl. s. Walburgis Zutphanien. Traiect. dioc. (4 m. arg.) prov. fuit>: de decan. eccl. s. Walburgis Zutphanien. Traiect. dioc. (4 m. arg.) vac. ex eo quod Gerardus Voss (Woss) de Lochem presb. d. decan. unac. benef. curato sive capn. ad alt. sacramenti vulg. nunc. in d. eccl. <p. mensem et deinde p. an. (citra tamen 3 an.)> detin. et de disp. ut d. vicar. et decan. insimul retin. val. 9. febr. 74 S 703 268^{rs}, V 563 61^v-64^r – de par. eccl. in Ghent partium Batne Traiect. dioc. (4 m. arg.) vac. p. o. Johannis de Schenck necnon de perp. vicar. ad alt. s. Barbare in par. eccl. s. Stephani imper. op. Novimagen. Colon. dioc. (4 m. arg.) vacat. p. ingr. dom. sive mon. o. Cartus. op. Ruremunden. Leod. dioc. p. Arnoldum Blaer 24.

febr. 74 S 702 256^{rs} – cui gr. expect. s. d. 1. ian. 72 de benef. ad coll. abba. et capit. eccl. s. Quirini Nussien. Colon. dioc. conc. fuit: de mutatione gr. expect. de d. benef. in can. et preb. eccl. s. Andree Colon., n. o. reg. cancellarie 25. febr. 74 S 702 256^{vs} – de perp. s. c. vicar. in par. eccl. s. Stephani Novimagen. ut supra vac. p. o. Hermanni Meisters quond. Petri [Gundisalvi] tit. s. Marie in navicula diac. card. fam. licet Theodericus Johannis d. vicar. citra an. detin. 10. mart. 74 S 703 172^v – prep. colleg. eccl. s. Spiritus Ruremunden. Leod. dioc. pape fam.: de uniendo d. prepositure (4 m. arg.) unam ex par. ecclesiis de Lotten Leod. dioc. <10 m. arg.>, de Kempen Colon. dioc. <20 m. arg.>, de Stralen Colon. dioc. <15 m. arg.>, de Walbeck Colon. dioc. <14 m. arg.> que ad 3 vel 4 miliaria a d. prepos. distant ad vitam 11. mart. 74 S 703 172^{vss}, S 715 157^{vss}, V 561 71^r-72^v – cui de perp. s. c. vicar. ad alt. s. Nicolai in par. eccl. s. Stephani Novimagen. Colon. dioc. (4 m. arg.) prov. fuit: prov. de perp. s. c. vicar. ad alt. s. Anne in d. par. eccl. (4 m. arg.) vacat. p. ingr. dom. o. Cartus. op. Ruremunden. Leod. dioc. p. Arnoldum Blair vel vac. p. o. d. Arnoldi et disp. ut unac. d. vicar. ad alt. s. Anne d. vicar. ad alt. s. Nicolai p. an. retin. val. 5. apr. 74 V 562 246^v-249^r.

4548 Johannes de Arssen [3. pars 7 partium]: restit. bulle sup. unione prepositure eccl. s. Spiritus ut supra una ex par. ecclesiis de Lotten (19 m. arg. p.), de Kempen (Kampen) (19 m. arg. p.), de Stralen (15 m. arg. p.) necnon de Walbeck (14 m. arg. p.) ut supra (in margine: s. d. 20. decb. 87 solv. 50 fl. renen. auri Ghisberto de Venrade et Vincentio de Eill collectoribus in partibus pro annat. d. par. eccl. de Kempen 7. apr. 74 A 23 60^v – restit. bulle sup. can. et preb. eccl. s. Johannis Novi Monasterii Herbip. (8 m. arg.) vac. p. o. Johannis Markart de quib. Johanni de Arssen s. d. 21. mart. 74 prov. fuit 7. apr. 74 A 23 60^v – cui de par. eccl. in Lent Leod. dioc. vac. p. o. Johannis Pechter auct. ap. prov. fuit (nunc resign.) et **Johannes Seller** presb. Leod. dioc. possessor d. par. eccl. cui de eadem auct. ordin. prov. fuit: de assign. Johanni de Arssen pens. ann. 12 fl. renen. sup. fruct. d. par. eccl. (36 fl. renen.) p. d. Johannem Seller in civit. Colon. vel in Arssen Colon. dioc. persolv. 11. mai. 74 S 704 213^{vs} – restit. bulle s. d. 26. mart. 73 conc. quoad pens. ann. 6 fl. renen. sup. fruct. par. eccl. in Odedorp Colon. dioc. 17. mai. 74 A 23 213^v – restit. bulle s. d. 11. mai. 74 conc. sup. pens. ut supra 26. mai. 74 A 23 215^r – actor c. quo ad 3 incompat. benef. disp. fuerat et qui litig. coram Bartholomeo de Bellencinis aud. contra Berardum Voss de Lochem cler. reum sup. perp. vicar. ad alt. ss. Crucis et Erasmi in eccl. s. Walpurgis Zutphanien. Traiect. dioc. vac. p. assec. decan. d. eccl. p. Rodolphum Bitter: de prov. si neutri de d. vicar. (4 m. arg.) 20. iun. 74 S 707 137^{vss} – qui litig. contra Gerardum Voss presb. ut supra qui unac. vicar. decan. eccl. s. Walburgis ut supra p. mensem et ultra et deinde p. an. absque disp. detin.: de prorog. ad 6 menses, Conc. ad 3 menses 27. iun. 74 S 707 281^{vs} – litig. sup. s. c. vicar. ut supra vac. p. assec. decan. eccl. s. Walpurgis p. Gerardum Vos ut supra: de prov. si neutri de d. vicar. (4 m. arg.) 11. sept. 74 S 707 11^{rss} – qui vig. gr. expect. par. eccl. in Kempen Colon. dioc. vac. p. o. Johannis Breck acc. et qui litig. desup. coram Antonio de Grassis aud. contra Wernerium Rauer et Johannem Carneficis cler.: de prov. si nulli de d. par. eccl. (12 m. arg.) 30. nov. 74 S 710 68^{vs} – referens quod ipse vig. litt. s. d. 11. mart. 74 par. eccl. in Kempen vac. p. o. Johannis de Beeck acc. et quod Ropertus [com. palatinus Reni] aep. Colon. quendam Johannem Heynkens (Heynges, Heyngens) al. Carnificis et quod abb. mon. in Gladbach Colon. dioc. quendam Wernerium Roven (Roveri) religiosum d. mon. ad d. par. eccl. presentaverant (contra quos litig. in cur.): de reval. dd. litt. 9. mart. 75 S 715 157^v-159^r, V 575 219^r-220^v – de <s. c.> matricularia al. custod. par. eccl. s. Christofori Ruremunden. Leod. dioc. (4 m. arg.) vac. p. o. Gobelini <de Mosa> de Ruremunda, n. o. pens. ann. 7 fl. renen. sup. fruct. <perp.> <c. c.> vicar. d. par. eccl. <c. disp. desup.> 17. apr. 75 S 722 133^v, S 721 298^r, m. (prep. eccl. s. Andree Colon. et prep. eccl. s. Cuniberti Colon. ac dec. eccl. s. Gangolphi Heynsbergen. Leod. dioc.) (exped. 27. iun. 75) L 748 155^{vss} – de perp. s. c. vicar. ad alt. s. Nicolai in par. eccl. de Gestorp Colon. dioc. (4 m. arg.) vac. p. resign. Frederici Fabri de Nussia cler. Colon. <p. Gerardum Dreses cler. Monast. dioc. procur. fact.> cui de d. vicar. tunc vac. p. o. Andree Cusa Pauli II. <pape> fam. prov. fuit et qui litig. desup. contra Johannem Franck intrusum 18. iul. 75 S 723 262^{rs}, m. (Antonio de Grassis pape cap. et aud.) surrog. ad iur. d. Frederici, gratis 18. iul. 75 V 569 302^{rss} – de capel. b. Johannis Bapt. up Zantvert in paroch. par. eccl. in Emblenvorst Leod. dioc. (4 m. arg.) vac. p. o. Alardi de Horst al. Bunnynck vel p. o. sive resign. Wilhelmi Telern (Telerii), n. o. quod Jacobus van Ghorbargelt al. de Zevenheym presb. Leod. dioc. d. capel. ultra an. absque lic. detin. 1. aug. 75 S 724 222^{vs}, I 333 174^r.

4549 Johannes de Arssen [4. pars 7 partium] inter al. referens quod par. eccl. b. Marie virg. op. Kempen. Colon. dioc. (nuper d. prepositure ad vitam Johannis de Arssen incorporata) ultra 2.000 parochianos et nonnullas capel. et eccl. filiales habet et quod aliqui vic. et cap. ibi residentiam n. faciunt: de facult. absol.

parochianos d. par. eccl. ab omnibus peccatis minoribus penit. in basilica s. Petri de Urbe commiss. et de facult. ad vitam compellendi et privandi vic. et cap. inobedientes 16. aug. 75 S 725 93^{vss} – qui can. et preb. eccl. ss. Appl. Colon. et **Tilmannus de Wynteren** cler. Colon. dioc. pape fam. qui par. eccl. in Ghelstorp ut supra ex causa perm. c. al. compermutantibus resignaverunt: de prov. de novo Johanni de Arssen de dd. can. et preb. (4 m. arg.) vac. p. o. Henrici de Stipite et de prov. d. Tilmanno de novo de d. par. eccl. in Ghelstorp (6 m. arg.), n. o. quod d. Tilmannus infra an. n. ad omnes ord. prom. fuit 12. sept. 75 S 726 196^{rs} – olim Pauli II. fam. cui de perp. s. c. vicar. ad alt. s. Nicolai in par. eccl. in Goestorp Colon. dioc. (4 m. arg.) vac. p. resign. Friderici Fabri de Nussia cler. Colon. dioc. Pauli II. fam. prov. fuit et qui litig. desup. coram Antonio de Grassis aud. contra Johannem Franck (nunc resign.): de surrog. ad ius d. Johannis Franck 4. nov. 75 S 728 297^{vs} – de disp. ut unac. d. prepos. aliud <2> incompat. benef. <sub uno tecto> retin. val. <c. lic. perm.> et de indulto ut red. suorum benef. alicui (etiam laico) ad 2 an. arrendare possit c. derog. statutorum Colon., Leod. et Traiect. civit. et dioc. 6. decb. 75 S 730 226^{rs}, V 572 201^{rs} – cui gr. expect. s. d. 1. ian. 72 de 2 benef. ad coll. aep. etc. Colon. et ad coll. abba. etc. eccl. s. Quirini Nussien. Colon. dioc. conc. fuit: motu pr. de mutatione gr. expect. de benef. ad coll. d. abba. in benef. ad coll. eccl. b. Marie Aquen. Leod. dioc. et de decl. litt. desup. perinde val. acsi gr. expect. motu pr. conc. fuisset 6. decb. 75 S 730 226^v-228^r – de indulg. 10 an. pro omnibus visitantibus par. eccl. b. Marie virg. op. Kempen., Conc. indulg. 7 an. 13. decb. 75 S 731 113^{rs} – prov. de vicar. Colon. [dioc.?] vac. p. o. 74/75 I 333 59^v – prov. de can. Herbip. [dioc.?] vac. p. o. 74/75 I 333

143^v – prov. de par. eccl. Traiect. [dioc.?] vac. p. o. 74/75 I 333 307^r – qui vig. gr. expect. s. d. 1. ian. 72 de 2 benef. ad coll. aep. etc. Colon. et abba. etc. eccl. s. Quirini Nussien. Colon. dioc. par. eccl. s. Martini prope Rodesberg (Rodesberck) Colon. dioc. acc. (sup. qua litig. in cur.): motu pr. de reval. d. gr. expect. et de prerog. ad instar pape fam. descript. et secundum indultum sive privilegium super facult. nominandi 300 personas etc. s. d. 8. apr. 73 Frederico R. I. p. papam concessum 1. ian. 76 S 732 25^{vss}, V 665 7^v-10^r – qui intendit litig. contra Jacobum Gheerbergelt de Zienenheym cler. occupatorem sup. capel. s. Johannis Bapt. up Zantvort Leod. dioc. (sub dicione ducis Burgundie situata) vac. p. o. Alardi de Horst al. Brunynck: de prerog. ad 6 menses 26. ian. 76 S 733 168^{rs} – cui s. d. 2. oct. 73 facult. perm. conc. fuit et c. quo ad 3 incompat. benef. disp. fuit: de decl. litt. desup. perinde valere acsi omnia benef. in dd. litt. specificata forent <prepos. eccl. s. Spiritus Ruremunden Leod. dioc. ac par. eccl. in Lechnich Colon. dioc.> 16. febr. 76 S 734 189^{rs}, V 572 152^{rss} – de prom. ad omnes ord. extra temp., sola sign. 29. febr. 76 S 734 283^v – qui pluribus an. <iam tempore Pauli II.> cur. secutus est et cui s. d. 16. aug. 75 ad 5 an. conc. fuit ut parochianos par. eccl. op. Kempen Colon. dioc. ab omnibus excessibus (a quib. minores penitentiarii in basilica Principis appl. de Urbe absol. possunt) absol. possit <deputando confessores>: de prerog. facult. <ad omnes religiosos ad d. par. eccl. et filiales eccl. confluentes> ad vitam et de indulto ut vota peregrinationis (ss. Petri et Pauli Jerusalemitan. et s. Jacobi in Compostella) et vota religionis in al. pietatis opera commutare possit 8. mart. 76 S 735 202^{vss}, L 767 142^{rss} – et **Tilmannus de Wynteren** cler. Colon. dioc.: motu pr. de prerog. pape fam. descript. in absentia ad 2 an., sola sign. 13. mart. 76 S 735 232^{vss}, motu pr. ref., sola sign. 30. mart. 76 S 736 178^v.

4550 **Johannes de Arssen** [5. pars 7 partium]: oblig. sup. facult. resign. sibi s. d. 16. mart. 76 conc. (in margine: registrata penes secr.) 15. mart. 76 A 24 106^v – prov. de can. et preb. eccl. s. Severini Colon. (6 m. arg.) vac. p. o. Reinboldi (Remboldi) Ketzgyn olim Dominici [de Capranica] tit. s. Crucis in Jerusalem presb. card. Firman. vulg. nunc. fam. (exec. prep. eccl. s. Petri in Northen Magunt. dioc. et Paulus de Crottis can. eccl. Cremonen. ac offic. Colon.) 29. iun. 76 V 577 280^r-281^v – assign. pens. ann. 5 m. arg. sup. fruct. prepos. eccl. b. Marie ad Gradus Colon. (16 m. arg.) p. Petrum Antonium de Clappis prep. legum doct. (cui de eadem vac. p. o. Johannis Beyer prov. fuit) persolv. 30. aug. 76 (exec. ep. Tirasonen. et Paulus de Crottis can. eccl. Cremonen. ac offic. Colon.) V 577 272^{rss} – prov. de capn. Magunt. [dioc.?] vac. p. o. 75/76 I 333 205^v – litig. coram aud. contra Matheum Sass sup. can. et preb. eccl. b. Marie ad Gradus Colon. vac. p. o. Henrici de Stipite et **Johannes de Heysen** cler. Traiect. dioc.: de adm. resign. Johannis de Arssen de dd. can. et preb. eccl. (4 m. arg.) et de prov. d. Johanni de Heysen de eisdem, n. o. def. nat. (s. s.) 10. febr. 77 S 747 98^{vs} – litig. coram certis iudicibus a papa deput. contra quond. Jacobum Dezeneheym cler. intrusum sup. s. c. capel. s. Johannis up Zandvort in paroch. de Gribbemvorse Leod. dioc. vac. p. o. Alardi Bruingueli de Horst: de nova prov. de d. capel. (4 m. arg.) 12. febr. 77 S 747 217^r – referens quod ipsi (tunc pape fam. et Petri [Ferrici] tit. s. Sixti presb. card. Tirasonen. vulg. nunc. fam. exist.) de par. eccl. b. Marie op. Kampen. Colon. dioc. vac. p. o. Johannis de Beek pretextu unionis d. par. eccl. prepositure eccl. s. Spiritus

Ruremunden. p. papam prov. fuit et quod ipse litig. sup. d. par. eccl. coram aud. contra Johannem Heyngens al. Johannem Currificis de Attendam (/.) intrusum (nunc resign.): de conf. unionem d. par. eccl. (20 m. arg.) d. prepositure (4 m. arg.) ad vitam 12. febr. 77 S 747 216^{vs} – oblig. sup. annat. 1 ex par. eccl. de Lothem Leod. dioc. ac par. eccl. de Scalen et Walbeck Colon. dioc. (fruct. n. exprimuntur) quas in forma gratiosa d. prepositure p. bullam s. d. 9. mart. 75 incorp. fuerunt 18. febr. 77 A 25 119^v – referens quod ipsi de matricularia par. eccl. s. Christofori Ruremunden. Leod. dioc. vac. p. o. Gobelini de Mosa (Mesa) prov. fuit et quod deinde desup. litig. <coram quond. Nicolao de Edam aud. et Antonio de Grassis aud. et> coram Petro de Ferrera aud. contra Adrianum Veze (Beze) et postea etiam contra Johannem Blase (Blasii) sed propter prohibitiones ducis Burgundie seu eius offic. d. litem tute procedere n. potuit: de committ. in partibus extra civit. vel dioc. Leod., Committ. in civit. vel dioc. Colon. 21. febr. 77 S 747 225^{rs}, m. (decanis eccl. s. Severini Colon. et eccl. s. Cuniberti Colon. ac eccl. s. Georgii Colon.) V 667 279^v-281^r – qui par. eccl. in Stralen Colon. dioc. vac. p. o. Wilhelmi (Vilhelmi, Wilgelmi) de Brede Nicolai V. et successorum suorum script. vig. unionis c. prepos. eccl. s. Spiritus Ruremunden. Leod. dioc. (quam obtin.) acc.: de d. par. eccl. (15 m. arg.) et de prepos. eccl. s. Cuniberti Colon. (9 m. arg.) vac. p. o. d. Wilhelmi 13. mart. 77 S 748 97^r, prov. de d. prepos. (m. ep. Verulan. et dec. eccl. s. Severini Colon. ac Paulo de Crottis can. eccl. Cremonen.), gratis (exped. 22. mart. 77) L 771 203^{rs} – oblig. sup. can. et preb. eccl. s. Severini Colon. ut supra 15. mart. 77 A 25 132^v – oblig. sup. prepos. ut supra (in margine: s. d. 11. mart. 84 d. oblig. fuit cass. quia in cam. ap. fuit present. quitt. Vincentii de Eyll prep. eccl. s. Plechelmi Oldenzalen. Traiect. dioc. collect. secundum qualem Johannes de Arssen solv. d. annat.) 27. mart. 77 A 25 139ᵛ – referens quod ipsi de prepos. eccl. s. Cuniberti Colon. prov. fuit et quod prepositure eccl. s. Spiritus Ruremunden Leod. dioc. (quam obtin.) par. eccl. in Stralen ut supra ad vitam ipsius Johannis de Arssen unita est et quod litig. desup. coram Bartholomeo de Bellencinis contra Georgium Hezeler, Johannem de Campana et Henricum Uphusen: de prov. si neutri de d. prepos. eccl. s. Cuniberti (8 m. arg.) et de d. par. eccl. (14 m. arg.) 20. mai. 77 S 751 210ᵛˢˢ.

4551 **Johannes de Arssen** [6. pars 7 partium] et **Henricus Urdemann** decr. doct. dec. eccl. s. Andree Colon. referentes quod par. eccl. in Kempen Colon. dioc. d. prepositure ad vitam Johannis de Arssen unita fuit: de assign. d. Henrico pens. ann. 50 fl. renen. sup. fruct. d. par. eccl. (150 fl. renen.) p. d. Johannem persolv. in civit. Colon. 28. iun. 77 S 753 229ᵛˢ – et **Tylmannus de Wynteren** insimul pape fam. et Petri [Ferrici] ut supra card. fam. referentes quod Johanni de Arssen de perp. vicar. sive capn. ad alt. s. Nicolai in par. eccl. de Donka Leod. dioc. vac. p. o. Johannis de Caminata abbrev. et Pauli de Campofrigosa aep. Januen. card. [fam.] et d. Tylmanno de can. et preb. eccl. ss. Appl. Colon. vac. p. resign. in manibus commissarii ap. extra cur. fact. et Henrico Urdeman decr. doct. de par. eccl. in Gelstorp Colon. dioc. vac. p. resign. in manibus Pauli de Crottis can. eccl. Cremonen. commissarii ap. extra cur. fact. prov. fuit et quod nunc d. Paulus d. Johanni de Arssen de dd. can. et preb. et d. Tylmanno de Wynteren de d. par. eccl. in Gelstorp et d. Henrico de Urdemann de dd. vicar. seu capn. ex causa p. perm. prov.: de nova prov. ipsi Johanni et ipsi Tyl-

manno de dd. can. et preb. (4 m. arg.) et de d. par. eccl. (7 m. arg.) 24. iul. 77 S 755 29ʳˢ – cui s. d. 4. decb. 73 indultum percip. fruct. prepos. eccl. s. Spiritus ut supra ac can. et preb. s. Ode Amanien. Leod. dioc. quos tunc obtin. conc. fuit et referens quod ex iudicibus in litt. deputatis unus prep. eccl. s. Andree et alius prep. eccl. s. Cuniberti eccl. Colon. nominati fuerunt: de decl. litt. desup. perinde val. acsi abb. mon. s. Pantaleonis Colon. et dec. eccl. s. Georgii Colon. deputati fuissent 22. aug. 77 S 756 35ʳˢ – cui perceptio fruct. ut supra conc. fuit c. 2 exec. ut supra ac offic. Colon. nominatis et cui postquam de can. et preb. et prepos. d. eccl. s. Andree p. papam prov. fuit litig. desup.: m. fruct. percip. al. benef. (exec. abb. mon. s. Pantaleonis Colon. et dec. eccl. s. Georgii Colon. ac offic. Colon.) 22. aug. 77 V 668 166ʳ-168ʳ – cui indulg. 7 an. conc. fuit: de ref. 24. aug. 77 S 756 71ᵛ – qui vig. gr. expect. s. d. 1. ian. 72 par. eccl. in Unckel (Vuckel) Colon. dioc. vac. p. o. Rugerii de Meyesa acc.: de prorog. term. publicandi ad 2 hebdomadas, sola sign. 27. aug. 77 S 757 93ᵛ – qui pro certis suis negotiis se habet a cur. absentare et ad partes conferre: motu pr. de decl. quod d. Johannes in absentia verus familiaris censeri debet quodque in assecutione quorumcumque benef. prerog. pape fam. antiquorum descript. (inter quos primus est Johannes de Montemirabili) uti val. 8. nov. 77 S 772 288ʳ – inter al. referens quod ratione par. eccl. b. Marie virg. op. Kempen. Colon. dioc. et prepos. eccl. s. Spiritus Ruremunden. Leod. dioc. eidem Johanni incumbit officium puniendi excessus et delicta que p. presbiteros et clericos ac etiam forsan laicos in et sub districtu ipsius par. eccl. seu locorum vicinorum pro temp. committuntur atque collatio seu alia quevis dispositio nonnullorum canonicatuum et off. eccles.: de indulto ut necessaria et opportuna licite facere val. ordinarii cuiuscumque licentia minime requisita 16. iun. 78 S 770 222^{vs} – qui vig. gr. expect. s. d. 1. ian. 72 illiusque reval. par. eccl. in Vuckel Colon. dioc. vac. p. o. Rutgheri de Moirsa acc. et d. acceptationem Henrico Herbst (/.) detentori intimavit: de prorog. term. intimandi ad 6 menses, sola sign. 23. iun. 78 S 770 289^{rs} – can. eccl. s. Cassii Bonnen. Colon. dioc. mag.: quitt. sup. solut. annat. dd. can. et preb. (3$^{1}/_{2}$ m. arg. p.) in manibus Ghisberti de Venroyde can. eccl. Lubic. nunt. et in civit. et dioc. Colon., Leod., Monast., Osnaburg. et Minden. collect. s. d. 1. mai. 78 fact. 7. iul. 78 DC 39 212^{vs} – qui vig. gr. expect. s. d. 1. ian. 72 ac vig. reval. et exten. d. gr. expect. par. eccl. in Lothem Leod. dioc. (15 m. arg.) vac. p. o. Wilhelmi de Brochussen obtin. possessione subsecuta: de nova prov. de eadem (15 m. arg.) 19. febr. 79 S 778 58^{r} – rect. par. eccl. op. Kempen. Colon. dioc. sub cuius parochia et districtu capel. ss. Cornelii et Antonii in Merica pertin.: de indulg. 3 an. 17. apr. 79 S 785 238^{vs}.

4552 **Johannes de Arssen** [7. pars 7 partium] cui vig. nominationis imper. de can. et preb. eccl. b. Marie Thoren. Leod. dioc. vac. p. o. Tilemanni Grovenberg prov. fuit: de nova prov. de eisdem (6 m. arg.) etiam si sacerdotales sint 8. ian. 80 S 788 215^{rs} – qui litig. coram Johanne Francisco de Pavinis aud. contra Tilmannum Molener cler. Leod. dioc. pape fam. sup. par. eccl. in Lotthem Leod. dioc. et qui deinde concordiam fecerunt quod d. Tilmannus in casu commiss. in partibus n. appellaret vel in casu sent. definitive pro d. Tilmanno ad requisitionem Johannis de Arssen vel procur. sui eandem in manibus pape resign. et quod d. Johannes can. et preb. eccl. ss. Appl. Colon. c. consensu Georgii [Hesler] tit. s. Lucie in Silice presb. card. (cui regressus conc. fuit) in manibus pape resign.:

de conf. 27. apr. 80 S 792 58^{rs} – qui litig. contra Johannem Gryss (Geyss) cler. Colon. dioc. pape fam. sup. par. eccl. in Lotthem Leod. dioc. vac. p. o. vel p. n. prom. Wilhelmi de Berochusen: de d. par. eccl. (14 m. arg.) vac. p. resign. in manibus pape Tilmanni ut supra et d. Johannis Gryss 3. mai. 80 S 792 120^{r} – qui litig. coram Gaspare de Theramo aud. contra Ludovicum vander Helcht al. de Elsbroeck sup. par. eccl. in Ehenick Leod. dioc. et deinde eandem in manibus pape resign.: assign. pens. ann. 15 fl. renen. electorum imper. sup. fruct. d. par. eccl. (45 fl. renen.) p. d. Ludovicum c. consensu suo (p. Johannem de Petra prep. eccl. Camin. procur. fact.) in civit. Colon. persolv. (exec. dec. eccl. s. Severini Colon. et dec. eccl. s. Georgii Colon.) 29. aug. 80 V 610 99^{v}-101^{v} – inter al. referens quod Gotfridus ther Horst de Kempen cler. Colon. et curie Colon. causarum procur. in certa causa s. d. 29. oct. 80 domum Tilmanni de Palude presb. et perp. vic. et vicegerentis in par. eccl. b. Marie virg. op. de Kempen Colon. dioc. invasit et d. Tilmannum in latum suum et in faciem percussit ac multa iniuriosa verba ei intulit: de committ. aud. ut offic. et sigilliferum d. curie Colon. ac quoscumque offic. et iudices civit. et dioc. Colon. ad prosecutionem d. cause n. adm. et hospites seu incole d. op. (etiamsi d. Gotfridi parentes et consanguinei) a domibus suis n. expellantur, Conc. quod committatur in partibus 8. febr. 81 S 801 221^{rs} – de perp. capn. sive vicar. ad alt. s. Petri in par. eccl. de Gribbenfoest Leod. dioc. (4 m. arg.) vac. p. o. Johannis Gruysdonck 23. oct. 81 S 807 55^{r} – qui litig. coram Henrico Steynwech offic. Colon. sed. ap. delegato contra Theodericum Johannis al. de Mekeren sup. perp. s. c. vicar. ad alt. s. Nicolai seu can. et preb. eccl. s. Stephani Novimagen. Colon. dioc. (que tunc par. eccl. postmodum colleg.

eccl. exist.) vac. p.o. Hermanni Meysters olim R. tit. s. Marie in Navicelle presb. card. aut alicuius alterius card. defunct. fam.: de prov. si neutri de d. perp. s.c. vicar. seu can. et preb. d. eccl. s. Stephani (4 m. arg.), n.o. prepos. eccl. s. Spiritus Ruremunden. Leod. dioc. et illi annexa par. eccl. in Kmpen [recte: Kempen] Colon. dioc. (24) et par. eccl. in Lotthem (20) ac can. et preb. eccl. s. Andree et s. Cecilie Colon. (10) et par. eccl. s. Christofori Ruremunden. Leod. dioc. (3) quos obtin. ac prepos. eccl. s. Cuniberti Colon. (8 m. arg.) quam n. obtin. necnon pens. ann. 12 fl. renen. et al. pens. 15 fl. renen. sup. fruct. par. ecclesiarum de Genyck Leod. dioc. 28. febr. 82 S 808 214ᵛ – qui vig. litt. nominationis imper. par. eccl. de Nederweteren Leod. dioc. (14 m. arg. p.) vac. p.o. Antonii de Buren acc.: de nova prov. de d. par. eccl. (14 m. arg. p.) c. reserv. pens. ann. sup. fruct. d. par. eccl. Johanni Bispinck can. eccl. s. Lebuini Daventrien. p. d. Johannem persolv. [1482] S 813 341ʳˢ – cui vig. litt. nominationis imper. can. et preb. eccl. Thoren. Leod. dioc. vac. p.o. Antonii de Buren conc. fuerunt: de nova prov. de eisdem (8 m. arg. p.) 6. iul. 82 S 813 341ᵛ – prep. eccl. s. Cuniberti Colon. referens quod litig. in cur. contra Georgium Heszeler tit. s. Lucie in Silice presb. card. sup. prepos. d. eccl. et quod post sententiam pro se et contra d. card. eandem obtin.: de nova prov. de d. prepos. (8 m. arg.) vac. p.o. d. card. 3. decb. 82 S 820 106ᵛ – quitt. sup. solut. annat. prepos. eccl. s. Cuniberti Colon. (4¹/₂ m. arg. p.) in manibus Vincentii de Eyll prep. eccl. N. legum doct. collect. deput. Colonie 30. mart. 83 DC 42 325ʳ – de perp. s.c. vicar. ad alt. s. Alheidis in eccl. sec. in Vylich Colon. dioc. (4 m. arg. p.) vac. p.o. Petri de Andernaco aut p. resign. Antonii de Meyen quam tunc obtin. ex causa perm. 22. apr. 84 S 835 196ʳ.

4553 Johannes de Artefelt et **Victor de Bacharen** et socii **mercatores de Bruges** cur. sequentes: m. ut recip. 3.600 fl. adc. quos mutati sunt pape nomine Jacobi de Croy prothonot. ap. 31. decb. 83 FC I 849 250ᵛ.

4554 Johannes [Arunden] el. Usbithen.: assign. pens. ann. 200 duc. adc. sup. fruct. mense episc. Traiect. p. Davidem [de Burgundia] ep. Traiect. persolv. (exec. aep. Arelaten. et offic. Leod. ac offic. Traiect.) 30. iul. 77 L 774 128ᵛˢˢ – oblig. p. Nicosium Militis cler. Cameracen. dioc. sup. annat. pens. ut supra 12. aug. 77 A 26 47ʳ – solv. 90 fl. adc. pro annat. p. manus Nicasii Militis 12. aug. 77 FC I 1133 86ᵛ, IE 495 31ᵛ, IE 496 35ᵛ, IE 497 34ᵛ – solv. 10 fl. adc. pro ballista eccl. Usbithen. p. manus Nicasii Militis 12. aug. 77 IE 495 31ᵛ, IE 496 35ᵛ, IE 497 34ᵛ – notitia sup. visit. lim. pro 3 an. (s.d. 13. iul. 80 finiendo) p. Hermannum Tuleman can. et thes. eccl. Traiect. procur. 28. apr. 80 DC 40 91ʳ.

4555 Johannes Artzat (Artzet, Artzalt) cler. August. dioc. Antonii [de Ruvere] nepotis pape [magistridomus] fam.: motu pr. de par. eccl. s. Nicolai extra portas civit. in Willich Salzeburg. dioc. (6 m. arg.) vac. p.o. in cur. Nicolai Glewich 17. febr. 78 S 765 24ʳ – oblig. sup. annat. par. eccl. ut supra extra portas op. Villach (8 m. arg.) vac. p.o. Nicolai Gleywitz 5. mart. 78 A 26 160ᵛ – de can. et preb. eccl. s. Candidi Indicen. Brixin. dioc. (6 m. arg.) vac. p. resign. Petri Knaut in manibus pape <n. o. par. eccl. s. Nicolai prope Vallacum Salzeburg. dioc. (8 m. arg.) quam n. obtin.> 3. ian. 82 S 806 121ʳˢ, 4. ian. 82 S 806 133ᵛ, (m. prep. eccl. ss. Petri et Michaelis Argent. et prep. eccl. s. Candidi Indicen. Brixin. dioc. ac offic. Brixin.), gratis V 616 124ʳ-125ᵛ.

4556 Johannes de Asbeke (Asberke) cler. Monast. dioc. qui litig. coram aud. contra Johannem Ghesinek cler.

Monast. dioc. Francisci [Gonzaga] tit. s. Marie Nove diac. card. fam. sup. par. eccl. in Novo Castro Monast. dioc. de qua vac. p. o. <in cur.> Hermanni Bodeker de Metele sibi prov. fuit: de nova prov. de d. par. eccl. (4 m. arg.) vac. p. resign. d. Johannis Ghesinek <in manibus Henrici [de Schwarzburg] ep. Monast.> 18. mart. 76 S 737 221^{vs}, m. (offic. Monast.) (exped. 18. ian. 77) L 764 112^r-113^v – rect. par. eccl. in Herck Monast. dioc.: de n. prom. ad 1 an. 6. iun. 78 S 770 78^{vs} – de n. prom. ad 7 an. 29.mai[sive 2.iun. sive 10.iun.]78S 771 295^v.

4557 **Johannes de Asscherode** cler. Bremen. dioc.: de par. eccl. in Westerstede (Versterstede) Osnaburg. dioc. (4 m. arg.) vacat. p. assec. par. eccl. in Asschendorpe Osnaburg. dioc. p. Johannem Eyssinck c. disp. sup. def. nat. (c. s.) 19. mart. 73 S 690 66^r.

4558 **Johannes Aseyerinck** cler. Traiect. dioc. pape fam. cui gr. expect. de benef. ad coll. par. eccl. s. Martini Arnhemen. Traiect. dioc. motu pr. conc. fuit: motu pr. de mutatione in 2 benef. ad quorumcumque coll. in confectione litt. eligendorum et de prerog. ad instar pape fam. descript. ac de disp. ad 2 incompat. benef. etsi par. eccl. ad vitam c. lic. perm. 26. mart. 80 S 791 239^{rs}.

4559 **Johannes Aserer** can. eccl. Ratisbon. in 19. sue et. an. constit.: supplic. Martino Meyer utr. iur. doct. Ludovici palatini Reni et Bavarie ducis consiliario de prepos. eccl. s. Candidi Inticen. Brixin. dioc. (18 m. arg.) vacat. p. resign. in manibus pape Georgii de Preysing et de disp. ad aliud benef. incompat., Conc. de 2 dign. ad vitam in 22. sue et. an. 12. nov. 72 S 684 24^{vs}.

4560 **Johannes de Assneden** tunc scol. Bremen. dioc. qui vig. disp. sup. def. nat. (c. s.) ad min. ord. promotus fuit et vig. gr. expect. Pauli II. perp. s. c. vicar. ad alt. s. Erasmi in eccl. Bre-

men. acc. et qui litig. desup. coram aud. contra Johannem Eysen cler.: de disp. ut unac. d. vicar. 4 al. benef. recip. val. 22. sept. 73 S 697 16^{rs}.

4561 **Johannes Auckunck** rect. par. eccl. s. Wilbordi in Olst Traiect. dioc. et **Gotfridus Slacheke** presb. Monast. dioc.: m. (dec. eccl. s. Lebuini Davantrien. Traiect. dioc.) confer. d. Gotfrido d. par. eccl. (5 m. arg.) vacat. p. resign. d. Johannis et assign. d. Johanni pens. ann. 13 fl. renen. 6. iul. 74 (exped. 20. iul. 74) L 740 9^r-10^v.

4562 **Johannes Augpeck (Auglpeck)** presb. can. eccl. s. Margarete in Ardaco Patav. dioc. rect. par. eccl. s. Laurentii de Albrechesperch (Albrechesperg) Patav. dioc. in art. mag. qui quodam furore detentus quandam mul. interfecit: de disp. sup. irreg. 27. iun. 74 S 707 269^{rs} – presb. Patav. dioc. pres. in curia: de disp. ut supra et de disp. ad 2 benef., Conc. sed n. ministrat 9. mart. 75 S 715 186^{vs} – qui quandam mul. interemit et fuit in animi dementia: de absol. ab reatu et de disp. ad quodcumque benef. 9. mart. 75 S 715 242^v, I 333 250^r.

4563 **Johannes de Augusta** cursor quem Marcus [Barbus] tit. s. Marci presb. card. legatus misit ex Germania ad papam: recip. 12 fl. de cam. et 15 baiocos pro expensis 19. iul. 74 FC I 846 95^v – recip. de m. ut supra 12 fl. 15 bol. pro itinere ex Germania ad pontificem 6. aug. 74 IE 490 82^v, IE 491 69^v.

4564 **Johannes Avor de Ricistetten** cler. Spiren. dioc. rect. par. eccl. Fliden. Magunt. dioc. in cur. resid.: de prom. ad omnes ord. extra temp., sola sign. 10. decb. 82 S 817 148^r.

4565 **Johannes Babel**: not. recip. pro copia 5 grossos et 2 grossos iun. 82 DB 1 133^v – not. recip. pro bulla distributa 4 grossos et 2 grossos iun. 82 DB 1 135^r.

4566 **Johannes [de Baden]** [1. pars 4 partium] aep. Trever. princeps elector inter al. referens quod ipse fecit maximas expensas pro executione m. ap. sedis contra Dieterum de Isenburg olim el. Magunt. rebellem et detentorem castrorum et locorum ad mensam aepisc. Magunt. spectantium: incorp. mense aepisc. Trever. mon. s. Salvatoris in Prumia o. s. Ben. Trever. dioc. (300 m. arg.) 15. febr. 72 V 552 177^{vss} – inter al. referens quod ipse litig. temp. Pauli II. coram Nicolao de Ubaldis aud. contra Gutmannum de Sobernhem cler. coniug. sup. bonis in Trever. dioc. que d. Gutmannus ab aep. Trever. in feudum obtinuerat et quod deinde d. aep. dd. bona Johanni Woetterschenne et Johanni Glokner ac Johanni eius nato laicis Trever. dioc. in feudum concesserat (contra quos d. Gutmannus litig. coram offic. Wormat.): m. (Marco [Barbus] tit. s. Marci presb. card. ad Germaniam legato) committ. in partibus 22. febr. 72 V 681 181^r-183^r – obtulit 1.500 fl. cam. ap. et collegio card. (p. Servatium de Confluentia decr. doct. oratorem et procur.) pro serv. commun. mon. s. Salvatoris in Prumia o. s. Ben. Trever. dioc. adc. (ratione unionis d. mon. mense d. aepisc. eccl. s. d. 15. febr. 72) et pro 5 serv. min. (in margine: solv. s. d. 21. nov. 76) 29. febr. 72 OS 84 167^r – inter al. referens quod Adolphus [de Nassau] aep. tunc el. Magunt. 4. partem proventuum telonei in Overlansteyn Trever. dioc. ad mensam aepisc. Magunt. pertin. Johanni de Baden et suis successoribus <propter auxilium in assec. regiminis eccl. Magunt. p. d. Johannem prestatum> assign.: de conf. 14. mart. 72 S 677 134^{vs}, 14. mai. 72 L 715 321^{rs} – referens quod Nicolaus V. quond. Jacobo [de Sierk] aep. Trever. conc. ut ab personis eccles. exemptis et n. exemptis pedagia et gabellas exigere val. donec d. eccl. ab debitorum oneribus penitus libe-

rata fuerit: absol. et conf. 12. apr. 72 V 660 291^{rss} – referens quod olim Fridericus R. I. quond. d. Jacobo aep. Trever. et Johanni de Baden conc. ut 1 fl. renen. pro quolibet plaustro vini quod ex flumine Mosella c. carris p. terram vehitur in pluribus locis percip. val.: conf. 24. apr. 72 L 722 58^{rs} – referens quod ipse in castro op. Palatiolen. Trever. [dioc.] et in colleg. eccl. b. Marie d. op. frequenter resid. et quod in d. eccl. aliqui can. n. resid. et propterea divinus cultus diminuitur: de indulto ut fruct. can. et preb. dd. can. n. resid. p. subtractionem inter can. pres. dividere val. 26. mai. 72 S 680 80^v – inter al. referens quod ipse mon. s. Agnetis in Monte Angelorum Trever. o. s. Aug. propter dissolutionem monial. p. sorores o. s. Aug. sub cura prioris et conv. mon. in Windesheim (Wyndeshen, Windesheym) d. ord. Traiect. dioc. regi et illas <precipue nonnullas monial. op. Bonnen. (Bunnen.) Colon. dioc.> inibi institui decrevit c. ordinatione quod prior mon. b. Marie in Euerhartzclusa (Sierthartsclusa) d. ord. Trever. dioc. d. mon. s. Agnetis superintendat: de conf. et de conc. privil. al. mon. d. capitulo in Windesheim unitorum 12. ian. 73 S 686 241^{rss}, 26. mai. 74 S 705 293^{rs}, m. L 740 256^{rss}.

4567 **Johannes [de Baden]** [2. pars 4 partium] et universi doct. mag. et scol. univ. stud. gener. civit. Trever. referentes quod olim Nicolaus V. d. univ. stud. erexit et ipsi 6 can. et preb. ac 3 par. eccl. vel perp. vicar. ad coll. Jacobi aep. ut supra incorp.: de conf. et de incorp. d. universitati canonicatus et preb. eccl. s. Simeonis Trever. ac ecclesiarum s. Florini et s. Castoris in Confluentia ac ecclesias in Munstermeynfelt et in Dietkirchen (Diekirchen) et in Palatiolo (Palacio) necnon par. eccl. in Andernach et in Diedenhoiffen (Diedenhorffen) et in Epternach (Eptternach) Trever. dioc. ac par. eccl. s. Laurentii

Trever. et par. eccl. s. Gangolfi Trever. 26. mai. 74 L 734 164^{rss} – oblig. p. Servatium de Confluentia can. eccl. s. Florini in Confluentia Trever. dioc. et p. Adam Rodhart causarum pal. ap. not. coram Petro de Ferrera aud. sup. incorp. ut supra (in margine: s. d. 18. oct. 77 oblig. p. Johannem Haltfast can. eccl. s. Simeonis Trever. a rect. et univ. procur. vig. publ. instr. manu Johannis Bandelini ap. et imper. potestate not. subscripti; die 18. oct. 77 d. Johannes Haltfast certificavit assec. d. par eccl. in Epternacho (7 m. arg.); die 18. oct. 77 prorog. ad 4 menses et oblig. p. d. Johannem Haltfast et Johannem Greue rect. par. eccl. in Altreya Trever. dioc.; die 5. mai. 78 solv. 31 fl. pro compositione annat. d. par. eccl. in Epternacho p. manus Ricardi Graman; die 30. decb. 87 Engelardus Fungh cler. Eistet. dioc. solv. 59 fl. adc. pro annat. can. et preb. eccl. s. Florini) 12. iul. 74 A 23 124^v – inter al. referens quod ipse litig. ut supra tempore Pauli II. contra Gudmannum de Sobernheym cler. coniug. sup. bonis immobilibus in Trever. dioc. que aep. Trever. Johanni Wetterscheune et Johanni Glockner ac Johanni eius nato laicis Trever. dioc. in feudum conc. et quod Marcus card. ut supra causam ep. Wormat. et abb. mon. s. Martini Colon. et dec. eccl. s. Petri e. m. Magunt. commisit et quod d. aep. d. Gudmannum coram dd. abb. evocari fecit: de committ. d. abb. ut causam p. amicabilem compositionem terminet 22. mai. 75 S 720 148^{rss} – et capit. eccl. s. Florini op. Confluen. Trever. dioc. in qua eccl. scolastr. (1 m. arg.), custod. (1 m. arg.) et cantor. (1 m. arg.) erecte fuerunt: de indulto ut dd. benef. etiam in mensibus ap. nunc. iuxta concordata c. natione Germanie dd. ep. et capit. reserv. forent 16. ian. 76 S 733 67^{vss} – inter al. referens quod ipse mandato sed. ap. in persecutione mandatorum contra Dietherum de Isenburg olim el. Ma-

gunt. et rebellem et detentorem castrorum et locorum ad mensam aepisc. Magunt. spectantium diversis creditoribus in magnis pec. summis obligabatur: de uniendo mense aepisc. Trever. mon. s. Salvatoris in Prumia o. s. Ben. Trever. dioc. (300 m. arg.) 29. ian. 76 S 739 248^{vs} – referens quod papa elect. Ruperti de Fieremberg ut supra contra decretum fact. cassavit: monitorium penale contra d. Rupertum et hortatio ne Carolus dux Burgundie et Wilhelmus dux Juliacen. et al. principes eidem Ruperto auxilium present 13. mai. 76 V 666 235^v-238^v – inter al. referens quod mon. s. Salvatoris ut supra mense aepisc. Trever. unitum fuit et quod conv. d. mon. (d. unionis ignarus) Rupertum ex com. de Firemberg [= Virneburg] monach. in abb. elig. et quod Berardus [Eruli] card. ep. Sabinen. pape commissarius d. elect. cass.: supplic. Friderico R. I., Ernesto Saxonie duce, Friderico com. palatino Reni, Alberto marchione Brandenburg. et al. principibus Germanie conf. unionis et conf. cass. elect. 13. nov. 76 (exec. prep. eccl. s. Simeonis Trever. et dec. eccl. s. Florini [Confluen.] Trever. dioc.) V 546 197^r-202^r.

4568 **Johannes [de Baden]** [3. pars 4 partium]: notitia sup. commendatione et conf. unionis mon. s. Salvatoris in Pruma Trever. dioc. in consistorio ad relationem [Juliani de Ruvere] card. s. Petri ad vincula 13. nov. 76 OS 82 102^v, OS 83 72^v – commendatarius mon. s. Salvatoris ut supra: solv. 167 fl. adc. 43 sol. p. manus Benedicti de Salutatis et Leonardi de Vernaciis et soc. cur. sequentium pro totali solut. serv. et min. serv. 21. nov. 76 FC I 1127 149^v – solv. 255 <250> fl. adc. pro communi serv. mon. s. Salvatoris in Pruma ut supra p. manus soc. de Salutatis 23. nov. 76 IE 493 30^r, IE 494 34^r – obtulit cam. ap. et collegio card. 500 fl. adc. p. manus Julii Ferrus cler. Maceraten. in registro bullarum script. pro communi serv. mon. s. Salvatoris ut supra occasione unionis (in margine: bulle d. mon. date fuerunt Nicolao Cesaris institori in bancho de Salutatis) 26. nov. 76 OS 84 286^v – referens quod predecessores sui in colleg. eccl. castri Palatioli (ubi aep. Trever. sepe resident) 10 can. et preb. ac in castro Limpurgh 1 vicar. (4 m. arg.) ac in castro Erenbreytstein Trever. dioc. 2 alt. (quodlibet 3 m. arg.) fundarunt: de indulto ut aep. Trever. dd. benef. ad coll. aep. Trever. spectantia in mensibus imparibus conferre possint 21. ian. 77 S 746 130^{vs}, V 579 152^r-153^v – qui in eccl. Trever. sepulturam suam statuit et ibi 2 perp. s. c. vicar. fund. desiderat: de erig. dd. vicar. et de uniendo mense aepisc. Trever. par. ecclesias in Brechen et in Sancto Wandelino Trever. dioc. 21. ian. 77 S 746 162^{rs}, V 578 244^{rs} – de elig. confess. et de indulg. anni iubilei 21. ian. 77 S 746 162^{rs}, V 667 226^{rs} – ac fam. sui: de esu lacticiniorum toto temp. quadragesime 21. ian. 77 S 746 162^{rs} – oblig. p. Jacobum de Piscia cler. Lucan. dioc. cur. sequentem sup. facult. confer. 10 can. et preb. eccl. ut supra 9. iun. 77 A 26 5^r – de lic. testandi usque ad summam 10.000 fl. adc. 19. aug. 77 S 756 67^v – inter al. referens quod pauca beneficia ad coll. suam spectantia habet conferre suis capellanis et familiaribus prout deceret: de indulto confer. capellanias vicar. nunc. videlicet unam in eccl. s. Castoris et aliam in eccl. s. Florini in Confluentia Trever. dioc. et perp. vicar. ad alt. b. Marie in d. eccl. s. Castoris ac capel. s. Martini extra Andernacum (cuiuslibet 4 m. arg.) 19. aug. 77 S 756 121^r, (in margine: cass. quia n. erat competens locus) [fragm., dat. deest] S 756 40^v – lic. imponendi subsidium ab omnibus et singulis mon., dom. et personis utr. sexus quorumcumque ord. in dioc. Trever. (exec. prep. eccl. s. Simeonis i. m. Trever. et dec. eccl. s. Paulini

e. m. Trever. ac offic. Trever.) 25. apr. 78 L 784 261^{vs} – qui in eccl. Trever. 2 perp. s. c. vicar. ut supra erig. intendebat: de decl. litt. perinde val. acsi n. de 2 vicar. sed earum loco de 8 off. mentio fieret 9. mart. 79 S 779 281^{rs} – referens quod par. eccl. in Buschofsteyn Trever. dioc. (in qua 4 can. et preb. quorum coll. ad archid. de Cardone de antiqua consuetudine pertin.) in quodam monte loco et ab hominibus inhabitata sita est et quod can. d. eccl. n. personalem resid. faciunt et quod ipse can. et preb. d. eccl. ad par. eccl. b. Marie virg. in Confluentia transferre et d. par. ecclesiam in colleg. ecclesiam erigere desiderat: de lic. erig. d. colleg. eccl. 20. apr. 79 S 780 281^{rs} – not. recip. pro copia 2 grossos 5 grossos ian. 80 DB 1 8^v.

4569 **Johannes [de Baden]** [4. pars 4 partium] inter al. referens quod 8 presb. et 4 cler. eccl. Trever. singulis diebus et hebdomadis certam quantitatem missarum in d. eccl. celebrare et quod pro eo quilibet sacerd. 1 stuferum (= 15 halben) et quilibet cler. 3 halben habere et inibi resid. debent et quod pro quolibet die addantur 9 halben: de facult. fund. missas et al. divina off. pro dd. presb. et cler. et de conf. incorp. mense aepisc. par. eccl. de Brochem et par. eccl. de Sancto Wendelino Trever. dioc. 4. mart. 80 S 790 152^r-154^r, de ref. 28. mart. 80 S 791 20^v – referens quod aliqui ex ministris rect. et gubernatoribus hosp. in civit. et dioc. Trever. eorum bona n. ad sustentationem pauperum sed ad propriam intentionem corruptam convertebant: motu pr. indultum ut d. ministri etc. de receptis gestis computum et rationem reddere debent 17. apr. 80 V 596 24^{rs} – referens quoad loci ordinarios in certa supplic.: de ref. 24. apr. 80 S 792 70^v – restit. bulle sup. erectione 8 benef. seu off. in eccl. Trever. pro 8 presb. et 4 cler. sive scol. ut supra 28. apr. 80 A 28 252^r – referens quod castrum Kemperach Trever. dioc. ultra 40 an. ad mensam aepisc. spectat et quod ipse nonnulla bona d. castro dependentia infeudavit et quod Simon Mangenhermmer armig. in Trever. dioc. commorans nonnulla ex dd. bonis infeudavit et ipsum de facto impedire presumpsit: m. (prep. eccl. in Kerpena Colon. dioc. et dec. eccl. s. Cuniberti Colon. ac Uldarico Kridwosz can. eccl. Colon.) committ. in partibus 2. decb. 80 L 808 116^{vs} – referens quod olim quond. Ropertus [com. palatinus Reni] aep. Colon. oneribus debitorum oppressus et dissensionibus c. populo Colon. plurimum involutus cuidam comiti illius patrie castrum Nurberg in finibus Colon. et Trever. dioc. pro summa 10.000 fl. renen. vendere temptabat et quod ipse ad obviandum damnum d. castrum a d. Roperto pro summa 6.000 fl. renen. emebat: m. conf. venditionis (dec. eccl. b. Marie ad Gradus Magunt. et dec. eccl. s. Johannis Magunt. ac dec. eccl. s. Florini in Confluentia Trever. dioc.) 22. ian. 81 V 606 20^v – referens quod prep. etc. eccl. Trever. ab ipso quem elegerunt in aep. (antequam possessionem regiminis d. eccl. apprehendit) promissiones et iuram. desup. p. Marcum [Barbus] card. ep. Prenestin. examinata contra statuta exigunt: motu pr. m. ut prep. etc. d. eccl. aliquas promissiones ab eodem in aep. eligendo nullatenus presumant (exec. dec. eccl. s. Gereonis Colon. et dec. eccl. s. Cuniberti Colon. ac dec. eccl. ss. Appl. Colon.) 22. ian. 81 V 606 183^r-188^r – solv. 3 grossos et 3 grossos ian. 81 DB 1 64^r – restit. bulle sup. conf. venditionis castri ad mensam aepisc. Colon. pertin. pro 6.000 fl. renen. ut supra 24. ian. 81 A 29 224^r – hortatio ut adhibeat fidem ad Johannem de Espach not. sed. ap. litt. lator (similimodo imperatori, duci Maximiliano, aep. Trever., aep. Magunt., aep. Colon., duci Saxonie, duci Austrie, comiti Hugoni de Wirtemberg, du

cibus Bavarie, ep. Sibenicen.) 15. mart. 83 Arm. XXXIX, 15 212^{rs} – referens quod in Trever. dioc. nonnulla latrocinia homicidia ac al. crimina p. presbiteros commissa fuerunt c. gravissimis scandalis: de indulto ut ipse vel al. viri eccles. ad degradationem presb. criminalium in civit. dioc. et provincia Trever. prosequi val. 13. mai. 83 S 823 149^{vs}, L 830 135^{vss} – narratio quod papa consideravit eius necessitatem ac sue dioc. magnitudinem et Johannem [Eindhoven] ep. Azoten. nuper priorem mon. b. Marie virg. in Clusa Everhardi o. s. Aug. can. reg. Trever. dioc. ad eccl. Azoten. ut eius vic. in pontific. esset de assensu card. ad rel. statuti desup. eccl. Trever. pape factam promovit nisi tamen ut prius de provisione annua 200 fl. renen. p. eius litt. patentes de consensu capit. sibi solvenda prov. fuerit, hortatio ut d. Johanni ep. Azoten. d. provisionem procuret sibique illam prov. singulis an. solute 17. mai. 83 Arm. XXXIX, 15 277^{rs} – qui multam devotionem erga sed. ap. gerit sicut in relatione Angeli Geraldini ep. Suessan. et Camin. dicitur: responsio gratitudinis 18. mai. 84 Arm. XXXIX, 16A 95^v, Arm. XXXIX, 16C 232^r.

4570 **Johannes de Baden** scol. Trever. dioc. c. quo sup. def. nat. (aep. et s. seu c.) disp. fuit: disp. ad 2 incompat. benef. etsi par. eccl. 25. ian. 77 V 666 451^{rss}.

4571 **Johannes Badeer** [!]: prov. de benef. Halberstad. [dioc.?] vac. p. o. 74/75 I 333 143^r.

4572 **Johannes Baelien** cler. Magunt. dioc. ex utr. par. de nob. gen. qui in guerris inimicum interfecit et mutilavit et ad omnes ord. prom. desiderat: de absol. ab excom. sent. et de rehab. ac de prom. ad omnes ord. (citra tamen ministerium alt.) necnon de disp. ad quodcumque benef. 30. mart. 79 S 779 216^{vs}.

4573 **Johannes Baers (Bacis)** cler. Leod. dioc.: de par. eccl. s. Lamberti de Dreymmen (Dreymen) (4 m. arg.) vac. p. o. Egidii Rotificis necnon de capn. ad alt. s. Blasii in cripta colleg. eccl. b. Marie Traiecten. Leod. dioc. (2 m. arg.) vac. p. o. Liberti Coedexter c. disp. ut unac. d. par. eccl. de Dreymmen et d. capn. par. eccl. Nederveteren. Leod. dioc. (12 m. arg.) de qua auct. ap. prov. fuit retin. val. c. lic. perm., Et c. derog. ad 5 an. 30. oct. 81 S 809 213^{vs}, (exec. prep. eccl. Trident. et dec. eccl. s. Martini Leod. ac dec. eccl. b. Marie Traiecten. Leod. dioc.) V 617 196^{vss} – not. recip. pro bulla distributa 3 grossos et 2 grossos mai. 82 DB 1 127^v – qui litig. contra Gottifridum de Palude al. Toben sup. par. eccl. de Bern (Berns) Leod. dioc. et contra certum adversarium sup. par. eccl. in Diemen (Dieymen) Leod. dioc.: m. (Francisco Brevio aud.) prov. si neutri de d. par. eccl. de Bern (8 m. arg. p.) vac. p. o. Siberti de Wattendonk, gratis 5. oct. 83 V 646 196^r-199^r – oblig. sup. annat. par. eccl. de Bern ut supra de qua vac. p. o. Gilberti de Wachtendonck s. d. 5. oct. 83 sibi in forma si neutri prov. fuit 5. iul. 84 A 32 146^v – Petri Altissem script. fam. qui vig. gr. expect. par. eccl. de Bern Leod. dioc. acc. et litig. desup. in cur. contra Gaufridum de Palude rect. par. eccl. de Bern et tunc concordiam fecit c. d. Gaufrido sup. pens. ann. 28 fl. renen. (= 15 duc. adc.) sup. fruct. d. par. eccl. (50 duc. adc.) p. d. Gaufridum persolv.: de conf. d. pens. 25. iul. 84 S 838 181^r.

4574 **Johannes Bayer**: de ref. c. disp. de certo s. c. benef. 4. decb. 83 S 832 161^r.

4575 **Johannes then Baynt de Viessen** cler. Colon. dioc. pres. in cur. nullum benef. obtin.: de gr. expect. de benef. ad coll. dec. etc. colleg. eccl. s. Gereonis Colon. in forma paup., Et s. d. 17. nov. 81 [1484] S 830 115^r.

4576 **Johannes Balckenhawer (Baldeckenhawer)** presb. Wormat. dioc.: de par. eccl. in Berstat Magunt. dioc. (8 m. arg.) vac. p. o. Johannis <n. Henrici> Fabri 4. febr. 74 S 707 6^{vs}, ref. 27. iun. 74 S 707 282^r, m. (dec. eccl. s. Pauli Wormat.) (exped. 7. iul. 74) L 739 281^{vss}.

4577 **Johannes Balckmacher** in art. mag. rect. par. eccl. in Weyer Bamberg. dioc.: de disp. ut unac. d. par. eccl. al. incompat. benef. recip. val. etsi 2 par. eccl. c. lic. perm. 7. iul. 77 S 756 216^{rs}, gratis V 670 342^{rs}.

4578 **Johannes Baldenweck** perp. cap. ad alt. Omnium appl. in colleg. eccl. s. Spiritus Heydelbergen. Wormat. dioc.: de prom. ad omnes ord. extra temp., sola sign. 20. mart. 81 S 800 292^{vs}.

4579 **Johannes Baldewini** cler. Leod.: de can. et preb. eccl. b. Marie Aquen. Leod. dioc. (8 m. arg. p.) vac. p. o. Petri Hermanni de Colonia 14. nov. 82 S 816 102^v.

4580 **Johannes Balduini (Baldoini)** cler. Trever. dioc. Roderici [de Borja] card. ep. Portuen. R. E. vicecancellarii fam. nullum benef. obtin.: de par. eccl. de Mentono et par. eccl. de Clemenceyo Trever. dioc. unitis (quarum fruct. propter guerrarum turbines 24 l. T. p.) vac. p. assec. decan. colleg. eccl. b. Marie de Yvodio (tunc vac. p. o. Johannis Garderellis Trever. dioc.) p. Jacobum Pontignoni de Yvodio d. card. fam. 20. aug. 82 S 813 213^r – de disp. ut unac. par. eccl. de Geronville Trever. dioc. c. suis annexis (15 l. T. p.) vac. p. o. Hugonis Ponte aliud incompat. benef. etsi par. eccl. ad vitam recip. val. c. lic. perm. 28. oct. 83 S 839 114^{rs}.

4581 **Johannes Balistarii (Balestarii)** cler. Basil.: de can. et preb. eccl. s. Germani in Grandisvallis Basil. dioc. (4 m. arg.) vacat. p. resign. in manibus pape Johannis Scafffner Juliani [de Ruvere] tit. s. Petri ad vincula presb. card. fam. 10. iun. 74 S 707 43ᵛ – presb. referens quod ipsi de decan. eccl. Sedun. vac. p. resign. in manibus pape Rodulphi Asperlin prov. fuerat et quod ipse d. decan. p. 2 an. possidet et d. Rodulphus desup. litig. coram offic. Gebennen. in vim litt. ap. contra ipsum et quod ipse de origine civit. Sedun. in civit. Gebennen. continuo moram trahit et propter discordias inter populos dd. civitatum ad d. civit. Gebennen. et curiam offic. tutus accessus n. patet: de committ. prep. colleg. eccl. in Anseltingen Lausan. dioc., p. breve hac supplic. introclusa c. pot. citandi et inhibendi 18. decb. 79 S 788 111ᵛˢ – et capit. eccl. Sedun. litis consortes referentes quod Rodulphus Asperlin qui can. et preb. eccl. Sedun. obtin. asserens resignationem decan. d. eccl. ut supra nullam et mandatum procur. falsum fuisse et Johannem Balistarii desup. coram Petro Farodi offic. Gebennen. et deinde coram Burchardo Stoer prep. eccl. Anseltingen. Lausan. dioc. in causam traxerat et vig. commiss. p. Bonifatium Fabri can. eccl. Lausan. et Petrimandum de Sacconay fact. litt. impetravit et quod d. Petrimandus prov. de d. decan. annullavit et n. o. appellatione p. d. Johannem fact. sent. excom. promulgavit: m. (offic. Lausan. et offic. August.) committ. in partibus 13. febr. 81 L 818 128ᵛ-130ʳ – m. (ep. Sorren. et dec. eccl. s. Martini Heiligenstaden. Magunt. dioc. ac scolast. eccl. s. Severi Erforden. Magunt. dioc.) confer. par. eccl. ville Hakempheffilde Magunt. dioc. (4 m. arg.) vac. p. o. Johannis Crutheim 27. iun. 81 (exped. 5. iul. 81) L 815 102ʳˢˢ.

4582 Johannes de Bamberg dec. eccl. Frising. decr. doct. Friderici R. I. consiliarius: de disp. ut unac. d. decan. (sup. qua litig. in cur.) al. incompat. benef. recip. val. etsi par. eccl. ad vitam c. lic. perm. 8. nov. 79 S 788 275ᵛ.

4583 Johannes Bamyngk rect. par. eccl. in Ludingwurt Bremen. dioc. referens quod quond. Johannes Custos cler. Bremen. dioc. evaginato gladio in quendam suum famulum irruit et quod d. Johannes Bamyngk d. famulum tunc in periculo mortis exist. liberavit et d. Johannem Custodem amplexu fraterno tenuit ne homicidium committ. et quod deinde d. famulus contra d. oratoris voluntatem d. Johannem Custodem c. quodam baculo magno percussit ut d. Johannes Custos obiit: m. (archid. Hadelerie in eccl. Bremen.) disp. sup. irreg. 5. decb. 81 L 822 32ᵛˢ.

4584 Johannes Banman cap. capn. s. Michaelis in Nidersteten Herbip. dioc. acol. in cur. resid.: de prom. ad omnes ord. extra temp., Et committ. ep. Arien., sola sign. 17. iun. 84 S 837 51ᵛ.

4585 Johannes de Barre (Barr) presb. Argent. dioc.: m. (prep. eccl. s. Petri iun. Argent.) confer. perp. s. c. benef. primissaria nunc. in par. eccl. ville Gaspach Argent. dioc. (4 m. arg.) vac. p. o. Theobaldi Walteri 30. ian. 79 (exped. 15. apr. 79) L 792 45ᵛˢˢ – m. (prep. eccl. s. Thome Argent.) confer. perp. s. c. vicar. ad alt. s. Petri in choro eccl. s. Petri iun. Argent. (4 m. arg.) vac. p. o. Johannis Pfluger 13. mart. 81 (exped. 5. apr. 81) L 815 189ᵛˢˢ – qui litig. sup. vicar. ut supra coram Johanne Francisco [de Pavinis] aud. contra Stefanum Jenini cler.: de prov. si neutri de eadem (4 m. arg. p.), Et quod verior specificatio cognominis intrusi in confectione litt. fieri possit 10. apr. 81 S 802 99ʳˢ – not. recip. pro formata 8 grossos febr. 82 DB 2 51ʳ.

4586 Johannes Barlo cler. Colon. dioc. in extenso referens quod inter ipsum et Anthonium Engehusen cler. Colon. dioc. diverse rixe orte fuerunt et quod ipse d. Anthonium qui eum nocturno temp. c. gladio secutus est c. cultello adeo vulneravit ut mortuus est: de ingr. relig. et de prom. ad omnes ord. extra temp. et de disp. sup. irreg. 16. nov. 73 S 699 33^{vss}.

4587 **Johannes Bars** iun. presb. Verden. dioc.: de nova prov. de perp. vicar. ad alt. b. Marie virg. in capel. s. Gertrudis prope et e. m. op. Luneburgen. Verden. dioc. de iur. patron. laic. (4 m. arg.) vac. p. o. Ludolphi Bartholomei 19. mai. 77 S 751 216^{rs}.

4588 **Johannes Bartholomei de Eyck** qui s. d. 4. ian. 74 c. Johanne de Papenhoven par. eccl. in Eysoen Leod. dioc. et par. eccl. in Bricht Leod. dioc. (insimul 10 m. arg.) pro decan. eccl. s. Pauli Leod. dioc. perm.: oblig. p. Johannem Hoens causarum pal. ap. not. sup. annat. maioris val. d. decan. (14 m. arg.) (in margine: solv. s. d. 15. febr. 74 5 fl. pro parte annat.) 15. febr. 74 A 23 26^v – rect. par. eccl. de Bercheyck Leod. dioc. cui de can. et preb. eccl. s. Pauli Leod. certo modo vac. prov. fuit et deinde desup. litig. contra Eurardum de Byrck presb. Leod. dioc. et postea concordiam fecit: de assign. d. Eurardo pens. ann. 20 fl. renen. (40 grossos monete Flandrie pro quolibet fl.) sup. fruct. d. par. eccl. (15 m. arg.) p. Johannem persolv. et de prov. d. Eurardo de s. c. benef. Leod. dioc. ad val. 18 fl. renen. 25. oct. 78 S 774 292^{rs}.

4589 **Johannes Bartholomei de Gyvanowice** cler. Gneznen. dioc. Johannis [Grusczynski] aep. Gneznen. et prim. nepos: de can. et preb. eccl. Cracov. (20 m. arg.) vacat. p. resign. in manibus pape Johannis Pyenaszek dec. eccl. Lancicien. Gneznen. dioc. cubic. cui de eisdem vac. p. o. Johannis de Tanczin auct. ordin. prov. fuerat 11. mai. 72 S 680 26^{rs}.

4590 **Johannes de Baruchev (Baruchow, Barucow)** mag. in art. ex utr. par. de nob. gen.: de can. et preb. eccl. Cracov. (25 m. arg.) vacat. p. resign. in manibus pape Stanislai Johannis de Casanow cler. Gneznen. dioc. qui litig. coram aud. contra d. Johannem

sup. eisdem tunc vac. p. o. Nicolai de Zapolycze 5. mart. 73 S 688 83^r – prov. de archidiac. Wratislav. [dioc.?] vac. p. o. 72/73 I 332 301^r.

4591 **Johannes Basre (Basir)** cler. Constant. dioc. ex utr. par. de nob. gen. in 17. sue et. an. constit.: de disp. ad 2 incompat. benef. etsi 2 par. eccl., Et c. disp. et. in 18. an. 31. aug. 76 S 747 91^{rs} – in 18. sue et. an. constit.: de disp. ad quodcumque benef. 24. decb. 77 S 762 168^{rs}.

4592 **Johannes Bauerenberg** cler. Colon. referens quod proconsules et consules civit. Colon. pretendunt d. Johannem bigamum fore eumque nonnulla crimina commisisse et quod offic. Colon. contra eum sententiam promulgavit: m. (decanis eccl. b. Marie et eccl. s. Salvatoris Traiect. ac offic. Traiect.) committ. in partibus 5. mai. 72 L 721 91^{rs}.

4593 **Johannes Baunach (Bawnach)** cler. Herbip. dioc.: de can. et preb. (4 m. arg.) et custod. eccl. in Oringaw Herbip. dioc. (2 m. arg.) vacat. p. resign. in manibus pape Johannis Stumpff cler. Herbip. dioc. Petri [Ferrici] ep. Tirasonen. pape refer. domestici fam. cui de eisdem vac. p. o. Johannis Gemmiger litt. ap. script. prov. fuerat litt. n. confectis 3. iun. 72 S 680 193^{vs} – in art. mag.: solv. 18 fl. adc. pro pro compositione annat. can. et preb. eccl. s. Johannis in Haugis e. m. Herbip. 20. nov. 72 FC I 1129 118^v, FC I 1767 27^v, FC I 1768 29^v – cui gr. expect. s. d. 1. ian. 72 de 2 benef. conc. fuit: de prerog. ad instar pape fam. in rotulo descript. 23. mai. 75 S 721 17^{rs} – prov. de par. eccl. Herbip. [dioc.?] vac. p. o. 81/82 I 334 110^v – qui vig. litt. ap. par. eccl. in Leynach (Lenech) Herbip. dioc. vac. p. resign. in manibus pape Johannis Margenan cler. Herbip. dioc. (cui de eadem vac. p. o. Gisberti Vetter p. Angelum [Gherardini] ep. Suessan. et Camin. in partibus illis nunt. c. pot. de latere prov. fuerat) acc.: de nova prov. de

d. par. eccl. (6 m. arg.) 13. aug. 82 S
826 267^{rs} – motu pr. de par. eccl. ut
supra 9. iul. 83 S 825 78^r – oblig. p.
Johannem Stumpff pape cursorem
sup. annat. par. eccl. ut supra de qua
s. d. 9. iul. 83 sibi prov. fuit (in margine: s. d. 30. aug. 83 solv. pro annat.
12 fl. 26 bol.) 30. aug. 83 A 31 129^r
– solv. 14$^{1}/4$ fl. adc. pro annat. par.
eccl. ut supra p. manus Johannis
Stumpff (Stoschincher) 30. aug. 83
IE 508 66^v, IE 509 65^v, Paris L 52 D
5 120^v.

4594 Johannes Baursetzer presb. August. dioc.: de alt. s. Katherine hosp.
in Dinckelspuhel August. dioc. (4 m.
arg.) vac. p. resign. in manibus pape
Georii Kissekrug cler. Eistet. dioc.
23. mart. 80 S 791 71^v.

**4595 Johannes dux Bavarie et com. pa-
latinus Reni** aep. Magdeburg. Germanie primas: de conserv. eccl.
Magdeburg., Conc. ad vitam 23.
ian. 72 S 676 25^r – pres. in castro
Berneburg et referens quod quond.
Bernardus de Anhalt ecclesie et
mense aepisc. Magdeburg. certa op.,
castra et villas pro salute anime donavit videlicet Bernburg c. op. novo
ac vetere, Schandesleve c. op.,
Warmstorff, Gropczk c. op., castrum
ac villam Gusten necnon directum
dominium (c. iur. investiendi) castrorum Erxsleve (Erxleve) et Genseforde ac al. castra, op. et villas Magdeburg. et Halberstad. dioc. ad eum
pleno iur. pertin. et quod ipse dd.
castra, op. et villas in feudum mas-
culinum recepit et post eius mortem
Georgius, Adolphus et Albertus etiam principes de Anhalt eius consanguinei dd. feuda similiter receperunt:
de conf. 16. ian. 73 S 686 285^{vs} –
referens quod temp. Nicolai V., Calixti III. et Pii II. prelati, capit. et
cler. diversorum dioc. litig. contra
proconsules et consules op. Luneburgen. Verden. dioc. sup. proventibus salinaribus et quod Pius II. Cristierno Dacie, Swecie, Norwegie [et]
Slavorum Gotorum regi, Arnoldo

[Westphal] ep. Lubic., Wernero
[Wolmers] ep. Zwerin., Nicolao
[Wulf] ep. Sleswic. et Johanni Rode
prep. eccl. Bremen. correctori facult.
arbitrandi inter eosdem conc. et quod
Paulus II. d. aep. in d. causa commisit: motu pr. committ. eum de
novo ut dd. proconsules et consules
eorum adversariis infra 4 menses sa-
tisfaciant c. pena 1.000 m. auri p. 22.
apr. 74 V 663 218^v-220^r – notitia
sup. visit. lim. pro 2 bienniis s. d. 1.
mai. 74 incipiendis p. Henricum
Guerwen prep. eccl. Halberstad. procur. 24. apr. 74 DC 36 267^r – de
conf. res et bona que ad mensam
aepisc. Magdeburg. spectant 18.
decb. 74 S 713 105^r – referens ut
supra quod quond. Bernardus princeps de Anhalt castra oppida villas et
terras ad suum ducatum pertin. videlicet Berneburg c. vetere et novo op.
Schandelszleve (Schadeszleve) et
Gropzch (Gropezk) c. suis op. et
Warmstorff, Erxleve (Erxcleve),
Genseforde castra et villam <op.>
Gusten ac al. castra et op. et Johanni
aep. Magdeburg. (in castro Berneburg presenti et nomine eccl. recipi-
enti) donavit et quod post d. Bernardi mortem eius agnati dd. feuda similiter receperunt et pro temp. habent et quod dd. donationes p. Fridericum R. I. in litt. conf. fuerunt: de
conf. <d. donationem et infeudati-
onem> 8. iun. 75 S 721 194^{rs}, (exec.
dec. eccl. Hildesem. et dec. eccl.
s. Blasii Brunswicen. et dec. eccl.
s. Nicolai Stendalien. Halberstad. dioc.) V 665 278^v-280^r.

4596 Johannes (de Bavaria) quond. Ottonis sen. [com.] palatini Reni et Bavarie ducis natus prep. eccl. August.:
de prepos. eccl. s. Viti Herriden. Eistet. dioc. (50 m. arg.) vac. p. o. Thome Pirkezymer prothonot. 8. febr.
73 S 687 59^{vs}, I 332 96^r – can. eccl.
August.: solv. 112 fl. adc. pro compositione annat. prepos. eccl. s. Viti
Heriden. (Herriden.) Eistet. dioc. p.
manus Ulrici Entzperger <p. manus

de Franzottis> 12. mart. 73 FC I
1129 142^r, FC I 1767 45^v, FC I 1768
57^v – can. eccl. Bamberg. Ottonis
Bavarie ducis et com. palatini Reni
fr. germanus: de prepos. eccl. Constant. (100 <140> m. arg.) vac. p.o.
in cur. Petri [Riario] tit. s. Sixti
presb. card. cui de d. prepos. vac.
p.o. Conradi de Richberg (Rech-
berg) in commendam prov. fuerat
13. ian. 74 S 709 79^r, V 546 96^{vss} –
can. eccl. Eistet. ex utr. par. de nob.
gen.: motu pr. gr. expect. de 1 benef.
ad coll. aep. etc. Colon. et episcoporum etc. provincie Colon. 28. apr.
74 V 546 52^v-54^r – prep. eccl. August. dux Bavarie: habuit mutuo 200
duc. auri Venetos quos promisit solv.
Venetiis Francisco de Savignano et
soc. ibidem merc. infra 4 menses testibus Alexandro Meisterlin rect. par.
eccl. in Teining Eistet. dioc., Johanne de Fuchsstein armig. August.,
Henrico Henzinbergher can. eccl.
Patav. (cass.) 30. apr. 74 FC I app.
21 46^v – oblig. p. Alexandrum
Meysterlin rect. par. eccl. in Teyning
Eistet. dioc. cur. sequentem procur.
(ut constat publico instr. ut infra)
sup. annat. 1 benef. vacat. in provincia Colon. ut supra, restit. bulle 30.
iun. 74 A 23 116^v – oblig. p. Alexandrum Meysterlin presb. August.
procur. eius (ut constat publico instr.
acto Rome s.d. 30. apr. 74 subscripto p. Conradum Segekner cler. Herbip. dioc. ap. et imper. auct. not.)
sup. annat. prepos. eccl. Constant. ut
supra 17. nov. 74 A 23 186^r – cler.
Eistet. dioc. qui can. et preb. eccl.
Eistet. ac prepos. eccl. s. Viti Herriden. Eistet. dioc. p. procur. in manibus pape resign. de quib. deinde
Bernardo Artzt prov. fuit: assign.
pens. ann. 60 fl. renen. sup. fruct. d.
prepos. p. d. Bernardum persolv. 11.
aug. 75 (exec. dec. eccl. Aurien. et
dec. eccl. s. Mauritii August. ac offic. August.) L 750 85^r-86^v – cui gr.
expect. c. derog. statuti eccl. Colon.
s.d. 28. apr. 74 ut supra conc. fuit et
referens quod Johanni Bapt. [Zeno]

tit. s. Anastasie presb. card. s.d. 9.
mai. 77 de prepos. eccl. s. Cassii op.
Bonnen. Colon. dioc. motu pr. prov.
fuit: reval. d. gr. expect. et revocatio
d. prov. 19. mai. 77 V 550 20^v-24^v –
prep. eccl. August.: de cass. certum
statutum d. eccl. quoad confer. benef. ad d. prepos. spectantes 16.
sept. 77 S 757 270^v – prep. eccl.
August.: motu pr. indultum ut nullus
nisi prep. d. eccl. a subditis subsidia
(steuras nunc.) in eius districtu exigere possit (exec. episcopi Frising.
et Eistet. ac Ratisbon.) [dat. deest] V
550 6^{vss} – motu pr. prov. de capel.
s. Stephani in Suntheim infra lim.
paroch. par. eccl. in Altheim (4 m.
arg.) et de perp. benef. sub invocatione s. Laurentii in capel. s. Sepulcri
August. (3 m. arg.) in casu vacat. etiam in mensibus ap. et post extinctionem litis contra Johannem Alter
cler. Eistet. dioc. in 16. sue et. an.
constit. qui prep. eccl. August. obsequiis insistere dicitur, n. o. def. et. 1.
iun. 79 V 550 7^v-9^r – motu pr. facult. confer. benef. in eius districtu
etiam in mensibus quib. coll. iuxta
concordata c. natione Germanica ad
sed. ap. competit 1. iun. 79 V 550
9^r-10^v – motu pr. indultum ut n. teneatur confer. benef. in eius districtu
ad can. d. eccl. c. derog. statutorum
d. eccl. [dat. deest] V 550 10^{vs} – alt.
port. etiam in presentia fam. et in
temp. interd. et esus lacticiniorum ac
lic. elig. confess. [dat. deest] V 550
11^{vs} – qui prepos. eccl. August. in
titulum et prepos. eccl. s. Albani
e.m. Magunt. in commendam ad vitam obtin. et qui litig. coram aud.
contra Thomam de Cilia cler. Aquileg. dioc. reum et possessorem sup.
prepos. eccl. Constant. referens quod
in casu assec. dd. prepos. eccl. August. et s. Albani eandem in manibus
pape resign. in favorem d. Thome:
motu pr. conc. regressum ad prepos.
d. eccl. Constant. (150 m. arg.)
(exec. episcopi ut supra) [dat. deest]
V 550 12^{rss} – motu pr. revocatio se-
questrationis fruct. prepos. eccl.

Constant. (exec. episcopi ut supra) [dat. deest] V 550 15^{rs} – motu pr. prov. de prepos. eccl. Magunt. in titulum (quam Theodorus [de Monteferrato] tit. s. Theodori diac. card. obtin.) et de prepos. eccl. Bunnen. Colon. dioc. in commendam (quam Johannes Bapt. [Zeno] card. ut supra obtin.) [dat. deest] V 550 15^{vss} – motu pr. reserv. prepos. eccl. Magunt. in casu vacat. (exec. episcopi Civitaten., August. ac Frising.) [dat. deest] V 550 16^{v}-20^{r}.

4597 **Johannes de Bavaria** can. eccl. Colon. Friderici Bavarie ducis com. palatini Reni et in Sparenhem natus in 17. sue et. an. constit. et in univ. Parisien. stud.: supplic. d. duce de disp. ad quodcumque benef. 12. iul. 75 S 723 251^{r}.

4598 **Johannes [Bawor]** el. Lutomisl.: prov. de eccl. Lutomisl. vac. p. o. 74/75 I 333 167^{r} – ep. Lutomisl. cuius eccl. in confinibus Turchorum sita est: remissum est totum quod d. ep. collegio card. solv. oblig. extiterat 26. oct. 74 FC I 1127 109^{v} – commendatarius mon. s. Vinceslai o. Prem. Olomuc. dioc.: remissum est totum 26. oct. 74 FC I 1127 109^{v} – abb. mon. s. Vinceslai o. Prem. Olomuc. dioc.: notitia sup. prov. de eccl. Lutomisl. vac. p. o. ad relationem dom. [Marci Barbus] card. tit. s. Marci presb. card. c. reserv. abbatissatu d. mon. quia bona d. eccl. occupantur 16. nov. 74 OS 82 86^{v}, OS 83 61^{v} – retentio mon. Olomuc. 74/75 I 333 237^{v} – oblig. p. Vinceslaum can. eccl. Lutomisl. camere ap. et collegio card. sup. solut. 460 fl. adc. pro serv. commun. et 5 serv. min. ratione commendationis mon. s. Vinceslai o. Prem. Olomuc. dioc. eidem s. d. 16. nov. 74 fact. c. disp. sup. n. prom. (in margine: restit. bullarum s. d. 9. decb. 74 absque solut. quia ipse Johannes [Bawor] el. Lutomisl. continuo tenet plures armig. expensis suis contra Boemos) 28. nov. 74 Paris L 25 A 8 168^{v}, OS

84 236^{r} – obtulit cam. ap. et collegio card. 800 fl. p. Wencislaum can. eccl. Lutomisl. pro serv. commun. et 5 serv. min. ratione prov. s. d. 16. nov. 74 (in margine: fuit sibi remissus quia occupatur a Boemis hereticis) 28. nov. 74 OS 84 236^{r}.

4599 **Johannes Bebourch** scol. Trever. dioc. <paup. cler.>: recip. primam tonsuram in eccl. s. Bartholomei de Insula in Urbe 18. febr. 75 F 6 195^{rs} – litt. testim., gratis F 6 203^{v}.

4600 **Johannes Beck** presb. Constant. dioc. antiquus curialis referens quod ipse ad instantiam creditoris pro summa 29 fl. adc. in turri soldani detentus et deinde vig. m. dilationis ad 1 an. (p. papam conc.) p. aep. Antibaren. relax. fuerat et quod Nicolaus de Walste presb. Constant. dioc. in d. summa Ulrico Frii (/.) merc. Alamanie oblig. ob n. solutionem dd. 40 [!] fl. excom. fuit: de exten. d. dilationis in favorem d. Nicolai et de absol. eum ab excom. 6. apr. 73 S 689 214^{vs} – referens quod dudum Martino Hering cler. August. dioc. penit. procur. pape fam. de perp. vicar. in eccl. Constant. (24 fl. adc.) tunc vac. p. o. Gotthardi Sumerdur prov. fuit et deinde possessione n. habita in loco infra 2 dietas a cur. que papa in Vetralla Viterbien. dioc. tenebat defunct. est: de surrog. ad ius d. Martini 27. iul. 76 S 740 143^{rs}.

4601 **Johannes Beck** cler. Leod. dioc. nullum benef. obtin. nob. Prosperi Camulii de Medicis Januen. Friderici R. I. consiliarii fam.: de gr. expect. de 2 can. et preb. et de 2 benef. ad coll. quorumcumque et de prerog. ad instar pape fam. descript., Et s. d. 1. ian. 72 S 670 285^{vs} – m. (dec. eccl. Remen. ac prep. et dec. eccl. b. Marie Aquen. Leod. dioc.) confer. can. et preb. eccl. s. Adalberti Aquen. Leod. dioc. (4 m. arg.) vac. p. o. Mathei Tamoil, gratis 6. apr. 72 (exped. 16. mai. 72) L 716 48^{vs} – can. prebend. eccl. s. Adalberti prope muros

Aquen. Leod. dioc.: de prom. ad omnes ord. extra temp., sola sign. 24.
apr. 72 S 678 214^r.

4602 **Johannes Beck** cler. Magunt. dioc.
in 18. sue et. an. constit. et in stud.
gener. Erforden. Magunt. dioc. studens: de disp. ad quodcumque benef.
c. lic. perm., Conc. in 19. sue et. an.
16. mart. 80 S 790 255^r.

4603 **Johannes Beck** rect. par. eccl. op.
Villingen Constant. dioc. inter al. referens quod d. par. eccl. insignis
exist. et 2.000 communicantes habet
quodque d. rect. singulis diebus c.
suis adiutoribus de 3 missis prov.
habet quodque nihilominus in red. in
tantum extenuata exist. ut ipse onera
supportare n. val.: de committ. in
partibus ut de fructibus d. par. eccl.
portio congrua detrahatur et rect. as-
signetur 12. iun. 78 S 770 246^{vs}.

4604 **Johannes Becham** rect. par. eccl. in
Nelling Constant. dioc. qui desup.
litig. contra Johannem com. de Helfenstein dec. eccl. Argent. ad d. par.
eccl. p. com. de Helfenstein patron.
present. (nunc resign. in manibus pape): de d. par. eccl. (180 fl. renen.) c.
reserv. pens. ann. 60 fl. renen. pro d.
Johanne com. 18. ian. 74 S 701
32^{vs}.

4605 **Johannes Bechel** laic. Treuer. dioc.
et nomine **Elizabethe** eius ux. fil.
Heynemanni de Millendorff laic. oppidani Confluentie Treuer. dioc. inter
al. referens quod d. Heymannus d.
Elizabetham in quibusdam bonis do-
taliciis iniuriabatur quodque desup.
litig. coram Nicolao Quendoiam (/.)
[recte: Quedenbaum] prep. eccl. b.
Marie Magunt. in d. op. commoranti
(ex commiss. Alexandri [Numai] ep.
Forolivien. in illis partibus ap. sed. c.
pot. legati de latere nuntii) et Johanne Jux prep. eccl. s. Simeonis Treuer.
et eiusdem nomine abb. mon. s. Maximini e. m. Treuer.: de committ. d.
abbati 13. nov. 77 S 760 185^{rs}.

4606 **Johannes [Beckenschlager**] aep.
Strigonien.: constit. c. consilio cardinalium in coadiutorem Leonis [de
Spaur] ep. Wien. et prestatio iuram.
in manibus episcoporum Nove Civitatis et Seccov. c. litt. solitis (inter al.
ad Fridericum R. I.) 27. mart. 77 L
766 82^v-84^v – narratio quod papa e
litt. [Alexandri Numai] ep. Forolivi-
en. nunt. et oratoris ap. cognovit
quantum d. Johannes apud R. I. intendit contra Andream [Jamometic]
olim aep. Craynen., hortatio ut d. Johannes pergat in bono opere et cum
ipso ep. Forolivien. apud R. I. effi-
cere studeat ut ipse Andreas sub pretextu salviconductus ad mandatum
imperiale concessi (sicuti dissemi-
natum est quod tamen credere papa
n. potest) apud Basil. n. retineatur
sed tamquam scismaticus eiciatur 9.
nov. 82 Arm. XXXIX, 15 97^{rs} – aep.
Strigonien. admin. eccl. Salzeburg.
qui facult. conc. plen. indulg. porri-
gentibus manus adiutrices ad defensionem fidei catholice obtin.: elar-
gatio d. facult. ut ex illicito coitu na-
tos legitimare val. et disp. sup. def.
nat. 7. decb. 82 Arm. XXXIX, 15
118^v – hortatio ut prosequat in negotiis cruciate et Bartholomeo de Camerino pape fam. nuntio ap. auxilium et consilium in publicandum de-
nuo d. cruciatam dedit 16. decb. 82
Arm. XXXIX, 15 129^{rs} – qui secundum litt. ep. Forolivien. et Antonii
Gratiadei oratorum ap. in negotio
contra Andream [Jamometic] olim
aep. Craynen. egit: hortatio ut in incepto perseveret et hanc rem ad op-
tatum exitum perducere stud. 29.
decb. 82 Arm. XXXIX, 15 144^v –
hortatio ut veram qualitatem matrim.
inter primogenitum regis Polonie et
fil. marchionis Brandenburg. studeat
propter quod aliqui referunt matrim.
ipsum esse p. verba de presenti contractum et aliqui vero d. matrim. esse
p. verba de futuro contractum 17.
apr. 83 Arm. XXXIX, 15 245^{vs}.

4607 **Johannes Becker** cler. Paderburn.
dioc.: de nova prov. de alt. s. Nicolai
sive commenda in capel. s. Georgii

prope et e. m. Peyne Hildesem. dioc.
(4 m. arg.) vac. p. o. Heinrici Stetler
3. nov. 76 S 743 226^v.

4608 Johannes Beheme (Veheme) cler.
Magunt. dioc.: de nova prov. de vicar. in eccl. ss. Petri et Pauli in Jecheburg Magunt. dioc. (3 m. arg.)
vac. p. o. cuiusdam Sartoris 25. mai.
80 S 793 136^r – referens quod ipse
p. Herelonem de Byla ad perp. vicar.
in capel. b. Marie in Tullede Magunt.
dioc. vac. p. o. Nicolai Richardi officiali prepos. eccl. s. Petri Jecheburgen. Magunt. dioc. present. fuit et
quod successive Johannes Steyn
cler. Magunt. dioc. p. Johannem
Barthe armig. archidiacono loci ad d.
perp. vicar. present. fuit et quod lis
desup. orta est: de prov. si neutri de
d. vicar. (2 m. arg.), n. o. perp. vicar.
ad summum alt. in eccl. s. Petri in
Jecheburgk (2 m. arg.) quam obtin.
10. ian. 82 S 806 251^{rs}.

**4609 Johannes Beheme (Behm) (de
Gorlitz)** cler. Misnen. dioc.: de par.
eccl. in Lemstorff Misnen. dioc. (6
m. arg.) vac. p. devol. 18. mart. 77 S
748 234^v – presb.: motu pr. gr. expect. de can. et preb. eccl. ss. Petri et
Pauli Budissinen. Misnen. dioc. et de
can. et preb. eccl. ss. Petri et Pauli
Citzen. Nuemburg. dioc. ad coll. ep.
etc. Misnen. et ep. etc. Nuemburg.
(m. prep. eccl. s. Bonifacii Hamelen.
Minden. dioc. ac dec. eccl. s. Ludgeri Monast.) 17. nov. 81 (exped. 24.
nov. 81) L 819 283^{vss} – cler. Misnen. dioc. qui vig. gr. expect. can. et
preb. in colleg. eccl. s. Petri Baudis-
sen. Misnen. dioc. vac. p. o. Johannis
Geilnaw (Gilner) et s. c. vicar. in d.
colleg. eccl. s. Petri Budissen. vac. p.
assec. can. et preb. d. eccl. p. d. Johannem Geilnaw acc.: de nova prov.
de dd. can. et preb. (6 m. arg.) 21.
iul. 83 S 826 45^r.

4610 Johannes Beychen (Veychen) can.
colleg. eccl. s. Severini Colon. leg.
doct. Wilhelmi ducis Julie consiliarius in [Ludovici de Burbonio] ep.
Leod. et Maximiliani ducis Burgun-

die negotiis insistendo qui ad decan.
eccl. b. Marie in Duysseldorff Colon. dioc. que ex fund. de iur. patron.
ducis Monten. exist. p. d. patron.
present. sive p. capit. d. eccl. el. fuit:
de nova prov. de d. decan. (8 m.
arg.) 11. decb. 81 S 805 243^v.

4611 Johannes Beyssel ducis Austrie
consiliarius referens quod villicus
burgimagistri et al. rectores op.
Aquisgrane Leod. dioc. Wilhelmum
Beyssel (Royssel) laic. d. op. et fr.
germanum d. Johannis de mil. gen.
in eccl. conv. o. fr. herem. s. Aug. d.
op. missam audientem ex d. eccl.
violenter extraxerunt et capite trun-
caverunt: de committ. in partibus 7.
aug. 78 S 772 141^r, m. (abb. mon.
s. Gertrudis Lovanien. Leod. dioc. et
dec. eccl. s. Petri Lovanien. Leod.
dioc. ac Roberto de Lacu dec. eccl.
b. Marie Traiect.) V 670 77^{vss} – referens quod villicus burgimagistri et
al. rectores ut supra vig. commiss.
Theoderico abb. mon. s. Gertrudis ut
supra et Johanni de Thuoren dec.
eccl. s. Petri ut supra in decr. licent.
ac Roberto de Lacu dec. eccl. b. Marie Traiect. utr. iur. doct. facte in
causam tracti fuerunt et quod ipsi indultum ap. de n. evocando e. m. d.
op. habent: de decl. litt. desup. perinde val. acsi in d. commiss. de d.
indulto mentio fact. et illius derog.
expressa fuisset 11. ian. 80 S 789
61^{rs}, L 803 107^{rss}.

4612 Johannes Bellendorffer rect. par.
eccl. in Gugenhem Magunt. dioc.: de
disp. ut unac. d. par. eccl. al. 2 incompat. benef. recip. val. etsi par.
eccl. ad vitam c. lic. perm. 14. apr.
79 S 780 88^{vs}.

4613 Johannes Belhot cler. Leod. dioc.
Angeli [de Capranica] tit. s. Crucis in
Jerusalem presb. card. credentiarius
et fam.: supplic. d. card. de can. et
preb. eccl. Bonnen. [Colon.] dioc. (8
m. arg.) vac. p. o. in cur. Henrici
Dailman Pauli II. fam. et cubic. 6.
sept. 71 S 671 109^{vs}.

4614 **Johannes Belholt (Beltholt)** dec. <et can.> eccl. s. Mauritii e. m. Monast.: de n. prom. 16. sept. 71 S 671 231ʳ – de prom. ad omnes ord. extra temp., sola sign. 14. oct. 71 S 672 181ʳ – inter 8 Bessarionis [Trapezunt.] card. ep. Sabinen. Niceni nunc. dilectos enumerati: supplic. d. card. de gr. expect. de 2 can. et de 2 benef. ad coll. quorumcumque, Et s. d. 1. ian. 72 S 670 89ʳˢˢ – cler. Monast., **Henricus Graue** presb. Monast., **Arnoldus Grundick** presb. Osnaburg. dioc., **Hermannus Leninck [= Pleninck] de Telget** cler. Monast. dioc., **Arnold Klimrock** cler. Monast. dioc., **Henricus Cleyman** presb. Monast. dioc., **Johannes Moerman de Oyta** cler. Osnaburg. dioc., **Henricus Ledebur** cler. Osnaburg. ex utr. par. de mil. gen., **Theodericus (/.) Cloet, Johannes Sconebeke**: de gr. expect. de 2 can. et de 2 benef. ad coll. quorumcumque, Et s. d. 1. ian. 72 S 670 200ʳ – actor litig. coram Nicolao de Edam aud. contra Johannem de Beueren iun. intrusum et Henricum Egher sup. can. et preb. eccl. s. Plechelmi Aldensalen. Traiect. dioc. vac. p. o. Johannis Brand: de prov. si neutri de eisdem (4 m. arg.) 23. apr. 72 S 678 110ʳˢ – litt. testim. sup. prom. (vig. conc. ut supra) ad subdiacon. ord. s. d. 28. apr. 72, ad diacon. ord. s. d. 7. mai. 72, ad presbit. ord. s. d. 10. mai. 72 in eccl. s. Bartholomei de Insula in Urbe 10. mai. 72 F 6 51ᵛ – de n. resid. ad 5 an. 29. mai. 72 S 680 227ʳ, (m. dec. eccl. s. Lebuini Daventrien. Traiect. dioc. ac officialibus Colon. et Osnaburg.) L 722 436ᵛ-438ʳ – c. fr. et sororibus: alt. port. 71/72 I 332 170ʳ – presb. referens quod secundum fund. s. c. vicar. ad alt. ss. Petri et Pauli appl. in par. eccl. s. Servatii Monast. de iur. patron. laic. vic. d. vicar. presb. esse vel infra an. ad sacerd. ord. prom. et nullum al. benef. obtin. et ibi personaliter resid. debet: de d. vicar. (4 m. arg.) c. disp. de n. resid. et de n.

prom. ad 5 an. 27. iul. 75 S 724 130ʳˢ, L 751 226ᵛˢ – qui ad perp. vicar. ut supra vac. p. resign. Johannis Doetfleghet Oliverii [Carafa] presb. card. Neapolitan. nunc. fam. p. patron. laic. present. fuerat: de nova prov. de d. vicar. (4 m. arg.) 21. decb. 75 S 731 220ᵛˢ – et **Bernardus Cobbinck, Hermannus Pleninck, Wilhelmus Ascheberger, Henricus de Schulenberch, Henricus de Haghe, Gerhardus Wisseman, Henricus Cleyman, Hermannus de Edern, Johannes Darvelt, Johannes Purtrik, Bernardus Grosz de Morsin, Johannes Schurenbusch, Gotfridus Herde, Gerardus Dreses de Grollis, Gerardus Voss de Lochem** quib. gr. expect. sub diversis modis et formis ac datis de 2 benef. conc. fuit: de prerog. ad instar pape fam. descript. et de decl. litt. sup. gr. expect. perinde val. acsi motu pr. conc. fuissent 10. febr. 76 S 741 167ᵛˢˢ – qui vig. gr. expect. s. d. 1. ian. 72 perp. s. c. vicar. ad alt. ss. Maurorum in eccl. s. Gereonis Colon. vac. p. o. Wilhelmi de Richensteyn acc. sup. qua litig. intendit contra Nicolaum Nickel cler. intrusum: de prorog. term. intimandi ad 6 menses 29. febr. 76 S 741 14ᵛˢ, Conc. ad 3 menses, sola sign. 1. mart. 76 S 741 44ᵛˢ.

4615 **Johannes Belznen**: not. recip. pro bulla distributa 3 grossos et 1 grossum iul. 82 DB 1 139ʳ.

4616 **Johannes Bencker** cler. Constant. dioc. perp. cap. ad alt. ss. Cosme et Damiani in eccl. mon. ss. Felicis et Regule o. s. Ben. Turicen. (Thuricen.) Constant. dioc. in cur. resid. in 23. sue et. an. constit.: de prom. ad omnes ord. extra temp., sola sign. 21. mai. 82 S 811 5ʳ – litt. testim. (vig. supplic. s. d. 21. mai. 82) sup. prom. ad subdiacon. ord. s. d. 27. mai. 82, ad diacon. ord. s. d. 28. mai. 82, ad presbit. ord. s. d. 1. iun. 82 in basilica s. Petri de Urbe 1. iun. 82 F 7 57ᵛ.

4617 Johannes de Bendelouben cler.
Magunt. dioc. ex utr. par. de mil.
gen. ac in 10. sue et. an. constit. nullum benef. obtin. qui ad perp. vicar.
ad alt. s. Georgii in eccl. ss. Petri et
Pauli in op. Wymar Magunt. dioc.
vac. p. o. cuiusdam p. patron. laic.
present. fuit: de nova prov. de d.
perp. vicar. (3 m. arg.) 17. mai. 83 S
826 69^v.

4618 Johannes Benedicti (Benedictus)
cler. Constant. dioc. pape fam.: de
perp. vicar. sive capn. ad alt. s. Michaelis in colleg. eccl. in Lutenbach
Basil. dioc. (2 m. arg.) vac. p. o. Jodoci Decembri 28. aug. 72 S 682
202^v, I 332 38^r – Petri [Ferrici] ep.
Tirasonen. fam.: de perp. capn. ad
alt. s. Catherine in eccl. s. Martini op.
Colmar Basil. dioc. (4 m. arg.) vac.
p. o. Johannis Manni (Monni) 31.
aug. 72 S 688 5^v, 4. sept. 73 S 694
298^{rs} – m. (prep. eccl. s. Spiritus Ruremunden. Leod. dioc. et Paulo de
Crottis can. eccl. Cremonen. ac offic. eccl. Basil.) confer. perp. s. c.
vicar. sive capn. ad alt. s. Florentii in
capel. cimiterii eccl. s. Martini op.
Colmar (Columbarien.) Basil. dioc.
(4 m. arg.) vac. p. o. Johannis Grosz,
gratis 4. sept. 72 V 573 228^v-230^r –
de can. et preb. eccl. s. Germani
Grandis Vallis Basil. dioc. (4 m.
arg.) vac. p. o. Johannis Muller de
Telsperg 30. apr. 74 S 704 69^v – de
perp. s. c. vicar. ad alt. s. Antonii in
colleg. eccl. in Seckinghen Constant.
dioc. (2 m. arg. p.) vac. p. o. Johannis Boesii (Bosii) 20. mai. 74 S 709
158^v – de perp. vicar. ad alt. Trium
regum in par. eccl. op. Bacharach
(Baiach, Bacach) Trever. dioc. (4 m.
arg.) vac. p. resign. Johannis
Stumpff cler. Herbip. dioc. 1. decb.
75 S 730 252^v, (m. dec. eccl. s. Martini Bramescen. Osnaburg. dioc. et
offic. Trever. ac offic. Constant.),
gratis V 574 290^r-291^v – cui de
capn. seu vicar. s. Florentii ut supra
prov. fuit: de prorog. term. exped. ad
al. 6 menses, sola sign. 19. ian. 76 S

733 142^{vs} – de perp. capn. sive vicar. ad alt. N. in par. eccl. in Pegaw
(Pegawo) Merseburg. dioc. (4 m.
arg.) vac. p. o. in cur. Henrici Konritz 25. mart. 76 S 736 262^r – perp.
vic. ad alt. s. Jacobi in eccl. s. Petri
Basil. in min. ord. constit.: de prom.
ad omnes ord. extra temp., sola sign.
11. apr. 76 S 737 147^r – motu pr. de
prerog. pape fam. descript. in absentia, Fiat ad an., sola sign. 11. mai.
76 S 738 263^{rss} – et **Ulricus de Wolfirstorff (Wolffersthorff)** rect. par.
eccl. in Martwerben Halberstad. dioc. ex utr. par. de mil. gen. ac cler.
in registro supplic. qui perp. vicar.
seu capn. ad alt. s. Petri in par. eccl.
s. Ottonis in Pegaw ut supra vac.
p. o. in cur. Henrici de Konercz
(Roueritz) resign. intendit: de adm.
resign. Johannis Benedicti et de
prov. d. Ulrico de d. vicar. et de assign. Johanni Benedicti pens. ann. 8
fl. renen. sup. fruct. d. par. eccl. in
Martwerben (4 m. arg.) <in civit.
Merseburg persolv.> 7. ian. 78 S 762
256^{vs}, m. (prep. eccl. Magdeburg. et
prep. eccl. s. Crucis Hildesem. ac offic. Nuemburg.) L 791 134^r-135^v –
<cui gr. expect. de can. et preb. eccl.
s. Johannis Novi Monasterii Herbip.
necnon de benef. ad coll. cuiuscumque conc. fuit> et qui actor litig. coram Johanne Prioris aud. in locum
quond. Johannis [Diaz de Coca] ep.
Calaguritan. in cur. resid. contra
quond. Johannem Olman cler. reum
et possessorem in cur. defunct. sup.
perp. s. c. vicar. seu capn. <preb.
nunc.>g ad alt. ss. Gregorii et Blasii
in ambitu <capel.> eccl. Argent. (4
m. arg.) <vac. p. o. Henrici Wacher>:
de surrog. ad ius d. Johannis Olman
18. apr. 78 S 768 132^{vs}, m. (prep.
eccl. s. Petri in Northen Magunt. dioc. et Basil. offic. ac Argent. offic.),
gratis V 586 257^r-260^v.

4619 Johannes Benghel: not. recip. pro
bulla distributa 2 grossos mai. 82
DB 1 135^v.

4620 Johannes Benshem can. prebend. eccl. s. Stephani Magunt. cui dec. etc. d. eccl. adm. in can. recusarunt prius ipse vinum adm. iuxta consuetudinem d. eccl. solverit: conc. ut d. vinum libere solv. val. nec propterea labem simonie committens [ian. 72] Arm. XXXIX, 14 111^{rs}.

4621 Johannes Bentz cler. Spiren. dioc.: de perp. vicar. in eccl. s. Petri in Buerbach Spiren. dioc. (4 m. arg. p.) vac. p. o. Johannis Mercklin 25. mai. 84 S 836 78^r – acol. Spiren. dioc. et cap. eccl. s. Crucis in Penchelstain Salzeburg. dioc. qui p. 9 an. studuit et studet in art.: de prom. ad omnes ord. extra temp., sola sign. 3. iul. 84 S 837 258^v.

4622 Johannes Beppli pleb. in Blengen‑ Constant. dioc.: de disp. ut unac. d. pleban. aliud incompat. benef. recip. val. etsi 2 par. eccl. etiam sub eodem tecto ad vitam c. lic. perm. 21. nov. 80 S 798 14^{rs}.

4623 Johannes Berardi de Rodenaw cler. Meten. dioc.: motu pr. de gr. expect. de can. et preb. necnon de benef. ad coll. quorumcumque, Et s. d. 17. nov. 81 S 803 103^v.

4624 Johannes Berbaum (Berboum) cler. Magunt. dioc. qui perp. benef. in eccl. s. Crucis op. Goetingen Magunt. dioc. obtin.: de prom. ad omnes ord. extra temp., sola sign. 23. ian. 75 S 714 156^r.

4625 Johannes Berch paup. cler. Minden. nullum benef. obtin.: de par. eccl. in Superiori Borghe Minden. dioc. (2 m. arg.) vac. p. o. Johannis Dethardi al. Rupus, n. o. def. nat. (p. s.) 9. ian. 77 S 745 215^v.

4626 Johannes [de Berka] abb. mon. Seynen. o. Prem. Trever. dioc.: de alt. port. c. clausula ante diem et in locis interd. 7. decb. 82 S 817 50^r – referens quod licet membra o. Prem. sed. ap. immediate subiecta et p. eiusdem sed. speciale privilegium a subiectione quorumcumque exempta

sint nihilominus aep. Trever. d. Johanni abb. varia subsidia extorquere nititur: de indulto quod dd. abb. etc. ad solutionem talium subsidiorum minime teneantur 16. decb. 82 S 817 133^{rs}.

4627 Johannes Berker cap. capel. castri in Pfruntenbergk Bamberg. dioc.: de prom. ad ord. presbit. extra temp., sola sign. 25. ian. 79 S 777 98^{vs}.

4628 Johannes [Berger] Perger o. fr. herem. s. Aug. Ottonis ducis Bavarie com. palatini Reni dilectus: supplic. d. duce de disp. ad 1 benef. 6. oct. 72 S 683 109^r – el. Bellinen. qui percip. annuatim 92 fl. renen. sup. fruct. [mon.] in Paurburk (Panburg) [= Baumburg] o. s. Aug. Frising. [recte: Salzeburg.] dioc.: motu pr. assign. pens. ann. 110 fl. renen. sup. fruct. mense episc. Brixin. p. Georgium [Golser] ep. Brixin. persolv. (m. aep. Patracen. et abbatibus mon. in Tegernsee ac in mon. Etal Frising. dioc.) 7. iun. 75 L 747 270^{rss} – solv. 37 fl. 36 bol. pro compositione annat. pens. ann. p. manus Ulrici Entzperger 25. iun. 75 FC I 1132 82^r, IE 492 10^r – obtulit cam. ap. et collegio card. 10 fl. adc. pro val. 1 balliste p. Ulricum Entzperger (Enczperger) can. eccl. Patav. ratione prov. s. d. 7. iun. 75 26. iun. 75 Paris L 25 A 8 196^r, OS 84 248^r, 27. iun. 75 IE 492 10^v – ep. Bellinen. qui pens. ann. 92 fl. renen. ut supra percip. et off. pontific. in civit. et dioc. Brixin. de consensu ep. Brixin. exercere potest: de disp. ad 2 benef. sec. vel reg. ad vitam c. lic. perm. et de indulto ut in quibuscumque dom. o. fr. herem. s. Aug. quem profes. est necnon in quibusvis al. locis quarumcumque civit. et dioc. de consensu ordin. dd. off. pontific. exercere val., Conc. de uno benef. 28. iun. 80 S 794 112^v – referens quod in provincia Alemannie propter absentiam archiepiscoporum et ep. et carentiam suffraganeorum multi docti homines <multe persone idonee> ad sacros ord.

prom. n. possunt et multe eccl. etc. absque consecr. et benedictione remanent: de facult. prom. ad sacros ord. et benedicendi <consecr.> ecclesias in civit. et dioc. d. provincie c. consensu ordin. et c. derog. statutorum synodalium (si opus sit) 1. iul. 80 S 793 72ᵛˢ, V 673 367ᵛˢ.

4629 Johannes de Bergis al. Machlaer cler. Leod. dioc.: de perp. vicar. seu alt. s. Florini eccl. s. Castoris in Confluentia Trever. dioc. (4 m. arg.) vac. p. o. Nicolai Wymdeck quond. Nicolai de Cusa tit. s. Petri ad vincula presb. card. cap. et fam. 12. sept. 71 S 671 36ᵛ.

4630 Johannes Beringer presb. Eistet. dioc. 70. sue et. an. transcendens: de assign. pens. ann. 25 fl. renen. sup. fruct. decan. eccl. s. Nicolai Novi Collegii in Spalt Eistet. dioc. (80 fl. renen.) p. Georgium Czwinger persolv. in cuius favorem d. Johannes d. decan. resign. in manibus ordin. 19. ian. 74 S 701 111ʳˢ, 28. ian. 74 S 701 100ʳˢ.

4631 Johannes (de) Berlevessen (Berlevesszen) cler. Magunt. dioc. qui nullum benef. obtin. et ultra 5 an. Perusii operam iuribus dedit: de can. et preb. eccl. s. Crucis in Northusen Magunt. dioc. (4 m. arg.) vac. p. o. Werneri Arnswale 6. oct. 79 S 792 104ᵛ – de par. eccl. <s. Nicolai> in Lera Magunt. dioc. (3 m. arg.) vac. p. o. Henrici Utershusen, n. o. perp. vicar. ad alt. ss. Cosme et Damiani in eccl. b. Marie Erffordie Magunt. dioc. (2 m. arg.) quam obtin. <et n. o. gr. expect. de can. et preb. in d. eccl. b. Marie et de can. et preb. in eccl. s. Severi Erforden. Magunt. dioc.> 4. febr. 82 S 813 174ᵛ, m. (dec. eccl. s. Blasii Brunswicen. Hildesem. dioc. et scolast. eccl. s. Severi Erforden. Magunt. dioc. ac offic. Magunt.) (exped. 4. ian. 83) L 821 90ᵛˢˢ – in leg. licent.: de perp. vicar. in colleg. eccl. op. Salczen. Magunt. dioc. (4 m. arg.) vac. p. o. Johannis Raben, n. o. perp. vicar. ad alt. b.

Marie Magdalene in colleg. eccl. b. Marie virg. Erforden. Magunt. dioc. (2) et par. eccl. ville Lare (2 m. arg.) quas obtin. ac gr. expect. de 2 can. et preb. p. papam sibi conc. 12. aug. 82 S 813 280ᵛ – de perp. vicar. in colleg. eccl. s. Alexandri Eimbecen. Magunt. dioc. (4 m. arg.) vac. p. o. Johannis Yselnart 13. mai. 83 S 827 143ᵛ – <pape fam.>: de off. sollicitatoris litt. ap. vac. p. resign. in manibus pape Theoderici Arndes dec. eccl. s. Blasii Brunswicen. Hildesem. dioc. <leg. doct. et pape fam.> 13. mai. 83 S 823 118ʳ, (m. Roderico [de Borja] card. ep. Portuen. vicecancellario) 15. mai. 83 L 831 84ᵛˢˢ – de scolastr. eccl. s. Severi op. Erforden. (Herforden.) Magunt. dioc. (4 m. arg.) vac. p. resign. in manibus pape Johannis Strachman cler. Osnaburg. dioc. [Francisci Todeschini-Piccolomini] diac. card. Senen. fam. (cui de eadem vac. p. o. Johannis de Echten prov. fuit) et de assign. d. Johanni Strachman pens. ann. 13 fl. renen. videlicet 5 fl. renen. sup. fruct. d. scolastr. et 8 fl. renen. sup. vicar. ad alt. ss. Cosme et Damiani in d. eccl. b. Marie ut supra (4 m. arg.) quas Johannes de Berlevessen obtin. 2. iun. 83 S 824 204ʳˢ, I 335 60ᵛ – litt. ap. sollicitator et pape fam. referens quod sibi de scolastr. ut supra tunc vac. p. o. Johannis de Echten alicuius card. fam. prov. fuit possessione n. subsecuta et quod ipse in litt. ap. sollicitator et pape fam. exist. express. fuit c. autem d. off. sollicitatoris tunc vac. foret: de decl. litt. desup. perinde val. acsi temp. dd. litt. sollicitator et pape fam. fuisset et d. s. c. scolastr. (4 m. arg.) assecutus foret 10. aug. 83 S 826 223ʳˢ – cui de par. eccl. s. Martini in Dransfelde Magunt. dioc. vac. p. o. Heysonis Kraurel p. Angelum [Gherardini] ep. Suessan. in partibus Alemanie legatum prov. fuit: de nova prov. de eadem (6 m. arg.) c. disp. ut unac. d. par. eccl. quam obtin. par. eccl. in Lare (Lara) Magunt. dioc. (3 m. arg.) sup. qua litig. in cur. et scolastr. eccl. s. Severi Erforden. Magunt. dioc. (4 m. arg.) recip. val. c. lic. perm. etsi 2 par. eccl. 10. aug. 83 S 826 223^{vs} – de disp. ut supra ad 3 incompat. benef. 19. aug. 83 S 827 114^{vs} – qui vig. gr. expect. s. d. 17. nov. 81 motu pr. can. et preb. in eccl. b. Marie Erforden. Magunt. dioc. ac can. et preb. in eccl. s. Severi ibidem acc.: motu pr. de prerog. ad instar pape fam. descript. 13. nov. 83 S 839 245^r – et **Johannes Wockenradt** decr. doct. et **Ernestus Store** quib. gr. expect. s. d. 17. nov. 81 motu pr. conc. fuit: motu pr. de prerog. ad instar pape fam. descript. 17. ian. 84 S 839 245^v – de perp. s. c. vicar. in colleg. eccl. s. Petri Norten. Magunt. dioc. (2 m. arg.) vac. p. o. Johannis de Rode 27. ian. 84 S 839 227^r – qui vig. gr. expect. can. et preb. in colleg. eccl. b. Marie op. Erfforden. vac. p. o. Hildebrandi Guntheri acc.: de prorog. term. publicandi ad 6 menses, sola sign. 4. iun. 84 S 836 290^v.

4632 **Johannes de Bern** presb. Argent. dioc.: de perp. benef. primissaria nunc. in par. eccl. ville Stispach Argent. dioc. (4 m. arg.) vac. p. o. Theobaldi Waltherii 30. ian. 79 S 777 242^{vs}.

4633 **Johannes Bern** monach. profes. et benefic. mon. Romerstorffen. o. Prem. Trever. dioc. qui ad par. eccl. in Dorlor c. villagiis annexis Trever. dioc. vac. p. o. Gerardi Schulfrechel p. abb. d. mon. Romerstorffen. archidiacono Trever. present. fuit et d. par. eccl. p. plures an. obtin.: de nova prov. de eadem (8 m. arg.) 23. febr. 82 S 809 251^r.

4634 **Johannes Bernardi** perp. vic. in colleg. eccl. ss. Petri et Pauli Nove Civitatis Magdeburg. qui litig. coram Johanne Prioris aud. contra Johannem Birawe (/.) cler. sup. d. s. c. vicar. vac. p. o. Bonifatii Mumme: de prov. si neutri de d. vicar. (4 m. arg.) 29. iun. 84 S 838 6^v.

4635 **Johannes Bernhem** presb. Ratisbon. dioc.: de perp. missa sive capel. b. Marie virg. in Kannet al. Schawart Ratisbon. dioc. (que p. nonnullos cler. et laic. Ratisbon. dioc. fund. et dotata fuit et cuius ius present. ad Georgium et Vitum Pernklo de Scheumweir nob. spectat) (4 m. arg.) vacat. p. priv. Georgii Pecher cui longe post terminum present. prov. fuit 3. febr. 79 S 780 112^v.

4636 **Johannes (de) Bernynchusen (Bernychusen, Bernymhusen)** [1. pars 2 partium] rect. par. eccl. in Velmede Colon. dioc. c. quo sup. def. nat. (s. s.) et sup. n. prom. ad 7 an. p. Ropertum [com. palatinum Reni] aep. Colon. disp. fuit: n. prom. ad 7 an. a tempore dat. presentium litt., gratis 1. ian. 74 V 665 387^{vs} – cler. Colon. dioc. c. quo sup. def. nat. (s. s.) disp. fuit: de nova prov. de par. eccl. in Velnrade Colon. dioc. (4 m. arg.) vac. p. resign. in manibus ordin. Johannis Godeken 1. febr. 74 S 702 90^{rs} – subdiac.: de n. prom. ad 7 an. 1. febr. 74 S 702 90^{rs} – c. quo <p. Philippum [Calandrini] card. ep. Portuen. maiorem penit. tunc tit. s. Laurentii in Lucina presb. card.> mandato quond. Theoderici [de Moers] aep. Colon. p. Hartmannum Modewiek (Modewik) de Lippis (Lippia) dec. christianitatis Wormacien. (Warmaten.) Colon. dioc.) subdelegatum in decr. bac. sup. def. nat. (c. s.) disp. fuit et qui vig. disp. par. eccl. in Velmede Colon. dioc. (3 m. arg.) assec. est et c. quo postea de n. prom. ad 7 an. disp. fuit et cui gr. expect. s. d. 1. ian. 72 <de can. et preb. eccl. s. Walburgis Messcheden. Colon. dioc. necnon de benef. ad coll. ep. etc. Paderburn.> conc. fuit: de decl. litt. desup. perinde val. acsi d. Johannes p. d. aep. personaliter disp. fuisset 14. oct. 75 S 727 299^{vs}, gratis V 666 549^{vss} – de nova prov. de par. eccl. in Velmede Colon. dioc. (4 m. arg.) vac. p. resign. Johannis Godeken 4. decb. 76 S 745 218^v –

referens quod secum sup. n. prom. ex causa stud. ad 7 an. disp. fuit: de n. prom. ad al. 5 an. 29. decb. 76 S 756 95^{rs} – de disp. sup. def. nat. (c. s.) et de disp. ut unac. par. eccl. ut supra al. incompat. benef. recip. val., Et c. lic. perm. 30. decb. 77 S 762 189^{vs} – pape fam. c. quo sup. def. nat. (de <cler. ex utr. par.> nob. et mil. gen. et s.) et ad quodcumque benef. disp. fuit: de disp. ut unac. par. eccl. ut supra al. incompat. benef. recip. val. c. lic. perm. et tacendi sup. def. nat. 31. aug. 78 S 773 68^{rs} – motu pr. disp. ad quodcumque benef., gratis 31. aug. 78 V 670 560^{rs} – de perp. vicar. ad alt. N. de par. eccl. in Ruden vel Alden Ruden Colon. dioc. (3 m. arg.) vac. p. o. in cur. Johannis Deppinck pape fam., n. o. def. nat. 31. aug. 78 S 773 290^v – de capel. s. Nicolai in Branesteyn seu vicar. ad alt. N. in d. capel. Colon. dioc. de iur. patron. laic. (3 m. arg.) vac. p. o. in cur. Johannis Deppinck pape fam. c. derog. iur. patron. 10. sept. 78 S 773 290^v – motu pr. de perp. vicar. ad alt. N. in eccl. <b. Marie> Hamburgen. Bremen. dioc. (4 m. arg.) vac. p. o. in cur. Theodorici Sluter, Fiat motu pr. 9. oct. 78 S 773 257^v, m. (prep. eccl. Bremen. et dec. eccl. s. Patrocli Susacien. Colon. dioc. ac offic. Lubic.) PA 27 177^r-178^v – de par. eccl. b. Marie virg. Ganden. Tornacen. dioc. (128 <250> l. T. p.) vac. p. o. Hermanni Zeghers (Gegero) <pape fam.> et de disp. ut unac. par. eccl. in Velmede ut supra al. par. eccl. recip. val. etsi par. eccl. ad vitam c. lic. perm. et c. derog. statutorum d. par. eccl. quod nullus eandem obtin. potest nisi gradus doct. in utr. iur. seu theol. habet aut infra an. tenet 5. mai. 79 S 781 37^r, (exec. prep. eccl. b. Marie Feuchtwangen. August. dioc. et prep. eccl. s. Pharaildis Ganden. Tornacen. dioc. et offic. Tornacen.), gratis V 592 97^{rss} – de mutatione gr. expect. de can. et preb. eccl. s. Walburgis Messcheden. Colon. dioc. in

can. et preb. eccl. s. Patrocli Susacien. Colon. dioc. ac in can. et preb. eccl. s. Severini Colon. et de decl. litt. desup. perinde val. acsi motu pr. conc. fuissent ac de prerog. ad instar pape fam. descript., <attento quod d. Johannes olim fuit missus in negotiis pape tamquam notarius c. Johanne Husseman prothonot. ad regnum Scotie c. multis laboribus et nullam al. gratiam neque salarium reportavit>, Conc. motu pr. 19. oct. 79 S 787 202^{rs}, 11. ian. 80 S 788 275^{vss}, gratis V 672 204^v-207^r.

4637 Johannes Bernynchusen [2. pars 2 partium]: de disp. ut unac. benef. ut supra (par. eccl. in Velmede et par. eccl. b. Marie Ganden.) al. 3. incompat. benef. etsi 2 par. eccl. ad vitam c. lic. perm. obtin. possit, Conc. ad 7 an. 18. decb. 79 S 788 127^v, S 788 14^{rs}, gratis 2. ian. 80 V 673 358^r-359^v – de facult. resign. vel perm. et de n. resid. ac de fruct. percip. <p. 2 an.> 9. mart. 80 S 792 72^{vs}, (exec. prep. eccl. b. Marie Feuchtwangen. August. dioc. et prep. eccl. s. Patrocli Susacien. Colon. dioc. ac offic. Colon.), gratis V 604 176^r-178^r – pape fam. et acol.: lic. testandi, gratis 23. iun. 80 V 675 295^{vs} – lic. dicendi horas can. iuxta morem R. E. c. uno socio et alt. port. c. clausula ante diem in presentia sua et fam. et domesticorum suorum, gratis 10. oct. 80 V 675 295^{rs} – de disp. ad 2 incompat. benef. etsi par. eccl. etiam sub eodem tecto ad vitam c. lic. perm. 28. nov. 80 S 798 107^{rs}, gratis V 675 294^{rss} – not. recip. pro bulla distributa [3?] gr. nov. 80 DB 1 51^v – oblig. pro facult. resign. vel perm. ut supra 1. decb. 80 A 29 110^v – can. eccl. s. Patrocli Susacien. Colon. dioc.: de par. eccl. <Veteris Ecclesie s. Petri> Susacien. Colon. dioc. (10 m. arg.) vac. p. o. Henrici Pape 12. aug. 81 S 802 66^v, m. (prep. eccl. Paderburn. et dec. eccl. b. Marie Feuchtwangen. August. dioc. ac dec. eccl. Paderburn.), gratis V 618 106^r-

107^v – in cur. resid.: de prom. ad omnes ord. extra temp., sola sign. 19. decb. 81 S 806 47^r – de can. et preb. in eccl. b. Marie ad Gradus Colon. (4 m. arg.) necnon de can. et preb. in eccl. b. Marie in Capitolio Colon. (4 m. arg. p.) vac. p.o. Anthonii Curwick (de Susato) Georgii [Hesler] tit. s.Lucie in Silice presb. card. fam., n.o. can. et preb. in eccl. s.Patrocli Susacien. Colon. dioc. (4) ac capn. eccl. s.Nicolai in Brustein Susacien. Colon. dioc. (2) et perp. s.c. vicar. ad alt. s. Vincentii in par. eccl. in Ruden Colon. dioc. (2) necnon par. eccl. b. Marie Ganden. Tornacen. dioc. (8) et perp. s.c. vicar. in eccl. b. Marie Hamburgen. Bremen. dioc. (3 m. arg.) quos obtin. <et par. eccl. Veteris Ecclesie s.Petri Susacien. (8 m. arg.)> <et can. et preb. in eccl. s.Severini Colon. et can. et preb. in eccl. s.Victoris Xancten. Colon. dioc. de quib. vig. gr. expect. motu pr. sibi prov. fuit> 24. decb. 81 S 806 76^r, (exec. ep. Eugubin. et prep. eccl. Paderburn. ac offic. Colon.), gratis V 615 42^v-45^r – not. recip. pro bulla distributa 2 grossos ian. 82 DB 1 114^r – not. recip. pro bulla distributa 2 grossos mai. 82 DB 1 129^r – et **Rodulphus Abel** cler. Colon. dioc. pape familiares qui se a cur. et pape servitio propter sua negotia absentare et ad partes transferre habent: de prerog. ad instar pape fam. in absentia ad an. acsi in tinello ap. comederent, sola sign. 9. mai. 82 S 809 244^v – oblig. sup. annat. par. eccl. s.Petri op. Susacien. Colon. dioc. (10 m. arg.) ut supra et promisit solv. in cur. infra 6 menses quia docuit de intruso p. testes qui deponunt Petrum Stenhauer d. par. eccl. possidere 19. mai. 82 Paris L 26 A 10 30^v – qui vig. gr. expect. can. et preb. eccl. s.Severini Colon. ut supra vac. p.o. Adolphi de Geryhem acc.: de nova prov. de eisdem (4 m. arg.) 3. oct. 82 S 817 271^r – can. eccl. s.Patrocli maiori preb. prebend. op. Susacien. Colon. dioc.: de

par. eccl. b. Marie virg. op. Susacien. Colon. dioc. (3 m. arg.) vacat. p. resign. aut p. assec. par. eccl. s.Pauli op. Susacien. p. Albertum Macke cler. Colon. dioc. (qui ad d. par. eccl. vac. p.o. Johannis Sassenlandt p. prep. d. eccl. s.Patrocli present. fuit) 28. decb. 83 S 822 234^{rs} – de perp. s.c. vicar. in par. eccl. in Brilon Colon. dioc. (2 m. arg.) vac. p. resign. in manibus pape Rotgeri Dobbe cler. Colon. dioc. pape fam. (cui de eadem vac. p.o. in cur. Petri Pasman pape fam. prov. fuit) <litt. desup. n. confectis> 23. mart. 84 S 834 250^v – consensus resign. ut supra 26. apr. 84 Resign. 2 144^v.

4638 **Johannes Berning** cler. Magunt. dioc.: motu pr. de gr. expect. de 2 can. et preb. necnon de 2 benef. ad coll. quorumcumque, Et s.d. 17. nov. 81 S 803 193^v.

4639 **Johannes Bernst** cler. Herbip. dioc.: de nova prov. de vicar. ad alt. s. Martini in hosp. op. Hallis Herbip. dioc. (4 m. arg.) vac. p. resign. cuiusdam 8. nov. 76 S 743 248^{rs}.

4640 **Johannes Bernwalt** laic. Wratislav. dioc. referens quod abb. etc. mon. Novecelle o. Cist. Misnen. dioc. quasdam pec. summas ei solv. recusant quapropter contra dd. abb. etc. litig. intendit: m. (cant. eccl. Wratislav. et offic. Wratislav.) commiss. in partibus 5. apr. 84 L 835 295^{rs}.

4641 **Johannes Bersedrot** presb. Monast. dioc. pape fam.: de can. et preb. colleg. eccl. s.Petri in civit. Traiect. (10 m. arg. p.) vac. p.o. Johannis Nederman olim Nicolai V. fam. et abbrev., n.o. vicar. in eccl. s.Walburgis Zutphanen. (3 m. arg. p.), Fiat motu pr. pro Guillelmo parafrenario 16. sept. 82 S 814 59^{vs}.

4642 **Johannes de Beerses (Breesz, Biererseez)** can. eccl. Traiect. qui litig. coram Johanne [de Ceretanis] ep. Nucerin. aud. locumtenenti contra quond. Johannem Militum sup. can. et preb. eccl. Traiect. (15 m. arg. p.)

certo modo vac.: de surrog. ad ius 22. febr. 80 S 790 204ʳ.

4643 Johannes de Berstraten (Beersta-ten, Verstrate) can. eccl. Monast. pape fam. ex utr. par. de mil. gen.: gr. expect. de can. et preb. eccl. Monast. et al. can. et preb. eccl. s. Victoris Xanten. Colon. dioc. (in qua nonnulli canonici ferculum in supplementum preb. obtin.), gratis 1. ian. 72 V 678 216ᵛ-219ʳ – cler. Monast. dioc. qui vig. gr. expect. can. et preb. eccl. Monast. vac. p. o. Henrici Schmude acc.: de nova prov. de eisdem (4 m. arg.) 29. apr. 76 S 741 160ᵛ – de perp. vicar. in eccl. Halberstad. (3 m. arg.) vac. p. o. infra 2 dietas a cur. Johannis Rusebart 11. aug. 76 S 740 216ʳ – pape fam.: de can. et preb. eccl. Paderburn. (6 m. arg.) vac. p. o. Theodorici Honer 7. decb. 77 S 764 173ᵛ.

4644 Johannes Berswort (Bersivort) cler. Colon. dioc. qui litig. coram <Wilhelmo Mylendonk> dec. eccl. s. Georgii Colon. contra Adam Lemego cler. Colon. dioc. sup. par. eccl. s. Victoris in Heringhen Colon. dioc. (75 fl. renen.) et qui post remissionem ad cur. c. ipso concordiam fecit: de assign. pens. ann, 25 <24> fl. renen. sup. fruct. d. par. eccl. p. d. Adam persolv. 2. decb. 80 S 798 47ʳ, m. (offic. Colon.) V 606 16ʳˢˢ.

4645 Johannes (de) [Bertkow de Barbei] (Barbert, Barbart, Bertkals) can. et thes. eccl. Tarbat. sacerd.: prov. de eccl. Tarbat. vac. p. o. Andree [Piperii] ep. c. litt. solitis 4. iun. 73 L 730 326ʳ-327ᵛ – notitia sup. prov. de eccl. Tarbat. ad relationem [Marci Barbus] card. ep. Prenestin. 6. iun. 73 OS 82 78ʳ, OS 83 55ʳ – el. Tarbat.: obtulit cam. ap. et collegio card. (p. Henricum Stehnuek causarum procur.) pro serv. commun. fl. adc. [deest summa] ratione prov. s. d. 5.iun.[73] et pro 5 serv. min. 18. iun. 73 OS 84 199ᵛ – ep. Tarbat.: solv. pro parte solut. 328 fl. adc. 28

sol. 8 den. pro serv. commun. et serv. min. p. manus Thomasii de Spinellis et soc. cur. sequentium necnon residuum 100 fl. adc. solv. tenetur quando cessabit pensio 6 fl. quam facit domino [Andree] olim ep. Tarbat. 25. iun. 73 FC I 1127 79ᵛ – solv. 300 fl. pro serv. commun. p. manus soc. de Spinellis 1. iul. 73 FC I 1767 93ʳ, FC I 1768 95ʳ – litt. testim. pro parte solut. 300 fl. adc. pro serv. commun. necnon pro parte solut. 28 fl. adc. 28 sol. 6 den. monete Romane pro 1 serv. min. ac pro solut. 85 fl. adc. 35 sol. 6 den. pro 3 serv. min. p. manus heredum Thome de Spinellis et soc. de cur. 1. iul. 73 FC I 1131 28ʳ – ep. Tarbat. cuius eccl. in faucibus Ruthenorum et scismaticorum consistit et qui iuravit lim. appl. visit.: de relax. iuram. 19. aug. 77 S 756 32ʳ.

4646 Johannes Berthel scol. Frising. dioc.: recip. primam tonsuram in sacristia basilice Principis appl. in Urbe 19. decb. 72 F 6 87ʳˢ.

4647 Johannes de Bertgenhusen (Bertgenhuse) presb. Trever. dioc. mag. in art. et **Theodericus van den Oeuer (Orner)** presb. Colon. dioc. mag. in art. pleb. par. eccl. in Walprull Colon. dioc.: de adm. resign. d. Theodorici <p. Vincentium de Eyll can. eccl. Leod. legum doct. procur. fact.> et de prov. d. Johanni de d. pleban. (4 m. arg.) et de assign. d. Theodorico pens. ann. 10 fl. renen. sup. fruct. d. pleban. 21. iul. 77 S 755 55ᵛˢ, m. (dec. eccl. ss. Appl. Colon.) vac. p. resign. (exped. 27. aug. 77) L 775 45ᵛˢ.

4648 Johannes Bertoldi, Spiren. [dioc.?]: elig. confess. 72/73 I 332 255ᵛ.

4649 Johannes Bertrandi de Castert (Costart) rect. par. eccl. s. Michaelis ville de Hoegem Leod. dioc.: quitt. sup. solut. annat. d. par. eccl. 3 m. arg. in manibus Gisberti de Venrade can. eccl. Lubic. nunt. et in civit. et dioc. Colon., Leod., Monast., Osna-

burg. et Minden. collect. fact. 16.
nov. 77 DC 39 152^v – presb. Leod.
dioc.: de par. eccl. de Nideritteren
Leod. dioc. (10 m. arg.) et de can. et
preb. colleg. eccl. b. Marie Thoren.
Leod. dioc. (8 m. arg.) vac. p.o. Johannis Plebis al. Monachi quond.
Francisci [Condulmarus] card. ep.
Portuen. et vicecancellarii fam. ac de
disp. ut d. par. eccl. unac. par. eccl.
de Hoeghen Leod. dioc. ad 7 an. c.
lic. perm. retin. possit 22. mai. 80 S
793 66^v – prov. de par. eccl. Leod.
[dioc.?] vac. p. resign. 81/82 I 334
140^r – de can. et preb. in colleg.
eccl. s. Pauli Leod. vac. p.o. Natalis
de Sephe (10) ac de can. et preb. in
colleg. eccl. s. Petri Leod. (8 m. arg.)
vac. p.o. Jonate al. Janote de Tongris
24. nov. 82 S 816 90^{rs}, I 334 140^r –
oblig. sup. annat. can. et preb. ecclesiarum ut supra de quib. vac. p.o.
Nathalis de Sepche s.d. 21. nov. 82
sibi prov. fuit et promisit solv. in
cur. infra 6 menses quia docuit de
intruso p. testes (in margine: s.d. 24.
mai. 88 [...]) 4. decb. 82 Paris L 26
A 10 135^v – prov. de capn. Leod.
[dioc.?] vac. p. perm. 82/83 I 335
92^v – rect. par. eccl. s. Mengoldi op.
Huyen. Leod. dioc. referens quod Johannes Hieronimi rect. par. eccl. de
Herma Leod. dioc. (50 fl. adc.)
quandam mul. filiam suam spir. et
sibi in 3. consang. gradu coniunctam
in concubinam publice tenuit et proles ex ea procreavit: de committ. in
partibus et de prov. Johanni Bertrandi de d. par. eccl. in casu priv. d.
Johannis Hieronimi c. disp. ad 2 incompat. benef. 7. apr. 83 S 821
191^v – assign. pens. Leod. [dioc.?]
83/84 I 335 103^r.

4650 **Johannes de Berwangen** cler. Spiren. dioc. ex utr. par. de nob. gen.:
de can. et preb. ac celleraria in eccl.
Basil. (11 m. arg.) vac. p.o. Johannis
Erckenbrecht 7. aug. 75 S 724
229^{vs}.

4651 **Johannes Berwinck de Rodem-
borgh (Redemborgh)** cler. Herbip.

dioc.: m. (dec. eccl. s. Cassii Bonnen. Colon. dioc.) confer. par. eccl.
in Lutzembron Herbip. dioc. (20 m.
arg.) vac. p. resign. in manibus pape
Henrici de Titenheym al. Monich (p.
Gotscalcum Johannis de Nyvenhem
cler. Colon. dioc. procur. fact.) 8.
oct. 78 (exped. 7. nov. 78) L 797
10^{vs} – solv. 45 fl. adc. pro annat. 5.
nov. 78 FC I 1133 192^r – oblig. sup.
annat. 10. nov. 78 A 27 111^r.

4652 **Johannes Besch (Bescht)** cler. Brixin. dioc. Roderici [de Borja] card.
ep. Portuen. vicecancellarii fam. qui
vig. gr. expect. par. eccl. in Rodnegg
Brixin. dioc. vac. p.o. Michaelis
Sagwein acc.: de nova prov. de
eadem (12 m. arg.) 14. apr. 83 S 822
92^{rs} – de par. eccl. in Muls Brixin.
dioc. (24 fl. adc.) vac. p.o. Johannis
Nevenhauser 7. nov. 83 S 831 111^r.

4653 **Johannes Bewerlein** presb. Herbip.
dioc.: de perp. vicar. in capel. s. Crucis sub par. eccl. in Bacharaco Trever. dioc. (4 m. arg.) vac. p.o. Eligii
Silig quond. Georgii [Hesler] tit.
s. Lucie in Silice presb. card. fam. 1.
sept. 83 S 839 273^r.

4654 **Johannes de Bicken** cler. Magunt.
dioc. ex utr. par. de nob. gen. referens quod in guerris c. domino suo
multi homines vulnerati et interempti
fuerunt licet ipse neminem interfecit
seu mutilavit: disp. sup. irreg. ut ad
omnes ord. extra temp. prom. et etiam in alt. ministrare possit c. disp.
ad quecumque benef. 29. apr. 79 L
800 35^{rs}.

4655 **Johannes Bicklin** pleb. in Altenburg
Constant. dioc.: de disp. ut unac. d.
par. eccl. aliud incompat. benef. recip. val. 27. mai. 74 S 706 68^v.

4656 **Johannes** abb. mon. in Buldasen [=
Bildhausen] o. Cist. Herbip. dioc.:
indultum utendi mitra, baculo et al.
insigniis pontific. 72/73 I 332 125^r.

4657 **Johannes Byleus (Byloris)** cler. Colon. dioc.: de disp. ad 2 incompat.
benef. etsi 2 par. eccl. ad 5 an. 13.

apr. 72 S 678 90^{rs} – cui gr. expect. s.d. 1. ian. 72 de can. et preb. in eccl. Susacien. Colon. dioc. necnon de benef. ad coll. abb. etc. mon. Siburgen. o. s. Ben. Colon. dioc. conc. fuit: de prerog. ad instar pape fam. descript. 21. iul. 73 S 694 277^{vs}.

4658 Johannes Bilok (Bilock): prov. de can. Colon. [dioc.?] vac. p.o. 71/72 I 332 47^r – oblig. sup. annat. can. et preb. eccl. ss. Cassii et Florentii Bonnen. Colon. dioc. (8 m. arg.) de quib. vac. p.o. in cur. Henrici Dalman s.d. 6. sept. 71 sibi prov. fuit 27. sept. 71 A 21 14^v – solv. 18 fl. adc. p. manus soc. de Medicis 26. sept. 71 FC I 1129 24^r, IE 487 7^r – presb. Leod. dioc. qui vig. gr. expect. can. et preb. ac custod. in eccl. s. Dionisii Leod. necnon perp. capn. ad alt. s. Anne in eccl. Thoren. Leod. dioc. vac. p.o. Adolfi de Tremonia acc.: de nova prov. de dd. can. et preb. et custod. (10 m. arg.) et de d. perp. capn. (4 m. arg.) 18. apr. 76 S 738 25^r.

4659 Johannes Bilthon (Billiton) cler. Leod. dioc. mag. in art. qui cur. p. an. secutus est et nullum benef. obtin. Iuliani [de Ruvere] tit. s. Petri ad vincula presb. card. fam.: de par. eccl. loci de Rerue (Remie (/.)) Leod. dioc. (4 m. arg.) <vac. p.o. in cur. Bernardi Dendelet etiam d. card. fam.> 25. iun. 78 S 771 225^{rs}, (m. abb. mon. s. Laurentii e. m. Leod. et dec. eccl. s. Crucis Leod. ac dec. eccl. s. Martini Leod.), gratis (exped. 14. sept. 78) L 783 313^v-315^r – referens quod ipsi de par. eccl. ut supra vac. p.o. in cur. Bernardi Dendeler vel in loco a cur. ultra 2 dietas n. distante defunct. et quod Nicolao Canel card. ut supra fam. in cur. defunct. etiam de d. par. eccl. tunc vac. p.o. Johannis Gallremi prov. fuerat: supplic. d. card. de d. par. eccl. (4 m. arg.) 4. sept. 78 S 775 246^{vs} – qui vig. gr. expect. de can. eccl. Huyen. Leod. dioc. et de benef. ad coll. abb. etc. mon. s. Remacli Stabulen. Leod.

dioc. acc. et desup. litig. coram aud. et cui prerog. ad instar pape fam. descript. conc. fuerunt: motu pr. de reval. 4. sept. 78 S 774 177^{rs} – m. (ep. Nucerin. et dec. eccl. s. Martini et dec. eccl. s. Crucis Leod.) confer. can. et preb. eccl. s. Johannis Ev. Leod. (8 m. arg.) vac. p.o. Johannis Bukinc abbrev. 21. iul. 79 (exped. 6. sept. 79), gratis L 795 242^{rs} – de can. et preb. eccl. s. Symeonis Trever. (6 m. arg. p.) vacat. p. ingr. relig. dom. o. Cartus. prope muros Leod. p. Henricum de Traiecto 7. sept. 79 S 787 10^{rs} – oblig. sup. annat. can. et preb. eccl. s. Johannis ut supra 27. sept. 79 A 28 89^r – de matricularia <nunc> sive custod. in eccl. s. Medardi de Freris (Firris) Leod. dioc. (4 m. arg. p.) vac. p.o. Arnoldi <de Hamalia al.> de Elderis <cler. Leod. dioc.> 26. apr. 80 S 793 32^r, m. (aep. Colocen. et dec. eccl. s. Crucis Leod. ac dec. eccl. s. Martini Leod.) (exped. 30. mai. 80), gratis L 801 33^{rs} – de can. et preb. eccl. b. Marie Tongren. Leod. dioc. (8 m. arg.) vac. p. resign. in manibus pape Johannis Ondini al. Frumenti cler. Remen. dioc. cui vig. gr. expect. et illius reval. de eisdem vac. p.o. Arnoldi de Mnalia [= Hamalia] prov. fuerat processu desup. habito et possessione n. subsecuta 2. decb. 80 S 798 46^r, 81/82 I 334 132^r – prov. de abbatia dign. principalis Leod. [dioc.?] vac. p.o. 82/83 I 335 96^r – Iuliani [de Ruvere] ut supra nunc card. ep. Sabinen. fam.: supplic. d. card. de can. et preb. eccl. de Rupptis Leod. dioc. (4 m. arg. p.) vac. p.o. Mathie Hakem olim [Berardi Eruli] card. Spoletan. nunc. fam. 25. iul. 82 S 813 23^r – not. recip. pro bulla distributa 5 grossos sept. 82 DB 1 145^r – in decr. licent.: de can. et preb. eccl. b. Marie Aquen. Leod. dioc. (8 m. arg. p.) vac. p.o. Petri Hermanni olim Johannis de Columpna card. fam. 17. nov. 82 S 816 123^{rs} – qui litig. coram Johanne Francisco [de Pavinis] aud. contra quond. Johannem van der Molen cler. intrusum ac Gerardum Kint cler. sup. can. et preb. eccl. s. Lebuini Daventrien. Traiect. dioc. (10 m. arg. p.): de surrog. ad ius d. Johannis 24. decb. 82 S 817 268ʳ – can. eccl. Leod. et **Johannes Opilionis** prep. eccl. s. Georgii in Limpurch Trever. dioc. pape et Juliani ut supra nunc card. ep. Ostien. familiares in cur. resid. qui multos an. in Roman. et Avinionen. universitatibus iur. can. studuerunt et deinde in d. univ. Avinionen. in iur. bac. c. rigore examinis in licent. iur. prom. fuerunt c. facult. cathedram ascendendi et legendi aliosque baccalaureatus et licent. huiusmodi actus faciendi: de committ. alicui prelato in decr. seu utriusque iur. doct. et si placet Johanne [de Ceretanis] ep. Nucerin. aud. ut sibi assistant recip. insignia doctoratus, sola sign. 25. febr. 83 S 819 59ʳ, 5. mart. 83 S 820 91ᵛ – referens quod tunc lis pendet coram Gaspare de Theramo aud. inter Johannem de Heesboen et Henricum de Ulym sup. perp. vicar. ad alt. s. Gereonis supra sepulcrum nunc. in par. eccl. de Nortick Traiect. dioc. et quod d. Henricus omni iuri ad eam ex causa perm. resign. in manibus Johannis de Linss prep. eccl. s. Severini Colon. et quod deinde Johanni Hugonis cler. in art. mag. de d. vicar. prov. fuit et quod d. Johannes Hugonis eam p. 1 vel 2 an. detin.: de d. perp. vicar. (4 m. arg.) vac. p. o. in cur. Innocentii Crey vel Johannis de Heesboen vel Johannis Hugonis 6. mart. 83 S 820 193ʳˢ – referens quod ipse ad evitandum lites inter eum et Johannem de Platea scolast. eccl. s. Johannis Ev. Leod. sup. d. scolastr. de qua ipsi et d. Johanni ordin. auct. prov. fuit d. scolastr. dimisit: assign. pens. ann. 12 fl. renen. sup. par. eccl. de Surich Leod. dioc. (60 fl. renen.) p. Baldewinum Thome rect. d. eccl. (qui can. et preb. in eccl. b. Marie Dionen. Leod. dioc. vac. p. resign. d. Johannis de Platea assec. extitit) c. consensu suo (p. Johannem Nilis cler. Cameracen. dioc. procur. fact.) persolv. (m. ep. Bretenorien. et dec. eccl. s. Martini Leod. et dec. eccl. s. Crucis Leod.), gratis 28. apr. 83 L 826 175ʳˢˢ – necnon **Johannes Grip (Grix)** cler. Colon. dioc.: de prov. d. Johanni Bilthon de can. et preb. in eccl. b. Marie Traiecten. Leod. dioc. (8) et de prov. d. Johanni Grip (Grix) de can. et preb. in eccl. s. Dionisii Leod. (8 m. arg. p.) vac. p. o. Johannis Dongelberti (Donckelbeti) 2. aug. 83 S 826 113ᵛˢ – cui de can. et preb. colleg. eccl. s. Dionisii Leod. vac. p. resign. Henrici Leonardi de Herma cler. Leod. dioc. (cui de eisdem vac. p. o. Johannis de Quercu iun. prov. fuit) p. papam prov. fuit et qui desup. litig. in cur.: de nova prov. de dd. can. et preb. (8 m. arg. p.) 4. decb. 83 S 832 91ᵛ – de c. c. hosp. s. Jacobi loci de N. Trever. dioc. (12 m. arg. p.) vac. p. o. Theoderici de Xanctis cui Nicolai de Cusa tit. s. Petri ad vincula presb. card. fam. exist. de ipso prov. fuerat 5. decb. 83 S 832 122ʳ – solv. 16³/₄ fl. adc. pro annat. scolastr. ut supra p. manus Salvi Burgarini 15. ian. 84 Paris L 52 D 5 152ʳ – pape et card. ut supra fam.: motu pr. de perp. capn. ad alt. s. Johannis Ev. in eccl. s. Odulphi Lossen. Leod. dioc. de iur. patron. ep. Leod. et comitatus Lossen. (3 m. arg. p.) vac. p. o. in cur. Wilhelmi Caldenberch quond. d. ep. fam., Conc. motu pr. Castellucio Doleatoris cler. Ratisbon. dioc. pape fam. 1. iun. 84 S 836 248ʳ.

4660 **Johannes Billung** presb. Basil. dioc.: de par. eccl. seu perp. vicar. s. Martini in Rolsen Magunt. dioc. (4 m. arg.) vacat. p. resign. in manibus pape Johannis Heppener 20. mart. 73 S 688 156ᵛ, I 332 180ᵛ.

4661 **Johannes Bymero (Bimiero)** can. colleg. eccl. s. Mauritii e. m. Hildesem. in diacon. ord. constit.: de prom. ad presbit. ord. extra temp., sola sign. 17. apr. 80 S 791 234ʳˢ –

perp. vic. in eccl. Hildesem. et **Johannes Broven** presb. Hildesem.: de
adm. resign. Johannis Bymero et de
prov. d. Johanni Broven de perp. s. c.
vicar. (vicar. episc. nunc.) in eccl.
Hildesem. (24 fl. adc.) et de assign.
d. Johanni Bimiero pens. ann. 8 fl.
adc. sup. fruct. d. vicar. 8. ian. 82 S
815 50ᵛ.

4662 Johannes Bin de Bockenn acol.
Spiren. dioc. rect. par. eccl. ville de
Silbach Spiren. dioc.: de prom. ad
omnes ord. extra temp., sola sign.
14. iul. 77 S 754 206ᵛ.

4663 Johannes Binscher (Binschet) cler.
Trever. dioc. pape fam.: de par. eccl.
in Villt off Steyn Wormat. dioc. (4
m. arg.) vac. p. o. Johannis Winckel
Pii II. fam. 18. decb. 79 S 788 79ʳ –
motu pr. de vicar. sive alt. s. Michaelis in par. eccl. in Levetseyn Magunt.
dioc. (2 m. arg.) vac. p. o. Nicolai
Feist, Conc. motu pr. 24. febr. 80 S
793 300ᵛ – motu pr. de can. et preb.
ac scolastr. colleg. eccl. s. Simeonis
Trever. (4 m. arg. p.) et de par. eccl.
in Longuich Trever. dioc. (6 m. arg.
p.) vac. p. o. Petri Benet Pauli II.
fam. et de rehab. quia ipse in d. benef. d. Petro vivente se intrusit 30.
ian. 81 S 799 234ʳ.

4664 Johannes Birnesser (Pirnisser)
presb. Herbip. dioc. rect. par. eccl.
s. Petri in Sundis Herbip.: de disp. ut
unac. d. par. eccl. (6 m. arg.) sup.
qua litig. in cur. al. incompat. benef.
recip. val. etsi 2 par. eccl., Conc. de
2 par. eccl. ad 5 an. 30. mart. 75 S
719 20ᵛˢ – possessor qui litig. coram
Petro de Ferrera aud. et nunc coram
Matheo de Porta aud. contra Karo-
lum Vuezpuger et Johannem Hup
(Hap) cler. adversarios sup. par.
eccl. s. Petri Herbip.: de prov. si neutri de d. par. eccl. (4 m. arg.) vac.
p. o. Friderici Beyer al. Worsagen
(Warsager) aut p. resign. Michaelis
Gruber 5. decb. 75 S 731 49ᵛˢ – rect.
par. eccl. s. Petri Herbip. qui litig.
coram Simone [Vosich] aep. Patracen. in cur. resid. iudice contra

quond. Johannem Hupp al. Brot-
reych in cur. defunct. et Michaelem
Grubs cler. Herbip. dioc. sup. d. par.
eccl. (4 m. arg.): de surrog. ad ius d.
Johannis Hupp 23. sept. 80 S 799
248ᵛ, m. (prep. eccl. Herbip. et dec.
eccl. s. Johannis Novi Monasterii
Herbip. ac Bernardo de Guttemberg
can. eccl. Herbip.) confer. de novo d.
par. eccl. V 608 281ʳ-283ᵛ – rect.
par. eccl. s. Stephani in Randersz-
acker (Randersacker) Herbip. dioc.:
de disp. ut unac. d. par. eccl. aliud
incompat. benef. recip. valeat etsi 2
par. eccl. ad vitam c. lic. perm. 3.
mart. 81 S 800 134ʳ, L 808B 180ʳˢ –
not. recip. pro bulla distributa 3
grossos et 2 grossos apr. 81 DB 1
77ᵛ – prov. de par. eccl. Herbip.
[dioc.?] vac. p. resign. 81/82 I 334
109ᵛ.

4665 Johannes Bischoff rect. par. eccl. in
Sachssen Herbip. dioc.: de prom. ad
omnes ord. extra temp., sola sign.
17. nov. 77 S 760 172ʳˢ.

4666 Johannes Bischoff (Bisschoff) monach. mon. de Sancto Gallo o. s.
Ben. Constant. dioc. decr. doct. qui
in iur. can. adeo professit quod cathedram in facult. iur. in univ. studii
Papien. aliquamdiu rexit ac ad re-
gendum al. univ. c. salariis dignis
sepe requisitus fuit: de lic. legendi c.
libris et habitibus consuetis ad d.
mon. pertin. et salarium pro lectura
recip. et in suos usus convertendi ac
accedendi ubi requisitus fuerit ad
predicandum necnon quotiens sibi
placuerit ad d. mon. revertendi et inibi portionem canonicam, cameram
suam et preeminentiam consuetam
iuxta qualitatem persone usufruendi
(lic. sui superioris petita licet n. obtenta) et de disp. ad quodcumque benef. sec. etsi par. eccl. c. lic. perm.
16. aug. 80 S 795 221ʳ – Oliverii
[Carafa] card. ep. Albanen. Neapolitan. vulg. nunc. cap. et fam.: de
par. eccl. in Blutz Cur. dioc. (150 fl.
adc.) vac. p. o. N. et de disp. ut
quodcumque benef. sec. etiam par.

eccl. in tit. obtin. val. 25. febr. 81 S 800 165^{vs} – motu pr. gr. expect. de 2 benef. ad coll. abb. etc. mon. Sancti Galli et abb. etc. mon. in Wingarten o. s. Ben. Constant. dioc. c. disp. ad 3 benef., (exec. ep. Alexandrin. et prep. eccl. Cur. ac abb. mon. in Vischingen Constant. dioc.), gratis 17. nov. 81 V 633 57^r-59^r – qui ad par. eccl. in Loffingen Constant. dioc. vac. p. o. Rudolfi Slgol [!] p. abb. d. mon. Sancti Galli ut supra present. et p. ep. Constant. instit. fuit et c. quo ad d. par. eccl. obtin. disp. fuit: de nova prov. de eadem (12 m. arg.) 13. mai. 83 S 823 224^r – de disp. ut unac. par. eccl. in Loffingen ut supra al. 2 benef. etsi par. eccl. recip. val. c. lic. perm. 13. mai. 83 S 823 224^v – qui pro negotiis sed. ap. in diversis partibus missus fuit: litt. passus pro Johanne Bischoff et usque al. 6 personis, 26. iul. 83 Arm. XXXIX, 15 345^v.

4667 Johannes Bischoff et **Keneryh** laic. Trever. dioc. qui litig. coram offic. Trever. et archid. s. Castoris de Cordono in eccl. Trever. sup. quibusdam immobilibus bonis contra Bartolomeum de Lyffen laic. Trever. dioc.: m. (prep. eccl. s. Simeonis Trever. et dec. eccl. s. Florini in Confluentia Trever. dioc.) commiss. in partibus 10. apr. 78 L 778 102^{vss}.

4668 Johannes Bisschopingh (Bysscopinck, Bispinck) cler. Monast. dioc. qui litig. coram Johanne [Diaz] de Coca ep. Calaguritan. aud. locumtenenti contra Henricum Kleyman, Johannem Schurenbosch, Bernardum Bisschopingh et Bernardum Sondesbeck sup. perp. vicar. ad alt. s. Raphaelis in eccl. s. Mauricii e. m. Monast.: de prov. si neutri de d. vicar. (4 m. arg.) vac. p. o. Theoderici Sverbeck 6. mai. 75 S 719 168^{vs} – de perp. capn. seu vicar. ad alt. s. N. Osnaburg. (4 m. monete illius patrie) vac. p. resign. Eustachii de Nyvariis cler. Leod. dioc. cui de eadem vac. p. o. in cur. Gerardi Vogel pape fam.

(qui litig. desup. coram Antonio de Grassis contra Petrum Kilman) prov. fuit 1. iul. 79 S 784 47^{rs} – de perp. vicar. ad alt. 10.000 Mart. in eccl. Verden. (3 m. arg.) vac. p. resign. in manibus pape Henrici de Sirouw (Girew) prep. eccl. s. Andree Verden. pape fam. cui de eadem s. d. 19. aug. 78 vac. p. o. in cur. Lamberti de Drentwede (qui litig. desup. coram Johanne [de Ceretanis] ep. Nucerin. aud. locumtenenti contra Gerardum Sundes (Sivedes) de Vechta) prov. fuit litt. n. exped. 27. oct. 79 S 787 251^{vs}, 6. decb. 79 S 788 199^r – qui 80. sue et. an. transcendens par. eccl. pastoriam nunc. s. Servatii Monast. in manibus pape resign. et **Swederus Bisscopynck (Bisschcopynck)** cler. Colon. dioc. nepos d. Johannis in 20. sue et. an. constit. c. quo ad quodcumque benef. disp. fuit: de adm. resign. Johannis Bisschopingh et de prov. d. Swedero de d. par. eccl. (30 fl. renen.) ac de assign. pens. ann. 10 fl. renen. sup. fruct. d. par. eccl. p. d. Swederum <in civit. Monast.> persolv. 8. ian. 81 S 799 68^{vs}, (m. dec. eccl. Veteris Ecclesie s. Pauli Monast. et dec. eccl. s. Martini Monast. ac offic. Monast.) L 818 206^r-207^v.

4669 Johannes Biscopinck (Bispinck, Bispanik) de Warendorp (Waremdorp) rect. par. eccl. s. N. Leod. dioc. Juliani [de Ruvere] card. ep. Sabinen. card. s. Petri vulg. nunc. ac in Francia et nonnullis al. partibus legati de latere fam. cui vig. reserv. d. legati fact. de par. eccl. s. Martini in Epe Traiect. dioc. vac. p. o. Ludowici de Bruetschaeten prov. fuit: de nova prov. de eadem (8 m. arg.) et de disp. ut unac. d. par. eccl. s. N. par. eccl. s. Martini (si illam pacifice assequitur) ad vitam c. lic. perm. retin. possit 16. iun. 81 S 802 140^r – cler. Monast. dioc. cui vig. reserv. Juliani [de Ruvere] card. ac in Gallia legati de latere ut supra de par. eccl. s. Johannis vel s. Crucis Traiecten. Leod. dioc. vac. p. o. Johannis Trai-

phe Theodori de Monteferrato tit. s. Theodori diac. card. fam. prov. fuit: de nova prov. de eadem (8 m. arg. p.) de consensu d. Theodori 11. aug. 81 S 802 147^v – in decr. licent.: de can. et preb. in eccl. s. Alexandri Wildeshusen. Osnaburg. dioc. (3 m. arg.) vac. p. o. Hermanni Wenken cuiusdam card. defunct. fam. 27. nov. 81 S 806 192^r – de can. et preb. in eccl. s. Dionisii Leod. (8 m. arg. p.) vac. p. o. Henrici Wirici 29. nov. 81 S 806 93^v – qui litig. in cur. contra quond. Petrum Pasman cler. Colon. dioc. sup. perp. vicar. ad alt. s. Thome Apl. in eccl. s. Lebuini Daventrien. Traiect. dioc. (6 m. arg.): de surrog. ad ius d. Petri 31. aug. 82 S 818 188^v – motu pr. de can. et preb. in eccl. s. Lebuini Daventrien. Traiect. dioc. (10 m. arg. p.) vac. p. o. Johannis Nederman Nicolai V. abbrev., n. o. par. eccl. in Erpe (8) ac preb. in Bekern (4) ac vicar. in eccl. Osnaburg. (4 m. arg.) ac eccl. s. Johannis Traiecten. Leod. dioc. (12 m.) necnon eccl. in Bergen (4 m.) sup. quib. litig. 16. sept. 82 S 814 145^v, I 335 165 v – de can. et preb. in eccl. s. Lebuini ut supra (8 m. arg. <p.>) vac. p. o. Brunonis ton Torne (Thorme) olim Guillermi [de Estoutevilla] card. Rothomagen. fam., <n. o. par. eccl. in Rikemortzel Cameracen. dioc. (12 m. arg.) et par. eccl. in Eep Traiect. dioc. (6 m. arg.) et perp. s. c. vicar. in eccl. s. Johannis Osnaburg. (3 m. arg.) necnon can. et preb. eccl. in Bechem Monast. dioc. (3 m. arg.) sup. quib. litig. necnon par. eccl. s. Johannis op. Traiecten. Leod. dioc. (12 m. arg.) quam n. obtin. et sup. qua litig. in cur.> 4. febr. 83 S 819 240^r, m. (ep. Modrusien. et dec. eccl. s. Plechelmi Aldensalen. Traiect. dioc. ac offic. Traiect.) p.) (exped. 21. febr. 83) L 831 14^{rss} – presb.: restit. bulle sup. annat. can. et preb. eccl. s. Lebuini ut supra 25. febr. 83 Paris L 26 A 10 254^r – solv. 22 fl. 67 bol. adc. pro annat. p. manus proprias 25. febr. 83 IE 506 130^r, IE 507 130^r, Paris L 52 D 5 57^v.

4670 **Johannes Bitterbeldi** presb. Argent.: de nova prov. de perp. s. c. capn. primissaria appellata in Ribiserhem Argent. dioc. (3 m. arg.) vac. p. o. Johannis Armoister (Ameyster) et de disp. sup. def. nat. (p. s.) 30. aug. 77 S 757 16^{rs}.

4671 **Johannes Bitzsche (Bitz, Bosz, Busch) (de Ruendall) (al. Kunckel, Kinkel)** cler. Magunt. dioc. pape fam. cui gr. expect. s. d. 1. ian. 72 <de benef. ad coll. aep. etc. Magunt. et prep. etc. eccl. s. Stephani Magunt.> conc. fuit: de decl. litt. desup. perinde val. acsi tunc pape fam. fuisset 14. iun. 73 S 695 103^{vs}, gratis V 663 474^{vs} – vic. seu cap. perp. capn. seu vicar. ad alt. s. Blasii in eccl. s. Stephani Magunt.: de prom. ad omnes ord. extra temp., sola sign. 24. febr. 75 S 715 120^{rs}, 13. mart. 75 S 715 198^v – de par. eccl. in Crombach Magunt. dioc. (24 fl. renen.) vac. p. o. Johannis Stauhen (/.) al. Stanghen 9. aug. 77 S 756 7^v – inter al. referens quod vig. gr. expect. de benef. ad coll. prep. etc. eccl. s. Stephani Magunt. et ad coll. prep. etc. eccl. s. Petri e. m. Magunt. s. d. 9. sept. 76 et vig. prerog. pape fam. descript. par. eccl. in Ruendal Magunt. dioc. acc. (quam n. possedit et sup. qua litig. in cur.): de decl. dd. litt. perinde val. acsi d. par. eccl. n. acceptasset 6. mart. 78 S 766 19^{rs}, gratis 6. mart. 78 V 670 601^{rs} – de lic. perm. vicar. eccl. s. Stephani Magunt. (4 m. arg.) pro quocumque benef. 23. mai. 78 S 770 227^{rs} – referens quod Bartholomeus [de Ruvere] patriarcha Jerosolimitan. et ep. Ferrarien. perp. vicar. ad alt. s. Margarete in eccl. Magunt. vac. p. o. in cur. Nicolai Franck pape fam. (cui de eadem vac. p. o. Petri Welker Latini [de Ursinis] card. ep. Tusculan. fam. prov. fuerat) s. d. 1. sept. 80 motu pr. in commendam obtin.: prov. de d. perp. vicar. (4 m. arg. p.) vac. p. resign. in manibus pape d. Bartholomei possessione n. habita c. assign.

pens. 8 duc. adc. sup. fruct. d. vicar. pro Antonio de Ruvere can. eccl. Taurinen. d. Bartholomei fam. p. Johannem Bitzsche persolv. 15. febr. 81 S 800 124^{rs}, (exec. aep. Ravennaten. et dec. eccl. s. Petri Magunt. et dec. eccl. s. Victoris e. m. Magunt.), gratis V 609 285^r-286^v – pape fam. cui de perp. vicar. ut supra prov. fuit: consensit assign. pens. ann. 8 fl. adc. ut supra 14. apr. 81 OP 6 80^r – qui litig. coram Johanne Francisco de Pavinis aud. contra Johannem Sypel cler. (deinde resign.) sup. perp. vicar. ad alt. s. Margarete ut supra (4 m. arg.) et tunc contra Gasparem Linch cler. intrusum: de surrog. ad ius d. Johannis, n. o. perp. vicar. ad alt. ss. Cosme et Damiani in eccl. s. Petri e. m. Magunt. (3 m. arg.) et perp. capn. in eccl. b. Marie virg. in Husen Magunt. dioc. (3 m. arg.) 15. ian. 82 S 807 25^{vs} – pape fam. qui litig. coram Petro de Ferrera aud. contra quond. Gasparem Linde et Johannem Sipel sup. capn. sive vicar. ad alt. b. Margarete ut supra (4 m. arg. p.): de surrog. ad ius d. Gasparis c. disp. ut quecumque benef. etsi par. eccl. ad vitam recip. val. c. lic. perm. 20. mai. 83 S 823 286^{rs}.

4672 **Johannes Blanck** cler. Magunt. dioc.: de can. et preb. in colleg. eccl. s. Petri op. Fritzlarien. Magunt. dioc. (12 m. arg. p.) vac. p. o. Wernheri de Gesmania 3. mai. 79 S 781 93^r – curialis paup. nullum benef. in forma paup. adhuc obtin. referens quod ipsi de hosp. s. Naboris de Sancto Nabore Meten. dioc. certo modo vac. prov. fuit et quod ipse desup. litig. contra intrusum et iam prorog. term. intimandi ad 6 menses obtin.: de prorog. ad al. 2 menses, sola sign. 2. sept. 79 S 786 202^r.

4673 **Johannes Blanckwalt (Planckwalt)** cler. Herbip. dioc. qui vig. gr. expect. in forma paup. par. eccl. in Steyna an der Straes Magunt. dioc. vac. p. o. Udalrici Itman acc.: de nova prov. de d. par. eccl. (4 m.) 10.

ian. 82 S 818 148^v – rect. par. eccl. in Steyna an der Strasse vulg. nunc. Magunt. dioc.: de disp. ut unac. d. par. eccl. quam obtin. aliud incompat. benef. etsi par. eccl. ad vitam retin. val. c. lic. perm. 19. aug. 83 S 826 49^v – in cur. resid.: de n. prom. ad 7 an. 6. nov. 83 S 831 185^v – possessor litig. coram Johanne [de Ceretanis] ep. Nucerin. aud. locumtenenti contra Conradum Czel cler. sup. par. eccl. in Steyne in der Stranssz ut supra vac. p. o. Udalrici Ytman (Eytman): de prov. si neutri de d. par. eccl. (4 m. arg.) 6. mart. 84 S 833 140^v.

4674 **Johannes Blattener** rect. par. eccl. in Eschaw Argent. dioc.: prom. ad diacon. ord. in eccl. hosp. s. Spiritus in Saxia in Urbe 5. mart. 74 F 6 148^{rss}.

4675 **Johannes Blauber** rect. par. eccl. b. Marie in Strats August. dioc.: de disp. ut unac. d. par. eccl. (6 m. arg.) al. incompat. benef. recip. val. etsi par. eccl. 29. iul. 77 S 756 281^{vs}.

4676 **Johannes Bleker (Bleecker)** cler. Hildesem.: de par. eccl. ville Bachofenhusen Magunt. dioc. (4 m. arg.) vacat. p. ingr. dom. sive mon. s. Salvatoris o. Cartus. op. Erforden. Magunt. dioc. p. Johannem Tebner (Tenner) presb. Magunt. dioc. 24. iun. 81 S 802 72^{vs}.

4677 **Johannes Bletz (Blets; Vletz) (de Rotenstain, de Rubeo Lapide)** scol. Constant. dioc. in 22. sue et. an. constit.: de par. eccl. in Tuselingen (Tuslingen, Truslingen) Constant. dioc. (8 <7> m. arg.) vac. p. o. Laurentii Hertwig c. disp. sup. def. et. 19. aug. 75 S 725 132^{vs}, 28. aug. 75 S 726 44^r – de par. eccl. in Wattwik Constant. dioc. (7 m. arg.) vac. p. o. Laurencii Herttwig qui litig. desup. in cur. 1. sept. 75 S 726 47^{rs} – cler. Constant. <dioc.>: de par. eccl. s. Georgii in Aya Maiori Constant. dioc. (7 m. arg.) vac. p. o. Johannis Scrigerii 20. decb. 77 S 772 288^v –

de nob. gen. rect. par. eccl. in Tess-
lingen Constant. dioc.: de disp. ut
unac. d. par. eccl. aliud incompat.
benef. retin. val. 27. iun. 78 S 772
287^{vs} – de par. eccl. in Villingen
(Villigen) [Constant. dioc.] vac. p.
resign. Johannis Breck abbrev. 19.
febr. 79 S 778 58^v – pape fam.: de
par. eccl. in Wallenstadt Cur. dioc.
(6 m. arg.) vac. p. resign. in manibus
pape Andree Levez presb. Constant.
dioc. (cui de eadem vac. p. o. Fridelini Tschure s. d. 2. iun. 79 prov. fuit)
16. decb. 79 S 788 50^{rs} – cui de par.
eccl. in Tuszlingen Constant. dioc.
vac. p. o. Laurentii Hartwigk prov.
fuit et qui eandem p. an. et 7 menses
sine prom. ad sacerd. ord. possedit:
de rehab. et de nova prov. de eadem
(4 m. arg. p.) ac de n. prom. ad an. 4.
mart. 80 S 790 137^{vs} – motu pr. de
can. et preb. ac decan. eccl. Zur-
czachazen. Constant. dioc. (7 m. arg.
p.) vac. p. o. Thome Moller vel p. resign. cuiusdam Georii 17. febr. 81 S
800 146^{rs} – referens quod Johannes
Zwick cler. Constant. dioc. pape
fam. perp. s. c. vicar. ad alt. s. Michaelis in eccl. Constant. in favorem
Johannis Ninczler cler. resign. sine
lic. auct. ordin.: de d. perp. vicar. (4
m. arg.) 29. mai. 81 S 802 56^v –
pape et Raphaelis [Riario] tit. s. Georgii ad velum aureum diac. card.
fam. et cap. qui vig. gr. expect. par.
eccl. Tusszlingen. Constant. dioc.
vac. p. o. Laurentii Herttwinck s. d.
4. mart. 80 ut supra acc. et c. quo
sup. n. prom., n. resid. et percip.
fruct. ad an. disp. fuit: de nova prov.
de eadem (4 m. arg.) et de rehab. et
de n. prom. ad al. an., n. o. par. eccl.
in Wellenstat Cur. dioc. sup. qua in
Rota litig. (8) ac perp. vicar. ad alt.
s. Michaelis in eccl. Constant. (6)
necnon decan. ac can. et preb. eccl.
Czurgaten. [recte: Stutgarten.] Constant. dioc. (8) ac par. eccl. in Bo-
deneck (6 m.) quam n. obtin. 10.
mart. 82 S 808 189^{rs} – motu pr. de
par. eccl. Dagwingen. Constant. dioc. (4 m. arg.) vac. p. o. in cur. Bo-

nifacii Osterricher 21. mart. 83 S
827 221^{rs}.

4678 Johannes de Blisia presb. can. profes. mon. e. m. Nussien. o. s. Aug.
Colon. dioc. ex utr. par. de mil. et
nob. gen.: de disp. ad quodcumque
benef. c. derog. constit. d. mon. et
capit. gener. mon. de Wyndesheim
Traiect. dioc. 15. ian. 78 S 763
165^{rs} – can. reg. mon. de Overcloes-
ter (Overecloester, Oevercloester)
e. m. op. Nussen. (Nusien.) o. s.
Aug. Colon. dioc. c. quo s. d. 15.
decb. 77 <16. mai. 78> ad quodcumque benef. disp. fuit et referens quod
can. et al. obedientiarii capit. gener.
de Windeshem in par. ecclesiis p.
auct. ordin. instit. ad sua mon. re-
vocari valeat absque consensu capit.
gener. aut illius visitatorum et quod
dd. ordin. alios idoneos loco revo-
catorum present. investire tenentur et
quod ipse ad benef. ad alt. s. Catherine in eccl. mon. monial. in Greve-
roede (Greveride) o. s. Aug. Colon.
dioc. <4 m. arg.> present. et instit.
fuit: de decl. litt. desup. perinde val.
acsi de indulto ut supra mentio facta
fuisset 26. apr. 79 S 780 294^{vs},
(exec. Johannes de Arssen prep.
eccl. s. Spiritus Ruremunden. Leod.
dioc. in civit. Colon. resid. et dec.
eccl. s. Cuniberti Colon. ac dec. eccl.
b. Marie ad Gradus Colon.) (exped.
13. iun. 80) L 796 87^{rss} – c. quo ad
quodcumque benef. sec. disp. fuit et
cui de par. eccl. in Gummersbach
Colon. dioc. vac. p. resign. Petri
Schenonws prov. fuit: de nova prov.
de eadem (6 m. arg. p.) 15. febr. 81
S 799 256^r.

4679 Johannes Blitterscheim perp. benefic. ad alt. ss. Petri et Pauli in par.
eccl. op. Armsheim Magunt. dioc.:
de prom. ad omnes ord. extra temp.,
sola sign. 22. decb. 80 S 798 263^r.

4680 Johannes de Blytterswyck cler.
Traiect. dioc. in art. mag. in 21. sue
et. an. constit.: de disp. ad quodcumque benef., n. o. def. et. 2. iun. 77 S
752 95^r, L 777 30^{vs}.

4681 **Johannes Blumendal** scol. Traiect. dioc.: litt. testim. sup. recept. prime tonsure et prom. ad min. ord. s. d. 19. sept. 78 in eccl. s. Marie in Porticu de Urbe 19. sept. 78 F 8 155^r.

4682 **Johannes de Bobenhusen** cler. Magunt. dioc.: de decan. ac can. et preb. eccl. b. Marie ad Gradus Colon. (120 fl. renen.) vac. p. resign. in manibus pape Andree [Jamometic] aep. Craynen. c. reserv. pens. ann. 40 fl. renen. sup. fruct. d. eccl. p. Andream persolv. 6. oct. 78 S 773 210^{vs}.

4683 **Johannes Bock** cler. Magunt. dioc. in 18. sue et. an. constit.: de disp. ad quodcumque benef. etsi par. eccl. ad vitam c. lic. perm. et de disp. sup. def. et. 5. oct. 82 S 817 271^r.

4684 **Johannes Bock** presb. Wormat. dioc. in art. mag.: de nova prov. de vicar. ad alt. s. Crucis in colleg. eccl. vallis Wimpinen. [Wormat. dioc.] (4 m. arg.) vac. p. o. Marci de Heylprunn 11. mart. 79 S 780 204^r.

4685 **Johannes de Bochem (Buechem)** dec. colleg. eccl. b. Marie virg. in Dussadorp Colon. dioc.: de par. eccl. ville Wychtrych Colon. dioc. ac de can. et preb. eccl. ss. Crisanti et Darie in op. Monasterio Efflie Colon. dioc. (8 m. arg.) vac. p. o. certi Johannis de /. 5. iun. 77 S 752 60^r – subdiac. Colon. dioc. in art. mag. leg. doct. Wilhelmi ducis Juliacen. et Monten. ac comitis de Ravensberge consiliarius et ad papam orator destinatus inter al. referens quod ipse par. eccl. in Kettwich Colon. dioc. et decan. colleg. eccl. b. Marie in Dusseldorpp Colon. dioc. obtin. quodque secum p. Paulum II. de n. prom. ad 5 an. ac deinde p. Alexandrum [Numai] ep. Forolivien. in partibus illis c. pot. legati de latere ap. sedis nuntium ad al. 2 an. disp. fuit: de prorog. dd. 2 an. ab eorum fine ad 3 an. 14. iun. 77 S 752 220^{rs}.

4686 **Johannes [Bode]** abb. mon. in Erbach [= Eberbach] o. Cist. Magunt. dioc.: de indulto ut reliquias a quibusvis eccl. in civit. Colon. recip. et ad d. mon. in Erbach transferre val. 28. iun. 84 S 837 284^v – de conf. incorp. monasterio ut supra 3 par. eccl. in Langendybach, Waldenheym et Godelsheym ac capel. in Rackingen olim p. Bonfacium IX. motu pr. conc. 28. iun. 84 S 837 284^{vs}.

4687 **Johannes Bodenfelt (Boddenfelt)** cler. Magunt. dioc.: de perp. benef. diaconatus in eccl. s. Johannis Bapt. in Schildesche Paderburn. dioc. (2 m. arg.) vac. p. o. Johannis Molitoris 21. ian. 82 S 806 220^v – de perp. benef. sive commenda in eccl. b. Marie Novi op. Grevensteym Magunt. dioc. de iur. patron. laic. (2) vac. p. ingr. relig. Johannis Angelberti et p. devol. necnon de par. eccl. s. Michaelis in Dymerden Magunt. dioc. (2 m. arg.) vac. p. o. Arnoldi Hempen et de par. eccl. in Heimp vac. p. devol., n. o. perp. benef. in Schildesche ut supra (2 m. arg.) ac gr. expect. in forma paup. 28. febr. 82 S 808 32^r – de perp. vicar. seu capn. ad alt. N. in eccl. ss. Petri et Andree Paderburn. (4 m. arg.) vac. p. o. Henrici de Detmoldie 29. oct. 82 S 815 288^{rs} – qui vig. gr. expect. in forma paup. perp. vicar. ad alt. s. N. in colleg. eccl. op. Wydenbrugge Osnaburg. dioc. vac. p. o. Johannis Barckey acc. et cui de perp. benef. ad alt. s. Nicolai in eccl. Schilsche Paderburn. dioc. (2 m. arg.) prov. fuit: de nova prov. de d. perp. vicar. ad alt. s. N. (2 m. arg. p.) c. disp. ut unac. d. vicar. d. benef. obtin. val. 9. ian. 84 S 833 167^{vs} – motu pr. gr. expect. de 2 can. et preb. necnon de 2 benef. ad coll. quorumcumque c. prerog. ad instar pape fam. descript., Et s. d. 17. nov. 81 in forma paup. 22. mart. 84 S 830 114^v – vic. in eccl. s. Egidii op. Wydenburghe Osnaburg. [dioc.] et vic. in eccl. s. Johannis Bapt. in Schilphe Paderburn. dioc. in cur. resid. antiquus curialis: de prom. ad omnes ord. extra temp., sola sign. 8. apr. 84 S 834 205^r.

4688 Johannes Bodin (Boidim) in cur. resid. perp. cap. ad alt. b. Marie in par. eccl. s. Laurentii in Nurtingen Constant. dioc. com. de Wertemberg cant. cap. c. quo disp. fuerat sup. def. nat. (s. s.) ut s. c. benef. obtin. val. et c. quo deinde disp. fuit ut aliud benef. obtin. val.: de prom. ad omnes ord. extra temp., sola sign. 11. mai. 83 S 823 60ʳ – litt. testim. (vig. supplic. ut supra) sup. prom. ad 4 min. et subdiacon. ord. s. d. 18. mai. 83, ad diacon. ord. s. d. 19. mai. 83, ad presbit. ord. s. d. 20. mai. 83 in eccl. s. Marie Regine celi de Urbe 20. mai. 83 F 7 88ʳ.

4689 Johannes Conradus de Bodman, Johannes Aderhaymer, Reynerius de Monte, Landislaus Veyse, Johannes Episcopi inter 14 personas enumerati: de gr. expect. de 2 can. et de 2 benef. ad coll. quorumcumque, Et s. d. 1. ian. 72 S 670 190ᵛˢ – cler. Constant. dioc. de nob. gen.: de par. eccl. in Wattendingen Constant. dioc. de iur. patron. laic. (34 l. T. p.) vac. p. o. in cur. Johannis Heinrici de Bodmann de nob. gen. et ex eo quod Sigismundus de Stain mil. patron. ex una parte Johannem Conradum de Bodman et Burchardus et Conradus de Schellenberg fr. patron. ex altera parte Johannem de Schellenberg Ludovico [de Freiberg] conf. eccl. Constant. presentarunt qui neutrum instit. 30. mart. 77 S 749 161ʳˢ – de par. eccl. in Spaichungen Constant. dioc. de iur. patron. ducis Austrie (8 m. arg.) vac. p. o. cuiusdam 16. aug. 77 S 756 8ʳ.

4690 Johannes Henricus de Bodman ex parte patris de mil. gen. et ex latere matris de com. gen. orator Sigismundi ducis Austrie ad papam destinatus pape fam. et cubic. cui gr. expect. s. d. 1. ian. 72 de can. et preb. eccl. Constant. et de can. et preb. eccl. Spiren. conc. fuit: motu pr. de decl. litt. desup. perinde val. acsi dd. litt. motu pr. conc. fuissent ac d. Johannes temp. dd. litt. pape fam. et cubic.

extitisset et de prerog. ad instar pape fam. descript. 21. decb. 72 V 661 258ʳ-259ᵛ – de prepos. colleg. eccl. s. Stephani Constant. (8 m. arg.) vac. p. o. Alberti Blorer 13. ian. 74 S 700 286ᵛ – de disp. ad 3 incompat. benef. et de n. prom. ad an. 27. ian. 74 S 709 51ᵛˢ.

4691 Johannes Boes (Boysz, Boesz) (de Waldeck): prov. de prepos. Magunt. [dioc.?] vac. p. resign. 82/83 I 335 109ᵛ – can. eccl. Magunt. referens quod ipse ad par. eccl. in Hoynrem Trever. dioc. p. patron. laic. d. eccl. archidiacono eccl. s. Castoris in Cardona Trever. dioc. present. fuit et quod deinde Jacobus de Laer cler. p. al. patron. ad d. par. eccl. present. fuit contra quem Johannes Boes coram d. archid. litig. et ad sed. ap. appellavit: m. (dec. eccl. s. Victoris e. m. Magunt. et dec. eccl. b. Marie ad Gradus ac scolast. eccl. s. Stephani Magunt.) committ. in partibus 5. iun. 84 L 837 297ᵛˢ – de prepos. in eccl. s. Martini Pingwen. Magunt. dioc. (5 m. arg.) vac. p. resign. in manibus pape Ewaldi Fulhaber decr. doct. quam obtin. <p. Bernardum Mumen dec. eccl. s. Ludgeri Monast. procur. fact.> 11. iun. 84 S 837 85ᵛ, m. (dec. eccl. s. Victoris e. m. Magunt.) (exped. 26. iun. 84) L 827 64ʳ-65ᵛ – ex utr. par. de nob. gen.: de disp. ut unac. archipresbiteratu in d. eccl. Magunt. 2 al. incompat. benef. etsi 2 par. eccl. ad vitam recip. val. c. lic. perm. 13. iun. 84 S 837 49ᵛ – oblig. p. Bernardum Mummen cler. Monast. sup. annat. prepos. ut supra 28. iun. 84 A 32 141ʳ – solv. 12 fl. adc. pro annat. prepos. eccl. s. Martini Pinguen. Magunt. dioc. p. manus soc. de Martellis et Ricasulis 6. iul. 84 IE 510 45ᵛ, IE 510 160ᵛ, Paris L 52 D 5 205ʳ.

4692 Johannes Boese perp. vic. in par. eccl. ville Keppel Traiect. dioc. qui litig. contra Petrum Prelt rect. par. eccl. in Almen comitatus Zutphanie Traiect. dioc. sup. d. par. eccl. de qua tunc certo modo vac. ipsi Johanni Boese prov. fuit et nunc resign.: m. (dec. eccl. s. Lebuini Davantrien. Traiect. dioc.) assign. ipsi pens. ann. 7 modiorum siliginis sup. fruct. d. par. eccl. (que pensio 3. partem dd. fruct. n. excedit) p. d. Petrum persolv. 24. iun. 81 L 818 165^{vs}.

4693 Johannes Boesgen (Boeysgen) cler. Colon. dioc. can. eccl. ss. Crisanti et Darie [Monasterii Eyfflie] Colon. dioc.: motu pr. de gr. expect. de 2 can. et preb. necnon de 2 benef. ad coll. quorumcumque, Et s. d. 17. nov. 81 S 803 167^v – prom. ad 4 min. et ad subdiacon. ord. in eccl. b. Marie de Regina celi de Urbe 13. mart. 84 F 7 105^r.

4694 Johannes de Boyk archipresb. eccl. Magunt. ex utr. par. de nob. gen.: disp. ad 3 incompat. benef. 13. iun. 84 V 677 1^{rs}.

4695 Johannes Bomayllie cler. Bisuntin. dioc.: assign. pens. ann. 12 fl. renen. sup. fruct. par. eccl. in Rempstorp Colon. dioc. (8 m. arg. p.) p. Johannem de Papis rect. d. par. eccl. persolv. (m. ep. Firman. et dec. eccl. Bisuntin. ac prep. eccl. s. Anatholii de Salmis Bisuntin. dioc.) 12. mart. 77 L 773 47^{rs} – restit. bulle sup. annat. pens. ut supra 22. mart. 77 A 25 225^r.

4696 Johannes de Bommel presb. Traiect. dioc. decr. doct.: de disp. ut 2 incompat. benef. etsi 2 par. eccl. ad vitam recip. val. c. lic. perm. 17. sept. 83 S 828 244^v, L 835 260^{rs}.

4697 Johannes Bomelen perp. vic. ad alt. s. Jacobi in eccl. s. Petri Basil. pape fam. qui pro nonnullis negotiis propriis se habet a cur. absentare ad partes Istrie cuique gr. expect. p. papam conc. fuit: motu pr. de decl. quod d. Johannes semper fuit pape fam. in absentia et quod ipse in assec. quorumcumque benef. prerog. pape fam. descript. uti val. acsi minime a d. cur. absens foret, Conc. ad an., sola sign. 30. mai. 78 S 769 287^{vs}.

4698 Johannes Bonaker (Bonacker) rect. capel. in Noczingen Constant. dioc.: de disp. ut 2 incompat. benef. etsi par. eccl. ad vitam recip. val. c. lic. perm. necnon de n. resid. ac de percip. fruct. in absentia ad 5 an. 12. apr. 82 S 809 211^{vs}, L 817 87^v.

4699 Johannes Bonemelch presb. Magunt. dioc. theol. licent.: de par. eccl. s. Gothardi Erforden. Magunt. dioc. (4 m. arg.) vac. p. resign. in manibus pape Johannis Martini c. reserv. pens. ann. 7 fl. renen. sup. fruct. d. eccl. p. d. Johannem Bonemelch persolv. 2. mai. 83 S 823 69^{vs}.

4700 Johannes Bonhoff cler. August. dioc.: m. (offic. August.) prov. de par. eccl. in Berenbewren (Brenbeniren) August. dioc. (60 fl. renen.) vac. p. resign. Henrici de Liechnaw in manibus pape (p. Vitum Meler prep. eccl. s. Viti Frising. procur. fact.) 15. iun. 84, 3. iul. 84 L 836 7^{rss} – oblig. sup. annat. (in margine: s. d. 8. iul. 84 solv. pro annat. ut supra 21 fl. 10 carlenos p. manus Alexandri de la Casa) 8. iul. 84 A 32 150^r – solv. 21 fl. 30 bol. pro annat. par. eccl. ut supra p. manus Alexandri ut supra 13. iul. 84 IE 510 47^r, IE 510 162^r, Paris L 52 D 5 205^v.

4701 Johannes Bonivicini cler. Tornacen. dioc. pape fam.: de can. et preb. eccl. b. Marie Hamburgen. Bremen. dioc. (4 m. arg.) vac. p. o. in cur. Henrici Lunenburch (Luneburch) 13. nov. 73 S 698 65^{vs} – qui can. et preb. ut supra dim. paratus est: de par. eccl. in Westercapelle (Westcapelle) Tornacen. dioc. (40 l. T. p.) vac. p. o. in cur. Adriani de Heeda (Hee) 20. nov. 73 S 698 209^v, (m. ep. Alerien. ac officialibus Tornacen. et Cameracen.), gratis (exped. 9. decb. 73) L 731 305^v-307^r – de par. eccl. in Antiqua Vlissingen partium Zellandie Traiect. dioc. (9 m. arg.) vac. p. o. Arnaldi de Leydis presb. Traiect. dioc. 20. oct. 75 S 728 173^v – prov. de perp. s. c. capn. ad alt. b. Marie Opsolderken de Salve nunc. in par.

eccl. de Hulst Traiect. dioc. (4 l. T. p.) vac. p. o. in cur. Nicolai Ysone (m. ep. Cepten. et abb. mon. s. Bavonis ac abb. mon. s. Petri Ganden. Tornacen. dioc.) 25. oct. 79 (exped. 30. decb. 79), gratis L 801 140^v-142^r.

4702 Johannes Bonoff: prov. de par. eccl. Magunt. [dioc.?] vac. p. resign. 82/83 I 335 113^r.

4703 Johannes Bonvereti (Bonnereti, Bonnerti) prior prioratus de Misereyo seu Miseriaco (Miseraco) o. s. Aug. Basil. dioc. in decr. bac.: de disp. ut unac. d. prioratu (qui conventualis aut dign. n. est) (50 l. T. p.) aliud incompat. benef. recip. valeat 18. decb. 78 S 775 291^v – can. reg. Basil. dioc. referens quod incole ville de Calmis Basil. dioc. pretendunt se ius habere eorum animalia in quibusdam pratis ad d. prioratum spectantibus ducendi quodque desup. orta est lis coram ep. Basil. domino temporali d. ville inter d. priorem et dd. incolas: de committ. in partibus 7. mart. 83 S 820 106^v, I 335 19^r – de disp. ut unac. prioratu ut supra a mon. s. Pauli Bisuntin. d. ord. dependente aliud incompat. benef. o. Clun. seu sec. etsi par. eccl. ad vitam retin. val. c. lic. perm. 7. mart. 83 S 820 179^{rs}, 19. mart. 83 S 821 62^{vs}.

4704 Johannes Bop perp. vic. ad alt. b. Marie in eccl. s. Guidonis Spiren. dioc.: litt. testim. (vig. supplic. s. d. 6. apr. 84) sup. prom. ad subdiacon., diacon. et presbit. ord. 20. apr. 84 F 7 106^v – cler. Magunt. dioc.: de capn. ad alt. s. Agnetis in inferiori parte eccl. Basil. (3 m. arg.) vac. p. resign. Johannis Kriis pape fam. (cui de eadem vac. p. resign. in manibus pape Eustachii Munch p. dec. etc. d. eccl. Basil. instit. fuit) 22. apr. 84 S 834 294^{vs}.

4705 Johannes Borchardi cler. Magunt. dioc.: de perp. s. c. vicar. ad alt. Trium regum in eccl. s. Nicolai Stendalien. Halberstad. dioc. (3 m. arg.)

vacat. p. resign. in manibus pape Johannis Ockel <cler. Leod. dioc.> cui de d. vicar. vac. p. o. in cur. Johannis Bideritze <motu pr.> prov. fuerat litt. n. confectis 12. mai. 73 S 690 167^{vs}, (m. dec. eccl. Magdeburg. ac prepositis eccl. s. Sebastiani Magdeburg. et eccl. ss. Petri et Pauli Bardewicen. Verden. dioc.) (exped. 28. apr. 74) L 729 166^{vss}.

4706 Johannes Borchmans cler. Leod. dioc. pape fam.: de capel. b. Marie in Senbosscher sub par. eccl. de Bergheyek Leod. dioc. de iur. patron. laic. (4 m. arg.) vac. p. o. Johannis van der Cocyen extra cur. infra 2 dietas, n. o. alt. s. Gertrudis in eccl. s. Petri Geben. (/.) Leod. dioc. (4 m.) 19. sept. 82 S 825 131^{vs} – de disp. ut unac. par. eccl. de Esden Leod. dioc. aliud incompat. benef. etsi par. eccl. retin. val. c. lic. perm. 18. decb. 82 S 817 200^{vs} – de perp. capn. in par. eccl. beginarum nunc. Buscoducen. Leod. dioc. (4 m. arg.) vac. p. o. Gisberti de Porta 11. oct. 83 S 832 122^v – m. (dec. eccl. b. Marie Wezalien. Trever. dioc. et offic. Leod. ac offic. Cameracen.) prov. de par. eccl. de Esden ut supra (9 m. arg.) vac. p. resign. in manibus pape Willelmi Witholsz cler. Leod. dioc. pape fam. qui vig. gr. expect. eandem vac. p. o. Johannis Richort (Ricort) acc., n. o. perp. s. c. capn. in eccl. s. Petri Beken. et perp. s. c. capn. in d. eccl. (insimul 4 m. arg.) et gr. expect. de 2 benef. ad coll. abb. etc. mon. Epternacen. o. s. Ben. Trever. dioc. ac dec. etc. eccl. s. Johannis Ev. Busceducen. Leod. dioc., gratis 16. oct. 83 V 637 40^v-43^r – oblig. sup. annat. par. eccl. de Esden ut supra 2. decb. 83 A 32 1^r.

4707 Johannes de Bordauona dec. eccl. Yvoricen. Trever. dioc.: de disp. ut unac. d. decan. aliud incompat. benef. etsi par. eccl. ad vitam recip. val. c. lic. perm. 24. mai. 83 S 823 239^r.

4708 **Johannes Borger** cler. Constant. dioc.: de c.c. alt. s. Katherine in mon.
b. Marie virg. loci Heremitarum
Constant. dioc. (6 m. arg.) vac. p.o.
Nicolai Buneder 15. decb. 72 S 686
3^v.

4709 **Johannes Bormans (Bornemans)**
cler. Colon. dioc.: de perp. vicar. ad
alt. ss. Viti et Modesti in colleg. eccl.
s. Georgii Colon. (4 m. arg.) vac. p.
ingr. mon. s. Johannis ord. s. Johannis Jerosolimitan. Colon. p. Hermannum de Kybel 19. sept. 71 S 675
255^{rs} – de disp. ad 2 incompat. benef. 14. mai. 73 S 690 288^{rs}.

4710 **Johannes Borzymowsky (Borzi-
mowsky)** presb. Wladislav. dioc. ex
utr. par. de nob. gen.: motu pr. de gr.
expect. de 2 benef. ad coll. ep. etc.
Cracov. ac ep. etc. Wladislav. <de
can. et preb. eccl. Cracov. ac can. et
preb. eccl. Wladislav.> 17. nov. 81 S
803 204^v, de ref. S 803 110^r, (m. dec.
eccl. s. Floriani e. m. Cracov. et Johanni Prioris can. eccl. b. Marie Maioris de Urbe ac offic. Cracov.) (exped. 25. mart. 83) L 820 297^{rss} –
can. eccl. b. Marie Kyelcien. Cracov.
dioc.: de can. et preb. in eccl. s. Egidii sub castro Cracov. de iur. patron.
laic. (8 m. arg.) vac. p. resign. in
manibus pape Mathie de Choymi
(Thowini) cler. Gneznen. dioc. in
cur. defunct. (cui de eisdem vac. p.o.
Sandivogii de Tanczyn p. papam
prov. fuit), n.o. can. et preb. eccl. b.
Marie Kyelcien. ut supra necnon par.
eccl. in Chrokez (Chrobercz) et can.
et preb. in castro Tanczin (Tangzyn)
Cracov. dioc. (insimul 30 m. arg.)
20. iun. 82 S 812 61^r, 20. iul. 82 S
812 267^v – rect. par. eccl. b. Marie
in Croberz Cracov. dioc.: de disp. ut
unac. d. par. eccl. aliud incompat.
benef. etsi par. eccl. ad vitam recip.
val. c. lic. perm. 29. apr. 83 S 822
248^v.

4711 **Johannes Bosschaert (Bosschatte,
Bossehaert)** qui par. eccl. de Oude-
moerkerke Traiect. dioc. pro perp.
capn. ad alt. b. Marie Nove in par.

eccl. de Perboeme Traiect. [dioc.] c.
Petro Fabri perm.: de assign. pens.
ann. 4 libr. grossorum monete Flandrie sup. fruct. d. par. eccl. (11 libr.
grossorum monete Flandrie) 29.
sept. 83 S 829 64^{rs}, I 335 173^r –
presb. Traiect. dioc.: restit. bulle sup.
annat. pens. ut supra 10. oct. 83 A 31
225^r.

4712 **Johannes Bosche**: not. recip. pro
bulla distributa 3 grossos et 2 grossos oct. 82 DB 1 152^v.

4713 **Johannes Bose** cler. Sleswic. dioc.:
de nova prov. de can. et preb. eccl.
Sleswic. vac. p. resign. Henrici Hacken ac de perp. s.c. simplici vicar.
ad alt. ss. Andree et Nicolai in mon.
s. Johannis sanctimonialium Sleswic.
[= Holm?] <dioc.> (insimul 4 m.
arg. p.) vac. p.o. Gerardi de Santbeke 17. decb. 82 S 827 194^v.

4714 **Johannes [Andreas de Bossi]** ep.
Alerien.: prov. de prioratu Wormat.
[dioc.?] vac. p. prom. 72/73 I 332
300^v.

4715 **Johannes Botonto (Botontus de Vi-
terbo)** cler. Viterbien. pape fam.: de
can. et preb. eccl. s. Petri Magunt.
(10 m. arg.) vacat. p. assec. prepos.
eccl. s. Bartholomei Franckforden.
Magunt. dioc. p. Johannem Jacobum
Leyst 18. oct. 82 S 815 95^v – referens quod Johanni Jacobi Leyst cler.
Magunt. pape fam. de prepos. ut supra vac. p. assec. prepos. eccl. Colon. (tunc vac. p.o. Salentini de Isenburg Inferiori) p. Engelbertum ex comitibus de Nassau motu pr. p. papam
prov. fuit et quod ipse deinde concordiam fecit sup. pens. ann. sup.
fruct. d. prepos. s. Bartholomei: de
assign. pens. ann. 115 fl. adc. sup.
fruct. d. prepos. (70 m. arg.) p. d.
Johannem Jacobi Leyst persolv. 14.
nov. 82 S 816 148^r – consensus pensionis ut supra 16. nov. 82 Resign. 2
33^r.

4716 **Johannes de Bothurzin (Bothor-
zyn)** cler. Cracov. dioc. qui pluribus
merc. pro diversis pec. summis fi-

deiussit et creditoribus in brevi satisfacere n. potest deinde excom. et al.
penis eccles. innodatus fuit: de disp.
ad quodcumque benef. et de absol.
ab excom. et de committ. in partibus,
p. breve 10. sept. 83 S 828 56^{rs} – referens quod ad par. eccl. in Igolomia
Cracov. dioc. p. unam partem laic.
patronorum ep. present. et quod Jacobus de Gnezna p. alteram partem
dd. patron. ep. present. fuit et quod
litig. desup. coram d. ep. et postea
lite cessa d. Jacobus preb. eccl.
ss. Philippi et Jacobi appl. in Cleparz
e. m. Cracov. et d. par. eccl. in favorem d. Johannis et d. Johannes alt.
ss. Simonis et Jude appl. in par. eccl.
b. Marie Cracov. in favorem d. Jacobi resign.: de nova prov. de d. par.
eccl. et d. preb. (insimul 24 m. arg.)
19. oct. 83 S 829 234^{v}.

4717 **Johannes Bouchseck** cler. Magunt.
dioc. cui de perp. benef. ad alt.
ss. Nicolai et Catherine in par. eccl.
s. Quintini Magunt. vac. p. o. Petri
Roderi p. Angelum [Gherardini] ep.
Suessan. in partibus legatum de latere prov. fuit et qui litig. desup. coram archipresb. eccl. Magunt. contra
Hinricum Bart cler.: de prov. si neutri de d. perp. benef. de iur. patron.
laic. (3 m. arg. p.) 18. aug. 83 S 827
235^{r}.

4718 **Johannes Boulleti (Boilleti)** rect.
par. eccl. de Chamenceyo Trever. dioc. in cur. resid.: de prom. ad omnes
ord. extra temp., sola sign. 15. sept.
83 S 828 167^{rs}, 18. sept. 83 S 828
170^{r}.

4719 **Johannes Boutellier** cler. Tornacen.
dioc. abbrev.: de decan. eccl. s. Petri
Traiect. (20 m. arg.) vac. p. assec.
prepos. eccl. s. Johannis Traiect. p.
Johannem Niis 22. mart. 72 S 677
78^{rs} – can. eccl. s. Petri Insulen. Tornacen. dioc.: de scolastr. d. eccl. (15
l. T. p.) vac. p. assec. decan. eccl.
s. Ode Roden. Leod. dioc. p. Petrum
Bogart can. eccl. Tornacen. decr.
doct. pape not. 17. nov. 74 S 710
16^{rs} – in decr. licent. abbrev. et pape

fam. qui can. et preb. in eccl.
s. Audomari de Sancto Audomaro
Morinen. dioc. <(80 l. T. p.> et **Antonius Broude** mag. in med. Juliani
[de Ruvere] card. ep. Ostien. fam.
qui prepos. in Elst Traiect. dioc. in
manibus pape ex causa perm. resign.: prov. Johanni Boutellier de d.
prepos. (80 l. T. p.) (m. prep. eccl.
s. Pharaildis Ganden. Tornacen. dioc.
et Hugoni Jacobi can. eccl. Cameracen. ac Johanni Corbie can. eccl. Cameracen.), gratis 30. ian. 84, (exped.
4. febr. 84) L 836 109^{rss} – prep. eccl.
in Elst Traiect. dioc.: restit. bulle
sup. d. prepos. (in margine: s. d. 22.
iun. 85 fuit probatum quod dd. can.
et preb. n. val. ultra 25 fl. adc. et
propterea Antonius ut supra solv.
12$^{1}/_{2}$ fl. qui possessionem d. prepos.
p. eum resign. n. habebit et dd. oblig.
fuerunt cass.; s. d. 23. iun. 85 d. Antonius solv. 12$^{1}/_{2}$ fl. p. manus soc.
Ususmaris) 7. febr. 84 A 32 201^{r} –
can. eccl. Cameracen. referens quod
Petrus Cadoti et al. clerici Traiect.,
Cameracen. et Leod. civit. sive dioc.
ipsum can. et preb. eccl. Traiect. canonice sibi collatos assequi ac illorum fruct. percip. val. impedire presumpserunt et quod contra dd. cler.
causam prosequi intendit: m. (abb.
mon. de Laude et prep. eccl. s. Petri
Thovalten. Tornacen. dioc. ac offic.
Tornacen.) committ. in partibus 4.
mart. 84 L 835 154^{vs} – oblig. sup.
annat. can. et preb. eccl. Traiect. (16
m. arg.) de quib. vac. p. o. Johannis
Carvin s. d. 2. mart. 84 sibi prov. fuit
(in margine: s. d. 29. mart. 85 obtin.
prorog. ad an., s. d. 12. mart. 84 oblig. p. Johannem Nilis not. ap. sup.
annat. infra 4 menses) 12. mart. 84 A
32 60^{v}.

4720 **Johannes (Boven)** cler. Cameracen.
dioc.: de par. eccl. s. Quintini de
Landenen prope Lovania Leod. dioc.
(24 l. T. p.) vac. p. o. Ottonis Luca 9.
aug. 80 S 795 154^{v} – pape fam.: de
perp. vicar. s. Blasii in eccl. ss. Cassii et Florentii Bonnen. Colon. dioc.

(4 m. arg.) vac. p.o. in cur. Petri Pasman de Xanctis pape fam. (cui de eadem vac. p.o. Leodericii [recte: Ludovici] Gerrini de Attemdarn [recte: Attendorn] p. papam prov. fuerat) 18. aug. 81 S 813 318^v – not. recip. pro bulla distributa 2 grossos et 2 grossos oct. 82 DB 1 148^r – prov. de par. eccl. in Konninxhoven Colon. dioc. (4 m. arg. p.) vac. p.o. Ludovici Gheruuini de Attendarn Pii II. fam., n.o. capn. in eccl. de Wuestmeerbeki Cameracen. dioc. (4 m. arg.) quam obtin. et perp. capn. ad alt. s. Barbare in vetere eccl. de Tresco (4 m. arg.) et perp. capn. ad alt. s. Petri in capel. b. Marie virg. de Lacu op. Thenen. Leod. dioc. (2 m. arg.) et perp. vicar. in eccl. Bonnen. Colon. dioc. (4 m. arg.) quas n. obtin. necnon gr. expect. (in forma motu pr. conc.) de can. et preb. in eccl. s. Johannis Ev. Leod. et de benef. ad coll. dec. etc. eccl. b. Marie Antwerpen. Cameracen. dioc., (exec. prep. eccl. b. Marie Feuchtwangen. August. dioc. et offic. Colon. ac offic. Cameracen.), gratis 30. iul. 82 V 622 80^r-81^v.

4721 **Johannes de Brabantia** cler. Leod. dioc.: oblig. p. Johannem Altfast sup. annat. pens. ann. 300 coronarum (= 150 l. T. p.) sup. fruct. can. et preb. ac archidiac. eccl. Bruxellen. (Burxelen.) Cameracen. dioc. et 100 sup. fruct. prepos. eccl. s. Walburgis in Arnhem (Arnehen, Harnhein) Traiect. dioc. ac 25 sup. fruct. can. et preb. eccl. s. Servatii op. Traiecten. Leod. dioc. necnon 25 sup. fruct. can. et preb. eccl. b. Marie Cortracen. (Coltracen.) Tornacen. dioc. p. Nicolaum de Ruter persolv. ut in bulla s.d. 15. iul. 84 express. 3. aug. 84 A 32 165^v – solv. 40 fl. adc. 30 bol. pro annat. pens. sibi reserv. sup. fruct. ecclesiarum ut supra p. manus Arnoldi Straper (Schaper, Scrapper) 7. aug. 84 IE 510 55^r, IE 510 170^r, Paris L 52 D 5 213^r.

4722 **Johannes Bracht** cler. Hildesem. dioc.: de perp. vicar. ad alt. s. Georgii in eccl. Verden. (2 m. arg.) vacat. p. resign. Ottonis de Bothmer <p. Ottonem de Specke can. eccl. s. Crucis Hildesem. procur. fact.> 26. nov. 73 S 699 176^{vs}, (exped. 29. ian. 74) L 731 165^{rs}.

4723 **Johannes Brandeburgen.** cler. Bamberg. dioc.: de prepos. eccl. Lippie (12 m. arg.) et de vicar. seu capn. in Hatzpurg Verden. dioc. (4 m. arg.) et de vicar. seu capn. in Kynnenberg Verden. dioc. (4 m. arg.), Et c. disp. sup. def. nat. (c. s.) 27. aug. 77 S 757 82^r.

4724 **Johannes Brandes**: pens. Halberstad. [dioc.?] 80/81 I 334 109^r.

4725 **Johannes de Brandis** cler. Cur. dioc. de nob. et bar. gen. in 24. sue et. an. constit.: motu pr. de prepos. eccl. Cur. (100 fl. renen.) vac. p.o. Johannis Hopper c. disp. quod ipse n.o. def. et. d. prepos. recip. val. 1. decb. 83 S 832 36^r – can. eccl. Cur. qui post obitum Johannis Hopper p. capit. d. eccl. in prep. el. fuit: de nova prov. de d. prepos. (100 fl. renen.) et de abol. inhab. c. disp. sup. def. et. ut supra 2. decb. 83 S 832 162^v, m. (abb. mon. Circwalden. Cur. dioc.) (exped. 23. febr. 84) L 836 118^v-120^r – oblig. p. Matheum Brunig presb. Cur. dioc. sup. annat. 24. febr. 84 A 32 50^r – solv. 35 fl. adc. 52 bol. (bon.) pro annat. p. manus Mathei Brunis 24. febr. 84 IE 508 122^v, IE 509 121^v, Paris L 52 D 5 164^r.

4726 **Johannes Brant (Brand, Bant)** cler. Paderburn. dioc. pape fam.: de par. eccl. N. Trever. dioc. (4 m. arg.) vac. p.o. Johannis de Kemenate quond. [Georgii] de Flisco card. ep. fam. abbrev. 15. decb. 72 S 685 171^r – rect. eccl. sive capel. s. Willehadi Bremen.: de n. prom. ad 2 an. 2. mart. 74 S 703 105^v – de perp. s. c. capn. ad alt. Corporis Christi in par. eccl. b. Marie <s. Jacobi> op. de

Rostock Zwerin. dioc. et de perp. s.c. capn. ad alt. ss. Angelorum ibidem de iur. patron. laic. (insimul 4 m. arg.) vac. p. resign. Engelberti Katzow <in cur. coram Henrico Grimine cler. Razeburg. dioc. imper. auct. not. fact.> 1. apr. 74 S 705 7ᵛ, m. (Paulo de Crottis can. eccl. Cremonen. et offic. Zwerin. ac offic. Paderburn.) V 571 19ᵛˢˢ – qui vig. gr. expect. s.d. 1. ian. 72 de 2 benef. ad coll. aep. etc. Bremen. necnon ep. etc. Osnaburg. perp. vicar. in eccl. Bremen. (3 m. arg.) necnon par. eccl. s. Willehadi Bremen. (3 m. arg.) vac. p.o. Johannis Ralueswan (Kalveswaghe, Kaneswaghe) acc.: de reval. gr. expect. de benef. ad coll. ep. etc. Osnaburg. 26. mai. 74 S 706 52ᵛˢ, gratis V 664 38ᵛ-40ʳ – de perp. s.c. vicar. in eccl. in Rameslow Bremen. dioc. (3 m. arg.) vac. p.o. in cur. Gotfridi Meiger 21. oct. 74 S 710 112ʳˢ – de prom. ad omnes ord. extra temp., sola sign. 9. mart. 75 S 715 240ʳ – prior in eccl. Razeburg. o. Prem. secundum reg. o. s. Aug.: de uniendo d. prioratui (5 m. arg.) perp. vicar. s. Martini sita in porticu d. eccl. (2 m. arg.) 1. iun. 75 S 721 75ʳ – motu pr. de reval. gr. expect. ut supra <et de exten. eandem de benef. ad coll. eccl. s. Anscharii (Anthonii?) Bremen.> c. disp. ad 2 incompat. benef. 7. nov. 75 S 729 205ᵛˢˢ, gratis V 665 317ʳ-319ᵛ – de can. et preb. eccl. s. Andree Halberstad. (4 m. arg.) vac. p.o. in cur. Johannis Remen 14. nov. 75 S 729 173ʳ – qui vig. gr. expect. perp. vicar. in eccl. Bremen. et par. eccl. s. Willehadi Bremen. ut supra acc.: motu pr. de reval. gr. expect. (acsi d. vicar. et d. par. eccl. n. acceptasset) et de exten. ad quemcumque coll. et de disp. ad 2 incompat. benef. 16. febr. 76 S 734 234ᵛˢˢ – disp. ut unac. d. par. eccl. aliud incompat. benef. retin. val., gratis 16. febr. 76 V 667 131ʳˢ – de capel. s. Nicolai op. Diest Leod. dioc. (4 m. arg.) vac. p.o. Michaelis de Diest 26. apr. 76 S 737

239ʳ – motu pr. gr. expect. s.d. 1. ian. 72 de can. eccl. s. Victoris Xancten. Colon. dioc. necnon de benef. ad coll. ep. etc. Paderburn. (m. ep. Tirasonen. et Paulo de Crottis can. eccl. Cremonen. ac offic. Colon.), gratis 25. nov. 76 V 667 88ʳ-91ʳ – lic. perm. (exec. cant. eccl. Meten. ac Paulus de Crottis can. eccl. Cremonen. ac offic. Paderburn.), gratis 10. decb. 76 V 584 169ʳ-171ʳ – cui gr. expect. de can. et preb. eccl. s. Victoris Xancten. Colon. dioc. s.d. 26. aug. 76 conc. fuit: motu pr. de mutatione et de exten. d. gr. expect. ad quoscumque can. ac de decl. dd. litt. perinde val. acsi s.d. 1. ian. 72 conc. fuissent 8. aug. 77 S 755 155ᵛ – de perp. vicar. ad alt. s. Michaelis in ambitu eccl. Osnaburg. (4 m. arg.) vacat. p. resign. Johannis Swagmann cler. Osnaburg. dioc. <Francisci [Todeschini-Piccolomini] tit. s. Eustachii diac. card. fam.> cui de eadem s.d. 10. sept. 77 vac. p.o. Johannis Holtken (Holecken) prov. fuit et de disp. ut unac. d. perp. vicar. al. benef. quarta portio nunc. in d. eccl. recip. val. (4 m. arg.) 4. febr. 78 S 764 65ᵛˢ, m. (prep. eccl. s. Spiritus Ruremunden. Leod. dioc. et cant. eccl. Meten. ac offic. Osnaburg.), gratis V 585 9ʳ-11ᵛ – oblig. sup. lic. resign. vel perm. ut supra s.d. 10. decb. 76 conc. 14. mart. 78 A 26 165ᵛ – Petri Ferrici tit. s. Sixti presb. card. Tirasonen. nunc. fam.: de capel. s. Antonii sub par. eccl. <e.m. op.> Kempen. Colon. dioc. (3 m. arg.) vac. p.o. in cur. Gotfridi Ubrad 10. iun. 78 S 770 99ʳ, (exec. prep. eccl. s. Petri in Northen Magunt. dioc. et Colon. offic. ac Paderburn. offic.), gratis V 587 288ᵛ-290ʳ – can. eccl. s. Victoris Xancten. Colon. dioc. pape fam. et **Petrus Porsinarus de Xancten** cler. Colon. dioc.: de adm. resign. Johannis Brant et de prov. d. Petro de can. et preb. d. eccl. (8 m. arg.) sup. quib. litig. in cur. et de assign. d. Johanni pens. ann. 24 fl. renen. sup. fruct. dd. can. et preb., n.o. perp. vicar. s.Thome in eccl. Davantrien. Traiect. dioc. (4 m. arg.) quam d. Petrus vig. gr. expect. acc. 7. mart. 82 S 808 161ᵛ – et **Johannes Tussche de Holt** presb. Colon. dioc. pape cubic. et fam.: de adm. resign. Johannis Brant et de prov. d. Johanni Tussche de dd. can. et preb. ut supra (8 m. arg. p.) et de assign. d. Johanni Brant pens. ann. 24 fl. renen. sup. fruct. dd. can. et preb. de quib. vac. p.o. in cur. Petri Pisman d. Johanni Brant prov. fuit et sup. quib. litig. in cur. 3. sept. 82 S 814 8ʳˢ.

4727 **Johannes Braun** scolast. colleg. eccl. Montis b. Marie virg. Franckforden. Magunt. dioc.: de disp. ut unac. d. scolastr. aliud incompat. benef. recip. val. 24. mart. 73 S 688 232ʳ.

4728 **Johannes Brawen (Brawe, Braint)** cler. Magunt. dioc.: de perp. vicar. ad alt. s.Katherine in colleg. eccl. b. Marie Halberstad. <2 m. arg.> vac. p. resign. in manibus pape Johannis Genderian (Crenderman) <cler. Halberstad. dioc.> (cui de eadem vac. p.o. Heysonis Fabri (Johannis Papel) prov. fuit litt. desup. n. confectis) 15. ian. 80 S 789 12ʳˢ, 4. febr. 80 S 789 243ʳ – de perp. <s. c.> vicar. in eccl. ss.Petri et Pauli Nove Civitatis Magdeburg. ac de desolata <par.> eccl. in Gormitz (Croenitz) Halberstad. dioc. (insimul 4 m. arg.) vac. p.o. Bonifacii Mumme (Minne) 7. iun. 81 S 696 61ᵛ, m. (thes. eccl. b. Marie Halberstad.) (exped. 11. decb. 83) L 807 189ᵛˢˢ.

4729 **Johannes Brekelvelden** presb. ord. s.Johannis Jerosolimitan. profes. qui absque lic. professionem fr. o. fr. min. de observ. suscepit et p. 6 an. in conv. prope Hammonem Colon. dioc. stetit et qui ad fr. ord. s.Francisci op. Tremonien. [Colon. dioc.] se transtulit: de absol. et de indulto ut sub obedientia ministri gener. d. ord. s.Francisci vivere val. 9. febr. 76 S 734 150ʳ.

4730 **Johannes Brekenheym al. Dueringe (/.)** presb. Argent. dioc. qui can. et preb. in colleg. eccl. s.Adolphi in Nuberlet Argent. dioc. vac. p.o. Theobaldi Burt acc.: de nova prov. de dd. can. et preb. (4 m. arg.) 1. oct. 77 S 758 131ᵛ.

4731 **Johannes Breide (Breyda, Breyden)** can. eccl. Sleswic. ex utr. par. de mil. gen.: de off. clericatus registri supplic. vacat. p. resign. in manibus pape Henninchi Cossebode cler. 20. decb. 71 S 674 151ʳ – et **Heynningus de Cossebode** ambo clerici registri supplic., **Johannes Grummer, Johannes Steenwinckel, Petrus Stephani, Marcus Fugger** scriptores registri supplic. inter 16 mag., cler. et script. registri supplic. enumerati: motu pr. de gr. expect. de 2 can. usque ad val. fruct. /. l. T. p. et 2 benef. ad coll. quorumcumque, Et s.d. 1. ian. 72 S 670 49ʳ – et **Johannes Grummer, Johannes Steenwinckel, Marcus Fugger, Johannes Mechler** scriptores inter 15 mag., cler. et script. registri supplic. enumerati quib. gr. expect. s. d. 1. ian. 72 conc. fuerat: motu pr. de prerog. ad instar pape fam. descript. 17. mart. 73 S 688 66ʳˢ – de can. et preb. eccl. Lubic. (4 m. arg.) vacat. p. resign. in manibus pape Vincentii de Eyl cler. Colon. dioc. pape fam. (cui de eisdem vac. p.o. in cur. Henrici de Wickeden prov. fuerat, litt. n. confectis) 9. oct. 73 S 697 138ʳ – cler. Sleswic. dioc.: de can. et preb. eccl. [Othonien.] (4 m. arg.) vac. p.o. in cur. [...] 9. febr. 74 S 703 41ʳ, 73/74 I 332 160ʳ – archid. eccl. Sleswic. Cristierni Dacie regis dilectus: disp. ut unac. d. archidiac. aliud incompat. benef. recip. val. 20. apr. 74 L 739 6ᵛˢˢ – de can. et preb. eccl. Bremen. (4 m. arg.) et de can. et preb. eccl. Hamburgen. Bremen. dioc. (4 m. arg.) et de perp. vicar. in par. eccl. in Buxtehude Verden. dioc. (3 m. arg.) vac. p.o. Henrici Gherwen 13. aug. 74 S 708 178ʳˢ – de can. et preb. eccl. Hildesem. (4 m. arg.) et de can. et preb. eccl. Magdeburg. (4 m. arg.) vac. p. o. Levini de Relthem 15. oct. 74 S 718 216^{rs} – de can. et maiori preb. eccl. Halberstad. (4 m. arg.) vac. p. resign. Ernesti de Mansfelt 5. ian. 75 S 713 162^r – solv. serv. commun. nomine Caroli [Roennow] ep. Othonien. 8. mart. 75 FC I 1131 51^v – referens quod Nicolaus Bruckman litt. ap. abbrev. prepos. eccl. b. Marie Colebergen. Camin. dioc. vig. disp. Nicolai V. unac. vicedominatu d. eccl. <p. 2 an. tenuit sed postea iam ultra 21 an. absque titulo detin.>: de d. vicedominatu (20 m. arg.) vac. p. assec. d. prepos. p. d. Nicolaum Bruckman 8. apr. 75 S 717 202^{vs}, m. (abbatibus mon. in Belbu [recte: Belbuck] et in Hilda ac prep. eccl. Gripeswolden. Camin. dioc.) (exped. 20. mart. 75) L 748 104^{rss} – et **Tilmannus Brandis** archid. Hildesem., **Balthasar de Mandeslo** scolast. eccl. Bremen., **Johannes Fust** prep. colleg. eccl. b. Walpurgis in Wilburg Trever. dioc.: de prom. ad omnes ord. extra temp., sola sign. 27. iun. 75 S 722 265^{vs} – reus et possessor litig. coram Petro de Ferrera aud. contra quond. Theodoricum Clinckrode in cur. defunct. sup. archidiac. eccl. Sleswic. (6 m. arg.) vac. p. o. Conradi Conradi: de surrog. ad ius d. Theodorici 9. iul. 78 S 771 216^{rs}.

4732 **Johannes Breyer** presb. Herbip. dioc.: de nova prov. de par. eccl. in Corbe Herbip. dioc. (4 m. arg.) vac. p. o. Conradi dicti Schiller 24. decb. 76 S 756 280^{vs} – rect. par. eccl. in Corbe ut supra: de disp. ut unac. d. par. eccl. aliud incompat. benef. recip. val. etsi par. eccl. 27. febr. 77 S 756 287^v.

4733 **Johannes de Breytenbach (Breytembach), Johannes de Botfelt, Sigismundus Czerer, Petrus Part, Henricus Martini, Martinus Schuler, Nicolaus Scriptoris [de] Crutzennach, Johannes Maseler, Walte-**

rus de Byron, Riquinus de Dorenborch, Johannes Waydenhoffel inter 16 personas enumerati: de gr. expect. de 2 can. et de 2 benef. ad coll. quorumcumque, Et s. d. 1. ian. 72 S 670 179^{vss} – cler. Nuemburg. dioc. ex utr. par. de nob. gen. in utr. iur. in univ. Perusin. actu stans et ad grad. doctoralem prom. sperans: de can. et preb. eccl. Wratislav. (4 m. arg.) vac. p. o. Henrici Lewbing prothonot. 31. aug. 72 S 682 89^{rs}, (exped. 18. sept. 72) L 730 207^{rss}.

4734 **Johannes Breitenbach** presb. Argent. dioc. cui de scolastr. colleg. eccl. s. Thome Argent. vac. p. o. Stefani Colbeck prov. fuit: de nova prov. de d. scolastr. (4 m. arg.) 31. mart. 75 S 717 228^{vs}.

4735 **Johannes Bremer** presb. Constant.: de perp. capn. ad alt. bb. Sebastiani et Agathe in eccl. Constant. (3 m. arg.) vac. p. resign. in manibus pape Conradi Funck 16. oct. 82 S 815 144^{vs}.

4736 **Johannes Bremer** cler. Lubic. dioc.: de nova prov. de capn. in colleg. eccl. bb. Petri et Pauli appl. Bardevicen. [Verden.] dioc. (2 m. arg.) vac. p. o. Antonii Swiron (Swonen) cler. Camin. dioc. 7. iul. 77 S 756 296^{vs}, [fragm., dat. deest] S 793 48^r.

4737 **Johannes Bremer** presb. Meten. dioc.: de disp. ut unac. par. eccl. de Schiefflingen Trever. dioc. (24 l. T. p.) de qua sibi auct. ap. prov. fuit aliud incompat. benef. etsi par. eccl. ad vitam recip. val. c. lic. perm. 29. oct. 82 S 815 217^r.

4738 **Johannes Bremer** Juliani [de Ruvere] tit. s. Petri ad vincula presb. card. fam.: supplic. d. card. gr. expect. de can. et preb. eccl. Verden. et de can. et preb. eccl. s. Willehadi Bremen., gratis 1. ian. 72 V 662 86^v-88^r – cler. Verden. mag. Alberti Cock prep. eccl. Bremen. decr. doct. et abbrev. nepos: motu pr. gr. expect. de 2 benef. ad coll. ep. etc. Lubic. et ep. etc. Verden., (m. prep. eccl. Bremen. et offic. Lubic. ac offic. Verden.) 17. nov. 81 (exped. 15. iun. 82) L 820 152^r-153^v – disp. 83/84 I 335 192^r.

4739 Johannes et Bernardus Brendel domini loci in Grebeneck Trever. dioc. nob. domicelli referentes quod par. eccl. in Willung Trever. dioc. cuius parochiani distant a d. loco in Grebeneck circa 1 miliare Alemanicum et quod d. par. eccl. sine periculis accedere n. possunt: de indulto ut capel. s. Wendelini in d. loco p. eorum progenitores fund. dotare et p. perp. cap. ministrari facere val. 19. nov. 76 S 744 117^{vs}.

4740 Johannes Brieff (Berereff) can. eccl. s. Pauli Wormat.: de prom. ad ord. subdiacon. in eccl. s. Bartholomei de Insula in Urbe 17. decb. 74 F 6 186^{vss} – de prom. ad omnes ord. extra temp., sola sign. 23. decb. 74 S 713 42^r – litt. testim. sup. prom. vig. supplic. ut supra ad ord. subdiacon. s. d. 17. decb. 74 in eccl. s. Bartholomei ut supra, ad ord. diacon. s. d. 6. ian. 75 ibidem, ad ord. presbit. s. d. 8. ian. 75 ibidem 8. ian. 75 F 6 186^r.

4741 Johannes Brielenoet cler. Colon. dioc.: de can. et preb. sive altera portione colleg. eccl. s. Werenfridi Elst [Traiect. dioc.] (4 m. arg.) vac. p. o. Willelmi Hollant et p. devol. 16. nov. 82 S 816 84^v.

4742 Johannes Brinfels cler. Trever. dioc.: de nova prov. de perp. s. c. vicar. ad alt. s. Johannis in capel. s. Michaelis colleg. eccl. s. Georgii in Lympurg Trever. dioc. (4 m. arg.) vac. p. o. Johannis Pantzenbach et de n. prom. ad 7 an. in litt. stud. gener. insistendo 25. mai. 84 S 839 97^v.

4743 Johannes Bringer cler. Constant. dioc. in 13. sue et. an. constit.: de disp. ad quodcumque benef. c. lic. perm., Conc. ut petitur in 19. an. 25. sept. 78 S 773 171^{rs}.

4744 Johannes Brissiren cler. Magunt. dioc.: de perp. s. c. vicar. in eccl. s. Albani e. m. Magunt. (4 m. arg.) vac. p. resign. in manibus pape Francisci Lerey cler. August. dioc. Dominici [de Ruvere] tit. s. Vitalis presb. card. fam. (cui vig. gr. expect. de eadem vac. p. o. Henrici Ossrembourg prov. fuit possessione n. habita) 31. iul. 79 S 784 282^r.

4745 Johannes Brockmoller cler. Razeburg. dioc.: de par. eccl. s. Bartholomei op. Wyttenborgh (4 m. arg. p.) vac. p. priv. Johannis Boeckman qui in loco interd. missam celebravit in 20. sue et. an. constit. absque disp. ap. sup. def. et. 18. iun. 84 S 837 204^v.

4746 Johannes de Bronchorst de Batenborch de bar. gen. prep. eccl. Monast. cui de can. et preb. d. eccl. vac. p. o. Johannis Pentelynck quond. Hugonis [de Lusignano] card. ep. Prenestin. fam. p. Pium II. prov. fuit: de nova prov. de eisdem (6 m. arg.) 5. oct. 71 S 672 193^{vs}.

4747 Johannes Bronen: prov. de perp. vicar. Hildesem. [dioc.?] vac. p. resign. 81/82 I 334 111^r.

4748 Johannes Broten perp. benefic. ad alt. ss. 4 Ev. situm in eccl. mon. monial. e. m. op. Juterbock Brandenburg. dioc. (4 m. arg.) c. quo sup. def. nat. (c. s.) disp. fuit: de nova prov. de s. c. benef. kalendarum nunc. in par. eccl. s. Nicolai op. Juterbock Brandenburg. dioc. (2 m. arg.) vac. p. o. Petri Gerstorp 15. nov. 74 S 711 215^{rs}.

4749 Johannes Brotreich (Broterich, Brotrich) al. Hupp (Rupp) cler. Herbip. dioc.: de primissaria in par. eccl. Lauttershausen (Lutershausen, Letherszhausen) Herbip. dioc. (4 <5> m. arg.) vacat. p. matrim. contractum Pauli Wolf c. Gutta mul. Herbip. dioc. [cass. quia de anno primo, dat. deest] S 692 263^v, <n. o. gr. expect. s. d. 1. ian. 72 de 2 benef. ad coll. ep. etc. Herbip. et prep. etc.

eccl. s. Johannis in Hawgis e. m. Herbip.> (m. prep. eccl. Trident. et Henrico Lebenther can. eccl. Wratislav. ac offic. Herbip.), gratis 9. ian. 72 V 563 112ᵛ-114ᵛ – bac. in theol.: de par. eccl. in Ostheim Herbip. dioc. (4 m. arg.) vac. p. o. Bernhardi Flosz 28. mai. 73 S 695 196ᵛˢ, m. (ep. Agrigentin. ac officialibus Herbip. et Bamberg.) 29. mai. 73 (exped. 6. febr. 75) L 729 201ʳˢˢ – de c. c. vicar. hosp. in Kueserhoven Herbip. dioc. (4 m. arg.) vac. p. o. Johannis Hurnschug 31. mai. 73 S 695 168ʳ – de decl. litt. sup. primissaria ut supra perinde val. acsi in dd. litt. de gr. expect. mentio fact. fuisset 4. febr. 74 S 701 251ʳ – qui litig. sup. primissaria ut supra coram Gaspare de Theramo aud. contra quond. Johannem Institoris intrusum coram ep. Nucerin. aud. locumtenenti: de surrog. ad ius 28. iul. 79 S 785 222ʳ – cler. medimissarius in Lautershausen Herbip. dioc. resid. in cur.: de prom. ad omnes ord. extra temp., sola sign. 29. decb. 81 S 806 36ʳˢ – acol. Herbip. dioc. medimissarius in Lauterszhausen Herbip. dioc.: litt. testim. (vig. supplic. s. d. 29. decb. 81) sup. prom. ad ord. subdiacon. s. d. 13. ian. 82 in eccl. s. Thome apud pontem Sixti de Urbe, ad diacon. ord. s. d. 17. ian. 82 ibidem, ad presbit. ord. s. d. 17. ian. 82 in hosp. Anglicorum [de Urbe] 20. ian. 82 F 7 40ᵛ – pro formata recip. not. pro bulla distributa 6 grossos ian. 82 DB 2 49ᵛ.

4750 Johannes Brucker (Buncker) scol. Argent. dioc.: de disp. sup. def. nat. (p. s.) et c. lic. desup. tacendi 5. ian. 78 S 762 281ʳˢ – scol. Argent. c. quo sup. def. nat. (p. s.) disp. fuit: m. (prep. eccl. ss. Martini et Arbogasti Surburgen. Argent. dioc.) disp. ad quodcumque benef. 30. ian. 79 L 788 177ᵛ.

4751 Johannes van den Bruele cler. Cameracen. dioc. et rect. capel. ad alt. b. Catherine in par. eccl. de Groni-

ghen Traiect. dioc.: de prom. ad omnes ord. extra temp., sola sign. 19. oct. 80 S 797 75ʳˢ.

4752 Johannes Brugghe decr. doct. et lector ordin. in antiquis iur. in univ. Gripeswolden. Camin. dioc.: de indulto ut in op. Wismarien. Razeburg. dioc. (ex quo oriundus exist.) 2 perp. simplicia benef. in par. ecclesiis b. Marie virg., s. Nicolai et s. Georgii d. op. ad vitam retin. val. c. lic. perm. 12. mai. 81 S 801 149ᵛ.

4753 Johannes Brugghe cler. Bremen. dioc. actor inter al. referens quod litig. coram B[artholomeo] de Bellincinis aud. contra Conradum de Haghen cler. (qui p. quond. Bartholdum [de Landsberg] ep. Verden. in perp. vicar. in eccl. s. Johannis Luneborgen. Verden. dioc. absque consensu quond. Timmonis Brugge patron. laic. instit. fuit et in eius possessione remanet) sup. d. vicar. et quod ipse et d. Conradus arbitro quond. Theoderico Klinckrode prep. eccl. b. Marie Stetinen. Camin. dioc. et prep. eccl. s. Stephani concordiam fecerunt etiam nomine Johannis Brugge oppid. op. Hamborch Bremen. dioc. genitoris d. Johannis qui 7 m. Lubic. de d. vicar. (11 m. Lubic.) sublevare val.: de conf. 12. apr. 82 S 810 5ʳˢ.

4754 Johannes Bruggeman: restit. bulle sup. prov. de decan. eccl. s. Crucis Hildesem. (4 m. arg.) vac. p. resign. Bertoldi Crabberode ex causa perm. pro decan. eccl. s. Alexandri Embicen. Magunt. dioc. (4 m. arg.) s. d. 6. iul. 82 fact. quia perm. equalis et n. excedit summam 23. decb. 82 Paris L 26 A 10 222ᵛ.

4755 Johannes fil. **Petri de Brugiis** cler. Traiect. dioc. nullum benef. obtin. pres. in cur.: de perp. s. c. capn. ad alt. s. Nicolai in par. eccl. de Nathenis Leod. dioc. (4 m. arg.) vac. p. o. Henrici Vriese 20. iul. 80 S 794 297ᵛ.

4756 Johannes Brugmaister (Bruickmeister) presb. Patav. dioc. referens

quod ipse vig. gr. expect. par. eccl.
s. Andree in Gruntal Salzeburg. [di-
oc.] vac. p. o. Leonardi de Percking
p. Marcum [Barbus] card. s. Marci
nunc. tunc legatum in Germania acc.
et quod postea ipsi de par. eccl. in
Uging (8 m. arg.) prov. fuit (sup. qua
litig. in cur.) resignans d. par. eccl.
in Gruntal: de nova prov. de par.
eccl. in Gruntal (7 m. arg.) et de
disp. ad 2 incompat. benef. etsi 2
par. eccl. 19. nov. 74 S 711 125^{rs} –
de par. eccl. s. Leonhardi in Weys-
senstain Salzeburg. dioc. (6 m. arg.)
vac. p. o. Thome Peusscher 7. oct.
75 S 727 269^{vs}.

4757 **Johannes Brulingen** cler. Meten.
dioc.: de par. eccl. ss. Remigii et
Maralffi in Billingen Meten. dioc. (6
m. arg.) vac. p. o. Nicolai de Horen-
bach 2. ian. 84 S 839 11^{r}.

4758 **Johannes Brulser (Bruner) de Ru-
rentzich** presb. Colon. dioc. qui ad
alt. sive ad officiationem in par. eccl.
s. Marie virg. op. Juliacen. Colon.
dioc. de iur. patron. laic. vac. p. ingr.
relig. Johannis de Erdelens present.
fuit et qui litig. desup. coram offic.
Colon. contra Gerardum de Vece-
ringia: de prov. si neutri de eodem (4
m. arg.) 8. febr. 80 S 789 100^{rs}.

4759 **Johannes Brum** cler. Magunt. dioc.
qui litig. coram Johanne Francisco
[de Pavinis] aud. contra quond. Conradum Euohener [Euchener] in cur.
defunct. sup. perp. vicar. ad alt.
s. Michaelis in ambitu eccl. ss. Petri
et Alexandri op. Asschaffenburgen.
Magunt. dioc. (4 m. arg.): de surrog.
ad ius d. Conradi 13. ian. 73 S 686
217^{vs}.

4760 **Johannes Brun** cler. Magunt. dioc.:
de alt. b. Marie virg. in par. eccl.
ville Ethcel Magunt. dioc. (4 m. arg.)
vac. p. resign. cuiusdam 19. febr. 81
S 802 95^{r}.

4761 **Johannes Brunner** fr. conv. Ge-
mundien. o. s. Ben. August. dioc. cui
Rudolphus [de Scherenberg] ep.
Herbip. conc. ut c. eius fr. germano

in benef. in civit. ac dioc. Herbip.
vel alibi commorari val.: de conf. 20.
mai. 72 S 680 84^{vs}.

4762 **Johannes Brunis** can. prebend. colleg. eccl. b. Marie virg. in Steyna et
can. colleg. eccl. s. Petri in Northen
Magunt. dioc. (insimul 4 m. arg.): de
decan. dd. eccl. (1 m. arg.) vac. p.
resign. Bertoldi Hoyesen in med.
doct. 12. febr. 76 S 734 86^{vs}.

4763 **Johannes Brunonis (Brungnis,
Bruwins)** cler. Traiect. dioc. pape
fam.: de perp. vicar. ad alt. s. N. in
par. eccl. de Helendorn Traiect. dioc.
(4 m. arg.) vac. p. o. in cur. Johannis
Crist de Davantria 27. aug. 71 S 671
211^{vs} – qui vig. gr. expect. decan.
eccl. s. Plechelmi Aldensalen. Traiect. dioc. acc.: de disp. ut unac. d.
decan. (4 m. arg.) al. incompat. benef. recip. val. 26. nov. 72 S 684
241^{r}, de ref. 15. ian. 73 S 685 268^{r} –
de can. et preb. eccl. s. Johannis
Bapt. Buscunducen. Leod. [dioc.] (8
m. arg.) vac. p. o. Guilhelmi Colen-
tini litt. ap. script. 15. decb. 72 S 684
70^{v} – qui vig. gr. expect. can. et
preb. in eccl. s. Plechelmi Aldensalen. Traiect. dioc. vac. p. o. Bernardi
de Geysten acc. et qui litig. desup.
coram Antonio de Grassis aud. contra Henricum Haghen intrusum: de
prorog. term. de iurando ad 4 menses
22. decb. 72 S 685 115^{v} – actor litig.
coram Antonio de Grassis aud. contra Johannem Dowsleger de Davantria cler. Traiect. dioc. sup. decan.
colleg. eccl. s. Plechelmi Aldenselen.
ut supra vac. p. o. Gerardi ton Busche: de assign. Johanni Brunonis
pens. ann. 10 fl. renen. sup. fruct. d.
decan. (6 m. arg.) 28. ian. 73 S 687
18^{vs} – referens quod ipse actor litig.
coram aud. contra Henricum de Haghen reum et possessorem sup. can.
et preb. eccl. s. Plechelmi ut supra et
quod ipse reus et possessor litig. coram aud. contra Gherardum Toppinck sup. al. can. et preb. d. eccl.
vac. p. o. Gerardi ten Bussche ut supra et quod dd. adversarii deinde ad

certam concordiam venerunt: de conf. 14. mai. 73 S 690 183^v – can. eccl. s. Plechelmi ut supra: de lic. perm. 11. ian. 74 S 700 254^{vss} – oblig. sup. facult. resign. 12. febr. 74 A 23 26^r – litig. coram Antonio de Grassis aud. et Nicolao de Ubaldis aud. sup. can. et preb. eccl. s. Severini Colon. (7 m. arg.) vac. p. o. Andree Cusa pape fam. contra Simonem Toussonis cler. Tullen. intrusum: m. (dec. et capit. eccl. s. Severini Colon.) confer. dd. can. et preb., gratis 18. mart. 74 V 566 302^r-303^v – de can. et preb. colleg. eccl. s. Lebuini Daventrien. Traiect. dioc. (12 m. arg.) et de can. et preb. colleg. eccl. s. Severini Colon. (7 m. arg.) vac. p. o. Andree Cuse Pauli II. et pape fam. 5. mai. 74 S 704 183^r, (m. archipresb. eccl. Bononien. ac decanis eccl. s. Johannis Osnaburg. et eccl. s. Plechelmi Oldezalen. Traiect. dioc.), gratis (exped. 12. mai. 74) L 737 141^r-143^r – oblig. sup. annat. de can. et preb. eccl. s. Lebuini ut supra (10 m. arg.) (in margine: s. d. 28. nov. 74 prorog. ad 6 menses) 16. mai. 74 A 23 81^v – oblig. sup. can. et preb. eccl. s. Severini ut supra (6 m. arg.) 16. mai. 74 A 23 82^r – qui vig. gr. expect. s. d. 1. ian. 72 can. et preb. eccl. s. Plechelmi ut supra acc. et cui gr. expect. de benef. ad coll. abb. mon. s. Pauli o. s. Ben. Traiect. conc. fuerat: de reval. litt. et de exten. gr. expect. ad al. benef. cuiuscumque coll. 18. nov. 75 S 729 249^{rs} – de prepos. eccl. b. Marie in Reyssa Colon. dioc. (12 m. arg.) et de can. et preb. eccl. s. Victoris Coloten. (/.) [recte: Xancten.] Colon. dioc. (8 m. arg.) vac. p. o. Gherhardi Nyenhus Pauli II. et forsan pape fam. 20. mart. 76 S 737 122^{rs} – de disp. ad 2 incompat. benef. 18. sept. 76 S 741 176^v – facult. resign. benef. 74/75 I 333 306^v – lic. testandi, gratis 30. decb. 76 V 582 48^{rs} – prep. eccl. Ressen. ut supra: de alt. port. 17. mart. 77 S 749 4^v – de uniendo canonicatui et preb. eccl. s. Ple-

chelmi ut supra (6 m. arg.) par. eccl. ss. Simonis et Jude in Otmersen Traiect. dioc. (10 m. arg.) quam Baldewinus de Randen obtin. 23. oct. 77 S 759 112^{rs} – referens quod vig. gr. expect. par. eccl. in Harcem [= Arcen] Traiect. dioc. vac. p. o. Alberti Visken acc. et quod d. Albertus litig. desup. coram aud. contra quond. Henricum Albertum cler.: de nova prov. de d. par. eccl. (4 m. arg. p.) 28. decb. 77 S 762 190^{rs} – motu pr. de can. et preb. eccl. Cameracen. (24 l. T. p.) vac. p. o. Roberti de Cambin ap. sed. not. seu acol. 29. decb. 77 S 763 68^v – assign. pens. 20 fl. renen. novorum electorum imper. sup. fruct. par. eccl. s. Petri de Vetere Wlissighen Traiect. dioc. (60 fl. renen.) p. Antonium Mast can. eccl. b. Marie Antwerpien. Cameracen. dioc. pape fam. et rect. d. par. eccl. persolv. (exec. prep. eccl. s. Johannis et prep. eccl. s. Petri Traiect. ac offic. Traiect.), gratis 8. iul. 78 V 602 169^{vss} – de par. eccl. in Gerunghem Traiect. dioc. (4 m. arg.) vac. p. o. in Urbe Nicolai Wael 5. aug. 78 S 772 109^r – qui can. et preb. eccl. s. Ciriaci Nuhusen. e. m. Wormat. vac. p. resign. in manibus pape Loffridi Ruyss (Ruysch) cler. Traiect. tunc pape fam. (cui de eisdem vac. p. o. in cur. Johannis Sartoris de Bokenrode (Buckenrode) prov. fuerat possessione n. habita) in manibus pape resign. et **Johannes Kriss (Kyns, Kus)** can. eccl. ss. Martini et Arbogasti Surburgen. Argent. dioc. pape fam. <referentes quod Johannes Neve pape fam. alt. s. Lucie in par. eccl. de Merlar Leod. dioc. in manibus pape resign.>: de adm. resign. Johannis Brunonis et de prov. d. Johanni Kriss de can. et preb. (6 <4> m. arg.) <et de d. alt. (4 m. arg.)> et de assign. d. Johanni Brunonis pens. ann. 14 <3> fl. renen. sup. fruct. can. et preb. ac cellerarie d. eccl. ss. Martini et Arbogasti (10 m. arg. <40 fl. renen.>) vel alicuius s. c. benef. ad val. ann. 12 [!] fl. renen. p. Johannem Kriss persolv. 3. ian. 80 S 788 21^{vs}, 18. iul. 80 S 795 14^{vs} – de prom. ad omnes ord. extra temp., sola sign. 18. mart. 80 S 791 149^r – restit. bulle sup. pens. ann. 20 fl. renen. novorum eidem sup. fruct. par. eccl. s. Petri de Veteri Wlissinghen Traiect. dioc. s. d. 8. iul. 78 assign. quia n. est facta aliqua prov. 31. iul. 80 A 29 205^r.

4764 **Johannes de Bubenhoven** nob. vir ac priorissa et conv. mon. in Berg o. s. Ben. Constant. dioc. inter al. referentes quod d. mon. vig. litt. ap. ab omni superioritate abb. mon. in Zwifalten o. s. Ben. Constant. dioc. (qui tunc d. mon. in Berg ref.) liberatum fuit: de deput. exec. 29. decb. 77 S 762 99^{vs}.

4765 **Johannes Buchel (Brithel)** cler. Colon. dioc.: de nova prov. de can. et preb. eccl. s. Cassii Bonnen. Colon. dioc. (8 m. arg.) vac. ex causa perm. Gotfridi Heynmerici de Clivis Colon. dioc. 22. decb. 72 S 686 27^v – can. eccl. s. Cassii Bonnen. Colon. dioc. qui off. subthesaurie (que p. can. d. eccl. regi consuevit) s. d. mai. 78 assec. exist.: de nova prov. de eodem (4 m. arg.) 12. oct. 79 S 787 126^{vs}.

4766 **Johannes Bucher** profes. mon. o. pred. Spiren. referens quod ipse d. mon. dim. et p. plures an. vitam duxit vagabundam et sepius conflictibus interfuit in quib. plures mutilati et letaliter vulnerati et occisi fuerunt et quod matrim. contraxit c. quadam mul. et ex ea filios procreavit et quod postea in mon. rediit: de absol. 11. iun. 78 S 770 129^{rs}.

4767 **Johannes Bucholt** cler. Eistet. dioc.: de par. eccl. in Tetemweysz Patav. dioc. (6 m. arg.) vac. p. o. cuiusdam Petri 24. sept. 83 S 829 145^{rs}.

4768 **Johannes Buchwelder** rect. par. eccl. in Heymansdorff Wratislav. dioc. ad acolit. ord. prom. et in cur. resid.: de prom. ad omnes ord. extra temp., sola sign. 5. ian. 84 S 832 295^{vs}.

4769 **Johannes Budai** scol. Trever. dioc. c. quo sup. def. nat. (aep. illustri et s.) disp. fuit: de disp. ad 2 incompat. benef. 25. ian. 77 S 747 185^r.

4770 **Johannes Buederich (Boedrich)** presb. qui litig. coram offic. prep. et archid. eccl. Colon. et deinde coram Antonio de Grassis et Johanne Francisco de Pavinis auditoribus contra Johannem Smedekink de Rekelinchusen cler. Colon. dioc. (nunc resign. in manibus pape) sup. can. et preb. eccl. ss. Cosme et Damiani Assinden. Colon. dioc. et par. eccl. s. Johannis ibidem: de prov. de eisdem (insimul 54 fl. renen.) 3. iun. 74 S 707 84^{vs} – can. colleg. eccl. Assinden. ac rect. par. eccl. Assinden. Colon. dioc.: de disp. ut unac. dd. can. et preb. et d. par. eccl. sub eodem tecto insimul benef. simplex ad alt. Omnium ss. (4 m. arg.) recip. val., attento quod can. et preb. ac par. eccl. 30 fl. minime gravati sunt 23. mart. 84 S 837 13^{vs}.

4771 **Johannes Buerinati** rect. par. eccl. in Everdineghen Traiect. dioc. quond. Dominici [de Capranica] tit. s. Crucis in Jerusalem presb. card. fam.: de lic. resign. ex causa perm. 26. mai. 75 S 720 33^r.

4772 **Johannes Buerman** sen.: oblig. p. Gerardum Toppin cler. Monast. dioc. not. pal. ap. (p. Everardum Zoudenbalch prep. eccl. s. Servatii Traiecten. [Leod. dioc.] et collect. p. civit. et dioc. Traiect. recept.) sup. facult. resign. ex causa perm. par. eccl. in Buerdruge Traiect. dioc. (in margine: nihil actum est) 24. iul. 75 FC I 1232/181 12^v – Traiect. [dioc.?]: disp. ad incompat. 75/76 I 333 315^r.

4773 **Johannes de Buynehusen** cler. Colon. dioc. pape fam.: de vicar. in eccl. s. Georgii Colon. dioc. (2 m. arg. p.) vac. p. resign. in manibus pape Hermanni Gresmunt (/.) cler. Colon. dioc. in theol. licent. (cui de eadem vac. p. o. Antonii Griswel prov. fuit) 10. iun. 84 S 837 182^v.

1118

4774 Johannes Buys (Bays) scol. Traiect. <dioc.>: recept. prime tonsure in sacristia basilice Principis appl. de Urbe 16. iun. 81 F 7 20^r – in 17. sue et. an. constit.: motu pr. gr. expect. de can. et preb. eccl. s. Petri Traiect. et de can. et preb. eccl. s. Johannis Traiect. et de benef. ad coll. ep. etc. Traiect. c. disp. sup. def. et. ut quamprimum 21. sue et. an. attigerit dign. vel person. recip. et retin. val. (m. dec. eccl. s. Salvatoris Traiect. et Alberto Brazeman can. eccl. Traiect. ac Petro de Yeuenes can. eccl. Abulen.), gratis 17. nov. 81 (exped. 28. nov. 81) L 819 229^v-231^r – qui gr. expect. de 2 can. et preb. in eccl. s. Petri et eccl. s. Johannis ut supra obtin.: de decl. litt. desup. perinde val. acsi in dd. litt. def. nat. (p. c.) mentio facta fuisset 14. decb. 82 S 817 94^v – c. quo sup. def. nat. (p. c.) p. papam disp. fuit ut ad omnes ord. prom. et quecumque benef. obtin. val.: motu pr. de perp. vicar. in op. Annater (Dunater /.) Traiect. dioc. (2 <3> m. arg.) vac. p. o. in cur. Johannis Bartholomei Kiniff (Kriiff) 30. iul. 83 S 826 140^v, (exec. dec. eccl. Segobien. et Antonius de Forolivio can. basilice Principis appl. de Urbe ac offic. Traiect.), gratis V 634 257^{rs} – c. quo ut supra disp. fuit ac qui in 19. sue et. an. constit. ad omnes ord. prom. fuit ac cui de can. et preb. in colleg. eccl. s. Petri et de can. et preb. in colleg. eccl. s. Johannis p. papam prov. fuit: de disp. ut aliud benef. recip. val. c. disp. sup. def. et. et lic. tacendi sup. def. nat. ad vitam 21. decb. 83 S 820 282^{rs}.

4775 Johannes Buischer (Bruscher, Brusceth) cler. Trever. dioc.: motu pr. gr. expect. s. d. 1. ian. 72 de 2 benef. ad coll. aep. etc. Magunt. et prep. etc. eccl. s. Petri e. m. Magunt. et prerog. ad instar pape fam. descript. (exec. ep. Forolivien. et Johannes Cabourdelli can. eccl. Belvacen. ac offic. August.) 13. mai. 79 V 671 240^r-242^v – cui gr. expect.

s. d. 1. ian. 72 ut supra conc. fuit: motu pr. de prerog. ad instar pape fam. descript. 4. febr. 80 S 794 121^{rs} – motu pr. de alt. s. Nicolai in hosp. in Fulda Herbip. dioc. (3 m. arg.) vac. p. o. Henrici Kirchbergher 19. oct. 80 S 800 207^{rs}.

4776 Johannes Bulen presb. Leod. dioc. referens quod ipse perp. vicar. in par. eccl. ss. Petri et Pauli Montisodilie Leod. dioc. in manibus pape p. procur. resign. et quod d. vicar. mense conventuali mon. Montisodilie ord. s. Sepulcri dominici Leod. dioc. incorp. fuit: de reserv. d. Johanni pens. ann. 20 fl. renen. sup. fruct. d. mense p. priorem et conv. d. mon. persolv. (m. prep. eccl. ss. Appl. Colon. ac prep. eccl. s. Pharaildis Ganden. Tornacen. dioc. ac dec. eccl. b. Marie Aquen. Leod. dioc.) 10. nov. 81 L 822 218^v-220^v.

4777 Johannes Bulling de Villa: prov. de vicar. Traiect. [dioc.?] vac. p. resign. 72/73 I 332 278^v.

4778 Johannes de Bulow cler. Verden. dioc. c. quo sup. def. nat. (s. s.) disp. fuit ut ad omnes ord. prom. et unum s. c. benef. recip. val. et qui ad perp. vicar. ad alt. s. Anne in par. eccl. op. Grabow Razeburg. dioc. de iur. patron. nob. de Lutzow vac. p. o. Johannis Lutzow p. 4 patron. laic. nob. present. fuit: de nova prov. de d. perp. vicar. (4 m. arg. p.) c. disp. ut unac. d. perp. vicar. aliud benef. recip. val. c. lic. perm. 26. apr. 84 S 834 152^v.

4779 Johannes Burberger benefic. in eccl. s. Georgii e. m. op. Leibsig Merseburg. dioc. inter al. referens quod ipse secundum fund. omnibus diebus horas b. Marie virg. et missam in propria persona cavere et etiam legere tenetur quod pro interesse suo commode facere n. val.: de indulto ut horas et missas p. cap. idoneum celebrari facere val. 6. febr. 79 S 777 218^{rs}.

4780 **Johannes Burchard (Burckard, Burchardus)** [1. pars 8 partium] cler. Argent. inter 16 Marci [Barbus] tit. s. Marci presb. card. dilectos enumeratus: motu pr. de gr. expect. de 2 can. quorum fruct. 100 l. T. p. n. excedunt et de 2 benef. ad coll. quorumcumque et de prerog. ad instar pape fam. descript. et de disp. ad 2 incompat. benef., Et s. d. 1. ian. 72 S 670 92ᵛ-94ʳ – (de Luxiardis) in Urbe in decr. stud.: de can. et preb. de la Cruce vulg. nunc. in colleg. eccl. s. Johannis Bapt. de Viculo Marchionum Placentin. dioc. (5 fl. adc.) vac. p. resign. Arsenii Antonii de Vicecomitibus in favorem Johannis de Bagnono abbrev. fact. et p. devol. 10. mart. 73 S 688 127ᵛ – can. eccl. s. Thome Argent. cui s. d. 1. ian. 72 de can. et preb. d. eccl. s. Thome et al. can. eccl. s. Florentii in Haßlo al. Haßlach Argent. dioc. prov. fuit: supplic. card. ut supra prerog. ad instar pape fam. descript. 15. mart. 73 V 678 771ʳˢ, 16. iul. 73 V 678 894ʳˢ – referens quod ipse in minore sue et. an. existens nonnullas litt. matrim. fictas et falsificatas manu pr. scripsit et sigillo ep. Argent. sigillavit quequidem litt. nullum fuerunt sortite effectum et quod ipse vig. gr. expect. Pauli II. capn. s. Elorgii in eccl. Argent. vac. p. o. Johannis Stumpff acc.: de disp. sup. irreg. et de nova prov. de d. capel. (4 m. arg.) 2. apr. 73 S 695 157ᵛˢ – qui vig. gr. expect. can. et preb. eccl. s. Thome Argent. vac. p. o. Burchardi Schon necnon cantor. ac can. et preb. eccl. s. Florentii in Haszlo al. Haszluch (Haslco) ut supra vac. p. o. Ludovici Bameart (Bauerert) acc.: de nova prov. de can. et preb. d. eccl. s. Thome (8 m. arg.) et de cantor. ac can. et preb. d. eccl. s. Florentii (insimul 10 m. arg.) 22. oct. 73 S 698 253ᵛˢ – qui vig. gr. expect. cantor. ac can. et preb. ut supra acc. et qui litig. desup. coram Petro de Ferrera aud. contra Johannem de Thurchen cler.: de prov. si neutri de eisdem (10 m. arg.)

15. decb. 73 S 699 189ᵛˢ – Johannis [Arcimboldus] tit. ss. Nerei et Achillei presb. card. fam.: de prerog. ad instar pape fam. descript. 20. decb. 73 S 699 161ʳ – qui vig. gr. expect. s. d. 1. ian. 72 cantor. ac can. et preb. eccl. ut supra vac. p. o. Ludovici Banwart acc. et qui litig. desup. coram Petro de Ferrera aud. contra Johannem de Durckheym cler. qui eosdem etiam vig. gr. expect. pretextu conc. prerog. ad instar pape fam. descript. s. d. 22. apr. 73 pro Johanne Turche (n. Durckheym) in rotulo Friderici Slesie ducis consiliariorum cap. et fam. nominato acc.: decl. procedendi acsi d. Johanni de Durckheym dd. prerog. conc. n. fuissent 1. aug. 74 V 663 444ʳ-445ᵛ – qui litig. sup. cantor. ac can. et preb. ut supra contra Johannem Durckheim cler.: de prov. si neutri de eisdem (6 m. arg.) 14. nov. 74 S 712 33ʳˢ – pape fam. referens ut supra quod ipse in minore 18. sue et. an. constit. et tunc Johannis Wegeraufft can. eccl. s. Thome Argent. (vic. gener. in spir. ep. Argent.) fam. existens litt. matrim. falsificavit et quod vig. gr. expect. Pauli II. capn. s. Elorgii in eccl. Argent. acc. sup. qua litig. coram Johanne Francisco de Pavinis aud. contra Johannem Goswini de Franconia cler. Herbip. dioc. intrusum et contra Henricum Kirchberg cler. Magunt.: de disp. sup. irreg. et de nova prov. de d. capn. (4 m. arg.) 10. apr. 75 S 717 159ʳˢˢ, I 333 10ᵛ – de can. et preb. eccl. s. Stephani Argent. (4 m. arg.) vac. p. o. Christofori Kock 23. apr. 75 S 718 99ʳˢ – tunc Marci [Barbus] tit. s. Marci presb. card. fam. qui litig. ut supra sup. cantor. ac can. et preb. eccl. s. Florentii: de nova prov. de eisdem (4 m. arg.) 6. mai. 75 S 719 114ᵛ-116ʳ – inter al. referens quod ipse tunc card. ut supra dilectus unam spatam et 1 fl. de fl. de Galta (?) nunc. de quadam tasca in quadam camera dom. iacentem sustulit sed restituit et quod secum sup. irreg. disp. fuit: de decl. litt. gr.

expect. perinde val. acsi omnia pre-
dicta in eis express. fuissent 6. mai.
75 S 719 165ʳˢˢ.

4781 **Johannes Burchard** [2. pars 8 par-
tium] qui 3 an. in iur. can. stud.: de
can. et preb. ac camerariatu eccl. Basil. (12 m. arg.) vac. p. o. Johannis
Durckhein 3. aug. 75 S 724 264ᵛˢ –
qui litig. coram Johanne de Cesarinis
aud. contra Theobaldum Scheckbe-
cher, Johannem Olman et Johannem
Hergot reum et intrusum sup. can. et
preb. colleg. eccl. s. Thome Argent.
(8 m. arg.) ut supra: de surrog. ad ius
d. Johannis Hergot (qui resign.) 28.
sept. 75 S 727 55ʳˢˢ – de disp. ad 2
incompat. benef. c. lic. perm. 21.
decb. 75 S 735 187ʳ, V 667 426ʳˢ –
qui vig. gr. expect. s. d. 1. ian. 72 de
can. ecclesiarum s. Thome et s. Florentii ut supra conc. cantor. eccl.
s. Florentii (sup. qua litig.) acc. et
qui postea can. et preb. eccl. s. Thome (sup. quib. litig. et quos postea
resign. c. reserv. pens. ann.) obtin.:
motu pr. de reval. gr. expect. et de
confic. litt. c. express. quod gr. expect. perinde val. acsi motu pr. conc.
fuisset et de disp. ut can. eccl.
s. Thome unac. d. pens. retin. valeat
28. decb. 75 S 732 61ʳˢˢ – qui vig.
gr. expect. s. d. 1. ian. 72 ut supra
<ct vig. prerog. ad instar pape fam.
descript.> cantor. eccl. s. Florentii in
Haszlo al. Haszlach (Aszlach) Argent. dioc. (que postea cuidam Johanni de Durckheim (Durckeyn) adiudicata fuit) et deinde can. et preb.
d. eccl. s. Thome Argent. acc. sup.
quib. litig. contra Johannem Herget
decr. doct., Johannem Olman et
Theobaldum Schenckbecher adversarios et qui c. d. Theobaldo concordavit ut ipse Johannes Burchard dd.
can. et preb. resign. c. reserv. pens.
ann. 16 fl. renen. sup. fruct. dd. can.
et preb. et sup. fruct. par. eccl. in
Ephig Argent. dioc. (sup. qua d.
Theobaldus litig. contra Johannem
Beret (Boren) <p. d. Theobaldum
persolv.>: motu pr. de reval. et de

decl. litt. sup. gr. expect. perinde val.
acsi gr. expect. et prerog. ad instar
pape fam. descript. motu pr. conc.
fuissent 13. ian. 76 S 732 255ʳˢˢ, (exped. 24. ian. 76) L 761 289ᵛ-292ʳ –
qui tempore exten. et reval. (s. d. 13.
ian. 76 ut supra conc.) Thome [Vin-
cenzi] ep. Pensaurien. olim pape thesaur. generalis fam. extitit et ex habitatione d. ep. in pal. ap. c. aliis
fam. d. ep. expulsus fuit: motu pr. de
decl. litt. desup. perinde val. acsi Johannes Burchard tunc pape fam. fuisset 23. ian. 76 S 733 169ᵛˢ, gratis V
675 49ᵛ-52ᵛ – et **Theobaldus**
Schenckbecher cler. Argent. qui litig. contra Johannem Olman cler.
Argent. dioc. et Johannem Hergot
(Herget) cler. decr. doct. sup. can. et
preb. eccl. s. Thome Argent. de quib.
vac. p. o. Burchardi Schoen Johanni
Burchard et d. Theobaldo prov. fuit
et qui inter al. concordarunt quod
ipse Johannes Burchard eosdem in
pape manibus resign. <p. Franciscum de Parma abbrev. fact.> et quod
d. Theobaldus d. Johanni pens. 16 fl.
renen. sup. fruct. dd. can. et preb. (8
m. arg.) sive sup. fruct. par. eccl. in
Ephes (Ephig) Argent. dioc. (12 m.
arg.) (sup. qua d. Theobaldus litig.
contra Johannem Borer) persolv. et
quod si d. Theobaldus vel successores eius in solut. d. pens. cessarent
extunc Johannes Stoll prep. eccl.
s. Stephani in Wissenburg Spiren. dioc. pro primis 3 an. solv. promisit:
de conf. concordie 2. mart. 76 S 735
130ʳˢˢ, (m. prep. eccl. s. Johannis de
Celano Marsican. dioc. et prep. eccl.
ss. Martini et Arbogasti in Surburg
Argent. dioc. ac dec. eccl. s. Thome
Argent.), gratis V 592 283ᵛ-285ᵛ –
qui cur. multos an. secutus est: de
prom. ad omnes ord. extra temp.,
sola sign. 15. mart. 77 S 748 267ᵛˢ –
off. tabellionatus 24. apr. 77 L 790
310ʳ – qui vig. gr. expect. can. et
preb. ac cellerariam eccl. Kaselien.
[Magunt. dioc.] vac. p. o. Johannis
Egkbrecht de Turigheym acc.: de
decl. litt. desup. perinde val. acsi sta-

tuta d. eccl. mentio fuisset 14. mai. 77 S 752 41^{vs} – pape acol. et fam.: lic. testandi, gratis 7. iul. 77 L 786 216^{rs}.

4782 **Johannes Burchard** [3. pars 8 partium]: de can. et preb. de Vissora vulg. nunc. eccl. s. Johannis Bapt. de Viculo Marchionum Placentin. dioc. (10 fl. adc.) <24 fl. adc.> vac. p. o. Petri Luxiardi sed. ap. prothonot. et cubic. ac <Pauli II.> et Johannis [Arcimboldus] tit. s. Praxedis presb. card. fam. 1. decb. 77 S 766 13^{v}, (m. 2 prep. ac dec. ut supra), gratis V 592 206^{v}-208^{v} – abbrev.: de alt. port. 12. ian. 78 S 763 75^{v} – m. (2 prep. ac dec. ut supra) confer. can. et preb. eccl. mon. s. Crucis in Niderminster o. s. Ben. Argent. dioc. (4 m. arg.) vacat. p. resign. in manibus pape Cristiani de Durmentz cler. Spiren. dioc. (p. Ludovicum de Geogiis de Ceva acol. pleb. s. Laurentii de Chaburro Taurinen. dioc. procur. fact.) cui s. d. 10. mai. 77 de eisdem can. et preb. vac. p. o. Johannis Rumschissel prov. fuit, gratis 3. mart. 78 V 587 194^{r}-195^{v} – [Francisci Todeschini-Piccolomini] tit. s. Eustachii diac. card. Senen. nunc. fam.: de perp. capn. in eccl. sive mon. s. Stephani Argent. vac. p. o. Johannis Messerer (4 m. arg.) 6. apr. 78 S 767 282^{rs} – supplic. mag. Burchardo Stoer prep. eccl. s. Mauritii in Anseltingen Lausan. dioc. pape not. ac oratore ad papam destinato pro Confederatis lige inclite nationis Germanice: m. recip. eum pape acol. et cap., gratis 11. apr. 78 V 657 141^{r} – m. (2 prep. ac dec. ut supra) confer. can. et preb. eccl. Sancte Crucis Basil. dioc. ac perp. s. c. capn. primissaria nunc. in capel. b. Marie virg. castri Sancte Crucis Basil. dioc. (insimul 4 m. arg.) vac. p. o. Conradi Froeschesser vel p. o. in cur. Henrici Remlin ac Johannis Olman, gratis 8. mai. 78 V 589 259^{r}-260^{v} – referens quod quond. Johanni Olman in cur. de-

funct. de perp. s. c. capn. ad alt. s. Gregorii in eccl. mon. s. Petri in Nuwiler o. s. Ben. Argent. dioc. (4 m. arg.) vac. p. o. Johannis Itemhitin vel p. resign. in manibus pape Nicolai de Surburg cler. Argent. dioc. prov. fuit et quod d. Johannes Olman desup. litig. coram Gaspare de Theramo aud. contra Jacobum Mittelhusen: m. (Gaspari de Theramo aud.) surrog. ad ius d. Johannis Olman, gratis 8. mai. 78 V 589 311^{r}-313^{r} – referens quod quond. Johanni Olman de s. c. capel. s. Catherine prope mon. in Muorbach o. s. Ben. Basil. dioc. (4 m. arg.) vac. p. o. Johannis Grot prov. fuit et quod d. Johannes Olman d. capel. p. 3 an. possedit et desup. litig. coram Johanne [de Ceretanis] ep. Nucerin. aud. locumtenenti contra Leonardum de Richestein monach. d. mon.: m. (d. Johanni ep. Nucerin. in cur. resid.) surrog. ad ius d. Johannis Olman, gratis 8. mai. 78 V 589 285^{r}-286^{v} – de par. eccl. s. Johannis de Molenbecke Cameracen. dioc. vac. p. o. Hinrici de Fabrica (60 l. T. p.) Francisci [Todeschini-Piccolomini] ut supra fam. 27. mai. 78 S 769 208^{r} – can. eccl. s. Florentii Haßlacen. Argent. dioc.: de fruct. percip. 9. iun. 78 S 770 203^{r}, (m. 2 prep. ac dec. ut supra), gratis L 786 27^{rss} – c. quo ad 2 incompat. benef. etsi par. eccl. disp. fuit: de disp. ad 3. incompat. benef. etsi par. eccl. c. lic. perm. 18. iun. 78 S 770 199^{v} – de lic. dicendi horas secundum usum R. E. 18. iun. 78 S 770 200^{r} – cui s. d. 9. mai. 78 prerog. pape fam. descript. (inter quos primus Johanne de Montemirabili existente) conc. fuit: de d. prerog. etiam in absentia 23. iun. 78 S 771 48^{r}, gratis V 671 200^{v}-203^{r} – de can. et preb. eccl. certi op. (in margine: par. eccl. s. Walfridi de Sancto Walfrido Meten. dioc.) necnon de perp. capn. ad alt. b. Marie virg. in capel. eiusdem b. Marie in Gemundia (Guerendia) Meten. dioc. (6 <4> m. arg.) vac. p. o. in cur. Ade Rot

(Rat) 1. iul. 78 S 771 156^{rs}, (m. prep. eccl. s. Johannis de Celano [Marsican. dioc.] et prep. eccl. ss. Martini et Arbogasti in Surburg [Argent. dioc.]), gratis V 668 502^r-504^r – referens quod quond. Ade Rot cler. Meten. dioc. de par. eccl. s. Walfridi de Sancto Walfrido Meten. dioc. (16 m. arg.) vac. p. o. Johannis de Flecteringen prov. fuit et quod d. Adam desup. litig. coram quond. Fantino de Valle, quond. Johanne de Cesarinis ac Nicolao de Edam capellanis ap. et auditoribus contra Johannem de Nassow et postremo concordiam fecit ut ipse d. par. eccl. possideret et quod eam de facto p. 4 an. possedit et quod deinde Jacobus vic. gener. ep. Meten. d. Adam ob n. parendum d. prov. et ob n. prom. ad presbit. ord. excom. et de d. par. eccl. priv., (m. mag. Johanni Prioris cap. ap. et aud.) surrog. ad ius d. Ade, gratis 1. iul. 78 V 547 67^r-69^v.

4783 **Johannes Burchard** [4. pars 8 partium] pape acol. et fam. inter al. referens quod cuidam Johanni de Colonia cler. de can. et preb. mon. eccl. s. Crucis in Niderminster (Hideamster) <o. s. Aug.> Argent. dioc. c. illis annexo plebanatu vac. p. o. Johannis Rumschissel p. Alexandrum [Numai] ep. Forolivien. tunc in partibus illis c. pot. legati de latere nunt. (post 2 menses diem publicationis revocationis omnium facult. eisdem nuntiis et commissariis concessarum sequentes) prov. fuit et quod ipse eosdem p. 2 an. detin. quodque d. Johanni Burchard desup. p. papam prov. fuit: de committ. in partibus aliquibus probis viris qui d. Johannem de Colonia amoveant et d. Johannem Burchard in possessionem dd. can. et preb. cum annexo inducant 7. iul. 78 S 771 201^{rs}, m. (prep. eccl. ss. Martini et Arbogasti in Surburg Argent. dioc. et dec. eccl. s. Thome Argent. ac cant. eccl. s. Petri iun. Argent.), gratis V 591 287^{vss} – de lic. testandi 7. iul. 78 S 771

205^v – oblig. sup. facult. resign. ut in bulla s. d. 25. iun. 78 9. iul. 78 A 27 69^r – ac **Theobaldus Burger (de Wintzenheim)** laic. ac **Catherina Minnel** ipsius Theobaldi ux. ac **Evveline (Evvelina) Minnel** mulieres de Balburn Argent. dioc.: de elig. confess. 13. iul. 78 S 771 220^r, gratis V 670 490^{rss} – inter al. referens quod lis pependit ut supra coram quond. Fantino de Valle et deinde coram quond. Johanne de Cesarinis et quond. Nicolao de Edam auditoribus inter Adam Rot cler. Meten. dioc. actorem (nunc in cur. defunct.) ex una et quendam Johannem de Nassow intrusum ex altera parte sup. par. eccl. s. Walfridi de Sancto Walfrido Meten. dioc. (de qua d. Ade ap. auct. prov. fuerat) quodque ipse Johannes Burchard ad ius d. Ade surrog. fuit: de committ. alicui aud. loco dd. Johannis et Nicolai etsi placet domino Johanni Prioris 28. iul. 78 S 772 299^{rs} – referens quod Cristianus de Durmenz (Durmentz) rect. par. eccl. s. Martini in Zellewiller (Zellerviller, Zellewiller) Argent. dioc. litig. contra Eustachium Munch cler. Spiren. sup. par. eccl. in Hochfelden Argent. dioc. et quod d. Eustachio de perp. capn. primissaria nunc. ad alt. b. Marie virg. in Illekirch Argent. dioc. vac. p. resign. d. Johannis prov. fuit: assign. pens. ann. 8 fl. sup. fruct. d. par. eccl. s. Martini (8 m. arg. p.) p. d. Cristianum c. consensu suo (p. Ludovicum de Geogiis de Ceva cler. Alben. dioc. procur. fact.) in cur. vel in civit. Argent. persolv. (m. prep. eccl. s. Johannis de Celano Marsican. dioc. et prep. eccl. ss. Martini et Arbogasti Surburgen. Argent. dioc. ac dec. eccl. s. Thome Argent.), gratis 26. ian. 79 V 592 98^v-100^r – oblig. sup. annat. par. eccl. s. Walfridi ut supra et promisit solv. in cur. infra 6 menses a die habite possessionis computandos 24. mart. 79 A 27 178^v – de can. et preb. eccl. s. Petri iun. Argent. (8 m. arg.) vacat. p. priv. Henrici Han

1123

presb. Argent. dioc. in art. mag. (qui ad eosdem vac. p. o. Stephani Wirzgart (Witzgard) p. Erhardum de Kageneck (Rageneck) cust. et can. d. eccl. pacto simoniaco nominatus fuit) 19. apr. 79 S 780 158^{rs}, 9. iul. 79 S 785 198^{rs} – disp. ad 2 incompat. benef. sub eodem tecto ad vitam, gratis 24. apr. 79 L 796 197^{vs} – cui de can. et preb. eccl. mon. s. Crucis in Niderminster ut supra prov. fuit n. scienti quod Johanni de Colonia de dd. can. et preb. ut supra prov. fuit qui eosdem p. 2 an. detin.: de monitorio penali contra d. Johannem de Colonia et de decl. litt. desup. perinde val. acsi d. mon. n. o. s. Ben. sed o. s. Aug. existat et n. d. Johannes sed Wilhelmus Hartung in dd. can. et preb. ac annexo intrusus sit 3. mai. 79 S 781 119^{rss}, gratis (exped. 31. aug. 79) L 794 234^v-236^r.

4784 **Johannes Burchard** [5. pars 8 partium] et **Georgius Wilhelmi** cler. Basil. decr. doct. <prep. eccl. s. Petri Basil.> cui de can. et preb. eccl. s. Thome Argent. vac. p. o. Johannis Alfonsi Melbrug aut Gilberti Johannis vel Arnoldi Dronen (Dionen.) seu Raynaldi Jakers (Jackers) prov. fuit (processu in cur. desup. habito) et nunc resign. <p. Conradum Alcheymer can. eccl. Colon. procur. fact.>: de adm. resign. d. Georgii et de prov. Johanni Burchard de dd. can. et preb. (8 m. arg. p.) et de assign. d. Georgio pens. ann. 28 fl. renen. sup. fruct. par. eccl. s. Walfrido de Sancto Walfrido Meten. dioc. (16 m. arg. p.) (sup. qua Johannes Burchard litig.) p. d. Johannem Burchard persolv. 11. mai. 79 S 781 137^{rs}, (m. ep. Marsican. et prep. eccl. ss. Martini et Arbogasti Surburgen. Argent. dioc. ac offic. Argent.) (exped. 18. mai. 79), gratis L 798 59^r-60^v – restit. bulle sup. pens. ann. 8 fl. renen. sup. fruct. par. eccl. s. Martini in Zelleviller ut supra 18. mai. 79 A 28 201^v – oblig. sup. annat. can. et preb. eccl. s. Thome Argent.

ut supra (die 18. iul. 80 ep. Civitatis Castelli vicecamerarii prorog. temp. solut. ad 2 menses computandos fine litis quam Thomas Ricardi ducit contra Johannem Burchard; die 20. febr. 81 d. ep. prorog. ad 3 menses; die 28. apr. 81 d. Johannes solv. 20 fl.) 24. mai. 79 A 28 29^r – restit. bulle sup. pens. ann. 15 fl. renen. ipsi sup. fruct. can. et preb. eccl. s. Thome Argent. occasione certe concordie s. d. 2. mart. 76 ut supra assign. 16. iun. 79 A 28 207^v – referens quod ipsi de can. et preb. eccl. s. Thome Argent. vac. p. resign. in manibus pape Georgii Wilhelmi (p. Conradum Altheymer can. eccl. Olomuc. procur. suum fact.) prov. fuit et quod ipse desup. litig. coram aud. contra Egidium Prepositi intrusum et occupatorem: motu pr. monitorium penale contra d. Egidium ut ab occupatione desistat et hortatio quod ep. Argent. et vic. d. ep. Argent. in spir. gener. ac prep. etc. d. eccl. ut Johanni Burchard auxilium prestent (exec. ep. Asculan. et prep. eccl. ss. Martini et Arbogasti Surburgen. Argent. dioc. ac offic. Argent.), gratis 9. iul. 79 V 550 116^r-118^r – inter al. referens quod ipse et 2 al. <Gaspar Vogt de Friburg prep. eccl. b. Marie ac ss. Petri et Pauli Baden. Spiren. dioc. ac Nicolaus Hymel de Steinbach laic. Argent. dioc.> se oblig. pro liberatione quond. Ade Rotolini (Rot) rect. par. eccl. s. Walfridi de Sancto Walfrido Meten. dioc. (qui ad instantiam Petri Grassi cartularii <habitatoris Urbis> pro summa 100 duc. auri in carceribus turris soldani <cur.> detentus fuerat) et quod ipse eidem etiam 12 duc. auri pro suis necessitatibus mutuatus est et quod d. Adam creditoribus minime satisfactis de partibus Romam iturus obiit: de committ. probis viris in civit. vel dioc. Argent. ut <Henricum de Hohenstein> patrem et matrem d. Ade (nullum filium nec filiam habentis) ad satisfaciendum debitis et expensis secundum d. oblig. ex fruct.

benef. d. Ade compellant 12. iul. 79 S 784 248^{vs}, gratis V 675 154^{vss} – qui multos an. cur. secutus est: prom. ad omnes ord. extra temp., sola sign. 30. aug. 79 Arm. XXXIX, 16D 4^{vs} – inter al. referens quod Georgio Willermi ut supra de can. et preb. eccl. s. Thome Argent. vac. p. resign. Gibberti Johannis Guilelmi [de Estoutevilla] card. ep. Ostien. fam. prov. fuerat et quod d. Georgius desup. litig. coram aud. contra certum adversarium ac sent. diffinitivam pro se reportaverat et postremo in manibus pape resign. (possessione n. obtenta) et quod Johanni Burchard de eisdem prov. fuit et quod ipse motu pr. litt. ap. contra quond. Egidium intrusum nunc in cur. defunct. obtin. ut d. Egidius et al. occupatores dd. can. et preb. ipsi dimitteret et de illorum fruct. responderent: de nova prov. de eisdem (10 m. arg.) 19. decb. 79 S 788 53^{rs} – motu pr. recip. eum in sed. ap. not., gratis 2. febr. 80 V 658 124^{rs}.

4785 Johannes Burchard [6. pars 8 partium] cui de par. eccl. s. Walfridi ut supra vel vac. p. o. in cur. Ade Rot prov. fuit et qui desup. litig. coram Johanne Antonio [de Sancto Georgio] ep. Alexandrin. aud. locumtenenti contra Johannem de Clotten: de prov. si neutri de eadem (16 m. arg.) 6. iul. 80 S 796 51^{rs} – de par. eccl. in Gemundia Meten. dioc. (12 m. arg.) vacat. p. assec. par. eccl. s. Walfridi de Sancto Walfrido p. Johannem de Clotten (cui de d. par. eccl. in Gemundia vac. p. o. Johannis Hiltebrant (Hitebrant) prov. fuit et qui dd. benef. p. plures menses absque disp. detin.) et de disp. ut d. par. eccl. unac. perp. capn. in capel. b. Marie in Gemundia d. par. eccl. annexa (sup. qua in cur. litig.) retin. possit 26. sept. 80 S 798 81^{vs} – referens quod ipsi de can. eccl. s. Thome Argent. vac. p. resign. in manibus pape Georgii Wilhelmi ut supra vel p. o. Johannis Adelphi (Adolfi)

(de) Melbrug vel p. o. in cur. Gilberti Johannis aut Arnoldi Droven seu Raynaldi (Ricardi) Jackars (Jackarts) vel Egidii Prepositi prov. fuit et quod ipse reus et possessor desup. litig. coram aud. contra quond. Thomam Richardi litt. ap. script. Guillelmi [de Estoutevilla] ut supra card. Rothomagen. vulg. nunc. fam. actorem: de can. et preb. (8 m. arg.) vac. p. resign. in manibus pape d. Thome 4. decb. 80 S 798 146^{vs}, (exped. 30. decb. 80), gratis L 808B 238^{v}-240^{r} – de perp. capn. in Berhartzviler sive Bertshviler Superiori prope Andelo Argent. dioc. (25 fl. adc.) vac. p. o. Johannis de Durmentz 7. ian. 81 S 798 276^{v}, I 334 3^{r} – de can. et preb. eccl. s. Adolfi (Adolphi) in Nuwiler Argent. dioc. (24 fl. adc.) vac. p. o. Nicolai Kneppel <in bulla cass. et in margine: Theobaldi Buhsz> 18. ian. 81 S 799 111^{v}, m. (prep. eccl. ss. Michaelis et Petri Argent. et Thome Wolff can. eccl. Wormat. ac offic. Argent.), gratis V 608 239^{vss} – de <s. c.> alt. b. Marie virg. in par. eccl. <op.> Hoffen Magunt. dioc. (4 m. arg. p.) vac. p. resign. in manibus pape Henrici (de) Silberberg cler. Magunt. dioc. cui de eadem vac. p. prom. Georgii Altdorff [Altdorfer] el. Chiem. s. d. 7. ian. 78 prov. fuit (litt. desup. n. confectis), n. o. quod Wendelinus (Vendelinus) Clingenberck (Clyngenberg) d. alt. ultra 3 an. <p. 2 an.> absque tit. occupatum detin. 18. ian. 81 S 800 6^{vs}, m. (dec. eccl. s. Albani Magunt. et cant. eccl. s. Petri e. m. Magunt. ac dec. eccl. b. Marie ad Gradus Magunt.), gratis V 609 107^{v}-109^{r} – alt. port. c. clausula ante diem etiam ad loca interd. supposita, gratis 2. febr. 81 V 676 125^{v} – restit. bulle perinde val. sup. can. et preb. eccl. s. Thome Argent. (8 m. arg.) vac. p. resign. in manibus pape Thome Ricardi colligantis s. d. 4. decb. 80 28. apr. 81 A 29 235^{r} – solv. 20 fl. adc. pro annat. can. et preb. eccl. s. Thome Argent. ut supra 28. apr. 81 FC I 1134 118^{v}, IE 502

1125

85^r, IE 503 85^r – not. recip. pro testim. 2 grossos apr. 81 DB 2 33^r – referens quod Nicolai Fabri dominorum op. Bernen. ad papam destinatus orator de mense mai. 79 150 duc. a quodam Ambrosio de Spanochiis et soc. merc. Senen. cur. sequentibus mutuatus est: litt. testim. sup. solut. 150 duc. p. manus Burchardi Stoer prothonot. et prep. eccl. s. Mauritii in Anseltingen Lausan. dioc. 4. mai. 81 DC 40 155^{rs} – de can. et preb. eccl. s. Petri iun. Argent. ut supra vac. p. o. Stephani Wurczgatz (Wurtzgatz, Wurtzgart), n. o. quod Henricus Han presb. et in art. mag. dd. can. et preb. citra 3 an. absque tit. <p. 2 an.> occupatos detin. 29. mai. 81 S 802 89^{vs}, m. (thes. eccl. Argent. et prep. eccl. ss. Martini et Arbogasti Surburgen. Argent. dioc. ac offic. Argent.), gratis V 617 265^v-267^r – de perp. capn. ad alt. b. Marie Magdalene in eccl. s. Nicolai Argent. (24 fl. adc.) vac. p. o. Johannis (Adolphus) Wetzel 27. sept. 81 S 806 163^v, m. (prep. eccl. ss. Michaelis et Petri Argent. et Thome Wolff can. eccl. Wormat. ac offic. Argent.), gratis (exped. 1. febr. 82) L 809 153^{vss}.

4786 **Johannes Burchard** [7. pars 8 partium] qui vig. gr. expect. can. et preb. in eccl. s. Thome Argent. vac. p. o. Nicolai Lotter acc. et litig. desup. contra Henricum ex com. de Werdenberg can. eccl. Argent. intrusum: de prorog. temp. intimandi ad 6 menses 22. ian. 82 S 807 14^{rs} – de perp. capn. primissaria nunc. eccl. in Dieffenbach infra metas par. eccl. Nunkirch (Nimkirch) Argent. dioc. (24 fl. adc.) vac. p. resign. in manibus pape Thome Wolff de Eckeboltzheim sen. decr. doct. <p. Johannem Langer prep. eccl. ss. Michaelis et Petri Argent. procur. fact.>, n. o. can. et preb. in eccl. s. Thome Argent. (8) ac can. et preb. in eccl. s. Florentii Haselacen. (6) ac can. et preb. in eccl. s. Crucis in Nudermins-

ter Argent. dioc. (4) et perp. capn. ad alt. s. Eligii in eccl. Argent. <4 m. arg.> et perp. capn. ad alt. s. Antonii in capel. s. Antonii in Bernhartzwiler Argent. dioc. (4) quam obtin. necnon can. et preb. in eccl. s. Thome Argent. (8) ac can. et preb. eccl. s. Crucis in castro Sancte Crucis Basil. dioc. (4) et perp. vicar. turibularia nunc. in eccl. Argent. (6) et perp. vicar. ad alt. b. Marie Magdalene in par. eccl. s. Nicolai Argent. (4) ac perp. vicar. ad alt. s. Gregorii in mon. s. Petri in Nuwiler Argent. dioc. (6) <4 m. arg.> ac perp. vicar. ad alt. b. Marie virg. in capel. b. Marie in Gemundia Meten. dioc. (4) et par. eccl. s. Walfridi de Sancto Walfrido Meten. dioc. (8) necnon perp. capn. primissaria nunc. in capel. b. Marie virg. castri Sancte Crucis Basil. dioc. (4) sup. quib. litig. in cur. ac can. et preb. eccl. s. Petri iun. Argent. vac. p. o. Stephani Wingart (8) et can. et preb. de Vissoria nunc. eccl. s. Johannis Bapt. de Viculo Marchionum Placentin. dioc. (4) necnon perp. capn. ad alt. b. Marie virg. in par. eccl. op. Hoffen Magunt. dioc. (4) ac capel. b. Catherine prope Muorbach (Muoback) Basil. dioc. (4) ac perp. capn. ad alt. s. Nicolai in eccl. mon. s. Stephani Argent. (4 m. arg. p.) quas n. obtin. et pens. ann. 8 fl. renen. sup. fruct. par. eccl. in Epig (Epich, Ephig) et pens. ann. 8 fl. sup. fruct. par. eccl. in Zellewiler Argent. dioc. 26. mart. 82 S 808 176^{rs}, (m. prep. eccl. ss. Michaelis et Petri Argent. et prep. eccl. s. Florentii Haselacen. ac prep. eccl. ss. Martini et Arbogasti Surburgen. Argent. dioc.), gratis (exped. 3. iun. 83) L 826 18^r-19^v – oblig. sup. annat. can. et preb. eccl. s. Petri ut supra et promisit solv. infra 6 menses quia in bulla fit mentio de intruso p. testes qui deponunt quod Henricus Han dd. can. et preb. possidet 20. apr. 82 Paris L 26 A 10 11^r – not. recip. pro bulla distributa [deest val.] apr. 82 DB 1 125^r – not. recip. pro bulla distributa

2 grossos et 2 grossos apr. 82 DB 1 126^r – lic. testandi 81/82 I 334 15^r – can. eccl. s. Thome Argent.: de decan. d. eccl. (12 m. arg.) vac. p. o. Johannis Helle (Halle) pape acol. 4. iun. 82 S 813 404^r, (m. prep. eccl. ss. Michaelis et Petri (eccl. s. Petri sen. nunc.) Argent. et dec. eccl. s. Petri iun. Argent. ac prep. eccl. s. Florentii Haselacen. Argent. dioc.), gratis (exped. 5. mai. 84) L 826 86^{rss} – litt. sup. recept. in pape acol. (et processus exempt.) 7. iun. 82 DC 40 258^r – de perp. capn. ad alt. ss. Jacobi et Stefani in eccl. Argent. (6 m. arg.) vac. p. o. Johannis de Durmentz vel Alexandri Menster vel Eberhardi de Rabensten pape fam. vel Leonardi Liger 3. iul. 83 S 827 134^v – motu pr. m. assign. off. clericatus ceremoniarum pape capel. vac. p. resign. Augustini Patritii [Piccolomini] et m. camerario pape ac Antonio Rebioli pape cap. et al. cerimoniarum cler. assumendi eum, gratis 29. nov. 83 V 659 137^{vss} – cui de off. vac. p. resign. Augustini de Piccolominibus ut supra prov. fuit: consensus resign. 10. decb. 83 Resign. 2 117^v.

4787 **Johannes Burchard** [8. pars 8 partium] inter 3 cler. cerimoniarum enumeratus: m. ut recip. 5 fl. pro salario 1. ian. 84 FC I 849 251^r, 1. apr. 84 FC I 850 18^v, 1. iun. 84 FC I 850 24^v, 1. iul. 84 FC I 850 39^r – pape cap. et cler. ceremoniarum cui motu pr. gr. expect. s. d. 17. nov. 81 de can. et preb. eccl. Sedun. et de can. et preb. eccl. s. Bartholomei Franckforden. Magunt. dioc. conc. fuit: motu pr. prov. de can. et preb. eccl. s. Petri iun. Argent. necnon de benef. ad coll. ep. etc. Argent. et conc. quod dd. litt. perinde val. acsi de dd. benef. sibi prov. fuisset, gratis 31. ian. 84 Sec. Cam. 1 75^v-77^v – referens quod Eustachio Munch sed. ap. cler. et pape fam. de perp. s. c. capn. ad alt. ss. Jacobi et Stephani in eccl. Argent. (4 m. arg.) vac. ut supra p.

resign. Leonardi Liger in manibus pape aut p. o. Johannis Durementz (de) Durmenti, Duranenti) vel p. resign. Alexandri Meisterlin vel Eberhardi de Rabenstein pape fam. et pape acol. prov. fuit sed quod olim in litt. ap. dicitur quod fruct. d. capn. 5 m. arg. p. n. excedunt: de disp. et de prov. Johanni Burchard de d. capn. c. expressione veri val. (6 m. arg.) 16. mart. 84 S 833 107^v, m. (prep. eccl. ss. Michaelis et Petri (eccl. s. Petri sen. nunc.) Argent. et prep. eccl. s. Petri iun. Argent. ac prep. eccl. s. Florentii Haselacen. Argent. dioc.), gratis 23. mart. 84 (exped. 13. mai. 84) L 837 68^r-70^r – cui de perp. vicar. in par. eccl. s. Walfridi de Sancto Walfrido Meten. dioc. (4 m. arg. p.) monasterio s. Mauritii in Tholeya o. s. Ben. Trever. dioc. unita p. abb. etc. d. mon. prov. fuit et qui deinde d. vicar. resign.: de assign. pens. ann. 60 fl. renen. sup. fruct. d. mon. (60 m. arg. p.) p. dd. abb. etc. persolv. 12. mai. 84 S 836 42^{vs} – de decan. eccl. s. Thome ut supra (12 m. arg.) vac. p. resign. Thome Wolff de Eckebolczheim sen. (p. Johannem Langer August. dioc. abbrev. procur. fact.) cui de eadem vac. p. o. Johannis Helle p. papam prov. fuit, n. o. quod Johannes Sympler (Symber) cler. utr. iur. doct. seu licent. d. decan. post obitum d. Johannis p. 2 vel 3 an. detin. 15. mai. 84 S 835 242^r – qui litig. coram Johanne Antonio [de Sancto Georgio] ep. Alexandrin. aud. locumtenenti contra Henricum ex com. de Werdenberg intrusum ac Johannem Krysz sup. can. et preb. in eccl. s. Thome ut supra (8 m. arg.) vac. p. o. Nicolai Lother: de surrog. ad ius d. Henrici qui resign. in manibus d. ep. 22. mai. 84 S 835 276^r – cui de decan. eccl. s. Thome ut supra p. papam prov. fuit et qui litig. desup. coram Johanne Antonio ep. ut supra contra Johannem Symler presb. in utr. iur. licent. intrusum: de prorog. temp. ad 6 menses, sola sign. 22.

mai. 84 S 836 151^{rs} – consensus resign. decan. eccl. s.Thome ut supra in supplic. s.d. 15. mai. 84 28. mai. 84 Resign. 2 158^v – oblig. sup. annat. decan. ut supra (12 m. arg.) de quib. s.d. 15. mai. 84 sibi prov. fuit 17. iul. 84 A 32 157^r.

4788 Johannes Burchman de Olpe cler. Colon. dioc.: de can. et preb. eccl. s.Margarete prope Waltkilchen Constant. dioc. (4 m. arg.) vac. p.o. Gerhardi de Sersen 27. febr. 73 S 688 26^v.

4789 Johannes Burer de Mengen Constant. dioc.: de par. eccl. in Mengen Constant. dioc. (10 m. arg.) vacat. p. priv. Johannis de Megenbuch presb. Constant. dioc. qui quosdam instigavit ut Johannem Bart rect. d. par. eccl. interficerent 28. oct. 71 S 673 183^{rs}.

4790 Johannes de Burgundia (Burgida): notitia sup. prov. de mon. <s.Adalberti> Egmunden. (Egmarderse) o. s. Ben. Traiect. dioc. vac. p.o. Gerhardi ultimi abb. in consistorio ad relationem domini de Ursinis 4. nov. 76 OS 82 102^r – cler. Tornacen. dioc. mag. not. ap.: prov. ut supra cass. quia intelligitur quod prov. d. mon. n. ad sed. ap. pertin. sicut in concordia inter nationem Germanicam et sed. ap. dicitur 10. mart. 77 L 773 227^v.

4791 Johannes Busche (Bussche) can. eccl. Minden. ex utr. par. de nob. et mil. gen.: m. (dec. eccl. s.Ludgeri Monast. et offic. Minden. ac offic. Paderburn.) prov. de thesaur. eccl. Minden. (6 m. arg.) vac. p.o. Hermanni Gogreve, n.o. can. et preb. d. eccl. quos obtin. 19. sept. 81 V 624 130^{rss} – oblig. p. Hermannum Ovelsustz cler. Paderburn. dioc. in cur. causarum procur. (ut constat instr. publ. acto in Minden. dioc. subscripto p. Hermannum Borcgreve cler. Colon. dioc. imper. auct. not.) sup. annat. thesaur. ut supra et promisit solv. in cur. infra 6 menses quia do-

cuit de intruso (in margine: s.d. 15. nov. 85 solv. pro annat. 15 fl. p. manus soc. de Buris) 24. ian. 83 Paris L 26 A 10 164^v – cui de thesaur. ut supra vac. p.o. Hermanni Gogreve vel quond. Conradi Papen cler. pape fam. vel Hermanni Klingen cler. pape fam. aut Henrici Marelle cler. pape fam. in cur. defunct. p. papam prov. fuit et qui litig. desup. in cur. contra Lambertum Triberg et Andream Melges clericos: de prov. si nulli de d. thesaur. (6 m. arg.) 20. febr. 83 S 819 268^v.

4792 Johannes Buse (Bussen) al. Bardini (Bard, Bordini) cler. Paderburn. dioc.: de par. eccl. sive capel. s.Johannis Bapt. e.m. op. Brilon Colon. dioc. (2 m. arg.) vac. p.o. Johannis Brechteken 27. ian. 72 S 675 239^v – Juliani [de Ruvere] tit. s.Petri ad vincula presb. card. fam. cui gr. expect. s.d. 1. ian. 72 <de can. eccl. ss.Petri et Andree in Buestorp (Briestorp) Paderburn. dioc. et de benef. ad coll. ep. etc. Paderburn.> conc. fuit: de decl. litt. desup. perinde val. acsi temp. dd. litt. pape fam. <d. card. fam.> fuisset 9. iul. 73 S 693 68^v, gratis (exped. 6. apr. 75) L 727 187^{rs} – de par. eccl. s.Pancratii Paderburn. forensi vulg. nunc. (4 m. arg.) vac. p. resign. in manibus ordin. Henrici Schulderen 13. iul. 73 S 693 70^v, m. (ep. Tirasonen. et dec. eccl. Paderburn. ac prep. eccl. ss.Petri et Andree Paderburn.) V 565 273^v-275^v – actor litig. coram Gabriele de Contarenis aud. contra Conradum Gudelbord cler. reum sup. par. eccl. s.Pancratii ut supra vac. p. resign. quond. Henrici Schulderen: de prov. si neutri de d. par. eccl. (4 m. arg.) 9. mart. 74 S 709 162^{rs} – de perp. vicar. ad alt. b. Marie virg. in par. eccl. s.Jacobi op. Rostack Zwerin. dioc. et de perp. vicar. in par. eccl. b. Marie virg. op. Wismarien. Razeburg. dioc. de iur. patron. laic. (insimul 4 m. arg.) vac. p.o. Nicolai Ulsen 19. oct. 75 S 741

107^{vs} – assign. pens. ann. 20 fl. renen. sup. fruct. par. eccl. sive curati
person. in Vrechen (Brechen) Colon.
dioc. p. Theodericum onder den Eyken (onder den Ychen) persolv. (m.
ep. Agathen. et dec. eccl. s. Georgii
Colon. ac Hermanno Tuleman can.
eccl. Traiect.), gratis 22. nov. 76 V
575 24^r-25^v – restit. bulle sup. annat. pens. ut supra 23. decb. 76 A 25
208^r – can. eccl. ss. Petri et Andree
Paderburn.: de prom. ad omnes ord.
extra temp., sola sign. 12. febr. 77 S
746 293^{rs} – referens quod lite pendente in cur. inter Matheum Bonman
Johannis Bapt. [Cybo] tit. s. Cecilie
presb. card. fam. et Conradum Gob-
ben actorem et intrusum sup. vicar.
ad alt. s. Albani in colleg. eccl.
s. Stephani Magunt. (4 m. arg.) vac.
p. o. in curia Paderburn. Henrici
Schnytzeberch etiam d. card. fam.:
de surrog. ad ius d. Mathei qui resign. in manibus pape 17. oct. 82 S
815 327^v – presb.: de benef. vel s. c.
capn. in eccl. N. op. Blisia Leod. dioc. (3 m. arg.) vac. p. o. Johannis
Vladen Petri [Ferrici] tit. s. Sixti
presb. card. vulg. nunc. Tirasonen.
fam. 9. nov. 82 S 816 66^v.

4793 **Johannes van Buten (Butten)** qui
par. eccl. de Desseldonc Tornacen.
dioc. in manibus Ludovici Toureti
abbrev. resign. ex causa perm. c. Ri-
cardo Jacobi qui perp. capn. ad alt.
maius in par. eccl. de Hulst Traiect.
dioc. resign.: assign. pens. ann. 3
libr. et 12 sol. grossorum monete
Flandrie (= 12 l. T. p.) sup. fruct. d.
par. eccl. in Hulst p. d. Ricardum
persolv. 31. mart. 81 L 808B 235^v-
237^v – restit. bulle sup. pens. ann.
12 l. T. p. eidem sup. fruct. par. eccl.
in Hulst occasione perm. ut supra
assign. quia est soluta annat. maioris
val. d. par. eccl. 16. apr. 81 A 29
234^v.

4794 **Johannes Butendick (Butendich,
Buttentich)** scol. Colon. <dioc.>
pres. in cur.: de prom. ad 2 aut 4
min. ord. extra temp., sola sign. 3.

ian. 82 S 806 39^r – pape fam.: de
perp. capel. in op. de Vesterborch
Osnaburg. dioc. (2 m. arg.) vac. p. o.
in cur. Hermanni Garthusz 31. aug.
82 S 815 101^{rs} – nullum benef. obtin.: de can. et preb. eccl. s. Andree
Colon. (7 m. arg.) vac. p. o. in cur.
Johannis Cabebe forsan Petri tit.
s. Nicolai inter imagines presb. card.
de Foscari sive Paduan. vulg. nunc.
fam. 12. oct. 82 S 815 140^r, (exec.
ep. Civitatis Castelli et prep. eccl.
s. Andree Verden. ac offic. Colon.),
gratis 12. oct. 82 V 623 35^r-36^v –
not. recip. pro bulla distributa 5
grossos oct. 82 DB 1 151^v – can.
eccl. s. Andree Colon.: oblig. p. Henricum Brunus not. ap. sup. annat.
can. et preb. ut supra 13. nov. 82 Paris L 26 A 10 121^v – solv. 16½ fl.
<et 20 bol.> adc. pro annat. p. manus
Aloisii (Aloysii, Luisi) Vismale
(Vismal) <merc. Mediolan.> 18.
nov. 82 IE 506 88^v, IE 507 88^v, Paris
L 52 D 5 25^r.

4795 **Johannes Butzbach de Hombergk**
cler. Magunt. dioc. Roderici [de Bor-
ja] card. ep. Portuen. vicecancellarii
fam.: motu pr. de gr. expect. de 2
can. et preb. necnon de 2 benef. ad
coll. quorumcumque c. prerog. ad instar pape fam. descript., Et s. d. 17.
nov. 81 17. ian. 84 S 830 69^r – vic.
in Guntzenheym Magunt. dioc. in
cur. resid.: de prom. ad omnes ord.
extra temp. et de lic. dicendi horas
secundum usum R. E., sola sign. 3.
mai. 84 S 835 243^{rs}.

4796 **Johannes Cabebe** cler. Colon.:
prov. de perp. simplici benef. ad alt.
s. Crucis in par. eccl. in Gultz Trever.
dioc. (9 m. arg.) vacat. p. resign. Johannis de Heesboem Bessarionis
[Trapezunt.] card. ep. Sabinen. fam.
qui perm. d. benef. c. Johanne Cabebe pro par. eccl. in Goesdorp Colon. dioc. (m. prep. eccl. s. Spiritus
Ruremunden. Leod. dioc. ac decanis
eccl. s. Andree et eccl. b. Marie ad
Gradus Colon.) 18. nov. 71 (exped.
17. decb. 71) L 719 244^{rss} – restit.

bulle sup. perm. s.d. 17. nov. 71
conc. 24. decb. 71 A 21 178ʳ – in
art. mag.: de perp. s.c. vicar. ad alt.
s.Crucis in eccl. s.Andree Colon. (4
m. arg.) vac. p.o. Nicolai de Bach-
eraco 5. nov. 72 S 691 194ᵛˢ – in
decr. bac.: de can. et preb. eccl.
s.Swiberti in Keyserswerde Colon.
dioc. (6 m. arg.) vac. p. matrim. contractum Johannis Quarde 30. ian. 73
S 687 57ᵛˢ – et prior et conv. dom.
s.Jeronimi o. s. Aug. e.m. op. Leyden Traiect. dioc. referentes quod Johannes Cabebe p. laic. ad capel. in
Tredroede Traiect. dioc. present. fuit
et quod litig. desup. coram offic.
prep. et archid. eccl. Traiect. et nunc
concordaverunt ut Johannes Cabebe
d. capel. resign. c. reserv. pens. ann.
8 fl. renen. sup. fruct. d. conv.: de
conf. concordiam et de uniendo
mense d. dom. d. capel. (4 m. arg.)
17. iun. 75 S 722 174ᵛˢ – qui vig. gr.
expect. s.d. 1. ian. 72 de can. eccl.
s.Gereonis Colon. necnon de benef.
ad coll. abba. etc. eccl. ss.11.000
Virg. Colon. par. eccl. b. Marie Indulgentiarum Colon. acc. sup. qua
litig. coram aud. contra certum adversarium: motu pr. de reval. et de
exten. gr. expect. ad coll. abba. et
conv. eccl. b. Marie in Capitolio Colon. (in qua nonnulli cler. sec. can. et
preb. obtin.) et de decl. litt. sup. gr.
expect. perinde val. acsi motu pr.
conc. fuissent et de prerog. ad instar
antiquiorum pape fam. descript. et
de disp. ut unac. d. par. eccl. al. incompat. benef. retin. val. 23. decb.
75 S 732 86ᵛˢˢ, gratis V 670 261ʳ-
262ᵛ – qui vig. gr. expect. can. et
preb. eccl. s.Gereonis Colon. vac.
p.o. Henrici Brunonis acc.: de nova
prov. de eisdem (8 m. arg.) 7. mai.
78 S 772 286ᵛ – in decr. licent. Petri
Foscari <tit. s.Nicolai inter imagi-
nes> presb. card. <Veneti> fam. in
Urbe pres. qui vig. gr. expect. scolastr. eccl. s.Gereonis Colon. c. annexis certo modo vac. acc.: de prorog. term. intimandi ad 6 menses,
sola sign. 21. oct. 79 S 796 18ᵛ –

actor qui litig. coram Johanne Francisco [de Pavinis] aud. contra Simonem de Juliaco reum et detentorem vel coram d. aud. a Georgio
[Hesler] tit. s.Lucie in Silice presb.
card. commiss. contra Henricum
Mangolt (Maengold) <decr. doct. et
pape fam.>, Johannem Heseler
<pape not.>, Arnoldum Clover
(Clon) et Johannem Neve sup. scolastr. c. can. et preb. sibi annexis
eccl. s.Gereonis Colon. vac. p.o.
Guillelmi de Leudis (Leidis): de
prov. si neutri de eisdem (16 m. arg.)
17. febr. 80 S 795 15ʳˢ, m. (Johanni
Francisco de Pavinis aud.) V 617
294ʳ-296ʳ – nova prov. de scolastr.
Colon. 80/81 I 334 46ʳ – de can. et
preb. [eccl.?] Colon. 80/81 I 334
46ʳ – de can. et preb. eccl. s.Cecilie
Colon. (4 l. T. p.) et de par. eccl.
s.Petri Colon. de iur. patron. laic.
(10 l. T. p.) vac. p.o. Adolphi Stakelhusen 10. mai. 80 S 795 142ᵛ –
referens quod Simoni de Juliaco Johannis Bapt. [Zeno] card. ep. Tusculan. fam. de can. et preb. ac scolastr. eccl. s.Gereonis ut supra prov.
fuit et quod ipse litig. desup. coram
aud. contra d. Simonem: de d. scolastr. et de dd. can. et preb. (16 m.
arg.) vac. p. resign. in manibus pape
d. Simonis vel de prov. si neutri 29.
nov. 80 S 798 86ʳ – litig. ut supra et
in extenso referens quod ipse vig. gr.
expect. can. et preb. ac scolastr. eccl.
s.Gereonis Colon. ut supra vac. p.o.
Wilhelmi de Leydis decr. doct. acc.
et quod Henricus Manegolt pape
fam. (cui de eisdem vig. prim. prec.
imper. prov. fuerat) litig. desup. coram Johanne Francisco [de Pavinis]
aud. contra Symonem de Juliaco et
quod etiam Georgius [Hesler] tit.
s.Lucie in Silice presb. card. causam
contra d. Symonem et d. Henricum
ac Johannem Hezeler necnon Arnoldum Clover et Johannem Neve committ. fecit et quod Lubbertus Berchmeyger pape fam. (cui de eisdem
vig. gr. expect. prov. fuerat) in vim
commissionum specialium ad cau-

sam adm. fuit: de eisdem (20 m. arg. p.) vacat. p. resign. in manibus pape Johannis Bapt. [Zeno] card. ep. Tusculan. 6. mai. 81 S 801 72^r – Petri Foscari card. ut supra cap. et not.: oblig. sup. annat. can. et preb. ac scolastr. ut supra de quib. vac. p. resign. in manibus pape [card. ep. ut supra] tit. s. Marie in Porticu card. nunc. et Henrici Manegolt ac Lamberti Berchmeyger collitigantium s. d. 6. mai. 81 sibi in forma surrog. prov. fuit (in margine: die 29. apr. 82 ipse Johannes habuit unam bullam in forma si neutri sup. eisdem quorum fruct. ad 16 m. arg. p. s. d. 19. apr. 80 expressit) 16. oct. 81 A 30 73^r – qui litig. coram Johanne Francisco de Pavinis aud. ut supra contra diversos adversarios (qui nunc resign.) sup. scolastr. eccl. s. Gereonis Colon. et can. et preb. d. eccl. annexis vac. p. o. Guillelmi de Leydis (aut Henrici Cramer) qui eos vig. facult. nominandi Frederici R. I. a papa conc. acc.: de prov. si neutri de d. scolastr. ac dd. can. et preb. annexis (16 m. arg. p.), n. o. can. et preb. eccl. s. Andree Colon. (8), perp. s. c. vicar. ad alt. s. Crucis in par. eccl. ville Gultz (?) quos obtin. necnon capel. s. Stephani in eccl. Colon. (2) quam n. obtin. et sup. qua litig. in cur., capel. s. Quirini in Terwede (1 m. arg.) mense conventus mon. Vallis s. Jeronimi prope Leyden Traiect. dioc. incorp. 14. febr. 82 S 807 232^{rss} – not. recip. pro bulla distributa 3 grossos et 2 grossos mai. 82 DB 1 127^v – de can. et preb. eccl. Leod. (15 m. arg. p.) vac. p. o. Johannis ex com. Hornem (Johannis de Horne) 4. oct. 82 S 815 34^v.

4797 **Johannes Cabourdelli** cler. Belvacen. dioc. bac. in theol. pape fam.: de can. et preb. eccl. b. Marie Traiect. (24 [l. T. p.]) et de person. s. (/.) [sine tit. et loco] Leod. dioc. (40 [l. T. p.]) vac. p. o. Ghisberti de Brederode sed. ap. prothonot., Fiat de can. pro oratore et de person. pro cuidam

Thoma 28. sept. 75 S 727 101^{rs} – prov. de perp. capn. ad alt. s. Johannis Bapt. in eccl. Meten. (70 l. T. p.) vac. p. o. Johannis Beyer Nicolai V. cubic. et fam. (exec. ep. Urbinaten. et dec. eccl. s. Petri de Marzeriis ac Paulus de Crottis can. eccl. Cremonen.), gratis 31. aug. 76 V 576 72^v-74^r.

4798 **Johannes Kach** cler. rect. par. eccl. in Ouwike Colon. dioc. pres. in cur.: de prom. ad omnes ord. extra temp., sola sign. 8. mart. 74 S 703 209^v.

4799 **Johannes Kadiiss** cler. Eistet. dioc.: de turibularia in eccl. Argent. (5 m. arg.) necnon de can. et preb. et celleraria in eccl. ss. Martini et Arbogasti [Surburgen.] Argent. dioc. (4 m. arg.) ac de capn. op. Hagenau Argent. dioc. (4 m. arg.) vac. p. o. Jacobi Pfluger quond. Ludovici [Trevisan] tit. s. Laurentii in Damaso presb. card. fam. 23. iul. 76 S 740 126^{vs}.

4800 **Johannes Kaell (Kael)** cler. Colon. dioc. qui temp. Pauli II. p. abba. sec. et colleg. eccl. s. Viti Altinen. Traiect. dioc. ad par. eccl. in Goch Colon. dioc. (vac. p. o. Nicolai Keffger (Licffgcr)) present. et p. Johannem Moer tunc prep. eccl. s. Victoris Xancten. Colon. dioc. ac archid. in eccl. Colon. instit. fuit et qui litig. desup. coram Johanne Francisci de Pavinis aud. contra quond. Henricum Wien al. Scherrar in cur. defunct.: ›rationi congruit‹ s. d. 9. sept. 69 m. (prep. eccl. s. Andree Colon. et prep. eccl. s. Spiritus Ruremunden. Leod. dioc. ac offic. Colon.) confer. d. par. eccl. (12 m. arg.) 25. aug. 71 V 571 49^r-50^v – rect. par. eccl. op. de Goch Colon. dioc. qui desup. litig. coram Johanne Francisco de Pavinis contra Gotfridum Myns (Myus) monach. o. s. Ben. qui nunc par. eccl. in Seiligenstat Magunt. dioc. assec. est: de surrog. ad ius d. Gotfridi ad d. par. eccl. de Goch (8 m. arg.) vac. p. o. Nicolai de Goch et Henrici Schoenre 5. decb. 75 S 732 94^v – de disp. ad 2 incompat. benef. etsi 2 par. eccl. 18. ian. 77 S 746 202^{v}.

4801 Johannes Kafft cler. Wormat. dioc. pape fam.: de perp. capn. ad alt. b. Marie in eccl. Basil. (4 m. arg.) vac. p. o. in cur. Adriani de Hee litt. ap. script. 20. nov. 73 S 698 231^{vs}.

4802 Johannes Cayk [scol.] Herbip. dioc.: recip. primam tonsuram in sacristia basilice Principis appl. in Urbe 14. mart. 72 F 6 33^{r}.

4803 Johannes de Chayny ex utr. par. de nob. gen. reus et possessor qui litig. in cur. coram Johanne Francisco de Pavinis aud. contra Stanislaum Berscha (Borscha, Borcha) (nunc resign.) et deinde contra Johannem Swineckn clericos et actores sup. archidiac. eccl. b.[Marie] Lancicien. Gneznen. dioc. (8 m. arg.) vac. p. o. [deest nomen] Byclanszlen subcollect. in civit. vel dioc. Gneznen.: de surrog. ad ius d. Stanislai 24. apr. 82 S 810 65^{vs}.

4804 Johannes Calcar cler. Magunt. dioc.: motu pr. gr. expect. s. d. 1. ian. 72 de 2 benef. ad coll. prep. etc. eccl. s. Bartholomei Franckforden. et prep. etc. eccl. b. Marie virg. Erfforden. Magunt. dioc. (exec. aep. Patracen. et dec. eccl. b. Marie Franckforden. ac scolast. eccl. s. Leonardi Franckforden. Magunt. dioc.) 30. ian. 79 PA 27 562^{r}-566^{r}.

4805 Johannes Caldarificis de Monteboer presb. Trever. dioc. Bessarionis [Trapezunt.] card. Niceni cap.: de gr. expect. de 2 can. et de 2 benef. ad coll. quorumcumque, Et s. d. 1. ian. 72 S 670 215^{r}.

4806 Johannes Kale de Heydisfelt cler. Herbip. dioc. qui ab Urbe se absentavit: de prerog. quib. curiales in Urbe et curia gaudent ad 6 menses, sola sign. 16. aug. 82 S 827 176^{v}.

4807 Johannes Kalleff (Kaleff) cler. Magunt. dioc. pape fam. in 22. sue et. an. constit.: motu pr. de gr. expect. s. d. 17. nov. 81 de 2 can. et preb.

necnon de 2 benef. ad coll. quorumcumque <de 2 benef. ad coll. aep. etc. Magunt. et ep. etc. Hildesem.> c. prerog. ad instar pape fam. descript. et de disp. sup. def. et. 18. mai. 84 S 830 206^{vs} (exec. ep. Nucerin. et offic. Magunt. ac offic. Hildesem.), gratis V 646 116^{r}-118^{r}.

4808 Johannes Calms cler. Lubic.: de capn. seu perp. s. c. vicar. in eccl. Tarbat. (3 m. arg.) vac. p. o. in cur. Godardi Rodde 28. iul. 82 S 813 79^{vs}.

4809 Johannes Kalthoffen (Kalofen) can. eccl. ss. Petri et Alexandri in Asschaffenburg Magunt. dioc. <qui in puerili et. ex egritudine vesice lumine sinistri oculi pellicula cooperti orbatus fuit et in tenebris medio illuminato distincte lumen videt>: de disp. ut ad omnes ord. prom. <et in illis in alt. ministrare> val. 3. iun. 76 S 738 258^{r}, m. (Diethero [de Isenburg] aep. Magunt.) L 761 271^{v} – maculam in oculo sinistro habens: de disp. sup. def. corp. 5. febr. 78 S 764 111^{r} – c. quo sup. def. ut supra disp. fuit et qui n. tamen in alt. ministrare potest: de disp. uberiori ut in omnibus ord. etiam in alt. ministrare possit 5. febr. 78 S 764 111^{r}, L 786 234^{rs}.

4810 Johannes Calundon subdiac. Trever. dioc. perp. cap. ad alt. s. Nicolai in par. eccl. de Stablis [deest dioc.]: de prom. ad omnes ord. extra temp., sola sign. 21. apr. 77 S 750 91^{v}.

4811 Johannes de Calven (Calveti, Calveri, Calvy) cler. Lubic. qui vig. gr. expect. perp. s. c. vicar. in eccl. Zwerin. vac. p. o. Mathei Snader acc. et qui litig. desup. coram Petro de Ferrera aud. contra Laurentium Perseck cler.: de prov. si neutri de d. vicar. (4 m. arg.) 21. nov. 82 S 817 71^{vs} – de can. et preb. eccl. Lubic. (4 m. arg.) vac. p. resign. in manibus pape Hermanni Lockhorst (Lockhorst) can. eccl. Traiect. pape fam. (cui de eisdem vac. p. prom. Conradi [Loste] el. Zwerin. prov. fuit) c. reserv. pens. ann. 10 fl. renen. d. Hermanno sup. fruct. dd. can. et preb. ad vitam persolv. 18. mart. 83 S 821 42^{vs}, m. (dec. eccl. s. Blasii Brunsvicen. Hildesem. dioc. et offic. Lubic. ac offic. Razeburg.) (in margine: cass. et alibi registrata) (exped. 26. mart. 83) L 829 204^{vss}.

4812 **Johannes de Cambia (Cham, Cam)** Ratisbon. dioc. s. Johannis Hierosolomitan. de observ. prior gener. scilicet commendator: transumptum bulle Calixti III. et bulle pape in registris cam. ap. transcriptis 27. oct. 77 DC 39 152^{r}, 20. nov. 78 DC 39 248^{v}, 26. nov. 78 DC 39 245^{v}.

4813 **Johannes Camelmam** cler. Colon. dioc. qui off. subdiacon. eccl. s. Johannis Osnaburg. tenet et quond. Dominici [de Capranica] tit. s. Crucis in Jerusalem. presb. card. fam. exist. et **Ludolphus Schonebecke** cler. Osnaburg.: de adm. resign. d. Johannis et de prov. d. Ludolpho de d. off. (4 m. arg.) et de assign. d. Johanni pens. ann. 4 fl. renen. auri sup. fruct. d. off. p. Ludolphum persolv. 23. mart. 79 S 779 134^{rs}, (m. dec. eccl. s. Patrocli Susacen. Colon. dioc. et Johanni Francisco de Pavinis can. eccl. Paduan. ac offic. Osnaburg.) L 794 79^{vss}.

4814 **Johannes (Camerer) (Kamerer, Camerarius, Camerarii) de Dalberg (Talberg, Dalburg)** can. eccl. Spiren. in 19. sue et. an. constit. in Papien. studio scol. Friderici com. palatini Reni ducis Bavarie electoris dilectus: supplic. d. Friderico de disp. ad quodcumque benef., Conc. in 20. sue et. an. 31. mai. 73 S 691 144^{r} – can. eccl. Wormat. et can. eccl. Spiren. ex utr. par. de mil. gen. in 20. sue et. an. constit. in presentiarum gen. studii ac univ. Papien. rector: de disp. ad quodcumque benef. 6. mai. 75 S 719 122^{r}, I 333 341^{r} – cler. Magunt.: de nova prov. de can. et preb. in eccl. Magunt. (12

m. arg.) vac. p. o. Conradi Ruwe 3. mart. 79 S 779 112^{vs} – cler. Wormat. dioc. referens quod litig. coram aud. contra Fridericum marchionem Baden. cler. Spiren. dioc. cui vig. gr. expect. de can. et preb. eccl. Magunt. vac. p. o. Conradi Rure prov. fuit: de eisdem (10 m. arg.) vac. p. resign. d. Friderici 24. apr. 80 S 792 183^{vs} – rect. par. eccl. in Waldenhusen Magunt. dioc.: de disp. ut unac. d. par. eccl. aliud incompat. benef. recip. val. etsi par. eccl. ad vitam 2. iul. 80 S 794 118^{v} – de nob. gen.: de prepos. eccl. Wormat. (25 <20> m. arg. <p.>) vac. p. o. Nicolai de Helmstat (Helmesket) [dat. deest] S 795 92^{r}, (exec. prepositi eccl. Spiren. et eccl. s. Petri Frislarien. Magunt. dioc. ac s. Crucis Hildesem.) 26. iul. 80 V 601 143^{r}-145^{r} – consensit p. Eustachium Munch cler. Spiren. procur. (ut constat in instr. acto Rome s. d. 14. iul. 80 et subscripto p. Rudolphum Gruckensteyn cler. Magunt. imper. auct. not.) sup. assign. Martino Spirer dec. eccl. b. Marie Nove Civitatis Spiren. dioc. pens. ann. 18 fl. renen. sup. fruct. par. eccl. in Waldenhusen s. d. 11. iul. 80 conc. 8. aug. 80 OP 6 51^{v} – oblig. p. eccl. in Waldenhusen s. d. 11. iul. 80 conc. 8. aug. 80 OP 6 51^{v} – oblig. p. Theodericum Arndes can. eccl. Lubic. sup. annat. prepos. ut supra referens quod Ludovicus de Corcellinis de Florentia institor soc. de Salutatis nomine d. soc. oblig. pro Johanne de Dalberg et d. Theodorico (in margine: s. d. 7. iul. 81 d. Johannes solv. pro annat. 60 fl. ut infra) 14. aug. 80 A 29 65^{r} – not. recip. pro bulla distributa 3 grossos et 2 grossos aug. 80 DB 1 38^{v} – c. quo ad 2 incompat. benef. etsi par. eccl. ad vitam disp. fuit: de disp. ad 3. incompat. benef. etsi par. eccl. ad vitam c. lic. perm. 21. aug. 80 S 795 261^{vs} – solv. 60 fl. adc. pro annat. prepos. eccl. Wormat. <eccl. Magunt., in margine: Wormat.> p. manus soc. de Salutatis 11. iul. 81 FC I

1134 138^v, 12. iul. 81 IE 502 123bisr, IE 503 124^r – can. eccl. Wormat. cui de prepos. eccl. Wormat. (15 m. arg.) vac. p. o. Nicolai de Helinstad prov. fuit et qui fecit concordiam sup. d. s. c. prepos. Burchardo Stoer prep. eccl. in Anseltingen Lausan. dioc. sed. ap. not. (cui vig. litt. ap. de d. prepos. prov. fuit): de conf. concordie sup. resignatione d. Burchardi 30. mart. 82 S 809 97^{vs} – prep. eccl. Wormat. in 28. sue et. an. constit.: prov. de eccl. Wormat. vac. p. o. Renardi [de Sickingen] et motu pr. disp. ut unac. d. eccl. par. eccl. in Walenhusen Magunt. dioc. de iur. patron. laic. familie sue obtin. val. 9. oct. 82 Cod. Vat. Lat. 3478 85^{rs} – notitia sup. prov. de eccl. Wormat. in Alamania ut supra vac. p. o. Regnaldi [de Sickingen] in consistorio ad relationem [Guilielmi de Estoutevilla] card. Rothomagen. 9. oct. 82 OS 82 138^r, OS 83 108^v – publicatio prov. de eccl. Wormat. ut supra vac. p. o. Reinardi [de Sickingen] ep. (c. litt. solitis) 9. oct. 82 L 825 32^{rss} – retentio par. eccl. in Waldenhusen Magunt. [dioc.] ut supra 82 I 334 157^r – facult. recip. munus consecr. a quocumque antistite (iuram. aep. Magunt.) 9. oct. 82 L 825 33^{rs} – el. Wormat. in 28. sue et. an. constit.: disp. sup. def. et. 9. oct. 82 L 825 33^v – obtulit cam. ap. et collegio card. 1.000 fl. adc. pro serv. commun. et 5 serv. min. p. Petrum Antonium de Clapis cant. eccl. Wormat. et Johannem Hatiscat can. eccl. Wormat. ratione prov. ut supra 19. oct. 82 Paris L 25 A 9 145^r, OS 84A 125^r – oblig. p. Petrum Antonium de Clapis prep. eccl. Wormat. legum doct. sup. annat. par. eccl. pastorie nunc. in Volenhusen Magunt. dioc. de iur. patron. laic. (18 m. arg.) quam d. el. ante eius prom. obtin. et unac. eccl. Wormat. ad vitam retin. val. (ut ex conc. s.d. 9. oct. 82) 22. oct. 82 Paris L 26 A 10 111^v – solv. 275 fl. pro residuo serv. commun. eccl.

Wormat. p. manus soc. de Rabattis 29. oct. 82 IE 506 81^r, IE 507 81^r – solv. 200 fl. adc. pro parte serv. communis eccl. Wormat. p. manus soc. de Spanochis 29. oct. 82 IE 506 80^v, IE 507 80^v – solv. 42$^{3/4}$ <40$^{3/4}$> fl. adc. pro annat. par. eccl. in Volenhusen (Vlencusen, Wlenkhusen) ut supra p. manus soc. de Rabbatis 29. oct. 82 IE 506 81^r, IE 507 81^r, Paris L 52 D 5 18^r.

4815 **Johannes de Campana** reus litig. coram Petro de Ferrera aud. contra Johannem Kirchoff cler. sup. can. et preb. eccl. s. Gereonis Colon. vac. p. resign. extra cur. Wilhelmi Leydis: de prov. si neutri de eisdem (6 m. arg.) 24. nov. 73 S 698 210^v – cler. Colon. et **Johannes de Arssen** cler. Colon. referentes quod litig. coram quond. Bartholomeo de Bellencinis aud. et post eius obitum coram Johanne de Heesboem prep. eccl. s. Andree Colon. sup. par. eccl. in Stralen Colon. dioc. et quod d. Johannes de Campana possessor d. par. eccl. remansit et quod d. Johanni pens. ann. 20 fl. renen. sup. fruct. d. par. eccl. p. Johannem de Campana in civit. Colon. p. 4 an. persolv. assign. fuit: de conf. assign. d. pens. sup. fruct. d. par. eccl. (80 fl. renen.) 23. mart. 79 S 780 1^{vs}.

4816 **Johannes Campanatoris** presb. Misnen. dioc.: de vicar. seu capn. ad alt. s. Juliani castri in Budissen Misnen. dioc. (3 m. arg.) vac. p. o. Johannis Stanislai 6. sept. 75 S 726 292^{vs}.

4817 **Johannes de Campront** cler. Constant. dioc. in 19. sue et. an. constit.: de disp. ad quodcumque benef. 17. iul. 77 S 754 231^r.

4818 **Johannes Caner** cler. Trever. dioc. pape fam. ex utr. par. de nob. gen.: motu pr. de gr. expect. de 2 can. et preb. ac 2 benef. ad coll. quorumcumque, Et s.d. 17. nov. 81 S 803 35^{vs}.

4819 Johannes Canonici et **Johannes Walhauser** inter 4 personas enumerati Francisci [Gonzaga] tit. s. Marie Nove diac. card. Mantuan. fam.: motu pr. de gr. expect. de 2 can. et preb. ac 2 benef. ad coll. quorumcumque c. disp. sup. def. et. (in 22. et. an. constit.) et sup. def. nat. 17. nov. 81 S 803 84^{rs}.

4820 Johannes Kappenberger presb. monach. mon. b. Marie virg. in Frompach [recte: Formpach] Patav. dioc. qui morbo caduco percussus exist. et certis diebus illo laborat et a celebratione missarum abstinet: de lic. ut in diebus in quib. ipse d. morbo n. laborat missas celebrare val. 11. mart. 78 S 766 185^{vss}.

4821 Johannes Chardalli (Hardalli, Chardelli) de Marvilla (Martulla) rect. par. eccl. in Leix et Bailleux Trever. dioc. (canonicatui et preb. eccl. Virdunen. unite quos d. Johannes obtin.) licent. in decr. mag. in art. abbrev. Pauli II. fam. c. quo ratione par. eccl. de Nomineyo Meten. dioc. sup. n. prom. p. Paulum II. disp. fuit et qui postmodum ad subdiacon. et diacon. ord. prom. fuit et in servitiis Roderici [de Borja] card. ep. Albanen. et vicecancellarii in Hispaniarum regnis legati insistens commode n. potest ad presbit. ord. prom.: de n. prom. ad 5 an. 22. oct. 72 S 685 84^{vs} – can. eccl. Meten. pape fam.: m. (ep. Alerien. ac officialibus Meten. et Tullen.) confer. in commendam prioratum s. Petri ad Airnas [recte: Arenas] e. m. Meten. o. s. Ben. a eccl. s. Clementis e. m. Meten. dependentem (24 l. T. p. sup. quib. sibi pens. ann. 8 fl. renen. reserv. fuit) vac. p. assec. prioratus in Waspach o. Clun. Basil. dioc. p. Petrum Nicolai 19. decb. 74 L 749 21^r-22^v – prov. de can. et preb. eccl. Spiren. (10 m. arg.) vac. p. o. Johannis Beyer not. in cur. et Nicolai V. fam. et cubic. (exec. ep. Civitatis Castelli et dec. eccl. Magunt. ac offic. Spiren.), gratis 30. aug. 76 V 582

214^r-215^v – cant. eccl. Meten. decr. doct.: de lic. perm. seu dissolvendi unionis benef. in partibus 10. decb. 76 S 745 84^{rs} – motu pr. monitorium penale contra Johannem Enolfi (Enolphi) et al. intrusos in can. et preb. eccl. Spiren. ut supra (exec. ep. Vasionen. et offic. Spiren. ac offic. Magunt.), gratis 6. decb. 77 V 585 248^v-250^v – inter al. referens quod ipse par. eccl. de Theonsvilla Meten. dioc. tunc vac. p. o. cuiusdam Henrici vig. quarundam litt. certe unionis sibi p. papam conc. acc. et assec. est quodque verum Henrico Monitorisauri al. Manegolt presb. Paderburn. pape fam. de d. par. eccl. sic vac. (et ex eo reserv. quia ultimus possessor quond. Nicolai [de Cusa] tit. s. Petri ad vincula presb. card. de Cusa nunc. fam. fuerat) p. papam prov. fuit: de nova incorp. d. cantorie (20 l. T. p.) d. par. eccl. de Theonsvilla (80 l. T. p.) vac. p. assec. par. eccl. s. Jacobi Colon. p. d. Henricum Monitorisauri (qui p. patron. laic. vel cler. ad illam secundam par. eccl. present. fuit) 3. mart. 78 S 766 208^{rs} – de acolit. pape 9. mai. 78 S 768 74^v – inter al. referens quod ut supra par. eccl. de Ballicux et Loix Trever. dioc. primo et postmodum par. eccl. de Novimeyo Meten. dioc. obtinente secum disp. fuit ut usque ad certa temp. se ad sacros ord. prom. facere n. teneatur quodque secum in diacon. ord. in cur. constit. sup. n. prom. ad 7 an. p. papam disp. fuit quodque ipse deinde d. par. eccl. de Ballieux et Loix dimisit: de prorog. d. term. ad 10 an. in cur. resid. aut obsequiis sed. ap. vel alterius principis sec. insistendo et de prom. ad presbit. ord. extra temp. extra cur. 16. mai. 78 S 769 51^{rs} – et **Johannes de Arssen** cler. Colon. dioc., **Berardus Dreses** cler. Monast. dioc., **Henricus Mengolt** cler. Paderburn., **Johannes Benedicti** cler. Constant. dioc., **Johannes Sumpff** cler. Herbip. dioc., **Johannes Brant** cler. Paderburn. dioc., **Johannes**

Vladen de Blisia cler. Leod. dioc., **Lubbertus Bachmegyer** cler. Paderburn., **Tilmannus de Vointeren [= Winteren]** cler. Colon. dioc., **Johannes Bentz** cler. Magunt. dioc., **Johannes Peex al. Plato** cler. Leod. dioc., **Johannes Raterdinck** cler. Paderburn. dioc., **Gerardus de Asterlagen** cler. Colon. dioc., **Laurencius Sebos** cler. Herbip. dioc., **Johannes Gleser** cler. Magunt. dioc., **Johannes Freysz** cler. Magunt. dioc., **Henricus Morlaghen** cler. Monast. dioc., **Johannes Rodewolt** cler. Monast., **Martinus Plebis al. Monachi** cler. Leod. dioc., et **Johannes Davantur** cler. Paderburn. inter 54 pape fam. (olim quond. Petri [Ferrici] tit. s. Sixti presb. card. ep. Tirasonen. fam. tempore sue assumptionis ad cardinalatum) enumerati: motu pr. de prerog. ad instar pape fam. descript. etiam in absentia, Et s. d. 15. oct. 78, sola sign. et gratis ubique etiam in off. abbrev. S 774 149^v-151^v – qui pens. ann. sup. fruct. par. eccl. de Esseyo ante Nanteyum Tullen. dioc. vac. p. assec. can. et preb. eccl. s. Theobaldi Meten. p. Johannem Gerardini resign.: assign. pens. ann. 3. partis fruct. par. eccl. de Lowyneio Meten. dioc. p. d. Johannem Gerardini c. consensu suo (p. Johannem Rainaldi presb. Virdunen. dioc. procur. fact.) persolv., gratis 15. iul. 79 V 595 218^v-220^r – m. (ep. Forolivien. et archipresb. eccl. s. Celsi de Urbe ac offic. Meten.) confer. prioratum de Awgneyo o. s. Ben. Meten. dioc. (qui conventualis et dign. n. est) et a mon. s. Simphoriani o. s. Ben. Meten. dependet (40 l. T. p.) vac. p. resign. in manibus pape Thome Gayeti cler. Trever. dioc. (qui d. prioratum in commendam obtin.) 27. nov. 79 L 804 63^{vss} – et **Johannes Enolff de Lansten** dec. eccl. Wormat. qui litig. coram <Gaspare de Theramo> aud. sup. can. et preb. eccl. Spiren. vac. p. o. Johannis Bayer (Byer) Nicolai V. cubic. et not. ap.: de adm. resign.

Johannis Chardelli et de prov. d. Johanni Enolff de eisdem (8 m. arg.) et de assign. d. Johanni Chardelli pens. ann. 10 fl. renen. sup. fruct. par. eccl. de Isenburg Wormat. dioc. (30 fl. renen.) p. Johannem Enolff <rect. d. par. eccl.> <c. consensu suo vel p. Petrum Amici cler. Magunt. dioc. procur. fact.> <in civit. Trever.> persolv. 27. ian. 80 [corrigitur in 8. febr. 80] S 789 177^r, (exec. ep. Cepten. et Simon de Bellavilla can. eccl. Tullen. ac offic. Trever.), gratis 27. ian. 80 V 608 220^v-222^v – unio cantorie Meten. [dioc.?] par. eccl. Meten. [dioc.?] ad vitam 80/81 I 334 151^v.

4822 **Johannes Carendelet (Kaerardelet):** not. recip. pro bulla distributa 2 grossos et 2 grossos sept. 80 DB 1 42^r – mulier et ux. nob. **Johannis Carendeleti** Maximiliani ducis Austrie et Burgundie cancellarii utr. iur. doct. referens quod ipsa metu partus vovit quod dum se pregnantem sentiret civit. seu op. in quo tunc erat donec pareret n. exiret et quod d. votum propter off. eius mariti qui se dietim ad diversa loca transferre habet omnino adimplere nequit: supplic. Antonio Driterne theol. prof. o. fr. min. d. ducis consiliario de indulto absol. eam ab illius voto et commutandi in al. pietatis opera, Et p. breve 1. mart. 81 S 800 261^r.

4823 **Johannes Karg de Weibstat** cler. Wormat. dioc.: gr. expect. de benef. ad coll. ep. etc. Spiren. (c. c. usque ad val. 25 m. arg. et s. c. usque ad val. 18 m. arg.) (m. ep. Lunen. et dec. eccl. ss. Germani et Mauritii Spiren. ac dec. eccl. s. Trinitatis Spiren.), gratis 1. ian. 76 V 666 69^r-72^r.

4824 **Johannes Charringer (Garringer)** cler. Patav. dioc. in decr. bac.: de perp. capn. ad alt. s. Thome Cantuarien. in eccl. s. Antonii e. m. Wien. Patav. dioc. (4 m. arg.) vac. p. o. Petri Sartoris 18. mai. 75 S 720 112^{vs} – de par. eccl. s. Bartholomei in Sancto

Cristofforo prope Lempach Patav. dioc. (3 m. arg.) vac. p.o. Johannis Hewinde 16. iul. 76 S 741 95^v, I 333 268^r.

4825 Johannes Karlewitz cler. Misnen. dioc. ex utr. par. de mil. gen.: motu pr. de gr. expect. de 2 benef. ad coll. quorumcumque, Et s.d. 17. nov. 81 S 803 144^v.

4826 Johannes de Charlier qui par. eccl. s. Marie in Pratis in Barueal Leod. dioc. (17 l. T. p.) et **Johannes Henrotral** qui par. eccl. in Margoulx Trever. dioc. (24 l. T. p.) perm.: de assign. d. Johanni Henrotal pens. ann. 7 l. T. p. sup. fruct. d. par. eccl. in Margoulx p. d. Johannem de Charlier persolv. 27. apr. 74 S 704 45^{rs}.

4827 Johannes (de) Carwyt (Carinus, Carum) can. eccl. Traiect. in decr. licent. cui de portione eccl. s. Martini in op. Groenien. [recte: Groningen] Traiect. dioc. vac. p.o. Johannis de Emden (Emdem) prov. fuerat: de nova prov. de d. portione (24 l. T. p.) 3. oct. 75 S 729 261^{rs} – in utr. iur. licent. rect. par. eccl. de Tsarstinghe Tornacen. dioc. in ord. subdiacon. constit.: de n. prom. ad 7 an. 3. apr. 77 S 749 169^{vs} – presb.: de can. et preb. eccl. Tornacen. (50 l. T. p.) vac. p.o. Antonii de Tramecourt 1. febr. 79 S 785 142^r – can. eccl. Tornacen. qui par. eccl. b. Marie in Tsaeftinghe Tornacen. dioc. in favorem Walteri de Foro presb. Traiect. dioc. in manibus pape resign.: assign. pens. ann. 6 libr. grossorum monete Flandrie sup. fruct. d. par. eccl. p. d. Walterum in op. Brugen. Tornacen. dioc. persolv. (m. abbatibus mon. s. Martini Tornacen. et de Eechout Brugen. Tornacen. dioc. ac Johanni Boutelier can. eccl. Tornacen.) 14. apr. 81 L 816 212^{vs}.

4828 Johannes de Castillione (Castilione) rect. par. eccl. de Torella (Thorella, Torrella) Trever. dioc. actor et **Desiderius Griffam (Griffem)**

presb. Meten. dioc. reus et possessor qui litig. coram archid. de Longuiono in eccl. Trever. sup. par. eccl. s. Brictii de Sancto Brictio et b. Marie virg. de Avioth (Anioth, Anioch) unitis et p. unam miliam distantibus Trever. dioc. <de iur. patron. abb. mon. s. Simphoriani Meten. et laic. ad quas (tunc vac. p.o. Johannis Rigneti (Regneti) al. Morlen) d. Johannes p. d. abb. et Henricum de Birn (Bren) dominum loci de Broaco Trever. dioc. present. et p. Everhardum de Homselt archid. s. Agathe in Longuion in eccl. Trever. instit. fuerat> et deinde concordiam fecerunt ut d. Desiderius d. par. eccl. de Avioth in manibus pape resign. <p. Hugonem Jacobi can. eccl. Remen. procur. fact.>: de adm. resign. d. Desiderii et de prov. d. Johanni de d. par. eccl. de Avioth (18 l. T. p.) et de assign. d. Desiderio pens. ann. 8 libr. Meten. (= 8 duc. adc.) videlicet 6 sup. fruct. par. eccl. de Avioth et 2 sup. fruct. par. eccl. de Torella p. d. Johannem persolv. et de disp. ut d. Johannes unac. d. par. eccl. de Torella (Torrella) (6 l. T. p.) aliud incompat. benef. recip. val. etsi par. eccl. ad vitam 12. oct. 79 S 787 146^{vss}, m. (dec. eccl. Meten.) (exped. 21. febr. 81) L 807 52^v-54^v, (cass. quia registrata alibi) L 809 291^v-293^v.

4829 Johannes [Castner] abb. et monach. mon. ss. Petri et Pauli appl. o. s. Ben. in Wilczpurg Eistet. dioc.: de disp. ut ipse c. 3 monach. in mense abbatiali carnibus vesci val. 26. iun. 73 S 692 183^{vs}.

4830 Johannes [Kazimirski] tunc ep. Chelmen.: absol. a vinculo d. eccl. et transl. ad eccl. Premislen. vac. p. transl. Petri [Moszynski] ad eccl. Wladislav. 10. mai. 84 Cod. Vat. Lat. 3478 162^r, I 335 141^v.

4831 Johannes Keks rect. par. eccl. s. Kiliani in Wersach Herbip. dioc. mag. in art.: de prom. ad omnes ord. extra temp., sola sign. 26. mart. 73 S 689 49^{rs}.

1137

4832 **Johannes Cheyne** laic. Salzeburg. dioc. et **Margareta de Stoncton baronissa de Sloncton** eius ux. Salzeburg. dioc.: alt. port. 1. apr. 83 L 826 318^v.

4833 **Johannes Keysser** cler. Leod. dioc. pape fam. inter al. referens quod sibi gr. expect. s. d. 1. ian. 72 de 2 can. et preb. eccl. s. Cuniberti Colon. et eccl. s. Severini Colon. p. papam conc. fuit: motu pr. de 2 can. et preb. aut benef. ad coll. quorumcumque et de decl. dd. priores litt. perinde val. acsi suum effectum sortite n. fuissent 25. ian. 78 S 764 15^{rs}.

4834 **Johannes Keyser** cler. Traiect. dioc. referens quod Henricus de Wiek cler. Traiect. dioc. par. eccl. de Herstel Traiect. dioc. (4 m. arg.) resign.: assign. d. Johanni pens. ann. 7 fl. renen. sup. fruct. d. par. eccl. p. Hubertum Johannis de Hawendghen rect. d. par. eccl. persolv. (m. dec. eccl. Traiect. et prep. eccl. s. Johannis Traiect. ac offic. Traiect.) 10. oct. 80 V 617 260^v-262^v.

4835 **Johannes de Keisserszberg (Kersserszberg, Keissperg)**: de confic. litt. c. express. quod pensio pro resignante transeat ad successores 16. apr. 78 S 768 100^v − solv. 44 fl. adc. pro annat. pens. ann. eidem assign. sup. fruct. vicar. capn. episcopi nunc. in eccl. Argent. p. manus Johannis Bocardi 24. apr. 78 IE 495 145^v, IE 496 149^v, IE 497 148^v − cler. Basil. dioc.: oblig. sup. annat. pens. ann. eidem s. d. 16. apr. 78 assign. sup. fruct. perp. vicar. capn. episcopi nunc. in eccl. Argent. vac. p. resign. Schinpheri Ole p. manus Johannis Burchardi cler. Argent. 24. apr. 78 A 27 18^v − solv. 44 fl. adc. pro annat. p. manus Johannis Borchardi (Bocardi) 24. apr. 78 FC I 1133 152^v, IE 495 145^v, IE 496 149^v, IE 497 148^v.

4836 **Johannes Chelnor** rect. par. eccl. in Elsterverde Misnen. dioc.: de prom. ad omnes ord. extra temp., sola sign. 24. iul. 80 S 795 18^v.

4837 **Johannes Kelp** presb. Hildesem. dioc.: de par. eccl. in Wetteborn Hildesem. dioc. (4 m. arg.) vac. p. o. Henrici Wydeszhusen 1. nov. 83 S 839 235^r.

4838 **Johannes de Chemeck (Chervechy)** cler. Leod. dioc. Jacobi [Amanati] tit. s. Grisogoni presb. card. fam.: de perp. s. c. capn. ad alt. ss. Marie et Agnetis in par. eccl. s. Severini Leod. (4 m. arg.) vacat. p. resign. in manibus pape Bernardi Aeffert (Aeffetz) cler. Colon. dioc. etiam d. card. fam. cui de d. capn. vac. p. o. in cur. Walteri Quets etiam d. card. fam. prov. fuit 21. iun. 73 S 692 54^{rs}, (exec. decani eccl. s. Crucis et s. Petri ac s. Martini Leod.) V 568 45^r-47^v.

4839 **Johannes de Kempff** presb. Meten.: m. (dec. eccl. s. Theobaldi Meten.) prov. de can. et preb. eccl. s. Petri ad Imagines Meten. (10 l. T. p.) vac. p. resign. Johannis de Tornaco (p. Stephanum Galtrini cler. Virdunen. procur. fact.) 21. apr. 77 (exped. 29. apr. 77) L 771 96^{vs}.

4840 **Johannes Keenappel** presb. Verden. dioc.: de perp. vicar. ad alt. s. Michaelis in colleg. eccl. ss. Petri et Pauli Bardewicen. Verden. dioc. (4 m. arg.) vac. p. o. Gerardi Wunstorp 30. apr. 82 S 809 237^v.

4841 **Johannes Kepeller**: prov. de simplici benef. Wormat. [dioc.?] vac. p. o. 73/74 I 332 291^v − prov. de vicar. Wormat. [dioc.?] vac. p. o. 73/74 I 332 291^v.

4842 **(Johannes) Keppler (Keppeler, Kelpeler)** cler. Constant. dioc.: oblig. p. Henricum Schertlyn utr. iur. doct. rect. par. eccl. in Dinckenspuel August. dioc. sup. annat. par. eccl. in Holezgerringen Constant. dioc. (90 fl. renen.) de qua vacat. p. resign. Henrici Hetnaw (cui assign. pens. ann. 30 fl. renen. sup. fruct. d. par. eccl.) s. d. 4. mai. 77 sibi prov. fuit (in margine: 17. mai. 77 solv. pro parte d. annat. 15 fl. adc. pro val. 20

fl. renen. p. manus d. Henrici; 1. decb. 77 solv. pro complemento d. annat. 15 fl. pro val. 20 fl. renen. p. manus Stefani de Caciis de Novaria) 17. mai. 77 A 25 172^v – solv. 15 fl. adc. (= 20 fl. renen.) pro compositione annat. par. eccl. in Holczgerringen Constant. dioc. p. manus Stephani de Caciis 17. mai. 77 IE 493 115^r, IE 494 119^r – solv. 15 fl. adc. (= 20 fl. renen.) pro complemento annat. par. eccl. in Holesgezringen Constant. dioc. p. manus Stefani de Caciis 1. decb. 77 FC I 1133 111^r, IE 495 69^r, IE 496 73^r, IE 497 72^r.

4843 Johannes Keppler de Teppingen presb. Constant. dioc. cui de par. eccl. s. Michaelis in Muntzingen August. dioc. vac. p. resign. ex causa perm. Antonii Gerteniger (Gertemger) prov. fuit: de nova prov. de d. par. eccl. (4 m. arg.) 27. sept. 75 S 727 161^v.

4844 Johannes Kerker (Kercher, Chercher): not. recip. pro formata [deest val.] febr. 80 DB 1 161^v – cler. Spiren. dioc.: de s. c. primissaria in par. eccl. s. Andree in Oberaker Spiren. dioc. (4 m. arg.) vac. p. o. cuiusdam Andree 1. mai. 81 S 801 102^r – primicerius eccl. in Oberacker Spiren. dioc.: de prom. ad omnes ord. extra temp., sola sign. 12. mai. 81 S 801 145^r – litt. testim. sup. prom. (vig. supplic. s. d. 12. mai. 81) ad subdiacon. ord. s. d. 27. mai. 81, ad diacon. ord. s. d. 31. mai. 81 et ad presbit. ord. s. d. 3. iun. 81 in sacristia [basilice] Principis appl. Urbis 4. iun. 81 F 7 17^r – not. recip. pro formata 6 grossos iun. 81 DB 2 36^v.

4845 Johannes Kerckhorde de Tremonia cler. Colon. dioc.: de capel. s. N. in Aeldynchoven Colon. dioc. de iur. patron. laic. (4 m. arg.) vac. p. resign. Henrici Nortkerke (Nortkercke) 25. febr. 75 S 715 49^v.

4846 Johannes Kerchoff (Kerckhoff, Kirchoff, de Cimiterio) [1. pars 3 partium] cler. Colon. dioc. in decr.

licent. pres. in cur. qui in stud. Colon. examinatus p. fere 5 an. iura civilia in d. univ. studuit desiderans insignia doctoralia recip. que propter graves expensas ac eius paupertatem in d. univ. adipisci n. val.: de lic. doctorali in quocumque stud., n. o. statutis d. univ. 5. iun. 72 S 680 279^{rs} – de can. et preb. eccl. s. Gereonis Colon. ad present. rect. et provisorum univ. Colon. (6 m. arg.) vacat. p. assec. scolastr. eccl. s. Gereonis tunc vac. p. o. Johannis Spul p. Wilhelmum de Leydis, c. derog. privil. d. univ. 25. ian. 73 S 687 74^{rs} – de par. eccl. ss. Cosme et Damiani in Afferden Colon. dioc. de iur. patron. laic. (60 fl. renen.) vac. p. resign. Petri Vynck et de assign. d. Petro pens. ann. 20 fl. renen. sup. fruct. d. par. eccl. 2. mai. 75 S 721 262^v – legum doct. et in decr. licent.: de can. et preb. colleg. eccl. b. Marie ad Gradus Colon. (4 m. arg.) vac. p. resign. in manibus pape Johannis Kleppynck de Tremonia pape fam. (qui litig. desup. coram Nicolao de Edam aud. contra Johannem Papis intrusum) vel vac. p. resign. Wilhelmi Coostfelder aut Henrici Brockman 12. iun. 75 S 722 7^{rs} – procur. in cur. cui gr. expect. s. d. 1. ian. 72 de can. et preb. ac dign. eccl. s. Andree Colon. et de benef. ad coll. abba. et conv. eccl. Assinden. Colon. dioc. conc. fuerat: motu pr. de decl. litt. desup. perinde val. acsi gr. expect. motu pr. conc. fuisset et de prerog. ad instar pape fam. descript. (inter quos primo Johannes de Montemirabili) et de disp. ad 3 incompat. benef. 21. decb. 75 S 731 158^{vs} – de par. eccl. op. Hollant Pomezan. seu Warm. dioc. de iur. patron. mag. ord. b. Marie Theutonicorum (6 m. arg.) vac. p. o. in cur. Christofori Lupi al. de Lacu 16. ian. 76 S 733 44^v – can. prebend. eccl. s. Cecilie Colon.: de prepos. colleg. eccl. ss. Petri et Andree appl. civit. Paderburn. (38 fl. renen.) vac. p. resign. Johannis Fabri cler. Misnen. dioc. pape fam. cui de eadem vac. p. o. Lamberti Westphael prov. fuit et de reserv. d. Johanni Fabri pens. ann. 12 fl. renen. sup. fruct. d. prepos. p. d. Johannem Kerchoff persolv. 7. aug. 76 S 740 238^{rs} – de capn. seu vicar. ad alt. s. Antonii in colleg. eccl. s. Livini op. Czierice Traiect. dioc. (4 m. arg.) vac. p. o. Celandi filii Jacobi prope Urbem Veterem in Italia defunct. 5. decb. 76 S 744 263^{rs} – prep. eccl. ss. Petri et Andree Paderburn. necnon can. eccl. s. Cecilie Colon.: de prom. ad omnes ord. extra temp., sola sign. 12. decb. 76 S 744 217^{vs} – solv. 20 fl. adc. pro compositione annat. par. eccl. ss. Cosme et Damiani ut supra in Superiori Affarden (Afforden) p. manus Johannis de Arsen 30. ian. 77 <in margine: n. solv.> IE 493 63^v, IE 494 67^v – de perp. s. c. vicar. seu capn. ad alt. s. Jacobi in eccl. hosp. s. Jacobi e. m. Wormat. (3 m. arg.) vac. p. resign. in manibus pape Johannis Neve cler. Leod. dioc. pape fam. cui de d. vicar. vac. p. o. in cur. Rudolphi Roveni al. Stuls pape fam. prov. fuit (cui de d. vicar. tunc vac. p. o. in cur. Johannis Sartoris pape fam. prov. fuerat) 26. febr. 77 S 747 247^{rs}.

4847 **Johannes Kerchoff** [2. pars 3 partium] ducis Austrie consiliarius c. quo s. d. 5. iul. 78 p. Lucam [de Tollentis] ep. Sibenicen. tunc nunt. c. pot. legati de latere nunc in communi populari opinione destitutum ad 2 incompat. benef. et de n. resid. disp. fuit referens quod ipse litig. coram Everardo Zoudebach offic. prep. et archid. eccl. Traiect. contra Jacobum Petusberd sup. par. eccl. de Vlerdigen Traiect. dioc. (70 fl. renen.) (nunc in manibus abb. mon. Egmonden. Traiect. dioc. collatorem ordin. resign.) et quod d. Johannes ad ius d. Jacobi surrog. dubitans si d. ep. facult. disp. habuisse: de conf. d. disp. et d. surrog. 31. ian. 79 S 777 240^r – referens quod ipse litig. ut supra coram Everardo Zoudenbalch ut supra

et deinde coram dec. eccl. b. Marie Antwerpien. Cameracen. dioc. contra Jacobum Petiberdt sup. par. eccl. de Vlaerdingen Traiect. dioc. vac. p. o. Henrici Sphynter et quod Cornelio de Edam de eadem prov. fuit: de prov. si neutri de d. par. eccl. (120 fl. auri renen.) 2. febr. 79 S 777 229^r – Maximiliani ducis Austrie et Burgundie consiliarius cui vig. gr. expect. de par. eccl. in Stole Colon. dioc. vac. p. o. cuiusdam Johannis prov. fuit: de nova prov. de eadem (8 m. arg.) 26. apr. 79 S 781 103^v – referens quod Cornelio de Edam cler. Traiect. dioc. de par. eccl. in Vlardinghen (Vlaerdinghen) Traiect. dioc. certo modo vac. prov. fuit et quod Johannes Kerchoff et d. Cornelius inter se concordiam fecerunt: de assign. d. Johanni pens. ann. 50 fl. renen. (40 grossos monete Flandrie pro quolibet fl.) sup. fruct. d. par. eccl. (150 fl. renen.) p. d. Cornelium <in civit. Colon.> persolv. 28. iun. 79 S 783 232^v, 5. iul. 79 S 783 285^v (exec. thes. eccl. Colon. et prep. eccl. s. Georgii Colon. ac prep. eccl. s. Johannis Traiect.) 28. iun. 79 V 595 59^{rss} – oblig. p. Cornelium ut supra sup. annat. pens. ann. 5. aug. 79 A 28 69^v – solv. 13 fl. adc. pro annat. pens. ann. soc. Victoris de Bacharen (Backaren, Bacheren) 5. aug. 79 FC I 1133 245^r, IE 498 22^r, IE 499 27^r – <dec. eccl. s. Livini de Zerixee Traiect. dioc.> qui can. et preb. eccl. s. Petri Lovanien. Leod. dioc. de iur. patron. ducis Brabantie in manibus pape <ex causa perm.> resign. et **Ludovicus de Viridivalle** scolast. eccl. Berchen. (Bolien.) Leod. dioc.: de adm. resign. d. Johannis et de prov. d. Ludovico de dd. can. et preb. (180 fl. renen. = 45 <80> l. T. p.) ac de assign. d. Johanni pens. ann. 60 <40> fl. renen. videlicet 15 sup. fruct. d. scolastr. (45 fl. renen.) et 20 sup. fruct. dd. can. et preb. p. d. Ludovicum ac 25 <fl. renen. (= 40 grossos monete Flandrie pro quolibet fl.)> sup. fruct. can. et preb. eccl.

s. Gertrudis Nivellen. Leod. dioc. (75 fl. renen.) p. Gerardum van den Hecke (Heche) can. d. eccl. s. Gertrudis c. consensu suo <p. Thomam de Deyex cler. Leod. dioc. audientie litt. contradictarum procur. fact.> <in civit. Antwerpien. Cameracen. dioc.> persolv. de consensu d. ducis 13. ian. 81 S 799 74^{vs}, (exec. abbates mon. b. Marie Parcen. Leod. dioc. et mon. s. Gertrudis Lovanien. Leod. dioc. ac prep. eccl. s. Pharaildis Ganden. Tornacen. dioc.) V 608 137^v-139^v – solv. 16½ fl. adc. pro annat. pens. sibi sup. fruct. can. et preb. eccl. s. Petri Muelen. et Bechen. Leod. dioc. assign. <in margine: Cameracen.> 4. apr. 81 IE 502 73^v, IE 503 73^v – not. recip. pro bulla distributa 3 grossos et 2 grossos apr. 81 DB 1 77^r.

4848 **Johannes Kerchoff** [3. pars 3 partium] dec. eccl. s. Livini de Zierixee (Zierexzee) Traiect. dioc.: fit mentio pensionum ipsi s. d. 13. ian. 81 conc. 27. apr. 81 OP 6 81^r – oblig. p. Johannem Nilis prep. eccl. s. Pharaildis Ganden. Tornacen. dioc. sup. annat. pens. ann. 20 fl. renen. (40 grossos monete Flandrie pro quolibet fl.) sup. fruct. can. et preb. eccl. s. Petri Lovanien. et 25 fl. renen. sup. fruct. can. et preb. eccl. s. Gertrudis Nivellen. Leod. dioc. ac 15 fl. sup. fruct. scolastr. eccl. s. Petri Berchen. Leod. dioc. (insimul 40 l. T. p.) assign. 30. apr. 81 A 29 182^v – solv. 20 fl. adc. in 2 vicibus (videlicet 16 fl. <et 40 bol.> die 3.apr. et residuum die 30.apr.) p. manus Nicolai Pagant 30. apr. 81 FC I 1134 111^v – solv. 3½ fl. adc. pro residuo p. manus Nicolai ut supra 30. apr. 81 IE 502 86^v, IE 503 86^v – cedula expensarum pro exped. p. manus Johannis Nilis fact. 2. mai. 81 T 34 81^r – not. recip. pro copia 5 grossos febr. 82 DB 1 118^r – dec. colleg. eccl. s. Livini mart. de Zerizee Traiect. dioc. necnon capit. et al. persone d. colleg. eccl.: de conserv. 22. aug. 82 S 813 223^v, m.

(abb. mon. b. Marie Miggdeburgen. [recte: Middelburgen.] Traiect. dioc. ac dec. eccl. s. Petri Lovanien. Leod. dioc. et dec. eccl. s. Georgii Colon.) L 807 272^{vs} – Maximiliani archiducis Austrie et Burgundie ad sed. ap. orator destinatus cui de can. et preb. eccl. s. Gereonis Colon. vac. p. assec. alterius preb. p. Wilhelmum de Leydis p. papam prov. fuit et qui litig. desup. coram Petro de Ferrera aud. contra Johannem de Campania cler. intrusum qui deinde resign.: de nova prov. de eisdem (8 m. arg.) 18. apr. 83 S 822 166^r – dec. eccl. s. Livini op. Zirixen Traiect. dioc. Maximiliani ut supra consiliarius et mag. requestorum ad sed. ap. destinatus: motu pr. de prepos. colleg. eccl. b. Martini op. Embricen. Traiect. dioc. (30 m. arg. p.) vac. p. o. Mauritii de Spegelborch 18. iul. 83 S 825 321^{rs}, I 335 169^r – oblig. p. Johannem Nilis abbrev. sup. annat. prepos. (37 m. arg. p.) ut supra (in margine: s. d. 27. oct. 83 obtin. prorog. ad 6 menses) (in margine: s. d. 19. aug. 83 Cristianus Tesche institor soc. Arnoldi Straper et Egidii Wranex merc. Barbantin. cur. sequentium nomine d. soc. et d. Johannis Nilis ct promisit solv. d. annat. d. prepos. infra 4 menses) 19. aug. 83 A 31 124^v – c. quo ad 2 incompat. benef. ad vitam c. lic. perm. p. Lucam [de Tollentis] ep. Sibenicen. legatum de latere disp. fuit: de disp. ad 3. incompat. benef. 21. aug. 83 S 827 107^{vs} – motu pr. de prepos. colleg. eccl. s. Pancratii op. Leyden (Leyndes) Traiect. dioc. (8 m. arg. p.) <15 m. arg. p.> vac. p. o. Theoderici Uterwert 13. oct. 83 S 829 120^v, 14. oct. 83 S 829 208^v – in negotiis arduis archiducis ut supra ad sed. ap. destinatus prep. colleg. eccl. s. Pancratii ut supra: de uniendo d. prepositure (12 m. arg. p.) quam adhuc n. possidet par. eccl. s. Bartholomei villagii de Vorhout quod p. lentam unam Alemanicam ab op. Leyden Traiect. dioc. distat (9 m. arg.) quam obtin. et de fruct. percip. ad vitam 21. oct. 83 S 829 218^v – presb. Colon. dioc.: motu pr. de decan. necnon can. et preb. eccl. s. Lamberti Leod. (16 m. arg.) vac. p. o. Johannis de Humers 23. oct. 83 S 829 142^v – rect. par. eccl. s. Bartholomei in Vorehove Traiect. dioc. cui de scolastr. colleg. eccl. ss. Appl. Colon. vac. p. resign. Goswini Kempgyn decr. doct. p. dec. et capit. d. eccl. ss. Appl. prov. fuit et qui concordiam fecit sup. pens. ann. 8 fl. renen. sup. fruct. d. par. eccl. (6 m. arg.) ad vitam d. Goswini p. Johannem Kerchoff persolv.: de conf. d. concordie 27. decb. 83 S 832 253^r – motu pr. recept. in sed. ap. not., gratis 8. ian. 84 V 639 99^{rs} – litt. sup. recept. in sed. ap. prothonot. (et processus exempt.) 6. febr. 84 DC 42 302^r.

4849 **Johannes Cerdonis** cler. Wormat. qui in iuventute sua ex medicorum consilio testiculis privatus fuit: de disp. sup. def. corp. ut ad omnes sacros ord. prom. et benef. obtin. val. 29. ian. 76 S 733 269^{rs}.

4850 **Johannes de Kere** cler. Herbip. ex utr. par. de mil. gen. in 10. sue et. an. constit.: de can. et preb. eccl. Herbip. vacat. p. priv. Melchioris Truchsess (cui de eisdem vac. p. resign. in manibus pape Marci ex marchionibus de Baden prov. fuit) quia val. dd. can. et preb. 10 et n. 4 m. arg. fuit 5. nov. 78 S 774 285^{rs}.

4851 **Johannes Kereyme** can. eccl. s. Severi Erfforden. Magunt. dioc. utr. iur. doct.: litt. testim. sup. prom. (vig. supplic. s. d. 3. iul. 81) ad subdiacon. ord. 8. iul. 81 F 7 24^v.

4852 **Johannes Kerer** cler. Constant. dioc. mag. cui gr. expect. s. d. 17. nov. 81 motu pr. conc. fuit: motu pr. de reval. gr. expect. et de prerog. ad instar pape fam. descript. 4. iun. 84 S 837 33^{vs}.

4853 **Johannes Kerer** cler. Herbip. dioc. reus qui litig. coram aud. contra Henricum de Ampringen cler. sup.

par. eccl. b. Marie op. Friburgen. Constant. dioc. vac. p. o. Kiliani Wolf: de prov. si neutri de d. par. eccl. de iur. patron. ducis Austrie (16 m. arg.) 22. mai. 75 S 720 211^{vs} – qui litig. coram Petro de Ferrera aud. contra Henricum de Apringen cler. Constant. dioc. (in manibus pape resign.) sup. par. eccl. ut supra: m. (abb. mon. Porteceli al. Tenenbach Constant. dioc.) confer. d. par. eccl. (12 m. arg.) 25. nov. 75 (exped. 10. febr. 76) L 759 111^{vss} – oblig. p. Johannem Olman cler. Argent. dioc. sup. annat. par. eccl. ut supra 22. ian. 77 A 25 104^r – solv. 27 fl. adc. pro compositione annat. p. manus Johannis Olman ut supra 22. ian. 77 FC I 1133 30^r – presb.: motu pr. gr. expect. de can. et preb. eccl. s. Thome Argent. necnon de benef. ad coll. ep. etc. Argent. (m. aep. Patracen. et prep. eccl. s. Juliani de Gaudiano Novarien. dioc. ac offic. Constant.) 17. nov. 81 (exped. 10. ian. 82) L 819 23^v-25^v – can. eccl. s. Thome Argent.: motu pr. de prerog. ad instar pape fam. descript. 26. nov. 83 S 831 97^v.

4854 **Johannes Ceryter** Trever. [dioc.?]: disp. ad incompat. benef. 80/81 I 334 228^v.

4855 **Johannes Kern**: prov. de par. eccl. August. [dioc.] vac. p. o. 80/81 I 334 9^r – cler. August. dioc.: de par. eccl. in Lutzingen August. dioc. (4 m. arg.) vac. p. o. Pauli Fugels 13. iun. 82 S 811 255^r.

4856 **Johannes de Cervo** Colon. utr. iur. doct. referens quod Severinus de Moneta cler. Colon. ad alt. s. Georgii in sec. et colleg. eccl. b. Marie in Capitolio Colon. (olim 100 an. decursis et ultra p. quond. Johannem de Cervo mil. Colon. fund.) tunc vac. p. resign. ex causa perm. abbatisse d. eccl. present. fuit et quod post obitum d. Severini d. Johannes de Cervo (quem abba. ut verum patron. d. alt. recognovit) quond. Johannem Coddekyn et deinde post obitum d.

Johannis Coddekyn Thomam de Tolpeto presb. Colon. dioc. abbatisse d. eccl. ad d. alt. present.: de conf. iur. patron. et present. ad d. alt. pro se et successoribus de familia 27. oct. 83 S 831 26^{vs}, I 335 43^r.

4857 **Johannes de Cervo** mil., **Petrus Rinck** utr. iur. doct., **Goeswinus de Stralen, Gotfridus de Lanachio, Adam de Wesselinck, Thomas de Wesselinck** et **Hermannus de Wesalia** cives et incole civit. Colon. inter al. referentes quod alias eccl. Colon. diversis debitis erat onerata quodque ideo quond. Theodericus [de Moers] aep. Colon. ac capit. d. eccl. ad precavendum maiora damna vendiderunt nomine d. eccl. dd. oratoribus certos annuos red. de certis bonis pro certis pec. summis coram offic. curie Colon. quodque nihilominus Ropertus [com. palatinus Reni] modernus aep. Colon. dd. oratores possessione spoliavit quodque ipsi desup. litig. coram Johanne Francisco de Pavinis utr. iur. doct. aud., deinde coram Berardo [Eruli] card. Spoletan. nunc. et Guillermo [de Estoutevilla] card. Rothomagen. nunc. et denique coram Angelo [de Capranica] card. ep. Prenestin. et Oliverio [Carafa] card. Neapolitan. nunc.: de conf. contractus d. venditionis 15. iul. 77 S 754 229^r-230^v.

4858 **Johannes Kesseler (Keszeler, Kesselare)** presb. Spiren. dioc. prebend. colleg. eccl. s. Ciriaci in Nuhusen e. m. Wormat.: de perp. s. c. vicar. Laurentiana nunc. in eccl. Wormat. (4 m. arg.) ac de benef. in capel. s. Stephani eccl. Wormat. (3 m. arg.) vac. p. o. Johannis Ruschenberg quond. Ludovici [Trevisan] tit. s. Laurentii in Damaso presb. card. patriarche Aquileg. vulg. nunc. fam. 16. nov. 71 S 672 274^v – et **Johannes Fust, Gaspar Marolt, Gaspar Mur, Henricus Heckman, Lentfridus de Neke, Johannes de Saethouen** inter 13 personas enumerati: de gr. expect. de 2 can. et de 2 benef.

ad coll. quorumcumque, Et s. d. 1. ian. 72 S 670 203^{vs} – de nova prov. de cantor. eccl. s. Ciriaci Nuhusen. e. m. Wormat. (24 fl. adc.) vac. p. resign. ex causa perm. Nicolai Barbitonsoris 26. febr. 78 S 766 104^{rs}.

4859 **Johannes Bapt. [Cybo]** tit. s. Balbine presb. card. ep. Melfiten. referens quod Julianus [de Ruvere] tit. s. Petri ad vincula presb. card. litig. coram Johanne de Cesarinis aud. contra Stanislaum de Crisco sup. prepos. eccl. Plocen. de qua tunc vac. p. o. Petri [de] Cuchari ipsi Juliano card. prov. fuerat et quod d. Julianus ius in d. prepos. possessione n. habita in manibus pape resign. et quod deinde quond. Stanislao de Mlyni de eadem prov. fuit litig. desup. coram d. card. commissario sed. ap. contra Nicolaum de Boglewyzc intrusum: prov. de d. prepos. in commendam (100 m. arg.) 12. oct. 74 (exec. episcopi Tirasonen. et Urbinaten. et Lunen.) V 568 174^r-176^r – tit. s. Cecilie presb. card. et **[Johannes] Bapt. Ususmaris** cler. Januen. referentes quod d. card. can. et preb. eccl. b. Marie Traiect. tunc vac. p. o. mag. Arnoldi de Ledis (Leydes) Nicolai V. fam. in commendam obtin.: de adm. resign. d. card. et de prov. d. Johanni Bapt. Ususmaris de eisdem (12 m. arg.) 4. ian. 77 S 745 245^v – motu pr. de can. et preb. colleg. eccl. b. Marie virg. Traiect. (10 m. arg.) vac. p. o. in cur. seu resign. cuiusdam Johannis Bapt. 5. iul. 77 S 754 28^{vs} – cui de can. et preb. eccl. b. Marie Traiect. ut supra prov. fuit et **Weynricus Heller de Unkelbach** cler. Colon. dioc. d. card. fam.: de adm. resign. d. card. et de prov. d. Weynrico de dd. can. et preb. (10 m. arg.) c. assign. pens. ann. 20 duc. adc. Tholomeo de Montis cler. Parmen. 5. iul. 77 S 755 233^{vs} – motu pr. de perp. vicariis in eccl. Magunt. et in eccl. s. Stephani Magunt. ac in colleg. eccl. s. Petri Frislarien. Magunt. dioc. necnon in Eschelberge

Magunt. dioc. et etiam de par. eccl. in Elmersheusen Paderburn. dioc. de iur. patron. laic. ac de omnibus al. benef. (insimul 18 m. arg.) vac. p. o. in cur. Henrici Stutzebergh d. card. fam. in commendam c. derog. iur. patron., Et de omnibus al. benef. usque ad summam 12 m. 23. decb. 80 S 799 1^v – cui de vicar. ss. Johannis, Symonis et Jude in eccl. s. Petri op. Friszlarien. Magunt. dioc. vac. p. o. Henrici Sentzborg Johannis Bapt. [Cybo] card. fam. prov. fuit: resign. in manibus pape vicar. in favorem Conradi Coci etiam d. card. fam. s. d. 15. ian. 81 (d. cedula fuit present. et sigillata ac subscripta in cam. ap. manu d. card.) 31. ian. 82 OP 6 124^v.

4860 **Johannes Kimbesz** referens quod litig. ut possessor coram aud. contra Balthasarem Marceller cler. Herbip. dioc. sup. decan. colleg. eccl. b. Marie virg. in suburbio civit. Wormat. certo modo vac. qui d. decan. (de quo sibi p. papam prov. fuit) in manibus pape resign. ac c. d. Johanne concordavit et c. quodam Theoderico rect. par. eccl. in Heppenheyn Wormat. dioc. sup. resign. d. par. eccl. in favorem d. Balthasaris: de d. decan. (4 m. arg.) 26. mai. 84 S 837 46^r.

4861 **Johannes Kimbre** cler. Magunt. pape fam.: motu pr. de gr. expect. de 2 can. et preb. necnon de 2 benef. ad coll. quorumcumque, Et s. d. 17. nov. 81 S 803 101^v.

4862 **Johannes Kimlin**: cler. Herbip. dioc.: m. (offic. Herbip.) confer. par. eccl. in Ebern (Aberen) Herbip. dioc. (10 m. arg.) vac. p. resign. in manibus pape Ade Smidt (p. Johannem Clupfel cler. Herbip. procur. fact.) 17. iul. 81 (exped. 7. sept. 81) L 808A 42^{rss} – oblig. p. Johannem Clupfel (Cluchasel) cler. Herbip. sup. annat. 14. sept. 81 A 30 64^r – solv. 25 fl. adc. pro annat. p. manus Johannis ut supra 17. sept. 81 FC I 1134 147^r, IE 505 14^v – motu pr. gr.

expect. de can. et preb. eccl. s. Johannis Novi Monasterii Herbip. et de benef. ad coll. abb. etc. mon. in Bildhausen o. Cist. Herbip. dioc. (m. ep. Forolivien. et Celso de Millinis can. basilice Principis appl. de Urbe ac offic. Herbip.) 17. nov. 81 (exped. 24. nov. 81) L 820 195^r-196^v.

4863 **Johannes Kindelen** cust. eccl. s. Pauli Wormat.: de disp. ut unac. d. custod. aliud incompat. benef. recip. val. 12. nov. 72 S 685 81^{vs}.

4864 **Johannes Kyns** cler. Colon. dioc.: de disp. ad 2 incompat. benef. sub eodem tecto c. lic. perm. 29. nov. 79 S 788 1^r.

4865 **Johannes Kyns** cler. Eistet. dioc. pape fam.: de prepos. colleg. eccl. s. Nicolai in Spalt Eistet. dioc. (14 m. arg.) vac. p. o. Burkardi Harnstern 21. mai. 79 S 782 15^{vs}.

4866 **Johannes Kinsche** presb. Minden. dioc.: de nova prov. de can. et preb. eccl. s. Bonifacii Hammelen. Minden. dioc. (4 m. arg.) vac. p. resign. Gherardi Ginretrick 20. febr. 78 S 765 151^{rs}.

4867 **Johannes Kinz** cler. Merseburg. dioc. theol. bac. qui n. o. def. oculi dextri qui ex morbo quodam superveniente sinistro minor fact. est unde tamen nimia n. apparet difformitas: de disp. ut ad presbit. ord. prom. et in ministerio ministrare val. et de disp. ad quodcumque benef. c. lic. perm. 16. febr. 79 S 778 104^r.

4868 **Johannes** ep. Chioven. recepit a merc. mutuo 57 duc. auri Venetos quos ipse promisit solv. in Norimberga Ulrico Fuger et fratribus ibidem merc. infra 6 menses testibus Habraham Stanslai [!] can. eccl. Plocen. et Johanne Peri pleban. in Razieuuye Plocen. dioc. 10. nov. 77 FC I app. 21 90^r.

4869 **Johannes Cirenielli** cler. Bisuntin. dioc. pape fam.: m. (dec. eccl. Bisuntin. et dec. eccl. s. Petri de Mazeriis Remen. dioc. ac offic. Bisuntin.) confer. s.c. capn. in par. eccl. in Claravalle supra Dubium Bisuntin. dioc. (24 l. T. p.) vac. p.o. in cur. Ulrici de Witemberch, gratis 6. iun. 76 V 575 208^{rss}.

4870 Johannes Cisze (Ciszne) cler. Wormat. dioc. litig. coram aud. contra Johannem Grevem qui ad perp. vicar. ad alt. s. Thome in colleg. eccl. s. Bartholomei Frankforden. Magunt. dioc. (4 m. arg.) vac. p.o. Johannis Helling de Gregen p. patron. laic. present. fuit et qui litig. desup. contra Gregorium de Venningen etiam present. (cui deinde de d. vicar. in forma si neutri prov. fuit et qui nunc resign. in manibus pape): de surrog. ad ius 15. aug. 73 S 694 207^{vs}.

4871 Johannes Kittel (Kuttel, Katel) de Loben cler. Wratislav. dioc.: de can. et preb. eccl. s. Michaelis Wyelunen. (Wyelmien.) Gneznen. dioc. (6 <5> m. arg. p.) vac. p. resign. in manibus pape Johannis Stankonis <p. Nicolaum Bedlijnski cler. Gneznen. dioc. procur. substitutum a Nicolao Sellatoris cler. Wratislav. dioc. procur. fact.> (qui eosdem obtin.) 31. mai. 84 S 835 280^v, (m. ep. Nucerin. et offic. Gneznen. et offic. Calischien.) (exped. 16. iun. 84) L 834 126^{vss} – can. eccl. in Wyelunien. (Wielmen.) Gneznen. dioc.: oblig. sup. annat. dd. can. et preb. ut supra (in margine: s.d. 18. iun. 84 solv. 14 fl. 2 carlenos <15 bol.> p. manus d. Johannis) 18. iun. 84 A 32 132^v – solv. 14 fl. adc. pro annat. can. et preb. eccl. ut supra 18. iun. 84 IE 510 34^r, IE 510 149^r, Paris L 52 D 5 195^v.

4872 Johannes Kittler perp. vic. ad alt. s. Walpurgis in Haldenburgstetten Herbip. dioc.: de prom. ad omnes ord. extra temp., sola sign. 17. apr. 84 S 834 265^{vs}.

4873 Johannes Kytzinger (Chitzinger, Kitinger) cler. Patav. dioc. pape fam.: motu pr. gr. expect. s.d. 1. ian. 72 de 2 benef. ad coll. ep. etc. Patav. et abb. etc. mon. in Nidernal-

tach o. s. Ben. Patav. dioc. et disp. ad 2 incompat. benef. etsi 2 par. eccl. ad vitam ac prerog. ad instar pape fam. descript. (m. ep. Leonen. et prep. eccl. de Reychersperg ac in Altenoeteyng Patav. [!] dioc.), gratis 17. febr. 79 V 670 46^v-49^r – qui se ad partes transfert: motu pr. prerog. ad instar pape fam. descript. in absentia ad an., gratis 16. apr. 79 V 674 460^{rs} – Roderici [de Borja] card. ep. Portuen. vicecancellarii fam. qui vig. gr. expect. par. eccl. s. Martini in Weng c. filiali eccl. s. Petri in Mospach Patav. dioc. vac. p.o. Johannis Prezinger acc. possessione nondum subsecuta: de nova prov. de eadem (16 m. arg.) 26. sept. 80 S 797 61^r – qui vig. gr. expect. par. eccl. in Weng Patav. dioc. vac. p.o. Johannis Perlinger (Pettinger) acc. et desup. litig. coram Johanne [de Ceretanis] ep. Nucerin. aud. locumtenenti contra quond. Paulum Hornig (Horning), Jeronimum Ruttenberg (Futtenberg), Vulpertum Vulperti, Johannem Schrut (Schrutter) et Stephanum Czeyler (Tzeiler): de prov. si neutri de d. par. eccl. (18 m. arg.), n.o. par. eccl. s. Marie vulg. Sandmarcynkirchen (Sandmereynkerchen) nunc. (4 m. arg.) et par. eccl. s. Michaelis in Hohenzoll (Honhertzell) Patav. dioc. (17 m. arg.) <insimul 20 m. arg.> quas n. obtin. 24. oct. 81 S 804 177^{rs}, 25. oct. 81 S 805 182^v – de prov. si nulli de par. eccl. ut supra (17 m. arg.) 2. decb. 82 S 816 273^{vs} – R[oderici] card. ut supra vicecancellarii fam.: de perp. vicar. sive capn. in par. eccl. s. Laurentii op. Muldorff Salzeburg. dioc. (24 duc. adc.) vac. p.o. Pauli Herming [Oliverii Carafa] card. ep. Sabinen. Neapolitan. nunc. fam. c. consensu d. card. 28. iul. 83 S 826 130^v – de par. eccl. in Tetemweys Patav. dioc. (9 m. arg.) vac. p.o. Petri Fannschmede 30. aug. 83 S 828 66^v – de n. prom. ad 2 an. c. lic. dicendi horas can. iuxta morem R. E. c. socio ad vitam, sola sign. 28. mart. 84 S 834 9^v.

4874 Johannes Cleberg cler. Argent. dioc. Andree [Jamometic] aep. Craynen. Friderici R. I. ad papam destinati oratoris fam.: motu pr. gr. expect. s. d. 1. ian. 72 de 2 benef. ad coll. ep. etc. Argent. ac prep. etc. eccl. s. Petri iun. Argent. et disp. ad 2 incompat. benef. etsi par. eccl. ad vitam c. lic. perm. ac prerog. ad instar pape fam. descript. etiam ad secundas gr. aut reval. et exten. primarum gr. expect., (exec. ep. Argolicen. et dec. eccl. s. Thome Argent. ac dec. eccl. s. Petri Basil.), gratis 9. iun. 80 V 673 240^r-243^v.

4875 Johannes Clecke cler. Paderburn. dioc. qui gr. expect. de 2 benef. ad coll. ep. etc. Hildesem. et prep. etc. eccl. s. Crucis Hildesem. s. d. 13. febr. 78 acc.: motu pr. de decl. litt. desup. perinde val. acsi gr. expect. motu pr. et ad instar pape fam. descript. conc. fuisset 22. mai. 79 S 782 187^{vs}.

4876 Johannes Clederer de Pergam cler. Magunt. dioc.: de disp. ad 2 incompat. benef. 13. aug. 78 S 772 171^{vs}.

4877 Johannes Clenesadel (Cleuesadel, Clausadel) cler. Paderburn. dioc.: de capel. in Sunrike de iur. patron. laic. (2 m. arg.) vacat. p. priv. Johannis Laurinde cler. Magunt. dioc. qui d. capel. vac. p. resign. Conradi de Frigenhagen assec. erat (ea condicione fact. quod ipsi Conrado certa moldera siliginis persolv. sunt) et eam p. 5 vel 6 an. detin. 25. mai. 72 S 680 205^{vs} – paup. presb. nullum benef. obtin.: litig. coram aud. contra quond. Conradum Eytemer reum in cur. defunct. sup. perp. vicar. in eccl. ss. Petri et Alexandri Asschaffenburgen. Magunt. dioc.: de surrog. ad ius d. Conradi, n. o. gr. expect. in forma paup. p. papam conc. 2. oct. 72 S 683 146^{vs} – nova prov. de vicar. Magunt. [dioc.?] 72/73 I 332 178^r.

4878 Johannes Clengkhusen vic. eccl. Tarbat. reus litig. coram aud. contra quond. Israelem Hoen in cur. de-

functum actorem sup. perp. vicar. in eccl. Tarbat. (6 m. arg.): de surrog. ad ius 5. febr. 81 S 799 237^r.

4879 Johannes Kleppinck (Cleppinck) cler. Leod. dioc. Antonii [de Ruvere] [pape] magistridomus fam.: de perp. benef. primiceriatus nunc. in eccl. s. Laurentii in Nuremberga Bamberg. dioc. (6 m. arg.) vac. p. o. in cur. Johannis Klopfer, Conc. motu pr. 7. oct. 75 S 727 282^r – pape fam. cui de alt. s. Johannis in eccl. s. Laurentii [deest locus] Leod. dioc. de iur. patron. laic. prov. fuit: de confic. litt. c. express. derog. iur. patron. laic. 23. febr. 76 S 736 156^v – c. quo sup. def. nat. [desunt parentes] disp. fuit: de s. c. benef. in par. eccl. op. Ruden Colon. dioc. de iur. patron. laic. (3 m. arg.) vac. p. o. in cur. Johannis Dockel 8. mai. 76 S 738 96^{vs} – cler. Colon. dioc. c. quo sup. def. nat. (s. s.) p. Paulum II. disp. fuit: de lic. desup. tacendi 6. nov. 76 S 742 300^v – motu pr. de vicar. s. Catherine in colleg. eccl. s. Servatii Traiecten. Leod. dioc. (4 m. arg.) vac. p. o. in cur. Laurentii de Rudourp 24. sept. 77 S 758 28^{vs} – referens quod in confectione supplic. sup. prov. de perp. benef. primiceriatus nunc. cognomen oratoris omissum est nec fit mentio de def. nat. quem patitur: de ref. 24. febr. 78 S 765 177^r – cui motu pr. de perp. benef. ad alt. s. Johannis in par. eccl. s. Laurentii op. Nurenberg [Bamberg. dioc.] de iur. patron. laic. prov. fuit: de ref. 4. apr. 78 S 768 86^r.

4880 Johannes Cletten (Clette) can. eccl. s. Mauritii e. m. Hildesem. qui gr. expect. s. d. 17. nov. 81 de can. et preb. d. eccl. s. Mauritii necnon de benef. ad coll. ep. etc. Hildesem. motu pr. acc.: motu pr. de reval. d. gr. expect. et de prerog. ad instar pape fam. descript. attento quod d. Johannes nullum fruct. reportavit 14. mart. 84 S 833 19^{rs} – cler. Paderburn. dioc. qui vig. gr. expect. perp. vicar. in eccl. Hildesem. vac. p. o.

Henrici Oldendorpp quond. Berardi [Eruli] card. [ep. Sabinen.] Spoletan. vulg. nunc. fam. acc.: de nova prov. de d. perp. vicar. (4 m. arg.) 24. mai. 84 S 836 119^{rs}.

4881 **Johannes Click** cler. Magunt. dioc.: de perp. benef. primissaria nunc. ad alt. b. Marie in par. eccl. in Monezgyn Magunt. dioc. (4 m. arg.) vac. p.o. Johannis Horwilet al. Horbroch 19. febr. 81 S 800 163^r, 80/81 I 334 146^r.

4882 **Johannes dux Cliven.**: narratio quod Hermannus lantgravius <Hassie> el. et aep. Colon. confirmatus p. oratores suos fecit exponi quod d. Johannes op. Susacen. et medietatem op. Xancten. ad eccl. Colon. legitime pertinentia detin., hortatio ut ipse dd. op. restituat 16. decb. 80 Arm. XXXIX, 13 242^{rs} – narratio ex relatione oratorum ut supra quod Johannes dux durantibus turbationibus et guerris in Colon. dioc. castra Harnsberg et Evesberg occupata tenet et hortatio ut dd. castra eccl. Colon. restituat 16. decb. 80 Arm. XXXIX, 13 242^v.

4883 **Johannes Klocker** cler. Constant. dioc. in 18. sue et. an. constit.: de disp. ad quodcumque benef. c. lic. perm. 8. iun. 81 S 801 217^r, L 816 160^{rs}.

4884 **Johannes Klokereyme (Clokereme, Klokeyrmen)** cler. Magunt. dioc.: de decan. ac can. et preb. colleg. eccl. s. Marie virg. in Nuemburg (insimul 4 m. arg.) vac. p.o. Conradi Balnhyszen presb. Nuemburg. dioc., n.o. can. et preb. colleg. eccl. s. Severi Erforden. Magunt. dioc. (5 m. arg.) quos obtin. 28. decb. 81 S 813 316^v – can. eccl. s. Severi in Erffordia Magunt. dioc. in art. mag. et utr. iur. doct.: de disp. ut unac. dd. can. et preb. quos obtin. al. 2 incompat. benef. etsi par. eccl. ad vitam retin. val. c. lic. perm. 10. ian. 82 S 818 169^r – de nova prov. de perp. vicar. ad alt. s. Johannis Ev. in par. eccl.

s. Martini in Brulew op. Erfordia Magunt. dioc. (4 m. arg.) vac. p. resign. Johannis de Herymsheim (Heringhen) in manibus offic. prep. eccl. b. Marie d. op., n.o. can. et preb. eccl. s. Severi Erforden. (4) ac simplici benef. fraternitatis kalendarum in eccl. ss. Fabiani et Sebastiani op. Northen [= Northeim] (2) ac 3 elemosinis n. fixis in ecclesiis Magunt. dioc. (5 m. arg.) 22. mart. 82 S 809 26^v – prom. ad diacon. ord. in basilica Principis appl. de Urbe 6. apr. 82 F 7 48^{rs} – in subdiacon. ord. constit.: litt. testim. sup. prom. ad diacon. ord. ut supra 6. apr. 82 F 7 50^r – qui vig. litt. ap. can. et preb. eccl. b. Marie virg. Erforden. Magunt. dioc. motu pr. acc. sed in eisdem litt. benef. suas n. expressit: motu pr. de decl. litt. desup. perinde val. acsi ut supra can. et preb. eccl. s. Severi Erforden. (4) et simplex benef. fraternitatis in eccl. ss. Fabiani et Sebastiani (2 m. arg.) necnon 3 elemosinas n. fixas (3 m. arg.) in titulum conferri solitos express. fuisset 6. mai. 82 S 810 116^r – qui ad can. et preb. in eccl. s. Severi ut supra vac. p. resign. Johannis Oischusen (in manibus rect., magistrorum et doctorum univ. stud. gener. Erforden. seu abb. etc. mon. s. Petri Erforden. o. s. Ben.) p. d. rect. et d. abb. present. fuit: de nova prov. de dd. can. et preb. (4 m. arg.), n.o. ut supra perp. simplici benef. fraternitatis kalendarum (2) ac 3 elemosinis (3 m. arg.) 14. mai. 82 S 811 45^{rs} – qui vig. gr. expect. can. et preb. eccl. b. Marie virg. Erforden. Magunt. dioc. vac. p.o. Hildebrandi Gunteri acc.: de nova prov. de eisdem (4 m. arg.) vac. p. resign. in manibus dec. et capit. d. eccl. Gunteri Bunow pape cubic. et fam. 7. apr. 83 S 821 124^{rs}.

4885 **Johannes Cloisterman** presb. Colon. dioc. cui gr. expect. s.d. 1. ian. 72 de benef. ad coll. prep. etc. eccl. s. Andree Colon. et ad coll. prep. etc.

eccl. b. Marie ad Gradus Colon. conc. fuit: prerog. ad instar pape fam. descript. 15. decb. 73 (exped. 9. mart. 75) L 739 135^{vs}.

4886 **Johannes Klopffinger** cler. Salzeburg. dioc.: habuit mutuo 6 duc. Venetos quos promisit solv. Venetiis Francisco de Savignano p. totum mensem apr. 13. febr. 73 FC I app. 21 14^v.

4887 **Johannes de Clotten** cler. Meten. dioc.: de nova prov. de par. eccl. de Sancto Wilfrido Meten. dioc. <de qua sibi p. vic. gener. Georgii [de Baden] ep. Meten. prov. fuit> (4 <8> m. arg.) et quam Adam Rot cler. tunc <p. 4 an.> detin. 18. febr. 78 S 764 254^r, 14. nov. 78 S 775 106^r, m. (Hugoni Benefacti can. eccl. Meten.) 18. febr. 78 (exped. 30. ian. 79) L 783 165^{vss} – de nova prov. de can. et preb. colleg. eccl. b. Marie de Gemundia Meten. dioc. (3 m. arg.) certo modo vac. 26. nov. 78 S 775 93^r – rect. par. eccl. in Ninchirchen (Numberchen) Meten. dioc. c. quo p. Burchardum Stoer prothonot. et archid. eccl. Tullen. ad Confederatos Alamanie Superioris partes pape nuntium et oratorem destinatum disp. fuit ut unac. d. par. eccl. par. eccl. s. Wilfridi de Sancto Wilfrido Meten. dioc. (sup. qua litig. coram aud. contra Johannem Burchard) c. lic. perm. retin. val.: de nova disp. 3. oct. 80 S 799 241^v.

4888 **Johannes Cloven** cler. Camin. dioc. actor qui litig. coram Nicolao de Ubaldis aud. contra Steffanum Bokweyten occupatorem sup. perp. s. c. vicar. in eccl. b. Marie Collebergen. [Camin. dioc.] vac. p. o. Lamberti Brande: de prov. si neutri de d. vicar. (3 m. arg.) 23. mai. 75 S 721 109^{rs}.

4889 **Johannes Klug (Clug) de Friberg (Fribergh)** laic. Friburgen. Misnen. dioc. mag. montium et minerarum fodiendarum: conclusio pactorum conventionis et capitulorum integraliter relatorum inter Jacobum [Van-

nucci] ep. Perusin. vicecamerarium c. consilio Bartholomei [de Marascha] ep. Civitatis Castelli, Petri [de Aranda] ep. Calaguritan. et Calciaten. gener. vicethesaurarii necnon Antonii de Forlivio, Falconis de Sinibaldis, Luce de Leonis et Johannis Bapt. de Ursinis prothonot. cam. ap. clericorum ex una et ipsum Johannem ex altera parte sup. negotio minerarum argenti et al. metallorum in provincia patrimonii b. Petri in Tuscia ex quib. pactis inter al. patet quod proventus unius fovee (32. portio) dabuntur hosp. s. Spiritus in Saxia de Urbe et quod dabuntur operariis, practicis et expertis ex Germania litt. passus usque ad numerum 50 et quod 10 socii d. Johannis gaudebunt prerog. certorum pape fam. et quod ipse ducebit secum 8 fam. et socios in Urbe et al. civitatibus R. E. et quod ipse promisit present. cam. ap. in authentica forma certa capitula edita in provincia Saxonie sup. negotio eiusmodi metallorum fodiendorum que pacta stipulata fuerunt in Urbe in pal. ap. apud s. Petrum in loco audientie secrete et discussionis negotiorum cam. ap. presentibus Georgio Ferabant cler. Misnen. dioc. et Petro Pepponeruther cler. [...] dioc. necnon Reginaldo Campi et Johanne Theodani cursoribus 10. mart. 79 DC 43 266^v-270^r – Misnen. dioc. pape fam. et Ernesti ac Alberti fr. Saxonie ducum mag. montium: litt. passus pro se et fam. usque ad numerum 50 15. apr. 79 V 670 49^{rs} – laic. Misnen. dioc. pape fam.: alt. port. c. clausula ante diem 18. apr. 79 V 670 381^v.

4890 **Johannes Cluppell** qui ad par. eccl. de Limpach Meten. dioc. de iur. patron. laic. certo modo vac. p. quendam patron. laic. present. et p. vic. gener. in spir. ep. Meten. instit. fuit et qui litig. desup. coram d. vic. et post appellationem coram Dominico Warini can. eccl. Meten. (cuius competentia iurisd. ipse dubitat) contra

Johannem Ruchelinger presb. Meten. dioc. qui etiam ad d. par. eccl. p. al. patron. laic. present. fuit ac n. infra temp. debitum ad sed. ap. appellavit: m. (aep. Trever. et abb. mon. s. Mathie Trever. ac abb. mon. s. Maximini e. m. Trever.) committ. in partibus 14. febr. 80 L 802 203^{rss}.

4891 Johannes Clupfel, (Clupsel, Clusel, Clu(p)sel) [1. pars 3 partium] cler. Herbip.: de par. eccl. s. Johannis in Haugis e. m. Herbip. (3 m. arg.) vac. p. resign. in manibus pape Georgii Clupfel (Clupsel) cler. Herbip. <p. Johannem Brotreich al. Hupp cler. Herbip. dioc. procur. fact.> (cui de eadem vac. p. o. Conradi Aschafferburgk (Aschaffendorff) <s. d. 19. apr. 77> prov. fuit litt. n. confectis) 19. sept. 78 S 773 165^{rs}, m. (dec. eccl. s. Johannis in Haugis e. m. Herbip. ac offic. Herbip.) (exped. 20. oct. 78) L 791 224^{rss} – cui gr. expect. de can. eccl. s. Gumberti Onolspacen. Herbip. dioc. necnon de benef. ad coll. prep. etc. eccl. s. Johannis Novi Monasterii Herbip. s. d. 9. ian. 78 (in forma perinde val. acsi s. d. 1. ian. 72 conc. foret) motu pr. conc. fuit et qui par. eccl. ut supra certo modo vac. acc.: motu pr. de reval. d. gr. expect. et de disp. ut unac. d. par. eccl. aliud incompat. benef. recip. val. etsi 2 par. eccl. ad vitam c. lic. perm., Conc. motu pr. 24. nov. 78 S 775 138^{rs}, gratis V 670 447^r-448^v – actor referens quod litig. coram Johanne Prioris aud. contra quond. Ewaldum Flendoner in cur. defunctum Roderici [de Borja] card. ep. Portuen. fam. et quond. Johannem Lemlein reos sup. capn. capel. bb. Petri et Pauli appl. in villa Niedern Leynach Herbip. dioc. (4 m. arg.) vac. p. o. Frederici Apel: de surrog. ad ius d. Ewaldi 19. ian. 79 S 777 28^v – cui gr. expect. ut supra s. d. 9. ian. 78 et deinde motu pr. reval. conc. fuit: de mutatione gr. expect. de benef. ut supra in can. et preb. eccl. s. Petri Ba-

sil., Conc. motu pr. 7. sept. 79 S 786 33^{rs} – de perp. capn. ad alt. in hosp. par. eccl. s. Martini e. m. op. Yphoven. Herbip. dioc. (4 m. arg.) vac. p. o. Johannis Duchter pape fam. 20. mart. 80 S 791 149^r – de prerog. pape fam. descript. in absentia ad an., sola sign. 9. iun. 80 S 796 31^r – de perp. capn. ad alt. Trium regum (ad quam 2 cap. esse consuevit) in capel. s. Nicolai in eccl. Basil. (8 m. arg.) vac. p. o. Johannis Vogeler 7. febr. 81 S 800 77^r – de facult. resign. vel perm. 17. febr. 81 S 800 109^v – c. quo ad 2 incompat. benef. disp. fuit: de decan. eccl. s. Blasii in Brunswic Halberstad. dioc. (4 m. arg.) vac. p. o. Johannis Wendenburch [recte: Woldenberch] 1. mart. 81 S 800 220^r – de facult. resign. et de n. prom. ad 7 an. 10. mai. 81 S 801 184^r, gratis V 610 282^{vss}, gratis 3. iul. 81 V 675 9^{rs} – de perp. capn. ad alt. s. Agnetis in capel. s. Johannis in eccl. Basil. (4 m. arg.) vac. p. resign. Conradi Eptinger pape fam. 26. iun. 81 S 802 159^r – oblig. sup. facult. resign. vel perm. ut supra 27. iun. 81 A 30 34^v – Celsi de Millinis abbrev. refer. fam. qui vig. gr. expect. perp. vicar. ad alt. b. Marie Magdalene in eccl. Herbip. vac. p. o. Petri Snatel acc.: de nova prov. de eadem (4 m. arg.), n. o. par. eccl. s. Johannis in Haugis e. m. Herbip. quam obtin. ac can. et preb. eccl. s. Johannis Novi Monasterii Herbip. (7) ac c. c. benef. ad alt. s. Johannis Bapt. in op. Yphofen Herbip. dioc. (2 m. arg.) sup. quib. litig. in cur. 15. ian. 82 S 813 271^v – rect. par. eccl. s. Johannis in Haugis e. m. Herbip. Celsi de Millinis ut supra et pape fam. qui p. 8 an. cur. sequens et tam in stud. Liptzen. in art. quam in univ. Romana in eisdem ac in utr. iur. ad mag. in art. et utr. iur. bac. gradus stud.: de lic. recip. mag. in art. et bac. grad., sola sign. seu p. breve 19. ian. 82 S 806 275^{rs}.

4892 **Johannes Clupfel** [2. pars 3 partium] in utr. iur. bac. cui gr. expect. de can. et preb. colleg. eccl. s. Johannis in Haugis e. m. Herbip. necnon de benef. ad coll. ep. etc. Herbip. s. d. 26. nov. 81 conc. fuit: motu pr. de decl. litt. desup. perinde val. acsi gr. expect. motu pr. conc. fuisset et de disp. ut 3 incompat. benef. etsi 2 par. eccl. ad vitam recip. val. c. lic. perm. 16. mart. 82 S 809 1^{rs} – in cur. resid.: de prom. ad omnes ord. extra temp., sola sign. 7. mai. 82 S 810 148^{r} – cui vig. gr. expect. de perp. vicar. ad alt. in eccl. Herbip. vac. p. o. Stephani Pleydecker pape aut alicuius card. fam. prov. fuit: de nova prov. de eadem (4 m. arg.), n. o. par. eccl. s. Johannis in Haugis ut supra (2 m.) quam vig. gr. expect. obtin. 11. mai. 82 S 813 294^{r} – <qui vig. gr. expect. perp. vicar. ad alt. ss. Appl. in eccl. Herbip. (4 m. arg.) ac can. et preb. eccl. s. Johannis in Haugis ad coll. ep. etc. Herbip. acc.>: de perp. s. c. capn. ad alt. b. Marie virg. tertia et s. Cristofori nunc. iuxta campanile vetus eccl. Basil. (4 m. arg.) vac. p. devol., n. o. par. eccl. s. Johannis in Haugis ut supra 4. iun. 82 S 812 72^{r}, m. (ep. Alerien. et Britio de Monte can. basilice Principis appl. de Urbe ac offic. Basil.) V 624 308^{r}-309^{v} – cui gr. expect. s. d. 17. nov. 81 de can. et preb. eccl. s. Johannis in Haugis ut supra conc. fuit: motu pr. de mutatione gr. expect. de dd. can. et preb. in benef. ad coll. ep. etc. Basil. et de disp. ut 2 benef. etiam sub eodem tecto ad vitam recip. val. c. lic. perm. 17. sept. 82 S 814 182^{rs} – p. 9 an. cur. sequens: motu pr. de par. eccl. in Kirchsittenbach [Bamberg. dioc.] (6) et capn. (/.) Argent. dioc. (4 m. arg.) vac. p. o. in cur. Johannis Saller 21. oct. 82 S 815 241^{r}, I 335 82^{r} – c. quo ad 2 incompat. benef. etsi 2 par. eccl. ad vitam disp. fuit: de can. et preb. (6 m. arg.) ac custod. (4) eccl. s. Burchardi e. m. Herbip. ac par. eccl. in Pretzingen Herbip. dioc. (4)

vacat. p. resign. Georgii Hartung 23. nov. 82 S 816 115^{rs} – cui vig. gr. expect. de perp. capn. ad alt. ss. Appl. in eccl. Herbip. prov. fuit et qui litig. desup. coram Antonio de Grassis aud. contra Nicolaum Stoller cler. reum et intrusum: de prov. si neutri de d. perp. capn. (4 m. arg.) 26. nov. 82 S 818 147^{rs} – in cur. resid.: de lic. dicendi horas secundum morem R. E. ad vitam, sola sign. 26. nov. 82 S 818 147^{r} – de perp. s. c. benef. primissaria nunc. in par. eccl. in Czeil Herbip. dioc. (4 m. arg.) vac. p. o. cuiusdam Jodoci 11. ian. 83 S 818 203^{rs} – cui vig. gr. expect. de perp. capn. ad alt. ss. Appl. ut supra vac. p. o. Stephani Plerxnecker (/.) prov. fuit et qui litig. desup. contra Nicolaum Scheller intrusum: de prov. si neutri de d. perp. capn. (24 fl. adc.) vac. tunc p. o. Ottonis Wirsing pape fam. qui eam vig. gr. expect. acc. 14. ian. 83 S 818 98^{rs} – de perp. s. c. benef. <capn.> ad alt. s. Dorothee in eccl. mon. monial. s. Marci Herbip. o. s. Aug. (3 <4> m. arg.) et de perp. benef. in Murstat Herbip. dioc. (3 m. arg.) vac. p. o. <resign.> Cristofori Popp (Bopp, Perop) cler. Ratisbon. dioc. in cur. defunct. (cui de eodem vac. <p. o. Udalrici de Swinfurt s. d. 7. oct. 83 prov. fuit>), n. o. par. eccl. s. Johannis in Haugis ut supra et perp. vicar. ad alt. ss. Appl. in eccl. Herbip. (4 m. arg.) ut supra 24. oct. 83 S 831 50^{rs}, m. (abb. mon. s. Jacobi Scotorum et cant. eccl. s. Johannis in Haugis e. m. Herbip. ac Gabrieli de Sclafanatis can. basilice Principis appl. de Urbe) V 637 102^{v}-104^{r}.

4893 **Johannes Clupfel** [3. pars 3 partium] cui gr. expect. s. d. 17. nov. 81 de can. et preb. eccl. s. Johannis in Haugis ut supra necnon de c. c. benef. ad coll. ep. etc. Herbip. conc. fuit et cui deinde de perp. capn. ad alt. ss. Appl. in eccl. Herbip. ut supra motu pr. prov. fuit et qui litig. desup. in cur. contra mag. Celsum de Mil-

linis refer.: motu pr. de reval. gr. expect. ad aliud benef. ad coll. ep. etc.
Herbip. et de prerog. ad instar pape
fam. descript. 8. nov. 83 S 831 85ᵛ –
motu pr. de reval. gr. expect. ut supra c. exten. ad aliud benef. ad coll.
ep. etc. Eistet. 25. nov. 83 S 831
287ᵛ – de par. eccl. in Orinbaur
(Ormbaur) Eistet. dioc. (8 m. arg.)
<10 m. arg.> vac. p. resign. in ma-
nibus pape Cristophori Currificis
(Curraficis) cler. Bamberg. dioc.
pape fam. (qui d. par. eccl. vac. p. o.
Conradi Crans (Craus) vig. gr. expect. acc.) 26. nov. 83 S 831 278ʳˢ,
m. (ep. Forojulien. et Anthonio de
Forolivio can. basilice Principis
appl. de Urbe ac offic. Eistet.) V 638
177ᵛ-179ʳ – consensus resign. ut supra 29. decb. 83 Resign. 2 120ᵛ –
qui vig. gr. expect. can. et preb. eccl.
s. Johannis in Haugis e. m. Herbip.
vac. p. o. Viti Hunt (Hund) al. Bi-
schoffheim (Bischofsheymer) [Ge-
orgii Hesler] tit. s. Lucie in Silice
presb. card. cap. et fam. acc.: de
nova prov. de eisdem (4 m. arg.) 1.
ian. 84 S 839 142ʳ – qui vig. gr. expect. perp. vicar. ad alt. ss. Appl. in
eccl. Herbip. ut supra acc. et tunc litig. desup. coram Antonio de Grassis
aud. primo et deinde coram Johanne
de Ceretanis ep. Nucerin. aud. et Jeronimo de Porcariis aud. contra
quond. Nicolaum Scheller cler. intrusum: de surrog. ad ius d. Nicolai
2. ian. 84 S 839 142ᵛ – oblig. sup.
annat. par. eccl. in Orinbaur Eistet.
dioc. (10 m. arg.) ut supra 10. ian.
84 A 32 23ᵛ – motu pr. de reval. gr.
expect. s. d. 17. nov. 81 ut supra
conc. et de exten. ad can. et preb. in
eccl. Herriden. Eistet. dioc. ad coll.
ep. etc. Eistet. et de prerog. ad instar
pape fam. descript. et de disp. ut 3.
incompat. benef. etsi 2 par. eccl. ad
vitam recip. val. 3. apr. 84 S 834
164ᵛˢ – in utr. iur. bac. pape fam.
qui vig. gr. expect. s. d. 17. nov. 81
(motu pr. conc.) de can. et preb. eccl.
s. Johannis in Haugis e. m. Herbip.
necnon de benef. ad coll. ep. etc.

Herbip. can. et preb. d. eccl. s. Johannis vac. p. o. Viti Hunt al. Bi-
schoffheymer necnon perp. vicar. ad
alt. ss. Appl. in d. eccl. Herbip. vac.
p. o. Steffani Pleydecker successive
acc. possessione eiusdem vicar. subsecuta: motu pr. conc. quod dd. litt.
perinde val. acsi can. et preb. d. eccl.
s. Johannis et d. vicar. minime acceptasset et prov. de can. et preb.
eccl. s. Viti in Herriden Eistet. dioc.
ad coll. ep. etc. Eistet. c. prerog.
pape fam. descript. necnon disp. ad
3. incompat. benef., gratis 3. apr. 84
Sec. Cam. 1 110ʳ-111ᵛ – qui litig.
sup. can. et preb. et eccl. s. Johannis in
Haugis e. m. Herbip. ut supra coram
Johanne de Ceretanis ep. Nucerin.
locumtenenti aud. contra quond.
Burchardum Mongusz intrusum et
Eucharium Rucheym cler.: de prov.
si neutri de dd. can. et preb. (8 m.
arg.) 19. apr. 84 S 839 142ᵛˢ – qui
benef. in cathedr. etsi colleg. eccl.
obtin. et sup. fruct. al. benef. pens.
ann. percip.: de disp. ut 2 incompat.
benef. etsi par. eccl. sub eodem tecto
recip. val. lic. perm. et de n. resid. et
de percip. fruct. in absentia c. lic.
arrendandi ad 3 duc. 4. iun. 84 S 837
166ʳ – qui litig. coram d. Johanne de
Ceretanis ep. Nucerin. sup. can. et
preb. in eccl. s. Johannis in Haugis
e. m. Herbip. ut supra contra Celsum
de Millinis: de nova prov. de eisdem
(7 m. arg.) 5. aug. 84 S 839 161ᵛ.

4894 Johannes Clute (Clut) cler. Magunt. dioc. Dominici [recte: Angeli
de Capranica] card. ep. Prenestin.
fam.: de perp. vicar. in eccl. s. Martini Hilghristestadt Magunt. dioc. (4
m. arg.) vac. p. o. in cur. Alberti Tu-
benhein 20. oct. 74 S 710 106ᵛ –
Angeli [de Capranica] card. ep. Prenestin. <s. Crucis vulg. nunc.> fam.:
de perp. vicar. ad alt. s. Catherine in
colleg. eccl. s. Laurentii Merseburg.
(4 m. arg.) vac. p. resign. Bartolomei
Sardan (Sardari) cler. Merseburg. dioc. 17. oct. 75 S 727 300ᵛ – de perp.
vicar. in villa Osthoven Wormat. di-

oc. (4 m. arg.) vac. p.o. Johannis Rosz card. ut supra fam. 27. oct. 75 S 728 268^{vs}, I 333 201^{r}.

4895 Johannes Knyff (Knyss) can. eccl. s.Petri Traiect.: solv. 40 fl. renen. (= 20 stuferos pro quolibet fl.) p. Paulum de Drongelen can. eccl. Traiect. in cur. causarum procur. (p. Everardum Zoudenbalch prep. eccl. s.Servatii Traiecten. [Leod. dioc.] et collect. p. civit. et dioc. Traiect. recept.) pro annat. can. et preb. eccl. s.Salvatoris Traiect. (12 m. arg.) vac. p. resign. Andree Cusa collitigantis 28. ian. 73 FC I 1232/181 10^{v} – decr. doct. c. quo ad ord. subdiacon. mense aug. 68 disp. fuerat: de decl. litt. desup. perinde val. acsi a sententia excom. in ipsum forsan lata absol. fuisset 19. sept. 74 S 708 207^{r} – quond. [Bessarionis Trapezunt.] card. Nicen. fam. et aud.: de lic. testandi 21. aug. 77 S 756 68^{rs} – referens quod fruct. can. et preb. eccl. s.Ciriaci in Nuhusen e.m. Wormat. n. 6 sed 4 m. arg. n. excedunt: de ref. 2. mart. 80 S 790 35^{v} – cler. Traiect. dioc. cui de can. et preb. eccl. s.Ciriaci in Nuhusen e.m. Wormat. prov. fuit: resign. can. et preb. de quib. Francisco Lerczin cler. Magunt. dioc. pape fam. s.d. 24. oct. 81 prov. fuit 9. nov. 81 OP 6 113^{r}.

4896 Johannes Knyflork: solv. pro formata 3 grossos mai. 79 T 13 143^{r}.

4897 Johannes Knoring presb. Constant. dioc. qui ad alt. ss.Johannis Bapt. et Katherine in eccl. Constant. vac. p.o. Johannis Loniger instit. fuit: de nova prov. de d. alt. (4 m. arg.) 27. apr. 76 S 738 147^{r}.

4898 Johannes Knoringer rect. par. eccl. in Knoringen August. dioc. qui d. par. eccl. de iur. patron. laic. coram Andrea Drechsel cler. August. not. publ. extra cur. resign. et **Martinus Rowbel** presb. August. dioc.: de adm. resign. d. Johannis et de prov. d. Martino de d. par. eccl. (200 fl. auri renen.) et de assign. d. Johanni

pens. ann. 70 fl. renen. sup. fruct. d. par. eccl. p. d. Martinum persolv. 21. mart. 77 S 749 42^{v} – restit. bulle sup. pens. s.d. 29.[!] mart. 77 sibi assign. 5. apr. 77 A 25 228^{v}.

4899 Johannes Kobrer (Cobrer) cler. Salzeburg.: oblig. p. Stephanum de Caciis abbrev. sup. annat. par. eccl. b. Marie in Fridolfing Salzeburg. dioc. (12 m. arg.) de qua vac. p.o. Johannis Gerner s.d. 1. sept. 83 sibi prov. fuit (in margine: s.d. 14. nov. 83 solv. ut infra) 14. nov. 83 A 31 169^{v} – solv. 28$^{1}/2$ fl. adc. pro annat. p. manus Stefani de Caciis 12. nov. 83 IE 508 85^{v}, IE 509 84^{v}, 13. nov. 83 Paris L 52 D 5 136^{v}.

4900 Johannes Kock cler. Monast. dioc. perp. vic. ad alt. s.Crucis in eccl. de Borkelo Monast. dioc. in cur. resid.: de prom. ad omnes ord. extra temp., sola sign. 14. ian. 83 S 818 98^{r}.

4901 Johannes Koch al. Arste presb. Bremen. dioc.: de perp. vicar. ad alt. ss.Ursule et 11.000 Virg. in capel. s.Nicolai e.m. op. Staden. Bremen. dioc. (1 m. arg.) vac. p.o. in cur. Johannis Meynard 17. iun. 75 S 722 111^{rs}.

4902 Johannes Koch (Kak) (al. Dass) cler. Leod. dioc. <qui vig. gr. expect. in forma paup. de benef. ad coll. abb. etc. mon. Stabulen. et Malmondaren. invicem unitorum par. eccl. in Thorin Leod. dioc. vac. p.o. Egidii de Thorin obtin.> actor litig. coram Matheo de Porta aud. contra quond. Walterum de Biron (Buron) reum in cur. defunctum sup. d. par. eccl. (4 m. arg.): de surrog. ad ius d. Walteri 6. oct. 74 S 717 166^{rs}, m. (prep. eccl. Trident. et dec. eccl. s.Servatii Traiecten. Leod. dioc. ac offic. Leod.) (exped. 4. iul. 75) L 752 18^{r}-19^{v} – pres. in cur. rect. par. eccl. s.Petri de Thurini (Thourin, Thirem) Leod. dioc.: de n. prom. ad 7 an., sola sign. 26. iun. 77 S 754 91^{r} – prov. de can. et preb. eccl. s.Bartholomei Leod. (4 m. arg.) vac. p. resign. in manibus pape Johannis Roberti cler. Traiect. dioc. quond. Berardi [Eruli] card. ep. Sabinen. fam. cui de eisdem vac. p. o. Wilhelmi Lathomi (Lathoni) etiam d. card. fam. <s. d. 13. ian. 75> prov. fuit litt. n. confectis (cui ipsi Wilhelmo de eisdem vac. p. o. Leonardi van der Culen (Culeti) prov. fuit possessione n. habita) (m. prep. eccl. Trident. et decanis eccl. s. Crucis Leod. et eccl. s. Servatii Traiecten. Leod. dioc.) 11. mai. 79 (exped. 27. mai. 79) L 798 65^v-67^v – qui solv. pens. ann. 10 fl. renen. sup. fruct. certe par. eccl. et 3 fl. renen. sup. fruct. certe capel. c. consensu Egidii Dass cler. Leod. dioc. (qui via resign. pens. consentire debet): de ref. 11. mai. 79 S 781 121^v – de prom. ad omnes ord. extra temp., sola sign. 14. mai. 79 S 781 294^{vs}.

4903 Johannes Coci rect. par. eccl. in Felden Bamberg. dioc.: de disp. ut unac. d. par. eccl. (6 m. arg.) aliud incompat. benef. recip. val. etsi par. eccl. ad vitam 3. decb. 78 S 785 252^{rs}.

4904 Johannes Coci presb. Trever. dioc. qui can. et preb. colleg. eccl. s. Walpurgis in Wilburg Trever. dioc. pretextu nominationis imper. acc.: de nova prov. de eisdem (4 m. arg. p.) vac. p. o. Michaelis Balastarii 26. nov. 77 S 767 11^{vs}.

4905 Johannes Coci presb. Wormat. dioc. cui de benef. ad alt. s. Crucis in par. eccl. s. Ruperti civit. Wormat. vac. p. o. Heylmanni Klingenhagen prov. fuit et qui litig. desup. coram prep. eccl. Wormat. et scolast. eccl. s. Andree Wormat. contra Johannem Franch cler. Wormat. dioc.: de prov. si neutri de d. par. eccl. (4 m. arg.) 12. febr. 76 S 734 179^{vs}.

4906 Johannes Koegel (Kragel) presb. Spiren. dioc.: de perp. capn. alt. s. Katherine in par. eccl. in Franckenstein Spiren. dioc. (4 m. arg.) vac. p. o. Martini Carnificis 13. mai. 76 S 738 278^v – de par. eccl. in Wydental

Spiren. dioc. (4 m. arg.) vac. p. o. Martini Svevi nunc. 15. mai. 76 S 738 277^r.

4907 Johannes Cohentzinger (Coentzinger, Eventzinger) (de Narsten) cler. Spiren. dioc. qui simplex cler. et iur. ignarus exist. et c. quadam modica pec. summa quandam capn. benef. c. promissione illam postquam prom. restituendam acquisivit et deinde licet de errore aliquantulum advisatus tamen ab alieno ep. absque ordin. sui lic. ad 4 min. ord. se prom. fecit ac d. perp. capn. restituit: de committ. aep. Militen. quoad disp. sup. irreg. ut ipse ad omnes ord. et etiam alt. ministerium prom. et quodcumque benef. c. lic. perm. obtin. val. 4. decb. 79 S 788 155^{rs}, 26. decb. 79 S 790 57^{rs} – de par. eccl. in Malinshein Spiren. dioc. (4 m. arg.) vac. p. o. cuiusdam 18. nov. 82 S 816 138^r.

4908 Johannes Choyensky (Cheyenski) presb. Gneznen. dioc. ex utr. par. de nob. gen. rect. par. eccl. in Byelavy Gneznen. dioc. qui ad perp. s. c. capn. seu alt. in par. eccl. Lenacien. Gneznen. dioc. (3 m. arg.) vac. p. o. Johannis de Thopola p. patron. laic. present. fuit: de disp. ut unac. d. par. eccl. d. capn. recip. val. 1. febr. 73 S 687 173^v – regis Polonie not.: de disp. ut unac. par. eccl. ut supra (8 m. arg.) aliud incompat. benef. recip. val. 17. sept. 73 S 709 61^r – cler. Gneznen. dioc. referens quod Mathias Thome cler. Gneznen. dioc. vig. gr. expect. can. et preb. eccl. b. Marie Lancicien. Gneznen. dioc. vac. p. o. Nicolai de Zalenze acc. et litig. desup. coram aud. contra Andream Dalide cler. et quod etiam Martino Potentiani cler. Poznan. dioc. de eisdem prov. fuit possessione n. habita: de prov. si neutri de eisdem (6 m. arg.) 16. decb. 77 S 762 39^{vs} – de cantor. eccl. Vislicien. (Vislicen.) Cracov. dioc. (10 m. arg.) vac. p. o. Sandivogii (Sandivagii) de Thanczin (Tanczin) 30. aug. 79 S

786 45ʳ – de perp. s. c. capn. seu alt.
s. Stanislai in eccl. Gneznen. (8 m.
arg.) vac. p. resign. in manibus pape
seu eius vicecancellarii Stanislai de
Byelawy (ex causa perm. c. Johanne
Pryesyeczsky) 28. sept. 79 S 786
299ᵛˢ – de can. et preb. eccl. Cracov.
(4 m. arg.) vac. p. resign. Petri Wa-
powski 27. ian. 80 S 789 149ᵛˢ – cui
vig. disp. ad 2 incompat. benef. de
c. c. archidiac. eccl. Lancicien.
Gneznen. dioc. certo modo vac.
prov. fuit: de disp. uberiori ut unac.
d. 2 benef. 3. incompat. benef. recip.
val. etsi par. eccl. c. lic. perm. ad
vitam 10. febr. 80 S 790 163ᵛ – oblig. p. Mathiam de Chaoiny cler.
Gneznen. dioc. procur. (ut constat
publ. instr. acto s. d. 24. aug. 79 et
subscripto p. Bartholomeum Andree
de Nadarszicze cler. Gneznen. dioc.
imper. auct. not.) sup. annat. cantor.
ut supra 20. decb. 80 A 29 119ʳ.

4909 Johannes de Kollick (Colck) precept. hosp. dom. s. Antonii in Hoest
(Horst) o. s. Aug. Magunt. dioc. cui
dom. s. Antonii in Rostorff (Rus-
dorff) o. s. Aug. Magunt. dioc. unita
est <et in quib. pauperes et infirmi
more Persico tractantur>: (motu pr.)
de uniendo d. domui in Hoest (100
m. arg.) par. eccl. in Sultzbach
(Salczbach /.) Magunt. dioc. (20 m.
arg.) 8. apr. 76 S 737 126ᵛˢ, 18. apr.
76 S 737 243ʳˢ, L 761 66ʳˢ – oblig.
sup. annat. par. eccl. ut supra 26.
apr. 76 A 24 131ᵛ.

**4910 Johannes Coolinar (Coolinam al.
Daens)** presb. Traiect. dioc. qui ad
par. eccl. de Dreelant [= Vreeland]
Traiect. dioc. officiali archid. Traiect.
p. patron. present. fuit et qui litig.
desup. coram d. offic. contra Cornelium Triel presb. p. al. patron.
present.: m. (archidiaconis de
Vanencenis eccl. Cameracen. et de
Brugis eccl. Tornacen.) committ. in
partibus 26. apr. 73 L 715 392ᵛˢˢ –
rect. par. eccl. de Steenlandt [= Vre-
eland] Traiect. dioc. qui litig. coram
offic. archid. Traiect. et Petro Bogart

archid. Valencenen. in eccl. Cameracen. contra Cornelium Triel
cler. Traiect. dioc. sup. d. par. eccl.:
m. (dec. eccl. s. Petri et dec. eccl.
s. Jacobi Lovanien. Leod. dioc.)
committ. in partibus 5. apr. 82 L 817
259ᵛˢˢ.

4911 Johannes Colon.: not. recip. pro
bulla distributa 2 grossos et 2 grossos oct. 80 DB 1 49ʳ.

4912 Johannes de Colonia can. reg.
s. Aug. profes. mon. Kyrszgarten
Wormat. dioc.: de lic. transferendi ad
al. mon. alterius ord., Et p. breve 29.
febr. 80 S 790 205ᵛ.

4913 Johannes prior prioratus s. Petri
[Columbarien.] Basil. dioc. et **Gabriel Boner** can. eccl. Elboren.: fi-
deiusserunt pro Petro de Chretenen
prep. eccl. s. Marie in Basil. dioc. in
provincia Bisuntin. collect. 14. iun.
82 FC I 1715 37ʳ.

**4914 Johannes Columberch (Colun-
berch, Calnberch)** cler. Cameracen.
dioc. in hosp. s. Spiritus [in Saxia de
Urbe] coquus: de perp. capn. s. Johannis in eccl. s. N. Colon. dioc. (24
fl. adc.) vac. p. o. in cur. vel in d.
hosp. Henrici Hendo de Brilon Colon. dioc. 10. oct. 80 S 797 24ᵛ – in
hosp. s. Spiritus in Saxia de Urbe pro
infirmis coquus et servitor: de par.
eccl. ss. Martini et Catherine in villa
Maluche August. dioc. (40 l. T. p.)
vac. p. o. in cur. vel in d. hosp. Georgii Vusscher 16. oct. 80 S 797
87ᵛˢ, I 334 6ʳ – rect. par. eccl.
ss. Marie et Martini et Catherine in
op. de Gengen August. dioc.: oblig.
p. d. Johannem et Antonium de la
Mota commendatarium prioratus
s. Remigii de la Fulosa Carnoten. dioc. ac Angelum Ghisberti cap. in
eccl. s. Johannis Bapt. in Buscoducis
Leod. dioc. sup. annat. d. par. eccl.
(40 l. T. p.) de qua vac. p. o. in cur.
Gregorii Fistcheet s. d. 16. oct. 80
sibi prov. fuit 9. iul. 81 A 30 41ʳ.

4915 Johannes Komer (Kromer) presb.
Constant. dioc.: de can. et preb. col-

leg. eccl. s. Nicolai op. Marckdorff (Mardoff) Constant. dioc. (4 m. arg.) vac. p. o. Seboldi (Bintzel) 25. sept. 71 S 673 85ᵛ, m. (abb. mon. in Petershusen e. m. Constant.) (exped. 21. apr. 72) L 713 155ʳˢˢ – prov. de capn. Constant. [dioc.?] vac. p. resign. 81/82 I 334 72ᵛ.

4916 Johannes Comini de Yvodio cler. Trever. dioc. cui de par. eccl. in Weyo Trever. dioc. p. papam prov. fuit et qui litig. desup. coram aud. contra quond. Johannem Scutiferi in cur. defunctum: de confic. litt. desup. c. express. quod d. par. eccl. vac. p. o. Henrici de Cugnonno 9. decb. 71 S 674 90ʳ, I 332 270ʳ – de prom. ad omnes ord. extra temp., sola sign. 2. iul. 72 S 681 167ʳ – litt. testim. sup. prom. (vig. conc. s. d. 2. iul. 72) ad subdiacon. ord. s. d. 6. sept. 72 in eccl. s. Bartholomei de Insula in Urbe, ad diacon. ord. s. d. 8. sept. 72 in eccl. s. Marie Maioris in Urbe, ad presbit. ord. s. d. 13. sept. 72 in d. eccl. s. Bartholomei 13. sept. 72 F 6 105ʳ.

4917 Johannes de Conarzewo cler. Poznan. dioc. rect. par. eccl. in Cryrowo Poznan. dioc. ex utr. par. de nob. gen.: de disp. ut unac. d. par. eccl. aliud incompat. benef. ctsi par. eccl. retin. val. 28. nov. 77 S 761 38ᵛ.

4918 Johannes Conasewsky litig. coram Johanne de Ceretanis aud. contra Andream de Buck cler. Poznan. dioc. (nunc resign. in manibus pape) sup. perp. vicar. ad alt. s. Trinitatis in eccl. Gneznen. (3 m. arg.) vac. p. o. Vincentii Jorda (/.): de surrog. ad ius d. Andree 11. mai. 72 S 680 25ʳˢ.

4919 Johannes van den Contere presb. Tornacen. dioc. 67. sue et. an. appropinquans: assign. pens. ann. 6 libr. grossorum monete Flandrie (= 27 l. T. p.) sup. fruct. par. eccl. in Artrike Tornacen. dioc. p. Sibrandum Nicolai Haghen presb. Traiect. dioc. in op. Brugen. Tornacen. dioc. persolv. in cuius favorem d. Johan-

nes d. par. eccl. (p. Rolandum de Boms cler. Tornacen. dioc. procur.) resignaverat 2. mart. 72 L 718 17ᵛ-19ᵛ.

4920 Johannes Koppersleger presb. Colon. dioc. c. quo sup. def. nat. (p. s.) disp. fuit: de par. eccl. in Allagen Colon. dioc. (4 m. arg.) vac. p. o. Johannis Burberg seu vacat. p. resign. in manibus pape Johannis Ruden al. Deckel c. reserv. pens. ann. 6 fl. renen. 5. mai. 73 S 690 3ᵛ.

4921 Johannes Coppersleger cler. Paderburn. dioc.: de nova prov. de summa vicar. et perp. benef. in eccl. Paderburn. (4 m. arg.) vac. p. o. Conradi Gubdelbert vel p. resign. Hermanni Gumpell et de rehab. ac de absol. a simoniaca labe (si umquam infectus sit prout timet) 10. febr. 80 S 790 43ᵛ.

4922 Johannes Copis (Coppis, Cops) (de Lumpuis, Lumpnis) [1. pars 4 partium] cler. Leod. dioc. in art. licent. pape fam.: gr. expect. s. d. 1. ian. 72 de benef. ad coll. ep. etc. Leod. seu quarumcumque al. personarum eccles. in civit. aut dioc. Leod. m. (ep. Tirasonen. et archid. Tirasonen. ac Michaeli Moner can. eccl. Elnen.), gratis 13. sept. 74 V 678 96ʳ-98ᵛ – fruct. percip. 10. mart. 75 (exec. archid. eccl. Tirasonen. et offic. Colon. ac offic. Cameracen.), gratis V 664 262ʳ-263ᵛ – prov. de can. et preb. eccl. s. Bartholomei Leod. (24 l. T. p.) vac. p. o. Raymundi de Marliano olim Bessarionis [Trapezunt.] card. ep. Sabinen. Niceni nunc. fam. (exec. archid. Tirasonen. et dec. eccl. s. Martini Leod. ac offic. Leod.), gratis 7. sept. 75 V 573 149ᵛ-151ᵛ – pres. in cur. in art. bac. qui iuravit gradum mag. in univ. studii Lovanien. Leod. dioc. recepisse: de absol. ab iuram. et committ. alicui prelato in cur. confer. gradum mag. c. facult. docendi ubicumque locorum 18. sept. 75 S 736 301ʳˢˢ – de perp. <s. c.> capn. ad alt. ss. Agathe et Eligii in par. eccl. in Breda (Brede) Leod.

dioc. (4 m. arg.) vac. p.o. Leonardi Scholeker (Scholoker) 10. nov. 75 S 732 73ʳ, m. (dec. eccl. s. Martini Leod. ac offic. Leod.), gratis (exped. 11. mart. 76) L 768 116ᵛˢˢ – de n. prom. ad 7 an. 11. mart. 76 S 735 288ᵛ, gratis V 665 304ʳˢ – de perp. capn. ad alt. b. Marie Magdalene in par. eccl. s. Johannis Traiecten. Leod. dioc. (3 m. arg.) vac. p.o. Alfonsi (Adulphi) de Trimonia 16. apr. 76 S 737 286ᵛˢ – pape acol.: motu pr. gr. expect. s.d. 1. ian. 72 de 2 benef. ad coll. ep. etc. Leod. et ad coll. prep. eccl. s. Servatii Traiecten. Leod. dioc. et prerog. ad instar pape fam. descript. (s.d. 5. ian. 72) 22. mai. 76 (exec. ep. Massan. et Michael Moner can. eccl. Elnen. ac offic. Leod.), gratis V 665 221ʳ-224ʳ – off. tabellionatus, gratis 13. iun. 76 L 790 304ʳ – <c. quo dudum ad 3 incompat. benef. etsi 2 par. eccl. disp. fuit>: motu pr. de par. eccl. in Berchem (Berchen, Berker) et de par. eccl. in Os Leod. dioc. (16 m. arg. <insimul 24 m. arg.>) vac. p.o. Johannis Christiani [de Os] <cui vig. gr. expect. de d. par. eccl. vac. p.o. Godefridi Wilhelmi al. Lippen prov. fuerat et qui litig. desup. coram Nicolao de Ubaldis aud. contra Petrum Rubusch (Rubusche) cler. possessorem> 4. iul. 76 S 740 71ʳ, m. (Johanni de Cesarinis aud.), gratis V 579 61ʳ-63ʳ – de prom. ad omnes ord. extra temp., sola sign. 10. febr. 77 S 746 278ᵛ – solv. pro formata 2 ord. 6 grossos febr. 77 T 13 44ʳ – oblig. sup. annat. de par. ecclesiis ut supra vac. p.o. Godefridi Wilhelmi al. Lippen et p.o. in cur. Johannis Cristiani collitigantis de quib. ipsi in forma surrog. s.d. 4. iul. 76 prov. fuit, restit. bulle 22. apr. 77 A 25 154ᵛ – assign. pens. ann. 12 fl. renen. sup. fruct. par. eccl. de Broeghel Leod. dioc. (37 fl. renen.) p. Cornelium Severini in loco Blisia persolv. (m. dec. eccl. s. Martini Leod. et dec. eccl. b. Marie Traiecten. Leod. dioc. ac offic. Leod.) 30. aug. 77 L 779 151ʳˢˢ –

oblig. sup. annat. pens. ann. ut supra, restit. bulle absque oblig. (n. est fact. prov. d. eccl.) 24. sept. 77 A 26 206ʳ.

4923 Johannes Copis [2. pars 4 partium] litig. coram <mag.> Johanne Antonio [de Sancto Georgio] <aud.> et deinde coram Georgio Pfintzing prep. eccl. b. Marie ad Gradus Magunt. contra Petrum Rubusch rect. par. eccl. de Berchem (Berchen) et par. eccl. de Os Leod. dioc. sup. dd. par. eccl. unitis: de assign. Johanni Copis pens. ann. 12 fl. auri renen. sup. fruct. dd. par. eccl. (20 m. arg.) p. d. Petrum c. consensu suo <p. Adam Rodthart cler. Wormat. d. Petri procur. in civit. Leod. fact.> persolv. 4. ian. 78 S 766 41ʳ, 10. mart. 78 S 768 119ᵛ, (exec. dec. eccl. s. Martini Leod. et Michael Moner can. eccl. Elnen. ac offic. Leod.), gratis V 587 21ʳ-23ʳ – oblig. sup. annat. sup. pens. sibi s.d. 10. mart. 78 ut supra assign., restit. bulle absque oblig. 12. iul. 78 A 27 210ʳ – de can. et preb. eccl. b. Marie Traiecten. Leod. dioc. (10 m. arg.) et de perp. capn. in par. eccl. de Heyne Leod. dioc. de iur. patron. laic. (3 m. arg.) vac. p.o. in cur. Henrici de Alferiis cler. Leod. dioc. (cui de eisdem vac. p.o. Henrici Chabaoth (Chaboth) Nicolai V. fam. prov. fuit litt. n. confectis) [dat. deest, oct.-nov. 78] S 774 233ʳˢ – m. (archid. Tirasonen. et Wilhelmo de Gothem can. eccl. Leod. ac offic. Leod.) confer. perp. capn. ad alt. ss. Salvatoris, Johannis Ev., Augustini et Cecilie in par. eccl. loci de Heercastri Leod. dioc. de iur. patron. laic. (4 m. arg.) vac. p.o. in cur. Henrici de Alferiis, gratis 31. oct. 78 V 669 513ᵛˢˢ – referens quod Henrico Bongarts s.d. 11. decb. 72 de can. et preb. ac scolastr. eccl. s. Martini Leod. (14 m. arg.) vac. p.o. Theoderici Bechs prov. fuit et quod d. Henricus s.d. 25. aug. 71 se obligavit cam. ap. sup. annat. et quod eandem n. persolv. excom. fuit:

de committ. in partibus c. lic. evo-
candi d. Henricum ad iudicem et c.
derog. reg. de 1 vel 2 dietis ac de
prov. Johanni Copis de dd. can. et
preb. ac scolastr. (18 m. arg.) 10.
decb. 78 S 775 270^{vs} – de can. et
preb. eccl. s.Johannis Ev. Leod. (8
m. arg.) et de perp. capn. in eccl. b.
Marie Tongren. Leod. dioc. (4 m.
arg.) vac. p.o. Johannis Buckinck
abbrev. pape fam. 25. iul. 79 S 784
250^{v} – motu pr. de par. eccl. de Ker-
nipt Leod. dioc. (7 m. arg.) et de
perp. capn. in eccl. Leod. (4 m. arg.)
vac. p.o. Johannis de Hees 26. apr.
80 S 795 322^{rs} – de perp. capn. in
eccl. castri op. Antwerpen. Cameracen. dioc. (20 l. T. p.) vac. p. resign.
in manibus pape Egidii Gobbert
pape acol. 17. iun. 80 S 794 101^{r} –
can. eccl. s.Dionisii Leod.: de cantor. d. eccl. (4 m. arg.) vac. p.o. Antonii de Blisia al. Corten subcollect.
c. derog. iuram. d. eccl. [dat. deest,
iul.-aug. 80] S 795 211^{r} – not. recip.
pro bulla distributa 2 grossos et 2
grossos aug. 80 DB 1 37^{r} – qui pluribus an. in studio iur. can. vacavit et
licent. et doct. gradus in decr. assequi desiderat sed illas in stud. gener.
propter graves expensas assumere
nequit: de committ. aud. et si placet
Antonio de Grassis archipresb. Bononien. utr. iur. doct. ut primo eum
ad licent. et deinde doctoratus gradus
et prom., sola sign. 27. oct. 80 S 797
203^{r}, m. (Antonio de Grassis aud.),
gratis V 613 42^{rs} – presb. cui pens.
ann. 12 fl. sup. fruct. par. eccl. seu
perp. vicar. de Broghel ut supra assign. fuit: transl. d. pens. p. Johannem Okel dec. eccl. s.Rumoldi
Mechlinen. Cameracen. dioc. Johannis Copis procur. (ut constat in publ.
instr. acto Leodii s.d. 13. iun. 80 p.
Johannem Spirink de Aberh not. et
cler. Leod. recognito) ad Andream
Goret cler. Leod. dioc. s.d. 30. apr.
80 c. consensu Cornelii Sidrini cler.
et rect. d. vicar. 27. nov. 80 OP 6
62^{v}.

4924 Johannes Copis [3. pars 4 partium]
qui litig. coram aud. contra Johannem Groot et Godefridum de Chenesmont ac Dominicum de Lovatis
<pape fam.> necnon Johannem Nys
<pape fam.> clericos sup. cantor.
eccl. s.Dionisii Leod. ut supra: de
prov. si nulli de eadem (4 m. arg. p.)
5. iun. 81 S 802 93^{r} – litig. coram
Johanne [de Ceretanis] ep. Nucerin.
aud. sup. cantor. ut supra et referens
quod Godefridus de Chenesmont
(Chenosmont) eandem in manibus
pape resign.: de surrog. ad ius d. Godefridi (qui d. cantor vig. gr. expect.
acc.) 12. iun. 81 S 801 257^{v}, m. (d.
Johanni [de Ceretanis] aud.), gratis
V 616 310^{r}-313^{v} – not. recip. pro
copia 7 grossos iul. 81 DB 1 93^{v} –
rect. par. eccl. de Kessel Leod. dioc.
referens quod secum s.d. 11. mart.
76 de n. prom. ad sacros ord. p. 7 an.
disp. fuit et in subdiacon. ord. infra
primum dd. 7 an. prom. fuit et quod
sibi postmodum de par. eccl. de
Kermpt Leod. dioc. prov. fuit ac d.
par. eccl. de Kessel ex disp. obtin.:
disp. sup. n. prom. ad sacros ord. ad
5 an. ab fine dd. 7 an., gratis 11.
aug. 81 V 631 244^{vss} – de perp.
capn. in eccl. s.Germani Thenen.
Leod. dioc. (3 m. arg.) vac. p.o. Gerardi Foets 14. aug. 81 S 802 30^{r} –
unio ad vitam canonicatui et preb.
eccl. s.Dionisii Leod. (12 m. arg.)
par. eccl. de Kermpt Leod. dioc. (6
m. arg. p.) quam Johannes Copis inter al. obtin., gratis 30. aug. 81 V
614 116^{rss} – decr. doct.: prov. de
perp. s.c. capn. ad alt. b. Marie in
par. eccl. de Meldert Leod. dioc. (4
m. arg. p.) vac. p.o. Johannis Ghemart, n.o. quod can. et preb. eccl.
s.Dionisii Leod. (8 m. arg.) et par.
eccl. de Kernpt (6 m. arg.) dd. canonicatui et preb. unitam et par. eccl.
de Kessel (Refflt) Leod. dioc. (6 m.
arg.) ac perpetuas capn. in par. eccl.
de Heercastri (3 m. arg.) et in par.
eccl. s.Thome Leod. et in par. eccl.
de Tille al. Thiis Leod. dioc. ac in
eccl. castri Antwerpien. Cameracen.

dioc. (insimul 6 m. arg.) necnon s.c. capn. s.Johannis de Rollonz Leod. dioc. (3 m. arg.) obtin. necnon quod litig. in cur. sup. cantor. d. eccl. s.Dionisii (5 m. arg.) et quod ipsi hodie de can. et preb. eccl. s.Johannis Busciducen. (6 m. arg.) vac. p.o. Henrici Alberti et de perp. capellaniis in Bleredic (Blederick) (3 m. arg.), de Brede (2 m. arg.), de Diepenborck (3 m. arg.), de Freri sive Nedehem (3 m. arg.) et in op. Huyen. (3 m. arg.) necnon quod sibi de perp. capn. in eccl. b. Marie Tongren. et al. in eccl. s.Hermanni [recte: Germani] Thenen. (insimul 5 m. arg.) et alt. b. Marie in eccl. Truylingen. (3 m. arg.) Leod. dioc. prov. fuit quas n. obtin. necnon n.o. pens. ann. 15 duc. adc. sup. fruct. archipresb. eccl. Ampurien. quam n. percip. et pens. ann. 12 fl. auri renen. sup. fruct. invicem unitarum par. eccl. de Berchem et Os Leod. dioc., (exec. ep. Forojulien. et prep. eccl. Grassen. ac dec. eccl. b. Marie Wesalen. Trever. dioc.), gratis 3. nov. 81 V 614 63^r-64^v – prov. de perp. s.c. capn. ad alt. b. Marie in par. eccl. de Truylingen al. de Trouwengen Leod. dioc. (3 m. arg. p.) vac. p.o. Johannis Ghemart, n.o. ut supra (exec. ep. Forojulien. et prep. eccl. Grassen. ac dec. eccl. b. Marie Vesalien. Trever. dioc.), n.o. ut supra, gratis 3. nov. 81 V 614 178^r-180^r – not. recip. pro bulla distributa 3 grossos et 2 grossos decb. 81 DB 1 109^v – not. recip. pro bulla distributa 4 grossos ian. 82 DB 1 113^r – not. recip. pro bulla distributa 3 grossos et 2 grossos ian. 82 DB 1 115^v – pape acol.: alt. port., gratis 1. mart. 82 V 632 198^{rs} – not. recip. pro bulla distributa 3 grossos et 2 grossos mart. 82 DB 1 124^r – de decan. rurali christianitatis concilii nunc. Eycken. Leod. dioc. (4 m. arg. p.) vac. p.o. Johannis Plebes 26. apr. 82 S 809 302^r.

4925 **Johannes Copis** [4. pars 4 partium]: oblig. sup. annat. cantor. ut supra (5 m. arg. p.) et promisit solv. infra 6 menses quia docuit de intruso p. testes 18. mai. 82 Paris L 26 A 10 28^v – <c. quo ad 2 incompat. benef. disp. fuit>: de perpetuis capn. in par. eccl. de Diepenbeeck, in par. eccl. de Coersel (Coarstil) et in par. eccl. de Voeren Leod. dioc. (insimul 4 m. arg. p.) vac. p.o. Wilhelmi de Gotem (Gothan) pape fam. et sed. ap. acol., n.o. <ut supra> et n.o. quod vig. gr. expect. de can. et preb. eccl. Leod. et de can. et preb. eccl. b. Marie Tungren. Leod. dioc. dudum conc. can. et preb. d. eccl. Leod. (15 m. arg.) acc.> 23. mai. 82 S 811 72^r, (exec. prep. eccl. Grassen. et dec. eccl. b. Marie Wessalien. Trever. dioc. ac offic. Leod.), gratis V 621 298^v-301^r – de can. et preb. eccl. s.Johannis Buscoducen. Leod. dioc. (6 m. arg.) vac. p.o. Henrici Marcelli pape fam. 2 dietas a cur. n. distante defunct. cui in 7. sue et. an. constit. ad can. et preb. d. eccl. que alternatis vicibus de iur. patron. Maximiliani archiducis Austrie Burgundie Brabantie seu eius filiorum ex Maria ducissa Brabantie coniuge sua procreatorum et ad coll. dec. etc. d. eccl. exist. present. fuit 23. aug. 82 S 813 251^{vs} – not. recip. pro bulla distributa 4 grossos et 2 grossos aug. 82 DB 1 142^r – de nova prov. de decan. rurali e.m. civit. concilii Eycken. nunc. Leod. dioc. (4 m. arg. p.) vac. p. resign. Judoci Royer (cui de eadem vac. p.o. Johannis Plebis al. Monachi abbrev. et cuiusdam card. fam. auct. ap. prov. fuit et qui postea litig. desup. in cur. contra intrusum) 8. decb. 82 S 817 163^{rs} – not. recip. pro bulla distributa 7 grossos decb. 82 DB 1 154^v – pape fam.: prov. de perp. s.c. capn. ad alt. s.Nicolai in par. eccl. de Lumpius Leod. dioc. (4 m. arg. p.) vac. p.o. in cur. Petri de Heemslaken, (exec. ep. Alerien. et dec. eccl. b. Marie Wesalien. Trever. dioc. ac offic. Leod.), gratis 27. iun.

83 V 633 60^{vs} – litt. ap. sollicitator: m. (dec. eccl. b. Marie Wesalien. Trever. dioc. et Johanni Bapt. de Ferrariis can. eccl. Mutinen. ac offic. Leod.) prov. de perp. s. c. capn. in par. eccl. de Cuxcingen Leod. dioc. (4 m. arg. p.) vac. p. o. Lamberti de Cortersem, gratis 16. nov. 83 (exped. 11. mart. 84) L 836 310^r-311^v – m. (ut supra s. d. 16. nov. 83) prov. de perp. s. c. capn. ad alt. s. Agathe in par. eccl. de Herek Leod. dioc. (4 m. arg.) vac. p. o. Johannis de Campo, gratis 22. mart. 84 L 832 133^{rs} – m. (ep. Insulan. et dec. eccl. b. Marie Wesalen. Trever. dioc. ac offic. Leod.) prov. de s. c. alt. b. Marie in par. eccl. de Rummershoven Leod. dioc. (4 m. arg. p.) vac. p. o. Johannis de Rummershoven et prov. de perp. s. c. capn. in par. eccl. de Hoesfelt Leod. dioc. (4 m. arg. p.) vac. p. o. Johannis de Rummershoven, gratis pro sollicitatore 4. iul. 84 (exped. 16. iul. 84) L 834 97^r-98^v.

4926 **Johannes Korken**: not. recip. pro formata [deest val.] febr. 80 DB 1 164^r.

4927 **Johannes Korredan** rect. par. eccl. de Ploenent Bremen. dioc.: de disp. ut unacum d. par. eccl. (30 l. T. p.) aliud incompat. benef. etsi 2 par. eccl. recip. val. 21. febr. 77 S 747 178^{vs}.

4928 **Johannes Cornch** cler. Traiect. dioc. rect. par. eccl. in Yselhain Traiect. dioc. in cur. resid.: de prom. ad omnes ord. extra temp., Et p. ep. Arien., sola sign. 23. mai. 84 S 836 187^r.

4929 **Johannes Cornelii** rect. par. eccl. in Feldechin (Foldechim) Traiect. dioc. c. quo sup. def. nat. (p. s.) disp. fuit: de prom. ad omnes ord. extra temp., sola sign. 18. iun. 73 S 691 256^r, 30. iun. 73 S 692 114^{rs}.

4930 **Johannes Cornelii de Brielies** cler. acol. Traiect. dioc. inter al. referens quod ipse in studio univ. Ferrarien. commorando interfuit quando qui-

dam doctor a quodam cirurgico adeo vulneratus fuit ut diem clausit extremum: de disp. sup. irreg. et de prom. ad omnes sacros etiam presbit. ord. ac alt. ministerium ministrandi 2. ian. 78 S 763 106^r.

4931 **Johannes Cosmeyer** cler. Cameracen. dioc.: oblig. p. Johannem Alfast can. eccl. s. Simeonis Trever. sup. annat. par. eccl. de Staden Leod. dioc. (13 m. arg.) de qua vac. p. o. Jamelis de Castro s. d. 18. sept. 82 sibi prov. fuit, restit. bulle (in margine: s. d. 28. febr. 85 obtin. prorog. ad 4 menses a fine litis sup. d. par. eccl.) 6. mai. 83 A 31 48^v.

4932 **Johannes Kosszlams** et **Elizabeth Tucherin** mul. incole op. Nurenbergen. Bamberg. dioc.: de disp. sup. impedimento matrim. contracti, n. o. affinitate quia quond. vir d. Elizabeth et d. Johannis 3. consang. gradu coniuncti erant 8. oct. 72 S 682 281^r.

4933 **(Johannes) Stephanus Cotta** script. [Petri Riario] tit. s. Sixti presb. card. fam. <pape fam.> cui gr. expect. s. d. 1. ian. 72 de can. et preb. eccl. s. Stephani Magunt. necnon de benef. ad coll. ep. etc. Trident. (in qua bencf. utriusque nationis tam Italie quam Almanie conferri consueta sunt) conc. fuit: de decl. litt. desup. perinde val., n. o. reg. cancellarie quod nullus gr. expect. extra suam nationem impetrare debeat 19. aug. 73 S 695 23^{vss} – exten. litt. ut supra acsi ad benef. curatum conc. fuisset 19. aug. 73 L 726 367^v – qui par. eccl. s. Marie de Linio Trident. dioc. in manibus pape resign. et Aprovinus de Aprovinis cler. Trident. ac Henricus Henricus de Barstat dec. eccl. s. Mauritii Magunt. pape fam.: de adm. resign. d. Stephani et de prov. d. Aprovinio de d. par. eccl. (36 fl. auri renen.) ac de assign. d. Henrico pens. ann. 12 fl. renen. sup. fruct. d. par. eccl. p. d. Aprovinum persolv. 15. mai. 80 S 792 179^{rs}.

4934 Johannes Kotteling cler. Herbip. dioc. c. quo sup. def. nat. (p. s.) disp. fuit: de disp. ad quodcumque benef. 24. apr. 72 S 679 82^r, 8. iun. 72 L 722 23^{vs}.

4935 Johannes Kouwt cler. Magunt. dioc.: motu pr. de gr. expect. de 2 can. et preb. necnon de 2 benef. ad coll. quorumcumque c. prerog. ad instar pape fam. descript., Et s. d. 17. nov. 81 24. nov. 83 S 830 29^{rs}.

4936 Johannes Bapt. Coxe: solv. p. manus Miliaducis Cichala merc. Januen. 50 fl. adc. pro annat. archidiac. eccl. Colon. 6. sept. 71 FC I 1129 16^r.

4937 Johannes Kraenfusz (Krasenfusz, Keraenfusz) (de Marckerelbach) presb. Herbip. dioc.: de par. eccl. s. Kiliani in Emskirchen (Euskierchen) Herbip. dioc. (12 m. arg.) vacat. p. resign. Georgii Klawberpusch (Klaubenprisch, Klawbenpuch) presb. Herbip. dioc. <p. Henricum Scanleben Herbip. dioc. procur. fact.> c. reserv. eidem pens. ann. 28 fl. renen. que 3. partem fruct. d. par. eccl. n. excedunt 13. ian. 73 S 686 232^{vs}, (m. prep. eccl. Bamberg. et dec. eccl. s. Johannis in Hawgis e. m. Herbip. ac Henrico Lebenther can. eccl. Wratislav.) (exped. 13. febr. 73) L 728 257^{rs} – de primissaria <perp. s. c. benef.> in par. eccl. ss. Kiliani et sociorum op. Marckerelbach Herbip. dioc. (3 m. arg.) vac. p. resign. in manibus pape Johannis Eberhardi (Eberardi) <coram Johanne During cler. Herbip. dioc. imper. auct. not. fact.> 15. ian. 73 S 686 245^r, m. (prep. eccl. Bamberg. et dec. eccl. s. Johannis in Hawgis e. m. Herbip. ac Henrico Lebenther can. eccl. Wratislav.) (exped. 11. mart. 73) L 728 131^{vs} – restit. bulle sup. par. eccl. in Einskirchen ut supra 29. mai. 73 A 22 30^v.

4938 Johannes Kraffth cler. Bamberg. dioc.: litt. testim. sup. recept. prime tonsure s. d. 3. apr. 83 3. apr. 83 F 7 81^r.

4939 Johannes Krafft (Craften) cler. Constant. dioc. in 14. sue et. an. constit. et in univ. studii Tubingen. studens qui ad par. eccl. in Diettenheim (Diethenheym, Dietheneym, Dyenttenheym) Constant. dioc. <vac. p. o. Johannis Brenner (Brenher)> p. Sigismundum Krafft civ. op. Ulmen. Constant. dioc. patrem suum et unicum patron. laic. present. fuit: de d. par. eccl. (12 m. arg.) et de disp. ut d. par. eccl. usque ad et. legitimam in administratione et deinde in tit. obtin. possit, Conc. ut petitur dum tamen ad sacros ord. promoveatur cum fuerit legitime etatis 8. nov. 79 S 787 179^v, m. (prep. eccl. s. Ciriaci in Wysensterg Constant. dioc.) L 801 280^{rss} – oblig. p. Johannem de Croaria al. Satteler can. eccl. Constant. sup. annat. 11. decb. 79 A 28 123^v – solv. 27 <14> fl. adc. pro annat. p. manus Burkardi Stoer (Stor) <prep. [eccl. Anseltingen.] Lausan. dioc.> 3. ian. 80 FC I 1134 21^v, [dat. deest] FC I 847 67^v, 3. ian. 80 IE 498 70^v, IE 499 75^v – nunc in 18. sue et. an. constit.: de n. prom. ante 25. sue et. an. 27. apr. 84 S 835 86^{vs}.

4940 Johannes Crammen cler. Bremen. dioc. Bartholomei [Roverella] tit. s. Clementis presb. card. cap. et fam.: de perp. vicar. in eccl. ss. Petri et Pauli Bardewicen. Verden. dioc. (4 m. arg.) vacat. p. resign. in manibus pape Henrici de Estel cler. Bremen. abbrev. 7. nov. 72 S 682 222^{rs}, I 332 305^v.

4941 Johannes Crap laic. Wratislav. qui podagrarum et calculi infirmitatibus afflictus est: de esu carnium et lacticiniorum et de elig. confess. et rem. plen. pro Catherina ux. suo ac de alt. port. pro ipso et ux. sua <in presentia fam. et domesticorum suorum> 1. mart. 81 S 800 175^v, V 676 244^{rss}.

4942 Johannes Crap iun. et **Hedewiga** ac **Catherina** eius sorores necnon **Johannes Mon** vir d. Hedewige: de rem. plen. 1. mart. 81 S 800 175^v.

4943 **Johannes Craska** archid. eccl. Uni-
ieovien. Gneznen. dioc. ex utr. par.
de nob. gen.: disp. ad 3 incompat.
benef. 22. febr. 84 L 835 290^{rs}.

4944 **Johannes Craus** cap. perp. capel.
s. Crucis prope muros Tettelbach
Herbip. dioc.: de prom. ad omnes
ord. extra temp., sola sign. 7. ian. 78
S 762 237^r – pro formata 10 gr. et
residuum gratis de consensu sociorum febr. 78 T 13 93^r.

4945 **Johannes Krawss** cler. August. dioc. pape fam.: motu pr. de perp.
capn. seu vicar. ad alt. s. Andree in
eccl. b. Marie Tongren. Leod. dioc.
de iur. patron. laic. (4 m. arg.) vac.
p. o. in cur. Rollandi Grevenbrock
pape fam. 18. iul. 80 S 794 293^r.

4946 **Johannes Kracz (Cratz, Keracz,
Braz)** cler. Magunt. dioc. cui de quibusdam can. et preb. vac. p. o. Johannis de Kruella prov. fuit: de confic. litt. desup. c. express. quod prius
quond. Johanni Keyt in cur. defunct.
de eisdem (4 m. arg.) p. Paulum II.
prov. fuerat 28. aug. 71 S 671 55^{rs} –
inter 3 personas enumeratus: de gr.
expect. de 2 can. et preb. et de 2 benef. ad coll. quorumcumque, Et s. d.
1. ian. 72 S 670 79^r – cui gr. expect.
s. d. 1. ian. 72 de 2 benef. conc. fuit:
de prerog. ad instar pape fam. descript. 5. nov. 73 S 698 3^{vs} – qui litig. sup. can. et preb. eccl. s. Bartholomei op. Franckforden. Magunt.
dioc. contra Wigendum Kunig: de
prorog. term. executionis ad 6 menses 19. decb. 75 S 731 175^{vs} – qui
vig. gr. expect. par. eccl. in Hetten-
stat Herbip. dioc. vac. p. o. Ludovici
Waldech Francisci [Todeschini-Pic-
colomini] tit. s. Eustachii diac. card.
Senen. vulg. nunc. fam. acc. et qui
illam absque prom. iam ultra an.
possidet: de disp. sup. irreg. et de
nova prov. de d. par. eccl. (4 m. arg.)
et de n. prom. ad 5 an. 31. mart. 76 S
736 273^{vs} – pape fam. cui gr. expect. ut supra de 2 benef. ad coll. ep.
etc. Herbip. et abb. etc. mon. s. Bonifacii in Fulda o. s. Ben. Herbip.

dioc. conc. fuit et qui vig. d. gr.
capel. castri Saleck (Salck) Herbip.
dioc. <que sacerd. requirit> ad coll.
dd. abb. etc. spectantem acc. possessione subsecuta: motu pr. de mutatione de coll. dd. abb. etc. in coll.
prep. etc. eccl. s. Johannis in Haugis
e. m. Herbip. et de decl. dd. priores
litt. perinde val. acsi Johannes Kracz
d. capel. n. acceptasset et dd. litt.
motu pr. conc. fuissent et temp. dat.
earundem litt. pape fam. n. continuus
commensalis extitisset 6. apr. 78 S
768 64^{vs}, L 784 247^{rss} – in acolit.
ord. constit.: de prom. ad omnes ord.
extra temp., sola sign. 4. mai. 79 S
781 69^r – qui vig. gr. expect. par.
eccl. in Eltnam (Eltman) Herbip. dioc. vac. p. o. Georgii de Elringschu-
sen (Hekichszhusen) acc. et qui litig.
desup. contra Martinum de Kere qui
d. par. eccl. detin.: de prorog. temp.
intimandi ad 6 menses, sola sign. 4.
mai. 79 S 781 55^r – pape fam. et
Dominici [de Ruvere] tit. s. Clementis presb. card. fam.: de lic. perm.
23. mart. 80 S 791 101^v – et **Martinus de Kere** can. et cust. eccl. Herbip. referentes quod litig. coram Johanne Prioris aud. et certo iudice in
cur. resid. contra Johannem Hoffman
cler. Herbip. dioc. et Conradum Carpentarii cler. Basil. sup. par. eccl. in
Eltman ut supra et quod Johannes
Kracz deinde in manibus pape resign.: de adm. resign. Johannis
Kracz et de prov. d. Martino de d.
par. eccl. (12 m. arg.) ac de assign.
d. Johanni pens. ann. 20 fl. renen.
sup. fruct. d. par. eccl. p. d. Martinum persolv. 20. iun. 80 S 794 83^{vs},
27. iun. 80 S 794 92^r – motu pr. gr.
expect. de 2 benef. ad coll. prep. etc.
eccl. ss. Petri et Alexandri Aschaffenburgen. Magunt. dioc. necnon ad
coll. abb. etc. mon. s. Bonifatii Fulden. o. s. Ben. Herbip. dioc. acsi s. d.
1. ian. 72 conc. foret et prerog. ad instar pape fam. descript. ac lic. resign.
(exec. ep. Alerien. et offic. Magunt.
ac offic. Herbip.), gratis 26. iun. 80
V 603 80^v-84^v – pape fam.: oblig.

pro facult. resign. vel perm. s. d. 26. iun. 80 conc. 26. iun. 80 A 29 71^r – prov. de perp. s. c. vicar. ad alt. s. Dorothee in eccl. Herbip. (4 m. arg.) vac. p. resign. in manibus pape Johannis Hoffmann (exec. ep. Eugubin. et ep. Alerien. ac offic. Herbip.) 27. iun. 80 V 602 267^r-269^r – not. recip. pro bulla distributa 3 grossos et 2 grossos aug. 80 DB 1 38^v – not. recip. pro bulla distributa 4 grossos aug. 80 DB 1 40^r – not. recip. pro bulla distributa 5 grossos oct. 82 DB 1 151^v.

4947 **Johannes Kraczer** presb. Constant. dioc. qui pactum c. Johanne Wald rect. par. eccl. in Watwiller Basil. dioc. fecit ut fruct. d. par. eccl. sub certa pens. ann. d. Johanni Wald ad 3 an. persolv. val. sed d. Johannes Wald d. pactum observare recusavit: m. (prep. eccl. Walkirch. Constant. dioc.) commiss. in partibus 5. sept. 81 L 822 8^{rs}.

4948 **Johannes Cratzperger, Mathias Scherer** decr. doct., **Achatius Miwa** decr. doct., **Johannes Rochtensternn, Jobichinus Constaczer, Henricus Tschatzer, Florianus Buldauf, Rudolphus de Westersteten, Balthasarus de Marsminster, Johannes Burgscaler, Georius Mesler, Johannes de Sannshoim** can. eccl. Honsteten., **Philippus Schort** decr. doct., **Sifirsus Ziegler** utr. iur. doct., **Johannes Gremff** Herbip., **Wendelinus de Wiela** Spiren. dioc., **Georius Giselmaur** August. dioc., **Hamo Guissardi** cler. Briocen. dioc., **Andreas Zierenberger, Johannes Moirechoffer, Johannes Jochgrim, Bernhardus Onkeman, Nicolaus Gebhoff, Luderus Durode, Johannes Traneke, Christianus Seusz, Nicolaus Hoffman, Christianus Schultestolar, Marchardus Hoppener, Burkardus Weczel, Cristianus Winckler** in decr. licent., **Wolgangus Wurdenast, Stephanus Pantinger, Johannes Selneger, Mathias de**

Shaumberg, Andreas Lentus, Bernhardinus Auerbach, Rodericus Schinder, Georgius Scheullen, Bartolomeus Johannes de Villa, Henricus de Silberberg, Nicolaus Thimiienecz, Antonius Raynalder, Ivonellus de Garelis, Burkardus de Antival Sigismundi archiducis Austrie consiliarii, familiares et dilecti: motu pr. de gr. expect. de 2 can. et preb. ac de benef. ad coll. quorumcumque c. disp. sup. def. nat. et def. et. 17. nov. 81 S 803 82^{vs}.

4949 **Johannes Creyezen** scol. Nuemburg. dioc. de mil. gen. Alberti ducis Saxonie dilectus: motu pr. gr. expect. s. d. 1. ian. 72 de can. eccl. s. Severi Erforden. Magunt. dioc. necnon de benef. ad coll. ep. etc. Misnen. et prerog. ad instar pape fam. descript. 4. mai. 76 (exec. prep. eccl. Czicen. Nuemburg. dioc. et offic. Merseburg. ac offic. Nuemburg.), gratis V 666 38^v-41^v.

4950 **Johannes Krelis** rect. par. eccl. s. Kiliani in Weysach Herbip. dioc.: prom. ad subdiacon. ord. in sacristia basilice Principis appl. in Urbe 3. apr. 73 F 6 106^{vs} – rect. par. eccl. s. Kiliani in Versach Herbip. dioc.: litt. testim. sup. prom. (vig. conc. s. d. 26. mart. 73) ad subdiacon. ord. s. d. 3. apr. 73 in sacristia basilice Principis appl. in Urbe, ad diacon. ord. s. d. 4. apr. 73 in eccl. s. Bartholomei de Insula in Urbe, ad presbit. ord. s. d. 11. apr. 73 in eccl. s. Cecilie in Transtiberim in Urbe 11. apr. 73 F 6 110^v – art. doct.: de primissaria in par. eccl. sive pleban. in Prisenstat Herbip. dioc. de iur. patron. rect. d. par. eccl. (40 fl. renen.) vac. p. resign. in manibus pape Henrici Homiff 4. ian. 81 S 798 272^{rs}.

4951 **Johannes Crema** cler. Trever. dioc. cap. capn. ad alt. ss. Laurentii mart. et Bartholomei Apl. in castro Areas Trever. dioc.: de prom. ad omnes ord. extra temp., sola sign. 18. mai. 79 S 782 25^r.

4952 Johannes Krendel cler. Magunt. dioc. ex utr. par. de mil. gen.: motu pr. de gr. expect. de 2 can. et preb. necnon de 2 benef. ad coll. quorumcumque, Et acsi s.d. 17. nov. 81 conc. [1484] S 830 23ᵛ.

4953 Johannes Kreut cler. Paderburn. dioc. pape fam.: de percip. fruct. 10. decb. 76 S 745 6ʳˢ.

4954 Johannes Kriegher cler. Wormat. dioc. can. eccl. s. Petri in Castello o. s. Ben. Eistet. dioc.: de prom. ad omnes ord. extra temp., sola sign. 8. iul. 78 S 771 165ʳˢ.

4955 Johannes Kryndwis (/.) [= **Krydwis**] utr. iur. doct. cui de decan. eccl. b. Marie Wesalien. Trever. dioc. vac. p.o. Ludovici de Staffenberch prov. fuit et qui litig. desup. coram Oliverio [Carafa] tit. s. Eusebii presb. card. et Amico [Agnifilo tit. s. Marie trans Tiberim presb.] card. Aquilan. et Antonio de Grassis aud. contra Nicolaum de Edam aud. (qui nunc resign. in manibus pape) et contra Johannem Hartmanni decr. doct.: de surrog. ad ius d. Nicolai in d. decan. (12 m. arg.) et de assign. d. Nicolao pens. ann. 25 fl. renen. monete electorum imper. 14. iun. 74 S 707 47ᵛˢˢ.

4956 Johannes Kryss (**Kryff, Kisz**) (**de Ercklens**) [1. pars 5 partium]: nova prov. de can. [eccl.] Traiect. 72/73 I 332 275ʳ – cui gr. expect. s.d. 1. ian. 72 de can. et preb. eccl. s. Severini Colon. dioc. et de can. et preb. eccl. s. Cuniberti Colon. conc. fuit: de decl. litt. perinde val. acsi in dd. litt. express. fuisset quod Johannes Kryss tunc in 17. sue et. an. constit. et acsi pape fam. extitisset 5. mart. 74 S 703 209ᵛˢ – cui pens. ann. 34 duc. sup. prepos. [colleg. eccl. Veteris Capelle Ratisbon.] assign. fuit p. Marcum Fugger persolv.: de ref. quoad reserv. 3. partis fruct. 18. mart. 75 S 716 51ʳ – assign. pens. ann. 10 fl. renen. sup. fruct. perp. capn. ad alt. ss. Johannis Bapt. et Johannis Ev. in eccl. s. Petri Argent. (10 fl. renen.) p. Johannem Fust cap. d. capn. persolv. (m. ep. Vasionen. et prep. eccl. Magunt. ac offic. Magunt.), gratis 20. iun. 75 V 603 145ʳ-147ᵛ – pape fam. qui perp. capn. ad alt. s. Johannis Bapt. ac 12.000 <11.000> Mart. in mon. Hoest o. s. (/.) [Aug.] Magunt. dioc. dim. paratus est: motu pr. de can. et preb. ac celleraria eccl. ss. Martini et Arbogasti in Surburg Argent. dioc. (8 m. arg.) vac. p.o. in cur. Johannis Sartoris de Bockenrode pape fam. 29. decb. 75 S 732 116ᵛ-119ᵛ, (m. archid. eccl. Nonen. et Henrico Loz can. eccl. Trecoren. ac offic. Argent.), gratis V 574 48ʳ-50ᵛ – oblig. sup. annat. de can. et preb. ac celleraria ut supra (in margine: s.d. 27. apr. 85 obtin. prorog., s.d. 20. mart. 89 solv. 20 fl. adc.), restit. bulle 16. febr. 76 A 24 86ᵛ – referens quod quond. Johannes Sartoris de Bockenrode in cur. defunct. cui gr. expect. de perp. vicar. quartaria nunc. in eccl. Spiren. (4 m. arg.) vac. p.o. Johannis Textoris prov. fuit litig. desup. contra quond. Benedictum fil. Johannis Benedicti apothecarii intrusum: de surrog. ad ius d. Johannis Sartoris 13. mart. 76 S 741 31ʳˢ – cellerarius eccl. ss. Martini et Arbogasti ut supra: de uniendo d. cellerarie aliquod benef. Argent. dioc. ad vitam 18. iun. 76 S 740 45ᵛˢ, gratis V 583 184ᵛ-186ᵛ – de perp. vicar. in eccl. Razeburg. (4 m. arg.) vac. p.o. Henrici de Lubick 24. iun. 76 S 740 112ᵛ – de vicar. ad alt. in colleg. eccl. b. Marie ad Gradus Colon. (4 m. arg.) vac. p.o. cuiusdam Kanckhomde de Tremonia 27. iul. 76 S 740 93ᵛ – de n. resid. et de fruct. percip. et de disp. ad 2 incompat. benef. 27. sept. 76 S 742 273ʳˢ, (m. ep. Racanaten. et offic. Colon. ac offic. Magunt.), gratis V 602 256ʳ-259ʳ – de nova prov. de can. et preb. eccl. ss. Martini et Arbogasti in Surburg Argent. dioc. (4 m. arg.) vac. p.o. in cur. Jacobi Pfluger 16. oct. 76 S 749

287ʳˢ – oblig. sup. annat. unionis ut supra s.d. 18. iun. 76 21. nov. 76 A 25 70ʳ – cui gr. expect. s.d. 1. ian. 72 de can. et preb. eccl. s.Severini Colon. dioc. et de can. et preb. eccl. s.Cuniberti Colon. conc. fuit et qui vig. d. gr. in utraque eccl. can. et preb. obtin.: motu pr. reval. gr. expect. et mutatio in benef. ad coll. aep. etc. Colon. et abba. etc. sec. et colleg. eccl. s.Quirini Nussien. Colon. dioc. 25. decb. 77 PA 27 66ʳ-67ᵛ – de capel. s.Oswaldi in villa Illewickerszhem (Allenwikeszhem) sub districtu par. eccl. in Illekirch Argent. dioc. (7 m. arg.) et de perp. s.c. capn. ad alt. s.Johannis Bapt. <in eccl.> mon. ss.Johannis et Marci Argent. <o. s. Aug.> (3 m. arg.) <vac. p.o. in cur. Johannis Olman (possessione n. habita)> necnon de capn. in Haguray [= Hagenau] Argent. dioc. (4 m. arg.) 18. apr. 78 S 768 166ʳˢ, (exec. prep. eccl. s.Petri Northen. Magunt. dioc. et prep. eccl. ss.Martini et Arbogasti Surburgen. Argent. dioc. ac offic. Argent.), gratis V 591 131ʳ-132ᵛ – perp. s.c. capn. in eccl. hosp. novi in op. Hagenaw Argent. dioc. (4 m. arg.) vac. p.o. in cur. Johannis Olman (exec. ep. Vasionen. et prep. eccl. ss.Martini et Arbogasti Surburgen. Argent. dioc. ac offic. Argent.), gratis 18. apr. 78 V 587 167ᵛˢˢ.

4957 **Johannes Kryss** [2. pars 5 partium]: de facult. arrendandi omnia benef. ad 2 an. 10. iun. 78 S 770 154ʳ, gratis V 594 202ᵛˢˢ – et **Johannes Driesche (Dreische)** cler. Basil. referentes quod litig. coram aud. sup. benef. seu vicar. quartaria nunc. in eccl. Spiren. vac. p.o. Johannis Sartoris de Bockenrod: de adm. resign. Johannis Kryss et de prov. d. Johanni Driesche de d. vicar. (4 m. arg.) et de prov. Johanni Kryss de <perp. s.c. capn.> primaria nunc. et de <perp. s.c.> benef. ad alt. in par. eccl. in <op.> Heidelsheim Spiren. dioc. (insimul 8 fl. auri renen. de-

ductis oneribus) vac. p. resign. in manibus pape d. Johannis Driesche <p. Judocum Trebesmulner cler. Bamberg. dioc. procur. fact.> 25. nov. 78 S 775 132ʳˢ, (exec. prep. eccl. b. Marie Feuchtwagen. August. dioc. et dec. eccl. Spiren. ac offic. Spiren.), gratis V 594 200ᵛ-202ʳ – de can. et preb. eccl. s.Victoris e.m. Magunt. (8 m. arg.) vac. p.o. Walteri Krach Nicolai V. et Pii II. fam. et abbrev. 3. febr. 79 S 777 20ʳ – oblig. sup. annat. capel. s.Oswaldi et capn. ad alt. s.Johannis Bapt. ut supra 26. apr. 79 A 28 12ʳ – cui vig. gr. expect. (et reval. sive exten.) de par. eccl. de Lottem Leod. dioc. vac. p.o. Wilhelmi de Brorchusen prov. fuit: de nova prov. de eadem (10 m. arg.) 15. iul. 79 S 785 208ʳˢ – motu pr. de par. eccl. in Essen (Essem) Osnaburg. dioc. (4 m. arg.) et de perp. vicar. ad alt. s.N. in eccl. s.Silvestri in op. Quakenburgen. Osnaburg. dioc. de iur. patron. certarum monial. ex familia Johannis Kryss (4 m. arg.) vac. p.o. Rodolphi Updenorde (Opdenorde) c. derog. iur. patron. 18. aug. 79 S 785 72ᵛ, (exec. prep. eccl. s.Petri Norten. Magunt. dioc. et dec. eccl. s.Mauricii e.m. Monast. ac offic. Monast.), gratis V 595 280ʳ-281ᵛ, gratis V 595 281ᵛ-283ʳ – c. quo ad 2 incompat. benef. etsi 2 par. eccl. ad vitam disp. fuit: de disp. ad 3. incompat. benef. c. lic. perm. et cedendi in commendam 23. oct. 79 S 787 166ᵛˢ – actor et **Hermannus de Wesalia** cler. Colon. reus et possessor qui litig. coram aud. sup. can. et preb. eccl. s.Severini Colon. et deinde concordiam fecerunt ut Johannes Kryss a molestationibus etc. desistat et d. Hermannus ipsi unum s.c. benef. ad val. 10 fl. renen. in civit. vel dioc. Colon. procurare debeat: de conf. concordiam, sola sign. 25. oct. 79 S 787 119ʳ – recip. eum in pape acol., gratis 6. nov. 79 V 658 78ʳˢ – pape acol.: alt. port. c. clausula ante diem, gratis 8. nov. 79 V 673 24ᵛ – can.

eccl. s. Victoris Xancten. Colon. dioc. cui gr. expect. de can. c. ferculo
et preb. d. eccl. et de 2 benef. ad
coll. aep. etc. Colon. necnon abba. et
can. sec. colleg. eccl. s. Quirini Nussien. Colon. dioc. motu pr. conc. fuit: motu pr. de reval. et de mutatione
d. gr. expect. de benef. ad coll. aep.
etc. Colon. in benef. ad coll. p. eum
in confectione litt. elig. 4. mart. 80 S
790 189ᵛˢ – referens quod Johanni
de Arsen cler. Colon. dioc. pape
fam. tunc Pauli II. fam. de perp. s. c.
vicar. ad alt. s. Johannis in cripta
eccl. s. Gereonis Colon. (4 m. arg.)
vac. p. resign. in manibus pape Herberti de Wynschen vel <p. ingr. relig.> Wilhelmi de Velde <cler. Traiect. dioc.> (cui de eadem vac. p. resign. temp. Pii II. Johannis Hayhe
(de Hegen) prov. fuerat possessione
n. habita)> prov. fuit et quod d. Johannes de Arsen deinde litig. desup.
coram Gaspare de Theramo aud.
contra Conradum de Hattingen (Hat-
tengen) cler. Colon. dioc. possessorem (tunc resign. ex causa perm. <in
favorem Johannis Walbrech rect.
par. eccl. in Odendal Colon. dioc.>)
<qui d. perp. vicar. p. 3 an. detin.> et
quod d. Johannes de Arsen etiam ad
ius d. Conradi s. d. 2. decb. 71 surrog. fuit et postremo d. vicar. p. Johannem Cabebe cler. Colon. procur.
suum in manibus pape resign. <litt.
desup. n. confectis>: de d. vicar. (4
m. arg.) 14. mai. 80 S 792 264ʳ, m.
(Gaspari de Theramo aud.), gratis V
604 76ᵛ-78ᵛ – motu pr. de prepos.
eccl. s. Nicolai Novi Collegii in
Spalt (Szvalt) Eistet. dioc. (24 m.
arg.) vac. p. o. Burcardi (Burkardi)
Harscher (Arscher) 18. iun. 80 S 794
61ᵛ, (exec. aep. Salernitan. et prep.
eccl. b. Marie Veteris Capelle Ratisbon. ac offic. Eistet.), gratis V 601
59ᵛ-61ʳ.

4958 Johannes Kryss [3. pars 5 partium]:
m. (aep. Salernitan. et dec. eccl.
s. Cuniberti Colon. ac dec. eccl.
s. Andree Colon.) motu pr. prov. de

par. eccl. op. de Ercklens Leod. dioc.
de iur. patron. ducis Gelrien. (Gelrie)
c. consensu d. ducis, gratis 28. iun.
80 V 600 65ʳˢˢ – oblig. sup. annat.
par. eccl. de Ercklens ut supra 4. iul.
80 A 29 42ʳ – referens quod Wernherus Wolfskel in prepos. eccl. s. Nicolai Novi Collegii in Spalt ut supra
se intrusit: motu pr. monitorium penale contra d. Wernherum et dec. etc.
d. eccl. (exec. aep. Salernitan. et offic. Eistet. ac offic. August.), gratis
15. iul. 80 V 601 61ʳ-63ᵛ – oblig.
sup. annat. prepos. ut supra (in margine: s. d. 26. apr. 81 habuit bullam
decl. sup. d. prepos.; s. d. 17. apr. 81
ratificavit d. oblig.; s. d. 27. apr. 85
obtin. prorog. ad 6 menses et Theodoricus Huvagen causarum pal. ap.
not. coram [Guillermo] de Pereriis
aud. promisit solv. pro eodem; s. d.
16. decb. 85 solv. pro d. annat. 60
fl.) 19. iul. 80 A 29 52ʳ – motu pr.
de can. et preb. eccl. s. Bartholomei
Leod. (4 m. arg. p.) vac. p. o. in cur.
Johannis Druiss (Druys) <sub condicione ut ipse primiceriam ville [Ri-
derhoven] Spiren. dioc. quam inter
al. obtin. dim. debeat> 12. oct. 80 S
797 178ᵛˢ, (exec. ep. Civitatis Castelli et offic. Colon. ac offic. Leod.),
gratis V 605 226ᵛ-228ᵛ – oblig. sup.
facult. resign. vel perm. s. d. 27.
sept. 76 ut supra conc. 29. nov. 80 A
29 110ʳ – not. recip. pro copia 2
grossos nov. 80 DB 1 54ʳ – referens
quod Burchardus Stoer prep. eccl. in
Anseltingen Lausan. dioc. not. ap.
vig. gr. expect. prepos. eccl. s. Nicolai Novi Collegii in Spalt ut supra
motu pr. acc.: motu pr. decl. quod d.
prov. in litt. d. Burchardi Stoer conc.
minime comprehensa et propterea d.
prov. d. Burchardi nullius val. fuit,
gratis 17. apr. 81 V 608 112ᵛˢˢ – cui
de par. eccl. op. de Ercklens ut supra
prov. fuit referens quod omnes et
singule reserv. speciales ad benef. p.
quandam constit. ap. revocate fuerunt et quod in d. constit. de benef.
de iur. patron. nulla mentio facta fuit: motu pr. decl. quod dd. benef. sub

d. constit. revocatoria minime comprehensa fuerunt, gratis 15. sept. 81 V 675 77^{vss} – referens quod Hartmanno de Alwil de prepos. eccl. Basil. vac. p.o. Johannis Werncheri de Flaslandt motu pr. prov. fuit: assign. pens. ann. 13 m. arg. sup. fruct. d. prepos. (40 m. arg.) p. d. Hartmannum persolv. (exec. aep. Salernitan. et offic. Magunt. ac offic. Argent.), gratis 19. sept. 81 V 613 297^{vss} – cui de prepos. eccl. s.Nicolai in Spalt Eistet. dioc. (24 m. arg.) vac. p.o. Burchardi Hascher motu pr. prov. fuit et qui litig. desup. coram Petro de Ferrera aud. contra Theodorum [de Monteferrato] tit. s.Theodori diac. card. qui deinde d. prepos. p. Gabrielem Myro procur. in manibus pape resign.: prov. de d. prepos. (24 m. arg.), n.o. can. et preb. eccl. s.Cuniberti Colon. (4 m. arg.) et can. et preb. ac celleraria eccl. Surburgen. Argent. dioc. (6 m. arg.) quos obtin. et can. et preb. eccl. s.Bartholomei Leod. (4 m. arg.) et can. et preb. eccl. Nuhusen. Wormat. dioc. (4 m. arg.) quos n. obtin. necnon can. et preb. eccl. s.Thome Argent. ac capel. s.Oswaldi [in Illenwikeszhem] Argent. dioc. ac perp. capn. s.Catherine Colon. (insimul 16 m. arg.) sup. quib. litig. necnon pens. ann. 10 fl. renen. sup. fruct. certi benef. ipsi assign., gratis 3. oct. 81 V 614 255^{v}-257^{v} – oblig. sup. annat. pens. ann. 13 m. arg. ut supra assign. 5. decb. 81 A 30 94^{v} – resign. vicar. ad alt. s.Catherine in eccl. Colon. sup. qua litig. contra Johannem de Arsen et Henricum Lins cler. Magunt. dioc. pape fam. de qua d. Henrico s.d. 1. decb. 81 prov. fuit 7. decb. 81 OP 6 121^{r} – rect. par. eccl. s.Bartholomei in Essen (Messen) Osnaburg. dioc.: resign. d. eccl. de qua Bernardo Hughen cler. Monast. dioc. pape fam. s.d. 19. oct. 81 prov. fuit 7. decb. 81 OP 6 121^{r}.

4959 Johannes Kryss [4. pars 5 partium] prep. colleg. eccl. s.Nicolai Novi Collegii in Spalt ut supra: de indulg. 7 an. 8. oct. 81 S 804 186^{v} – de lic. dicendi horas can. secundum usum R. E., sola sign. 23. oct. 81 S 804 186^{vs} – cler. Leod. dioc.: motu pr. prov. de perp. vicar. <ad alt. s.Anne> in eccl. Hildesem. (6 <8> m. arg. p.) vac. p.o. in cur. <Johannis Fabri>, n.o. quod prepos. in eccl. s.Nicolai in Spalt Eistet. dioc. (24 m. arg.), can. et preb. in eccl. s.Cuniberti Colon. (4 m. arg.), can. et preb. in eccl. <ss.Martini et Arbogasti> Surburgen. Argent. dioc. (6 m. arg.), can. et preb. in eccl. s.Bartholomei Leod. (4 m. arg.), celleraria d. in eccl. ss.Martini et Arbogasti (4 m. arg.) ac perp. vicar. in eccl. hosp. in Haghenau Argent. dioc. (3 m. arg.) obtin., n.o. quod litig. sup. capel. s.Oswaldi [in Illenwikeszhem] Argent. dioc. (6 m. arg.) ac can. et preb. eccl. s.Thome Argent. (6 <8> m. arg.) necnon n.o. pens. ann. 13 m. arg. p. sup. fruct. prepos. eccl. Basil. ac 10 fl. renen. sup. fruct. perp. vicar. Argent. ipsi assign. 29. nov. 81 S 805 58^{r}, (exec. ep. Eugubin. et prep. eccl. b. Marie Ratisbon. ac prep. eccl. s.Severi Erforden. Magunt. dioc.), gratis V 614 265^{v}-267^{v} – not. recip. pro bulla distributa [deest val.] nov. 81 DB 1 108^{r} – not. recip. pro bulla distributa 3 grossos decb. 81 DB 1 108^{v} – item 3 grossos decb. 81 DB 1 111^{v} – solv. 20 fl. adc. pro annat. perp. vicar. ut supra p. manus pr. 16. ian. 82 FC I 1134 177^{v}, IE 505 59^{r} – oblig. sup. annat. perp. vicar. ad alt. s.Anne in eccl. Hildesem. (8 m. arg. p.) de qua vac. p.o. in cur. Johannis Fabri s.d. 29. nov. 81 sibi prov. fuit (in margine: s.d. 15. ian. 82 solv. 20 fl.) 24. ian. 82 A 30 118^{v} – qui vig. litt. ap. par. eccl. b. Marie virg. op. de Ercklens Leod. dioc. de iur. patron. ducis Gelrie et ad coll. prep. etc. eccl. Aquen. Leod. dioc. vac. p.o. Johannis Opgastendonck (de Hilderode) de consensu d. ducis acc.: de nova prov. de eadem (4 m.

arg. p.), n. o. certis can. et preb., capel. (quam vig. gr. expect. acc.) etc. et pens. ut supra enumeratis 25. febr. 82 S 808 82^{rs}, (exec. ep. Cervien. et ep. Faventin. ac prep. eccl. ss. Appl. Colon.), gratis V 650 118^{vss} – qui resign. in manibus pape pro bona concordia c. Johanne de Ibesen rect. par. eccl. op. Lotthen (Lothem) Leod. dioc. omni iur. in d. par. eccl.: assign. pens. ann. 10 fl. renen. sup. fruct. d. par. eccl. p. d. Johannem de Ibesen in cur. seu civit. Colon. persolv. quousque ei de s. c. benef. in Colon. vel Leod. civit. seu dioc. cuius fruct. 10 fl. renen. val. prov. fuerit (exec. aep. Colon. ac officiales Colon. et Leod.), gratis 4. iun. 82 V 625 298^{vss} – cler. Colon. dioc.: motu pr. de can. et preb. in eccl. s. Mauritii August. (8 m. arg. p.) vac. p. o. in cur. Johannis Molitoris, n. o. certis can. et preb., capn. etc. et pens. ut supra enumeratis 1. iul. 82 S 812 175^{rs} – cui de can. et preb. eccl. s. Mauritii August. ut supra prov. fuit et qui deinde can. et preb. eccl. s. Bartholomei Leod. vac. p. resign. Johannis Vernudeken (Wernudeken) cler. Colon. dioc. ante exped. litt. in cur. defunct. obtin.: de nova prov. de can. et preb. d. eccl. s. Bartholomei (4 m. arg.) 19. iul. 82 S 812 213^{v} – referens quod sibi de can. et preb. eccl. s. Mauritii August. ut supra prov. fuit et quod quond. Gerardo Teulberge pape fam. de vicar. in op. Hagenaw Argent. dioc. (quam Johannes Kriss obtin. et que vac. p. assec. dd. can. et preb.) prov. fuit litt. desup. n. exped.: de d. vicar. (3 m. arg.) vac. p. o. d. Gerardi 27. iul. 82 S 813 18^{rs} – not. recip. pro bulla distributa 3 grossos oct. 82 DB 1 148^{v}.

4960 **Johannes Kryss** [5. pars 5 partium] pape <acol.> et fam. qui perp. vicar. ad alt. s. Anne in eccl. Hildesem. et **Eustachius Munch** in decr. licent. pape acol. et fam. qui par. eccl. b. Marie in Wichelen Cameracen. dioc.

et **Eberardus Nuhuser** qui can. et preb. eccl. ss. Germani et Mauritii Spiren. et **Theodericus Arndes** can. eccl. Lubic. leg. doct. pape fam. et litt. ap. sollicitator qui can. et preb. eccl. Spiren. (de quib. vac. p. prom. Johannis (Kamerer de Talberg) el. Wormat. sibi prov. fuit) et **Eberhardus Nuhuser** ex utr. par. de mil. gen. qui can. et preb. eccl. ss. Germani et Mauritii Spiren. perm. desiderantes in manibus pape causa perm. resignaverunt: de prov. Johanni Kriis de d. par. eccl. in Wichelem (8) et de prov. d. Eustachio de can. et preb. eccl. ss. Germani et Mauritii Spiren. (8) et de prov. d. Eberhardo de dd. can. et preb. in eccl. Spiren. (10) ac de prov. d. Theoderico de d. vicar. in eccl. Hildesem. (8 m. arg.) c. reserv. d. Johanni pens. ann. 20 fl. renen. sup. fruct. d. vicar. Hildesem. p. d. Theodericum <in cur. vel in civit. Colon.> persolv. 19. nov. 82 S 816 19^{r}, (exec. ep. Cervien. et prep. eccl. s. Severi Erfforden. Magunt. dioc. ac offic. Cameracen.) quoad prov. d. Johannis, gratis V 627 118^{v}-120^{v}, assign. d. pens. (exec. ep. Cervien. et prep. eccl. s. Severi Artforten. [recte: Erforden.] Magunt. dioc. ac offic. Hildesem.), gratis V 627 249^{r}-251^{r} – de perp. s. c. vicar. ad alt. s. Agnetis in eccl. Basil. (4 m. arg.) vac. p. resign. in manibus pape Eustachii Monch (Munch, Much) pape acol. et fam. c. derog. statutorum ut d. benef. obtin. nulla al. benef. recip. val. 19. nov. 82 S 816 19^{r}, (exec. prep. eccl. b. Marie Feuchtwangen. August. dioc. et prep. eccl. s. Severi Herfforden. Magunt. dioc. ac offic. Basil.), gratis V 627 247^{r}-249^{r} – consensus perm. et pens. 20 fl. renen. sup. fruct. vicar. ad alt. s. Anne ut supra p. Theodericum Arndes persolv. 2. decb. 82 Resign. 2 37^{v} – consensus resign. perp. vicar. ad alt. s. Agnetis ut supra 2. decb. 82 Resign. 2 38^{r} – consensus resign. pens. 10 fl. renen. sup. fruct. par. eccl. op. Lotthen ut supra 28.

febr. 83 Resign. 2 57^v – de can. et preb. et scolastr. eccl. s. Severi Erforden. Magunt. dioc. (10 m. arg. p.) vac. p.o. Johannis de Echten 5. mart. 83 S 821 289^r – rect. par. eccl. b. Marie virg. op. de Ercklens Leod. dioc.: de indulg. 7 an., gratis 21. apr. 83 V 633 45^{vs} – oblig. sup. annat. can. et preb. eccl. s. Pauli Leod. (6 m. arg. p.) de quib. vac. p.o. Franconis de Wetribeck s.d. 10. aug. 11 sibi prov. fuit, restit. bulle 17. iun. 83 A 31 79^v – motu pr. de capel. sive capn. in Myrlo Leod. dioc. (4 m. arg.) vac. p.o. Johannis Brunonis pape fam. 12. sept. 83 S 829 96^r – motu pr. de prepos. eccl. s. Pauli Halberstad. (8 m. arg.) vac. p.o. Sifridi de Hyeme [recte: Hoym] 23. sept. 83 S 829 96^r – motu pr. de scolastr. eccl. b. Marie Aquen. Leod. dioc. (6 m. arg. p.) vac. p.o. Ade de Pomerio 11. oct. 83 S 829 95^v – prov. de can. et preb. eccl. b. Marie Traiect. (10 m. arg. p.) vac. p.o. Johannis Horenste Pauli II. fam. (exec. ep. Faventin. et prep. eccl. s. Severi Herforden. Magunt. dioc. ac offic. Traiect.), gratis 11. oct. 83 V 636 199^v-201^r – cui de can. et preb. eccl. Traiect. vac. p.o. Theoderici Uterder prov. fuit et qui litig. desup. contra Bernardum Mennes cler.: de nova prov. de eisdem (16 m. arg.) 13. oct. 83 S 832 57^r – oblig. sup. annat. can. et preb. eccl. b. Marie Aquen. Leod. dioc. (10 m. arg. p.) ut supra, restit. bulle 20. nov. 83 A 31 171^v – prep. eccl. s. Nicolai in Szvalt [recte: Spalt] Eistet. dioc. et rect. par. eccl. de Ercklens Leod. dioc. ac sed. ap. acol.: litt. testim. sup. fruct. percip. in absentia 13. apr. 84 DC 42 337^v – qui can. et preb. eccl. b. Marie Traiect. et par. eccl. b. Marie in Wichelen Cameracen. dioc. ex disp. ap. obtin.: de uniendo dd. canonicatui et preb. eccl. b. Marie Traiect. (9) d. par. ecclesie (8 m. arg.) ad vitam 7. iul. 84 S 838 128^v.

4961 **Johannes Christiani (Cristiani) (de Os, de Oss)** [1. pars 2 partium] presb. Leod. dioc.: ›rationi congruit‹ s.d. 24. decb. 70 m. (decanis eccl. s. Petri et s. Crucis Leod. ac offic. Leod.) confer. can. et preb. eccl. s. Bartholomei Leod. (6 m. arg.) vac. p.o. Johannis Silvestri 25. aug. 71 (exped. 10. nov. 72) L 737 133^v-135^r – de can. et preb. eccl. ‹s. Victoris› Dulmanien. Monast. dioc. (4 m. arg.) vac. p.o. Johannis Damhusen al. de Puteo quond. [Ludovici Alamandi] tit. [s. Cecilie presb.] card. Arelaten. vulg. nunc. fam. 2. nov. 71 S 675 191^{vs}, 16. decb. 71 S 676 146^v – Ludovici [de Bourbon] ep. Leod. secr. et negotiator in cur. ‹in cur. negotiorum procur.›: de decan. eccl. b. Marie Namurcen. Leod. dioc. (8 m. arg.) vac. p.o. Danielis de Namurco 23. nov. 71 S 674 81^r – Ludovici de Bourbon ep. Leod. secr., **Hermannus de Eldris** d. ep. cancellarius, **Everardus de Berch** inter 13 d. ep. fam. et dilectos enumerati: supplic. d. ep. de gr. expect. de 2 can. et de 2 benef. ad coll. quorumcumque, Et s.d. 1. ian. 72 S 670 48^v – can. eccl. b. Marie Traiecten. Leod. dioc. in cur. sollicitator: fit mentio ut procur. 16. mart. 72 A 21 107^v – fit mentio ut procur. et syndicus Theodori abb. etc. mon. s. Gertrudis Lovanien. o. s. Aug. Leod. dioc. 25. iun. 72 L 722 267^r-269^r – de can. et preb. ac thesaur. eccl. s. Servatii Traiecten. Leod. dioc. (16 m. arg.) vac. p.o. Nicolai Simonis, n.o. personatu par. eccl. unitarum in Waelre et Werdt (25 m. arg.) ac par. eccl. beginagii in Busceter [recte: Busciducen.] (10 m. arg.) necnon can. et preb. eccl. b. Marie d. op. Traiecten. ut supra (10 m. arg.) ac alt. ss. Appl. in par. eccl. de Os (6 m. arg.) 31. oct. 72 S 696 24^{vs} – ep. Leod. ut supra in cur. negotiorum gestor c. quo ad 2 incompat. benef. disp. fuit: m. (prep. eccl. s. Andree Colon. et dec. eccl. s. Petri Leod. ac offic. Leod.) confer. par. eccl. in

Brechen et in Os Leod. dioc. (24 m. arg.) vac. p. o. Godefridi Wilhelmi al. Lippen 21. apr. 73 V 563 20^r-21^v – fit mentio ut procur. 31. mai. 73 A 22 33^v, 2. iun. 73 FC I 1129 169^r, FC I 1767 83^v – rect. par. eccl. unitarum in Berchen et in Os Leod. dioc. actor qui litig. coram Nicolao de Ubaldis aud. contra Sifridum Diethnat reum sup. dd. par. eccl. vac. p. o. Godefridi ut supra: de prov. si neutri de dd. par. eccl. (insimul 24 m. arg.) 9. iul. 73 S 693 108^{rss} – in cur. procur. qui in iur. can. ultra 3 an. studuit et gradum doctoratus sive licent. in brevi suscipere sperat: de can. et preb. eccl. Leod. (16 m. arg.) vacat. p. assec. al. can. et preb. d. eccl. p. Robertum de Erp cui de eisdem vac. p. resign. in manibus pape Ludovici de Ludovisiis prothonot. prov. fuerat possessione n. subsecuta 11. aug. 73 S 695 108^r, I 332 160^r – de par. eccl. in Roedem (Roeden) Leod. dioc. (6 m. arg.) vac. p. o. Johannis Montfels (Montsols) 9. nov. 73 S 700 200^{rs}, m. (prepositis eccl. s. Andree Colon. et eccl. s. Spiritus Ruremunden. Leod. dioc. ac offic. Leod.) (exped. 5. apr. 74) L 733 221^{vs} – restit. bulle sup. prov. de can. et preb. eccl. Leod. (16 m. arg.) vac. p. resign. in cur. Ludovici de Ludovicis et p. resign. Roberti de Erp de quib. ipsi prov. fuerat (litt. n. confectis) et de quib. Johanni Christiani s. d. 3. decb. 73 prov. fuit (in margine: s. d. 5. decb. 73 solv. 35 fl.; s. d. 5. decb. 73 oblig. p. Bernardum Dulman can. eccl. b. Marie Ressen. Colon. dioc. pal. ap. not. et p. Guillermum Cellen rect. par. eccl. in Gnesten Colon. dioc. pal. ap. not.; s. d. 14. apr. 74 prorog. usque et p. totum mensem iun. 74) 14. decb. 73 A 22 128^v.

4962 Johannes Christiani [2. pars 2 partium] decr. doct. qui vig. disp. Pauli II. ut unac. person. par. ecclesiarum in Waelre et Weert invicem unitarum Leod. dioc. (sup. quib. litig. in cur.) aliud incompat. benef. recip. val. etsi

par. eccl. ad 5 an. dd. par. eccl. et capel. curatam beginagii op. Busciducen. Leod. dioc. acc. (licet de d. capel. nunc spoliatus): de prorog. d. disp. ad vitam de 2 par. eccl. et de disp. ad 3. incompat. benef. 18. iun. 74 S 707 217^r – m. (prep. eccl. s. Andree Colon. et dec. eccl. s. Petri Leod. ac offic. Leod.) confer. person. sive par. eccl. in Maerters prope Breda Leod. dioc. (30 m. arg.) vac. p. o. Richardi de Troncillon 26. sept. 74 V 574 216^{rss} – cui de person. seu par. eccl. in Maerters al. in den Hagen Leod. dioc. vac. p. o. Richardi de Roncillon prov. fuit et qui litig. desup. coram Gabriele de Contarenis aud. contra Johannem Walteri cler. intrusum et contra Johannem Sembreff: de prov. si nulli de d. person. (34 m. arg. p.) 14. oct. 74 S 711 149^{vss} – oblig. sup. annat. par. ecclesiarum in Vrechen Leod. dioc. et in Os Leod. dioc. (24 m. arg.) vac. p. o. Godefridi Wilhelmi al. Lippen de quib. s. d. 19. febr. 73 sibi prov. fuit, restit. bulle 17. oct. 74 A 23 171^r – oblig. sup. annat. par. eccl. in Rocden Leod. dioc. (6 m. arg.) de qua ut supra sibi prov. fuit, restit. bulle 15. nov. 74 A 23 183^v – referens quod ipse litig. ut supra sup. par. eccl. in Maerters al. in den Hagen Leod. dioc. (de qua vac. p. o. Richardi de Troncillon (Troucellon, Roncillem) ipsi prov. fuit) contra Johannem Walteri et quod d. Johannes Walteri <coram archid. campanie eccl. Leod. et postea coram Henrico de Priohem commissario> et coram Nicolao de Edam aud. al. causam commisit contra Johannem Sembreff (Sombreff) et quod etiam Brictius de Barenhovel et Cristianus Yngelliti litig. sup. d. par. eccl.: de prov. si nulli de d. par. eccl. (34 m. arg.) vac. ex eo quod d. Richardus d. par. eccl. unac. par. eccl. in Vechel et par. eccl. in Vechel et par. eccl. in Ormale Leod. dioc. unac. custod. eccl. Leod. absque disp. tenuit 3. decb. 74 S 712 181^{rss}, 26. febr. 76 S 735

73^{rs} – solv. 35 fl. pro compositione annat. can. et preb. eccl. Leod. 5. decb. 74 FC I 1132 28^r, IE 490 31^r, IE 491 18^r – oblig. sup. annat. person. sive par. eccl. in Maerters prope Breda Leod. dioc. (30 m. arg.) de qua vac. p. o. Ricardi de Troncillon s. d. 27. mart. 75 sibi prov. fuit, restit. bulle 20. apr. 76 A 24 128^r – fit mentio ut procur. 22. apr. 76 L 766 195^v-197^r – qui litig. coram Gabriele de Contarenis aud. contra Robertum de Erpe (Eepe) reum et possessorem sup. par. eccl. in Vechel Leod. dioc. et qui eam in manibus pape resign. intendit: de reserv. sibi pens. ann. 29 fl. renen. sup. fruct. d. par. eccl. (90 fl. renen.) p. d. Robertum persolv. 10. mai. 76 S 738 99^v – ducis Burgundie subditus qui litig. coram Petro Ferrera aud. et in partibus coram Johanne de Papenhoven contra Johannem de Dungelbergio cler. sup. can. et preb. eccl. b. Marie op. Traiecten. Leod. dioc.: de prov. si neutri de eisdem (8 m. arg.) 16. mai. 76 S 738 166^{vs}.

4963 Johannes Cristiani (Cristanni) [Kerstani de Lessen] <profes. o. pred.> can. eccl. Pomezan.: notitia sup. prov. de d. eccl. vac. p. o. Vincentii [Kielbasa] <perp. admin.> in consistorio ad relationem vicecancellarii (c. remissione annat.) 14. apr. 80 OS 82 123^v, OS 83 93^v, Cod. Vat. Lat. 3478 1^v – el. Pomezan.: obtulit cam. ap. et collegio card. 1.100 fl. adc. et 5 serv. min. p. Michaelem Paverfint can. eccl. Warm. pro serv. commun. ratione prov. s. d. 14. apr. 80 (in margine: s. d. 30. mai. 80 bulle date fuerunt parti quia de speciali gr. habuit remissionem) 20. mai. 80 OS 84A 75^v.

4964 Johannes de Croaria (Crearia, Cronatia) (al. Sattler, Satteler) subdiac. rect. par. eccl. in Kyppenhusen Constant. dioc. de iur. patron. laic. qui d. par. eccl. nondum p. an. possidet: de n. prom. ad 5 an. 11. ian. 73 S 685 268^v – rect. par. eccl.

in Ryppenhusen Constant. dioc. in decr. licent.: de disp. ut unac. d. par. eccl. aliud incompat. benef. recip. val. etsi par. eccl. ad vitam c. lic. perm. 16. mart. 79 S 779 185^{vs} – prov. de can. et preb. eccl. Constant. (15 m. arg.) vac. p. resign. in manibus pape Johannis Wernerii (Werneri) de Flaslanden Pii II. cubic. et fam. (p. Gerwinum Mitikien cler. Colon. dioc. procur. fact.) (exec. prep. eccl. Cur. et cust. eccl. s. Johannis Constant. ac Stephano de Caciis can. eccl. Vercellen.) 29. nov. 79 (exped. 9. decb. 79) L 804 55^{rss} – cler. Constant.: motu pr. gr. expect. s. d. 1. ian. 72 de 2 benef. ad coll. ep. etc. Constant. et abb. etc. mon. s. Galli de Sancto Gallo necnon mon. in Weingarten o. s. Ben. Constant. dioc. et prerog. ad instar pape fam. descript., m. (dec. Valerie in eccl. Sedun. et prep. eccl. Basil. ac prep. eccl. Cur.), gratis 1. decb. 79 V 550 256^v-258^r – oblig. sup. annat. can. et preb. eccl. Constant. 7. decb. 79 A 28 122^r – solv. 34³/4 <34> fl. adc. pro annat. <p. manus Burkardi (Brocardi) Stoer (Stock)> 13. decb. 79 FC I 847 67^v, 3. ian. 80 FC I 1134 21^r, IE 498 70^r, IE 499 75^r – referens quod ipse molestari posse timet de certa par. eccl. ad coll. abb. mon. de Sancto Gallo ut supra et quod in supplic. express. fuit quod quidam nondum 20. sue et. an. constit. nullum benef. obtin. val.: de ref. 27. ian. 83 S 818 293^r – referens quod lis pendet coram Johanne Francisco [de Pavinis] aud. et Paulo de Tuschanella aud. inter Bertholdum Brisacher cler. et Gasparem de Spire sup. archidiac. rurali in Alpibus Constant. dioc.: de d. archidiac. (8 m. arg.) vac. p. resign. d. Bertholdi et d. Gasparis ac de archidiac. Ergoye [in eccl. Constant.] (4 m. arg.) 16. febr. 83 S 827 105^{rs}.

4965 Johannes de Cronenberg cler. Magunt. dioc. ex utr. par. de nob. et mil. gen. in 11. sue et. an. constit.: motu pr. de gr. expect. de 2 benef. ad coll. quorumcumque c. disp. sup. def. et., Et s. d. 17. nov. 81 [1484] S 830 70ᵛ, de ref. 30. ian. 84 S 830 76ᵛ.

4966 Johannes Krontal (Crontal, Krondal) cler. Herbip. dioc. inter al. referens quod ipse iussu cuiusdam mil. patroni sui in obsidione cuiusdam op. armatus interfuit et quod quasdam litt. diffidatorias contra certos laic. manu pr. scripsit: de disp. sup. irreg. et de disp. ad quodcumque benef. 19. nov. 73 S 698 17ᵛˢ, 8. ian. 74 S 700 248ᵛˢˢ, m. (Vito Truchses prep. eccl. Bamberg. in cur. resid.) L 734 294ᵛˢˢ – restit. bulle sup. disp. 10. iun. 74 A 23 219ʳ – cui gr. expect. s. d. 1. ian. 72 de benef. ad coll. prep. etc. eccl. s. Burchardi e. m. Herbip. et abba. et conv. mon. in Kitzing Herbip. dioc. conc. fuit et c. quo sup. irreg. disp. fuit: de decl. litt. desup. perinde val. acsi temp. litt. gr. expect. secum desup. disp. fuisset 17. aug. 74 S 708 193ᵛˢ – c. quo p. papam sup. irreg. et ad quodcumque benef. disp. fuit citra tamen ministerium alt.: de disp. ut in off. alt. ministrare possit 15. iul. 75 S 723 286ʳˢˢ – de perp. vicar. ad alt. s. Pauli in eccl. Bamberg. (4 m. arg. p.) necnon de par. cccl. in Hofelt Herbip. dioc. (6 m. arg.) vac. p. o. Martini Ahasver 22. nov. 77 S 760 176ᵛˢ – de <perp. s. c. benef.> primissaria <nunc.> in eccl. s. Gertrudis e. m. Bamberg. dioc. que al. par. eccl. nominari consuevit (4 m. arg.) vac. p. o. Francisci Lemlin (Lemlein) subcollect. 28. aug. 78 S 773 65ᵛ, m. (Vito Truchszes prep. eccl. Bamberg.) (exped. 21. iul. 79) L 796 37ᵛˢˢ – rect. par. eccl. in Rotemberg Bamberg. dioc. in clericatus ord. constit.: de n. prom. ad 7 an. 28. mart. 80 S 791 133ʳ – qui litig. coram Gaspare de Theramo aud. contra quond. Fridericum Tegel cler. sup. perp. benef. primissaria nunc. ut supra: de surrog. ad ius 31. mart. 81 S 800 234ʳ – qui vig. gr. expect. par.

eccl. in Schernaw Herbip. dioc. vac. p. o. Henrici Coci acc.: de nova prov. de d. par. eccl. (5 m. arg.) 16. iun. 82 S 811 289ʳ.

4967 Johannes Croppeling presb. Monast. dioc. c. quo sup. def. nat. (s. s.) disp. fuit: ›rationi congruit‹ s. d. 19. febr. 71 m. (dec. eccl. Veteris Ecclesie s. Pauli Monast.) confer. par. eccl. in Zellem Monast. dioc. (4 m. arg.) vac. p. resign. Conradi Nipper cler. Monast. dioc. cui de d. par. eccl. vac. p. o. Theoderici de Zellem al. de Bochum p. Paulum II. prov. fuerat 25. aug. 71 (exped. 20. mart. 72) L 715 270ʳ-271ᵛ.

4968 Johannes Cross (Cros, Crossz) referens quod in quadam supplic. loco Antonii Alberti de Sancto Gwaro Albertus de Sancto Gwaro express. fuit: de ref. 29. iul. 80 S 795 59ᵛ – presb. Colon. dioc.: oblig. p. Willelmum Westfal can. eccl. Lubic. sup. annat. par. eccl. in Polheim Colon. dioc. (40 fl. renen.) de qua vacat. p. resign. Antonii Alberti de Sancto Gwaro s. d. 29. iul. 80 sibi prov. fuit 14. oct. 80 A 29 94ʳ – solv. 13 fl. pro annat. par. eccl. in ut supra p. manus Willelmi Westfal 13. oct. 80 ГC I 1134 83ᵗ, 14. oct. 80 IE 502 15ᵛ, IE 503 15ᵛ.

4969 Johannes Crothoschino Oliverii [Carafa] card. ep. Albanen. fam.: motu pr. gr. expect. de can. et preb. eccl. Gneznen. et de can. et preb. eccl. Cracov. 17. nov. 81 (exped. 20. nov. 81) (m. ep. Poznan. et Matheo Mannius can. eccl. Florentin. ac offic. Gneznen.) L 819 302ᵛ-304ʳ – cler. Gneznen. dioc. [Oliverii] card. ep. ut supra nunc card. ep. Sabinen. fam.: de can. et preb. eccl. Gneznen. (4 m. arg. p.) ex disp. sed. ap. in commendam obtinendis vac. p. resign. Petri [Moszynski] ep. Premislen. 18. aug. 83 S 826 295ᵛˢ, I 335 76ʳ – qui vig. gr. expect. ut supra can. et preb. in eccl. Gneznen. vac. p. resign. Petri [Moszynski] ep. Premislen. acc. et nunc in manibus pape

resign.: motu pr. de reval. d. gr. expect. et de lic. quod ipse can. et preb.
d. eccl. Gneznen. imposterum acc.
possit 17. nov. 83 S 831 192^r – et
Johannes de Lukowo ac **Bartholomeus de Nadarzize** clerici Gneznen.
et Poznan. dioc. quib. gr. expect. s. d.
17. nov. 81 de can. et preb. ac benef.
ad coll. quorumcumque motu pr.
conc. fuit: de prerog. ad instar pape
fam. descript. 13. decb. 83 S 832
106^v – de disp. ut 2 incompat. benef.
etsi 2 par. eccl. ad vitam recip. val.
c. lic. perm. 17. iul. 84 S 839 231^v –
motu pr. reval. gr. expect. ut supra
ad instar pape fam. descript. 31. iul.
84 V 653 116^{vss}.

4970 **Johannes de Cruenia** scol. Magunt.
dioc.: recip. primam tonsuram in
eccl. s. Spiritus in Saxia in Urbe 24.
sept. 74 F 6 177^{vs}.

4971 **Johannes Cruselman (de Brete-
him)** cler. Lausan. dioc.: prom. ad
subdiacon. ord. in eccl. s. Spiritus in
Saxia in Urbe 9. apr. 74 F 6 150^{rss} –
perp. cap. ad alt. b. Michaelis in par.
eccl. ville Mett Lausan. dioc.: litt. testim. sup. prom. vig. conc. s. d. 15.
apr. 74 ad subdiacon. ord. s. d. 23.
apr. 74, ad diacon. ord. s. d. 24. apr.
74, ad presbit. ord. s. d. 25. apr. 74 in
eccl. s. Bartholomei de Insula in
Urbe 25. apr. 74 F 6 155^r.

4972 **Johannes Kugler** in art. mag. cui de
capn. ad alt. Trium regum in par.
eccl. b. Marie virg. op. Friburgen.
Constant. dioc. de iur. patron. laic.
vac. p. o. Conradi Mwe prov. fuit et
qui iam capn. s. Nicolai d. op. (3 m.
arg.) obtin.: de nova prov. de eadem
capn. ad alt. Trium regum (4 m. arg.)
et de disp. ut unac. d. capn. s. Nicolai
aliud incompat. benef. recip. val. etsi
2 capn., n. o. quod in fund. d. capn.
cavetur quod cap. ad d. alt. nullum
al. incompat. benef. habere debeat 3.
decb. 78 S 775 194^{rs}.

4973 **Johannes Cule** cler. Zwerin. dioc.:
de nova prov. de perp. vicar. in par.
eccl. op. Ribbenitze Zwerin. dioc. (2

m. arg.) vac. p. o. Petri Tornow 9.
mart. 82 S 808 122^r.

4974 **Johannes van der Culen** cler. Colon. referens quod Gottfridus de
Heymerich presb. can. et preb. eccl.
s. Martini in Kerpena Colon. dioc. in
manibus ordin. resign. desiderans
perm. c. Conrado Ort procur. Johannis Ort pro al. benef. sed quod d.
Conradus sent. excom. innodatus
exist. et propterea dd. can. et preb.
vacant: de nova prov. de eisdem (4
m. arg.) 12. decb. 72 S 686 198^{vs} –
inter al. referens quod ipse litig. coram offic. curie Colon. contra Henricum Maut de Wesalia cler. sup.
nonnullis diffamationibus et quod d.
Henricus ad revocationem et in litis
expensis condemnatus et p. brachi-
um sec. incarceratus fuit et quod
postea relax. p. Henricum de Groningen curatorem offic. curie ad domum Cristiani Engelberti rect. univ.
studii Colon. mandatus et ibi hospi-
tatus fuit: de committ. in partibus 15.
sept. 75 S 727 152^{rss} – de perp. vicar. ad alt. ss. Huberti et Antonii et
al. ss. in par. eccl. s. Lupi Colon. de
iur. patron. laic. (4 m. arg.) vac. p.
devol. licet Petrus van der Culen
presb. ad d. par. eccl. (vac. p. resign.
Dietmari Berswert presb. Colon. dioc.) present. fuit et eandem ultra 3
an. occupavit 28. sept. 75 S 727
149^{vs} – qui ab hereditate paterna ex-
clusus fuit et desup. litig. coram
Guillermo de Malindanck dec. eccl.
s. Georgii Colon. et Alexandro [Nu-
mai] ep. Forolivien. in illis partibus
nunt. ap. contra Hermannum Dern-
loersa laic. Colon. dioc. et eius ux.
sororem d. Johannis (qui d. patrimo-
nium p. 8 an. occupatum detin.): de
committ. in partibus 12. iun. 79 S
783 77^v.

4975 **Johannes Cum (Cun)** presb. Basil.
dioc. cui de pleban. par. eccl. et
capel. in Altkilch Basil. dioc. vac.
p. o. Arnoldi Keiser prov. fuit <qui
p. priorem mon. s. Morandi e. m. op.
Altkilch Basil. dioc. ad par. eccl. d.

op. plebem nunc. present. et p. Burckardum Nauffstengel [recte: Hanffstengel] Johannis [de Venningen] ep. Basil. vic. gener. in spir. instit. fuit>: de nova prov. de d. pleban. (4 m. arg.) 30. ian. 75 S 719 185^{vs}, m. (offic. Basil.) (exped. 27. mai. 75) L 748 224^{rss}.

4976 Johannes Kummost (Kumost, Kinnost) cler. Patav. dioc. mag. in art. cui gr. expect. s.d. 1. ian. 72 conc. fuit: motu pr. de prerog. ad instar pape fam. descript. 3. mai. 73 S 690 7^{vs} – utr. iur. licent.: de disp. ad 2 incompat. benef. etsi 2 par. eccl. ad vitam c. lic. perm. 7. mai. 77 S 751 53^{vs}, V 673 196^{rs} – actor qui litig. coram Guillermo de Pereriis aud. contra quond. Henricum Weltzer pape fam. et Oswaldum Pitzler reum et possessorem sup. par. eccl. in Flewling al. Phaffenhoven Brixin. dioc. (8 m. arg.): de surrog. ad ius d. Henrici 13. oct. 79 S 796 101^{r} – cui de par. eccl. s. Margarete in Neukirchen Patav. dioc. vac. p.o. Michaelis Schauner p. Alexandrum [Numai] ep. Forolivien. nunt. seu legatum prov. fuit: de nova prov. de eadem (8 m. arg.) 3. mart. 81 S 800 222^{r} – oblig. sup. annat. par. eccl. in Flewrling al. Phaffenhoven Brixin. dioc. (8 m. arg.) de qua vac. p.o. in cur. Henrici Weltzer collitigantis in forma surrog. ut supra s.d. 13. oct. 79 sibi prov. fuit et promisit solv. in cur. infra 6 menses quia in bulla fit mentio de intruso (in margine: s.d. 17. mart. 84 d. oblig. fuit cassata quia d. Johannes probavit p. sent. habitam in Rota sibi adiudicatam) 9. ian. 83 Paris L 26 A 10 156^{r} – c. quo disp. fuit ut unac. par. eccl. in Newnkirchn Patav. dioc. (12) par. eccl. in Flawiling ut supra (10 m. arg.) sup. qua litig. in cur. retin. val.: de disp. ut 3. incompat. benef. etsi par. eccl. ad vitam recip. val. c. lic. perm. 29. ian. 83 S 819 104^{v} – qui vig. gr. expect. par. eccl. in Phaffenhoven al. Flewrling ut supra vac.

p.o. Johannis Pramiger acc. et qui litig. desup. coram Antonio de Grassis aud. contra Oswaldum Petzler cler. intrusum necnon quond. Henricum Weltzer cler. in cur. defunct.: de prov. si neutri de eadem (8 m. arg.) et de surrog. ad ius d. Henrici 4. mart. 83 S 820 168^{r} – referens quod ipse in univ. stud. Bononien. licent. in utr. iur. declaratus fuit: de committ. alicui prelato vel Urso de Ursinis ep. Theanen. refer. ut eum absol. a iuram. d. univ. stud. Bononien. et de lic. doctorali in utr. iur. in d. univ. stud. Bononien. aut al. loco 21. decb. 83 S 832 282^{rs} – actor et **Oswaldus Petzeler** cler. Brixin. dioc. reus qui litig. in cur. sup. par. eccl. ut supra et deinde concordiam fecerunt: de adm. resign. d. Oswaldi et de prov. Johanni Kummost de eadem (8 m. arg.) et de assign. d. Oswaldo pens. ann. 12 duc. adc. sup. fruct. d. par. eccl. 14. mart. 84 S 833 242^{vs}.

4977 Johannes Cumquich cler. Trever. dioc.: de perp. vicar. eccl. Trever. (1 m. arg.) vacat. p. assec. can. et preb. d. eccl. p. quendam Ewaldum 28. aug. 78 S 773 71^{v}.

4978 Johannes Kunckel perp. cap. ad alt. s. Anne in par. eccl. in Furt Wormat. dioc.: m. (prep. eccl. s. Ciriaci Wormat. et Ludovico Toureti can. eccl. Morinen. ac offic. Wormat.) prov. de perp. s.c. capn. ad alt. s. Johannis Ev. in par. eccl. s. Petri Woynheynen. Wormat. dioc. (10 fl. renen.) vac. p.o. Willermi Vler, n.o. perp. s.c. capn. ad alt. s. Anne (4 fl. renen.) quam obtin., gratis 26. sept. 81 (exped. 31. oct. 81) L 809 108^{vss}.

4979 Johannes Kundig laic. Constant. dioc. referens quod olim Ursula Replerin mul. Constant. dioc. pretendit quod d. Johannes vinculo matrim. sibi foret astrictus et quod ipse litig. coram iudice curie Magunt. et coram Johanne Sauageti can. eccl. Constant. (ex mandato Danielis [Zehender] ep. Bellinen. in Constant. dioc. resid.) contra d. Ursulam: m. (ep.

1173

August.) commiss. in partibus 24. mart. 77 L 773 212^{rss}.

4980 Johannes Kundry can. eccl. s.Johannis Novi Monasterii Herbip. cui motu pr. gr. expect. s.d. 17. nov. 81 de can. et preb. d. eccl. necnon de benef. ad coll. abb. etc. mon. in Bildhausen o. Cist. Herbip. dioc. conc. fuit: motu pr. de mutatione gr. expect. dd. benef. ad coll. abb. d. mon. etc. in benef. ad coll. abb. etc. mon. in Murhart o. s. Ben. Herbip. dioc. c. disp. ut 2 incompat. benef. etsi 2 par. eccl. ad vitam recip. val. c. lic. perm. 4. mai. 82 S 813 293^{vs}.

4981 Johannes Cune monach. prof. mon. Fontissalutis o. Cist. Eistet. dioc. inter al. referens quod dudum quandam mulierem carnaliter cognovit et vagabundavit excom. sent. latus p. plures an.: de disp. sup. irreg. et de disp. ad quodcumque benef. 5. mart. 72 S 677 26^r, I 332 94^v.

4982 Johannes Cunelli rect. par. eccl. de Tetegno Trever. dioc. in art. mag.: de n. prom. ad 5 an., sola sign., Conc. ad an. 15. mai. 81 S 801 170^v – in art. mag.: prov. de perp. capn. ad alt. s.Nicolai in eccl. b. Marie de Yvodio Trever. dioc. (6 l. T. p.) vac. p.o. in cur. Laurentii Boucquilart, n.o. par. eccl. de Tetegno Trever. dioc. (9 l. T. p.) quam obtin. (m. aep. Patracen. et dec. eccl. s.Petri de Maceris Remen. dioc. ac offic. Trever.), gratis 7. sept. 81 (exped. 12. sept. 81) L 813 264^{rss} – rect. par. eccl. de Tetegno ut supra (9 duc. adc.) in art. mag. Philiberti [Hugonet] tit. ss.Johannis et Pauli presb. card. secr. et fam. c. quo de n. prom. ad an. et deinde ad 6 menses p. papam disp. fuit: de prorog. ad al. 6 menses, sola sign. 10. nov. 82 S 818 26^{vs} – c. quo de n. prom. ad 2 an. p. papam disp. fuit: de prorog. ad al. an. in obsequiis card. ut supra insistendo, sola sign. 14. mai. 83 S 823 138^r.

4983 Johannes Kunnszszlan presb. Constant. dioc. qui in eccl. mon. s.Galli

de Sancto Gallo o. s. Ben. ap. sed. immed. subiecti Constant. dioc. unam missam in honorem b. Marie virg. et unam collectam in commemorationem s.Joachimi et s.Anne parentum ipsius virg. decantari facere val.: de indulto ut de d. collecta in unam missam in honorem b. Josephi decantari val. 19. sept. 82 S 814 244^r.

4984 Johannes Currificis presb. et **Anna** eius soror mulier August. dioc.: de lic. erig. unum alt. sub invocatione s.Anne in parte inferiori par. eccl. s.Martini in Kauffbeuren August. dioc. c. reserv. iur. patron. pro se et suis heredibus et c. iur. sepulture ante d. alt. pro d. Johanne et d. Anna 12. dec. 80 S 798 241^{vs}, 11. ian. 81 L 816 30^{rs}.

4985 Johannes Currificis cler. Trever. dioc. qui ad par. eccl. in Osanne Trever. dioc. vac. p.o. Johannis de Osanne p. patron. laic. d. par. eccl. present. fuit: de nova prov. de eadem (4 m. arg.) 29. apr. 83 S 823 30^{vs}.

4986 Johannes Currificis (Carnificis) al. **Scherlin (Schorlin)** cler. August. dioc. de par. eccl. in Bairmenchingen (Bairmairhaugen) August. dioc. (6 m. arg.) vacat. p. priv. Martini Hef (Hoef) presb. August. dioc. qui sacrilegium commisit 13. oct. 72 S 688 146^{rs}, I 332 13^v – qui vig. gr. expect. par. eccl. in Sylsz August. dioc. vac. p.o. Conradi Fabri acc.: de nova prov. de d. par. eccl. (8 m. arg.) 7. nov. 72 S 688 48^r – oblig. p. Johannem Mielich cler. August. procur. (vig. instr. acti Rome s.d. 20. apr. 73 p. Thomam Strausz cler. August. dioc. imper. auct. not. subscripti) sup. annat. par. eccl. ut supra, restit. bulle (cass. quia solv. Melchiori Truchses collect.) 10. sept. 73 A 22 80^v – pleb. in Bairmenschingen ut supra et acol.: litt. testim. sup. prom. (vig. supplic. s.d. 26. sept. 69) ad ord. subdiacon. s.d. 9. oct. 74 in eccl. s.Bartholomei de Insula in Urbe, ad ord. diacon. s.d. 16. oct. 74

ibidem, ad ord. presbit. s. d. 18. oct. 74 ibidem 18. oct. 74 F 6 180ʳ.

4987 Johannes Curlin (Turlin, Curby) cler. Magunt. dioc., **Cristianus Buelffelt** cler. Magunt. dioc., **Johannes Nuwses** cler. Herbip. dioc., **Joachim Hikerlin** cler. Magunt. dioc., **Johannes Calman** cler. Magunt. dioc., **Hermannus Ulrich** cler. Magunt. dioc., **Johannes Kirszenesser** cler. Spiren., **Theobaldus Gresser** cler. Argent. dioc., **Egidius Allentag al. Pistoris** cler. Argent., **Martinus Cribrificis** cler. Argent. inter 12 personas enumerati: motu pr. de gr. expect. de 2 can. et de 2 benef. ad coll. quorumcumque, Et s. d. 1. ian. 72 S 670 256ᵛ – mag. in art.: m. (prep. eccl. ss. Petri et Pauli Bardewicen. Verden. dioc. et officialibus Magunt. et Wormat.) confer. can. et preb. eccl. s. Petri Fritzlarien. Magunt. dioc. (4 m. arg.) vac. p. o. Stammonis de Ewen 31. mai. 72 (exped. 13. mai. 76) L 770 48ᵛˢˢ – de nova prov. de alt. b. Marie virg. in Ebernhofen Magunt. dioc. (4 m. arg.) vac. p. o. Michaelis Fabri 5. nov. 73 S 709 147ʳˢˢ – de par. eccl. in Lere Magunt. dioc. de iur. patron. laic. (5 m. arg.) vac. p. o. Krafftonis dc Bischoffemede et vac. p. devol. 5. nov. 73 S 709 147ʳˢˢ, 74/75 I 333 193ᵛ – rect. par. eccl. s. Heymerami Magunt. mag. in art.: de disp. ut unac. d. par. eccl. (2 m. arg.) al. incompat. benef. retin. val. 7. ian. 76 S 741 224ᵛˢ – de disp. ut unac. d. par. eccl. al. 2 incompat. benef. recip. val. etsi 2 par. eccl. ad vitam c. lic. perm. 23. mart. 79 S 779 254ʳ – cui de benef. ad alt. ss. Bartholomei et Antonii in dom. s. Antonii in Grunenberg o. s. Aug. Magunt. dioc. vac. p. o. Johannis Friensehn p. Girinum Martini precept. d. dom. prov. fuit: de nova prov. de d. benef. (4 m. arg.), n. o. scolastr. ac can. et preb. in eccl. s. Johannis Bapt. Amenburgen. (4) ac vicar. in eccl. s. Bartholomei Franckforden. (3) ac alt. in Abenho-

ven (3) necnon alt. in Luternbach (3) ac benef. in Nidenstein (3) et capel. in Huszen Magunt. dioc. (2 m. arg.) 5. mart. 82 S 808 92ᵛˢ – motu pr. de n. resid. et percip. fruct. de can. et preb. eccl. s. Johannis Bapt. Ameneburgen. Magunt. dioc. quos obtin., n. o. can. et preb. ac scolastr. d. eccl. (insimul 4) ac perp. vicar. in eccl. Nidensen. (4) et perp. vicar. in Lutenbach (4) ac perp. vicar. in Obernhoven (3 m.) et vicar. in eccl. s. Bartholomei Franchiforden. (3) ac capel. in Husen prope Lich Magunt. dioc. (2 m.) 14. mart. 82 S 808 268ᵛ, de ref. 30. mart. 82 S 809 88ᵛ, (m. dec. eccl. s. Johannis Magunt. et dec. eccl. s. Victoris e. m. Magunt. ac offic. Magunt.) L 817 111ʳ-112ᵛ.

4988 Johannes Cusheim cler. Meten. dioc.: de par. eccl. in Ubdersdorf c. annexis Meten. dioc. (4 m. arg.) vac. p. o. in itinere ad Urbem tamen ultra 2 dietas Johannis Sulcz 15. mai. 75 S 719 253ᵛˢ.

4989 Johannes Dachawer laic. Patav. dioc.: elig. confess. et rem. plen. 23. mai. 75 L 738 289ᵛ.

4990 Johannes de Dacia presb. Othonien. dioc. in basilica ss. Appl. dc Urbe penit. ordin. et theol. prof. referens quod c. c. can. et preb. colleg. eccl. s. Marie de Colonogla Veronen. dioc. (20 fl. adc.) quam obtin. dim.: motu pr. de can. et preb. eccl. b. Marie virg. Hamburgen. Bremen. dioc. (40 fl. adc.) vac. p. o. Theoderici Thuckerode 6. iul. 78 S 771 40ᵛ.

4991 Johannes de Dalen cler. Leod. dioc.: de can. et preb. eccl. ss. Crisanti et Darie in op. Monasterio Eifflie Colon. dioc. (4 m. arg.) vac. p. resign. in manibus pape Johannis Mevs de Ercklens pape fam. 14. nov. 80 S 798 61ᵛˢ.

4992 Johannes Dalwesch cler. Bamberg. Johannis Bapt. [de Savellis] tit. s. Nicolai in carcere Tulliano diac. card. fam. qui vig. gr. expect. can. et preb. eccl. s. Gangulfi e. m. Bamberg. vac.

p. o. Georgii Replin acc.: de nova
prov. de dd. can. et preb. (6 m. arg.)
27. iun. 84 S 837 266^{rs}.

4993 **Johannes Damas**: solv. 23³/4 fl. adc.
pro annat. prioratus Portus Valesii o.
s. Ben. Sedun. dioc. p. manus soc. de
Medicis 1. mart. 83 IE 506 132^v, IE
507 132^v.

4994 **Johannes de Dambrowa (Dambrova, Dombrova)** can. eccl. Poznan.: fit mentio ut exec. 25. aug. 71
(exped. 26. ian. 73) L 715 205^v-
207^r – can. eccl. Gneznen. bac. in
decr. <Urielis de Gorka prep. eccl.
Gneznen. cancellarii regni Polonie et
Kazimiri regis Polonie oratoris ad
papam destinati dilectus> cui gr. expect. s. d. 1. ian. 72 de can. et preb.
eccl. Gneznen. et eccl. Cracov. conc.
fuit: motu pr. prerog. ad instar pape
fam. descript. 26. apr. 73 V 665
145^{rs}, 31. aug. 75 V 664 149^r-150^v,
19. oct. 75 V 677 59^v-61^v – cler.
Poznan. dioc. ex utr. par. de nob.
gen. qui vig. gr. expect. can. et preb.
eccl. Cracov. vac. p. o. Stanislai
Czaycha acc. et qui litig. desup. coram Johanne de Ceretanis aud. contra Nicolaum de Cosczelyecz et
Martinum de Nyechanovo: de prov.
si nulli de eisdem (24 m. arg.) 16.
mart. 74 S 709 168^v – qui litig. contra quond. Stanislaum de Mlyny ac
Nicolaum de Cosczelyecz et Johannem Henrici de Schebnya cler. sup.
can. et preb. eccl. Cracov. de quib.
(25 m. arg.) sibi vac. p. o. Stanislai
Czayka prov. fuit: m. (Johanni de
Ceretanis aud. et pape cap.) surrog.
ad ius Stanislai de Mlyny 10. oct. 75
(exped. 13. febr. 77) L 751 72^r-73^v –
qui vig. gr. expect. archidiac. in eccl.
Cracov. vac. p. o. Johannis de Penovi
(Pendnosky) [recte: Pnovi] acc.: de
nova prov. de d. archidiac. (70 m.
arg.) 14. nov. 76 S 743 294^r, 16.
nov. 76 S 756 250^r – oblig. sup. annat. can. et preb. eccl. Cracov. ut supra infra 6 menses 7. mart. 77 A 25
129^r – in decr. licent.: de can. et
preb. eccl. Gneznen. (30 m. arg.)

vac. p. o. Johannis [de] Rodakii unici
subcollect. in illis partibus c. derog.
statutorum d. eccl. quod nullus can.
et preb. d. eccl. Gneznen. obtin. val.
nisi in theol. vel in iur. can. aut civili
doct. exist. 23. nov. 78 S 775 87^{rs} –
de disp. ad 2 incompat. benef. etsi
par. eccl. ad vitam c. lic. perm. 18.
mai. 79 S 782 132^{vs} – pres. in cur.
qui litig. coram <Johanne [de Cere-
tanis] ep. Nucerin. aud. locumtenenti
et Johanne Francisco de Pavinis
aud.> contra quond. Sandiwogium
(Sandivogium) de Thanczyn (Than-
dim) et Gregorium de Lubranycze
sup. archidiac. eccl. Cracov. ut supra
vac. p. o. Johannis de Pniow (Pene-
wy): de surrog. ad ius d. Sandiwogii
7. sept. 79 S 786 130^v, m. (Johanni
Prioris aud.) (exped. 6. nov. 79) L
801 89^r – oblig. sup. annat. archidiac. ut supra 12. nov. 79 A 28 107^r
– expense fact. pro exped. bulle sup.
eccl. metropolitana Gneznen. 22.
oct. 81 T 34 125^r.

4995 **Johannes de Damerheyzen** procur.
fiscalis ep. Leod. referens quod Arnoldus de Porta cler. sec. et d. ep.
Leod. nuntius in cur. nonnullas litt.
ab d. cur. emanatas ad villam de
Werde (Verde) Superiori Leod. dioc.
detulit et propterea p. incolas d. ville
captus et carceribus mancipatus fuit
et quod deinde d. Johannes beneficiatos, presb. et rect. d. paroch. necnon scultetos, scabinos et incolas d.
ville coram offic. Leod. citari fecit et
eosdem p. sent. excom. et interd.
monuit desup. litig. coram offic. Colon. et de m. Alexandri [Numai] ep.
Forolivien. nuntii ap. in illis partibus
coram <Henrico Urdeman> dec.
eccl. s. Andree Colon. et dec. eccl. b.
Marie ad Gradus Colon. ac dec. eccl.
b. Marie in Dusseldorp Colon. dioc.:
de committ. ad aliquem aud. 18.
apr. 77 S 750 37^{vss}, m. (dec. eccl.
s. Petri Leod. et dec. eccl. s. Crucis
Leod. ac dec. eccl. s. Petri Lovanien.
Leod. dioc.) 18. apr. 77 L 774
205^{rs}.

4996 Johannes Dan cler. Leod. dioc. Bessarionis [Trapezunt.] card. ep. Sabinen. <Niceni> fam.: de can. et preb. eccl. s. Gorgonii (Georgii) Hugarden. Leod. dioc. (10 m. arg.) vac. p. o. in cur. Henrici Dalman Pauli II. cubic. 27. aug. 71 S 671 86^v, m. (ep. Placentin., Vincentio de Monteforte can. eccl. Trident. ac Petro Leopardi can. eccl. Ilerden.) (exped. 18. sept. 71) L 713 26^{vss} – oblig. sup. annat. 1. oct. 71 A 21 19^r – solv. 23 fl. pro annat. p. manus soc. de Medicis <Victorii de Beghieren [recte: Bacharen]> 1. oct. 71 FC I 1129 20^v, IE 487 11^v – Philiberti [Hugonet] tit. s. Lucie in Silice presb. card. fam.: de prom. ad omnes ord. extra temp., sola sign. 5. decb. 74 S 712 71^{rs}.

4997 Johannes de Darkem cler. Herbip. dioc.: fit mentio ut procur. 8. iul. 78 (exped. 14. ian. 79) L 783 238^{vss}.

4998 Johannes Darvelt, Monast. [dioc.?]: disp. ad futura 82/83 I 335 117^v.

4999 Johannes Dassel perp. vic. ad alt. Omnium ss. in eccl. s. Mauritii e. m. Hildesem. et **Fridericus Bymiero** cler. Halberstad. dioc.: de adm. resign. d. Johannis et de prov. d. Friderico de d. perp. s. c. vicar. (24 duc. adc.) et de assign. d. Johanni pens. ann. 8 fl. ad vitam 8. ian. 82 S 815 51^r.

5000 Johannes Dauff rect. par. eccl. de Bayleya Meten. dioc.: de prom. ad omnes ord. extra temp., sola sign. 24. iul. 77 S 755 26^{rs}.

5001 Johannes Davantrie (de Davantria) (Davantela) nominatus Imperialis cler. Paderburn. actor litig. coram quond. Bartholomeo de Bellencinis aud. et deinde coram Guillermo de Pereriis aud. surrogato contra quond. Bernardum de Borchorst in cur. defunct. reum et intrusum sup. decan. eccl. Veteris Ecclesie s. Pauli Monast. (4 m. arg.) vac. p. o. Henrici Romer: de surrog. ad ius 29. oct. 78 S 774 105^r, 3. nov. 78 S 774 217^v –

pape fam. cui motu pr. gr. expect. s. d. 1. ian. 72 de 2 benef. ad coll. aep. etc. Magunt. et prep. etc. eccl. ss. Petri et Andree Paderburn. et prerog. ad instar pape fam. descript. conc. fuit: reval. ac exten. primarum gr. expect. (m. ep. Leonen. et prep. eccl. Paderburn. ac dec. eccl. s. Victoris e. m. Magunt.), gratis 30. iun. 79 V 673 370^v-372^v.

5002 Johannes Davent nob. laic. op. Huyen. Leod. dioc. qui cum al. febribus continuis detineret et ex debilitate quasi insensatus existeret sepulcrum dominicum Jherusalimitan. et lim. appl. Petri et Pauli necnon eccl. s. Jacobi in Compostella personaliter visit. vovit: elig. confess. et indultum quod vota commutare possit quia una tibia sua al. sibi rupta fuit et in al. fistulam paterit 17. aug. 78 V 670 518^{vss}.

5003 Johannes Dawrenheymer cler. Magunt. dioc. referens quod Theodoro [de Monteferrato] tit. s. Theodori diac. card. nuper de perp. s. c. benef. ad alt. Omnium ss. in eccl. mon. b. Marie Magdalene ad Penitentes <o. Cist.> Magunt. vac. p. o. Henrici Goitterum (Goitterii) Nicolai [de Cusa] tit. s. Petri ad vincula presb. card. fam. p. papam prov. fuit: de d. benef. (14 fl. adc.) vacat. p. resign. d. Theodorici 6. apr. 78 S 767 210^{vs}, (m. dec. eccl. Aurien. et Melchiori Truchses can. eccl. Magunt. ac offic. Magunt.), gratis (exped. 14. apr. 78) L 782 248^v-250^r.

5004 Johannes Dechbinger (/.) cler. Constant. dioc.: de nova prov. de can. et preb. in eccl. s. Leodegarii in Werd Constant. dioc. (4 m. arg.) vac. p. resign. Hermanni Rochburger Pauli II. fam. ex causa perm. 21. mai. 82 S 813 344^v.

5005 Johannes Decker cler. Colon. dioc. pape fam. c. quo sup. def. nat. (p. s.) disp. fuit et qui vig. gr. expect. quandam vicar. in eccl. s. Patrocli Susacien. Colon. dioc. in forma paup. assec. fuit: motu pr. de gr. expect. de 2 can. et preb. necnon de 2 benef. ad coll. quorumcumque c. prerog. ad instar pape fam. descript. et de disp. ut quecumque benef. recip. val. c. lic. perm., Et s.d. 17. nov. 81 6. apr. 84 S 830 123^{vs}.

5006 **Johannes (de) Dedishem (Dedistiem)**: prov. de mon. <s. Marie Lacen. o. s. Ben.> Trever. <dioc.> vac. p. o. 72/73 I 332 273^v – munus [consecr.] 72/73 I 332 273^v – obtulit cam. ap. et collegio card. (p. Theodoricum Zomer can. eccl. Leod. in cur. causarum procur.) pro serv. commun. 250 fl. adc. ratione prov. ut supra et pro 5 serv. min. 13. aug. 72 OS 84 179^v – abb. b. Marie Lacen. o. s. Ben. Trever. dioc.: solv. 133 fl. adc. 46 sol. 6 den. pro serv. commun. et serv. min. p. manus heredum Thomasii de Spinellis et soc. cur. sequentium 24. aug. 72 FC I 1127 62^v.

5007 **Johannes Define** cler. Leod. dioc. pape tabellarius referens quod cum ex Alamania ad cur. rediret in publica strata n. longe ab op. Kempten c. 2 presb. relig. pecuniis spoliatus et graviter vulneratus est et quod receptis a burgimagistris et consulibus d. op. sup. hoc litt. testim. vulgari sermone conscriptis venit ad cur. et procur. ad partes illas transmisit causa recuperandi ablata: hortatur dd. burgimagistros (qui interea malefactores apprehenderunt) ut d. Johannem sive d. procur. commendatum habeant 6. iul. 72 Arm. XXXIX, 14 318^r.

5008 **Johannes de Dey** cler. Paderburn. dioc. cui de par. eccl. de Bremen Colon. dioc. vac. p. o. Johannis Lopenbergheris p. capit. eccl. Colon. (eccl. Colon. sedisvacante) prov. fuit possessione subsecuta et referens quod Johannes Rotken d. par. eccl. ultra 5 an. occupatam detin.: de nova prov. de eadem (4 m. arg.) 4. nov. 80 S 797 156^v.

5009 **Johannes de Deycisaw (Dercisaw) al. Burghermeyster** Alberti ducis Bavarie consiliarius qui inter al. perp. vicar. in par. eccl. in Straubingen Ratisbon. dioc. (26 m. arg.) obtin.: supplic. d. duce m. (dec. eccl. Ratisbon.) confer. prepos. eccl. s. Petri in Berlacho August. dioc. (18 m. arg.) vac. p. resign. in manibus pape Ulrici Arsingher (p. Stephanum de Caciis can. eccl. Vercellen. procur. fact.) vel p. o. infra 20 dies eiusdem et disp. ut unac. d. prepos. d. perp. vicar. seu 2 incompat. benef. etsi 2 par. eccl. ad vitam c. lic. perm. retin. val. 3. apr. 81 (exped. 7. apr. 81) L 808A 220^r-222^r – oblig. p. Stefanum de Caciis abbrev. sup. annat. 7. apr. 81 A 29 172^v – solv. 45 fl. pro annat. p. manus Stefani ut supra 7. apr. 81 FC I 1134 112^v, IE 502 74^v, IE 503 74^v.

5010 **Johannes Antonius Delpona** can. mon. s. Johannis in Viridario (Viridacero) congregationis Lateranen. nunc. o. s. Aug. Paduan. dioc. abbrev. c. quo ad benef. sec. disp. fuit: de par. eccl. b. Marie in Bavallo (Bavalo) Trident. dioc. (60 fl. renen. <adc.>) vac. p. resign. Johannis Reyff c. reserv. pens. ann. 16 fl. renen. sup. fruct. d. par. eccl. 4. nov. 74 S 710 133^{vs} – oblig. sup. annat. 16. nov. 74 A 23 184^v – solv. 25 fl. pro annat. 16. nov. 74 FC I 1132 25^v, IE 490 27^v, IE 491 14^v – prov. de par. eccl. Trident. [dioc.?] vac. p. resign. 75/76 I 333 315^r.

5011 **Johannes Demer** presb. Trever. dioc.: prov. de par. eccl. in Schifflingen Trever. dioc. (4 m. arg. p.) vac. p. resign. in manibus pape Martini Spies p. Johannem Haltefast can. eccl. s. Simeonis Trever. (ab Henrico Ritterschafft vic. d. eccl. procur. substitutum), (m. prep. eccl. s. Pharaildis Ganden. Tornacen. dioc. et Daniele de Heltenbach can. eccl. Trever. ac offic. Trever.) 19. oct. 82 (exped. 26. oct. 82) L 825 106^{vss}.

5012 Johannes Demhart (Demart, Domhart, Temhart) cler. Magunt. dioc. cui de <perp.> vicar. ad alt. s. Anne in <eccl.> mon. b. Marie virg. Veteris Ville e. m. Northusen. o. s. Ben. (2 m. arg.) ac de par. eccl. <eccl. rurali> ss. Andree et Cyriaci desolata in Klingsingen (Klysingen.) Magunt. dioc. (2 m. arg.) vac. p. o. Johannis Strasman (Strasszman) p. aep. Magunt. prov. fuit: de nova prov. de eisdem, n. o. can. et preb. in eccl. s. Martini in Heligenstat (Heligenstatten.) <perp. s. c.> vicar. in eccl. s. Severi Erfforden. Magunt. dioc. (2 m. arg.) <quos et quam obtin.> 5. decb. 81 S 805 189ᵛˢ, m. (scolast. eccl. b. Marie virg. Erfforden. Magunt. dioc.) (exped. 24. mai. 83) L 826 14ᵛˢˢ.

5013 Johannes Dende cler. Halberstad. dioc.: de can. et preb. eccl. s. Bonifacii Halberstad. (4 m. arg.) vac. p. o. Bonifacii Mummen 22. iun. 81 S 696 71ᵛ.

5014 Johannes Deoff acol. Leod. dioc. rect. capn. s. Catherine virg. in cathedr. eccl. b. Marie virg. [!] Trever. in cur. resid.: de prom. ad omnes ord. extra temp., sola sign. 18. aug. 83 S 826 270ᵛ.

5015 Johannes Deppchen (Depehen, Deppehenn) scol. Trever. dioc.: recip. primam tonsuram in capel. ss. Andree et Gregorii in basilica Principis appl. in Urbe 22. febr. 72 F 6 26ʳˢ – cler. Trever. dioc. qui vig. gr. expect. perp. c. c. vicar. ad alt. b. Marie virg. in colleg. eccl. s. Georgii in Limpbrog (Linpborg) Trever. dioc. vac. p. o. Johannis Swarsach acc. referens quod n. infra an. ad omnes ord. prom. potuit: de nova prov. de d. perp. vicar. (2 m. arg.) 11. apr. 77 S 750 285ʳ – de prom. ad omnes ord. extra temp., sola sign. 15. apr. 77 S 749 159ᵛ.

5016 Johannes Depenbeke cler. Reval.: de perp. vicar. ad alt. s. Josefi in eccl. Reval. (3 m. arg.) vacat. p. resign. in manibus pape Friderici Depenbeke 15. ian. 73 S 686 156ᵛˢ.

5017 Johannes Depuyn (/.) cler. Morinen. dioc. mag. in art. qui litig. contra quond. Arnoldum Petri cler. sup. portione alt. Veteris Ecclesie Amelandie Traiect. dioc. de iur. patron. domini terre (6 m. arg.): de surrog. ad ius d. Arnoldi 17. nov. 75 S 729 248ᵛˢ.

5018 Johannes de Dernberg nob. et ux. eius Anna Magunt. dioc.: de alt. port. 27. aug. 77 S 757 67ᵛ.

5019 Johannes Derne (Dorne) cler. Colon. dioc. qui vig. gr. expect. Pauli II. can. et preb. eccl. s. Patrocli Susacien. Colon. dioc. vac. p. o. Frederici Reseken acc.: de nova prov. de eisdem (6 m. arg.) 10. sept. 71 S 671 207ʳˢ – de hosp. ss. Antonii et Georgii in op. Vimen. (/.) Colon. dioc. de iur. patron. laic. (4 m. arg.) vac. p. o. Henrici Clostermans 20. sept. 71 S 672 94ᵛˢ – prov. de can. Colon. [dioc.?] vac. ex causa perm. 72/73 I 332 60ʳ – restit. bullarum s. d. 9. mart. 72 sup. can. et preb. eccl. s. Walburgis Mescheden. Colon. dioc. et perp. vicar. in eccl. s. Gereonis Colon. ad alt. in eccl. hosp. paup. s. Gereonis d. eccl. s. Gereonis contigua (8 m. arg.) vac. p. resign. in cur. Johannis Ewich (Ewic) ex causa perm. 28. mart. 72 A 21 116ᵛ, A 21 198ʳ.

5020 Johannes Dernelt rect. par. eccl. in Gisslicke Colon. dioc.: de prom. ad omnes ord. extra temp., sola sign. 23. iun. 74 S 707 177ᵛ.

5021 Johannes Dersecow cler. Camin. dioc.: de perp. s. c. vicar. in eccl. Camin. et de perp. s. c. vicar. in capel. s. Spiritus op. Griphenbergen. Camin. dioc. (insimul 4 m. arg. p.) vac. p. contractum matrim. Antonii Swane olim Bartholomei [Roverella] tit. s. Clementis presb. card. fam. 24. mart. 77 S 748 219ʳ.

5022 Johannes Dervel cler. Monast. qui vig. gr. expect. perp. vicar. ad alt. 10.000 Militum in eccl. Monast. vac. p.o. Johannis Glandorp acc.: de nova prov. de eadem (4 m. arg.) 17. aug. 76 S 741 175^{rs}.

5023 Johannes Dete (Dethe) cler. Paderburn. dioc.: de nova prov. de par. eccl. in Ditforde Hildesem. dioc. (4 m. arg.) vac. p.o. Theoderici Nogheler 28. nov. 83 S 832 255^v.

5024 Johannes Deuff cler. Herbip. dioc. qui litig. coram Gabriele de Contarenis aud. contra quond. Johannem Synner tunc primissarium ad alt. s. Otilie in op. Fladingen Herbip. dioc. sup. perp. vicar. ad alt. ss. Jacobi et Eulogii eccl. Herbip. (3 m. arg.) vac. p. resign. Johannis Ubelacker olim Pii II. fam.: de surrog. ad ius d. Johannis Synner 12. decb. 75 S 732 92^{vs}.

5025 Johannes Dickhencke (Dihenke) paup. cler. Paderburn. dioc. pape fam. c. quo sup. def. nat. (s. s.) in forma paup. disp. fuit: motu pr. de gr. expect. de 2 can. et preb. necnon de 2 benef. ad coll. quorumcumque, Et s.d. 17. nov. 81 S 803 107^v – de vicar. ad alt. b. Marie in par. eccl. s. Andree Hildesem. (3 m. arg.) vac. p.o. in cur. Stacii Ronnebek pape fam. (cui de eadem vac. p.o. Ottonis Fabri p. papam prov. fuit) 14. nov. 82 S 816 110^r – de par. eccl. in op. Sezen. Hildesem. dioc. (4 m. arg.) vac. p.o. Stacii Ronnebock ut supra 6. decb. 82 S 818 187^r – de perp. capn. in colleg. et par. eccl. s. Gaugerici Haltren. Cameracen. dioc. (10 l. T. p.) vac. p.o. in cur. Jacobi Ysernman pape fam. 7. aug. 83 S 826 153^v – referens quod olim lis orta est coram Johanne [de Ceretanis] ep. Nucerin. aud. locumtenenti inter Bartholomeum Stauff possessorem et quond. Johannem Scop cler. Monast. dioc. in cur. defunct. sup. par. eccl. in Reynekerchen Paderburn. dioc. (3 m. arg.): de surrog. ad ius d. Johannis Scop et de disp.

sup. def. nat. (s. s.) 8. oct. 83 S 829 58^v.

5026 Johannes Dickhoff cler. Verden.: de perp. s.c. vicar. in eccl. Verden. (3 m. arg.) vac. p. resign. Henrici Sirow cler. Verden. dioc. (cui de eadem vac. p.o. Nicolai de Mandelsloe s. d. 4. febr. 82 prov. fuit) 14. apr. 82 S 809 202^v.

5027 Johannes Dickman (Dukman) cler. Magdeburg. dioc.: de perp. simplici benef. mansionaria nunc. in eccl. b. Marie Lubic. (Lubuc.) (4 m. arg.) vac. p.o. Gasparis de Bubano (Doberko) 9. mart. 78 S 765 298^r, m. (prep. eccl. Bremen. et offic. Magdeburg. ac offic. Lubuc.) (exped. 31. mart. 78) L 785 165^{rs}.

5028 Johannes (de) Diepholt cler. Traiect. dioc. qui vig. disp. sup. def. nat. (de ep. nob. et de s.) perp. s.c. benef. capel. hosp. loci de Vellenhoe Traiect. dioc. obtin.: de disp. uberiori ad quodcumque benef. 27. mai. 72 S 680 201^{rs} – de nob. gen. et Cristierni regis Dacie nepos: disp. ad 3. incompat. benef., gratis 20. apr. 74 V 660 285^{rss} – gr. expect. de 2 benef. ad coll. prep. etc. eccl. s. Salvatoris Traiect. et ad coll. abb. etc. mon. s. Pauli o. s. Ben. Traiect. acsi s. d. 1. ian. 72 conc. foret et de prerog. ad instar pape fam. descript., m. (dec. eccl. Atrebaten. et Johanni Militis can. eccl. Morinen. ac offic. Cameracen.) 20. apr. 74 V 660 302^r-305^r – disp. ad quodcumque benef. et lic. tacendi sup. def. nat., gratis 20. apr. 74 V 660 305^{rs} – de disp. ad 3 incompat. benef. 20. apr. 74 S 704 30^r – de disp. ad quodcumque benef. 20. apr. 74 S 704 30^{rs}.

5029 Johannes Diespurger (Diepurger, Dreppeger) monach. mon. de Otterburg o. Cist. Magunt. dioc. referens quod ipse absque lic. abb. d. mon. ad abbat. mon. Cistercii se contulit et quod post reditum in mon. suum p. 2 menses in carceribus detentus fuit: de absol. a iuram. 7. mai. 82 S 813

254^v – prov. de mon. ut supra Magunt. dioc. vac. p. resign. 81/82 I 334 158^v – monach. mon. s. Morandi [e. m. Altkilch] o. Clun. Basil. dioc.: oblig. p. Antonium de Bonitiis cler. Cremonen. dioc. et rect. par. eccl. s. Cecilie della Labiola Mantuan. dioc. sup. serv. commun. mon. de Ottenburg (Ortenburg) o. Cist. Magunt. dioc. 66^3/4 fl. adc. (in margine: habet intrusum ut narratur in bullis) 2. nov. 82 OS 81 28^v – obtulit cam. ap. et collegio card. 66 2/3 fl. adc. p. Antonium de Boniciis pro serv. commun. et 5 serv. min. mon. de Otterburg o. Cist. Magunt. dioc. (in margine: s. d. 2. nov. 82 bulle date fuerunt d. Antonio qui promisit solv. infra 6 menses quia in illis fiebat mentio de intruso) 2. nov. 82 OS 84A 127^r.

5030 Johannes Dietegen (Derthegen) rect. par. eccl. s. Martini in Schams Cur. dioc. et **Antonius Ferragut de Hemczenberg** cler. Cur. dioc. in art. mag. et bac. in theol.: de prov. d. Antonio de d. par. eccl. (24 fl. adc.) vac. p. resign. d. Johannis et de assign. d. Johanni pens. ann. 10 fl. renen. sup. fruct. d. par. eccl. 28. apr. 75 S 719 88^{vs} – presb. Cur. dioc.: de nova prov. de can. et preb. in eccl. Cur. (6 m. arg.) vac. p. o. Johannis Hopper 31. decb. 83 S 832 287^v.

5031 Johannes Digl, Jacobus fil. **Simonis** presb., **Adrianus Greyel** et **Adrianus fil. Petri** laic. Traiect. dioc.: de lic. visitandi sepulcrum dominicum, sola sign. 19. apr. 83 S 822 164^v.

5032 Johannes Dilmani cler. Spiren. dioc. cui gr. expect. de 2 benef. ad coll. ep. etc. Argent. et prep. etc. eccl. s. Thome Argent. s. d. 19. iun. 78 conc. fuit: motu pr. prerog. ad instar pape fam. 19. iun. 78 L 784 232^{rs}.

5033 Johannes Dinckel <cler. Constant.> can. eccl. s. Margarete prope Waldbach (Waldkirch) Constant. dioc. et

Henricus Goerzsen (Gartisen) presb. Constant. dioc.: de adm. resign. d. Johannis et de prov. d. Henrico de can. et preb. d. eccl. (4 m. arg.) c. reserv. pens. ann. 10 fl. renen. 19. nov. 76 S 744 18^{vs}, (m. prep. eccl. s. Petri in Northen Magunt. dioc. et Eberhardo de Rabenstein can. eccl. Bamberg. ac offic. Constant.) L 777 113^{vss}.

5034 Johannes de Dingelstette cler. Magunt. dioc. qui litig. coram Johanne de Ceretanis aud. contra Henricum Rudiger cler. sup. perp. vicar. ad alt. s. Wugeslai [recte: Wenzeslai] in par. eccl. s. Laurentii op. Erforden. Magunt. dioc.: de prov. si neutri de d. vicar. (4 m. arg.) vac. p. o. Johannis Malstorff 26. ian. 76 S 734 233^{vs}.

5035 Johannes Ditterich (Dietterich) cler. Herbip. dioc. inter al. referens quod quidam phisicus et patronus suus in cur. permanens eundem ad civit. Narnien. misit ut quendam malefactorem de homicidio suspectum ad Urbem duceret ubi postmodum capitali pena punitus fuit: de disp. sup. irreg. et conc. ut gr. expect. in forma paup. sibi p. papam conc. prosequatur 25. iun. 82 S 812 139^r – rect. par. eccl. in Hoffsteten Herbip. dioc. pres. in cur. et resid. ibidem: de prom. ad omnes ord. extra temp., sola sign. 20. oct. 83 S 829 246^v.

5036 Johannes Dlugosch sen. de Czarnoczin can. eccl. Cracov. et **Cristoforus de Dambowdzal** altarista eccl. Cracov. inter al. referentes quod ipsi c. hereticis et excom. moram traxerunt: de absol. et de disp. sup. irreg. 5. decb. 72 S 685 57^{rss} – referens quod ipse litig. coram Johanne [de Ceretanis] ep. Nucerin. aud. locumtenenti et coram Johanne de Prioris aud. contra Stanislaum de Buzeniin cler. Gneznen. dioc. sup. custod. eccl. b. Marie Wiiszlicien. Cracov. dioc. vac. p. o. Johannis Dlugosch iun. quond. Sbignei [Olesnicki] tit. s. Prisce presb. card. Cracov. vulg. nunc. fam. et quod d. Stanislaus et

Johannes Clementis Creydlar (cuius iur. d. Johannes sen. in causa se defendit asserens se habere can. et preb. eccl. s. Marie Vineovien. Gneznen. dioc. ex occasione certe concordie c. d. Stanislao) resign. in manibus pape: de nova prov. de eadem custod. (8 m. arg.) 20. mai. 79 S 781 181^{rs}.

5037 **Johannes Dobbe** cler. Colon. dioc.: ›rationi congruit‹ s. d. 4. ian. 71 m. (dec. eccl. s. Mauritii e. m. Monast., Wilhelmo Westal [!] can. eccl. Lubic. ac Johanni de Galen can. eccl. Paderburn.) confer. perp. s. c. vicar. ad alt. ss. Heriberti et Nicolai in par. eccl. in Wattenschede Colon. dioc. (4 m. arg.) vac. p. o. Theoderici Stock 25. aug. 71 (exped. 21. iul. 72) L 715 180^{vss} – in art. mag.: de can. et preb. eccl. Hildesem. (4 m. arg.) vac. p. prom. Symonis van der Borch el. Reval. cui de eisdem tunc vac. p. resign. Nicolai Molner prov. fuit 20. aug. 77 S 756 122^{rs} – ex utr. par. de nob. ‹mil.› gen.: de perp. s. c. vicar. ad alt. b. Marie Magdalene in Hatzburg et ad alt. s. Georgii in Pyrenburg Verden. dioc. de iur. patron. com. Holtzasie [recte: Holsatie] (4 m. arg.) vac. p. prom. Simonis de Castro el. Reval. 9. sept. 77 S 757 60^v – prov. de scolastr. eccl. Hildesem. (8 m. arg.) vac. p. resign. Henrici Steynwech prep. eccl. s. Georgii Colon. cui de d. scolastr. vac. p. prom. el. Reval. ut supra s. d. 20. aug. 76 prov. fuit (m. dec. eccl. Lubic. et dec. eccl. Hildesem. ac offic. Halberstad.) 11. sept. 77 (exped. 22. sept. 77) L 780 202^{vss} – oblig. sup. annat. scolastr. ut supra, restit. bulle 22. sept. 77 A 26 68^v – solv. 18 fl. adc. pro annat. 23. sept. 77 FC I 1133 94^r, IE 495 45^r, IE 496 49^r, IE 497 48^r – can. et scolast. eccl. Hildesem. et **Hermannus de Kepel** can. eccl. Monast. et can. eccl. Paderburn.: se oblig. camere ap. casu quo Vincentius de Eyll collect. in provincia Colon. rationem et com-

putum n. redderet pro omni summa debita 16. ian. 79 FC I 1715 12^r – de perp. s. c. vicar. ad alt. s. Georgii mart. in colleg. eccl. Assinden. Colon. dioc. (4 m. arg.) vac. p. o. cuiusdam Meliis 4. mai. 79 S 781 154^v – perp. vic. ad alt. ss. Heriberti et Nicolai in par. eccl. in Wattesche Colon. dioc.: de prom. ad omnes ord. extra temp., sola sign. 17. mai. 79 S 781 177^v – scolast. eccl. Hildesem.: de relax. iuram. ad resid. personaliter in d. eccl. Hildesem. p. breve 16. oct. 83 S 829 243^r.

5038 **Johannes de Doerren (Dorren)** cler. Leod. dioc. causarum pal. ap. not.: de disp. ut unac. perp. c. c. vicar. in par. eccl. de Vechel Leod. dioc. (8 m. arg.) sup. qua litig. in cur. aliud incompat. benef. recip. val. c. lic. perm. 7. febr. 82 S 808 62^{rs} – de capn. seu perp. vicar. ad alt. b. Marie virg. ac ss. Cornelii et Antonii in par. eccl. de Zoemeren Leod. dioc. (4 m. arg.) vac. p. o. Martini de Roede 12. nov. 82 S 816 84^{rs} – de can. et preb. in eccl. s. Werenfridi Elsten. Traiect. dioc. (4 m. arg. p.) vac. p. o. Henrici de Ey (Oy) 15. nov. 82 S 816 161^r – de s. c. benef. ad par. eccl. s. Bartholomei in Gustrow Zwerin. [!] dioc. et de s. c. benef. in par. eccl. b. Marie in Ribenitz Zwerin. dioc. necnon de s. c. benef. ad alt. Trium regum in eccl. Verden. (insimul 4 m. arg. p.) vac. p. resign. in manibus pape Ghysberti de Venraed can. et thes. eccl. s. Andree Colon. Pii II. cubic. et fam. 29. iul. 83 S 826 84^r – de can. et preb. eccl. Lubic. (4 m. arg. p.) vac. p. resign. in manibus pape Johannis de Wyse (Wisen) theol. doct. qui eosdem p. plures an. obtin. 22. oct. 83 S 839 252^r – de perp. capn. ad alt. ss. Martini, Nicolai et Adulphi in colleg. eccl. de Oerschet Leod. dioc. (4 m. arg. p.) p. quond. Jordanum Brant fund. vac. p. devol. 21. nov. 83 S 832 78^{vs} – referens quod al. Michael Westfael can. et min. preb. Cristana nunc.

eccl. Lubic. possidebat antequam ipsi de can. et maiori preb. d. eccl. vac. p. o. quond. Ottonis Speck prov. fuit et quod Johannes Herman presb. Lubic. dd. can. et min. preb. (de quib. auct. ordin. ipsi prov. fuit) p. 2 an. detin.: de ref. 7. aug. 84 S 839 95^{rs}.

5039 Johannes Doleatoris de Sobernheim in art. mag. et in univ. studii Magunt. stud. rect. alt. b. Marie in par. et matrici eccl. ville Mederszheim et alt. s. Crucis extra d. villam ac alt. s. Laurentii in par. eccl. ville Kirszrode Magunt. dioc. inter al. referens quod rect. dd. alt. in villa Mederszeim resid. debet secundum ordinationem unionis sed quod fruct. dd. alt. (4 m. arg. p.) n. sufficiunt et quod villa Kirszrode in numero habitatorum minor quam villa Mederszheim est: de n. resid. et de fruct. percip. c. derog. d. ordinationis 8. iul. 80 S 794 169^{v}.

5040 Johannes Doliatoris scol. Colon. dioc.: recip. primam tonsuram in basilica Principis appl. de Urbe 21. decb. 82 F 7 69^{vss}.

5041 Johannes Dollinger cler. Argent. dioc. in 23. sue et. an. constit.: de disp. ad quodcumque benef. 20. mart. 76 S 736 19^{r} – de disp. sup. irreg. et de nova prov. de par. eccl. in Betzdorff Superiori Argent. dioc. (6 m. arg.) vac. p. resign. Pauli Hirseman 30. nov. 76 S 744 138^{r}.

5042 Johannes Dorckemer (Durkemer) pape fam.: gr. expect. de can. et preb. eccl. s. Stefani Magunt. et de can. et preb. eccl. s. Martini Pingwen. Magunt. dioc. (m. ep. Urbinaten. et officialibus Magunt. ac Argent.) 1. ian. 72 V 681 91^{r}-94^{r} – cler. Magunt. dioc. et **Laurentius Schemming** cler. Herbip. dioc. inter 5 bullatorum litt. ap. fam. enumerati qui in litt. gr. expect. pape fam. nominati sunt: de decl. litt. desup. perinde val. acsi tunc pape fam. fuissent 11. iul. 72 S 681 135^{r} – cui

gr. expect. ut supra conc. fuit: declaratio dd. litt. perinde val. acsi temp. dd. litt. pape fam. extitisset, gratis 11. iul. 72 V 660 334^{vs} – m. (ep. Urbinaten. et scolasticis eccl. b. Marie ad Gradus Magunt. ac eccl. s. Martini Pingwen. Magunt. dioc.) confer. perp. s. c. capn. ad alt. s. Cristofori in curia Rebederhoffe nunc. op. Pingwen. Magunt. dioc. (3 m. arg.) vac. p. o. Henrici Blume, gratis 18. sept. 72 V 557 34^{rss} – qui vig. gr. expect. can. et preb. ac decan. eccl. s. Martini Pingwen. ut supra vac. p. o. cuiusdam Johannis acc.: de nova prov. de dd. can. et preb. (4 m. arg.) ac de d. decan. (2 m. arg.) 15. iun. 73 S 691 271^{r} – rect. par. eccl. in Trechtighusen Magunt. dioc.: de prom. ad omnes ord. extra temp., sola sign. 21. iun. 73 S 692 129^{r} – qui vig. gr. expect. Pauli II. par. eccl. in Trechtighusen Magunt. dioc. in mense sept. 70 acc. et c. quo s. d. 7. aug. 72 disp. fuit (promotione tamen ad presbit. ord. n. facta) ut unac. d. par. eccl. aliud incompat. benef. recip. val. et qui vig. gr. expect. ut supra can. et preb. et scolastr. eccl. s. Stephani Magunt. vac. p. o. Antonii Molitoris et can. et preb. et decan. eccl. s. Martini Pingwen. Magunt. dioc. vac. p. o. Johannis Vulqman acc. litig. coram Gabriele de Contarenis aud. contra Bernardum Gross (is) sup. can. et preb. et scolastr. d. eccl. s. Stephani: de disp. sup. irreg. et de nova prov. de d. par. eccl. (6 m. arg.) et de dd. can. et preb. et scolastr. (8 m. arg.) necnon de can. et preb. et decan. d. eccl. s. Martini (6 m. arg.) et de disp. ut unac. d. scolastr. d. par. eccl. et d. decan. p. 2 an. retin. val. 26. iun. 73 S 692 169^{rs} – lic. perm., gratis 15. sept. 73 V 560 88^{vss} – restit. bulle sup. facult. resign. et perm. 26. ian. 74 A 23 11^{r} – rect. capel. s. Cristofori Reneverhoeff vulg. nunc. op. Pingwen. Magunt. dioc. pape fam.: indulg. 7 an., Conc. 5 an. 26. mai. 74 S 706 9^{r}., L 740 230^{vs}.

5043 **Johannes Dorfflinger (Deflinger)**
utr. iur. doct. de nob. com. gen. qui
ad prepos. colleg. eccl. s. Sepulcri
dominici [Legnicen.] Wratislav. dioc. et ad par. eccl. s. Petri Legnicen.
Wratislav. dioc. d. prepositure unitam vac. p. o. Sigismundi Arize p.
Fridericum ducem Slezie patron.
laic. Johanni [Roth] ep. Wratislav.
present. fuit: de nova prov. de d.
prepos. et de d. par. eccl. (insimul 14
m. arg.) 15. mart. 83 S 821 5^{rs} –
prep. eccl. Sepulcri dominici Legnicen. Wratislav. dioc. de nob. gen. c.
quo ad 2 incompat. benef. disp. fuit:
de disp. ut 3 incompat. benef. etsi 2
par. eccl. ad vitam recip. val. c. lic.
perm. 15. mart. 83 S 820 112^r.

5044 **Johannes Dorogwil, Henricus Plai-
cher, Johannes Birkler** et **Johannes Steller** canonici eccl. s. Pelagii
Episcopalis Zelle Constant. dioc. referentes quod ipsi litig. coram certo
arbitro contra Gebhardum Amhoff et
Ludovicum de Adlica canonicos d.
eccl. sup. quibusdam feudis claus-
tralibus nunc. et quod d. arbiter dd.
feuda d. Gebhardo adiudicavit et
post appellationem al. litis consorti-
um ad sed. ap. eisdem perp. silenti-
um imposuit ac eorum vocibus capit.
suspendit necnon in expensis in d.
causa fact. condemnavit: m. (abb.
mon. s. Galli de Sancto Gallo Constant. dioc.) committ. in partibus 20.
apr. 79 L 788 167^{rs}.

5045 **Johannes Dowslegher (Dowlegher,
Dewslegher) (de Davantria)** presb.
Traiect. dioc. decr. doct. Oliverii
[Carafa] tit. s. Eusebii presb. card.
Neapolitan. vulg. nunc. (tunc tit.
ss. Petri et Marcellini presb. card.)
fam. qui vig. gr. expect. Pauli II. de
can. et preb. eccl. s. Lebuini Davantrien. Traiect. dioc. ac de can. et
preb. eccl. s. Pauli Monast. can. et
preb. d. eccl. s. Lebuini vac. p. o.
Hermanni Badisseren (Badisferem,
Badisserem) acc. et qui litig. desup.
coram Antonio de Grassis aud. contra Conradum de Retberghen cler.:

›rationi congruit‹ s. d. 17. ian. 70 m.
(d. Antonio de Grassis aud.) confer.
si neutri eosdem (12 m. arg.) 25.
aug. 71 (exped. 14. mart. 72) L 721
16^{vss} – de perp. vicar. in eccl. s. Johannis Bapt. Lunenburgen. Verden.
dioc. (4 m. arg.) vac. p. resign. in
manibus pape Nicolai Graurock Latini [de Ursinis] card. ep. Tusculan.
pape camerarii fam. 24. ian. 72 S
676 147^{vs} – in cur. causarum procur.: restit. bulle sup. can. et preb.
ecclesiarum ut supra 16. mart. 72 A
21 106^v – oblig. (p. Everardum Zoudenbalch prep. eccl. s. Servatii Traiecten. [Leod. dioc.] et collect. p. civit. et dioc. Traiect. recept.) sup. annat. can. et preb. eccl. s. Lebuini ut
supra et solv. 40 fl. renen. (20 stuferos pro quolibet fl.) 16. mart. 72 FC
I 1232/181 10^r – perp. s. c. vic. ad
alt. ss. Thome apl., Eustachii mart. et
Dorothee virg. in eccl. Veteris Ecclesie s. Pauli Monast. necnon perp. s. c.
vic. ad alt. ss. Petri et Pauli appl. in
par. eccl. s. Servatii Monast.: de
fruct. percip. 29. apr. 72 S 679 166^v
– supplic. card. ut supra disp. ad 2
incompat. benef., gratis 20. mai. 72
L 722 238^{vs} – supplic. card. ut supra
de n. resid., gratis 20. mai. 72 L 722
239^{rss} – restit. bulle s. d. 20. mai. 72
conc. sup. facult. perm. 28. mai. 72
A 21 155^r – card. ut supra cap.: de
decan. colleg. eccl. s. Plechelmi Aldensalen. Traiect. dioc. (6 m. arg.)
vac. p. o. Gerardi de Boscho (Ten-
bossche), n. o. can. et preb. in d. colleg. eccl. (6 m. arg.) et perp. s. c. vicar. in colleg. eccl. Veteris Ecclesie
s. Pauli Monast. (6 m. arg.) et altera
perp. s. c. vicar. seu capn. in par.
eccl. s. Servatii Monast. (4 m. arg.)
et pens. ann. 35 fl. auri renen. sup.
fruct. par. eccl. in Walie et Wort unitis Leod. dioc. necnon pens. ann. 20
fl. auri renen. sup. fruct. Omnium ss.
in par. eccl. s. Johannis Bapt. [deest
locus] Verden. dioc. atque pens. ann.
14 fl. auri renen. sup. fruct. par. eccl.
ss. Nicolai et Anthonii Wesalien. Colon. dioc. 22. sept. 72 S 696 21^{vs}, 23.

sept. 72 S 683 8^{vs}, I 332 278^v – pens. sup. par. eccl. Verden. [dioc.?] 72/73 I 332 300^v – dec. eccl. Aldenzalen. Traiect. dioc. Oliverii [Carafa] ut supra nunc card. ep. Albanen. cap. et fam.: de lic. testandi 14. nov. 78 S 785 255^v.

5046 Johannes Drach: motu pr. gr. expect. s. d. 1. ian. 72 de can. eccl. s. Thome Argent. et de benef. ad coll. ep. etc. Spiren. et prerog. ad instar pape fam. descript. 4. iun. 78 (exec. prep. eccl. b. Marie Feuchtwangen. August. dioc. et offic. Spiren. ac offic. Argent.) PA 27 414^r-415^v.

5047 Johannes de Drakenborch et **Ernestus de Sterure** (/.) [= **Stroet?**] can. eccl. Traiect. inter al. referentes quod ipsi Ghysberto de Brederoede tunc el. Traiect. adherebant et quod c. eodem in platea publica d. civit. congregationi populi et nobilium interfuerunt in qua in quadam pugna inter 2 adversarios unus interfectus fuit: de disp. sup. irreg. et de disp. ad quodcumque benef. 19. iun. 73 S 692 84^{rss} – [cler.] Traiect.: de nova prov. de can. et preb. eccl. Traiect. (15 m. arg.) vac. p. o. Johannis Militis 24. apr. 80 S 792 97^r.

5048 Johannes Bapt. Drago pape fam.: de assign. off. servientium armorum vac. p. o. Johannis Boni Theutonici 7. mart. 77 S 748 265^r.

5049 Johannes Dreischt cler. Basil. qui litig. coram Johanne Prioris aud. contra Johannem Kriiss cler. Leod. pape fam. sup. perp. s. c. vicar. quartaria nunc. in eccl. Spiren. vac. p. o. in cur. Johannis Sartoris de Bockenrod: m. (aep. Patracen. et dec. eccl. Spiren. ac offic. Spiren.) confer. d. quartariam (4 m. arg.) vac. p. resign. d. Johannis Kriiss (p. Judocum Trebesmulner cler. Bamberg. dioc. eius procur. fact.) 25. nov. 78 PA 27 343^r-344^v.

5050 Johannes Druch: not. recip. pro formata 4 grossos apr. 83 DB 2 78^v.

5051 Johannes Druys (Druychs) [1. pars 3 partium] cler. Leod. dioc. pape fam.: de perp. capn. s. Johannis Bapt. in par. eccl. de Kerkem Leod. dioc. necnon de alia perp. capn. in loco Turrinis Leod. dioc. (3 m. arg.) vac. p. o. in cur. Jacobi Yscha pape fam. 7. febr. 73 S 687 202^v – c. quo ad 2 incompat. benef. etsi par. eccl. disp. fuit: disp. ad 3. incompat. benef., gratis 24. mart. 75 V 666 264^{rs} – m. (Michaeli Moner can. eccl. Elnen. et offic. Leod. ac offic. Traiect.) confer. perp. capn. ad alt. s. Petri in par. eccl. in Bercheick Leod. dioc. (4 m. arg.) vac. p. o. Martini Rithoven, gratis 21. mai. 75 (exped. 30. mart. 76) L 751 114^{vs} – de par. eccl. in Reppel prope Unx (/.) Leod. dioc. (4 m. arg.) vac. p. o. Mathie de Murtere Eugenii IV. fam. 15. iun. 75 S 722 185^v – de par. eccl. in N. Traiect. dioc. (6 m. arg.) vac. p. o. in cur. Petri de Hollandia 26. iun. 75 S 722 228^{vs} – de perp. vicar. sive capn. ad alt. s. Nicolai in par. eccl. b. Marie Magdalene in Wateringhen Traiect. dioc. (4 m. arg.) vac. p. o. in cur. Petri Wilhelmi c. derog. iur. patron. 26. iun. 75 S 723 244^{vs}, m. (prep. eccl. s. Johannis Traiect. et dec. eccl. s. Johannis Busciducen. Leod. dioc. ac Michaeli Moner can. eccl. Elnen.), gratis V 569 181^r-182^v – de par. eccl. in Anrede Colon. dioc. (8 m. arg.) vac. p. o. Wilhelmi de Blanckenborg Pii II. fam. 16. iul. 75 S 723 304^r – de par. eccl. in Waenroye Leod. dioc. (4 m. arg.) vac. p. o. Johannis Bye 28. febr. 76 S 735 80^v, m. (ep. Cervien. et dec. eccl. s. Petri Lovanien. ac dec. eccl. s. Johannis Ev. Hoxonien. Leod. dioc.), gratis (exped. 23. mart. 76) L 765 235^{vs} – prov. de capn. ad alt. s. Katherine in par. eccl. de Turrinis Gallica Leod. dioc. [sine val.], gratis 16. mart. 76 V 582 165^{vss} – m. (dec. eccl. s. Petri Lovanien. et dec. eccl. s. Johannis Ev. Busciducen. Leod. dioc. ac Michaeli Moner can. eccl. Elnen.) prov. de capel. s. Barbare in Diest Leod.

dioc. de iur. patron. laic. (3 m. arg.) vac. p.o. in cur. Michaelis Apollinaris, gratis 21. apr. 76 V 591 46ʳ-47ᵛ – qui litig. coram Antonio de Grassis aud. contra quond. Ywanum Theoderici cler. (in cur. defunct.) sup. par. eccl. in Reppel Leod. dioc. <de qua ipsi Johanni vac. p.o. Mathie Monier prov. fuit>: de surrog. ad ius <de nova prov. de> d. par. eccl. (4 m. arg.), gratis 15. iun. 76 S 740 21ʳ, V 575 123ᵛˢˢ – prov. de can. et preb. eccl. s.Bartholomei Leod. (4 m. arg.) vac. p.o. in cur. Augustini Wynandi (exec. Michael Moner can. eccl. Elnen. et offic. Leod. ac offic. Traiect.), gratis 2. iul. 76 V 576 43ᵛ-45ᵛ – pape gallinarius et fam.: de perp. vicar. sive capn. in par. eccl. in Diemai Traiect. dioc. (4 m. arg.) vac. p.o. in cur. Andree de Byle et c. derog. iur. patron. 19. aug. 76 S 741 12ʳ – oblig. sup. annat. pro facult. resign. que ipsi s.d. 16. mart. 75 conc. fuit 30. sept. 76 A 25 53ʳ – de fruct. percip. et n. resid. 2. oct. 76 S 743 33ᵛ, (m. abb. mon. b. Marie Parcen. e.m. Lovanien. Leod. dioc. et Michaeli Moner can. eccl. Elnen. ac offic. Leod.), gratis L 773 276ʳˢˢ – qui vig. gr. expect. s.d. 1. ian. 72 de 2 benef. ad coll. abb. etc. mon. Villarien. o.s. Ben. Leod. dioc. necnon ad coll. abb. etc. mon. Vlierderbacen. (Vliederbacen., Vkerderbaken.) Leod. dioc. primo par. eccl. in Reppel (Keppel) et deinde par. eccl. in Waemoede Leod. ad coll. dd. mon. n. pertinentes acc. et al. litt. ap. obtin. c. reval. d. gr., n.o. quod temp. d. conc. pape fam. n. fuit et quod d. mon. Villarien. n.o.s. Ben. sed o. Cist. exist.: motu pr. de reval. d. gr. expect. ad coll. ep. etc. Leod. necnon abb. etc. Villarien. o. Cist. c. disp. ad 2 incompat. benef. 1. decb. 76 S 744 211ʳˢ, gratis L 774 94ᵛ-96ᵛ – de par. eccl. in Absternaco [= Echternach] Trever. dioc. (10 m. arg.) vac. p. resign. Antonii Wekemans cler. Cameracen. dioc. cui de d. eccl. vac. p.o. in cur. Ywani Theoderici prov.

fuit 16. decb. 76 S 745 19ʳ – can. eccl. s.Bartholomei Leod. pape fam.: de lic. testandi 13. ian. 77 S 745 291ʳ, gratis L 773 189ᵛˢˢ.

5052 Johannes Druys [2. pars 3 partium]: de perp. vicar. in eccl. s.Dionisii Leod. (4 m. arg.) vac. p.o. Gerardi de Helmont 13. ian. 77 S 745 291ʳˢ – de prom. ad omnes ord. extra temp., sola sign. 28. apr. 77 S 750 208ʳˢ, 10. mai. 77 S 751 111ʳ – de n. prom. ad 7 an. 28. apr. 77 S 750 208ʳ – de par. eccl. in Fleruco Leod. dioc. (40 l. T. p.) vac. p.o. Johannis Nicolai 7. mai. 77 S 751 35ʳˢ – prov. de cantor. ac can. et preb. eccl. s.Foillani Fossen. Leod. dioc. (8 m. arg.) vac. p.o. Johannis Nicolai abbrev. (m. Michaeli Moner can. eccl. Elnen. et dec. eccl. Lovanien. Leod. dioc. ac offic. Leod.), gratis 8. mai. 77 V 583 47ᵛˢˢ – de can. et preb. eccl. Arnhemen. Traiect. dioc. ac de can. et preb. eccl. s.Andree Paderburn. necnon de scolastr. d. eccl. Arnhemen. (4 m. arg.) vac. p.o. Gobelini Flessen 9. mai. 77 S 751 150ʳ – qui vig. gr. expect. decan. ac can. et preb. eccl. s.Dionisii Leod. vac. p.o. Wilhelmi (Guillermi) Corten (Corteny) <subcollect. Leod. et abbrev.> acc.: de nova prov. de eisdem (10 <20> m. arg. p.) 26. sept. 77 S 759 124ᵛˢ, m. (prep. eccl. b. Marie Feuchtwangen. August. dioc. et offic. Leod. ac offic. Traiect.), gratis V 583 209ᵛ-211ʳ – motu pr. de can. et preb. colleg. eccl. s.Salvatoris Traiect. (10 m. arg.) vac. p.o. Heinrici de Obueren (Ouueren) Eugenii IV. fam. et de assign. Theodorico Haer pape fam. pens. ann. 3 m. arg. sup. fruct. dd. can. et preb. 12. nov. 77 S 760 115ᵛ, m. (dec. eccl. s.Martini Leod. et offic. Traiect. ac offic. Leod.), gratis (exped. 24. nov. 77) L 780 82ᵛˢˢ – cui de decan. et can. et preb. eccl. s.Dionisii ut supra prov. fuit: de decl. litt. desup. perinde val. acsi fruct. dd. benef. insimul n. 10 m. arg. sed 30 m. arg. extiterit 19. nov.

77 S 762 81^{rs} – oblig. sup. annat. can. et preb. colleg. eccl. s. Salvatoris ut supra (in margine: prorog. solut. ad 4 menses s. d. 15. iul. 79), restit. bulle 24. nov. 77 A 26 102^r – oblig. sup. annat. decan. ac can. et preb. ut supra, restit. bulle 31. decb. 77 A 26 123^v – de recip. eum in pape acol. et cap. 14. ian. 78 S 763 100^v, 24. aug. 79 S 785 178^v – cui de decan. ac can. et preb. eccl. s. Dyonisii Leod. ut supra prov. fuit in quib. Martinus de Tournout can. eccl. s. Dyonisii se intrusit: monitorium penale contra d. Martinum ut ab occupatione dd. benef. desistat (exec. ep. Civitatis Castelli et dec. eccl. b. Marie Aquen. Leod. dioc. et dec. eccl. s. Andree Colon.), gratis 30. ian. 78 V 669 68^{rss} – motu pr. de par. eccl. de Alken (Allen) Leod. dioc. (20 m. arg.) vac. p. o. Huberti Brougner (Broguet) 5. febr. 78 S 764 198^r, m. (abb. eccl. s. Laurentii e. m. Leod. et Michaeli Moner can. eccl. Elnen. ac offic. Leod.), gratis V 586 246^{vss} – litig. coram aud. contra Wilhelmum de Gothem cler. et Martinum de Turnout cler. sup. can. et preb. ac decan. eccl. s. Dionisii Leod. vac. p. o. Wilhelmi Cortern subcollect. et quond. Johannis [Cesarini] tit. s. Angeli diac. card. fam. et abbrev.: de prov. si nulli de eisdem (insimul 30 m. arg. p.) 21. febr. 78 S 772 280^{rs} – de perp. capn. sive vicar. in par. eccl. Urnderade (/.) Leod. dioc. (4 m. arg.) 11. aug. 78 S 772 173^{rs} – motu pr. de uniendo canonicatui et preb. eccl. s. Bartholomei Leod. (4 m. arg.) quas Johannes Druys obtin. par. eccl. de Respel Leod. dioc. (4 m. arg.) quam d. Johannes obtin. ad vitam 17. aug. 78 S 772 174^{vs} – qui vig. gr. expect. can. et preb. ac cantor. eccl. b. Marie Huyen. Leod. dioc. vac. p. o. Johannis de Villay (vel p. contractum matrim. Jacobi N. cui dd. benef. vig. gr. expect. conc. fuerant) acc.: de nova prov. de eisdem (10 m. arg.) 17. aug. 78 S 772 175^{rs} – de par. eccl. in

Rotterdam Traiect. dioc. (20 m. arg. p.) vac. p. o. Ghysberti de Foramine de Vinrode 17. aug. 78 S 772 228^r.

5053 **Johannes Druys** [3. pars 3 partium]: de perp. capn. ad alt. ss. Petri et Pauli in eccl. s. Johannis Ev. Buscyducen. Leod. dioc. (4 m. arg.) vac. p. resign. vel p. o. in cur. Johannis Sterwinker 19. aug. 78 S 772 185^r – de elig. confess. 26. aug. 78 S 773 36^r – de simplici benef. sive perp. vicar. in par. eccl. s. Petri de Vuche e. m. op. Busciducen. Leod. dioc. (3 m. arg.) vac. p. o. Huberti Ruysch 29. oct. 78 S 779 37^r – et **Paschasius Pacher** c. quo ad 2 incompat. benef. disp. fuit referentes quod litig. coram aud. sup. can. et preb. ac sup. cantor. eccl. s. Foillani Fossen. Leod. dioc. vac. p. o. Johannis Nicolai contra Johannem de Gerpinia: de adm. resign. d. Johannis Druys et de surrog. d. Paschasium ad ius d. Johannis ad d. cantor et de prov. d. Paschasio de dd. can. et preb. (10 l. T. p.) et de assign. d. Johanni pens. ann. 12 fl. renen. (= 20 stuferi antiqui <de Cugno>) quond. Philippi Burgundie duc. pro quolibet fl. computatis) videlicet 9 fl. renen. sup. fruct. dd. can. et preb. et 3 fl. renen. sup. cantor. d. eccl. et de disp. pro d. Paschasio ad 3. incompat. benef. etsi 2 par. eccl. ad vitam c. lic. perm., Conc. de 3. benef. ad 5 an. 8. ian. 79 S 776 186^{vs}, (m. Michaeli Moner can. eccl. Elnen. et offic. Leod. ac offic. Traiect.), gratis 23. ian. 79 V 594 98^r-99^v – de perp. capn. sive vicar. in Ekerin Leod. dioc. (6 m. arg. p.) vac. p. o. Innocentii de Cresciom 9. ian. 79 S 776 139^v – qui litig. coram aud. contra Johannem Longatelli (Longatrielli) et Hubertum de Valle sup. can. et preb. eccl. b. Marie op. Huyen. Leod. dioc. et deinde <in favorem d. Huberti> resign.: de assign. Johanni Druys pens. ann. 8 fl. renen. auri sup. fruct. par. eccl. s. Michaelis Leod. (4 m. arg.) quam d. Hubertus obtin. et 5 <3> fl. renen. auri sup. fruct. perp.

capn. in par. eccl. de Cherder Mabe (Chendermale) Leod. dioc. (4 m. arg.) quam Gottifredus (Godefridus) de Bastonia cler. Leod. dioc. obtin. p. d. Hubertum vel d. Gottfridum <c. consensu eorum p. Marcum Dionisii cler. Leod. dioc. procur. fact.> <in civit. Leod.> persolv. 27. febr. 79 S 778 137^{rs}, (m. Michaeli Moner can. eccl. Elnen. et offic. Leod. ac offic. Traiect.), gratis V 594 226^{r}-228^{r} – motu pr. creatio in nobilem (c. armis in decus ramo quercus c. 2 foliis et una glande in scuto azzurreo), m. (aep. Salernitan. et offic. Leod. ac offic. Traiect.), gratis 1. mart. 79 V 670 297^{rs} – de can. et preb. eccl. s. Ode Amanien. Leod. dioc. (4 m. arg. p.) vac. p. o. Arnoldi Thronem 22. apr. 79 S 781 109^{v}, m. (dec. eccl. s. Martini Leod. et Michaeli Moner can. eccl. Elnen. ac offic. Leod.), (exped. 14. iul. 79), gratis L 792 301^{rss} – can. eccl. s. Bartholomei Leod. qui insimul c. d. can. par. eccl. de Reppel (Repper) Leod. dioc. obtin.: de uniendo d. canonicatui (4 m. arg.) d. par. eccl. (4 m. arg.) ad vitam 18. iul. 79 S 784 95^{vs}, gratis L 794 143^{vs} – et **Wilhelmus Nipotis al. Santers** presb. Leod. dioc. quib. de par. eccl. de Waenrode Leod. dioc. vac. p. o. Johannis Bye (Rye) Nicolai V. fam. prov. fuit et qui coram aud. desup. litig. referentes quod Johannes Druys eandem in manibus pape resign.: de adm. resign. d. Johannis et de prov. d. Wilhelmo de d. par. eccl. (4 m. arg.) ac de assign. d. Johanni pens. ann. 8 fl. renen. (20 stuferi antiqui pro quolibet fl.) sup. fruct. d. par. eccl. p. d. Wilhelmum persolv. 3. iun. 80 S 793 227^{v}.

5054 **Johannes Drunten** cler. Monast. qui perp. s. c. vicar. sive capn. ad alt. s. Stephani in eccl. s. Plechelmi Aldesalen. Traiect. dioc. vac. p. o. Mensonis Mensen assec. est: de nova prov. de d. vicar. (3 m. arg.), (cass.) 27. iul. 75 S 731 81^{rs} – de confic. litt. c. val. 4 m. arg. (n. 3 m. arg.) 21. decb. 75 S 732 5^{r}.

5055 **Johannes de Dubio** cler. Colon. dioc.: de nova prov. de can. et preb. in colleg. eccl. s. Andree Colon. (8 m. arg.) vac. p. o. Pauli de Colonia 15. oct. 72 S 683 263^{vs} – litig. coram aud. contra Herbordum Tenckynck cler. sup. can. et preb. in colleg. eccl. ut supra vac. p. o. Pauli Spyck: de prov. si neutri de eisdem (8 m. arg.) 24. nov. 72 S 684 252^{r} – de nob. mil. gen. scol. in univ. Erffordien. in 19. sue et. an. constit.: de disp. ad quodcumque benef. 21. ian. 74 S 700 277^{vs}.

5056 **Johannes de Duchis** prep. eccl. ss. Nazarii et Celsi Brixien. prothonot. et nuntius: instructio data ad visitanda mon. s. Emmerami Ratisbon. et mon. in Ottenburg August. dioc. in qua eidem m. fuit quod quoad mon. Ratisbon. nullo modo quidquid incipiat nisi prius habita sup. id voluntate R. I. quodque brevia diversis principibus et magistratibus directa sup. assistentia prestanda ad executionem commiss. visitationis d. mon. Ratisbon. n. presentet nisi exigente necessitate et vitentur scandala quodque n. procedat ad privationem aliquam sed omnia alia exequatur in commiss. sibi iniuncta quoad personam abbatis Ratisbon. ubi id sua demerita exigerent priv. ipsa dumtaxat omissa 10. iun. 77 Arm. II, 30 60^{rs}, Arm. II, 56 47^{v}-53^{v}, Arm. II, 123 82^{rs}, Arm. II, 129 33^{rs}, Cod. Urbin. Lat. 864 50^{rs}, Cod. Barb. Lat. 1498 80^{rss}, Cod. Ottob. Lat. 2726 40^{rs}.

5057 **Johannes Dudelendorf (Dudelendorpf, Dudelendroff) et Olverius de Kerbestat** inter 71 [Johannis] Bapt. [Zeno] tit. s. Marie in Porticu diac. card. fam. et dilectos enumerati: supplic. d. card. de gr. expect. de 2 can. usque ad summam /. et de 2 benef. ad coll. quorumcumque et de disp. ad 2 incompat. benef., Et s. d. 1. ian. 72 S 670 64^{r}-65^{v} – diac. Trever. dioc. card. ut supra secr. et fam.: de alt. sive vicar. b. Marie virg. in colleg. eccl. in Cardone Trever.

dioc. (24 duc.) vac. p. o. Mathie Engers al. Wiis 27. iun. 72 S 681 17^{rs} – in decr. bac.: de can. et preb. eccl. b. Marie virg. in Prumea Trever. dioc. (4 m. arg.) vac. p. o. Mathie (de) Wys 27. iun. 72 S 681 34^v, m. (decanis eccl. s. Simeonis Trever. et eccl. s. Patrocli Susacien. Colon. dioc. ac Luciano Cole can. eccl. Firman.) (exped. 21. aug. 72) L 737 130^{rss} – de par. eccl. in Budeshem Trever. dioc. (4 m. arg.) vac. p. o. Johannis Budeshem 27. iun. 72 S 681 101^{rs}, m. (ut supra) (exped. 21. aug. 72) L 719 263^{rss} – cler. Trever. dioc. cui de capel. s. Margarete in castro de Felle Trever. dioc. (2 m. arg.) et de perp. capn. ad alt. s. Clementis in eccl. mon. s. Maximini o. s. Ben. e. m. Trever. (10 duc. adc.) vac. p. o. Emerici de Sancto Paulino prov. fuit: m. (ut supra) confer. perp. capn. ad alt. s. Crucis in eccl. in Sarburgo Trever. dioc. (12 duc. adc.) vac. p. o. Johannis Gallici 28. iun. 72 (exped. 22. aug. 72), L 715 168^{vs}, m. (ut supra), gratis L 715 255^v-257^r.

5058 **Johannes de Dulken** quond. Johannis [Carvajal] tit. s. Angeli diac. card. fam. tunc can. eccl. ss. Appl. Colon. nunc vero vic. in eccl. s. Gereonis Colon. cui Pius II. lic. perm. conc.: de decl. litt. desup. perinde val. 22. mai. 72 S 680 182^r.

5059 **Johannes Dumen al. Vladen de Blisia** scol. Leod. dioc.: de prom. ad omnes ord. extra temp., sola sign. 17. mart. 78 S 766 237^v.

5060 **Johannes Dunninger** presb. Argent. dioc.: de capn. ad alt. s. Johannis in eccl. s. Johannis in Monsteim Argent. dioc. (2 m. arg.) vac. p. o. Johannis Entzinger de Pfortzheim 12. iun. 73 S 691 197^r.

5061 **Johannes Dur (de Awe)** cler. Herbip. dioc.: de vicar. Trium regum in colleg. eccl. s. Martini in Colmar Basil. dioc. (5 m. arg.) vac. p. o. Johannis Molitoris 27. sept. 75 S 727 188^r – de par. eccl. in Scheym (/.)

Herbip. dioc. (4 m. arg.) vac. p. o. Johannis Turer (/.) 27. sept. 75 S 727 148^{vs} – de surrog. ad ius quond. Henrici Morung (Moring) cler. Herbip. dioc. (in cur. defunct.) ad par. eccl. s. Andree in Mulbach Herbip. dioc. (4 m. arg.) quam d. Henricus vac. p. o. Conradi Molitoris obtin. 30. sept. 75 S 727 188^{vss} – de surrog. ad ius quond. Henrici Moring (Apring) ut supra ad par. eccl. b. Marie virg. in Enheym (Ernheym, Ehenheym) Herbip. dioc. (4 <3> m. arg.) quam d. Henricus vig. gr. expect. vac. p. o. Johannis Durr obtin. <possessione n. secuta> 3. oct. 75 S 727 156^{rs}, m. (aep. Patracen. et Kiliano de Bibra can. eccl. Herbip. ac Eberhardo de Rabenstein can. eccl. Bamberg.) V 584 133^{vss} – qui litig. intendit contra certum intrusum sup. par. eccl. in Enheym ut supra: de prorog. temp. insinuandi ad 6 menses, sola sign. 28. iul. 76 S 741 93^{rs}.

5062 **Johannes Durr (Donriet, Dovere, Dourre) de Rastatt (Rastet, Rastetten)** cler. Spiren. dioc. in 21. sue et. an. constit.: de par. eccl. in Dirrenbach Spiren. dioc. (6 m. arg.) vac. p. o. Nicolai Duichtenwalt 31. ian. 80 S 789 201^{vs} – pape fam.: de disp. ad 2 incompat. benef. 14. mart. 82 S 809 18^{rs}, gratis V 674 175^{vss} – de nova prov. de can. et preb. in eccl. s. Martini Wormat. (4 m. arg.) vac. p. o. Osvaldi de Wasen 19. apr. 82 S 809 304^r – prov. de par. eccl. in Flerden Magunt. dioc. (4 m. arg.) vac. p. resign. in manibus pape Eustachii Munch, n. o. gr. expect. de can. et preb. eccl. s. Martini Wormat. (4 m. arg.) et de benef. ad coll. ep. etc. Argent. (exec. prep. eccl. b. Marie Feuchtwangen. August. dioc. et cant. eccl. Spiren. ac offic. Magunt.) 30. apr. 82 V 618 278^r-280^r.

5063 **Johannes Durckheym (Duerkheym, Dorckheym)** cler. Spiren. dioc. Friderici Slesie ducis dilectus cui gr. expect. s. d. 1. ian. 72 de 2 benef. ad coll. ep. etc. Argent. et ad coll.

eccl. s. Florentii Haslacen. (Haselacen.) Argent. dioc. conc. fuit: supplic. d. duce prerog. ad instar pape fam. descript., residuum gratis 22. apr. 73 V 681 116^{vs} – qui vig. gr. expect. cantor. eccl. s. Florentii ut supra acc. sup. qua litig.: de decl. litt. perinde val. acsi prov. ad can. et preb. d. eccl. exten. fuisset 6. mai. 75 S 719 124^{rs} – de off. litt. penitentiarie procur. vacat. p. resign. Petri Altissen 20. febr. 78 S 765 85^v – qui vig. gr. expect. cantor. eccl. s. Florentii ut supra (2 m. arg.) acc.: motu pr. de reval. et de decl. litt. desup. perinde val. acsi motu pr. conc. fuissent 21. nov. 78 S 784 134^{rs}.

5064 **Johannes Durminghen (Durmuger)** prov. de capn. Argent. [dioc.?] vac. p. o. 73/74 I 332 15^v – presb. Argent. dioc.: de can. et preb. eccl. s. Adolphi Novilarien. Argent. dioc. (4 m. arg.) vac. p. resign. in manibus pape Bernardi Roberti de Durmigen vel p. o. Theobaldi Busz sive Nicolai Kuepel 31. mart. 81 S 800 235^v.

5065 **Johannes Durn** cler. Spiren. dioc. can. semiprebendatus eccl. s. Petri vallis Wimpentez (/.) [recte: Wimpinen.] Wormat. dioc. (6 m. arg.): de prom. ad omnes ord. extra temp., sola sign. 17. iun. 74 S 707 103^{rs}.

5066 **Johannes de Dursbicze** cler. Gneznen. dioc. ex utr. par. de nob. gen.: de cantor. eccl. Lanatien. (/.) [recte: Lancicien.] Gneznen. dioc. (16 m. arg.) vacat. ex eo quod Albertus de Xansch cler. Gneznen. par. eccl. in Wawrzynczicze Cracov. dioc. assec. est et vig. disp. ad 3 incompat. benef. scolastr. eccl. Cracov. et scolastr. in eccl. Wladislav. insimul obtin. et d. cantor. p. plures menses citra tamen annum detin. 22. apr. 83 S 823 3^r.

5067 **Johannes Duster** prep. eccl. Wratislav. qui p. Nicolaum V. in cubic. pape recept. fuit ut ex libro offic. Nicolai V. (s. d. 27. mai. 52) constat: litt. testim. sup. conf. p. bullam s. d.

22. nov. 71 conc. 15. mai. 76 DC 39 73^r.

5068 **Johannes de Duventheim (/.)** Colon. dioc. in 18. sue et. an. constit.: de perp. s. c. vicar. ad alt. Marie virg. et s. Agathe in par. eccl. in Honps Colon. dioc. de iur. patron. laic. et de n. resid. et de prom. ad omnes ord. in 25. sue et. an. 12. apr. 83 S 824 178^r.

5069 **Johannes Dwas** perp. s. c. vic. ad alt. ss. Nicolai et Katherine in eccl. ss. Petri et Pauli Bardewicen. Verden. dioc. quond. Prosperi de Columpna tit. s. Georgii ad velum aureum diac. card. fam.: de lic. perm. d. vicar. (4 m. arg.) 18. iun. 73 S 692 285^{rs}, L 726 17^{rss}.

5070 **Johannes Eberhardi** rect. par. eccl. s. Marie in Vegis (Wegis) Constant. dioc.: de disp. ut unac. d. par. eccl. aliud incompat. benef. recip. val. etsi 2 par. eccl. ad vitam c. lic. perm. 22. decb. 80 S 799 60^v – in art. mag.: de disp. ut supra 16. ian. 81 S 799 74^v, gratis V 673 472^{vss}.

5071 **Johannes Eberspech**, Patav. [dioc.?]: disp. ad incompat. benef. 72/73 I 332 218^v.

5072 **Johannes Eckardi** presb. Magunt. dioc. qui (pacto c. Henrico Brotzan consanguineo suo presb. Magunt. tunc in 70. sue et. an. constit. fact.) benef. ad alt. s. Crucis in eccl. s. Gangolphi Magunt. necnon ad alt. b. Marie in eccl. hosp. op. Casselen. Magunt. dioc. pro par. eccl. plebicula nunc in Butzenheyn e. m. Magunt. coram quond. Adulpho [de Nassau] aep. Magunt. permutaverunt c. reserv. pens. ann. 10 fl. renen. sup. fruct. d. par. eccl.: m. (Simoni [Vosich] aep. Patracen. in cur. resid.) absol. a labe simonie et disp. sup. irreg. et confer. de novo d. par. eccl. (2 m. arg.) 24. mai. 76 L 763 49^{rss}.

5073 **Johannes Eckardi** cler. Spiren. nullum benef. obtin.: de perp. s. c. vicar. in eccl. s. Guidonis Spiren. (2 m.

arg.) vac. p. o. Gafridi Hasslach (Haszlach) 19. oct. 79 S 787 47^v, m. (prep. eccl. b. Marie Feuchtwangen. August. dioc. et prep. eccl. s. Trinitatis Spiren. ac offic. Spiren.), gratis V 671 382^{rs} – perp. vic. in eccl. s. Widonis Spiren. referens quod ipse ad perp. capn. in par. eccl. s. Georgii Spiren. vac. p. o. Rabani (Urbani) Stoll p. Agnetem Pfrinnbaumyn patron. laic. priorisse et sororibus dom. Ultra lutum leporis Spiren. b. Marie Magdalene de penitentia o. s. Aug. et quod Lucas Selbach ad d. capn. p. Elizabetham Pfrinnbaumyn patron. laic. present. fuerunt: de prov. si neutri de eadem (4 m. arg.) 13. febr. 81 S 800 66^{vs}.

5074 **Johannes de Ectha** scolast. et can. eccl. s. Severi Erforden. Magunt. dioc.: narratio quod allate sunt litt. Hermanni [de Hassia] aep. Colon. et Henrici [de Schwarzenburg] ep. Monast. eorumque cleri in quib. ipsi conquesti sunt de privil. pro fr. o. mendicantium p. papam confirmatis et quod papa cardinalibus et protectoribus d. ord. commisit ut ipsa privil. reviderentur et quod coram eodem Johanne causa certarum molestationum occasione dd. privil. inter fratres dom. o. fr. min. et fr. o. pred. op. Hamburgen. Bremen. dioc. ac capit. eccl. Hamburgen. pendet indecisa, hortatio ut d. Johannes in d. causa supersedere debeat donec aliud a papa m. fuerit 7. iul. 82 Florenz II. III. 256 313^v.

5075 **Johannes Edelman** cler. August.: oblig. p. Burkardum Seitz cler. Herbip. dioc. sup. annat. par. eccl. s. Nicolai in Heusenfelt (Heufenfelt) Eistet. dioc. (10 m. arg.) de qua vac. p. resign. in manibus pape Friderici Trosder s. d. 4. mai. 80 sibi prov. fuit 13. iul. 80 A 29 47^r – solv. 22 fl. adc. pro annat. p. manus Burkardi Seiz (Seicz) 13. iul. 80 FC I 1134 61^v, IE 500 15^v, IE 501 16^v.

5076 **Johannes Edinghe (Edinhe)** cler. Monast. dioc.: fit mentio ut testis in

certa prefixione term. facta soc. de Medicis que extra Urbem et terras R. E. recedere debeat ut in bulla s. d. 23. iul. 78 1. aug. 78 DC 39 216^{vs} – pape fam. cui de s. c. capel. s. Nicolai Monast. (4 m. arg.) vac. p. ingr. mon. s. Michaelis o. s. Ben. Hildesem. p. Fredericum Hopp al. Polman de Ortberg prov. fuit et qui deinde litig. desup. coram Matheo de Porta aud., Guillielmo de Pereriis aud. et Antonio de Grassis aud. contra quond. Egibertum Biscopinc cler.: m. (dec. eccl. Veteris Ecclesie s. Pauli Monast. et dec. eccl. b. Marie Wesalien. Trever. dioc. ac dec. eccl. s. Walburgis Arnhemen. Traiect. dioc.) prov. de d. capel., gratis 14. apr. 83 V 632 275^r-277^r.

5077 **Johannes Egg** cler. Constant. dioc. in 19. sue et. an. constit. cui de par. eccl. in Loeffungen Constant. dioc. ad coll. abb. mon. Sancti Galli o. s. Ben. Constant. dioc. prov. fuit: de nova prov. de d. par. eccl. (10 m. arg.) 29. mai. 77 S 752 18^{vs}.

5078 **Johannes Eger**: not. recip. pro formata 6 grossos decb. 81 DB 2 47^v.

5079 **Johannes Egidius** cler. Leod. dioc. pape fam. Dominici [de Ruvere] tit. s. Clementis presb. card. credentiarius secretus: de can. et preb. eccl. Veteris Ecclesie s. Pauli Monast. (4 m. arg.) vac. p. o. Bernardi Hughen d. card. fam. 2. febr. 84 S 839 99^{vs} – motu pr. de perp. vicar. eccl. Osnaburg. (4 m. arg.) vac. p. o. Bernardi Hughen 2. febr. 84 S 839 100^r.

5080 **Johannes de Eglofstein** miles et prefectus loci Osternach Bamberg. dioc.: de indulg. 8 an. pro eccl. sive capel. 14 Adiutorum in Osternach Bamberg. dioc. 1. decb. 76 S 744 294^v.

5081 **Johannes Egrer** rect. par. eccl. s. Stephani in Anross Brixin. dioc.: oblig. p. Petrum Knauer can. eccl. Laibac. procur. in cur. sup. annat. d. par. eccl. (32 fl. adc.) de qua vac. p. resign. Henrici Kypphenberger presb. Bamberg. dioc. s. d. 22. iun. 74 sibi prov. fuit 18. ian. 76 A 24 67^r – solv. 15 fl. adc. pro compositione annat. p. manus Petri Kneuer (Kanauer) can. eccl. Laibac. 16. ian. 76 FC I 1132 131^v, IE 492 68^v.

5082 **Johannes Eherdes** cler. Lubic.: de can. et preb. eccl. Butzowen. Zwerin. dioc. (4 m. arg.) vac. p. o. Johannis Werneri 8. mart. 74 S 703 156^{vs}.

5083 **Johannes Ehinch** scol. Traiect. dioc.: recip. primam tonsuram in basilica Principis appl. de Urbe et capel. s. Thome 21. sept. 82 F 7 62^v.

5084 **Johannes Ehinger (Chinger)** laic. incola op. Ulmen. Constant. dioc. referens quod de Sigismundo duce Austrie pro servitiis suis dominium Pfaffenhoven ac ius decimale in villa Attenhoven recepit: de indulto fruct. decimales colligendi 6. iun. 78 S 770 55^{rs}, L 778 140^{vs}.

5085 **Johannes Eyke** cler. Camin. dioc. c. quo de n. prom. ad 7 an. causa studii sui continuandi disp. fuit et qui ad perp. vicar. ad alt. b. Marie virg. in capel. prepos. nunc. in colleg. eccl. s. Nicolai Gripesvolden. Camin. dioc. vac. p. o. Johannis Petzkow p. patron. present. fuit ac qui p. 2 an. desup. litig. contra Johannem Lyde: de nova prov. de eadem (2 m. arg.), attento quod benef. est exiguum et n. curatum 18. decb. 80 S 802 121^v.

5086 **Johannes Eychhorn** laic. in civit. Wormat. commorans qui litig. coram com. de Sultz in illis partibus iudice contra Bernardum Eselberger de Fallienbehel laic. Constant. sup. certis pec. summis (quas d. Johannes solv. promisit si Nicolaus Eychhorn eius natus c. quond. Apollonia nata d. Bernardi matrim. contraxerit): m. (ep. Spiren.) vocandi d. Bernardum 9. ian. 76 L 758 124^{rss}.

5087 **Johannes de Eyll** cler. Colon. dioc. ex utr. par. de nob. <mil.> gen.: de can. et preb. eccl. Wormat. (10 m. arg.) vac. p. o. Wernheri Flach, Conc. motu pr. pro Hugone Cornelii 11. apr. 72 S 678 26^v – de vicar. ad alt. s. Laurentii in colleg. eccl. s. Lebuini Daventrien. Traiect. dioc. (4 m. arg.) vac. p. assec. can. et preb. d. eccl. p. Johannem Brunonis Mund 16. mai. 74 S 706 23^r.

5088 **Johannes de Eynatten** can. eccl. Leod. leg. doct. ex utr. par. de nob. et mil. gen. Maximiliani ducis Austrie consiliarius: de disp. ad 3 incompat. benef. 21. iun. 83 L 828 252^{rs}.

5089 **Johannes Einbecke (Eincke)** can. prebend. eccl. Sleswic. Cristierni Dacie, Swecie et Norwegie regis secr. et fam. c. quo disp. fuerat ut unac. par. eccl. in Hausun Lubic. dioc. aliud incompat. benef. recip. val. et qui thesaur. eccl. Sleswic. obtin.: prov. de prepos. eccl. Sleswic. vac. p. prom. Helrici (Elrici) [van der Wisch] el. Sleswic. (m. aep. Patracen. et dec. eccl. b. Marie Hamburgen. Bremen. dioc. ac offic. Lubic.) 18. apr. 74 (exped. 28. apr. 74) L 736 20^r-22^r – cler. Lubic. ad can. et preb. eccl. b. Marie Hamburgen. Bremen. dioc. vac. p. o. Johannis Auenald (/.) p. regem Dacie ratione comitatus Holtsatie patron. present.: de nova prov. de eisdem (4 m. arg.) 18. iul. 74 S 709 114^{vs} – qui prepos. eccl. Sleswic. in manibus pape resign. et **Enwaldus de Savenbrader** can. eccl. Sleswic. et regis Dacie secr. et dilectus: supplic. d. rege de adm. resign. Johannis Einbecke et de prov. d. Enwaldo de d. prepos. de iur. patron. regis Dacie (6 m. arg.) c. assign. d. Johanni pens. ann. 3. partis fruct. d. prepos. 14. decb. 79 S 788 68^{vs}.

5090 **Johannes [Eindhoven]** prior mon. b. Marie virg. in Clusa Eberhardi o. s. Aug. <Trever. dioc.>: prov. de eccl. Azoten. vac. p. o. cuiusdam Huberti [Yffz] et motu pr. disp. ut pontific. in civit. Trever. et quibuscumque civit. et dioc. de consensu aep. Trever. et al. ordin. exercere et ut unac. d. eccl. d. prioratum (500 fl. renen.) in commendam retin. val. 30. apr. 83 Cod. Vat. Lat. 3478 111^{vs} – notitia sup. prov. de eccl. Azoten. ut supra in consistorio ad relationem [Francisci Todeschini-Piccolomini] card. Senen. c. retentione d. prioratus 30. apr. 83 OS 82 141^r, OS 83 111^v.

5091 **Johannes Eysenreich** rect. par. eccl. in Wiging Salzeburg. dioc. qui procuratione Wilhelmi Moroltinger can. eccl. Patav. decr. doct. d. par. eccl. assec. est: de assign. d. Wilhelmo pens. ann. 24 fl. adc. sup. fruct. d. par. eccl. (15 m. arg.) 11. mai. 72 S 679 233^{rs}.

5092 **Johannes Eyssink (Eysinch, Essink)** rect. par. eccl. in Westerstede Osnaburg. dioc.: de prom. ad omnes ord. extra temp., sola sign. 9. febr. 72 S 676 53^r – prom. ad subdiacon. ord. in capel. ss. Andree et Gregorii in basilica Principis appl. in Urbe 22. febr. 72 F 6 26^{rss} – litt. testim. sup. prom. ad subdiacon. ut supra, ad diacon. ord. s. d. 23. febr. 72 in eccl. s. Bartholomei de Insula in Urbe (vig. conc. ut supra), ad presbit. ord. s. d. 25. febr. 72 25. febr. 72 F 6 27^v – cler. Osnaburg. dioc. reus et possessor qui vig. gr. expect. par. eccl. in Asschendorpp Osnaburg. dioc. vac. p. o. Bernardi Budde acc. et qui litig. desup. coram Gaspare de Theramo aud. contra Jacobum Eyskecke cler. Magunt. dioc. actorem (qui nunc resign.): de d. par. eccl. (5 m. arg.) et de assign. d. Jacobo pens. ann. 12 fl. renen. auri (in auro monete electorum principum = 12 fl. duc. adc.) p. Johannem Eyssinck persolv. 8. oct. 82 S 815 119^r.

5093 **Johannes Eytlinger (Ethlinger, Eychinger, Ritlinger)** cler. Frising. dioc.: de par. eccl. in Oxstat (Oxstet) (6 m. arg.) vacat. p. assec. par. eccl. b. Marie in Kerchpuhel Salzeburg. dioc. aut Chiem. dioc. p. Johannem Stamer cui de d. par. eccl. vac. p. o. Andree Wiser prov. fuerat 7. nov.

72 S 695 232^{vs}, I 332 103^r – de par. eccl. in Aybling Frising. dioc. (12 m. arg.) vac. p. resign. Johannis Helen 23. ian. 81 S 799 224^{rs} – referens quod quond. Johannes Helm rector par. eccl. sive perp. vicar. in Aybing (Aybling) Frising. [dioc.] d. par. eccl. in manibus scolast. eccl. Frising. patron. ex causa perm. resign. sed infra 20 dies obiit perm. n. consummata et quod ipse Johannes Eytlinger p. d. scolast. ad eandem present. fuit: de nova prov. de d. par. eccl. (7 <8> m. arg.) 22. febr. 81 S 800 72^{vs}, S 800 219^r – de disp. ut unac. par. eccl. ut supra aliud incompat. benef. recip. val. etsi 2 par. eccl. ad vitam c. lic. perm. 1. mart. 81 S 800 219^r – de nova prov. de par. eccl. sive perp. vicar. b. Marie in Aybling ut supra (24 fl. adc.) vac. p. o. Johannis Helm vel p. resign. Cristophori Ostermuncher cler. Frising. dioc. (qui eandem vig. gr. expect. acc.) 8. iun. 82 S 811 206^{rs} – de par. eccl. seu perp. vicar. ut supra (8 m. arg.) vac. p. resign. in manibus pape Cristoferi Ostermuncher cler. Frising. dioc. (qui d. par. eccl. vac. p. o. Johannis Holmen vig. gr. expect. acc.) 22. mai. 83 S 824 4^r – de par. eccl. seu perp. vicar. b. Marie ut supra (8 m. arg.) vac. p. resign. Gasparis Eytlinger cler. Frising. dioc. pape fam. (cui de eadem s. d. 23. ian. 81 vac. p. o. Johannis Hellem prov. fuerat) 30. mai. 83 S 824 150^v.

5094 **Johannes Elenbog** cler. August. dioc. in 19. sue et. an. constit.: disp. ad c. c. benef. 16. ian. 84 L 835 53^v.

5095 **Johannes de Elgoth** presb. Wratislav. dioc. cui de alt. s. Leonardi in colleg. eccl. s. Egidii Wratislav. vac. p. o. Andree Lemsferldt p. Ursum [de Ursinis] ep. Theanen. tunc in partibus nunt. c. pot. legati de latere prov. fuit: de nova prov. de d. alt. (2 m. arg.), n. o. can. et preb. eccl. Theanen. (10) necnon par. eccl. s. Marci [deest locus] Theanen. dioc. (20 fl. adc.) 22. aug. 82 S 813 259^{rs}.

5096 **Johannes Elstenhaymer** et **Gabriel Rasaris** cives Salzeburg. referentes quod nobiles et cives utr. sexus civit. Salzeburg. ex antiqua consuetudine in claustro et cimit. mon. s. Petri o. s. Ben. sepulturas suas eligerunt et quod prep. etc. d. mon. d. consuetudinem inhibere presumunt: de committ. in partibus 28. sept. 75 S 734 111^{vs}.

5097 **Johannes Elueri (Elnen)** qui perp. vicar. ad alt. b. Marie in capel. iun. institutionis in par. eccl. s. Johannis op. Luneburgen. Verden. dioc. de iur. patron. laic. forsan assec. est et qui litig. desup. coram prep. d. eccl. contra Johannem Meyger qui p. quandam mul. preposito eccl. s. Johannis Luneburgen. present. fuit: de prov. si neutri de d. perp. vicar. (4 m. arg.) vac. p. o. Henrici Brucnow 4. nov. 77 S 760 83^{r}.

5098 **Johannes Eman** tunc laic. nunc cler. Bamberg. dioc. referens quod ipse actor litig. coram dec. eccl. s. Johannis in Haugis e. m. Herbip. et offic. Herbip. (p. Franciscum [Todeschini-Piccolomini] tit. s. Eustachii diac. card. Senen. in illis partibus sed. ap. legatum deput.) contra abba. et sorores dom. s. Brigide loci Gnadelberge o. s. Aug. s. Salvatoris nunc. Eistet. dioc. sup. certa quantitate pec. pro expensis p. ipsum fact. (40 fl. renen. et 20 duc. adc. salvo veriori calculo) et quod d. legatus ad instantiam d. abba. in d. causa appellatus abbati mon. s. Egidii Nurembergen. o. s. Ben. Bamberg. dioc. eidem de novo commisit qui deinde iura producta exped. n. curavit necnon quod ipse pauper exist. et mendicare debet: de committ. alicui prelato in cur. resid. vel aud., Conc. quod committatur in partibus 16. nov. 80 S 798 263^{vs}.

5099 **Johannes de Ende**: not. recip. pro bulla distributa 3 grossos et 2 grossos iun. 82 DB 1 135^{r}.

5100 **Johannes Enderlin** et **Johannes Werleis** ac **Johannes Strolin** laic. Constant. inter al. referentes quod ipsi quendam Johannem Maurer cler. Constant. dioc. c. bastonibus usque ad effusionem sanguinis percusserunt quia puditiam cuiusdam virg. infestabat et quod abb. mon. in Wingarthen Constant. dioc. dedit in mandatis ut ipsi et eorum 4 complices propter iniuriam d. cler. satisfacere et idoneam cautionem dare debeant sed quod d. cler. d. satisfactionem et d. abb. eorum absol. denegavit: de absol. et de committ. exercendi dd. mandata 15. febr. 81 S 799 251^{rs}, m. (abb. mon. in Wingarten Constant. dioc.) L 816 270^{vss}.

5101 **Johannes Enesti** cler. Monast. dioc.: de nova prov. de par. eccl. s. Bartholomei in Enen Monast. dioc. (3 m. arg.) vac. p. o. Johannis Biben 7. oct. 83 S 829 109^{vs}.

5102 **Johannes Engelhardt** cler. Magunt. dioc.: de can. et preb. et scolastr. eccl. ss. Justi et Clementis in Bebra (Brebra) Magunt. dioc. (3 m. arg.) vac. p. o. Johannis Waltermans 1. ian. 76 S 732 44^{r}, m. (dec. eccl. Nuemburg.) (exped. 25. iun. 76) L 763 181^{vss} – de custod. colleg. eccl. s. Marie virg. Worczinen. Misnen. dioc. (4 m. arg.) vac. p. o. Johannis Balnhusen, n. o. can. et preb. in colleg. eccl. Bebracen. Magunt. dioc. ac capn. ad alt. Omnium ss. in eccl. Nuemburg. (insimul 6 m. arg.) 19. decb. 81 S 806 85^{r}.

5103 **Johannes Engelhart** cler. Brixin. dioc.: de perp. vicar. ad alt. b. Marie virg. in par. eccl. s. Galli in Turrentznumen (Turenzzeumer) August. dioc. (2 m. arg.) vac. p. resign. in manibus pape Burchardi Stoer prep. eccl. s. Mauritii in Anseltingen Lausan. dioc. sed. ap. not. 28. mai. 82 S 811 8^{r}, 20. iun. 82 S 812 88^{rs}.

5104 **Johannes Engler** presb. Constant. dioc. et **Jodocus Moser** (*l.*) rect. par. eccl. in Tzelligers Constant. dioc.: de prov. d. Johanni de d. par. eccl. (60 fl. renen.) vacat. p. resign. d. Jodoci et de assign. d. Jodoco pens. ann. 20 fl. renen. 27. apr. 74 S 704 125^{vs}.

5105 Johannes Enolff (Evolf) de Lansteyn (Lonsten, Louszem) cler. Colon. dioc.: motu pr. de gr. expect. de 2 can. et preb. ac 2 benef. ad coll. quorumcumque, Et s. d. 17. nov. 81 S 803 31^{rs} – Pii II. fam. c. quo disp. fuit ut unac. decan. eccl. Wormat. par. eccl. in Ysemberg (Jocburg) Wormat. dioc. quam obtin. retin. val.: de disp. ad 3 incompat. benef. etsi 2 par. eccl. c. lic. perm. 27. nov. 81 S 805 72^r, 10. iun. 82 L 821 126^{vss} – dec. eccl. Wormat. decr. doct.: oblig. p. Johannem Johachen cler. Spiren. (ut constat instr. publ. acto s. d. 15. oct. 82 subscripto p. Balthasarem Marckart cler. Herbip. imper. auct. not.) pro facult. resign. vel perm. que s. d. 10. iun. 82 sibi conc. fuit 13. decb. 82 Paris L 26 A 10 141^r – can. eccl. Spiren. qui ad prepos. eccl. s. Trinitatis Spiren. vac. p. o. Jacobi Pfaw de Riepburg (Repburg, Rocpburg) p. dec. etc. d. eccl. iuxta litt. indulti ap. electus fuit: de nova prov. de d. prepos. (8 m. arg.) <10 m. arg.> 31. mart. 84 S 833 117^r, (exec. cant. eccl. Spiren. et offic. Spiren. ac offic. Wormat.) V 643 246^r-248^v, 1. apr. 84 S 834 34^{rs} – oblig. p. Baldasarem Mackart can. eccl. Wormat. sup. annat. (in margine: s. d. 15. apr. 84 solv. 23³/₄ fl. p. manus soc. de Borgarinis) 15. apr. 84 A 32 86^r – solv. 23³/₄ fl. pro annat. prepos. eccl. s. Trinitatis Spiren. p. manus soc. de Borgarinis <Salvi Burgarini> 22. apr. 84 IE 510 10^r, IE 510 125^r, Paris L 52 D 5 182^r.

5106 Johannes Enser: not. recip. pro formata 4 grossos ian. 83 DB 2 72^r.

5107 Johannes Entczenpeger rect. par. eccl. in Kyrchberge Patav. dioc.: de vicar. in eccl. Herbip. (6 m. arg.) vac. p. o. Johannis Schutz, n. o. d. par. eccl. (16 m. arg.) 21. aug. 73 S 696 33^r.

5108 Ywanus Eppenschede can. eccl. Osil. in art. mag. qui post susceptum in art. mag. gradum in illis aliquos menses stud. et qui vig. gr. expect. s. d. 1. ian. 72 can. et min. preb. eccl. Tarbat. (3 m. arg.) acc.: prerog. ad instar pape fam. descript. 21. mai. 73 (exped. 5. iun. 73) L 726 205^{rs} – iun. cler. Tarbat. Ywani Eppenschede senioris nepos: de can. et maiori preb. d. eccl. (4 m. arg.) vac. p. resign. d. Ywani senioris cui de eisdem vac. p. o. Henrici Gerwen prov. fuit 5. oct. 74 S 710 128^v – qui vig. gr. expect. can. et maiorem preb. necnon perp. vicar. eccl. Osil. vac. p. o. Georgii Packull (Patkull) acc.: de nova prov. de eisdem (10 m. arg.) ac de d. perp. vicar. (4 m. arg.) 5. oct. 74 S 710 128^{vs} – in art. mag. qui vig. gr. expect. decan. et can. et maiori preb. eccl. Tarbat. (vac. p. o. Henrici Gerwen) acc. et qui litig. intendit coram Antonio de Grassis aud. contra Johannem Berinchoff in d. decan. intrusum ac contra Johannem de Rippa in dd. can. et preb. intrusum: de prorog. term. citationis ad 3 menses (propter longitudinem viarum), sola sign. 11. aug. 75 S 725 109^{vs} – qui litig. intendit ut supra sup. dccan. eccl. Tarbat. contra Johannem Berinchoff et sup. can. et preb. d. eccl. contra Johannem de Rapa intrusos: de prorog. term. ad 6 menses, Conc. ad 3 menses, sola sign. 16. oct. 75 S 728 228^v – qui vig. gr. expect. decan. ac can. et preb. ut supra obtin. et litig. intendit: de prorog. temp. intimandi ad 6 menses, sola sign. 19. ian. 76 S 741 64^r – cler. Tarbat. litig. coram Antonio de Grassis aud. contra Johannem Berinckhoff (Wermshoff) et Johannem de Roppe (Ropa) intrusos sup. decan. ac can. et preb. eccl. Tarbat.: de prov. si neutri d. decan. ac can. et preb. (9 <16> m. arg.) 24. ian. 77 S 746 78^{vs}, 12. nov. 77 S 760 182^v – sen. cler. Tarbat.: de can. et preb. eccl. Reval. (2 m. arg.) vac. p. o. Martini Gropengeter 7. iul. 77 S

754 109ʳ, m. (ep. Reval. et prep.
eccl. Reval. ac prep. eccl. s. Pharahildis Ganden. Tornacen. dioc.) (exped. 31. iul. 77) L 775 150ʳˢˢ – de
perp. vicar. in par. eccl. s. Nicolai
Reval. (2 m. arg.) vac. p. prom. Nicolai Moldener ad eccl. Reval. 8.
iul. 77 S 754 109ʳˢ.

5109 **Johannes Epfenbach** Wormat. dioc.
cui de primissaria ad alt. b. Marie
virg. et ad alt. s. Crucis in par. eccl.
in Inferiori Helmstat Wormat. dioc.
vac. p. o. Helmstat Wormat. dioc.
vac. p. o. Johannis Eckenbrecht prov.
fuit: de nova prov. de d. primissaria
(4 m. arg.) 3. febr. 75 S 715 23ʳˢ.

5110 **Johannes Episcopi** fr. monach.
mon. Sancti Galli o. s. Ben. Constant. dioc.: narratio quod ipse abb.
modernum mon. Campidonen. ad re-
verentiam sed. ap. reduxit quia egit
contra ep. Constant. et fregit iuram.
fidelitatis ratione certi benef. p. ipsum Johannem prestitum, hortatio ut
reductio d. abb. ad obedientiam sed.
ap. n. excessisset et benef. retin. val.
tamen in d. mon. Sancti Galli residendo 31. iul. 83 Arm. XXXIX, 15
350ʳˢ.

5111 **Johannes Epter** reus et possessor
qui litig. coram Matheo de Porta
aud. contra Henricum Kypphenberger presb. Bamberg. dioc. (nunc resign.) sup. par. eccl. in Aurafs Brixin. dioc. vac. p. o. Michaelis de
Brunna: de prov. d. Johanni de d.
par. eccl. (32 fl. adc.) et de assign. d.
Henrico pens. ann. 12 fl. adc. 22.
apr. 74 S 709 81ᵛˢ.

5112 **Johannes Erbe** cler. Bamberg. dioc.: de par. eccl. in Erlangen (Erlen-
gen) Bamberg. dioc. (4 m. arg.) vac.
p. resign. <in manibus pape> Ottonis
Falk <factam p. Conradum Schad
can. eccl. Ratisbon. a Friderico Putner cler. Bamberg. dioc. procur. d.
Ottonis substitutum> 22. nov. 75 S
730 100ʳˢ, m. (dec. eccl. Bamberg.)
(exped. 5. ian. 76) L 756 10ʳˢ.

5113 **Johannes Erensvelder** cler. Ratisbon. dioc. cui s. d. 1. ian. 77 prom.
ad omnes ord. extra temp. conc. fuit
et qui can. eccl. s. Michaelis in Matt-
see Patav. dioc. obtin.: de decl. litt.
desup. perinde val. acsi de def. nat.
(p. s.) mentio facta fuisset 16. mai.
77 S 753 279ᵛ.

5114 **Johannes Erhard** summissarius in
eccl. Argent.: de nova prov. de perp.
vicar. in Hochvelden Argent. dioc.
(4 m. arg.) vac. p. resign. Theobaldi
Lapicide 25. mai. 79 S 782 190ᵛˢ.

5115 **Johannes Erlebach** cler. Merseburg. dioc.: de alt. b. Marie in par.
eccl. Maioris Summerde Magunt. dioc. (4 m. arg.) vac. p. o. Johannis
Schargen, n. o. par. eccl. in Gusnitz
Nuemburg. dioc. et perp. benef. primissaria nunc. in eccl. Wortzenen.
Misnen. dioc. (insimul 4 m. arg.)
quas d. Johannes possidet 3. apr. 73
S 696 27ᵛˢ – de capn. ad alt. s. Barbare in castro Lurtzen. Merseburg.
dioc. (3 m. arg.) vac. p. o. Johannis
Proschwitz 31. ian. 77 S 747 50ʳˢ.

5116 **Johannes Erlemvin** cler. Herbip.
dioc.: de can. et preb. eccl. s. Bartholomei Franckforden. Magunt. dioc. (8 m. arg.) vac. p. o. Henrici
Swederi 10. mai. 77 S 751 129ᵛ.

5117 **Johannes Erne** cler. Paderburn. dioc. inter al. referens quod coram Johanne [de Ceretanis] ep. Nucerin.
aud. locumtenenti et Hieronimo de
Porcariis aud. ac Antonio de Grassis
aud. lis orta fuit inter Hermannum
(Hartmannum) Etzel cler. Magunt.
dioc. actorem et Herbordum Tenckinck cler. Monast. dioc. ac Henricum
Uphuss cler. Colon. dioc. reos sup.
can. et preb. eccl. s. Andree Colon.
vac. p. o. Wilhelmi de Breda litt. ap.
script. et abbrev.: de dd. can. et preb.
(8 m. arg.) vac. resign. in manibus
pape d. Hermanni et d. Henrici c.
sublatione sequestri p. d. ep. Nucerin. decretum 17. febr. 81 S 800
66ᵛ.

5118 Johannes Erole laic. Nuemburg. dioc. qui in quadam infirmitate gravi detentus votum relig. fecit: de relax. d. voti 16. mart. 79 S 779 188^{vs}.

5119 Johannes de Erpe (Epe) presb. Traiect. dioc. referens quod ipsi de perp. s.c. vicar. ad alt. Trium regum in eccl. s. Plechelmi Aldesalen. Traiect. dioc. vac. p.o. Henrici Redders <auct. Davidis [de Burgundia] ep. Traiect.> prov. fuit et quod 5 an. elapsis c. Johanne Dronten cler. contractu simoniaco concordavit quod ipse d. vicar. dim. et al. benef. similis valoris obtin. et quod Johannes de Erpe post persolutionem 44 fl. renen. d. Johanni de Dronten loco d. benef. pens. ann. 8 fl. renen. sup. fruct. par. eccl. in Deghenyschen (Deghenychen) Traiect. dioc. persolv.: de absol. a simonie labe et de disp. sup. irreg. et de prov. d. Johanni de d. vicar. (4 m. arg.) 3. oct. 77 S 758 129^{vs}, m. (dec. eccl. Lubic. et dec. eccl. s. Lebuini Daventrien. Traiect. dioc. ac offic. Monast.) (exped. 17. oct. 77) L 780 173^v-175^v.

5120 Johannes de Erpel presb. Colon. utr. iur. doct. qui perp. vicar. ad alt. s. Dionisii in eccl. Leod. resign. in favorem Heinrici de Berchen rect. par. eccl. in Nyvenheym (Nynenheym) Colon. dioc.: de assign. pens. ann. 12 fl. renen. sup. fruct. d. par. eccl. (24 fl. adc.) 16. mai. 75 S 721 95^{vs}.

5121 Johannes Erpff presb. Magunt. dioc. qui litig. coram Johanne Scomborg dec. eccl. s. Johannis i.m. Magunt. delegato ap. et coram Antonio de Grassis aud. contra Adam Rothart cler. Wormat. sup. par. eccl. in Arnstaet (Ornstaet, Omstart) Magunt. dioc. de qua sibi vac. p. resign. Johannis Willich in manibus abb. mon. Fulden. o. s. Ben. Herbip. dioc. prov. fuit: m. (Simoni [Vosich] aep. Patracen. in cur. resid.) confer. si neutri d. par. eccl. (40 m. arg.) 10. apr. 75 (exped. 28. nov. 76) L 751 83^{rss} – qui par. eccl. in Arnstaet Magunt.

dioc. vac. p. resign. quond. Johannis Willich assec. est et qui litig. desup. coram Antonio de Grassis aud. et coram aep. Patracen. et coram Matheo de Porta contra Adam Rothart ut supra: de absol. a sent. excom. et de abol. maculam simonie et de prov. de d. par. eccl. (30 m. arg.) vac. p.o. Johannis Willich vel p. resign. Johannis Corlin 8. mart. 76 S 736 121^{vs} – qui litig. coram Johanne de Ceretanis aud. et deinde coram cant. eccl. Paderburn. tunc in cur. resid. contra Johannem Corlin (Torlin) cler. Magunt. dioc. (deinde resign.) sup. par. eccl. in Arnstaet de qua d. Johanni p. Paulum II. prov. fuit et deinde coram iudicibus in partibus et coram Antonio de Grassis et auditoribus ut supra et coram Gabriele de Cantarenis aud. contra Adam Rothart cler. Wormat.: de prov. si neutri de d. par. eccl. (31 m. arg.) c. disp. sup. irreg. 26. mart. 76 S 738 141^{rs} – oblig. p. Cherubinum Mittichen can. eccl. Susacien. Colon. dioc. procur. et Nicolaum Crusnach cler. Magunt. dioc. causarum ap. pal. not. sup. annat. par. eccl. ut supra (40 m. arg.) de qua vac. p. resign. Johannis Villich in forma si neutri coram Johanne Francisco de Pavinis aud. ut supra s. d. 10. apr. 75 sibi prov. fuit 12. decb. 76 A 25 78^v.

5122 Johannes Ertman cler. Osnaburg. dioc. in art. mag. et in 20. sue et. constit.: de disp. ad quodcumque benef. et de n. prom. ad 7 an. 14. iul. 83 S 826 12^{rs}.

5123 Johannes Erwini de Ratingen rect. par. eccl. b. Marie in Pasculo Colon. in decr. licent.: de disp. ut unac. d. par. eccl. (4 m. arg.) al. benef. retin. val. 8. mart. 76 S 736 23^{vs}.

5124 Johannes de Essendia cler. Colon. dioc. qui ad capn. ad alt. <s. c. capel.> ss. Nicolai, Sergii et Bachi op. Rijnporten (Kynportzen) Colon. dioc. vac. p.o. Henrici de Essendia p. <quond. Henricum de Judeis> rect. <pastorem nunc.> par. eccl.

s. Martini Minoris Colon. present.
fuit: de nova prov. de d. capn. (3 m.
arg.) 6. oct. 72 S 688 61ʳ, (exped. 26.
mart. 74) L 724 55ʳˢˢ.

5125 **Johannes de Eslingen (Eszlingen)**:
prov. de par. eccl. Argent. [dioc.?]
vac. p. resign. 80/81 I 334 9ʳ –
presb. Argent. dioc.: de par. eccl. in
Briesiheim Argent. dioc. (4 m. arg.)
vac. p. resign. in manibus pape Johannis Ockenfus (Okensusz, Ockensus) c. reserv. pens. ann. 3. partis
fruct., n. o. quod Johannes de Eslingen capn. in par. eccl. ville Vinwern
Argent. dioc. (4) et quod d. Johannes
Ockensus perp. vicar. eccl. ss. Michaelis et Petri Argent. (3) ac capn.
ad alt. s. Katherine (3 m.) c. reserv.
pens. ann. 7 fl. renen. sup. fruct. d.
par. eccl. in Briesiheim obtin. 20.
apr. 82 S 809 232ʳ.

5126 **Johannes de Espach (Spach)** cler.
Magunt. dioc. decr. doct. Caroli ducis Burgundie dilectus et ad sed. ap.
<orator> destinatus: motu pr. recip.
eum in sed. ap. not. <in off. not.>,
gratis 9. ian. 76 S 732 185ʳ, S 733
196ᵛ, V 656 226ᵛˢ – qui contra statuta univ. studii Heidelbergen. gradum doct. in univ. studii Papien. acc.
et qui c. armata ducis ut supra in
campo fuit ubi homines interfecti et
mutilati fuerunt: de disp. sup. irreg.
9. ian. 76 S 732 185ʳˢ – in leg. licent.: de lic. testandi et disponendi
de bonis pro eccl. acquisitis usque ad
summam 600 m. et de lic. perm. et
de fruct. percip. ad vitam <ad 2 an.>
9. ian. 76 S 732 186ʳˢˢ, V 572 252ʳˢ,
V 574 1ʳ-3ʳ – can. eccl. s. Servatii
Traiecten. Leod. dioc. decr. doct.: de
prom. ad omnes ord. extra temp.,
sola sign. 8. mart. 76 S 735 226ʳ –
sed. ap. prothonot.: oblig. sup. facult. resign. omnia benef. sibi s. d. 9.
ian. 76 conc., restit. bulle 14. mart.
76 A 24 105ʳ – oblig. sup. annat. 3
benef. (etiam dign.) de quib. gr. expect. s. d. 9. ian. 76 sibi conc. fuit 15.
mart. 76 A 24 106ʳ – solv. [in bull-
aria] pro iuram. 4 grossos apr. 76 T

13 11ʳ -qui p. Leonellum [Chericati]
ep. Arben. in cur. resid. ad subdiacon. ord. prom. fuit et ad partes suas
proficisci intendit: de prom. ad al.
ord. in partibus, Et p. breve 27. apr.
76 S 737 258ᵛ – de recip. eum in
sed. ap. refer. et de aggregando eum
consortio refer. domesticorum et de
privil. pape refer. et de recip. eum in
pape fam. in pal. ap. residentem et in
tinello comedentem c. prerog. pape
fam. descript. <ad instar antiquorum
pape fam. et domestici refer. fam.>,
Et motu pr. 20. mai. 78 S 769 49ᵛˢ,
25. iun. 78 V 657 155ʳˢˢ, V 670
135ʳ-136ᵛ – Maximiliani ducis Austrie et Burgundie etc. ad sedem ap.
destinatus qui reus et possessor litig.
coram quond. Nicolao de Ubaldis
aud. ac eius surrogato contra Johannem Ockel cler. Leod. (nunc resign.)
et Antonium Vekemans cler. Cameracen. dioc. pape familiares actores sup. can. et preb. eccl. b. Marie
Antwerpien. Cameracen. dioc. (10
m. arg.) quos quond. Petrus Streckert
(Strekaert) obtin.: de surrog. ad ius
d. Johannis Ockel 23. mai. 78 S 769
18ʳˢ – reus et possessor referens ut
supra de lite inter ipsum et contra
Antonium Vekemans (nunc resign.):
de surrog. ad ius d. Antonii 3. apr.
79 S 780 102ʳˢ – Maximiliani ut supra consiliarius: recip. eum in sed.
ap. not. 20. mai. 79 V 657 240ᵛˢ –
solv. [in bullaria] pro iuram. com.
palatini 4 grossos mai. 79 T 13
140ᵛ – qui vig. gr. expect. prepos.
eccl. op. Arnhem Traiect. dioc. c. annexis (que p. can. eccl. Traiect. dumtaxat obtin. potest) vac. p. o. Johannis Militis acc.: de nova prov. de
eadem (300 fl. renen.) 20. febr. 80 S
789 287ᵛˢ – qui can. et preb. eccl. b.
Marie op. de Breda Leod. dioc. in
manibus pape resign. et **Guillelmus
Alsun** rect. d. eccl. decr. doct. Engelberti com. et domini loci de Breda dilectus: de adm. resign. Johannis
de Espach et de prov. d. Guillelmo
de dd. can. et preb. (6 m. arg.) ac de
incorp. d. canonicatui rectoriam d.

eccl. de iur. patron. d. Engelberti (12 m. arg.) necnon de assign. d. Johanni pens. ann. 30 fl. adc. videlicet 20 sup. fruct. d. rectorie et 10 sup. fruct. dd. can. et preb. p. d. Guillelmum persolv. 1. mai. 81 S 801 65^{vs} – can. eccl. Leod. decr. doct. referens quod ipse perp. capn. ad alt. s. Spiritus in eccl. b. Marie in Breda Leod. dioc. ac perp. capn. ad alt. s. Catherine virg. in choro eccl. beginagii in Breda p. procur. suum in manibus pape resign. et quod dd. capn. mense capitulari d. eccl. b. Marie incorp. fuerunt: assign. pens. ann. 40 fl. renen. sup. fruct. d. mense p. capit. d. eccl. b. Marie de Breda persolv., m. (dec. eccl. b. Marie Antverpien. Cameracen. dioc. ac dec. eccl. s. Petri Lovanien. Leod. dioc. et thes. eccl. s. Sebastiani [deest locus]) 13. decb. 82 L 824 78^v-80^r – narratio quod Johannes de Espach pape fam. ac **Nicolaus Rutter** litig. sup. prepos. Arnheymen. (in eccl. Traiect. archidiac. exist.), hortatio ut concordia infra 6 menses inducatur 19. mart. 83 Arm. XXXIX, 15 218^v – can. eccl. Leod.: restit. bulle sup. pens. ann. 20 fl. adc. auct. ap. eidem assign. sup. fruct. mense capit. eccl. b. Marie de Breda p. bullam s. d. 13. decb. 82 fact. 30. apr. 83 A 31 192^v.

5127 **Johannes de Euskirchen** cler. Colon. dioc.: de par. eccl. in Bugele Colon. dioc. (2 m. arg.) vac. p. o. in cur. Petri de Bacherdorff 15. nov. 77 S 760 264^v.

5128 **Johannes Everling (Everlingen, Evorlingen)** cler. Trever. dioc.: de par. eccl. in Redingen Trever. dioc. (3 m. arg.) vac. p. o. Johannis Prartz (Prartzgin) 7. mai. 83 S 823 144^r, m. (Francisco de Baszleyden can. eccl. Leod. et offic. Trever. ac offic. Meten.), gratis (exped. 24. mai. 83) L 829 112^{rss}.

5129 **Johannes Eversberch** presb. Traiect. dioc. in med. doct. pape fam.: de can. et preb. eccl. s. Remigii op. Borken Monast. dioc. (45 m. arg.)

vac. p. resign. Engelberti Moll 6. sept. 77 S 757 73^v – mag. in med.: prov. de perp. vicar. s. c. ad alt. s. Egidii in eccl. s. Thome Argent. (4 m. arg.) vac. p. o. in cur. Jacobi Schertz (m. prep. eccl. s. Petri in Northen Magunt. dioc. et dec. eccl. Traiect. ac offic. Argent.), gratis 3. oct. 77 V 584 261^r-263^r.

5130 **Johannes (Ewaldi) (dictus) Gleser (Glesser, Gliszer) de Darmstat** [1. pars 5 partium] cler. Magunt. dioc.: de can. et preb. eccl. s. Martini Wormat. (4 m. arg.) vac. p. o. Nicolai Lupi Pii II. fam. 16. sept. 75 S 726 256^v – motu pr. gr. expect. s. d. 1. ian. 72 de can. et preb. eccl. s. Cyriaci in Nuhusen e. m. Wormat. necnon de benef. ad coll. aep. etc. Magunt. et prerog. ad instar pape fam. descript. (m. ep. Firman. et dec. eccl. s. Guidonis Spiren. ac offic. Magunt.), gratis 26. mart. 76 V 667 136^r-139^v – referens quod Nicolao Bimmenfelsz de par. eccl. de Affsteyn Wormat. dioc. vac. p. o. Johannis de Winkel prov. fuit et quod d. Nicolaus litt. desup. n. confectis d. par. eccl. detin.: de d. par. eccl. (6 m. arg.) vacat. p. priv. d. Nicolai 30. sept. 76 S 743 113^{rs} – <can. eccl. s. Ciriaci in Nuhusen e. m. Wormat.> cui gr. expect. ut supra s. d. 26. mart. 76 conc. fuit: de decl. litt. desup. perinde valere acsi pape fam. fuisset et de disp. ad 2 incompat. benef. et de fruct. percip., Conc. motu pr. 14. mai. 77 S 752 26^{rs}, V 585 131^r-133^r – motu pr. de capn. sive perp. benef. ss. Petri et Pauli in Schauwenberg et de alt. s. Crucis Obunnehem. (/.) (4 m. arg.) et de alt. s. Andree in Dan [= Tann] Basil. dioc. de iur. patron. Johannis Singolt (4 m. arg.) necnon de perp. vicar. sive capn. s. Andree prope Turcken Basil. dioc. de iur. patron. Johannis Stengel cler. Basil. dioc. (4 m. arg.) vacantibus p. o. in cur. Laurentii Spugeler cler. Basil. dioc. 6. nov. 77 S 760 48^{rs} – qui p. longa temp. in univ. Erforden. Magunt. dioc. iur. can. stud. et stud. gener. Urbis diutius operam dedit et ad licent. grad. provehi desiderat magnas expensas timens: de committ. alicui prelato in cur. resid. seu Coronato de Blanco advocato consistoriali utr. iur. doct. in d. stud. ad legendum ordinarie deput., Conc. committ. aep. Colon. c. d. Coronato et al. doct. 13. febr. 78 S 767 3ʳ – pape fam. cui gr. expect. ut supra s.d. 26. mart. 76 conc. fuit: motu pr. de decl. litt. perinde val. acsi n. de benef. ad coll. aep. etc. Magunt. sed ad coll. quorumcumque <prep. etc. eccl. b. Marie virg. in Feuchtwangen August. dioc.> prov. fuisset 28. febr. 78 S 766 45ᵛˢ, PA 27 34ʳ-37ʳ – can. eccl. s. Ciriaci in Nuhusen extra Wormat.: oblig. sup. facult. resign. in partibus eidem p. bullam s.d. 14. mai. 77 conc., restit. bulle 9. mart. 78 A 26 161ᵛ – Petri [Ferrici] tit. s. Sixti presb. card. Tirasonen. vulg. nunc. fam. referens quod quond. Johannes Eversperg de Campis (Canopis) etiam d. card. fam. et cap. litig. coram <Gaspare de Theramo> aud. contra Johannem Fabri cler. et intrusum sup. perp. vicar. ad alt. s. Egidii in eccl. s. Thome Argent. (4 m. arg.) <vac. p.o. Jacobi Sthertz>: de surrog. ad ius d. Johannis Eversperg 7. iul. 78 S 771 173ʳˢ, V 589 43ʳ-44ᵛ – qui vig. gr. expect. ut supra s.d. 26. mart. 76 conc. benef. <perp. capn.> ad alt. b. Marie Magdalene in par. eccl. op. Benszheim Magunt. dioc. certo modo vac. acc. et litig. desup. coram aud. contra certum adversarium: motu pr. reval. et exten. d. gr. expect. <ad coll. prep. etc. eccl. s. Martini Wormat.> 24. iul. 78 S 772 234ʳˢ, gratis V 671 236ʳˢˢ – de perp. capn. ad alt. s. Barbare in par. eccl. s. Georgii loci Antwerpen (4 m. arg.) vac. p.o. Jacobi Ursaghaen pape fam. vel de surrog. ad ius d. Jacobi qui litig. desup. coram aud. contra quosdam al. adversarios 7. aug. 78 S 772 112ʳˢ – de par. eccl. in Merckstat Wormat. dioc.

(4 m. arg.) vac. p.o. Johannis de Dulszheim (Dalszheim) et de perp. capn. ad alt. b. Marie virg. in par. eccl. s. Magni Wormat. (3 m. arg.) vac. p.o. Johannis Bensheim 26. oct. 78 S 779 26ᵛˢ, m. (prep. eccl. b. Marie virg. in Feuchtwangen August. dioc. et prep. eccl. s. Guidonis Spiren. ac Johanni Lescazual can. eccl. Maclovien.), gratis V 598 296ᵛˢˢ – de fruct. percip. et de disp. ad 2 incompat. benef. etiam sub eodem tecto ad vitam c. lic. perm. 30. iun. 79 S 783 198ᵛ – not. recip. pro bulla distributa 3 grossos nov. 79 DB 1 3ᵛ – m. (ep. Cepten. et prep. eccl. s. Guidonis Spiren. ac offic. Wormat.) confer. perp. s.c. vicar. semiprebenda nunc. in eccl. Wormat. (24 fl. adc.) vac. p. resign. in manibus pape Erhardi Dorckheimer cler. Wormat. dioc. pape fam. (p. Johannem Chardelli cant. eccl. Meten. decr. doct. pape fam. procur. fact.) cui de eadem vig. gr. expect. tunc vac. p.o. Johannis Torner prov. fuerat possessione n. habita et disp. ut unac. d. perp. vicar. aliud incompat. benef. recip. val. etsi par. eccl. etiam sub eodem tecto ad vitam, gratis 10. decb. 79 V 598 184ᵛ-187ᵛ.

5131 **Johannes (Ewaldi) Gleser de Darmstat** [2. pars 5 partium]: not. recip. pro bulla distributa 3 grossos febr. 80 DB 1 12ᵛ – motu pr. de perp. s.c. capn. ad alt. s. Nicolai in par. eccl. s. Amandi in suburbio Wormat. (3 m. arg.) vac. p.o. Henrici Kolbe (Kolle) quond. Bessarionis [Trapezunt.] card. ep. Sabinen. Niceni al. Greci nunc. fam. 20. febr. 80 S 791 171ᵛ, m. (ep. Alerien. et prep. eccl. s. Guidonis Spiren. ac offic. Wormat.), gratis V 599 285ᵛ-287ᵛ – pape et Dominici [de Ruvere] tit. s. Clementis presb. card. Tarentasien. vulg. nunc. fam.: motu pr. de perp. vicar. eccl. s. Petri e.m. Magunt. (3 m. arg.) vac. p.o. in cur. Nicolai Brune (Brime) etiam d. card. fam. 23. nov. 80 S 798 102ʳˢ, (exec.

archid. eccl. Florentin. et offic. Magunt. ac offic. Wormat.), gratis V
604 251ʳˢˢ – motu pr. de perp. s. c.
vicar. ad alt. ss. Petri et Alexandri
op. Ascauffenburg Magunt. dioc. (4
m. arg.) vac. p. o. in cur. Nicolai
Bruni Dominici [de Ruvere] card. ut
supra fam. 30. decb. 80 S 802 53ᵛ –
prov. de perp. s. c. vicar. ad alt. s. Nicolai in eccl. s. Pauli Wormat. (3 m.
arg.) vac. p. o. Jacobi Guntrisblumer
(exec. archid. eccl. Florentin. et offic. Magunt. ac offic. Wormat.), gratis 10. febr. 81 V 611 264ʳ-266ʳ –
rect. par. eccl. in Myrckstat Wormat.
dioc.: de prom. ad omnes ord. extra
temp., sola sign. 24. mart. 81 S 800
273ʳˢ – qui litig. coram Guillelmo de
Pereriis aud. contra Johannem Vil-
hauwer intrusum et Laurentium Bender Francisci [Todeschini-Piccolo-
mini] tit. s. Eustachii diac. card. Senen. nunc. fam. (nunc resign.) ac
contra Johannem Kirsenesser sup.
certa vicar. semiprebenda nunc. in
eccl. Wormat. (24 fl. adc.) vac. p. o.
Jacobi Torner: de surrog. ad ius d.
Laurentii 4. mai. 81 S 801 90ᵛˢ –
motu pr. de perp. vicar. ad alt. s. Michaelis in eccl. s. Ciriaci in Nuhusen
e. m. Wormat. (4 m. arg.) vac. p. resign. vel p. o. Pauli Halpquart, n. o.
gr. expect. Johanni Gleser in d. eccl.
in Nuhusen conc. 13.[mai.] 81 S 802
130ʳ – in obsequiis Dominici [de
Ruvere] card. ut supra exist.: motu
pr. de perp. s. c. vicar. ad alt. s. Johannis Bapt. in eccl. s. Bartholomei
Frankforden. (Franckforden.) Magunt. dioc. (4 m. arg.) <vac. p. resign. in manibus pape Sigismundi
Senfftel cler. Frising. dioc. pape et d.
card. fam.> (cui de eadem vac. p. o.
in cur. Johannis Freysz pape et d.
card. fam. prov. fuit), n. o. perp. s. c.
vicar. eccl. s. Ciriaci Nuhusen. e. m.
Wormat. (4 m. arg.) et perp. vicar. in
eccl. s. Pauli Wormat. (3 m. arg.)
sup. quib. in cur. litig. et perp. vicar.
sive semiprebenda eccl. Wormat. (4
m. arg.) sup. qua litig. necnon scolastr. ac can. et preb. eccl. b. Cathe-

rine in Oppenhem (Oppenheim, Op-
penhusen) Magunt. dioc. (insimul 5
m. arg.) quam et quos n. obtin. ac
par. eccl. in Mergstat (Mirgstat)
Wormat. dioc. (4 m. arg.) et vicar.
eccl. s. Martini Wormat. (3 m. arg.)
et vicar. eccl. s. Petri e. m. Magunt.
(3 <2> m. arg.) et perp. s. c. eccl. in
op. Benshem (Berszheym) Magunt.
dioc. (3 m. arg.) quas obtin. <et
perp. vicar. in Aschaffenburgo Magunt. dioc. (4 m. arg.) quas n. obtin.> 19. oct. 81 S 804 81ʳˢ, 21. oct.
81 S 804 65ʳ, (exec. prep. eccl. b.
Marie Feuchtwangen. August. dioc.
et offic. Magunt. ac offic. Wormat.),
gratis 23. oct. 81 V 614 163ᵛ-165ʳ.

**5132 Johannes (Ewaldi) Gleser de
Darmstat** [3. pars 5 partium] pape
fam.: de scolastr. ac can. et preb.
eccl. s. Catherine in Oppenhem (insimul 5 m. arg. p.) vac. p. o. Petri
Wolff, n. o. par. eccl. ville Mergstat
Wormat. dioc. (3 m. arg.) ac vicar.
eccl. s. Martini Wormat. (3 m. arg.)
et capn. eccl. s. Marie Magdalene op.
Benshem Magunt. dioc. (3 m. arg.)
quas obtin. et vicar. eccl. s. Petri
e. m. Magunt. (2 m. arg.) ac vicar.
semiprebenda nunc. eccl. Wormat. (4
m. arg.) sup. quib. litig. in cur.
[decb. 81-ian. 82] S 806 257ʳ – de
can. et preb. eccl. s. Philippi Tzellen.
Wormat. dioc. (4 m. arg.) vac. p. resign. in manibus pape Cristiani
Kirckesser cler. Spiren. dioc. pape et
Dominici card. ut supra fam. (cui de
eadem vac. p. o. Ulrici Steten prov.
fuit), n. o. perp. vicar. in par. eccl. in
Merckstad Wormat. dioc. (4) ac
perp. vicar. in eccl. s. Bartholomei
Frankforden. Magunt. dioc. (4 m.
arg. p.) et perp. vicar. in eccl. s. Martini Wormat. (3) ac perp. vicar. in
eccl. s. Petri e. m. Magunt. (3) et
perp. capn. in Bensheim Magunt. dioc. (3 m. arg.) quas obtin. et semiprebenda in eccl. Wormat. (4 m.
arg. p.) ac perp. vicar. in eccl. s. Ciriaci in Nuhusen (4) et perp. vicar. in
eccl. s. Pauli Wormat. (3 m.) sup.

quib. litig. necnon scolastr. ac can. et preb. in eccl. b. Katherine in Oppenheim Magunt. dioc. (5) ac vicar. eccl. ss. Petri et Alexandri Aschaffenburgen. Magunt. dioc. (4 m.) quos et quam n. obtin. 26. ian. 82 S 806 295^{vs} – qui perp. vicar. ad alt. s. Johannis Bapt. in par. eccl. s. Bartholomei Frankforden. Magunt. dioc. et **Franciscus Lertzgin (Lerczgen)** cler. Magunt. dioc. pape fam. <cui de can. et preb. eccl. s. Ciriaci in Nuhusen e. m. Wormat. vac. p. resign. in manibus pape Johannis Krys cler. Leod. pape fam. prov. fuit possessione n. habita (cui de eisdem prov. fuerat tunc vac. p. resign. in manibus pape Johannis Brunonis cler. Traiect. cui Johanni Brunonis de eisdem vac. p. resign. in manibus pape Loffredi Ruys pape fam. et cui Loffredo de eisdem vac. p. o. in cur. Johannis Sartoris de Bockenrode prov. fuerat possessione n. habita)> qui can. et preb. eccl. s. Ciriaci in Nuhusen e. m. Wormat. resign.: de prov. Johanni Gleser de dd. can. et preb. (4 m. arg. p.) vac. p. o. Johannis Sartoris de Brokenrode et de prov. d. Francisco de d. vicar. (4 m. arg. p.) vac. p. o. Johannis Freisz pape fam., n. o. perp. s. c. vicar. in eccl. s. Martini Wormat. (3) et perp. s. c. vicar. in eccl. s. Petri e. m. Magunt. (3) et perp. s. c. vicariis et capel. in Benszheim <perp. capn. ad alt. s. Marie Magdalene in par. eccl. op. Bensheym> Magunt. dioc. (3) quas obtin. necnon semiprebenda <perp. s. c. vicar. in> eccl. Wormat. (4) et perp. s. c. vicar. in eccl. s. Ciriaci <in Nuhusen e. m. Wormat.> (4) et perp. s. c. vicar. in eccl. s. Pauli i. m. Wormat. (3) sup. quib. litig. <coram aud. contra certos adversarios> necnon <perp.> capn. <b. Marie> in Beithenhusen (Beatenhusen) Constant. dioc. (3) ac scolastr. c. can. et preb. <eccl. b. Catherine> in Oppenheim (Oppenhen) Magunt. dioc. (insimul 5 <6>) et <perp.> vicar. in Aschaffenburg Magunt. dioc. (4) et can. et preb.

eccl. <s. Philippi> in Zellis (Zellen.) Wormat. dioc. (4 m.) <de quib. p. papam prov. fuit possession n. habita necnon gr. expect. de can. et preb. eccl. s. Ciriaci [in Nuhusen e. m. Wormat.] et de can. et preb. eccl. s. Andree Wormat. s. d. 17. nov. 81 conc.>, et similiter n. o. quod d. Francisco de par. eccl. in Mirgstat Wormat. dioc. (4) et de alt. b. Marie in par. eccl. in Hylberszesen Magunt. dioc. (3) et de primiceria in Heydelszhein Spiren. dioc. (2 m. <arg.>) prov. fuit et easdem possidet 7. febr. 82 S 807 186^{vs}, (exec. cant. eccl. Meten. et cant. eccl. Wormat. ac offic. Spiren.), gratis V 548 300^{r}-303^{v}.

5133 **Johannes (Ewaldi) Gleser de Darmstat** [4. pars 5 partium] cui gr. expect. s. d. 17. nov. 81 de can. et preb. in eccl. s. Ciriaci in Nuhusen e. m. Wormat. et de can. et preb. in eccl. s. Andree i. m. Wormat. conc. fuit: motu pr. de mutatione gr. expect. de dd. can. et preb. in eccl. s. Ciriaci in benef. ad coll. cuiuscumque <in can. et preb. eccl. b. Marie in Campis e. m. Magunt.> 21. febr. 82 S 807 275^{vs}, 27. apr. 82 S 813 349^{r} – qui litig. coram Johanne [de Ceretanis] ep. Nucerin. aud. locumtenenti contra Johannem Hanheymer sup. perp. s. c. vicar. ad alt. s. Michaelis in eccl. s. Ciriaci in Nuhusen e. m. Wormat.: de d. perp. vicar. (4 m. arg. p.) vac. p. resign. d. Johannis Hanheymer (qui vig. gr. expect. d. vicar. vac. p. o. Pauli Halpquart acc.), n. o. par. eccl. in Mergstat Wormat. dioc. (4) et perp. s. c. vicar. in eccl. s. Bartholomei Franchforden. Magunt. dioc. (4) et perp. s. c. vicar. eccl. s. Martini Wormat. (3) et perp. s. c. vicar. in eccl. s. Petri e. m. Magunt. (3) et perp. vicar. in Benszhein Magunt. dioc. (3) quas obtin. necnon semiprebenda eccl. Wormat. (4) sup. qua litig. ac prepos. eccl. s. Pauli Wormat. (3) sup. qua litig. et scolastr. ac can. et preb. eccl. in Oppenheim Magunt. dioc. (insimul 6) ac perp. vicar. Aschoffenburgen. Magunt. dioc. (4 m. arg.) 19. mart. 82 S 808 273^{vs} – de n. resid. et de fruct. percip. in absentia 30. mart. 82 S 809 169^{rs}, m. (archid. eccl. Florentin. et offic. Spiren. ac offic. Wormat.), gratis V 674 43^{rss} – semiprebendarius eccl. Wormat.: de recip. eum in pape acol. et de alt. port. c. clausula ante diem 23. apr. 82 S 810 7^{v}, gratis V 674 92^{r}, V 659 201^{rss} – rect. par. eccl. in Mirckstad Wormat. dioc. pape fam. acol.: litt. testim. (vig. supplic. s. d. 24. mart. 82) sup. prom. ad subdiacon. ord. s. d. 8. apr. 82, deinde ad diacon. et presbit. ord. in sacristia basilice Principis appl. de Urbe (in margine: gratis pro fam. Johannis Jacobi cubic. de consensu omnium sociorum) 23. apr. 82 F 7 44^{v} – qui par. eccl. in Mergstat Wormat. dioc. quam obtin. et **Franciscus Lerzgin** cler. Magunt. dioc. pape fam. qui perp. capn. ad alt. b. Marie in Beatenhusen Constant. dioc. perm. desiderant: de prov. Johanni Gleser de d. capn. (3) et de prov. d. Francisco de d. par. eccl. (4 m. arg. p.), n. o. quod Johannes Gleser perp. vicar. in eccl. s. Petri e. m. Magunt. (3) et capn. in Benszhem Magunt. dioc. (4) ac vicar. eccl. s. Martini Wormat. (4) obtin. necnon ipsi de semiprebenda eccl. Wormat. (4) ac de vicar. in Nuhusen e. m. Wormat. (4) et de al. vicar. eccl. s. Pauli Wormat. (3 m.) ac de can. et preb. ac scolastr. eccl. in Oppenhem Magunt. dioc. (insimul 6) ac de vicar. in Aschaffenburg (4) necnon de can. et preb. eccl. in Nuhusen e. m. Wormat. (4 m.) prov. fuit ac n. o. quod d. Franciscus perp. vicar. ad alt. s. Johannis Bapt. in eccl. s. Bartholomei Franckforden. Magunt. dioc. (4 m.) ac alt. b. Marie virg. in Hilberszeim Magunt. dioc. (4) et primissariam in Heidelszheim Spiren. dioc. (3) obtin. 3. mai. 82 S 813 296^{r}.

5134 **Johannes (Ewaldi) Gleser de Darmstat** [5. pars 5 partium] et **Laurentius Sens** cler. Herbip. dioc. pape fam. qui p. plures an. in obsequiis sed. ap. fuerunt: motu pr. de prerog. pape fam. descript. in absentia ad an., sola sign. 4. mai. 82 S 813 391^{rs} – perp. vic. ad alt. s. Johannis Bapt. in eccl. s. Bartholomei Francforden. Magunt. dioc.: resign. d. vicar. de qua Francisco Lerczgin s. d. 7. febr. 82 prov. fuit 4. mai. 82 OP 6 142^{v} – referens quod quond. Georgius Textoris cler. Magunt. dioc. pape et Dominici card. ut supra fam. in cur. defunct. vig. gr. expect. par. eccl. in Didershem Magunt. dioc. (4 m. arg. p.) vac. p. o. cuiusdam acc. et eam obtin.: de surrog. ad ius d. Georgii 4. dec. 82 S 819 59^{v} – motu pr. de perp. s. c. capn. ad alt. s. Jacobi in par. eccl. Cizecizen. (Czigen.) Nuemburg. dioc. de iur. patron. laic. (4 m. arg. p.) et de perp. s. c. capn. ad alt. s. Barbare in par. eccl. in Richienbach (Richembach) Misnen. dioc. de iur. patron. laic. nob. (4 m. arg.) vac. p. o. in cur. Henrici Bolberitz (Bolbucz, Belbriez) 6. ian. 83 S 817 296^{v}, (exec. archid. Florentin. et dec. eccl. s. Bartholomei Franchforden. Magunt. dioc. ac offic. Nuemburg.) gratis V 625 149^{vss}, (exec. archipresb. aep. Florentin. et dec. eccl. s. Bartholomei Franchforden. Magunt. dioc. ac offic. Misnen.), gratis V 625 178^{vss} – de can. et preb. eccl. s. Martini Wormat. (4 m. arg. p.) vac. p. resign. in manibus pape Cristiani Kirckesser cler. Spiren. dioc. pape et Dominici card. ut supra fam. (cui de eisdem vac. p. o. Nicolai Hutter prov. fuit) 13. ian. 83 S 818 176^{vs}, m. (archid. eccl. Florentin. et dec. eccl. s. Bartholomei Franckforden. Magunt. dioc. ac offic. Wormat.), gratis V 625 303^{v}-305^{r} – consensus resign. ut supra 20. ian. 83 Resign. 2 49^{r} – de perp. s. c. capn. ad alt. s. Katherine in par. eccl. Pederszheimen. (Peddersz-heym) Wormat. dioc. vac. p. o. Johannis Arminengari (Armengern) et de perp. s. c. capn. in capel. Mede-berge <b. Marie de Medemberg nunc.> prope Carden. (Coedoria) Trever. dioc. (insimul 4 m. arg. p.) vac. p. o. Nicolai Eynhorn (Eycc-horn) olim Berardi [Eruli] tit. s. Sa-bine presb. card. Spoletan. nunc. fam. 27. febr. 83 S 820 70^v, (exec. archid. eccl. Florentin. et offic. Tre-ver. ac offic. Wormat.), gratis V 627 99^{rss} – motu pr. de perp. capn. ad alt. s. Crucis in cenobio s. Katherine [ord. s. Marie] Theutonicorum [Je-rusolimitan.] Franckforden. Magunt. dioc. (4 m. arg. p.) vac. p. o. Nicolai Webbels 25. oct. 83 S 821 193^r.

5135 **Johannes Ewernhusen** cler. Nuem-burg. dioc. decr. doct.: de disp. ad 2 incompat. benef. etsi par. eccl. 9. iul. 76 S 740 32^v.

5136 **Johannes Ewich** presb. Colon. dioc. Francisci [Todeschini-Piccolomini] tit. s. Eustachii diac. card. (Senen.) cap. et fam. qui can. et preb. eccl. s. Walburgis Mescheden. Colon. di-oc. et perp. vicar. ad alt. in eccl. hosp. s. Gereonis eccl. s. Gereonis Colon. contigui et **Johannes Derne (Dorne)** cler. Colon. dioc. qui can. et preb. eccl. s. Stephani Magunt. (de quib. eidem vac. p. o. in cur. Chris-tiani (Cristiani) Geroldi prov. fuerat) perm. desiderant: de prov. d. Johanni Ewich de can. et preb. d. eccl. s. Ste-phani (8 m. arg.) et de prov. d. Jo-hanni Derne de can. et preb. d. eccl. s. Walburgis et de d. vicar. (8 m. arg.) 1. febr. 72 S 676 122^{vs}, (m. ep. Aprutin. ac officialibus Magunt. et Colon.) 9. mart. 72 (exped. 17. mart. 72) L 713 74^r-75^v – restit. bullarum sup. perm. ut supra 28. mart. 72 A 21 116^v, A 21 198^r – de can. et preb. eccl. ss. Appl. Colon. (6 m. arg.) vac. p. o. Johannis Dick quond. Johannis [Carvajal] tit. s. An-geli in foro piscium diac. card. fam. 31. aug. 72 S 682 25^r – de can. et preb. eccl. s. Martini Wormat. (6 m. arg.) vac. p. o. Johannis Nosbaum

25. sept. 72 S 683 4^{vs} – de alt. in capel. s. Stephani sub aula episc. Wormat. (4 m. arg.) vac. p. o. Johan-nis Nosbaum 25. sept. 72 S 683 4^{vs}.

5137 **Johannes Ezelbach** cler. Herbip.: de can. et preb. colleg. eccl. in Haugis e. m. Herbip. (4 m. arg.) vac. p. priv. Johannis Pfiffelman qui eisdem in favorem Friderici Pfeffelman fratris carnalis in manibus ordin. resign. li-cet d. Fridericus in 5. sue et. an. constit. fuit 9. decb. 73 S 699 153^{rs}.

5138 **Johannes Fabri**: not. recip. pro bul-la distributa 5 grossos mart. 82 DB 1 124^r.

5139 **Johannes Fabri**: not. recip. pro bul-la distributa 3 grossos aug. 82 DB 1 142^r.

5140 **Johannes Fabri** rect. c. c. capel. s. Johannis in Wilderode (Wilderae-de) Leod. dioc.: de prom. ad omnes ord. extra temp. 1. oct. 76 S 743 52^v, 5. nov. 76 S 743 67^v.

5141 **Johannes Fabri, Bartholomeus Weyteman, Petrus Hoveler, Johan-nes Wade al. Cristofori, Johannes Carman, Johannes Wils** inter 23 personas enumerati Maximiliani Austrie et Burgundie ducis dilecti: motu pr. de gr. expect. de 2 can. et preb. necnon de 2 benef. ad coll. quorumcumque, Et s. d. 17. nov. 81 S 803 26^{vs}.

5142 **Johannes Fabri** cler. Brixin. dioc. in art. mag. et in utr. iur. bac.: motu pr. de gr. expect. de 2 can. et preb. necnon de 2 benef. ad coll. quorum-cumque, Et s. d. 17. nov. 81 S 803 188^r.

5143 **Johannes Fabri** cler. Colon. dioc. nullum benef. obtin.: de perp. vicar. ad alt. s. Sebastiani in colleg. eccl. s. Gereonis Colon. (3 m. arg.) vac. p. o. Johannis von der Kucken 13. ian. 76 S 696 60^r – de vicar. sive capel. ville in Inerszheim prope op. Monasterium Eyfflie Colon. dioc. (4 m. arg.) vac. p. o. Johannis Rymbach 20. mart. 79 S 782 178^v – de perp.

vicar. in mon. prope muros op. Ba-
paudie [recte: Bopardie] Trever. dioc. (4 m. arg.) vac. p. resign. in manibus pape Simonis Haysman 1.
mai. 80 S 792 136^v.

5144 Johannes Fabri presb. Eistet. dioc.:
de perp. s.c. benef. ad alt. s.Crucis
in par. eccl. s.Cristofori Magunt. (3
m. arg.) vac. p.o. Henrici Heydeck
6. mart. 83 S 820 224^r.

5145 Johannes Fabri can. eccl. s.Johan-
nis in Haragis [recte: Haugis] e.m.
Herbip. leg. doct. principis Ludovici
Bavarie et com. in Seldnitz [= Vel-
denz?] ad papam destinatus: de disp.
ad 2 incompat. benef. et de n. prom.
ad 7 an. 24. aug. 77 S 756 103^v.

5146 Johannes Fabri pape fam.: motu pr.
de perp. vicar. in par. eccl. op. Helt-
bron Herbip. dioc. (6 m. arg.) vac.
p.o. in cur. Johannis Hoffman 10.
nov. 78 S 775 25^{vs}.

5147 Johannes Fabri cler. Hildesem. dioc. nullum benef. obtin.: de perp.
s.c. benef. ad alt. b. Marie virg. in
par. eccl. s.Mathei in op. Gronow
(Bronow) Hildesem. dioc. de iur. patron. laic. (4 <3> m. arg.) vac. p. n.
prom. Heinrici Luden qui d. benef.
p. 2 an. detin. 17. decb. 71 S 674
264^{rs}, m. (dec. eccl. s.Mauritii e.m.
Hildesem. ac offic. Hildesem.), gratis (exped. 10. mart. 72) L 717
250^{vs} – prom. ad 4 min. ord. in
capel. ss.Andree et Gregorii in basilica Principis appl. in Urbe 22.
febr. 72 F 6 26^{rs} – de prom. ad omnes ord. extra temp., sola sign. 29.
apr. 72 S 696 63^{vs}.

**5148 Johannes Fabri, Johannes Boyn-
gartzberch, Vitus Swarczengel, Jacobus Richardi** inter 14 personas
enumerati: de gr. expect. de 2 can. et
de 2 benef. ad coll. quorumcumque,
Et s.d. 1. ian. 72 S 670 95^{vss}.

5149 Johannes Fabri cler. Magunt. dioc.:
de scolastr. et de can. et preb. eccl.
s.Walpurgis in Wyleburg Trever. dioc. (insimul 4 m. arg.) vac. p.o. Tyl-

manni de Cerminden 5. mart. 75 S
715 124^v – de perp. vicar. par. eccl.
in Tenstadt (Teustadt) Magunt. dioc.
(4 m. arg.) vac. p. contractum matrim. Nicolai Schonaw 7. ian. 76 S
732 114^r – referens quod Johannes
Lanificis de Hoyger cler. Trever. dioc. rect. par. eccl. in Sodem Magunt.
dioc. (6 m. arg.) de qua vac. p.o. Johannis Roder ipsi prov. fuit litig. desup. coram Johanne Francisco [de
Pavinis] aud. et deinde coram Nicolao de Edam contra Henricum Hese
cler. et quod d. Johannes Lanificis
nunc resign. in manibus pape: de
surrog. ad ius d. Johannis Lanificis
29. ian. 76 S 735 120^{rs}.

5150 Johannes Fabri cler. Magunt. dioc.
paup. cler. qui vig. gr. expect. par.
eccl. s.Dionisii op. Eswegge Magunt. dioc. assec. fuit: motu pr. de
gr. expect. de 2 can. et preb. necnon
de 2 benef. ad coll. quorumcumque
c. prerog. ad instar pape fam. descript., Et s.d. 17. nov. 81 2. apr. 84
S 830 122^r.

5151 Johannes Fabri cler. Magunt. <di-
oc.>: de par. eccl. in Elmershusen
Magunt. dioc. de iur. patron. laic. (4
m. arg.) vac. p.o. in cur. Henrici
Schutzeberg quond. Johannis Bapt.
[Cybo] tit. s.Cecilie presb. card.
Melfiten. vulg. nunc. fam. 14. nov.
82 S 817 25^v, I 334 158^v – de perp.
s.c. vicar. in eccl. s.Catherine in
Eschawe (Estowe) Magunt. dioc. (2
m. arg.) vac. p.o. Gerlaci Schilder
28. nov. 83 S 832 84^r, m. (cant. eccl.
Spiren. et Andree Inderclyngen can.
eccl. August. ac offic. Magunt.), gratis (exped. 20. decb. 83) L 832
211^{rss}.

5152 Johannes Fabri paup. presb. Meten.
dioc. qui vig. gr. expect. perp. vicar.
turibularia nunc. ad alt. s.Jacobi in
eccl. s.Petri iun. Argent. vac. p.o.
Erhardi Sentener acc. et qui litig. desup. coram gener. offic. ep. Argent.
contra Michaelem Spaczink intrusum et quendam Johannem Hilteboldi: de prov. si nulli de d. perp. vicar.

(4 m. arg. p.) 15. decb. 81 S 809 217ʳˢ.

5153 **Johannes Fabri (Faber)** scol. Misnen. dioc.: recip. primam tonsuram in eccl. s. Bartholomei de Insula in Urbe 20. mai. 75 F 6 207ᵛ – cler. Misnen. dioc. pape fam.: de par. eccl. s. Marie Magdalene Wratislav. (6 m. arg.) vac. p. o. in cur. cuiusdam 16. nov. 75 S 729 242ᵛˢ – de perp. vicar. in colleg. eccl. in Butzow Zwerin. dioc. (3 m. arg.) vac. p. o. in cur. Johannis Raven 7. decb. 75 S 731 92ʳ – motu pr. de perp. capn. ad alt. s. Johannis Bapt. ac 11.000 Mart. <de perp. vicar. ad alt. b. Marie> in mon. Hoest o. s. Ben. Magunt. dioc. (3 m. arg.) vacat. p. assec. can. et preb. <ac cellerarie> eccl. ss. Martini et Arbogasti in Surburg Argent. dioc. p. Johannem Kryff [Kryss] pape fam. <vac. p. o. Johannis Sartoris de Bockenroed pape fam.> 29. decb. 75 S 732 116ᵛ-119ᵛ, (m. ep. Vasionen. et offic. Argent. ac offic. Spiren.), gratis V 582 190ʳ-192ᵛ – motu pr. de prepos. colleg. eccl. ss. Petri et Andree Paderburn. (6 m. arg.) vac. p. o. Luberti Westphael 14. mart. 76 S 736 6ʳ – de par. eccl. in Dorffen Frising. dioc. (6 m. arg.) vac. p. o. Johannis Zirengast 2. iul. 76 S 738 259ʳ – motu pr. aggregatio consortio nobilium et exempt. a solutione gabelle et pedagii ac assign. insigniorum (c. ramo quercus c. 2 foliis et una glande in scuto azzurreo) (exec. ep. Vasionen. et prep. eccl. b. Marie in Feuchtwangen August. dioc. ac offic. Nuemburg.) 1. sept. 76 V 666 183ᵛˢˢ, V 666 362ᵛ – motu pr. de can. et maiori preb. eccl. s. Nicolai Novifori Magdeburg. dioc. (4 m. arg.) vac. p. o. Nicolai Sculteti Eugenii IV. vel Nicolai V. vel Calixti III. fam. 6. sept. 76 S 742 58ᵛˢ – motu pr. de can. et preb. eccl. b. Marie Glogovie Maioris Wratislav. dioc. (8 m. arg.) vac. p. o. Johannis de Pfuffendorff quond. Juliani de Cesarinis card. [ep. Tusculan.] fam.

22. mai. 77 S 751 215ʳ – de indulto de n. resid. et de disp. ad 2 incompat. benef. 8. iul. 77 S 754 242ᵛˢ – de can. et preb. eccl. Camin. (4 m. arg. p.) vac. p. o. in cur. cuiusdam Egewerti 26. aug. 77 S 757 91ᵛ – motu pr. de perp. s. c. capn. <ad alt. s. Egidii> in eccl. s. Thome Argent. (4 m. arg.) vac. p. o. Jacobi Schertz 3. oct. 77 S 758 131ᵛˢ, (m. ep. Vasionen. et prep. eccl. Argent. ac offic. Argent.), gratis V 583 202ᵛ-204ʳ – motu pr. de can. et preb. colleg. eccl. b. Marie virg. Wormat. (4 m. arg.) vac. p. o. Henrici Fach 16. oct. 77 S 759 68ᵛ – cui motu pr. de can. et preb. eccl. Camin. vac. p. o. in cur. cuiusdam Engelberti p. papam prov. fuit et **Johannes Stoff** cler. Camin. dioc.: de adm. resign. Johannis Fabri et de prov. d. Johanni Stoff de dd. can. et preb. (4 m. arg. p.) et de assign. d. Johanni Fabri pens. ann. 8 fl. renen. sup. fruct. eorundem 23. mai. 78 S 769 20ʳˢ.

5154 **Johannes Fabri** [1. pars 2 partium] pape fam.: prov. de can. et preb. eccl. ss. Felicis et Regule prepos. nunc. Turicen. Constant. dioc. (4 m. arg.) vac. p. o. Jacobi Raw Pauli II. fam. et indultum interd., (m. ep. Vasionen. et prep. eccl. b. Marie Feuchtwangen. August. dioc. ac offic. Constant.), gratis 27. mai. 75 V 583 68ᵛ-70ᵛ – cler. Nuemburg. dioc. referens quod ipse prepos. colleg. eccl. ss. Petri et Andree appl. Paderburn. in manibus pape resign. et quod Johanni Kirchoff can. eccl. s. Cecilie Colon. leg. doct. pape fam. de d. prepos. prov. fuit: assign. Johanni Fabri pens. ann. 12 fl. renen. sup. fruct. d. prepos. et can. et preb. d. eccl. (4 m. arg.) (exec. ep. Vasionen. et prep. eccl. b. Marie ad Gradus Magunt. ac prep. eccl. s. Severi Erforden. Magunt. dioc.), gratis 7. aug. 76 V 585 275ᵛ-277ᵛ – prov. de can. et preb. eccl. b. Marie virg. Nuemburg. (4 m. arg.) vac. p. resign. Gunteri de Bunaw pape fam. et cubic. (p. Petrum Garnandi abbrev. procur. fact.) (m. prep. eccl. Taurinen. et cant. eccl. Nuemburg. ac dec. eccl. s. Stephani Bamberg.), gratis 11. sept. 76 V 579 46ʳ-47ᵛ – prov. de can. et preb. eccl. Czicen. Nuemburg. dioc. (4 m. arg.) vac. p. resign. Guntheri de Bunaw pape fam. (p. Petrum Garnandi ut supra fact.) cui de dd. can. et preb. vac. p. o. in cur. Henrici Konricz prov. fuit, m. (prep. eccl. Taurinen. et prep. eccl. b. Marie Feuchtwangen. August. dioc. ac offic. Nuemburg.), gratis 11. sept. 76 V 579 49ᵛˢˢ – motu pr. de par. eccl. in Munster Herbip. dioc. (10 m. arg.) vac. p. o. Johannis Schommberg 20. sept. 76 S 742 231ʳ – qui vig. gr. expect. can. et preb. colleg. eccl. ss. Germani et Mauritii Spiren. vac. p. o. Ludovici Spelt acc.: de nova prov. de dd. can. et preb. (5 m. arg.) 16. mai. 77 S 751 237ʳˢ – disp. ad 2 incompat. benef. etsi par. eccl. et disp. ad percip. fruct., m. (ep. Vasionen. et ep. Alerien. ac Hermanno de Beichling prep. eccl. s. Severini [!] Erforden. Magunt. dioc.), gratis 8. iul. 77 V 580 46ʳ-49ᵛ – cui gr. expect. s. d. 1. ian. 72 de benef. ad coll. eccl. ss. Germani et Mauritii Spiren. et de benef. ad coll. eccl. s. Petri sen. Argent. conc. fuit: de reval. et de mutatione d. gr. expect. in benef. ad coll. eccl. s. Marie virg. Erfforden. Magunt. dioc. et ad coll. abb. etc. mon. s. Salvatoris in Fulda o. s. Ben. Herbip. dioc. 29. iul. 77 S 755 35ᵛˢˢ, gratis 19. iul. 77 [recte: 29. iul. 77] V 667 562ʳ-563ᵛ – inter 3 pape fam. enumeratus: de prom. ad acol. et de alt. port. <c. clausula ante diem> 26. aug. 77 S 757 211ᵛˢ, gratis V 670 184ᵛ – oblig. sup. facult. resign. in partibus eidem p. bullam s. d. 8. iul. 77 conc., restit. bulle 30. sept. 77 A 26 72ᵛ – referens quod ipse can. et preb. colleg. eccl. ss. Felicis et Regule prepos. Thuricen. Constant. dioc. (4 m. arg.) resign. et quod Johanni Hering decr. doct. de eisdem prov. fuit: de assign. pens. ann. 18 fl. re-

nen. sup. fruct. pleban. ac can. et preb. d. eccl. (10 m. arg.) 4. nov. 77 S 759 219ʳˢ – de confic. litt. c. express. quod ipse n. cler. Misnen. dioc. sed cler. Nuemburg. dioc. exist. 12. mai. 78 S 770 144ᵛ – de perp. capn. <s. c. vicar.> ad alt. s. Anne in eccl. Hildesem. (6 m. arg.) vac. p. o. in cur. Theoderichi Clinckrode 7. iul. 78 S 771 172ᵛˢ, (m. dec. eccl. s. Mauritii Hildesem. ac offic. Hildesem.), gratis V 588 82ʳˢˢ – actor litig. coram Gaspare de Theramo aud. contra quond. Johannem de Ekestberch (in cur. defunct.) reum et detentorem sup. vicar. ad alt. s. Egidii in eccl. s. Thome Argent.: de surrog. ad ius d. vicar. (3 m. arg.) 15. iul. 78 S 772 269ʳ – oblig. p. Bizianum de Lermen cursorem et eius procur. (ut constat publ. instr. acto Brachiani s. d. 28. aug. 78 subscripto p. Johannem de Dornech ap. et imper. auct. not.) sup. annat. perp. vicar. ad alt. s. Anne in eccl. Hildesem. (10 m. arg.) de qua sibi ut supra prov. fuit et residuum promisit solv. infra 4 menses 9. sept. 78 A 27 84ᵛ.

5155 **Johannes Fabri** [2. pars 2 partium] et **Martinus Munch** cler. Herbip. dioc. pape fam.: de par. eccl. in Amilingstat Bamberg. dioc. (10 m. arg.) vac. p. o. Gumperti Fabry sed. ap. not., Conc. motu pr. 2. oct. 78 S 773 246ᵛ – restit. bulle sup. annat. pens. ann. 12 fl. renen. eidem sup. fruct. prepos. ac can. et preb. eccl. s. Cecilie Colon. s. d. 7. aug. 78 assign. 18. decb. 78 A 27 223ᵛ – motu pr. de perp. benef. sive capel. ad alt. s. Pauli Hildesem. (4 m. arg.) vac. p. o. Henrici Pomert quond. Nicolai de Cusa tit. s. Petri ad vincula presb. card. fam. et in partibus collect. quod olim Eggherardus de Wenden prep. eccl. Hildesem. et in presenti an. Nicolaus Schomaker can. eccl. Hildesem. obtin. 22. decb. 78 S 776 38ʳˢ – cui vig. reserv. ap. de can. et preb. eccl. ss. Felicis et Regule prepos. (abbat.) Turricen. Constant.

dioc. certo modo vac. prov. fuit et qui deinde eosdem in favorem Johannis Hering pleb. d. eccl. p. procur. resign. possessione n. habita: assign. pens. ann. 18 fl. renen. sup. fruct. pleban. d. eccl. (10 m. arg.) p. d. Johannem Hering c. consensu suo (p. Hermanum de Beichling prep. eccl. s. Severi Erforden. Magunt. dioc. procur. fact.) persolv., (exec. Ludovicus Thoureti can. eccl. Morinen. et Guillelmus de Gothem can. eccl. Leod. ac offic. Constant.), gratis 7. ian. 79 V 601 220^v-222^v – de disp. ad 2 incompat. benef. etiam sub eodem tecto ad vitam c. lic. perm. et lic. arrendandi ad 2 an., gratis 25. iun. 79 S 784 12^r, V 598 178^r-180^r – motu pr. de perp. <s. c.> vicar. ad alt. b. Marie <s. Barbare> in eccl. Bamberg. (3 <6> m. arg.) vac. p. o. in cur. Philippi Ditmari, Conc. motu pr. 4. aug. 79 S 784 120^r, (m. prep. eccl. s. Severi Erforden. Magunt. dioc. et Eberhardo de Rabenstein can. eccl. Bamberg. ac offic. Bamberg.), gratis V 595 70^v-72^v – oblig. sup. annat. perp. vicar. ad alt. s. Barbare ut supra 30. sept. 79 A 28 90^r – motu pr. de par. eccl. in Fredelant Misnen. dioc. (4 m. arg.) vac. p. o. in cur. Johannis Molitoris, Conc. motu pr. 21. aug. 80 S 795 137^r, (exec. ep. Urbevetan. Arnaldus de Speravento can. eccl. Oloren. et offic. Misnen.) gratis 13.[!] aug. 80 V 601 281^v-283^v – qui litig. coram aud. contra Jacobum Candel cler. Spiren. dioc. sup. can. et preb. eccl. ss. Mauritii et Germani Spiren. et in manibus pape resign.: m. assign. pens. ann. 25 fl. adc. sup. precept. eccl. s. Antonii e. m. Urbinaten. o. s. Aug. (100 fl. adc.) p. d. Jacobum precept. d. eccl. c. consensu suo (p. Celsum de Millinis can. basilice Principis appl. de Urbe procur. fact.) in cur. persolv. (exec. aep. Salernitan. et prep. eccl. Paderburn. ac vic. ep. Urbinaten.), gratis 31. aug. 80 V 604 11^r-13^r – restit. bullarum sup. pens. ann. 18 fl. renen. eidem sup. fruct. pleban. eccl.

ss. Felicis et Regule abbat. Turricen. Constant. dioc. ut supra assign. (in margine: Johannes Hering tenetur solv. annat. can. et preb. d. eccl. et si n. vult solv. debet fieri ut collect. sequestret fruct. dd. can. et preb. et ab eis exigat annat. videlicet 15 duc. adc.) 22. sept. 80 A 29 213^r – oblig. sup. annat. pens. ann. 25 fl. adc. eidem sup. fruct. precept. eccl. s. Antonii e. m. Urbinaten. ut supra assign. 2. oct. 80 A 29 87^r – cui de can. et preb. eccl. b. Marie virg. Nuemburg. vac. p. resign. Guntheri de Bunaes [recte: Bunaw] prov. fuit: de nova prov. de eisdem (4 m. arg.) 14. decb. 80 S 798 170^{rs} – cui de can. et preb. eccl. Camin. vac. p. o. in cur. Siggelberti Moel prov. fuit et qui litig. desup. contra Martinum Conradi cler. Camin. dioc.: de adm. resign. Johannis Fabri et de prov. d. Martino de dd. can. et preb. (4 m. arg.) ac de assign. d. Johanni pens. ann. 6 fl. auri renen. sup. fruct. dd. can. et preb. p. d. Martinum persolv. 28. ian. 81 S 800 137^r.

5156 **Johannes Fabri** qui vig. gr. expect. benef. obtin. sperat et cui ad multa mundana servitia se conferre minime licitum foret: de confic. litt. c. disp. quod ad alt. ministrare possit, Fiat in al. dioc. 29. apr. 75 S 719 81^r.

5157 **Johannes Fabri** cler. Traiect. dioc. cui de perp. vicar. ad alt. s. Nicolai in eccl. Magunt. vac. p. o. Gerlaci Oleatoris p. Theodorum tit. s. Theodori diac. card. Montisferrati prep. d. eccl. prov. fuit: de nova prov. de d. perp. vicar. (4 m. arg. p.) 18. nov. 82 S 816 151^r.

5158 **Johannes Fabri** cler. Wormat. dioc. qui vig. gr. expect. can. et preb. colleg. eccl. b. Marie virg. e. m. Wormat. vac. p. o. Johannis Schellengisser acc.: de nova prov. de dd. can. et preb. (4 m. arg.) 10. mai. 84 S 839 94^r.

5159 **Johannes Fabri de Kirchain** cler. Magunt. dioc. cui gr. expect. de 2 benef. ad coll. prep. etc. eccl. s. Johannis Magunt. et prep. etc. eccl. b. Marie Erfforden. Magunt. dioc. conc. fuerat: motu pr. de mutatione gr. expect. de benef. ad coll. prep. etc. eccl. s. Johannis Magunt. in benef. ad coll. prep. etc. eccl. s. Severi Erfforden. Magunt. dioc. et de prerog. ad instar pape fam. descript. 24. nov. 75 S 730 76^{vss}.

5160 Johannes Fabri (de Fulda) cler. Herbip. dioc.: de custod. colleg. eccl. s. Crucis in Hunfelt Herbip. dioc. (3 m. arg.) vac. p. resign. Johannis Breme (Bremer) can. d. eccl. <in manibus Johannis [de Henneberg] abb. mon. Fulden. o. s. Ben. Herbip. dioc. fact.> 6. sept. 75 S 729 229^v, m. (archipresb. Bononien. et scolast. eccl. s. Deodati de Sancto Deodato Tullen. dioc. ac offic. Herbip.), gratis (exped. 23. decb. 75) L 756 101^{vss} – de s. c. par. eccl. in Oscheym prope op. Goten. Magunt. dioc. (4 m. arg.) vac. p. o. Bertoldi Coci 2. nov. 75 S 729 229^{vs} – de perp. vicar. in par. eccl. in Fladungen (Fladringen) Herbip. dioc. (4 m. arg.) vac. p. o. Johannis Ubelacker, gratis 19. apr. 76 S 741 129^r, V 587 43^v-45^r – de can. et preb. in eccl. s. Johannis in Haug e. m. Herbip. (4 m. arg.) vac. p. o. in cur. Johannis Fabri 2. iul. 77 S 753 267^v – pape fam.: de par. eccl. in Sickershusen Herbip. dioc. (4 m. arg.) vac. p. o. Melchioris Fekat 19. aug. 78 S 772 159^r – de par. eccl. in Erlebach Magunt. dioc. (6 m. arg.) vacat. p. priv. Leonis Bun quia mediator contractus simoniace inter Richardum de Lapide et Bartholdum de Henenberg sup. decan. eccl. Magunt. fuit 16. febr. 79 S 778 262^{vs} – rect. par. eccl. in Sickershusen Herbip. dioc.: de lic. dicendi horas can. secundum usum R. E. 3. mai. 79 S 781 147^v – de n. prom. ad 7 an. 6. mai. 79 S 781 57^v – qui vig. gr. expect. in forma paup. par. eccl. in Remlingen (Neuburgen) Herbip. dioc. vac. p. o. Henrici Tycherawer

(Eychenauwer) acc.: de nova prov. de eadem (6 m. arg.) 15. mart. 80 S 790 289^r, m. (archipresb. Bononien. et Henrico Bolbritz can. eccl. Wormat. ac offic. Herbip.) V 602 263^{vss} – de perp. simplici benef. in par. eccl. ville sive loci Wengkarchen (Venkirchen) Magunt. dioc. (3 m. arg.) vac. p. o. Johannis Rincklein (Remchlin) 18. aug. 80 S 795 136^v, m. (Johanni Gerona can. eccl. Vicen. et Simonino de Bellavilla can. eccl. Tullen. ac offic. Magunt.) (exped. 23. decb. 81) L 807 15^{vss} – oblig. sup. annat. par. eccl. in Remlingen ut supra 6. oct. 80 A 29 89^v – de perp. s. c. vicar. <ad alt. s. Laurentii> in eccl. s. Crucis Hildesem. (3 m. arg.) vac. p. o. Henrici Crul (Kuel) cler. Hildesem. dioc. cui vig. prim. prec. imper. de eadem vac. p. o. Henrici Schilx (Scilx) prov. fuit possessione n. habita 8. ian. 81 S 801 7^r, 18. apr. 81 S 801 45^r – actor litig. coram Gaspare Marschalck de Papenheyn can. eccl. Eistet. iudice ap. delegato et commissario contra Johannem Lemlin reum et possessorem sup. par. eccl. in Reulingen (Remlingen) Herbip. dioc. et in favorem d. Johannis Lemlin in manibus pape resign.: de assign. pens. ann. 10 fl. renen. sup. fruct. d. par. eccl. (6 m. arg.) p. d. Johannem Lemlin <c. consensu suo p. Henricum Schonleben can. eccl. Eistet. procur. fact.> <in civit. Herbip.> persolv. 17. febr. 81 S 800 143^v, (m. prep. eccl. s. Crucis in Hunfelt Herbip. dioc. et Henrico Bolbritz can. eccl. Wormat. ac offic. Herbip.) L 818 298^v-300^r – qui ad par. eccl. vel perp. vicar. in eccl. in Flanstat Magunt. dioc. vac. p. o. N. auct. ordin. present. fuit: de nova prov. de d. par. eccl. vel perp. vicar. (6 m. arg.), n. o. can. et preb. in eccl. s. Cecilie in Rostorf (4) et primissariis in eccl. Fladungen. Herbip. dioc. (4) et in eccl. Helmstat. Herbip. dioc. (2) ac in eccl. Hoefelen. Herbip. dioc. (2) quas obtin. necnon primissaria in eccl. Nuemburgen. Magunt.

dioc. (2 m.) quam n. obtin. et pens. ann. 10 fl. sup. par. eccl. Relingen. Herbip. dioc. et pens. ann. 6 fl. renen. sup. par. eccl. in Nochem prope Gotta Magunt. dioc. 20. oct. 81 S 804 30^v – actor et **Mathias Carnificis** cler. Herbip. dioc. reus et possessor litig. coram Johanne [de Ceretanis] ep. Nucerin. aud. locumtenenti sup. par. eccl. in Ochsenfurt Herbip. dioc.: de adm. resign. d. Johannis et de prov. d. Mathie de d. par. eccl. (6 m. arg.) vac. p.o. Ludovici Schimmelpphennigk et de assign. d. Johanni pens. ann. 10 fl. renen., n.o. par. eccl. in Freytenbach Herbip. dioc. (4) ac primissariis ut supra in eccl. Fladingen. (4) necnon in eccl. Hoefelten. (2) ac in eccl. Helrestat [recte: Helmstat.] (2) necnon can. et preb. in eccl. s. Cecilie in Rastorf ut supra (4 m. arg.) et pens. ann. 10 fl. renen. sup. fruct. par. eccl. in Ralingen ut supra 11. decb. 81 S 805 277^{rs} (m. Johanni Gerona can. eccl. Vicen. et Henrico Scolenben [recte: Sconleben] can. eccl. Eistet. ac offic. Herbip.) V 616 14^r-17^r – restit. bullarum sup. pens. ann. 10 fl. renen. ut supra quia annat. d. eccl. soluta est 22. mart. 82 A 30 222^v – in cur. procur.: de perp. vicar. ad alt. s. Jacobi in eccl. s. Martini Pigwen. Magunt. dioc. (3 m. arg.) vac. p. resign. in manibus pape Francisci Lerezgin pape fam. 15. apr. 83 S 822 165^r – qui vig. gr. expect. can. et preb. eccl. ss. Petri et Alexandri op. Aschaffenburgen. Magunt. dioc. vac. p.o. Marci Rehter et Petri Rohde acc.: de nova prov. de dd. can. et preb. (6 m. arg.) vac. p. resign. Nicolai Breytenbach cler. Magunt. dioc. pape fam. (qui etiam vig. gr. expect. dd. can. et preb. acc.) 22. aug. 83 S 826 236^{vs} – de perp. s.c. vicar. in par. eccl. Fulden. Herbip. dioc. (4) et perp. s.c. vicar. in castro Nuenhoff Magunt. dioc. (2 m. arg.) vac. p.o. Jeronimi Christiani 1. iul. 84 S 838 16^r.

5161 **Johannes Fabri de Meppis (Meppen)** cler. Osnaburg. dioc. in decr. bac.: de par. eccl. op. Meppie Osnaburg. dioc. (6 <10> m. arg.) vacat. p. priv. Theodorici de Brinke qui Nicolao de Bocraden (Borranden) tunc rect. d. eccl. certam summam pecunie promisit si d. Nicolaus in favorem suum resignaret 8. nov. 79 S 787 290^{vs} – oblig. sup. annat. par. eccl. ut supra 24. nov. 79 A 28 114^v – inter al. referens quod quond. Theodericus de Bruncke par. eccl. de Meppis Osnaburg. dioc. vig. pacti simoniaci a Nicolao de Bockraden rect. d. par. eccl. obtin. et quod papa m. decano eccl. s. Johannis Osnaburg. et Gerardo de Leedem can. eccl. Osnaburg. ac offic. Osnaburg. et post eorum recusationem dec. eccl. Veteris Ecclesie s. Pauli Monast. et dec. eccl. s. Plechelmi in Oldensel Traiect. ac offic. Monast. ut d. Theodericum de d. par. eccl. amoveant: de surrog. ad ius d. Theodorici 26. mai. 81 S 802 121^r – de par. eccl. s. Viti in Meppen Osnaburg. dioc. (8 m. arg. p.) vac. p. resign. in manibus pape Hermanni Scolverman (Scholverman) cler. Colon. dioc. pape fam. (cui de eadem vac. p.o. Conradi van den Bryncke (Brincke, Bruche) auct. ap. prov. fuit) <possessione n. habita>, n.o. <perp. capn. ad alt. s. Crucis in eccl. Reval. et perp. capn. in eccl. Tarbat. (insimul 4 m. arg.)> et gr. expect. de benef. in forma paup. <ad coll. prep. etc. eccl. s. Plechelmi Oldensalen. Traiect. dioc.> 11. iul. 82 S 812 243^{rs}, (m. prep. eccl. s. Andree Frising. et dec. eccl. s. Ludgeri Monast. ac offic. Osnaburg.) (exped. 17. aug. 82) L 821 69^{vss}, 12. iul. 82 S 813 60^{rs} – oblig. sup. annat. par. eccl. ut supra et promisit solv. in cur. infra 4 menses quia docuit de intruso p. testes 18. febr. 83 Paris L 26 A 10 178^r.

5162 **Johannes Fabri de Merckelschem (Marckelshem)** cler. Herbip. dioc.

pape fam. qui <pluribus an.> in obsequiis fr. Liberati (Deliberati)
plumbatoris pape fam. institit et cui
gr. expect. de 2 benef. ad coll. ep.
etc. Herbip. et prep. eccl. s. Johannis
Novi Monasterii necnon archid. eccl.
Herbip. conc. fuit: motu pr. de pape
familiaritate (acsi in tinello c. al.
fam. comederet) et de prerog. pape
fam. descript. 9. sept. 77 S 757
186^{rs}, gratis V 668 412^{rss} – qui vig.
gr. expect. simplex benef. primiceria
vocatum ss. Fabiani et Sebastiani
Herbip. dioc. vac. p. o. Johannis
Trautimrem acc.: de nova prov. de d.
benef. (2 m. arg.) 7. febr. 78 S 764
215^r – motu pr. de prerog. ad instar
pape fam. descript. in absentia ad
an., sola sign. 14. iun. 80 S 794 9^{rs} –
perp. vic. in eccl. Novi Monasterii
Herbip. et primicerius in Marckelshem Herbip. dioc. in acolit. ord.
constit.: de prom. ad omnes ord. extra temp., sola sign. 3. mart. 81 S
800 258^v.

5163 Johannes Fabri al. Vaerd cler. Cameracen. dioc. Latini de Ursinis
card. ep. Tusculan. et camerarii fam.:
de par. eccl. b. Marie virg. [deest lo-
cus] Cameracen. dioc. (70 fl. adc.)
vac. p. o. in cur. Egidii Naghel etiam
d. card. fam. 4. oct. 76 S 743 202^v.

5164 Johannes Fabri (de Werne) diac.
Monast. dioc. cui de par. eccl. in
Asseberghe Monast. dioc. vac. p. resign. Bertoldi Serenen prov. fuit: de
nova prov. de d. par. eccl. (4 m. arg.)
30. ian. 75 S 714 230^v – rect. par.
eccl. in Asscheberge Monast. dioc.
c. quo de n. prom. ad 7 an. <p. Paulum II.> disp. fuit et qui perp. vicar.
diaconalem nunc. in eccl. Monast.
obtin.: de disp. uberiori ad vitam 25.
apr. 76 S 737 291^{vs}, V 667 436^{vs}.

5165 Johannes Fabri iun. de Wynheym
in 22. sue et. an. constit. qui ad perp.
benef. ad alt. s. Martini in eccl. op.
Linenfels Wormat. dioc. de iur. patron. com. palatini Reni vac. p. o. Johannis Fabri sen. p. Philippum modernum com. palatinum Reni pres-

ent. fuit: de nova prov. de d. perp.
benef. (4 m. arg.) c. derog. fund. d.
eccl. quod benefic. ad sacerd. prom.
esse debet et de disp. sup. n. prom.
ad 7 an. 15. nov. 78 S 776 53^{rs}.

**5166 Johannes Fabri de Wolfskel
(Wolffkel)** acol. et perp. cap. ad alt.
s. Nicolai in par. eccl. in Lehem Magunt. dioc. in cur. resid.: de prom. ad
omnes ord. extra temp., sola sign.
20. iun. 83 S 824 307^r, 1. iul. 83 S
825 172^v, 10. iul. 83 S 825 80^r.

5167 Johannes Vach cler. Herbip. dioc.
Roderici [de Borja] card. ep. Portu-
en. vicecancellarii fam.: de perp.
capn. ad alt. s. Crucis in par. eccl.
Boperden. Trever. dioc. (4 m. arg.)
vac. p. o. Johannis Letzel 20. febr.
84 S 839 256^v.

5168 Johannes Fager can. prebend. eccl.
Ratisbon. sexagenarius in extenso
referens quod ipse litig. coram ep.
Ratisbon., aep. Salzeburg. et in cur.
contra Nicolaum Kungsperger dec.
eccl. Ratisbon. actorem sup. nonnullis iniuriis verbalibus et quod ipse p.
offic. d. aep. excom. fuit: de committ. aud. 2. apr. 73 S 689 272^{rss}.

5169 Johannes Valckenart presb. Herbip.
dioc. qui ad capn. ad alt. b. Marie
virg. in op. Wurshegen (Wigishegin,
Wersderig) Herbip. dioc. vac. p. o.
Nicolai Mogrart p. proconsules et
consules d. op. patron. present. fuit:
de nova prov. de d. capn. (6 m. arg.)
19. oct. 77 S 765 44^r.

**5170 Johannes Valkenborch (Valken-
berch)** cler. Minden. dioc. qui vig.
gr. expect. can. et maiorem preb. ac
decan. eccl. Minden. vac. p. o. Johannis Quernhem acc.: de nova
prov. de dd. can. et preb. ac decan.
(8 m. arg.) 24. oct. 77 S 759 262^r –
de prepos. colleg. eccl. s. Martini
Minden. (4 m. arg.) vac. p. o. Florentii de Czersen c. derog. statutorum
eccl. Hildesem. [recte: Minden.]
quod nullus ad prep. recipi potest
nisi can. d. eccl. exist. 26. mai. 78 S
771 79^{rs}.

5171 **Johannes Valckner (Falckner, Valchner)**: de confic. litt. c. express. pens. 40 fl. renen. (n. 28 duc.), attento quod 28 duc. et 40 fl. renen. quasi eundem val. n. ultra 1 m. in dd. partibus representant 28. nov. 76 S 744 38^r – oblig. p. Sigismundum Grim cler. Frising. dioc. sup. annat. par. eccl. ut infra (16 m. arg.) de qua vac. p. resign. in cur. Johannis Pinczenawer s. d. 28. nov. 76 sibi prov. fuit 3. ian. 77 A 25 92^r – solv. 36 fl. adc. pro compositione annat. par. eccl. s. Martini in Geysenhausen (Gerhausen) Frising. dioc. p. manus Sigismundi Germ (Grum) 3. ian. 77 FC I 1133 26^v, IE 493 51^v, IE 494 55^v – scolast. in colleg. eccl. s. Castuli in Mospurg Frising. dioc.: de disp. ad 2 incompat. benef. etsi 2 par. eccl. 29. ian. 77 S 747 10^r.

5172 **Johannes Vandrech**: not. recip. pro formata 6 grossos iun. 81 DB 2 36^v.

5173 **Johannes de Phao, Jacobus Luer, Ambrosius Glaszbock, Georgius Nathafft, Johannes Vogler, Udalricus Lichtenstamer, Vigilius de Nigrellis, Conradus Hinderbach, Albertus Gfeller, Adam Wennecker** omnes can. eccl. Trident. qui tunc capit. d. eccl. representabant inter al. referentes quod ipsi propter inequalitatem preb. statuerunt de consensu Johannis [Hinderbach] ep. Trident. quod ex tunc in antea 18 preb. canonicales equales et n. plures in d. eccl. exist. et quod red. dd. preb. p. offic. ad hoc deput. (n. p. laicos) colligantur: motu pr. de conf. decl. ut maiores preb. vacat. ad equalitatem reducantur 12. febr. 74 S 702 229^r-230^v.

5174 **Johannes Vehlin** et socii soc. merc. Vehlin. op. Memmigen. August. dioc.: de indulto dotandi benef. ad alt. s. Trinitatis, Omnium ss. et b. Marie virg. in par. eccl. s. Martini d. op. c. reserv. iur. deput. cler. idoneum (in theol. vel iur. doct. aut licent. prom.) pro d. Johanne sive pro al. sociis vel pro magistriscivium d. op. 19. decb. 75 S 731 155^r.

5175 **Johannes Fey (Fryn)** cler. Constant. dioc.: de par. eccl. s. Michaelis in Rapperswil Constant. dioc. (6 m. arg.) vac. p. o. Johannis Helwert monach. mon. b. Marie o. Cist. in Aurora Constant. dioc. 26. iun. 77 S 753 196^v – in art. mag. qui ad par. eccl. seu pleban. ss. Pancracii, Vincencii et Laurencii in Stauffen Constant. dioc. vac. p. o. Johannis de Lo p. abba. et conv. mon. in Camporegis o. s. Clare Constant. dioc. present. fuit: de nova prov. de eadem (6 m. arg.) 31. ian. 79 S 777 159^v.

5176 **Johannes Veitner** presb. Salzeburg. dioc. c. quo sup. def. nat. (presb. o. s. Aug. et s.) disp. fuit: de disp. ad quodcumque benef. c. lic. perm. 8. ian. 81 S 798 289^r.

5177 **Johannes de Veldorp** civ. Colon. referens quod litig. coram iuris aldermannis mercatorum Lige Germanie nationis in op. Brugis Tornacen. dioc. resid. de Hanze nunc. et deinde coram burgimagistris et consulatu civit. Lubic. et etiam coram Eggerio decr. doct. (Wigero de Hassent prep. eccl. Kerpen. Colon. dioc. subdelegato) contra Lodovicum et Adolphum van dem Holtz nepotes ac litis consortes laicos occasione certorum bonorum mobilium relictorum p. quond. Johannem Vanumhaltz merc. Brugis defunct. et quod deinde dd. iuris aldermanni ad sed. ap. appellarunt: de committ. in partibus 23. iul. 83 S 826 46^r.

5178 **Johannes de Velle (Vele)** presb. Colon. dioc.: m. (prep. eccl. in Keyserwerde Colon. dioc.) confer. par. eccl. in Numberecht Colon. dioc. (70 fl. renen.) vacat. p. resign. Johannis Lorner (Lorier, Lomer) et assign. d. Johanni Lorner pens. ann. 24 fl. renen. sup. fruct. d. par. eccl. p. Johannem de Velle persolv. 20. febr. 75 (exped. 14. mart. 75) L 741 45^{vss} – solv. 23 fl. 18 bol. (= 24 fl. adc.) pro compositione annat. p. manus Lamberti Drentwede cler. Osnaburg. dioc. 4. iul. 75 FC I 1132 85^r, 6. iul. 75 IE 492 14^r.

5179 Johannes Vembrusen cler. Verden. dioc.: motu pr. de gr. expect. de 2 can. et preb. necnon de 2 benef. ad coll. quorumcumque, Et s.d. 17. nov. 81 S 803 232^v.

5180 Johannes Femer rect. par. eccl. Wisuangen. Herbip. dioc. pres. in cur. et resid. ibidem: de prom. ad omnes ord. extra temp., sola sign. 3. apr. 83 S 821 267^r.

5181 Johannes Vemeren (Vehemeren) (de Tremonia) presb. Colon. dioc.: de par. eccl. in Apelerbecke (Apelerbeke, Apellerbeke) Colon. dioc. (90 fl. renen. monete electorum imper.) vac. p. resign. <in manibus pape> Johannis Hameren <p. Gerhardum Dreses de Grollis dom. eccl. s.Lebuini Daventren. Traiect. dioc. procur. fact.> c. reserv. pens. ann. 30 fl. renen. pro d. Johanne Hameren, n.o. simplici benef. in par. eccl. s.Nicolai Tremonien. Colon. dioc. et s.c. capn. in Brunynckhusen (Brunynckhyscen) Colon. dioc. (insimul 4 m. arg.) que d. Johannes Vemeren obtin. 3. ian. 82 S 806 42^{vs}, m. (offic. Colon.) (exped. 19. ian. 82) L 813 116^{rss} – oblig. p. Johannem de Harsen prep. eccl. s.Spiritus Roremonden. Leod. dioc. sup. annat. par. eccl. ut supra 24. ian. 82 A 30 119^r – solv. 45 fl. renen. pro annat. p. manus Johannis Arsen 24. ian. 82 FC I 1134 178^r, IE 505 62^r.

5182 Johannes Venendey (Venedey) cler. Leod. dioc.: de can. et preb. colleg. eccl. ss.Crisanti et Darie Monasterii Eyflie Colon. dioc. (4 m. arg.) vac. p.o. Conradi Froelich 4. iul. 81 S 802 122^r – in 21. sue et. an. constit.: de nova prov. de can. et preb. ut supra 12. apr. 82 S 812 37^r.

5183 Johannes de Venningen ep. Basil. et prep. etc. d. eccl. referentes quod plebanatui d. eccl. capn. ad alt. s.Crucis in d. eccl. ad present. custod. d. eccl. (2 m. arg.) incorp. fuit et quod postmodum Franciscus [Todeschini-Piccolomini] tit. s.Eustachii

diac. card. in partibus illis legatus d. incorp. conf.: de conf. 1. febr. 74 S 701 284^{vs} – referentes quod secundum statuta eccl. Basil. p. Pium II. et p. quond. Johannem [de Fleckenstein?] ep. Basil. <et deinde p. Franciscum card. ut supra> conf. nullus burgensis civit. Basil. ad can. d. eccl. adm. potest nisi de mil. et nob. gen. procreatus est: de conf. 7. iun. 74 S 707 1^{rss}, V 663 319^{vss} – referentes quod plebanatui ut supra (3 m. arg.) perp. capn. ut supra (ad present. cant. et ad instit. archid. d. eccl. pertin.) unita fuit et quod Bernardus Petri de Basilea Minori cler. Constant. dioc. pape fam. vig. gr. expect. de can. et preb. eccl. s.Theobaldi in Tan Basil. dioc. ac de benef. ad coll. ep. etc. Basil. d. capn. vac. p.o. Henrici Gugilini acc. sup. qua litig. (postea resign.) coram Johanne de Cesarinis aud. contra Johannem Roysserfort pleb. eccl. Basil.: conf. unionis 25. nov. 75 L 751 284^{rss}.

5184 Johannes Fer cler. Constant. dioc. in 9. sue et. an. constit. ac de nob. gen.: de disp. ad quodcumque benef. in 16. sue et. an. 4. iul. 78 S 771 243^{vs}.

5185 Johannes Verber (Ferwer) cler. Argent.: de par. eccl. in Paw (10 m. arg.) vacat. p. assec. par. eccl. b. Marie in Tassulo p. Conradum Hinderbach c. reserv. pens. ann. 30 fl. cuiusdam can. eccl. Constant. 22. sept. 72 S 682 239^v-241^r – rect. par. eccl. in Phao Trident. dioc.: de n. prom. ad 7 an. 20. decb. 73 S 700 93^r – disp. ad incompat. 73/74 I 332 287^v – rect. par. eccl. s.Petri in Pao Trident. dioc.: de disp. ut unac. d. par. eccl. aliud incompat. benef. recip. val. etsi par. eccl. ad vitam c. lic. perm. 17. iun. 80 S 794 14^r – cap. capn. ad alt. ss.Petri et Pauli appl. in eccl. Argent. (p. quond. Nicolaum Hospes in Grauferstauden laic. Argent. dioc. fund.) referens quod ipse de d. capn. 1 libr. monete Argent. p. 18 an. in festo s.Martini recip. sed quod post obitum d. Nicolai ipsius filii et heredes d. libram p. 5 an. n. persolv. et quod deinde desup. litig. coram offic. ep. Argent. contra dd. heredes qui ipsum coram consulibus d. civit. Argent. in causam traxerunt: de committ. dec. eccl. Argent., Et p. breve 9. aug. 84 S 839 104^r.

5186 Johannes Verber (Vreber) presb. Magunt. dioc. c. quo sup. def. nat. (p. s.) et ad 2 compat. benef. auct. ap. disp. fuit: m. (prep. eccl. s. Andree Wormat. dioc.) confer. perp. s. c. benef. ad alt. s. Johannis Bapt. in par. eccl. Wucheyn. Wormat. dioc. (6 m. arg.) vac. p. o. Willelmi Vluor cler., n. o. par. eccl. Henhusen. Magunt. dioc. (4 m. arg.) quam obtin. 27. sept. 81 V 614 165^r-166^v – oblig. sup. annat. perp. benef. ad alt. s. Johannis Bapt. in par. eccl. in Heym Wormat. dioc. (6 m. arg.) de qua vac. p. o. Wilhelmi Vluer s. d. 27. sept. 81 sibi prov. fuit 19. decb. 81 A 30 100^r.

5187 Johannes Vernudeken (de Wesalia) cler. Colon. dioc. pape fam. c. quo sup. def. nat. (s. s.) disp. fuit: de disp. ut ad omnes ord. prom. et 2 incompat. benef. etsi 2 par. eccl. ad vitam retin. val. c. pot. perm. et de lic. tacendi sup. d. def. nat., gratis 5. aug. 78 S 772 142^{rs}, V 670 553^{rss} – motu pr. gr. expect. s. d. 1. ian. 72 de benef. ad coll. prepositorum etc. eccl. s. Pauli et eccl. s. Martini Wormat. et prerog. ad instar pape fam. descript., m. (Michaeli Moner can. eccl. Elnen. et offic. Magunt. ac offic. Wormat.), gratis 25. aug. 78 V 672 72^r-74^r – prov. de perp. s. c. vicar. ad alt. s. Laurentii in par. eccl. in Brichen Colon. dioc. (3 m. arg.) vac. p. o. in cur. Henrici Herckelen, m. (ep. Eugubin. et offic. Colon. ac offic. Leod.), gratis 6. oct. 80 V 604 25^r-26^v – de par. eccl. in Pfaffinghen Ratisbon. dioc. (4 m. arg.) vac. p. o. Petri Watmandorff Pii II. et Burchardi [de Weissbriach] tit. ss. Nerei et Achillei presb. card. Sal-

zeburg. vulg. nunc. fam., n. o. capn. (2 m.) de qua d. Johanni noviter prov. fuit cuius possessionem nondum assec. est, Conc. c. pens. 3. partis pro Roberto Talmans 23. nov. 80 S 798 81^r – de can. et preb. in eccl. s. Bartholomei Leod. (4 m. arg.) vac. p. assec. can. et preb. in eccl. s. Mauritii August. p. Johannem Kriis pape fam., n. o. perp. vicar. seu capn. ad alt. s. Laurentii Brilon. Colon. dioc. (2 m. arg.) et perp. vicar. in eccl. s. Pauli [...] (2 m.) 1. iul. 82 S 812 175^v.

5188 Johannes Vest (Vesch) cler. Constant. dioc. decr. doct. cui de prepos. eccl. Imbriacen. Constant. dioc. prov. fuit: de disp. ut unac. d. prepos. aliud incompat. benef. recip. val. 5. apr. 73 S 689 178^v – de prepos. ut supra (10 m. arg.) vacat. p. resign. in manibus pape Jacobi de Cham leg. doct. 17. mai. 73 S 690 222^v, I 332 67^r – oblig. p. Johannem Carpentarii cler. Constant. sup. annat. 10. iun. 73 A 22 38^v – solv. p. manus Johannis ut supra 23 fl. adc. pro compositione annat. 10. iun. 73 FC I 1129 171^r, FC I 1767 85^v, FC I 1768 87^v.

5189 Johannes Vetter cler. Herbip. dioc.: de perp. s. c. benef. primissaria nunc. ad alt. s. Catherine in par. eccl. in Hobach Herbip. dioc. (3 m. arg.) vacat. p. resign. in manibus pape Andree Hamer cler. Herbip. dioc. cui de d. benef. vac. p. o. Conradi Oheim <s. d. 21. mart. 71> p. Paulum II. prov. fuerat litt. n. confectis 7. oct. 71 S 672 230^r, m. (exped. 22. oct. 71) L 715 262^{rs}.

5190 Johannes Veter scol. Herbip. dioc.: recip. primam tonsuram in eccl. s. Bartholomei de Insula in Urbe 17. decb. 74 F 6 186^{vs}.

5191 Johannes Fewerer primissarius s. c. primissarie ad alt. b. Marie virg. in par. eccl. in Elemar Herbip. dioc. secundum cuius fund. cavetur quod illam pro tempore obtinens apud eandem personaliter resid. debeat: de n. resid. ad vitam 30. iun. 79 S 783 216ʳ – presb. Herbip. dioc. qui vig. nominationis Friderici R. I. par. eccl. in Gertenrode Bamberg. dioc. obtin.: de disp. ut unac. d. par. eccl. aliud incompat. benef. recip. val. etsi 2 par. eccl. ad vitam c. lic. perm. 1. iul. 79 S 783 237ʳ.

5192 **Johannes Phibbe (Phable)** presb. Osnaburg. (c. quo sup. def. nat. (p. s.) disp. fuit) referens quod ipse perp. benef. in eccl. s. Alexandri Wildeshusen. Osnaburg. dioc. insimul c. par. eccl. in Emstek (4 <7> fl. renen.) p. 5 an. sine disp. detin. et quod deinde d. benef. et par. eccl. dimissis alt. primum nunc. in d. eccl. s. Alexandri p. an. detin. et fruct. percip.: de disp. sup. irreg. ac de d. alt. c. disp. ad 2 compat. benef. 27. decb. 77 S 763 45ᵛˢ, m. (dec. eccl. ss. Appl. Colon.) (exped. 21. apr. 78) L 783 204ʳ-206ʳ – nova prov. de alt. Osnaburg. [dioc.?] 81/82 I 334 176ʳ.

5193 **Jo[hannes]** abb.: notitia de prov. de mon. s. Petri Viburgen. o. s. Ben. Spiren. dioc. vac. p. o. ad relationem [Philippi de Levis tit. ss. Marcellini et Petri presb. card.] domini Arelaten. 19. mart. 75 OS 82 90ᵛ, OS 83 63ᵛ.

5194 **Johannes Viechpacher (Vighpacher, Vichpascher) (de Dingelfing, Dignelinn) de Alamania** [cler.] Ratisbon. dioc. in art. doct. qui p. plures an. in iur. can. et civili in univ. Paduan. et Perusin. studuit et insignia utr. iur. suscipere cupit: de committ. ep. Tirasonen. et 3 vel 4 doct. ut eum ad gradum doctoratus (primo in iur. can. et deinde in iur. civili) promoveant c. relax. iuram. suscipiendi d. gradum in domo sapientie Perusine, sola sign. 18. iul. 75 S 724 81ᵛˢ – can. eccl. Frising. utr. iur. doct. cui gr. expect. de can. et preb. ad coll. ep. etc. Ratisbon. s. d. 22. aug. 75 conc. fuit: prerog. ad instar pape fam. descript. 22. aug. 75

V 664 136ᵛˢˢ – motu pr. de decl. litt. sup. gr. expect. perinde val. acsi motu pr. conc. fuissent 23. ian. 76 S 733 148ᵛˢ – presb.: de can. et preb. eccl. s. Sixti in Schliers Frising. dioc. (7 m. arg.) vac. p. priv. Georgii Waltenhover qui ad presentes guerras inter Fridericum R. I. et Ungarie regem exortas in civit. Wien. (ubi studium gener viget) contra hostes qui d. civit. obsederunt machinas seu bombardas direxit 30. oct. 77 S 759 195ʳˢ – referens quod Johannes [Ludovici] ep. Hierapolitan. prepos. eccl. s. Magni e. m. Ratisbon. o. s. Aug. (sibi collatam Georgio p. canonicos d. eccl. in prep. electo) pro 46 fl. renen. cessit simonie labem incurrens et quod d. ep. litig. coram Johanne Antonio [de Sancto Georgio] ut infra sup. par. eccl. sive perp. vicar. op. Dingelfingen Ratisbon. dioc.: de surrog. ad ius d. Johannis ep. ad d. par. eccl. (8 m. arg.) vac. p. o. Udalrici Schambeck 5. mai. 78 S 770 268ʳˢ – pape fam. rect. par. eccl. seu perp. vicar. s. Johannis op. Dingelfingen: de disp. ut unac. d. par. eccl. (7 m. arg.) aliud incompat. benef. retin. val. etsi par. eccl. 3. iun. 78 S 770 226ᵛˢ – perp. c. c. vic. par. eccl. s. Johannis Bapt. ut supra qui litig. desup. coram Johanne Antonio [de Sancto Georgio] ep. Alexandrin. aud. contra Johannem [Ludovici] profes. o. pred. ep. Hierapolitan. actorem: de prov. si neutri de eadem (8 m. arg.) vac. p. o. Udalrici Schaumbok 14. nov. 78 S 775 43ʳˢ – cui vig. gr. expect. can. et preb. eccl. Frising. vac. p. o. Johannis Heller conc. fuit: de prorog. term. intimandi ad 6 menses, sola sign. 7. apr. 79 S 780 141ᵛˢ – rect. vel vic. in par. eccl. s. Johannis op. Dingelfingen ut supra reus et possessor litig. desup. coram Johanne Antonio [de Sancto Georgio] ep. Alexandrin. aud. locumtenenti contra quond. Johannem ep. ut supra: de surrog. ad ius ad d. vicar. (7 m. arg. p.) 2. decb. 80 S 798 91ʳ – referens quod etiam Paulus Koler ad ius quond. Johannis ep. ut supra ad par. eccl. vel eius perp. vicar. ut supra surrog. fuit: de prov. si neutri de eadem (6 m. arg.) 1. ian. 81 S 799 87^{rs} – referens quod Paulus Koler cler. August. pape fam. pro bono pacis par. eccl. vel eius vicar. ut supra in manibus pape resign.: de adm. resign. d. Pauli et de prov. Johanni Viechpacher de d. par. eccl. (6 l. T. p.) ac de assign. d. Paulo pens. ann. 10 fl. renen. sup. fruct. d. par. eccl. p. d. Johannem persolv. 5. febr. 81 S 799 244^r.

5195 **Johannes Fiel** cler. Leod. dioc.: oblig. p. Johannem Alfast can. eccl. s. Simeonis Trever. sup. annat. par. eccl. de Donck Leod. dioc. (10 m. arg.) de qua vac. p.o. Jamelis de Castro sibi s.d. 18. sept. 82 prov. fuit, restit. bulle 6. mai. 83 A 31 48^r.

5196 **Johannes [Fierkens]** abb. mon. s. Michaelis Antwerpien. o. Prem. Cameracen. dioc. inter al. referens quod Jacobus <can. mon. s. Marie Middelburgen. o. Prem. Traiect. dioc.> et prep. mon. monial. de Zuetendale o. Prem. Traiect. dioc. (d. mon. Antwerpien. immed. subiecti) bona d. mon. de Zuetendale delapidavit et quandam monial. carnaliter cognovit et simonie diffamatus est: de facult. ut ipse d. prep. ad mon. s. Petri Middelburgen. o. Prem. Traiect. dioc. remittere, d. prepos. extinguere, priorissam et monial. in d. mon. ad instar monial. reg. s. Aug. de ordine reg. de Windeshem (Windesim) includere et confessores pro eis deputare val. 14. aug. 75 S 725 92^{rs}, 22. aug. 75 S 725 246^{vss}, m. (abbatibus monasteriorum b. Marie et s. Petri Middelburgen. Traiect. dioc. ac dec. mon. b. Marie et s. Petri Middelburgen. Traiect. dioc. ac dec. Vet[er]is eccl. Traiect.) V 571 59^v-61^r.

5197 **Johannes Vige (Vighe)** rect. par. eccl. s. Stephani prothomart. in op. Novimagen. Colon. dioc. in decr. licent. et omnes vic. d. eccl. inter al.

referentes quod d. paroch. 29 vic. habet (quorum 19 ad present. rect. par. eccl. et 9 ad present. patron. laic. et 1 ad conv. reg. e.m. d. op. spectant): de lic. erig. d. par. ecclesiam in colleg. ecclesiam c. dec. (qui presb. et iur. vel theol. doct. vel licent. aut in med. seu art. mag. esse debet) et c. scolast., thes. et cant. et de conc. ut dec. elig. et statuta facere val. et de indulto ut privil. al. colleg. eccl. Colon. civit. et dioc. gaudere val. 23. apr. 75 S 718 130^v-132^r, 74/75 I 333 67^r, 80/81 I 334 44^v.

5198 **Johannes Vigelhaser** cler. Patav. dioc. Ludovici de Agnellis sed. ap. not. fam. qui vig. gr. expect. in forma paup. benef. ad coll. ep. Frising. acc.: motu pr. de gr. expect. de 2 can. et preb. necnon de 2 benef. ad coll. quorumcumque et de prerog. ad instar pape fam. descript., Et s.d. 17. nov. 81 19. febr. 84 S 830 92^v.

5199 **Johannes Filhauwer (Silhauwer, Vilhamner, Filhaueetr)** cler. Wormat. dioc. in theol. licent.: de perp. vicar. in par. eccl. in Gerawe Magunt. dioc. (4 m. arg.) vac. p.o. Johannis Michaelis 7. nov. 78 S 781 97^v, m. (prep. eccl. s. Albini de Guerrandia Nanneten. dioc. ac offic. Magunt. et offic. Wormat.) (exped. 15. mai. 79) L 792 177^{vss} – presb. Wormat. dioc. cui gr. expect. s.d. 1. ian. 72 de can. et preb. ad coll. colleg. eccl. s. Pauli Wormat. necnon de benef. ad coll. ep. etc. Wormat. conc. fuit: motu pr. de prerog. ad instar pape fam. descript. 27. decb. 78 S 776 251^r – de nova prov. de <perp. benef.> pleban. <nunc.> in eccl. Magunt. (4 m. arg.) vac. p. priv. Johannis de Wesalia 29. apr. 79 S 781 64^{vs}, m. (prep. et officialibus ut supra) 15. mai. 79 (exped. 22. mai. 79) L 792 80^{vss} – in art. mag. et in theol. licent. qui litig. coram Paulo de Tuscanella aud. contra quond. Johannem de Wesalia (Welasia) sup. pleban. eccl. Magunt. (4 m. arg.): de surrog. ad ius d. Johannis 27. febr. 81 S 800 173^v.

5200 Johannes Philippi cler. Magunt. dioc.: de nova prov. de can. et preb. eccl. s. Pauli Wormat. (4 m. arg.) vac. p. o. Andree Terenberger in d. civit. et dioc. Wormat. subcollect. vel p. devol. 11. ian. 79 S 778 89^{vs}.

5201 Johannes Philippi cler. Tullen. dioc. Marci [Barbus] tit. s. Marci presb. card. apud Germaniam et Ungariam legati de latere fam.: supplic. d. card. de disp. ad 2 incompat. benef. 15. mart. 73 S 689 18^{vs}.

5202 Johannes Vinck (Vincke, Winck) presb. Bremen. dioc.: de can. et maiori preb. eccl. b. Marie Hamburgen. Bremen. dioc. (4 m. arg.) vac. p. o. Hermanni Rantzow (Bantzow) vel p. o. in cur. Heinrici Luneborch minori preb. prebend. in d. maiorem preb. intrusi 13. febr. 74 S 702 191^{v}, m. (exped. 1. mart. 74) L 737 188^{rss} – presb. Bremen. dioc. altarista alt. s. Agnetis in par. eccl. prope et extra septa op. Ytzehoe Bremen. dioc. qui perp. s. c. vicar. ad alt. s. Wenczeslai in par. eccl. s. Petri Hamburgen. Bremen. dioc. assec. fuit quam p. an. possedit: de disp. ut unac. d. alt. s. Agnetis (4 m. arg.) d. vicar. (4 m. arg.) vel quodcumque benef. recip. val. 26. febr. 74 S 703 32^{rs} – cui de can. et preb. eccl. b. Marie Hamburgen. Bremen. dioc. vac. p. o. Hermanni Roentzow prov. fuit: de nova prov. de eisdem (10 [!] m. arg.) 24. mai. 74 S 705 284^{r} – rect. par. eccl. in Litt Leod. [dioc.]: restit. bulle sup. prov. can. et preb. eccl. b. Marie Hamburgen. Bremen. dioc. (4 m. arg.) sup. quib. Andree Grot pens. ann. 20 fl. renen. assign. fuit et de quib. sibi p. bullam s. d. 17. mart. 78 prov. fuit 4. apr. 78 A 27 189^{v} – cler. Bremen. dioc. inter al. referens quod par. eccl. in Merma Bremen. dioc. obtinens c. c. thesaurariam (que in d. par. eccl. personatus sive dign. existit) eccl. b. Marie virg. Hamburgen. Bremen. dioc. certo modo vac. et ordin. auct. collatam assec. contra constit. ›Execrabilis‹ p.

mensem detin.: de abol. inhab. et de prov. de d. par. eccl. (24) ac de d. thesaur. (2) necnon de can. et preb. in d. eccl. b. Marie Hamburgen. (4 m. arg.) quos d. Johannes etiam possidet et de disp. ad 2 incompat. benef. etiamsi par. eccl. ad vitam 9. iul. 78 S 771 215^{vs} – cler. Bremen. dioc.: de can. et preb. eccl. Lubic. (4 m. arg.) vac. p. o. cuiusdam Johannis 5. nov. 78 S 775 25^{r} – pres. in cur.: de perp. s. c. vicar. ad alt. s. Bartholomei in par. eccl. Weslingburen. Bremen. dioc. de iur. patron. laic. (5 m.) vac. p. o. Johannis Ottonis et p. devol. 10. iun. 84 S 837 77^{r}.

5203 Johannes Vinck cler. Herbip. dioc. med. doct.: de disp. ad quodcumque benef., n. o. def. nat. (p. s.) et c. lic. desup. tacendi 8. mart. 76 S 738 119^{rs}.

5204 Johannes Vinck cler. Leod. dioc.: m. confer. perp. capn. ad alt. b. Marie et s. Nicolai in eccl. Tillen. Traiect. dioc. (3 m. arg.) vac. p. o. Clarenboldi Hunset 20. sept. 71 (exped. 28. oct. 72) L 715 32^{rs}.

5205 Johannes Vinck cler. Magunt. dioc. in 20. sue et. an. constit.: de nova prov. de perp. vicar. ad alt. s. Egidii in eccl. [s.] Bartholomei Franckforden. Magunt. dioc. (3 m. arg.) vac. p. resign. Henrici Patberg cler. Magunt. dioc. ex causa perm. et de n. prom. ad 4 an. 9. mart. 82 S 808 247^{rs}.

5206 Johannes Finck (Frinck) cler. Wormat. <dioc.>: motu pr. de gr. expect. de 2 benef. ad coll. quorumcumque, Et s. d. 17. nov. 81 S 803 231^{r} – de par. eccl. s. Albani Wattenheymen. Wormat. dioc. (24 fl. adc.) vac. p. o. Petri Stocke, n. o. capel. Wormat. (4 fl. adc.) quam obtin. 18. nov. 82 S 816 135^{v}, I 334 261^{r}.

5207 Johannes Vinck de Venloe rect. par. eccl. in Berchen Colon. dioc. ac **Conradus Mettelbach** perp. c. c. vic. eccl. s. Severi Bopharden. Trever. dioc. necnon **Martinus Swabe de Wynsheym** perp. c. c. vic. ad alt.

s. Augustini in mon. Winsheym Herbip. dioc.: de prom. ad omnes ord. extra temp., sola sign. 4. ian. 73 S 686 66^{vs}.

5208 **Johannes Vincke de Alen** cler. Monast. dioc. pape fam. inter 6 personas enumeratus: motu pr. de gr. expect. de 2 can. et preb. (usque ad summam 60 l. T. p.) necnon de 2 benef. ad coll. quorumcumque, Et s. d. 17. nov. 81 S 803 139^{v}.

5209 **Johannes Finer (Finor)** rect. par. eccl. s. Remigii de Florefies Cameracen. dioc. Guillelmi [de Estoutevilla] card. ep. Ostien. fam. et **Petrus Brabant** presb. Trever. dioc. etiam d. card. fam. cui de can. et preb. eccl. b. Marie Namurcen. Leod. dioc. (4 m. arg.) vac. p. o. Liberti Butori (Butori) etiam d. card. fam. <p. Paulum II. s. d. 24. febr. 70> prov. fuit: de prov. d. Johanni de eisdem (4 m. arg.) vacat. p. resign. in manibus pape d. Petri et de assign. d. Petro pens. ann. 10 fl. renen. sup. fruct. d. par. eccl. (30 fl. renen.) 24. apr. 73 S 689 184^{r}, (m. dec. eccl. s. Petri de Maceriis Remen. dioc. ac officialibus Leod. et Cameracen.), gratis (exped. 14. mai. 73) L 725 157^{r}-158^{v} – can. eccl. b. Marie Namurcen. Leod. dioc.: de decan. eccl. b. Marie Namurcen. Leod. dioc. (24 l. T. p.) vac. p. o. Johannis Nicolai abbrev. 15. mai. 77 S 751 118^{v}.

5210 **Johannes Vinger (Vinget)** cler. Lubic. qui vig. gr. expect. perp. <capn. sive> vicar. in par. eccl. b. Marie virg. Lubic. vac. p. o. Luderi Rotermunt acc.: de nova prov. de d. vicar. (4 m. arg.), n. o. def. nat. (s. s.) 4. ian. 78 S 764 152^{r} – de disp. ad quodcumque benef. c. lic. perm. 4. decb. 78 S 777 258^{vs} – perp. vic. ad alt. s. Katherine in par. eccl. b. Marie virg. Lubic.: de prom. ad omnes ord. extra temp., sola sign. 31. mai. 80 S 792 242^{v} – perp. vic. ad alt. s. Catherine virg. ut supra et **Everhardus Lanthys (Lathys)** cler. Minden. dioc. qui litig. coram aud. sup. d. perp.

vicar. et deinde concordiam fecerunt ut d. Everhardus eam in manibus pape in favorem Johannis Vinger resign. et d. Johannes pens. ann. persolv. seu infra 1 an. loco pens. de benef. ad val. 8 usque ad 15 m. Lubic. in civit. Lubic. vel in op. Hamburgen. Bremen. dioc. disponere deberet: de conf. concordiam et de adm. resign. d. Everhardi ac de nova prov. d. Johanni de d. perp. vicar. (30 fl. renen.) necnon de assign. d. Everhardo pens. ann. 16 m. Lubic. (= 10 fl. renen.) sup. fruct. d. perp. vicar. p. d. Johannem persolv. 11. iul. 80 S 794 197^{vs}.

5211 **Johannes Fingerhut** subdiac. August. dioc. et rect. par. eccl. in Erchewein Herbip. dioc.: de prom. ad omnes ord. extra temp., sola sign. 25. mai. 80 S 793 164^{rs}.

5212 **Johannes Vinher (Vucher)** perp. vic. ad alt. s. Martini in eccl. August.: motu pr. de gr. expect. de 2 can. et preb. necnon de 2 benef. ad coll. quorumcumque, Et s. d. 17. nov. 81 S 803 194^{r}.

5213 **Johannes de Vinstinga** archid. de Cardono in eccl. Trever. de baronum gen. et ex utr. par. de nob. gen.: de disp. ut unac. d. archidiac. (12 m. arg.) aliud incompat. benef. recip. val. 8. ian. 73 S 695 232^{rs}, L 735 375^{vss}.

5214 **Johannes Virdung** presb. Magunt. dioc. cui vig. gr. expect. de perp. s. c. vicar. ad alt. s. Leonhardi in colleg. eccl. ss. Petri et Alexandri Aschaffenburgen. Magunt. dioc. prov. fuit inter al. referens quod Henricus Regel presb. et Henricus Lebensteyn litig. sup. perp. s. c. vicar. ad alt. s. Jacobi in d. eccl. et deinde insimul de dolo concordarunt quod Johannem Virdung in causa sup. d. vicar. ad alt. s. Leonhardi n. trahunt si d. Johannes infra an. d. Henrico benef. (8 fl. renen.) sub penis 100 duc. procurat seu d. vicar. resignat et quod deinde Symon Jegerman procur. suo consensu falso asserens d. vicar. ad alt. s. Leonhardi in manibus pape resign. fuisse et quod Conrado Augspurger de d. vicar. prov. fuit contra quem d. Johannes litig. in cur. coram Johanne Francisco de Pavinis aud.: de committ. causam d. aud. ut sent. contra d. Johannem casset c. nova prov. de d. vicar. (4 m. arg.) sive in forma si neutri 24. ian. 77 S 746 203^{vss} – de perp. s. c. vicar. ad alt. s. Jacobi ut supra vac. p. resign. Henrici Regel 2. iun. 77 S 752 256^{vs}.

5215 Johannes Fischer (de Dinckelspuhel) perp. benefic. primissarius nunc. in par. eccl. in Sinprin August. dioc.: de disp. ut unac. d. perp. s. c. benef. aliud incompat. benef. ad vitam c. lic. perm. recip. val. et de n. prom. ad 7 an. ac de n. resid. necnon de fruct. percip. 18. sept. 79 S 786 185^r – diac. August. dioc. qui ad par. eccl. s. Viti extra portas Frising. necnon ad alt. in capel. in Artempurch in paroch. Messen. Frising. dioc. vac. p. o. Leonardi Seybalszdorffer p. prep. eccl. s. Viti extra portas Frising. present. fuit: de nova prov. de d. par. eccl. (4 m. arg.) necnon de d. alt. (4 m. arg.), n. o. perp. s. c. benef. primissaria nunc. in Siginprunnen necnon quodam alt. in par. eccl. Laugingen. August. dioc. (4 m.) quos obtin. 22. apr. 82 S 813 295^r.

5216 Johannes [Vister] abb. mon. in Kanshan (Knycham) [= Kaisheim] o. Cist. August. dioc.: de indulto ut baculo, anulo et al. insigniis pontific. et in sigillis cera rubea uti possit 18. iun. 82 S 812 11^{vs}, I 334 9^v.

5217 Johannes Vladen (Vladem, Bladen) de Blisia cler. Leod. dioc. cui gr. expect. s. d. 1. ian. 72 de 2 benef. ad coll. prep. etc. eccl. b. Marie Tongeren. Leod. dioc. et ad coll. rect. par. eccl. s. Quintini in Hasselt Leod. dioc. conc. fuit: prerog. ad instar pape fam. descript. 14. mai. 73 (exped. 30. decb. 73) L 724 258^{rs} – abbrev. qui vig. gr. expect. ut supra

capn. ad alt. s. Nicolai in d. eccl. b. Marie obtin.: reval. litt. gr. expect. et prov. de can. et preb. eccl. s. Martini Leod. 24. oct. 75 (exped. 29. nov. 75) L 760 16^{rss} – de perp. <s. c.> capn. ad alt. s. Catherine in <par.> eccl. in Steynfordia Leod. dioc. (3 m. arg.) vac. p. o. Henrici Swelden, <gratis> 20. decb. 75 S 732 210^v, m. (dec. eccl. s. Dionisii Leod. et dec. eccl. s. Martini Leod. ac Jacobo Carpentarii can. eccl. Leonen.) (exped. 9. apr. 76) L 768 148^{rs} – [Petri Ferrici] tit. s. Sixti presb. card. fam.: de perpetuis capn. ad alt. s. Anne <iuvenis> in par. eccl. s. Bricii Tornacen. (10), ad alt. b. Marie in templo in par. eccl. de Avenis (Anesnis) Cameracen. dioc. (8), ad alt. in par. eccl. in castro Dinchi Cameracen. dioc. (10), ad alt. in par. eccl. de Banaco Cameracen. dioc. (8), ad alt. in par. eccl. in Sancto Amando Cameracen. dioc. (10) necnon ad alt. in atrio par. eccl. loci de Rumellies (Rumillies) Cameracen. dioc. (8 l. T. p.) vacantibus p. o. in cur. Roberti Hutel etiam d. card. fam. <insimul 24 [!] l. T. p.> [9. febr. 77] S 747 233^r, (exec. prep. eccl. s. Petri in Northen Magunt. dioc. et Paulus de Crottis can. eccl. Cremonen. ac offic. Cameracen.) V 579 239^v-241^v – <motu pr.> de can. et preb. eccl. b. Marie Aquen. Leod. dioc. (8 <12> m. arg.) vac. p. o. Johannis Hoens 19. iun. 77 S 753 144^r, m. (prep. eccl. s. Petri de Northen Magunt. dioc. et Paulo de Crottis can. eccl. Cremonen. ac offic. Leod.) V 580 199^r-200^v – de perp. vicar. par. eccl. de Rysberch Leod. dioc. (4 m. arg.) vac. p. o. in cur. Johannis Hoens 19. iun. 77 S 754 235^v – card. ut supra fam. et pape fam.: de can. et preb. eccl. b. Marie Aquen. ut supra vac. p. resign. mag. Gregorii de Valletariis script. et pape fam. qui eosdem vac. p. o. in cur. Johannis Hoens obtin. 8. iul. 77 S 753 275^r – pape fam.: oblig. sup. annat. can. et preb. eccl. ut supra (12 m. arg.) (in mar-

gine: s. d. 8. apr. 78 prorog. term. solut. ad 3 menses; die 8. iul. 78 prorog. term. solut. ad al. 3 menses), restit. bulle 11. iul. 77 A 26 29^r – cui
de perp. vicar. par. eccl. in Rysberghen ut supra prov. fuit et **Cornelius
Severinus** perp. vic. par. eccl. de
Broeghel prope Son Leod. dioc. et
Johannes Cops cler. Leod. dioc.: de
adm. resign. Johannis Vladen et de
prov. d. Cornelio de d. par. eccl. in
Rysberghen (6 m. arg.) et de assign.
d. Johanni Cops pens. ann. 12 fl. renen. sup. fruct. d. perp. vicar. par.
eccl. de Broeghel (36 fl. renen.) p. d.
Cornelium persolv. 18. aug. 77 S
756 16^{rs} – litig. coram aud. contra
Egidium Haenelares rect. par. eccl.
de Ghelick Leod. dioc. sup. d. par.
eccl. de qua Johanni Vladen (qui
dim. paratus est) tunc vac. p. n.
prom. Walteri Watrinck cler. Leod.
dioc. prov. fuit et **Wilhelmus Hoel-
becker** can. eccl. s. Amoris Blisien.
(qui consentit): de adm. resign. d.
Johannis et de prov. d. Egidio de d.
par. eccl. (6 m. arg. p.) et de assign.
d. Johanni pens. ann. 10 fl. renen.
sup. fruct. can. et preb. d. eccl.
s. Amoris (30 fl. renen.) p. d. Wilhelmum eidem Johanni persolv. quoad vixerit seu donec d. Johanne procurante d. Wilhelmo de benef. in
par. eccl. s. Martini op. Blisien. prov.
fuerit 4. nov. 77 S 760 25^{vs} – motu
pr. gr. expect. s. d. 1. ian. 72 de 2 benef. ad coll. ep. etc. Leod. et abb.
etc. mon. s. Trudonis de Sancto Trudone o. s. Ben. Leod. dioc. et prerog.
ad instar pape fam. descript. 9. apr.
78 (exec. Ludovicus Toureti can.
eccl. Morinen. et Paulus de Crottis
can. eccl. Cremonen. ac offic. Leod.)
PA 27 161^r-163^r – de perp. <s. c.>
capn. ad alt. <b. Marie ac ss. Petri et
Pauli Appl.> in eccl. Leod. (4 m.
arg.) vac. p. o. Henrici Cabot (Cha-
bor) Nicolai V. fam. 18. apr. 78 S
768 230^v, m. (prep. eccl. s.[Petri]
Northen. Magunt. dioc. et dec. eccl.
s. Martini Leod. dioc. ac dec. eccl.
s. Petri Leod. dioc.) (exped. 9. mai.

78) L 787 252^{rs} – motu pr. de person. seu par. eccl. de Guelpen Leod.
dioc. (8 <12> m. arg.) de iur. patron.
<ducis Limburgen.> vac. p. o. in cur.
Innocentii de Crecy 22. iun. 78 S
771 21^v, m. (prep. eccl. s. Spiritus
Ruremonden. Leod. dioc. et dec.
eccl. b. Marie Aquen. Leod. dioc.) V
587 195^v-198^r – oblig. sup. annat.
par. eccl. de Guelpen Leod. dioc. (12
m. arg.), restit. bulle 27. iun. 78 A 27
64^v – de alt. in par. eccl. de Wien
Leod. dioc. (4 m. arg.) vacat. p. assec. unitarum par. eccl. in Buening-
hen et Birloe Leod. dioc. p. Wilhelmum de Gothem 27. iul. 78 S 772
64^{vs} – de alt. in par. eccl. loci de
Bubys Leod. dioc. (4 m. arg.) vac.
p. o. Wilhelmi Corttem de Blisia
abbrev. et subcollect. 29. oct. 78 S
772 302^{vs} – disp. ad 2 incompat. benef. c. lic. perm. ad vitam, <gratis>
3. nov. 78 S 776 111^{rs}, V 593 267^r-
269^r – can. eccl. b. Marie Aquen.
Leod. dioc.: oblig. sup. facult. resign. vel perm. que sibi s. d. 3. nov.
78 conc. fuit 8. apr. 79 A 28 4^v –
can. eccl. s. Martini Leod.: de lic. dicendi horas can. (solus vel c. 1 socio
p. ipsum eligendo) secundum morem
R. E. 20. iul. 79 S 784 233^v – referens quod ipsi de par. eccl. seu person. loci de Gulpen Leod. dioc. ut
supra de iur. patron. ducis Limburgie
motu pr. prov. fuit: motu pr. decl.
quod d. ius patron. solum ad Maxi-
milianum ducem Austrie (et Friderici III. R. I. filium) etiam ad ducem
Limburgie seu com. de Falckemburg
etc. spectat 22. ian. 81 V 606 17^r-
19^r.

5218 **Johannes Fleckenman** perp. cap. ad
alt. s. Otilie in Obersteten Herbip.
dioc.: de prom. ad omnes ord. extra
temp., sola sign. 23. mai. 84 S 836
130^v.

5219 **Johannes Fleding (Fledinck)** rect.
pleb. nunc. par. eccl. in Berle Colon.
dioc. in 20. sue et. an. constit. referens quod d. par. eccl. de iur. patron.
nob. de Holste exist. et quod ipse in

16. vel 17. sue et. an. illam obtin.: de
d. par. eccl. vel perp. vicar. (4 m.
arg.) c. absol. et disp. sup. def. et.
21. iul. 77 S 754 274^{vs} – cler. Colon.
dioc. in decr. bac. qui ad par. eccl.
sive person. in Barle Colon. dioc.
que inibi dign. n. tamen curata sed
ruralis exist. vac. p. resign. in manibus pape Henrici Fleding p. patron.
laic. present. fuit (n. o. quod minor
25. sue et. an. exist. ac illam p. plures an. possedit) referens quod olim
d. person. et perp. vicar. p. 2 distincta benef. teneri consueverunt: de rehab. et de nova prov. de d. par. eccl.
seu person. vel perp. vicar. (insimul
5 m. arg.) ac de disp. ut d. person. et
d. perp. vicar. insimul ad vitam retin.
val. 18. mai. 80 S 793 63^{rs}.

5220 **Johannes Vliegher** rect. par. eccl. in
Buesicken Traiect. dioc.: de disp. ut
unac. d. par. eccl. aliud incompat.
benef. recip. val. etsi 2 par. eccl. 31.
mart. 77 S 749 58^{rs}.

5221 **Johannes Flock** rect. par. eccl. in
Alsfelt Magunt. dioc.: de disp. ut
unac. d. par. eccl. aliud incompat.
benef. recip. val. etsi par. eccl. ad
vitam c. lic. perm. 23. mart. 79 S
779 254^{r}, L 800 205^{rs}.

5222 **Johannes Floriani de Lutomyrsko
(de Lithomerszko, Lithomersko)**
cler. Gneznen. dioc. cui de par. eccl.
in Rzgow Gneznen. dioc. vac. p. o.
cuiusdam prov. fuit: de nova prov.
de eadem (4 m. arg.) 15. febr. 81 S
802 57^{r} – de disp. ut unac. par. eccl.
ut supra aliud incompat. benef. recip.
val. etsi 2 par. eccl. ad vitam c. lic.
perm. 4. aug. 81 S 801 82^{r} – rect.
par. eccl. in Rzgow ut supra: de par.
eccl. prepos. nunc. in Chrzastow
Cracov. dioc. de iur. patron. laic. (10
m. arg.) vac. p. o. in cur. Nicolai Jar-
czowsky, n. o. d. par. eccl. necnon
perp. vicar. in colleg. eccl. b. Marie
Wenczowien. [recte: Vineovien.]
Gneznen. dioc. (4 m. arg. p.) 28.
febr. 82 S 808 31^{vs}, I 334 105^{r} –
acol. in cur. resid.: de prom. ad omnes ord. extra temp., sola sign. 14.

mart. 82 S 808 160^{r} – cui de par.
eccl. in Chrzastouo prepos. nunc. ac
perp. vicar. in colleg. eccl. b. Marie
Vincovien. Gneznen. dioc. (insimul
14 m. arg.) prov. fuit quique d. par.
eccl. prepos. nunc. n. assec. est: de
alt. seu capn. in eccl. Plocen. de iur.
patron. laic. (4 m. arg.) vac. p. o. Nicolai Jarczevszky infra dietam a cur.
defunct. 16. mart. 82 S 808 169^{v} –
de par. eccl. in Chrzastow prepos.
nunc. ut supra (4 m. arg.) vac. p. o.
Nicolai Jarczavszkii, n. o. par. eccl.
in Rzgow ac perp. capn. in eccl. Plocen. et perp. s. c. vicar. in eccl.
Vnyeovien. (Winicowien.) ut supra
(insimul 8 m. arg.) 26. mart. 82 S
809 51^{r}, m. (prep. eccl. Poznan. et
dec. eccl. Gneznen. ac offic. Gneznen.) (exped. 30. mart. 82) L 814
135^{rs} – in min. ord. constit.: litt. testim. (vig. supplic. s. d. 14. mart.
82) sup. prom. ad subdiacon. ord.
s. d. 23. apr. 82, ad diacon. ord. s. d.
25. apr. 82, ad presbit. ord. s. d. 28.
apr. 82 in basilica Principis appl. de
Urbe 28. apr. 82 F 7 53^{rs} – qui reus
et possessor litig. coram Gaspare de
Theramo aud. contra Gasparem Lo-
kye cler. sup. par. eccl. in Chrzastow
ut supra vac. p. o. Nicolai Jarczews
(deinde resign.): de prov. si neutri de
d. par. eccl. (10 m. arg.), n. o. ut supra (insimul 12 m. arg.) 14. mai. 82
S 810 255^{v} – cler. Gneznen. dioc.
cui de capn. ad alt. s. Alexii in colleg. eccl. Lancicien. Gneznen. dioc.
ad present. dec. eccl. Lancicien.
Gneznen. dioc. spectante vac. p. o.
Pauli de Xyansch p. loci ordin. prov.
fuit: de nova prov. de d. capn. (8 m.
arg.) 19. iul. 82 S 812 255^{r}.

5223 **Johannes Vockinck (Vockinch,
Vockmelz, Bockinck)** cler. Monast.
dioc.: disp. ad 2 incompat. benef.,
gratis 15. apr. 79 L 791 296^{vs}, 81/82
I 334 158^{v} – cui gr. expect. de 2
benef. ad coll. abb. etc. mon. Verden. Colon. dioc. ac dec. etc. eccl.
s. Clementis in Stenebick Traiect. dioc. s. d. 15. apr. 79 conc. fuit: motu

pr. de prerog. ad instar pape fam.
descript. 23. mart. 80 S 796 58^{vs} –
de perp. s. c. vicar. in par. eccl. s. Michaelis Zvollen. Traiect. dioc. (4 m.
arg.) vac. p. resign. in manibus pape
Gerardi Kint cler. Colon. dioc. (cui
de eadem vac. p. o. Johannis Pallas
prov. fuit), n. o. perp. s. c. capn. ad
alt. s. Petri in par. eccl. s. Martini
Alosien. Cameracen. dioc. (2 m.
arg.) sup. qua litig. in cur. et gr. expect. de 2 benef. ad coll. ep. etc.
Monast. ac abba. etc. sec. et colleg.
eccl. s. Felicitatis in Vreden Monast.
dioc. et de n. resid., m. (dec. eccl.
s. Lebuini Daventrien. Traiect. dioc.
ac dec. eccl. s. Ludgeri Monast. ac
offic. Traiect.) 7. mai. 82 S 810
261^r, V 619 71^r-73^r – erectio eccl.
82/83 I 335 111^r – <can. eccl.
s. Martini Monast.> cui motu pr. gr.
expect. s. d. 17. nov. 81 de 2 benef.
ad coll. ep. etc. Monast. ac abba. etc.
colleg. eccl. s. Felicitatis ut supra
conc. fuit: motu pr. de mutatione gr.
expect. de benef. ad coll. d. eccl.
s. Felicitatis in gr. expect. de can. et
preb. in eccl. s. Martini Monast. 15.
ian. 83 S 818 100^{rs}, (exped. 24. ian.
83) L 825 213^r-214^v – de can. et
preb. eccl. in Beckem Monast. dioc.
(2 m. arg.) vac. p. resign. in manibus
pape Gerardi Kint pape fam. quos
obtin. 8. iun. 83 S 824 211^r, m. (ep.
Glandaten. et dec. eccl. s. Ludgeri
Monast. ac offic. Monast.) (exped.
12. iul. 83) L 827 165^{vss} – de eccl.
rurali sive s. c. benef. loci in Amelo
infra metas par. eccl. b. Marie et
s. Georgii Vreden. Monast. dioc.
(fruct. qui pro maiori parte in obla-
tionibus consistunt et 2 m. arg.) vac.
p. devol. 20. oct. 83 S 829 216^{rs} –
qui vig. gr. expect. can. et preb. in
eccl. s. Martini Monast. vac. p. o. Johannis Hammonis acc.: de nova
prov. de eisdem (4 m. arg.) 16. nov.
83 S 831 241^r – cui de perp. benef.
in eccl. rurali loci burscapii in Amelo e. m. Vreden. Monast. dioc. ut supra [sine val.] prov. fuit: de nova
prov. de d. benef. 22. nov. 83 S 831

259^r – de n. resid. et percip. fruct. in
absentia p. 7 an. et de n. prom. 19.
decb. 83 S 832 228^r, m. (dec. eccl.
s. Ludgeri Monast. et dec. eccl. s. Lebuini Davantrien. Traiect. dioc. ac
offic. Monast.) V 653 263^r-264^v – et
Johannes Prenger (/.) cler. Monast.
qui litig. in cur. sup. can. et preb. in
eccl. s. Martini Monast. ut supra et
concordiam fecerunt: de prov. d. Johanni Vockinck de dd. can. et preb.
(4 m. arg.) ac de prov. d. Johanni
Prenger de can. et preb. in eccl.
Bercken ut supra (2 m. arg.) 2. apr.
84 S 834 59^v – litig. in cur. contra
quond. Johannem Sedeler intrusum
et possessorem in cur. defunct. sup.
perp. s. c. vicar. ad alt. 11.000 Virg.
in eccl. Monast. (6 m. arg.) vac. p. o.
Hermanni Promuck: de surrog. ad
ius d. Johannis Sedeler 11. iul. 84 S
837 280^v.

5224 **Johannes Fogel** rect. par. eccl. in
Neuhusen Constant. dioc. et **Andreas Kagerl** rect. par. eccl. de Rode-
linc Nuemburg. dioc. et **Leonardus
de Breunaw** rect. par. eccl. s. Petri
in Neusidel Jaurien. dioc. omnes
acol.: de prom. ad omnes ord. extra
temp., sola sign. 30. mai. 82 S 811
162^r.

5225 **Johannes Vogel (Voghel, Woghel)**
cler. Hildesem. dioc.: de par. eccl.
s. Jacobi op. Goslarien. Hildesem.
dioc. <4 m. arg.> vac. p. assec. par.
eccl. in villa Hedeber Halberstad. dioc. p. Theodericum Copis (cui de d.
par. eccl. vac. p. o. Johannis Kesebarch prov. fuit) et de perp. benef.
sive alt. in par. eccl. s. Godehardi
Veteris Civit. Brandenburg. vac. p. o.
Johannis Polcz et de perp. vicar. ad
alt. s. Michaelis in mon. s. Ciriaci
Gerenoden. Halberstad. dioc. (insimul 3 m. arg.) vac. p. o. Hermanni
Konen 4. ian. 75 S 713 189^r – m.
(prep. eccl. ss. Petri et Pauli Bardewicen. Verden. dioc. et dec. eccl.
s. Mauritii e. m. Hildesem. ac offic.
Hildesem.) confer. par. eccl. s. Jacobi Goslarien. Hildesem. dioc. (4 m.

arg.) vac. p. o. Johannis Kesebarch 17. iul. 75 (exped. 25. iun. 76) L 751 58^{vs} – cui de par. eccl. s. Jacobi op. Goslarien. ut supra vac. p. o. Johannis Kosbarch (Kosbach) prov. fuit et qui litig. desup. coram aud. contra Theodoricum Lausen intrusum (nunc resign.): de adm. resign. d. Theoderici et de prov. Johanni Vogel de d. par. eccl. (4 m. arg.) 17. apr. 77 S 755 109^{rs} – rect. par. eccl. s. Jacobi op. Goslarien. Hildesem. dioc.: de disp. ut unac. d. par. eccl. aliud incompat. benef. retin. val. etiam sub eodem tecto 24. iul. 77 S 755 90^v de prorog. term. n. prom. ad 2 menses, sola sign. 30. aug. 77 S 757 109^r – de perp. vicar. ad alt. ss. Blasii et Martini in eccl. Hildesem. (6 m. arg.) vac. p. o. Rodolphi Bernesen 25. mai. 78 S 769 89^v.

5226 **Johannes Vogeler (Vogeller, Vegeler)** presb. Basil. <dioc.> qui perp. capn. ad alt. ss. Georgii et Petri de Mediolano martiris in par. eccl. s. Martini Basil. obtin.: de disp. ut unac. d. capn. al. benef. retin. val. c. derog. fund. d. capn. 17. mart. 73 S 688 178^{vs} – qui ad perp. capn. ad alt. s. Georgii ut supra vac. p. o. Rudolphi Meut Burcardo Hanffstengel vic. in spir. Johannis [de Venningen] ep. Basil. p. Johannem de Prato can. eccl. Lugdunen. (Petri de Prato prioris mon. s. Albani Basil. o. Clun. procur.) present. fuit et qui post assec. d. capn. litig. desup. contra Johannem Swob cler. Basil. dioc. (qui illam vig. litt. Marci [Barbus] tit. s. Marci presb. card. sed. ap. in illis partibus legati acc. et p. Johannem Symler offic. Argent. exec. instit. fuit et Johannem Vogeler ad civit. Argent. in causam traxit): m. (scolast. eccl. Basil. ac Georgio Bernolt can. eccl. Basil.) commiss. in partibus 13. ian. 74 L 743 101^{rs} – cap. eccl. Basil. decr. doct. qui ad instantiam Leonardi Languette sup. delictis concubinatus falso diffamatus et p. Adelbertum de Rotperg dec. eccl.

Basil. iudicem a perceptione fruct. tam chori eccl. Basil. quam capel. s. Johannis in atrio suspensus fuit: de committ. in partibus 25. mai. 80 S 793 140^{rs}.

5227 **Johannes Vogeler (Faphler)** can. eccl. Trident. qui par. eccl. ss. Petri et Andree appl. in Paw paratus est dim.: de par. eccl. b. Marie in Tassulo <in Valle Ananie> Trident. dioc. (10 m. arg.) vacat. p. assec. prepos. eccl. s. Victoris e. m. Magunt. p. Conradum Hinderbach et de can. et preb. eccl. s. Martini Wormat. (6 m. arg.) vac. p. o. Johannis Nuszboym 22. sept. 72 S 682 239^v-241^r – can. eccl. Trident. qui proprio nomine et ut procur. et syndicus capit. d. eccl. habuit mutuo 79 duc. auri Venetos: promisit solv. eosdem Venetiis Francisco de Savignano et soc. ibidem merc. infra 4 menses testibus Johanne Menchien can. eccl. Franchfurden. Magunt. dioc., Henrico Enzinbergher can. eccl. Patav. 4. iun. 73 FC I app. 21 25^r – oblig. p. Ulricum Entzperger can. eccl. Patav. procur. (vig. instr. publ. acti Rome s. d. 5. iun. 73 p. Symonem Jagerman cler. Aquileg. dioc. imper. auct. not. subscripti) sup. annat. par. eccl. ut supra (in margine: solv. p. manus Henrici Haltscher can. eccl. s. Martini Helystaden. Magunt. dioc. s. d. 26. oct. 74) 25. iun. 73 A 22 45^v – solv. 23 fl. pro compositione annat. par. eccl. in Tuslon Trident. dioc. p. manus Henrici Holescher (Holester) 26. oct. 74 FC I 1132 22^r, IE 490 24^r, IE 491 11^r – rect. par. eccl. in Tassulo ut supra in decr. licent.: de disp. ut unac. d. par. eccl. (10 m. arg.) al. incompat. benef. retin. val. 18. sept. 76 S 741 176^v – de prioratu sive s. c. capel. s. Thome [in Priori] in Valle Agnanie Trident. dioc. (20 fl. adc.) vac. p. devol. 10. mart. 83 S 821 42^r.

5228 **Johannes Vogt** cler. Eistet. dioc. qui vig. disp. sup. def. nat. (p. s.) par. eccl. in Stirez Eistet. dioc. obtin. (deinde dim.) et perp. s.c. vicar. ad alt. ss. Petri et Pauli appl. in eccl. Eistet. (cui off. predicature est annexum) vac. p. resign. Ludovici Meysterlein p. 7 menses vel circa tenuit licet paucos etiam fruct. percip.: m. disp. sup. irreg. et confer. d. vicar. (5 m. arg.) 19. aug. 72 (exped. 6. febr. 73) L 715 301^{vss} – perp. vic. ad alt. ss. Petri et Pauli appl. in eccl. Eistet. c. quo ad prom. infra an. disp. fuit et qui pres. in cur. febre oppressus p. 3 menses et ultra cur. exiit: de n. prom. ad alios 6 menses, Conc. ad 2 menses 30. ian. 73 S 687 164^{rs} – oblig. p. Henricum Schonleben (Sconleben) cler. Herbip. dioc. sup. annat. perp. vicar. ut supra 28. apr. 73 A 22 15^r – solv. p. manus Henrici ut supra 11 fl. pro compositione annat. 28. apr. 73 FC I 1129 158^r, FC I 1767 71^r, FC I 1768 73^r.

5229 **Johannes Voil** presb. Trever. dioc.: de par. eccl. s. Stephani prothomart. in Manderen Trever. dioc. (4 m. arg.) vacat. p. resign. in manibus pape Jacobi Dulendorff cler. Trever. dioc. cui de d. par. eccl. vac. p.o. Nicolai de Kotzingen vel p.o. Bernhardi villici de Mettrich prov. fuit (litt. n. exped.) 27. oct. 72 S 683 291^{rs}, I 332 280^r.

5230 **Johannes Foyssz** presb. Trever. dioc.: de par. eccl. s. Martini in Palatino [deest dioc.] (3 m. arg.) vac. p. assec. par. eccl. de Raynach 6. apr. 80 S 791 158^r.

5231 **Johannes Folcker** cler. Magunt. dioc.: m. (prep. eccl. b. Marie Feuchtwangen. August. dioc. et prep. eccl. s. Guidonis Spiren. ac offic. Magunt.) confer. perp. s.c. vicar. ad alt. s. Catherine in eccl. ss. Petri et Alexandri Aschaffenburgen. Magunt. dioc. (3 m. arg.) vac. p. contractum matrim. Johannis Coci, gratis 9. sept. 80 V 602 280^{vss}.

5232 **Johannes Voltz** cler. Havelberg. dioc.: de par. eccl. ville Robe Havelberg. dioc. (2 m. arg.) vacat. p. assec. al. par. eccl. p. Nicolaum Braseke cler. qui dd. par. eccl. sine disp. obtin. 9. ian. 84 S 839 151^{rs} – qui ad perp. s.c. vicar. in par. eccl. op. Kiritze Havelberg. dioc. vac. p.o. Johannis Segeman (/.) et tunc vac. p.o. Mathie Sarnow p. patron. laic. present. fuit: de nova prov. de eadem (4 m. arg.) c. derog. iur. patron. 9. iun. 84 S 839 80^{rs}.

5233 **Johannes de Fomtany** cler. Senonen. dioc. perp. cap. ad alt. s. Marie de Capella necnon **Albertus de Conis** cler. Trever. dioc. perp. cap. ad alt. s. Nicolai in eccl. de Conis in cur. residentes: de prom. ad omnes ord. extra temp., sola sign. 29. nov. 83 S 832 48^r.

5234 **Johannes Vorchen (Borchen)** prep. eccl. in Molberg (Melberg) Misnen. dioc.: de disp. ut unac. d. prepos. al. incompat. benef. retin. val. 28. sept. 74 S 739 202^r, L 747 290^{rs}.

5235 **Johannes Vorchtner** cler. Patav. dioc. possessor litig. coram Guillermo de Pereriis aud. contra Michaelem Hartenus cler. in cur. defunct. sup. perp. vicar. ad alt. s. Walpurgis in eccl. s. Johannis in Haugis e. m. Herbip. (4 m. arg.) vac. p.o. Nicolai Roiss: de surrog. ad ius d. Michaelis 27. ian. 83 S 818 239^{rs}.

5236 **Johannes Vordis** cler. Verden. dioc.: de can. et preb. et scolastr. eccl. ss. Sixti et Sinnicii in Ramesloe Bremen. dioc. (8 m. arg.) vac. p.o. Burchardi Velesthaep 26. nov. 74 S 711 276^v.

5237 **Johannes de Foro** cler. Colon. dioc. rect. par. eccl. in Garnwerd Monast. dioc. in decr. licent. <et in art. mag.>: de disp. ut unac. d. par. eccl. (7 m. arg.) aliud incompat. benef. recip. val. etsi 2 par. eccl. ad vitam c. lic. perm. 16. decb. 80 S 798 158^r, 11. mart. 83 S 820 266^v, 19. mart. 83 S 821 229^{vs} – cui de par. eccl. decan. nunc. b. Marie Transaquas Monast. de iur. patron. abba. et monial. mon. b. Marie Transaquas Monast. o. s. Ben. vac. p.o. Johannis Bispinck p. dd. abba. et monial. prov. fuit: de nova prov. de d. par. eccl. (4 m. arg.) 19. oct. 83 S 835 236ᵛ.

5238 **Johannes Forst de Nasteden (Nachstet, Slasteden)** scol. Trever. \<dioc.\>: recip. primam tonsuram in eccl. s. Spiritus in Saxia in Urbe 9. apr. 74 F 6 150ʳˢ – prom. ad 4 min. ord. in eccl. s. Spiritus ut supra 9. apr. 74 F 6 150ʳˢ – de par. eccl. b. Marie virg. de Omershein Meten. dioc. (4 m. arg.) vac. p.o. cuiusdam Antonii 4. decb. 81 S 805 230ᵛ.

5239 **Johannes Forstenberg (Forestenbergh)** armig. Colon. dioc. litig. coram Wigero \<de Hassent\> prep. eccl. Kerpen. Colon. dioc. Roberti [com. palatini Reni] olim aep. Colon. in Arnsbergh (Amisbergh) Colon. dioc. offic. foraneo et coram \<Johanne Helmia\> dec. eccl. ss.Appl. Colon. ex delegatione ap. contra Albertum Wynkel (Winkel) laic. Colon. dioc. sup. certis ann. red.: de committ. in partibus 26. apr. 83 S 822 181ʳˢˢ – de ref. c. clausulis et de prorog. ad al. an. 15. mai. 83 S 823 233ʳˢ, m. (dec. eccl. s. Cuniberti Colon. et dec. eccl. s. Andree Colon. ac dec. eccl. s. Georgii Colon.) L 830 260ʳˢˢ.

5240 **Johannes Vortgenoort (Vortgerant)** cler. Spiren.: de can. et preb. eccl. s.Trinitatis Spiren. (6 \<4\> m. arg.) vac. p.o. Friderici Rebel (Ribel) Pii II. fam. 8. iul. 77 S 753 240ᵛ, 2. aug. 77 S 755 267ᵛ.

5241 **Johannes Voss (Vorss, Voyss) de Linss (Lyns, Lynssz)** cler. Trever. dioc.: de par. eccl. s.Johannis in Schonenberg Trever. dioc. (4 m. arg.) vacat. p. priv. Johannis de Wenneghen (Wenighen, Weninghe) qui eandem p. an. absque disp. detin. et vac. p.o. Johannis de Marburg 11. oct. 82 S 815 13ʳ, m. (dec. eccl. s.Castoris Constant. [recte: in Confluentia?] et dec. eccl. s.Florini [in Confluentia?] Trever. dioc. ac offic. Trever.) (exped. 31. oct. 82) L 829 282ʳˢ – cui de par. eccl. s.Johannis ut supra prov. fuit sed in litt. mentio n. facta fuit quod d. Johannes tunc in 24. sue et. an. constit. fuit: de decl. dd. litt. perinde val. acsi d. def. et. express. extitisset 4. apr. 83 S 821 101ᵛˢ – in 24. sue et. an. constit. litig. in cur. contra Johannem de Wyndinghen presb. intrusum sup. par. eccl. s.Johannis in Schonenberch ut supra vac. p.o. Johannis de Marpurch aut Tilmanni Seyller: de prov. si neutri de eadem (4 m. arg.) et de disp. sup. def. et. 2. mai. 83 S 823 51ʳˢ – in art. mag. pres. in cur.: de n. prom. ad 7 an. 5. iun. 84 S 838 1ᵛ – litig. coram ep. Nucerin. locumtenenti aud. contra Johannem de Wyndinghen al. Dridorff sup. par. eccl. s.Johannis ut supra: de surrog. ad ius d. Johannis propter violationem sequestri 16. iun. 84 S 837 158ᵛˢ.

5242 **Johannes Vosz** rect. par. eccl. in Raendal Magunt. dioc.: de disp. ut unac. d. par. eccl. (4 m. arg.) aliud incompat. benef. etsi 2 par. eccl. retin. val. 18. oct. 77 S 759 142ʳ.

5243 **Johannes Franck** cler. Colon. dioc. qui c. Gotfrido Giissen perp. vic. ad alt. Passionis domini in eccl. s.Quirini Nussien. Colon. dioc. concordiam fecit: de assign. pens. ann. 6 fl. renen. monete in civit. Colon. currentis sup. fruct. d. vicar. (24 fl. renen.) p. d. Gottfridum persolv. 26. mai. 84 S 836 101ʳˢ.

5244 **Johannes Franck** fr. o. pred. profes. necnon magistratus et consules \<magistricivium\> op. Gamundie August. dioc. referentes quod ipse eis plurimis annis predicavit: de disp. ad quodcumque benef. etiam de iur. patron. laic., Conc. de uno curato vel simplici benef. ad present. consulum 2. ian. 78 S 762 231ʳ, 10. ian. 78 S 763 88ᵛ, L 778 30ʳ.

5245 **Johannes Franckh** cler. Herbip. dioc. cap. capel. s.Udalrici in Happenbach Herbip. dioc. in cur. resid.: de prom. ad omnes ord. extra temp. et uno die ad acolit. et subdiacon. ord., sola sign. 13. mart. 83 S 820 154^r.

5246 **Johannes Franck de Langenberch (Langenberg, Lengenberch)** cler. Colon. dioc.: motu pr. de gr. expect. de 2 can. et preb. <can. et preb. eccl. b. Marie in Capitolio Colon. ac can. et preb. eccl. s. Swiberti Werden. Colon. dioc. ad coll. aep. etc. Colon.> ac 2 benef. ad coll. quorumcumque, Et s. d. 17. nov. 81 S 803 75^v, (m. dec. eccl. s. Andree Colon. et dec. eccl. ss. Petri et Andree Paderburn. ac offic. Colon.) V 653 154^r-155^v – de par. eccl. in Mindorp Colon. dioc. (4 m. arg. p.) vac. p. o. Johannis Kempis de Dursten 7. apr. 84 S 834 208^r – qui concordavit c. Henrico Lynt rect. capel. s. Michaelis supra portam Martis Colon. sup. d. capel.: de assign. Johanni Franck pens. ann. 9 fl. renen. sup. fruct. d. capel. (24 fl. auri renen.) p. d. Henricum persolv. 12. mai. 84 S 835 294^{rs} – de s. c. capel. in Gelner Colon. dioc. de iur. patron. laic. (4 m. arg.) vac. p. resign. in manibus pape Thome de Grendorp cler. Colon. pape fam. (cui de eadem vac. p. o. in cur. Petri de Dusseldorp prov. fuit) 22. mai. 84 S 836 127^v.

5247 **Johannes Francken** referens quod Paulus II. colleg. ecclesie s. Georgii Colon. par. eccl. in Poelhem Colon. dioc. (6 m. arg.) vac. p. resign. (in 1 ex mensibus ap.) quond. Arnoldi Blacstein incorp. et quod ipse in perp. vicar. ad alt. d. par. eccl. instit. et deinde p. quosdam laic. possessione d. par. eccl. spoliatus fuit et quod dec. etc. d. eccl. et ipse desup. litig. coram Nicolao de Ubaldis, Antonio de Grassis et Fantino de Valle aud. contra abba. et capit. eccl. s. Cecilie Colon. et quond. Henricum de Stipite quem d. abba. de d. par. eccl. p. prep. eccl. Colon. investiri procuravit: de surrog. ad ius d. Henrici 23. sept. 72 S 683 35^{rss}.

5248 **Johannes Franckenbach**: solv. 13 fl. adc. pro annat. can. et preb. eccl. b. Marie Wetzflaria Trever. dioc. 22. decb. 79 FC I 1134 18^v, IE 498 63^v, IE 499 68^v.

5249 **Johannes Frangkhenreutter** cler. Brixin. dioc.: motu pr. de gr. expect. de can. et preb. in eccl. s. Candidi Indicen. Brixin. dioc. et de benef. ad coll. prep. etc. d. eccl. Indicen., Et s. d. 17. nov. 81 S 803 119^{vs}.

5250 **Johannes** fil. **Andree Francisci de Alamannis** defunct. et al. filii: de ref. quoad petias terrarum 4. febr. 74 S 701 192^v.

5251 **Johannes Fraunberger (Frawberger) de Massenhausen** dom. de Hag bar. mil. Frising. dioc. referens quod par. ecclesie in Swindach Frising. dioc. capel. s. Wolfgangi in Pruckhalcz Frising. dioc. (in suo dominio consistens) unita fuit: de indulg. 10 an. et de confess. elig., Conc. 3 an. 9. ian. 76 S 732 207^v – dominus temporalis baronie in Hag (Hug) et christifideles utr. sexus d. baronie: de indulg. 5 an. pro omnibus visitantibus fil. eccl. s. Wolfgangi in Purckholtz in paroch. Swindach (Windach) Frising. dioc. et de lic. deput. confess. qui in casibus sed. ap. reservatis absol. val. 1. aug. 76 S 740 174^{rss}, 5. aug. 76 S 740 218^{vs}, I 333 127^v.

5252 **Johannes Frawendienst (Frawndinst)** rect. par. eccl. s. Andree in Kirchain Frising. dioc.: disp. ad 2 incompat. benef. 15. mai. 75 PA 27 542^{rs} – presb. Frising. dioc. qui litig. contra Conradum Grit sup. par. eccl. in Wanhem Frising. dioc. quam obtin. et deinde p. Gasparem Torere prefectum loci Sinabrii Frising. dioc. fautorem d. Conradi coram Alberto duci Bavarie accusatus et p. Sixtum [de Tannberg] ep. Frising. in carceribus mandatus fuit ubi iuravit quod si a carceribus liberaretur civit. et dioc. Frising. exiret et d. par. eccl. ex causa perm. resign.: de absol. a d. iuram. ad effectum agendi 26. ian. 83 S 820 229^r.

5253 Johannes de Frawicbergh (Frambergk, Frawelech) miles dom. loci de Kechelor (Kirchelorf) Frising. dioc. et **Fridericus Laych (Lapeck)** rect. par. eccl. in d. loco: de indulg. 5 an. 16. mai. 75 S 720 85^v, ref. 26. mai. 75 S 720 151^r, L 745 87^{vs}.

5254 Johannes Frech rect. par. eccl. de Otteringen August. dioc. in cur. resid.: de prom. ad omnes ord. extra temp., sola sign. 22. iun. 82 S 811 18^r.

5255 Johannes Frechtner (Frethener) de Laufe (Laufa) scol. <cler.> Salzeburg. dioc.: recip. primam tonsuram et prom. ad acolit. et al. min. ord. 5. mart. 74 F 6 144^r, F 6 148^{rs}.

5256 Johannes Frederici cler. Magdeburg. c. quo sup. def. nat. (c. s.) ut ad omnes ord. prom. et 1 c.c. benef. obtin. val. disp. fuit: de disp. ad 2 incompat. benef. etsi par. eccl. ad vitam necnon ad quecumque compat. benef. c. lic. perm. 10. mart. 82 S 808 207^v.

5257 Johannes Frederici cler. Magunt. dioc.: de par. eccl. s. Albani in Rudestete Magunt. dioc. (1 m. arg.) vac. p. o. Frederici Rudger (Rudiger) 7. ian. 73 S 686 91^v, m. (prep. eccl. ss. Petri et Pauli Bardiwicen. Verden. dioc., dec. eccl. b. Marie Erfforden. Magunt. dioc. ac offic. Magunt.), gratis (exped. 23. decb. 74) L 729 220^{vs} – de can. et preb. colleg. eccl. in Bebra Magunt. dioc. (4 m. arg.) vac. p. o. Hermanni Rotgebe 13. mai. 76 S 739 163^r.

5258 Johannes Freg cler. Constant. dioc.: de par. eccl. in Numkirch Constant. dioc. (6 m. arg.) vac. p. o. Johannis Caspar 21. nov. 78 S 775 294^v.

5259 Johannes Freiberger cler. Brixin. dioc. in decr. licent.: de par. eccl. s. Michaelis in Hochenzell Patav. dioc. (12 m. arg.) vac. p. o. Stephani Harheymer Pii II. fam. deducta pens.

ann. 36 duc. adc. preposito eccl. Patav. conc. 31. decb. 80 S 799 134^{vs}.

5260 Johannes de Freymont (Froymont) rect. par. eccl. de Abbenbrouck Traiect. dioc. Maximiliani Austrie et Burgundie ducis fam.: de n. prom. ad 7 an. 29. decb. 82 S 818 29^r – de par. eccl. in Abbrubronk Traiect. dioc. de iur. patron. Wolfardi de Borsalia bar. domini loci de Veris (40 l. T. p.) vac. p. resign. in manibus pape Nicolai Neenkyns cler. Traiect. dioc. pape fam. 18. iun. 83 S 825 67^r.

5261 Johannes Freys (Freysz) (de Eddeschem) cler. Magunt. dioc. pape fam. Petri [Ferrici] tit. s. Sixti presb. card. Tirasonen. vulg. nunc.: m. (prep. eccl. s. Spiritus Ruremunden. Leod. dioc. et prep. eccl. s. Petri Northemen. Magunt. dioc. ac offic. Magunt.) motu pr. gr. expect. de 2 benef. in colleg. eccl. s. Bartholomei Francforden. Magunt. dioc. et eccl. b. Marie virg. Francforden. Magunt. dioc. acsi s. d. 1. ian. 72 conc. foret, gratis 17. ian. 78 V 668 86^r-87^v – Dominici [de Ruvere] tit. s. Clementis presb. card. fam. <Tarentasien. vulg. nunc.>: motu pr. de perp. vicar. seu alt. s. Martini op. Pingwen. Magunt. dioc. (4 m. arg. p.) vac. p. o. in cur. Nicolai Brun (Brim) etiam d. card. <et pape> fam. 23. nov. 80 S 798 102^r, (exec. prep. eccl. Mediolan. et offic. Magunt. ac offic. Wormat.), gratis V 548 208^r-210^r – c. quo ad 2 incompat. benef. etsi 2 par. eccl. ad vitam disp. fuit: de facult. resign. vel perm. 9. decb. 80 S 798 50^r.

5262 Johannes Frelch can. reg. profes. cenobii b. Marie virg. in Rot Ratisbon. dioc. o. s. Aug.: de disp. ad quodcumque benef. 1. iul. 72 S 681 261^{vs}.

5263 Johannes Frereslebin, Salzeburg. [dioc.?]: disp. ad incompat. 74/75 I 333 290^v.

5264 **Johannes Freszgin** presb. Trever. dioc.: de perp. s.c. vicar. ad alt. ss. Nicolai et Barbare in par. eccl. op. Castelloyn Trever. dioc. (3 m. arg.) vac. p.o. cuiusdam, n.o. par. eccl. s. Christofori in Dallheym Trever. dioc. (4 m. arg.) quam obtin. 17. oct. 74 S 696 49^{vs}.

5265 **Johannes Freudenthal (Fredenthal)** presb. Trident. dioc. qui par. eccl. plebem nunc. s. Martini de Fundo Trident. dioc. p. Albertum de Gatinaria presb. Vercellen. dioc. procur. in manibus pape resign. in favorem Guillermi de Castro Fundo presb. Trident. dioc.: assign. pens. ann. 25 fl. adc. sup. fruct. d. par. eccl. p. d. Guillermum persolv. (m. [Stephano Nardini] aep. Mediolan. et prep. eccl. s. Ambrosii de Septara Mediolan. dioc. ac Johanni de Pado can. eccl. Trident.) 19. nov. 71 L 718 192^{r}-193^{v} – restit. bulle sup. pens. ut supra 3. decb. 71 A 21 175^{r}.

5266 **Johannes de Fryckengen (Frykinghen, Frycknissen)** scolast. eccl. Cranenburgen. Colon. dioc. reus qui litig. coram Gabriele Contareno aud. et deinde coram Gaspare de Theramo aud. contra Adam de Tilente et Johannem Victorem Michaelem cler. sup. can. et preb. ac prepos. eccl. s. Walburgis Zutphanien. Traiect. dioc.: de prov. si nulli de eisdem (14 m. arg.) vac. p.o. cuiusdam Gelmaris aut p. resign. Johannis Honsteyn 20. decb. 75 S 732 6^{rs}.

5267 **Johannes de Fridigen (Fridinngen)** armig. dominus in Teuchtlingen Constant. dioc. et habitatores d. ville inter al. referentes quod modernus rect. par. eccl. in Witterdingen (Witergen, Witerdingien.) de fil. eccl. in Teuchtlingen 3 m. arg. percip. sed eandem n. curat et quod Johannes de Stossel armig. Constant. dioc. dominus d. ville Witterdingen al. partem recip.: de committ. Ludovico (Fruborg) [de Freiberg] ep. Constant. ad erig. d. fil. ecclesiam in par. ecclesiam (4 m. arg.) 5. mart. 77 S 748 142^{vs}.

5268 **Johannes Vries** scol. Traiect. dioc.: recip. primam tonsuram in eccl. s. Bartholomei de Insula in Urbe 17. decb. 74 F 6 186^{vs}.

5269 **Johannes Vrimonis** cler. Traiect.: de lic. testandi 30. decb. 76 S 745 263^{r}.

5270 **Johannes Fringel (Frugel)** cler. Trever. dioc. pape fam.: motu pr. de gr. expect. de 2 can. et preb. necnon de 2 benef. ad coll. quorumcumque c. prerog. ad instar pape fam. descript., Et s.d. 17. nov. 81 19. febr. 84 S 830 93^{r} – cui gr. expect. s.d. 17. nov. 81 de 2 benef. ad coll. abb. etc. mon. b. Marie ad Martires e.m. Trever. o. s. Ben. conc. fuit et qui deinde par. eccl. de Morndorff Trever. dioc. ad coll. abb. etc. mon. Eberbacen. acc. sup. qua litig. in cur.: motu pr. de mutatione gr. expect. de dd. benef. in 2 benef. ad coll. quorumcumque et de reval. gr. expect. acsi d. par. eccl. n. acceptasset et de prerog. ad instar pape fam. descript. 28. mai. 84 S 836 246^{vs} – disp. ad 2 incompat. benef. c. lic. perm. et facult. resign. et n. resid. et percip. fruct. (exec. ep. Imolen. ac prep. eccl. Paderburn. ac offic. Trever.), gratis 28. mai. 84 V 652 23^{v}-26^{r}.

5271 **Johannes Froscheymer (Frosthomer)** cler. Frising. dioc. Roderici [de Borja] card. ep. Portuen. vicecancellarii fam. cui gr. expect. s.d. 1. ian. 72 de benef. ad coll. ep. etc. Frising. conc. fuit: motu pr. decl. litt. desup. perinde val. acsi motu pr. conc. forent et prerog. ad instar pape fam. descript., gratis 30. mai. 76 (exped. 9. mai. 78) L 766 179^{rs} – qui vig. gr. expect. par. eccl. de Mitenwalt Frising. dioc. vac. p.o. Johannis Heller acc.: de nova prov. de d. par. eccl. (40 l. T. p.) 11. aug. 78 S 772 171^{rs} – de perp. capn. in par. eccl. in Dalphim August. dioc. (24 fl. adc.) vac. p. resign. in manibus pape Thome Strausc 17. mai. 79 S 781 280^{rs}.

5272 Johannes Fruoff (de Benserhem) cler. Magunt. <dioc.>: motu pr. gr. expect. de 2 benef. ad coll. prep. etc. eccl. ss. Petri et Alexandri op. Aschaffenburg. Magunt. dioc. ac eccl. s. Ciriaci in Nuhusen e. m. Wormat. et prerog. ad instar pape fam. descript. acsi s. d. 1. ian. 72 conc. foret 22. mai. 79 (exec. Johannes Lescavall can. eccl. Maclovien. et offic. Magunt. ac offic. Wormat.) PA 27 584^r-586^v – pape fam. cui s. d. 17. nov. 81 motu pr. gr. expect. de can. et preb. eccl. s. Johannis Magunt. necnon de benef. ad coll. ep. etc. Wormat. conc. fuit: motu pr. de mutatione gr. expect. de dd. can. et preb. in can. et preb. eccl. s. Ciriaci ut supra 27. apr. 82 S 809 240^r, gratis V 623 210^r-211^v.

5273 Johannes Frurer presb. Herbip. dioc.: de vicar. s. Andree in colleg. eccl. s. Stephani Bamberg. (4 m. arg.) vac. p. o. Petri Sibenhar 15. aug. 77 S 755 287^v.

5274 Johannes Fuchs cler. Bamberg. cui gr. expect. s. d. 1. ian. 72 de 2 benef. ad coll. rect. par. eccl. s. Sebaldi Nurnbergen. et rect. par. eccl. in villa Puttenheim Bamberg. dioc. conc. fuit: de mutatione gr. expect. de d. benef. in Puttenheim in benef. ad coll. prep. etc. eccl. s. Stephani Bamberg. et de prerog. ad instar pape fam. descript. 16. ian. 76 S 733 18^{rs}, de ref. 23. febr. 76 S 735 103^{rs}.

5275 Johannes Fuchs cler. Herbip. dioc.: ›rationi congruit‹ s. d. 7. febr. 69 m. (ep. Alerien. et dec. eccl. s. Johannis in Haugis e. m. Herbip. ac offic. Herbip.) confer. perp. s. c. vicar. ad alt. s. Johannis Ev. in eccl. Herbip. (3 m. arg.), gratis 25. aug. 71 V 554 222^{rss} – rect. par. eccl. in Sulm Herbip. dioc.: de prom. ad omnes ord. extra temp., sola sign. 9. febr. 74 S 702 143^{vs} – litt. testim. sup. prom. (vig. conc. s. d. 9. febr. 74) ad subdiacon. ord. s. d. 27. febr. 74, ad diacon. ord. s. d. 6. mart. 74, ad presbit. ord. s. d. 13. mart. 74 in eccl. s. Bar-

tholomei de Insula in Urbe 13. mart. 74 F 6 144^r – pape fam. qui 2 benef. obtin.: de facult. perm. 9. mai. 79 S 781 160^{rs}, gratis V 600 210^v-212^r – rect. par. eccl. ut supra et **Petrus Stock** presb. Herbip. dioc.: de adm. resign. d. Johannis et de prov. d. Petro de d. par. eccl. (60 fl. renen.) et de assign. d. Johanni pens. ann. 20 fl. renen. 15. mai. 84 S 836 161^{vs}.

5276 Johannes Fuer cler. Magunt. dioc.: de par. eccl. in Bernungen Magunt. dioc. (2 m. arg. p.) vac. p. o. Conradi Kelvers 4. iul. 77 S 756 198^{rs}.

5277 Johannes Funk scol. August. dioc.: recip. primam tonsuram in eccl. hosp. s. Spiritus in Saxia in Urbe 5. mart. 74 F 6 148^r.

5278 Johannes Funeck cler. August. dioc. rect. par. eccl. in Ryffnig August. dioc.: de prom. ad omnes ord. extra temp., sola sign. 4. nov. 77 S 759 180^v.

5279 Johannes Furer presb. Magunt. dioc.: de par. eccl. in Tribur (Trubuc, Treber) Magunt. dioc. (4 m. arg.) vacat. p. priv. Nicolai Rockenhuser quia quendam <Nicolaum Bettenmacher laic. Magunt. dioc. in domo Johannis Plumben> interfecit et missas celebrare n. expavit 7. nov. 80 S 798 41^r, m. (cant. eccl. b. Marie Erfforden. Magunt. dioc.) (exped. 30. mart. 82) L 805 168^{rss}.

5280 Johannes Vurlandt cler. August. dioc.: de par. eccl. s. Michaelis Berchteltzhoffen. August. dioc. (24 fl. adc.) vac. p. o. Johannis Prepeck quond. Petri [de Schaumberg] tit. s. Vitalis presb. card. August. nunc. fam. 30. mart. 84 S 834 123^v.

5281 Johannes Fursich cler. Eistet. <dioc.> qui perp. capn. ad alt. ss. Johannis et Johannis in eccl. b. Marie Veteris Capelle Ratisbon. vac. p. o. Johannis Murman assec. est: de nova prov. de d. capn. (4 m. arg.) 23. aug. 76 S 740 289^{vs} – de assign. pens. ann. 20 fl. renen. sup. fruct. par.

eccl. s. Martini in Longenpreysing Frising. dioc. (60 fl. renen.) vac. p. resign. Johannis Fursich sen. cler. Eistet. dioc. (cui de eadem auct. ap. prov. fuit) p. Johannem Fursich iun. persolv., n. o. quod d. Johannes iun. benef. in villa Tholungh Ratisbon. dioc. (4 m. arg.) obtin. c. express. quod d. Johannes iun. alt. s. Katherine in eccl. s. Udalrici Ratisbon. pro d. par. eccl. in Longenpreysing dim. 19. ian. 82 S 807 6^r.

5282 **Johannes Fust** inter 21 Kazimeri consistorialis commendatarii et el. Plocen. ac Mazowie et Russie ducis fam. et dilectos enumeratus: supplic. d. el. de gr. expect. de 2 can. et de 2 benef. ad coll. quorumcumque et de disp. ad 2 incompat. benef. et de prerog. ad instar pape fam. descript., Et s. d. 1. ian. 72 S 670 67^{vss} – cler. Magunt. dioc. procur. in cur.: de can. et preb. colleg. eccl. b. Martini Wormat. (6 m. arg.) vac. p. o. Conradi Cziirenberg 11. ian. 72 S 675 101^v – prov. de prepos. Trever. dioc. vac. ex causa perm. 72/73 I 332 273^v – prep. colleg. eccl. s. Walpurgis in Wilburg (Vilpurg) Trever. dioc.: solv. 5 fl. adc. pro compositione annat. maioris val. d. prepos. permutate c. perp. vicar. ad alt. ss. Petri et Pauli in eccl. s. Verene Zurztacen. (Curzalen.) Constant. dioc. 11. iul. 72 FC I 1129 98^r, IE 487 91^v – de decan. eccl. s. Guidonis Spiren. (4 m. arg.) vac. p. o. Jodoci Lect c. disp. ut unac. d. decan. prepos. ut supra vel aliud incompat. benef. recip. val. 15. decb. 72 S 695 116^{vs}, L 729 54^{vs} – in cur. causarum procur. reus litig. coram Nicolao de Ubaldis de Perusio aud. contra Mathiam Buman (Bunem) cler. actorem sup. off. maioris levitarum chori eccl. Argent. vac. p. o. Theobaldi Relinger (Rielugo, Riebugo) Calixti III. fam.: de prov. si neutri de d. off. (4 m. arg.) 19. mai. 73 S 695 109^{vs}, (cass. quia de an. 2) [fragm.,dat. deest] S 698 93^r, S 698 164^v – de disp. ut unac.

prepos. ut supra aliud incompat. benef. recip. val. 10. ian. 74 S 700 96^v – de uniendo prepositure eccl. s. Walpurgis (4 m. arg.) can. et preb. d. eccl. (4 m. arg.) <ad vitam> 31. ian. 74 S 702 106^{vs}, m. (dec. eccl. s. Florini in Confluentia Trever. dioc.) L 790 29^{rss} – prov. de can. et preb. eccl. s. Stephani Magunt. (6 m. arg.) vac. p. resign. Marci Fugger cler. August. dioc. cui de eisdem vac. p. resign. in manibus pape Johannis Mayr s. d. 14. oct. 71 prov. fuit (m. prep. eccl. Camin. et dec. eccl. b. Marie ad Gradus ac dec. eccl. s. Johannis Magunt.) 20. iun. 75 (exped. 6. iul. 75) L 752 295^{vs} – perp. vic. in colleg. eccl. s. Walpurgis in Wilburg Trever. dioc.: litt. testim. sup. prom. (vig. supplic. s. d. 27. iun. 75) ad acolit. et al. min. ord. ac ad ord. subdiacon. s. d. 2. iul. 75 in eccl. s. Bartholomei de Insula in Urbe, ad ord. diacon. s. d. 9. iul. 75 ibidem 9. iul. 75 F 6 217^v – solv. 13 fl. <duc. auri> pro compositione annat. can. et preb. ut supra 10. iul. 75 FC I 1132 85^v, IE 492 14^v – pro dimissoriali 3 grossos iul. 77 T 13 65^r – prep. eccl. s. Walpurgis in Wilburg Trever. dioc. in qua caput et velum s. Walpurgis et anulus desponsationis b. Marie virg. et due particule salutifere crucis Jesu Christi et alie reliquie conservari val.: de indulto ut medietas quantitatis quam can. d. eccl. temp. eorum receptionis capit. d. eccl. solv. consueverunt camerario seu thes. d. eccl. pro fabrica d. eccl. convertere val. 8. iul. 80 S 794 218^{rs} – restit. bulle sup. unione prepositure eccl. s. Walburgis ut supra can. et preb. primo vacat. d. eccl. ad vitam s. d. 31. ian. 74 conc. quia n. ascendit summam 12. iul. 80 A 29 201^r.

5283 **Johannes Fuststarkem (Fusestarken, Fristerken)** cler. Magunt. dioc.: de par. eccl. in Schutzeberg (Schutheberg, Scuthebergh) ac de capel. Corporis Christi e. m. op.

Wulfhagen Magunt. dioc. necnon de alt. s. Crucis in par. eccl. d. op. et de benef. simplici in Yppinckhusen Magunt. dioc. (insimul 6 m. arg.) vacat. p. priv. Henrici Bruntman (Bruneman) presb. Magunt. dioc. qui c. 2 laicis complicibus Conradum Ruvat hospitem in eius domo c. lapide bombarde interfecerat 2. aug. 73 S 693 258ᵛˢ, m. (abb. mon. s. Benedicti in Hasingen ac dec. et cant. eccl. s. Petri Fritzlarien. Magunt. dioc.), gratis (exped. 15. ian. 74) L 729 223ᵛˢˢ – cur. sequens: restit. bulle sup. prov. ut supra 11. febr. 74 A 23 24ᵛ – de eccl. s. Remigii in Maiori Hasurgin Magunt. dioc. et de eccl. s. Pancratii in Myste Magunt. dioc. que eccl. mater et filia nunc. sunt et p. unum rect. gubernari consueverunt (4 m. arg.) vac. p. o. Johannis Sternine, n. o. statutis mon. s. Benedicti [deest locus] Magunt. dioc. ad cuius abb. coll. dd. eccl. spectat 8. mart. 75 S 715 175ᵛˢ.

5284 **Johannes de Galen (Golen)** can. et cant. eccl. Paderburn. ex utr. par. de mil. gen. qui d. cantor. (8 m. arg.) dim. paratus est: de decan. d. eccl. (12 <16> m. arg.) vac. p. o. Frederici Freseken (Fresecken) (qui d. decan. unac. par. eccl. in Brilon (Brilen) Colon. dioc. ultra tempus detin.) seu adhuc vac. p. o. Herboldi de Papenheim 12. sept. 71 S 671 193ᵛ, 23. sept. 71 S 672 95ᵛˢ – cler. Colon. dioc.: de can. et preb. eccl. Paderburn. (6 m. arg.) vac. p. o. Johannis Pentlinck 12. sept. 71 S 671 202ʳ, I 332 174ᵛ – cui de can. et preb. eccl. Monast. vac. p. o. Johannis Pentlinck quond. Hugonis [de Lusignano] card. ep. Prenestini de Cipro vulg. nunc. fam. p. Franciscum [Todeschini-Piccolomini] tit. s. Eustachii diac. card. in illis partibus legatum prov. fuit: de nova prov. de eisdem (4 m. arg.) 9. oct. 71 S 672 180ᵛ – de disp. ut unac. cantor. ut supra aliud incompat. benef. recip. val. 9. mart. 72 S 677 111ᵛˢ – restit. bulle

sup. can. et preb. ut supra 15. apr. 72 A 21 124ᵛ – qui litig. temp. Pauli II. coram Johanne Francisco de Pavinis aud. (et nunc resign.) contra Gerardum Terherenhove dec. eccl. b. Marie op. Reesen. Colon. dioc. sup. decan. ac can. et preb. d. eccl. vac. p. o. Henrici Torporten: assign. pens. ann. 20 fl. renen. auri sup. fruct. eorundem (16 m. arg.) p. d. Gerardum c. consensu suo (p. Rudolphum Abel cler. Colon. dioc. procur. fact.) in civit. Colon. persolv. 24. apr. 72 L 722 24ᵛˢˢ – pres. in cur.: de par. eccl. in Delburga Paderburn. dioc. ac de perp. benef. ad alt. ss. Johannis et Katherine in eccl. s. Ciriaci Geseken. Colon. dioc. (insimul 9 m. arg.) vacat. p. priv. Henrici Kommen presb. Pauli II. fam. excom. propter periurium seu p. resign. quond. Henrici Horn, n. o. decan. ac can. et preb. colleg. eccl. b. Marie Reyssen. Colon. dioc. sup. qua Johannes de Galen litig. 4. febr. 73 S 687 189ᵛˢ – can. emancipatus et cant. eccl. Paderburn.: de prepos. colleg. eccl. ss. Petri et Andree appl. civit. Paderburn. (6 m. arg.) vac. p. o. Luberti Westfael 27. apr. 76 S 738 134ʳ – referens quod Henricus Borkennaw litig. coram quond. Johanne [Diaz de Coca] ep. Calaguritan. aud. locumtenenti contra quond. Hermannum Ollefaris possessorem sup. perp. s. c. vicar. ad alt. s. Petri in par. eccl. s. Johannis Delbruge Paderburn. dioc. vac. p. o. Buhardi (Luhardi) Westedes de qua d. Hermanno auct. ap. prov. fuit (deinde resign.) et contra Henricum Stupesinter (Stopesinter) cui de d. vicar. auct. ordin. prov. fuit (nunc resign.) et quod ipsi Johanni de Galen de d. vicar. auct. ordin. prov. fuit: de nova prov. de d. vicar. (4 m. arg.) 14. oct. 77 S 759 56ʳˢ – de nova prov. de perp. s. c. benef. ad alt. ss. Katherine et Nicolai in par. eccl. s. Lamberti Monast. (4 m. arg.) vac. p. resign. cuiusdam 5. aug. 78 S 772 228ᵛ – de nova prov. de perp. s. c. vicar. ad alt. ss. Katherine et Nicolai ut supra et de fruct. percip. attento quod iam in subdiacon. ord. constit. exist. 15. febr. 81 S 800 123^{vs} – subdiac. qui par. eccl. s. Lamberti Monast. et par. eccl. s. Johannis Delbrugge Paderburn. dioc. obtin.: de fruct. percip. 15. febr. 81 S 800 123^{v} – pape fam.: motu pr. de gr. expect. de 2 can. et preb. <can. et preb. eccl. s. Andree Wormat.> necnon de 2 benef. ad coll. quorumcumque <ep. etc. eccl. Monast.> c. prerog. ad instar pape fam. descript., Et s. d. 17. nov. 81 22. ian. 84 S 830 68^{v}, (m. ep. Bretenorien. et ep. Modrusien. ac offic. Monast.) V 642 51^{r}-53^{v}.

5285 **Johannes Galois** pape fam. et parafrenarius: motu pr. de perp. capn. ad alt. s. Crucis in eccl. de Sixtibun partium Frisie (7) et de perp. capn. ad alt. b. Marie virg. in eccl. mon. Dulcis Vallis [s. Marie] o. Prem. Traiect. dioc. (12 l. T. p.) vac. p. o. in cur. Johannis van den Reyne 19. iul. 83 S 826 180^{v}.

5286 **Johannes Garderellis (Garderella, Garderelles)** presb. mag. in art. rect. par. eccl. in Auenries (Auuernes) Leod. dioc.: de par. eccl. in Oliseyo Trever. dioc. (24 l. T. p.) vac. p. o. Johannis de Oliseyo et de disp. ut d. par. eccl. in Auuernes <15 l. T. p.> retin. val. 31. decb. 71 S 675 39^{v}, m. (dec. eccl. Meten.) (exped. 7. aug. 72) L 719 190^{rss} – presb. Trever. dioc.: de decan. eccl. b. Marie de Yvodio Trever. dioc. (50 l. T. p.) vac. p. o. Jacobi Wallardi sup. cuius fruct. Johanni Lambelorti pens. ann. 20 francorum monete illius patrie assign. fuit 7. iun. 77 S 752 131^{v} – oblig. p. Arnoldum Belli presb. Trever. dioc. sup. annat. decan. ut supra, restit. bulle 19. iun. 77 A 26 12^{v} – solv. 18 fl. adc. pro annat. p. manus Arnoldi (Alnoldi) Belli 19. iun. 77 FC I 1133 70^{r}, IE 495 10^{v}, IE 496 14^{v}, IE 497 13^{v}.

5287 **Johannes Garmer** et **Laurentius Meminger** ac oppid. op. Nuember-

gen. Bamberg. dioc.: commiss. 75/76 I 333 38^{v}.

5288 **Johannes Garschen** scol. Colon. dioc.: recip. primam tonsuram in sacristia basilice Principis appl. de Urbe 22. sept. 81 F 7 28^{rs}.

5289 **Johannes Garser (Garsz)** presb. Meten. dioc.: de par. eccl. in Gyndinga (Gindinger) Meten. dioc. (4 m. arg.) vac. p. o. Mathie Kindingen 28. decb. 74 S 718 132^{r}, m. (prep. eccl. ss. Petri et Pauli Bardewicen. Verden. dioc. et dec. eccl. Meten. ac offic. Meten.) (exped. 7. mai. 75) L 752 94^{rs}.

5290 **Johannes Gauwer de Honoltstein** Trever. dioc.: motu pr. gr. expect. s. d. 1. ian. 72 de can. eccl. s. Florini in Confluentia Trever. dioc. necnon de benef. ad coll. aep. etc. Trever. et prerog. ad instar pape fam. descript. (exec. ep. Arben. et dec. eccl. s. Paulini Trever. ac dec. eccl. s. Castoris in Confluentia Trever. dioc.), gratis 12. nov. 79 V 676 62^{r}-64^{v}.

5291 **Johannes Gkrad (Gkras, Gkad, Grad)** cler. Strigonien. dioc.: de par. eccl. s. Martini in Heching Ratisbon. dioc. (5 m. arg.) et de primissaria eccl. Ratisbon. (3 m. arg.) vacat. p. priv. Johannis Antzinger rect. excom. et de disp. ut d. primissaria unac. capn. ad alt. s. Blasii in eccl. Ratisbon. retin. val. 7. mart. 75 S 715 180^{rs} – de par. eccl. in Tegernheim Ratisbon. dioc. de iur. patron. abba. Superioris Monasterii Ratisbon. (6 m. arg.) vac. p. o. Conradi Arthueber 7. oct. 75 S 730 201^{vs} – de par. eccl. in Oberntrawbling Ratisbon. dioc. ad present. abba. et mul. Superioris Monasterii Ratisbon. (4 m. arg.) vac. p. o. Johannis Virnhaber (Vierenhaber) 1. decb. 75 S 696 60^{r}, m. (aep. Patracen. et dec. eccl. Ratisbon. ac prep. eccl. b. Marie Veteris Capelle Ratisbon.) V 572 139^{vss} – rect. par. eccl. s. Georgii in Oberntraubling (Oberntrawbling, Traubling, Trawblig) Ratisbon. dioc.

(4 m. arg.): de n. resid. 6. mart. 76 S 735 133^v – de disp. ut unac. d. par. eccl. s. Georgii ut supra al. incompat. benef. retin. val., Conc. de 2 par. eccl. ad 7 an. 4. aug. 76 S 741 227^v – de n. prom. ad 7 an. 4. sept. 76 S 742 103^v – referens quod secum disp. fuit ut infra 7 an. ad sacerdotium prom. n. debet c. condicione prom. infra an. ad subdiacon. ord.: de prorog. temp. prom. ad subdiacon. ord. ad al. an. 31. mart. 77 S 749 181^r – de prom. ad omnes ord. extra temp., sola sign. 8. nov. 77 S 760 28^r – Alberti com. palatini Reni Inferioris et Superioris Bavarie ducis cap.: de indulto absol. parochianos etiam in casibus episc., Conc. ad 10 an. 14. nov. 78 S 775 101^r – de par. eccl. in Langenpreising Frising. dioc. (10 m. arg.) vac. p. o. Johannis Currificis (Turrificis) 30. iun. 79 S 783 212^v – qui ad par. eccl. in Langenpresinge ut supra p. Sibillam abba. Superioris Monasterii Ratisbon. civit. present. fuit: de nova prov. de eadem (10 m. arg.) 30. iun. 79 S 783 197^{rs} – qui par. eccl. in Oberntraubling Ratisbon. dioc. et **Eberhardus Kadmer** qui perp. vicar. ad alt. b. Marie in colleg. eccl. s. Jacobi e. m. Bamberg. desiderant perm.: de prov. Johanni Gkrad de d. perp. vicar. (24 fl. adc.) et de prov. d. Eberhardo de d. par. eccl. (24 fl. adc.) <n. o. disp. ad 2 incompat. benef. pro d. Johanne et d. Eberhardo ac n. o. perp. vicar. s. Blasii in eccl. Ratisbon. (3) et can. et preb. eccl. s. Johannis Ratisbon. (7) et par. eccl. b. Marie virg. in Reyssing (8 m. arg.) quos et quas d. Johannes obtin. ac par. eccl. in Mauenheim et perp. vicar. in Wenhausen Magunt. dioc. (insimul 7 m. arg.) sup. qua d. Eberhardus litig. in partibus> 11. mai. 82 S 810 218^v, 30. mai. 82 S 811 8^v, I 334 29^v – qui litig. in cur. contra Eberhardum Kadmer (nunc resign.) sup. par. eccl. b. Marie in Reyssing Ratisbon. dioc. (8 m. arg.) vac. p. o. Georgii Lurtz et p. resign. Gregorii Gelheimer pape

fam.: de surrog. ad ius d. Eberhardi, n. o. can. et preb. in colleg. eccl. s. Johannis in Ratisbon. (7) et par. eccl. s. Georgii in Traubling Ratisbon. dioc. (4) et vicar. seu alt. s. Blasii in eccl. Ratisbon. (3 m. arg.) 11. mai. 82 S 810 204^{rs}, 4. iun. 82 S 811 259^r – de par. eccl. b. Marie in Perkirchen Frising. dioc. (14 m. arg.) vac. p. o. Cristofferi Prie qui d. par. eccl. c. al. benef. incompat. absque disp. sup. def. nat. ex presb. gen. tenuit 13. oct. 83 S 839 159^{vs} – rect. par. eccl. b. Marie in Reyssing Ratisbon. dioc. Alberti com. palatini Reni et <Superioris et Inferioris> Bavarie ducis cap. et fam.: de disp. ut unac. d. par. eccl. quam obtin. aliud incompat. benef. etsi 2 par. eccl. ad vitam recip. val. c. lic. perm. 21. oct. 83 S 831 44^r – presb. Ratisbon. dioc.: de prepos. colleg. eccl. s. Arsatii in Ilminister Frising. dioc. de iur. patron. Alberti ducis ut supra (18 m. arg.) vacat. p. assec. decan. eccl. Eistet. p. Theodericum Mayr prep. eccl. s. Petri August. pape acol. qui d. prepos. p. 11 an. detin. 3. nov. 83 S 831 82^v.

5292 **Johannes Gebbart** cler. August. dioc. qui vig. gr. expect. par. eccl. in Lauburg August. dioc. vac. p. o. Augustini Arrimschmaltz acc. et litig. desup. in cur. contra Georgium Gech actorem: de prov. si neutri de eadem (10 m. arg.) 27. mai. 82 S 811 112^v.

5293 **Johannes Geburg** presb. Magunt. dioc.: de perp. s. c. vicar. ad alt. s. Pauli in colleg. eccl. s. Georgii in Limpurg Trever. dioc. (4 m. arg.) vacat. p. ingr. o. fr. min. p. Johannem Claman de Limpurg 23. iun. 77 S 756 229^{rs}.

5294 **Johannes Gegenhofer** qui par. eccl. s. Georgii mart. in Eyting Frising. dioc. in manibus pape resign. et **Johannes Haydsockel** Frising. dioc. c. quo sup. def. nat. (p. s.) disp. fuit: de adm. resign. Johannis Gegenhofer et de prov. d. Johanni Haydsockel de d. par. eccl. (50 fl. renen.) ac de assign.

d. Johanni Gegenhofer pens. ann. 20 fl. renen. sup. fruct. d. par. eccl. p. d. Johannem Haydsockel persolv., Conc. c. pens. 3. partis 2. decb. 80 S 798 46^v.

5295 **Johannes Geginges**, Ratisbon. [dioc.?]: elig. confess. 72/73 I 332 241^v.

5296 **Johannes Geiler de Keisersperg** presb. Basil. dioc. art. mag. et sacre pagine doct. cui de capn. ad alt. Trium regum in par. eccl. op. Keisersperg Basil. dioc. de iur. patron. laic. auct. ordin. prov. fuit: de n. resid. 22. nov. 76 S 744 48^{rs}.

5297 **Johannes Gelver** cler. Herbip. dioc. de mil. gen.: de can. et preb. eccl. Herbip. (10 m. arg. p.) vac. p. cess. Johannis Stumpff cler. Herbip. dioc. pape fam. qui eosdem tunc vac. p. o. Georgii de Elrichshausen vig. gr. expect. acc. possessione n. habita 15. apr. 78 S 768 184^r.

5298 **Johannes de Gemyngen** laic. Spiren. dioc. ex utr. par. de nob. gen. qui in et. senili constit. temp. quadragesimali ex piscibus solum nullatenus vivere potest absque ipsius corporis detrimento: de esu ovorum 28. nov. 80 S 798 108^v.

5299 **Johannes Genderjan (Genderian)** cler. Halberstad. dioc.: de perp. vicar. in eccl. b. Marie Halberstad. (12 m. arg.) vac. p. o. Johannis Popel 21. sept. 78 S 696 66^r – de simplici perp. s. c. benef. ad alt. Corporis Christi in par. eccl. s. Stephani op. Ascherslève (1 m. arg.) ac de benef. et desolata eccl. desolate ville Honeyndorpp Halberstad. dioc. (1 m. arg.) vac. p. resign. in manibus pape Amelingi Amelingi cler. Halberstad. dioc. 13. decb. 83 S 832 172^{rs} – reus et possessor litig. coram Johanne Prioris aud. contra Conradum Milies et Arnoldum Horstman cler. actores sup. s. c. vicar. ad alt. s. Thome in eccl. s. Nicolai Stendalien. Halberstad. dioc. vac. p. o. Laurentii Oneger: de prov. si nulli de d. vicar. (3 m. arg.) 12. ian. 84 S 836 32^{rs}.

5300 **Johannes Genet** presb. Trever. dioc.: de par. eccl. de Petraponte Trever. dioc. (8 l. T. p.) vacat. p. assec. decan. eccl. b. Agathe de Longuiono Trever. dioc. p. Johannem de Grangia <can. d. eccl.> 1. apr. 79 S 779 236^r, m. (dec. eccl. Virdunen.) (exped. 17. apr. 79) L 793 263^{rss}.

5301 **Johannes Genshem (Gensheris)** cler. Trever. dioc. Ausie [de Podio] tit. s. Sabine presb. card. Montisregalis vulg. nunc. fam. qui vig. gr. expect. can. et preb. eccl. s. Georgii in Limborgh Trever. dioc. vac. p. o. Johannis Swench in forma paup. acc.: de nova prov. de dd. can. et preb. (8 m. arg.) 23. aug. 82 S 827 103^v – de perp. vicar. sive capn. s. Thome Apl. in colleg. eccl. s. Gregorii in Linburch Trever. dioc. (4 m. arg.) vac. p. o. Henrici Eller 2. iun. 83 S 824 101^r.

5302 **Johannes Gentzh** <presb. Merseburg. dioc.> rect. par. eccl. plebis nunc. s. Laurentii de Lo Masso Trident. dioc. et **Johannes Orioli** presb. Trident. dioc.: de adm. resign. Johannis Gentzh et de prov. Johanni Orioli de d. par. eccl. (75 fl. adc.) et de assign. d. Johanni Gentzh pens. ann. 25 fl. adc. p. Johannem Orioli persolv. 18. ian. 79 S 777 122^{rs}, (m. dec. eccl. Trident. ac vic. in spir. gener. ep. Trident.) L 789 18^v-20^r – restit. bulle sup. annat. pens. ann. ut supra 3. febr. 79 A 27 228^v.

5303 **Johannes Georgii**, [Paderburn. dioc.?]: de ref. ut certum s. c. benef. (licet capel. capn. aut alt. et de iur. patron. laic.) unac. al. benef. retin. valeat 1. iun. 75 S 720 259^v, 22. iun. 75 S 722 194^{rs}.

5304 **Johannes Georgii Fabri de Nirzrefirz** presb. Aquileg. dioc. qui pro Jacobo Alenaster presb. certo plebano curam animarum exercet inter al. referens quod quidam laicus ipsum et d. Jacobum invasit et ipsi c. quodam ense manum suam dextram amputavit: de rehab. et de disp. ad quodcumque benef. et de lic. audiendi confess. 6. iul. 79 S 784 291ᵛˢ.

5305 Johannes Georgii Paffe: prov. de can. Laibac. [dioc.?] vac. p. resign. 82/83 I 335 100ᵛ.

5306 Johannes de Gerauwe (Gerawe) cler. Magunt. dioc. litig. coram aud. <offic. Magunt.> contra Jacobum Man (May) de Erbesbudesheim (Erbeszbudesheim) cler. sup. par. eccl. ville Feudersheim (Fendersheym) Magunt. dioc. de iur. patron. laic. vac. p. o. Johannis Rusznick <ad quam p. Henricum Stultz patron. et prep. eccl. b. Marie virg. in Campis e. m. Magunt. present. fuit>: de prov. si neutri de d. par. eccl. (4 m. arg.) 3. sept. 77 S 765 114ᵛ, m. (Wilikino Judnick offic. prep. eccl. b. Marie virg. in Campis e. m. Magunt.) (exped. 17. nov. 77) L 784 56ʳˢˢ.

5307 Johannes Gerbainch can. eccl. s. Cassii Bonnen. Colon. dioc. litig. in cur. contra Nicolaum de Heszler can. eccl. Colon. decr. doct. sup. par. eccl. in Lutzebron Herbip. dioc. (nunc resign.): de assign. d. Nicolao pens. ann. 40 fl. sup. fruct. d. par. eccl. (26 m. arg.) p. d. Johannem persolv. 15. decb. 81 S 805 218ᵛ.

5308 Johannes Gerbrandi (Gebhardi, Jerbrandi) (de Leydis) (Leisis)) ord. b. Marie de Monte Carmeli profes. et theol. prof.: supplic. Nicolao de Adrichem (Andergein) abb. mon. s. Adalberti Egmonden. (Egmogden.) o. s. Ben. Traiect. dioc. de disp. ad quodcumque benef. <ut unum benef. curatum p. cler. sec. tenendum retin. possit> 29. apr. 79 S 781 35ᵛ, L 798 131ʳ – qui in una disputatione in theol. prof. nominatus fuit: de decl. certe litt. desup. perinde val. acsi in dd. litt. theol. prof. exist. expressum esset 7. ian. 80 S 788 18ᵛ.

5309 Johannes Gerhart cler. Ratisbon.: de par. eccl. in Vitzenemmingen August. dioc. de iur. patron. laic. (4 m. arg.) vac. p. o. cuiusdam, 12. mart. 81 S 800 136ᵛ.

5310 Johannes Gerlharth presb. August. dioc.: de disp. ut unac. par. eccl. in Lawburg August. dioc. sup. qua litig. in cur. aliud incompat. benef. etsi par. eccl. ad vitam recip. val. c. lic. perm. 27. mai. 82 S 811 111ᵛ.

5311 Johannes [Gerngroß] abb. et conv. mon. in Ursperg o. Prem. August. [dioc.] referentes quod ipsi maiores decimas in Waltenhusen (Wultenhusen), Wick et Hilpelizhouen ad d. mon. pertin. Henrico Steinhowel in med. doct. civi Ulmen. August. dioc. vendiderunt: de conf. 27. oct. 72 S 683 278ʳˢˢ.

5312 Johannes Gerson cler. Leod. dioc. Ol[iverii] card. ep. Albanen. Neapolitan. nunc. fam.: de par. eccl. s. Martini in Syts Leod. dioc. (3 m. arg.) vacat. p. resign. Johannis Mierle theol. doct. etiam d. card. fam. cui de eadem vac. p. o. Johannis Steen (Stern) prov. fuit 10. iul. 77 S 756 205ʳˢ.

5313 Johannes Gerspowtter (Gertstpewter) cler. Ratisbon. dioc. in 19. sue et. an. constit.: de par. eccl. s. Georgii in Getzen Ratisbon. dioc. (8 m. arg.) vac. p. resign. in manibus pape Johannis Hospitis al. Hert et de disp. ut n. o. def. et. d. par. eccl. c. lic. perm. retin. val. 17. iul. 80 S 794 279ᵛ – disp. ad incompat. benef. 80/81 I 334 199ᵛ.

5314 Johannes Gertyssen de Staderhusen et **Elizabeth parochialis de Luttingen (Luctingen) Constant. dioc.**: de disp. sup. impedimento matrim. in 3. affinitatis gradu 6. apr. 79 S 780 104ᵛ, m. (ep. Constant.) L 798 268ʳˢ.

5315 Johannes Gerver (Gerner) de Rosenhaym rect. par. eccl. b. Marie virg. in Rosenhaym Salzeburg. dioc. quond. Burchardi [de Weissbriach] tit. ss. Nerei et Achillei presb. card. Salzeburg. nunc. fam.: de lic. perm. 27. oct. 75 S 731 104ᵛˢ – rect. par. eccl. b. Marie in Fridolfing Salzeburg. dioc.: lic. perm. 5. iun. 76 L

759 314ʳˢ – oblig. p. Leonardum
Stochainer rect. par. eccl. in Gaar
Salzeburg. dioc. sup. facult. resign.
ut supra conc., restit. bulle 5. iul. 76
A 25 13ᵛ.

5316 **Johannes Ghesinck (Ghesinek)**
Francisci [Gonzaga] tit. s. Marie
Nove diac. card. fam. referens quod
quond. Hermannus Doleatoris de
Metelen olim par. eccl. b. Marie ac
ss. Petri et Pauli in Nigenborch (Nin-
genborch) Monast. dioc. tunc vac. p.
resign. in manibus Pauli II. Johannis
Hoynckusen obtin. (cui de eadem
vac. p. o. in cur. Everhardi Beuer
prov. fuerat) et quod d. Hermannus
litig. desup. contra Johannem As-
beck cler. occupatorem: prov. de d.
par. eccl. (4 m. arg.) vac. p. o. in cur.
d. Hermanni (m. dec. eccl. Monast.
et dec. eccl. Mantuan. ac offic. Monast.) 6. oct. 74 V 565 68ᵛ-70ʳ.

5317 **Johannes de Gevenich (Gemunch)**
mil. et **Anna Anclabers** mul. Colon.
dioc.: de committ. aep. Colon. disp.
sup. impedimento matrim. contracti,
n. o. quia ipse et quond. Johannes de
Schedinghen Anne maritus 3. affinitatis gradu se attinebant 17. oct.
72 S 683 159ʳˢ – de confic. litt. c.
express. quod disp. ut supra Henrico
[de Ruebenach] ep. Venecompen.
aep. Colon. in spir. suffrag. et vic. in
civit. Colon. resid. committitur quia
d. aep. Colon. in castris remotis resid. 27. oct. 72 S 683 250ᵛ, I 332
60ᵛ.

5318 **Johannes Geverdes de Borcholte**
presb. Paderburn. dioc.: de can. et
preb. ac thesaur. eccl. Meten. (6 m.
arg.) vac. p. o. Hermanni Hogreve
24. sept. 81 S 807 80ʳ – de perp. s. c.
vicar. in eccl. b. Marie virg. Hamburgen. Bremen. dioc. (4 m. arg.)
vac. p. o. Johannis Sternfelt 8. oct.
82 S 813 251ᵛ.

5319 **Johannes de Gezaw (Cezaw):** not.
recip. pro iuram. 4 grossos iul. 83
DB 2 85ᵛ, DB 2 86ʳ.

5320 **Johannes Bapt. de la Gianda** can.
basilice Principis appl. de Urbe pape
fam.: oblig. p. Johannem Kriis prep.
eccl. s. Nicolai in Spalt Eistet. dioc.
pape fam. sup. annat. can. et preb. d.
basilice (60 fl. adc.) de quib. vac. p.
resign. Petri Valletarii s. d. 11. sept.
83 sibi prov. fuit, restit. bulle (in
margine: s. d. 13. sept. 83 cass. est
oblig.; s. d. 26. sept. 83 d. Johannes
habuit al. bullam sup. dd. can. et
preb. sub eadem dat.) 13. sept. 83 A
31 136ᵛ – oblig. p. Johannem Kriis
ut supra sup. annat. par. eccl. s. Ma-
guti de Urbe (70 fl. auri renen.) de
qua vac. p. resign. Petri Valleta s. d.
11. sept. 83 sibi prov. fuit (in margine: s. d. 27. sept. 83 cass. est oblig.) 27. sept. 83 A 31 142ᵛ.

5321 **Johannes Giger (de Selsz)** presb.
Spiren. dioc. <ad sed. ap. personaliter constit. et paupertate ac senio
oppressus> <Argent. [!] dioc. in 50.
sue et. an. constit.> inter al. referens
quod ipse olim a Wendelino Scher-
ling laic. Spiren. dioc. quandam
quantitatem grani petere volens ab d.
laic. percussus fuit et quod ipse re-
pellendo d. laic. c. quodam ferro in
capite vulneravit ut d. laic. post mo-
dicum temp. spatium expiravit et
quod ordin. loci ipsum carceribus
mancipavit ac quodam perp. benef.
<par. eccl. in Bebingen Spiren. di-
oc.> privavit necnon a divinis suspendit: de disp. sup. irreg. ut ad omnes ord. prom. et etiam in alt. off.
ministrare val., Conc. citra alt. ministerium 19. mai. 80 S 793 63ᵛˢ, ref.
28. iun. 80 S 794 96ᵛ, m. (ep. Bellicen.) V 673 322ᵛ.

5322 **Johannes de Gilliis (Giliis, Gilus)**
de nob. gen. utr. iur. doct. pape subdiac. ac in regno Anglie collect.: assign. pens. ann. 20 fl. adc. sup. fruct.
par. eccl. in Munster in Bursalia partium Zelandie Traiect. dioc. (80 fl.
adc.) p. Walterum Maes rect. d. par.
eccl. c. consensu suo (p. Johannem
de Doren cler. Leod. dioc. procur.
fact.) persolv., m. (ep. Arben. et of-

fic. London. ac offic. Traiect.) 8. iun. 82 L 830 101^{rs} – cler. Lucan.: restit. bulle sup. pens. ann. 20 fl. adc. eidem sup. fruct. par. eccl. ut supra s. d. 13. iun. 82 assign. 31. oct. 82 Paris L 26 A 10 214^r.

5323 **Johannes Ginori** cler. Florentin. qui ad presens apud Balthasarem de Piscia el. Sirmien. in partibus Hungarie Polonie et Bohemie oratorem et nuntium ap. existit: gradus doctoratus in iur. can. cui aliquamdiu operam dedit 20. oct. 79 Arm. XXXIX, 16 83^{rs}.

5324 **Johannes Gyrincx** pape fam.: gr. expect. s. d. 1. ian. 72 de can. et preb. eccl. s. Georgii Amersforden. Traiect. dioc. necnon de benef. ad coll. prep. etc. eccl. s. Johannis Traiect. (exec. prep. eccl. Ressen. Colon. dioc. et prep. eccl. s. Petri Traiect. ac offic. Traiect.), gratis 12. ian. 77 V 668 152^v-154^r – cler. Traiect. dioc.: motu pr. de can. et preb. eccl. s. Victoris Xancten. Colon. dioc. (8 m. arg.) vac. p. o. Johannis Puck 19. mai. 79 S 782 108^r – can. eccl. s. Georgii Amsforden. Traiect. dioc. cui gr. expect. motu pr. conc. fuit: de decl. litt. desup. perinde val. acsi temp. dd. litt. pape fam. fuisset <et in tinello pape comedisset>, Conc. motu pr. 4. iun. 79 S 782 219^{vs}, gratis V 670 599^r-600^v.

5325 **Johannes Ghyrmer** cler. Traiect. dioc. pape fam.: de par. eccl. in Bunsteten [= Bunscoten] Traiect. dioc. (4 m. arg.) vac. p. o. in cur. Egidii Jacobi 5. ian. 79 S 779 131^v.

5326 **Johannes Ghyselberti** can. eccl. Busciducen. Leod. dioc. qui litig. contra Danielem van der Meyen cler. Leod. dioc. receptorem certorum fruct. ad ep. Leod. pertin. sup. quibusdam bonis et pec. summis et ad sed. ap. appellavit: m. (dec. eccl. ss. Appl. Colon. et dec. eccl. b. Marie ad Gradus Colon. ac offic. Colon.) commiss. in partibus 26. nov. 81 L 823 75^{rs}.

5327 **Johannes Gladiatoris** vic. colleg. eccl. s. Petri vallis Wymppinen. Wormat. dioc.: prom. ad 4 min. ord. in capel. ss. Andree et Gregorii in basilica Principis appl. in Urbe 22. febr. 72 F 6 26^{rss} – prom. ad subdiacon. ord. in capel. ut supra 22. febr. 72 F 6 26^{rss} – litt. testim. sup. prom. ad 4 min. ord. et ad subdiacon. ord. ut supra (vig. conc. s. d. 9. febr. 72) et ad presbit. ord. s. d. 1. mart. 72 in eccl. s. Bartholomei de Insula in Urbe 1. mart. 72 F 6 28^v – presb. Spiren. dioc. cui gr. expect. s. d. 1. ian. 72 de 2 benef. conc. fuit: motu pr. de prerog. ad instar pape fam. descript. 29. febr. 80 S 791 114^{vs} – qui vig. gr. expect. perp. benef. ad alt. s. Crucis in capel. b. Marie virg. op. Bruchsal Spiren. dioc. vac. p. o. Johannis Rischoffheym in forma motu pr. acc.: de nova prov. de eodem (3 m. arg.) 11. apr. 80 S 791 225^v.

5328 **Johannes Glasel** perp. cap. ad alt. b. Marie virg. in Aystershaim Patav. dioc. in cur. resid.: de recip. primam tonsuram, sola sign. 12. aug. 82 S 827 110^{vs}.

5329 **Johannes Glaser** presb. August. dioc.: de par. eccl. s. Jacobi Maioris in Gebenhofen (Gebenofen) August. dioc. (4 m. arg.) vac. p. o. Andree Geytz et de disp. ut d. par. eccl. unac. par. eccl. in Purgk quam obtin. ad vitam recip. val. c. lic. perm. 5. apr. 84 S 834 141^r, de ref. (referens quod in litt. ap. n. mentio facta fuit quod secum sup. def. nat. (p. s.) disp. fuit ut prom. ad omnes ord. et unum c. c. benef. recip. val. et quod vig. d. disp. par. eccl. s. Crucis in Purgk obtin.) 10. apr. 84 S 834 196^r, m. (offic. August.) c. oblig. ut d. par. eccl. s. Crucis dim. debeat (exped. 13. apr. 84) L 834 61^r-63^r.

5330 **Johannes de Glimes** presb. Leod. dioc. cui de perp. capn. capellania pacis nunc. in capel. pal. episc. Cameracen. vac. p. resign. Walteri de Gouda cler. Traiect. dioc. Nicolai V.

et Pii II. abbrev. (absque facult. resign. fact.) prov. fuit: de nova prov.
de d. capn. (14 l. T. p.) 12. aug. 75 S
725 200^{rs} – not. recip. pro bulla distributa 2 grossos et 2 grossos ian. 81
DB 1 65^r.

5331 **Johannes Glisman** cler. Minden. dioc. referens quod p. Wilhelmum sen.
ducem de Brunswick ad capel.
s. Walburgis in Borchgrona Magunt.
dioc. de iur. patron. ducis de Brunswick vac. p.o. Bartoldi Moderti
present. fuit et quod litig. desup. coram aud. contra Borchardum ut der
Molen dec. eccl. b. Marie virg. prope
et e.m. op. Frilinen. Magunt. dioc.:
de nova prov. de d. capel. (4 m. arg.)
27. ian. 78 S 764 131^r.

5332 **Johannes Glitzener** fr. o. s. Aug.
Magunt. dioc.: de perp. vicar. in
capel. s. Sigismundi castri Sunders-
husen Magunt. dioc. de iur. patron.
laic. (4 m. arg.) vacat. p. priv. Johannis Tilonis quia excom. divina off.
celebrare n. expavit c. derog. iur. patron. de consensu patronorum 24.
febr. 81 S 800 72^v.

5333 **Johannes Globel (Gloebel)** perp.
altarista alt. s. Katherine in par. eccl.
ville Offenheym Magunt. dioc.: de
prom. ad omnes ord. extra temp.,
sola sign. 27. nov. 81 S 806 194^r.

5334 **Johannes Gluenspys** cler. Magunt.
dioc. in cuius favorem Theodericus
Hebach vicar. ad alt. Sanguinis
Christi in eccl. Herbip. pacto simoniaco resign. in manibus ordin. et qui
d. vicar. p. 4 menses detin.: de disp.
sup. irreg. et de nova prov. de d. vicar. (4 m. arg.) 2. oct. 72 S 695
216^{rs}.

5335 **Johannes Glutz** cler. Constant. dioc. qui vig. gr. expect. can. et preb.
eccl. Cur. (10 m. arg.) vac. p.o. cuiusdam acc. et qui desup. litig. coram quond. Nicolao de Edam aud. et
deinde coram Johanne Prioris aud.
contra quond. Leonardum Tiffer (in
Cur. dioc. et in Constant. dioc. collect.) et Johannem Ulricum de Bod-

man de surrog. ad ius d. Leonardi
26. iul. 81 S 802 153^{vs}.

5336 **Johannes Gmund** cler. Spiren.: de
benef. s.c. capn. seu alt. in eccl. Spiren. (2 m. arg.) vac. p.o. Nicolai Ste-
ckel 1. decb. 77 S 748 83^r.

5337 **Johannes Gogleti** scol. Trever. dioc.: recip. primam tonsuram in sacristia basilice Principis appl. in
Urbe 14. mart. 72 F 6 33^r.

5338 **Johannes Gohlev** cler. Magunt. dioc.: de perp. vicar. in eccl. s. Victoris
e.m. Magunt. (5 m. arg.) vac. p.o.
N. Kuschenberg 14. oct. 71 S 677
14^v.

5339 **Johannes Goye (Goje)** cler. Leod.
dioc. in 22. sue et. an. constit. c. quo
<in 19. sue et. an. constit.> ad 2 in-
compat. benef. etsi par. eccl. c. lic.
perm. disp. fuit: motu pr. de gr. expect. de 2 can. et preb. necnon de 2
benef. <ad coll. prep. etc. eccl. s. Johannis Ev. et prep. etc. eccl. s. Dionisii Leod.> 17. nov. 81 S 803 221^v,
m. (archid. Amerinen. et dec. eccl.
s. Martini Leod. ac dec. eccl. s. Crucis Leod.), gratis (exped. 16. nov.
82) L 820 166^v-168^r – disp. ad futura 83/84 I 335 103^v.

5340 **Johannes Goldenbage (Golden-
bach, Goldenberghe, Goldenhag-
he, Poldenburghe)** presb. Zwerin.
dioc. perp. vic. in eccl. s. Cecilie
Gustrowen. (Kustrowen.) Camin. dioc.: de gr. expect. de 2 can. et de 2
benef. ad coll. quorumcumque et de
disp. ut unac. can. et preb. d. eccl. in
eventu assec. eorundem d. vicar. (1
m. arg.) retin. val., Et s.d. 1. ian. 72
S 670 259^v – de can. et maiori preb.
eccl. Butzowen. Zwerin. dioc. (4 m.
arg.) vac. p.o. Thome Stuvel 13.
febr. 72 S 676 156^r – perp. vic. in
eccl. qui vig. gr. expect. s.d. 1. ian.
72 can. et preb. eccl. s. Cecilie ut supra acc.: de disp. ut unac. eisdem
perp. vicar. ut supra retin. val. 22.
mart. 72 S 677 78^v – de perp. s.c.
vicar. in par. eccl. b. Marie in Rostock Zwerin. dioc. de iur. patron.

laic. (2 m. arg.) vacat. p. ingr. mon. Legismarie o. Cartus. Zwerin. dioc. p. Hermannum Wulff 22. decb. 72 S 684 70ᵛ – rect. par. eccl. in Rakow Camin. dioc.: de archidiac. Arnswalden. (Arnszwolden.) Camin. dioc. qui extra eccl. Camin. p. suum districtum reputatur (4 m. arg.) vac. p. o. Pauli Raddriyen (Raddrigen, Radnyen) <vacat. p. resign. in manibus pape Alberti de Gudetow> et de disp. ut unac. d. archidiac. d. par. eccl. (2 m. arg.) retin. val. ad 5 an. 19. mart. 73 S 688 247ʳ, 29. mart. 73 S 688 240ᵛ – de prorog. disp. ut supra de 5 an. ad vitam et de disp. ad aliud incompat. benef. 22. decb. 73 S 700 44ʳˢ – m. (Johanni Breyde can. eccl. Sleswic.) confer. archidiac. ut supra vacat. p. resign. Alberti cui de d. archidiac. s. d. 5. febr. 73 prov. fuit 22. decb. 73 (exped. 4. ian. 73) L 731 24ʳˢˢ – de decan. colleg. eccl. Butzowen. Zwerin. dioc. (4 m. arg.) vac. p. o. Johannis Warneri 10. ian. 74 S 700 150ᵛ, m. (prep. et dec. eccl. Zwerin. et Henrico de Estel can. eccl. Bremen.) (exped. 13. ian. 74) L 790 4ᵛˢˢ – can. eccl. s. Cecilie ut supra: de perp. s. c. vicar. in par. eccl. b. Marie virg. in d. op. d. ecclesie s. Cecilie unita (2 m. arg.) vac. p. resign. in manibus pape Johannis Willen sive p. resign. Henrici Holsten seu Johannis Miller iun. 12. ian. 74 S 700 99ᵛ – prep. sec. mon. Dobbertinen. o. Cist. [!] Zwerin. dioc.: de perp. s. c. benef. in par. eccl. op. Goltberch Zwerin. dioc. de iur. patron. laic. (2 m. arg.) vac. p. o. Diderici Poylen vel Anthonii Antonii cler. Sleswic. dioc. 20. decb. 79 S 788 116ʳ – prep. mon. monial. Dobbertinen. Zwerin. dioc. c. quo ad 2 incompat. benef. disp. fuit: de disp. ut unac. d. prepos. et decan. colleg. eccl. Butzowen. Zwerin. dioc. 3. incompat. benef. etsi 2 par. eccl. ad 7 an. c. lic. perm. obtin. possit 20. decb. 79 S 788 128ʳ – prep. sec. in eccl. mon. monial. Dobbertinen. o. s. Ben. Zwerin. dioc. et perp. s. c. vic.

in par. eccl. b. Marie virg. op. Parchim Zwerin. dioc. vac. p. o. Bernardi Collenbewen (Collenbowen) et perp. s. c. vic. in par. eccl. ville Moselin Zwerin. dioc.: de nova prov. de dd. vicar. (1 et 2 m. arg. <insimul 4 m. arg.>) 17. apr. 80 S 791 288ʳˢ, m. (prep. eccl. s. Spiritus Ruremunden. Leod. dioc. et dec. eccl. s. Ludgeri Monast. ac offic. Zwerin.) (exped. 29. apr. 80) L 801 157ᵛˢˢ – dec. eccl. s. Elizabethe Buczowen. Zwerin. dioc.: de perp. benef. in par. eccl. s. Georgii op. Parchim Zwerin. dioc. de iur. patron. laic. (2 m. arg. p.) vac. p. o. Henyngi (Henninghi) Cossebade vel Petri Damewen (Damelow) c. consensu patron. et derog. fund. d. eccl. quod ad illud paup. presb. sive cler. present. debeat 20. apr. 80 S 792 13ʳˢ, m. (prep. eccl. Zwerin. et dec. eccl. s. Ludgeri Monast. ac offic. Zwerin.) (exped. 4. mai. 80) L 799 250ᵛˢˢ – c. quo disp. fuit ut unac. archidiac. loci Arnswalden. Camin. dioc. par. eccl. de Rakow Camin. dioc. insimul retin. possit et qui post dim. d. par. eccl. prepos. mon. monial. Dobbertinen. o. s. Ben. et d. decan. assec. fuit: disp. ut unac. d. prepos. et decan. 3. incompat. benef. recip. val. etsi 2 par. eccl. ad vitam c. lic. perm. 12. decb. 80 L 808B 279ᵛˢˢ – cuius disp. ad 3. incompat. benef. n. ad 7 an. sed ad vitam conc. fuit: de ref. 13. decb. 80 S 798 151ᵛ – m. (dec. eccl. Zwerin.) confer. perp. s. c. benef. in eccl. s. Georgii mart. op. Parchim Zwerin. dioc. (2 m. arg.) vac. p. o. Hermanni Sponitzen et disp. ut unac. d. perp. benef. al. perp. benef. in d. eccl. ad vitam retin. possit 14. iul. 81 (exped. 24. iul. 81) L 808A 30ʳ-31ᵛ – dec. eccl. Butzouwen. Zwerin. dioc.: de prepos. eccl. Zwerin. (5 m. arg. p.) vac. p. o. Nicolai Wittemborg (Witemberg, Witemborg), n. o. decan. ac can. et preb. d. eccl. Butzouwen. (insimul 4 m. arg.) et par. eccl. op. Sterneberg Zwerin. dioc. (3 m. arg.) <ac can. et preb. eccl. Gustrouwen.

Zwerin. [!] dioc. (4 m. arg.) et simplicibus 2 benef. in eccl. s. Georgii ex disp. ap. et simplici benef. in par. eccl. b. Marie virg. op. Parchin Zwerin. dioc. (insimul 4 m. arg.) et simplicibus benef. in par. eccl. Tribusees Zwerin. dioc. (2 m. arg.) et in par. eccl. op. Malthow Zwerin. dioc. (1 m. arg.) et in par. eccl. Lusowen. Zwerin. dioc. (1 m. arg.) et in par. eccl. Ruchowen. Camin. dioc. (1 m. arg.) et in par. eccl. Vichelen. [Zwerin. dioc.] (1 m. arg.) et in par. eccl. Goltberghen. Camin. dioc. (1 m. arg.) et in par. eccl. s. Georgii et in par. eccl. s. Nicolai Vismeren. Razeburg. dioc. (insimul 3 m. arg.)> quas obtin. 28. febr. 82 S 808 85^r, m. (Oliverio du Val can. eccl. Veneten. et offic. Zwerin. ac offic. Razeburg.) (exped. 9. mart. 82) L 809 21^v-23^r – de can. et preb. eccl. Butzouwen. (4 m. arg.) ut supra, n. o. decan. (3 m. arg.) ac can. et preb. d. eccl. (2 m. arg.) quos can. et preb. in eventu assec. dim. paratus est et par. eccl. op. Sterneberg (3) quos obtin. ac prepos. eccl. Zwerin. (5 m. arg.) quam n. possidet 1. mart. 82 S 808 53^r – de can. et preb. eccl. Zwerin. (4 m. arg.) vac. p. resign. Joachimi Bentzin cler. Zwerin. dioc. in manibus pape (cui de illis vac. p. o. Nicolai Wittemberg auct. ap. prov. fuit) 9. mart. 82 S 808 225^r – oblig. p. Petrum de Perreria in registro bullarum script. sup. annat. prepos. eccl. Zwerin. ut supra 14. mart. 82 A 30 146^r – solv. 14 fl. adc. pro annat. prepos. eccl. Zwerin. p. manus Petri de Perreria 13. mart. 82 FC I 1134 192^v, IE 505 86^v.

5341 **Johannes Goldner (Soldaner)** cler. August. dioc.: de prom. ad omnes ord. extra temp., sola sign. 24. iun. 80 S 794 40^v – not. recip. pro formata 7 grossos oct. 80 DB 2 22^v.

5342 **Johannes [Goltern]** abb. mon. s. Egidii Brunswicen. Halberstad. dioc. inter al. referens quod in loco prope et e. m. op. Brunswicen. Halberstad. dioc. ad s. Leonardum vo-

cato et d. mon. subiecto leprosi colligentur et 7 monial. in una et 3 monial. in altera cellula habitant et quod in capel. leprosorum raro aut numquam rect. idoneus invenitur: de indulto erig. oratorium parvum c. alt. ubi dd. monial. cohabitent et sacramenta ministrentur salvo iur. rect. d. capel. 7. febr. 82 S 807 191^r.

5343 **Johannes Goltsmet (Goltmet)** scol. Magunt. dioc.: recip. primam tonsuram in capel. s. Andree in basilica Principis appl. in Urbe 21. decb. 71 F 6 20^{rss} – litt. testim. desup. 21. decb. 71 F 6 64^r.

5344 **Johannes Goltsmyt (Golsemet) de Unna** presb. Colon. dioc.: de par. eccl. in Halver (Helver) Colon. dioc. (50 fl. renen.) vacat. p. resign. Henrici Dune c. reserv. pens. ann. 20 fl. renen. p. d. Johannem persolv. 5. febr. 77 S 747 83^v, m. (dec. eccl. s. Cuniberti Colon.) (exped. 6. mart. 77) L 772 175^{vss} – solv. 17 fl. adc. pro annat. par. eccl. ut supra p. manus Johannis Arssen (Harsen) 27. sept. 77 FC I 1133 94^v, IE 495 45^v, IE 496 49^v, IE 497 48^v.

5345 **Johannes Goppolt** cler. Eistet. dioc. cui de perp. vicar. ad alt. b. Marie virg. in colleg. eccl. s. Nicolai Novi Collegii in Spelt Eistet. dioc. de iur. patron. quond. Johannis Puttendorffer armig. vac. p. o. Georgii Mayer p. Wilhelmum [de Reichenau] ep. Eistet. d. Johannis Goppolt tutorem prov. fuit: de nova prov. de d. vicar. (24 fl. adc.) 22. ian. 73 S 695 80^{rs}.

5346 **Johannes Gossentrop** cler. Paderburn. dioc. c. quo sup. def. nat. (p. s.) disp. fuit et qui ad perp. benef. ad alt. ss. Bartholomei et Mathei in eccl. s. Pusinne Herforden. Paderburn. dioc. secundaria nunc. vac. certo modo p. patronos laic. present. fuit: de nova prov. de d. perp. benef. [deest val.] 30. apr. 82 S 810 77^v.

5347 **Johannes [de] Goslup** cler. Gneznen. dioc. decr. doct. ex utr. par. de nob. gen., **Paulus Sulislai** cler. Plocen. dioc. bac. in decr., **Paulus Andree** presb. Gneznen. dioc. ex utr. par. de nob. gen., **Stanislaus Sulislai** cler. Plocen. dioc. ex utr. par. de nob. gen., **Thomas Alberti** cler. Gneznen. dioc. nob., **Nicolaus Boguslai** cler. Plocen. dioc. nob., **Johannes de Baruchow** mag. in art. nob., **Johannes Petri de Croscycze** cler. Plocen. nob., **Paulus de Stcznieszza** presb. Poznan. dioc., **Michael Petri de Praszmow** presb. Poznan. nob., **Mathias de Mapocnow** cler. Plocen. dioc., **Nicolaus de Ploczka** cler. Plocen., **Johannes Ocke** cler. Paderburn. dioc., **Alexander Abercumbi** cler. Sancti Andree dioc., **Burchardus Goltsmyt** cler. Paderburn. dioc., **Nicolaus Cosczeleczki** cler. Wladislav. dioc. ex utr. par. de nob. gen., **Johannes de Groschcow** presb. Plocen. dioc. ex utr. par. de nob. gen. omnes Andree [de Opporow] ep. Warm. et regis Polonie oratoris ad papam destinati consanguinei ac cari et fam.: motu pr. de gr. expect. de 2 can. et de 2 benef. ad coll. quorumcumque, Et s.d. 1. ian. 72 S 670 246^rs – qui archidiac. eccl. Poznan. unac. archidiac. Pomeranie eccl. Wladislav. <de quib. auct. Sbignei [Olesnicki] ep. Wladislav. sibi prov. fuit> p. 2 menses absque disp. insimul detin.: de rehab. et de nova prov. de archidiac. Pomeranie (12 m. arg.) et de archidiac. eccl. Poznan. (8 m. arg.) et de disp. ad 2 incompat. benef. 17. nov. 77 S 760 207^rs, m. (dec. eccl. Aurien. et Martino de Nyechanow can. eccl. Gneznen. ac offic. Wladislav.) (exped. 4. decb. 77) L 782 112^rss – archid. eccl. Poznan. decr. doct. Kazimiri regis Polonie devotus: supplic. d. rege de prepos. eccl. Gneznen. de iur. patron. d. regis (60 m. arg.) vac. p.o. Stanislai de Curoswanki, n.o. archidiac. eccl. Poznan. (16) ac archidiac. Pomeranie in eccl. Wladislav. (8) necnon can. et preb. d. eccl. Gneznen. (8) ac can. et preb. eccl. b. Marie Lancicien. Gneznen. dioc. (12

m. arg.) quos obtin. c. disp. ut 3 incompat. benef. etsi 2 par. eccl. ad vitam retin. val. c. lic. perm. 3. nov. 82 S 815 271^vs, I 334 106^r – oblig. p. Bartholomeum de Natarsicze can. eccl. Poznan. sup. annat. prepos. eccl. Gneznen. ut supra de qua vac. p.o. Stanislai de Curozvianki sibi prov. fuit (in margine: s.d. 15. nov. 82 solv. pro annat.) 15. nov. 82 Paris L 26 A 10 124^r – solv. 142½ fl. adc. pro annat. prepos. eccl. Gneznen. p. manus soc. de Centurionum 18. nov. 82 IE 506 88^r, IE 507 88^r, Paris L 52 D 5 24^v.

5348 Johannes Gossolt (Gossoldt, Gessolt) can. eccl. August. reus et possessor litig. coram Fantino de Valle aud. contra com. Bertoldum de Hennenberg, Vitum Truchsesz, Melchiorem de Schamberg, Herpfonem Truchsesz, Georgium Peck, Wilhelmum de Pfalham et Gasparem de Spane et al. sup. archidiac. eccl. August.: de prov. si nulli de d. archidiac. (4 m. arg.) vac. p.o. Johannis Wildsgefert 3. oct. 71 S 672 199^rs – et **Laurentius Rupprecht, Bernardus Fabri, Jacobus Welder, Andreas Husen, Antonius Leyst, Petrus Schenck, Adam Spisz, Petrus Ulner, Simon Grymm, Georgius Pry, Georgius Gotzfeld, Christoforus Gockel**: de gr. expect. de 2 can. et de 2 benef. ad coll. quorumcumque, Et s.d. 1. ian. 72 S 670 94^vs – can. et archid. eccl. August. in decr. licent. qui par. eccl. s. Martini in Tauffkirchen prope Schandegeck (Scherndek) Salzeburg. dioc. in manibus pape resign. et **Cristoffer (Cristoforus) Pfaffinger** cler. Salzeburg. dioc.: de adm. resign. Johannis Gossolt et de prov. d. Cristoffero de d. par. eccl. (260 fl. renen. auri) et de assign. Johanni Gossolt pens. ann. 80 fl. renen. auri sup. fruct. d. eccl. p. Cristofferum persolv. 8. ian. 80 S 788 283^v, 9. mai. 80 S 792 273^r – presb. Salzeburg. qui senio constit. par. eccl. in Tauffkirchen (Tauszkirchen, Transkirchen) prope Swindekh (Svindeckh, Swindeckh) Salzeburg. dioc. (260 fl. renen.) in manibus Bernardi [de Rohr] aep. Salzeburg. et legati ap. in favorem Cristofori Pfaffinger (Paffinger) resign. c. reserv. pens. ann. 80 fl. renen. p. d. Cristoforum <c. consensu suo p. Conradum Krantz can. eccl. Frising. procur. fact.> persolv.: de nova assign. d. pens. ann. et de exten. ad successores d. Cristofori 21. nov. 80 S 798 67ʳ, (m. ep. August. et archid. eccl. Senen. ac vic. gener. in spir. aep. Salzeburg.) L 808 305ᵛˢˢ – oblig. p. Vitum Meller cler. August. dioc. sup. annat. pens. ann. 80 fl. renen. 16. decb. 80 A 29 116ᵛ – solv. 30 fl. adc. pro annat. pens. ann. 16. decb. 80 FC I 1134 92ᵛ.

5349 **Johannes Goswini de Straln** civ. Colon.: rem. plen. 3. iul. 73 L 770 276ʳ.

5350 **Johannes Goszler** cler. Brixin. dioc. mag. in art.: de par. eccl. in Ultum (Ultin, Ult(e)n) Trident. dioc. (6 m. arg.) vac. p.o. Stephani Wart (Wirt) de Rotvilla (Rotwilla) 4. ian. 73 S 690 196ʳ, m. (prepositis eccl. Bamberg. et eccl. b. Marie in ambitu Brixin. ac Gaspari Schmidhauser can. eccl. Frising.) V 557 20ᵛˢˢ – oblig. sup. annat. 16. iun. 73 A 22 41ᵛ – solv. 16 fl. adc. pro compositione annat. 16. iun. 73 FC I 1129 172ᵛ, FC I 1767 87ᵛ, FC I 1768 89ᵛ.

5351 **Johannes Goszwini** cler. Herbip. dioc. cui de capn. ad alt. s. Pancratii in par. eccl. Danckratzen [recte: Danckoltzhem] Argent. dioc. prov. fuit: de nova prov. de d. par. eccl. (3 m. arg.) vac. p.o. in cur. Michaelis Muller 22. ian. 76 S 733 127ʳ.

5352 **Johannes Gotten** can. colleg. eccl. ss. Petri et Andree Paderburn. qui can. et maiorem preb. d. colleg. eccl. vac. p.o. Henrici Balberi sive Wigand Witen cler. Paderburn. et deinde p. resign. Bernardi Duster cler. Colon. dioc. ex causa perm. auct. or-

din. obtin.: de nova prov. de dd. can. et maiori preb. (4 m. arg.) 27. nov. 81 S 805 69ᵛ.

5353 **Johannes Gottingk** can. in capel. b. Marie Magdalene sub aula episc. Hildesem. c. quo sup. def. nat. (s. s.) disp. fuit et qui vig. disp. can. et preb. d. capel. [deest val.] obtin.: de disp. uberiori ad quodcumque benef. 28. aug. 72 S 695 181ʳ – cui de can. et preb. ut supra prov. fuit: de ref. 8. apr. 75 S 718 117ᵛˢ – uberior disp. ut unac. can. in capel. ut supra (3 m. arg.) al. benef. (n. tamen dign. in cathedr. eccl.) retin. val. 8. apr. 75 L 751 291ᵛˢ – prov. de vicar. Hildesem. [dioc.?] vac. p.o. 76/77 I 333 147ʳ – oblig. sup. annat. perp. vicar. ad alt. Omnium ss. in eccl. Hildesem. (6 m. arg.) de qua vac. p.o. Theodorici Lindeman sibi s.d. 1. iun. 75 prov. fuit, restit. bulle 28. ian. 78 A 26 138ʳ.

5354 **Johannes Gowien**: not. recip. pro formata [deest val.] febr. 80 DB 1 163ʳ.

5355 **Johannes Graff** cler. August. dioc.: de par. eccl. s. Martini in Taynig August. dioc. (4 m. arg.) vac. p.o. Erhardi Windenperle 15. nov. 83 S 839 240ʳˢ.

5356 **Johannes Graff** presb. Herbip. dioc. et rect. par. eccl. in Megeldorff Eistet. dioc.: de disp. ut unac. d. par. eccl. (4 m. arg. p.) aliud incompat. benef. etsi par. eccl. ad vitam c. lic. perm. recip. val. 20. iul. 79 S 785 153ʳ.

5357 **Johannes Grahe (Grae)** scol. Wormat. dioc.: recip. primam tonsuram in sacristia basilice Principis appl. in Urbe 19. decb. 72 F 6 87ʳˢ – cler. Wormat. dioc. in cur. ad 4 min. ord. prom.: litt. dimissorialis sup. prom. ad subdiacon., diacon. et presbit. ord. 26. iun. 73 F 6 123ᵛ.

5358 **Johannes Gramecow (Gramerow (/.), Grantecolis)** cler. Razeburg. dioc. in 23. et. sue an. constit.: de decan. eccl. s. Johannis Ev. Butzowen. Zwerin. dioc. (4 m. arg.) vac. p. assec. par. eccl. in Racow Zwerin. dioc. ac prepos. monialium in Dobbertin o. s. Ben. Zwerin. dioc. p. Johannem Goldenbaghe 7. iun. 77 S 752 246^{vs} – de perp. benef. in eccl. b. Marie virg. Tanglunen. Camin. dioc. (2 m. arg.) vac. p. o. Henninghi Gerardi 4. iul. 78 S 771 163^{vs}.

5359 Johannes Gran de Novacivitate Johannis [de Baden] aep. Trever. dilectus cui gr. expect. s. d. 1. ian. 72 de can. et preb. eccl. s. Andree Wormat. et de benef. ad coll. ep. etc. Spiren. conc. fuit: prerog. ad instar pape fam. descript. 24. mart. 73 (exped. 8. apr. 77) L 735 309^v.

5360 Johannes Grandener (Grendener): prov. de par. eccl. in Albenis Brixin. dioc. (12 m. arg.) vac. p. resign. Conradi Zoppot (p. Ulricum de Wolfersstorff can. eccl. Magdeburg. procur. fact.) (m. dec. eccl. Lubic. et Melchiori Mekaw can. eccl. Brixin. ac offic. Brixin.) 7. iun. 77 (exped. 14. iun. 77) L 775 13^v-15^r – oblig. sup. annat., restit. bulle 17. iun. 77 A 26 10^v – solv. 27 fl. adc. pro compositione annat. 17. iun. 77 FC I 1133 67^v, IE 495 7^v, IE 496 11^v, IE 497 10^v.

5361 Johannes Grane (Graue) rect. par. eccl. s. Jacobi Spiren.: de disp. ad 2 incompat. benef. 5. decb. 76 S 744 294^r – motu pr. gr. expect. s. d. 1. ian. 72 de can. et preb. eccl. s. Pauli Wormat. necnon de benef. ad coll. ep. etc. Spiren. et prerog. ad instar pape fam. descript., m. (prep. eccl. b. Marie in Feuchtwangen August. dioc. et offic. Spiren. ac offic. Wormat.), gratis 6. decb. 78 V 670 72^r-74^v.

5362 Johannes Grange cler. Wratislav. dioc. in art. mag.: de can. et preb. eccl. Wratislav. (6 m. arg.) vac. p. o. Petri Spener de Casten [recte: Heppner de Costen] subcollect. 20. mart. 83 S 821 152^r.

5363 Johannes de Grangia <can. eccl. Virdunen.> can. eccl. b. Agathe in Longuiono Trever. dioc. qui in eventu pacifice assec. decan. d. eccl. b. Agathe par. eccl. de Petraponte Trever. dioc. dim. debet referens quod primo quond. Jacobo Dalphini de d. decan. vac. p. o. Gerardi Begart <s. d. 15. iul. 78> prov. fuit <litt. desup. minime confectis> et quod deinde <s. d. 14. nov. 78> Arnoldo de Ponte can. eccl. Virdunen. (p. capit. d. eccl. el.) de d. decan. prov. fuit <litt. desup. n. confectis)> et quod d. Arnoldus d. decan. in manibus pape resign. <p. Jacobum Hominis cler. Virdunen. procur. fact.>: de decan. d. eccl. b. Agathe (20 l. T. p.) 1. apr. 79 S 779 235^{vs}, m. (dec. eccl. Virdunen.) (exped. 17. apr. 79) L 793 91^v-93^r – qui decan. ut supra et **Jacobus Longecotte** in art. mag. qui par. eccl. s. Laurentii de Sancto Laurentio Trever. dioc. perm. desiderant: de prov. Johanni de Grangia de d. par. eccl. (24 l. T. p.) <p. Stephanum Waltrini cler. Virdunen. dioc. procur. resign.> et de prov. d. Jacobo de d. decan. (24 l. T. p.) 8. ian. 80 S 788 281^r, (exec. cant. eccl. Meten. et offic. Trever. ac offic. Meten.) (exped. 24. ian. 80) L 801 104^{vss}.

5364 Johannes Grasdin cler. Constant. dioc. in 22. sue et. an. constit.: de par. eccl. in Schweazvich Constant. dioc. de iur. patron. laic. [deest val.] vac. p. o. 15. apr. 78 S 768 223^v.

5365 Johannes Grashoff cler. Lubic.: de can. et minori preb. colleg. eccl. Bardowicen. (Bardervicen.) Verden. dioc. (4 m. arg.) vac. p. resign. Henrici Bardervieck 21. febr. 80 S 789 290^r, m. (Theoderico Schowaman [recte: Stoveman] can. eccl. Lubic.) L 804 244^{rss}.

5366 Johannes Grasslach (Graslack, Grasbach) cler. Spiren. dioc. qui vig. disp. sup. def. nat. (p. s.) ad omnes min. ord. prom. exist. et perp. s. c. capn. sive capel. in villa Berchusen Spiren. dioc. assec. fuit <et c.

quo disp. fuit ut unac. d. capn. aliud compat. benef. recip. val.>: de disp. ut unac. d. capn. aliud incompat. benef. <quodcumque benef.> retin. val. et c. lic. perm. 12. nov. 77 S 760 141^{rs}, gratis V 668 41^{rs} – de perp. vicar. par. eccl. ville in Buchel prope Offenburg Argent. dioc. (6 m. arg.) vac. p.o. Viti Petrum 3. apr. 78 S 772 270^{r} – qui perp. capn. ad alt. s. Blasii in eccl. Basil. obtin.: de n. prom. ad 2 an. 5. mai. 78 S 768 305^{rs}.

5367 Johannes Grebel proconsul Thuricen.: narratio quod ipse pro Gentili [de Spoleto] ep. Anagnin. nunt. ap., Petro Brunensteyn prep. eccl. Lucernen. ac Johanne Hering doct. Thuricen. in negotio sed. ap. egit, hortatio ut in d. negotio perseveret (simile ad Ludovicum Kramer proconsulem Lucernen.) 18. mart. 83 Arm. XXXIX, 15 218^{rs}.

5368 Johannes Grebelhenne cler. Trever. dioc.: motu pr. de gr. expect. de 2 can. et preb. necnon de 2 benef. ad coll. quorumcumque c. prerog. ad instar pape fam. descript., Et s.d. 17. nov. 81 8. apr. 84 S 830 136^{rs}.

5369 Johannes Greefe, Magunt. [dioc.?]: disp. ad incompat. 82/83 I 335 105^{v}.

5370 Johannes Greiffenstein (Greiffestein, Gryffenstein) cler. Trever. dioc.: de par. eccl. in Bonmese Magunt. dioc. (15 m. arg.) vac. p.o. Johannis Hasz 7. mai. 80 S 796 12^{v} – prov. de decan. Magunt. [dioc.?] vac. p.o. 81/82 I 334 158^{r} – de ref. c. express. derog. statutorum eccl. Wormat. ut nullus in can. d. eccl. recipi val. nisi de nob. gen. procreatus aut doct. seu licent. in aliquibus facult. seu al. certo modo qualificatus exist. 9. ian. 82 S 815 51^{r} – motu pr. de can. et preb. eccl. Wormat. (10 m. arg.) vac. p.o. in cur. Henrici Balberiez 5. ian. 83 S 818 53^{r} – de decan. eccl. s. Bartholomei Franckforden. Magunt. dioc. (4 m. arg.) vac. p.

resign. in manibus pape Egidii Truchses cler. Herbip. dioc. ex utr. par. de mil. gen. pape fam. (cui de eadem vac. p.o. Wigandi Koneke prov. fuit) 16. ian. 83 S 818 242^{rs} – qui litig. coram Johanne Francisco de Pavinis aud. contra Johannem Jacobum Leyst cler. reum et possessorem sup. decan. eccl. s. Bartholomei ut supra: de prov. si neutri de d. decan. (4 m. arg. p.) 7. febr. 83 S 827 178^{v} – Johannis Jacobi [Sclafenatus] tit. s. Stephani in Celiomonte presb. card. fam. <pape fam.>: motu pr. de gr. expect. de 2 can. et preb. necnon de 2 benef. ad coll. quorumcumque <de can. et preb. eccl. s. Stefani Magunt. et de can. et preb. eccl. ss. Petri et Alexandri Aschaffenburgen. Magunt. dioc. ad coll. aep. etc. Magunt.> et de prerog. ad instar pape fam. descript. et de disp. ut unac. decan. sup. qua litig. in cur. aliud incompat. benef. etsi par. eccl. recip. val. c. lic. perm., Et acsi s.d. 17. nov. 81 conc. 19. ian. 84 S 830 64^{rs}, (exec. ep. Nucerin. ac dec. eccl. s. Albani Magunt. ac dec. eccl. s. Victoris e.m. Magunt.), gratis V 649 267^{r}-270^{r}.

5371 Johannes Gremolt (Gremmolt) cler. Lubic. in utr. iur. bac.: motu pr. de gr. expect. de 2 can. et preb. necnon de 2 benef. ad coll. quorumcumque et de prerog. ad instar pape fam. descript., Et s.d. 17. nov. 81 29. nov. 83 S 830 32^{rs} – de disp. ad 2 incompat. benef. etsi 2 par. eccl. ad vitam 3. decb. 83 S 832 153^{r} – de par. eccl. s. Katherine in Antiqua civit. in Dantzeke Wladislav. dioc. de iur. patron. laic. (6 m. arg.) vac. p. devol. 3. decb. 83 S 832 153^{v} – de can. et maiori preb. eccl. Lubic. (4 m. arg. p.) vac. p. assec. al. can. et min. preb. <Cristana nunc.> d. eccl. p. Michaelem Westval (Werstefael) (cui de dd. can. et maiori preb. vac. p. resign. in manibus pape Erasmi Wenschen (Vemchen) Marci [Barbus] card. ep. Prenestin. fam. prov.

fuerat) 15. decb. 83 S 832 223ʳ, m.
(ep. Modrusien. et dec. eccl. Hamburgen. ac offic. Lubic.) (exped. 10.
apr. 84) L 836 143ʳˢˢ – in utr. iur.
bac.: de can. et preb. in eccl. Osil. (4
m. auri p.) vac. p. o. Bernardi Cob-
byck 4. febr. 84 S 834 8ᵛˢ – perp.
vic. in eccl. s. Egidii Monast. pres. in
cur.: de prom. ad omnes ord. extra
temp., sola sign. 1. apr. 84 S 834
12ʳ – de nova prov. de can. et maiori
preb. eccl. Lubic. (4 m. arg. p.) vac.
p. o. Thome Korkerinck 6. aug. 84 S
839 44ᵛˢ.

5372 Johannes Gremper cler. Constant.
dioc. Henrici Institoris fr. o. pred. et
theol. prof. ac p. totam provinciam
Almanie Superioris heretice pravitatis inquisitoris notarius: motu pr. gr.
expect. s. d. 17. nov. 81 de 2 benef.
ad coll. ep. etc. Constant. et abb. etc.
mon. in Wingarten o. s. Ben. Constant. dioc. et prerog. ad instar pape
fam. descript. (exec. ep. Hortan. et
Johannes Bapt. de Ferrariis can. eccl.
Mutinen. ac offic. Constant.), gratis
8. nov. 83 Sec. Cam. 1 253ʳ-255ᵛ.

5373 Johannes Gremper de Laufenberg
cler. Constant. dioc. <in art. mag.>:
de perp. capn. ad alt. s. Katherine in
par. eccl. b. Marie virg. op. Raven-
spurg Constant. dioc. (3 m. arg.) vac.
p. resign. in manibus pape Erhardi
Fischer 22. mai. 83 S 823 289ᵛ, (m.
ep. Civitaten. et Antonio de Grassis
archipresb. eccl. Bononien. ac offic.
Constant.) (exped. 5. iun. 83) L 824
286ᵛ-288ʳ.

5374 Johannes Grese de Kirpurg presb.
Magunt. dioc. c. quo sup. def. nat.
(p. s.) et deinde ad 2 compat. benef.
auct. ap. disp. fuit et qui vig. d. disp.
perp. s. c. vicar. ad alt. b. Marie in
par. eccl. de Monstepplen Magunt.
dioc. et perp. s. c. vicar. ad alt. s. Jacobi in capel. ville Moerzfelt infra
lim. d. par. eccl. (insimul 7 m. arg.)
assec. fuit: de disp. ad 3. compat.
benef. c. lic. perm. 22. mai. 83 S 823
268ᵛˢ, L 830 253ᵛˢ.

**5375 Johannes Gresser (Greszer, Gros-
ser)** cler. Trever. dioc. cui vig. disp.
sup. def. nat. (de fr. laic. <sive con-
verso o. Prem.> et s.) gr. expect.
<s. d. 1. ian. 72> de benef. ad coll.
prep. etc. colleg. eccl. s. Georgii in
Limpurg Trever. dioc. conc. fuit: de
prerog. ad instar pape fam. descript.
28. ian. 74 S 704 207ʳ, (exped. 18.
iun. 74) L 740 221ᵛˢ – de mutatione
gr. expect. de benef. ut supra in benef. alterius collatoris 21. oct. 74 S
710 112ᵛˢ – de exten. gr. expect. ad
quascumque al. coll. <ad coll. prep.
etc. eccl. s. Walburgis in Wilburg
Trever. dioc.> 25. nov. 74 S 712
257ʳˢ, gratis (exped. 10. ian. 75) L
743 18ʳˢˢ – de decl. litt. perinde val.
acsi gr. expect. ut supra motu pr.
conc. fuisset 22. aug. 75 S 725
271ʳˢ, 9. sept. 75 S 726 194ʳˢˢ, gratis
L 755 175ʳˢ – de can. et preb. eccl.
ss. Martini et Severi in Monasterio
Meynfelt Trever. dioc. (4 m. arg.)
vac. p. o. in civit. Tiburtina Johannis
Brubach 18. aug. 76 S 740 295ʳ – de
disp. ad 2 incompat. benef. 26. iul.
77 S 756 282ᵛ – de perp. vicar. ad
alt. ss. Appl. in colleg. eccl. s. Lubentii in Diekyrchen Trever. dioc. (3
m. arg.) vac. p. n. prom. Emerici
Runckel (Runekel) (qui <in 13. sue
et. an. constit.> d. perp. vicar. p. 2
an. absque disp. detin.) vel p. o. Johannis Hercorii (Hercoren) 24. nov.
78 S 775 108ʳ, 8. decb. 78 S 775
60ᵛ, m. (dec. eccl. s. Florini in Confluentia et dec. eccl. s. Walburgis in
Wilburg ac scolast. eccl. s. Georgii
in Limpurg Trever. dioc.), gratis (exped. 2. ian. 79) L 789 69ʳˢˢ – qui vig.
gr. expect. ut supra can. et preb. eccl.
s. Walburgis in Wilburg Trever. dioc.
acc.: motu pr. de reval. et de mutatione d. gr. expect. de benef. ad coll.
prep. eccl. s. Georgii in Limpurg Trever. dioc. in benef. ad coll. prep. etc.
eccl. b. Marie virg. Wessflarien. Trever. dioc. et de disp. ad quodcumque
benef. 29. aug. 79 S 786 102ʳˢˢ, ref.
21. ian. 80 S 789 51ᵛ – can. colleg.
eccl. s. Walburgis ut supra: de prom.

ad omnes ord. extra temp. et de lic. dicendi horas can. secundum usum R. E. c. uno socio, sola sign. 27. ian. 80 S 789 233^{rs} – litt. testim. (vig. supplic. s.d. 27. ian. 80) sup. prom. ad subdiacon. ord. s.d. 22. nov. 82, ad diacon. ord. s.d. 23. nov. 82, ad presbit. ord. s.d. 24. nov. 82 24. nov. 82 F 7 68^r – c. quo sup. def. nat. (ut supra) <et ad 2 compat. benef.> auct. ap. disp. fuit et cui de perp. vicar. ad alt. ss. Appl. <in eccl. s. Lubentii> in Dykyrchen (Diekirchen) Trever. dioc. (3 m. arg.) auct. ap. prov. fuit <et litt. ap. de m. dec. eccl. s. Florini in Confluentia et dec. eccl. s. Walburgis in Wilburg ac scolast. eccl. s. Georgii in Limburg Trever. dioc. sup. d. prov. obtin.> et qui actor litig. desup. coram Petro de Ferrera aud. et Johanne Prioris et Antonio de Grassis aud. contra quond. Emericum Runckel (Emackel) cler. reum et possessorem <cui tunc in 13. sue et. an. constit. absque disp. sup. def. et. de d. vicar. auct. aep. Trever. prov. fuit>: de surrog. ad ius d. Emerici 24. sept. 83 S 829 188^{rs}, m. (ep. Nucerin. et dec. eccl. b. Marie Wetzflarien. ac dec. eccl. s. Georgii in Limpurg Trever. dioc.) V 638 173^r-175^v.

5376 **Johannes Greulich** rect. par. eccl. s. Sebaldi Nurembergen. Bamberg. dioc. inter al. referens quod secundum fund. tunc ep. Bamberg. cap. capn. ad alt. b. Marie virg. ac Trium regum in par. eccl. s. Sebaldi Nurembergen. Bamberg. dioc. cap. d. capn. ad interessendum cottidie matutinalibus off. est astrictus quodque tamen id p. capellanos propter distantiam habitationis ad capn. et pericula que nocturnis temp. hominibus transeuntibus accedere possunt minime observatum est: de indulto quod horis matutinalibus summis festivitatibus dumtaxat exceptis minime interesse teneatur 24. apr. 78 S 768 295^r.

5377 **Johannes Greussing (Grewsinger)** rect. par. eccl. in Durum Herbip. dioc. ex mil. gen.: disp. ut unac. d. par. eccl. aliud incompat. benef. retin. val. 8. febr. 75 L 750 221^{rs} – can. eccl. Herbip. qui litig. coram Johanne de Ceretanis aud. contra Johannem comitem de Ottingen cler. adversarium sup. archidiac. in eccl. Herbip. vac. p.o. Martini Trusches: de prov. si neutri de d. archidiac. (12 m. arg.) 1. ian. 76 S 732 163^{rs}.

5378 **Johannes Greve (Greue) de Kempis** cler. Colon. dioc., **Erhardus Gassenhauwer** cler. Spiren. dioc., **Gaspar Muer** cler. Spiren. dioc. inter 5 personas enumerati: de gr. expect. de 2 can. et de 2 benef. ad coll. quorumcumque, Et s.d. 1. ian. 72 S 670 100^r – can. eccl. ss. Crisanti et Darie Monasterii Eyflie Colon. dioc. litig. coram Gaspare de Theramo aud. contra Johannem Wungaetberch (Wyngartzberch) cler. sup. can. et preb. d. eccl. vac. p.o. Petri Wymphel cler. d. dioc.: de prov. si neutri de eisdem (4 m. arg.) 26. aug. 72 S 695 171^{rs}, (cass. quia de an. 2) [fragm., dat. deest] S 704 218^v – rect. par. eccl. in Reide Colon. dioc.: prom. ad ord. presbit. in eccl. s. Bartholomei de Insula in Urbe 18. febr. 75 F 6 195^{rss} – litt. testim. sup. prom. in eccl. s. Bartholomei ut supra 18. febr. 75 F 6 218^v – de disp. ut unac. d. par. eccl. aliud incompat. benef. retin. val. etsi 2 par. eccl. c. lic. perm. 2. mai. 75 S 725 136^{vs} – Colon. [dioc.?]: disp. ad futura 83/84 I 335 53^v.

5379 **Johannes Greve (Grewe, Grene) (de Wartborch, Wartberg)** cler. Paderburn. dioc. in utr. iur. bac.: de disp. ad 2 incompat. benef. etsi 2 par. eccl. 7. oct. 77 S 759 125^{rs} – referens quod Nicolaus V. stud. gener. in civit. Trever. erexit et d. universitati nonnulla benef. incorp.: supplic. Johanne [de Baden] aep. Trever. et d. univ. indultum ut sibi p. rect. d. univ. ad aliquod ex dd. benef.

eligi et assumi val. 24. decb. 77 L 791 138^{rs} – rect. par. eccl. in Altroya Trever. dioc.: de disp. ut unac. d. par. eccl. aliud incompat. benef. recip. val. etsi 2 par. eccl. ad vitam c. lic. perm. 26. apr. 79 S 780 293^v – oblig. p. Henricum Maengolt can. eccl. Colon. utr. iur. doct. pape fam. sup. annat. par. eccl. s. Andree in Altroya Trever. dioc. (6 m. arg.) de qua vac. p. o. sibi vig. nominationis imper. prov. fuit 22. mai. 79 A 28 28^r – solv. 14 fl. adc. pro annat. p. manus Henrici Maengolt 22. mai. 79 FC I 1133 232^v – de decan. eccl. s. Lubentii in Dietkirchen Trever. dioc. (6 m. arg.) vacat. p. priv. Cunonis de Elsass quia unac. d. decan. certam par. eccl. absque disp. ultra an. detin. c. derog. statutorum d. eccl. quod nullus d. decan. obtin. debeat nisi can. capit. exist. 10. nov. 80 S 797 266^r – referens quod Hartmanno Etzel cler. Magunt. dioc. vig. nominationis imper. de can. et preb. eccl. s. Andree Colon. vac. p. o. Wilhelmi de Breda abbrev. seu script. prov. fuerat et quod deinde desup. litig. coram Johanne [de Ceretanis] ep. Nucerin. aud. locumtenenti et coram Jeronimo de Porcariis aud. ac coram Antonio de Grassis aud. contra Herbordum Tickinck intrusum et Henricum Uphuss: m. (ep. Civitatis Castelli et dec. eccl. s. Cuniberti Colon. ac dec. eccl. b. Marie ad Gradus Colon.) confer. dd. can. et preb. (8 m. arg.) vac. p. resign. in manibus pape d. Hartmanni (p. Henricum Maengolt prep. eccl. Paderburn. procur. fact.) et d. Henrici 17. febr. 81 (exped. 1. mart. 81) L 808A 213^v-215^r – oblig. sup. annat. de can. et preb. eccl. s. Andree Colon. ut supra (in margine: s. d. 29. nov. 82 fuit cass. quia docuit solvisse 4 m. collectori Colon.) 3. mart. 81 A 29 154^r – can. eccl. s. Andree Colon.: litt. testim. sup. solut. 4 m. arg. occasione annat. can. et preb. ut supra in manibus Vincentii de Eyll prep. eccl. Oldensalen. Traiect. dioc. ac nunt.

ap. sed. necnon in civit. et dioc. Colon., Leod., Monast., Osnaburg. et Minden. gener. collect. p. not. publicum s. d. 14. iul. 82 Colonie fact. (in margine: Wilhelmus Then [Wilhelmus ten Hueff?] not. subscripsit) (in margine: Johannes Blewig et Adam Ophenstender recognoverunt et iuraverunt) 28. nov. 82 DC 41 56^{vs}.

5380 **Johannes de Greverode**: commiss. vig. appellationis Colon. [dioc.?] 71/72 I 332 54^r.

5381 **Johannes Greczer (Gretzer, Groczer)** cler. Bamberg. dioc. pape fam.: de archidiac. eccl. Halberstad. (6 m. arg.) vac. p. o. in cur. Nicolai Greppers 2. sept. 72 S 689 125^{rss} – de capel. s. Simphoriani e. m. op. Turkem (Turhem) Basil. dioc. (4 m. arg.) vac. p. o. Conradi Heniken 26. nov. 74 S 718 158^{vs} – Petri [Riario] tit. s. Sixti presb. card. fam.: de perp. s. c. benef. primissaria nunc. in par. eccl. in Grerenreinfelt Herbip. dioc. (4 m. arg.) vac. p. prom. Philippi de Henneberg el. Bamberg. 14. apr. 75 S 717 226^{vs} – de can. et preb. colleg. eccl. Inticen. Brixin. dioc. (4 m. arg.) vac. p. o. Johannis Arundin 27. mai. 75 S 720 273^r – cui gr. expect. de can. et preb. ac custod. eccl. s. Johannis in Haugis e. m. Herbip. conc. fuit: de prorog. term. intimandi ad 6 menses, sola sign. 16. oct. 75 S 728 98^{vs} – can. eccl. s. Johannis in Haugis (Haigis) e. m. Herbip. cui gr. expect. s. d. 1. ian. 72 de can. et preb. d. eccl. necnon de benef. ad coll. ep. etc. Eistet. conc. fuit et qui can. et preb. eccl. Eistet. vac. p. o. Hermanni de Heltpurg acc. sup. quib. litig. coram Johanne Francisco de Pavinis aud. et coram Gabriele de Contarenis aud. contra certum intrusum: motu pr. de reval. gr. expect. acsi dd. can. et preb. n. acceptasset et de prerog. ad instar pape fam. descript. 10. iul. 76 S 740 81^{rss}, gratis (exped. 31. mart. 77) L 764 268^{rs} – decr. doct.: de can. et preb. eccl. s. Stephani Bamberg. (8 m. arg.) vac. p. o. Gum-

perti Fabri sed. ap. prothonot. 21.
sept. 78 S 773 135^{rs}, m. (ep. Sambi-
en. et prep. eccl. b. Marie Feuchtwangen. August. dioc. ac offic.
Bamberg.) (exped. 9. mart. 79), gratis L 797 346^{vss} – oblig. sup. annat.
can. et preb. eccl. s. Stephani Bamberg. ut supra 22. apr. 79 A 28 10^r –
cui de can. et preb. eccl. s. Stephani
Bamberg. vac. p. o. Gumberti Fabri
(cui de eisdem vac. p. resign. Johannis Crantel cler. Herbip. dioc. prov.
fuerat) ut supra prov. fuit: resign. dd.
can. et preb. c. reserv. pens. ann. 23
fl. renen. sup. fruct. dd. can. et preb.
ac benef. eccl. s. Gertrudis Bamberg.
20. iul. 81 OP 6 99^v – qui can. et
preb. eccl. Eistet. sup. quib. litig. in
cur. et **Georgius (de) Hurnhaim** qui
can. et preb. eccl. s. Viti de Elwangen (Elvangen) August. dioc. ex
causa perm. in manibus pape resign.:
prov. d. Johanni de dd. can. et preb.
eccl. s. Viti (10 m. arg.), n. o. par.
eccl. in Pleynfelt Eistet. dioc. (6 m.
arg.) et capel. s. Viti Eistet. (4 m.
arg.) quas obtin. et can. et preb. eccl.
s. Johannis in Haugis e. m. Herbip. (8
m. arg.) quos n. obtin. et sup. quib.
litig. in cur. ac pens. ann. 23 fl. renen. sup. fruct. can. et preb. eccl.
s. Stephani Bamberg. et perp. vicar.
in eccl. s. Gertrudis Bamberg., (m.
prep. eccl. s. Severi Erforden. Magunt. dioc. et dec. eccl. August. ac
offic. August.) 26. ian. 82 (exped. 1.
febr. 82) L 813 312^r-313^v – restit.
bullarum sup. prov. can. et preb.
eccl. s. Viti in Elwangen ut supra 5.
febr. 82 A 30 214^r.

5382 **Johannes Grieszpeck (Guyzpeck):**
prov. de perp. vicar. August. [dioc.?]
vac. p. resign. 82/83 I 335 11^v –
rect. par. eccl. s. Stephani in Erker-
chen August. dioc.: m. (abb. mon.
s. Ulrici August.) confer. perp. s. c.
vicar. ad alt. s. Ottilie in eccl. s. Mauritii August. (24 fl. adc.) vac. p. resign. in manibus pape Bartholomei
Riidler, n. o. d. par. eccl. in Erker-
chen (6 m. arg.) quam obtin. 16.

febr. 84 (exped. 27. febr. 84) L 832
251^v-253^r.

5383 **Johannes Griffenclow** laic. Magunt. dioc. qui pro nonnullis suis
negotiis ad diversas etiam Indie partes se habet conferre: litt. passus 30.
apr. 72 V 660 214^r.

5384 **Johannes de Grillewo (Gribeiro)**
cler. Gneznen. dioc. ex utr. par. de
nob. gen. cui vig. gr. expect. can. et
preb. eccl. Poznan. (8 <4> m. arg.)
vac. p. o. Thome Trampczynszky
(Trambczinsci) p. papam conc. fuit
et qui litig. desup. coram Johanne
[de Ceretanis] ep. Nucerin. aud. locumtenenti contra quond. Andream
Grusczinski: de surrog. ad ius d. Andree, n. o. par. eccl. in Kczinnia
Gneznen. dioc. (28 m. arg.) 8. apr.
82 S 809 139^r, 12. apr. 82 S 809
269^r.

5385 **Johannes Grilewsky** regis Polonie
secr., **Andreas de Grilewo** presb.
Gneznen. dioc., **Johannes Choyensky** d. regis secr., **Mathias de
Cheyny** cler. Gneznen. dioc., **Johannes de Lucowo** ep. Poznan. cancellarius ex utr. par. de nob. gen.
procreati quib. gr. expect. de can. et
preb. ac de 2 benef. et prerog. ad instar pape fam. descript. conc. fuit:
motu pr. de decl. litt. desup. perinde
val. acsi gr. expect. motu pr. conc.
fuisset 23. ian. 76 S 733 224^{vs}.

5386 **Johannes Grimme** acol. cler. Razeburg. dioc. nullum benef. obtin. c.
quo sup. def. nat. (p. s.) ordin. auct.
disp. fuit: de perp. benef. in par.
eccl. s. Georgii Wismarien. (Vris-
marien.) Razeburg. dioc. vacat p. assec. d. par. eccl. p. Jasperum Valde
necnon de perp. simplici benef. in
par. eccl. s. Nicolai in op. Wismari-
en. de iur. patron. laic. (4 m. arg.)
vac. p. o. Johannis Veytemdorp 21.
oct. 83 S 829 220^v.

5387 **Johannes Grime de Morbach** rect.
par. eccl. in Niederkirchen Magunt.
dioc. in subdiacon. ord. constit.: de
prom. ad omnes ord. extra temp.,
sola sign. 5. iun. 79 S 782 102^{rs}.

5388 Johannes Grip Juliani [de Ruvere] card. ep. Sabinen. fam.: motu pr. gr. expect. s. d. 1. ian. 72 de can. eccl. s. Servatii Traiecten. Leod. dioc. necnon de benef. ad coll. prep. etc. eccl. b. Marie Tongren. Leod. dioc. et prerog. ad instar pape fam. descript. (m. ep. Interamnen. et prep. eccl. s. Andree Colon. ac dec. eccl. s. Crucis Leod.), gratis 5. iul. 79 V 672 116ʳ-119ʳ – cler. Colon. dioc. Juliani card. ut supra tunc card. tit. s. Petri ad vincula presb. card. fam.: motu pr. de gr. expect. de 2 can. et preb. necnon de 2 benef. ad coll. quorumcumque, Et s. d. 17. nov. 81 S 803 123ᵛ – nullum benef. obtin.: supplic. d. card. de person. par. eccl. de Bolbergh Colon. dioc. (8 m. arg. p.) vac. p. o. Henrici Grunow, Et quod val. usque ad 16 m. arg. augeri possit 3. oct. 83 S 839 261ᵛˢ – et **Michael Slammerstorfer** cler. Ratisbon. dioc., **Nicolaus Hangaet** cler. Leod., **Georgius [recte: Gregorius?] Gelhamer** cler. Spiren., **Johannes Heysen** cler. Traiect. dioc., **Johannes Cotter** cler. Monast., **Michael Busz** cler. Trever. dioc., **Henricus Huszvalizio** cler. Leod. dioc., **Johannes Swagman** cler. Osnaburg. dioc., **Johannes Herdinche** cler. Monast. dioc., **Petrus de Diepach** cler. Trever. dioc., **Gregorius Rynfelt** cler. Magunt. dioc. inter 95 personas enumerati quib. gr. expect. s. d. 17. nov. 81 de 2 can. et preb. ac de 2 benef. ad coll. quorumcumque conc. fuit: motu pr. de decl. litt. desup. perinde val. acsi motu pr. conc. fuissent et de reval. gr. expect. et de prerog. ad instar pape fam. descript. 23. febr. 84 S 839 135ᵛ-137ʳ.

5389 Johannes Griis presb. Spiren. dioc. mag. in art. qui in puerili et. constit. maculam in sinistro oculo contraxit ex qua d. oculo totaliter privatus remansit: de disp. sup. def. corp. 21. febr. 72 S 676 98ᵛ, I 332 255ʳ.

5390 Johannes Grise, Magunt. [dioc.?]: fit mentio 72/73 I 332 179ᵛ.

5391 Johannes Grisir cler. Trever.: de decan. ac can. et preb. eccl. in Muenhusen e. m. Wormat. (16 m. arg.) vacat. p. priv. Andree Bellendroff qui excom. missas celebravit 11. mart. 78 S 767 8ᵛˢ.

5392 Johannes Grob (Crob) de Miltz (Milem) cler. Herbip. dioc.: motu pr. gr. expect. s. d. 1. ian. 72 de 2 benef. ad coll. ep. etc. Argent. et eccl. s. Thome Argent. et prerog. ad instar pape fam. descript. (m. ep. Civitatis Castelli et Johanni de Petra dec. eccl. ss. Petri et Alexandri Aschaffenburgen. Magunt. dioc. ac offic. Argent.), gratis 23. oct. 79 V 672 183ᵛ-186ᵛ – pape fam.: motu pr. de gr. expect. de 2 can. et preb. ac 2 benef. ad coll. quorumcumque, Et s. d. 17. nov. 81 S 803 251ʳ – de perp. capn. ad alt. s. Mathei in eccl. Argent. (3 m. arg.) vac. p. assec. perp. capn. ad alt. s. Theobaldi in d. eccl. (3 m. arg.) p. Johannem (de) Grinsch (Grusch) c. disp. ut unac. d. perp. capn. al. capellanias in d. eccl. insimul recip. val. c. facult. resign. vel perm. 3. aug. 82 S 813 30ᵛˢ, 11. aug. 82 S 813 115ᵛ – motu pr. de disp. ut 2 incompat. benef. etsi par. eccl. ad vitam retln. val. c. lic. resign. vel perm. et de percip. fruct. in absentia 11. aug. 82 S 813 198ʳˢ – motu pr. de perp. s. c. vicar. ad alt. s. Stephani in eccl. b. Marie Superioris Monasterii o. s. Ben. Ratisbon. (3 m. arg.) <4 m. arg.> vac. p. o. in cur. Eukarii Zenckgreff (Zentelef) pape fam. (exec. aep. Sancte Severine et Celsus de Millinis can. basilice Principis appl. de Urbe ac offic. Ratisbon.), gratis 10. sept. 82 S 814 51ᵛ, V 632 308ᵛ-310ʳ – perp. cap. ad alt. s. Mathei in eccl. Argent. qui nonnullos ex libris Andree Frittach acc. et vendidit et deinde se libros vendidisse confessus fuit et ad satisfaciendum se obligavit: de absol. 4. oct. 82 S 814 234ᵛˢ – motu pr. de perp. s. c. benef. primissaria nunc in par. eccl. op. Zeyll Herbip. dioc. (4 m. arg.)

vac. p.o. Jodoci Groner 23. decb. 82 S 827 228^r.

5393 Johannes Gronehagen et **Henricus Semmebecker** oppidani op. Luneburgen. Verden. dioc. referentes quod Johannes Wolters laic. Verden. dioc. tunc telonarii off. d. op. exercens falso asserens se cler. fore litt. ap. ab dec. eccl. s. Sebastiani Magdeburg. impetravit et quod cum dd. oppidani temp. impetrationis dd. litt. ap. d. Johannem Wolters carceribus mancipassent ipse dd. oppidanos coram Jacobo Nefen dec. d. eccl. traxit in causam et quod postquam ipsi ad sed. ap. appellarunt: m. (dec. eccl. s. Mauritii e.m. Hildesem. et archid. in Barum eccl. Hildesem.) committ. causam in partibus 3. nov. 81 L 817 68^{vs}.

5394 Johannes Groppelt iun. presb. et **Georgius de Landensele** cler. inter 14 personas enumerati: de gr. expect. de 2 can. et de 2 benef. ad coll. quorumcumque, Et s.d. 1. ian. 72 S 670 152^v.

5395 Johannes Gross cler. Spiren. dioc. qui ad canonicalem portionem et alt. s. Catherine virg. in par. eccl. s. Georgii Spiren. p. consules civit. Spiren. present. fuit: de prom. ad omnes ord. extra temp., sola sign. 24. apr. 80 S 792 53^{rs}.

5396 Johannes Grosz can. colleg. eccl. s. Arsatii in Illmunster Frising. dioc.: de perp. vicar. par. eccl. s. Johannis Bapt. in Hansteten Frising. dioc. (4 m. arg.) vac. p.o. Johannis Walcher 16. apr. 77 S 750 7^{rs}.

5397 Johannes Grote cler. Camin. dioc.: de nova prov. de perp. s.c. vicar. in capel. s. Spiritus e.m. op. Dammis Camin. dioc. (2 m. arg.) vac. p.o. Mathie Corozhor 5. mart. 83 S 820 133^{vs}.

5398 Johannes Grote (Grotte) (al. Stehnecher) cler. Lubuc. <Lubic.> dioc. Francisci [Gonzaga] tit. s. Marie Nove diac. card. fam.: de mansionaria in eccl. Lubic. [!] (4 m. arg. [4 cancellatum]) vac. p.o. Johannis Niss 11. ian. 76 S 735 60^{rs} – supplic. card. ut supra <Mantuan. nunc.> de <perp.> vicar. in Forstenwalde in eccl. Lubuc. (4 <3> m. arg.) vac. p.o. Nicolai Judoci <Bessarionis> [Trapezunt.] card. Nicen. nunc. fam. 16. ian. 76 S 733 62^v, (m. dec. eccl. Mantuan. et Stephano de Caciis can. eccl. Vercellen. ac offic. Lubuc.), gratis V 575 139^{vss} – de mansionaria in colleg. eccl. b. Marie Lubuc. (3 m. arg.) vac. p.o. Georgii [correctum est ex Andree] Storm (Stroem) 14. iun. 77 S 753 23^v, m. (exec. ut supra), gratis (exped. 19. febr. 78) L 776 88^{vs} – supplic. Francisco card. ut supra de can. et preb. eccl. Lubuc. (4 m. arg.) vac. p.o. Henrici Baruch et de disp. ut vicar. ut supra et dd. can. et preb. sub eodem tecto retin. possit c. lic. perm. et ad vitam 23. mai. 81 S 802 40^v – et **Gaspar Enger de Magnabeen, Hermannus Lenferdinck, Laurentius Wuel, Johannes Essing** inter 24 personas enumerati Francisci [Gonzaga] tit. s. Marie Nove diac. card. familiares: motu pr. de gr. expect. de 2 can. et preb. necnon de 2 benef. ad coll. quorumcumque, Et s.d. 17. nov. 81 S 803 95^v – perp. vic. et mansionarius Lubuc. (Lubic.): de prom. ad ord. subdiacon. in eccl. b. Marie de Regina celi iuxta plateam basilice Principis appl. de Urbe 13. mart. 84 F 7 105^r – de prom. ad omnes ord. extra temp., sola sign. 20. mart. 84 S 833 242^r – litt. testim. (vig. supplic. s.d. 20. mart. 84) sup. prom. ad diacon. ord. s.d. 28. mart. 84, ad presbit. ord. s.d. 3. apr. 84 in eccl. b. Marie de Regina celi in burgo s. Petri de Urbe 3. apr. 84 F 7 106^r.

5399 Johannes Bapt. Gruckensteyn cler. Magunt.: gr. expect. s.d. 1. ian. 72 de benef. ad coll. prep. etc. eccl. s. Johannis Magunt. et dec. etc. eccl. ss. Johannis et Catherine in Oppenheym Magunt. dioc., m. (prep. eccl.

b. Marie Feuchtwangen. August. dioc. et dec. eccl. b. Marie ad Gradus Magunt. ac offic. Magunt.), gratis 25. oct. 79 V 672 63^{rs}.

5400 Johannes Gruenwalt (Grunenwalt) cler. Colon. dioc. mag. in art.: de perp. vicar. s. Crucis in par. eccl. s. Martini Arnhemen. Traiect. dioc. de iur. patron. laic. (5 m. arg.) vac. p. o. Gherardi Smaelvelt 19. nov. 72 S 684 221^{vs} – de capn. sive vicar. capel. s. Antonii dom. leprosorum et al. miserabilium personarum e. m. Arnhemen. Traiect. dioc. (4 m. arg.) vac. p. o. Petri Pyn 12. decb. 72 S 695 100^r – motu pr. de gr. expect. de 2 can. et preb. necnon de 2 benef. ad coll. quorumcumque, Et s. d. 17. nov. 81 S 803 177^v – de par. eccl. ville de Haeren Colon. dioc. (4 m. arg. p.) vac. p. o. Johannis de Aeffordem et p. devol., n. o. cantor. c. can. et preb. in eccl. Novimagen. ac capel. in d. op. Novimagen. Colon. dioc. et al. vicar. in eccl. Groningen. Traiect. dioc. (12 m.) sup. qua litig. in cur. 3. sept. 82 S 814 8^{vs} – referens quod altera portio canonicalis curata in colleg. eccl. s. Werenfridi in Eelst Traiect. dioc. vac. p. o. sive resign. quond. Beymanni van der Lawick: de can. et preb. in d. eccl. que ad portionem quartam curata exist. (6 m.), n. o. cantor. c. can. et preb. ac capn. in castro Novimagen. (7 m.) ac gr. expect. et al. benef. simplex sup. quo litig. in cur. 15. nov. 82 S 818 123^r – qui vig. gr. expect. par. eccl. de Erpp Traiect. dioc. vac. p. o. Wilhelmi Raet Petri [Ferrici] card. Tirasonen. fam. ut supra acc.: de nova prov. de d. par. eccl. (6 m. arg.) 17. oct. 83 S 839 196^{rs} – can. eccl. s. Stephani Novimagen. Colon. dioc. qui in dec. d. eccl. vac. p. o. Johannis Vighe p. canonicos d. eccl. vig. indulti ap. electus fuit: de nova prov. de d. decan. (6 m. arg.) 27. febr. 84 S 836 224^v – referens quod quond. Wilhelmus Raerd pape fam. rect. par. eccl. in Erpp Traiect. dioc. litig.

in cur. contra Johannem Bispinck intrusum sup. d. par. eccl. (4 m. arg. p.) vac. p. o. Ludolphi de Buenschaten: de executione litt. ap. 5. iul. 84 S 837 279^{vs}.

5401 Johannes Gruyter cler. Leod. dioc. mag. in art.: de can. et preb. eccl. s. Salvatoris Traiect. (12 m. arg.) vac. p. o. Willini de Herss 25. nov. 77 S 761 9^{rs}.

5402 Johannes de Grumbach cler. Herbip. dioc.: de nova prov. de perp. s. c. vicar. ad alt. s. Jacobi in mon. Sluchtern o. s. Ben. Herbip. dioc. de iur. patron. laic. (4 m. arg.) vac. p. o. Nicolai Rinensneder 23. decb. 78 S 776 164^v.

5403 Johannes Grummer (Grumer, Grum, Grim), Johannes Steewinkel, Petrus Stephani, Marcus Fugger scriptores inter 11 mag., cler. et script. registri supplic. enumerati: motu pr. de gr. expect. de 2 can. usque ad val. fruct. /. l. T. p. et de 2 benef. ad coll. quorumcumque, Et s. d. 1. ian. 72 S 670 6^v – perp. cap. ad alt. s. Stephani in eccl. Argent. in registro supplic. script. qui litig. in cur. contra Johannem Hilteboldi (Hiliebold, Heltelield) cler. Argent. reum et possessorem (nunc resign.) sup. d. capn.: de assign. pens. ann. 12 fl. renen. sup. fruct. d. capn. (6 m. arg.) p. d. Johannem Hilteboldi <c. consensu suo p. Johannem Durckheym perp. cap. in eccl. Basil. procur. fact.> persolv. 9. sept. 75 S 726 138^{rs}, (m. prep. eccl. Argent. et prep. eccl. Trident. ac prep. eccl. Basil.) L 755 268^v-270^v – can. eccl. ss. Martini et Arbogasti Surburgen. Argent. dioc. c. quo ad 2 incompat. benef. disp. fuerat et qui vig. gr. expect. de can. et preb. d. eccl. et de benef. ad coll. ep. etc. Argent. et prerog. ad instar pape fam. descript. sibi s. d. 1. ian. 72 conc. par. eccl. in Herbultzheim (Herbeltzheim) Argent. dioc. acc. sup. qua litig. coram aud. contra certum intrusum: motu pr. de reval. d. gr. expect. 6. decb. 75 S 731 2^{vs} –

motu pr. decl. litt. sup. gr. expect. ut supra perinde val. acsi par. eccl. in Herlatzheim Argent. dioc. n. acceptasset et acsi gr. expect. motu pr. conc. fuisset 15. decb. 75 S 731 168^{vss}, 21. decb. 75 (exped. 30. decb. 75) L 760 152^r-153^v – qui litig. coram aud. contra Johannem Symler sup. par. eccl. in Herlortzhem Argent. dioc. (nunc resign.): de assign. pens. ann. 30 fl. renen. sup. fruct. d. par. eccl. (100 fl. renen.) p. d. Johannem Symler persolv. 28. decb. 75 S 731 271^{rs} – restit. bulle s. d. 9. sept. 75 sup. pens. ann. 12 fl. renen. assign. ut supra 29. decb. 75 A 24 187^v – de perp. vicar. seu off. turibulariatus in eccl. Argent. (6 m. arg.) vac. p. o. Jacobi Pfluger quond. Ludovici [Trevisan] tit. s. Laurentii in Damaso presb. card. patriarche Aquileg. vulg. nunc. fam. 1. aug. 76 S 740 116^v – can. eccl. s. Martini in Colmar Basil. dioc. et **Sixtus Russinger** presb. Argent. c. quo sup. def. nat. (p. s.) disp. fuit: de adm. resign. d. Johannis et de prov. d. Sixto de dd. can. et preb. (60 fl. renen.) et de assign. d. Johanni pens. ann. 18 fl. renen. sup. fruct. dd. can. et preb. 14. apr. 77 S 750 25^{rs} – cler. Argent. dioc.: restit. bulle sup. pens. ann. sup. fruct. eccl. s. Martini ut supra Johanni s. d. 26. apr. 77 [!] assign. 13. oct. 77 A 26 209^v.

5404 **Johannes Gruminger (Greminger, Grumigager)** custos et can. eccl. s. Castoris Confluentie Trever. dioc. decr. doct. et olim offic. cur. et vic. in spir. aep. tunc el. Trever. inter al. referens quod Johannes de Francfordia olim vic. in spir. Jacobi [de Sierk] tunc aep. Trever. monialibus mon. prope vallem Molhem siti ex opposito op. Confluentie 3. reg. s. Francisci auct. d. aep. conc. facult. ut dd. monial. sub regimine monach. mon. in insula ex opposito ville Valender o. s. Aug. Trever. dioc. obedium prestent et quod deinde dd. monial. reg. s. Augustini assumpse-

runt (secundum ordinationem aep. Trever. sub condicione quod usque ad numerum 36 monial. profes. reducerentur) et p. multos an. secundum d. reg. vixerunt: de conf. d. facult. 28. apr. 77 S 750 229^v-231^r.

5405 **Johannes Grumpel de Siegen** presb. Magunt. dioc. qui ad par. eccl. in Nickenne Trever. dioc. p. priorem et conv. eccl. s. Albani e. m. Magunt. present. fuit: de nova prov. de eadem (4 m. arg.) 22. aug. 80 S 795 320^r.

5406 **Johannes de Grunfock** qui par. eccl. in Kolbach Frising. dioc. in favorem Johannis Screnck resign.: de assign. pens. ann. 20 fl. renen. sup. fruct. d. par. eccl. (60 fl. renen.) p. d. Johannem Screnck persolv. 22. mai. 81 S 801 269^r.

5407 **Johannes (Gruntaler, Grimtaher)** el. Sardicen. qui temp. prom. par. eccl. in Prugh Frising. dioc. obtin.: motu pr. indultum ut d. par. eccl. unac. d. eccl. Sardicen. retin. val. 21. mai. 77 L 777 283^{rs} – oblig. p. Sigismundum Grim cler. Frising. sup. annat. par. eccl. in Pruhg (Ping) ut supra (120 fl. auri renen.), restit. bulle 18. iul. 77 A 26 34^r – solv. <p. manus Sigismundi Grim> 40$^{1/2}$ fl. adc. (= 54 fl. renen.) pro annat. 18. iul. 77 FC I 1133 78^r, IE 495 19^r, IE 496 23^r, IE 497 22^r – solv. 10 fl. adc. pro ballista eccl. Sardicen. p. manus Sigismundi Grim 18. iul. 77 IE 495 19^r, IE 496 23^r, IE 497 22^r.

5408 **Johannes Grusteyn** cler. Colon. dioc. art. mag. [Johannis de Michaelis] tit. s. Angeli diac. card. fam.: de can. et preb. colleg. eccl. s. Petri Middeburgen. Traiect. dioc. (6 m. arg.) vac. p. o. Baldwini Johannis 25. nov. 76 S 744 164^v.

5409 **Johannes [Grusczynski]** aep. Gneznen. et capit. d. eccl.: m. transcribendi bullam ex registro Pii II. s. d. 9. ian. 60 23. nov. 71 V 551 214^r – de indulto confer. benef. ad coll. d. aep. in mensibus febr., apr., iun., aug., oct., decb. 21. mai. 73 S 691 14^{rs}.

5410 **Johannes Gruter** qui pro par. eccl. in Alleshusen Osnaburg. dioc. vacat. p. resign. Burckardi Buckeler perp. vicar. ad alt. maius in capel. s. Pauli Osnaburg. quam tunc obtin. ex causa perm. in manibus Adolphi de Hamel offic. Osnaburg. resign.: de nova prov. de d. par. eccl. (4 m. arg.) 10. iun. 84 S 837 96ᵛ.

5411 **Johannes Grutsch**, Argent. [dioc.?]: disp. ad incompat. benef. 72/73 I 332 8ᵛ.

5412 **Johannes Guchs**: prov. de scolastr. Eistet. [dioc.?] vac. p. o. 80/81 I 334 82ʳ.

5413 **Johannes Guide (Cibich)** cler. Constant. dioc. pape fam. qui litig. coram Sigismundo Grym can. eccl. Frising. in cur. resid. et iudice ap. deput. contra Henricum (Hermannum) Braittenbach possessorem sup. par. eccl. s. Verene prepos. nunc. in Werdebuchlen (Vredebarchlen) Constant. dioc. et post promulgationem sent. diffinitive in favorem d. Henrici <in manibus pape> resign.: <de adm. resign. d. Johannis et de prov. d. Hermanno de d. par. eccl.> et de assign. d. Johanni pens. ann. 7 fl. renen. sup. fruct. d. par. eccl. (4 m. arg.) p. d. Henricum persolv. 14. oct. 80 S 797 27ʳˢ, 31. oct. 80 S 797 205ᵛˢ.

5414 **Johannes Guiock**: prov. de perp. vicar. Traiect. [dioc.?] vac. p. o. 75/76 I 333 317ʳ.

5415 **Johannes de Gumtemo**: prov. de par. eccl. Colon. [dioc.?] vac. p. resign. 75/76 I 333 74ʳ.

5416 **Johannes de Guttenberg (Gattenberg, Buttemberg)** cler. Bamberg. dioc. ex utr. par. de nob. et mil. gen. qui vig. litt. ap. can. et preb. eccl. s. Albani e. m. Magunt. vac. p. o. Macharii de Buchseck acc.: de nova prov. de dd. can. et preb. (16 m. arg.) 21. decb. 82 S 817 235ʳ – de nova prov. de can. et preb. eccl. s. Burchardi e. m. Herbip. (6 m. arg.) vac.

p. o. Jacobi de Leymbach (Leympach) 8. iun. 83 S 824 233ᵛ, 10. iun. 83 S 825 65ᵛ.

5417 **Johannes Gutmanni (Gutmanris)** cler. Trever. dioc.: de can. et preb. colleg. eccl. s. Castoris Confluen. Trever. dioc. (24 l. T. p.) vac. p. o. Nicolai de Merlis 10. iul. 81 S 799 284ʳ, I 334 227ᵛ.

5418 **Johannes Haber** rect. par. eccl. in Orenbawr Eistet. dioc.: ›rationi congruit‹ s. d. 18. decb. 70 disp. sup. n. prom. ad 5 an. 25. aug. 71 L 718 231ᵛ – cler. Eistet. dioc.: de nova prov. de par. eccl. in Gundelezhaim Eistet. dioc. (10) necnon de can. et preb. seu capn. in choro s. Wilibaldi in eccl. Eistet. (8 m. arg.) vac. p. resign. Jacobi Reschawer 24. mart. 83 S 821 75ᵛˢ – de disp. ut 2 incompat. benef. etsi 2 par. eccl. ad vitam retin. val. c. lic. perm. 24. mart. 83 S 821 76ʳ.

5419 **Johannes de Hachenburg** <monach.> o. fr. min. profes. qui a iuventute studio theol. circiter 16 an. in diversis studiis insudavit: de indulto recip. magisterii honorem, sola sign. 12. nov. 77 S 760 36ʳˢ – in theol. bac. profes. in conv. Limpurgen. Trever. dioc. qui p. ep. Urbevetan. in basilica Principis appl. de Urbe cant. superanus <cap.> assumptus fuit et p. aliquod temp. in d. basilica deservivit et nunc deservit licet pestis in Urbe devastat et quasi omnes ab eadem fugiebant: supplic. dec. etc. d. eccl. de disp. ad quodcumque benef. c. lic. perm. et de n. resid. n. o. quod in d. ord. profes. exist., attento quod ipse de lic. superioris sui et conv. in studio gener. p. plures an. exist. sibi libros comparare desiderat 26. sept. 78 S 773 204ᵛ, L 789 120ᵛ – motu pr. gr. expect. s. d. 1. ian. 72 de 2 benef. ad coll. aep. etc. Colon. et prep. etc. eccl. s. Gereonis Colon., m. (prep. eccl. b. Marie Feuchtwangen. August. dioc. et prep. eccl. s. Gereonis Colon. ac offic. Colon.), gratis 28.

iun. 80 V 671 166ᵛ-168ᵛ – monach. Colon. dioc. ac cap. et cant. basilice Principis appl. de Urbe: motu pr. de gr. expect. de benef. ad coll. 2 collatorum, Et s.d. 17. nov. 81 S 803 8ʳ.

5420 **Johannes Hackensmet (Hackensmit, Hacrensmet)** presb. Paderburn. dioc. <cui vig. nominationis imper. de par. eccl. in Eyberch (Heyberch) Monast. dioc. certo modo vac. prov. fuit> et **Johannes Hiddinck (Hyddinke)** rect. d. par. eccl. ac **Johannes Schurenbusch (Schurrenbusch)** rect. par. eccl. in Alten Monast. dioc. qui litig. coram diversis iudicibus sive commissariis <etiam aud.> sup. d. par. eccl. in Alten et deinde concordiam fecerunt: de adm. resign. d. Johannis Hackensmet et Johannis Hiddinck et de prov. d. Johanni Schurenbusch de d. par. eccl. in Alten (6 m. arg.) et de nova prov. d. Johanni Hiddinck de d. par. eccl. in Eyberch (4 m. arg.) et de assign. d. Johanni Hackensmet pens. ann. 8 fl. renen. <electorum imperii> sup. fruct. d. par. eccl. in Eyberch et 14 fl. renen. <electorum imperii> sup. fruct. d. par. eccl. in Alten p. d. Johannem Hiddinck et Johannem Schurenbusch persolv. 22. apr. 80 S 792 105ʳ, (exec. prep. eccl. s.Petri Traiect. et dec. eccl. s.Ludgeri Monast. ac offic. Monast.) V 613 12ʳ-13ᵛ – not. recip. pro bulla distributa 3 grossos et 2 grossos nov. 81 DB 1 107ʳ – restit. bulle sup. 2 pens. ann. eidem assign. ut supra quia est soluta annat. d. par. eccl. in Alten 7. decb. 81 A 30 204ʳ.

5421 **Johannes Hacker** qui perp. vicar. in par. eccl. s.Michaelis in Mockersdorff Ratisbon. dioc. (mense capitulari eccl. Ratisbon. incorp.) ex causa perm. sine consensu d. capit. resign.: relax. iuram. certis fideiussoribus fact. 3. oct. 78 L 796 129ᵛˢ – qui perp. vicar. ut supra in manibus pape resign. et **Martinus Tumpeck** cler. Bamberg. dioc.: de adm. resign. d.

Johannis et de prov. d. Martino de d. perp. vicar. (17 m. arg.) et de relax. iuram. ut supra 29. oct. 78 S 774 86ᵛˢ.

5422 **Johannes Hadamar** acol. et perp. cap. ad alt. s.Marie virg. in par. eccl. op. Grumminghen Magunt. dioc.: de prom. ad omnes ord. extra temp., sola sign. 1. apr. 79 S 779 236ᵛ.

5423 **Johannes Hader (Ader)** cler. Bamberg. dioc.: m. (prep. eccl. Bamberg.) confer. par. eccl. in Pintloch (Pincloch) Bamberg. dioc. (50 fl. renen.) vac. p. resign. Johannis Ultsch (Ulcteh, Vlesh) (p. Johannem Offinam cler. Herbip. dioc. procur. fact.) 1. apr. 78 (exped. 24. apr. 78) L 787 127ᵛˢˢ – oblig. sup. annat. p. Henricum Schonleben can. eccl. Eistet. 28. apr. 78 A 27 20ʳ – solv. 17 fl. adc. 4 grossos papales <30 bol. pro val. 23 fl. renen.> pro annat. p. manus Henrici ut supra 27. apr. 78 FC I 1133 153ᵛ, IE 495 146ʳ, IE 496 150ʳ, IE 497 149ʳ.

5424 **Johannes Haefliem** cler. Cameracen. dioc. mag. in art. Juliani [de Ruvere] tit. s.Petri ad vincula presb. card. fam. et **Libertus de Lutteler** cler. Leod. dioc. etiam d. card. fam. referentes quod ipse Libertus prepos. eccl. s.Andree Colon. de qua vac. p.o. in cur. Nicolai de Edam aud. motu pr. s.d. 7. nov. 76 ipsi in commendam prov. fuit in manibus pape resign.: de prov. d. Johanni Haefliem de d. prepos. (11 m. arg.) et de assign. d. Liberto pens. ann. 24 fl. renen. sup. fruct. d. prepos. p. d. Johannem persolv. donec d. Liberto de benef. (24 fl. renen.) vel can. et preb. (6 m. arg.) in civit. vel dioc. Leod. prov. fuerit, n.o. quod d. Johannes secum sup. def. nat. (p. s.) disp. fuit 22. nov. 76 S 744 11ʳˢˢ.

5425 **Johannes Haelwim (Haelwiin)** presb. <Traiect. dioc. senio confractus> rect. par. eccl. in Ouderamstel (Ouderamstell) Traiect. dioc. et **Jacobus Arnoldi de Amstel** perp. cap.

ad alt. s. Crucis in eccl. b. Marie Antwerpien. Cameracen. dioc.: de prov. d. Jacobo de d. par. eccl. de iur. patron. laic. (15 libr. grossorum monete Flandrie (= 12 m. arg.) vac. p. resign. d. Johannis et de assign. d. Johanni pens. ann. 5 libr. grossorum (= 4 m. arg.) sup. fruct. d. par. eccl. p. d. Jacobum <c. consensu suo p. Henricum de Honterle cler. Cameracen. dioc. procur. express.> persolv. 15. sept. 75 S 726 298^{rss}, (m. abb. mon. s. Gertrudis Lovanien. Leod. dioc. et archipresb. eccl. Bononien. ac offic. Traiect.) L 757 272^v-274^r – restit. bulle sup. pens. ann. 10. oct. 75 A 24 172^r.

5426 **Johannes Haen** ad perp. vicar. ad alt. s. Nicolai in mon. monial. [deest locus] o. s. Ben. Magunt. dioc. vac. p. o. Conradi Hessen p. Johannem com. in Kichlingen Magunt. dioc. officiali in Erfordia Magunt. dioc. present.: de nova prov. de d. vicar. (4 m. arg.) 23. nov. 74 S 711 268^r – presb. Trever. dioc.: de perp. <c. c.> vicar. par. eccl. s. Remigii in Croma Trever. dioc. (4 m. arg.) vac. p. devol. licet Petrus Mols d. par. eccl. vac. p. o. Nicolai de Pudeshem (Bordeschen) p. an. et amplius occupavit 13. mart. 75 S 716 104^{rs}, m. (abb. eccl. s. Mathie e. m. Trever. et dec. eccl. s. Florini de Confluentia Trever. dioc. ac dec. eccl. s. Castoris ibidem) L 742 146^{rs} – de primiceria ad alt. s. Catherine in par. eccl. de Breedel Trever. dioc. (4 m. arg.) vacat. p. priv. Jacobi Stomps de Pondruch qui d. alt. pacto simoniaco obtin. 15. apr. 77 S 750 5^{rs} – qui litig. coram Ludovico Suyreborn dec. colleg. eccl. s. Florini Confluen. Trever. dioc. iudice ex delegatione ap. deput. contra quond. Petrum Molts sup. perp. vicar. in par. eccl. in Cronea Trever. dioc. (4 m. arg.): de surrog. ad ius d. Petri 31. ian. 80 S 794 117^{rs}.

5427 **Johannes Hageman** cler. Hildesem. dioc.: motu pr. gr. expect. de benef.

ad coll. ep. etc. Hildesem. necnon abb. etc. mon. s. Michaelis Luneburgen. o. s. Ben. Verden. dioc. (exec. dec. eccl. Hildesem. et dec. eccl. s. Petri Northenen. Magunt. dioc. ac offic. Hildesem.), gratis 17. nov. 81 V 644 246^v-248^r.

5428 **Johannes Haghen** can. eccl. s. Gingolfi Magunt.: de decan. d. eccl. (1 [!] m. arg.) vacat. p. resign. in manibus pape Petri Eckelsheym et de disp. ut unac. d. decan. par. eccl. in Haszmashusen Magunt. dioc. recip. val. 2. mart. 74 S 703 57^{rs}.

5429 **Johannes Hagenberg** acol. Constant. dioc. cap. capn. ad alt. b. Marie virg. in colleg. eccl. Bernen. Lausan. dioc.: de prom. ad omnes ord. extra temp., sola sign. 19. mart. 77 S 748 138^r – pro formata 3 ord. 9 grossos apr. 77 T 13 52^r.

5430 **Johannes Hagenwiler (Hagenwuler, Hantzeviller)**: fit mentio ut procur. Lelii de Leliis abb. mon. b. Marie de Sacolongo o. s. Ben. Paduan. dioc. pro communi [serv.] 25. febr. 77 IE 493 74^r, IE 494 78^r – cler. Constant. dioc. causarum pal. ap. not. qui capn. ad alt. s. Crucis in eccl. s. Johannis Constant. p. plures an. obtin.: de nova prov. de d. capn. (7 m. arg.) tunc vac. p. resign. Henrici Stras in manibus quond. [Bessarionis Trapezunt.] card. Niceni nunc. sed. ap. in Germania legati 14. febr. 78 S 767 7^{vs} – de can. et preb. eccl. Constant. (16 m. arg.) vac. p. resign. Melchioris Truchses cler. pape fam. (cui de eisdem vac. p. prom. Ottonis de Sonenberg el. Constant. prov. fuit), n. o. [perp. vicar. ad alt. s. Crucis in eccl. s. Johannis Constant.] (6 m. arg. p.) quam obtin. ac pens. ann. 25 fl. sup. fruct. par. eccl. in Rollingen Constant. dioc. et pens. ann. 36 fl. renen. sup. fruct. prepos. eccl. s. Mauritii in civit. August. et gr. expect. 28. febr. 82 S 813 303^r – referens quod in certa supplic. fruct. prepos. eccl. s. Mauritii August. c. reserv. pens. ann. 36 fl. renen. p.

Bernardum Arczt d. Johanni persolv. express. fuit: de ref. c. express. quod fruct. d. prepos. ad d. summam 25 m. arg. ascendunt, n. o. vicar. ad alt. s. Crucis sup. cancellis in eccl. s. Johannis Constant. (6 m.) quam d. Johann obtin. ac pens. ann. 25 fl. sup. fruct. par. eccl. in Bollingen Constant. dioc. 28. mart. 82 S 809 36^r – qui can. et preb. eccl. s. Stephani Constant. in manibus pape resign. de quib. Bernhardo Artzt prep. eccl. s. Mauritii August. leg. doct. prov. fuit: assign. pens. ann. 36 fl. renen. sup. fruct. prepos. d. eccl. s. Mauritii (25 m. arg.) quam d. Bernhardus inter al. obtin. p. d. Bernhardum in cur. vel in civit. Constant. persolv., n. o. perp. vicar. ad alt. s. Crucis necnon pens. ann. 25 fl. renen. ut supra, (m. Georgio Winterstetter can. eccl. Constant. et Johanni Swalb can. eccl. Patav. ac offic. Constant.) 28. mart. 82 L 817 96^r-97^v – de par. eccl. ss. Jacobi et Verene in Marstetten Constant. dioc. (4 m. arg.) vac. p. devol. 31. oct. 82 S 815 294^{rs}, I 334 72^v – script.: de can. et preb. in colleg. eccl. s. Arnualis de Sancto Arnuali Meten. dioc. (24 l. T. p.) vac. p. o. Gebhardi Amhof 1. ian. 83 S 827 35^r – qui vig. gr. expect. can. et preb. [deest locus] vac. p. o. Johannis Vest acc. et litig. desup. in cur. contra Petrum Herttensten cler. intrusum: de prorog. temp. intimandi ad 6 menses, sola sign. 20. iun. 84 S 837 205^r.

5431 **Johannes Haiman (Hannay)** scol. Magunt. dioc.: recip. primam tonsuram in eccl. s. Spiritus in Saxia in Urbe 18. sept. 73 F 6 129^v – prom. ad acolit. et al. min. ord. in eccl. s. Spiritus in Saxia in Urbe 18. sept. 73 F 6 129^v.

5432 **Johannes Haymandi (Heymandi, Haymardi) (de Nehen)** scol. Magunt. dioc.: recip. primam tonsuram in capel. ss. Andree et Gregorii in basilica Principis appl. in Urbe 22. febr. 72 F 6 26^{rs} – cler. Magunt. di-

oc.: prom. ad min. et acolit. ord. in eccl. s. Spiritus in Saxia in Urbe F 6 149^v – litt. testim. sup. recept. prime tonsure ut supra, prom. ad acolit. et al. min. ord. s. d. 26. mart. 74 in eccl. hosp. s. Spiritus in Saxia in Urbe 26. mart. 74 F 6 152^r – de perp. vicar. in eccl. b. Marie virg. ad Gradus Magunt. (4 m. arg.) vacat. p. resign. in manibus pape Johannis Valkemberg cler. Minden. dioc. cui de d. vicar. vac. p. o. Henrici Medenbach prov. fuit (litt. n. exped.) 2. mai. 74 S 704 222^{rs}.

5433 **Johannes Haynekhusen** can. eccl. Tarbat.: de thesaur. Visnapu (/.) vulg. nunc. d. eccl. (3 m. arg.) vacat. p. prom. Johannis Bertkow el. Tarbat. 4. iun. 73 S 691 189^{rs}.

5434 **Johannes Haintzel al. Hofmaister (Hoffmaister)** cler. August. dioc. in 22. sue et an. constit. et **Henricus Franche (Franck)** rect. par. eccl. in Loppenhusen August. dioc.: de prov. Johanni Haintzel de d. par. eccl. (150 fl. adc.) vac. p. resign. d. Henrici <p. Melchiorem Megaw cler. Nuemburg. dioc. litt. ap. script. procur. suum fact.> et de assign. d. Henrico pens. ann. 50 fl. adc. sup. fruct. d. par. eccl. 20. nov. 75 S 730 7^{rs}, (m. prep. et dec. eccl. August. ac Stephano de Caciis can. eccl. Vercellen.) (exped. 29. nov. 75) L 753 57^r-58^v – oblig. sup. annat. par. eccl. (in margine: solv. 68 fl. renen. s. d. 11. decb. 75 pro compositione annat. p. manus Stephani de Caciis can. eccl. Vercellen., habuit s. d. 29. apr. [75] al. bullam laceratam) 11. decb. 75 A 24 42^r.

5435 **Johannes Halezot (Hallezat)** cler. Osnaburg. dioc. <mag. Pauli Bentivenga script. et pape fam.>: motu pr. de gr. expect. de 2 can. et preb. necnon de 2 benef. ad coll. quorumcumque et de prerog. ad instar pape fam. descript., Et s. d. 17. nov. 81 12. decb. 83 S 830 40^{rs}, gratis 12. decb. 83 Sec. Cam. 1 369^r-371^v – qui vig. gr. expect. vicar. ad alt. s. N. in colleg. eccl. s. Johannis Osnaburg. vac. p. o. cuiusdam Dorlbeghen (/.) acc.: de nova prov. de d. vicar. (4 m. arg.) 17. mai. 84 S 839 222^r.

5436 Johannes Haltfast (Halfast) (de Arbino) presb. Trever. dioc. rect. par. eccl. de Septemfontibus Trever. dioc.: ›rationi congruit‹ s. d. 19. sept. 68 m. (aep. Arelaten. et ep. Brixien. ac offic. Trever.) confer. perp. s. c. capn. ad alt. s. Andree in par. eccl. s. Nicolai Ludemburgen. Trever. dioc. (3 m. arg.) vac. p. o. Tilmanni Ruetre 25. aug. 71 (exped. 28. sept. 72) L 715 172^{rss} – mag. in art. quond. Honofrii [de s. Cruce] ep. Tricaricen. fam. qui c. d. ep. in patria Leod. inter varia pericula captus fuit: de decan. eccl. s. Paulini e. m. Trever. (8 m. arg.) vac. p. o. Johannis Breydensteyn 14. decb. 71 S 674 96^r – antiquus curialis: de can. et preb. eccl. b. Marie in Palatiolo Trever. dioc. (4 m. arg.) vac. p. o. Johannis Fisschpe (Fischepe) 31. aug. 72 S 692 115^v, m. (ep. Bellicen. ac decanis eccl. s. Simeonis Trever. et eccl. s. Patrocli Susacien. Colon. dioc.) (exped. 16. iul. 73) L 727 87^{rs} – de disp. ut unac. par. eccl. de Septemfontibus ut supra aliud incompat. benef. recip. valeat 1. iul. 73 S 692 284^{rs}, L 729 112^{vs} – rect. par. eccl. s. Michaelis in Lucenburgo Trever. dioc. qui litig. contra Henricum Creppe presb. Trever. dioc. cui de d. par. eccl. (5 m. arg.) p. legatum ap. prov. fuit: de assign. d. Henrico pens. ann. 7 fl. renen. sup. fruct. d. par. eccl. 19. oct. 74 S 710 25^v – cler. Trever. dioc.: fit mentio ut procur. 30. mart. 78 L 782 56^r-57^v – can. eccl. s. Simeonis Trever. ac dec. christianitatis in Maresche Trever. dioc.: de alt. port. 8. iul. 78 S 771 38^v – fit mentio ut procur. Henrici [de Bergis] el. Cameracen. 29. mai. 80 OS 84A 75^v, 17. iun. 80 Paris L 25 A 9 140^r, 16. iun. 81 A 30 29^r – restit. bullarum sup. pens. 14 fl. renen. eidem sup. fruct. par. eccl. de

Hiesseren Trever. (in margine: Traiect.) dioc. s. d. 17. iul. 78 assign. quia n. est aliqua prov. 4. aug. 80 A 29 206^v – c. quo disp. fuit ut supra ut unac. par. eccl. de Septemfontibus Trever. dioc. aliud incompat. benef. recip. val. etsi 2 par. eccl. ad vitam c. lic. perm.: disp. ut unac. dd. benef. 3. incompat. benef. sec. in tit. vel cuiusvis reg. etiam o. Clun. in commendam recip. val. etsi par. eccl. ad vitam c. lic. perm. et c. derog. privil. o. Clun. quod nullum benef. o. Clun. nisi card. aut d. ord. express. profes. commendari possit, gratis 4. iul. 81 V 611 108^v-110^r – motu pr. de gr. expect. de 2 can. et preb. ac 2 benef. ad coll. quorumcumque, Et s. d. 17. nov. 81 S 803 252^v – assign. pens. ann. 40 grossorum monete Flandrie (= 24 duc. adc.) sup. fruct. par. eccl. s. Rumoldi Mechlinien. Cameracen. dioc. (80 duc. adc.) p. Henricum Ghiiselberti c. consensu suo (p. Nicolaum Albi cler. Meten. dioc. procur. express.) persolv., (m. Nicolao Ramberti can. eccl. Cameracen. et offic. Leod. ac offic. Cameracen.) 20. mart. 84 L 835 291^r-292^v – de prepos. eccl. b. Marie Brugen. Tornacen. dioc. (100 l. T. p.) vac. p. o. Arnoldi de Lalamg sed. ap. not., n. o. can. et preb. d. eccl. (24 l. T. p.) vac. p. o. d. Arnoldi 3. apr. 84 S 834 131^v.

5437 Johannes [Hameren] (Ameren) presb. Colon.: restit. bullarum sup. pens. ann. 30 fl. auri renen. monete electorum imper. eidem assign. sup. fruct. par. eccl. in Apelerbecke Colon. dioc. s. d. 3. ian. 82 quia est soluta annat. d. par. eccl. 24. ian. 82 A 30 211^v.

5438 Johannes Hamtzman (Hamezman) cler. Frising. dioc. in min. ord. constit. in cur. resid. qui nuper in exped. litt. indulg. cruciate in op. Lanciotte [= Landshut] Frising. dioc. de mandato ibidem p. papam deput. pro sed. ap. scribendo et exped. laboravit et cui abb. etc. mon. Overnaltach o. s.

Ben. Ratisbon. dioc. mensam communem in locum tit. beneficialis assign.: de prom. ad omnes ord. extra temp., sola sign. 11. mai. 83 S 823 192^v – acol.: litt. testim. (vig. supplic. s. d. 11. mai. 83) sup. prom. ad subdiacon. ord. s. d. 18. mai. 83, ad diacon. ord. s. d. 19. mai. 83, ad presbit. ord. s. d. 20. mai. 83 in basilica Principis appl. de Urbe 20. mai. 83 F 7 87^v.

5439 **Johannes Hanau** cler. Wormat. [Bartholomei Roverella] tit. s. Clementis presb. card. fam.: de capn. s. Georgii Wormat. (3 m. arg.) vac. p. o. Nicolai Fabri 8. decb. 75 S 731 43^v – motu pr. de can. et preb. colleg. eccl. s. Georgii Colon. (4 m. arg.) vac. p. o. in cur. Johannis Yven al. de Lubeck procur. causarum, Fiat pro Mathia Kaltoff 24. iul. 76 S 740 57^r – acol. et perp. vic. in colleg. eccl. s. Pauli Wormat.: de prom. ad omnes ord. extra temp., sola sign. 14. nov. 78 S 774 246^v – pro formata 3 ord. 9 grossos decb. 78 T 13 118^v.

5440 **Johannes de Hanawe (Hannowe, Honnowe)** cler. Magunt. dioc. (de com. et s. ac de legitimo matrim.) qui par. eccl. s. Nazarii in Superiori Roda Magunt. dioc. pastoria nunc. vac. p. o. Helfridi Dorffelden ex present. laici assec. est: de nova prov. de d. par. eccl. (8 m. arg.) 7. ian. 75 S 725 264^v – diac. aep. Magunt. consiliarius qui par. eccl. de iur. patron. laic. ut supra possedit sine prom. ad sacerdotium: de nova prov. de d. par. eccl. (10 m. arg.) c. disp. sup. n. prom. ad 7 an. 12. febr. 77 S 747 103^{vs} – de com. gen. qui par. eccl. ut supra p. plures an. possidet <in servitio com. de Hanaw et domini de Liechtenberg insistens>: de nova prov. de eadem (13 m. arg.) et de rehab. ac de n. prom. ad 7 an., n. o. def. nat. (s. s.) 29. nov. 80 S 798 141^{vs}, 16. decb. 80 S 802 111^r, m. (offic. Magunt.) (exped. 20. apr. 82) L 805 123^{vss} – oblig. p. Carolum

Theten cler. Herbip. dioc. sup. annat. et fuit portata ad datarium propter fruct. male perceptos 8. iul. 82 Paris L 26 A 10 63^r – solv. 32^1/$_2$ fl. adc. pro annat. p. manus Caroli de Theten 9. iul. 82 FC I 1134 225^v, IE 506 43^r, IE 507 43^r.

5441 **Johannes Hanbeken** cler. Lubic.: de perp. s. c. vicar. in par. eccl. b. Marie Lubic. (4 m. arg.) vac. p. o. Johannis Zeghers 18. oct. 77 S 759 83^{vs}.

5442 **Johannes Hanedangk** presb. Razeburg. dioc. qui perp. vicar. in par. eccl. [deest locus] Razeburg. dioc. vac. p. o. in cur. Bernhardi Honeman p. 6 vel 7 an. obtin.: de nova prov. de eadem (2 m. arg.) 9. iun. 79 S 784 8^v.

5443 **Johannes Hanheimer** cler. Magunt. dioc. min. penit. in basilica Principis appl. de Urbe: resign. perp. vicar. ad alt. s. Michaelis in eccl. s. Ciriaci Nuhusen. e. m. Wormat. de qua Johanni Gleszer de Darmstat cler. Magunt. dioc. s. d. 19. mart. 81 prov. fuit 28. mart. 81 OP 6 134^r.

5444 **Johannes Hannon** presb. Morinen. dioc.: de assign. pens. ann. 15 fl. adc. sup. fruct. par. eccl. loci de Peer Leod. dioc. (80 fl. adc.) p. Henricum Knop rect. d. par. eccl. persolv. 27. febr. 81 S 800 217^r.

5445 **Johannes Hanringk** cler. Hildesem.: de par. eccl. in Staynla Hildesem. dioc. (3 m. arg.) vac. p. n. prom. Henrici Gorden cler. Minden. dioc. 20. ian. 78 S 772 299^r.

5446 **Johannes Harckenpenger**: pens. Salzeburg. [dioc.?] 80/81 I 334 207^v.

5447 **Johannes Hard (Harder, Hardi) de Bastonia** cler. Leod. dioc. pape fam.: motu pr. de gr. expect. de 2 can. et preb. necnon de 2 benef. ad coll. quorumcumque, Et s. d. 17. nov. 81 S 803 105^v – de par. eccl. de Ansler (Ausler) Trever. dioc. (4 m. arg.) vac. p. o. in cur. Johannis Antonii 31. aug. 82 S 814 83^{vs}, (exec. ep. Civitatis Castelli et dec. eccl. b. Marie Wesalien. Trever. dioc. ac offic. Trever.), gratis 31. aug. 82 V 622 18^r-19^v – rect. par. eccl. de Anster Trever. dioc. in cur. resid.: de prom. ad omnes ord. extra temp., sola sign. 8. iul. 83 S 825 253^v – oblig. pro se et Helrico (Elrico) Ducis cler. Leod. pape fam. sup. annat. par. eccl. de Oeto Leod. dioc. (50 l. T. p.) de qua vac. p. o. in cur. Guillermi de Rolley s. d. 10. aug. 82 sibi prov. fuit, restit. bulle 10. sept. 83 A 31 133^v.

5448 Johannes Hardenroede (Hardenrode, Hardenrot) iun. civ. Colon. inter al. referens quod quond. Johannes Hardenroet (Hardenrot) sen. genitor suus unac. Benigna (Beilgna) ux. sua et mater d. Johannis iun. pro erectione capel. <c. alt.> s. Salvatoris in <sec. et colleg.> eccl. b. Marie virg. in Capitolio Colon. ultra 3.000 fl. expendit et pro red. plures sacerd. et cant. ordinaverat et <magnificum edificium et dom. prope d. eccl. pro habitatione cantorum d. capel. edificarunt>: de lic. audiendi inibi missas etiam ianuis clausis temp. interd. et recip. sacramentum eucharistie ac de lic. sepeliendi et celebrandi exequias pro ipsis et corum fam. ac pluribus cant. stipendiariis et <de elig. confess.> necnon de indulg. 7 an. 24. iul. 81 S 802 122^{vs}, [cass.] 15. oct. 82 S 811 96^v, L 825 287^v-289^r.

5449 Johannes Harder (Arder) monach. mon. s. Adelheidis in Selsz o. s. Ben. Argent. dioc. R. E. immed. subiecti referens quod ipse abbatiatum d. mon. in manibus pape resign. (p. Henricum Brun perp. vic. in eccl. Spiren. procur. fact.) et quod Waltero [de Gemmingen] de d. abbatiatu prov. fuit: assign. decimas et census ultra Renum Imriede nunc. ad d. mon. pertin. (25 m. arg.) loco pens. ad vitam (exec. aep. Patracen. et prep. eccl. Spiren. ac offic. Spiren.) 1. mart. 79 V 590 84^r-85^v – monach. nuper abb. mon. s. Adelheidis in Sels

o. s. Ben. Argent. dioc.: restit. bulle sup. assign. certorum decimarum et censuum ad d. mon. pertin. loco pens. s. d. 1. mart. 79 conc. 15. mart. 79 A 27 233^v.

5450 Johannes de Haringen cler. Magunt. dioc.: m. (prep. eccl. Bamberg. et scolast. eccl. s. Severi Ertforden. Magunt. dioc. ac Johanni Swalb can. eccl. Patav.) prov. de cantor. eccl. b. Marie virg. Ertforden. Magunt. dioc. (4 m. arg.) vac. p. resign. in manibus pape Ottonis Weissenbach cler. Nuemburg. dioc. (cui de eadem vac. p. o. Henrici Gasszman vig. nominationis imper. prov. fuit) p. Johannem Steymetz cler. Magunt. dioc. procur. fact. 28. aug. 81 L 814 300^{rss}.

5451 Johannes Harnsmecker (Harnschmecher) presb. Colon. dioc. in art. mag. qui litig. coram quond. commissario ap. in partibus sup. par. eccl. in Droilshaghen Colon. dioc.: de disp. ut unac. d. par. eccl. aliud incompat. benef. etsi par. eccl. ad vitam recip. val. c. lic. perm. 17. ian. 83 S 818 272^v – rect. par. eccl. ut supra referens quod olim ad d. par. eccl. p. abba. et conv. mon. monial. in Droilshagen o. s. Ben. officiali tunc prep. et archid. eccl. Colon. present. fuit et quod litig. desup. coram offic. Colon. et Henrico Urdeman dec. eccl. Colon. contra Wilhelmum Valber et deinde ad sed. ap. appellarunt: m. (prep. eccl. s. Martini Kerpen. Colon. et dec. eccl. s. Cuniberti ac dec. eccl. ss. Appl. Colon.) commiss. in partibus 6. febr. 83 L 828 138^{vs}.

5452 Johannes Harscher de Aurach subdiac. vic. eccl. s. Trinitatis Spiren.: de prom. ad omnes ord. extra temp., sola sign. 13. ian. 73 S 686 185^v.

5453 Johannes Harstadt (Hatstadt, Hartsat, Hacstad): not. recip. pro bulla distributa 5 grossos mart. 82 DB 1 123^v – can. eccl. Wormat. de mil. gen.: motu pr. de cantor. in d. eccl. (6 m. arg.) vacat. p. assec. prepos. eccl. Wormat. p. Petrum Antonium, Et quod val. usque ad 4 m. pro dd. benef. augeri vel minui possit 10. oct. 82 S 814 276^{rs} – oblig. p. Strocium de Strociis de Florentia institorem soc. de Rabbatis et Ricasulis de cur. sup. annat. cantor. d. eccl. (6 m. arg.) de qua vac. p. assec. prep. d. eccl. p. Petrum Antonium de Clapis s. d. 10. oct. 82 sibi prov. fuit (in margine: s. d. 25. oct. 82 solv. pro annat. ut infra) 25. oct. 82 Paris L 26 A 10 112^v – solv. 14 <14^1/$_4$> fl. adc. et 20 bol. p. manus ut supra 29. oct. 82 IE 506 81^v, IE 507 81^v, Paris L 52 D 5 18^v – cler. Basil. dioc. ex utr. par. de nob. gen.: de disp. ut 3 incompat. benef. etsi 2 par. eccl. ad vitam recip. val. c. lic. perm. 21. apr. 84 S 835 91^{vs}.

5454 Johannes Harszfeller de Benscheyn scol. Magunt. dioc.: litt. testim. sup. recept. prime tonsure s. d. 25. febr. 75 in sacristia basilice Principis appl. de Urbe 1. apr. 75 F 6 199^v.

5455 Johannes Hartel cler. August. dioc.: de perp. vicar. ad alt. b. Marie virg. in colleg. eccl. s. Mauritii August. (4 m. arg.) vacat. p. ingr. relig. <mon. s. Crucis o. s. Aug. August.> Andree Schintzer 26. nov. 78 S 776 117^r, (m. archid. eccl. August. et prep. eccl. s. Severi Erforden. Magunt. dioc. ac offic. August.), gratis V 595 15^r-17^r – de par. eccl. hosp. s. Spiritus in op. Telhingen August. dioc. (4 m. arg.) vac. p. o. Johannis Triest quond. Petri [de Schaumberg] tit. s. Vitalis presb. card. fam. 3. nov. 83 S 833 208^{vs}.

5456 Johannes Hartmanni can. eccl. s. Cassii Bonnen. Colon. dioc. decr. doct.: de vicar. ad alt. s. Trinitatis in cripta eccl. sive mon. in Deytkarchen e. m. op. Bonnen. Colon. dioc. (4 m. arg.) vacat. p. resign. in manibus pape Philippi Guntherii can. eccl. s. Castoris Confluen. Trever. di-

oc. pres. in cur., n. o. can. et preb. (8 m. arg.) et decan. eccl. s. Marie Wesalien. Trever. dioc. (16 m. arg.) sup. quib. ipse Johannes litig. in cur. 28. oct. 71 S 673 112^v.

5457 Johannes Harung cler. Hildesem. dioc. cui de benef. ad coll. prep. etc. eccl. s. Petri Northenen. Magunt. dioc. p. papam prov. fuit: motu pr. de decl. dd. litt. perinde val. acsi ad coll. quorumcumque conc. fuissent et de prerog. ad instar pape fam. descript. 14. ian. 78 S 764 2^{vs}.

5458 Johannes Hasselman cler. Halberstad. dioc. cui gr. expect. conc. fuit <cui s. d. 26. ian. 76 de can. et preb. eccl. Lubic. prov. fuit>: motu pr. de prerog. ad instar pape fam. descript. 31. ian. 77 S 747 15^{vs}, (exped. 11. apr. 78) L 774 35^{rs} – qui vig. gr. expect. perp. vicar. regine nunc. in eccl. Merseburg. vac. p. o. Johannis Predel acc.: de nova prov. de eadem (4 m. arg.) 27. apr. 81 S 801 102^r.

5459 Johannes Haslach perp. vic. in eccl. ss. Germani et Mauritii Spiren. c. quo sup. def. nat. (p. s.) disp. extitit: de par. eccl. in Mogstat Spiren. dioc. (6 m. arg.) vac. p. o. Johannis Frigln, n. o. perp. vicar. in d. eccl. ss. Germani et Mauritii ac s. c. capellaniis in ecclesiis Basil. quos obtin. (6 m. arg.) 17. aug. 82 S 827 55^v.

5460 Johannes Haultam (Haultain): assign. pens. Traiect. [dioc.?] 76/77 I 333 328^v – presb. Traiect. dioc. restit. bulle s. d. 20. febr. 76 sup. pens. ann. 12 libr. grossorum monete Flandrie sup. fruct. par. eccl. in Tolzende Traiect. dioc. 5. apr. 76 A 24 205^v.

5461 Johannes [Hausmann] abb. et conv. mon. <s. Nicolai> Montissancti in Andex (Anndes, Ander) o. s. Ben. <reg. observ.> August. dioc. referentes quod fidelibus d. mon. in certo festo visit. indulg. plen. ad 2 an. conc. fuit et quod quond. Bessarion [Trapezunt.] card. ep. Sabinen. in partibus legatus dd. abb. etc. lic. deput. confess. conc.: de exten. indulg., Conc. 20 an. 21. ian. 73 S 686 154^{vs} – abb. ac fr. profes. et novicii mon. in Montesancto Andechs o. s. Ben. August. dioc. et **Johannes Dorar** mil. et **Beatrix** ux. ac **Ulricus Spiegel** et ux. August. dioc.: rem. plen., sola sign. 5. febr. 73 S 687 37^r – de conf. privil., immunitates et indulg. 19. mart. 73 S 688 267^v – (p. quond. Albertum ducem Bavarie, com. palatinum Reni tempore Nicolai V. fund.): de indulg. medie partis peccatorum, Conc. 15 an. 21. mai. 73 S 691 82^{rs} – de indulg. 3. partis peccatorum, Conc. 25 an. 11. iun. 73 S 691 221^{vs} – indultum absol. peregrinos ab excom. 72/73 I 332 11^v – et **Sigismundus et Albertus com. palatini ac Bavarie duces** referentes quod card. ut supra tunc in partibus Alamanie legatus ad preces quond. Johannis ducis Bavarie et com. palatini Reni d. mon. indulg. et facult. deput. confess. conc.: de conf. 11. iun. 73 S 691 262^v – abb. et conv. mon. s. Nicolai Montissancti in Andex o. s. Ben. reg. observ.: de lic. consecr. 11. iun. 73 S 691 160^r, I 332 11^v – restit. bulle sup. lic. consecr. ut supra 1. iul. 73 A 22 151^v – et ep. Frising. ac ep. August. in extenso referentes quod propter supradictam facult. deput. confess. homines August. et al. dioc. (et etiam delinquentes) qui rectoribus par. ecclesiarum obedire nolunt pro recipiendo sacramento eucharistie ad d. mon. recurrunt et quod monachi d. mon. indifferenter sacramentum ministrant: de decl. ut dd. litt. nullius val. fuisse, Conc. de committ. in partibus 21. nov. 74 S 711 120^{rs}.

5462 Johannes Hausner armig. et **Margarita** mul. August. dioc.: de disp. sup. matrim. contracto, n. o. impedimento 2. gradus affinitatis quia quond. Johannes Rieder d. Margarite primus maritus fuit filius sororis patris Johannis Hausner, Conc. p. breve 31. aug. 72 S 682 125^{rs}.

5463 Johannes Haveland (Havelenden, Hoveland) cler. Halberstad. dioc. qui vig. gr. expect. s. d. 1. ian. 72 de 2 benef. ad coll. ep. etc. Halberstad. et prep. etc. eccl. s. Nicolai Stendalien. Halberstad. dioc. perp. vicar. ad alt. s. Johannis Ev. in d. eccl. s. Nicolai (4 m. arg.) acc.: motu pr. de reval. gr. expect. et de exten. d. gr. ad coll. cuiuscumque coll. et de decl. litt. desup. perinde val. acsi gr. expect. motu pr. conc. fuisset <et exten. ad coll. aep. etc. Magdeburg.> 7. ian. 76 S 732 133^{rs}, 19. ian. 76 S 733 106^{rss}, 19. ian. 76 (exped. 8. febr. 76) L 757 24^v-26^v.

5464 Johannes Haven monach. mon. in Graschop [= Kloster Grafschaft] o. s. Ben. Colon. dioc. et **Henkinus Wever** laic. Colon. dioc. litis consortes referentes quod litig. coram Detmaro Bersworg dec. eccl. s. Cuniberti Colon. (cui Johannes de Eyck dec. eccl. s. Pauli Leod. conserv. univ. stud. Colon. p. litt. ap. deput. d. causam commiserat) et coram Wilhelmo de Milendonck dec. eccl. s. Georgii Colon. (cui postea d. conserv. d. causam commiserat) contra Henricum de Leydis cler. minorem 25. et. an. constit. et suppositum d. univ. et Franckum de Wythen cler. Colon. d. Henrici curatorem asserentes quod iidem litis consortes quedam immobilia bona d. Henrici in eadem dioc. consistentia indebite occupassent et quod post sent. ad sed. ap. appellarunt: m. (prep. eccl. Kerpen. Colon. dioc. et prep. eccl. s. Georgii Colon. ac dec. eccl. s. Andree Colon.) commiss. in partibus 30. decb. 82 L 830 226^{vs}.

5465 Johannes Hebel cler. Wormat. dioc.: de par. eccl. in Vihelisz Magunt. dioc. (4 m. arg.) vacat. p. priv. Johannis Sanderis de furto diffamati et excom. 30. sept. 76 S 743 12^{vs} – de capn. ad alt. s. Jacobi in par. eccl. in Adernhem Magunt. dioc. (3 m. arg.) vac. p. o. Johannes Stezen 30. sept. 76 S 753 162^r, m. (ep. Civitatis Castelli et offic. Magunt. ac offic. Wormat.), gratis (exped. 8. iul. 77) L 775 276^{rs}.

5466 Johannes de Hede al. Kelner perp. vic. ad alt. s.Heriberti in Wettenscheide cler. Colon. dioc.: de prom. ad omnes ord. extra temp., sola sign. 16. apr. 72 S 677 72^{vs}.

5467 Johannes Heder scol. Patav. dioc.: recip. primam tonsuram in basilica Principis appl. de Urbe 2. mart. 82 F 7 45^{vs}.

5468 Johannes Hegk presb. Constant. dioc. cui de par. eccl. ville Minoris Heinys Constant. dioc. vac. p.o. cuiusdam Conradi prov. fuit et possessione subsecuta referens quod etiam Jodoco Humel de d. par. eccl. p. Alexandrum [Numai] ep. Forolivien. sed. ap. in illis partibus legatum prov. fuit et quod d. Jodocus ipsum Johannem eadem possessione spoliavit: de nova prov. de eadem (4 m. monete illarum partium) 23. decb. 78 S 777 256^{vs}.

5469 Johannes Heger (Jeger) rect. par. eccl. s.Laurentii in Winswringen (Winswengen) Herbip. dioc. in acolit. ord. constit. in cur. resid.: de prom. ad omnes ord. extra temp., sola sign. 11. decb. 81 S 805 75^{v} – litt. testim. sup. prom. ad ord. subdiacon. s.d. 21. decb. 81, ad diacon. ord. s.d. 22. decb. 81, ad ord. presbit. s.d. 23. decb. 81 in sacristia basilice Principis appl. de Urbe 23. decb. 81 F 7 37^{v}.

5470 Johannes Hehinger de Grunigen (Gringen) qui litig. coram <mag.> Paulo de Tuscanella aud. sup. par. eccl. ss.Petri et Pauli ville Eschewiller (Estheltwiler, Eschewiler) Basil. dioc. contra Morandum Fisszler (Fister) cler. Basil. et deinde in favorem d. Morandi cessit: de assign. pens. ann. 24 fl. renen. sup. fruct. d. par. eccl. (72 fl. auri renen.) p. d. Morandum c. consensu suo (p. Johannem Clupfel cler. Herbip. dioc. procur. express.) <in civit. Basil.>

persolv., n.o. perp. capn. in par. eccl. op. Eschewiler (4 m. arg.) quam obtin. 10. mai. 81 S 801 117^{r}, I 334 23^{v}, (exec. ep. Forolivien. et Georgius Pernolt can. eccl. Basil. ac Jacobus de Uttenhiem can. eccl. Basil.) 18. decb. 81 V 614 274^{r}-275^{v} – restit. bulle sup. pens. ann. occasione cessionis s.d. 22. mai. 81 assign. quia n. ascendit summam 9. iun. 81 A 30 179^{r}.

5471 Johannes Heydbach, Magunt. [dioc.?]: disp. ad futura 83/84 I 335 117^{r}.

5472 Johannes Heyderici presb. Trever. dioc. cui de perp. s.c. vicar. ad alt. s.Mathie Apl. in par. eccl. s.Severi in Bopardia Trever. dioc. p. prep. eccl. s.Martini Wormat. prov. fuit: de nova prov. de d. vicar. (3 m. arg.) vac. p.o. Ade de Castelloyn 21. oct. 74 S 710 13^{rs}.

5473 Johannes Heyl: [pro formata] 9 grossos febr. 78 T 13 97^{v} – perp. cap. ad alt. ss.Valentini et Ulrici in par. eccl. op. Friddeberck Magunt. dioc.: de prom. ad omnes ord. extra temp., sola sign. 16. mart. 78 S 766 180^{r}.

5474 Johannes Heyl (Heyll) de Cappel (Cappell) (Superiori): prov. de vicar. Argent. dioc. vac. p. resign. 82 I 334 15^{v} – presb. Argent. dioc.: oblig. p. Johannem Burckard can. eccl. s.Thome Argent. sup. annat. perp. vicar. in par. eccl. in Renchen Argent. dioc. (90 fl. auri renen.) de qua vac. p. resign. Ade Gosz s.d. 18. apr. 82 sibi prov. fuit 22. apr. 82 Paris L 26 A 10 12^{r} – solv. 33 fl. adc. 54 bol. pro val. 45 fl. renen. pro annat. perp. vicar. par. eccl. in Remken (Kenchen) ultra Renum Argent. dioc. p. manus Johannis Burckard 22. apr. 82 FC I 1134 204^{r}, IE 506 6^{r}, IE 507 6^{r}.

5475 Johannes Heymanni de Vecheli cler. Leod. dioc. cui de perp. vicar. par. eccl. in Brieyll Leod. dioc. p. cant. eccl. b. Marie Aquen. Leod.

dioc. prov. fuit: de nova prov. de d. vicar. (4 m. arg.) vac. p. o. Johannis Custodis, n. o. quod Wilhelmo Truyensen de d. vicar. prov. fuit 19. nov. 74 S 711 153^{rs}.

5476 Johannes Heymerhofer perp. cap. ad alt. b. Marie in par. eccl. in Steynbach Argent. dioc. c. quo sup. def. nat. (s. c.) disp. fuit: de disp. ut unac. d. capn. al. incompat. benef. retin. val. 5. decb. 75 S 731 122^v.

5477 Johannes Heyneman cler. Magunt. dioc.: de par. eccl. s. Mauritii e. m. et prope Wolfsperg Salzeburg. dioc. (4 m. arg.) vac. p. o. Gregorii Louffer 10. nov. 81 S 805 5^{rs}.

5478 Johannes Heyneman de Weghem acol. vic. ad alt. b. Marie virg. ad Gradus Magunt. [!]: litt. testim. sup. prom. (vig. supplic.) ad ord. subdiacon. s. d. 18. iun. 75 in eccl. s. Bartholomei de Insula in Urbe, ad ord. diacon. s. d. 24. iun. 75 in eccl. mon. s. Augustini de Urbe, ad ord. presbit. s. d. 25. iun. 75 in eccl. s. Bartholomei ut supra 25. iun. 75 F 6 215^r.

5479 Johannes Heysen cler. Magunt. dioc. Cristierni Dacie Swecie et Norwegie regis medicus qui olim in certo bello capitaneo principali consilium prestitit et qui olim sollicitavit ut quidam homicida bene puniretur: m. disp. sup. irreg., gratis 13. apr. 74 V 663 91^{vss} – motu pr. gr. expect. de benef. ad coll. prep. etc. eccl. b. Marie Erforden. Magunt. dioc. et ad coll. prep. etc. eccl. s. Severi Erforden. Magunt. dioc. acsi s. d. 1. ian. 72 conc. foret et prerog. ad instar pape fam. descript. (m. ep. Tirasonen. et ep. Alerien. et dec. eccl. s. Marie Hamburgen. Bremen. dioc.), gratis 20. apr. 74 V 663 109^r-111^v.

5480 Johannes Heyso (Heyse, Heisen) cler. Traiect. dioc. pape fam. c. quo sup. def. nat. (s. s.) disp. fuit et cui gr. expect. s. d. 1. ian. 72 de can. et preb. eccl. b. Marie ad Gradus Magunt. et de can. et preb. eccl. s. Plechelmi Aldensalen. Traiect. dioc.

conc. fuit: de decl. litt. perinde val. acsi temp. dd. litt. pape fam. fuisset 2. mart. 74 S 703 193^r – can. eccl. s. Plechelmi Oldesalen. Traiect. dioc. Hieronymi [Bassus de Ruvere] tit. s. Balbine presb. card. <parafrenarius et> fam. <c. quo ad quodcumque benef. disp. fuit et> qui vig. gr. expect. can. d. eccl. s. Plechelmi et can. eccl. b. Marie ad Gradus Magunt. vac. p. o. Nicolai Wandebach acc. deinde desup. litig. successive coram quond. Bartholomeo de Bellencinis aud. et coram Guillermo de Porcariis (Perreris) aud. contra Johannem Moseler (Mosler) rect. par. eccl. s. Quintini Magunt. ac Marcum Deker necnon Johannem Sepel (Sepol) et Servatium Goswini sup. dd. can. et preb. eccl. b. Marie et in fine litig. coram Johanne de Esboem (Heserbem) [Heesboem] prep. eccl. s. Andree Colon. in cur. resid. solum contra d. Johannem Moseler eosdem in manibus pape resign.: assign. pens. ann. 19 fl. auri renen. sup. fruct. d. par. eccl. 6 m. arg. <55 fl. renen.> vel sup. fruct. cuiuscumque s. c. benef. in civit. vel dioc. Colon. vel Traiect. p. d. Johannem Moseler <c. consensu suo p. Gerwinum Mitiken cler. Colon. dioc. procur. fact.> <in civit. Colon.> persolv. 6. iul. 79 S 783 288^v, (m. prep. eccl. s. Johannis Traiect. et offic. Colon. ac offic. Traiect.) V 600 150^v-153^v – not. recip. pro bulla distributa 3 grossos et 2 grossos iun. 80 DB 1 30^v – restit. bulle sup. pens. ann. 18 [!] fl. auri renen. ut supra assign. quia est facta hodie oblig. de can. et preb. eccl. b. Marie ad Gradus Magunt. dioc. 24. iun. 81 A 29 198^r.

5481 Johannes Heiszfelder cler. Magunt. dioc., **Petrus Heiszfelder** cler. Magunt. dioc., **Johannes Kissel** cler. Magunt. dioc., **Johannes Curificis** cler. August. dioc., **Johannes Mielich** cler. August., **Henricus Heylbecher** cler. Magunt. dioc., **Nicolaus Wael** cler. Traiect. dioc., **Johannes**

Missel cler. August. dioc., **Petrus Ulpich** cler. Colon. dioc., **Petrus Berchem** cler. Colon. dioc., **Alexander Wiermuller** cler. August. dioc., **Henricus vom Rin** cler. August. dioc.: de gr. expect. de 2 can. et de 2 benef. ad coll. quorumcumque, Et s. d. 1. ian. 72 S 670 115ᵛ – qui vig. gr. expect. primissariam ad alt. s. Crucis in par. eccl. ville Ingelheym Superioris Magunt. dioc. vac. p. o. Johannis Fluck (/.) acc.: de nova prov. de d. par. eccl. (4 m. arg.) 30. oct. 75 S 729 101ᵛˢ – qui vig. gr. expect. preb. colleg. eccl. b. Marie virg. in Campis Magunt. vac. p. o. Johannis Winterkasten acc.: de prov. de d. preb. (6 m. arg.) 7. nov. 75 S 729 137ᵛ – de n. prom. ad 7 an. 13. ian. 76 S 733 170ᵛˢ – de prom. ad omnes ord. extra temp., sola sign. 17. apr. 76 S 737 261ʳˢ.

5482 **Johannes Hele** presb. Cameracen. dioc.: de can. et preb. eccl. Traiect. (70 l. T. p.) vac. p. o. Nicolai Millet 21. aug. 81 S 813 292ᵛ – licent. et in art. mag.: de nova prov. de can. et preb. ut supra 22. aug. 81 S 813 292ʳˢ.

5483 **Johannes Helle** dec. eccl. s. Thome Argent.: recip. eum in pape acol. et cap. 2. ian. 81 V 657 254ᵛˢ.

5484 **Johannes Hellersruller** presb. Patav. dioc. rect. par. eccl. de Casserolie Patav. dioc. bac. in utr. iur.: de disp. ad 2 incompat. benef. 8. mart. 77 S 748 165ʳˢ.

5485 **Johannes de Helfenstein ex com. gen., Henricus de Hewen** [laic.] Argent., **Adelheidis comitissa de Eberstein mater d. Henrici** , **Johannes de Landesperg** vicedominus episcopatus Argent. et **Cristina eius ux.** , **Zeyssolfus de Adeltheim (Adelthein)** et **Otilia eius uxor** , **Jacobus de Dedinger** prep. et **Bernardus Ameling** dec. eccl. ss. Martini et Arbogasti Surburgen. Argent. dioc., **Johannes Simler** in decr. licent., **Thomas Riron** cust. et **Johannes**

Breittenbach scolast. eccl. s. Thome Argent., **Ernestus Breittenbach** dec. et **Wilhermus Jarmm** (/.) cellerarius eccl. s. Petri iun. Argent., **Vitus Studel** cust. necnon **Johannes Burkardi** can. eccl. s. Florentii Haselacen. Argent. dioc. et **Johannes Welsfelm** dec. capit. in Retwil Constant. dioc.: de rem. plen. ac insuper pro dd. Henrico de Hewen, Johanne de Landesperg, Zeyssolfo de Adeltheim, Jacobo Dedinger et Johanne Simler de alt. port. c. clausula ante diem et pro 3 personis presentibus de indulg. anni iubilei, sola sign. 6. febr. 79 S 778 21ʳˢˢ.

5486 **Johannes Helffrid** scol. Spiren. dioc. in cur. resid. qui ad perp. capn. ad alt. s. Walburgis in par. eccl. Steten. Herbip. dioc. (36 fl. renen.) p. patron. laic. present. fuit: de prom. ad omnes ord. extra temp., sola sign. 9. mai. 84 S 836 22ʳˢ.

5487 **Johannes Helgeburger (Helge Burger)** in art. bac. Ratisbon. dioc. inter al. referens quod ipse in stud. Ingelstaten. exist. c. certis suis sociis ad faciendum collationem in quodam hospitio invitatus fuit ut iuxta consuetudinem patrie cantarent et quod unus alter socius eosdem perturbare incepit et ipsum gladio evaginato n. tamen ad sanguinis effusionem percussit et quod ipse deinde a mensa surrexit et quandam ibi contiguam cameram subintrans gladium p. defensionem arripuit et alterum cler. mediatorem appropinquantem c. cuspide gladii iniecit et quod d. cler. mediator exinde vulneratus sequenti die expiravit: de disp. sup. irreg. ut ad omnes ord. prom. et in illis ministrare ac quodcumque benef. recip. val., Conc. ut petitur citra alt. ministerium 9. mai. 80 S 792 196ᵛ.

5488 **Johannes de Helgemer** rect. par. eccl. de Helmeger Meten. dioc.: de par. eccl. de Taumeyo (Tanneyo) Meten. dioc. (4 m. arg.) vac. p. o. in cur. Conradi (de) Wintringer et de disp. ad 2 incompat. benef. etsi 2 par. eccl. 7. iul. 78 S 771 38^v, (exped. 20. iul. 78) L 787 19^{rss}.

5489 Johannes Helmich (Helmini) dec. eccl. ss. Appl. Colon. decr. doct. inter al. referens quod Pius II. 2 can. et preb. d. eccl. (ex 39 can. et preb.) vac. p. o. Johannis Deghen et Henrici Hagedorn p. Johannem Tzerwelgen (Tzenwelgin) prep. eccl. s. Andree Colon. supprimere et fruct. eorum vicarie (vicaria perp. animarum nunc.) 2 choralibus in d. eccl. ss. Appl. et residuum capitulo d. eccl. assign. fecit: de erig. de novo dd. can. et preb. (4 m. arg.) et de incorp. eosdem d. decanatui (8 m. arg.) 4. mai. 74 S 704 229^{rss}, m. (dec. eccl. s. Severini Colon.) (exped. 19. nov. 74) L 734 190^{rss} – qui unac. decan. ut supra cantor. ac can. et preb. colleg. eccl. s. Petri Basil. obtin.: de fruct. percip. c. derog. statutorum d. eccl. s. Petri quod ultra an. absens esse n. potest 14. ian. 79 S 777 87^{rs}.

5490 Johannes de Helmstat dec. eccl. ss. Germani et Mauritii Spiren. in decr. licent.: de assign. pens. ann. 28 fl. renen. sup. fruct. par. eccl. in Dormencz (Dormens, Dermenenz) Spiren. dioc. (12 m. arg.) p. Thomam de Gunsteten <can. eccl. Spiren. et> rect. d. par. eccl. <c. consensu suo p. Eustachium Munch cler. Spiren. in decr. licent. procur. express.> <in civit. Spiren.> persolv. 1. mart. 81 S 800 202^v, m. (prep. eccl. Wormat. et prep. eccl. b. Marie Feuchtwangen. August. dioc. ac offic. Spiren.) 1. mart. 81 V 607 114^v-116^r – restit. bulle sup. pens. ut supra quia d. pens. n. excedebat summam et n. est facta aliqua prov. 14. mart. 81 A 29 230^r.

5491 Johannes Jacobus Helmstorff (Helmingsteff) cler. Constant. dioc. de mil. gen.: de disp. ad 2 benef. c. lic. perm., n. o. statutorum eccl. Constant. quod nullus infra muros civit. Constant. <seu in loco> Cella Episcopali nunc. Constant. dioc. 2 be-

nef. retin. val. 27. febr. 81 S 800 74^v, L 808B 337^{rs} – pens. in Constant. dioc. 82/83 I 335 39^v – restit. bulle sup. pens. ann. 32 fl. renen. sup. fruct. par. eccl. ville Hermetinghen Constant. dioc. p. Johannem Vaybel (qui d. par. eccl. obtin.) persolv. ratione resign. Johannis Jacobi fact. de can. et preb. eccl. s. Stephani Constant. s. d. 6. iul. 83 (registrata de m. quia fruct. pens. n. excedebant summam 24 fl. adc.) 15. iul. 83 A 31 211^v.

5492 Johannes de Heltpurg (Herlpurg, Heltprug) de mil. gen:, **Petrus Chuaro [= Knauer?] de Radmandorff, Laurencius Runichheim de Molszheim, Georius Metzger, Johannes Weysz al. Wydenman, Ingerandus de Rota, Hugo Tasse, Desiderius Tacheti, Johannes Flum, Henricus de Hennemberg, Arnoldus Duren** inter 16 personas enumerati: de gr. expect. de 2 can. et de 2 benef. ad coll. quorumcumque, Et s. d. 1. ian. 72 S 670 287^{rss} – can. eccl. Eistet. ex utr. par. de mil. gen. utr. iur. licent. et **Carolus de Bapfelt** can. eccl. Eistet. ex utr. par. de mil. gen. referentes quod Johannes de Heltpurg scolastr. eccl. Eistet. resign. et quod d. Carolo de d. scolastr. prov. fuit: de assign. d. Johanni pens. ann. 60 fl. renen. sup. fruct. d. scolastr. (160 fl. renen.) 10. mai. 77 S 756 127^{rs}, I 333 116^v – solv. 19 fl. adc. (= 60 fl. renen.) pro annat. scolastr. ut supra p. manus Eberardi Rabensten 10.[!] iun. 78 FC I 1133 166^v – oblig. sup. annat. pens. ut supra p. Eberradum de Rabenstein can. eccl. Bamberg. pape fam. (in margine: solv. 19 fl. renen. p. manus d. Eberhardi s. d. 16. iun. 78) 16. iun. 78 A 27 55^v – qui par. eccl. s. Martini in Tallga Salzeburg. dioc. in favorem Johannis Hering cler. Eistet. in manibus pape resign.: assign. pens. ann. 30 fl. renen. sup. fruct. d. par. eccl. p. d. Johannem persolv. (exec. ep. Alexandrin. et offic. Salzeburg. ac offic. Eistet.) 6. sept. 80 L 808B 156^{rss} – restit. bulle quoad pens. ann. sup. fruct. par. eccl. s. Martini ut supra quia est soluta annat. d. par. eccl. 22. sept. 80 A 29 212^v.

5493 Johannes Hennbrecht cler. Magunt. dioc.: de par. eccl. s. Simplicii in op. Saltzungen Magunt. dioc. (4 m. arg.) vac. p. resign. Petri de Colendo (/.) 12. ian. 78 S 763 125^v.

5494 Johannes Henkel cler. Halberstad. dioc. referens quod ipse vig. gr. expect. Pauli II. can. et preb. eccl. s. Nicolai Novifori Magdeburg. vac. p. o. Henrici Wulffengers acc. et quod Hildebrandus Stoue vig. gr. expect. Pauli II. etiam eosdem acc.: de eisdem (4 m. arg.) vacat. p. assec. al. can. et preb. d. eccl. p. d. Hildebrandum d. Pauli II. fam. 19. oct. 73 S 709 148^{vs}.

5495 Johannes Henckel cler. Magunt. dioc.: de par. eccl. s. Petri in villa Canneworffen (Cannewerffen) Magunt. dioc. (4 m. arg.) vacat. p. resign. Johannis Steinberg cler. Magunt. dioc. legum doct. <coram Bartoldo Jane cler. Magunt. dioc. not. ap.> 8. mart. 79 S 778 289^v, m. (scolast. eccl. b. Marie virg. Erforden. Magunt. dioc.) (exped. 16. mart. 79) L 793 257^{vss} – presb.: de par. eccl. in villa Andesleben (Andaszlerden) Magunt. dioc. (3 m. arg.) vac. p. o. ultimi rect. <Johannis Thikchen> 26. febr. 81 S 800 188^r, m. (scolast. eccl. s. Severi Erforden. Magunt. dioc.) (exped. 6. nov. 81) L 808B 24^{vss}.

5496 Johannes (de com. de Henneberg) can. eccl. Herbip.: notitia sup. resign. mon. s. Bonifatii Fulden. o. s. Ben. Herbip. dioc. p. Raynaldum [de Weilnau] abb. et sup. prov. d. Johanni de d. mon. in consistorio ad relationem [Guillelmi de Estouteville] card. Rothomagen. vulg. nunc. 19. febr. 72 OS 82 70^r, OS 83 51^r – prov. de mon. ut vac. p. resign. I 332 124^v – munus consecr. I 332 124^v – commiss. recept. in relig. I 332

124^v – commendatarius mon. ut supra ad 3 menses et postea abb. d. mon.: obtulit cam. ap. et collegio card. (p. Raimundum Schenig cler. Herbip. dioc.) pro serv. commun. et serv. min. 300 fl. adc. ratione commende et postea prefectionis s. d. 20. febr. 72 6. mart. 72 OS 84 167^v – in abb. mon. ut supra prefectus post resign. Reynhardi [de Weilnau] tunc abb.: m. ad ref. d. mon. 6. mart. 72 Arm. XXXIX, 14 176^{rss} – hortatur papa Henricum lantgravium Hassie ut ipsi Johanni in ref. d. mon. assistat 6. mart. 72 Arm. XXXIX, 14 178^{rs} – hortatur Reynhardum tunc abb. mon. ut supra (cuius resign. c. reserv. pens. conventa fuit) ut ipsi Johanni ut supra assistat 6. mart. 72 Arm. XXXIX, 14 178^{vss} – m. conv. mon. ut supra ut monita efficaciter adimplere curet 6. mart. 72 Arm. XXXIX, 14 179^{vs} – hortatur Wilhelmum ducem Saxonie qui ipsum Johannem Paulo II. sup. ref. ut supra commendavit ut d. Johannem auxilio prosequatur 6. mart. 72 Arm. XXXIX, 14 180^{rs} – solv. 150 fl. adc. p. manus [soc.] de Franciottis pro serv. commun. 7. mart. 72 IE 487 53^r – litt. testim. sup. totali solut. 150 fl. adc. pro serv. commun. et 10 fl. adc. 35 sol. 8 den. monete Romane pro 1 serv. min. necnon 32 fl. adc. 32 sol. 7 den. pro 3 serv. min. p. manus Galeoti de Franchiotis et soc. de cur. 7. mart. 72 FC I 1127 53^v, FC I 1131 8^v – abb. mon. s. Salvatoris op. Fulden. o. s. Ben. Herbip. dioc. R. E. immed. subiecti ex utr. par. de com. gen. et **Andreas Hesse** rect. par. eccl. s. Blasii op. Fulden. Herbip. dioc. qui 60. sue et. an. transcendit: de uniendo mense abbatiali d. par. eccl. c. archidiac. rurali annexo ad coll. d. abb. spectantem (10 m. arg.) vacat. p. resign. in manibus pape d. Andree et de reserv. d. Andree pens. ann. 40 fl. auri renen. sup. fruct. d. mense p. Johannem persolv. 30. apr. 76 S 738 78^{vs}, L 761 87^{rss} – oblig. p. Henricum Riff cler. Herbip. dioc. sup. annat. par. eccl. ut supra 25. mai. 76 A 24 155^v – solv. 22 fl. adc. pro compositione annat. par. eccl. op. Fulden. mense abbatiali unite p. manus Henrici Riffen (Rissen) 25. mai. 76 FC I 1132 181^v, IE 492 144^r.

5497 **Johannes Henningh** cler. Hildesem. cui gr. expect. de certis can. et preb. ac dign. conc. fuit: de prerog. ad instar pape fam. descript. 8. mart. 77 S 748 156^{vs}.

5498 **Johannes Henrick** decr. doct., **Johannes Jorger, Andreas Seytz, Georgius Sachsel, Michael Krachaenberger de Vilhofen, Ludovicus Garse de Alocet, Andreas Martini, Franciscus Lemleyn, Andreas Inderclinghen, Martinus Inderclinghen** inter 15 personas enumerati: de gr. expect. de 2 can. et de 2 benef. ad coll. quorumcumque, Et s. d. 1. ian. 72 S 670 201^{vs}.

5499 **Johannes Henrici, Henricus de Estel, Lambertus de Drentwede, Henricus Metting, Bartholomeus Mencz** inter 10 Francisci ducis Andrie cap. et fam. ac dilectos enumerati: supplic. d. duce de gr. expect. de 2 can. et de 2 benef. ad coll. quorumcumque et de disp. ad 2 incompat. benef., Et s. d. 1. ian. 72 S 670 11^{vss}.

5500 **Johannes Henrici** presb. Cracov. de nob. gen.: de can. et preb. eccl. Gneznen. ac de can. et preb. colleg. eccl. in Kalis Gneznen. dioc. (insimul 20 m. arg.) vac. p. o. cuiusdam Adelberti 4. decb. 71 S 674 19^r.

5501 **Johannes Henrici** cler. Leod.: de par. eccl. in Hesbeen Traiect. dioc. (4 m. arg.) vac. p. resign. in manibus pape Johannis Prumer cler. Traiect. dioc. pape fam. (cui de eadem vac. p. o. in cur. Henrici Valgart (Velgart) <s. d. 30. iul. 78> prov. fuit <litt. desup. n. confectis>) 1. oct. 78 S 774 1^r (m. dec. eccl. ss. Petri et Alexandri Aschaffenburgen. Magunt. dioc. et Gisberto Venroy can. eccl. Lubic. ac offic. Traiect.), gratis V 592 277^{vss}.

5502 **Johannes Henrici** cler. Leod. dioc.: de par. eccl. in Ratingen Colon. dioc. (10 m. arg.) vac. p. resign. in manibus pape Andree de Venred al. de Foramine cler. Colon. pape fam. (cui de eadem vac. p. o. Johannis de Foramine al. Venraed p. papam prov. fuit) 9. mai. 84 S 835 247^v – consensus resign. ut supra 13. mai. 84 Resign. 2 151^v.

5503 **Johannes Henrici** cler. coniugatus Magunt. habitator civit. pape Perusin. illiusque celeberrimi studii pedellus inter al. referens quod cum impressioni librorum operam daret necesse habuit contrahere nonnulla debita quodque in bono proposito remansit deceptus imprimis ob pestem que invasit anno preterito in d. civit. et locis circumstantibus quo tempore n. solum studentes verum etiam et doctores et omnes civ. sese absentarunt quodque ipse vero Johannes modum n. habens abeundi omnes suos socios et proprium carnalem filium amisit et n. reperit emptores librorum quos habebat venales quodque successit preterea fames ac penuria rerum necnon discordie civiles propter adventum comitis Caroli [Fortebrachii] quodque ex eo d. Johannes debet nonnullis civ. Perusin. et uni mercatori Fabrien. summam ad 400 duc.: de moratorio 4 an. ad solv. creditoribus, Fiat ad 2 an. data cautione, Et p. breve 4. decb. 77 S 761 104^{rs} – referens ut supra et et quod dd. creditores cottidie ipsum molestant nullum respectum ad infortunia et adversitates suas habendo: de moratorio 2 an., n. o. statutis municipalibus et capit. d. civit. Perusin. et gratiis d. Johanni conc., Conc. ad an. et p. breve 15. decb. 79 S 788 109^v.

5504 **Johannes Henrici** scol. Traiect. dioc.: litt. testim. sup. recept. prime tonsure et prom. ad 4 min. ord. in dom. Jacobi [de Neapoli] ep. Sancti Angeli de Lombardis in Urbe 22. mart. 73 F 6 103^r.

5505 **Johannes Henrici de Boperdia (Bopilia) al. Mynzenburg (Mygenburg, Alynreburg)** presb. Trever. dioc.: de can. et preb. eccl. ss. Severi et Martini Monasterii Meynfelt Trever. dioc. (8 m. arg.) vacat. pro eo quod Ludovicus Surboren dec. eccl. s. Florini in Confluentia Trever. dioc. quond. Jacobi [Tebaldi] tit. s. Anastasie presb. card. fam. eosdem ex familiaritate reserv. absque lic. perm. c. quodam Thome cler. Trever. dioc. pro par. eccl. in Lemmel Inferiori Trever. dioc. 29. oct. 72 S 683 238^{vs} – can. eccl. s. Simeonis Trever. cui vig. gr. expect. s. d. 1. ian. 72 can. et preb. d. eccl. s. Simeonis ac can. et preb. eccl. s. Castoris in Confluentia Trever. dioc. conc. fuerunt: prerog. ad instar pape fam. 24. mart. 73 V 669 4^{vs} – qui vig. gr. expect. can. et preb. eccl. s. Castoris in Confluen. Trever. dioc. acc. et qui litig. desup. coram aud. contra Henricum Beef cler. Trever. dioc. intrusum: de prov. si neutri de eisdem (6 m. arg.) 4. nov. 77 S 760 198^{rs} – qui vig. gr. expect. de can. et preb. colleg. eccl. s. Castoris ut supra vac. p. o. Johannis Nuendorff acc. et qui litig. desup. coram aud. contra Henricum Bees (Rets) et Johannem Breue necnon univ. studii Trever.: de prov. si nulli de eisdem (6 m. arg.) 5. ian. 79 S 776 92^r – cui vig. gr. expect. can. et preb. ac scolastr. colleg. eccl. s. Symeonis Trever. vac. p. o. Petri Bruvers de Vecefallarie Pauli II. fam. prov. fuit: de nova prov. de eisdem (12 m. arg.) 17. apr. 81 S 801 21^{rs}.

5506 **Johannes Henrici de Medenblyck** cler. Traiect. dioc. perp. vic. ad alt. s. Petri in colleg. eccl. s. Johannis Traiect. in cur. resid.: de prom. ad omnes ord. extra temp., sola sign. 6. nov. 83 S 831 184^r.

5507 **Johannes Henrici de Putlingen** cler. Meten. dioc.: de par. eccl. op. Putilingen. (/.) Meten. dioc. (4 m. arg.) vac. p. o. Nicolai Johannis 28. mai. 74 S 706 52^r.

5508 **Johannes Henroteal (Henrotheal, Enrotheal)** qui olim par. eccl. de Margoulx in Longuyono Trever. dioc. (24 l. T. p.) et **Johannes le Carlier de Barneal** qui olim par. eccl. s. Marie de Ardenna in Pratis Leod. dioc. (17 l. T. p.) in manibus ordin. resign. ex causa perm.: m. assign. (abb. mon. b. Marie Auree vallis Trever. dioc. et dec. eccl. b. Marie Ivodien. Trever. dioc. ac offic. Trever.) Johanni Henroteal pens. ann. 7 l. T. p. sup. fruct. d. par. eccl. s. Marie p. d. Johannem le Carlier persolv. 27. apr. 74 L 734 68^{rs}.

5509 **Johannes Hensig** cler. Herbip. dioc. Roderici [de Borja] card. ep. vicecancellarii fam.: motu pr. de gr. expect. de 2 can. et preb. necnon de 2 benef. ad coll. quorumcumque c. prerog. ad instar pape fam. descript., Et s. d. 17. nov. 81 17. iun. 84 S 830 162^r.

5510 **Johannes Hensteyn** rect. par. eccl. s. Cecilie in villa Buch Magunt. dioc.: de disp. ut unac. d. par. eccl. capel. s. Michaelis Merseburg. (4 m. arg.) recip. val. 4. ian. 73 S 685 260^r.

5511 **Johannes Henzelini** presb. Meten. dioc.: m. (dec. eccl. s. Paulini e. m. Trever.) confer. par. eccl. in Bederstorff Trever. dioc. (10 l. T. p.) vacat. p. resign. in manibus pape Johannis Remich c. reserv. pens. ann. 3 fl. renen. sup. fruct. d. eccl. p. d. Johannem Henzelini persolv. 19. sept. 80 (exped. 28. sept. 80) L 806 226^{vss}.

5512 **Johannes Heoth** cler. Leod. dioc. cui de par. eccl. s. Martini de Ortwiltio Colon. dioc. (7 m. arg.) vac. p. o. Johannis Voghel al. Camphusen p. Jeronimum [de Santucciis] ep. Forosempronien. in illis partibus nuntium c. potestate legati de latere prov. fuit: de nova prov. de d. par. eccl. (7 m. arg.) 11. decb. 73 S 701 151^{vs}.

5513 **Johannes Heppheimer** qui can. et preb. eccl. s. Petri Basil. c. Conrado Hanffstengel pro perp. vicar. secunda preb. nunc. ad alt. s. Martini d. eccl. perm.: de nova prov. de d. vicar. (4 m. arg.) 24. apr. 75 S 721 40^v.

5514 Johannes Herr: prov. de par. eccl. Ratisbon. [dioc.?] vac. p. o. 81/82 I 334 203^v.

5515 Johannes Herb cler. Argent. dioc.: de capel. s. Ursule c. sodalibus Aufacker vulg. nunc. in Rotteszel Constant. dioc. (3 m. arg.) vac. p. o. Johannis Pirstenmacher 7. ian. 84 S 839 92^r.

5516 Johannes Herberti monach. prioratus b. Marie ad campos e. m. Meten. o. s. Ben.: de prom. ad omnes ord. extra temp., sola sign. 14. ian. 77 S 746 44^v.

5517 Johannes Herbort (Herbont) cler. Magunt. dioc.: motu pr. de gr. expect. de 2 can. et preb. necnon de 2 benef. ad coll. quorumcumque, Et s. d. 17. nov. 81 S 803 151^r – qui primo gr. expect. in forma paup. et deinde al. in forma communi obtin. et in exped. secunde gr. primam gr. n. renuntiavit sed solum post aliquos dies: de decl. litt. perinde val. acsi priorem gr. in exped. secunde renuntiasset 24. ian. 83 S 818 254^r, 23. mai. 83 S 823 295^v.

5518 Johannes Herbruggen (Herburgen, Harburggen) rect. capel. s. Anne in Northeringen (Vertheigen) Colon. dioc.: de prom. ad omnes ord. extra temp., sola sign. 12. decb. 80 S 798 151^v, 4. ian. 81 S 799 33^v – not. recip. pro formata 8 grossos ian. 81 DB 2 28^v.

5519 Johannes Herder presb. Camin. dioc.: de perp. s. c. vicariis in eccl. b. Marie virg. in Gripeswold Camin. dioc. (2 m. arg.) vac. p. o. Nicolai Gutczekouw (Gutzekouw) et in par. eccl. in Portcze (Porcze, Pirtze) Camin. dioc. (2 m. arg.) vac. p. o. Johannis Losch (Lesch) ac in par. eccl. s. Georgii e. m. op. Stetin Camin. dioc. (2 m. arg.) <insimul 4 m. arg.>

vac. p. o. Henrici Brosschen (Brasschen), n. o. perp. vicariis in par. eccl. s. Jacobi et in eccl. s. Nicolai in Stetin ac in par. eccl. in Griffenhagen (Gaffenhagen) Camin. dioc. <4 m. arg.> 19. nov. 76 S 696 64^r, 28. nov. 76 S 744 125^v, 29. nov. 76 S 696 64^r, 76/77 I 333 96^v.

5520 Johannes Herreman: prov. de perp. vicar. Monast. [dioc.?] vac. p. perm. 80/81 I 334 149^r.

5521 Johannes Hergot can. eccl. Meten. decr. doct. Caroli marchionis Baden. orator, **Rudolphus Abel** cler. Colon. dioc., **Adam Rodhart** cler. Wormat., **Conradus [sine cognomine] presb. August. dioc.** d. marchionis cap., **Jodocus Sicz** presb. Spiren. dioc., **Siffridus Maystat** presb. Meten. dioc., **Johannes Walterini** cler. Meten. dioc. omnes d. Caroli marchionis Baden. imper. principis dilecti: motu pr. de gr. expect. de 2 can. et de 2 benef. ad coll. quorumcumque et de prerog. ad instar pape fam. descript., Et s. d. 1. ian. 72 S 670 142^{vs}.

5522 Johannes Hering (Haring) presb. can. colleg. et sec. eccl. ss. Felicis et Regule prepos, Thuricen. Constant. dioc. decr. doct. qui vig. gr. expect. de can. et preb. d. eccl. et de benef. ad coll. ep. etc. Constant. s. d. 1. ian. 72 conc. perp. capn. ad alt. s. Petri in eccl. Constant. <4 m. arg.> acc. et qui litig. desup. et eam in via concordie pro quadam par. eccl. in Wurmlingen dim.: de decl. litt. perinde val. acsi d. capn. n. acceptasset 7. nov. 75 S 729 132^{vs}, (exped. 5. decb. 75) L 757 287^{vs} – presb. Constant. dioc.: de prerog. ad instar pape fam. descript. 6. decb. 75 S 731 42^{vs} – motu pr. de decl. dd. litt. sup. gr. expect. perinde val. acsi motu pr. conc. forent 13. decb. 75 S 731 146^{rss} – de nova prov. de can. et preb. eccl. ss. Felicis et Regule ut supra (7 m. arg.) vac. p. resign. Johannis Fabri cui de eisdem vac. p. o. Jacobi Raw prov. fuerat 25. oct. 77 S

765 56ʳ – pleb. eccl. ss. Felicis et Regule abbat. Thuricen. Constant. dioc. cui de can. et preb. d. eccl. vac. p. resign. Johannis Fabri cler. Nuemburg. dioc. pape fam. (qui eosdem n. possedit) ut supra prov. fuit: supplic. pro parte d. Johannis Fabri de reserv. pens. ann. 18 fl. renen. sup. fruct. d. pleban. et illius annexis (10 m. arg.) p. Johannem Hering persolv. 13. ian. 79 S 777 1ᵛ – disp. ad futura 83/84 I 335 54ʳ.

5523 **Johannes Hering (Hirich)** not. recip. pro bulla distributa 2 grossos aug. 80 DB 1 37ʳ – cler. Eistet. qui vig. disp. sup. def. nat. (diac. et c.) can. et preb. eccl. s. Viti Herrieden. Eistet. dioc. (6 m. arg.) certo modo vac. assec. fuit et c. quo deinde disp. fuit ut unac. dd. can. et preb. aliud benef. retin. val.: m. (offic. Eistet.) confer. par. eccl. s. Martini in Tallga Salzeburg. dioc. (90 fl. renen.) vac. p. resign. in manibus pape Johannis de Heltpurg (p. Henricum Schonleben can. eccl. Eistet. procur. fact.) 6. sept. 80 (exped. 18. sept. 80) L 806 223ʳˢˢ – oblig. p. Henricum Schonleben ut supra sup. annat. (in margine: solv. s. d. 10. sept. 80 pro compositione annat. 30 fl. pro val. 40 fl. renen.) 10. sept. 80 A 29 81ᵛ – rect. par. eccl. in Talga (Talanga) Salzeburg. dioc.: solv. 30 fl. adc. pro annat. d. par. eccl. p. manus Henrici Sconleben 18. sept. 80 FC I 1134 77ʳ, IE 502 9ʳ, IE 503 9ʳ.

5524 **Johannes de Heringen (Heringhen, Hering, Bernigen)** cler. <Magunt. dioc.>: prov. de perp. s. c. benef. ad alt. ss. Petri et Pauli in par. eccl. s. Nicolai in Gottingen Magunt. dioc. (3 m. arg.) vacat. p. resign. Pauli Laschel cler. Olomuc. pape fam. cui de d. benef. vac. p. o. in cur. Hermanni Moring s. d. 10. aug. 72 prov. fuit, m. (Johanni Ywen can. eccl. Lubic.) 7. nov. 72 (exped. 16. oct. 73) L 729 129ᵛˢ – de vicar. in mon. monial. Martszuszer Magunt. dioc. (4 m. arg.) vac. p. o. Friderici

Jungen 17. mart. 73 S 688 105ʳˢ – de eccl. sive capel. in Grunstete Magunt. dioc. (3 m. arg.) vac. p. o. Frederici Jungen 17. mart. 73 S 688 243ʳˢ – ex utr. par. de nob. gen.: de decan. necnon can. et preb. eccl. s. Crucis in Northusen Magunt. dioc. (8 m. arg.) vac. p. o. Johannis Eberhardi 12. apr. 73 S 689 296ʳˢ, I 332 179ʳ – ex utr. par. de <nob. et> mil. gen. decr. licent. qui litig. in cur. sup. decan. eccl. s. Crucis in Northusen Magunt. dioc.: de disp. ut unac. d. decan. aliud incompat. benef. recip. valeat 11. oct. 73 S 679 244ᵛ – restit. bulle sup. prov. de decan. ac can. et preb. ut supra 21. oct. 73 A 22 99ᵛ – dec. eccl. s. Crucis Northusen. Magunt. dioc.: de fruct. percip. 29. mai. 79 S 785 119ᵛ – referens quod in eccl. s. Crucis ut supra iuram. de resid. prestitit et in veritate n. in decr. doct. sed in decr. licent. exist.: de relax. iuram. et de ref. 16. decb. 79 S 788 72ᵛ – qui ad perp. vicar. ad alt. ss. Oswaldi et Jodoci mart. in capel. b. Marie Magdalene op. Erforden. Magunt. dioc. de iur. patron. laic. vac. p. o. Theoderici Runckart p. prep. eccl. b. Marie virg. d. op. present. fuit et deinde desup. litig. coram offic. d. prep. contra Emichonem de Kemenale al. Breythart et Ewaldum de Pardiis (qui p. quosdam laic. falsos patron. present. fuerunt): m. (offic. prep. eccl. b. Marie virg. Erforden. Magunt. dioc.) prov. si nulli de eadem (4 m. arg.) 20. mai. 81 (exped. 5. sept. 81) L 808A 40ᵛ-42ʳ – de can. et preb. eccl. s. Petri Jecheburgen. Magunt. dioc. (4 m. arg.) vac. p. contractum matrim. Johannis Gusman 20. oct. 81 S 804 101ʳˢ – cant. eccl. b. Marie virg. Erforden. Magunt. dioc.: narratio quod prior mon. o. Cartus. Erforden. retinet pec. apud se p. Marinum de Fregeno ep. Camin. depositas, hortatio ut procuret quod d. prior mittat dd. pec. ad cam. et informet Bartholomeum [de Marascha] ep. [Civitatis] Castelli pape thes. de his que egerit 10. sept. 82 Arm. XXXIX, 15 22^v – de uniendo cantorie eccl. b. Marie virg. Erforden. (3 m.) decan. colleg. eccl. op. Northusen. Magunt. dioc. (2 m.) quos ex disp. obtin. ad vitam, n.o. can. et preb. in eccl. b. Marie virg. Erforden. (4) ac can. et preb. in eccl. Northusen. (4) necnon perp. vicar. ad alt. s. Jacobi in par. eccl. s. Michaelis Northusen. (3) et perp. vicar. ad alt. ss. Nicolai et Katherine in par. eccl. Slatheymen. et perp. vicar. ad alt. s. Crucis in eccl. s. Bonifatii in Grossen Sommerde (5) et al. 2 par. eccl. necnon 2 perp. vicar. ss. Thome et Mathei in abbat. [s. Petri] Erforden. Magunt. dioc. (2 m. arg.) quas obtin. 24. sept. 82 S 815 265^{rs} – referens ut supra quod Marinus de Fregeno ep. Camin. in partibus nonnullas pec. deposuit: m. ut impendat operam recuperandi d. pec. c. sollicitudine illas ad sed. ap. seu Bartolomeum ep. ut supra consignare 11. ian. 83 Arm. XXXIX, 15 154^v – de perp. s.c. vicar. ss. Nicolai et Katharine mon. s. Nicolai in Isenach Magunt. dioc. (4 m. arg.) vac. p.o. Hildebrandi Guntheri 11. apr. 83 S 822 62^r – qui supplic. de qualicumque tam cantoria quam decanatu c. derog. clausule in unionibus: de ref. 28. mai. 83 S 824 112^v – disp. ad futura 83/84 I 335 117^v.

5525 Johannes Hermanni (Hermanus) altarista eccl. Wratislav. et **Melchior Weyssel** rect. par. eccl. in Passzkwicz Wratislav. dioc.: de prom. ad omnes ord. extra temp., sola sign. 3. nov. 76 S 743 155^v – cler. Wratislav. dioc. qui litig. coram offic. Wratislav. sup. nonnullis rebus et pecuniis contra Valentinum Gleyerswald cler. Wratislav. dioc.: de committ. in cur. 10. decb. 76 S 744 294^r – presb.: motu pr. de gr. expect. de 2 can. et preb. necnon de 2 benef. ad coll. quorumcumque, Et s.d. 17. nov. 81 S 803 277^r – de disp. ut 2 incompat. benef. etsi 2 par. eccl. ad

vitam seu 2 pens. ann. vel 2 benef. c. pens. recip. val. c. lic. perm. 14. iul. 83 S 827 238^r.

5526 Johannes Hermelinck cler. Osnaburg. dioc.: de simplici benef. sive perp. s.c. vicar. in eccl. s. Johannis Osnaburg. (3 m. arg.) vac. p.o. Gerardi Petemelle (Petermelle) 20. iun. 74 S 709 165^v – qui litig. coram aud. sup. perp. vicar. ad alt. s. Pauli ut supra contra Gerlacum Honeyse cler. intrusum: de prorog. ad 6 menses 28. apr. 77 S 750 179^{rs}.

5527 Johannes Hert (Hirt) (al. Hospitis) rect. par. eccl. in Langdorff Frising. dioc.: de disp. ut unac. d. par. eccl. aliud incompat. benef. etsi par. eccl. recip. val. 7. febr. 78 S 764 205^v – cler. Ratisbon. <Frising.> dioc. referens quod ipse litig. coram quond. Nicolao de Edam <pape cap. et> aud. <et deinde coram mag. Johanne Prioris pape cap. et aud.> sup. par. eccl. sive perp. vicar. s. Georgii in Gerezen <Gertzen> Ratisbon. dioc. contra Paulum Laschel (Last Saldicl) pape fam. cler. Olomuc. dioc. (cui de eadem vac. p.o. in cur. Georgii Jahafft (Johafft) prov. fuit) (nunc resign.) et contra Michaelem Pantz (Pamitz) cler.: de prov. Johanni Hert de d. par. eccl. (50 <40> fl. renen.) et de assign. d. Paulo pens. ann. 15 fl. renen. sup. fruct. d. par. eccl. p. d. Johannem persolv. 25. febr. 78 S 765 203^{vs}, 15. mart. 78 S 766 175^v, m. (d. mag. Johanni Prioris) 30. mart. 78 (exped. 2. apr. 78) L 783 57^{vss} – rect. par. eccl. s. Georgii in Lergen Ratisbon. dioc. reus et possessor qui litig. coram Johanne [de Ceretanis] ep. Nucerin. aud. contra quond. Michaelem Salzman pape fam. in cur. defunct. sup. d. par. eccl. (10 m. arg.): de surrog. ad ius d. Michaelis, n.o. par. eccl. s. Petri in Lengdorff Frising. dioc. (8 m. arg.) 11. mart. 82 S 808 232^r.

5528 Johannes Hertel (Hortel) cler. August. dioc.: de par. eccl. sive perp. vicar. in Veltirus Brixin. dioc. (4 m.

arg.) vac. p.o. Nicolai Hoffman 6. apr. 78 S 768 5^r – de par. eccl. in Langbreysingen Ratisbon. dioc. (12 m. arg.) vac. p.o. Petri Ahlicker Pii II. fam. et quond. Burchardi [de Weissbriach] tit. ss. Nerei et Achillei presb. card. Salzeburg. vulg. nunc. fam. 23. nov. 80 S 798 251^v – m. (prep. eccl. b. Marie Veteris Capelle Ratisbon. et prep. eccl. s. Severi Erforden. Magunt. dioc. ac offic. August.) prov. de can. et preb. eccl. in Anspach Herbip. dioc. (6 m. arg.) vac. p.o. Andree Volckrer 17. sept. 81 (exped. 26. ian. 82) L 814 274^{rss} – de can. et preb. colleg. eccl. s. Stephani Bamberg. (6 m. arg.) vac. p.o. Martini Kopp quond. G[eorgii] Hesler tit. s. Lucie in Silice presb. card. fam. 17. decb. 83 S 839 249^{vs}.

5529 Johannes Herwich (Hervich, Herwick) al. Ernesti presb. Brandenburg. dioc. de op. Borch oriundus: de capel. s. Georgii prope et e.m. op. Brandenburg. Brandenburg. dioc. de iur. patron. laic. (3 m. arg.) et de benef. ad alt. s. Dionisii in par. eccl. s. Nicolai op. Borch (3 m. arg. <24 fl. adc.>) vac. p. resign. in manibus pape Johannis Mar (Mor) 23. mai. 79 S 782 110^r, 25. mai. 79 S 782 48^v, 27. mai. 79 S 784 9^r – presb. Brandenburg. <Havelberg.> dioc.: de benef. ad alt. s. Dionisii <perp. s.c. vicar.> in par. eccl. s. Nicolai op. Borgh Brandenburg. dioc. (3 m. arg.) vac. p. resign. in manibus pape Johannis Mor <p. Simonem Volczken cler. Havelberg. procur. fact.> 25. mart. 80 S 791 105^{vs}, m. (scolast. eccl. s. Nicolai Novifori Magdeburg.) (exped. 15. apr. 80) L 804 245^{rss}.

5530 Johannes [Hess] abb. mon. in Fussen (Fuessen) o. s. Ben. August. dioc.: de incorp. mense abbatiali d. mon. capel. s. Georgii in Holtz (Heltz) sitam infra lim. parochie par. eccl. in Segk (Serr) August. dioc. de iur. patron. d. mon. (3 m. arg.) 15. mart. 77 S 748 226^{rs}, L 772 261^{rs} –

notitia sup. incorp. capn. s. Georgii in Holtz August. dioc. (3 m. arg.) 15. mart. 77 Cod. Chigi H II 32 12^v – restit. bulle sup. incorp. capel. s. Georgii in Holtz d. monasterio ut supra (quia n. ascendit summam) 14. apr. 77 A 25 230^r.

5531 Johannes Hees Salzeburg. dioc. art. et med. doct. com. pal. ac eques imper. et regis Bosne medicus: de conc. privil. pape fam. domesticorum 8. iun. 75 S 722 237^{vs} – de alt. port. c. clausula ante diem, Conc. exped. gratis 8. iun. 75 S 722 237^{vs} – et **Appollonia ux. eius** : elig. confess. et rem. plen., Conc. exped. gratis 8. iun. 75 S 722 237^{vs}.

5532 Johannes (de) Heesboem (Hoesboem, Esboem) [1. pars 4 partium] perp. benefic. ad alt. s. Crucis in par. eccl. in Putbz Trever. dioc. Bessarionis [Trapezunt. card. ep. Sabinen.] Nicen. nunc. fam. et **Johannes Cabebe** rect. sive persona c.c. personatus par. eccl. in Goesdorp Colon. dioc. desiderantes dd. benef. perm.: de prov. d. Johanni de Heesboem de d. par. eccl. in Goesdorp (15 m. arg.) c. reserv. pens. ann. 35 fl. auri renen. Johanni Cabebe p. Paulum II. conc. et de prov. d. Johanni Cabebe de d. alt. (9 m. arg.), n.o. def. nat. (p. s.) d. Johannis de Heesboem 17. nov. 71 S 673 187^v, I 332 59^r – restit. bullarum sup. perm. ut supra 24. decb. 71 A 21 178^r – cler. Cameracen. dioc. mag. in art., **Stephanus Ferreti** presb. Constant. dioc., **Henricus Beulem** Herbip. dioc., **Fridericus Mulner** cler. Magunt. dioc., **Adam Opgastendonc** cler. Colon. dioc. mag. in art., **Johannes Kemech** cler. Leod. dioc., **Johannes Librich** cler. Wormat. dioc., **Johannes Purtick** cler. Minden., **Wolffgangus Wiryser** cler. Frising., **Conradus Conicel** cler. Magunt. dioc., **Conradus Roii** cler. Magunt. dioc., **Michael Gruls** cler. Herbip. dioc., **Johannes Hetdegel** cler. Monast., **Johannes vor den Waelt** cler. Magunt. dioc., **Petrus Horneck** cler. Magunt. dioc., **Antonius Cusze** cler. Trever. dioc., **Theodorus Honingh** cler. Magunt. dioc., **Johannes Vinckel** cler. Magunt. dioc., **Johannes Hertwin de Itzsteyn** cler. Trever. dioc. inter 66 Bessarionis [Trapezunt.] card. ut supra fam. enumerati et **Johannes Belholt** cler. Monast., **Arnoldus Grondick** cler. Osnaburg., **Statius Blomenhoiche** cler. Minden. inter 17 d. card. dilectos enumerati: motu pr. de gr. expect. de 2 can. usque ad val. fruct. /. l. T. p. et de 2 benef. ad coll. quorumcumque et de prerog. ad instar pape fam. descript. et de disp. ad 2 incompat. benef., Et s.d. 1. ian. 72 S 670 41ʳ-42ᵛ – card. ut supra not. et fam.: restit. bulle s.d. 17. mai. 69 sup. scolastr. eccl. b. Marie Traiect. (15 m. arg.) vac. p.o. Godefridi de Waga (Waya) <quam n. possidet> 10. mart. 72 A 21 103ᵛ, FC I 1232/181 9ᵛˢ – unus ex 12 Bessarionis [Trapezunt.] card. ep. Tusculan. fam. c. quo p. Pium II. disp. fuit ut n.o. def. nat. (p.s.) et def. et. (tunc in 22. sue et. an. existens) benef. eccl. s.Severini Colon. unac. al. incompat. benef. retin. val.: disp. uberior ut etiam dign. in cathedr. eccl. retin. val. 8. sept. 72 V 666 488ᵛˢˢ – rect. sive persona personatus par. eccl. in Gersdorp (Goesdorp) Colon. dioc. subdiac.: de prom. ad omnes ord. extra temp., sola sign. 15. ian. 73 S 686 152ʳ – Juliani [de Ruvere] tit. s.Petri ad vincula presb. card. cap. et fam.: supplic. d. card. de can. et maiori preb. eccl. Minden. (4 m. arg.) vacat. p. prom. Henrici Gronborch el. Minden. 12. aug. 73 S 695 7ᵛˢ – antiquus curialis <c. quo tunc in 21. sue et. an. constit. s.c. benef. et quamprimum 22. sue et. an. attigerit c.c. dign. eccl. s.Severini Colon. obtin. val. disp. fuit>: de disp. ut unac. par. eccl. in Goesdorp ut supra al. 2 benef. incompat. recip. val. 26. febr. 74 S 703 44ᵛ, V 667 453ʳ-454ᵛ, gratis 28. apr. 74 V 663 24ʳ-25ᵛ – prov.

de can. et preb. eccl. s.Petri Traiect. (8 m. arg.) vac. p.o. Henrici Schut de Clivis abbrev. (m. dec. eccl. s.Severini Colon. ac dec. eccl. s.Johannis Osnaburg.) 9. nov. 74 (exped. 14. mai. 77) L 790 44ʳ-45ᵛ.

5533 **Johannes Heesboem** [2. pars 4 partium] presb. qui can. et preb. eccl. s.Lebuini Davantrien. Traiect. dioc. dim. paratus est: de prepos. ac can. et preb. eccl. s.Petri Traiect. (insimul 30 m. arg.) vac. p. resign. Juliani card. ut supra cui de eisdem vac. p.o. Walteri de Gouda abbrev. <in commendam> prov. fuit <possessione n. habita> 15. iun. 75 S 723 119ᵛ, (m. ep. Nucerin. et dec. eccl. s.Lebuini Daventrien. Traiect. dioc. ac dec. eccl. s.Johannis Osnaburg.), gratis 22. iul. 75 V 580 130ʳ-133ʳ – c. quo ad 3 incompat. benef. disp. fuit et qui vig. gr. expect. de can. et preb. eccl. s.Servatii Traiecten. Leod. dioc. necnon de benef. ad coll. abb. etc. mon. s.Trudonis de Sancto Trudone can. et preb. d. eccl. s.Servatii vac. p.o. Johannis Durlus (Daulye) obtin. et qui litig. desup. contra quond. Philibertum de Rivello (Ruollo) in cur. defunct. Juliani card. ut supra fam. (qui litigavit desup. contra <Johannem Jaquini et> Carolum Solliot (Sillorum): surrog. ad ius ad dd. can. et preb. (12 m. arg.) 27. iun. 75 S 723 64ʳˢ, m. (Gabrieli de Contarenis aud.), gratis V 578 183ʳ-186ʳ – cui de prepos. et de can. et preb. eccl. s.Petri Traiect. ut supra vac. p. resign. Juliani card. ut supra prov. fuit et **Hermannus Tuleman** cler. Paderburn. cui de thesaur. et de can. et maiori preb. eccl. Traiect. vac. p. resign. d. card. prov. fuit: de confic. litt. desup. c. express. quod d. card. de eisdem n. prov. fuit sed eos in commendam obtin. <possessione n. habita> et quod val. d. prepos. 54 m. arg. n. excedit 22. iul. 75 S 724 181ʳˢ, (m. ep. Nucerin. et dec. eccl. s.Lebuini Daventrien. Traiect. dioc. ac dec. eccl. s.Johannis Osnaburg.)

V 569 140^r-143^v, gratis V 579 90^v-93^r – qui person. curatum sive par. eccl. in Goesdorp Colon. dioc. (quam obtin.) dim. paratus est: de can. et preb. colleg. eccl. s. Salvatoris Traiect. (14 m. arg.) vac. p. resign. Juliani card. ut supra qui eosdem vac. p. [o.] Walteri de Gouda in commendam obtin. 1. aug. 75 S 724 272^{vs}, (m. ep. Nucerin. et dec. eccl. s. Lebuini Daventrien. Traiect. dioc. ac dec. eccl. s. Johannis Osnaburg.), gratis V 570 27^v-30^v, gratis V 580 1^r-4^v, gratis V 580 126^r-129^v – pres. in cur.: oblig. (p. Everardum Zoudenbalch prep. eccl. s. Servatii Traiecten. [Leod. dioc.] et collect. p. civit. et dioc. Traiect.) pro annat. can. et prepos. eccl. s. Petri Traiect. ut supra 30. aug. 75 FC I 1232/181 13^r – oblig. sup. annat. can. et preb. eccl. s. Salvatoris Traiect. ut supra 15. sept. 75 FC I 1232/181 13^r – referens quod ipsi de prepos. ac can. et preb. eccl. s. Petri Traiect. certo modo vac. prov. fuit (possessione nondum assec.) et quod ipse can. et preb. eccl. s. Lebuini Davantrien. Traiect. dioc. quos tunc obtin. dim. paratus fuit et quod deinde Theoderico onder den Eyken cler. Colon. dioc. d. card. fam. de eisdem prov. fuit (nunc resign.): de disp. ut dd. can. et preb. eccl. s. Lebuini (10 m. arg.) retin. val. etiamsi dd. prepos. ac can. et preb. s. Petri assequitur 22. nov. 76 S 744 15^{rs} – motu pr. prov. de prepos. eccl. s. Andree Colon. (11 m. arg.) vac. p. resign. in manibus pape in favorem Juliani card. ut supra qui eam vac. p. o. in cur. Nicolai de Edam aud. s. d. 7. nov. 76 in commendam obtin. (m. ep. Agathen. et dec. eccl. s. Johannis Osnaburg. ac dec. eccl. s. Patrocli Susacien. Colon. dioc.), gratis 22. nov. 76 V 576 174^r-176^v.

5534 **Johannes Heesboem** [3. pars 4 partium] qui litig. sup. prepos. eccl. s. Andree ut supra: m. assistendi d. Johanni contra intrusos in d. prepos.

(exec. Nicolaus de Ubaldis et Bartholomeus de Bellencinis aud. ad dec. eccl. s. Patrocli Susacien. Colon. dioc.), gratis 30. nov. 76 V 576 171^r-174^r – solv. 24 fl. adc. pro compositione annat. 3. decb. 76 FC I 1133 17^r, IE 493 33^v, IE 494 37^v – oblig. sup. annat. prepos. eccl. s. Andree Colon. 4. decb. 76 A 25 74^v – can. eccl. s. Severini Colon.: oblig. sup. annat. can. et preb. eccl. s. Servatii Traiecten. Leod. dioc. (12 m. arg.) de quib. vac. p. o. in cur. Phyliberti de Rinello collitigantis s. d. 28. iun. 75 sibi prov. fuit (in margine: s. d. 27. mart. 78 prorog. term. solut. ad 4 menses; s. d. 23. iul. 78 prorog. term. solut. p. totum mensem oct.; s. d. 30. oct. 78 prorog. term. solut. ad 1 mensem; s. d. 14. nov. 78 solv. 27 fl. p. manus suas), restit. bulle 25. apr. 77 A 25 156^r – can. eccl. s. Pauli Leod. mag. in art. et Juliani card. ut supra secr.: oblig. pro annat. 1 benef. eccl. quam vig. gr. expect. p. bullam s. d. 1. apr. 77 sibi prov. fuit 29. mai. 77 A 25 182^v – cui Paulus II. pens. ann. 40 fl. renen. sup. fruct. par. eccl. de Heylo Traiect. dioc. (p. quond. Martinum Fabri rect. d. par. eccl. in cur. defunct. persolv.) assign.: m. (dec. eccl. s. Petri Traiect.) reducendi d. pens. ann. ad 3. partem veri valoris d. par. eccl. p. Balduinum Trismans modernum rect. ipsius eccl. persolv. 11. sept. 77 V 583 99^r-100^v – fit mentio ut procur. Juliani card. ut supra 1. nov. 77 A 26 92^r – inter al. referens quod sibi de prepos. eccl. s. Andree Colon. vac. p. resign. in manibus pape Juliani card. ut supra motu pr. prov. fuit c. disp. sup. def. nat. (p. s.) quodque p. al. litt. ap. dec. capit. et can. d. eccl. moniti fuerunt ut eidem Johanni possessionem d. prepos. traderent quodque illi ea facere n. curaverunt sed postea Vincentium de Eyl cler. ad illam admiserunt: commissio Johanni [de Ceretanis] ep. Nucerin. aud. locumtenenti in cur. resid., gratis 31. decb. 77 V 669

245^r-247^v – et dec. et capit. eccl. s. Servatii Traiecten. Leod. dioc. inter al. referentes quod Johannes de Heesboem thesaurariam d. eccl. s. Servatii tunc vac. p. o. Nicolai Simonis vig. gr. expect. acc. quodque ipse litig. desup. in cur. contra quond. Johannem Jaquini extra cur. in loco ultra 2 dietas n. distante defunctum et quond. Johannem Bellen (Bollen) cler. ac quond. Nicolaum de Ubaldis cler. Perusin. pape cap. successive vita functos quodque ipse omni iur. in d. thesaurariam (que p. unum ex can. eiusdem eccl. qui illius ratione in d. eccl. conservationi reliquiarum iocalium ac vestimentorum preesse solebat obtineri consuevit) cedere paratus est: de adm. d. cess. ac de appropriatione d. mense capitulari d. thesaur. (4 m. arg.) c. reserv. pens. ann. 24 fl. renen. d. Johanni Heesboem ad vitam p. d. dec. et capit. <vel Johannem Purtick cler. Minden. dioc.> sup. fruct. d. mense persolv., n. o. def. nat. (s. <p.> s.) d. Johannis de Heesboem sup. quo secum <dudum in 21. sue et. an. constit.> disp. fuit 2. apr. 78 S 767 241^{rss}, (m. ep. Lunen. et dec. eccl. s. Cuniberti Colon. ac dec. eccl. s. Pauli Leod.), L 800 200^v-203^r – fit mentio ut procur. oblig. sup. annat. 3. apr. 78 A 27 2^r – cui de can. et preb. eccl. s. Petri Traiect. (8 m. arg.) vac. p. o. Henrici Schut de Clivis abbrev. prov. fuit et qui litig. coram aud. contra Johannem Hispen et Johannem Purticli cler. Minden.: de adm. resign. d. Johannis de Heesboem et de prov. Johanni Purticli de eisdem, n. o. def. nat. (s. s.) 17. apr. 78 S 768 192^v – de capn. sive perp. s. c. vicar. <ad alt. s. Jeronis supra sepulcrum nunc.> in par. eccl. de Nortwick (Noortich) Traiect. dioc. (4 m. arg.) vac. p. o. in cur. Innocentii Crecy (Trety, Orecy) 22. iun. 78 S 771 105^{rs}, m. (ep. Lunen. et ep. Bretenorien. ac dec. eccl. s. Petri Traiect.), gratis (exped. 26. iun. 79) L 784 151^{vss}.

5535 Johannes Heesboem [4. pars 4 partium] can. eccl. s. Severini Colon. Juliani card. ut supra secr.: fit mentio ut procur. Galeatii [de Ruvere] el. Agenen. 11. iul. 78 OS 84A 40^v – cui de prepos. eccl. s. Andree Colon. et de prepos. eccl. s. Petri Traiect. ac de can. et preb. eccl. s. Salvatoris Traiect. certo modo vac. prov. fuit: de lic. resign. vel perm. 10. nov. 78 S 774 304^{vss}, gratis 13. nov. 78 V 589 128^r-130^r – solv. 27 fl. adc. pro annat. can. et preb. eccl. s. Servatii Traiecten. Leod. dioc. 14. nov. 78 FC I 1133 192^v – oblig. sup. lic. resign. vel perm. 10. decb. 78 A 27 122^r – de uniendo prepositure eccl. s. Andree Colon. (16 m. arg.) unam ex 23 can. et preb. d. eccl. (11 m. arg.) ad usum distributionum cottidianarum 11. mart. 79 S 778 299^{vs} – litt. duplicata sup. 2 disp. Pii II. et Pauli II., gratis 4. apr. 79 V 670 255^r-257^v – [Juliani de Ruvere] card. ep. Sabinen. [fam.]: oblig. sup. annat. pens. ann. 24 fl. renen. eidem sup. fruct. mense capit. eccl. s. Servatii Traiecten. Leod. dioc. (ratione resign. in manibus pape thesaur. d. eccl. d. mense incorp.) s. d. 2. apr. 79 assign., restit. bulle 28. apr. 79 A 28 196^v – solv. 107 fl. adc. pro annat. prepos. ut supra 1. mai. 79 FC I 1133 227^v – referens quod quidam Balduinus Pauli II. fam. certam par. eccl. vig. reserv. gener. obtin. sed quod d. reserv. gener. ad benef. unita n. extenditur (etiamsi motu pr. conc.) et quod express. val. certe prepos. (40 m. arg. p.) omissa fuit: de ref. 13. iul. 79 S 784 10^v – referens quod ipse prepositure eccl. s. Petri Traiect. ut supra par. eccl. in Heyloe Traiect. dioc. ad vitam unire proponit et quod s. d. 23. iun. 74 omnia privil. mon. s. Adalberti Egmonden. o. s. Ben. Traiect. dioc. (c. iur. patron. d. par. eccl.) conf. fuerunt: de ref. 20. iul. 79 S 784 125^{vs} – m. uniendi d. prepositure (40 m. arg. p.) par. eccl. de Heyloe Traiect. dioc. (10 m. arg.) vac. p. resign. in manibus pape Balduini Tritsmans Pauli II. fam. (p. Johannem Druys cler. Leod. dioc. procur. fact.) ad vitam c. derog. privil. mon. s. Adalberti Egmonden. ut supra, gratis 20. iul. 79 L 794 96^v-98^v – oblig. sup. annat. par. eccl. de Heyloch ut supra Traiect. dioc. 13. oct. 79 A 28 97^r – solv. 22 fl. adc. pro annat. unionis par. eccl. de Eyloe (Heylock) Traiect. dioc. 13. oct. 79 FC I 1134 6^r, IE 498 40^v, IE 499 45^v – motu pr. de can. et preb. eccl. s. Cuniberti Colon. (4 m. arg.) vac. p. o. Johannis Beswoert 4. febr. 80 S 790 97^r – de par. eccl. sive person. curato <s. c.> de Beverloe Leod. dioc. (25 m. arg. p.) vac. p. resign. in manibus pape Juliani [de Ruvere] card. ep. Sabinen. tunc tit. s. Petri ad vincula presb. card. (qui eandem certo modo vac. <motu pr.> in commendam obtin. possessione n. habita vel p. resign. <prom.> Henrici de Bergis el. Cameracen. et not. ap.) sub condicione quod ipse in casu prov. dissolutionem unionis par. eccl. de Heyloe Traiect. dioc. (dudum p. papam prepositure eccl. s. Petri Traiect. ad vitam Johannis de Heesboem unite) consentire et can. et preb. c. ferculo eccl. s. Severini Colon. dim. debeat 27. mai. 80 S 793 71^{rss}, de ref. 30. mai. 80 S 793 74^r, (m. ep. Nucerin. et dec. eccl. s. Martini Leod. ac dec. eccl. s. Ludgeri Monast.), gratis V 599 104^v-107^v – de perp. s. c. capn. ad alt. s. Materni in eccl. Leod. et de perp. s. c. capn. ad alt. ss. Petri et Pauli appl. in par. eccl. de Paelser prope Herentals (insimul 4 m. arg.) vacat. p. assec. par. eccl. de Webeken p. Henricum Wyner pape fam. 29. mai. 80 S 793 171^{rs} – oblig. sup. annat. par. eccl. sive person. in Beverloe Leod. dioc. ut supra (in margine: die 30. mai. 80 Johannes de Heesboem habuit bullam commende card. ut supra pro tuitione iur. sui s. d. 17. mai. 80 conc.) 30. mai. 80 A 29 19^v – solv. 67 fl. adc. pro annat. par. eccl. in Beverloe 30. mai. 80 FC I 1134 52^v, IE 498 139^r, IE 499 145^r – solv. 31 fl. adc. pro annat. can. et preb. eccl. s. Salvatoris Traiect. 28. iul. 80 FC I 1134 65^v, IE 500 20^v, IE 501 21^v – can. eccl. s. Andree Colon.: fit mentio ut procur. 26. aug. 80 OS 84A 84^r.

5536 **Johannes Hesel (Hosel)** rect. par. eccl. in Vertzpych (Vertzpueck) Ratisbon. dioc. in decr. licent.: de disp. ut unac. d. par. eccl. al. incompat. benef. recip. val. etsi 2 par. eccl. ad vitam c. lic. perm. 8. ian. 81 S 799 100^v, L 807 236^{vs} – rect. par. eccl. s. Pauli in Capellen Salzeburg. dioc.: de disp. ut unac. d. par. eccl. quam obtin. aliud incompat. benef. aut 2 par. eccl. ad vitam recip. val. c. lic. perm. 10. decb. 81 S 805 278^{vs} – aep. Strigonien. in cur. orator: motu pr. gr. expect. s. d. 17. nov. 81 de can. et preb. ad coll. ep. etc. Frising. et de can. et preb. ad coll. ep. etc. Ratisbon. c. disp. ad 3 incompat. benef. (exec. prep. eccl. s. Andree Frising. et offic. Salzeburg. ac offic. Ratisbon.), gratis 25. mai. 84 V 646 18^v-24^v – oblig. sup. can. et preb. eccl. Frising. ac can. et preb. eccl. Ratisbon. ut supra necnon off. alterius eccl. ac benef. (24 fl. adc.), restit. bulle 2. iun. 84 A 32 121^r.

5537 **Johannes Hesseluck** civis Monast. curator nob. Everwini com. de Benthen et domini Stenvorden. Monast. dioc. referens quod ipse Fredericum van Burse prep. eccl. in Vaerk [= Varlar] o. Prem. Monast. dioc. (qui quasdam litt. et scripturas ad d. comitem pertin. indebite occupatas detin.) coram offic. Monast. in causam traxit et quod d. offic. ipsi iustitiam ministrare denegavit et quod d. causam ad ep. Monast. remisit: de committ. in partibus 4. mai. 80 S 795 22^r.

5538 **Johannes (de) Hesler (Heszler, Hezeler)** can. eccl. Colon.: solv. 17 fl. adc. et 36 bon. pro compositione annat. decan. eccl. ss. Appl. Colon. 16. aug. 71 FC I 1129 14^r, IE 487 1^r –

can. eccl. s. Severini Colon. inter al. referens quod ipse Georgio de Arnsbergh civ. Colon. not. publico promissiones et iuram. fecit videlicet quoad litem sup. off. notariatus aule Colon. inter d. Gregorium et Jacobum Jodinck de Lippia cler. Colon. dioc. et quoad resign. can. et preb. d. eccl. (4 m. arg.) in favorem filii d. Georgii: de absol. et de relax. iuram. 14. iul. 72 V 662 16^{rs} – R. I. dilectus qui Petro de Unckel incole Colon. (suo procuratori irrevocabili) ex mutuo 400 fl. renen. nomine sortis et summe principalis et 60 fl. renen. ratione pravi lucri oblig. est ad confer. eidem benef. sua presertim prepos. eccl. Messcheden. Colon. dioc.: motu pr. de revocando contractum usurarium et de absol. ab iuram. <Et c. pot. revocandi procur. irrevocabilem> 15. iun. 75 S 724 270^r, 4. iul. 75 S 723 17^{vs} – prep. colleg. eccl. s. Walburgis Mescheden. Colon. dioc. licent. in leg. Friderici R. I. missus ad cur. qui can. et preb. eccl. Colon. obtin.: de resign. d. prepos. (16 m. arg.) et de uniendo eandem dd. canonicatui et preb. ad vitam (8 m. arg.) 15. nov. 75 S 730 232^r – qui malitiam creditorum formidat: motu pr. de ref. 25. nov. 75 S 730 231^{rs} – leg. doct.: supplic. Friderico R. I. motu pr. de gr. expect. de 2 can. et preb. ad coll. quorumcumque [iul. 77] S 754 166^v – qui Georgii [Hesler] tit. s. Lucie in Silice presb. card. frater germanus exist.: recip. eum in sed. ap. not. et refer. (m. Georgio card. ut supra), gratis 1. iul. 78 V 657 158^r-159^v – restit. bulle sup. recept. in prothonot. (quia habuit gratis) 4. iul. 78 A 27 208^v – m. (prep. eccl. s. Georgii Colon.) confer. c. c. prepos. eccl. s. Martini Wormat. (200 fl. renen.) vac. p. resign. card. ut supra (p. Arnoldum Klober cler. Colon. dioc. procur. fact.) 14. febr. 79 (exped. 30. mart. 79) L 791 203^{rss} – prep. eccl. s. Walpurgis in Metscherden Colon. dioc. (nunc resign.) et **Nicolaus Hesler** cust. eccl. s. Johan-

nis Novi Monasterii Herbip. qui Maximiliani ducis Austrie et Burgundie orator ad papam destinatus exist. et vig. disp. ad 2 incompat. benef. (p. quond. Johannem [Castiglioni] ep. Papien. et tunc in partibus illis c. pot. legati de latere nunt. ap. conc.) d. custod. et par. eccl. in Gotsheim Herbip. dioc. tenuit: de adm. resign. Johannis Hesler et de prov. d. Nicolao de d. prepos. (9 m. arg.) et de disp. ut d. Nicolaus unac. dd. custod. et par. eccl. d. prepos. et c. uno alio incompat. benef. ad vitam c. lic. perm. recip. val. 14. febr. 79 S 778 20^{rs} – de confic. litt. c. express. quod prepos. eccl. s. Walpurgis ut supra 12 m. arg. val. 6. mart. 79 S 778 255^v – de prepos. eccl. s. Florini in Confluentia Trever. dioc. (40 m. arg.) vac. p. resign. in manibus pape card. ut supra c. reserv. pens. ann. 100 fl. adc. 27. febr. 80 S 789 295^r, m. (ep. Civitatis Castelli et dec. eccl. Herbip. ac prep. eccl. s. Georgii Colon.) 11. mart. 80 (exped. 13. mai. 80) L 807 43^{vss} – oblig. p. Johannem Mittelbach rect. par. eccl. in Probstorff Patav. dioc. sup. annat. prepos. eccl. s. Florini ut supra de qua s. d. 11. mart. 80 sibi prov. fuit (in margine: s. d. 6. nov. 81 solv. ut infra; s. d. 18. febr. 83 Nicolaus Heszler et procur. soc. de Rabatis recuperaverunt dd. 100 fl. et infrascriptos 75 fl. quia fuit probatus quod d. Johannes numquam possedit d. prepos.) 6. nov. 81 A 30 82^r – solv. 100 fl. adc. pro annat. prepos. eccl. s. Florini in Confluentia Trever. dioc. p. manus soc. de Franciottis 6. nov. 81 FC I 1134 158^r, IE 505 30^r – solv. 75 fl. adc. pro annat. prepos. eccl. s. Martini Wormat. <pro val. 100 fl.> p. manus soc. de Franciottis 6. nov. 81 FC I 1134 158^v, IE 505 30^r – sed. ap. not. et **Nicolaus de Heseler** decr. doct. Georgii card. ut supra fr., **Johannes Mettelbach, Sifridus de Gand, Conradus Mettelbach** card. ut supra nepos, **Andreas Weymar** decr. doct., **Henricus Bleusz de**

Wellis med. doct., **Hermannus Schench, Wilhelmus de Wolfszkel** can. eccl. Herbip., **Kilianus Horn** decr. doct., **Rudolfus de Reynack, Nicolaus Pauler, Leonhardus Liger, Paulus Prantt, Hermannus Bamberger, Sixtus Lamparter, Johannes Stockel, Georgius Cerdonis, Philippus Tolder, Emilianus de Liechtenstein, Michael Byetten, Gerardus Ketteler, Thomas de Schrobenharesen** Georgii card. ut supra Patav. nunc. familiares et nepotes ac **Wilhelmus Schenck de Limperg baro, Bernhardus de Wittenberg, Eberhardus de Lapide** decr. doct., **Martinus Thuenpeck, Balthasar Martzer** decr. doct., **Petrus Enewer** in decr. licent., **Jodocus Trebesmulner, Eberhardus Cadmer, Nicolaus Herlszperger, Martinus Frickman, Johannes Schentz, Wernherus de Auffses, Bernhardus Wetzel de Hallis, Johannes Senff, Petrus de Andorpia** card. ut supra dilecti: motu pr. de gr. expect. de 2 can. et preb. necnon de 2 benef. ad coll. quorumcumque, Et s. d. 17. nov. 81 S 803 114^{rs}.

5539 **Johannes Hespelen** presb. Colon. dioc. cui de vicar. ad alt. s. Petri in eccl. ss. Cosme et Damiani Assinden. Colon. dioc. p. dec. et scolast. d. eccl. prov. fuit: de nova prov. de d. perp. vicar. (3 m. arg.) 11. aug. 84 S 839 48^{vs}.

5540 **Johannes Hetdegel (Hedegel, Herdegel)** scol. Monast.: recip. primam tonsuram in capel. s. Andree in basilica Principis appl. in Urbe 21. decb. 71 F 6 20^{rss} – Bessarionis [Trapezunt.] card. ep. Sabinen. fam. cui p. al. litt. pape hodie gr. expect. de can. et preb. eccl. s. Martini Monast. necnon de benef. ad coll. ep. etc. Monast. conc. fuit: supplic. d. card. extensio et decl. dd. litt. perinde val. acsi sibi in eisdem can. et preb. etiam ex maioribus prov. fuisset 1. ian. 72 V 678 68^{vss} – Juliani

de Ruvere tit. s. Petri ad vincula presb. card. fam.: de perp. vicar. in colleg. eccl. s. Martini Monast. (4 m. arg.) vac. p. o. Johannis de Beveren 1. oct. 73 S 697 74^{rs} – cui gr. expect. de can. et preb. eccl. s. Martini Monast. conc. fuit: de decl. litt. desup. perinde val. acsi de derog. statutorum d. eccl. mentio facta fuisset 14. ian. 74 S 702 226^{rs}, 7. mart. 74 S 703 248^{v} – can. et scolast. eccl. s. Martini Monast.: de prom. ad omnes ord. extra temp., sola sign. 4. apr. 76 S 738 272^{r} – referens quod in certa supplic. n. o. can. et preb. ac scolastr. colleg. eccl. s. Martini Monast. (insimul 8 m. arg.) quos obtin. n. mentio facta fuit: de ref. 22. decb. 81 S 806 11^{r} – cler. Monast. qui litig. coram Bernardo Mummen dec. eccl. s. Ludgeri Monast. ex commiss. ap. contra Hermannum de Rede cler. Monast. dioc. sup. perp. vicar. ad alt. ss. Johannis et Pauli in eccl. Monast. et postea concordiam fecit: assign. Johanni Hetdegel pens. ann. 10 fl. renen. sup. fruct. capel. s. Thome prope eccl. Colon. (30 fl. renen.) p. d. Hermannum persolv., n. o. can. et preb. ac scolastr. eccl. s. Martini Monast. (8 m. arg.) quos obtin., m. (d. Bernardo) 22. decb. 81 L 809 231^{rs}.

5541 **Johannes Hetter** cler. Colon. dioc. referens quod Johannes Perfuyss cler. Leod. et quond. Geraldus up den Kerikhove cler. Leod. dioc. Pauli II. fam. in cur. defunct. ambo vig. gr. expect. Pauli II. perp. vicar. ad alt. ss. Cosme et Damiani in eccl. Colon. vac. p. o. Alberti Krensgen acc. et quod ipsi litig. desup. coram Gaspare de Theramo can. eccl. Trident. aud. et quod Paulus II. s. d. 9. decb. 69 d. Johannem Perfuyss (qui nunc resign. p. Henricum Steynwech cler. Colon. procur.) ad ius d. Geraldi surrog.: m. (prep. eccl. s. Cuniberti) confer. d. vicar. (4 m. arg.) 17. mart. 72 (exped. 11. apr. 72) L 721 121^{rss} – can. eccl. s. Andree Colon.: de nova prov. de scolastr. eccl.

s. Andree Colon. (4 m. arg.) vac.
p. o. Christiani Engelberti 29. decb.
82 S 819 117^v.

5542 Johannes Hewe dec. et can. eccl.
s. Thome Argent.: de recip. eum in
pape acol. 2. ian. 81 S 799 92^{rs}.

5543 Johannes Hetzel cler. Bamberg. dioc.: de par. eccl. sive perp. vicar.
s. Sixti in Pollenfelt Eistet. dioc. (4
m. arg. p.) vac. p. o. Johannis Hasner
4. mai. 77 S 751 27^{rs}.

5544 Johannes Hetzel (Heczel) cler. Trever. <dioc.> nullum benef. obtin.: de
par. eccl. in Lusch Trever. dioc. (2
m. arg.) vac. p. o. Nicolai Conen
(Connen) 4. sept. 72 S 683 233^r, m.
(abbatibus mon. s. Mathie et eccl.
s. Martini e. m. Trever. ac prep. eccl.
ss. Petri et Pauli Bardewicen. Verden. dioc.), gratis (exped. 26. ian.
73) L 728 372^{rss} – de par. eccl. in
Veldencz Trever. dioc. (4 m. arg.)
vac. p. o. Johannis Fischinger (/.) 11.
sept. 72 S 682 55^{rs} – rect. par. eccl.
in Leyssz Trever. dioc.: de prom. ad
omnes ord. extra temp., sola sign.
10. mai. 73 S 690 201^r.

**5545 Johannes Hetzelsdorffer (Hetzel-
storffer, Herzelsstorffer, Hutzels-
torpler)** cler. Bamberg. dioc. Roderici [de Borja] card. ep. Portuen.
vicecancellarii fam. in 23. sue et. an.
constit. pres. in cur.: de disp. ad 2
incompat. benef. etsi 2 par. eccl. ad
vitam etiam sub eodem tecto et de
fruct. percip. ac de lic. perm. 27.
apr. 79 S 781 145^{vss} – ex utr. par. de
nob. gen. card. ut supra fam. cui gr.
expect. s. d. 16. iun. 80 de 2 benef.
ad coll. prep. etc. eccl. s. Jacobi e. m.
Bamberg. et eccl. b. Marie virg. in
Finthigburg (/.) August. dioc. conc.
fuit: motu pr. de prerog. ad instar
pape fam. descript., Conc. motu pr.
quoad secundas gr. 23. apr. 80 S 792
91^{vs} – et **Antonius Stedler, Engelbertus de Erckell, Johannes Chitzinger, Conradus Cristaner** inter
16 personas enumerati: motu pr. de
gr. expect. de 2 can. et preb. (usque

ad 100 libr.) necnon de 2 benef. ad
coll. quorumcumque c. disp. sup.
def. nat. et def. et. (in 20. sue et. an.
constit.), Et s. d. 17. nov. 81 S 803
116^v – qui vig. gr. expect. par. eccl.
in Arenbaur Eistet. dioc. vac. p. o.
Conradi Vilspin al. Krans acc.: de
nova prov. de d. par. eccl. (7 m. arg.)
2. nov. 83 S 831 149^v – can. eccl. b.
Marie in Feuchtvang August. dioc.
cui s. d. 17. nov. 81 de can. et preb.
in d. eccl. necnon de benef. ad coll.
ep. etc. Eistet. motu pr. prov. fuit:
motu pr. de prerog. ad instar fam.
pape descript., attento quod ex d. gr.
nullum fruct. reportavit 9. decb. 83 S
832 201^{vs} – de par. eccl. de Sandel-
bach Eistet. dioc. (70 fl. renen.) vac.
p. resign. in manibus pape Wolfangi
Ratz 10. iun. 84 S 836 293^{rs}.

5546 Johannes (Heze dictus) Usler scol.
Monast. dioc.: recip. primam tonsuram in sacristia basilice Principis
appl. in Urbe 13. mart. 73 F 6 98^{rs} –
cler. Monast. dioc. cui gr. expect.
s. d. 1. ian. 72 de benef. ad coll. ep.
etc. Traiect. vel abb. etc. mon. s. Pauli Traiect. o. s. Ben. conc. fuit: de
prerog. ad instar pape fam. descript.
4. ian. 75 S 713 187^{rs} – cui gr. expect. s. d. 1. ian. 72 de benef. (etiam
c. c.) conc. fuit: de decl. litt. desup.
perinde val. acsi express. fuisset
quod d. Johannes (tunc in 21. sue et.
an. constit.) sup. def. et. disp. fuisset
28. iun. 75 S 723 38^{rs}.

5547 Johannes Hetzer: prov. de decan.
Magunt. [dioc.?] vac. p. o. 82/83 I
335 113^r – perp. vic. ad alt. s. Johannis in colleg. eccl. s. Philippi de
Cellen Magunt. dioc.: de decan. d.
eccl. (4 m. arg.) vac. p. o. Philippi
Kael (Krael) 17. mai. 84 S 836 85^v,
(m. dec. eccl. Wormat. et Simoni
Bonadies can. basilice Principis
appl. de Urbe ac offic. Magunt.) (exped. 25. mai. 84) L 836 235^{vss}.

**5548 Johannes Hidding (Hiddinck,
Heddinck, Heydinck)** cler. Monast.
dioc. pape fam. cui gr. expect. de 2
benef. ad coll. ep. etc. Monast. vel

ad coll. rect. par. eccl. s. Calisti in Gronlo (Grollis) Monast. dioc. conc. fuit: de decl. litt. desup. perinde val. acsi clausule n. o. et absol. conc. fuissent 12. nov. 74 S 711 34^{vs} – motu pr. de decan. ac <can.> et preb. colleg. eccl. s. Victoris in Dulmen Monast. dioc. (3 m. arg.) et de capel. sive capn. aut perp. vicar. s. Nicolai Monast. (3 <4> m. arg.) vac. p. ingr. relig. <mon. s. Michaelis Hildesem. o. s. Ben.> p. Godfridum Polmerii <p. Fredericum Hopp (Hoepp) al. Polman de Retberg> 27. oct. 75 S 728 284^r, (m. dec. eccl. s. Andree Colon. et Michaeli Moner can. eccl. Elnen. ac offic. Monast.) quoad dd. can. et preb., gratis V 595 73^r-74^v, quoad d. capel., gratis (exped. 23. mai. 78) L 768 152^{rss} – de can. et preb. colleg. eccl. s. Adalberti Aquen. Leod. dioc. (4 m. arg.) vac. p. o. Laurentii Goswini 17. iun. 76 S 741 154^{rs} – de par. eccl. in Marteris Leod. dioc. (30 m. arg.) vac. p. o. Johannis Christiani [de Os] 4. iul. 76 S 740 71^r – disp. ad 2 incompat. benef. etsi par. eccl., gratis 27. mai. 77 V 669 185^{rss} – cui gr. expect. s. d. 1. ian. 72 ut supra conc. fuit cuius ipse vig. par. eccl. s. Mathei in Eylini (/.) Monast. dioc. (7 m. arg.) ad coll. ep. ut supra acc. sup. qua litig. in cur. contra certos adversarios possessione n. subsecuta: motu pr. de can. et preb. eccl. b. Marie Reessen. Colon. dioc. et de can. et preb. eccl. s. Plechelmi Aldesalen. Traiect. dioc. et de decl. priores litt. perinde val. acsi d. acceptatio facta n. fuisset ac dd. litt. motu pr. conc. et d. Johannes pape fam. fuisset 9. apr. 78 S 768 204^{rs} – de can. et preb. ac thesaur. eccl. Ramesloe (4 m. arg.) vac. p. o. in cur. Ludolphi Grawerock (Gairerock) 1. febr. 79 S 777 134^r, m. (prep. eccl. Bremen. et Michaeli Moner can. eccl. Elnen. ac offic. Bremen.) PA 27 340^r-341^v – de perp. <s. c.> capn. ad alt. ss. Nicolai et Remigii in eccl. s. Servatii Traiecten. Leod. dioc. (4 m. arg.) vac. p. resign. in ma-

nibus pape Johannis Jans de Tuschenbroick pape fam. 23. mart. 79 S 779 172^r, (m. dec. eccl. s. Andree Colon. et Michael Moner can. eccl. Elnen. ac offic. Leod.) (exped. 3. apr. 79), gratis L 793 104^r-105^v – rect. par. eccl. in Eybergh Monast. dioc.: de n. prom. ad 5 an. 29. mai. 79 S 782 171^r, sola sign. 2. iun. 79 S 782 179^{vs} – cui vig. gr. expect. de perp. vicar. ad alt. 10.000 Mart. in par. eccl. s. Calisti in Grollis Monast. dioc. vac. p. o. Alberti Assinck prov. fuit possessione subsecuta: de nova prov. de eadem (4 m. arg.) 18. oct. 79 S 787 38^{rs}, m. (dec. eccl. s. Andree Colon. et Michaeli Moner can. eccl. Elnen. ac offic. Monast.), gratis V 550 320^{vss} – lic. resign. et disp. ad 2 compat. benef. et lic. de n. resid. et fruct. percip. (exec. dec. eccl. s. Andree Colon. et Michael Moner can. eccl. Elnen. ac offic. Monast.), gratis 20. iul. 82 V 649 221^r-223^r – can. eccl. s. Martini Embricen. Traiect. dioc. cui s. d. 17. nov. 81 motu pr. gr. expect. de can. et preb. in eccl. b. Marie Ressen. Colon. dioc. necnon de can. et preb. in eccl. s. Andree Colon. p. papam conc. fuit: motu pr. de mutatione gr. expect. de dd. can. et preb. eccl. s. Andree Colon. in can. et preb. d. eccl. s. Martini Embricen. 24. aug. 82 S 813 228^{rs}, 3. sept. 82 S 814 69^{rs} – motu pr. de par. eccl. s. Nicolai Bruxellen. (4) necnon de perp. vicar. sive capn. ad alt. s. Margarete in eccl. s. N. Bruxellen. Cameracen. dioc. (4 m. arg.) vac. p. o. in cur. Martini de Bruxellen Cameracen. dioc. 22. oct. 82 S 815 117^r – qui vig. gr. expect. motu pr. can. et preb. eccl. b. Marie Reessen. ut supra acc.: de nova prov. de dd. can. et preb. (6 m. arg.) 16. sept. 83 S 828 196^r – qui litig. in cur. contra quond. Egbertum Bispinch reum et possessorem ac deinde contra Gotfridum Kirenberg sup. capel. s. Nicolai infra emunitatem eccl. Monast. et deinde concordiam c. d. Gotfrido rect. d. capel. (auct. ordin.

prov.) fecit: de assign. pens. ann. 5 fl. renen. auri monete sup. fruct. d. capel. (4 m. arg.) p. d. Gotfridum persolv. 9. aug. 84 S 839 86^v.

5549 Johannes Hiert de Scoeneckeri domini loci de Opii et nob. mul. **Johanna Bergtlen** eius ux. coniuges Trever. dioc. referentes quod ipsi quedam villagia et al. immobilia bona in dioc. Cameracen. consistentia tunc abbati etc. mon. Bone Spei o. Prem. Cameracen. dioc. titulo pignoris obligabant et quod dd. abb. etc. dd. villagia et bona titulo pignoralicio in dd. coniugum preiudicium detin.: m. (aep. Colon. et aep. Trever. ac ep. Leod.) ut abb. etc. d. mon. dd. villagia et bona eisdem coniugibus restit. compellant 13. iun. 82 L 811 269^{rs}.

5550 Johannes Hildebrandi cler. Magunt. dioc. et perp. vic. in eccl. Misnen.: de prom. ad omnes ord. extra temp., sola sign. 24. iul. 80 S 794 300^r.

5551 Johannes Hildenan (Hyldenhan) cler. Trever. dioc. Auxie [de Podio] tit. s. Sabine presb. card. Montisregalis fam.: de par. eccl. ville Ghervelingherode (Ghcrvclingcrode) Magunt. dioc. (2 m. arg.) vac. p. o. in cur. Hermanni Steynbergh (Steynbergk) 7. iun. 81 S 801 215^r, (m. ep. Sorren. et ep. Tricaricen. ac dec. eccl. b. Marie Erforden. Magunt. dioc.), gratis (exped. 26. iun. 81) L 815 100^v-102^r.

5552 Johannes Hylle cler. Magunt. dioc.: de perp. vicar. in capel. bb. Philippi, Jacobi et Walpurgis appl. prope op. Arnstat Magunt. dioc. (2 m. arg.) vac. p. o. Hillebrandi Guntheri art. et med. doct. 30. apr. 83 S 823 185^v.

5553 Johannes Hilleszen (Hillessen, Hellesen) de Meyen cler. Trever. dioc.: de par. eccl. in Stockheym Colon. dioc. (4 m. arg.) vacat. p. resign. in manibus pape Johannis Vrauwenbergh 18. decb. 80 S 798 59^v, S 798 259^{rs}, m. (decanis eccl. ss. Martini et

Severi Monasterii Meynfelt Trever. dioc.) (exped. 2. ian. 81) L 806 75^{vs}.

5554 Johannes Hilfflin can. eccl. s. Thome Argent.: motu pr. gr. expect. s. d. 17. nov. 81 de can. et preb. d. eccl. s. Thome necnon de benef. ad coll. abb. etc. mon. loci Heremitarum [= Einsiedeln] o. s. Ben. Constant. dioc. et prerog. ad instar pape fam. descript. (exec. ep. Alexandrin. et prep. eccl. ss. Felicis et Regule Turicen. Constant. dioc. ac offic. Argent.), gratis 22. sept. 83 Sec. Cam. 1 316^v-318^v.

5555 Johannes Hilpmar presb. Merseburg. dioc.: de nova prov. de perp. s. c. benef. ad alt. b. Marie virg. assumptionis vicar. nunc. in eccl. Misnen. (5 m. arg.) vac. p. o. Johannis Farcheyn 24. febr. 80 S 790 86^{vs}.

5556 Johannes Hilteboldi (Hilrbordi, Elthebaldi) presb. Argent.: de gr. expect. de 2 can. et preb. et de 2 benef. ad coll. quorumcumque, Et s. d. 1. ian. 72 S 670 238^v – qui vig. disp. sup. def. nat. (p. s.) capn. ad alt. s. Stephani in eccl. Argent. (4 m. arg.) et deinde vig. disp. ad aliud benef. perp. capn. ad alt. s. Brigide in eccl. s. Thome Argent. (4 m. arg.) acc.: de disp. ad quodcumque benef. 23. sept. 71 S 672 90^{rs} – disp. ad incompat. benef. 71/72 I 332 1^r – cui gr. expect. s. d. 1. ian. 72 de 2 benef. ad coll. ep. etc. Argent. et ad coll. colleg. eccl. s. Petri iun. Argent. conc. fuit: de prerog. ad instar pape fam. descript. 12. ian. 74 S 701 271^{rss} – reus et Johannes Grummer cler. Argent. dioc. actor (nunc resign.) qui litig. in cur. sup. perp. capn. ad alt. s. Stephani ut supra: de prov. Johanni Hilteboldi de d. capn. (6 m. arg.), n. o. def. nat. (p. s.) et de reserv. pens. ann. 12 fl. renen. sup. fruct. d. capn. pro d. Johanne Grummer 2. iun. 75 S 720 304^{rs} – perp. cap. ad alt. s. Stephani ut supra: de disp. ut unac. d. capn. perp. s. c. benef. ad alt. s. Brigide ut supra recip.

val. et de lic. tacendi sup. def. nat. 12. ian. 78 S 763 161^{rss} – de disp. ad 2 incompat. benef. etsi 2 par. eccl. ad vitam c. lic. perm. 18. decb. 80 S 798 279^v, L 818 1^{rss} – de perp. capn. in eccl. s. Petri iun. Argent. (4 m. arg.) vac. p. o. Martini Rattgebe et de perp. vicar. in par. eccl. ville Saspach (Saspelli) Argent. dioc. (4 m. arg.) vac. p. o. Johannis Saspach (Saspelli) 9. aug. 81 S 802 120^v, m. (offic. Argent.) (quoad d. vicar.) V 716 150^v-152^r.

5557 **Johannes Hiltman** cler. Halberstad. dioc.: de perp. s. c. vicar. ad alt. s. Johannis Ev. in colleg. eccl. s. Ciriaci Geroden. (Geronden.) Halberstad. dioc. (1 m. arg.) vac. p. o. Theoderici Hasteden (Husteden) 17. decb. 73 S 700 27^{rs}, m. (prep. eccl. ss. Petri et Pauli Bardavicen. Verden. dioc. et officialibus Hildesem. ac Halberstad.), gratis (exped. 8. ian. 74) L 731 319^{rss}.

5558 **Johannes Hiltprant (Hilprant, Hileprant)** presb. August. dioc. qui ad simplex benef. ad alt. s. Johannis Ev. in stuba infirmorum hosp. pauperum in op. Memmingen August. dioc. vac. p. o. Petri Herb p. Jodocum Mayr d. hosp. [...] present. fuit et qui litig. desup. coram ep. August. seu eius vic. gener. contra Ulricum Spitzensen presb. Constant. qui ad d. benef. p. Jacobum Schulheim laic. Constant. dioc. mag. d. hosp. present. fuit: de prov. si neutri de d. benef. (5 m. arg.) 7. nov. 72 S 684 16^{rs} Ulrici de Frunttsperg Sigismundi ducis Austrie oratoris cap.: motu pr. gr. expect. de 2 benef. ad coll. ep. etc. August. et abb. etc. mon. in Kempten o. s. Ben. Constant. dioc. acsi s. d. 1. ian. 72 conc. foret (m. dec. eccl. s. Mauritii August. et Gaspari Schmidhauser can. eccl. Frising. ac offic. August.) 20. nov. 72 V 661 260^r-265^r – de disp. ad 2 incompat. benef. 12. decb. 72 S 684 139^{vs}, L 725 117^{rs} – motu pr. prerog. ad instar pape fam. descript. acsi gr. ex-

pect. s. d. 1. ian. 72 eidem conc. fuisset 3. mai. 73 (exped. 13. ian. 76) L 725 128^{rs}.

5559 **Johannes Hiltroim** presb. can. reg. mon. s. Petri in Hegue (Hygne) [recte: Heyne] o. s. Aug. Wormat. dioc. in 18. sue et. an. in d. mon. profes. (sub strictiori observ. capit. Windesheim o. s. Aug. Traiect. dioc. existente) qui inibi deo servire et propter infirmitatem corporis periculum incidere dubitat: de lic. ut dimisso mon. in Hegue al. mon. d. o. s. Aug. n. tamen rigide observ. intrare possit et de disp. ad benef. etsi par. eccl. 6. mart. 76 S 735 113^v.

5560 **Johannes Hymelkron (Imelkron)** acol. et cap. ad alt. Trium regum in par. eccl. in Dusseltorp (Duisselarp) Colon. dioc. in cur. resid.: de prom. ad omnes ord. extra temp., sola sign. 24. ian. 82 S 806 103^v -litt. testim. (vig. supplic. ut supra) sup. prom. ad subdiacon. ord. s. d. 2. febr. 82, ad diacon. ord. s. d. 4. febr. 82, ad presbit. ord. s. d. 10. febr. 82 in basilica Principis appl. de Urbe 10. febr. 82 F 7 42^v.

5561 **Johannes [de Hinderbach]** ep. Trident. et **Sigismundus archidux Austrie** inter al. referentes quod inter castra ad mensam episc. Trident. spectantia castrum Theun nunc. Trident. dioc. in confinibus nonnullorum aliorum dominorum situm est et quod propter magna impensa pro salario unius castellani et plurium aliarum personarum ad illius custodiam destinatarum n. solum d. Johanni sed etiam d. Sigismundo gravia damna eveniunt: m. (prep. mon. s. Michaelis et prep. mon. in Greysz Trident. dioc.) conc. lic. conferendi d. Sigismundo d. castrum in feudum pro aliquo convenienti canone ep. Trident. persolv. 10. apr. 81 V 675 223^r-224^v.

5562 **Johannes de Hingelhnen (Ingelnen)** can. mon. s. Antonii de Sancto Antonio o. s. Aug. Viennen. dioc.

cui de precept. dom. s. Antonii in Alczeya o. s. Aug. Magunt. dioc. vac. p. o. Johannis de Gardesperch (Goedersperg) (tunc etiam preceptoris dom. in Rostorf et Hoest o. s. Aug. Magunt. dioc.) prov. fuit: supplic. Philippo com. palatino Reni Bavarie duce R. I. electori de nova prov. de precept. d. dom. s. Antonii in Alczeya et de precept. d. dom. in Rostorf et Hoest (60 m. arg.) que a d. mon. dependet 25. iul. 82 S 813 41^{rs}.

5563 **Johannes Hintermayr (Hinterman) (de Tellenstam)** decr. doct. qui vig. gr. expect. can. et preb. eccl. Eistet. vac. p. o. Johannis Gepelt acc.: de nova prov. de eisdem (10 m. arg. p.) 3. nov. 76 S 743 118^r – cler. Eistet. dioc. qui litig. coram Johanne [de Ceretanis] ep. Nucerin. aud. locumtenenti contra quond. Wolfgangum Staud in cur. defunct. et al. collitigantem <Henricum Turnpamter> sup. par. eccl. in Zirndorff Herbip. dioc. (4 <6> m. arg. p.) <vac. p. o. Benedicti Herbst>: de surrog. ad ius d. Wolfgangi 5. iul. 80 S 794 208^v, m. (d. Johanni [de Cerenatis] ep. in cur. resid.) V 608 195^r-196^v – expense pro expcd. bulle taxate ad 20 gr. in surrog. ut supra p. manus Eustachii Munch fact. 11. apr. 81 T 34 77^v – oblig. p. Eustachium Mungh vic. in eccl. s. Trinitatis Spiren. sup. annat. par. eccl. in Zindorff Herbip. dioc. ([deest numerus] m. arg. p.) de qua vac. p. o. in cur. Wolffgangi Stand collitigantis s. d. 5. iul. 80 sibi prov. fuit 11. apr. 81 A 29 173^v.

5564 **Johannes Hisbronen** presb. Ratisbon. dioc.: de par. eccl. s. Michaelis in Nukilch Ratisbon. dioc. de iur. patron. ducis Bavarie (4 m. arg.) vacat. p. resign. Conradi Arnolt de Schorndorff qui d. par. eccl. inter al. obtin. 5. febr. 77 S 756 215^{vs}.

5565 **Johannes Hobach** cler. Herbip. dioc. qui litig. coram aud. contra quond. Henricum Bartholomei Juliani [de Ruvere] tit. s. Petri ad vincula

presb. card. fam. actorem sup. can. et preb. eccl. s. Johannis Novi Monasterii Herbip. (7 m. arg.) vac. p. o. Mathie Bralaci: de surrog. ad ius 8. iul. 79 S 785 233^{rs}.

5566 **Johannes Hobhard** cler. Frising. dioc.: de par. eccl. s. Stefani in Vilenndersz Trident. dioc. (22 m. arg.) vac. p. priv. Sigismundi Schretl can. colleg. eccl. s. Sixti in Slierssee Frising. dioc. qui litt. diffidatorias contra dec. et canonicos d. eccl. scripsit 31. mai. 84 S 837 161^{rs}.

5567 **Johannes Hock** scol. Spiren.: recip. primam tonsuram in sacristia basilice Principis appl. in Urbe 23. mai. 72 F 6 52^r.

5568 **Johannes (de) Hoeckeln (Hoeckelum, Hockelum)** cler. Traiect. dioc.: de perp. s. c. vicar. sive capn. s. Crucis ad alt. b. Marie virg. <et s. Bartholomei> in colleg. eccl. s. Walburgis Arnhemen. Traiect. dioc. (4 m. arg.) vac. p. o. Egberti ut den Wriwer (uten alden Wier) 15. febr. 74 S 702 178^v, (m. prep. eccl. s. Spiritus Ruremonden. Leod. dioc. et dec. eccl. s. Martini Bramessen. Osnaburg. dioc. ac offic. Traiect.) (exped. 29. nov. 74) L 739 263^{rs} – prom. ad acolit. et al. min. ord. in eccl. s. Bartholomei de Insula in Urbe 20. mai. 75 F 6 207^v – prom. ad ord. subdiacon. in eccl. s. Bartholomei ut supra 20. mai. 75 F 6 207^{vs} – de par. eccl. in Ostenwolde (3 m. arg.) vac. p. o. sive resign. Henrici de Enbrica (Eubrica) vel p. devol. licet Laurentius Riche (Kiche) p. Bertoldum de Kees pastorem in Dorenspryck Traiect. dioc. ad d. par. eccl. present. fuit et absque institutione p. 7 an. detin. 17. iun. 75 S 722 162^v – subdiac. perp. vic. ad alt. s. Bartholomei in colleg. eccl. s. Walpurgis Arnhemen. Traiect. dioc. in 25. sue et. an. constit. (qui propter guerras in provincia Colon. n. prom. fuit): de prom. ad omnes ord. extra temp., sola sign. 27. iun. 75 S 722 268^v – litt. testim. sup. prom. ad acolit. et al. min. ord. ac ad ord. subdiacon. s. d. 20. mai. 75 in eccl. s. Bartholomei de Insula in Urbe, (vig. supplic. s. d. 12. iul. 75) ad ord. diacon. s. d. 22. iul. 75 ibidem, ad ord. presbit. s. d. 23. iul. 75 ibidem 23. iul. 75 F 6 219^v.

5569 **Johannes Hoeffman (Hoefman, Hoeffeman, Houeman) (de Palatio):** ›rationi congruit‹ s. d. 2. oct. 70 prov. de par. eccl. s. Pancratii in Nerenberghe (Neremberghe, Neremberch) Trever. dioc. (4 m. arg.) vac. p. resign. Theoderici de Bortzhem (Boetzhem) (p. Henricum Lithont cler. Cameracen. dioc. procur. fact.) (m. decanis eccl. b. Marie Palatiolen. Trever. dioc. et eccl. s. Martini Leod. et eccl. s. Stephani Bamberg.) 25. aug. 71 (exped. 13. sept. 71) L 717 176^r-177^v – prom. ad 4 min. ord. in sacristia basilice Principis appl. in Urbe 21. sept. 71 F 6 14^r – rect. par. eccl. s. Pancratii ut supra: prom. ad subdiacon. ord. in capel. ss. Andree et Gregorii in basilica Principis appl. in Urbe 22. febr. 72 F 6 26^{rss} – prom. ad diacon. ord. in sacristia basilice ut supra 14. mart. 72 F 6 33^{rss} – prom. ad presbit. ord. in capel. b. Marie de Febribus in basilica s. Petri de Urbe 28. mart. 72 F 6 38^r-39^v – litt. testim. sup. prom. ut supra ad subdiacon. ord., ad diacon. ord., ad presbit. ord. in capel. s. Marie de Febribus in basilica 28. mart. 72 F 6 39^v.

5570 **Johannes Hoens (Huens) (al. Makart, Magart)** can. eccl. b. Marie Traiecten. Leod. dioc.: fit mentio ut procur. 4. oct. 71 OS 84 154^v – rect. par. eccl. in Peyr Leod. dioc.: de prom. ad omnes ord. extra temp., sola sign. 3. iul. 72 S 681 206^v – mag. in art.: de perp. s. c. capn. in ‹par. eccl.› Rysberch (Rusberch) Leod. dioc. (10 m. arg.) vac. p. o. Johannis Schat (Schatt) 9. iul. 72 S 681 220^r, m. (prep. eccl. s. Petri de Cornamiano Mediolan. dioc.) (exped. 2. aug. 73) L 716 266^{vss} – litt. testim. sup. prom. ad acolit. et al. 4 min.

ord. s. d. 22. iul. 72 in dom. apud eccl. s. Bartholomei de Insula in Urbe, ad subdiacon. ord. s. d. 26. iul. 72 in d. eccl. 26. iul. 72 F 6 70^v – de can. et preb. eccl. s. Servatii Traiecten. Leod. dioc. (12 m. arg.) vacat. p. resign. in manibus pape Philippi de Bricqua cui de eisdem tunc vac. p. o. Arnoldi de Baest prov. fuit contra quem Philippum Johannes Hoens litig. coram Francisco [Todeschini-Piccolomini] tit. s. Eustachii diac. card. 27. aug. 72 S 682 22^{vs} – cler. Leod. dioc. actor litig. coram Johanne de Cesarinis aud. contra Oliverium Gudeloff (Godeloeff) cler. reum sup. can. et preb. eccl. s. Gorgonii Hugarden. (Heugarden.) Leod. dioc. vac. p. o. Johannis Welux (Velinx) ‹sive p. resign. Johannis de Iuliaco can. colleg. eccl. b. Marie ad Gradus Colon.›: de prov. si neutri de eisdem (15 m. arg.) 18. sept. 72 S 682 266^{rs}, 3. nov. 72 S 684 45^{vs}, m. (Johanni de Cesarinis aud.) V 565 294^r-295^v – causarum pal. ap. not. c. quo ad 2 incompat. benef. p. Pium II. disp. fuit: de disp. ad aliud incompat. benef. 7. oct. 72 S 683 288^{vs} – cui gr. expect. s. d. 1. ian. 72 de can. eccl. Traiect. et de benef. ad coll. abb. etc. mon. s. Trudonis de Sancto Trudone o. s. Ben. Leod. dioc. conc. fuit: motu pr. de decl. litt. desup. perinde val. acsi d. gr. expect. motu pr. conc. fuisset 1. ian. 73 V 662 45^{rs} – qui vig. gr. expect. ut supra can. et preb. eccl. Traiect. vac. p. o. Hermanni Woes acc.: de nova prov. de eisdem (15 m. arg.) 15. mart. 73 S 695 203^v, m. (ep. Leod. ac decanis eccl. s. Martini Leod. et eccl. s. Servatii Traiecten. Leod. dioc.) (exped. 6. mart. 75) L 725 173^{rss} – fit mentio ut procur. 12. mai. 73 (exped. 10. iun. 73) L 729 198^{rss} – fit mentio ut procur. 20. mai. 73 A 22 26^r – de decan. eccl. Belnen. Leod. dioc. (30 m. arg.) et de can. et preb. eccl. Leod. (10 m. arg.) vac. p. o. Nicolai Holtacker litt. script. et abbrev., Conc. c. reserv. pens. 3. partis pro

Dominico de Lovatis 16. oct. 73 S 702 49ᵛˢ – fit mentio ut procur. 26. mart. 74 IE 488 62ʳ, IE 489 62ʳ – oblig. sup. annat. perp. capn. in par. eccl. in Rysberch Leod. dioc. (10 m. arg.) de qua vac. p.o. Johannis Schait s.d. 9. iul. 72 ut supra sibi prov. fuit, restit. bulle 15. oct. 74 A 23 170ᵛ – oblig. (p. Everardum Zoudenbalch prep. eccl. s. Servatii Traiecten. [Leod. dioc.] et collect. p. civit. et dioc. Traiect. recepta) sup. annat. can. et preb. eccl. Traiect. (15 m. arg.) vac. p.o. in cur. Hermanni Vos (possessione n. adepta in litibus) 24. apr. 75 FC I 1232/181 12ʳ – subdiac. rect. par. eccl. in Peer Leod. dioc.: de prom. ad omnes ord. extra temp., sola sign. 19. oct. 75 S 728 170ʳˢ – solv. 33 fl. adc. pro compositione annat. can. et preb. eccl. s. Gorgonii Hugarden. Leod. dioc. 7. nov. 75 FC I 1132 115ʳ, IE 492 48ʳ – fit mentio ut procur. Francisci Pickrt presb. Leod. dioc. 25. oct. 76 L 773 54ʳˢˢ – fit mentio ut procur. 8. mai. 77 A 25 165ʳ, A 25 165ᵛ.

5571 Johannes in dem Hove cler. Paderburn. dioc.: de perp. vicar. ad alt. s. Catherine in par. eccl. s. Nicolai op. Buren Paderburn. dioc. de iur. patron. laic. (4 m. arg. p.) vac. p. devol. 27. iun. 82 S 812 72ʳˢ.

5572 Johannes Hofhen cler. Herbip. dioc.: motu pr. de gr. expect. de benef. ad coll. quorumcumque, Et s.d. 17. nov. 81 [1484] S 830 169ʳ.

5573 Johannes Hoffmann cler. Herbip. dioc. Dominici de Ruvere tunc ap. not. nunc tit. s. Vitalis presb. card. fam.: motu pr. de decl. familiaritatis 24. febr. 78 S 765 78ᵛˢ – qui vig. gr. expect. par. eccl. in Eltnam Herbip. dioc. acc. et desup. litig. coram Guillelmo de Porcariis aud. contra Martinum de Kek intrusum et citationem d. Martini infra term. fecisse dubitat: de prorog. d. term. ad 6 menses, sola sign. 9. febr. 79 S 785 131ᵛˢ – cui prorog. ad al. 2 menses n.o. reg. cancellarie conc. fuit: de ref., sola sign. 24. sept. 79 S 787 124ᵛ.

5574 Johannes Hoffman presb. Herbip. dioc.: de nova prov. de par. eccl. in Nidernpibert Herbip. dioc. (3 m. arg.) vac. p.o. cuiusdam Cristoffori 7. iul. 77 S 756 214ᵛ.

5575 Johannes Hoffman cler. Magunt. dioc.: m. (scolast. eccl. Magunt.) confer. par. eccl. pleban. nunc. in Sambach Magunt. dioc. (24 fl. adc.) vac. p.o. Johannis Rucheri quam Philippus Hornchin p. an. indebite occupatam detin. 25. mai. 80 (exped. 6. iun. 80) L 804 1ʳˢ.

5576 Johannes Hoffmann presb. Nuemburg. dioc. referens quod ipse litig. coram aud. contra Theodoricum Hersbach cler. Magunt. dioc. sup. par. eccl. in Derndorff Nuemburg. dioc. et deinde concordiam fecit: de adm. resign. d. Theodorici et de prov. d. Johanni de d. par. eccl. (4 m. arg.) et de assign. d. Theodorico pens. 6 fl. renen. sup. fruct. d. par. eccl. p. d. Johannem persolv. 12. nov. 77 S 760 37ʳˢ.

5577 Johannes Hoffman Juliani [de Ruvere] tit. s. Petri ad vincula presb. card. fam.: gr. expect. de can. et preb. eccl. b. Marie [recte: Martini] in Kerpena Colon. dioc. et de benef. ad coll. prep. etc. eccl. s. Cassii Bunnen. Colon. dioc. (m. prep. eccl. b. Marie Geismarien. Magunt. dioc. et dec. eccl. b. Marie ad Gradus Colon. ac offic. Colon.) 1. ian. 72 V 662 472ʳ-474ᵛ.

5578 Johannes Hoffman de Herczogenaurach can. eccl. s. Gumperti Onolczpacen. Herbip. dioc. qui vig. gr. expect. s.d. 1. ian. 72 de can. et preb. d. eccl. necnon de benef. ad coll. ep. etc. Herbip. vicar. ad alt. s. Dorothee in eccl. Herbip. vac. p.o. Frederici Beyer acc.: motu pr. de reval. gr. expect. acsi prerog. pape fam. descript. gaudere potesset 17. apr. 76 S 737 282ᵛˢˢ.

5579 Johannes (ter, ther) Hoffstede scol. Traiect. dioc.: recip. primam tonsuram in sacristia basilice Principis

appl. in Urbe 19. decb. 72 F 6 87^{rs} –
cler. Traiect. dioc. pape fam.: motu
pr. de can. et preb. eccl. s. Florini
[Confluen.] Trever. dioc. (4 m. arg.)
vac. p. o. Gualterii Crach 29. ian. 79
S 777 250^v – can. eccl. s. Martini
Embricen. Traiect. dioc. pape fam.
cui motu pr. gr. expect. s. d. 1. ian.
72 de can. eccl. b. Marie Ressen.
Colon. dioc. necnon de benef. ad
coll. prep. etc. eccl. s. Lebuini Davantrien. Traiect. dioc. s. d. 28. ian.
78 et prerog. ad instar pape fam.
conc. fuerunt et cui deinde mutatio
gr. expect. de can. d. eccl. b. Marie
in can. d. eccl. s. Martini motu pr.
s. d. 3. sept. 79 conc. fuit: motu pr.
prerog. ad instar pape fam. descript.
c. clausula anteferri etiam ad secundas gr. aut reval. et exten. primarum
gr. expect., gratis 23. nov. 79 V 673
53^{rss} – referens quod quond. Luber-
tus Tolner cler. Traiect. dioc. <qui
vig. prim. prec. imper.> perp. <s. c.>
capn. ad alt. s. Catherine in par. eccl.
s. Catherine <in Doetinchen> Traiect. dioc. (4 <5> m. arg. p.) <vac.
p. o. Henrici Unbernit> acc. litig. desup. coram Gaspare de Theramo
aud. contra Henricum Weseler (Use-
ler) cler. Monast. dioc.: de surrog. ad
ius d. Luberti 24. iul. 80 S 795 19^r,
m. (Gaspari de Theramo aud.), gratis
V 603 19^v-22^r.

5580 **Johannes de Hoya** cler. Bremen.
dioc. in 23. sue et. an. constit.: de
disp. ad 2 s. c. benef. sive elemosina
sive commenda sive de iur. patron.
laic. 17. mart. 75 S 716 120^r – disp.
ad incompat. 74/75 I 333 37^r.

5581 **Johannes Hoyer (Heyer, Higer,
Hoya)** cler. Bremen. dioc. qui ad
perp. vicar. ad alt. ss. Barbare et Gertrudis in par. eccl. s. Catherine Hamburgen. Bremen. dioc. vac. p. o. Johannis Krusen (Krusze) p. Johannem
Cister laic. et patron. present. fuit: de
nova prov. de eadem (4 m. arg.) 14.
oct. 80 S 802 56^v – in art. mag.: de
perp. s. c. vicar. ad alt. ss. 4 Doctorum in eccl. Rigen. <ord. b. Marie

Theotonicorum Jerosolimitan.> de
iur. patron. laic. (3 m. arg.) vac. p. o.
in cur. Israelis (Israhelis) Hone 25.
ian. 81 S 799 228^v, m. (prep. eccl.
Bremen. et prep. eccl. Tarbat. ac offic. Lubic.) (exped. 13. febr. 81) L
815 237^{rss} – de perp. beneficiis in
eccl. Reval. et in eccl. Osil. (insimul
5 m. arg.) vacat. p. priv. Pauli Bour-
garde quia unac. nonnullis complicibus in quadam taberna ab Urbe n.
multum distante quasi temp. noctis
personaliter interfuit ubi tunc homicidium necnon plurime letales vul-
nerationes commissi fuerunt in quib.
auxilium prestitit, Committ. in Rota
13. febr. 81 S 802 94^{rs} – fam. Francisci de Aldaciis cler. Imolen. pape
fam.: de par. eccl. in villa Gardanegh
[= Garding] Sleswic. dioc. de iur.
patron. principis seu ducis Sleswic.
(12 m. arg.) vacat. p. n. prom. Theodorici Thetens qui d. par. eccl. ultra
an. occupata detin. 12. apr. 81 S 802
34^v – referens quod in certa supplic.
n. fit mentio quod cantor. [eccl. Tarbat.] off. electiva est et quod Johanni
Hoyer de par. eccl. in Gradu (/.)
Sleswic. dioc. (6 m. arg.) prov. fuit
et quod ipse pape fam. nominatus fuit cum sit recept. dumtaxat in fam.
Francisci de Alldasiis ex nob. gen.
pape fam.: de ref., Et quod fruct. d.
cantor. 5 m. arg. express. fuerit 30.
oct. 81 S 804 70^r – m. (ep. Catacen.
et prep. eccl. s. Crucis Hildesem. ac
offic. Tarbat.) prov. de cantor. eccl.
Tarbat. c. annexis (insimul 4 m. arg.)
vac. p. o. Nicolai Hascener, n. o. par.
eccl. in Gardingh (Gording) Sleswic.
dioc. (6 m. arg.) et perp. vicar. ad alt.
ss. 4 Doctorum in eccl. Rigen. (3 m.
arg.) ac perp. benef. commenda
nunc. ad alt. s. Martini in par. eccl.
s. Nicolai op. Hamburgen. Bremen.
dioc. (2 m. arg.) 9. febr. 82 (exped.
21. febr. 82) L 809 126^{vss} – Conradi
Loste el. Zwerin. orator et nunt. ad
papam missus: de can. et preb. eccl.
Zwerin. (3 m. arg.) vacat. p. prom. d.
Conradi, n. o. perp. vicar. ad alt. ss. 4
Doctorum in eccl. Rigen. et benef.

commenda nunc. ad alt. s. Martini ut supra quas obtin. (insimul 5 m. arg.), par. eccl. in villa Gardingh Sleswic. dioc. ac cantor. eccl. Tarbat. (insimul 10 m. arg.) 23. sept. 82 S 814 166^{vs}, I 334 271^r – motu pr. de decan. ac can. et preb. in colleg. eccl. ville de Czal Salzeburg. dioc. et de par. eccl. in Claenfoert [= Klagenfurt] unac. hosp. annexo (insimul 4 m. arg. p.) vac. p. o. in cur. Udalrici Lechner al. Puenberger de Werd cler. Ratisbon., n. o. perp. vicar. ad alt. ss. 4 Doctorum ut supra et perp. s. c. commenda nunc. ad alt. s. Martini ut supra (insimul 4 m. arg. p.) ac cantor. ac par. eccl. ville Gording ut supra (insimul 10 m. arg. p.) c. derog. iur. patron. 27. sept. 82 S 814 230^v – can. eccl. Zwerin. cui de archidiac. Warnen. in eccl. Zwerin. (vac. p. assec. par. eccl. b. Marie virg. op. Wismer Razeburg. dioc. de iur. patron. principis ducis Magnopolen. vac. p. o. Hermanni Spisewinkel p. Reymarum Hane) p. Conradum [Loste] ep. Zwerin. prov. fuit: de nova prov. de d. archidiac. (4 m. arg. p.) 5. nov. 83 S 831 110^v, I 335 196^r – in utr. iur. bac. pape fam.: de perp. s. c. vicar. sive benef. ad alt. N. in capel. eccl. Lubic. de iur. patron. laic. (4 m. arg. p.) vacat. p. assec. can. et preb. in eccl. Lubic. p. Johannem Gremolt cler. Lubic. 31. decb. 83 S 834 274^r – motu pr. de gr. expect. de 2 can. et preb. <de can. et preb. eccl. b. Marie Hamburgen. Bremen. dioc. et al. can. et preb. eccl. s. Cecilie Gustrouwen. Camin. dioc.> necnon de 2 benef. ad coll. quorumcumque c. prerog. ad instar pape fam. descript. <et de disp. ut unac. archidiac. <c. c.> Warnen. in eccl. Zwerin. par. eccl. in ville Gardingen Sleswic. dioc. quos n. possidet ac aliud benef. <seu 3 al. incompat. benef.> recip. val. c. lic. perm.>, Et s. d. 17. nov. 81 7. ian. 84 S 830 57^{vs}, 25. ian. 84 S 830 75^{rs}, gratis Sec. Cam. 1 331^r-333^v – pres. in cur.: de par. eccl. b. Marie op. Wismar Razeburg. dioc. de iur.

patron. ducis Magnopolen. (4^1/$_2$ m. arg. p.) vac. p. priv. Reymari Hane can. eccl. Zwerin. archid. Warnen. in d. eccl. Zwerin. (qui d. par. eccl. absque disp. insimul c. d. archidiac. detin.) aut vac. p. o. N. Spisewinkel, n. o. disp. ad 3 incompat. benef. 11. mart. 84 S 833 57^{vs}, m. (ep. Alexandrin. et ep. Zwerin. ac prep. eccl. Razeburg.), gratis 15. mart. 84 V 649 259^{vss} – cui de can. et preb. eccl. Zwerin. vac. p. prom. Conradi [Loste] el. Zwerin. p. papam prov. fuit ut supra: motu pr. de nova prov. de dd. can. et preb. (4 m. arg.) 24. mai. 84 S 836 176^{rs} – referens quod Michael Pauerfeind can. et preb. eccl. Reval. et Henricus Cetoro pape fam. can. et preb. eccl. Osil. ex causa perm. coram Jacobo Quintinoti et Jacobo N. cur. notariis etsi Gragno Caleo not. publico sed absque disp. ap. resign.: motu pr. de dd. can. et preb. eccl. Reval. olim vac. p. resign. Gasparis Northeken ac de dd. can. et preb. eccl. Osil. (insimul 10 m. arg. p.) olim vac. p. o. Godehardi N. vel p. o. in cur. Johannis Laurentii 6. aug. 84 S 839 44^{rs}.

5582 Johannes Hoisvail civ. Trever. qui litig. contra Bernhardum ex comitibus de Sallonis can. eccl. Leod. sup. certis bonis coram Arnoldo [van den Brecht] abb. mon. s. Jacobi Leod. o. s. Ben. conserv. ep. etc. Leod. qui d. Johannem coram offic. Trever. ad civit. Leod. citari fecerat ad quam ad iudicium accedere n. potebat absque persone et rerum suarum periculo et quod offic. d. Johannem ad censuras et penas iudicavit et fecit excom. publice nuntiari propter quod d. Johannes ad sed. ap. appellavit: m. (abb. mon. b. Marie ad Martires et dec. ac archid. eccl. de Cardona Trever. dioc.) commiss. in partibus c. absol. ad cautelam 30. apr. 82 L 823 21^{rss}.

5583 Johannes Hollant cler. Colon. dioc. pape fam. in 22. vel circa sue et. an. constit.: motu pr. de gr. expect. de 2 can. et preb. necnon de 2 benef. ad coll. quorumcumque c. disp. sup. def. et., Et s.d. 17. nov. 81 S 803 251^{rs}, 28. sept. 83 S 803 293^r – can. eccl. ss. Cosme et Damiani Assinden. Colon. dioc. pape fam. in 21. sue et. an. constit.: motu pr. gr. expect. s.d. 17. nov. 81 de can. et preb. d. colleg. eccl. ss. Cosme et Damiani (in qua preter abba. et canonissas nonnulli canonici sec. unicum capit. faciunt) necnon de benef. ad coll. abb. etc. mon. Egmonden. o. s. Ben. Traiect. dioc. c. disp. sup. def. et., m. (aep. Beneventan. et dec. eccl. b. Marie Wesalien. Trever. dioc. ac offic. Colon.), gratis 28. sept. 83 Sec. Cam. 1 156^v-159^v.

5584 **Johannes Holde** cler. Colon. dioc. qui vig. gr. expect. par. eccl. in Stele Colon. dioc. vac. p.o. cuiusdam d. Melus acc.: de nova prov. de eadem (6 m. arg.) 26. apr. 79 S 781 103^{vs}.

5585 **Johannes Holegner** can. eccl. Inticen. Brixin. dioc.: de par. eccl. in Ultemolden Patav. dioc. (8 m.) vac. p. resign. Wigelei Fuscheli et de disp. ad 2 incompat. benef. etsi 2 par. eccl. 18. iun. 78 S 771 12^r.

5586 **Johannes Holen** cler. Magunt. dioc.: de perp. vicar. ad alt. s. Crucis in eccl. mon. monial. in Margental Magunt. dioc. (4 m. arg.) vac. p.o. Johannis Cruczeborg 24. oct. 82 S 815 182^v.

5587 **Johannes Holewech (Hollewoch)** presb. Minden. dioc.: de perp. benef. ad alt. ss. Jacobi et Andree Appl. in par. eccl. bb. Johannis Bapt. et Luce Ev. op. Pattensen Minden. dioc. de iur. patron. laic. (4 m. arg.) vacat. p. priv. Frederici Wynchen qui contra fund. in d. benef. n. resid. 2. iun. 83 S 824 119^r, I 335 108^r.

5588 **Johannes Holner** cler. Herbip. dioc. de mil. gen.: de can. et preb. eccl. Herbip. (10 m. arg. p.) vacat. p. resign. Johannis Stumpff (Stimpff) cler. Herbip. dioc. pape fam. qui eosdem vig. gr. expect. tunc vac. p.o. Georgii de Elrichshausen acc. 15. apr. 78 S 768 184^r.

5589 **Johannes (Holonarii al.) Missiganck** tunc scol. Opren. Argent. dioc.: litt. testim. sup. recept. prime tonsure tunc scol. Patav. existens s.d. 4. sept. 72 ad alt. s. Lamberti in capel. b. Marie de Febribus in basilica Principis appl. de Urbe et sup. prom. (vig. supplic. s.d. 19. iul. 81) ad 4 min. ord. et ad subdiacon. ord. s.d. 5. aug. 81, ad diacon. ord. s.d. 6. aug. 81 et ad presbit. ord. s.d. 10. aug. 81 in sacristia basilice ut supra 10. aug. 81 F 7 26^v – not. recip. pro formata 10 gr. aug. 81 DB 2 41^r.

5590 **Johannes de Holt** dec. colleg. eccl. in Wischenlem Colon. dioc.: recip. 40 fl. quos papa ex certis causis ipsi donare voluit 8. iul. 82 FC I 849 63^r.

5591 **Johannes Holt** rect. par. eccl. in Zedem Traiect. dioc. pape cubic. et fam. necnon **Ghiisbertus de Ponta** presb. Colon. dioc.: de adm. resign. d. Johannis Holt et de prov. d. Ghiisberto de Ponta de d. par. eccl. (8 m. arg.) et de assign. d. Johanni Holt pens. ann. 15 fl. auri renen. 10. ian. 83 S 818 92^r.

5592 **Johannes Holczner** presb. Salzeburg. dioc. Georgii [Golser] ep. Brixin. cap.: de perp. s.c. vicar. ad alt. s. Laurentii in eccl. Brixin. (6 m. arg.) vac. p.o. Erhardi Zanger Nicolai [de Cusa] tit. s. Petri ad vincula presb. card. fam. 29. sept. 74 S 710 297^{rs}.

5593 **Johannes Honek** cler. Spiren. dioc.: prom. ad 4 min. ord. in eccl. s. Spiritus in Saxia in Urbe 4. iun. 74 F 6 164^r.

5594 **Johannes Honeman** cler. Monast. qui ad perp. s.c. vicar. in par. eccl. s. Petri Lubic. (4 m. arg.) p. Ottonem Lentzeke presb. Lubic. patron. present. fuit et qui litig. desup. coram Henrico Georgii vicedecano et capit. eccl. Lubic. et deinde coram Nicolao de Edam aud. contra quond. Johannem Cretell (Gretell) cler. etiam ad d. vicar. vac. p.o. Johannis Ludughusen p. Johannem Zegeleren laic. Lubic. patron. present. esse pretendentem: m. (d. Nicolao de Edam aud.) surrog. ad ius Johannis Cretell 15. oct. 73 (exped. 12. mai. 74) L 734 32^{v}-34^{r}.

5595 Johannes Honemester (Hortemester) rect. par. eccl. in Winsen up der Lu Verden. dioc.: de disp. ut unac. d. par. eccl. aliud incompat. benef. recip. val. etsi par. eccl. ad vitam c. lic. perm. 16. mart. 79 S 783 202^{rs}, L 791 286^{rs}.

5596 Johannes Honering (Honeringhe, Hoveringhe) cler. Cameracen. dioc. pape et Raphaelis [Riario] tit. s. Georgii ad velum aureum diac. card. fam.: motu pr. de perp. s. c. benef. b. Marie virg. in Ulencort infra metas par. eccl. de Berle Leod. dioc. de iur. patron. laic. (3) ac de capel. seu perp. vicar. Antverpien. Cameracen. dioc. (2 m. arg.) necnon de 2 al. s. c. benef. vac. p. o. in cur. Petri Anselmi etiam d. card. fam., n. o. par. eccl. in Oberneltz Salzeburg. dioc. (8 m. arg.) sup. qua litig. in Rota 2. mart. 82 S 808 74^{r} – de prepos. eccl. s. Petri Goslarien. Hildesem. dioc. (2 m. arg.) vac. p. resign. <vac. p. o. in cur.> Wilhelmi Lobenich pape parafrenarii et fam. (cui de d. prepos. p. papam prov. fuit) c. disp. ut unac. d. prepos. par. eccl. in Degernpach Frising. dioc. (quam vig. gr. expect. acc.) retin. val. c. lic. perm. 23. aug. 82 S 827 133^{vs}, S 832 252^{r} – cui de prepos. ut supra s. d. 10.[!] aug. 83 prov. fuit: consensus resign. 13. aug. 83 Resign. 2 100^{r}.

5597 Johannes Honich (Onich) de Cortazio (Chortaceo, Curtacio) nob. laic. Trident. tunc Sigismundi ducis Austrie armig. inter al. referens quod ipse c. pluribus armig. missus fuit ad debellandum Sguicenses et quod certam eccl. et campanile in territorio dd. Sguicensium incendebat: de absol. 6. iun. 78 S 770 59^{rs}, Et p. breve 18. iun. 78 S 770 196^{vs} – de alt. port. c. clausula ante diem, Et pro se et uxore 15. iul. 79 S 784 123^{r}.

5598 Johannes com. de Honsteyn dominus in Clettenberg et Lare Magunt. dioc. referens quod ad capel. b. Marie virg. in Exilio (vulg. Zum elende nunc.) Magunt. dioc. que a mon. monial. in Monchelare (Monachelare) o. s. Aug. Magunt. dioc. dependet propter plurima miracula multitudo christifidelium devotionis causa confluit: de indulg. 15 an., Conc. de indulg. 7 <12> an. in 2 festis 24. apr. 80 S 792 92^{rs}, V 671 515^{vs}.

5599 Johannes Honsteyn (Hensteyn): prov. de can. Traiect. dioc. vac. p. o. 76/77 I 333 330^{r} – can. eccl. s. Petri Middelburgen. Traiect. dioc.: oblig. sup. annat. can. et preb. d. eccl. (6 m. arg.) de quib. vac. p. o. Baldewini Johannis s. d. 25. nov. 76 sibi prov. fuit, restit. bulle 21. febr. 78 A 26 153^{v} – cler. Traiect. dioc. qui litig. contra Henricum Balduwini de Vlisingen cler. et Walterum Mauritius al. Defiut rect. par. eccl. s. Pauli de Ansenet Cameracen. dioc. sup. can. et preb. eccl. s. Petri Middelburgen. Traiect. dioc. (100 fl. auri renen.): assign. pens. ann. 16 fl. auri renen. sup. fruct. d. par. eccl. p. d. Walterum c. consensu suo (p. mag. Sinibaldum de Spada script. et pape fam. ac procur. express.) persolv., (m. ep. Cameracen. et dec. eccl. s. Martini Embricen. et dec. eccl. s. Walburgis Arnhemen. Traiect. dioc.) 16. mart. 82 L 822 99^{v}-101^{r} – restit. bullarum sup. pens. ann. 16 fl. renen. monete electorum R. I. sup. fruct. par. eccl. s. Pauli de Arcscurt Cameracen. dioc. s. d. 16. mart. 82 sibi assign. et p. Walterum Meuritis (qui d. par. eccl. obtin.) exsolvendum ad effectum ut Johannes Hensteyn dividat c. Henrico Baldwini de Vlissingen fruct. can. et preb. eccl. s. Petri Middelburgen. Traiect. dioc.) quia p. testes fuit probatum quod fruct. dd. can. et preb. 24 fl. n. excedunt 29. mart. 82 A 30 223^{v}.

5600 Johannes Honsten (Honstein) [1. pars 2 partium] cler. Colon. dioc.: de perp. s.c. vicar. ad alt. s.Crucis in colleg. eccl. s.Salvatoris Traiect. (4 m. arg.) vacat. p. priv. Arnoldi filii Johannis de Culenborch (Culoborch) excom., n.o. quadam vicar. de iur. patron. laic. (3 m. arg.) quam d. Johannes Honstein obtin. 24. apr. 72 S 678 195^{rs}, m. (prepositis eccl. s.Petri Traiect. et eccl. s.Martini Embricen. ac dec. eccl. s.Lebuini Daventrien. Traiect. dioc.) (exped. 26. iun. 73) L 715 132^v-134^r – referens quod ipse can. et preb. eccl. s.Walburgis op. Zutphanien. Traiect. dioc. de iur. patron. com. Zutphanien. vac. p.o. Swederi de Apeltaren obtin. licet Adam de Monte de baronum gen. p. patron. present. easdem p. 3 an. occupavit et quod deinde Johannes Fechingen can. eccl. s.Victoris Xancten. Colon. dioc. easdem p. aliquos menses detin.: de dd. can. et preb. eccl. s.Walburgis (6 m. arg.) 23. decb. 73 S 709 71^{vs} – cler. (/.) mag. Parisien. Johannes [de Michaelis] tit. s.Angeli diac. card. not. qui perp. vicar. in par. eccl. ville Czepell Traiect. dioc. de iur. patron. laic. (quam vig. gr. expect. in forma paup. s.d. 1. ian. 72 acc.) dim. tenetur: de disp. ut d. vicar. (3 m. arg.) retin. val. etiam postquam vig. d. gr. expect. aliud benef. assec. fuerit 24. ian. 74 S 701 299^v – de disp. ad 2 incompat. benef. 18. apr. 74 S 706 303^r – mag. in art.: de par. eccl. in villa Diedem vulg. nunc. (6 m. arg.) vacat. p. priv. Gerlaci Norlinck excom. quia missas in territorio cuiusdam Oeswaldi (Geswaldi) de baronis de Monte interd. supposito ad instantiam dec. etc. eccl. s.Martini op. Embricen. Traiect. dioc. celebravit et de disp. ad 2 incompat. benef. 13. mai. 74 S 705 101^{vs} – referens quod Albertus Horst (Horsst) actor <matrim. contrahens> qui vig. gr. expect. can. et preb. eccl. s.Martini Embricen. Traiect. dioc. (6 <9> m. arg.) vac. p.o. Swederi de Greue <sive p. resign. Lamberti de Arena> acc. litig. desup. coram Johanne Francisco de Pa-

vinis aud. contra Lambertum de Pluteo (Platea) reum et possessorem <qui monitus fuit solv. pens. ann. Gebhardo Scriptoris cler. Constant. sup. fruct. dd. can. et preb. p. Calixtum III. assign.>: de surrog. ad ius d. Alberti 12. aug. 74 S 708 97^{vss}, V 567 241^r-242^v – referens quod ipsi de perp. vicar. ad alt. s.Crucis in colleg. eccl. s.Salvatoris Traiect. vac. p. priv. Arnoldi de Culenborch (qui quendam presb. in sacristia par. eccl. civilis nunc. Traiect. magnas violentias iniecit et excom. missas celebravit) prov. fuit et quod commissarii scilicet prep. eccl. s.Petri Traiect. ac prep. eccl. s.Martini Embricen. et dec. eccl. s.Lebuini Daventrien. Traiect. dioc. fere 2 an. ad executionem n. processerunt: supplic. card. ut supra de committ. in cur., Conc. in partibus 7. apr. 75 S 717 202^{rs} – solv. nomine Balduini Philippi pro benef. Paduan. 26. apr. 75 FC I 1132 65^r – oblig. (p. Everardum Zoudenbalch prep. eccl. s.Servatii Traiecten. [Leod. dioc.] et collect. p. civit. et dioc. Traiect. recepta) sup. annat. can. et preb. eccl. Embricen. Traiect. dioc. (9 m. arg.) vac. p.o. Swederi Greve 28. apr. 75 FC I 1232/181 12^r – qui perp. vicar. ad alt. b. Marie virg. in par. eccl. in Doetincken Traiect. dioc. vac. p.o. Johannis de Lyntheren obtin.: de nova prov. de eadem (24 libr. sive 4 m. arg.) 23. mart. 76 S 741 142^v – motu pr. de incorp. prebende eccl. s.Martini Embricen. Traiect. dioc. par. eccl. s.Aldegundis virg. Embricen. ad coll. dec. etc. colleg. d. eccl. s.Martini spectantem (9 m. arg.) vacat. p. resign. in manibus pape sive p.o. Gisberti de Ville qui d. par. eccl. unac. can. et preb. d. colleg. eccl. obtin. 9. iul. 76 S 741 56^v.

5601 **Johannes Honsten** [2. pars 2 partium] litig. coram aud. contra quond. Lambertum de Plocea cler. sup. can. et preb. colleg. eccl. s.Martini Endoricen. [recte: Embricen.] Traiect. dioc. (6 m. arg.): de surrog. ad ius d. Lamberti 16. decb. 76 S 755 2ʳˢ – de epistolari preb. eccl. b. Marie Traiect. (4 m. arg.) vacat. p. resign. Jacobi Block 30. decb. 77 S 762 226ᵛˢ, I 333 330ʳ – Johannis [de Michaelis] ut supra nunc tit. s. Marcelli presb. card. fam. inter al. referens quod lis orta fuit coram quond. Gabriele de Contarenis aud. inter quosdam Adam de Monte et Johannem de Fechingen clericos sup. prepos. ac can. et preb. eccl. s. Walburgis Zutphanien. Traiect. dioc. quodque Johannes Vietor (Victor) sed. ap. not. et Johannis card. ut supra fam. ad hanc causam admissus fuit: de d. prepos. ac can. et preb. de iur. patron. ducis Gelrie ac com. Zutphanie (20 m. arg.) vac. p. cess. d. Johannis Vietor 28. ian. 78 S 764 59ᵛˢ, ref. 3. mart. 78 S 766 45ʳˢ – qui ad can. et preb. eccl. s. Walburgis ut supra vac. p. resign. Ade de Monte et ad par. eccl. in Andt [recte: Andelst?] Traiect. dioc. vac. p. resign. Henrici de Heussen p. Catherinam fil. quond. Arnoldi ducis Gelren. et com. Zutphanien. ac in casu par. eccl. p. Oeswaldum baronem de Monte patron. present. fuit: de nova prov. de dd. can. et preb. (6 m. arg.) et de d. par. eccl. (4 m. arg.) et de n. prom. ad 7 an. 20. apr. 79 S 780 241ᵛˢ – qui ad par. eccl. in Birttem (Biirtten) vac. p. o. Rutgeri de Halt p. certum nob. laic. <Johannem de Alpen> patron. officiali prepos. eccl. s. Victoris Xancten. Colon. dioc. et archid. in eccl. Colon. present. fuit et qui litig. desup. coram <Arnoldo Heymerici dec. d. eccl. s. Victoris> offic. Xancten. et deinde coram Johanne Francisco de Pavinis aud. contra Conradum de Reedberch [Rietberg] el. eccl. Osnaburg. <qui tunc in min. ord. constit. p. al. laicum Petro Viinck Francisci [Todeschini-Piccolomini] tit. s. Eustachii diac. card. vic. (qui ut card. prepos. eccl. s. Victoris Xancten. Colon. dioc. ex disp. ap. in commendam obtin.) present. fuit>:

de prov. si neutri de d. par. eccl. (16 m. arg.) <vel surrog. ad ius d. Conradi cui de eccl. Osnaburg. prov. fuit>, n. o. can. et preb. eccl. s. Martini Embricen. Traiect. dioc. (8 m. arg.), can. et preb. eccl. s. Walburgis ut supra (6 m. arg.) ac perp. vicar. in par. eccl. Antique Keppel Traiect. dioc. (4 m. arg.) necnon pens. ann. 16 fl. renen. sup. fruct. par. eccl. s. Pauli de Ausmet Cameracen. dioc. 5. mart. 83 S 820 130ʳ, m. (Johanni Francisco de Pavinis aud.) (exped. 13.febr.[!] 83) L 831 189ᵛ-191ʳ – can. eccl. s. Martini Embricen. Traiect. dioc. card. ut supra cap.: oblig. sup. annat. par. eccl. in Visetten Colon. dioc. (16 m. arg.) de qua vac. p. o. Rutgerii de Holt s. d. 5. mart. 83 sibi in forma nove prov. sive si neutri prov. fuit, restit. bulle 16. apr. 83 A 31 34ᵛ – referens quod litig. sup. par. eccl. in Birtten ut supra coram ep. Nucerin. aud. locumtenenti contra Conradum de Reedebergh et quod deinde d. par. eccl. vac. p. assec. prepos. eccl. s. Lebuini Daventrien. Traiect. dioc. p. d. Conradum: de surrog. ad ius d. Conradi 24. mai. 83 S 823 251ʳˢ.

5602 **Johannes Hop** presb. Zwerin. dioc. qui litig. coram aud. contra Albertum Schartzoyw cler. Zwerin. dioc. sup. perp. s. c. vicar. ad alt. s. Johannis Bapt. in par. eccl. s. Jacobi Sunden. Zwerin. dioc.: de d. perp. vicar. (3 m. arg.) vac. p. resign. in manibus pape d. Alberti 6. apr. 80 S 791 202ʳ.

5603 **Johannes Hopper** prep. eccl. Cur.: de incorp. d. prepositure (15 m. arg.) par. eccl. s. Castrani in Malans et par. eccl. s. Michaelis in Lapberg Cur. dioc. (insimul 7 m. arg.) 21. mai. 72 S 679 273ᵛ – can. eccl. Basil. et **Melchior de Meckaw (Merchaw)** can. eccl. Constant. litt. ap. script. <ex utr. par. de mil. gen. pape fam.> referentes quod ipsi litig. coram Gaspare de Theramo aud. sup. can. et preb. eccl. Constant. vac. p. o.

Henrici de Randeck: de adm. resign. d. Melchioris et de prov. Johanni Hepper de dd. can. et preb. (10 m. arg.) c. assign. d. Melchiori pens. ann. 20 fl. renen. sup. fruct. par. eccl. s.Magni in Sancto Gallo Constant. dioc. (70 fl. renen.) p. d. Johannem persolv. 4. iun. 79 S 782 218^{rs}, m. (prep. eccl. Basil. et prep. eccl. b. Marie Feuchtwangen. August. ac offic. Basil.), gratis L 794 239^{rss}.

5604 Johannes Horense (Hornse) [cler. Monast.] in art. mag. Pauli II. fam. cui de par. eccl. in Campen (Compen) Traiect. dioc. (22 m. arg. [et postea correctum] in 10 m. arg.) vac. p. resign. Johannis Truylheyt (qui d. par. eccl. tunc vac. p. resign. Henrici Dalman Pauli II. cubic. secreti acc.) prov. fuit et qui p. Gasparem Hebstoop (Hebstaep) dec. eccl. s.Bartholomei Leod. exec. citatus et (d. par. eccl. 24 <22> m. arg. val. credens) coram ep. Tirasonen. consensit ut ipse d. Johanni Truylheyt (cui etiam de par. eccl. in Nederwert Leod. dioc. c. reserv. pens. ann. 40 <fl.> duc. adc. pro Vincencio de Asinariis (Azinariis) prov. fuit) <139 fl. renen. pro pens. n. soluta> et pens. ann. 40 fl. renen. <id est ultra medietatem fruct. d. par. eccl. in Campen> usque ad mortem d. Vincencii persolv.: de annullando concordiam <inducendo concordiam honestam> 9. sept. 75 S 726 251^v-253^v, m. (Petro [Ferrici] ep. Tirasonen. in cur. resid.) V 667 552^r-554^r – commiss. Traiect. [dioc.?] 81/82 I 334 238^r.

5605 Johannes Hormeclie cler. Magunt. dioc. pape fam.: motu pr. gr. expect. de 2 benef. ad coll. ep. etc. Spiren. et abba. etc. colleg. eccl. 11.000 Virg. Colon. (exec. prep. eccl. Paderburn. et Galeattus de Malatestis can. eccl. Bretenorien. ac offic. Spiren.), gratis 17. nov. 81 V 642 290^v-293^r.

5606 Johannes Horn dec. eccl. s.Stephani Bamberg. abbrev. pape fam.: de alt. port. 14. oct. 71 S 672 179^v,

gratis V 660 120^r – prep. eccl. b. Marie Feuchtwangen. August. dioc.: de prom. ad omnes ord. extra temp., sola sign. 9. sept. 72 S 682 33^v – qui ad omnes ord. ut supra prom. cupit: absol. eum ad cautelam 11. sept. 72 Arm. XXXIX, 14 386^{rs} – qui in conclavi Jacobo [Amanati] tit. s.Crisogoni presb. card. servivit et c. quo p. Pium II. ad 2 incompat. benef. disp. fuit: motu pr. disp. ad 3. incompat. benef. etiam par. eccl. ad 3 an., gratis 20. sept. 72 V 665 90^{rss} – fit mentio ut procur. 19. nov. 73 IE 488 25^r, IE 489 25^r – cler. Herbip. dioc. litig. coram Nicolao de Ubaldis <Bartholomeo de Bellencinis> aud. contra Ulricum von der Alben (van der Alben) ac Stephanum Stenhorn intrusum reos sup. scolastr. eccl. Brixin. vac. p.o. Jacobi Lotter <quam ipse vig. gr. expect. de benef. ad coll. ep. etc. Patav. et ep. etc. Brixin. obtin.>: de prov. si nulli de d. scolastr. (8 m. arg.) 3. mart. 74 S 709 118^{vs}, m. (Nicolao de Ubaldis aud.) V 572 203^r-205^r – solv. 23 fl. pro compositione annat. prepos. eccl. b. Marie ut supra 9. mart. 74 IE 488 55^v, IE 489 55^v – qui vig. gr. expect. par. eccl. s.Viti in Krembs Patav. dioc. vac. p.o. Wilhelmi de Hochenloe acc. et qui litig. desup. coram Fantino de Valle aud. contra Alexium Tumar, Wilhelmum Moroltinger et Wigileum Froschel: de prorog. term. intimandi ad 6 menses, sola sign. 30. nov. 74 S 714 239^{rs} – c. quo motu pr. p. Paulum II. ad 2 incompat. benef. et postea ad 3. incompat. benef. ad 3 an. disp. fuerat: de prorog. disp. de 3. benef. ad vitam 12. decb. 75 S 732 36^{rs}, gratis V 667 10^r-11^v – oblig. sup. annat. scolastr. eccl. Brixin. (8 m. arg.) de qua ut supra sibi prov. fuit 29. ian. 76 A 24 73^v – lic. fruct. percip. tam eccl. Brixin. quam eccl. s.Mauritii August. 12. ian. 77 (exec. aep. Patracen. et offic. August. ac offic. Brixin.), gratis V 667 86^{rss} – de lic. testandi 28. mart. 77 S 749 19^v, gratis V 667

235^{rs} – <qui inter al. par. eccl. in Medling Patav. dioc. obtin.> ac **Johannes Ysone** rect. par. eccl. de Inchyes Cameracen. dioc. pape fam.: de facult. absol. parochianos 20. mai. 77 S 751 189^{rs}, gratis V 667 247^{vs} – olim Pauli II. fam. c. quo p. Pium II. ut supra ad 2 incompat. benef. etsi 2 par. eccl. disp. fuit et c. quo (tunc dec. eccl. s. Stephani Bamberg. existente) ad 3. incompat. benef. ad 3 an. p. d. Paulum II. s. d. 20. sept. 65 disp. fuit: bulla duplicata Pauli II., gratis 21. iun. 77 V 667 302^v-304^r – summator: de conserv. 29. decb. 78 S 776 294^v, m. (decanis eccl. August. et eccl. s. Gumperti in Onolspach ac eccl. s. Viti in Herriden Herbip. [!] dioc. necnon offic. Eistet.) PA 27 271^{rss} – indulg. 7 an. pro omnibus visit. eccl. b. Marie in Feuchtwangen August. dioc. 31. mart. 79 PA 27 356^{rs} – et dec. et capit. eccl. b. Marie in Feuchtwangen August. dioc. qui par. eccl. b. Marie <Johannis Ev.> d. op. seu illius perp. vicar. possidere et cura animarum p. can. d. eccl. seu al. presb. sec. regi facere volunt: motu pr. de indulto ut nominatio rect. d. par. eccl. numquam sit specialiter reserv., n. o. constit. vel ordinationibus ap. 15. mai. 79 S 781 294^{rs}, V 671 235^{rs} – disp. ad 2 benef. sub eodem tecto ad vitam c. lic. perm., gratis pro abbrev. 25. iun. 81 V 675 233^{rs} – not. ap. qui in op. Tettelbach Herbip. dioc. ex quo Nicolaus Horn art. et med. doct. d. Johannis genitor et d. Nicolai progenitores originem traxerunt c. consilio et auxilio burgimagistrorum et consulatus d. op. unam capel. et al. dom. in loco apto pro recip. inibi pauperibus et infirmis (precipue illis si quos ex d. fam. et parentela ad talem statum devenire contingeret) de novo construi facere et ex bonis ab ipso collatis d. capel. dotare intendit: lic. erig. d. capel. c. reserv. iur. patron. pro seniori ex d. fam. et parentela Horn et c. reserv. iur. nominandi admin. dom. pro dd. magistrocivium

et consulatui et indulg. 10 an. (m. abb. mon. s. Stephani Herbip. et dec. eccl. Herbip. ac dec. eccl. s. Johannis Herbip. ac dec. eccl. s. Johannis Novi Monasterii Herbip.), gratis 7. aug. 81 V 675 23^r-24^v – litig. in Rota contra quond. Alexium Tumar et quond. Guillelmum Moroltinger et Wigileum Frostel cler. sup. par. eccl. in Krembs Patav. dioc. vac. p. o. Friderici de Hoenloe: de surrog. ad ius dd. Alexii et Guillelmi vel prov. si neutri d. par. eccl. (20 m. arg. p.) 3. mart. 82 S 807 120^r – not. recip. pro bulla distributa 4 grossos et 2 grossos apr. 82 DB 1 125^r.

5607 **Johannes Horn** rect. par. eccl. s. Laurentii in Rotenfelsz Spiren. dioc. et perp. capn. ad alt. s. Michaelis archangeli in capel. ossorii in cimit. mon. s. Nicolai Antiqui hosp. in Hagenaw Argent. dioc. referens quod ipse p. Burcardum Seytz procur. suum constit. (ut constat in publ. instr. acto 24. aug. 81 in civit. Argent. et in domo Cristianni de Durmentz vic. eccl. Argent. et subscripto p. Johannem Burckard cler. Argent. auct. ap. et imper. not. publ.) d. capn. in manibus pape resign. de qua Eustachio Munch in decr. licent. pape fam. s. d. 13. nov. 81 prov. fuit: consensit p. d. procur. litt. ap. exped. 17. nov. 81 OP 6 114^v – dec. eccl. bb. Marie ac Petri et Pauli Baden. Spiren. dioc. qui litig. coram Gaspare de Theramo aud. sup. par. eccl. s. Laurentii in Rotenfelsz Spiren. dioc. vac. p. resign. Burchardi Stoer prep. eccl. s. Mauritii in Anseltingen (Alsemingen) Lausan. dioc. <pape fam.> sed. ap. not. et subdiac. in manibus pape (qui d. par. eccl. vac. p. o. Jodoci Sitz vig. gr. expect. acc.) contra Jodocum Trebesmulner (Trebesmuler) cler. Bamberg. dioc. pape fam. et Eustachium Munch cler. Spiren. pape acol. (qui nunc ambo in manibus pape resign.): de d. par. eccl. (16 m. arg. p.), n. o. quod d. Johannes decan. d. eccl. bb. Marie ac Petri et

Pauli (12 m. arg.) ac perp. capn. ad alt. b. Marie <Margarite> in eccl. mon. monial. b. Marie Magdalene in Hagenow ad Penitentes nunc. Argent. dioc. (4 m. arg.) obtin. c. disp. ad 2 benef. incompat. 7. febr. 82 S 807 206^{rs}, m. (prep. eccl. ss. Michaelis et Petri Argent. et Thome Wolff can. eccl. Wormat. ac offic. Spiren.) (exped. 28. febr. 82) L 813 216^v-218^v – oblig. p. Johannem Burckard can. eccl. s. Thome Argent. sup. annat. par. eccl. ut supra (in margine: s. d. 1. mart. 82 solv. 40 fl. pro d. annat. p. manus d. Johannis) 1. mart. 82 A 30 138^v – solv. 40 fl. adc. pro annat. par. eccl. s. Laurentii in Rothfels Spiren. dioc. p. manus Johannis Burchard 1. mart. 82 FC I 1134 188^v, IE 505 80^r.

5608 **Johannes (ex com.) de Horne (Horn)** can. eccl. Leod. qui ad prepos. eccl. s. Pauli Leod. vac. p. o. Arnoldi de Homalia p. capit. d. eccl. el. fuit: de nova prov. de eadem (4 m. arg.) 27. apr. 80 S 792 95^{vs} – can. eccl. Colon. et eccl. Magunt. ex utr. par. de com. gen. qui litig. in 3. instantia coram Mariano [de Qualeatis] ep. Glandaten. contra Johannem Franciscum de Pavinis aud. sup. certis can. et preb. eccl. Leod.: de dd. can. et preb. (15 m. arg.) vac. p. resign. in manibus pape d. Johannis Francisci vel de nova prov. de eisdem 28. nov. 80 S 798 110^{vs} – el. Leod. in 27. vel 28. sue et. an. et in subdiacon. ord. constit.: prov. de d. eccl. Leod. vac. p. o. Ludovici [de Burbonio] ep. de qua eccl. p. capit. d. eccl. postulatus fuit c. litt. solitis c. disp. sup. prom. ad diacon. et presbit. ord. extra temp. et sup. def. et. 17. decb. 83 V 639 70^r-75^v – obtulit cam. ap. et collegio card. (p. Forteguerram de Luca decr. doct.) pro serv. commun. 7.200 fl. adc. ratione prov. s. d. 17. decb. 83 et pro 5 serv. min. (in margine: bulle date fuerunt soc. de Frangiottis et Spanochis) 31. decb. 83 OS 84A 181^v, Pa-

ris L 25 A 9 185^v – referens quod Tilmannus Sclecht, Antonius Mast, Simon de Juliaco et Andreas Groot magno studio, fide et cura usi sunt in prom. eius ad d. eccl.: litt. conf. prom. eius ad d. eccl. 1. ian. 84 Arm. XXXIX, 16A 2^r, Arm. XXXIX, 16C 25^{rs} – m. Alberto [de Saxonia] admin. eccl. Magunt., com. palatino Reni et aep. Colon. ut prestent favorem et auxilium pro d. el. 9. ian. 84 Arm. XXXIX, 16A 5^r; Arm. XXXIX, 16C 32^{rs}.

5609 **Johannes Horneck (Horneke)** scol. Magunt. dioc. pape fam. in cur. resid.: de prom. ad omnes ord. extra temp., sola sign. 13. oct. 81 S 805 106^v – cler. Magunt. dioc. pape et Johannis Jacobi [Sclafenatus] tit. s. Stefani in Coelio monte presb. card. Parmen. vulg. nunc. fam.: motu pr. de gr. expect. de 2 can. et preb. necnon de 2 benef. ad coll. quorumcumque c. prerog. ad instar pape fam. descript., Et s. d. 17. nov. 81 3. ian. 84 S 830 50^{vs}, 23. mart. 84 S 830 117^r.

5610 **Johannes Horniken (Hoernken)** presb. Traiect. dioc. ad par. eccl. s. Martini op. Groninghen Traiect. dioc. vac. p. o. Johannis Vredewlo p. patron. laic. present. litig. coram Petro Ferrera aud. contra Johannem Corum (/.) cler. sup. dimidia portione d. par. eccl.: de prov. si neutri de d. portione (4 m. arg.) 10. decb. 76 S 745 26^{vs}.

5611 **Johannes Horschelman** presb. Argent. dioc.: gr. expect. de benef. ad coll. abb. etc. mon. in Morsminster [recte: Marsmunster] o. s. Ben. Argent. dioc. (m. Guillermo Pele can. eccl. Cenomamen. et officialibus Argent. ac Basil.), gratis 1. ian. 72 (exped. 20. decb. 73) L 715 91^r-92^v.

5612 **Johannes Horrv** presb. Basil. dioc.: cui de perp. capel. ad alt. s. Michaelis in eccl. Lucemboren. Basil. dioc. vac. p. assec. benef. in eccl. s. Petri Basil. p. benef. in eccl. s. Petri Basil.

p. Johannem Benedicti pape fam. p. dec. d. eccl. prov. fuit: de nova prov. de d. capel. (3 m. arg.) 15. oct. 76 S 742 296^{rs}.

5613 **Johannes Hotteau (Hotteaw)**: prov. de prioratu Trever. dioc. vac. p. resign. 80/81 I 334 225^v – prior prioratus Vallis Monachorum o. s. Ben. Trever. dioc.: oblig. p. Johannem Haltfast can. eccl. s. Simeonis Trever. cur. sequentem sup. annat. d. prioratus (60 l. T. p.) de qua vac. p. resign. in manibus pape Egidii le Cocq s. d. 16. iul. 81 sibi prov. fuit 24. iul. 81 A 30 49^r – solv. 29 fl. adc. pro annat. p. manus Johannis Altfast (Arltfast) 24. iul. 81 FC I 1134 141^v, IE 502 127^r, IE 503 128^r.

5614 **Johannes Hubert**: prov. de prioratu Constant. [dioc.?] vac. p. resign. 82/83 I 335 45^r.

5615 **Johannes Huckler** presb. Bamberg. dioc.: de nova prov. de par. eccl. in Stadelhofen Bamberg. dioc. (4 m. arg.) vac. p. o. Johannis Fabri 17. iul. 76 S 740 115^{rs}.

5616 **Johannes de Hudestat** can. eccl. Wormat. ex utr. par. de mil. gen.: de disp. ad 2 incompat. benef. 7. iun. 83 S 825 21^r.

5617 **Johannes Hueber (Hwber)** perp. cap. in capel. s. Bernardi in Hepach Constant. dioc. com. de Wirtenberg cant. in cur. resid.: de prom. ad omnes ord. extra temp., sola sign. 5. mai. 83 S 823 68^r – litt. testim. (vig. supplic. ut supra) sup. prom. ad subdiacon. ord. s. d. 11. mai. 83, ad diacon. ord. s. d. 18. mai. 83, ad presbit. ord. s. d. 19. mai. 83 19. mai. 83 F 7 88^r – cler. Frising. dioc. qui p. Sigismundum com. palatinum Reni et Bavarie ducem in cap. capel. ducalis ad vitam recept. fuit: de prom. ad omnes ord. extra temp., sola sign. 24. iul. 83 S 826 260^v.

5618 **Johannes Huel** perp. cap. ad alt. b. Marie virg. in mon. Othmenshen o.

s. Ben. Basil. dioc. qui p. abb. etc. d. mon. instit. fuit referens quod nonnulli in d. loco morantes maligno spiritu ducti ipsi absque culpa sua adeo insidiabantur ut resid. ibidem habere commode n. val.: de n. resid. et de fruct. percip. in loco honesto ad vitam 9. iun. 79 S 782 292^{rs}.

5619 **Johannes de Huerto** cler. Toletan. dioc. ap. script. cui de off. custodie prime porte pal. ap. vac. p. resign. Johannis Glesse in manibus pape s. d. 19. decb. 83 prov. fuit: consensus resign. 22. decb. 83 Resign. 2 119^r.

5620 **Johannes Huffel** can. mon. b. Marie et s. Gabrielis archangeli loci Rodeducis o. s. Aug. Leod. dioc. referens quod ipse post obitum Johannis Refelmans in abb. d. mon. prefectus et postea de regimine suo p. Sylvestrum [de Datiariis] ep. Clugien. nuntium ap. in illis partibus missum amotus fuit et deinde Johannes de Tremonia can. profes. mon. Corporis Christi Colon. o. s. Aug. (capit. gener. de Wyndeszheym Traiect. dioc. o. s. Aug. subiecti) in abb. p. d. ep. prefectus fuit: supplic. Ludovico [de Burbonio] ep. Leod. et Wilhelmo duce Julie et Montensi et com. de Ravensberg de assign. d. Johanni Huffel pens. ann. 100 fl. auri renen. sup. fruct. d. mon. b. Marie (400 fl. auri renen.) et de present. eum ad par. eccl. in Balem Leod. dioc. d. monasterio unitam et de ref. d. mon. c. subiectione eiusdem sub d. capit. gener. de Wyndeszheym 13. aug. 82 S 813 118^r-119^v.

5621 **Johannes Hug** qui par. eccl. in Altham (Altem) Constant. dioc. ex causa perm. c. Conrado vom Stain pro prepos. eccl. s. Johannis Constant. in manibus pape resign. (p. Johannem Langer cler. August. dioc. procur. fact.): prov. de d. c. c. prepos. (8 m. arg.) vac. p. resign. in manibus pape d. Conradi (p. Conradum Cranz cler. Frising. dioc. procur. fact.), n. o. can. et preb. in eccl. s. Johannis Constant.

(5 m. arg.), can. et preb. in eccl. Zurtzach (5 m. arg.), perp. capn. ad alt. ss. Leonardi et Sebastiani in eccl. op. Merspurg Constant. dioc. (5 m. arg.), pens. ann. 8 fl. renen. sup. fruct. perp. capn. in eccl. mon. Omnium ss. op. Schauffhasen [= Schaffhausen] Constant. dioc. (m. prep. eccl. s. Severi Erforden. Magunt. dioc. et offic. Basil. ac offic. Constant.) 26. ian. 82 (exped. 1. febr. 82) L 809 152^{rss} – restit. bullarum sup. prov. de prepos. ut supra 5. febr. 82 A 30 214^r – prep. colleg. eccl. s. Johannis Constant.: recip. eum in pape acol. 1. mart. 83 S 821 176^v, V 659 57^{rs} – de disp. ut unac. prepos. ut supra quam obtin. aliud incompat. benef. ad vitam recip. val. c. lic. perm. 3. mart. 83 S 822 4^v, I 335 34^v.

5622 **Johannes Hughen** proconsul Hamburgen. et **Beka** eius ux. referentes quod perp. vicar. ad alt. s. Michaelis in par. eccl. s. Petri op. Hamburgen. p. Angelam de Sluesz oppidanam op. Hamburgen. Bremen. dioc. fund. et ius patron. proximiori de sanguine d. Angele reserv. fuit et quod Nicolaus Hughe ad illam (12 m. monete currentis = 6 duc.) vac. p. o. Johannis Taghelingh p. d. Bekam ipsius Nicolai genitricem de consang. d. fundatricis present. fuit et quod d. Johannes fruct. d. capn. de 10 fl. augere paratus est: de reserv. iur. patron. d. vicar. dd. coniugibus et deinde seniori de domo d. Johannis 12. iun. 84 S 837 76^{vs}.

5623 **Johannes Hugler de Sindelfingen** presb. Constant. dioc. <nullum benef. obtin.>: de par. eccl. in Kundspach (Eindspach) Spiren. dioc. (4 m. arg.) vac. p. o. Judoci (Dur) de Baden 22. oct. 79 S 787 40^v, m. (prep. eccl. b. Marie Feuchtwangen. August. dioc. et Eberardo de Rabensten can. eccl. Bamberg. ac offic. Spiren.), gratis V 597 287^{vss}.

5624 **Johannes Hugonis** cler. Argent. dioc. reus qui litig. in cur. coram Do-

minico [Mercari] ep. Ravellen. et [Oliverio Carafa] tit. s. Eusebii presb. card. et aep. Neapolitan. contra Marinum comestabulum curie Neapolitan. sup. quibusdam pec. summis et qui 2 tertiis d. summe satisfecit: de prorog. term. satisfaciendi ad mensem, sola sign. 4. mai. 76 S 739 108^{vs}.

5625 **Johannes Hugonis**: prov. de can. Constant. [dioc.?] vac. p. o. 81/82 I 334 73^r.

5626 **Johannes Hugonis de Flederanghe** presb. monach. mon. in Antiquo claustro [= Oldenkloster] apud Dampnuarium [= Appingedam] terre Frisie o. s. Ben. Monast. dioc.: de disp. ut quodcumque benef. etsi par. eccl. ad vitam recip. val. c. lic. perm. 4. iul. 82 S 812 182^v.

5627 **Johannes Hugx** leg. doct. et orator Confoederatorum: hortatio (Confoederatis et abb. mon. Sancti Galli) ut prestent auxilium et consilium contra Venetos 26. sept. 83 Arm. XXXIX, 16 31^{vs}; Arm. XXXIX, 16B 86^{vs}.

5628 **Johannes Huisler** in 23. sue et. an. constit.: motu pr. gr. expect. s. d. 1. ian. 72 de can. eccl. s. Mauritii in Zoffingen Constant. dioc. necnon de benef. ad coll. ep. etc. Constant. et prerog. ad instar pape fam. descript. (m. ep. Civitatis Castelli et Celso de Millinis can. basilice Principis appl. de Urbe ac offic. Meten.), gratis 15. nov. 79 V 671 98^v-102^r.

5629 **Johannes Hulsbrueck (Hulsbruck, Huelbroeck, Hulsbmeck)** cler. Colon. dioc. in art. mag. pape fam.: motu pr. de gr. expect. de 2 can. et preb. necnon de 2 benef. ad coll. quorumcumque, Et s. d. 17. nov. 81 S 803 236^r, S 803 232^{rs} – cler. Colon. dioc. in art. mag. ac pape fam.: motu pr. de par. eccl. in Hasselt Colon. dioc. de iur. patron. laic. (5 m.) vac. p. o. Winandi Schoenhals Georgii de Hesler [tit. s. Lucie in Silice presb.] card. fam. 27. iul. 83 S 826 138^{rs} – de disp. ad 2 incompat. benef. et de n. resid. et de percip. fruct. in absentia 7. sept. 83 S 828 162^{vs} – qui vig. gr. expect. motu pr. benef. person. nunc. in par. eccl. in Boidberch Colon. dioc. vac. p. o. Henrici Geynmont acc. et tunc gr. expect. de vicar. b. Marie virg. in colleg. eccl. ss. Appl. Colon. acc.: de nova prov. de d. benef. person. nunc. (10 vel 15 m. arg. p.) 16. decb. 83 S 832 264^r – qui litig. coram Paulo de Tuscanella aud. contra Tylmannum Paessz, Arnoldum al. Sbegberg (/.), Stefanum de Messz ac quendam N. Fulmen, Petrum de Unckel clericos sup. person. par. eccl. in Boedberch Colon. dioc. vac. p. o. Johannis Geymont: de prov. si neutri de d. person. (/.) 9. apr. 84 S 839 78^r – cui gr. expect. s. d. 17. nov. 81 de can. et preb. in eccl. s. Victoris Xancten. Colon. dioc. necnon de benef. ad coll. aep. etc. Colon. conc. fuit et tunc vig. d. gr. expect. de person. par. eccl. in Boedberch ut supra prov. fuit: motu pr. de mutatione gr. expect. de dd. can. et preb. in can. et preb. in eccl. ss. Cassii et Florentii Bonnen. Colon. dioc. et in can. et preb. in eccl. s. Cuniberti Colon. ac reval. gr. expect. acsi d. par. eccl. n. acceptasset c. prerog. ad instar pape fam. descript., Et s. d. 17. nov. 81 11. mai. 84 S 836 105^{vs}.

5630 Johannes Hundt de Saulnheym cler. Magunt. dioc. ex utr. par. de mil. gen.: m. (dec. eccl. s. Johannis Magunt.) confer. can. et preb. eccl. Wormat. (10 m. arg.) vac. p. resign. Johannis de Genmyngen <p. Adam Rodhart cler. Wormat. dioc. procur. fact.> 26. nov. 72 (exped. 3. decb. 72) L 730 147^v-149^r.

5631 Johannes Hunnickhusen (Hurmickhusen) cler. Reval.: de nova prov. de can. et preb. eccl. Reval. (8 m. arg.) vac. p. o. Johannis Smyt 2. aug. 77 S 755 221^r.

5632 Johannes de Hunniska mil. Jacobi de Dambno nepos germanus, **Nicolaus Nicolai de Bocziszovicze, Jo-**hannes de Cruslowo, Creslaus de Curoswanky, Nicolaus de Mogilincza, **Johannes de Choijny** regis nonnus, **Stanislaus de Buszenyn, Thomas de Oskorige, Johannes de Sczekoczin, Johannes de Baslup** decr. doct., **Michael Pauli de Castro Cracov. [dioc.?], Paulus Sulislai de Liczki, Johannes de Oswanczy** decr. doct., **Jacobus de Guczna, Nicholaus de Pomoizani, Stanislaus de Pczolank** omnes clerici Gneznen., Cracov., Poznan., Plocen. dioc. ex utr. par. de nob. gen. Jacobi de Dambno mil. regni Polonie cancellarii et capitanei Cracov. generalis nepotes, consanguinei, fam. et dilecti: motu pr. de gr. expect. de 2 can. et de 2 benef. ad coll. quorumcumque, Et s. d. 1. ian. 72 S 670 47^{rs}.

5633 Johannes Huns scol. Meten. dioc.: recip. primam tonsuram in eccl. s. Bartholomei de Insula in Urbe 17. decb. 74 F 6 186^v.

5634 Johannes Hunt, Spiren. [dioc.?]: disp. ad incompat. 74/75 I 333 287^v.

5635 Johannes Hurtel scol. Bamberg. dioc.: recip. primam tonsuram in sacristia basilice Principis appl. in Urbe 23. mai. 72 F 6 52^r.

5636 Johannes Huseman (Husman, Huysman, Useman) [1. pars 2 partium] presb. Colon. dioc. decr. doct. Stephani [Nardini] aep. Mediolan. cap. c. quo sup. def. nat. (s. s.) et ad 2 incompat. benef. disp. fuit et qui tunc in pape pal. de Urbe commorans et in rotulo al. pape fam. nominatus gr. expect. de can. et preb. colleg. eccl. s. Severini Colon. et de can. et preb. colleg. eccl. Veteris Ecclesie s. Pauli Monast. acc.: motu pr. de prerog. pape fam. descript. 30. mart. 73 S 689 16^v – abbrev. <Stephani [Nardini] tit. s. Adriani diac. card. fam.> cui vig. disp. <Pauli II. sup. def. nat. (s. s.)> et vig. disp. ut unac. decan. et can. et preb. eccl. s. Patrocli Susacien. Colon. dioc. aliud incompat. benef. recip. val. etsi 2 par. eccl. ad 7 an. de par. eccl. in Unna Colon. dioc. (sup. qua litig. coram aud.) prov. fuit: de prorog. de 2 par. eccl. ad vitam et de uberiori disp. ad 3. incompat. benef. 1. iul. 73 S 693 41^{vs}, gratis L 735 369^{vss} − fit mentio ut secr. <fam.> et procur. card. ut supra 10. nov. 73 OS 84 208^v, 27. nov. 73 OS 84 210^r, 27. nov. 73 A 22 118^v, 15. ian. 74 OS 84 213^v, 10. febr. 74 V 561 60^r-61^v − cui gr. expect. de can. et preb. eccl. s. Severini Colon. vac. p. o. Danielis Judei conc. fuit: de nova prov. de eisdem (6 m. arg.) 11. ian. 75 S 713 270^v − qui litig. in cur. sup. par. eccl. in Unna Colon. dioc. contra quendam Hartmannum intrusum: de d. par. eccl. (130 fl. renen.) vac. p. resign. Johannis Oyscheff cui de eadem p. Paulum II. prov. fuit 10. iul. 75 S 723 129^{vs} − de confic. litt. c. express. quod Arnaldus Oyschoff et n. Johannes ut supra resign. 22. iul. 75 S 724 181^v − Stephani ut supra card. Mediolan. fam. antiquus curialis et qui temp. Calixti III. p. Henricum de Hoitre vicecommendatorem ad s. c. benef. ad alt. s. Katherine in capel. seu eccl. dom. ord. s. Johannis Jerosolimitan. op. Hervorden. Paderburn. dioc. present. fuit et d. beneficiolum (7 vel 8 fl. renen.) p. 7 an. retin. sed postea dim. et qui vig. disp. Pauli II. can. et preb. ac decan. eccl. Susacien. Colon. dioc. obtin. et deinde vig. disp. ad 2 incompat. benef. par. eccl. op. Unnen. Colon. dioc. (vac. p. resign. Henrici <de> Horne forsan <olim> Prosperi s. Georgii ad velum aureum diac. card. de Columpna nunc. fam.) assec. est sup. qua litig. coram Jeronimo de Porcariis aud. in locum Gasparis de Theramo surrogato contra Hartmannum Bolt intrusum: de decl. litt. perinde val. acsi express. fuisset quod d. perp. benef. p. d. vicecommendatorem obtin. 13. iun. 76 V 576 236^r-239^v − dec. eccl. Susacien. Colon. dioc.: fit mentio ut sollicitator in

oblig. dom. dei de Fossamagna e. m. Vite Metuli Pictaven. dioc. 31. iul. 76 A 25 25^r − fit mentio ut procur. card. ut supra 5. oct. 76 A 25 57^v − Stephani ut supra nunc tit. s. Marie in Transtiberim presb. card. fam.: motu pr. de assumptione in ap. sed. not. 22. nov. 76 S 744 32^{rs} − commiss. in causa in Scotia contra Patritium [Graham] aep. Sancti Andree 5. decb. 76 V 582 111^r-112^v − nuntius ap. in Scotiam iturus: instructiones [decb. 76] Arm. II, 56 300^{vss}, Arm. II, 129 185^{vss}, Cod. Urbin. Lat. 864 173^v-174^v, Cod. Barb. Lat. 1498 268^v-270^v, Cod. Ottob. Lat. 2726 182^v-184^r − rect. par. eccl. op. Unnen. Colon. dioc. decr. doct. et **Hartmannus Bolt** cler. Colon. dioc. qui litig. in cur. sup. d. par. eccl. (100 fl. auri renen.) et deinde concordiam fecerunt: de conf. d. concordiam c. reserv. d. Hartmanno pens. ann. 24 fl. auri renen. sup. fruct. d. par. eccl. p. Johannem Husemann persolv. quousque d. Hartmanno de 1 vel 2 s. c. benef. equalis val. prov. fuerit 9. decb. 76 S 744 215^{vs} − prothonot.: de 1 bulla commiss. sup. inquisitione aep. Sancti Andree ut supra s. d. 5. decb. 76 conc., restit. bulle absque oblig. 16. decb. 76 A 25 206^r − pape nunt. et **Robertus Blakadir** Jacobi Scotorum regis orator ad papam destinatus pape notarii: litt. passus usque ad numerum 12 23. decb. 76 V 666 209^v.

5637 **Johannes Huseman** [2. pars 2 partium] in pal. ap. resid. inter al. referens quod sibi in servitiis Stephani [Nardini] tunc aep. Mediolan. et nunc tit. s. Marie in Transtiberim presb. card. ut supra fam. exist. motu pr. gr. expect. <s. d. 1. ian. 72> de can. et preb. colleg. eccl. s. Severini Colon. et de can. et preb. colleg. eccl. Veteris Ecclesie s. Pauli Monast. et de benef. ad coll. quorumcumque conc. fuit quodque d. gr. sortita fuit nullum effectum: motu pr. de exten. d. gr. expect. ad 3. be-

nef. <ad coll. abb. etc. mon. s. Trudonis de Sancto Trudone o. s. Ben.
Leod. dioc.> 18. oct. 77 S 759
101^{rs}, [cass., fragm., dat. deest] S
758 280^v, gratis 18. oct. 77 V 670
517^r-518^v – recip. eum in sed. ap.
not., gratis 22. nov. 77 V 657 120^{vs} –
prothonot.: solv. pro iocali 4 grossos
ian. 78 T 13 87^v – fit mentio ut procur. card. ut supra 12. febr. 78 OS
84A 30^v – solv. 4^1/2 fl. adc. pro residuo annat. par. eccl. in Unna Colon. dioc. p. manus proprias exactos
p. Nicolaum et Stephanum exactores
<in deductionem 44 fl. quos Hart-
manus Bolt solverat> 15. febr. 78
FC I 1133 130^v, IE 495 109^r, IE 496
113^r, IE 497 112^r – prov. de can. et
preb. ac decan. eccl. b. Marie ad
Gradus Colon. (8 m. arg. p.) vac. p.
resign. in manibus pape Andree [Ja-
mometic] aep. Craynen. qui eosdem
vac. p. o. in cur. Johannis Zudendorp
s. d. 29. sept. 78 motu pr. in commendam obtin. litt. desup. n. confectis (m. ep. Santorien. et dec. eccl.
s. Cuniberti Colon. ac offic. Colon.)
16. oct. 78 (exped. 20. nov. 78) L
797 208^r-210^r, ref. 16. oct. 78 S 774
32^v – oblig. sup. annat. can. et preb.
ac decan. ut supra et promisit solv.
residuum d. annat. infra 3 menses,
n. o. pens. antiqua quam pretendit
esse reservata sup. fruct. d. benef. (in
margine: solv. 12^1/2 fl. adc. pro parte
annat. et debet solv. residuum et s. d.
1. mart. 79 obtin. prorog. ad 4 menses) 26. oct. 78 A 27 105^v – solv.
12^1/2 fl. adc. pro annat. 26. oct. 78
FC I 1133 190^v – qui vig. gr. expect.
can. et preb. ac decan. eccl. Veteris
Ecclesie s. Pauli Monast. vac. p. o.
Bernardi de Gorckhorst acc.: de
nova prov. de dd. can. et preb. (5 m.
arg.) ac de d. decan. (3 m. arg.) 2.
nov. 78 S 774 187^v – dec. eccl. Su-
sitien. [recte: Susacien.] et dec. eccl.
b. Marie ad Gradus Colon.: litt. sup.
recept. in prothonot. et processus exempt. 2. mart. 79 DC 39 258^v – qui
temp. Pauli II. decan. et can. et preb.
eccl. s. Patrocli Susacien. Colon. di-

oc., par. eccl. in Unna Colon. dioc.
et decan. eccl. b. Marie ad Gradus
Colon. dioc. acc. et c. quo ad 3 incompat. benef. disp. fuit: de indulto
ut ab uno ad al. benef. absque lic.
alienare possit, sola sign. et p. breve
3. mart. 79 S 779 61^{vs} – pro processu exempt. ut supra 4 grossos apr.
79 T 13 136^r – de par. eccl. s. Petri
Colon. de iur. patron. laic. (8 m.
arg.) vac. p. o. Adolphi Stakelhusen
18. mai. 80 S 795 260^v – rect. par.
eccl. de Unna Colon. dioc. et Ludovicus de Bangariis de Ymola o.
fr. min. profes. et in theol. mag. cui
pens. ann. 12 duc. adc. sup. fruct. d.
par. eccl. (38 duc. adc.) assign. fuit:
de extinctione d. pens. c. consensu d.
Ludovici 12. aug. 80 S 795 212^r –
notitia sup. bulla s. d. 30. mart. 80 in
registro cam. ap. libro primo folio
271 scripta 10. decb. 80 DC 40
130^r – perp. vic. in eccl. Monast. qui
can. et preb. eccl. Veteris Ecclesie
s. Pauli Monast. ex causa perm. in
favorem Bernardi Mummen in manibus pape resign.: assign. pens. ann.
8 fl. renen. sup. fruct. decan. eccl.
s. Ludgeri Monast. (10 m. arg.) p. d.
Bernardum in civit. Colon. persolv.
(m. prep. eccl. s. Andree Colon. et
dec. eccl. ss. Appl. Colon. ac offic.
Monast.) 2. aug. 81 L 808B 291^{rss} –
restit. bullarum sup. prov. perp. vicar. ut supra (6 m. arg.) quia perm.
equalis val. iuravit 14. aug. 81 A 30
189^r – perinde val. sup. decan. Colon. [dioc.?] 80/81 I 334 53^v.

5638 Johannes Husen de Roda Inferiori
cler. Magunt. dioc.: de can. et preb.
eccl. ss. Martini, Donati et Nazarii in
Mockstat Magunt. dioc. (3 m. arg.)
vac. p. o. Johannis Zalber 26. iun.
80 S 794 149^{vs}.

5639 Johannes Huszler (Huser) cler.
Constant. dioc.: de par. eccl. in Sar-
noch (Sirnach) Constant. dioc. (24 fl.
adc. <4 m. arg.>) vac. p. devol. vel
ex eo quod abb. etc. mon. in Fisch-
ingen o. s. Ben. Constant. dioc. illam
p. 30 an. indebite occupatam detin.

18. mart. 80 S 796 32^{rs}, m. (abb. mon. Sancti Galli Constant. dioc. et prep. eccl. s. Stephani Constant. ac offic. Constant.), gratis V 613 21^{rss} – qui vig. gr. expect. capn. ad alt. s. Cecilie in eccl. Constant. vac. p. o. Johannis Walteri acc.: de nova prov. de d. capn. (4 m. arg.) 18. iun. 83 S 825 162^{v}.

5640 **Johannes Huvel** reus et possessor qui litig. in cur. contra quond. Johannem Kern sup. par. eccl. in Lutzing August. dioc. (4 m. arg.): de surrog. ad ius d. Johannis 27. mai. 83 S 824 91^{rs}.

5641 **Johannes Hutzerod** scol. Magunt. dioc. (in margine: n. venit): recip. primam tonsuram in sacristia basilice Principis appl. in Urbe 23. mai. 72 F 6 52^{r} – recip. primam tonsuram in sacristia ut supra 13. mart. 73 F 6 98^{rs}.

5642 **Johannes Jacobi** scol. Spiren. dioc.: recip. primam tonsuram in sacristia basilice Principis appl. in Urbe 19. decb. 72 F 6 87^{rs}.

5643 **Johannes Jacobi** rect. par. eccl. in Hildersberghe Traiect. dioc. card. ut infra Reatini nunc. fam.: de n. prom. ad 7 an. 29. mart. 73 S 695 172^{r} – Angeli [de Capranica] card. ep. Prenestin. fam. qui vig. gr. expect. s. d. 1. ian. 72 de can. et preb. eccl. s. Johannis Traiect. necnon de benef. ad coll. mon. s. Pauli Traiect. o. s. Ben. can. d. eccl. acc.: de prerog. ad instar pape fam. descript. 28. mai. 73 S 694 297^{rs} – rect. par. eccl. b. Marie in Ildergarberg Traiect. dioc.: prom. ad 4 min. ord. in eccl. s. Spiritus in Saxia in Urbe 4. iun. 74 F 6 164^{r} – cler. Leod. dioc. Angeli ut supra tunc tit. s. Crucis presb. card. fam. qui vig. gr. expect. s. d. 1. ian. 72 par. eccl. in Hildersbarghe ut supra vac. p. o. Petri de Ganda acc. et qui d. par. eccl. p. 2 an. absque prom. ad presbit. ord. tenet: de nova prov. de d. par. eccl. (24 fl. adc.) c. rehab. et de disp. sup. n. prom. ad 5 an. 23. decb. 74 S 713 48^{rs}.

5644 **Johannes Jacobi** cler. Traiect. dioc. qui ad perp. vicar. seu capn. ad alt. s. Nicolai ep. et confess. in eccl. Magunt. (cui custod. porte capit. d. eccl. Magunt. annexa exist.) vac. p. o. Johannis Oliatoris p. Theodorum [de Monteferrato] tit. s. Theodori diac. card. et prep. eccl. Magunt. capitulo d. eccl. present. fuit: de nova prov. de eadem (4 m. arg.) 16. mai. 80 S 792 302^{vs}.

5645 **Johannes Jacobi Antonii** matricularius par. eccl. de Salsateria (Salsa Tereta) [= Salsaterra] in Wallacia Traiect. dioc. <cler. Cameracen. dioc.> c. quo sup. def. nat. (p. s.) disp. fuit et qui d. par. eccl. in favorem Michaelis Grosse (Goesse) presb. Cameracen. dioc. cessit: assign. pens. ann. 6 libr. Artesie (quelibet ad 40 gr. monete Flandrie estimata) sup. fruct. perp. capn. ad alt. b. Marie in par. eccl. de Bassaytera Cameracen. dioc. de iur. patron. laic. (18 l. T. p.) p. d. Michaelem persolv., Et c. disp. sup. def. nat. 18. mai. 82 S 811 4^{v}, m. (Paulo Rota can. eccl. Cameracen.) L 823 54^{vs}.

5646 **Johannes Jacobi de Chamineto al. de Lothoringia** cler. Meten. dioc. referens quod lis pendit in cur. coram Jeronimo de Porcariis aud. inter ipsum Johannem actorem et quond. Conradum Wintinghen in cur. defunct. ac nonnullos adversarios sup. can. et preb. eccl. Meten.: de surrog. ad ius d. Conradi in d. can. et preb. (24 l. T. p.) 3. iul. 78 S 771 244^{r}.

5647 **Johannes Jacobi de Castro** cler. Leod. dioc. qui vig. gr. expect. Pauli II. perp. s. c. vicar. seu capn. ad alt. b. Marie Magdalene in ambitu eccl. s. Petri Traiect. vac. p. o. Reynerii Bouynck acc. et qui deinde litig. desup. coram Johanne [Diaz de Coca] ep. Calaguritan. aud. locumtenenti contra Johannem Johannis de Bulluignevilla cler. Tullen. dioc. (nunc resign. p. Arnaldum Grundick dec. eccl. s. Martini Bramesscen. Osnaburg. dioc. procur. fact.): m. (ep. Reatin. et dec. eccl. s. Johannis Osnaburg. ac offic. Traiect.) confer. d. vicar. (4 m. arg.) 22. iun. 73 (exped. 23. iul. 73) L 725 34^{vss}.

5648 **Johannes Jacobi (Jacobus) Leyst (Leys, Loyst, Lest)** [1. pars 3 partium] cler. Magunt. pape fam.: de can. et preb. eccl. s. Victoris e. m. Magunt. (8 m. arg.) vac. p. resign. Ade Rodhart cler. Wormat. cui de eisdem vac. p. resign. Johannis Strumpf cler. Herbip. dioc. (qui olim litig. desup. in cur. contra certum adversarium intrusum) prov. fuit 10. febr. 77 S 746 294^r – can. eccl. b. Marie ad Gradus Magunt. cui motu pr. gr. expect. s. d. 1. ian. 72 de can. et preb. d. eccl. b. Marie ac eccl. ss. Petri et Alexandri Aschaffenburgen. Magunt. dioc. et prerog. pape fam. descript. s. d. 8. iun. 76 conc. fuerunt: motu pr. de reval. acsi litt. quoad can. et preb. d. eccl. b. Marie n. fuissent sortite effectum 26. nov. 77 S 761 114^{vs}, 7. decc. 77 S 761 111^{rs}, gratis (exped. 16. iun. 78) L 786 200^{rss} – referens quod Johannes de Helmstat cler. litig. coram Arbogasto Ehrhart ep. Argent. vic. gener. et Gaspare de Theramo aud. contra quond. Johannem Messerer sup. par. eccl. in Wasselnhem (Wasselnheym) Argent. dioc. (8 m. arg.): de surrog. ad ius d. Johannis Messerer 2. apr. 78 S 768 266^{rs} – cui de can. et preb. eccl. ss. Martini et Arbogasti Surburgen. Argent. dioc. <vac. p. o. in cur. Johannis Olman> prov. fuit et **Nicolaus (Scriptoris de) Cruccenach (Cruzennach, Cruezenech)** perp. vic. eccl. Magunt. qui desiderant perm.: de prov. Johanni Jacobi de d. vicar. (4 m. arg.) et de prov. d. Nicolao de dd. can. et preb. (6 m. arg.) 27. mai. 78 S 769 97^v, 4. iun. 78 S 770 58^{rs}, m. (scolast. eccl. b. Marie ad Gradus et scolast. eccl. s. Johannis Magunt. ac offic. Magunt.), gratis (exped. 1. iul. 78) L 787 11^{vss} – qui pro nonnullis suis peragendis negotiis se a cur. absentare et ad partes conferre habet:

motu pr. de conc. quod in assec. quorumcumque benef. prerog. pape fam. descript. uti val. acsi a d. cur. minime absens foret, Et ad an., sola sign. 23. iun. 78 S 771 115^{vs} – de disp. ad 2 incompat. benef. etsi 2 par. eccl. ad vitam et de facult. resign. vel perm. 24. iun. 80 S 794 19^v, gratis V 601 178^r-179^v – oblig. sup. facult. resign. vel perm. 19. iul. 80 A 29 52^r – cui de can. et preb. colleg. eccl. s. Livini mart. de Zierizee Traiect. dioc. de iur. patron. laic. vac. p. o. Cornelii Halingi prov. fuit et qui desup. litig. coram Gundiscalvo [de Villadiego] aud. contra Henricum Hugonis qui ad dd. can. et preb. p. quendam laic. present. et p. vicedecanum et capit. d. eccl. instit. fuerat: de prov. si neutri de eisdem (24 l. T. p.) 3. oct. 80 S 797 3^{vs} – de perp. s. c. capn. ad alt. b. Marie virg. in Dynheim Wormat. dioc. (3 m. arg.) vac. p. o. Petri Welker quond. Latini card. ep. de Ursinis vulg. nunc. fam. 12. decc. 80 S 798 153^v – de can. et preb. eccl. s. Petri e. m. Magunt. (8 m. arg.) vac. p. resign. in manibus pape Henrici Bockenauwe (Bockenroe) cler. Paderburn. dioc. (qui desup. litig. in cur. contra adversarium <possessione n. habita>) vel p. resign. <p. o.> Henrici Sutteri (Suttern) c. reserv. pens. ann. 20 fl. auri renen. sup. fruct. dd. can. et preb. ac can. et preb. eccl. b. Marie ad Gradus Magunt. (14 m. arg.) d. Henrico Bockenauwe p. Johannem Jacobi persolv. 22. decc. 80 S 798 262^{rs}, (m. prep. eccl. s. Andree Colon. et dec. eccl. ss. Petri et Alexandri Aschaffenburgen. Magunt. dioc. ac offic. Magunt.), gratis V 606 208^r-209^v.

5649 **Johannes Jacobi Leyst** [2. pars 3 partium]: not. recip. pro bulla distributa 3 grossos et 2 grossos ian. 81 DB 1 63^v – oblig. sup. annat. can. et preb. eccl. s. Petri e. m. Magunt. (in margine: s. d. 18. mart. 94 fuit cass. quia d. Johannes iam docuit de solut.

fact. Conrado Thus collect. in partibus) 14. mart. 81 A 29 158^r – de decan. eccl. s. Bartholomei Franckfur-
den. Magunt. dioc. (4 m. arg.) vac. p.
resign. in manibus pape Burkardi
Stoer pape subdiac. <p. Mathiam
Stehyt cler. August. dioc. procur.
fact.> 13. mai. 81 S 801 59^{vs}, (exec.
prep. eccl. s. Andree Colon. et dec.
eccl. ss. Petri et Alexandri Aschaffenburgen. Magunt. dioc. ac offic.
Magunt.), gratis V 612 147^r-148^v –
can. eccl. s. Petri e. m. Magunt.: consensit assign. pens. ann. 20 fl. auri
renen. Henrico Bochenow cler. Paderburn. ut supra conc. 15. iun. 81
OP 6 92^v – in decr. bac. in art. mag.:
de can. et preb. in eccl. ss. Petri et
Alexandri Aschaffenburgen. Magunt. dioc. (8 m. arg.) vac. p. o. Johannis Buchenrode (Buchenrod) 31.
aug. 81 S 807 192^v, m. (aep. Salernitan. et dec. eccl. s. Victoris e. m.
Magunt. ac offic. Magunt.), gratis V
619 167^{rss} – de par. eccl. Oschey-
men. (/.) Magunt. dioc. (4 m. arg.)
vac. p. o. Johannis de Buchenrode,
n. o. can. et preb. in eccl. b. Marie ad
Gradus Magunt. et can. et preb. in
eccl. s. Petri e. m. Magunt. (insimul 8
m.) quos obtin. ac decan. eccl.
s. Bartholomei Franckforden. Magunt. dioc. (4 m. arg.) ad quem ius
sibi competit 4. sept. 81 S 813 313^r
– not. recip. pro bulla distributa 5
grossos sept. 81 DB 1 100^v – oblig.
sup. annat. prepos. eccl. s. Udalrici
in Hembach August. dioc. (9 m.
arg.) de qua vac. p. o. Petri Puchlar
s. d. 26. sept. 81 sibi prov. fuit (in
margine: s. d. 18. mart. 94 d. oblig.
fuit cass. quia constit. fuit quod n.
habuit effectum nec recompensam)
19. decb. 81 A 30 100^v – cui gr. expect. s. d. 17. nov. 81 de can. et preb.
eccl. s. Victoris e. m. Magunt. ac de
can. et preb. eccl. s. Petri iun. Argent. conc. fuit: motu pr. de mutatione gr. expect. de can. et preb. d.
eccl. s. Petri in can. et preb. in eccl.
s. Bartholomei Franckforden. Magunt. dioc. c. disp. ut 3 incompat.

benef. etsi 2 par. eccl. ad vitam recip. val. c. lic. perm. 17. ian. 82 S
807 108^v – de nova prov. de can. et
preb. in eccl. s. Petri in can. et preb.
in eccl. s. Bartholomei Franckforden.
Magunt. dioc. c. disp. ut 3 incompat.
benef. etsi 2 par. eccl. ad vitam recip. val. c. lic. perm. 17. ian. 82 S
807 108^v – de nova prov. de can. et
preb. in eccl. s. Bartholomei Franckforden. Magunt. dioc. (6 m. arg.)
vac. p. resign. Conradi Weneler (/.)
ex causa perm. ac de perp. benef. ad
alt. ss. Valentini, Quirini ac Nicolai
in Riddelnheim Magunt. dioc. (4 m.
arg.) vac. p. resign. Johannis Vinck
2. mart. 82 S 808 57^v – de can. et
preb. eccl. b. Marie Traiect. (14 m.
arg.) vac. p. o. Johannis de Nasau
(qui litig. desup. in cur.), n. o. decan.
eccl. s. Bartholomei Franchforden.
Magunt. dioc. (6) ac can. et preb.
eccl. b. Marie ad Gradus Magunt. (8)
quos obtin. ac prepos. in Hanbach
August. dioc. (9) ac can. et preb.
eccl. s. Petri Magunt. (8) necnon can.
et preb. eccl. Aschaffenburgen. Magunt. dioc. (8 m. arg.) quos n. obtin.
13. mart. 82 S 813 348^{rs} – not. recip.
pro bulla distributa 3 grossos iun. 82
DB 1 135^r – cui s. d. 17. nov. 81 de
gr. expect. de can. et preb. ut supra
conc. fuit: de mutatione gr. expect.
de can. et preb. in eccl. s. Petri iun.
Argent. in can. et preb. in eccl. Leod., n. o. statutorum d. eccl. quib. caveri dicitur quod soli nobiles aut certo modo graduati in can. d. eccl. recept. fuerint, Fiat motu pr. 10. sept.
82 S 814 172^v.

5650 **Johannes Jacobi Leyst** [3. pars 3
partium]: oblig. sup. annat. can. et
preb. eccl. ss. Petri et Alexandri
Aschaffenburgen. ut supra et promisit solv. in cur. infra 4 menses quia
docuit de intruso p. testes qui deponunt quod Phy[lippus] Hederstorff
dd. can. et preb. detin. (in margine:
s. d. 18. mart. 83 d. oblig. fuit cass.
quia constat quod perdidit p. sent.)
16. sept. 82 Paris L 26 A 10 96^r – de

perp. vicar. ad alt. s. Jacobi in par. eccl. s. Martini Pingwen. Magunt. dioc. (3 m. arg.) vac. p. o. Johannis Gutevin 15. oct. 82 S 816 61^v – cui de can. et preb. eccl. s. Petri iun. Argent. vac. p. resign. Eustachii Munch cler. Spiren. in decr. licent. pape acol. et fam. (qui eosdem vig. gr. expect. vac. p. o. Ernesti de Breidenbach abbrev. acc.) prov. fuit et qui deinde eosdem in manibus pape resign.: de nova prov. de dd. can. et preb. [deest val.], attento quod Johannes Jacobi Leyst litt. expedivit et cam. annatam persolv. 15. oct. 82 S 815 107^v – de prepos. eccl. s. Bartholomei Franckforden. Magunt. dioc. (70 m. arg.) vac. p. assec. prepos. eccl. Colon. tunc vac. p. o. Salentini de Isenburg Inferiori p. Engelbertum ex com. de Nassau 18. oct. 82 S 815 95^v – de confic. litt. sup. prepos. ut supra c. express. quod Engelbertus ut supra illam ultra annum absque disp. detin. quia litt. sup. prom. ad omnes ord. n. fecit exped.: de ref. 16. decb. 82 S 817 225^v – unio canonicatui et preb. eccl. b. Marie ad Gradus Magunt. (8 m. arg.) (quos Johannes Jacobi obtin.) decan. d. eccl. (4 m. arg.) ad vitam, gratis 31. decb. 82 V 629 281^v-283^r – qui litig. coram Johanne Francisco de Pavinis aud. contra Johannem Griffenstein cler., Johannem Lapide et Erhardum Duchen sup. decan. eccl. s. Bartholomei Franckforden. Magunt. dioc. vac. p. o. Wigandi Koneke et vac. p. resign. Gerhardi Durkheim pape fam. (qui d. decan. vig. gr. expect. assec. fuit): de prov. si neutri de d. decan. (6 <4> m. arg. p.) 7. febr. 83 S 827 178^r, 8. febr. 83 S 827 178^r – de perp. s. c. vicar. in eccl. s. Gangulfi Magunt. (3 m. arg.) vac. p. o. Henrici Heydig 22. febr. 83 S 827 232^{rs} – litig. coram Johanne Francisco de Pavinis aud. contra Johannem Griffensten cler. sup. decan. ut supra: de prov. si neutri de d. decan. (6 m.) vac. p. o. Wigandi Koneke, attento quod Johannes Vergen utr. iur.

doct. et Nicolaus Saelt in art. mag. d. decan. ante 3 an. vig. gr. expect. acc. 22. apr. 83 S 823 133^v – restit. bulle sup. unione canonicatui eccl. b. Marie ad Gradus Magunt. decan. d. eccl. (4 m. arg.) ut supra 26. apr. 83 A 31 191^v – Dominici [de Ruvere] tit. s. Vitalis diac. card. fam. in pape obsequiis insistens: motu pr. de prerog. ad instar pape fam. descript. in absentia ad an., sola sign. 28. iun. 83 S 825 243^v.

5651 **Johannes Jacobi Smyt** cler. Traiect. dioc.: de altera portione par. eccl. in Jutfaes Traiect. dioc. p. 2 rect. regi solite (4 m. arg.) vacat. p. resign. in manibus pape Pauli de Drongelen cler. Traiect. causarum procur. cui de d. portione vac. p. o. in cur. Johannis Kelveh (Lecwech) (cuius predecessor in d. portione quond. Laurentius Gerbrandi de Hoern fuit) s. d. 8. febr. 69 p. Paulum II. prov. fuerat litt. n. confectis 23. sept. 71 S 672 85^v, (m. aep. Antibaren. et decanis eccl. s. Johannis Traiect. et eccl. b. Marie Traiect.) V 557 99^{vss}.

5652 **Johannes Jacobi (de) Zerizee (Zenzen)** cler. Traiect. <dioc.>, **Gottfredus de Muffendoi** et **Henricus Geunberg (Gurborg)** cler. Magunt. omnes Theodori de Monteferrato tit. s. Theodori diac. card. fam.: supplic. d. card. de prov. d. Johanni Jacobi de can. et preb. eccl. s. Johannis Bapt. e. m. op. Bunen. Dertbichen [= Dietkirchen] vulg. nunc. (ubi monial. et can. faciunt capit.) Colon. dioc. et de prov. d. Gottfredo de alt. in Vilka (Vilke) prope Bunen. op. trans flumen Reni Colon. dioc. (8 fl. renen.) et de prov. d. Henrico de can. et preb. eccl. s. Cassii op. Bunen. Colon. dioc. (6 m. arg.) vacantibus p. o. Johannis Hartimani ut card. ut supra fam. et de assign. d. Johanni Jacobi pens. ann. 12 fl. renen. sup. fruct. dd. can. et preb. s. Cassii op. Bunen. p. d. Henricum Geunberg persolv. 7. iun. 77 S 752 148^{vs} – cui de par. eccl. in Lorche Magunt. dioc. vac. p.o. Volperti Dersze not. ap. p. prep. eccl. Magunt. prov. fuit: supplic. card. ut supra de nova prov. de eadem (16 m. arg.) 31. oct. 78 S 774 160^{vs} – referens quod ipse ad can. et preb. eccl. s. Livini mart. de Ziericzee Traiect. dioc. vac. p.o. Cornelii Hallingi p. quendam patron. laic. ac vicedecanum et capit. d. eccl. present. fuit et quod etiam Henricus Hugonis pretendit ad dd. can. et preb. p. al. patron. laic. present. fuisse et quod ipse d. Henricum desup. in causam traxit coram dd. vicedecano et capit. ac coram Gundisalvo de Villadiego aud.: m. (d. Gundisalvo aud.) prov. si neutri de eisdem (24 l. T. p.) 3. oct. 80 V 605 244^r-245^v – de par. eccl. de Gochsem Herbip. dioc. (9 m. arg.) vac. p. resign. Nicolai Heszler [Georgii Hesler] tit. s. Lucie in Silice presb. card. fam. 17. febr. 81 S 800 145^r, I 334 108^r – oblig. sup. annat. par. eccl. in Gochsem de qua s.d. 1. mart. 81 sibi prov. fuit (in margine: s.d. 30. mai. 81 solv. annat. 22^1/$_2$ fl.; s.d. 1. iun. 81 Melchior Truchsez can. eccl. Magunt. pape fam. et cubic. promisit solv. d. annat. pro Johanne Jacobi) 30. mai. 81 A 30 19^v – rect. par. eccl. Gochszchinen. Herbip. dioc. Theodori card. ut supra fam.: de n. prom. ad 5 an. in cur. aut in servitio d. card. resid., Conc. ad an., sola sign. 5. mart. 83 S 820 129^{rs} – solv. 22^1/$_2$ fl. adc. pro annat. par. eccl. ut supra 6. mart. 83 IE 506 136^v, IE 507 136^v, Paris L 52 D 5 62^v.

5653 **Johannes Jans (Jan) (de Tussenbrock, Tuschenbroick, Tuschenbroch)** [1. pars 3 partium] cler. Leod. dioc. pape fam.: de perp. s.c. vicar. <ad alt. s. Agathe> in par. eccl. in Elslo Leod. dioc. de iur. patron. laic. (4 m. arg.) vac. p.o. <in cur.> Heinrici de Zomeren pape cubic. et fam. <litig. desup.> 25. aug. 72 S 687 55^{vs}, m. (prepositis eccl. s. Andree et eccl. ss. Appl. Colon. ac eccl.

s. Spiritus Ruremunden. Leod. dioc.), gratis V 561 52^{vss} – de archidiac. in Piritz eccl. Camin. (7 m. arg.) vac. p.o. in cur. Nicolai Greppers 2. sept. 72 S 689 125^{rss} – de benef. seu perp. s.c. vicar. colleg. eccl. s. Ottonis Stetinen. Camin. dioc. (2 m. arg. p.) vacat. p. resign. in manibus pape Alberti de Gutenvo 2. apr. 73 S 689 94^r – can. eccl. s. Andree Colon.: de facult. perm. 25. iun. 73 S 693 88^{vs} – pens. sup. archidiac. eccl. Camin. 72/73 I 332 65^v – restit. bulle sup. pens. ann. 13 fl. auri renen. sup. fruct. archidiac. Piritzen. in eccl. Camin. occasione resign. s.d. 2. apr. 73 18. aug. 73 A 22 159^v – bac. in iur. can.: de decan. colleg. eccl. Butzellen. [recte: Butzowen] Zwerin. dioc. (4 m. arg.) vac. p.o. Johannis Werneri 10. decb. 73 S 699 144^v – restit. bulle sup. annat. vicar. ad alt. s. Agathe ut supra 24. mart. 74 A 23 51^v – qui vig. gr. expect. s.d. 1. ian. 72 de can. et preb. eccl. s. Andree Colon. necnon de benef. ad coll. capit. vel abba. colleg. eccl. b. Marie Thoren. Leod. dioc. can. et preb. d. eccl. s. Andree acc.: motu pr. de exten. gr. expect. ad can. et preb. eccl. s. Marie Traiecten. Leod. dioc. 28. nov. 74 S 711 293^{vs} – bac. in decr. c. quo disp. fuit ut unac. archidiac. in Piriz (Peritz) Camin. dioc. (postmodum resign.) al. benef. retin. val. et cui de decan. eccl. in Butzowen. (Buzien.) Zwerin. dioc. prov. fuit: de disp. ut unac. d. decan. 2 al. incompat. benef. retin. val. 6. mai. 75 S 720 3^{vss}, gratis L 750 60^{rss} – de lic. perm. 27. iun. 75 S 723 53^{rs}, gratis V 570 119^{vs} – cui exten. gr. expect. ut supra ad can. et preb. c. supplemento eccl. s. Lebuini Davantrien. Traiect. dioc. conc. fuit et qui vig. d. gr. expect. can. et preb. eccl. s. Andree Colon. assec. est et deinde thesaur. d. eccl. acc.: de decl. litt. desup. perinde val. acsi de d. thesaur. mentio facta fuisset 20. sept. 75 S 727 64^{vss} – can. eccl. s. Andree Colon.: oblig. sup. facult. resign. s.d.

27. iun. 75 conc., restit. bulle 9. nov. 75 A 24 24^v – et **Petrus Valletarius** commendatarius prioratus b. Marie Portus Mauritii Albinganen. dioc.: recip. eos in pape acol. 25. nov. 75 S 730 38^r, gratis V 657 20^v – n. resid. 74/75 I 333 165^v – gr. expect. ad quecumque benef. 74/75 I 333 310^r – et capit. eccl. s. Andree Colon.: de indulg. 10 an. pro omnibus visitantibus d. eccl. et de lic. elig. 2 confess. (pro dec. d. eccl.) 24. sept. 76 S 743 55^v, V 665 250^{rs} – restit. bulle sup. recept. in pape acol. ut supra 6. oct. 76 A 25 197^r – alt. port. c. clausula ante diem 3. decb. 76 PA 27 103^v – de disp. ad 2 benef. etiam sub eodem tecto et lic. arrendandi ad 2 an. c. lic. testandi et alt. port. 3. decb. 76 S 744 187^r, gratis V 580 237^v-239^r, lic. testandi, gratis V 583 130^{rs} – cui dudum gr. expect. conc. fuit: motu pr. de lic. quod in executione d. gr. expect. ad ius commune servetur 23. febr. 77 S 748 114^{rs}.

5654 Johannes Jans [2. pars 3 partium] qui par. eccl. s. Nicolai op. Traiecten. Leod. dioc. et perp. capn. ad alt. ss. Nicolai et Remigii in eccl. s. Servatii in d. op. obtin.: de uniendo d. par. ecclesie d. perp. capn. (4 m. arg.) 18. nov. 77 S 760 221^{vs} – can. eccl. s. Lebuini Daventrien. Traiect. dioc. qui vig. gr. expect. ut supra can. et preb. in eccl. s. Andree Colon. et postmodum perp. vicar. ad alt. s. Anne in colleg. eccl. b. Marie Thoren. Leod. dioc. acc. sup. qua litig. coram aud.: motu pr. de reval. d. gr. expect. acsi in eadem can. et preb. d. eccl. s. Lebuini comprehense fuissent et ipse eosdem vig. d. gr. expect. obtin. et d. vicar. minime acc., gratis 7. apr. 78 V 669 277^r-279^v – motu pr. de prepos. eccl. Veteris Capelle e. m. civit. Ratisbon. (14 m. arg.) vac. p. o. <in cur.> Marci Fugger 19. apr. 78 S 768 168^{vs}, (m. prep. eccl. Bremen. et prep. eccl. Colon. ac offic. Ratisbon.) (exped.

21. apr. 78) L 782 252^{rss} – restit. bulle sup. annat. prepos. ut supra (in margine: s. d. 1. sept. 78 prorog. solut. ad 6 menses; s. d. 30. nov. 82 prorog. solut. ad 2 menses; s. d. 21. apr. 83 solv. 22 duc. p. manus Johannis Pavonis) 21. apr. 78 A 27 15^v – motu pr. de par. eccl. s. Remigii op. Bonnen. Colon. dioc. (4 m. arg.) vac. p. o. Henrici de Elsch 19. iun. 78 S 770 160^r – rect. par. eccl. s. Remigii ut supra et **Fridericus Fabri** cler. Leod. dioc. pape fam.: de adm. resign. Johannis Jans et de prov. d. Friderico de d. par. eccl. (4 m. arg.) vac. p. o. Henrici Helsch c. assign. d. Johanni pens. ann. 6 fl. renen. sup. fruct. d. par. eccl. 4. iul. 78 S 771 192^{rs} – prov. de prepos. eccl. b. Marie Stetinen. Camin. dioc. (6 <4> m. arg.) vac. p. o. in cur. Theoderici Clinkrode (Clinckrode) (m. ep. Brandenburg. et ep. Lubic. ac vicedomino eccl. Camin.), gratis 7. iul. 78 S 772 34^v, V 589 51^r-52^v – de prepos. b. Marie Veteris Capelle Ratisbon. (10 m. arg.) vac. p. resign. Johannis Pavonis cler. Cameracen. dioc. pape fam. <p. Wilhelmum Gottem cler. Leod. dioc. procur. coram Petro de Kermen cler. Trever. dioc. not. fact.> cui de eadem <insimul c. d. Johanne> vac. p. o. in cur. Marci Fugger <vel p. resign. Johannis Prioris pape fam. et parafrenarii> prov. fuerat 11. iul. 78 S 771 286^v, 4. sept. 78 S 785 269^{rs}, gratis V 634 119^{rss} – de can. et preb. eccl. Leod. (16 m. arg.) vac. p. resign. in manibus pape Gregorii Valetarius cler. Januen. pape fam. (cui de eisdem vac. p. o. in cur. Bartholomei de Bellencinis cap. ap. prov. fuit) 11. decb. 78 S 776 42^{vss} – de assign. pens. ann. 6 fl. renen. sup. fruct. par. eccl. s. Remigii ut supra p. Fridericum Fabri de Nussia (Nusscia) rect. d. par. eccl. <c. consensu suo p. Vilhelmum Gothem can. eccl. Leod. procur. express.> persolv. 1. apr. 79 S 780 65^{vs}, (m. ep. Urbevetan. et prep. eccl. s. Andree Colon. ac prep. eccl. ss. Appl. Co-

lon.), gratis L 800 245^{rss} – motu pr. creatio in nobilem (c. armis in decorem ramum quercus c. 3 foliis et 3 glandibus in scuto azurreo) (exec. ep. Vasionen. et prep. eccl. ss. Appl. Colon. ac dec. eccl. s. Andree Colon.), gratis 30. apr. 79 V 670 467^{rs}.

5655 Johannes Jans [3. pars 3 partium] prep. eccl. b. Marie Veteris Capelle Ratisbon.: de uniendo d. prepositure (10 m. arg.) unum ex can. et preb. d. eccl. (8 m. arg.) ad vitam d. Johannis 29. iul. 79 S 784 276^{vs}, gratis V 602 90^{rss} – prov. de can. et preb. eccl. Traiect. (16 m. arg.) vac. p. resign. in manibus pape Gregorii Valletarius script. et cubic. cui de eisdem vac. p. o. Alberti Fischer al. Campis prov. fuerat et qui desup. litig. coram aud. contra Theodorum [de Monteferrato] tit. s. Theodori diac. card. possessione n. habita (exec. ep. Urbevetan. et prep. eccl. ss. Appl. Colon. ac dec. eccl. b. Marie Aquen. Leod. dioc.), gratis 10. mart. 81 V 611 87^{v}-89^{r} – oblig. sup. annat. can. et preb. eccl. Traiect. ut supra (in margine: s. d. 4. ian. 82 prorog. term. solut. d. annat. ad 4 menses; s. d. 13. nov. 83 prorog. term. solut. d. annat. hinc et p. totum mensem mart.; s. d. 17. nov. 85 solv. pro d. annat. 40 fl.) 14. iul. 81 A 30 44^{r} – not. recip. pro bulla distributa [7?] gr. iul. 81 DB 1 94^{v} – qui quandam perp. vicar. in eccl. s. Ottonis Stetinen. Camin. dioc. (2 m. arg.) obtin. de qua in litt. ap. mentio n. fact. fuit: de ref. 13. nov. 81 S 804 269^{v} – prep. eccl. b. Marie Stetinen. Camin. dioc. et **Tilmannus Mollener** can. eccl. ss. Appl. Colon. pape fam. et **Matheus Brull** rect. par. eccl. de Montzen Leod. dioc. inter 5 personas enumerati in cur. residentes: de prom. ad omnes ord. extra temp., sola sign. 19. ian. 82 S 807 148^{r} – restit. bulle sup. pens. ann. 80 fl. renen. et 20 stuferorum videlicet 40 fl. (= 4 m. arg. p.) sup. can. et preb. eccl. Leod. et 15 fl. renen. sup. can. et preb. eccl. s. Petri Leod. et 25 fl. renen. sup. par. eccl. de Opothern Leod. dioc. de quib. can. et preb. eccl. Leod. Jodoco Rogier s. d. 13. nov. 81 prov. fuit (pro quib. annat. solut. est) 26. febr. 82 A 30 217^{v} – cui gr. expect. ut supra de can. et preb. in eccl. s. Lebuini Daventrien. Traiect. dioc. necnon de benef. ad coll. abba. et capit. sec. et colleg. eccl. s. Marie Thoren. Leod. dioc. conc. fuit: motu pr. de mutatione gr. expect. de d. benef. in can. et preb. in eccl. b. Marie Aquen. Leod. dioc. 16. nov. 82 S 816 88^{r} – qui hodie prepos. eccl. b. Marie Stetinen. Camin. dioc. in favorem Johannis Scute in manibus pape resign.: assign. pens. ann. 12 fl. renen. sup. fruct. d. prepos. et 8 fl. renen. sup. fruct. can. et preb. eccl. Lubic. (24 fl. renen.) p. d. Johannem Scute persolv. (m. ep. Fanen. et dec. eccl. s. Andree Colon. et dec. eccl. b. Marie Aquen. Leod. dioc.), gratis 25. mai. 83 V 641 291^{r}-293^{v} – oblig. sup. annat. prepos. eccl. b. Marie Veteris Capelle Ratisbon. (10 m. arg.) de qua vac. p. o. in cur. Marci Fuger et p. resign. Johannis Pavonis ipsi s. d. 5. sept. 78 prov. fuit (in margine: s. d. 12. sept. 83 cass. d. oblig. quia Johannes Jans solv. 22 duc. d. Johanni Pavonis qui illos solv. pro annat. et n. potuit illam assequi) 12. sept. 83 A 31 135^{v} – de par. eccl. in Anrade Colon. dioc. (7 m. arg.) vac. p. o. Wilhelmi Nolden olim Pii II. fam. 20. oct. 83 S 831 169^{v}.

5656 Johannes Janusii de Gryleuuo de nob. gen. Johannis [Gruszczynski] aep. Gneznen. dilectus: gr. expect. de can. et preb. eccl. Gneznen. necnon de benef. ad coll. ep. etc. Poznan. (m. Johanni de Ceretanis archid. Sernen. in eccl. Burdegalen. et officialibus Cracov. ac Wladislav.) 1. ian. 72 V 662 83^{v}-86^{r}.

5657 Johannes Jericho o. fr. min. profes. mag. in art.: supplic. Friderico R. I. recip. eum in pape cap. honoris 14. mart. 72 V 656 143^{vs}.

5658 **Johannes Jeronimi de Wolyaigrabina** (/.) [= **Wolya Grabina**] cler. Gneznen. dioc. ex utr. par. de nob. gen. qui ad par. eccl. in Swotzskiie (Swetzskite) Gneznen. dioc. p. patron. laic. present. fuit et qui litig. coram offic. gener. aep. Gneznen. sup. d. par. eccl. vac. p. o. Nicolai Grabina contra Johannem Petri dicti Svider cler. (ad d. par. eccl. p. patron. laic. present. esse pretendentem): de prov. si neutri de d. par. eccl. (16 m. arg.) 22. apr. 72 S 678 177^v.

5659 **Johannes Jeseman** presb. Magunt. dioc.: de perp. vicar. ad alt. s. Laurentii in eccl. s. Crucis Hildesem. (4 m. arg.) vac. p. resign. Johannis Fabri cler. Herbip. dioc. (cui de eadem vac. p. o. Henrici Schilp ultimi possessoris sive vac. p. o. Henrici Keul (Keuel prov. fuit) 15. decb. 82 S 817 193^r, 16. decb. 82 S 817 215^r, 21. decb. 82 S 818 304^{rs}.

5660 **Johannes [de Ilton]** el. Dionysien.: facult. exercendi off. pontific. in civit. et dioc. Verden. 25. mai. 76 L 761 169^r – solv. 10 fl. adc. pro ballista p. manus Alberti Cock 1. iun. 76 IE 493 1^r, IE 494 5^r – assign. pens. sup. mensa eccl. Verden. 76/77 I 333 359^v – oblig. p. Albertum Cock dec. eccl. Lubic. sup. annat. pens. ann. 200 fl. renen. sup. fruct. mense ep. Verden. que ipsi Johanni s. d. 24. mai. 76 conc. fuit, restit. bulle 28. decb. 76 A 25 87^r – solv. pro annat. 67 fl. 28. decb. 76 FC I 1133 24^r, IE 493 47^v, IE 494 51^v.

5661 **Johannes Imhobe** dec. colleg. eccl. s. Petri Fritzlarien. Magunt. dioc. et **Ludowicus Imhobe** can. d. eccl.: de adm. resign. d. Johannis et de prov. d. Ludovico de d. decan. (6 m. arg.) 7. febr. 78 S 764 171^r.

5662 **Johannes Ymminck** ep. Thefelicen. cui certa pens. ann. ex mensa eccl. Paderburn. et ex mensa eccl. Monast. reserv. fuit referens quod in civit. et dioc. Monast. sepe off. ponti-

fic. requiruntur: de lic. exercendi off. pontific., Conc. in civit. et dioc. Monast. in casu necessitatis 2. mai. 75 S 719 15^v.

5663 **Johannes Ymynck (Immymeck)** cler. Colon. dioc.: de off. epistolarie in eccl. s. Ciriaci Gezcken. Colon. dioc. (2 m. arg.) vac. p. o. Hinrici Stocket et p. devol. [1484] S 835 177^r – qui vig. gr. expect. s. c. benef. simplex in eccl. ss. Petri et Andree Paderburn. vac. p. o. Arnoldi de Renden acc.: de nova prov. de d. benef. (4 m. arg. p.) 28. iul. 84 S 839 5^v.

5664 **Johannes Indaginis** cler. Trever. dioc.: de par. eccl. in Wiszel Trever. dioc. (8 m. arg.) vac. p. o. Johannis Bite 6. oct. 75 S 727 250^v – cui gr. expect. s. d. 1. ian. 72 de can. et preb. in eccl. s. Andree Wormat. et de benef. ad coll. prep. etc. eccl. s. Martini Wormat. et deinde prerog. pape fam. descript. conc. fuerat et qui vig. d. gr. expect. can. et preb. d. eccl. s. Martini acc.: de mutatione gr. expect. de can. et preb. in eccl. s. Andree Wormat. in benef. ad coll. ep. etc. Spiren. 24. oct. 75 S 728 200^{rs}, (exped. 10. nov. 75) L 755 245^{rss} – de nova prov. de can. et preb. in colleg. eccl. s. Martini Wormat. (4 m. arg.) vac. p. o. Bernardi Fulmi [Bessarionis Trapezunt.] card. Niceni fam. qui desup. litig. contra Conradum Weltker intrusum S 746 123^{rss} – de nova prov. de can. et preb. eccl. s. Andree Wormat. (4 m. arg.) vac. p. o. Petri Zoler 20. nov. 82 S 822 124^r.

5665 **Johannes Ingen Oell de Berha** laic. Colon. dioc. inter al. referens quod olim litig. coram offic. Colon. et deinde coram Henrico de Stipite cler. Colon. decr. doct. contra Margaretam Tengnagells mul. Colon. dioc. sup. bonis in d. Colon. dioc.: m. (dec. eccl. Monast. et prep. eccl. s. Georgii Colon. ac offic. Monast.) committ. in partibus 19. ian. 72 L 721 85^{vs}.

5666 **Johannes Ingenwinkel (Ingen-winckel)** cler. Colon. dioc. actor litig. coram aud. contra quond. Bitterum Tauerlaeck cler. Colon. dioc. reum et possessorem sup. par. eccl. in Delden Traiect. dioc. (6 m. arg.): de surrog. ad ius d. Bitteri 5. oct. 71 S 679 22^{rs} – de disp. ad 2 incompat. benef. etsi 2 par. eccl. ad 5 an. 29. febr. 72 S 678 216^v – subdiac. rect. par. eccl. s. Petri ville Veteris Ecclesie [= Aldekerke] Colon. dioc.: de n. prom. ad 1 an. 4. febr. 74 S 701 220^v – restit. bulle sup. surrog. ad ius Bitteri Lauerlaeck ut supra (in margine: s. d. 11. mart. 1507 cass.) 7. febr. 74 A 23 17^v – actor (nunc resign. in manibus pape) litig. coram aud. contra Arnoldum Grundick rect. par. eccl. in Delden Traiect. dioc. reum et possessorem sup. d. par. eccl.: de assign. Johanni Ingenwinkel pens. ann. 10 fl. renen. sup. fruct. d. par. eccl. (6 m. arg.) 5. mai. 74 S 704 197^{rs}, I 333 307^v – actor (nunc resign. in manibus pape) qui litig. coram aud. contra Arnoldum Grundick reum et possessorem sup. par. eccl. in Delden Traiect. dioc. (6 m. arg.) vac. p. o. Luberti Wuesthoff vel Bitteri Touerlake: de assign. Johanni Ingenwinkel pens. ann. 10 fl. renen. 3. iun. 74 S 706 194^{vs} – restit. bulle sup. pens. ann. ut supra 6. aug. 74 A 23 230^r – de disp. ut unac. par. eccl. ville Veteris Ecclesie ut supra quam obtin. aliud incompat. benef. etsi par. eccl. ad vitam recip. val. c. lic. perm. 14. nov. 83 S 831 19^{vs}.

5667 **Johannes Ingolt** perp. vic. ad alt. s. Catherine in eccl. ss. Martini et Arbogasti Suburgen. Argent. dioc. et **Nicolaus Bulberan** cler. Argent. dioc.: de adm. resign. d. Johannis et de prov. d. Nicolao de d. perp. vicar. (4 m. arg.) et de assign. d. Johanni pens. ann. 5 fl. renen. sup. fruct. d. vicar. p. Nicolaum persolv. 27. ian. 79 S 777 36^v.

5668 **Johannes Iniembach**: prov. de par. eccl. Bamberg. [dioc.?] vac. p. resign. 82/83 I 335 19^v.

5669 **Johannes Institoris** o. fr. herem. s. Aug. prof. pape cap. et in basilica Principis appl. de Urbe min. penit. ac olim Pii II. fam. qui par. eccl. in Hasfurt Herbip. dioc. c. Martino de Kere pro capel. b. Marie prope Westhausen Herbip. dioc. perm.: de reserv. pens. ann. 100 fl. renen. (3. partem fruct.) sup. fruct. d. par. eccl. p. d. Martinum persolv. 22. nov. 77 S 760 229^{rs} – restit. bullarum sup. pens. ann. ut supra eidem s. d. 2. ian. 78 assign. 5. ian. 78 A 26 225^v.

5670 **Johannes Institoris** cap. in capel. Omnium ss. de iur. patron. laic. sita in cimit. par. eccl. in Weyssenburgk Eistet. dioc. et **Eberhardus de Rabenstein** rect. par. eccl. s. Andree in Weyssenburgk (Wehyssenburgh, Weyssenburgh) Eistet. dioc. pape fam. qui perm. desiderant: de prov. d. Johanni de d. par. eccl. s. Andree (80) et de prov. d. Eberhardo de d. capel. (40 fl. renen.) et de assign. d. Eberhardo pens. ann. 30 fl. renen. sup. fruct. d. par. eccl. et de disp. ut d. Johannes unac. d. par. eccl. perp. benef. ad alt. s. Katherine in d. par. eccl. s. Andree (4 m. arg.) ad 2 an. recip. val. 28. nov. 82 S 816 246^r, I 334 86^r – oblig. p. Judocum Trebesmulner cler. Bamberg. dioc. sup. annat. par. eccl. ut supra 30. decb. 82 Paris L 26 A 10 151^r – solv. 14 fl. adc. et 15 bol. pro annat. maioris val. par. eccl. ut supra p. manus Jodoci Trebesmulner (Trebesmuler) 28. decb. 82 IE 506 101^v, IE 507 101^v, 30. decb. 82 Paris L 52 D 5 37^r.

5671 **Johannes Intus** cler. Trever. dioc.: de perp. vicar. ad alt. s. Nicolai in ambitu colleg. eccl. s. Castoris de Cardono Trever. dioc. (3 m. arg.) vac. p. o. Friderici de Dunchingen 7. iun. 77 S 752 266^{vs}.

5672 **Johannes Jochel (Jochl)** rect. par. eccl. in Puckling Patav. dioc. c. quo sup. def. nat. (p. s.) disp. fuit: de disp. ut unac. d. par. eccl. ac perp. s. c. vicar. ad alt. Corporis Christi in eccl. Patav. quam obtin. aliud incompat. benef. etsi par. eccl. ad vitam recip. val. c. lic. perm. 12. apr. 83 S 822 10^{vs} – cler. Patav. dioc.: de par. eccl. in Pilchdorf Patav. dioc. (30 m. arg.) vacat. ex eo quod Wilhelmus Ahaymer nob. doct. presb. eccl. Patav. d. par. eccl. insimul c. par. eccl. in Krembs Patav. [dioc.] et al. benef. absque disp. detin. 15. apr. 83 S 822 98^{rs}.

5673 **Johannes Jochgrim (Jochgrum, Jachgrin)** [1. pars 2 partium] scol. Spiren.: recip. primam tonsuram in eccl. s. Spiritus in Saxia in Urbe 24. sept. 74 F 6 177^{vs} – de perp. vicar. in eccl. s. Stephani in Wiszenbrog Spiren. dioc. (4 m. arg. p.) vac. p. o. Hermanni Hollor, n. o. def. nat. (p. s.) 21. febr. 77 S 747 270^{r} – c. quo sup. def. nat. (p. s.) disp. fuit: de nova prov. de perp. vicar. in eccl. s. Stephani in Wiszemberg Spiren. dioc. (4 m. arg.) vac. p. o. Hermanni Heller cuiusdam pape vel card. defunct. fam. 10. mart. 77 S 748 174^{vs} – cui de perp. <s. c.> vicar. in eccl. s. Stephani Wisenburgen. (Wiszemburgen.) ut supra prov. fuit: de disp. ad quecumque benef. 19. mart. 77 S 749 23^{rs}, gratis L 774 174^{rs} – perp. cap. in eccl. ss. Germani et Mauritii Spiren.: de disp. ad 2 incompat. benef. etsi 2 par. eccl. etiam sub eodem tecto ad vitam c. lic. perm. et de n. resid. vel de fruct. percip. 8. ian. 81 S 798 288^{v}, m. (prep. eccl. Bremen. et dec. eccl. Wormat. ac dec. eccl. s. Ciriaci e. m. Wormat.), gratis L 805 233^{vss} – prov. de can. Spiren. [dioc.?] vac. p. resign. 80/81 I 334 212^{r} – de perp. s. c. capn. in villa Billiden Spiren. dioc. (3 m. arg.) vac. p. o. cuiusdam Nicolai, n. o. perp. vicar. eccl. s. Stephani in Wissenburg Spiren. dioc. (4 m. arg.) et s. c. capn. in eccl. ss. Germani et Mauritii Spiren. (4 m. arg.) quas obtin., par. eccl. s. Jacobi Spiren. (4 m. arg.) et capn. in eccl. Spiren. (3 m. arg. <insimul 8 m. arg.>) sup. quib. litig. et quas n. obtin. 30. oct. 81 S

805 231^{v} – qui vig. nominationis Friderici R. I. can. et preb. eccl. s. Stephani in Wissenburg Spiren. dioc. vac. p. resign. Martini Pfister (Phister) cler. Magunt. dioc. (cui de eisdem vac. p. o. Petri Engelfritz prov. fuit) acc.: de nova prov. de dd. can. et preb. (4 m. arg.) <n. o. ut supra et n. o. gr. expect. de can. et preb. eccl. s. Martini Wormat.> 24. nov. 81 S 804 233^{r}, 21. mai. 82 S 811 71^{v} – c. quo disp. fuit sup. def. nat. (p. s.) p. Alexandrum [Numai] ep. Forolivien. in partibus Alamanie legatum de latere ut ad omnes ord. prom. et unum benef. obtin. val. et qui deinde perp. s. c. capn. in capel. s. Margarete Spiren. assec. fuit: de conf. dd. disp. et de nova disp. ad quecumque benef. c. lic. perm. 2. mart. 82 S 808 223^{rs} – pape fam.: de scolastr. eccl. b. Marie in Campis e. m. Magunt. (3 <4> m. arg.) vac. p. resign. Johannis Gunderndmont (/.) et Johannis Katzenelbogen (qui vig. gr. expect. d. scolastr. vac. p. o. Petri Rode (Rodde) acc.) 16. nov. 82 S 827 140^{r}, m. (ep. Cervien. et Theoderico Arndes can. eccl. Lubic. ac offic. Magunt.), gratis 17. iul. 83 V 647 190^{v}-192^{r} – de custod. eccl. s. Stephani Wissenburgen. Spiren. dioc. (10 fl. adc.) vac. p. assec. decan. d. eccl. p. Mathiam Buman can. d. eccl. cuiusdam card. fam. c. derog. statutorum d. eccl. quib. caveri dicitur quod d. custod. n. obtin. val. nisi p. can. d. eccl. 1. iun. 83 S 827 56^{r}, (cass.) S 829 33^{v} – de assign. pens. ann. 8 fl. renen. sup. fruct. can. et preb. ac decan. eccl. s. Petri vallis Wimpinen. (Vimpinen.) Wormat. dioc. (insimul 4 m. <24 fl. renen.>) p. Judocum Bode (Bock) <dec. d. eccl.> <c. consensu suo p. Johannem Marchover de Gamundia cler. August. dioc. procur. express.> persolv. 25. iun. 83 S 825 71^{r}, (exec. prep. eccl. s. Severi Herforden. [= Erforden.] Magunt. dioc. et cant. eccl. Spiren. ac offic. Spiren.), gratis V 632 264^{v}-266^{v}.

5674 **Johannes Jochgrim** [2. pars 2 partium]: consensus resign. ut supra prout in instr. acto Spire in dom. Georgii de Gemmingen s. d. 27. aug. 82 script. p. Jodocum Ruler cler. Spiren. dioc. imper. auct. not. 21. iul. 83 Resign. 2 95^v – prov. de par. eccl. in Medling Patav. dioc. (15 m. arg.) vac. p. o. in cur. Johannis Horn abbrev. et pape fam. (exec. ep. Cervien. et offic. Patav. ac offic. Spiren.), gratis 4. sept. 83 V 652 39^r-40^v – consensus resign. ut supra p. Jodocum Trebeszmuler procur. fact. 15. oct. 83 Resign. 2 117^v – c. quo ad 2 incompat. benef. disp. fuit et **Johannes Graslag** perp. vic. in eccl. ss. Germani et Mauritii Spiren. pape fam. referentes quod par. eccl. in Magstat Spiren. dioc. vac. p. resign. in manibus pape d. Johannis Graslag cui de eadem vac. p. o. Johannis Friglim (Faglin) prov. fuit litt. desup. n. confectis: de adm. resign. d. Johannis Graslag et de prov. Johanni Jochgrim de d. par. eccl. (4 m. arg. p.) c. disp. ut quecumque 2 benef. sub eodem tecto recip. val. et de lic. resign. vel perm. et de disp. ad 3. incompat. benef. 27. oct. 83 S 831 124^{rs}, disp. ad 2 benef. sub 1 tecto c. lic. resign., gratis V 641 91^v-93^r – recip. eum in pape acol. et de alt. port. c. clausula ante diem et de lic. elig. confess. 2. decb. 83 S 832 69^r, gratis V 659 200^{vss}, gratis V 677 81^{rs} – de can. et preb. in eccl. s. Andree Wormat. (6 m.) <8 m. arg. p.> vac. p. o. Ade Rothart pape not. seu pape acol. 15. ian. 84 S 833 2^r, (exec. ep. Cervien. et Baldassar Markart can. eccl. Wormat. ac offic. Spiren.), gratis V 652 98^{vs} – oblig. sup. facult. resign. ut supra s. d. 27. oct. 83 conc., restit. bulle 11. mart. 84 A 32 60^r – cui de par. eccl. in Medling Patav. dioc. (8 m. arg.) ut supra prov. fuit: de decl. litt. desup. perinde val. acsi val. d. par. eccl. 30 m. arg. express. fuisset vel de nova prov. de d. par. eccl. 18. mart. 84 S 833 113^v – qui vig. gr. expect. par.

eccl. in Luterbach Spiren. dioc. acc.: de nova prov. de d. par. eccl. (6) necnon de can. et preb. eccl. s. Andree Wormat. (6 m. arg.) vac. p. resign. Petri Kempchin pape fam. qui litig. in cur. contra quosdam Johannem Hempsbach et al. reum 19. mart. 84 S 839 247^v – de can. et preb. in eccl. s. Martini Wormat. (4 m. arg.) vac. p. resign. in manibus pape Eustachii Munch pape fam. et sed. ap. acol. 19. mart. 84 S 833 113^v – perp. cap. in eccl. ss. Germani et Mauritii Spiren.: de n. prom. ad 7 an. et de facult. resign. vel perm. <et de lic. testandi> et de facult. absol. in singulis casibus sed. ap. reserv. 23. mai. 84 S 836 244^{vs}, gratis V 677 523^{vss} – in art. bac.: motu pr. gr. expect. s. d. 17. nov. 81 de can. et preb. eccl. s. Vidonis Spiren. et de benef. ad coll. prep. etc. eccl. s. Martini Wormat. c. disp. ad 2 incompat. benef. (exec. prep. eccl. Paderburn. et offic. Spiren. ac offic. Wormat.), gratis 17. iun. 84 V 647 97^r-100^v – can. eccl. s. Andree Wormat. referens quod ipsi de can. et preb. d. eccl. vac. p. o. Ade Rodhart Pii II. fam. ut supra prov. fuit sed quod Eucharius de Hirszhorn in dd. can. et preb. se intrusit: motu pr. monitorium penale contra d. Eucharium et al. intrusos (exec. ep. Tricaricen. et dec. eccl. ss. Germani et Mauritii Spiren. ac offic. Spiren.), gratis 3. iul. 84 V 677 491^r-493^r.

5675 **Johannes Jode** cler. Magunt. dioc. vetustus curialis pres. in cur.: de disp. ad 2 incompat. benef. etsi par. eccl. ad vitam c. lic. perm. 6. febr. 81 S 800 16^v – cui vig. gr. expect. de can. et preb. ac cantor. eccl. s. Martini Hilgenstaden. Magunt. dioc. vac. p. o. Bertholdi Gebhardi prov. fuit: de nova prov. de eisdem (4 m. arg.) 13. febr. 81 S 800 85^v.

5676 **Johannes [Joguet]** abb. mon. s. Antonii de Sancto Antonio o. s. Aug. Viennen. dioc. qui precept. dom. s. Antonii d. ord. o. s. Aug. in Grunenberg Magunt. dioc. ex conc. ap. in commendam obtin. et **Girinus Martini** can. d. mon. ex utr. par. de nob. gen. ap. not.: de adm. resign. d. Johannis et de prov. d. Girino de d. precept. (1.100 fl. renen.) et de assign. d. Johanni pens. ann. 400 fl. renen. sup. fruct. d. precept. 7. oct. 77 S 759 36^{rs}, (exec. ep. Nucerin. et Johannes de Orliaco precept. dom. de Ysenhem Basil. dioc. ac offic. Viennen.) V 581 270^v-272^v – restit. bulle sup. pens. ann. 400 fl. renen. sup. fruct. preceptorie dom. s. Antonii ut supra 11. nov. 77 A 26 215^v – de nova prov. in commendam ad vitam de precept. sive dom. s. Antonii in Memmingen o. s. Aug. August. dioc. que a mon. ut supra immed. dependet (50 fl. adc.) vac. p. o. Petri Mitte al. de Caprariis 21. ian. 80 S 789 86^r.

5677 Johannes Johannis cler. Poznan.: de can. et preb. eccl. Srzeden. Poznan. dioc. (2 m. arg.) necnon de par. eccl. pleban. nunc. in Slessyno [Gneznen. dioc.] (4 m. arg.) ac de alt. s. Andree in colleg. eccl. s. Marie Poznan. (4 m. arg.) necnon de alt. s. Barbare in colleg. eccl. s. Marie Magdalene Poznan. (4 m. arg.) vacat. p. priv. Andree Cristini excom. 12. mai. 73 S 690 128^{vs}.

5678 Johannes Johannis cler. Roskild. dioc. can. eccl. Roskild. decr. doct.: oblig. se et p. Henricum Holtscher can. eccl. s. Martini Helgenstaden. (Heligenstaden.) Magunt. dioc. in cur. causarum procur. recessurum a cur. et oblig. postea p. Henricum Kypff rect. par. eccl. in Walsleben Magunt. dioc. sup. annat. decan. eccl. Roskild. (16 m. arg.) vac. p. o. Magni Andree collitigantis 27. nov. 73 A 22 118^r.

5679 Johannes Johannis scol. Traiect. dioc.: recip. ad primam tonsuram in sacristia basilice Principis appl. de Urbe 16. iun. 81 F 7 20^r – litt. testim. sup. recept. prime tonsure ut supra, gratis pro fam. domini Falco-

nis [de Sinibaldis?] 16. iun. 81 F 7 22^r – cler. Traiect. dioc. perp. vic. ad alt. b. Marie virg. in par. eccl. s. Petri in Apelster (/.) Traiect. dioc. in cur. resid.: de prom. ad omnes ord. extra temp., sola sign. 17. nov. 83 S 831 263^r.

5680 Johannes (Johannis) de Bubelstorff presb. Meten. dioc.: de par. eccl. de Bubelstorff Meten. dioc. (20 l. T. p.) vac. p. resign. in manibus pape Petri Bubelstorff <p. Stephanum Waltrini cler. Virdunen. dioc. procur. fact.> 16. nov. 82 S 816 122^{vs}, m. (dec. eccl. Meten.) L 824 111^v-113^r.

5681 Johannes Johannis Buysser: oblig. p. Johannem Nilis prep. eccl. s. Pharaildis Ganden. Tornacen. dioc. abbrev. sup. annat. maioris val. par. eccl. s. Catherine op. de Goderende Traiect. dioc. (28 libr. grossorum monete Flandrie = 110 l. T. p.) de qua vac. p. resign. Theoderici Jacobi Hey ex causa perm. c. perp. vicar. ad alt. s. Catherine in eccl. s. Catherine op. Brillen. Traiect. dioc. (4 libr. grossorum monete Flandrie) s. d. 28. iun. 81 sibi prov. fuit 27. iul. 81 A 30 50^r.

5682 Johannes Johannis de Bullingerevilla cler. Tullen. dioc. actor et **Johannes Jacobi de Castro** perp. vic. in eccl. Traiect. reus qui ambo litig. coram Johanne [Diaz de Coca] ep. Calaguritan. aud. locumtenenti sup. perp. vicar. sive capel. ad alt. b. Marie Magdalene in ambitu eccl. s. Petri Traiect. vac. p. o. Reynerii Bonynck: de prov. d. Johanni Jacobi de d. vicar. ad alt. b. Marie Magdalene (4 m. arg.) vacat. p. resign. in manibus pape d. Johannis Johannis et de prov. d. Johanni Johannis de d. vicar. in eccl. Traiect. (3 m. arg.) vacat. p. resign. in manibus pape d. Johannis Jacobi 21. iun. 73 S 692 93^{vss}.

5683 Johannes (Johannis) de Cham cler. Constant. dioc. in art. mag. in 20. sue et. an. constit. qui ad prepos. ac can. et preb. eccl. s. Petri Imbricen. Constant. dioc. vac. p. o. Johannis Vest et p. devol. p. magistroscivium et consules op. Thuericen. Constant. dioc. c. indulto ap. present. fuit: de nova prov. de d. prepos. ac dd. can. et preb. (6 m. arg.) c. disp. sup. def. et. 31. mai. 83 S 823 281^{rs}, I 335 36^v – oblig. p. Henricum Schonleben can. eccl. Eistet. in cur. procur. sup. annat. can. et preb. (6 m. arg.) ac prepos. (10 m. arg.) ut supra (in margine: recept. in partibus pro parte annat. dd. benef. 28 fl. a Johanne de Cham) 1. sept. 83 A 31 131^r – solv. 17 fl. adc. pro annat. videlicet pro complemento p. manus Henrici Scholeben 1. sept. 83 IE 508 68^r, IE 509 67^r.

5684 **Johannes Johannis de Crimpo** presb. Herbip. dioc.: fit mentio ut procur. (pro cler. Pisan. dioc.) 2. ian. 75 L 742 31^v-33^r.

5685 **Johannes Johannis Veghert** rect. capel. s. Sebastiani in par. eccl. b. Marie virg. in Goes Traiect. dioc. pape fam. in cur. resid.: de prom. ad omnes ord. extra temp., sola sign. 14. sept. 82 S 814 77^r.

5686 **Johannes Johannis Gleichhans** acol. et perp. altarista seu vic. in par. eccl. Swadenitz. Wratislav. dioc. in cur. resid.: de prom. ad omnes ord. extra temp., sola sign. 2. apr. 84 S 834 17^r.

5687 **Johannes Johannis de Medenblick** rect. par. eccl. in Doesa Traiect. dioc.: litt. testim. (vig. supplic. s. d. 23. febr. 82) sup. prom. ad 4 min., acolit. et subdiacon. ord. s. d. 10. mart. 82, ad diacon. ord. s. d. 12. mart. 82, ad presbit. ord. s. d. 17. mart. 82 in sacristia basilice s. Petri de Urbe (in margine: habuit gr. de uno grosso) 17. mart. 82 F 7 46^v.

5688 **Johannes Johannis Niis de Borsalia** cler. Traiect. in 9. sue et. an. constit. c. quo sup. def. nat. (p. s.) et de prom. ad omnes ord. ac de quibuscumque benef. disp. fuit: de can.

et preb. eccl. s. Petri Traiect. (4 m. arg. p.) vac. p. o. Johannis Nederman olim Nicolai V. fam. 7. mai. 84 S 836 11^r, m. (dec. eccl. s. Lebuini Daventrien. Traiect. dioc.) (exped. 16. iun. 84) L 834 161^v-163^r – de can. et preb. ut supra (7 m. arg. p.) vac. p. resign. Wilhelmi Lovenich cler. Colon. dioc. pape fam. (cui de eisdem vac. p. o. Johannis Nerdeman ut supra prov. fuit) 8. mai. 84 S 836 23^r – consensus resign. ut supra 2. iun. 84 Resign. 2 159^r.

5689 **Johannes Johannis Ofdragher** litterarum scientia instructus Trever. dioc.: de prom. ad omnes ord. extra temp., sola sign. 4. mart. 80 S 790 135^r.

5690 **Johannes Johannis de Taunar** Basil. dioc.: recip. primam tonsuram in capel. [!] s. Bartholomei de Insula in Urbe 23. sept. 75 F 6 230^r.

5691 **Johannes du Jonge** presb. Traiect. dioc. cui de perp. s. c. vicar. s. Vincentii mart. in par. eccl. de Zandwyck Traiect. dioc. (decanatui eccl. s. Johannis Traiect. annexa et incorp.) vac. p. o. seu resign. Johannis de Lewe p. Johannem de Vyanen dec. d. eccl. s. Johannis prov. fuit: de nova prov. de eadem (4 m. arg.) 24. febr. 80 S 790 90^r.

5692 **Johannes Jorger** cler. Constant. dioc. mag. in art. inter al. referens quod monasterio monial. in villa Hofen o. s. Ben. Constant. dioc. (in quo monial. 5, 6, 8 aut circa extiterant) par. eccl. s. Andree e. m. op. Buchhorn Constant. dioc. incorp. fuit et quod post obitum omnium monial. Jodocus Diettenhanner d. ord. profes. in d. mon. se intrusit: de committ. Johanni Savigeti can. eccl. Constant. leg. doct. antiquo in cur. procur. ut dissolutionem d. incorp. faciat et de prov. d. Johanni Jorger de d. par. eccl. (20 m. arg.) 1. apr. 73 S 689 209^{vs}.

5693 **Johannes Jorlandi (al. Corbie)** can. eccl. Cameracen. pape cant., cap. ac

fam. <qui litig. in cur. contra Balduinum de Piermont et al. sup. can. et
preb. ac thesaur. eccl. s. Hermetis
Rothnacen. Cameracen. dioc. de
quib. auct. ap. sibi prov. fuit et qui c.
quond. Daniele Cesaris rect. par.
eccl. b. Marie in Wichelen Cameracen. dioc. concordiam fecit assign.
sibi pens. ann. 20 francorum Arthesie sup. fruct. d. par. eccl. et pens.
ann. 10 francorum Arthesie sup.
fruct. perp. s. c. capn. s. Theobaldi
Bruxellen. Cameracen. dioc. p. d.
Danielem in civit. Cameracen. persolv.> et **Eustachius Munch** modernus rect. d. par. eccl. in Wichelen
(Wicheln) qui recip. pens. sup. fruct.
can. et preb. eccl. s. Martini Wormat.
ac fruct. par. eccl. in Wiczinge
(Wintzingen) <8 m. arg.>: de cass.
d. pens. sup. fruct. par. eccl. in Wichelen (Wicheln) et de assign. d. Johanni pens. eiusdem val. sup. fruct.
d. eccl. s. Martini et d. par. eccl. in
Wiczinge <p. d. Eustachium in civit.
Cameracen. vel Tornacen. persolv.>
donec d. Johanni de s. c. benef. in
civit. Cameracen. vel Tornacen.
prov. fuerit 28. nov. 82 S 816 243ʳˢ
(exec. prep. eccl. b. Marie Feuchtwangen. August. dioc. et cant. eccl.
Spiren. ac offic. Wormat.), gratis V
629 233ʳ-236ʳ – consensus transl.
pens. ut supra 2. decb. 82 Resign. 2
37ʳ – cui s. d. 17. nov. 81 motu pr.
gr. expect. de can. et preb. eccl. Meten. necnon de benef. ad coll. ep. etc.
Cameracen. conc. fuit et qui deinde
vig. gr. expect. par. eccl. s. Crucis
Cameracen. sup. qua in cur. litig.
acc.: motu pr. de reval. gr. expect. ad
coll. ep. etc. Cameracen. acsi d. par.
eccl. n. acceptasset 15. iun. 84 S 836
301ʳˢ.

5694 **Johannes Jossinckhus (Jaffinck
(/.))** cler. Osnaburg.: de <s. c.> perp.
vicar. ad alt. <s. Trinitatis> in capel.
s. Mathei in <infra septa> eccl. s. Johannis Osnaburg. (3 m. arg.) vac. p.
resign. Johannis Lyndeman (Lande-
man) quond. Prosperi [Colonna] tit.

s. Georgii ad velum aureum diac.
card. et Eugenii IV. fam. <p. Arnoldum Grundick dec. d. eccl. procur.
suum fact.> 16. ian. 75 S 714 121ʳ,
(m. dec. eccl. s. Martini Bramecen.
Osnaburg. dioc. et offic. Osnaburg.
ac offic. Monast.) (exped. 25. ian.
75) L 742 113ᵛ-115ʳ.

5695 **Johannes [de Isenburg]** ep. Ther-
mopylen. profes. o. fr. min.: de lic.
testandi 10. ian. 74 S 701 49ᵛˢ –
Mathie [de Rammung] ep. Spiren. in
pontific. vic. gener. qui ab an. certam par. eccl. obtin.: de lic. dicendi
horas can. secundum usum o. fr.
min. 11. ian. 74 S 701 71ᵛ – ep. Spiren. suffrag. seu vic. in spir.: de lic.
testandi 23. decb. 76 S 745 106ᵛ –
qui ex disp. ap. par. eccl. in op.
Brussel et s. c. capn. ville Haussen
Spiren. dioc. obtin.: lic. testandi 23.
decb. 76 L 769 22ᵛ.

5696 **Johannes Ysore** pape fam. qui perp.
capn. choralem nunc. in eccl. s. Petri
op. Duacen. Atrebaten. dioc. et **Gerardus Gerardi** cler. Atrebaten. dioc. pape fam. qui can. et preb. in
eccl. ss. Crisanti et Darie Monasterii
Eyfflie Colon. dioc. vac. p. o. Johannis Johannis Swerin infra 2 dietas a
cur. defunct. desiderant perm. et **Petrus Gobelini de Arlino** cler. Trever. dioc.: de prov. d. Gerardo de d.
capn. (2) et de prov. Johanni Ysore
de dd. can. et preb. (24 l. T. p.) et de
assign. d. Johanni pens. ann. 10 fl.
renen. sup. fruct. par. eccl. s. Michaelis de Lucemburgo Trever. dioc. (40
fl. renen.) p. Johannem Haltfas rect.
d. par. eccl. persolv. quousque d. Johanni de aliquo benef. in civit. et dioc. Cameracen. prov. fuerit 24. mai.
84 S 836 195ʳˢ.

5697 **Johannes Bapt. [de Judicibus]** ep.
Vigintimilien. nunt. et commissarius
in civit. Trident. pro causa pueri ut
asseritur interempti ituro: instructio
in qua eidem inter al. m. fuit quod
ipse quamprimum Tridentum appli-
catus est ab ep. Trident. ordinem circa hebreorum negotium diligenter

intellegat et quia multi et magni quidam viri iam submurmurare ceperunt
ad omnium diligentissimam investigationem veritatis totam curam adhibeat (248^{rs}) quodque processum omnem contra iudeos habitum aut illius
copias autenticas redigat et ad papam deferat (248^{vs}) quodque deinde
inquirat si puerum illum de quo fama
fert iudei emerunt et a quo si occi-
derunt et quo genere mortis et si al.
simile perpetrarunt et an in accusa-
tione eorum fraus aliqua sit commissa et cetera que ad rem ipsam pertin.
quodque ipse quia puer interfectus
multis fertur clarere miraculis ea
omnia faciat c. circumstantiis debitis
inscribi et investiget (249^r) quodque
si que hebreorum bona confiscata
sint aut confiscanda ea omnia p. not.
publ. c. inventario inscriptis haberi
faciat quodque si quos hebreos in
custodia reppererit habet facult. relax. liberos innocentes quodque si
aliqua ex causa investigationem veritatis in civit. Trident. facere n. pot-
erit in aliquo loco propinquo exequatur (249^v) quodque ipse postremo veritate habita omnia rite facta in scrip-
tis redacta ad papam deferat ut papa
finem debitum his rebus imponere
possit (250^r) 3. aug. 75 Arm. II, 56
248^r-250^v.

5698 **Johannes de Juliaco** cler. Colon.
dioc. litig. coram aud. contra Johannem Hoens rect. par. eccl. in Peer
Leod. dioc. sup. can. et preb. eccl.
s. Gorgonii Hugarden. Leod. dioc.:
assign. pens. ann. 8 fl. renen. (20
stuferis pro fl. computatis) sup. fruct.
d. par. eccl. (exec. prep. eccl. s. Petri
in Northen Magunt. dioc. et Colon.
offic. ac Leod. offic.) 6. mart. 77 V
585 103^{rss} – restit. bulle sup. pens.
27. febr. 78 A 26 236^r.

5699 **Johannes Juncker (Juncher)** cler.
Herbip. dioc.: de perp. s. c. vicar. ad
alt. s. Johannis in par. eccl. ville
Grassen Lankheym (Grossellanck-
cheym) Herbip. dioc. (3 m. arg.) <2
m. arg.> vac. p. o. Arnoldi Bartho-

lomei 16. nov. 81 S 805 10^v, m.
(prep. eccl. b. Marie Feuchtwangen.
August. dioc. et Corrado Crantz can.
eccl. Frising. ac offic. Herbip.), gratis V 630 279^{vs}.

5700 **Johannes de Junen** cler. Colon. dioc. in 18. sue et. an. constit. qui ad
s. c. vicar. ad alt. b. Marie et s. Agathe in par. eccl. in Honxe Colon. dioc. p. patron. laic. present. desiderat:
de committ. alicui prelato in Colon.
dioc. residenti ut ipse d. vicar. assequi val. c. disp. de n. resid. et de n.
prom. quamprimum 20. sue et. an.
attigerit 3. iun. 83 S 824 152^{rs}.

5701 **Johannes Jung (Junch) (de Kuppenheim)** scol. Spiren. dioc.: recip.
primam tonsuram et prom. ad 4 min.
ord. in sacristia basilice Principis
appl. de Urbe 22. sept. 81 F 7 28^{rs} –
cler. Spiren. dioc. in 23. sue et. an.
constit.: de par. eccl. sive eius perp.
vicar. in Kuppenheim Spiren. dioc.
(10 m. arg. p.) vac. p. o. Erhardi
Castner, n. o. def. et. 25. oct. 81 S
805 131^r, I 334 213^r – litt. testim.
sup. recept. prime tonsure ut supra et
sup. prom. ad acolit. et 4 min. ord.
s. d. 22. sept. 81 in sacristia ut supra
5. mart. 82 F 7 44^v, (cass.) F 7 46^v –
not. recip. pro formata 4 grossos
mart. 82 DB 2 53^r – oblig. sup. annat. par. eccl. ut supra et promisit
solv. in cur. infra 6 menses quia docuit de intruso p. testes (in margine:
s. d. 6. oct. 84 Salvius de Bulgariis
merc. Florentin. de cur. se oblig. et
promisit solv. infra 3 menses et Johannes Burkardus cler. Colon. [!]
promisit relevare indemnum d. Sal-
vium; s. d. 6. oct. 84 prorog. term.
solut. ad 3 menses; s. d. 10. ian. 85
solv. pro annat. 28^{1}/$_{2}$ fl. p. manus
soc. Salvii ut supra) 31. ian. 83 Paris
L 26 A 10 168^r – rect. par. eccl.
s. Sebastiani in Cuppenheim Spiren.
dioc. in 25. sue et. an. constit. in cur.
resid. in min. ord. constit.: de prom.
ad omnes ord. extra temp., n. o. def.
et., sola sign. 4. mai. 84 S 835 49^v –
litt. testim. (vig. supplic. s. d. 4. mai.

84) sup. prom. ad subdiacon. ord. s. d. 7. mai. 84, ad diacon. ord. s. d. 9. mai. 84, ad presbit. ord. s. d. 16. mai. 84 in eccl. b. Marie de Regina celi de Urbe 16. mai. 84 F 7 108^v.

5702 Johannes Junge (Juongen, Jungh, Jonghe) cler. Colon. <dioc.>, **Gisbertus Jacobi** cler. Traiect. dioc., **Simon de Winteren** cler. Colon. dioc.: de gr. expect. de 2 can. et de 2 benef. ad coll. quorumcumque, Et s. d. 1. ian. 72 S 670 288^{rs} – cui de par. eccl. in Efferan Colon. dioc. ac de can. et preb. eccl. b. Marie in Capitolio Colon. vac. p. o. cuiusdam Swickeri p. Alexandrum [Numai] ep. Forolivien. legatum prov. fuit: de nova prov. de d. par. eccl. (4 m. arg.) et de dd. can. et preb. (4 m. arg.) 29. decb. 76 S 756 191^r – in subdiacon. ord. constit. qui litig. coram aud. sup. par. eccl. in Efferen Colon. dioc. quam possidet: de n. prom. ad 3 an. 26. nov. 77 S 761 22^r – decr. bac. in univ. Colon. promotus qui ratione can. et preb. in eccl. b. Marie in Capitolio civit. Colon. quos obtin. artatus est ad ord. presbit. prom.: de prom. ad ord. presbit. extra temp., sola sign. 7. decb. 77 S 761 165^{rs}.

5703 Johannes Jusel, Petrus Rodenslone, Willemus Polt ac **Conradus Doszman** vic. seniores referentes quod pro se vel pro aliis vic. eccl. s. Petri Stendalien. Halberstad. dioc. contractum sup. donatione c. quond. Johanne Roxen (Roxum) perp. vic. in eccl. s. Sebastiani Magdeburg. de consensu capit. eccl. s. Nicolai Stendalien. Halberstad. dioc. stipulaverunt ut d. Johannes Roxen dd. vicariis 4 choros vulg. wespel nominatos et granum (pro medietate ordei et pro medietate siliginis) ascendentes ad val. 15 duc. ex quadam curte in villa Magna Svachten Halberstad. dioc. daret necnon 85 fl. renen. persolv. de quib. 8 fl. renen. quolibet an. dd. vicariis ad vitam d. Johannis assignari deberent et ut post eius obitum certas missas legerent et cantarent: de decl. reductionis missarum, attento quod d. Johannes suam donationem n. augmentavit prout promiserat 2. mart. 79 S 779 44^{rs}.

5704 Johannes Juwich (Juich) can. eccl. Constant. Raphaelis [Riario] tit. s. Georgii ad velum aureum diac. card. fam. ac Malguardi de Brisach mil. R. I. nepos: supplic. d. card. de prepos. in eccl. Celle Episcopalis Constant. dioc. (12 m. arg.) vac. p. o. Johannis Trinnksonsz 18. oct. 81 S 804 13^{vs}.

5705 Johannes de Yven (Ynen) presb. Trever. dioc. cui de par. eccl. in Lenningen (Lentringen) Trever. dioc. vac. p. o. Johannis Camineti <p. Philippum de Sirck prep. eccl. Trever.> prov. fuit et qui litig. desup. coram Matheo de Porta aud. contra Nicolaum Papineti cler. Trever. dioc.: de d. par. eccl. (4 m. arg.) vacat. p. resign. d. Nicolai c. reserv. pens. 8 fl. renen. donec d. Johanni de Yven usque ad val. d. pens. de aliquo benef. in civit. vel dioc. Trever. prov. fuerit 7. mart. 74 S 703 214^{rs}, (exped. 31. mart. 74) L 732 157^{vss}.

5706 Johannes Ywen cuiusdam aep. in cur. procur., **Wilhelmus Westfal** bac. in leg., **Mathias Obim** eiusdem cap., **Magnus Andree** eius not., **Nicolaus Wittenberch** mag. in art. bac. in leg., **Johannes Breyde, Enwaldus Sovenbroder, Johannes Runste:** motu pr. de gr. expect. de 2 can. et de 2 benef. ad coll. quorumcumque et de prerog. ad instar pape fam. descript., Et s. d. 1. ian. 72 S 670 26^{vs} – cler. Lubic.: de can. et preb. eccl. Hamborgen. Bremen. dioc. (4 m. arg.) vacat. p. resign. Johannis Meyer cler. Lubic. cui de eisdem vig. gr. expect. vac. p. o. Henrici Gherwen prov. fuerat 21. oct. 74 S 711 218^{vs} – qui litig. contra Henricum Sobbe cler. sup. perp. vicar. ad alt. s. Crucis in eccl. Colon. vac. p. o. Siffridi al. Siberti de Corbes: de prov. si neutri de d. vicar. (4 m. arg.) 23. nov. 74 S 711 216^{rs}.

5707 **Johannes Itzsteyn** scol. Trever. dioc.: recip. primam tonsuram in
capel. s. Andree in basilica Principis
appl. in Urbe 21. decb. 71 F 6 20^{rss}.

5708 **Johannes Laber** cler. Trever. dioc.
Berardi [Eruli] tit. s. Sabine presb.
card. fam.: de perp. capn. ad alt. b.
Marie in capel. b. Marie prope par.
eccl. in Dipbroch Magunt. dioc. (4
m. arg.) vacat. p. resign. in manibus
pape Tilmanni Mor cler. Trever. dioc. pape fam. cui de d. capn. vac. p.
resign. Friderici Molner prov. fuerat
(litt. n. confectis) 2. iul. 73 S 692
156^v.

5709 **Johannes Lachaert** cler. Leod. dioc. et **Theodericus de Redinchoven**
cler. Leod. dioc. pape fam. referentes quod d. Johannes litig. coram Johanne Francisco [de Pavinis] aud.
contra Guillelmum de Lovenich cler.
Colon. dioc. pape fam. sup. par. eccl.
de Nederritter (/.) Leod. dioc. vac.
p. o. seu resign. Johannis Plebis al.
Monachi et quod deinde d. Theoderico post resign. d. Guillelmi de d.
par. eccl. p. papam prov. fuit et quod
postmodum ipse Johannes desup. litig. coram Bernardo de Solvis archid. Campanie in eccl. Leod. contra
Petrum de Cerrenberch cler.: de
adm. resign. d. Theoderici et de
prov. Johanni Lachaert de d. par.
eccl. (44 l. T. p.) (40 gr. monete
Flandrie pro quolibet fl.) et de assign. d. Theoderico pens. ann. 20 fl.
renen. sup. fruct. par. eccl. de Hals-
teren Leod. dioc. (30 l. T. p.) p. d.
Johannem persolv. 17. iun. 84 S 837
193^{rs}.

5710 **Johannes Laiff** cler. Magunt. dioc.:
de perp. capn. ad alt. s. Valentini in
par. eccl. s. Cristofori Magunt. de
iur. patron. laic. (3 m. arg.) vac. p. o.
Conradi Groenbourch sed p. Johannem Walstraff cler. occupata 3.
decb. 77 S 761 132^v.

5711 **Johannes Laynunger de Saline**
scol. Salzeburg. dioc. in cur. resid.:
recip. primam tonsuram, sola sign. 8.
mart. 83 S 820 135^v.

5712 **Johannes Lamberti de Venirede**
presb. Leod. dioc. nullum benef. obtin.: de par. eccl. in Husem Traiect.
dioc. (6 m. arg. p.) vac. p. o. Gys-
berti Minardi 16. ian. 73 S 686
172^r.

5713 **Johannes Lamberti (Lamberch)**
(de Gemmponte) primarius par.
eccl. in Alverschwiller Spiren. dioc.
in min. ord. constit. in cur. resid.: de
prom. ad omnes ord. extra temp.,
sola sign. 27. nov. 81 S 805 162^r –
cler. Spiren. dioc.: litt. testim. (vig.
supplic. ut supra) sup. prom. ad ord.
subdiacon. s. d. 8. decb. 81, ad ord.
diacon. s. d. 9. decb. 81, ad ord. presbit. s. d. 16. decb. 81 in sacristia basilice Principis appl. de Urbe 17.
decb. 81 F 7 37^r.

5714 **Johannes Lamberti (al. Militis)**
cler. Leod. dioc.: de par. eccl. in Do-
rey Leod. dioc. (24 l. T. p.) vac. p.
resign. Petri de Murial cler. Trever.
dioc. pape fam. cui de d. par. eccl.
vac. p. o. in cur. Walteri de Brion
prov. fuit et de assign. d. Petro pens.
ann. 6 l. T. p. sup. fruct. d. par. eccl.
et de disp. ut unac. person. par. eccl.
de Pallozeul (Pallezul) Leod. dioc.
al. incompat. benef. retin. val. 8.
febr. 75 S 715 10^{rs} – cui person. par.
eccl. de Palisio Leod. dioc. conc. fuit: prom. ad acolit. et min. ord. in
eccl. s. Bartholomei de Insula in
Urbe 25. mart. 75 F 6 201^v – de
prom. ad omnes ord. extra temp.,
sola sign. 23. apr. 75 S 718 247^{vs} –
de can. et preb. eccl. s. Victoris Dulmanien. Monast. dioc. (4 m. arg.)
vac. p. o. in cur. Bernardi Hinrekink
de Dulmen Johannis Bapt. [Zeno] tit.
s. Anastasie presb. card. fam., Conc.
de consensu d. card. 6. iun. 75 S 721
198^v – rect. par. eccl. in Ham supra
Oram Leod. dioc.: de can. et preb.
eccl. s. Deodardi Thudinen. Leod.
dioc. (4 m. arg.) vacat. p. resign. Ludovici Holwein c. reserv. pens. ann.
14 fl. renen. (20 stuferorum pro quolibet fl.) 13. mart. 76 S 736 11^r – de
incorp. personatui par. eccl. de Pal-

lezeul ut supra eccl. in Orren Leod. dioc. (12 l. T. p.) vac. p. resign. in manibus pape Petri de Morian cler. Trever. dioc. (cui de eadem vac. p. o. Walteri de Biron prov. fuit) ad vitam d. Johannis Lamberti 30. mart. 76 S 736 255^{vss} – rect. par. eccl. de Ham ut supra et **Thomas de Heymaer** presb. Leod. dioc.: de adm. resign. d. Johannis Lamberti et de prov. d. Thome de d. par. eccl. (18 fl. renen.) c. reserv. pens. ann. 14 fl. renen. (quolibet fl. ad 20 stuferos monete Flandrie computato) 15. oct. 76 S 743 148^{vs}.

5715 **Johannes Lamperti** can. prebend. eccl. s. Crucis in Koffungen Magunt. dioc. et rect. par. eccl. in Meymbressen d. eccl. annexe litig. coram Jacobo de Muciarellis cam. ap. gener. aud. contra Michaelem Paffen cler. Magunt. dioc. sup. vicar. ad alt. s. Andree in hosp. e. m. op. Fritslarien. (10 fl. renen.): de moratorio unius an. 24. iul. 73 S 694 33^{rss}.

5716 **Johannes (Lamperti) (de) Ludbrancz (Lubranici, Lubranyecz, Ludbransky)** cler. Gneznen. dioc. qui ad prepos. eccl. Gneznen. vac. p. o. Stanislai de Curozwyanky p. Kazimirum regem Polonie present. fuit: de d. prepos. (80 m. arg.), n. o. par. eccl. loci in Wylczeka Cracov. dioc. (30 m.) quam obtin. et disp. ut unac. d. par. eccl. d. prepos. retin. val. c. lic. perm. et derog. iur. patron. 21. iul. 82 S 812 267^{rs} – rect. par. eccl. in Voyehyczla Cracov. dioc. ex utr. par. de nob. gen. Polonie regis orator in cur. resid. in min. ord. constit.: de n. prom. ad sacros ord. ad 7 an. 27. aug. 82 S 814 122^{r} – rect. par. eccl. in Wyelyczka Cracov. dioc.: de n. prom. ad sacros ord. nec etiam ad subdiacon. ord. infra an., sola sign. 5. sept. 82 S 814 127^{vs} – cler. Gneznen. dioc. de nob. gen. in decr. licent. Kazimiri regis Polonie ad sed. ap. orator destinatus et **Nicolaus Czeppel** cler. Poznan. in decr. licent. pape fam. cur. not.: motu pr.

de prov. d. Johanni de can. et preb. eccl. Poznan. (18) et de can. et preb. eccl. Gneznen. (6) et de prov. d. Nicolao de cancellaria eccl. Poznan. (6 m. arg.) vacantibus p. transl. Petri [Moszynski] el. Premislen. ad eccl. Wladislav. et primo p. o. Johannis Lukowsky can. eccl. Poznan. quorum uni in theol. et alteri iur. can. doctores forent 20. oct. 83 S 829 134^{v}, (m. archid. Cracov. et Stanislao de Buzenyn can. eccl. Gneznen. ac offic. Poznan.) (exped. 10. nov. 83) L 837 65^{r}-66^{v} – et **Nicolaus Czeppel** ut supra: motu pr. de prov. d. Johanni de can. et preb. eccl. Poznan. (13) et de can. et preb. eccl. Gneznen. (12) et de prov. d. Nicolao de cancellaria eccl. Poznan. (4 m. arg.) vacantibus p. prom. Petri el. Premislen. ad eccl. Wladislav. 27. oct. 83 S 829 272^{vs}.

5717 **Johannes Lanka** rect. par. eccl. in Sculsko Gneznen. dioc. ex utr. par. de nob. gen.: de disp. ut unac. d. par. eccl. aliud incompat. benef. recip. valeat 14. iun. 73 S 695 162^{vss} – cler. Gneznen. dioc.: de nova prov. de can. et preb. eccl. Lovicen. Gneznen. dioc. (6 m. arg.) quos vac. p. resign. Johannis Danilevscysky ex causa perm. assec. est 4. apr. 74 S 709 68^{rs}.

5718 **Johannes Lanka (de Czechoslawycze)** rect. par. eccl. in Brzyescziie Wladislav. dioc. ex utr. par. de nob. gen.: de disp. ad 3 incompat. benef. 4. iun. 82 S 811 203^{v} – can. eccl. Lancicien. Gneznen. dioc.: de villa (prestimoniali capituli eccl. Lancicien.) Jambroszewo Gneznen. dioc. (3 m. arg.) vac. p. resign. in manibus pape Bartholomei Kyelbassa de Thymyeneyecz can. eccl. Lancicien. quam possidet 29. apr. 83 S 822 217^{v}.

5719 **Johannes Lanchern** <cler. August. dioc.> can. eccl. s. Mauritii August. referens quod ipse can. et preb. eccl. s. Ciriaci in Wissenstrag (Wissensting, Wissensberg) [= Wiesensteig]

Constant. dioc. resign. et quod Georgio Herman cler. August. dioc. de eisdem prov. fuit: de assign. d. Johanni pens. ann. 10 fl. renen. sup. fruct. par. eccl. in Patzenhoffen (Patzenhosten) (7 m. arg.) p. Jacobum Lienber (Lieber) rect. d. par. eccl. persolv. 21. nov. 78 S 775 296^{vs}, 14. ian. 79 S 776 197^{rs}.

5720 **Johannes Landawer** laic. et **Lucia** ux. Salzeburg. dioc.: de rem. plen. 22. decb. 72 S 685 210^r.

5721 **Johannes Landowien** et **Conradus Gudewert** perp. vicarii in eccl. Paderburn.: m. (dec. eccl. ss. Petri et Andree Paderburn. et scolast. eccl. Paderburn. ac Hermano Tuleman can. eccl. Traiect. in civit. Paderburn. commoranti) incorp. capitulo d. eccl. dd. perp. vicarias (insimul 4 m. arg.) 28. iul. 81 L 808B 230^r-231^v.

5722 **Johannes [Lands]perger** inter al. referens quod quidam certam capel. de novo erectam resignans fraude usus fuit et quod Jacobus Phister cler. August. dioc. licent. in iur. can. p. patronos present. et sibi de d. capel. (8 m. arg.) prov. fuit: de ref. 23. mai. 78 S 769 87^r.

5723 **Johannes Lang (Langen)** cler. Basil. dioc. cui de perp. capn. ad alt. s. Barbare in eccl. Basil. in via perm. pro capn. ad alt. s. Florini <Florentii> in ambitu eccl. s. Martini in Colmer (Calmor) Basil. dioc. (quam Johannes Leoben (Loiben, Loeben) presb. quond. Bernhardi [?] tit. ss. 4 Coronatorum presb. card. Aquen. fam. obtin.) prov. fuerat: de nova prov. de d. capn. s. Barbare (4 m. arg.) vac. p. resign. in manibus ordin. <Burchardi Hanffstengel tunc vic. gener. in spir. Johannis [de Venningen] ep. Basil.> d. Johannis Leoben 31. mart. 77 S 754 96^{vs}, m. (offic. Basil.) V 580 182^v-184^v.

5724 **Johannes Lange** cler. Verden. dioc. stud. iur. can. pluribus an. et pres. in cur. exist.: de perp. s. c. vicar. in col-

leg. eccl. s. Blasii Brunswicen. Hildesem. dioc. (4 m. arg.) vac. p. o. Bernhardi de Luderen 21. apr. 72 S 678 150^{rs}.

5725 **Johannes Langen (Lange, Langejohan)** can. eccl. Lubic.: prom. ad diacon. ord. in sacristia basilice Principis appl. in Urbe 23. mai. 72 F 6 52^{rs} – prom. ad presbit. ord. ad alt. s. Lamberti in capel. b. Marie de Febribus in basilica Principis appl. in Urbe (in margine: habuit litt.) 19. sept. 72 F 6 74^{rs} – in decr. licent. referens quod Conradus Losten utr. iur. doct. litig. temp. Nicolai V. coram Petro Martini de Caveis Rubeis aud. contra quond. Johannem Hamborch cler. in cur. defunct. sup. can. et maiori preb. eccl. Lubic. de quib. tunc vac. p. o. Bertoldi Unbach d. Johanni Hamborch motu pr. prov. fuit et quos d. Conradus nunc detin.: m. (prep. eccl. Utinen. Lubic. dioc. ac offic. Lubic.) confer. eosdem (4 m. arg.) vac. p. o. in cur. Henrici Luneborch vel p. assec. al. can. et preb. in d. eccl. p. Henricum Pomert 20. sept. 74 V 572 235^r-237^r – qui prepos. eccl. Razeburg. o. Prem. certo modo vac. in commendam obtin. et deinde litig. desup. coram aud. contra Johanem Wardeberg can. d. eccl. et postremo in manibus pape resign.: assign. pens. ann. 30 m. monete Lubic. (= 15 fl. adc.) sup. fruct. d. prepos. (25 fl. adc.) p. d. Johannem Wardeberg (cui de eadem prepos. prov. fuit) persolv. (m. dec. eccl. b. Marie Amburgen. [= Hamburgen.] Bremen. dioc. et dec. eccl. s. Cecilie [Gustrowen.] Camin. dioc. ac archid. Stolpen. Camin. dioc.) 20. mart. 75 V 593 214^v-216^v – referens quod in lite temp. Nicolai V. orta sup. can. et preb. eccl. Lubic. ut supra Conradus Losten ad ius ad eosdem surrog. fuit et quod ipsi de eisdem vac. p. devol. prov. fuit (licet d. Conradus in litt. sup. surrog. tacuit quod eosdem in manibus Nicolai V. resign.): de decl. litt. sup. prov. per-

inde valere acsi express. fuisset quod
d. Conradus eosdem p. 25 an. detin.
15. sept. 75 S 726 293^{rss} – de decan.
eccl. Zwerin. (4 m. arg.) vac. p. assec. prepos. d. eccl. p. Nicolaum
Wittenborch 19. decb. 75 S 731
261^{vs}, (m. archid. Habanie eccl. Leod. et dec. eccl. Butzolmen. [recte:
Butzowen.] Zwerin. ac offic. Razeburg.) (exped. 9. apr. 76) L 765
188^v-190^r – cui de can. et preb. eccl.
Lubic. prov. fuit et qui litig. desup.
coram Fantino de Valle aud. et coram Matheo de Porta aud. contra
Conradum Losten intrusum ut supra:
de prorog. term. unius an. ad 6 menses, sola sign. 6. mart. 76 S 735
184^r – de s. c. vicar. in eccl. b. Marie virg. Wismarien. Razeburg. dioc.
de iur. patron. laic. (2 m. arg.) vac.
p. o. Henrici Drawkorp (ultra 2 dietas a cur. defunct.) 3. mai. 76 S 741
183^v, 76/77 I 333 284^r – cler. Razeburg. dioc. pape fam. cui de decan.
eccl. Zwerin. ut supra prov. fuit: de
uniendo d. decanatui (2 m. arg.) 1 ex
4 maioribus can. et preb. d. eccl. <4
m. arg.> ad vitam 3. decb. 76 S 744
150^{rs}, 20. ian. 78 S 764 198^{rs} – de
par. eccl. s. Georgii Wismarien. Razeburg. dioc. de iur. patron. ducum
Magnipolen. exist. (4 m. arg.) vac. p.
resign. in manibus pape Guntheri de
Bunaw (Nimow) cubic. <not. ap. et
pape fam.> <p. Johannem Scuthe
procur. fact.> (cui de eadem vac. p.
prom. Nicolai de Pentzen el. Zwerin.
<s. d. 4. iun. 79> prov. fuit litt. mi-
nime confectis) c. derog. iur. patron.
attento quod d. ius semel derog. fuit
et quod ipse de d. op. oriundus exist.
5. iun. 79 S 783 285^r, m. (dec. eccl.
b. Marie Hamburgen. Bremen. dioc.
et dec. eccl. s. Cecilie [Gustrowen.]
Camin. dioc. ac archid. Stolpen. Camin. dioc.) (exped. 3. aug. 79) L 798
16^{rs} – de simplici benef. in par. eccl.
Cluczen. Razeburg. dioc. (4 m. arg.)
vac. p. o. Alberti Sertoris vel p. devol. 17. iun. 79 S 783 94^{vs} – de disp.
ut unac. decan. eccl. Zwerin. aliud
incompat. benef. recip. val. etsi 2

par. eccl. ad vitam c. lic. perm. 15.
iul. 79 S 784 16^{vs} – oblig. sup. annat. pens. ann. eidem sup. fruct.
prepos. eccl. Razeburg. o. Prem. assign. ut supra s. d. 20. mart. 75, restit. bulle 18. sept. 79 A 28 220^v –
dec. eccl. Zwerin. decr. doct.: de
uniendo d. decanatui (2 duc.) 1 vel 2
perp. s. c. benef. in d. eccl. Zwerin.
(cuilibet 4 m. arg.) ad vitam d. Johannis 14. oct. 83 S 829 252^{vs} –
perp. vic. in par. eccl. b. Marie virg.
op. Sunden. Zwerin. dioc.: de disp.
ad 2 incompat. benef. 19. mart. 84 S
833 227^r.

**5726 Johannes Langer (Linger, Leni-
ger, Lemger)** cler. August. dioc.: de
can. et preb. colleg. eccl. s. Udalrici
in Hepach August. dioc. (4 m. arg.)
vac. p. o. Erhardi Dubler 23. oct. 73
S 698 270^v – de can. et preb. eccl. in
Marckbach Constant. dioc. (24 fl.
adc.) vac. p. o. Nicolai Grues 19.
aug. 75 S 725 101^{rs} – com. de Helfenstein et Ottingen sollicitator et
procur. in cur. qui vig. gr. expect.
s. d. 1. ian. 72 de 2 benef. ad coll.
abb. mon. Fontissalutis o. Cist. Eistet. dioc. necnon prep. etc. eccl.
s. Viti in Elwangen August. dioc.
par. eccl. s. Petri in Rochlingen August. dioc. acc.: de mutatione gr. expect. de benef. ad coll. d. abb. in benef. ad coll. ep. etc. August. et de
reval. (acsi d. par. eccl. n. acceptasset) et de prerog. ad instar pape fam.
descript. 19. ian. 76 S 736 119^{rs} – de
can. et preb. eccl. s. Severi Erforden.
Magunt. dioc. (6 m. arg.) vac. p. o.
Georgii de Erfordia 19. iul. 76 S 740
79^{vs} – rect. par. eccl. in Rochlingen
(Rothlingen) August. dioc. in decr.
licent. et **Gaspar Puechler** cui de
prepos. eccl. s. Petri sen. Argent.
vac. p. o. in cur. Johannis Sartoris de
Bockenrode prov. fuit: de prov. Johanni Langer de d. prepos. (60 fl. renen.) vacat. p. resign. in manibus
pape d. Gasparis <p. Johannem Pavonis cler. Cameracen. procur. suum
fact.> et de reserv. d. Gaspari pens.

ann. 16 fl. renen. sup. fruct. d. prepos. p. d. Johannem persolv. et de disp. ut d. Johannes d. prepos. unac. 2 al. incompat. benef. retin. val. 19. aug. 76 S 741 25^{rs}, (exec. aep. Pisan. et Eberardus de Rabenstein can. eccl. Bamberg. ac offic. Argent.), gratis V 577 283^v-285^v – de par. eccl. in Dingental Herbip. dioc. et de capn. in Ochsenfurt Herbip. dioc. (8 m. arg.) vac. p. o. Henrici Utz infra 6 dietas a cur. distante defunct. 19. decb. 76 S 745 230^{vs} – cui de can. et preb. eccl. s. Severi Erforden. Magunt. dioc. vac. p. o. Georgi Hayn prov. fuit et **Gunther de Bunaw** cler. Nuemburg. dioc. decr. doct. pape fam. et cubic.: de adm. resign. Johannis Langer et de prov. d. Gunthero de dd. can. et preb. (3 m. arg.) 10. ian. 77 S 746 125^{rs} – prep. eccl. s. Petri sen. Argent. pape fam.: oblig. sup. annat. d. prepos. de qua ut supra s. d. 19. aug. 76 sibi prov. fuit (in margine: s. d. 7. febr. 87 solv. 22 fl. p. manus Alexandri dela Casa), restit. bulle 26. febr. 77 A 25 123^r – litig. coram aud. contra Laurentium Tucher can. prebend. et cant. eccl. ss. Felicis et Regule prepos. (abbat. nunc.) Turicen. Constant. dioc. reum sup. can. et preb. d. eccl. et nunc resign.: de assign. Johanni Langer pens. an. 20 fl. renen. sup. fruct. dd. can. et preb. et cantor. (100 fl. renen.) p. d. Laurentium persolv. 28. febr. 78 S 765 213^{rs} – actor litig. contra Georgium Videman cler. Herbip. dioc. sup. par. eccl. in Dingental Herbip. dioc.: de adm. resign. Johannis Langer et de prov. d. Georgio de d. par. eccl. (44 fl. renen.) c. reserv. pens. ann. 14 fl. renen. 3. iun. 78 S 769 246^{vs} – de can. et preb. ss. Petri et Michaelis eccl. Argent. (4 m. arg.) vac. p. resign. in manibus pape Gasparis Puechler cler. Frising. dioc. pape fam. (cui de eisdem vac. p. o. in cur. Johannis Sartoris de Bockennrode prov. fuit possessione minime subsecuta) 4. mart. 79 S 778 289^v – cui de par. eccl. in Taiszkirchen [rec-

te: Taufkirchen] Patav. dioc. vac. p. resign. in manibus pape Johannis Schnitzer cler. Frising. dioc. pape fam. (cui vig. gr. expect. de eadem vac. p. o. Leonardi Manttner prov. fuit): de nova prov. de eadem (15 m. arg.) 16. mai. 79 S 781 257^{rs} – de perp. <s. c.> capn. ad alt. s. Viti in eccl. sive capel. s. Johannis in Hagenaw Argent. dioc. (24 fl. adc.) vac. p. resign. in manibus pape Petri Schaffmansperger (Schaffmansberger) Roderici [de Borja] card. ep. Portuen. et vicecancellarii fam. 24. febr. 80 S 790 89^r, (exec. dec. eccl. Argent. et dec. eccl. s. Petri iun. Argent. ac Theodericus Arndes can. eccl. Lubic.), gratis V 601 65^v-67^v – actor litig. contra Leonardum Randaler presb. Patav. dioc. reum et possessorem sup. par. eccl. in Tarszkirchen [recte: Taufkirchen] Patav. dioc. referens quod deinde c. d. Leonardo concordiam fecit: de assign. pens. ann. 24 duc. adc. sup. fruct. d. par. eccl. (90 duc. adc.) p. d. Leonardum persolv. 8. ian. 81 S 799 14^r.

5727 **Johannes Langer, Judocus Trebesmulner, Wypertus de Weuben, Conradus Krantz, Petrus Paulus Engel, Wernherus de Auffes, Everhardus Radmer [= Kadmer], Vitus Pucher, Nicolaus Schomacher, Theodoricus Vogt, Judocus Bach, Sigismundus Czwim, Henrich Raff, Jacobus Hug de Cella Ratolfi, Johannes Sebhart, Stephanus Talmayr, Nicolaus Berchen, Henricus Langen, Johannes Reisser** Friderici ex marchionibus Baden. Friderici R. I. nepotis [familiares]: motu pr. de gr. expect. de 2 can. et preb. necnon de 2 benef. ad coll. quorumcumque, Et s. d. 17. nov. 81 S 803 135^v.

5728 **Johannes Langreterelli** cler. Trever. dioc. pres. in cur. inter al. referens quod ipse par. eccl. in Barcho Leod. dioc. a Paulo II. impetravit et quod litig. desup. coram aud. contra

Johannem de Beur et Johannem de Fili (Fhili, Phili) et quod d. Johanni de Beur de d. par. eccl. prov. fuit propter resign. d. Johannis de Fili et quod ipse pro expensis 19 duc. recepit: de disp. sup. irreg. et de disp. ad quecumque benef. 27. sept. 71 S 676 136^{vss} – rect. par. eccl. s. Maximini de villa Cleya Trever. dioc. et **Henricus Deuly** cap. capn. ad alt. b. Marie in par. eccl. de Cherban Trever. dioc.: de prom. ad omnes ord. extra temp., sola sign. 21. iun. 73 S 692 13^{rs}.

5729 **Johannes Lantwin (Lantweyn, Lant)** presb. Eistet. dioc. c. quo sup. def. nat. (diac. et c.) disp. fuit: de resid. etiam extra Eistet. dioc. 2. ian. 78 S 763 46^{rs} – perp. vic. par. eccl. in Piszwang Eistet. dioc.: de disp. ad quodcumque benef., n. o. def. nat. (diac. <subdiac.> et s.) 2. ian. 78 S 763 81^r, 27. febr. 79 S 778 154^r.

5730 **Johannes Lantz** monach. mon. ss. Martini et Oswaldi in Wingarten o. s. Ben. Constant. dioc. qui multa incomoda passus est et favores a quond. Ludovico [de Freiberg] ep. Constant. requirebat: de disp. ut 2 benef. p. cler. sec. obtineri solita retin. val. c. lic. perm. 24. ian. 82 S 807 49^{vs} – de disp. ad quodcumque benef. p. cler. sec. regi solitum c. lic. perm. 31. ian. 82 S 807 91^r, L 817 75^{rs}.

5731 **Johannes Lapicida (Lapiscida, Lapicide, Lapide) (de Eppensteyn, Epenstein)** cler. Magunt. dioc. pape fam.: motu pr. gr. expect. s. d. 1. ian. 72 de 2 benef. ad coll. prep. etc. eccl. b. Marie ad Gradus Magunt. et eccl. s. Bartholomei Francforden. Magunt. dioc. (exec. ep. Leonen. et prep. eccl. s. Petri in Northen Magunt. dioc. ac offic. Magunt.), gratis 14. ian. 79 V 670 87^r-88^v – cui gr. expect. ut supra conc. fuit: motu pr. de reval. et de prerog. ad instar pape fam. descript. 23. sept. 79 S 786 274^{rs}, gratis V 671 191^{rs} – qui vig. gr. expect. can. et preb. eccl. b. Ma-

rie ad Gradus Magunt. dioc. et can. et preb. eccl. s. Leonardi Franckforden. Magunt. dioc. vac. p. o. Wigandi Pesser acc. (possessione minime subsecuta): de nova prov. de eisdem (cuiuslibet 4 m. arg.) 4. mart. 80 S 796 79^v – motu pr. de perp. vicar. in eccl. s. Andree Wormat. (3 m. arg.) vac. p. o. Jacobi Richardi 10. ian. 82 S 806 253^r – motu pr. de can. et preb. in colleg. eccl. s. Leonardi Franckforden. (4) ac perp. vicar. in eccl. s. Johannis Magunt. (4 m. arg.) vac. p. o. Petri Amici in cur. defunct. 14. ian. 83 S 818 186^r – Raphaelis [Riario] tit. s. Georgii ad velum aureum diac. card. pape camerarii fam. qui vig. gr. expect. par. eccl. in Thuren Herbip. dioc. vac. p. o. Johannis Grewsing acc. et litig. desup. contra Wernherum de Auffes et Eustachium Munche: de prorog. temp. intimandi ad 6 menses, sola sign. 4. iul. 84 S 838 108^{vs} – de can. et preb. colleg. eccl. s. Adelberti in Aquisgrano Leod. dioc. (7 m. arg.) vac. p. o. Johannis Meltzwasser in cur. defunct. 8. aug. 84 S 839 201^r.

5732 **Johannes Lapicide** presb. Magunt. dioc., **Johannes Reymbabel** cler. Wratislav. dioc., **Henricus Comitis** cler. Magunt. dioc., **Jacobus Lupurier**, cler. Trever. dioc., **Petrus Piimpera** cler. Colon. dioc., **Johannes Lausitis** cler. Trever. dioc., **Sigismundus Carnificis** cler. Patav. dioc., **Johannes Reyssinger** cler. Patav. dioc., **Gaspar Dile** cler. Spiren. dioc., **Jacobus [recte: Johannes] Burchardus** cler. Argent. dioc. inter 72 Marci [Barbus] tit. s. Marci presb. card. fam. et dilectos enumerati: motu pr. supplic. d. card. de gr. expect. de 2 can. et preb. usque ad val. fruct. 100 l. T. p. et de 2 benef. ad coll. quorumcumque et de prerog. ad instar pape fam. descript. et de disp. ad 2 incompat. benef., Et s. d. 1. ian. 72 S 670 62^r-63^v – card. ut supra in nonnullis Germanie partibus legati fam. c. quo sup. def. nat. (p. s.) disp.

fuit: de par. eccl. b. Marie Frave-monster e.m. Fritzlarien. (3 m. arg.) et de perp. vicar. ad alt. s. Viti in eccl. s. Petri Fritzlarien. Magunt. di-oc. (3 m. arg.) vac. p.o. Conradi Mulnbach d. card. fam. 5. febr. 73 S 687 295^{rs} – et **Johannes Reymba-vel** cler. Wratislav. dioc., **Henricus Comitis** cler. Magunt. dioc., **Jaco-bus Lupurier** cler. Trever. dioc., **Pe-trus Pampera** cler. Colon. dioc., **Jo-hannes Lausitis** cler. Trever. dioc., **Sigismundus Carnificis** cler. Patav. dioc., **Johannes Reyffinger** cler. Pa-tav. dioc., **Gaspar Dire** cler. Spiren. dioc., **Johannes (in margine: cor-rectum ex Jacobus) Burchardus** cler. Argent. dioc. inter 73 card. ut supra et patriarche Aquileg. fam. enumerati: supplic. d. card. de pre-rog. ad instar pape fam. descript. 15. mart. 73 S 695 161^{rss} – card. ut su-pra cap. et fam. c. quo sup. def. nat. (p. s.) disp. fuit et cui de can. et preb. eccl. s. Johannis Magunt. vac. p.o. Johannis Schnabel Nicolai V. fam. p. d. card. prov. fuit: de nova prov. de eisdem (4 m. arg.), n.o. eccl. s. Ma-rie in Vineis in Urbe (2 m. arg.) et alt. s. Jacobi Apl. in eccl. s. Johannis Guttingen. Magunt. dioc. (2 m. arg.) et ṣ.c. benef. ad alt. s. Cunegundis e. Burckbernheym Herbip. dioc. (2 m. arg.) quos vig. disp. ad 4 benef. as-sec. existit 23. aug. 74 S 708 249^r – de par. eccl. in Ystad Magunt. dioc. (4 m. arg.) vac. p.o. Philippi de Consteden nob. in cur. defunct. 8. iul. 77 S 754 169^r – referens quod card. ut supra vig. litt. ap. <desup. n. confectis> s.d. 4. iul. 78 motu pr. conc. fuit ut omnia benef. vac. p.o. in cur. Petri Gulsghyn (Gulsigin) d. card. cap. et fam. in favorem fam. suorum resign. val.: motu pr. de can. et preb. eccl. s. Castoris in Conflu-entia Trever. dioc. (6 m. arg.) vac. p.o. in cur. d. Petri, n.o. def. nat. 12. decb. 78 S 775 273^{rs} – Marci [Bar-bus] ut supra nunc card. ep. Prenes-tin. tunc tit. s. Marci presb. card. fam. qui vig. disp. sup. def. nat. (p.

s.) par. eccl. s. Marie in Vinzo [recte: Vineis] de Urbe de regione Campi-teli (16 fl. adc.) certo modo vac. ob-tin.: prov. de can. et preb. eccl. s. Castoris ut supra (m. ep. Potentin. et dec. eccl. b. Marie ad Gradus i.m. Magunt. et dec. eccl. s. Victoris e.m. Magunt.) 11. ian. 79 (exped. 16. ian. 79) L 797 57^{vss} – oblig. sup. annat. can. et preb. eccl. s. Castoris ut supra (6 m. arg.) de quib. s.d. 11. ian. 79 sibi prov. fuit (in margine: s.d. 10. febr. 86 solv. pro parte d. annat. 7 fl. p. manus suas et residuum (8 fl.) de-bet solv. infra 4 menses; solv. pro residuo 8 fl. s.d. 23. iun. 86) 10. febr. 79 A 27 154^v – et **Johannes Reymbabe, Johannes de Hietsvelt, Georgius de Rinesporg, Cristanus Turner** inter 33 card. ut supra fam. enumerati: motu pr. de gr. expect. de 2 can. et preb. necnon de 2 benef. ad coll. quorumcumque, Et s.d. 17. nov. 81 S 803 133^{rs} – qui par. eccl. b. Marie in Vinzo ut supra obtin. et deinde vig. gr. expect. can. et preb. eccl. s. Castoris in Confluentia Tre-ver. dioc. (6 m.) acc.: de par. eccl. in Aernswilre Colon. dioc. (8 m. arg.) vac. p. resign. in manibus pape d. card. (cui de eadem s.d. 15. aug. 82 vac. p.o. Johannis Lechenich d. card. fam. motu pr. prov. fuit) 29. nov. 83 S 832 141^r, I 335 42^v – ob-lig. sup. annat. par. eccl. in Arnswi-ler ut supra, restit. bulle 13. ian. 84 A 32 25^r.

5733 Johannes de Lapide cler. Bamberg. dioc. in 20. sue et. an. constit.: de disp. ad quodcumque benef. c. lic. perm. 18. mai. 80 S 792 304^v – can. eccl. Bamberg. et can. eccl. Herbip. ac **Fridericus de Kawerneck** can. eccl. Bamberg. qui olim in univ. stu-dii Papien. stud. c. al. scolaribus nocturno temp. incidebant et pot. d. civit. vel eius offic. c. eorum fam. in-veniebant et c. eis rixas habebant in quib. nonnulli ex fam. d. pot. vulne-rati et interfecti fuerunt: de absol. a reatu homicidii 10. decb. 82 S 817 115^r.

5734 **Johannes de Lapide** cler. Trever. dioc. et rect. par. eccl. in Esch Colon. dioc.: de disp. ut unac. d. par. eccl. aliud incompat. benef. recip. valeat etsi par. eccl. ad vitam c. lic. perm. 25. mart. 80 S 791 71^v.

5735 **Johannes Lapinck de Welkerch** scol. Cur. dioc.: recip. primam tonsuram in basilica Principis appl. de Urbe 6. apr. 82 F 7 48^{rs}.

5736 **Johannes de Lasko (de Layko)** rect. par. eccl. s. Adalberti e. m. Poznan. ex utr. par. de nob. gen.: de disp. ad 3 incompat. benef. S 836 298^v 10. iun. 84 V 650 190^{vs}.

5737 **Johannes (Michaelis de) Lasschotky (Lassaczky, Laszoczsky, Lasschoczsky)** cler. Gneznen. dioc. ex utr. par. de nob. gen.: de scolastr. colleg. eccl. b. Marie Lancicien. Gneznen. dioc. (24 m. arg.) ac can. et preb. ibidem (12 m. arg.) vacat. p. priv. Michaelis de Lasschotky ex utr. par. de nob. gen. excom. qui eosdem p. 3 an. et ultra detin. 22. apr. 72 S 679 2^{vs} − actor litig. coram quond. Johanne Pinter aud. contra Andream Griusczinsky reum et possessorem sup. can. et preb. eccl. Vnyeovien. Gneznen. dioc. (12 m. arg.) qui nunc resign. in manibus ordin.: de surrog. ad ius d. Andree 7. nov. 72 S 695 31^{rs} − disp. ad incompat. 73/74 I 332 121^v − Kazimieri regis Polonie secr.: motu pr. gr. expect. s. d. 1. ian. 72 de can. eccl. Gneznen. necnon de benef. ad coll. ep. etc. Wladislav. et prerog. ad instar pape fam. descript. (exec. aep. Patracen. et aep. Leopolien. ac Jeronimus de Juniis can. eccl. Florentin.), gratis 2. mai. 77 V 667 311^r-314^v − can. eccl. Gneznen.: oblig. p. Nicolaum Crestini de Lublin can. eccl. s. Johannis Schabirmyrien. Cracov. dioc. sup. annat. unius benef. de quo vig. gr. expect. s. d. 29. mai. 77 prov. fuit 30. nov. 77 A 26 106^r − de nova prov. de scolastr. eccl. Gneznen. (30 m. arg.) certo modo vac. 28. sept. 79 S 786 301^{rs} − scolast. eccl. Gneznen.:

de disp. ut unac. d. scolastr. quam obtin. decan. eccl. Wladislav. sup. qua litig. in cur. recip. val. c. lic. perm. 3. aug. 82 S 813 69^v.

5738 **Johannes Lauche** cler. Zwerin. dioc.: de disp. ut unac. par. eccl. s. Nicolai in op. Sundis Zwerin. dioc. insimul 2 benef. simplicia sub uno tecto ad vitam recip. val. c. lic. perm. 20. iun. 82 S 812 69^r.

5739 **Johannes Lauentaler** rect. par. eccl. in Kezpach Patav. dioc. Friderici R. I. secr. et fam. in eius servitiis insistendo: de n. prom. ad 5 an. 19. iul. 84 S 838 157^r.

5740 **Johannes Laur** cler. August. dioc. in 24. sue et. an. constit.: de perp. <c. c.> vicar. par. eccl. s. Petri in Dillingen August. dioc. (16 m. arg.) vacat. p. resign. Henrici Laur <quond.> Petri [de Schaumberg] tit. s. Vitalis presb. card. fam. <p. Marcum Fugger prep. eccl. b. Marie Ratisbon. procur. suum fact.> 18. mart. 76 S 736 12^v, ref. 20. mart. 76 S 736 16^r, (m. prep. eccl. s. Viti in Heried Eistet. dioc. et Pancratio Menseli can. eccl. August. ac offic. August.) (exped. 23. mart. 76) L 765 81^{vss} − de prom. ad omnes ord. [extra temp.], sola sign. 20. mart. 76 S 736 123^r − oblig. p. Marchum Fugger sup. annat. vicar. ut supra 6. iul. 76 A 25 13^v, restit. bullarum 10. oct. 76 A 25 197^v − solv. 36 fl. adc. pro annat. p. manus Marci Fugger 6. iul. 76 FC I 1132 191^r, IE 493 8^r, IE 494 12^r.

5741 **Johannes Laurentii**: solv. 9 grossos [pro formata] 4. ord., gratis [mart.?]78 T 13 98^v.

5742 **Johannes Laurentii**: not. recip. pro bulla distributa 3 grossos et 2 grossos febr. 82 DB 1 118^r − not. recip. pro iuram. 4 grossos iun. 83 DB 2 83^v.

5743 **Johannes Laurentii (Laurentius)** [1. pars 3 partium] paup. cler. Bremen. dioc.: de perp. vicar. in par. eccl. b. Marie virg. in op. Rostock

Zwerin. dioc. (2 m. arg.) vac. p.o. Johannis Pickardi 26. apr. 74 S 704 29^r – de perp. <s. c.> vicar. ad alt. s. Elisabethe in armario eccl. s. Johannis Luneburgen. Verden. dioc. (4 m. arg.) vac. p.o. Johannis Eggard (Eggardi) 5. mart. 75 S 715 146^{vs}, m. (dec. eccl. s. Martini Brameschen. Osnaburg. dioc. et Johanni Stamel can. eccl. Lubic. ac offic. Bremen.) (exped. 4. mai. 76) L 765 89^{vss} – de perp. s. c. vicar. ad alt. b. Marie virg. in par. eccl. in Hanstede (Hargtede) terre Ditmargie (Ditmarcie) Bremen. dioc. (4 m. arg.) vac. p.o. Gerhardi (Erhardi) Marsel (Munsel) vel p. devol. licet Johannes (Dalingh) eam p. 2 an. sine tit. possidebat 22. mai. 75 S 720 166^{rs}, m. (dec. eccl. Bremen. et dec. eccl. b. Marie Hamburgen. Bremen. dioc. ac offic. Bremen.) (exped. 7. ian. 77) L 751 69^{rs} – de perp. vicar. in par. eccl. op. Melchin Zwerin. dioc. (9 m. arg.) vac. p.o. Conradi Bandaw 26. nov. 76 S 744 223^v – de can. et preb. eccl. s. Cecilie Gustrowen. Camin. dioc. (3 m. arg.) vac. p. ingr. mon. in Arnszboken o. Cartus. Lubic. dioc. p. Vickonem Deszin 5. iun. 77 S 752 58^v – referens quod par. ecclesie in Nuenkercken Zwerin. dioc. annexi sunt can. et preb. colleg. eccl. Butzowen. Zwerin. dioc. et quod Johannes Vatennest (Baternest) d. par. eccl. vac. p.o. Gerardi Sontten unac. d. preb. annexa assec. est: de al. can. et preb. d. eccl. Butzowen. (3 m. arg.) 26. iun. 77 S 756 246^{rs} – referens quod possessor perp. vicar. seu perp. benef. in eccl. s. Sebastiani Magdeburg. secundum fund. debet infra 5 an. in sacerdotio esse constit. et quod sufficientem et. ad sacerdotalem ord. habet: de d. perp. vicar. seu perp. benef. (4 m. arg.) vac. p.o. Johannis Rexe, Conc. ut ipse infra an. sit subdiac. 24. nov. 77 S 763 84^{vs} – m. (scolast. eccl. Wratislav. et Tilmanno Brandis can. eccl. Hildesem. ac offic. Lubic.) confer. perp. vicar. in eccl. b. Marie virg. Lubic. de iur.

patron. laic. (3 m. arg.) vac. p. resign. in manibus pape Joachimi Gloncke cler. Camin. dioc. (p. Petrum Garnaudi cler. Bituricen. dioc. procur. fact.) cui de eadem vac. p.o. in cur. Henrici Schimelpenicke s. d. 27. mart. 77 prov. fuit litt. desup. n. confectis 20. iun. 78 V 588 317^{vss} – referens quod litig. coram aud. contra quond. Johannem Batennest sup. can. et preb. par. [eccl.] Buczoven. Zwerin. dioc. (4 m. arg.) et quod deinde Henricus Georgii se intrusit: de surrog. ad ius d. Johannis Batennest 8. oct. 78 S 774 47^{vs} – de par. eccl. in Druback Halberstad. dioc. (4 m. arg.) vac. p.o. Johannis Hamebuch 9. nov. 78 S 785 174^v – de can. et preb. in eccl. Sulsen. et de par. eccl. in Drebra Magunt. dioc. (insimul 4 m. arg.) vac. p.o. Henrici Rorssen [recte: Wissen] 11. ian. 79 S 776 295^{vs} – de can. et preb. eccl. Lubic. (4 m. arg.) vac. p.o. Dibberti Tibben (cui de eisdem vac. p.o. Johannis Brumbart (Brombart) prov. fuit) 30. ian. 79 S 777 188^v, m. (scolast. eccl. Wratislav. et dec. eccl. Hamburgen. Bremen. dioc. ac offic. Zwerin.) PA 27 344^v-346^r – de perp. s. c. vicar. ad alt. s. Bartholomei in par. eccl. in Weslingburen terre Ditmarcie Bremen. dioc. (4 m. arg.) vac. p.o. Johannis Ottonis 9. mart. 79 S 779 46^r – de perp. s. c. vicar. in eccl. Magdeburg. (4 m. arg.) vac. p.o. Theoderici Pril Martini V. et Eugenii IV. fam. 18. mart. 79 S 780 74^r.

5744 **Johannes Laurentii** [2. pars 3 partium]: de perp. <s. c.> vicar. in colleg. et exempta eccl. s. Pusinne <op.> Hervorden. Paderburn. dioc. (4 m. arg.) vac. p. assec. can. et preb. d. eccl. hebdomadariarum vulg. nunc. p. Hermannum Veydelud (Weydelud) (qui d. benef. absque disp. ultra mensem occupavit) 27. mart. 79 S 785 270^v, m. (prep. eccl. s. Johannis Traiect. et prep. eccl. b. Marie Stetinen. Camin. dioc. ac offic. Paderburn.) V 644 71^{vss} – de perp. s. c.

vicar. ad alt. s. Margharete in eccl. b. Marie virg. Hamburgen. Bremen. dioc. (3 m. arg.) vac. p. o. Henrici Bucknan 29. mai. 80 S 793 146ᵛ – de perp. s. c. vicar. in par. eccl. s. Jacobi op. Rostock Zwerin. dioc. de iur. patron. laic. (1 m. arg.) et de perp. s. c. vicar. in par. eccl. b. Marie op. Rostock Zwerin. dioc. de iur. patron. laic. (2 m. arg.) vac. p. resign. in manibus pape Nicolai Schulenberch presb. Zwerin. dioc. c. derog. fund. d. perp. vicar. in par. eccl. s. Jacobi (qua cavetur quod qui illam pro temp. obtin. in presbit. ord. constit. sit) ac de disp. ut unac. d. perp. vicar. in par. eccl. b. Marie al. perp. vicar. ad alt. Omnium ss. in d. eccl. (2 m. arg.) ad vitam retin. val. 19. oct. 80 S 797 30ᵛˢ – qui can. et preb. Livonis sive Livonista vulg. nunc. eccl. Lubic. in manibus pape resign. et **Nicolaus Schulenberch** presb. Zwerin. dioc.: de adm. resign. Johannis Laurentii et de prov. d. Nicolao de dd. can. et preb. (4 m. arg.) ac de assign. d. Johanni pens. ann. 12 duc. adc. videlicet 8 sup. fruct. dd. can. et preb. et 4 sup. fruct. perp. vicar. in par. eccl. s. Petri op. Rostock Zwerin. dioc. (3 m. arg.) p. d. Nicolaum persolv. 19. oct. 80 S 797 31ʳ – de disp. ad 2 incompat. benef. etsi 2 par. eccl. ad vitam c. lic. perm. 16. ian. 81 S 799 170ʳ – de confic. litt. sup. quadam supplic. c. express. quod ipse ad omnes ord. maiores et presbit. prom. val. et inter 4 benef. conferenda etiam par. eccl. et perp. vicar. recip. et perm. val. 30. ian. 81 S 799 195ᵛ – de preb. seu portionibus d. mon. Monecken Nienborch prope op. Bernborch o. s. Ben. Magdeburg. dioc. (4 m. arg.) vac. p. o. Corradi Hautem 16. apr. 81 S 801 260ᵛ – qui litig. in cur. contra Nicolaum Stecken cler. sup. perp. vicar. ad alt. s. Bartholomei in par. eccl. in Welingburen Bremen. dioc. de iur. patron. laic. et qui deinde c. d. Nicolao concordiam fecit quod d. Nicolaus omni iuri in d. vicar. re-

sign. et ipse Johannes Laurentii omnes expensas in d. causa fact. d. Nicolao remittat: de conf. d. concordiam et de prov. d. Johanni de d. perp. vicar. (5 m. arg.), n. o. can. et preb. in eccl. Lubic. (4 m. arg.) et perp. vicar. in par. eccl. in op. Rostock Zwerin. dioc. (2 m. arg.) ac perp. vicar. in par. eccl. in Hanstede Bremen. dioc. (2 m. arg.) quas obtin. necnon perp. vicar. in d. eccl. b. Marie Lubic. (2 m. arg.) et al. perp. vicar. in eccl. s. Jacobi op. Sundis Zwerin. dioc. (2 m. arg.) ac perp. vicar. in eccl. s. Johannis op. Luneburgen. Verden. dioc. (4 m. arg.) sup. quib. litig. in cur. et quas n. obtin. 15. decb. 81 S 805 78ʳ – de prepos. rurali Loppersem (Lopersonem) terre Frisie Monast. dioc. (12 m. arg.) vac. p. devol. <ex eo quod Sibrandus Ulfredi qui se pro cler. gerit sed coniug. ac al. inhabilis exist. d. prepos. absque tit. detin.>, n. o. can. et preb. eccl. Lubic. (4) et perp. vicar. in par. eccl. b. Marie op. Rostock (Rostoch) Zwerin. dioc. (2) et perp. vicar. in par. eccl. Enscede (Enstete) Bremen. dioc. (2) quos obtin. necnon perp. vicar. in d. eccl. b. Marie Lubic. (2) et perp. vicar. in eccl. s. Jacobi op. Sundis (Suntis) Zwerin. dioc. (2) ac perp. vicar. in eccl. s. Johannis op. Luneburgen. Verden. dioc. (4) necnon perp. vicar. ad s. Bartholomei in Weslingburen (Vislingburen) Bremen. dioc. (5 m. arg.) sup. quib. litig. in cur. et quas n. obtin. 20. decb. 81 S 806 75ʳ, m. (abb. mon. in Rottum et abb. mon. antiqui claustri in Merna ac abb. mon. in Taesinghe Monast. dioc.) V 616 99ʳ-101ʳ.

5745 **Johannes Laurentii** [3. pars 3 partium]: de perp. vicar. olim ad alt. b. Marie virg. nunc ad alt. s. Crucis in par. eccl. s. Martini op. Gronyngen Traiect. dioc. de iur. patron. laic. seu pastorum d. par. eccl. (4 m. arg. p.) vac. p. resign. in manibus pape Willelmi Friderici cler. Traiect. dioc. art.

et med. doct. (ad quam tunc vac.
p. o. Jacobi Claus p. pastores d. par.
eccl. present. fuerat), n. o. can. et
preb. et benef. ut supra s. d. 20.
decb. 81 nominatis 3. ian. 82 S 806
93^v, ref. 16. febr. 82 S 807 231^r –
oblig. sup. annat. prepos. ut supra 9.
mart. 82 A 30 142^r – qui inter al.
can. et preb. eccl. Lubic. (4 m. arg.)
et perp. vicar. in eccl. b. Marie op.
Rostock Zwerin. dioc. (2 m. arg.) et
perp. vicar. in par. eccl. in Hanstede
Bremen. dioc. (3 m. arg.) obtin. et
qui litig. in cur. contra certos suos
adversarios sup. perp. vicariis in par.
eccl. s. Johannis op. Luneburgen.
Verden. dioc. (4 m. arg.) et ad alt.
s. Bartholomei in par. eccl. in Weslingburen Bremen. dioc. (5 m. arg.)
ac cui p. sent. diffinitivam perp. vicarie in par. eccl. b. Marie Lubic. (2
m. arg.) et in par. eccl. s. Jacobi op.
Sundis Zwerin. dioc. adiudicate fuerunt necnon cui etiam de prepos.
rurali Loopersimen. [= Loppersum]
Monast. dioc. (12 m. arg.) prov. fuit
possessione n. habita: prov. de can.
et preb. ac thesaur. eccl. Osil. (insimul 6 m. arg. p.) vac. p. resign. in
manibus pape Hermanni Lochorst
cler. Traiect. dioc. pape fam. cui de
eisdem vac. p. o. in cur. Goddehardi
Rodet (Rodeti, Roden) s. d. 19. iul.
82 prov. fuerat litt. desup. n. confectis (m. prep. eccl. s. Willehaldi Bremen. et dec. eccl. s. Ludgeri Monast.
ac Johanni Breyden can. eccl. Lubic.) 3. aug. 82 (exped. 14. aug. 82)
L 807 140^r-141^v – oblig. sup. annat.
can. et preb. ac thesaur. eccl. Osil. ut
supra (in margine: s. d. 17. aug. 82
solv. pro annat. 17 fl. 15 bol.) 17.
aug. 82 Paris L 26 A 10 79^v – solv.
pro annat. 17 <14> fl. et 15 <26>
bol. 20. aug. 82 FC I 1134 232^v, IE
506 53^r, IE 507 53^r – cui de can. et
preb. ac thesaur. eccl. Osil. ut supra
prov. fuit: de decl. litt. desup. perinde val. acsi valor 9 m. arg. n. excedere express. fuisset 20. aug. 82 S
813 239^{vs} – solv. 15 fl. adc. et 3 bol.
pro residuo annat. 20. nov. 82 IE 506

89^v, IE 507 89^v – referens quod ipsi
de can. et preb. ac thesaur. eccl. Osil.
ut supra vac. p. resign. in manibus
pape Hermanni Lochost cler. Traiect.
dioc. pape fam. (qui easdem vig. gr.
expect. acc.) prov. fuit c. reserv.
pens. ann. 26 fl. renen. videlicet 16
fl. renen. sup. fruct. d. thesaur. et 10
fl. renen. sup. can. et preb. eccl. Lubic. eidem Hermanno p. Johannem
Laurentii persolv.: de extinctione d.
pens. ann. de consensu d. Hermanni
11. ian. 83 S 818 110^{vs} – de perp.
vicar. ad alt. ss. Petri et Aldegundis
in par. eccl. s. Johannis op. Luneburg-
gen. Verden. dioc. (4 m. arg.) vac. p.
ingr. dom. o. Cartus. p. Johannem
Plettingk (cui de eadem vac. p. o.
Theoderici Junghen auct. ap. prov.
fuit) sup. qua litig. in cur. contra
quond. Leonardum Langhe rect. d.
par. eccl. s. Johannis 7. mai. 83 S
823 77^{vs} – motu pr. de gr. expect. de
2 can. et preb. necnon de 2 benef. ad
coll. quorumcumque et de reval. gr.
expect. et de prerog. ad instar pape
fam. descript., Et s. d. 17. nov. 81 2.
decb. 83 S 830 10^v coll – cui de
prepos. rurali Loppersunnen. Monast. dioc. ut supra prov. fuit referens quod in litt. ap. fruct. d. prepos.
12 m. arg. n. excedere express. fuit:
de decl. litt. desup. perinde val. acsi
fruct. d. prepos. 17 m. arg. n. excedere val. express. fuissent 1. mai. 84
S 835 232^v.

5746 Johannes Laurentii can. eccl.
s. Marie Civitatis Austrie Aquileg.
dioc. Marci [Barbus] card. ep. Prenestin. secr. et litt. ap. script. ac pape
fam. necnon utr. iur. doct.: de decan.
d. eccl. (24 fl. adc.) et de al. benef.
vacat. p. priv. Jeronimi de Nordis
dec. d. eccl. quia quendam Baldasarem laic. d. terre interfecit 21. iul.
80 S 795 32^v.

5747 Johannes Laurentii (Laureman)
cler. Monast. c. quo sup. def. nat. (s.
s.) disp. fuit in 10. sue et. an. constit.: de can. et media preb. eccl.
s. Mauritii e. m. Monast. (2 m. arg.)

vac. p. assec. can. et maioris preb. d. eccl. p. Henricum Bispinck 17. apr. 80 S 792 171^v – cui vig. disp. sup. def. nat. (s. s.) de can. et minori preb. eccl. s. Mauritii e. m. Monast. <2 m. arg.> prov. fuit: de disp. ut unac. dd. can. et preb. al. 2 vel 3 aut 4 compat. benef. recip. val. ad vitam c. lic. perm. 18. decb. 80 S 798 286^{rs}, 30. ian. 83 L 818 166^{rs}.

5748 Johannes Laurentii (Laurentius) cler. Traiect. <Leod.> dioc. mag. in art. in 21. sue et. an. constit. et **Johannes Haultam** rect. par. eccl. in Tolzende Traiect. dioc.: de prov. d. Johanni Laurentii de d. par. eccl. de iur. patron. laic. (33 <36> libr. grossorum monete Flandrie = 26 m. arg.) vacat. p. resign. in manibus pape d. Johannis Haultam (Haultain) <p. Mathiam de Quicke cler. Tornacen. dioc. procur. suum fact.> c. disp. sup. def. et. et sup. def. nat. (presb. monach. o. Cist. et soluta) et de reserv. d. Johanni Haultam pens. ann. 12 libr. grossorum monete Flandrie p. d. Johannem Laurentii persolv. 20. febr. 76 S 734 245^v, m. (prep. eccl. s. Servatii Traiecten. Leod. dioc.) (exped. 6. mart. 76) L 765 227^r-228^v – oblig. p. Johannem Purtick cler. Minden. sup. annat. par. eccl. ut supra (in margine: vide oblig. particularem factam p. Victorem de Bacharren merc.) 5. apr. 76 A 24 119^v – solv. 65 fl. adc. pro annat. par. eccl. de Tolosendis Traiect. dioc. p. manus Johannis Herselt [= Artfelt?] et Victoris merc. ut supra 4. decb. 77 IE 495 69^v, IE 496 73^v, IE 497 72^v – prov. de perp. vicar. Traiect. [dioc.?] vac. p. o. 80/81 I 334 231^r.

5749 Johannes Lebensteyn cler. Magunt. dioc., **Rudolphus Rineke** cler. Magunt. dioc., **Johannes Mantel** cler. Herbip. dioc., **Johannes de Breit** cler. Herbip. dioc., **Egidius Ghermcey** bac. in utr. iur., **Ludolphus Tobingk** cler. Verden. dioc. licent. in decr.: motu pr. de gr. expect. de 2

can. et de 2 benef. ad coll. quorumcumque, Et s. d. 1. ian. 72 S 670 291^v – not. recip. pro bulla distributa 3 grossos et 2 grossos mart. 81 DB 1 74^r.

5750 Johannes Lebez: not. recip. pro bulla distributa 3 grossos et 2 grossos oct. 81 DB 1 104^r.

5751 Johannes Ledebur (Lodebur) cler. Osnaburg. dioc. qui vig. disp. sup. def. nat. (s. de mil. gen. s.) p. Paulum II. conc. capel. s. Jacobi Osnaburg. assec. est: ›rationi congruit‹ s. d. 1. febr. 65 disp. ut unac. d. capel. (3 m. arg.) al. 3. incompat. benef. retin. val. 25. aug. 71 V 665 277^{vss} – de nova prov. de perp. vicar. in eccl. s. Martini Bramessen. Osnaburg. dioc. (3 m. arg.) vac. p. o. Gherhardi Wyrman aut vac. p. o. Nicolai Vrese 11. ian. 73 S 687 52^{vs} – qui nunc capel. ut supra dim.: de perp. vicar. secundaria nunc. ad alt. maius in eccl. sive capel. s. Pauli Osnaburg. (3 m. arg.) vac. p. resign. Conradi de Bentlage seu Hermanni Kote 8. mart. 73 S 688 263^{vss} – de perp. s. c. vicar. ad alt. s. Anne in eccl. s. Johannis Osnaburg. (4 m. arg.) vac. p. o. Hermanni Tiremez 19. apr. 76 S 741 71^r.

5752 Johannes Lederfuir scol. Monast. dioc.: recip. primam tonsuram ad alt. s. Lamberti in capel. b. Marie de Febribus in basilica Principis appl. in Urbe 19. sept. 72 F 6 74^r.

5753 Johannes Leffard (Leffardi) presb. Bremen.: de perp. vicar. in eccl. s. Willehadi Bremen. (4 m. arg.) vacat. p. assec. can. et preb. d. eccl. p. Johannem Bremer 19. oct. 73 S 709 148^{vs} – de perp. s. c. vicar. in colleg. eccl. ss. Petri et Pauli Bardewicen. (Bardevicen.) Verden. dioc. ac de perp. s. c. vicar. in par. eccl. in Werder Lubic. dioc. (insimul 3 m. arg.) vac. p. o. Henrici Gerwen 2. sept. 74 S 725 276^v, m. (dec. eccl. s. Anscharii Bremen.) (exped. 11. ian. 75) L 747 131^{vs}.

5754 **Johannes Leyendecker** rect. par. eccl. in Eyel Trever. dioc. in art. et in theol. mag.: de disp. ut unac. d. par. eccl. (24 duc. adc.) al. incompat. benef. retin. val. etsi 2 par. eccl. 27. ian. 75 S 714 282^r.

5755 **Johannes Leymbach (Lembach, Lambach)** rect. par. eccl. in Lyue Trever. dioc.: de disp. ut unac. d. par. eccl. aliud incompat. benef. recip. val. 18. iun. 74 S 707 57^{rs}, I 333 307^v – qui can. et preb. ac decan. eccl. b. Marie de Palatiolo Trever. dioc. in manibus pape resign. (p. Johannem Haltfast can. eccl. s. Simeonis Trever. procur. fact.) ex causa perm. c. Johanne Sculteti de Luezerat qui par. eccl. de Meren Colon. dioc. et perp. s. c. capn. ad alt. ss. Crucis et Georgii in par. eccl. de Duna Trever. dioc. ac perp. capn. ad alt. b. Marie Magdalene in capel. s. Wendalini de Sancto Wendalino Colon. dioc. in manibus pape resign.: de d. par. eccl. et de dd. perp. capn. (10 m. arg.) (m. thes. eccl. s. Hermetis Rothnacen. Cameracen. dioc. et dec. eccl. s. Paulini e. m. Trever. ac offic. Trever.) 29. mart. 81 (exped. 7. apr. 81) L 808A 10^{rss} – rect. par. eccl. de Mera Colon. dioc.: restit. bullarum sup. prov. de d. par. eccl. ac de 2 capn. ut supra ex causa perm. s. d. 28. mart. 81 fact. 9. apr. 81 A 29 233^v.

5756 **Johannes Ev. Leyst** cler. Magunt.: de perp. vicar. eccl. Magunt. vulg. capn. abb. in Selgenstat nunc. (4 m. arg.) vacat. p. resign. Johannis Jacobi Leyst cler. Magunt. pape fam. qui desup. litig. in cur. contra certum adversarium intrusum 5. decb. 77 S 761 111^v, V 584 283^v-286^r.

5757 **Johannes Lelle** cler. Gurc. dioc. Dominici [Dominici] ep. Brixien. pape vicarii fam.: de nova prov. de s. c. beneficiis in par. eccl. in Vicola Brixien. dioc. vac. p. resign. Martini fil. cler. Brixien. et in par. eccl. s. Trinitatis in Esno Valliscanonice Brixien. dioc. vac. p. resign. Mathei de Calzanaciis can. eccl. Brixien. ac in par. eccl. in Erbusto Brixien. dioc. (32 fl. adc.) vac. p. resign. Antonii Cavacia can. eccl. Brixien. 4. sept. 72 S 682 188^{vs} – de nova prov. de par. eccl. s. Petri de Visano Brixien. dioc. (70 fl. adc.) vac. p. resign. in manibus ordin. Johannis Juse presb. Venetiarum 28. sept. 73 S 697 90^{vs}.

5758 **Johannes Lembech (Lembeck)** cler. Leod. dioc. Dominici [de Ruvere] tit. s. Clementis presb. card. fam.: de capn. s. Martini in eccl. de Seguye Cameracen. dioc. (7) vac. p. o. Egidii Prepositi necnon capn. s. Nicolai in par. eccl. de Scurhawen Leod. dioc. (15 duc. adc.) vac. p. o. Henrici Fabri in cur. defunct. Guillermi [de Estoutevila] card. ep. Ostien. fam. 26. apr. 83 S 822 236^r, I 335 91^v.

5759 **Johannes Lemberg** cler. Herbip. dioc.: de perp. s. c. benef. ad alt. s. Barbare in par. eccl. in Maiori Rinefelt Magunt. dioc. (3 m. arg.) vac. p. o. Johannis Andree 5. iul. 73 S 693 26^{rs}.

5760 **Johannes Lemelren** cler. Magunt. dioc.: de can. et preb. eccl. s. Martini Heilgenstaden. Magunt. dioc. (4 m. arg. p.) vac. p. resign. Guntheri Garsteberg quond. Johannis [Carvajal] tit. s. Angeli diac. card. fam. et p. devol. 15. apr. 77 S 749 157^v.

5761 **Johannes Lemlein (Lemlen, Leinlein, Lemel)** cler. Bamberg. pape fam.: prov. de perp. s. c. benef. ad alt. s. Catherine in eccl. hosp. paup. op. Kupferberg (Rupferberg) Bamberg. dioc. (4 m. arg.) vac. p. o. in cur. Melchioris Schowmberg. m. (prep. eccl. Bamberg. et Henrico de Estel can. eccl. Bremen. ac offic. Bamberg.) 14. sept. 73 (exped. 9. oct. 73) L 731 114^v-116^r – cui gr. expect. de 2 can. conc. fuit c. prerog. ad instar pape fam.: de ref. 22. nov. 73 S 698 152^{vs} – de perp. s. c. benef. primissaria nunc. in par. eccl. in Grevenrenfelt Herbip. dioc. (4 m.

arg.) vac. p. resign. Johannis Opilionis cler. Trever. dioc. Juliani [de
Ruvere] tit. s. Petri ad vincula presb.
card. fam. (qui eam vac. p. prom.
Philippi de Hennenberg ad eccl.
Bamberg. obtin.) et de assign. d. Johanni Opilionis pens. ann. 6 fl. renen. sup. fruct. d. primissarie et 6 fl.
renen. sup. fruct. perp. capn. ad alt.
s. Catherine in hosp. in Kupferperg
Bamberg. dioc. (4 m. arg.) p. d. Johannem Lemlein persolv. 7. iun. 75
S 721 191^{vs} – de disp. ut 2 incompat. benef. retin. val. et de lic. perm.
et de fruct. percip. 15. decb. 75 S
731 260^{rs} – disp. ad 2 incompat. et
lic. perm. ac lic. fruct. percip. (exec.
ep. Tirasonen. et ep. Alerien. ac
prep. eccl. Bamberg.), gratis V 572
306^v-308^v – et **Johannes Clabasii**
cler. Tullen. dioc. pape fam.: recip.
eos in sed. ap. acol. 9. ian. 76 S 732
153^{vs}, gratis V 657 2^r – oblig. sup.
facult. resign. omnia benef. sibi s. d.
21. decb. 75 conc., restit. bulle 19.
febr. 76 A 24 89^v – qui vig. gr. expect. de can. et preb. eccl. s. Stephani
Bamberg. et de benef. ad coll. ep.
etc. Herbip. can. et preb. d. eccl.
s. Stephani Bamberg. (4 m. arg.) s. d.
25. oct. 73 acc. sup. quib. litig. coram Antonio de Grassis aud.: motu
pr. de reval. (acsi dd. can. et preb. n.
acceptasset) et de decl. litt. sup. gr.
expect. perinde val. acsi tunc pape
fam. descript. fuisset 4. apr. 76 S
737 9^{rss}, [fragm.] S 736 220^v – can.
eccl. s. Stephani Bamberg. qui facult.
se transferendi in partibus habet:
motu pr. de decl. litt. perinde val.
acsi prerog. ad instar pape fam. descript. gavisus esset ad an. (a die re-
cessus sui de cur.), sola sign. 4. mai.
76 S 738 148^{rs} – litt. testim. sup.
recept. in acol. sed. ap., gratis 27.
mai. 76 DC 39 73^v – qui vig. gr. expect. par. eccl. in Kungsfelt (Rungs-
felt) Bamberg. dioc. vac. p. o. Henrici com. de Henberck acc. litig. desup. coram Antonio de Grassis aud.
et deinde in partibus contra Wilhelmum Wolffskell (Wolffskel) can.

eccl. Herbip. intrusum: de adm. resign. Johannis Lemlein et de prov. d.
Wilhelmo de d. par. eccl. (60 l. T. p.)
et de assign. d. Johanni pens. ann. 30
fl. renen. sup. fruct. d. par. eccl. p. d.
Willelmum c. consensu suo <p. Martinum in Derelingen cler. Herbip. dioc. procur. express.> persolv. 15.
mart. 77 S 748 177^{vss}, (exec. prep.
eccl. b. Marie Feuctwangen. August.
dioc. et Eberhardus de Rabensteyn
can. eccl. Bamberg. ac offic. Bamberg.), gratis V 629 98^v-100^r – qui a
cur. se absentare debet: de decl. familiaritatis pape 3. apr. 77 S 749
163^{rs} – de prom. ad omnes ord. extra
temp., sola sign. 17. decb. 78 S 776
13^r – de perp. off. cellaria nunc. in
eccl. s. Jacobi e. m. Bamberg. (3 m.
arg.) vac. p. o. Johannis Molitoris,
n. o. can. et preb. in d. eccl. (4 m.)
quos obtin. 20. nov. 81 S 804 290^v –
restit. bulle sup. pens. ann. 30 fl. renen. ut supra (in margine: s. d. 10.
mai. 83 promisit presentari facere
unam litt. collectori ut compellat
Wilhelmum Wolffskel ad solv. 50
duc. adc. pro annat. d. par. eccl.) 10.
mai. 83 A 31 194^v.

**5762 Johannes Lemlein (Lenleym, Lem-
len)** cler. Herbip. dioc. cui gr. expect. de 2 benef. conc. fuit: de prerog. ad instar pape fam. in libro seu
rotulo cancellarie descript. 20. ian.
75 S 714 244^r – qui perp. s. c. vicar.
ad alt. s. Johannis Bapt. in par. eccl.
op. Buchein (Buchem) Herbip. dioc.
(4 m. arg.) obtin.: de disp. ut unac. d.
vicar. d. par. eccl. sub uno tecto retin. val. 7. nov. 75 S 730 288^v – de
nova prov. de perp. s. c. benef. in villa Leynach Herbip. dioc. de iur. patron. laic. (4 m. arg.) vac. p. o. Friderici Apel 15. mart. 77 S 756 201^r
– qui ad perp. s. c. capn. ad alt.
ss. Petri et Pauli in villa Leynach ut
supra p. patron. laic. present. fuit litig. desup. coram Jeronimo de Porcariis aud. contra Theobaldum
Flendtner cler. et Johannem Cluppel
cler.: de prov. si neutri de d. perp.

capn. (4 m. arg.) 14. ian. 78 S 763 154ᵛ – referens quod Johannes Fabri de Fulda cler. Herbip. dioc. sent. diffinitivam contra ipsum in cur. reportavit sup. par. eccl. in Remlingen (Reminghen) Herbip. dioc. <cui vac. p. o. Henrici Eichenavo prov. fuit> et eandem ex certa concordia in manibus pape resign. possessione nondum habita: de d. par. eccl. (6 m. arg.) 10. nov. 80 S 797 234ʳ, (m. Petro de Ferrera dec. eccl. Aurien. et offic. Magunt. ac offic. Herbip.) (exped. 14. decb. 80) L 808A 125ʳ-126ᵛ – oblig. p. Henricum Sconleben can. eccl. Eistet. in cur. causarum procur. sup. annat. par. eccl. ut supra 15. febr. 81 A 29 146ᵛ – solv. 15 fl. adc. pro annat. par. eccl. ut supra p. manus Henrici Sconleben (Scoleben) 15. febr. 81 FC I 1134 103ᵛ, IE 502 52ʳ, IE 503 52ʳ.

5763 **Johannes Lenberg** can. eccl. ss. Germani et Mauritii Spiren. dioc. leg. doct.: de nova prov. de perp. capn. in d. colleg. eccl. (6 m. arg.) vac. p. o. Burkradi Fry c. disp. ut d. capn. unac. can. et preb. d. colleg. eccl. (9 m. arg.) retin. val. 17. mai. 73 S 690 117ʳˢ.

5764 **Johannes de Lenepe al. Simmel** can. eccl. s. Severini Colon. olim [Dominici de Capranica] tit. s. Crucis [in Jerusalem] presb. card. Firman. vulg. nunc. secr. et fam. et **Johannes de Foramine (de Venroede)** rect. par. eccl. in Ratingen Colon. dioc. litig. in partibus sup. vicar. ad alt. s. Crucis op. Hussen Trever. dioc.: de adm. resign. d. Johannis de Lenepe et de prov. d. Johanni de Foramine de d. vicar. (3 m. arg.) (4 m. arg.) et de assign. d. Johanni de Lenepe pens. ann. 7 fl. renen. (24 albi Colon. pro fl. computati) sup. fruct. d. par. eccl. (4 m. arg.) 9. nov. 82 S 815 178ᵛ, 16. sept. 83 S 828 228ᵛ.

5765 **Johannes de Lener** scol. Colon. dioc.: recip. primam tonsuram in sacristia basilice Principis appl. in Urbe 21. sept. 71 F 6 14ʳ.

5766 **Johannes Lenglin** ord. s. Francisci sacerd. et vic. conventus Sallen. in Emerina Herbip. dioc. referens quod dum in 14. an. iocabatur c. suis conscolaribus similium etatum accidit ut unus mortuus est sed post ingressum sui ord. casum confessori exposuit qui accepto consilio iurisperiti decl. nullum periculum ei incurrere et quod deinde bona fide omnia sacerdotalia off. peregit: de committ. ministro provinciali absol. et disp. sup. irreg., Et p. breve 8. apr. 78 S 767 287ʳ.

5767 **Johannes Lenss (Leuss)**: prov. de simplici benef. Trever. [dioc.?] vac. p. o. ›rationi congruit‹ 71/72 I 332 266ʳ – can. eccl. s. Andree Colon.: de assign. pens. ann. 16 fl. renen. (pro quolibet fl. 4 m. monete Colon.) sup. fruct. par. eccl. in Pyrn (Peym) Colon. dioc. (100 fl. auri renen.) p. Cristianum Engelberti rect. d. par. eccl. <c. eius assensu p. Johannem de Hewboem prep. eccl. s. Andree Colon. procur. fact.> <in civit. vel dioc. Colon.> persolv. (m. prep. eccl. s. Georgii Colon. et prep. eccl. s. Salvatoris ac prep. eccl. s. Petri Traiect.) 2. sept. 78 S 781 50ʳˢ, ref. 13. mai. 79 S 781 200ʳ, L 791 337ʳˢˢ – restit. bullarum sup. pens. ann. ut supra 6. mart. 84 A 32 206ᵛ.

5768 **Johannes Lenthe (Lenthen)** can. eccl. Halberstad. et **Henninghus Jarmarket** can. eccl. b. Marie virg. Halberstad. decr. doct.: de adm. resign. d. Johannis et de prov. d. Henningho de can. et preb. eccl. Halberstad. (4 m. arg.), n. o. statutis d. eccl. Halberstad. quib. cavetur quod nullus 2 can. et preb. seu al. 2 c. c. vel s. c. benef. in civit. Halberstad. insimul obtin. possit nisi de d. civit. oriundus 1. decb. 78 S 775 263ᵛˢ – rect. par. eccl. s. Odlerici [recte: Ulrici] op. Brunsroicen. [recte: Brunsvicen.] Hildesem. dioc. in decr. licent. c. quo ad 2 incompat. benef. videlicet ad unam par. eccl. ad 5 an. et ad al. par. eccl. ad vitam disp. fuit:

de disp. ad 3. incompat. benef. et de prorog. de una par. eccl. ad vitam dummodo inter ipsa tria n. sint nisi 2 par. eccl. c. lic. perm. 20. apr. 79 S 781 254^{rs}.

5769 **Johannes Leonis**: pro transumpto absol. 4 grossos apr. 79 T 13 136^r.

5770 **Johannes Leonis** cler. Colon. dioc. <rect. par. eccl. s. Bartholomei in Aldendorp Colon. dioc.> Berardi [Eruli] tit. s. Sabine presb. card. fam. <qui d. par. eccl. dim. paratus est>: <supplic. d. card.> de par. eccl. s. Viti de Sancto Vito Leod. dioc. (12 m. arg.) vac. p. o. Johannis Buchel (Huchel) etiam d. card. fam. 2. febr. 74 S 702 65^{rs}, 14. febr. 74 S 702 257^v – Berardi ut supra nunc card. ep. Sabinen. fam.: de perp. vicar. in colleg. eccl. <b. Marie> Ressen. Colon. dioc. (4 m. arg.) et de perp. vicar. in colleg. eccl. s. Mauritii e. m. Hildesem. (4 m. arg.) vac. p. o. in cur. Ottonis Tennbleck (Remulbert) etiam d. card. fam. 3. nov. 78 S 774 213^v, (m. ep. Tudertin. et prep. eccl. s. Spiritus Ruremunden. Leod. dioc. ac Benincase de Benincasis can. basilice Principis appl. de Urbe) (exped. 16. ian. 79), gratis L 797 197^r-198^v – pape fam. qui ad supplic. quond. Berardi card. ut supra vig. gr. expect. de can. et preb. eccl. s. Cassii Bonnen. Colon. dioc. necnon de benef. ad coll. prep. etc. eccl. s. Dionisii Leod. can. et preb. d. eccl. s. Cassii acc.: motu pr. de decl. litt. desup. perinde val. acsi priores litt. motu pr. ac ipsi prerog. ad instar pape fam. descript. conc. fuissent 18. sept. 79 S 786 253^{vs} – de lic. dicendi horas can. secundum ritum R. E. c. 1 socio et de alt. port. c. clausula ante diem et temp. interd. 17. ian. 80 S 790 197^{vs}, gratis V 673 430^{rs} – can. eccl. ss. Cassii et Florentii Bonnen. Colon. dioc.: de fruct. percip. <et de facult. resign.> 27. febr. 80 S 790 147^v, (exec. aep. Salernitan. et ep. Faventin. ac offic. Colon.), gratis V 599 162^v-164^r – qui perp. vicar. ad

alt. b. Marie virg. in eccl. b. Marie Roissen. Colon. dioc. in manibus pape resign. et **Arnoldus Clover** cler. Colon. dioc.: de adm. resign. Johannis Leonis et de prov. d. Arnoldo de eadem (30 fl. renen.) et de assign. d. Johanni pens. ann. 10 fl. renen. p. d. Arnoldum persolv. 29. apr. 80 S 792 59^{rs} – motu pr. de mutatione gr. expect. ut supra <in can. et preb. eccl. s. Salvatoris Traiect. et in benef. ad coll. ep. etc. Hildesem.> ac decl. litt. desup. perinde val. acsi can. et preb. ss. Cassii et Florentii n. acceptasset 14. mai. 80 S 792 295^{rss}, gratis V 671 383^r-385^v – oblig. sup. facult. resign. s. d. 27. febr. 80 ut supra conc. 31. mai. 80 A 29 21^r – motu pr. prepos. eccl. s. Bonifatii Hamelen. Minden. dioc. (8 m. arg.) vac. p. o. Ludolphi de Spegelberg (exec. prep. eccl. Camin. et prep. eccl. s. Spiritus Ruremunden. Colon. [recte: Leod.] dioc. ac offic. Minden.), gratis 17. sept. 80 V 604 147^v-149^v – motu pr. de prepos. eccl. s. Bonifatii ut supra ad quam ex consuetudine 1 ex can. d. eccl. eligi consuevit c. derog. reg. de n. impetrandis benef. ante obitum 19. oct. 80 S 797 203^{vs} – cui de prepos. eccl. s. Bonifatii ut supra prov. fuerat et qui deinde eandem in manibus pape resign. possessione n. habita et **Henricus Konen** cler. Minden. dioc.: de adm. resign. Johannis Leonis et de prov. d. Henrico de d. prepos. (8 m. arg.) ac de assign. d. Johanni pens. ann. 25 fl. renen. sup. fruct. d. prepos. p. d. Henricum persolv. 20. nov. 80 S 797 293^r – de perp. vicar. ad alt. b. Marie virg. in par. eccl. s. Martini in op. Lutten Colon. dioc. (4 m. arg.) vac. p. o. Gotscalchi Luttensleger 26. apr. 81 S 800 27^v – et **Johannes Benedicti** can. eccl. de Cucisello et eccl. de Cabanis unitarum Lugdunen. dioc. pape fam.: de recip. eos in pape acol. 17. mai. 81 S 801 171^r – motu pr. de can. et preb. in eccl. b. Marie Nuemburg. (4 m.) vac. p. o. cuiusdam, n. o. can. et preb.

in eccl. Bonnen. Colon. dioc. (6) ac
par. eccl. in Adendorp Colon. dioc.
(4) ac perp. vicar. eccl. Colon. (4) ac
pens. ann. 10 fl. renen. et pens. ann.
24 fl. 29. nov. 81 S 805 58ʳ.

5771 **Johannes Leonis** cler. Traiect. dioc.:
motu pr. de prepos. colleg. eccl.
s. Cecilie Gustrowen. Camin. dioc. et
de can. et preb. d. eccl. (8 m. arg.)
vac. p. o. Johannis Mileken 17. apr.
80 S 791 290ᵛ.

5772 **Johannes Lessingh** presb. Bremen.
dioc.: de nova prov. de perp. vicar.
ad alt. b. Marie virg. in par. eccl.
s. Johannis op. Luneburgen. Verden.
dioc. de iur. patron. laic. (4 m. arg.)
vac. p. o. Nicolai Guberamet (/.) 19.
mai. 77 S 751 216ʳ.

5773 **Johannes de Letelen** cler. Minden.
c. quo sup. def. nat. (s. s.) disp. fuit:
de perp. vicar. ad alt. ss. Anne et Cecilie in eccl. s. Martini Minden. de
iur. patron. laic. (4 m. arg.) vacat. p.
resign. in manibus pape Tilemanni
Herlikeman 19. ian. 74 S 701 50ᵛˢ.

5774 **Johannes Leutfurt** cler. Traiect. dioc. Francisci [Todeschini-Piccolo-
mini] tit. s. Eustachii diac. card. fam.
ad 4 ord. min. prom. qui vig. disp.
sup. def. nat. (p. s.) s. c. vicar. ad alt.
s. Andree eccl. s. Florini Confluen.
Trever. dioc. acc. c. disp. ad al. benef. p. d. card. Senen. tunc Almannie
Germanieque legatum conc.: de disp.
uberiori ad quodcumque benef. 22.
apr. 72 S 678 179ᵛˢ.

5775 **Johannes Lexuri** presb. Trever. dioc. qui litig. coram certo iudice contra Johannem Antonii rect. par. eccl.
de Eblen Trever. dioc. sup. d. par.
eccl. de qua vac. p. o. Petri de Cle-
mentio ipsi Johanni Lexuri prov. fuit
et qui nunc resign.: ›rationi congruit‹
s. d. 12. febr. 71 assign. pens. ann. 6
francorum monete in illis partibus (=
4 fl. adc.) sup. fruct. d. par. eccl. (20
francorum) p. d. Johannem Antonii
in villa de Yvodio Trever. dioc. persolv. (m. prep. eccl. Carpentoraten.
ac officialibus Trever. et Meten.) 25.
aug. 71 L 770 156ʳ-157ᵛ.

5776 **Johannes Letze (Lotze, Leotze,
Leetere) de Gruneberch (Grunberg, Strumbergh)** can. eccl. s. Georgii Colon. in art. mag. et in utr. iur.
bac. cui gr. expect. s. d. 21. febr. 78
conc. fuit: motu pr. de decl. litt. perinde val. acsi ipsi prerog. ad instar
pape fam. descript. conc. forent 5.
mart. 78 S 766 38ᵛ – cler. Magunt.
dioc. cui de par. eccl. in Strorszfelt
Colon. dioc. vac. p. o. Richardi Sod-
lan prov. fuit: de nova prov. de
eadem (4 m. arg. p.) 7. iun. 81 S 802
116ᵛ – pastor par. eccl. in Straesfeld
Colon. dioc. in acolit. ord. constit. et
in cur. resid.: de prom. ad omnes
ord. extra temp., sola sign. 3. aug.
82 S 813 32ᵛ – cler. Colon.: de can.
et preb. eccl. s. Albani e. m. Magunt.
(4 m. arg. p.) vac. p. o. Macharii de
Busseck, n. o. par. eccl. in Stroszfelt
Colon. dioc. (2 m. arg. p.) in forma
paup. p. papam conc. 13. decb. 82 S
817 112ʳ – assign. pens. Traiect.
[dioc.?] 82/83 I 335 173ʳ – qui vig.
gr. expect. par. eccl. ut supra (3 m.
arg.) acc.: de disp. ad 2 incompat.
benef. 20. apr. 84 S 834 217ʳˢ – de
lic. dicendi horas secundum usum
cur., Et p. breve 20. apr. 84 S 834
235ʳ.

5777 **Johannes Leczelter (Letzelte)** cler.
Eistet. dioc.: oblig. p. Petrum Piller
prep. eccl. s. Ulrici in Heebach August. dioc. cur. sequentem sup. annat. par. eccl. in Kuczenhausen August. dioc. (8 m. arg.) de qua vac.
p. o. Johannis Schumair sibi s. d. 26.
febr. 70 prov. fuit 3. sept. 71 A 21
2ᵛ – solv. 18 fl. adc. pro compositione annat. p. Petrum Puler 31. aug.
71 FC I 1129 15ᵛ, IE 487 2ʳ – presb.
August. dioc. Johannis ex ducibus
Bavarie prep. eccl. August. cap.: de
perp. vicar. in par. eccl. op. Giengen
August. dioc. (8 m. arg.) vac. p. o.
Johannis Mielich in provincia Magunt. aut August. dioc. subcollect.
19. decb. 82 S 821 60ʳ – rect. par.
eccl. in Kutzenhausen August. dioc.
qui vig. gr. expect. vicar. ut supra

acc.: de disp. ad 2 incompat. benef.
23. decb. 82 S 817 282^{rs} – qui ad
par. eccl. in Lanckwayd August. dioc. vac. p. o. Andree Herbert p. prep.
eccl. August. present. fuit: de nova
prov. de d. par. eccl. (8 m. arg.) et de
uniendo d. par. ecclesie in Kutzenhausen d. par. eccl. in Lanckwayd ad
vitam 2. aug. 84 S 839 98^r.

5778 Johannes Libhardi (Libardi(/.))
scol. Frising. dioc.: recip. primam
tonsuram in eccl. s. Spiritus in Saxia
in Urbe 9. apr. 74 F 6 150^{rs} – de par.
eccl. in Eyselfing Frising. dioc. (24
fl. adc.) vac. p. o. Johannis Muscher
(Stauff) 3. aug. 79 S 785 224^r, m.
(Johanni Swalb can. eccl. Patav. et
offic. Salzeburg. ac offic. Frising.) V
604 55^{vss} – litt. testim. sup. recept.
prime tonsure s. d. 9. apr. 74 in eccl.
hosp. s. Spiritus in Saxia Urbis 20.
mai. 82 F 7 54^v – perp. vic. ad alt. b.
Marie in eccl. s. Corbiniani in Ri-
cherspeyrnn (fil. par. eccl. in War-
guaro Frising. dioc.) in cur. resid.: de
prom. ad omnes ord. extra temp.,
sola sign. 24. mai. 82 S 810 282^r.

5779 Johannes Lichtevoer (/.) cler. Camin.: de disp. ad 2 s. c. benef. in par.
eccl. op. Rugenwaldis Camin. dioc.
(insimul 4 m. arg.) etiamsi de iur.
patron. laic. fuerint 13. mart. 72 S
677 141^{rs} – de nova prov. de can. et
preb. in par. eccl. b. Nicolai op. Gri-
pestrald Camin. dioc. (4 m. arg.)
vac. p. o. Henninghi Berardi 26.
aug. 78 S 779 292^r.

5780 Johannes Liebach perp. cap. ad alt.
s. Thome in villa Osthusen Wormat.
dioc.: litt. testim. sup. prom. (vig.
supplic. s. d. 10. oct. 74) ad ord. subdiacon. s. d. 20. nov. 74 in eccl.
s. Bartholomei de Insula in Urbe, ad
ord. diacon. s. d. 23. nov. 74 ibidem,
ad ord. presbit. s. d. 25. nov. 74 ibidem 25. nov. 74 F 6 184^r.

**5781 Johannes de Liechtenaw ac Geor-
gius de Scomperg** canonici eccl.
August.: narratio quod Gerardo Martini decr. doct. Roderici [de Borja]

card. ep. Portuen. vicecancellarii
cap. de precept. dom. de Memingen
(Nenuingon) o. s. Aug. August. dioc.
prov. fuit sed quod Odobertus Gan-
tareti, Matheus Gorrer, Johannes Co-
ler et Johannes Gebardi presbiteri
August. dioc. pretextu coll. ordin. d.
precept. detin. et p. ep. August. excom. fuerunt et deinde in d. causa ad
cur. appellaverunt, hortatio ut eosdem litis consortes absol. 29. aug.
80 Arm. XXXIX, 13 11^{vs}.

5782 Johannes Liepman (Lepman) cler.
Spiren. dioc. cui de par. eccl. in villa
Bonwiler (Bawiller) pleban. nunc.
Spiren. dioc. vac. p. o. Ade Caps de
Lenszwiler <p. abba. mon. in Heilsz
Bruchen o. s. Ben. Spiren. dioc.>
prov. fuerat: de nova prov. de d. par.
eccl. (24 fl. renen.) 19. oct. 75 S 728
206^{rs}, m. (ep. Sibenicen. et Fantino
de Valle can. eccl. Jadren. ac offic.
Spiren.) (exped. 27. oct. 75) L 753
38^{rs}.

5783 Johannes Lilden cler. Lubic. dioc.
pape fam. c. quo sup. def. nat. (p. s.)
et ut ad omnes ord. prom. ac unum
s. c. benef. obtin. val. disp. fuit: motu
pr. de gr. expect. de 2 can. et preb.
necnon de 2 benef. ad coll. quorumcumque, Et s. d. 17. nov. 81 S 803
244^r.

5784 Johannes Lindeman cler. Colon.
dioc. pape fam. cui gr. expect. s. d. 1.
ian. 72 de 2 benef. ad coll. aep. etc.
Colon. et ad coll. eccl. s. Cuniberti
Colon. conc. fuit: prerog. ad instar
pape fam. descript., gratis 9. aug. 73
L 725 142^{vs}.

5785 Johannes Lynnepe pape fam.: gr.
expect. de can. et preb. eccl. s. Cuniberti Colon. necnon de benef. ad
coll. abb. etc. mon. s. Ludgeri in
Werdena o. s. Ben. Colon. dioc. (m.
ep. Urbinaten. et ep. Cervien. ac offic. Colon.), gratis 5. iul. 74 V 664
416^v-419^r.

5786 Johannes (Lynes) de Bonna laic.
Colon. dioc. Oliverii [Carafa] tit.
s. Eusebii presb. card. fam.: de off.

servientis armorum vacat. p. resign.
Jacobi Raw in manibus pape cler.
Magunt. dioc. 25. mai. 72 S 680
37^v – m. recip. eum ad off. ut supra
10. iun. 72 DC 38 246^r – serviens
armorum: recip. de m. s. d. 28. iul.
73 1 fl. 24<34> bol. pro certo itinere
secreto 3. aug. 73 IE 488 105^v, IE
489 105^v.

5787 **Johannes Linificis (Linifice, Lanificis) (de Heyger)** cler. Trever. dioc.
Marci [Barbus] tit. s. Marci presb.
card. fam. <qui p. d. Marcum de can.
et preb. eccl. ss. Martini et Severi op.
Monasterii Meynfelt Trever. dioc. (6
m. arg.) vac. p. o. Johannis Krydwisz
(Cuydwysz) prov. fuit> et qui litig.
desup. coram Bartholomeo de Bellencinis aud. contra quond. Johannem <Nicolaum> Pistorem cler.: de
surrog. ad ius d. Johannis 5. decb.
75 S 730 238^{rs}, m. (Bartholomeo de
Belincinis aud.) (exped. 27. mart.
80) L 790 180^v-182^v – de perp. s. c.
vicar. ad alt. ss. Philippi et Jacobi
appl. <in eccl. s. Castoris> in Cardona Trever. dioc. (4 m. arg.) vac. p.
resign. card. ut supra cui de eisdem
vac. p. o. in cur. Petri Gulsgin
(Gulsghyn) d. card. fam. <s. d. 4.
iul. 78> prov. fuit <litt. desup. n.
confectis> 12. decb. 78 S 775 273^v,
(m. ep. Arben. et prep. eccl. s. Andree Colon. ac offic. Trever.) (exped.
9. ian. 79), gratis L 797 193^r-194^v –
motu pr. supplic. card. ut supra de
perp. s. c. vicar. ad alt. s. Johannis
Ev. in hosp. op. Monthabuyr Trever.
dioc. (2 m. arg.) vac. p. resign. d.
card. (qui inter al. eandem vac. p. o.
in cur. Petri Gulsgin obtin.) 26. febr.
79 S 778 242^{vs} – oblig. sup. annat.
can. et preb. eccl. ss. Martini et Severi op. Monasterii Meynfelt Trever.
dioc. (6 m. arg.) de quib. vac. p. o.
Johannis Nicolai Pistoris s. d. 5.
decb. 74 [!] sibi prov. fuit 5. apr. 81
A 29 170^v.

5788 **Johannes Lyns (Lynss)**: solv. 20 fl.
adc. p. manus soc. de Spinellis pro
compositione annat. can. et preb. c.

ferculo eccl. s. Severini Colon. 7.
iul. 72 FC I 1129 96^v, IE 487 89^v.

5789 **Johannes Gobelinus de Lyns** presb.
Trever. dioc.: de nova prov. de par.
eccl. in Willach Colon. dioc. (8 m.
arg.) vac. p. resign. in manibus pape
Johannis Greve de Kempis 5. nov.
78 S 774 163^v – assign. pens. ann.
30 fl. renen. (= 20 duc. auri et pro
quolibet fl. 24 albi den. monete Colon.) sup. fruct. person. par. eccl. in
Butghe Colon. dioc. (60 duc. auri) p.
Johannem Greve de Kempen c. consensu suo (p. Johannem Cabebe can.
eccl. s. Andree Colon. in decr. licent.
procur. express.) in civit. Colon. persolv. (exec. prep. eccl. ss. Appl. et
dec. eccl. s. Cuniberti ac dec. eccl.
s. Andree Colon.) 11. decb. 79 V 591
85^v-87^r.

5790 **Johannes Lintz** cler. Colon. dioc.:
de perp. s. c. vicar. in eccl. s. Martini
op. Burgen. Magunt. dioc. (4 m.
arg.) vac. p. o. Roberti Var 24. decb.
82 S 820 108^v.

5791 **Johannes Lintze (Litze)** cler. Herbip. dioc. referens quod lis pendet in
cur. inter quond. Borchardum Pon-
tenseyn cler. Herbip. dioc. et Conradum Raw cler. Herbip. dioc. sup.
can. et preb. eccl. ss. Petri et Pauli in
Orengaw Herbip. dioc. (4 m. arg.)
vac. p. o. Georgii Weydner: de surrog. ad ius d. Conradi qui resign. 27.
nov. 81 S 804 297^r.

5792 **Johannes de Lisowo** cler. Gneznen.:
de can. et preb. eccl. Gneznen. (4 m.
arg. p.) vac. p. resign. Petri [Mosz-
ynski] ep. Premislen. 20. aug. 83 S
826 297^r.

5793 **Johannes List** scol. Trever. dioc.:
recip. primam tonsuram in sacristia
basilice Principis appl. in Urbe 14.
mart. 72 F 6 33^r – prom. ad acolit.
ord. in capel. b. Marie de Febribus in
basilica ut supra 28. mart. 72 F 6
38^r-39^v – litt. testim. sup. recept.
prime tonsure ut supra et sup. prom.
ut supra 28. mart. 72 F 6 49^r – c.
quo sup. def. nat. (s. s.) disp. fuit et

cui gr. expect. de can. et preb. eccl. s. Lubentii in Diekierken Trever. dioc. necnon de benef. ad coll. prep. etc. eccl. s. Walburgis in Vilburg Trever. dioc. et prerog. ad instar pape fam. descript. conc. fuit: motu pr. de decl. litt. desup. perinde val. acsi dd. gr. expect. et prerog. motu pr. conc. fuissent 20. mart. 76 S 741 181^{rs} – de can. et preb. eccl. s. Stephani Magunt. (6 m. arg.) vac. p. cess. Ade Rodhart cler. Wormat. cui de dd. can. et preb. vac. p. resign. T[heodori de Monteferrato] tit. s. Theodori diac. card. Montisferrati (qui eosdem vac. p. o. Henrici Sottem (Soctern) quond. Nicolai [de Cusa] tit. s. Petri ad vincula presb. card. fam. vig. gr. expect. p. papam conc. acc. possessione subsecuta) prov. fuit, n. o. can. et preb. eccl. s. Walburgis op. in Vilburg Trever. dioc. (5 m. arg.) quos vig. gr. expect. acc. et n. possidet 20. febr. 78 S 765 105^{vs} – oblig. sup. annat. can. et preb. eccl. s. Stephani Magunt. ut supra (in margine: s. d. 10. ian. 81 d. oblig. fuit cass. quia d. Johannes List eosdem n. possedit), restit. bulle 18. mart. 78 A 26 171^{r} – de disp. ad quodcumque benef., n. o. can. et preb. eccl. s. Stephani Magunt. cui certo modo vac. prov. fuit (quos n. possidet) ac can. et preb. eccl. s. Walburgis in Wilburg Trever. dioc. quos vig. gr. expect. ut supra acc. (sup. qua litig.) 5. apr. 79 S 785 214^{r}, gratis V 672 89^{rs} – rect. par. eccl. s. Bonifacii in Rieglskerchen (Rigelskerchen) Trever. dioc.: de n. prom. ad an., sola sign. 16. iun. 80 S 793 259^{rs} – de prom. ad omnes ord. extra temp., sola sign. 31. oct. 80 S 797 192^{v}.

5794 Johannes Listighe (Listigne, Listizhen): ›rationi congruit‹ s. d. 24. mai. 69 prov. de can. et preb. eccl. s. Alexandri Wildeshusen. Osnaburg. dioc. (4 m. arg.) vac. p. o. Johannis Brumfetten (m. decanis eccl. s. Mauritii e. m. Monast. et s. Martini in Braemesche Osnaburg. dioc. ac of-

fic. Osnaburg.) 25. aug. 71 (exped. 24. sept. 71) L 716 35^{r}-36^{v} – cler. Monast.: de perp. vicar. sive capn. ad alt. s. Catherine virg. in eccl. s. Servatii Traiecten. Leod. dioc. (4 m. arg.) vac. p. o. in cur. Gabrielis Contareni pape cap. et aud. cui de d. vicar. tunc vac. p. o. in cur. Bernhardi de Dulmen prov. fuerat 27. sept. 76 S 742 274^{v} – referens quod quond. Bernardus Bernek de Borcherst ad decan. eccl. Veteris Ecclesie s. Pauli Monast. vac. p. o. Henrici Romer p. capit. d. eccl. electus fuerat et quod deinde desup. litig. coram quond. Bartholomeo de Bellencinis aud. et deinde coram Guillermo de Pereriis aud. contra Johannem de Ventem cler.: de surrog. ad ius d. Bernardi c. derog. statutorum d. eccl. quod nullus nisi can. prebend. d. decan. obtin. val. 3. nov. 78 S 774 214^{r} – not. ap.: de can. et preb. colleg. eccl. s. Mauritii e. m. Monast. (4 m. arg.) vac. p. resign. in manibus pape Henrici Nigeman cler. Osnaburg. A[rdicini de Porta] ep. Alerien. fam. (cui de eisdem vac. p. o. Hermanni Schenckynck ep. Alerien. pape refer. fam. prov. fuit litt. n. confectis) 20. decb. 79 S 788 113^{rs} – causarum pal. ap. not. sive scriba: de can. et preb. colleg. eccl. b. Marie Traiect. (14 m. arg.) vac. p. resign. Hermanni de Langhen 14. oct. 80 S 798 163^{v}, m. (prep. eccl. s. Andree Colon. et dec. eccl. b. Marie Reessen. Colon. ac offic. Traiect.) (exped. 20. decb. 80) L 806 252^{r}-253^{v} – oblig. sup. annat. can. et preb. eccl. b. Marie Traiect. ut supra (in margine: s. d. 4. iul. 81 prorog. term. solut. ad 4 menses; s. d. 29. ian. 82 Johannes Listighe solv. pro parte d. annat. 20 fl. ut infra et promisit solv. residuos 15 duc. infra 2 menses ad quos fuit eidem prorogatum) 4. ian. 81 A 29 126^{v} – de nova prov. de can. et preb. colleg. eccl. in Beckem (Beken) Monast. dioc. (2 m. arg.) vac. p. o. Rotgeri (Rogeri) Harnschmeker 1. oct. 81 S 813 350^{r}, 3. oct. 81 S 808

199^r, V 629 94^v-96^r – solv. 20 fl. adc. pro annat. can. et preb. eccl. b. Marie Traiect. ut supra 28. ian. 82 IE 505 64^r – fit mentio ut causarum pal. ap. not. 13. febr. 82 A 30 129^r – solv. 15 fl. adc. pro residuo annat. can. et preb. eccl. b. Marie Traiect. p. manus pr. 17. apr. 82 FC I 1134 206^r, IE 505 105^r – motu pr. de decan. colleg. eccl. s. N. in Vrekenhoerst Monast. dioc. (4 m. arg.) vac. p. o. Johannis Pompe 9. mart. 83 S 820 223^r – motu pr. de decan. ac can. et preb. eccl. s. Victoris Dulmanien. Monast. dioc. (4 m. arg. p.) vac. p. o. Willebrandi Cosvelt (Consuele) pape et [Dominici de Ruvere] tit. s. Clementis presb. card. fam. 5. iun. 83 S 824 225^v, (m. dec. eccl. ss. Petri et Andree Paderburn. et dec. eccl. s. Ludgeri Monast. ac offic. Monast.) (exped. 11. iul. 83) L 827 138^{vss} – Francisci [Todeschini-Piccolomini] tit. s. Eustachii diac. card. Senen. fam.: motu pr. de can. et preb. in eccl. Veteris Ecclesie s. Pauli Monast. (4 m. arg. p.) vac. p. o. Bernardi Hughe Dominici card. ut supra fam. 20. decb. 83 S 832 210^{vs} – de disp. ut unac. decan. eccl. s. Victoris ut supra aliud incompat. benef. etsi par. eccl. ad vitam recip. val. c. lic. perm. 28. apr. 84 S 839 261^v – de n. prom. ad 2 an., Conc. ad an., sola sign. 9. iun. 84 S 836 280^r.

5795 Johannes Lob: vicar. Spiren. [dioc.?] vac. p. o. 81/82 I 334 215^v.

5796 Johannes Lober, Magunt. [dioc.?]: fit mentio 72/73 I 332 179^v.

5797 Johannes Lober cler. Trever. dioc. Johannis Bapt. [Cybo] tit. s. Balbine presb. card. fam. qui vig. gr. expect. can. et preb. et scolastr. colleg. eccl. in Limpurg Trever. dioc. vac. p. o. Mathie Slosser acc.: de nova prov. de eisdem (insimul 6 m. arg.) 11. mai. 74 S 704 292^v – disp. ad incompat. 74/75 I 333 306^v.

5798 Johannes de Lobschicz (Lobschutz) prep. mon. Strelinen. Wla-

dislav. [recte: Wratislav.] dioc. qui in abb. mon. s. Vincentii e. m. Wratislav. o. Prem. vac. p. o. Johannis Schewicz p. conv. el. fuit: de nova prov. de d. abbatiatu (12 m. arg.) 17. apr. 80 S 791 287^r – notitia sup. prov. de abbatiatu eccl. s. Vincentii e. m. Wratislav. vac. p. o. in consistorio ad relationem [Gabrielis Rangone] card. Agrien. 24. apr. 80 OS 82 124^r, OS 83 94^r – profes. o. Prem. et can. mon. s. Vincentii ut supra et prep. mon. monial. in Stedno [recte: Strelno] o. Prem.: de abbatiatu d. mon. s. Vincentii vac. p. o. Johannis 24. apr. 80 Cod. Vat. Lat. 3478 2^{vs} – abb. mon. s. Vincentii e. m. Wratislav. o. Prem.: prov. obtulit cam. ap. et collegio card. 83 fl. adc. et 5 serv. min. pro serv. commun. ratione prov. s. d. 24. apr. 80 (in margine: s. d. 6. mai. 80 bulle sunt restit. d. abb. quia docuit solv.) 5. mai. 80 OS 84A 74^v, Paris L 25 A 9 77^v – solv. 41^2/$_3$ fl. adc. pro communi serv. mon. ut supra 6. mai. 80 IE 498 131^v, IE 499 137^v.

5799 Johannes de Loche cler. [dioc. deest] in iur. can. licent. et in leg. bac.: de disp. ut 2 incompat. benef. etsi par. eccl. ad vitam recip. val. c. lic. perm. 24. nov. 82 S 817 6^v.

5800 Johannes Lochner (Lockrer, Loker) cler. Frising. dioc. licent. decr. qui ad capel. ss. Udalrici et Blasii in castro Firmiano Trident. dioc. vac. p. o. Johannis Firmaner p. Sigismundum ducem Austrie iur. patron. present. fuit: de nova prov. de d. capel. (4 [m. arg.]) 15. ian. 72 S 675 126^v, 71/72 I 332 287^r – de nova prov. de perp. benef. ad alt. sive capel. s. Johannis in ambitu eccl. Brixin. necnon de alt. sive capel. ss. Leonardi et Martini in cripta eccl. Brixin. (4 m. arg.) vac. p. resign. Benedicti Fueger 4. aug. 82 S 813 182^{vs}.

5801 Johannes Lochner (Lachner, Luchmer) can. eccl. Ratisbon. utr. iur. doct. Francisci [Gonzaga] tit. s. Marie Nove diac. card. Mantuani vulg. nunc. dilectus et antiquus curtisanus <curialis> p. longum temp. resid. in cur.: supplic. d. card. de can. et preb. eccl. Brixin. (10 m. arg.) vacat. p. prom. Georgii [Golser] el. Brixin. 16. decb. 71 S 673 219^{rs}, (m. aep. Arelaten. et prep. eccl. Trident. ac offic. Brixin.) (exped. 2. ian. 72) L 713 135^{v}-137^{r} – Frederici R. I. et Alberti marchionis Brandenburg. R. I. electoris consiliarius c. quo ad 2 incompat. benef. disp. fuit: motu pr. de decan. eccl. Misnen. (20 m. arg.) et de prepos. eccl. s. Martini in Forchen (Forcheim) Bamberg. dioc. (14 m. arg.) necnon de prepos. eccl. Misnen. de iur. patron. ducum Saxonie (14 m. arg.) ac de can. et preb. eccl. b. Marie Erforden. Magunt. dioc. (6 m. arg.) vac. p. priv. Henrici Leubinck (Levbing) prothonot. excom. qui Laurentium [Roverella] ep. Ferrarien. in illis partibus nuntium perturbavit quominus certam pec. summam pro cruciata exactam recip. val. (m. aep. Arelaten. ac prepositis eccl. Czicen. Nuemburg. dioc. ac eccl. Onolspacen. Herbip. dioc.), gratis 19. febr. 72 V 553 146^{r}-147^{v} – restit. bulle s. d. 19. febr. 72 ut supra 2. mart. 72 A 21 100^{v} – oblig. sup. annat. ut supra 6. mart. 72 A 21 102^{v} – solv. 22 fl. adc. pro compositione annat. p. manus soc. de Bonis et Bardis 5. mart. 72 FC I 1129 62^{v}, IE 487 51^{r} – rect. par. eccl. s. Sebaldi mart. op. Nurembergen. Bamberg. dioc. qui negotia d. op. apud papam procuravit: hortatur consules et proconsules d. op. ut Johannem Lochner et d. par. eccl. commendatum habeant 11. mart. 72 Arm. XXXIX, 14 183^{vs} – hortatur ep. Bamberg. ut supra 11. mart. 72 Arm. XXXIX, 14 183^{vs} – pleb. Nurimberghen. et [certi consules] op. Nurimbergen.: hortatur ut procuratoribus Andree de Bonis et Alexandri de Bardis et soc. Florentini merc. Cur. sequentium auxilio adsint ad exequendum decreta cam. ap. aud. contra Guillermum et Hen-

ricum Rumel merc. Nurimbergenses eorumque fideiussores 24. aug. 72 Arm. XXXIX, 14 362^{v} – decr. doct. reus et possessor litig. coram Berardo [Eruli] tit. s. Sabine presb. card. Spoletan. vulg. nunc. primo et deinde coram Johanne [Diaz de Coca] ep. Calaguritan. aud. locumtenenti contra quond. Heinricum Lebing prothonot. sup. par. eccl. s. Sebaldi op. Nurembergen. Bamberg. dioc.: de surrog. ad ius d. Henrici (100 m. arg.) 31. aug. 72 S 682 9^{vs} – presb. Bamberg. dioc.: de prepos. eccl. s. Martini in Vorcheim Bamberg. dioc. (11 m. arg.) vacat. p. resign. in manibus pape Petri [Riario] tit. s. Sixti presb. card. cui de d. prepos. vac. p. o. Henrici Leubing prov. fuerat (litt. n. confectis) 21. ian. 73 S 685 273^{vs}, I 332 36^{v} – solv. 25 fl. adc. pro compositione annat. prepos. eccl. s. Martini in Vorcheyn ut supra p. manus soc. de Bonis et Bardis 20. febr. 73 FC I 1129 138^{r}, FC I 1767 51^{v}, FC I 1768 53^{v} – de prepos. eccl. s. Petri in Jecheburg Magunt. dioc. (48 m. arg.) vac. p. o. Henrici com. de Schamburg c. reserv. pens. ann. 20 m. sup. fruct. d. prepos. p. Johannem Georgio de Frangottis cler. Lucan. persolv. c. disp. ut 3 incompat. benef. etsi 2 par. eccl. ad vitam retin. val. c. lic. perm. 6. febr. 82 S 807 76^{vs}.

5802 Johannes Loevelinck presb. Monast. dioc. qui ad can. et preb. eccl. s. Walburgis virg. Zutphanien. Traiect. dioc. p. ducem Austrie et Burgundie ac com. Zutphanien. capitulo d. eccl. present. fuit: de nova prov. de dd. can. et preb. (4 m. arg. p.) 18. iul. 82 S 812 258^{r}.

5803 Johannes Loffelholtz leg. licent. cler. Bamberg. dioc., **Johannes Swaalb** in decr. licent. cler. Frising. dioc., **Stephanus Lizker, Wolfangus Kolberger, Ambrosius Swartzhover, Augustinus Swartzhover, Erasmus Klesheymer, Johannes Pfister, Johannes Stromer, Johan-**

nes Stunder, Ambrosius Bromer, Ulricus Schussler clerici August., Johannes Ravenspurgen cler. August., Rudolphus Mag cler. Constant. dioc., Leonardus Koppler cler. Patav. dioc. Georgii com. palatini Reni et Bavarie ducis dilecti: motu pr. de gr. expect. de 2 can. et preb. ac 2 benef. ad coll. quorumcumque, Et s.d. 17. nov. 81 S 803 62^v.

5804 Johannes Loher cler. Bamberg. dioc. nullum benef. obtin. referens quod quidam Leonardus Premer ad simplex s.c. benef. ad alt. ss. Johannis Bapt. et Ev. in par. eccl. s. Sebaldi op. Nurenbergen. Bamberg. dioc. tunc vac. p.o. Johannis Premittel cler. p. Baltasarem Pomer laicum patron. vel aliquot de parentela sua present. fuit: de d. benef. (4 m. arg.) vac. p. resign. d. Leonardi, n.o. quod in fund. d. benef. caveri dicitur ut provisus infra an. ad presbit. ord. prom. teneatur 4. nov. 77 S 764 262^{rs}.

5805 Johannes Lohoff presb. Monast. dioc. qui vig. disp. sup. def. nat. (s. s.) par. eccl. in Reueren (Riueren) Colon. dioc. obtin. et Hermannus Rode presb. Colon. dioc. qui <rectoriam> prepos. <nunc.> mon. <monial.> s. Egidii o. s. Ben. Monast. obtin. referentes quod ipsi perm. dd. benef. absque disp. et quod deinde d. Johannes d. prepos. pro can. et preb. ac thesaur. eccl. s. Ludgeri Monast. c. Thoma Blindepaghet (Blindepaghe) presb. Colon. dioc. perm. absque disp.: de nova prov. d. Hermanno de d. par. eccl. (4 m. arg.) et d. Thome de d. prepos. (4 m. arg.) et d. Johanni de dd. can. et preb. et thesaur. (insimul 4 m. arg.) et de disp. ad quodcumque <4> benef. et de abol. inhab. 4. apr. 74 S 707 222^{vss}, m. (dec. eccl. Veteris Ecclesie s. Pauli Monast.) (exped. 14. aug. 74) L 739 313^r-314^v – de confic. litt. sup. quadam supplic. c. express. quod parentes d. Johannis in 3. consang. grad. erant conecti 19. iul. 74 S 709 61^v.

5806 Johannes (de) Lomer cler. August. dioc. referens quod ipsi de par. eccl. s. Petri in Dillingen August. dioc. vac. p. resign. in manibus pape Henrici Lomer prov. fuit sed quod d. Johannes d. resign. in loco d. par. eccl. infra 6 menses secundum reg. cancellarie n. publicavit: de prorog. ad al. 6 menses, sola sign. 20. sept. 76 S 742 236^{vs}.

5807 Johannes [de] Lomzicza cler. Plocen. dioc. ex utr. par. de nob. gen.: de perp. s.c. vicar. canonicali in colleg. eccl. s. Marie Wnycovien. Gneznen. dioc. (3 m. arg.) vac. p.o. Johannis Ristek 13. oct. 81 S 804 13^v.

5808 Johannes Leonardus Longe: commiss. Verden. [dioc.?] 81/82 I 334 254^v.

5809 Johannes de Lonsteyn scol. Magunt. dioc. ex utr. par. de mil. gen. in 8. sue et. an. constit. qui militie clericali ascribi cupit: de disp. ad quodcumque benef. c. derog. reg. cancellarie quod nulli conferantur can. et preb. colleg. eccl. nisi 10. an. attigerit 14. mai. 79 S 781 289^r.

5810 Johannes Loscher (Lascher) presb. Salzeburg. dioc. Bernhardi [de Rohr] aep. Salzeburg. cap.: de par. eccl. b. Marie virg. al. s. Martini in Brixental Chiem. dioc. (16 m. arg.) vac. p.o. Wilhelmi Tatz 14. iun. 75 S 723 62^{rs} – qui ad perp. s.c. benef. ad alt. s. Anne in par. eccl. s. Nicolai in Muldorff Salzeburg. dioc. vac. p.o. Johannis Petzlinger quond. Burchardi [de Weissbriach] aep. Salzeburg. et tit. ss. Nerei et Achillei presb. card. fam. present. fuit: de nova prov. de eodem (4 m. arg. p.) 3. iun. 80 S 793 196^{rs}.

5811 Johannes de Losen rect. par. eccl. in Griet Colon. dioc. qui senio confractus et viribus sui corporis destitutus exist. et Georgius Holembert de Hanowe presb. Colon. dioc.: de adm. resign. d. Johannis et de prov. d. Georgio de d. par. eccl. de iur. patron. ducis Cliven. (4 m. arg.) et de assign. d. Johanni pens. ann. 12 fl. renen. electorum imper. 13. aug. 82 S 813 218^{vs}.

5812 Johannes Losler presb. Ratisbon. dioc.: de nova prov. de perp. vicar. s. Bartholomei in Rednitz Ratisbon. dioc. ad coll. sive present. abb. etc. mon. in Waltsassen o. Cist. (90 fl. renen.) vac. p. resign. Nicolai Steger 10. febr. 77 S 756 298^{vs}.

5813 Johannes Lostard (Loschard, Loscard) cler. Tornacen. dioc. in 17. sue et. an. constit. et in univ. stud. Lovanien. in art. stud.: de confer. in commendam par. eccl. s. Ipoliti (Hipoliti) Delphen. Traiect. dioc. (120 libr. grossorum monete Flandrie) vacat. p. resign. in manibus pape Egidii Joye (Joyt) propter infirmitatem c. reserv. pens. ann. 40 libr. grossorum monete Flandrie usque ad et. legitimam d. Johannis, Conc. in 18. sue et. an. 16. ian. 74 S 701 65^{rss} – de confic. litt. ut supra c. express. quod d. benef. in titulum recip. val. dum pervenerit ad et. legitimam 3. febr. 74 S 701 244^{r} – oblig. sup. annat. ut supra p. Petrum de Mayo can. eccl. Tornacen. 28. febr. 74 A 23 34^{r} – solv. 95 fl. pro compositione annat. p. manus Victoris Bacaren. (Baccharen.) 12. mart. 74 IE 488 57^{r}, IE 489 57^{r} – solv. pro complemento annat. 135 <230> fl. in 2 postis 12. mart. 74 FC I 1129 232^{v}, IE 488 57^{v}, IE 489 57^{v} – m. (abb. mon. s. Andree iuxta Brugis Tornacen. dioc.) decl. litt. desup. perinde val. acsi in litt. ut supra express. fuisset quod ius patron. eccl. s. Ipoliti ratione comitatus Hollandie ad Carolum ducem Burgundie pertin. c. consensu d. ducis derog. fuisset 29. sept. 74 (exped. 8. iun. 75) L 754 284^{vs}.

5814 Johannes Losz (Los) cler. Paderburn. dioc.: de perp. s. c. vicar. ad alt. Trium regum in par. eccl. in Oyta Osnaburg. dioc. (3 m. arg.) vac. p. o. Wolteri Tidekinck ac de perp. s. c. vicar. ad alt. s. Jacobi in par. eccl. in Olden Oyten Osnaburg. dioc. (3 m.

arg.) vac. p. o. Henrici Tymmerlo, n. o. par. eccl. in Borchem (4 m. arg.) ac capel. in Heysterustem Paderburn. dioc. (4 m. arg.) ac cantor. necnon perp. vicar. ad alt. s. Catherine in eccl. s. Jacobi in Rintelen Minden. dioc. (3 m. arg.) quas vig. gr. expect. acc. 31. oct. 72 S 696 25^{vs} – presb. qui vig. gr. expect. par. eccl. in Orlinchusen Paderburn. dioc. vac. p. o. cuiusdam acc. referens quod Henricus Werstelholt cler. Colon. dioc. (cui de d. par. eccl. p. Ursum de Ursinis nunt. ap. in partibus prov. fuit) ac Johannes Ocke cler. Paderburn. dioc. (cui d. par. eccl. auct. ap. prov. fuit) concordiam fecerunt et Johanni Los de d. par. eccl. et d. Johanni Ocke de benef. in capel. s. Viti eccl. Osnaburg. (11 fl. renen. pro 1 fl. 10 sol. monete Paderburn. computatos) prov. fuit: de conf. d. concordie 3. sept. 82 S 814 73^{rs}.

5815 Johannes Louber cler. Argent. dioc. referens quod ipse in quadam infirmitate morbi morbillorum constit. fuit et quod quedam macula in oculo dextro remansit: disp. sup. def. corp. ut ad sacros ord. prom. val., gratis 23. iun. 78 S 771 29^{v}, L 786 75^{v} – de capn. ad alt. b. Marie virg. in villagio Ringendorff Argent. dioc. (4 m. arg.) vac. p. o. Nicolai Flemming 7. aug. 78 S 772 59^{r}.

5816 Johannes Lotz perp. cap. ad alt. s. Michaelis in Swaylheym Magunt. dioc. in cur. resid. in min. ord. constit.: de prom. ad omnes ord. extra temp., sola sign. 8. ian. 82 S 806 137^{r} – acol. perp. cap. ad alt. s. Michaelis in Sirahileim Magunt. dioc.: litt. testim. (vig. supplic. ut supra) sup. prom. ad ord. subdiacon. s. d. 17. ian. 82 in eccl. s. Thome apud pontem Sixti de Urbe, ad ord. diacon. s. d. 20. ian. 82 in hosp. Anglicorum [de Urbe], ad ord. presbit. s. d. 21. ian. 82 in d. hosp. 21. ian. 82 F 7 41^{r} – not. recip. pro formata 6 grossos ian. 82 DB 2 49^{v}.

5817 **Johannes Luckebolen** rect. par. eccl. s. Viti in Sesen Hildesem. dioc.: de n. prom. ad 7 an., Conc. ad an., sola sign. 5. mart. 83 S 820 131^r – reus et possessor qui litig. coram ep. Nucerin. aud. locumtenenti contra Nicolaum Bredenbach cler. Magunt. pape fam. sup. par. eccl. ut supra vac. p. o. Henrici Goseken vel Conradi Pape vel Statii Rennebock pape fam.: de prov. si neutri de d. par. eccl. (6 m. arg.) vac. p. resign. d. Nicolai in manibus pape 15. nov. 83 S 831 205^{vs}.

5818 **Johannes Lucisugli** cler. Eistet. dioc.: de par. eccl. in Lerbstadt Eistet. dioc. (8) et de perp. vicar. ad alt. ss. Leonhardi et Margarethe virg. in ambitu eccl. Eistet. in capel. Sepulcri domini nunc. eccl. Eistet. (4 m. arg.) vac. p. priv. Willibaldi Henberger excom. 17. decb. 82 S 817 215^{vs}.

5819 **Johannes de Lukowo (Lucowo, Luckovow, Liekowo)** reus litig. coram Gabriele de Contarenis aud. contra Martinum Potentiani de Dambrova (qui resign. in manibus pape), Johannem de Lesczno, Johannem de Brzosthcawo et Benedictum de Lapczenno sup. can. et maiori preb. eccl. Poznan. (24 m. arg.) vac. p. o. Clementis de Drzewicze subcollect.: de surrog. ad ius d. Martini 27. nov. 71 S 673 77^r – oblig. p. Stanislaum de Mlini can. eccl. Poznan. litt. ap. script. procur. sup. annat. 9. decb. 71 A 21 53^v – solv. 54 fl. adc. pro compositione annat. p. manus soc. de Pazis (Pacciis) 17. apr. 72 FC I 1129 75^v, IE 487 63^r – nova prov. de can. Poznan. [dioc.?] 71/72 I 332 214^v – cler. Gneznen. dioc. ex utr. par. de nob. gen. Johannis [Gruśczynski] aep. Gneznen. dilectus cui gr. expect. s. d. 1. ian. 72 de can. et preb. eccl. Gneznen. et de can. et preb. eccl. Cracov. conc. fuit: prerog. ad instar pape fam. descript. 1. apr. 73 (exped. 5. decb. 73) L 735 307^v – qui ad capn. alt. s. Stanislai in eccl. Gneznen. vac. p. o. Stanislai

de Mlyni p. patron. laic. present. fuit et qui litig. desup. coram Matheo de Porta aud. contra Wirzbiantam (Viezbrantam) de Syedlecz et Andream de Wangrowiecz intrusos: de prov. si nulli de d. capn. (6 m. arg.) 6. nov. 75 S 729 129^r – cui p. Andream [Opalinski] ep. Poznan. (c. consensu d. capit.) nonnulla maldrata utriusque grani et seminis et pecunias in villa Sokolmikii (Sokolnykii) prope Piiszdri (Pyszdri) et decimam in villa Plochocznio (Plochoczino) in terra Mazovie (Mazowie) sita et ad mensam episc. pertin. val. 30 fl. adc. conc. fuerunt: de conf. 18. nov. 75 S 729 220^{rs}, 13. ian. 76 S 732 219^{vs} – rect. par. eccl. in Dolsko Poznan. dioc. ep. Poznan. ut supra secr.: de disp. ut unac. d. par. eccl. 2 al. incompat. benef. retin. val. 13. ian. 76 S 732 220^{rs}, L 755 140^{rs} – ep. Poznan. cancellarius cui gr. expect. s. d. 1. ian. 72 ut supra conc. fuit: motu pr. decl. litt. desup. perinde val. acsi motu pr. conc. forent 23. ian. 76 L 790 247^r – motu pr. de prerog. ad instar pape fam. descript. 5. oct. 80 S 797 61^{vs}, 14. nov. 80 S 798 7^{rs} – qui vig. gr. expect. can. et preb. eccl. Cracov. vac. p. o. Mathie de Bladaw acc.: de nova prov. de eisdem (12 m. arg.) 18. ian. 81 S 802 153^{rs} – qui vig. gr. expect. can. et preb. eccl. Gneznen. vac. p. o. Pauli Cesstkowsky (Cessecouuscy, Cessecomscy) acc.: de nova prov. de eisdem (60 fl. adc.) 23. ian. 81 S 802 153^v, m. (ep. Poznan.) (exped. 1. iul. 83) L 803 164^{rs} – qui vig. gr. expect. can. et preb. eccl. Cracov. vac. p. o. Johannis de Tarnow acc. et litig. desup. contra Johannem de Rzeschowo cler. intrusum: de prorog. temp. intimandi, sola sign. 2. mart. 82 S 808 33^r – can. eccl. Poznan.: oblig. p. Johannem de Crotheschino can. eccl. Poznan. procur. sup. annat. can. et preb. eccl. Gneznen. ut supra, restit. bulle 3. iul. 83 A 31 97^r – qui vig. gr. expect. can. et preb. eccl. Wladislav. vac. p. o. Jacobi Socolowsky acc.: de nova prov. de dd. can. et preb. (8 m. arg. p.) 18. aug. 83 S 826 213ʳ – de s. c. cancellaria eccl. Poznan. (7 m. arg.) vac. p. resign. Petri [Moszynski] ep. Premislen. qui eam ex disp. ap. obtin. in manibus Urielis [de Gorka] ep. Poznan. 18. aug. 83 S 826 269ᵛ, m. (offic. Poznan.) V 650 297ᵛ-299ʳ, I 335 135ʳ – oblig. p. Johannem de Crothoschino can. eccl. Poznan. [Oliverii Carafa ep.] card. Neapolitan. fam. et p. Nicolaum Czepel can. eccl. Sreden. Poznan. dioc. sup. annat. cancellarie ut supra, restit. bulle 16. sept. 83 A 31 137ʳ.

5820 **Johannes Luchs (Luchsz)** cler. August. dioc.: de par. eccl. in Heretzraed (Heretzried) August. dioc. (4 m. arg.) vac. p. o. Martini <Schrag> 5. decb. 83 S 839 119ᵛ, m. (offic. August.) 15. decb. 83 (exped. 29. ian. 84) L 832 286ʳˢˢ.

5821 **Johannes Luchtenvoet (Luchtenoet)** presb. <Monast.> dioc.: de par. eccl. in Emesburen <Monast.> dioc. (60 fl. renen.) vac. p. resign. Johannis Kopes (Kons) al. Custodis in manibus pape c. reserv. pens. ann. 24 fl. renen. 24. decb. 76 S 745 103ᵛ – oblig. p. Johannem Niis prep. eccl. s. Pharaildis Ganden. Tornacen. dioc. sup. annat. par. eccl. ut supra (in margine: s. d. 2. mai. 91 solv. 22 fl. p. manus Arnoldi Strape), restit. bulle 25. oct. 77 A 26 88ʳ.

5822 **Johannes Ludovici**: not. recip. pro bulla distributa 3 grossos et 2 grossos iul. 82 DB 1 138ʳ.

5823 **Johannes [Ludovici]** ep. Hierapolitan. in theol. doct.: de prov. in commendam de par. eccl. b. Marie virg. in Kelheim Ratisbon. dioc. (16 m. arg.) vac. p. o. Thome Stecherheymer ap. sed. not. 13. febr. 73 S 687 295ᵛˢ – ep. Ratisbon. suffrag. o. fr. herem. s. Aug. profes. theol. mag.: de disp. ut unac. d. eccl. Hierapolitan. et par. eccl. in Eylerfsheym Ratisbon. dioc. (16 m. arg.) aliud incompat. benef. recip. val. 1. apr. 73

S 689 227ʳ – qui in negotio cruciate contra Bohemos hereticos ex conc. sed. ap. predicavit: motu pr. de prepos. mon. seu eccl. s. Magni o. s. Aug. Amhoff vulg. nunc. e. m. et ultra pontem Ratisbon. (30 m. arg.) vac. p. o. Erhardi prep. 1. decb. 76 S 744 134ʳˢ – cui vig. gr. expect. motu pr. de 2 benef. ad coll. quorumcumque conc. fuit et qui par. eccl. s. Petri in Wad Ratisbon. dioc. vac. p. o. Johannis Saldner Pii II. cubic. in commendam obtin.: motu pr. de decl. quod eccl. Hierapolitan. ad d. Johannem et nullum alium spectat, attento quod ipse magnos labores insimul c. quond. Laurentio [Roverella] ep. Ferrarien. sed. ap. nunt. in partibus pro libertate eccl. sustinebat 19. nov. 78 S 775 123ʳˢˢ.

5824 **Johannes Ludowici** presb. Magunt. cui de benef. ad alt. ss. Johannis Bapt. et Georgii in par. eccl. s. Heymerani Magunt. vac. p. o. Petri Weleber prov. fuit: de nova prov. de eodem (3 m. arg.) 9. aug. 81 S 802 124ʳ.

5825 **Johannes Ludovici de Werdea (Werdra)** cler. Constant. dioc.: de can. et preb. colleg. eccl. Werden. (Verden.) Constant. dioc. ac de par. eccl. in Lutwil (Lutwill, Lantwil) Constant. dioc. (insimul 40 fl. adc.) vacat. p. priv. Johannis Molitoris presb. Constant. dioc. qui librorum d. eccl. et capit. falsificator ac publicus fornicator diffamatus exist., n. o. gr. expect. motu pr. conc. de 2 benef. ad coll. ep. etc. Constant. et ep. etc. Basil. 20. apr. 82 S 811 68ʳ, m. (ep. Constant. et Johanni Vest can. eccl. Constant. ac Georgio Winttersteter can. eccl. Constant.) 21. mai. 82 V 620 94ᵛ-97ᵛ – oblig. sup. annat. can. et preb. eccl. ac par. eccl. ut supra et promisit solv. in cur. infra 6 menses 12. iul. 82 Paris L 26 A 10 65ʳ.

5826 **Johannes Luff** cler. Magunt. dioc.: de perp. <s. c.> capn. ad alt. s. Valentini in par. eccl. s. Cristofori Magunt. de iur. patron. laic. (3 m. arg.)

vac. p.o. Conradi Gronbourch <n. o. quod quond. Johannes Walstraff d. capn. aliquamdiu n. tamen p. an. detin. occupatam> 12. nov. 77 S 760 201^r, m. (dec. eccl. Magunt. et dec. eccl. s. Johannis Magunt. ac offic. Magunt.) 3. decb. 77 (exped. 5. mai. 79) L 784 73^{vss}.

5827 **Johannes Lufft (Luffel, Luff)** [1. pars 2 partium] cler. Wormat. dioc. pape fam. qui vig. gr. expect. can. et preb. eccl. s. Ciriaci e. m. Wormat. vac. p.o. Johannis Eckelman acc. et <qui litig. desup. coram Johanne de Ceretanis aud. contra Johannem Nickel cler. et Laurentium Syel>: de nova prov. <de prov. si nulli> de eisdem (6 m. arg.) 4. iun. 72 S 680 294^{rs}, 19. sept. 72 S 682 160^{rs}, gratis V 558 96^v-98^v – de perp. vicar. sive capn. ad alt. s. Leonardi in par. eccl. s. Bartholomei Spiren. de iur. patron. laic. (3 m. arg.) vacat. p. resign. in manibus pape Mathie Buman Philippi [Calandrini] card. ep. Portuen. fam. 6. iun. 72 S 680 289^{rs}, I 332 254^r – restit. bulle sup. prov. de can. et preb. eccl. s. Ciriaci ut supra 5. oct. 73 A 22 91^v – de perp. vicar. sive capn. <s. c. commenda nunc.> in eccl. s. Georgii <e. m.> Hamburgen. (Hamborgen.) Bremen. dioc. <de iur. patron. laic.> (4 m. arg.) vac. p.o. in cur. Henrici Luneburg (Lurebur) 13. nov. 73 S 698 108^r, m. (dec. eccl. Bremen. et prep. eccl. s. Spiritus Ruremunden. Leod. dioc. ac offic. Bremen.), gratis V 562 24^{rs} – prov. de perp. s.c. capn. ad alt. s. Pauli in eccl. Basil. (4 m. arg.) vac. p.o. in cur. Adriani de Hee (m. prepositis eccl. Mantuan. et eccl. s. Petri Basil. ac offic. Basil.), gratis 20. nov. 73 (exped. 9. decb. 73) L 731 241^{rss} – de facult. resign. 18. ian. 74 S 701 82^{rs}, I 332 313^r – restit. bulle sup. facult. resign. 28. febr. 74 A 23 35^v – disp. ad 2 incompat. benef., gratis 24. mart. 74 V 661 131^{vss} – perp. vic. ad alt. s. Pauli ut supra: de fruct. percip. 19. decb.

74 S 712 269^{rs}, (m. ep. Civitatis Castelli et offic. Basil. ac offic. Wormat.), gratis V 678 285^v-287^v – referens quod quond. Wenzeslaus Streszewicz (Streszelwiesz) <Pii II.>, Pauli II. et pape in off. macerii de porta ferrea fam. vig. gr. expect. par. eccl. op. Bernstorff (Bernszdorff) Misnen. dioc. (16 m. arg.) vac. p.o. Johannis Milde <vel p.o. Bartholomei Bressen> <p. litt. Pii II.> acc. et quod litig. desup. coram Fantino de Valle aud. contra Thomam Fabri de Ingkeim (Innglermi): de surrog. ad ius d. Wenczeslai 13. mart. 75 S 716 136^{rs}, gratis V 585 82^v-84^r – qui perp. capn. commenda nunc. in capel. s. Georgii ut supra (possessione n. habita) in manibus pape resign.: assign. pens. ann. 4 fl. renen. sup. fruct. par. eccl. in Kynderen Colon. dioc. (7 m. arg.) p. Henricum de Ophusen persolv. (exec. prep. eccl. b. Marie in Feuchtwangen August. dioc. et Colon. offic. ac Wormat. offic.), gratis 9. aug. 75 V 575 13^{rss} – de capn. in par. eccl. s. Marie Magdalene Spiren. (4 m. arg.) vac. p.o. Johannis Yser (ultra 2 dietas a cur. inter Senen. et Florentin. civit. defunct. cum de Urbe causa peregrinationis rediret) c. derog. iur. patron. 8. sept. 75 S 726 247^{rss} – de capn. in par. eccl. ville Roszangen Magunt. dioc. (4 m. arg.) vac. p.o. Nicolai Fabri 8. decb. 75 S 741 20^r – qui perp. capn. ad alt. s. Leonhardi in par. eccl. s. Bartholomei Spiren. dim. paratus est: motu pr. de cantor. eccl. s. Andree Wormat. (4 m. arg.) vac. p.o. in cur. Johannis Sartoris de Bockenrode pape fam. 29. decb. 75 S 732 116^v-119^v – qui vig. gr. expect. s. d. 1. ian. 72 de can. et preb. eccl. s. Ciriaci e. m. Wormat. necnon de benef. ad coll. ep. etc. Wormat. can. et preb. d. eccl. s. Ciriaci (5 m. arg.) acc. <possessione n. habita>: de mutatione d. gr. expect. in benef. ad coll. quorumcumque <ep. etc. Spiren.> 3. mai. 76 S 738 145^r, gratis V 666 229^{rss}.

5828 **Johannes Lufft** [2. pars 2 partium]: motu pr. de par. eccl. in Sulcz Argent. dioc. (4 m. arg.) vacat. p. resign. in manibus pape Guillielmi de Goothem pape fam. 4. iul. 76 S 740 70^{vs} – de capn. s. Leonhardi ut supra (3 m. arg.) vac. p. o. in cur. Johannis Smalcz pape fam., attento quod ipse in eventu assec. cantorie eccl. s. Andree Wormat. de qua sibi p. papam prov. fuit d. capn. resign. c. derog. iur. patron. 25. oct. 76 S 743 148^{rs} – can. eccl. Cur. et **Othmar Ascher (Lescher)** rect. par. eccl. s. Martini Cur.: de adm. resign. Johannis Lufft <possessione n. habita> et de prov. d. Othmari de can. et preb. d. eccl. Cur. (6 m. arg.) et de assign. d. Johanni Lufft pens. ann. 24 fl. <auri renen.> sup. fruct. d. par. eccl. p. d. Othmarem <c. consensu suo p. Fredericum de Werburg precept. s. Spiritus Cur. procur. in civit. Basil. fact.> persolv. 25. nov. 76 S 744 162^v, (exec. Michael Moner can. eccl. Elnen. ac offic. Cur. et offic. Basil.), gratis V 582 119^{vss} – oblig. sup. annat. pens. ut supra s. d. 26.[!] nov. 76 conc., restit. bulle 28. febr. 77 A 25 220^r – can. eccl. s. Pauli Wormat.: de alt. port. 10. mart. 77 S 748 168^{rs} – disp. ad 2 incompat. benef. 28. mart. 77 S 749 35^v, gratis V 667 520^{vs} – de vicar. ad alt. s. Nicolai in eccl. Wormat. (4 m. arg.) vac. p. o. Henrici Swederi 10. mai. 77 S 754 67^r – de capn. s. Johannis in par. eccl. op. Odernheym Magunt. dioc. (4 m. arg.) vac. p. assec. 2 al. s. c. benef. videlicet ad alt. s. Crucis et s. Margarete in eadem eccl. p. Petrum Bick 3. iul. 77 S 754 288^r – motu pr. gr. expect. de can. et preb. eccl. s. Victoris e. m. Magunt. et de can. et preb. eccl. s. Martini Wormat. (m. prep. eccl. s. Petri in Nurthen Magunt. dioc. ac offic. Magunt. et offic. Wormat.), gratis 18. nov. 77 V 668 300^r-302^r – de cantor. eccl. s. Ciriaci <in Nuhusen> e. m. Wormat. vac. p. resign. in manibus pape Petri Raspe cler. Wormat. <p. Pe-

trum Kempchin can. eccl. s. Andree Wormat. procur. suum fact.> cui de d. cantor. vac. p. o. in cur. Johannis Sartoris <de Bockenrode> prov. fuit 2. ian. 78 S 764 135^{vs}, (exec. prep. eccl. b. Marie Feuchtwangen. August. dioc. ac offic. Spiren. et offic. Wormat.), gratis V 586 70^v-72^r – referens quod quond. Nicolaus Glewitz (in cur. defunct.) actor litig. coram Nicolao de Ubaldis aud. et Johanne Prioris aud. contra Johannem Samheyt reum et possessorem sup. par. eccl. s. Mauritii e. m. Wratislav. (6 m. arg. p.) vac. p. o. Nicolai Coppyn (Cappin) quodque d. possessor cessit d. par. eccl. (d. Nicolao Glewitz adhuc vivente) cuidam Nicolao Sculteti qui Johannem Lufft coram quond. Johanne [Diaz de Coca] ep. Calaguritan. aud. traxit in causam: de surrog. ad ius d. Nicolai Sculteti 30. mart. 78 S 767 117^{rs}, gratis V 592 103^v-105^r – desiderans pro certis negotiis se a cur. absentare et ad partes transferre: de prerog. pape fam. descript. in absentia, Conc. ad an., sola sign. 26. mai. 78 S 769 285^{vs} – et **Petrus de Vezalia** decr. doct. in cur. procur. et Johannis Kesseler cant. eccl. s. Ciriaci e. m. Wormat. procur. referentes quod litig. sup. d. cantor. sed deinde concordiam fecerunt sup. recompensu de 1 vel 2 s. c. benef. de val. d. cantor. persolv. in casu resign. in favorem d. Johannis Kesseler: de conf. 19. mai. 79 S 781 297^v – oblig. p. Michaelem Salczman can. eccl. Wratislav. sup. annat. par. eccl. s. Mauritii e. m. Wratislav. ut supra 5. iun. 79 A 28 37^v – oblig. p. Johannem Bleszer rect. par. eccl. in Mergstat Wormat. dioc. pape fam. sup. annat. par. eccl. op. Bernszdorff Misnen. dioc. (16 m. arg.) de qua vac. p. o. in cur. Venzeslai Streszewicz colligitantis ut supra s. d. 13. mart. 75 sibi prov. fuerat 18. aug. 80 A 29 66^v.

5829 **Johannes Luyszer** presb. Trever. dioc. cui de alt. s. Nicolai in eccl.

ss. Severi et Martini Monasterii Meynfelt Trever. dioc. vac. p. o. Wilhelmi de Weda p. Jeronimum [de Santucciis] ep. Forosempronien. in partibus illis nuntium c. potestate legati de latere prov. fuit: de nova prov. de d. alt. (4 m. arg.) 22. iun. 74 S 708 299^{vs}.

5830 **Johannes (de) Lumel (Lumuuel)** Colon. [dioc.?]: alt. port. 72/73 I 332 62^r – subdiac. rect. perp. vicar. ad alt. ss. Marie, Dionisii et Marthe in colleg. eccl. s. Pauli Leod.: de prom. ad omnes ord. extra temp., sola sign. 27. nov. 71 S 673 242^v – fit mentio p. Everardum Zoudenbalch prep. eccl. s. Servatii Traiecten. [Leod. dioc.] et collect. p. civit. et dioc. Traiect. 18. mart. 72 FC I 1232/181 10^r – [Bessarionis Trapezunt.] card. [ep. Sabinen.] Niceni fam.: restit. bulle s. d. 25. mart. 70 sup. can. et preb. eccl. Traiect. (15 m. arg.) vac. p. o. in cur. Arnoldi Ver (Veer) 19. mart. 72 A 21 110^r.

5831 **Johannes Lunen (Lunne) de Unna** cler. Colon. dioc. pape fam. qui vig. gr. expect. can. et preb. colleg. eccl. s. Walburgis in Messchede Colon. dioc. vac. p. o. Bertoldi Tegethoff quond. Prosperi de Columpna tit. s. Georgii ad velum aureum diac. card. fam. motu pr. acc.: de nova prov. de dd. can. et preb. (3 m. arg.) 2. iul. 82 S 813 340^{vs} – motu pr. de can. et preb. eccl. s. Petri Leod. (4) necnon perp. vicar. ad alt. N. in par. eccl. de Schennick Leod. dioc. (6 m. arg.) vac. p. o. in cur. Thome Thome 23. iun. 83 S 824 308^{rs}.

5832 **Johannes Lupi** presb. Trever. dioc.: de <perp. s. c. benef. ad> alt. b. Marie virg. in superiori <par.> eccl. ville de Lemen (Lemeri) Trever. dioc. (3 m. arg.) vac. p. o. Frederici de Donchingen (Donchungen) 7. iun. 77 S 752 271^{rs}, m. (dec. eccl. s. Symeonis Trever.) (exped. 6. mart. 78) L 776 277^{rss}.

5833 **Johannes Lus**: indultum absol. fideles a casibus reservatis Traiect. [dioc.?] 82/83 I 335 170^v.

5834 **Johannes Lutz** cler. Herbip. dioc.: de perp. s. c. simplici eccl. in op. Nordburg August. dioc. (3 m. arg.) vac. p. o. Bernardi Mercklinger 9. iul. 81 S 802 144^v – de disp. ad 2 incompat. benef. 8. ian. 82 S 806 170^v – rect. par. eccl. Heynhovenn. Spiren. dioc. in cur. resid.: de prom. ad omnes ord. extra temp., sola sign. 18. mart. 83 S 821 27^v – not. recip. pro formata 6 grossos apr. 83 DB 2 78^v.

5835 **Johannes Luczzin (Lutgin, Lutgin)** presb. Trever. dioc. qui perp. s. c. vicar. ad alt. s. Barbare in par. eccl. s. Severi in Bopardia Trever. dioc. vac. p. o. Johannis Slecht <p. universos cap. d. par. eccl.> obtin.: de nova prov. de d. vicar. (3 m. arg.) 17. oct. 74 S 710 1^r, m. (prep. eccl. s. Simeonis Trever.) (exped. 27. oct. 74) L 743 82^{rss}.

5836 **Johannes Macke (Mack, Murcke)** perp. vic. ad alt. s. Andree in eccl. s. Mauritii August. de iur. patron. laic. et **Johannes Lang** rect. par. eccl. s. Sole in Resingen (Kesingen) August. dioc.: de adm. resign. Johannis Macke <p. Georgium Wagner procur. suum fact.> et de prov. d. Johanni Lang de d. vicar. et de assign. Johanni Macke pens. ann. 15 fl. auri renen. sup. fruct. d. par. eccl. (50 fl. renen.) <in civit. August. persolv.> 23. sept. 77 S 758 66^{rs} (exec. prep. eccl. b. Marie Feuchtwangen. August. dioc. et Johannes Gossold ac Georgius Peck canonoci eccl. August.) V 585 50^v-52^r – not. recip. pro copia 2 grossos et 3 grossos pro copia aug. 80 DB 1 39^v – presb. August. dioc.: motu pr. de gr. expect. de 2 benef. ad coll. abb. etc. mon. in Kayszhaim al. Cesarien. o. Cist. August. dioc. ac ad coll. prep. etc. eccl. s. Gertrudis August. dioc. et de disp. ad 2 incompat. benef., Et s. d. 17. nov. 81 S 803 128^v.

5837 Johannes de Machon (Macon) ex utr. par. de nob. gen. Roderici [de Borja] card. ep. Albanen. et vicecancellarii fam.: prov. de par. eccl. s. Petri e. m. Tullen. (24 l. T. p.) vac. p. o. Nicolai Thoeyti cler. Trever. abbrev. etiam d. card. fam. cui de d. par. eccl. vac. p. o. Viviani Terrici etiam d. card. fam. s. d. 20. iun. 73 prov. fuit 13. oct. 73 (exped. 24. decb. 73) L 731 21^{rss} – cler. Laudunen. dioc. Roderici ut supra nunc card. ep. Portuen. fam. qui c. Johanne Roberti pape fam. sup. can. et preb. eccl. s. Gertrudis Nivellen. Leod. dioc. concordiam fecit: de assign. pens. ann. 10 fl. renen. (20 scutorum monete Hanonie pro quolibet fl.) sup. fruct. person. de Palisio Leod. dioc. (24 l. T. p.) p. Johannem Roberti persolv. 16. mart. 79 S 779 185^{v}.

5838 Johannes Machostelln cler. Traiect. dioc. c. quo sup. def. nat. (p. s.) disp. fuit: motu pr. de gr. expect. de 2 can. et preb. necnon de 2 benef. ad coll. quorumcumque, Et s. d. 17. nov. 81 S 803 141^{r}.

5839 Johannes de Madiis (Madis) dec. Valerie in eccl. Sedun. mag. script. et pape ac Francisci [Todeschini-Piccolomini] tit. s. Eustachii diac. card. <Senen.> fam.: unio d. decanatui (60 fl. adc.) (quam d. Johannes vig. disp. ap. inter al. obtin.) par. eccl. de Arduno Sedun. dioc. ad vitam (80 fl. adc.) 9. mai. 78 L 786 283^{rs} – de prom. ad omnes ord. extra temp., sola sign. 21. mai. 79 S 782 28^{rs} – script.: de prov. in commendam prioratu s. Petri de Clages Sedun. dioc. (80 fl. adc.) vac. p. devol. 4. ian. 81 S 799 33^{r}.

5840 Johannes Maergetheim (Maergettheim, Maengertheim, Margethein) presb. Wormat. dioc.: de perp. capn. ad alt. s. Blasii eccl. prepos. nunc. Thurricen. (Thuronen.) Constant. dioc. (4 m. arg.) vacat. p. assec. can. et preb. d. eccl. <tunc vac. p. o. Bartholomei Burgower> p. Ulricum Fries (Friesz, Frees, Frits) presb.

Constant. dioc. <et de disp. ut unac. d. capn. par. eccl. in Murc (Mure, Murk) Constant. dioc. (4 m. arg.) quam possidet ad vitam retin. val. c. lic. perm.> 18. mai. 79 S 782 26^{vs}, 2. iun. 79 S 782 211^{vs}, m. (abb. mon. Maristelle in Wettingen Constant. dioc.) (exped. 8. nov. 79) L 795 286^{v}-288^{v} – de perp. capn. et de disp. ut supra 2. sept. 79 S 786 127^{vs} – rect. par. eccl. in Mure Constant. dioc. qui senio confractus et viribus sui corporis destitutus exist. d. eccl. resign.: m. (cust. eccl. Constant.) prov. Conrado Hugly presb. Constant. dioc. de d. par. eccl. (48 fl. renen.) et assign. Johanni Maergetheim pens. ann. 16 fl. renen. sup. fruct. d. eccl. p. d. Conradum persolv. 23. mart. 82 L 817 76^{vss}.

5841 Johannes Magenbuch presb. Constant. dioc.: de nova prov. de par. eccl. in Mengen Constant. dioc. (15 m. arg.) vac. p. o. Johannis Bart 10. apr. 72 S 678 5^{v}.

5842 Johannes Maginii cler. Bisuntin. qui can. et preb. eccl. s. Catherine in Brielis Traiect. dioc. de iur. patron. laic. in favorem Wictonis Symonis in manibus Margarete de Anglia ducisse Burgundie resign.: assign. pens. ann. 5 libr. grossorum monete Flandrie (= 3 m. arg. p.) sup. fruct. dd. can. et preb. (9 m. arg. p.) p. d. Wictonem c. consensu suo (p. Nicolaum Petri Noenkyns cler. Traiect. dioc. procur. express.) persolv. (exec. ep. Alerien. et prep. eccl. s. Salvatoris Traiect. ac prep. eccl. s. Johannis Traiect.) 25. iun. 81 V 611 218^{r}-220^{v}.

5843 Johannes Magni al. Nade cler. Colon. dioc.: de can. et preb. colleg. eccl. s. Patrocli op. Susacien. necnon de par. eccl. b. Marie in Pratis op. Susacien. Colon. dioc. vac. p. priv. Theoderici Braelis qui dd. can. et preb. ac par. eccl. p. pactionem c. Hinrico de Borgelan acc. 30. mai. 82 S 811 79^{v}.

5844 **Johannes Mayerhoffer (Mayrhof-fer) (de Gamundia)** in art. mag.: prov. de par. eccl. s.Nicolai in Hey-ne Spiren. dioc. (3 m. arg.) vac. p.o. in cur. Mathei Apt cui de d. eccl. vac. p.o. Ottonis de Hergszheim auct. ap. prov. fuit (m. abb. mon. ss.Petri et Pauli Wissenburgen. Spi-ren. dioc. et prep. eccl. Bremen. ac offic. Spiren.), gratis 25. sept. 81 (exped. 26. oct. 81) L 813 249^{rss} – cler. August. dioc. rect. par. eccl. s.Nicolai ut supra: de disp. ut unac. d. par. eccl. quam obtin. (4 m. arg.) aliud incompat. benef. recip. val. c. lic. perm. 1. ian. 82 S 806 79^v, gratis L 817 285^{vss} – Juliani [de Ruvere] card. ep. Sabinen. fam.: de par. eccl. in Bischelsdorff Patav. dioc. (20 m. arg.) vac. p. resign. d. card. in ma-nibus pape (cui s.d. 31. oct. 82 motu pr. de eadem vac. p. prom. Friderici Murkircher [Mauerkircher] ad eccl. Patav. prov. fuit) c. reserv. pens. ann. 34 fl. renen. Wolfgango Oben-surer cler. Patav. dioc. etiam d. card. fam. et pens. ann. 16 fl. renen. Cas-telo Doleatorum cler. Ratisbon. dioc. etiam d. card. fam. p. d. Johannem persolv. 22. decb. 82 S 818 303^r, I 334 194 – pape fam. ac Juliani ut supra nunc card. ep. Ostien. fam. cui motu pr. gr. expect. s.d. 17. nov. 81 de 2 benef. ad coll. ep. etc. Argent. et prep. etc. eccl. s.Mauritii August. conc. fuit: motu pr. decl. dd. litt. per-inde val. acsi gr. expect. n. ad benef. ad coll. prep. etc. eccl. s.Mauritii sed ad coll. ep. etc. Basil. conc. fuisset, gratis 23. nov. 83 Sec. Cam. 1 239^{rss} – Juliani ut supra tunc tit. s.Petri ad vincula presb. card. fam. qui vig. gr. expect. ut supra perp. s.c. vicar. in eccl. Basil. vac. p.o. Nicolai Heymsterffor acc.: de pro-rog. term. intimandi ad 2 al. menses, Conc. ad mensem, sola sign. 27. febr. 84 S 835 268^r – qui vig. gr. expect. par. eccl. in Acheren Argent. dioc. vac. p.o. Friderici Rasp acc. ac litig. desup. coram Petro de Ferrera aud. contra Wilhelmum de Thustem

cler. intrusum: de prorog. term. inti-mandi ad 6 menses, sola sign. 1. aug. 84 S 839 129^{rs}.

5845 **Johannes Mayger** fr. can. mon. Ari-gie (/.) [recte: Augie] Minoris] o. Prem. Constant. dioc. litig. coram Paulo de Ludovicis aud. contra Jo-hannem Bletz sup. par. eccl. sive vi-car. in Badengk Constant. dioc. d. monasterio unita: de prov. si neutri de d. par. eccl. sive vicar. (10 m. arg.) vac. p.o. Petri Ruoff 22. oct. 82 S 815 149^r.

5846 **Johannes Mailleti** cler. Lingonen. dioc. Marci [Barbus] tit. s.Marci presb. card. fam.: de perp. vicar. in eccl. Lubic. ac de prepos. rurali in Gelo Lubic. dioc. (2 m. arg.) vac. p.o. Nicolai Jodoci cui de d. perp. vicar. et prepos. vac. p.o. in cur. Egidii Ruemessen cler. Noviomen. (/.) dioc. prov. fuit 11. oct. 77 S 758 267^{rs}.

5847 **Johannes Mair** qui perp. capn. ad alt. s.Antonii in eccl. August. de iur. patron. laic. in manibus pape resign. et **Magnus Pargman** perp. vic. in par. eccl. s.Nicolai in Pfranten Au-gust. dioc. c. quo sup. def. nat. (ep. et s.) disp. fuit: de adm. resign. d. Johannis et de prov. d. Magno de d. perp. capn. (4 m. arg.) ac de assign. d. Johanni pens. ann. 22 fl. renen. sup. fruct. d. perp. vicar. (12 m. arg.) p. d. Magnum persolv. necnon de disp. ad quodcumque benef. c. lic. perm. pro d. Magno 21. iul. 80 S 795 51^r – presb. August. dioc.: restit. bullarum sup. pens. ann. 7. aug. 80 A 29 207^r.

5848 **Johannes Mayr (Mair, Mayer, Meyr)** can. eccl. Ratisbon. in 18. sue et. an. constit.: de disp. ad 2 incom-pat. benef., Conc. in legitimo et. <in 21. sue et. an.> 25. ian. 72 S 675 294^{rs}, 31. ian. 72 S 676 105^{rs} – solv. 40 fl. adc. pro compositione annat. prepos. ut infra p. manus soc. de Spi-nellis 5. decb. 72 FC I 1129 123^r, FC I 1767 32^r, FC I 1768 34^r – de

prepos. s. Candidi Inticen. Frising.
[recte: Brixin.] dioc. (18 m. arg.) vacat. p. resign. in manibus pape Georgii de Preysing cui de d. prepos.
prov. fuerat (possessione n. subsecuta) et qui Georgius litigavit coram
Johanne de Cesarinis aud. contra Johannem Entzenberger (Entzperger)
cler. Frising. sup. d. dioc. de qua d.
Johanni Entzenberger p. papam
prov. fuerat (possessione n. subsecuta) et nunc resign. 12. decb. 72 S
685 123^{vss}, I 332 36^v – prep. eccl.
Inticen. Brixin. dioc. in 19. sue et.
an. constit. <c. quo disp. fuit ut unac.
d. prepos. al. prepos. eccl. s. Arsatii
in Ilmunster Frising. dioc. recip.
val.>: de disp. ut unac. d. prepos. (18
m. arg.) aliud <3.> incompat. benef.
recip. val. 16. mart. 73 S 688 173^{rss},
L 726 298^{rss} – can. eccl. Ratisbon.:
supplic. Ludowico et Georgio fil.
ducibus Bavarie de par. eccl. s. Michaelis in Werd Ratisbon. dioc. (16
m. arg.) vac. p. o. Johannis Goldauer
9. iun. 78 S 770 93^{rs} – rect. par.
eccl. in Sall Ratisbon. dioc. et **Johannes Schindhover (Schedhover)**
presb. Ratisbon.: de adm. resign. Johannis Mayr et de prov. d. Johanni
Schindhover de d. par. eccl. (180 fl.
renen.) et de assign. d. Johanni Mayr
46 fl. renen. sup. fruct. d. par. eccl.
(sup. quib. iam pens. ann. 32 fl. renen. Erasmo Amman presb. Ratisbon. persolv.) p. d. Johannem
Schindhover c. consensu suo <p. Jacobum Pfister can. eccl. Wien. in
decr. licent. procur. express.> persolv., attento quod remanent 100 fl.
renen. de quib. rect. d. eccl. se sustentare possit 14. nov. 78 S 775
103^{vs}, (m. dec. eccl. Ratisbon. et Tilmanno Brandis can. eccl. Hildesem.
ac Bernardo de Gutenberg can. eccl.
Herbip.) 2. decb. 78 L 800 197^v-
199^r – restit. bulle sup. annat. pens.
ann. ut supra sibi assign. s. d. 2.
decb. 78 28. mart. 79 A 27 236^r –
qui par. eccl. in Rewt Salzeburg. dioc. vac. p. resign. in manibus pape
Johannis Lochner (Lochrer, Lochier)

(cui de eadem vac. p. o. Michaelis
Redrer prov. fuerat) <p. Sigismundum Grym cler. Frising. procur.
fact.> obtin. desup. litig. contra adversarios: de absol. et de prov. de d.
par. eccl. (28 m. arg.) 18. mai. 80 S
793 50^v, (exec. aep. Patracen. et offic. Frising. ac offic. Ratisbon.) V
606 94^v-96^v – cler. Ratisbon. (Frising.) dioc. actor qui litig. coram
aud. <Gundisalvo de Villadiego
aud.> contra quond. Johannem [Lu-
dovici] ep. Hierapolitan. sup. par.
eccl. in Werd (Wern, Verd) Ratisbon.
dioc. (14 <12> m. arg.) <vac. p. o.
Johannis Goldner (Goldener) Pii II.
fam.>: de surrog. ad ius d. ep. 25.
nov. 80 S 798 73^v, m. (aep. Patracen.
et offic. Frising. ac offic. Ratisbon.)
V 616 259^r-260^v – litig. ut supra
sup. par. eccl. in Werd: de surrog. ad
ius ep. ut supra 18. decb. 80 S 798
253^{vs} – solv. 70 fl. adc. pro annat.
par. eccl. in Rewt (Rayt, Liewt) Salzeburg. dioc. p. manus soc. de Spanochis 19. febr. 81 FC I 1134 104^r,
IE 502 53^r, IE 503 53^r – oblig. p.
Sigismundum Grim cler. Frising. dioc. sup. annat. par. eccl. in Rewt ut
supra (28 m. arg.) (in margine: portata fuit bulla datario pro fruct. male
perceptis) 21. febr. 81 A 29 149^r –
prep. eccl. s. Candidi Indicen. Brixin.
dioc. et rect. par. eccl. in Reyt Salzeburg. dioc. Brixin. dioc. c. quo in
stud. gener. insistendo de n. prom.
ad 7 an. disp. fuit: de prorog. term.
de n. prom. ad al. 5 an., n. o. d.
prepos. ac d. par. eccl. et par. eccl.
sive perp. vicar. in Werd Ratisbon.
dioc. sup. qua litig. necnon can. et
preb. in eccl. Ratisbon. (insimul 55
m. arg.) 19. ian. 82 S 806 239^v –
solv. 30 fl. adc. pro annat. par. eccl.
s. Petri in Werd Ratisbon. dioc. p.
manus soc. de Spanochis 22. ian. 82
FC I 1134 177^r, IE 505 61^r – cler.
Frising. dioc.: oblig. p. Johannem
Franchenreyter cler. Brixin. dioc.
sup. annat. par. eccl. in Werd Ratisbon. dioc. (12 m. arg.) (in margine:
s. d. 23. ian. 82 solv. pro d. annat. 30

fl. p. manus soc. de Spanochiis) 23. ian. 82 A 30 117^v.

5849 Johannes Maler dec. eccl. Osnaburg. decr. doct. c. quo ad 2 incompat. benef. disp. fuit: de disp. ad 3. incompat. benef. 26. ian. 76 S 734 297^{rs}.

5850 Johannes Malra prior mon. s. Georgii Staden. o. Prem. Bremen. dioc.: de prepos. d. mon. (4 m. arg. p.) vacat. p. priv. Johannis Valdis qui in temp. et loco interd. missam celebravit 27. mai. 83 S 824 109^{rs}.

5851 Johannes com. de Manderscheit can. eccl. Colon. in 22. sue et. an. constit.: de disp. ad quodcumque benef. 8. decb. 71 S 674 130^{rs}.

5852 Johannes Mannen acol. Trever. dioc. perp. benefic. ad alt. s. Huberti in par. eccl. de Garann Trever. dioc.: de prom. ad omnes ord. extra temp., sola sign. 31. iul. 79 S 784 135^{vs}.

5853 Johannes Manseti cler. Gebennen. dioc. pape fam. cui de par. eccl. de Tallneres vac. p. resign. in manibus pape Dominici [de Ruvere] tit. s. Clementis presb. card. (qui eam vig. gr. expect. vac. p.o. Petri Mermeti acc.) prov. fuit et qui litig. desup. coram Paulo de Tuscanella aud. inter al. contra Ludovicum de Lornay, Burchardum Stoer et Claudium Greffy adversarios: de prov. si nulli de d. par. eccl. (34 l. T. p.) 15. apr. 82 S 813 281^{rs}.

5854 Johannes Franciscus (Francisci) de Maraschis cler. Mantuan. B[artholomei] [de Marascha] ep. Civitatis Castelli nepos referens quod d. ep. litig. contra Johannem Fugler (Volgetem) can. eccl. Trident. sup. scolastr. in d. eccl. sed quod iur. in d. scolastr. sibi competenti in favorem d. Johannis resign.: supplic. d. ep. de assign. d. Johanni Francisco pens. ann. 7 fl. adc. sup. fruct. d. scolastr. (24 fl. adc.) p. d. Johannem Fugler <c. consensu suo p. Tilmannum Brandis procur. express.> per-

solv. 18. mai. 76 S 739 253^v, (m. ep. Alerien. et ep. Urbevetan. ac offic. Trident.), gratis L 766 135^{rss} – pape acol. abbrev. et B[artholomei] ep. ut supra pape magistridomus nepos: de can. et preb. eccl. b. Marie ad Gradus Magunt. (8 m. arg.) vac. p.o. Walteri (Valterii) Krac (Dirach) Nicolai V. et Pii II. fam. et abbrev. 3. febr. 79 S 777 19^v – oblig. sup. annat. can. et preb. eccl. b. Marie et promisit solv. in cur. infra 6 menses 13. febr. 79 A 27 156^v – referens quod vig. facult. prov. 300 personis p. Fridericum R. I. nominandis ep. August. et prep. eccl. Wien. conc. ipsi de benef. ad coll. prep. etc. eccl. s. Andree Colon. prov. fuit et quod motu pr. Georgius [de Ruvere] ep. Urbevetan. ad executionem dd. litt. procedit: motu pr. restit. d. nominationis, gratis 15. mai. 80 V 671 175^r-176^v – de can. et preb. eccl. ss. Petri et Andree in Bustorp Paderburn. (4 m. arg.) vac. p. resign. in manibus pape Burckardi Stoer prep. eccl. in Anseltingen (Alsentingen) Lausan. dioc. cui de eisdem vig. reserv. specialis vac. p.o. Vigandi Kroner (/.) prov. fuerat c. derog. constit. d. eccl. quod nullus in can. d. eccl. recip. val. nisi de natione Germanica seu d. idioma intelligere vel loqui scit 1. nov. 80 S 797 96^v – resign. in manibus pape can. et preb. eccl. ss. Petri et Andree ut supra possessione n. habita de quib. Frederico Duster cler. Colon. dioc. s. d. 4. nov. 80 prov. fuit 20. nov. 80 OP 6 60^v – pape fam. qui vig. nominationis imper. can. et preb. ac scolastr. colleg. eccl. s. Andree Colon. vac. p.o. Cristiani Engelberti acc.: de nova prov. de dd. can. et preb. ac scolastr. (insimul 10 m. arg.) et de disp. ut dd. can. et preb. ac scolastr. insimul obtin. val. [1482] S 817 233^r.

5855 Johannes Mark rect. par. eccl. in Franzenhusen Ratisbon. dioc. in art. liberalibus mag.: de disp. ut unac. d. par. eccl. aliud incompat. benef. recip. val. etsi 2 par. eccl. ad vitam c. lic. perm. 21. iun. 79 S 783 194ᵛ.

5856 **Johannes de Marceyo (Marclyo)** cler. Trever. dioc. in 24. sue et. an. constit.: de par. eccl. de Anderneyo (sub iurisd. archid. de Longuionno in eccl. Trever. exist.) necnon de decan. ruralis christianitatis nunc. de Bazellis Trever. dioc. (insimul 24 l. T. p.) vac. p. resign. in manibus pape Dominici de Marceyo 17. aug. 83 S 826 270ʳˢ, I 335 169ʳ.

5857 **Johannes Mariani** cler. Urbevetan.: de assign. pens. ann. 20 fl. renen. sup. fruct. par. eccl. in Rempstorp Colon. dioc. (100 fl. renen.) p. Johannem de Papis cler. Colon. dioc. rect. d. par. eccl. persolv. 2. mart. 75 S 715 38ʳˢ.

5858 **Johannes Marschalk** cler. Bamberg. dioc. ex utr. par. de mil. gen. reus et possessor qui litig. coram Nicolao de Ubaldis aud. contra Johannem Heller can. eccl. Frising. utr. iur. doct. (qui resign.) sup. can. et preb. eccl. Ratisbon.: de nova prov. de eisdem (10 m. arg.) 6. mart. 75 S 715 184ʳˢ.

5859 **Johannes Marscalci:** not. recip. pro bulla distributa 3 grossos et 2 grossos oct. 81 DB 1 103ᵛ.

5860 **Johannes Marsilli** cler. Traiect. dioc. inter 20 Elysabethe regine rel. quond. Johannis regis Castelle et Legionis cap. seu dilectos enumeratus: motu pr. de gr. expect. de 2 can. usque ad summam 100 l. T. p. et de 2 benef. ad coll. quorumcumque et de prerog. ad instar pape fam. descript., Et s. d. 1. ian. 72 S 670 90ʳˢ.

5861 **Johannes Marsteter de Ehingen** pleb. eccl. s. Crucis Spiren. litig. coram offic. prep. eccl. s. Widonis Spiren. et coram Paulo Manchart prep. eccl. s. Petri iun. Argent. iudice ap. auct. delegato contra Jodocum Brun cler. (nunc resign.) sup. capn. seu primissaria alt. b. Marie virg. et s. Katherine in par. eccl. ville In-

gerszheim Spiren. dioc. de iur. patron. Amberti et Friderici Statinfeder armigerorum (4 m. arg.) vac. p. o. Sifridi Bremer: de surrog. ad ius d. Jodoci 10. nov. 72 S 684 248ʳˢ.

5862 **Johannes Martini (de Edam)** cler. Traiect. dioc.: de thesaur. eccl. ss. Cassii et Florentii Bonnen. Colon. dioc. (3 m. arg.) vac. p. o. in cur. Henrici Herbordi, Fiat motu pr. pro Nicolao Edam pape cap. 9. sept. 71 S 671 17ᵛ – de par. eccl. sive person. in Vrechem Colon. dioc. (12 m. arg.) vacat. p. resign. in manibus pape Nicolai de Edam aud. cui de d. par. eccl. vac. p. o. Theoderici Snydwint quond. Dominici [de Capranica] tit. s. Crucis in Jerusalem presb. card. fam. prov. fuerat (litt. n. exped.) 7. nov. 72 S 684 152ᵛˢ – in 20. sue et. an. constit.: de can. et preb. eccl. sive mon. monial. in Dietkirchen Colon. dioc. (4 m. arg.) vacat. p. resign. in manibus pape Jacobi Raw <cler. Bamberg.> Pauli II. fam. cui de eisdem vac. p. o. in cur. Henrici Herbordi <s. d. 15. iul. 71> p. Paulum II. prov. fuerat (litt. n. exped.) 12. iun. 73 S 691 199ʳˢ, (m. prepositis eccl. ss. Appl. Colon. et eccl. s. Cuniberti Colon. ac eccl. s. Spiritus Ruremunden. Leod. dioc.) (exped. 12. iul. 73) L 737 162ʳ-164ʳ – Nicolai de Edam pape cap. et aud. nepos cui de can. et preb. eccl. b. Marie Traiect. vac. p. resign. d. Nicolai prov. fuit: de nova prov. de eisdem (12 m. arg.) 26. iun. 75 S 723 23ʳˢ – de can. et preb. eccl. in Dietkirchen e. m. op. Bonnen. Colon. dioc. (4 m. arg.) vac. p. resign. Nicolai ut supra 26. iun. 75 S 723 23ʳˢ – de nova prov. de can. et preb. eccl. b. Marie Traiect. (12 m. arg.) vac. p. resign. Nicolai ut supra 7. nov. 76 S 744 142ᵛˢ.

5863 **Johannes Martini de Quanenburgh** cler. Leod. dioc.: de perp. capn. ad alt. ss. Petri et Pauli ac Catherine virg. in par. eccl. in Poertliet [recte: Portvliet] Traiect. dioc. de iur.

patron. laic. (4 m. arg.) vac. p. resign. in manibus pape Roberti Petri 14. ian. 79 S 780 109ᵛ.

5864 Johannes Martolff rect. par. eccl. in Hirsaw Constant. dioc. mag. in art.: de fruct. percip. ad 7 an. c. derog. privil. ep. Constant. de resid. 3. mart. 75 S 715 146ʳˢ.

5865 Johannes Massentin (Masentin, Mosentin) cler. Verden. dioc. pape fam. cui gr. expect. de benef. ad coll. prioris et conv. mon. in Cieusen [recte: Sehusen] ord. s. Dominici Verden. dioc. conc. fuit: motu pr. de mutatione et exten. d. gr. expect. ad 2 benef. ad coll. quorumcumque <ad can. et preb. eccl. b. Marie Halberstad. et ad benef. (cuius fruct. val. ann. 25 m. arg. si c. c. et 18 m. arg. si s. c. n. excedunt) ad coll. ep. etc. Halberstad.>, acsi s. d. 1. ian. 72 conc. et acsi tunc pape fam. fuisset 28. iun. 77 S 755 135ʳˢ, gratis V 668 263ʳ-264ᵛ – qui vig. gr. expect. ut supra alt. sive s. c. vicar. in eccl. Halberstad. certo modo vac. acc. et nullum fruct. obtin.: de decl. litt. desup. perinde val. acsi de statutis et consuetudinibus d. eccl. ac de lic. resign. benef. p. eum obtenta in manibus ordin. mentio facta fuisset 25. febr. 79 S 778 135ᵛˢ, 27. febr. 79 S 778 244ʳˢ – qui in servitio pape c. Evangelista de Trevio medico exist. et post obitum d. Evangeliste in palatio ap. remanere desiderat: de decl. familiaritatis c. prerog. pape fam. descript., Conc. ad an., sola sign. 3. mart. 79 S 778 140ᵛ.

5866 Johannes Massingang: not. recip. pro formata 5 grossos febr. 80 DB 1 164ʳ.

5867 Johannes Masz cler. Brandenburg. cui gr. expect. s. d. 1. ian. 72 de 2 benef. ad coll. ep. etc. Brandenburg. o. Prem. et prep. eccl. s. Pauli Halberstad. conc. fuit: de mutatione gr. expect. de benef. ad coll. d. ep. etc. in benef. ad coll. prep. etc. eccl. s. Nicolai Stendalien. Halberstad. di-

oc. 27. oct. 74 S 710 147ʳˢ, L 749 150ʳˢˢ.

5868 Johannes Mathei: not. recip. pro bulla distributa 5 grossos sept. 81 DB 1 101ᵛ.

5869 Johannes Mathei cler. Constant. dioc.: de perp. vicar. ad alt. s. Cecilie in eccl. Constant. (4 m. arg. p.) vac. p. o. Johannis Waltheri 23. iul. 83 S 827 223ᵛ – edituarius eccl. s. Stephani Constant. in cur. resid.: de prom. ad omnes ord. extra temp., sola sign. 22. oct. 83 S 829 250ᵛ – motu pr. gr. expect. s. d. 17. nov. 81 de benef. ad coll. ep. etc. Constant. et ep. etc. Cur. necnon abb. etc. mon. Augie Maioris o. s. Ben. Constant. dioc. ac prerog. ad instar pape fam. descript. (exec. prep. eccl. b. Marie Erfforden. Magunt. dioc. et prep. eccl. ss. Felicis et Regule Turricen. Constant. dioc. ac offic. Constant.), gratis 13. mart. 84 V 653 279ᵛ-281ᵛ.

5870 Johannes Mathei cler. Cur. dioc. a Confederatione Switien. op. Turregii ad papam nunt. missus: de capn. sive alt. in eccl. Constant. (4 m. arg. p.) vac. p. o. cuiusdam Lazari Pauli II. sive alicuius card. fam. 10. oct. 83 S 829 172ʳ.

5871 Johannes Matthei presb. Othonien. dioc.: assign. pens. ann. 24 duc. adc. videlicet 8 fl. adc. sup. fruct. can. et preb. eccl. b. Marie Hamburgen. Bremen. dioc. (4 m. arg.) et 8 fl. adc. sup. fruct. perp. vicar. ad alt. ante faciem s. Salvatoris nunc. in d. eccl. (4 m. arg.) ac 8 fl. adc. sup. fruct. par. eccl. in Nigenkerken terre Ditmertie Bremen. dioc. (4 m. arg.) quos et quas Johannes Steen obtin. (cui de dd. can. et preb. eccl. b. Marie hodie p. al. litt. ap. prov. fuit) in civit. Haffnen. Roskild. dioc. persolv. (m. episcopis Urbevetan. et Othonien. ac Roskild.) 2. mart. 79 L 788 211ʳˢˢ – restit. bulle sup. annat. pens. ann. ut supra 9. mart. 79 A 27 232ᵛ.

5872 Johannes Mathei de Huczegeulis, Andreas Stamhamer, Wilhelmus Plettl: de gr. expect. de 2 can. et de 2 benef. ad coll. quorumcumque, Et s. d. 1. ian. 72 S 670 226ᵛˢˢ.

5873 Johannes Materni (Matherni) Sinderbach (Sinderboch, Swederbach) cler. Trever. dioc. nullum benef. obtin.: de alt. s. N. in eccl. s. Bartholomei Franforden. Magunt. dioc. (4 m. arg.) vac. p. o. Theoderici Dramme 27. nov. 75 S 731 229ᵛ – de par. eccl. s. Katherine in Wissel prope Wesalia <Trever. dioc.> (6 m. arg.) vac. p. o. Johannis Ruter (Ruther) 11. ian. 77 S 746 10ᵛ, m. (prep. eccl. s. Petri in Northen Magunt. dioc. et dec. eccl. s. Martini Bramessen. Osnaburg. dioc. ac offic. Trever.) (exped. 17. febr. 77) L 771 218ᵛˢ – et **Mathias Gaboris** cler. Colon. dioc. Berardi [Eruli] card. ep. Sabinen. fam. c. quo sup. def. nat. (p. s.) disp. fuit referentes quod d. Mathias par. eccl. Solembuten. Trever. dioc. (4 m. arg.) in manibus pape resign. de qua vac. p. o. in cur. Hermanni Ulrici cler. Magunt. dioc. et pape fam. prov. fuit (cui de eadem vac. p. o. in cur. Valerii Boul etiam pape fam. prov. fuerat): de prov. Johanni Materni de d. par. eccl. et de reserv. d. Mathie pens. ann. 7 fl. auri renen. sup. fruct. d. par. eccl. p. d. Johannem persolv. 21. mart. 77 S 748 269ᵛ – restit. bulle sup. annat. par. eccl. s. Katherine ut supra 5. mai. 77 A 25 163ʳ – perp. vic. ad alt. s. Jacobi in eccl. b. Marie Wietzslarien. Trever. dioc.: de prom. ad omnes ord. extra temp., Et quod committatur ep. Mutilen. in cur. resid. examinari, sola sign. 15. decb. 79 S 788 91ʳ.

5874 Johannes Mathie (Matthie) cler. Trever. <dioc.> in univ. Parisien. in facult. art. actu stud. Berardi [Eruli] tit. s. Sabine presb. card. dilectus: supplic. d. card. de can. et preb. eccl. Virdunen. (24 l. T. p.) vac. p. o. Egidii Hugonis abbrev. d. card. fam. 3.

decb. 72 S 685 41ᵛ, m. (offic. Parisien.) (exped. 15. decb. 72) L 727 29ʳˢˢ – in univ. ut supra stud. ad perp. s. c. capn. ad alt. s. Martini in par. eccl. s. Nicolai in Maruilla Trever. dioc. vac. p. o. Nicolai de Rampontel present. licet Henrriquentus Chauenrey cler. Trever. dioc. p. patronos d. capn. present. fuerit: de nova prov. de d. capn. (8 l. T. p.) 14. mai. 74 S 705 131ʳˢ – cant. eccl. Virdunen. in art. mag. et in facult. theol. in univ. Heydelbergen. stud.: de n. prom. ad 7 an. 8. oct. 77 S 758 263ᵛ – et al. litis consortes: commissio Trever. [dioc.?] 80/81 I 334 222ᵛ – motu pr. gr. expect. de 2 benef. ad coll. abb. etc. mon. s. Simphoriani o. s. Ben. Meten. dioc. ac abb. etc. mon. s. Petri o. s. Ben. Meten., (m. Johanni Militi can. eccl. Tullen. et offic. Trever. ac offic. Meten.) 17. nov. 81, gratis (exped. 8. oct. 82) L 820 155ᵛˢˢ – referens quod certa scolastr. vac. p. o. Ludovici Dominici subcollect. aut vac. p. incursum apostasie Johannis de Cunria qui ad sectam Malgonnen. se transtulit: de ref. 17. oct. 82 S 815 320ʳ.

5875 Johannes (Mathie) de Lancicia cler. Gneznen. dioc. rect. par. eccl. in Salcza Gneznen. dioc. referens quod ipse litig. coram Gaspare de Theramo aud. contra Stanislaum de Vyssoke cler. reum intrusum sup. d. par. eccl. (4 m. arg.) vac. p. o. Pauli de Miroschevicze et quod d. Stanislaus resign. in favorem Johannis Schissca qui post assec. al. par. eccl. in Bylla [recte: Byala] Plocen. dioc. d. par. eccl. in Salcza etiam resign.: de surrog. ad ius 21. mart. 78 S 769 25ᵛˢ – pres. in cur.: de prom. ad omnes ord. extra temp., sola sign. 10. sept. 79 S 786 134ʳ.

5876 Johannes Mathis de Lindenfels perp. cap. ad alt. s. Barbare in par. eccl. s. Petri e. m. Heydelbergen. Wormat. dioc.: litt. testim. sup. prom. (vig. supplic. s. d. 29. mai. 81) ad acolit. et al. min. ord. ac ad subdiacon. ord. s.d. 10. iun. 81, ad diacon. ord. s.d. 11. iun. 81 et ad presbit. ord. s.d. 12. iun. 81 in sacristia basilice Principis appl. in Urbe 13. iun. 81 F 7 19^v – not. recip. pro formata 8 grossos iun. 81 DB 2 36^v.

5877 **Johannes de Mauerchirichen** Patav. dioc. acol. ac cap. ad alt. s.Johannis Bapt. in eccl. b. Marie virg. op. Mauerchirichen Patav. dioc.: de prom. ad omnes ord. extra temp., sola sign. 16. apr. 77 S 750 122^{rs}.

5878 **Johannes Mawert (Mavert)** cler. Minden. dioc.: m. (prep. eccl. ss.Petri et Pauli Bardevicen. Verden. dioc. et Bremen. offic. ac Lubic. offic.) confer. perp. vicar. in eccl. Lubic. (4 m. arg.) vac. p. resign. Christiani Sterker (p. Theodericum Clinckrode prep. eccl. s.Wilhadi Bremen. procur. suum fact.) cui de eadem vac. p.o. Matthei de Rugia Pii II. fam. p. Paulum II. prov. fuit 20. sept. 71 V 579 164^r-166^r – perp. vic. ad alt. ss.Simonis et Jude in par. eccl. s.Catherine op. Hamburgen. Bremen. dioc. referens quod in d. op. statutum fuit quod ibidem nullus 2 benef. obtin. val.: de disp. ut unac. d. vicar. 2 al. benef. in d. op. retin. val. 26. apr. 75 S 719 42^{rs} – actor et **Theodoricus Arndes** cler. Bremen. dioc. reus referentes quod litig. coram Johanne Francisco de Pavinis aud. sup. fruct. perp. s.c. vicar. summaria in eccl. b. Marie Hamburgen. Bremen. dioc. (que 13 m. monete Lubic. ex summa capitali 200 m. d. monete val.) et quod deinde in presentia Fridelini de Corbeke scolast. eccl. Wratislav. decr. doct. et Tilemanni Brannis prep. eccl. s.Crucis Hildesem. et prep. eccl. s.Petri Northen. Magunt. dioc. concordiam fecerunt: de adm. resign. d.Theodorici et de prov. Johanni Mawert de d. vicar. ac de prov. d.Theodorico de vicar. ad alt. ss.Simonis et Jude ut supra (2 m. arg.) quam d.Johannes possidet necnon de assign. d.Theodorico

pens. ann. 10 m. monete Lubic. sup. fruct. d. vicar. summarie (6 m. arg.) p. d.Johannem persolv. 18.mai.80 S 793 124^{rs}.

5879 **Johannes de Meckenheym (Mechercheyn)** cler. Wormat. dioc. pape fam. referens quod Henricus Cerdonis presb. Magunt. dioc. par. eccl. pastoria nunc. ville in Dally Magunt. dioc. de iur. patron. laic. p. aliquos an. detin. ad eandem par. eccl. tunc vac. p.o. cuiusdam present. in simonie labem cadebat: de d. par. eccl. [deest val.] vac. p. priv. 5. oct. 82 S 814 236^{vs} – ex utr. par. de nob. gen. cui motu pr. gr. expect. s.d. 17. nov. 81 de can. et preb. in eccl. s.Guidonis Spiren. et de benef. ad coll. abba. etc. mon. in Neumonster o. Cist. e.m. Wormat. conc. fuit: motu pr. de mutatione d. gr. expect. in benef. ad coll. abb. etc. mon. ss.Petri et Pauli o. s. Ben. in Wiszenburg Spiren. dioc. 18. decb. 82 S 818 11^v – de decan. (6 m. arg.) ac can. et preb. eccl. s.Andree Wormat. (3 m. arg.) vac. p.o. Ade Rothart Pii II. fam. 22. ian. 84 S 838 58^v.

5880 **Johannes Mecher (Mech, Meck) de Campis** cler. Traiect. dioc. et **Leonardus de Bruwershaven** rect. par. eccl. de Sevenhoven Traiect. dioc. pape fam.: de adm. resign. d. Leonardi et de prov. d. Johanni de d. par. eccl. (3 m. arg.) c. assign. d. Leonardo pens. ann. 4 fl. auri renen. sup. fruct. d. par. eccl. p. d. Johannem persolv. 23. febr. 82 S 807 239^v – rect. par. eccl. de Sevenhoven ut supra: de prom. ad omnes ord. extra temp., sola sign. 16. apr. 82 S 809 287^r – litt. testim. (vig. supplic. s.d. 16. apr. 82) sup. prom. ad subdiacon. ord. s.d. 16. iun. 82, ad diacon. ord. s.d. 24. iun. 82, ad presbit. ord. s.d. 29. iun. 82 in basilica Principis appl. de Urbe 29. iun. 82 F 7 60^r.

5881 **Johannes (Medici al.) Patzker (Patezker)** presb. Wratislav. dioc. in art. et med. mag. Gabrielis [Rangone] tit.

ss. Sergii et Bacchi diac. card. Agrien. vulg. nunc. fam. qui ad presbit. ord. prom. fuit sed artem med. a d. card. vel pluribus cler. seu laic. requisitam exercuit: de disp. sup. irreg. ac de indulto exercendi artem med. in futurum et de disp. ad retin. benef. que obtin. 19. apr. 80 S 791 292ᵛ – et **Stephanus de Pastock, Fridericus Kompff, Johannes de Marchis, Johannes Brunonis, Henricus Lemmeburg, Georgius Brun, Sebastianus Wighi, Leonardus Richer, Henricus Bieben, Johannes Wlrinck, Sebastianus Schernsmede** inter 60 Gabrielis [Rangone] card. ut supra fam. enumerati: motu pr. de gr. expect. de 2 can. et preb. necnon de 2 benef. ad coll. quorumcumque et de disp. ut unac. 2 incompat. benef. 3. incompat. benef. ad vitam recip. val. c. lic. perm. c. disp. sup. def. nat. et def. et., Et s. d. 17. nov. 81 S 803 81ᵛˢ – can. eccl. Wratislav. card. ut supra cap. et fam. cui gr. expect. de 2 benef. motu pr. conc. fuit: motu pr. de prepos. eccl. Wratislav. (13 m. arg.) vacat. p. assec. decan. d. eccl. p. Johannem Wat, n. o. can. et preb. d. eccl. (20) ac can. et preb. eccl. Agrien. (10) et perp. capn. ad alt. s. Trinitatis in eccl. Agrien. (8) ac mansionariis in colleg. eccl. s. Crucis Wratislav. (3) ac capn. ad alt. s. Catherine in par. eccl. s. Elizabethe Wratislav. (4 m. arg.) c. disp. ut d. prepos. ac can. et preb. eccl. Wratislav. insimul obtin. val. 14. febr. 82 S 807 110ʳˢ, 6. mart. 82 S 808 164ʳ – motu pr. de decan. eccl. Wratislav. (50 m. arg.) vac. p. o. Johannis Wallen c. disp. ut unac. d. decan. can. et preb. eccl. Wratislav. quos obtin. insimul ad vitam obtin. val. 8. nov. 82 S 820 222ᵛ – motu pr. de prepos. ut supra vac. p. resign. card. ut supra in manibus pape (cui de d. prepos. vac. p. o. Johannis Waet (Var) vel Petri Hoppener prov. fuerat) c. disp. ut supra 22. apr. 83 S 822 133ʳ – supplic. Mathia Hungarie et Boemie rege

motu pr. prov. de prepos. ut supra (exec. abb. mon. s. Vincentii e. m. Wratislav. et abb. mon. s. Marie in Arena Wratislav. et Geroldus de Bonzanis can. eccl. Agrien.) 2. iun. 83 V 630 239ᵛ-241ᵛ – prep. eccl. Wratislav.: oblig. p. Giroldum de Regio decr. doct. card. Agrien. ut supra secr. sup. annat. d. prepos. de qua s. d. 4. mai. 81 sibi prov. fuit, restit. bulle (in margine: s. d. 7. iun. 83 solv. pro annat. 30 fl. 67 bol. p. manus soc. de Gaddis de cur.) 7. iun. 83 A 31 70ᵛ – solv. 30 fl. adc. et 60 <60¹/₂> bol. pro annat. prepos. eccl. Wratislav. p. manus soc. de Gaddis 9. iun. 83 IE 508 37ᵛ, IE 509 36ᵛ, Paris L 52 D 5 97ʳ – referens quod propter diminutionem fruct. in guerrarum turbinibus prepositure ut supra par. eccl. s. Marie Magdalene Wratislav. s. d. 30. nov. 77 incorp. fuit et quod d. unione postea a sed. ap. revocata d. prepos. nunc vac. p. o. Petri Hoppener de Costen: supplic. card. ut supra de uniendo d. prepositure (13 m. arg.) d. par. eccl. (10 m. arg.) ad vitam Johannis Medici et de prerog. ad instar pape fam. descript. (in margine: cass.) 23. oct. 83 S 829 222ʳ – oblig. sup. annat. par. eccl. s. Marie Magdalene Wratislav. prepositure ut supra p. bullam s. d. 26. nov. 83 conc. 30. nov. 83 A 31 179ʳ – de prepos. colleg. eccl. s. Sepulcri domini et de par. eccl. s. Petri Legnitien. Wratislav. dioc. de iur. patron. laic. invicem unite (insimul 10 m. arg.) vacat. p. priv. Johannis Dorflinghen qui excom. missas et al. divina off. celebravit et de committ. in partibus 8. decb. 83 S 832 143ᵛˢ.

5882 **Johannes Medrebach (Meckebach)** cler. Magunt. dioc. cui gr. expect. s. d. 1. ian. 72 de 2 benef. ad coll. prep. etc. eccl. b. Marie virg. Erfforden. et prep. etc. eccl. s. Petri Frislarien. Magunt. dioc. conc. fuit: de mutatione d. gr. expect. de benef. ad coll. d. eccl. s. Petri in benef. ad coll. ep. etc. Wormat. <et de benef. ad coll. prep. etc. eccl. b. Marie in benef. ad coll. ep. etc. Spiren.> 11. iul. 80 S 795 5^{rs}, 6. aug. 80 S 795 186^v.

5883 **Johannes Meyer**: not. recip. pro bulla distributa 2 grossos nov. 79 DB 1 4^v.

5884 **Johannes Meyer** rect. par. eccl. in Buren Constant. dioc. pape fam.: recip. in pape acol., gratis 1. decb. 79 V 598 308^v – presb. Constant. dioc. pape acol.: de par. eccl. de Erlar Lausan. dioc. (4 m. arg.) vac. p. o. Johannis Messer 8. apr. 83 S 821 162^{vs}.

5885 **Johannes Meyer** cler. Frising. dioc.: de par. eccl. in Ewgenpach al. Altorff Ratisbon. dioc. (20 m. arg.) vac. p. o. Friderici Harcul quond. Johannis [Gaufridi] tit. s. Martini in montibus presb. card. fam., n. o. quod Cristophorus Mendel d. eccl. absque tit. occupat 18. mai. 76 S 739 55^{rs}.

5886 **Johannes Meyer** cler. Magunt. dioc. qui ad perp. benef. ad alt. s. Nicolai in par. eccl. op. Duderstadt Magunt. dioc. de iur. patron. laic. vac. p. o. cuiusdam p. patron. present. fuit: de nova prov. de d. perp. benef. (4 m. arg.) 24. mart. 84 S 833 247^r.

5887 **Johannes Meierinck (Merinck)** cler. Traiect. dioc. pape fam. cui gr. expect. de benef. ad coll. rect. par. eccl. s. Martini Arnhemen. Traiect. dioc. motu pr. s. d. 12. ian. 79 conc. fuit: motu pr. mutatio gr. expect. de benef. ad d. coll. in benef. ad coll. abb. etc. mon. de Werdena o. s. Ben. Colon. dioc. necnon prep. etc. eccl. s. Walburgis Zuitphanien. Traiect. dioc. et prerog. ad instar pape fam. descript. ac disp. ad 2 incompat. benef. etsi 2 par. eccl. ad vitam c. lic. perm., gratis 27. mart. 80 V 673 459^r-460^v – resign. in manibus pape par. eccl. s. Ludgeri (Luggerii) in Antiquo Schermbeck Monast. dioc. de qua nunc Gerardo Rint rect. par.

eccl. in Messen Monast. dioc. s. d. 23. iun. 81 prov. fuit Petro de Xantis cler. Colon. dioc. teste presente 28. iun. 81 OP 6 95^r – de par. eccl. in Rikenvorsel Cameracen. dioc. (16 l. T. p.) vac. p. o. Johannis Nederman olim Nicolai V. fam. et abbrev. 16. sept. 82 S 814 58^r – de par. eccl. in Hammer Traiect. dioc. (4 m. arg. p.) vac. p. priv. Henrici Maes qui missas n. celebravit 6. decb. 82 S 817 20^v – motu pr. de perp. vicar. ss. Michaelis et Jacobi in eccl. s. Walburgis Zutfanien. Traiect. dioc. (3 m. arg. p.) vac. p. o. Alberti Hadenkint (Haldenkin) de Lochgen 25. sept. 83 S 828 297^r, (exec. ep. Alerien. et thes. eccl. s. Sebastiani Magdeburg. ac offic. Traiect.) V 636 140^{vs}.

5888 **Johannes Meyerspach** presb. Herbip. dioc. cui de par. eccl. <s. Kiliani> in Weisach vac. p. o. Johannis Staigenheuser prov. fuit et qui litig. desup. contra Johannem Krelis cler. Herbip. dioc. qui d. par. eccl. vac. p. resign. d. Johannis Staigenheuser obtin. et nunc resign.: de assign. pens. ann. 9 fl. sup. fruct. d. par. eccl. (5 m. arg.) p. d. Johannem Krelis <c. eius assensu p. Johannem Brotrich al. Hoppe cler. Herbip. dioc. procur. express.> persolv. 18. nov. 74 S 711 249^{rs}, (m. prep. eccl. ss. Petri et Pauli Bardevicen. Verden. dioc. et offic. Herbip. ac offic. Bamberg.) L 745 82^{rss}.

5889 **Johannes Meyger** presb. Constant. dioc.: de par. eccl. in Orszwiler Argent. dioc. (8 m. arg.) vac. p. o. Johannis Messinger 19. iul. 80 S 796 64^r – qui ad par. eccl. ut supra p. patron. laic. seu eorum maiorem partem present. et deinde instit. fuit: de nova prov. de eadem (8 m. arg.) 29. iul. 80 S 796 70^v.

5890 **Johannes Meyger (Meygern)** cler. Lubic. dioc. pape fam.: de perp. sive simplici s. c. benef. in par. eccl. op. Barden. Camin. dioc. (3 m. arg.) vac. p. o. in cur. Theoderici Nevlenno 24. aug. 72 S 694 215^v – de perp. s. c.

vicar. ad alt. s. Elisabethe in eccl. Herbip. necnon de perp. capn. ad alt. in hosp. an dem Sandt nunc. i. m. Bamberg. (insimul 4 m. arg.) vac. p. o. Johannis Schutz 24. aug. 73 S 694 215ᵛ, m. (Melchiori de Meckau can. eccl. Brixin. et Gaspari Smidhauser can. eccl. Frising. ac offic. Herbip.), gratis (exped. 26. mai. 74) L 729 169ʳˢˢ – de perp. vicar. in eccl. s. Petri Lubic. (4 m. arg.) vacat. p. assec. perp. vicar. in par. eccl. b. Marie Lubic. p. Johannem Schare 23. mart. 74 S 708 293ᵛˢˢ – can. eccl. Lubic. cui gr. expect. s. d. 1. ian. 72 de can. et preb. eccl. Lubic. necnon de benef. ad coll. prep. etc. eccl. b. Marie Hamburgen. Bremen. dioc. conc. fuit: decl. litt. desup. perinde val. acsi temp. dd. litt. pape fam. fuisset, gratis 6. iul. 74 (exped. 12. sept. 74) L 740 170ʳˢ – qui vig. gr. expect. can. et preb. in eccl. s. Marie Hamburgen. Bremen. dioc. vac. p. o. Henrici Gerwen acc.: de nova prov. de eisdem (4 m. arg.) 12. aug. 74 S 708 281ᵛ – qui vig. gr. expect. can. et maiorem preb. eccl. Lubic. vac. p. o. Henrici Gerwen acc.: de nova prov. de eisdem (4 m. arg.) 19. oct. 74 S 710 61ʳ – de perp. s. c. vicar. ad alt. ss. Katherine et Margarete in eccl. s. Jacobi op. Hamburgen. Bremen. dioc. (4 m. arg.) vac. p. o. in cur. Henrici Luneborges c. derog. iur. patron. 23. oct. 74 S 711 215ʳ.

5891 Johannes Meyloeff (Meyloff, Meyloiff) cler. <Camin. dioc.> mag. in art. magistri <dom.> Livonien. <ord. hosp. b. Marie Theotonicorum Jerusalem.> cancellarius: de can. et media preb. Kercho et Reymheuer vulg. nunc. eccl. Osil. (8 m. arg.) vacat. p. prom. Johannis Bertkow el. Tarbat. (post obitum Andree [Piperii] ep. Tarbat.) de quib. Johanni Duseborgh Petri [de Wedberch] ep. Osil. cap. intruso p. d. Petrum ep. prov. fuerat <et qui eosdem p. aliquos menses detin.> 19. iun. 73 S 692 122ʳˢ, m.

(prep. eccl. Rigen.) (exped. 12. iul. 73) L 727 72ʳ-73ᵛ – referens quod Ludolphus Nagel can. eccl. Osil. quond. Judoci [de Hohenstein] ep. Osil. in infirmitate constituti vic. <in spir.> de d. vicariatu aufugerat et se ad civit. Reval. transtulerat et quod Petrus Wetberch el. Osil. tunc can. eccl. Osil. et can. eccl. Reval. can. et preb. d. eccl. Reval. in favorem d. Ludolphi pacto simoniaco <in manibus Everhardi [Kalle] ep. Reval.> resign.: de dd. can. et preb. (8 m. arg.) 19. iun. 73 S 692 122ᵛˢ, m. (abb. mon. in Padis Reval. dioc.) (exped. 8. iul. 73) L 727 37ʳ-38ᵛ – oblig. p. Wolradum Meinwert can. eccl. Osil. sup. annat., restit. bulle 15. iul. 73 A 22 57ʳ, A 22 57ᵛ.

5892 Johannes Meynisch scol. Colon. dioc. in 20. sue et. an. constit. c. quo sup. def. nat. (p. s.) disp. fuit et qui in min. vel subdiacon. ord. prom. est: de disp. ut unac. certo benef. quod obtin. al. 3 incompat. benef. et quodcumque benef. curatum etsi par. eccl. recip. val. quamprimum 21. sue et. an. attigerit et de prom. ad ord. presbit. 21. oct. 79 S 787 50ʳ.

5893 Johannes de Meynringha presb. rect. par. eccl. de Meynringha Meten. dioc. qui in 80. et sue an. constit. et **Theodericus Raynoldi (Reymoldi)** presb. Meten. dioc.: de adm. resign. d. Johannis et de prov. d. Theodorico de d. par. eccl. (24 l. T. p.) et de assign. d. Johanni pens. ann. 8 l. T. p. 10. iun. 77 S 752 180ʳˢ, (exec. thes. eccl. s. Hermetis Rotnacen. Cameracen. dioc. et offic. Meten. ac offic. Virdunen.) 12. iul. 77 L 777 72ʳ-73ᵛ.

5894 Johannes Meyroit (Meyroie) monach. et profes. mon. s. Willibrordi (Wilbordi) de Epternacho o. s. Ben. Trever. dioc.: de disp. ad quodcumque benef. etsi par. eccl. c. lic. perm. 12. iun. 79 S 782 278ʳˢ, L 796 100ʳ.

5895 Johannes Melzigen: motu pr. de confic. litt. c. express. quod priores litt. val. acsi motu pr. conc. forent 5. mart. 78 S 766 84ʳ.

5896 **Johannes Meltzwasser (Melsczwayssen)** cler. Leod. dioc.: motu pr. de gr. expect. de 2 can. et preb. <can. et preb. eccl. b. Marie Aquen. Leod. dioc.> ac de 2 benef. <ad coll. dec. etc. eccl. s. Adalberti Aquen. Leod. dioc.> 17. nov. 81 S 803 39ᵛ, (m. (dec. eccl. b. Marie Traiecten. Leod. dioc. et Francisco de Maffeis can. basilice Principis appl. de Urbe ac offic. Leod.), gratis (exped. 17. oct. 82) L 820 62ʳ-64ʳ – dec. eccl. s. Adalberti Aquen. Leod. dioc.: de prom. ad omnes ord. extra temp., sola sign. 27. apr. 83 S 822 220ʳ.

5897 **Johannes Menchen (Menchem)** cler. Magunt. dioc.: de decan. colleg. eccl. op. Pingwen. Magunt. dioc. (4 m. arg.) vac. p. o. cuiusdam 18. iun. 73 S 692 182ʳˢ – prov. de vicar. Herbip. [dioc.?] vac. p. o. 74/75 I 333 143ʳ – in cur. sollicitator: restit. bulle sup. prov. de perp. vicar. in eccl. Herbip. (6 m. arg.) vac. p. o. Johannis Schutz s. d. 28. aug. 73 10. iun. 74 A 23 102ᵛ – cui scolastr. ac can. et preb. eccl. s. Petri Friizlarien. Magunt. dioc. vac. p. o. Bertoldi de Meydheym abbrev. p. Fridericum R. I. conc. fuerunt: de nova prov. de eisdem (insimul 10 m. arg.) 16. aug. 75 S 725 284ʳˢ – scolast. eccl. s. Petri Fritzlarien. Magunt. dioc. decr. licent. c. quo ad 2 incompat. benef. etsi par. eccl. disp. fuit: de disp. ad 3. incompat. benef. et de percip. fruct. 26. febr. 78 S 765 190ʳˢ – decr. doct.: de vicar. in eccl. b. Marie virg. Erforden. Magunt. dioc. (3 m. arg.) vac. p. o. Johannis Steyn Pii II. fam. 22. nov. 80 S 802 157ʳˢ – Hermanni lantgravii Hassie orator pro conf. elect. in aep. Colon. ad papam destinatus c. quo tempore Pauli II. ad 2 incompat. benef. etsi 2 par. eccl. ad 3 an. disp. fuerat et qui vig. d. disp. d. scolastr. et par. eccl. in Ursano Vallis solis Trident. dioc. assec. fuit: de disp. ut unac. dd. 2 besec. fuit: de disp. ut unac. dd. 2 be-

nef. aliud 3. incompat. benef. recip. val. 14. decb. 80 S 798 53ᵛ, (exec. dec. eccl. Wormat. et dec. eccl. b. Marie Erfforden. Magunt. dioc. ac dec. eccl. s. Johannis Ameneburgen. Magunt. dioc.), gratis residuum 14. decb. 80 V 673 116ᵛ-119ʳ – cler. Colon. dioc. cui de can. et preb. eccl. s. Cassii in op. Bonnen. Colon. dioc. vac. p. o. Johannis Papis Angeli [de Capranica] tunc tit. s. Crucis in Jerusalem. presb. card. fam. p. capit. d. eccl. prov. fuit: de nova prov. de dd. can. et preb. (6 m. arg.) 19. iul. 83 S 825 322ʳˢ.

5898 **Johannes Mendarfer** presb. Ratisbon. dioc.: de par. eccl. in Petzenhofen August. dioc. (4 m. arg.) vac. p. devol. 19. ian. 77 S 746 194ᵛ.

5899 **Johannes Mendel (Mende)** rect. par. eccl. s. Blasii in Arbergh Eistet. dioc. mag. in art. et decr. doct.: de disp. ut unac. d. par. eccl. (10 m. arg.) al. incompat. benef. recip. val. 22. ian. 73 S 685 276ʳˢ – qui can. et preb. seu perp. capn. chori s. Willibaldi in eccl. Eistet. et **Jacobus Raschawer** presb. Eistet. dioc. qui prepos. eccl. b. Marie Novi Collegii Eistet. perm. desiderant: de prov. d. Jacobo de dd. can. et preb. (9 m. arg.) et de prov. Johanni Mendel de d. prepos. (8 m. arg.) 5. iun. 74 S 706 97ᵛˢ, I 332 100ʳ – curie Eistet. offic. vic. in spir. gener.: supplic. N. aep. Salzeburg. de par. eccl. b. Marie virg. in Lausen Salzeburg. dioc. (24 m. arg.) vac. p. prom. Georgii [Altdorfer] el. eccl. Chiem. <cui de d. par. eccl. auct. Bernardi [de Rohr] aep. Salzeburg. prov. fuit> 6. nov. 77 S 760 223ʳˢˢ, (m. prep. eccl. Veteris Capelle nunc. b. Marie Ratisbon. et offic. Salzeburg. ac offic. Ratisbon.) (exped. 4. apr. 78) L 785 257ᵛ-259ʳ.

5900 **Johannes Mendel de Stamfels** cler. Ratisbon. dioc. ex utr. par. de nob. gen.: de can. et preb. eccl. Eistet. (10 m. arg. p.) vac. p. resign. in manibus pape Eberhardi de Payperg (cui de

eisdem vac. p. o. Johannis de Helt-
perg p. Ursum [de Ursinis] ep. Theanen. tunc in partibus legatum prov.
fuit), n. o. perp. s. c. vicar. in par.
eccl. s. Mauritii op. Ingolstat Eistet.
dioc. (4 m. arg.) quam obtin. 12.
febr. 82 S 807 109ᵛ.

5901 Johannes Meni prior dom. s. Pauli
Zum Rotenhus nunc. o. fr. herem.
s. Aug. Basil. dioc. referens quod
nonnulli hostiles incursus ad d. dom.
fact. sunt in quib. ipse etiam captus
fuit: de lic. transl. ad aliquod mon. o.
s. Ben. in quo viget observ. reg. 22.
oct. 82 S 815 116ᵛ.

**5902 Johannes Menszken (Ninsken) de
Morsz (Morsza)** cler. Colon. dioc.
pape fam. nullum benef. obtin.: de
can. et preb. in eccl. s. Andree Verden. (4 m. arg.) vac. p. o. cuiusdam
Johannis in cur. defunct. 6. nov. 81 S
813 372ʳ – de perp. s. c. vicar. in
eccl. Verden. (3 m. arg.) vac. p. o.
Alberti Wulf 10. nov. 81 S 813
372ʳ.

5903 Johannes Menczer (Meuczer) profes. o. fr. min. Basil. dioc.: de par.
eccl. s. Stephani in Lindo Constant.
dioc. (160 fl. adc.) vacat. p. priv.
Henrici Locher (Locner) <qui excom. missas celebravit>, n. o. quod
d. Johannes fr. o. fr. min. existit 4.
decb. 77 S 761 108ʳˢ, m. (abb. mon.
s. Benedicti in Pregantia et prep.
eccl. Turicen. Constant. dioc. ac offic. Constant.) (exped. 20. decb. 77)
L 780 134ʳ-135ᵛ – profes. in conv.
Columbarensi Basil. dioc.: de disp.
ad quodcumque benef. etsi par. eccl.,
Conc. de 1 curato 7. decb. 77 S 761
108ᵛ – oblig. sup. annat., restit. bulle 27. decb. 77 A 26 122ʳ.

5904 Johannes (de Meppis) el. Larissen.:
prov. de d. eccl. vac. p. o. Werinboldi
[de Heyss] 24. ian. 77 L 772 34ᵛˢ –
assign. pens. sup. mensa eccl. Osnaburg. 76/77 I 333 242ʳ – oblig. p.
Arnoldum Grondick dec. eccl. s. Johannis Osnaburg. sup. annat. pens.
ann. 200 fl. renen. sup. fruct. mense

episc. Osnaburg. p. bullam s. d. 24.
ian. 77 sibi assign. 1. febr. 77 A 25
112ᵛ – solv. 68 fl. adc. pro compositione annat. pens. ann. sup. fruct.
mense episc. Osnaburg. p. manus
Arnoldi (Arnandi) Grandick 1. febr.
77 FC I 1133 33ᵛ, IE 493 65ᵛ – cui
ex mensa episc. Osnaburg. certa
pens. ann. 200 fl. renen. reserv. fuit
et qui in partibus vicinis Minden.
practicus existit: de indulto quod in
casu necessitatis in civit. et dioc.
Minden. omnia pontific. off. exercere val. quoad vixerit 14. mart. 77 S
752 44ʳ.

5905 Johannes de Meer cler. Leod. dioc.
qui in 12. sue et. an. constit. in op.
Buscoducen. Leod. dioc. litt. stud.
insistit et desiderat ut in aliqua univ.
stud. gener. continuare et in subsidium stud. sui pens. ann. sup. fruct.
par. eccl. de Boxmeer Leod. dioc. de
iur. patron. Wilhelmi de Egmonda
domini de Boxmeer (75 fl. renen.)
recip. possit: de assign. pens. ann. 25
fl. renen. (= 20 stuferi monete in illis
partibus currentis p. fl. computati) p.
Hermannum de Wisttenhorse rect. d.
par. eccl. persolv. 14. iun. 83 S 826
2ʳ.

5906 Johannes Mergerher can. eccl.
s. Petri Ymbriacen. Constant. dioc.
cui motu pr. gr. expect. de can. et
preb. ad coll. prep. etc. eccl. ss. Felicis et Regule prepos. Thuricen.
nunc. Constant. dioc. conc. fuit et
cui postea de perp. capn. ad alt.
s. Blasii in d. eccl. prov. fuit: motu
pr. de reval. d. gr. expect. acsi de d.
capn. prov. n. fuisset et de prerog. ad
instar pape fam. descript. 17. apr. 77
S 750 146ᵛˢ.

5907 Johannes Merwardt de Wending
cler. August. dioc. mag. in art. et in
med. doct. referens quod Sigismundus Schrotel rect. par. eccl. in Ursa-
na Trident. dioc. et Johannes Mar-
mehen presb. Trident. dioc. rect. par.
eccl. in Villanders (Willandes) Trident. dioc. (quam post obitum Leonhardi de Natz obtin.) ex causa

perm. resign. extra cur. et quod d. Sigismundus d. par. eccl. in Villanders pretextu coll. sibi facte nondum resign. p. aliquos menses detin.: de d. par. eccl. in Villanders (100 duc.) 10. mai. 74 S 704 212^{rs}.

5908 Johannes Merwart in decr. licent. cler. Eistet. dioc.: de can. et preb. eccl. Brixin. (10 m. arg.) vac. p. priv. Cunradi Wanger cler. qui homicidium et simoniam commisit 10. decb. 77 S 761 264^{rs} – oblig. sup. annat., restit. bulle 30. decb. 77 A 26 122^v.

5909 Johannes Messerer presb. Argent. dioc. qui ad par. eccl. in Wasselnheim (Vasselnheim) Argent. dioc. vac. p. o. Johannis Buchowe p. Vlikerum abb. mon. in Hornbach o. s. Ben. Meten. dioc. present. fuit et qui deinde desup. litig. coram offic. Argent. ex delegatione ap. et vic. gener. in spir. ep. Argent. contra Johannem de Helmstat cler. (qui ad d. par. eccl. p. archid. p. Marchiam in eccl. Argent. present. fuit): m. (Arbogasto Helhait Roberti [de Simmern] ep. Argent. vic. gener. in spir.) prov. si neutri de eadem (8 m. arg.) 31. aug. 76 V 610 169^r-171^r – oblig. sup. annat. par. eccl. 31. mai. 81 A 30 20^v.

5910 Johannes Messlin rect. par. eccl. s. Johannis Bapt. in Monte Bussaw Constant. dioc. et **Petrus Schoeffel** presb. Constant. dioc.: de adm. resign. d. Johannis et de prov. d. Petro de d. par. eccl. (18 m. arg.) et de assign. d. Johanni pens. ann. 40 fl. renen. sup. fruct. d. par. eccl. p. d. Petrum persolv. 6. nov. 75 S 728 299^r, (m. abb. mon. in Marchtal Constant. dioc. et prep. eccl. s. Andree Frising. ac dec. eccl. Constant.) L 760 208^{vs} – restit. bulle sup. pens. ann. 21. nov. 75 A 24 181^v.

5911 Johannes Mesmeker (Mesmaker) cler. Colon. dioc. pape fam. qui litig. coram aud. contra quond. Godefridum Goessvini Philippi [Calandrini] card. ep. Portuen. fam. sup. par. eccl. in Altforst Colon. dioc. (8 m. arg.) vac. p. o. Theoderici Apelter: de surrog. ad ius d. Godefridi et de assign. Tilmanno toe Claberen etiam d. card. fam. pens. ann. 10 fl. renen. 31. oct. 72 S 683 294^{vs} – rect. par. eccl. in Alferse Colon. dioc.: de prom. ad omnes ord. extra temp., sola sign. 15. iul. 73 S 693 184^v – rect. par. eccl. s. Bartholomei in Altforst (Altvorst, Alforst) ut supra: de lic. perm. 31. ian. 74 S 702 30^{rs} – c. quo disp. fuit ut unac. par. eccl. ut supra (9 m. arg.) al. incompat. benef. <etiamsi par. eccl.> recip. <et insimul p. 5 an. retin. val.>: <de prorog. ad vitam et> de disp. ad 3. incompat. benef., Conc. si par. eccl. n. fuerit <ad 1 an.> 13. ian. 75 S 714 219^{rs}, gratis V 678 418^r-419^v – cui gr. expect. de can. et preb. eccl. Lubic. et de benef. ad coll. dec. etc. eccl. s. Salvatoris Traiect. s. d. 30. aug. 74 conc. fuit: de mutatione d. gr. expect. de can. et preb. d. eccl. Lubic. in can. et preb. eccl. b. Marie Halberstad. et de prerog. pape fam. descript. 12. mai. 75 S 720 76^{rs} – lic. perm. 74/75 I 333 58^v – qui vig. gr. expect. can. et preb. eccl. Lubic. acc.: de nova prov. de eisdem (4 m. arg.) vac. p. o. Luderi Exkestorp sive p. o. in cur. Johannis Meyger pape fam. 31. aug. 75 S 728 89^{vs}, 13. sept. 75 S 726 201^v – can. eccl. s. Victoris Xancten. Colon. dioc.: de lic. testandi 25. apr. 76 S 741 71^v.

5912 Johannes Metelbach (Mettelwach, Medelbach, Mittelbach) [1. pars 2 partium] <Georgii [Hesler] tit. s. Lucie in Silice presb. card. nepos>: de decan. eccl. ss. Appl. Colon. (9 m. arg.) vac. p. resign. in manibus pape Johannis de Heszler prothonot. <not. ap.> etiam d. card. <et fr. germani> fam. <p. Johannem Horn abbrev. procur. fact.> <cui de eodem vac. p. o. Wimari de Wachtentunck prov. fuerat possessione n. habita> 2. decb. 80 S 798 125^v, (m. ep. Tricaricen. et ep. Sarnen. ac prep. eccl. s. Georgii Colon.) gratis pro nepote card. (exped. 19. decb. 80), L 806 208^v-210^r – cui de par. eccl. de Probstorff Patav. dioc. de iur. patron. Friderici R. I. et de 2 s.c. benef. in civit. Wien. Patav. dioc. vac. p. priv. Michaelis Lochmer (quia in vilipendium monitorii penalis contra rebelles promotionis card. ut supra ad eccl. Patav. dd. benef. detin.) p. d. card. vig. facult. concedendi prov. fuit: de nova prov. de eisdem (100 duc. adc.) c. assensu d. Friderici R. I. 14. decb. 80 S 798 137^{vs}, S 799 26^{vs} – in art. mag. card. ut supra de Heszler vulg. nunc. secundum carnem nepos: de disp. ad 2 incompat. benef. etsi 2 par. eccl. ad vitam c. lic. perm. 28. decb. 80 S 799 22^{rs}, gratis pro nepote card. L 818 71^{vss} – referens quod card. ut supra ad eccl. Patav. prom. fuit et quod post revocationem elect. Friderici Murkercher can. eccl. Patav. decr. doct. in ep. p. capit. d. eccl. fact. auct. ap. d. Fridericus de benef. suis priv. fuerat et quod Michael Lochner in theol. mag. et decr. doct. (cui Fridericus R. I. par. eccl. in Probstorff (Prostoff) Patav. dioc. et perp. s.c. capn. in eccl. Wien. et perp. s.c. capn. ad alt. s. Laurentii ibidem conc.) se in officialatum Patav. intrusit et quod certi fam. d. Michaelis litt. ap. sup. prom. d. card. ad d. eccl. Patav. ad eccl. b. Marie ad Scotos Wien. appensas arripuerunt et furiose lacerarunt et quod propterea d. Michael motu pr. excom. fuit: m. (ep. Tricaricen. et prep. eccl. Patav. et prep. eccl. Wien.) confer. d. par. eccl. et dd. perp. s.c. capellanias (insimul 100 duc. adc.) vacat. p. priv. d. Michaelis, gratis 29. decb. 80 V 608 150^r-152^v – de decan. [eccl.] in Montem et de par. eccl. in Absteten (Obsteten) Patav. dioc. (150 duc. adc.) vac. p. priv. Petri Uberecker quia in vilipendium monitorii penalis ut supra dd. benef. detin. 1. ian. 81 S 799 27^{rs} – in decr. licent.: m. (abb. mon. in Melico Patav. dioc. et abb. mon. in Cotwico Patav. dioc. ac prep. eccl.

Patav.) confer. par. eccl. in Absteten Patav. dioc. preceptorie seu domui s. Spiritus o. s. Aug. Wien. unitam (100 duc. adc.) vac. p. priv. Petri Uberecker ut supra, gratis 1. ian. 81 V 609 155^v-158^r – oblig. sup. annat. decan. eccl. ss. Appl. Colon. (9 m. arg.) de quo ut supra sibi prov. fuit 23. ian. 81 A 29 135^r – inter al. referens quod Johannes de Heszler prothonot. litig. coram Johanne Francisco de Pavinis aud. contra Johannem Helmici decr. doct. sup. decan. eccl. ss. Appl. Colon. (8 m. arg.) vac. p. o. Winari (Witmari) de Wachtendunck (Machtendinck) et deinde in manibus pape resign. <p. Johannem Hoorn abbrev. procur. in manibus pape fact.>: de surrog. ad ius 1. mart. 81 S 800 76^r, m. (d. Johanni Francisco de Pavinis aud.), gratis V 612 162^r-164^v – oblig. sup. annat. par. eccl. in Probstorff Patav. dioc. ac 2 perp. capn. ut supra s.d. 29. decb. 80 sibi prov. 12. apr. 81 A 29 174^r – de can. et preb. eccl. Patav. et de alt. in Grimmselszkirchen Patav. dioc. de iur. patron. Friderici R. I. (15 m. arg.) vac. p. priv. Pauli Wann (Wan, Warm) quia in vilipendium monitorii penalis ut supra dd. bcnef. detin. c. assensu Friderici Murkercher (Maurckercher) ut supra 26. apr. 81 S 802 108^{vs}, m. (abb. mon. Mellico et abb. mon. Cotwico ac prep. eccl. Sancti Floriani Patav. dioc.), gratis V 620 36^r-39^v – not. recip. pro bulla distributa 4 grossos et 2 grossos apr. 81 DB 1 78^r – oblig. sup. annat. par. eccl. in Absteten ut supra 22. mai. 81 A 30 15^r.

5913 **Johannes Metelbach** [2. pars 2 partium]: not. recip. pro bulla distributa 4 grossos mai. 81 DB 1 81^r – oblig. sup. annat. decan. eccl. ss. Appl. Colon. (8 m. arg.) de quo ut supra s.d. 1. mart. 81 sibi prov. fuit 30. iul. 81 A 30 51^v – not. recip. pro bulla distributa 4 grossos et 2 grossos iul. 81 DB 1 93^v – rect. par. eccl. in Abstetten Patav. dioc. cui etiam ad decan. eccl. ss. Appl. Colon. et ad par. eccl. in Probstorff necnon alt. in eccl. s. Stephani Wien. Patav. dioc. ius competit (insimul 18 m. arg.): de can. et preb. eccl. s. Walburgis in Susaco Colon. dioc. (12 m.) necnon par. eccl. s. Petri in d. op. Susaco (15 m. arg.) vac. p. o. Johannis Pfaff, n. o. d. par. eccl. in Abstetten (100 duc.) 3. sept. 81 S 808 197^{rs} – recip. eum in pape acol., gratis pro nepote card. 5. iul. 82 V 659 33^{rs}, V 659 199^{rs} – oblig. sup. annat. can. et preb. eccl. Patav. (8 m. arg.) de quib. ut supra s. d. 26. apr. 81 sibi prov. fuit et promisit solv. in cur. infra 6 menses 9. iul. 82 Paris L 26 A 10 63^v – not. recip. pro bulla distributa 4 grossos et 2 grossos iul. 82 DB 1 139^r – decr. doct.: motu pr. prov. de can. et preb. eccl. Colon. (14 <10> m. arg.) et de can. et preb. eccl. s. Johannis in Hawgis e. m. Herbip. (10 <8> m. arg.) vac. p. o. Johannis Heszler <n. o. can. et preb. eccl. Patav. (8 m. arg.), can. et preb. eccl. s. Patrocli in Susaco Colon. dioc. (14 m. arg.), par. eccl. s. Petri ibidem (8 m. arg.), par. eccl. in Absteten Patav. dioc. (10 m. arg.) et decan. eccl. ss. Appl. Colon. (8 m. arg.) quos n. obtin. necnon gr. expect. de can. et preb. eccl. b. Marie ad Gradus Magunt. et de benef. ad coll. ep. etc. Herbip.> 14. sept. 82 S 814 58^v, (exec. prep. eccl. b. Marie Feuchtwangen. August. dioc. et dec. eccl. b. Marie ad Gradus Colon. ac dec. eccl. s. Johannis Novi Monasterii Herbip.), gratis V 622 201^r-202^v – oblig. sup. annat. can. et preb. eccl. Colon. (10 m. arg.) et can. et preb. eccl. s. Johannis in Haugis e. m. Herbip. (8 m. arg.) ut supra 8. oct. 82 Paris L 26 A 10 104^v – solv. 42 fl. adc. et 67 <67½> bol. pro annat. can. et preb. eccl. Colon. <ac can. et preb. eccl. s. Johannis ut supra e. m. Herbip. p. manus soc. de Franciottis> 8. oct. 82 IE 506 73^r, IE 507 73^r – not. recip. pro bulla distributa 3 grossos et 2 grossos oct. 82 DB 1

149^r, Paris L 52 D 5 11^r – cler. Herbip. dioc. qui motu pr. gr. expect. s. d. 17. nov. 81 de can. et preb. eccl. b. Marie ad Gradus Magunt. necnon de benef. ad coll. ep. etc. Herbip. acc.: de decl. litt. desup. perinde val. acsi temp. dd. litt. d. doctoratu insignitus fuisset 8. mart. 83 S 820 80^{rs} – <can. eccl. s. Johannis in Haugis e. m. Herbip.> litig. coram Paulo de Tuscanella aud. contra Johannem Helmici dec. eccl. ss. Appl. Colon. sup. decan. d. eccl.: de d. decan. (8 m. arg.) vacat. p. priv. d. Johannis Helmici qui ad instantiam Wynandi Schonhalsz can. d. eccl. ob n. paritionem litt. executorialium excom. sent. innodatus missas celebravit <et qui d. decan. forsan 16 annis possedit se pro doct. in iur. can. et in theol. gerens> 27. apr. 83 S 822 291^{rs}, 4. sept. 83 S 828 75^r – cui de can. et preb. eccl. Patav. (8 m. arg.) vacat. p. priv. seu inhab. Pauli Wam (cui de eisdem p. papam prov. fuit) ob n. paritionem litt. monitorii: de decl. litt. desup. perinde val. acsi derog. statutorum d. eccl. mentio facta fuisset 27. apr. 83 S 822 291^v, ref. 16. sept. 83 S 828 226^r – de par. eccl. in Veckelbuck Salzeburg. dioc. (16 m. arg.) vac. p. o. Georgii Hohenfelder Georgii [Hesler] card. ut supra fam. 10. sept. 83 S 828 226^r – in cur. resid.: de prom. ad omnes ord. extra temp., sola sign. 20. oct. 83 S 829 265^v – c. quo ad 2 incompat. benef. etsi 2 par. eccl. ad vitam c. lic. perm. disp. fuit et qui vig. d. disp. decan. eccl. ss. Appl. Colon. ac par. eccl. in Abstetten Patav. dioc. et par. eccl. Veteris Ecclesie s. Petri op. Susacien. Colon. dioc. obtin. et sup. quib. litig.: de disp. ad aliud incompat. benef. etsi par. eccl. ad vitam c. lic. perm. 20. oct. 83 S 829 265^v.

5914 **Johannes Meuestorffer** cler. Patav. dioc. mag. in art. et decr. licent. defectu oculi sinistri adhuc in teneris an. patiens: de disp. ad quodcumque benef. et de disp. ut ad omnes ord. prom. val. 12. sept. 76 S 742 181^v.

5915 **Johannes Meuting** rect. par. eccl. in Anberg August. dioc. pres. in cur. et resid. ibidem: de prom. ad omnes ord. extra temp., sola sign. 7. ian. 83 S 817 279^v.

5916 **Johannes Mewes (Merwes, Mevs, Mens) (de Ercklens, Erchlens)** cler. Leod. dioc. mag. in art. Friderici R. I. dilectus: ›rationi congruit‹ s. d. 23. iul. 71 supplic. d. Friderico disp. ad 2 incompat. benef. (usque ad val. 24 fl. adc.) 25. aug. 71 L 769 116^{rs} – causarum pal. ap. not.: oblig. sup. annat. par. eccl. in Ersel Leod. dioc. (15 m. arg.) de qua vac. p. o. Arnoldi de Baest s. d. 3. apr. 66 sibi prov. fuit (in margine: s. d. 20. nov. 75 cass. quia Johannes Mewes d. par. eccl. n. assec. est) 17. febr. 72 A 21 91^v – referens quod Dionisius Sompret rect. par. eccl. s. Sebastiani de Stauelo (Stavello) Leod. dioc. litig. coram Nicolao de Edam aud. contra Bernardum Hinrekinck de Dulmen cler. Monast. dioc. sup. can. et preb. eccl. s. Crucis Leod. et quod deinde concordiam fecerunt: assign. pens. ann. 14 fl. sup. fruct. d. par. eccl. p. d. Dionisium in loco d. Bernardi persolv. (m. prep. eccl. s. Gereonis Colon. et prep. eccl. s. Andree Colon. ac dec. eccl. b. Marie Aquen. Leod. dioc.) 14. iun. 73 L 726 95^{rs} – cui gr. expect. s. d. 1. ian. 72 fuit: de prerog. ad instar pape fam. descript. 13. aug. 73 S 694 152^v – restit. bulle s. d. 14. iun. 73 sup. pens. ut supra 13. ian. 74 A 23 190^v – qui can. et preb. eccl. s. Florini Confluen. Trever. dioc. et **Fridericus Fabri de Nussia** pape fam. qui par. eccl. in Eirsel (Eirsle) Leod. dioc. ex causa perm. in manibus pape resign.: prov. Johanni Mewes de d. par. eccl. (16 m. arg.) sup. quib. pens. ann. 36 fl. auri renen. dudum eidem Johanni Mewes reserv. extitit (m. prep. eccl. s. Andree Colon. et prep. eccl. ss. Appl. Colon. ac eccl. s. Spiritus Ruremonden. Leod. dioc.) 29. mai. 75 (exped. 8. nov. 75) L 747 125^{rss} –

rect. par. eccl. de Eresel Leod. dioc.: oblig. sup. maiori val. annat. d. par. eccl. de qua vac. p. resign. ex causa perm. s. d. 28.[!] mai. 75 sibi prov. fuit, restit. bulle (in margine: s. d. 14. decb. 77 obtin. prorog. ad 6 menses; s. d. 5. iul. 78 solv. 13$^{1/2}$ fl. pro compositione annat. p. manus Johannis Jans) 20. nov. 75 A 24 30^v – restit. bulle quoad pens. ann. 36 fl. renen. sup. fruct. par. eccl. in Eresel Leod. dioc. occasione resign. d. par. eccl. s. d. 14. iun. 73 (quia ille in cuius favorem resign. facta est obiit et alteri provisum fuit) 29. nov. 75 A 24 182^r – pal. ap. not. et scriba qui litig. coram Hieronimo (Jeronimo) Porcario aud. contra Henricum de Breda, Henricum Bockenuwe (Bockenrow) et Johannem Cabebe cler. sup. par. eccl. b. Marie Indulgentiarum Colon. vac. p. o. Werneri (Warberii) de Borken (Borcken) ‹quam ipse Johannes Mewes vig. gr. expect. acc.›: de prov. si nulli de d. par. eccl. (10 ‹13› m. arg.) ‹c. derog. statutorum eccl. 11.000 Virg. Colon. quib. caveri dicitur quod d. par. eccl. n. nisi p. can. prebend. d. eccl. 11.000 Virg. detin. val.› 14. febr. 76 S 734 176^{rs}, 16. apr. 77 S 750 63^r – can. prebend. eccl. s. Gereonis Colon. et rect. par. eccl. in Ewisel Colon. dioc.: de prom. ad omnes ord. extra temp., Et si placet committ. [Jacobo de Neapoli] ep. Sancti Angeli [de Lombardis], sola sign. 10. mai. 76 S 738 215^r – rect. par. eccl. quarta capel. nunc. de Errsel Leod. dioc. c. quo ad quodcumque benef. disp. fuit et qui vig. gr. expect. par. eccl. b. Marie Indulgentiarum Colon. acc. sup. qua litig. coram aud.: de disp. ad aliud incompat. benef. 10. mai. 77 S 751 147^{vs} – de fruct. percip. ad vitam 10. mai. 77 S 751 124^v – litig. coram certo commissario in cur. contra Henricum de Breda sup. par. eccl. b. Marie Indulgentiarum Colon. (12 m. arg.) et nunc resign.: assign. pens. ann. 30 fl. auri renen. monete 4 electorum im-

per. sup. fruct. d. par. eccl. p. d.
Henricum c. consensu suo (p. Bernardum Mumme can. eccl. Lubic.
procur. express.) persolv. (m. dec.
eccl. ss. Appl. Colon. et dec. eccl. b.
Marie Aquen. Leod. dioc. ac dec.
eccl. s. Florini Confluentie Trever.
dioc.) 9. iun. 78 L 786 32^{vss} – solv.
13 fl. adc. pro annat. maioris val.
par. eccl. de Eirsel Leod. dioc. p.
manus Johannis Jans 5. iul. 78 FC I
1133 174^v – restit. bullarum sup.
pens. ann. 30 fl. auri renen. ut supra
11. iul. 78 A 27 209^v.

5917 **Johannes Mewes (Melbes, Merves,
Mens)** iun. de Ercklens cler. Leod.
dioc. pape fam. c. quo sup. def. nat.
(s. s.) disp. fuit: de disp. ad 2 incompat. benef. 24. mart. 77 S 748 32^{rs} –
qui vig. gr. expect. de benef. ad coll.
can. et capit. eccl. ss. Crisanti et Darie loci Monasterii Eifflie (Eiffrie)
Colon. dioc. ac ad coll. can. et capit.
eccl. s. Martini in Kerpen Colon. dioc. (motu pr. conc.) can. et preb. d.
eccl. ss. Crisanti et Darie (4 m. arg.)
certo modo vac. acc.: motu pr. de reval. 13. oct. 79 S 787 46^{vs}, 1. iul. 80
S 794 138^{rs} – resign. in manibus
pape can. et preb. eccl. ss. Crisanti et
Darie in op. Monasterii Eifflie Colon. dioc. de Johanni de Dalen cler.
Leod. dioc. s. d. 14. nov. 80 prov. fuit 22. nov. 80 OP 6 61^v – presb. qui
ad par. eccl. in Juliaco Colon. dioc.
vac. p. o. Franckonis de Voyzingia
(/.) p. Agnetam de Ysenburg abba.
sec. colleg. eccl. 11.000 Virg. Colon.
present. et p. archid. eccl. Colon.
instit. fuit: de nova prov. de eadem
(10 m. arg.) 13. febr. 81 S 800 122^r
– assign. pens. Colon. [dioc.?] 81/82
I 334 66^r.

5918 **Johannes Metziger (Metyager)**
can. eccl. ss. Petri et Michaelis Argent. cui gr. expect. s. d. 1. ian. 72
conc. fuit: motu pr. de prerog. pape
fam. descript. (inter quos Johannes
de Montemirabili primus exist.) et de
decl. litt. perinde val. acsi ipse temp.
d. gr. expect. unus ex dd. pape fam.

extitisset 20. ian. 78 S 763 208^r –
prov. de perp. vicar. Argent. [dioc.?]
vac. p. priv. 80/81 I 334 5^r – presb.
Argent.: de perp. <s. c.> vicar. ad
alt. s. Jacobi turibularia nunc. in eccl.
s. Petri iun. Argent. (4 m. arg.) vac.
p. resign. in manibus pape Michaelis
Spatzinger cler. Argent. dioc. <p. Johannem Burckardi can. eccl. s. Thome Argent. procur. fact.> cui de
eadem vig. prim. prec. imper. tunc
vac. p. o. Erhardi Tentener prov. fuerat 6. febr. 81 S 800 16^{vs}, m. (prep.
eccl. ss. Martini et Arbogasti Surburgen. Argent. dioc.) (exped. 25. mai.
82) L 805 166^r-167^v.

5919 **Johannes [de Michaelis]** tit. s. Angeli in foro piscium diac. card. qui
litig. coram Jeronimo de Porcariis
aud. (surrogato Johannis de Ceretanis aud.) contra Arnoldum Pfoolt
ac Vincencium de Eyll et Henricum
de Ophusen cler. sup. can. et preb.
eccl. b. Marie Roessen. Colon. dioc.
et sup. can. et preb. ac ferculo eccl.
s. Victoris Xancten. Colon. dioc.: de
prov. si neutri de dd. can. et preb.
eccl. b. Marie (6 m. arg.) necnon de
dd. can. et preb. ac ferculo eccl.
s. Victoris (10 m. arg.) vac. p. o. Johannis Boegynck et Antonii de Gravia 9. mai. 76 S 741 36^{vs} – motu pr.
de off. scriptoris penit. vac. p. o. in
cur. Frederici Lerner cler. Salzeburg.
et de disp. ut unac. tit. s. Angeli ut
supra al. tit. retin. val. 30. iul. 76 S
741 216^r – qui vig. litt. ap. decan. et
can. et preb. eccl. s. Lebuini Daventrien. Traiect. dioc. vac. p. o. Dethardi Slecter acc.: de nova prov. de
eisdem (30 m. arg.) 21. mart. 77 S
748 282^r – tunc tit. s. Angeli diac.
card. nunc vero tit. s. Marcelli presb.
card. cui gr. expect. de benef. in 4
eccl. tunc express. in Colon. dioc. et
Traiect. dioc. conc. fuit et qui dubitat
si in d. gr. expect. benef. usque ad
val. fruct. 100 l. T. p. comprehen-
datur: motu pr. de decl. litt. desup.
perinde val. acsi posteriores litt. minime subsecute extitissent 27. oct.

78 S 774 157^v – <actor> et **Henricus de Ophuysen** presb. Colon. dioc. card. ut supra cap. et fam. <reus> referentes quod litig. coram Jeronimo de Porcariis aud. et Johanne [de Ceretanis] ep. Nucerin. aud. locumtenenti sup. can. et preb. c. ferculo eccl. s. Victoris Xancten. Colon. dioc. <vac. p. o. Antonii van den Grave>: de adm. resign. d. card. et de prov. d. Henrico de eisdem (8 m. arg. <24 fl. adc.>) et de assign. d. card. pens. ann. 30 fl. adc. <videlicet 20 fl. sup. fruct. dd. can. et preb. p. d. Henricum et 10 fl. sup. fruct. par. eccl. in Rynneren Colon. dioc. et sup. fruct. par. eccl. in Hacten Traiect. dioc. (quas d. Henricus obtin.) p. d. Henricum persolv., Conc. motu pr. pro card.> 9. ian. 79 S 777 61^r, 14. iun. 79 S 782 300^{vs}, 18. sept. 79 S 786 186^{rs} – referens quod Johannes Thone et Gerardus Dreses de Grollis litig. coram Johanne Francisco [de Pavinis] aud. sup. can. et preb. eccl. s. Lebuini Davantren. Traiect. dioc. vac. p. o. Detardi Sleter: de prov. si neutri aut si nulli de eisdem (12 m. arg.) 19. ian. 79 S 777 69^v – qui prepos. eccl. s. Martini op. Embrycen. Traiect. dioc. vac. p. o. Mauritii Spegelborch s. d. 13. apr. 75 in commendam obtin. et eam in favorem Johannis Kerchoff leg. doct. et in decr. licent. Maximiliani archiducis Austrie oratoris in cur. (cui de d. prepos. auct. ap. prov. fuit) resign.: motu pr. assign. pens. ann. 50 fl. auri renen. sup. fruct. d. prepos. (37 m. arg. p.) p. d. Johannem Kerchoff in cur. persolv. 12. decb. 83 V 638 135^{rss} – oblig. p. Balthasarem de Blandrate prep. eccl. s. Donati Januen. et suum magistrumdomus sup. annat. prepos. eccl. s. Martini ut supra 17. decb. 83 A 32 10^r – consensus pens. ut supra (in margine: gratis pro card.) 17. decb. 83 Resign. 2 118^r.

5920 Johannes Victor Michaelis cler. Venetiarum [Johannis de Michaelis]

tit. s. Angeli in foro piscium diac. card. nepos sed. ap. not.: de prepos. eccl. s. Walburgis op. Zutphanien. Traiect. dioc. (16 m. arg.) et de can. et preb. d. eccl. ambobus de iur. patron. com. Zutphanien. (4 m. arg.) vac. p. resign. Johannis Honsteyn cler. Colon. dioc. cui de eisdem vac. p. o. Swederi de Apelturen prov. fuerat et de disp. ut d. prepos. unac. par. eccl. [ut infra] retin. val. 23. ian. 75 S 714 108^{vs} – rect. par. eccl. s. Martini de Pischeria [= Peschiera del Garda] Veronen. dioc.: oblig. p. Henricum de Ophusen presb. Colon. dioc. procur. (p. Everardum Zoudenbalch prep. eccl. s. Servatii Traiecten. [Leod. dioc.] et collect. p. civit. et dioc. Traiect. recepta) sup. annat. prepos. ac can. et preb. ut supra tunc vac. p. o. Swederi de Apeldoren (in margine: numquam assec. fuit sed Adam de Monte possidet) 28. febr. 75 FC I 1232/181 11^v.

5921 Johannes Michaelis de Huderscheyt (Huderscheet, Hendersthe-et) cler. Trever. dioc.: de par. eccl. de Momendorff (9 m. arg.) vac. p. resign. Petri Wiskerchin (Wieskarchen) de Momendorff Trever. dioc. in manibus pape <p. Johannem Haltefast can. eccl. s. Symeonis Trever. dioc. procur. fact.> c. reserv. pens. ann. 20 fl. in auro (= 3 m. arg.) p. d. Johannem persolv., Conc. c. pens. 3. partis 27. nov. 81 S 805 69^r, (m. prep. eccl. s. Pharaildis Ganden. Tornacen. dioc. et offic. Trever. ac offic. Meten.) (exped. 5. decb. 81) L 809 217^{vss} – rect. par. eccl. in Mommendorff (Mommendorff) Trever. in cur. resid.: de prom. ad omnes ord. extra temp., sola sign. 4. decb. 81 S 805 193^r – oblig. sup. annat. 10. decb. 81 A 30 96^v – solv. pro compositione annat. 22 fl. p. manus Johannis Altfast (Artfast) 10. decb. 81 FC I 1134 167^r, IE 505 40^r.

5922 Johannes Michaelis de Yvodio (Yvadio) cler. Trever. dioc.: de par. eccl. s. Remigii in Elyseo Trever. dioc. (10 l. T. p.) vac. p. o. Johannis Ponsegnoni 21. ian. 72 S 675 57^{rs} – de par. eccl. s. Petri in Weyo Trever. dioc. (15 l. T. p.) vacat. p. assec. par. eccl. s. Remigii in Olyseyo Trever. dioc. tunc certo modo vac. p. Johannem Comini vig. litt. Pauli II. 21. ian. 72 S 675 148^v – cap. ad alt. s. Eligii in colleg. eccl. b. Marie de Dola Bisuntin. dioc. utr. iur. bac.: litt. testim. sup. prom. (vig. conc. s. d. 21. febr. 72) ad subdiacon. ord. s. d. 5. decb. 73, ad diacon. ord. s. d. 6. decb. 73, ad presbit. ord. s. d. 7. decb. 73 in eccl. s. Bartholomei de Insula in Urbe 16. decb. 73 F 6 135^v.

5923 Johannes Mydthoff (Midthoff) cler. Minden. dioc. pape fam.: motu pr. de gr. expect. de 2 can. et preb. necnon de 2 benef. ad coll. quorumcumque, Et s. d. 17. nov. 81 S 803 206^v – qui vig. gr. expect. perp. s. c. vicar. sive capn. ad alt. s. Johannis in eccl. Verden. acc. et litig. desup. in cur.: de nova prov. de d. perp. vicar. sive capn. (4 m. arg.) vac. p. o. Johannis Thernum 14. oct. 83 S 832 3^r – qui vig. gr. expect. ut supra de 2 benef. ad coll. ep. etc. Hildesem. et ep. etc. Verden. par. eccl. in Aelferde Hildesem. dioc. et perp. vicar. in d. eccl. Verden. acc. et qui litig. sup. d. par. eccl. in cur.: motu pr. de mutatione gr. expect. de dd. benef. ad coll. ep. etc. Hildesem. et ep. etc. Verden. in gr. expect. de can. et preb. eccl. s. Cecilie Olzburgen. Hildesem. dioc. et de benef. ad coll. prep. et capit. eccl. b. Marie Hamburgen. (Alburgen.) Bremen. dioc. c. prerog. ad instar pape fam. descript. 28. apr. 84 S 837 179^{rs} – de disp. ad 2 incompat. benef. et de facult. resign. vel perm. et de percip. fruct. in absentia 31. mai. 84 S 836 264^{vs}.

5924 Johannes Mielich: m. (prep. eccl. Bamberg. et prep. eccl. August. ac offic. Eistet.) confer. par. eccl. s. Stephani August. ad present. abb. etc. mon. de Campidona o. s. Ben. Constant. dioc. spectantem (4 m. arg.) vac. p. resign. Jacobi [Goffredi] ep. Adrimitan. (qui eam in commendam obtin.), gratis 16. decb. 73 V 565 225^{rss} – cler. August.: de par. eccl. in Gengen August. dioc. (30 m. arg.) vac. p. o. Johannis Veterlin quond. Petri [de Schaumberg] tit. s. Vitalis presb. card. fam. 20. decb. 73 S 699 271^r – de disp. ut unac. par. eccl. seu perp. vicar. ut supra (15 m. arg.) sup. qua litig. aliud incompat. benef. recip. val. 28. ian. 74 S 701 138^{rs} – qui litig. coram Petro de Ferrera aud. contra Sigismundum de Zwyn cler. sup. par. eccl. in Gengen ut supra: de prov. si neutri de d. par. eccl. (15 m. arg.) 28. ian. 74 S 701 138^{vs} – restit. bulle sup. prov. de par. eccl. in Gengen ut supra 15. iun. 74 A 23 106^r – de disp. ut par. eccl. s. Stephani August. (sup. qua litig. in cur.) unac. par. eccl. in Gengen August. dioc. ad vitam retin. val. 4. nov. 74 S 710 98^{rs}, L 790 70^{rss} – et **Sigismundus Zweyn** cler. August. qui litig. in cur. sup. par. eccl. in Gengen August. dioc. et qui concordaverunt quod Johannes Mielich d. par. eccl. obtin. c. reserv. pens. 20 fl. renen. pro d. Sigismundo si d. Johannes possessionem al. par. eccl. s. Stephani August. n. evinceret: de conf. 21. nov. 74 S 711 185^{vs} – cui gr. expect. de can. et preb. in eccl. s. Petri August. et de benef. ad coll. abb. etc. mon. in Campidonia o. s. Ben. Constant. dioc. conc. fuit: de mutatione gr. expect. de benef. in d. eccl. s. Petri in benef. ad coll. ep. etc. August. 1. mart. 75 S 717 23^{rs} – de par. eccl. s. Udalrici August. (8 m. arg.) vac. p. o. Jeronimi Lerber 29. mart. 75 S 716 180^v – qui vig. gr. expect. de 2 benef. par. eccl. in Gengen August. dioc. acc.: de mutatione d. gr. expect. de 2 benef. ad al. 2 coll. in confic. litt. eligendorum 9. febr. 80 S 789 133^{vs}.

5925 Johannes Mil cler. Trever. dioc.: de can. et preb. in colleg. eccl. b. Marie virg. in civit. Trever. (4 m. arg.) vac. p. o. cuiusdam Nicolai 28. nov. 76 S 745 148ʳ – de can. et preb. ac decan. in colleg. eccl. s. Castoris in Cardona Trever. dioc. (20 m. arg.) vac. p. o. Petri Wilken 10. decb. 76 S 745 147ᵛˢ.

5926 Johannes Milder in decr. licent. prep. eccl. s. Cecilie Gustrowen. Camin. dioc. et archid. Perchimen. in eccl. Zwerin.: de disp. ut unac. d. prepos. et archidiac. aliud incompat. benef. recip. val. etsi 2 par. eccl. 8. mart. 77 S 748 243ʳ.

5927 Johannes Mileke cler. Camin. dioc.: de can. et preb. eccl. Colberg. Camin. dioc. (3 m. arg.) vac. p. o. Henninghi Gerardi 4. iul. 78 S 771 164ʳ.

5928 Johannes [de Millinis] ep. Urbinaten. refer. et commensalis pape referens quod hosp. s. Wenczeslai Boemorum nunc. de Urbe de iur. patron. supremi camerarii regni Boemie exist. clericis sec. in tit. perp. benef. assignari consuevit: motu pr. commiss. ut ipse d. hosp. paup. catholicorum nationis Boemie (160 fl. adc.) vac. p. o. in cur. Stephani Nicolai al. Wasclose (unius ex min. penit. in basilica Principis appl. de Urbe) unac. eccl. Urbinaten. ac quibusvis al. ecclesiis mon. prioratibus vel officiis tenere val. quoad vixerit c. derog. d. iur. patron. 22. nov. 74 V 678 86ᵛ-88ʳ.

5929 Johannes Militis can. eccl. Traiect. cui de can. et preb. eccl. Morinen. vac. p. o. Yvonis Gruyan prov. fuit et qui eosdem p. 16 an. possidet: m. ([Ruperto com. palatino Reni] aep. Colon. ac officialibus Tornacen. et Traiect.) confer. eosdem de novo (50 l. T. p.) 18. sept. 72 (exped. 16. mart. 73) L 730 167ᵛˢˢ – can. eccl. Morinen. olim quond. Philippi ducis Burgundie secr. nunc Caroli ducis Burgundie consiliarius et in obsequiis Davidis [de Burgundia] tunc Morinen. nunc vero Traiect. ep. adhuc

insistens c. quo p. Calixtum III. de fruct. percip. ad 5 an. disp. fuit: de prorog. ad vitam, Conc. ad 7 an. <Conc. ut petitur> 18. decb. 72 S 685 206ʳˢ, 15. febr. 73 S 687 219ᵛˢ – recip. 30 fl. adc. pro parte restit. annat. 125 fl. adc. pro prepos. eccl. s. Johannis Traiect. temp. Pii II. solut. 12. febr. 74 FC I 846 51ʳ – recip. 95 fl. adc. (p. Johannem Lesthard cler. Tornacen. dioc. pro complemento annat. par. eccl. s. Ipoliti Delphen. Traiect. dioc. solut.) pro residuo restit. annat. ut supra 28. febr. 74 FC I 846 53ᵛ.

5930 Johannes Milor scolast. eccl. s. Petri Wissegraden. Prag. dioc. c. quo ad 2 incompat. benef. etsi par. eccl. ad 3 an. c. lic. perm. p. Rodulfum [de Ruedesheim] ep. Wratislav. tunc in partibus Alamanie c. pot. legati de latere nunt. disp. fuit et qui vig. d. disp. scolastr. et pleban. eccl. s. Egidii in Hergowicz Prag. dioc. assec. fuit: de prorog. ad 10 an. 10. febr. 81 S 800 51ʳˢ.

5931 Johannes de Miltz cler. Herbip. dioc. in 14. sue et. an. constit. ex utr. par. de nob. et mil. gen.: de nova prov. de can. et preb. eccl. Herbip. (10 m. arg.) vac. p. o. Christofori de Grunbach 4. aug. 83 S 826 147ʳˢ – de disp. ad quoscumque can. et preb., n. o. def. et. 7. aug. 83 S 826 93ᵛ.

5932 Johannes Minnen (Minneri) presb. Leod. dioc.: de par. eccl. in Burghentryck Paderburn. dioc. (4 m. arg.) et de capn. ad alt. b. Marie virg. in eccl. Paderburn. (4 m. arg.) vacantibus p. o. Henrici Kanneghieter (Kanneghiter) et de disp. ut unac. d. par. eccl. par. eccl. in Wanerhelhe (Wauerhelhe, Wauerhethe, Waverchelhe) Leod. dioc. (4 m. arg.) retin. val. 5. aug. 75 S 724 175ʳˢ, m. (archid. de Talavera in eccl. Toletan. et offic. Colon. ac offic. Paderburn.) (exped. 24. aug. 75) L 752 112ʳˢˢ – prov. de vicar. Paderburn. [dioc.?] vac. p. o. 75/76 I 333 255ʳ – rect.

par. eccl. in Borgentrele Paderburn. dioc. cui de d. par. eccl. vac. p.o. Henrici Kannegeten prov. fuit et **Johannes Odre** cler. Paderburn. dioc. <qui litig. desup. coram aud.>: de adm. resign. Johannis Mynnen et de prov. d. Johanni Odro de d. par. eccl. (6 m. arg.) et de assign. Johanni Mynnen pens. ann. 6 fl. renen. sup. fruct. d. par. eccl. 10. iun. 78 S 770 181ᵛ – qui par. eccl. in Burghentrick (Burgentanck) Paderburn. dioc. (processu desup. habito) in favorem Johannis Ocke cler. Paderburn. dioc. in manibus pape resign.: assign. pens. ann. 6 fl. renen. sup. fruct. d. par. eccl. (6 m. arg.) <p. Johannem Ocke vel Arnoldum Clover cler. Colon. dioc. in civit. Leod. persolv.> 22. decb. 78 S 776 117ʳˢ, (m. prep. eccl. s. Plechelmi Aldezalen. Traiect. dioc. et offic. Colon. ac offic. Leod.), gratis L 789 273ʳ-274ᵛ – rect. par. eccl. de Waureille Leod. dioc. et **Nicolaus Rosti** cler. Leod. dioc. in 23. sue et. an. constit.: de adm. resign. Johannis Minnen et de prov. d. Nicolao de d. par. eccl. (24 l. T. p.) et de assign. d. Johanni pens. ann. 8 fl. renen. auri (= 6¹/₂ l. T. p.) de quib. 4 sup. fruct. d. par. eccl. et al. 4 sup. fruct. par. eccl. de Diepart Leod. dioc. (quam Johannes de Arlino inter al. obtin.) p. d. Nicolaum et d. Johannem de Arlino persolv. 17. febr. 79 S 778 55ᵛ – qui par. eccl. de Waureille Leod. dioc. in favorem Nicolai Rosti (Rosa) in manibus pape resign.: motu pr. assign. pens. ut supra p. d. Nicolaum c. consensu suo (p. Franciscum le Ploier presb. Trever. dioc. procur. express.) et p. Johannem de Arlino in civit. Leod. persolv. (m. thes. eccl. s. Hermetis Rothnacen. Cameracen. dioc. et offic. Leod. et offic. Trever.) 4. mart. 79 L 789 202ᵛ-204ʳ.

5933 **Johannes (de) Missen** can. eccl. s. Dionisii Leod.: oblig. p. Guidonem Morelli sup. annat. d. can. et preb. (8 m. arg.) de quib. vac. p.o. Guillermi Gottin s.d. 21. mai. 82 sibi prov. fuit (in margine: s.d. 27. iun. 82 solv. pro annat. 19 fl. p. manus soc. de Rabattis) 27. iun. 82 Paris L 26 A 10 55ᵛ – solv. pro annat. can. et preb. eccl. s. Dionisii Leod. 19 fl. adc. p. manus soc. [de Rabattis] 30. iun. 82 FC I 1134 223ᵛ.

5934 **Johannes Mitschyt de Veldenez** rect. perp. vicar. ad alt. s. Egidii in eccl. Magunt. litig. coram Johanne Francisco [de Pavinis] aud. contra Bernhardum Mengass cler. sup. d. perp. vicar. rebusque al.: de prov. si neutri de d. perp. vicar. (4 m. arg.) vac. p.o. Nicolai Ulner (Ululier /.) 30. oct. 77 S 761 63ʳˢ.

5935 **Johannes Mlosowa (Mloszovva, Loszovva)** rect. par. eccl. s. Nicolai in Vinniecz [= Wieniec] Wladislav. dioc.: m. (Wlatislao de Poznania can. eccl. Gneznen.) confer. archidiac. eccl. Wladislav. (8 m. arg.) vac. p.o. Swantoslai de Vrzancza in civit. et dioc. Wladislav. subcollect. et de disp. ut unac. d. archidiac. d. par. eccl. ad 3 an. retin. val. 19. sept. 71 V 554 309ᵛˢˢ – solv. 18 fl. adc. pro compositione annat. 20. oct. 72 FC I 1129 112ʳ, FC I 1767 19ᵛ, FC I 1768 21ᵛ.

5936 **Johannes Moer** cler. Magunt. dioc. in decr. licent., **Theobaldus Gresser de Andelo** cler. Argent. dioc.: de gr. expect. de 2 can. et de 2 benef. ad coll. quorumcumque, Et s.d. 1. ian. 72 S 670 250ʳˢ – can. eccl. s. Victoris Xancten. Colon. dioc. et rect. par. eccl. in Udenkyrchen Colon. dioc. referens quod Tilmannus Slecht prep. eccl. ss. Appl. Colon. decr. doct. actor litig. contra quond. Johannem Thenhane reum et intrusum sup. scolastr. d. eccl. s. Victoris de qua d. Tilmanno tunc vac. p.o. Henrici Hessel prov. fuerat: de d. scolastr. (10 m. arg.) vac. p. resign. d. Tilmanni c. disp. ad 2 incompat. benef. et de assign. d. Tilmanno pens. ann. 30 fl. auri de reno monete 4 electorum imper. sup. fruct. d. par. eccl.

(15 m. arg.) 22. apr. 75 S 718 39^{vs} – cui de scolastr. ut supra prov. fuit: de confic. litt. desup. c. express. quod d. scolastria p. electionem assumi consuevit 28. apr. 75 S 719 15^r, I 333 72^v – solv. 23 fl. auri pro compositione annat. scolastr. ut supra ad exitum soc. de Medicis 16. aug. 75 FC I 846 196^r, 18. aug. 75 IE 492 27^v.

5937 Johannes (de) Moer (al. Arloyschem) <iun.> cler. Colon. dioc.: de nova prov. de par. eccl. s. Marie in Udemberghen (10 m. arg.) vac. p. resign. Johannis Moer abbrev. et collect. 27. oct. 82 S 811 100^v – iun. rect. par. eccl. b. Marie in Odenkerken Colon. dioc. et **Johannes Bente** cler. Traiect. dioc. qui concordiam fecerunt sup. d. par. eccl.: de assign. Johanni Bente pens. ann. 14 fl. renen. sup. fruct. d. par. eccl. (130 fl. renen.) (sup. quib. ipsi al. pens. 30 fl. assign. fuit) p. d. Johannem Moer persolv. 28. iun. 84 S 838 25^v.

5938 Johannes Moetzel scol. Leod. dioc. fr. dom. o. s. Aug. Colon. c. quo sup. def. nat. (c. s.) disp. fuit: de prom. ad omnes ord. extra temp., sola sign. 27. oct. 81 S 804 38^r.

5939 Johannes Moyer de Meingen cler. August. dioc. mag. in art.: motu pr. de benef. [fragm., 1479] S 780 158^v.

5940 Johannes Molchen cler. Magunt. dioc. in art. bac.: de par. eccl. de Rayde Magunt. dioc. (4 m. arg.) vac. p. o. Johannis de Rayde 14. nov. 71 S 673 142^r.

5941 Johannes de Molendino de Indershusen nob. Verden. dioc.: alt. port. 23. ian. 75 L 770 286^v.

5942 Johannes Moler dec. referens quod decan. eccl. s. Johannis Novi Monasterii Herbip. quasi p. 3 an. possidet: de d. decan. (4 m. arg.) vacat. p. resign. in manibus pape Eucharii Berkser Herbip. dioc. in decr. licent. (cui de d. decan. vac. p. o. Johannis Fabri vig. gr. expect. prov. fuit) sive p. o.

Martini Meyerspach 25. apr. 76 S 738 64^{vs}.

5943 Johannes Moller (Molle) cler. Bremen. pape fam.: motu pr. de par. eccl. s. Katharine in op. Soltwedel ad coll. prep. mon. s. Spiritus prope et e. m. op. Soltwedel (4 m. arg.) vac. p. o. Henrici Kraget 3. nov. 81 S 804 72^r – in cur. resid.: de prom. ad acolit. ord. extra temp., sola sign. 10. nov. 81 S 805 23^v – scol. Bremen.: de prom. ad 4 min. ord. extra temp., sola sign. 17. nov. 81 S 804 274^r – motu pr. de gr. expect. de 2 can. et preb. necnon de 2 benef. ad coll. quorumcumque et de disp. ad 2 incompat. benef., Et s. d. 17. nov. 81 S 803 234^r – nullum benef. obtin.: de simplici s. c. benef. in par. eccl. s. Nicolai op. Tanglemen. Camin. dioc. de iur. patron. laic. (2 m. arg.) vac. p. o. in cur. Ebelini Varenholt 4. ian. 82 S 806 294^r – de disp. ad 2 incompat. benef. <etsi par. eccl. etiam sub eodem tecto> et de facult. resign. vel perm. et de n. resid. et de percip. fruct. in absentia 15. mai. 83 S 823 195^{vs}, (exec. dec. eccl. s. Blasii Brunswicen. Hildesem. dioc. et offic. Bremen. ac offic. Lubic.), gratis 15. mai. 83 V 651 7^r 10^r – qui tunc litig. in cur. contra Nicolaum Tztrovo (/.) cler. Verden. dioc. sup. perp. vicar. in par. eccl. s. Petri Lubic.: de d. perp. vicar. (4 m. arg.) vac. p. resign. d. Nicolai 26. nov. 83 S 832 56^v – motu pr. de gr. expect. de 2 can. et preb. <de can. et preb. eccl. Zwerin. et de can. et preb. eccl. Bardewicen. Verden. dioc.> necnon de 2 benef. ad coll. quorumcumque et de prerog. ad instar pape fam. descript., Et s. d. 17. nov. 81 5. decb. 83 S 830 11^v, (exec. Theodoricus Arndes can. eccl. Lubic. et offic. Verden. ac offic. Zwerin.), gratis Sec. Cam. 1 326^r-328^r – qui in Jeronimi com. de Riario serviti is insistit: motu pr. de prerog. ad instar pape fam. descript. 14. mart. 84 S 833 230^v – referens quod Jacobus Witten litig. in cur.

(nunc resign.) contra quond. Johannem Laurentii cursorem ap. et procur. sup. par. eccl. in Hilgensteden Bremen. dioc. (4 m. arg.): de surrog. ad ius d. Johannis Laurentii 12. iun. 84 S 839 217^v.

5944 **Johannes Moller** presb. Bremen. dioc.: de can. et maiori preb. colleg. eccl. ss. Sixti et Sinnicii Ramesloen. Bremen. dioc. (4 m. arg.) vac. p. o. Borchardi Velescher, n. o. quadam elemosina laic. in eccl. b. Catherine Hamburgen. Bremen. dioc. (1 m. arg.) necnon gr. expect. in forma paup. sibi p. papam conc. 20. oct. 74 S 696 50^r, I 333 41^r.

5945 **Johannes Molleringh (Moleringh)** cler. Osnaburg. dioc. pape fam.: de perp. s. c. vicar. in eccl. s. Severi op. Erforden. Magunt. dioc. (24 fl. adc.) vac. p. o. Hermanni Leden cler. Osnaburg. dioc. pape fam. cui de eadem vac. p. o. in cur. Johannis Stenmetz <s. d. 22. sept. 82> prov. fuit 12. oct. 82 S 815 129^r, (exec. ep. Faventin. et dec. eccl. s. Ludgeri Monast. ac offic. Magunt.) V 625 95^r-96^v.

5946 **Johannes Molitoris**: not. recip. pro bulla distributa 3 grossos et 2 grossos aug. 82 DB 1 141^v – not. recip. pro bulla distributa 4 grossos oct. 82 DB 1 152^v.

5947 **Johannes Molitoris** can. colleg. eccl. s. Mauritii August. in decr. licent. qui pro defensione suorum iur. et honoris <et exped. aliorum negotiorum> ad cur. personaliter se transferre habuit sine lic. capit. d. eccl.: de n. resid. et de fruct. percip. c. derog. statutorum d. eccl. quod nullus can. ultra spatium 2 mensium a d. eccl. se absentet alioquin fruct. dd. can. et preb. careat 2. ian. 81 S 798 270^{rs}, V 607 187^{rss} – presb. pleb. colleg. eccl. ut supra: narratio quod ipse eucharistie cottidianam communionem in fere continuatis diebus parochianis suis ministrat ex qua rectores August. civit. et vicinorum locorum scandalum oriri vident, hortatio ut infra term. 2 mensium in cur. compareat et interim a d. eucharistie cottidiana administratione abstineat 8. ian. 82 Florenz II. III. 256 131^{rs}.

5948 **Johannes Molitoris** acol. Basil. dioc. perp. cap. ad alt. s. Erhardi in colleg. eccl. s. Martini op. Columbarien. Basil. dioc.: de prom. ad omnes ord. extra temp., sola sign. 9. sept. 71 S 671 183^{vs} – de perp. capn. ad alt. s. Johannis in par. eccl. b. Marie in Gewiller Basil. dioc. (4 m. arg.) vac. p. o. Johannis Gessler, n. o. perp. capn. ad alt. s. Benedicti in d. par. eccl. (4 m. arg.) quam obtin. 3. aug. 72 S 681 276^v, m. ([Simoni de Montana] aep. Antibaren. ac prepositis eccl. s. Petri Basil. et eccl. s. Theobaldi in Tann Basil. dioc.) (exped. 19. aug. 72) L 719 38^{rss}.

5949 **Johannes Mollitoris** presb. Constant. dioc. mag. in art. et **Ulricus Kroner** cler. Constant. dioc. quib. de par. eccl. in Engenlszamheffen Constant. dioc. vac. p. o. Petri Herb prov. fuit (litt. pro d. Ulrico n. confectis) et qui litig. desup. coram aud.: de nova prov. d. Johanni de d. par. eccl. (12 m. arg.) vacat. p. resign. in manibus pape d. Ulrici et de assign. d. Ulrico pens. ann. 12 fl. renen. 20. iun. 72 S 681 50^{rs}.

5950 **Johannes Molitoris** rect. par. eccl. in Fredelant Misnen. dioc.: de prom. ad omnes ord. extra temp., sola sign. 24. iul. 80 S 795 18^v.

5951 **Johannes Molitoris** cler. Leod. dioc. pape fam. c. quo sup. def. nat. (s. s.) disp. fuit ut prom. ad omnes sacros ord. et primo c. c. benef. et deinde vig. gr. expect. aliud benef. obtin. val.: de capn. ad alt. s. Catherine in par. eccl. de Samberch Leod. dioc. (4 m. arg.) vac. p. o. in cur. Theoderici de Haest cler. Leod. dioc. in cur. defunct. (cui de eadem vac. p. o. Huberti de Meer p. papam prov. fuit), n. o. can. et preb. eccl. Louwen. Leod. dioc. (4 m.) quos n. obtin. 31.

ian. 82 S 813 398^v – de par. eccl. de Wamoy Leod. dioc. (4 m. arg.) ac perp. capn. in Kerkem Leod. dioc. (4 m. arg.) vac. p. o. in cur. Johannis Druys pape fam. qui litig. sup. d. par. eccl., n. o. can. et preb. ut supra 23. febr. 82 S 808 103^r – cui de can. et preb. eccl. Leuwen. et de capn. in Kerkem Leod. dioc. prov. extitit: de par. eccl. ut supra 13. apr. 82 S 809 159^r – qui vig. gr. expect. can. et preb. in eccl. Louwen. et capn. in Kerken ac par. eccl. de Vanrode ut supra acc.: de disp. ad compat. benef. 30. apr. 82 S 813 82^{rs} – de facult. resign. vel perm. 1. iun. 84 S 835 282^r – oblig. sup. facult. resign. vel perm. s. d. 29. mai. 84 sibi conc., restit. bulle 15. iul. 84 A 32 154^v.

5952 Johannes Molitoris cler. Magunt. dioc. cuius progenitores benef. in eccl. s. Stephani Magunt. (3 m. arg.) ac s. c. benef. in eccl. s. Johannis Magunt. (3 m. arg.) et s. c. benef. in eccl. b. Marie ad Gradus Magunt. (3 m. arg.) fund.: de disp. ad quodcumque <incompat.> benef. c. derog. fund. 6. iun. 74 S 706 216^{rs}, I 333 192^r.

5953 Johannes Molitoris de Berrangen diac. qui perp. benef. in par. eccl. in Grunbach Wormat. dioc. obtin.: de prom. ad presbit. ord. extra temp., sola sign. 18. aug. 76 S 740 237^{rs}.

5954 Johannes Molitoris de Winterburg cler. Magunt. dioc.: de perp. capn. ad alt. s. Margarete in Winterburg infra lim. paroch. Pferdwelden. Magunt. dioc. (3 m. arg.) vac. p. o. Conradi Bender 8. nov. 82 S 815 317^v.

5955 Johannes Molre (Moke) cler. Lubic. dioc. cui perp. vicar. in eccl. Lubic. (vac. p. assec. can. et maioris preb. eccl. Lubic. tunc vac. p. o. Johannis Sprant p. Nicolaum Wittenborch (Wikemberg)) p. Hermannum Duker (Duka, Dukrer) scolast. eccl. Lubic. collata fuit: de nova prov. de d. vicar. (4 m. arg.) 8. nov. 73 S 699 84^{rs}, V 560 176^{rss} – cui de perp. vi-

car. ad alt. s. Katherine in eccl. s. Johannis Luneburgen. Verden. dioc. vac. p. o. Hartwici Bulewen prov. fuit: de nova prov. de d. vicar. (4 m. arg.) 3. mart. 75 S 716 82^{rs} – referens quod Nicolaus Wittenburch vig. gr. expect. can. et maiorem preb. eccl. Lubic. vac. p. o. Johannis Spret obtin. et eosdem unac. perp. vicar. in eccl. Lubic. ut supra detin. et quod Johannes Molre desup. litig. coram Nicolao de Edam aud. contra d. Nicolaum reum: de prov. si neutri de d. vicar. (4 m. arg.) 11. ian. 76 S 732 233^{rs} – referens quod Martinus Pape ad perp. s. c. vicar. commenda nunc. in capel. s. Lamberti Luneburgen. Verden. dioc. vac. p. o. Wilikini Ricken Leonardo Camighen preposito eccl. s. Johannis Luneburgen. Verden. dioc. p. nob. virum Johannem de Wittorp patron. present. fuit et quod d. Martinus litig. coram Arnoldo Obleben offic. gener. Verden. contra Wolkmarum Koghen etiam ad d. vicar. p. quendam de Dalanborch present. et quod deinde Johannes Molre d. Leonardo p. d. Johannem de Wittorp present. fuit: de nova prov. d. vicar. (4 m. arg.) vac. p. resign. d. Martini 1. decb. 76 S 744 173^{vs} – referens quod Johannes Bors p. Henricum Bynebuttel cler. Verden. dioc. procur. ad perp. vicar. ad alt. ss. Petri et Pauli in capel. s. Gertrudis e. m. Luneburgen. Verden. dioc. de iur. patron. laic. vac. p. o. Gotfridi Medingen p. prep. eccl. s. Johannis op. Luneburgen. instit. fuit et quod d. Johannes Bors eam p. 2 an. detin. licet nullum m. haberet a d. Henrico: de d. vicar. (4 m. arg.) vac. p. devol. 18. decb. 76 S 745 84^{vs} – de perp. vicar. in eccl. Zwerin. (4 m. arg.) vac. p. o. Gerardi Wunstorp, n. o. perp. vicar. in eccl. Lubic. (4 m. arg.) et perp. vicar. in par. eccl. s. Johannis Luneburgen. Verden. dioc. (4 m. arg.) 8. iun. 82 S 813 329^v – qui litig. in cur. contra Bernardum Bruggeman cler. Lubic. sup. perp. vicar. ad alt. ss. Philippi et Jacobi appl. in eccl. Lubic.: de d. vicar. (4 m. arg.) vac. p. resign. d. Bernardi 7. mai. 83 S 823 107ʳ.

5956 **Johannes Molre** monach. castri seu mon. ss. Petri et Pauli appl. o. Prem. [in Soldin] Camin. dioc. qui pro negotiis d. mon. et Conradi abbatis d. mon. pertractandis in cur. destinatus fuit et ad omnes ord. prom. desiderat ep. Camin. in dioc. absente: supplic. d. abbate de prom. ad omnes ord. extra temp. in cur., sola sign. 8. oct. 79 S 787 27ᵛ.

5957 **Johannes Molre (Moler, Molitoris) (de Sehusen)** cler. Verden. dioc. qui quond. Helmico [de Mallingrode] ep. Tarbat. pluribus an. servivit et cui Andreas [Piperii] ep. Tarbat. successor d. Helmici villam Euknyl (Enknul) nunc. in paroch. Palmes Tarbat. dioc. et ad mensam episc. Tarbat. pertin. pro certo pretio c. annuo censu conc.: de conf. 4. febr. 73 S 687 206ʳ, m. (abb. mon. in Vakana Tarbat. dioc. et Yvano Stoltevoet can. eccl. Osil.) L 724 111ʳˢ – inter al. referens quod quond. Andreas [Piperii] ep. Tarbat. ipsi villam Eugekul ut supra pro recuperatione cuiusdam castri pro pretio 1.800 m. antiquarum < Rigen.> vendidit et quod ipse d. episcopo et eccl. servitia in partibus Livonie consueta prestare tenetur et quod d. villam p. 7 an. possidet: de conf. d. venditionis 19. ian. 79 S 777 54ʳˢ, m. (abb. mon. in Valkana Tarbat. dioc.) L 788 264ᵛˢ – de conf. venditionis ut supra et de committ. in partibus 10. febr. 79 S 778 27ʳˢ.

5958 **Johannes Mommensen (Mommeson, Momneson)** can. eccl. s. Widonis Spiren. qui vig. gr. expect. par. eccl. in Freispach pastoria nunc. Spiren. dioc. vac. p. o. Michaelis Kesseler acc.: de nova prov. de d. par. eccl. (8 m. arg.) 3. nov. 72 S 684 100ᵛ – pres. in cur.: de prom. ad omnes ord. extra temp., sola sign. 2. apr. 73 S 689 136ʳˢ – litt. testim. sup. prom. (vig. conc. ut supra) ad 4

min. ord. s. d. 16. apr. 73 in dom. Jacobi [de Neapoli] ep. Sancti Angeli de Lombardis in Urbe, ad subdiacon. ord. s. d. 17. apr. 73 in eccl. s. Cecilie in Transtiberim in Urbe, ad diacon. ord. s. d. 20. apr. 73, ad presbit. ord. s. d. 23. apr. 73 in eccl. s. Bartholomei de Insula in Urbe 23. apr. 73 F 6 112ʳ – referens quod ipse <vig. gr. expect. de 2 benef. ad coll. ep. etc. Spiren. et abb. etc. mon. s. Petri in Wisemburg o. s. Ben. Spiren. dioc.> par. eccl. s. Jacobi in Hammbach (Haumbach) Spiren. dioc. (4 m. arg.) et par. eccl. s. Georgii in Frispach Spiren. dioc. (4 m. arg.) acc. et quod litig. <coram Gabriele de Contarenis aud.> contra Henricum Heckman <cler. Spiren. dioc.> sup. d. par. eccl. s. Jacobi et contra Antonium Ziegler <cler. Spiren. dioc.> sup. d. par. eccl. s. Georgii et nunc eisdem resign. in manibus pape <p. Johannem Swalb cler. Frising. dioc. procur. fact.>): de assign. Johanni Mommensen pens. ann. 6 fl. renen. sup. fruct. d. par. eccl. s. Jacobi p. d. Henricum in civit. Spiren. persolv. et pens. ann. 5 fl. renen. sup. fruct. d. par. eccl. s. Georgii p. d. Antonium in civit. Spiren. persolv. 11. mai. 73 S 690 107ᵛˢˢ, (m. ep. Urbinaten. et officialibus Spiren. et Wormat.) 15. mai. 73 L 724 236ʳ-238ʳ.

5959 **Johannes Mon** presb. Colon. dioc.: de nova prov. de par. eccl. in Buntem Colon. dioc. de iur. patron. laic. (10 m. arg.) vac. p. o. Rutgeri de Holt, n. o. can. et preb. c. ferculo ac scolastr. eccl. s. Victoris Xanten. Colon. dioc. (12 m. arg.) quos obtin. 8. oct. 82 S 813 366ʳ.

5960 **Johannes Monachi al. Plebis** iun. cler. Leod. dioc. pape fam. qui vig. disp. sup. def. nat. (p. s.) et ad 4 incompat. benef. <p. Alexandrum [Numai] ep. Forolivien. legatum de latere conc.> alt. s. Nicolai in capel. hosp. de Nederritteren Leod. dioc. (2 m. arg.) ac can. et preb. eccl. b. Marie Eycken. Leod. dioc. (4) assec. fuit: motu pr. de can. et preb. eccl. b. Marie Traiecten. Leod. dioc. ac de par. eccl. in Nedenhem Leod. dioc. (insimul 14 m. arg.) vac. p. o. Johannis Monachi al. Plebis sen. quond. Francisci [Condulmarus] card. ep. Portuen. fam. ac abbrev. c. disp. ut dd. can. et preb. eccl. b. Marie Traiecten. et d. par. eccl. unac. dd. can. et preb. b. Marie Eycken. et d. alt. s. Nicolai (insimul 6 m. arg.) retin. val., n. o. <benef. ad coll. abba. etc. mon. de Herkenrede o. s. Ben.> 25. apr. 82 S 809 263^v, (exec. dec. eccl. s. Lebuini Davantrien. Traiect. dioc. et Henricus ex Palude can. eccl. Leod. ac offic. Leod.), gratis V 620 307^r-308^v – not. recip. pro bulla distributa 3 grossos et 2 grossos iul. 82 DB 1 140^r.

5961 Johannes de Monachis rect. par. eccl. de Groub Argent. dioc. pape fam. Leonardi [Griffus] ep. Eugubin. secr.: motu pr. de gr. expect. de 2 can. et preb. necnon de 2 benef. ad coll. quorumcumque et c. disp. ut d. par. eccl. ad vitam retin. val., Et s. d. 17. nov. 81 S 803 228^{rs}.

5962 Johannes Monnechon scolast. ac can. eccl. s. Petri Fertzlarien. Magunt. dioc. decr. doct.: motu pr. de gr. expect. de 2 can. et preb. necnon de 2 benef. ad coll. quorumcumque, Et s. d. 17. nov. 81, motu pr. [1484] S 830 56^r.

5963 Johannes Monick cler. Osnaburg. dioc. Juliani [de Ruvere] tit. s. Petri ad vincula [presb. card.] fam. ex utr. par. de nob. gen. et **Johannes de Hesboem** cler. Cameracen. dioc. cui s. d. 12. aug. 73 de can. et preb. eccl. Minden. vac. p. prom. Henrici de Schorwenborch el. Minden. prov. fuit: de prov. de eisdem (4 m. arg.) vac. p. resign. in manibus pape d. Johannis de Hesboem et de assign. d. Johanni Hesboem pens. ann. 4 fl. renen. sup. fruct. dd. can. et preb. 22. iul. 75 S 724 91^v.

5964 Johannes (de) Mont (Monte, Montis) cler. Leod. dioc.: de par. eccl. in Dorten Leod. dioc. (4 m. arg.) vac. p. o. Gerardi de Drueten de Vinentdute 14. mart. 72 S 677 191^{vs} – subdiac. can. eccl. s. Amoris Blisien. Leod. dioc. Francisci [Todeschini-Piccolomini] tit. s. Eustachii diac. card. fam. in cur. resid. c. quo sup. def. nat. (c. s.) disp. fuit: de n. prom. ad 5 an. 4. sept. 72 S 682 33^r, 16. sept. 72 S 682 208^{rs} – <qui vig. disp. sup. def. nat. (c. s.) et vig. disp. ad 4 benef. can. et preb. eccl. b. Marie Eyken. Leod. dioc. (4 m. arg.) et can. et preb. eccl. s. Amoris Blisien. Leod. dioc. (4 m. arg.) obtin.>: de par. eccl. <s. Laurentii> in Repeler (Repeller, Herpel) Colon. dioc. (6 <8> m. arg.) vac. p. o. Everhardi Makereyne 18. mai. 74 S 705 229^v, m. (ep. Tirasonen. et archid. eccl. Urbevetan. ac dec. eccl. s. Victoris Xancten. Colon. dioc.) (exped. 4. iun. 74) L 737 50^r-51^v – restit. bulle sup. prov. de par. eccl. s. Laurentii ut supra 14. iun. 74 A 23 105^v – unus ex 12 card. ut supra fam. quib. prerog. ad instar pape fam. descript. conc. fuerunt: de confic. litt. desup. c. express. disp. sup. def. nat. (c. s.) 14. iun. 74 S 706 15^{rs} – dec. eccl. b. Marie in Eycken Leod. dioc. cui de perp. s. c. benef. ad alt. ss. Antonii et Medardi in eccl. b. Marie Thoren. Leod. dioc. vac. p. o. Johannis de Weert prov. fuit: de nova prov. de d. benef. (2 m. arg.) 27. mart. 75 S 716 159^{rs} – prom. ad acolit. et al. min. ord. in eccl. s. Bartholomei de Insula in Urbe 20. mai. 75 F 6 207^v – prom. ad ord. subdiacon. in eccl. s. Bartholomei ut supra 20. mai. 75 F 6 207^{vs} – rect. par. eccl. in Dorren Leod. dioc. et **Johannes Antonius de Patoribus** subdiac. Leod. dioc. rect. par. eccl. s. Marie in Colasco Vercellen. dioc.: de prom. ad omnes ord. extra temp., sola sign. 14. iul. 75 S 724 40^v – litt. testim. sup. prom. ad acolit. et al. min. ord. ac ad ord. subdiacon. s. d. 20. mai. 75 in eccl. s. Bartholomei ut supra, ad ord. diacon. (vig. supplic. s. d. 14. iul. 75) s. d. 25. iul. 75 ibidem, ad ord. presbit. s. d. 30. iul. 75 ibidem 30. iul. 75 F 6 226^r – supplic. card. ut supra de ferculo eccl. s. Victoris Xanten. Colon. dioc. (25 fl. adc.) vac. p. o. Gobelini Flessen 10. mai. 77 S 752 225^{rs} – can. eccl. s. Amoris Blisien. Leod. dioc. qui iuram. de prom. ad omnes ord. ad abba. et capit. d. eccl. prestitit et iam p. 6 an. in ord. subdiacon. et in servitiis card. ut supra exist.: de relax. iuram. et de n. prom. ad 5 an., Et p. breve, Conc. ad 3 an. 7. iul. 80 S 794 266^v – can. eccl. s. Victoris Xancten. Colon. dioc. c. quo sup. def. nat. (c. s.) et ad 6 benef. auct. ap. disp. fuit et qui concordiam c. Henrico Crull rect. par. eccl. in Berchen Colon. dioc. fecit quod ferculum d. eccl. s. Victoris in favorem d. Henrici dim.: de assign. d. Johanni pens. ann. 8 fl. auri renen. sup. fruct. d. par. eccl. (40 fl. auri renen.) p. d. Henricum c. consensu suo <p. Johannem de Arsen prep. eccl. s. Cuniberti Colon. procur. express.> persolv. 11. apr. 84 S 834 209^v, (exec. prep. eccl. s. Spiritus Ruremunden. Leod. dioc. et dec. eccl. s. Cuniberti Colon. ac offic. Colon.) 12. mai. 84 V 645 158^r-160^v – restit. bulle sup. pens. ann. ut supra s. d. 12. mai. 84 sibi assign. 2. iun. 84 A 32 227^r.

5965 **Johannes de Monte** cler. Magunt. dioc. cui de can. et preb. eccl. Wratislav. vac. p. o. Baltasaris Paulavo prov. fuit: de nova prov. de eisdem (6 m. arg.) 10. iul. 76 S 741 56^r – pape fam. cui in primordio pontificatus pape gr. expect. conc. fuit: de decl. litt. desup. perinde val. acsi d. gr. expect. motu pr. conc. fuisset et c. prerog. ad instar pape fam. descript. 15. mart. 78 S 767 83^{vs}.

5966 **Johannes de Monte** cler. Traiect. dioc. mag. in art. litig. coram aud. contra quond. Laurentium de Rindrops cler. Colon. dioc. in cur. de-

funct. sup. par. eccl. in Arerade Colon. dioc. (4 m. arg.) vac. p. o. Sibillonis Blanckenborch: de surrog. ad ius d. Laurentii 3. oct. 78 S 772 298^{rs}.

5967 **Johannes de Monte de Lippia** cler. Colon. dioc. qui ad perp. s. c. vicar. ad alt. s. Trinitatis in eccl. s. Johannis Osnaburg. vac. p. o. Johannis Rumisyck p. Erdwinum de Dramhen present. fuit: de nova prov. de d. perp. vicar. (4 m. arg.) 25. apr. 77 S 751 203^r.

5968 **Johannes de Montfort (Montforum) miles dominus temporalis de Hoerstken (Hoerstleen, Hoerstlien) (al. Wroenembroeke) Colon. dioc.** inter al. referens quod capel. s. Johannis de Hoerstken (Hoerstleen) sita infra lim. par. eccl. de Repeler (Repele) a d. par. eccl. p. 1 magnum miliare Teutonicale distat et quod via intermedia paludosa vix in 2$^{1}/_{2}$ horis pertransiri potest: lic. erig. d. capellam in par. ecclesiam 28. apr. 77 S 751 104^{vs}, m. (abb. mon. Campen. et dec. eccl. s. Victoris Xancten. Colon. dioc. ac dec. eccl. s. Andree Colon.) L 777 213^{rs} – et universi incole loci de Hoerstken al. Wroeuenbroecke Colon. dioc. ut supra referentes quod multi eorum absque sacramentis decesserunt et quod autem incole de Geriffart usque ad pontem et usque ad Lynerdyck et ad Loepeler et de Loepeler ad Kersmans c. Raderen ad aquam que vocatur die Wert (extra dominium de Wroeuenbroeke) similibus periculis subiciunt: de m. ut incole de Geriffart similiter parochiani eiusdem erigende par. eccl. in Hoerstken considerentur ita tamen quod modernus rect. par. eccl. de Repeler omnes fruct. locorum ut prius percip. debeat et ut Johanni de Montfort et successoribus ius patron. d. erigende par. eccl. reservetur (sicut eius progenitores fund. capel. illud habebant) 11. apr. 78 S 767 295^{vs}.

5969 Johannes Morbeheim qui vig. gr. expect. can. et preb. eccl. Budicen. Misnen. dioc. vac. p. o. Johannis Gerlhausen acc.: de nova prov. de dd. can. et preb. (6 m. arg.) 17. aug. 82 S 813 274^r.

5970 Johannes Morder, Magunt. [dioc.?]: disp. ad incompat. 74/75 I 333 196^r.

5971 Johannes Bapt. de Morlays civ. Trident. inter al. referens quod certum pratum de Buromasio vulg. nunc. situm iuxta ripas fluminis Thesis Trident. dioc. ad prepos. eccl. Trident. pertin. (quod ad dimensionem 9 vel 10 operum mensure illarum partium ascendit et sub ann. censu 15 interdum 18 et ad plus 20 fl. renen. locari consuevit) sibi plurimum accommodum exist. et quod pro illo censum ann. 24 fl. renen. solv. intendit: supplic. Sigismundo duce Austrie (de cuius iur. patron. d. prepos. exist.) de committ. in partibus 8. apr. 78 S 768 33^{rs}.

5972 Johannes Morman (Moerman, Moermani) (de Oyta (Oyca, Oyen)) cler. Osnaburg. dioc.: de can. et maiori preb. colleg. eccl. op. Hoxer Paderburn. dioc. (4 m. arg. p.) vac. p. o. Johannis Nederhut 11. ian. 72 S 675 12^{rs} – reus et possessor litig. coram Antonio de Grassis aud. contra quond. Hinricum Tydekinck presb. Osnaburg. dioc. actorem in cur. defunct. sup. par. eccl. in Oldenoyta Osnaburg. dioc. (4 m. arg.) vac. p. o. in cur. d. Hinrici seu Wecharis (/.) [recte: Walteri] Tydekinck: de surrog. ad ius d. Hinrici 23. ian. 72 S 676 4^{rs} – subdiac. rect. par. eccl. in Oldenoyta Osnaburg. dioc.: de prom. ad omnes ord. extra temp., sola sign. 24. apr. 72 S 678 229^{vs} – in cur. resid.: de n. prom. ad 1 an. 3. nov. 72 S 686 123^v – qui vig. gr. expect. can. et preb. eccl. ss. Petri et Alexandri Asschaffenburgen. Magunt. dioc. vac. p. o. Conradi Engelhardi acc. et qui litig. desup. in cur.: de prorog. term. publicandi ad 2

menses, sola sign. 12. iun. 75 S 721 286^{vs} – de can. et preb. eccl. s. Martini Wormat. (4 m. arg.) vac. p. resign. Alberti Haverbret cler. Osnaburg. cui de dd. can. et preb. vac. p. resign. in manibus pape Henrici Broyel cler. Osnaburg. vel vac. p. o. Nicolai Wulf Pii II. fam. prov. fuit c. reserv. pens. ann. 6 fl. renen. sup. fruct. par. eccl. in Oldenoyta Osnaburg. dioc. quam nunc Johannes Morman obtin. 28. ian. 77 S 746 250^{rs} – de perp. s. c. vicar. ad alt. s. Johannis in eccl. Montis s. Georgii prope op. Pedersheim (Pedirsheym) [= St. Georgenberg bei Pfeddersheim] Wormat. dioc. (4 m. arg.) vac. p. o. Rabani de Helmstad 6. mart. 77 S 755 224^{rs}, S 756 184^r – qui vig. gr. expect. de can. et preb. eccl. ss. Petri et Alexandri Aschaffenburgen. Magunt. dioc. et de benef. ad coll. abba. et conv. mon. Veteriscelle Magunt. par. eccl. in Budenheym Magunt. dioc. acc.: motu pr. de reval. gr. expect. 9. mai. 78 S 767 8^{rs} – cler. [dioc. deest]: de perp. vicar. in eccl. s. Stephani Magunt. (4 m. arg.) vac. p. o. Corradi Sculteti de Esselburge vel p. devol. 9. mart. 79 S 779 69^r.

5973 Johannes Mort de Confluentia cler. Trever. dioc. et **Cristoforus de Robensteyn** cler. Bamberg. dioc. inter 10 personas enumerati Johannis de Ruvere pape nepotis familiares: motu pr. de gr. expect. de 2 can. et preb. necnon de 2 benef. ad coll. quorumcumque et de disp. ad 2 incompat. benef. c. prerog. ad instar pape fam. descript., Et s. d. 17. nov. 81 S 803 46^{rss}.

5974 Johannes Mosch theol. doct. qui p. magistroscivium et consulatum op. Ulmen. Constant. dioc. ad par. eccl. b. Marie virg. op. Gisling Constant. dioc. present. fuit: de nova prov. de d. par. eccl. (12 m. arg.) vac. p. resign. Ludovici Schlicher theol. doct. in manibus vic. capit. eccl. Constant. 20. febr. 76 S 734 198^r.

5975 Johannes Moseler rect. par. eccl. s. Quintini Magunt.: disp. ut unac. d. par. eccl. al. incompat. benef. etsi par. eccl. ad 2 an. retin. val. 17. febr. 75 L 751 285^{rs} – oblig. p. Johannem Leist can. eccl. b. Marie ad Gradus Magunt. sup. annat. can. et preb. d. eccl. (6 m. arg.) de quib. vac. p. resign. in manibus pape Johannis Heysen collitigantis s. d. 6. iul. 78 sibi prov. fuit 23. iun. 80 A 29 36^r.

5976 Johannes Mosman presb. Argent.: motu pr. de gr. expect. de 2 can. et preb. necnon de 2 benef. ad coll. quorumcumque, Et s. d. 17. nov. 81 S 803 149^r – disp. ad futura 83/84 I 335 14^r.

5977 Johannes Mudt cler. Magunt.: de par. eccl. in Loer Magunt. dioc. (4 m. arg. p.) vac. p. o. Henrici Uterszhusen 8. febr. 82 S 807 175^v.

5978 Johannes Mueschen (Musiken) pape fam. in 21. sue et. an. constit.: gr. expect. de can. et preb. eccl. b. Marie ad Gradus Colon. et de can. et preb. eccl. s. Cassii Bonnen. Colon. dioc. (m. ep. Alerien. ac dec. eccl. s. Andree Colon. et dec. eccl. s. Severini Colon.), gratis 1. ian. 72 V 663 552^r-554^r.

5979 Johannes Muezler perp. cap. ad alt. s. Crucis de iur. patron. laic. in par. eccl. op. Biberlingen Constant. dioc. senex: de n. resid. in d. capn. p. substitutum serviendo ad vitam c. derog. fund. d. capn. 29. mart. 82 S 808 177^r, L 817 279^v.

5980 Johannes Muffel cler. Bamberg. dioc. actor litig. coram Marco [Barbus] card. ep. Prenestin. s. Marci vulg. nunc. contra quond. Johannem Geyler cler. Bamberg. dioc. in cur. defunct. reum sup. par. eccl. in Sutenbach Bamberg. dioc. (10 m. arg.) vac. p. o. cuiusdam Seifredi: de surrog. ad ius d. Johannis 23. oct. 82 S 821 68^{rs} – cui de par. eccl. in Welching Eistet. dioc. (10 m. arg.) vac. p. o. Mathei de Litzer Francisci [To-

deschini-Piccolomini] card. Senen. nunc. fam. c. consensu d. card. prov. fuit: de disp. ut unac. d. par. eccl. ut supra al. par. eccl. in Kirchsittempach Bamberg. dioc. (8 m. arg.) (sup. qua litig.) recip. val. 3. sept. 83 S 828 95^r.

5981 Johannes Mul (Niel) presb. Trever. dioc. referens quod Nicolao Herrerz cler. Herbip. dioc. de can. et preb. eccl. s. Victoris e. m. Magunt. (10 m. arg.) vac. p. o. Ludovici Quiller prov. fuit et quod d. Nicolaus desup. litig. coram Nicolao de Edam et deinde coram Matheo de Porta et coram Fantino de Valle auditoribus contra Hermannum Nuz et nunc resign.: de surrog. ad ius d. Nicolai 17. apr. 75 S 718 64^{vss} – cler. Trever. dioc.: de perp. vicar. in colleg. eccl. s. Petri iun. Argent. et de perp. vicar. [in eccl. mon. monial.] ad Penitentes Argent. necnon de vicar. ad alt. b. Katherine in Hoffeliden Argent. dioc. (insimul 10 m. arg.) vac. p. priv. Johannis Pfluger qui excom. missas celebravit 16. iul. 76 S 740 20^v.

5982 Johannes Mull cler. Spiren. dioc. pape fam. cui de perp. s. c. vicar. ad alt. s. Catherine in eccl. Spiren. vac. p. o. Petri Kettener prov. fuit: m. (prep. eccl. Bremen. et prep. eccl. s. Widonis Spiren. ac offic. Spiren.) confer. de novo eandem (3 m. arg.) 12. aug. 81 (exped. 22. aug. 81) L 815 181^{rss}.

5983 Johannes Mule (Muler) (de Zeyszkem (Zeyskem, Zeyken)) Spiren. dioc. pape fam. in 23. sue et. an. constit.: motu pr. gr. expect. s. d. 1. ian. 72 de 2 benef. ad coll. ep. etc. Spiren. et abb. etc. mon. de Clingenminster o. s. Ben. Spiren. dioc. et prerog. ad instar pape fam. descript. c. reval. et exten. primarum gr. expect. (exec. dec. eccl. b. Marie Wezalien. Trever. dioc. et offic. Spiren. ac offic. Wormat.), gratis 23. sept. 80 V 673 142^v-145^r – motu pr. de perp. s. c. vicar. seu capn. ad alt. b. Marie virg. in Syserszhein Magunt.

dioc. (4 m. arg.) vac. p.o. Nicolai Kneppel 8. ian. 81 S 799 138^vs – de off. subdiacon. eccl. Spiren. (6 m. arg.) vac. p.o. Martini Abtetlite 5. febr. 81 S 799 198^r – de lic. absentandi et de prerog. pape fam. descript. in absentia ad 6 menses, sola sign. 3. mart. 81 S 800 258^r – perp. cap. capn. primaria nunc. in Kimtelszheym Spiren. dioc.: de prom. ad omnes ord. extra temp., sola sign. 21. aug. 81 S 802 26^v.

5984 Johannes Mulegk cler. August. dioc. rect. par. eccl. s.Jacobi in Senvalheim Patav. dioc. in cur. resid.: de prom. ad omnes ord. extra temp., sola sign. 2. decb. 82 S 816 287^r.

5985 Johannes Mulenbach (Molbach, Molinbach, Muelbach) (al. Goltsmet) cler. Magunt. dioc. pape fam.: gr. expect. s.d. 1. ian. 72 de 2 benef. ad coll. dec. etc. eccl. s.Petri Friczlarien. Magunt. dioc. et prep. etc. eccl. s.Crucis in Nortusen Magunt. dioc. 18. aug. 79 (exec. Michael Moner can. eccl. Elnen. et offic. Magunt. ac offic. Wormat. dioc.) PA 27 649^r-652^r – disp. ad 2 incompat. benef. c. facult. resign. vel perm. et n. resid. (exec. dec. eccl. b. Marie Wesalien. Trever. dioc. et Michael Moner can. eccl. Elnen. ac offic. Magunt.), gratis 25. sept. 81 V 626 175^r-179^r – motu pr. de perp. s.c. capn. ad alt. b. Marie in eccl. Colon. (4 <3> m. arg.) vac. p.o. in cur. Johannis Leonis pape fam. <n. o. gr. expect. de can. et preb. in eccl. s.Crucis in Cauffigen Magunt. dioc. et benef. ad coll. prep. etc. eccl. s.Bartholomei Francheforden. Magunt. dioc.> 30. iun. 82 S 812 40^r, (exec. dec. eccl. b. Marie Wesalien. Trever. dioc. ac Michaeli Moner can. eccl. Elnen. ac offic. Colon.), gratis V 621 310^v-312^v – de par. eccl. in Stenkerken Bremen. dioc. (3 m. <4 m. arg.>) vac. p.o. Wilhelmi Waterhus pape fam., n.o. perp. vicar. in eccl. Colon. (3 m. arg.) quam obtin. 13. iul. 82 S 812 195^rs, (exec. ep.

Civitatis Castelli et dec. eccl. b. Marie Wesalien. Trever. dioc. ac offic. Bremen.), gratis V 622 81^v-83^r – not. recip. pro bulla distributa 5 grossos sept. 82 DB 1 145^r – not. recip. pro bulla distributa 2 grossos et 2 grossos oct. 82 DB 1 148^r – oblig. sup. facult. resign. vel perm. ut supra 26. mart. 83 A 31 20^r – can. eccl. s.Crucis in Coufunghen cui gr. expect. s.d. 17. nov. 81 de can. et preb. d. eccl. s.Crucis necnon de benef. ad coll. prep. etc. eccl. s.Bartholomei Francforden. Magunt. dioc. conc. fuit: motu pr. de mutatione d. gr. expect. de d. benef. ad coll. prep. etc. d. eccl. s.Crucis in can. et preb. ad coll. prep. etc. eccl. s.Petri Fritzlarien. Magunt. dioc. 25. apr. 83 S 822 179^r – de can. et preb. eccl. s.Petri Leod. (4 m. arg. p.) vac. p.o. Thome de Znyln 27. iun. 83 S 825 69^rs – qui vig. gr. expect. can. et preb. eccl. s.Petri Fryezlerien. ut supra vac. p.o. Richardi Mors acc.: de nova prov. de dd. can. et preb. (7 m. arg.) 5. aug. 83 S 826 93^r – motu pr. de can. et preb. eccl. s.Stephani Magunt. (4 <6> m. arg. p.) vac. p.o. Johannis Tzep (Tezep) de Lechnich Pauli II. fam. 9. aug. 83 S 826 290^r, m. (dec. eccl. b. Marie Wezalien. Trever. dioc. et offic. Magunt. ac offic. Colon.), gratis V 647 125^rss – m. (dec. eccl. b. Marie Vesalien. Trever. dioc. et offic. Magunt. ac offic. Colon.) prov. de perp. s.c. vicar. in eccl. s.Georgii Spiren. de iur. patron. laic. (4 m. arg.) vac. p.o. in cur. Nicolai Virauch c. derog. iur. patron., gratis 4. ian. 84 V 638 119^rss – rect. par. eccl. Stenkerken. ut supra: de n. prom. ad an. in cur. seu servitio sed. ap. constit., sola sign. 5. mart. 84 S 836 187^rs – oblig. sup. annat. (6 m. arg.) ut supra, restit. bulle (in margine: s.d. 29. iul. 89 obtin. prorog. ad 6 menses, s.d. 12. ian. 90 solv. 14^3/4 fl.) 26. iun. 84 A 32 139^v.

5986 **Johannes Mulener** et socii merc. Nurimbergen.: m. ut recip. 25 fl. auri in auro pro restit. annat. can. et preb. eccl. Herbip. (que postea reperta sunt n. vacare) p. [Auxiam de Podio] card. Montisregalis nunc. tunc ibidem collatorem 20. decb. 82 FC I 849 7^r.

5987 **Johannes Muller** presb. Juliani [de Ruvere] tit. s. Petri ad vincula presb. card. fam.: gr. expect. s. d. 1. ian. 72 de can. et preb. eccl. s. Johannis Novi Monasterii Herbip. necnon de benef. ad coll. ep. etc. Herbip. et prerog. ad instar pape fam. descript. (m. ep. Tirasonen. et dec. eccl. s. Johannis in Haugis e. m. Herbip. ac offic. Bamberg.), gratis 16. oct. 75 V 664 231^r-233^v.

5988 **Johannes Mulhofer (Mullhofer)** presb. Ratisbon. dioc. nullum benef. obtin.: de par. eccl. s. Georgii ad Sanctum Georgium prope Hundczmarcht (Hundesmarcks) Salzeburg. dioc. (3 m. arg.) vac. p. o. Martini Leschenpheffer in 1 ex mensibus ap. 22. ian. 73 S 686 39^{rs}, m. (prep. eccl. Seccov.) (exped. 10. nov. 73) L 729 233^{rs}.

5989 **Johannes com. de Mulingen** et dominus loci de Barbi Magdeburg. dioc. referens quod consules et univ. op. Ambsterdam (Amsterdam) et op. Leyden ac Ludovicus de Wanscleben (Wantsleben), Johannes Wilhelmi, Eghardus (Eggardus) Sone et Theodericus Vrun (Brun) laici Traiect. dioc. propter spoliationem bonorum quond. Johannis Lyndel (Lindaw) civ. Magdeburg. in banno R. I. incidisse declarati fuerunt et quod illi dd. bona (ad d. com. ratione cessionis p. Petrum et Tilonem civ. Magdeburg. d. Johannis Lyndel heredes fact. pertin.) n. restituerunt: supplic. Cristierno Dacie Swecie et Norwegie rege m. faciendi observari sententias iudicii imper. curie 13. apr. 74 V 663 114^{rs} – referens quod ep. Monast. penas sanguinis contra spoliatores bonorum ut supra precepit: supplic.

Cristierno rege de decl. dd. litt. perinde val. acsi express. fuisset quod dd. spoliatores bona Tilonis et Bete [!] Losen fratrum et n. bona d. Johannis Lindaw spoliaverunt, attento quod d. ep. ad executionem n. procedit 14. mart. 75 S 716 106^{rs} – supplic. Cristierno rege ut supra m. (ep. Monast. et ep. Verden.) faciendi observari sent. ut supra citra penam sanguinis 8. apr. 80 L 803 118^{vs} – qui derog. constit. Bonifacii VIII. de 1 dieta in confic. litt. inserere desiderat: de ref. 8. apr. 80 S 791 168^v.

5990 **Johannes Mulner** rect. par. eccl. s. Hermolai in Colci (Calci) Pisan. dioc. referens quod litig. in cur. contra Jasonem de Pagnanis cler. Mediolan. (tunc extra cur. in servitiis Juliani [de Ruvere] tit. s. Petri ad vincula presb. card. exist.) sup. par. eccl. ss. Viti et Catherine in Wolfrichshausen (Welfrichhusen) Herbip. dioc. et quod d. Jason d. par. eccl. in manibus pape resign. ex causa perm. c. Johanne Mulner: de decl. ut in possessione d. par. eccl. s. Hermolai continuare val. in eventu quod d. Johannes temp. d. resign. defunct. fuit 22. mai. 76 S 739 242^{vs} – referens ut supra quod ipse par. eccl. ss. Hermolai et Jason de Pagnanis cler. Mediolan. par. eccl. ss. Viti et Catherine p. Ottonem de Pagnanis laic. Mediolan. procur. suum in manibus pape ex causa perm. resign.: prov. de d. par. eccl. ss. Viti et Catherine (12 m. arg.) (m. ep. Urbinaten. et ep. Urbevetan. ac offic. Herbip.) 24. mai. 76 (exped. 30. mai. 76) L 763 51^{rss}.

5991 **Johannes Mulner** fr. dom. Colon. o. Carm. in theol. lector referens quod Pontius prior gener. d. ord. d. Johanni conc. ut benef. in divinis deservire et c. notabilibus personis conversari val.: conf. d. conc., m. (prep. eccl. s. Cuniberti Colon. et dec. eccl. s. Georgii Colon.) 29. oct. 82 L 828 175^{vs}.

5992 Johannes Mulner presb. Cur. dioc.: de can. et preb. eccl. Cur. (8 m. arg.) vacat. p. priv. Bernardi Mercklinger presb. excom. 24. nov. 77 S 760 257^{rs}.

5993 Johannes Munch: motu pr. gr. expect. s. d. 1. ian. 72 de can. et preb. eccl. s. Guidonis Spiren. necnon de benef. ad coll. abb. etc. mon. in Mulbrun (Mulbron) o. Cist. Spiren. dioc. et prerog. ad instar pape fam. descript. (exec. prep. eccl. b. Marie Feuchtwangen. August. dioc. et dec. eccl. Spiren. ac offic. Spiren.), gratis 13. ian. 77 V 666 196^r-198^r – cler. Spiren.: motu pr. de mutatione coll. ut supra ad coll. prep. etc. eccl. ss. Petri et Michaelis Argent. 26. nov. 77 S 760 274^{rs} – motu pr. de prerog. ad instar pape fam. descript. 5. oct. 80 S 797 41^r.

5994 Johannes Muratoris rect. sive perp. vic. par. eccl. in Crotzingen Constant. dioc. senio confectus et viribus suis corporis destitutus: de indulto ut d. perp. vicar. p. personam idoneam regi facere possit et de n. resid. ad vitam 3. decb. 78 S 775 248^{rs}.

5995 Johannes de Murial cler. Trever. dioc.: de perp. s. c. capn. ad alt. s. Georgii in eccl. Meten. et de perp. s. c. capn. s. Andree in colleg. eccl. s. Petri ad Imagines Meten. (insimul 15 l. T. p.) vacantibus p. o. Gerardi <Roncelloni> 9. mart. 80 S 795 317^{rs}, m. (ep. Leonen. et ep. Panaden. ac Hugoni Perini can. eccl. Meten.) gratis V 608 131^{rss} – pape fam.: motu pr. de perp. s. c. capn. ad alt. <Alamel nunc.> in eccl. s. Clare Meten. (8 l. T. p.) vac. p. o. Johannis Mathie 1. oct. 82 S 814 197^{vs}, m. (ep. Glandaten. et Dominico Warun can. eccl. Meten. ac offic. Meten.) V 650 133^r-135^v – motu pr. de perp. capn. ad alt. s. Remigii infra lim. paroch. de Milleneyo Meten. dioc. (8 l. T. p.) vac. p. o. in cur. cuiusdam Petri 1. nov. 82 S 815 288^v – cui perp. capn. ad alt. s. Andree ut supra vac. p. o. Gerardi Roncillonii olim Ange-

lotti [Fuscus] tit. s. Marci presb. card. fam. prov. fuit et deinde litig. desup. coram Hieronymo de Porcariis pape cap. et aud. contra Johannem de Tautouville (nunc resign.): prov. de d. capn. (8 l. T. p.) 2. mai. 83 V 636 144^r-145^v – motu pr. de perp. capn. ad alt. s. Georgii in eccl. Meten. ut supra (10 l. T. p.) vac. p. o. in cur. Eligii Colgnomii al. Nicolai 21. iul. 83 S 827 204^{vs}.

5996 Johannes Murner scol. Eistet. dioc.: recip. primam tonsuram ad alt. s. Lamberti in capel. b. Marie de Febribus in basilica Principis appl. in Urbe 19. sept. 72 F 6 74^r.

5997 Johannes Musler leg. doct. qui can. et preb. ac pleban. (dd. can. et preb. annexam) in eccl. ss. Petri et Michaelis Argent. vac. p. o. Petri Russinger p. ep. Argent. obtin.: de nova prov. de dd. can. et preb. c. pleban. (insimul 10 m. arg.) 20. iun. 82 S 813 175^{rs}.

5998 Johannes de Nane cler. Colon. dioc. et perp. cap. ad alt. s. Egidii in par. eccl. s. Martini Trever. dioc.: de prom. ad omnes ord. extra temp., sola sign. 3. nov. 80 S 797 137^{rs}.

5999 Johannes de Napurga monach. et profes. mon. s. Petri in Abernaltach [= Oberaltaich] o. s. Ben. Ratisbon. dioc. in sacerdotio vel 26. sue et. an. constit. referens quod ad Romanam cur. c. sui superioris lic. ex certis causis se contulit: de lic. stud. in sacra pagina ad 7 an. et de recip. gradum in theol. in cur. et de facult. missas et alia divina officia interim celebrandi, n. o. d. mon. et ord. iuram. prestito 28. febr. 82 S 808 129^{rs}.

6000 Johannes de com. (de) Nassaw (Nassauwe) dominus de Wiesbaden Magunt. dioc. cui s. d. 29. sept. 63 motu pr. de can. et preb. eccl. Leod. (14 m. arg.) vac. p. o. Arnoldi Wit abbrev. p. Pium II. prov. fuit (secundum litt. quas de verbo ad verbum transcribi petit): conf. 19. iun. 73 L

726 326^r-327^v – restit. bullarum sup.
can. et preb. ut supra 27. iun. 73 A
22 150^v – heres Johannis com. de
Nassauw referens quod Adolphus
[com. de Nassau] aep. Magunt. 15
an. elapsis mutuo 8.000 fl. renen. a
com. Johanne de Nassauw et Dietz
pro necessitate eccl. Magunt. recepit
et de consensu capit. censum 300 fl.
renen. sup. bonis et teloneis loci Ern-
feltz (Ernfelt) Magunt. dioc. d. comiti assign.: de conf. 4. apr. 76 S
737 102^{vs} (exec. abb. mon. s. Heriberti in Tuicio Colon. dioc. et dec.
eccl. s. Marie ad Gradus Colon.) L
767 77^{rss} – com. de Nassaw et Dietz
referens ut supra de censu 500 [!] fl.
renen. pro pretio 8.000 fl. renen. a
quond. Adolpho [de Nassau] aep.
Magunt. quond. Johanni com. de
Nassaw et Diez assign.: m. (abb. et
dec. ut supra) reval. litt. d. Adolphi
19. iun. 78 L 786 138^{rs}.

6001 **Johannes com. de Nassaw (Nassauwe)** can. eccl. Magunt. ex utr.
par. de com. gen. in decr. licent. cui
de prepos. eccl. Traiect. (cui archidiac. d. eccl. est annexa) (2.000 duc.
adc.) vac. p. resign. in manibus pape
Simonis de Sluisa art. et med. doct.
ac medici quond. Karoli ducis Burgundie (cui de eadem vac. p. resign.
Gisberti de Bederod prov. fuerat) 29.
mart. 79 S 779 258^{rs} – qui litig. coram ep. Cepten. refer. et coram aud.
contra Symonem de Slusa sup.
prepos. eccl. Traiect.: m. (Maximiliano duci Burgundie) committ. in
partibus 7. oct. 79 Arm. XXXIX, 16D
60^{vs} – motu pr. de cass. duas supplic. ad instantiam Johannis ex comitibus de Nassauwe sup. prepos.
eccl. Traiect. contra et in preiudicium Simonis de Sclusa Maximiliani
ducis Austrie et Burgundie consiliarii et medici p. papam signatas de
libris et registris supplic. et de n. tra-
dendo copiam sive transumptum
[apr.-mai. 80] S 792 75^r – m. sup.
conf. litt. ap. pro approbatione cuiusdam census in eccl. Magunt. in favorem d. com. 81/82 I 334 156^r.

6002 **Johannes com. de Nassouw et de
Dyetze** ac dominus temporalis op. et
territorii de Breda Leod. dioc. et
Maria ux. : de transl. Odilie eorum
fil. legitime de mon. monial. iuxta et
e. m. op. Machlienen. [recte: Mechlinen.] o. s. Aug. Cameracen. dioc.
ad mon. monial. suburbii d. op. de
Breda o. Prem. reg. observ. 26. ian.
74 S 701 226^v.

6003 **Johannes Ludovicus com. de Nas-
sauwen et Saraponte** necnon oppidani op. in Saraponte et op. vulg.
Sancti Johannis nunc. flumine Sara
distinctorum ac quolibet suis muro
portis turribus etc. p. se munitorum
d. comiti subditorum et sub parochia
eccl. s. Arnualis [de Sancto Arnuali]
(que colleg. est) Meten. dioc. sito-
rum inter al. referentes quod cura
oppidanorum d. op. in Saraponte in
capel. s. Nicolai ibidem et oppidani
d. op. Sancti Johannis in capel. s. Johannis Bapt. ibidem exerceri et al.
divina off. celebrari solent quodque
nihilominus fons baptismalis solum
apud d. eccl. s. Arnualis remansit
unde diversa incommoda oriuntur
quia d. eccl. s. Arnualis multum a dd.
oppidis distat et sepe flumen Sarra
inundat: de lic. erig. fontem baptismalem in qualibet capel. 28. febr.
78 S 765 256^{rs}.

6004 **Johannes Nebeling** cler. Magunt.:
de confic. litt. sup. rotulo familie Jacobi [Amanati] tit. s. Crisogoni
presb. card. Papien. nunc. c. express.
quod ipse n. Imperatoris sed Nebeling nunc. est 13. iun. 72 S 696 17^r –
et **Bernardus Aeffertz** cler. Colon.
dioc. Jacobi card. ut supra nunc card.
ep. Tusculan. fam., **Johannes Ruperti** Johannis Bapt. [Zeno] tit.
s. Anastasie presb. card. fam., Michael Salumer Stolffe [= Slamers-
torffer] cler. Ratisbon. dioc. Stephani [Nardini] tit. s. Marie Transtiberim
presb. card. fam., **Nicolaus Hogner**
cler. Leod. Johannis [Arcimboldus]
tit. s. Praxedis presb. card. fam., **Nicolaus Houpekymp** cler. Constant.

dioc. Antonii Jacobi [Venier] tit. s. Clementis presb. card. fam., **Michael Busz** cler. Trever. dioc. Petri [Foscari] tit. s. Nicolai inter imagines presb. card. fam., **Johannes Heysen** cler. Traiect. dioc. Jeronimi [Bassus de Ruvere] tit. s. Balbine presb. card. fam., **Johannes Swagman** cler. Osnaburg. dioc. Francisci [Todeschini-Piccolomini] tit. s. Eustachii diac. card. fam., **Mattias Sartoris** cler. Colon. et **Philippus Wesche** cler. Herbip. dioc. ac **Kilianus Sartoris** Georgii [Hesler] tit. s. Lucie in Silice presb. card. fam. inter 63 card. fam. et parafrenarios enumerati: motu pr. gr. expect. de 2 can. usque ad val. 100 l. T. p. ac de 2 benef. ad 2 coll. quorumcumque extra tamen eccl. Gerunden. acsi s. d. 1. ian. 72 et motu pr. et prerog. ad instar pape fam. descript. conc. forent, Fiat motu pr. pro 3 parafrenariis pro quolibet card., Et ad loca presbit. in eccl. Gerunden. pro indigenis, Et c. indulto obtin. prestimonia in quibuscumque civit. et dioc. Castelle et Legionis regnorum pro indigenis, Et gratis ubique 6. iul. 79 S 783 268^r-271^v – Jacobi card. ut supra parafrenarius et fam.: motu pr. gr. expect. s. d. 1. ian. 72 de 2 benef. ad coll. dec. etc. eccl. s. Petri et dec. eccl. s. Victoris e. m. Magunt. et prerog. ad instar pape fam. descript., m. (ep. Cortonen. et dec. eccl. b. Marie ad Gradus Magunt. ac offic. Magunt.), gratis 6. iul. 79 V 671 293^r-296^r – pape fam.: motu pr. de gr. expect. de 2 can. et preb. necnon de 2 benef. ad coll. quorumcumque, Et s. d. 17. nov. 81 S 803 187^r.

6005 Johannes Neff presb. Herbip. dioc.: m. (prep. eccl. Herbip. et dec. eccl. Bamberg. ac dec. eccl. Frising.) confer. par. eccl. in Rewtpach Herbip. dioc. (4 m. arg.) vac. p. o. Petri Sibenhor, gratis 18. oct. 77 V 597 215^{vss} – de par. eccl. in Tababer Reyterszhem Herbip. dioc. (3 m. arg.) vac. p. o. Martini Reytterszhem 5. iun. 79 S 785 224^v.

6006 Johannes Neve (Nepotis al. Neue) cler. Colon. dioc. mag. in art.: de perp. s. c. vicar. ad alt. ss. Marie et Nicolai in par. eccl. op. Tiyelen. Traiect. dioc. (4 m. arg.) vac. p. o. Clerboldi (Clareboldi) Drehase, n. o. disp. sup. def. nat. (p. s.) 12. nov. 71 S 673 113^r, m. (prepositis eccl. s. Cuniberti Colon. et eccl. ss. Petri et Pauli Bardewicen. Verden. dioc. ac dec. eccl. s. Victoris Xanten. Colon. dioc.) (exped. 5. mai. 72) L 719 271^{rss} – rect. par. eccl. in Borghe prope Well Colon. dioc.: de disp. ut unac. d. par. eccl. aliud incompat. benef. recip. val. 27. aug. 73 S 697 246^r – de perp. s. c. vicar. ad alt. b. Marie virg. in par. eccl. de Cuyck Leod. dioc. (3 m. arg.) vac. p. o. Petri Lachart 15. mart. 75 S 716 70^v.

6007 Johannes Neve (Nepos, New, Neeff) cler. Leod. dioc.: de disp. ad 2 incompat. benef. 3. decb. 73 S 699 128^r – pape fam. qui vig. gr. expect. sibi s. d. 1. ian. 72 de 2 benef. ad coll. abba. et conv. mon. s. Salvatoris in Susteren o. s. Ben. Leod. dioc. ac ad coll. prep. prepos. in Mersem o. s. Ben. Leod. dioc. conc. par. eccl. de Mersen Leod. dioc. ad coll. d. prep. acc. quam n. possidet ct sup. qua litig. in cur. contra quendam adversarium: de cass. dd. litt. quoad coll. dd. abba. etc. et de decl. dd. litt. perinde val. acsi p. priores litt. de can. et preb. eccl. s. Gereonis Colon. necnon de benef. ad coll. ep. etc. Traiect. prov. fuisset sub dim. d. par. eccl., gratis 7. iun. 75 V 678 648^r-650^v – de can. et preb. eccl. Bremen. (4 m. arg.) vac. p. o. <in cur.> Henrici Estel 22. oct. 75 S 728 131^v, (m. ep. Cervien. et dec. eccl. s. Martini Leod. ac offic. Bremen.), gratis 22. oct. 75 (exped. 27. mai. [vel 8. iun.] 76) L 764 88^{rss} – de hosp. Veteris Monasterii Wormat. (3 m. arg.) vac. p. o. in cur. cuiusdam Rudolphi pape fam. 13. febr. 76 S 734 42^r – off. not. 74/75 I 333 166^r – can. eccl. Bremen. pape fam.: <motu pr.> de recip. eum in pape acol. 6. mai. 76 S 750 256ʳ, gratis V 657 93ʳ – prov. de perp. s. c. capn. ad alt. s. Petri in par. eccl. in Driel Traiect. dioc. (3 m. arg.) vac. p. o. in cur. Arnoldi Necker al. Goetstoelle (exec. ep. Vasionen. et dec. eccl. b. Marie Aquen. ac dec. eccl. s. Servatii Traiecten. Leod. dioc.), gratis 16. iul. 76 V 581 180ʳ-182ʳ – m. (prep. eccl. ss. Appl. Colon. et dec. eccl. s. Pauli Leod. ac scolast. eccl. Wratislav.) confer. capn. ad alt. s. Lucie in par. eccl. de Myerloe Leod. dioc. de iur. patron. laic. (3 m. arg.) vac. p. o. in cur. Arnoldi Necker al. Goetstock 16. iul. 76 V 581 178ᵛ-182ʳ – motu pr. de par. eccl. s. Martini in Memeliek Traiect. dioc. [deest val.] vac. p. o. in cur. Johannis Viseler cui de d. eccl. vac. p. o. Petri Petri [!] prov. fuit 27. oct. 76 S 743 230ᵛˢ – motu pr. de prepos. colleg. eccl. s. Cuniberti Colon. (10 m. arg.) vac. p. o. Wilhelmi de Breda abbrev. 21. febr. 77 S 749 26ᵛ – de percip. fruct. ad 2 an. 6. mai. 77 S 750 255ᵛ, (m. ep. Cervien. et dec. eccl. b. Marie Aquen. ac dec. eccl. s. Servatii Traiecten. Leod. dioc.), gratis V 583 120ʳ-123ʳ – de can. et preb. eccl. b. Marie Eycken. Leod. dioc. (4 m. arg.) vac. p. o. in cur. Laurentii Gvoswini (Gresvpni) 8. iul. 77 S 754 169ᵛ, (m. ep. Vasionen. et dec. eccl. b. Marie Aquen. ac dec. eccl. s. Servatii Traiecten. Leod. dioc.), gratis (exped. 24. iul. 77) L 775 95ᵛˢˢ – desiderans pro certis negotiis se a cur. absentare et ad partes transferre: motu pr. de prerog. pape fam. descript. in absentia, sola sign. 17. iul. 77 S 754 210ᵛ – rect. par. eccl. in Narekilren Colon. dioc.: de prom. ad omnes ord. extra temp., sola sign. 7. iul. 78 S 771 100ʳ.

6008 **Johannes Neget** presb. Constant. dioc.: de perp. s. c. capn. ad alt. b. Marie virg. in Altretenburg al. Nideraltenstat (3 m. arg.) vac. p. o. Alberti Holffnunger 8. apr. 77 S 749 247ᵛˢ.

6009 **Johannes Nelstorph** scol. Constant. dioc.: recip. primam tonsuram in eccl. hosp. s. Spiritus in Saxia in Urbe 18. decb. 73 F 6 137ʳˢ – prom. ad 4 ord. min. in eccl. ut supra 18. decb. 73 F 6 137ʳˢ.

6010 **Johannes Nerde** scol. Monast. dioc.: prima tonsura in capel. ss. Andree et Gregorii in basilica Principis appl. in Urbe 22. febr. 72 F 6 26ʳˢ – cler. Monast. dioc.: prom. ad 4 min. ord. in capel. ss. Andree et Gregorii in basilica Principis appl. in Urbe 22. febr. 72 F 6 26ʳˢ.

6011 **Johannes Nerelis**: prov. de par. eccl. Herbip. [dioc.?] vac. p. resign. 72/73 I 332 126ʳ.

6012 **Johannes Nerger** cui pens. 20 fl. renen. reserv. fuit quorum 10 sup. fruct. par. eccl. in Pruck Bamberg. dioc. (4 m. arg.) et 10 sup. fruct. capn. sive vicar. in capel. s. Johannis e. m. Nurrenbergen. Bamberg. dioc. p. Paulum Brogdorff rect. d. par. eccl. et rect. d. capn. persolv. sunt: de assign. de novo d. pens. 26. iul. 73 S 695 104ᵛˢ.

6013 **Johannes Nerhot (Nerhod)** presb. Paderburn. dioc. cui gr. expect. s. d. 1. ian. 72 conc. fuit: motu pr. de ampliori gr. expect. acsi pape fam. descript. foret 5. mai. 77 S 756 298ᵛ – motu pr. de decl. litt. desup. perinde val. acsi gr. expect. ut supra motu pr. conc. foret 14. nov. 80 S 798 25ᵛˢ.

6014 **Johannes Neringk** scol. Hildesem. dioc.: recip. primam tonsuram in eccl. hosp. s. Spiritus in Saxia in Urbe 5. mart. 74 F 6 148ʳ.

6015 **Johannes Neschus** cler. Wormat. dioc.: motu pr. de gr. expect. de 2 benef. ad coll. quorumcumque, Et s. d. 17. nov. 81 S 803 186ʳ.

6016 **Johannes Neunhauser (Neehuser, Newhauser)** rect. par. eccl. b. Marie in Saler Ratisbon. dioc. ex utr. par. de nob. et mil. gen. in decr. licent. Cristofori Bavarie ducis et com. palatini Reni dilectus: ›rationi congruit‹ s. d. 23. decb. 69 disp. ad 2 incompat. benef. 25. aug. 71 V 662 57^{vss} – cler. Frising. dioc. Adelberti com. palatini Reni Bavarie ducis consiliarius litig. coram Bartholomeo de Bellencinis aud. contra Michaelem Himmlstasz (/.) cler. Ratisbon. dioc. sup. par. eccl. s. Dionisii Superioris Monasterii Ratisbon. ad present. abb. etc. d. mon. pertin. vac. p. o. Ulrici (Udalrici) Kemnater (/.): de prov. si neutri de d. par. eccl. (10 m. arg.) 7. decb. 72 S 685 54^{vss} – Ludovici Bavarie ducis et com. palatini dilectus qui vig. disp. Pauli II. ad aliud incompat. benef. par. eccl. s. Dionisii ut supra acc.: supplic. d. duce disp. ad 3. incompat. benef. 11. mai. 73 L 726 358^{rs} – can. eccl. Ratisbon. in dec. d. eccl. concorditer electus: m. (prep. eccl. Frising. et dec. eccl. Eistet. ac Jacobo de Muciarellis can. eccl. Bononien.) confer. decan. eccl. Ratisbon. (10 m. arg.) vac. p. o. Nicolai de Kynsperg 12. sept. 73 (exped. 28. nov. [vel 2. decb. vel 10. decb.] 73) L 736 10^{rss} – oblig. sup. annat. decan. eccl. Ratisbon. ut supra A 22 119^{r} – et **Georgius de Preising** can. eccl. Ratisbon. dominus temporalis in Wilznach (Wolnczach) ‹Ratisbon. dioc.› litig. contra ‹Henricum› [de Absberg] ep. Ratisbon. qui Johannem Mathei al. Ghrad cler. Strigonien. ‹imper. auct.› not. publ. et Conradum Meyer (Meirer) cler. Herbip. dioc. eorum fam. ‹propter infamationem› incarceravit: de committ. in partibus 19. nov. 73 S 698 173^{rs}, m. (dec. et custodi eccl. Eistet. et Johanni Lechner can. eccl. Ratisbon.) relax. eos a carceribus L 732 285^{rs} – solv. 23 fl. adc. pro compositione annat. decan. ut supra 27. nov. 73 FC I 1129 207^{r}, IE 488 26^{v}, IE 489 26^{v} – dec. eccl. Ratisbon. referens quod canonici d. eccl. qui notabiles personas reputantur ‹in qua eccl. solummodo viri de nob. gen. aut doct. vel licent. recipiuntur› almucia seu cappas clericales deferunt: de indulto

ut in processionibus circa almuciorum clausuram chordas rubeas sericeas etiam ad longum subtus pendentem deferre possint ut can. eccl. maioris ab al. can. reg. sec. eccl. Ratisbon. (videlicet can. colleg. eccl. b. Marie Veteris Capelle et colleg. eccl. s. Johannis) cognosci possint 16. aug. 76 S 741 21^{vs}, L 764 121^{rs} – dec. et capit. eccl. Ratisbon. referentes quod Eugenius IV. certam ordinationem sup. elect. ep. Ratisbon. p. capit. factam conf. et quod Nicolaus V. vig. d. ordinationis acceptationem Frederici [de Parsberg] ep. Ratisbon. cassavit et quod Henricus de Absberg ep. Ratisbon. d. ordinationem observ. iuravit: de conf. 16. aug. 76 S 741 22^{rs} – referentes quod par. eccl. s. Udalrici civit. Ratisbon. d. ecclesie unita fuerat: de indulto ut deinceps dec. etc. d. eccl. etiam in mensibus ap. personam idoneam de d. vicar. prov. possint et ut d. indultum n. nisi c. consensu d. dec. etc. derogari possit, Et c. clausula quod nominatus infra 4 menses nova prov. desup. obtin. teneatur 16. aug. 76 S 741 22^{vs} – dec. et capit. eccl. Ratisbon. referentes quod mense capit. perp. vicar. par. eccl. s. Udalrici Ratisbon. annexa fuit: indultum ut dec. etc. etiam in mensibus ap. et in casibus sed. ap. reservatis de eadem disponere possint 16. aug. 76 V 578 242^{vss} – Alberti com. palatini Reni et Superioris et Inferioris Bavarie ducis ad papam missus: de lic. elig. confess. et de rem. plen. et de esu lacticiniorum et de indulto ut horas secundum quemcumque usum dicere possit, sola sign. 19. aug. 76 S 741 4^{rs} – et **Marcus Fugger** prep. eccl. b. Marie Ratisbon. in registro supplic. script.: oblig. vice futuri abb. mon. s. Emerami Ratisbon. (qui primus succedit moderno abb. d. mon. vig. commiss. ep. Frising. et aliis auct. ap. fact. amoto) sup. serv. commun. d. mon. 150 fl. adc. (in margine: solv. quando habebit possessionem futurus abb.) 13. sept. 76 OS

81 14ʳ – dec. eccl. Ratisbon. referens quod Paulus Talhaymer can. eccl. s. Zenonis in Usen [recte: Ysen] Frising. dioc. ac pastor seu pleb. par. eccl. in Ried Patav. dioc. Johannem Neunhauser circumvenit propter quod ipse d. Paulo infra certum term. quoddam s.c. benef. (10 fl. renen.) dare aut loco eiusdem pens. ann. eiusdem val. persolv. sub pecuniaria pena promisit sed d. benef. nondum vacans fuit et Johannes Neunhauser d. pens. solv. n. val.: de absol. a d. oblig. 16. nov. 76 S 743 257ᵛ – et capit. eccl. Ratisbon. referentes quod d. capit. statuta d. eccl. temp. Eugenii IV. fecit et quod Nicolaus V. ea conf. sed quod Fredericus [de Parsberg] tunc ep. d. eccl. contra dd. statuta attemptavit: de conf. dd. statuta 20. ian. 77 S 746 62ʳ – Alberti ducis ut supra consiliarius qui par. eccl. s. Dionisii Superioris Monasterii Ratisbon. et par. eccl. b. Marie in Salte extra suburbium civit. Ratisbon. ut supra obtin.: de uniendo dd. par. eccl. invicem (insimul 20 m. arg.) ad vitam Johannis Neunhauser 7. febr. 78 S 764 256ᵛ – referens quod quidam Theodericus nullum ius in prepos. eccl. Frising. habuit quam pro al. prepos. perm. et inhab. fact. est ex retentione 3. incompat. benef.: de ref. c. express. quod d. Theodericus d. prepos. eccl. Frising. p. 8 <9> vel 9 <10> an. detin. 30. oct. 83 S 831 67ᵛ, 5. nov. 83 S 831 146ᵛ – Alberti Bavarie ducis <com. palatini Reni et Alte ac Basse Bavarie ducis> consiliarius <ad sed. ap. destinatus orator>: de incorp. d. decanatui (30 m. arg.) par. eccl. seu perp. vicar. in Persen al. Nappurg Ratisbon. dioc. (10 m. arg.) ad vitam 30. oct. 83 S 831 66ᵛ, V 650 157ᵛ-159ᵛ.

6017 Johannes de Neuwhusen (Nuihusen) cler. Constant. dioc. in 18. sue et. an. constit.: de disp. ad quodcumque benef. 1. ian. 83 S 817 292ᵛ, L 828 239ʳˢ.

6018 Johannes Newpeck presb. Frising. dioc. referens quod ipsi temp. Nicolai V. pens. ann. 20 duc. adc. sup. fruct. par. eccl. s. Stephani in Hartkirchen Patav. dioc. p. quond. Georgium Halder rect. d. eccl. persolv. assign. fuit et quod post obitum d. Georgii d. pens. p. Henricum de Wending presb. Patav. dioc. persolv. ad medietatem reducta fuit: cass. d. pens. ann. et assign. ipsi pens. ann. 10 duc. adc. sup. fruct. par. eccl. s. Bartholomei in Perndorff al. Utikonen Patav. dioc. (80 fl. renen.) p. Martinum Hamerler rect. d. par. eccl. c. consensu suo (p. Guillermum Permeti cler. Redonen. procur. express.) persolv. (m. archid. de Huepte in eccl. Conchen. et offic. Patav. ac offic. Frising.) 28. sept. 78 L 789 32ʳ-33ᵛ – restit. bulle sup. annat. pens. ann. 10 fl. adc. ut supra 11. oct. 78 A 27 217ʳ.

6019 Johannes Nibeling (Niteling) cler. Herbip. dioc.: m. (offic. Herbip.) confer. perp. benef. primissaria nunc. in par. eccl. in Gebsettel Herbip. dioc. (4 m. arg.) vac. p. o. Henrici Neythart 15. ian. 77 V 609 219ʳ-220ᵛ – et **Leonardus Marsteller** qui litig. sup. benef. ut supra et deinde concordiam fecerunt: de adm. resign. d. Leonardi et de prov. Johanni Nibeling de d. benef. (4 m. arg.) et de assign. d. Leonardo pens. ann. 7 fl. renen. sup. fruct. d. benef. 17. sept. 82 S 816 116ᵛ – cui de perp. vicar. ad alt. ss. Jacobi, Bonifacii et Eulogii in eccl. Herbip. vac. p. o. Johannis Sumer (et olim p. resign. Johannis Jerff) p. quond. N. Weyers dec. d. eccl. prov. fuit et qui d. vicar. p. 6 an. detin.: de nova prov. de d. perp. vicar. (4 m. arg.) 7. ian. 83 S 818 106ᵛ.

6020 Johannes de Nickenicht presb. Trever. dioc. ex utr. par. de mil. gen.: de can. et preb. eccl. s. Lubentii in Dyetkirchen Trever. dioc. (6 m. arg.) vac. p. o. Wigandi de Nassaw 17. decb. 71 S 674 168ᵛ.

6021 **Johannes Nicolai**, Gneznen. [dioc.?]: disp. ad incompat. 81/82 I 334 105^r.

6022 **Johannes Nicolai** presb. Meten. dioc.: de par. eccl. in Walmenster Meten. dioc. (4 m. arg.) vac. p. o. Henselini Nicolai 22. oct. 73 S 700 238^v.

6023 **Johannes Nicolai**: prov. de par. eccl. Meten. [dioc.?] vac. p. resign. 81/82 I 334 156^v.

6024 **Johannes Nicolai** cler. Traiect. dioc.: motu pr. de gr. expect. de 2 can. et preb. necnon de 2 benef. ad coll. quorumcumque c. prerog. ad instar pape fam. descript., Et s. d. 17. nov. 81 3. mai. 84 S 830 154^{vs}.

6025 **Johannes Nicolai** cler. Trever. dioc. c. quo sup. def. nat. (p. s.) disp. fuit: de par. eccl. in Feldencia Trever. dioc. (3 m. arg.) vac. p. o. Johannis Fiszpe 11. sept. 72 S 682 38^v, 73/74 I 332 280^r.

6026 **Johannes Nicolai Hauheymer (Hayhermer)** presb. Magunt. dioc. in decr. licent.: de perp. s. c. vicar. ad alt. s. Agnetis in par. eccl. s. Severi op. Boperdie (Popordie) Trever. dioc. (4 m. arg.) vac. p. o. Johannis Sartoris de Wirk 13. mai. 79 S 781 272^r, m. (prep. eccl. s. Simeonis Trever. et prep. eccl. ss. Martini et Severi Monasterii Maynftel [recte: Meinfelt] Trever. dioc. ac dec. eccl. b. Marie de Portu Claromonten. dioc.) (exped. 25. mai. 79) L 792 199^{vs} – motu pr. de gr. expect. de 2 can. et preb. necnon de 2 benef. ad coll. quorumcumque, Et s. d. 17. nov. 81 S 803 67^v – cui de perp. s. c. vicar. summa in eccl. mon. monial. e. m. op. Altzen Magunt. dioc. vac. p. o. Nicolai Junghen p. ep. Suessan. in partibus sed. ap. nunt. c. pot. legati de latere prov. fuit: de nova prov. de d. perp. vicar. (3 m. arg.), n. o. perp. vicar. ad alt. s. Agnetis ut supra (3 m. arg.) quam obtin. 24. oct. 82 S 827 77^r.

6027 **Johannes Nicolai de Randurch** scol. Traiect.: recip. primam tonsuram in basilica Principis appl. de Urbe et capel. s. Thome 21. sept. 82 F 7 62^v.

6028 **Johannes Nicolai (de Reymbach)** presb. Colon. dioc.: solv. 14 fl. adc. p. manus Henrici Echet pro compositione annat. par. eccl. in Lufftelberg (Luffthelberg) Colon. dioc. 24. iul. 72 FC I 1129 101^r, IE 487 94^v.

6029 **Johannes Nicolai de Stochewska** rect. par. eccl. s. Andree in Coszelsko Gneznen. dioc. ex utr. par. de nob. gen.: de disp. ut unac. d. par. eccl. quam obtin. par. eccl. in Palwffe [= Palunze] Gneznen. dioc. obtin. val. ad quam p. patron. present. fuit c. lic. perm. 17. decb. 82 S 817 222^r.

6030 **Johannes Nidda** presb. Magunt. dioc. qui ad par. eccl. Veteris Oppidi Gronneberg Magunt. dioc. p. Henricum lantgravium Hassie patron. officiali prepos. eccl. s. Johannis Magunt. present. fuit: de nova prov. de d. par. eccl. (4 m. arg.) vac. p. resign. Henrici Ruthenmulle cler. Magunt. dioc. in manibus d. Henrici lantgravii seu adhuc vac. p. o. Ludovici Schroeter, n. o. al. benef. (2 m. arg.) 28. febr. 82 S 808 51^r.

6031 **Johannes Niederman (Norderman)** can. eccl. s. Petri Traiect. Eugenii IV. et Nicolai V. fam. et abbrev.: de lic. resign. 1. mart. 77 S 748 181^{rs} – de lic. testandi 1. mart. 77 S 748 181^{rs} – facult. perm. 15. mart. 77 S 748 181^{rs}.

6032 **Johannes de Niel** cler. Traiect. dioc.: de par. eccl. de Brienen Traiect. dioc. (4 m. arg. p.) vacat. p. resign. Hermanni de Nyel <fr. d. Johannis> <p. Johannem Strick de Xanctis cler. Colon. dioc. procur. fact.> 24. iul. 77 S 755 63^r, m. (dec. eccl. s. Martini Embricen. Traiect. dioc.) (exped. 2. aug. 77) L 775 225^{vs}.

6033 Johannes Nilentap cler. Paderburn. dioc. inter al. referens quod navis Henrici Litzen laic. civ. et merc. Lubic. (consanguineus d. Johannis) de mandato proconsulum, consulum et commun. op. Stralsunden. Zwerin. dioc. spoliata fuit et quod bona ad valorem 1.000 fl. dimissa fuerunt et quod d. Johannes (nomine d. Henrici) desup. litig. intendit contra Mathiam Dorn, Rodolphum Moller, Ludovicum Greverode proconsules, Henricum van Orden, Henricum Busch, Sabel Taubeken, Blexe (Blixe) Gathepagge, Vitum Wulff, Tideken (Frideken) van Haddesen, Johannem Scatuor, Albertum Swante, Cristianum Gron consules ac totam commun. d. op.: de committ. in cur., Conc. in partibus 7. mai. 76 S 738 218^{vs}.

6034 Johannes Nilis rect. par. eccl. de Maorkerke Tornacen. dioc. abbrev. qui litig. contra Johannem Cesaris et al. clericos et laicos Traiect. et Cameracen. ac Leod. dioc. sup. fruct. et bonis ac summis pecuniarum necnon al. rebus litig.: m. (prep. eccl. s. Petri Thoralten. Tornacen. dioc. et offic. Tornacen.) committ. in partibus, gratis pro abbrev. 13. apr. 81 L 818 95^{vs} – cler. Cameracen. dioc. decr. doct. pape fam.: m. (dec. eccl. b. Marie Wesalien. Trever. dioc. et dec. eccl. s. Petri de Maceriis Remen. dioc. ac offic. Cameracen.) prov. de can. et preb. eccl. Leod. (15 m. arg.) vac. p. resign. in manibus pape Anthonii de Grassis archipresb. eccl. Bononien. decr. doct. ac pape cap. et aud. in manibus pape (cui de eisdem vac. p. o. Antonii de Esternet s. d. 31. oct. 83 prov. fuit), gratis 6. apr. 84 (exped. 13. apr. 84) L 836 31^{rss}.

6035 Johannes de Nypberg (Nopberg) laic. nob. Wormat. dioc. in extenso referens quod litig. coram ep. Wormat., ep. Herbip., aep. Magunt., ep. Constant., ep. Spiren. ex delegatione ap. commissis et deinde coram Jacobo de Gochczheim offic. Spiren.

subdelegato sup. disp. sup. impedimento matrim. contracti c. Clara vom Stain virg. August. dioc. que c. Conrado de Hurnheym laic. nob. d. August. dioc. prius matrim. contraxerat: de committ. aud. 25. mai. 72 S 680 166^{vs}, I 332 301^r.

6036 Johannes Nypenberch presb. Minden. qui vig. prim. prec. imper. par. eccl. in Munder Minden. dioc. vac. p. o. Arnoldi Arndis assec. est: de nova prov. de d. par. eccl. (4 m. arg.), n. o. perp. vicar. ad alt. s. Crucis in eccl. Minden. (2 m. arg.) quam possidet 12. decb. 76 S 744 260^r.

6037 Johannes Niis (Nys, Niys) [1. pars 3 partium] dec. eccl. s. Petri Traiect. abbrev. Berardi [Eruli] tit. s. Sabine presb. card. cap. et fam. <qui vig. disp. ut unac. altera portione par. eccl. in Wissekerke Traiect. dioc. (p. 2 rect. regi solite) aliud incompat. benef. recip. val. etsi 2 par. eccl. et p. 3 an. retin. val. et qui postmodum decan. eccl. s. Petri Traiect. (22 m. arg.) obtin. d. portione dimissa>: de prepos. eccl. s. Johannis Traiect. cui archidiac. eccl. Traiect. annexus est (32 m. arg.) vacat. p. resign. in manibus pape Bartholomei [Roverella] tit. s. Clementis presb. card. (cui de eadem tunc vac. p. o. in cur. Henrici Daelman in commendam prov. fuerat possessione n. habita) <resign. p. Bonadeum de Nigronibus cler. Brixien. decr. doct. procur. fact.> c. reserv. pens. ann. 90 fl. adc. necnon de assign. d. Bonadeo d. Bartholomei card. aud. pens. ann. 40 fl. adc. sup. fruct. decan. d. eccl. s. Petri (22 m. arg.) 19. nov. 71 S 673 59^{rs}, (m. [Prospero Cafarelli sive Petro Lucae] ep. Asculan., prep. eccl. s. Petri Traiect. et dec. eccl. s. Salvatoris Traiect.) 28. nov. 71 L 713 314^v-316^r, (exped. 12. decb. 71) L 713 316^v-319^r – solv. 32 fl. adc. pro parte annat. 13. decb. 71 FC I 1129 40^v, IE 487 30^v – oblig. sup. annat. residua (in margine: cass. s. d. 19. sept. 87), restit. bulle 13. decb. 71 A 21 55^v –

oblig. sup. annat. prepos. ut supra (in margine: Bartholomeus card. ut supra habuit bullam sup. regressu ad d. prepos.) 4. ian. 72 13. decb. 71 A 21 55^v – orator ep. Traiect. et al. prelatorum et capitulorum eccl. Traiect. ad papam destinatus tunc rect. alterius portionis par. eccl. in Vissekerke Traiect. dioc.: de uberiori disp. ad aliud incompat. benef. etsi par. eccl. p. 3 an. 11. mai. 72 S 679 134^v – prep. eccl. s. Johannis Traiect. necnon dec. etc. d. eccl. inter al. referentes quod inter quond. Petrum de Velde (Vandenvelde) prep. d. eccl. et postea quond. Henricum Dailman prep. d. eccl. immediatum predecessorem Johannis Niis ex una parte et dec. etc. d. eccl. ex altera parte controversie sup. assign. fruct. exorte sunt et quod Johannes Niis et dd. dec. etc. deinde concordaverunt quod dd. decano et capit. 235 <200> fl. auri renen. assign. sunt: de conf. 27. mai. 72 S 680 167^{vs} – solv. 20 fl. pro compositione annat. can. et preb. eccl. b. Marie Traiect. 25. iun. 72 FC I 1129 83^v, IE 487 92^v – presb. Traiect. dioc.: de par. eccl. de Hilligernberghe Traiect. dioc. (4 m. arg.) vac. p. n. prom. Johannis Jacobi cler. Traiect. 9. ian. 75 S 713 282^{rs} – et dec. eccl. s. Johannis Traiect. referentes de controversiis et concordia ut supra sup. assign. fruct. <siliginis> 200 fl. auri renen.: de conf. 5. decb. 75 S 731 66^v, m. (dec. eccl. s. Petri Traiect.) L 767 196^{rs} – qui vig. gr. expect. s. d. 1. ian. 72 de can. et preb. eccl. s. Johannis Traiect. necnon de benef. ad coll. abb. etc. mon. s. Adalberti Egmonden. (Egmunden.) o. s. Ben. Traiect. dioc. certos can. et preb. d. eccl. s. Johannis assec. est quos postea dim.: motu pr. de gr. expect. de 2 can. et preb. eccl. s. Dionisii Leod. et eccl. s. Pauli Leod. acsi s. d. 1. ian. 72 conc. forent et de prerog. ad instar pape fam. descript. 28. decb. 75 S 732 45^{rs}, ref. 28. decb. 75 S 732 42^r, (exped. 6. febr. 76) L 761 106^{rss}, 20. apr. 76 L 761 138^{rs}.

6038 **Johannes Niis** [2. pars 3 partium]: de lic. testandi 9. febr. 76 S 736 60^v, L 790 138^r – qui ratione prepos. eccl. s. Johannis Traiect. iuravit ut decano etc. d. eccl. 200 fl. auri renen. ut supra solv. et proventus certarum terrarum assignaret: m. (dec. eccl. s. Petri Traiect.) uniendi d. prepositure can. et preb. d. eccl. (7 m. arg.) 23. febr. 76 L 761 132^{rss} – oblig. sup. annat. can. et preb. ut supra prepositure eccl. s. Johannis Traiect. uniendorum, restit. bulle (in margine: s. d. 4. iun. 91 solv. 17 duc. p. manus Arnoldi Struper) 8. apr. 76 A 24 121^r – fit mentio ut causarum pal. ap. not. 22. apr. 76 A 24 129^r – cui vig. gr. expect. de can. et preb. colleg. eccl. s. Dionisii Leod. prov. fuit sed desup. litig. intendit contra certum adversarium: de prorog. term. intimandi ad 4 menses 10. febr. 77 S 747 87^v – Johannis Bapt. [Cybo] tit. s. Cecilie presb. card. cap.: motu pr. de prerog. ad instar pape fam. descript. c. clausula anteferri etiam ad secundas gr. 13. ian. 80 S 788 247^r, V 673 103^{rss} – resign. can. et preb. ac cantor. eccl. s. Dionisii Leod. super quib. litig. et de Dominico de Lovatis cler. Lauden. dioc. pape fam. et cubic. s. d. 12. mai. 81 prov. fuit 24. mai. 81 OP 6 84^v – oblig. sup. annat. can. et preb. ac dign., person. et off. eccl. s. Servatii Traiecten. Leod. dioc. et eccl. b. Marie Antwerpien. Cameracen. dioc. cuiuscumque val. Johanni Niis specialiter reserv. p. bullam s. d. 24. mai. 81 (in margine: s. d. 2. nov. 82 habuit bullam reval. sup. d. reserv., n. o. revocationibus postmodum fact. p. bullam s. d. 5. oct. 82) 25. mai. 81 A 30 16^r – motu pr. de gr. expect. de 2 can. et preb. necnon de 2 benef. <de can. et preb. eccl. ss. Cassii et Florentii Bonnen. Colon. dioc. ad coll. prep. etc. eccl. s. Rumoldi Mechelinen. Cameracen. dioc.> 17. nov. 81 S 803 262^r, (m. ep. Spoletan. et dec. eccl. s. Andree Colon. ac Angelo de Lacertis can. eccl. Melfiten.)

(exped. 4. febr. 83) L 820 228ᵛ-230ᵛ – prep. eccl. s. Johannis Traiect. referens ut supra quod red. d. prepos. ob aquarum inundationem et al. sinistros eventus diminuti erant et quod ipse c. dec. et capit. d. eccl. de 200 fl. auri renen. concordavit et quod ipse eisdem 10 fl. solv. consuevit et quod deinde propter guerras et combustionem certe ville (unac. castro d. prepos.) et dispersionem incolarum nihil percepit: de committ. in partibus quoad relax. iuram. 17. sept. 82 S 814 183ʳ, I 334 238ʳ – restit. bulle sup. recisione concordie inter ipsum et dec. et capit. eccl. s. Johannis Traiect. ut supra fact. 7. nov. 82 Paris L 26 A 10 214ᵛ – scolast. eccl. s. Petri Traiect. qui d. scolastr. (6 m. arg.) in manibus pape resign. proponit necnon dec. et capit. d. eccl.: de adm. resign. d. Johannis et de incorp. fabrice d. eccl. (que propter inundationem aquarum in edificiis et ornamentis d. eccl. sustentari n. val.) d. scolastr. c. reserv. pens. ad vitam c. onere solv. salarium pro rect. scolarium d. civit. Traiect. 7. apr. 83 S 821 183ᵛ – narratio quod Johanni Niis (qui litig. contra Dominicum de Lovatis pape cubic. sup. can. et preb. ac cantor eccl. s. Dionisii Leod. dioc.) s. d. 24. mai. 81 can. et preb. in eccl. s. Servatii Traiecten. Leod. dioc. et in eccl. b. Marie in Antwerpen Cameracen. dioc. specialiter reserv. fuerunt et quod motu pr. s. d. 23. iun. 81 et deinde s. d. 19. febr. 83 et s. d. 5. mai. 83 omnes gr. expect. et speciales reserv. revocate fuerunt: motu pr. decl. quod dd. litt. in eorum robur restit. 5. iun. 83 Arm. XXXIX, 15 296ᵛˢ.

6039 **Johannes Niis** [3. pars 3 partium] prep. et archid. eccl. s. Johannis Traiect. in cur. not. et pape fam. in extenso referens quod alta et bassa iurisdictio et dominium villarum et locorum de Medrocht, Ebibris, Achtienhoven, Thanten, Culstret et Zeuenhouen Traiect. dioc. ratione prepos. d. eccl. quam inter al. obtin. ad eum pleno iure spectant et quod tamen Theodericus de Zlbyoren armig. Traiect. et incole et oppidani oppidorum de Bordon, Haemsterdamis et Oudebater Traiect. dioc. et eorum complices d. dominium hostiliter invadentes dictas villas unac. castro ac domum sive casale in den Unehorrn vulg. nunc. etc. ad dictas preposituras spectantes penitus combusserunt et subditos et vasallos, animalia ac res et bona abduxerunt: de monitorio penali contra invasores et de impendendo plenam satisfactionem 11. iun. 83 S 824 261ᵛˢ – motu pr. de recip. eum in pape acol. 13. iun. 83 S 825 2ᵛ – c. quo ut unac. portione par. eccl. de Bissekerke Traiect. dioc. aliud incompat. benef. retin. val. disp. fuit et cui deinde d. portione dimissa de decan. eccl. s. Petri [Traiect.] ac de prepos. eccl. s. Johannis Traiect. prov. fuit et qui d. decan. dimisso par. eccl. in Graft Traiect. dioc. assec. est: de disp. ut unac. d. prepos. et d. par. eccl. in Graft 3. incompat. benef. etsi par. eccl. ad vitam recip. val. c. lic. perm. 23. iun. 83 S 825 131ʳ – de alt. port. ante diem et in loco interd. 18. iul. 83 S 825 302ᵛ, gratis L 826 325ᵛ – restit. bulle sup. facult. absol. (illos in quib. habet iurisdictionem) in casibus papalibus p. bullam s. d. 1. iul. 83 conc. 23. iul. 83 A 31 212ᵛ – referens quod sibi de prepos. eccl. s. Johannis ut supra auct. ap. prov. fuit et quod eam p. 10 an. retin. ac deinde Rodulphus Proys can. eccl. Traiect. se in d. prepos. intrusit: m. sub pena excom. contra d. Rodulphum et al. qui se in d. prepos. intruserint 15. oct. 83 S 829 132ʳ, gratis V 677 328ʳ-331ʳ – can. eccl. ss. Cassii et Florentii Bonnen. Colon. dioc. pape fam. ap. not. cui motu pr. gr. expect. s. d. 17. nov. 81 de dd. can. et preb. necnon de benef. ad coll. prep. etc. eccl. s. Rumoldi Mechlinen. Cameracen. dioc. conc. fuit et cuius gr. expect. deinde ad

benef. ad coll. abb. etc. mon. s. Trudonis de Sancto Trudone o. s. Ben.
Leod. dioc. motu pr. exten. fuit:
motu pr. de prerog. ad instar pape
fam. descript. 15. nov. 83 S 831 89ᵛ
– pres. in cur. cui gr. expect. seu
reval. de benef. ad coll. dec. etc.
eccl. s. Rumoldi Mechlinen. necnon
de benef. ad coll. abb. etc. mon.
s. Trudonis de Sancto Trudone o. s.
Ben. Leod. dioc. p. papam ut supra
conc. fuit: de prorog. temp. insinuandi et publicandi ad 4 menses, sola
sign. 18. mart. 84 S 835 234ʳ – cui
gr. expect. ut supra de can. et preb.
in eccl. s. Servatii [Traiecten.] Leod.
et b. Marie Antwerpien. Cameracen.
dioc. conc. fuit et qui deinde can. et
preb. ac off. camerariatus d. eccl.
s. Servatii vac. p. o. Giberti de Wach-
tendenck (/.) obtin. et litig. desup.
coram Johanne Francisco de Pavinis
aud. contra Johannem Ockel et Simonem de Antea: de prov. si nulli
vel de nova prov. de dd. can. et preb.
ac camerariatu (insimul 12 m. arg.)
26. apr. 84 S 835 154ʳˢ, ref. 23. mai.
84 S 836 156ʳ – referens ut supra
quod fruct. prepos. eccl. s. Johannis
diminuti sunt: unio ad vitam Johannis Niis d. prepositure (30 m. arg.)
par. eccl. in Huesden Traiect. dioc.
(4 m. arg. p.) vac. p. o. Johannis Simonis, gratis 23. mai. 84 V 646
287ᵛˢˢ – referens quod nonnulli principes, duces, comites, barones et al.
sec. pot. eum in prepos. eccl. s. Johannis Traiect. remanendo opposu-
erunt: de conserv. 22. iun. 84 S 837
261ᵛ, m. (dec. eccl. b. Marie ad Gradus Colon. et dec. eccl. s. Lebuini
Daventrien. Traiect. dioc. ac offic.
Leod.), gratis V 677 365ᵛ-369ʳ – restit. bulle sup. unione ut supra 25.
iun. 84 A 32 231ᵛ.

6040 Johannes Nisinck cler. Monast.:
motu pr. de gr. expect. de 2 can. et
preb. necnon de 2 benef. ad coll.
quorumcumque, Et s. d. 17. nov. 81
S 803 49ʳ.

6041 Johannes Noyden (Norden) cler.
Monast. dioc. cui gr. expect. s. d. 1.
ian. 72 de benef. ad coll. ep. etc.
Monast. vel colleg. eccl. Xanten.
Colon. dioc. conc. fuit: de prerog. ad
instar pape fam. descript. 11. mart.
75 S 716 129ʳˢ.

6042 Johannes Nordecker cler. Magunt.
dioc.: de perp. s. c. capn. ad alt.
ss. Sebastiani et Valentini de iur. patron. laic. in par. eccl. in Ostheym
Magunt. dioc. (3 m. arg.) vac. p. resign. in manibus Johannis Knelbroyt
Johannis Mar cler. Magunt. dioc. qui
d. capn. p. 5 menses possedit 30.
ian. 72 S 675 237ʳˢ.

**6043 Johannes Northeim de Superiori
Hallis** cler. Herbip. dioc.: de perp.
benef. ad alt. ss. Jodoci, Catherine,
Lucie et Otilie ville Seckenhaym
Wormat. dioc. (4 m. arg.) 4. ian. 76
S 732 206ᵛˢ.

**6044 Johannes Noszbaum de Rudesz-
heym:** solv. 112 fl. adc. pro compositione annat. prepos. eccl. s. Victoris e. m. Magunt. p. manus Alberti
Coch <abbrev.> 17. aug. 72 FC I
1129 103ᵛ, FC I 1767 4ᵛ.

6045 Johannes [Notarii] abb. mon.
s. Simphoriani o. s. Ben. Meten.: obtulit cam. ap. et collegio card. 451½
fl. adc. et 5 serv. min. p. Antonium
Ipoliti de Pistoia pro serv. commun.
ratione prov. s. d. 7. apr. 84 5. mai.
84 OS 84A 191ᵛ – referens quod
prepos. eccl. s. Georgii in Penders-
heym [recte: Pedersheym] Wormat.
dioc. (150 duc. adc.) (a mon. s. Gorgonii Gorzien. o. s. Ben. Meten. dioc. dependens) vac. p. o. Anthonii
Vissus cler. (qui d. prepos. ex conc.
ap. in commendam habuit) p. Julianum [de Ruvere] card. ep. Ostien.
Gabrieli de Gabrielis cler. Fanen.
leg. doct. et pape fam. commendata
extitit cui de d. prepos. de novo s. d.
15. nov. 83 auct. ap. prov. fuit: m.
(ep. Meten. et ep. Virdunen. ac thes.
eccl. Meten.) prov. de d. prepos. vac.
p. resign. d. Gabrielis in manibus

pape 14. mai. 84 L 834 35^{vss} – oblig. p. Antonium de Ypolitis doct. et can. eccl. Pistorien. sup. annat. prepos. ut supra, restit. bulle 1. iun. 84 A 32 120^r.

6046 Johannes Nottei cler. Herbip. dioc.: de capn. primissaria nunc. ad alt. b. Marie virg. in par. eccl. in Wenpach Magunt. dioc. (4 m. arg.) vac. p. o. Jacobi Heppis 24. decb. 83 S 839 170^v.

6047 Johannes de Nuce: prov. de par. eccl. Sedun. [dioc.?] vac. p. o. 80/81 I 334 210^v.

6048 Johannes Nusz (Nyesz) cler. August. pape et Raphaelis [Riario] tit. s. Georgii ad velum aureum diac. card. fam.: motu pr. de gr. expect. de 2 can. et preb. necnon de 2 benef. ad coll. quorumcumque <aep. etc. Salzeburg. et ep. etc. August.> c. prerog. ad instar pape fam. descript., Et s. d. 17. nov. 81 24. iun. 84 S 830 214^r (exec. Johannes Bapt. de Ferrariis can. eccl. Mutinen. et offic. Salzeburg. ac offic. August.), gratis V 650 138^v-140^v.

6049 Johannes Oberndorffer (Obrndroffer) cler. Patav. dioc.: gr. expect. s. d. 1. ian. 72 de 2 benef. ad coll. abb. etc. mon. in Neunburg o. s. Ben. et abb. etc. in Schonvelt (Sconvelt) o. Cist. August. dioc. et prerog. ad instar pape fam. descript. (m. Jacobo Carpentarii can. eccl. Leonen. et offic. August. ac offic. Patav.) 12. ian. 75 (exped. 2. mart. 75) L 741 185^{rss} – scol. Patav. dioc. paup. cler.: litt. testim. sup. recept. prime tonsure s. d. 10. apr. 67 in domo Nicolai [!] ep. Hortan., gratis 10. iun. 75 F 6 213^r – cui vig. gr. expect. ut supra de par. eccl. s. Crucis in Joszhoven Eistet. dioc. <ad coll. abb. mon. in Newburg (Nuburg) pertin.> prov. fuit et qui desup. litig. coram aud. contra certum adversarium: de reval. d. gr. expect. et de decl. litt. desup. perinde val. acsi motu pr. conc. fuissent 6. mai. 79 S 781 58^{rs},

(exped. 26. iun. 79) gratis L 800 252^{rs} – prov. de par. eccl. August. [dioc.?] vac. p. assec. 80/81 I 334 3^v.

6050 Johannes Och scol. Herbip.: litt. testim. s. d. 14. febr. 73 sup. recept. prime tonsure in dom. Jacobi [de Neapoli] ep. Sancti Angeli [de Lombardis] in Urbe 14. febr. 73 F 6 92^r.

6051 Johannes Ocke (Ockell, Ucke) cler. Paderburn. dioc. qui vig. gr. expect. Pauli II. perp. vicar. ad alt. s. Crucis in eccl. Paderburn. vac. p. o. Henrici Schiter al. Herstelle acc.: de nova prov. de d. vicar. (4 m. arg.) 6. sept. 71 S 671 218^{rs} – de perp. vicar. ad alt. s. Liborii sub turri in eccl. Paderburn. (3 m. arg.) vacat. p. priv. Ludolphi de Scorpsen propter simoniam excom. cui de d. vicar. vac. p. resign. in manibus ordin. Henrici Doed presb. Paderburn. dioc. prov. fuerat 3. oct. 71 S 673 61^v – qui vig. gr. expect. ut supra par. eccl. seu pleban. s. Kiliani in op. Corbecke Paderburn. dioc. c. suis annexis sive filialibus (12 m. arg.) tunc vac. p. o. Henrici Colden acc. et qui litig. desup. coram Antonio de Grassis aud. contra Johannem Coppersleger (qui nunc resign. extra cur.): de surrog. ad ius d. Johannis Coppersleger 27. nov. 71 S 676 34^r – pres. in cur. cui mense aug. 72 de perp. vicar. ad alt. b. Marie in par. eccl. s. Laurentii Colon. vac. p. o. cuiusdam p. rect. d. par. eccl. present. fuit: de nova prov. de d. perp. vicar. (2 m. arg.) 15. oct. 72 S 683 95^{vs} – de par. eccl. in Delbruge Paderburn. dioc. (8 m. arg.) vacat. p. priv. Heinrici Remmen excom. aut p. resign. Heinrici Horn vel Hermanni Olificis 24. oct. 72 S 684 285^{vs} – cur. secutus: disp. ut unac. par. eccl. s. Kiliani ut supra (quam n. obtin.) al. incompat. benef. retin. val. 13. ian. 75 L 790 79^{rs} – m. (prep. eccl. s. Georgii Colon. et dec. eccl. s. Patrocli op. Susacien. Colon. dioc. ac offic. Paderburn.) confer. capel. in Druchelten Colon. dioc. ad present. priorisse et conv. mon. loci Paradisum e. m. d. op. spectantem et de alt. s. Nicolai in par. eccl. s. Petri Geseken. Colon. dioc. (insimul 4 m. arg.) vac. p. o. Johannis Scheneweder (qui illas vac. p. o. in cur. Henrici Brockman obtin.) 13. febr. 75 V 570 43^{vss} – qui vig. gr. expect. s. d. 1. ian. 72 de can. et preb. colleg. eccl. b. Marie ad Gradus Colon. et de benef. ad coll. ep. etc. Paderburn. perp. s. c. vicar. in eccl. Paderburn. (4 m. arg.) acc.: supplic. Johanne Hezeler can. eccl. Colon. Friderici R. I. dilecto motu pr. de mutatione gr. expect. de benef. ad coll. d. ep. etc. in benef. ad coll. prep. etc. eccl. s. Florini Confluen. Trever. dioc. (acsi Johannes Ocke d. vicar. n. acceptasset) c. prerog. pape fam. descript., gratis etiam in off. abbrev. 15. oct. 75 S 727 297^{vs} – cui de par. eccl. in Borgentrihe Paderburn. dioc. vac. p. o. Henrici Kannegeters prov. fuit: de nova prov. de d. par. eccl. (6 m. arg.) 6. nov. 75 S 730 5^v – de perp. vicar. in eccl. Colon. (4 m. arg.) vac. p. o. Johannis Ywem (Ywein) de Lubeck 24. iul. 76 S 741 140^v – rect. par. eccl. in Borgentribe Paderburn. dioc. et perp. benefic. in eccl. Paderburn.: de n. resid., Et p. breve 7. iul. 80 S 794 228^r.

6052 Johannes Ochslin (Ochszling) rect. par. eccl. s. Georgii in Laymeringen August. dioc. et **Vitus Buchmour de Emchach** presb. August. dioc.: de adm. resign. d. Johannis et de prov. d. Vito de d. par. eccl. (12 m. arg.) et de assign. d. Johanni pens. ann. 28 fl. renen. sup. fruct. d. par. eccl. 27. mart. 84 S 833 115^v – cler. August. dioc.: restit. bulle sup. pens. ann. ut supra (registrata de m. quia pro d. par. eccl. annat. solut. est sub d. die) 5. mai. 84 A 32 219^v.

6053 Johannes Octhel pape fam.: hortatio ut prelati et principes ceterique dignitate prefulgentes d. Johanni adsistant ut Andream [Jamometi] aep. Craynen. capiat qui in partibus Germanie cottidie profert multa que falsissima sunt in sedis ap. opprobrium 4. mai. 82 Florenz II. III. 256 222^v – pro nonnullis ap. sedis negotiis ad partes Germanie missus c. 3 sociis: litt. passus et salviconductus (simile pro Hugone [de Landenberg]) 4. mai. 82 Florenz II. III. 256 223^{rs} – m. cuilibet collectori ut d. Johanni de pec. ei necessariis provideat 4. mai. 82 Florenz II. III. 256 227^v.

6054 Johannes Oder rect. par. eccl. in Otingen Ratisbon. dioc. pres. in cur. et resid. ibidem: de prom. ad omnes ord. extra temp., sola sign. 8. apr. 83 S 822 43^v – scol. Patav. dioc.: litt. testim. (vig. supplic. s. d. 8. apr. 83) sup. recept. prime tonsure s. d. 2. mart. 82, ad 4 min. et subdiacon. ord. s. d. 11. mai. 83, ad diacon. ord. s. d. 18. mai. 83, ad presbit. ord. s. d. 19. mai. 83 in eccl. s. Marie de Regina celi in burgo s. Petri de Urbe 19. mai. 83 F 7 88^v – not. recip. pro formata 10 gr. mai. 83 DB 2 82^r.

6055 Johannes Oeckel (Oekel, Okel, Oechel) [1. pars 6 partium] cler. Leod. <dioc.> litig. coram aud. sup. par. eccl. in Embrugck Traiect. dioc.: de disp. ut unac. d. par. eccl. aliud incompat. benef. recip. val. 29. oct. 72 S 683 233^{vs} – pape fam.: de perp. vicar. in eccl. s. Nicolai Halberstad. (3 m. arg.) vac. p. o. in cur. Johannis Vidris 17. nov. 72 S 683 142^v – can. eccl. s. Johannis Busciducen. Leod. dioc.: de lic. perm. 28. nov. 72 S 685 22^{rs}, gratis L 724 206^{vs} – de can. et preb. eccl. s. Crucis Leod. (6 m. arg.) vac. p. o. Petri Voclen (Voelon) abbrev. 4. decb. 72 S 684 231^v, (m. dec. eccl. s. Martini Leod. et dec. eccl. Busciducen. [Leod.] dioc. ac cuidam Theoderico) [fragm., dat. deest] V 569 161^v-163^r – de can. et preb. colleg. eccl. s. Viti in Herriden Eistet. dioc. (6 m. arg.) necnon de perp. benef. primissaria nunc. in par. eccl. ville Schlucht Ratisbon. dioc. (4 m. arg.) vac. p. o. Johannis Gresroen 14. mai. 73 S 690 141^{vs} – de

s. c. matricularia in par. eccl. de Ni-
venis Cameracen. [dioc.] (24 l. T. p.)
vac. p. o. Gerardi Spaebaer quond.
card. de Cillant fam. 21. mai. 73 S
694 123^v – de can. et preb. eccl.
s. Jacobi Leramen. Leod. dioc. (6 m.
arg.) vac. p. o. <in cur.> Johannis
Tritsmans (Tristsmans) pape fam. 20.
nov. 73 S 698 251^{rs}, I 332 160^r –
oblig. sup. facult. resign. ratione bulle s. d. 29. oct. 73 23. nov. 73 A 22
115^v – oblig. sup. annat. can. et
preb. eccl. s. Jacobi ut supra (in margine: s. d. 24. mart. 85 solv. 15 fl. p.
manus soc. de Arcifel de cur.; s. d.
15. iun. 78 prorog. ad 6 menses) 31.
decb. 73 A 22 205^r – de fruct. percip. <n. resid.> 9. decb. 73 S 700
83^v, I 332 163^r – et **Guillelmus
Lombardi** rect. par. eccl. in Mera-
bello Bisuntin. dioc.: de prom. ad
omnes ord. extra temp., sola sign.
31. decb. 73 S 701 7^{rs} – cui gr. expect. s. d. 1. ian. 72 de can. et preb.
eccl. s. Rumoldi Mechlinen. Cameracen. dioc. et de benef. ad coll. abb.
etc. mon. Egmunden. o. s. Ben. Traiect. dioc. conc. fuit: de mutatione
gr. expect. de can. et preb. eccl.
s. Rumoldi in can. et preb. eccl.
s. Gertrudis Nivellen. Leod. dioc. 9.
mart. 74 S 703 240^{rs} – inter 3 pape
fam. et parafrenarios enumeratus
quib. gr. expect. s. d. 1. ian. 72 conc.
fuit: motu pr. prerog. ad instar pape
fam. 26. mart. 74 V 662 263^v-265^r –
de perp. s. c. capn. seu vicar. ad alt.
s. Leonardi in Lyrop in paroch. Asten. Leod. dioc. (2 <3> m. arg.) vac.
p. o. Willelmi Celen 12. ian. 75 S
718 216^r, (m. dec. eccl. s. Martini
Leod. et offic. Leod. ac offic. Cameracen.), gratis V 568 20^v-22^r, I
333 164^v – qui vig. gr. expect. vicar.
ad alt. s. Katherine in par. eccl. de
Alcmaria Traiect. dioc. vac. p. o.
Thome Simonis acc.: de prorog.
term. ad 6 menses, Conc. ad 3 menses, sola sign. 13. ian. 75 S 714
185^{vs} – qui vig. gr. expect. <s. d. 1.
ian. 72> perp. vicar. sive capn. ad
alt. s. Katherine ut supra (7 <10> m.

arg.) ad coll. abb. etc. mon. s. Adalberti Egmunden. o. s. Ben. Traiect.
dioc. pertin. acc. <sup. qua litig. coram aud. contra certos adversarios>:
de mutatione d. gr. expect. de benef.
ad coll. d. abb. in benef. ad coll. al.
collatoris et de reval. gr. expect. acsi
d. vicar. minime assec. fuisset <et
sibi p. priores litt. de can. et preb. d.
eccl. b. Marie Antwerpien. prov. fu-
isset> 15. iul. 75 S 723 268^{vss}, gratis
V 678 845^r-846^v – rect. par. eccl. in
Ema al. Embrug Traiect. dioc.: de n.
prom. ad 7 an., sola sign. 28. aug.
75 S 726 63^v.

6056 Johannes Oeckel [2. pars 6 parti-
um]: de perp. benef. personatus
nunc. in Brechte Cameracen. dioc.
(50 l. T. p.) vac. p. o. Ghisberti
Brederode sed. ap. not. 29. sept. 75 S
727 100^{rs} – recip. eum in pape acol.
et cap. 31. oct. 75 S 729 86^{vs} – rect.
par. eccl. in Emau (Eman) al. Embrug (Emburg, Emburgk) Traiect. dioc. <sup. qua litig. in cur.> c. quo ad
2 incompat. benef. disp. fuit: de disp.
ad 3. incompat. benef. 21. decb. 75 S
731 251^{vs}, gratis V 664 345^v-347^r –
de par. eccl. in Dymen (Diemern)
Traiect. dioc. (6 <4> m. arg.) vac.
p. o. in cur. cuiusdam Wolfardi (Johannis de Borsalia) cler. Traiect. dioc. sive p. devol. 29. decb. 75 S 731
239^r, (m. ep. Leod. et ep. Traiect. ac
Michaeli Moner can. eccl. Elnen.),
gratis V 572 171^{rss}, (m. ut supra),
gratis V 572 301^{vss} – de prom. ad
omnes ord. extra temp., sola sign. 7.
ian. 76 S 732 201^v – de lic. testandi
13. mart. 76 S 735 238^{rs} – motu pr.
de perp. capn. in eccl. s. Hadelini
Viseten. Leod. dioc. (3 m. arg.) vac.
p. o. in cur. Laurencii Goswini 21.
mai. 76 S 739 284^{vs} – lic. resign.,
gratis 6. iun. 76 V 579 142^{rs} – cui
vig. gr. expect. de can. et preb. et
decan. colleg. eccl. s. Rumoldi
Mechlinen. Cameracen. dioc. vac.
p. o. Henrici de Ghestel prov. fuit: de
nova prov. de eisdem (50 l. T. p.) 4.
iul. 76 S 740 37^v – qui can. et preb.

eccl. Cur. et par. eccl. in Lyeman Traiect. dioc. ac perp. capn. in eccl. Vseten. Leod. dioc. ut supra dim. paratus est: motu pr. de person. in Walre et Wrede Leod. dioc. (20 m. arg.) vac. p. o. in cur. Johannis Christiani 4. iul. 76 S 740 70^{vs}, I 333 182^v – lic. testandi, gratis 16. iul. 76 V 577 155^{rs} – oblig. sup. annat. person. par. eccl. in Walre et Wrede Leod. dioc. ut supra (in margine: p. Johannem Bonivicini can. eccl. Tornacen. et Egidium Gobbert can. eccl. s. Petri Arien. Morinen. dioc. et Johannem Druys can. eccl. s. Bartholomei Leod.; s. d. 15. iun. 78 et s. d. 30. iul. 79 obtin. prorog.; s. d. 24. mart. 85 solv. 50 fl. pro annat. d. par. eccl. p. manus soc. de Arcifel) 14. aug. 76 A 25 30^v – de <s. c.> capel. s. Antonii et de capel. s. Mathei in par. eccl. <infra paroch.> de Meer Leod. dioc. (cuiuslibet 2 m. arg.) vac. p. o. Ywani Theoderici (qui litig. in cur. sup. d. capel. s. Mathei cuius possessionem n. obtin.) 26. aug. 76 S 742 46^r, (exec. abb. mon. b. Marie Parcen. e. m. Lovanien. et dec. eccl. s. Johannis Busciducen. Leod. dioc. ac Michael Moner can. eccl. Elnen.), gratis V 575 5^{rss} – motu pr. aggregatio consortio nobilium et exempt. a solutione gabelle, pedagii etc. et assign. insigniorum (c. ramo quercus c. 2 foliis et una glande in scuto azurreo (exec. ep. Tirasonen. et offic. Leod. ac offic. Traiect.) 1. sept. 76 V 666 185^{rss}, V 666 187^v – c. quo de n. prom. ad 7 an. disp. fuit dummodo infra primum an. sit subdiac.: de prorog. ad 6 menses, sola sign. 18. sept. 76 S 742 206^v – cui de can. et preb. eccl. Cur. vac. p. o. in cur. Jacobi Raw prov. fuit et **Johannes Lufft** cler. Wormat. dioc. pape fam.: de adm. resign. Johannis Oeckel et de prov. d. Johanni Lufft de dd. can. et preb. (4 m. arg.) 1. oct. 76 S 743 5^{vs} – qui vig. gr. expect. perp. capn. ad alt. s. Katherine in par. eccl. in Alcmare Traiect. dioc. (sup. qua litig. coram aud.) et decan. ac can. et

preb. eccl. s. Rumoldi Mechlunen. Cameracen. dioc. obtin. et cui gr. expect. de can. et preb. eccl. b. Marie Antwerpien. Cameracen. dioc. conc. fuit: motu pr. reval. d. gr. expect. et exten. ad can. et preb. eccl. s. Pauli Leod., gratis 2. oct. 76 V 667 73^r-75^v.

6057 **Johannes Oeckel** [3. pars 6 partium]: motu pr. de decan. eccl. Wesalien. Trever. dioc. (10 m. arg.) vac. p. o. in cur. Nicolai de Edam pape cap. et aud. 7. nov. 76 S 743 235^{vs}, (m. Michaeli Moner can. eccl. Elnen. et offic. Colon. ac offic. Trever.), gratis V 577 89^v-91^v – de lic. dicendi horas can. iuxta morem R. E. 28. nov. 76 S 744 240^v, L 769 274^r – oblig. sup. annat. decan. eccl. b. Marie Wesalien. (Vessalien.) Trever. dioc. (12 m. arg.) de qua ut supra sibi prov. fuit (in margine: s. d. 15. iun. 78 obtin. prorog. ad 6 menses; s. d. 24. mart. 88 solv. 30 fl. pro annat. p. manus Goberti de Arcifel) 24. decb. 76 A 25 86^r – dec. eccl. b. Marie Wesalien. Trever. dioc. pape fam. et parafrenarius: de lic. stud. iur. civili p. 7 an. 30. decb. 76 S 745 127^v – de alt. port. 30. decb. 76 S 745 127^v – qui person. par. eccl. in Wake et Werde Leod. dioc. obtin.: de indulg. 7 an. 5. ian. 77 S 745 159^v – can. eccl. s. Johannis Ev. Busciducen. Leod. dioc., can. eccl. s. Rumoldi Mechlinen. Cameracen. dioc. et can. eccl. s. Jacobi Lovanien. Leod. dioc. et persona person. de Wache et Werdt Leod. dioc. ac rect. par. eccl. de Eman al. Embrug Traiect. dioc.: litt. testim. sup. fruct. percip. in absentia pro ep. Leod., ep. Traiect. et ep. Cameracen. et dec. et capit. dd. ecclesiarum, gratis 29. mart. 77 DC 39 111^v – litig. coram aud. contra Wilhelmum de Werdenborch can. eccl. Traiect. sup. perp. capn. ad alt. s. Catherine in par. eccl. de Alcmaria ut supra: de adm. resign. d. Wilhelmi <p. Wilhelmum de Gothem cler. Leod. dioc. procur. suum fact.> et de prov. Johanni Oeckel de d. capn. 50 <55> fl. renen.) et de assign. d. Wilhelmo pens. ann. 16 fl. renen. (20 stuferi albi pro quolibet fl. computati) sup. fruct. d. capn. <in op. Busciducen. Leod. dioc. persolv.> 17. apr. 77 S 750 6^{rs}, (m. Michaeli Moner can. eccl. Elnen. et offic. Leod. ac offic. Traiect.), gratis V 580 270^{vss} – rect. par. eccl. de Ema al. Embrugghe Traiect. dioc., **Egidius Gobbeert** rect. par. eccl. s. Christi Ganden. Tornacen. dioc., **Johannes Bonivicini** rect. par. eccl. de Westcapella Tornacen. dioc. et **Wilhelmus de Gothem** can. eccl. Leod. omnes pape fam.: de indulto absol. parochianos utriusque sexus in casibus ordinariis locorum reservatis 22. apr. 77 S 750 69^v, gratis V 667 390^r, gratis V 669 224^{rs} – m. uniendi ad vitam canonicatui eccl. s. Jacobi Lovanien. Leod. dioc. (6 m. arg.) person. par. eccl. in Walre et par. eccl. in Werde Leod. dioc. (20 m. arg.) 10. mai. 77 V 585 237^{rs} – litig. coram aud. <coram Theodorico abb. mon. b. Marie Parcen. e. m. Lovanien. Leod. dioc.> contra quond. Johannem de Bunchem (Bonschem) cler. intrusum sup. decan. eccl. s. Rumoldi Mechlinen. (Meschlinen.) Cameracen. dioc. (24 <44> l. T. p.) vac. p. o. Heinrici de Ghelgrel (Ghestel) <quem decan. Johannes Oeckel vig. gr. expect. de can. et preb. d. eccl. et de benef. ad coll. abb. etc. mon. s. Adalberti Egmonden. o. s. Ben. Traiect. dioc. acc.>: de surrog. ad ius d. Johannis de Bunchem 18. iun. 77 S 754 7^{vs}, m. (dec. eccl. s. Johannis Ev. Busciducen. et dec. eccl. s. Petri Oerschoten. Leod. dioc. ac Michaeli Moner can. eccl. Elnen.), gratis V 579 305^r-307^r.

6058 **Johannes Oeckel** [4. pars 6 partium]: restit. bulle sup. facult. resign. s. d. 6. iun. 76 conc. 8. iul. 77 A 26 26^r – restit. bullarum sup. pens. ann. 16 fl. renen. sup. fruct. perp. capn. ad alt. s. Catherine in par. eccl. de

Alcamaria ut supra assign. 7. aug. 77 A 26 197^r – de uniendo decanatui eccl. b. Marie Wesalien. Trever. dioc. preb. d. eccl. (4 m. arg. p.) 3. oct. 77 S 758 130^{vs} – subdiac. Leod. dioc.: de n. prom. ad 7 an. 4. nov. 77 S 760 2^v – de disp. ad 2 incompat. benef. etsi par. eccl. 4. decb. 77 S 761 106^{vs}, V 587 64^{vss} – fit mentio ut procur. 13. decb. 77 A 26 112^v – lic. stud. ius civile ad 7 an. et ut grad. recip. val. 30. decb. 77, gratis V 668 418^{rs} – de perp. capn. sive vicar. in eccl. s. Petri Lovanien. Leod. dioc. (3 m. arg.) ac de vicar. in par. eccl. de Zithen (Zichonis) Leod. dioc. (3 <4> m. arg.) vac. p. o. Symonis Neuts (Nouts) al. de Eyck <Nicolai V. fam.> 23. mart. 78 S 768 128^{vs}, m. (Michaeli Moner can. eccl. Elnen. et offic. Leod. ac offic. Cameracen.), gratis V 593 152^{rss}, V 593 153^{vss} – et **Loeffridus Ruychs, Eberhardus de Rabensten, Antonius Mast, Johannes Lufft, Erhardus Druckeymer, Rodulphus de Lunen, Johannes Kriis** inter 21 pape fam. et cantores et cap. enumerati: motu pr. prerog. ad instar pape fam. descript. (in libro cancellarie in quo ut primus Johannes de Montemirabili) c. clausula anteferri etiam in absentia, gratis 9. iul. 78 V 670 363^v-365^r – can. eccl. b. Marie Traiect. qui vig. gr. expect. et illius reval. et exten. ut supra de can. eccl. b. Marie Antwerpien. Cameracen. dioc. can. et preb. d. eccl. b. Marie Antwerpien. certo modo vac. acc. et qui desup. litig. coram aud. contra mag. Johannem Espach decr. doct. et Maximiliani ducis Austrie Brabantie et Burgundie oratorem ad papam destinatum et qui in fine dd. can. et preb. in manibus pape resign.: motu pr. reval. et antelatio omnibus al. gr. expect., gratis 22. aug. 78 V 672 127^r-129^r – de can. et preb. eccl. <b. Marie> in Geervliet (Schwrvoliot) Traiect. dioc. de iur. patron. com. Hollandie (6 <4> m. arg. p.) vac. p. o. <in cur.> Innocentii de Crestio

(Cresey) 3. nov. 78 S 778 228ʳ, m. (Michaeli Moner can. eccl. Elnen. et offic. Leod. ac offic. Traiect.), gratis V 593 150ʳ-151ᵛ – qui par. eccl. de Ema al. Embruggen. Traiect. dioc. et **Godefridus de Canpo** qui capel. leprosorum e. m. op. Busciducen. Leod. dioc. et portionem par. eccl. maioris hosp. d. op. perm. <ex causa perm. in manibus Ghysberti Brie dec. eccl. s. Johannis Ev. d. op. resign.>: de assign. Johanni Oeckel pens. ann. 14 fl. renen. (40 grossi monete Flandrie pro quolibet fl. computatis) sup. fruct. d. par. eccl. (50 fl. renen.) p. d. Godefridum c. consensu suo <p. Johannem de Ruis cler. Leod. dioc. procur. express.> in civit. Busciducen. persolv. 19. nov. 78 S 777 48ᵛ, (m. Michaeli Moner can. eccl. Elnen. et offic. Cameracen. et offic. Leod.), gratis L 789 276ʳ-277ᵛ.

6059 **Johannes Oeckel** [5. pars 6 partium] de perp. capn. ad alt. s. Johannis Ev. in par. eccl. de Bocxtel Leod. dioc. (4 m. arg.) vac. p. o. Petri Muntelli 6. decb. 78 S 785 253ʳ – et **Johannes Druys** cler. Leod. dioc. ac **Georgius de Castelmur** cler. Cur. inter 10 pape parafrenarios enumerati: motu pr. prerog. ad instar antiquorum pape fam. descript. (in libro cancellarie in quo ut primus Johannes de Montemirabili), gratis 9. aug. 79 V 672 222ᵛ-225ʳ – de perp. capn. ad alt. s. Petri in par. et colleg. eccl. b. Marie op. de Breda Leod. dioc. (4 m. arg. p.) vac. p. o. in cur. Johannis Mechlaer seu p. resign. Johannis Pecck et de perp. vicar. ad alt. ss. Cornelii et Cipriani in par. eccl. de Magno Zudert Leod. dioc. (4 m. arg. p.) vac. p. o. Johannis Tuteler 7. febr. 80 S 789 176ᵛ – cui vig. gr. expect. et illius reval. ac mutationis de can. et preb. eccl. b. Marie Antwerpien. Cameracen. dioc. vac. p. o. Johannis Boets prov. fuit et qui processu desup. habito d. prov. in Rota publicavit: de prorog. term. intiman-

di ad 6 menses, sola sign. 31. mart. 80 S 796 24ʳˢ – cui vig. gr. expect. et illius reval. et mutationis de thesaur. eccl. b. Marie Traiect. vac. p. o. Henrici Minenpriys motu pr. prov. fuit possessione minime subsecuta: de nova prov. de eadem (30 m. arg.) 20. apr. 80 S 793 170ᵛ – restit. bullarum sup. pens. ann. 14 fl. renen. sup. fruct. par. eccl. de Ema al. Embrunchen. Traiect. dioc. s. d. 19. nov. 78 ipsi assign. (in margine: Johannes Oeckel se oblig. et promisit present. unam litt. p. quam mandatur collect. dd. partium ut recip. d. pens. a Gotfrido de Campo rect. d. par. eccl.) 17. iun. 80 A 29 196ᵛ – cui vig. gr. expect. et illius reval. de can. et preb. ac cantor. eccl. b. Marie Antwerpien. Cameracen. dioc. vac. p. o. Johannis Nool prov. fuit et qui term. intimandi infra temp. debitum n. satisfacere poterat quia possessor et intrusus in d. benef. in partibus Anglie resid. consuevit: de prorog. term. intimandi ad 6 menses, sola sign. 6. sept. 80 S 800 31ʳ – de can. et preb. eccl. Nivellen. Leod. dioc. (30 fl. adc.) vac. p. o. Johannis Gentes alicuius pape vel card. fam. et de perp. capn. ad alt. in eccl. curtis beginagii Lyten. Cameracen. dioc. (20 fl. adc.) vac. p. o. Luce de Via 23. iun. 81 S 802 142ᵛ – dec. colleg. eccl. b. Marie Wessalien. Trever. dioc. subdiac. pape fam. et **Johannes Leonis** rect. par. eccl. in Adendorp Colon. dioc. pape fam.: de prom. ad omnes ord. extra temp., sola sign. 28. sept. 81 S 804 32ʳ – de lic. dicendi horas can. et b. Marie virg. secundum ritum R. E., sola sign. 5. oct. 81 S 804 21ᵛ – dec. eccl. b. Marie Wesalien. Trever. dioc.: fit mentio ut executor pro Henrico de Gale cler. Leod. dioc. 3. nov. 81 V 614 186ᵛˢˢ – et offic. Nanneten. ac offic. Redonen.: fit mentio ut executor gr. expect. pro Johanne le Hoyer can. eccl. Nanneten. pape fam., gratis 17. nov. 81 Sec. Cam. 1 16ᵛˢˢ – et **Johannes le Hoyer** can. eccl.

Redonen. ac offic. Redonen.: fit
mentio ut executor gr. expect. pro
Petro Thome cler. Redonen. dioc.
pape fam., gratis 17. nov. 81 Sec.
Cam. 1 22^{vs} – et **Johannes le Hoyer**
can. eccl. Redonen. ac offic. Redonen.: fit mentio ut executor gr. expect. pro Reginaldo le Bigot cler.
Redonen. dioc., gratis 17. nov. 81
Sec. Cam. 1 25^{rs} – et **Johannes
Carmelli** can. eccl. Bisuntin. ac offic. Toletan.: fit mentio ut executor
gr. expect. pro Thoma de Villanova
can. eccl. Toletan. pape fam., gratis
17. nov. 81 Sec. Cam. 1 103^{rs}.

6060 **Johannes Oeckel** [6. pars 6 partium]
motu pr. de perp. s. c. capn. <ad alt.
s. Nicolai> in par. eccl. sive capel. de
Testerloe (Testandorloe) Leod. dioc.
(4 m. arg.) et de cantor. ac can. et
preb. eccl. Eymbricen. Leod. [!] dioc. (8 m. arg.) vac. p. o. in cur. Arnoldi <Braxatoris al.> de Valgaet
(Valgart) (cui de illis vac. p. o. Gisberti Gollrin prov. fuit), n. o. decan.
in eccl. b. Marie Wesalien. Trever.
dioc. (10), decan. ac can. et preb.
eccl. s. Rumoldi Mechlinen. Cameracen. dioc. (insimul 8), personatibus
par. eccl. in Walte (Ubacke) et par.
eccl. in Weert (Weret) invicem unitarum Leod. dioc. (20) <et canonicatui et preb. d. eccl. Jacobi ad vitam
d. Johannis incorp.> c. onere pens. 3.
partis fruct., can. et preb. eccl. b.
Marie Traiect. (10), can. et preb.
eccl. s. Johannis Ev. Buscoducen.
Leod. dioc. (6), can. et preb. eccl.
s. Jacobi Lovanien. Leod. dioc. (4),
<perp.> capn. <ad alt. ss. Georgii,
Sebastiani et Elene> in par. eccl. de
Oss Leod. dioc. (1 m. arg.) quos et
quas possidet necnon can. et preb. ac
cantor. in eccl. b. Marie Antwerpien.
Cameracen. dioc. (<insimul> 60 l. T.
p.), capn. s. Crucis in par. eccl. de
Zichens Leod. dioc. (2 m. arg.) <et
matricularia par. eccl. in Gerwin et
Veen Leod. dioc. (2 m. arg.)> quos
et quas n. possidet et sup. quib. litig.
in cur., can. et preb. in eccl. <b. Ma-

rie> Gherrvliet (Gherwiliet) Traiect.
dioc. <de iur. patron. com. Hollan-
die> (6 m. <arg.>) necnon pensionibus ann. 16 <14> fl. renen. sup.
fruct. par. eccl. de Ema <al. Em-
brugge> et et pens. ann. 14 <16> fl.
renen. sup. fruct. perp. capn. ad alt.
s. Catherine in par. eccl. de Alcamaria Traiect. dioc. <necnon gr. expect.
de can. et preb. in eccl. s. Servatii
Traiecten. Leod. dioc. et de benef. ad
coll. ep. etc. Leod.> 2. decb. 81 S
805 166^{vs}, (exec. Michael Moner
can. eccl. Elnen. et offic. Leod. ac
offic. Traiect.) V 620 183^r-184^v –
not. recip. pro bulla distributa 3
grossos et 2 grossos iul. 82 DB 1
137^r – motu pr. de can. et preb. in
colleg. eccl. b. Marie Traiecten. Leod. dioc. (8) vac. p. o. Egidii de Ponte Jacobi [Amanati] tit. s. Crisogoni
presb. card. Papien. vulg. nunc. fam.
ac de perp. capn. ad alt. s. Blasii in
colleg. eccl. s. Crucis Leod. (4 m.
arg.) vac. p. o. Huberti Andree etiam
d. card. fam. 11. aug. 82 S 827 54^v,
m. (ep. Alerien. et cant. eccl. Calaguritan. ac offic. Leod.), gratis V
651 232^{vs} – motu pr. m. (Ludovico
Toureti can. eccl. Morinen. et offic.
Leod. ac offic. Traiect.) prov. de can.
et preb. eccl. s. Lebuini Davantrien.
Traiect. dioc. (10 m. arg.) vac. p. o.
Johannis Neterman olim fam. Nicolai V. et abbrev., gratis 16. sept. 82
V 628 99^r-101^r – not. recip. pro bulla distributa 4 grossos sept. 82 DB 1
145^v – de perp. capn. ad alt. b. Marie virg. in capel. de Vlencort in paroch. de Baerle Leod. dioc. (3 m.
arg.) vac. p. resign. in manibus pape
Johannis Honeringhi cler. Cameracen. dioc. pape et Raphaelis [Riario]
tit. s. Georgii ad velum aureum diac.
card. fam. (cui de eadem vac. p. o. in
cur. Petri Ancellini prov. fuit litt. desup. n. exped.) 26. ian. 83 S 818
233^r – m. (Ludovico Toureti can.
eccl. Morinen. et offic. Leod. ac offic. Cameracen.) prov. de s. c. capel.
b. Marie virg. op den Wenvosch in
par. eccl. de Bergheyck Leod. dioc.

de iur. patron. laic. (4 m. arg. p.) vac. p. o. Johannis Vanderuegen in Viterbio, gratis 17. iul. 83 V 635 151ʳ-152ᵛ – de prepos. colleg. eccl. in Rameslo Bremen. dioc. (4 m. arg.) vac. p. o. Theoderici Rode 31. mai. 84 S 839 172ᵛˢ – oblig. sup. annat. can. et preb. eccl. s. Lebuini Davantrien. Traiect. dioc. (10 m. arg.) de quib. vac. p. o. Johannis Nederman ut supra sibi prov. fuit, restit. bulle (in margine: s. d. 23. mart. 86 solv. 23³/4 fl. pro annat.) 31. iul. 84 A 32 164ᵛ.

6061 **Johannes Ohsermair**: prov. de par. eccl. August. [dioc.?] vac. p. resign. 76/77 I 333 22ʳ.

6062 **Johannes Olardi Petri** cler. Traiect. dioc. in univ. stud. Lovanien. Leod. dioc. studens litig. coram Theoderico abb. mon. s. Gertrudis Lovanien. Leod. dioc. et conservatore d. univ. contra Petrum vanden Driele laic. Cameracen. dioc. sup. quadam pec. summa: m. (Hugoni van Hove can. eccl. Traiect. et Antonio Pot can. eccl. Traiect.) commiss. in partibus 4. mai. 84 L 835 175ᵛˢˢ.

6063 **Johannes de Oldendoris**: commiss. Colon. [dioc.?] 82/83 I 335 38ʳ.

6064 **Johannes Oldewagen** can. eccl. Verden. reus qui vig. gr. expect. can. et preb. eccl. Verden. (4 m. arg.) vac. p. o. [...] de Mandeslo obtin. et qui litig. desup. coram Nicolao de Ubaldis aud. contra Gerardum Oldewagen cler. Bremen. actorem (nunc resign.): de surrog. ad ius d. Gerardi 3. mart. 75 S 715 34ʳˢ.

6065 **Johannes Olenter** rect. par. eccl. in Schornsheym Magunt. dioc.: de disp. ut unac. d. par. eccl. aliud incompat. benef. recip. val. etsi par. eccl. ad vitam c. lic. perm. 19. febr. 79 S 778 174ʳˢ.

6066 **Johannes Oliverii (Boshorn)**: not. recip. pro bulla distributa [deest val.] nov. 81 DB 1 108ʳ – not. recip. pro bulla distributa [3] gr. iul. 82 DB 1

138ʳ – not. recip. pro bulla distributa [6] gr. sept. 82 DB 1 145ᵛ.

6067 **Johannes Olman (de Richszhoffen)** cler. Argent. dioc. in decr. licent.: de disp. ad 2 incompat. benef. 14. mart. 74 S 709 164ʳˢ, gratis V 667 100ʳˢ – de par. eccl. s. Martini in Kollerdail Trever. dioc. (4 m. arg.) vac. p. o. Johannis Fabri de Ottwiler 10. oct. 74 S 724 4ʳ – cui gr. expect. de can. et preb. eccl. s. Thome Argent. necnon de benef. ad coll. ep. etc. Argent. conc. fuit: motu pr. prerog. ad instar pape fam. descript. 7. ian. 76 V 666 481ʳˢ – de perp. capn. s. Wendelini in Hochfelden Argent. dioc. (4 m. arg.) vac. p. o. cuiusdam Amandi 22. ian. 76 S 733 77ʳˢ – de perp. capn. ad alt. s. Nicolai in mon. s. Petri in Nuwiler Argent. dioc. (3 m. arg.) vacat. p. resign. in manibus pape Nicolai de Surburg cler. Argent. dioc. cui de eadem vac. p. o. Johannis Itelini (Itelim) prov. fuit 9. iul. 76 S 740 145ʳ – de perp. capn. ad alt. b. Marie virg. in hosp. novo in op. Hagenow (Hagenaw) Argent. dioc. (4 m. arg.) vac. p. o. <apud sed. ap. in civit. vel dioc. Florentin.> Jacobi Pflueger quond. Ludovici [Trevisan] tit. s. Laurentii in Damaso presb. card. patriarche Aquileg. vulg. nunc. fam. 22. iul. 76 S 740 95ʳˢ, (exec. aep. Patracen. et Eberardus de Rabenstein can. eccl. Bamberg. ac offic. Argent.) V 576 195ʳˢˢ – de can. et preb. eccl. Lubic. (6 m. arg.) vac. p. o. Johannis Ruschart 31. iul. 76 S 740 115ʳ – qui vig. gr. expect. perp. capn. sive vicar. ad alt. ss. Gregorii et Blasii in ambitu eccl. Argent. vac. p. o. Henrici Wachter acc.: de nova prov. de d. capn. (4 m. arg.) 31. aug. 76 S 742 67ᵛ – de perp. capn. ad alt. s. Johannis Ev. in mon. monial. s. Marie e. m. Argent [sine val.] vac. p. o. Jacobi Plueger extra cur. infra 6 dietas defunct. 28. sept. 76 S 743 11ᵛˢ – de perp. capn. primissaria nunc. e. m. op. Rinauwe Argent. dioc. (4 m. arg.) vac. p. o. Jacobi Pfluger 1. oct. 76 S 742 275ᵛ – de can. et preb. eccl. ss. Martini et Arbogasti in Surburg Argent. dioc. (6 m. arg.) vac. p. resign. in manibus pape Johannis Kriss (Briss) cler. Leod. dioc. pape fam. <litt. desup. n. confectis> cui de eisdem vac. p.o. in loco n. distante a cur. p. 6 dietas legales Jacobi Pflueger (Pfruger) <curialis> <s.d. 23. iul. 76> prov. fuit 16. oct. 76 S 743 94ʳˢ, 11. decb. 76 [!] S 744 297ʳˢ, (m. prep. eccl. Argent. et prep. eccl. Camin. ac offic. Argent.) 16. oct. 76 V 578 49ʳ-50ᵛ – de perp. s.c. capn. in Hosen Argent. dioc. (3 m. arg.) vac. p.o. Martini Theodorici 31. ian. 77 S 756 128ʳˢ – de perp. s.c. capn. ad alt. s. Catherine in Muorbach Basil. dioc. (4 m. arg.) vac. p.o. Johannis Grot 3. apr. 77 S 756 200ʳ – de par. eccl. sive perp. vicar. in Kolbotzheim (4 m. arg.) vac. p.o. cuiusdam Jodoci 16. apr. 77 S 750 48ᵛˢ – de par. eccl. sive perp. vicar. in Bischoffesheim Argent. [dioc.] (14 m. arg.) vac. p.o. cuiusdam Cristophori Pauli II. fam. 16. iul. 77 S 756 114ʳˢ – referens quod lis inter Johannem Ruschart, Henricum Koling et Johannem Schutte cler. orta est sup. certis can. et preb. (4 m. arg.) vac. p.o. in cur. d. Henrici seu p.o. Ludolffi Ackebessdorp aut p.o. Johannis Meyger aut p. resign. Johannis Mestmecher: de ref. 4. nov. 77 S 759 215ʳ – et **Johannes Schutte** perp. vic. in eccl. s. Jacobi Lubic. qui concordaverunt ad evitandum lites sup. can. et preb. Levenis [recte: Livonis] nunc. eccl. Lubic. vac. p.o. in cur. Johannis Ruschart: de assign. d. Johanni pens. ann. 10 fl. renen. videlicet 5 sup. fruct. dd. can. et preb. (4 m. arg.) et 5 sup. fruct. d. vicar. in eccl. s. Jacobi Lubic. (4 m. arg.) <p. Johannem Schutte in cur. vel op. Francoforden. Magunt. dioc. persolv.> 20. decb. 77 S 762 105ᵛˢ, (m. dec. eccl. Lubic. et offic. Lubic. ac offic. Argent.) L 779 65ʳˢˢ – de capel. s. Oswaldi sub districtu par. eccl. <ville> Illiwicherszhem (Ille-

bicherszhein) <infra metas Illekach> Argent. dioc. (7 <8> m. arg.) necnon de perp. s.c. capn. ad alt. s. Johannis Bapt. in eccl. mon. ss. Johannis et Marci in Undis olim e.m. Argent. nunc i.m. Argent. (3 m. arg.) vac. p.o. Johannis Messerer 1. apr. 78 S 767 130ᵛ, m. (prep. eccl. Camin. et prep. eccl. Argent. ac offic. Argent.) (exped. 2. apr. 78) L 785 240ʳˢˢ – de vicar. eccl. s. Thome Argent. (4 m. arg.) vac. p.o. Johannis Messerer 2. apr. 78 S 767 167ᵛˢ.

6068 **Johannes Olunli**: commiss. Traiect. [dioc.?] 83/84 I 335 177ʳ.

6069 **Johannes de Onna (Cima)** cler. Trever. dioc.: de par. eccl. in Tavern (Thaber) Trever. dioc. (3 m. arg.) vac. p.o. Christiani (Cristiani) de Andernaco 4. ian. 80 S 788 233ʳ, m. (dec. eccl. Trever. et dec. eccl. b. Marie in Palatiolo Trever. dioc. ac archid. de Huepte eccl. Conchen.) (exped. 1. febr. 80), gratis L 804 95ᵛˢˢ.

6070 **Johannes Ondini (Oudini) al. Frumenti** pape fam.: prov. de perp. s.c. capn. ad alt. 10.000 Mart. in eccl. mon. monial. ss. Johannis et Marci o. s. Ben. [recte: o. pred.] Argent. (quod olim e.m. Argent. exist. et propter guerrarum turbines ad civit. Argent. transl. fuit) (4 m. arg. p.) vac. p. resign. in manibus pape Johannis Groet (p. Andream Groet cler. Leod. dioc. procur. fact.) (exec. dec. eccl. s. Petri de Maceriis Remen. dioc. et offic. Leod. ac offic. Trever.), gratis 27. apr. 79 V 593 246ʳ-247ᵛ – de par. eccl. s. Georgii de Spontin Leod. dioc. (4 m. arg.) vac. p. resign. in manibus pape Johannis Bilton <p. Theodericum Honwaghen cler. Leod. dioc. procur. fact.> 16. nov. 80 S 797 215ʳ (exec. dec. eccl. b. Marie Wesalien. Trever. dioc. et Michael Moner can. eccl. Elnen. ac offic. Leod.), gratis V 607 296ᵛ-298ʳ.

6071 **Johannes Onheim (Orheim, Enheim)** cler. Argent. dioc. in 22. sue et. an. constit. c. quo sup. def. nat. (p. s.) disp. fuit: de disp. ad 3. incompat. benef. 13. ian. 75 S 714 11^{vs}, I 333 7^r – de disp. ad quodcumque benef. 15. mai. 75 S 719 275^{rs} – acol. et perp. cap. ad alt. b. Marie virg. in eccl. s. Martini Argent. in 22. sue et. an. constit.: de prom. ad omnes ord. extra temp., n. o. def. et. [deest clausula sola sign.] 18. mai. 75 S 720 107^v – in 22. sue et. an. constit.: de confic. litt. c. express. quod orator de civit. [Argent.] est 1. iun. 75 S 720 236^r – rect. par. eccl. s. Martini Vallis Alberti Argent. dioc. pres. in cur. in 22. sue et. an. constit.: de prom. ad omnes ord. extra temp., n. o. def. et., sola sign. 16. febr. 76 S 734 228^v – de perp. capn. ad alt. s. Barbare op. Nyderehenheym Argent. dioc. (4 m. arg.) vac. p. o. Johannes Cammerer (Tammerer) 27. sept. 76 S 743 1^{rs}, m. (offic. Argent.) (exped. 18. ian. 77) L 771 18^{rss}.

6072 **Johannes Onszheim (Oenszheim)** cler. Meten. dioc.: prom. ad acolit. et al. min. ord. in eccl. s. Bartholomei de Insula in Urbe 17. decb. 74 F 6 186^{vs} – m. (prep. eccl. s. Mauritii in Ansoltingen Lausan. dioc. et prep. eccl. s. Germani Grandisvallis Basil. dioc. ac offic. Meten.) confer. par. eccl. in Blidersdorf Meten. dioc. (4 m. arg.) vac. p. o. Johannis Sulcz 17. mai. 75 (exped. 30. mai. 75) L 742 180^{vss} – acol. et rect. par. eccl. in Blidersdorff (Bliderszdorff) Meten. dioc. pres. in cur.: de prom. ad omnes ord. extra temp., sola sign. 28. nov. 75 S 730 114^v – litt. testim. sup. prom. (vig. supplic.) ad ord. subdiacon. s. d. 10. decb. 75 in eccl. s. Bartholomei ut supra, ad ord. diacon. s. d. 13. decb. 75 ibidem, ad ord. presbit. s. d. 17. decb. 75 ibidem 17. decb. 75 F 6 237^v.

6073 **Johannes Opperman** cler. Magunt. dioc.: de nova prov. de par. eccl. in Bercka (/.) Magunt. dioc. (3 m. arg.) vac. p. resign. Henninghi Opperman 3. mart. 78 S 766 103^r.

6074 **Johannes Opgassendonck (Opgassendonk)** qui par. eccl. de Nyenkercren (Nyenbrerbren) Colon. dioc. de iur. patron. com. de Morisa Colon. dioc. resign.: de committ. in partibus ut ipsi sit assign. pens. ann. 50 clinenfraedig (clincardorum) monete (= 24 fl. adc.) sup. fruct. d. eccl. (60 fl. adc.) p. Petrum de Cortembach (Corttenbach) cler. Colon. dioc. persolv. 26. iul. 79 S 784 233^r, m. (prep. eccl. ss. Appl. Colon.) L 794 116^{vs}.

6075 **Johannes Ophey de Wachtendonck** cler. Colon. dioc.: m. (abb. mon. s. Celsi Mediolan.) confer. par. eccl. s. Martini in Dederichwiler Colon. dioc. (24 duc. adc.) vac. p. resign. in manibus pape Johannis de Papis Angeli [de Capranica] card. ep. Prenestin. fam. 15. febr. 75 (exped. 13. apr. 75) L 742 203^{vss}.

6076 **Johannes Ophisen** [!]: prov. de capn. Traiect. [dioc.?] vac. p. o. 75/76 I 333 315^v.

6077 **Johannes Opilionis (Oppilionis):** not. recip. pro bulla distributa 4 grossos mart. 82 DB 1 123^r – not. recip. pro bulla distributa 3 grossos et 1 grossum apr. 82 DB 1 125^r – not. recip. pro bulla distributa 3 grossos et 2 grossos iul. 82 DB 1 139^v.

6078 **Johannes Opilionis (Oppilionis, Opiliolis) de Hundesaugen (Hundesangen)** [1. pars 5 partium] cler. Trever. dioc. pape fam. c. quo sup. def. nat. (p. s.) disp. fuit <qui vig. gr. expect. Pauli II. perp. vicar. ad alt. s. Nicolai in eccl. hosp. op. Limpurg necnon par. eccl. s. Laurentii in Nenterhusen Trever. dioc. et postmodum perp. vicar. ad alt. s. Margarete in eccl. s. Florini in Confluentia Trever. dioc. assec. fuit>: de disp. ad 2 incompat. benef. etsi 2 par. eccl. ad 5 an. 3. oct. 71 S 672 227^r, gratis V 660 258^r-259^v – Leonardi [Dachi]

ep. Massan. pape secretarii domestici camerarius: de confer. in commendam prioratum seu abbat. n.
conventualem ss. Quirici et Julicte
[de Populonia] Massan. dioc. <o. s.
Ben.> (60 <70> fl. adc.) vac. p. resign. d. ep. et de assign. Bartholomeo Gilberti cler. Gerunden. dioc.
pape fam. et d. secretarii similiter
camer. pens. ann. 25 fl. adc. 29.
decb. 71 S 674 210^{rs} – de gr. expect.
de 2 can. et preb. <eccl. ss. Appl.
Colon. et eccl. s. Castoris in Confluentia Trever. dioc.> et de 2 benef. ad
coll. quorumcumque, Et s. d. 1. ian.
72 S 670 295^{rs}, (m. prep. eccl. b.
Marie in Feuchtwangen. August. dioc. et officialibus Colon. ac Trever.)
V 681 388^v-390^v – Juliani [de Ru-
vere] tit. s. Petri ad vincula presb.
card. fam. cui de prioratu ut supra
vac. p. o. in cur. Leonardi ep. ut supra in commendam prov. fuit litt. n.
confectis (nunc resign.) et **Henricus
Slegel** cler. Magunt. dioc. Philippi
[Calandrini] card. ep. Portuen. fam.
qui par. eccl. ville Enszheim Magunt. dioc. obtin. (nunc resign.) et
**Franciscus de marchionibus Pra-
telle** cler. Civitatis Castelli etiam d.
card. ep. Portuen. fam.: de prov. Johanni Opilionis de d. par. eccl. (4
m.) et de prov. d. Francisco de d.
prioratu in commendam (70 fl. adc.)
et de assign. d. Henrico pens. ann.
10 fl. adc. sup. fruct. d. prioratus 23.
mart. 72 S 677 75^{rs} – c. quo ad 2
incompat. benef. etsi 2 par. eccl. ad
5 an. ut supra disp. fuit: prorog. ad
vitam et lic. tacendi sup. disp. sup.
def. nat. (p. s.), gratis 30. iul. 72 V
662 391^{rss} – prov. de can. et preb.
eccl. s. Victoris e. m. Magunt. (10 m.
arg.) vac. p. o. in cur. Siffridi de
Nordecken pape cubic. et fam. (m.
ep. Tirasonen. et dec. eccl. Magunt.
ac offic. Magunt.), gratis 21. aug. 72
V 554 217^r-218^v – c. quo ad 2 incompat. benef. ut supra disp. fuit: de
prorog. ad vitam et de disp. ad 3.
incompat. benef. 29. oct. 74 S 710
91^{rs} – qui vig. gr. expect. (p. Paulum

II. conc.) perp. vicarias ut supra et
par. eccl. s. Laurentii in Nentershu-
sen Trever. dioc. assec. est: disp.
sup. irreg. et nova prov., gratis 29.
oct. 74 V 568 171^r-173^v – de s. c.
benef. <primissaria nunc.> in Grevenrenfelt (Greverenfelt) Herbip. dioc. (4 m. arg.) vacat. p. prom. Philippi de Hennenberg el. Bamberg. 12.
apr. 75 S 718 15^v, (m. ep. Nucerin. et
ep. Forolivien. ac offic. Herbip.),
gratis V 572 54^{rss} – qui commendam
mon. s. Quirici de Populonia o. s.
Ben. Massan. dioc. resign. paratus
est: supplic. Juliano card. ut supra de
personatu curato sive par. eccl. in
Goesdorp Colon. dioc. (16 m. arg.)
vacat. p. assec. [can. et preb. colleg.
eccl. s. Salvatoris Traiect.] p. Johannem de Heesboem 1. aug. 75 S 724
273^r – gr. expect. de 2 benef. ad
coll. aep. etc. Trever. et abb. etc.
eccl. s. Maximini e. m. Trever. o. s.
Ben. 26. sept. 75 (exec. ut supra),
gratis V 664 117^r-119^r – tunc scol.
Trever. dioc. et Pauli II. fam. c. quo
sup. def. nat. (p. s.) p. penit. disp.
fuit et qui vig. gr. expect. Pauli II.
inter al. par. eccl. s. Laurentii in
Nenterhusen Trever. dioc. vac. p. o.
Johannis de Heyger acc. sup. qua litig. in cur. contra Theodericum Hu-
belingen occupatorem: de prov. si
neutri de d. par. eccl. (8 m. arg.) et
de disp. sup. irreg. 9. ian. 76 S 732
189^r-190^v – cui <s. d. 1. aug. 75> de
person. sive par. eccl. in Goesdorp
Colon. dioc. vac. p. assec. can. et
preb. eccl. s. Salvatoris Traiect.
<quos Julianus card. ut supra cui de
eisdem tunc vac. p. o. Walteri de
Gouda abbrev. p. papam prov. fuerat
possessione n. habita resign.> p. Johannem de Hoesboem (Hesboem)
presb. Cameracen. dioc. <mag. in
art.> prov. fuit: de uniendo canonicatui et preb. eccl. ss. Appl. Colon.
(6 m. arg.) <quos Johannes Opilionis
inter al. obtin.> d. person. (12 m.
arg.) ad vitam 16. iun. 77 S 753
90^{vs}, gratis V 586 37^r-38^v.

6079 **Johannes Opilionis de Hundesaugen** [2. pars 5 partium]: motu pr. gr. expect. s. d. 1. ian. 72 de can. et preb. eccl. s. Castoris in Confluentia Trever. dioc. necnon de benef. ad coll. aep. etc. Trever. et prerog. ad instar pape fam. descript. (m. ep. Agathen. et ep. Bretenorien. ac offic. Trever.), gratis 21. iul. 77 V 666 431ʳ-433ᵛ – qui perp. s. c. benef. primissaria nunc. in par. eccl. in Grevenreynfelt de iur. patron. ut supra (sup. quo litig.) in manibus pape resign. possessione n. habita: assign. pens. ann. 6 fl. auri renen. sup. fruct. d. benef. p. Martinum Reichart cler. Trever. dioc. (cui de d. benef. prov. fuit) in op. Franckforden. Magunt. dioc. persolv. 7. febr. 78 S 764 114ʳˢ, (m. aep. Januen. et ep. Bretenorien. ac offic. Herbip.), gratis V 588 123ʳ-124ᵛ – actor litig. coram Johanne Francisco [de Pavinis] aud. et Wilhelmo Westphal can. eccl. Lubic. (in cur. tunc resid.) contra Johannem Scuter (Stater, Stuter) reum et possessorem sup. par. eccl. in Covern Trever. dioc.: de assign. pens. ann. 9 fl. auri renen. sup. fruct. d. par. eccl. (6 m. arg.) <p. d. Johannem Stuter in op. Confluen. Trever. dioc. persolv.> 12. mart. 78 S 766 96ʳˢ, (m. aep. Januen. et ep. Bretenorien. ac offic. Trever.), gratis V 588 124ᵛ-126ᵛ – oblig. sup. annat. par. eccl. sive person. in Goesdorp Colon. dioc. (12 m. arg.) que canonicatui et preb. eccl. ss. Appl. Colon. ad vitam s. d. 16. iun. 77 unita fuit 4. apr. 78 A 27 2ᵛ – cui vig. gr. expect. de perp. s. c. vicar. summa nunc. ad alt. maius in colleg. eccl. s. Castoris in Confluentia Trever. dioc. (4 m. arg. p.) vac. p. o. Gerlaci Meytzenhuser prov. fuit et qui desup. litig. coram Johanne Prioris aud. contra Gregorium Bebisch reum et possessorem qui ad laicalia vota aspirans matrim. c. quadam muliere p. verba de presenti contraxit: de surrog. ad ius d. Gregorii 18. ian. 79 S 785 210ʳˢ – referens quod Juliano [de

Ruvere] card. ep. Sabinen. tunc tit. s. Petri ad vincula presb. card. pens. ann. 70 fl. renen. sup. fruct. par. eccl. in Vinstad Magunt. dioc. p. Adam Rothart persolv. assign. fuit: de transl. d. pens. ann. 62 fl. renen. de consensu d. card. ad Johannem Opilionis 22. apr. 79 S 780 230ᵛˢ – referens quod quond. Henricus Bartholomei etiam card. ut supra fam. possessor litig. contra quond. Philippum Dithmari sup. can. et preb. eccl. s. Stephani Bamberg. vac. p. o. in cur. Henrici Bernheym etiam card. ut supra fam.: de dd. can. et preb. (4 m. arg. p.) vac. p. o. in cur. d. Henrici Bartholomei seu d. Philippi 4. aug. 79 S 784 216ʳˢ – qui litig. in cur. contra Georgium de Spira (nunc resign.) et Michaelem de Rutingen vig. prov. auct. ordin. se intrusum sup. perp. vicar. summa nunc. in eccl. s. Castoris in Confluentia: m. (Johanni [de Baden] aep. Trever.) prov. de d. vicar. [deest val.] 31. aug. 79 Arm. XXXIX, 16D 9ᵛˢ – motu pr. gr. expect. s. d. 1. ian. 72 de 2 benef. ad coll. aep. etc. Colon. et abb. etc. mon. in Siberg o. s. Ben. Colon. dioc. et prerog. ad instar pape fam. descript. ac disp. ad 2 incom pat. benef. etsi par. eccl. ad vitam (m. ep. Bretenorien. et prep. eccl. s. Andree Colon. ac offic. Colon.), gratis 29. nov. 79 V 672 221ʳ-222ᵛ – motu pr. de prerog. ad instar pape fam. descript. c. clausula anteferri (etiam ad secundas gr. et reval.) 31. ian. 80 S 789 180ᵛ – qui mon. s. Quirici de Populonia o. s. Ben. Massan. dioc. in commendam obtin. et resign. desiderat: de can. et preb. ac ferculo eccl. s. Severini Colon. (6 m. arg.) vacat. p. assec. par. eccl. sive person. de Beverloe Leod. dioc. <de qua tunc vac. p. prom. Henrici [de Bergis] el. Cameracen. cardinali ep. Sabinen. ut supra in commendam prov. fuit possessione n. habita et nunc resign.> p. Johannem de Hesboem <d. card. fam.> 27. mai. 80 S 793 72ʳ, (m. ep. Forolivien. et ep.

Bretenorien. ac offic. Colon.), gratis V 601 138^r-140^v – oblig. p. Johannem Hoesboem prep. eccl. s. Andree Colon. procur. (ut constat publ. instr. acto 9. iun. 80 subscripto p. Johannem Jacobi Leisth cler. Magunt. auct. ap. et imper. not.) sup. annat. can. et preb. eccl. s. Severini ut supra 21. iul. 80 A 29 53^r.

6080 **Johannes Opilionis de Hundesaugen** [3. pars 5 partium]: pens. Bamberg. [dioc.?] 80/81 I 334 28^r – prov. de par. eccl. Colon. [dioc.?] vac. p. resign. 81/82 I 334 71^r – et **Nicolaus Bude, Michael Grube, Fredericus an der Sychen, Fredericus Vischer, Sigismundus Seyllinger, Guillelmus Eben, Johannes Bapt. de Fabri** inter 36 Juliani card. ut supra fam. enumerati: motu pr. de gr. expect. de 2 can. et preb. necnon de 2 benef. ad coll. quorumcumque c. disp. sup. def. nat., Et s. d. 17. nov. 81 S 803 81^r – de perp. s. c. vicar. aut capn. ad alt. b. Marie virg. in par. eccl. s. Severi op. Bopard Trever. dioc. (4 m. arg.) vacat. p. resign. d. Conradi Mettelbach cler. Herbip. dioc. Georgii [Hesler] tit. s. Lucie in Silice presb. card. fam., n. o. can. et preb. c. ferculo in eccl. s. Severini Colon. (6) ac can. et preb. in eccl. ss. Appl. Colon. (quib. par. eccl. in Gersdorve Colon. dioc. (16) ad vitam Johannis Opilionis unita fuit) ac can. et preb. eccl. s. Victoris e. m. Magunt. (8) ac perp. s. c. vicar. seu capn. ad alt. b. Margarite in eccl. s. Florini in Confluentia (4) et perp. s. c. vicar. aut capn. ad alt. s. Nicolai in hosp. op. Limpurg Trever. dioc. (3) ac perp. vicar. aut capn. ad alt. b. Marie virg. in par. eccl. s. Albani Colon. (4) quos obtin. ac can. et preb. in eccl. s. Stephani Bamberg. (6) ac perp. vicar. in eccl. s. Castoris in Confluentia Trever. dioc. (6) ac par. eccl. in Balis Leod. dioc. (8 m. arg.) quos n. obtin. necnon par. eccl. in Covern Trever. dioc. et pens. ann. 6 fl. auri renen. sup. fruct. par. eccl.

in Geverenreinfelt Herbip. dioc. 23. febr. 82 S 808 65^{rs} – et **Bartholomeus Fleischman** cler. Herbip. dioc. referentes quod lis pendebat in cur. inter quond. Henricum Bartholomei Juliani card. ut supra <maioris penit.> fam. in cur. defunct. et quond. Philippum Dithmari (Dethmari) cler. in cur. defunct. sup. can. et preb. eccl. s. Stephani Bamberg. vac. p. o. Henrici Beurleyn card. ut supra fam. et quod deinde Johannes Opilionis ad ius d. Henrici et Philippi surrog. fuit: de adm. resign. d. Johannis et de prov. d. Bartholomeo de dd. can. et preb. (42 fl. auri renen.) et de assign. d. Johanni pens. ann. 12 fl. auri renen. sup. fruct. eorundem <p. d. Bartholomeum in op. Franckforden. Magunt. dioc. persolv.> licet d. Bartholomeus can. et preb. in eccl. Novi Monasterii Herbip. (8 m. arg.) obtin. 23. febr. 82 S 808 48^v, 19. mart. 82 S 808 276^{rs}, (m. ep. Agathen. et ep. Bretenorien. ac offic. Bamberg.) L 823 198^r-199^v – in decr. licent.: motu pr. de prepos. in colleg. eccl. s. Georgii in Limpurg (Limburg) Trever. dioc. c. suis annexis (16 m. arg.) vac. p. o. Johannis de Nassauw (Nassau), n. o. perp. vicar. ad alt. s. Nicolai extra d. colleg. eccl. in hosp. in Limpurg (4) ac can. et preb. in eccl. s. Severini c. ferculo (6) et can. et preb. in eccl. in hosp. in Limpurg (4) ac can. et preb. in eccl. s. Severini c. ferculo (6) et can. et preb. in eccl. ss. Appl. Colon. c. suis annexis (16) ac can. et preb. in eccl. s. Victoris e. m. Magunt. (8) necnon vicar. ad alt. s. Margarete in eccl. s. Florini Confluentie Trever. dioc. (4) et <s. c.> vicar. ad alt. b. Marie virg. in par. eccl. s. Albani Colon. (4) quas obtin. necnon can. et preb. in eccl. s. Stephani Bamberg. (6) ac summa vicar. in eccl. s. Castoris in Confluentia (6) <sup. qua litig. in cur.> et par. eccl. in Balis (Baliis) Leod. dioc. (10 m. arg.) quos n. obtin. necnon assign. pens. ann. 6 fl. renen. sup. fruct. primissarie in Grevenreynfelt Herbip. dioc. ac pens. ann. 9 fl. renen. sup. par. eccl. in Covern (Kaverin) Trever. dioc. <et gr. expect. s. d. 17. nov. 81 motu pr. conc. de can. et preb. in eccl. s. Lebuini Davantrien. Traiect. dioc. ac de benef. ad coll. abb. etc. mon. in Tuicio o. s. Ben. Colon. dioc. c. oblig. ut quamprimum in possessione d. prepos. fuerit perp. s. c. vicar. ad alt. b. Margarete in eccl. s. Florini op. Confluentie dim. debeat> 12. mart. 82 S 808 208ʳˢ, (exec. ep. Agathen. et ep. Bretenorien. ac offic. Trever.), gratis V 616 108ʳ-110ᵛ.

6081 **Johannes Opilionis de Hundesaugen** [4. pars 5 partium]: de perp. s. c. vicar. seu capn. ad alt. b. Marie virg. in par. eccl. s. Severi op. Boparden. Trever. dioc. (4 m. arg.) vac. p. resign. in manibus pape Conradi Metelbach cler. Herbip. dioc. Georgii [Hesler] tit. s. Lucie in Silice presb. card. fam. <p. Guillelmum Wolfzkeel can. eccl. Herbip. procur. fact.>, n. o. can. et preb. eccl. s. Severini c. ferculo (6) et can. et preb. eccl. ss. Appl. Colon. c. annexis (16) ac can. et preb. eccl. s. Victoris e. m. Magunt. (10), <perp. s. c. vicar. ad alt. s. Margarete in eccl. s. Florini in Confluentia Trever. dioc. (4)> ac perp. s. c. vicar. ad alt. s. Nicolai in colleg. eccl. s. Georgii in hosp. op. Limpurgen. Trever. dioc. (3) et perp. s. c. vicar. ad alt. b. Marie in par. eccl. s. Albani Colon. quos et quas obtin. necnon prepos. d. eccl. s. Georgii (14) ac can. et preb. eccl. s. Stephani Bamberg. (6) ac summa vicar. eccl. s. Castoris op. Confluen. Trever. dioc. (6) quos obtin. et par. eccl. in Balis Leod. dioc. (12 m.) quos n. obtin. necnon pens. ann. 9 fl. auri renen. sup. fruct. par. eccl. in Coveren Leod. dioc. et al. pens. ann. 6 fl. sup. fruct. primissarie in par. eccl. Grevereynfelt Herbip. dioc. <et n. o. quod sibi motu pr. gr. expect. s. d. 17. nov. 81 de can. et preb. in eccl. s. Lebuini Davantrien. Traiect. dioc.

ac de benef. ad coll. abb. etc. mon. in Tuitio o. s. Ben. Colon. dioc. conc. fuit> 16. mart. 82 S 808 237ʳˢ (m. ep. Agathen. et ep. Bretenorien. ac offic. Trever.), gratis V 617 131ʳ-132ᵛ – prep. eccl. s. Georgii in Lempurgh Trever. dioc. pape et card. ut supra fam.: oblig. sup. annat. d. prepos. (16 m. arg.) de qua vac. p. o. Johannis de Nassaw s. d. 12. mart. 82 sibi prov. fuit (in margine: s. d. 26. mart. 82 solv. 40 fl. pro d. annat. p. manus soc. de Gaddis) 20. mart. 82 A 30 152ʳ – solv. [40] fl. adc. pro annat. prepos. ut supra 27. mart. 82 FC I 1134 197ʳ, IE 505 92ᵛ – c. quo ad quodcumque benef. et sup. def. nat. (p. s.) disp. fuit et cui de c. c. prepos. eccl. s. Georgii in op. Limpurg Trever. dioc. prov. fuit c. derog. statutorum d. eccl. et eccl. Magunt. quib. caveri dicitur quod nullus c. def. nat. ad d. prepos. adm. debeat: de decl. litt. desup. perinde val. acsi in eisdem d. def. nat. mentio fact. fuisset 18. mai. 82 S 811 50ʳˢ – supplic. d. card. de can. et preb. in eccl. s. Germani de Thonis Leod. dioc. (8 m. arg. p.) vac. p. o. cuiusdam Antonii olim Pii II. aut Pauli II. fam. 10. aug. 82 S 813 258ᵛˢ – prov. dc par. eccl. person. nunc. in Vrechen. Colon. dioc. (10 m. arg.) vac. p. resign. in manibus pape Theoderici onder den Eycken card. ut supra fam. (sup. qua Johannes Bardnyn al. Busen cler. Paderburn. dioc. pens. ann. 20 fl. auri renen. percip.), n. o. quod ipse Johannes Opilionis vig. disp. ad 2 incompat. benef. (par. eccl. comprehensis ad 5 an. et deinde ad vitam conc.) et postea vig. disp. ad 3 incompat. benef. prepos. eccl. s. Georgii op. Limburgen. Trever. dioc. (16 m. arg.) acc. et can. et preb. eccl. s. Severini (6 m. arg.), can. et preb. eccl. ss. Appl. Colon. c. annexis (16 m. arg.), can. et preb. eccl. s. Victoris e. m. Magunt. (8 m. arg.) necnon perp. vicar. seu s. c. capn. ad alt. s. Nicolai d. eccl. s. Georgii in hosp. d. op. sitam (3 m. arg.) ac ad alt. b.

Marie virg. in par. eccl. s. Severi op. Boparden. (4 m. arg.), ad alt. s. Trinitatis in par. eccl. in Parva Confluentia Trever. dioc. (3 m. arg.), ad alt. s. Cristoferi in par. eccl. in Nyderfibers Trever. dioc. (2 m. arg.) et ad alt. b. Marie virg. in par. eccl. s. Albani Colon. (4 m. arg.) quos obtin. et par. eccl. in Balis Leod. dioc. (35 m. arg.) sup. qua litig. in cur. necnon pens. ann. 12 fl. auri renen. sup. fruct. can. et preb. eccl. s. Stephani Bamberg. et pens. ann. 9 fl. auri renen. sup. fruct. par. eccl. in Covern Trever. dioc. ac pens. ann. 6 fl. auri renen. sup. fruct. primissarie par. eccl. in Grevenreyfelt Herbip. dioc. et n. o. quod ipsi motu pr. gr. expect. de can. et preb. eccl. s. Lebuini Daventrien. Traiect. dioc. ac de c. c. benef. ad coll. abb. etc. mon. in Tucio o. s. Ben. conc. fuit, (m. ep. Bretenorien. ac dec. eccl. s. Bartholomei Francforden. Magunt. dioc. ac offic. Colon.), gratis 26. oct. 82 (exped. 23. decb. 82) L 825 83^v-87^r.

6082 Johannes Opilionis de Hundesaugen [5. pars 5 partium] Juliani ut supra adhuc card. ep. Sabinen. nunc card. ep. Ostien. fam.: de prepos. in eccl. s. Georgii in Limpurg Trever. dioc. (16 m. arg.) vac. p. resign. in manibus pape seu vicecancellarii mag. Burchardi Stoer pape not. (qui vig. gr. expect. d. prepos. vac. p. o. Johannis de Nassaw acc.) 15. febr. 83 S 819 237^r – consensus resign. (p. Johannem Biliton can. eccl. Leod. procur. Burchardi Stoer pape prothonot. express.) prout in instr. acto in Anseltingen Lausan. dioc. s. d. 21. decb. [82] subscripto p. Ludovicum Dahinder cler. Basil. 23. febr. 83 Resign. 2 54^v – rect. par. eccl. person. nunc. in Wrechen Colon. dioc.: oblig. sup. annat. d. par. eccl. (10 m. arg.) sup. qua Johanni Bardrimi al. Bussen pens. ann. 20 fl. auri renen. assign. fuit et de qua vac. p. resign. in manibus pape Theodorici onder den Eicken s. d. 26. oct.

82 sibi prov. fuit (in margine: s. d. 26. febr. 83 solv. 16 fl. 56 bol. pro annat. p. manus Antonii de Palatio de Florentia de cur. et d. die d. Johannes se oblig. pro residuo annat. et promisit solv. infra 4 menses) 26. febr. 83 Paris L 26 A 10 255^r – oblig. p. Johannem Mayerhoffer de Gamundia cler. August. dioc. in art. mag. sup. annat. par. eccl. b. Marie virg. in Bischelsdorff Patav. dioc. (20 m. arg.) de qua vac. p. prom. Frederici [Mauerkircher] el. Patav. s. d. 22. decb. 82 sibi prov. fuit et promisit solv. in cur. infra 4 menses quia docuit de intruso 28. febr. 83 Paris L 26 A 10 257^r – solv. 16 fl. et 67 bol. pro parte annat. par. eccl. person. nunc. in Wrechen Colon. dioc. p. manus soc. Antonii de Palatio 3. mart. 83 IE 506 135^r, IE 507 135^r, Paris L 52 D 5 61^v – prep. eccl. s. Georgii in Limpurg Trever. dioc. in min. ord. constit.: de prom. ad omnes ord. extra temp., sola sign. 15. mart. 83 S 820 285^r – restit. bullarum sup. pens. ann. 12 fl. renen. auri sup. fruct. can. et preb. eccl. s. Stephani Bamberg. vac. p. resign. d. Johannis p. Bartholomeum Fleyschman modernum possessorem dd. can. et preb. persolv. s. d. 19. mart. 82 ut supra sibi assign. 21. mart. 83 A 31 183^v – referens quod ipse litig. coram aud. contra Johannem abb. mon. b. Marie virg. et s. Gabrielis archangeli loci Rodeducis o. s. Aug. Leod. dioc. ac Antonium Bovier can. d. mon. sup. par. eccl. de Balis territorii Lymburgen. Leod. dioc. p. can. d. mon. regi solita et quod deinde ipsi adversarii concordiam fecerunt ut omni iur. in d. par. eccl. in manibus pape resign. et quod eadem mense abbatiali d. mon. ad vitam d. abb. unita fuit: assign. pens. ann. 32 fl. renen. auri de cugno 4 electorum imper. sup. fruct. d. mense (500 fl. auri renen.) p. d. Johannem abb. c. consensu suo (p. Johannem Boutilier can. eccl. Cameracen. procur. express.) in civit.

Colon. persolv. (exec. ep. Bretenorien. et dec. eccl. b. Marie ad Gradus Colon. ac dec. eccl. b. Marie Aquen. Leod. dioc.), gratis 11. mai. 83 V 630 269ᵛ-271ᵛ – restit. bulle sup. pens. ann. 32 fl. renen. auri ut supra occasione cessionis iur. par. eccl. de Balis d. Leod. dioc. (12 m. arg.) p. Johannem abb. ut supra persolv. (in margine: debet scribi collect. ut sequestret fruct. mon. ut supra donec d. abb. solvit annat. d. mon.) 5. iun. 83 A 31 201ʳ – promisit presentare Vincentio de Eyll collect. litt. camerarii sup. sequestro fruct. mon. factas ut supra sub pena 25 duc. infra 6 menses 5. iun. 83 A 31 201ʳ.

6083 Johannes Opilionis al. de Ratingen cler. Colon.: de perp. s. c. vicar. colleg. eccl. s. Georgii in Limpurg ad alt. s. Nicolai [extra d. colleg. eccl.] in hosp. d. op. Limpurg Trever. dioc. (4 m. arg.) vacat. p. assec. prepos. d. colleg. eccl. p. Johannem Opilionis olim Pauli II. fam. et deinde pape et Juliani [de Ruvere] card. ep. Sabinen. card. s. Petri ad vincula nunc. fam. 14. mart. 82 S 808 197ʳ.

6084 Johannes Orhan presb. August. dioc.: de decan. eccl. s. Udalrici in Haebach August. dioc. (4 m. arg.) ac can. et preb. d. eccl. (4 m. arg.) vacat. p. priv. Thome Ordenhofer quia nonnulla bona immobilia ad d. eccl. spectantia contra iuram. alienavit 11. mart. 79 S 780 226ʳˢ, ref. 12. mai. 79 S 781 226ᵛ, (exped. 17. iun. 79) L 795 82ᵛˢˢ – oblig. p. Johannem Lutz cler. Herbip. causarum procur. (ut constat publ. instr. acto in op. Campidona August. dioc. s. d. 24. oct. 79 p. Laurentium Bruchlin de Campidona dioc. imper. auct. not. subscripto) sup. annat. can. et preb. eccl. s. Udalrici ut supra 9. febr. 80 A 28 152ʳ.

6085 Johannes Orioli: prioratus [s. Albani] Basil. vac. p. resign. 74/75 I 333 36ᵛ.

6086 Johannes de Orliaco fr. precept. s. Antonii de Isnem Basil. dioc.: narratio quod ipse secundum relationem Bartolomei [de Ziliano] can. eccl. Placentin. diligentiam in negotio Andree [Jamometic] olim aep. Craynen. adhibuit, hortatio ut perseveret in d. negotio (simile pro ep. Lausan. et ep. Basil.) 11. oct. 82 Arm. XXXIX, 15 56ʳˢ.

6087 Johannes Ort cler. Argent. dioc.: restit. bullarum s. d. 25. aug. 71 sup. pens. 40 fl. renen. sup. fruct. prepos. eccl. s. Walburgis Meschiden. Colon. dioc. (40 fl. renen.) de qua Johanni Hezler can. eccl. Colon. prov. fuit 29. apr. 72 A 21 207ᵛ.

6088 Johannes Ort presb. Spiren. dioc. qui c. Wilhelmo Noelden rect. par. eccl. in Anroede Colon. dioc. de d. par. eccl. concordat: de assign. pens. ann. 11 fl. renen. sup. fruct. d. par. eccl. (36 fl. renen.) in civit. Colon. p. d. Wilhelmum persolv. 7. oct. 72 S 683 164ʳ – qui c. Henrico Stroemberg rect. par. eccl. in Wadenheyn Colon. dioc. ad evitandum litem concordavit: de assign. pens. ann. 8 fl. renen. sup. fruct. d. par. eccl. (54 fl. renen.) p. d. Henricum in civit. Colon. aut op. Bonnen. Colon. dioc. persolv. 22. decb. 72 S 685 116ʳˢ, I 332 66ʳ – de perp. s. c. benef. primissaria nunc. in par. eccl. ville Leymerszheim (Laymerschem) Spiren. dioc. (4 m. arg.) vac. p. devol. pro eo quod apud d. benef. aliquis in 20 an. n. est visus resid. et referens quod d. benef. ad present. prep. mon. Hereden. o. s. Aug. Spiren. dioc. spectat 10. mai. 73 S 690 103ʳ, 11. mai. 73 S 690 50ᵛ, m. (prep. eccl. Bamberg. ac officialibus Spiren. et Wormat.) 12. mai. 73 (exped. 25. mai. 73) L 728 287ʳˢ – pens. sup. prepos. Colon. [dioc.?]: 72/73 I 332 60ᵛ.

6089 Johannes Orteyn [dioc. deest]: prom. ad ord. diacon. in eccl. s. Bartholomei de Insula in Urbe 18. febr. 75 F 6 195ʳ, F 6 196ʳ.

6090 **Johannes de Orten** cler. Traiect. dioc. in cur. causarum procur. cui de
par. eccl. in Wolda ac de perp. s.c.
vicar. ad alt. s.Pauli in d. eccl. p.
Gerardum de Randen can. et scolast.
ac ternarium eccl. s.Lebuini Daventrien. Traiect. dioc. vice capit. d.
eccl. prov. fuit: de nova prov. de d.
par. eccl. (4 m. arg.) et de d. vicar. (4
m. arg.) 9. iul. 72 S 681 233^{vs} – de
can. et preb. eccl. s.Severini Colon.
(4 m. arg.) vacat. p. resign. in manibus pape Guillermi Lombardi pape
fam. cui de eisdem vac. p.o. infra 2
dietas a cur. Wilhelmi Gelmeri prov.
fuerat (litt. n. exped.) 19. nov. 72 S
684 221^{v} – de par. eccl. in Pufflich
Colon. dioc. (7 m. arg.) vac. p.o.
Hermanni Maister (Meyster) <n. o.
par. eccl. in Woelda Traiect. dioc. (4
m. arg.) de qua Johanni de Orten
prov. fuit et sup. qua litig. in cur. c.
disp. retin. 2 par. eccl. ad 7 an.> 5.
decb. 73 S 699 120^{v}, 10. decb. 73 S
699 109^{vs} – fit mentio ut procur. 15.
decb. 73 L 734 130^{r}-131^{v} – referens
quod quond. Lambertus de Platea
reus tunc Pauli II. fam. qui can. et
preb. eccl. s.Martini Embricen. Traiect. dioc. (8 m. arg.) p. 6 an. possedit litig. desup. coram Johanne
Francisco [de Pavinis] aud. contra
Johannem Honsteyn cler. et quod dd.
can. et preb. nunc vac. p.o. d. Lamberti seu p. resign. Swederi Greve:
de surrog. ad ius d. Lamberti 21.
nov. 76 S 744 112^{vs} – [Roderici de
Borja] card. ep. Albanen. fam. litig.
coram Petro de Ferrera utr. iur. doct.
aud. et quond. Johanne de Cesarinis
aud. contra quond. Warmboldum Jacobi intrusum sup. perp. vicar. ad alt.
s.Pauli in eccl. s.Lebuini Danen. [=
Davantrien.] Traiect. dioc. (4 m.
arg.) vac. p.o. Bartoldi Heyne: de
surrog. ad ius d. Warmboldi 17. iul.
77 S 755 42^{rs}.

6091 **Johannes Ortwin** el. Mothonen.: facult. exercendi pontificalia off. in civit. et dioc. Argent. 26. apr. 76 L
761 150^{v} – oblig. sup. annat. pens.

ann. 200 fl. renen. sup. fruct. mense
episc. Argent. sibi de consensu Ruperti [de Simmern] ep. Argent. s.d.
26. apr. 76 conc. (in margine: s.d.
10. mai. 76 solv. 67 fl. renen. pro
compositione annat. p. manus suas)
10. mai. 76 A 24 141^{v} – ep. Mothonen.: solv. 67$^{1}/_{2}$ fl. adc. <= 90 fl.
renen.> pro compositione annat.
pens. ann. 200 fl. renen. sup. fruct.
mense episc. Argent. 10. mai. 76 FC
I 1132 173^{v}, IE 492 136^{r} – suffrag.
ep. Argent.: solv. 10 fl. adc. pro valore 1 balliste p. manus proprias 10.
mai. 76 IE 492 136^{r}.

6092 **Johannes Osterman** cler. Frising.
dioc.: de par. eccl. s.Martini in Egol-
fing (Egelsing) August. dioc. de iur.
patron. Johannis Taxenhauser (Tu-
xenhousze) laic. <nob. viri> August.
dioc. (4 m. arg. <24 fl. adc.>) vac. p.
resign. Georgii Rorbekh, n.o. pens.
ann. 10 fl. renen. Petro Winhart olim
rect. d. par. eccl. persolv. 10. nov.
75 S 730 289^{r}, 3. apr. 76 S 737
11^{vs}.

6093 **Johannes Osthusen (Oesthusen,
Othusen)** utr. iur. doct., **Johannes
Pieckardi** licent. in decr., **Bernardus Molitoris** cler. Basil. dioc.,
Everhardus Pal in utr. iur. licent.,
Lambertus Vos utr. iur. doct., **Johannes Oltman** presb. Bremen.,
Theodericus Venke cler. Osnaburg.
dioc., **Bernhardus Stang** cler. Constant. dioc., **Johannes Henricus Mi-
ner** cler., **Henricus Rebordi** cler.
Bremen., **Petrus Ranckere, Henricus Illequaer**: de gr. expect. de 2
can. et preb. et de 2 benef. ad coll.
quorumcumque, Et s.d. 1. ian. 72 S
670 80^{rs} – mag. in art. cui gr. expect. s.d. 1. ian. 72 de can. et preb.
eccl. Nuemburg. et de can. et preb.
eccl. b. Marie Erfforden. Magunt.
dioc. conc. fuit: de decl. litt. desup.
perinde val. acsi de n.o. mentio facta
fuisset 16. sept. 72 S 682 171^{rs} – referens quod ipse perp. s.c. vicar. in
par. eccl. b. Marie Lubic. obtin.
postquam ipsi de can. et preb. in d.

eccl. prov. fuerat: disp. ut d. vicar. unac. dd. can. et preb. retin. val. 13. mart. 75 L 786 228^{rs} – reus et possessor qui litig. coram aud. contra quond. Johannem Meyger cler. actorem pape fam. in cur. defunct. sup. can. et maiori preb. eccl. Lubic. (6 m. arg.) vac. p.o. Henrici Gherwen: de surrog. ad ius d. Johannis Meyger 15. sept. 75 S 729 123^{rs} – syndicus civit. Lubic. cui de can. et preb. eccl. Lubic. (4 m. arg.) vac. p. resign. Johannis Rod mag. in art. et med. mag. (qui eosdem vac. p.o. Henrici Gerwen vig. litt. nominationis imper. acc.) prov. fuit et qui litig. desup. contra quond. Johannem Meyger in cur. defunct.: de surrog. ad ius d. Johannis Meyger (4 m. arg.) 22. sept. 75 S 727 15^{vs} – nova prov. de can. eccl. Lubic. 76/77 I 333 186^{r} – presb. Magunt. dioc.: oblig. p. Hermannum Ducker scolast. eccl. Lubic. cur. sequentem sup. annat. can. et 1 ex maioribus preb. eccl. Lubic. (6 m. arg. puri) de quibus vac. p. resign. Johannis Roet s.d. 15. sept. 75 prov. fuit (in margine: d. die solv. 16 fl. p. manus d. Hermanni) 19. decb. 77 A 26 117^{r} – solv. 16 fl. adc. pro annat. pleban. eccl. Lubic. p. manus Hermani Dukrer 19. decb. 77 FC I 1133 117^{v}, IE 495 77^{r}, IE 496 81^{r}, IE 497 80^{r}.

6094 Johannes de Oswanczin (Oswanzim) rect. par. eccl. s.Nicolai e.m. Cracov. decr. doct.: de disp. ut unac. d. par. eccl. (10 m. arg.) al. incompat. benef. retin. val. etsi 2 par. eccl. 3. apr. 75 S 717 36^{vs} – can. eccl. Wratislav. cui gr. expect. de preb. ac dign. et benef. ad coll. ep. etc. Cracov. conc. fuit: de prerog. ad instar pape fam. descript. 3. apr. 75 S 717 37^{r}.

6095 Johannes de Oswizaczsin, Nicolaus Stanislai de Minschewo et **Nicolaus Sreguslai** cler. Cracov. inter al. referentes quod papa in primo anno sue coronationis ecclesie Warm. quendam Andream [de Opo-

row] in ep. prefecit qui pro expectatione d. eccl. et annat. 1.000 duc. solvit et quod d. ep. (postquam a papa p. breve amotus fuit) et dd. cler. c. d. ep. pro summis damnis et interesse Juliano et Laurentio de Medicis merc. obligati excom. fuerunt et quod deinde ep. Plocen. p. breve m. fuit ut ipsis absol. (sicut iam ep. Wladislav. m. fuit): de ref., Et p. breve 16. febr. 79 S 777 280^{rs}.

6096 Johannes Ott: pens. Herbip. [dioc.] 71/72 I 332 124^{v} – presb. Herbip. dioc. referens quod perp. vicar. ad alt. s.Kunegundis in eccl. Bamberg. possidet quam durante familiaritate c. quond. Johanne [Carvajal] card. ep. Portuen. s.Angeli vulg. nunc. adeptus fuit: de lic. perm. d. vicar. (3 m. arg.) in manibus ordin. 28. febr. 77 S 748 44^{r}.

6097 Johannes ex com. de Ottingen cler. August. dioc. litig. coram Johanne [de Ceretanis] ep. Nucerin. locumtenenti aud. contra quond. Johannem Grensing cler. sup. archidiac. in Karelstat Herbip. dioc. (20 m. arg.): de surrog. ad ius d. Johannis 26. aug. 83 S 828 21^{r}.

6098 Johannes Otwyn al. Tectoris acol. perp. cap. sive altarista alt. s.Michaelis in par. eccl. s.Marci in villa Erbach Magunt. dioc.: de prom. ad omnes ord. extra temp., sola sign. 7. iun. 77 S 752 208^{rs}.

6099 Johannes Oxermer: prov. de par. eccl. Argent. [dioc.?] vac. p.o. 72/73 I 332 15^{v}.

6100 Johannes Pacphoeff (Parphoeff, Pacphocff): prov. de par. eccl. Colon. [dioc.] 71/72 I 332 55^{r} – presb. Colon. dioc.: oblig. p. Johannem Ingenwinkel can. eccl. Embricen. Traiect. dioc. sup. annat. par. eccl. s.Nicolai op. Kalkaren. Colon. dioc. de iur. patron. ducis Cleven. (75 fl. renen.) de qua ipsi vacat. p. resign. extra cur. Henrici Sander s.d. 8. nov. 71 c. reserv. pens. ann. 25 fl. renen. prov. fuit 11. decb. 71 A 21 55^{v} –

solv. 25 fl. adc. pro compositione annat. p. manus Johannis Ingenvinckel FC I 1129 90^r, IE 487 80^r.

6101 **Johannes de Pactere**: oblig. sup. annat. can. et preb. eccl. s. Gorgonii Hugarden. Leod. dioc. (12 m. arg.) de quib. vac. p. o. in cur. Johannis Hoens s. d. 19. iun. 77 sibi prov. fuit, restit. bulle 26. iun. 77 A 26 17^v.

6102 **Johannes Payne**: absol. sup. prov. certe eccl. in Minden. [dioc.?] 82/83 I 335 105^r.

6103 **Johannes Palbecher (Balbecher)** presb. Magunt. dioc.: m. (offic. Magunt.) confer. par. eccl. in Wisbaden Magunt. dioc. (8 m. arg.) vacat. p. resign. in manibus pape Johannis Volradi et assign. d. Johanni Volradi pens. ann. 2 m. arg. sup. fruct. d. par. eccl. 27. aug. 74 (exped. 19. ian. 75) L 741 207^{vss} – solv. 18 fl. adc. pro compositione annat. par. eccl. ut supra p. manus Sifridi Lidbicher (Lidbigher) 2. oct. 75 FC I 1132 104^v, IE 492 37^v.

6104 **Johannes de Palude** cler. Basil. dioc. de nob. et com. gen. in 15. sue et. an. constit. et in obsequiis cur. insistens: recip. eum in not. ap. 6. apr. 81 V 611 179^{rs}.

6105 **Johannes de Pannetis** monach. dom. Arboris Marie [= Marienbaum] ord. s. Brigitte sub reg. o. s. Aug. Colon. dioc.: de lic. ut ad ord. s. Spiritus in Saxia de Urbe se transferre val. 26. ian. 82 S 807 40^v.

6106 **Johannes de Pangicia** diac. Magunt. in 23. sue et. an. et **Gregorius de Loneborg** acol. Verden. dioc. in 22. sue et. an. constit. profes. mon. Forfen. (Furfen.) [recte: Farfen. [= Farfa]] o. s. Ben. Sabinen. dioc.: supplic. Cosma de Ursinis aep. Tranen. abb. d. mon. de prom. ad omnes ord. extra temp. sola sign. 3. decb. 78 S 775 59^r.

6107 **Johannes Pant (Paut)** presb. August. dioc.: de perp. vicar. par. eccl. in Hausteten prope Lican August.

dioc. (4 m. arg.) vacat. p. priv. Johannis Crispeck qui quendam puerum adeo vulneravit ut infra paucos dies expiravit 29. mart. 75 S 716 174^{vs}.

6108 **Johannes de Papis** cler. Colon. dioc. antiquus curialis Angeli [de Capranica] tit. s. Crucis in Jerusalem presb. card. fam. nullum benef. obtin. qui vig. gr. expect. de 2 benef. (etiamsi can.) ad coll. prep. etc. eccl. s. Gereonis Colon. et eccl. s. Victoris Xancten. Colon. dioc. can. et preb. d. eccl. s. Victoris acc.: de decl. litt. desup. perinde val. c. exten. ad ferculum 26. mart. 73 S 688 262^{rs}, 2. apr. 73 S 689 247^v – rect. par. eccl. in Diderichwilre Colon. dioc. Angeli] card. ut supra nunc card. ep. Prenestin. fam.: de disp. ut unac. d. par. eccl. aliud incompat. benef. etsi 2 par. eccl. ad 7 an. recip. val. 5. nov. 73 S 709 34^{rs} [card.] ep. Prenestin. fam.: de disp. ut unac. d. par. eccl. aliud incompat. benef. etsi 2 par. eccl. ad 7 an. recip. val. 5. nov. 73 S 709 34^{rs} – m. confer. perp. s. c. capn. ad alt. s. Jacobi in Chiren Colon. dioc. (4 m. arg.) vacat. p. resign. Petri Vernudeken presb. Colon. dioc. decr. doct. card. ut supra fam. cui de d. vicar. vac. p. o. Petri Lutsyer s. d. 3. nov. 73 prov. fuerat 15. apr. 74 (exped. 4. aug. 74) L 739 273^{rss} – referens quod Dominico de Lovatis cler. Lauden. dioc. pape cubic. et fam. de can. et preb. eccl. b. Marie ad Gradus Colon. vac. p. o. in cur. Henrici Brockman de Droesborch cler. Colon. dioc. (cui de eisdem vac. p. resign. in manibus pape Wilhelmi de Coesfeldia prov. fuerat) motu pr. prov. fuit: de eisdem can. et preb. (4 m. arg.) vacat. p. resign. in manibus pape d. Dominici 17. aug. 74 S 708 163^{rs}, I 333 61^v – de par. eccl. in Reinstorp (Rempstorp) Colon. dioc. (7 <8> m. arg.) vacat. p. resign. in manibus pape Dominici ut supra cui de d. par. eccl. vac. p. o. in cur. Henrici Brockman (Broickman) (de

Duysborch) sive p. resign. in manibus pape Wilhelmi de Cosfeldia
motu pr. prov. fuerat (litt. n. confectis) 23. aug. 74 S 708 173^{rs}, (exped.
5. sept. 74) L 739 292^{rss} – oblig.
sup. annat. par. eccl. in Rempstorp
(8 m. arg.) de qua vac. p. o. in cur.
Henrici Broickman de Duysborck ut
supra sibi prov. fuit, restit. bulle 9.
sept. 74 A 23 153^v – card. ut supra
Reatin. vulg. nunc. fam. et **Henricus
Steynwech** prep. eccl. b. Marie
Geysmarien. Magunt. dioc. decr.
doct.: de prov. d. Henrico de d.
prepos. (12 m. arg.) et de assign. Johanni de Papis pens. ann. 13 fl. renen. sup. fruct. d. prepos. p. d. Henricum persolv. 10. ian. 75 S 713
256^{vs}, 14. ian. 75 S 714 14^{rs} – prom.
ad ord. diacon. in eccl. s. Bartholomei de Insula in Urbe 18. febr. 75 F
6 195^r, F 6 196^r – de par. eccl. in
Udenkyrchen Colon. dioc. (14 m.
arg.) vac. p. resign. in manibus pape
Johannis Mor qui d. eccl. obtin. 4.
febr. 77 S 746 285^{vs} – de can. et
preb. eccl. s. Bartholomei Leod. (4
m. arg. p.) vac. p. o. Johannis Bilock
card. ut supra fam. 6. mart. 77 S 747
258^v, (exec. ep. Firman. et prep.
eccl. Leod. ac dec. eccl. s. Andree
Colon.) (exped. 18. mart. 77) L 771
49^{vss} – rect. par. eccl. in Rempstorp
Colon. dioc. qui reserv. Johanni
Benjayllie cler. Bisuntin. dioc. pens.
ann. 12 fl. renen. sup. fruct. d. par.
eccl.: de conserv. d. pens. 12. mart.
77 S 748 164^{rs} – can. eccl. Bonen.
[Colon. dioc.] referens quod litig.
coram aud. contra Johannem Mes-
mecker cler. Colon. dioc. ac nonnullos al. sup. scolastr. eccl. Xancten.
Colon. dioc. et quod c. Johanne
Moer can. eccl. Xancten. concordiam fecit quoad pens. sup. fruct. perp.
benef. ad alt. s. Johannis Ev. in par.
eccl. in Idenliepichen [recte: Uden-
kirchen?] p. Simonem Moer d. Johannis Moer fr. germanum persolv.:
de conf. 1. oct. 77 S 758 244^r – de
nova prov. de can. et preb. eccl.
s. Victoris Xancten. Colon. dioc. (24

l. T. p.) vac. p. o. Johannis de Harn-
declius 18. mart. 79 S 779 246^{rs}.

6109 **Johannes Parkentin** can. eccl. Razeburg. in presbit. ord. constit. qui p.
capit. d. eccl. o. Prem. vac. p. o. Johannis [Stalkoper] el. fuit: m. prefi-
ciendi eum in ep. (c. litt. solitis),)
31. mart. 79 L 794 44^{rss} – obtulit
cam. ap. et collegio card. 233^1/$_3$ fl.
adc. pro serv. commun. et 5 serv.
min. ratione prov. ut supra (in margine: s. d. 7. apr. 79 bulle date fuerunt Steffano de Ghinutiis institori
soc. de Spanochiis de cur.) 7. apr.
79 OS 84A 52^v, Paris L 25 A 9 51^v –
el. Razeburg.: solv. 116 fl. adc. c. 2
tertiis pro communi serv. eccl. Razeburg. p. manus soc. de Spanochis
17. iun. 79 IE 498 9^r, IE 499 14^r –
ep. Razeburg.: notitia sup. visit. lim.
pro 2 bienniis incipiendis s. d. 10.
apr. 81 p. Johannem Langhjohan
dec. eccl. Zwerin. procur. 10. febr.
81 DC 40 138^r – not. recip. pro visit. lim. ut supra 4 grossos febr. 81
DB 2 30^r.

6110 **Johannes Pardis (Pardisz)** laic. et
Nesa Herden mul. op. Erforden.
Magunt. dioc. desiderantes matrim.
contrahere: de disp. sup. impedimento matrim. in 3. vel 4. affinitatis gradu 7. decb. 82 S 818 204^v, m. (aep.
Magunt.) L 828 246^{rs}.

6111 **Johannes Parleberch** can. eccl.
s. Nicolai Gripeswalden. Camin. dioc. legum doct. et in art. mag. ac in
univ. studii d. op. in legibus legens
qui ad prepos. d. eccl. s. Nicolai vac.
p. o. Henrici Bukow p. capit. el. fuit
et fruct. ex d. prepos. percip.: prov.
de novo de d. prepos. (4 m. arg.) (m.
prep. ac dec. eccl. Camin. et prep.
eccl. ss. Petri et Pauli Bardewicen.
Verden. dioc.) 3. iul. 75 (exped. 31.
iul. 75) L 752 50^v-52^r – referens
quod par. eccl. s. Nicolai in op.
Grpptisvallis (/.) [= Greifswald] Camin. dioc. in colleg. eccl. erecta n.
tamen totaliter dotata fuit: de nova
prov. de prepos. d. eccl. (4 m. arg.)
vac. p. o. Henrici Borkon 7. iul. 75 S
723 61^r.

6112 **Johannes Parsim (Persun, Persim)**
cler. Morinen. dioc. pape fam.: de
can. et preb. eccl. s.Martini Wormat.
(4 m. arg.) vac. p.o. Nicolai Wulff 4.
nov. 75 S 731 304ᵛ.

6113 **Johannes Parsoll** cler. Colon. dioc.
in art. mag. pape fam.: motu pr. de
gr. expect. s.d. 17. nov. 81 de 2 can.
et preb. necnon de 2 benef. ad coll.
quorumcumque <ad coll. prep. etc.
eccl. s.Gereonis Colon. necnon abb.
etc. mon. s.Alexandri in Grafschop
o. s. Ben. Colon. dioc.> et de prerog.
ad instar pape fam. descript. et de
disp. ad 2 incompat. benef. 26. mai.
84 S 830 172ʳˢ, (exec. prep. eccl. Paderburn. et prep. eccl. s.Cuniberti
Colon. ac prep. eccl. ss.Appl. Colon.), gratis V 646 308ʳ-311ʳ.

6114 **Johannes Parvi Johannis de Fur-
pach** cler. Meten.: de par. eccl. in
Kyrpach Meten. dioc. et de par. eccl.
in Surpach Meten. dioc. annexa (insimul 4 m. arg.) vac. p. resign. Hugonis Kruthketten presb. Meten. dioc. et p. devol. licet d. Hugo d. par.
eccl. detin. 13. oct. 73 S 698 229ᵛˢ.

6115 **Johannes Pater** cler. Magunt. dioc.:
de nova prov. de perp. vicar. ad alt.
s.Andree in cripta eccl. Spiren. (3 m.
arg.) vac. p.o. Jodoci Kleri 2. apr.
77 S 749 234ᵛ.

6116 **Johannes Pauer de Unnaria** scol.
Magunt. dioc.: recip. primam tonsuram ad alt. s.Lamberti in capel. b.
Marie de Febribus in basilica Principis appl. in Urbe 19. sept. 72 F 6
74ʳ.

6117 **Johannes Pauli** scol. Magunt. dioc.:
litt. testim. sup. recept. prime tonsure s.d. 12. ian. 72 in eccl. s.Hiero-
nimi prope Regulam in Urbe 12.
ian. 72 F 6 13ᵛ – recip. primam tonsuram in eccl. s.Bartholomei de Insula in Urbe 17. decb. 74 F 6 186ᵛˢ.

6118 **Johannes Pauli** cler. Magunt. dioc.
<tunc> Marci [Barbus] tit. s.Marci
presb. card. <nunc ep. Prenestin.>
fam.: motu pr. de perp. s.c. vicar.

<ad alt. s.Anne> in colleg. eccl.
s.Georgii in Limperck Trever. dioc.
(3 m. arg.) <vac. p. resign. in manibus pape d. card. cui de eadem> vac.
p.o. in cur. Petri Gulsghyn (Gulsigin) etiam d. card. cap. et fam. <s. d.
4. iul. 78 prov. fuit litt. desup. n.
confectis>, Et c. disp. sup. def. nat.
pro indigente 12. decb. 78 S 775
273ʳˢ, (m. ep. Arben. et dec. eccl.
Wormat. ac scolast. eccl. s.Castoris
in Confluentia Trever. dioc.) (exped.
9. ian. 79) L 797 27ʳˢ.

6119 **Johannes Pauli** rect. par. eccl.
s.Marcelli de Sancto Marcello prope
Clany Remen. dioc. qui vig. disp. d.
par. eccl. unac. par. eccl. de Orioulx
Trever. dioc. 7 an. tenuit: de prorog.
ad vitam 12. iun. 73 S 691 261ʳ.

6120 **Johannes Pauli de Capal** laic. Cur.
dioc. et **Paulus de Capal** d. Johannis natus referentes quod ipse Johannes c. Henrico com. de Musaco patron. par. eccl. in Julans Cur. dioc.
convenit quod si d. Henricus d. Paulum ad d. par. eccl. (tunc vac. ex eo
quod Gaspar natus d. Henrici com.
eam ultra ann. absque prom. detin.)
presentaret ipse Johannes eidem
Gaspar natus d. Henrici com. eam
ultra ann. absque prom. detin.) presentaret ipse Johannes eidem Henrico
quolibet an. 20 fl. persolveret: de absol. a labe simonie et de disp. sup.
irreg. et de nova prov. d. Paulo de d.
par. eccl. (50 fl. renen.) vac. p.o.
Rudolphi Castelvent 16. ian. 76 S
733 27ᵛˢ.

6121 **Johannes Pauli de Novacivitate**
scol. Poznan. dioc.: recip. primam
tonsuram in capel. b. Marie de Febribus in basilica s.Petri in Urbe 28.
mart. 72 F 6 38ʳˢ.

6122 **Johannes Paurel** laic. Brixin. dioc.
referens quod Dorothea Nicolai Petri
in Flamig mul. Brixin. dioc. falso
asserens quod ipse matrim. c. ea
contraxerit ipsum coram vic. in spir.
gener. ep. Brixin. in causam traxit et
quod ipse ad curiam Salzeburg. ap-

pellavit: de committ. in partibus 4. apr. 83 S 821 215^v.

6123 Johannes Franciscus de Pavinis aud. utr. iur. doct. <can. eccl. Paduan. in theol. mag.> qui vig. gr. expect. decan. et can. et preb. eccl. Leod. vac. p. o. Johannis de Seranio (Seramo) <cler. Leod. dioc.> acc. <et referens quod propter neglegentiam procur. sui eosdem infra temp. intimare n. potuit>: de prorog. term. intimandi ad 6 menses, gratis 17. apr. 75 S 718 87^r, L 751 337^r – de prorog. term. intimandi ut supra ad 6 menses, Conc. ad 3 menses, sola sign. 11. oct. 75 S 728 109^v – legum doct. in theol. licent. cap. ap. cui vig. gr. expect. de can. et preb. eccl. Leod. et de can. et preb. eccl. Cameracen. c. prorog. term. intimandi prov. fuit et qui litig. coram Simone [Vosich] aep. Patracen. contra Johannem Hinnyrs (Himyrs) sup. decan. eccl. Leod. vac. p. o. Bartholomei [Roverella] tit. s. Clementis presb. card. seu Ludovici de Ludovicis cap. ap. et aud. aut p. o. in cur. Johannis Christiani de Oss et qui litig. contra Johannem Hoerne (Horne) sup. can. et preb. eccl. Leod. vac. ut supra: m. (d. Simoni [Vosich] in cur. resid.) confer. si neutri d. decan. (25 m. arg.) et dd. can. et preb. (10 m. arg.), gratis 8. febr. 78 V 595 28^r-31^r – cler. Paduan. qui vig. gr. expect. can. et preb. maiorem eccl. Lubic. vac. p. o. Petri Sitow acc. possessione n. subsecuta: de nova prov. de eisdem (6 m. arg.) 19. ian. 79 S 777 69^r – oblig. sup. annat. decan. eccl. Leod. ac can. et preb. d. eccl. 28. iun. 79 A 28 51^r – qui litig. coram certo iudice contra Johannem ex com. de Horne can. eccl. Colon. sup. can. et preb. eccl. Leod. et pro implemento concordie in manibus pape resign.: de assign. pens. ann. 50 fl. adc. sup. fruct. mense capit. colleg. eccl. s. Petri in Corteshem (Cortershem) Leod. dioc. p. dec. et capit. d. eccl. c. eorum consensu <p. Johan-

nem de Heesboem prep. eccl. s. Andree Colon. eorum procur.> <in cur.> persolv. 28. nov. 80 S 798 178^r, (m. aep. Patracen. et offic. Leod. ac offic. Cameracen.), gratis 28. nov. 80 L 808B 334^{rss} – pape cap.: de assign. pens. ann. 20 stuferorum adc. (= 50 fl. adc.) sup. fruct. prepos. eccl. s. Plechelmi Oldesalen. Traiect. dioc. (150 duc. adc.) p. Vincentium de Eyl prep. d. eccl. persolv. 22. iun. 82 S 812 62^v – prov. de can. et preb. eccl. Leod. (12 m. arg.) vac. p. o. in cur. Guillelmi de Rult (exec. ep. Alexandrin. et prep. eccl. s. Spiritus Ruremunden. Leod. dioc. ac prep. eccl. s. Plechelmi Aldesalen. Traiect. dioc.), gratis 10. aug. 83 V 634 259^r-261^r – oblig. p. Thomam Bertoli de Florentia institorem soc. de Spinellis in cur. sup. annat. can. et preb. eccl. Leod. ut supra, restit. bulle 6. sept. 83 A 31 133^r.

6124 Johannes Pavonis (Panonis) [1. pars 2 partium] pape fam.: motu pr. de perp. capn. ad alt. b. Marie in par. eccl. s. Lamperti Wormat. de iur. patron. laic. (4 m. arg.) vac. p. o. in cur. Johannis Sartoris de Bockenrode pape fam. 29. decb. 75 S 732 116^v-119^v, 76/77 I 333 354^r – prov. de perp. benef. ad alt. s. Catherine in par. eccl. in Ostenfurt Herbip. dioc. (4 m. arg.) vac. p. o. in cur. Henrici Utz (exec. ep. Vasionen. et Eberardus de Rabenstein can. eccl. Bamberg. ac offic. Herbip.), gratis 23. iun. 76 V 585 140^v-142^r – <cler. Cameracen. dioc. pape fam. et parafrenarius>: motu pr. de par. eccl. in Diemen (seu Lyeman) Traiect. dioc. (6 <4> m. arg.) vacat. p. resign. in manibus pape Johannis Ockel pape fam. <vacat. p. assec. person. par. eccl. in Wake et Wreede Leod. dioc. p. d. Johannem Ockel> 4. iul. 76 S 740 70^{vs}, (m. ep. Racanaten. et ep. Vasionen. ac offic. Traiect.), gratis V 577 119^v-121^v – motu pr. de perp. s. c. vicar. sive capn. ad alt. s. Catherine in eccl. s. Servatii Tra-

iecten. Leod. dioc. (4 m. arg.) vac.
p.o. in cur. Bernardi de Dulmen seu
vac. p.o. in cur. Gabrielis Contareno
24. sept. 76 S 742 267ʳ – motu pr.
de can. et preb. eccl. s.Salvatoris
Traiect. Leod. dioc. [!] (4 <10> m.
arg.) vac. p.o. in cur. Nicolai de
Edam <cler. Traiect. dioc.> pape
cap. et aud. <cui de dd. can. et preb.
vac. p.o. Henrici Vos prov. fuit> 7.
nov. 76 S 743 214ᵛ, m. (ep. Cervien.
et offic. Traiect. ac offic. Cameracen.), gratis V 626 299ʳ-300ᵛ – oblig. sup. annat. can. et preb. eccl.
s.Salvatoris ut supra (10 m. arg.) de
quib. vac. p.o. Henrici Vos vel p.o.
Nicolai Edam s.d. 8. nov. 76 sibi
prov. fuerat 10. apr. 77 A 25 145ᵛ –
motu pr. prov. de can. et preb. eccl.
ss.Felicis et Regule abbatie nunc.
Turicen. Constant. dioc. (4 m. arg.)
vac. p.o. Jacobi Rauch (m. prep.
eccl. b. Marie Veteris Capelle Ratisbon. et dec. eccl. maioris ac dec.
eccl. s.Mauritii August.), gratis 9.
iun. 77 (exped. 20. mart. 77) L 771
229ᵛˢˢ – prov. de s.c. prepos. eccl. b.
Marie Veteris Capelle Ratisbon. (10
m. arg.) vac. p.o. in cur. Marci Fugger (m. prep. eccl. ss.Petri et Michaelis Argent. et offic. August. ac offic. Ratisbon.) 19. apr. 78 (exped.
21. apr. 78) L 785 97ᵛˢˢ – can. eccl.
b. Marie Tongren. Leod. dioc.: oblig.
sup. annat. prepos. ut supra (in margine: s.d. 10. sept. 83 confessus est
recip. a Johanne Jans prep. d. eccl.
30 duc. quos solv. pro annat.), restit.
bulle 21. apr. 78 A 27 16ʳ – solv. 22
fl. adc. pro annat. prepos. ut supra
21. apr. 78 FC I 1133 151ᵛ, IE 495
144ʳ, IE 496 148ʳ, IE 497 147ʳ –
motu pr. de decan. eccl. s.Livini de
Ziirisce Traiect. dioc. (4 m. arg.) vac.
p.o. Balduini Henrici 11. aug. 80 S
795 201ʳ – qui can. et preb. eccl. b.
Marie Tongren. Leod. dioc. <vac.
p.o. in cur. Johannis de Cesarinis>
in favorem Hugonis de Wouteringhen in manibus pape resign. possessione n. habita: m. assign. pens.
ann. 20 fl. auri renen. sup. fruct. can.

et preb. d. eccl. <eccl. s.Martini Rutten. Leod. dioc. (8 m. arg.)> p. d.
Hugonem in op. Lovanien. Leod. dioc. persolv. (exec. prep. eccl. s.Pha-
rayldis Ganden. Tornacen. dioc. et
offic. Cameracen. ac offic. Leod.),
gratis 5. sept. 80 V 603 13ᵛ-15ᵛ, gratis V 603 104ᵛˢˢ, gratis V 603 249ʳ-
251ʳ – motu pr. de prepos. colleg.
eccl. vulg. nunc. Lutenbach Basil.
dioc. (6 m. arg.) vac. p.o. Petri de
Antlon, n.o. reserv. Borcardi Stoer
desup. conc., Conc. motu pr. c. pens.
3. partis pro Antonio Vekamens 9.
oct. 80 S 797 62ᵛ – prov. de can.
Leod. [dioc.?] vac. p.o. 80/81 I 334
128ʳ – m. (prep. eccl. s.Andree Colon. et dec. eccl. s.Ludgeri Monast.
ac offic. Paderburn.) confer. perp.
vicar. ad alt. ss.Appl. in eccl. b. Marie op. Bilvelden. Paderburn. dioc.
de iur. patron. Wilhelmi ducis Juliacen. et Monten. ac com. de Ravens-
berch (4 m. arg.) vac. p.o. Bernardi
Steynhus Johannis Bapt. [de Sabel-
lis] tit. s.Viti in macello diac. card.
fam. 9. nov. 80 (exped. 24. mai. 81),
gratis L 808A 152ʳ-153ᵛ – de can. et
preb. eccl. s.Thome Argent. vac.
p.o. in cur. Georgii Castelmur <can.
eccl. Cur.> pape fam. et parafrenarii
(cui de eisdem vig. gr. expect. vac.
p.o. Thome Ellenhart prov. fuit possessione n. subsecuta) 3. ian. 81 S
799 92ʳ, m. (prep. eccl. b. Marie
Feuctwangen. August. dioc. et offic.
Argent. ac offic. Colon.), gratis V
636 116ʳ-118ʳ.

6125 **Johannes Pavonis** [2. pars 2 parti-
um] thes. et can. eccl. ut supra et
can. colleg. eccl. s.Walburgis Furnen. Morinen. dioc. ac cap. in eccl.
s.Gudule Bruxellen. Cameracen. dioc. necnon cap. in eccl. par. de Zceli
Tornacen. dioc. pape fam.: litt. testim. (ad ep. Morinen., ep. Cameracen. et ep. Traiect.) sup. fruct. percip. in absentia, gratis 12. mai. 81
DC 40 160ʳ – motu pr. de matricularia in par. eccl. de Arendorich Leod. dioc. de iur. patron. laic. (12 l. T.

p.) et de perp. vicar. in eccl. Busciducen. Leod. dioc. (4 m. arg.) vac.
p.o. in cur. Henrici Voech pape fam.
(cui vig. gr. expect. de d. perp. vicar.
certo modo vac. prov. fuit possessione n. subsecuta), Conc. motu pr.
18. iul. 81 S 802 83^{vs} – referens
quod Hugoni de Buonteringen cler.
de can. et preb. in eccl. b. Marie
Tongren. Leod. dioc. vac. p. resign.
Johannis Pavonis in manibus pape
prov. fuit c. reserv. pens. ann. 20 fl.
auri renen. sup. fruct. dd. can. et
preb. ac pens. ann. 20 fl. auri renen.
sup. fruct. can. et preb. eccl. s. Martini Rutten. Leod. dioc. quos d. Hugo
obtin. et quod ipsi post mortem d.
Hugonis de can. et preb. dd. eccl. p.
papam prov. fuit: de nova prov. de
dd. can. et preb. in eccl. b. Marie
Tongren. Leod. dioc. (8) ac de dd.
can. et preb. in eccl. s. Martini Rutten. (6) necnon de scolastr. in d.
eccl. s. Martini Rutten. (3 m. arg. p.),
n.o. capn. in colleg. eccl. s. Gudule
Bruxellen. Cameracen. dioc. (2) et
matricularia in Dezee Tornacen. dioc. (2) quas obtin. ac can. et preb.
necnon thesaur. eccl. s. Salvatoris
Traiect. (15) sup. quib. litig. et quos
n. obtin. ac can. et preb. ac scolastr.
in eccl. s. Donatiani Brugen. Tornacen. dioc. (12) quos n. obtin. ac can.
et preb. in eccl. s. Walburgis Furnen.
Morinen. dioc. (8) quos n. obtin. et
prepos. in colleg. de Lutembach Basil. dioc. (4) quam n. obtin. ac capn.
in eccl. s. Lamberti Wormat. (3) sup.
quib. litig. necnon can. et preb.
s. Thome Argent. (6 m. arg. p.) sup.
quib. etiam litig. et pens. ann. 10 fl.
auri renen. sup. fruct. par. eccl. de
Wertbeecke et matricularia [de Aren-
donck] Leod. dioc. (2 m.) quam n.
obtin. 8. oct. 81 S 804 61^r – actor
litig. coram Antonio de Grassis aud.
contra Johannem Giglis (Grelis), Johannem Boutelgier (Bouttegher) et
Antonium Mase (Mast) sup. can. et
preb. in eccl. s. Donatiani Brugen.
Tornacen. dioc. vac. p.o. Nicolai Fe-
ret (Fureti) pape fam.: de prov. si

nulli <neutri> de dd. can. et preb.
(50 l. T. p.), n.o. perp. capn. in eccl.
s. Gudule (Gudelle) Bruxellen. Cameracen. dioc. (3) et matricularia
par. eccl. de Zeele (Zeelen) Tornacen. dioc. (4) et can. et preb. ac thesaur. eccl. s. Salvatoris Traiect. (20)
sup. quib. litig. ac can. et preb. eccl.
s. Thome Argent. (6) sup. quib. litig.
et can. et preb. eccl. b. Marie Tongren. (Tongeren.) (8) et can. et preb.
eccl. s. Martini Rutten. (de Ruttis)
Leod. dioc. (8) et c.c. prepos. in Lutembach (Lutenbach) Basil. dioc. (6)
sup. quib. litig. et vicar. in eccl. b.
Lamberti Wormat. sup. qua litig. (4)
et matricularia de Arendonck (Aren-
donch) Leod. dioc. (3) et can. et
preb. eccl. s. Walburgis Furnen. Morinen. dioc. (8) necnon aliis can. et
preb. d. eccl. s. Donatiani (10 m. arg.
p.) et pens. ann. 10 fl. renen. auri
sup. fruct. par. eccl. de Wartveck
(Wertbeke) Cameracen. dioc. <ac
pens. ann. 20 fl. sup. can. et preb. d.
eccl. s. Martini de Ruttii auct. ap. assign.> 15. decb. 81 S 806 34^{vs}, 17.
ian. 82 S 806 202^{rs} – not. recip. pro
bulla distributa 3 grossos et 2 grossos ian. 82 DB 1 113^v – motu pr. de
par. eccl. in Virigen Salzeburg. dioc.
(16 m. arg.) vac. p.o. Michaelis
Galtzman, n.o. vicar. s. Mathie in
colleg. eccl. s. Gudule Bruxellen.
Cameracen. dioc. (2 m.) necnon matricularia de Zolle Tornacen. dioc.
(2) quas obtin. necnon can. et preb.
eccl. b. Marie Tongren. Leod. dioc.
(8) ac can. et preb. in eccl. Furnen.
Morinen. dioc. (8) ac can. et preb.
eccl. s. Thome Argent. (8) ac can. et
preb. in eccl. Rupten. Leod. dioc. (8)
sup. quib. in cur. lis pendet necnon
can. et preb. ac thesaur. eccl. s. Salvatoris Traiect. (insimul 16 m. arg.)
27. febr. 82 S 808 115^{vs} – pape fam.
et parafrenarius: motu pr. prov. de
par. eccl. s. Catharine e. m. op. Brugen. Tornacen. dioc. (40 l. T. p.) vac.
p. o. in cur. Judoci Splinter (exec.
Michael Moner can. eccl. Elnen. et
officiales Cameracen. et Tornacen.),

n.o. perp. capn. ad alt. s.Mathie in eccl. s.Gudule Bruxellen. Cameracen. dioc. (10) et matricularia sive custodia par. eccl. de Zeele Tornacen. dioc. (24) quas obtin. necnon can. et preb. eccl. s.Walburgis Furnen. Morinen. dioc. (60 l. T. p.) ac can. et preb. eccl. s.Thome Argent. (6) ac can. et preb. eccl. b. Marie Tongren. Leod. dioc. (8) ac can. et preb. eccl. s.Salvatoris Traiect. (20) quos n. obtin. et sup. quib. litig. et prepos. eccl. in Lutembach Basil. dioc. (4) ac can. et preb. eccl. s.Martini Ruthenen. Leod. dioc. (6 m. arg.) et motu pr. gr. expect. de can. et preb. eccl. b. Marie Antwerpien. Cameracen. dioc. et eccl. s.Donatiani Brugen. Tornacen. dioc. necnon pens. ann. 10 fl. adc. sup. fruct. par. eccl. de Weterbeke Cameracen. dioc. ac al. pens. ann. 18 fl. adc. sup. fruct. can. et preb. d. eccl. s.Donatiani, gratis 1. iul. 82 V 620 75^r-77^r – not. recip. pro bulla distributa 3 grossos et 2 grossos iul. 82 DB 1 137^r – motu pr. de perp. capn. in colleg. eccl. s.Severi Erforden. Magunt. dioc. (4 m. arg.) vac. p.o. in cur. Johannis Steynmetzen pape fam. 23. sept. 82 S 815 220^v – prov. de perp. vicar. in par. eccl. de Ghevick Leod. dioc. (4 m. arg.) vac. p.o. in cur. Thome de Zuyke (exec. Johannes Boutelier et Hugo Jacobi canonici eccl. Caturcen. ac offic. Leod.), gratis 27. iun. 83 V 632 138^{vss} – oblig. sup. annat. can. et preb. eccl. s.Thome Argent. (6 m. arg. p.) de quib. vac. p.o Georgii Castellmur s.d. 3. ian. 81 ut supra sibi prov. fuit, restit. bulle 2. decb. 83 A 32 1^r.

6126 **Johannes Peb** cler. Magunt. dioc.: de par. eccl. Ussen. Spiren. dioc. (4 m. arg.) ac s.c. vicar. eccl. Spiren. (4 m. arg.) vac. p.o. Petri Ort 3. nov. 77 S 760 35^{vs}.

6127 **Johannes Peck** cler. Ratisbon. dioc.: de par. eccl. b. Marie virg. in Rauelspach Patav. dioc. (8 m. arg.) vacat. p. resign. in manibus pape Eras-

mi Amman cler. Ratisbon. dioc. art. et med. doct. et p. resign. in manibus pape Jacobi Keller cler. Patav. dioc. qui litig. coram aud. sup. d. par. eccl. tunc vac. p. assec. par. eccl. de Hamburga [deest dioc.] p. Wolfgangum [Puchler] ep. Hipponen. (qui d. par. eccl. in Rauelspach ordin. auct. in commendam obtinuerat ex disp. ap.) 26. mai. 72 S 680 186^{vs}.

6128 **Johannes Pelkhauwer** et **Johannes Ambselberger** domini castri Hachenpuechpach Salzeburg. dioc. referentes quod par. eccl. in Taufkirchen Salzeburg. dioc. a d. castro mediam lanceam distat et quod capel. s.Spiritus prope d. castrum exist.: de lic. celebrandi missas et audiendi confessiones ac ministrandi eucharistie sacramentum in d. capel. pro dd. dominis eorum uxoribus fam. et servitoribus 18. ian. 80 S 798 109^r.

6129 **Johannes Pellificis** presb. Trever. dioc. qui vig. gr. expect. de 2 benef. ad coll. aep. etc. Trever. par. eccl. in Wyllych Trever. dioc. acc.: motu pr. de prerog. ad instar pape fam. descript. 19. iun. 79 S 783 171^{vs}.

6130 **Johannes Peligger (/.) Haghen** rect. par. eccl. s.Katherine Osnaburg. c. quo sup. def. nat. (p. s.) disp. fuit: de decan. eccl. s.Martini Bromessen. Osnaburg. dioc. (3 m. arg.) vac. p. resign. in manibus pape Arnoldi Grundich c. disp. ut d. decan. unac. d. par. eccl. (8 m. arg.) retin. possit 1. mart. 77 S 747 288^{rs}.

6131 **Johannes Pelczjohannis** cler. Colon. dioc. Jacobi [Offonis] aep. Upsalen. dilectus cui tunc scol. vig. disp. sup. def. nat. (s. s.) gr. expect. de benef. ad coll. abba. et capit. sec. colleg. eccl. ss.Cosme et Damiani Assinden. Colon. dioc. s.d. 1. apr. 65 conc. fuit: ›rationi congruit‹ s.d. 17. nov. 70 prerog. ad instar pape fam. descript. 25. aug. 71 (exped. 29. nov. 71) L 718 320^{rss} – rect. perp. vicar. <capn.> eccl. Susacen. (Suzatien., Zusachven., Suzacien.) Colon.

dioc.: prom. ad ord. subdiacon. in eccl. s. Bartholomei de Insula in Urbe 18. febr. 75 F 6 195^r, F 6 196^r – prom. ad ord. diacon. in eccl. ut supra 11. mart. 75 F 6 194^r – prom. ad ord. presbit. in eccl. ut supra in insula Transtiberim 25. mart. 75 F 6 201^{vs} – litt. testim. sup. prom. ad ordines ut supra 25. mart. 75 F 6 220^r, (cass., quia iam registrata) F 6 222^v.

6132 **Johannes Peneser (Penefer)**: solv. 18 fl. adc. pro annat. prepos. eccl. s. Johannis [deest locus] Salzeburg. dioc. 30. mai. 78 FC I 1133 163^v, IE 495 159^v, IE 496 163^r, IE 497 162^r.

6133 **Johannes Peer (Poer /.)** cler. Herbip. dioc. qui vig. gr. expect. capn. s. Andree [in eccl.] Bamberg. vac. p. o. Wilhelmi Schenck acc.: de prorog. term. citandi quendam Georgium et al. adversarios ad 6 menses 17. apr. 76 S 738 299^{vs} – de perp. s. c. vicar. in eccl. Herbip. (4 m. arg.) vac. p. o. Johannis Haffman 12. iul. 76 S 740 251^v.

6134 **Johannes Peregrini** cler. Colon. dioc. mag. in theol. qui ad par. eccl. s. Laurentii Colon. vac. p. o. Pauli de Gereshem p. certos laic. present. fuit et qui litig. desup. coram offic. archid. et prep. eccl. Colon.: disp. ut unac. d. par. eccl. aliud incompat. benef. recip. val. etsi 2 par. eccl. ad 7 an. 7. oct. 71 L 718 86^{rs}.

6135 **Johannes Perrer** presb. Basil. dioc. c. quo sup. def. nat. (p. s.) disp. fuit et qui ad can. et preb. eccl. s. Ursicini de Sancto Ursicino Basil. dioc. vac. p. o. in mense ap. Petri Zemluft p. prep. etc. d. eccl. present. et p. ordin. loci instit. fuit: de nova prov. de eisdem (24 fl. adc.) 6. iun. 75 S 721 206^{rss}.

6136 **Johannes Peressonni** presb. Tullen. dioc. qui par. eccl. de Denocuria (Nonocuria) Trever. dioc. in favorem Nicolai Perregnonni (Perignoni) resign.: de assign. pens. ann. 8 francorum monete in ducatu Barren. (= 4

l. T. p.) sup. fruct. d. eccl. (12 l. T. p.) p. d. Nicolaum c. consensu suo <p. Stephanum Waltrini (Veltrini) cler. Virdunen. dioc. procur. express.> persolv. 3. iul. 81 S 802 20^r, (m. dec. eccl. Meten. et Simonino de Bellavilla can. eccl. Tullen. ac offic. Tullen.) L 807 252^{vss}.

6137 **Johannes Peringer** cler. Eistet. dioc.: de par. eccl. s. Michaelis in Mennczingen August. dioc. (4 m. arg.) vac. p. o. Johannis Fromolt 17. nov. 72 S 695 86^r, I 332 14^r.

6138 **Hans Perrini de Leuca** [laic.] Sedun. dioc. inter al. referens quod ipse p. baillivium a senibus et electis patrie Vallesii et civit. Sedun. falso inculpatus fuit quoddam vexillum seu banderiam in loco de Leuca subtraxisse et quod litig. coram ep. Sedun. et deinde coram offic. Tarentasien. propter bona mobilia et immobilia sequestrata: de committ. in partibus 18. mai. 81 S 801 284^{rs}.

6139 **Johannes Perpilionis** cler. Trever. dioc. Juliani [de Ruvere] card. ep. Sabinen. fam.: motu pr. de can. et preb. eccl. s. Stephani Bamberg. (6 m. arg.) vac. p. o. Henrici Bartholomei et de surrog. ad ius in eventu litis pendentis 8. iul. 79 S 784 49^{rs}.

6140 **Johannes Pees** cler. Leod. dioc. pape fam. et continuus commensalis: motu pr. m. (dec. eccl. s. Martini Leod. et Michaeli Moner can. eccl. Elnen. ac Henrico ex Palude can. eccl. Leod.) confer. can. et preb. eccl. b. Marie de Sancto Trudone Leod. dioc. (4 m. arg.) vac. p. o. Wilhelmi de Gothem qui pape fam. et continuus commensalis et sed. ap. acol. extitit, n. o. quod d. Johannes unam ad ss. Cosme et Damiani in eccl. s. Martini (2) ac aliam ad s. Lamberti in mon. s. Egidii e. m. Leod. (4 m. arg.) perp. capellanias seu alt. obtinet ac sibi de al. perp. capn. ad alt. s. Jacobi in par. eccl. s. Martini Cameracen. (10 l. T. p.) quam n. possidet prov. fuit quodque dudum sibi de can. et preb. eccl. s. Crucis Leod. seu benef. ad coll. abb. mon. s. Laurentii e. m. Leod. o. s. Ben. prov. fuit, gratis 22. mai. 82 V 620 9^v-11^v.

6141 **Johannes Peschlert** cler. Brixin. dioc. Roderici [de Borja] card. ep. Portuen. vicecancellarii fam. cui motu pr. gr. expect. s. d. 17. nov. 80 de 2 benef. ad coll. ep. etc. Brixin. et abb. etc. mon. in Stambs Brixin. dioc. o. Cist. conc. fuit: de mutatione d. gr. expect. de d. benef. ad coll. dd. abb. etc. in benef. ad coll. quorumcumque 19. iul. 83 S 827 114^v – motu pr. de prerog. ad instar pape fam. descript. 12. nov. 83 S 832 34^{vs}.

6142 **Johannes Pestorp** cler. Osnaburg. dioc. qui vig. gr. expect. can. et mediam preb. eccl. s. Alexandri Wildeshusen. Osnaburg. dioc. vac. p. o. Gerardi de Mola acc.: de maiori preb. (2 m. arg.) vac. p. resign. Henrici Vugileren 30. ian. 78 S 764 73^{vs} – <perp.> vic. eccl. s. Anscharii Bremen. et **Johannes de Schonenbeke** cler. Verden. abbrev.: de adm. resign. Johannis Pestorp et de prov. d. Johanni de Schonenbeke de d. vicar. (4 m. arg.) et de assign. d. Johanni Pestorp 3 fl. renen. pens. an., n. o. def. nat. d. Johannis de Schonenbeke (diac. de mil. gen. et s.) 4. mart. 78 S 766 133^{vs} – qui vig. gr. expect. can. et preb. eccl. s. Alexandri Wildeshusen. ut supra acc. litig. desup. coram Gaspare de Theramo aud. contra Johannem Schonenbicke abbrev. (nunc resign.): de dd. can. et preb. (4 m. arg.) 4. mart. 78 S 766 145^r – de prom. ad omnes ord. extra temp., sola sign. 15. mart. 78 S 766 278^r.

6143 **Johannes [de Petershagen]** abb. et conv. mon. in Reynvelde o. Cist. Lubic. dioc. referentes quod (propter dissensiones que inter abb. et monach. d. mon. fuerant) d. mon. mense episc. Lubic. unitum fuit quamdiu Albertus [Krummedyck] ep. eccl. Lubic. preerat et quod d. Albertus coram Jacobo de Wetteringe cler.

Verden. et Johanne Cordes cler. Havelberg. notariis publ. renuntiavit: dissolutio vel revocatio d. unionis 3. oct. 80 L 808 88^{rs} – restit. bulle sup. dismembratione ut supra quia unio n. erat sortita effectum 27. oct. 80 A 29 216^r.

6144 **Johannes de Petra** scol. Colon.: recip. primam tonsuram in capel. b. Marie de Febribus in basilica s. Petri in Urbe 28. mart. 72 F 6 38^{rs} – cler. Colon.: de par. eccl. in Juchen Colon. dioc. (4 m. arg.) vacat. p. n. prom. Gerardi de Lapidibus qui d. par. eccl. p. an. et ultra detin. 12. decb. 72 S 688 150^v – referens quod quond. Henricus de Houff fr. hosp. b. Marie Theutonicorum ad perp. s. c. vicar. ad alt. s. Johannis Bapt. in eccl. sive mon. monial. in Seyn Colon. dioc. o. Cist. de iur. patron. laic. vac. p. resign. Wymari de Wachtendunck p. Wernerum et Henricum de Ouerstoltz fr. d. hosp. present. fuit sed quod deinde Johannes de Confluentia presb. fr. d. ord. p. eosdem present. fuit et quod eam p. 3 an. detin.: de d. vicar. (3 m. arg.) vac. p. devol. 2. mai. 74 S 708 253^{rs} – de par. eccl. s. Laurentii Trever. (8 m. arg.) vac. p. o. Sifridi Drecknach 2. mai. 74 S 708 253^v – de prepos. colleg. eccl. s. Georgii Colon. (16 m. arg.) vac. ex eo quod Johannes Breck (Beeck) rect. par. eccl. in Kempis (Kemps) Colon. dioc. d. prepos. unac. d. par. eccl. detin. 23. mai. 74 S 709 140^{rs}, (cass.) 16. iul. 74 S 708 255^{rs} – de can. et preb. ac decan. eccl. ss. Petri et Alexandri Ascaffenburgen. Magunt. dioc. (insimul 36 <30> m. arg.) vac. p. resign. extra cur. Johannis Ryff <factam coram Johanne Czentgraff cler. Herbip. dioc. imper. auct. not.> vel p. devol. 25. mai. 74 S 707 14^{rs}, (exec. dec. eccl. Remen. et prep. eccl. s. Spiritus Ruremunden. Leod. dioc. ac prep. eccl. s. Cuniberti Colon.) V 573 317^{vss} – referens quod ipse actor litig. coram Gaspare de

Theramo <pape cap. et> aud. contra Johannem Ryff dec. et can. eccl. ss.Petri et Alexandri ut supra reum et detentorem sup. dd. decan. et can. et preb. et quod deinde d. Johannes Ryff eosdem resign. <p. Johannem Czengreff ut supra fact.>: de surrog. ad ius d. Johannis Ryff vel de prov. si nulli de d. decan. (20 m. arg.) et de dd. can. et preb. (10 m. arg.) 16. ian. 75 S 715 32^{vs}, V 579 286^{rs} – pres. in cur. cui de prepos. colleg. eccl. s.Georgii Colon. vac. p.o. Johannis Beck prov. fuit et qui litig. desup. coram Gabriele de Contarenis aud. contra Johannem de Grimaldis qui eam in favorem Henrici Steynwech [de] Reckelinchusen resign.: de prov. si neutri de d. prepos. (15 m. arg.) 13. apr. 75 S 718 225^{vs} – procur. in cur.: oblig. sup. annat. decan. eccl. ss.Petri et Alexandri et can. et preb. d. eccl. de quib. vac. ut supra s. d. 25. mai. 74 sibi prov. fuit, restit. bulle (in margine: die 21. iun. 77 Johannes de Petra habuit al. bullam s. d. 16. ian. 75 ut supra; die 26. iun. 81 solv. 20 duc. Melchiori Truchses collect.) 21. mai. 76 A 24 150^r – dec. colleg. eccl. ss.Petri et Alexandri Aschaffenburgen. Magunt. dioc. antiquus curialis: de disp. ut unac. d. decan. al. 2 incompat. benef. recip. val. etsi 2 par. eccl. ad vitam c. lic. perm. 5. nov. 78 S 774 294^{vs} – in cur. causarum procur. mag. Burkardi Stoer not. ap. <prothonot.> dilectus: motu pr. prov. de prepos. et can. et preb. (d. prepositure incorp.) eccl. Camin. (22 m. arg.) vac. p. resign. in manibus pape d. Burkardi (cui de eadem vac. p.o. Heninghi Cosseboden prov. fuit possessione n. habita) et disp. ut unac. d. prepos. et decan. eccl. ss.Petri et Alexandri Ascaffaburgen. aliud incompat. benef. recip. val. etsi 2 par. eccl. ad vitam, m. (ep. Civitatis Castelli et prep. eccl. s.Severi Erforden. Magunt. dioc. ac offic. Camin.), gratis 23. nov. 79 V 598 148^v-150^v – oblig. sup. annat. prepos. eccl. Ca-

min. (22 m. arg.), restit. bulle (in margine: s. d. 4. ian. 80 d. Johannes habuit bullam duplicatam sub d. data) 7. decb. 79 A 28 229^r – de fruct. percip. et de n. resid. ac de lic. arrendandi 7. apr. 80 S 791 221^{rs} – dec. eccl. Assachaffenburgen. Magunt. dioc.: fit mentio ut procur. (ut constat publ. instr. acto Leodii 30. aug. 78) 20. sept. 80 OP 6 54^v – prep. eccl. Camin.: de lic. dicendi horas can. secundum usum R. E., sola sign. 15. nov. 81 S 804 226^v – de prepos. eccl. b. Marie Colbergen. Camin. dioc. (16 m. arg.) vac. p. resign. Nicolai Bruckman in manibus pape et de assign. d. Nicolao pens. ann. 40 fl. renen. sup. fruct. d. prepos. ac 40 fl. renen. sup. fruct. prepos. eccl. Camin. (20 m. arg.) p. d. Johannem de Petra persolv. 29. mart. 82 S 809 189^v – prep. eccl. b. Marie op. Colbergen. Camin. dioc.: oblig. sup. annat. d. prepos. (16 m. arg.) de qua vac. p. resign. in manibus pape Nicolai Bruckman s. d. 11. mai. 82 sibi prov. fuit (in margine: s. d. 11. iun. 82 solv. pro annat. ut infra) 11. iun. 82 Paris L 26 A 10 44^v – solv. 40 fl. pro annat. p. manus soc. de Franciottis 12. iun. 82 FC I 1134 218^r.

6145 **Johannes Petri** rect. par. eccl. ville in Felderhuin (Foldechum) partium Frisie Traiect. dioc.: de prom. ad omnes ord. extra temp., sola sign. 15. decb. 72 S 685 73^v – litt. testim. sup. prom. (vig. conc. ut supra) ad acolit. et al. min. ord. s. d. 23. decb. 72 in dom. Jacobi [de Neapoli] ep. Sancti Angeli de Lombardis in Urbe, ad subdiacon. ord. s. d. 26. decb. 72 in eccl. s.Bartholomei de Insula in Urbe, ad diacon. ord. s. d. 27. decb. 72, ad presbit. ord. s. d. 28. decb. 72 ibidem 28. decb. 72 F 6 84^v.

6146 **Johannes Petri** perp. vic. in par. eccl. Hagen. Traiect. dioc.: de prom. ad omnes ord. extra temp., sola sign. 19. oct. 80 S 797 121^{vs}.

6147 **Johannes Petri** cler. Leod. dioc.: motu pr. de gr. expect. de 2 can. et preb. ac 2 benef. ad coll. quorum-cumque, Et s.d. 17. nov. 81 S 803 33^v.

6148 **Johannes Petri** cler. Remen. dioc. pape fam.: de can. et preb. eccl. in Seckinghen Basil. [!] dioc. (4 m. arg.) vac. p.o. Nicolai Gropper Pauli II. fam. 3. sept. 72 S 682 109^{vs}.

6149 **Johannes Petri** cler. Traiect. dioc. pape fam. cui de capn. sive vicar. in colleg. eccl. s.Catherine Traiect. prov. fuit: de prom. ad omnes ord. extra temp., sola sign. 2. ian. 76 S 733 127^{rs}.

6150 **Johannes Petri** cler. Traiect. dioc. perp. benefic. in par. eccl. in Golrie Traiect. dioc.: de prom. ad omnes ord. extra temp., sola sign. 19. iul. 83 S 826 116^v.

6151 **Johannes Petri de Cresnize (Crosncze)** cler. Plocen. dioc. ex utr. par. de nob. gen.: de prepos. eccl. Gneznen. (50 m. arg.) vac. p.o. Uri-elis de Gorka 2. mai. 73 S 690 31^{rs} – et **Andreas de Crocize** cler. Plocen. dioc. quib. gr. expect. et prerog. ad instar pape fam. conc. fuerunt: motu pr. de decl. litt. desup. perinde val. acsi motu pr. conc. fuissent 2. aug. 76 S 741 191^{vs} – de par. eccl. in Slakvo Gneznen. dioc. (8 m. arg.) vac. p.o. in cur. Thome de Swaro-zino 13. aug. 76 S 741 155^{rs}.

6152 **Johannes Petri Dalide** cler. Plocen. dioc. de nob. gen.: de alt. seu capn. in par. eccl. b. Marie Magdalene Poznan. (3 m. arg.) vac. p.o. Andree Christini in civit. Poznan. subcollect. 22. mai. 75 S 724 269^r – ex utr. par. de nob. gen.: de can. et preb. colleg. eccl. in Suzoda Poznan. dioc. (4 m. arg.) vac. p.o. Andree Cristini ut su-pra 26. mai. 75 S 720 36^r.

6153 **Johannes Petri de Emelisse** cler. Traiect. dioc.: de perp. capn. ad alt. b. Marie virg. in par. eccl. in Oester-wyk Leod. dioc. (4 m. arg.) vac. p.o.

Theoderici de Brakel 20. nov. 73 S 696 37^r.

6154 **Johannes Petri (Petrus) de Hos-torpp (Hostropp, Ostorp, Hos-torff)** cler. Sleswic. <dioc.>: de disp. ad 2 incompat. benef. c. lic. perm. 13. ian. 76 S 733 2^r – de nova prov. de perp. vicar. ad alt. b. Marie virg. in mon. monial. prope et e.m. civit. Sleswic. (4 m. arg.) vac. p.o. Hey-nemanni Scheper 10. decb. 82 S 817 194^{vs} – de disp. ut 2 benef. ad vitam retin. val. c. lic. perm. 18. ian. 83 S 818 283^v – qui perp. vicar. ad alt. b. Marie virg. ut supra in eccl. mon. monial. in insula Hollem prope et e.m. Sleswic. et **Henricus Sirow** pape fam. qui can. et preb. eccl. Sleswic. c. suo corpore in Gruntofft [= Grundhof] Sleswic. dioc. consis-tente in manibus pape perm. causa resign.: prov. Johanni Petri de dd. can. et preb. (4 m. arg. p.) vac. p. resign. d. Henrici, (m. ep. Alerien. et dec. eccl. Lubic. et dec. eccl. s.Lud-geri Monast.) 22. ian. 83 (exped. 13. febr. 83) L 831 123^{rss} – causarum pal. ap. not. qui vig. gr. expect. can. et preb. eccl. Ripen. ac prepos. ru-ralem in Ellingsuzel (Ellingfusel) Ripen. dioc. vac. p.o. Petri Wesen acc.: de nova prov. de dd. can. et preb. ac de d. prepos. (insimul 4 m.) 3. iun. 83 S 824 153^v – referens quod olim Nicolaus Johannis presb. Ripen. dioc. se in prepos. rurali in Hartsusel (Harsusel) c. par. eccl. nova et antiqua in Hollen Ripen. di-oc. annexis (insimul 4 m.) vac. p.o. Dionisii Hesten absque titulo intrusit et eam p. 10 vel 11 an. an. fruct. per-cip. detin.: de d. prepos. vac. p. de-vol. 12. iun. 83 S 824 202^{rs}, 29. iun. 83 S 825 225^r – actor qui litig. co-ram Antonio de Grassis aud. contra Nicolaum Johannis sup. prepos. ru-rali c. 2 annexis par. eccl. ut supra: de prov. si neutri de eadem c. dd. par. eccl. (4 m. arg. p.) 4. aug. 83 S 826 186^{rs} – motu pr. de par. eccl. in Burgho in terra Imbrie Othonien. dioc. de iur. patron. regis Dacie aut ducis Sleswic. et Holsacie (6 m. arg. p.) vac. p. o. Petri Wittorpp cler. Bremen. dioc. c. consensu d. regis 3. nov. 83 S 831 79^{vs} – cui de par. eccl. ut supra (vac. p. priv. Petri Wittorpp) p. ep. Othonien. prov. fuit: de nova prov. de d. par. eccl. (8 m. arg.) 13. nov. 83 S 831 203^{rs} – de par. eccl. in Burgho terre Ybrie [= Burg auf Fehmarn] Othonien. dioc. (6 m. arg. p.) vac. p. assec. al. par. eccl. seu prepos. eccl. Lunden. p. Michaelem Johannis qui easdem insimul p. mensem absque disp. occupavit seu vac. p. devol. 16. nov. 83 S 839 220^{v} – m. (ep. Alexandrin. et prep. eccl. Sleswic. ac Wilhelmo Westfal can. eccl. Lubic.) prov. de perp. s. c. vicar. in eccl. mon. monial. s. Johannis e. m. Sleswic. o. s. Ben. p. cler. sec. regi solita (1 m. arg.) vac. p. o. Gerardi Scutbelte 30. mart. 84 (exped. 13. apr. 84) L 832 172^{rss} – cui de perp. vicar. ad alt. bb. Bartholomei et Pauli in eccl. Sleswic. (2 m. arg. p.) vac. p. o. Gerardi Santbeke (Sambech) p. Marinum [de Fregeno] ep. Camin. ad regna Dacie, Swetie et Norwegie ac Sleswic., Holzatie et Stormarne nunt. missum prov. fuit <litig. desup. coram Jeronimo de Porcariis aud. et Gundissalvo de Villadiego aud. contra Johannem Petri et Reynerum (Reinarum) Boifflet (Borsfiet)>: de conf. d. prov. 16. iul. 84 S 838 116^{vs}, ref. 28. iul. 84 S 838 249^{r}, 8. aug. 84 S 839 35^{r}, m. (Paulo de Tuscanella aud.) V 649 12^{v}-14^{r}.

6155 Johannes de Peublre: prov. de vicar. Reval. [dioc.?] vac. p. resign. 72/73 I 332 243^{v}.

6156 Johannes Petzold presb. Wratislav. dioc. reus et possessor qui litig. coram Johanne Antonio [de Sancto Georgio] ep. Alexandrin. aud. locumtenenti contra Burchardum Gorer actorem sup. alt. Omnipotentis Dei in colleg. eccl. s. Sepulcri Legniczen. Wratislav. dioc. vac. p. o. Nicolai Kug: de prov. si neutri de eadem (3 m. arg.) 20. decb. 79 S 793 28^{r}.

6157 Johannes de Pezoszcka cler. Gneznen. dioc.: de nova prov. de can. et preb. eccl. Gneznen. (4 m. arg.) vac. p. resign. Stanislai de Byelawcz subcollect. in Gneznen. dioc. 27. aug. 79 S 793 26^{rs}.

6158 Johannes Pfanmus (Pfamnus, Pfamus, Pfannis) cler. Bamberg. dioc.: de perp. vicar. ad alt. s. Crucis in eccl. Bamberg. (4 m. arg.) vac. p. o. Johannis Taschner (Taschnier, Taschier) aut Udalrici Tumbeck [1479] S 783 2^{r}, 30. mai. 79 S 696 65^{v} – de perp. vicar. ad alt. Trium regum in eccl. Bamberg. (8 m. arg.) vac. p. o. Johannis Taschner (Taschier) seu Udalrici Tunpeck 3. iun. 79 S 696 66^{r}, m. (dec. eccl. Magunt. et offic. Bamberg. ac offic. Herbip.) L 798 1^{rs} – cui de perp. vicar. ad alt. Trium regum ut supra prov. fuit et qui desup. litig. coram Gaspare de Theramo aud. contra Ulricum Thumbeck, Johannem Polrusz et Johannem Pfortener (Pfortner, Pfortuor, Pfotnor) inter al. referens quod quond. Johannes Taschner d. vicar. in manibus pape in favorem d. Ulrici resign. c. reserv. pens. ann. 40 fl. renen. (sicut c. Martino Thumpock nomine d. Ulrici eius consanguinei convenerat) sed eandem vicariam post incarcerationem d. Martini et fugam d. Ulrici a civit. Bamberg. recuperavit et eius fruct. recip.: de d. perp. vicar. (8 m. arg.) vacat. p. priv. d. Ulrici vel in eventu litis de prov. si nulli de eadem 17. iul. 79 S 784 59^{vss} – de par. eccl. in Trosendorff Bamberg. dioc. (40 fl. renen.) et de perp. vicar. in capel. s. Catherine in eccl. b. Marie Bamberg. (15 fl. renen.) vacat. p. priv. Johannis Moeszbach excom. 28. mart. 80 S 791 93^{v}.

6159 Johannes de Pfefer: not. recip. pro bulla distributa 3 grossos nov. 79 DB 1 5^{r}.

6160 Johannes Pfeffer cler. Herbip. dioc. et **Johannes Stumpff** cler. Herbip. dioc. pape fam.: de prov. d. Johanni Pfeffer de perp. vicar. ad alt. s. Nicolai in par. eccl. op. Kitzingen Herbip. dioc. (24 fl. adc.) vacat. p. resign. in manibus pape d. Johannis Stumpff et de assign. d. Johanni Stumpff pens. ann. 9 duc. auri 30. ian. 73 S 687 115^{vs} – acol. Herbip. dioc. pres. in cur. qui alt. s. Nicolai in par. eccl. in Kiczingen (Kiezinge) Herbip. dioc. obtin. cuius fund. sacerdotem requirit: de prom. ad omnes ord. extra temp., sola sign. 27. apr. 74 S 704 13^{rs} – scol. Herbip. dioc.: litt. testim. sup. recept. prime tonsure et prom. ad acolit. et min. ord. s. d. 17. mart. 70 in basilica Principis appl. in Urbe (vig. conc. ut supra), sup. prom. ad subdiacon. ord. s. d. 3. mai. 74, ad diacon. ord. s. d. 6. mai. 74, ad presbit. ord. s. d. 8. mai. 74 in eccl. s. Bartholomei de Insula in Urbe 8. mai. 74 F 6 158^{r} – prov. de par. eccl. s. Margarethe in Hoefelt Herbip. dioc. (4 m. arg.) vac. p. resign. in manibus pape Martini Ahaswer quond. Amici [Agnifilus] tit. s. Marie trans Tiberim presb. card. fam. c. reserv. pens. ann. 20 fl. renen. videlicet 10 sup. fruct. d. par. eccl. et 10 sup. fruct. perp. s. c. benef. premissaria nunc. in par. eccl. in Kizingen Herbip. dioc. p. d. Johannem c. consensu suo (p. Georgium Pissel cler. Bamberg. procur. express.) in civit. Bamberg. persolv. (exec. prep. eccl. s. Petri Northen. Magunt. dioc. et offic. Bamberg. ac offic. Herbip.) 7. aug. 79 V 595 214^{r}-216^{r}.

6161 Johannes Pfeiffer cler. Herbip. dioc. in 11. sue et. an. constit.: de can. et preb. eccl. s. Johannis in Hawgis e. m. Herbip. (8 m. arg.) vacat. p. ingr. dom. o. fr. min. b. Francisci Nurembergen. Bamberg. dioc. p. Johannem Goler 24. iun. 81 S 802 54^{r}.

6162 Johannes Pfiffer cler. Constant. dioc.: oblig. p. Johannem Pleez rect. par. eccl. in Tuslin Constant. dioc. sup. annat. benef. in civit. vel dioc. Basil. et benef. in civit. vel dioc. Ar-

gent. de quib. s. d. 13. mart. 84 sibi prov. fuit, restit. bulle 5. iul. 84 A 32 148^{r}.

6163 Johannes Pfiffer scol. Trever.: recip. primam tonsuram in sacristia basilice Principis appl. in Urbe 19. decb. 72 F 6 87^{rs}.

6164 Johannes Pfister cler. August. dioc.: de par. eccl. in Superiori Camlach August. dioc. de iur. patron. nob. viri Johannis de Freiburg (10 m. arg.) vac. p. o. cuiusdam 3. nov. 76 S 743 138^{vs}.

6165 Johannes Pfister presb. August. <dioc.>: motu pr. de gr. expect. de 2 can. et preb. necnon de 2 benef. ad coll. quorumcumque, Et s. d. 17. nov. 81 S 803 99^{r} – motu pr. de par. eccl. in Hutlingen August. dioc. (6 m. arg.) vac. p. o. Eberhardi Mercher, n. o. vicar. August. (8 m.) quam obtin. et gr. expect. ad 2 benef. ad coll. 2 collatorum 14. mart. 82 S 810 157^{r}, I 335 2^{v} – et **Hermannus de Bachlingen** cler. Magunt. dioc. decr. doct. referentes quod Georgius Trutfeter (Trutfater) cler. Magunt. pape fam. par. eccl. ss. Johannis Ev., Cornelii et Cipriani in Probstrieden (Probstriden) August. dioc. resign. in manibus pape de qua ipsi tunc vac. p. o. in cur. Jacobi Pfister pape fam. (cui de eadem vac. p. resign. Udalrici Pfister in manibus ordin. prov. fuerat c. reserv. pens. ann. 30 fl. renen. d. Udalrico persolv.) s. d. 6. iun. 82 prov. fuit: de prov. d. Johanni de d. par. eccl. (85 fl. renen.) et de transl. d. pens. ann. ad d. Hermannum c. consensu d. Udalrici 12. mart. 83 S 820 267^{r}, m. (offic. August.) L 824 155^{vss} – oblig. p. Hermannum de Berchlingen decr. doct. prep. eccl. s. Severi Erforden. Magunt. dioc. sup. annat. par. eccl. ut supra, restit. bulle (in margine: s. d. 29. apr. 85 obtin. prorog.) 4. iun. 83 A 31 67^{r} – de disp. ut unac. par. eccl. ut supra sup. qua litig. in cur. et quam n. possidet aliud incompat. benef. recip. val. etsi 2 par. eccl. c. lic. perm. 27. oct. 83 S 829 295^{rs}.

6166 Johannes Pfluger rect. par. eccl. s. Dionisii in Aussalshem (Auserolszhem) Basil. dioc. abbrev. et **Petrus Habermelwer (Habermebwer) de Columbaria** presb. Basil. dioc.: de adm. resign. d. Johannis et de prov. d. Petro de d. par. eccl. (6 m. arg.) et de assign. d. Johanni pens. ann. 14 fl. renen. sup. fruct. d. par. eccl. p. d. Petrum persolv. 13. aug. 78 S 772 152ʳ, m. (off. Argent.) (exped. 7. sept. 78) L 783 43ᵛˢˢ.

6167 Johannes Pfoel (Pfael) <presb. Misnen. dioc.> can. eccl. s. Petri Budisnen. (in Budissen) Misnen. dioc. ad decan. d. eccl. el. c. quo p. Paulum II. disp. fuit ut d. decan. unac. certa par. eccl. <s. Nicolai op. Luka Misnen. dioc. ad 5 an.> retin. possit: de nova prov. de d. decan. et de d. par. eccl. (insimul 6 <5> m. arg.) et de prorog. d. disp. ad vitam 11. oct. 75 S 727 293ᵛ, m. (ep. Nuemburg. et prep. eccl. Misnen. ac dec. eccl. s. Johannis Osnaburg.) (exped. 21. oct. 75) L 753 192ᵛ-194ʳ – cui de can. et preb. eccl. Budisnen. Misnen. dioc. vac. p. o. Johannis Svoffheim prov. fuit: de nova prov. de eisdem (4 m. arg.) 19. oct. 75 S 728 165ᵛˢ – oblig. p. Hermannum Duker scolast. eccl. Lubic. sup. annat. decan. ac par. eccl. ut supra de quib. s. d. 15. oct. 75 sibi prov. fuit 27. oct. 75 A 24 17ʳ – solv. 16 fl. adc. pro compositione annat. decan. ac par. eccl. ut supra p. manus Hermanni Duker (Tucher) 27. oct. 75 FC I 1132 112ʳ, IE 492 45ʳ.

6168 Johannes Pfortner cler. Herbip. dioc. pape fam.: gr. expect. s. d. 1. ian. 72 de 2 benef. ad coll. ep. etc. Herbip. et ep. etc. Bamberg. (exec. prep. eccl. b. Marie Feuchtwangen. August. dioc. et offic. Bamberg. ac offic. Herbip.), gratis 13. ian. 77 V 668 111ʳ-112ᵛ – cui vig. gr. expect. de perp. s. c. vicar. schlaffmissaria vulg. nunc. in eccl. Bamberg. vac. p. o. Henrici Grull prov. fuit: de nova

prov. de eadem (4 m. arg.) 28. decb. 80 S 799 61ʳ – perp. vic. in eccl. Bamberg. et pape fam. in cur. resid.: de prom. ad omnes ord. extra temp., sola sign. 16. apr. 82 S 809 178ᵛ.

6169 Johannes Pickardi cler. Zwerin. dioc. in decr. licent.: de perp. s. c. vicar. in par. eccl. b. Jacobi in op. Rostock Zwerin. dioc. de iur. patron. laic. (2 m. arg.) vacat. p. ingr. mon. Legismarie o. Cartus. Zwerin. dioc. p. Hermannum Wulff et de perp. s. c. vicar. in capel. mon. s. Crucis o. Cist. in d. op. de iur. patron. laic. (2 m. arg.) vac. p. o. Henrici Beckelin 22. decb. 72 S 684 70ᵛ.

6170 Johannes Pikler scol. Salzeburg. dioc.: recip. primam tonsuram in sacristia basilice Principis appl. in Urbe 23. mai. 72 F 6 52ʳ.

6171 Johannes Pienuszek presb. Cracov. dioc. ex utr. par. de nob. gen.: de decan. colleg. eccl. s. Marie Lancicien. Gneznen. dioc. (20 m. arg.) vacat. p. prom. Andree de Opporow el. Warm. 16. decb. 71 S 674 183ʳ – dec. eccl. [Lancicien.], **Johannes de Leschno** prep. eccl. [Crusvi]cien. [Gneznen. dioc.], **Jacobus Pienuszek** can. eccl. [Sandecen.] [Cracov. dioc.] habuerunt mutuo [...] testibus Andrea de Rosa prep. d. eccl. Lancicien., Nicholao de Coscelez can. eccl. Poznan., Johanne de Botorzin archid. Sandecen. [in eccl. Cracov.], Georgio de Gorano can. eccl. Wilnen., mag. Michaele de Castro archid. eccl. Leopolien., Francisco de Lauono pleb. in Cowalevvo Poznan. dioc. 12. mai. 72 FC I app. 21 1ᵛˢ.

6172 Johannes Pientzenawer (Prentzenawer, Prantzenawer) rect. par. eccl. s. Martini in Geysenhausen Frising. dioc. et **Johannes Valckener (Valekener, Vablima)** presb. Frising. dioc.: de adm. resign. Johannis Prentzenawer et de prov. d. Johanni Valckener de d. par. eccl. (16 m. arg.) et de assign. Johanni Prentzenawer pens. ann. 28 duc. adc. sup.

fruct. d. par. eccl. de iur. patron.
eccl. August., n. o. statutis eccl. August. quod nullus d. par. eccl. obtin.
val. nisi can. d. eccl. exist. 6. nov.
76 S 743 264^{rs} – can. eccl. Frising.:
assign. pens. ann. 40 fl. renen. (= 28
duc. adc.) sup. fruct. par. eccl. ut supra p. Johannem Valekner persolv.
(m. aep. Patracen. et offic. Frising.
ac offic. Ratisbon.) 28. nov. 76 L
769 183^r-184^v – restit. bullarum sup.
pens. ann. 40 fl. ut supra 3. ian. 77 A
25 210^r – prep. eccl. s. Castuli op.
Mospurgen. Frising. dioc. qui propter virium suarum destitutionem et
frequentes infirmitates in quib. p.
plures an. laboravit d. prepos. amplius preesse n. potest et **Fredericus
Maurkircher** prep. eccl. in Altemetting Salzeburg. dioc. legum doct.
et in decr. licent.: supplic. Georgio
com. palatino Reni et Bavarie duce
de adm. resign. d. Johannis (etiam si
actu vac. p. o. d. Johannis vel p. devol.) et de prov. d. Frederico de d.
prepos. (20 m. arg.) et de assign. d.
Johanni certam pens. ann. concordatam sup. fruct. d. prepos. p. Fredericum [Maurkircher] persolv.,
Conc. pens. 3. partis 19. apr. 79 S
780 222^{vs}.

6173 **Johannes Pyl** cler. Colon. dioc. cui
de can. et preb. eccl. Ananien. Leod.
dioc. necnon de perp. vicar. in par.
eccl. in Goestorp Colon. dioc. vac. p.
resign. Johannis de Arssen prep.
eccl. s. Spiritus Ruremunden. Colon.
[recte: Leod.] dioc. pape fam. in manibus Henrici Steynwech prep. eccl.
s. Georgii Colon. prov. fuit: de nova
prov. de dd. can. et preb. (4 m. arg.)
necnon de d. vicar. (4 m. arg.) 30.
mart. 77 S 749 221^r.

6174 **Johannes Pillavenic** presb. Trever.
dioc. qui par. eccl. de Nogento supra
Albam (20 l. T. p.) obtin.: disp. ad 2
incompat. benef. 21. mai. 82 L 823
39^{vs}.

6175 **Johannes Piltaux** pape fam.: motu
pr. gr. expect. de can. et preb. eccl.
b. Marie Namurcen. Leod. dioc. nec-

non de benef. ad coll. abb. etc. invicem unitorum mon. Stabullen. o. s.
Ben. Leod. dioc. et mon. Malmedarien. o. s. Ben. Colon. dioc. (exec.
dec. eccl. b. Marie Wesalien. Trever.
dioc. et archid. eccl. Vicen. ac offic.
Leod.), gratis 17. nov. 81 Sec. Cam.
1 418^r-421^r.

6176 **Johannes de Pino** prior prioratus
Frigidifontis o. Clun. Basil. dioc. ex
utr. par. de nob. gen. Sigismundi
Austrie ducis dilectus: de prov. in
commendam de prioratu s. Ulrici
prope Altkilch (Alckilch) o. s. Aug.
Basil. dioc. (a mon. de Lantenanto
<o. s. Aug. Bisuntin. dioc.> dependente quod a mon. s. Pauli o. s. Aug.
Bisuntin. dioc. dependet) (20 m.
arg.) vac. p. o. Stephani de Vaser
(Vasis) <c. disp. ut prioratum s. Ulrici unac. prioratu Frigidifontis (30
m. arg.) retin. val.> 24. iul. 76 S 740
84^{rs}, m. (abb. mon. b. Marie Vallisdei Basil. dioc. et prep. eccl. s. Petri
Basil. ac archid. in Breyssie eccl.
Cabilonen.) 1. aug. 76 L 759 131^{vss} –
hortatio ut Sigismundus dux Austrie
Johannem de Pino ad pacificam possessionem prioratus s. Ulrici ut supra
impendat 10. iul. 77 Acquisti 27/1
270^r.

6177 **Johannes de Pirzelank** cler. Gneznen. dioc.: de perp. c. c. vicar. in
eccl. Cracov. (6 m. arg.) vac. p. o.
Mathie de Grodyecz 10. apr. 77 S
749 212^v.

6178 **Johannes Piscatoris <de Columbaria>** acol. Basil. dioc. <perp.>
cap. ad alt. s. Erhardi in colleg. eccl.
s. Martini op. Columbarien. Basil.
dioc. antiquus curialis: de prom. ad
omnes ord. extra temp., sola sign.
17. sept. 71 S 671 283^{rs}, 5. oct. 71 S
672 110^{vs}, S 672 158^{vs}.

6179 **Johannes Pistoris**: not. recip. pro
bulla distributa 3 grossos et 2 grossos febr. 82 DB 1 119^r.

6180 **Johannes Pistoris** pape fam.: motu
pr. gr. expect. s. d. 1. ian. 72 de can.
et preb. eccl. s. Servatii Traiecten.

Leod. dioc. necnon de benef. ad coll. prep. etc. eccl. b. Marie Aquen. Leod. dioc. et prerog. ad instar pape fam. descript. c. clausula anteferri etiam ad secundas gr. aut reval. et exten. primarum gr. expect. (exec. prep. eccl. b. Marie Veteris Capelle Ratisbon. et offic. Leod. ac offic. Colon.), gratis 14. oct. 80 V 676 329^r-331^r.

6181 Johannes Pistoris perp. vic. in eccl. s. Anscharii Bremen.: de prom. ad omnes ord. extra temp., sola sign. 3. mart. 78 S 766 35^v.

6182 Johannes Pistoris scol. Leod. dioc.: recip. primam tonsuram et prom. ad 4 min. ord. in sacristia basilice Principis appl. de Urbe 22. sept. 81 F 7 28^{rs}.

6183 Johannes Pistoris marchionis Brandenburg. cap. perp. vic. in par. eccl. op. Uffenhem Herbip. dioc. referens quod olim de gravi infirmitate sibi macula in oculo sinistro remansit ex qua tamen modica deformitas apparet: de prom. ad omnes ord. c. disp. ut unac. d. s. c. vicar. de iur. patron. d. marchionis quam obtin. quecumque al. benef. recip. val. c. lic. perm. et de disp. sup. def. corp. 10. decb. 83 S 832 169^r.

6184 Johannes Pistoris de Bucheym scol. Herbip. dioc. in cur. resid.: de prom. ad min. ord. extra temp., sola sign. 4. nov. 83 S 831 181^{rs}.

6185 Johannes Pistoris de Dalen cler. Leod. dioc.: de disp. ut unac. par. eccl. de Monheym Colon. dioc. (4 m. arg. p.) sup. qua in cur. litig. aliud incompat. benef. etsi par. eccl. ad vitam recip. val. c. lic. perm. 3. febr. 84 S 836 74^r – pape fam.: motu pr. de gr. expect. de 2 can. et preb. necnon de 2 benef. ad coll. quorumcumque <2 benef. ad coll. aep. etc. Colon. ac ad coll. eccl. b. Marie Magnigrano Leod. dioc.> c. prerog. ad instar pape fam. descript., Et s. d. 17. nov. 81 14. febr. 84 S 830 81^r, (exec. dec. eccl. b. Marie Vesalien. Trever.

dioc. et offic. Colon. ac offic. Leod.), gratis V 641 154^v-156^v – qui vig. gr. expect. par. eccl. de Neder Bachem Colon. dioc. vac. p. o. cuiusdam acc.: de prorog. temp. intimandi ad al. an., Conc. ad 6 menses, sola sign. 23. iun. 84 S 837 179^{vs}.

6186 Johannes Pistoris de Niel cler. Leod. dioc. nullum benef. obtin.: motu pr. de perp. capn. ad alt. N. in par. eccl. de Bercka Colon. dioc. de iur. patron. laic. (3 m. arg.) vac. p. o. in cur. Gerardi de Bercka 5. aug. 83 S 826 91^v, I 335 37^r – motu pr. de perp. capn. ad alt. s. Crucis in colleg. eccl. Omnium ss. op. Lessen. Leod. dioc. vac. p. o. Egidii Fabri al. Meys necnon de al. perp. capn. ad alt. ss. Bartholomei et Andree in par. eccl. s. Petri de Bercka (insimul 3 m. arg.) ut supra vac. p. o. in cur. Gerardi Leydecker 17. aug. 83 S 826 214^{rs}.

6187 Johannes Pistoris de Seheim cler. Magunt. dioc.: m. ([Johanni Andree de Bossi] ep. Alerien., dec. eccl. b. Marie ad Gradus Magunt. ac offic. Argent.) confer. perp. s. c. capn. ad alt. s. Fidis in capel. ville Schilteckem e. m. Argent. (3 m. arg.) vacat. p. resign. Rabani Stoll cler. Spiren. (p. Conradum Sweinheym cler. Magunt. dioc. procur. fact.) cui de d. capn. vac. p. o. Theobaldi Reyeling s. d. 22. apr. 71 p. papam prov. fuerat 17. iun. 72 (exped. 21. iul. 72) L 719 187^{vs} – qui vig. gr. expect. Pauli II. par. eccl. s. Viti in villa Rudelszheim (Radelsheym) Wormat. dioc. acc. et cui postmodum gr. expect. s. d. 1. ian. 72 conc. fuit: de decl. litt. desup. perinde val. acsi assec. d. par. eccl. express. fuisset 1. iul. 72 S 681 224^r – pres. in cur. nondum an. elapso (in cur. fam. et in servitiis constit. expensis alterius vivens) cui de par. eccl. ut supra (3 m. arg.) prov. fuit: de n. prom. ad 2 an. 21. nov. 72 S 684 103^r – acol. rect. par. eccl. in Rudeszhem Wormat. dioc.: de prom. ad omnes ord. extra temp., sola sign. 10. mai. 73 S 690 35^v.

6188 Johannes Pistoris de Teyningen presb. August. dioc. referens quod Egerhans sen. et quond. Egerhans iun. quendam Henricum Nuber d. Johannis affinem iniuriis et armis invaserunt et quod ipse Johannes d. Henricum defendens d. Egerhans iun. c. baculo adeo percussit ut d. Egerhans iun. postmodum vita functus est: de absol. a reatu homicidii et de disp. sup. irreg. et de disp. ad quodcumque benef., Fiat citra alt. ministerium 27. iun. 73 S 692 250^{vs}.

6189 Johannes Planck cler. August. Jacobi de Tribelliano abb. et fr. mon. Casamarii o. Cist. Verulan. dioc. fam. et servitor ac Juliani [de Ruvere] tit. s. Petri ad vincula presb. card. fam. referens quod dd. abb. et fr. res stabiles quond. Marie Crescencii de Babuco (d. mon. intus castrum Babuci oblatas et in eius territorio exist.) d. Johanni in emphyteosim concesserunt c. responsione 2 libr. cere pro d. mon. c. consensu d. card. perp. commendatarii d. mon.: de conf. 5. oct. 74 S 697 40^r.

6190 Johannes Platcher rect. par. eccl. in Lorch August. dioc.: de can. et preb. ac custod. colleg. eccl. Aschaffenburgen. Magunt. dioc. (insimul 10 m. arg. p.) vac. p. resign. in manibus pape Burchardi Stoer prep. eccl. s. Mauritii Anseltingen. Lausan. dioc. prothonot. cui vig. gr. expect. de eisdem vac. p. o. Ortwini Lupoldi prov. fuerat 30. mai. 81 S 801 299^{vs}.

6191 Johannes Platner habuit mutuo 33 duc. Venetos quos promisit solv. Venetiis Francisco de Savignano et soc. infra 4 menses testibus Conrado Scad can. eccl. Ratisbon. pal. ap. not., Johanne Grozer cap. s. Viti Eistet., Johanne Klopffinger cler. Salzeburg. dioc., Henrico Henzepergher presb. cler. Frising. dioc. 8. febr. 73 FC I app. 21 14^v – cler. Salzeburg. dioc. rect. par. eccl. in Eschau (Eschaw) Argent. dioc. in diacon. ord.

constit.: de prom. ad presbit. ord. extra temp., sola sign. 9. mart. 74 S 703 216^r – litt. testim. sup. prom. ad diacon. ord. s. d. 5. mart. 74 in eccl. hosp. s. Spiritus in Saxia in Urbe, ad presbit. ord. s. d. 20. mart. 74 in eccl. s. Bartholomei de Insula in Urbe 20. mart. 74 F 6 152^{rs}.

6192 Johannes Plattner Pii II. credentiarius et cap. secretus rect. par. eccl. b. Marie Impergen. Salzeburg. dioc. qui vig. disp. ad 2 incompat. benef. etsi 2 par. eccl. ad 10 an. d. par. eccl. et par. eccl. s. Johannis Bapt. in Vitling Ratisbon. dioc. obtin.: de prorog. de 2 par. eccl. ad vitam 16. mart. 73 S 688 103^{vs}.

6193 Johannes Blatteren /. [Plattner] prep. mon. s. Albani Basil. (p. prep. o. Clun. gubernari soliti): de disp. ut unac. d. prepos. (24 m. arg.) aliud incompat. benef. in commendam ad vitam retin. val. c. lic. perm. 15. apr. 83 S 822 108^v.

6194 Johannes (Plene) abb. mon. s. Marie in Campidono (de Campidona) o. s. Ben. Constant. dioc.: prov. de d. mon. vac. p. o. 82/83 I 335 41^r – referens quod Adrianus II. voluit quod d. mon. c. bonis suis salvum et sub sed. ap. tuitione perpetuo consistere deberet et quod Gregorius IX. usum mitre in missarum sollemnitate abb. d. mon. conc.: motu pr. m. (ep. Alexandrin. et ep. August. ac abb. mon. s. Galli de Sancto Gallo Constant. dioc.) conf. dd. conc. 20. mai. 83 V 632 184^v-187^r – abb. mon. ut supra R. E. immed. subiecti: obtulit cam. ap. et collegio card. 350 fl. adc. p. Johannem Blecz de Rotestain cler. Constant. dioc. pro serv. commun. ratione prov. s. d. 11. apr. 83 (in margine: s. d. 19. iul. 83 bulle date fuerunt Johanni abb. qui solv. in totum) 12. iul. 83 OS 84A 161^r, (in margine: die 19. iul. 83 bulle date fuerunt d. Johanni qui solv. 300 fl. adc. c. remissione residui) Paris L 25 A 9 173^r – solv. pro integra solut. serv. commun. 104 fl. adc. <52

<52¹/₂> bol.> ac pro serv. min. 10 fl. adc. ac pro 3 serv. min. 30 fl. adc. p. manus soc. de Gaddis (Gadis) 24. iul. 83 FC I 1131 148ʳ, IE 508 59ʳ, IE 509 58ʳ.

6195 Johannes (de) Plenyngen (Plennynghen, Plenninger, Plomyngerde) cler. August. dioc. Juliani [de Ruvere] card. ep. Sabinen. s. Petri ad vincula nunc. fam.: motu pr. de gr. expect. de 2 can. et preb. necnon de 2 benef. ad coll. quorumcumque et de disp. ut unac. par. eccl. s. Martini in Guntreminyagen August. dioc. (8 m.) quam obtin. aliud incompat. benef. etsi par. eccl. ad vitam recip. val. c. lic. perm., Et s. d. 17. nov. 81 S 803 154ʳˢ – litig. coram Gaspare de Theramo aud. contra quond. Johannem Weyss (Weyssz) al. Wideman sup. can. et preb. eccl. b. Marie in Feuchtwangen August. dioc. (8 <10> m. arg.) vac. p. o. Johannis Hery: de surrog. ad ius d. Johannis <n. o. par. eccl. in Guntremingen August. dioc. (12 m. arg.) quam obtin. et gr. expect. de can. et preb. eccl. Wormat. necnon de benef. ad coll. ep. etc. Spiren.> 2. iul. 82 S 812 128ʳ, m. (Gaspari de Theramo aud.), gratis V 622 249ʳ-251ʳ – ex utr. par. de mil. gen. pres. in cur.: supplic. card. ut supra de n. prom. ad an., sola sign. 24. sept. 82 S 814 169ᵛ – not. recip. pro bulla distributa 5 grossos sept. 82 DB 1 145ᵛ – qui litig. ut supra: de nova prov. de can. et preb. eccl. b. Marie (10 m. arg.) ut supra 14. oct. 82 S 815 16ʳˢ – pape fam.: de can. et preb. eccl. Frising. (8 m. arg. p.) vac. p. resign. card. ut supra cui s. d. 31. oct. 82 motu pr. de eisdem vac. p. prom. Frederici [Mauerkircher] ad eccl. Patav. prov. fuit 8. nov. 82 S 815 310ʳˢ – consensus resign. coram testibus Johanne Opilionis prep. eccl. in Limpurg Trever. dioc. et al. 18. nov. 82 Resign. 2 33ᵛ – de prorog. term. de n. prom., sola sign. 22. iul. 83 S 826 84ʳ – solv. 25 fl. adc. pro annat.

can. et preb. eccl. b. Marie Feuchtwangen. August. dioc. p. manus soc. de Martelle et Ricasulis 11. febr. 84 IE 508 116ᵛ, IE 509 115ᵛ, Paris L 52 D 5 157ʳ – pape et Juliani ut supra nunc card. ep. Ostien. fam.: de disp. ut unac. par. eccl. in Contremagen ut supra al. 2 incompat. benef. recip. val. c. lic. perm. 14. mart. 84 S 833 78ᵛˢ.

6196 Johannes Pletingk (Pleringh, Pletinge) scol. Minden. dioc.: recip. primam tonsuram in sacristia basilice Principis appl. in Urbe 13. mart. 73 F 6 98ʳˢ – cler. Minden. dioc.: de perp. vicar. ad alt. ss. Petri et Aldegundis in par. eccl. <s. Johannis Bapt.> op. Luneburgen. Verden. dioc. de iur. patron. laic. (3 m. arg.) vac. p. o. Theoderici Junghe (Jurghe) 13. iun. 78 S 770 286ʳˢ, m. (dec. eccl. Aurien. et dec. eccl. b. Marie Hamburgen. Bremen. dioc. ac offic. Verden.) (exped. 19. sept. 78) L 784 10ᵛˢˢ – Johannis [Arcimboldus] tit. s. Praxedis presb. card. Novarien. fam.: de commissoria eccl. Gandersemen. Hildesem. dioc. (4 <3> m. arg.) ac de commenda in par. eccl. op. Bart Zwerin. dioc. (4 <3> m. arg.) vac. p. o. Henrici Pomert (Pomet) p. provinciam Bremen. collect. et Nicolai de Cusa tit. s. Petri ad vincula presb. card. fam. <et abbrev.> [cass., iul. 78] S 772 242ʳ, 18. decb. 78 S 775 289ᵛˢ – cui gr. expect. de benef. ad coll. ep. etc. Minden. conc. fuit: de exten. d. gr. expect. ad coll. quorumcumque, Conc. motu pr. 15. mart. 79 S 785 132ᵛˢ – de thesaur. eccl. Zwerin. (4 m. arg. p.) et de can. et preb. d. eccl. (4 m. arg. p.) vacat. p. prom. Nicolai Pentze el. Zwerin. 12. apr. 79 S 780 141ʳˢ, 24. mai. 79 S 782 36ᵛˢ.

6197 Johannes Plock perp. vic. in eccl. mon. s. Georgii op. Staden. o. Prem. Bremen. dioc. qui ad perp. benef. elemosina nunc. ad alt. b. Marie in par. eccl. s. Willehadi d. op. vac. p. o. Martini de Stadis p. patron. laic.

present. et p. Johannem de Valde prep. d. mon. instit. fuit: de nova prov. de d. benef. (3 m. arg.) 17. mai. 76 S 739 55^v, m. (dec. eccl. Bremen.) (exped. 22. mai. 76) L 763 281^{rss}.

6198 **Johannes Plonyes** perp. vic. ad alt. b. Marie virg. in par. eccl. s. Martini in Wessem Monast. dioc. et rect. par. eccl. in Dendenhorst Monast. dioc.: de n. resid. in dd. benef. 4. apr. 83 S 821 246^{vs}.

6199 **Johannes Plumer**, Argent. [dioc.?]: disp. ad incompat. 73/74 I 332 17^v.

6200 **Johannes Plunich**, Ratisbon. [dioc.?]: disp. ad incompat. benef. 80/81 I 334 201^v.

6201 **Johannes Plunnot** cler. Colon. dioc.: de par. eccl. s. Cecilie in Olszborch Hildesem. dioc. (6 m. arg.) vac. p. resign. Bertoldi Hartman et de assign. d. Bertoldo pens. 15 fl. auri renen. sup. fruct. d. par. eccl. p. Hermannum Lakeman persolv. 28. decb. 83 S 832 271^r.

6202 **Johannes Pluomel de Weltza** vic. perp. vicar. b. Marie virg. in par. eccl. in Gebertzhausen Ratisbon. dioc.: de disp. ut unac. d. vicar. (6 m. arg.) aliud incompat. benef. recip. val. 7. iul. 77 S 754 15^{rs}.

6203 **Johannes Pob** cler. Magunt. dioc. et rect. par. eccl. Ussen. Spiren. dioc. (4 m. arg.) cui de eadem vac. p. o. Petri Ort s. d. 3. nov. 77 prov. fuit: m. (scolast. eccl. Wratislav. et offic. Spiren. ac offic. Wormat.) prov. de perp. s. c. vicar. ad alt. b. Marie in eccl. s. Guidonis Spiren. (4 m. arg.), gratis 3. nov. 77 (exped. 13. decb. 78) L 783 294^{vs}.

6204 **Johannes de Pochere** presb. Tornacen. dioc.: de par. eccl. s. Agathe in Birtenhusen Constant. dioc. (7 m. arg.) vac. p. o. in cur. Bonifatii Schorson, n. o. perp. capn. ad alt. b. Marie virg. in par. eccl. de Stalhelle Tornacen. dioc. (6 duc. adc.) quam obtin. 20. mart. 83 S 821 61^{rs}.

6205 **Johannes Podendorp (Pondendorp, Podendog)** cler. Bremen. dioc.: de can. et preb. eccl. Lubic. (4 m. arg.) vac. p. o. Henrici Pomert quond. Nicolai tit. s. Petri ad vincula presb. card. de Cusa vulg. nunc. fam. et collect. 13. decb. 78 S 775 284^r, m. (prep. eccl. s. Johannis Lunenburgen. Verden. dioc.) V 668 509^r-510^v – rect. par. eccl. in Krempen Bremen. dioc. qui litig. coram aud. contra Johannem Franciscus de Pavinis aud. et cap. ap. sup. can. et preb. eccl. Lubic. et resign. paratus exist. si Johanni Schutte (Scurthen) cler. Lubic. not. ap. pens. ann. assign. fuerit: de assign. d. Johanni Schutte pens. ann. 10 fl. renen. (monete 4 electorum imper.) sup. fruct. d. par. eccl. (6 m. arg.) p. Johannem Podendog in civit. Lubic. persolv. 25. febr. 80 S 789 256^v.

6206 **Johannes Poelman** cler. Traiect. dioc. Latini de Ursinis card. ep. Tusculan. <pape camerarii> fam.: supplic. d. card. de par. eccl. in Bernevelt Traiect. dioc. (6 m. arg.) vac. p. o. Bernardi al. Arnoldi Wunck 29. sept. 71 S 672 192^v – de par. eccl. in Waddenxveen Traiect. dioc. (4 m. arg.) vacat. p. n. prom. Johannis de Wyt al. de Deyl cler. 3. iul. 72 S 681 215^r – rect. par. eccl. in Hersfelt Traiect. dioc.: de prom. ad omnes ord. extra temp., sola sign. 25. nov. 76 S 744 106^{rs} – de perp. vicar. ad alt. b. Marie et s. Bartholomei in colleg. eccl. s. Walburgis Arnhemen. Traiect. dioc. (4 m. arg.) vac. p. o. Johannis Hirochlini 30. decb. 76 S 745 95^{vs}.

6207 **Johannes Poll** cler. Eistet. dioc.: de par. eccl. b. Marie virg. in Pertlbrun Eistet. dioc. (6 m. arg.) vac. p. o. cuiusdam Johannis 20. mart. 83 S 821 76^{vs}.

6208 **Johannes de Polayowicze** presb. Cracov. dioc. referens quod Nicolaus Chosenchk can. colleg. eccl. s. Marie Wineowien. Gneznen. dioc. Johannem Chosemski presb. Gneznen. dioc. ad perp. vicar. in d. colleg. eccl. vac. p. o. Johannis Rischek preposito d. eccl. Wincowien. present.: de d. perp.vicar. (4 m. arg.) vac. p. resign. d.Johannis Chosemoki 24.nov.81 S 806 166^v.

6209 **Johannes Polraus (Palraus)** cler. Bamberg. dioc. qui p. 6 an. in univ. et studio Papien. in facult. iur. civilis operam dedit: de m. alicui prelato in cur. et precipue [Urso de Ursinis] episcopo Theanen. Urbis studii rect. unac. 3 assumptis doct. ut d. Johanni primo licent. et deinde doctoratus grad. insignia iur. civilis conferat acsi d. grad. in univ. et studio Papien. assumpsisset, sola sign. 15. mart. 78 S 766 98^v – pres. in cur. rect. par. eccl. in Tumpach Ratisbon. dioc.: de n. prom. ad 7 an. 3. iun. 78 S 770 59^r – rect. par. eccl. in Turpach Ratisbon. dioc. abbatis mon. Fontissalutis o. Cist. et dec. eccl. Bamberg. procur.: de n. prom. ad 5 an. 31. ian. 80 S 789 203^v.

6210 **Johannes Polweck (Powerch, Pelker, Pelwerch)** rect. par. eccl. in Osteheim prope Gotha Magunt. dioc.: de disp. ut unac. d. par. eccl. al. benef. incompat. retin. val. et si par. eccl. 27. iul. 76 S 740 128^{rs}, 9. aug. 76 S 740 242^{rs}, L 764 153^v – cler. Herbip. dioc.: de vicar. ad alt. b. Marie virg. in fil. eccl. in Rospach [dioc. deest] (4 fl. renen.) vac. p. o. Bartholdi Coci 31. iul. 76 S 740 129^r – rect. par. eccl. in Ostheym (Osteim) prope Gotam ut supra et **Johannes Fabri de Fulda** cler. Herbip. dioc. qui litig. in cur. sup. d. par. eccl.: de prov. Johanni Polweck de d. par. eccl. (4 m. arg.) et de custod. colleg. eccl. s. Crucis in Hunfelt Herbip. dioc. (4 m. arg.) vac. p. resign. d. Johannis Fabri et de assign. d. Johanni Fabri pens. ann. 6 fl. renen. sup. fruct. d. par. eccl. p. Johannem Polweck persolv. 9. aug. 76 S 740 241^{vs} – referens quod Johannes Fabri ut supra certam par. eccl. et eius custod. resign. sup. quib. litig. in cur.

n. contra d. Johannem Powerch sed al. adversarium: de ref. c. surrog. iur. 26. aug. 76 S 742 85^{rs} – et **Johannes Fabri de Fulda** cler. Herbip. dioc. inter 10 personas enumerati: motu pr. de gr. expect. de 2 can. et preb. ac 2 benef. ad coll. quorumcumque, Et s. d. 17. nov. 81 S 803 97^v.

6211 **Johannes Pomert** cler. Basil.: de nova prov. de can. et preb. colleg. eccl. in Waltkirchen Constant. dioc. (4 m. arg.) vac. p. resign. Gerardi de Certzen 10. iun. 77 S 756 109^{vs}.

6212 **Johannes Pondel (Podel, Pandel)** presb. Gurc. dioc. cui de prepos. eccl. s. Johannis in Traburg (Raberg) Lavant. dioc. vac. p. o. Johannis Prueffer p. Alexandrum [Numai] ep. Forolivien. in illis partibus sed. ap. legatum <nunt.> prov. fuit: de nova prov. de eadem (40 fl. renen.) 27. febr. 81 S 800 75^r, m. (ep. Gurc. et prep. eccl. s. Andree Frising. ac offic. Salzeburg.) (exped. 28. iun. 81) L 815 121^{vss} – oblig. p. Ulricum Entzperger can. eccl. Patav. cur. sequentem sup. annat. prepos. ut supra (in margine: solv. 13^1/$_2$ fl. ut infra s. d. 17. iul. 81) 17. iul. 81 A 30 45^v – solv. 13^1/$_2$ fl. pro compositione annat. p. manus Henrici Scholeben (Scoleben) 16. iul. 81 IE 502 124^v, IE 503 125^v – expense pro exped. bulle sup. prepos. eccl. ut supra p. manus Ulrici sollicitatoris fact. 17. iul. 81 T 34 93^r.

6213 **Johannes de Ponte** cler. Bartholomei [Roverella] tit. s. Clementis presb. card. fam.: supplic. d. card. prov. de perp. s. c. benef. vicar. nunc. in par. eccl. s. Katherine Hamburgen. Bremen. dioc. (2 m. arg.) vac. p. o. Johannis Crammnen etiam d. card. fam., m. (Ulrico Enczemperger can. eccl. Patav. ac offic. Camin. et offic. Zwerin.) 16. sept. 73 (exped. 10. nov. 73) L 731 121^r-122^v.

6214 **Johannes de Ponte (Pontt)** cler. Cameracen. dioc.: de capn. ad alt.

s. Katharine in colleg. eccl. b. Marie Traiecten. Leod. dioc. (4 m. arg.) vacat. p. resign. Laurentii de Ryndorp cler. Colon. dioc. pape fam. qui eam tunc vac. p. o. in cur. Bernardi Tulman obtin. 1. iul. 77 S 753 200^rs – qui litig. contra quendam adversarium sup. par. eccl. in Rodenburch Verden. dioc. possessione n. habita (nunc resign.) et **Johannes Schoneweyde** presb. Bremen. dioc.: de prov. d. Johanni Schoneweyde de d. par. eccl. (4 m. arg.) et de assign. Johanni de Ponte pens. ann. 6 fl. renen. sup. fruct. d. par. eccl. 14. mart. 78 S 766 157^rs.

6215 Johannes de Popowo (Popovo) cler. Gneznen. dioc. qui ad par. eccl. in Grilewo Gneznen. dioc. vac. p. resign. Andree de Gralewo p. patron. laic. loci ordin. present. fuit et qui institutione p. ordin. sibi denegata eandem p. an. tenuit vel fruct. ex eadem percip.: de absol. et de abol. maculam inhab. et de nova prov. de d. par. eccl. (3 m. arg.) 16. iul. 82 S 812 196^vs – perp. cap. in par. eccl. ss. Laurentii et Barbare in Zyuchy Wladislav. dioc. in cur. resid.: de prom. ad omnes ord. extra temp., sola sign. 28. iul. 84 S 839 27^r.

6216 Johannes abb. et conv. mon. in Porta o. Cist. Nuemburg. dioc.: de lic. utendi pontific. et de lic. benedicendi et ordinandi, Fiat de mitra et baculo 20. nov. 73 S 698 95^r, V 560 140^r.

6217 Johannes de Porta al. Cesaris can. eccl. Leod. pape fam. qui in decr. licent. et in iur. civili bac. exist. ac in univ. Lovanien. et Perusin. ultra 7 an. operam iuribus dedit necnon cui gr. expect. de 2 benef. ad coll. ep. etc. Tornacen. motu pr. s. d. 27. mai. 79 conc. fuit: motu pr. prerog. ad instar pape fam. [desunt dies et mensis] 79, gratis V 550 287^vs – presb. Cameracen. dioc. nullum benef. obtin.: motu pr. de can. et preb. colleg. eccl. s. Walburgis Arnhemen. (Archimen.) Traiect. dioc. (5 m. arg.) vac. p. o. Bernardi van der Weyden

(Vandervayden) (exec. ep. Massan. et offic. Traiect. et offic. Cameracen.) 28. iun. 79 S 783 110^r, gratis V 594 20^v-22^v – de fruct. percip. 11. mart. 80 S 790 285^rs – motu pr. de prepos. colleg. eccl. s. Pauli Leod. (30 l. T. p.) vac. p. o. Arnoldi de Bonalia (Hamalia) 26. apr. 80 S 792 72^v, m. (ep. Massan. et dec. eccl. s. Martini Leod. ac offic. Leod.), gratis 26. apr. 80 V 599 114^vss – oblig. sup. annat. prepos. ut supra 16. iun. 80 A 29 31^r – referens quod Johannes de Hooeren in prepos. eccl. s. Pauli Leod. se intrusit: monitorium penale contra d. Johannem de Hooeren et al. forsan intrusos et m. (ep. Leod. et al.) ut Johanni de Prato auxilium prestent, gratis 22. iun. 80 V 671 184^v-187^v.

6218 Johannes Poszbunm: prov. de prepos. Magunt. [dioc.?] vac. p. resign. 72/73 I 332 175^v.

6219 Johannes de Potere in 54. sue et. an. constit. qui person. par. eccl. in Bolleschale (Bellescalde) Cameracen. dioc. resign.: assign. pens. ann. 5 libr. monete in patria Brabantie currentis (= 14 l. T. p.) sup. fruct. d. person. (42 l. T. p.) p. Johannem de Booke (Beka) successorem in d. par. eccl. c. consensu suo (p. Henricum Smiyne procur. express.) persolv. 20. febr. 76 (exec. abb. mon. s. Bernardi sup. Scheldam e. m. Antwerpien. et abb. mon. s. Michaelis Antwerpien. ac dec. eccl. b. Marie intra op. Antwerpien. Cameracen. dioc.) L 767 272^r-273^v – presb. Traiect. dioc.: restit. bulle sup. pens. ann. 11. apr. 76 A 24 207^v.

6220 Johannes Powitzko presb. Wratislav. dioc. cui de par. eccl. s. Georgii in Lusen Brixin. dioc. vac. p. o. Johannis Namp p. Paulum II. prov. fuit et qui desup. litig. (nunc resign. p. Melchiorem de Meckau can. eccl. Brixin. procur. fact.) coram Johanne de Ceretanis aud. contra Laurentium Erlichman rect. d. par. eccl.: assign. pens. ann. 6 fl. renen. donec d. Johanni de aliquo benef. usque ad summam 24 fl. prov. fuerit (m. prep. mon. Novacellen. Brixin. dioc., Gaspari Schmidhauser can. eccl. Frising. ac offic. Brixin.) 22. mai. 72 (exped. 23. iun. 72) L 722 66^{vss}.

6221 **Johannes de Pozespetra** perp. cap. ad alt. s. Catherine in eccl. Gneznen. inter al. referens quod ipse par. eccl. in Lupcza Gneznen. dioc. quam tunc obtin. in manibus aep. ex causa perm. resign. quodque d. aep. d. Johanni quandam decimam mancipalem nunc. in villa Grechowesora (/.) Gneznen. dioc. ad d. par. eccl. pertin. loco pens. ann. ad vitam assign. de consensu Nicolai Stinßwisen (/.) rect. d. par. eccl.: assign. de novo d. Johanni d. decimam 18. apr. 78 S 768 206^{rs}.

6222 **Johannes Praien** cler. Ratisbon. dioc.: motu pr. de gr. expect. de 2 can. et preb. ac 2 benef. ad coll. quorumcumque, Et s. d. 17. nov. 81 S 803 15^v.

6223 **Johannes Pramer** cler. Traiect. dioc. pape fam. qui vig. gr. expect. can. et preb. c. ferculo eccl. s. Victoris Xancten. Colon. dioc. vac. p.o. Simonis Wit acc.: de nova prov. de eisdem (6 m. arg.) 8. ian. 79 S 776 265^{rs}.

6224 **Johannes Pramper**: prov. de capn. Constant. [dioc.?] vac. p. resign. 82/83 I 335 34^r.

6225 **Johannes Prantner** cler. Frising. dioc.: de par. eccl. s. Urbani in Mutpach Frising. dioc. (4 m. arg.) vac. p.o. Stephani Venser 25. ian. 77 S 746 118^v.

6226 **Johannes Preyner** filius Jacobi de Tabon cler. Salzeburg. dioc. qui ad par. eccl. s. Nicolai Jaurien. dioc. p. patron. present. fuit: de prom. ad omnes ord. extra temp., sola sign. 20. mai. 78 S 769 31^v.

6227 **Johannes Prel** can. eccl. b. Marie Aquen. Leod. dioc.: de lic. dicendi horas can. secundum morem cur., Et p. breve 11. mai. 84 S 837 107^{rs}.

6228 **Johannes Premer (Prenner)** cler. Salzeburg. dioc. de nob. gen. in 20. sue et. an. constit. et in stud. gener. insistendo: de disp. ad 2 incompat. benef., Conc. de uno et quamprimum sue 22. sue et. an. attigerit de duobus 19. apr. 83 S 822 121^r, L 828 262^{vs}.

6229 **Johannes Prene**: prov. de can. Colon. [dioc.?] vac. p.o. 80/81 I 334 43^v.

6230 **Johannes Prenner** cler. Patav. dioc. et rect. par. eccl. s. Michaelis in Griespach Patav. dioc. [Friderici Mauerkircher] ep. Patav. fam.: de n. prom. ad 2 an., Conc. ad an., sola sign. 13. oct. 83 S 829 118^v – cui de par. eccl. in Zell Patav. dioc. vac. p.o. Stephani Aychler prov. fuit et qui litig. desup. coram Francisco Brevio aud. contra Henricum Wellitz cler.: de prov. si neutri de d. par. eccl. (12 m. arg.) adhuc vac. p.o. Wilhelmi Maroltinger 7. aug. 84 S 839 79^{vs}.

6231 **Johannes Prenger** reus et possessor litig. in cur. contra quond. Gerardum Tenwege pape fam. actorem in cur. defunct. sup. perp. vicar. ad alt. Omnium ss. in eccl. Monast. (3 m.): de surrog. ad ius d. Gerardi 25. iul. 82 S 813 394^{vs} – cler. Monast. cui motu pr. gr. expect. de 2 can. et preb. in colleg. eccl. s. Martini Monast. et etiam in colleg. eccl. s. Ludgeri Monast. conc. fuit: de decl. litt. desup. perinde val. acsi statutis d. colleg. eccl. s. Martini derog. foret 10. oct. 82 S 827 119^r.

6232 **Johannes Stephanus de Preotonibus** cler. Papien. pape fam. et cubic.: motu pr. gr. expect. de 2 benef. ad coll. aep. etc. Salzeburg. et ep. etc. Patav. (exec. ep. Cervien. et offic. Salzeburg. ac offic. Patav.) 19. iun. 76 V 666 102^r-104^v, V 666 106^r-108^v.

6233 **Johannes Prepeck (Priepeck)** cler. Ratisbon. referens quod ipse vig. gr. expect. benef. acc. et quod Petrus Puchler prep. eccl. s. Udalrici in

Haybach August. dioc. unus ex exec. excom. fuit: de decl. litt. desup. perinde val. 4. mai. 72 S 681 191^v – rect. par. eccl. in Premosz Ratisbon. dioc. qui litig. coram Nicolao de Ubaldis aud. contra Georgium Weber intrusum sup. d. par. eccl. vac. p. o. Johannis Schichtin: de prov. si neutri de d. par. eccl. (8 m. arg.) 26. mart. 73 S 688 301^{rs} – de par. eccl. <sive perp. vicar.> s. Laurentii in Asenckoven (Afenkoven) al. s. Petri in Winckelfass (Winckelfusz, Wurklsasz) Ratisbon. dioc. (10 <12> <4> m. arg.) vac. p. o. Michaelis Prantel (Prantell, Hylprandel, Hylprantel) 17. apr. 73 S 696 29^{rs}, 21. apr. 73 S 691 57^v, 26. apr. 73 S 695 40^{rs} – de disp. ad 2 incompat. benef. 4. iun. 73 S 691 116^v – de disp. ut unac. par. eccl. s. Katherine in Remerhofen al. in Pezmossz (sup. qua litig. coram aud. contra Georgium Wober cler. intrusum) par. eccl. s. Laurentii in Asenckoven (de qua eidem p. papam prov. fuit) vel aliud incompat. benef. retin. val. 9. iul. 73 S 693 178^r, 30. decb. 73 S 700 101^{rs}, m. (dec. eccl. s. Walburgis Arnemen. Traiect. dioc.) (exped. 30. decb. 74 [!]) L 733 163^{vss} – rect. seu pleb. par. eccl. b. Marie in Pezmosz (Petzmos, Pezmesz) al. s. Katherine in Remeczhofen (Remertzhofen, Remershofen) Ratisbon. dioc.: de prorog. disp. sup. n. prom. ad 5 an. 15. iul. 74 S 708 236^r – de prom. ad omnes ord. extra temp., sola sign. 10. decb. 74 S 712 77^{rs} – de prorog. term. recip. subdiacon. ord. ad al. an. 4. ian. 75 S 713 245^r – qui vig. supplic. in cur. ad acolit. et al. min. ord. et ad ord. subdiacon. prom. fuit: litt. dimissoriales 18. iun. 75 F 6 214^r – de can. et preb. eccl. Ratisbon. (10 m. arg.) vac. p. o. Ulrici Part Johannis [de Michaelis] tit. s. Angeli diac. card. fam. 21. iul. 82 S 812 236^r – de disp. ad 2 incompat. benef. 24. aug. 82 S 813 193^v – cui s. d. 17. nov. 81 motu pr. gr. expect. de 2 benef. ad coll. abb. etc. mon. in Ny-

dernaltach o. s. Ben. Patav. dioc. et abba. etc. mon. in Pullenhofen o. Cist. Ratisbon. dioc. conc. fuit: motu pr. de mutatione d. gr. expect. de d. benef. ad coll. abba. etc. d. mon. in Pullenhofen in benef. ad coll. abba. etc. mon. s. Pauli Ratisbon. 3. sept. 82 S 815 216^{vs} – cui gr. expect. ad coll. ut supra conc. fuit: motu pr. de mutatione d. gr. expect. de benef. ad coll. abba. etc. mon. in Pullenhofen ut supra in benef. ad coll. abba. etc. mon. b. Marie Superioris Monasterii Ratisbon. 17. sept. 82 S 816 21^{vs} – motu pr. de mutatione gr. expect. de benef. ad coll. abba. etc. mon. in Pullenhofen ut supra in gr. expect. de can. et preb. eccl. Patav. 19. nov. 82 S 816 116^{rs} – de simplici s. c. benef. in mon. b. Marie Superioris Monasterii Ratisbon. (4 m. arg.) vac. p. o. in cur. Ecari Zentgraff in cur. defunct. 10. decb. 82 S 817 88^{rs} – motu pr. de mutatione gr. expect. de d. benef. ad coll. abba. etc. mon. in Pullenhofen ut supra in benef. ad coll. plebani eccl. s. Petri e. m. op. Strawbing Ratisbon. dioc. 15. febr. 83 S 821 111^{rs} – de par. eccl. s. Petri in Schieling Ratisbon. dioc. (12 m. arg.) vac. p. o. Georgii Hopffauer 21. nov. 83 S 832 101^r.

6234 Johannes Prepost (Propost, Preprost) presb. Aquileg. dioc.: m. (dec. eccl. b. Marie de Utino Aquileg. dioc.) prov. de par. eccl. s. Georgii in Bosch Aquileg. dioc. (60 fl. adc.) vac. p. resign. Gasparis Sigisdeisser in manibus pape p. Johannem Rabobellium can. eccl. Aquileg. procur. fact. 1. febr. 83 (exped. 26. mart. 83) L 829 203^{vs} – solv. 28^1/$_2$ fl. adc. pro annat. par. eccl. ut supra p. manus Benedicti Superancio (Supranze) Veneti 2. apr. 83 IE 508 3^r, IE 509 2^r, Paris L 52 D 5 73^r – oblig. p. Johannem Robobellum utr. iur. doct. can. eccl. Aquileg. sup. annat. par. eccl. ut supra (in margine: s. d. 3. apr. 83 solv. ut supra) 3. apr. 83 A 31 24^v.

6235 **Johannes Presbiteri** cler. Leod. dioc. qui can. et preb. colleg. eccl. b. Marie op. Aquen. et par. eccl. infra dietam prope Ercklens Leod. dioc. sitam ex disp. ap. insimul obtin.: de uniendo d. par. ecclesie (4) dd. can. et preb. (8 m. arg. p.) ad vitam 1. nov. 83 S 831 265ʳ.

6236 **Johannes Priggenhaghen** decr. doct. rect. par. eccl. s. Katherine Osnaburg. c. quo sup. def. nat. (p. s.) disp. fuit: de disp. ut unac. d. par. eccl. (7 m. arg.) aliud incompat. benef. etsi par. eccl. obtin. val. 28. apr. 77 S 750 133ʳˢ – cler. Osnaburg. referens quod ipse p. Johannem Wacken can. eccl. s. Johannis Osnaburg. ad perp. s. c. benef. ad alt. in capel. s. Nicolai Osnaburg. infra iurisd. capit. sita et p. Volquinum Priggenhagen presb. et Johannem Blaicke presb. Osnaburg. in honorem Omnipotentis Dei et bb. Marie, Jacobi et Catherine (ternaria vicar. nunc.) fund. present. fuit: de nova prov. de d. benef. [val. deest] vac. p. o. Conradi Clopper 9. iun. 77 S 756 149ᵛˢ.

6237 **Johannes Prioris** presb. Tullen. dioc. reus qui litig. coram aud. contra Bartholdum Johannis Steincop actorem sup. par. eccl. de Macheren Meten. dioc. vac. p. o. Bernardi Organis (quam p. an. possidet) et qui nullum aliud benef. obtin.: de prov. si neutri de d. par. eccl. (3 m. arg.) c. derog. reg. cancellarie de idiomate 24. mai. 79 S 782 111ᵛˢ.

6238 **Johannes Proys** cler. Traiect. (nunc resign.) et **Ludolphus de Veen (Ween)** cler. Traiect. dioc. utr. iur. licent. qui litig. sup. decan. et can. et preb. ac supplemento eccl. Traiect. et deinde concordaverunt: de prov. d. Ludolpho de eisdem (90 m. arg.) et de assign. d. Johanni pens. ann. 300 fl. renen. (40 gr. Flandrie pro fl.) sup. fruct. dd. decan. et can. et preb. p. d. Lodulphum persolv. 19. decb. 75 S 731 245ʳˢ, (m. ep. Sibenicen. et abb. mon. s. Gertrudis op. Lovanien. Leod. dioc. ac dec. eccl. Monast.) L

761 3ʳ-4ᵛ – restit. bulle sup. pens. ann. ut supra 30. mai. 76 A 24 220ʳ.

6239 **Johannes Prom** [.] cler. Frising. dioc.: de par. eccl. s. Urbani in Mitpach al. in Purkhram Frising. dioc. (4 m. arg.) vac. p. o. Stefani Custer 27. ian. 77 S 748 99ᵛ.

6240 **Johannes de Prothegerm** cler. Cameracen. dioc.: de capn. in villagio et par. eccl. de Borgrauen Traiect. dioc. (4 m. arg.) vac. p. o. sive p. resign. Nicolai Bram presb. 16. sept. 76 S 742 224ᵛˢ.

6241 **Johannes de Provin** qui litig. coram iudicibus ordin. contra Arnoldum de Leydis sup. portione eccl. de Anelan[dia] Traiect. dioc. vac. p. o. Jacobi Bald[uini] sent. promulgatis pro d. Johanni p. Petrum de Wiette ep. Traiect. offic. et pro d. Arnoldo p. archid. Traiect. seu eius offic.: de nova prov. de d. portione [deest val.] 3. ian. 74 S 709 139ʳˢ – cler. Morinen. dioc. in art. mag. qui p. Adolphum de Clivis dominum terre Dunelandie (Dimelandie) ad portionem eccl. in Amelandia Traiect. dioc. de iur. patron. dd. dominorum vac. p. o. Johannis Balduini episcopo Traiect. present. fuerat et qui fruct. ex d. portione absque institutione percepit et qui litig. coram Johanne de Witte ep. Traiect. offic. et postea coram Gabriele [de Contarenis] aud. et Antonio de Grassis aud. contra Arnoldum de Leydis: de abol. inhab. et de prov. si neutri de d. portione (6 m. arg.) 24. oct. 75 S 728 231ᵛˢ.

6242 **Johannes Pruclhay** presb. Ratisbon. dioc. decr. doct.: de disp. ut unac. par. eccl. in Anach Ratisbon. dioc. al. incompat. benef. retin. val. 27. ian. 76 S 733 137ᵛˢ.

6243 **Johannes Pruefer (Prieffer)** cler. Salzeburg. dioc.: de prepos. eccl. s. Johannis in Traburg Lavant. dioc. (8 m. arg.) vac. p. prom. Georgii [Altdorfer] el. Chiem. qui d. prepos. p. Bernardum [de Rohr] aep. Salzeburg. obtin. (m. Johanni Prioris can.

eccl. Veneten. et offic. Salzeburg. ac offic. Lavant.) 6. nov. 77 S 760 223^{rss}, (exped. 12. febr. 78) L 785 149^v-151^r – oblig. sup. annat. prepos. ut supra (in margine: s. d. 30. mai. 78 solv. 18 fl. p. manus suas) 30. mai. 78 A 27 43^v – prep. eccl. s. Johannis in Traberg Lavant. dioc. qui d. prepos. (cui par. eccl. s. Johannis Auderguren. Salzeburg. dioc. annexa est) p. 1 an. detin.: de prorog. term. n. prom. ad 5 an. 18. febr. 79 S 778 221^v.

6244 Johannes Prumer (Pruner, Prunner) pape fam.: gr. expect. de can. et preb. eccl. s. Swiberti in Werdena (Verdena) Principis [= Kaiserswerth] Colon. dioc. necnon de benef. ad coll. abba. etc. mon. Valliscomitis o. Cist. Colon. dioc. (exec. ep. Vasionen. et dec. eccl. s. Victoris Xancten. Colon. dioc. et dec. eccl. s. Martini Embricen. Traiect. dioc.), gratis 20. apr. 75 V 664 248^r-250^v – cler. Traiect. <dioc.>: de preb. presbit. eccl. s. Johannis Traiect. (4 m. arg.) vac. p. o. Wilhelmi de Wesen (Wrsen) presb. 12. ian. 76 S 733 102^{vs} – cui motu pr. gr. expect. ut supra conc. fuit tunc in 23. sue et. an. constit.: de decl. litt. desup. perinde val. acsi sup. def. et. mentio facta fuisset 3. nov. 76 S 744 227^{rs}, gratis V 668 21^{rss} – qui vig. gr. expect. de par. eccl. in Doerenberch Traiect. dioc. ad coll. abba. et conv. ut supra pertin. prov. fuit possessione n. subsecuta: motu pr. de reval. d. gr. expect. ad coll. prep. etc. eccl. s. Lebuini Daventrien. Traiect. dioc. acsi de d. par. eccl. prov. n. fuisset 8. mart. 77 S 748 123^{vs} – rect. par. eccl. s. Martini in Dorenborch Traiect. dioc. pape fam.: disp. ut unac. d. par. eccl. aliud incompat. benef. recip. val. etsi 2 par. eccl., gratis 19. mart. 77 V 668 133^{rs} – motu pr. de mutatione gr. expect. ut supra conc. de can. et preb. eccl. s. Swiberti in Werdena in can. et preb. eccl. s. Victoris Xancten. Colon. dioc. <et de exten. gr.

expect. ad coll. prep. etc. eccl. s. Lebuini Davantrien. Traiect. dioc.> 2. mai. 77 S 750 220^r, gratis V 667 509^r-510^v – de disp. ad quodcumque benef. et de lic. perm. 16. febr. 78 S 767 96^{vs}, (exec. prep. eccl. b. Marie Feuchtwangen. August. dioc. et offic. Traiect. ac offic. Colon.), gratis 16. febr. 78 V 588 200^r-202^r – de n. prom. ad 5 an., sola sign. 7. mai. 78 S 768 264^r – motu pr. de par. eccl. Bisoen. vulg. nunc. Trever. dioc. (2 m. arg.) vac. p. o. Henrici Velgort 30. iul. 78 S 772 216^r – motu pr. de perp. capn. ad alt. s. Marte in eccl. s. Gudule in Bruxella Cameracen. dioc. (18 l. T. p.) vac. p. o. Gummari Segers 5. mai. 79 S 781 70^{vs} – qui can. et preb. eccl. s. Victoris Xancten. Colon. dioc. dim. paratus est et **Guillermus de Meerwich (Merwich)** cler. Traiect. dioc.: de adm. resign. Johannis Prumer et de prov. d. Guillermo de can. et preb. d. eccl. (quos obtin.) c. ferculo (quod n. possidet) (9 m. arg.) et de assign. d. Johanni pens. ann. 12 l. T. p. sup. fruct. d. eccl. p. Guillermum persolv. 17. mai. 79 S 782 5^{rs}, 19. mai. 79 S 782 41^r.

6245 Johannes Prumvomegt (Prinmenmeyer) scol. August. dioc. in 22. sue et. an. constit.: de disp. ad quodcumque benef. etsi par. eccl. 16. mai. 78 S 769 81^r, L 778 180^r.

6246 Johannes de Prumia laic. Trever. dioc. sartor cur. sequens et quandam domum ad fabricam eccl. s. Laurentii in Damaso de Urbe spectantem pro solut. 18 duc. ann. inhabitans: de conc. ut <Antonius de Toccho can. eccl. s. Laurentii in Damaso de Urbe, Petrus de Maximis et Jacobus de Segnoret civ. Romani> magistri fabrice ipsi d. domum pro solut. 20 duc. ann. et 50 duc. pro reparatione in emphyteosim ad vitam cedant 2. ian. 78 S 762 191^{rs}, 5. febr. 78 S 764 252^v.

6247 Johannes Prusze rect. par. eccl. s. Johannis Bapt. in Sterforde Halberstad. dioc.: de disp. ut unac. d. par. eccl. al. incompat. benef. retin. val. etsi perp. vicar. in eadem par. eccl. situata sit 10. mart. 75 S 716 122^{rs}.

6248 **Johannes de Puch** laic. Patav. dioc. et **Catherina** olim quond. Georgii Voglsinger mulier Patav. dioc. qui (d. Georgio vivente) se invicem carnaliter cognoverant et qui clandestine de matrim. contrahendo sibi mutuam fidem dederant: de absol. ab excom. ac a reatu adulterii et de disp. sup. impedimento matrim., Et committatur ep. Patav. 1. ian. 76 S 732 152^{v}.

6249 **Johannes Puechler (Piechler)** cler. August. <dioc.>: prov. de can. et preb. eccl. s. Viti in Herriden Eistet. dioc. (4 m. arg.) vac. p. resign. Jacobi Fugger (p. Paulum Koler cler. August. procur. coram Ulrico Mayr cler. August. imper. auct. not. fact.) (m. Johanni Langer prep. eccl. ss. Petri et Michaelis Argent. et offic. Eistet. ac offic. August.), gratis 19. sept. 78 V 589 71^{vss} – de can. et preb. eccl. s. Viti e. m. Frising. (24 fl. adc.) vac. p. resign. in manibus pape Sigimundi Grim cler. Frising. dioc. 26. apr. 79 S 780 140^{v}, (exec. prep. eccl. ss. Michaelis et Petri Argent. et offic. Frising. ac offic. August.), gratis V 592 294^{r}-295^{v} – can. eccl. s. Viti extra portas Frising.: de custod. d. eccl. (4 m. arg.) vac. p. resign. in manibus pape Urbani Lewpher <p. Johannem Langer cler. August. dioc. procur. fact.> 25. mai. 80 S 793 108^{v}, (exec. prep. eccl. b. Marie Feuchtwangen. August. dioc. et offic. Frising. ac offic. Ratisbon.), gratis V 606 71^{vss} – not. recip. pro bulla distributa 2 grossos febr. 81 DB 1 69^{v}.

6250 **Johannes Pumpen** dec. et **Hermannus Plesso** can. mon. s. Bonifacii in Freckenhorst o. s. Aug. Monast. dioc. referentes quod ipsi litig. coram Johanne Blot prep. eccl. Verden. Colon. dioc. in Colonia commoranti,

Johanne de Rychensteyn subdecano eccl. Colon., Johanne Sper dec. eccl. s. Castoris in Confluentia Trever. dioc., Johanne dec. eccl. s. Plechelmi Aldesalen. Traiect. dioc., Henrico Urdeman dec. eccl. s. Andree Colon. (de mandato Alexandri [Numai] ep. Forolivien. legati ap.), Johanne de Raefflt prep. eccl. Osnaburg., Johanne Sudendorp. dec. eccl. b. Marie ad Gradus Colon. et Johanne Priggenagen (Prigenhagt) dec. eccl. s. Martini Bramenscen. Osnaburg. dioc. contra Agnetam de Isenbrug abba. sec. et colleg. eccl. 11.000 Virg. Colon. sup. quadam pecuniarum summa: m. (prep. eccl. s. Mauritii Monast. et Bernardo Cobbing can. eccl. Osil. in civit. Monast. commoranti ac offic. Osnaburg.) commiss. in partibus 21. mai. 78 L 778 116^{v}-118^{r} – et **Hermannus Plesse** ut supra referentes quod Agnes de Isenburg abba. ut supra propter quasdam graves iniurias p. ipsos fact. successive litig. coram Johanne Bolt prep. et quond. Johanne de Rinchensteyn subdecano ut supra contra ipsos (p. Johannem Spey dec. eccl. s. Castoris in Confluentia Trever. dioc. conservatorem cler., civit. et dioc. Colon. ad iudicium evocatos), deinde vig. appellationis coram Johanne Dousleger dec. eccl. s. Plechelmi Aldesalen. Traiect. dioc., Alexandro [Numai] ep. Forolivien. ut supra in illis partibus nunt. et vig. remissionis ad sed. ap. et posterioris appellationis coram Johanne de Raesfelt prep. eccl. Osnaburg. (p. dec. eccl. s. Andree Colon. dioc. eius procur. ad iudicem evocatum) et coram Johanne Helmich dec. eccl. ss. Appl. Colon. (p. Johannem Priggenhagen dec. eccl. s. Martini Brameschen. Osnaburg. dioc. eius procur. ad iudicem evocatum): m. (dec. eccl. Veteris Ecclesie s. Pauli Monast. et dec. eccl. Aldesalen. Traiect. dioc. ac offic. Osnaburg.) commiss. vig. appellationis 7. iul. 79 L 794 207^{r}-208^{v}.

6251 **Johannes Purtick (Portick, Pintick)** cler. Minden. Bessarionis [Trapezunt.] card. ep. Sabinen. fam.: de perp. benef. commenda nunc. ad alt. s. Katherine in par. eccl. s. Egidii op. Honover Minden. dioc. de iur. patron. laic. (3 m. arg.) vac. p. assec. al. benef. etiam commenda nunc. ad alt. s. Johannis in eadem eccl. p. Rembertum Sindorp (licet d. Rembertus d. benef. ad alt. s. Katherine p. an. et ultra detin.), n. o. def. nat. (s. s.) d. Johannis 17. oct. 71 S 677 136^{rs} – de par. eccl. in Lamdorpe Minden. dioc. (4 m. arg.) vac. p. devol. licet Conradus Bechers cler. d. par. eccl. p. 2 an. et ultra detin. sine disp. sup. def. nat. 16. febr. 73 S 690 250^{vs} – Juliani [de Ruvere] tit. s. Petri ad vincula presb. card. fam.: m. (ep. Tirasonen. et ep. Forolivien. ac offic. Hildesem.) confer. perp. benef. in par. eccl. s. Martini Borunswicen. [recte: Brunswicen.] Hildesem. dioc. de iur. patron. laic. (4 m. arg.) vac. p. o. in cur. Tilmanni Strobeck 15. iun. 76 (exped. 29. iul. 76) L 768 183^{rss} – qui vig. gr. expect. de can. et preb. in eccl. s. Mauritii e. m. Hildesem. necnon de benef. ad coll. prep. etc. eccl. s. Petri Traiect. can. et preb. d. eccl. s. Mauritii vac. p. o. Conradi Eldereed acc.: de cass. d. gr. expect. et de reval. ad al. coll., motu pr. 8. mai. 77 S 751 47^{vs} – referens quod Gerborch relicta mulier Hildesem. dioc. ex commiss. d. Wasmodi et ipsius donatione perp. benef. ad alt. in capel. versus meridiem in eccl. s. Martini Brunsvicen. Hildesem. dioc. fund. et quod Johanni Purtick de eodem p. papam prov. fuit et litig. coram Johanne de Ceretanis aud. contra Tilmannum Brotzem cler. sup. eodem benef.: de conf. d. erectionem et de nova prov. de d. perp. benef. (4 m. arg. p.) 14. mai. 77 S 752 42^{rs} – perp. vic. in eccl. s. Martini Brunsvicen. Hildesem. dioc.: de prom. ad omnes ord. extra temp., sola sign. 15. mart. 78 S 766 176^{rs} – referens quod Johannes de Heesboem <cler. Cameracen.> Juliani card. ut supra fam. cui de can. et preb. eccl. s. Petri Traiect. (8 m. arg.) vac. p. o. Henrici Schut (Scut) de Clivis abbrev. p. papam prov. fuit litig. desup. coram <Gaspare de Theramo> aud. contra Johannem Inspen (Nispen) cler. (nunc resign.): de surrog. ad ius d. Johannis de Heesboem 18. apr. 78 S 768 269^{vs}, m. (Gaspari de Theramo aud.) V 590 156^v-158^v – oblig. p. Johannem Heesboem prep. eccl. s. Petri Traiect. procur. eius (ut constat publ. instr. acto Rome s. d. 18. decb. 78 et subscripto p. Johannem Bilhton cler. Leod. dioc. auct. ap. et imper. not.) sup. annat. can. et preb. s. Petri Traiect. ut supra et promisit solv. in cur. infra 6 menses et habuit bullam prov. s. d. 8. nov. 74 27. ian. 79 A 27 144^r – scol. Minden. c. quo sup. def. nat. (s. s.) et ad quodcumque benef. c. lic. perm. p. quond. Henricum Lindeman offic. curie Minden. et quond. Alberti [de Hoya] ep. Minden. vic. gener. disp. fuit et qui de facult. conc. disp. d. offic. dubitat: de decl. litt. desup. perinde val. acsi d. offic. d. facult. conc. disp. habuisset 11. mart. 79 S 778 234^r, 22. apr. 79 S 780 270^{vs} – de can. et preb. eccl. s. Ludgeri Monast. (4 m. arg.) vac. p. resign. in manibus pape Arnoldi Gramdick, n. o. def. nat. 21. iun. 79 S 782 261^r – solv. 20 fl. adc. pro annat. can. et preb. eccl. s. Petri Traiect. p. manus Bernardi Mumen 2. ian. 82 FC I 1134 172^v, IE 505 49^v.

6252 **Johannes Puszel** cler. Trever. dioc.: de par. eccl. in Griddelbach Trever. dioc. de iur. patron. laic. (2 m. arg.) vac. p. resign. Johannis Regel cler. Trever. dioc. vel p. resign. Conradi Diekhuv 19. ian. 76 S 733 71^v, I 333 322^r.

6253 **Johannes Quade** presb. Poznan. dioc. qui par. eccl. in Pamncyin (Pammyii) Poznan. dioc. (4 m. arg.) obtin. inter al. referens quod ipse c. quond. Marco Kophus (Rophus) laic. cervisia madente in quodam vehiculo (in anteriori parte globum rotundum habente) in op. Callis Poznan. dioc. cucurrit et quod d. Marcus de ceda sua in terram prostravit sed ad dom. suam rediit et postea (absque effusione sanguinis et forsan ex al. causa quia equitans a quodam ramo arborum percussus in terram cecidit) decessit: de absol. a reatu homicidii et de abol. inhab., Conc. citra tamen ministerium alt. 15. sept. 75 S 726 257^{vs}, m. (ep. Poznan.) L 766 249^{rs} – restit. bulle sup. disp. ut supra c. facult. retin. par. eccl. ville Pammyn 9. iul. 77 A 26 190^v.

6254 **Johannes Quadhern** diac. et in 22. sue et. an. constit. referens quod in 17. sue et. an. de perp. s.c. vicar. s. Secundini in eccl. Magunt. vac. p.o. Henrici Sager prov. fuit: de nova prov. de eadem (3 m. arg.) et de n. prom. 2. mart. 79 S 779 144^{rs}.

6255 **Johannes (de) Querforth (Quertforth)** dec. eccl. Halberstad. de <magno nobili> bar. et com. gen. c. quo p. Paulum II. disp. fuit ut unac. d. decan. al. incompat. benef. <ad 5 an.> recip. val.: de disp. ad 3. incompat. benef., Conc. si n. ultra 2 par. eccl. 19. nov. 74 S 711 113^{rs}, L 745 231^{vss}.

6256 **Johannes de Quernhem** can. eccl. Minden. ex utr. par. de mil. gen.: de archidiac. in Osze in eccl. Minden. (4 m. arg.) vacat. ex eo quod Conradus Horberch decan. d. eccl. (de quo tunc vac. p.o. Johannis de Evenhem eidem prov. fuerat) assec. est 12. nov. 77 S 760 146^r.

6257 **Johannes Rack** cler. Herbip. dioc.: motu pr. de gr. expect. de can. et preb. necnon de benef. ad coll. quorumcumque, Et s.d. 17. nov. 81 S 803 166^{vs} – cui s. 17. nov. 81 de benef. ad coll. ep. etc. Herbip. necnon prep. etc. eccl. s. Stephani Bamberg. prov. fuit et qui vig. d. gr. expect. par. eccl. in Schluesselvelt Herbip. (/.) dioc. vac. p.o. Erasmi Spies acc.:

de reval. d. gr. expect. et de prerog. ad instar pape fam. descript. 14. mart. 84 S 833 106^r.

6258 **Johannes Raken** perp. vic. ad alt. b. Marie virg. in capel. populi nunc. in colleg. eccl. s. Nicolai Gripeswalden. Camin. dioc. c. quo in stud. continuando ad 7 an. auct. ap. disp. fuerat et qui litig. coram Gundisalvo de Villadiego aud. contra Johannem Tyden sup. d. vicar.: de prov. si neutri de d. perp. vicar. (2 m. arg.) de iur. patron. laic. 30. mai. 82 S 813 345^{rs}.

6259 Consanguinei **Johannis de Rade** oppid. op. Hamburgen. Bremen. dioc. qui c. quond. Johanne Bremer presb. perp. vicar. ad alt. s. Apolonie in par. eccl. s. Nicolai in Hamburgo (20 m. arg.) fundavit: de reserv. iur. patron. et presentandi 23. mai. 84 S 836 281^v.

6260 **Johannes Rader (Roder)** presb. Brixin. dioc.: de <perp. s.c.> capn. ad alt. s. Anne in eccl. s. Stephani Constant. (3 m. arg.) vac. p.o. Johannis Mesner <5. ian. 79> 13. ian. 79 S 776 228^v, m. (prep. eccl. ss. Felicis et Regule Turricen. Constant. dioc.) (expcd. 17. nov. 79) L 795 68^{vss}.

6261 **Johannes de Radstedt** cler. Spiren. cui motu pr. de can. et preb. eccl. s. Martini Wormat. necnon de benef. ad coll. ep. etc. Argent. prov. fuit quique in litt. desup. pape fam. nominatus fuit sed tunc a cur. absens nunc dubitat familiaritatem: motu pr. de decl. litt. desup. perinde val. acsi in eisdem litt. pape fam. minime nominatus fuisset 9. iul. 83 S 826 23^{rs}.

6262 **Johannes Raebel (Roebel)** presb. Magunt. dioc. nullum benef. obtin.: de par. eccl. ville Lutzensomeringhen. Magunt. dioc. (3 m. arg.) vac. p.o. Conradi Tuten (Tyte) 12. decb. 83 S 832 106^v, m. (ep. Alerien. et prep. eccl. s. Andree Verden. ac prep. eccl. s. Severi Erforden. Magunt. dioc.), gratis 31. decb. 83 V 639 182^{rss}.

6263 **Johannes de Raesfelt** quond. Nicolai [de Cusa] tit. s. Petri ad vincula presb. card. fam. cui de can. et preb. eccl. b. Marie Reesen. Colon. dioc. (8 m. arg.) prov. fuit: de lic. perm., n. o. reserv. de benef. card. fam. 17. decb. 71 S 674 253^r, I 332 60^r – cler. Monast. dioc. ex utr. par. de nob. gen. referens quod ipsi in min. ord. constit. de prepos. eccl. Osnaburg. prov. fuerat et quod eam p. 15 an. possedit et eam armatus incedere consuevit propter defensionem bonorum d. prepos.: de nova prov. de d. prepos. (10 m. arg.) et de disp. sup. irreg. 11. iun. 74 S 706 255^{vs} – prep. eccl. Osnaburg. ex utroque par. de mil. gen. qui propter defensionem bonorum immobilium ad d. prepos. spectantium armatus incedere soluit: de n. prom., Conc. dummodo infra 2 an. fiat subdiaconus 1. aug. 74 S 709 121^{rs} – quond. Nicolai card. ut supra fam. et magisterdomus: de conserv. quoad personam suam et d. prepos. 1. aug. 74 S 709 121^{rs} – referens quod frumentum de bonis prepos. ut supra ad pistoriam capit. d. eccl. pertin. pro panibus faciendis et canonicis d. eccl. distribuendis valde decreverat: de decl. ut canonici illam partem panum quam vendere solent d. prep. pro pecuniis dim. habeant 1. aug. 74 S 709 121^{rs} – inter al. referens quod quond. Nicolaus card. ut supra prepos. in eccl. Aldensalen. que archidiac. in eccl. Traiect. exist. in manibus quond. Rudolphi [de Diepholz] tunc ep. Traiect. resignavit qui d. prepos. quond. Gerhardo de Randen tunc can. eccl. Traiect. contulit c. reserv. eidem Nicolao pens. ann. 150 fl. renen. p. d. Gerhardum sup. d. prepos. persolv. quodque d. pens. Johanni de Cusa d. card. germano et post eius obitum d. Johanni de Raesfelt p. Nicolaum V. assign. fuit quodque lis orta exist. inter dd. Gerhardum et Johannem sup. solutione de qua compositio facta fuit quodque postmodum desup. litig. coram Bartholomeo de Bellencinis aud. (postquam Gerhardus obiit) contra Vincentium de Eyl detentorem d. prepos.: de committ. in partibus 21. febr. 78 S 765 79^{vss}.

6264 **Johannes (Raphaelis) (de) Leszno (Lesno, Lesezno, Lesnow)** [1. pars 3 partium] ex utr. par. de nob. gen. Friderici R. I. dilectus: ›rationi congruit‹ s. d. 5. ian. 69 m. (supplic. d. Friderico) confer. can. et preb. ac decan. eccl. Warm. (24 m. arg.) vac. p. o. Henrici Schawdel 25. aug. 71 (exped. 30. decb. 71) L 713 187^{rs} – cler. Poznan. dioc. Guillermi [de Estoutevila] card. ep. Ostien. fam.: m. (ep. Dignen. et archid. eccl. Poznan. et dec. eccl. Gneznen.) confer. can. et preb. eccl. Cracov. (14 m. arg.) vac. p. o. Johannis Nyedzyelsko quond. Sbignei [Olesnicki] tit. s. Prisce presb. card. Cracov. vulg. nunc. fam. 18. oct. 71 V 562 261^{vss} – Guillermi card. ut supra Rothomagen. vulg. nunc. fam.: de can. et preb. eccl. Plocen. (18 m. arg.) vacat. p. prom. Kazimiri (Kazmiri) [de Masovia] el. Plocen. 16. decb. 71 S 674 183^r, ref. 15. mart. 72 S 677 176^r, m. (Benedicto Furman can. eccl. Gneznen. et al.) (exped. 2. apr. 72) L 713 46^v-48^r – cui de can. et preb. eccl. Warm. (8 m. arg.) tunc vac. p. o. Henrici Schawdel p. Paulum II. prov. fuit et qui litig. desup. coram Fantino de Valle aud. contra Stanislaum de Mlini litt. ap. script. (cui de eisdem p. Paulum II. prov. fuit et qui litig. desup. contra quond. Leonardum Sandro de Rainsberg (/.) et qui nunc resign. in manibus pape): de surrog. ad ius d. Stanislai 29. ian. 72 S 676 31^{vs} – restit. bulle sup. can. et preb. eccl. Warm. 1. febr. 72 A 21 83^r – oblig. sup. annat. can. et preb. eccl. Cracov. (14 m. arg.) de quib. vac. p. o. Johannis de Niedezelsko ut supra prov. fuit (in margine: habuit bullam s. d. 10. iun. 74 et oblig. p. Paulum Ladislai cler. Plocen. dioc.) 15. febr. 72 A 21 90^v – cui de can. et preb. eccl. Cracov. ut supra prov.

fuit: de decl. litt. perinde val. acsi express. fuisset quod Johannes de Nyedzelsko quond. Sbignei card. ut supra Cracov. vulg. nunc. fam. et in 1 ex mensibus episc. defunctus fuit 14. mart. 72 S 677 147^rs, 19. mart. 72 S 677 161^vs – restit. bulle s. d. 23. ian. 68 sup. prov. par. eccl. in Wawrzynezicze Cracov. dioc. (30 m. arg.) vac. p. o. Petri de Ossowa 20. mart. 72 A 21 110^v – prep. eccl. Cruszvicen. (Crussicien.) qui citra 6 menses in 33 vel circa duc. pro se necnon in nonnullis summis pro al. curiali certis merc. cur. sequentibus in cam. oblig. fuit et deinde p. Jacobum de Muciarellis causarum cam. gener. aud. excom. fuit: de absol. et [de prorog.] ad 6 menses 11. mai. 72 S 678 301^r – habuit mutuo 84 fl. renen. a domino Gaspare de Florentia in hospitio Hominis silvestri quos solv. promisit in Norinberghe Benvenuto Daddi infra 6 menses testibus Nicolao de Coszeleczk can. eccl. Poznan., Andrea Rosa prep. eccl. Lancicien., Johanne Pineaschonis dec. eccl. Lancicien., Jacobo Pinasek can. eccl. Sandecen., Johanne de Botosen archid. eccl. Sandecen. [in eccl. Cracov.] 9. iul. 72 FC I app. 21 5^r – solv. 40 fl. adc. p. manus soc. de Spinellis pro compositione annat. can. et preb. eccl. Plocen. ut supra 13. iul. 72 FC I 1129 98^v, IE 487 92^r – de nova prov. de can. et preb. eccl. Plocen. ut supra (8 m. arg.) 19. ian. 73 S 685 278^vs – prov. de can. et preb. Cracov. [dioc.?] vac. p. o. 72/73 I 332 61^v – mentio fit ut litis consors in quadam causa 10. decb. 73 S 698 199^v – prep. colleg. eccl. s. Petri Cruszwycziien. Wladislav. dioc. censuris eccles. p. aud. cam. ut supra innodatus pro eo quia certe summe pecuniarum n. fuerunt solute quas ipse quibusdam merc. cur. sequentibus et al. creditoribus pro nonnullis debitoribus fideiusserat: de absol. 20. mai. 74 S 705 212^rs.

6265 Johannes (Raphaelis) (de) Leszno
[2. pars 3 partium] prep. colleg. eccl. s. Petri Cruszwicien. Wladislav. dioc. qui litig. coram aud. sup. d. prepos. (quam possidet) et sup. par. eccl. [s. Sigismundi] in Wawrzinczicze Cracov. dioc. (quam n. possidet): de disp. ut unac. d. prepos. decan. eccl. Warm. (quem n. possidet) d. par. eccl. quoad vixerit retin. val. 19. nov. 74 S 711 152^rs – cui de can. et preb. eccl. Poznan. vac. p. o. Stanislai de Smigel prov. fuit: de nova prov. de eisdem (12 m. arg.) 16. ian. 75 S 714 131^r – cui gr. expect. de 2 can. et preb. videlicet 1 Gneznen. [eccl.] et 1 Poznan. [eccl.] conc. fuit: de prerog. ad instar pape fam. descript. 14. apr. 75 S 718 143^v – actor qui litig. coram Antonio de Grassis aud. contra quond. Petrum Corzemicze in cur. defunct. sup. can. [et preb.] eccl. Cracov. vac. p. o. Johannis Dlugosch iun.: de surrog. ad ius d. Petri in eisdem (16 m. arg.) 5. mart. 76 S 736 103^vs – diac. prep. eccl. s. Petri Cruszvicen. Wladislav. dioc. Guillelmi card. ut supra camer. et fam.: de n. prom. ad 5 an., sola sign. 19. aug. 78 S 771 290^r – supplic. card. ut supra de <nova prov. de> cantor. eccl. Gneznen. (150 l. T. p.) et de <nova prov. de> can. et preb. eccl. Poznan. (30 l. T. p.) vac. p. o. Nicolai de Xansz cubic. vel p. resign. Johannis de Xansz 2. sept. 78 S 773 215^v, S 773 26^vs – de disp. ut unac. prepos. ut supra al. 2 incompat. benef. recip. val. etsi 2 par. eccl. ad vitam c. lic. perm. 10. sept. 78 S 773 215^v – cui vig. gr. expect. de can. et preb. eccl. Poznan. (8 m. arg.) vac. p. o. Thome Trampczinsky prov. fuit: de nova prov. de eisdem (8 m. arg.) 5. nov. 78 S 774 299^vs – de cantor. eccl. Vislicen. Cracov. dioc. (14 m. arg.) vacat. p. assec. prepos. eccl. Cracov. p. Sandivogium de Tantzin can. eccl. Cracov. 26. mai. 79 S 782 148^vs – pres. in cur. qui vig. gr. expect. can. et preb. eccl. Poznan. vac. p. o. Nicolai de Xansz

et Thome Tranpczynsky obtin. et qui litig. desup. coram Johanne de Ceretanis ep. Nucerin. aud. locumtenenti contra Vincencium de Carczewo et Thomam Jordanowsky ac al. intrusos: de prorog. term. intimandi ad 6 menses, sola sign. 19. iun. 79 S 783 158^r – cant. eccl. Gneznen. qui litig. coram Johanne ep. Nucerin. ut supra contra Petrum Massinski can. eccl. Gneznen. sup. d. cantor.: de prov. si neutri de eadem (80 m. arg.) 8. iul. 79 S 783 276^v – de prepos. eccl. Poznan. (60 m. arg.) vac. p. o. Sandiwogii de Thanczyn 7. sept. 79 S 786 32^{vs} – oblig. p. Rafaelem Patau can. eccl. Barchinonen. sup. annat. prep. eccl. Poznan. (60 m. arg.) de qua ut supra sibi prov. fuit et promisit solv. residuum videlicet 75 fl. infra 4 menses et de alio residuo infra an. (in margine: die 30. mart. 85 Victor Zeloni institor et socius soc. heredum Petri de Tornaquinziis promisit solv. nomine d. soc. infra 3 menses) 25. sept. 79 A 28 88^v – prep. eccl. Poznan.: fit mentio ut testis iuramenti Petri Clavellutius civ. Romani scribe senatus Urbis 4. sept. 80 FC I 1715 24^r – referens quod temp. Pii II. Petro de Bnyn et Andree Rosa ac Urieli de Gorca ac Nicolao Xansky vig. gr. expect. de cantor. eccl. Gneznen. vac. p. o. Johannis Brzosthcowsky prov. fuerat et quod ipsi deinde desup. litig. coram diversis aud. et ultimo loco coram quond. Bernardo Rovira aud. et post sent. pro d. Andrea coram quond. Fantino de Valle aud. et quod post obitum d. Nicolai (qui d. cantor. temp. Pauli II. tenuerat) Johannes de Leszno et etiam Martinus Potentiani d. cantor. acc. necnon quod ipsi desup. litig. coram Petro de Ferrera aud. contra d. Petrum Bnyn qui asseruit se ad ius d. Nicolai surrog. fuisse: de prov. si neutri de d. cantor. (50 m. arg.) 15. febr. 81 S 800 178^v.

6266 **Johannes (Raphaelis) (de) Leszno** [3. pars 3 partium]: fit mentio ut testis iuramenti Johannis Angeli Tacconi de Piperno potestatis Terracine 15. oct. 81 FC I 1715 28^v – can. eccl. Cracov.: de uniendo ad vitam canonicatui et preb. d. eccl. (8 m. arg.) quos obtin. par. eccl. in Wawrzinczicze Cracov. dioc. (2 m. arg.) (que n. distat ab eccl. Cracov. ultra mediam dietam) sup. qua litig. in cur. sent. diffinitiva pro se reportante, n. o. prepos. eccl. Poznan. (40 m. arg.) et prepos. in eccl. s. Petri Cruschwiincen. [recte: Cruswicen.] Wladislav. dioc. (20 m. arg.) ac can. et preb. in d. eccl. s. Petri (4 m. arg.) ac can. et preb. eccl. Cracov. (8 m. arg.) ac can. et preb. eccl. Plocen. (8 m. arg.) ac can. et preb. eccl. Gneznen. et cantor. eccl. Gneznen. sup. qua litig. in cur. quos possidet et par. eccl. in Wawrzinczicze Cracov. dioc. (16 m. arg.) ac can. et preb. in d. eccl. Gneznen. (10 m. arg.) sup. quib. litig. disp. ad incompat. benef. obtenta 27. oct. 81 S 804 110^{rs} – et **Johannes Heuse, Hugo de Saxo, Ludovicus Gerlasii, Johannes Vicecomitis, Johannes Fabri de Meppis, Johannes de Starzechowiicze, Vincentius de Myechow, Johannes Rastelli, Johannes Lamberch, Albertus de Pyotrow** inter 53 Gullielmi [de Estoutevila] card. ep. Ostien. camer. fam. enumerati: motu pr. de gr. expect. de 2 can. et preb. necnon de benef. ad coll. quorumcumque et de disp. ad 2 incompat. benef., Et s. d. 17. nov. 81 S 803 59^{rs} – prep. eccl. Poznan. litig. coram Petro de Ferrera aud. et deinde coram Johanne ep. Nucerin. ut supra aud. locumtenenti contra Petrum de Bnyn [Moszynski] tunc can. eccl. Gneznen. nunc el. Premislen. sup. cantor. eccl. Gneznen. (150 duc.) et referens quod Raphael de Leszno laic. Gneznen. dioc. fr. germanus nomine suo compromissum coram Andrea [Oporowski] tunc el. Premislen. nunc ep. Wladislav. fecit: motu pr. de committ. in partibus et de cass. iur. d. Petri in d. cantor. et de relax. a iuram. 15. decb. 81 S 805 244^{vs} – litig. in cur. contra Albertum de Xansch scolast. eccl. Cracov. sup. par. eccl. in Wavrzynczicze (75 fl. adc.): de assign. pens. ann. 16 m. monete in regno Polonie (= 24 fl. adc.) sup. fruct. d. par. eccl. p. d. Albertum persolv. pro bono concordie 22. apr. 83 S 822 174^r – litt. testim. (vig. supplic. s. d. 16. febr. 75) sup. prom. ad 4 min. ord., primo acolit. et deinde subdiacon. ord. s. d. 22. iul. 75, ad diacon. ord. s. d. 23. iul. 75 in eccl. s. Bartholomei de Insula in Urbe 23. apr. 83 F 7 84^r – pro formata recip. not. pro bulla distributa 6 grossos apr. 83 DB 2 78^r – Raphaelis [Riario] tit. s. Georgii ad velum aureum diac. card. pape camer. fam. in cur. resid. <in diacon. ord. constit.>: de prom. ad ord. presbit. extra temp., sola sign. <Et p. breve> 24. apr. 83 S 822 160^r, 21. decb. 83 S 832 112^r – Gneznen. [dioc.?]: disp. ad futura 83/84 I 335 79^v.

6267 Johannes Ragnevelli can. eccl. b. Marie de Yvodio Trever. dioc. ac rect. par. eccl. s. Laurentii op. de Vertono Trever. dioc. et **Evrardus Johannis al. Marlier** presb. Trever. dioc.: de adm. resign. d. Johannis et de prov. d. Evrardo de d. par. eccl. (50 l. T. p.) et de assign. d. Johanni pens. ann. 20 l. T. p. 10. sept. 82 S 814 17^v.

6268 Johannes Ragusten prep. eccl. Wratislav. cubic. et pape fam. litig. in partibus contra Mathyam de Arzavitza cler. intrusum sup. can. et preb. eccl. Poznan.: de prov. si neutri de dd. can. et preb. (10 m. arg.) 7. apr. 82 S 811 299^r.

6269 Johannes Raynaldi de Erffordia cler. Magunt. dioc.: de par. eccl. in Sembach Magunt. dioc. (4 m. arg.) vac. p. o. Johannis Schuler vel p. devol. 5. febr. 79 S 785 152^v.

6270 Johannes Rayt rect. par. eccl. in Monsheyn Spiren. dioc. qui litig.

contra dec. etc. in Baden Spiren. dioc. sup. fruct. et bonis ad d. par. eccl. spectantibus: m. (prep. eccl. in Sindelfingen Constant. dioc.) vocandi d. dec. etc. 24. apr. 76 L 767 299^{rs}.

6271 Johannes (le) Rale al. Mileti prep. eccl. Haslacen. Argent. dioc. et **Otto de Specke** cler. Halberstad. dioc. inter 14 pape fam. et audientie litt. contradictarum procur. enumerati: motu pr. de gr. expect. de 2 can. usque ad val. fruct. 50 l. T. p. necnon de 2 benef. ad coll. quorumcumque, Et s. d. 1. ian. 72 S 670 110^{vs} – prep. eccl. Haselacen. Argent. dioc. procur. et **Otto de Specke** cler. Halberstad. dioc., **Thomas Deyx** cler. Leod. dioc. inter 14 audientie litt. contradictarum procur. et causarum pal. ap. notarios quib. gr. expect. conc. fuit enumerati: motu pr. de prerog. ad instar pape fam. descript. 3. apr. 73 S 689 228^{vss} – cler. Meten.: de off. unius scribentium in registro supplic. p. papam signandarum vac. p. o. in cur. Marci Fugger cum omnibus honoribus oneribus et emolumentis, sola sign. 20. apr. 78 S 768 271^v – cler. Meten. in registro supplic. signatarum script. ac antiquus curialis qui 16 an. [!] cur. secutus est: de lic. recedendi de cur., sola sign. 13. mai. 79 S 781 140^{vs} – prep. eccl. s. Florencii Haselacen. Argent. dioc. audientie litt. contradictarum procur. ac antiquus curialis qui p. 36 an. [!] cur. secutus est: de lic. recedendi de cur., sola sign. 12. oct. 79 S 787 30^r – de off. script. vac. p. o. in cur. Guillermi Pele, gratis 17. mai. 81 S 801 262^r, (m. Roderico [de Borja] card. ep. Portuen.), gratis 17. mai. 81 V 658 125^{vss} – decr. doct. script. et pape fam.: de par. eccl. s. Johannis de Moranne Turonen. dioc. (30 l. T. p.) vac. p. o. Mauritii le Court 8. iul. 84 S 838 83^{rs} – mag.: de disp. ut 3 incompat. benef. etsi 2 par. eccl. ad vitam etiam o. Clun. recip. val. c. lic. perm. 1. aug. 84 S

839 35^v – de decan. rurali eccl. de Modunta Carnoten. dioc. (24) necnon de par. eccl. s. Nicolai in Sancto Arnulpho in Aquilina Carnoten. dioc. (24 l. T. p.) vac. p. resign. Johannis van Oyse in manibus pape 2. aug. 84 S 838 296^v.

6272 **Johannes Ranchhaus** presb. Ratisbon. dioc.: de par. eccl. seu perp. c. c. vicar. s. Georgii in Gertzen Ratisbon. dioc. vac. p. resign. in manibus pape Johannis Hert al. Hospitis vel p. o. in cur. Georgii Johaff 22. iul. 80 S 795 52^v.

6273 **Johannes Randeck (Landeck)** presb. Argent. dioc.: de perp. s. c. capn. ad alt. s. Catherine in par. eccl. ville Kutzelsheym (Rutzelszheim) Argent. dioc. (2 m. arg.) vac. p. o. Conradi Mogerlin 16. febr. 78 S 771 117^{rs}, m. (prep. eccl. s. Petri iun. Argent.) (exped. 31. aug. 78) L 783 79^{rss} – de nova prov. de perp. <s. c.> capn. ad alt. s. Mathei in eccl. s. Marci Argent. (3 m. arg.) vac. p. o. Theobaldi Sager (Seger) 29. ian. 79 S 777 242^{rs}, m. (Henrico de Howen can. eccl. Argent.) (exped. 24. ian. 80) L 795 259^{vss}.

6274 **Johannes de Randegk** can. eccl. Constant. ex utr. par. de mil. gen.: motu pr. de gr. expect. de can. et preb. necnon de benef. ad coll. quorumcumque, Et s. d. 17. nov. 81 S 803 76^r – pape cubic.: de alt. port. c. clausula ante diem 30. mai. 82 S 811 266^v – de disp. ut 2 incompat. benef. retin. val. c. lic. perm. 30. mai. 82 S 812 21^v – de n. resid. et de recip. fruct. in absentia 30. mai. 82 S 812 22^r – de disp. ut 3. incompat. benef. etsi 2 par. eccl. ad vitam recip. val. c. lic. perm. 30. mai. 82 S 812 22^v.

6275 **Johannes Rapp** presb. can. eccl. in Marchdorff Constant. dioc.: de n. resid. et de fruct. percip. 23. ian. 79 S 777 35^v.

6276 **Johannes Rapser** presb. Magunt. dioc.: de can. et preb. eccl. Nuemburg. (4 m. arg.) vac. p. resign. in

manibus pape cuiusdam Eygenbrot presb. Herbip. dioc. 5. decb. 78 S 775 256^{rs}.

6277 **Johannes Rasl** presb. Frising. dioc. et **Gaspar Bytlinger** cler. Frising. dioc. rect. par. eccl. s. Stephani in Furholzen (Furholezen) Frising. dioc. referentes quod d. Gaspari de can. et preb. colleg. eccl. s. Sixti in Sliersee Frising. dioc. vac. p. resign. (ad instantiam d. Johannis in manibus capit. d. eccl. s. Sixti fact.) Conradi Rasl presb. Frising. dioc. prov. fuit: de assign. d. Johanni pens. ann. 10 duc. adc. sup. fruct. d. par. eccl. (30 fl. adc.) p. d. Gasparem <c. assensu suo p. Augustinum Airimsmaltz cler. August. dioc. procur. express.> persolv. n. o. def. nat. (p. s.) sup. quo secum auct. ap. disp. fuit ut c. c. benef. obtin. val. ac perp. s. c. vicar. ad alt. b. Marie Magdalene in eccl. s. Sixti in Slierssee Frising. dioc. (3 m. arg.) 8. iun. 83 S 824 197^{vs}, (m. abb. mon. in Tegernsee Frising. dioc. et Johanni Swalb can. eccl. Patav. ac offic. Frising.) L 830 315^v-317^r.

6278 **Johannes Raslauer (Raszlo)** cler. Misnen. dioc. qui litig. in cur. contra Gasparem Mariennam cler. Misnen. sup. can. et preb. ac pleban. eccl. s. Petri Budisnen. Misnen. dioc.: de prov. si neutri de dd. can. et preb. ac pleban. (4 m. arg.) 21. nov. 74 S 711 184^{rss} – can. eccl. Budisinen. Misnen. dioc. qui can. et maiorem preb. eccl. Budisinen. in vim perm. ordin. auct. assec. est: de nova prov. de eisdem (4 m. arg.) 22. ian. 78 S 764 120^{vs} – de nova prov. de can. et preb. colleg. eccl. op. Budissinen. Misnen. dioc. (4 m. arg.) vac. p. resign. in manibus capit. d. eccl. cuiusdam N. et cuiusdam D. (qui inter se desup. litig.) 10. febr. 79 S 777 289^{vs}.

6279 **Johannes Rasoris (Restoris) (de Winsheim)** cler. Herbip. dioc.: de perp. s. c. vicar. in par. eccl. s. Viti in Sulenhovem [= Solnhofen] Eistet.

dioc. cuius cura in eccl. mon. s. Sole in d. loco o. s. Ben. Eistet. dioc. ad pres. exercetur (4 m. arg.) vac. p. o. Simonis Ratgeb 11. iun. 80 S 793 233^r, m. (Gaspari Marschalck can. eccl. Eistet. et officialibus Eistet. ac August.) (exped. 22. iun. 80) L 801 43^{rss} – presb. Herbip. dioc.: de par. eccl. sive eius perp. vicar. in M. (/.) Eistet. dioc. (6 m. arg.) que ad coll. prep. [mon.] in Sulenhovem o. s. Ben. August. [!] dioc. spectat vac. p. o. Johannis Lang et de disp. ad 2 incompat. benef. 21. iul. 83 S 827 225^v.

6280 **Johannes Rasp** cust. custod. Reni provincie o. fr. min. Argent. dioc.: de indulg. perp. pro eccl. conv. o. fr. min. op. Francforden. Magunt. dioc. 23. decb. 76 S 745 71^r.

6281 **Johannes Raspe de Ferberche** laic. Misnen. dioc.: litt. sup. facult. fodiendi aurum, argentum, plumbum et al. metalla in territorio R. E. 28. apr. 84 DC 42 342^{vs}.

6282 **Johannes (de) Raterdinck (Raterdonck, Rotedinck)** scol. Paderburn. dioc.: recip. primam tonsuram in eccl. s. Bartholomei de Insula in Urbe 17. decb. 74 F 6 186^{vs} – cler. Paderburn. dioc.: de perp. s. c. vicar. ad alt. s. N. in eccl. s. Georgii Wismarien. Razeburg. dioc. (2 m. arg.) vac. p. o. Henrici Warendorp (in loco infra 10 miliaria a cur. distante <a cur. recedendo in loco Malborgetto nunc. Portuen. dioc. n. ultra 2 dietas a cur. defunct.>) 28. aug. 75 S 726 27^r, (m. prep. eccl. s. Spiritus Ruremonden. Leod. dioc. et Paulo de Crottis can. eccl. Cremonen. ac offic. Razeburg.), gratis (exped. 10. oct. 75) L 756 111^{rss} – pape fam.: motu pr. gr. expect. s. d. 1. ian. 72 de 2 benef. ad coll. aep. etc. Bremen. et dec. etc. eccl. s. Anscharii Bremen. et prerog. ad instar pape fam. descript. (m. dec. eccl. Paderburn. et Paulo de Crottis can. eccl. Cremonen. ac offic. Paderburn.), gratis 16. ian. 77 V 667 349^r-352^v – recip. not.

pro bulla distributa 5 grossos oct. 82 DB 1 152^v – Francisci [Todeschini-Piccolomini] tit. s. Eustachii diac. card. Senen. nunc. fam.: de par. eccl. b. Marie in Monte e. m. Hervorden. Paderburn. dioc. (3 <4> m. arg.) vac. p. o. in cur. Ludolphi Bertlinck et p. devol., <n. o. perp. s. c. vicar. in eccl. Verden. (3 m. arg.) sup. qua litig. in cur.> 11. nov. 82 S 815 297^{rs}, (exec. prep. eccl. Paderburn. et archid. eccl. Senen. ac dec. Valerie in eccl. Sedun.) V 623 27^{vss} – cler. Paderburn. dioc. et **Conradus Wicht** qui litig. in cur. sup. par. eccl. b. Marie virg. e. m. op. Hervorden. Paderburn. dioc. et deinde concordaverunt: de adm. resign. d. Johannis et de prov. d. Conrado de d. par. eccl. (4 m. arg.) et de assign. d. Johanni pens. ann. 6 fl. auri renen. sup. fruct. d. par. eccl. ad vitam necnon de prov. d. Conrado de s. c. benef. in civit. vel dioc. Paderburn. aut Osnaburg. et de assign. d. Johanni pens. ann. 10 fl. renen. sup. fruct. d. benef. ad vitam p. d. Conradum persolv. 7. mai. 84 S 836 3^v – et **Conradus Wicht** referentes quod ipsi litig. in cur. sup. par. eccl. b. Marie virg. ut supra quodque d. Johannes iur. ad d. par. eccl. resign.: de prov. d. Conrado de d. par. eccl. (4 m. arg.) vac. p. d. resign. et de assign. d. Johanni pens. ann. 6 fl. sup. fruct. d. par. eccl. c. assensu d. Conradi <p. Gerardum Botmar cler. Bremen. procur. fact.> persolv. donec sibi d. Conrado procurante de benef. val. d. pens. prov. fuerit 29. mai. 84 S 836 283^r, (exec. dec. Valerie in eccl. Sedun. et prep. eccl. Paderburn. ac archid. eccl. Senen.), gratis V 650 66^r-68^r.

6283 **Johannes de Ratsamhusen** presb. Argent. dioc. qui vig. disp. sup. def. nat. (s. s.) ad omnes ord. prom. fuit et qui par. eccl. in Gotteszheim Argent. dioc. (4 m. arg.) et capn. s. c. ad alt. s. Marthe in eccl. s. Florentii Haselacen. (2 m. arg.) et perp. s. c.

capn. in par. eccl. in Pfaffenhofen Argent. dioc. obtin. et qui benef. in Pfaffenhofen et in Gottszheim ex causa perm. resign. et deinde can. et preb. eccl. s. Leonardi Argent. dioc. et perp. capn. ad alt. s. Jacobi in ambone in eccl. Argent. (2 m. arg.) (quam postea resign.) et benef. ad alt. 11.000 Virg. in eccl. s. Stephani Argent. acc. et unac. d. capn. in Pfaffenhoven detin.: de rehab. et de disp. ad 3 incompat. benef. et de nova prov. de dd. can. et preb. eccl. s. Leonardi Argent. dioc. (4 m. arg.) ac de capn. in eccl. Pfaffenhofen (3 m. arg.) vac. p. o. Conradi Stelczer et de d. benef. in eccl. s. Stephani (4 m. arg.) 14. ian. 77 S 751 127^{vs} – cap. ad alt. 11.000 Virg. in colleg. eccl. s. Stephani Argent. (4 m. arg.): de ref. 14. iul. 77 S 754 134^v – de confic. litt. c. hoc quod novi et ultimi can. et preb. in eccl. s. Leonardi etiam capellaniarum unius in eccl. Pfaffenhofen et alterius in eccl. s. Stefani modus vacat. habeantur pro express. 21. iul. 77 S 754 212^r – presb. Argent. dioc. qui vig. disp. sup. def. nat. (s. s.) primo par. eccl. in Gotteszheym Argent. dioc. (4 m. arg.) assec. fuit et deinde s. c. capn. alt. s. Marte in eccl. s. Florentii Haselacen. (2 m. arg.) et deinde perp. s. c. capn. in par. eccl. in Pfaffemhofen Argent. dioc. (3 m. arg.) (quas ex causa perm. dimisit) et deinde can. et preb. eccl. s. Leonardi Argent. dioc. (4 m. arg.) et benef. ad alt. s. Jacobi in ambone in eccl. Argent. (2 m. arg.) (quod similiter dimisit) et al. benef. ad alt. 11.000 Virg. in eccl. s. Stephani Argent. (4 m. arg.) loco eius obtin. et unac. d. s. c. capn. in Pfaffenhoven retin. (insimul 500 fl. renen. percipiens): m. (offic. Argent.) nove prov. de dd. can. et preb. ac capellaniis in eccl. Pfaffenhofen et in eccl. s. Stephani et de disp. uberiori ad 3. incompat. benef. 21. iul. 77 (exped. 9. oct. 77) L 776 215^r-217^r – oblig. sup. annat. can. et preb. eccl. s. Leonardi Argent. dioc. (4 m. arg.) ac perp. capn. in par. eccl. in Pfaffenhofen Argent. dioc. (3 m. arg.) necnon perp. capn. in eccl. s. Stephani Argent. (4 m. arg.) de quibus s. d. 21. iul. 77 prov. fuit 16. oct. 77 A 26 83^v – solv. 25 fl. adc. pro annat. can. et preb. ut supra p. manus Gerardi Ususmaris merc. Januen. 20. oct. 77 FC I 1133 100^r, IE 495 54^v, IE 496 58^v, IE 497 57^v.

6284 Johannes Ratscarfr (Ratstarfr) acol. Salzeburg. dioc. perp. cap. ad alt. s. Spiritus in eccl. s. Nicolai in Auldorff Salzeburg. dioc.: de prom. ad omnes ord. extra temp., sola sign. 1. apr. 76 S 737 22^r.

6285 Johannes Rautsch (Kautsch, Hautsch) cler. Eistet. dioc. in 22. sue et. an. constit.: motu pr. gr. expect. s. d. 1. ian. 72 de benef. ad coll. ep. etc. Eistet. et abb. etc. mon. Fontissalutis o. Cist. Eistet. dioc. c. prerog. ad instar pape fam. descript. (exec. prep. eccl. b. Marie Feuchtwangen. August. dioc. et Eberhardus de Rabenstein can. eccl. Bamberg. ac offic. Eistet.), gratis 21. iul. 77 V 669 261^v-263^v – in 24. sue et. an. constit. qui ad par. eccl. in villa Wenwagg August. dioc. de iur. patron. laic. vac. p. o. Nicolai Neirsmude p. Conradum Huderpfer sen. present. fuit: de nova prov. de eadem (6 m. arg.) et de disp. ut unac. d. par. eccl. aliud incompat. benef. recip. val. etsi par. eccl. ad vitam c. lic. perm. 11. febr. 79 S 778 65^v – rect. par. eccl. in Ullenswangen August. dioc. de iur. patron. nob. laic.: de n. prom. ad 5 an. 6. oct. 79 S 793 13^v.

6286 Johannes Ravenstorp et **Henricus Vicheden (Wickeden)**: perm. simplicis benef. Minden. [dioc.] pro vicar. Lubic. 72/73 I 332 155^v, I 332 180^v – cler. Lubic. qui perp. benef. commendam nunc. in eccl. s. Bonifacii Hamelen. Minden. dioc. pro perp. vicar. in par. eccl. s. Petri Lubic. de iur. patron. laic. c. quodam Hinrico perm. et qui litig. desup. coram Bartholomeo de Bellencinis aud. contra Johannem Wendemarck: de prov. si neutri de d. vicar. (4 m. arg.) 6. oct. 73 S 697 145^{rs} – qui perp. benef. ut supra c. perp. vicar. ut supra perm. desiderat et qui vig. gr. expect. de benef. in forma pauperum par. eccl. in Karlowe Razeburg. dioc. vac. p. o. acc.: de nova prov. de d. s. c. vicar. ut supra (2 m. arg.) et de d. par. eccl. (2 m. arg.) 10. nov. 73 S 698 156^{rs} – cui gr. expect. de can. et preb. conc. fuit: de ref. [sine dat., 1474] S 701 191^{v}.

6287 **Johannes Rebsy** scol. Colon. dioc.: recip. primam tonsuram in sacristia basilice Principis appl. de Urbe 22. decb. 81 F 7 38^{v}.

6288 **Johannes Rede al. Stob** [dioc. deest] c. quo sup. def. nat. (p. s.) disp. fuit: de disp. ad 2 incompat. benef. 6. mart. 77 S 748 106^{r}.

6289 **Johannes Rephani** rect. par. eccl. in Arnsbach Magunt. dioc. aep. Colon. fam.: de n. prom. ad 7 an. in servitiis d. aep. insistendo 12. aug. 83 S 839 48^{v}.

6290 **Johannes Reginaldi** cler. Meten. dioc.: oblig. p. Thomam Orrieti rect. par. eccl. in Gorzia Meten. dioc. et p. Stephanum Walteri rect. par. eccl. in Conis Trever. dioc. sup. annat. par. eccl. in Arnbus Meten. dioc. (60 l. T. p.) de qua vac. p. o. Petri Colineti et p. resign. Johannis Ernest collitigantis s. d. 19. ian. 76 sibi prov. fuit 15. mart. 76 A 24 106^{r}.

6291 **Johannes (Rehwinkel)** procurator generalis ord. Theutonicorum Jerusalemitan.: notitia sup. prov. de eccl. Sambien. vac. p. o. Theoderici [de Cuba] ad relationem [Francisci Gonzaga tit. s. Marie nove] diac. card. Mantuan. 23. decb. 74 OS 82 87^{v}, OS 83 62^{r} – el. Sambien.: prov. de d. eccl. vac. p. o. 74/75 I 333 289^{v} – obtulit cam. ap. et collegio card. 800 fl. adc. pro commun. serv. et 5 min. [serv.] p. Jeronimum (Hieronymum) Junium collegii card. cler. ratione

prov. s. d. 23. decb. 74 (in margine: bulle date sunt Johanni de Bonaparte institori soc. de Pazis) 30. ian. 75 OS 84 240^{r}, Paris L 25 A 8 176^{v} – ep. Sambien. in cur. gener. mag. et procur. ord. sive militie b. Marie Theotonicorum referens quod ipse habitabat quandam dom. d. ord. b. Marie Theotonicorum in Urbe in regione Regule et pro manutentione d. domus certa debita fecit et quod d. domum locavit Petro [Ferrici] tit. s. Sixti presb. card. Tirasonen. pro censu ann. 35 duc. adc.: de conf. instr. publ. desup. fact. 4. nov. 77 S 759 248^{r} – ep. Sambien.: notitia sup. visit. lim. pro biennio die 30. ian. 81 incepto ac pro al. biennio p. Michaelem Pauerfeind can. eccl. Warm. procur. 24. mai. 81 DC 40 162^{r} – ep. Sambien.: solvit notario pro visit. lim. 4 grossos mai. 81 DB 2 34^{v} – ep. Sambien.: notitia sup. visit. lim. pro 2 bienniis futuris die 30. ian. 85 incipiendis p. Nicolaum Crapitz causarum pal. ap. not. et procur. 18. aug. 83 DC 41 179^{r} – ep. Sambien. qui propter n. consignationem partis pec. ex indulg. eccl. Pomezan. conc. ad aep. Rigen. p. d. aep. excom. fuit: m. (ep. Poznan. collect.) ut absol. eum a d. excom. postquam d. pec. persolv. (ut d. pec. ad cur. transmittat) 27. aug. 83 Arm. XXXIX, 16 3^{vs}, Arm. XXXIX, 16B 27^{vss}, 30. aug. 83 Arm. XXXIX, 16 6^{rs}, Arm. XXXIX, 16B 33^{rs} – qui p. aep. ut supra excom. et deinde auct. ap. absol. fuit si d. pec. infra 5 menses persolv.: m. (ep. Poznan. collect.) ut declaret excom. d. ep. Sambien. si infra 5 menses d. pec. n. persolv. et ut has pec. ad cur. transmittat 30. aug. 83 Arm. XXXIX, 16 6^{v}, Arm. XXXIX, 16B 34^{rs}.

6292 **Johannes Reychenower** cler. Ratisbon. dioc. pape fam. nullum benef. obtin.: de prepos. eccl. s. Adalberti Aquen. Leod. dioc. (4) necnon can. et preb. eccl. Wormat. (4 m. arg. p.) vac. p. o. in cur. Ottonis de Langen aud. in cur. defunct., Conc. motu pr. de prepos. et de can. et preb. pro Stefano Westerkircher cler. Patav. dioc. pape parafrenario 21. iul. 84 S 838 177ᵛ.

6293 **Johannes Reichwein (Rechwein, Rohwein)** rect. par. eccl. s. Martini in Mistelbach Patav. dioc., utr. iur. licent., imper. maiestatis prothonotarius, in min. ord. constit. c. quo de n. prom. ad 2 an. disp. fuit c. prorog. d. disp. ad al. 2 an. p. Paulum II. conc.: de prorog. ad al. 2 an. 30. ian. 73 S 687 49ᵛ − cler. Patav. dioc.: de nova prov. de par. eccl. in Pels Salzeburg. dioc. (20 m. arg.) vac. p. o. Johannis Duster Nicolai V. cubic. 10. apr. 77 S 749 249ʳ − oblig. p. Gasparem Marolt cler. Aquileg. dioc. sup. annat. par. eccl. in Pels ut supra (in margine: d. die solv. pro compositione annat. 40 fl. p. manus d. Gasparis) 13. mart. 79 A 27 170ᵛ − solv. 45 fl. adc. pro annat. par. eccl. in Pels ut supra p. manus Gasparis Marolt 13. mart. 79 FC I 1133 217ᵛ − rect. par. eccl. s. Gertrudis in Garss Patav. dioc. cui gr. expect. de 2 can. et preb. in provincia Salzeburg. aut Bamberg. sive Wratislav. dioc. consistentibus c. derog. omnium al. prerog. et expect. s. d. 11. mai. 73 conc. fuit: motu pr. mutatio gr. expect. de d. provinciis in provinciam Magunt., gratis 18. mart. 79 V 670 587ᵛ-592ᵛ − supplic. Friderico R. I. de preb. regalis nunc. in eccl. Ratisbon. de iur. patron. imper. (6 m. arg.) vac. p. o. Haupt Marschall de Bappenchein, gratis 15. apr. 79 S 780 93ᵛ.

6294 **Johannes Reyer** prep. eccl. b. Marie ad Gradus Colon. de bar. gen.: de uniendo d. prepositure (15 m. arg.) can. et preb. d. eccl. (4 m. arg.) ad vitam 27. ian. 72 S 675 230ʳˢ.

6295 **Johannes Reyff** archid. eccl. Olomuc. qui par. eccl. b. Marie in Bavallo (Bancillo) Trident. dioc. p. procur. suum resign. in manibus pape: reserv. pens. ann. 16 fl. adc. sup.

fruct. d. par. eccl. p. Johannem Antonium Delpona can. eccl. mon. s. Johannis in Viridacio congregationis Lateranen. o. s. Aug. Paduan. dioc. persolv. 4. nov. 74 (m. aep. Patracen. et abb. mon. Mellicen. Patav. dioc. ac prep. mon. in Gries Trident. dioc.) L 749 146ʳˢˢ − restit. bulle 16. nov. 74 A 23 243ᵛ.

6296 **Johannes Reymalt (Reymolt, Reynolt)** cler. Magunt. dioc.: de can. et preb. eccl. ss. Marie et Georgii al. Leonardi in op. Frangforden. Magunt. dioc. (2 m. arg.) vac. p. o. Hermanni Kangisser vel p. devol. 13. decb. 79 S 788 59ʳ − cui de can. et preb. eccl. ss. Marie et Georgii al. Leonardi Franfforden. Magunt. dioc. prov. fuit: prov. de perp. s. c. vicar. s. Michaelis in eccl. ss. Petri et Alexandri Ascaffemburgen. Magunt. dioc. (4 m. arg.) vac. p. resign. Nicolai Brune pape fam. ex causa perm. (in manibus Cristiani Ganser prep. eccl. in Moxstat vic. gener. Dieteri [de Isenburg] aep. Magunt.) qui d. vicar. absque disp. detin. et disp. ad 2 benef. (exec. ep. Alerien. et ep. Vulterran. ac dec. eccl. s. Bartholomei Francforden. Magunt. dioc.), gratis 10. nov. 80 V 624 261ʳ-262ᵛ − qui vig. disp. sup. def. nat. (p. s.) ad primissariam in par. eccl. in Echzel Magunt. dioc. certo modo vac. p. pastorem d. par. eccl. pro patron. se gerente present. fuit: de nova prov. de eadem (3 m. arg.) 14. iul. 81 S 802 92ʳ − <cui vig. disp. sup. def. nat. ut supra de perp. vicar. s. Michaelis ut supra prov. fuit c. disp. ad 2 incompat. benef.>: de disp. ad quodcumque benef. c. lic. perm. et de disp. ut 2 benef. sub eodem tecto ad vitam retin. val. 14. iul. 81 S 802 76ʳˢ, gratis V 653 202ʳˢ, 20. aug. 81 S 802 164ᵛˢ − qui ad perp. vicar. in eccl. ss. Marie et Georgii al. Leonhardi ut supra vac. p. resign. Philippi Zentgroff p. patron. laic. present. fuit: de nova prov. de d. perp. vicar. in eccl. ss. Marie et Georgii al. Leonhardi (4 m. arg.), n.o. perp. vicar. ad alt. s.Michaelis (4 m. arg.) ut supra necnon can. et preb. in d. eccl. ss.Marie et Georgii (4) necnon primissaria in par. eccl. ville Echzel Magunt. dioc. (4 m. arg.) quos n. obtin. 18. apr. 82 S 813 309^{vs} – recip. not. pro bulla distributa 5 grossos decb. 82 DB 1 155^r – de disp. ut quodcumque benef. recip. val. c. lic. perm. n.o. def. nat. 25. iul. 83 S 826 178^{rs} – pape fam. c. quo sup. def. nat. (p. s.) ad quodcumque benef. disp. fuit quique ad perp. vicar. ad alt. s.Leonhardi in eccl. ss.Marie et Georgii al. s.Leonhardi ut supra tunc vac. p. resign. Philippi Gzuntgrefe seu p. resign. cuiusdam Michaelis Winther (cui de d. vicar. tunc certo modo vac. ordin. auct. prov. fuit) p. patron. laic. present. fuit: de nova prov. de d. perp. vicar. (6 m. arg. p.) 14. mart. 84 S 839 157^v.

6297 **Johannes Reymbabe** can. eccl. Wratislav. Marci [Barbus] tit. s.Marci presb. card. fam.: de can. et preb. eccl. s.Crucis Wratislav. (de iur. patron. Mathie Hungarie et Bohemie regis occasione regum Bohemie) (6 m. arg.) vac. p. resign. in manibus pape Mariotti Senilis cler. Spoletan. dioc. leg. doct. d. regis oratoris qui dd. can. et preb. nuper vac. p.o. in cur. Nicolai Gleywitz <s.d. 17. febr. 78> de consensu d. regis acc. 30. mart. 78 S 767 127^{rs}, m. (abb. mon. b. Marie in Arena Wratislav. et Nicolao Sculteti ac Nicolao Merboti canonicis eccl. Wratislav.) (exped. 9. apr. 78) L 782 50^{vss} – oblig. sup. annat. can. et preb. eccl. s.Crucis Wratislav. ut supra 10. apr. 78 A 27 7^v – Marci [Barbus] card. ep. Prenestin. fam. et **Johannes Sunanselt al. Pasthavicz** rect. par. eccl. s.Jacobi de Nissa Wratislav. dioc.: de adm. resign. d. Johannis Reymbabe et de prov. d. Johanni Sunanselt de capn. ad alt. ss.Marie et Dorotee in par. eccl. op. Frybergen. Wratislav. dioc. (2 m. arg.) et de assign. d. Johanni

Reymbabe pens. ann. 4 m. arg. sup. fruct. d. par. eccl. s.Jacobi qui 3. partem fruct. eiusdem eccl. n. excedunt p. d. Johannem Sunanselt <c. assensu suo p. Michaelem Salczman can. eccl. Wratislav. procur. in civit. Wratislav. vel in cur. express.> persolv. 19. ian. 79 S 777 90^r, (m. ep. Arben. et Nicolao Scultheti ac Nicolao Merboti canonicis eccl. Wratislav.) L 788 182^{rs} – solv. 13 fl. adc. pro annat. can. et preb. eccl. s.Crucis Wladislav. de iur. patron. regis Ungarie 1. febr. 79 FC I 1133 206^v – restit. bulle sup. annat. pens. ann. 4 m. arg. eidem sup. fruct. par. eccl. de Nissa Wratislav. dioc. occasione resign. cuiusdam capel. s.d. 19. ian. 79 assign. 26. febr. 79 A 27 230^v – cler. Wratislav. dioc.: de par. eccl. s.Mauritii e.m. Wratislav. (4 m. arg.) vac. p.o. in cur. Michaelis Salzeman (Salczeman), n.o. can. et preb. maioris eccl. et can. et preb. eccl. s.Crucis Wratislav. (6 duc. adc.) et perp. capn. ad alt. b. Marie in eccl. Wratislav. (10 duc. adc.) quas obtin. necnon pens. ann. 20 duc. adc. sup. fruct. par. eccl. s.Jacobi in Nyssa Wratislav. dioc. 2. mart. 82 S 808 55^r, (m. ep. Arben. et ep. Potentin. ac scolast. eccl. s.Crucis Wratislav.) (exped. 11. mart. 82) L 809 293^v-295^r – can. eccl. Wratislav. cui de par. eccl. s.Mauritii ut supra prov. fuit: de nova prov. de d. par. eccl. (6 m. arg.) vac. p. resign. Wilhelmi de Lovenck cler. Colon. dioc. pape fam. parafrenarii in manibus pape, n.o. can. et preb. maioris eccl. ut supra (8) ac can. et preb. eccl. s.Crucis ut supra (6) ac perp. capn. ut supra (2 m.) ac assign. pens. ann. 4 m. ut supra 23. mart. 82 S 809 83^{vs} – rect. par. eccl. s.Mauritii ut supra: de n. prom. ad omnes ord. ad an., sola sign. 24. ian. 83 S 818 294^v – de prom. ad omnes ord. extra temp., sola sign. 2. apr. 84 S 834 60^r – de indulto ut horas can. iuxta morem R. E. dicere valeat, sola sign. 13. apr. 84 S 834 231^{rs}.

6298 Johannes Reymbote laic. et **Margareta Zergeber** mul. Magunt. dioc. qui in 4. consang. gradu coniuncti matrim. contraxerunt: de disp. sup. d. impedimento matrim., Et committatur ep. Syronen. (Sarenen.) in Magunt. dioc. resid. vic. in spiritualibus aep. Magunt. cum eorundem oratorum habitatio distet ultra 2 dietas 29. oct. 79 S 787 176^r.

6299 Johannes Reimensnider cler. Magunt. dioc.: de can. et preb. eccl. s. Martini in Heiligenstad Magunt. dioc. (4 m. arg.) vac. p. resign. in manibus pape Henrici Holtscher 15. mart. 75 S 716 203^v, m. (dec. eccl. s. Johannis in Haugis e. m. Herbip.) (exped. 5. decb. 75) L 752 156^{vss}.

6300 Johannes Reynardi de Korbach presb. Magunt. dioc. qui quoddam titulare benef. c. Henrico Brorrson presb. Magunt. (in 70. sue et. an. constit., consang. suo) quem in sua domo propriis expensis p. plures annos tenuerat pro par. eccl. plebania nunc. in Butzenheym e. m. Magunt. perm. c. reserv. pens. ann. 10 fl. renen. sup. fruct. d. par. eccl. et sup. fruct. alt. b. Marie in hosp. op. Casselen. Magunt. dioc. pro d. Henrico et qui fruct. p. an. et ultra percepit: de absol. a labe simonie et de disp. sup. irreg. et de nova prov. de d. par. eccl. (3 m. arg.) et de assign. d. Henrico pens. ann. 5 fl. adc. 12. iun. 75 S 722 292^{vs}.

6301 Johannes Reinboldi et **Johanna** fil. Rutgheri de Bruyn laic. Traiect. dioc. referentes quod d. Johanna in 12. sue et. an. constit. puerum naturalem d. Johannis de fonte levavit et quod postea citra 18. sue et. an. matrim. c. quond. Jacobo Holl laic. Traiect. dioc. contraxit et deinde al. puerum d. Johannis de fonte levavit et quod dd. Johannes et Johanna 4 an. post mortem d. Jacobi clandestine matrim. contraxerunt et p. 3 an. cohabitarunt: de disp. ut in matrim. remanere possint n. o. dd. impedimentis 23. ian. 76 S 733 156^{rs}, m. (ep. Traiect.) ut

matrim. de novo contrahere val. L 762 108^{vs}.

6302 Johannes Reynken presb. Colon. dioc.: de par. eccl. in Haffen Colon. dioc. (10 m. arg.) vacat. p. resign. Johannis Paep et de assign. d. Johanni Paep pens. ann. 3. partis fruct. p. d. Johannem Reynken persolv. 17. mai. 75 S 720 56^{vs} – presb. Colon. litig. coram aud. contra Theodoricum under Eyken, Johannem Noyde et Wilhelmum Meerwick cler. sup. par. eccl. in Haffen Colon. dioc.: de prov. si nulli de d. par. eccl. (10 m. arg. p.) 5. iun. 77 S 761 149^v – possessor litig. coram aud. contra quond. Johannem Noyde (qui obiit in cur.), Theodoricum onder Eycken et Wilhelmum Merwich sup. par. eccl. in Haffen Colon. dioc. (6 m. arg.) vac. p. o. Johannis Pax: de surrog. ad ius d. Johannis Noyde et de prov. si nulli de d. par. eccl. 19. aug. 78 S 772 242^{rs}.

6303 Johannes Reynde scol. Magunt. dioc. in cur. resid. c. quo sup. def. nat. (p. s.) ad prom. ad omnes ord. et unum benef. disp. fuit: de prom. ad acolit. ord. extra temp., sola sign. 8. iun. 83 S 825 196^v.

6304 Johannes ex com. de Reyneck (Ryeneck, Rynek) cler. Magunt. dioc. de nob. et com. gen. Dietheri [de Isenburg] aep. Magunt. consang. in 7. sue et. an. constit.: motu pr. prov. de can. et preb. eccl. Spiren. (10 m. arg.) vacat. p. prom. Ludovici de Helenstadt el. Spiren. n. o. def. et. (m. prep. eccl. s. Petri Frislarien. Magunt. dioc. et dec. eccl. s. Johannis Magunt. ac offic. Magunt.) 24. sept. 78 (exped. 13. mart. 79) L 797 230^r-231^v – qui 7 an. completos habet: de nova prov. de can. et preb. eccl. Bamberg. (6 m. arg.) vac. p. resign. Alberti ex ducibus Bavarie n. o. def. et. 13. febr. 79 S 785 86^r – oblig. p. Adam Rodart prep. eccl. s. Petri Fritzlarien. Magunt. dioc. sup. annat. can. et preb. eccl. Spiren. ut supra 16. mart. 79 A 27 172^v – solv.

22 fl. adc. pro annat. can. et preb. eccl. Spiren. p. manus soc. de Salutatis 17. mart. 79 FC I 1133 219^r – in 7. sue et. an. constit.: de disp. ad quodcumque benef. c. lic. perm., Conc. completo 7. 15. mart. 81 S 800 241^{rs}, L 805 255^{rs}.

6305 Johannes Reysinger (Keysinger) cler. Patav. dioc. Marci [Barbus] tit. s. Marci presb. card. fam.: de perp. s. c. benef. ad alt. s. Benedicti in eccl. de Postmunster Patav. dioc. (4 m. arg.) vac. p. o. Georgii Sartoris 27. ian. 77 S 746 185^v – Marci ut supra card. fam.: motu pr. (s. d. 2. iul. 77) de can. et preb. eccl. s. Stefani in Busschoffsteyn Trever. dioc. (4 m. arg.) vac. p. o. in cur. Petri Gulszsz-ghin d. card. cap. et fam. 12. decb. 78 S 775 273^{rs} – referens quod Marco card. ut supra de can. et preb. eccl. s. Stephani in Busschoffsteyn Trever. dioc. vac. p. o. in cur. Petri Gulsigin s. d. 4. iul. 78 prov. fuit et quod d. Marcus deinde resign. in manibus pape: prov. de dd. can. et preb. (4 m. arg.) (m. prep. eccl. ss. Martini et Severi Monasterii Meynfelt Trever. dioc. ac offic. Trever. et al.), gratis 12. decb. 78 (exped. 13. mart. 79) L 793 152^r-153^v.

6306 Johannes Reytter presb. Ratisbon. dioc. cui de perp. s. c. benef. selmessaria nunc. in par. eccl. Ratisbon. (4 m. arg.) vac. p. o. Petri Huebner sive p. resign. Petri Wasenstorffer presb. Ratisbon. dioc. 23. nov. 75 S 730 34^{vs}.

6307 Johannes Reytz qui par. eccl. in Rychroeda Colon. dioc. resign. in manibus pape et **Ulricus Biel de Rria** presb. Colon. dioc.: de adm. resign. d. Johannis et de prov. d. Ulrico de d. par. eccl. (9 m. arg.) et de assign. d. Johanni pens. ann. 20 fl. renen. sup. fruct. d. par. eccl. p. d. Ulricum persolv. 17. apr. 80 S 792 48^v.

6308 Johannes Remboldt de Reymbach <cler. Colon. dioc.> filius oppid. op.

Reymbach Colon. dioc. in 15. sue et. an. constit.: de perp. vicar. ad alt. s. Johannis Bapt. et s. Trinitatis in par. eccl. op. Reymbach (Reimbach) Colon. dioc. (2 m. arg.) que ad coll. rect. d. par. eccl. c. consensu scabinorum d. op. spectat vac. p. o. Raymbadi de Reymbach 26. febr. 83 S 820 81^{rs}, m. (dec. eccl. ss. Cassii et Florentii Bonen. Colon. dioc.) (exped. 8. mart. 83) L 829 105^v-107^r.

6309 Johannes de Remesche (Remexche) cler. Leod. dioc. Bessarionis [Trapezunt.] card. ep. Sabinen. fam.: supplic. d. card. de scolastr. eccl. s. Crucis Leod. (8 m. arg.) vac. p. o. in cur. Henrici Dailman Pauli II. cubic. 27. aug. 71 S 671 86^v.

6310 Johannes Remich (Remichen) cler. Trever. dioc. pape fam.: de can. et preb. eccl. s. Fridolini in Seckingen Constant. dioc. (4 m. arg.) vac. p. o. Johannis Warnherii de Flaxland Pii II. fam. 22. nov. 71 S 673 182^{rs} – prebendarius colleg. eccl. b. Marie Trever.: de prom. ad omnes ord. extra temp., sola sign. 25. iun. 73 S 692 133^r.

6311 Johannes Remstede cler. Bremen. dioc. mag. in art. Cristierni Dacie Swecie et Norwegie regis dilectus: motu pr. gr. expect. s. d. 1. ian. 72 de benef. ad coll. ep. etc. Lubic. et ad coll. prep. eccl. b. Marie Hamburgen. Bremen. dioc. et prerog. ad instar pape fam., gratis 13. apr. 74 V 663 98^{rss}.

6312 Johannes Renck cler. Herbip. dioc.: de prepos. colleg. eccl. s. Cecilie in Rastorff Herbip. dioc. (5 m. arg.) vac. p. o. Ade Limpurg (Rhynpurg) 4. iul. 77 S 754 37^r, m. (prep. eccl. s. Crucis in Hemnfolt [recte: Hunfelt] Herbip. dioc.) (exped. 10. ian. 78) L 777 28^{rs} – oblig. p. Henricum Riff cler. Herbip. dioc. sup. annat. prepos. ut supra (in margine: d. die solv. 11 fl. p. manus soc. de Spanochiis) 13. ian. 78 A 26 130^v – solv. 11 fl. adc. pro annat. prepos. 12. ian.

78 FC I 1133 126^r, IE 495 93^r, IE 496 97^r, IE 497 96^r.

6313 **Johannes de Rene** decr. doct. octogenarius cap. capn. alt. b. Marie virg. in par. eccl. in Frick Basil. dioc. et **Johannes Berchman de Olpe** cler. Colon. dioc. nullum benef. obtin.: de adm. resign. d. Johannis de Rene et de prov. d. Johanni Berchman de d. capn. (4 m. arg. p.) et de assign. d. Johanni de Rene pens. ann. 10 fl. renen. 7. mai. 77 S 750 273^v.

6314 **Johannes Renner** presb. Argent. dioc. bac. in art.: de par. eccl. de Mitlen Berghaen Argent. dioc. (4 m. arg.) vac. p. o. Johannis Konffleip 1. decb. 72 S 684 227^{rs}.

6315 **Johannes de Reness (Reneff)** subdiac. rect. par. eccl. in Oudelande Traiect. dioc. ex utr. par. de mil. gen. bac. in decr.: de n. prom. ad 7 an. 30. mai. 75 S 721 101^v – n. prom. ad 7 an. 7. iun. 75 L 745 265^{rs}, de ref. S 721 112^{vs}.

6316 **Johannes Repphayn** cler. Magunt. dioc.: de can. et preb. eccl. s. Andree Wormat. (8 m. arg.) vac. p. o. Ade Rothart Pii II. fam. 16. ian. 84 S 839 162^v.

6317 **Johannes Restbern de Zutania** rect. par. eccl. s. Catherine in villa Tirchan Prag. dioc.: de prom. ad omnes ord. extra temp., sola sign. 21. iun. 73 S 692 16^r.

6318 **Johannes Retmayr** cler. Frising. dioc.: de perp. s. c. benef. ad alt. Omnium ss. in eccl. Brixin. (3 m. arg.) vac. p. o. Johannis Wittfang 18. apr. 79 S 780 221^{vs}.

6319 **Johannes Reumierer** et 2 al. laic. Magunt. dioc. inter al. referentes quod litig. coram Vigero de Haesant prep. eccl. Kerpen. Colon. dioc. deinde coram sed. ap. contra Johannem Wachendorff civ. Colon. scol. univ. Colon. sup. certis rebus et bonis: m. (dec. eccl. s. Castoris et cant. eccl. s. Florini in Confluentia Trever. dioc.) committ. in partibus 5. nov. 81 L 822 299^{rs}.

6320 **Johannes Retz**: recip. not. pro bulla distributa 4 grossos et 4 grossos pro copia decb. 81 DB 1 111^r.

6321 Executores testamenti quond. **Johannis de Richensteyn** subdecani eccl. Colon.: de committ. in partibus ut ad executionem d. testamenti procedant 13. decb. 77 S 762 29^v.

6322 **Johannes de Rychensteyn** can. eccl. Colon. et eccl. Leod. ex utr. par. de illustri gen.: motu pr. de gr. expect. de can. et preb. necnon de benef. ad coll. quorumcumque, Et s. d. 17. nov. 81 [1484] S 830 109^v.

6323 **Johannes Ried (Ruet) al. Chotz (Clocz)** presb. August. dioc. qui capel. s. Salvatoris et Transfigurationis domini et s. Afre mart. et al. ss. de novo fundavit inter al. referens quod certa par. eccl. in parvula villa et desolata extitit: de uniendo d. capel. d. par. ecclesie et de ref. 3. apr. 73 S 689 208^v – qui capel. s. Salvatoris et Transfigurationis Domini ac s. Afre mart. et al. ss. in Monte Buchluten. in op. Kaufbeuren (Kaufburen) August. dioc. de novo fund. et **Ulricus, Antonius, Johannes et Petrus Hanoldt** <laic.> fratres civit. August. <qui 50 fl. renen. pro d. capel. exposuerunt c. reserv. iur. patron.>: de incorp. d. capelle (3 m. arg.) par. eccl. in Schwibliszhofen (Swabbszhofen, Swabliszhofen) August. dioc. de iur. patron. dd. fr. et heredum (3 m. arg.) in qua villa forsan 17 utriusque sexus homines habitant 24. mai. 73 S 690 228^{vs}, V 558 236^{vss} – et fratres civit. August.: restit. bulle s. d. 24. mai. 73 sup. incorp. capelle ut supra 17. sept. 73 A 22 162^v.

6324 **Johannes Riedinger (Redinger, Rudinger)** cler. Patav. in 21. sue et. an. constit.: de disp. ad unum in 21. et ad 2 incompat. benef. etsi par. eccl. ad vitam c. lic. perm. quamprimum ad et. legitimam pervenerit 13. apr. 80 S 796 89^{vs} – cui de par. eccl. in Sewalchen Patav. dioc. certo modo vac. prov. fuit: de nova prov. de eadem (4 m. arg.) 26. iun. 81 S 802 137ᵛ – pape fam.: motu pr. de gr. expect. de can. et preb. necnon de benef. ad coll. quorumcumque, Et s.d. 17. nov. 81 S 803 124ᵛˢ, S 803 175ᵛ – motu pr. prov. de can. et preb. eccl. s. Johannis Ratisbon. necnon de benef. ad coll. abb. etc. mon. in Altach Inferiori o. s. Ben. Patav. dioc., gratis (m. ep. Forolivien. et Celso de Mellinis can. basilice Principis appl. de Urbe ac in spir. et temp. vic. gener. Ratisbon.) 17. nov. 81 Sec. Cam. 1 324ʳ-325ᵛ, Sec. Cam. 1 334ʳˢ – de ref. 20. apr. 82 S 803 125ʳ – rect. par. eccl. s. Jacobi in Scwalhom Patav. dioc.: de disp. ut unac. d. par. eccl. sup. qua litig. in cur. aliud incompat. benef. etsi par. eccl. ad vitam recip. val. c. lic. perm. et de percip. fruct. in absentia 18. mai. 82 S 811 65ᵛˢ – de par. eccl. b. Marie virg. in Kunigswisen Patav. dioc. (4 m. arg.) 20. decb. 82 S 819 49ʳ – de par. eccl. s. Georgii Hofsteten. Patav. dioc. (6 <8> m. arg.) vac. p.o. Georgii (de) Meynburg (Maynburg) in decr. licent. olim Georgii [Hesler] tit. s. Lucie in Silice presb. card. fam. 28. decb. 82 S 820 206ʳ, 17. mart. 83 S 820 289ʳˢ, m. (prep. eccl. Patav. et archid. eccl. Visen. ac offic. Wien.), gratis V 628 71ʳ-72ᵛ – oblig. sup. annat. par. eccl. s. Georgii (8 m. arg.) ut supra 11. apr. 83 A 31 28ᵛ – de par. eccl. s. Michaelis in Sancto Michaeli Patav. dioc. (4 m. arg.) vac. p. resign. Johannis Doreker in manibus Alexandri [Numai] ep. Forolivien. legati ap. 15. nov. 83 S 831 90ʳ – can. eccl. s. Johannis Ratisbon. cui motu pr. gr. expect. s.d. 17. nov. 81 de can. et preb. in d. eccl. s. Johannis necnon de benef. ad coll. abb. etc. mon. in Altach Inferiori o. s. Ben. Patav. dioc. conc. fuit: motu pr. de prerog. ad instar pape fam. descript. 24. nov. 83 S 832 24ᵛˢ – rect. par. eccl. s. Georgii ut supra subdiac. pape fam. resid. in cur.: de prom. ad

omnes ord. extra temp., sola sign. 27. nov. 83 S 832 8ᵛ.

6325 Johannes Riemberger (Kiemberger) cler. Salzeburg. dioc. in decr. licent.: m. (aep. Patracen. et prep. eccl. Eistet. ac offic. Ratisbon.) confer. par. eccl. in Altheym (Astheym) Ratisbon. dioc. (10 m. arg.) vac. p. assec. par. eccl. in Napurg Ratisbon. dioc. p. Ulricum Part quond. Johannis [Carvajal] tit. s. Angeli diac. card. fam. 25. oct. 73 (exped. 8. iun. 74) L 739 164ʳˢˢ – oblig. p. Sigismundum Grim cler. Frising. dioc. sup. annat. 27. oct. 74 A 23 176ʳ – solv. 23 fl. pro compositione annat. p. manus Sigismundi Grim cler. Frising. dioc. 27. oct. 74 FC I 1132 22ʳ, IE 490 24ʳ, IE 491 11ʳ.

6326 Johannes [Riescher de Laudenburg] abb. et conv. mon. Mulbronen. o. Cist. Spiren. dioc.: oblig. p. Johannem Gladiatoris perp. benefic. in Brochsel Spiren. dioc. procur. eius (ut constat publ. instr. acto in d. mon. s.d. 19. febr. 80 subscripto p. Rabbanum Stol cler. Spiren. imper. auct. not.) sup. annat. par. eccl. in Illingen et par. eccl. in Zeissenhusen Spiren. dioc. d. monasterio unitarum (28 m. arg.) de quib. in casu vacat. s.d. 20. decb. 79 sibi prov. fuerunt (in margine: die 3. ian. 81 d. abb. solv. 70 fl. p. manus Theodorici Arndes can. eccl. Lubic.) 8. apr. 80 A 28 175ʳ.

6327 Johannes de Riethem (Rethen) monach. mon. b. Marie in Campidona o. s. Ben. Constant. dioc. ex utr. par. de nob. gen.: prov. de abbat. d. mon. vac. p.o. Johannis de Wernow, c. litt. solitis 11. apr. 83 L 827 314ᵛ-316ʳ, Cod. Vat. Lat. 3478 117ᵛ – m. (ep. August. et ep. Cur.) recip. iuram. ab Johanne abb. ut supra 11. apr. 83 L 827 316ʳ – notitia sup. prov. de abbat. d. mon. vac. p.o. Johannis in consistorio ad relationem [Raphaelis Riario] tit. s. Georgii ad velum aureum diac. card. 11. apr. 83 OS 82 140ᵛ – abb. mon. ut supra referens quod Adrianus Johannes abb. mon. s. Marie in Campidono (de Campidona) o. s. Ben. Constant. dioc. prov. de d. mon. vac. p. o. 82/83 I 335 41ʳ – referens quod Adrianus II. voluit quod d. mon. c. bonis suis salvum et sub sed. ap. tuitione perp. consistere deberet et quod Gregorius IX. usum mitre in missarum sollemnitate abb. d. mon. conc.: motu pr. m. (ep. Alexandrin. et ep. August. ac abb. mon. s. Galli de Sancto Gallo Constant. dioc.) conf. dd. conc. 20. mai. 83 V 632 184ᵛ-187ʳ – abb. mon. ut supra R. E. immed. subiecti: obtulit cam. ap. et collegio card. 350 fl. adc. p. Johannem Blecz de Rotestain cler. Constant. dioc. pro serv. commun. ratione prov. s. d. 11. apr. 83 (in margine: die 19. iul. 83 bulle date fuerunt Johanni abb. qui solv. in totum) 12. iul. 83 OS 84A 161ʳ, (in margine: die 19. iul. 83 bulle date fuerunt d. Johanni qui solv. 300 fl. adc. c. remissione residui) Paris L 25 A 9 173ʳ – abb. mon. o. s. Ben. ut supra: solv. pro integra solut. serv. commun. 104 fl. adc. ac pro serv. min. 10 fl. adc. ac pro 3 serv. min. 30 fl. adc. p. manus soc. de Gadis 24. iul. 83 FC I 1131 148ʳ.

6328 **Johannes Rigni de Montemadeio (Montemadyo)** rect. par. eccl. b. Marie de Amoth Trever. dioc. qui can. et preb. eccl. s. Felicis in Sancto Felice de Caramagno Tolosan. dioc. in favorem Nicolai Dominici de Hignevilla resign. in manibus pape: assign. pens. ann. 10 scutorum auri novorum de cugno regis Francie sup. fruct. dd. can. et preb. p. d. Nicolaum in civit. Meten. persolv. (m. thes. eccl. Baiocen. ac officialibus Tolosan. ac Baiocen.) 23. aug. 74 L 734 155ᵛ-157ʳ – restit. bulle ut supra 6. sept. 74 A 23 233ʳ.

6329 **Johannes de Rymelshem** in decr. licent. presb. Magunt. dioc.: de s. c. vicar. ad alt. s. Spiritus in eccl. s. Pauli ac de alt. b. Marie virg. in par. eccl. s. Ruperti civit. Wormat.

(insimul 3 m. arg.) vacat. p. resign. Johannis Rapp <p. Johannem Leyst cler. Magunt. procur. fact.> 8. aug. 77 S 755 170ᵛˢ, (m. decanis eccl. s. Martini Wormat. et b. Marie Franckforden. Magunt. dioc. ac Ulrico Entzemberger can. eccl. Patav.) (exped. 18. aug. 77) L 775 157ᵛ-159ʳ – cler. Magunt. dioc.: de perp. vicar. s. Juliani in par. eccl. in Hoenstedt Magunt. dioc. (4 m. arg.) vac. p. o. Hartmanni Suarhart 22. febr. 80 S 789 291ᵛˢ.

6330 **Johannes Rynck (Reynek)** scol. Magunt. dioc. c. quo sup. def. nat. (p. s.) disp. fuit: de prom. ad omnes ord. extra temp., sola sign. 9. iun. 79 S 783 65ᵛ – cler. Magunt. dioc.: de perp. vicar. in eccl. ss. Petri et Alexandri Aschaffenburgen. Magunt. dioc. (4 m. arg.) vac. p. resign. Nicolai Brune n. o. def. nat. (p. s.) 10. nov. 80 S 797 280ʳˢ.

6331 **Johannes Ringhe** pauper cler. Camin. dioc. nullum benef. obtin.: de perp. vicar. in colleg. eccl. s. Ottonis Stetinen. Camin. dioc. (2 m. arg.) vac. p. o. Johannis Clockvo 10. febr. 73 S 689 197ᵛ.

6332 **Johannes Risori** [cler.] Magunt. dioc.: de confic. litt. sup. reserv. pens. ann. 8 fl. renen. sup. fruct. par. eccl. in Treysa Magunt. dioc. sibi p. quendam Eberardum [Lapp] persolv. in terminis et loco in litt. exprimendis 3. decb. 82 S 817 30ᵛˢ.

6333 **Johannes Ritteler** cler. Herbip. dioc.: de par. eccl. b. Margarite in Vinsterloe Herbip. dioc. (25 l. T. p.) de iur. patron. clericorum [!] vac. p. devol. licet Michael Hofmann presb. illam absque disp. p. 1 vel 2 an. detin. 5. decb. 82 S 816 291ᵛ.

6334 **Johannes Ritter (Ruter)** presb. Constant. dioc.: de par. eccl. in Reyn (Reim, Regn) Basil. dioc. (5 m. arg.) vac. p. o. Erhardi (Gerhardi) Wretemberch (Weitemborgh) 17. oct. 71 S 675 169ʳ, m. (prep. eccl. [s.] Petri Ymbriacen. Constant. dioc.) (exped.

15. febr. 72) L 715 223^{rs} – solv. 11
fl. adc. pro compositione annat. 27.
febr. 73 FC I 1129 139^r, FC I 1767
53^r, FC I 1768 55^r.

6335 **Johannes Ritter (Ruter)** cler. Magunt. dioc. cui de perp. s.c. vicar. in
eccl. s.Guidonis Spiren. vac. p.o.
Nicolai de Lutem p. procurationem
T[heodori de Monteferrato] tit.
s.Theodori diac. card. ac prepos.
commendatoris ordin. auct. prov. fuit possessione subsecuta: de nova
prov. de d. vicar. (4 m. arg.) 23. ian.
78 S 764 137^v – de perp. s.c. capn.
ad alt. b. Marie virg. in par. eccl.
s.Martini e.m. Spiren. (3 m. arg.)
vac. p.o. Reynardi Cantrifusoris,
n.o. quod d. Johannes etiam vicar. in
eccl. Spiren. (4) et capn. in dioc.
Spiren. (4 m. arg.) inter al. obtin. 28.
decb. 81 S 806 125^v.

6336 **Johannes Rober** cler. Salzeburg. dioc.: de par. eccl. b. Marie in Fun-
dolfing [recte: Fridolfing] Salzeburg.
dioc. (12 m. arg.) vac. p.o. Johannis
Gerner quond. Burcardi [Weissbri-
ach tit. ss.Nerei et Achillei presb.]
card. Salzeburg. fam. 1. sept. 83 S
828 17^r.

6337 **Johannes Roberti** in art. mag. pape
fam.: prov. de alt. s.Catherine in par.
eccl. in Donck Leod. dioc. (4 m.
arg.) vac. p.o. in cur. Henrici de
Zoemeren pape fam. (m. ep. Alerien.
ac officialibus Leod. et Cameracen.)
14. aug. 72 (exped. 20. mai. 73) L
715 61^{vss} – cler. Leod. dioc. in art.
mag.: de par. eccl. s.Lamberti in
Houten Leod. dioc. (50 fl. renen.)
vacat. p. resign. in manibus pape Jacobi de Cotthem theol. prof. et (ces-
sata pens. ann. 33 fl. adc. Johanni
Pagani presb. Leod. dioc. conc.) de
reserv. d. Jacobo pens. ann. 15 fl.
adc. sup. fruct. d. par. eccl. p. d. Johannem Roberti persolv. 8. mart. 76
S 735 188^{rs} – de par. eccl. s.Lam-
berti in Houtengen Leod. dioc. (4 m.
arg.) vacat. p. resign. in manibus
pape Jacobi Cotthem theol. prof. 15.
mai. 76 S 739 38^v – motu pr. de

perp. capn. in eccl. Vseten. Leod. dioc. (3 m. arg.) vacat. p. resign. in
manibus pape Johannis Ockel pape
fam. 4. iul. 76 S 740 70^{vs} – referens
quod quond. Henricus Portman et
Hermannus Stropen litig. coram aud.
sup. capn. ad alt. b. Marie in colleg.
eccl. b. Marie in Tongren Leod. dioc.: de surrog. ad ius d. Henrici et de
prov. si neutri de d. capn. (4 m. arg.)
11. iul. 76 S 741 19^{vs} – de capn. seu
vicar. s.Petri in eccl. s.Patrocli de
Susaco Colon. dioc. (24 duc. adc.)
vac. p.o. in cur. Laurentii Rodulphi
24. sept. 77 S 758 63^{rs} – presb. rect.
par. eccl. s.Johannis in Curteconen
Leod. dioc. et **Franciscus de Halle**
presb. Leod. dioc.: de adm. resign. d.
Johannis et de prov. d. Francisco de
d. par. eccl. (6 m. arg.) et de assign.
d. Johanni pens. ann. 2 m. arg. 24.
apr. 78 S 768 293^r – restit. bulle
sup. pens. ann. 2 m. arg. sup. fruct.
par. eccl. s.Johannis in Cutteroven
Leod. dioc. ut supra (quia est solut.
annat. d. par. eccl.) 23. mai. 78 A 27
199^r – persona person. de Palisio
[Leod. dioc.] pape et Hieronymi
[Bassus de Ruvere] tit. s.Balbine
presb. card. Racanaten. fam.: de
disp. ut unac. d. person. aliud incompat. benef. recip. valeat etsi par. eccl.
ad vitam c. lic. perm. et de fruct. percip. 31. aug. 78 S 775 213^{rs} – de par.
eccl. s.Lamberti de Heutenepiscopi
(Houtemepiscopi) Leod. dioc. (3 m.
arg.) <24 l. T. p.> vac. p. resign. in
manibus pape Jacobi Cotthem (Cor-
then) theol. prof. basilice Principis
appl. de Urbe penit. 13. ian. 79 S
776 98^v, (m. ep. Forolivien. et decanis ecclesiarum s.Martini et
s.Pauli Leod.) (exped. 29. mart. 80)
L 796 41^v-43^r – de indulto ut ipse
sine lic. ap. a d. cur. recedere et ad
partes adire et ibi commorari possit
quamdiu opportunitas negotiorum
exegerit, sola sign. 23. mart. 79 S
779 134^r – solv. [in bullaria] pro
formata 7 grossos mai. 79 T 13
141^r.

6338 **Johannes Roberti** cler. Traiect. dioc. Berardi [Eruli] tit. s. Sabine presb. card. fam.: fit mentio resign. perp. capn. ad alt. ss. Blasii et Marie Magdalene in eccl. s. Dionisii Leod. 28. decb. 71 S 674 227^{rs} – de can. et preb. eccl. s. Bartholomei Leod. (4 m. arg.) vac. p. o. in cur. Ghisberti Laurentii Berardi card. ut supra fam. cui de eisdem vac. p. o. Wilhelmi Lathoni etiam d. card. fam. p. Paulum II. prov. fuerat 16. apr. 72 S 679 56^{v} – de par. eccl. in Oudekerke Traiect. dioc. (8 m. arg.) vac. p. resign. in manibus pape Heinrici Hecht cler. Colon. dioc. contra quem litigaverat coram aud. sup. d. par. eccl. tunc vac. p. o. Nicolai Allordi presb. 26. iun. 72 S 681 19^{vs} – et **Henricus Hecht** cler. Colon. qui ambo vig. gr. expect. Pauli II. par. eccl. de Oudekerke Traiect. dioc. vac. p. o. acceperunt et qui litig. desup. coram aud. et **Hugo Cornelii** cler. Traiect. dioc. d. Johannis consanguineus decr. doct. pape fam. cui de perp. s. c. capel. in eccl. Colon. p. papam prov. fuit: de prov. d. Johanni de d. par. eccl. (45 fl. renen.) vacat. p. resign. d. Henrici et de prov. d. Henrico de d. capn. vac. p. resign. d. Hugonis et de assign. d. Hugoni pens. ann. 15 fl. renen. sup. fruct. d. par. eccl. 18. decb. 72 S 689 168^{rs} – rect. par. eccl. in Oudekercke Traiect. dioc. Berardi ut supra fam. et credentiarius: de n. prom. ad 5 an. 10. mai. 73 S 690 16^{v} – et **Heynricus Braem** cler. Traiect. Berardi card. ut supra fam. et **Godefridus de Pimperta** cler. Colon. dioc. pape fam. quorum unusquisque vig. gr. expect. can. et preb. eccl. s. Petri Traiect. acc. (et resignat in manibus pape): de prov. d. Johanni de can. et preb. d. eccl. (8 m. arg.) vac. p. o. Arnoldi Taets et de prov. d. Heynrico de can. et preb. d. eccl. (8 m. arg.) vac. p. o. Jodoci de Amsterdammis et prov. d. Godefrido de can. et preb. d. eccl. (8 m. arg.) vac. p. o. Theodorici Stervimlick 18. iun. 73 S 692 68^{vs} – acol. et rect.

par. eccl. de Oudekerke Traiect. dioc.: de prom. ad omnes ord. extra temp., sola sign. 4. iun. 74 S 706 152^{r} – prom. ad acolit. et al. min. ord. in eccl. s. Bartholomei de Insula in Urbe 20. iun. 74 F 6 170^{v} – de can. et preb. eccl. s. Bartholomei Leod. (4 m. arg.) vac. p. o. Wilhelmi Lathoni cler. Leod. dioc. Berardi card. ut supra fam. cui de eisdem vac. p. o. in cur. Leonardi van der Culen etiam d. card. fam. prov. fuerat 13. ian. 75 S 715 45^{r} – referens quod Johannes Niis abbrev. can. et preb. eccl. s. Johannis Traiect. c. Johanne Baers pro perp. vicar. ad alt. s. Catherine in par. eccl. in Reymerswale Traiect. dioc. perm.: de dd. can. et preb. (8 m. arg.) vacat. p. devol. licet d. Johannes Baers illos absque disp. sup. def. nat. (p. s.) ultra an. detin. 26. mart. 76 S 737 20^{r} – reus litig. coram Bartholomeo de Bellencinis aud. contra Godefridum de Pimpera actorem sup. can. et preb. eccl. s. Petri Traiect. (8 m. arg.): de surrog. ad ius 11. aug. 76 S 756 41^{v} – de c. c. decan. ac can. et preb. colleg. eccl. s. Dionisii Leod. (8 m. arg.) vac. p. o. Wilhelmi de Blisia et de disp. ut unac. d. decan. etiam par. eccl. in Oudekerk Traiect. dioc. retin. val. 22. oct. 76 S 759 201^{rs} – de can. et preb. colleg. eccl. s. Salvatoris Traiect. (10 m. arg.) vac. p. o. Wilhelmi Hees 1. decb. 77 S 761 35^{vs} – de par. eccl. s. Nicolai Traiecten. Leod. dioc. (15 m. arg.) vac. p. o. Godefridi Lendensein Calixti III. fam. 15. ian. 78 S 763 196^{r} – litig. coram Antonio de Grassis aud. contra quond. Nicolaum Walteri de Leydis cler. Traiect. dioc. pape fam. sup. par. eccl. de Bimsteten Traiect. dioc. (4 m. arg.): de surrog. ad ius d. Nicolai 23. mai. 78 S 770 261^{vs} – de can. et preb. in cathedr. eccl. s. Martini Traiect. (12 m. arg.) vac. p. o. Luffridi Ruys pape fam. 10. oct. 78 S 773 236^{r} – quond. Berardi card. ut supra fam. cui de can. et preb. eccl. s. Bartholomei Leod. (4 m. arg.) vac.

p.o. Wilhelmi Lathomi etiam d.
card. fam. prov. fuit (cui de eisdem
vac. p.o. in cur. Leonardi van der
Culen prov. fuit possessione n. habita) et **Johannes Koch al. Dass**
rect. par. eccl. s.Petri in Thurim
(Thirem) Leod. dioc.: de adm. resign. d. Johannis Roberti et de prov.
d. Johanni Koch de dd. can. et preb.
(4 m. arg.) c. assign. d. Johanni Roberti pens. ann. 13 fl. renen. sup.
fruct. d. par. eccl. (6 m. arg.) p. Johannem Koch persolv. <13 fl. renen.
videlicet 10 sup. fruct. dd. can. et
preb. (6 m. arg.) et 3 sup. fruct.
capel. s.Jacobi in limitibus par. eccl.
de Grauss e.m. Leod. (4 m. arg.)
quam Egidius Dass obtin. p. dd. Johannem et Egidium in op. Buscoducis Leod. dioc. persolv.> 20. apr. 79
S 780 225^{rs}, de ref. 29. apr. 79 S 781
64^{rs}, (m. prep. eccl. s.Johannis Traiect. ac dec. eccl. s.Martini Leod. et
al.), gratis 11. mai. 79 L 800 175^r-
177^r – cui gr. expect. s.d. 1. ian. 72
conc. fuit: motu pr. de prerog. ad instar pape fam. descript. 26. apr. 79 S
785 183^{rs} – restit. bulle sup. pens.
ann. 13 fl. auri renen. eidem sup.
fruct. par. eccl. s.Petri de Thurin ut
supra et sup. fruct. capel. s.Jacobi ut
supra s.d. 11. mai. 79 assign. 30.
mai. 79 A 28 203^v.

6339 **[Johannes Robyns]** abb. mon.
s.Michaelis Antwerpien. Cameracen. dioc.: narratio quod Cornelius
Wassonis incola d. op. Antwerpien.
pape exposuit quod quond. Johannes
de Rumerswalis mag. in med. laic.
Traiect. dioc. d. Cornelium sup. certis pec. summis traxit in causam coram Theoderico abb. mon. s.Gertru-
dis op. Lovanien. Leod. dioc. conservatore univ. studii d. op. Lovani-
en. (cuius membrum d. Johannis
exist.) qui diffinitivam sent. contra d.
Cornelium promulgavit a qua quidem sent. d. Cornelius ad sed. ap.
appellavit sed successive d. Johannes obiit, commiss. cause n.o. constit. Bonifacii VIII. de 2 dietis 5. iun.

82 L 811 210^{rs} – narratio quod Henricus Wilhelmi Beelaert incola loci
de Mera Traiect. dioc. pape exposuit
quod Cornelius Cornelii laic. Traiect.
dioc. eundem sup. quadam pec. summa traxit in causam coram certis
iudicibus sec. qui diffinitivam sent.
promulgarunt p. quam d. Henricum
absolverunt sed successive d. Cornelius falso asserens quod d. Henricus periurii reatum incurrisset eundem sup. hoc coram provisore et
dec. districtus Zuytbeveladien. Trever. dioc. accusavit qui iudices d.
Henricum excom. sent. innodarunt et
sent. diffinitivam contra eundem
promulgarunt a qua ad sed. ap. appellavit, commiss. cause et absol.
n.o. constit. Bonifacii VIII. de 1 dieta 15. iun. 82 L 811 204^{vss}.

6341 **Johannes [Roda de Greffenstein]**
abb. mon. in Walkenrode (Walken-
rede, Volkenrod) o. Cist. Magunt.
dioc. referens quod d. monasterio
successive par. eccl. in Nore Magunt. dioc. (2 m. arg.) p. quond. Gerardum [de Eppenstein] aep. Magunt. et deinde par. eccl. in Guldenowe Magunt. dioc. (2 m. arg.) p.
quond. Theodericum [de Erbach]
aep. Magunt. ac postremo par. eccl.
in Alstedt Halberstad. dioc. (3 m.
arg.) p. quond. Volradum [de Kra-
nichfeld] ep. Halberstad. incorp. fuerunt: de conf. 28. mart. 80 S 791
60^v, V 610 207^{vs} – notitia sup. incorp. ut supra 28. mart. 80 Cod. Chigi H II 32 75^v – quitt. quindenniorum sup. incorp. par. eccl. in Nore (2
m. arg.) et par. eccl. in Guldenowe
(2 m. arg.) ac in Alstede (3 m. arg.)
ordinaria auct. fact. s.d. 9. apr. 80
Arm. XXXIII, 2 452^v – oblig. p. Wipertum de Barbe cler. Brandenburg.
dioc. sup. annat. incorp. ut supra (in
margine: die 28. iun. 83 solv. pro annat. 17^1/2 fl. p. manus Alexandri de
la Casa) 28. iun. 83 A 31 92^v – solv.
17^1/2 fl. adc. pro annat. p. manus
Alexandri de la Casa 24. iul. 83 IE
508 60^v, IE 509 59^v, Paris L 52 D 5
115^v.

6342 **Johannes Rodakii** ex utroque par. de nob. gen. decr. doct. bac. in theol. mag. in art.: de disp. ut unac. can. et preb. in colleg. eccl. b. Marie in Lovicz Gneznen. dioc. (6 m. arg.) alia benef. recip. valeat et de n. resid., n.o. can. et preb. in eccl. Gneznen. quam obtin. 15. nov. 73 S 698 53^r – cui de can. eccl. Wladislav. et de can. eccl. b. Marie Lancicien. Gneznen. dioc. prov. fuit: de prerog. ad instar pape fam. descript. 14. apr. 75 S 718 163^r.

6343 **Johannes Rodaw** cler. Paderburn. dioc.: motu pr. de gr. expect. de can. et preb. necnon de benef. ad coll. quorumcumque, Et s.d. 17. nov. 81 S 803 191^v.

6344 **Johannes Rode** prep. eccl. b. Marie Hamburgen. Bremen. dioc. litt. ap. corrector et **Henricus Pomert** dec. ac capit. d. eccl.: de conserv. 19. nov. 71 S 674 284^r – prep. ac dec. et capit. colleg. eccl. b. Marie op. Hamburgen. Bremen. dioc. referens quod Franciscus [Todeschini-Piccolomini] tit. s.Eustachii diac. card. in partibus Almanice nationis legatus de latere statuerat ut qui ad can. et preb. seu dign. in d. colleg. eccl. et ad vicar. in par. ecclesiis in d. op. admitteretur certam summam pecuniarum ad utilitatem d. colleg. eccl. (que multum ruinosa est) solveret et n. ad usum privatum personarum eccles. prout ex antiqua consuetudine: de conf. 2. oct. 72 S 683 55^{vs} – prep. eccl. Bremen. pape not.: lic. elig. confess., gratis 18. mart. 74 V 663 23^{vs} – <not. pape> litt. ap. corrector et dec. etc. eccl. b. Marie Hamburgen. Bremen. dioc. referentes quod Franciscus card. ut supra in partibus Alamanie nationis sed. ap. legatus de latere statuit ut supra et quod nonnulle persone ad utilitatem structure d. eccl. persolv. nolunt: de committ. in partibus 16. febr. 76 S 734 164^{rs}, m. (prep. mon. s.Georgii Staden. p. prep. soliti gubernari Bremen. dioc. et prep. eccl. s.Antonii [recte: s.An-

scharii?] ac dec. eccl. Bremen.) publicandi dd. litt. L 767 122^{rs} – conc. facult. resign. seu perm. benef. 76/77 I 333 51^r – sed. ap. prothonot. prep. eccl. Bremen.: oblig. p. Albertum Cock sup. facult. resign. omnia sua benef. sibi s.d. 9. iul. 76 conc. (in margine: die 22. mai. 77 habuit al. bullam duplicatam sup. d. facult. resign. et ratificavit d. oblig.) 20. aug. 76 A 25 33^v – prep. ac can. eccl. Bremen. pape not. litt. ap. corrector referens quod hodie prepos. d. eccl. (quam obtin.) resign. in manibus pape de qua mag. Alberto Cock decr. doct. abbrev. pape fam. p. papam prov. fuit quodque d. Johanni p. al. litt. pape conc. fuit ut quoad vixerit prep. d. eccl. nominari necnon ratione d. prepos. stallum in choro et locum in capit. d. eccl. habere val.: lic. ut d. Alberto cedente ad d. prepos. absque nova coll. regressum habeat acsi d. resign. n. fecisset, gratis 16. iun. 77 V 581 208^{vss}.

6345 **Johannes Rode** iun. subdiac. dec. eccl. Bremen. stud. in iur. can. p. 5 an. et ultra nepos Johannis Rode <prep. eccl. Bremen.> correctoris et prothonot. <et in exped. litt. ap. Roderico [de Borja] card. ep. Albanen. vicecancellario assistentis>: de prom. ad omnes ord. extra temp., sola sign. 3. mai. 72 S 679 92^v – decr. doct.: de disp. ut unac. decan. ut supra aliud incompat. benef. recip. valeat 3. iun. 74 S 706 119^{vs}, L 740 12^{vs}.

6346 **Johannes Rode** cler. Trever. dioc. pape et Raphaelis [Riario tit.] s.Georgii ad velum aureum diac. card. camer. fam.: motu pr. de gr. expect. de can. et preb. ac benef. <ad coll. aep. etc. Magunt. ac dec. etc. eccl. b. Marie Herforden. Magunt. dioc.>, Et s.d. 17. nov. 81 S 803 284^v, (exec. ep. Tudertin. et prep. eccl. s.Andree Verden. ac offic. Magunt.), gratis V 634 182^r-184^r – pape fam. cui motu pr. gr. expect. ut supra conc. fuit: motu pr. de mutatione coll. ad ep.

etc. Halberstad. et de prerog. ad instar pape fam. descript. 12. mai. 84 S 836 23ʳˢ.

6347 **Johannes Rode de Selgenstarde** presb. Magunt. dioc. in art. mag. qui p. 2 an. post gradum mag. p. eum susceptum in univ. stud. et facult. art. med. studuit et a pluribus comitibus baronibus et al. magnis nobilibus illarum partium propter eius scientiam et practicam in eadem arte in qua valde expertus saldariatus et stipendiatus fuit tamen (quia nunc in sacerdotio constit. exist.) d. artem exercere n. potest: de indulto ut Philippum com. in Nassau et Sarbarcken et suos filios et filias medicare et consilia et auxilia dare possit necnon de abol. inhab. 3. ian. 83 S 818 67ᵛ.

6348 **Johannes Rodelbock** cler. Monast. pape fam.: de perp. vicar. sive capn. s. Georgii e. m. Lubic. (4 m. arg.) vac. p. o. Theodorici Clinckrode 17. iul. 78 S 772 260ᵛ.

6349 **Johannes Rodensteyn** scol. Traiect. dioc.: m. (dec. eccl. s. Salvatoris Traiect.) disp. sup. def. nat. (antistite et s.) ad compat. benef. c. lic. perm., gratis 5. ian. 81 V 676 117ᵛˢ.

6350 **Johannes Rodewalt (Rodewolt)** cler. Monast.: de perp. s. c. vicar. sive capn. in eccl. b. Marie Stetinen. Camin. dioc. (2 m. arg.) vac. p. resign. Wilbrandi Costfelt cler. Monast. dioc. pape fam. cui de eadem vac. p. o. Johannis Clove <s. d. 28. aug. 75> prov. fuerat (n. o. gr. expect. <de benef. ad coll. dec. etc. eccl. s. Plechelmi Oldenzalen. Traiect. dioc. in forma paup.>) 4. sept. 75 S 726 53ᵛ, (m. prep. eccl. s. Petri in Northen Magunt. dioc. et prep. eccl. s. Spiritus Ruremunden. Leod. dioc. et offic. Camin.), gratis V 579 214ᵛ-216ʳ – pape fam.: de perp. capn. in eccl. s. Nicolai Gripeswolden. Camin. dioc. vac. p. o. in cur. Johannis Raven et de perp. capn. in eccl. ss. Petri et Pauli Bardewicen. Verden. dioc. vac. p. o. in cur. Hen-

rici Eystel (insimul 4 m. arg.) 17. decb. 76 S 745 144ᵛˢ – prov. de perp. s. c. vicar. commendataria nunc. in eccl. s. Georgii e. m. Lubic. de iur. patron. laic. (4 m. arg.) vac. p. o. in cur. Theoderici Clinckrode 17. iul. 78 (m. prep. eccl. s. Petri in Northen Leod. [!] dioc. et prep. eccl. Magunt. ac offic. Lubic.) PA 27 518ʳˢ – cui vig. gr. expect. de perp. vicar. ad alt. s. [Johannis Ev.] in eccl. s. Plechelmi Oldensalen. Traiect. dioc. vac. p. o. Mensonis Trote prov. fuit: de nova prov. de eadem (4 m. arg.) 20. ian. 80 S 792 250ʳˢ – perp. vic. ad alt. s. Johannis Ev. in colleg. eccl. s. Plechelmi Oldesalen. (Aldezalen.) Traiect. dioc. in minoribus ord. constit.: de prom. ad omnes ord. extra temp., sola sign. 18. mai. 80 S 793 73ᵛ, 6. iun. 80 S 793 199ʳ.

6351 **Johannes Rodhart** et **Catherina** quond. Johannis Bostenhoffen [vidua] laic. in dietis Lipren. [= Lipsien.?] commorans referentes quod Dyna Bostenhoffen (mater d. Johannis Rodhart) soror bastarda Johannis Bostenhoffen fuit: de disp. sup. impedimento matrim. in 2. affinitatis gradu 9. sept. 77 S 757 171ʳˢ.

6352 **Johannes de Rodvitz** cler. Bamberg. dioc. ex utr. par. de nob. gen. Roderici [de Borja] card. ep. Portuen. vicecancellarii fam.: motu pr. de gr. expect. de can. et preb. necnon de benef. ad coll. quorumcumque et de prerog. ad instar pape fam. descript., Et s. d. 17. nov. 81 13. iun. 84 S 830 208ʳ.

6353 **Johannes Roerschaet** cler. Monast. dioc. qui vig. gr. expect. in forma paup. par. eccl. s. Gudule op. Lochonien. Traiect. dioc. vac. p. o. Johannis Stherlwert acc.: de nova prov. de d. par. eccl. (6 m. arg.) 17. apr. 76 S 738 280ʳ.

6354 **Johannes Roest** cler. Leod. dioc. et **Henricus ex Palude** cler. Leod. dioc. referentes quod d. Johanni de

can. et preb. eccl. b. Marie Tongren.
Leod. dioc. tunc certo modo vac. p.
Pium II. prov. fuit possessione subsecuta et quod d. Johannes litig. desup. contra d. Henricum cui de eisdem tunc vac. p. resign. in manibus
Pauli II. Bonifatii Colli prov. fuit et
qui nunc resign. in manibus pape et
quod d. Johannes perp. capn. ad alt.
ss. Blasii et Marie Magdalene in
eccl. s. Dionisii Leod. (quam obtin.)
resign. in manibus pape et quod Johannes Roberti cler. Traiect. dioc.
Berardi [Eruli] tit. s. Sabine presb.
card. fam. cui de can. et preb. eccl.
s. Bartholomei Leod. vac. p. o. in
cur. Leonardi van der Culen etiam d.
card. fam. seu vac. p. o. Wilhelmi
Lathomi cler. Leod. dioc. etiam d.
card. fam. seu vac. p. o. Ghisberti
Laurentii etiam d. card. fam. (cui de
eisdem prov. fuit litt. n. confectis)
prov. fuit et nunc resign. in manibus
pape: de prov. d. Henrico de dd. can.
et preb. eccl. s. Bartholomei (6) vac.
p. resign. d. Johannis Roberti et de d.
vicar. (4) vac. resign. d. Johannis
Roest et d. Johanni Roest de dd. can.
et preb. eccl. s. Marie (12 m. arg.)
vac. p. resign. eiusdem 28. decb. 71
S 674 227^{rs}.

6355 **Johannes Roisser** prior mon. op.
Zabernie ord. Steigencium Argent.
dioc. referens quod mon. d. ord. sub
regula s. Augustini in d. op. Zabernia, in Steyga Superiori, in Landaw
et in Montefragorum Constant. dioc.
fundata fuerunt et quod fruct. d.
mon. propter guerras diminuti sunt:
m. (ep. Argent. et ep. Constant. ac
ep. Spiren.) lic. supprimendi d. mon.
et erigendi in sec. et colleg. ecclesiam videlicet Zabernia (300 fl. renen.) c. prepos. et 9 can. et 3 vicar.,
Steiga Superiori (150 fl. renen.) c.
decan. et 2 can. et 2. vicar., Lare
(300 fl. renen.) c. decan. et 9 can. et
4 vicar., Landaw (700 fl. renen.) c.
decan. et 9 can. et 6 perp. vicar. et
Montefingorum (150 fl. renen.) c. 4
can. et 2 vicar. 17. iun. 82 V 619

174^{r}-177^{v} – oblig. p. Nicolaum Pe-
gant socium et institorem soc. Victoris de Bockaren et Johannem Ar-
chifelt merc. Brugen. cur. sequentes
sup. erectione colleg. eccl. ut supra
s. d. 18. iun. 82 conc. 22. iun. 82 OP
6 25^{r}, 6. mart. 83 A 31 5^{r}.

6356 **Johannes de Rollik**: unio par. eccl.
preceptorie regulari Magunt. [dioc.?]
76/77 I 333 211^{r}.

6357 **Johannes Romelin** dec. eccl. s. Cecilie Gustrowen. Camin. dioc. referens quod Antonius de Bonaumbra
ep. Accien. in regno Russie ac in civit. Caphen. et Pomezan. provincie
legatus s. c. benef. in par. eccl. op.
Gustrowen. Camin. dioc. d. decanatui c. consensu capit. eccl. Gustrowen. univit: de conf. 27. apr. 75 S
719 254^{v}.

6358 **Johannes Romer** presb. Leod. dioc.
cui de perp. s. c. benef. ad alt.
ss. Marie, Barbare virg. et Bartholomei Apl. in loco capit. eccl. s. Martini Monast. vac. p. o. Johannis Rod-
deken p. capit. d. eccl. prov. fuit: de
nova prov. de d. perp. simplici benef. (4 m. arg.) 18. nov. 83 S 831
93^{r}.

6359 **Johannes Romer**: prov. de vicar.
Osnaburg. [dioc.?] vac. p. o. 82/83 I
335 128^{r}.

6360 **Johannes Rompult** presb. Magunt.
dioc.: de nova prov. de par. eccl. in
Bursthidyngen Magunt. dioc. (3 m.
arg.) vac. p. o. Johannis Vippich 8.
decb. 79 S 793 101^{v}.

6361 **Johannes Ronnaldi (Ronualdi,
Rounaldi)**: solv. 13 fl. adc. pro compositione annat. par. eccl. in Monte
Trever. dioc. et par. eccl. in Landre
Trever. dioc. 14. decb. 72 FC I 1129
124^{r}, FC I 1767 34^{r}, FC I 1768 36^{r} –
rect. par. eccl. c. annexis in Monte
Trever. dioc. mag. in art. bac. in
theol. abbrev.: de prom. ad omnes
ord. extra temp., sola sign. 29. nov.
73 S 698 237^{vs} – prov. de par. eccl.
Trever. [dioc.?] vac. p. o. 73/74 I 332

280^r – presb. Virdunen. dioc. bac. in theol. abbrev. qui par. eccl. de Monte et Lendria Trever. dioc. et **Petrus Watrini** pape fam. qui par. eccl. in Stamioden Virdunen. dioc. perm. desiderant: de prov. d. Johanni de par. eccl. in Stamio (30 l. T. p.) et de prov. d. Petro de d. par. eccl. de Monte et Lendria (30 l. T. p.) 15. mart. 75 S 716 130^{rs}, gratis (m. aep. Patracen. et dec. eccl. Remen. ac dec. eccl. Meten.) 16. mart. 75 (exped. 10. iun. 75) L 752 285^{vs}.

6362 **Johannes Ronses** can. eccl. b. Marie in Campis e. m. Magunt.: solv. 15 fl. pro annat. dd. can. et preb. (iuxta oblig. temp. Pauli II.) p. manus soc. de Spinellis 29. iul. 74 FC I 846 98^v, DC 38 122^r – solv. 15 fl. adc. pro annat. can. et preb. ut supra 4. sept. 74 IE 490 13^v, 5. sept. 74 FC I 1132 12^r.

6363 **Johannes Rop** cler. Monast. dioc. qui quandam eccl. vig. gr. expect. acc.: de ref. 25. ian. 83 S 818 275^r.

6364 **Johannes de Ropa (Ropac)**: prov. de prepos. eccl. Tarbat. vac. ex causa perm. 72/73 I 332 278^v – solv. 14 fl. adc. pro compositione annat. maioris val. prepos. ut supra permutate c. cantor. d. eccl. p. manus Bernardi Cobinch 24.<23.>decb. 72 FC I 1129 127^r, FC I 1767 36^v, FC I 1768 38^v.

6365 **Johannes Ropes al. Custodis** rect. par. eccl. in Emesburen Monast. dioc. qui d. par. eccl. in partibus resign. desiderat: m. (offic. Monast.) prov. de d. par. eccl. (60 fl. auri renen.) Johanni Luchtervoet presb. Monast. dioc. et assign. d. Johanni Ropes pens. ann. 20 fl. renen. sup. fruct. d. par. eccl. p. d. Johannem Luchtervoet persolv. 24. decb. 76 (exped. 19. iun. 77) L 776 6^{vss}.

6366 **Johannes Rorici** qui par. eccl. in Selsen Magunt. dioc. resign. in manibus pape et **Valentinus Piscatis de Selgestat** presb. Magunt. dioc.: de adm. resign. d. Johannis et de prov.

d. Valentino de d. par. eccl. (24 fl. adc.) ac de assign. d. Johanni pens. ann. 12 fl. renen. sup. fruct. d. par. eccl. 30. mai. 80 S 793 202^{vs}.

6367 **Johannes Roschach (Roschak, Roscak)** cler. Constant. dioc. mag. in art. qui vig. disp. sup. def. nat. (s.c.) alt. Omnium appl. mon. s. Marci (/.) Augie Maioris Constant. dioc. obtin. et absque al. disp. d. alt. pro can. et preb. colleg. eccl. s. Mauritii in Zoffingen Constant. dioc. perm. et qui vig. gr. expect. Pauli II. par. eccl. s. Cassiani in Malaus Cur. dioc. (8 m. arg.) acc.: de disp. ad quodcumque benef. 19. febr. 72 S 676 198^{vs} – cui quosdam can. et preb. (8 m. arg.) vac. p. resign. in manibus ordin. Johannis Zeller ex causa perm. et quandam par. eccl. (8 m. arg.) vac. p.o. Helie Escher (quam d. Johannes vig. gr. expect. acc. et sup. qua litig. coram aud.) prov. fuit: de ref. 19. mart. 72 S 677 80^r – qui vig. disp. sup. def. nat. (s.c.) alt. ss. Appl. in eccl. mon. s. Marie Augie Maioris o. s. Ben. obtin. et qui d. alt. resign. in manibus Hermanni [de Breitenlandenberg] ep. Constant. et perm. c. Johanne Zeller pro can. et preb. eccl. s. Mauritii in Zoffingen Constant. dioc. et qui deinde vig. litt. Pauli II. par. eccl. s. Cassiani de Malans Cur. dioc. (8 m. arg.) vac. p.o. Helie Escher acc. et qui litig. desup. coram aud.: m. (ep. Cur.) confer. de novo dd. can. et preb. (8 m. arg.) 19. mart. 72 V 560 241^v-243^r – rect. par. eccl. s. Cassiani de Malans Cur. dioc.: de prom. ad omnes ord. extra temp., sola sign. 16. apr. 72 S 678 90^r – oblig. p. Albertum Cock (Coch) can. eccl. Bremen. abbrev. sup. annat. can. et preb. eccl. s. Mauritii ut supra 8. febr. 74 A 23 22^v – solv. 18 fl. adc. pro compositione annat. can. et preb. eccl. s. Mauritii ut supra p. manus Alberti ut supra 7. febr. 74 FC I 1129 223^r, IE 488 47^v, IE 489 47^v.

6368 Johannes Rose cler. Bamberg. dioc. in decr. licent. c. quo sup. def. nat. (p. s.) ut benef. recip. val. auct. ap. disp. fuit: de disp. ut quodcumque benef. recip. val. 8. nov. 81 S 804 252^{rs}.

6369 Johannes Rose cler. Bremen. dioc. cui de perp. s. c. vicar. ad alt. s. Martini in eccl. b. Marie Hamburgen. Bremen. dioc. vac. p. o. Johannis Wort possessoris p. dec. d. eccl. b. Marie pres. in cur. prov. fuit: de nova prov. de d. vicar. (4 m. arg.) 1. febr. 74 S 702 63^{rs}.

6370 Johannes Rose cler. Cameracen. dioc.: de can. et preb. in eccl. s. Florini Confluen. Trever. dioc. (6 m. arg.) vac. p. o. Ludewici Surborn possessoris cuiusdam tit. s. Agathe diac. card. fam. 27. oct. 82 S 815 225^{vs}.

6371 Johannes Rose presb. referens quod lite coram certo aud. inter ipsum et quond. Ludolphum Margorden cler. sup. perp. vicar. ad alt. ss. Fabiani et Sebastiani ac Erasmi martirum (4 m. arg.) in par. eccl. b. Johannis Bapt. Lunebergen. (/.) Verden. dioc. indecisa pendente d. Ludolphus obiit: de surrog. ad ius d. Ludolphi 7. aug. 78 S 772 135^r.

6372 Johannes Rose (de Dubelingen) presb. Meten. dioc.: de nova prov. de par. eccl. in Tentelingen Meten. dioc. (4 m. arg.) de iur. patron. laic. vac. p. o. Johannis de Tentelingen 28. iul. 78 S 771 56^{vs} – rect. par. eccl. s. Petri in Tentelingen Meten. dioc. actor qui litig. coram Jeronimo de Porcariis aud. contra Adam Nicolai de Farswiler presb. Meten. dioc. reum sup. d. par. eccl.: de prov. si neutri de eadem (4 m. arg.) 28. oct. 78 S 774 127^{rs}.

6373 Johannes Roser presb. Magunt. dioc. referens quod Tilmannus de Novocastro presb. Trever. dioc. et Johannes Coci de Bulayo presb. Meten. dioc. ad par. eccl. in Nunchirchen Trever. dioc. de iur. patron. laic. vac. p. o. ultimi possessoris

present. fuerunt et desup. litig. in cur. et quod ipse post obitum d. Tilmanni ad d. par. eccl. present. fuit: de nova prov. de eadem (4 m. arg.) 17. oct. 80 S 800 292^{rs}, I 334 225.

6374 Johannes de Rossinbos (Rosun) rect. par. eccl. Harlen. in Holandia Traiect. dioc. ex utr. par. de nob. gen. in cur. resid. aut in litt. studio seu in servitio Caroli ducis Burgundie insistendo: de n. prom. ad 10 an. 17. mart. 73 S 688 100^v – rect. pastor nunc. par. eccl. op. de Aarlem Traiect. dioc. et **Maximilianus dux Austrie et Burgundie et comes Hollandie** ac **Maria** d. Maximiliani ux.: lic. erig. d. par. ecclesiam (400 fl. renen.) in prep50 sic ? prepositura p. unum presb. sec. vicecuratum nunc. p. d. prep. deput. deservitam salvo iur. patron. comitis Hollandie 1. apr. 79 L 800 62^{vss} – rect. par. eccl. Harlen. in Holandia Traiect. dioc. c. quo in litt. stud. gener. seu obsequiis Caroli ducis Burgundie insistendo aut in cur. resid. sup. n. prom. ad 10 an. disp. fuerat et quod deinde par. eccl. in prepos. ut supra erecta fuit quodque ipse ad subdiacon. ord. prom. ac in off. not. pal. ap. p. papam receptus extitit: de prorog. term. n. prom. ad al. 10 an., Conc. ad 3 an. 14. mart. 83 S 823 79^{vs}.

6375 Johannes Rost cui de s. c. capel. s. Georgii in Hemmersvelt Leod. dioc. (4 m. arg.) vac. p. o. Johannis Seginer al. Ardentia prov. fuerat: ›rationi congruit‹ s. d. 11. apr. 68 decl. litt. desup. perinde val. acsi d. capel. de iur. patron. laic. fore express. fuisset 25. aug. 71 V 551 205^{rs}.

6376 Johannes Rost cler. Colon. mag. in art. c. quo sup. def. nat. (p. s.) disp. fuit: de can. et preb. eccl. mon. s. Clementis in Swartzenrindorp o. s. Ben. Colon. dioc. (4 m. arg.) vac. p. o. Theoderici Anholt, n. o. can. et preb. eccl. mon. in Wilka o. s. Ben. Colon. dioc. et par. eccl. eisdem annexa quos d. Johannes vig. gr. expect. Pauli II. acc. 16. iul. 72 S 681 300ᵛ.

6377 Johannes Rost de Miltenberg et **Johannes Engelfridt de Wyssomburg** ac **Johannes Dresch de Basilea** necnon **Michael de Aminerbach** perp. vicarii, lectores sive quartanarii nunc. in eccl. Spiren. referentes quod olim Jacobus de Gothezheym can. eccl. ss. Germani et Mauritii Spiren. in decr. licent. ac vic. gener. Ludovici [de Helmstadt] ep. Spiren. par. eccl. in Vezingen. Spiren. dioc. (4 m. arg.) mense dd. 4 vicar. (cuilibet 4 m. arg.) incorporavit: de conf. 10. ian. 81 L 823 259ʳˢ.

6378 Johannes Roszkowsky (Rostcowski) cler. Poznan. dioc.: motu pr. de can. et preb. eccl. Poznan. (24 m. arg.) vac. p. resign. Petri [Moszynski] ep. Premislen. qui dd. can. et preb. in commendam obtin. 18. aug. 83 S 826 295ᵛ, I 335 135ʳ – cler. Gneznen. dioc.: oblig. p. Johannem de Dambrawa can. eccl. Poznan. cur. sequentem sup. annat. can. et preb. eccl. Poznan. (23 m. arg.) de quib. ut supra sibi prov. fuit 18. sept. 83 A 31 138ʳ.

6379 Johannes Roszgart presb. Argent. inter al. referens quod ipse inter al. perp. s. c. vicar. s. Johannis Bapt. in eccl. Argent. obtin. quodque ad perp. capn. ad alt. Omnium appl. ac s. Catherine in eccl. hosp. maioris Argent. de iur. patron. laic. vac. p. o. Johannis Rotte p. amicum et patron. sub ea condicione present. fuit ut in casu prov. certam partem d. pens. ann. d. patron. vel uni ex amicis suis remitteret et quod postmodum ad d. perp. capn. (36 fl. renen.) vac. p. o. cuiusdam Nicolai p. patron. present. fuit et d. patrono pens. ann. 7 fl. renen. p. 3 an. et post eius resign. d. amico p. 2¹/₂ an. solvit: de disp. sup. irreg. et de nova prov. de perp. s. c. vicar. in eccl. Argent. (4 m. arg.) quam ante d. contractum possidebat ac de disp. ad quodcumque benef. c. lic. perm., <gratis> 2. iun. 79 S 782 159ʳˢ, m.

(prep. eccl. s. Petri iun. Argent.) V 672 190ʳˢˢ.

6380 Johannes Roszler (Riszler): prov. de par. eccl. Ratisbon. [dioc.] vac. p. resign. 72/73 I 332 243ᵛ – oblig. sup. annat. par. eccl. s. Bartholomei in Redwicz Ratisbon. dioc. (90 fl. renen.) de qua vacat. p. resign. in cur. Nicolai Steger s. d. 26. apr. 73 sibi prov. fuit 9. mai. 73 A 22 20ʳ – solv. 31 fl. pro compositione annat. <pro val. 41 fl. renen.> 8. mai. 73 FC I 1129 161ʳ, FC I 1767 74ʳ, FC I 1768 76ʳ – presb. Ratisbon. dioc. referens quod ipsi de par. eccl. vel eius perp. vicar. s. Bartholomei in Redwicz Ratisbon. dioc. vac. p. resign. in manibus pape quond. Nicolai Steger (cuius coll. ad abb. etc. mon. in Waltsachszen o. Cist. Ratisbon. dioc. pertin.) prov. fuit possessione subsecuta quodque deinde litig. desup. in cur. coram aud. contra dd. abb. etc.: de decl. dd. litt. perinde val. aut de nova prov. de eadem (90 fl. renen.) 5. febr. 77 S 747 47ʳˢ.

6381 Johannes (Rot) el. Wratislav. tunc ep. Lavant.: prov. de <transl. ad> eccl. Wratislav. vac. p. o. Radulphi [de Ruedesheim] (iuram. p. aep. Colocen.), c. litt. solitis 4. mart. 82 L 810 90ʳ-92ʳ, Cod. Vat. Lat. 3478 66ᵛˢ – tunc ep. Lavant.: notitia sup. transl. ad eccl. Wratislav. vac. p. o. Rodulfi [de Ruedesheim] in consistorio ad relationem [Dominici de Ruvere] tit. s. Clementis presb. card. 4. mart. 82 OS 82 133ʳ, OS 83 103ʳ – oblig. p. manus suas sup. serv. commun. d. eccl. 4.001 fl. adc. 20. mart. 82 OS 81 26ᵛ – el. Wratislav.: obtulit cam. ap. et collegio card. 4.001 fl. adc. et 5 serv. min. p. Johannem pro serv. commun. ratione prov. ut supra (in margine: d. die bulle date fuerunt Ludovico Petri de Corselliciis institori soc. de Salutatis qui promisit solv. p. totum mensem decb.) 20. mart. 82 OS 84A 111ᵛ, Paris L 25 A 9 126ᵛ – ep. Wratislav.: m. ut solvat summam de 5.300

duc. Ung. cur. debitam 23. mai. 82 Florenz II. III. 256 261ʳˢ – narratio quod ipsi scriptum fuit ut summam 5.300 duc. Ung. in quib. olim Benedicto de Salutatis et soc. merc. nunc vero collegio card. et cam. ap. (vig. cess. d. summe eisdem collegio et cam. p. prefatum Benedictum et merc. facte) oblig. existit solv. curaret vel in civit. Venetiarum Johanni de Frescobaldis merc. Florentino vel hic cam. ap. quodque tamen d. pec. minime solvit: m. ut d. pec. d. Johanni de Frescobaldis seu cam. solv. curet 3. mart. 83 Arm. XXXIX, 15 199ᵛ.

6382 **Johannes Rott** cler. Argent. dioc.: motu pr. gr. expect. s. d. 1. ian. 72 de 2 benef. ad coll. ep. etc. Argent. vel prep. etc. eccl. ss. Petri et Michaelis Argent. 11. iul. 79 (m. prepositis eccl. b. Marie in Feuchtwangen August. dioc. ac eccl. s. Petri iun. et eccl. s. Thome Argent.) PA 27 430ʳˢˢ.

6383 **Johannes Rot de Altdorff** scol. Eistet. dioc. c. quo sup. def. nat. (s. s.) disp. fuit: de disp. ad quodcumque benef. c. lic. perm. 27. febr. 79 S 778 175ᵛˢ.

6384 **Johannes Rotarii** cler. Leod. dioc.: de par. eccl. de Messche Leod. dioc. (10 m. arg.) vac. p. resign. in manibus pape Egidii Dass cler. Leod. dioc. cui de eadem tunc vac. p. o. Johannis <Veytken de Kirchoven al.> de Heynsberch <Eugenii IV. fam. vel> cursoris <s. d. 10. ian. 77> prov. fuerat 31. aug. 78 S 773 83ʳ, m. (ep. Civitaten. et dec. eccl. b. Marie Traiect. ac dec. eccl. s. Catherine Endovien. Leod. dioc.) V 591 226ʳˢˢ – oblig. p. Egidium Dass not. ap. sup. annat. ut supra 5. apr. 79 A 28 16ᵛ – de mil. gen. qui litig. in cur. contra Johannem Wingartzberg (Wyngartzberg) sup. par. eccl. de Messche (Mesche) Leod. dioc. et deinde c. eo concordiam fecit: de assign. d. Johanni Rotarii pens. ann. 18 fl. renen. sup. fruct. d. par. eccl. (60

fl. renen.) p. d. Johannem Wyngartzberg persolv. ad vitam vel donec de benef. in eccl. s. Servatii op. Traiecten. valoris d. pens. (que d. Johannes Wyngartzberg obtin.) et de capn. in d. eccl. s. Servatii (13 vel 14 m.) prov. fuerit, n. o. capn. ad alt. s. Anne in par. eccl. s. Johannis Bapt. al. op. (2 m. arg.) quam obtin. 15. decb. 81 S 805 281ᵛˢ, 12. ian. 82 S 806 270ʳˢ – perp. cap. ad alt. s. Anne in par. eccl. s. Johannis Bapt. op. Traiecten. Leod. dioc.: restit. bulle sup. pens. ann. 18 fl. renen. ut supra quia n. est facta aliqua prov. sed acquievit sententie contra eum late sup. d. eccl. 15. febr. 82 A 30 216ʳ.

6385 **Johannes Rothe** cler. Magunt. dioc. in med. doct. <med. mag. resid. in cur.> inter al. referens quod ipse 2 mulieribus pregnantibus (scilicet vidue quam ipse pluries carnaliter cognoverat et cuidam puelle quam ipse defloraverat) res medicinales dedit ut abortum facerent: de absol. et de abol. inhab. et de disp. ad min. ord. et de disp. ad 2 benef. c. lic. perm. 13. oct. 75 S 727 299ʳ, m. (Guillermo Ficheti can. eccl. Gebennen. resid. in cur.) L 755 219ʳˢ.

6386 **Johannes Rotti** perp. cap. ad alt. s. Antonii confess. in par. eccl. s. Petri de Duens prope Friburgum Lausan. dioc.: de prom. ad omnes ord. extra temp., sola sign. 16. oct. 77 S 759 141ʳ.

6387 **Johannes Rotmanns** cler. Frising. dioc.: de par. eccl. in Pondorff Ratisbon. dioc. (7 m. arg.) vac. p. o. Johannis de Sola quond. Nicolai de Cusa tit. s. Petri ad vincula presb. card. [et] ep. Brixin. fam. qui litig. sup. d. par. eccl. 25. nov. 77 S 761 24ʳˢ.

6388 **Johannes Rottorp** ex utr. par. de mil. gen. Petri [Riario] tit. s. Sixti presb. card. fam.: prov. de par. eccl. ville Walden. Halberstad. dioc. (4 m. arg.) vac. p. o. Rudolphi Rottorp fr. d. Johannis etiam d. card. fam. (m.

ep. Viterbien. et dec. eccl. Halberstad. ac offic. Halberstad.) 23. sept.
73 (exped. 9. decb. 73) L 731 150^v-
152^r.

**6389 Johannes Rothut (Rohut, Rothne),
Thomas Wageman** et al. laici et
**Anna relicta quond. Wolfgangi
Marshalek** laici vidua August. dioc. qui perp. benef. ad alt. Omnium
ss. in capel. Omnium ss. in cimit.
par. eccl. s. Johannis op. Rain August. dioc. fundare et dotare (sub
certis condicionibus) desiderant: lic.
fund. d. benef. c. reserv. iur. patron.
et present. presb. idoneum absque
lic. abbatisse mon. in Schenenfeld
(Schuenfell) o. s. Ben. August. dioc.
patron. d. par. eccl. pro consulibus d.
op. <lic. presentandi personam idoneam abbatisse mon. in Schenenfeld
ord. s. Bernardi August. dioc. patrone d. capel.> 2. oct. 75 S 727 199^{rs},
11. oct. 75 S 728 189^{vs} – et **Thomas
Wageman** ac al. laici necnon **Anna
relicta Wolfgangi Marschaleks**
laic. August. dioc. qui perp. benef.
ad alt. Omnium ss. in capel. Omnium ss. in cimiterio par. eccl. s. Johannis op. Rayn August. dioc. (de
iur. patron. abba. mon. in Schenan-
feld [= Oberschönenfeld]o. Cist. August. dioc.) pro presb. (qui missas ad
alt. s. Thome in d. par. eccl. celebrare debet) fund. et dotare desiderant: m. (offic. August.) conc. lic.
fund. et dotandi c. reserv. iur. patron.
pro consulibus d. op. 9. decb. 75 L
761 211^{vs} – et **Thomas Wageman**
ac nonnulli al. laic. op. Rain August.
dioc.: de lic. fundandi et dotandi
quoddam perp. benef. ad alt. Omnium ss. in capel. Omnium ss. in cimit.
par. eccl. s. Johannis d. op. pro
presb. qui unam missam ad d. alt.
Omnium ss. et al. ad alt. s. Thome in
d. par. eccl. celebrare teneatur c. reserv. iur. present. pro consulibus d.
op. abba. etc. mon. in Schonfelt Inferiori o. Cist. August. dioc. patrone
d. par. eccl. licentia minime requisita
22. nov. 77 S 760 216^{vs}, m. (archid.

eccl. August.) V 584 195^{vss} eccl. August.) V 584 195^{vss} – restit. bulle
sup. fund. perp. benef. c. reserv. iur.
patron. ut supra, absque oblig. 10.
apr. 78 A 27 190^v.

**6390 Johannes Rubein (Rubeim, Ru-
lem)** cler. Salzeburg. litig. coram
Hadmaro [de Laber] dec. et offic.
curie Salzeburg. deinde coram Fantino de Valle aud. (a quo causa Melchiori de Melckaw et Wigileo Froschel commiss. fuit) et deinde coram
Gaspare de Theramo aud. contra Benedictum Gewknecht (Guoldrecht)
intrusum et Gherhardum Staringer
clericos sup. par. eccl. s. Roberti in
Rackerspurgk Salzeburg. dioc.: de
prov. si nulli de d. par. eccl. (20 m.
arg.) vac. p. o. cuiusdam Ruperti 11.
ian. 77 S 746 64^{vs} – cler. Salzeburg.
dioc. inter al. referens quod litig. coram Hadmaro ut supra et post appellationem successive coram quond.
Fantino de Valle et (commiss. causa
principalis negotii pro parte Melchioris de Melchaw et Wigilei Froschel
fact.) coram Gaspare de Theramo,
Petro de Ferrera et Johanne de Ceretanis ep. Nucerin. auditoribus contra
quond. Benedictum Genknecht et
Erhardum Starringer sup. par. eccl.
s. Ruperti ut supra (60 m. arg.) vac.
p. o. cuiusdam Ruperti et quod fruct.
d. par. eccl. de m. ap. sequestrati fuerunt: de committ. d. Johanni ep.
Nucerin., n. o. quod d. Melchior
postmodum pro suo interesse adm.
fuit 2. iun. 79 S 782 101^{rs} – et **Benedictus Gewknecht (Guoldrecht)**
cler. Salzeburg. dioc. inter al. referentes quod litig. coram G[eorgio
Altdorfer] ep. Chiem. ac Johanne [de
Ceretanis] ep. Nucerin. aud. locumtenenti et al. sup. par. eccl. s. Rude-
berti in op. Rakisburg Salzeburg. dioc. que d. Benedicto adiudicata fuit
et quod d. Benedictus d. Johanni pro
expensis 125 duc. Ung. in civit. Salzeburg. solvere et s. c. benef. ad alt.
s. Elisabethe in hosp. op. Rakisburg
Salzeburg. dioc. in favorem d. Jo-

hannis cedere tenetur: de conf. 23. sept. 79 S 786 210ᵛ.

6391 Johannes Rubertis perp. cap. sive vic. ad alt. s. Bartholomei Apl. in par. eccl. b. Marie virg. Traiect. pres. in cur.: de prom. ad omnes ord. extra temp., sola sign. 6. iun. 80 S 793 226ᵛˢ.

6392 Johannes Ruch presb. August. senio confectus qui par. eccl. ss. Udalrici et Afre August. resign. et cui domum quam inhabitat pro usu suo ad vitam p. ep. August. conc. fuit: de conf. 18. mai. 75 S 721 204ʳˢ.

6393 Johannes Rucken (/.) presb. Paderburn. dioc. cui vig. disp. sup. def. nat. (de relig. et s.) de perp. c. c. vicar. in par. eccl. s. Pauli op. Helmwordeszhusen Paderburn. dioc. vac. p. resign. Johannis Rockeln (/.) in manibus abb. etc. mon. ss. Petri et Pauli appl. in Helmwordeshusen (/.) o. s. Ben. Paderburn. dioc. (cui monasterio d. par. eccl. auct. ap. incorp. est) p. d. abb. prov. fuit: de nova prov. de d. perp. vicar. (4 m. arg.) vac. p. resign. d. Johannis Ruckelem (Rockelem) et Johannis Jageto vel adhuc vac. p. o. Martini Sanders 30. mart. 84 S 834 50ᵛˢ.

6394 Johannes Ruckman presb. Colon. dioc.: de par. eccl. in Walkenberch Colon. dioc. (4 m. arg.) vac. p. devol. 6. mart. 76 S 735 203ᵛ.

6395 Johannes Ruckoff leg. doct. dec. et capit. eccl. s. Livini in Zirekzee Traiect. dioc.: de conserv. 14. mart. 82 S 809 17ʳ.

6396 Johannes Ruden (Ryden) al. Dockel cler. Colon. dioc. in 24. sue et. an. constit. cui vig. disp. sup. def. nat. (p. s.) gr. expect. de benef. ad coll. prep. etc. eccl. s. Patrocli Susacien. et abb. etc. mon. in Graschop o. s. Ben. Colon. dioc. conc. fuit: de decl. litt. desup. perinde val. acsi in dd. litt. def. et. mentio facta fuisset 1. iun. 72 S 680 212ᵛˢ – qui par. eccl. in Allagen Colon. dioc. p. an. et

5 dies possedit absque disp. sup. n. prom. ad presb. ord. infra an.: de nova prov. de d. par. eccl. (3 m. arg.) vac. p. o. Johannis Burberg c. disp. sup. def. nat. (p. s.) et c. disp. sup. n. prom. 17. mai. 73 S 690 267ᵛ – cui gr. expect. de 2 benef. ad 2 coll. conc. fuit et qui vig. d. gr. quandam par. eccl. (3 m. arg.) obtin. quam pro al. par. eccl. (3 m. arg.) perm.: de exten. d. gr. expect. ad quemcumque coll. 11. decb. 75 S 731 148ᵛ – qui vig. gr. expect. de 2 benef. conc. par. eccl. in Allagen Colon. dioc. (3 m. arg.) acc. quam pro perp. vicar. ad alt. s. Vincentii in par. eccl. in Ruden Colon. dioc. (3 m. arg.) perm.: de reval. gr. expect. c. disp. sup. def. nat. (p. s.) 11. ian. 76 S 733 4ʳˢ.

6397 Johannes Rudiger cler. Spiren. dioc. qui vig. disp. sup. def. nat. (de religioso et s.) et vig. disp. ad 4 benef. capn. seu alt. in mon. s. Petri o. s. Ben. op. Wiszemburgen. Spiren. dioc. (2 m. arg.) et capn. seu alt. in hosp. ibidem (2 m. arg. vel 3 m. arg.) obtin.: de disp. uberiori ut unac. dd. capn. quodcumque benef. recip. valeat et de capn. ad alt. s. Nicolai in par. eccl. s. Johannis d. op. (2 m. arg.) vac. p. o. Petri Wolszbron 21. sept. 72 S 682 194ᵛˢ.

6398 Johannes Rudlin: prov. de par. eccl. Constant. [dioc.?] vac. p. o. et devol. 80/81 I 334 51ᵛ.

6399 Johannes Ruelant o. fr. min. provincie Colon. profes. in diacon. ord. exist. resid. in cur.: de prom. ad presbit. ord. extra temp. c. lic. superioris, sola sign. 2. apr. 83 S 821 211ᵛ.

6400 Johannes Ruermont scol. Traiect. dioc. c. quo sup. def. nat. (p. s.) disp. fuit: de can. et preb. eccl. b. Marie Traiect. (2 m. arg.) vacat. p. resign. Johannis Honsteyn 18. febr. 78 S 765 67ʳˢ.

6401 Johannes Rughe pauper presb. Magunt. dioc. qui suos spoliatores scultetum scabinos et eorum complices in op. Ombstat Magunt. dioc. coram dec. eccl. b. Marie in Dusseldorp Colon. dioc. commissario ap. in causam traxit et p. sent. diffinitivam condemnari ac ob n. paritionem interd. c. invocatione brachii sec. poni obtin.: de committ. aep. Magunt. p. breve ut d. sent. contra dd. rebelles publicari procuret et ut interd. ibidem observetur usque ad paritionem 19. oct. 80 S 797 103ᵛ.

6402 **Johannes Ruhe (Rehe)** cler. Magunt. dioc.: recept. in acol. pape 9. iul. 74 V 656 91ʳˢ, 26. iul. 74 DC 36 293ᵛ – litt. testim. sup. prom. (vig. conc. s.d. 9. iul. 74) ad subdiacon. ord. s.d. 22. iul. 74, ad diacon. ord. s.d. 24. iul. 74, ad presbit. ord. s.d. 25. iul. 74 in eccl. s.Bartholomei de Insula in Urbe 25. iul. 74 F 6 172ᵛ.

6403 **Johannes Ruysz de Sobernheim** presb. Magunt. dioc. qui ad par. eccl. in Farnfelt (Fanefel) Magunt. dioc. pastoriam nunc. de iur. patron. laic. vac. p.o. Petri Metgosz (Mergosz) <p. Johannem di Lalo> present. et <p. Matheum Saxo Theodori [de Monteferrato] tit. s.Theodori diac. card. (qui d. prepos. in commendam obtin.) vic.> institutus fuit posscssione minime subsecuta et qui desup. litig. coram offic. Magunt. contra Cristianum de Lesten (Lestain) cler. Trever. dioc. <qui d. par. eccl. detin.>: de prov. si neutri de eadem (4 m. arg.) 10. apr. 80 S 792 145ᵛ, m. (offic. Magunt.) (exped. 15. ian. 81) L 807 48ᵛˢˢ.

6404 **Johannes de Rulart** cler. Trever. dioc. mag. art.: de nova prov. de can. et preb. eccl. ss.11.000 Virg. Colon. (6 m. arg.) 20. mai. 72 S 680 155ʳˢ.

6405 **Johannes Rule (Kule)** cler. Bremen. in 20. sue et. an. constit. qui ad perp. s.c. vicar. ad alt. ss.Laurentii et Materniani in eccl. Bremen. p. Mecheldim (Mechildim) de Brummerfette patronam (Johannis Zyremberg (Zuemberg) civ. Bremen. et fundatoris d. vicar. ux.) present. fuit: de d.

vicar. (4 m. arg.) vac. p.o. Denkeri de Rueten (Ructen) c. disp. sup. def. et. 11. oct. 71 S 672 285ᵛ, m. (dec. eccl. s.Anscharii Bremen.) (exped. 24. oct. 71) L 717 37ᵛˢˢ.

6406 **Johannes Rummel** monach. mon. s.Pantaleonis Colon. o. s. Ben.: de disp. ad quodcumque benef. et de indulto ut censum ann. 25 fl. renen. p. parentes donatum in suos usus convertat 3. nov. 72 S 683 295ᵛˢ.

6407 **Johannes Rupp** cler. medimissarius in Lautershausen Herbip. dioc. resid. in cur.: de prom. ad omnes ord. extra temp., sola sign. 29. decb. 81 S 806 36ʳˢ – acol. Herbip. dioc. medimissarius in Lauterszhausen Herbip. dioc.: litt. testim. (vig. supplic. s.d. 29. decb. 81) sup. prom. ad ord. subdiacon. s.d. 13. ian. 82 in eccl. s.Thome apud pontem Sixti de Urbe, ad diacon. ord. s.d. 17. ian. 82 ibidem, ad presbit. ord. s.d. 17. ian. 82 in hosp. Anglicorum [de Urbe] 20. ian. 82 F 7 40ᵛ – pro formata recip. not. pro bulla distributa 6 grossos ian. 82 DB 2 49ᵛ.

6408 **Johannes de Rupe** presb. Trever. dioc. ex utr. par. de nob. gen.: de disp. ad 2 incompat. benef. 24. sept. 83 S 829 7ᵛ.

6409 **Johannes de Ruppe** rect. par. eccl. s.Crucis Lausan.: de perp. capn. ad alt. ss.Petri et Pauli appl. in eccl. b. Marie virg. in villa Orbe Lausan. dioc. (4 m. arg.) vac. p.o. cuiusdam Eustachii prep. 17. decb. 77 S 762 90ᵛ – prov. de capn. Lausan. [dioc.?] vac. p. perm. 81/82 I 334 132ʳ.

6410 **Johannes Ruperti de Dinckelspuhel (/.)** presb. August. dioc.: de can. et preb. eccl. s.Gertrudis August. (4 m. arg.) vac. p. resign. Laurentii Ruperti in decr. licent. 12. nov. 74 S 710 288ʳ.

6411 **Johannes de Rupio** presb. Poznan. dioc. qui mulierem c. gladio vulneravit ut obiit: de absol. a reatu homicidii et de disp. sup. ministerium alt. et ad benef. 27. aug. 82 S 814 64^{rs}.

6412 **Johannes Ruralis** cler. Magunt. dioc.: de par. eccl. s. Pancratii in Hasthusen (Hachausen) Magunt. dioc. (4 m. arg.) vac. p. resign. in manibus pape Leonardi Ripach (cui de eadem vac. p. o. Petri Sculteti de Ruschen prov. fuit) et de disp. ut unac. d. par. eccl. par. eccl. in Puttelbrun al. Husperch Herbip. dioc. vel aliud incompat. benef. etsi 2 par. eccl. ad vitam c. lic. perm. retin. val. 20. apr. 80 S 792 13^{vs}.

6413 **Johannes Rusc** cler. cui p. Henricum [de Stammern] ep. Nuemburg. de par. eccl. ville Kottichaw Nuemburg. dioc. vac. p. o. Wenczeslai Worderaw prov. fuit: de nova prov. de d. par. eccl. (9 m. arg.) 1. ian. 76 S 732 39^{vs}.

6414 **Johannes Russchart (Riscart)** cler. Colon. dioc. in art. mag. qui vig. gr. expect. s. d. 1. ian. 72 de 2 benef. ad coll. aep. etc. Magdeburg. et ep. etc. Lubic. perp. s. c. vicar. in eccl. Magdeburg. et perp. s. c. vicar. in par. eccl. s. Jacobi Lubic. acc. et qui litig. coram aud. sup. d. vicar. in par. eccl. s. Jacobi et pro quo gr. expect. ad can. et preb. eccl. b. Marie Hamburgen. Bremen. dioc. motu pr. extensa fuit: de decl. litt. perinde val. et de prerog. ad instar pape fam. descript. 25. apr. 74 S 704 43^{vs} – disp. ad incompat. 74/75 I 333 58^{v} – actor et **Johannes Breyde** can. eccl. Sleswic. reus qui litig. coram aud. sup. perp. vicar. ad alt. ss. Marcelli et Marcellini in eccl. Utinen. Lubic. dioc.: de conf. concordiam quod Johannes Russchart resignat et Johannes Breyde litt. ap. pro d. Johanne Russchart expedire et 8 duc. actori pro expensis persolv. debet 28. aug. 75 S 726 41^{rs} – qui perp. vicar. in par. eccl. s. Jacobi Lubic. et **Andreas Groot** cler. Leod. dioc. pape fam. qui can. et preb. eccl. b. Marie Hamburgen. Bremen. dioc. perm. desi-

derant referentes quod d. Andreas cui de dd. can. et preb. vac. p. assec. par. eccl. in Westcapelle Tornacen. dioc. p. Johannem Bonivicinii cler. Tornacen. dioc. pape fam. (qui easdem vac. p. o. in cur. Henrici Luneborch acc.) prov. fuit litig. desup. contra Johannem Vinck intrusum: de surrog. d. Johannis Russchart ad ius d. Andree in dd. can. et preb. et de prov. d. Johanni Russchart de dd. can. et preb. (8 m. arg.) et de prov. d. Andree de d. vicar. (4 m. arg.) 9. sept. 75 S 726 142^{rs} – de can. et preb. <Livonis> eccl. Lubic. (4 m. arg.) vac. p. resign. Johannis Mesmeker cui de eisdem vac. p. o. Luderi Epkestorp prov. fuerat <resign. p. Michaelem de Castello cler. Salernitan. dioc. procur. substitutum factam> 25. oct. 75 S 728 157^{rs}, (m. prepositis eccl. Zwerin. et eccl. b. Marie Geysmarien. Magunt. ac offic. Lubic.) (exped. 17. nov. 75) L 753 128^{r}-130^{r} – vic. par. eccl. s. Jacobi Lubic.: de disp. ut unac. d. vicar. al. incompat. benef. retin. valeat 27. nov. 75 S 730 113^{rs} – de vicar. eccl. b. Marie Hamburgen. Bremen. dioc. (4 m. arg.) vac. p. o. Theoderici Vritze qui eandem vac. ex eo quod Theodoricus Widenbrugge can. et preb. d. eccl. vac. p. o. Johannis Bodeker olim Guillermi [de Estoutevilla] card. ep. Ostien. fam. assec. fuit acc. 29. febr. 76 S 735 112^{vs} – de perp. vicar. ad alt. Trium regum in eccl. b. Marie Ressen. Colon. dioc. (4 m. arg.) vacat. p. assec. prepos. d. eccl. p. Wesellum Hotman cler. Colon. 30. mart. 76 S 737 184^{r} – can. eccl. Lubic. cui gr. expect. s. d. 1. ian. 72 de 2 benef. ad coll. aep. Magdeburg. et ep. Lubic. conc. fuit et qui perp. vicar. in eccl. Magdeburg. et perp. vicar. in par. eccl. s. Jacobi Lubic. obtin. (sup. qua litig. in cur.) et qui vig. gr. expect. can. et preb. ac dign. eccl. s. Georgii Colon. assec. est: de mutatione gr. expect. de can. et preb. eccl. s. Georgii in can. et preb. eccl. Lubic., n. o. quod d. Johannes in eccl. Lubic. can. et preb. Livonis nunc. obtin. 13. mai. 76 S 739 9^{vss}.

6415 **Johannes Ruscher** presb. Constant. dioc.: de perp. <s. c.> benef. ad alt. s. Katherine in par. eccl. in Bondorff Constant. dioc. (2 m. arg.) vac. p. o. Johannis Furderer 27. mart. 80 S 791 125^v, m. (ep. Nucerin. et officialibus Constant. ac Spiren.), gratis (exped. 13. apr. 80) L 801 4^{rs} – de par. eccl. in Rosburg Spiren. dioc. (3 m. arg.) vac. p. o. Conradi Scholl 27. mart. 80 S 791 145^v – m. (offic. Spiren.) confer. perp. s. c. capn. ad alt. s. Martini in eccl. s. Trinitatis Spiren. (3 m. arg.) vac. p. o. Mathie Risz 30. iun. 81 (exped. 10. iul. 81) L 815 128^{rs}.

6416 **Johannes Russeck (Rusek de Pocziwnycza)** presb. Cracov. dioc.: de par. eccl. in Zavickhost [Cracov. dioc.] (4 m. arg.) et de can. et preb. eccl. s. Martini in Opathow Cracov. dioc. (1 m. arg.) vac. p. o. Jacobi de Caprivnicza 1. febr. 80 S 789 152^v – cler. Cracov. dioc.: motu pr. de gr. expect. de can. et preb. necnon benef. ad coll. quorumcumque, Et s. d. 17. nov. 81 S 803 72^{vs}.

6417 **Johannes Russel (Russert)** viceprepositus eccl. Sandomirien. Cracov. dioc.: de disp. ut unac. d. viceprepositura (que curata et monocularis exist. et resid. personalem requirit) aliud incompat. benef. recip. valeat etsi par. eccl. ad vitam 4. mart. 80 S 790 38^v – de par. eccl. in Byesatky plebania nunc. Cracov. dioc. (6 m. arg.) vacat. p. assec. par. eccl. in Ilkusch (que cantor. sec. et colleg. ecclesie s. Floriani in Clapardia Cracov. dioc. unita est) p. Johannem Starzechowsky 15. decb. 82 S 817 210^{vs} – recip. not. pro bulla distributa 5 grossos decb. 82 DB 1 155^r – de cass. litt. ap. sup. prom. ad omnes ord. et de ref., sola sign. 9. apr. 84 S 834 174^v.

6418 **Johannes Russer**, Spiren. [dioc.?]: disp. ad futura 83/84 I 335 163^r.

6419 **Johannes de Ruthenis**: absol. in prov. mon. Constant. [dioc.?] 82/83 I 335 38^v.

6420 **Johannes Rutz (Rusze)** presb. Trever. dioc.: de perp. s. c. vicar. ad alt. s. Jacobi in par. eccl. s. Crucis in Oldenoyta Osnaburg. dioc. vac. p. o. Henrici Thymertlo 27. oct. 72 S 684 40^v – de perp. vicar. ad alt. s. Mauritii in eccl. s. Florini Confluencie Trever. dioc. (4 m. arg.) vac. p. o. Johannis Calciatoris Roderici [de Borja] card. vicecancellarii fam. aut p. o. Jacobi Swanegin 7. nov. 72 S 683 239^{rs}, I 332 280^r.

6421 **Johannes Ruczel (Rutzel)** presb. Herbip. dioc.: de perp. s. c. vicar. ad alt. Omnium ss. in eccl. Brixin. (14 fl. adc.) vac. p. o. cuiusdam magistri Floriani 19. mart. 73 S 688 180^v, I 332 36^v.

6422 **Johannes de Rzeschow** de nob. gen. Kazimiri Polonie regis dilectus: motu pr. gr. expect. de can. et preb. eccl. Gneznen. et de can. et preb. eccl. Poznan. 17. nov. 81 (exped. 22. nov. 81) (m. precentori eccl. Segobricen. et officialibus Gneznen. ac Cracov.) L 819 266^{rss} – et **Andreas de Rzeschow, Johannes de Senczechovicze, Nicolaus Czepel, Nicolaus de Bedlno, Andreas de Czesle, Albertus de Przotrowo, Daniel Floriani de Byalaczow, Stanislaus de Wirzbyze, Johannes Russek** referentes quod sibi motu pr. gr. expect. s. d. 17. nov. 81 de benef. ad coll. tunc express. collatorum conc. fuerant: motu pr. de prerog. ad instar pape fam. descript. 15. decb. 83 S 839 169^{vs}.

6423 **Johannes de Rzeschow** cler. Premislen. dioc. ex utr. par. de nob. gen. cui de can. et preb. eccl. Cracov. (15 m. arg.) vac. p. o. Raphaelis de Tharnow cuiusdam card. fam. vel p. resign. Nicolai de Munyschow prov. fuit possessione subsecuta et qui litig. desup. coram aud. contra Nicolaum de Gumyschow, Michaelem de Prasmowe Poznan. et quond. Andream Gruszczenski cler. Gneznen. dioc. qui dd. can. et preb. vig. gr. expect. acc.: de surrog. ad ius d. Andree 9. apr. 82 S 809 190^r.

6424 **Johannes Bapt. de Sabellis** cler. Romanus de bar. gen. inter al. referens quod sibi p. Calixtum III. et deinde p. Pium II. motu pr. pens. ann. 200 fl. renen. sup. fruct. prepos. eccl. s. Severini Colon. (tunc vac. p. resign. et deinde p. o. in cur. quond. Prosperi [de Columna] tit. s. Georgii ad velum aureum diac. card.) p. Henricum Gremont prep. d. eccl. persolvenda conc. fuit quodque d. pens. p. al. litt. de consensu suo ex causa perm. d. prepos. c. Johanne de Lynss can. eccl. s. Servatii Traiecten. Leod. dioc. sine consensu d. Johannis ad 50 fl. papales reducta fuit: motu pr. de indulto ut sibi de d. prepos. in casu priv. seu obitus d. Henrici sine nova prov. provideatur 11. mai. 79 S 781 223^{vs}.

6425 **Johannes Sack** cler. Magunt. dioc. pape fam.: motu pr. de gr. expect. de can. et preb. ac de benef. ad coll. quorumcumque, Et s. d. 17. nov. 81 S 803 36^{rs}.

6426 **Johannes Sachs** can. prebend. et capitularis eccl. s. Viti Herrieden. Eistet. dioc.: de scolastr. d. eccl. c. annexis in Hohenberg, Streytdorff, Orttenhayn, Hallenpach, Gran et Veroser Orcem oblegium nunc. (3 m. arg.) vac. p. o. Regalis de Luchaw 13. nov. 81 S 810 254^{rs}.

6427 **Johannes Sageti de Champergneyo**: ›rationi congruit‹ s. d. 17. apr. 70 prov. de par. eccl. s. Germani in Sonherse (Gonherse) Basil. dioc. (40 fl. auri renen.) vac. p. resign. in manibus pape Petri Perros de Montebligardo (p. Johannem Untphim cler. Bisuntin. dioc. procur. fact.) (m. aep. Mytilenen. et abb. mon. s. Benedicti de Lutra ac dec. eccl. Bisuntin.) 25.

aug. 71 (exped. 4. febr. 73) L 715 230^r-232^r – solv. 13 fl. adc. pro compositione annat. 8. febr. 73 FC I 1129 140^r, FC I 1767 48^r, FC I 1768 50^r.

6428 **Johannes Saler (al. Sartoris)** cler. Bamberg. dioc.: de par. eccl. in Kirchsittenbach Bamberg. dioc. (5 m. adc. <6 m. arg. p.>) vac. p. o. Luce Armbauwer (Arrbanbrer) 9. ian. 75 S 714 296^v, m. (dec. eccl. Segobien. et dec. eccl. Bamberg. ac offic. Bamberg.), gratis 13. ian. 75 V 619 135^r-136^v – oblig. sup. annat. par. eccl. in Kirchsittenbach Bamberg. dioc. (6 m. arg. p.) ut supra et promisit solv. in cur. infra 6 menses quia docuit de intruso p. testes qui deponunt Theodoricum Mori possidere 19. iul. 82 Paris L 26 A 10 68^r.

6429 **Johannes de Salhawsen** prep. colleg. eccl. in Wurczen (Wrizen, Wrczen) Misnen. dioc. decr. doct. ex utr. par. de mil. gen.: de disp. ut unac. d. prepos. al. incompat. benef. retin. val. etsi par. eccl. (c. clausula perm.) 11. aug. 75 S 725 85^r, L 750 157^{rs} – can. eccl. Misnen.: de nova prov. de can. et preb. colleg. eccl. Budissinen. Misnen. dioc. (4 m. arg.) vac. p. resign. vel p. o. (infra 20 dies a temp. resign.) Henrici Osterberg 7. apr. 79 S 779 290^{vs} – can. eccl. Magdeburg. qui motu pr. gr. expect. de can. et preb. necnon de benef. ad coll. ep. etc. Nuemburg. s. d. 1. febr. 84 acc.: motu pr. de prerog. ad instar pape fam. descript. 10. mart. 84 S 835 79^{rs}.

6430 **Johannes de Salliy** cler. Trever. dioc.: de par. eccl. de Awans Leod. dioc. (24 l. T. p.) vac. p. o. Johannis de Lousines (Lousius) al. de Civet (Cynet) 7. mart. 83 S 820 75^v, m. (dec. eccl. s. Martini Leod.) 7. febr. 83 (exped. 10. mai. 83) L 829 238^{vss}.

6431 **Johannes Saltzman** presb. Basil. dioc.: de perp. s. c. capn. ad alt. ss. Superiorum civium capel. Frowlanorum in eccl. Basil. (4 m. arg.) vac. p. assec. perp. capn. tertia preb. nunc. ad alt. b. Marie virg. versus ambitum eccl. s. Petri Basil. p. Petrum Johannis Blattner vig. prim. prec. Friderici R. I. 2. decb. 71 S 675 25^v, I 332 31^v.

6432 Johannes Saltzuch can. eccl. s. Pauli e. m. Trever. qui vig. gr. expect. summam vicar. colleg. eccl. s. Castoris op. Confluen. Trever. dioc. vac. p. o. Servacii Meitzenhueber acc. quam quidam Georgius intrusus (qui desup. litig. contra Johannem Opilionis) infra an. spatium detin.: de admissione ad d. litem pendentem et de prorog. term. intimandi ad 8 menses, sola sign. 29. aug. 78 S 773 85^{rs}.

6433 Johannes Samheit (Samherr) Franchete pape secundum carnem sororis fam.: gr. expect. de can. et preb. eccl. Wratislav. necnon de benef. ad coll. ep. etc. Wratislav. (m. abb. mon. b. Marie virg. in Arena Wratislav. et Gabrieli Rovera can. eccl. Barchinonen. ac offic. Wratislav.), gratis 1. ian. 72 V 678 793^r-795^v – cler. Bamberg. dioc. nullum benef. obtin.: de par. eccl. in loco [deest nomen] Merseburg. dioc. (3 m. arg.) vac. p. o. Johannis Pucher 3. decb. 73 S 709 68^v – reus qui litig. coram aud. contra Nicolaum Gleivicz et Nicolaum Sculteti cler. Wratislav. sup. par. eccl. s. Mauritii e. m. Wratislav.: de prov. si nulli de d. par. eccl. (6 m. arg.) vac. p. o. Nicolai Doppen 29. mart. 76 S 737 45^{vs}.

6434 Johannes de Samsheym (Samszheym, Sauwshem) cler. Herbip. dioc. (tunc in 24. sue et. an. existens) referens quod quidam consanguineus qui in superiori parte turris cuiusdam dom. extitit ipsum ad trahendam quandam chordam advocavit et quod ipse (nesciens quod (p. d. chordam) quidam proditor ad torturam suspensus fuit) in inferiore parte d. turris chordam trahebat: de disp. sup. irreg. et de disp. ut can. et preb. eccl. Eistet. vel quodcumque benef. retin.

valeat 27. apr. 75 S 719 37^{vs} – qui can. et preb. eccl. August. vac. p. o. Ernesti com. de Helfenstein acc.: de prorog. temp. intimandi ad an., Conc. ad 6 menses, sola sign. 28. iul. 84 S 838 252^r – qui can. et preb. unac. archidiac. eccl. Herbip. ac par. eccl. in Walner Herbip. dioc. vac. p. o. Johannis Gusing acc.: de prorog. temp. intimandi ad an., Conc. ad 6 menses, sola sign. 28. iul. 84 S 838 252^r.

6435 Johannes de Sancto Georgio cler. Leod. dioc. pape fam.: m. (prep. eccl. b. Marie Feuchtwangen. August. dioc. et Johanni de Querru can. eccl. Leod. ac offic. Cameracen.) confer. perp. s. c. capn. ad alt. b. Marie virg. in par. eccl. b. Marie virg. loci de Weestmerbeck Cameracen. dioc. de iur. patron. domini d. loci (4 m. arg.) vac. p. o. in cur. Johannis Boven, gratis 16. mai. 83 V 549 55^v-57^r.

6436 Johannes de Sancto Nicolao can. eccl. Virdunen. sexagenarius qui perp. vicar. par. eccl. s. Victoris Meten. resign. in manibus pape desiderat et **Dominicus Guillermi** presb. rect. par. eccl. in Marceyoalto Trever. dioc. c. quo ad 2 incompat. benef. disp. fuit: de prov. d. Dominico de d. vicar. (24 l. T. p.) et de assign. d. Johanni pens. ann. 6 l. T. p. sup. fruct. d. vicar. et 6 l. T. p. sup. fruct. d. par. eccl. in Marceyoalto (24 l. T. p.) p. d. Dominicum in civit. Virdunen. persolv. 13. nov. 77 S 760 107^{rs} – restit. bulle sup. pens. ut supra 27. nov. 77 A 26 218^v.

6437 Johannes de Sancto Victo cler. Leod. dioc. rect. par. eccl. s. Marie de Amblania Colon. dioc.: de prom. ad omnes ord. p. aep. Metalino [!] extra temp., sola sign. 29. decb. 79 S 790 259^r.

6438 Johannes Sandenbah: nova prov. de can. et preb. ac decan. necnon par. eccl. Traiect. [dioc.?] 80/81 I 334 221^v.

6439 **Johannes Santel** presb. Frising. dioc.: de nova prov. de par. eccl. b. Marie virg. in Loczencherchen Ratisbon. dioc. (6 m. arg.) vac. p. resign. Henrici Stetner 31. ian. 80 S 789 203^{vs} – cler. Frising. dioc. cui de par. eccl. b. Marie in Lotzenkirchen (Letzenkichen) Ratisbon. dioc. vac. p. resign. Henrici Stettner prov. fuit et **Judocus Stettner** cler. Frising. dioc. cui vig. prim. prec. imper. de d. par. eccl. prov. fuit inter al. referentes quod desup. litig. coram Johanne Prioris aud. et Paulo de Tuscanella aud. ac illo absente coram Johanne [de Ceretanis] ep. Nucerin. aud. locumtenenti et quod d. Judocus resign. in manibus pape: de assign. d. Judoco pens. ann. 18 fl. renen. sup. fruct. d. par. eccl. (56 fl. renen.) 16. mai. 80 S 793 102^r.

6440 **Johannes Sapientis** rect. par. eccl. s. Aviti de Leyda Argent. dioc. actu stud. in univ. theol.: de disp. ut unac. d. par. eccl. (16 l. T. p.) aliud incompat. benef. recip. valeat 24. iul. 73 S 693 283^{rs}.

6441 **Johannes Sarenfiert (Sawnfiert)** cler. Herbip. dioc.: de par. eccl. in Elmbach Herbip. dioc. (20 m. arg.) vac. p. o. cuiusdam Winolphi, n. o. can. et preb. in eccl. b. Marie in Wechoym Herbip. dioc. (6) et capn. s. Johannis Bapt. in Kyrchenschleten (4) necnon capn. s. Viti in Monte Urspagk (Arspagk) Bamberg. dioc. (4 m. arg.) 4. iul. 82 S 812 184^r.

6442 **Johannes Sartoris** sacerd. conv. Argent. provincie Theutonice o. pred. cui p. generalem modernum d. ord. inter al. ut ubique terrarum extra ord. morari et capellanias gerere necnon divina officia celebrare, predicare et sacramenta ministrare valeret conc. fuit: de disp. ut c. c. vel s. c. benef. seculare etiamsi par. eccl. in tit. ad vitam retin. val. 20. ian. 78 S 763 119^{rs}.

6443 **Johannes Sartoris** presb. Havelberg. dioc. referens quod progenitores perp. vicar. ad alt. s. Katherine in par. eccl. op. Lentzen Havelberg. dioc. de iur. patron. laic. fundaverunt: de d. perp. vicar. (4 m. arg.) vac. p. resign. in manibus pape Henrici Pentzen 9. sept. 83 S 828 241^{vs}.

6444 **Johannes Sartoris** cler. Magunt. dioc. referens quod ipse vicar. in eccl. s. Petri op. Northen et Ludolfus Minden vicar. in par. eccl. s. Johannis op. Gottingen Magunt. dioc. p. causam perm. in manibus ordin. resign. et quod d. Johanni de d. vicar. in Gottingen p. d. ordin. prov. fuit: de nova prov. de d. vicar. (4 m. arg.) 9. nov. 76 S 743 281^{vs}, I 332 167^r.

6445 **Johannes Sartoris** presb. Nuemburg. dioc.: de par. eccl. s. Jacobi in Frusenitz Nuemburg. dioc. (20 l. T. p.) vac. ex eo quod Johannes Kedel d. par. eccl. et par. eccl. in Vlag Nuemburg. dioc. sine disp. obtin. 19. nov. 77 S 760 231^r – cler. Misnen. dioc.: de can. et preb. in eccl. b. Marie virg. Nuemburg. (4 m. arg.) vacat. p. resign. Hermanni Werken can. eccl. s. Nicolai Novifori Magdeburg. cui de dd. can. et preb. vac. p. resign. Andree Eygebrot p. Henricum [de Stammern] ep. Nuemburg. prov. fuit 7. febr. 78 S 764 112^v, m. (prep. eccl. Bremen. et prep. eccl. Nuemburg. ac Johanni Westfal can. eccl. Merseburg.) (exped. 19. febr. 78) L 787 227^{vss} – presb. Misnen. dioc.: de perp. vicar. regali s. Konnegundis in eccl. Citzcen. Nuemburg. dioc. (5 m. arg.) vac. p. resign. Mauritii Chaonaw in manibus ep. Nuemburg. 8. apr. 78 S 768 58^r – de perp. vicar. ad alt. s. Crucis in eccl. Citzen. (5 m. arg.) vac. p. assec. perp. vicar. regalis ad alt. s. Konegundis in d. eccl. p. Michaelem Krautheym 8. apr. 78 S 768 58^v – <cler. Misnen. dioc.> rect. par. eccl. s. Jacobi in Ffrisenitz Nuemburg. dioc.: de disp. ut unac. d. par. eccl. (quam n. possidet et sup. qua litig.) aliud incompat. benef. etsi 2 par. eccl. retin. val. 17. apr. 78 S 766 253^{rs}, L 778 16^{rss} – referens quod litig. coram Johanne de Prioris aud. contra Henricum Buseman actorem sup. par. eccl. s. Jacobi in Ferszmen (Freszemen) Nuemburg. dioc. vac. ex eo quod Johannes Kedel d. par. eccl. insimul c. par. eccl. in Vlag Nuemburg. dioc. ultra an. absque disp. detin.: de prov. si neutri de eadem (4 m. arg.) 29. decb. 79 S 788 272ʳˢ.

6446 **Johannes (Sartoris, Sartorius) de Bockenrod (Bukenrod, Bockerode, Bochenrode)** [1. pars 2 partium] cler. Magunt. dioc. pape canaparius secretus et fam.: de can. et preb. eccl. b. Marie Aquen. <Leod. dioc.> (14 m. arg.) vac. p. o. in cur. Henrici Dailman (Dalman) Pauli II. fam. et cubic. 6. sept. 71 S 671 109ᵛˢ, (m. prepositis eccl. Camin. et eccl. s. Adalberti Aquen. Leod. dioc. ac dec. eccl. s. Andree Colon.), gratis (exped. 15. febr. 72) L 713 112ʳ-114ʳ – presb. Magunt. dioc. pape fam. qui vig. gr. expect. Pauli II. can. et preb. sacerdotales eccl. Wormat. vac. p. o. Henrici Dalheym de Gerelszheym acc.: de nova prov. de eisdem (8 m. arg.) 22. sept. 71 S 672 17ᵛˢ, m. (prepositis eccl. Spiren. et eccl. s. Trinitatis Spiren. ac eccl. ss. Petri et Pauli Bardewicen. Verden. dioc.), gratis V 563 199ʳ-201ʳ – de can. et preb. ac scolastr. colleg. eccl. s. Petri iun. Argent. (simul 13 m. arg.) vac. p. o. in cur. Michaelis Muller 18. oct. 71 S 672 215ᵛ, (m. ep. Tervisin. ac decanis eccl. Basil. et Wormat.), gratis (exped. 5. nov. 71) L 713 192ᵛˢˢ – restit. bulle sup. can. et preb. et scolastr. eccl. s. Petri ut supra 7. nov. 71 A 21 39ʳ – gr. expect. de can. et preb. eccl. s. Andree Wormat. necnon de benef. ad coll. ep. etc. Spiren. (m. ep. Alerien. ac officialibus Wormat. et Spiren.), gratis 1. ian. 72 V 681 1ʳ-4ʳ – de prepos. eccl. in Wilburg Trever. dioc. (8 m. arg.) vac. p. o. Ebarhardi Pillp 16. mart. 72 S 677 145ʳ – cui de prepos. colleg. eccl. s. Walburgis

in Wilburg ut supra prov. fuit et **Johannes Fust** cler. Magunt. dioc. qui capn. seu vicar. ss. Petri et Pauli in colleg. eccl. s. Verene Zurtzacen. Constant. dioc. obtin. desiderantes dd. benef. perm.: de prov. d. Johanni Fust de d. prepos. (6 m. arg.) et de prov. d. Johanni Sartoris de d. capn. (4 m. arg.) 13. mai. 72 S 679 190ᵛˢ – de can. et preb. ac celleraria eccl. ss. Martini et Arbogasti Surburgen. Argent. dioc. (12 m. arg.) vacat. p. resign. in manibus pape Petri Wymari (Woymari) de Ercklens (Erchlens) Pauli II. cubic. et fam. <p. Johannem Erclens cler. Leod. procur. fact.> 13. mai. 72 S 679 191ᵛ, (m. [Petro Ferrici] ep. Tirasonen. et dec. eccl. Argent. ac offic. Argent.), gratis (exped. 9. iun. 72) L 713 181ᵛ-183ʳ – de perp. s. c. vicar. ad alt. s. Johannis Bapt. in cenobio sive mon. sanctimonialium Veteris Celle o. s. Ben. Magunt. (4 m. arg.) vac. p. o. in cur. Nicolai Gropper Pauli II. fam. 2. sept. 72 S 682 11ᵛˢ, I 332 179ᵛ – de can. et preb. eccl. b. Marie virg. ad Gradus ac de can. et preb. eccl. s. Martini Wormat. dioc. (insimul 14 m. arg.) vac. p. o. Johannis Nuszboim Pii II. fam. 23. sept. 72 S 683 83ᵛ – prov. de prepos. Argent. [dioc.?] vac. p. o. 72/73 I 332 9ᵛ – c. quo ad 2 incompat. benef. p. Pium II. disp. fuit: de disp. uberiori ut unac. prepos. eccl. ss. Petri sen. et Michaelis Argent. ac cantor. eccl. s. Ciriaci e. m. Wormat. aliud 3. incompat. benef. recip. val. 31. ian. 73 S 689 126ᵛˢ, gratis L 726 359ʳˢˢ – prep. eccl. ss. Michaelis et Petri Argent. inter al. referens quod olim quond. Wilhelmus (Guillermus) [de Diest] ep. Argent. mense capit. d. eccl. (180 m. arg.) prepos. d. eccl. (24 m. arg.) incorp. ad usum distributionum cottidianarum et quod d. capit. d. Johanni solum 7½ m. arg. responsit et quod postmodum synodus in civit. Basil. congregata commisit iudices: de cass. et de restit. in pristinum statum et de assign. d.

prepos. medietatem fruct. 26. iun.
73 S 692 169^v-171^r, V 557 282^v-
286^r – litig. coram aud. contra
quond. Johannem Kindelin in cur.
defunct. Johannis Bapt. [Cybo] tit.
s. Balbine presb. card. fam. sup. custod. eccl. s. Pauli Wormat. (3 m.
arg.): de surrog. ad ius d. Johannis
Kindelin 16. aug. 73 S 694 268^{rs} –
publ. instr. sup. lic. fodiendi pro metalli mineris ad 40 an. pro Jacobo
Tarraga metallorum purificatore, Petro de Corduba pape acol., Gotfrido
Marturel et d. Johanne absente
[cass.] 6. sept. 73 F 6 166^r-167^v.

6447 Johannes (Sartoris) de Bockenrod
[2. pars 2 partium]: de capel. s. Georgii in cur. ep. Frising. in op. Wien.
Patav. dioc. (4 m. arg.) vac. p. o. Sigismundi Stetner 29. nov. 73 S 700
95^{vs} – de fruct. percip. 23. decb. 73
S 700 44^r – n. resid. Argent. [dioc.?]
73/74 I 332 22^v – de alt. port. 31.
ian. 74 S 702 27^r – de lic. testandi
31. ian. 74 S 702 27^r, gratis L 750
174^{rs} – de prepos. eccl. s. Plechelmi
Aldensalen. Traiect. dioc. (archidiac.
in eccl. Traiect. existente) (30 m.
arg.) vac. p. o. Gerardi de Randen
quond. Nicolai [de Cusa] tit. s. Petri
ad vincula presb. card. fam. <et in
civit. et dioc. Traiect. collect.> 25.
febr. 74 S 703 65^v, S 703 153^r, (m.
ep. Vasionen. ac officialibus Colon.
et Traiect.), gratis V 562 75^r-77^v –
prep. eccl. s. Plechelmi Aldensalen.
Traiect. dioc. pape fam. qui pape
dum cardinalatus honore fungebatur
obsequiis iugiter institit cuique hodie
motu pr. de d. prepos. vac. p. o. Gerardi de Randen prov. fuit: motu pr.
decl. d. preposituram nullo modo
sub expect. et al. gratiis comprehendi sed exceptam esse, gratis 25.
febr. 74 V 678 194^r-195^v – de par.
eccl. in Hoeswiick Leod. [dioc.] p.
can. mon. de Beny o. Prem. Traiect.
dioc. regi solita (16 m. arg.) vacat. p.
prom. Arnoldi de Wydi (/.) abb. el.
d. mon. 8. mart. 74 S 703 172^r – restit. bulle sup. annat. prepos. colleg.

eccl. s. Plechelmi ut supra 19. mart.
74 A 23 48^v – prep. eccl. ss. Michaelis et Petri Argent. referens quod
pretextu concilii gener. in civit. Basil. capit. d. eccl. supplic. quond.
Wilhelmo [de Diest] ep. Argent.
mense capit. d. eccl. d. prepos. (7^1/$_2$
m. arg.) incorp.: m. (cant. eccl. Spiren. ac officialibus Spiren. et Basil.)
assign. medietatem fruct. d. prepos.,
gratis 3. iun. 74 V 562 193^{vss} – referens quod ipsi de prepos. colleg.
eccl. s. Plechelmi Oldensalen. Traiect. dioc. (que in eccl. Traiect. archidiac. exist.) vac. p. o. Gerardi de
Raiden prov. fuit et quod Johannes
Militis d. prepos. occupat: motu pr.
monitio ut ep. Traiect. et d. Johannes
Militis et dec. etc. d. eccl. Oldensalen. d. Johannem Sartoris in possessionem d. prepos. inducant (exec.
ep. Alerien. et officiales Colon. ac
Monast.), gratis 3. iun. 74 V 663
166^r-167^v – restit. bulle sup. prov.
de can. et preb. sacerdotali eccl.
Wormat. (8 m. arg.) de qua d. Johanni s. d. 22. sept. 73 prov. fuit 8. iul.
74 A 23 121^v – Wormat. [dioc.?]:
disp. ad incompat. 73/74 I 332 312^r
– prov. de can. Argent. [dioc.?] vac.
p. o. 75/76 I 333 13^v – prep. eccl.
Aldensalen. Traiect. dioc. qui litig.
desup. coram [Petro de] S[chaumberg] tit. s. Vitalis presb. card. contra
Nicolaum de Edam aud. (qui resign.): de d. prepos. (30 m. arg.) vac.
p. o. Gerardi de Rauden 6. apr. 75 S
717 38^v – prep. eccl. ss. Petri et Michaelis Argent. acol. pape commensalis: alt. port. etiam ante diem, gratis 29. apr. 75 V 678 555^{rs} – prep.
eccl. ss. Michaelis et Petri Argent.
pape fam. inter al. referens quod dudum nonnullis sub pretextu concilii
gener. in civit. Basil. congregatis pro
parte capit. d. eccl. fuit expositum
quod fruct. capit. causantibus guerrarum turbinibus adeo tenues effecti
essent quod pro solitis distributionibus canonicorum ipsius eccl. nequaquam sufficerent quodque ideo
quond. Wilhelmus [de Diest] tunc

ep. Argent. fruct. d. prepos. (portione congrua d. preposito reserv.) d. capitulo ad usum cottidianarum distributionum ordin. auct. univit quodque d. capit. d. preposito ex fruct. d. prepositure solum de 7¹/₂ m. singulis an. respondebant quodque ideo papa ep. etc. Argent. dedit in m. quatinus d. Johanni prep. portionem congruam pro illius prep. status decentia videlicet medietatem fruct. assignarent quodque papa p. al. litt. cantori eccl. Spiren. et officialibus Basil. ac Spiren. dedit in m. quatinus ad executionem priorum litt. procederent: m. (cant. eccl. Spiren.) quatinus ad executionem ulteriorum litt. pape procedat acsi in dd. litt. de quantitate portionis n. express. mentio facta n. fuisset, gratis 1. iul. 75 V 678 704ᵛ-706ʳ – de perp. s. c. vicar. in eccl. ss. Cassii et Florentii Buren. [recte: Bonnen.] Colon. dioc. (4 m. arg.) vac. p. o. Wilhelmi de Blanckenborg Pii II. fam. 16. iul. 75 S 723 303ᵛˢ.

6448 **Johannes Sartoris de Corterkart** rect. par. eccl. de Swartzach Trever. dioc.: de n. prom. ad 7 an. 28. iun. 77 S 753 254ᵛˢ.

6449 **Johannes Sartoris de Schonech**: nova prov. de capn. Trever. [dioc.?] 80/81 I 334 227ᵛ.

6450 **Johannes Sasse** presb. Camin. dioc. pres. in cur.: de par. eccl. ville Hoykendorp Camin. dioc. (2 m. arg.) vac. p. o. Mathie Crogher 18. febr. 83 S 820 24ᵛ.

6451 **Johannes Sassenland** rect. par. eccl. in Reyglankerken (Beylenkerken) Paderburn. dioc. (4 m. arg.): de disp. ut unac. d. par. eccl. (4 m. arg.) aliud incompat. benef. recip. val. <Et par. eccl. ad 3 an.> 7. oct. 71 S 672 268ᵛ, 1. febr. 72 S 676 44ʳ.

6452 **Johannes Satler** cler. Bamberg. dioc. litig. in cur. contra quond. Hermannum Reysparger cler. intrusum sup. par. eccl. in Attenbach Bamberg. dioc. (8 m. arg.): de surrog. ad ius d. Hermanni 16. decb. 81 S 806 65ʳ.

6453 **Johannes Sauageti** cler. Constant. dioc. leg. doct. referens quod litig. temp. Pauli II. coram Nicolao de Ubaldis aud. contra capit. eccl. Gebennen. sup. can. et preb. d. eccl. (20 scutorum auri Sabaudie) et quod deinde concordaverunt ut d. Johanni de al. can. et preb. primo vacat. in aliquo ex mensibus ordinariis collatoribus competentibus p. d. capit. prov. fuerit et ut fruct. can. et preb. sup. qua litig. receperit quousque preb. in d. eccl. assec. foret: ›rationi congruit‹ s. d. 13. apr. 69 conf. d. concordiam 25. aug. 71 V 553 282ʳˢˢ – cler., **Johannes de Croama al. Sattler** cler., **Johannes Kremer** presb., **Johannes Krundigman** presb., **Ulricus Hoelderlin** presb., **Ulricus Kremer** cler., **Petrus Huober** presb., **Anshelmus Reschach** cler. omnes Constant. dioc.: de gr. expect. de 2 can. et preb. et de 2 benef. ad coll. quorumcumque, Et s. d. 1. ian. 72 S 670 235ᵛˢ – qui can. et preb. eccl. Constant. obtin.: de percip. fruct. 29. iul. 77 S 755 39ᵛ.

6454 **Johannes Saur** cler. Frising. dioc. qui tunc in cur. p. Philippum [Bartholomei] ep. Arien. in d. cur. residentem et ad confer. ordines specialiter deputatum ad primam tonsuram se fecit promoveri et deinde a d. cur. se absentare habet: de prom. ad omnes sacros etiam presbit. ord. infra temp. extra cur., sola sign. 10. ian. 83 S 818 168ᵛ.

6455 **Johannes (Sax)** qui ad abbat. mon. s. Lamberti de Sancto Lamberto o. s. Ben. Salzeburg. dioc. vac. p. o. cuiusdam Johannis p. conv. d. mon. el. fuit: conf. 5. oct. 78 L 793 8ʳ-9ᵛ – facult. recip. munus benedictionis a quocumque antistite 5. oct. 78 L 793 9ᵛˢ – monach. mon. s. Lamberti de Sancto Lamberto Salzeburg. dioc.: notitia sup. prov. de abbat. d. mon. vac. p. o. ultimi abb. in consistorio ad relationem [Stephani Nardini] card. Mediolan. 5. oct. 78 OS 82 113ᵛ, OS 83 84ʳ – abb. mon. s. Lamberti de Sancto Lamberto o. s. Ben. Salzeburg. dioc.: obtulit cam. ap. et collegio card. 1.500 <1.000> fl. adc. et 5 serv. min. p. Joelem Sax cler. Salzeburg. dioc. pro serv. commun. ratione prov. s. d. 5. oct. 78 et insuper quia in libro taxarum reperitur quod d. monasterio (et n. ut creditur monasterio s. Lamberti in Sewn Salzeburg. dioc.) par. eccl. in Obing Salzeburg. dioc. uniri mandata fuit obtulit se desup. certificare et in casu contrario promisit satisfacere cam. ap. infra 6 menses (in margine: d. die bulle date fuerunt d. Joeli) 9. decb. 78 OS 84A 47^r, Paris L 25 A 9 46^r.

6456 **Johannes dux Saxonie**: alt. port., gratis 20. apr. 74 V 663 50^{rs} – esus lacticiniorum, gratis 20. apr. 74 V 663 57^{vs} – et nob. viri laici Zwerin., Razeburg., Lubic. et Sleswic. dioc. litis consortes referentes quod prep. mon. s. Georgii Staden. o. Prem. Bremen. dioc. (n. o. quod d. prep. in d. ducem et dd. litis consortes nullam habet iurisdictionem ad perp. vicarias in eccl. Lubic. pretendentium) eos excommunicavit et eos sup. hoc audire denegavit: m. (dec. eccl. Verden. et offic. Verden.) committ. in partibus 29. oct. 81 L 823 68^{vs}.

6457 **Johannes Schaben** cler. Trever. dioc. c. quo sup. def. nat. (p. s.) disp. fuit: de disp. uberiori ad quodcumque compat. benef. c. lic. perm. 9. aug. 80 S 795 154^v – rect. par. eccl. s. Stephani in Aldendorff Trever. dioc. pape fam.: de n. prom. ad omnes ord. ad 5 an. in sed. ap. servitiis insistendo seu in cur. residendo 30. nov. 83 S 832 212^r.

6458 **Johannes [Schachner]** modernus abb. etc. mon. s. Lamberti de Sancto Lamberto o. s. Ben. Salzeburg. dioc. cui par. eccl. b. Marie in Cellis Salzeburg. dioc. a fund. est annexa inter al. referens quod Bonifatius IX. d. par. eccl. indulg. ad instar eccl. b. Marci Venetiarum concesserat et quod d. mon. primo et deinde paucis

diebus iterum igne crematum extitit: de conf. indulg. 2. mai. 72 S 679 94^{rs} – indultum vescendi carnibus 71/72 I 332 250^r.

6459 **Johannes Schaer, Cristianus von dem Reuth, Johannes Pauli, Gabriel Perandren, Johannes Laubger de Logk, Petrus Kehnauer [= Knauer] de Radmasdorff, Achatius Hisse, Hassn(er) de Dornburg, Przenislaus iun. dux Slesie, Cristoforus Thisme, Johannes Ruben, Henricus Ruger de Pegnitz, Fabianus Haucke** inter 15 personas enumerati: de gr. expect. de 2 can. et preb. et de 2 benef. ad coll. quorumcumque, Et s. d. 1. ian. 72 S 670 128^{vs} – cler. Leod. dioc. c. quo sup. def. nat. (c. s.) ad quodcumque benef. disp. fuit: disp. ad 2 incompat. benef. etsi par. eccl., gratis 22. sept. 75 L 757 173^{rss} – cui de plebania colleg. eccl. b. Marie de Huyen Leod. dioc. vac. p. o. cuiusdam Arnoldi prov. fuit: de nova prov. de eadem (4 m. arg.) 23. mart. 76 S 736 171^{rs} – de fruct. percip. 30. apr. 76 S 738 87^r – lic. n. resid. 30. apr. 76 (m. abb. mon. Hilichinen. Leod. dioc. ac offic. Leod.) L 762 200^{vss} – de disp. ad 2 incompat. benef. (etsi sub eodem tecto) 7. aug. 76 S 740 184^{rs}, gratis L 766 116^{vs}.

6460 **Johannes Scaeczlin** scol. Constant. dioc.: recip. primam tonsuram in basilica Principis appl. de Urbe 21. decb. 82 F 7 69^{vss}.

6461 **Johannes Schaffner (Scafner)** presb. Argent. dioc. Juliani [de Ruvere] tit. s. Petri ad vincula presb. card. fam. c. quo sup. def. nat. (p. s.) et ad 4 benef. disp. fuit: de lic. tacendi de d. def. nat. 20. iul. 73 S 693 217^{rs} – motu pr. de prepos. eccl. s. Leodegarii in Werd (Werel) prope Arow Constant. dioc. (6 m. arg.) vac. p. o. Conradi Menger (m. ep. Nucerin. ac prepositis eccl. Ansoltingen. Lausan. dioc. et eccl. Solodoren. Lausan. dioc.), gratis 20. iul. 73 S 693 215^{vs}, V 558 119^v-122^r – de disp. ut unac. d. prepos. aliud incompat. benef. recip. val. 24. iul. 73 S 694 47^{rs} – oblig. sup. annat. prepos. ut supra 27. aug. 73 A 22 76^v – solv. 14 fl. pro compositione annat. 27. aug. 73 FC I 1129 189^r, IE 488 4^r, IE 489 4^r – prov. de capn. Argent. [dioc.?] vac. p.o. 80/81 I 334 9^r – de capn. ad alt. b. Marie virg. in par. eccl. in Ehenhaim Superiori Argent. dioc. (3 m. arg.) vac. p.o. Ernesti Breittenbach 26. iun. 82 S 812 51^{vs}.

6462 **Johannes Scaypeke** rect. par. eccl. s. Laurentii in Albrechtsperg Patav. dioc. et rect. par. eccl. ss. Gervasii et Prothasii in Valle Annanie Trident. dioc. qui idioma Italicum n. intellegit et cui de d. par. eccl. vac. p. resign. ex causa perm. prov. fuit et p. 6 an. obtin.: de nova prov. de d. par. eccl. (48 fl. renen.) et de disp. sup. idiomate, Et de n. resid. ad d. par. eccl. 23. mai. 83 S 823 273^r.

6463 **Johannes de Schamsovize** cler. Poznan. dioc. art. doct. lector psalmorum in eccl. Cracov.: de disp. ut unac. d. lectoria (4 m. arg.) aliud incompat. benef. recip. val. 13. nov. 76 S 743 66^v.

6464 **Johannes Scaper al. Bosse** presb. Hildesem. dioc. qui vig. gr. expect. can. et preb. eccl. in Monte s. Petri e. m. Goslarien. Hildesem. dioc. vac. p.o. Johannis Beynem acc.: de nova prov. de dd. can. et preb. (2 m. arg.), n.o. vicar. sive benef. in op. Goslarien. (2 m. arg.) quam obtin. 22. mart. 82 S 810 182^v.

6465 **Johannes Schaphusen (Scaphusen, Stafusen)** cler. Bremen. Johannis [Arcimboldus] tit. s. Praxedis presb. card. fam. cur. p. plures an. secutus qui pro suis negotiis a cur. absentare intendit: de lic. absentandi ad 2 an. et de conc. ut in assec. beneficiorum prerog. quib. in cur. presentes gaudent uti val. acsi se a d. cur. n. absentasset, Conc. de presentialitate ad an., sola sign. 18. apr. 83 S 822 168^{rs} – qui vig. gr. expect. s.d. 17.

nov. 81 par. eccl. in Multzen Bremen. dioc. vac. p.o. Johannis Rappen acc. et p. plures an. absque prom. obtin. nullum al. benef. habens: de nova prov. de eadem (3 m. arg.) et de rehab. et de n. prom. ad 7 an. 2. apr. 84 S 834 160^{vs}.

6466 **Johannes Schare** cler. Lubic. referens quod dudum Gerardo Schare d. Johannis fr. can. et distinctam preb. eccl. Zwerin. obtinenti de can. et preb. eccl. Zwerin. et al. can. et preb. eccl. Lubic. prov. fuit ea condicione ut quamprimum aliquos can. et maiorem preb. eccl. Zwerin. assequeretur dd. can. et distinctam preb. dimitteret: de dd. can. et distincta preb. (4 m. arg.) et de perp. vicar. in par. eccl. b. Marie Lubic. (quam d. Gerardus etiam obtinet) (4 m. arg.) vacat. p. assec. can. et maiorem preb. d. eccl. Lubic. p. d. Gerardum c. offerta d. Johannis quod quandam al. perp. vicar. in par. eccl. s. Petri Lubic. quam unac. d. vicar. in eccl. b. Marie obtin. dim. paratus est 23. mart. 74 S 708 293^{vss}.

6467 **Johannes Schart** perp. vic. ad alt. s. Nicolai in Gundershem Wormat. dioc. resid. in cur.: de prom. ad omnes ord. extra temp., sola sign. 29. decb. 83 S 832 216^v.

6468 **Johannes Scharte**: prov. de prepos. Camin. [dioc.?] vac. p. resign. 82/83 I 335 33^v.

6469 **Johannes Schasper**, Herbip. [dioc.?]: disp. ad futura 83/84 I 335 83^v.

6470 **Johannes Schauerlein (Schewerleyn, Scheverleyn, Schewerlen)** cler. Wratislav.: de can. et preb. eccl. Wratislav. (6 m. arg.) vacat. p. ingr. relig. Pauli Haunolt qui eosdem obtin. 9. iun. 78 S 770 194^r – referens quod in 22. et. an. constit. sup. def. et. ad c.c. benef. motu pr. disp. fuit: de ref., Et s.d. 17. nov. 81 S 803 278^r – can. eccl. Wratislav. Marci [Barbus] card. ep. Prenestin. s. Marci nunc. fam.: motu pr. de cantor. d.

eccl. (4 m. arg.) vac. p. assec. prepos. d. eccl. post obitum Petri Hoppener p. Nicolaum Sculteti 8. apr. 83 S 821 163^{vs} – de nova prov. de can. et preb. colleg. eccl. s. Crucis Wratislav. (40 m. Wratislav. monete) vac. p. o. Gasparis Weyngel (/.) 7. mai. 83 S 823 53^{rs} – referens quod sibi de can. et preb. colleg. eccl. s. Crucis (10 m. arg.) ut supra prov. fuit et quod deinde litig. desup. coram G[undisalvo] de Villadiego aud. contra quond. Gasparem Weygel possessorem (qui vig. gr. expect. eosdem vac. p. o. Johannis Crewtleyn acc.) et Gasparem Elyan: de surrog. ad ius d. Gasparis Weygel 10. mai. 83 S 823 39^v – de disp. ad 2 incompat. benef. 21. iul. 83 S 825 157^v – can. eccl. b. Marie Maioris Glogovie Wratislav. dioc. cui motu pr. gr. expect. de can. et preb. necnon de benef. ad coll. ep. etc. Wratislav. conc. fuit: motu pr. de prerog. ad instar pape fam. descript. 14. decb. 83 S 832 107^v – pape cap.: de can. et preb. in colleg. eccl. s. Stephani Magunt. (12 <10> m. arg. p.) vac. p. resign. Marci [Barbus] card. ut supra in manibus pape (qui vig. gr. expect. eosdem vac. p. o. Johannis Tzepe de Lechinich (Ledinicht) d. Marci card. fam. s. d. 14. nov. 82 <17. aug. 83> motu pr. <in commendam> acc.) 25. mai. 84 S 836 221^{vs}, m. (dec. eccl. Magunt. et Conrado Cranez can. eccl. Frising. ac Bartholomeo de Coraciis can. eccl. Trident.) 6. iun. 84 (exped. 28. iun. 84) L 836 3^r-5^r – oblig. sup. annat. can. et preb. eccl. s. Stephani (10 m. arg.) de quib. ut supra s. d. 25. mai. 84 sibi prov. fuit 3. iul. 84 A 32 146^r.

6471 **Johannes de Schaumberg (Schabinberg, Scawmberg)** can. eccl. Eistet. qui par. eccl. b. Marie in Munster Herbip. dioc. p. Eberhardum de Rabenstein can. eccl. Bamberg. procur. resign. in manibus pape: assign. pens. ann. 30 fl. renen. sup. fruct. d. eccl. p. Ulricum Wieng de Ripfen-

berg persolv. 18. apr. 76 (m. Eberhardo de Rabenstein can. eccl. Bamberg. et officialibus Herbip. ac Eistet.) L 762 204^{rss} – restit. bulle sup. pens. ut supra (quia est solut. annat. d. eccl.) 26. oct. 76 A 25 198^r.

6472 **Johannes Schaz (Schatz)** scol. Spiren. dioc.: recip. primam tonsuram in eccl. s. Bartholomei de Insula in Urbe 17. decb. 74 F 6 186^{vs} – cler. Spiren. dioc.: prom. ad acolit. et al. min. ord. in eccl. s. Bartholomei ut supra 17. decb. 74 F 6 186^v, F 6 187^v – de perp. benef. ad alt. s. Georgii in par. eccl. in Kummel (Kand) <Spiren. dioc.> (3 m. arg.) vac. p. o. Johannis Hengelmanss (Hentzelmans) 31. aug. 78 S 777 294^{rs}, m. (prepositis eccl. Spiren. et Wormat. ac dec. eccl. b. Marie in Fewchtwangen August. dioc.) PA 27 285^{rs} – presb. Spiren. dioc.: de par. eccl. ville Heynhofen Spiren. dioc. (3 m. arg.) vac. p. o. Heylmanni Lant de Anwiler et p. devol., n. o. capn. ad alt. s. Katerine in par. eccl. ville Chanel Spiren. dioc. (3 m. arg.) quam d. Johannes obtin. 24. sept. 82 S 814 139^{vs}.

6473 **Johannes Scheddel**: prov. de s. c. alt. s. Nicolai in eccl. hosp. in Fulda Herbip. dioc. (3 m. arg.) vac. p. resign. in manibus pape Johannis Birschet cler. Trever. dioc. pape fam. cui de eodem vac. p. o. in cur. Johannis Kirchbergher s. d. 19. oct. 80 prov. fuerat litt. desup. n. confectis (exec. Johannes Swalb can. eccl. Patav. et officiales Herbip. ac Magunt.), gratis 5. iun. 81 V 612 176^v-178^r – recip. not. pro bulla distributa 2 grossos et 1 grossum aug. 81 DB 1 96^v.

6474 **Johannes Scheffer** paup. presb. Magunt. dioc. nullum benef. obtinens: de par. eccl. s. Johannis Ev. in Uszlecha (Userlecha) Magunt. dioc. (4 fl. adc.) vac. p. o. Ludovici Meckel 22. mai. 75 S 720 253^r.

6475 **Johannes Sceller** presb. Constant. dioc.: de nova prov. de off. custod. colleg. eccl. s. Pelagii Episcopalis Zelle Constant. dioc. (4 m. arg.) vac. p. resign. in manibus prep. d. eccl. Johannis de Rwgil 24. apr. 79 S 780 255^r.

6476 **Johannes Schelhans al. Petri** presb. Trever. dioc.: m. (decanis eccl. s. Cuniberti Colon. et eccl. ss. Appl. Colon. et eccl. s. Patrocli Susacien. Colon. dioc.) confer. par. eccl. s. Remigii in Keddingen Meten. dioc. (4 m. arg.) vac. p. o. Johannis de Florchingen 15. apr. 74 (exped. 5. ian. 75) L 733 22^{vs}.

6477 **Johannes Schench,** August. [dioc.?]: elig. confess. 72/73 I 332 10^r.

6478 **Johannes Schenk de Erpach** bar. Magunt. dioc. et **Magdalena de Stoffel** ux.: de alt. port. 4. febr. 74 S 701 200^v.

6479 **Johannes Schenck de Limpurg** cler. Herbip. dioc. ex utr. par. de bar. gen. in 10. sue et. an. constit. in hoc mense 11. sue et. an. attingens: de disp. sup. def. et. ad recip. can. et preb. 4. febr. 78 S 764 161^v – in 14. sue et. an. constit.: motu pr. de gr. expect. de can. et preb. necnon de benef. ad coll. quorumcumque c. disp. ut quamprimum 18. sue et. an. attigerit dignitatem seu c. c. benef. recip. et ad vitam retin. val., Et s. d. 17. nov. 81 S 803 16^{vs}.

6480 **Johannes Scherii** cler. Colon. pape fam. cui gr. expect. s. d. 1. ian. 72 de 2 benef. ad coll. abb. etc. mon. Tuicien. et Subergen. o. s. Ben. Colon. dioc. conc. fuit: de decl. litt. desup. perinde val. acsi express. fuisset quod tempore dd. litt. cler. et pape fam. fuerat 5. mai. 74 S 705 6^{rs}.

6481 **Johannes de Scherien** presb. Trever. dioc.: de par. eccl. in Bettendorff Trever. dioc. (4 m. arg. p.) vac. p. resign. Nicolai de Biedburch in manibus pape c. reserv. pens. ann. 8 duc. adc. 27. nov. 81 S 805 69^r.

6482 **Johannes Schermer** presb. Magdeburg. Gerardi com. in Oldenborch (Cristierni regis Dacie fratris) dilectus cui s. d. 1. apr. 65 motu pr. gr. expect. de benef. ad coll. aep. etc. Magdeburg. necnon de benef. ad coll. ep. etc. Halberstad. conc. fuerat: ›rationi congruit‹ s. d. 4. nov. 70 motu pr. prerog. ad instar pape fam. 25. aug. 71 (exped. 5. oct. 71) L 770 120^{vss}.

6483 **Johannes de Scerpenis** cler. Traiect. dioc. matricularius in eccl. de Messelbroeck Leod. dioc.: de prom. ad omnes ord. extra temp., sola sign. 17. oct. 80 S 797 101^v.

6484 **Johannes Scherpnech** abb. mon. s. Laurentii in Hildessleve o. s. Ben. Halberstad. dioc.: de indulg. 7 an. pro capel. b. Marie virg. in Dornstede de d. mon. dependente 21. mart. 77 S 749 6^{rs}.

6485 **Johannes Schersliczer** cler. Bamberg.: m. (aep. Patracen. et Eberhardo de Rabenstein can. eccl. Bamberg. ac offic. Bamberg.) confer. s. c. alt. s. Ypoliti in curia Cristofori de Tunfelt can. eccl. Bamberg. (10 fl. renen.) vac. p. o. Johannis Crach, gratis 3. oct. 75 (exped. 25. iun. 76) L 763 182^{vs} – de <perp. s. c.> vicar. ad alt. s. Thome in eccl. s. Stephani Bamberg. (2 m. arg.) vac. p. o. Johannis Haffner 6. oct. 75 S 727 266^v, m. (aep. Patracen. et Eberhardo de Rabenstein can. eccl. Bamberg. ac offic. Bamberg.) (exped. 21. oct. 75) L 756 177^{vss} – de alt. in curia Christofori domini in Dunifelt Bamberg. dioc. (10 fl. renen.) vac. [p. o.] sive resign. Johannis Crach 11. oct. 75 S 727 173^v.

6486 **Johannes Scheukamb al. Burschorst (Schenbrincke al. Buischer)** cler. Monast. dioc. c. quo sup. def. nat. (s. s.) disp. fuit et qui can. et preb. eccl. s. Victoris Dulmanien. Monast. dioc. obtin.: de disp. ut unac. dd. can. et preb. 2 incompat. benef. retin. val. 14. apr. 78

S 768 140^r – de confic. litt. ut supra c. express. quod fruct. dd. can. et preb. 4 m. arg. n. excedunt quodque d. Johannes post disp. ad min. ord. se fecerit prom. 27. mai. 78 S 769 154^r.

6487 Johannes Scyber cler. Bamberg. dioc.: solv. p. manus Johannis Alfonsi (Alphonsi) 17 fl. pro compositione annat. can. et preb. eccl. Herbip. 4. mai. 73 FC I 1129 159^v, FC I 1767 73^r, FC I 1768 75^r.

6488 Johannes Schille, Paderburn. [dioc.?]: indultum de n. resid. 81/82 I 334 193^v.

6489 Johannes Schillingk (Schillinger) rect. capel. s. Petri supra portam in civit. Hildesem.: de nova prov. de perp. commenda ad alt. b. Marie virg. in eccl. s. Andree Hildesem. (2 m. arg.) vac. p. resign. Johannis Vlameckeberch in manibus offic. gener. Hildesem. ex causa perm. pro d. capel. s. Petri supra portam 16. apr. 82 S 809 228^v – perp. commendatarius sive benefic. ad alt. s. Marie virg. in eccl. s. Andree ut supra qui c. Johanne Maurbarch tunc possessore sup. d. benef. concordiam fecit necnon **Johannes Vorde** cler. Minden. dioc.: de assign. d. Johanni Vorde pens. ann. 4 talentorum monete istarum partium 2 duc. currentes constit. sup. fruct. d. perp. commende (4 m. arg.) p. d. Johannem Schilling persolv. 15. oct. 83 S 829 102^r.

6490 Johannes Schilling referens quod Andream Swalb can. eccl. s. Viti e. m. Frising. procur. suum ad prosequendum suam gr. expect. c. iuram. constituit sed postea eam cessit: de absol. a periurii reatu c. disp. sup. relax. iuram. 29. sept. 82 S 815 9^r – qui vig. gr. expect. can. et preb. eccl. s. Viti e. m. Frising. vac. p. o. Leonardi Seybersdorffer acc.: de nova prov. de dd. can. et preb. (6 m. arg.) 5. sept. 83 S 826 208^r.

6491 Johannes Scilling cler. Wratislav. dioc.: de par. eccl. s. Laurentii in villa Rapczyn Wratislav. dioc. (5 m. arg.) vac. p. o. Johannis Strietz de Ponitz que ad coll. abb. etc. mon. s. Crucis o. s. Clare in Maiori Glogovia Wratislav. dioc. pertin. 8. oct. 80 S 800 255^r.

6492 Johannes Schillingmone cler. Constant. dioc.: de par. eccl. in Unttterlechtal August. dioc. (6 m. arg.) vac. p. devol. 10. nov. 82 S 813 98^v.

6493 Johannes Schiltknecht cler. Wormat. in 19. sue et. an. constit.: de disp. ut quodcumque benef. etsi par. eccl. recip. val. quamprimum 20. et. sue an. attigerit et de n. prom. ad omnes ord. ad 7 an. 18. iun. 83 S 825 49^r.

6494 Johannes Schimel presb. Bamberg. dioc. referens quod ipsi olim de par. eccl. s. Petri in Papenreyt (c. cura in 17 villis) vac. p. o. Conradi Kemmeter (Kemeter) vig. prim. prec. imper. <Friderici R. I.> prov. fuerat et quod d. par. eccl. (a temp. Urbani VI. ecclesie s. Sebaldi Nuremburgen. incorp.) p. 8 vel 9 an. possedit: de nova prov. de d. par. eccl. seu perp. vicar. (3 m. arg.) 8. decb. 71 S 673 295^{rs}, m. (prep. et dec. eccl. Bamberg. ac Henrico Lebenter can. eccl. Wratislav.) (exped. 7. iul. 72) L 721 286^{rss} – presb. Bamberg.: de perp. vicar. ad alt. ss. Mathie et Dorothee in eccl. Bamberg. (4 m. arg.) vacat. p. resign. in manibus pape Jacobi Raw Pauli II. fam. 17. decb. 71 S 674 167^{vs} – de perp. s. c. benef. ad alt. b. Marie capel. s. Crucis ad Leprosos in Merssenbrig Eistet. dioc. (4 m. arg.) vac. p. devol. licet quidam Johannes presb. inhabilis d. benef. p. 7 an. et ultra detin. 3. ian. 72 S 675 14^{rs} – de perp. capn. ad alt. ss. Nicolai et Katherine in par. eccl. op. Hasfurt Herbip. dioc. (3 m. arg.) vac. p. resign. in manibus pape Conradi Geickner 22. ian. 76 S 741 133^v – de disp. ad 2 incompat. benef. etsi 2 par. eccl. 10. febr. 77 S 747 9^v.

6495 Johannes Schimel: oblig. p. Johannem Ahauser cler. August. sup. annat. maioris val. par. eccl. in Meningen Eistet. dioc. (7 m. arg.) de qua vacat. p. resign. Alberti Jeger ex causa perm. pro perp. vicar. ad alt. s. Catherine in eccl. Eistet. (4 m. arg.) s. d. 29. decb. 78 sibi prov. fuit (in margine: d. die solv. pro compositione annat. 6 fl. p. manus Eberhardi de Rabestayn) 16. febr. 79 A 27 158^r – solv. 6 fl. adc. pro annat. maioris val. par. eccl. in Meningen Eistet. dioc. p. manus Johannis Ahauser 11.[!] febr. 79 FC I 1133 211^v.

6496 Johannes Schire c. ux. Salzeburg. dioc.: indultum elig. confessorem 76/77 I 333 300^v.

6497 Johannes Schiremfort rect. par. eccl. s. Johannis Bapt. in Kirchenschletten Bamberg. dioc. inter al. referens quod Georgius Czolner laicus residens in foro civit. Bamberg. in preiudicium d. eccl. s. Johannis Bapt. quoddam edificium fabricabat quodque d. Johannes Schiremfort ad offic. decani eccl. Bamberg. ordin. accessit qui eidem Georgio inhibuit ne opus suum continuet quodque tamen d. Georgius opus suum continuavit et ex domo sua erecta et fabricata de novo d. par. eccl. muros perforando transitum fecit: de committ. aliquibus probis viris in partibus ut d. transitum demoliri faciant 27. iun. 83 S 825 227^v.

6498 Johannes de Schirren presb. Trever. dioc.: m. (dec. eccl. s. Paulini e. m. Traiect.) prov. de par. eccl. in Bettendorff Trever. dioc. (4 m. arg.) vac. p. resign. Nicolai de Bredburch in manibus pape p. Johannem Haltfast can. eccl. s. Simeonis Trever. procur. fact. 27. nov. 81 (exped. 12. decb. 81) L 813 292^{rs}.

6499 Johannes de Schirsteda cler. Magdeburg. dioc. et **Michael Stamern** can. eccl. Halberstad. ex utr. par. de mil. gen.: de prov. d. Michaeli de

archidiac. terre Balsamie (Balsimie) in eccl. Halberstad. (12 m. arg.) vacat. p. resign. Balthasaris de Nuenstite et de prov. d. Johanni de archidiac. Isleven. (4 m. arg.) in eccl. Halberstad. vacat. p. resign. d. Michaelis 2. ian. 75 S 713 89^{vss}.

6500 Johannes (de) Schisskii (Schysky) cler. Plocen. dioc.: de par. eccl. in Smyetiska Poznan. dioc. (4 m. arg.) vacat. p. assec. par. eccl. in Schamotulii Poznan. dioc. p. Nicolaum Roschoroski vel p. devol. licet quidam Jeronimus cler. Poznan. dioc. d. par. eccl. p. an. detin. 4. iun. 73 S 691 164^v – referens quod Derslao de Carnicze de can. et preb. eccl. s. Johannis Warsovien. Poznan. dioc. de iur. patron. Boleslai ducis Mazovie vac. p. prom. Petri Chothkow el. Plocen. prov. fuit: de dd. can. et preb. (8 m. arg.) vac. p. resign. in manibus pape d. Derslai de consensu d. ducis 18. decb. 80 S 798 58^{vs}.

6501 Johannes Schytz van Steden perp. vic. eccl. s. Andree Meten. ac rect. capel. s. Nicolai in Dern Trever. dioc. in subdiacon. ord. constit.: de prom. ad ord. presbit. extra temp., sola sign. 20. decb. 77 S 762 127^{rs}.

6502 Johannes Jacobus (de Sclafenatis) scriptor ap. pape secretus cubicularius: accessit obligationi Bartholomei Manfredi custodis bibliothece palatii ap. 26. oct. 81 FC I 1715 29^v – et **Johannes de Angelis de Arimino, Theodoricus de Arndes** et **Vitus Meller** et al.: institutio officii sollicitatorum litterarum ap. et assumptio hac prima vice ad officium sollicitationis 13. iun. 82 V 620 245^r-253^v – tit. s. Stephani in Coelio monte presb. card.: motu pr. prov. de prepos. eccl. Magunt. (800 fl. adc.) in commendam vac. p. o. Theodori [de Monteferrato] tit. s. Theodori diac. card. qui d. prepos. in commendam tenuit (exec. ep. Cervien. et ep. Tornacen. ac offic. Magunt.) 27. ian. 84 V 640 43^v-45^r – oblig. p. Johannem Botontus can. eccl. Viterbien.

sup. annat. prepos. ut supra 6. febr. 84 A 32 35^v – qui prepos. eccl. Magunt. ut supra in commendam obtin.: motu pr. monitio contra can. d. eccl. et al. personas ut d. prepos. n. intrudant (exec. ep. Cervien. et ep. Faventin. ac prep. eccl. Wormat.) 7. febr. 84 V 637 262^r-266^r – m. cass. oblig. sup. prepos. eccl. Magunt. ac sup. mon. de Bourbon Mirapiscen. dioc. [iun. 84] DC 41 251^r – motu pr. de mon. b. Marie Auree vallis o. Cist. Trever. dioc. ac b. Marie Vallis s. Lamberti Leod. dioc. vac. p. o. Godefredi de Novocastro d. mon. Auree vallis abb. et d. mon. Vallis s. Lamberti commendatarii ambobus in commendam ad vitam 1. iul. 84 S 837 218^{rs} – card. Parmen. commendatarius mon. Vallis s. Lamberti o. Cist. Leod. dioc. et Rosse Vallis o. s. Ben. Trever. dioc.: pro serv. commun. ratione commende s. d. an. 13. obtulit (p. Carolum d. card. secr.) cam. ap. et collegio card. 150 fl. adc. pro mon. Vallis s. Lamberti et 33^1/$_3$ fl. adc. pro reliquo mon. et 5 serv. min. 16. iul. 84 OS 84A 200^v.

6503 Johannes Schlecht [de Vilseck] rect. par. eccl. in Scheibs Patav. dioc. decr. doct.: prov. de eccl. Hierapolitan. vac. p. o. cuiusdam Conradi <c. disp. motu pr. ut unac. d. eccl. (7 m. arg.) d. par. eccl. in Scheibs retin. val. et c. reserv. fruct. par. eccl. in Alten Eglofhem Ratisbon. dioc. (16 m. arg.) mense episc. Ratisbon. incorp. et c. indulto ut pontific. in civit. et dioc. Ratisbon. de consensu ep. Ratisbon. exercere val.> 10. sept. 81 L 810 141^{rs}, Cod. Vat. Lat. 3478 50^{vs} – qui temp. sue prom. par. eccl. in Scheibs Patav. dioc. (7 m. arg.) obtin.: motu pr. disp. ut unac. eccl. Hierapolitan. d. par. eccl. retin. val. necnon fruct. par. eccl. in Alten Eglofheim Ratisbon. dioc. mense episc. Ratisbon. unite (16 m. arg.) de consensu Henrici [de Absberg] ep. Ratisbon. percip. val. 10. sept. 81 L 822 162^{vss} – indultum de n. resid. in

Hierapolitan. dioc. et ut in civit. et dioc. Ratisbon. pontific. exercere val. 10. sept. 81 L 822 163^{vs} – oblig. sup. annat. par. eccl. <b. Marie Magdalene> in Scheibs ut supra et sup. annat. par. eccl. in Alten Eglofheim ut supra mense episc. Ratisbon. unite (insimul 23 m. arg.) d. Johanni el. de consensu ep. Ratisbon. (cuius est suffrag.) ad vitam reserv. 22. sept. 81 A 30 65^v – solv. 57^1/$_2$ fl. adc. pro annatis ut supra p. manus pr. 18. sept. 81 IE 505 16^v, 26. sept. 81 FC I 1134 148^r – solv. 10 fl. adc. pro ballista p. manus pr. 18. sept. 81 IE 505 16^v – pro munere consecrationis recip. not. pro bulla distributa 3 grossos sept. 81 DB 2 42^v – recip. munus consecr. p. Simonem [Vosich] aep. Patracen. in cur. resid. 23. sept. 81 F 7 28^{rs}.

6504 Johannes Schlegel in diacon. ord. constit. can. et capit. eccl. ss. Andree et Amandi op. Urach Constant. dioc. qui sub uno tecto et dormitorio vivunt referentes quod eorum eccl. propter paucitatem presb. presertim canonicorum illius eccl. divinum off. magnum detrimentum patitur: de prom. ad presbit. ord. extra temp. quamprimum 22. sue et. an. attigerit, Et p. breve, Conc. in 23. an. 10. mai. 81 S 801 114^{rs}.

6505 Johannes [Schletterer] abb. et conv. mon. in Furstencelle (Furstenul) <o. Cist.> Patav. dioc.: indultum largiendi benedictionem sollemnem 72/73 I 332 222^r – restit. bulle s. d. 27. apr. 73 sup. facult. utendi mitra anulo et al. insigniis pontific. et indultum ut supra 29. mai. 73 A 22 144^r.

6506 Johannes Schlingdengit benefic. in colleg. eccl. s. Mauritii in Ansoldingen Lausan. dioc.: de prom. ad omnes ord. extra temp., sola sign. 22. ian. 74 S 702 78^r.

6507 Johannes Schmarder de Undensingen laic. Constant. dioc. litig. coram offic. Argent., offic. Magunt., ep. Constant., Friderico Theoderici cust. eccl. s. Johannis Constant. subdelegato Danielis [Zehender] ep. Bellinen. in civit. Constant. resid. contra Annam Viscorin de Rotbul mul. Constant. dioc. sup. defloratione sive virginitatis destitutione: de committ. in partibus 2. ian. 83 S 818 35^{vs}.

6508 Johannes Schmid cler. Constant. dioc. cui de can. et preb. in colleg. eccl. in Wisemstaig August. [!] dioc. p. Henricum Vischart prep. d. colleg. eccl. prov. fuit: de nova prov. de dd. can. et preb. (7 m. arg.) 24. nov. 83 S 832 25^r.

6509 Johannes Schmidhover in cuius supplic. omissum fuit quod secum sup. def. nat. (p. s.) disp. fuit et etiam c. c. benef. obtin. val.: de ref. 2. decb. 78 S 775 240^v – presb. Ratisbon. dioc. c. quo sup. def. nat. (p. s.) disp. fuit: m. (Georgio Drechsel can. eccl. Ratisbon.) confer. par. eccl. in Sall Ratisbon. dioc. (180 fl. renen.) vac. p. resign. in manibus pape Johannis Mayr (p. Jacobum Pfister can. eccl. Wien. in decr. licent. procur. fact.) attento quod sup. fruct. d. par. eccl. iam pens. ann. 32 fl. renen. Erasmo Amman presb. Ratisbon. dioc. assign. est 2. decb. 78 (exped. 22. decb. 78) L 793 274^{vss} – oblig. p. Thomam Marci de Bartholis de Florentia institorem soc. de Spinellis sup. annat. par. eccl. in Sall ut supra et promisit solv. in cur. 29. mart. 79 A 27 180^r – solv. 60 fl. adc. pro annat. p. manus soc. de Spinellis 8. aug. 80 IE 500 30^r, IE 501 31^r.

6510 Johannes Schmit presb. Leod. dioc. qui litig. contra Danielem de Pernetin (Pomerio) rect. par. eccl. in Cuyck Leod. dioc. sup. d. par. eccl. de iur. patron. ducum Burgundie et ducis Ghelrie (quam nunc resign.): de assign. d. Johanni pens. ann. 40 fl. renen. (= 10 libr. grossorum monete Brabantie seu 27 fl. adc.) sup. fruct. d. par. eccl. (17 m. arg.) p. d. Danielem persolv. 12. iun. 75 S 722

25^{rs}, m. (thesaur. eccl. Cameracen. et dec. eccl. s. Johannis Ev. op. Busciducen. Leod. dioc. ac offic. Leod.) L 744 175^{vss} – solv. 12 fl. pro compositione annat. pens. ann. ut supra 4. aug. 75 IE 492 24^r.

6511 Johannes Schmorzer (Schmotzer) cler. Constant. dioc.: de par. eccl. Estetten. (Eystiten.) Constant. dioc. (3 m. arg.) vac. p. o. Martini Legler 16. mai. 83 S 823 263^r, m. (offic. Constant.) (exped. 30. mai. 83) L 831 296^{vss}.

6512 Johannes Schmozer cler. Frising. dioc. pape fam. cui gr. expect. s. d. 17. nov. 81 de benef. ad coll. ep. etc. August. et ep. etc. Frising. motu pr. conc. fuit: motu pr. de mutatione coll. de ep. etc. Frising. ad ep. etc. Ratisbon. 13. decb. 82 S 817 113^v.

6513 Johannes Schnitzer pape fam.: gr. expect. s. d. 1. ian. 72 de can. et preb. eccl. s. Andree Frising. necnon de benef. ad coll. ep. etc. Patav. 17. aug. 74 (m. [Johanni] Bapt. de Canonicis can. eccl. Bononien. et officialibus Frising. ac Ratisbon.), gratis V 664 234^r-236^v – perp. vic. par. eccl. s. Sixti in Pollenfelt Eistet. dioc. (4 m. arg.): de n. prom. ad presbit. ord. ad 5 an. 10. oct. 77 S 758 219^r – cler. Frising. dioc. inter al. referens quod secum sup. def. nat. (p. s.) ut ad omnes ord. prom. et c. c. benef. recip. val. disp. fuit quodque deinde in litt. sup. gr. expect. ut supra conc. nulla mentio facta fuit de d. def.: de decl. d. gr. expect. perinde val. acsi in dd. litt. de d. def. mentio facta fuisset et de disp. ut vig. d. gr. expect. 4 invicem compat. benef. retin. val. et de indulto n. faciendi mentionem de d. def. 13. nov. 77 S 760 262^r, PA 27 558^r-559^v – in subdiacon. constit. cui de perp. vicar. in par. eccl. s. Sixti in Polenfelt Eistet. dioc. certo modo vac. prov. fuit et qui benef. levitina nunc. in eccl. Eistet. obtin. desiderat: de prom. ad diacon. et presbit. ord. et de disp. ut unac. d. perp. vicar. d. perp. benef.

vel aliud incompat. benef. recip. val.
etsi par. eccl. ad vitam 30. nov. 78 S
775 246^v – cui s.d. 17. aug. 74 gr.
expect. ut supra conc. fuit et qui par.
eccl. in Thaufkiricen Patav. dioc.
acc. possessione n. habita: motu pr.
de reval. (acsi d. par. eccl. n. acceptasset) 10. mai. 79 S 781 210^r, gratis
V 671 107^r-108^v – inter al. referens
quod sibi vig. gr. expect. de par.
eccl. s.Martini in Weng Patav. dioc.
(cui par. eccl. s.Petri in Mospach
Patav. dioc. illius fil. annexa exist.)
vac. p.o. Johannis Petzinger prov.
fuit sed ipse infra temp. legitimum n.
acceptavit: de nova prov. de eadem
(13 m. arg.) n.o. def. nat. ut supra
10. mai. 81 S 802 45^r – et **Georgius
de Kindsperg** can. eccl. Ratisbon.
referentes quod d. Georgius litig. coram Johanne Antonio [de Sancto Ge-
orgio] ep. Alexandrin. aud. contra
Nicolaum Schint cler. sup. par. eccl.
Leibelfingen. Ratisbon. dioc. de qua
vac. p.o. Petri Puchelt Johanni
Schnitzer prov. fuit qui (litt. desup.
n. confectis) d. par. eccl. in manibus
pape cessit: de adm. resign. d. Johannis et de prov. d. Georgio de d.
par. eccl. et de assign. d. Johanni
pens. ann. 20 fl. renen. sup. fruct. d.
par. eccl., n.o. perp. s.c. benef. in
Verschosen (6 m.) ac al. s.c. benef.
in par. eccl. s.Pauli Erforden. Magunt. dioc. (6 m. arg.) ac can. et
preb. eccl. Ratisbon. (10 m.) que et
quos d. Georgius obtin. ac par. eccl.
in Werd Ratisbon. dioc. (12 m. arg.)
de qua d. Georgio prov. extitit ac
par. eccl. in Mospach Patav. dioc.
(12 m. arg.) ac can. et preb. eccl.
s.Andree Frising. sup. quib. d. Johannes litig. 15. ian. 82 S 806 217^{rs}.

6514 **Johannes Schober (Scobie de Le-
gnitiz)** presb. Wratislav. dioc.: de
disp. ut leges sec. principum audire
legere et disputare et in eis insignia
recipere val., sola sign. 8. febr. 80 S
789 263^r – cler. Wratislav. dioc.
decr. doct.: de alt. in par. eccl. b.
Marie Magdalene Wratislav. (4 m.

arg.) de iur. patron. laic. vac. p.o.
Michaelis Saltzman 1. iun. 82 S 811
144^v – referens quod litig. coram
Guillermo de Pereriis et Bartholomeo de Bellencinis ac Johanne Francisco [de Pavinis] auditoribus contra
Wolfgangum Marcii cler. Wratislav.
actorem et quond. Martinum Lindener reum et possessorem sup. can. et
preb. eccl. Wratislav. (6 m. arg.): de
surrog. ad ius d. Martini 9. mai. 83 S
823 130^r – <el. eccl. Wratislav.> referens quod sibi de can. et preb. eccl.
Wratislav. vac. p. assec. al. can. et
preb. d. eccl. p. Ambrosium Jenke-
witcz auct. ordin. prov. fuit et quod
deinde litig. coram auditoribus ut supra contra Wolfgangum Marcii (Ma-
ritis) cler. Wratislav. seu Poznan. dioc. actorem qui vig. gr. expect. eosdem acc. et quond. Martinum Lindener reum et possessorem sup. can.
et preb. eccl. Wratislav. (6 m. arg.) et
quod deinde d. Wolfgangus qui surrogatus ad ius d. Martini dd. can. et
preb. in manibus pape resignavit <p.
Johannem Reynbabe can. eccl. Wratislav. procur. fact.>: de surrog. ad
ius d. Wolfgangi 13. mai. 83 S 823
119^{rs}, m. (Johanni Francisco de Pavinis aud.) V 636 89^v-92^r – referens
quod quond. Martinus Lindener vig.
gr. expect. can. et preb. eccl. Wratislav. (6 m. arg.) vac. p.o. Andree
Scode subcollect. et p. resign. Ambrosii Jenkewitz p. Marcum [Barbus
card. ep. Prenestin.] s.Marci nunc.
tunc in partibus legatum acc. qui
reus et possessor litig. desup. coram
auditoribus ut supra contra Wolfgangum Marcii cler. Wratislav. dioc. actorem: de surrog. ad ius d. Martini
16. mai. 83 S 825 86^{rs} – oblig. sup.
annat. can. et preb. ut supra 8. nov.
83 A 31 167^v.

6515 **Johannes de Schoenberg (Scom-
berch, Schomborn)** de mil. gen.
Dietheri [de Schoenberg] el. Nuemburg. nepos: motu pr. gr. expect. de
can. et preb. ac prepos. eccl. Budissen. Misnen. dioc. (14 m. arg.) ad

coll. ep. etc. Misnen. et capit. eccl. Budissen. p. can. eccl. Misnen. teneri solita vac. p. prom. d. Dietheri de Schoenberg ad eccl. Nuemburg. (m. prep. eccl. Magdeburg. et prep. eccl. Halberstad. ac offic. Misnen.) 3. iun. 81 V 614 70ʳ-72ᵛ – recip. not. pro bulla distributa 3 grossos et 2 grossos decb. 81 DB 1 109ᵛ – can. eccl. Misnen.: oblig. p. Ludovicum de Cursolinis de Florentia institorem soc. de Salutatis de cur. sup. annat. can. et preb. ac prepos. eccl. Budissinen. ut supra 7. ian. 82 A 30 109ʳ – solv. 35 fl. adc. pro annat. prepos. ut supra p. manus soc. de Salutatis 5. ian. 82 FC I 1134 174ʳ, IE 505 52ʳ, 7. ian. 82 IE 505 52ʳ – dec. eccl. s. Johannis Magunt. c. quo sup. def. nat. (monach. o. s. Ben. et s.) auct. ap. disp. fuit et qui par. eccl. in Schirstein Magunt. dioc. <in manibus abb. mon. s. Ferrutii in Bledenstaydde o. s. Ben. Magunt. dioc.> resignavit de qua Nicolao Ruissz de Hattenheym prov. fuit: de assign. pens. 10 fl. renen. sup. fruct. d. par. eccl. (40 fl. renen.) c. assensu d. Nicolai <p. Marianum de Cuccinis cler. Romanum procur. express.> 20. decb. 82 S 827 177ᵛˢ, (exec. cant. eccl. Magunt., dec. eccl. s. Albani e. m. Magunt. ac offic. Magunt.) V 647 262ᵛ-264ʳ – et **Theodericus [de Schoenberg]** ep. et capit. eccl. Nuemburg. referentes quod d. ep. senio confractus existit ut onera episc. exercere nequit et d. Johannes ad d. ep. coadiutorem petitus fuit: publicatio assec. d. Johannis ut coadiutor d. ep. c. iure successionis, c. litt. solitis 2. iun. 83 L 827 303ʳ-305ʳ – can. eccl. Nuemburg. in 26. sue et. an. constit. de mil. gen. procreatus: conf. elect. ad coadiutorem eccl. Nuemburg. c. iur. successionis cedente Theodorico ep. senio confecto 2. iun. 83 Cod. Vat. Lat. 3478 115ᵛˢ – motu pr. disp. sup. def. et. 2. iun. 83 L 830 291ᵛˢ – in subdiacon. ord. constit.: de prom. ad omnes ord. extra temp. c. facult. recip. munus con-

secr. et c. iuram. in manibus aep. Magdeburg. 2. iun. 83 L 827 305ᵛˢˢ – coadiutor eccl. Nuemburg.: m. (ep. Misnen. et ep. Merseburg.) recip. nomine pape iuram. fidelitatis a d. Johanne 2. iun. 83 L 827 305ᵛ – notitia quod papa dedit eum in coadiutorem Theodorico [de Schoenberg] ep. Nuemburg. qui senio confractus exist. et prov. ei de d. eccl. vac. p. cess. d. Theodorici in consistorio ad relationem [Francisci Todeschini-Piccolomini] card. Senen. 2. iun. 83 OS 82 141ᵛ, OS 83 112ʳ – solv. 95 fl. adc. pro commun. serv. eccl. Nuemburg. p. manus soc. de Franciottis 23. iun. 83 IE 508 46ʳ, IE 509 45ʳ – consensus reserv. ann. pens. 10 fl. renen. ut supra fact. p. Marianum de Cuccinis utr. iur. doct. cler. Romanum procur. constit. a Nicolao de Hictenhem pleb. in Schierstein Magunt. dioc. (ut patet instr. acto Maguntie s. d. 27. iun. 83) 4. iun. 84 Resign. 2 160ᵛ.

6516 **Johannes Schoener** laic. Salzeburg. dioc. in Valle Zileri quond. mag. Georgii Schoener pater inter al. referens quod tempore Calixti III. d. fil. ad Romanam urbem et ad ap. sed. transmisit c. certis pec. pro habenda gr. expect. quam obtinuit quodque (cum dd. pec. ad bullarum expeditionem n. sufficerent) fideiussores dedit ac se obligavit ad persolvendum residuum quodque d. Georgius ad partes rediens nolens d. residuum consequi coactus fuit paternam et maternam hereditatem repudiare et c. iuram. annuit: de absol. a d. iuram. et de restit. in dd. bonis paternis et maternis 20. mai. 77 S 751 199ᵛ.

6517 **Johannes Scoenhoue** et ux.: alt. port., gratis 13. sept. 72 V 661 216ᵛ.

6518 **Johannes Scholle** benefic. eccl. Osnaburg. et benefic. in op. Vilmenden ac can. prebendarius seu hebdomadarius in colleg. eccl. s. Pusinne op. Hervorden. Paderburn. dioc.: de n. resid. in dd. benef. in Osnaburg. (3)

et Vilmenden (3) et in colleg. eccl. s. Pusinne (4 m. arg.) et de percip. fruct. 17. nov. 82 S 816 106^v.

6519 Johannes Schomacker certi mon. can. qui ad certam par. eccl. p. presb. sec. regi solitam ad coll. d. mon. pertinentem present. fuit: de confic. litt. desup. c. express. quod d. par. eccl. recip. val. 19. nov. 71 S 673 114^{vs}, I 332 175^r.

6520 Johannes Schomman cler. Hildesem. dioc.: de par. eccl. in Pedeze Hildesem. dioc. (3 m. arg.) vac. p. o. Henrici Suer, n. o. perp. vicar. ad alt. b. Marie virg. capel. castri Dirkhorst Hildesem. dioc. (4 m. arg.) et n. o. def. nat. (p. s.) 28. mart. 74 S 709 106^{vs}.

6521 Johannes (com.) de Schomborch cler. Minden. dioc. ex utr. par. de nob. illustrium gen.: de can. et preb. eccl. Colon. (10 m. arg.) vac. p. o. Friderici de Hoenloch 22. decb. 73 S 700 130^r – can. prebend. eccl. Hildesem.: de prepos. eccl. Paderburn. (300 fl. renen.) et de par. eccl. in Brachis Paderburn. dioc. (d. prepositure unita) vac. p. n. prom. Henrici de Haptasen prep. eccl. Paderburn., n. o. fruct. dd. can. et preb. (70 fl. renen.) 1. iun. 75 S 721 75^{rs}.

6522 Johannes Schonberg Alberti Saxonie ducis dilectus ex utr. par. de nob. gen.: motu pr. gr. expect. s. d. 1. ian. 72 de can. et preb. eccl. Magdeburg. et eccl. Merseburg. et prerog. ad instar pape fam. descript. (exec. Melchior de Mecchaw can. eccl. Misnen. et officiales Magdeburg. et Merseburg.), gratis 4. mai. 76 V 666 10^v-13^r – cler. Misnen. dioc. ex utr. par. de mil. gen. in 18. sue et. an. constit.: de disp. ad quodcumque benef. 23. mai. 78 S 770 29^v.

6523 Johannes (de) Schonenbeke cler. Verden. c. quo sup. def. nat. (de subdiac. aut diac. de mil. gen. et soluta) ut ad min. ord. prom. val. disp. fuit et cui gr. expect. de benef. ad coll. dec. etc. eccl. s. Anscharii Bremen.

in forma pauperum conc. fuit: disp. uberior ut ad omnes ord. prom. et 2 compat. benef. retin. val. 5. sept. 74 L 754 94^r – et **Henricus Mettingen, Henricus Reisz, Petrus Schingenagel** Johannis [de Baden] aep. Trever. R. I. electoris dilecti: motu pr. de gr. expect. s. d. 1. ian. 72 de 2 can. et preb. 6. decb. 75 S 731 109^{vs} – Johannis [de Baden] aep. Trever. dilectus: motu pr. de prerog. ad instar pape fam. descript. 15. mai. 76 S 741 18^r – abbrev. c. quo ad 2 incompat. benef. disp. fuit: de lic. tacendi sup. def. nat. (diac. de mil. gen. et s.) 10. aug. 76 S 741 177^{vs} – qui vig. gr. expect. par. eccl. in Friborch Bremen. dioc. vac. p. o. Oltmanni Hughe acc.: de nova prov. de d. eccl. (4 m. arg.) 10. sept. 76 S 742 147^{vs} – referens quod litig. contra Ulricum Vos cler. Bremen. sup. par. eccl. in Friborch Bremen. dioc. (24 fl. adc.) quam ambo vig. gr. expect. acceptarunt et quod concordarunt ut d. Ulricus in d. par. eccl. remaneat: de assign. pens. ann. 8 fl. auri renen. sup. fruct. d. par. eccl. p. d. Ulricum persolv. 26. nov. 76 S 744 134^v – cui gr. expect. de can. et preb. eccl. s. Alexandri Wildeshusen. Osnaburg. dioc. necnon de benef. ad coll. aep. etc. Bremen. motu pr. conc. fuit cuius vig. de par. eccl. in Friborch Bremen. dioc. prov. fuit sup. qua litig. in cur. contra Ulricum Vos et concordavit ut d. Ulricus in d. par. eccl. remanere possit c. assign. d. Johanni pens. ann. 8 fl. renen. p. d. Ulricum sup. fruct. d. eccl. persolv.: motu pr. de cass. d. gr. et de conc. gr. expect. de can. et preb. eccl. ss. Petri et Pauli Bardewicen. Verden. dioc. ad coll. aep. etc. Bremen. acsi sibi d. pens. assign. n. fuisset c. disp. ad 2 incompat. benef. 14. mai. 77 S 751 249^v-251^r – de ref. 30. mai. 77 S 752 91^{rs} – c. quo sup. def. nat. (diac. de mil. gen. et s.) disp. fuit: de par. eccl. in Snevadinghen Verden. dioc. (3 m. arg.) vac. p. o. cuiusdam Petri 2. nov. 78 S 774 294^r – Roderici [de

Borja] card. ep. Portuen. fam.: de disp. ut unac. par. eccl. in Snewaerding (Sneverdincgh) Verden. dioc. aliud incompat. benef. recip. val. etsi 2 par. eccl. ad vitam c. lic. perm. 18. ian. 80 S 796 3^v, gratis V 673 151^{rss} – cler. Verden. dioc. Roderici card. ut supra vicecancellarii fam. ex utr. par. de mil. gen. c. quo sup. def. nat. (diac. et s.) disp. et cui de par. eccl. in Sneverdingen Verden. dioc. (4 m. arg.) vac. p. o. Everhardi de Westfalia prov. fuit et qui d. par. eccl. circa 2 an. possidet: de habil. et de n. prom. ad 7 an. n. o. d. def. nat. 2. sept. 80 S 802 170^{vs}.

6524 Johannes Schoneweyde (Schonebreyd) perp. vic. in eccl. s. Nicolai op. Hamburgen. Bremen. dioc. reus qui litig. coram Nicolao de Edam aud. contra Wesselum Hotman cler. actorem sup. d. vicar.: de prov. si neutri de d. vicar. (4 m. arg.) vac. p. o. Henrici Sotlein 1. oct. 75 S 728 69^v – presb. Bremen. dioc.: de perp. vicar. in eccl. s. Nicolai op. Hamburgen. Bremen. dioc. (4 m. arg.) de iur. patron. laic. vac. p. resign. Wesseli Hotman cler. Colon. dioc. pape fam. 19. apr. 77 S 750 163^r – rect. par. eccl. in Eppendorpe Bremen. dioc.: de disp. ut unac. d. par. eccl. (4 m. arg.) aliud incompat. benef. recip. val. etsi par. eccl. 15. mart. 78 S 766 159^r.

6525 Johannes Schonewerer (Schoweder) cler. Colon. dioc.: de perp. vicar. ad alt. s. Nicolai in eccl. s. Petri in Geyseken de iur. patron. laic. necnon de <s. c.> capel. in Druggeken (Drugelten) Colon. dioc. (insimul 4 m. arg.) vac. p. o. <in cur.> Henrici (Hermens) Broicman (Bidickman) 8. aug. 74 S 708 39^{rs}, m. (Andree Reyser rect. par. eccl. s. Georgii in Felstein August. dioc.) (exped. 28. sept. 74) L 733 23^{vss}.

6526 Johannes , Antonius , Egidius , Benedicta , Barbara et **Agneta** fil. **Agnete Schonin** referentes quod Ytell Hetzel laic. Lausan. dioc. in suo testamento Margaritam fil. legitimam unicam heredem universalem instituit et post mortem d. Margarite d. Agnetam Schonin cognatam et eius heredes in certa parte bonorum in d. testamento instituit: de conf. 4. febr. 74 S 701 251^{vs}.

6527 Johannes Schopper (Schepper) cler. Herbip. dioc. in art. mag. qui postea p. 2 an. stud., **Theodericus Lincamp** presb. Verden. dioc., **Johannes Honer** cler. Bremen. dioc. in art. mag. inter 10 personas enumerati: motu pr. de gr. expect. de can. et preb. ac de benef. ad coll. quorumcumque, Et s. d. 17. nov. 81 S 803 47^v, I 335 83^v – cui de par. eccl. s. Pangratii in Reigatz Cur. dioc. vac. p. o. Nicolai de Meltz p. ep. Suessan. ap. nunt. prov. fuit: de nova prov. de d. par. eccl. (7 m. arg.) 23. oct. 82 S 826 260^{vs} – de par. eccl. s. Margarethe in Laudenpach (24 fl. adc.) August. dioc. et de perp. s. c. vicar. ad alt. s. Nicolai in par. eccl. s. Johannis in Kitzingen Herbip. dioc. (24 fl. adc.) vac. p. resign. Johannis Nallespitz (Nollespitz) in manibus pape <p. Bartholomeum Ridler cler. August. procur. fact.> 16. iun. 83 S 825 7^r, (m. prep. eccl. s. Severi Erforden. Magunt. dioc. et dec. eccl. s. Johannis in Hawgis e. m. Herbip. ac offic. Herbip.) V 635 55^{rss} – de par. eccl. et perp. vicar. ut supra et de disp. ut dd. benef. insimul retin. val. 18. iun. 83 S 826 4^v – cui dudum de can. et preb. certe eccl. p. papam prov. fuit et deinde de par. eccl. s. Pancratii ut supra (6) p. Angelum [Gherardini] ep. Suessan. nunt. detenta sup. qua litig. in cur. et demum de par. eccl. s. Margarete ut supra (6 m. arg.) p. papam prov. fuit: de disp. ut dd. benef. ad vitam insimul recip. val. c. lic. perm. 16. sept. 83 S 829 106^{vs} – qui vig. gr. expect. par. eccl. s. Johannis in Sweinfurt Herbip. dioc. vac. p. o. Johannis Anger Georgii [Hesler] tit. s. Lucie in Silice presb. card. fam. acc.: de nova prov. de d.

par. eccl. (10 m. arg.) 8. oct. 83 S
829 167^{rs}, 9. oct. 83 S 829 170^v –
qui vig. gr. expect. par. eccl. s. Johannis in Sweinfurt Herbip. dioc.
vac. p. o. Johannis Anger Georgii
card. ut supra fam. acc.: de nova
prov. de d. par. eccl. (10 m. arg.) 11.
oct. 83 S 829 172^{vs} – de nova prov.
de perp. s. c. vicar. ad alt. s. Nicolai
in par. eccl. s. Johannis Kitzingen. (8
m. arg.) ut supra 12. oct. 83 S 831
123^v – referens quod sibi de par.
eccl. s. Margarete in Lauderpach ut
supra prov. fuit quodque autem litt.
desup. n. exped. fuerunt: de prorog.
term. publicandi ad 6 menses, Conc.
ad 2 menses, sola sign. 7. decb. 83 S
832 56^v – litig. coram Johanne Francisco [de Pavinis] aud. contra Engelhardum Funck cler. sup. par. eccl.
s. Johannis in Sweinfurt Herbip. dioc. vac. p. o. Johannis Anger Georgii
de Hesler card. ut supra fam.: de
prov. si neutri de d. par. eccl. (8 m.
arg.) 10. decb. 83 S 832 172^r – de
perp. s. c. vicar. ad alt. s. Ottilie in
colleg. eccl. s. Mauritii August. (6 m.
arg.) vac. p. o. Johannis Buntrigel
15. decb. 83 S 832 108^r – qui litig.
in cur. sup. par. eccl. s. Johannis in
Sweinfurt ut supra: de ref. 16. mart.
84 S 833 145^r – Angeli [Gherardini]
ep. Suessan. et Camin. c. pot. legati
de latere in Germania nunt. et commissarii fam. c. quo p. d. ep. Suessan. disp. fuit ut unac. par. eccl.
s. Pancratii (/.) in Regati Cur. dioc.
sup. qua litig. in cur. aliud incompat.
benef. retin. val. et qui deinde vig.
gr. expect. s. d. 17. nov. 81 can. et
preb. eccl. s. Johannis e. m. Herbip.
acc. ac cui aliud benef. ad coll. dec.
etc. eccl. Herbip. conc. fuit: de decl.
litt. desup. perinde val. acsi in dd.
litt. disp. ad aliud benef. motu pr. c.
lic. perm. express. fuisset 27. apr.
84 S 835 136^{rs} – qui vig. gr. expect.
s. d. 17. nov. 81 par. eccl. s. Johannis
in Sweinfurt ut supra de mense sept.
83 acc. possessione subsecuta et litig. desup. coram quond. Johanne
Francisco de Pavinis aud. et post

eius obitum coram Antonio de Grassis aud. contra Engelhardum Frinck
cler.: de n. prom. ad subdiacon. ord.,
sola sign. 3. aug. 84 S 838 258^{vs}.

6528 **Johannes Schormap** rect. par. eccl.
in Sluderns Cur. dioc. in decr. bac.
Sigismundi archiducis Austrie cap.:
supplic. d. archiduce de percip. fruct.
et de disp. ut unac. d. par. eccl. quam
obtin. aliud incompat. benef. etsi
par. eccl. ad vitam recip. val. c. lic.
perm. 6. decb. 81 S 805 173^{vs}.

6529 **Johannes Schorn** scol. Colon. dioc.:
recip. primam tonsuram in eccl.
s. Cecilie in Transtiberim in Urbe 12.
iun. 73 F 6 121^r.

6530 **Johannes Schortel** rect. par. eccl. in
Haslach al. in Trawnstain Salzeburg.
dioc. in min. ord. constit. stando in
cur. aut in servitiis Frederici R. I.
serviendo aut studio insistendo: de n.
prom. 30. ian. 73 S 687 49^v.

6531 **Johannes Schot (Schat)** scol. Trever. dioc.: recip. primam tonsuram in
capel. s. Andree in basilica Principis
appl. in Urbe 21. decb. 71 F 6 20^{rss} –
litt. testim. sup. receptione prime
tonsure ut supra 21. decb. 71 F 6
115^r.

6532 **Johannes Schott** perp. cap. in eccl.
in munster Grandis Vallis Basil. dioc.: de disp. ut unac. d. perp. c. c.
capn. aliud incompat. benef. ad vitam recip. val. c. lic. perm. 4. iun.
82 S 811 10^v.

6533 **Johannes Schotelkoff** cler. Minden.
dioc.: de nova prov. de par. eccl. loci
de Wyntheim Minden. dioc. (4 m.
arg. p.) vac. p. o. Borchardi Segebo-
de 14. apr. 80 S 791 214^{vs}.

6534 **Johannes Scriptor de Totterat
(Tottherait)** cler. Trever. dioc.
<pres. in cur.> referens quod ipse in
iuvenili et. et iuris ignarus scriba
iustitie temporalis in op. Lucemburgo Trever. dioc. existens quendam
processum scripsit p. quem nonnulli
ad mortem condemnati extiterunt:
supplic. Antonio de Burgundia com.

de Ripe in Ardenna de absol. ab excessu et de disp. <ut ad omnes ord. prom. et> quodcumque benef. retin. val. 21. iun. 75 S 722 156^v, m. (Alfonso [de Paradnies] ep. Civitaten. in cur. resid.) 3. oct. 75 L 755 5^{vs}, 11. oct. 75 S 727 176^{vs}.

6535 **Johannes Scriptoris** presb. pleban. in Balm Constant. dioc. c. quo sup. def. nat. (c. s.) disp. fuit: de can. et preb. eccl. s. Ursi op. Solodren. Lausan. dioc. (6 m. arg.) vac. p. o. Panthaleonis de Wengi 31. mart. 78 S 767 52^{rs}.

6536 **Johannes Scroder** Francisci [Todeschini-Piccolomini] tit. s. Eustachii diac. card. dilectus: motu pr. gr. expect. de can. et preb. eccl. Lubic. et de benef. ad coll. prep. etc. eccl. s. Sebastiani Magdeburg. necnon ep. et capit. eccl. Lubic. 17. nov. 81 (exped. 28. nov. 81) (m. ep. Civitaten. et prep. eccl. Magdeburg. ac archid. eccl. Senen.) L 819 259^r-260^v.

6537 **Johannes Schuel**: prov. de vicar. Bamberg. [dioc.?] vac. p. resign. 71/72 I 332 25^v.

6538 **Johannes Sculstoris** cler. Brandenburg. dioc. cui ordin. auct. de capellaniis commendis nunc. in par. eccl. b. Marie virg. op. Wittebergk Brandenburg. dioc. de iur. patron. laic. vac. p. o. in cur. Ottonis Zulsters prov. fuit possessione subsecuta: de nova prov. de eisdem (4 m. arg.) 20. aug. 79 S 785 123^{vs}.

6539 **Johannes Schulte** cler. Halberstad. dioc.: de perp. vicar. ad alt. b. Marie virg. ac ss. Petri et Pauli necnon Johannis Ev. et s. Jeronimi in par. eccl. s. Stephani op. Tangermunde Halberstad. dioc. olim de iur. patron. laic. nunc vero (propter extinctionem dd. laic.) prep. et capit. capel. [!] ss. Johannis Bapt. et Johannis Ev. d. op. (3 m. arg.) vac. p. devol. vel p. resign. Johannis Knaknholler 26. mai. 78 S 696 70^v.

6540 **Johannes Schulten** cler. Trever. dioc. Angeli [de Capranica] tit. s. Crucis in Jerusalem presb. card. fam. qui vig. gr. expect. can. et preb. eccl. ss. Petri et Alexandri Aschafenburgen. Magunt. dioc. vac. p. o. Johannis Sigelhardi acc. et qui litig. desup. coram Johanne Francisco de Pavinis aud. contra Volpertum de Ders cler.: de prov. si neutri de eisdem (8 m. arg.) 18. sept. 72 S 693 79^{rs}.

6541 **Johannes Sculteti** rect. par. eccl. in Rodenbach Magunt. dioc. qui desup. litig. in partibus contra Henricum Holbecher cler. Magunt. dioc. mag. in art. qui concordaverunt: de assign. d. Henrico pens. ann. 7 fl. renen. sup. fruct. d. par. eccl. (28 fl. renen.) 12. decb. 72 S 685 91^{rs}.

6542 **Johannes Sculteti** presb. Magunt. dioc. referens quod Johannes Guntheri olim Alfonsi [de Carillo] tit. s. Eustachii diac. card. fam. perp. s. c. vicar. ad alt. s. Katherine in eccl. b. Marie op. Erfforden. Magunt. dioc. (4 m. arg.) resign. proponit: de committ. in partibus 10. decb. 76 S 744 287^{vs} – cui de perp. s. c. vicar. ad alt. s. Catherine in eccl. b. Marie op. Erfforden. Magunt. dioc. vac. p. resign. in manibus pape quond. Johannis Guntheri Alfonsi card. ut supra fam. p. scolast. eccl. s. Severi d. op. auct. ap. prov. fuit et qui deinde desup. litig. coram quond. Nicolao de Ubaldis aud. contra Henricum Bernardi cler. Magunt. dioc.: de d. vicar. (4 m. arg.) vac. p. resign. d. Henrici <p. mag. Albertum Cock prep. eccl. Bremen. abbrev. pape fam. procur. fact.> 3. apr. 78 S 767 256^{rss}, m. (abb. mon. Scotorum Erfforden. Magunt. dioc.) (exped. 22. apr. 78) L 791 52^r-53^v.

6543 **Johannes Schulteti de Dantz** scol. Wladislav. dioc.: recip. primam tonsuram in sacristia basilice Principis appl. in Urbe 19. decb. 72 F 6 87^{rs}.

6544 **Johannes (Sculteti) (de) Luczerat (Lortzerordt, Loczenrait, Luczent-**

roit) cler. Trever. dioc. qui litig. coram iudice ordin. <prep. eccl. s. Cassii Bunnen. Colon. dioc. et archid. in d. eccl. Colon.> contra Petrum de Buxburg presb. sup. par. eccl. in Duna Colon. dioc. de iur. patron. laic. vac. p. o. Johannis Aptzhusen <ad quam p. Johannem [de Baden] aep. Trever. present. fuit>: de prov. si neutri de d. par. eccl. (24 fl. adc.) 8. iul. 74 S 709 137^{vs}, m. (prep. eccl. s. Cassii Bunen. Colon. dioc.) (exped. 24. oct. 74) L 746 96^{rs} – de par. eccl. in Meren Colon. dioc. (4 m. arg.) vac. p. o. Johannis Moisbach 2. mart. 78 S 766 19^{v} – de disp. ad 2 incompat. benef. etsi 2 par. eccl. 2. mart. 78 S 766 127^{v}, 80/81 I 334 222^{r} – de nova prov. de alt. b. Katherine in par. eccl. op. Witlich Trever. dioc. (4 m. arg.) vac. p. o. Johannis de Manderscheit 13. nov. 78 S 785 223^{r} – subdiac. rect. par. eccl. in Meren et rect. par. eccl. in Remich Trever. dioc. <quas ex disp. ap. insimul retin.>: de n. prom. ad 7 an. 2. nov. 80 S 797 176^{vs}, L 808 16^{r} – can. et dec. eccl. b. Marie de Palatiolo Trever. dioc.: restit. bulle sup. prov. de can. et preb. ac decan. d. eccl. (insimul 10 m. arg.) vac. p. resign. in manibus pape Johannis Lambach ex causa perm. 9. apr. 81 A 29 233^{v} – in iur. can. studens: de disp. ut par. eccl. de Remich Trever. dioc. (sup. qua litig. in cur.) et decan. colleg. eccl. b. Marie de Palatiolo Trever. dioc. vac. p. resign. in manibus pape Johannis Leymbach vel al. 2 incompat. benef. etsi 2 par. eccl. ad vitam c. lic. perm. retin. val. 22. mai. 81 S 801 244^{v}, I 334 225^{r} – motu pr. de gr. expect. de 2 can. et preb. necnon de 2 benef. ad coll. quorumcumque, Et s. d. 17. nov. 81 S 803 161^{vs} – dec. et can. eccl. b. Marie in Palatiolo Trever. dioc.: de n. resid. et de percip. fruct. 21. oct. 82 S 815 162^{vs}.

6545 **Johannes Schuman** cler. Herbip. dioc. inter 12 abbrev. script. regi-

strorum taxatores etc. Petri Foscari tit. s. Nicolai inter imagines presb. card. fam. enumeratos quibus motu pr. gr. expect. et prerog. ad instar pape fam. descript. conc. fuerunt: motu pr. de indulto ut gr. expect. etc. gratis expediantur 6. apr. 79 S 780 105^{r} – motu pr. de prerog. ad instar pape fam. descript., Conc. motu pr. quoad secundas gr. 2. mart. 80 S 790 36^{vs} – cui gr. expect. s. d. 1. ian. 72 de benef. ad coll. ep. etc. Herbip. ac prep. etc. eccl. ss. Cassii et Florentii Bonnen. Colon. dioc. motu pr. s. d. 25. febr. 79 conc. fuit: prerog. ad instar pape fam. descript. etiam ad secundas gr. aut reval. et exten. primarum gr. expect., gratis 2. mart. 80 V 673 171^{rss} – Petri card. ut supra fam.: de perp. s. c. benef. ad alt. s. Marie in par. eccl. ville Eumsz Trever. dioc. (3 m. arg.) vac. p. o. cuiusdam 10. nov. 83 S 831 205^{r}.

6546 **Johannes van der Schuren** cler. Colon. dioc. in 22. sue et. an. constit.: de disp. ad quodcumque benef. c. lic. perm., n. o. def. et. et de n. prom. ante et. legitimam 1. iul. 80 S 794 208^{rs}.

6547 **Johannes Schurenbusch (Schurenbuch)** cler. Monast. dioc. cui gr. expect. s. d. 1. ian. 72 conc. fuit: de prerog. ad instar pape fam. descript. 1. iul. 74 S 709 165^{v} – de perp. s. c. vicar. ad alt. b. Marie Magdalene in capel. b. Marie virg. op. Nussien. (Nucien.) Colon. dioc. (5 m. arg.) de iur. patron. laic. vac. p. contractum matrim. p. Tilmannum de Wysschel 21. febr. 75 S 715 61^{vs}, (exec. prep. eccl. s. Petri in Northen Magunt. dioc. et dec. eccl. s. Martini Bramessen. Osnaburg. dioc. ac offic. Colon.) V 579 190^{v}-192^{r} – de can. et preb. eccl. Dulmanien. Monast. dioc. (4 m. arg.) vac. p. resign. in manibus pape Johannis Lamberti cler. Leod. dioc. qui eosdem vac. p. o. in cur. Bernardi Hinrickinck (Hinckrekinc) de Dulmen <s. d. 6. iun. 75> obtin. 27. iun. 75 S 722 254^{v}, (m. prep.

eccl. s. Spiritus Ruremunden. Leod. dioc. et dec. eccl. s. Martini Osnaburg. ac offic. Monast.) (exped. 24. iul. 75) L 752 173^v-175^v – causarum pal. ap. not.: de par. eccl. in Alten Monast. dioc. (12 m. arg.) vacat. p. resign. in manibus pape Walteri <Domini> pape fam. 7. mai. 76 S 739 181^v, (m. archipresb. Paduan. et Bernardo Cobbing can. eccl. Osil. ac offic. Monast.) (exped. 22. mai. 76) L 765 210^{rss} – actor cui de can. et preb. eccl. s. Victoris Dulmanien. Monast. dioc. vac. p. resign. in cur. Johannis Lamberti cler. Leod. dioc. prov. fuit et **Wilbrandus Cosefelt** dec. eccl. Dulmanien. reus et possessor (cui de eisdem vac. p. o. in cur. Bernardi Hinrekinck prov. fuit) et qui litig. desup. coram Antonio de Grassis aud.: de prov. de novo d. Wilbrando de dd. can. et preb. (3 m. arg.) vac. p. resign. d. Johannis et de reserv. d. Johanni pens. ann. 7 fl. renen. sup. fruct. dd. decan. ac can. et preb. (7 m. arg.) p. d. Wilbrandum persolv. 29. mai. 76 S 741 70^r – oblig. p. Johannem Holt cler. Colon. dioc. causarum pal. ap. not. sup. annat. par. eccl. in Alten ut supra (in margine: die 23. decb. 80 obtin. prorog.) 31. mai. 76 A 24 163^r – assign. pens. ann. 7 fl. auri renen. sup. fruct. decan. ac can. et preb. eccl. s. Victoris Dulmanien. Monast. dioc. (7 m. arg.) p. Wilbrandum Coesfelt d. eccl. dec. (contra quem litig. sup. dd. can. et preb. coram aud.) <p. Bernardum Mumme can. eccl. Lubic. procur.> persolv. 25. febr. 77 S 747 209^r, (m. decanis eccl. s. Johannis Osnaburg. et s. Mauritii e. m. Monast. ac offic. Monast.) L 774 85^{vss} – cui de perp. vicar. ad alt. b. Marie Magdalene in capel. b. Marie virg. op. Nussien. Colon. dioc. prov. fuit et qui litig. desup. coram ep. Nucerin. aud. locumtenenti aud. contra Christianum Ulysteden cler. intrusum: de prov. si neutri de d. vicar. (5 m. arg.) vac. p. resign. Tilmanni de Wischel 24. mart. 77 S 752 137^v – perp. vic. ad

alt. b. Marie Magdalene in capel. b. Marie virg. op. Nussien. Colon. dioc.: oblig. sup. annat. d. vicar. de iure patron. laic. ut supra (in margine: die 6. mart. 80 prorog. temp. solut. ad 2 menses) 31. mai. 77 A 25 248^v – F[rancisci Todeschini-Piccolomini] tit. s. Eustachii diac. card. Senen. fam. referens quod litig. coram Johanne [de Ceretanis] ep. Nucerin. aud. locumtenenti et coram Johanne Antonio [de Sancto Georgio] ep. Alexandrin. aud. locumtenenti contra Christianum Ulistaden (Ulysteden) sup. perp. vicar. ad alt. b. Marie Magdalene in capel. b. Marie virg. op. Nussen. Colon. dioc. de iur. patron. laic. (5 m. arg. p.) certo modo vac. et quod d. Christianus obiit: de surrog. ad ius d. Christiani 10. apr. 79 S 780 126^{vs} – solv. 11 fl. adc. pro annat. vicar. alt. s. Marie Magdalene ut supra p. manus Johannis Bourkardi 15. mai. 80 FC I 1134 50^r, IE 498 135^v, IE 499 141^v – solv. 30 fl. adc. pro annat. par. eccl. in Alten Monast. dioc. 27. apr. 81 FC I 1134 117^v, IE 502 81^v, IE 503 81^v.

6548 **Johannes Schurener, Johannes Schaym, Gotfridus Schall, Bernardus Mayr, Petrus Wicze, Jacobus Carpentarii, Simon Grim, Johannes Currificis, Arnoldus de Vinario, Nicolaus Wael, Johannes Mielich, Petrus Wecheym, Petrus Ilpich, Johannes Heysfelder, Bartholomeus Golsch, Heinricus Heylbecher, Johannes Nusslin, Philippus Roest, Morandus Fiszler, Jeorgius Bernardi, Michael Pulhamer, Alexander Wegermuller, Guillelmus de Tremen, Johannes Cabillari**: de gr. expect. de 2 can. et preb. et de 2 benef. ad coll. quorumcumque, Et s. d. 1. ian. 72 S 670 183^{rs}.

6549 **Johannes Schurger** cler. Magunt. dioc. pres. in cur.: de can. et preb. colleg. eccl. s. Catherine in Oppenheim Magunt. dioc. (3 m. arg.) vac. p. o. Petri Wolff 9. aug. 73 S 694

181^r – vic. colleg. eccl. Montis b. Marie virg. Franckforden. Magunt. dioc.: prom. ad subdiacon. ord. in eccl. hosp. s. Spiritus in Saxia in Urbe 5. mart. 74 F 6 148^{rs} – perp. vic. colleg. eccl. Montis b. Marie virg. Franforden. Magunt. dioc.: prom. ad diacon. ord. in eccl. s. Spiritus in Saxia in Urbe 26. mart. 74 F 6 149^{vs} – prom. ad presbit. ord. in eccl. s. Spiritus in Saxia in Urbe 9. apr. 74 F 6 150^r-151^v – perp. vic. colleg. eccl. Montis b. Marie virg. Franforden. Magunt. dioc.: litt. testim. sup. prom. ad subdiacon. ord. s. d. 5. mart. 74, ad diacon. ord. s. d. 26. mart. 74, ad presbit. ord. s. d. 9. apr. 74 in eccl. hosp. s. Spiritus in Saxia in Urbe 9. apr. 74 F 6 149^r.

6550 Johannes Schurpffrien (Schurpffnen) can. eccl. Montisoliveti o. s. Aug. Basil. dioc. sed. ap. immediate subiecte: de prepos. d. eccl. (30 m. arg.) vacat. p. resign. in manibus pape Henrici Sielemp (Zielemp) 5. apr. 76 S 737 204^{rs} – <presb. profes.> can. eccl. <conventualis> Montisoliveti o. s. Aug. Basil. dioc.: de prepos. d. eccl. (30 m. arg.) vac. p. o. Henrici Zielemp (Nelemp) 19. apr. 76 S 737 248^v, m. (prep. eccl. ss. Felicis et Regule Thuricen. Constant. dioc.) (exped. 8. nov. 76) L 759 135^{vs} – oblig. p. Johannem Sipell cler. Magunt. dioc. procur. (ut constat publ. instr. acto s. d. 24. decb. 76 et subscripto p. Johannem Salzman de Massiminster cler. Basil. dioc. publ. imper. auct. not.) sup. annat. prepos. ut supra 30. ian. 77 A 25 108^r.

6551 Johannes Schuster cler. Argent. dioc. in 19. sue et. an. constit.: de disp. ad min. ord. et ad s. c. benef. et de disp. ut in 22. sue et. an. quodcumque benef. retin. val. 15. mai. 76 S 738 277^r.

6552 Johannes Schutte (Schutten, Scutte) [1. pars 2 partium] cler. Lubic.: de can. et preb. eccl. Lubic. (4 m. arg.) vac. p. resign. Arnoldi Clover cler. Colon. dioc. cui de eisdem vac. p. o. in cur. Johannis Meyger prov. fuerat 18. sept. 75 S 726 236^v – in art. doct. qui litig. coram Petro de Ferrera aud. contra Henricum Colinck et quond. Johannem Russchart possessorem sup. can. et preb. eccl. Lubic. vac. p. o. in cur. Johannis Meyger: de surrog. ad ius d. Johannis Russchart in dd. can. et preb. (4 m. arg.) 9. aug. 76 S 740 194^{vs} – de can. et min. preb. eccl. Lubic. (4 m. arg.) vac. p. resign. Gisberti de Lochorst cler. Traiect. cui de eisdem vac. p. o. in cur. Johannis Ywen prov. fuit 15. aug. 76 S 741 2^{rs} – litig. coram Antonio de Grassis aud. contra quond. Henricum Colinck cler. sup. can. et preb. eccl. Lubic. (4 m.) vac. p. o. in cur. Johannis Meyger: de surrog. ad ius d. Henrici 25. nov. 76 S 744 114^{vs} – causarum pal. ap. not.: de perp. s. c. vicar. in par. eccl. s. Jacobi Lubic. (4 m. arg.) vac. p. resign. Gisberti de Lochorst cler. Traiect. pape fam. cui s. d. 12. aug. 76 de d. vicar. vac. p. o. Johannis Russchort (Rusthart) prov. fuit 2. decb. 76 S 744 191^v, m. (prep. eccl. s. Andree Colon. et Villelmo Vestfael can. eccl. Lubic. et Tilmanno Brandes can. eccl. Hildesem.) (exped. 7. iun. 77) L 775 10^{rss} – cler. Lubic. dioc. in art. mag.: de can. et preb. colleg. eccl. Hamburgen. Bremen. (4 m. arg.) de iur. patron. laic. vac. p. resign. in manibus pape Ghisberti de Lachorst cler. Traiect. dioc. cui de dd. can. et preb. vac. p. o. in cur. Johannis Witte prov. fuit 12. mart. 77 S 748 283^r – egregii viri Alfonsi de Barayos (filii Fer[dinandi] regis Castille et Legionis omnis) fam.: de par. eccl. in Stralen Leod. dioc. (20 m. arg.) vac. p. o. Wilhelmi Breyden abbrev. 16. mart. 77 S 748 292^{rs} – de perp. vicar. in eccl. s. Jacobi Wismarien. Razeburg. dioc. (4 m. arg.) vac. p. o. Nicolai Exsern 2. iun. 77 S 757 171^r, I 334 201^v – causarum pal. ap. not.: de par. eccl. in villa Bredevelt Lubic. dioc. (4 m.

arg.) vac. p. o. Hermanni Virgendes 2. iun. 77 S 755 100^v – cui gr. expect. s. d. 1. ian. 72 de can. et preb. eccl. Lubic. necnon de benef. ad coll. prep. etc. eccl. Hamburgen. Bremen. dioc. conc. fuit: motu pr. de decl. dd. litt. perinde val. acsi n. de can. et preb. eccl. Lubic. nec de benef. eccl. Hamburgen. sed de 2 can. et preb. aliquarum eccl. necnon de 2 benef. ad coll. quorumcumque p. d. Johannem in confectione litt. eligendorum et de prerog. ad instar pape fam. descript. 27. aug. 77 S 757 43^{vss} – de can. et preb. eccl. Hamburgen. Bremen. dioc. de iur. patron. laic. vac. p. resign. in pape manibus Gisberti de Lachorst cler. Traiect. pape fam. cui de eadem vac. p. o. in cur. Johannis Witten prov. fuit 9. sept. 77 S 757 203^{rs}, I 334 26^v – de ref. 19. sept. 77 S 757 179^v – cui de can. et preb. eccl. Lubic. vac. p. o. Johannis Meyger prov. fuit et **Johannes Olman** cler. Argent. dioc. cui de dd. can. et preb. vac. p. o. Johannis Rusthart p. papam prov. fuit: de adm. resign. d. Johannis Olman et de prov. d. Johanni Schutte de dd. can. et preb. (4 m. arg.) et de assign. d. Johanni Olman pens. ann. 10 fl. renen. (5 sup. fruct. dd. can. et preb. et 5 sup. fruct. perp. vicar. in eccl. s. Jacobi Lubic. (4 m. arg.)) p. d. Johannem Scutte persolv. 30. nov. 77 S 761 70^{vs} – de nova prov. de can. et preb. eccl. Lubic. (4 m. arg.) vac. p. o. in cur. Joannis Ymen 30. ian. 78 S 767 266^{vs} – de perp. s. c. vicar. in par. eccl. s. Jacobi Lubic. (6 m. arg.) vac. p. resign. Guntheri de Bunow cler. Misnen. pape fam. cui de eadem vac. p. o. Johannis Rischart prov. fuit 19. iun. 78 S 771 141^{vs} – de can. et preb. ac thesaur. eccl. Zwerin. (4 m. arg.) vac. p. resign. in manibus pape Guntheri de Bunaw cler. Nuemburg. dioc. pape fam. (cui de eisdem vac. p. prom. Nicolai de Pentzen el. Zwerin. prov. fuit) 11. iun. 79 S 782 251^v – de can. et maiori preb. ac thesaur. eccl. Zwerin. (4

m. arg. p.) vac. p. prom. Nicolai Pentzen el. Zwerin. 10. iul. 79 S 783 278^v, (m. Johanni Francisco de Pavinis can. eccl. Paduan. et Johanni Breydem can. eccl. Lubic. ac offic. Zwerin.) L 795 288^{vss} – de thesaur. eccl. Zwerin. (4 m. arg. p.) vac. p. resign. in manibus pape Guntheri de Bunow cler. Nuemburg. dioc. pape fam. (cui de eisdem vac. p. prom. Nicolai el. Zwerin. prov. fuit) 11. iul. 79 S 783 34^{rs} – motu pr. de can. et preb. eccl. Bremen. (4 m. arg.) vac. p. o. in cur. Lamberti de Drentwedel 19. aug. 79 S 785 73^r.

6553 **Johannes Schutte** [2. pars 2 partium]: de can. et preb. eccl. ss. Appl. Colon. (4 m. arg. p.) vac. p. resign. in manibus pape Tilemanni Molleur cler. Leod. pape fam. (cui de eisdem vig. gr. expect. vac. p. o. Adolphi Stakelhusen (Stakenhusen) prov. fuit) 9. iun. 80 S 793 231^v – prov. de perp. s. c. vicar. ad alt. b. Margarete virg. et ss. Willehadi ac Nicolai confess. in eccl. mon. b. Marie virg. e. m. op. Staden. (Studen., Suden.) o. s. Ben. Bremen. dioc. (4 m. arg.) vac. p. resign. in manibus pape Ottonis Bramstede (m. dec. eccl. b. Marie virg. Hamburgen. Bremen. dioc. et Johanni Francisco de Pavinis can. eccl. Paduan. ac offic. Bremen.) 24. mart. 81 (exped. 30. mai. 81) L 808A 273^{vss} – cler. Lubic.: m. (prep. eccl. s. Severi Erforden. Magunt. dioc. et dec. eccl. s. Ludgeri Monast. ac offic. Lubic.) prov. de can. et preb. eccl. Lubic. (4 m. arg. p.) vac. p. o. Johannis Podendorp et Henrici Bomert 14. apr. 81 V 631 11^v-14^r – cui vig. gr. expect. de par. eccl. in op. Krempeni et de perp. s. c. vicar. in eccl. b. Marie Hamburgen. Bremen. dioc. vac. p. o. Johannis Podendorp (Pudendorp) prov. fuit: de nova prov. de d. par. eccl. (6 m. arg.) et de d. perp. vicar. (4 m. arg. p.) 16. apr. 81 S 802 116^r – referens quod ipse can. et preb. ac thesaur. eccl. Zwerin. vac. p. o. Nicolai el. Zwerin. (qui ad eccl. Zwerin. prom. fuit munere consecr. n. fact.) assec. fuit quodque Johannes Plettinck cler. Minden. dioc. ad dd. can. et preb. ac thesaur. ius habere pretendens quandam religionem o. Cartus. ingressus extitit et propterea ius in dd. can. et preb. ac thesaur. vac. sperat: de surrog. ad ius d. Johannis Plettinck et de prov. de dd. can. et preb. ac thesaur. (insimul 6 m. arg. p.), n. o. can. et preb. eccl. Lubic. (4 m. arg.) et perp. s. c. vicar. in eccl. s. Jacobi Lubic. (6 m. arg.) et perp. s. c. vicar. in eccl. Razeburg. (3 m. arg.) et perp. s. c. vicar. in op. Staden. (3 m. arg.) et commenda in eccl. s. Georgii Hamburgen. Bremen. dioc. (3 m. arg.) quas possidet et par. eccl. in Harsen (/.) Bremen. dioc. (6 m. arg. p.) sup. qua litig. in Rota et par. eccl. in Wensenberchge de qua sibi auct. ap. prov. fuit 20. nov. 81 S 805 241^r – de disp. ad 2 incompat. benef. 15. ian. 82 S 807 195^v – causarum coram Johanne Francisco de Pavinis aud. not. qui ad partes Alamanie in negotiis suis se absentare intendit: motu pr. de lic. absentandi ad 8 menses, sola sign. 27. apr. 82 S 810 47^{vs} – rect. par. eccl. in Krempen Bremen. dioc. et **Johannes Jans de Tuschenborch** prep. eccl. b. Marie Stetinen. Camin. dioc. pape fam. (cui de d. prepos. vac. p. o. in cur. Theodorici Klimerade prov. fuit) qui sup. d. prepos. concordiam fecerunt: de adm. resign. d. Johannis Jans et de prov. d. Johanni Schutte de d. prepos. (4 m. arg. p. = 24 fl. adc.) <8 m. arg. p.> et de assign. d. Johanni Jans pens. ann. 12 fl. auri renen. sup. fruct. d. prepos. ac 8 fl. renen. auri sup. fruct. can. et preb. eccl. Lubic. et de disp. ad 3 incompat. benef. 6. iun. 83 S 824 34^v, gratis V 640 203^{vs}, gratis V 642 256^r-257^v, (m. prep. eccl. s. Severi Erforden. Magunt. dioc. et offic. Camin. ac offic. Lubic.) (exped. 26. iun. 83) L 824 257^r-258^v – inter al. referens quod in supplic. omissum fuit quod d. Johannes Jans de Tuschenborch cre-

dens quendam Nicolaum Borwich cler. in d. prepos. intrusum fore cum re vera n. esset causam contra d. Nicolaum committi et citationem ad partes decerni obtin.: de exped. dd. litt. c. advocatione cause et extinctione litis 13. iun. 83 S 825 224^v – in acolit. ord. constit. in cur. resid. qui par. eccl. Krempen. ut supra nondum ad an. obtin.: de n. prom. ad omnes ord. ad 7 an. 31. iul. 83 S 827 186^{rs} – can. eccl. Lubic.: de n. prom. ad omnes ord. ad an., sola sign. 2. aug. 83 S 827 108^v – presb. Bremen. dioc.: de perp. vicar. ad alt. s. Margarete in colleg. eccl. b. Marie Amborgen. Bremen. dioc. (4 m. arg.) vac. p. o. Henrici de Bucken aut olim Henrici Crusen in cur. defunct. 3. decb. 83 S 832 77^v – prov. de perp. s. c. vicar. in eccl. Hildesem. (4 m. arg. p.) vac. p. resign. Petri de Vemoren in manibus pape, n. o. prepos. eccl. b. Marie virg. Stetinen. ut supra quam obtin. (exec. dec. eccl. s. Blasii Brunswicen. Hildesem. dioc. et dec. eccl. s. Walpurgis Arnhemen. Traiect. dioc. ac offic. Hildesem.) 10. febr. 84 V 646 289^r-290^v – consensus resign. Petri Vemeren (cuius resign. vig. prov. fuit de eadem Johanni Schutte prep. eccl. b. Marie virg. Stettinen. s. d. 10. febr. 82) 20. febr. 84 Resign. 2 129^v – cui de prepos. eccl. b. Marie virg. Stetinen. ut supra prov. fuit: de decl. litt. desup. perinde val. acsi express. fuisset quod fruct. d. prepos. 8 m. arg. p. n. excedunt 2. mai. 84 S 835 112^{vs} – de ref. sup. prorog. term. n. prom. ad an., sola sign. 8. iul. 84 S 838 69^v – c. quo s. d. 31. iul. 83 de n. prom. ad 7 an. disp. fuit: de prorog. d. term. ad al. an., sola sign. 21. iul. 84 S 838 177^v.

6554 **Johannes Schuterreat de Zitaria** presb. Misnen. dioc. in art. mag. et **Nicolaus de Ungaria** presb. Misnen. dioc. qui missas et al. divina off. in loco ab eccl. p. 6 miliaria distante celebrare desiderant: lic. celebrandi missam ad alt. port. 5. ian. 83 L 826 314ʳ.

6555 Johannes Schutz presb. Bamberg. in art. mag.: de can. et preb. eccl. b. Marie in Deuerstat e. m. Bamberg. (4 m. arg.) vac. p. o. in cur. Andree Rimensneider 14. decb. 71 S 674 126ᵛ – de perp. s. c. vicar. ad alt. chororum schlaffermessaria nunc. in eccl. Bamberg. (4 m. arg.) vac. p. o. Johannis Tanner 27. ian. 73 S 687 121ᵛˢ.

6556 Johannes Schwalb presb. Bamberg.: de primissaria in par. eccl. b. Marie virg. op. Lichtenfels Bamberg. dioc. (4 m. arg.) vacat. p. resign. Eberhardi Schwalb cler. Bamberg. dioc. d. Johannis fr. 17. ian. 78 S 763 178ʳˢ.

6557 Johannes Schweinfurt cler. Herbip. dioc. in art. mag.: de can. et preb. in eccl. Nuemburg. (4 m. arg.) vac. p. resign. in manibus pape Friderici de Bibrach qui eosdem obtin. 1. oct. 83 S 829 53ᵛˢ.

6558 Johannes de Seberpebnya cler. Cracov. dioc. cui gr. expect. de can. et preb. eccl. Cracov. (12 m. arg.) vac. p. o. Jo[hannis] Czayka conc. fuit et qui litig. desup. coram Johanne de Ceretanis aud. contra quond. Stanislaum de Mlyny: de surrog. ad ius d. Stanislai 12. oct. 74 S 710 29ᵛˢ.

6559 Johannes Seborch (Seberg) cler. Magunt. dioc. legum doct. c. quo sup. def. nat. (p. s.) disp. fuit ad 2 benef.: de disp. ad quodcumque benef. c. lic. perm. 22. decb. 78 S 776 122ʳ – c. quo ut supra disp. fuit: de disp. ad quodcumque benef. c. lic. perm. et tacendi sup. def. nat. 9. ian. 79 S 776 242ᵛ – c. quo sup. def. nat. (p. s.) ut ad omnes ord. prom. et 2 incompat. benef. obtin. val. auct. ap. disp. fuit: disp. ad 3 incompat. benef. 9. febr. 84 L 835 190ʳˢ – c. quo sup. def. nat. (p. s.) ut ad omnes ord. prom. et benef. et deinde 2 incompat. benef. obtin. val. auct. ap. disp.

fuit: m. (prep. eccl. s. Crucis Hildesem. et prep. eccl. s. Ciriaci e. m. op. Brunswicen. Hildesem. dioc. ac dec. eccl. s. Blasii Brunswicen. Hildesem. dioc.) prov. de par. eccl. s. Catherine Brunswicken. Halberstad. dioc. (15 m. arg.) de iur. patron. ducis Brunswicen. vac. p. resign. Conradi Swaneflogch in manibus pape (cui de d. par. eccl. vac. p. o. Ottonis Ottonis post present. p. Wilhelmum sen. ducum Brunswicen. auct. ordin. prov. fuit et qui litig. desup. in cur. contra Arnoldum Lest) p. Bertoldum Jans cler. Magunt. dioc. procur. fact. 24. febr. 84 (exped. 16. mart. 84) L 832 303ʳˢˢ – restit. bulle sup. prov. de par. eccl. s. Catherine in Brunswick Halberstad. dioc. ut supra (restit. eidem Johanni sine oblig. quia Conradus Swaneflogel resignans solv. annat. d. par. eccl. infra an.) 17. mart. 84 A 32 208ʳ.

6560 Johannes Secab presb. Herbip. dioc. pauper qui nullum benef. obtin. et dudum cur. secutus est: de par. eccl. s. Marie Magdalene in Hausen Herbip. dioc. (3 m. arg.) vac. p. resign. Johannis Swas 15. febr. 81 S 800 108ʳ.

6561 Johannes de Seckendorff dec. eccl. Eistet. ex utr. par. de mil. gen. et **Vitus de Rechenpergk** can. eccl. Eistet. decr. doct. ex utr. par. de mil. gen.: de adm. resign. in manibus pape d. Johannis et de prov. de Vito de d. decan. eccl. Eistet. (160 fl. renen.) et de assign. d. Johanni pens. ann. 60 fl. renen. sup. fruct. d. decan. p. d. Vitum persolv. <necnon servitia 2 piscatorum (Conradi Pol de Ysenbrun et Leonardi Viechtmayr laic. Eistet. dioc.) ad d. decan. pertinentia> 21. febr. 77 S 748 1ᵛˢ, (m. ep. Microcomien. et Eberhardo de Rabenstein can. eccl. Bamberg. ac offic. August.) L 773 49ʳˢˢ – restit. bulle sup. pens. ann. ut supra (quia est solut. annat. d. decan.) 7. apr. 77 A 25 229ʳ.

6562 **Johannes Seckler** cler. Constant. dioc. in 22. sue et. an. constit. c. quo sup. def. nat. (s. s.) disp. fuit: de <perp. s.c.> capn. ad alt. <s. Crucis> in par. eccl. <s. Galli> in Wurmlingen (Wurmlangen) Constant. dioc. (3 m. arg.) vac. p. o. Johannis Wisz 19. mart. 77 S 750 116ᵛ, m. (prep. eccl. Trident. et dec. eccl. Constant. ac offic. Constant.), gratis (exped. 11. decb. 77) L 776 33ʳˢ.

6563 **Johannes Segen de Limpurg** cler. Trever. dioc. Petri [Foscari] tit. s. Nicolai inter imagines presb. card. fam. in 21. sue et. an. constit. c. quo sup. def. nat. (p. s.) disp. fuit et cui gr. expect. de can. et preb. eccl. s. Georgii in Limpurg Trever. dioc. necnon de benef. ad coll. prep. etc. eccl. s. Victoris e. m. Magunt. et prerog. ad instar pape fam. et lic. ut unum benef. curatum recip. possit quamprimum 23. et. an. attigerit s. d. 29. decb. 77 conc. fuit: motu pr. de prerog. ad instar pape fam. descript. 27. febr. 80 S 790 131ᵛˢ.

6564 **Johannes de Segerden** prep. eccl. s. Egidii op. Widenbergen. Osnaburg. dioc. ex utr. par. de mil. gen.: de disp. ut unac. d. prepos. aliud incompat. benef. recip. val. etsi 2 par. eccl. ad vitam c. lic. perm. 7. apr. 79 S 780 130ʳˢ.

6565 **Johannes Segnitz (Seganitz)** cler. Herbip. dioc. pres. in cur. qui in univ. Wien. Patav. dioc. studuit inter al. referens quod ipse litem inter Johannem Doleatoris cler. Patav. socium suum in studio et quendam laic. pacificare volens d. laic. vulneravit ut decessit et quod ipse deinde p. iudicem sec. incarceratus fuit et deinde de morte d. laici n. culpabilis libere relaxatus concordiam c. consanguineis d. laici fecit: de absol. a reatu homicidii et de disp. sup. irreg. et de prom. ad min. ord. et de disp. ad quodcumque benef., Conc. citra ministerium alt. 16. mart. 75 S 716 91ᵛˢ, de ref. et de committ. in cur. 29. mai. 75 S 722 182ʳ, L 751 283ʳˢ.

– restit. bulle sup. absol. et disp. ab homicidio c. facult. retin. omnia benef. p. bullam s. d. 29. mai. 75 sibi conc. 11. mart. 77 A 25 223ʳ.

6566 **Johannes Segwein** presb. Herbip. dioc.: de par. eccl. in Eurdorf Herbip. dioc. (4 m. arg.) vac. p. o. Nicolai Sigvurn et de disp. ut unac. d. par. eccl. par. eccl. in N. (in litt. exprimendum) quam obtin. recip. val. c. lic. perm. 3. sept. 82 S 815 285ʳ.

6567 **Johannes Sehmete** cler. Lubic. cui s. d. 2. iun. 77 de par. eccl. in Vredenvelde (Vredenmerde) vac. p. o. Hermanni van Her et de perp. vicar. in par. eccl. s. Nicolai op. Wismarien. Razeburg. dioc. vac. p. o. Nicolai Texsin prov. fuit et **Nicolaus Michaelis** presb. Lubic.: de adm. resign. d. Johannis et de prov. d. Nicolao de d. par. eccl. et de d. perp. vicar. (2 m. arg.) et de assign. d. Johanni pens. ann. 4 fl. renen. 14. oct. 77 S 759 44ᵛˢ.

6568 **Johannes ander Sey** cler. Colon. dioc. Achillis [de Mariscottis] ep. Cervien. fam.: motu pr. de capn. sive perp. vicar. eccl. s. Severi Erforden. Magunt. dioc. (24 fl. adc.) vac. p. o. in cur. Johannis Molerincgh (cui de eadem auct. ap. prov. fuit litt. desup. exped. sed possessione n. subsecuta) sive p. o. Johannis N. aut Hermanni de Leyden in cur. defunct. (cui de eadem auct. ap. prov. fuit) pape et [Johannis] Bapt. [de Canonicis] ep. Faventin. familiarium 21. mart. 83 S 821 63ᵛ.

6569 **Johannes Seyller** cler. Bamberg. dioc.: de capel. s. Nicolai in colleg. eccl. ss. Martini et Arbogasti Surburgen. Argent. dioc. (4 m. arg.) vac. p. o. Nicolai Berczdorff 1. ian. 81 S 801 77ᵛ.

6570 **Johannes Seyler** cler. Herbip. dioc. pape fam.: motu pr. de gr. expect. de can. et preb. necnon de benef. ad coll. quorumcumque et de prerog. ad instar pape fam. descript., Et s. d. 17. nov. 81 12. apr. 84 S 830 141ᵛ, 6. iul. 84 S 830 186ʳˢ.

6571 Johannes de Seyn ex comitibus de Wytgensteyn: motu pr. de gr. expect. de can. et preb. necnon de benef. ad coll. quorumcumque, Et s. d. 17. nov. 81 S 803 241^{rs} – rect. par. eccl. Valenderen. Trever. dioc.: de n. prom. ad omnes ord. ad 2 an., Conc. ad an., sola sign. 14. mai. 84 S 836 104^{rs}.

6572 Johannes Selander cler. Magunt. dioc.: de capn. ad alt. s. Crucis de cenobio Gotstal Magunt. dioc. (3 m. arg.) vac. p. o. vel p. devol. 4. febr. 79 S 777 251^{rs}.

6573 Johannes Sellatoris scol. Spiren. dioc.: de prom. ad min. ord. extra temp., sola sign. 25. mai. 84 S 836 120^{v} – cler. Spiren. dioc.: motu pr. de gr. expect. de benef. ad coll. quorumcumque, Et s. d. 17. nov. 81 4. iun. 84 S 830 177^{v} – motu pr. gr. expect. s. d. 17. nov. 81 de benef. ad coll. prep. etc. colleg. eccl. s. Margarete in Waltkierch Constant. dioc., gratis (m. ep. Alerien. et Celso de Millinis can. basilice Principis appl. de Urbe ac offic. Constant.) 1. iul. 84 Sec. Cam. 1 95^{v}-97^{v}.

6574 Johannes Sellatoris de Wablingen cler. Constant. dioc. in 12. sue et. an. constit.: supplic. Ulrico com. de Wirtenburg de disp. ut in 15. sue et. an. quodcumque benef. etiam par. eccl. (de iur. patron. d. com.) retin. val. c. clausula perm., Fiat in 18. an. 30. sept. 75 S 727 39^{v}.

6575 Johannes Seldekoghe cler. Zwerin. dioc. referens quod Albertus de Gudentow archid. Pirtzen. in eccl. Camin. decan. colleg. eccl. Butzowen. Zwerin. dioc. (4 m. arg.) de quo vac. p. resign. in manibus pape Johannis Thuschenbrock cler. Leod. dioc. et pape fam. (cui de d. decan. vac. p. o. Johannis Werneri prov. fuit) sibi prov. fuerat resign. in manibus pape: de nova prov. de d. decan. de quo vac. p. o. d. Johannis Werneri auct. ap. etiam sibi prov. fuerat 29. decb. 76 S 745 92^{v}.

6576 Johannes Senchen (Sinhen) (de Cochme): prov. de par. eccl. Trever. [dioc.?] vac. p. resign. 82/83 I 335 168^{v} – cler. Trever. dioc.: oblig. p. Stephanum Waltrini can. eccl. Virdunen. sup. annat. par. eccl. s. Brixii Emmelen. Trever. dioc. (55 duc. adc.) de qua vac. p. resign. Judoci Fasenant s. d. 1. sept. 83 sibi prov. fuit 27. sept. 83 A 31 143^{r} – solv. 26 fl. adc. (bol.) et 15 bol. (fl. adc.) pro annat. par. eccl. ut supra p. manus Stephani Valtrini (Walterini) 27. sept. 83 IE 508 73^{r}, IE 509 72^{r}, Paris L 52 D 5 126^{v}.

6577 Johannes Senff cler. Herbip. dioc. qui vig. gr. expect. de benef. ad coll. ep. etc. Bamberg. et prep. etc. eccl. s. Johannis in Haugis e. m. Herbip. perp. s. c. vicar. de Widen vulg. nunc. in eccl. s. Johannis in Haugis e. m. Herbip. (4 m. arg.) vac. p. o. Johannis Geyer acc. et litig. desup. coram Antonio de Grassis aud. contra quond. Christophorum Bopp cler. Ratisbon. dioc.: m. (Antonio de Grassis aud.) surrog. ad ius d. Christophori, gratis 23. oct. 83 V 640 292^{r}-294^{r}.

6578 Johannes Senff de Weyman cler. Bamberg. dioc. perp. vic. ad alt. s. Ottonis in eccl. s. Jacobi e. m. Bamberg. in min. ord. constit.: de n. prom. ad 5 an. 5. ian. 79 S 782 189^{rs}.

6579 Johannes de Senio cler. Colon. utr. iur. doct. de mil. gen. Georgii [de Baden] ep. Meten. orator inter 5 dilectos enumeratus: de gr. expect. de 2 can. et preb. et de 2 benef. ad coll. quorumcumque et de prerog. ad instar pape fam. descript., Et s. d. 1. ian. 72 S 670 94^{rs}.

6580 Johannes Sepel (Spel) perp. vic. ad alt. s. Margarete in eccl. Magunt. litig. coram Johanne Francisco [de Pavinis] aud. contra Johannem Kimkel cler. sup. d. perp. vicar.: de prov. si neutri de d. perp. vicar. (6 m. arg. p.) vac. p. o. Petri Welcker quond. Latini [de Ursinis] card. ep. Tusculan. fam. aut Nicolai Martmesten (/.), n.o. par. eccl. in Andisphen. Magunt. dioc. (8 m.) quam obtin. de iur. patron. laic. 20. iun. 82 S 811 274^{vs}.

6581 **Johannes Sepolle** presb. Magunt. dioc. referens quod ipse et Giselerus de Minden ad par. eccl. s. Albani in Gottingen Magunt. dioc. de iur. patron. ducum in Brunswick et Luneborch vac. p.o. Giselerii de Northen p. Wilhelmum sen. ex dd. ducibus dom. in Gottingen present. et p. prep. [eccl. s. Petri] in Northen Magunt. dioc. instit. fuerunt et quod litig. desup. coram offic. d. prepos. et Johanne Francisco [de Pavinis] aud. ac Antonio de Grassis aud.: de prov. si neutri de eadem (20 m. arg.) c. derog. iur. patron. de dimidia 27. ian. 80 S 796 115^r.

6582 **Johannes Seratoris** perp. vic. in eccl. b. Marie de Yvodio [Trever.] dioc. resid. in cur.: de prom. ad omnes ord. extra temp., sola sign. 27. mart. 84 S 833 238^v.

6583 **Johannes Serlinger (Selinger)** el. Seccov. cui de d. eccl. p. Bernardum [de Rohr] aep. Salzeburg. vig. privil. ap. prov. fuit et qui infra temp. de conf. ep. munus consecrationis suscipere posse n. sperat: de prorog. term. ad 4 menses, Et p. breve 27. febr. 81 S 800 237^r – de prorog. ad al. 4 menses, sola sign. 12. mai. 81 S 801 115^v – el. Seccov. referens quod dudum ad eccl. Seccov. p. Bernhardum [de Rohr] aep. Salzeburg. prom. fuit c. prorog. consecr. ad 4 menses et deinde ad al. 4 menses: de prorog. ad ulteriores 4 menses, Conc. ad 2 menses p. breve 20. oct. 81 S 804 119^r – presb. Salzeburg. dioc.: motu pr. gr. expect. de 2 benef. ad coll. aep. etc. Salzeburg. et ep. etc. Chiem. 17. nov. 81 (exped. 12. decb. 81) (m. prep. eccl. s. Crucis Hildesem., Bernardo de Gutenberg can. eccl. Herbip. et Theoderico Arndes can. eccl. Lubic.) L 819 191^{vss}.

6584 **Johannes Servatii** perp. cap. in capel. s. Johannis Bapt. in B. [!] Trever. dioc. resid. in cur.: de prom. ad omnes ord. extra temp., sola sign. 25. mart. 84 S 834 8^v.

6585 **Johannes Servolt** cler. Spiren. qui perp. capn. ad alt. ss. Appl., Johannis Bapt., Andree et Quirini in par. eccl. s. Petri Spiren. vac. p.o. Everhardi de Venhusen assec. est: de nova prov. de d. capn. (2 m. arg.) 5. decb. 74 S 712 165^{vs}.

6586 **Johannes Seus (Sewss)** cap. Bamberg. dioc. in art. mag. Philippi [de Levis] presb. card. Arelaten. nunc. fam.: de par. eccl. in Krechensitenpach Bamberg. dioc. (6 m. arg.) vac. p.o. Luce Armrorer 13. ian. 75 S 714 61^v – cler. Bamberg. dioc.: de perp. benef. sive alt. s. Erhardi in par. eccl. s. Seboldi op. Nurembergen. Bamberg. dioc. de iur. patron. laic. (4 m. arg.) vac. p.o. Johannis Gerlacher et p. devol. 22. aug. 75 S 725 139^{vs} – de perp. vicar. ad alt. ss. Judoci confess. et Ursule ac 11.000 Virg. extra par. eccl. in Mengen sup. criptam mortuorum Constant. dioc. (4 m. arg.) vac. p.o. Henrici Otter 17. decb. 77 S 762 45^r.

6587 **Johannes Siber** cler. Herbip. dioc.: de par. eccl. in Minoriems Nuemburg. dioc. (2 m. arg.) vac. p.o. in cur. Nicolai Geyer vel p. resign. Henrici Andree 27. nov. 82 S 816 264^v, 4. decb. 82 S 817 82^v, (m. aep. Sancte Severine et Celso de Millinis can. basilice Principis appl. de Urbe ac offic. Nuemburg.), gratis (exped. 14. decb. 82) L 831 59^{vss}.

6588 **Johannes Sideler** acol. cap. ad alt. s. Urbani in Ersteyn Argent. dioc.: de prom. ad omnes ord. extra temp., sola sign. 21. iun. 73 S 692 77^v – presb. Constant. dioc.: de par. eccl. in Zwiffalten Constant. dioc. (4 m. arg.) vac. p.o. 14. ian. 79 S 777 42^r.

6589 **Johannes Sieder** cler. August. dioc. Marci [Barbus] card. ep. Prenestin.

s. Marci nunc. fam.: de perp. benef. in par. eccl. Volchach Herbip. dioc. (4 m. arg. p.) <3 m. arg.> vac. p. o. Burchhardi Ott 30. sept. 81 S 808 259^r, m. (ep. Arben. et prep. eccl. Herbip. ac Georgio de Kindsperg can. eccl. Ratisbon.), gratis V 617 244^{vss} – motu pr. de gr. expect. de benef. ad coll. quorumcumque, Et s. d. 17. nov. 81 S 803 55^v.

6590 **Johannes Siffridi** cler. Magunt. dioc. inter al. referens quod ipse olim clericali caractere insignitus cum quadam muliere (quam unicam et virginem duxit in ux. et que nunc defunct. exist.) matrim. contraxit ac plures filios et filias genuit quodque interim in quond. Wilhelmi com. de Henneberg primo et a 38 an. in Wilhelmi ducis Saxonie servitiis constit. plures litt. diffidatorias et al. litt. ex eorundem com. et ducis commissione scripsit quarum vig. plures ad mortem condemnati et mutilati et occisi fuerunt: de disp. sup. irreg. ut ad omnes sacros etiam presbit. ord. prom. et in off. alt. ministrare et quecumque benef. compat. recip. val., Conc. citra ministerium alt. 9. mart. 78 S 766 149^{vs}, m. (prep. eccl. Nuemburg.) 19. iun. 78 L 786 286^{rss} – restit. bulle sup. annat. habil. ut supra 4. mart. 79 A 27 232^r.

6591 **Johannes [Sifridi] (Cifridi), Henricus Adoit, Henricus Vordis al. Loer, Johannes Poltobbe et Conradus Sasse** presbiteri Colon. dioc.: de lic. celebrandi missas in ecclesiis Colon. iuxta consuetudinem R. E. p. breve 7. nov. 82 S 816 64^r.

6592 **Johannes Sygel** presb. Bamberg. dioc. litig. coram Johanne [de Ceretanis] ep. Nucerin. aud. locumtenenti contra Judocum Trebesmulner cler. sup. perp. vicar. ad alt. s. Barbare in eccl. Bamberg. vac. p. resign. in manibus pape Wilhelmi Lovenich pape fam. (cui de eadem vac. p. o. in cur. Johannis Fabri al. Sehofer pape fam. prov. fuit): de prov. si neutri de d. perp. vicar. (6 m. arg.) 31. decb. 82

S 818 317^{vs} – referens quod ipse perp. vicar. ad alt. s. Barbare in eccl. Bamberg. vac. p. resign. Wilhelmi Lovenich pape fam. auct. ordin. assec. fuit et quod desup. litig. coram Johanne [de Ceretanis] ep. Nucerin. aud. locumtenenti contra Jodocum Trebesmulner cui de d. vicar. p. papam prov. fuit: de prov. si neutri de d. perp. vicar. (6 m. arg.) vac. p. o. Johannis Sehofer al. Fabri pape fam. seu Philippi Ditmari 6. febr. 83 S 819 80^{rs}.

6593 **Johannes Sighart (Singhardt, Singharde)** can. eccl. in Ilmynster Frising. dioc.: de prom. ad omnes ord. extra temp., sola sign. 29. mai. 81 S 801 212^r – litt. testim. sup. prom. (vig. supplic. s. d. 29. mai. 81) ad subdiacon. ord. s. d. 11. iun. 81, ad diacon. ord. s. d. 11. iun. 81 et ad presbit. ord. s. d. 12. iun. 81 in sacristia basilice Principis appl. de Urbe 12. iun. 81 F 7 18^v – recip. not. pro bulla distributa 6 grossos pro formata 6 grossos iun. 81 DB 2 37^r – referens quod lis pendebat inter Sigismundum Genreicher cler. Frising. dioc. et quond. Gasparem Ghimdhoser cler. Ratisbon. dioc. sup. par. eccl. Oberntollingen. Ratisbon. dioc.: de surrog. ad ius d. Gasparis in d. par. eccl. (8 m. arg.) 3. decb. 83 S 832 11^v, I 335 149^r – oblig. sup. annat. par. eccl. ut supra de qua s. d. 14. decb. 83 in forma surrog. sibi prov. fuit 27. apr. 84 A 32 91^r.

6594 **Johannes Sile** presb. Magunt. dioc.: de disp. ad 2 incompat. benef. etsi 2 par. eccl. ad vitam c. lic. perm. 14. nov. 78 S 774 247^r.

6595 **Johannes Sillon** cler. Tornacen. dioc. [Philiberti Hugonet tit. s. Lucie in Silice] diac. card. Matisconen. parafrenarius: de par. eccl. s. Benedicti de N. Traiect. dioc. (24 l. T. p.) vac. p. o. in cur. Alberti N. 1. decb. 76 S 744 128^{vs}.

6596 **Johannes Sylonis** presb. Magunt. dioc.: de decan. eccl. ss. Marie et Georgii al. s. Leonardi [Francforden.] Magunt. dioc. (2 m. arg.) vac. p. o. Hermanni Cancorsusorum et de disp. ut unac. d. decan. aliud incompat. benef. recip. val. etsi 2 par. eccl. ad vitam c. lic. perm. 21. sept. 79 S 786 206ᵛ.

6597 **Johannes Siltzing** rect. par. eccl. in Legow Constant. dioc. qui litig. coram vic. seu offic. gener. ep. Constant. et deinde coram dec. eccl. Cur. ex delegatione ap. commisso et deinde coram Gaspare de Theramo aud. contra Henricum de Schellenberch (Scullenberg) et Johannem Truchsesz cler. actores sup. d. par. eccl. vac. p. o. Ulrici de Schmerlingen: de prov. si nulli de d. par. eccl. (17 m. arg.) 5. nov. 73 S 709 62ʳˢ.

6598 **Johannes Sim** cler. Bamberg. dioc. qui vig. gr. expect. par. eccl. in Merkelszhem Herbip. dioc. (8 m. arg.) vac. p. o. Johannis Fabri acc.: de nova prov. de d. par. eccl. (8 m. arg.) 15. sept. 74 S 707 273ᵛˢ.

6599 **Johannes Simecke** cler. Monast. pres. in cur.: de par. eccl. in Eynen Monast. dioc. (2 m. arg.) vac. p. o. cuiusdam B. 14. sept. 83 S 834 155ᵛ.

6600 **Johannes Simeonis de Nyvenhem**: prov. de par. eccl. Colon. [dioc.?] vac. p. resign. 81/82 I 334 72ᵛ.

6601 **Johannes Simher (Snicher)** cler. Frising. dioc. in 22. sue et. an. constit. ex utr. par. de mil. gen.: de disp. ad quodcumque benef. 4. apr. 76 S 737 57ʳˢ, L 761 149ʳ.

6602 **Johannes Simler (Symler)** rect. par. eccl. in Tratterszheym (Truttaszheym) Argent. dioc. in decr. licent. offic. eccl. Argent.: de disp. ut unac. d. par. eccl. (10 m. arg.) aliud incompat. benef. recip. val. 12. ian. 74 S 701 247ʳˢ, L 735 191ʳˢ – qui vig. gr. expect. par. eccl. in Herreltzheim Argent. dioc. vac. p. o. Michaelis

Wanger quond. Antonii [de la Cerda] tit. s. Chrysogoni presb. card. fam. acc.: de nova prov. de d. par. eccl. (12 m. arg.) 16. oct. 74 S 710 70ᵛˢ – presb. Argent. qui vig. disp. ad 2 incompat. benef. scolastr. eccl. ss. Petri et Michaelis Argent. necnon par. eccl. in valle Druchterszheim Argent. dioc. obtin. et qui par. eccl. in villa Herlouffeszheim Argent. dioc. absque disp. ultra mensem detinuit: de disp. sup. irreg. et de nova prov. de dd. benef. necnon de prov. de can. et preb. eccl. s. Petri iun. Argent. de quibus vac. p. o. Johannis Kirchberg prov. fuerat licet Sixtus Scharffenecker appellaverit (insimul 38 m. arg.) c. disp. ad 3. incompat. benef. etsi 2 par. eccl. 16. nov. 74 S 711 223ᵛˢ – can. eccl. s. Petri min. Argent. qui vig. gr. expect. par. eccl. in Herlotzhem Argent. dioc. vac. p. o. Michaelis Wanger acc. et qui litig. desup. coram Gaspare de Theramo aud. et deinde coram Gabriele [de Contarenis] aud. contra Johannem Grummer in registro supplic. script. (qui resign.): de prov. d. Johanni Simler de d. par. eccl. (100 fl. renen.) et de assign. d. Johanni Grummer pens. ann. 30 fl. renen. sup. fruct. d. par. eccl. p. Johannem Simler persolv. 28. ian. 75 S 731 278ʳˢ – qui can. et preb. in eccl. s. Petri iun. Argent. vac. p. o. Johannis Kirchberg assec. est: de nova prov. de eisdem (10 m. arg.) 13. iun. 75 S 721 196ʳˢ – et **Johannes Dorinc** in decr. licent., **Jacobus Becherer, Georgius Stuckman, Georgius Kindsperg** quibus gr. expect. conc. fuit: motu pr. de decl. litt. desup. perinde val. acsi gr. expect. motu pr. conc. fuissent et de prerog. ad instar pape fam. descript. 15. mai. 76 S 739 92ʳˢ – can. eccl. s. Petri iun. Argent.: de off. coadiutoris Pauli Munthart prep. d. eccl. (200 m. arg.) in decr. licent. senio provecti et de assign. d. Paulo pens. ann. 3. partis fruct. p. Johannem persolv. 27. mai. 79 S 782 131ᵛˢ.

6603 Johannes Simonis: recip. not. pro bulla distributa 4 grossos et 2 grossos oct. 81 DB 1 103ᵛ – recip. not. pro bulla distributa pro copia 5 grossos et 2 grossos nov. 81 DB 1 107ᵛ – cler. Herbip. in 16. sue et. an. constit. qui in 9. vel 10. sue et. an. perp. vicar. ad alt. s. Catherine in eccl. s. Johannis Novi Monasterii Herbip. assec. fuit illamque ad 6 et ultra citra tamen 9 an. possidet fruct. ex eadem percipiendo: de nova prov. de d. perp. vicar. (4 m. arg. p.) vac. p. resign. in manibus ordin. Friderici Morstadt qui eandem obtinebat et de n. prom. antequam 24. sue et. an. compleverit 22. iun. 82 S 812 64ʳˢ.

6604 Johannes Sindorp cler. Trever. dioc.: de nova prov. de can. et preb. eccl. s. Florini in Confluentia Trever. dioc. (10 m. arg.) vac. p. o. Johannis Brubach 21. mart. 80 S 791 12ʳ.

6605 Johannes Sipe cler. Leod. dioc.: de <perp. s. c. capn. ad> alt. s. Catherine <Marie> in par. eccl. in Dotteheim (Dottekeem) Traiect. dioc. (4 m. arg.) vac. p. o. Johannis Bye <Nicolai V. fam.> 28. febr. 76 S 735 80ʳ, m. (Michaeli Moner can. eccl. Elnen. et officialibus Leod. ac Traiect.) (exped. 23. mart. 76) L 763 205ᵛˢ – de perp. capn. ad alt. s. Gregorii in colleg. eccl. b. Marie Traiect. (4 m. arg.) vac. p. o. Gisberti Hulrech 4. sept. 76 S 742 35ʳˢ – qui litig. coram aud. sup. capn. ad alt. b. Marie in par. eccl. de Dondeken Traiect. dioc.: m. (abb. mon. b. Marie Parcen. e. m. Lovanien. Leod. dioc. et Henrico Glunis can. eccl. Leod. dioc. [!]) confer. perp. capn. ad alt. s. Gorgonii in eccl. b. Marie Traiecten. Leod. dioc. (4 m. arg.) vac. p. o. Ghisberti Hubrecht, gratis 4. sept. 76 V 579 204ᵛˢˢ – perp. cap. ad alt. b. Marie in par. eccl. de Doetekem Traiect. dioc.: de prom. ad omnes ord. extra temp., sola sign. 18. sept. 77 S 758 21ᵛ – presb. Leod. dioc.: de perp. capn. ad alt. ss. Laurentii et Johannis Bapt. in colleg. eccl. s. Walburgis

Zutphanien. Traiect. dioc. (4 m. arg.) vac. p. o. Luberti Tuleners quond. Johannis [de Michaelis] tunc tit. s. Angeli diac. card. fam. 11. iul. 80 S 794 272ᵛˢ, m. (decanis eccl. s. Rumoldi Mechlinen. Cameracen. dioc. et s. Walburgis Arnhemen. Traiect. dioc. ac Johanni de Ryness can. eccl. Traiect.) (exped. 31. iul. 80) L 799 34ᵛˢˢ.

6606 Johannes Sipel de Rudesheim (Rideshem) cler. Magunt. dioc.: de par. eccl. in villa Sals Magunt. dioc. (4 m. arg.) et de perp. vicar. ad alt. s. Martini in par. eccl. ville Schornsham Magunt. dioc. de iur. patron. laic. (2 m. arg.) vacat. p. priv. Johannis Rorici qui quendam presb. ad effusionem sanguinis vulneravit et bona et census d. par. eccl. alienavit 18. decb. 72 S 685 225ᵛˢ, I 332 180ᵛ – de par. eccl. in Sampach Magunt. dioc. (4 m. arg.) vac. p. o. Nicolai de Sanwekeheim 14. mart. 74 S 703 285ʳˢ, L 735 192ʳˢ – can. eccl. b. Marie ad Gradus Magunt. pape fam.: gr. expect. s. d. 1. ian. 72 de can. et preb. d. eccl. b. Marie ad Gradus necnon de benef. ad coll. aep. etc. Magunt. (m. prep. eccl. ss. Petri et Pauli Bardewicen. Verden. dioc. et dec. eccl. s. Johannis Magunt. ac offic. Magunt.), gratis 26. nov. 74 V 678 251ᵛ-254ʳ, [fragm. cass., sine dat.] V 678 235ᵛ – pape fam. cui gr. expect. conc. fuit: motu pr. de prerog. ad instar pape fam. descript. 5. apr. 76 S 737 183ᵛ.

6607 Johannes Sixti perp. vic. ad alt. ss. Johannis et Andree Appl. ac Sebastiani mart. necnon ss. Katherine et Barbare virginum in par. eccl. s. Georgii op. Erfforden. Magunt. dioc. in art. mag.: de disp. ut unac. d. s. c. vicar. (4 m. arg.) aliud compat. benef. ad vitam retin. val. et de n. resid. nec assistendo rect. d. par. eccl. 14. mai. 80 S 792 297ᵛˢ, L 803 134ʳˢˢ.

6608 Johannes de Slbernem cler. Colon. dioc. can. eccl. Monasterii Eyfflie

Colon. dioc. [Johannis de Ursinis] aep. Tranen. fam.: de prom. ad omnes ord. extra temp., sola sign. 12. febr. 76 S 734 249^r.

6609 **Johannes Sleff** cler. Camin. dioc.: de perp. s.c. vicar. in par. eccl. b. Marie op. Trugilim Camin. dioc. de iur. patron. laic. (4 m. arg.) vac. p.o. Ebelini Hog 30. iun. 78 S 772 144^v – prebendarius min. preb. eccl. b. Marie virg. Colbergen. Camin. dioc. qui ad can. et maiorem preb. d. eccl. (4 m. arg.) vac. p.o. Henninghi Berardi (Gerardi) (qui litig. desup. coram aud. contra quond. Nicolaum Hinczeken) adm. fuit: de surrog. ad ius d. Henninghi 31. aug. 78 S 773 18^{vs}, 7. sept. 78 S 773 231^v.

6610 **Johannes Slemehym** cler. Meten. dioc.: de par. eccl. in Nuenkichen Meten. dioc. (4 m. arg. p.) vac. p. assec. par. eccl. in op. Sancti Willfridi Meten. dioc. p. Johannem Klotten de Sarbrucken 1. decb. 81 S 806 88^v.

6611 **Johannes Slepschoch (Slapschech, Slipschoch)** cler. Magunt. dioc.: de par. eccl. Saltzburghoven. Salzeburg. dioc. (6 m. arg. p.) vac. p.o. Benedicti de Laufingen 26. oct. 82 S 815 169^v – Ursi de Ursinis ep. Theanen. refer. fam.: motu pr. de gr. expect. de can. et preb. necnon de benef. ad coll. abb. mon. Hersfelden. Magunt. dioc. et abb. mon. Fulden. Herbip. dioc. et de prerog. ad instar fam. pape descript. et de disp. ad 2 incompat. benef., Et s.d. 17. nov. 81 28. mart. 84 S 830 128^{rs} – cui gr. expect. in forma paup. et deinde gr. expect. in forma speciali conc. fuerunt: motu pr. de decl. litt. desup. perinde val. acsi d. Johannes in litt. in forma speciali declarasset se illis litt. in communi forma expeditis uti velle, sola sign. 11. mai. 84 S 836 43^{vs} – de alt. s. Bartolomei in par. eccl. Vislinbornen. Bremen. dioc. (6 m. arg. p.) vac. p.o. in cur. Johannis Laurentii 25. iun. 84 S 836 299^r.

6612 **Johannes Sliter (Slijters)** cler. Colon. dioc.: de perp. vicar. ad alt. ss. Trium regum in eccl. Reyssen. Colon. dioc. (4 m. arg.) vac. p.o. Petri Ness 8. ian. 74 S 701 29^r – de perp. vicar. ad alt. s. N. in eccl. b. Marie Traiect. (4 m. arg.) vac. p.o. Johannis Cornelii forsan vicecancellarii fam. 19. iul. 75 S 725 203^r.

6613 **Johannes Sluter (Stuter)** cler. Trever. dioc.: m. (prep. eccl. s. Symeonis Trever. et prep. eccl. ss. Petri et Pauli Bardewicen. Verden. dioc. ac dec. eccl. s. Florini in Confluentia Trever. dioc.) confer. perp. s.c. vicar. ad alt. s. Servatii in par. eccl. b. Marie Andernacen. Trever. dioc. (2 m. arg.) vac. p.o. Wigandi Moderszbach, gratis 17. decb. 72 (exped. 30. apr. 73) L 728 106^{rs} – de can. et preb. eccl. s. Florini in Confluentia Trever. dioc. (8 m. arg.) vac. p. resign. in manibus ordin. Johannis Lensz quond. Bessarionis [Trapezunt.] card. ep. Sabinen. Niceni vulg. nunc. fam. causa perm. c. Petro Moir absque disp. facta 20. apr. 73 S 695 18^v – Berardi [Eruli] tit. s. Sabine presb. card. fam.: supplic. d. card. de perp. s.c. vicar. ad alt. in eccl. b. Marie in Leman Trever. dioc. (2 m. arg.) vac. p.o. Johannis de Sancto Vito 2. febr. 74 S 709 159^v – B[erardi Eruli] card. ep. Sabinen. Spoletan. vulg. nunc. fam.: supplic. d. card. de can. et preb. colleg. eccl. s. Castoris in Cardona Trever. dioc. (6 m. arg.) vac. p.o. in cur. Valerii Briel (Buel) etiam d. card. fam. 18. mai. 76 S 739 172^r, I 333 329^v – oblig. (p. Servatium de Confluentia can. eccl. s. Florentii [in Confluentia] Trever. oratorem et procur. aep. Trever.) sup. annat. can. et preb. eccl. s. Castoris ut supra 13. ian. 77 A 25 99^r – cui de benef. ad coll. dec. et capit. eccl. s. Castoris in Confluentia Trever. dioc. in forma paup. et deinde de benef. ad coll. aep. etc. Trever. prov. fuit quique earum litt. vig. par. eccl. in Stinteroff Trever. dioc. vac.

p. o. cuiusdam Hermanni acc. possessione subsecuta: de nova prov. de d. par. eccl. (4 m. arg.) 30. apr. 77 S 751 140ᵛ – rect. par. eccl. in Caverna Trever. dioc.: de prom. ad omnes ord. extra temp., sola sign. 15. mart. 78 S 766 209ᵛ.

6614 **Johannes Smalhaltz (Smalholts) iun. de Landsperg** laic. August. dioc. patron. par. eccl. s. Michaelis archangeli in villa Erpstingen. August. dioc. referens quod ipse 6 liberis et al. familia gravatus n. ultra 4 fl. renen. ex advocatia totius ville Erpstingen. percipiens post mortem Henrici Muller rect. d. par. eccl. Bernardum maiorem natu fil. in 9. sue et. an. constit. present.: supplic. Friderico R. I. m. (abb. mon. s. Udalrici August., archid. eccl. August. ac offic. August.) lic. percip. fruct. d. par. eccl. (16 m. arg.) donec d. Bernardus in 20. sue et. an. constit. fuerit et lic. deput. vic. in d. par. eccl. 1. aug. 74 L 734 231ʳˢˢ – oblig. nomine Bernardi Smalholts cler. August. dioc. fil. (in 9. sue et. constit.) p. Martinum Hering can. eccl. s. Viti in Helvan [= Elwangen] August. dioc. sup. annat. par. eccl. ut supra (16 m. arg.) de qua vac. p. o. Henrici Muller s. d. 29. iul. 74 sibi prov. fuit (in margine: die 8. iul. 75 solv. pro compositione annat. 38 fl. p. manus Antonii de Eugubio) 29. oct. 74 A 23 176ᵛ.

6615 **Johannes Smalhofer, Sigismundus Schroel, Gaspar Eytlinger, Johannes Eytlinger, Georgius Eberhardi, Johannes Nusse, Jacobus Katzpekch, Conradus Altdumer, Georgius Schutz, Desiderius Griffam** inter 16 personas enumerati: de gr. expect. de 2 can. et preb. et de 2 benef. ad coll. quorumcumque, Et s. d. 1. ian. 72 S 670 119ᵛˢˢ – cler. Frising. dioc. cui de par. eccl. b. Marie virg. op. Monacen. Frising. dioc. vac. p. o. Ernesti Putrich prov. fuit: de nova prov. de d. par. eccl. (20 m. arg.) 2. mai. 75 S 719 147ᵛˢ.

6616 **Johannes Smaltz** presb. Magunt. dioc.: de nova prov. de perp. vicar. ad alt. ss. Philippi et Jacobi appl. et s. Walburgis virg. in capel. Montis b. Walpurgis prope op. Arnstat Magunt. dioc. (2 m. arg.) vac. p. o. Hillebrandi Gonnichen art. et med. doct. 13. mai. 83 S 823 152ᵛ.

6617 **Johannes Smalz (Smalcz)** scol. Spiren. dioc.: recip. primam tonsuram in sacristia basilice Principis appl. in Urbe 21. sept. 71 F 6 14ʳ – cler. Spiren. dioc. pape fam. in 20. sue et. an. constit.: gr. expect. s. d. 1. ian. 72 de benef. ad coll. ep. etc. Spiren. et prep. etc. eccl. ss. Germani et Mauritii Spiren. c. disp. sup. def. et., gratis 4. nov. 74 V 678 342ʳˢˢ – in 21. sue et. an. constit.: de par. eccl. in Wissensteyn August. dioc. (24 fl. adc.) vac. p. o. cuiusdam Judoci et de disp. sup. def. et. 8. apr. 75 S 717 109ʳˢ – cui gr. expect. de capn. in par. eccl. s. Mauricii Spiren. dioc. vac. p. o. Johannis Leonberg conc. fuit: de nova prov. de d. capn. (3 m. arg.) 17. iun. 75 S 722 201ʳ – de perp. capn. in par. eccl. s. Mauricii Spiren. (4 m. arg.) vac. p. o. Johannis Yser (ultra 2 dietas a cur. inter Senen. et Florentin. civit. de Urbe peregrinationis causa redientis defunct.) 8. sept. 75 S 726 247ᵛˢ – de par. eccl. in Lobenwiler Spiren. dioc. (4 m. arg.) vac. p. o. (in mense sept.) cuiusdam Nicolai 14. nov. 75 S 735 217ᵛˢ – motu pr. de perp. capn. ad alt. s. Leonardi in par. eccl. s. Bartholomei Spiren. de iur. patron. laic. (3 m. arg.) vacat. p. assec. cantor. eccl. s. Andree Wormat. p. Johannem Lufft pape fam. 29. decb. 75 S 732 116ᵛ-119ᵛ – motu pr. de perp. capn. ad alt. s. Nicolai in par. eccl. in Husen Spiren. dioc. (3 m. arg.) vac. p. o. Bertoldi Wiler 15. mai. 76 S 739 193ʳ – motu pr. de capn. ad alt. s. Catherine in par. eccl. in Franckenstein Spiren. dioc. (4 m. arg.) vac. p. o. Martini Carnificis 15. mai. 76 S 739 193ʳ – de perp. vicar. capel.

s. Michaelis in ambitu mon. in Wissenburg o. Cist. Spiren. dioc. (3 m. arg.) vac. p.o. Godefridi Rowe 16. iul. 76 S 740 138ʳ.

6618 **Johannes Smedekinck** cler. Colon. dioc. qui litig. contra Johannem Hetter sup. par. eccl. in Rekelinchusen Colon. dioc. et qui nunc resign. in manibus pape <p. Henricum Steynwech prep. eccl. Gismarien. Magunt. dioc. fact.>: de assign. pens. ann. 35 fl. auri renen. sup. fruct. d. par. eccl. (100 fl. renen.) p. d. Johannem Hetter persolv. 14. mai. 73 S 691 34ᵛˢ, (m. prepositis eccl. s. Andree Colon. et eccl. s. Georgii Colon. ac offic. Colon.) L 735 366ʳ-367ᵛ – oblig. p. Henricum Steynwech cler. Colon. dioc. decr. doct. et procur. in cur. sup. annat. pens. ut supra (in margine: die 4. febr. 78 prorog. temp. solut. ad 4 menses) 8. aug. 77 A 26 46ʳ.

6619 **Johannes Smedes, Henricus Schone, Albertus Osterholte, Nicolaus Victemborch, Theodericus Schillinger, Gerardus Dreses, Albertus Goyer, Arnoldus Hesewick, Johannes Wustelfeld, Nicolaus Ameling, Martinus Post, Henricus de Estel, Lambertus Drenkorde, Henricus Mocking, Nicolaus Glyn, Simon Gartze**: supplic. Henrico de Swartzperg [Schwarzburg] ep. Monast. ac perp. admin. eccl. Bremen. in spir. et temporalibus p. sed. ap. deput. de gr. expect. de 2 can. et preb. et de 2 benef. ad coll. quorumcumque, Et s.d. 1. ian. 72 S 670 123ᵛˢ.

6620 **Johannes Smet** cler. Cameracen. dioc. Roderici [de Borja] card. ep. Albanen. vicecancellarii fam.: de vicar. ad alt. s. Theobaldi in colleg. eccl. b. Marie Traiect. (4 m. arg.) vac. p.o. Johannis Cornelii 16. aug. 75 S 725 93ᵛ.

6621 **Johannes Smetiner** presb. Ratisbon. dioc.: de benef. in capel. s. Jacobi op. Stenbrugen. Ratisbon. dioc. (6 m.

arg.) vac. p.o. Gehardi Virdung 15. oct. 83 S 829 243ᵛ.

6622 **Johannes Smyd** cler. Bremen. dioc. in 18. sue et. an. constit. in univ. Rostoccen. Zwerin. dioc. stud. qui ad 8. portionem par. eccl. in Norden tzymgummer nunc. Bremen. dioc. (p. 8 rect. gubernari solite de iur. patron. laic.) vac. p.o. cuiusdam Tyrlingi p. nob. mul. Thedam comitissam Ostfrisie patron. d. portionis present. fuit: ›rationi congruit‹ s.d. 17. nov. 70 m. ([Wernero Wolmers] ep. Zwerin.) confer. d. 8. portionem (4 m. arg.) c. disp. ut d. portionem recip. valeat postquam 23. sue et. an. attigerit 25. aug. 71 (exped. 20. sept. 71) L 717 201ʳˢˢ.

6623 **Johannes Smidt** cler. Lubic.: de nova prov. de can. et preb. eccl. Lubic. (4 m. arg.) vac. p. resign. ex causa perm. Ludolphi Alhorn Nicolai V. fam. 9. febr. 72 S 676 155ᵛ.

6624 **Johannes Smit de Holtzwake** cler. Colon. dioc. cui gr. expect. s.d. 1. ian. 72 de 2 benef. ad coll. aep. etc. Colon. et abb. etc. mon. in Gelablach o. s. Ben. Colon. dioc. conc. fuit: motu pr. de decl. litt. desup. perinde val. acsi gr. expect. motu pr. conc. fuisset et de prerog. ad instar pape fam. descript. 16. febr. 76 S 734 291ᵛ.

6625 **Johannes Smyt de Nussia** pape fam. in 19. sue et. an. constit.: motu pr. gr. expect. s.d. 1. ian. 72 de can. et preb. eccl. s. Florini in Confluentia Trever. dioc. necnon de benef. (25 si vero s.c. 18 m. arg.) ad coll. abba. etc. sec. et colleg. eccl. s. Quirini Nussien. Colon. dioc. (in qua preter illius abba. et canonissas nonnulli sec. clerici can. et preb. obtin. et capit. insimul faciunt) et disp. ad incompat. benef. (exec. decani ecclesiarum s. Andree et s. Severini Colon. et Leofredus Ruysch can. eccl. Traiect.), gratis 2. ian. 78 V 669 231ʳ-233ᵛ – can. eccl. s. Florini in Confluentia Trever. dioc. pape fam.

cui gr. expect. ut supra conc. fuit: motu pr. prerog. ad instar pape fam. descript. etiam ad secundas gr. aut reval. et exten. primarum gr. expect., gratis 13. nov. 79 V 673 54^{vs} – cler. Colon. dioc. in 22. sue et. an. constit. pape fam.: de par. eccl. s. Martini ville Sancti Martini prope castrum Bowell Colon. dioc. (4 m. arg.) vacat. p. n. prom. Johannis van Metzwell et de disp. ut unac. d. par. eccl. al. incompat. benef. recip. valeat etsi par. eccl. ad vitam c. lic. perm. n. o. def. et. 22. aug. 80 S 795 260^{r}.

6626 **Johannes Snepp de Nuwiler** subdiac. in cur. resid. perp. cap. perp. capn. ad alt. s. Marie virg. in colleg. eccl. s. Adolphi [in Nuwiler] Argent. dioc. ex qua ann. summam 24 fl. adc. percipit: de prom. ad diac. et presbit. ord. extra temp., sola sign. 16. oct. 83 S 831 57^{r}.

6627 **Johannes Snip** scol. Magunt. dioc.: recip. primam tonsuram in eccl. hosp. s. Spiritus in Saxia in Urbe 5. mart. 74 F 6 148^{r}.

6628 **Johannes Sochench** cler. Monast. dioc.: de can. et preb. eccl. s. N. Daventrien. (6 m. arg.) necnon de can. et preb. eccl. s. Plechelmi Oldensalen. Traiect. dioc. (6 m. arg.) vac. p. o. N. Brunonis pape aut alicuius card. fam. 11. sept. 83 S 829 144^{vs}.

6629 **Johannes Soder (de Tann (Than))** cler. Basil. dioc.: de c. c. vicar. par. eccl. in Buelbencken decan. Lennetal Basil. dioc. (3 m. arg.) vac. p. o. in cur. Laurentii Spetegeler 12. nov. 77 S 760 121^{vs} – off. tabellionatus, gratis 25. sept. 78 L 790 313^{r} – de par. eccl. in Harmertingen August. dioc. (15 m. arg.) vac. p. o. Pauli Marbel vel p. devol. 14. ian. 79 S 777 108^{r} – de can. et preb. eccl. s. Martini in Calmer Basil. dioc. (3 m. arg.) vac. p. o. Johannis Leuben cuiusdam card. fam. 11. oct. 79 S 793 264^{v} – de can. et preb. eccl. s. Catherine in Oppenheim Magunt. dioc. et de can. et preb. eccl. s. Ste-phani Magunt. ac de perp. vicar. ad alt. s. Margarete in eccl. Magunt. vac. p. resign. in manibus pape Burckardi Stoher prep. eccl. s. Mauritii in Anszeltingen Lausan. dioc. prothonot. cui vig. gr. expect. de dd. can. et preb. eccl. s. Catherine vac. p. o. Wigandi Conig et de dd. can. et preb. eccl. s. Stephani vac. p. o. Eglionis Butspach ac de d. perp. vicar. vac. p. o. Petri Vilker prov. fuerat possessione n. habita 22. mai. 81 S 801 180^{v} – motu pr. de gr. expect. de can. et preb. necnon de benef. ad coll. quorumcumque, Et s. d. 17. nov. 81 S 803 68^{rs} – de gr. expect. ut supra et de disp. ad 2 incompat. benef., Et s. d. 17. nov. 81 S 803 88^{vs} – de gr. expect. ut supra et de disp. ad 3 incompat. benef., Et s. d. 17. nov. 81 S 803 145^{rs} – de disp. ad 2 incompat. benef. 1. apr. 82 S 808 179^{r}, V 675 52^{v}-54^{r} – de can. et preb. eccl. s. Theobaldi et [!] in Tann Basil. dioc. (4 m. arg.) vac. p. o. Mathei Bremer ultimi possessoris 28. nov. 83 S 836 299^{rs} – de par. eccl. b. Marie virg. in Gilwilr (/.) Basil. dioc. (6 m. arg.) vac. p. o. Mathei Bremer Georgii [Hesler] tit. s. Lucie in Silice presb. card. fam. et p. devol. 22. decb. 83 S 837 183^{r}.

6630 **Johannes Soest (Zoest)** perp. vic. in eccl. Monast. c. quo sup. def. nat. (c. s.) disp. fuit: m. (decanis eccl. s. Ludgeri Monast. et eccl. s. Mauritii e. m. Monast. ac offic. Monast.) confer. perp. benef. ad alt. eccl. Osnaburg. (4 m. arg.) vac. p. o. Alberti Iserleon et disp. ut unac. d. perp. benef. d. perp. vicar. (4 m. arg.) insimul ad vitam retin. possit 8. mart. 81 (exped. 31. aug. 91) L 808B 114^{rss} – perp. vic. in eccl. Monast. c. quo sup. def. nat. (c. s.) disp. fuit: disp. ut unac. d. perp. vicar. aliud compat. benef. insimul ad vitam c. lic. perm. retin. val., gratis 8. febr. 82 V 675 44^{rs} – cler. Monast. c. quo sup. def. nat. (c. s.) disp. fuit: de par. eccl. in Ketwich (Kerwich) Colon.

dioc. (4 m. arg. p.), n. o. perp. vicar. in eccl. Monast. quam obtin. (4 m.) et perp. vicar. in eccl. Osnaburg. (4 m. arg. p.) quam n. obtin. 8. mart. 82 S 809 40^v, [cass.] S 809 187^r – de can. et preb. eccl. Veteris Ecclesie s. Pauli Monast. (4 m. arg.) vac. p. o. Conradi Hohuys pape fam. et de disp. ut unac. dd. can. et preb. perp. vicar. ad alt. b. Marie virg. in eccl. Monast. quam d. eccl. s. Pauli contingit retin. val. c. lic. perm., n. o. d. vicar. quam obtin. et al. vicar. in eccl. Osnaburg. (insimul 8 m.) sup. qua in Rota litig. et def. nat. ut supra 1. apr. 82 S 809 177^{rs}.

6631 **Johannes in der Soy** cler. Colon. dioc. pape fam.: motu pr. de par. eccl. in Hoern (/.) Paderburn. dioc. (4 m. arg.) de iur. patron. com. de Lipia seu laic. vac. p. o. in cur. Petri Beschoren 31. oct. 83 S 829 300^v, m. (ep. Cervien. et prep. eccl. Paderburn. ac offic. Osnaburg.) V 637 183^r-184^v.

6632 **Johannes Solis** cler. Spiren. in 21. sue et. an. constit.: de disp. ad quodcumque benef. 9. iun. 75 S 724 129^{vs}.

6633 **Johannes Sombreff (Sonbreff, Sambreff, Sumereff)** can. eccl. s. Salvatoris Traiect. litig. coram Nicolao de Ubaldis aud. contra Andream de Cusa cler., Johannem Kyff cler. et Adam Zuelen cler. sup. can. et preb. d. eccl. vac. p. o. Johannis Reyneri (Reynerii): de prov. si nulli de eisdem (9 m. arg.) 13. ian. 73 S 695 143^r – de illustri gen. litig. coram Nicolao de Edam aud. contra Adam de Zuelen, Johannem Knyff, Andream Cusa, Henricum Bormans et al. sup. can. et preb. eccl. s. Salvatoris Traiect. vac. p. o. Johannis Reynerii: de prov. si nulli de eisdem (11 m. arg.) 31. ian. 74 S 701 295^r – can. prebend. eccl. b. Marie Ressen. Colon. dioc. ex utr. par. de nob. gen. **et Gerardus (de) Arffertz (Affentz)** cler. Colon. dioc. in art. mag.: de prov. d. Gerardo de dd. can. et preb.

(8 m. arg.) vac. p. resign. d. Johannis et de assign. d. Johanni pens. ann. 12 fl. auri renen. sup. fruct. eccl. in Curnighen (Cieringhen) p. Johannem Steppen (Stoppen) persolv. et 36 fl. auri renen. sup. fruct. par. eccl. in Zomeren (Zomaren) Leod. dioc. p. Leonardum Pistoris persolv. 2. mai. 75 S 719 84^{rs}, m. (scolast. eccl. s. Victoris Xancten. Colon. dioc.) (exped. 8. iul. 75) L 747 151^r-152^v – solv. 16^1/$_2$ fl. pro compositione annat. pens. 48 fl. renen. ipsi assign. sup. fruct. par. eccl. in Churinghen et in Zomeren Leod. dioc. p. manus Johannis Sanctis 22. apr. 76 FC I 1132 168^r – can. maior in eccl. s. Gereonis Colon.: de camerariatu d. eccl. s. Gereonis (10 m. arg. p.) vac. p. o. Johannis de Richenstein Nicolai V. fam. 9. mai. 77 S 751 130^r – presb. eccl. Colon.: de nova prov. de subdecanatu eccl. Colon. (20 m. arg.) vac. p. o. Johannis de Richenstein 9. mai. 77 S 751 73^{vs} – de confic. litt. c. express. quod valor subdecanatus [eccl. Colon.] usque ad 6 m. arg. excedere possit et c. derog. statutorum eccl. Colon. 23. iun. 77 S 753 225^v – can. eccl. Colon. de nob. gen.: m. (dec. eccl. s. Andree Colon.) confer. subdecanatum eccl. Colon. (24 m. arg. p.) vac. p. o. Johannis de Rychensteyn (Kichensteyn) 23. iun. 77 (exped. 24. iul. 77) L 775 96^v-98^r – oblig. p. Vincentium de Eill cler. Colon. et procur. (ut constat ex publ. instr. acto Colonie s. d. 25. apr. 77 et subscripto p. Johannem Hoeffman cler. Colon. publ. imper. auct. not.) sup. annat. subdecanatus ut supra 31. iul. 77 A 26 41^v – qui litig. coram aud. contra Wilhelmum ex comitibus de Werthem can. eccl. Colon. sup. subdecanatu d. eccl. et deinde in manibus pape resign.: assign. pens. ann. 50 fl. auri renen. sup. fruct. d. subdecanatus p. d. Wilhelmum vel Egidium Dasz cler. Leod. dioc. procur. persolv. (m. prep. eccl. s. Severi Erforden. Magunt. dioc. et dec. eccl. s. Andree Colon. ac offic. Colon.)

13. mart. 79 L 788 156^r-157^v – oblig. p. Adam Rotard prep. eccl. Fritzlarien. Magunt. dioc. sup. annat. pens. ann. 50 fl. renen. ut supra 6. apr. 79 A 28 3^r – solv. 16 fl. adc. pro annat. pens. ann. ut supra p. manus Ade Rotard 6. apr. 79 FC I 1133 223^v – can. eccl. Colon. et can. eccl. Leod. ex utr. par. de com. gen.: motu pr. de gr. expect. de can. et preb. necnon de benef. ad coll. quorumcumque, Et s. d. 17. nov. 81 S 830 109^{rs} – de ref. c. clausula quod transeat ad successores 6. apr. 84 S 834 117^v – can. eccl. Colon. referens quod sibi et Johanni de Rychensteyn can. eccl. Leod. de com. gen. gr. expect. s. d. 17. nov. 81 motu pr. conc. fuerunt: motu pr. de reval. dd. gr. expect. et de prerog. ad instar pape fam. descript. (inter quos primus Gabriel de Sclafenatis pape subdiac.) 21. apr. 84 S 835 152^{vs}.

6634 **Johannes Somer** rect. par. eccl. Wisnangen. Herbip. dioc. pres. in cur. et resid.: de prom. ad omnes ord. extra temp., sola sign. 12. apr. 83 S 822 27^{vs}.

6635 **Johannes Sommervelt** presb. Wratislav. dioc. qui vig. disp. sup. def. nat. (p. s.) ad omnes ord. prom. et benef. s. c. in civit. Wratislav. assec. fuit: de disp. ut unac. d. benef. quodcumque al. compat. benef. recip. val. c. lic. perm. 22. nov. 83 S 832 50^{rs}.

6636 **Johannes de Sonnvich** mil. et **Anna Omelackers** mul. Colon. dioc. qui matrim. contrahere desiderant: de disp. sup. impedimento matrim. in 3. affinitatis gradu 11. apr. 72 S 678 29^r.

6637 **Johannes Specht** de nob. gen. Dietheri [de Isenburg] aep. Magunt. dilectus: motu pr. gr. expect. de can. et preb. eccl. s. Albani e. m. Magunt. necnon de can. et preb. eccl. s. Stephani Magunt. ad coll. aep. ac capit. eccl. Magunt. (m. prep. eccl. Paderburn. et dec. eccl. Magunt. et dec. eccl. s. Blasii Brunswicen. Hildesem.

dioc.) 17. nov. 81 (exped. 23. decb. 82) L 820 279^r-280^v.

6638 **Johannes Spenner** publicatus ep. Cyrenen. eccl. titularis suffraganeus aep. Colon. nunc in cur. resid. in theol. bac. qui diu in stud. Colon. in theol. operam dedit: de confer. insignia doctoratus et magisteratus in theol. in cur. (etsi placet mag. Marco ap. pal. lectori), n. o. quod d. Johannes de ord. s. Francisci est, sola sign. 24. oct. 82 S 815 152^v – profes. o. fr. min. in theol. bac.: prov. de eccl. Cyrenen. vac. p. o. Henrici [de Unckel] ep. <c. disp. ut pontific. in civit. et dioc. Colon. (de consensu Hermanni [de Hassia] aep. Colon.) exercere val. et c. assign. pens. ann. 200 fl. sup. teloneo in Lynsque (ad mensam aepisc. Colon. pertin.) p. d. Hermannum aep. persolv.> 4. nov. 82 L 825 11^{vs}, Cod. Vat. Lat. 3478 89^r – m. (Hermanno [de Hassia] aep. Colon.) ut d. aep. d. electo pens. ann. 200 fl. renen. sup. fruct. mense aepisc. persolv. (ut de consensu Theoderici [de Morsa] olim aep. Colon. Henrico [de Ruebenach] ep. Venecompen. pens. sup. d. fruct. persolv. fuit) 13. nov. 82 V 674 466^{vs} – oblig. sup. annat. pens. ann. 200 fl. renen. eidem sup. fruct. mense aepisc. Colon. de consensu aep. Colon. s. d. 4. nov. 82 assign. 15. nov. 82 Paris L 26 A 10 124^r – el. Cyrenen.: obtulit cam. ap. et collegio card. 10 fl. adc. pro val. unius balliste p. Bernardum Johannis de la Porta cler. Vercellen. dioc. pro serv. commun. (ratione prov. s. d. 4. nov. 82) 15. nov. 82 OS 84A 128^r, Paris L 25 A 9 146^r – solv. 10 fl. adc. pro ballista d. eccl. p. manus Antonii de Palatio et soc. 18. nov. 82 IE 506 86^v, IE 507 86^v – solv. 71^1/4 fl. adc. pro annat. pens. ann. 200 fl. adc. sibi sup. fruct. mense aepisc. Colon. assign. p. manus soc. Antonii de Palatio 18. nov. 82 IE 506 86^v, IE 507 86^v, Paris L 52 D 5 21^v.

6639 **Johannes Spengler (Speingler)** inter al. referens quod ipse a iuventute dom. o. fr. herem. s. Aug. op. in Wil Spiren. dioc. ingressus fuit quodque antea fratres d. ord. conventuales nunc. inhabitabant quodque ad instantiam oppidanorum d. dom. reg. observ. d. ord.o. fr. herem. s. Aug. reformata fuit quodque fluxus sanguinis et al. infirmitates graves incurrit quapropter austeritatem observ. perferre n. potest: de transl. ad hosp. ord. s. Johannis Jerusalemitan. in aliquo loco reg. d. ord. 16. ian. 82 S 818 155^r, I 335 154^r.

6640 **Johannes Spergell de Wachenhein** cler. Spiren. dioc. qui olim p. plures an. in servitio cuiusdam ducis existens litt. contra eius adversarios scripsit: de rehab. et de prom. ad omnes ord. et de disp. ad quecumque benef. 16. iun. 83 S 824 299^v, I 335 156^r.

6641 **Johannes Sperinck** phisicus Hyren. et **Laurentius Kunick** cirurgicus canonici ecclesiarum Traiect., Cameracen. et Leod. et medicine doctores qui in servitiis quond. Philippi et Caroli ducum Burgundie insistendo degerunt: de indulto dicendi horas can. ad usum o. pred. ubicumque quoad vixerint 4. mai. 79 S 781 114^{rs}.

6642 **Johannes Spet** acol. pleb. in Ressingen August. dioc.: de prom. ad omnes ord. extra temp., sola sign. 6. mai. 79 S 781 96^{vs} – presb. August. dioc.: de perp. vicar. in par. eccl. in Kyssingen (Kussingen) August. dioc. (3 m. arg.) vac. p. resign. Henrici Spet in manibus pape <p. Sigismundum Sanftel cler. Frising. dioc. procur. fact.> 1. apr. 82 S 809 150^v, (m. Jacobo Pfister can. eccl. Wien. et offic. August. ac offic. Eistet.), gratis (exped. 22. apr. 82) L 812 296^{rss}.

6643 **Johannes Spett** mil. Constant. dioc. inter al. referens quod dudum litig. in cur. imperiali que dicitur Rotwil (Retwil) contra scultetum magistroscivium iudices et totam commun. op.

Miltenberg Magunt. dioc. sup. pecunie summam in qua dd. scultetus etc. ipsi obligati existebant et quod Paulus II. quond. Petro [de Schaumberg] tit. s. Vitalis presb. card. de premissis <s. d. 31. oct. 68> commisit: de committ. de novo 13. mart. 72 S 677 132^{vs}, V 660 262^{rs}.

6644 **Johannes Spisser** cap. eccl. Aquatica op. Thuricen. Constant. dioc.: de disp. ut unac. d. perp. capn. (3 m. arg.) can. et preb. eccl. Beronen. Constant. dioc. (6 m. arg.) certo modo vac. obtin. val. 5. iun. 79 S 785 207^{vs}.

6645 **Johannes Spreit:** prov. de par. eccl. Aquileg. [dioc.?] vac. p. resign. 82/83 I 335 4^r.

6646 **Johannes Spret** rect. par. eccl. in Merna Bremen. dioc.: litt. testim. sup. prom. (vig. conc. s. d. 2. mart. 72) ad subdiacon. ord. s. d. 15. mart. 72, ad diacon. ord. s. d. 22. mart. 72, ad presbit. ord. s. d. 25. mart. 72 in eccl. s. Bartholomei de Insula in Urbe 25. mart. 72 F 6 40^r.

6647 **Johannes Springer** et al. habitatores op. Silssz August. dioc. qui sepulcrum dominicum visitarunt et qui ad capel. s. Spiritus extra op. Silssz (in qua 11 sacre reliquie videlicet de sepulcro Dominico Jerusalemitan. et al. locis sanctis ultramarinis existunt) magnam devotionem gerunt: de indulg. 3 an. pro d. capel. 23. ian. 76 S 733 264^{vs}, ref. 26. mart. 76 S 736 132^{vs}, L 761 1^{rs}.

6648 **Johannes de Srbernhofen** armig. Constant. dioc. dominus temporalis mon. in Berg o. s. Ben. Constant. dioc. et priorissa et conv. d. mon.: de exempt. d. mon. a superioritate abb. mon. in Zwifalten o. Cist. [recte: o. s. Ben.] Constant. dioc. et de lic. ut ordin. loci visitatorem deput. val. et de lic. elig. confess. 11. mai. 76 S 738 286^{rs}.

6649 **Johannes Sroder** cler. August. dioc.: de par. eccl. sive perp. vicar. in

Groszeittingen August. dioc. (4 m. arg.) vac. p.o. Michaelis Cristani et p. devol. 5. oct. 82 S 814 272ʳ.

6650 **Johannes Srugel** cler. Trever. dioc. pape fam.: de par. eccl. in Frisingerin Trever. dioc. (4 m. arg.) vac. p. resign. Henrici Seveborren cler. Trever. dioc. in manibus pape 30. decb. 83 S 832 115ᵛ.

6651 **Johannes Stabem** cler. Trever. dioc. Theodori [de Monteferrato tit.] s. Theodori diac. card. canaparius inter al. referens quod papa singulis tribus singulorum cardinalium palafrenariis gr. expect. et disp. ad 2 incompat. concessit quodque Bartholomeus de Burgo Burgo s. Martini Papien. dioc. palafrenarius d. card. d. gr. expect. etc. minime expedire curavit: motu pr. de conc. ut d. Johannes loco d. Bartholomei inter al. parafrenarios sit nominatus in registro et in cancellaria quodque omnibus privil. et gratiis al. parafrenariis nominatis conc. gaudeat, sola sign. 26. apr. 82 S 809 304ᵛ.

6652 **Johannes Stakeweke** cler. Paderburn. dioc. inter al. referens quod ipse vig. gr. expect. 1 ex diversis vicar. in eccl. Osnaburg. vac. p.o. Johannis Hudesman quond. Johannis [de Michaelis] tit. s. Angeli diac. card. fam. p. papam acceptavit possessione subsecuta: de nova prov. de d. vicar. (4 m. arg.) 16. mai. 77 S 751 236ʳˢ.

6653 **Johannes Stackmaister** perp. minister in eccl. Wratislav. in cur. resid.: de prom. ad omnes ord. extra temp., sola sign. 23. apr. 84 S 835 32ʳ.

6654 **Johannes Stader**: prov. de vicar. Constant. [dioc.?] vac. p. resign. 71/72 I 332 58ᵛ.

6655 **Johannes Stadler** rect. par. eccl. s. Laurentii in Stamheym Salzeburg. dioc.: de can. et preb. eccl. Frising. (10 m. arg.) vacat. p. resign. in manibus pape Cristoffori Schachner

(Geeychner, Sochner) <(qui litig. desup. in cur.) resign. deinde p. Erhardum Manseer presb. Frising. dioc. mag. in art. procur. fact.> c. reserv. pens. 28 fl. adc. sup. fruct. d. par. eccl. (17 m. arg.) 30. decb. 73 S 701 123ᵛˢ, m. (archid. eccl. Bononien.) (exped. 21. mart. 74) L 737 100ʳ-101ᵛ – oblig. p. Sigismundum Niefergolt (Mefergolt, Mergerfelt) cler. Frising. dioc. sup. annat. 23. mai. 74 A 23 86ᵛ – solv. 22 fl. pro compositione annat. p. manus Sigismundi ut supra 21. mai. 74 IE 488 80ʳ, IE 489 80ʳ – presb. Salzeburg. dioc. rect. par. eccl. in Stamhem Salzeburg. dioc.: de disp. ut unac. d. par. eccl. (7 m. arg.) al. incompat. benef. retin. val. 5. decb. 75 S 731 63ʳˢ.

6656 **Johannes Stael** thes. eccl. Monast. et archid. eccl. Osnaburg.: de disp. ut dd. benef. vel 2 al. incompat. benef. etsi 2 par. eccl. ad vitam c. lic. perm. retin. val. 18. mai. 80 S 796 89ᵛ.

6657 **Johannes Stahelin**: nova prov. de capn. Constant. [dioc.?] 72/73 I 332 64ᵛ.

6658 **Johannes Stainhain** cler. Magunt. dioc.: de nova prov. de par. eccl. in Crumpach Magunt. dioc. (4 m. arg.) vac. p.o. Henrici Rimbrucke 27. mart. 77 S 749 85ᵛˢ.

6659 **Johannes van dem (van den) Stal (Stalle)** cler. Colon. dioc. in art. mag. in 22. sue et. an. constit. qui par. eccl. in Arferdem (Aeffarden) Colon. <dioc.> vac. p.o. Theodorici van den Pas obtin.: de nova prov. de d. par. eccl. (6 m. arg.) 24. decb. 75 S 732 159ʳ, m. (episcopis Civitatis Castelli et Ariminen. ac offic. Colon.) V 602 161ʳ-162ᵛ – litig. coram Henrico Boernam dec. eccl. s. Marci Leod. in cur. resid. contra Theodoricum underden Eyken cler. Colon. dioc. sup. par. eccl. in Defferden Colon. dioc.: de prov. si neutri de d. par. eccl. (6 m. arg.) 21. apr. 77 S 756 280ʳ – qui litig. coram Johanne Antonio [de Sancto Georgio] ep.

Alexandrin. aud. locumtenenti contra Pancratium Hezeler cler. Herbip. dioc. sup. par. eccl. in Arforden Colon. dioc. vac. p. o. Theoderici van den Passer: de d. par. eccl. (7 m. arg.) vac. p. resign. in manibus pape d. Pancratii 27. apr. 80 S 792 163^{vs} – oblig. p. Andream de Foramine cler. Colon. dioc. sup. annat. par. eccl. Aefferden. ut supra 25. mai. 80 A 29 17^r – solv. 14 fl. adc. pro annat. p. manus Andree de Foramine 25. mai. 80 FC I 1134 51^v, IE 498 138^r, IE 499 144^r.

6660 **Johannes de Stammaria** cler. Trever. dioc. in 18. sue et. an. constit.: de disp. ut quodcumque benef. etsi par. eccl. recip. val. c. lic. perm. n. o. def. et. 15. decb. 82 S 817 114^v.

6661 **Johannes Stameel** mag. in art., **Heinricus Georgii** mag. in art., **Henricus Hecht** mag. in art., **Johannes Emeke, Johannes Johannis** decr. doct. ex utr. par. de nob. gen., **Goswinus Kempgin** decr. doct. mag. in art., **Hugo Ferster** utr. iur. licent., **Willeynus Meyloff** mag. in art., **Johannes Bermans, Henricus Gerdynck, Johannes Brant al. Becker, Johannes Pliyt, Rodolphus de Rottorp** ex utr. par. de nob. gen., **Martinus Tustehaw, Hermannus Botterman** mag. in art., **Nicolaw Garnew, Henricus Hunoldi, Johannes Scurebusch, Johannes Langen, Ludolphus Tobing** licent. in decr., **Johannes Neue** mag. in art., **Johannes Lerer, Siffridus Zestede, Johannes Leue, Gerardus Wurstorp, Conradus Heyne, Nicolaus Schagen, Paulus Bolis, Johannes Ghus, Nicolaus Schomaker, Rembertus Reml, Valentinus Stytz, Nicolaus Skaue, Nicolaus Slinckel, Heinricus Sebbe, Johannes Weythase, Johannes Heyding, Lampertus Vossz** utr. iur. doct., **Georgius com. de Lyningen, Johannes Peregrini** theol. prof., **Heinricus Mettynck, Johannes Muller, Reinbertus Reinberti, Otto ther**

Stege, Reynoldus Eggardi, Hartwicus Bulow ex utr. par. de mil. gen., **Theodericus Bulo** ex utr. par. de mil. gen., **Jacobus Wyte, Johannes Heyden, Gotschalcus Breydemeyer, Henricus Bertoldi, Gotfridus Elmpte al. Fabri, Henricus Ywen, Theodericus Arndes** Cristierni ducis Svecie Norwegie et Gotorum regis Sleswic. ducis et Holsatie com. dilecti: supplic. d. rege de gr. expect. de 2 can. et preb. et de 2 benef. ad coll. quorumcumque et de disp. ad 2 incompat. benef., Et s. d. 1. ian. 72 S 670 30^r-31^v.

6662 **Johannes Stamel** can. eccl. Lubic. decr. doct.: de archidiac. in Gatersleve in eccl. Halberstad. (12 m. arg.) vacat. p. assec. decan. eccl. Hildesem. p. Theodericum de Calvis decr. doct. refer. 21. ian. 72 S 675 69^{rs}.

6663 **Johannes Stamer (de Muldorff)** rect. par. eccl. s. Georgii in Eykstat Chiem. dioc. <mag. art. liberalium>: de disp. ut unac. d. par. eccl. perp. vicar. par. eccl. b. Marie virg. in Kirichpuchel (Kirchpichel) Salzeburg. dioc. sup. qua litig. recip. val. et de disp. ad aliud incompat. benef. 26. nov. 72 S 684 207^v, 18. ian. 73 S 686 153^r – presb. Salzeburg. dioc. qui ad par. eccl. sive perp. vicar. ut supra vac. p. o. Andree Wiser p. prep. etc. eccl. Chiem. present. fuit et qui litig. desup. coram Matheo de Porta aud. contra Kilianum Prantt cler.: de prov. si neutri de d. vicar. (16 m. arg.) 18. ian. 73 S 686 153^{rs}.

6664 **Johannes Stampeck (Stambech)** cler. Frising. dioc. in art. mag.: de par. eccl. s. Nicolai in Hoffsteten Eistet. dioc. (24 duc. adc.) vac. p. resign. in manibus pape Conradi Zwick c. reserv. pens. ann. 11 fl. renen. sup. fruct. d. par. eccl. p. d. Johannem persolv. 2. ian. 81 S 799 8^{vs}, I 334 80^v – recip. not. pro bulla distributa 3 grossos et 4 grossos pro copia iun. 81 DB 1 89^r.

6665 **Johannes Stampff** can. mon. Interlacen. o. s. Aug. Lausan. dioc. c. confratribus a d. mon. expulsus: de n. resid. [fragm.] 15. mart. 74 S 703 296^{rs}.

6666 **Johannes Stampruteter (/.)** cui de par. eccl. s. Petri in Watzenkerchen Patav. dioc. (4 m. arg.) vac. p. resign. in manibus pape Stephani Anchler art. et med. doct. prov. fuit: de assign. d. Stephano pens. ann. 24 fl. adc. 18. iun. 73 S 692 163^v.

6667 **Johannes Stanckonis (Sanchonis) (de Loben)** prep. eccl. s. Crucis Wratislav. mag. in art. et med. Kazimiri Polonie regis phisicus qui vig. disp. ad 2 incompat. benef. prepos. et decan. eccl. b. Marie Maioris Glogovie Wratislav. dioc. obtin.: de disp. ad 3. incompat. benef. 17. iun. 72 S 681 21^{rs} – de disp. ad 3. incompat. benef. etsi 2 par. eccl. 15. febr. 77 S 747 17^v, gratis V 667 390^{vss} – cant. eccl. b. Marie in Sandomiria Cracov. dioc., Kazimiri regis Polonie phisicus et dilectus: de uniendo par. eccl. plebania nunc. op. Byala (Biala) Poznan. dioc. (100 fl. adc.) de iur. patron. regis Polonie vac. p. prom. Petri [Moszynski] ad eccl. Wladislav. qui d. par. eccl. c. disp. ap. in commendam obtin. d. cantorie (70 fl. adc.) ad vitam d. Johannis 6. iun. 84 S 837 31^r, V 650 256^r-258^r.

6668 **Johannes Standart** pape fam. in 23. sue et. an. constit. c. quo dudum sup. def. nat. (p. s.) disp. fuit ut ad omnes ord. prom. et c. c. benef. recip. val. cuique postmodum clericali caractere insignitus fuit: motu pr. prov. de can. et preb. eccl. s. Pauli Leod. et al. can. et preb. eccl. s. Patrocli Susacien. Colon. dioc., gratis (m. ep. Civitatis Castelli et Johanni Francisco de Marascha can. eccl. Mantuan. ac offic. Colon.) 17. nov. 81 Sec. Cam. 1 428^r-431^v.

6669 **Johannes Stanghe** can. eccl. s. Cuniberti Colon. dioc. in utr. iur. bac. cui gr. expect. s. d. 1. ian. 72 de can.

et preb. d. eccl. conc. fuit: motu pr. de decl. dd. litt. perinde val. acsi motu conc. fuissent et in dd. litt. d. Johannes pape fam. nominatus foret 25. ian. 78 S 764 52^{rs}.

6670 **Johannes Stanislai de Chaymy** cler. Gneznen. dioc.: de perp. capn. bb. Marie et Stephani in eccl. Cracov. (4 m. arg.) de iur. patron. laic. vacat. p. resign. Thome Kynast prothonot. cui de d. capn. vac. p. o. in cur. Petri de Choczemice prov. fuit et qui actor litig. desup. coram Johanne Francisco [de Pavinis] aud. contra Nicolaum Copetz de Sireuns cler. reum intrusum et possessorem 9. iun. 78 S 770 154^{vs}.

6671 **Johannes Stanislai de Opoczno** cler. Gneznen. dioc. qui par. eccl. in Ostrowansch Wladislav. dioc. vac. p. o. Stanislai Dorslin (Dolsbii) assec. est et qui d. par. eccl. unac. par. eccl. in Slupno Plocen. dioc. ultra mensem absque disp. tenuit: de rehab. et de nova prov. de dd. par. eccl. (insimul 4 m. arg.) et de disp. ut 2 par. eccl. retin. valeat 5. apr. 75 S 717 35^{vs}, 8. apr. 75 S 718 4^{rs}, I 333 253^v, I 333 345^r.

6672 **Johannes Stanislai de Zamostize** cler. Cracov. dioc.: de can. et preb. eccl. Cracov. (35 m. arg.) vacat. p. priv. Johannis Dlugossz sen. qui hereticos in regno Bohemie receptavit et quem Paulus II. damnavit 16. sept. 72 S 682 195^{vs}.

6673 **Johannes [Stantenat]** abb. el. mon. b. Marie in Salem o. Cist. Constant. dioc.: prov. de d. mon. vac. p. resign. 71/72 I 332 54^v – obtulit cam. ap. et collegio card. (p. Johannem Falcon abb. mon. s. Bernardi e. m. Valentin. procur. gener. d. ord.) pro serv. commun. 1.650 fl. adc. ratione prov. Pauli II. s. d. 5. iul. 71 et 5 serv. min. 4. sept. 71 OS 84 146^r – solv. 883 fl. adc. et 46 sol. p. manus Laurentii et Juliani de Medicis et soc. cur. sequentium pro commun. serv. et min. serv. 21. sept. 71 FC I 1127 42^r –

solv. 825 fl. adc. p. manus soc. de Spinellis de cur. pro serv. commun. 30. sept. 71 IE 487 9^v – litt. testim. sup. totali solut. p. manus Thome de Spinellis et soc. mercatorum cur. sequentium 825 fl. adc. pro serv. commun. et 58 fl. adc. 46 sol. 2½ den. pro 1 min. serv. et 176 fl. adc. 38 sol. 6 den. pro 3 min. serv. 30. sept. 71 FC I 1131 1^v – mentio fit solut. 825 fl. ut supra 6. ian. 72 FC I 845 76^{vs} – commiss. 71/72 I 332 54^v – et conv. mon. in Salem o. Cist. Constant. dioc. referentes quod Johannes XXII. olim d. mon. sed. ap. immediate subiecto conserv. conc.: de renovando d. conserv. 28. ian. 77 S 746 249^v – commiss. vig. appellationis 81/82 I 334 71^r – referentes quod litig. coram Johanne Hwg prep. eccl. s. Johannis Constant. (uno ex conservatoribus d. mon.) contra Alwigum com. de Sultz Constant. dioc. sup. quibusdam ann. censibus ad d. mon. spectantibus quos d. Alwigus solv. recusavit et quod d. Alwigus cum sent. d. prep. opposuerit excom. fuit et deinde ad sed. ap. appellavit: m. (abb. mon. in Blauburen Constant. dioc. et abb. mon. in Elchingen August. dioc.) committ. in partibus 17. ian. 83 S 818 138^{rs}, L 825 155^{rs}.

6674 **Johannes Starckenperger** <presb. Salzeburg. dioc.> quond. Burcardi [Weissbriach] tit. ss. Nerei et Achillei presb. card. Salzeburg. fam. qui par. eccl. in Pfarr (Pfare) Salzeburg. dioc. resign. in manibus pape et **Conradus Westendorffer** can. eccl. Brixin. in decr. licent.: de adm. resign. d. Johannis et de prov. d. Conrado de d. par. eccl. (24 m. arg. p.) ac de assign. d. Johanni pens. ann. 50 duc. adc. (= 8 m. arg. p. et 2 duc. adc.) sup. fruct. d. eccl. p. d. Conradum persolv. <c. assensu suo p. Michaelem Saltzman cler. Bamberg. dioc. procur. express.>, Conc. c. pens. 3. partis 14. nov. 80 S 798 27^v, 19. nov. 80 S 797 216^v, (m. ep. Chiem. et prep. eccl. Magdeburg. ac

Christophoro Schachner can. eccl. Brixin.) L 808 166^v-168^r – restit. bulle sup. pens. ann. ut supra quia est soluta annat. 23. mart. 81 A 29 231^v.

6675 **Johannes Starkhenner (Saukhenner)** presb. Salzeburg. dioc.: de par. eccl. s. Ruperti in Yselsung Salzeburg. dioc. (4 m. arg.) vac. p. o. Johannis Stapsel 8. iun. 79 S 783 144^{vs}.

6676 **Johannes Starner** presb. Eistet. dioc.: de par. eccl. s. Viti in Gempfingen August. dioc. (24 fl. adc.) vac. p. resign. Georgii Carnificis qui d. par. eccl. seu vicar. p. 2 an. detin. et p. devol. 3. apr. 83 S 821 170^{vs}.

6677 **Johannes Staruska (Starustka)** can. mon. Gradicen. o. Prem. Olomuc. dioc. qui potentia laicali abbat. mon. Montesion al. Strahow o. Prem. Prag. dioc. post mortem Johannis Hunkaris (Hankap) abb. ultra 5 an. absque tit. detinuit: de disp. sup. irreg. et de prov. de d. abbat. (500 fl. adc.) 6. decb. 75 S 730 213^v, m. (abb. mon. Siloen. Prag. dioc.) L 756 199^{rss}, L 757 2^{rs} – can. mon. Gradicen. o. Prem. Olomuc. dioc.: obtulit cam. ap. et collegio card. 100 fl. adc. pro communi serv. et 5 serv. minutis ratione prov. ut supra (in margine: habuit remissionem de commun. et de al. iur. quia d. mon. est in terris hereticorum) 20. decb. 75 OS 84 260^r, Paris L 25 A 8 219^v.

6678 **Johannes Staudenmayr** can. eccl. August. cui de can. et preb. presbit. [August.] vac. p. o. Johannis Wydeman prov. fuit (et eos possidet) et qui litig. desup. coram Bartholomeo de Bellencinis aud. contra Marcum Horlen et Alexandrum Meisterlin et deinde coram Johanne [Diaz de Coca] ep. Calaguritan. aud. locumtenenti: de prov. si nulli de eisdem (16 m. arg.) 28. iun. 75 S 723 88^{vs} – <cler. August. dioc.> cui de can. et preb. eccl. August. vac. p. o. Johannis Wideman <p. capit. d. eccl.> prov. fuit et **Alexander Meysterlin** presb. referentes quod ipsi et Marcus Horlin <cler. August.> Johannis [de Michaelis] tit. s. Angeli diac. card. fam. litig. sup. dd. can. et preb. coram Bartholomeo de Bellencinis aud. et coram Johanne [Diaz de Coca] ut supra et quod d. Alexander surrog. fuerat ad ius d. Marci: de prov. d. Johanni de dd. can. et <presbit.> preb. (14 m. arg.) vac. p. resign. d. Alexandri <p. Ulricum Enczemperger can. eccl. Patav. procur. fact.> et de assign. d. Alexandro pens. ann. 28 fl. renen. sup. fruct. dd. can. et preb. p. d. Johannem persolv. 26. ian. 76 S 733 222ʳˢ, m. (abb. mon. ss. Udalrici et Affre August.) (exped. 9. apr. 76) L 764 78ʳˢˢ – oblig. p. Alexandrum Meysterlyn presb. August. sup. annat. can. et preb. eccl. August. ut supra (in margine: d. die solv. pro compositione annat. 31 fl. p. manus d. Alexandri) 2. mai. 76 A 24 136ʳ.

6679 **Johannes Stecher** scol. Magunt. dioc.: recip. primam tonsuram in capel. s. Andree in basilica Principis appl. in Urbe (in margine: habuit litt.) 21. decb. 71 F 6 20ʳˢˢ.

6680 **Johannes Stedler** rect. par. eccl. s. Johannis Bapt. in Wegschaid Patav. dioc.: de disp. ut unac. d. par. eccl. quam obtin. aliud incompat. benef. etsi par. eccl. ad vitam recip. val. c. lic. perm. 1. iun. 84 S 837 5ᵛˢ.

6681 **Johannes Steyn** presb. Bremen. dioc.: de can. et preb. eccl. b. Marie Hamburgen. Bremen. dioc. (10 m. arg.) vac. p. o. Johannis Bodeker vel p. resign. d. Johannis aut Ottonis de Specke vel ex eo quod d. Johannes Georgii [de Flisco] tit. s. Anastasie presb. card. fam. fuit 30. ian. 75 S 716 93ʳˢ, m. (aep. Patracen. et officialibus Bremen. ac Lubic.) (exped. 15. apr. 75) L 751 27ᵛˢˢ, V 577 19ʳ-20ᵛ – oblig. sup. annat. can. et preb. eccl. b. Marie Hamburgen. ut supra 6. febr. 77 A 25 114ᵛ.

6682 **Johannes Steyn** cler. Bremen. dioc. in cur. causarum procur. et antiquus curialis: de perp. vicar. ad alt. par. eccl. in Buxtehude Verden. dioc. (4 m. arg.) vac. p. o. Henrici Pomert quond. Nicolai [de Cusa] tit. s. Petri ad vincula presb. card. fam. et collect. 17. decb. 78 S 776 225ᵛˢ.

6683 **Johannes Stein** rect. par. eccl. pastoria nunc. in Maiori Linden Magunt. dioc.: de disp. ut unac. d. par. eccl. al. 2 incompat. benef. recip. valeat etsi 2 par. eccl. ad vitam c. lic. perm. 23. mart. 79 S 779 254ʳ – disp. ut unac. d. par. eccl. aliud incompat. benef. recip. valeat etsi par. eccl. ad vitam 1. apr. 79 L 788 237ᵛˢˢ – referens quod d. par. eccl. in Trever. et n. in Magunt. dioc. situata est: de ref. 1. apr. 79 S 779 272ʳ.

6684 **Johannes Steinberch** cler. Magunt. dioc. <in 10. sue et. an. constit.> c. quo sup. def. nat. (subdiac. et s.) ad quodcumque benef. disp. fuit: de disp. ut unac. d. benef. aliud incompat. benef. recip. val. c. lic. perm. 11. ian. 81 S 799 141ʳˢ, L 808 141ʳ.

6685 **Johannes Steynberg (Steinberg, Steinborg)** cler. Magunt. dioc. leg. doct.: de can. et preb. (4 m. arg.) ac decan. eccl. s. Crucis Northusen. Magunt. dioc. (4 m. arg.) vac. p. o. Johannis Eberhardi, n. o. perp. vicar. in eccl. Nuemburg. (3 m. arg.) ac simplici perp. benef. in capel. b. Marie e. m. op. Duderstad Magunt. dioc. (4 m. arg.) que obtin. 13. apr. 73 S 696 28ʳˢˢ – de can. et preb. (4 m. arg.) ac de cantor. eccl. s. Severi Erforden. Magunt. dioc. (4 m. arg.) vac. p. o. Theoderici Boddenrad, n. o. perp. vicar. in eccl. Nuemburg. (3 m. arg.) ac perp. benef. in capel. b. Marie e. m. op. Duderstad Magunt. dioc. (4 m. arg.) que obtin. 6. mart. 74 S 696 39ʳˢ – Friderici R. I. ad papam destinatus orator: motu pr. de custod. ac can. et preb. eccl. Basil. (12 <16> m. arg.) vacat. p. prom. Gasparis de Reno <el. Basil.> 9. mart. 79 S 778

291ᵛ, (exec. aep. Salernitan. et ep. Sambien. ac Tilmannus Brandis can. eccl. Hildesem.), gratis V 590 274ʳ-276ᵛ – oblig. sup. annat. can. et preb. ac custod. eccl. Basil. (16 m. arg.) ut supra et promisit solv. in cur. infra 4 menses a die habite possessionis computandos 13. mart. 79 A 27 171ʳ – de disp. ad 3 incompat. benef. etsi 2 par. eccl. ad vitam c. lic. perm. 15. mart. 79 S 779 91ᵛ, V 671 287ʳˢ.

6686 **Johannes Steinberg** perp. s. c. benefic. ad alt. ss. Simonis et Jude appl. in eccl. Nuemburg.: de disp. ut unac. d. perp. benef. (4 m. arg.) aliud incompat. benef. etiam sub eodem tecto ad vitam recip. val. 25. mart. 80 S 791 55ᵛ, L 802 247ᵛˢ.

6687 **Johannes Steinkeller** perp. vic. sive benefic. in par. eccl. b. Marie virg. Maioris Oppidi Gdanen. al. Danczke Wladislav. dioc. in decr. bac.: de prom. ad omnes ord. extra temp., sola sign. 27. sept. 73 S 697 18ᵛˢ – perp. vic. sive benefic. ad alt. ss. Simonis et Jude in par. eccl. b. Marie virg. ut supra: litt. testim. sup. prom. (vig. conc. s. d. 27. sept. 73) ad subdiacon. ord. s. d. 10. oct. 73, ad diacon. ord. s. d. 17. oct. 73 in eccl. s. Bartholomei de Insula in Urbe, ad presbit. ord. s. d. 18. oct. 73 in eccl. s. Petri ad Vincula in Urbe 19. oct. 73 F 6 131ᵛ.

6688 **Johannes Steinkeller de Wratislavia** fr. o. pred. diac. in cur. resid.: de prom. ad ord. presbit. extra temp., sola sign. 7. iun. 83 S 824 164ʳ.

6689 **Johannes Steyner** presb. Wratislav. dioc. referens quod ipse iam 12 an. in presbit. ord. existens in quadam domo c. sociis iocavit et quod unus socius ipsi indicem manus sinistre in totum abscidit et quod ipse propterea a ministerio alt. abstinet: de disp. ad quodcumque benef. et ad ministerium alt. 11. decb. 75 S 731 48ʳ, L 766 141ʳˢ.

6690 **Johannes Steynnetzer** cler. Wratislav. dioc. cui vig. gr. expect. de par. eccl. s. Ludovici in Freyestad Constant. dioc. vac. p. o. Petri Holdt prov. fuit: de nova prov. de eadem (9 m. arg. p.) 18. apr. 80 S 795 271ʳˢ.

6691 **Johannes Steynhagen (Steyhagen)** rect. par. eccl. in Keppler (Reppler) Colon. dioc.: de disp. ad 2 incompat. benef. 6. mart. 76 S 735 235ʳ – cler. Colon. dioc. referens quod alt. b. Katherine virg. et mart. in eccl. conv. minorissarum s. Clare virg. Nucien. Colon. dioc. de iur. patron. laic. p. presb. sec. teneri debet: de d. alt. (4 m. arg.) vacat. p. priv. Theoderici Vulff 3. mai. 76 S 738 225ʳˢ – rect., magistri fabrice et custos ac parochiani par. eccl. in Repler Colon. dioc. in hac parte litis consortes referentes quod papa ad instantiam nob. viri Johannis de Monford mil. et incolarum et habitatorum ville Horstken Colon. dioc. decano eccl. s. Victoris Xanctonen. Colon. dioc. dedit in m. ut capellam s. Johannis d. loci sitam infra lim. d. paroch. in par. ecclesiam c. parochialibus insigniis erigere possint quodque modernus dec. d. eccl. s. Victoris d. capel. in par. eccl. erexit sup. quib. dd. litis consortes litig. contra d. Johannem de Monford et incolas coram dec. eccl. s. Georgii Colon. et Theodorico abb. mon. s. Gertrudis Lovanien. Leod. dioc.: m. (prep. eccl. Kerpen. Colon. dioc. et dec. eccl. s. Cuniberti Colon. ac dec. eccl. b. Marie ad Gradus Colon.) committ. in partibus 12. iun. 82 L 811 201ᵛˢˢ.

6692 **Johannes Stelle (Stella)** presb. Eistet. dioc.: de par. eccl. s. Petri pleban. nunc. in Partschun Cur. dioc. (32 fl. renen.) vac. p. o. Johannis Wach et de perp. s. c. capn. ad alt. ss. Petri et Erhardi in par. eccl. <in Ebratzhawssen filiali par. eccl. in> Luitkerchen Ratisbon. dioc. (28 fl. renen.) <3 m. arg.> vac. p. o. cuiusdam Petri presb. 13. oct. 82 S 815 90ʳ, m. (prep. eccl. s. Mauritii Au-

gust. et offic. Frising. ac offic. Ratisbon.), gratis V 622 140ᵛ-142ʳ.

6693 **Johannes Steen** qui inter al. perp.
vicar. ad alt. ante faciem s. Salvatoris
nunc. in eccl. b. Marie Hamburgen.
Bremen. dioc. (4 m. arg.) obtin.:
prov. de can. et preb. d. eccl. (4 m.
arg.) vac. p. resign. in manibus pape
Raphaelis de Medicis pape fam. cui
de eisdem tunc vac. p.o. in cur.
Theoderici Clynkode prov. fuerat
(m. Tilemano Brandis can. eccl. Hildesem. et officialibus Bremen. et
Verden.) 2. mart. 79 (exped. 6. mart.
79) L 793 188ʳ-190ʳ – can. eccl. b.
Marie virg. Hamburgen. Bremen. dioc. et **Conradus Hughen** cler. Verden. dioc. referentes quod d. Johannes perp. vicar. in d. eccl. resign. in
manibus pape et inter se concordiam
fecerunt ut d. Conradus d. Johanni
pens. ann. 10 m. Lubic. (= 5 duc.
adc.) infra 6 menses promisit et 20
duc. adc.: de conf. 15. apr. 79 S 780
79ʳ.

6694 **Johannes Steenwinckel** et **Henricus Quets** presb. Leod. dioc. B[erar-
di Eruli] card. Spoletan. fam. qui litig. sup. perp. capn. ad alt. b. Marie
virg. in par. eccl. in Inferiori Linteris
Leod. dioc. vac. p.o. Willgelmi Lax:
de prov. d. Johanni de d. capn. (4 m.
arg.) vacat. p. resign. in manibus
pape d. Henrici et de reserv. d. Henrico pens. ann. 6 fl. renen. (scilicet 3
sup. fruct. d. capn. et 3 sup. fruct.
capel. bb. Petri et Pauli appl. op.
Buschiducen. Leod. dioc. (4 m. arg.)
p. d. Johannem persolv. 13. iul. 76 S
740 289ʳˢ – cler. Cameracen. dioc.
in art. mag.: de can. et preb. in eccl.
b. Marie in Ghervliet Traiect. dioc.
(4) et de can. et preb. in eccl. b. Marie in Gorhen Traiect. dioc. (4) et de
perp. capn. in par. eccl. de Nortwych
Traiect. dioc. (4 m. arg.) vacantibus
p.o. Innocentii de Crecy 22. apr. 77
S 750 204ʳˢ – in art. mag. antiquus
curialis cui de par. eccl. de Calliene
Tornacen. dioc. ac de capn. ad alt.
s. Crucis in par. eccl. de Sichems

Leod. dioc. vac. p.o. Symonis Nouts
p. Lucam [de Tollentis] ep. Sibenicen. ap. sed. c. pot. legati de latere
nuntium prov. fuit: de nova prov. de
dd. par. eccl. et capn. (insimul 10 m.
arg.) 26. mart. 78 S 767 175ʳˢ –
perp. cap. capn. bb. Petri et Pauli
appl. op. Busciducen. Leod. dioc. et
Gisbertus Danielis cler. Leod. dioc.
Juliani [de Ruvere] card. ep. Sabinen. tunc tit. s. Petri ad vincula
presb. card. fam. cui vig. gr. expect.
de par. eccl. b. Marie de Winchesele
Leod. dioc. certo modo vac. prov.
fuit qui litig. coram Johanne Prioris
aud. sup. d. par. eccl. et deinde concordiam fecerunt: de adm. resign. d.
Johannis et d. Gisberti et de prov. d.
Johanni de d. par. eccl. (7 m. arg.) et
de prov. d. Gisberto d. perp. capn. (2
m. arg.) ac de assign. d. Gisberto
pens. ann. 12 fl. renen. sup. fruct. d.
par. eccl. p. d. Johannem persolv. 14.
mai. 80 S 793 42ᵛˢ – rect. par. eccl.
b. Marie de Winckezele prope Lo-
vaniam Leod. dioc.: consensit p.
Theodoricum de Houwaghen causarum pal. ap. not. procur. (ut constat
publ. instr. acto in colleg. eccl. s. Johannis op. Buschudicen. Leod. dioc.
23. nov. 79 scripto et publicato p. Johannem Amelrici de d. op.) assign.
pens. ann. 12 fl. sup. fruct. d. par.
eccl. **Gisberto Danielis** cler. Leod.
dioc. s.d. 14. mai. 80 conc. 5. oct.
80 OP 6 56ʳ.

6695 **Johannes Sterner (Stirmer)** cler.
Eistet. dioc.: de perp. s.c. vicar. in
colleg. eccl. s. Nicolai Novi Collegii
in Spalt Eistet. dioc. (3 m. arg.) vac.
p.o. Johannis Geyselher c. oblig. ut
al. perp. s.c. vicar. in d. eccl. quam
obtin. (de qua sub eodem dat. Le-
onhardo Perbinger providetur) dimittere debeat 18. febr. 77 S 746 297ʳ.

6696 **Johannes** et **Sebastianus de Stetten** laic. Herbip. dioc. qui p. Johannem Bachenstain presb. Herbip. dioc. publice excommunicati nuntiati
fuerunt: m. (dec. eccl. in Feuchtwangen August. dioc.) absol. ad caute-

lam et vocandi d. Johannem Bachenstain et decernendi sup. causa appellationis 3. oct. 75 L 755 3^r.

6697 Johannes (de) Stetenberg (Settenberg) dec. eccl. Spiren. referens quod Dietherus Kuchenmeyster scolast. eccl. ss. Petri et Alexandri Aschaffemburgen. [Magunt. dioc.] et Johannes Kuchenmeyster laic. ac Margarita fil. ac Anna Echteryn Conradi de Daim laic. ux. Magunt. dioc. ipsi iniuriantur sup. bonis in d. Magunt. dioc., Herbip. dioc., Bamberg. dioc., Wormat. dioc. ipsi Johanni Stetenberg p. Hermannum Stettenberg leprosum laic. d. Herbip. dioc. donatis: m. (decanis eccl. s. Andree Wormat. et eccl. ss. Germani et Mauritii et eccl. s. Trinitatis Spiren.) committ. in partibus 4. ian. 74 L 732 94^{vs} – dec. eccl. Spiren.: incorp. d. decanatui capn. s. Nicolai in pede montis Clingemunster 80/81 I 334 209^r – restit. bulle sup. unione d. decanatui perp. capn. in capel. s. Nicolai in pede montis Clingenmunster Spiren. dioc. (4 m. arg. p.) s. d. 26. sept. 81 fact. (quia n. ascendit summam et habuit unam executoriam sup. d. unione c. insertione bulle unionis s. d. 27. sept. 80) 21. mai. 81 A 30 176^r.

6698 Johannes Steter presb. Herbip. dioc.: de par. eccl. in Egenhausen Herbip. dioc. (4 m. arg.) vac. p. o. Erhardi Dillinger 25. iun. 73 S 692 100^v.

6699 Johannes Stetner scol. Frising. dioc.: recip. primam tonsuram in sacristia basilice Principis appl. in Urbe 19. decb. 72 F 6 87^{rs}.

6700 Johannes Stiglitz cler. Patav. dioc.: de capel. s. Johannis Bapt. vulg. prepos. s. Johannis Bapt. nunc. in op. Kelhaim Ratisbon. dioc. (4 m. arg.) vac. p. devol. licet Georgius Griespeck presb. Ratisbon. eam vac. p. resign. Jodoci Purckheymer presb. occupat 21. apr. 75 S 719 96^{rs} – de par. eccl. b. Marie virg. in Nidern-

dietfurt Salzeburg. dioc. (12 m. arg.) vac. p. assec. par. eccl. in Brixentall Chiem. dioc. p. Johannem Lescher presb. Ratisbon. 21. iul. 75 S 725 130^v – can. colleg. eccl. in Matsee Patav. dioc. Francisci [Todeschini-Piccolomini] tit. s. Eustachii diac. card. fam. et **Georgius Seutenkeren** rect. par. eccl. in Niderndetfurt Salzeburg. dioc. qui desiderant dd. benef. perm.: de adm. resign. dd. benef. in manibus pape et de prov. d. Johanni de d. par. eccl. in Niderndetfurt (70 fl. renen.) et de prov. d. Georgio de can. et preb. d. colleg. eccl. in Matsee (70 fl. renen.) 23. iun. 77 S 753 202^{rs} – restit. bulle sup. prov. de par. eccl. in Niderndietfurt de qua vac. p. resign. Georgii Swentenkrieg ex causa perm. c. can. et preb. eccl. in Matsee sibi ut supra prov. fuit 8. iul. 77 A 26 190^v – rect. par. eccl. b. Marie virg. in Niderndietfurt Salzeburg. dioc. antiquus curialis: de horis dicendis secundum usum R. E., sola sign. 20. mart. 81 S 800 228^r – Ratisbon. [dioc.?]: prov. de capn. vac. p. resign. 81/82 I 334 203^r – oblig. p. Johannem Grad can. eccl. s. Johannis Ratisbon. sup. annat. perp. capn. ad alt. s. Sepulcri dominici al. ss. Simonis et Jude appl. in eccl. Inferioris Monasterii b. Marie Ratisbon. (7 m. arg.) de qua vac. p. resign. in manibus pape cuiusdam Trester s. d. 15. ian. 82 sibi prov. fuit 30. apr. 82 Paris L 26 A 10 16^r – solv. 17$^1/_2$ fl. adc. pro annat. capn. ss. Simonis et Jude ut supra p. manus Johannis Grad (Grandis) 2. mai. 82 FC I 1134 206^v, IE 506 11^r, IE 507 11^r.

6701 Johannes Stiller presb. reus litig. coram Johanne de Ceretanis aud. contra quond. Egidium Hugonis can. eccl. Virdunen. abbrev. Berardi [Eruli] tit. s. Sabine presb. card. fam. sup. can. et preb. eccl. b. Marie Rotunde Meten. (20 l. T. p.) vac. p. o. Petri Ronfelli: de surrog. ad ius d. Egidii 15. apr. 73 S 689 174^{rs}.

6702 Johannes Stiltz laic. Herbip. referens quod Clara Otyngen mul. Herbip. (falso asserens quod d. Johannes quendam puerum ex ea procreasset) d. Johannem coram offic. Herbip. traxit in causam et coram offic. Magunt. et offic. Herbip. quodque deinde d. Johannes ad sed. ap. appellavit: m. (dec. eccl. s. Johannis Magunt. et scolast. eccl. s. Stephani Magunt.) committ. in partibus 30. mai. 83 L 830 136^{vss}.

6703 Johannes Stirn cler. Eistet. dioc.: de s. c. primiceria in eccl. s. Ulrici in Keffenhul Eistet. dioc. (3 m. arg.) vac. p. o. Andree Stoer 25. febr. 83 S 820 27^r.

6704 Johannes Stobe cler. Wratislav. dioc.: motu pr. de gr. expect. de can. et preb. in colleg. eccl. b. Marie Maioris Glogovie Wratislav. dioc. necnon de benef. ad coll. ep. etc. Wratislav., Et s. d. 17. nov. 81 S 803 111^v.

6705 Johannes Stock cler. Herbip. dioc. pape et Hieronimi [Bassus de Ruvere] tit. s. Chrysogoni presb. card. fam.: motu pr. gr. expect. s. d. 17. nov. 81 de benef. ad coll. ep. etc. Herbip. et prep. etc. eccl. s. Burckardi e. m. Herbip. (m. ep. Milopotamen. ac Celso de Millinis can. basilice Principis appl. de Urbe ac offic. Herbip.) 29. nov. 83 V 653 147^r-150^v.

6706 Johannes Stokel de Handeck cler. Eistet. dioc. cui de par. eccl. s. Martini in Alfferszhawsen Eistet. dioc. (que monasterio Felicis Porte o. Cist. Eistet. dioc. incorp. exist.) certo modo vac. <p. abba. d. mon.> prov. fuit: motu pr. de nova prov. de eadem (5 m. arg.) 9. oct. 80 S 797 62^{rs}, m. (offic. Eistet.), gratis V 606 217^{vs} – recip. not. pro bulla distributa 2 grossos ian. 81 DB 1 62^r – oblig. p. Eberardum Kadmer cler. Bamberg. dioc. sup. annat. par. eccl. s. Martini ut supra 31. aug. 81 A 30 59^v – solv. 12 fl. adc. pro annat. p. manus Eberardi Kadmers 31. aug. 81 FC I 1134 144^v, IE 505 10^v.

6707 Johannes Stockheymer (Stockhaymer) cler. Salzeburg. dioc.: de par. eccl. s. Andree Apl. in Tewsendorf Salzeburg. dioc. (12 m. arg.) vac. p. o. Eckardi Wyser 4. ian. 76 S 732 124^r – rect. capel. ss. Johannis Bapt. et Ev. in curia aepisc. Salzeburg.: oblig. sup. annat. d. capel. (15 m. arg.) de qua vac. p. resign. in cur. Vincentii de Eyll s. d. 16. ian. 76 sibi prov. fuit 12. iun. 76 A 25 8^r – prep. et archid. mon. in Garson (Gaiss) o. s. Aug. Salzeburg. dioc.: de indulto ut mitra, anulo et al. pontific. insigniis uti possit 27. iul. 84 S 839 2^r, L 837 195^v.

6708 Johannes Stoel acol. Halberstad. dioc. inter al. referens quod quandam Elizabeth mulierem Halberstad. dioc. dum vixit (que a quodam al. priore marito incognita et in nullo attemptata remanserat) virginem unicam habuit in uxorem disp. ap. desup. n. obtenta quod a nonnullis asseritur minime licere: de disp. ut ad omnes ord. prom. et quodcumque benef. recip. val. 29. decb. 76 S 745 147^{rs}.

6709 Johannes Stoenhem [Traiect. dioc.] Caroli ducis Burgundie secr. et ux.: supplic. Carolo Soillot dec. eccl. s. Petri Middelburgen. Traiect. dioc. de alt. port. 7. sept. 72 S 682 78^r-79^v.

6710 Johannes Stol (Stoel) cler. Spiren. in decr. licent.: de perp. vicar. in Hallis Herbip. dioc. (4 m. arg.) vac. p. o. Nicolai Waler 4. ian. 75 S 713 156^r – cui de prepos. eccl. s. Stephani op. Weisenburgen. Spiren. dioc. vac. p. o. Conradi Bergen p. Antonium de Lyninghen monach. superstitem mon. s. Petri o. s. Ben. op. Weisenburgen. prov. fuit et qui fruct. 5 fl. adc. ex ea percepit et **Gerardus Baumgartner** cler. Salzeburg. dioc. Berardi [Eruli] card. ep. Sabinen. fam. cui de d. prepos. p. papam prov. fuit: de disp. sup. irreg. et de prov. d. Johanni de d. prepos. (4 m. arg.) vac. p. resign. d. Gerardi et de assign. d.

Gerardo pens. ann. 8 fl. adc. sup. fruct. d. prepos. 21. apr. 75 S 718 174^{vs}, I 333 294^v – can. eccl. ss. Germani et Mauritii Spiren.: solv. 40 fl. pro compositione annat. certe perp. vicar. d. ecclesie unite p. manus soc. de Pazzis 10. iun. 75 FC I 1132 7^v – in cur. procur. cui vig. gr. expect. de perp. capn. eccl. ss. Germani et Mauricii Spiren. vac. p. o. Johannis Forgelin de Leenberch vel p. resign. Burckardi Frii abbrev. prov. fuit: de nova prov. de d. capn. (5 m. arg.) 13. iun. 75 S 722 8^r – disp. ad incompat. 74/75 I 333 287^v – can. eccl. ss. Petri [!] et Germani **Spiren.** et **Lambertus Drentwede** cler. Osnaburg. dioc. abbrev.: de prov. d. Johanni de perp. s. c. vicar. ad alt. ss. Georgii et Agnetis in eccl. Bremen. (4 m. arg.) et de prov. d. Lamberto de perp. s. c. vicar. ad alt. ss. Andree et Petri ac Elisabeth in eccl. b. Marie Hamburgen. Bremen. dioc. (4 m. arg.) vacat. p. resign. in manibus pape Hermanni Wenke 27. apr. 76 S 738 147^{vs} – qui can. et preb. eccl. s. Petri vallis Wimpinen. Wormat. dioc. et **Georgius Kolb** qui perp. capn. in eccl. ss. Germani et Mauricii Spiren. (quam vac. p. o. Johannis Leonberg al. Fogelin acc. et sup. qua litig. c. d. Johanne) perm. desiderant: de prov. d. Johanni Stol de d. capn. (6 m. arg.) et de prov. d. Georgio de dd. can. et preb. (6 m. arg.) 11. mai. 76 S 738 290^{rs}, (m. prepositis eccl. Spiren. et Wormat. ac eccl. ss. Petri et Pauli Bardewicen. Verden. dioc.) (exped. 21. mai. 76) L 763 134^{vss} – restit. bulle sup. perp. capn. in eccl. ss. Germani et Mauricii ut supra 29. mai. 76 A 24 219^v – prep. eccl. s. Stephani Wissenburgen. Spiren. dioc. et **Henricus Brun** vic. eccl. Spiren: de recip. eos in pape acol. 30. iun. 79 S 783 260^r.

6711 **Johannes Stol (Stohol) de Benszhen (Bensseem)** cler. Magunt. dioc.: de par. eccl. ss. Andree et Pancratii ville Richebach (Richembach) fil.

eccl. par. eccl. op. Benszii (Bensst) Magunt. dioc. (2 m. arg.) vac. p. o. Johannis Letschlen (Lotschlein) 11. apr. 76 S 737 170^v, m. (dec. eccl. b. Marie ad Gradus Magunt.) (exped. 27. apr. 76) L 768 269^{rss}.

6712 **Iwanus (Ywanus, Johannes) (Stoltevot)** el. Reval.: prov. de d. eccl. vac. p. o. 75/76 I 333 277^v – commissio 75/76 I 333 277^v – <can. eccl. Reval.> ep. Reval.: notitia sup. prov. de eccl. Reval. vac. p. o. ad relationem [Juliani de Ruvere] tit. s. Petri ad vincula presb. card. 5. iul. 75 OS 82 92^v, OS 83 65^r – ep. Reval.: solv. pro totali solut. commun. et min. serv. 160 fl. adc. sol. 35 den. 9 p. manus Laurentii et Juliani de Medicis et soc. cur. sequentium 15. iul. 75 FC I 1127 124^r – el. Reval.: recip. munus consecr. in eccl. hosp. Theotonicorum 16. iul. 75 F 6 219^r – obtulit cam. ap. et collegio card. pro commun. serv. 300 fl. adc. et 5 minuta serv. ratione prov. s. d. 5. iul. 75 (M[attheo] Sass not.) (in margine: die 18. iul. 75 bulle date fuerunt Petro Caroli institori soc. de Medicis et solv. 150 fl.) 17. iul. 75 OS 84 249^r, Paris L 25 A 8 198^r – quitt. sup. solut. commun. serv. 150 fl. adc. et 10 fl. adc. 36 sol. pro min. serv. et 32 fl. 8 sol. pro 3 min. serv. p. manus banchi de Medicis 24. (31.) iul. 75 FC I 1131 57^r – ep. Reval.: solv. 150 fl. auri (= 156 fl. adc.) pro commun. serv. eccl. Reval. ad exitum soc. de Medicis 26. iul. 75 FC I 846 191^v, 31. iul. 75 IE 492 21^v – ep. Reval. p. capit. eccl. Reval. el. et p. papam in ep. profectus referens quod Simon van der Borch can. eccl. Hildesem. d. el. sollicitavit quia d. Simon c. assistentia Bernardi de Borch mag. gener. ord. b. Marie Theutonicorum in Livonia commendatarii Reval. ac advocati Wesembergen. bona eccl. Reval. arripuit: monitorium penale contra d. Simonem et adherentes ut ab occupatione eccl. Reval. desistant et bona d. eccl.

restit. (exec. aep. Lunden. et ep. Osil. et ep. Lubic.) 1. mart. 76 V 665 74^v-77^v – ep. Reval.: narratio quod crudele facinus in quond. Silvestrum [Stodewescher] aep. Rigen. et eccl. Rigen. ad aures pape pervenit in quo etiam d. Iwanus culpabatur quodque papa in bullis ap. certas censuras contra magistrum Livonie et eius preceptores et d. Iwanum tulit quodque nuper vero Fridericus R. I. p. suum oratorem pro absol. d. magistri et dd. precept. et d. Iwani dixit quodque Stephanus [Grube] aep. Rigen. nunc presens n. fuit quodque tamen papa commisit nonnullis card. ut studerent d. causam terminare quodque dedit certis prelatis facultatem suspendendi ad quosdam menses dd. censuras, hortatio ut operam adhibeat ut suo auxilio pax sequatur 15. apr. 83 Arm. XXXIX, 15 190^{rs}.

6713 **Johannes Stolting** scol. Colon. dioc.: de recip. primam tonsuram extra temp., sola sign. 6. mai. 82 S 810 158^v.

6714 **Johannes Stomp** cler. Magunt. dioc. Oliverii [Carafa] card. ep. Albanen. Neapolitan. nunc. fam. in 22. sue et. an. constit.: de par. eccl. plebania nunc. s. Bonifacii de Borcherhussen Magunt. dioc. (24 l. T. p.) vac. p. o. cuiusdam Johannis 13. ian. 80 S 788 286^{rs}.

6715 **Johannes Stomp (Stump)** cler. Spiren. dioc. in decr. licent.: motu pr. de gr. expect. de can. et preb. necnon de benef. ad coll. quorumcumque, Et s. d. 17. nov. 81 S 803 193^v – de alt. s. Jacobi in dom. leprosorum Heilprunen. Herbip. dioc. (4 m. arg.) vac. p. o. Andree Cleynsmidt 25. oct. 83 S 831 47^{rs}.

6716 **Johannes Storp** cler. Magunt. dioc. Roderici [de Borja] card. ep. Portuen. vicecancellarii fam.: de perp. vicar. ad alt. s. Anne in eccl. s. Martini Pingwen. Magunt. dioc. (3 m. arg.) vac. p. resign. Engelberti Echell cler. Magunt. dioc. pape et d. card. fam.

in manibus pape (qui d. vicar. vac. p. o. Petri de Eltael vig. gr. expect. acc.) et de disp. ad 2 incompat. benef. 3. oct. 83 S 829 107^{rs}.

6717 **Johannes Stowerlegy** cler. Wratislav. Marci [Barbus] card. ep. Prenestin. s. Marci nunc. fam.: motu pr. de gr. expect. de can. et preb. necnon de benef. ad coll. quorumcumque, Et s. d. 17. nov. 81 S 803 112^r.

6718 **Johannes de Strachczin (Strachezin)** rect. par. eccl. in Grabbum (Grambke, Grabka) Wladislav. dioc.: de perp. s. c. vicar. canonicalis nunc. ad alt. Conceptionis b. Marie in eccl. Wratislav. (4 m. arg.) vac. p. o. Andree de Glussyna (Gussina) in civit. et dioc. Wratislav. unici subcollect. et de lic. tenendi d. vicar. unac. d. par. eccl. 17. iul. 77 S 754 197^{vs}, m. (offic. Wratislav.) (exped. 28. iul. 77) L 775 200^{vss}.

6719 **Johannes Stranacher** presb. Salzeburg. dioc.: de can. et preb. eccl. s. Nicolai in Strasburg Gurc. dioc. (4 m. arg.) vacat. p. resign. in manibus pape Johannis Turs <p. Conradum Schad can. eccl. Ratisbon. decr. doct. procur. fact.> 19. ian. 73 S 696 27^v, m. (prep. eccl. in Solio Salzeburg. dioc.) (exped. 28. ian. 73) L 730 158^{vss}.

6720 **Johannes Strasburg (Strosburg)** cler. Basil. dioc. cui de can. et preb. colleg. eccl. ss. Johannis Bapt. et Ev. Rupismaure Avinionen. dioc. p. Alanum [de Coetivy] card. ep. Sabinen. tunc card. ep. Prenestin. Avinionen. nunc. prov. fuit: de nova prov. de eisdem (20 l. T. p.) 24. decb. 72 S 691 67^{vs} – Alani [card.] ut supra fam.: gr. expect. s. d. 1. ian. 72 de can. eccl. s. Petri Avinionen. et de benef. ad coll. ep. Uticen. et capit. d. eccl. o. s. Aug. et prerog. ad instar pape fam. descript. (m. prep. eccl. Avinionen., Guillermo Pele can. eccl. Cenomanen. et offic. Avinionen.), gratis 5. iun. 73 V 662 145^v-148^v – rect. par. eccl. s. Benedicti de

Sancto Benedicto Lucionen. dioc.: de disp. ut unac. d. par. eccl. aliud incompat. benef. recip. val. 22. ian. 74 S 701 117^r – olim Alani ut supra fam. et **Matheus Goulay** cler. Redonen. dioc.: de prov. d. Matheo de par. eccl. s. Benedicti ut supra (40 regalium auri de Francia pens. ann. deducta) vac. p. resign. d. Johannis c. reserv. pens. ann. 20 scutorum auri de Francia pro d. Johanne 18. ian. 76 S 733 121^{rs} – qui par. eccl. s. Benedicti ut supra resign. in manibus pape de qua deinde Matheo Goulay prov. fuit: assign. pens. ann. 20 scutorum auri de Francia sup. archipresbiteratu de Ladimo Pictaven. dioc. (80 scuta similia) p. Matheum Vuillandi archipresb. persolv. donec d. Johannes can. et preb. eccl. s. Agricoli vel eccl. s. Desiderii Avinionen. assec. fuerit 18. ian. 76 (m. Falconi de Sinibaldis can. basilice Principis appl. de Urbe) L 757 81^r-82^v – restit. bulle s. d. 18. ian. 76 sup. pens. ann. 20 scutorum ut supra 16. febr. 76 A 24 196^v – Juliani [de Ruvere] tit. s. Petri ad vincula presb. card. secr. et fam.: de assign. pens. ann. 20 scutorum auri de Francia sup. archipresb. de Loduno Pictaven. dioc. quem Matheus Vaillandi licent. in decr. inter al. obtin. 19. iul. 77 S 755 3^{vs}.

6721 **Johannes Strasperger** scol. Brixin. dioc.: disp. sup. def. nat. (c. ex ducum gen. et c.) et lic. tacendi desup. 13. decb. 79 V 550 290^{rs}.

6722 **Johannes Strenfftorff (Streusdorff)** Herbip. dioc.: prom. ad 4 min. ord. in capel. ss. Andree et Gregorii in basilica Principis appl. in Urbe 22. febr. 72 F 6 26^{rs} – prom. ad subdiacon. ord. in capel. ut supra 22. febr. 72 F 6 26^{rss} – prom. ad diacon. ord. in sacristia basilice Principis appl. in Urbe 14. mart. 72 F 6 33^{rss}.

6723 **Johannes Strick de Uden (Vyden, Werden)** cler. Colon. dioc.: de <s. c.> capel. sive vicar. b. Marie in Eytheren Traiect. dioc. (24 l. T. p.) vac.

p. resign. in manibus pape cuiusdam Wilhelmi Franconis <p. Judocum de Luco cler. Cameracen. dioc. procur. fact.> 12. febr. 77 S 747 263^{vs}, m. (Ghisberto de Foramine can. eccl. Lubic.) (exped. 13. mart. 77) L 772 113^{vss} – de perp. <s. c.> vicar. ad alt. s. Lebuini in par. eccl. s. Gereonis in Nortwyck Traiect. dioc. (3 m. arg.) vac. p. o. Symonis Wilhelmi Wosz <Nicolai V. fam.> <9.>10. nov. 79 S 796 59^{rs}, m. (dec. eccl. b. Marie Ressen. Colon. dioc.) V 613 82^r-84^r.

6724 **Johannes Stryck (Steyck) de Xanctis** cler. Colon. dioc.: de can. et preb. colleg. eccl. s. Victoris Xancten. Colon. dioc. (6 m. arg. p.) vac. p. o. Gerardi Nyenhus Nicolai V. collect. 10. apr. 76 S 737 184^v, m. (prepositis eccl. s. Andree Colon. et eccl. b. Marie Geismarien. Magunt. dioc. ac offic. Colon.) (exped. 8. apr. 76) L 763 249^{vs} – causarum pal. ap. not.: oblig. sup. annat. can. et preb. ut supra (in margine: die 10. decb. 76 obtin. prorog.) 10. iun. 76 A 25 6^r – cui p. Nicolaum de Edam aud. et prep. eccl. s. Andree Colon. de can. et preb. eccl. s. Victoris Xancten. Colon. dioc. vac. p. o. Gerardi Nyenhuis prov. fuit et qui litig. desup. contra Wesselum Hotman cler. pape fam.: de prov. de eisdem (6 m. arg.) vac. p. assec. al. can. et preb. d. eccl. s. Victoris (vac. p. o. Lamberti Knoep) p. d. Wesselum 16. iul. 76 S 741 97^{vs} – solv. 17 fl. adc. pro annat. can. et preb. eccl. s. Victoris ut supra 11. iun. 77 IE 495 6^r, IE 496 10^r, IE 497 9^r – pape fam. referens quod ipse certos can. et preb. colleg. eccl. s. Victoris Xancten. Colon. dioc. obtin. quodque in d. colleg. eccl. (inter alias colleg. eccl. illarum partium insignis) nonnulla sunt additamenta communiter fercula appellata que canonicis prebend. in supplementum suarum preb. conferri consueverunt quorum dispositio ad prep. pro temp. exist. prout ad Franciscum [Todeschini-Piccolomini tit.] s. Eustachii diac. card. ipsius prepos. commendatarium pertinent: de incorp. 1 ex ferculis quod primum vacare contigerit (4) canonicatui et preb. (7 m. arg.) ad vitam de consensu d. card. 8. ian. 78 S 763 25ʳˢ.

6725 **Johannes Struf** subdiac. Basil. in 18. sue et. an. constit. et in univ. studii Friburgen. Constant. dioc. studens: de disp. ad 2 incompat. benef. etsi par. eccl. ad vitam c. lic. perm., Conc. cum fuerit in 20. an. 5. iul. 80 S 794 168ʳ.

6726 **Johannes Strumpff** cler. Herbip. dioc. pape fam.: de can. et preb. colleg. eccl. in Collenberg Camin. dioc. (4 m. arg.) vac. primo p. o. in cur. Nicolai Gropper et deinde vac. p. o. in cur. Johannis Tritsmans pape fam. Leod. dioc. et deinde vac. p. o. in cur. Gabrielis de Boschsen 14. iul. 74 S 708 116ᵛ.

6727 **Johannes Strupelin** scol. Trever. dioc.: recip. primam tonsuram in capel. ss. Andree et Gregorii in basilica Principis appl. in Urbe 22. febr. 72 F 6 26ʳˢ.

6728 **Johannes Stuke** rect. capel. s. Georgii in civit. Osnaburg. Pauli II. fam.: de disp. ut unac. d. capel. (3 m. arg.) aliud incompat. benef. recip. val. 26. febr. 78 S 765 234ʳˢ.

6729 **Johannes Stuchs** presb. August. dioc.: m. (offic. August.) confer. par. eccl. b. Marie virg. in Munster August. dioc. (6 m. arg.) vac. p. o. Johannis Rutt 29. ian. 72 (exped. 20. oct. 72) L 770 37ʳˢ – oblig. p. Georgium Vyeropent presb. et rect. par. eccl. in Wert August. dioc. sup. annat. par. eccl. b. Marie virg. ut supra et promisit solv. in cur. infra 6 menses a die habite possessionis computandos 27. ian. 79 A 27 144ᵛ.

6730 **Johannes Studeler** cler. Argent. cui gr. expect. s. d. 1. ian. 72 conc. fuit: de prerog. ad instar pape fam. descript. 20. mai. 74 S 705 130ᵛ – vic.

eccl. Argent.: de disp. ut unac. d. vicar. (4 m. arg.) quam obtin. aliud benef. etiamsi in eadem eccl. sub uno tecto retin. val. 5. febr. 77 S 747 82ᵛˢ – de disp. ut unac. vicar. ut supra aliud incompat. benef. recip. val. 20. febr. 77 S 749 47ʳˢ – qui vig. gr. expect. s. c. vicar. ad alt. N. in colleg. eccl. s. Thome Argent. vac. p. o. Johannis Messerer acc.: de nova prov. de d. vicar. (4 m. arg.) 3. apr. 78 S 767 153ʳ – disp. ad incompat. 80/81 I 334 7ᵛ.

6731 **Johannes Stump** cler. Magunt. dioc. Roderici [de Borja] card. ep. Portuen. vicecancellarii fam. in 23. sue et. an. constit.: motu pr. de gr. expect. de can. et preb. necnon de benef. ad coll. quorumcumque, Et s. d. 17. nov. 81 S 803 233ᵛ.

6732 **Johannes Stumpf (Stimpf)** cler. Herbip. dioc. de par. eccl. in Tinckwiler Magunt. dioc. (7 m. arg.) vac. p. o. Johannis Nusboym Pii II. fam. 28. sept. 72 S 683 75ᵛ – Petri [Ferrici] ep. Tirasonen. pape refer. domestici fam. referens quod ipsi Johanni de perp. s. c. vicar. ad alt. s. Nicolai in par. eccl. op. Kissingen Herbip. dioc. vac. p. o. Christofori Rorbach prov. fuit et quod Paulus Amacher vig. nove prov. d. vicar. eadem die assec. fuit: motu pr. de decl. quod prov. ipsi Johanni facta fortius effectum habeat 6. oct. 72 S 683 58ᵛˢ – pape fam. et ep. ut supra fam.: de prepos. eccl. s. Leodegarii in Werd Constant. dioc. (6 m. arg.) vac. p. o. Conradi Mursal 22. oct. 72 S 683 284ʳ, (m. prepositis eccl. Bamberg. et eccl. s. Spiritus Ruremunden. Leod. dioc. ac offic. Constant.) (exped. 9. oct. 73) L 770 212ʳˢˢ – restit. bulle sup. prov. prepos. ut supra 28. apr. 74 A 23 69ᵛ – presb. Herbip. dioc.: de prepos. eccl. s. Crucis in Hunfelt Herbip. dioc. (4 m. arg.) vac. p. resign. Melchioris Truchses sed. ap. acol. 20. mai. 75 S 720 142ʳˢ – can. prebend. eccl. s. Johannis Novi Monasterii Herbip.: de uniendo dd. canonicatui et prebende (8 m. arg.) unam par. eccl. seu illius perp. vicar. (n. ultra 12 m. arg.) ad coll. prep. etc. eccl. s. Johannis pertinentem (c. derog. indulti et gr. expect. et reval. ei conc.), gratis 11. aug. 75 S 725 72^{vss}, V 572 81^r-83^v – qui litig. in cur. sup. prepos. eccl. s. Leodegarii in Werd Constant. dioc.: gr. expect. de 2 benef. ad coll. ep. etc. Herbip. ac ep. etc. Bamberg. et disp. ad 2 incompat. 30. sept. 75 (m. prep. eccl. s. Spiritus Ruremunden. Leod. dioc. ac officialibus Herbip. et Bamberg.), gratis V 664 266^r-268^v – cui gr. expect. s. d. 1. ian. 72 de 2 benef. ut supra s. d. 30. sept. 75 conc. fuit: motu pr. de decl. litt. desup. perinde val. acsi motu pr. conc. fuissent 25. nov. 75 S 730 80^v, (exped. 9. decb. 75) L 757 248^{vs} – motu pr. de prerog. pape fam. descript. in absentia et de n. resid. ad 5 an., Fiat ad an., sola sign. 25. nov. 75 S 730 81^{rs} – de lic. resign. et de indulto ut fruct. (sicut prothonot., cap., abbrev., pape et card. fam.) percip. possit 8. decb. 75 S 731 187^{rss} – oblig. sup. annat. par. eccl. ut supra s. d. 11. aug. 75 canonicatui et preb. eccl. s. Johannis Novi Monasterii unite 23. decb. 75 A 24 50^v – c. quo disp. fuit ut unac. prepos. eccl. s. Johannis Novi Monasterii unite 23. decb. 75 A 24 50^v – c. quo disp. fuit ut unac. prepos. eccl. s. Leodegarii in Werd Constant. dioc. (sup. qua litig. coram aud.) al. benef. retin. valeat: de disp. ad 3. incompat. benef. 4. ian. 76 S 732 73^v – cui de can. et preb. et prepos. eccl. s. Leodegarii in Werd Constant. dioc. prov. fuit sup. quibus litig. coram aud. contra certum adversarium: de uniendo d. prepositure (4 m. arg.) can. et preb. primo vacaturos (4 m. arg.) 9. ian. 76 S 732 158^v – de perp. s. c. vicar. in par. eccl. b. Marie Lubic. de iur. patron. laic. (4 m. arg.) vac. p. o. Hain Schymelpennick 27. mart. 77 S 756 91^v – de prepos. colleg. eccl. in Hunfelt Herbip. dioc. (4

fl. adc.) vacat. p. resign. Melchioris Trusches 6. iun. 77 S 752 211^{rs} – de off. cursoris vac. p. o. in cur. Petri del Barca, sola sign. 18. nov. 77 S 760 174^r – qui vig. gr. expect. capel. s. Margarethe in castro Werneck Herbip. dioc. vac. p. o. Wilhelmi Schenck de Limpurk acc. et **Melchior Truchses** can. eccl. Magunt. acol. de mil. et nob. gen. referentes quod d. Melchior rect. d. capel. reus et possessor litig. contra Fredericum Wilant cler. actorem: de adm. resign. d. Johannis et de prov. d. Melchiori de d. capel. (4 m. arg. p.) 12. apr. 78 S 768 59^{rs}.

6733 **Johannes Stunb** cler. Constant. dioc.: de perp. capn. ad alt. b. Marie virg. in par. eccl. b. Marie ville Ech Constant. dioc. (4 m. arg. p.) quam Alexander Gytzeman cler. Constant. dioc. vac. p. o. Johannis Riiss p. an. detin. 16. nov. 76 S 745 225^{rs}.

6734 **Johannes Suavel** cler. Hildesem. dioc. rect. par. eccl. in Ymendorp cuius possessionem p. an. obtin.: de prorog. term. prom. ad omnes ord. ad alium an., sola sign. 12. sept. 78 S 773 75^r – de nova prov. de par. eccl. s. Laurentii in Stele Colon. dioc. (5 m. arg.) vac. p. o. Dominici Miliis 15. mai. 79 S 782 120^{vs} – rect. par. eccl. in Ymmendorp Colon. dioc. acol.: de prom. ad omnes ord. (et si placet p. aep. Mytilenen.) extra temp., sola sign. 19. aug. 79 S 785 20^r.

6735 **Johannes Subake** can. eccl. Lubic. quond. Bartholomei [Roverella] card. Ravennaten. fam. cui de can. et preb. ac thesaur. eccl. Lubic. necnon de par. eccl. in Berma Bremen. dioc. et de perp. s. c. vicar. ad alt. s. Silvestri in eccl. Hildesem. durante fam. d. card. prov. fuit: de facult. perm. c. derog. reserv. ap. 10. nov. 78 S 785 241^r – quond. card. ut supra fam. in cuius supplic. n. express. fuit quod can. et preb. ac cellerariam in eccl. Utinen. Lubic. dioc. obtin.: de ref. 10. oct. 80 S 797 23^r –

quond. Bartholomei [Roverella] tit. s. Clementis presb. card. ut supra fam. qui can. et preb. eccl. Lubic. et can. et preb. ac celleraria eccl. Utinen. Lubic. dioc. ac par. eccl. in Berna Bremen. dioc. necnon perp. vicar. ad alt. s. Silvestri in eccl. Hildesem. obtin.: facult. resign. vel perm. 10. oct. 80 L 805 288^{vs} – oblig. p. Wilhelmum Westfal can. eccl. Lubic. pro facult. resign. vel perm. ut supra 25. mai. 82 Paris L 26 A 10 34^v.

6736 **Johannes Suber** rect. par. eccl. in Putenheym Bamberg. dioc. ex utr. par. de mil. gen.: de disp. ut unac. d. par. eccl. al. 2 incompat. benef. retin. val. etsi par. eccl. 26. apr. 77 S 750 179^{vs}.

6737 **Johannes Suer** cler. Magunt. dioc.: de par. eccl. s. Bartholomei in Ilberskenhofen apud Erfordia Magunt. dioc. (3 m. arg. p.) vac. p. o. Nicolai Budungers 2. decb. 76 S 747 7^v.

6738 **Johannes Suerber** cler. Herbip. dioc. litig. coram aud. contra Johannem Sculteti cler. et contra Volpertum de Dhers sup. can. et preb. colleg. eccl. ss. Petri et Alexandri Asschaffenburgen. Magunt. dioc. vac. p. o. Johannis Engelhardi quond. Juliani [de Cesarinis] tit. s. Angeli card. presb. fam.: de prov. si nulli de eisdem (10 m. arg.) 25. iun. 73 S 694 279^{vs} – de can. et preb. eccl. ss. Petri et Alexandri ut supra (6 m. arg.) vac. p. resign. Volperti de Dhers prothonot. cui de eisdem vac. p. o. Johannis vel Conradi Engelhart prov. fuit 27. iul. 76 S 740 97^{vs} – rect. par. eccl. in Zornheym Magunt. dioc.: de n. prom. ad 4 an. 22. nov. 77 S 760 241^v.

6739 **Johannes Sula** rect. par. eccl. s. Jacobi in Puhenstain Brixin. dioc. decr. doct. c. quo s. d. 2. decb. 62 disp. fuit ut unac. d. par. eccl. (8 m. arg.) al. incompat. benef. etsi par. eccl. c. lic. perm. ad 7 an. retin. possit et cui vig. gr. expect. <de benef. ad coll. episcoporum etc. Ratisbon. et Frising.

conc.> de par. eccl. in Pendorp Ratisbon. dioc. certo modo vac. prov. fuit: de decl. litt. desup. perinde val. acsi in dd. litt. de d. gr. expect. mentio facta fuisset et de prorog. d. disp. ad vitam 7. aug. 79 S 784 265^{vs}, 29. ian. 80 S 789 119^r, L 803 239^{vss} – rect. par. eccl. s. Jacobi in Puchenstain Brixin. dioc. et rect. par. eccl. in Pandorf Ratisbon. dioc. decr. doct. in cur. resid.: de percip. fruct. ad vitam 10. nov. 81 S 805 3^v, 13. nov. 81 S 805 62^v.

6740 **Johannes Sulgin** cler. Constant. dioc. cui de par. eccl. in Nesselwang Constant. dioc. vac. p. o. Johannis Vetterlin (Voietterlin) p. dec. et capit. eccl. Constant. prov. fuit: de nova prov. de d. par. eccl. (4 m.) 8. nov. 83 S 831 275^r.

6741 **Johannes Sund** cler. Magunt. dioc. referens quod sibi vig. gr. expect. de perp. vicar. ad alt. s. Andree in hosp. s. Spiritus e. m. op. Fritzlaren. Magunt. dioc. in forma paup. p. papam prov. fuit et quod litig. in cur. contra quond. Johannem Knimpel (/.) (Klumpel, Kumpel) perp. vic. ad d. alt. s. Andree reum et possessorem et Sebastianum Hune (/.) cler. Magunt. dioc. actorem sup. d. vicar. (2 m. arg.) de iur. patron. laic. vac. p. o. Johannis Kirchperg: de surrog. ad ius d. Johannis Knimpel 27. sept. 83 S 839 216^{vs}.

6742 **Johannes Sunnemont** cler. Magunt. dioc.: motu pr. de perp. vicar. seu capn. ad alt. s. Martini in capel. cimit. eccl. s. Florini in Confluentia Trever. dioc. (4 m. arg. p.) vac. p. o. in cur. Johannis Horn pape fam. abbrev. not. ap. 13. iun. 83 S 825 85^v, (exec. prep. eccl. s. Severi Erfforden. Magunt. dioc. et cant. eccl. Spiren. ac offic. Trever.), gratis V 632 254^r-255^v.

6743 **Johannes Sunerke** cler. Monast. cui de benef. pauperibus clericis assignari consueto ad coll. dec. et capit. eccl. s. Mauritii e. m. Monast. in forma paup. prov. fuit: de indulto quod vig. dd. litt. maiorem preb. d. eccl. acc. val. 16. mai. 83 S 824 75ᵛ, I 335 108ᵛ.

6744 Johannes Sunheim fr. o. pred. et theol. prof. qui unac. Henrico Institoris fr. o. pred. et theol. prof. p. totam provinciam Almanie Superioris heretice pravitatis inquisitore magnos labores p. longa tempora pro fide catholica subiit: motu pr. gr. expect. s. d. 17. nov. 81 de benef. sec. vel reg. (quorum fruct. usque ad summam 100 duc. adc. ascendunt) ad coll. quorumcumque necnon conc. prerog. ad instar fam. pape descript. necnon disp. ut dd. benef. etiamsi par. eccl. recip. et insimul quoad vixerit retin. val. c. pot. perm., n. o. statutis pape presertim quod gr. expect. ultra taxam p. cancellariam ap. dari solitam expedite nullius essent roboris, gratis (m. ep. Hortan. et Johanni Bapt. de Ferrariis can. eccl. Mutinen. ac offic. Constant.) 31. oct. 83 Sec. Cam. 1 135ʳ-138ʳ.

6745 Johannes Ulricus Surgant perp. vic. in par. eccl. s. Theodori Minoris Basil. Constant. dioc.: motu pr. de gr. expect. de can. et preb. necnon de 2 benef. ad coll. quorumcumque, Et s. d. 17. nov. 81 S 803 122ʳ.

6746 Johannes de Surwitz dec. eccl. s. Silvestri op. Werningerode Halberstad. dioc. de mil. gen.: de can. et minori preb. eccl. Halberstad. (2 m. arg.) vac. p. o. Arnoldi Heseden 12. iun. 79 S 782 278ʳ.

6747 Johannes Suselis cler. Herbip. dioc. qui litig. coram aud. contra Jodocum Swam sup. perp. vicar. ad alt. s. Johannis Ev. in eccl. Herbip. vac. p. o. Hermanni Schar: de nova prov. de d. vicar. (3 m. arg.) 25. decb. 72 S 686 44ᵛ.

6748 Johannes Suter cler. Spiren. dioc. in art. mag.: motu pr. gr. expect. s. d. 1. ian. 72 de benef. ad coll. abb. etc. mon. s. Adelphi in Nywiler o. s. Ben. Argent. dioc. et prep. etc. eccl. s. Pe-

tri iun. Argent. et prerog. ad instar pape fam. descript. (m. prepositis eccl. Camin. et eccl. s. Thome Argent. ac offic. Argent.), gratis 14. febr. 80 V 671 36ʳ-38ᵛ.

6749 Johannes Sutoris de Zurczach cler. sive presb. Constant. dioc. mag. in art. referens quod Conradus Arnoldi de Schoendorff can. et preb. ac custod. eccl. s. Margarete e. m. op. Walkirch Constant. dioc. (4 m. arg.) resign. in manibus pape: de dd. can. et preb. ac custod. 7. decb. 76 S 745 225ᵛˢ.

6750 Johannes Sutorp de Bliidenstadt cler. Magunt. dioc.: de par. eccl. ville de Merck Trever. dioc. (4 m. arg.) vac. p. o. Johannis de Montreal 14. mart. 72 S 680 194ᵛ.

6751 Johannes Swab (*l.*) cler. Basil. cui de prima s. c. preb. ad alt. s. Martini in colleg. eccl. s. Petri Basil. vac. p. assec. al. benef. in d. eccl. p. Johannem Machlin prov. fuit: de nova prov. de eadem (2 m. arg.) 25. apr. 76 S 738 84ʳ.

6752 Johannes Swagman (Swachman, Strachman) cler. Osnaburg. dioc. Francisci [Todeschini-Piccolomini] tit. s. Eustachii diac. card. fam.: de perp. vicar. ad alt. s. Michaelis in ambitu eccl. Osnaburg. (4 m. arg.) vac. p. o. Johannis Holeken 10. sept. 77 S 764 28ʳ – Francisci ut supra card. parafrenarius et fam.: motu pr. gr. expect. s. d. 1. ian. 72 de benef. ad coll. aep. etc. Colon. et aep. etc. Bremen. et prerog. ad instar pape fam. descript. (m. prep. eccl. s. Johannis de Celano Marsican. dioc. et officialibus Colon. ac Bremen.), gratis 6. iul. 79 V 672 423ᵛ-426ʳ – Francisci ut supra card. Senen. fam.: de can. et preb. ac scolastr. eccl. s. Severi Erforden. Magunt. dioc. (4 m. arg.) vac. p. o. Johannis de Echten etiam card. ut supra fam. 3. mart. 83 S 821 269ᵛ – necnon **Johannes de Berlevessen** cler. Magunt. dioc. in leg. licent. litt. ap. sollicitator et pape fam.: de adm. resign. d. Johannis Strachmann et de prov. d. Johanni Berlevessen de scolastr. eccl. s. Severi op. Erfforden. Magunt. dioc. (4 m. arg.) et de assign. d. Johanni Strachman (cui de d. scolastr. vac. p. o. Johannis de Echtern prov. fuit) pens. ann. 13 fl. renen. videlicet 5 fl. renen. sup. fruct. d. scolastr. et 8 fl. renen. sup. fruct. vicar. ad alt. ss. Cosme et Damiani in eccl. b. Marie op. Erfforden. Magunt. dioc. (4 m. arg.) p. d. Johannem Berlevessen persolv. 19. mai. 83 S 823 264^{rs} – referens quod Conradus Sandow (c. quo sup. def. nat. (p. s.) ad omnes ord. disp. fuit) par. eccl. in Meppen Osnaburg. dioc. in manibus offic. Osnaburg. resignavit ex causa perm. c. Johanne Harderberch pro vicar. ad alt. b. Marie Magdalene in par. eccl. loci Essen Osnaburg. dioc.: de d. perp. vicar. (4 m. arg.) vac. p. invalidam resignationem ex causa perm. 26. mai. 83 S 824 169^{rs}.

6753 Johannes Swale presb. Trever. dioc. referens quod nonnulli laic. de Bridell (Bredel) Trever. dioc. unum perp. benef. ad alt. ss. Nicolai et Katherine in par. eccl. d. loci ad val. 4 m. arg. pro sustentatione unius presb. donarunt: de lic. erigendi et dotandi unam perp. capn. vel vicar. ad d. alt. 10. febr. 81 S 800 19^{rs}.

6754 Johannes de Svanbergk (Slrambergk) prior ⟨prioratus⟩ Boemie, Polonie, Stirie etc. ord. s. Johannis Jerusalemitan.: m. transumendi quandam bullam 27. apr. 73 DC 36 203^r – et **Sebaldus Puchil** eius locumtenens et religiosorum d. prioratus et precept. baillivie Austrie, Stirie, Karinthie et Carniole [= Krain] ord. ut supra 13. oct. 73 DC 36 221^r.

6755 Johannes Swarm presb. Eistet. dioc. et **Wolfgangus Stockel** perp. vic. par. eccl. s. Petri Apl. in Waltkirchen (Walebrechen) Eistet. dioc.: de prov. d. Johanni de vicar. (60 fl. renen.) vac. p. resign. d. Wolfgangi et de as-

sign. d. Wolfgango pens. ann. 20 fl. renen. sup. fruct. d. par. eccl. p. d. Johannem persolv. 7. oct. 75 S 727 220^{rs}, I 333 111^r – oblig. sup. annat. perp. vicar. ut supra 16. oct. 75 A 24 10^r – solv. 20 fl. adc. 18 bol. pro compositione annat. p. manus pr. 16. oct. 75 FC I 1132 109^r, IE 492 42^v.

6756 Johannes Swas cler. Herbip. dioc.: de par. eccl. s. Margarethe in Winsterlar Herbip. dioc. (3 m. arg.) vac. p. resign. 15. febr. 81 S 800 142^v.

6757 Johannes Swaw: pens. sup. par. eccl. Patav. [dioc.?] 72/73 I 332 218^v.

6758 Johannes Swedenlant (Suedelant, Swaddelant) cler. Magunt.: de alt. ss. Johannis Ev. et Bapt. in eccl. ville Weutren. Magunt. dioc. (3 m. arg.) vac. p. o. Johannis Borngisper 13. iun. 78 S 770 192^v – pape fam.: de par. eccl. s. Jacobi in Haunszhain August. dioc. (3 m. arg.) vac. p. o. cuiusdam Conradi 12. sept. 78 S 776 53^{vs} – motu pr. de can. et preb. colleg. eccl. s. Servatii Traiecten. Leod. dioc. (12 m. arg.) vac. p. o. Henrici Honterley 6. decb. 78 S 775 200^{vs} – de can. et preb. eccl. s. Pauli Wormat. (4 m. arg.) vac. p. o. Conradi Tzerenberger collect. sive subcollect. ac Calixti III. fam. 9. ian. 79 S 776 294^{rs} – de perp. benef. elemosinaria ad alt. s. Anne in eccl. s. Marie Colbergen. Camin. dioc. de iur. patron. laic. et de can. et maiori preb. hostiaria nunc. d. eccl. (insimul 4 m. arg.) vac. p. o. in cur. Johannis Sleff 9. ian. 79 S 776 270^{rs} – motu pr. de can. et preb. colleg. eccl. s. Florini [in Confluentia?] Trever. dioc. (24 l. T. p.) vac. p. o. Valteri Crak Nicolai V. fam. 1. febr. 79 S 777 135^r – motu pr. de can. et preb. eccl. s. Mauritii Magunt. (4 m. arg.) vac. p. o. Valteri Kack Nicolai V. fam. 1. febr. 79 S 777 135^r – motu pr. de par. eccl. in Hembach Magunt. dioc. (4 m. arg.) vac. p. o. Johannis Schuller 6. febr. 79 S 785 169^v – de par. eccl. in Docksem Magunt. dioc. (4

m. arg.) vac. p. n. prom. Johannis
Surbier qui d. par. eccl. p. 3 an. obtin. 15. apr. 79 S 780 136^{vs} – de
capn. ad alt. s. Johannis Bapt. in
mon. monial. in Syon o. Cist. Magunt. dioc. (3 m. arg.) vac. p. o. Gerardi Wolsserwiler 17. apr. 79 S 780
201^v – de perp. capn. ad alt. s. Juliani in par. eccl. in Cruczenach Magunt. dioc. (4 m. arg.) vac. p. o. Wilhelmi Genczanger 27. apr. 79 S 781
161^v – motu pr. de vicar. ad alt.
s. Johannis [in eccl.] Wormat. (3 m.
arg.) vac. p. o. cuiusdam Wilhelmi
25. iun. 79 S 783 226^v – motu pr.
prov. de perp. s. c. capn. ad alt.
s. Stephani in aula episc. Wormat. (3
m. arg.) vac. p. o. in cur. Wilhelmi
Bruyns (exec. aep. Salernitan. et
prep. eccl. s. Andree Wormat. ac dec.
eccl. s. Johannis Magunt.), gratis 25.
iun. 79 V 593 188^r-189^v – de capel.
s. Martini prope villam Simmerheym
(3 m. arg.) et de alt. b. Marie virg. in
par. eccl. in Simmerheym Magunt.
dioc. (2 m. arg.) vac. p. o. Nicolai
Fist 24. febr. 80 S 790 10^{rs}.

6759 **Johannes Swegin (Swein) de Lisu-
ra (Listria)** presb. Trever. dioc.: de
perp. vicar. ad alt. s. Michaelis in
par. eccl. de Travona Trever. dioc. (2
m. arg.) vac. p. o. Johannis Kelners
12. decb. 72 S 685 94^{vs} – <cui de
perp. s. c. vicar. ad alt. s. Sebastiani
in par. eccl. in Travena Trever. dioc.
prov. fuit et qui desup. litig. coram
iudice in partibus>: de par. eccl. in
Busendorff (Buysendorff) Trever. dioc. de iur. patron. laic. (2 m. arg.)
vac. p. o. Anselmi (Anshelmi, An-
zelmi) <de Buysendorff> 1. febr. 74
S 701 244^r, m. (decanis eccl. s. Cuniberti Colon. et eccl. s. Gereonis
Trever. ac eccl. s. Patrocli Susacien.
Colon. dioc.), gratis (exped. 8. febr.
74) L 731 2^{rs}.

6760 **Johannes Sweydeman (/.)** cler. Magunt. dioc.: de perp. vicar. in colleg.
eccl. s. Alexandri Embecen. Magunt.
dioc. (4 m. arg.) vac. p. o. Werneri
Raphen qui eam obtin. 13. mai. 83 S
827 219^r.

6761 **Johannes Sweinfurt (Sweinfurth)**
cler. Bamberg. dioc. reus et possessor litig. coram Johanne [de Cere-
tanis] ep. Nucerin. aud. contra Johannem Taurer cler. Bamberg. dioc.,
Michaelem Pulhamer et Eckarium
Zengraff clericos sup. s. c. vicar. ad
alt. maius s. Jacobi in eccl. Bamberg.
vac. p. o. Johannis Heberer: de prov.
si nulli de d. alt. (5 m. arg.), n. o.
can. et preb. eccl. in Werthaym Herbip. dioc. ac alt. s. Viti in Anspech et
alt. s. Johannis Bapt. in Kirchlohn
Bamberg. dioc. (insimul 11 m. arg.)
28. febr. 82 S 808 240^v – litig. ut
supra sup. vicar. ut supra (4 m. arg.
p.): de surrog. ad ius d. Eckardi
Czenckgraff qui obiit 10. sept. 82 S
814 52^v.

6762 **Johannes Swenck de Gelnheym**
rect. par. eccl. in Kernczheym Wormat. dioc.: de prom. ad omnes ord.
extra temp., sola sign. 19. iul. 75 S
724 65^r – rect. par. eccl. in Kernczheym Wormat. dioc.: litt. testim. sup.
prom. (vig. supplic. s. d. 19. iul. 75)
ad acolit. et al. min. ord. ac ad ord.
subdiacon. s. d. 7. aug. 75 in eccl.
s. Bartholomei de Insula in Urbe, ad
ord. diacon. s. d. 10. aug. 75 ibidem,
ad ord. presbit. s. d. 13. aug. 75 ibidem (in margine: solvit 6 sol., habuit
remissionem de residuo) 13. aug. 75
F 6 223^v.

6763 **Johannes Swernen**: solv. [in bulla-
ria] pro formata 3 ord. 9 grossos apr.
77 T 13 50^r.

6764 **Johannes Szar** cler. Wormat. dioc.:
prom. ad 4 min. ord. in sacristia basilice Principis appl. in Urbe 13.
mart. 73 F 6 98^{rs}.

6765 **Johannes Tack** perp. vic. in eccl.
s. Lebuini Davantrien. Traiect. dioc.
antiquus curialis [Stephani Nardini]
card. Med[iolan.] fam.: de prom. ad
omnes ord. extra temp., sola sign.
20. mart. 76 S 736 188^v.

6766 **Johannes Tacke** cler. Minden. dioc.:
de par. eccl. s. Mauricii in Bonige
(Bovige, Benige) Superiori c. fil.

eccl. in Bonige Inferiori annexa Minden. dioc. (4 m. arg.) vac. p. o. Johannis Derhardi 15. mai. 76 S 739 102ᵛ.

6767 Johannes Thamdryde (Thonevyde) presb. Bremen. dioc.: de nova prov. de perp. vicar. in par. eccl. s. Nicolai op. Hamburgen. (2 m. arg.) ac commenda in capel. s. Anne ad alt. eiusdem s. Anne et commenda in capel. s. Elizabeth in d. par. eccl. s. Nicolai (2 m. arg.) ac commenda ad alt. ss. 12 Appl. in d. par. eccl. s. Nicolai ac [in] par. eccl. in Eppendorp Bremen. dioc. (4 m. arg.) 17. decb. 77 S 765 270ʳˢ.

6768 Johannes Tangen (Stangen) de Heyger cler. Trever. dioc.: de par. eccl. s. Martini in Erphe Magunt. [!] dioc. (4 m. arg.) vac. p. o. Ludovici Beger 15. ian. 82 S 810 80ᵛ.

6769 Johannes Tanheimer cler. Frising. dioc. in 18. sue et. an. constit.: de disp. sup. d. def. et. ut quodcumque benef. etsi par. eccl. recip. val. c. lic. perm. 18. decb. 81 S 806 47ᵛ.

6770 Johannes de Thanczyn et **Jacobus Stanislai de Cosznijno** clerici Poznan. dioc. ac **Bernardus de Godzlaw** necnon **Mathias de Czursko** laici Poznan. dioc. referentes quod Nicolaus de Sobotha olim cust. et vic. admin. capit. nunc. eccl. Poznan. ipsis sine rationabili causa interd. supposuit: m. (dec. et cust. eccl. s. Johannis Bapt. in Warschowia Poznan. dioc.) relax. ab interd. 9. mart. 81 L 818 135ᵛˢ.

6771 Johannes de Tassigneyo can. eccl. Virdunen. de nob. gen.: de decan. eccl. b. Marie de Yvodio Trever. dioc. (40 l. t. p.) vac. p. resign. in manibus pape Jacobi Pontignoni al. Patroni cler. Trever. dioc. (cui de eodem vac. p. o. Johannis Garderellis Roderici [de Borja] card. ep. Portuen. fam. prov. fuit) et de disp. ut unac. d. decan. par. eccl. de Villarirotundo Virdunen. dioc. ad quam p. patron. present. fuit et sup. qua litig.

in partibus recip. val. c. lic. perm. 26. oct. 83 S 829 292ʳˢ – oblig. p. Stephanum Walterini can. eccl. Virdunen. cur. sequentem sup. annat. decan. ut supra 21. nov. 83 A 31 172ᵛ.

6772 Johannes Taurer (Tawer) cler. Bamberg. dioc. et **Johannes Samheyt** cler. Bamberg. dioc. et **Wolfgangus Herpffer** cler. August. dioc. inter 4 pape fam. enumerati cui gr. expect. s. d. 1. ian. 72 conc. fuit et qui in obsequiis nob. mulieris Fabie Franchette de Ruvere secundum carnem pape sororis insistunt et qui in pal. ap. et in pape tinello n. comedunt: prerog. ad instar pape fam. descript., gratis 16. mai. 73 V 661 537ᵛˢˢ – qui vig. gr. expect. par. eccl. in Munchpergk Bamberg. dioc. vac. p. o. Johannis Wrael acc. et qui litig. intendit desup. contra Sigismundum Zerer: de prorog. temp. intimandi ad 4 menses, Conc. ad 3 menses 4. mart. 76 S 741 188ᵛˢ – pape fam. ad servitium Fabie Franchete de Ruvere ut supra: motu pr. de can. et preb. eccl. b. Marie Huyen. Leod. dioc. (6 m. arg.) vac. p. o. Johannis Hoens 19. iun. 77 S 753 98ʳ – cui vig. gr. expect. de vicar. eccl. Bamberg. vac. p. o. Johannis Hebrer prov. fuit et qui desup. litig. coram ep. Nucerin. aud. locumtenenti contra Johannem de Sybrinsverch: de prorog. term. intimandi ad 6 menses, sola sign. 3. nov. 78 S 785 170ʳ – de par. eccl. s. Ciriaci in Wersen Salzeburg. dioc. (15 m. arg. p.) vacat. p. priv. Michaelis Lescher qui unac. d. par. eccl. al. par. eccl. absque disp. ultra mensem retin. vel p. resign. Georgii Swenttenkrieg 16. oct. 79 S 787 19ᵛ – presb. Bamberg. dioc. referens quod Judoco Trebesmulner cler. Bamberg. dioc. pape fam. de perp. s. c. vicar. in eccl. s. Jacobi e. m. Bamberg. vac. p. o. Georgii Rampach prov. fuit et deinde vig. gr. expect. de quadam al. vicar. selmessaria nunc. in eccl. Bamberg.

prov. fuit: de d. perp. vicar. in eccl. s. Jacobi (4 m. arg.) vac. p. assec. d. al. vicar. p. d. Judocum 5. ian. 80 S 788 236^v – cler. Bamberg. dioc. pape fam.: de par. eccl. in Werffen Salzeburg. dioc. (12 m. arg.) vac. p. o. Georgii Suennerkrieg et p. assec. par. eccl. in Haslach al. Trawnstain p. Georgium Ader qui d. par. eccl. absque disp. detin. 2. ian. 82 S 806 79^r.

6773 **Johannes de Tauwenberghe** rect. par. eccl. Abbenbroecken. Traiect. dioc. in Maximiliani ducis Austrie Burgundie obsequiis insistens: de n. prom. ad 7 an. 8. oct. 82 S 815 122^{rs}.

6774 **Johannes [Tegernpeck]** abb. mon. s. Emmerami o. s. Ben. Ratisbon.: de absol. ab iuram. visitandi lim. appl., Conc. ad 5 an. 7. ian. 76 S 732 126^v.

6775 **Johannes Teginck** rect. par. eccl. Dyngheden. Monast. dioc. et **Johannes Berken** prior ac **Lambertus Brunonis** procur. dom. sive mon. b. Marie in Pace ord. Cruciferorum siti infra lim. d. par. eccl. inter al. referentes quod ipsi concordaverunt quod prior etc. d. mon. haberent liberam sepulturam pro cadaveribus eorum omnium quodque prior etc. confessiones audire et verbum dei predicare val. quodque pro universis iuribus dd. prior etc. solverent d. pastori in festis paschalibus unum gravem fl. renen. monete elect. imper. boni auri et iusti ponderis: de conf. 13. aug. 82 S 813 155^v.

6776 **Johannes Teycher** cler. Prag. dioc. rect. par. eccl. s. Georgii in Sagritz Salzeburg. dioc.: de prom. ad omnes ord. extra temp., sola sign. 9. mai. 79 S 781 263^r – cui clericale caracter defuit et qui ante prom. ad maiores ord. primam tonsuram recip. debet: de ref., sola sign. 5. iun. 79 S 782 161^r.

6777 **Johannes Teyenbach** cler. August. dioc. in 18. sue et. an. constit.: de

par. eccl. s. Laurentii in Dregest (Trigest) Bamberg. dioc. (4 m. arg.) vac. p. resign. Alberti Harttelshover (Hartelszhofer) in manibus pape <p. manus Burcardi Seyz cler. Herbip. dioc. procur. substituti Johannis Horn presb. Herbip. dioc. procur. d. Alberti fact.> cui de eadem vac. p. resign. Fabiani de Wirsperg ex causa perm. prov. fuit 11. febr. 83 S 819 150^{rs}, m. (dec. eccl. s. Gumberti in Onolspach Herbip. dioc.) (exped. 27. febr. 83) L 829 185^{vss}.

6778 **Johannes de Teyteleben (Teyteleven, Thecteleben)** cler. Magunt. dioc. archid. banni orientalis in eccl. Halberstad. ex utr. par. de mil. gen.: de disp. ut unac. d. archidiac. (6 m. arg.) aliud incompat. benef. recip. val. 15.<14.>oct. 72 S 683 97^{vs}, V 678 315^{vss} – de can. et preb. eccl. b. Marie Isenacen. Magunt. dioc. (4 m. arg.) vac. p. o. Conradi Rasoris Calixti III. fam. 28. mart. 74 S 709 100^v.

6779 **Johannes Tenaen** cler. Colon. dioc. in art. licent. in cur. resid. in 22. sue et. an. constit.: de par. eccl. s. Wilhardi de Norden Bremen. dioc. (14 m. arg.) vac. p. o. cuiusdam Friderici et de disp. sup. def. et. 11. apr. 83 S 822 67^r.

6780 **Johannes Tenhagen** cler. Monast. dioc. perp. cap. capel. b. Marie Magdalene in Els Hildesem. dioc.: de prom. ad omnes ord. extra temp., sola sign. 8. ian. 73 S 686 27^{rs}.

6781 **Johannes Theobaldi de Dune** rect. par. eccl. s. Petri Detengue Trever. dioc. in utr. iur. bac. et de min. presidentia abbrev. c. quo sup. 2 incompat. benef. c. lic. perm. disp. fuit: de disp. ad 3 incompat. benef. etsi par. eccl. 5. mai. 78 S 769 12^v.

6782 **Johannes [Theoderici]** el. Tripolitan.: assign. pens. ann. 200 fl. renen. sup. fruct. mense episc. Cur. p. Ortlieb [de Brandis] ep. ac capit. eccl. Cur. persolv. (m. abbatibus mon. de Sancto Lucio et in Disentis Cur. dioc. ac Stephano de Caciis can. eccl. Vercellen.) 9. oct. 78 L 788 181^{rs} – indultum n. resid. et (postquam munus consecrationis rite susceperit) exercendi off. pontificalia in civit. et dioc. Cur. de lic. d. ep. 9. oct. 78 L 788 119^{rs} – oblig. sup. annat. pens. ann. 200 fl. renen. ut supra 18. febr. 79 A 27 159^v – solv. 67½ fl. adc. pro annat. pens. ut supra p. manus soc. de Spanochis 3. mart. 79 FC I 1133 215^v.

6783 Johannes Theoderici: solv. 202 fl. adc. pro communi [serv.] eccl. s. Maximini e. m. Trever. p. manus soc. de Spinellis 18. nov. 82 IE 506 88^v, IE 507 88^v.

6784 Johannes Theoderici laic. August. dioc. decr. doct. qui de mandato Ottonis [de Sonnenberg] ep. Constant. captus fuit et ab incarceratione liberationem aliter obtin.: motu pr. de absol. ab excom. et de lic. in Constant. dioc. conversandi 14. nov. 82 S 816 101^{vs}, m. (ep. Basil.), gratis V 674 462^{rss}.

6785 Ywanus Theodorici cler. Leod. dioc. pape fam. qui vig. gr. expect. par. eccl. rectoriam vulg. nunc. in Eptenaco Trever. dioc. vac. p. o. Johannis de Lacolapide (Larolapide) acc.: de nova prov. de d. par. eccl. (14 m. arg.) 15. mart. 76 S 741 134^r.

6786 Johannes Theoderici de Munkondam presb. Traiect. dioc.: m. (abb. mon. s. Adalberti Egmonden. Traiect. dioc.) confer. par. eccl. de Purmerlant Traiect. dioc. de iur. patron. Johannis vicecomitis de Monfort (14 l. gr. monete Flandrie = 50 fl. adc.) vacat. p. resign. Arnoldi Wilhelmi de Gorchem art. et med. doct. qui in 60. sue et. an. constit. et adeo senio confractus exist. c. reserv. pens. ann. 5 l. gr. monete Flandrie sup. fruct. d. par. eccl. p. d. Johannem persolv. 19. sept. 80 (exped. 12. oct. 80) L 806 229^r-230^v – cler. Traiect. dioc.: oblig. p. Henricum Raff cler. Basil.

sup. annat. par. eccl. de Purmerlant Traiect. dioc. (52 fl. adc.) de qua vacat. p. resign. Wilhelmi de Gorthem s. d. 1. oct. 80 sibi prov. fuit (in margine: die 23. oct. 80 solv. pro compositione annat. 22 fl. p. manus Antonii de Palacio) 23. oct. 80 A 29 97^r – solv. 22 fl. auri <adc.> pro annat. par. eccl. de Pormelant Traiect. dioc. p. manus Antonii de Palatio 31. oct. 80 FC I 1134 86^r, IE 502 19^r, IE 503 19^r.

6787 Johannes Theoderici de Zyrixzee cler. Traiect. dioc. cap. ad alt. s. Crucis in par. eccl. de Brilis Traiect. dioc. in cur. resid.: de prom. ad omnes ord. extra temp., sola sign. 12. ian. 82 S 806 199^r – rect. perp. capn. ad alt. ut supra: litt. testim. (vig. supplic. s. d. 12. ian. 82) sup. 4 min. et subdiacon. ord. s. d. 20. ian. 82, ad diacon. ord. s. d. 25. ian. 82, ad presbit. ord. s. d. 27. ian. 82 in basilica Principis appl. de Urbe 27. ian. 82 F 7 42^v – pro formata recip. not. pro bulla distributa 8 grossos ian. 82 DB 2 50^r.

6788 Johannes Tepedeholt: nova prov. de par. eccl. Traiect. [dioc.?] 72/73 I 332 278^v.

6789 Johannes Terschoet (ther Schoet) (de Grollis) cler. Monast. dioc.: de can. et preb. eccl. s. Ludgeri Monast. (4 m. arg.) vac. p. assec. decan. d. eccl. p. Bernardum Mumme 7. nov. 75 S 741 136^r – perp. vic. ad alt. ss. Victoris et Gereonis in eccl. s. Walburgis Zutphanien. Traiect. dioc. pape fam.: de prom. ad omnes ord. extra temp., sola sign. 1. apr. 79 S 779 271^{vs} – perp. vic. ad alt. ss. Victoris et Gereonis in eccl. s. Walburgis Zutphanien. Traiect. dioc. qui litig. coram ep. Sambien. in cur. resid. contra dec. et capit. d. eccl. sup. par. eccl. de Lochem Traiect. dioc. (mense capit. d. eccl. incorp.) et qui resign. in manibus pape: de assign. pens. ann. 22 fl. renen. sup. fruct. mense capit. d. eccl. p. dec. etc. d. eccl. persolv. et de disp.

ut d. pens. ann. unac. d. perp. vicar. (4 m. arg.) sub eodem tecto ad vitam retin. possit 29. apr. 79 S 781 47ʳ, de ref. S 781 47ʳ, m. (decanis eccl. s. Petri in Northen Magunt. dioc., eccl. s. Victoris Xancten. Colon. dioc. et eccl. s. Plechelmi Oldensalen. Traiect. dioc.) L 800 32ʳˢˢ – pape fam.: de par. eccl. s. Martini in Vorden Traiect. dioc. (4 m. arg.) vac. p. o. Everhardi de Hundersteyn vel p. resign. Johannis Theoderici de Ennes 3. mai. 79 S 781 69ʳ – perp. vic. ad alt. ss. Victoris et Gereonis in eccl. s. Walburgis Zutphanien Traiect. dioc.: restit. bulle sup. pens. ut supra 10. mai. 79 A 28 200ʳ.

6790 **Johannes Terrstedt (Therhoffstede)** cler. Traiect. dioc. pape fam. cui gr. expect. de can. et preb. eccl. b. Marie Reesen. Colon. dioc. et de benef. (ad coll. prout in litt. desup. confectis latius express. fuit <prep. etc. eccl. s. Lebuini Davantrien. Traiect. dioc.>) s. d. 28. ian. 78 conc. fuit: motu pr. de mutatione gr. expect. de d. benef. in can. et preb. eccl. s. Martini Emericen. Traiect. dioc. 3. sept. 79 S 786 87ʳˢ, PA 27 612ᵛˢˢ.

6791 **Johannes Terwen (Therwen)** dec. et can. eccl. Hildesem. mag. in art. cui de decan. d. eccl. Hildesem. (qui in colleg. ecclesiis et eccl. s. Johannis e. m. Hildesem. et aula episc. Hildesem. preeminentiam habet) (10 m. arg.) vac. p. o. Johannis Swanenflogel prov. fuit et qui litig. desup. coram aud. contra Henninghum van Hus tunc in min. ord. constit. nunc ep. Hildesem.: de surrog. ad ius d. Henninghi 13. aug. 73 S 694 261ʳˢ – de archidiac. in Modestorp in eccl. Verden. (4 m. arg.) vacat. p. resign. in manibus pape Johannis de Alten et de disp. ut unac. d. archidiac. decan. d. eccl. Hildesem. (10 m. arg.) necnon vicar. in d. eccl. Verden. (sup. qua lis coram aud. pendet) retin. val. 14. nov. 73 S 698 167ʳˢ – can. colleg. eccl. s. Crucis Hildesem.: de archidiac. in Tzerstede in

eccl. Hildesem. (6 m. arg.) vac. p. assec. scolastr. eccl. Hildesem. p. Theodericum de Alten 4. febr. 74 S 702 36ʳˢ – oblig. p. Tilemannum Brandes can. eccl. Hildesem. in cur. causarum procur. et Paulum Surinck not. pal. ap. coram Fantino de Valle aud. sup. prov. de decan. eccl. Hildesem. ut supra 25. febr. 74 A 23 31ʳ – solv. 25 fl. adc. pro annat. decan. d. eccl. 21. mai. 77 FC I 1133 61ʳ, IE 493 116ᵛ, IE 494 120ᵛ – decr. doct. qui ad ord. subdiacon. prom. fuit: de prom. ad omnes ord. extra temp., sola sign. 10. iun. 77 S 752 160ʳ.

6792 **Johannes Tessche (de Holt)** cler. Colon. dioc. et **Gherardus (Gerardus) de Harwen** rect. par. eccl. in Zedem Traiect. dioc. (sup. qua d. Gerardus litig. coram aud. contra certum adversarium): de prov. d. Johanni de d. par. eccl. (12 m. arg.) vacat. p. resign. in manibus pape d. Gerardi et de assign. d. Gerardo pens. ann. 20 fl. renen. 15. mai. 73 S 690 199ʳˢ – de perp. vicar. ad alt. ss. Huperti et Antonii ac al. ss. in par. eccl. s. Lupi Colon. de iur. patron. laic. (4 m. arg.) vac. p. resign. in manibus ordin. Dietmari Berswort licet Petrus van der Culen presb. Colon. eandem p. 3 an. vel circa detin. 29. mai. 73 S 691 54ʳ – de confic. litt. ut supra c. express. quod pensio sup. fruct. par. eccl. in Zedem ut supra 20 fl. renen. n. excedit (n. 3. partem) 1. iun. 73 S 691 105ᵛ – oblig. (p. Everardum Zoudenbalch prep. eccl. s. Servatii Traiecten. Leod. dioc. et collect. p. civit. et dioc. Traiect. recepta) sup. annat. par. eccl. in Zedem ut supra et eam n. est assec. 10. iun. 73 FC I 1232/181 10ᵛˢ – restit. bulle s. d. 1. iun. 73 sup. par. eccl. in Zedem ut supra 10. iul. 73 A 22 54ʳ – fit mentio ut procur. Martini de Cervotis archipresb. eccl. Arben. 17. iul. 77 L 776 208ᵛ-210ʳ – de can. et preb. c. ferculo eccl. s. Victoris Xancten. Colon. dioc. (10

m. arg.) vac. p. resign. Dominici de
Lovatis cler. Lauden. qui dd. can. et
preb. vac. p. o. Johannis de Ossen-
broek obtin. 18. mai. 78 S 769
102ᵛˢ, m. (decanis eccl. s. Martini
Leod. et s. Patrocli Susacien. Colon.
ac offic. Colon.) (exped. 26. mai.
78) L 782 101ʳˢˢ – can. eccl. s. Victoris Xancten. Colon. dioc.: oblig.
sup. annat. dd. can. et preb. ut supra
8. iun. 78 A 27 49ᵛ.

6793 Johannes de Tettekoffen sen. Constant. dioc. referens quod quond. Ru-
dolffus de Tettekoffen tunc rect. par.
eccl. in Guttingen Constant. dioc. in
eadem eccl. pro sue et progenitorum
suorum animarum salute perp. simplex benef. primissaria nunc. pro
300 fl. renen. ex suis bonis erexit: de
conf. d. benef. (4 m.) et de reserv.
iur. patron. 14. mai. 84 S 837 245ʳ.

6794 Johannes Tetenssen cler. Sleswic.
dioc. in art. mag.: de par. eccl. in
Milstede Sleswic. dioc. cui capel.
Husen (Huson) incorp. exist. (4 m.
arg.) vacat. p. resign. in manibus
pape Hinrici Schuver Martini V.
fam. 14. decb. 79 S 788 69ʳˢ, m.
(cant. eccl. Sleswic.) L 801 96ᵛˢˢ.

**6795 Johannes Theteus [recte: The-
tens]:** prov. de can. et preb. Lubic.
[dioc.?] vac. p. resign. 80/81 I 334
123ʳ.

6796 Johannes de Theveren cler. Colon.
dioc.: motu pr. de gr. expect. de can.
et preb. necnon de benef. ad coll.
quorumcumque et de prerog. ad instar pape fam. descript., Et s. d. 17.
nov. 81 26. ian. 84 S 830 76ʳ.

6797 Johannes Theves: solv. 27 fl. adc.
pro compositione annat. par. eccl. b.
Marie in Frauburg Constant. dioc. p.
manus Johannis Olman 22. ian. 77
IE 493 61ʳ, IE 494 65ʳ.

6798 Johannes Textoris acol. Nuemburg.
dioc. perp. benefic. ad alt. s. Margarete in dom. prepos. eccl. Merseburg. in cur. resid.: de prom. ad omnes ord. extra temp., sola sign. 4.
iun. 84 S 837 62ʳˢ.

6799 Johannes Textoris de Alsenhausen
cler. Eistet. dioc. perp. benefic. primissarius nunc. in par. eccl. Schlucht
Ratisbon. dioc.: de prom. ad omnes
ord. extra temp., sola sign. 3. decb.
73 S 699 88ʳˢ.

6800 Johannes Tyde presb. Camin. dioc.
qui ad perp. vicar. ad alt. b. Marie in
capel. prepos. vulg. nunc. in colleg.
eccl. s. Nicolai Gripswolden. Camin.
dioc. vac. p. o. Johannis Pesszkolven
(Poskolven, Poskewen) p. mediam
partem patron. d. vicar. Ludovico
[de Eberstein-Neugarten] postulato
ad eccl. Camin. present. fuit et qui
litig. desup. coram d. Ludovico et
deinde coram Joachino Conradi tunc
can. d. eccl. et Marino [de Fregeno]
ep. Camin. et postmodum coram
Gundisalvo de Villadiego aud. contra Johannem Riken (Kiken) cler. qui
p. al. partem d. patron. d. Ludovico
etiam present. fuit: <m. (Gundisalvo
de Villadiego aud.)> de prov. si neutri de eadem (2 m. arg.) 19. apr. 83 S
822 41ʳˢ, gratis V 630 277ʳ-279ʳ.

6801 Johannes (Tideln) o. pred.: notitia
sup. prov. de eccl. Missinen. et sup.
lic. exercendi pontificalia in civit. et
dioc. Minden. c. reserv. pens. ann.
200 fl. renen. sup. fruct. d. eccl. in
consistorio ad relationem [Johannis
Arcimboldi] card. Novarien. 6. febr.
77 OS 82 103ᵛ, OS 83 73ᵛ – el.
Missinen.: assign. pens. sup. mensa
eccl. Minden. 76/77 I 333 214ᵛ – cui
p. papam conc. fuit ut extra civit. et
dioc. Missinen. in dioc. Minden.
pontificalia officia exercere val.:
conc. ut quoad vixerit et quotiescum-
que ab aliquo ep. requisitus fuerit in
illius ep. civit. et dioc. pontificalia
exercere val. 27. sept. 77 S 758
129ʳ – el. Missinen.: obtulit cam. ap.
et collegio card. 10 fl. adc. pro val.
unius balliste p. Jacobum Spinis
merc. Florentin. soc. et institorem d.
soc. ratione prov. s. d. 31. ian. 77 (in
margine: d. die solv.) 25. oct. 77 Paris L 25 A 9 23ʳ – el. Missinen.:
oblig. p. Jacobum Spini merc. Flo-

rentin. sup. annat. pens. ann. 200 fl. renen. sup. fruct. mense episc. Minden. de consensu Henrici [de Holstein et Schaumburg] ep. Minden. eidem p. bullam s.d. 31. ian. 77 assign. 25. oct. 77 A 26 87^v – solv. 67^1/2 fl. adc. (= 90 fl. renen.) pro annat. pens. ann. eidem sup. fruct. mense episc. Minden. assign. p. manus soc. de Spinellis 12. ian. 78 FC I 1133 125^r, IE 495 92^r, IE 496 96^r, IE 497 95^r – solv. 10 fl. adc. pro ballista d. eccl. p. manus soc. de Spinellis 12. ian. 78 IE 495 92^v, IE 496 96^v, IE 497 95^v – ep. Missinen. cui de d. eccl. prov. fuerat et lic. n. resid. ac exercendi pontific. in civit. et dioc. Minden. conc. fuit: lic. exercendi pontific. in quibusvis civit. et dioc. p. Alamaniam constit. de assensu aep. vel ep. dioc. 9. decb. 80 L 805 292^{rs} – restit. bulle sup. facult. quod possit exercere pontificalia p. totam Alamaniam de consensu ordin. ut supra 7. ian. 82 A 30 208^r – solv. 285 fl. adc. pro residuo serv. commun. d. eccl. p. manus soc. de Franciottis 27. apr. 84 IE 510 11^v, IE 510 126^v.

6802 **Johannes (Leonardus) Tiffer** qui olim p. civit. et dioc. Constant. et Cur. ap. collect. exist. et qui can. et preb. eccl. s. Stephani Constant. resign. proponit et **Johannes Ulmer** cler. Constant.: de adm. resign. d. Johannis Tiffer et de prov. d. Johanni Ulmer de dd. can. et preb. (6 m. arg.) ac de assign. d. Johanni Tiffer pens. ann. 40 fl. renen. sup. fruct. par. eccl. in Megloff Constant. dioc. (120 fl. renen.) p. Johannem Sattler rect. d. par. eccl. qui d. pens. consensit persolv. 14. iul. 80 S 794 275^{vs} – presb. Constant. (dioc.): solv. 13^1/2 fl. adc. pro annat. pens. ut supra p. manus Johannis de Bletz 19. aug. 80 FC I 1134 72^v – oblig. p. Johannem Blecz cler. Constant. dioc. sup. annat. pens. ut supra (in margine: 21. aug. 80 solv. pro compositione annat. 13 fl. pro val. 18 fl. renen.) 21. aug. 80 A 29 67^v.

6803 **Johannes Tilen** presb. Havelberg. perp. vic. in eccl. Magdeburg.: de par. eccl. ville Brardeleve Magdeburg. dioc. (4 m. arg.) vac. p. o. Jacobi Kater, n. o. perp. vicar. ad alt. N. in eccl. Magdeburg. (4 m. arg.) 28. oct. 77 S 696 69^v.

6804 **Johannes de Tilli** rect. par. eccl. de Zandick (Zamdinch) Traiect. dioc. in utr. iur. licent. ex utr. par. de nob. gen.: de disp. ut unac. d. par. eccl. (50 l. T. p.) aliud incompat. benef. recip. val. 15. decb. 72 S 685 110^{vs}, L 724 205^{vs}, 5. mart. 73 S 688 141^{vs}.

6805 **Johannes de Tilia (Dilia)** presb. Colon. dioc. referens quod ipse litig. contra Johannem Jenge (Lenge, Jinge) sup. can. et preb. in eccl. b. Marie in Capitolio Colon. et par. eccl. in Efferen (Essen) Colon. dioc. quodque deinde in favorem d. Johannis Jenge dd. can. et preb. renuntiavit: de assign. pens. ann. 10 fl. renen. (pro quolibet fl. 4 m. monete in civit. et dioc. Colon.) sup. fruct. d. par. eccl. (4 m. arg.) <c. assensu suo p. Johannem Cabebe can. eccl. s. Andree Colon. procur. express.> in civit. Colon. persolv. 11. mart. 79 S 779 77^{rs}, (exec. decani eccl. ss. Appl. Colon. et eccl. s. Cuniberti Colon. ac eccl. s. Andree Colon.) V 607 161^v-163^r, 22. apr. 79 S 785 144^r.

6806 **Johannes Tilmani Sutoris, Guillelmus Michaelis, Petrus Schaffmanperger, Sebastianus Stetner** inter 139 Roderici [de Borja] card. ep. Albanen. vicecancellarii fam. et dilectos seculares et quorumcumque ordinum regulares enumerati: supplic. d. ep. de gr. expect. de 2 can. et preb. usque ad summam [...] /. et de 2 benef. ad coll. quorumcumque et de disp. ad 2 incompat. benef., Et s.d. 1. ian. 72 S 670 102^r-104^r – et **Petrus Schaffmanperger** inter 83 Roderici [de Borja] ut supra fam. et dilectos seculares et quorumcumque ordinum regulares enumerati quibus gr. expect. s. d. 1. ian. 72 conc. fuit:

supplic. d. Roderico de prerog. ad instar pape fam. descript. 13. iul. 73 S 693 241ʳ.

6807 Johannes Tyman (Tymain, Tymanni) cler. Traiect. dioc. in art. mag.: de prepos. rurali in Liidenze terre Frisie Monast. dioc. (4 m. arg.) vac. p. o. Johannis Stricker 10. apr. 84 S 834 174ᵛˢ, m. (abb. mon. in Rotum Monast. dioc. ac prep. eccl. s. Johannis Traiect. ac offic. Monast.) (exped. 29. apr. 84) L 836 63ʳˢˢ – de perp. vicar. ad alt. s. Antonii in par. eccl. s. Martini op. Groninghen. Traiect. dioc. (4 m. arg. p.) vac. p. o. Johannis Stricker (Strieber) 11. apr. 84 S 834 100ᵛ, m. (abb. mon. in Rottum Monast. dioc. et prep. eccl. s. Johannis Traiect. ac offic. Traiect.) (exped. 30. apr. 84) L 834 183ʳˢˢ.

6808 Johannes Titel rect. par. eccl. b. Marie virg. in Selern August. dioc. et **Cristofferus Gogkel** rect. par. eccl. in Kel August. dioc. et **Petrus Mittag** rect. par. eccl. in Finckenhausen Herbip. dioc.: de prom. ad omnes ord. extra temp. [deest sola sign.] 26. nov. 72 S 684 149ᵛ – rect. par. eccl. b. Marie virg. in Sobern August. dioc.: litt. testim. sup. prom. (vig. conc. s. d. 26. nov. 72) ad diacon. ord. s. d. 13. decb. 72 in eccl. s. Bartholomei de Insula in Urbe, ad presbit. ord. s. d. 19. decb. 72 in sacristia basilice Principis appl. in Urbe 19. decb. 72 F 6 83ᵛ.

6809 Johannes Togbuger presb. August. dioc. cui de perp. s. c. benef. ad alt. ss. 12 Appl. in par. eccl. b. Marie op. Hochsteten. August. dioc. vac. p. o. Udalrici Scholer p. Jeronimum [de Santucciis] ep. Forosempronien. ap. nuntium prov. fuit: de nova prov. de d. benef. (6 m. arg.) 10. apr. 75 S 717 249ᵛˢ.

6810 Johannes Toll de Kelkeke cler. Colon. dioc. <in art. mag.> inter al. referens quod cum ad nuptias cuiusdam sui cognati celebrandas invitatus fuerit Petrus Mollenbach prandio facto choream c. quadam virgine ducens ipsum pede calcavit et ipse passionatus d. virginem ex manibus d. Petri erupit choream continuare studens ac d. Petrus se iniuriatum credens gladium extraxit et unus alium etiam usque ad sanguinis effusionem n. tamen letaliter vulneravit necnon cum contentio p. amicos hincinde sedata fore credebatur d. Petrus plus armis muniens ipsum aggressus est et quod Jacobus Toll fr. germanus d. Johannem defendendo suo gladio d. Petrum in capite percussit ut altera die sequente sublatus est et quod ipse unacum fr. procurante c. amicis defuncti pacem consecutus est et culpabilis n. exist.: de habil. ut ad omnes ord. prom. et in alt. ministerio famulari et quodcumque benef. retin. possit, Conc. citra ministerium alt. 27. febr. 81 S 802 54ᵛ, 4. ian. 82 S 806 43ᵛ.

6811 Johannes Tolhoff (Tolhopff, Talhoff, Tolboch) [1. pars 2 partium] cler. Ratisbon. dioc. Ludovici ducis Bavarie fund. univ. [studii Ingolstaden. Eistet. dioc.] et Georgii primogeniti d. Ludovici missus pro certis negotiis qui litig. coram scolast. eccl. Eistet. et deinde coram Hieronimo [de Porcariis] aud. contra Wilhelmum Vecher: de committ. alicui prelato in partibus p. d. Johannem nominando 8. mart. 76 S 735 226ʳˢ – in art. mag.: de can. et preb. eccl. Wratislav. (6 m. arg.) vac. p. o. Johannis Schantlein 7. decb. 76 S 746 128ʳˢ – Hedewigis fil. Cazimiri regis Polonie nate ac Basse Alteque Bavarie ducisse et Georgii palatini Reni et Bavarie ducis uxoris dilectus: motu pr. gr. expect. s. d. 1. ian. 72 de 2 benef. ad coll. ep. etc. Ratisbon. et ep. etc. Bamberg. (exec. ep. Tirasonen. et Stephanus de Caciis can. eccl. Vercellen. ac offic. Bamberg.), gratis 25. ian. 77 V 666 274ʳ-279ʳ – oblig. sup. annat. gr. expect. ut supra 22. febr. 77 A 25 121ᵛ – de par. eccl. s. Martini in Purkerszent Ratisbon.

dioc. (4 m. arg.) vac. p.o. Johannis Swab 2. apr. 77 S 749 166ᵛ – referens quod emolumenta stipendia nunc. tam Lipzen. Merseburg. dioc. quam Ingolstaten. Eistet. dioc. universitatum colleg. obtin.: motu pr. de percip. fruct., Et p. breve 26. apr. 77 S 750 269ᵛ – cler. Bamberg. dioc. in art. mag. Mathie regis Hungarie et Boemie astrologus qui inter al. par. eccl. in Mackersdorff Ratisbon. dioc. obtin. et archidiac. eccl. Strigonien. ac par. eccl. in Newckyrff Bamberg. dioc. (sup. quibus litig. contra certos adversarios) ultra mensem detin.: de rehab. et de nova prov. de d. archidiac. et d. par. eccl. unac. can. et preb. eccl. Strigonien. (insimul 24 m. arg.) ad de disp. ut 3 incompat. benef. etsi 2 par. eccl. ad vitam retin. possit 24. febr. 81 S 802 127ᵛ – cler. Ratisbon. dioc. rect. par. eccl. in Neunkirchen Bamberg. dioc. qui litig. coram Johanne [de Ceretanis] ep. Nucerin. aud. locumtenenti contra Johannem Per et Eckarium Czentgraff clericos sup. d. par. eccl.: de prov. si nulli de eadem (12 m. arg. p.) vac. p.o. Johannis Heberer 24. febr. 81 S 800 150ᵛˢ – Mathie regis Hungarie astrologus: disp. ad 3 incompat. benef., gratis 2. mart. 81 V 674 457ᵛˢˢ – qui reus litig. coram Johanne Francisco [de Pavinis] aud. contra Martinum Tumpeck cler. et Burkardum Seyrt cler. sup. par. eccl. seu illius perp. vicar. in Makerdorff Ratisbon. dioc. vac. p.o. Johannis Hacker quond. Johannis [Cervantes] card. ep. Ostien. vicecamerarii fam.: de prov. si nulli de eadem (12 m. arg. p.) 12. mart. 81 S 800 283ᵛ – prov. de can. et preb. Wratislav. [dioc.?] vac. p.o. 80/81 I 334 250ʳ – oblig. sup. annat. can. et preb. eccl. Wratislav. ut supra de quib. vac. p.o. Johannis Schaurlein s.d. 7. decb. 76 sibi prov. fuit et promisit solv. infra 6 menses quia docuit de intruso p. testes 12. apr. 82 Paris L 26 A 10 6ʳ – qui s.d. 7. oct. 76 in pape cubic. et fam. receptus fuit: de prerog. pape

cubic. et fam. descript. in absentia, gratis sola sign. 7. mai. 82 S 810 174ᵛˢ – pape fam. qui in possessione par. eccl. s. Michaelis in Mockerdorf Ratisbon. dioc. (sup. qua litig.) exist. referens quod Martinus Tumbeck presb. Ratisbon. dioc. Gasparem Anstralem cler. Patav. dioc. crudeliter interficere necnon Venerslaum Modelen cler. in manu mutilare n. expavit: de d. par. eccl. s. Michaelis (12 m. arg.) vacat. p. priv. d. Martini vel p.o. Johannis Hacker cler. et de committ. in partibus 21. mai. 82 S 811 86ʳˢ – referens quod ipse litig. in cur. contra Martinum Tumbeck presb. Bamberg. dioc. et al. sup. par. eccl. in Mockersdorff Ratisbon. dioc. (12 m. arg. p.) et quod d. Martinus instrumenta falsa confici procurabat: m. (abb. mon. in Castel et abb. mon. in Spainshart (Spamshart) Ratisbon. dioc. ac scolast. eccl. Ratisbon.) prov. de d. par. eccl., n.o. par. eccl. b. Marie in Nuenkirchen Bamberg. dioc. (10 m. arg. p.), can. et preb. eccl. Ratisbon. (8 m. arg. p.) ac can. et preb. eccl. s. Johannis Wratislav. (6 m. arg. p.) sup. quib. litig. in cur. c. obligatione quod in eventum assec. d. par. eccl. in Mockersdorff d. par. eccl. b. Marie dim. debeat, gratis 27. iun. 82 (exped. 9. sept. 82) L 821 28ʳˢˢ – et **Euckarius Zcengraff** cler. Herbip. dioc. pape fam. litigantes in cur. sup. par. eccl. Neukirchen. Bamberg. dioc.: de prov. si neutri de d. par. eccl. (10 m. arg.) 10. sept. 82 S 814 33ʳˢ.

6812 **Johannes Tolhoff** [2. pars 2 partium]: oblig. sup. annat. par. eccl. in Mochersdorff Ratisbon. dioc. (12 m. arg. p.) de qua vacat. p. priv. Martini Tumbeck s.d. 28. mai. 82 sibi prov. fuit (in margine: promisit solv. in cur. infra 6 menses quia priv. in forma iur.) 10. sept. 82 Paris L 26 A 10 94ʳ – <referens quod vig. litt. reserv. par. eccl. in Nuemchercken Bamberg. dioc. (14 m. arg.) vac. p.o. Johannis Heberer acc.> et litig. desup.

in cur. <coram Johanne [de Cere-
tanis] ep. Nucerin., Gaspare de Theramo et Johanne Francisco de Pavinis aud.> contra <Johannem Peer et>
Echarium Zentgref: de surrog. ad ius
d. Echarii qui in cur. obiit <et disp.
ad 2 incompat. benef. et prov. de d.
par. eccl., n. o. can. et preb. eccl. Ratisbon. (10 m. arg.) et can. et preb.
eccl. Wratislav. (6 m. arg.) sup. quib.
litig. in cur. et n. o. quod sibi de par.
eccl. in Moreysdorff Ratisbon. dioc.
(12 m. arg.) prov. fuit ea condicione
ut d. par. eccl. in Nuenckercken dim.
debeat et postea ut unac. par. eccl. in
Nuenckercken par. eccl. in Mockersdorff retin. val. disp. ad 2 incompat.
benef. obtin.> 12. sept. 82 S 814
116^v, m. (dec. eccl. s. Ludgeri Monast. et Georgio de Ansses can. eccl.
Bamberg. ac Johanni Lochner can.
eccl. Ratisbon.), gratis V 622 44^r-
47^r – pape astrologus litig. coram
Johanne Francisco de Pavinis aud.
contra quond. Johannem Nogelem
sup. can. et preb. eccl. Wratislav. (6
m. arg.): de surrog. ad ius d. Johannis 24. sept. 82 S 814 140^r – c. quo
ad 2 incompat. benef. etsi par. eccl.
auct. ap. disp. fuit: de disp. ad 3. incompat. benef. et de n. prom. ad 7
an. c. oblig. ut se infra 2 an. ad subdiacon. ord. prom. et ut par. eccl.
Nuenkerchen. Bamberg. dioc. tenere
val. et de n. resid. et de percip. fruct.
ad 3 an. 24. sept. 82 S 814 159^{rs},
(exec. ep. Glandaten. et ep. Cervien.
ac offic. Ratisbon.), gratis V 622
135^r-138^r – not. recip. pro bulla distributa 5 grossos sept. 82 DB 1
146^v – c. quo ad 2 incompat. benef.
disp. fuit et qui litigavit in cur. contra Martinum Tumpeck cler. Bamberg. dioc. sup. par. eccl. in Mo-
ckerstorff (Makendorf) Ratisbon. dioc. (12 m. arg.) vac. p. o. Johannis
Habret (Haker) et qui litigavit in cur.
sup. par. eccl. b. Marie Nuemkrchen
(Nuembrughen.) Bamberg. dioc. (10
m. arg.): de decl. litt. desup. perinde
val. acsi in litt. mentio facta n. fuisset quod disp. ad 2 incompat. benef.

obtin. 16. oct. 82 S 815 38^r – recip.
not. pro bulla distributa 3 grossos et
2 grossos oct. 82 DB 1 148^v – qui
litig. coram Henrico de Parspergk
scolast. eccl. Ratisbon. et in cur.
contra Martinum Tumpeck presb.
Bamberg. dioc. qui crimen falsi et
homicidium voluntarium commisit
et Wegenslavem Nodler cler. Bamberg. dioc. in manu mutilavit sup.
par. eccl. in Maykersdorff Ratisbon.
dioc.: m. (dec. eccl. Veteris Capelle
Ratisbon. et dec. eccl. s. Johannis
Ratisbon.) prov. de d. eccl. (12 m.
arg. p.) vac. p. priv. d. Martini, gratis
28. mart. 84 V 642 191^{rss}, de ref. 28.
mart. 84 S 834 4^r – oblig. sup. annat. par. eccl. in Magkersdorff Ratisbon. dioc. ut supra (in margine: die
11. febr. 85 habuit al. bullam sup. m.
et prov. de d. par. eccl. etsi vac. p.
resign. d. Martini c. express. fruct.
ad 12 m. et ratificavit d. oblig.) 10.
apr. 84 A 32 83^r – motu pr. de gr.
expect. de can. et preb. necnon de
benef. ad coll. quorumcumque et de
prerog. ad instar pape fam. descript.,
Et s. d. 17. nov. 81 1. iul. 84 S 830
164^r – rect. par. eccl. Neunkirchen.
(Nonnkerchen) Bamberg. dioc.:
motu pr. de alt. port. c. clausula ante
diem et in locis interd. et de lic. arrendandi pro fruct. trienniis ad vitam
et de indulto ut butiro et al. lactici-
niis diebus quadragesimalibus vesci
val. et de prerog. ad instar pape fam.
descript. 4. iul. 84 S 837 219^{rs} – referens quod perp. capn. in Lauff,
perp. capn. in Rotenbach et perp.
capn. in Herolsperg (cuiuslibet 4)
que filiales par. eccl. in Neunkerchen (10 m. arg.) ut supra existunt et
p. rect. d. par. eccl. in Neunkirchen
reguntur: de uniendo dd. perp. capel.
parochiali eccl. b. Marie virg. in
Neunkerchen ad vitam d. Johannis et
de disp. ad 2 incompat. benef. sub
eodem tecto et de indulto resign. vel
perm. 22. iul. 84 S 838 142^{rs} – motu
pr. de recip. in acol. pape et sed. ap.
et de prerog. ad instar pape fam. descript. etiam in absentia ad an. 4.
aug. 84 S 838 260^v.

6813 **Johannes Tolner (Tulner)** perp. vic. sive cap. ad alt. ss. Philippi et Jacobi in eccl. op. Montis s. Gertrudis Leod. dioc.: de prom. ad omnes ord. extra temp., sola sign. 31. oct. 75 S 729 180^v – cler. Leod. dioc. cui gr. expect. de can. et preb. in eccl. s. Georgii Colon. necnon benef. ad coll. ep. etc. Osnaburg. et prerog. ad instar pape fam. etc. motu pr. s. d. 3. apr. 78 conc. fuerunt: de mutatione coll. de coll. ep. etc. Osnaburg. ad coll. sec. vel reg. p. d. Johannem in confic. litt. elig. et de lic. gaudendi privil. in prioribus litt. appositis, Conc. motu pr. 25. mai. 79 S 782 117^{vs} – pape fam.: de nova prov. de perp. vicar. in eccl. ss. Petri et Pauli Osnaburg. (4 m. arg.) vac. p. o. Volquini Peregerhagen 5. iun. 79 S 783 23^r – cui gr. expect. ut supra conc. fuerunt: motu pr. de reval. et de decl. litt. desup. perinde val. acsi temp. dd. litt. pape fam. fuisset et benef. in eccl. Osnaburg. minime acceptasset 29. iul. 79 S 784 100^r – cui gr. expect. ut supra conc. fuit: motu pr. de reval. et de prerog. ad instar pape fam. descript. ac de decl. litt. desup. perinde val. acsi d. gr. expect. ad coll. p. eum eligendum conc. fuisset necnon de lic. perm. 9. aug. 80 S 795 206^{rs} – cler. Leod. dioc. pape fam.: motu pr. de gr. expect. de can. et preb. necnon de benef. ad coll. quorumcumque, Et s. d. 17. nov. 81 S 803 162^{rs}.

6814 **Johannes Thomasen** cler. Gneznen. dioc. ex utr. par. de nob. gen.: de nova prov. de perp. capn. ad alt. b. Stanislai in eccl. Gneznen. (8 m. arg.) vac. p. resign. Stanislai de Zwielew (/.) 23. sept. 79 S 786 271^r.

6815 **Johannes Thome** cler. Constant. dioc. in art. mag. pape fam.: motu pr. de gr. expect. de can. et preb. necnon de benef. ad coll. quorumcumque, Et s. d. 17. nov. 81 28. apr. 84 S 830 150^r.

6816 **Johannes [Tonarius]** abb. et conv. mon. s. Mathie o. s. Ben. e. m. Trever. referentes quod perp. vicar. par. eccl. s. Medardi e. m. Trever. (3 m. arg.) d. monasterio p. Paulum II. unita fuit et quod commode p. monach. d. mon. gubernari possit: de conf. 4. nov. 77 S 760 23^{rss} – referentes quod Johannes [de Baden] aep. Trever. mon. monial. s. Germani o. s. Aug. Trever. (4 m. arg.) d. monasterio univit: de conf. 4. nov. 77 S 760 24^{rs} – abb. mon. s. Mathie Trever. et **Johannes [de Breda]** abb. mon. b. Marie ad Martires Trever. ac **Theodericus [Hadedorn]** abb. mon. s. Ludgeri in Werdena Colon. dioc. necnon **Arnoldus [de Clivis]** abb. mon. in Mediolacen. [= Mettlach] Trever. dioc. presidentes et diffinitores et **Adam [Meyer]** abb. mon. s. Martini Colon. et **Adam [de Hertzenradt]** abb. mon. s. Nicolai in Bruwilre [= Brauweiler] Colon. dioc. procuratores capituli provincialis o. s. Ben. Trever. et Colon. dioc. provinciarum referentes quod olim ipsi in d. capit. celebrato singulos abb. et priores qui ad d. capit. n. accesserant iuxta statuta condemnarunt et quod abbates et conv. universorum mon. o. s. Ben. in civit. et dioc. Leod. ad prep. eccl. s. Georgii Colon. et dec. eccl. s. Martini Leod. litt. desup. impetrarunt et quod abbates n. decedentes de dd. civit. ac dioc. coram Henrico Bormans dec. d. eccl. s. Martini in civit. Leod. in causam traxerunt quodque Ludovicus [de Burbonio] ep. Leod. ipsos minationibus prosequebatur quibus ex causis ipsi d. op. absque periculo personarum et rerum suarum accedere n. audebant: m. (decanis eccl. s. Cuniberti Colon. et eccl. s. Georgii Colon. ac eccl. s. Martini Kerpen. Colon. dioc.) committ. in partibus 7. nov. 80 L 808 243^{rss}.

6817 **Johannes Thone (Thome) (de Warborch)** cler. Paderburn. dioc. legum doct.: de can. et preb. [eccl.]

Cyzsen. Nuemburg. dioc. (4 m. arg.) vac. p. o. Johannis Russer de Fulda 2. ian. 79 S 776 286^v – dec. eccl. s. Lebuini Davantrien. Traiect. dioc. cui cura imminet animarum: de disp. ut unac. d. decan. al. 2 incompat. benef. recip. val. etsi 2 par. eccl. ad vitam c. lic. perm. 5. ian. 79 S 777 2^r – de can. et preb. eccl. b. Marie intra muros et s. Albani e. m. Magunt. (insimul 16 m. arg.) vac. p. o. Volperti Derss D[ominici de Ruvere] tit. s. Vitalis presb. card. fam. not. ap. et Pii II. cubic. et fam. vel p. resign. d. Dominici (litt. desup. minime confectis) 13. ian. 79 S 776 199^r.

6818 **Johannes Topp (Cop)** cui de par. eccl. s. Liborii in Relinckercken (Relnickercken) [recte: Reylekerken] Paderburn. dioc. (4 m. arg. p.) vac. p. o. Arnoldi Hocker vig. gr. expect. de benef. ad coll. ep. etc. Monast. et ep. etc. Paderburn. prov. fuit: de nova prov. de d. par. eccl. (4 m. arg. p.) 8. iun. 82 S 813 327^v, m. (ep. Nucerin. et dec. eccl. ss. Petri et Andree Paderburn. ac dec. eccl. s. Ludgeri Monast.) (exped. 13. mart. 83) L 826 8^{rss} – cler. Monast. dioc. qui vig. gr. expect. par. eccl. s. Liborii de Reylekerken ut supra acc. et litig. desup. coram ep. Nucerin. aud. locumtenenti contra Bertholdum Stopff: de prov. si neutri de d. par. eccl. (24 l. T. p.) 6. nov. 82 S 815 197^{rs}.

6819 **Johannes de Tornaco** rect. par. eccl. s. Martini in Curtis Meten. quond. Guillermi [de Stagno] tit. s. Sabine presb. card. fam.: de lic. perm. d. eccl. quam obtin. 1. oct. 77 S 758 280^{rs}.

6820 **Johannes Torti sen.** presb. Basil. dioc.: reserv. pens. ann. 8 fl. adc. sup. fruct. par. eccl. s. Benigni de Dompnobenigno Bisuntin. dioc. (24 fl. adc.) vac. p. priv. Stephani Polveti presb. Bisuntin. dioc. p. Gerardum Felix rect. d. par. eccl. (c. assensu suo p. Wernerium Vacquelim

cler. Bisuntin. dioc. procur. fact.) persolv. (m. dec. eccl. s. Maymboldi de Montebiligardi Bisuntin. dioc. et Guidoni de Morraul can. eccl. Bisuntin. ac offic. Bisuntin.) 22. iun. 79 L 800 225^{rss}.

6821 **Johannes Thosz** presb. Nuemburg. dioc.: de perp. vicar. in eccl. Reval. (4 m. arg.) vac. p. o. Johannis Sweder 18. ian. 80 S 789 108^v.

6822 **Johannes Tove (Tout)** cler. Argent. in decr. licent. c. quo sup. def. nat. (p. s.) et ad 2 incompat. benef. disp. fuit ac qui vig. gr. expect. capn. ad coll. abba. etc. in Syla op. Sletstat et capn. ss. Spiritus et Michaelis in Gerpolzhem Argent. dioc. s. d. 16. nov. 74 acc.: de disp. ut unac. d. capn. aliud incompat. benef. retin. val. c. lic. perm. 11. apr. 78 S 768 135^{rs} – perp. cap. ad alt. ss. Spiritus et Michaelis in par. eccl. in Geispolizheim Argent. dioc. c. quo sup. def. nat. (p. s.) et ad 2 incompat. benef. auct. ap. disp. fuit et cui gr. expect. de 2 benef. ad coll. ep. etc. Argent. ac prep. etc. eccl. s. Petri iun. Argent. et archid. eccl. Argent. conc. fuerat et qui deinde auct. ordin. perp. s. c. capn. ac al. perp. s. c. capn. ad d. alt. obtin.: disp. uberior ad unum al. c. predictis compat. benef. 11. apr. 78 L 784 183^{rs}.

6823 **Johannes Traber** acol., cap. ad alt. Omnium ss. in par. eccl. s. Michaelis in Petten Spiren. dioc.: de prom. ad omnes ord. extra temp., sola sign. 29. apr. 83 S 822 281^v – cap. ad alt. ut supra in par. eccl. s. Michaelis in Prenen Spiren. dioc.: litt. testim. (vig. supplic. s. d. 29. apr. 83) sup. prom. ad subdiacon. ord. s. d. 6. mai. 83, ad diacon. ord. s. d. 8. mai. 83, ad presbit. ord. s. d. 11. mai. 83 in eccl. b. Marie de Regina celi in burgo s. Petri in Urbe 11. mai. 83 F 7 86^v.

6824 **Johannes Trach** cler. Spiren. qui litig. coram Johanne [Diaz de Coca] ep. Calaguritan. aud. locumtenenti et deinde coram Johanne de Cesarinis contra Bernardum Fabri cler. Spiren. dioc. (nunc resign. in manibus pape) sup. perp. capn. ad alt. b. Marie virg. et Omnium Angelorum sup. novo ossorio in cimiterio colleg. eccl. s. Thome Argent. de iur. patron. laic. vac. p. o. Sigillini Mench sive p. resign. Johannis Kuning in favorem d. Sigillini: de prov. de d. capn. (4 m. arg.) 10. mai. 73 S 695 121^{rs}.

6825 **Johannes Trapp** cler. Bamberg. (similiter **Nicolaus Cringk** cler. Bamberg., **Ulricus Peypos** cler. Bamberg., **Johannes Trunck** cler. Bamberg. dioc.): de gr. expect. de 2 benef. ad coll. quorumcumque etsi can. et preb., Et s. d. 1. ian. 72 S 670 283^{vs}.

6826 **Johannes de Trasberch de Campis** presb. Traiect. dioc. pape fam.: de perp. capn. ad alt. s. Egidii in eccl. s. Thome Argent. (4 m. arg.) vac. p. o. in cur. Jacobi Scherg 3. oct. 77 S 760 296^{vs}.

6827 **Johannes (Trauttmonstorffer)** abb. etc. mon. s. Blasii Admunden. o. s. Ben. Salzeburg. dioc.: de conf. privil. a Pascale II., Innocentio III., Lucio II., Alexandro III., Gregorio, Urbano et Bonifatio sive a Conrado I., Eberhardo I., Conrado II., Alberto [de Bohemia] aep. Salzeburg. necnon a Friderico I., Friderico II. et Ottone imper. ac regibus et principibus Henrico, Leopoldo et Otthardo ducibus Austrie conc. 9. mart. 75 S 715 135^v – abb. mon. s. Blasii ut supra: lic. elig. confess. et rem. plen. 23. mai. 75 L 738 289^v.

6828 **Johannes Trawb** cler. Herbip. dioc.: de par. eccl. s. Michaelis in Kirchem Herbip. dioc. (4 m. arg.) vac. p. n. prom. Petri de Nassaw qui d. par. eccl. p. an. et 4 menses detin. et de disp. sup. def. corp. (maculam in oculo dextro habens) 18. apr. 74 S 707 5^{rs}.

6829 **Johannes Tregel** scol. Magunt. dioc. in cur. resid.: de prom. ad omnes

ord. extra temp., sola sign. 1. decb. 81 S 805 152^v.

6830 **Johannes Tregeler** cler. Colon. dioc.: de perp. vicar. alt. sive capel. s. Michaelis in cimit. par. eccl. op. Andernacen. Trever. dioc. (2 m. arg.) vacat. p. resign. Ywani Theoderici de Buscoducis cler. Leod. dioc. pape fam. cui de d. vicar. vac. p. o. in cur. Henrici Schonener s. d. 8. sept. 70 p. Paulum II. prov. fuit litt. n. confectis, n. o. perp. vicar. ad alt. s. Catherine in par. eccl. op. Goche Colon. dioc. (2 m. arg.) quam d. Johannes obtin. 21. mai. 73 S 691 12^r – perp. vic. ad alt. s. Katherine in par. eccl. op. Goch Colon. dioc.: de prom. ad omnes ord. extra temp., sola sign. 21. mai. 73 S 695 126^r – de par. eccl. ville Bradinghen (Barchingen) Cameracen. dioc. (4 m. arg. p.) vacat. p. resign. in manibus pape Ywani Theoderici cler. Leod. dioc. pape fam. (cui de eadem vac. p. o. in cur. Johannis <Ghelders pape fam. (qui litig. desup. in cur. possessione n. habita) s. d. 9. febr. 73> prov. fuerat litt. n. confectis) c. reserv. pens. ann. 10 fl. renen. 13. ian. 74 S 701 122^{vs}, (m. dec. eccl. Atrebaten. ac officialibus Colon. et Cameracen.) 11. ian. 74 (exped. 29. ian. 74) L 733 237^r-238^v.

6831 **Johannes de Tremonia** cler. Colon. dioc. pape fam.: de par. eccl. in Walde Colon. dioc. (3 m. arg.) vac. p. o. Johannis Greveraid, Et c. disp. sup. def. nat. (s. s.) 27. oct. 73 S 708 299^{rs} – c. quo sup. def. nat. (s. s.) disp. fuit: de can. et preb. eccl. b. Marie ad Gradus Colon. (4 m. arg.) vac. p. resign. in manibus pape Wilhelmi de Serpe al. de Corsfeldia presb. Colon. dioc. 19. mart. 74 S 709 11^{rs}.

6832 **Johannes [de Tremonia]** abb. mon. b. Marie virg. et s. Gabrielis archangeli loci Rodeducis o. s. Aug. Leod. dioc. referens quod Julianus [de Ruvere] card. ep. Ostien. tunc in partibus illis sed. ap. legatus par.

eccl. de Halis in territorio Lymburgen. Trever. dioc. p. can. d. mon. obtin. solitam vac. p. prom. d. Johannis ad abb. d. mon. Johanni Opilionis cler. Trever. dioc. et d. ep. fam. dabat (contra voluntatem d. abb. et mon.) in commendam et quod deinde d. Johannes abb. et Antonius Goner can. d. mon. desup. litig. coram Johanne [de Ceretanis] ep. Nucerin. aud. contra d. Johannem Opilionis et quod lite pendente d. Johannes Opilionis p. se et d. Antonius p. Johannem Boutillier can. eccl. Cameracen. procur. d. par. eccl. resign.: unio d. eccl. (12 m. arg.) mense abbatiali (500 fl. auri renen.) ad vitam d. Johannis abb. 11. mai. 83 L 826 262^r-263^v – oblig. p. Paulum Venderlac causarum pal. ap. not. sup. annat. par. eccl. ut supra (in margine: die 20. iul. 84 solv. pro annat. 28^1/$_2$ fl. p. manus Salvi Bulgarini) 20. iul. 84 A 32 158^v.

6833 **Johannes Tresch** cler. Basil. referens quod quond. Johannes Benedicti cler. Spiren. cui de perp. vicar. in eccl. Spiren. quartaria nunc. vac. p. o. Johannis Textoris prov. fuit sup. qua litig. coram Johanne de Cesarinis aud. contra quond. Johannem Sartoris de Bockenrod pape fam. (in cur. defunct.): de surrog. ad ius dd. Johannis Textoris et ad ius Johannis Benedicti in d. vicar. (4 m. arg.) 6. mart. 76 S 735 230^{vs}.

6834 **Johannes Trifelser (Trifelherr)** presb. Bamberg. dioc.: de par. eccl. s. Viti in Ottensasz Eistet. dioc. (4 m. arg.) vacat. p. resign. in manibus pape Andree Volhamer presb. Bamberg. dioc. cui de d. par. eccl. vac. p. o. Gasparis Heser p. Paulum II. prov. fuerat litt. n. confectis 9. oct. 71 S 672 176^{vs}, I 332 91^r – cui de par. eccl. s. Viti in Octensosz Eistet. dioc. prov. fuit sup. qua litig. coram aud. contra Wolfgangum Meitchsner presb. Eistet. dioc.: de assign. d. Wolfgango pens. ann. 8 fl. renen. sup. fruct. d. par. eccl. (4 m. arg.)

donec d. Wolfgangus aliud benef. de val. 9 vel 10 fl. renen. recipiat 29. apr. 72 S 679 45^{vs} – qui par. eccl. s. Viti in Ottensas (Eltensas) Eistet. dioc. et **Jodocus Crebs** qui par. eccl. b. Marie in Memmelstorff Bamberg. dioc. perm. <resign. p. Ebehardum de Rabenstein can. eccl. Bamberg. procur. in manibus pape fact.> desiderant: de prov. d. Jodoco de d. par. eccl. s. Viti (4 m. arg.) et de prov. d. Johanni de d. par. eccl. b. Marie (4 m. arg.) 22. nov. 75 S 732 108^{vs}, (m. prep. eccl. b. Marie in Feuchtwangen August. dioc. et officialibus Bamberg. ac Eistet.) (exped. 24. febr. 76) L 768 112^{vs}.

6835 **Johannes Trimpen**: solv. 7 fl. adc. pro compositione annat. maioris val. par. eccl. s. Pancratii villagii in Karbeke (Carbeke) Colon. dioc. permutate c. perp. vicar. ad alt. s. Liborii in eccl. s. Patrocli Susacien. Colon. dioc. 24. mart. 73 FC I 1129 144^r, FC I 1767 50^v, FC I 1768 50^v.

6836 **Johannes Tritsmans (Trutsman, Triesmans)** cler. Leod. dioc. pape fam. ortularius: de can. et preb. in Colemberg Camin. dioc. (4 m. arg.) vac. p. o. in cur. Nicolai Greppers 2. sept. 72 S 689 125^{rss} – de perp. capn. s. Andree in colleg. eccl. b. Marie Tongren. Leod. dioc. (3 m. arg.) vac. p. o. in cur. Jacobi Yscha pape fam. 7. febr. 73 S 687 202^{vs} – can. eccl. s. Pauli Leod. pape fam.: de disp. ad quodcumque benef. 13. nov. 73 S 688 145^{vs}.

6837 **Johannes Troneke** dilectus nob. viri Sigismundi archiducis Austrie: motu pr. gr. expect. de can. et preb. eccl. s. Willehadi Bremen. necnon de benef. ad coll. aep. etc. Bremen. et ad coll. capit. d. eccl. s. Willehadi 17. nov. 81 (exped. 24. nov. 81) (m. dec. eccl. Lubic. et officialibus Bremen. ac Lubic.) L 819 249^v-251^r.

6838 **Johannes Trosselinus** laic. Taurinen. dioc. senio confectus inter al. referens quod ipse tunc in op. Dord-

ret in Olandia Traiect. dioc. negoti-
avit et quod David [de Burgundia]
ep. Traiect. eum bonis ex usuris ex-
tortis tamquam licite ut legalis mer-
cator acquisitis spoliare n. cesserat:
m. (Johanni Pistoris, Martino Gau-
teri et Alberto Petro canonicis eccl.
Traiect.) ut d. Johannem absol. et de
bonis licite disponere valeat 1. apr.
73 V 556 279^{vs}.

6839 **Johannes Troster, Marcus Deker,
Johannes Ewich, Johannes Woyt,
Andreas Lichtempergen, Johannes
Tegeres, Johannes de Muffel, Hen-
ricus Schierberch, Rupertus
Storch, Nicholaus Palman, Leo-
nardus Hauck, Theodericus Ruer,
Johannes Hoppe, Johannes Hoeff,
Henricus de Redwitz, Gotfridus
Voytlin, Henricus Beckman de
Luntenberch, Johannes Haffelder
de Benshem, Adam Wolffkel, Ste-
phanus Griff, Lantsalotto de
Knesten, Conradus Print, Johannes Wythase, Petrus Haltichart,
Johannes de Galen, Rodulphus
Abel, Henricus Bockenaw, Gherardus Haver, Gerardus Pletten-
berg, Johannes de Bedinkirchen,
Gerwinus Mitiken, Henricus de
Reno, Conradus Houe** inter 82
Francisci [Todeschini-Piccolomini]
tit. s. Eustachii diac. card. fam. et dilectos enumerati: motu pr. de gr. expect. de 2 can. et preb. usque ad val.
fruct. /. l. T. p. et de 2 benef. ad coll.
quorumcumque et de disp. ad 2 incompat. benef., Et s. d. 1. ian. 72 S
670 65^v-67^r – can. eccl. Ratisbon.:
de custod. d. eccl. (6 m. arg. <12 m.
arg.>) vac. p. o. Thome Pirkeymer
(Pirckeymer) prothonot. <sed. ap.
not.>, n. o. prepos. eccl. s. Michaelis
Maticen. Patav. dioc. (6 m. arg.)
quam paratus est dim. 8. febr. 73 S
687 60^{rs}, V 557 124^{rss} – oblig. p.
Ulricum Enzsperger can. eccl. Ratisbon. cur. sequentem sup. annat. 2.
iun. 73 A 22 35^r – decr. doct. can. et
cust. eccl. Ratisbon. Francisici ut supra card. fam.: de facult. perm. <in

partibus> 27. sept. 77 S 758 152^r,
10. decb. 77 S 761 226^{vs}, L 778
259^{rs} – oblig. p. Antonium de Al-
beriis decr. doct. archid. Urbevetan.
procur. (ut constat publ. instr. acto
s. d. 25. febr. 78 et subscripto p. Ulricum Prossinger cler. Salzeburg. dioc. imper. auct. not.) sup. facult. ut
supra s. d. 10. decb. 77 conc. 14.
apr. 78 A 27 10^r – qui par. eccl.
s. Petri in Peterskyrchen (Peterschir-
chen, Peterskerchen) al. Trostperg
(Trosperck, Tresperg) Salzeburg. dioc. et **Leonardus Stockheimer** qui
par. eccl. b. Marie virg. in Kessendorff (Kesenndorff) Salzeburg. dioc.
perm. desiderant: de prov. d. Johanni
de d. par. eccl. in Kessendorff (15 m.
arg.) et de prov. d. Leonardo de d.
par. eccl. in Peterskyrchen (20 m.
arg.) et de assign. d. Johanni pens.
ann. 4 m. arg. sup. fruct. d. par. eccl.
in Peterskyrchen p. d. Leonardum
persolv. 11. mart. 79 S 779 87^{vs}, assign. (m. ep. Chiem. et prep. eccl.
s. Johannis de Celano [Marsican. dioc.] ac offic. Ratisbon.) L 788
160^{vss}, prov. (resign. p. Sigismundum Nievergalt cler. Frising. procur.
fact.) (m. ut supra) (exped. 17. apr.
79) L 793 89^{rss} – restit. bulle sup.
pens. ann. 4 m. arg. ut supra 20. apr.
79 A 28 195^r – can. eccl. Ratisbon.
et cap. in capel. Sepulcri dominici al.
ss. Symonis et Jude appl. in mon. Inferioris Monasterii Ratisbon. decr.
doct. Francisci ut supra card. fam. et
**Johannes Stiglich (Stilichz, Sig-
lichz)** presb. Patav. dioc.: de adm.
resign. d. Johannis Troster et de
prov. d. Johanni Stiglich de d. capn.
(7 m. arg.) et de assign. d. Johanni
Troster pens. ann. 20 fl. renen. sup.
fruct. par. eccl. b. Marie virg. in Niderndietfurt (/.) Salzeburg. dioc. (10
m. arg.), n. o. d. par. eccl. in Niderndietfurt ac can. et preb. in colleg.
eccl. Maticen. Patav. dioc. (insimul
4 m. arg.) quos et quam d. Johannes
Stiglich obtin. 15. ian. 82 S 806
285^{vs}.